Rainer Hamm, Jürgen Pauly

**Die Revision in Strafsachen**

De Gruyter Handbuch

Rainer Hamm, Jürgen Pauly

# Die Revision in Strafsachen

---

8., neu bearbeitete Auflage

Begründet von Kurt Gage,
ab der 2. Auflage fortgeführt von Werner Sarstedt
(seit der 5. Auflage mit Rainer Hamm)

DE GRUYTER

Dr. *Rainer Hamm*, Fachanwalt für Strafrecht, Honorarprofessor an der Goethe-Universität, Frankfurt am Main
*Jürgen Pauly*, Fachanwalt für Strafrecht
HammPartner Rechtsanwälte PartG mbB

ISBN 978-3-11-044352-3
e-ISBN (PDF) 978-3-11-044433-9
e-ISBN (EPUB) 978-3-11-043589-4

**Library of Congress Control Number: 2020948124**

**Bibliografische Information der Deutschen Nationalbibliothek**
Die Deutsche Nationalbibliothek verzeichnet diese Publikation in der Deutschen Nationalbibliografie; detaillierte bibliografische Daten sind im Internet über http://dnb.dnb.de abrufbar.


Einbandabbildung: TBE / iStock / Getty Images Plus
Datenkonvertierung und Satz: jürgen ullrich typosatz, Nördlingen
Druck und Bindung: CPI books GmbH, Leck

www.degruyter.com

# Vorwort

Wenn – nach dem treffenden Bild von *Claus Roxin* – das Strafprozessrecht der Seismograph für die Staatsverfassung ist, dann darf das Revisionsrecht als solcher für die Praxis der Strafjustiz gelten.

Ob die im Revisionsverfahren stattfindende Kontrolle tatrichterlicher Urteile primär das Ziel hat, eine einheitliche Rechtsanwendung sicherzustellen, oder vorrangig für Einzelfallgerechtigkeit sorgen soll, ist seit jeher umstritten. Beiden Zielen wäre es dienlich, wenn die Kontrollbefugnisse der Revisionsgerichte nicht noch zusätzlich eingeschränkt, sondern gestärkt würden. Seit dem Erscheinen der 7. Auflage sind aber weitere gesetzliche Regelungen in Kraft getreten, die eher dazu bestimmt sind, tatrichterliche Entscheidungen vor der Überprüfung durch das Revisionsgericht zu „schützen“, als die Korrektur fehlerhafter Rechtsanwendung zu erleichtern. Jüngstes Beispiel hierfür ist das Ende 2019 verabschiedete „Gesetz zur Modernisierung des Strafverfahrens“. Mit seinen Änderungen im Bereich der Besetzungsrüge, des Rechts der Richterablehnung und des Beweisantragsrechts hat es den Trend zum Abbau der schützenden Formen des Strafverfahrens, der schon beim Erscheinen der Vorauflage dieses Buches zu beobachten war, weiter fortgesetzt. Programmatische und effektvolle Schlagworte in den Gesetzesüberschriften können nicht darüber hinwegtäuschen, dass in immer stärkerem Maße in einst als unantastbar geltende Rechtspositionen eingegriffen wird.

Nicht in allen Fällen haben aber gesetzgeberische Neuerungen die Kontrollbefugnisse der Revisionsgerichte beschränkt. Auf einzelnen Gebieten sind für sie auch neue Aufgaben entstanden. So haben sich insbesondere die durch das Verständigungsgesetz eingeführten Regelungen auf Grund der strengen Vorgaben des Bundesverfassungsgerichts im letzten Jahrzehnt zu einem Schwerpunkt vieler Revisionsverfahren entwickelt.

Neben diesem Wandel des Verfahrensrechts war auch weiterhin die Tendenz zur Verlagerung der revisionsrechtlichen Kontrolle vom Verfahrensrecht zum Anwendungsbereich der Sachrüge ungebrochen. Was einmal unter dem Begriff der „erweiterten Revision“ kritisch diskutiert wurde, ist inzwischen zur Regel geworden und kaum noch Gegenstand fachlichen Streits. Flankierend hat sich unter der Bezeichnung „Inbegriffsrüge“ ein Typ von Verfahrensrügen verselbständigt, der die revisionsrechtliche Kontrolle der tatrichterlichen Überzeugungsbildung in Teilbereichen wirkungsvoll ergänzt.

Die vorliegende Neuauflage will vor diesem Hintergrund nicht nur die Darstellung der schon bisher behandelten Themen auf den aktuellen Stand bringen, sondern darüber hinaus auch durch verschiedene Erweiterungen des Textes den genannten Entwicklungen Rechnung tragen. Sie enthält u.a. eine

https://doi.org/10.1515/9783110444339-202

überarbeitete und ergänzte Darstellung der Bedeutung des Hauptverhandlungsprotokolls und des durch die Rechtsprechung entwickelten Verfahrens zu dessen (auch nachträglicher) Berichtigung. Auch die verschiedenen Varianten der fehlerhaften Anwendung des § 261 StPO werden ausführlicher behandelt als bisher. Neu aufgenommen wurde ferner ein Abschnitt zu revisionsrechtlichen Fragen im Zusammenhang mit den durch das Verständigungsgesetz eingeführten Vorschriften. Ausführlicher als bisher werden auch die Rechtsfolgen von Verfahrensverzögerungen dargestellt.

Ebenso wie in anderen Rechtsgebieten hat sich auch im Strafverfahren der Einfluss europäischer Normen und Gerichtsentscheidungen weiter verstärkt. Das kommt nicht nur in Gesetzen zum Ausdruck, die der Umsetzung von EU-Richtlinien dienen, sondern auch in der stetig wachsenden Bedeutung der Entscheidungen des EuGH und des EGMR für die Rechtsprechung der deutschen Gerichte. Konkrete Auswirkungen hatte dies zuletzt u.a. im Zusammenhang mit den Rechtsfolgen der Tatprovokation.

Nicht zu übersehen sind ferner die praktischen Folgen der fortschreitenden Digitalisierung, die auch das Strafprozessrecht immer mehr beeinflusst. Sie ermöglicht inzwischen den jederzeitigen Zugang zu Rechtsquellen, die früher nur mit großem Aufwand erschlossen werden konnten, und hat auf diese Weise u.a. die Berücksichtigung der Rechtsprechung der Gerichte in Luxemburg und Straßburg in Revisionsbegründungen und -entscheidungen erleichtert. Auch auf die Verfügbarkeit der Texte der nationalen gerichtlichen Entscheidungen hat sich diese technische Entwicklung ausgewirkt. Über Datenbanken und die Internetseiten der Gerichte sind Urteile und Beschlüsse ungekürzt jederzeit in Sekundenschnelle verfügbar. Um die hierdurch mögliche elektronische Suche zu erleichtern, haben wir in den Fußnoten die Zitierweise bei Entscheidungen, die ab dem Jahr 2000 ergangen sind, angepasst und jeweils (neben Fundstellen in Zeitschriften und sonstigen Veröffentlichungen) auch das Entscheidungsdatum und das Aktenzeichen angegeben. Ein Teil der zitierten Entscheidungen ist nur über die elektronischen Quellen zugänglich.

Dass gerade vor dem Hintergrund dieser technischen Entwicklung die gesetzlich vorgesehene Dokumentation der tatrichterlichen Hauptverhandlung nicht mehr zeitgemäß ist, mag hier als „ceterum censeo" erneut angemerkt werden. Ob auf diesem Sektor in naher Zukunft endlich der Schritt vom technischen Standard des 19. zu dem des 21. Jahrhunderts vollzogen wird, ist bei Abschluss der Arbeiten am Manuskript für dieses Buch noch nicht absehbar. Einen ersten Schritt zu einer zeitgemäßen Nutzung moderner Dokumentationstechniken hat der Gesetzgeber mit den Regelungen zur (bis 2026 bundesweit einzuführenden) elektronischen Akte in den §§ 32 bis 32f StPO bereits vollzogen. Die Bewertung der rechtlichen Konsequenzen, die sich hieraus für das Strafverfahren und insbesondere für das Revisionsverfahren ergeben, wird Gegenstand der fachlichen Diskussion im nächsten Jahrzehnt sein.

Rechtsprechung und Literatur wurden auf dem Stand bis März 2020 (in Einzelfällen darüber hinaus) berücksichtigt.

Zu besonderem Dank verpflichtet sind wir unserem wissenschaftlichen Mitarbeiter, Herrn Julius Lantermann. Er hat die Entstehung dieses Buches durch umfangreiche Vorarbeiten, Formulierungsvorschläge und viele weiterführende Diskussionsbeiträge nachhaltig gefördert.

Kritik und Anregungen zum Text sind uns stets willkommen (buero@hammpartner.de).

Frankfurt a.M., im Oktober 2020

Rainer Hamm
Jürgen Pauly

# Inhaltsverzeichnis

# Abkürzungsverzeichnis

| | |
|---|---|
| a.A. | anderer Ansicht |
| aaO. | am angegebenen Ort |
| abl. | Ablehnend |
| Abs. | Absatz |
| a.E. | am Ende |
| a.F. | alte Fassung |
| AfP | Archiv für Presserecht |
| AG | Amtsgericht |
| AK | Alternativkommentar zur StPO |
| a.M. | anderer Meinung |
| Anm. | Anmerkung |
| AnwBl | Anwaltsblatt |
| AO | Abgabenordnung |
| Art. | Artikel |
| Aufl. | Auflage |
| | |
| BAK | Blutalkoholkonzentration |
| BAnz. | Bundesanzeiger |
| BayJMBl. | Bayerisches Justizministerialblatt |
| BayObLG | Bayerisches Oberstes Landesgericht |
| BayObLGSt | Entscheidungen des Bayerischen Obersten Landesgerichts in Strafsachen |
| BayVerfGH | Bayerischer Verfassungsgerichtshof |
| BB | Der Betriebs-Berater |
| BBG | Bundesbeamtengesetz |
| Bd. | Band |
| Beschl. | Beschluss |
| betr. | betreffend |
| Betrieb | Der Betrieb |
| BFH | Bundesfinanzhof |
| BGB | Bürgerliches Gesetzbuch |
| BGBl. | Bundesgesetzblatt |
| BGH | Bundesgerichtshof |
| BGHR | BGH-Rechtsprechung Strafsachen |
| BGHSt | Entscheidungen des Bundesgerichtshofs in Strafsachen |
| BGHZ | Entscheidungen des Bundesgerichtshofs in Zivilsachen |
| BKA | Bundeskriminalamt |
| BMI | Bundesministerium des Innern |
| BMJ | Bundesministerium der Justiz |
| BMJV | Bundesministerium der Justiz und für Verbraucherschutz |
| bspw. | beispielsweise |
| BRAO | Bundesrechtsanwaltsordnung |
| BT-Drs. | Drucksachen des Deutschen Bundestages |
| BVerfG | Bundesverfassungsgericht |
| BVerfGE | Entscheidung des Bundesverfassungsgerichts |
| BVerfGG | Bundesverfassungsgerichtsgesetz |

https://doi.org/10.1515/9783110444339-204

| | |
|---|---|
| BVerwGE | Entscheidungen des Bundesverwaltungsgerichts |
| BZRG | Bundeszentralregistergesetz |
| | |
| DAR | Deutsches Autorecht |
| Diss. | Dissertation |
| DJ | Deutsche Justiz |
| DJT | Deutscher Juristentag |
| DJZ | Deutsche Juristenzeitung |
| DR | Deutsches Recht |
| DRZ | Deutsche Rechts-Zeitschrift |
| DRiZ | Deutsche Richterzeitung |
| DStR | Deutsches Strafrecht |
| | |
| EGGVG | Einführungsgesetz zum Gerichtsverfassungsgesetz |
| EGMR | Europäischer Gerichtshof für Menschenrechte |
| EGOWiG | Einführungsgesetz zum Gesetz über Ordnungswidrigkeiten |
| EGStGB | Einführungsgesetz zum Strafgesetzbuch |
| EGStPO | Einführungsgesetz zur Strafprozessordnung |
| Einl. | Einleitung |
| EMRK | Konvention zum Schutze der Menschenrechte und Grundfreiheiten |
| Erg. | Ergebnis |
| EuGRZ | Europäische Grundrechte-Zeitschrift |
| | |
| ff. | und folgende |
| FG | Festgabe |
| FGG | Gesetz über die Angelegenheiten der Freiwilligen Gerichtsbarkeit |
| FGO | Finanzgerichtsordnung |
| Fn. | Fußnote |
| FS | Festschrift |
| | |
| G | Gesetz |
| GA | Goltdammers Archiv für Strafrecht |
| GG | Grundgesetz für die Bundesrepublik Deutschland |
| GKG | Gerichtskostengesetz |
| GmS | Gemeinsamer Senat |
| GnO | Gnadenordnung |
| grds. | grundsätzlich |
| GrS | Großer Senat |
| GS | Der Gerichtssaal |
| GSSt | Großer Senat für Strafsachen |
| GVBl. | Gesetz-und Verordnungsblatt |
| GVG | Gerichtsverfassungsgesetz |
| | |
| HessJMBl. | Justiz-Ministerialblatt für Hessen |
| HESt. | Höchstrichterliche Entscheidungen in Strafsachen |
| hM | herrschende Meinung |
| HRR | Höchstrichterliche Rechtsprechung |

| | |
|---|---|
| i.d.F. | in der Fassung |
| i.e.S. | im engeren Sinne |
| insb. | insbesondere |
| IPBürgR | Internationaler Pakt über bürgerliche und politische Rechte |
| i.S. | im Sinne |
| i.V.m. | in Verbindung mit |
| | |
| JA | Juristische Arbeitsblätter |
| JGG | Jugendgerichtsgesetz |
| JMBl. | Justizministerialblatt |
| JMBlNRW | Justizministerialblatt für das Land Nordrhein-Westfalen |
| JR | Juristische Rundschau |
| Jura | Juristische Ausbildung |
| JurBüro | Das juristische Büro |
| JuS | Juristische Schulung |
| Justiz | Die Justiz, Zeitschrift für Demokratie in Staat und Recht |
| JVBl. | Justizverwaltungsblatt |
| JW | Juristische Wochenschrift |
| JZ | uristenzeitung |
| | |
| KG | Kammergericht |
| KK | Karlsruher Kommentar zur StPO |
| KMR | Kleinknecht-Müller-Reitberger, Kommentar zur StPO |
| KRG | Kontrollratsgesetz |
| KritV | Kritische Vierteljahresschrift für Gesetzgebung und Rechtswissenschaft |
| KJ | Kritische Justiz |
| | |
| Ls. | Leitsatz |
| LG | Landgericht |
| LK | Leipziger Kommentar zum StGB |
| LKA | Landeskriminalamt |
| LM | Lindenmaier-Möhring, Nachschlagewerk des Bundesgerichtshofes |
| LR | Löwe-Rosenberg, Kommentar zur StPO |
| l.Sp. | linke Spalte |
| LZ | Leipziger Zeitschrift für Deutsches Recht |
| | |
| MDR | Monatsschrift für Deutsches Recht |
| m.E. | meines Erachtens |
| MiStra. | Anordnung über Mitteilungen in Strafsachen |
| MschrKrim. | Monatsschrift für Kriminologie und Strafrechtsreform |
| mwN | mit weiteren Nachweisen |
| NdsRpfl. | Niedersächsische Rechtspflege |
| | |
| n.F. | neue Fassung |
| NJ | Neue Justiz |
| NJW | Neue Juristische Wochenschrift |
| NRW | Nordrhein-Westfalen |
| NStZ | Neue Zeitschrift für Strafrecht |

| | |
|---|---|
| öJZ | Österreichische Juristen-Zeitung |
| OGHBZ | Oberster Gerichtshof für die Britische Zone |
| OGBSt | Entscheidungen des Obersten Gerichtshofes in Strafsachen |
| OLG | Oberlandesgericht |
| OLGSt | Entscheidungen der Oberlandesgerichte zum Straf-und Strafverfahrensrecht |
| OWiG | Gesetz über Ordnungswidrigkeiten |
| RAK | Rechtsanwaltskammer |
| Rn. | Randnummer |
| RG | Reichsgericht |
| RGBl. | Reichsgesetzblatt |
| RGSt | Entscheidungen des Reichsgerichts in Strafsachen |
| RiStBV | Richtlinien für das Straf-und Bußgeldverfahren |
| RJ | Rechtshistorisches Journal |
| Rspr. | Rechtsprechung |
| Rpfleger | Der Deutsche Rechtspfleger |
| RpflEntlG | Rechtspflegeentlastungsgesetz |
| r.Sp. | rechte Spalte |
| RuN | Rechtsanwalt und Notar |
| S. | Satz oder Seite |
| SchlHA | Schleswig-Holsteinische Anzeigen |
| SchweizZStR | Schweizerische Zeitschrift für Strafrecht |
| SJZ | Süddeutsche Juristenzeitung |
| SK | Systematischer Kommentar |
| s.o. | siehe oben |
| Sp. | Spalte |
| StA | Staatsanwalt(schaft) |
| StÄG | Strafrechtsänderungsgesetz |
| StGB | Strafgesetzbuch |
| StPÄG | Gesetz zur Änderung der Strafprozessordnung und des Gerichtsverfassungsgesetzes |
| StPO | Strafprozessordnung |
| str. | strittig |
| StraFo | Strafverteidiger-Forum |
| StR | Aktenzeichen der Strafsenate des Bundesgerichtshofs |
| StV | Strafverteidiger |
| StVÄG | Strafverfahrensänderungsgesetz |
| StVG | Straßenverkehrsgesetz |
| StrEG | Gesetz über die Entschädigung für Strafverfolgungsmaßnahmen |
| StrRG | Strafrechtsreformgesetz |
| StrVollstrO | Strafvollstreckungsordnung |
| st. Rspr. | ständige Rechtsprechung |
| StUG | Gesetz über die Unterlagen des Staatssicherheitsdienstes der ehemaligen Deutschen Demokratischen Republik |
| StVG | Straßenverkehrsgesetz |
| StVO | Straßenverkehrs-Ordnung |

| | |
|---|---|
| StVollzG | Strafvollzugsgesetz |
| StVZO | Straßenverkehrs-Zulassungs-Ordnung |
| s.u. | siehe unten |
| | |
| U-Haft | Untersuchungshaft |
| UHaftVollzO | Untersuchungshaftvollzugsordnung |
| unstr. | unstreitig |
| Urt. | Urteil |
| | |
| VersR | Versicherungsrecht |
| vgl. | vergleiche |
| VO | Verordnung |
| VRS | Verkehrsrechtssammlung |
| VwGO | Verwaltungsgerichtsordnung |
| | |
| wistra | Zeitschrift für Wirtschafts-und Steuerstrafrecht |
| WiStG | Wirtschaftsstrafgesetz |
| | |
| ZAkDR | Zeitschrift der Akademie für Deutsches Recht |
| z.B. | zum Beispiel |
| ZfJ | Zeitschrift für Jugendrecht |
| ZfZ | Zeitschrift für Zölle und Verbrauchssteuern |
| ZPO | Zivilprozessordnung |
| ZRP | Zeitschrift für Rechtspolitik |
| ZStW | Zeitschrift für die gesamte Strafrechtswissenschaft |
| ZuSEG | Gesetz über die Entschädigung von Zeugen und Sachverständigen |
| zust. | zustimmend |

# Einleitung

## A. Das „Wesen“ der Revision

*„Die Revision ist kein volkstümliches Rechtsmittel.“* Mit diesem häufig zitierten[1] Satz begann das vorliegende Buch seit der 2. Auflage (1953),[2] als die damaligen Autoren noch von der Unterscheidbarkeit zwischen Tat- und Rechtsfragen ausgingen, aber die Fähigkeit dazu allenfalls den Juristen zutrauten, während es dem Laien nicht verständlich zu machen sei, warum er gegenüber dem höchsten Gericht im letztmöglichen Versuch, ein als ungerecht empfundenes Urteil korrigieren zu lassen, nicht soll geltend machen dürfen, dass „er es nicht gewesen ist“ oder dass „es nicht so gewesen ist“, wie das Tatgericht festgestellt hat. Ob die Unterscheidung zwischen Tat- und Rechtsfragen wirklich dogmatisch sauber vollzogen werden kann, war jedoch von jeher umstritten. Inzwischen haben die Revisionsgerichte nach langem Zögern erkannt, dass die Tatrichter nicht nur bei der Subsumtion eines Sachverhalts unter die Strafbarkeitsvoraussetzungen Fehler machen können, sondern auch bei der Würdigung der Beweise. Und es hat sich erstaunlich spät die Erkenntnis durchgesetzt, dass auch „Beweis“ ein *Rechts*begriff ist und seine zutreffende Anwendung sowie die Einhaltung eines von der StPO für eine Täter- und Schuldfeststellung vorausgesetzten Beweismaßes *rechtliche* Postulate sind, deren Erfüllung in den Gründen eines tatrichterlichen Urteils nachgewiesen sein muss, damit sie das Revisionsgericht mit dem Gütesiegel „rechtsfehlerfrei“ versehen darf. Denn nur rechtsfehlerfrei getroffene Feststellungen sind für die Revisionsinstanz bindend. Und nur das Verbot, die so prozessual ordnungsgemäß hergestellte und von der rationalen und lückenlos begründeten Wahrheit getragene Überzeugung des Tatgerichts durch eigene Wertungen zu ersetzen, macht jene Eigenart der Revision aus, die sich auch heute noch einer „volkstümlichen“ Erklärung entzieht. 1

Noch eine weitere geradezu als geflügeltes Wort viel zitierte Sentenz aus den Vorauflagen dieses Buches bedarf einer aktualisierenden Erklärung: 2

Die Beanstandung der Ausführungen eines angefochtenen Urteils, wonach das Tatgericht unter zwei gleich wahrscheinlichen, aber sich gegenseitig aus- 3

1 Z.B. *Knauer* NStZ 2016, 1; MüKoStPO/*Knauer*/*Kudlich* vor § 333 StPO, Rn. 21; *Kästle*, Das Wesen der Revision, S. 17; mit dem „Zitat im Zitat“ LR-*Franke* vor § 333 StPO, Rn. 15.

2 Unter Berufung auf *Schneidewin* JW 1923, 345, 347, der dies später in der Festschrift zum 100-jährigen Bestehen des DJT (1960) Bd. I, S. 477 kommentierte mit dem Satz: „Diese Eigenschaft teilt sie mit noch anderen höchst nützlichen Stücken unseres Rechtslebens.“ Dazu LR-*Franke* vor § 333 StPO, Rn. 15 mwN.



https://doi.org/10.1515/9783110444339-001

schließenden Sachverhaltsvarianten die für den Revisionsführer günstigste hätte feststellen oder wenigstens in den Urteilsgründen erörtern müssen, wurde in früheren Auflagen dieses Buches als *„Mittel aus dem Giftschrank des Revisionsrichters“* bezeichnet. Damit sollte bildhaft gesagt werden, dass es sich bei diesem Aufhebungsgrund um ein nach der früheren „reinen Lehre“ eigentlich nicht für den Alltagsgebrauch zugelassenes Mittel handele, um einem Beschwerdeführer zum Erfolg zu verhelfen. Ein solcher Aufhebungsgrund wurde damals als nur in Ausnahmefällen vertretbarer Eingriff in die Kompetenz des Tatrichters verstanden. Inzwischen gilt aber die lückenhafte, weil unter der Nichterörterung naheliegender Sachverhaltsvarianten leidende Beweiswürdigung eher als eine der Alltagskrankheiten tatrichterlicher Urteile, sodass es zu ihrer Heilung durch Aufhebung nur noch des Griffs in die Regale mit den Alltagsarzneien aus der Apotheke des Revisionsgerichts bedarf.

4 Dass mit dieser Erweiterung des revisionsrechtlichen Prüfungsspektrums und des Rechtsfehlerbegriffs nicht etwa auch eine Vermehrung der Zahl erfolgreicher Revisionen einhergeht,[3] dürfte damit zusammenhängen, dass in demselben Maße, in dem sich die Revisionsgerichte die Beweiswürdigung der Tatrichter genauer anschauen, sie auch ihre Scheu davor verloren haben, bei Verfahrensrügen eigene hypothetische Beweiswürdigungen im Rahmen der Beruhensprüfung (§ 337 StPO) anzustellen. Das ist zwar keine logisch und systematisch begründbare Kausalverbindung, weil die erweiterte Revision in Gestalt der Überprüfung der Beweiswürdigung sich gerade nicht auf eine eigene Überzeugung des Revisionsgerichts stützen darf, sondern immer nur auf eine Kritik an der geschriebenen Beweiswürdigung des Tatgerichts. Aber als (eine) Erklärung für die faktisch und statistisch nahezu gleichbleibende (Miss-) Erfolgsquote der Revision mag es hier erst einmal ausreichen.

5 Angesichts solcher Fragen, die bereits zeigen, wie eng miteinander verwoben rechtliche Bewertungsfragen und die Kontrolle der Wahrheitsfindung sind, nimmt es nicht wunder, dass die Praxis des Revisionsrechts sich im Laufe der Zeit von den ursprünglichen gesetzlich intendierten Kriterien für die Unterscheidung von Tat- und Rechtsfragen, aber auch für die Unterscheidung zwischen sachlichem Recht und Verfahrensrecht entfernt hat. Auf diese Weise hat die Revision seit Inkrafttreten der StPO ihr Wesen stark geändert.[4]

6 Das betrifft auch die Art der Entscheidung der Revisionsgerichte. Nachdem durch Gesetz vom 8.7.1922 (die „lex Lobe“) das Reichsgericht ermächtigt wurde, „offensichtlich unbegründete“ Revisionen ohne Verhandlung durch Beschluss

3 LR-*Franke* vor § 333 StPO, Rn. 9; *Rosenau* FS Widmaier, S. 523.

4 *Peters* FS Karl Schäfer, S. 137; LR-*Franke* vor § 333 StPO, Rn. 1ff.

zu verwerfen – eine Möglichkeit, die 1931 auf die Oberlandesgerichte ausgedehnt wurde[5] – pendelte sich der Anteil dieser Beschlüsse an allen Revisionsentscheidungen etwa bei 50% ein. Seit 1964 setzt die „Beschlussverwerfung“ einen vorherigen Antrag der Revisionsstaatsanwaltschaft (beim BGH die Bundesanwaltschaft) voraus, der mit Gründen zu versehen und nach § 349 Abs. 3 StPO den Revisionsführern zur Gewährung des rechtlichen Gehörs zur Kenntnis zu geben ist, bevor das Revisionsgericht frühestens zwei Wochen später darüber entscheidet. Auf diese Weise sollte die Beschlussverwerfung erschwert und ihre Zahl auf die Fälle wirklicher Offensichtlichkeit verringert werden. Sie hat sich aber seitdem drastisch erhöht. Das dürfte psychologisch damit zusammenhängen, dass die faktisch bewirkte Teilung der Verantwortung die des Entscheiders verringert. Zu einem Teil beruht es aber auch darauf, dass viele Verteidiger von der Möglichkeit keinen Gebrauch machen, innerhalb der Zwei-Wochen-Frist nach Zustellung des Antrags der Revisionsstaatsanwaltschaft noch einmal schriftlich Stellung zu nehmen. Daraus könnten die Revisionsgerichte häufig den Schluss ziehen, schon die Antragsschrift habe den Revisionsführer überzeugt, oder ihm sei jedenfalls nichts mehr dagegen eingefallen.

Überhaupt ergibt sich der Hauptteil der Veränderungen, die sich am Wesen der Revision vollzogen haben, nicht aus gesetzgeberischen Aktivitäten, sondern aus der richterlichen Praxis. Auch dies hatte bereits in der Zeit des Reichsgerichts begonnen, das z.B. unter der Geltung einer gesetzlichen Generalklausel („Es bedarf eines Gerichtsbeschlusses, wenn ein Beweisantrag abgelehnt werden soll.“[6]) ein vorbildliches und ausdifferenziertes System der Voraussetzungen für die Zurückweisung eines Beweisantrages entwickelt hatte, ohne dabei die Aufklärungsrüge zu schwächen. 7

Auch die Entwicklung zur „erweiterten Revision“[7] vollzog sich ohne jede Vorbereitung oder Flankierung durch den Gesetzgeber. Nach den ersten Jahren seit der Gründung des Bundesgerichtshofs setzte eine Entwicklung ein, die zu einem völlig neuen Verständnis des Wortlautes, des Sinns und des Zwecks sowie der Grenzen des grundlegenden § 337 StPO führte. Zwar war diese Vorschrift gewiss bei ihrer Entstehung so gemeint gewesen, dass sie dem Revisionsrichter die Entscheidung über „Tatfragen“ entziehen und ihm nur die rechtliche Nachprüfung vorbehalten wollte. Aber glücklicherweise, so darf man jetzt wohl sagen, hatte der Gesetzgeber von 1877 diesen Gedanken so undeutlich 8

5 Verordnung des Reichspräsidenten v. 6.10.1931 (RGBl 1931 I, 537).

6 S. dazu unten Rn. 833.

7 Vgl. hierzu MüKoStPO/*Knauer*/*Kudlich*, vor § 333 StPO, Rn. 24 ff sowie *Schletz*, Die erweiterte Revision in Strafsachen, 2020, passim.

und allgemein ausgedrückt, dass der Wortlaut eine Entwicklung zur erweiterten Revisibilität nicht hinderte. Die gesetzliche Voraussetzung, dass „eine Rechtsnorm nicht oder nicht richtig angewendet“ worden sein musste, konnte schließlich, ohne den Worten besonderen Zwang anzutun, auch dann bejaht werden, wenn für den Revisionsrichter erkennbar war, dass der Sachverhalt, den der Tatrichter seiner Subsumtion zugrunde gelegt hatte, tatsächlich nicht zutreffen konnte. Hierfür war letztlich die erstaunlicherweise sehr langsam gewonnene Erkenntnis maßgeblich, dass die Vokabel „Beweis“ nicht irgendeinen tatsächlichen Vorgang kennzeichnet, sondern ein Rechtsbegriff ist, dessen Anwendung – ebenso wie die Anwendung anderer Rechtsbegriffe – durch eine für die Rechtskontrolle zuständige Instanz überprüfbar sein muss.

9 Hilfreich für eine solche neue Entwicklung war auch, dass der Text des Gesetzes keine Vorschrift enthielt, die es dem Revisionsrichter ausdrücklich verbot, sich mit der Beweisverarbeitung des Tatrichters zu befassen. Man hatte das Tabu der Überzeugungsbildung immer nur gleichsam „der Natur der Sache“ entnommen. Dagegen ließ sich so lange nichts einwenden, als über Schuld und Freispruch eines Angeklagten eine nur aus Laienrichtern zusammengesetzte Jury entschied, die ihre Denk- und Beratungsinhalte nicht schriftlich zu dokumentieren hatte, so dass schon deshalb das Ergebnis der Überzeugungsbildung und der Überwindung von Zweifeln einer Rechtskontrolle nicht zugänglich war. Lediglich die Einhaltung der Regeln über das Verfahren bis zum Eintritt in die Urteilsberatung konnte überprüft werden. Solange es das Jury-Prinzip gab, erhoffte man sich ein Höchstmaß an Richtigkeit durch die Zahl dieser Laienrichter (zwölf), durch das vorgeschriebene Stimmenverhältnis (mehr als sieben Stimmen für jede dem Angeklagten nachteilige Entscheidung, insbesondere für einen die Schuldfrage bejahenden „Wahrspruch“) sowie durch die Vorschrift, wonach die Jury ihre Entscheidung anhand eines streng nach logischen und rechtsstaatlichen Grundsätzen aufgebauten Fragenkatalogs zu treffen hatte. Dieser Fragenkatalog musste nach Schluss der Beweisaufnahme, aber noch vor den Plädoyers und dem letzten Wort des Angeklagten verlesen und für Anträge auf Änderung und Ergänzung freigegeben werden. Ob der Fragenkatalog zu beanstanden sei, betraf Verfahrensrecht. Ob die Geschworenen die Fragen richtig oder falsch beantwortet haben, konnte in der Revision nicht überprüft werden.

10 § 296 StPO in seiner ursprünglichen Fassung bestimmte: *„Wird die Vorlegung von Hülfs- oder Nebenfragen beantragt, so kann sie nur aus Rechtsgründen abgelehnt werden.“* Die Unterscheidung zwischen Hilfs- und Nebenfragen sowie der „Hauptfrage“ (§ 293: „Die Hauptfrage beginnt mit den Worten: ‚Ist der Angeklagte schuldig?‘“) und die öffentliche Erörterung dieses „Beweiswürdi-

gungsprogramms" waren geeignet, das Denk- und Erkenntnisschema der Geschworenen einer gewissen verfahrensrechtlichen Kontrolle zu unterziehen. Letztlich blieb aber die Beweiswürdigung unüberprüfbar.[8]

Seit über die Schuld- und Straffrage ein aus Berufs- und Laienrichtern bestehendes Kollegialgericht oder sogar ein Berufsrichter allein entscheidet und von den professionellen Juristen ein Urteil zu schreiben ist, das auch die wesentlichen Beweiswürdigungsvorgänge zu beurkunden hat (§ 267 Abs. 1 und 5 StPO), ist der Grund für die revisionsgerichtliche Abstinenz entfallen. Geblieben ist aber der unbestreitbare Wille des Gesetzgebers, das Revisionsgericht nicht zu einer zweiten Tatsacheninstanz werden zu lassen. Sonst wäre die Revision eine Berufung. Bei allen Fortschritten in der Ausweitung der revisionsgerichtlichen Kontrolle wird immer der Satz gültig bleiben: Ein tatrichterliches Urteil ist nicht schon deshalb ein wahres und gerechtes Urteil, weil es durch eine Entscheidung des Revisionsgerichts rechtskräftig geworden ist. Anders und hart ausgedrückt: Ein Tatrichter kann auch Fehlurteile „revisionssicher" begründen. Aber dazu gehört inzwischen eben mehr als in den ersten fünf Jahrzehnten der Geltung der Strafprozessordnung, da eine rein subjektivistische, ohne tatsächliches und argumentativ-rationales Fundament „behauptete Überzeugung" von den Revisionsgerichten heute nicht mehr hingenommen wird.[9] 11

Weil die Aussage, dass die revisionsgerichtliche Bestätigung eines Urteils noch nichts über seinen Wahrheitsgehalt besagt, den Laien irritiert und in jedem Strafjuristen das Bedürfnis wachhält, die Differenz zwischen den Richtigkeitsanforderungen an die Ergebnisse der tatrichterlichen Arbeit und den Eingriffsmöglichkeiten der Revisionsgerichte zu minimieren, hat der BGH eine Praxis eingeführt, die das Bemühen um Einzelfallgerechtigkeit erkennen lässt, auf eine abstrakt-dogmatische Grenzziehung bisher verzichtet und sich an den nur negativ definierten eigenen Leistungsgrenzen orientiert. 12

Revisionsgerichtliche Kritik an den „festgestellten" Tatsachen ist danach nur, aber auch überall dort möglich und erforderlich, wo der Revisionsrichter, ohne die „Domäne" des Tatrichters (insbesondere die Beweis*erhebung*) an sich zu ziehen, allein durch Lektüre des angefochtenen Urteils und der Revisionsbegründungsschrift Mängel erkennen kann. Auf diese Weise wurde mehr und mehr die Trennung „Rechtsfrage/Tatfrage" durch eine pragmatische Ver- 13

**8** Vgl. dazu *Hamm*, in: Einleitung zu *Herdegen*, Beweisantragsrecht, Beweiswürdigung und strafprozessuale Revision, S. 15 und *ders.* FS Fezer, S. 393.

**9** Dazu näher unten Rn. 1150 ff.

antwortungsteilung, die gerne als „Leistungsmethode“ bezeichnet wird,[10] ersetzt.

14 Was ein Revisionsgericht zweifellos nicht leisten kann, ist eine Wiederholung der tatrichterlichen Hauptverhandlung mit völlig neuer Beweisaufnahme. Insofern ist nach wie vor die Frage „wie es gewesen ist“ nicht Sache des Revisionsrichters. Wollte man sie zu seiner Sache machen, würde die Revision zur Berufung. Sie ist aber nun einmal keine Instanz zur *Erhebung* der Tatsachen, und die Revisionsrichter sind auch nicht berufen, die Überzeugung des Vorderrichters durch die eigene zu ersetzen. Würde ein Revisionsgericht sich so weit von seinem gesetzlichen Auftrag entfernen, wäre sogar der Grundsatz des Art. 101 Abs. 1 Satz 2 GG verletzt.[11] Die Einfügung eigener tatsächlicher Erkenntnisse des Revisionsrichters in das Ergebnis einer umfassenden Beweisaufnahme und Würdigung, die ein anderer Richter vorgenommen hat, verstieße darüber hinaus gegen § 261 StPO, der mit dem Inbegriff „der“ Verhandlung eine einheitliche, geschlossene Beweisaufnahme vor ein und demselben Gericht, nämlich dem Tatgericht, meint.

15 Die andere Seite der Leistungsmethode besteht, hier in aller Kürze gesagt, in Folgendem: Alles, was das Revisionsgericht an Darstellungs- und Argumentationsmängeln des angefochtenen Urteils erkennen kann, während es seiner durch die Sachrüge ausgelösten Pflicht nachkommt, das gesamte tatrichterliche Urteil auf Rechtsfehler hin zu überprüfen, muss es auch dazu berechtigen, eine neue tatrichterliche Hauptverhandlung anzuordnen. Das gilt für die tatrichterlichen Feststellungen selbst, für die Erwägungen zur Beweiswürdigung und schließlich für die dem Revisionsrichter früher ebenfalls entzogenen Ausführungen zum Rechtsfolgenausspruch. Wir werden über das bisher übliche Verständnis hinaus zu zeigen versuchen, dass dies sogar für „reine“ Verfahrensfehler gilt, die als solche nicht gerügt, aber ohne Weiteres auf die Sachrüge hin aus den Urteilsgründen erkennbar sind.[12]

---

**10** Vgl. dazu LR-*Franke* vor § 333 StPO, Rn. 5. Näheres unter Rn. 15, 18.

**11** Vgl. BVerfG, Beschl. v. 8.5.1991 – 2 BvR 1380/90 = NStZ 1991, 499; dazu Anm. *Foth* in NStZ 1992, 444 mit weitgehend unberechtigter Kritik an der Rechtsprechung des BGH zur Revisibilität der Beweiswürdigung. Auch für die andere „Domäne des Tatrichters“, die Strafzumessung, hat das BVerfG anerkannt, dass trotz der Gesetzesänderung durch Einführung des § 354 Abs. 1a StPO der Anspruch auf den gesetzlichen Richter verletzt sein kann, wenn das Revisionsgericht von dieser Entscheidungskompetenz über die ausdrückliche Regelung hinaus Gebrauch macht: BVerfG, Beschl. v. 14.6.2007 – 2 BvR 1447/05 u.a. = BVerfGE 118, 212 = StV 2007, 393 und BVerfG, Beschl. v. 14.8.2007 – 2 BvR 760/07 = StV 2007, 561. Hierzu: *Hamm* StV 2008, 205; *Paster/Sättele* NStZ 2007, 609.

**12** Vgl. dazu unten Rn. 1601 ff.; *Hamm* FS Rissing-van Saan, S. 195. Differenzierend *El-Ghazi* HRRS 2014, 350.

Die zahlreichen Prüfungs- und Eingriffsmöglichkeiten, die sich die Revisionsgerichte während der letzten Jahrzehnte geschaffen haben, sind von tiefgreifender Wirkung auf die Natur des Rechtsmittels insgesamt gewesen. Dadurch ist die Revision im Dienste der Einzelfallgerechtigkeit praktisch brauchbarer geworden. Diese Praxis hat sicherlich mehr erreicht, als man sich von dem früher diskutierten Plan zu versprechen gehabt hätte, dem Revisionsgericht durch eine Gesetzesänderung bei „schwerwiegenden Bedenken“ gegen die Richtigkeit der tatrichterlichen Feststellungen eigene ergänzende Beweiserhebungen zu gestatten.[13] Andererseits hat die hier nur angedeutete, im Einzelnen in ihren Ergebnissen noch näher darzustellende Rechtsentwicklung, solange sie sich nur kasuistisch entwickelte, zunächst einige Zeit dazu beigetragen, die Rechtsprechung der Revisionsgerichte weniger durchschaubar und weniger voraussehbar zu machen. 16

Die Prognose, ob eine Revision Erfolg haben werde oder nicht, war zu der Zeit, als *Schneidewin* seinen damals grundlegenden Aufsatz schrieb[14] und auch noch bei Erscheinen der von *Sarstedt* bearbeiteten früheren Auflagen dieses Buches, wesentlich leichter als in den Jahren der richterrechtlichen Fortentwicklung des Rechtsmittels. Inzwischen hat sich der BGH für bestimmte Beweissituationen, z.B. für den Zeugenbeweis bei „Aussage gegen Aussage“, von der rein kasuistischen Betrachtung gelöst und durchaus verallgemeinerungsfähige Grundsätze formuliert, die bis zu neuen Beweisregeln reichen.[15] Was aber nach wie vor fehlt, ist eine dogmatisch saubere und fall- bzw. fallgruppenüber- 17

**13** Zu den Mitte der 70er Jahre des vorigen Jahrhunderts diskutierten Vorschlägen umfassend *Fezer*, Möglichkeiten einer Reform der Revision in Strafsachen, passim; vgl. auch Verhandlungen des 52. Deutschen Juristentages, Wiesbaden 1978, Band II, Sitzungsbericht L, Beschlüsse, L 223, unter Nummer 13 (eigene Beweiserhebung zur Schuldfrage) und Nummer 14 (eigene Beweiserhebung zur Straffrage). Beide Vorschläge wurden abgelehnt. Zur Thematik insgesamt *Hamm* FS Fezer, S. 393.

**14** *Schneidewin* JW 1923, 345.

**15** Dazu unten Rn. 1171 ff. In BGH, Beschl. v. 10.1.2017 – 2 StR 235/16 = StV 2017, 367 hebt der Senat eine Verurteilung, die aufgrund eines auffälligen belastenden Aussageverhaltens erfolgt war, wegen einer Reihe von Erörterungsmängeln hinsichtlich der Einzelheiten der Zeugenaussage auf und schließt die auf die Sachrüge gestützten Gründe mit der Formel ab, er könne „nicht ausschließen, dass der Tatrichter bei Einhaltung der sachlich-rechtlichen Erörterungspflichten zu einer anderen Beurteilung der Glaubhaftigkeit der Angaben der Geschädigten gelangt wäre.“ Ähnlich BGH, Beschl. v. 21.9.2017 – 2 StR 275/17, wo der Senat dem Tatrichter zwar eine vollständige Darstellung der Aussageentstehung bescheinigt, aber die Feststellungen und Erwägungen zur Aussageentwicklung als lückenhaft beanstandet und dies zum Anlass für die Urteilsaufhebung nimmt.

greifende Begründung für die Grenzen der Revisibilität, also für die Zuständigkeitsverteilung zwischen Tat- und Revisionsrichter. Wer erst einmal anerkannt hat, dass auch die Bemühungen der Instanzgerichte um die Erforschung des wahren Sachverhalts rechtlichen Regeln unterliegen und dass auch bei der Beweiswürdigung ein rechtlich falsches Beweismaß angelegt werden kann, das nach einer Korrektur durch die Revisionsinstanz verlangt, kann sich nicht mit der Aussage zufriedengeben, weitergehende „Eingriffe“ in die Domäne des Tatrichters seien von einer Rechtsinstanz nicht zu „leisten“. Stattdessen sollte man sich auf diesen Sprachgebrauch einigen: Ob das Tatgericht alles getan hat, um den wahren Sachverhalt ohne Verstöße gegen die materiell-rechtlichen Strafbarkeitsvoraussetzungen und ohne Verfahrensfehler einschließlich der richtigen Anwendung des § 261 StPO festzustellen, darf das Revisionsgericht selbst entscheiden. Es muss Rechtsfehler i. S. der §§ 337, 338 StPO, so der Beschwerdeführer das will und ordnungsgemäß gerügt hat, zum Anlass nehmen, ein durch Revision angefochtenes Urteil aufzuheben, und wenn der Tatrichter nicht hätte zwingend freisprechen oder eine absolute Strafe verhängen müssen (dann darf dies das Revisionsgericht selbst, § 354 Abs. 1 StPO), muss ein neues Tatgericht beauftragt werden, die Hauptverhandlung zu wiederholen und ein neues Urteil zu sprechen. Mit dieser Pflicht zur Zurückverweisung auf die Ebene des Erstgerichts kommt am besten zum Ausdruck, was das Revisionsgericht nicht darf: selbst über die Tatsachen entscheiden.

## B. Rügetypen

18 Die für die Abgrenzung zwischen Tat- und Rechtsfragen aber auch für die Unterscheidung zwischen der Sachrüge und den Verfahrensrügen nach wie vor angewendete pragmatische „Leistungsmethode“ kann niemanden befriedigen, der auf dogmatische Sauberkeit gerade angesichts der Garantenstellung der Revisionsgerichte für die Wahrung strenger Formen bei den untergeordneten Instanzen bedacht ist.

19 Die bisher im Schrifttum und teilweise auch in der Rechtsprechung vorhandenen Anstöße zu einer Begradigung der Grenzen zwischen dem revisiblen und dem nicht revisiblen Teil der tatrichterlichen Entscheidungen sollten deshalb einer Systematisierung zugeführt werden. In einem Buch wie dem vorliegenden, das insbesondere die Aufgabe hat, praktisch tätige Strafjuristen mit den Besonderheiten, Gesetzmäßigkeiten, aber auch den Förmlichkeiten des Revisionsverfahrens vertraut zu machen, kann dieser Beitrag zur Suche nach einem geschlossenen rechtsdogmatischen System nicht in gleicher Weise geleistet werden wie in einer monographischen Untersuchung, die sich nur dieses Prob-

lemkreises annehmen würde.[16] Andererseits wäre aber eine Gesamtdarstellung des Revisionsrechts unvollkommen, wenn systematische Inkonsequenzen und Brüche in der Verfahrenspraxis lediglich konstatiert und gegenüber allen möglichen anderen Fehlbildungen des Rechts als das „kleinere Übel" hingenommen würden.

Es soll deshalb – auch unter gelegentlicher Abkehr von Bewertungen der eingefahrenen Revisionspraxis durch frühere Auflagen – gleichsam „bei Gelegenheit" der Behandlung einzelner Revisionsgründe eine Neuordnung der verschiedenen Rügegruppen vorgeschlagen werden. Dies klingt zunächst drastischer als es gemeint ist und als es im Folgenden eingelöst werden kann. Deshalb sei schon an dieser Stelle angedeutet, worin eine wesentliche Ursache für die geringe Vorhersehbarkeit und pragmatisch überbrückte dogmatische Inkonsistenz der revisionsgerichtlichen Entscheidungspraxis zu sehen ist: Es ist weniger die Schwierigkeit der Unterscheidung zwischen Tat- und Rechtsfragen als der durchgängig missverständliche Sprachgebrauch bei der Unterscheidung zwischen Verfahrensmängeln und sachlich-rechtlichen Fehlern. 20

Die Revisionsgerichte haben sich angewöhnt, diese Unterscheidung nicht anhand der voneinander zu trennenden Gegenstände (materielles Recht versus Prozessrecht), sondern unter Heranziehung der verschiedenen zu ihnen hinführenden Wege (Sachrüge versus Verfahrensrüge) zu treffen. Und gelegentlich kommt es sogar zu Entscheidungen, bei denen der BGH die Urteilsaufhebung wegen eines „sachlich-rechtlichen" Darstellungsmangels der Beweiswürdigung davon abhängig macht, dass die hierfür notwendigen Verfahrenstatsachen im Rahmen der Verfahrensrüge (die als solche gar nicht begründet zu sein braucht), mitgeteilt werden.[17] Da dies aber die gesetzliche Unterscheidung zwischen Sachbeschwerde und Verfahrensrügen (mit den in § 344 Abs. 2 StPO geregelten unterschiedlichen Zulässigkeitsvoraussetzungen) völlig durcheinander bringt, ist es notwendig, über eine neue klare Grenzziehung zu diskutieren. 21

Der BGH verfährt stattdessen bislang noch umgekehrt: Die Senate gehen von der gesetzlichen Unterscheidung zwischen den Anforderungen an eine zulässige Verfahrensrüge und der Sachrüge aus, um stets dann auf die Sachrüge hin ein Urteil aufzuheben, wenn sie gemäß § 344 Abs. 2 Satz 1 StPO als solche 22

16 Als ein Schritt in diese Richtung kann die Dissertation von *El-Ghazi*, Die Zuordnung von Gesetzesverletzungen zu Sach- und Verfahrensrüge in der strafprozessualen Revision, angesehen werden. S. auch *El-Ghazi*, HRRS 2014, 350; *ders.* GA 2020, 439.

17 Beispiel zu einem durch das Verständigungsgesetz nicht völlig überholten Sachverhalt: BGH, Beschl. v. 6.11.2007 – 1 StR 370/07 = BGHSt 52, 78 = NJW 2008, 1749 m. Anm. *Schmitz* = StV 2008, 60 = NStZ 2008, 173.

kenntlich gemacht wurde, und die Schwächen der Urteilsgründe erkennbar sind, ohne dass das Revisionsgericht hierzu nähere Ausführungen durch den Beschwerdeführer „braucht". Dagegen ist eine Verfahrensrüge erst dann zulässig erhoben, wenn der Revisionsführer auch im Einzelnen die Verfahrenstatsachen angibt, in denen er den Mangel zu erkennen glaubt (§ 344 Abs. 2 Satz 2 StPO). Dabei sind – wenn die Sachrüge erhoben ist – Angaben über solche Tatsachen entbehrlich,[18] die im Urteil ausdrücklich erwähnt sind, zu dessen Lektüre das Revisionsgericht nach Erhebung der Sachrüge ohnehin verpflichtet ist.[19]

23 Daran knüpft nun der Vorschlag für eine neue Grenzziehung an. Ergeben sich *alle* Tatsachen, die einen Verfahrensfehler begründen, schon aus dem Urteil, so kann ein Verfahrensfehler auf die Sachrüge hin zum Erfolg der Revision führen.

24 Das Extrembeispiel hierfür ist das Fehlen jeglicher Urteilsgründe, das in § 338 Nr. 7 StPO als absoluter Revisionsgrund, und zwar eindeutig als Verfahrensfehler geregelt ist. Kein Revisionsgericht würde aber ein Urteil, das keine Gründe enthält und das nur mit dem Satz „Gerügt wird die Verletzung des materiellen Rechts" angegriffen wird, rechtskräftig werden lassen. Dasselbe gilt für Urteile, deren Gründe nicht den in der *Verfahrens*vorschrift des § 267 StPO geregelten Mindestinhalt haben. Auch ein Urteil, das aus sich selbst heraus zu erkennen gibt, dass es auf der Verwertung eines Umstandes beruht, der die Verfahrensstellung des Angeklagten betrifft (z.B. die späte Einlassung,[20] das unterschiedliche Aussageverhalten[21] oder die Benennung eines Entlastungszeu-

**18** Dass er solche im Urteil erwähnten Verfahrenstatsachen verschweigen *darf*, heißt nicht, dass er es auch sollte.

**19** BGH, Urt. v. 20.3.1990 – 1 StR 693/89 = BGHSt 36, 384 = NJW 1990, 1859.

**20** Beispiele aus der BGH-Rechtsprechung: BGH, Urt. v. 26.10.1965 – 5 StR 415/65 = BGHSt 20, 281 = JR 1966, 269 m. Anm. *Kleinknecht*; BGH, Beschl. v. 29.8.1974 – 4 StR 171/74 = BGHSt 25, 365, 368; BGH, Urt. v. 26.10.1983 – 3 StR 251/83 = BGHSt 32, 140, 144; BGH, Urt. v. 2.4.1987 – 4 StR 46/87 = BGHSt 34, 324, 325; BGH, Urt. v. 26.5.1992 – 5 StR 122/92 = BGHSt 38, 302, 305; BGH, Beschl. v. 25.10.2011 – 5 StR 357/11 = NStZ-RR 2012, 18; BGH, Beschl. v. 28.5.2014 – 3 StR 196/14 = NStZ 2014, 666; BGH, Beschl. v. 17.9.2015 – 3 StR 11/15 = NStZ 2016, 59; BGH, Beschl. v. 13.10.2015 – 3 StR 344/15 = NStZ 2016, 220; BGH, Beschl. v. 17.7.2019 – 4 StR 150/19; BGH, Beschl. v. 12.11.2019 – 5 StR 451/19. vgl. auch BGH, Urt. v. 22.3.2006 – 2 StR 585/05 = StV 2008, 236 (Verfahrensrüge nach § 261 StPO); BGH, Beschl. v. 18.6.2008 – 2 StR 225/08 (Aufhebung auf Sachrüge).

**21** Vgl. BGH, Urt. v. 21.11.2017 – 1 StR 261/17, Rn. 26; vgl. aber auch BGH, Urt. v. 1.2.2017 – 2 StR 78/16, Rn. 23 ff. = NStZ-RR 2017, 183; BGH, Urt. v. 10.9.1985 – 1 StR 292/85 = NStZ 1986, 208 bei *Pfeiffer/Miebach* (mehrere Vernehmungen betreffend); BGH, Beschl. v. 20.1.1984 – 3 StR 487/83 = StV 1984, 143; BGH, Beschl. v. 18.12.1987 – 2 StR 633/87 = StV 1988, 239; OLG Stuttgart,

gen erst in der Hauptverhandlung[22]), beruht auf einer falschen Anwendung von *Prozess*recht. Dennoch heben die Revisionsgerichte in diesen Fällen das Urteil „auf die Sachrüge hin" auf. Das ist nur in dem Sinne richtig, als es (allein) die Sachrüge war, die dem Revisionsgericht das Erkennen des Verfahrensmangels ermöglichte, weil sie mit dem Hinweis auf das Urteil auch schon die Anforderungen an eine zulässige Verfahrensrüge erfüllte. Der regelmäßig ausdrückliche Hinweis in den entsprechenden Revisionsentscheidungen auf die Sachrüge bedeutet aber nicht, dass der aufgedeckte Fehler seinen Charakter als Verfahrensfehler damit verloren hätte und zum Verstoß gegen das materielle Recht geworden wäre.

Im jeweiligen Zusammenhang wird nachfolgend dargelegt, dass dieser se- 25
mantische Unterschied mehr ist als eine rabulistische Wortklauberei, dass er vielmehr die Voraussetzung schafft zu einer systematischen Ordnung der in § 337 StPO gemeinten Verletzungstatbestände. Würde sich die Rechtsprechung die hier vorgeschlagene Terminologie zu eigen machen, würde sich vermutlich die Prüfungsmasse an revisiblen Regelverstößen insgesamt gegenüber der bisherigen Praxis kaum ändern. Aber die erreichten Fortschritte bei der Revisibilität z.B. der Beweiswürdigung könnten dadurch dogmatisch harmonisiert werden, weil auch die Trennschärfe zwischen den materiell-rechtlichen, den verfahrensrechtlich relativen und den absoluten Revisionsgründen erhöht und damit ein Beitrag zur Objektivierung und Voraussehbarkeit der Revisionsentscheidungen geleistet würde.

## C. Neue Themen für die Revisionsgerichte durch das Verständigungsgesetz

Seit der Einführung der §§ 243 Abs. 4, 257b, 257c, 273 Abs. 1a, und 302 Abs. 1 S. 2 26
StPO durch das Verständigungsgesetz im Jahre 2009[23] haben sich die Revisionsgerichte häufiger als in den Zeiten der rein informellen „Deals", die regelmäßig

---

Beschl. v. 15.1.1986 – 1 Ss (25) 845/85 = NStZ 1986, 182 (mehrere Verfahrensabschnitte betreffend); *Meyer-Goßner/Schmitt* § 261 StPO, Rn. 18.

**22** BGH, Urt. v. 2.4.1987 – 4 StR 46/87 = BGHSt 34, 324, 327 = NJW 1987, 2027 = JR 1987, 477 m. Anm. *Hammerstein*; BGH, Beschl. v. 23.10.1986 – 4 StR 569/86 = StV 1987, 51= NStZ 1987, 182; BGH, Urt. v. 12.7.1979 – 4 StR 291/79 = NJW 1980, 794; vgl. auch BGH, Beschl. v. 7.8.2014 – 3 StR 105/14, Rn. 12 = NStZ 2015, 207; BGH, Beschl. v. 17.9.2015 – 3 StR 11/15 = NStZ 2016, 59 m. Anm. *Miebach*.

**23** Gesetz zur Regelung der Verständigung im Strafverfahren vom 29.7.2009 (BGBl. I, 2353); hierzu: BT-Drs. 16/11736.

auch einen Rechtsmittelverzicht zum Gegenstand hatten, mit den nunmehr gesetzlich eingehegten Urteilsabsprachen zu befassen, zumal nach § 302 StPO jetzt vor Ablauf der Revisionseinlegungsfrist keine Rechtskraft mehr hergestellt werden darf, wenn dem Urteil eine Verständigung i.S.d. § 257c StPO vorausgegangen ist. Auch hat die wegweisende Entscheidung des BVerfG vom 19.3.2013[24], in der die weitere Anerkennung der Verfassungsmäßigkeit der genannten Vorschriften von deren enger und strikter Befolgung durch die Praxis abhängig gemacht wurde, zu vielen neuen Zweifelsfragen und zu einer großen Zahl von Rügen und BGH-Entscheidungen geführt. Ihr Gegenstand ergibt sich aus den Vorstellungen des Gesetzgebers zur Dokumentation verständigungsrelevanter Vorgänge, die dafür gesorgt haben, dass Mitteilungs- und Protokollierungspflichten selbst für Gespräche bestehen, die außerhalb der Hauptverhandlung stattgefunden haben (§§ 243 Abs. 4, 273 Abs. 1 Satz 2 und Abs. 1a StPO). Darauf wird weiter unten[25] noch ausführlich einzugehen sein. Hier wollen wir uns auf den Hinweis beschränken, dass das Rechtsmittel der Revision auch dadurch eine Wesensveränderung erfahren hat, dass die Beweiserhebungen über jene Verfahrensvorgänge, auf welche die Verfahrensrügen gestützt werden und von deren Bewiesen-Sein ihr Erfolg abhängt, durchaus nicht mehr nur von der Weichenstellung zwischen Formalbeweis (§ 274 StPO) und Freibeweis abhängen.

---

**24** BVerfG, Urt. v. 19.3.2013 – 2 BvR 2628/10 u.a. = BVerfGE 133, 168 = NJW 2013, 1058.
**25** S. unten Rn. 1333 ff.

# Teil 1: Voraussetzungen der Revision

## A. Gegenstand der Revision

Die Revision kann nur gegen **Urteile** gerichtet werden (§§ 333, 335 StPO). Urteile sind verkündete Entscheidungen, die aufgrund einer Hauptverhandlung ergehen und auf Freisprechung, Verurteilung, Anordnung einer Maßregel der Besserung und Sicherung, Verwarnung mit Strafvorbehalt, Einziehung, Absehen von Strafe oder Einstellung des Verfahrens lauten (§ 260 Abs. 2 bis 4 StPO); ferner sind es Entscheidungen der Strafkammern über Berufungen. Es kommt nicht auf die Form oder die Bezeichnung, sondern auf den Inhalt der Entscheidung und ihre Einordnung in der Verfahrenslage an.[26] Eine Entscheidung, die das Verfahren beenden will und einstellt, „für unzulässig erklärt", weil eine Verfahrensvoraussetzung fehle oder ein Verfahrenshindernis gegeben sei, ist, wenn sie in der Hauptverhandlung ergeht, ein Urteil, auch wenn das Landgericht sie in Unkenntnis des § 260 Abs. 3 StPO als Beschluss bezeichnet hat;[27] sie kann also mit der Revision angefochten werden.[28] Dasselbe gilt für „Beschlüsse", die entgegen § 275a Abs. 2 StPO ohne mündliche Hauptverhandlung und ohne Beteiligung von Schöffen gefasst wurden, wobei auch dann die Revision das gebotene Rechtsmittel ist, wenn darin gerade dieser Fehler beanstandet werden soll.[29] Ebenso kann auch eine **Berufungsentscheidung**, die das angefochtene Urteil aufhebt und die Sache an ein anderes Gericht erster Instanz verweist, nur mit der Revision angefochten werden.[30] Da eine solche Entscheidung auch noch unter den seit 1987[31] sehr engen Voraussetzungen des § 328 Abs. 2 StPO Inhalt eines Urteils sein kann, muss sie selbst dann, wenn sie fälschlicherweise als 27

**26** BGHSt 18, 381 = JZ 1963, 714 (m. Anm. *Eb. Schmidt*); BGH StV 1982, 61; BGH, Urt. v. 1.7. 2005 – 2 StR 9/05 = BGHSt 50, 180 = NJW 2005, 3078, hierzu: *Zschieschack* JR 2006, 8; *Renzikowski* NStZ 2006, 280; BGH, Beschl. v. 23.3.2017 – 2 StR 59/17 = StraFo 2017, 240; BGH, Beschl. v. 19.9.2019 – 1 StR 317/19; *Meyer-Goßner/Schmitt* Einl,, Rn. 167.

**27** *Meyer-Goßner/Schmitt* § 296 StPO, Rn. 11 ff..

**28** Zu einem kuriosen Fall, in dem das Tatgericht zwei Urteile verkündet hatte, vgl. OLG Zweibrücken, Beschl. v. 6.5.1996 – 1 Ss 107/96 = MDR 1997, 87.

**29** BGH, Urt. v. 1.7.2005 – 2 StR 9/05 = BGHSt 50, 180 mit dem Leitsatz: „Die Revision ist auch dann das statthafte Rechtsmittel gegen eine Entscheidung über die nachträgliche Anordnung der Sicherungsverwahrung, wenn das Landgericht unter Verstoß gegen § 275a StPO nicht durch Urteil, sondern ohne Hauptverhandlung durch Beschluss entschieden hat."

**30** RGSt 65, 397 = JW 1932, 1754 Nr. 42 m. Anm. *Bohne*.

**31** Das StrVÄG v. 27.1.1987 (BGBl. I, 475) beseitigte die Möglichkeit der Zurückverweisung durch das Berufungsgericht wegen eines Verfahrensfehlers mit Ausnahme der unberechtigten Annahme der sachlichen oder örtlichen Zuständigkeit des Erstgerichts.



https://doi.org/10.1515/9783110444339-002

„Beschluss" bezeichnet wird, als Urteil behandelt werden. Umgekehrt wäre – was sicherlich kaum noch vorkommt – eine vorläufige Einstellung des Verfahrens außerhalb der Hauptverhandlung, wenn sie die Überschrift „Urteil" und die Formel „Im Namen des Volkes" trüge, doch nur ein Beschluss und könnte nur mit der Beschwerde angefochten werden.[32] Entscheidungen des erkennenden Gerichts, die mit der Beschwerde anfechtbar sind, können nicht mit der Revision angefochten werden. So ergeht etwa eine Entscheidung über die nachträgliche Gesamtstrafenbildung gem. § 460 StPO durch Beschluss und kann nur mit der sofortigen Beschwerde gem. § 462 Abs. 3 Satz 1 StPO angefochten werden, selbst wenn sie als „Urteil" bezeichnet wird.[33] Die Anordnung über die Dauer der Bewährungszeit gehört in einen gesonderten Beschluss (§ 268a StPO). Nimmt das Gericht sie aber in das Urteil auf, so ist statt der Beschwerde die Revision das gegebene Rechtsmittel, jedoch kann das Urteil auch auf die Revision nur in dem Umfang nachgeprüft werden, den § 305a Abs. 1 Satz 2 StPO vorsieht.[34] Generell muss in Fällen, in denen zweifelhaft ist, welches Rechtsmittel zulässig sein soll, aber gelten: Hat der Beschwerdeführer sich fälschlicherweise nach der äußeren Form der Entscheidung gerichtet, so wird sein Rechtsmittel gemäß § 300 StPO in das zulässige umgedeutet. Hat er durch Wahl des falschen Rechtsmittels die Frist für das richtige versäumt, so kann ihm unter den Voraussetzungen der §§ 44, 45 StPO auf seinen Antrag Wiedereinsetzung in den vorigen Stand gewährt werden.

28 Die Revision ist gegeben gegen folgende Arten von Urteilen:

- gegen erstinstanzliche Urteile der Oberlandesgerichte gemäß § 120 GVG,
- gegen alle Urteile der Strafkammern, sowohl die des ersten Rechtszugs als auch die Berufungsurteile (ausgenommen im Jugendstrafverfahren, wenn gegen das erstinstanzliche Urteil eine zulässige Berufung eingelegt war, § 55 Abs. 2 Satz 1 JGG),
- gegen alle Urteile des Einzelrichters und der (auch gemäß § 29 Abs. 2 GVG erweiterten) Schöffengerichte, die mit der Berufung angefochten werden können (§ 335 StPO).

29 Bei den Letztgenannten steht dem Beschwerdeführer die Wahl zwischen beiden Rechtsmitteln zu („Wahlrevision", wahlweise **Sprungrevision**). Er braucht in-

---

**32** BGHSt 25, 242 = NJW 1974, 154 = JR 1974, 522 m. Anm. *Kohlhaas*. Vgl. hierzu auch BGH, Beschl. v. 19.9.2019 – 1 StR 317/19.

**33** BGH, Beschl. v. 23.3.2017 – 2 StR 59/17 = StraFo 2017, 240.

**34** A.A. (Beschwerde als das gegebene Rechtsmittel gegen diesen Teil des Urteils) *Meyer-Goßner/Schmitt* § 333 StPO, Rn. 3.

nerhalb der Wochenfrist (§§ 314, 341 StPO) nur zu erklären, dass er das Urteil „anfechte". Er ist aber auch nicht daran gebunden, dass er bei der Einlegung das Rechtsmittel ausdrücklich als „Berufung" oder „Revision" bezeichnet hat; er kann die Bestimmung noch bis zum Ablauf der Revisionsbegründungsfrist ändern,[35] dann allerdings nicht mehr, wenn er bis zu diesem Zeitpunkt keine Revisionsbegründung abgeliefert hat.[36] Entscheidet er sich nicht eindeutig, so ist das Rechtsmittel als Berufung zu behandeln.[37] Hat er sich aber einmal durch einen Wechsel oder die erstmalig eindeutige Bezeichnung des Rechtsmittels auf Berufung oder Revision festgelegt, ist ein erneuter Wechsel nicht mehr möglich.[38]

Unterschiedliche Meinungen gibt es zu der Frage, ob nach Ablauf der Revi- 30
sionsbegründungsfrist noch eine **Wiedereinsetzung** (nur) zu dem Zweck gewährt werden kann, die Wahl des Rechtsmittels nachzuholen oder zu ändern. Teilweise wird dies allgemein verneint,[39] *Meyer-Goßner/Schmitt* bejahen die Möglichkeit der Wiedereinsetzung nur zum Zwecke des Übergangs von der Revision zur Berufung, nicht aber zum Zwecke des Übergangs zur Revision.[40] Die h.M. verlangt auch hier – wie sonst bei § 44 StPO – eine Fristversäumnis, was nur bezogen auf die Revisionsbegründungsfrist gegeben sein kann.[41] Aus § 44 StPO ergibt sich, dass die Wiedereinsetzung überhaupt nur dann möglich ist, wenn jemand „ohne Verschulden gehindert (war), eine Frist einzuhalten". Daraus lässt sich jedenfalls kein Anspruch herleiten, sehenden Auges eine Frist verstreichen zu lassen, um in der Wahl eines Rechtsmittels möglichst lange frei zu bleiben.[42] Etwas anderes könnte aber gelten in den Fällen, in denen sich der

---

35 *Meyer-Goßner/Schmitt* § 335 StPO, Rn. 9 ff.

36 Gibt der Beschwerdeführer bereits bei Einlegung des Rechtsmittels zweifelsfrei zu erkennen, dass er unter Verzicht auf die Berufung die Revision wählt, ist ihm der spätere Übergang zur Berufung versagt, OLG Köln, Beschl. v. 16.1.1996 – Ss 553/95 – 248 = StV 1996, 369; *Meyer-Goßner/Schmitt* § 335 StPO, Rn. 12.

37 KK-*Gericke* § 335 StPO, Rn. 6.

38 *Meyer-Goßner/Schmitt* § 335 StPO, Rn. 12.

39 BeckOK-StPO/*Wiedner* § 335 StPO, Rn. 20; KK-*Gericke* § 335 StPO, Rn. 6: „Eine *Wiedereinsetzung* gegen die Versäumung der Wahl ist nicht möglich." unter Hinw. auf BayObLGSt 1970, 158; OLG Stuttgart Justiz 1974, 99; OLG Köln, Vorlagebeschl. v. 27.5.1994 – Ss 165/94 = NStZ 1994, 557; OLG München, Beschl. v. 6.4.2009 – 5 St RR 53/09 = wistra 2009, 327; OLG Naumburg, Beschl. v. 28.4.2009 – 2 Ss 46/09 = StraFo 2009, 388.

40 *Meyer-Goßner/Schmitt* § 335 StPO, Rn. 13.

41 Vgl. hierzu auch SK-StPO/*Frisch* § 335 StPO, Rn. 17.

42 Differenzierend auch LR-*Franke* § 335 StPO, Rn. 15. Nach verschiedenen Entscheidungen ermöglicht die Wiedereinsetzung nicht den Übergang zur Revision nach Ablauf der Frist des § 345 Abs. 1 StPO (OLG Hamm, Beschl. v. 1.8.1991 – 1 Ss 656/91 = NStZ 1991, 601; BayObLG,

Angeklagte durch seinen Verteidiger vor Ablauf der Revisionsbegründungsfrist auf das Rechtsmittel der Revision festlegen wollte, die Revisionsbegründung aber bei dem für die Einreichung zuständigen iudex a quo verspätet eingeht, weil sie irrtümlich an das Berufungsgericht adressiert war. Dass in diesen Fällen die Oberlandesgerichte[43] eine Wiedereinsetzung mit der Begründung verweigern, es liege keine Fristversäumnis vor, weil schon durch den unterbliebenen Eingang der Revisionsbegründung beim dafür zuständigen Gericht die (ja auch zulässige) Berufung wirksam geworden sei, unterliegt doch dem Bedenken, dass das eindeutige Verteidigerverschulden ansonsten nicht dem Angeklagten angelastet wird.[44] Wenn der Verteidiger unter Beachtung der insoweit bestehenden Dominanz des Mandantenwillens (§§ 297, 302 Abs. 2 StPO) eindeutig und sogar innerhalb der Frist begründend die Erklärung abgegeben hat, das Rechtsmittel als Revision führen zu wollen, sollte die Fehlleitung des entscheidenden Schriftsatzes durchaus einer durch Verteidigerverschulden bewirkten Fristversäumnis gleichgestellt und die Wiedereinsetzung gewährt werden.

31 Im Falle einer Wiedereinsetzung gegen die Versäumung der Revisionsbegründungsfrist ist in jedem Falle die Sache in das Stadium zurückversetzt, in dem sie vor dem Fristablauf war. Das bedeutet, dass auch die frühere Revisionseinlegung noch durch die Erklärung ersetzt werden kann, nunmehr doch Berufung führen zu wollen.[45] Das OLG Zweibrücken[46] bejahte noch die Möglichkeit einer Wiedereinsetzung allein zu dem Zweck der Änderung der Wahl des Rechtsmittels unabhängig davon, ob die ursprüngliche Wahl schon mit der Einlegung des Rechtsmittels verbunden war oder das Rechtsmittel erst nachträglich konkretisiert wurde. Dieser Auffassung ist jedenfalls in solchen Fällen der Vorzug zu geben, in denen die Wahl getroffen worden ist, bevor der Revisionsführer das angefochtene Urteil mit Gründen erhalten hat, was aber beim Bestehen der Wahlmöglichkeit ohnehin keine Vorteile bringt, also vermieden werden sollte. Das OLG Zweibrücken weist mit Recht darauf hin, dass dies dem Gebot

---

Beschl. v. 20.2.2003 – 1 St RR 12/03 = NStZ-RR 2003, 173; OLG Dresden, Beschl. v. 21.4.2005 – 3 Ss 136/05 = wistra 2005, 318). Zuständig für den Wiedereinsetzungsantrag ist das Revisionsgericht (OLG Köln, Beschl. v. 12.3.1993 – Ss 42/93 = NStZ 1994, 199, 200 mwN; LR-*Franke*, § 335 StPO, Rn. 15; a.A. OLG München, Beschl. v. 12.3.2010 – 4 StRR 10/10 = NStZ-RR 2010, 245; OLG Zweibrücken MDR 1985, 517: Berufungsgericht). BayObLG, Beschl. v. 20.2.2003 – 1 StRR 12/2003 = BayObLGSt 2003, 10; OLG Naumburg, Beschl. v. 28.4.2009 – 2 Ss 46/09.

**43** OLG Dresden, Beschl. v. 21.4.2005 – 3 Ss 136/05 = wistra 2005, 318.

**44** *Meyer-Goßner/Schmitt* § 44 StPO, Rn. 18 mwN.

**45** OLG München, Beschl. v. 12.3.2010 – 4 St RR 10/10 = NStZ-RR 2010, 245; zur entsprechenden Zuständigkeit vgl. oben Fn. 42 a. E.

**46** OLG Zweibrücken GA 1985, 279.

des fairen Verfahrens am ehesten entspricht, das gegenüber den Belangen der Rechtssicherheit dann Vorrang habe, wenn der Rechtsmittelführer durch Unkenntnis und unverschuldet eine Instanz verlieren würde. Seit der Beseitigung der Möglichkeit des Berufungsgerichts (§ 328 Abs. 2 StPO a.F.), bei krassen Verfahrensfehlern auch in der Berufungsinstanz das Urteil aufzuheben und das Verfahren an die erste Instanz zurückzuverweisen, besteht auch ein rechtliches Bedürfnis danach, ein durch ausdrückliche Erklärung oder durch Fristablauf zur Berufung gewordenes Rechtsmittel im Wege der Wiedereinsetzung in eine Revision umwandeln zu dürfen. Der Ansicht des Oberlandesgerichts Zweibrücken ist das Oberlandesgericht München beigetreten.[47]

Uneingeschränkt zulässig muss die Wiedereinsetzung sein, wenn die später 32
bereute Wahl des Rechtsmittels durch eine **falsche Belehrung** des Gerichts verursacht wurde.[48] Das muss entgegen einer verbreiteten Meinung[49] unabhängig davon gelten, ob die Belehrung deshalb falsch war, weil dabei die Revision als das angeblich allein gegebene Rechtsmittel bezeichnet wurde, oder ob nur die Berufung erwähnt wurde.[50] Dass die Berufung das weitergehende Rechtsmittel ist und die Möglichkeit der späteren Revision immer noch offenlässt,[51] trifft zwar zu. Aber das Gesetz stellt nun einmal mit guten Gründen die Wahlmöglichkeit zur Verfügung, und wer die durchaus manchmal gegebenen Vorzüge der Sprungrevision für sich nutzen möchte, sollte nicht infolge einer unvollständigen und damit falschen Belehrung durch die Justiz selbst daran gehindert werden. Zu den Vorzügen der Sprungrevision gehört sowohl die Möglichkeit, eine Tatsacheninstanz einzusparen, wenn alleine noch Rechtsfragen „streitig" sind, als auch die Chance, durch Zurückverweisung auf die Ebene des Amtsgerichts eine Tatsacheninstanz hinzuzugewinnen, wenn die angefochtene Entscheidung auf einem Verfahrensfehler beruht, der seit der Änderung des § 328 Abs. 2 StPO nicht mehr zur Zurückverweisung durch das Berufungsgericht führen kann.

Hat ein Beteiligter (Staatsanwalt, Mitangeklagter, Privatkläger, Nebenkläger 33
usw.) Berufung eingelegt, so wird die von einem anderen Beteiligten eingelegte Revision ebenfalls **als Berufung behandelt** (§ 335 Abs. 3 StPO). Das gilt auch dann, wenn die Berufung sich auf einen Tatvorwurf bezieht, der sich nur gegen

---

47 OLG München, Beschl. v. 12.3.2010 – 4 St RR 10/10 = NStZ-RR 2010, 245; vgl. hierzu auch BeckOK-StPO/*Wiedner* § 335 StPO, Rn. 22.

48 BeckOK-StPO/*Wiedner* § 335 StPO, Rn. 20.1.

49 KMR-*Mutzbauer*, 53. Ergänzungslieferung, § 335 StPO, Rn. 18; KG JR 1977, 81, 82.

50 LR-*Franke* § 335 StPO, Rn. 20; nun auch KMR-*Momsen* § 335 StPO, Rn. 18.

51 LR-*Franke* § 335 StPO, Rn. 20.

einen Mitangeklagten richtet.[52] Dies soll nicht nur widersprechende Entscheidungen im selben Tatkomplex vermeiden, sondern es soll auch verhindern, dass ein und dasselbe Verfahren gleichzeitig in mehreren Instanzen anhängig ist.[53] In den Fällen freilich, in denen durch Trennung der Verfahren gegen mehrere Beschuldigte von vornherein die Gefahr widersprüchlicher Urteile in Kauf genommen wurde, ohne dass diese durch die unterschiedlichen Rechtsmittel noch nennenswert vergrößert worden wäre, gilt § 335 Abs. 3 StPO nicht.[54] Ist das Verfahren jedoch bis zu einem gemeinsamen Urteil verbunden gewesen, so darf nicht etwa mit dem Ziel, die Rechtswirkungen des § 335 Abs. 3 StPO zu umgehen, die Trennung beschlossen werden. Geschieht dies dennoch, verbleibt es dabei, dass beide Rechtsmittel als Berufung durchzuführen sind.[55] Die Behandlung als Berufung setzt allerdings stets voraus, dass die Revision in der Form und Frist des § 341 StPO eingelegt wird. Andernfalls ist auch die Berufung unzulässig.

34 Der **Vorrang der Berufung** bei divergierenden Rechtsmitteln gilt nur, wenn und solange die Berufung nicht zurückgenommen oder als unzulässig verworfen ist. Die Revision des anderen Beteiligten wird also zwar als Berufung „behandelt", bleibt aber auch als Revision aufschiebend bedingt bestehen.[56] Nach der Rücknahme oder der Verwerfung der Berufung als unzulässig setzt freilich das Wiederaufleben der Revision voraus, dass sie den revisionsrechtlichen Vorschriften genügt, insbesondere form- und fristgerecht begründet worden ist (§ 335 Abs. 3 S. 2 StPO). Fehlt es daran, so wird (auch) die Revision als unzulässig verworfen.[57] Es empfiehlt sich also im Falle konkurrierender Rechtsmittel, vor Ablauf der Revisionsbegründungsfrist zu entscheiden, ob man wirklich bei der Revision bleiben möchte, oder ob die Berufung nicht doch das sicherere Rechtsmittel ist. Im ersteren Falle sollte vorsorglich eine Revisionsbegründung abgegeben werden; im letzteren Falle sollte rechtzeitig die Umwandlung der Revision in eine Berufung erklärt werden. Wer beides unterlässt, begibt sich in

---

52 LR-*Franke* § 335 StPO, Rn. 22 (entscheidend ist allein, dass sich die verschiedenen Rechtsmittel gegen dasselbe Urteil richten); *Meyer-Goßner/Schmitt* § 335 StPO, Rn. 15.

53 OLG Zweibrücken MDR 1986, 778; OLG Brandenburg, Beschl. v. 30.1.2008 – 1 Ss 4/08; so schon RGSt 46, 194, 196.

54 So auch LR-*Franke* § 335 StPO, Rn. 22 jedenfalls für den Fall, dass die Trennung vor dem amtsgerichtlichen Urteil erfolgt.

55 LR-*Franke* § 335 StPO, Rn. 22; OLG Zweibrücken MDR 1986, 778; OLG Köln, Beschl. v. 15.8.2000 – 3 Ss 333/00 = NStZ-RR 2001, 86; OLG Brandenburg, Beschl. v. 30.1.2008 – 1 Ss 4/08.

56 LR-*Franke* § 335 StPO, Rn. 22.

57 OLG München, Beschl. v. 20.11.2006 – 4 St RR 210/06 = NStZ-RR 2007, 56; LR-*Franke* § 335 StPO, Rn. 24; *Meyer-Goßner/Schmitt* § 335 StPO, Rn. 17.

die Hand des anderen Rechtsmittelführers, der durch Rücknahme auch den Risiken der Urteilsaufhebung bzw. -änderung zu seinen Lasten entgeht. Ist die Staatsanwaltschaft die andere Rechtmittelführerin, wird diese Gefahr besonders relevant.[58]

## B. „Annahmefreie“ Sprungrevision?

In den Fällen, in denen die Berufung der Annahme durch das Rechtsmittelgericht bedarf (§ 313 Abs. 1 StPO), soll nach einer verbreiteten Meinung vor der Sprungrevision zunächst die Berufung eingelegt und begründet werden müssen. Denn das Wahlrechtsmittel der Sprungrevision nach § 335 StPO setze voraus, dass auch die Berufung zulässig ist.[59] So könne der Beschwerdeführer erst nach Annahme der Berufung und nur innerhalb der Revisionsbegründungsfrist den Übergang zur Revision erklären.[60] *Meyer-Goßner*[61] hat zutreffend darauf hingewiesen, dass sich das Problem nur deshalb stellt, weil im Gesetzgebungsverfahren schlicht vergessen wurde, die Frage zu regeln, und er hat zu Recht auf die Konsequenzen der h.M. in den Fällen hingewiesen, in denen zunächst gegenläufige Rechtsmittel verschiedener Verfahrensbeteiligter eingelegt werden, und später die Berufung, die nach § 335 Abs. 3 StPO die Revision ebenfalls zur Berufung macht, zurückgenommen oder als unzulässig verworfen wird. 35

Macht sich der Verteidiger nach eingehender Abwägung und Überprüfung der Rechtsprechung des zuständigen Oberlandesgerichts die Gegenansicht zu eigen, die Revision sei auch in Fällen der Annahmeberufung stets zulässig,[62] so sollte er zur Sicherheit diese auch dann wie eine allein durchzuführende Revision begründen, wenn die Staatsanwaltschaft oder die Nebenklage eine Berufung eingelegt hat. Neben dem Gang des Gesetzgebungsverfahrens[63] spricht gegen die Auffassung *Meyer-Goßners*, dass die Zulässigkeitsklausel des § 335 StPO – wie im früheren Recht auch – nicht die Erfüllung spezieller Zulässigkeitsvoraussetzun- 36

58 So etwa in OLG Köln, Beschl. v. 15.8.2000 – 3 Ss 333/00 = NStZ-RR 2001, 86.

59 *Meyer-Goßner/Schmitt* § 335 StPO, Rn. 21; *Ostendorf* ZRP 1994, 338; ausführlich begründet wird diese Auffassung mit gewichtigen Argumenten von *Meyer-Goßner* NJW 2003, 1369.

60 *Meyer-Goßner/Schmitt* § 335 StPO, Rn. 21.

61 *Meyer-Goßner* NStZ 1998, 19; *ders.* NJW 2003, 1369.

62 So BayObLG, Beschl. v. 19.8.1993 – 5 St RR 78/93 = StV 1993, 572; OLG Karlsruhe, Beschl. v. 16.3.1994 – 2 Ss 113/93 = StV 1994, 292; OLG Zweibrücken, Beschl. v. 7.1.1994 – 1 Ss 140/93 = StV 1994, 119; OLG Stuttgart, Beschl. v. 26.6.2002 – 5 Ss 209/02 = NJW 2002, 3487; *Siegismund/Wickern* wistra 1993, 89; *Tolksdorf* FS Salger, S. 402.

63 Hierzu OLG Karlsruhe, Beschl. v. 16.3.1994 – 2 Ss 113/93 = StV 1994, 292.

gen, sondern nur eine „Statthaftigkeit" im Sinne allgemeiner Anfechtbarkeit bedeutet. Die Revisionseinlegung unter dem Vorbehalt, dass die Berufung nicht angenommen werde, wird man aber aufgrund der Bedingungsfeindlichkeit der Rechtsmitteleinlegung[64] wohl als unzulässig betrachten müssen.[65]

37 Urteile und Beschlüsse des Bundesgerichtshofs sind nur mit außerordentlichen Rechtsbehelfen wie Anhörungsrüge (§ 356a StPO), Gegenvorstellung und Verfassungsbeschwerde, jedoch niemals mit der Revision anfechtbar.

38 Im **Jugendgerichtsverfahren** gelten mehrere Sonderregelungen im Bereich der Rechtsmittel.[66] Sie betreffen zum einen sachliche (§ 55 Abs. 1 JGG), zum anderen instanzielle (§ 55 Abs. 2 JGG) Beschränkungen der Rechtsmittel. Zweck dieser Rechtsmittelbeschränkungen soll das besondere Bedürfnis sein, schnell zu einer Entscheidung zu gelangen, weil die angeordnete Maßnahme unter dem im Jugendrecht vorherrschenden Erziehungsgedanken nur wirkungsvoll sei, wenn sie der Tat „sobald wie möglich folge".[67] Darüber hinaus werde der erstinstanzliche Richter den Erziehungsbedürfnissen am besten gerecht, während weitere Instanzen insofern die Gefahr kontraproduktiver Wirkungen mit sich bringen könnten.[68]

39 So sind nach § 55 Abs. 1 JGG gewisse Ermessensentscheidungen der Anfechtung entzogen. Eine Entscheidung, die nur Erziehungsmaßregeln (außer der Hilfe zur Erziehung i.S.d. § 12 Nr. 2 JGG) oder Zuchtmittel anordnet oder dem Familiengericht überlässt, kann zwar mit dem Ziel auf Freispruch oder Bestrafung angefochten werden, nicht aber mit dem Ziel der Änderung.[69] Dasselbe gilt, wenn Erziehungsmaßregeln angeordnet wurden, der Beschwerdeführer aber der Ansicht ist, es müsse ganz von Sanktionen abgesehen werden, denn auch in diesem Fall würde nur der „Umfang" der Maßnahme angefochten.[70]

---

**64** Hierzu *Meyer-Goßner/Schmitt* vor § 296 StPO, Rn. 5 mwN.

**65** So auch OLG Zweibrücken, Beschl. v. 7.1.1994 – 1 Ss 140/93 = StV 1994, 119, 121; OLG Frankfurt, Beschl. v. 14.2.1996 – 3 Ss 29/96 = NStZ-RR 1996, 174, 175.

**66** Hierzu eingehend *Eisenberg/Kölbel*, JGG, § 55 JGG, Rn. 4 ff.

**67** In diesem Sinne BT-Drs. 1/3264, S. 46; ähnlich auch BayObLG NJW 1956, 1488; BayObLG NJW 1964, 1084; BVerfG NJW 1988, 447; BVerfG, Beschl. v. 6.7.2007 – 2 BvR 1824/06 = NStZ-RR 2007, 385; kritisch hierzu: *Eisenberg/Kölbel*, JGG, § 55 JGG, Rn. 35; *Albrecht*, Jugendstrafrecht, 385 f.: s. ferner auch *Rose* NStZ 2013, 315.

**68** BGH NJW 1952, 436; ähnlich auch *Schaffstein/Beulke*, Jugendstrafrecht, 261 f.; *Kaufmann* JZ 1958, 11; *Dallinger/Lackner* § 55 JGG, Rn. 6; kritisch hierzu: MüKoStPO/*Kaspar* § 55 JGG, Rn. 5.

**69** Hierzu MüKoStPO/*Kaspar* § 55 JGG, Rn. 59 ff.; *Eisenberg/Kölbel*, JGG, § 55 JGG, Rn. 40 ff.; BGH NStZ 1984, 447; OLG Zweibrücken MDR 1983, 1046; *Dallinger/Lackner* § 55 JGG, Rn. 11.

**70** LG Mainz NStZ 1984, 121 (m. abl. Anm. *Eisenberg*); zustimmend *Brunner/Dölling* § 55 JGG, Rn. 19 und *Böhm* NStZ 1984, 447.

§ 55 Abs. 1 S. 1 JGG ist jedoch nicht anwendbar, wenn mit den in § 55 Abs. 1 JGG aufgeführten Sanktionen härtere Sanktionen (§ 8 JGG) oder Maßregeln der Besserung und Sicherung, Nebenstrafen oder Nebenfolgen verknüpft wurden. In diesem Fall ist die gesamte Rechtsfolgenentscheidung anfechtbar.[71] 40

Die Regelung des § 55 Abs. 1 JGG geht gemäß § 2 JGG den allgemeinen Grundsätzen über die Beschränkung der Revision vor.[72] Eine Revision, die sich auf die Rüge beschränkt, es hätten andere Erziehungsmaßregeln und Zuchtmittel angeordnet werden sollen, oder die Auswahl und Anordnung der Erziehungsmaßregeln hätte nicht dem Familiengericht überlassen werden dürfen, müsste also als unzulässig verworfen werden.[73] Auch das Ziel, eine Übertragung der Auswahl von Erziehungsmaßregeln an das Familiengericht zu erreichen, muss an der Anfechtbarkeitsschranke des § 55 Abs. 1 JGG scheitern, da anderenfalls eine Art Qualifikationsprüfung der Richter zum Revisionsgrund hochstilisiert würde.[74] Im Revisionsantrag gegen ein solches Urteil muss klar dargelegt werden, dass die Revision nicht nur das Ziel hat, die nach Abs. 1 unanfechtbaren Entscheidungen anzugreifen.[75] Das bedeutet aber auch, dass eine auf die allgemeine Sachrüge ohne nähere Darlegung zum Rechtsmittelziel gestützte Revision als unzulässig behandelt werden muss, weil auf diese Weise nicht deutlich gemacht wird, ob die hier – im Gegensatz zum Erwachsenenstrafrecht – bestehende gesetzliche Rechtsmittelbeschränkung umgangen werden und sich die Revision in unzulässigen Angriffspunkten erschöpfen soll.[76] 41

Ist die Anfechtung (nach Maßgabe von Abs. 1) zulässig, so kann das Rechtsmittelgericht, wenn es dies nach seiner Beurteilung der Sache auf Grund der Ergebnisse der Hauptverhandlung für erforderlich hält, die angegriffene Entscheidung selbst bei Aufrechterhaltung des Schuldspruchs – unbeschadet 42

71 Ausführlich hierzu *Eisenberg/Kölbel*, JGG, § 55 JGG, Rn. 42f. und 50. S. auch MüKoStPO/*Kaspar* § 55 JGG, Rn. 61. Vgl. hierzu auch *Dallinger/Lackner* § 55 JGG, Rn. 11; *Brunner/Dölling* § 55 JGG, Rn. 18; KG DAR 1954, 189; anders *Potrykus* NJW 1954, 1349 und *ders.* NJW 1955, 929.

72 MüKoStPO/*Kaspar* § 55 JGG, Rn. 5; *Albrecht*, Jugendstrafrecht, 383; *Dallinger/Lackner* § 55 JGG, Rn. 1ff.

73 So MüKoStPO/*Kaspar* § 55 JGG, Rn. 59; *Dallinger/Lackner* § 55 JGG, Rn. 19ff.: vgl. auch *Eisenberg/Kölbel*, JGG, § 55 JGG Rn. 51.

74 MüKoStPO/*Kaspar* § 55 JGG, Rn. 60; *k*; *Dallinger/Lackner* § 55 JGG, Rn. 22; a.A. *Nothacker* GA 1982, 451, 459.

75 BGH, Urt. v. 10.7.2013 – 1 StR 278/13 = NStZ 2013, 659, 660 m. Anm. *Radtke*. Vgl. auch BGH, Beschl. v. 7.9.2017 – 5 StR 407/17.

76 MüKoStPO/*Kaspar* § 55 JGG, Rn. 69; zur verfassungsrechtlichen Unbedenklichkeit dieser Praxis BVerfG, Beschl. v. 6.7.2007 – 2 BvR 1824/06 = NStZ-RR 2007, 385 mwN. Vgl. hierzu aber auch BGH, Beschl. v. 18.7.2018 – 4 StR 59/18 und *Eisenberg/Kölbel*, JGG, § 55 JGG, Rn. 23.

des Verbots der Schlechterstellung – auch bezüglich einer Maßnahme abändern, die (wegen Abs. 1) alleine nicht zulässig hätte angefochten werden können. Denn eine Bindung des Rechtsmittelgerichts lässt sich aus Abs. 1 nicht entnehmen.[77] So kann ein Angeklagter, dem es nur um eine Milderung geht, den Schuldspruch angreifen, um sich über die Rechtsmittelbeschränkung des Gesetzes hinwegzusetzen.[78]

43 Revision kann nicht einlegen, wer schon Berufung eingelegt hatte (§ 55 Abs. 2 JGG). Die Ausübung des einen Rechtsmittels macht das andere unzulässig; denn es gibt im Jugendstrafverfahren nur zwei Instanzen.[79] Selbst wenn sich die Berufung nur gegen eine Nebenstrafe (Einziehung, Verfall nach früherer Gesetzeslage) gerichtet hat, soll gegen das Berufungsurteil die Revision nicht mehr zulässig sein.[80] Hat die Staatsanwaltschaft zuungunsten des Angeklagten Berufung eingelegt, und entscheidet das Berufungsgericht daraufhin zuungunsten des Angeklagten, soll dieser dennoch gegen die neue Rechtsfolge keine Revisionsmöglichkeit mehr haben.[81] Das darf aber nicht auch für den Fall gelten, dass der Erfolg der staatsanwaltschaftlichen Berufung sich auf einen Vorwurf bezog, hinsichtlich dessen in der ersten Instanz ein Freispruch ergangen war. Denn dagegen konnte sich kein Rechtsmittel des Angeklagten richten.[82]

44 Eine *Ausnahme* von der Sperrwirkung der staatsanwaltschaftlichen Berufung für die Revision des Angeklagten gilt gemäß § 55 Abs. 2 S. 1 JGG auch für die Fälle, in denen die Berufung als unzulässig zurückgewiesen wurde. Dasselbe muss gelten, wenn eine zulässige Berufung fehlerhaft als unzulässig verworfen wurde, da der Jugendliche hier nicht schlechter gestellt sein darf als bei der

---

**77** BGH, Beschl. v. 29.1.2020 – 4 StR 605/19 = StV 2020, 685; s. auch BGHSt 10, 198; *Eisenberg/Kölbel*, JGG, § 55 JGG, Rn. 53; *Brunner/Dölling* § 55, Rn. 23; *Dallinger/Lackner* § 55 JGG, Rn. 26; *Ostendorf/Drenkhahn*, Jugendstrafrecht, Rn. 162.

**78** *Albrecht*, Jugendstrafrecht, 389, *Ostendorf/Drenkhahn*, Jugendstrafrecht, Rn. 162.

**79** Näher hierzu *Eisenberg/Kölbel*, JGG, § 55 JGG, Rn. 57 ff.; MüKoStPO/*Kaspar* § 55 JGG, Rn. 6; *Albrecht*, Jugendstrafrecht, 389 ff.; vgl. auch OLG Düsseldorf, Beschl. v. 15.3.1991 – 2 Ss 80/91 – 25/91 II = JMBl NRW 1991, 183, wonach die Revision selbst dann nicht zulässig ist, wenn dadurch ein Urteil rechtskräftig wird, das sonst aufgrund eines absoluten Revisionsgrundes aufgehoben werden müsste.

**80** BayObLG NJW 1964, 1084; *Nothacker* GA 1982, 463 mwN; auch eine Kammer des BVerfG sah keine Verletzung der Rechtsschutzgarantie BVerfG, Beschl. v. 6.7.2007 – 2 BvR 1824/06 = NStZ-RR 2007, 385.

**81** Vgl. hierzu OLG Stuttgart, Beschl. v. 25.4.2019 – 2 Rv 24 Ss 316/19 = StV 2020, 688; OLG Hamm NJW 1955, 1609; BayObLG NJW 1964, 1085; OLG Düsseldorf NStE Nr. 5 zu § 55 JGG; *Albrecht*, Jugendstrafrecht, 390 mit Hinweis auf die wenigen Ausnahmefälle. S. zur Thematik auch: *Dehne-Niemann/Brandt* StV 2020, 711.

**82** So zutreffend *Eisenberg/Kölbel*, JGG, § 55 JGG, Rn. 65; MüKoStPO/*Kaspar* § 55 JGG, Rn. 83.

Regelung des § 55 Abs. 2 S. 1 JGG.[83] In Bezug auf das Wahlrecht zwischen Berufung und Revision gelten die Vorschriften der StPO (§§ 335, 345 StPO) entsprechend.[84]

Angeklagte, Erziehungsberechtigte und gesetzliche Vertreter gelten in Bezug auf die Rechtsmittelwahl zusammen als eine „Partei“. Hatte einer von ihnen Berufung eingelegt, so kann auch der andere nicht Revision einlegen (§ 55 Abs. 2 S. 2 JGG).[85] 45

Nach § 55 Abs. 4 JGG gilt § 356a StPO entsprechend, soweit ein Beteiligter nach Abs. 1 S. 1 an der Anfechtung einer Entscheidung gehindert ist oder nach Abs. 2 kein Rechtsmittel gegen die Berufungsentscheidung einlegen kann. Liegt eine entscheidungserhebliche Verletzung des Anspruchs eines Beteiligten auf rechtliches Gehör vor, dann geht die daraus resultierende Rechtsfolge den Einschränkungen des § 55 JGG vor.[86] 46

## C. Subjekt der Revision

Eine Revision kann nur wirksam von solchen Personen eingelegt werden, denen das Gesetz die Befugnis dazu ausdrücklich gibt. Das sind die Staatsanwaltschaft (§ 296 StPO), der Nebenkläger (beschränkt durch § 400 StPO), der Privatkläger (nach Maßgabe des § 390 StPO), der Einziehungsbeteiligte (§ 424 i.V.m. § 431 StPO), der Angeklagte (§ 296 Abs. 1 StPO), für ihn sein Verteidiger (§ 297 StPO), sein gesetzlicher Vertreter (§ 298) und in Jugendsachen der Erziehungsberechtigte (§ 55 JGG). Nicht revisionsberechtigt ist der nach § 149 Abs. 1 StPO als Beistand zugelassene Ehegatte und der gem. § 69 Abs. 1 JGG bestellte Beistand in dieser Eigenschaft; die Beistände haben Rechte nur in der Hauptverhandlung (§ 149 Abs. 1 StPO, § 69 Abs. 3 S. 2 JGG) und allenfalls vorher (§ 149 Abs. 3 StPO). 47

---

83 Hierzu *Eisenberg/Kölbel*, JGG, § 55 JGG, Rn. 65a; MüKoStPO/*Kaspar* § 55 JGG, Rn. 82.

84 *Eisenberg/Kölbel*, JGG, § 55 JGG, Rn. 57 ff.; MüKoStPO/*Kaspar* § 55 JGG, Rn. 89. Die zunächst unbestimmte Einlegung des Rechtsmittels muss jedoch innerhalb der Frist für die Revisionsbegründung (§ 345 I StPO) spezifiziert werden; nach Fristablauf wird das eingelegte Rechtsmittel als Berufung behandelt; siehe hierzu OLG Hamm NJW 1956, 1168; BayObLG JZ 1963, 70. Im Jugendstrafverfahren soll jedoch die Wiedereinsetzung zulässig sein, die dem Anfechtenden ein erneutes Wahlrecht einräumt (so *Eisenberg/Kölbel*, JGG, § 55 JGG, Rn. 61b; MüKoStPO/*Kaspar* § 55 JGG, Rn. 90; *Dallinger/Lackner* § 55 JGG, Rn. 38). Vgl. auch *Brunner/Dölling* § 55 JGG, Rn. 27 und oben Rn. 29.

85 Vgl. *Eisenberg/Kölbel*, JGG, § 55 JGG, Rn. 66 f.; MüKoStPO/*Kaspar* § 55 JGG, Rn. 75.

86 *Eisenberg/Kölbel*, JGG, § 55 JGG, Rn. 23a.

## I. Der Angeklagte

48 Der Beschuldigte in der Rolle des Angeklagten ist die Hauptperson des Strafprozesses.[87] Um ihn geht es. Alle Entscheidungen der Strafverfolgungsbehörden und der Strafgerichte befassen sich unmittelbar oder mittelbar mit ihm, belastende Entscheidungen greifen in *seine* Grundrechte ein. Deshalb ist auch das Rechtsmittelrecht in erster Linie auf die Person des Angeklagten bezogen. Der oder die Angeklagte hat auch die weitest gehenden Rechtsmittelchancen und die geringsten mit der Anfechtung verbundenen Risiken. Das gilt sowohl im Verhältnis zur Staatsanwaltschaft, deren Prozessziele bei Rechtsmitteln zuungunsten des Angeklagten nicht durch ein „Schlechterstellungsverbot" begrenzt werden (§ 301 StPO), als auch im Verhältnis zur Nebenklage, die das Rechtsmittel weder zu dem Zwecke führen darf, die Strafe erhöhen zu lassen, noch zur Erreichung eines Schuldspruchs bezogen auf einen Straftatbestand, der nicht zu den Nebenklagedelikten gehört (§ 400 StPO).

49 Der aus dem Rechtsstaatsprinzip abgeleitete Satz „in dubio pro reo" ist von der Forderung getragen, dass die naturnotwendige Unzulänglichkeit menschlichen Richtens sich allenfalls zugunsten, niemals jedoch zu Lasten des Beschuldigten auswirken darf. Deshalb wäre es auch verfassungsrechtlich unbedenklich, wenn richterliche Entscheidungen wie in angloamerikanischen Rechtssystemen, zuungunsten des Beschuldigten überhaupt nicht anfechtbar wären.[88] Dem steht auch der Verfassungsgrundsatz der Funktionstüchtigkeit der Strafrechtspflege[89] nicht entgegen. Denn er bedeutet bei richtigem Verständnis nicht etwa, dass ein quantitatives und qualitatives Optimum an Verurteilungen (also Schuldsprüchen) zu gewährleisten ist, sondern dass unter Beachtung des (auch nur dem Beschuldigten in Art. 5 Abs. 2 und Art. 6 Abs. 1 Satz 1 EMRK garantierten) Beschleunigungsgrundsatzes („innerhalb angemessener Frist") ein faires Verfahren durchzuführen ist. Und wenn es dann mit einem Freispruch durch ein unabhängiges Gericht endet, so sollte sich der Staat damit zufriedengeben können. Aber die StPO hat sich nun einmal dafür entschieden, mit den genannten Einschränkungen der Staatsanwaltschaft eine

---

**87** Das droht zwar angesichts der in den letzten Jahrzehnten immer weiter betriebenen Stärkung der Rolle des Tatopfers in Vergessenheit zu geraten, entspricht aber nach wie vor dem Konzept des reformiert-liberalen Strafverfahrens.

**88** Vgl. dazu *Hamm* StV 1991, 530; BVerfGE 11, 232, 233.

**89** Vgl. dazu *Imme Roxin* FS Schünemann, 2014, S. 941; *Wolter*, GS E. Weßlau, S. 445; *Landau* FS Hassemer S. 1073.

Kontrollfunktion zuzuschreiben und ihr auch die Rechtsmittelbefugnis einzuräumen.

Dem Angeklagten muss mindestens eine Rechtsmittelinstanz gegen die Gefahr eines ihn belastenden Fehlurteils zur Verfügung stehen. Das gilt namentlich in Fällen, in denen entweder bereits durch U-Haft oder auch erst durch die Verhängung von Freiheitsstrafen das Grundrecht des Art. 2 Abs. 2 GG tangiert ist. Dass es gerade in den gravierenden Fällen, in denen die härtesten Strafen verhängt werden, nur ein Rechtsmittel, die Revision, gibt, und das Urteil in tatsächlicher Hinsicht nicht mehr bzw. nur noch auf dem Umweg über die Überprüfung der Rechtsanwendung kontrolliert wird, ist vielfach kritisiert worden.[90] Andererseits wird dies jedoch gerne als die einzige Möglichkeit verteidigt, den im Sinne größtmöglicher Rechtsklarheit, Rechtsdurchsetzung und zur Vermeidung neuer Fehlerquellen wünschenswerten Beschleunigungseffekt zu erreichen.[91] Umso wichtiger ist es, dass dem Angeklagten das Revisionsrecht personell uneingeschränkt, also grundsätzlich unabhängig vom Willen der Entscheidung seiner gesetzlichen oder bevollmächtigten Vertreter und auch unabhängig von seinem Verteidiger als Ausdruck seiner von der Strafprozessordnung zu respektierenden Subjektstellung zusteht. Deshalb behält das Gesetz dem Beschuldigten die letzte Entscheidung darüber, ob ein Rechtsmittel eingelegt und durchgeführt wird, selbst vor.[92] Das bedeutet, dass sich jedenfalls insoweit die Prozesshandlungen des Verteidigers nur aus dem Vertretungsverhältnis legitimieren, – mit der Folge, dass bei divergierenden Erklärungen die des Mandanten den Ausschlag gibt. 50

## II. Verteidiger

Zur Einlegung der Revision ist auch der Verteidiger, der zuvor gewählt und bevollmächtigt bzw. bestellt wurde, befugt. Soweit angenommen wird, er habe 51

**90** *Max Alsberg* beklagte bereits 1913 das „Fehlen einer Instanz, welche Strafkammer- und Schwurgerichtsurteile unbeschränkt nachprüft." (So ein Untertitel seines heute noch lesenswerten Werkes „Justizirrtum und Wiederaufnahme"; erneut abgedruckt in: *Taschke* (Hrsg.), Max Alsberg – Ausgewählte Schriften, 1992, S. 58 ff., S. 89 ff.); *Alsberg* warnte übrigens später in seinem Gutachten für den 35. DJT 1928 vor einer Überschätzung der Berufung (bei *Taschke*, aaO., S. 211).

**91** Vgl. LR-*Jesse* vor § 296 StPO, Rn. 8.

**92** Im Innenverhältnis zwischen Verteidiger und Mandant und den gerade insoweit bestehenden Besonderheiten sind stets die §§ 297, 302 Abs. 2 StPO zu beachten; s. dazu auch *Hamm* NJW 1993, 289.

diese Befugnis „aus eigenem Recht“ und handele dabei „in eigenem Namen“,[93] bedeutet dies nur, dass er die Revision des Angeklagten, solange dieser nicht widerspricht (§ 297 StPO), selbständig einlegen kann. Der Verteidiger ist also insoweit Vertreter des Mandanten, und zwar „Vertreter im Willen“,[94] nicht nur Vertreter in der Erklärung. Dadurch wird das Rechtsmittel aber nicht zur Revision des Verteidigers. Daraus folgt, dass in Fällen, in denen widersprüchlich bezeichnete Rechtsmittel vom Angeklagten (Berufung) selbst und vom Verteidiger (Revision) eingelegt werden, das Rechtsmittel des Mandanten maßgeblich ist.[95] Erst recht ist die Erklärung des Mandanten maßgeblich, wenn etwa der eine ein Rechtsmittel einlegt und der andere ausdrücklich verzichtet oder das bereits eingelegte Rechtsmittel zurücknimmt. Legen verschiedene Verteidiger verschiedene Rechtsmittel für denselben Mandanten ein, so ist der wahre Wille des Angeklagten zu erforschen.[96]

52 Über die (Nicht-) Durchführung der Revision nach der wirksamen Einlegung darf der Verteidiger nur verfügen, wenn er zur Rücknahme vom Mandanten besonders ermächtigt worden ist (§ 302 Abs. 2 StPO). Diese Ermächtigung liegt nicht schon in der Strafprozessvollmacht des Wahlverteidigers.[97] Aber sie ist in den gebräuchlichen Vordrucken regelmäßig enthalten, das genügt.[98] Die Vollmacht des Wahlverteidigers hängt in ihrer Wirksamkeit auch nicht davon ab, ob eine schriftliche Vollmacht zu den Akten gereicht wurde. Die entgegengesetzte in der Praxis der Staatsanwaltschaften und Gerichte lange Zeit verbreitete Auffassung ist durch Klarstellung des BGH[99] überholt. Der jetzt in § 302 Abs. 1 Satz 2 StPO geregelte Ausschluss (= Unzulässigkeit) eines Rechtsmittelverzichts vor Ablauf der Einlegungsfrist gilt für den Angeklagten und seine Verteidigung gleichermaßen.

53 Die **Bestellung des Pflichtverteidigers** in der Tatsacheninstanz wirkt für die Revisionsinstanz fort (vgl. § 143 StPO),[100] so dass es auch seine Aufgabe ist,

---

**93** *Meyer-Goßner/Schmitt* § 297 StPO, Rn. 3 mwN.

**94** RGSt 66, 209, 211; RGSt 66, 265, 266; BGHSt 12, 367, 369; OLG Düsseldorf GA 1973, 47.

**95** OLG Düsseldorf, Beschl. v. 14.12.1999 – 2b Ss 337/99 – 119/99 I = NStZ-RR 2000, 148; OLG Karlsruhe, Beschl. v. 2.12.2003 – 1 Ss 123/03 = NStZ-RR 2004, 271.

**96** OLG Jena, Beschl. v. 10.8.2015 – 1 OLG 171 Ss 25/15 = StraFo 2016, 28.

**97** BGH, Beschl. v. 8.3.2005 – 4 StR 573/04 = NStZ-RR 2005, 211.

**98** Vgl. BGH, Beschl. v. 7.5.2019 – 2 StR 142/19. Eine bestimmte Form für die Ermächtigung ist nicht vorgeschrieben, BGH, Beschl. v. 18.7.2013 – 4 StR 100/13 = NStZ-RR 2013, 352; BGH, Beschl. v. 15.4.2015 – 1 StR 112/15 = NStZ-RR 2016, 24. Insbesondere soll der Nachweis durch anwaltliche Versicherung ausreichen (vgl. BGH, Beschl. v. 6.12.2016 – 4 StR 558/16).

**99** BGHSt 36, 259.

**100** *Meyer-Goßner/Schmitt* § 140 StPO, Rn. 8; KK-*Willnow* § 141 StPO, Rn. 10 mwN; vgl. auch BGH, Beschl. v. 3.3.1964 – 5 StR 54/64 = BGHSt 19, 258, 262.

für den Mandanten die Revision einzulegen und zu begründen, wenn das Urteil nicht dem Verteidigungsziel entspricht und die Revision nicht aussichtslos erscheint. Nach früherer Rechtslage endete die Bestellung vor der Hauptverhandlung beim Revisionsgericht (vgl. § 350 Abs. 3 StPO a.F.).[101] Dies ist seit der Änderung des § 350 StPO im Jahr 2018 überholt.[102] Durch § 143a Abs. 3 StPO wurde im Jahr 2019 dem Angeklagten die Möglichkeit eingeräumt, für die Revisionsinstanz einen Wechsel des Pflichtverteidigers zu beantragen.[103] Lag in der Tatsacheninstanz kein Fall einer notwendigen Verteidigung vor, kann die Bestellung eines Pflichtverteidigers auch erst im Revisionsverfahren erfolgen, etwa wenn die Abfassung der Revisionsbegründung besondere Schwierigkeiten aufweist.[104]

Der gerichtlich bestellte Verteidiger darf sich bei der Einlegung oder der Be- 54
gründung der Revision nicht durch einen anderen Rechtsanwalt (insbesondere nicht in Untervollmacht durch seinen Sozius[105]) vertreten lassen, und zwar auch dann nicht, wenn er vor der Bestellung ein Wahlmandat hatte und er dabei über eine Vollmacht verfügte, die ihn zur Erteilung von Untervollmachten berechtigte. Diese Vollmacht ist durch die Bestellung zum Pflichtverteidiger erloschen.[106] Eine durch den Sozius des Pflichtverteidigers eingelegte Revision ist also unwirksam und wird als unzulässig verworfen.[107]

In einem solchen Falle sollte aber das Gericht darauf hinweisen, dass u.U. 55
die Voraussetzungen für eine Wiedereinsetzung in den vorigen Stand bestehen, wenn nämlich der Angeklagte selbst keine Kenntnis von der Rechtslage und dem Rechtsirrtum des Pflichtverteidigers hatte.[108]

**101** Vgl. hierzu KK-*Gericke* § 350 StPO, Rn. 12 f. mwN; BGH, Vfg. des Vors. v. 25.9.2014 – 2 StR 163/14 = NStZ 2015, 47.

**102** Gesetz vom 17.12.2018 (BGBl. I, S. 2571); s. dazu im Einzelnen unten Rn. 1749.

**103** Eingeführt durch das Gesetz zur Neuregelung des Rechts der notwendigen Verteidigung vom 10.12.2019 (BGBl. I, S. 2128). Vgl. hierzu BT-Drs. 19/13829, S. 48; *Müller-Jacobsen* NJW 2020, 575, 578. S. zur Thematik auch BGH, Beschl. v. 11.9.2019 – 2 StR 281/19 = StraFo 2020, 23 und BGH, Beschl. v. 18.1.2018 – 4 StR 610/17 = StraFo 2018, 148.

**104** KG, Beschl. v. 23.9.2015 – 121 Ss 133/15 = NStZ-RR 2016, 175.

**105** *Dahs*, Revision, Rn. 18; *Meyer-Goßner/Schmitt* § 142 StPO, Rn. 15 mwN; BGH, Beschl. v. 9.7.2003 – 2 StR 146/03 = NStZ 2003, 615.

**106** BGH, Beschl. v. 8.11.1990 – 4 StR 457/90 = NStZ 1991, 94; *Allgayer* NStZ 2016, 192, 194 mwN.

**107** BGH, Beschl. v. 16.12.2015 – 4 StR 473/15; BGH, Beschl. v. 7.5.2014 – 4 StR 109/14.

**108** *Allgayer* NStZ 2016, 192, 194 und 197.

### III. Gesetzliche Vertreter und Erziehungsberechtigte

56 Der gesetzliche Vertreter des Beschuldigten (wer das ist, bestimmt sich nach dem bürgerlichen Recht) hat nach § 298 StPO ein eigenständiges, also grundsätzlich vom Willen des Angeklagten unabhängiges **Rechtsmittelrecht.** Er darf davon aber nur zu dessen Gunsten Gebrauch machen und muss die für den Angeklagten geltenden Fristen einhalten. Andererseits bedeutet das eigene Rechtsmittelrecht des gesetzlichen Vertreters, dass er die Revision, solange die Frist läuft, auch dann noch einlegen und durchführen kann, wenn zuvor bereits der Angeklagte und der Staatsanwalt wirksame Verzichtserklärungen abgegeben haben.[109] Der gesetzliche Vertreter darf sogar das Rechtsmittel gegen den ausdrücklichen Willen des Angeklagten führen.[110] Diese Unabhängigkeit findet freilich dort ihre Grenze, wo sich der gesetzliche Vertreter in seiner Aufgabe, die Sache des Beschuldigten zu vertreten, widersprüchlich verhält. Hat er die Wirksamkeit des Rechtsmittelverzichts des Angeklagten durch Zustimmung selbst hergestellt, so erlischt damit auch sein eigenes Rechtsmittelrecht.

57 Legt der gesetzliche Vertreter das Rechtsmittel kraft eigenen Rechts ein, so bringt er dadurch den Angeklagten in eine ganz eigentümliche Situation. Dieser kann das Rechtsmittel ebenso wenig zurücknehmen wie er seine Einlegung verhindern konnte. Hat er sich aber inzwischen mit dem Gedanken angefreundet, dass sein Urteil durch das Revisionsgericht wieder aufgehoben wird, schadet ihm sein zuvor entgegenstehender Wille nicht, denn auch der gesetzliche Vertreter kann nun nicht mehr ohne Zustimmung des Angeklagten das Rechtsmittel zurücknehmen.[111] Dies folgt aus der entsprechenden Anwendung des § 302 Abs. 1 S. 3 und Abs. 2 StPO und ist für das Jugendgerichtsverfahren ausdrücklich geregelt in § 55 Abs. 3 JGG.[112]

58 Im Jugendgerichtsverfahren hat im Rahmen der dort gegebenen Anfechtungsmöglichkeiten der Erziehungsberechtigte, auch wenn er nicht der gesetzliche Vertreter ist, ein eigenes Anfechtungsrecht. Macht er davon Gebrauch, so verliert allerdings auch er die alleinige Verfügungsmacht über das Rechtsmittel, weil § 55 Abs. 3 JGG die Rücknahme von der Zustimmung des Angeklagten abhängig macht.

---

**109** OLG Schleswig SchlHA 1985, 134.

**110** KK-*Paul* § 298 StPO, Rn. 1; *Meyer-Goßner/Schmitt* § 298 StPO, Rn. 2; LR-*Jesse* § 298 StPO, Rn. 2.

**111** BGH, Beschl. v. 6.7.2016 – 4 StR 149/16 = NJW 2016, 2675; LR-*Jesse* § 298 StPO, Rn. 8 mwN.

**112** *Meyer-Goßner/Schmitt* § 298 StPO, Rn. 3.

Sowohl der gesetzliche Vertreter[113] als auch der Erziehungsberechtigte (gemäß § 67 Abs. 2 JGG) können sich ihrerseits anwaltlich vertreten lassen. 59

## IV. Staatsanwaltschaft

Die Staatsanwaltschaft bei dem Gericht, das die angefochtene Entscheidung erlassen hat, kann stets Revision einlegen (§ 296 StPO). Wegen ihrer Stellung als zur Objektivität verpflichtete „Hüterin des Rechts" ist die Revisionsbefugnis bei ihr unabhängig davon gegeben, welche Ziele sie in der zurückliegenden Instanz verfolgt und erreicht oder verfehlt hat. Deshalb steht ihr die Revision auch dann zu, wenn das Urteil dem Antrag des Sitzungsvertreters entsprochen hat. Die Staatsanwaltschaft kann Revision zugunsten oder zuungunsten des Angeklagten einlegen (§ 296 Abs. 2 StPO), ebenso zugunsten[114] oder zuungunsten des Nebenklägers oder anderer Beteiligter.[115] Im Privatklageverfahren kann sie auch dann Revision einlegen, wenn sie bis dahin am Verfahren nicht mitgewirkt hat. 60

Die Revision der Staatsanwaltschaft kann immer dazu führen, dass die angefochtene Entscheidung **zugunsten des Angeklagten** aufgehoben oder abgeändert wird (§ 301 StPO).[116] Dagegen kann eine ausdrücklich zu diesem Zweck eingelegte Revision nicht dazu führen, dass das Urteil zuungunsten des Angeklagten abgeändert wird. In diesen Fällen soll der Angeklagte nicht schlechter stehen, als wenn nur er die Revision geführt hätte (§ 358 Abs. 2 StPO). Das führt auch dazu, dass eine zugunsten des Angeklagten eingelegte Revision der Staatsanwaltschaft nur mit dessen Zustimmung wieder zurückgenommen werden darf (§ 302 Abs. 1 S. 3 StPO). Ob die Revision in diesem Sinne (nur) zugunsten des Angeklagten eingelegt werden soll, ist eine Frage der Auslegung der Revisionseinlegungserklärung der Staatsanwaltschaft, die gemäß Nr. 147 Abs. 3 S. 2 RiStBV angehalten ist, deutlich zum Ausdruck zu bringen, in welcher Richtung die Revisionsangriffe gemeint sind. Im Zweifel wird angenommen, dass 61

---

**113** KK-*Paul* § 298 StPO, Rn. 4.

**114** Ebenso KK-*Paul* § 296 StPO, Rn. 7; jedenfalls für die Beschwerde des Nebenklägers: OLG Dresden, Beschl. v. 2.8.1999 – 1 Ws 206/99 = NStZ-RR 2000, 115; KG, Beschl. v. 21.3.2011 – 1 Ws 15/11 = NStZ 2012, 112; a.A. *Meyer-Goßner/Schmitt* § 296 StPO, Rn. 15.

**115** Schon bei der Revisionseinlegung ist dabei klarzustellen, auf welche Verfahrensbeteiligte und welche Entscheidungsteile sich das Rechtsmittel bezieht (vgl. BGH, Beschl. v. 7.5.2019 – 1 StR 49/19; BGH, Beschl. v. 10.1.2019 – 5 StR 499/18 = wistra 2019, 292 m. Anm. *Cordes*).

**116** Neueres Beispiel BGH, Urt. v. 5.4.2018 – 3 StR 13/18 = NJW 2019, 90 = NStZ 2019, 27 m. Anm. *M. Krüger*: Herabsetzung der Freiheitsstrafe von 2 Jahren auf 1 Jahr 11 Monate auf die zuungunsten des Angeklagten geführte Revision der StA.

das Rechtsmittel zuungunsten des Beschuldigten eingelegt ist, wobei die Rechtsprechung des BGH davon ausgeht, die Erforschung des Willens der Staatsanwaltschaft habe sich ausschließlich an den Rechtsmittelerklärungen selbst (Revisionsschrift und Revisionsbegründung) zu orientieren.[117] Ergebe sich aus diesen Erklärungen nicht „mit Sicherheit", dass es sich um eine Revision zugunsten des Angeklagten handele, so bedürfe es auch für ihre Rücknahme nicht der Zustimmung des Angeklagten.

62 An dieser Rechtsprechung ist berechtigte Kritik geübt worden.[118] Andere prozessuale Erklärungen, unter Umständen sogar Urteile, werden unter Berücksichtigung von Umständen ausgelegt, die außerhalb der jeweiligen Prozessurkunde liegen. Selbst bei Gesetzen berücksichtigt man die Entstehungsgeschichte. Es besteht kein Grund, zum Nachteil des Angeklagten gerade mit Revisionserklärungen der Staatsanwaltschaft strenger und formalistischer zu sein. Legt beispielsweise die Staatsanwaltschaft, nachdem sie in der Hauptverhandlung den Antrag gestellt hatte, wegen eines minder schweren Falles auf eine zur Bewährung auszusetzende Freiheitsstrafe zu erkennen, eine mit der allgemeinen Sachrüge begründete Revision gegen das auf drei Jahre Freiheitsstrafe lautende Urteil ein, so darf auch dann, wenn die Einzelausführungen zur Begründung der Sachrüge dies nicht eindeutig erkennen lassen, angenommen werden, dass das Ziel des Rechtsmittels darin besteht, eine Korrektur des Strafmaßes zugunsten des Angeklagten zu erwirken. Bedenklich ist deshalb auch die Entscheidung des BGH im Falle des zu lebenslanger Freiheitsstrafe wegen Mordes verurteilten Angeklagten:[119] Die ohne Zustimmung des Angeklagten erfolgte Rücknahme der Revision hätte zu seinen Ungunsten allenfalls noch das Ziel verfolgen können, die vom Schwurgericht verneinte besondere Schwere der Schuld feststellen zu lassen. Dies hätte aber dem Umstand widersprochen, dass die Staatsanwaltschaft in der Hauptverhandlung nur eine Verurteilung wegen Totschlags beantragt hatte. Der Angeklagte, der sich im Vertrauen auf die Folgerichtigkeit staatlichen Handelns darauf verlässt, dass die Anklagebehörde mit der Revision nicht den ihrem Antrag während der Hauptverhandlung entgegengesetzten Zweck verfolgt, muss dagegen geschützt werden, dass ein solches Rechtsmittel zurückgenommen wird, ohne dass er Gelegenheit hatte, auf einer rechtlichen Überprüfung des Urteils zu bestehen. Andererseits dürfte es auch in Fällen, in denen die Staatsanwaltschaft ein dem Angeklagten günstigeres Urteil in der tatrichterli-

---

**117** Vgl. BGH, Beschl. v. 28.5.2013 – 3 StR 426/12; BGHSt 2, 41 = NJW 1952, 435 m. krit. Anm. *Cüppers*; KK-*Paul* § 296 StPO, Rn. 5; *Meyer-Goßner/Schmitt* § 296 StPO, Rn. 14; RGSt 65, 231, 235.
**118** *Cüppers* NJW 1952, 435.
**119** BGH, Beschl. v. 28.5.2013 – 3 StR 426/12.

chen Hauptverhandlung beantragt hatte, kaum jemals vorkommen, dass sich nicht spätestens in ihren Erklärungen zur Begründung der Revision diese oder eine gegenläufige Aussage über das Ziel ihres Rechtsmittels findet. Solange sie (vielleicht sogar über die für sie geltende Frist hinaus) überhaupt keine Begründung abgibt, wird auch kaum jemals ein Verteidiger seinem Mandanten raten, im Vertrauen auf die Chance, dass das Revisionsgericht zu seinen Gunsten entscheidet, selbst keine Revision zu führen. Ganz besonders gilt das bei Revisionen, die zwar zugunsten des Angeklagten eingelegt, aber zu seinen Ungunsten wiederum beschränkt sind, z.B. auf das Strafmaß oder auf die Strafaussetzung zur Bewährung oder auf einzelne von mehreren Schuldsprüchen. Oft lässt das Revisionsgericht eine solche Beschränkung jedoch nicht gelten und hebt dann das Strafmaß auch zugunsten des Angeklagten auf. Auch darauf sollte sich die Verteidigung nicht verlassen, sondern das Urteil selbst anfechten.

Die Revision der Staatsanwaltschaft kann nicht zum Nachteil des Angeklag- 63
ten die Verletzung solcher Rechtsnormen rügen, die nur zu seinen Gunsten gegeben sind (§ 339 StPO). Über den Wortlaut dieser Regelung hinaus gilt der allgemeine Grundsatz, dass ein Rechtsmittel zuungunsten des Prozessgegners nicht auf die Verletzung von Verfahrensvorschriften gestützt werden kann, wenn deren rechtsfehlerfreie Anwendung ihm nur Vorteile hätte verschaffen können. Hierbei handelt es sich um eine gesetzliche Konkretisierung der sog. Rechtskreistheorie.[120] Damit ist jedoch noch nichts über die Richtigkeit oder Unrichtigkeit der Rechtskreistheorie außerhalb dieser gesetzlichen Regelung gesagt.[121] Denn in aller Regel wird ein Urteil ohnehin nicht zugunsten des Angeklagten auf einer solchen Verletzung beruhen.

Im Einzelfall kann streitig sein, welche Rechtsnormen wirklich nur zuguns- 64
ten des Angeklagten eine Regelung treffen wollen. Dies gilt insbesondere für Regelungen, die unmittelbar an die Subjektstellung des Beschuldigten anknüpfen. Hierunter fallen die §§ 140 StPO ff.,[122] die in § 217 StPO bestimmte Ladungsfrist, § 244 Abs. 3 S. 3 Nr. 6 StPO – zumindest hinsichtlich des Verbots der Wahrunterstellung zuungunsten des Angeklagten[123] –, die Hinweispflicht ge-

---

**120** KK-*Gericke* § 339 StPO, Rn. 1 ff.; vgl. hierzu auch *Momsen*, Verfahrensfehler und Rügeberechtigung im Strafprozeß, S. 128 ff.

**121** Hierzu Rn. 340 f.

**122** KK-*Gericke* § 339 StPO, Rn. 2; *Meyer-Goßner/Schmitt* § 339 StPO, Rn. 4.

**123** RG HRR 39, 817; OLG Stuttgart NJW 1967, 1627 = JR 1968, 151 (m. Anm. *Koffka*); dagegen will BGH NStZ 1984, 564 und ihm folgend KK-*Gericke* § 339 StPO, Rn. 3, die Rüge, dass die Wahrunterstellung den Sinngehalt der Beweisbehauptung nicht erschöpft hat, als zulässig behandeln. Das ist bedenklich.

mäß § 265 StPO[124] sowie die weiteren Vorschriften, die Hinweise und Belehrungen betreffen, die dem Beschuldigten gegeben werden müssen, z.B. §§ 136 Abs. 1 S. 2, 228 Abs. 3, 243 Abs. 5 S. 1 StPO.[125] Nur zugunsten des Angeklagten und damit auch nur von ihm zu reklamierende Vorschriften sind ferner § 145, § 247 S. 4, § 257 Abs. 1[126], § 258 Abs. 2 und Abs. 3 StPO.[127]

65 Die Rüge vorschriftswidriger Abwesenheit des Angeklagten in der Hauptverhandlung unter unzutreffender Anwendung der §§ 230, 231 StPO auch dem Nebenkläger zu eröffnen, sah sich der BGH durch § 339 StPO nicht gehindert.[128] Zur Begründung wurde darauf verwiesen, die Gesetzesbestimmungen, nach denen die Anwesenheit des Angeklagten in der Hauptverhandlung erforderlich ist, seien nicht lediglich zu seinen Gunsten gegeben, was bereits darin zum Ausdruck komme, dass sie eine Pflicht, nicht nur ein Recht des Angeklagten begründen. Sie dienten auch dem öffentlichen Interesse einer möglichst umfassenden und zuverlässigen Wahrheitsermittlung. Allein diese abstrakte Zweckbestimmung sei maßgebend; darauf, ob im Einzelfall ein öffentliches Interesse an der Anwesenheit des Angeklagten besteht, komme es nicht an.[129] Allerdings war im konkreten Fall eine entsprechende Rüge der Nebenkläger unbegründet, weil die Schwurgerichtskammer zu Recht die Voraussetzungen für die Verhandlung in Abwesenheit des Angeklagten als gegeben angesehen hatte.[130]

66 Auch die §§ 264, 275[131] StPO und 169 GVG sind nicht nur Regelungen zugunsten des Angeklagten. Nichts anderes gilt für die Vorschriften über die Besetzung der Gerichte und die Ausschließung von Richtern (§§ 22, 23 StPO).[132] Anders zu bewerten ist hingegen § 24 StPO, weil der Angeklagte frei sein muss, ob er die (seine!) Besorgnis der Befangenheit geltend machen will oder nicht. Auch das Verbot, Vernehmungsmethoden anzuwenden, die die freie Willensentschließung und die Menschenwürde verletzen und die daraus gewonnenen Erkenntnisse zur strafprozessualen Beweisführung zu verwerten (§ 136a Abs. 3 StPO), unterliegt nicht der Disposition des Angeklagten und kann somit auch von anderen Verfahrensbeteiligten in der Revision zur Geltung gebracht wer-

---

**124** *Meyer-Goßner/Schmitt* § 339 StPO, Rn. 4; KK-*Kuckein/Bartel* § 265 StPO, Rn. 33.
**125** *Meyer-Goßner/Schmitt* § 339 StPO, Rn. 4.
**126** RGSt 59, 100, 101.
**127** Ebenso *Meyer-Goßner/Schmitt* § 339 StPO, Rn. 4.
**128** BGH, Urt. v. 30.11.1990 – 2 StR 44/90 = BGHSt 37, 249 = NJW 1991, 1364.
**129** So auch schon RGSt 29, 44, 48.
**130** BGH, Urt. v. 30.11.1990 – 2 StR 44/90 = BGHSt 37, 249, 250 = NJW 1991, 1364.
**131** BGH NStZ 1985, 184.
**132** RGSt 59, 267; *Meyer-Goßner/Schmitt* § 339 StPO, Rn. 5.

den.[133] Im Übrigen wird man alle absoluten Revisionsgründe mit Ausnahme des § 338 Nr. 8 StPO zu den über die Interessen des Angeklagten hinauswirkenden Verfahrensgrundsätzen rechnen müssen.[134]

Die Zeugnisverweigerungsrechte der Verwandten des Angeklagten (§ 52 StPO) dienen nur dazu, eine Zwangslage dieser Zeugen zu vermeiden, die sie sonst verpflichten könnte, ihn zu belasten. Deshalb darf weder die Staatsanwaltschaft noch die Nebenklage die Revision darauf stützen, dass entgegen dem gesetzlichen Gebot eine Belehrung über das Schweigerecht unterblieben ist. Das gilt auch dann, wenn der betreffende Zeuge – wie häufig in Verfahren um Sexualdelikte – gleichzeitig mit dem Nebenkläger verwandt ist.[135] 67

## V. Nebenkläger und Privatkläger

Der oder die durch die Straftat Verletzte – das „Tatopfer" – hat (mit Ausnahme der Rechtsbehelfe im Klageerzwingungsverfahren nach § 172 StPO) als solcher keine Rechtsmittelbefugnis. Er kann also auch nicht Beschwerdeführer im Revisionsrechtszug sein. Daran hat sich auch durch die Stärkung der Opferrechte im Zuge der verschiedenen Opferschutzgesetze[136] (noch) nichts geändert. Der Verletzte kann ein Urteil nur anfechten, wenn die Voraussetzungen für die Privat- oder Nebenklage vorgelegen haben und wenn er diese Rolle förmlich übernommen hat. 68

### 1. Nebenkläger

Der Anschluss zur *Nebenklage* ist, wenn die Voraussetzungen des § 395 Abs. 1 bis 3 StPO gegeben sind,[137] auch noch nach ergangenem Urteil gerade zum Zwe- 69

**133** *Meyer-Goßner/Schmitt* § 339 StPO, Rn. 5.
**134** KK-*Gericke* § 339 StPO, Rn. 3.
**135** BGH, Urt. v. 24.1.2006 – 1 StR 362/05 = NStZ 2006, 349.
**136** Opferschutzgesetz v. 18.12.1986, BGBl. 1986 I, 2496; Opferrechtsreformgesetz v. 24.6.2004, BGBl. 2004 I, 1354; 2. Opferrechtsreformgesetz v. 29.7.2009, BGBl. 2009 I, 2280; Gesetz zur Stärkung zur Stärkung der Rechte von Opfern sexuellen Missbrauchs (StorMG) v. 26.6.2013, BGBl. 2013 I, 1805; 3. Opferrechtsreformgesetz v. 21.12.2015, BGBl. 2015 I, 2525; Gesetz zur Verbesserung des Schutzes gegen Nachstellungen v. 9.3.2017, BGBl. 2017 I, 386; vgl. auch das Gesetz zur Reform der strafrechtlichen Vermögensabschöpfung v. 13.4.2017, BGBl. 2017 I, 872.
**137** Nebenklage ist nach der Aufgabe der früheren Rechtsprechung auch im Sicherungsverfahren zulässig: BGH, Beschl. v. 18.12.2001 – 1 StR 268/01 = BGHSt 47, 202 = JR 2002, 435 m.

cke der Einlegung und Durchführung der Revision zulässig (§ 395 Abs. 4 Satz 2 StPO). Diese Befugnis besteht jedoch nur so lange, als das Urteil nicht rechtskräftig geworden ist.[138] Dabei macht es keinen Unterschied, ob die Rechtskraft durch Fristablauf (§ 399 Abs. 2 StPO) oder durch einen Rechtsmittelverzicht der Staatsanwaltschaft eingetreten ist.[139] Legt der bisher nicht beteiligte Nebenkläger Rechtsmittel ein, so liegt darin, wenn die Form des § 396 Abs. 1 StPO gewahrt ist, eine ausreichende Anschlusserklärung; den Zulassungsbeschluss erlässt in diesem Falle das Rechtsmittelgericht.[140] Wenn die Einlegung rechtzeitig erfolgt,[141] ist die Rechtsmittelfrist auch dann gewahrt, wenn der Zulassungsbeschluss des Gerichts gemäß § 396 StPO erst nach Fristablauf ergeht.[142] Nach eingetretener Rechtskraft kann der Nebenklageberechtigte den Anschluss auch nicht mehr im Wege der Wiedereinsetzung erreichen, weil dies einen Fristablauf voraussetzen würde. Wer aber noch kein Nebenkläger ist, für den läuft auch keine Rechtsmittelfrist ab.[143]

70 Im Gegensatz zur Staatsanwaltschaft darf der Nebenkläger kein Rechtsmittel zugunsten des Angeklagten führen,[144] weil die Parteistellung des Nebenklägers ebenso wie die des Privatklägers es rechtfertigt, dass eine Beschwer verlangt wird. Andererseits kann die Nebenklage für das von ihr verfolgte Interesse kein „Schlechterstellungsverbot" beanspruchen. Sie ist also nicht dagegen gefeit, dass auf ihre Revision hin das Urteil zugunsten des Angeklagten korrigiert wird (analog § 301 StPO).

---

zust. Anm. *Gössel*. Für das Verfahren gegen Jugendliche *Meyer-Goßner/Schmitt* vor § 395 StPO, Rn. 5.

**138** BGH, Beschl. v. 6.9.2005 – 1 StR 363/05 = StraFo 2005, 513; LR-*Hilger* § 395 StPO, Rn. 35; KK-*Walther* § 395 StPO, Rn. 20; *Meyer-Goßner/Schmitt* § 395 StPO, Rn. 12.

**139** BGH, Beschl. v. 17.2.1988 – 2 StR 24/88.

**140** *Meyer-Goßner/Schmitt* § 396 StPO, Rn. 8; RGSt 48, 236; BayObLG GA 1971, 22; KG VRS 35, 353, 354; *Letzgus* NStZ 1989, 352, 353.

**141** Entgegen RGSt 76, 178 ist die Anschlusserklärung nicht mehr rechtzeitig, wenn die Revisionseinlegungsfrist der StA abgelaufen ist. BGHR StPO § 399 – Fristablauf 1 weist zutreffend darauf hin, dass dagegen keine Bedenken unter dem Aspekt des rechtlichen Gehörs bestehen, weil der Nebenklagebefugte seit der Erhebung der öffentlichen Klage Gelegenheit gehabt hätte, sich ihr anzuschließen. Besonderheiten könnten freilich in den seltenen Fällen bestehen, in denen der Nebenklageberechtigte vom bisherigen Lauf des Verfahrens keine Kenntnis erlangt hatte. Siehe auch BGH NStZ 1984, 18 (bei *Miebach*); BGH NStZ 1988, 214 (bei *Miebach*); KMR-*Stöckel* § 399 StPO, Rn. 3.

**142** RGSt 66, 393.

**143** KK-*Walther* § 395 StPO, Rn. 22; KMR-*Stöckel* § 399 StPO, Rn. 6.

**144** BGH, Beschl. v. 12.7.1990 – 4 StR 247/90 = BGHSt 37, 136 = NJW 1990, 2479. Die entgegengesetzte Rechtsprechung des Reichsgerichts in RGSt 22, 400 und RGSt 62, 213 ist überholt.

Größte Schwierigkeiten haben viele Nebenklägervertreter mit der Vorschrift des **§ 400 Abs. 1 StPO.** Sie besagt, dass Nebenkläger auch von Rechtsmitteln nur den Gebrauch machen dürfen, der den Zwecken der Nebenklage entspricht. Daraus leitet der BGH in ständiger Rechtsprechung die Verpflichtung des Nebenklägers her, spätestens in der Revisionsbegründung anzugeben, dass es ihm um die Verletzung einer Rechtsnorm gehe, die zum Anschluss als Nebenkläger berechtigt.[145] Eine zulässige Revision des Nebenklägers erstreckt sich deshalb auch dann nur auf die richtige Anwendung der Vorschriften über das Nebenklagedelikt, wenn dieses mit einem nicht zur Nebenklage berechtigenden Delikt in Tateinheit steht oder – bei Nichtverurteilung wegen des Nebenklagedelikts – stehen würde.[146] Ist der Angeklagte wegen eines nebenklagefähigen Delikts verurteilt worden und beschränkt sich die Revision der Nebenklage auf die allgemeine Sachrüge, so ist das gesamte Rechtsmittel unzulässig.[147] 71

Erstrebt der Nebenkläger im Falle eines Freispruchs wegen Schuldunfähigkeit mit der Revision lediglich eine Unterbringung nach § 63 StGB, bleibt das Verfahren ein Strafverfahren und wird nicht zu einem Sicherungsverfahren gem. § 413 StPO.[148] Auch § 400 Abs. 1 StPO steht der Zulässigkeit der Revision nicht entgegen, da das mit dem Rechtsmittel verfolgte Ziel (Anordnung der Maßregel der Unterbringung) nicht auf eine „andere Rechtsfolge der Tat“ gerichtet ist.[149] Es reicht auch bei einer Verurteilung wegen Mordes nicht aus, dass das Rechtsmittel der Nebenklage auf einen anderen Schuldumfang durch Annahme weiterer Mordmerkmale gerichtet ist. Das gilt auch, soweit sie die Feststellung besonderer Schwere der Schuld im Sinne des § 57a Abs. 1 Satz 1 Nr. 2 StGB erstrebt.[150] Ebenfalls unzulässig ist es, allein die Anwendung einer (mildernden) Strafzumessungsregelung anzugreifen.[151] Der BGH wendet die Regelung des § 400 Abs. 1 StPO strikt an. So werden auch Versuche die Regelung zu 72

**145** Vgl. etwa: BGH, Beschl. v. 5.11.2013 – 1 StR 518/13 = NStZ-RR 2014, 117; BGH, Beschl. v. 2.8.2016 – 2 StR 454/15 = NStZ-RR 2016, 351; BGHR StPO § 400 Abs. 1 – Zulässigkeit 1, 2, 5.

**146** BGH, Urt. v. 12.3.1997 – 3 StR 627/96 = NJW 1997, 2123 = NStZ 1997, 402. Vgl. auch BGH, Beschl. v. 10.10.2017 – 1 StR 340/17.

**147** *Meyer-Goßner/Schmitt* § 400 StPO, Rn. 6 mwN; BGHR StPO § 400 Abs. 1 – Zulässigkeit 4.

**148** Worin die Nebenklage ebenfalls zulässig wäre, BGH, Beschl. v. 18.12.2001 – 1 StR 268/01 = NStZ 2002, 275.

**149** BGH, Urt. v. 7.6.1995 – 2 StR 206/95 = NStZ 1995, 609; bestätigt durch BGH, Beschl. v. 17.5.2010 – 5 StR 161/10.

**150** So BGH, Beschl. v. 21.2.2007 – 2 StR 540/06 = StraFo 2007, 245 unter Hinweis auf BGHR StPO § 400 Abs. 1 Zulässigkeit 12; s. auch *Meyer-Goßner/Schmitt* § 400 StPO, Rn. 3a mwN.

**151** BGH, Beschl. v. 6.12.2016 – 2 StR 425/16.

umgehen, etwa über die Rüge, ein tateinheitliches Nebenklagedelikt sei ebenfalls verwirklicht worden, mit Recht als unzulässig gewertet.[152]

73 Die Revision des Nebenklägers bedarf einer eigenständigen Begründung. Eine Bezugnahme auf die Revisionsbegründung der Staatsanwaltschaft genügt nicht.[153]

74 Der Nebenkläger muss sein Anfechtungsziel bis zum Ablauf der Revisionsbegründungsfrist deutlich machen. Auch wenn eine Revisionshauptverhandlung anberaumt wird, kann er dies dort nicht wirksam nachholen.[154] Das muss schon deshalb gelten, weil er anderenfalls durch die (für ihn unbeeinflussbare) Frage, ob eine Revisionshauptverhandlung stattfindet, bevorteilt würde.

## 2. Privatkläger

75 Für die Prozessfähigkeit des *Privatklägers* und für die Wirkung seines Rechtsmittels gilt dasselbe wie für den Nebenkläger. Die Rechte aus § 390 StPO stehen auch dem Privatklageberechtigten zu, der gemäß § 375 StPO einem anderen Privatkläger beigetreten ist oder mit der Einlegung des Rechtsmittels beitritt. Gegen einen Jugendlichen ist die Privatklage nicht zulässig (§ 80 Abs. 1 JGG), wohl aber gegen einen Heranwachsenden.[155] Widerklage ist gegen einen jugendlichen Privatkläger zulässig (§ 80 Abs. 2 S. 1 JGG), für den freilich sein gesetzlicher Vertreter handeln muss. Dieser wiederum kann nicht in eigenem Namen ein Rechtsmittel einlegen. Der gesetzliche Vertreter des Beschuldigten im Privatklageverfahren hat dagegen die Rechte aus § 298 StPO.

76 Stirbt der Privatkläger, so wird das Verfahren von Amts wegen eingestellt (§ 393 Abs. 1 StPO), auch wenn die Revision schon eingelegt und begründet worden ist.[156]

77 Die in § 393 Abs. 2 und 3 StPO vorgesehene Möglichkeit der Fortführung des Privatklageverfahrens nach dem Tod des Klägers ist eine Ausnahmeregelung, die sich nicht auf andere Verfahrenssituationen übertragen lässt.[157] Sie ist auch

---

**152** BGH, Urt. v. 25.11.2010 – 3 StR 364/10 = NStZ-RR 2011, 73.

**153** BGH, Beschl. v. 13.6.2007 – 1 StR 198/07.

**154** BGH, Beschl. v. 26.7.2007 – 3 StR 221/07 = NStZ 2007, 700, 701.

**155** Generell zu den Änderungen der Nebenklagebefugnis im Verfahren gegen Jugendliche durch das 2. JuMoG *Meyer-Goßner/Schmitt* vor § 395 StPO, Rn. 5 mwN.

**156** Über die Kostenentscheidung in diesem Falle vgl. OLG Celle MDR 1953, 570 und OLG Karlsruhe MDR 1984, 250 gegen OLG Braunschweig NJW 1949, 835; zum Tode eines von mehreren Privatklägern BayObLG NJW 1960, 2065.

**157** BGH NJW 1983, 463 hat es deshalb abgelehnt, daraus ein Argument für die Kostentragungslast nach dem Tod des Angeklagten herzuleiten.

nicht etwa in Ausdehnung des § 402 StPO beim Tod des Nebenklägers entsprechend anwendbar.[158]

### VI. Einziehungsbeteiligte

Auch wer, ohne Beschuldigter zu sein, durch die Einziehung eines Gegenstandes nach § 73b StGB i.V.m. §§ 73 oder 73a StGB beschwert ist,[159] kann gegen das Urteil Revision einlegen, wenn er die Stellung als Einziehungsbeteiligter nach §§ 424 ff. StPO innehat. Nach § 431 StPO ist seine Anfechtungsberechtigung beschränkt. Um den Schuldspruch gegenüber dem Angeklagten anzufechten, muss er ausdrücklich Einwendungen dagegen vorbringen. Mit diesen Einwendungen soll er nach der Konzeption des Gesetzes aber nur dann zum Zuge kommen, wenn er dazu im vorausgegangenen Verfahren ohne sein Verschulden nicht gehört worden ist. Was das für nicht präkludierte Verfahrensrügen bedeutet (z.B. die unberechtigte Zurückweisung eines Beweisantrages auf Anhörung eines Sachverständigen zur Frage, ob durch das angeklagte Vermögensdelikt ein Schaden und damit korrespondierend ein „erlangtes Etwas") entstanden ist, wird die Rechtsprechung erst noch klären müssen. Dem durch die Einziehung Betroffenen insoweit eine Beschränkung seiner Rechtsmittelbefugnisse aufzubürden, ist nicht einzusehen. Sehr durchdacht erscheint die Regelung jedenfalls nicht. 78

Die auch für die Einziehungsbeteiligten mit der Zustellung des sie beschwerenden Urteils ausgelöste Revisionsbegründungsfrist muss auch hinsichtlich aller Einwendungen gegen den Schuldspruch und der Voraussetzungen für ihre Geltendmachung eingehalten werden. Keine Besonderheiten bestehen in den Fällen, in denen aus pragmatischen Gründen ein Nachverfahren gemäß § 433 Abs. 1 S. 1 StPO oder sogar ein selbständiges Verfahren nach § 435 StPO stattfindet. Dasselbe gilt für die Anfechtungsberechtigung einer juristischen Person, gegen die nach § 30 OWiG im Strafverfahren gemäß § 444 StPO eine Geldbuße verhängt wurde. 79

158 OLG Düsseldorf GA 1985, 570 = MDR 1986, 76; a.A. *Gerauer* NJW 1986, 3126.
159 Zu den seit 1.7.2017 geltenden Neuregelungen vgl. *Trüg* NJW 2017, 1913.

## D. Beschwer

80 Voraussetzung für die Zulässigkeit der Revision ist (soweit nicht die Staatsanwaltschaft Beschwerdeführerin ist), dass der Revisionsführer durch die angefochtene Entscheidung beschwert ist. Die Rechtsmittelbefugnisse der StA können schon im Hinblick auf ihre Aufgabe als „Wächterin des Gesetzes" nicht generell von einer „Beschwer" abhängig sein.[160] Wer dagegen – wie der Angeklagte – mit der Anfechtung des in seine Grundrechte eingreifenden Urteils legitimerweise seine einseitigen Interessen verfolgt, steht insoweit einer Prozesspartei in anderen Verfahrensordnungen gleich, sodass ihm mit dieser allgemeinen Zulässigkeitsvoraussetzung[161] kein Unrecht geschieht. Dass jemand durch das Urteil, das er anfechten will, „beschwert" sein muss, um zu erreichen, dass sich die nächste Instanz mit seinen Einwänden überhaupt befasst, ist auch keine Besonderheit des Revisionsrechts, sondern gilt für alle Rechtsmittel und Rechtsbehelfe.[162] Statt des in die heutige Prozesssprache übernommenen altertümlichen Wortes „beschwert" ließe sich auch sagen: „in den rechtlich geschützten Interessen beeinträchtigt".

81 Teilweise wurde die Auffassung vertreten, die Beschwer sei nicht ein Element der Zulässigkeit des Rechtsmittels, sondern der Begründetheit.[163] Im Anschluss an *James Goldschmidt*[164] war *Eberhard Schmidt*[165] der Meinung, nicht die Beschwer selbst, sondern lediglich die Behauptung einer Beschwer sei Voraussetzung für die Zulässigkeit. Wenn sich bei der sachlichen Prüfung der Begründetheit des Rechtsmittels herausstellen sollte, dass die Beschwer tatsächlich nicht gegeben ist, sei das Rechtsmittel als unbegründet zu verwerfen.

82 Diese Unterscheidung ist überflüssig. Sie ist für die praktischen Bedürfnisse nicht geboten und auch in der Theorie eher eine semantisch hohle Überdifferenzierung. Die „Behauptung einer Beschwer" lässt sich als wohlfeile Formel leicht aufstellen, auch wo sie keinerlei inhaltliche Substanz aufweist. Zudem wäre es, sofern die angefochtene Entscheidung unzweifelhaft in die Rechte des Beschwerdeführers eingreift (z.B. durch einen Schuldspruch und die Verhän-

---

**160** S. dazu unten Rn. 110.

**161** Zum in der Rechtsprechung uneinheitlich behandelten Rechtscharakter der Beschwer vgl. insb. BGH, Urt. v. 10.4.1990 – 1 StR 9/90 = BGHSt 37, 5 = NJW 1990, 2143 und die dort zitierten Entscheidungen.

**162** KK-*Paul* vor § 296 StPO, Rn. 5.

**163** *Eb. Schmidt*, Lehrkommentar, vor § 296 StPO, Rn. 14 ff.

**164** *Goldschmidt*, Prozeß als Rechtslage, S. 409.

**165** *Eb. Schmidt*, Lehrkommentar, vor § 296 StPO, Rn. 14 ff..

gung einer Freiheitsstrafe), unbillig, vom Revisionsführer zu verlangen, dass er dies ausdrücklich noch einmal behauptet.[166] Aber die Unterscheidung zwischen der Beschwer als Zulässigkeitsvoraussetzung und der Behauptung eines Rechtsverstoßes als Voraussetzung für die Begründetheit der Revision hat dennoch unter einem anderen Aspekt ihre Berechtigung. Sie wird deutlich, wenn man sich den Sprachgebrauch der Revisionsgerichte genau ansieht.

Sie verwenden nämlich das Wort „Beschwer" in einem zweifachen Sinne: 83
Zum einen wird das gesamte Rechtsmittel als *unzulässig* verworfen, wenn der Tenor der angefochtenen Entscheidung keine nachteilige Beeinträchtigung der rechtlich geschützten Interessen des Beschwerdeführers enthält. Wer freigesprochen wurde, ist durch diese Entscheidung insgesamt nicht beschwert – mag er sich auch über den einen oder anderen Passus in den Urteilsgründen ärgern. Entscheidend ist die Urteilsformel und nicht die häufig mit „Zwar ..., aber" argumentierende Begründung. Unabhängig davon taucht der Begriff „Beschwer" (oder „beschwert") aber auch in zahlreichen Entscheidungen über zweifellos zulässige Revisionen im Zusammenhang mit der Prüfung der Begründetheit einzelner Rügen auf. Diese zweite Bedeutung hat im Schrifttum bisher so gut wie keine Beachtung gefunden.[167] Das dürfte damit zusammenhängen, dass sich der Begriff der Beschwer in diesem Sinne regelmäßig nur in jenen Teilen der Entscheidungen findet, die sich wegen ihrer floskelhaften Fassung nicht zur Veröffentlichung eignen. Das gilt insbesondere für die geradezu als Textbaustein verwendete Formel: „Die Nachprüfung des Urteils aufgrund der Sachrüge hat keinen den Angeklagten *beschwerenden* Rechtsfehler ergeben",[168] oder gleichbedeutend in zahllosen Beschlüssen gemäß § 349 Abs. 2 StPO: „Die Revision … wird als unbegründet verworfen, da die Nachprüfung des Urteils auf Grund der Revisionsrechtfertigung keinen Rechtsfehler *zum Nachteil* des Angeklagten ergeben hat." Diese Beschlussformel geht also durchaus von der Zulässigkeit des Rechtsmittels aus, lässt auf die Sachrüge und oft auch auf eine Reihe von Verfahrensrügen hin die Frage, ob das Urteil auf einem Rechtsfehler beruht, offen und beschränkt sich auf die Aussage, dass dieser sich

---

**166** So noch die 6. Auflage, Rn. 58.

**167** Auch die Dissertation von *Gerd Kaiser*, Die Beschwer als Voraussetzung strafprozessualer Rechtsmittel, befasst sich nur mit der allgemeinen Beschwer als Bedingung der Zulässigkeit der Revision. *Ralf Krack*, Die Rehabilitierung des Beschuldigten im Strafverfahren, geht ausführlich auf die Unterscheidung zwischen der Beschwer als Rechtsmittelvoraussetzung und der von ihm so genannten „Rügekompetenz" ein und arbeitet auch den Zusammenhang heraus (S. 17 ff.).

**168** Beliebiges Beispiel unter vielen: BGH, Beschl. v. 25.6.2015 – 1 StR 579/14 = NStZ 2015, 657.

jedenfalls nicht zum Nachteil des Beschwerdeführers ausgewirkt, ihn mithin eben nicht beschwert hat.

84 Es spielen also in der Praxis der Revisionsgerichte **zwei verschiedene Begriffe der Beschwer** eine Rolle:

85 Die eine Bedeutung (Beschwer durch das Urteil insgesamt) bezieht sich auf die angefochtene Entscheidung (tatrichterliches Urteil) als solche. Das Vorliegen der Beschwer in diesem Sinne ist Voraussetzung für die Zulässigkeit des gesamten Rechtsmittels. Der Angeklagte darf mit der Revision nicht seinen Freispruch anfechten, der Nebenkläger darf sich nicht darüber beklagen, dass der Angeklagte, mit dem er sich inzwischen versöhnt hat, schuldig gesprochen wurde.[169] Der Angeklagte kann die Revision auch nicht darauf stützen, dass eine Maßregel gegen ihn gerade nicht angeordnet wurde.[170]

86 Die zweite Bedeutung (Beschwer durch den gerügten Rechtsfehler) knüpft an den in der einzelnen Revisionsrüge geltend gemachten Rechtsfehler, mithin an die *Begründung* des angefochtenen Urteils oder (im Falle von Verfahrensrügen) an den der tatrichterlichen Entscheidung vorausgegangenen Prozessverlauf an.[171] Diese Bedeutung, die hier zur Unterscheidung von der allgemeinen *Revisionsbeschwer* seit der letzten Auflage als ***Rügebeschwer***[172] bezeichnet wird, ist Voraussetzung für die Begründetheit des jeweiligen Angriffs gegen das angefochtene Urteil oder seine prozessuale Vorgeschichte. Ein Angeklagter, der nach seiner Verurteilung zu einer Freiheitsstrafe durch die große Strafkammer fristgerecht Revision gegen das Urteil einlegt und diese auch fristgerecht – und sei es auch nur mit der allgemeinen Sachrüge – begründet, führt zweifellos ein zulässiges Rechtsmittel. Kann er aber durch Verfahrensrügen und durch die Sachrüge nur solche Rechtsfehler geltend machen, die zwar tatsächlich vorliegen, ihn jedoch nicht benachteiligen, muss er sich gefallen lassen, dass seine Revision als unbegründet zurückgewiesen wird.

---

**169** Die Revision des Nebenklägers ist sogar schon dann unzulässig, wenn sie ihr Ziel nicht eindeutig zu erkennen gibt; s. oben Rn. 71.

**170** BGH, Beschl. v. 5.3.2020 – 1 StR 598/19; BGH, Beschl. v. 15.5.2019 – 4 StR 198/19; BGH, Beschl. v. 18.7.2018 – 4 StR 259/18; BGH, Beschl. v. 6.12.2017 – 4 StR 533/17; BGH, Beschl. v. 4.4.2017 – 3 StR 112/17; BGH, Beschl. v. 19.4.2016 – 1 StR 45/16 = NStZ-RR 2016, 251; BGH, Beschl. v. 5.4.2016 – 3 StR 95/16.

**171** *Meyer-Goßner/Schmitt* § 337 StPO, Rn. 18.

**172** Der von *Krack*, Die Rehabilitierung des Beschuldigten im Strafverfahren, verwendete Begriff der „Rügekompetenz" deutet zu sehr auf das Missverständnis hin, es handele sich um eine Qualität des Beschwerdeführers.

## I. Rügebeschwer

Bei der Rügebeschwer muss noch weiter unterschieden werden: Beschränkt sich die Kritik am angefochtenen Urteil innerhalb einer ausgeführten[173] Sachrüge auf die Nichtanwendung einer Vorschrift, deren Anwendung dem Angeklagten allenfalls eine Verschärfung des Rechtsfolgenausspruchs (Strafzumessung und Nebenfolgen) einbringen könnte, ist die Sachrüge unbegründet, weil ihm die „erstrebte“ Schlechterstellung ohnehin wegen § 358 Abs. 2 Satz 1 StPO auf seine Revision hin nicht „gewährt“ werden dürfte. Eröffnet der Angeklagte jedoch mit seiner unbeschränkt erhobenen Sachrüge für das Revisionsgericht eine umfassende Prüfungspflicht, gilt die mit dem Ziel des Freispruchs betriebene Revision auch dann als „begründet“, wenn das Revisionsgericht oder das Tatgericht, an welches die Sache zurückverwiesen wird, zu dem Ergebnis kommt, dass ein sehr viel gravierenderer Schuldspruch der Rechtslage entspricht. So kann aus einer allein durch den Angeklagten mit der Revision angefochtenen Verurteilung wegen fahrlässiger Tötung am Ende ein Schuldspruch wegen Totschlags (oder gar wegen Mordes) werden. Trotzdem muss es dann aber bei der Geld- oder relativ kurzen Freiheitsstrafe bleiben (§ 358 Abs. 2 StPO). 87

Bezogen auf Verfahrensfehler stellt sich die Frage nach der Beschwer durch den gerügten Rechtsfehler anders. Sie ist hier ein vom Gesetz unausgesprochener Teil der Beruhensfrage:[174] Durch einen Verfahrensfehler ist der Angeklagte dann beschwert, wenn nicht auszuschließen ist, dass das Urteil (im Schuld- oder Rechtsfolgenausspruch) anders (insoweit Beruhensfrage), und zwar günstiger (insoweit die Beschwer) ausgefallen wäre. Die Frage nach der hypothetischen Kausalität wird also nicht neutral, sondern mit Blick auf die gedachte Wirkungsrichtung gestellt. 88

Die wichtigsten Beispiele für die fehlende „Rügebeschwer“ folgen aus der vom BGH angewendeten **„Rechtskreistheorie“**,[175] die ebenfalls auf der Annahme aufbaut, dass Verfahrensregeln eine Interessenausrichtung haben können (nicht müssen), – mit der Folge, dass die mögliche Kausalität zwischen Rechtsfehler und nachteiligem Urteil dann außer Betracht zu bleiben habe, wenn schon die verletzte Norm gar nicht dazu bestimmt sei, den Revisionsführer vor solcher („nur“ faktischer) Beschwer zu bewahren. 89

Das hinter dieser Annahme stehende Grundverständnis strafrechtlicher und strafprozessualer Normen wurzelt in der Methode der teleologischen Gesetzes- 90

173 Vgl. dazu unten Rn. 1598.
174 S. dazu unten Rn. 708 ff.
175 *Dahs*, Revision, Rn. 34; s. dazu Rn. 63 und Rn. 340 f.

auslegung, die auch bei Verfahrensvorschriften danach fragt, in wessen Interesse und zu wessen Schutz sie im Einzelnen aufgestellt worden sind. Dieser Grundansatz für die Auslegung von Verfahrensrecht versteht sich keineswegs von selbst und ist unter der Geltung des Rechtsstaatsprinzips auch nicht unproblematisch. Ein Verfassungsverständnis, das in den „schützenden Formen" der strafprozessualen Regeln einen Eigenwert erkennt,[176] könnte durchaus zu der Auffassung führen, dass jedwede Verletzung von Verfahrensrecht jedenfalls den Beschuldigten beschwert, weil er einen Anspruch darauf hat, nur in einem ordnungsgemäßen Verfahren verurteilt zu werden, unabhängig davon, ob die einzelne Vorschrift in erster Linie den Interessen anderer Personen dient.

91 Die Rechtsprechung ist jedoch einen anderen Weg gegangen und hat durch die Erfindung der „Rechtskreistheorie"[177] die strafprozessualen Regeln eingeteilt in solche, die den Interessen des Angeklagten dienen, und solche, die andere Verfahrensbeteiligte oder auch die Allgemeinheit vor Unrecht bewahren sollen. Dies hat zur Folge, dass eindeutige Rechtsfehler, auf denen das angefochtene Urteil auch beruht, entgegen dem eigentlich unmissverständlichen Wortlaut des § 337 StPO unterschiedliche Korrekturchancen im Rechtsmittelweg eröffnen, je nachdem, wer sie geltend macht. Werden sie vom „falschen Betroffenen" gerügt, bescheinigt ihm das Revisionsgericht, er sei durch den Verstoß nicht beschwert.

92 Wer beispielsweise als Angeklagter einen Rechtsanspruch darauf geltend machen will, dass die Zeugen, auf deren belastende Aussagen das Tatgericht den Schuldspruch stützt, ordnungsgemäß nach § 55 StPO belehrt werden oder dass sie trotz eines solchen Auskunftsverweigerungsrechts nicht zur Aussage mit Zwangsgeld oder Haft nach § 70 StPO genötigt werden, wird damit in der Revisionsinstanz nicht gehört, auch wenn festgestellt werden kann, dass der rechtswidrige Umgang des Gerichts mit dem Zeugen ursächlich für das Urteil war.[178]

---

**176** Auf den Zusammenhang zwischen dem Grundverständnis, das wir von der Funktion des Strafrechts und des Strafverfahrensrechts haben, und der Legitimität der „Beschwer als Voraussetzung strafprozessualer Rechtsmittel", geht ausführlich auch *Kaiser*, Die Beschwer als Voraussetzung strafprozessualer Rechtsmittel, S. 50 ff. ein.

**177** Vgl. dazu *Grüner* JuS 1994, 193 und unten Rn. 340 f.

**178** Grundlegend BGH, Beschl. v. 21.1.1958 – GSSt 4/57 = BGHSt 11, 213; *Roxin/Schünemann*, § 24, Rn. 233, problematisieren die Rechtskreistheorie im Zusammenhang mit den Beweisverwertungsverboten. Im Revisionsrechtszug geht es aber nicht nur darum, ob die Aussage des falsch nach § 55 StPO belehrten Zeugen hätte verwertet werden dürfen, sondern schon darum, ob die falsche Belehrung, die möglicherweise ursächlich für eine Aussage des Zeugen war, den Angeklagten beschweren kann. Kritisch zur Rechtskreistheorie auch LR-*Franke* § 337 StPO,

Wie bereits ausgeführt, ist die Beschwer in diesem Sinne zu unterscheiden von der allgemeinen Beschwer als Zulässigkeitsvoraussetzung für das Rechtsmittel selbst. Die Terminologie ist weder in der Rechtsprechung noch im Schrifttum einheitlich.[179] Einerseits wird gesagt: „*Die Beschwer stellt lediglich eine formelle Voraussetzung für den Zugang zur Rechtsmittelinstanz dar und bildet damit eine Barriere an der Zulässigkeitsschwelle*".[180] Andererseits muss dieselbe Entscheidung einräumen: „*Freilich hat der BGH häufig Rechtsfehler mit dem Hinweis, sie bedeuteten für den Angeklagten keine Beschwer, nicht zum Anlass einer Aufhebung des Urteils oder einer Änderung des Schuldspruchs genommen, und zwar auch in Fällen, in denen das Verschlechterungsverbot nicht entgegenstand*".[181] 93

## II. Tenorbeschwer

Die Beschwer als Zulässigkeitsvoraussetzung für das gesamte Rechtsmittel liegt nach der in der Rechtsprechung durchgehend[182] und im Schrifttum überwiegend[183] vertretenen Auffassung dann vor, wenn der entscheidende Teil des Urteils, die Urteilsformel, dem Revisionsführer unmittelbar Nachteil zugefügt hat („Tenorbeschwer"). Dieser Begriff der Beschwer darf nicht mit der Frage verwechselt werden, ob das Urteil rechtmäßig oder unter Verletzung geltenden Rechts zustande gekommen ist. Der übliche Sprachgebrauch geht dahin, dass auch der gerechte Freispruch den Nebenkläger beschwert und jeder Schuld- 94

---

Rn. 69 ff.; *Eb. Schmidt* JZ 1958, 596; *Sarstedt*, Verhandlungen des 46. DJT, 1966, F 18; *Rudolphi* MDR 1970, 93, 96 ff.; *Philipps* FS Bockelmann, S. 831; *Rengier*, Die Zeugnisverweigerungsrechte im geltenden und künftigen Strafverfahrensrecht, S. 291 ff. und S. 314 ff.; *Bohnert* NStZ 1982, 5; *Rogall* ZStW 91 (1979), 25 und *ders.* NStZ 1988, 385.

**179** Zu den verschiedenen „Beschwerkategorien" vgl. *Kaiser*, Die Beschwer als Voraussetzung strafprozessualer Rechtsmittel, S. 9 und *Krack*, Die Rehabilitierung des Beschuldigten im Strafverfahren.

**180** BGH, Beschl. v. 10.4.1990 – 1 StR 9/90 = BGHSt 37, 5 = NJW 1990, 2143.

**181** BGH, Beschl. v. 10.4.1990 – 1 StR 9/90 = BGHSt 37, 5, 9 = NJW 1990, 2143.

**182** BGHSt 7, 153; BGHSt 16, 374 = NJW 1962, 404; BGH, Beschl. v. 14.10.2015 – 1 StR 56/15 = NJW 2016, 728 mit zust. Anmerkung *Reinhart Michalke;* BGH, Beschl. v. 18.8.2015 – 3 StR 304/15 = NStZ-RR 2016, 137; BGH, Beschl. v. 18.7.2018 – 4 StR 259/18; BGH, Beschl. v. 28.1.2020 – 4 StR 608/19 = StV 2020, 454.

**183** Vgl. BeckOK-StPO/*Cirener* § 296 StPO, Rn. 8; KK-*Paul* vor § 296 StPO, Rn. 7; LR-*Jesse* vor § 296 StPO, Rn. 57; *Meyer-Goßner/Schmitt* vor § 296 StPO, Rn. 11 u. 13; *Krack*, Die Rehabilitierung des Beschuldigten im Strafverfahren, S. 186 ff. und S. 194 ff.; *Radtke* FS Roxin II, S. 1419, 1427 ff.

spruch den Angeklagten, und zwar jeweils auch dann, wenn es rechtlich nichts am Verfahren oder dem Urteilsinhalt auszusetzen gibt. Umgekehrt enthält das freisprechende Urteil für den Angeklagten auch dann keine Beschwer, wenn es unter gröbster Verletzung von Verfahrensvorschriften zustande gekommen oder mit einer rechtlich völlig unhaltbaren Begründung versehen ist. Eine Revision, die sich nur gegen falsche, überflüssig den Angeklagten verletzende, ja kränkende Ausführungen in den Gründen eines Freispruchs richtet, wird als unzulässig verworfen.

95 Begründet wird dieses aus dem Gesetz (§ 337 StPO) nicht ohne Weiteres ableitbare Verständnis vorzugsweise mit verfahrensökonomischen Argumenten. Man befürchtet eine uferlose Ausweitung und Vermehrung der Revisionsverfahren, wenn jede dem Beschwerdeführer nachteilige Wendung in den Urteilsgründen schon Gegenstand einer Überprüfung in einer allein mit Rechtsfragen befassten Instanz sein könnte. Angesichts der geringen Zahl von Freisprüchen ist dieses Argument für sich genommen wenig überzeugend. Denkt man die Sache freilich zu Ende, so könnte der Verzicht auf die Zulässigkeitsvoraussetzung Tenorbeschwer durchaus nicht auf Freisprüche beschränkt bleiben. Warum – so wäre die Anschlussfrage – soll eigentlich nicht jemand, der wegen Totschlags in einem minder schweren Fall zu einer milden Bewährungsstrafe verurteilt wurde, Revision mit dem Ziel einlegen, einen einzigen Satz aus den Strafzumessungsgründen („Er hat seine Frau nie wirklich geliebt") entfernen zu lassen? Oder: Er könnte rügen, das Gericht habe zwar seine Angaben im Ermittlungsverfahren, dem Widerspruch seines Verteidigers folgend, wegen eines Verwertungsverbots nicht berücksichtigt, davon hätte es aber eine Ausnahme machen müssen, soweit er damals auch ein entlastendes Detail genannt habe. An dieser Stelle kommt nun das ins Spiel, was wir oben „Rügebeschwer" genannt haben. Eine Revision kann vom Angeklagten nicht zu dem Zweck geführt werden, einer Norm Geltung zu verschaffen, deren Verletzung ihm als solche gar keinen Nachteil beschert hat.

96 Auf einem zweiten Begründungsweg für die Tenorbeschwer wird seit einer Entscheidung des Reichsgerichts aus dem Jahr 1881[184] darauf abgestellt, die Aufgabe des Strafprozesses erschöpfe sich nun einmal darin, das Bestehen eines staatlichen Strafanspruchs in einem geordneten Verfahrens entweder zu bejahen (und dann auch zu gewichten) oder eben durch einen Freispruch zu verneinen. Im letzteren Falle könne dem Angeklagten die Revision auch nicht mehr bieten als eben diese Verneinung. Denn wenn man eine Revision allein

184 RGSt 4, 355, 357.

gegen die Gründe zuließe, könne doch das Ziel der allein vom Angeklagten geführten Revision wegen des Schlechterstellungsverbots (§ 358 Abs. 2 StPO) nur sein, den Freispruch zu wiederholen, wobei die neuen Gründe auch nicht „freundlicher" als die früheren sein müssten.

Nun bieten aber Entscheidungen aus jüngster Zeit Anlass, über die Frage 97
neu nachzudenken, ob wirklich die Tenorbeschwer als absolute Sperre gegen jede Überprüfung von verletzenden Begründungsteilen durch das Revisionsgericht wirken darf.

In dem Fall *Mollath* hat der freigesprochene Angeklagte versucht, in der Re- 98
vision geltend zu machen, dass er durch Ausführungen in den Gründen des tatrichterlichen Urteils in seinen Rechten und insbesondere in seinem Anspruch auf Beachtung der Unschuldsvermutung (Art. 6 Abs. 2 EMRK) verletzt sei. Dabei glaubte er sich auf die Entscheidung des EGMR in der Sache *Cleve* gegen Bundesrepublik Deutschland[185] berufen zu können. Dort hatte der Gerichtshof dem Landgericht Münster angelastet, es habe in der Begründung seines Urteils „*infolge unglücklicher Formulierung*" Feststellungen zu einem schuldhaften Verhalten des Beschwerdeführers getroffen, die über eine reine Beschreibung einer verbliebenen Verdachtslage hinausgingen und im Widerspruch zu seinem Freispruch standen. Der Gerichtshof sah im Ergebnis Art. 6 Absatz 2 EMRK als verletzt an. Die „unglückliche Formulierung" (im englischen Original: „*unfortunate language*") hatte darin bestanden, dass die Strafkammer in den Gründen für den Freispruch wegen Mangels an Beweisen einerseits festgehalten hatte, dass die konkreten gegen den Beschwerdeführer erhobenen Tatvorwürfe nicht mit der für eine strafrechtliche Verurteilung erforderlichen Sicherheit nachgewiesen seien. Andererseits enthielt das Urteil die Aussage, „*das vom Opfer geschilderte Kerngeschehen habe einen realen Hintergrund*" und es sei „*tatsächlich zu sexuellen Übergriffen des Angekl. zu Lasten seiner Tochter in seinem Auto gekommen*".

Darauf berief sich der im Tenor des landgerichtlichen Urteils freigesproche- 99
ne Angeklagte *Mollath*, indem er in der Revision geltend machte, er sei durch die Feststellung im Urteil, er habe den gesetzlichen Tatbestand der gefährlichen Körperverletzung vorsätzlich und rechtswidrig erfüllt, habe im Tatzeitpunkt aber nicht ausschließbar ohne Schuld i.S.d. § 20 StGB gehandelt, in seinem Menschenrecht aus Art. 6 Abs. 2 EMRK verletzt. Der Angekl. beanstandete mit seiner Revision seine Freisprechung, soweit diese (nur) aus Rechtsgründen erfolgt war; die für die Zulässigkeit seines Rechtsmittels erforderliche Beschwer

**185** EGMR, Urt. v. 15.1.2015 – 48144/09 = NJW 2016, 3225 = StV 2016, 1 m. Anm. *Stuckenberg*. Vgl. zur Reichweite von Art. 6 Abs. 2 EMRK auch BGH, Urt. v. 7.9.2016 – 1 StR 154/16 = NJW 2016, 3670 = StV 2017, 648.

leitete er aus den vom LG zum objektiven Tatgeschehen getroffenen Feststellungen ab.

100 Das Rechtsmittel hatte keinen Erfolg. Der BGH hat an dem Erfordernis der Tenorbeschwer als Voraussetzung für die Zulässigkeit der Revision festgehalten, dies aber mit einer auffallend ausführlichen Begründung, die auch den Unterschied zum Fall *Cleve* eingehend behandelt.[186] Um die im deutschen Recht geltende Tenorbeschwer mit der EGMR-Rechtsprechung zur Verletzung der Unschuldsvermutung durch unglückliche Formulierungen in den Gründen von freisprechenden Urteilen in Einklang zu bringen, musste der Senat einräumen, dass es *„extrem gelagerte Fälle"* geben könne, *„in denen sich die Belastung des Angeklagten aus Begleitumständen, etwa der Wortwahl des Tatgerichts"* ergeben könne und dass in diesen Fällen eine Ausnahme vom Grundsatz der Formalbeschwer in Betracht komme. Dies liege aber jedenfalls dann fern, wenn – wie im konkreten Fall Mollath – der Freispruch wegen nicht nachweisbarer subjektiver Strafbarkeitsvoraussetzungen (aufgehobene Schuldfähigkeit) erfolgt sei, was wiederum die Feststellung eines objektiven Sachverhalts voraussetze, die nicht deshalb unterbleiben könne, weil sie für den Angeklagten nachteilige Details enthält.

101 Während der BGH in dieser Entscheidung noch die Tenorbeschwer als eine richterrechtlich tradierte Konsequenz aus der (begrenzten) Reichweite des staatlichen Strafanspruchs hergeleitet hatte, fügte er in einem anderen Fall, in dem der Beschuldigte versuchte, mit der Revision seine von der Staatsanwaltschaft beantragte, aber vom Gericht abgelehnte Unterbringung in einer psychiatrischen Anstalt zu erreichen, eine zusätzliche Begründung für die Unzulässigkeit eines solchen Rechtsmittels hinzu: Die Gründe seien deshalb nicht selbständig anfechtbar, weil *„belastende Begründungen mangels Verbindlichkeit regelmäßig rein faktisch wirken und diese Wirkung durch das Rechtsmittel nicht rückgängig gemacht werden kann"*.[187]

102 Dass die Urteilsgründe „nicht verbindlich" seien, hätte man gerade aus der Feder eines Revisionsrichters nicht erwartet, denn jedenfalls der Teil der Gründe, der die Feststellungen enthält, bindet doch sogar das Revisionsgericht. Nun betrifft die Entscheidung aber keinen Freispruch, sondern ein Urteil im Sicherungsverfahren (§§ 413 ff. StPO), was auch erklärt, dass der Revisionsführer in der Entscheidung immer noch als „der Beschuldigte" bezeichnet wird und der

186 BGH, Beschl. v. 14.10.2015 – 1 StR 56/15 = NJW 2016, 728 = StV 2016, 781. Vgl. auch BGH, Beschl. v. 28.1.2020 – 4 StR 608/19 = StV 2020, 454.

187 BGH, Beschl. v. 18.8.2015 – 3 StR 304/15 = NStZ-RR 2016, 137. So auch für den Fall des Freispruchs „mangels Beweises" SK-StPO/*Frisch* vor § 296 StPO, Rn. 157.

Urteilstenor gemäß § 414 Abs. 2 StPO nur die Ablehnung des Antrages der Staatsanwaltschaft enthielt. Welche Teile der Begründung ihn oder seine Verteidigung veranlassten, dagegen die Revision zu versuchen, wird nicht mitgeteilt. Nur dass es keine Ausführungen waren, die außerhalb des Sicherungsverfahrens selbständige Rechtswirkungen erzeugen konnten, wird als Grund dafür genannt, dass der BGH ausdrücklich die Frage offenlassen konnte, ob es – wie in der Literatur erörtert – Fälle geben kann, in denen vom Grundsatz der Tenorbeschwer abzuweichen wäre.

Die Auswirkungen der Theorie und Praxis zur Tenorbeschwer wären schon 103
dann erheblich entschärft, wenn die Tatgerichte sich abgewöhnen könnten, überflüssige und den Tenor nicht wirklich tragende Ausführungen in den Gründen unterzubringen. Zuweilen dienen sie erkennbar dazu, nach einem nur widerwillig verkündeten Freispruch noch ein wenig „nachzutreten", damit der Angeklagte sich ja nichts darauf einbildet, dass er freigesprochen wurde. Psychologisch mag so etwas dem einen oder anderen Richter auch die Entscheidung erleichtert haben, zu der er sich bei einer Diskrepanz zwischen dem rational begründbaren objektiven Beweisergebnis und seiner subjektiven „Überzeugung" von der Täterschaft und Schuld des Angeklagten gezwungen sah. Wenn dann so getan wird, als gäbe es noch den Unterschied zwischen einem Freispruch aus Mangel an Beweisen und dem Freispruch wegen erwiesener Unschuld, so ist damit in Vergessenheit geraten, dass sich diese Unterscheidung zu keiner Zeit im Tenor eines freisprechenden Urteils ausgedrückt hat. Sie hatte bis 1968[188] eine Bedeutung allein für die nach der damaligen Fassung des § 467 Abs. 2 Satz 2, Abs. 4 StPO gesondert zu treffende Kostenentscheidung, wobei auch nur die Auferlegung der notwendigen Auslagen des Angeklagten davon abhing, ob sein Freispruch wegen erwiesener Unschuld oder nach dem Zweifelssatz trotz verbliebender Verdachtsmomente erfolgt war.[189]

---

**188** § 467 StPO geändert durch Art. 2 Nr. 25 des EGOWiG v. 24.5.1968 (BGBl. 1968 I, 503). Aus heutiger Sicht befremdlich die Vorlage nach Art. 100 GG durch ein Amtsgericht, das die Beseitigung des „Freispruchs zweiter Klasse" deshalb für verfassungswidrig hielt, weil damit die volle Rehabilitierung des erwiesen Unschuldigen abgewertet worden sei; vgl. BVerfGE 25, 327 = NJW 1969, 1163. Dazu, ob nicht umgekehrt die nach der Beseitigung des Freispruchs mangels Beweises in kostenrechtlicher Hinsicht verbliebenen Defizite bei der Beachtung der Unschuldsvermutung ein erneutes Tätigwerden des Gesetzgebers nahe legen, *Kühl*, Unschuldsvermutung, Freispruch und Einstellung, S. 5 ff.

**189** Der Tenor lautete auch damals schon schlicht: „Der Angeklagte wird freigesprochen." Irgendwelche Zusätze, die etwas über verbliebene oder beseitigte Verdachtsmomente ausgesagt hätten, waren unzulässig. Vgl. nur *Kleinknecht*, StPO, 25. Aufl. 1965, § 260 StPO, Rn. 4, wo auch ausdrücklich auf die Pflicht der Richter hingewiesen wurde, bereits in der mündlichen

104 Der Umstand, dass unter der Geltung des § 467 StPO a.F. bis 1968 die Auslagenentscheidung und dann auch noch bis 1971 die Frage der Entschädigung für „unschuldig" erlittene Untersuchungshaft (§ 2 U-Haft-EntschG) von den Ausführungen des Urteils zur Verdachtslage zum Urteilszeitpunkt abhing, hätte für den BGH durchaus Anlass sein können, von der Tenorbeschwer als Zulässigkeitsvoraussetzung für die Revision abzurücken. Aber der BGH[190] hielt 80 Jahre nach RGSt 4, 355 daran fest, nachdem das Bayerische Oberste Landesgericht, das ebenfalls daran festhalten wollte, sich durch abweichende Entscheidungen verschiedener Oberlandesgerichte daran gehindert sah. Das OLG Schleswig hatte ausgesprochen, ein Freispruch wegen Zurechnungsunfähigkeit (damals § 51 Abs. 1 StGB) enthalte für den Angeklagten jedenfalls dann eine die Zulässigkeit der Revision begründende Beschwer, wenn keine tatbestandsmäßige, rechtswidrige Handlung festgestellt sei.[191] Die Oberlandesgerichte Stuttgart[192] und Saarbrücken hatten darüber hinaus angenommen, ein wegen erwiesener Geisteskrankheit freigesprochener Angeklagter sei auch im Falle der Feststellung einer tatbestandsmäßigen, rechtswidrigen Handlung in einer Weise beschwert, die die Revision zulässig mache.

105 Der BGH hielt an dem Erfordernis der Tenorbeschwer fest, verband dies aber mit einigen interessanten Ausführungen zur Geschichte dieser Rechtsprechung:

*„Dieser Ansicht ist die Rechtsprechung bis 1945 fast einhellig gefolgt, obwohl sie auch vorher nicht unangefochten geblieben war. So wurde in der Zeit nach 1933 gefordert, dass der Angeklagte auch wegen einer sich aus den Urteilsgründen ergebenden Beschwer das zulässige Rechtsmittel müsse einlegen können. Vom Standpunkt des damaligen »neuen Rechtsdenkens« wurde verlangt, dass dem Angeklagten ein Rechtsmittel auch dann zur Verfügung stehen müsse, wenn er auch nur durch die Gründe eines freisprechenden Urteils in seiner Ehre verletzt sei..... Im Grunde aus ähnlichen Erwägungen, aber mit anderer Begründung wird im neueren Schrifttum eine Änderung der bisherigen Rechtsprechung angestrebt. Man hält diese Rechtsprechung, die in allen Fällen eine Beschwer im Entscheidungssatz selbst zur Voraussetzung des Rechtsmittels macht und eine solche in den Gründen nicht genügen läßt, für formalistisch und meint, schon aus dem geltenden Recht, insbesondere aus den Bestimmungen des Grundgesetzes für die Bundesrepublik Deutschland, die Unrichtigkeit der bisher herrschenden Rechtsanschauung beweisen zu können (vgl. Roos JR 1951, 200; Henrichs MDR 1956, 196; Schwenk NJW 1960, 1932). Überwiegend wird allerdings grundsätzlich an der bisherigen Rechtsprechung, daß die Beschwer aus dem Entscheidungssatz*

Urteilsbegründung die in Art. 6 Abs. 2 MRK verbriefte Unschuldsvermutung zu beachten und „zweierlei Freisprüche" zu vermeiden.

**190** BGHSt 16, 374.

**191** OLG Schleswig NJW 1957, 1487 = GA 1958, 347 = JZ 1958, 374 m. Anm. *Eb. Schmidt*.

**192** OLG Stuttgart NJW 1959, 1840; ähnlich auch OLG Saarbrücken NJW 1960, 2068 (Ls.).

*sich ergeben müsse, festgehalten und eine Änderung nur insoweit befürwortet, als der Angeklagte wegen Zurechnungsunfähigkeit freigesprochen worden ist (so Peters, Strafprozeß S. 498; Henkel, Strafverfahrensrecht S. 422; Kern, Strafverfahrensrecht 6. Aufl. S. 198; Nipperdey in Neumann/Nipperdey/Scheuner, Die Grundrechte Bd. 2 S. 35).“*

Dass es alleiniger Sinn des Strafprozesses sei, das Bestehen oder Nichtbeste- 106
hen des staatlichen Strafanspruchs festzustellen, wird noch heute regelmäßig als Begründung herangezogen,[193] wenn eine Revision gegen ein freisprechendes Urteil als unzulässig verworfen wird. Es ist auch nicht zu verkennen, dass es den Angeklagten empfindlich treffende, aber rechtlich durchaus notwendige Ausführungen in den Urteilsgründen auch bei einem Freispruch geben kann. Das ist immer dann der Fall, wenn die Verurteilung im systematisch-dogmatischen Aufbau der Strafbarkeitsvoraussetzungen erst an einer nachrangig zu prüfenden Bedingung scheitert. Wer nur wegen fehlenden Vorsatzes freigesprochen wird, dem kann kaum erspart werden, dass ihm im Urteil tatbestandsmäßiges und nicht gerechtfertigtes Verhalten bescheinigt wird, wenn dies nun einmal dem Ergebnis der Beweisaufnahme entspricht. Worauf sonst soll sich denn der (fehlende) Vorsatz beziehen? Oder ein noch eindrücklicheres Beispiel aus der Praxis: Beim Landgericht Mannheim wurde vor einigen Jahren der Anstaltsarzt einer JVA vom Vorwurf der fahrlässigen Tötung freigesprochen. Das Urteil stellte fest, dass der Arzt tatbestandsmäßig, rechtswidrig und fahrlässig gegen die Regeln der ärztlichen Kunst verstoßen habe, indem er die Suizidgefahr eines neu aufgenommenen heroinabhängigen Häftlings bei einer viel zu oberflächlichen Eingangsuntersuchung nicht erkannt hatte. Dadurch habe er auch (mit-)ursächlich dazu beigetragen, dass sich der junge Mann in der ersten Nacht in seiner Einzelzelle aufgrund von Entzugserscheinungen erhängt hatte. Der Freispruch wurde (zutreffend) unter Hinweis auf die gefestigte Rechtsprechung begründet, dass die Teilnahme an einer Selbsttötung dann nicht strafbar ist, wenn nicht auszuschließen sei, dass der Suizident in freier Willensentschließung gehandelt habe. Auch der so Freigesprochene kann das Urteil nicht mit dem Ziel anfechten, nach Aufhebung und Zurückverweisung feststellen zu lassen, dass die Suizidgefahr nicht erkennbar oder dass tatsächlich vorgenommene Versuche, den Gefangenen auf eine Gemeinschaftszelle zu verlegen oder ihn besser überwachen zu lassen, am Widerstand der Anstaltsleitung gescheitert sind.

Eine Aufgabe für die Zukunft bleibt die Harmonisierung der EGMR- 107
Rechtsprechung zu Verletzungen der Unschuldsvermutung in Freispruchsbe-

193 BGH, Beschl. v. 14.10.2015 – 1 StR 56/15, Rn. 11, 13 = NJW 2016, 728.

gründungen mit der deutschen Rechtsprechung zur Tenorbeschwer, die letztlich dazu führt, dass eine Überprüfung verletzender und rechtlich nicht gebotener Ausführungen unterbleibt. Denn wenn schon das Rechtsmittel unzulässig ist, kann es auch nicht zu einer Prüfung der Unschuldsvermutung vordringen. Es wäre zu wünschen, dass ein dazu geeigneter Fall dem Bundesverfassungsgericht die Gelegenheit gäbe, den Verfassungsgrundsatz verbindlich festzuschreiben, dass strafrechtliche Urteile keine die Persönlichkeit, die Grundrechte und die Würde der Angeklagten tangierenden Feststellungen und Werturteile enthalten dürfen, die nicht nach dem durch das materielle Strafrecht vorgegebenen Prüfprogramm unvermeidbar sind. Ob dies letztlich in ein „Obiter-dictum-Verbot" jedenfalls für tatrichterliche Urteile einmünden müsste, wäre zu prüfen.

### III. Beschwer durch Verfahrenseinstellung?

108 Auch die Frage, ob die Einstellung des Verfahrens den Angeklagten beschwert, hängt von ihrem Sinn, teilweise auch vom positiven Recht ab. Keine Beschwer liegt in der Einstellung wegen eines Verfahrenshindernisses,[194] wenn nicht ein Anspruch auf den fälligen Freispruch[195] oder auf eine Einstellung wegen eines unbehebbaren statt wegen eines behebbaren Verfahrenshindernisses bestand.[196] Stand nach Auffassung des Tatrichters bereits fest, dass in der Sache ein Freispruch zu ergehen hat, so ist dieser einer daneben bestehenden Einstellungsmöglichkeit vorzuziehen.[197] Wird das Verfahren dennoch gem. § 260 Abs. 3 StPO eingestellt, so ist dieses Urteil mit der Revision anfechtbar.[198] Etwas anderes gilt, wenn die Einstellung die Beweisaufnahme zur Sache selbst erspart, für einen Freispruch die Sache also noch nicht entscheidungsreif war.[199]

---

**194** Vgl. hierzu LR-*Jesse* vor § 296 StPO, Rn. 69.

**195** *Meyer-Goßner/Schmitt* vor § 296 StPO, Rn. 14; BGHSt 13, 268.

**196** BGH, Beschl. v. 2.3.2011 – 2 StR 524/10 = NStZ 2011, 650; *Meyer-Goßner/Schmitt* vor § 296 StPO, Rn. 14.

**197** BGHSt 20, 333, 335; OLG Oldenburg NdsRpfl. 1985, 147 = NJW 1985, 1177; OLG Hamburg JZ 1967, 546.

**198** OLG Oldenburg NdsRpfl. 1985, 147 = NJW 1985, 1177; OLG Hamburg JZ 1967, 546; *Meyer-Goßner/Schmitt* vor § 296 StPO, Rn. 14.

**199** MüKoStPO/*Maier* § 260 StPO, Rn. 149; vgl. auch BGH, Beschl. v. 25.4.1996 – 5 StR 54/96 = NStZ-RR 1996, 299: Revision gegen Einstellungsurteil mit dem Ziel des Freispruchs wegen fehlender Beschwer unzulässig, wenn Einstellung wegen unbehebbaren Verfahrenshindernisses (Verjährung) erfolgte, auch die Nebenentscheidungen keine Beschwer enthielten und „die

Wird das Verfahren aufgrund eines Straffreiheitsgesetzes eingestellt, so liegt darin deshalb grundsätzlich keine Beschwer.[200] Sieht das betreffende Straffreiheitsgesetz jedoch eine Durchführung des Verfahrens auf Antrag des Angeklagten vor, so kann er durch die Einstellung beschwert sein. Der Antrag kann auch noch in der Revisionsinstanz gestellt werden.[201] Aber auch hier gilt, dass bei Freispruchsreife das Gericht dieser Entscheidung nicht durch eine Einstellung des Verfahrens ausweichen darf.[202] 109

## IV. Revision der Staatsanwaltschaft

Bei einer **Revision der Staatsanwaltschaft** bedarf es grundsätzlich keiner Beschwer.[203] Der Revision steht auch nicht entgegen, dass das angefochtene Urteil dem Antrag des Sitzungsvertreters entspricht.[204] Der Gesichtspunkt der Beschwer ist von der Staatsanwaltschaft jedoch zu beachten, wenn sie (was durchaus gelegentlich geschieht) von dem aus § 296 Abs. 2 StPO folgenden Recht Gebrauch macht, zugunsten des Angeklagten Revision einzulegen. In diesen Fällen ist auch die Staatsanwaltschaft an die Voraussetzung gebunden, dass das Urteil den Angeklagten beschweren muss. 110

Nach der Rechtsprechung des Bundesverfassungsgerichts zur Strafaussetzung bei der lebenslangen Freiheitsstrafe und der ihr folgenden Einführung des **§ 57a StGB** blieb zunächst unklar, ob es ausreicht, dass die für das spätere Vollstreckungsverfahren maßgebliche Bejahung oder Verneinung der „besonderen Schuldschwere" durch das Tatgericht in den Urteilsgründen behandelt wird. Da 111

---

Beurteilung der Schuldfrage eingehender Erörterung in der Hauptverhandlung vor dem Revisionsgericht bedürfte".

**200** RGSt 69, 124; 157, 160; a.A. BGHSt 13, 268, 272.

**201** BGHSt 2, 216.

**202** BGHSt 13, 268, 272.

**203** KK-*Paul* vor § 296 StPO, Rn. 6 bezeichnet die Frage, ob eine Beschwer auch Voraussetzung für die Revision der StA ist, als „bestritten", ohne Gegenstimmen zu nennen.

**204** KK-*Paul* vor § 296 StPO, Rn. 6. Die Staatsanwaltschaft soll jedoch den Eindruck vermeiden, als wolle sie mit ihrem Rechtsmittel nichts weiter erreichen, als die Vermeidung des Schlechterstellungsverbotes für die Revision des Angeklagten. Nummer 147 Abs. 1 letzter Satz der RiStBV weist die Staatsanwälte an, die Tatsache allein, dass ein anderer Beteiligter ein Rechtsmittel eingelegt hat, nicht zum Anlass zu nehmen, das Urteil ebenfalls anzufechten. Dagegen wird in der Praxis häufig verstoßen, wobei es gravierende regionale Unterschiede gibt und in manchen Bezirken sogar der Eindruck besteht, dass es eine gegenteilige Weisung gibt, um stets ein Druckmittel für Verhandlungen über eine gegenseitige Rücknahme der Rechtsmittel in der Hand zu haben.

man aber die schwerwiegenden Rechtsfolgen einer Bejahung nicht der revisionsrechtlichen Kontrolle entziehen konnte,[205] hat sich der BGH unter Berufung auf die ständige Rechtsprechung zur Tenorbeschwer dafür entschieden, dass trotz Nichterwähnung in § 260 Abs. 1 StPO diese Aussage ausdrücklich in der Urteilsformel erfolgen muss, während es zur Verneinung der Voraussetzungen des § 57a Abs. 1 Nr. 2 StGB genügt, dies in den Gründen abzuhandeln.[206] Damit ist auch die Beschränkung der Revision auf die Frage der besonderen Schwere der Schuld im Sinne von § 57a Abs. 1 Nr. 2 StGB zulässig, wenn der Angeklagte wegen Mordes zu lebenslanger Freiheitsstrafe verurteilt worden ist und auf Grund der getroffenen Feststellungen die Bejahung eines weiteren Mordmerkmals in Betracht kommt.[207]

112 Der Nebenkläger, dessen Revision auch nur beim Vorliegen einer Beschwer zulässig ist, darf sich wegen des im Sinne des § 400 StPO zu den Rechtsfolgen gehörenden Entscheids nach § 57a StGB ohnehin nicht „beschweren“, so dass sich bei ihm die Frage nach der Beschwer durch einen nicht im Tenor erscheinenden Entscheidungsinhalt gar nicht erst stellt. Und bei der Staatsanwaltschaft kommt es – wenn es sich nicht um eine Revision zugunsten des Angeklagten handelt – auch nicht auf die Beschwer an, weil ihre Rechtsmittel sich nach § 301 StPO in jedem Falle zum Vorteil des Angeklagten auswirken können. Offen war nun nur noch die Frage, ob die Staatsanwaltschaft ihre Revision auf den Angriff gegen die Nichtbejahung der besonderen Schuldschwere beschränken kann. In der dafür grundlegenden Entscheidung, in welcher der 4. Strafsenat die isolierte Anfechtbarkeit bejahte, finden sich aber die überraschenden Sätze: *„Die Staatsanwaltschaft ist dadurch, dass das Schwurgericht die besondere Schwere der Schuld im Sinne des § 57a StGB in den Urteilsgründen verneint hat, beschwert. Die Beschwer ist nicht dadurch ausgeschlossen, dass dies aus prozessualen Gründen in den Urteilsgründen geschehen ist.“* [208]

---

**205** BGH, Urt. v. 2.3.1995 – 1 StR 595/94 = BGHSt 41, 57, 58.

**206** Zur Bejahung der besonderen Schuldschwere im Tenor: BGH, Urt. v. 21.1.1993 – 4 StR 560/92 = BGHSt 39, 121 = StV 1993, 130 = NStZ 1993, 235 = NJW 1993, 1084 = JR 1993, 250 (m. Anm. *Meurer*); *Fischer* § 57a StGB, Rn. 14, 27 mwN. Zur Verneinung in den Urteilsgründen: BGH, Beschl. v. 6.5.1993 – 3 StR 131/93 = StV 1993, 344 = NStZ 1993, 448 = NJW 1993, 2001; vgl. auch *Meurer* JR 1992, 441, 446 f.

**207** St. Rspr. seit BGH, Urt. v. 2.3.1995 – 1 StR 595/94 = BGHSt 41, 57 = NJW 1995, 2365; aus neuerer Zeit BGH, Urt. v. 27.6.2012 – 2 StR 103/12 = NStZ-RR 2012, 339; BGH, Urt. v. 3.6.2015 – 2 StR 422/14 = NStZ 2015, 693; *Dahs*, Revision, Rn. 78.

**208** BGH, Urt. v. 22.4.1993 – 4 StR 153/93 = BGHSt 39, 208 = StV 1993, 344 = NStZ 1993, 448 = NJW 1993, 1999 = JR 1994, 166 m. Anm. *Stree*.

Das darf nicht so verstanden werden, als habe der Bundesgerichtshof die Verfahrensstellung der Staatsanwaltschaft neu definiert und verlange künftig auch bei ihren Rechtsmitteln eine Beschwer. Offenbar ist der missverständliche Passus nur im Zusammenhang mit dem aus der Entscheidung an mehreren Stellen sprechenden Unmut des Senats darüber zu erklären, dass in der Konsequenz der BVerfG-Rechtsprechung *„die Einbeziehung von Strafzumessungskriterien in die vollstreckungsrechtliche Vorbewertung der Schuld das Verhältnis von Strafzumessung und Strafvollstreckung verwischt"*.[209] An anderer Stelle wird der 4. Strafsenat noch deutlicher, indem er bekennt, die revisionsrichterliche Aufgabe, die ihm das Bundesverfassungsgericht zumutet, nur noch in „entsprechender" Anwendung des Revisionsrechts erfüllen zu können. Denn bei der *„den Fachgerichten obliegenden Umsetzung der verfassungsrechtlichen Rechtsgestaltung"* müssten diese sich *„bei weitestmöglicher Schonung des geltenden Rechts im Übrigen tunlichst im Rahmen der vom Gesetzgeber gewählten Grundstruktur des Verfahrens ... halten"*.[210] 113

Hieraus wird deutlich, dass sich durch die Rechtsprechung des Bundesgerichtshofs zu § 57a StGB nach dem in der Tat bedenklich strafprozessrechtsfernen Beschluss des Bundesverfassungsgerichts letztlich doch nichts an den Beschwergrundsätzen ändern sollte. 114

---

**209** BGH, Urt. v. 22.4.1993 – 4 StR 153/93 = BGHSt 39, 208, 211 f.
**210** BGH, Urt. v. 22.4.1993 – 4 StR 153/93 = BGHSt 39, 208, 209.

# Teil 2: Revisionsgerichte

## A. Zuständig für die Revision

Die Revision wird von Amts wegen an das zuständige Revisionsgericht geleitet, nachdem sowohl die Einlegungs- als auch die Begründungsschrift bei dem Gericht, welches das angefochtene Urteil erlassen hat, eingereicht worden sind. Das erkennende Gericht ist also auch Adressat dieser Schriftsätze, so dass ihr Verfasser das Revisionsgericht überhaupt nicht zu erwähnen braucht. Das schließt nicht aus, dass er bei der Revisionsbegründung schon mit Blick auf den voraussehbar zuständigen Senat dessen bisherige Rechtsprechung in besonderer Weise im Blick hat und entweder die eigene Position unterstützend oder die Gegenmeinung diskutierend im Begründungsschriftsatz behandelt. Dabei sollte man besonders darauf achten, dass die Judikate, auf die man sich bezieht, zutreffend wiedergegeben werden. 115

Über die Revision gegen erstinstanzliche Urteile der Strafsenate des Oberlandesgerichts und gegen erstinstanzliche Urteile der Strafkammern des Landgerichts entscheidet regelmäßig der Bundesgerichtshof (§ 135 GVG). Die Oberlandesgerichte sind für solche Revisionen nur dann zuständig, wenn sie ausschließlich auf die Verletzung von Landesrecht gestützt sind (§ 121 Abs. 1 Nr. 1c GVG); die Vorschrift spielt jedoch in der Praxis kaum noch eine Rolle. Dennoch kann sie nicht gestrichen werden, weil es immerhin vorkommen kann, dass aus einer umfangreichen Anklage mit Vorwürfen aus dem Bundesstrafrecht und aus landesstrafrechtlichen Bestimmungen nur die letzteren schließlich die Verurteilung tragen, und dann die Revision dagegen nur noch auf eine Verletzung des Landesrechts gestützt wird. Da die Wahrung der Rechtseinheit innerhalb eines Bundeslandes Aufgabe der Oberlandesgerichte und nicht die des Bundesgerichtshofs ist, erscheint es nach wie vor sachgerecht, ihn von der isolierten Anwendung des Landesrechts fernzuhalten. 116

Solange aber neben der landesrechtlichen Problematik noch irgendeine bundesrechtliche Bestimmung in Streit steht, bleibt der Bundesgerichtshof zuständig. Das ist stets dann der Fall, wenn (auch) Verfahrensrügen erhoben werden, weil das Strafprozessrecht insgesamt Bundesrecht ist. Ist dagegen die Verurteilung nur auf einen landesrechtlichen Tatbestand gestützt, so führt auch die nicht näher ausgeführte allgemeine Sachrüge des Angeklagten zur Zuständigkeit des Oberlandesgerichts. Dasselbe gilt bei einer Verurteilung wegen einer bundesrechtlichen und einer landesrechtlichen Bestimmung in Tatmehrheit, wenn in der Revisionsbegründung deutlich gemacht wird, dass sich die Angriffe nur gegen die Verurteilung wegen der landesrechtlichen Bestimmung richten. Stehen beide zueinander im Verhältnis der Tateinheit, so ist in jedem Falle der 117



https://doi.org/10.1515/9783110444339-003

Bundesgerichtshof zuständig.[211] Auch Straftatbestände mit Blankettcharakter (also mit Verweisungen auf andere Rechtsnormen), z.B. aus dem verwaltungsakzessorischen Umweltstrafrecht (§§ 324 ff. StGB), sind Bundesrecht, und zwar selbst dann, wenn nur die Auslegung der landesrechtlichen Ausfüllungsnorm oder der Verwaltungsakt einer Landesbehörde streitig ist.

118 Über Revisionen gegen Urteile anderer Gerichte als der Strafsenate und der großen Strafkammern entscheidet das Oberlandesgericht. Dazu gehören die Urteile des Einzelrichters beim Amtsgericht, des Schöffengerichts und des erweiterten Schöffengerichts in den Fällen der Sprungrevision sowie alle Berufungsurteile der kleinen Strafkammern des Landgerichts. Die Zuständigkeit der Oberlandesgerichte in Revisionssachen ist in § 121 Abs. 1 Nr. 1 GVG abschließend geregelt.

119 Hat die Berufungskammer des Landgerichts ein Urteil des Schöffengerichts aufgehoben, weil dieses gem. § 24 GVG nicht zuständig gewesen sei, oder hat das Berufungsgericht selbst die Strafgewalt der Vorinstanz überschritten, so konnte vor der Änderung des § 76 Abs. 1 GVG durch das RPflEG das Berufungsurteil nach einer verbreiteten aber nie unumstrittenen Rechtsprechung in ein erstinstanzliches Urteil umgedeutet werden, mit der Folge, dass dann der BGH für die Revision zuständig war.[212] Eine solche Überleitung eines Berufungsverfahrens in das erstinstanzliche Verfahren ist aber im Strafverfahren gegen Erwachsene deswegen nicht mehr möglich, weil die Zuständigkeit der großen Strafkammer als Berufungsgericht durch das Gesetz zur Entlastung der Rechtspflege[213] beseitigt worden ist. Seitdem ist auch bei Berufungen gegen Urteile des Schöffengerichts immer die kleine Strafkammer zuständig, die niemals erstinstanzlich tätig werden könnte, sodass auch ihre Berufungsurteile nicht entsprechend umgedeutet werden dürfen.

120 Anders ist es nur noch dann, wenn die Verhandlung vor der Jugendkammer stattfindet.[214] Da die Jugendkammer gleichzeitig erstinstanzliches Gericht sein

**211** Zustimmend *Meyer-Goßner/Schmitt* § 121 GVG, Rn. 2.

**212** BGHSt 21, 229 = NJW 1967, 1239; BGHSt 23, 283 = NJW 1970, 1614; *Dahs*, Revision, Rn. 14.

**213** Gesetz vom 11.1.1993 (BGBl. 1993 I, 50).

**214** Zu dieser Fallgruppe s. auch BVerfG, Beschl. v. 2.2.2006 – 2 BvR 1195/05, wo im Zusammenhang mit der materiellen Subsidiarität u.a. auf Folgendes hingewiesen wird: „*Gegen die Figur der „Umdeutung" wurden in der Literatur verfassungsrechtliche Bedenken vorgetragen ... . Diese hätte der Verteidiger des Bf. im Revisionsrechtszug geltend machen müssen, um eine Grundrechtsverletzung schon im fachgerichtlichen Verfahren zu verhindern oder zu beenden.*" Dass es um eine JGG-Sache ging, ergibt sich aus dem vorausgegangenen Beschluss (BGH, Beschl. v. 1.6.2005 – 1 StR 100/05).

kann (§ 33b JGG), soll sie auch ein erstinstanzliches Verfahren in den Fällen durchführen können, in denen sie zu Unrecht als Berufungsgericht mit der Sache befasst wurde.[215]

Hat das Berufungsgericht ausdrücklich erklärt, wegen Überschreitung der Strafgewalt des Amtsgerichts als erstinstanzliches Gericht tätig werden zu wollen, ist es an alle Regeln gebunden, die für eine erstinstanzlich tätige große Strafkammer gelten, und darf z.B. nicht von den Verfahrenserleichterungen des § 325 StPO Gebrauch machen. Übersieht das die sonst als Berufungsgericht tätige Strafkammer, so liegt in der Ersetzung einer Zeugenvernehmung durch die Verlesung der entsprechenden Niederschrift aus dem Protokoll der amtsgerichtlichen Hauptverhandlung ein Verfahrensfehler, der auf eine zulässige Rüge zur Aufhebung und Zurückverweisung führen muss.[216] 121

Bei der großen Jugendkammer können auch noch erstinstanzliche und Berufungssachen nach § 237 StPO zur gemeinsamen Verhandlung miteinander verbunden werden.[217] Bei einer solchen Verbindung bleiben die beiden Verfahren nach der Hauptverhandlung prozessual selbständig, so dass der BGH für den das Berufungsverfahren betreffenden Teil nicht zuständig ist.[218] Es ergehen in diesem Falle sogar zwei Urteile am Ende ein und derselben Hauptverhandlung.[219] 122

**215** Vgl. *Meyer-Goßner/Schmitt* § 328 StPO, Rn. 11.

**216** Vgl. hierzu auch BGH, Beschl. v. 21.8.2019 – 3 StR 221/18 = NStZ 2020, 291, 292.

**217** *Meyer-Goßner/Schmitt* § 237 StPO, Rn. 4.

**218** Nach BGH, Beschl. v. 22.5.1990 – 4 StR 210/90 = BGHSt 37, 42 = NJW 1990, 2697 = NStZ 1990, 448 = StV 1990, 386 ist in einem solchen Falle nicht einmal die Bildung einer Gesamtstrafe zulässig.

**219** BGH, Beschl. v. 22.5.1990 – 4 StR 210/90 = BGHSt 37, 42, wo getrennte Verfahren in der Revisionsinstanz aber auch dann als gegeben angesehen werden, wenn die Entscheidung über die Berufung und die erstinstanzliche Entscheidung in einem einheitlichen Urteil – jedoch im Tenor getrennt – ergehen.

## B. Vorlageverfahren

### I. Systematik

#### 1. Herstellung von Rechtseinheit als Ziel

123 Das Revisionsgericht kann ein Zwischenverfahren[220] einleiten, indem es die Sache verbunden mit einer Rechtsfrage einem anderen Gericht oder übergeordneten Spruchkörper vorlegt. Dazu ist der für das konkrete Verfahren zuständige Senat verpflichtet, wenn es darum geht, divergierende Rechtsprechung zwischen den Oberlandesgerichten oder den verschiedenen Senaten des Bundesgerichtshofs zu vermeiden. Außerdem kann eine Vorlage auch erfolgen, wenn in einer grundsätzlichen Rechtsfrage bereits vor dem Auftreten divergierender Meinungen die Herstellung von Rechtseinheit gesichert werden soll. Dies setzt Verfahrensregeln voraus, die bestimmen, wie divergierende Rechtsmeinungen zwischen gleichrangigen Revisionsgerichten auszugleichen und für die Zukunft zu vermeiden sind.[221]

124 Der Gesetzgeber des GVG hat sich hier für ein Vorlagesystem entschieden, das die Zuständigkeit des vorlegenden Senats für den zu entscheidenden Fall aufrechterhält (er bleibt also gesetzlicher Richter) und die verbindliche Klärung der vorgelegten Rechtsfrage dem dazu bestimmten Senat überlässt. Die Oberlandesgerichte haben die Sache (allein) zu diesem Zweck dem Bundesgerichtshof vorzulegen, wenn sie von einer nach dem 1. April 1950[222] ergangenen Entscheidung eines anderen Oberlandesgerichts oder des Bundesgerichtshofs in einer Rechtsfrage abweichen wollen (§ 121 Abs. 2 Nr. 1 GVG).[223] Will ein BGH-Senat von der Rechtsprechung eines anderen Senats abweichen, muss er nach dem in § 132 GVG geregelten Verfahren, d.h. nach der förmlichen Anfrage bei dem anderen Senat, ob er an seiner Rechtsauffassung festhält, die Sache dem Großen Strafsenat vorlegen (§ 132 Abs. 2 und 3 GVG). Aber auch ohne vorausgegangene Festlegung eines Senats kann der mit einer Rechtsfrage befasste Senat

220 *Kissel/Mayer* § 138 GVG, Rn. 1; vgl. auch BGHZ 13, 265 = NJW 1954, 1073.

221 Dazu: *Hanack*, Der Ausgleich divergierender Entscheidungen in der oberen Gerichtsbarkeit: eine prozessrechtliche Studie insbesondere zur Vorlegungspflicht und der Rechtsmittelzulässigkeit wegen Abweichung; *Rissing-van Saan* FS Widmaier, 2008, S. 505.

222 Für Strafvollstreckungssachen und Verfahren im Zusammenhang mit Maßregeln enthalten § 121 Abs. 2 Nr. 2 und Nr. 3 GVG gesonderte Regelungen.

223 Es kann sogar vorkommen, dass ein Oberlandesgericht eine Sache dem Bundesgerichtshof vorlegt, weil es sich gegen die Rechtsansicht mehrerer Senate des BGH wendet und dass sich dann noch die Frage anschließt, ob der zuständige BGH-Senat den Großen Senat anruft, weil er sich von der Richtigkeit der Auffassung des OLG überzeugt.

schon dann den Großen Senat für Strafsachen anrufen, wenn er dies für erforderlich hält, um in Zukunft eine **einheitliche Rechtsprechung** zu sichern oder auch um eine aus dem Gesetz selbst nicht zu entscheidende Frage durch richterrechtliche „Fortbildung des Rechts" entscheiden zu lassen (§ 132 Abs. 4 GVG).

Dass die mit der Vorlage aufgeworfene Divergenz- oder Grundsatzproble- 125
matik eine Rechtsfrage betreffen muss und sich nicht in einer Tatfrage erschöpfen darf,[224] wäre als Vorgabe für das Vorlageverfahren leicht zu befolgen, wenn es denn eine brauchbare Definition der Rechtsfrage gäbe. Der BGH hat dies im Zusammenhang mit den Vorlagevoraussetzungen nach § 121 GVG wie folgt formuliert: *„Eine Rechtsfrage ist eine Frage, die sich auf die Auslegung einer Rechtsnorm oder auf die Formulierung von allgemeinen rechtlichen Grundsätzen und Anforderungen bezieht, deren Geltung sich aus einer Rechtsnorm oder einem Normgefüge ableitet und über die im Revisionsrechtszug bei der Nachprüfung des für die Entscheidung maßgebenden Rechts mit zu entscheiden wäre. Ihre Beantwortung ist – anders als bei bloßen Tatfragen – vom Einzelfall unabhängig und fällt nicht in den tatrichterlichen Beurteilungsspielraum."*[225]

Damit ist nicht gemeint, dass der Tatrichter Rechtsfragen nicht beantworten 126
dürfte. Er muss dies sogar täglich. Aber seine Antworten unterliegen der Kontrolle durch das Revisionsgericht, während die Antworten des Tatrichters zu den Fragen, ob und unter welchen objektiven und subjektiven Umständen der Angeklagte die Tat begangen hat, den Revisionsrichter nur insoweit etwas angehen, als er verlangen kann, dass die Urteils*gründe* diese Bezeichnung wirklich verdienen. Aber die Erkenntnis, dass nicht irgendwelche mit „Beweiswürdigung" überschriebene Urteilsabschnitte, sondern nur lückenlose, widerspruchsfreie und intersubjektiv nachvollziehbare Schlüsse aus Tatsachen den rechtlichen Anforderungen an Gründe genügen, hat die Unterscheidung zwischen Tat- und Rechtsfragen[226] nicht einfacher gemacht. Wird ein Urteil aufgehoben, weil seine Begründung eine einzelfallbezogene Sachverhaltsvariante nicht erörtert hat, die für den Angeklagten günstiger gewesen wäre, so beruht ggfls. die Aufhebung auf einer Tatfrage, es sei denn, ein später mit einer vergleichbaren Situation befasstes Revisionsgericht wollte eine Pflicht zur Erörterung derartiger dem Angeklagten günstigerer Sachverhaltsalternativen generell in Abrede stellen. Das würde auf die *rechtliche* Herabsetzung der Anforderun-

**224** BGH, Beschl. v. 27.4.2017 – 4 StR 547/16, Rn. 12 ff. = BGHSt 62, 155,158 mwN (insoweit nicht in NStZ 2018, 367 und NJW 2017, 2482 abgedruckt).

**225** BGH, Beschl. v. 27.4.2017 – 4 StR 547/16, Rn. 12 ff. = BGHSt 62, 155, 158 und gleichlautend bei *Meyer-Goßner/Schmitt* § 121 GVG, Rn. 5a jeweils mwN.

**226** Dazu Näheres unter Rn. 1607 ff.

gen an die Urteilsgründe und somit auf das Zurückdrängen der erweiterten Revision hinauslaufen und somit die *Rechtsfrage* nach den Anforderungen an die tatrichterlich dokumentierte Beweiswürdigung betreffen.

127 Den Begriff der „Rechtsfrage" hat man ursprünglich sehr eng aufgefasst. Daran hat sich zwar bei der Abmessung des revisionsrechtlichen Prüfungsumfangs einiges, aber bezogen auf die Vorlagevoraussetzung bis heute nur wenig geändert.[227] Viele Entscheidungen, in denen sogar Abweichungen zu anderen Senaten ausdrücklich behandelt werden, lesen sich wie Muster für spitzfindige Überdifferenzierungen zum Zwecke der Vermeidung der Vorlage an den Großen Senat,[228] der sich aber auch wenn eine Vorlage bei ihm ankommt, durchaus selbst an der Vermeidungsstrategie beteiligt.

128 Der Große Senat sieht sich an der Grenzlinie zwischen Tatfrage und Rechtsfrage zwar zur eigenständigen Prüfung der Zulässigkeit der Vorlegung berufen. Er legt dabei die rechtliche Wertung des Sachverhalts durch den vorlegenden Senat zu Grunde, wenn diese nicht unvertretbar ist.[229] Die Prüfung wird am Maßstab der Vertretbarkeit sowohl der rechtlichen Bewertung durch den vorlegenden Senat als auch von dessen Würdigung des dem Ausgangsverfahren zu Grunde liegenden Sachverhalts (also auch einschließlich der Beweiswürdigung) ausgerichtet. Dabei ist bisher aber stets offen geblieben, ob und gegebenenfalls in welchem Umfang der Große Senat an die Bewertung des festgestellten Sachverhalts im Vorlagebeschluss gebunden ist. Der Große Senat lehnt aber dann eine Befassung ab, *„wenn der Vorlagebeschluss eine Auseinandersetzung mit einem sich aufdrängenden anderen Sachverhaltsverständnis nicht erkennen lässt, dessen Berücksichtigung die angenommene Divergenz beseitigt hätte."*[230].

129 Zu den Vorlagevoraussetzungen gehört nach ständiger Rechtsprechung auch, dass die Rechtsansicht, von der abgewichen werden soll, im strengen

---

**227** Vgl. *Rosenau* FS Widmaier, S. 521, 529 f.: „Eine verlässliche Abgrenzung zwischen Tat- und Rechtsfrage ist ... nicht möglich.".

**228** Beispiele: BGH NJW 1988, 1739, 1742; BGH NJW 1988, 1333, 1335; BGH, Beschl. v. 22.5.1990 – 4 StR 210/90 = NJW 1990, 2697, 2698; BGH, Beschl. v. 25.9.1991 – 2 StR 399/91 = NJW 1992, 584, 585.

**229** KK-*Feilcke* § 132 GVG, Rn. 4; st. Rspr., vgl. nur BGH, Beschl. v. 13.5.1996 – GSSt 1/96 = BGHSt 42, 139, 144; BGH, Beschl. v. 17.3.2015 – GSSt 1/14 = BGHSt 61, 14 = NJW 2015, 3800.

**230** BGH, Beschl. v. 17.3.2015 – GSSt 1/14 = BGHSt 61, 14, 19 = NJW 2015, 3801 unter Hinw. auf BGH, Beschl. v. 11.7.1990 – VIII ARZ 1/90 = NJW 1990, 3142. Auch das BVerfG, das im Grundsatz die Vorlage trotz deren Beschränkung auf eine Rechtsfrage als ein aus Art. 101 Abs. 1 Satz 2 GG folgendes Gebot des gesetzlichen Richters wertet (BVerfGE 3, 363; BVerfGE 9, 215; BVerfGE 13, 132, 143; BVerfGE 19, 38, 43), beschränkt seine Prüfung auf die Frage der Willkür, BVerfG, Beschl. v. 16.8.1994 – 2 BvR 647/93 = NStZ 1995, 76.

Sinne die Grundlage – eine logische conditio sine qua non – der früheren Entscheidung war, und dass die abweichende Rechtsansicht in dem gleichen strengen Sinne die Grundlage der jetzt beabsichtigten Entscheidung sein würde.[231] Bloße obiter dicta in den Urteilsgründen begründen daher keine Vorlagepflicht i.S.v. § 132 Abs. 2 GVG.[232] Das gilt freilich nicht für einen von mehreren tragenden Gründen, die alle auch an der Bindungswirkung des § 358 Abs. 1 StPO teilhaben.[233] Sodann hat man unter der „Entscheidung eines anderen Senats" nur eine Entscheidung verstanden, an der ein noch bestehender Senat auch weiter festhielt. Über Entscheidungen nicht mehr bestehender Senate (wozu auch alle Feriensenate gerechnet wurden) ist man ohne Weiteres hinweggegangen.[234]

Zwingend vorgeschaltet ist der Vorlage seit der Geltung des § 132 Abs. 2 GVG **130**
die Prozedur der Anfrage, ob der Senat, von dessen Rechtsmeinung abgewichen werden soll, an ihr noch festhält. Nach § 132 Abs. 3 S. 2 GVG ist eine solche Anfrage auch dann durchzuführen, wenn jener Senat nicht mehr besteht. Danach tritt in diesen Fällen derjenige Senat an die Stelle des nicht mehr bestehenden, der aktuell nach dem Geschäftsverteilungsplan für die Rechtsfrage zuständig wäre.[235] In Zweifelsfällen habe darüber das Präsidium zu bestimmen.[236] Die Anrufung des Großen Senats wird für entbehrlich gehalten, wenn die entgegenstehende Entscheidung als „überholt" gelten kann. Dies ist zum Beispiel der Fall, wenn durch eine Gesetzesänderung die rechtliche Grundlage der früheren Entscheidung entfallen ist,[237] oder der andere Senat seine abweichende Ansicht unterdessen in weiteren Entscheidungen aufgegeben hat.[238] Die Vorlage ist auch entbehrlich, wenn zwischenzeitlich das BVerfG die strittige Frage entschieden hat.[239]

---

**231** Aus der Vielzahl von Entscheidungen s. BGHSt 3, 357, 367; BGHSt 7, 314, 315; BGH wistra 1988, 354 = BGHR GVG § 121 Abs. 2 – Abweichung 1; eine Übersicht der umfangreichen Rechtsprechung hierzu liefert LR-*Franke* § 132 GVG, Rn. 6, Fn. 24–26.

**232** LR-*Franke* § 132 GVG, Rn. 9 und LR-*Franke* § 121 GVG, Rn. 67.

**233** Darauf hat zutreffend z.B. BGH, Beschl. v. 21.3.1991 – 1 StR 3/90 = BGHSt 37, 350, 352 abgestellt.

**234** Vgl. für Feriensenate BGHSt 17, 280, 285 = NJW 1962, 1628; BGHSt 24, 342, 344 = NJW 1972, 1207; kritisch dazu *Kissel/Mayer* § 132 GVG, Rn. 23.

**235** LR-*Franke* § 132 GVG, Rn. 17.

**236** LR-*Franke* § 132 GVG, Rn. 17 unter Berufung auf BT-Drs. 11/3621, 54.

**237** Vgl. BGH wistra 1989, 301; Beispiele bei KK-*Feilcke* § 132 GVG, Rn. 8.

**238** Vgl. BGHSt 20, 77, 79.

**239** BGH, Beschl. v. 10.8.2005 – 5 StR 180/05 = BGHSt 50, 216, 224; KK-*Feilcke* § 132 GVG, Rn. 8; *Meyer-Goßner/Schmitt* § 132 GVG, Rn. 14a.

131 Ebenso muss eine entgegenstehende Entscheidung des EGMR die Vorlagepflicht entfallen lassen. Zwar kommt den Entscheidungen des Gerichtshofs keine den Entscheidungen des BVerfG oder des EuGH vergleichbare Bindungswirkung zu.[240] Nach Art. 46 EMRK sind die beteiligten Vertragsparteien lediglich im Hinblick auf einen bestimmten Streitgegenstand an das endgültige Urteil des EGMR gebunden.[241] Jedoch haben sich die Vertragsparteien der Konvention mit der Ratifikation verpflichtet sicherzustellen, dass ihre innerstaatliche Rechtsordnung mit der Konvention übereinstimmt (Art. 1 EMRK); sie haben die „wirksame Anwendung aller Bestimmungen" der Konvention in ihrem innerstaatlichen Recht zu gewährleisten (vgl. Art. 52 EMRK). Somit haben die deutschen Gerichte die Konvention – unter besonderer Berücksichtigung der Rechtsprechung des EGMR – wie anderes Gesetzesrecht des Bundes im Rahmen methodisch vertretbarer Auslegung zu beachten und anzuwenden.[242] Das kann im Vorgriff auf diese Verpflichtung einen Divergenzausgleich zwischen verschiedenen Strafsenaten entbehrlich machen, wenn die Rechtsprechung eines der Senate auf eine konventionswidrige Praxis hinauslaufen würde.[243] So konnte auch im Falle der rechtsstaatswidrigen Tatprovokation durch Angehörige von Strafverfolgungsbehörden oder von ihnen gelenkte Dritte der 2. Strafsenat ohne Abstimmung mit den anderen Senaten und ohne Anrufung des Großen Senats der Absage des EGMR gegenüber der bisher praktizierten „Strafzumessungslösung"[244] folgen und das anhängige Verfahren wegen eines Verfahrenshindernisses einstellen.[245]

### 2. Lücken in der gesetzlichen Vorsorge gegen divergierende Entscheidungen

132 Die gesetzlichen Regelungen zur Vermeidung auseinander driftender Rechtsprechungslinien weisen auffällige Lücken auf.

133 So gibt es beispielsweise keine Vorlagepflicht bei Divergenzen zwischen mehreren Senaten desselben Oberlandesgerichts. Kommt es zu solchen Abweichungen in einer Rechtsfrage, so können sie erst dann ausgeglichen werden,

**240** Vgl. KK-*Feilcke* § 132 GVG Rn. 8.

**241** Vgl. BVerfG, Beschl. v. 14.10.2004 – 2 BvR 1481/04 = BVerfGE 111, 307 = NJW 2004, 3407.

**242** Vgl. hierzu im Einzelnen: BVerfG, Urt. v. 4.5.2011 – 2 BvR 2365/09 u.a. = BVerfGE 128, 326 = NJW 2011, 1931 = StV 2011, 470.

**243** So auch BGH, Urt. v. 10.6.2015 – 2 StR 97/14, Rn. 62 ff. = BGHSt 60, 276, 300 = NJW 2016, 91, 97.

**244** EGMR, Urt. v. 23.10.2014 – 54648/09 = NJW 2015, 3631 = StV 2015, 405 m. Anm. *Pauly*.

**245** BGH, Urt. v. 10.6.2015 – 2 StR 97/14 = BGHSt 60, 276 = NJW 2016, 91.

wenn ein anderes Oberlandesgericht, das von einer der beiden Entscheidungen abweichen will, die Rechtsfrage dem Bundesgerichtshof vorlegt.[246] Bis dahin besteht aber die sonst als unerträglich empfundene Aufspaltung in zweierlei Recht fort.

Eine Grenze für die Vorsorge des Gesetzgebers gegen Störungen der Rechtseinheit ergibt sich daraus, dass auch beim Bundesgerichtshof kein Senat daran gehindert ist, von seiner eigenen früheren Rechtsprechung abzuweichen. Das ist insbesondere für die Senate bedeutsam, die eine fachliche Sonderzuständigkeit haben. So kann es in materiell-rechtlichen Fragen des Verkehrsstrafrechts keine unterschiedlichen Auffassungen zwischen dem dafür allein zuständigen 4. und irgendeinem anderen Strafsenat geben. Gleiches gilt für die Konzentration der Steuerstrafsachen beim 1. Strafsenat. Dessen kreative Rechtsprechung zur Strafzumessung bei Steuerhinterziehung[247] könnte allenfalls unter dem deliktsübergreifenden Aspekt von einem anderen Senat in Frage gestellt werden, inwieweit es überhaupt zu den Aufgaben des Revisionsgerichts gehören kann, in Ergänzung der vom Gesetzgeber in § 46 StGB normierten Kriterien Wertungsvorgaben für einzelne Strafschärfungs- bzw. -milderungsgründe zu fixieren. 134

Eine weitere Regelungslücke ist erst in letzter Zeit aufgefallen und zum Gegenstand von Auseinandersetzungen in der Literatur und wahrscheinlich auch zwischen den Richtern der Strafsenate des BGH geworden. Die Rede ist hier von der Binnendivergenz zwischen verschiedenen Sitzgruppen desselben BGH-Strafsenats. Ihre praktische Relevanz ist ausgerechnet in einem Fall aufgetreten, in dem ein (der 2.) Strafsenat unter demselben Vorsitzenden ansonsten aber in unterschiedlich besetzten Sitzgruppen in einer für die jeweilige Revisionssa- 135

**246** *Meyer-Goßner/Schmitt* § 121 GVG, Rn. 9.

**247** BGH, Urt. v. 2.12.2008 – 1 StR 416/08 = BGHSt 53, 71 = NJW 2009, 528 („Das Merkmal „in großem Ausmaß" liegt danach ... dann vor, wenn der Hinterziehungsbetrag 50.000 € übersteigt.... Bei Hinterziehungsbeträgen in Millionenhöhe kommt eine aussetzungsfähige Freiheitsstrafe nur bei Vorliegen besonders gewichtiger Milderungsgründe in Betracht"). Dazu *Wulf* DStR 2009, 459; *Bilsdorfer* NJW 2009, 476; *Salditt* PStR 2009, 15; *Voßmeyer* Stbg 2009, 62; *Joecks* JZ 2009, 521; *Rolletschke/Jope* wistra 2009, 219; *Spatschek/Th. Zumwinkel* StraFo 2009, 361; *Streng* StV 2009, 639; *Röthlein* wistra 2009, 113; *Bader* wistra 2010, 121; *Klemme/Schubert* NStZ 2010, 606. BGH, Beschl. v. 15.12.2011 – 1 StR 579/11 = NJW 2012, 1015; BGH, Urt. v. 14.8.2012 – WpSt (R) 1/12 = wistra 2013, 31: „Je nach den Umständen des Einzelfalls kommt ... auch bei geringeren Hinterziehungsbeträgen eine Freiheitsstrafe von über zwei Jahren in Betracht." BGH, Beschl. v. 7.2.2012 – 1 StR 525/11, Rn. 33 = BGHSt 57, 123 = NJW 2012, 1458, 1460: „In Fällen der Steuerhinterziehung in Millionenhöhe, bei denen das Tatgericht ... gleichwohl keine höhere Freiheitsstrafe als zwei Jahre verhängt hat, prüft das Revisionsgericht auch, ob die hierfür vom Tatgericht angeführten schuldmindernden Umstände solche von besonderem Gewicht sind."

che ausschlaggebenden Rechtsfrage im Abstand von zwei Stunden diametral entgegengesetzte Entscheidungen traf.[248] Dabei bestand die streitige Rechtsfrage ausgerechnet auch noch darin, ob der Senat mit eben jenem, beide Sitzgruppen leitenden, Vorsitzenden gesetzlicher Richter i.S.d. Art. 101 Abs. 1 S. 2 GG sein könne, obwohl er auch noch im selben Zeitraum Vorsitzender eines anderen (des 4.) Strafsenats war, der nun auch noch am selben Tag über dieselbe Rechtsfrage zu entscheiden hatte und sich dabei ohne Vorlage an den Großen Senat der den Verfassungsverstoß verneinenden Entscheidung der zweiten Sitzgruppe des 2. Senats anschloss.[249] *Fischer* weist mit Recht darauf hin, dass auf diese Weise „dreierlei Recht" in Form unterschiedlicher BGH-Rechtsprechung entstehen kann[250], was nicht nur durch pragmatische und informelle „Einigungen" innerhalb der überbesetzten Spruchkörper verfassungskonform gelöst werden kann, sondern einer generellen Klärung „von außen", also letztlich durch den Gesetzgeber, zugeführt werden muss.

### II. Die Divergenzvorlage nach § 121 Abs. 2 GVG

136 Ein Oberlandesgericht muss ein Vorlageverfahren nach § 121 Abs. 2 GVG einleiten, wenn es von einer Entscheidung des Bundesgerichtshofes oder eines anderen Oberlandesgerichts abweichen will.[251] Dementsprechend kann ein Oberlandesgericht auch nicht von einer Entscheidung eines Zivilsenats des BGH abweichen, wohl aber von einer Entscheidung eines sonstigen Bundesgerichts (etwa des BFH oder des BAG). Eine Vorlage zur Rechtsfortbildung (entsprechend § 132 Abs. 4 GVG) ist für die Oberlandesgerichte nicht vorgesehen.

137 Das Vorlageverfahren wird durch einen Beschluss eingeleitet. Dies kann ohne vorherige Hauptverhandlung geschehen. Ist allerdings die beabsichtigte Entscheidung des Revisionsgerichts nur durch Urteil möglich, so muss zuerst eine Hauptverhandlung durchgeführt werden.[252] Durch den Beschluss zur Einleitung des Zwischenverfahrens wird das Hauptverfahren bis zur Entscheidung

---

**248** BGH, Beschl. v. 11.1.2012 – 2 StR 346/11 = StV 2012, 204 = NStZ 2012, 406 versus BGH, Urt. v. 11.1.2012 – 2 StR 482/11 = StV 2012, 272.

**249** BGH, Beschl. v. 11.1.2012 – 4 StR 523/11 = StV 2012, 209. Die Einzelheiten dieses Falles sind dokumentiert bei *Fischer* FS Schlothauer, S. 471, 479. Vgl. auch *Dölp* StraFo 2018, 379, 383.

**250** *Fischer* FS Schlothauer, S. 479.

**251** Zu den Zulässigkeitsvoraussetzungen des Vorlageverfahrens vgl. BGH, Beschl. v. 9.10.2018 – 4 StR 652/17 = NStZ-RR 2019, 60; BGH, Beschl. v. 12.12.2018 – 5 StR 230/18 = NStZ-RR 2019, 110.

**252** *Meyer-Goßner/Schmitt* § 121 GVG, Rn. 12.

über die Vorlage ausgesetzt. Der Vorlagebeschluss entfaltet für sich aber nicht dieselbe Bindungswirkung wie eine rechtskräftige Entscheidung. Deshalb ist auch der Fall, dass ein Oberlandesgericht die Vorlage eines anderen Oberlandesgerichts „abwarten" will, nicht geregelt. Das *OLG Karlsruhe*[253] hat auf diese Situation § 262 StPO entsprechend angewandt und das Verfahren bis zur Entscheidung des BGH ausgesetzt. Gezwungen ist es dazu freilich nicht, gleichwohl ist dieses Vorgehen überzeugender als die in der Literatur vorgebrachte Auffassung, man solle das Verfahren verzögern bis der BGH seine Entscheidung gefällt hat.[254] Denn in diesem Fall bleibt für die Verfahrensbeteiligten unklar, warum eine Verzögerung eingetreten ist und das Oberlandesgericht muss sich dann (von Amts wegen) mit der Frage der rechtsstaatswidrigen Verfahrensverzögerung beschäftigen.

Der Vorlagebeschluss ist dem Angeklagten mitzuteilen und er muss Gele- 138
genheit haben, zu ihm Stellung zu nehmen. Über die Generalstaatsanwaltschaft werden die Akten dann dem Generalbundesanwalt zugeleitet, der sie dem BGH übersendet.

Der Gesetzgeber hat es bisher nicht für erforderlich gehalten, die Frage zu 139
regeln, ob ein Oberlandesgericht auch dann vorlegen muss, wenn ihm bekannt ist, dass das andere Oberlandesgericht, das eine von seiner beabsichtigten Entscheidung abweichende Rechtsmeinung vertreten hat, an dieser nicht mehr festhält. Dass die Vorlagepflicht dann entfällt, ist nicht einmal in den Fällen selbstverständlich, in denen es eine neuere Entscheidung des anderen Oberlandesgerichts gibt, in welcher die früher vertretene Meinung aufgegeben worden ist.[255] Da dies – wie bereits ausgeführt – innerhalb eines Oberlandesgerichts jederzeit möglich ist, kann der Fall durchaus eintreten. Der Sinn und Zweck der Vorlagepflicht, nämlich die Sicherung von Rechtseinheit, spricht jedenfalls in den Fällen nicht zwingend gegen eine Vorlage, in denen die beiden divergierenden Entscheidungen des anderen Oberlandesgerichts von verschiedenen Senaten erlassen worden sind. Da zur Vermeidung solcher Innendivergenzen innerhalb eines Oberlandesgerichts keinerlei verfahrensrechtliche Vorkehrungen bestehen, ist die Vorlage durch ein anderes Oberlandesgericht durchaus ein geeignetes Mittel, auch insoweit noch zur Rechtsvereinheitlichung beizutragen.[256]

---

**253** OLG Karlsruhe, Beschl. v. 30.1.2017 – 6 Ss 53/17.
**254** KK-*Feilcke* § 121 GVG, Rn. 41; LR-*Franke* § 121 GVG, Rn. 85.
**255** So aber BGHSt 26, 40, 42; BGHSt 37, 79, 81; LR-*Franke* § 121 GVG, Rn. 45.
**256** Zu den Reformvorschlägen in der Literatur siehe noch LR-*Schäfer/Harms*, 24. Aufl., § 121 GVG, Rn. 88; in der 26. Auflage *Franke* jetzt gegen eine Erweiterung der Vorlagepflicht.

140 Liegen die Vorlagevoraussetzungen vor, so kann das in § 121 Abs. 2 GVG vorgeschriebene Verfahren nicht dadurch umgangen werden, dass ein Oberlandesgericht beim anderen anfragt, ob es an seiner Ansicht festhalte.[257] Die in früheren Auflagen dieses Buches noch sehr zurückhaltend formulierte Gegenansicht *Sarstedts*[258] ist nach der Formalisierung des Anfrageverfahrens innerhalb des BGH durch das Rechtspflege-Vereinfachungsgesetz vom 17.12.1990[259] nicht mehr aufrechtzuerhalten. Spätestens bei dieser Neufassung des § 132 GVG hätte der Gesetzgeber ein entsprechendes Verfahren regeln müssen, wenn er das Voranfrageverfahren auch zwischen Oberlandesgerichten für geboten und praktikabel gehalten hätte. Solange aber nicht einmal aus dem GVG die Frage zu beantworten ist, welches Gremium in dem befragten Oberlandesgericht darüber zu entscheiden hätte, ob an der früheren Rechtsprechung eines oder mehrerer seiner Senate festgehalten werden soll, ist es nur sachgerecht, das gemeinsame übergeordnete Gericht, nämlich den Bundesgerichtshof, solche Streitfragen entscheiden zu lassen.[260] Die Auffassung, dass die Einheit der Rechtsprechung bundesweit durch ein Verfahren zwischen zwei Oberlandesgerichten hergestellt werden könnte, ist auch verfehlt. Die Oberlandesgerichte sind immer noch Gerichte der Länder und keine Bundesgerichte unterer Instanz. Sie können zwar Bundesrecht anwenden, es aber nicht selbst für das gesamte Bundesgebiet und somit verbindlich auch für die Justiz anderer Länder vereinheitlichen. Das unterscheidet die Oberlandesgerichte von den Senaten des BGH, die zwar in der Regel einen nach räumlich abgegrenzten Vorinstanzen bestimmten Zuständigkeitsbereich haben, dabei aber mit Wirkung über die Grenzen der Länder hinaus Recht sprechen. Daher könnte ein Anfrageverfahren zwischen nur zwei Oberlandesgerichten den Sinn hinter den Regelungen der §§ 121 Abs. 2, 132 Abs. 2 GVG nicht angemessen und bundesweit zur Geltung bringen.

---

**257** A.A. LR-*Franke* § 121 GVG, Rn. 45 unter Hinweis auf BGHSt 14, 319; BGHSt 17, 399, 401; BGHSt 18, 269.

**258** 5. Auflage, 46 f., Rn. 52.

**259** BGBl. 1990 I, 2847, 2854.

**260** So auch *Kissel/Mayer* § 121 GVG, Rn.16, wo freilich die Gegenansicht als h.M. bezeichnet wird.

## III. Divergenz- und Grundsatzvorlagen nach § 132 Abs. 2 und Abs. 4 GVG

### 1. Divergenzvorlage (§ 132 Abs. 2, 3 GVG)

Beim Bundesgerichtshof als Revisionsgericht haben auch seine Strafsenate auf eine einheitliche Rechtsprechung zu achten. Dazu ist es erforderlich, dass jedes richterliche Mitglied auch die Urteile und Beschlüsse (soweit mit Gründen versehen) der anderen Senate ständig im Auge behält. Das gelingt nicht immer, wird aber durch die elektronischen Kommunikationsmittel und auch interne Entscheidungsplattformen erheblich erleichtert. Zu bedenken ist dabei allerdings, dass sich hinter dem großen Anteil von Beschlüssen nach § 349 Abs. 2 StPO durchaus auch gravierende Differenzen verbergen können, deren Verhinderung eigentlich Aufgabe des Generalbundesanwalts wäre. Wird in dessen Antragsschriften nicht auf abweichende Entscheidungen anderer Senate hingewiesen, so kann dies dazu führen, dass eine Divergenzvorlage nach § 132 Abs. 2 GVG unterbleibt, weil weder die eine Senatsmeinung noch die davon abweichende Auffassung eines anderen Senats aufgeschrieben und publiziert wurde. 141

Wann immer aber ein Senat im Begriff ist, seine Fallentscheidung auf eine Rechtsmeinung zu stützen, die im Widerspruch zu der einer Entscheidung eines anderen Senates stünde, muss der Vorlage an den Großen Senat (§ 132 Abs. 2 GVG) seit der Änderung des § 132 Abs. 3 GVG durch das Rechtspflege-Vereinfachungsgesetz von 1990[261] ein formalisiertes Anfrageverfahren vorgeschaltet werden. Dieses löste eine langjährige Praxis ab, die bis dahin mehr oder weniger informell und mit durchaus unterschiedlicher Beachtung des Anspruchs der Verfahrensbeteiligten auf rechtliches Gehör eingespielt war.[262] 142

Möchte ein Senat von der in vorausgegangenen Entscheidungen eines anderen Senats tragenden Rechtsmeinung abweichen, so muss er zuerst bei diesem anfragen, ob er an seiner Auffassung festhält oder sich der Meinung des anfragenden Senats anschließt. Zu diesem Zweck müssen die Rechtsansicht des anfragenden Senats und ihre tragende Bedeutung für die anstehende Revisionsentscheidung detailliert dargelegt und die Gründe für die beabsichtigte Abkehr von der bisherigen Rechtsprechung dem angefragten Senat unterbreitet werden. Überzeugen sie diesen, so braucht er dies in seinem Antwortbeschluss nur kurz mitzuteilen. Dasselbe gilt für den Fall, dass er an seiner in der früheren Entscheidung begründeten Rechtsmeinung festhält. Im letzteren Falle muss der 143

261 Gesetz v. 17.12.1990 (BGBl. 1990 I, 2847).

262 Vgl. *Hamm* NStZ 1986, 69 („informeller Großer Senat“).

Große Senat die Rechtsfrage entscheiden. Haben sich die Senate „geeinigt“, so wird die Vorlage an den Großen Senat nicht nur überflüssig, sondern sogar unzulässig.[263]

144 Zu welch merkwürdigen Konstellationen und Streitfragen das Anfrageverfahren innerhalb des BGH trotz der scheinbar präzisen Regelung führen kann, zeigt eine Grundsatzentscheidung aus jüngster Zeit, die zu folgender Klärung für die Zeitspanne zwischen der Anfrage und der Antwort des angefragten Senats geführt hat: Eine mit der Anfrage nicht befasste Sitzgruppe des anfragenden Senats ist bis zum Eingang der Antwort nicht gehindert, auf der Grundlage der bisherigen Rechtsprechung in anderen Revisionsverfahren zu entscheiden. Eine Bindungswirkung entsteht erst durch den Antwortbeschluss des angefragten Senats, wenn dieser seine Zustimmung zu einer Änderung der bisherigen Rechtsprechung erteilt.[264]

145 Der Große Senat kann keine Sachen an sich ziehen. Er darf nur tätig werden, wenn das in § 132 Abs. 3 und 4 GVG geregelte Verfahren stattgefunden hat und ihm eine Sache zur Fortbildung des Rechts oder zur Sicherung einer einheitlichen Rechtsprechung vorgelegt wird. Die Vorlage geschieht durch Beschluss. Zu welchem Zeitpunkt die Verfahrensbeteiligten zu informieren sind, ergibt sich nicht aus dem Gesetz.[265] In jedem Falle sollten die Verfahrensbeteiligten vor der beabsichtigten Anrufung des Großen Senats Gelegenheit haben, sich schriftlich zu äußern. Denn insbesondere der Revisionsführer, aber auch der „Gegner“ bei einer Revision der Staatsanwaltschaft, ist unmittelbar betroffen. Deshalb ist es ein Gebot des rechtlichen Gehörs, dass er zu der streitigen Rechtsfrage und zu den Vorlagevoraussetzungen Stellung beziehen darf.[266]

### 2. Vorlage zur Klärung von Grundsatzfragen (§ 132 Abs. 4 GVG)

146 Nach dem Inhalt von § 132 GVG kann ein Senat ein Vorlageverfahren nicht nur zur Beseitigung von Divergenzen einleiten (§ 132 Abs. 2 GVG), sondern auch zur Klärung einer Frage von grundsätzlicher Bedeutung (§ 132 Abs. 4 GVG). Unter

---

**263** Zum Ganzen *Rissing van Saan* FS Widmaier, S. 505.

**264** BGH, Urt. v. 22.9.2016 – 2 StR 27/16 – BGHSt 61, 263. Vgl. hierzu *Dölp* StraFo 2018, 379.

**265** Vgl. hierzu LR-*Franke* § 132 GVG, Rn. 30 und *Meyer-Goßner/Schmitt* § 132 GVG, Rn. 11.

**266** KK-*Feilcke* § 132 GVG, Rn. 14; abgeschwächt *Kissel/Mayer* § 132 GVG, Rn. 26 f. die es genügen lassen, dass unabhängig von der möglicherweise erforderlich werdenden Anrufung des Großen Senats Gelegenheit zur Stellungnahme zu der Rechtsfrage selbst bestand, und dass die Anfrage den Verfahrensbeteiligten bekannt gegeben wird.

einer Rechtsfrage von grundsätzlicher Bedeutung wird eine solche verstanden, die sich über den Einzelfall hinaus jederzeit wieder stellen kann.[267]

Das Verhältnis von Vorlagen nach Abs. 2 und Abs. 4 ist unklar und streitig. 147
Einerseits ist naheliegend, dass Fragen, bei denen zwischen den Senaten divergierende Auffassungen entstehen, auch solche grundsätzlicher Art sind. Andererseits entfällt bei der Vorlage nach Abs. 4 das Anfrageverfahren, sodass beim Vorliegen sowohl einer Divergenz als auch einer grundsätzlichen Bedeutung leicht der Verdacht aufkommen kann, dass mit der Wahl der Grundsatzvorlage die Prozedur des Abs. 3 umgangen werden soll. Deshalb ist die Auffassung, es bestehe in diesen Fällen eine Art Wahlrecht,[268] nicht unproblematisch. Freilich kann eine Vorlage – wenn die jeweiligen Zulässigkeitsvoraussetzungen vorliegen[269] – sowohl auf Abs. 2 (Divergenz) als auch auf Abs. 4 (grundsätzliche Bedeutung) gestützt werden.[270] In beiden Fällen muss die vorgelegte Rechtsfrage entscheidungserheblich sein.[271] Wenn es fraglich sein kann, ob eine Divergenz tatsächlich besteht, soll nach einer Entscheidung[272], der freilich unter Hinweis auf die Vorgreiflichkeit der Divergenzvorlage widersprochen wurde,[273] eine alternative Vorlage in Betracht kommen. Dass der Große Senat in beiden Fällen gleich besetzt ist, sollte auch unter dem Aspekt des gesetzlichen Richters, zu dem im Falle der Divergenzvorlage auch die anzufragenden Senate gehören, für ein freies Wahlrecht nicht ausreichen.[274]

---

**267** BGH, Beschl. v. 6.6.2002 – 4 ARs 3/02 = BGHSt 47, 326, 332; BGH, Beschl. v. 17.9.1996 – 4 ARs 21/95 = BGHSt 42, 243, 247; KK-*Feilcke* § 132 GVG, Rn. 16.

**268** Vgl. KK-*Feilcke* § 132 GVG, Rn. 16; seit der 61. Aufl. auch *Meyer-Goßner/Schmitt* § 132 GVG, Rn. 16 jeweils mwN.

**269** *Kissel/Mayer* § 132 GVG, Rn. 30; KK-*Feilcke* § 132 GVG, Rn. 16.

**270** BGH, Vorlagebeschl. v. 9.11.2010 – 5 StR 394/10 u.a. = BGHSt 56, 73, 91; BGH, Beschl. v. 3.3.2005 – GSSt 1/04 = BGHSt 50, 40; BGH, Beschl. v. 22.3.2001 – GSSt 1/00 = BGHSt 46, 321; BGH, Beschl. v. 22.11.1994 – GSSt 2/94 = BGHSt 40, 360, 365; BGH, Vorlagebeschl. v. 24.2.2010 – 1 StR 260/09 = NStZ-RR 2010, 313.

**271** BGH, Beschl. v. 17.1.2008 – GSSt 1/07 = BGHSt 52, 124, 128; BGH, Beschl. v. 22.3.2001 – GSSt 1/00 = BGHSt 46, 321.

**272** BGHSt 34, 256, 258.

**273** *Ignor/Bertheau* NJW 2008, 2209, 2211; LR-*Franke* § 132 GVG, Rn. 39; Radtke/Hohmann/*Rappert* § 132 GVG, Rn. 19 jeweils mwN.

**274** So aber BGH, Beschl. v. 22.11.1994 – GSSt 2/94 = BGHSt 40, 360, 365 = NJW 1995, 407, 408 und KK-*Feilcke* § 132 GVG, Rn. 16.

## IV. Praktische Relevanz der Vorlageverfahren

148 *Rissing-van Saan* hat vorgerechnet, dass die Strafsenate in den letzten Jahren den Weg zum Großen Senat häufiger finden als es noch zu Zeiten des Reichsgerichts vor 1935 und in den Anfangsjahren des BGH der Fall war.[275] Seit Gründung des Bundesgerichtshofs im Jahre 1950 bis Anfang 1992, dem Jahr des Inkrafttretens des ersten Rechtspflege-Vereinfachungsgesetzes, wurde der Große Senat für Strafsachen insgesamt 35 Mal angerufen, also etwas weniger als ein Mal in jedem Jahr. Danach folgen zunächst in etwa der gleichen Frequenz bis 2015 Jahre mit jeweils ein bis zwei Vorlagen pro Kalenderjahr, bis es erstmals im Jahr 2017 vier Entscheidungen mit den Aktenzeichen von GSSt 1/17 bis GSSt 4/17 gab.[276] Alle Beschlüsse des Großen Senats haben Eingang in die amtliche Sammlung BGHSt gefunden, weil sie die tägliche Praxis der Rechtsanwendung maßgeblich beeinflussen, wie etwa die Entscheidungen zum Begriff der Bande[277], zur Urteilsabsprache und zum Rechtsmittelverzicht[278] oder zum Handeltreiben mit Betäubungsmitteln.[279] Auch die Entscheidungen des Großen Senats für Strafsachen zur „Rügeverkümmerung"[280] und zur Kompensation überlanger Verfahrensdauer nach dem Vollstreckungsmodell[281] haben die Rechtsentwicklung nachhaltig beeinflusst.

149 Auch wenn in den letzten Jahren ein zahlenmäßiger Anstieg der Fälle zu beobachten ist, in denen der Große Senat angerufen wurde, ist immer noch eine grundsätzliche Zurückhaltung der Senate gegenüber der Anrufung des Großen Senats unverkennbar. Sie dringt nicht stets so nach außen wie in einer Entscheidung des 1. Strafsenats, die einen grundlegenden Wandel in der Rechtsprechung zum Vermögensschaden und zum Vorsatz bei der Untreue vollzog, ohne dass der Große Senat befasst worden wäre, obwohl eine Divergenz mit

---

**275** *Rissing-van Saan*, FS Widmaier, S. 506.

**276** BGH, Beschl. v. 8.5.2017 – GSSt 1/17 = BGHSt 62, 164 = NJW 2017, 2842 (Wahlfeststellung); BGH, Beschl. v. 12.6.2017 – GSSt 2/17 = BGHSt 62, 184 = NJW 2017, 3537 (zeitlicher Abstand zwischen Tat und Urteil als Strafzumessungsgrund bei sexuellem Missbrauch von Kindern); BGH, Beschl. v. 24.7.2017 – GSSt 3/17 = BGHSt 62, 247 = NJW 2018, 1180 m. Anm. *Jahn* (Versagung der Strafrahmenverschiebung bei selbstverschuldeter Trunkenheit); BGH, Beschl. v. 10.7.2017 – GSSt 4/17 = BGHSt 63, 1 = NJW 2018, 2905 (Konkurrenzen beim Betäubungsmittelhandel).

**277** BGH, Beschl. v. 22.3.2001 – GSSt 1/00 = BGHSt 46, 321.

**278** BGH, Beschl. v. 3.3.2005 – GSSt 1/04 = BGHSt 50, 40.

**279** BGH, Beschl. v. 26.10.2005 – GSSt 1/05 = BGHSt 50, 252.

**280** BGH, Beschl. v. 23.4.2007 – GSSt 1/06 = BGHSt 51, 298.

**281** BGH, Beschl. v. 17.1.2008 – GSSt 1/07 = BGHSt 52, 124.

dem 2. Senat greifbar war.[282] Der 1. Senat distanzierte sich ausdrücklich von der Rechtsprechung des 2. Strafsenats[283] zur Frage, unter welchen Voraussetzungen bei einem bloßen „Gefährdungsschaden" nur bedingter und wann direkter Vorsatz anzunehmen ist, sah aber gleichwohl keinen Anlass zu einer Vorlage.[284]

Die nicht nur in diesem Einzelfall sondern auch sonst oft restriktive Praxis 150
wird im Schrifttum mit der Scheu vor der Unberechenbarkeit des großen Gremiums („horror pleni") erklärt, aber auch teilweise kritisch bewertet.[285] Diese gerade auch bei Juristen verbreitete Abneigung hat einen durchaus realistischen Grund: Wer gewöhnt ist, in einem aus fünf Personen bestehenden Gremium einstimmige oder mehrheitliche Entscheidungen zu treffen, wird es in einem aus elf Personen bestehenden Senat immer wieder erleben, dass es schwer ist, sich unter drei oder mehr diskutierten Meinungen mit der eigenen durchzusetzen oder wenigstens diejenige, die man für am wenigsten vertretbar hält, zu verhindern. Ein Streitgespräch zu zweit – meist die intensivste Form der Auseinandersetzung – kommt in einem Fünfer-Senat noch vor, ist aber in einem Elfer-Senat so gut wie unmöglich. Bilden sich in ihm mehr als zwei Meinungen, so hängt bisweilen alles von der Reihenfolge der Fragestellung ab. Dann muss die zunächst mit ihrer Meinung A überstimmte Gruppe zwischen den beiden anderen Gruppen, also zwischen den Meinungen B und C den Ausschlag geben, die beide mit der Meinung A völlig unvereinbar sein können. Das Ergebnis ist dann unter Umständen eine Entscheidung, mit der eigentlich so recht keiner der Teilnehmer einverstanden ist.

Die Wahrscheinlichkeit solcher Konstellationen steigt mit der Zahl der Mit- 151
wirkenden. Der für die tatrichterliche Beratung noch heute geltende Grundsatz, dass nur über die Ergebnisse und nicht auch über die einzelnen Gründe abgestimmt werden muss,[286] kann in einer Rechtsinstanz, deren Entscheidungen in allen ihren tragenden Begründungsteilen eine Bindungswirkung entfalten

**282** BGH, Beschl. v. 20.3.2008 – 1 StR 488/07 = StraFo 2008, 303 = NJW 2008, 2451 = NStZ 2008, 457 = StV 2008, 414.

**283** BGH, Urt. v. 18.10.2006 – 2 StR 499/05 = BGHSt 51, 100 = NStZ 2007, 583 („Schwarze Parteikassen").

**284** Vgl. dazu die Beiträge von *Fischer* StraFo 2008, 269 und *Nack* StraFo 2008, 277. Zur Entscheidung des 1. Strafsenats auch *Klötzer* StraFo 2008, 305; *Schilling* StraFo 2008, 305; *Rübenstahl* NJW 2008, 2454; *Wegner* wistra 2008, 347; *Schäfer* JR 2008, 302; *Beulke/Peglau/Witzigmann* JR 2008, 430; *Selle* ZIS 2008, 471; *Küper* JZ 2009, 800.

**285** Vgl. *Jahn* JuS 2014, 82; MüKoStPO/*Cierniak/Pohlit* § 132 GVG, Rn. 1, Fn. 11 unter Hinw. auf *Schroth* JR 1990, 93. S. bereits *Eb. Schmidt* MDR 1958, 815; *Leisner* NJW 1989, 2446, 2448; *Lilie*, Obiter dictum und Divergenzausgleich in Strafsachen, S. 257; *Alwart* NStZ 1989, 225.

**286** Vgl. *Roxin/Schünemann*, § 48, Rn. 14; *Peters*, Strafprozess, S. 465.

(§ 358 Abs. 1 StPO), nicht gelten. Das gilt erst recht in einem Senat, der nur die Aufgabe hat, eine isolierte Rechtsfrage zu klären. Dort kann selbst dann noch, wenn im Ergebnis die Antwort auf die vom vorlegenden Senat gestellte Frage feststeht, bei der Fassungsberatung Streit über einzelne Formulierungen und sprachliche Wendungen entstehen. Vor diesem Hintergrund ist es durchaus verständlich, dass die Anrufung des Großen Senats auf die Fälle beschränkt wird, in denen dies unumgänglich ist. Genauere Erkenntnisse über die Entscheidungsabläufe im Großen Senat sind einem Außenstehenden wegen des Beratungsgeheimnisses verschlossen. Aber die veröffentlichten Ergebnisse und der Vergleich der Gründe der Einzelsenatsentscheidungen mit denen des Großen Senats für Strafsachen, führen jedenfalls nicht zu einer frappierenden Überlegenheit in der Überzeugungskraft der letzteren.

152 Ein weiterer Grund dafür, dass eher selten vorgelegt wird, dürfte darin liegen, dass bei der Grundsatzvorlage nach § 132 Abs. 4 GVG deren Voraussetzungen praktisch nur von dem jeweiligen Einzelsenat geprüft werden. Verneint er zu Unrecht die grundsätzliche Bedeutung, bleibt das folgenlos, bejaht er sie und legt vor, so prüft der Große Senat dies nur unter dem Aspekt der Vertretbarkeit.[287] Aber auch bei der Divergenzvorlage, deren Fehlen spätestens nach der Veröffentlichung der divergierenden Entscheidung bemerkt werden kann, bleibt die Verletzung der (jedenfalls theoretisch) bestehenden Vorlagepflicht in casu praktisch folgenlos. Eine auf den Verstoß gegen den gesetzlichen Richter gestützte Verfassungsbeschwerde mit der Begründung zu erheben, das Revisionsgericht habe eine notwendige Vorlage unterlassen,[288] stößt auf Hürden, die nur mit großem Aufwand in der Revisionsinstanz überwunden werden können. Da ist zunächst das Erfordernis der formellen und materiellen Subsidiarität (§ 90 Abs. 2 BVerfGG), das gerade dann schwer zu erfüllen ist, wenn der mit seiner Revision Unterlegene erst praktisch nach Rechtskraft seines Urteils davon erfährt, dass ein Verfassungsverstoß passiert sein könnte. Und dann bedarf die Verfassungsbeschwerde auch noch der Annahme, die von den in § 93a BVerfGG genannten Voraussetzungen abhängt. Den Rest an Hoffnung auf Abhilfe bei unterlassener Vorlage an den Großen Senat beseitigt der Umstand, dass das Bundesverfassungsgericht auf Art. 101 Abs. 1 Satz 2 GG den Willkürmaßstab anwendet.[289]

---

**287** *Meyer-Goßner/Schmitt* § 132 GVG, Rn. 21.

**288** Erfolg hatte ein solches Vorgehen in den Verfahren: BVerfG NJW 1976, 2128 und BVerfG, Beschl. v. 12.12.1994 – 1 BvR 1287/94 = NJW 1995, 581.

**289** BVerfG, Beschl. v. 2.3.2009 – 2 BvR 1032/08 (Nichtannahme bei Rüge des Verstoßes gegen gesetzlichen Richter durch „vertretbare" Nichtvorlage des KG nach § 121 GVG).

Bei den Oberlandesgerichten kann die Sanktionslosigkeit des Verstoßes gegen die Vorlagepflicht zu einer unvollständigen Sichtung der vorhandenen Rechtsprechung anderer Oberlandesgerichte führen. Deshalb sollte es ein Verteidiger zu seinen Aufgaben zählen, sich bei den anstehenden Rechtsfragen über die dazu bisher vorliegenden Judikate möglichst erschöpfend kundig zu machen, um zu verhindern, dass das Oberlandesgericht eine für den Mandanten nachteilige Entscheidung trifft, wenn mit einer Vorlage an den Bundesgerichtshof die Chance auf eine Vereinheitlichung der Rechtsprechung im Sinne der ihm günstigeren Rechtsmeinung eröffnet werden könnte. Das kostet zwar mitunter viel Mühe, verspricht aber weit mehr Erfolg als manche Ausführungen, wie sie nicht selten in Revisionsbegründungen zu lesen sind und die nur die fehlende Vertrautheit des Autors mit dem Revisionsrecht belegen. Von einer „Vorentscheidung", die der Verteidiger unter Hinweis auf die Bindung des § 121 Abs. 2 GVG dem Oberlandesgericht vorlegt, wird dieses nur selten abweichen können. Das gilt vor allem für „Vorentscheidungen" des Bundesgerichtshofs, und hier auch für diesen selbst. 153

*Fischer*[290] und mit Einschränkungen auch *Rönnau*[291] haben sich in jüngerer Zeit ebenfalls kritisch zur praktischen Anwendung des Vorlageverfahrens geäußert. Beide teilen die Auffassung, dass Vorlagen aus ganz unterschiedlichen Gründen, bislang nicht in dem Maße genutzt werden, wie es sinnvoll sei. 154

**290** *Fischer* StraFo 2014, 309.
**291** *Rönnau* StraFo 2014, 265.

# Teil 3: Einlegung der Revision

## A. Frist

Die Frist zur Einlegung der Revision beträgt nur eine Woche (§ 341 Abs. 1 StPO) und kann nicht verlängert werden. Sie beginnt mit der Verkündung des tatrichterlichen Urteils und endet mit dem Ablauf des Wochentages, der durch seine Benennung dem Tag der Urteilsverkündung entspricht. Fällt dieser Tag auf ein Wochenende (Samstag oder Sonntag) oder auf einen allgemeinen Feiertag, so endet die Frist mit dem Ablauf des nächsten Werktages (§ 43 Abs. 2 StPO). Unter einem „allgemeinen Feiertag" sind die durch abschließende bundes- und landesrechtliche Vorschriften bestimmten, mithin die „gesetzlichen Feiertage" zu verstehen. Vorsicht ist geboten, wenn der Verteidiger in einem Bundesland wohnt und seine Praxis hat, in dem der eigentliche Tag des Fristablaufs ein Feiertag ist, während dies am Sitz des zuständigen Gerichts nicht der Fall ist. Maßgeblich ist dann das für das Gericht gültige Landesrecht.[292] 155

Für den Angeklagten beginnt die Frist ausnahmsweise nicht mit der Verkündung, sondern erst mit der Zustellung des schriftlichen Urteils, wenn es in seiner Abwesenheit verkündet worden ist (§ 341 Abs. 2 StPO). Ist eine **Berufung des Angeklagten** wegen unentschuldigten Ausbleibens gemäß § 329 Abs. 1 StPO verworfen worden, so stehen auch nach der Reform des § 329 StPO[293] zwei Rechtsbehelfe zur Wahl: einmal der binnen einer Woche nach Zustellung des Urteils zu stellende Antrag auf Wiedereinsetzung in den vorigen Stand (§ 329 Abs. 7 StPO), zum anderen ebenfalls binnen einer Woche nach Zustellung des Urteils die Revision.[294] Stellt der Angeklagte den Antrag auf Wiedereinsetzung, so muss er, um für den Fall einer Verwerfung dieses Antrages die Möglichkeit der Revision zu wahren, diese ebenfalls rechtzeitig einlegen und begründen (§ 342 Abs. 2 StPO). Da das Verwerfungsurteil allerdings ein reines Prozessurteil ist, kann der Revisionsangriff dagegen nur hin- 156

---

**292** Vgl. hierzu z.B. BGH, Urt. v. 8.7.1992 – 3 StR 2/92 = NJW 1992, 2711 = NStZ 1992, 434; BGH, Beschl. v. 26.7.2007 – 1 StR 368/07 = NStZ 2008, 55; KK-*Maul*, § 43 Rn. 26.

**293** Vgl. *Ullenboom* StV 2019, 643; *Franzke* StV 2019, 363; *Frisch* NStZ 2015, 69; *Bartel* DRiZ 2015, 176; EGMR, Urt. v. 8.11.2012 – 30804/07 = NStZ 2013, 350 = StV 2013, 289; *Esser* StV 2013, 331; *Meyer-Goßner/Schmitt* § 329 StPO, Rn. 1. S. auch *Jansen* StV 2020, 59.

**294** Vgl. zur Wiedereinsetzung: *Ullenboom* StV 2019, 643, 647; s. ergänzend auch *Bick* StV 1987, 273.



https://doi.org/10.1515/9783110444339-004

sichtlich der Prozessvoraussetzungen und der Vorgaben des § 329 StPO Erfolg haben.[295]

157 Der Fall, dass die Staatsanwaltschaft Revision einlegen will, ohne bei der Urteilsverkündung anwesend gewesen zu sein, ist im Gesetz nicht geregelt, weil er eigentlich auch nicht vorkommen darf.[296] Hier wird teilweise eine entsprechende Anwendung des § 341 Abs. 2 StPO für die Fälle gefordert, in denen die Staatsanwaltschaft entgegen ihrer Pflicht bei der Urteilsverkündung abwesend war.[297] Ein rechtliches Bedürfnis, die institutionell und organisatorisch mit dem Gericht eng verbundene Staatsanwaltschaft für ihr Versäumnis zu „belohnen", ist nicht erkennbar.

158 Für den **Nebenkläger** beginnt, wenn er in der Hauptverhandlung „überhaupt nicht anwesend oder vertreten" war, die Frist ebenfalls mit der Zustellung der Urteilsformel (§ 401 Abs. 2 S. 2 StPO). Mit dem Wort „überhaupt" ist jedoch klargestellt, dass dies nicht schon dann gilt, wenn sich der Nebenkläger während der Hauptverhandlung entfernt hat und bei der Urteilsverkündung nicht zugegen ist.[298]

159 Äußerst kontrovers wird die Frage diskutiert, wie sich nicht behebbare Zweifel an der **Rechtzeitigkeit des Eingangs einer Revisionsschrift** auswirken.[299] Mit *Franke*[300] ist der Auffassung beizutreten, die zwischen der Revision des Angeklagten sowie der zu seinen Gunsten eingelegten Revision der Staatsanwaltschaft einerseits und der zu seinen Ungunsten eingelegten Revision der Staatsanwaltschaft, des Privatklägers und des Nebenklägers andererseits unterscheidet. Da der Angeklagte keinen Nachteil dadurch erleiden darf, dass Fehler der Strafjustiz die Feststellung unmöglich machen, ob ein zu seinen Gunsten eingelegtes Rechtsmittel fristgerecht angebracht worden ist, und es andererseits unvertretbar wäre, das Verfahren trotz der bereits möglicherweise eingetretenen Rechtskraft gegen ihn fortzusetzen, ist im ersteren Falle zugunsten des Rechtsmittelführers,[301] bei der gegen den Angeklagten geführten Revision im Zweifel zugunsten der Rechtskraft zu entscheiden.

---

**295** Zum notwendigen Inhalt des Urteils vgl. *Ullenboom* StV 2019, 643, 645; *Meyer-Goßner/Schmitt* § 329 StPO, Rn. 33.

**296** Für das Ordnungswidrigkeitenverfahren s. KK-OWiG/*Senge* § 75 OWiG, Rn. 10.

**297** LR-*Franke* § 341 StPO, Rn. 24; ablehnend KK-*Gericke* § 341 StPO, Rn. 20.

**298** So auch KK-*Gericke* § 341 StPO, Rn. 20.

**299** Ausführlich zum Meinungsstand LR-*Franke* § 341 StPO, Rn. 26.

**300** LR-*Franke* § 341 StPO, Rn. 26.

**301** Vgl. hierzu im Zusammenhang mit der Verfassungsbeschwerde auch BVerfG, Beschl. v. 25.10.2011 – 2 BvR 2674/10 = NJW 2012, 1065.

Ist die Revisionseinlegungsfrist versäumt, so gelten die allgemeinen Vorschriften über die **Wiedereinsetzung** in den vorigen Stand, deren Voraussetzungen in den §§ 44 und 45 StPO geregelt sind. Solche Wiedereinsetzungsgesuche kommen auffallend häufig vor und scheitern nicht selten bereits an der Nichtbeachtung der Anforderungen an ein solches Gesuch.[302] Die Möglichkeit einer Wiedereinsetzung setzt zunächst voraus, dass jemand ohne Verschulden verhindert war, eine Frist einzuhalten. Das Verschulden des Verteidigers ist dem Angeklagten nicht zuzurechnen.[303] Andererseits muss sich aber der Angeklagte eine ordnungsgemäße rechtliche Beratung durch seinen Verteidiger zurechnen lassen.[304] Die Darstellungen des Angeklagten decken sich bezüglich des Verteidigerverschuldens und der internen Absprachen manchmal nicht mit denen des Verteidigers, der vom Revisionsgericht im Rahmen des Freibeweisverfahrens zu einer Stellungnahme aufgefordert worden ist. Dass der Verteidiger diese Stellungnahme unter Hinweis auf die Schweigepflicht ablehnen kann, hilft dem Mandanten nichts, weil dieser die Last der Glaubhaftmachung trägt. Zweifel gehen zu Lasten des Angeklagten.[305] 160

Der Antrag auf Wiedereinsetzung selbst erfordert nicht nur Angaben zur versäumten Frist und zum Hinderungsgrund, sondern auch zum Zeitpunkt des Wegfalls des Hindernisses.[306] Die entsprechenden Angaben sind glaubhaft zu machen, und darüber hinaus ist die versäumte Handlung innerhalb einer Woche nach Wegfall des Hindernisses in der gesetzlich vorgeschriebenen Form nachzuholen (§ 45 Abs. 2 StPO). 161

---

**302** Meist nicht in Zeitschriften abgedruckte Entscheidungen. Beispiele: BGH, Beschl. v. 13.1.2016 – 5 StR 545/15; BGH, Beschl. v. 17.8.2016 – 4 StR 321/16; BGH, Beschl. v. 27.10.2016 – 1 StR 392/16.

**303** Ständige Rechtsprechung und im Schrifttum unbestritten, vgl. nur BGH, Beschl. v. 19.6.2019 – 5 StR 18/19; BGH, Beschl. v. 28.6.2016 – 2 StR 265/15 = StV 2016, 770; BGH, Beschl. v. 11.1.2016 – 1 StR 435/15 = StV 2016, 771; KK-*Maul* § 44 StPO, Rn. 30 f.; vgl. auch BGHR StPO § 44 Satz 1 – Verhinderung 6.

**304** Vgl. z. Bsp. BGH, Beschl. v. 23.9.2015 – 4 StR 364/15 = NStZ 2017, 172; BGH, Beschl. v. 1.4.2010 – 4 StR 637/09 = StV 2010, 475.

**305** BGH, Beschl. v. 14.1.2015 – 1 StR 573/14 = NStZ-RR 2015, 145; BGH, Beschl. v. 20.9.2005 – 5 StR 354/05 = wistra 2006, 28.

**306** Vgl. z.B. BGH, Beschl. v. 27.11.2019 – 5 StR 539/19; BGH, Beschl. v. 20.11.2019 – 4 StR 522/19 (Frist nach § 345 StPO).

## B. Form

162 Nach § 341 Abs. 1 StPO muss die Revision zu Protokoll der Geschäftsstelle oder schriftlich eingelegt werden.[307] Es genügt auch die Einlegung per Telefax.[308] Eine neue Rechtslage ergibt sich hier durch die § 32 ff. StPO.[309] Danach müssen Verteidiger und Rechtsanwälte künftig die Revision als elektronisches Dokument übermitteln (§ 32d S. 2 StPO).[310] Die Bestimmung soll am 1.1.2022 in Kraft treten.[311] Solange diese Regelung noch keine Gültigkeit hat, bleibt es bei der Formvorschrift des § 341 StPO, die danach vorgeschriebene Form ist durch einfache E-Mail nicht gewahrt.[312]

163 Die Ansicht des OLG Rostock,[313] dass Rechtsmittel wirksam per E-Mail eingelegt sind, wenn die E-Mail vom Tatgericht ausgedruckt und zur Akte genommen wird, ist abzulehnen. Denn das würde dazu führen, dass die Wirksamkeit der Rechtsmitteleinlegung vom Willen oder im besten Falle von den internen Abläufen innerhalb des Gerichts abhängt. Darüber hinaus wird so auch die gesetzliche Wertung der §§ 32 ff. StPO umgangen und es besteht die Gefahr, dass an-

---

**307** Die Schriftlichkeit kann auch dann gewahrt sein, wenn der Schriftsatz von dem ansonsten eindeutig als Autor erkennbaren Rechtsanwalt nicht handschriftlich unterzeichnet wurde, BGH, Beschl. v. 17.4.2003 – 2 StR 63/02 = StraFo 2002, 262 = NStZ 2002, 558. Zur Einlegung eines Rechtsmittels in einer Fremdsprache vgl. *Meyer-Goßner/Schmitt* § 184 GVG, Rn. 2 und 2a; BGH, Beschl. v. 9.2.2017 – StB 2/17 = NStZ 2017, 601; BGH, Beschl. v. 30.11.2017 – 5 StR 455/17 = NStZ-RR 2018, 57; *Zündorf* NStZ 2017, 42; *Böhm* NJW 2016, 306.

**308** BGH wistra 1989, 313 = StV 1989, 469 (Ls.); BGHR StPO § 341 – Schriftform 1; allgemeine Meinung auch in der Kommentarliteratur, statt aller: KK-*Gericke* § 341 StPO, Rn. 12 und § 345 StPO, Rn. 17. In Prozessen mit Vertretungszwang können bestimmende Schriftsätze formwirksam durch elektronische Übertragung einer Textdatei mit eingescannter Unterschrift auf ein Faxgerät des Gerichts übermittelt werden (GmS-OGB, Beschl. v. 5.4.2000 = NJW 2000, 2340 = JR 2001, 371 m. Anm. *Schmittmann*). Für die Zulässigkeit dieses Verfahrens während der Übergangszeit bis zur flächendeckenden Bereitstellung der Verfahrenslogistik zur Verwendung zertifiziert signierter E-Mails auf der Grundlage von Rechtsverordnungen zutreffend *Meyer-Goßner/Schmitt* Einl., Rn. 139a im Anschluss an den GmS-OGB NJW 2000, 2340.

**309** Eingefügt durch das Gesetz zur Einführung der elektronischen Akte in der Justiz und zur weiteren Förderung des elektronischen Rechtsverkehrs vom 5.7.2017 (BGBl. I, S. 2206). S. hierzu: BT-Drs. 18/9416 und 18/12203.

**310** Vgl. hierzu: BT-Drs. 18/9416, S. 50/51.

**311** Vgl. Art. 33 Abs. 4 des Gesetzes vom 5.7.2017 (BGBl. I, 2206, 2229).

**312** OLG Oldenburg, Beschl. v. 14.8.2008 – 1 Ws 465/08 = NJW 2009, 536; *Meyer-Goßner/Schmitt* Einleitung, Rn. 139a.

**313** OLG Rostock, Beschl. v. 6.1.2017 – 20 Ws 311/16 = StRR 2017, 12 = NJW-Spezial 2017, 122. Vgl. auch BGH, Beschl. v. 29.10.2015 – 3 StR 162/15 (betr. § 356a StPO).

dere Personen Rechtsmittel für den Angeklagten einlegen, obwohl sie dazu nicht befugt sind.

Bei der Übermittlung des Schriftsatzes per Fax ist zur Fristwahrung ein Sicherheitszuschlag einzuberechnen: Entsprechend der Rechtsprechung des BVerfG beträgt dieser etwa 20 Minuten mehr als die Zeit, die die Übermittlung dauern würde.[314] Technische Fehler auf Seiten des Gerichts oder Überlastungen gehen dann nicht zu Lasten des Verteidigers, insoweit ist Wiedereinsetzung von Amts wegen zu gewähren. 164

Zur Wahrung aller vorgesehenen Formen gehört, dass die Anfechtung eindeutig und unbedingt erklärt wird. Dies folgt aus den allgemeinen Regeln über die Bestimmtheit verfahrensgestaltender Prozesserklärungen.[315] Daher führt die Einlegung einer Revision unter einer Bedingung, z.B. dass die Gegenseite Revision einlegt, zur Unzulässigkeit des Rechtsmittels.[316] Keine unzulässige Bedingung liegt jedoch in dem (in jedem Falle überflüssigen) Zusatz, die Revision werde „vorsorglich" eingelegt. Da im Strafverfahren zum Zeitpunkt der Revisionseinlegung regelmäßig ihre Erfolgsaussichten noch nicht abzuschätzen sind, weil die schriftlichen Urteilsgründe noch nicht vorliegen, hat eigentlich jede Revisionseinlegung „vorsorglichen" Charakter, das heißt sie steht unter dem Vorbehalt der Rücknahme im Falle der späteren Einsicht in die Akzeptabilität des Urteils. Da der Zusatz „vorsorglich" aus der Feder eines Rechtsanwalts wie eine vornehme Distanzierung von dem Wunsch des Mandanten, das Rechtsmittel durchzuführen, verstanden werden könnte, sollte darauf generell verzichtet werden. 165

Wichtig ist, dass aus der Erklärung deutlich wird, dass der Autor nicht nur seinen Unmut über das Urteil oder sein Nachdenken über eine mögliche Revision zum Ausdruck bringen möchte, sondern dass die Anfechtung unmittelbar mit der Erklärung bewirkt sein soll. Auf den Ausdruck „Revision" kommt es dagegen nicht an. Selbst eine falsche Bezeichnung des Rechtsmittels ist unschädlich (§ 300 StPO). Es braucht auch nicht erkennbar zu sein, dass dem Beschwerdeführer der Unterschied zwischen Revision und Berufung bekannt ist, und dass er die erstere beabsichtigt. Sind beide Rechtsmittel wahlweise gegeben, so 166

**314** BVerfG, Beschl. v. 15.1.2014 – 1 BvR 1656/09 = BVerfGE 135, 126, 139 = NVwZ 2014, 1084. Zum für die Fristberechnung maßgeblichen Zeitpunkt: BGH, Beschl. v. 26.3.2019 – 2 StR 511/18 mwN.

**315** Vgl. KK-*Gericke* § 341 StPO, Rn. 3.

**316** BGH, Beschl. v. 1.10.2013 – 3 StR 135/13 = NStZ-RR 2014, 55; BGH, Beschl. v. 11.1.2007 – 3 StR 402/06 = NStZ-RR 2008, 49; LG Nürnberg-Fürth, Beschl. v. 21.2.2018 – 18 Qs 4/18 = StV 2018, 341: wobei höchst zweifelhaft ist, warum dies der Rechtskraft entgegenstehen soll.

braucht er sich ohnehin zum Zeitpunkt der Einlegung noch nicht für das eine oder das andere zu entscheiden.[317] Ist zu erkennen, dass eine Abänderung der angefochtenen Entscheidung angestrebt wird, so ist die Eingabe nach Möglichkeit so aufzufassen, dass sie dem Betroffenen am ehesten zu dem gewünschten Erfolg verhilft.[318] Stets ist der Wille des Erklärenden zu erforschen. Ein Irrtum im Beweggrund ist dagegen unbeachtlich; eine Anfechtung der Erklärung wegen Irrtums oder arglistiger Täuschung ist ausgeschlossen. Wollte der Erklärende das bezeichnete Rechtsmittel einlegen, weil er irrtümlich ein anderes für unzulässig hielt, so kann er seine Erklärung also nicht mit dem Ziel anfechten, nun doch das andere Rechtsmittel zu wählen. Hier wird aber meist die Möglichkeit der Umdeutung gemäß § 300 StPO helfen.

167 Die vorstehenden Ausführungen sollten von Rechtsanwälten keinesfalls als Handlungsanleitung verstanden werden. Wer zum ersten Mal eine Revision einlegt, mag sich vielmehr an den in Hand- und Formularbüchern abgedruckten Mustern orientieren.[319]

168 Abzuraten ist von Zusätzen in der Revisionseinlegungsschrift, die bereits Elemente einer Revisionsbegründung enthalten. Das gilt insbesondere für die immer noch verbreitete Formel: „Gerügt wird die Verletzung formellen und materiellen Rechts".[320] Der Satzteil zum formellen Recht ist schon deshalb wertlos, weil er ohne eine nähere Ausführung in der späteren Revisionsbegründungsschrift nur eine den Anforderungen des § 344 Abs. 2 S. 2 StPO nicht genügende Verfahrensrüge enthält. Die Erhebung der Sachrüge bereits in der Revisionseinlegungsschrift birgt die Gefahr, dass später bei einer unverschuldeten Versäumnis der Revisionsbegründungsfrist die Wiedereinsetzung versagt wird, weil die Revisionsbegründung schon in der Revisionseinlegungsschrift enthalten war und damit fristwahrend abgegeben wurde. Die zur Nachholung und Ergänzung von Verfahrensrügen begehrte Wiedereinsetzung in den vorigen Stand ist grundsätzlich unzulässig, wenn die Revision bereits mit der allgemeinen Sachrüge form- und fristgerecht begründet worden ist.[321] Hiervon werden zwar gelegentlich Ausnahmen zugelassen, die jedoch an ein (Mit-)Verschulden der Justizbehörden selbst geknüpft werden, insbesondere wenn während der

**317** Vgl. dazu oben, Rn. 29; OLG Köln, Beschl. v. 29.11.2010 – 2 Ws 775/10 = NStZ-RR 2011, 283.

**318** H.M. LR-*Jesse* § 300 StPO, Rn. 6.

**319** Zum Beispiel: *Hamm*, Formularbuch, IX.D.1.

**320** *Hamm*, Formularbuch, IX.D.1.

**321** BGH, Beschl. v. 23.7.2019 – 3 StR 498/18; BGH, Beschl. v. 24.10.2018 – 2 StR 578/16; BGH, Beschl. v. 28.12.2011 – 2 StR 411/11; BGHR StPO § 44 S. 1 – Verhinderung 1; BGHR StPO § 44 – Verfahrensrüge 4; BGHR StPO § 345 I – Fristdauer 1.

Revisionsbegründungsfrist dem Verteidiger trotz mehrmaliger Erinnerung die Akteneinsicht verwehrt worden ist.[322] Aber diese Voraussetzungen liegen gewöhnlich gerade dann nicht vor, wenn der Verteidiger schon im Hinblick auf seine Selbsteinschätzung, er könnte die rechtzeitige Abgabe einer Revisionsbegründungsschrift überhaupt versäumen, die Sachrüge in der Revisionseinlegungsschrift erhebt.

Die förmlichen Anforderungen an die schriftliche Revisionseinlegung sind 169
im Laufe der Zeit immer geringer geworden. Unabdingbare Voraussetzung ist im Wesentlichen nur, dass die Person des Erklärenden aus dem Schriftstück unzweifelhaft hervorgeht. Das ist nicht nur bei eigenhändiger Unterschrift (selbst bei unleserlicher Unterschrift eines Rechtsanwalts, wenn sich die Identität aus dem beigefügten Stempel oder aus dem Briefkopf ergibt[323]) der Fall, sondern auch bei fehlender Unterschrift dann, wenn die besonderen Umstände einwandfrei erkennen lassen, dass die schriftliche Erklärung vom Berechtigten dem Gericht gegenüber abgegeben wurde.[324] Ebenso muss die Person des Rechtsmittelführers eindeutig bestimmbar sein. Dies ergibt sich beim Verteidiger, seit er nach § 146 StPO im selben Verfahren nur noch einen Mandanten haben darf, zwanglos aus der aktenkundigen Vollmacht und der Bestellung, kann im Einzelfall aber mitteilungsbedürftig sein, etwa bei einer Mehrfachvertretung von Nebenklägern.[325]

Bei Einlegung der Revision ist die Vertretung in der Erklärung und im Willen 170
zulässig, und zwar auch dann, wenn der Vertreter nicht der Verteidiger ist.[326] Dabei braucht eine schriftliche Vollmacht nicht vorgelegt zu werden; der Vertreter kann die Bevollmächtigung später nachweisen.[327] Dies gilt erst recht für die Verteidigervollmacht, weil der gewählte Verteidiger seine Rechtsstellung bereits mit dem Abschluss des Verteidigervertrages erlangt.[328] Vertreter – aber nicht Verteidiger[329] –

---

**322** S. dazu im Einzelnen unten Rn. 255.

**323** Zögernd in diesem Sinne bei Hervorhebung des Grundsatzes, dass eine ordnungsgemäße Unterschrift erforderlich sei KK-*Gericke* § 341 StPO, Rn. 11; vgl. auch KG JR 1954, 391 (m. Anm. *Sarstedt).*

**324** KK-*Gericke* § 341 StPO, Rn. 11.

**325** BGH, Beschl. v. 6.11.2014 – 4 StR 384/14.

**326** LR-*Franke* § 341 StPO, Rn. 6.

**327** So auch OLG Düsseldorf, Beschl. v. 8.2.2013 – 1 Ws 39/13 = StV 2014, 208 (Ls.).

**328** BGH, Urt. v. 9.10.1989 – 2 StR 352/89 = BGHSt 36, 259 = NJW 1990, 586; noch umfassender: BGH, Beschl. v. 4.2.2016 – StB 23/14 = NStZ 2016, 740, 741; *Schnarr* NStZ 1986, 490; *Dahs*, Revision, Rn. 16; LR-*Jahn* § 138 StPO, Rn. 22ff.

**329** Zur Unzulässigkeit der Bevollmächtigung einer Partnerschaftsgesellschaft vgl. § 7 Abs. 4 S. 3 PartGG.

kann auch eine juristische Person sein;[330] die Erklärung muss dann von ihrem gesetzlichen Vertreter (Organ) für den vertretenen Rechtsmittelführer abgegeben werden.

171 Die Einlegung zu **Protokoll der Geschäftsstelle**[331] ist nur dann wirksam, wenn das Protokoll von der Geschäftsstelle des zuständigen Gerichts aufgenommen wird. Nur wenn der beschuldigte Beschwerdeführer nicht auf freiem Fuß ist, kann er die Revision auch auf der Geschäftsstelle des Amtsgerichts seines „Verwahrungsortes" zu Protokoll geben (§ 299 Abs. 1 StPO). Das gilt nicht für andere Revisionsführer (z.B. Nebenkläger), die sich in Haft befinden.[332] Eine bei einem unzuständigen Gericht protokollierte Revisionseinlegung wird erst wirksam, sobald sie beim zuständigen Gericht eingeht und ist deshalb nur rechtzeitig, wenn dies noch innerhalb der Frist geschieht.

172 Dass der Revisionsführer das Protokoll unterzeichnet, ist nicht unerlässlich, aber dringend zu empfehlen, damit die Niederschrift notfalls als schriftliche Revision gelten kann. Auch die Erklärung zum Hauptverhandlungsprotokoll ist wirksam.[333] Eine fernmündliche Erklärung zu Protokoll der Geschäftsstelle ist dagegen nicht möglich. Geschieht sie dennoch, so ist sie als solche unwirksam und kann mangels Feststellung der Identität des Anrufers auch nicht in eine schriftliche Revisionseinlegung umgedeutet werden.

## C. Adressat der Revisionseinlegungsschrift

173 Die Revision ist (anders als im Zivilprozess) bei dem Gericht einzulegen, dessen Urteil angefochten wird, also nicht bei dem Revisionsgericht und nicht bei der Staatsanwaltschaft. Gegen das Urteil einer auswärtigen Strafkammer (§ 78 GVG) kann die Revision entweder bei der Geschäftsstelle dieser Strafkammer oder bei der des Landgerichts eingelegt werden. Wird die Revision bei einer unzuständigen Stelle – etwa beim Revisionsgericht oder bei der Staatsanwaltschaft eingelegt – so kommt es darauf an, ob sie an das zuständige Gericht weitergeleitet wird und dort noch innerhalb der Frist eingeht.[334]

---

**330** LR-*Franke* § 341 StPO, Rn. 6 mwN.

**331** Dazu instruktiv *Krehl* FS Hamm, S. 383.

**332** LR-*Jesse* § 299 StPO, Rn. 6; *Meyer-Goßner/Schmitt* § 299 StPO, Rn. 2.

**333** BGHSt 31, 109 = JR 1983, 383 (m. Anm. *Fezer*); LR-*Franke* § 341 StPO, Rn. 12; KK-*Gericke* § 341 StPO, Rn. 9, der die Revisionserklärung im Sitzungsprotokoll zwar nicht für „angebracht" hält, diese aber für wirksam erachtet, wenn sie auf diesem Wege bereits erfolgt ist.

**334** Vgl. zu dieser Thematik: EGMR, Urt. v. 1.9.2016 – 24062/13 = StV 2017, 769.

Der Begriff des „Eingangs“[335] bedarf der Erläuterung für den Fall der gemeinsamen Briefannahme oder eines gemeinsamen Telefaxgerätes der Justizbehörden oder der Einrichtung eines Nachtbriefkastens. Die Justizverwaltung kann für mehrere Gerichte oder für Gericht und Staatsanwaltschaft eine gemeinsame Briefannahme einrichten, die zuständig ist, Schriftstücke namens einer jeden der ihr angeschlossenen Behörden entgegenzunehmen. Die in einer solchen Briefannahme tätigen Mitarbeiter werden zweckmäßig gleichzeitig zu Urkundsbeamten jeder der ihr angeschlossenen Behörden bestellt. Der rechtzeitige Eingang bei einer solchen Briefannahme wahrt die Frist. Das kann nicht zweifelhaft sein, wenn das Schriftstück an das zuständige Gericht adressiert ist. 174

Der richtigen Adressierung kommt dabei schon deshalb hohe Bedeutung zu, weil Streit darüber besteht, ob die Frist auch dann gewahrt ist, wenn das Schriftstück mit einer unrichtigen Anschrift bei der Briefannahme eingeht. Nach richtiger Ansicht kommt es auf die Anschrift nicht an.[336] Angenommen, eine Revisionsschrift sei an die Staatsanwaltschaft gerichtet, diese leite sie an das zuständige Landgericht weiter, und sie gehe dort noch vor Fristablauf ein, so schadet die falsche Anschrift nichts. Nicht anders verhält es sich, wenn das Schriftstück trotz der falschen Anschrift gleich an den zuständigen Beamten des zuständigen Gerichts kommt; und das ist auch der Mitarbeiter der gemeinsamen Briefannahme. Der Bundesgerichtshof hat zunächst den Eingang in einem Falle als rechtzeitig angesehen, in dem der zuständige Beamte der Briefannahme sich noch innerhalb der Frist entschlossen hatte, das Schriftstück an das zuständige Gericht weiterzuleiten.[337] Aber auf diesen Entschluss kommt es nicht an; es ist auch sonst für die Frage der Fristwahrung gleichgültig, was der zuständige Beamte mit dem Schriftstück macht, nachdem er es entgegengenommen hat. Schon aus der beachtlichen Zahl von Gegenstimmen, insbesondere auch in der Rechtsprechung,[338] ergibt sich aber, wie wichtig es ist, den kurzen Revisionseinlegungsschriftsatz an das Gericht zu adressieren, welches das angefochtene Urteil verkündet hat. 175

Was über die gemeinsame Briefannahmestelle gesagt ist, muss grundsätzlich auch für die Übermittlung durch Telefax an eine gemeinsame Fernschreib- 176

**335** Vgl. hierzu etwa BGH, Beschl. v. 20.10.2011 – 2 StR 405/11 = NStZ-RR 2012, 118.

**336** *Meyer-Goßner/Schmitt* vor § 42 StPO, Rn. 17 mwN; KK-*Maul* § 43 StPO, Rn. 16; s. hierzu auch *Küper* JR 1976, 28, 30, der zumindest in Bezug auf den Einwurf in einen gemeinsamen Nachtbriefkasten mehrerer Gerichte meint, dass das Schriftstück in diesem Fall allen an der Einlaufstelle beteiligten Justizbehörden gleichzeitig zugehe und somit „auch der Behörde, die es angehe“. Anderer Ansicht jedoch verschiedene Oberlandesgerichte, z.B. OLG Frankfurt NJW 1988, 2812; OLG Stuttgart NStZ 1987, 185, 186 (mit abl. Anm. *Maul*); BayObLG NJW 1988, 714.

**337** BGH JR 1953, 430.

**338** Vgl. oben Fn. 336.

stelle der Justizbehörden gelten.[339] Diese gemeinsamen Annahmestellen beruhen ebenso wie die bei zahlreichen Gerichten eingerichteten Nachtbriefkästen, in die bis Mitternacht noch Schriftstücke mit fristwahrender Wirkung eingeworfen werden können, darauf, dass es Gegenstand von Verwaltungsanordnungen sein kann, unter welchen Voraussetzungen ein Schriftstück bei einer Behörde als „eingegangen" anzusehen ist. Schon dadurch, dass im Schriftverkehr der Behörden mit dem rechtssuchenden Publikum und der Anwaltschaft eine Telefaxnummer als gemeinsame Anlaufstelle für mehrere Behörden bezeichnet wird, und dass an dem Nacht- oder „Fristenbriefkasten" verschiedene Behördenbezeichnungen angebracht sind, wird kenntlich gemacht, dass auch nach Geschäftsschluss bis 24.00 Uhr eingehende Schriftstücke dem Einflussbereich einer jeden dieser Behörden zuzurechnen sind.[340]

177 Dies alles wird seine Bedeutung verlieren, wenn im Jahr 2022 die Pflicht zur elektronischen Übermittlung nach § 32d Satz 2 StPO in Kraft tritt. Die dargestellten Probleme können dann nur noch entstehen, wenn die Übermittlung in elektronischer Form „vorübergehend" nicht möglich ist (vgl. § 32d Satz 3 StPO).

**339** BGH wistra 1989, 313 = BGHR StPO § 341 – Schriftform 1.

**340** *Blaese/Wielop*, Förmlichkeiten der Revision, Rn. 152. Zu den Voraussetzungen eines rechtzeitigen Eingangs vgl. auch BVerfG, Beschl. v. 7.4.1976 – 2 BvR 847/75 = BVerfGE 42, 128; *Meyer-Goßner/Schmitt* vor § 42 StPO, Rn. 14; SK-StPO/*Frisch* § 341 StPO, Rn. 27.

# Teil 4: Verzicht, Rücknahme, Beschränkung

## A. Verzicht

### I. Allgemeines zum Rechtsmittelverzicht

Jeder Verfahrensbeteiligte, dem die Revision zusteht, kann auf sie ganz oder teilweise verzichten. Die einfachste Form des Verzichts ist die stillschweigende, indem man schlicht die Revisionseinlegungsfrist verstreichen lässt. Diese der Alltagssprache entsprechende Bedeutung der Ausdrucksweise „auf etwas verzichten" ist aus der strafprozessualen Fachsprache weithin verschwunden, obwohl sie § 302 Abs. 1 StPO auch hier noch als gültig voraussetzt, indem die Vorschrift bestimmt, dass „auch" vor Ablauf der Frist zur Rechtsmitteleinlegung der Verzicht wirksam erfolgen könne. 178

Die beiden Bedeutungen des Wortes „Verzicht" (aktiv oder passiv) lösten lange Zeit sogar unterschiedliche Rechtsfolgen aus, die über die unmittelbaren Auswirkungen des Zeitablaufs zwischen dem Wirksamwerden der aktiven Verzichtserklärung und dem Ende der Revisionseinlegungsfrist hinausgingen: Bis zu seiner Änderung durch das Strafverfahrensänderungsgesetz 1979 erlaubte nämlich § 267 Abs. 4 StPO dem Tatgericht die Abfassung eines „abgekürzten Urteils" nur unter der Voraussetzung, dass alle Rechtsmittelberechtigten auf das Rechtsmittel ausdrücklich (gemeint war: aktiv) verzichtet hatten. Wurde das Urteil durch den Ablauf der Wochenfrist rechtskräftig, musste ein vollständiges Urteil geschrieben werden, ganz so, als müsste es einer revisionsgerichtlichen Überprüfung standhalten.[341] 179

Die jetzt gültige Fassung des § 267 Abs. 4 Satz 1 StPO behandelt den aktiven und den passiven Verzicht gleich. Das ist auch sinnvoll, weil – vom Zeitpunkt abgesehen – beide Formen dieselbe Rechtswirkung erzeugen, nämlich die volle formelle Rechtskraft. 180

Der frühestmögliche Zeitpunkt für den „aktiven" Rechtsmittelverzicht ist bei einem anwesenden Angeklagten die Beendigung der Verkündung des Urteils. Die Rechtsmittelbelehrung braucht noch nicht erteilt zu sein.[342] 181

---

**341** Auf den Gedanken, im Verstreichen-Lassen der Frist auch einen „Verzicht" zu sehen, kam damals niemand. Im Gegenteil: *Kleinknecht* hatte in seinem StPO-Kommentar (z.B. 29. Aufl. 1970, § 267 StPO, Rn. 9) unter Berufung auf die damals 6. Auflage von KMR-*Müller-Sax* § 267 StPO, Rn. 12 eine „analoge Anwendung" für unzulässig erklärt.

**342** SK-StPO/*Frisch* § 302 StPO, Rn. 34 mwN.



https://doi.org/10.1515/9783110444339-005

182 Bei dem in Abwesenheit verurteilten Angeklagten beginnt die Rechtsmittelfrist erst mit der Zustellung des Urteils. Der BGH und ein Teil der Kommentarliteratur[343] wollen den Verzicht durch den in Abwesenheit Verurteilten schon zulassen, bevor er den Inhalt der Entscheidung kennt, wenn er bis dahin etwa aus der Information durch seinen bei der Verkündung anwesenden Verteidiger Gelegenheit hatte, „sich über den Inhalt der verkündeten Urteilsgründe zuverlässig zu unterrichten."[344] Damit würde jedoch die Grenze zwischen wirksamen und unwirksamen Verzichtserklärungen in einer die Bedürfnisse der Rechtssicherheit unerträglich vernachlässigenden Weise verwischt. Nach § 341 Abs. 2 StPO beginnt für den während der Urteilsverkündung nicht anwesenden Angeklagten die Frist zur Einlegung der Revision erst mit der Zustellung des Urteils. Damit kann eine vorher erfolgte Revisionseinlegung erstmals von diesem Zeitpunkt an wirksam werden und deshalb auch erstmals von diesem Zeitpunkt an zurückgenommen werden. Nur auf diese Weise wird er insoweit dem Angeklagten, der bei der Urteilsverkündung zugegen war, gleichgestellt, als diesem durch Bekanntgabe der mündlichen Gründe eine ungefähre Abschätzung seiner Revisionschancen ermöglicht wird.[345]

183 *Karl Peters* hat mit Recht darauf hingewiesen, dass auch der Angeklagte, dessen Urteil in seiner Abwesenheit verkündet wurde, die Möglichkeit haben muss, nicht nur die (ja für das Revisionsverfahren irrelevanten) mündlichen Urteilsgründe zu erfahren, sondern in Kenntnis der einzigen für ihn bestimmten amtlichen Bekanntgabe des Urteilsinhalts seine Entscheidung über die Durchführung des Rechtsmittels zu treffen.[346]

184 Der Verzicht setzt **Verhandlungsfähigkeit** voraus.[347] Der Erklärende muss sich in einem Zustand geistiger Klarheit und Freiheit befinden, so dass er sich auch in einer Hauptverhandlung verteidigen könnte. Er muss insbesondere in der Lage sein, die Bedeutung der abgegebenen Prozesserklärung zu erkennen.[348] Dagegen sind Geschäftsfähigkeit im bürgerlich-rechtlichen Sinne oder

---

**343** *Meyer-Goßner/Schmitt* § 302 StPO, Rn. 14

**344** BGHSt 25, 234 = JR 1974, 249 mit abl. Anm. *Peters*; BGH, Beschl. v. 9.8.1985 – 3 StR 289/85 – bei *Pfeiffer/Miebach* NStZ 1986, 208,Nr. 16).

**345** Vgl. auch SK-StPO/*Frisch* § 302 StPO, Rn. 41 mwN.

**346** *Peters* JR 1974, 250.

**347** BGH, Beschl. v. 19.1.1999 – 4 StR 693/98 = NStZ 1999, 258; KK-*Paul* § 302 StPO, Rn. 2; *Meyer-Goßner/Schmitt* § 302 StPO, Rn. 8a, 23; *Dahs*, Revision, Rn. 42.

**348** KK-*Paul* § 302 StPO, Rn. 2; BGH NStZ 1983, 280; BGH NStZ 1984, 329; BGH NStZ 1994, 181; vgl. aber auch BGH, Beschl. v. 8.2.1995 – 5 StR 434/94 = BGHSt 41, 16 = NJW 1995, 1973 = NStZ 1995, 390 = StV 1995, 421 (mit Anmerkung *Rieß* JR 1995, 473) (Fall Mielke).

die Zustimmung des gesetzlichen Vertreters weder erforderlich noch genügend.[349]

185 Der Verteidiger bedarf zum Verzicht einer ausdrücklichen Ermächtigung. § 302 Abs. 2 StPO, der sich nach seinem Wortlaut nur auf die Zurücknahme eines bereits eingelegten Rechtsmittels bezieht, muss erst recht für den vor Ablauf der Einlegungsfrist erklärten Verzicht gelten.[350] Die Ermächtigung kann auch schon vor dem Urteil (etwa in der Strafprozessvollmacht, was üblich ist) erteilt werden.[351] Eine bestimmte Form ist für die Ermächtigung im Gesetz nicht vorgeschrieben; sie kann also auch mündlich oder fernmündlich erteilt werden. Ebenso formlos kann die Ermächtigung auch widerrufen werden.[352] Über das Bestehen der Ermächtigung zum Zeitpunkt der Erklärung des Verteidigers muss erforderlichenfalls durch Freibeweis eine Klärung herbeigeführt werden. Ein non liquet wirkt sich hier allerdings zugunsten der Rechtskraft aus.[353]

186 Der Verzicht kann nur schriftlich oder zu Protokoll der Geschäftsstelle oder im Anschluss an die Verkündung des Urteils in der Hauptverhandlung[354] erklärt werden, wo freilich zur Voraussetzung gemacht wird, dass nach § 273 Abs. 3 StPO verfahren wird.[355] Wenn die Voraussetzungen des § 273 Abs. 3 StPO erfüllt sind, nimmt der Eintrag im Protokoll auch an der Beweiskraft nach § 274 StPO teil,[356] ohne dass es für den Zeitpunkt seiner Wirksamkeit der Fertigstellung des Protokolls nach § 273 Abs. 4 StPO bedürfte.[357] Der Verzicht muss ausdrücklich, bestimmt, bedingungslos und ohne Vorbehalt erklärt werden. Der Verzichtswille muss zweifelsfrei feststehen; das braucht nicht einmal immer der Fall zu sein, wenn der Angeklagte die Frage des Vorsitzenden bejaht, ob er „das Urteil annehme". Durch die oben beschriebene Änderung des § 267 Abs. 4 StPO durch das StVÄG 1979 hat sich das Problem des „herausgefragten Rechtsmittelverzichts"[358] entschärft. Da sich das Gericht auch dann darauf beschränken darf,

---

**349** *Meyer-Goßner/Schmitt* § 302 StPO, Rn. 23; KK-*Paul* § 302 StPO, Rn. 2.

**350** *Meyer-Goßner/Schmitt* § 302 StPO, Rn. 30.

**351** Vgl. BVerfG, Beschl. v. 25.5.1992 – 2 BvR 566/92 = NJW 1993, 456; BGH, Beschl. v. 2.8.2000 – 3 StR 284/00 = NStZ 2000, 665; BGH, Beschl. v. 7.4.2003 – 5 StR 407/02 = NStZ-RR 2003, 241 und BGH, Beschl. v. 18.11.2003 – 4 StR 454/03 = NStZ-RR 2005, 67 (bei *Becker)*.

**352** RGSt 32, 278; BGHSt 10, 245 = NJW 1957, 1040 = JR 1957, 349 (m. Anm. *Dünnebier*).

**353** KK-*Paul* § 302 StPO, Rn. 23.

**354** KK-*Paul* § 302 StPO, Rn. 9; BGHSt 18, 257 = NJW 1963, 963.

**355** *Meyer-Goßner/Schmitt* § 302 StPO, Rn. 19.

**356** KG, Beschl. v. 24.6.2015 – 5 Ws 78/15 = StraFo 2016, 27.

**357** *Meyer-Goßner/Schmitt* § 302 StPO, Rn. 19; BeckOK-StPO/*Cirener* § 302 StPO, Rn. 4.2 mwN; ausführlich und differenziert auch SK-StPO/*Frisch* § 302 StPO, Rn. 46.

**358** Eindrucksvoll dazu *Dahs* FS Schmidt-Leichner, S. 17.

abgekürzte schriftliche Urteilsgründe zu verfassen, wenn die Rechtsmittelfrist ungenutzt verstreicht oder das Rechtsmittel noch vor Ablauf der Frist zurückgenommen wird, besteht für die Gerichte kein Grund mehr, unmittelbar nach der mündlichen „Eröffnung der Urteilsgründe" (§ 268 Abs. 2 StPO) und der Rechtsmittelbelehrung (§ 35a StPO) auf die Abgabe von Erklärungen hinzuwirken. Auch bei den Gerichten ist inzwischen überwiegend mehr Verständnis für das Bedürfnis des Angeklagten erkennbar, seine Entscheidung nach reiflicher Überlegung zu treffen und die ihm vom Gesetz eingeräumte Frist auszuschöpfen. Dennoch kommt es immer noch relativ häufig vor, dass sich der Bundesgerichtshof mit der Zulässigkeit von Revisionen in Fällen zu befassen hat, in denen ein Angeklagter einen unmittelbar nach der Urteilsverkündung zu Protokoll erklärten[359] Verzicht später nicht mehr gelten lassen will.[360] Dass die Zulässigkeit des Rechtsmittels in diesen Fällen regelmäßig verneint wird, wirkt nicht immer überzeugend. Bisweilen fällt es allerdings auch nicht leicht, den Inhalt widersprüchlicher Erklärungen zu ermitteln, so etwa, wenn ein Angeklagter nach einer Verurteilung u.a. wegen Mordes äußert, das Urteil annehmen zu wollen, gleichzeitig aber erklärt, der Vorsitzende habe „Märchen erzählt", er sei kein Mörder und auf den Hinweis des Vorsitzenden, aus dem Zusatz ergebe sich, dass er mit dem Urteil nicht einverstanden sei, dann im weiteren Verlauf noch hinzufügt, er habe „ja doch keine Chance" und bestehe darauf, das Urteil anzunehmen.[361]

## II. Kein Verzicht nach Verständigung (§ 302 Abs. 1 S. 2 StPO)

187 Durch eine weitere Gesetzesänderung konnten wenigstens diejenigen am Ende der Hauptverhandlung erklärten, aber später bereuten Rechtsmittelverzichte

---

**359** „Erklärt" heißt, dass eine ausdrückliche und unmissverständliche verbale Aussage, dass man auf Rechtsmittel verzichtet, abgegeben und protokolliert werden muss. Ein bloßes Kopfnicken sollte dazu nicht ausreichen; vgl. OLG Hamm, Beschl. v. 22.5.2003 – 3 Ws 188/03 = wistra 2003, 440.

**360** Im Fall BGHR § 302 Abs. 1 S. 1 – Rechtsmittelverzicht 9 berief sich der Angeklagte auf Unwissenheit und mangelnde Beratung durch seinen Verteidiger. Im Fall BGH, Beschl. v. 17.1.1995 – 1 StR 804/94 machte der Angeklagte geltend, er sei „paralysiert" gewesen. Mangels Anhaltspunkten für eine fehlende Verhandlungsfähigkeit (dazu BGH NStZ 1983, 280) und unter Hinweis auf die Unanfechtbarkeit und Unwiderruflichkeit des Rechtsmittelverzichts (BGHR StPO § 302 Abs. 1 S. 1 – Rechtsmittelverzicht 4, 5, 8) verwarf der BGH auch diese Revision als unzulässig.

**361** Vgl. BGH, Beschl. v. 3.7.2018 – 4 StR 227/18 = StraFo 2018, 478.

weitgehend beseitigt werden, die – wie in Zeiten der informellen Urteilsabsprachen so oft – Bestandteil einer vertragsähnlichen Vereinbarung waren. Mit der Einführung des § 257c StPO durch das Verständigungsgesetz wurde gleichzeitig in § 302 Abs. 1 Satz 2 StPO für alle Fälle, in denen dem Urteil eine Verständigung vorausgegangen ist, der Rechtsmittelverzicht „ausgeschlossen". Das bedeutet, dass bereits eine entsprechende Vereinbarung unwirksam und ein gleichwohl erklärter Rechtsmittelverzicht ungültig ist.[362]

Die Vorschrift hat vor dem Hintergrund der ihr vorausgegangenen Bemü- 188
hungen der Rechtsprechung,[363] den mit der Praxis des zur Rechtskraft führenden Deals verbundenen Willensmängeln entgegenzuwirken, sehr unterschiedliche Kritik im Schrifttum erfahren.[364] Sie konzentriert sich vor allem auf den Vorwurf, der Gesetzgeber sei „über das Ziel hinausgeschossen"[365] und habe eine widersprüchliche Regelung getroffen, weil er, ohne dem im Regelverfahren schuldig gesprochenen Angeklagten die Freiheit eines vorzeitigen Verzichts zu nehmen, ausgerechnet den konsensual zufrieden gestellten Angeklagten zwinge, eine Woche bis zur Rechtskraft zu warten.[366]

Die Kritik ist berechtigt, auch wenn die damit jeweils verbundenen Vor- 189
schläge, wie der Gesetzgeber das Problem des voreiligen Verzichts, das in der Tat bei beiden Verfahrenstypen (streitiges oder abgesprochenes Urteil) sehr unterschiedlich ausfallen kann, regeln soll, nicht alle überzeugen. Die Strafrechtsausschüsse der BRAK[367] und des DAV[368] hatten insoweit übereinstimmend vorgeschlagen, allen Angeklagten eine Bedenkzeit von einer Woche zuzugeste-

---

**362** *Meyer-Goßner/Schmitt* § 302 StPO, Rn. 26b. Vgl. hierzu auch BGH, Beschl. v. 24.7.2019 – 3 StR 214/19 = StraFo 2019, 508.

**363** Zuerst durch die Grundsatzentscheidung des 4. Strafsenats (BGH, Urt. v. 28.8.1997 – 4 StR 240/97 = BGHSt 43, 195 Rechtsmittelverzicht nach Urteilsabsprache unwirksam), dann durch die Entscheidung des Großen Strafsenats (BGH, Beschl. v. 3.3.2005 – GSSt 1/04 = BGHSt 50, 40, 60: unwirksam, wenn der den Verzicht Erklärende nicht qualifiziert belehrt worden ist), wobei stets innerhalb des BGH und in der Literatur streitig blieb, welche Folgen ein Verstoß nach sich ziehen sollte. Vgl. die Zusammenstellung im Anfragebeschluss des 3. Strafsenats BGH, Beschl. v. 24.7.2003 – 3 StR 368/02 u.a. = NJW 2003, 3426, 3428; SK-StPO/*Frisch* § 302 StPO, Rn. 32a.

**364** Umfassende Gegenüberstellung bei SK-StPO/*Frisch* § 302 StPO, Rn. 32b.

**365** So noch *Meyer-Goßner/Schmitt*, 60. Aufl. § 302 StPO, Rn. 26c.

**366** *Meyer-Goßner/Schmitt* § 302 StPO, Rn. 26e; *Niemöller* NStZ 2013, 19 („*Der Rechtsmittelverzicht gehört zur Verständigung wie die Butter zum Brot*"); BeckOK-StPO/*Cirener* § 302 StPO, Rn. 22.

**367** Stellungnahme Nr. 25/2005; zugänglich über www.brak.de.

**368** DAV Stellungnahme 46/2006 zum Referentenentwurf eines Gesetzes zur Regelung der Verständigung im Strafverfahren (Stand: 18.5.2006) und eigener Vorschlag für eine gesetzliche Regelung des Verfahrens (StPO-AE); zugänglich über www.anwaltverein.de.

hen und generell einen vorherigen Verzicht auszuschließen.[369] Dies hätte man mit der gesetzlichen Fiktion verbinden können, dass dann auch alle dem schuldig Gesprochenen günstigen Folgewirkungen der Rechtskraft (z.B. Übergang von der U-Haft zur Strafhaft) rückwirkend auf den Tag der Urteilsverkündung datiert würden. Die stattdessen vom Gesetzgeber vorgenommene Differenzierung muss man ebenso wie die sonstigen Inhalte des Verständigungsgesetzes nicht gelungen finden. Aber sie sind jetzt geltendes Recht und sollten in der Praxis auch (mit der vom Bundesverfassungsgericht postulierten Formenstrenge[370]) eingehalten und nicht zum Anlass für neue Umgehungsformen genommen werden. Leider sind auch insoweit bisweilen in manchen Entscheidungen des BGH Tendenzen zu einer nachsichtigen Behandlung erkennbar.[371]

190 Das gilt im hiesigen Zusammenhang besonders für den Trick, mit dem unter Billigung des 1. Strafsenats[372] das Verbot des Rechtsmittelverzichts damit umgangen wird, dass zuerst gleich nach der Urteilsverkündung Revision eingelegt, diese dann aber alsbald wieder zurückgenommen wird.[373] Eine Strafjustiz, die z.B. im Steuer- und im Wirtschaftsstrafrecht gerne den Angeklagten vorhält, dass eine Gesetzesumgehung einem Gesetzesbruch gleichstehen kann, sollte sich für derartige Manöver zu schade sein. Und auch die Strafverteidiger täten besser daran, bereits vor dem „Quasi-Vertragsschluss" nach § 257c StPO und auch nach dessen „Erfüllung" durch ein akzeptables Urteil, den Mandanten den Sinn der gesetzlichen Vorsorge gegen einen übereilten Verzicht auf prozessuale Rechte zu erklären.

## III. Teilverzicht

191 Die Möglichkeit eines nur teilweisen Verzichts ist streng zu unterscheiden von der noch weiter unten zu behandelnden beschränkten Einlegung eines Rechtsmittels.[374] Die zunächst etwas rabulistisch klingende Differenzierung hat durch-

---

**369** Der Strafrechtsausschuss der BRAK hatte eine Ausnahme für nicht auf einer Urteilsabsprache beruhende Urteile des Strafrichters vorgesehen (Stellungnahme 25/2005).

**370** BVerfG, Urt. v. 19.3.2013 – 2 BvR 2628/10 = BVerfGE 133, 168.

**371** Treffend in diesem Sinne die Anmerkung von *Norouzi* zu BGH, Beschl. v. 24.9.2013 – 2 StR 267/13 = BGHSt 59, 21 in NJW 2014, 874.

**372** BGH, Beschl. v. 14.4.2010 – 1 StR 64/10 = BGHSt 55, 82 = NJW 2010, 2294 = NStZ 2010, 409 m. krit. Anm. *Niemöller* NStZ 2011, 110.

**373** Ablehnend auch *Malek* StraFo 2010, 251; *Niemöller* StV 2010, 474 und *ders.* in *Niemöller/Schlothauer/Weider* Gesetz zur Verständigung im Strafverfahren, Teil B, § 302 StPO, Rn. 16.

**374** Siehe Rn. 202 ff.

aus eine praktische Bedeutung. Wollte man nämlich die ausdrücklich nur auf einen Teil des Urteils beschränkte Einlegung des Rechtsmittels als Verzicht bezüglich des Restes deuten, so hieße das, dass damit insoweit gleichzeitig Teilrechtskraft eingetreten wäre. Kommt der Teilanfechtung aber keine Verzichtswirkung zu, dann hat das zur Folge, dass die beschränkt eingelegte Revision bis zum Ende der Revisionseinlegungsfrist noch erweitert werden kann.[375] Eine weitere praktische Folge des Unterschiedes liegt darin, dass die Verteidigung die beschränkte Einlegung des Rechtsmittels ohne die besondere Ermächtigung nach § 302 Abs. 2 StPO wirksam erklären kann.[376] Entgegen einer zunächst übernommenen Rechtsprechung des Reichsgerichts lässt es der BGH inzwischen zu, dass eine zunächst vom Verteidiger ohne jede weitere Erklärung eingelegte Revision später im Rahmen der Revisionsbegründung dahingehend „konkretisiert" wird, dass das Urteil nur in beschränktem Umfang angefochten werden soll.[377]

Der wirksam erklärte Verzicht kann weder angefochten noch zurückge- 192
nommen werden. Er wirkt damit „stärker" als der Fristablauf, denn er macht eine Wiedereinsetzung unmöglich. Geht jedoch die nach dem Verzicht abgesandte Rechtsmittelerklärung vor dem Verzicht bei Gericht ein, so geht dieser ins Leere und kann jedenfalls solange keine Wirkung mehr entfalten, bis der Rechtsmittelberechtigte klargestellt hat, dass eine Rücknahme gemeint war.

## B. Rücknahme

Der Sache nach handelt es sich auch bei der Revisionsrücknahme um einen ab 193
dem Zeitpunkt ihres Eingangs bei Gericht geltenden Verzicht. Sie setzt freilich eine vorherige Einlegung des Rechtsmittels voraus. Eine vor Ablauf der Einlegungsfrist erklärte Rücknahme erzeugt im Gegensatz zum Verzicht noch keine Rechtskraft, denn sie versetzt das Verfahren lediglich in den Stand zurück, in dem es sich vor der (ersten) Rechtsmitteleinlegung befand, sodass nichts dage-

**375** BGH, Beschl. v. 27.10.1992 – 5 StR 517/92 = BGHSt 38, 366 = NJW 1993, 476 = StV 1993, 396 (m. Anm. *Stree* JZ 1993, 476).

**376** SK-StPO/*Frisch* § 302 StPO, Rn. 8.

**377** BGH, Beschl. v. 13.6.1991 – 4 StR 105/91 = BGHSt 38, 4 = NJW 1991, 3162 = StV 1992, 7. Darauf beruft sich auch BGH, Beschl. v. 6.12.2017 – 4 StR 533/17 mit der Folge, dass die Revision als unzulässig verworfen wurde, weil der dann noch verbliebene Teil der Anfechtung keine Beschwer betraf. Zustimmend SK-StPO/*Frisch* § 302 StPO, Rn. 10.

gen spricht, bis zum Fristablauf erneut Revision (oder auch gegen ein berufungsfähiges Urteil ein unbestimmtes Rechtsmittel) einzulegen.

194 Die Rücknahme ist an dieselben **Formvoraussetzungen** gebunden wie die Einlegung der Revision.[378] Sie muss also schriftlich erklärt werden, was nicht unbedingt heißt, dass eine eigenhändig unterschriebene Urkunde vorliegen muss.[379]

195 Eine telefonische Rücknahmeerklärung reicht nach einer zwar bestrittenen, aber zutreffenden Auffassung nicht aus. Sie ist auch dann als unbeachtlich anzusehen, wenn der den Anruf entgegennehmende Geschäftsstellenbeamte oder auch Richter darüber eine Aktennotiz anfertigt.[380] Denn wie schon bei der Rechtsmitteleinlegung muss ein schriftliches Dokument vorliegen, das vom Erklärenden selbst stammt, weil bei der (fern-)mündlichen Übermittlung die Identität des Anrufers kaum zu überprüfen wäre. Freilich sollte ein solcher Vorgang zu einem Hinweis und einer Rückfrage führen, sodass alsbald auf dem kürzesten schriftlichen Weg die gewünschte Rechtskraftwirkung formgerecht hergestellt werden kann.

196 Auch die Rücknahme einer Revision muss eindeutig und zweifelsfrei erklärt werden, um Wirksamkeit zu erlangen.[381] Als Prozesshandlung ist sie ebenso wie der Verzicht bedingungsfeindlich.[382] Davon macht die Rechtsprechung eine Ausnahme bei reinen Rechtsbedingungen.[383] Wenn also z.B. die Rücknahme

---

**378** *Meyer-Goßner/Schmitt* § 302 StPO, Rn. 7; BeckOK-StPO/*Cirener* § 302 StPO, Rn. 4; BGH, Beschl. v. 20.9.2007 – 4 StR 297/07 = NStZ 2009, 51; KG, Beschl. v. 9.12.2014 – 2 Ws 7/15 = NStZ 2015, 236 m. Anm. *Knauer/Pretsch*.

**379** SK-StPO/*Frisch* § 302 StPO, Rn. 43.

**380** OLG Stuttgart NJW 1982, 1472; HansOLG Hamburg MDR 1981, 424, das eine fernmündliche Revisionsrücknahme bei der Geschäftsstelle unter bestimmten Bedingungen für zulässig halten würde; OLG Karlsruhe Justiz 1986, 307; siehe auch BGHSt 30, 64, 67ff. mwN = NJW 1981, 1627 im Falle einer telefonischen Berufungseinlegung durch die StA. Zum Meinungsstand SK-StPO/*Frisch* § 302 StPO, Rn. 45.

**381** Vgl. BGH, Beschl. v. 17.7.2019 – 4 StR 85/19 = NStZ 2019, 692; BGH, Beschl. v. 3.11.2011 – 2 StR 353/11; BGH, Beschl. v. 5.10.2016 – 3 StR 311/16, Rn. 2 (insoweit nicht in NStZ 2017, 298 abgedruckt); LR-*Jesse* § 302 StPO, Rn. 21; KK-*Paul* § 302 StPO, Rn. 11. S. ergänzend auch BGH, Beschl. v. 8.10.2019 – 1 StR 327/19 (Voraussetzungen der Rücknahme bei einem Angeklagten, der unter Betreuung stand) und BGH, Beschl. v. 17.10.2017 – 2 StR 410/17.

**382** Vgl. BGHSt 5, 183; BGH, Beschl. v. 27.4.2001 – 3 StR 502/99 = NStZ-RR 2002, 97, 101 (bei *Becker* Nr. 43 und 44) (Nachträgliche Feststellung der Unzulässigkeit einer Revision, auf die der Senat bereits zuvor den Rechtsfolgenausspruch durch – nunmehr als gegenstandslos erklärten – Beschl. v. 2.8.2000 nach § 349 Abs. 2, 4 StPO aufgehoben hatte).

**383** Radtke/Hohmann/*Radtke* § 302 StPO, Rn. 6; SK-StPO/*Frisch* § 302 StPO, Rn. 16; *Meyer-Goßner/Schmitt* Einl., Rn. 118 und *Meyer-Goßner/Schmitt* vor § 296 StPO, Rn. 5 jeweils mwN.

lediglich für den Fall erklärt wird, dass die zuvor erfolgte Einlegung der Revision nicht aus anderen Gründen bereits unwirksam sein sollte, so ist das keine Bedingung, sondern eine rechtliche Selbstverständlichkeit. Auch die mit der (eindeutigen) Rücknahmeerklärung verbundene Mitteilung des dafür ausschlaggebenden Motivs[384] ändert nichts an der Rechtswirkung. Verbindet der Angeklagte seine Erklärung, die Revision zurückziehen zu wollen, lediglich mit einer von dem Adressaten gar nicht erfüllbaren Bitte, z.B. baldmöglichst eine Therapie antreten zu können, liegt darin keine eindeutige Rücknahme. In allen Fällen, in denen nach Auslegung der Erklärung zweifelhaft bleibt, ob die Rücknahme unabhängig von sie begleitenden Erläuterungen sofort wirksam werden soll, kann sie weder materielle Rechtskraft noch auch nur die Unanfechtbarkeit bewirken.

Zurücknehmen kann die Revision grundsätzlich nur, wer sie eingelegt hat. 197
Der Angeklagte kann die vom Verteidiger eingelegte Revision auch dann selbst zurücknehmen, wenn dieser dazu gemäß § 302 Abs. 2 StPO ausdrücklich ermächtigt wurde. Erst recht kann der Angeklagte die von ihm selbst eingelegte Revision zurücknehmen. Bei der Frage, ob ein Rechtsmittel des Angeklagten durchgeführt wird, ist die ansonsten uneinheitlich beantwortete Frage nach dem Weisungsverhältnis zwischen Verteidiger und Mandant[385] also eindeutig im Sinne einer absoluten Dominanz des Angeklagten geregelt (§§ 297, 302 Abs. 2 StPO). Diese klare Regelung des Gesetzgebers besagt aber noch nichts darüber, ob der konkret mandatierte Verteidiger auch im Konfliktfall gezwungen wäre, eine Revision gegen seine Überzeugung von der Aussichtslosigkeit selbst zu vertreten. Dagegen spricht die in § 345 Abs. 2 StPO festgelegte gesetzliche Anforderung an die Revisionsbegründungsschrift, für deren Inhalt ein Rechtsanwalt durch seine eigenhändige Unterschrift die volle Verantwortung zu übernehmen hat.[386] Zu einer solchen Verantwortungsübernahme kann der Verteidiger nicht gezwungen sein, wenn er Inhalte für falsch oder auch nur für ungeschickt hält. Ist ein solcher Konflikt nicht überbrückbar, muss er von seinem Kündigungsrecht nach § 627 BGB so rechtzeitig Gebrauch machen, dass

384 Vgl. BGH, Beschl. v. 3.11.2011 – 2 StR 353/11 („Nach reiflicher Überlegung stelle ich immer mehr fest, dass ich die Revision zurück ziehen und so schnell wie möglich die Therapie § 64 antreten möchte …"). Zur Frage, inwieweit ein Irrtum zur Unwirksamkeit der Rücknahme führen kann, vgl. BGH, Beschl. v. 10.7.2019 – 2 StR 181/19 = NStZ-RR 2019, 351. Zur Frage der Widerrufbarkeit der dem Verteidiger erteilten Ermächtigung zur Rücknahme, vgl. BGH, Beschl. v. 6.12.2016 – 4 StR 558/16 = NStZ-RR 2017, 185.

385 Vgl. dazu umfassend LR-*Jahn* vor § 137 StPO, Rn. 49 ff.

386 Dazu nur *Meyer-Goßner/Schmitt* § 345 StPO, Rn. 16.

der Mandant noch Zeit genug hat, sich nach einem anderen Verteidiger umzusehen.

198 Hat die Staatsanwaltschaft Revision zugunsten des Angeklagten eingelegt, was nur selten vorkommt,[387] so bedarf sie zur Rücknahme seiner Zustimmung (§ 302 Abs. 1 S. 3 StPO). Auch diese Zustimmung muss ausdrücklich und unmissverständlich erklärt und dokumentiert werden, ist im Übrigen aber nicht an eine bestimmte Form gebunden. Dies darf aber nicht etwa zu dem Fehlschluss verleiten, dass in dem schweigenden „Gewährenlassen" durch den Angeklagten bereits die konkludente Zustimmung gesehen werden dürfte.[388]

199 Auch der Vorgesetzte des Staatsanwalts kann die vom Sachbearbeiter eingelegte Revision zurücknehmen. Das gilt für die gesamte Hierarchie der Landes-Staatsanwaltschaften, die nach oben beim jeweils für den Gerichtsbezirk zuständigen Generalstaatsanwalt endet.[389] Der Generalbundesanwalt ist den Staatsanwaltschaften der Länder nicht vorgesetzt (§ 147 GVG) und daher zur Rücknahme von deren Rechtsmitteln nicht befugt. Dessen ungeachtet ist er allerdings in der Frage, ob er die Revision gegenüber dem Revisionsgericht „vertritt", sich also die Ziele und Begründung der Revision zu eigen macht, völlig frei.[390] Diese Unabhängigkeit entspricht auch der Praxis, die sich darin ausdrückt, dass manchmal die Bundesanwaltschaft auch die Verwerfung der staatsanwaltschaftlichen Revision beantragt.[391]

200 Wie der Verzicht, so muss auch die Rücknahme ausdrücklich erklärt werden, um wirksam zu sein. Eine Rücknahme liegt nicht schon darin, dass ein abtrennbarer Teil der Revision nicht begründet wird. Vielmehr ist die Revision dann zu diesem Teil mangels Begründung unzulässig, wenn sich nicht einmal die Sachrüge darauf bezieht. Der Antrag, das Rechtsmittel als gegenstandslos zu betrachten, ist ebenfalls nicht ohne Weiteres als Rücknahme aufzufassen, weil an die Eindeutigkeit der Erklärung zum Schutze des Erklärenden wegen der Unwiderruflichkeit strenge Anforderungen zu stellen sind, und der Wille, eben diese Endgültigkeit herbeizuführen, unmissverständlich zum Ausdruck gebracht

**387** Vgl. *Rieß* FS Sarstedt, S. 253, 287.

**388** *Meyer-Goßner/Schmitt* § 302 StPO, Rn. 27.

**389** Die Generalstaatsanwaltschaft beim OLG prüft jede von einer ihr nachgeordneten Staatsanwaltschaft eingelegte und begründete Revision auch auf ihre Sinnhaftigkeit und nimmt bei deren Verneinung die Revision entweder selbst zurück oder weist die Staatsanwaltschaft an, die Rücknahme zu erklären (Nr. 168 RiStBV).

**390** LR-*Jesse* § 302 StPO, Rn. 82; SK-StPO/*Frisch* § 302 StPO, Rn. 61.

**391** Was sogar auf einen Beschluss nach § 349 Abs. 2 StPO gerichtet sein kann, *Meyer-Goßner/Schmitt* § 349 StPO, Rn. 8.

worden sein muss.[392] Sind die Akten bereits an das Revisionsgericht abgegeben, so ist die Rücknahme diesem gegenüber zu erklären.[393] Geht sie hier erst nach der Entscheidung ein, so bleibt es bei der Entscheidung.[394] Nach Beginn der Hauptverhandlung vor dem Revisionsgericht kann die Revision nur noch mit Zustimmung des Gegners zurückgenommen werden (§ 303 StPO). Maßgebend ist dabei die erste Hauptverhandlung.[395] Auch zu dieser Zustimmung bedarf der Verteidiger der ausdrücklichen Ermächtigung nach § 302 Abs. 2 StPO.[396]

Auch eine unzulässige Revision kann wirksam zurückgenommen werden.[397] 201

## C. Beschränkung der Revision

Dass ein mit der Revision anfechtbares Urteil auch nur in bestimmten Be- 202
schwerdepunkten angefochten werden kann, ist, anders als bei der Berufung (§ 318 Satz 1 StPO), nicht ausdrücklich geregelt, sondern folgt nur mittelbar aus der Formulierung in § 344 Abs. 1 StPO, wonach der Beschwerdeführer bei der Revisionsbegründung „anzugeben (hat), *inwieweit* er das Urteil anfechte und dessen Aufhebung beantrage (Revisionsanträge)“. Daraus und schließlich auch aus § 352 Abs. 1 StPO folgert einigermaßen zwingend die Rechtsprechung, dass eine auch zunächst unbegrenzt eingelegte Revision im Zuge ihrer Begründung auf abtrennbare Teile des Urteils reduziert werden kann, was – wie oben bereits ausgeführt[398] – nicht als Teilrücknahme gewertet wird,[399] mit der Folge, dass dafür die Verteidigung auch nicht die nach § 302 Abs. 2 StPO für Verzicht und Rücknahme erforderliche besondere Ermächtigung benötigt.

Dass man erst anlässlich der Arbeit an der Revisionsbegründung festlegen 203
muss, welche Teile man unangefochten lassen kann, ist deshalb sinnvoll, weil

392 LR-*Jesse* § 302 StPO, Rn. 23.

393 BGH, Beschl. v. 10.9.1991 – 2 StR 326/91 = NStZ 1992, 225 (*Kusch*); BGH, Beschl. v. 12.10.2004 – 5 StR 181/04; KK-*Paul* § 302 StPO, Rn. 14.

394 BGH JZ 1951, 791 (Ls.); BGH, Beschl. v. 12.10.2004 – 5 StR 181/04; HansOLG MDR 1983, 154; OLG Karlsruhe Justiz 1981, 447; OLG Köln JR 1976, 514 m. Anm. *Meyer*.

395 Vgl. *Rieß* JR 1986, 441; KK-*Paul* § 303 StPO, Rn. 2.

396 Anderer Ansicht offenbar KK-*Paul* § 303 StPO, Rn. 3 (danach soll die Vollmacht ausreichen, wenn der Angeklagte nicht in der Hauptverhandlung anwesend ist); so auch LR-*Jesse*, 26. Aufl., § 303 StPO, Rn. 7 unter Hinweis auf die noch von *Gollwitzer* in der 24. Auflage vertretene Auffassung.

397 BGH, Beschl. v. 16.12.1994 – 2 StR 461/94 = NStZ 1995, 356 m. Anm. *Ehrlicher*.

398 S. oben Rn. 191 ff.

399 BGH, Beschl. v. 13.6.1991 – 4 StR 105/91 = BGHSt 38, 4 = NJW 1991, 3162 = StV 1992, 7.

dies das Stadium ist, in dem der Revisionsführer die für die Erfolgsaussichten maßgeblichen schriftlichen Urteilsgründe kennt. Daraus könnte man folgern, dass es bis zum Lauf der Revisionsbegründungsfrist auch noch keinen Teilverzicht und keine Teilrücknahme des Rechtsmittels geben dürfe. Andererseits enthält die StPO – wie oben bereits ausgeführt – kein Verbot, eine Revisionsbegründung auch schon vor Zustellung des Urteils abzugeben. Wer beispielsweise zu einer ihm vorgeworfenen Tat ein Geständnis abgelegt hat und insoweit auch zu dem von ihm selbst erhofften milden Strafmaß verurteilt wurde, kann sich auch in Unkenntnis der vielleicht später noch so anfechtbaren Gründe durchaus schon alsbald nach der Urteilsverkündung entschließen, diesen Teil der tatrichterlichen Entscheidung zu akzeptieren, auch wenn er die Verurteilung wegen einer weiteren eigenständigen Tat, die er in der Hauptverhandlung bestritten hatte, mit der Revision anfechten will. Deshalb spricht nichts dagegen, in solchen Fällen einen Teilverzicht schon während der Revisionseinlegungsfrist und auch bis zum Lauf der Revisionsbegründungsfrist zuzulassen. Allerdings wäre es mit dem Sinn und Zweck des § 302 Abs. 2 StPO unvereinbar, wollte man dem Verteidiger in diesem Stadium des Verfahrens einen ausdrücklichen Teilverzicht oder eine Teilrücknahme ohne die besondere Ermächtigung durch den Mandanten gestatten.

**204** Der Verteidiger, der eine Revisionsbegründung bearbeitet und dabei erkennt, dass das Rechtsmittel nur bezogen auf bestimmte Beschwerdepunkte aussichtsreich erscheint, ist somit auch ohne besondere Ermächtigung des Mandanten befugt, eine Konkretisierung des Anfechtungszwecks vorzunehmen. Diese hohe Verantwortung steht im Einklang mit der besonderen Stellung des Verteidigers im Zusammenhang mit der Aufgabe der Revisionsbegründung. Die Revisionsbegründungsschrift ist – abgesehen von dem praktisch nur selten vorkommenden Fall der Protokollierung durch die Geschäftsstelle – überhaupt nur wirksam, wenn eine „von dem Verteidiger oder einem Rechtsanwalt unterzeichnete Schrift" (§ 345 Abs. 2 StPO) abgegeben wird. Damit soll gewährleistet werden, dass die dem Revisionsgericht obliegende rechtliche Überprüfung durch eine rechtliche „Vorprüfung" eines möglichst mit Strafrecht und Strafverfahrensrecht vertrauten Juristen, der auch für den gesamten Inhalt der Schrift die Verantwortung übernehmen muss,[400] vorbereitet und auf die kritischen Punkte hin gelenkt wird.

**205** Bei alldem und der Letztverantwortung des Mandanten für die Frage des „Ob" der Revision und der Letztverantwortung des Verteidigers für das „Inwie-

---

**400** Allgemeine Meinung, vgl. nur LR-*Franke* § 345 StPO, Rn. 21; KK-*Gericke* § 345 StPO, Rn. 15; BGH, Beschl. v. 17.11.1999 – 3 StR 385/99 = NStZ 2000, 211.

weit“ und das „Wie“ sollte es sich aber als Grundlage des Mandats- und Vertrauensverhältnisses von selbst verstehen, dass der Verteidiger jeden Schritt und insbesondere jede Reduktion der Wahrnehmung gegebener Anfechtungsrechte im Einvernehmen mit dem Mandanten nach dessen vollständiger Information über die Chancen und Risiken trifft. Aber das betrifft die Interna des Mandatsverhältnisses, während die Vollmacht und die besondere Ermächtigung nach § 302 Abs. 2 StPO gegenüber den Justizorganen im Zweifel offenzulegen sind.

Die Revision kann nicht auf beliebige, sondern nur auf „abtrennbare“ Teile des Urteils beschränkt werden.[401] Abtrennbar ist ein Teil des Urteils, sofern er ohne Nachprüfung des Restes selbständig und für sich alleine rechtlich beurteilt werden kann und wenn der verbleibende, also der nicht angefochtene Teil des Urteils selbständig in Rechtskraft erwachsen kann. Hängt in irgendeiner Weise der logische Bestand des nicht angegriffenen Teils noch von der Richtigkeit oder Unrichtigkeit des angegriffenen Teils ab, so ist die Beschränkung nicht wirksam.[402] So leuchtet es ohne Weiteres ein, dass man zum Beispiel einen Schuld- und Strafausspruch wegen Steuerhinterziehung unangefochten lassen kann, während der im selben Urteil festgestellte und mit einer hohen Strafe belegte Schuld- und Strafausspruch wegen einer Gefährdung des Straßenverkehrs zum Gegenstand einer revisionsgerichtlichen Überprüfung gemacht wird. Das gilt auch für den Fall der Bildung einer Gesamtstrafe. Dann wird eben nur die Einzelstrafe nach § 370 AO rechtskräftig und die Bildung einer neuen Gesamtstrafe im Falle eines neuen Schuldspruchs hinsichtlich des Verkehrsdelikts bleibt der Entscheidung nach § 55 StGB vorbehalten. 206

Ebenso sehr leuchtet ein, dass man nicht den Schuldspruch angreifen und den Strafausspruch bestehen lassen kann.[403] Aber damit, dass der umgekehrte Fall, nämlich die („horizontale“) Teilrechtskraftfähigkeit des Schuldspruchs bei noch im Rechtsmittelverfahren erneut zu prüfendem Rechtsfolgenausspruch allgemein in der Praxis anerkannt wird, ist ein Problem angesprochen, das sich jedenfalls aus dem Gesetz nicht lösen lässt: Sind die „Schuld dem Grunde nach“ und „die Schuld“, die für die Strafzumessung nach § 46 Abs.1 Satz 1 StGB maß- 207

**401** Im so formulierten Grundsatz einhellige Auffassung in der Rechtsprechung seit BGHSt 10, 100 = NJW 1956, 680; s. auch BGHSt 27, 70 = NJW 1977, 442; BGH, Urt. v. 9.11.1993 – 5 StR 539/93 = BGHSt 39, 390 = NJW 1994, 1015 = StV 1994, 284.

**402** Dazu bereits eingehend *Beling* GA Band 63 (1916/17), 172; zum Ganzen: LR-*Franke* § 344 StPO, Rn. 14 ff.

**403** KK-*Gericke* § 344 StPO, Rn. 9 f.; BGH, Beschl. v. 26.9.2019 – 5 StR 206/19 = BGHSt 64, 209 = NJW 2020, 253.

geblich sein soll, in den tatsächlichen (Beweis-)Anforderungen wirklich so voneinander trennbar, dass die Feststellungen zum einen bei noch offenen Feststellungen zum anderen rechtskräftig und für das weitere Teilverfahren bindend sein können? *Grünwald* hat das in seiner grundlegenden Arbeit über die Teilrechtskraft[404] mit einer dogmatisch kaum widerlegbaren Argumentation verneint.[405] Die Rechtsprechung hat sich im Wesentlichen aus pragmatischen Erwägungen und insbesondere zur Rettung der ressourcensparenden Möglichkeit der horizontalen Teilaufhebung von Urteilen nur im Strafausspruch dafür entschieden, die Trennbarkeit im Grundsatz zu bejahen. Danach soll der **Rechtsfolgenausspruch** dann einer gesonderten rechtlichen Prüfung zugänglich sein, wenn nicht im Einzelfall besondere Umstände vorliegen, aus denen sich ausnahmsweise eine untrennbare Verknüpfung der Erörterungen zur Schuld- und Straffrage ergibt.[406] Eine solche Verbindung könne etwa bestehen, wenn der Grad der *Schuldfähigkeit* des Angeklagten zweifelhaft ist und einer neuen Prüfung bedarf[407]; sie bestehe aber nicht in jedem Fall einer bloßen Einschränkung der Schuldfähigkeit.

208 Schwierigkeiten treten oft auf, wenn mit der auf den Strafausspruch beschränkten Revision zugleich der Schuldumfang angegriffen wird oder wenn sich das Rechtsmittel gegen die Annahme straferhöhender oder strafmindernder Umstände richtet. In beiden Fällen wird in aller Regel der Schuldspruch erfasst, wenn die Umstände, die den Schuldumfang betreffen oder den Schuldgehalt qualifizieren, in Merkmalen der Tat selbst begründet sind, während bei Umständen, die äußerlich zu der Tat hinzutreten oder in besonderen Eigenschaften oder Verhältnissen des Täters liegen (vgl. etwa § 213 StGB), die Rechtsmittelbeschränkung wirksam ist.[408] Auf die genaue Prüfung des Einzelfalls kann aber auch hier nicht verzichtet werden. Eine wirksame Beschränkung der Revision auf den Rechtsfolgenausspruch setzt im Übrigen auch die **Tragfähigkeit des Schuldspruchs** voraus. Daran fehlt es z.B. wenn der Schuldspruch

404 *Grünwald*, Die Teilrechtskraft im Strafverfahren, passim.

405 Ebenso *Eb. Schmidt*, Lehrkommentar, § 318 StPO, Rn. 5 ff. und § 344 StPO, Rn. 5; *Peters*, Strafprozess, S. 474; vgl. auch *Henkel*, Strafverfahrensrecht, S. 393.

406 Vgl. BGHSt 33, 59 = NJW 1985, 1089; BGH, Beschl. v. 10.1.2001 – 2 StR 500/00 = BGHSt 46, 257, 259 = NJW 2001, 1435, 1436; vgl. auch BGH, Urt. v. 14.7.1993 – 3 StR 208/93 = NStZ 1994, 47 (besonders schwerer Fall der Untreue), BGH, Urt. v. 21.12.1993 – 5 StR 683/93 = NStZ 1994, 198 (besonders schwerer Fall des Betruges).

407 BGH, Beschl. v. 10.1.2001 – 2 StR 500/00 = BGHSt 46, 257, 259 f; BGH, Beschl. v. 20.9.2002 – 2 StR 335/02 = NStZ-RR 2003, 18.

408 So wörtlich KK-*Gericke* § 344 StPO, Rn. 10.

an offensichtlichen sachlichen Mängeln leidet, etwa auf widersprüchliche Feststellungen zum Tatgeschehen gestützt ist.[409]

Das Problem der doppelrelevanten, d.h. für die Strafzumessung und den Schuldgehalt zu berücksichtigenden, Tatsachen[410] und ihrer Bedeutung bei Anwendung der Trennbarkeitsformel[411] ist letztlich nur pragmatisch von Fall zu Fall lösbar und stößt auch dann noch auf das Bedenken, dass es ja eigentlich in die Domäne des Tatrichters gehört, wenn die Revisionsgerichte ihre eigenen „Relevanzüberlegungen" bei der Zeichnung einer Trennlinie so einsetzen, dass möglichst wenig Rechtsverlust für die Revisionsführer entsteht. 209

Ähnliche kaum jemals generell zu beantwortende Fragen stellen sich, wenn es um die abtrennbaren Einzelaspekte innerhalb des Rechtsfolgenausspruchs geht. Das Unterbleiben von **Unterbringungsanordnungen** nach den §§ 63, 64 StGB kann der Angeklagte idR von seinem Rechtsmittelangriff ausnehmen.[412] Die Herausnahme der Nichtanordnung der Unterbringung nach § 64 StGB soll andererseits wiederum nicht möglich sein bei gleichzeitig angefochtener Unterbringung nach § 63 StGB.[413] Zur weiter ausdifferenzierten nicht immer einheitlichen Rechtsprechung zur Abtrennbarkeit einzelner Urteilsteile muss hier auf die Kommentarliteratur verwiesen werden.[414] 210

Da das Revisionsgericht stets von Amts wegen und auch ohne entsprechende Verfahrensrüge zu prüfen hat, ob alle Verfahrensvoraussetzungen gegeben sind und ob keine Verfahrenshindernisse vorliegen, kann die Revision nicht in der Weise beschränkt werden, dass diese Nachprüfung (hinsichtlich eines überhaupt angegriffenen Teils) ausgeschlossen würde.[415] Denn hier handelt es 211

---

**409** KK-*Gericke* § 344 StPO, Rn. 10 mwN. An einer tragfähigen Grundlage fehlt es auch, wenn das Berufungsgericht keine eigenständigen Feststellungen zum Tatvorwurf getroffen hat, weil es irrtümlich von einer Beschränkung der Berufung auf den Strafausspruch ausgegangen ist (vgl. BGH, Beschl. v. 26.9.2019 – 5 StR 206/19 = BGHSt 64, 209 = NJW 2020, 253).

**410** Dazu LR-*Gössel* § 318 StPO, Rn. 67.

**411** LR-*Franke* § 344 StPO, Rn. 15 insbesondere auch unter Geltung des Postulats der Widerspruchsfreiheit Rn. 16.

**412** KK-*Gericke* § 344 StPO, Rn. 11; BGH, Urt. v. 7.10.1992 – 2 StR 374/92 = BGHSt 38, 362 = NJW 1993, 477; vgl. aber auch BGH, Beschl. v. 24.9.2013 – 2 StR 397/13 = NStZ-RR 2014, 58; BGH, Beschl. v. 19.1.2010 – 4 StR 504/09 = NStZ-RR 2010, 171 (Unwirksamkeit der Beschränkung bei gleichzeitiger Anfechtung des Schuldspruchs, weil die Feststellung der Symptomtat unabdingbare Voraussetzung der Anordnung sei); s. auch BGH, Beschl. v. 13.2.2009 – 2 StR 509/08 = NStZ-RR 2009, 170.

**413** BGH, Beschl. v. 13.2.2009 – 2 StR 509/08 = NStZ-RR 2009, 170.

**414** KK-*Gericke* § 344 StPO, Rn. 11 f.; LR-*Franke* § 344 StPO, Rn. 50 ff.

**415** *Eb. Schmidt*, Lehrkommentar, § 318 StPO, Rn. 51; KK-*Gericke* § 344 StPO, Rn. 23; in BGH, Urt. v. 4.12.2001 – 1 StR 428/01 = NStZ 2002, 198 hat der Senat den verjährten Teil der 96 selb-

sich in der Regel nicht nur um die Frage, ob der Vorderrichter einen Verstoß begangen hat, sondern zunächst einmal darum, ob das Revisionsgericht selbst in der Sache vorgehen darf. Bezieht sich der Schuldspruch auf ein Antragsdelikt und wird die Revision auf das Strafmaß beschränkt, so hat das Revisionsgericht beim Fehlen eines ordnungsgemäßen Strafantrages das Verfahren einzustellen.[416] Ist dagegen der Schuldspruch wegen eines **Offizialdelikts** dadurch rechtskräftig geworden, dass die Revision auf das Strafmaß beschränkt wurde, so hat das Revisionsgericht nicht nachzuprüfen, ob der Schuldspruch nach richtiger Ansicht nur wegen eines anderen, nämlich eines Antragsdelikts, hätte ergehen dürfen.

212 Ob die Revision umgekehrt auf die **Nachprüfung einer Verfahrensvoraussetzung** beschränkt werden kann, lässt sich nicht allgemein, sondern nur von Fall zu Fall entscheiden. Bei der Anwendbarkeit eines Straffreiheitsgesetzes und bei der Frage nach der Strafverfolgungsverjährung[417] ist das in der Regel zu verneinen.[418] Eine Ausnahme kann dann gelten, wenn im Einzelfall ein Rückgriff auf die Schuldfrage nicht notwendig ist.[419] Dagegen kann die Revision auf die Frage beschränkt werden, ob Strafklageverbrauch eingetreten ist,[420] ob ein Strafantrag vorliegt[421] und ob die Auslieferungsbedingungen eingehalten worden sind.[422]

213 Auf eine oder mehrere Taten, die zu anderen im Verhältnis der **Tatmehrheit** stehen, kann die Revision nur dann beschränkt werden, wenn über die Konkurrenzen im angefochtenen Urteil richtig entschieden ist,[423] denn sonst würde die Beschränkung das Revisionsgericht hindern, die zu seiner Entscheidung gebrachte Teilfrage richtig zu behandeln. Nimmt das angefochtene Urteil zu Unrecht Tateinheit an, während in Wirklichkeit Tatmehrheit vorliegt, so lässt sich dieser Schuldspruch erst im Revisionsurteil, dagegen noch nicht mit der

---

ständigen Taten des sexuellen Missbrauchs von Kindern „ungeachtet der auf den Rechtsfolgenausspruch beschränkten Revision" eingestellt; LR-*Franke* § 344 StPO, Rn. 17; BGHSt 34, 1 = NJW 1986, 2895 = StV 1986, 473 (m. Anm. *Herzog*) = NStZ 1986, 320 im Falle eines Verfahrenshindernisses, das trotz der Rechtsmittelbeschränkung von Amts wegen zu beachten war.

**416** BGH, Beschl. v. 1.9.1993 – 3 StR 468/93.

**417** BGH NJW 1984, 988 (insoweit in BGHSt 32, 209 nicht abgedruckt).

**418** LR-*Franke* § 344 StPO, Rn. 18.

**419** Vgl. OLG Frankfurt NStZ 1982, 35; LR-*Franke* § 344 StPO, Rn. 18.

**420** RGSt 40, 274; RGSt 51, 241; RGSt 54, 83; LR-*Franke* § 344 StPO, Rn. 18.

**421** Vgl. die Nachweise bei LR-*Franke* § 344 StPO, Rn. 18.

**422** LR-*Franke* § 344 StPO, Rn. 18.

**423** BGHSt 24, 185, 187 = NJW 1971, 1948; vgl. auch KK-*Gericke* § 344 Rn. 7.

Einlegung der Revision „zerlegen“.[424] Liegt es umgekehrt, nimmt also das angefochtene Urteil zu Unrecht Tatmehrheit an, während in Wirklichkeit Tateinheit gegeben ist, so muss das Revisionsgericht, um über die „eine“ Tat richtig entscheiden zu können, ebenfalls den gesamten Schuldspruch beurteilen.[425] Das gilt schon dann, wenn Tateinheit nach den bisherigen Feststellungen auch nur möglich ist.[426] Innerhalb des Schuldspruchs für eine Tat gibt es keine Trennung, weder im Falle der Tateinheit[427] noch in den Fällen einer natürlichen Handlungseinheit.[428] Ist jemand wegen Betruges in Tateinheit mit Urkundenfälschung verurteilt worden, so kann er die Revision nicht auf die Annahme des Betruges beschränken.[429] Andererseits könnte auch die Staatsanwaltschaft ihre Revision nicht darauf beschränken, dass nicht auch noch Untreue in Tateinheit mit dem übrigen angenommen worden ist. Auch kann die Revision nicht auf die Frage der Tateinheit oder Tatmehrheit oder überhaupt auf die Frage der Konkurrenzen beschränkt werden

Auch die **Entziehung der Fahrerlaubnis** (§ 69 StGB) ist nur unter bestimmten Voraussetzungen isoliert anfechtbar. Da die Anordnung sowohl im Zusammenhang mit einem Freispruch wegen erwiesener oder nicht auszuschließender Schuldunfähigkeit (§ 20 StGB) als auch nach einer Verurteilung zur Strafe zulässig ist, muss unterschieden werden. Soweit die Beschränkung überhaupt möglich ist, steht es ihr nicht entgegen, dass die erhobenen Rügen auch die nicht angegriffenen Teile des Urteils zu Fall bringen könnten. Liegt einer der zwingenden Aufhebungsgründe des § 338 Nr. 1 bis 8 StPO vor, war etwa das Gericht nicht ordnungsgemäß besetzt, so würde das zur Aufhebung des gesamten Urteils führen. Trotzdem kann aber eine solche Rüge auch zur Begründung einer Revision vorgetragen werden, die zum Beispiel auf den Strafausspruch beschränkt ist. Dann muss das Revisionsgericht den Schuldspruch bestehen lassen, weil insoweit Teilrechtskraft eingetreten ist.[430] Auch ein unvorschriftsmäßig besetztes Gericht kann ein ganz oder teilweise richtiges Urteil gesprochen haben; und auch ein zwingender Revisionsgrund wirkt nur in den Grenzen, in denen er geltend gemacht wird. Anders ist es nur bei Verfahrenshindernissen 214

**424** LR-*Franke* § 344 StPO, Rn. 24.
**425** LR-*Franke* § 344 StPO, Rn. 24.
**426** RGSt 73, 243.
**427** BGHSt 24, 185, 189.
**428** Zur aktuellen Bedeutung dieser Rechtsfigur *Fischer* vor § 52 StGB, Rn. 53 mwN.
**429** Vgl. allgemein zur Unteilbarkeit des Schuldspruchs LR-*Gössel* § 318 StPO, Rn. 62 ff.
**430** KK-*Gericke* § 338 StPO, Rn. 6; BGH, Beschl. v. 10.9.2002 – 1 StR 169/02 = BGHSt 48, 4, 5.

und fehlenden Verfahrensvoraussetzungen.[431] Auch wenn die Revision auf das Strafmaß beschränkt ist, prüft das Revisionsgericht nach, ob die Verurteilung überhaupt auf einem **gültigen Strafgesetz** beruht.[432]

215 Ob es sich für den Angeklagten und seinen Verteidiger wirklich empfiehlt, die Revision zu beschränken, sollte im Einzelfall mit größter **Vorsicht** geprüft werden. Der mögliche Kostenvorteil spielt im Strafverfahren eine untergeordnete Rolle. Eine Beschränkung kann für den Angeklagten den Vorteil haben, dass sie den nicht angegriffenen Teil des Urteils für den Revisionsrichter nicht mehr in den Brennpunkt der Betrachtung rückt. Das müsste sich aber auch durch eine wohl durchdachte, prägnante Revisionsbegründung erreichen lassen. Die Beschränkung vermeidet unter Umständen zwar den Eindruck mangelnder Reue und unbelehrbarer Rechthaberei. Der Angeklagte mag bisweilen nicht zu Unrecht glauben, sich mit der Rechtsmittelbeschränkung das Wohlwollen des Tatrichters nach Zurückverweisung zu erhalten. Trotzdem sollte ein gewissenhafter Verteidiger sich darauf nur einlassen, wenn er völlig sicher ist, dem Angeklagten damit nicht zu schaden. Schon manche Revision ist an einer (zulässigen) Beschränkung gescheitert; schon manche hat aber nur deshalb Erfolg gehabt, weil die Beschränkung nicht zulässig war, oder weil (in der Hauptverhandlung vor dem Bundesgerichtshof) die Bundesanwaltschaft ihre Zustimmung zu einer Teilrücknahme verweigerte. *Sarstedt* hat hier in früheren Auflagen hinzugefügt: „Es gehört zu den schwersten Belastungen, denen ein Revisionsrichter ausgesetzt sein kann, wenn er eine Revision vor sich hat, die auf das Strafmaß beschränkt ist, und wenn er dann – ohne helfen zu können – erkennen muss, dass der Schuldspruch falsch ist".[433]

216 Eine Beschränkung auf den Rechtsfolgenausspruch ist dringend zu empfehlen, wenn der Verteidiger die Gefahr erkennt, dass der „Erfolg" der Revision (unter Umständen sogar nur) in einer Änderung des Schuldspruchs zum Nachteil des Mandanten bestehen wird.[434] Auch gibt es Einzelfälle, in denen die Beschränkung auf den Rechtsfolgenausspruch durchaus als taktische Variante dazu dienen kann, in der neuen Hauptverhandlung eine bessere Ausgangsposition zu haben als vor dem Erlass des angefochtenen Urteils. Ein Beispiel aus der Praxis: Der An-

**431** S. unten Rn. 1545 ff.

**432** BayObLGSt 1954, 159 = JR 1955, 151 m. Anm. *Sarstedt*; Anm. *Kleinknecht* zu BGH MDR 1955, 433, 434; BGH MDR 1978, 282 bei *Holtz*; BayObLG NJW 1961, 688.

**433** 5. Aufl., Rn. 98 unter Hinweis auf OLG Hamm NJW 1954, 613.

**434** Dass das Schlechterstellungsverbot des § 358 Abs. 2 StPO einen solchen Pyrrhussieg nicht verhindert, folgt schon aus dem Wortlaut der Vorschrift und ist unstreitig, vgl. KK-*Gericke* § 358 StPO, Rn. 18.

geklagte war in erster Instanz wegen Totschlags zu einer Freiheitsstrafe von neun Jahren verurteilt worden. Das Tatgericht hatte die Anwendung des § 213 StGB (minder schwerer Fall) mit der Begründung abgelehnt, zwar könne dem Angeklagten geglaubt werden, dass das Opfer ihn durch eine schwere (auf seine fehlende sexuelle Potenz anspielende) Beleidigung zur Tat provozierte. Dies sei aber nicht das einzige Motiv für die Tötungshandlung gewesen und deshalb komme § 213 StGB nicht in Betracht. Der Bundesgerichtshof hob das Urteil lediglich im Strafausspruch auf mit der Begründung, § 213 StGB setze nicht voraus, dass die schwere Beleidigung das einzige zur Tat hinführende Motiv gewesen sei.[435] In der neuen Verhandlung vor dem Schwurgericht, in der nur noch über die Höhe der Strafe zu entscheiden war, war wegen der bindenden Wirkung der doppelt relevanten Feststellungen[436] die kränkende Äußerung des Opfers ebenso wie ihre unmittelbare (wenn auch nicht alleinige) motivierende Wirkung für die Tat eine feststehende Größe. Das Gericht hätte seine (übrigens erkennbar vorhandenen) Zweifel an der Richtigkeit der Einlassung des Angeklagten in diesem Punkt unter keinen Umständen zum Anlass nehmen dürfen, davon abweichende Feststellungen zu treffen. Auch die nicht fernliegende Möglichkeit, dass das früher tätig gewesene Schwurgericht dem Angeklagten diese Einlassung nur deshalb „geglaubt" hat, weil es rechtsirrig davon ausging, dies führe ohnehin nicht zur Annahme eines minder schweren Falls, konnte weder das Revisionsgericht (wegen der Beschränkung der Revision auf den Strafausspruch) noch das neu mit der Tatsache befasste Gericht in seine Überlegungen einbeziehen. Damit stand aber zu Beginn der neuen Verhandlung von vornherein der Strafrahmen fest, der bis zum 6. StrRG vom 26.1.1998 bei § 213 StGB dort endete, wo er bei § 212 StGB erst anfängt: bei fünf Jahren. Ob das dann tatsächlich verhängte Strafmaß von drei Jahren und sechs Monaten auch dann hätte erreicht werden können, wenn die Revision unbeschränkt eingelegt worden wäre, mag bezweifelt werden.

---

**435** Ständige Rechtsprechung; vgl. z. Bsp. BGH NJW 1977, 2086 = JR 1978, 341 (m. Anm. *Geilen*); vgl. auch *Lackner/Kühl* § 213 StGB, Rn. 6.

**436** Vgl. dazu *Roxin/Schünemann*, § 51, Rn. 19; KK-*Gericke* § 344 StPO, Rn. 15; BGHSt 29, 359 = NJW 1981, 589; BGH, Beschl. v. 20.6.2017 – 1 StR 458/16 = NJW 2017, 2847 m. unzutr. Anm. *Hoven*.

# Teil 5: Revisionsbegründung

Während die Berufung nicht begründet zu werden braucht, schreibt das Gesetz für die Revision eine „Rechtfertigung" vor; geht diese nicht fristgerecht ein, so wird die Revision als unzulässig verworfen (§ 346 Abs. 1 StPO). Es ist eine von allen Revisionsrichtern bestätigte und zumindest durch einen Teil der als „offensichtlich unbegründet" verworfenen Revisionen erhärtete Tatsache, dass vielen Revisionsführern die Eigenheiten des durchaus speziellen Revisionsverfahrens nicht völlig klar sind. Immer wieder kommt es vor, dass die Revisionen mit Ausführungen begründet werden, die in dieser Instanz keinerlei Aussicht auf Erfolg oder auch nur auf ernstliche Beachtung haben können. Trotz sehr eingehend und mit ersichtlich großem Fleiß verfasster Schriftsätze, die sich wie das Manuskript des Verteidigerplädoyers aus der Hauptverhandlung erster Instanz lesen, wird das Rechtsmittel – zur Enttäuschung des Beschwerdeführers – durch Beschluss einstimmig als offensichtlich unbegründet verworfen (§ 349 Abs. 2 StPO). Dann tröstet man sich gerne damit, dass sich auch mancher Experte auf dem Gebiet der strafrechtlichen Revision schon in Aufsätzen über das Dunkelfeld der begründungslosen Beschlussverwerfungen beklagt hat und dass auch in diesem Buch schon seit mehreren Auflagen die Vernachlässigung des gesetzlichen Merkmals der Offensichtlichkeit und die Praxis der Beschlussberatung nach dem 4-Augen- statt nach dem 10-Augenprinzip kritisch beleuchtet wird.[437] 217

Dahinter steckt aber meist ein Missverständnis. Dass Tatsachenfragen und positive Charakterisierungen des Mandanten, die sich so nicht in den Feststellungen des tatrichterlichen Urteils niederschlagen, auch nichts in der Revisionsrechtfertigung verloren haben, ist nun einmal eine der Grundlagen dieses Rechtsmittels. Und je öfter dies durch laienhafte Textanhäufungen missachtet wird, desto mehr muss man Verständnis haben für die Arbeitsweise von Revisionsrichtern, die vor der Lektüre einer mehrere hundert Seiten umfassenden Revisionsbegründungsschrift ihre primäre Aufgabe darin sehen, die revisionsrechtlich beachtlichen von den in dieser Instanz nun einmal völlig irrelevanten Passagen zu trennen. Und je seltener es in der täglichen Arbeit des Revisionsrichters vorkommt, dass sich die Ausführungen mit dem Ziel der Urteilsaufhebung an den dafür bestehenden gesetzlichen Regeln orientieren, desto größer ist auch die Gefahr, dass diese, wenn sie in einem Wust von unspezifischer Urteilsschelte versteckt sind, überlesen werden. 218

437 S. unten Rn. 1714 ff.



https://doi.org/10.1515/9783110444339-006

219 Der Verteidiger sollte sich deshalb von seiner für die Berufsrichter und Schöffen der Tatsacheninstanz bestimmten Argumentation völlig lösen und sich auch nicht erst nach der Lektüre des bereits zuvor durch Revisionseinlegung angefochtenen Urteils mit dem notwendigen (in Abgrenzung zum überflüssigen) Inhalt und den Techniken des relevanten Vorbringens intensiv befassen. Ist ihm das wegen Überlastung oder aus anderen Gründen nicht möglich gewesen, so sollte er sich an Revisionen lieber nicht herantrauen. Denn hier bekommt er es mit Juristen zu tun, die jahraus, jahrein an nichts anderem als an strafprozessualen Revisionen arbeiten.

220 Mehr noch: Der Verteidiger sollte sich mit dem Revisionsrecht befassen, bevor er in die Hauptverhandlung in der Tatsacheninstanz geht. Dem Leser, der dieses Buch erworben und jetzt erstmalig an dieser Stelle aufgeschlagen hat, um Angriffspunkte gegen das ihm soeben zugestellte Urteil zu suchen, steht eine Enttäuschung bevor. Er ist mit einem Autofahrer zu vergleichen, der die Straßenverkehrsordnung erst zu studieren beginnt, wenn der Motor schon läuft. Man vertraue nicht darauf, dass man schon irgendetwas Passendes finden werde, wenn man „den ganzen Gesetzeskodex und alle Register liest“.[438]

221 Selbst wenn das Verfahren oder das Urteil des Tatrichters an Fehlern leidet, die eine Aufhebung in der Revisionsinstanz mit Sicherheit erwarten lassen, sollte der gewissenhafte Verteidiger überlegen, ob die Revision durchgeführt werden soll. Die Revision ist eine Waffe, mit der manchmal auch **Pyrrhussiege** erfochten werden. Selbst wenn das Urteil wegen eindeutiger Verfahrensverstöße angefochten werden könnte und dann ohne Weiteres aufgehoben werden müsste, spricht in zahlreichen Fällen alles dafür, dass die erneute, nunmehr fehlerfreie Verhandlung wieder zu demselben Ergebnis oder sogar zu einem schwerer wiegenden Schuldspruch führen wird. Hat auch die Staatsanwaltschaft Revision eingelegt, kann die gleichzeitige Zurücknahme der Rechtsmittel auch die Gefahr bannen, dass im weiteren Verlauf eine härtere Strafe verhängt wird.

222 Zahlreiche Revisionen werden eingelegt, nicht weil der Angeklagte das Urteil für ungerecht oder der Verteidiger seine Rügen für aussichtsreich hielte, sondern nur um des damit verbundenen **Zeitgewinns** willen. Dies mag im Einzelfall verständlich sein, wenn für den Angeklagten damit ein Vollstreckungsaufschub oder auch die geringe Chance einer Einstellung des Verfahrens[439] verbunden ist.

---

**438** *Da Ponte* im Libretto für Figaros Hochzeit, 1. Akt, 3. Szene, Rache-Arie des Bartolo.

**439** Zur Einstellung wegen überlanger Verfahrensdauer vgl. die Nachweise bei *Meyer-Goßner/Schmitt* Art. 6 MRK, Rn. 9 ff.; BVerfG, Beschl. v. 21.4.2004 – 2 BvR 1471/03 = BVerfGK 2, 239.

Wer sich als Anwalt aber auch in den Fällen, in denen nicht einmal diese 223 Erwartungen realistisch sind, auf ein routinemäßiges Spiel mit der Revisionsinstanz einlässt, ohne dass dies für den Mandanten auch nur den geringsten Gewinn bringen kann, muss sich darüber im Klaren sein, dass er damit seinen Teil zu jener Überlastung der Revisionsgerichte beiträgt, die zu einer Reduzierung der Gründlichkeit der revisionsgerichtlichen Überprüfung führen muss. Es war bereits damals die zahlenmäßige Flut an Revisionen, die uns 1922[440] die Beschlussverwerfung[441] beschert hat. Sie war es auch, die 1931 dazu führte, den Oberlandesgerichten das Recht der Beschlussverwerfung zu geben.[442]

Mit dem Appell an die Verteidigerkollegen, von völlig aussichtslosen Revi- 224 sionen abzusehen, soll freilich nicht dazu angestiftet werden, die uns anvertrauten Interessen des Mandanten auch nur partiell aus den Augen zu verlieren. Eine Bestimmung, wie sie in den Richtlinien für das Straf- und Bußgeldverfahren für die Revision der Staatsanwaltschaft enthalten ist (Nr. 147, 148 RiStBV), und die entsprechend der Rolle der Staatsanwaltschaft auch dazu beiträgt, dass die Zahl ihrer Revisionen gering gehalten wird, gilt weder ausdrücklich noch sinngemäß für verurteilte Angeklagte und ihre Verteidiger.

Der Satz, eine der Sachlage entsprechende Entscheidung könne in der Regel 225 auch dann unangefochten bleiben, wenn eine Rechtsnorm nicht oder nicht richtig angewendet worden ist,[443] wird von den Staatsanwaltschaften nicht immer, aber doch meist mit großem Verständnis beachtet, wenn auch bezogen auf die Revisionen zugunsten des Angeklagten noch stärker als bezogen auf die Revisionen zu seinen Ungunsten. Dieser letztgenannte Unterschied dürfte seine Erklärung darin finden, dass den Staatsanwälten die Verpflichtung der Verteidiger bekannt ist, wo immer auch nur die entfernteste Chance besteht, im Wege der Revision eine Korrektur des für falsch gehaltenen oder als zu hart empfundenen Urteils zugunsten des Mandanten zu erreichen, das Rechtsmittel auch durchzuführen.

440 Gesetz v. 8.7.1922 (RGBl 1922 I, 569).
441 Ausführlich dazu unten Rn. 1711 ff.
442 Verordnung v. 6.10.1931 (RGBl 1931 I, 563).
443 Nr. 147 RiStBV.

## A. Formelle Anforderungen

### I. Frist

226 Die Frist zur Revisionsrechtfertigung beträgt **einen Monat** (§ 345 Abs. 1 StPO). Sie kann nicht verlängert werden.[444] Eine zwecklose Schreibübung ist es auch, wenn der Beschwerdeführer sich „weitere Ausführungen vorbehält". Zu der fristgerecht erhobenen Sachrüge kann er auch ohne solchen Vorbehalt noch später Ausführungen machen, zu den Verfahrensrügen auch, soweit es sich um reine Rechtsausführungen handelt. Sind dagegen die mitunter durch die Rechtsprechung sehr streng ausgelegten Rügeanforderungen für Verfahrensrügen (§ 344 Abs. 2 Satz 2 StPO) nicht erfüllt,[445] so hilft nach Ablauf der Revisionsbegründungsfrist der „Vorbehalt" überhaupt nichts.

227 Die **Frist beginnt** in aller Regel mit der **Zustellung des Urteils** (§ 345 Abs. 1 Satz 2 StPO). Nur wenn das Urteil schon vor Ablauf der Einlegungsfrist zugestellt ist – was praktisch, abgesehen von den Fällen, in denen auch die Einlegungsfrist nicht mit der Verkündung, sondern erst mit der Zustellung beginnt (§ 341 Abs. 2 StPO), kaum vorkommt – beginnt die Revisionsrechtfertigungsfrist mit dem Ende der Einlegungsfrist (§ 345 Abs. 1 Satz 1 StPO).[446] Ist der letzte Tag der Frist ein Sonnabend, Sonntag oder allgemeiner Feiertag, so endet die Frist mit dem Ablauf des nachfolgenden Werktages (§ 43 Abs. 2 StPO).

228 Zugestellt wird das Urteil an den Angeklagten selbst. Für den Verteidiger statuiert § 145a StPO eine „gesetzliche" Zustellungsvollmacht, sofern ein wirksames Verteidigungsverhältnis zum Beschuldigten besteht. Der bevollmächtigte Verteidiger ist somit auch ohne besondere Zustellungsvollmacht berechtigter Empfänger jedweder Zustellungen im Strafverfahren.[447] Gleichwohl schadet es nicht, wenn der Verteidiger sich schon bei der Auftragserteilung eine schriftliche Vollmacht geben lässt, die ihn zur Entgegennahme von Zustellungen ermächtigt. Doch auch wenn das geschehen ist und der Angeklagte ausdrücklich die Zustellung an den Verteidiger beantragt hat, setzt eine Urteilszustellung an

---

444 BGH, Urt. v. 1.8.2002 – 3 StR 496/01 = NStZ-RR 2003, 14; BGH, Beschl. v. 28.10.2008 – 3 StR 431/08; a.A. mit gewichtigen Argumenten *Grabenwarter* NJW 2002, 109, 111.

445 Dazu unten Rn. 290 ff.

446 Im OWi-Recht gilt dies auch dann, wenn das zugestellte Urteil nach § 77b Abs. 1 OWiG keine Gründe enthält; BGH, Beschl. v. 6.8.2004 – 2 StR 523/03 = BGHSt 49, 230 = NJW 2004, 3643 = StraFo 2005, 34 = NStZ 2005, 171.

447 *Meyer-Goßner/Schmitt* § 145a StPO, Rn. 2.

den Angeklagten die Frist in Lauf.[448] Wird freilich an den Angeklagten selbst und an den Verteidiger zugestellt, so setzt erst die **letzte Zustellung** die Frist in Lauf (§ 37 Abs. 2 StPO), wenn nicht zu diesem Zeitpunkt die Frist – gerechnet ab der ersten Zustellung – bereits abgelaufen war.[449] Das gilt auch, wenn ein Angeklagter mehrere Verteidiger hat.[450] Hier eröffnet sich eine Möglichkeit der faktischen „Verlängerung" der Revisionsbegründungsfrist, auf die sich jedoch kein Verteidiger verlassen sollte,[451] weil sie vom Verständnis und Wohlwollen des jeweiligen Vorsitzenden abhängt: Der erstmals für die Revisionsinstanz beauftragte Verteidiger bittet um eine erneute Zustellung an sich selbst, um die volle Frist ausschöpfen zu können. Darauf besteht kein Anspruch, und es wird auch oft abgelehnt.[452] Aber es sind nicht die souveränsten Richterpersönlichkeiten, die sich darauf auch in Großverfahren, in denen die Urteilsabsetzungsfrist nach § 275 StPO ein halbes Jahr oder mehr gedauert hat und ausgeschöpft wurde, nicht einlassen.

In diesen Fällen hilft oft nur noch, dass der Verteidiger das zugestellte Exemplar des schriftlichen Urteils gleich nach dem Erhalt präzise daraufhin prüft, ob es mit der von den Berufsrichtern unterzeichneten Urteilsurkunde, die sich bei den Akten befindet, inhaltlich identisch ist. Da können mitunter wertvolle Entdeckungen gemacht werden. So hatte z.B. in einem Verfahren beim Landgericht Münster nach einer $3^1/_2$-jährigen Hauptverhandlung (165 Verhandlungstage) das zugestellte Urteil einen Umfang von 986 Seiten. 10 Tage nach Zustellung musste wegen Erkrankung des speziell für die Revision beauftragten Verteidigers ein Wechsel stattfinden, so dass für die neu eintretenden Anwälte nur noch drei Wochen verblieben wären, um das Urteil sowie das 670 Seiten und 1669 Seiten Anlagen umfassende Protokoll auf Verfahrensfehler hin durchzuarbeiten. Der Vorsitzende lehnte auch in diesem Härtefall die erneute Zustellung ab. Dann entdeckte einer der neuen Verteidiger, dass in der zugestellten Urteilsausfertigung die Seite 691 fehlte. Auf der Geschäftsstelle des Gerichts konn- 229

448 Vgl. BGH, Beschl. v. 18.9.2018 – 3 StR 92/18 = NStZ-RR 2019, 24 (zu Nr. 154 RiStBV).

449 BGH, Beschl. v. 8.9.2016 – 1 StR 232/16.

450 BGH, Beschl. v. 12.9.2017 – 4 StR 233/17; BGH, Beschl. v. 1.6.2015 – 4 StR 21/15; BGH, Beschl. v. 27.7.2012 – 1 StR 238/12 = wistra 2012, 435, 436.

451 Ein Vorgehen wie in BGH, Beschl. v. 31.1.2017 – 2 StR 451/16 verbietet sich daher, so verständlich es auch sein mag. Dort hatte die Verteidigerin um „Verlängerung" gebeten, weil das Hauptverhandlungsprotokoll nicht zugestellt worden war und dann die Begründungsfrist verstreichen lassen.

452 Grundsätzlich genügt es, wenn das Urteil an einen der Verteidiger zugestellt wurde (vgl. BGH, Beschl. v. 12.9.2012 – 2 StR 288/12). S. hierzu auch BVerfG, Beschl. v. 12.6.2014 – 2 BvR 1004/13.

te festgestellt werden, dass dies bei allen ausgefertigten Exemplaren so war, so dass der Vorsitzende nicht umhin kam, doch die neue Zustellung zu verfügen.[453] Es konnte dann innerhalb der Frist eine umfangreiche Revisionsbegründung eingereicht werden, die zur Aufhebung des Urteils durch den BGH in einem auffällig kurz gehaltenen Beschluss wegen eines Verfahrensfehlers führte, der dem Tatgericht bereits zu Beginn der $3^1/_2$-jährigen Hauptverhandlung unterlaufen war.[454]

230 Im Falle der Bestellung eines **Pflichtverteidigers** muss die Zustellung des Urteils an diesen angeordnet werden und kann nur wirksam an ihn oder seinen allgemeinen Vertreter im Sinne des § 53 BRAO erfolgen. Die Zustellung an einen Sozius des Pflichtverteidigers setzt dagegen die Revisionsbegründungsfrist nicht in Lauf.[455]

231 Es kommt – wenn auch sehr selten – vor, dass ein **Urteil keine Gründe** hat und sie auch nicht mehr bekommen kann, sei es, dass der Berichterstatter durch eine schwere Erkrankung ausgefallen ist und die übrigen Richter erklären, sich an die Beratung nicht mehr zu erinnern (was für sich genommen schon außerordentlich bedenklich ist), sei es, dass Urteilsgründe und Akten verloren gegangen sind. So etwas ist ein absoluter Revisionsgrund nach § 338 Nr. 7 StPO. Aber um diesen geltend machen zu können, muss das Revisionsverfahren weitergehen und darf nicht an der Unzustellbarkeit scheitern. Deshalb muss in diesen Fällen schon die Zustellung der Urteilsformel die Begründungsfrist in Lauf setzen.[456]

232 Gemäß § 273 Abs. 4 StPO „darf das Urteil nicht zugestellt werden, bevor das **Protokoll fertiggestellt** ist“. Das ist eine gut gemeinte, gleichwohl aber völlig misslungene Vorschrift. Sie sollte dem unerträglichen Missstand abhelfen, dass

---

**453** Während die erneute Zustellung an einen anderen Empfangsberechtigten die bereits in Lauf gesetzte Frist nur dann „verlängert“, wenn sie noch vor Ablauf des Monats ab der ersten Zustellung erfolgt (BGH, Beschl. v. 8.9.2016 – 1 StR 232/16), bewirkt die „erneute“ (besser: die erstmalige) Zustellung des vollständigen Urteils erst den rechtsgültigen Fristenlauf, so dass das nur scheinbare Fristende einen Monat nach der verunglückten Erstzustellung keine Bedeutung hat.

**454** BGH, Beschl. v. 22.1.2008 – 4 StR 507/07 = StV 2008, 283 (Mitwirkung eines nach § 22 Nr. 5 StPO ausgeschlossenen Richters).

**455** BGH, Beschl. v. 12.4.1988 – 4 StR 105/88 = wistra 1988, 236; vgl. auch BGH, Beschl. v. 27.11.1991 – 3 StR 477/91 = BGHR StPO § 345 Abs. 1 – Fristbeginn 5.

**456** BGH, Beschl. v. 6.8.2004 – 2 StR 523/03 = NJW 2004, 3643; OLG Hamm, Beschl. v. 3.9.2009 – 2 Ss OWi 611/09; *Meyer-Goßner/Schmitt* § 345 StPO, Rn. 5; LR-*Franke* § 345 StPO, Rn. 6.

dem Revisionsführer das Protokoll nicht während der gesamten Revisionsbegründungsfrist zur Verfügung stand.

In früheren Zeiten verstand es sich einmal von selbst, dass das Datum des Protokolls auch das Datum seiner Fertigstellung war, und dass der Revisionsführer das Protokoll spätestens am Tage nach der Urteilsverkündung einsehen konnte.[457] Abweichungen von diesem selbstverständlichen Brauch hätten sofort die Dienstaufsicht auf den Plan gerufen, und sie wäre dafür auch noch heute die richtige Instanz. Es hat mit der Unabhängigkeit des Richters oder der Protokollführer nicht das Mindeste zu tun, dass er angehalten wird, eine derartige Arbeit laufend zu erledigen, bei länger dauernden Hauptverhandlungen jeweils von Tag zu Tag. 233

Stattdessen ist es eingerissen – und § 273 Abs. 4 StPO setzt dies als etwas geradezu Unabänderliches voraus –, dass das Protokoll **später fertiggestellt** wird als die Urteilsgründe. Dementsprechend ist es in den meisten Fällen ein ganz aussichtsloses Unterfangen, schon vor Fertigstellung der Urteilsgründe um eine Protokollabschrift zu bitten. Zu empfehlen ist dies trotzdem.[458] Gelegentlich wird dem Revisionsführer auf einen solchen Antrag erwidert, Protokoll und Urteilsgründe müssten erst „aufeinander abgestimmt" werden. Beschwerden dagegen bis zu Ministerien haben, soweit bekannt, noch niemals zum Erfolg geführt. Dabei ist diese Begründung völlig abwegig. Das Protokoll soll unmittelbar aus der Hauptverhandlung hervorgehen, die Urteilsgründe sollen auf der Hauptverhandlung und der Beratung beruhen. Die Beratung darf dagegen nicht auf dem Protokoll beruhen, und schon gar nicht auf einem noch nicht fertiggestellten und erst noch „mit dem Urteil abzustimmenden" Protokoll. Das alles ergibt sich (wenn es sich nicht ohnehin von selbst verstünde) daraus, dass schon verschiedene Personen für die Urteilsgründe einerseits und das Protokoll andererseits verantwortlich sind: Für die Urteilsgründe das Gericht (wobei der Vorsitzende in der „Minderheit" gewesen sein kann und die Abstimmung durch das Beratungsgeheimnis geschützt wird), und für das Protokoll der Vorsitzende und der Urkundsbeamte, für die es keine Abstimmung gibt, Meinungsverschiedenheiten müssen stattdessen gekennzeichnet werden.[459] 234

Da die Justizverwaltung und die Dienstaufsicht diese einfachen Wahrheiten nicht zur Selbstverständlichkeit haben werden lassen, sah sich der Gesetzgeber 235

457 So *Sarstedt* aus eigener Erfahrung in der 5. Auflage dieses Buches, Rn. 114.

458 Vgl. das Muster für eine Revisionseinlegung bei *Hamm*, Formularbuch, IX.D.1. und die dortigen Anmerkungen.

459 *Meyer-Goßner/Schmitt* § 271 StPO, Rn. 4.

zum Eingreifen genötigt, indem er den § 273 Abs. 4 StPO einfügte – und das mit ungeschickter Hand.

236 Es kommt vor, dass **Urteile vor Fertigstellung des Protokolls** zugestellt werden. Damit erhebt sich die erste Frage, was es heißt, dass sein „kann", was nicht sein „darf". Wenn die Vorschrift des § 273 Abs. 4 StPO überhaupt eine praktische Wirkung haben soll, muss das heißen, dass eine solche Zustellung die Revisionsbegründungsfrist nicht in Lauf setzt.[460] Dann entsteht die Frage, ob sie denn nun durch die spätere Fertigstellung in Lauf gesetzt wird. Das ist zu verneinen, weil es sich dabei um einen innerdienstlichen Vorgang handelt, von dem der Beschwerdeführer nicht unmittelbar Kenntnis erhält. Also ist die verfrühte Urteilszustellung unwirksam.[461] Das gilt auch, wenn das Protokoll zwar im Zeitpunkt der Zustellung vom Urkundsbeamten und vom Vorsitzenden unterschrieben worden ist, der Urkundsbeamte sich aber zu den vom Vorsitzenden eingefügten sachlichen Ergänzungen noch nicht erklärt hat.[462] Das Urteil muss also nach der Fertigstellung des Protokolls nochmals zugestellt werden. Das Protokoll ist fertiggestellt, wenn die letzte erforderliche Unterschrift geleistet ist.[463]

237 Manchmal kann man bei einer solchen nochmaligen Zustellung feststellen, dass als Datum der Fertigstellung des endgültigen Protokolls ein Tag vor der ersten Urteilszustellung erscheint. Das ist dann eigentlich eine Rückdatierung und somit falsch; denn da der Tag der Fertigstellung des Protokolls gemäß § 271 Abs. 1 S. 2 StPO „darin anzugeben" ist, war das Protokoll ohne diese Angaben eben nicht „fertiggestellt". Aber so seltsam es klingen mag: Das schadet nichts. Denn das bedeutet nur, dass das Protokoll in diesem Punkt inhaltlich falsch geworden ist. Dass Protokolle inhaltlich falsch sind, ist aber etwas für sich genommen revisionsrechtlich Irrelevantes.

238 Was der Gesetzgeber erreicht hat, ist also Folgendes: Das Revisionsgericht muss von Amts wegen in jedem Falle prüfen, ob das **Datum der Fertigstellung im Protokoll** angegeben ist. Wenn nicht, kann es noch nicht zur Sache entscheiden, weil die Revisionsbegründungsfrist noch nicht in Lauf gesetzt, geschweige denn abgelaufen ist. Es muss also die Akten an den Tatrichter zurückschicken, damit dieser das (hoffentlich richtige) Fertigstellungsdatum in das Protokoll einfügt und das Urteil nochmals zustellen lässt. Erfahrungsgemäß

**460** BGH, Beschl. v. 13.2.2013 – 4 StR 246/12 = NStZ 2014, 420; *Dahs*, Revision, Rn. 52.

**461** BGH, Beschl. v. 13.2.2013 – 4 StR 246/12 = NStZ 2014, 420; LR-*Franke* § 345 StPO, Rn. 7; KK-*Gericke* § 345 StPO, Rn. 7.

**462** BGH, Beschl. v. 3.1.1991 – 3 StR 377/90 = BGHSt 37, 287 = NJW 1991, 1902.

**463** BGH, Beschl. v. 13.2.2013 – 4 StR 246/12 = NStZ 2014, 420.

kann so etwas bis zu einem halben Jahr dauern, in dem – ebenfalls erfahrungsgemäß – zur Förderung der Sache nichts geschieht, obwohl ja der Revisionsführer nun einen erheblichen Zeitraum zur weiteren Begründung der Revision gewinnt.

Leider kommt es erstaunlich oft vor, dass das zugestellte Exemplar des Urteils **nicht mit der Urschrift übereinstimmt**. Wird dieser Fehler bemerkt, was oft erst beim Revisionsgericht geschieht, so versteht es sich von selbst, dass nunmehr eine richtige Fassung zugestellt werden muss; und wenn die Abweichungen von irgendeiner verfahrensrechtlichen oder sachlich-rechtlichen Bedeutung sein können, wird die Begründungsfrist erst durch diese Zustellung in Lauf gesetzt. Dies muss stets schon dann angenommen werden, wenn z.B. bei der Herstellung des zugestellten Exemplars beim Kopiervorgang eine Auslassung, die den Sinn der gesamten Urteilsgründe verkürzt, wegen einer technischen Panne passiert. Das Fehlen der ersten oder der letzten Zeile auf einer Seite der Urteilsgründe reicht dafür aus. Hier bieten sich einem Verteidiger, der die Urteilsgründe aufmerksam zu lesen pflegt, nicht selten Möglichkeiten, die Revisionsbegründungsfrist praktisch zu verlängern.[464] 239

Für den **gesetzlichen Vertreter des Beschuldigten** beginnt die Revisions- 240
begründungsfrist erst mit der Zustellung des Urteils an ihn.

Für den **Nebenkläger** beginnt nach § 401 Abs. 1 StPO die Revisionsbegrün- 241
dungsfrist mit Ablauf der für die Staatsanwaltschaft laufenden Frist zur Einlegung des Rechtsmittels oder, wenn das Urteil dem Nebenkläger zu diesem Zeitpunkt noch nicht zugestellt war, mit der Zustellung des Urteils an ihn, und zwar auch dann, wenn eine Entscheidung über die Berechtigung zum Anschluss noch nicht ergangen ist.

Die Monatsfrist des § 345 StPO ist reichlich bemessen, wenn es sich um ein 242
Urteil handelt, das nach ein-, zwei- oder dreitägiger Hauptverhandlung ergangen ist, und die Akten überschaubar sind. Die Frist ist jedoch viel zu kurz in **Großverfahren**, in denen häufig die Akten aus hunderten von Ordnern bestehen, und sich schon das Protokoll einer monate- oder sogar jahrelangen Hauptverhandlung über mehrere Bände erstreckt. In diesen Fällen mutet der Gesetzgeber auch dem Richter nicht zu, das schriftliche Urteil innerhalb eines Monats zu den Akten zu bringen. Für diese Arbeit hat § 275 Abs. 1 StPO vielmehr ein System großzügig gestaffelter Fristen („die nach oben offene Richterskala") geschaffen.[465] Für die Anfertigung einer Revisionsbegründung in einer umfangrei-

**464** S. dazu den oben (Rn. 229) geschilderten Ausgangsfall von BGH, Beschl. v. 22.1.2008 – 4 StR 507/07 = StV 2008, 283.

**465** Vgl. dazu unten zum absoluten Revisionsgrund nach § 338 Nr. 7 StPO Rn. 667 ff.

chen Strafsache benötigt man jedoch nicht weniger, sondern häufig mehr Zeit als für die Abfassung eines Urteils. Dennoch hat der Gesetzgeber sich bisher nicht dazu verstanden, die beiden Fristen einander anzupassen.[466] Für den erst in der Revisionsinstanz tätig werdenden Verteidiger bedeutet meist die Bearbeitung einer Revisionsbegründung mehr Arbeit, als sie später vom Revisionsgericht zu leisten ist. Während dieses sich auf die Prüfung der erhobenen Rügen beschränken kann, muss jener das gesamte Urteil, das gesamte Hauptverhandlungsprotokoll und letztlich auch die gesamten Akten im Hinblick auf mögliche Rechtsfehler hin überprüfen. Insbesondere die Prüfung der Frage, ob Aufklärungsrügen zu erheben sind,[467] kann sehr viel Zeit in Anspruch nehmen, weil die Anhaltspunkte dafür sich häufig gerade an den Stellen der Akten finden lassen, die nicht sofort ins Auge springen. Diese Arbeit wiederum kann sinnvollerweise erst beginnen, wenn die schriftlichen Urteilsgründe vorliegen, die man Wort für Wort gelesen haben muss, um zu wissen, worauf es dem Gericht ankam, auf welche Beweismittel es seine Überzeugungsbildung und auf welche Tatsachen es seine rechtliche Bewertung und die Strafzumessung gestützt hat. Um die **Frist optimal zu nutzen**, mache sich der Verteidiger den Umstand zunutze, dass die allgemeine Sachrüge, wenn sie innerhalb der Rechtfertigungsfrist erhoben ist, auch nach deren Ablauf noch ergänzt werden kann. Man kann sich also auf die allgemeine Sachrüge beschränken („ich rüge die Verletzung des sachlichen Rechts“) und die Frist im Übrigen ausschließlich zur Bearbeitung der Verfahrensrügen nutzen. Wenn es gelingt, eine Abschrift des Hauptverhandlungsprotokolls vor der Urteilszustellung zu erhalten, können diejenigen Verfahrensfehler, die daraus ersichtlich sind, schon vor Beginn des Fristenlaufs bearbeitet und die entsprechenden Rügen ausformuliert werden.[468]

243 Oft steht eine **Verfahrensrüge mehreren Mitangeklagten** offen. Es empfiehlt sich daher (wenn die konkrete Interessenlage dies zulässt), dass die Verteidiger sich darüber verständigen. Es kommt immer wieder vor, dass mehrere Revisionen gegen ein und dasselbe Urteil zu ganz unterschiedlichen Ergebnissen führen, nur weil einer der Verteidiger einen Verfahrensfehler entweder übersehen oder eine entsprechende Rüge für aussichtslos gehalten hat, so dass seine Revision verworfen werden muss, während das Urteil hinsichtlich der

---

**466** Kritisch zu § 345 StPO: *Grabenwarter* NJW 2002, 109. S. ferner Österr. Verfassungsgerichtshof NStZ 2000, 668 m. Anm. *Hillenkamp* sowie BVerfG, Beschl. v. 19.2.1998 – 2 BvR 1888/97.

**467** Vgl. dazu unten Rn. 739 ff.

**468** Vgl. die Checkliste zur Prüfung von Verfahrensfehlern bei *Hamm*, Formularbuch, IX.D.2.

Mitangeklagten, für die der Verfahrensfehler ordnungsgemäß gerügt worden ist, aufgehoben wird. Eine Erstreckung der Urteilsaufhebung auf den Nichtrevidenten (wie bei der Sachrüge, auch bezüglich der Verfahrensvoraussetzungen) nach § 357 StPO sieht das Gesetz bei Verfahrensrügen nicht vor.

Das gleiche schwer erträgliche Ergebnis tritt ein, wenn ein Verteidiger geglaubt hat, es genüge, dass der Verteidiger eines anderen Angeklagten eine Verfahrensrüge ausführlich erhoben hat, und er sich dieser **durch Bezugnahme** „anschließt". Denn Verweisungen auf andere Schriftstücke anstelle des ausdrücklichen verfahrenstatsächlichen Vorbringens, das zur ordnungsgemäßen Erhebung einer Rüge notwendig ist (§ 344 Abs. 2 S. 2 StPO), werden so behandelt, als seien sie **nicht geschrieben**. Sie genügen nicht der in der genannten Bestimmung und in § 345 Abs. 2 StPO vorgeschriebenen Form.[469] Bezugnahmen sind nur zulässig, soweit sie sich auf bloße Rechtsausführungen beschränken. Im Übrigen darf allein auf die Gründe des angefochtenen Urteils verwiesen werden, allerdings auch nur, wenn die Sachrüge erhoben ist; denn diese zwingt das Revisionsgericht ohnehin, von den Gründen des Urteils Kenntnis zu nehmen, so dass sie als bekannt vorausgesetzt werden dürfen. Inwieweit die Ansicht verfassungsgemäß ist, die Revision dürfe nicht durch Verweisung auf andere Revisionsbegründungen, die dem erkennenden Senat vorliegen, begründet werden, ist aber zweifelhaft.[470] 244

Wie zu verfahren ist, wenn der Verteidiger es selbst unter größtmöglichem und rationellstem Einsatz seiner Arbeitskraft nicht schaffen kann, die Revisionsbegründung vollständig zu erstellen und rechtzeitig einzureichen, ist immer noch ungeklärt. In den Vorauflagen dieses Buches wurde für solche **extremen Situationen** dem Verteidiger empfohlen, statt die Frist durch eine unvollkommene Revisionsbegründung zu „wahren", sie lieber verstreichen zu lassen, um dann Wiedereinsetzung zu beantragen. Die Spruchpraxis der BGH-Senate ist dem lange Zeit gefolgt, bis der 5. Senat die Möglichkeit einer Änderung angedeutet hat.[471] Zum Anlass für seine Ankündigung, über einen Fortbestand der bisherigen Spruchpraxis nachzudenken, nahm der 5. Strafsenat einen Fall, in dem der Verteidiger durch anwaltliche Versicherung glaubhaft gemacht hatte, dass er die Revisionsbegründungsfrist habe bewusst verstreichen lassen, und zwar aufgrund des nicht erwarteten Umfangs der für eine bestimmte Verfah- 245

469 Vgl. LR-*Franke* § 345 StPO, Rn. 21, der diese Rechtsprechung bedenklich formalistisch nennt.

470 S. dazu im Einzelnen unten Rn. 294 ff.

471 BGH, Beschl. v. 9.12.1992 – 5 StR 394/92 = NJW 1993, 742 = StV 1993, 169.

rensrüge erforderlichen Recherchen in Literatur und Rechtsprechung. Den Angeklagten hatte er hiervon nicht unterrichtet. Diesem war vielmehr – ungeachtet der Beauftragung des Verteidigers zehn Tage vor Ablauf der Frist – über einen weiteren Verteidiger, der in der Hauptverhandlung tätig gewesen war, die Fristeinhaltung zugesagt worden. Der 5. Senat gewährte noch einmal mit Rücksicht auf das Vertrauen des Anwalts auf die Empfehlung der 5. Auflage dieses Buches die Wiedereinsetzung, fügte in seiner Entscheidung jedoch die etwas rätselhafte Warnung hinzu:

246 *„In künftigen gleichgelagerten Fällen wird der Senat indes der Frage nachgehen, ob die Rechtsprechung zur Wiedereinsetzung in den vorigen Stand wegen Versäumung der Revisionsbegründungsfrist infolge Verteidigerverschuldens zu korrigieren sein wird. Dabei kommt in Betracht, dem Angeklagten lediglich Wiedereinsetzung in den vorigen Stand zu gewähren, soweit er es versäumt hat, fristgerecht die Rüge der Verletzung materiellen Rechts zu erheben, grundsätzlich hingegen nicht, soweit er auch die Erhebung von Verfahrensrügen versäumt hat. Eine solche Korrektur der Rechtsprechung könnte der Aushöhlung von Frist- und Formvorschriften im Revisionsverfahren entgegenwirken (vgl. Peters, JR 1973, 471) und der Gleichbehandlung dienen, und zwar im Hinblick auf den Grundsatz, daß Wiedereinsetzung in den vorigen Stand zur Nachholung von Verfahrensrügen regelmäßig nicht zu gewähren ist, insbesondere dann nicht, wenn es ein Verteidiger versäumt hat, eine Verfahrensrüge fristgerecht in der von § 344 Abs. 2 S. 2 StPO geforderten Form zu erheben.“*[472]

247 Es ist zu hoffen, dass der BGH die Frage, der nachzugehen er hier ankündigt, im Ergebnis verneinen wird.[473] Was zunächst den Hinweis auf die Entscheidungsanmerkung von *Peters*[474] angeht, so ist diese wirklich nur geeignet, die berechtigte Warnung vor einer „Aushöhlung von Frist- und Formvorschriften im Revisionsverfahren“ zu belegen. Was aber die Frage angeht, ob ein vom Verteidiger bewusst geplantes Fristversäumnis ein für § 44 StPO maßgeblicher Umstand sein kann, steht die gesamte Anmerkung *Peters'* unter dem Vorzeichen des damals geltenden Rechts, das die Zulässigkeit der Wiedereinsetzung noch an das Vorliegen von „Naturereignissen oder andere unabwendbare Zufälle“ knüpfte. Die Gedanken, die sich *Peters* damals zu der Frage machte, ob unter diese Merkmale vielleicht doch nur versehentliche und nicht auch vorsätzliche Fristversäumnisse des Verteidigers zu subsumieren sind, sind obsolet, seit der Gesetzgeber in § 44 StPO klargestellt hat, dass es für die Wiedereinsetzung auf das

472 BGH, Beschl. v. 9.12.1992 – 5 StR 394/92 = NJW 1993, 742 = StV 1993, 169.
473 Bis zur Fertigstellung des Manuskripts ist keiner der Strafsenate des BGH darauf wieder zurückgekommen.
474 *Peters* JR 1973, 471.

Verschulden des Mandanten ankommt, woran *Peters*[475] noch ausdrücklich zweifelte. Seiner bis heute gültig gebliebenen Forderung nach Rechtsklarheit beim Umgang mit strafprozessualen Fristen leistet der BGH aber mit dem denkbar unklaren Hinweis auf die Möglichkeit einer Unterscheidung zwischen der Sachrüge und den Verfahrensrügen in Fällen, in denen der Verteidiger vorsätzlich die ihm nicht ausreichende Frist versäumt, einen Bärendienst. Warum ausgerechnet (nur) dann und nur insoweit Wiedereinsetzung gewährt werden soll, wenn die Rüge der Verletzung materiellen Rechts nicht erhoben wurde, für deren vollständige Ausführung man nur eine Minute braucht, während die Wiedereinsetzung „grundsätzlich hingegen nicht (gewährt werden soll), soweit der Verteidiger auch die Erhebung von Verfahrensrügen versäumt hat", für deren zeitraubende Bearbeitung ja gerade die Zeit gefehlt hat, bleibt unerfindlich.

Vielleicht ist gemeint (ohne dass dies gesagt wäre), der Verteidiger soll in 248
solchen Fällen innerhalb der Frist seine Revisionsbegründungsschrift so weit bearbeiten, wie er es schafft und sie auch insoweit bereits einreichen, um den noch nicht erledigten Teil im Rahmen eines Wiedereinsetzungsgesuchs bezüglich einzelner Rügen noch zu ergänzen. Damit würde er allerdings nach dem Stand der derzeitigen Rechtsprechung zur „Wiedereinsetzung in den vorigen Stand zur Nachholung von Verfahrensrügen" nur unter ganz engen Voraussetzungen Aussicht auf Erfolg haben.[476] „Gleichbehandlung" mit den Fällen, in denen eine Verfahrensrüge zwar erhoben ist, jedoch nicht in der dem § 344 Abs. 2 S. 2 StPO entsprechenden Form, und die Wiedereinsetzung der „Nachbesserung" dienen soll, würde aber bedeuten, dass die Einreichung einer **unvollkommenen Revisionsbegründungsschrift** gerade mit dem hohen Risiko behaftet wäre, sie später nicht ergänzen zu dürfen.

Wir vermögen also den Hinweis in der Entscheidung des 5. Senats nicht 249
zum Anlass zu nehmen, die Empfehlung, lieber die Revisionsbegründungsfrist vollständig verstreichen zu lassen, um auf diese Weise die Fristversäumnis als die klarste aller Voraussetzungen des § 44 StPO sicherzustellen, zu modifizieren, weil eine ratenweise Revisionsbegründung, die sich über den Zeitablauf vor und nach Fristablauf erstreckt, mit noch größeren Unsicherheitsfaktoren belastet wäre, als sie der BGH jetzt für die Befolgung unseres Rates neu ins Spiel gebracht hat.

Bei alldem muss aber noch einmal betont werden, dass die vorsätzliche 250
Fristversäumnis durch den Verteidiger nur für Extremfälle eine Notlösung sein

---

475 *Peters* JR 1973, 471.
476 Vgl. dazu unten Rn. 255.

kann, wobei die Not letztlich nur durch den Gesetzgeber im Wege der Angleichung der Frist des § 275 Abs. 1 StPO und der des § 345 StPO beseitigt werden kann.[477]

251 Der hier erörterte Ausweg kann auch gangbar sein, wenn sich der Bearbeitung andere Hindernisse entgegenstellen, die ihre Ursache in der Sphäre der Justiz haben und den verfassungsrechtlichen Anspruch auf rechtliches Gehör tangieren. Hierbei ist allerdings stets zu berücksichtigen, dass nach der Rechtsprechung in solchen Fällen in Einzelfällen auch eine Wiedereinsetzung zum Zwecke der Nachholung einzelner Verfahrensrügen in Betracht kommen kann.[478]

252 Dass das **Verteidigerverschulden** dem Angeklagten grundsätzlich nicht zugerechnet wird, ist eine Besonderheit des Strafverfahrensrechts und auch hier nicht auf sonstige private Verfahrensbeteiligte übertragbar. So wird insbesondere das Verschulden des **Privat- und Nebenklägervertreters** dessen Mandanten zugerechnet.[479] Darin liegt keine unangemessene Benachteiligung. Für den Angeklagten geht es fast immer um sein Schicksal, während Privat- und Nebenkläger insoweit eher einer Partei im Zivilprozess vergleichbar sind, der ebenfalls das Verschulden ihrer Prozessbevollmächtigten zugerechnet wird. Freilich sind hier auch die Grundsätze aus dem Zivilprozessrecht, wonach nur das Verschulden des Prozessbevollmächtigten selbst, nicht jedoch auch das seines sorgfältig ausgewählten und überwachten Personals dem Mandanten zugerechnet wird, anwendbar.[480]

253 Versäumt die **Staatsanwaltschaft** die Revisionsbegründungsfrist, so kann ihr keine Wiedereinsetzung wegen des Verschuldens nachgeordneter Beamter gewährt werden.[481] Soweit der BGH auch der Staatsanwaltschaft in Folge einer ungeklärten Rechtslage im Zusammenhang mit den Voraussetzungen für die Wirksamkeit einer Zustellung Wiedereinsetzung gewährt hat,[482] lassen sich verallgemeinerungsfähige Grundsätze hieraus nicht ableiten.

---

**477** Vgl. *Dencker* ZRP 1978, 5; *Richter II* FS Karl Peters, S. 235, 239 ff., 243 sowie den Beschluss des 52. Deutschen Juristentages, Verhandlungen DJT 1978, Band II, L 223; *Valerius* NJW 2018, 3429; für eine Lösung auf Basis der jetzigen Rechtslage: *Beukelmann* NJW-Spezial 2017, 632.

**478** S. dazu im Einzelnen unten Rn. 255.

**479** Ständige Rechtsprechung seit BGHSt 30, 309 = NJW 1982, 1544, vgl. etwa BGH, Beschl. v. 28.8.2013 – 4 StR 336/13 = StraFo 2013, 458; BGH, Beschl. v. 28.4.2016 – 4 StR 474/15 = NStZ-RR 2016, 215.

**480** *Meyer-Goßner/Schmitt* § 44 StPO, Rn. 20; BGH, Beschl. v. 28.4.2016 – 4 StR 474/15 = NStZ-RR 2016, 215.

**481** BayObLG Rechtspfleger 1985, 161 = JR 1985, 254 m. Anm. *Wendisch*.

**482** BGH, Urt. v. 5.9.2007 – 2 StR 306/07 = StraFo 2007, 502.

Dass die Fristversäumnis für den Angeklagten oder Beteiligten unverschuldet war, muss **glaubhaft gemacht** werden.[483] Soweit sich die Gründe aus dem Mandatsverhältnis ergeben, genügt die anwaltliche Versicherung des Verteidigers. Für den Nebenkläger gelten andere Anforderungen. Der Nebenkläger muss auch darlegen, dass nicht nur ihn selbst, sondern auch seinen Vertreter kein Verschulden trifft.[484] 254

Innerhalb der Antragsfrist muss die versäumte Revisionsbegründung nachgeholt werden (§ 45 Abs. 2 S. 2 StPO). Ein **Wiedereinsetzungsantrag** nach Versäumung der Frist zur Begründung der Revision ist daher nur dann zulässig, wenn die nachgeholte Revisionsbegründung den Formerfordernissen der §§ 344 Abs. 1, Abs. 2 Satz 1 und § 345 Abs. 2 StPO genügt. Ob die ausgeführte Revisionsbegründung auch den Anforderungen des § 344 Abs. 2 Satz 2 StPO entspricht, ist hingegen nur im Revisions- und nicht im Wiedereinsetzungsverfahren zu prüfen.[485] Nur ausnahmsweise kann eine Wiedereinsetzung in den vorigen Stand zur **Nachholung einzelner Verfahrensrügen** erfolgen.[486] Der BGH scheint aber die Voraussetzungen für eine solche Ausnahme inzwischen weiter auszulegen als es früher der Fall war. Zwar ist er vom Grundsatz noch nicht abgerückt. Allerdings hält er eine Ausnahme inzwischen für möglich, wenn sich dadurch Gehörsverletzungen vermeiden lassen.[487] Diese Voraussetzungen können gegeben sein, wenn dem Verteidiger trotz angemessener Bemühungen vor Ablauf der Revisionsbegründungsfrist keine Akteneinsicht gewährt wurde,[488] oder wenn der Verteidigung das Hauptverhandlungsprotokoll nicht zur Verfü- 255

**483** Vgl. für den Fall einer Erkrankung des Verteidigers kurz vor Ablauf der Frist nach § 345 StPO: BGH, Beschl. v. 27.2.2014 – 1 StR 367/13 = StraFo 2014, 333.

**484** BGH, Beschl. v. 28.4.2016 – 4 StR 474/15 = NStZ-RR 2016, 214, 216.

**485** BGH, Beschl. v. 13.1.1997 – 4 StR 612/96 = NJW 1997, 1516 = StV 1997, 225 = wistra 1997, 189. Vgl. hierzu auch BGH, Beschl. v. 20.11.2019 – 2 StR 357/19.

**486** Vgl. z.B. BGH, Beschl. v. 11.4.2019 – 1 StR 91/18 = NStZ 2019, 625; BGH, Beschl. v. 24.10.2018 – 2 StR 578/16 = NStZ-RR 2019, 25; BGH, Beschl. v. 19.2.2008 – 1 StR 596/07 = NStZ 2008, 525; BGHSt 26, 335, 338; s. auch BGH, Beschl. v. 14.1.2020 – 4 StR 265/19. Zur Wiedereinsetzung bei unvollständiger Übermittlung per Telefax: BGH, Beschl. v. 11.5.2005 – 2 StR 150/05.

**487** BGH, Beschl. v. 23.7.2019 – 3 StR 498/18; BGH, Beschl. v. 11.4.2019 – 1 StR 91/18 = NStZ 2019, 625; BGH, Beschl. v. 19.2.2019 – 3 StR 525/18; BGH, Beschl. v. 24.10.2018 – 2 StR 578/16 = NStZ-RR 2019, 25; BGH, Beschl. v. 10.7.2012 – 1 StR 301/12 = StV 2013, 552; BGH, Beschl. v. 19.2.2008 – 1 StR 596/07 = NStZ 2008, 525.

**488** BGH, Beschl. v. 31.1.2017 – 2 StR 451/16; BGH, Beschl. v. 10.7.2012 – 1 StR 301/12 = NStZ-RR 2012, 316; BGH, Beschl. v. 27.5.2008 – 3 StR 173/08 = NStZ-RR 2008, 282. Vgl. auch BGH, Beschl. v. 17.2.2010 – 2 StR 524/09 = BGHSt 55, 62, 64 = StV 2011, 136; *Meyer-Goßner/Schmitt* § 44 StPO, Rn. 7a; *Geipel* StraFo 2011, 9.

gung gestellt wurde.[489] Entsprechendes muss auch bei anderen Fehlern innerhalb der Justiz gelten.[490] Der Beschwerdeführer muss in einem solchen Fall aber für jede seiner Verfahrensrügen darlegen, dass diese ohne Aktenkenntnis nicht begründet werden konnte.[491]

256 Der Angeklagte kann die Wiedereinsetzung regelmäßig also nicht privatschriftlich beantragen, weil sie mit der formgebundenen Revisionsbegründungsschrift, die von einem Verteidiger oder Rechtsanwalt zu unterzeichnen ist, verbunden sein muss. Aber auch Wiedereinsetzungsgesuche von Rechtsanwälten scheitern bisweilen daran, dass die **Nachholung der Revisionsbegründung** vergessen wird. Die Nachholung ist allerdings entbehrlich, wenn bereits vor dem Wiedereinsetzungsgesuch eine (zunächst verspätete) Revisionsbegründung eingegangen ist.[492]

257 Hatte der Beschwerdeführer die Einlegungsfrist versäumt und ist er dagegen wieder in den vorigen Stand eingesetzt worden, nachdem ihm inzwischen das Urteil zugestellt worden war, so wurde nach früherer Ansicht die Begründungsfrist erst durch die abermalige Urteilszustellung in Lauf gesetzt.[493] Später hat das Reichsgericht entschieden, dass die Frist in solchem Falle schon mit der **Zustellung des Wiedereinsetzungsbeschlusses** zu laufen beginne.[494] Ist ein Revisionsführer zunächst gehindert, seine Revision fristgerecht zu begründen, so führt die Wochenfrist des § 45 Abs. 1 StPO in Verbindung mit § 45 Abs. 2 Satz 2 StPO grundsätzlich dazu, dass sich die Revisionsbegründungsfrist des § 345 Abs. 1 StPO auf eine Woche ab Wegfall des Hindernisses verkürzt.[495] Diese

---

**489** Vgl. BGH, Beschl. v. 10.12.2018 – 5 StR 270/18; BGH, Beschl. v. 8.1.2019 – 3 StR 548/18; BGH, Beschl. v. 27.8.2008 – 2 StR 260/08 = NStZ 2009, 173; BGH, Urt. v. 31.3.2004 – 2 StR 482/03. S. ergänzend auch BGHR StPO § 44 – Verfahrensrüge 4, 5, 6 und 7 sowie BGHR StPO § 345 Abs. 1 – Fristdauer 1 = StV 1997, 226 m. Anm. *Ventzke*.

**490** Zur Frage der Wiedereinsetzung in einem Fall, in dem geltend gemacht wurde, die von der Justiz überlassene Datei mit einer Kopie des Akteninhalts sei unvollständig gewesen: BGH, Beschl. v. 11.4.2019 – 1 StR 91/18 = NStZ 2019, 625.

**491** BGH, Beschl. v. 18.3.2010 – 3 StR 426/09 = NStZ-RR 2010, 210; BGH, Beschl. v. 4.2.2010 – 3 StR 555/09; BGHR StPO § 345 Abs. 1 – Fristdauer 1 = BGH StV 1997, 228 m. Anm. *Ventzke*.

**492** KK-*Maul* § 45 StPO, Rn. 9.

**493** RGSt 52, 76.

**494** RGSt 76, 280.

**495** BGHR StPO § 345 Abs. 1 – Fristdauer 1 = BGH StV 1997, 226 m. Anm. *Ventzke*. Vgl. auch BGH, Beschl. v. 11.9.2018 – 5 StR 318/18 (zur Wiedereinsetzung nach ordnungsgemäßer Protokollberichtigung). Nur in Ausnahmefällen kann die Überlagerung beider Fristen auch dazu führen, dass dem Antragsteller für sein Wiedereinsetzungsgesuch die Monatsfrist eingeräumt wird; BGH, Beschl. v. 23.1.1997 – 1 StR 543/96. Vgl. BGHSt 26, 335, 338.

Ansicht hat sich zwischenzeitlich allgemein durchgesetzt.[496] Überzeugen kann sie allerdings nicht.[497] Denn für die Verkürzung der Revisionsbegründungsfrist gibt es keinen Anlass. Wird Wiedereinsetzung gewährt, liegt kein Verschulden des Angeklagten vor. Dementsprechend kann man ihm auch nicht zumuten, dass die Revisionsbegründungsfrist nur eine Woche und nicht einen Monat beträgt. Für das Revisionsgericht, das einen Wiedereinsetzungsbeschluss erlässt, empfiehlt es sich dennoch, darin ausdrücklich darauf hinzuweisen, dass durch die Zustellung dieses Beschlusses die Revisionsbegründungsfrist in Lauf gesetzt wird.[498]

Nach der Rechtsprechung vor Einführung des § 145a StPO konnte sich die 258
Wochenfrist sogar zur Monatsfrist des § 345 Abs. 1 StPO ausweiten, wenn die Wiedereinsetzung dadurch notwendig geworden war, dass der **Verteidiger nach § 146 StPO zurückgewiesen** wurde.[499] Dies gilt jetzt wegen der Fortwirkung von Handlungen eines zurückgewiesenen Verteidigers (§ 146a Abs. 2 StPO) nur noch für die Fälle, in denen dieser wegen der Zurückweisung die Revisionsbegründung nicht mehr abgibt. Hat er noch einen Schriftsatz eingereicht, so kann der ungewöhnliche Fall eintreten, dass sich das Revisionsgericht mit den Revisionsbegründungen von mehr als drei Verteidigern zu befassen hat.[500]

Hat ein Angeklagter, dessen **Berufung wegen unentschuldigten Ausbleibens** nach § 329 StPO verworfen worden ist, Wiedereinsetzung in den vorigen 259
Stand beantragt und gleichzeitig Revision eingelegt, so muss er sie fristgerecht begründen. Das kann nicht allein mit der Sachrüge geschehen, weil das gemäß § 329 StPO ergangene Urteil keinen sachlich-rechtlichen Inhalt hat.[501] Die Revision gegen ein Berufungsurteil nach § 329 Abs. 1 StPO ist zulässig, auch wenn sie nur eine Sachrüge enthält, mit der behauptet wird, das Amtsgericht habe ein

496 BGHSt 30, 335 = NJW 1982, 1110; *Meyer-Goßner/Schmitt* § 345 StPO, Rn. 6.

497 Mit Recht fordern *Sobota/Loose* NStZ 2018, 72 die analoge Anwendung des § 234 Abs. 1 Satz 2 ZPO auf das Revisionsverfahren.

498 *Meyer-Goßner/Schmitt* § 345 StPO, Rn. 6.

499 BGHSt 26, 335, 339 = NJW 1976, 1414.

500 Kritisch dazu *Foth* NStZ 1987, 441.

501 Zur Frage der Erforderlichkeit einer Verfahrensrüge vgl. *Franzke* StV 2019, 363, 366 mwN; *Meyer-Goßner/Schmitt* § 329 StPO, Rn. 48. S. ferner auch KK-*Paul* § 329 StPO, Rn. 22 ff. (zur Verfahrensrüge: Rn. 14); *Meyer-Goßner/Schmitt* § 329 StPO, Rn. 49. Vgl. zur Thematik ergänzend *Ullenboom*, StV 2019, 643, 645; KG, Beschl. v. 12.12.2018 – (6) 161 Ss 161/18 (63/18) = StV 2020, 157; BayObLGSt 1959, 275 = NJW 1960, 208 = JR 1960, 145 m. Anm. *Sarstedt*.

Verfahrenshindernis nicht beachtet, das bereits bei der Verkündung des erstinstanzlichen Urteils vorgelegen habe.[502]

260 Eine ganz andere und in Rechtsprechung und Schrifttum umstrittene Frage betrifft das Verhältnis zwischen § 329 Abs. 7 StPO (Wiedereinsetzung unter den Voraussetzungen der §§ 44, 45 StPO gegen das Verwerfungsurteil nach § 329 Abs. 1 StPO) und der Revision, wenn nicht nur das Ausbleiben des Angeklagten entschuldigt ist, sondern von einer Säumnis gar keine Rede sein kann, weil ihn bereits die Ladung wegen einer **durch das Berufungsgericht zu vertretenden Panne** nicht erreicht hatte.[503] Der Streit beruht auf einer Unklarheit des Gesetzes in § 329 Abs. 7 StPO, die – worauf *Meyer-Goßner*[504] zutreffend hinweist – durch eine entsprechende Ergänzung beseitigt werden sollte. Bis dahin hat *Meyer-Goßner*[505] den richtigen Weg der Rechtsanwendung gewiesen: Zur Vermeidung einer Rechtsunklarheit durch ein Wahlrecht zwischen dem Wiedereinsetzungsantrag und der Revision soll in entsprechender Anwendung des § 329 Abs. 7 StPO nur die Wiedereinsetzung zugelassen werden.

## II. Form

261 Die Form der Revisionsrechtfertigung ist durch die §§ 344, 345 Abs. 2 StPO geregelt. Die Anforderungen an ihren Inhalt werden in späteren Abschnitten ausführlich zu behandeln sein. An dieser Stelle wird nur die äußere Form erörtert.

262 Der Angeklagte kann die Revision **zu Protokoll der Geschäftsstelle** begründen. Die gleiche Möglichkeit steht seinem gesetzlichen Vertreter und dem Erziehungsberechtigten zu.[506] Der Nebenkläger und der Privatkläger haben diese Möglichkeit nicht,[507] und zwar selbst dann nicht, wenn sie sich in Haft befinden. Zuständig ist die Geschäftsstelle desjenigen Gerichts, dessen Urteil angefochten wird. Nur der in Haft befindliche Angeklagte kann sich auch an die Geschäftsstelle des für den Haftort zuständigen Amtsgerichts wenden (§ 299

---

502 BGH, Beschl. v. 13.12.2000 – 2 StR 56/00 = BGHSt 46, 230 = NJW 2001, 1509 = StV 2001, 326 = NStZ 2001, 440; kritisch hierzu: *Meyer-Goßner/Schmitt* § 329 StPO, Rn. 49.

503 Dazu ausführlich *Meyer-Goßner* FS Hamm, S. 443.

504 *Meyer-Goßner* FS Hamm, S. 443; bei der Neufassung des § 329 StPO hat der Gesetzgeber allerdings davon abgesehen, hier eine inhaltliche Veränderung vorzunehmen.

505 *Meyer-Goßner* FS Hamm, S. 443; vgl. auch *Meyer-Goßner/Schmitt* § 329 StPO, Rn. 41.

506 KK-*Gericke* § 345 StPO, Rn. 19; RGSt 66, 209, 211; BayObLG MDR 1976, 69; BGH, Beschl. v. 2.8.2000 – 3 StR 502/99 = NStZ 2001, 52.

507 BGH, Beschl. v. 14.2.1992 – 3 StR 433/91 = NJW 1992, 1398 = NStZ 1992, 347 = BGHR StPO § 401 Abs. 1 – Zulässigkeit 5.

StPO). Wird das Protokoll von einer unzuständigen Geschäftsstelle aufgenommen, so ist die Revisionsrechtfertigung unwirksam.[508] Wenn die unzuständige Geschäftsstelle keinen Hinweis auf die Unzuständigkeit gibt, wird allerdings regelmäßig Wiedereinsetzung geboten sein.[509]

Den Urkundsbeamten trifft eine **prozessuale Fürsorgepflicht**, die ihm auf- 263
erlegt, auf eine sachdienliche Fassung und Begründung der gestellten Anträge hinzuwirken.[510] Der Rechtspfleger hat jedoch nicht die Aufgabe, die vom Angeklagten gewünschten Rügen auf ihre Erfolgsaussichten zu überprüfen (insoweit unterscheidet er sich vom Verteidiger), und hat damit auch nicht das Recht, die Protokollierung insoweit zu verweigern, als er die Revision für aussichtslos hält. Ein in sachlicher Form gehaltenes und nicht völlig neben der Sache liegendes Revisionsvorbringen muss er also stets aufnehmen.[511] Das Protokoll muss selbständig und aus sich selbst heraus verständlich sein; eine **Bezugnahme** auf andere Schriftstücke, etwa auf eine von dem Beschwerdeführer selbst verfasste Begründung, auf die Revisionsbegründung eines Mitangeklagten oder auf andere Aktenteile ist auch hier unzulässig.[512] Zulässig ist es dagegen, die von dem **Angeklagten selbst geschriebene Begründung** zum Bestandteil des Protokolls zu machen, wenn der Urkundsbeamte ersichtlich macht, dass er sie geprüft hat, und dass sich seine Unterschrift darauf bezieht. Distanzierende Bemerkungen sollte der Urkundsbeamte tunlichst unterlassen.[513] Es ist nicht seine Aufgabe, dem Angeklagten eine Rüge, selbst wenn sie ihm sehr töricht erscheinen will, endgültig abzuschneiden. Er ist nicht der Revisionsrichter und ist nicht einmal der Berater des Angeklagten. Ist die Rüge wirklich so abwegig, so wird das Revisionsgericht sie als offensichtlich unbegründet im Sinne des § 349 Abs. 2 StPO behandeln. Der Urkundsbeamte scheue auch nicht die Kritik seines Vorgesetzten, wenn er etwas aufnimmt, wovon der Angeklagte sich nun einmal

**508** BGH, Beschl. v. 3.2.1993 – 3 StR 612/92; OLG Brandenburg, Beschl. v. 10.6.2009 – 1 Ss 21/09 = NStZ 2010, 413; OLG Oldenburg, Beschl. v. 31.1.2011 – 1 Ss 7/11 = NStZ 2012, 51.

**509** So auch BGH, Beschl. v. 3.2.1993 – 3 StR 612/92 = NStZ 1994, 23 (bei *Kusch*).

**510** St. Rspr.; vgl. etwa BVerfG, Beschl. v. 18.9.2006 – 2 BvR 1612/06 und BVerfG, Beschl. v. 6.6. 2007 – 2 BvR 61/07. Vgl. zur Thematik ferner KK-*Gericke* § 345 StPO, Rn. 18; *Krehl* FS Hamm, S. 383.

**511** *Meyer-Goßner/Schmitt* § 345 StPO, Rn. 20. Eine weitergehende Filterfunktion scheint KK-*Gericke* § 345 StPO, Rn. 18 dem Rechtspfleger zuzuschreiben, der annimmt, der Urkundsbeamte dürfe nur aufnehmen, wofür er die Verantwortung zu übernehmen bereit sei.

**512** Zu den Anforderungen vgl. OLG Bremen, Beschl. v. 7.3.2013 – 2 Ss 81/12 = BeckRS 2013, 04380; OLG Stuttgart, Beschl. v. 10.7.1997 – 1 Ss 614/97 = NStZ-RR 1998, 22. Vgl. auch BVerfG, Beschl. v. 16.12.2016 – 2 BvR 2422/16.

**513** Sie führen aber nach zutreffender Auffassung nicht zur Unzulässigkeit; LR-*Franke* § 345 StPO, Rn. 40 ff.

Erfolg verspricht. Er soll helfen, nicht hindern. In keinem Falle sollte er es unterlassen, die allgemeine Sachrüge aufzunehmen.[514]

264 Dass die Abgabe einer Revisionsbegründung zu Protokoll der Geschäftsstelle gleichwohl bisweilen einige Schwierigkeiten bereiten kann, belegen die von der Rechtsprechung entschiedenen Fälle. Das beginnt schon damit, dass die Begründung nach Ansicht der Rechtsprechung unzulässig sein soll, wenn die das Protokoll aufnehmende Person auf der Geschäftsstelle sie nicht inhaltlich vertritt.[515] Schon weil die Geschäftsstellen Teil des Gerichts sind, darf es aber nicht zu Lasten des Angeklagten gehen, wenn die Protokollierung von dem zuständigen Rechtspfleger aus rein subjektiven Erwägungen abgelehnt wird, z.B. weil er die Revisionsbegründung schlicht nicht vertreten will[516] oder ihm die Protokollierung zu umständlich ist.[517] Die Rechtsprechung gleicht dies im Einzelfall aus, indem sie Wiedereinsetzung in den vorigen Stand gewährt oder eine Verpflichtung zum Hinweis auf diese Möglichkeit bejaht.[518] Das kommt in Betracht, wenn eine unzuständige Person die Begründung protokolliert,[519] die protokollierende Person den Inhalt der Begründung des Angeklagten nur einkopiert,[520] oder lediglich als Anlage einfügt[521]. Kommen solche Fehler vor, dann weisen einige Oberlandesgerichte lediglich auf die Möglichkeit der Wiedereinsetzung hin,[522] während andere eher dazu neigen, sie gleich selbst zu gewähren.[523] Die Zahl solcher Fälle könnte geringer gehalten werden, wenn es sich einbürgern würde, hier häufiger auf die Beiordnung eines Pflichtverteidigers hinzuwirken.[524]

265 Die Protokollierung kann zulässigerweise abgelehnt werden, wenn der Angeklagte seine Identifizierung auf der Geschäftsstelle verweigert[525] oder die Re-

514 Vgl. KK-*Gericke* § 345 StPO, Rn. 18.

515 Etwa BGH, Beschl. v. 17.12.2015 – 4 StR 483/15 = NStZ-RR 2016, 89.

516 Vgl. LR-*Franke*, § 345 StPO, Rn. 38: Pflicht zur Aufnahme der Sachrüge.

517 Vgl. hierzu auch BVerfG, Beschl. v. 17.2.2016 – 2 BvR 854/15, Rn. 6.

518 Zum Prüfprogramm des Revisionsgerichts *Krehl* FS Hamm, S. 383, 390 ff.

519 So OLG Braunschweig, „Hinweisbeschluss" v. 26.2.2016 – 1 Ss 6/16; KG, Beschl. v. 8.10.2015 – (2) 121 Ss 163/15 (58/15) = NStZ 2016, 628.

520 OLG Hamm, Beschl. v. 28.4.2016 – III – 1 Vollz (Ws) 137/16.

521 OLG Bremen, Beschl. v. 7.3.2013 – 2 Ss 81/12.

522 So etwa OLG Braunschweig, „Hinweisbeschluss" v. 26.2.2016 – 1 Ss 6/16; OLG Hamm, Beschl. v. 28.4.2016 – III – 1 Vollz (Ws) 137/16.

523 So OLG Oldenburg, Beschl. v. 31.1.2011 – 1 Ss 7/11 = NStZ 2012, 51; OLG Dresden, Beschl. v. 10.7.2015 – 2 OLG 23 Ss 401/15 = NStZ 2016, 499; a.A. OLG Bamberg, Beschl. v. 20.11.2013 – 1 Ws 366/13 = NStZ-RR 2014, 51; *Krehl* FS Hamm, S. 383, 392.

524 Vgl. hierzu *Meyer-Goßner/Schmitt* § 140 StPO, Rn. 29; LR-*Jahn*, § 140 StPO, Rn. 98; BGH, Beschl. v. 11.9.2019 – 2 StR 281/19 = StraFo 2020, 23 (Antrag auf Wechsel des Pflichtverteidigers).

525 OLG Bamberg, Beschl. v. 24.3.2017 – 2 Ss OWi 329/17.

visionsbegründung einen völlig ausufernden Umfang im Verhältnis zur Schwierigkeit der Sache annimmt.[526] Auch wurde Wiedereinsetzung abgelehnt, wenn der Rechtspfleger sich aus nachvollziehbaren Gründen von der Begründung distanziert, etwa weil der Angeklagte auf rechtlichen Argumentationen beharrt, die unter keinem rechtlichen Gesichtspunkt haltbar sind und das auch für den Laien erkennbar sein muss.[527]

Der Urkundsbeamte muss das Protokoll **unterzeichnen**; davon hängt dessen 266
Wirksamkeit ab. Die Unterzeichnung durch den Beschwerdeführer ist verfahrensrechtlich zwar nicht notwendig, praktisch aber dringend zu empfehlen, damit zweifelsfrei feststeht, dass der Beschwerdeführer die Unterschrift nicht etwa verweigert hat, denn das würde die Revision wiederum unzulässig machen.[528]

Die Möglichkeit, die Revision beim Rechtspfleger zu begründen, hat beson- 267
dere Bedeutung, wenn der Angeklagte Wert darauf legt, sich selbst zu verteidigen. Darauf besteht ein verfassungsrechtlicher Anspruch.[529] Es wirkt aber nicht stimmig, wenn einerseits die Wahrnehmung der Aufgabe des Rechtspflegers auch auf einen Referendar (§ 2 Abs. 5 RPflG) übertragen werden kann, man sich andererseits aber vor Augen hält, dass die Revision in Zivilsachen in Deutschland nur von wenigen hochspezialisierten Rechtsanwälten begründet werden darf. Selbst wenn man dem Rechtspfleger nur die Aufgabe zuteilen will, das Vorbringen des Angeklagten zu möglichen Verfahrensfehlern in zulässige Verfahrensrügen zu übertragen, wird dies angesichts der Auslegung des § 344 Abs. 2 Satz 2 StPO durch die Rechtsprechung häufig nicht einfach sein.[530] Auch hier kann im Einzelfall nur die Wiedereinsetzung helfen.[531]

Die **Staatsanwaltschaft** kann die Revision in einfacher Schriftform recht- 268
fertigen. Die Unterschrift kann mit der Maschine geschrieben und muss nur mit einem Beglaubigungsvermerk versehen sein.[532]

---

**526** Vgl. BGH, Beschl. v. 6.3.1996 – 2 StR 683/95 = StV 1997, 230 m. Anm. *Harzer*: Verweigerung der weiteren Protokollierung nach 30 Stunden über 12 Tage, diversen Verfahrensrügen und 700 Seiten nach 25 Hauptverhandlungstagen.

**527** BGH, Beschl. v. 12.12.2012 – 1 StR 593/12; BGH, Beschl. v. 17.12.2015 – 4 StR 483/15; beides zu Rügen, die sich gegen die Geltung der deutschen Rechtsordnung wandten.

**528** BayObLG 1961, 177; LR-*Franke* § 345 StPO, Rn. 35.

**529** *Krehl* FS Hamm, S. 383, 386.

**530** Kritisch dazu auch *Krehl* FS Hamm, S. 383, 388.

**531** Vgl. BGH, Urt. v. 21.11.1991 – 1 StR 552/90 = BGHR § 44 StPO Verfahrensrüge 6 – Nachbesserung.

**532** GmS-OGB, Beschl. v. 30.4.1979 – 1/78 = NJW 1980, 172; a.A. OLG Karlsruhe, Beschl. v. 1.10.2014 – 2 (6) Ss 442/14 – AK 118/14 = NStZ-RR 2015, 19, wonach weder Unterschrift, noch Beglaubigungsvermerk für die Staatsanwaltschaft zwingend erforderlich sind.

269 Alle anderen Beschwerdeführer, auch der Verteidiger, können die Revision nicht in dieser einfachen Schriftform begründen. Soweit der Angeklagte, sein gesetzlicher Vertreter oder ein Erziehungsberechtigter die Revisionsbegründung nicht zu Protokoll der Geschäftsstelle erklären, haben sie diese durch eine vom Verteidiger oder einem Rechtsanwalt zu unterzeichnende Schrift abzugeben. Dasselbe gilt für die Beschwerdeführer, denen das Recht zur Protokollbegründung nicht zusteht, also den Privatkläger (§ 390 Abs. 2 StPO) und den Nebenkläger. Der hier bestehende **„Anwaltszwang“**[533] soll den Revisionsgerichten die Prüfung unsachlicher und unverständlicher Anträge ersparen; vor allem aber soll er auch zum Schutz der Betroffenen gewährleisten, dass eine sachgemäße Revisionsbegründung abgegeben wird.[534]

270 Der bereits in der Vorinstanz tätig gewesene Verteidiger braucht seine Vollmacht nicht mehr nachzuweisen. Aber auch die Revisionsbegründung durch einen erst neu gewählten Verteidiger wird nicht deshalb unwirksam, weil die **schriftliche Vollmacht** nicht innerhalb der Begründungsfrist vorgelegt wird.[535] Erforderlich ist nur (abgesehen vom Fall der Bestellung), dass die Vollmacht, wenn auch nur mündlich, innerhalb der Frist tatsächlich erteilt worden war. Wählt der Angeklagte zum Zwecke der Revisionsbegründung nicht einen Rechtsanwalt (oder Hochschullehrer, § 138 Abs. 1 StPO), sondern eine „andere Person“ gemäß § 138 Abs. 2 StPO zum Verteidiger, wozu die Genehmigung des Gerichts[536] erforderlich ist, so hängt die Wirksamkeit der Revisionsbegründung nicht davon ab, dass die Genehmigung vorher erteilt worden war; vielmehr wird sie durch nachträgliche Zulassung des Verteidigers rückwirkend wirksam.[537]

271 An die von dem Verteidiger oder einem Rechtsanwalt eingereichte Rechtfertigungsschrift werden schon rein äußerlich nicht unerhebliche Anforderungen gestellt. Zunächst einmal ist (zum Unterschied von der einfachen Schriftform) erforderlich, dass er die Schrift **unterzeichnet** hat.[538] Ist der Verteidiger gerichtlich bestellt, so ist die Unterschrift seines Sozietätskollegen nur dann ausrei-

---

**533** Vgl. zur Anwendbarkeit von § 390 Abs. 2 StPO bei Revisionen der Nebenklage: BGH, Urt. v. 13.8.2014 – 2 StR 573/13 = BGHSt 59, 284, 288 = NJW 2014, 3320; BGH, Beschl. v. 14.2.1992 – 3 StR 433/91 = NJW 1992, 1398.

**534** Vgl. für die Nebenklage: BVerfG, Beschl. v. 7.12.1995 – 2 BvR 1955/95 = NJW 1996, 713; BGH, Urt. v. 13.8.2014 – 2 StR 573/13 = BGHSt 59, 284, 289 = NJW 2014, 3320.

**535** *Meyer-Goßner/Schmitt* § 345 StPO, Rn. 11.

**536** Zunächst der Unterinstanz, nach Aktenübersendung die des Revisionsgerichts *Meyer-Goßner/Schmitt* § 138 StPO, Rn. 16. Zur rechtlichen Stellung von Steuerberatern vgl. § 392 AO sowie OLG Hamm, Beschl. v. 2.8.2016 – 4 RVs 78/16 = NStZ-RR 2016, 318.

**537** *Meyer-Goßner/Schmitt* § 138 StPO, Rn. 15.

**538** Zum Folgenden ausführlich LR-*Franke* § 345 StPO, Rn. 21 ff.

chend, wenn davon auszugehen ist, dass der unterzeichnende Rechtsanwalt als allgemeiner Vertreter (§ 53 Abs. 2 Satz 1 BRAO) gehandelt hat.[539] Im Fall der Wahlverteidigung können andere Verteidiger unterbevollmächtigt oder vom Beschuldigten mit einer eigenen Vollmacht nur für das Revisionsverfahren ausgestattet werden. Diese kann durch anwaltliche Versicherung nachgewiesen werden.[540]

Ist der **Angeklagte selbst Rechtsanwalt**, so genügt seine eigene Unter- 272
schrift;[541] nicht aber dann, wenn er nur zu den „anderen Personen" (auch den Hochschullehrern oder Referendaren[542]) gehört, die mit oder ohne gerichtliche Genehmigung zu Verteidigern gewählt oder bestellt werden können. Denn ein Angeklagter kann sich zwar selbst verteidigen, aber er wird dadurch nicht sein eigener „Verteidiger".[543]

Der durch den Angeklagten bevollmächtige Rechtsanwalt braucht die 273
Rechtfertigungsschrift nicht selbst entworfen zu haben; es genügt aber nicht, dass er einen fremden Entwurf, zum Beispiel eine Schrift des Angeklagten, mit einem „Beglaubigungs"- oder „Legalisierungs"-Vermerk versieht. Auch sind durchaus schon Fälle vorgekommen, in denen Verfahrensrügen als unzulässig zu behandeln waren, weil sie erkennbar nicht durch die Unterschrift des Rechtsanwalts gedeckt waren, oder dieser sich einen eindeutig vom Angeklagten stammenden Text nicht zu eigen machen wollte.[544] Die Revisionsbegründung darf weder in ihrem Text noch bei der Unterschrift irgendeinen Hinweis darauf enthalten, dass der Unterzeichnende sie nicht in ihrem ganzen **Inhalt verantworten** wolle.[545] *Franke* weist jedoch mit Recht darauf hin, dass es nicht angemessen wäre, aus Indizien, die auf bloßen Ungeschicklichkeiten oder Rechtsunkenntnis beruhen, schon auf die fehlende Übernahme der Verantwor-

**539** BGH, Urt. v. 13.8.2014 – 2 StR 573/13 = BGHSt 59, 284, 286 = NJW 2014, 3320, 3321; BGH, Beschl. v. 21.2.2017 – 3 StR 554/16 = NStZ-RR 2017, 186; BGH, Beschl. v. 5.10.2016 – 3 StR 268/16. Vgl. auch BGH, Beschl. v. 27.11.2019 – 5 StR 539/19 und BGH, Beschl. v. 16.1.2020 – 4 StR 279/19 = NStZ-RR 2020, 118.

**540** OLG Nürnberg, Beschl. v. 10.4.2007 – 2 St OLG Ss 10/07 = NJW 2007, 1767, 1768.

**541** LR-*Franke* § 345 StPO, Rn. 20 mwN.

**542** OLG Karlsruhe MDR 1971, 320.

**543** Vgl. BVerfG NJW 1980, 1677.

**544** Vgl. BGH, Beschl. v. 26.7.2005 – 3 StR 36/05; s. ergänzend auch BGH, Beschl. v. 13.1.2009 – 3 StR 24/06; BGH, Beschl. v. 23.4.2013 – 4 StR 104/13 = NStZ-RR 2013, 289; BGH, Beschl. v. 2.7.2014 – 4 StR 215/14 = NStZ-RR 2014, 320.

**545** LR-*Franke* § 345 StPO, Rn. 28; KK-*Gericke* § 345 StPO, Rn. 16; *Schneidewin* JW 1923, 345.

tung zu schließen.[546] Gewiss wird ein mit dem Revisionsrecht vertrauter Rechtsanwalt die überall in den Kommentaren zu lesende Warnung vor Formulierungen wie: „Auf ausdrücklichen Wunsch des Angeklagten wird vorgetragen …“[547] beachten. Aber immerhin wird dabei das dann Folgende ja noch vorgetragen, und es ist von einem Rechtsanwalt unterschrieben. Die Revisionsgerichte sollten hier durchaus großzügig sein und zwar die Nähe zur Unzulässigkeit erkennen, aber die Zulässigkeit noch annehmen. Von der Zulässigkeit kann aber beispielsweise dann nicht mehr ausgegangen werden, wenn der Rechtsanwalt unter eine vom Angeklagten verfasste und von diesem unterschriebene Schrift lediglich noch seinen Namen setzt, oder wenn er irgendeinen einschlägigen Zusatz macht, etwa: „als Pflichtverteidiger,“ „wegen Fristablaufs“, „auf Wunsch des Angeklagten“ (was sich hier nur auf die Unterzeichnung und den eigenen Vortrag bezöge). Auch wenn in einem eigenen Schriftsatz des Rechtsanwalts der Text so gefasst ist, dass jede Identifizierung des Unterzeichners mit seinem Inhalt erkennbar fehlt, ist die Revisionsbegründung insoweit unzulässig. Das kann unter Umständen schon dann der Fall sein, wenn eine Rüge eingeleitet wird mit der Formel: „Der Angeklagte fühlt sich durch folgende Verfahrensweise beschwert: …“.

274 Dass Revisionen nicht allein wegen bestimmter Zusätze vor der Unterschrift (wie „i.V.“) verworfen werden dürfen, ist inzwischen auch verfassungsgerichtlich festgestellt worden.[548] Die Entscheidung des BVerfG hat aber selbstverständlich nicht die gesetzlichen Regelungen über die Voraussetzungen der Zulässigkeit einer Vertretung bei der Unterzeichnung geändert.[549] § 53 BRAO bleibt hier von maßgeblicher Bedeutung. Schon früher hatte der BGH die Regel aufgestellt, dass ein mit „i.V.“ unterzeichnender Rechtsanwalt die Vermutung für

---

**546** LR-*Franke* § 345 StPO, Rn. 28. In BGH, Beschl. v. 17.11.1999 – 3 StR 385/99 = NStZ 2000, 211 werden Zweifel an der Zulässigkeit einer Revisionsbegründung unter Hinweis darauf angemeldet, dass sie von Seite 23a an das Schriftbild wechselt und „in einer laienhaften, zahlreiche Rechtschreib- und Grammatikfehlern enthaltenden Sprache“ weitere Rügen enthält, „deren Sinn vielfach nur sehr schwer zu verstehen ist. Dieser Teil der Begründung stammt offensichtlich nicht von dem Verteidiger.“

**547** Vgl. BGH, Beschl. v. 13.6.2002 – 3 StR 151/02 = NStZ-RR 2002, 309 („Der Angeklagte ist der Auffassung …“, „Wir fügen die von ihm … verfasste Stellungnahme bei, deren Inhalt wir zur Begründung der Revision wie folgt zusammenfassen …“). Trotz der vorangestellten allgemeinen Sachrüge hat der BGH die Revision als unzulässig verworfen.

**548** BVerfG, Beschl. v. 7.12.2015 – 2 BvR 767/15 = NJW 2016, 1570.

**549** Vgl. BGH, Beschl. v. 16.1.2020 – 4 StR 279/19 = NStZ-RR 2020, 118; BGH, Beschl. v. 21.2.2017 – 3 StR 554/16 = NStZ-RR 2017, 186; BGH, Beschl. v. 5.10.2016 – 3 StR 268/16; BGH, Beschl. v. 16.12.2015 – 4 StR 473/15.

sich beanspruchen kann, allgemeiner Vertreter i.S.v. § 53 Abs. 2 Satz 1 BRAO zu sein.[550]

Die Unterzeichnung auf einem **beigefügten Blatt** oder aufgeklebten Zettel 275
genügt nicht. Lediglich Zweifel an der Zulässigkeit hat der Bundesgerichtshof angemeldet in einem Fall, in dem ein Rechtsanwalt am letzten Tag der Revisionsbegründungsfrist eine aus 2.938 Blättern bestehende und in neun Ordnern abgeheftete Revisionsbegründung mit vom Angeklagten selbst verfassten Verfahrensrügen bei Gericht anbrachte und in einem aus 15 Zeilen bestehenden (als „Kurzfassung" bezeichneten) Schriftsatz „versicherte", „alle Revisionsgründe bearbeitet zu haben. Wir haben unsere Unterschrift auf die letzte Seite der neun Leitz-Ordner gesetzt".[551]

Das Gesetz verlangt die **Unterschrift** mit dem vollen bürgerlichen Namen. 276
Anders als bei der Revisionseinlegung genügt hier die Abkürzung durch Angabe nur des Anfangsbuchstabens also nicht; auch dann nicht, wenn die Person des Unterzeichnenden aus dem Briefkopf oder aus anderen Umständen (wie etwa dem Diktatzeichen) erkennbar ist. Die Unterschrift muss nicht lesbar sein, aber aus Schriftzügen bestehen, die ihre Herkunft von einem bestimmten Urheber ausreichend erkennen lassen.[552] Dass die Unterschrift eigenhändig geleistet sein muss, bedeutet u.a., dass ein Faksimile-Stempel nicht ausreicht.[553]

Dass die durch **Telefax** übermittelte Revisionsbegründungsschrift dem 277
Formerfordernis des § 345 StPO genügt, ist in der Rechtsprechung anerkannt.[554]

Als Folge der im Gesetz zur Einführung der elektronischen Akte[555] getroffe- 278
nen Regelungen wird in naher Zukunft auch die Einreichung von Revisionsbegründungsschriften durch **„elektronische Post"** an Bedeutung gewinnen.[556] Ein flächendeckendes System von elektronischen Behördenbriefkästen mit den erforderlichen Lese- und Prüfprogrammen für die nach dem Signaturgesetz verschlüsselten und authentifizierten Dokumente besteht noch nicht, so dass die

---

**550** BGH, Beschl. v. 22.8.2001 – 1 StR 354/01 = NStZ-RR 2002, 12; BGH, Beschl. v. 5.2.1992 – 5 StR 673/91 = NStZ 1992, 248.

**551** BGH NStZ 1984, 563.

**552** KK-*Gericke* § 345 StPO, Rn. 12.

**553** *Meyer-Goßner/Schmitt* Einl., Rn. 129; BGH NJW 1976, 966; BGH, Beschl. v. 15.10.1991 – 1 StR 462/91.

**554** KK-*Gericke* § 345 StPO, Rn. 17.

**555** Gesetz zur Einführung der elektronischen Akte in der Justiz und zur weiteren Förderung des elektronischen Rechtsverkehrs vom 5.7.2017 (BGBl. I, S. 2208). Hierzu: BT-Drs. 18/9146 und BT-Drs. 18/12203.

**556** Vgl. hierzu § 32 d S. 2 StPO n. F.; BT-Drs. 18/9146, S. 51. Zur Thematik allgemein: *Diwell*, in: Strafverteidigung im Rechtsstaat, 2009, S. 450 ff.

Vorteile der neuen Technik jedenfalls so lange nicht genutzt werden können, bis die auch für die Strafjustiz gültigen Rechtsverordnungen in Kraft getreten und umgesetzt sind.[557]

279 Zu warnen ist freilich davor, bis dahin den Versuch zu unternehmen, eine Revisionsbegründung, selbst wenn sie mit den gängigen Sicherheitsvorkehrungen wie Kennwortschutz oder auch selbst erstellte (und nicht nach dem Signaturgesetz als qualifiziert eingestufte) Signatur versehen ist, als „unterschriebene" PDF-Datei einer **E-Mail** anzuhängen, um dadurch die Frist zu wahren. Eine solche durch schlichte E-Mail übermittelte Revisionsbegründung genügt nicht den gesetzlichen Formerfordernissen.[558]

280 Im Gegensatz zur Unterschrift muss der Inhalt des unterzeichneten Schriftstücks vollständig lesbar sein. Dies wird insbesondere dann problematisch, wenn – was häufig geschieht – wegen der Kürze der zur Verfügung stehenden Zeit die im Rahmen von Verfahrensrügen weitgehend notwendige[559] vollständige Wiedergabe von Anträgen und Beschlüssen, wie sie in der Sitzungsniederschrift bzw. deren Anlagen enthalten sind, nicht durch Abschreiben erfolgt, sondern durch **„Einkopieren"** in die am Ende unterzeichnete Revisionsbegründungsschrift.[560] Sind auf diese Weise die überwiegenden Teile der Revisionsbegründungsschrift unlesbar (selbst wenn dies auf eine unleserliche Handschrift des Protokollführers oder Berichterstatters – etwa bei Gerichtsbeschlüssen – zurückzuführen ist), so kann dadurch die Revision insgesamt unzulässig werden.[561] Beschränkt sich der Lesbarkeitsmangel auf eine abgetrennte Rüge, so bleibt die Revision im Übrigen zulässig und muss zu einer Überprüfung des Urteils anhand der übrigen Rügen führen.

## III. Empfänger

281 Empfänger der Revisionsbegründung ist wie bei der Einlegung das **Gericht, dessen Urteil angefochten wird**, nicht das Revisionsgericht. Dagegen sollten

---

**557** Der aktuelle Stand lässt sich unter www.egvp.de in Erfahrung bringen, wo auch Hilfen und Software angeboten werden.

**558** *Meyer-Goßner/Schmitt* Einl., Rn. 139a; OLG Oldenburg, Beschl. v. 14.8.2008 – 1 Ws 465/08 = NJW 2009, 536. Vgl. aber auch OLG Rostock, Beschl. v. 6.1.2017 – 20 Ws 311/16; KK-*Paul*, § 314 Rn. 13.

**559** Vgl. hierzu unten Rn. 291 ff.

**560** Vgl. BGHSt 33, 44 = StV 1985, 135 m. Anm. *Hamm*; einschränkend OLG Hamm, Beschl. v. 24.8.2001 – 2 Ss 688/01 = NZV 2002, 139.

**561** *Meyer-Goßner/Schmitt* § 345 StPO, Rn. 14.

ergänzende Schriftsätze, die nach Ablauf der Revisionsbegründungsfrist lediglich noch Rechtsausführungen enthalten dürfen (namentlich die näheren Ausführungen zur zunächst nur allgemein erhobenen Sachrüge), dort eingereicht werden, wo sich zum betreffenden Zeitpunkt die Akten befinden. Das ist nach dem Gericht, dessen Urteil angefochten wird, zunächst der „Gegner des Beschwerdeführers" (§ 347 Abs. 1 StPO), also im Falle der Revision des Angeklagten die Staatsanwaltschaft. Von der Staatsanwaltschaft gehen die Akten zur Revisionsstaatsanwaltschaft. Das ist in den Fällen, in denen das Oberlandesgericht über die Revision zu entscheiden hat, die Generalstaatsanwaltschaft. In den Fällen, in denen der Bundesgerichtshof zu entscheiden hat, ist dies der Generalbundesanwalt. Dorthin werden die Akten gegebenenfalls durch Vermittlung des Generalstaatsanwalts gebracht, bei dem im Falle einer Revision der Staatsanwaltschaft die Akten länger, im Falle einer Revision des Angeklagten die Akten auch oft erstaunlich lange verweilen. Die **ergänzende Revisionsbegründung** mit den zusätzlichen Rechtsausführungen sollte möglichst so **rechtzeitig** eingereicht werden, dass die Revisionsstaatsanwaltschaft die Ausführungen für ihren Antrag beim Revisionsgericht noch berücksichtigen kann. Vor Einreichung des Schriftsatzes empfiehlt es sich dabei, telefonisch nachzufragen, wo sich die Akten gerade befinden.[562]

## B. Sachlicher Inhalt der Revisionsrechtfertigung

Die Rechtfertigung der Revision besteht aus zwei Teilen, dem Revisionsantrag 282
und der Revisionsbegründung. Eine den vorgeschriebenen Formen und dem Mindestinhalt entsprechende Rechtfertigungsschrift ist eine unabdingbare Zulässigkeitsvoraussetzung für die Revisionsinstanz. Fehlt die Begründung oder entspricht sie nicht den gesetzlichen Erfordernissen, so wird die Revision durch Beschluss als unzulässig verworfen. Dies gilt sogar dann, wenn eine allgemeine Verfahrensvoraussetzung fehlt oder ein Prozesshindernis vorliegt.[563] Denn nur ein zulässiges und wirksam angebrachtes Rechtsmittel verleiht dem übergeordneten Gericht die Befugnis, ein angefochtenes Urteil zu überprüfen und erforderlichenfalls in seinen Bestand einzugreifen. Der Beschluss ergeht deshalb grundsätzlich durch das Gericht, welches das angefochtene Urteil erlassen hat (§ 346 Abs. 1 StPO). Sodann kann aber durch den Beschwerdeführer noch in-

**562** Zum Gang des Revisionsverfahrens bis zur Entscheidung des Revisionsgerichts s. im Einzelnen unten Rn. 1697 ff.
**563** St. Rspr. seit BGHSt 16, 115 = NJW 1961, 1634.

nerhalb einer Frist von einer Woche ab Zustellung die Überprüfung durch das Revisionsgericht beantragt werden (§ 346 Abs. 2 StPO).

283 Der **Revisionsantrag** besteht in der Erklärung des Beschwerdeführers, inwieweit er das Urteil anfechte und dessen Aufhebung (oder Änderung) begehre (§ 344 Abs. 1 StPO). Schon die sprachliche Form des Antrages erweckt häufig Bedenken, ob dem Beschwerdeführer dessen verfahrensrechtliche Bedeutung ganz klar ist. Es geht nicht – wie im Zivilprozess – darum, einen erst in einer mündlichen Verhandlung zu stellenden Antrag anzukündigen. Die Formulierung: „Ich werde beantragen…" entspricht nicht der Rechtslage, die für die Zulässigkeit der Revision voraussetzt, dass bereits zum Zeitpunkt des Ablaufs der Revisionsbegründungsfrist der Revisionsantrag gestellt und begründet ist. Deshalb ist es sinnvoll und üblich, den Revisionsantrag gleichzeitig mit der Revisionsrechtfertigung (= Begründung) in ein und demselben Schriftsatz zu stellen.

284 Manche Revisionsgerichte haben früher an den Antrag sehr strenge Anforderungen gestellt und unter allen Umständen einen als solchen erkennbaren und genau formulierten Antrag verlangt. Die Anforderungen der heutigen Praxis sind wesentlich milder. Es wird als ausreichend angesehen, wenn aus dem sonstigen Inhalt der Revisionsschrift zu ersehen ist, **in welchem Umfang** das Urteil angefochten werden soll.[564] Sogar das vollständige Fehlen eines Antrages ist, wenn sich das Begehren eindeutig aus dem übrigen Inhalt der Revisionsbegründungsschrift ergibt, unschädlich.[565]

285 Der Antrag soll klarstellen, welcher Teil der Urteilsformel angegriffen wird; dass ein Angriff lediglich gegen die Gründe unzulässig ist, wurde bereits erörtert.[566] Zumindest aus dem Inhalt der Revisionsbegründungsschrift, besser aber aus einem bestimmt formulierten Antrag muss also ersichtlich sein, in welchem Umfang der Beschwerdeführer die Aufhebung oder Änderung der Urteilsformel erstrebt. Der Antrag kann etwa dahin lauten, „das angefochtene Urteil in vollem Umfang" oder „soweit der Angeklagte wegen Hehlerei verurteilt worden ist"

**564** *Dahs*, Revision, Rn. 72. In BGH, Urt. v. 11.6.2014 – 2 StR 90/14 = NStZ-RR 2014, 285 wurde bei einem Widerspruch zwischen einem auf vollständige Urteilsaufhebung gerichteten Antrag und einer nur den Rechtsfolgenausspruch angreifenden Begründung in einer Revision der Staatsanwaltschaft der Schuldspruch im Ergebnis als teilrechtskräftig behandelt. Strenger wurde in einem anderen Fall (BGH, Beschl. v. 10.12.2015 – 3 StR 363/15 = wistra 2016, 164, 165) das unklare Revisionsbegehren einer Staatsanwaltschaft ausgelegt (Unzulässigkeit der Revision, bei der nicht klar war, gegen welche von mehreren Angeklagten sie geführt werden sollte).

**565** LR-*Franke* § 344 StPO, Rn. 3; OLG Frankfurt, Beschl. v. 17.6.2016 – 1 Ss 381/15 = OLGST § 45 Nr. 19. Vgl. BGH, Beschl. v. 21.8.2019 – 3 StR 221/18 (zur Bedeutung der allgemeinen Sachrüge bei der Revision des Angeklagten).

**566** S. oben Rn. 94 ff.

oder „im Strafausspruch" oder „hinsichtlich des Berufsverbots" aufzuheben. Die im Falle der Aufhebung vom Revisionsgericht zu treffende weitere Entscheidung (Zurückverweisung nach § 354 Abs. 2 oder Freispruch nach § 354 Abs. 1 StPO) kann in den Antrag mitaufgenommen werden, das ist aber nicht zwingend erforderlich. Zweckmäßig ist der Antrag auf Freispruch durch das Revisionsgericht, wenn sich die Angriffe im Urteil auf einen Subsumtionsfehler beziehen und die Auffassung vertretbar ist, dass auch nach einer Zurückverweisung und Wiederholung der tatrichterlichen Hauptverhandlung keine Feststellungen zu erwarten sind, die unter einen Straftatbestand zu subsumieren sind.

Eine **Beschränkung der Revision** auf bestimmte Beschwerdepunkte sollte 286 im Antrag auf jeden Fall kenntlich gemacht werden. Fasst der Antrag die Beschränkung enger, als dies zulässig ist, so wird dadurch nicht die Revision, sondern nur die Beschränkung (insoweit) unwirksam. Das Revisionsgericht prüft dann also das Urteil in weiterem Umfang nach als beantragt. Ist etwa der Angeklagte wegen Betrugs in drei Fällen, darunter in einem Falle in Tateinheit mit Urkundenfälschung, verurteilt worden, und wird nur die Verurteilung wegen der Urkundenfälschung angegriffen, so prüft das Revisionsgericht auch den tateinheitlichen Betrugsfall, nicht aber auch die beiden anderen Betrugsfälle. Ist der Umfang der Anfechtung undeutlich, so gilt im Zweifel das Urteil als im weiteren Umfang angefochten. Wenn sich eine Eingrenzung dem Antrag nicht eindeutig entnehmen lässt, muss sich die revisionsgerichtliche Überprüfung auf das gesamte Urteil erstrecken.

In jedem Falle wird zur Auslegung des Antrages die ihm folgende Revisi- 287 onsbegründung herangezogen. Das gilt jedenfalls insoweit, als mit dem Antrag keine ausdrücklichen Erklärungen über die Beschränkung der Revision verbunden sind. Beginnt also die Revisionsrechtfertigung mit dem Satz: „Die Revision richtet sich gegen die Strafhöhe", und schließt sich sodann der Satz an: „beantragt wird die Aufhebung des Urteils", so wird der Antrag so gelesen, als stünde korrekterweise darin noch das Wort „insoweit". Folgen dann in der Revisionsbegründung kluge Ausführungen darüber, weshalb auch der Schuldspruch rechtsfehlerhaft ist, so gehen diese Ausführungen ins Leere. Fehlt dagegen die ausdrückliche Erklärung zur Beschränkung der Revision auf den Strafausspruch, so liegt diese nicht in der ungeschickten Formulierung des Antrages, „die Strafe aufzuheben", wenn die Revisionsbegründung zu erkennen gibt, dass auch der Schuldspruch beanstandet wird.

Umgekehrt kann sich aber auch eine nach dem Antrag scheinbar unbe- 288 grenzte Anfechtung als eine auf bestimmte Beschwerdepunkte beschränkte Revision bewerten lassen, wenn dies eindeutig aus der Revisionsbegründung folgt. Für Revisionen der Staatsanwaltschaft ist Nr. 156 Abs. 2 RiStBV zu beachten, wonach sie klar ersichtlich machen soll, in welchen Ausführungen des angefochtenen Urteils sie eine Rechtsverletzung erblickt, und auf welche Gründe sie ihre Rechtsauffassung stützt. Dies sollten auch Verteidiger berücksichtigen. Sie sollten insbesondere dann, wenn ihnen zur Konkretisierung der allgemein erhobenen Sachrüge nur bestimmte, nicht das ganze Urteil betreffende Einzelausführungen einfallen, diesen den Satz voranstellen: „Die Sachrüge wird unabhängig von den folgenden Ausführungen allgemein erhoben."

289 Das im Antrag oder aus der Revisionsbegründung deutlich werdende Begehren des Beschwerdeführers hinsichtlich der weiteren Sachbehandlung bindet das Revisionsgericht nicht. Es kann insbesondere auf Freisprechung erkennen, wenn nur Zurückverweisung beantragt ist, und umgekehrt.

290 Für die **Begründung des Antrages** schreibt das Gesetz (§ 344 Abs. 2 StPO) nur vor, dass aus ihr hervorgehen muss, ob das Urteil wegen Verletzung einer Rechtsnorm über das Verfahren oder wegen Verletzung einer anderen Rechtsnorm angefochten wird, und dass ersterenfalls die den Mangel enthaltenden Tatsachen angegeben werden müssen. Diese so einfach scheinende Vorschrift enthält eine Fülle von Schwierigkeiten, die den Beschwerdeführern immer wieder zum Verhängnis werden, weil sie manche an sich aussichtsreiche Revision zum Scheitern bringen. Grundaussage der Vorschrift ist, dass die **Sachrüge** nicht ausgeführt werden muss.[567] Damit ist eine weitere Begründung der Sachrüge freilich nicht verboten. Sie kann dazu dienen, dem Revisionsgericht Probleme vor Augen zu führen. Die Verfahrensrüge bedarf hingegen einer ausgeführten Begründung.

291 Die Begründung der Revision muss **aus sich selbst heraus verständlich** sein. Sie darf also nicht auf frühere Eingaben, auf eine beigefügte Schrift des Angeklagten, auf Beiakten oder beigefügte Urkunden, auf die Revisionsbegründung eines Mitangeklagten oder Gegners, auf das Sitzungsprotokoll oder gar allgemein auf „Aktenkundiges" Bezug nehmen, statt die dort enthaltenen Ausführungen selbst vorzutragen. Es reicht auch nicht aus, dass der vollständige Inhalt zum Beispiel des betreffenden Teils der Sitzungsniederschrift zwar abgeschrieben, aber mit dem Satz eingeleitet wird: „Im Hauptverhandlungsprotokoll ist Folgendes vermerkt: ...". Damit wird nämlich nicht die protokollierte Tatsache als solche gegenüber dem Revisionsgericht behauptet, sondern nur, dass die Verfahrenstatsachen so protokolliert sind. Der Verfahrensfehler liegt aber

567 In seltenen Fällen scheitert sogar die Sachrüge am Fehlen einer entsprechend auslegungsfähigen Erklärung. Ein Beispiel ist BGH, Beschl. v. 1.8.2013 – 2 StR 242/13. S. auch BGH, Beschl. v. 21.3.2019 – 3 StR 88/19 und zu den Mindestvoraussetzungen für eine Sachrüge: BGH, Beschl. v. 19.6.2019 – 5 StR 107/19; BVerfG, Beschl. v. 1.2.2017 – 2 BvR 2438/15.

nicht im Vorgang der Protokollierung, sondern im protokollierten Vorgang selbst.

Die Rechtsprechung ist in dieser Frage sehr förmlich und sollte vorsichtig gelockert werden. Entscheidend sollte sein, ob klar und eindeutig zu erkennen ist, was der Beschwerdeführer vortragen will. Andererseits wäre es ein Missbrauch, wenn er sich mit Hilfe von Verweisungen das eigene Nachdenken ersparen wollte. Hier sollte die Grenze gezogen werden. Bei dem gegenwärtigen Stand der Rechtsprechung muss jedoch jedem Beschwerdeführer dringend geraten werden, auf Bezugnahmen und Verweisungen völlig zu verzichten. Kommt es – etwa für eine Aufklärungsrüge – auf den Inhalt umfangreicher Schriftstücke, etwa ganzer Akten, auch nur möglicherweise an, so scanne man sie ab und füge sie an der Stelle in die Begründungsschrift ein, an der man sie erwähnt – man füge sie also insbesondere **nicht als Anlage** bei. Sie müssen von der Unterschrift des Verteidigers gedeckt sein. Es ist nicht zu bestreiten, dass dadurch manche Revisionsbegründung einen schier ungehörigen Umfang annehmen kann, so dass die Lesbarkeit und Übersichtlichkeit leidet. Aber das könnte nur die Rechtsprechung ändern, indem sie § 344 Abs. 2 StPO anders auslegt. 292

Die Revisionsgerichte sollten auch bedenken, ob sie daran festhalten, mehreren Angeklagten, deren Interessen parallel gerichtet sind, weil ihnen die gleiche Tat vorgeworfen worden ist, die sie auch nur entweder gemeinsam oder überhaupt nicht begangen haben, wirklich immer noch zuzumuten, dass manchmal mehrere hundert Seiten starke Revisionsbegründungsschriften gleichlautend mehrfach, das heißt für jeden Mitangeklagten im vollständigen Wortlaut eingereicht werden müssen. In Fällen, in denen Nebenkläger in größerer Zahl am Verfahren beteiligt sind, müssen alle diese im Wortlaut gleichlautenden Revisionsbegründungschriften der Verteidigung an alle Nebenkläger zugestellt werden. Damit ist ein völlig unsinniger Schreib-, Kopier- und Versendungsaufwand verbunden. 293

Eine Lösung könnte darin liegen, die Bezugnahme auf Revisionsbegründungsschriften, die für Mitangeklagte eingereicht werden, zu gestatten. Das durch die Rechtsprechung aus § 345 Abs. 2, 1. Alt. StPO nicht zwingend hergeleitete Verbot stammt noch aus der Zeit, als die gemeinschaftliche Verteidigung mehrerer Beschuldigter bei gleichgerichteten Interessen durch einen Verteidiger zulässig war.[568] Damals lösten sich die hier beschriebenen technischen Prob- 294

568 Das Verbot der Mehrfachverteidigung in § 146 StPO in der heutigen Fassung wurde durch das Gesetz v. 20.12.1974 (BGBl. 1974 I, 3686) eingeführt.

leme dadurch von selbst, dass für mehrere Angeklagte derselbe Verteidiger nur eine Revisionsbegründungsschrift einzureichen brauchte.

295 Ein Problem besteht aber darin, wie die Rechtsprechung zu einer Überprüfung ihres Standpunktes veranlasst werden könnte. Dazu bedürfte es einer Revision mehrerer Angeklagter, bei der einer den Mut hätte, die Verwerfung als unzulässig in Konsequenz der bisherigen Rechtsprechung zu riskieren. Dass jemand dieses Risiko sehenden Auges eingeht, ist nicht anzunehmen, und es kann natürlich hier auch nicht empfohlen werden. Helfen könnte also nur ein Fall, in dem ein Verteidiger aus Rechtsunkenntnis den Fehler gemacht hat, sich auf die vom Verteidiger eines anderen Angeklagten ausführlich und ordnungsgemäß dargelegte Verfahrensrüge zu beziehen, die auch zur Aufhebung des Urteils führt, und die dem betreffenden Senat Anlass gäbe, sie als für beide Angeklagte wirksam erhoben anzuerkennen.

296 Für eine solche Rechtsprechungsentwicklung gibt es bereits Ansätze. So heißt es in einer Entscheidung aus dem Jahre 1997: „Die Rechtsmittel sind auf die Rüge eines Verstoßes gegen § 338 Nr. 7 StPO i.V.m. § 275 StPO und auf die allgemein angebrachte Sachbeschwerde gestützt. Sie haben mit der zulässig erhobenen Verfahrensrüge der verspäteten Urteilsabsetzung, der der Generalbundesanwalt beigetreten ist, Erfolg. Die Darstellung der Verfahrensrüge in einem von beiden Verteidigern unterschriebenen Schriftsatz ist nicht nur rechtlich unbedenklich, sondern durchaus sachgerecht, soweit – wie hier – sich aus dem Schriftsatz zweifelsfrei ergibt, dass jeder Verteidiger für seinen Mandanten den Inhalt verantwortet."[569]

297 Und in einem Urteil aus dem Jahre 2006 wird diese zulässige Methode zu der nicht zulässigen bloßen Bezugnahme auf fremde Schriftsätze wie folgt abgegrenzt: *„Hinsichtlich der für die Angeklagte A.R. erhobenen Verfahrensrügen, die von der Revision nur abstrakt gekennzeichnet sind (z.B. ‚Verletzung der Aufklärungspflicht gemäß § 244 Abs. 2 StPO‘; ‚Verletzung des Unmittelbarkeitsgrundsatzes, § 250 StPO‘), ist zur Begründung ausschließlich „auf die Revisionsbegründung des Kollegen St." (Verteidiger der Angeklagten H.R.) verwiesen, dessen Ausführungen ‚zum Inhalt … eigenen Vortrags‘ gemacht würden."*

298 Der BGH führt weiter aus: *„Der Generalbundesanwalt hat zu Recht darauf hingewiesen, dass die bloße Bezugnahme auf Ausführungen eines anderen Verfahrensbeteiligten den Anforderungen an die ordnungsgemäße Begründung von Verfahrensrügen (§ 344 Abs. 2 Satz 2 StPO) nicht genügt … Die von der Revision in diesem Zusammenhang angesprochene Gefahr einer „Aufblähung der Verfah-*

---

**569** BGH, Urt. v. 12.8.1997 – 1 StR 449/97 = NStZ 1998, 99 m. zust. Anm. *Widmaier.*

*rensakten" ist damit nicht notwendig verbunden. Die Darstellung von Verfahrensrügen in nur einem von mehreren Verteidigern mehrerer Angeklagter gemeinsam eingereichten und gemeinsam unterzeichneten Schriftsatz ist ohne weiteres möglich (...).*"[570]

Daraus folgt jedenfalls die Zulässigkeit eines inzwischen unter Revisionsanwälten eingebürgerten Verfahrens: Die Verteidiger mehrerer Revisionsführer verfassen eine gemeinsame Revisionsbegründungsschrift unter einem ad hoc hergestellten gemeinsamen Briefkopf, auf dem jeweils nur die bevollmächtigten Anwälte mit dem Firmenlogo und den Kontaktdaten der jeweiligen Kanzlei und einem Zusatz „als Verteidiger des Angeklagten XY" erscheinen. Am Ende des Schriftsatzes ist dann noch einmal bei den einzelnen Unterschriften der Zusatz „als Verteidiger des ..." angebracht, nachdem in der Eingangsformel ebenfalls klargestellt war, dass es sich um eigentlich mehrere Anfechtungen mit je gleichlautenden Angriffen gegen dasselbe (eben auch alle Angeklagten betreffende) Urteil handelt. 299

Die Revisionsbegründung muss insgesamt und hinsichtlich der einzelnen Rügen bestimmt und ohne an Bedingungen geknüpft vorgebracht werden. Auch „hilfsweise" erhobene Rügen sind unzulässig, werden aber im Regelfall als kumulativ erhobene Beanstandungen in dem Sinne zu verstehen sein, dass mit der unglücklichen Formulierung („hilfsweise") gemeint ist, dass jedenfalls die folgende Rüge auch dann durchgreifen müsste, wenn die zuvor ausgeführte den Senat nicht überzeugen sollte. Klarer kommt dies aber zum Ausdruck, wenn jede einzelne Verfahrensrüge je für sich formuliert wird und alle nach § 344 Abs. 2 Satz 2 StPO erforderlichen Angaben enthält. Denn der Verfasser der Revisionsbegründungsschrift muss auch zu erkennen geben, dass er zu allen seinen Beanstandungen steht, das heißt, dass er den (verfahrensrechtlichen) **Rechtsfehler bestimmt behaupten** will. Es reicht also nicht aus, lediglich Zweifel an der Rechtmäßigkeit anzumelden oder „um Nachprüfung zu bitten", ob ein Verstoß gegen das geltende Recht vorliegt.[571] Dies gilt nicht für einzelne rechtliche Aspekte der Sachrüge, wenn diese nur allgemein klar genug erhoben ist. Denn das Gesetz enthält keine weitergehenden Zulässigkeitsvoraussetzungen, so dass der Revisionsführer darauf vertrauen darf, dass das Gericht von Amts wegen das Urteil auf sachlich-rechtliche Fehler hin überprüfen wird. Da können einzelne Hinweise auch auf Zweifelsfragen hilfreich, aber eben auch nicht notwendig und somit auch nicht schädlich sein. Dagegen genügt bei der Verfahrensrüge 300

**570** BGH, Beschl. v. 10.1.2006 – 1 StR 527/05 = NJW 2006, 1220 = wistra 2006, 235 = NStZ-RR 2007, 55 = StV 2008, 10.

**571** KK-*Gericke* § 344 StPO, Rn. 33; BGHSt 12, 33 = NJW 1958, 1692.

ein in sich widersprüchlicher Vortrag der Verfahrenstatsachen, der letztlich auf die Zumutung an das Revisionsgericht hinausläuft, erst selbst zu ermitteln, wie eigentlich verfahren worden ist, den Anforderungen des § 344 Abs. 2 S. 2 StPO nicht.[572]

301 Wichtig ist auch die klare Trennung zwischen Sachrüge und Verfahrensbeanstandungen. Erschöpfen sich die Ausführungen zur Sachrüge in Angriffen gegen das vom Tatgericht praktizierte Verfahren, wird der als Sachrüge bezeichnete Vortrag als Verfahrensrüge ausgelegt. Genügt diese dann nicht den Vorschriften des § 344 Abs. 2 S. 2 StPO, ist regelmäßig die gesamte Revision unzulässig.

302 Für die **Revisionsbegründungsschrift des Nebenklägers** gilt die Besonderheit, dass aus ihr eindeutig hervorgehen muss, ob der gerügte Rechtsfehler ein Delikt betrifft, dessen Verfolgung zur Nebenklage berechtigt. Das führt zum Beispiel dazu, dass die Rechtsprechung, wonach bei der Revision des Angeklagten schon die Erhebung der allgemeinen Sachrüge die Erklärung, dass das Urteil insgesamt angefochten wird, ersetzen kann,[573] auf die Revision des Nebenklägers nicht ohne Weiteres übertragbar ist. Nur wenn sich der Umfang der Anfechtung aus der Begründung der Revision eindeutig ergibt, kann auch in der Revision der Nebenklage dies den Antrag ersetzen.[574] Wurde der Angeklagte wegen eines den Nebenkläger zum Anschluss berechtigenden Delikts verurteilt, und erhebt der Nebenkläger nur die allgemeine Sachrüge ohne konkreten Antrag, so ist seit der Änderung des § 400 StPO durch das Opferschutzgesetz[575] zur Zulässigkeit der Revision der Nebenklage erforderlich, dass die Revisionsbegründungsschrift die Beachtung dieser gesetzlichen Grenzen erkennbar macht.[576]

---

**572** Anschauliches Beispiel: BGH, Beschl. v. 19.10.2005 – 1 StR 117/05 = StV 2006, 567 (m. Anm. *Beulke/Barisch* zu anderer Thematik).

**573** Vgl. dazu auch *Gribbohm* NStZ 1983, 97.

**574** BGH, Beschl. v. 8.12.2015 – 3 StR 445/15; BGH, Beschl. v. 2.8.2016 – 2 StR 454/15 = NStZ-RR 2016, 351 (Ls.).

**575** Gesetz v. 18.12.1986 (BGBl. 1986 I, 2496).

**576** BGH, Beschl. v. 5.11.2013 – 1 StR 518/13 = NStZ-RR 2014, 117.

# Teil 6: Verfahrensrügen

**Literatur (Auswahl):** *Bauer* Die »Angriffsrichtung« des Widerspruchs, StV 2011, 635; *Blomeyer* Revisibilität von Verfahrensfehlern im Strafprozess JR 1971, 142; *Bohltert* Ordnungsvorschriften im Strafverfahren, NStZ 1982, 5; *Cierniak/Niehaus* Aus der Rechtsprechung des BGH zum Strafverfahrensrecht, NStZ-RR 2018, 129, 166, 193; *Cirener/Herb* Die Zulässigkeit von Verfahrensrügen in der Rechtsprechung des BGH, NStZ-RR 2018, 97, 131; *Fezer* Die „Herabstufung" eines Beweisantrags in der Revisionsinstanz – Zugleich eine Kritik am sog. Konnexitätsprinzip, FS Meyer-Goßner, 2001, S. 629; *Frisch* Wandel der Revision als Ausdruck geistigen und gesellschaftlichen Wandels, FS Fezer, 2008, S. 353; *El Ghazi,* Die Anforderungen an die Begründung einer Verfahrensrüge – oder: „die den Mangel enthaltenden Tatsachen" ZStW 125 (2013), 862; *Hebenstreit* Gedanken zur Alternativrüge, FS Widmaier, 2008, S. 267; *Jähnke* Zur Abgrenzung von Verfahrens- und Sachrüge, FS Meyer-Goßner, 2001, S. 559; *Jescheck* Die Verwirkung von Verfahrensrügen im Strafprozess, JZ 1952, 400; *Knauer* Vom Wesen und Zweck der Revision, NStZ 2016, 1; *Leitner* Das Protokoll im Strafverfahren – Eine wechselvolle Geschichte, FS Hamm, 2008, S. 405; *Mehle* Die „Relativierung" der absoluten Revisionsgründe – vom Niedergang der Formstrenge, FS Dahs, 2005, S. 381; *Meyer-Goßner* Fehlerhaft beschiedene Beweisanträge, Erfolgschancen von Aufklärungsrügen – Aufklärungspflicht des Gerichts, Aufklärungsbereitschaft der Verteidigung, in: Die revisionsgerichtliche Rechtsprechung des BGH, Bd. 3 der Schriftenreihe der Arbeitsgemeinschaften des DAV, 1987, S. 122 ff.; *Niemöller* Die strafrichterliche Beweiswürdigung in der neueren Rechtsprechung des Bundesgerichtshofs, StV 1984, 431; *ders.* Besetzungsrüge und „Willkürformel", in: Die revisionsgerichtliche Rechtsprechung der Strafsenate des BGH, Bd. 3 der Schriftenreihe der Arbeitsgemeinschaften des DAV, 1987, S. 78, StV 1987, 311; *ders.* Der Kontinuitätsgrundsatz – ein unentdecktes Prinzip des Beweisantragsrechts, FS Hamm, S. 537 ff.; *ders.* Beruhensprüfung bei Verfahrensfehlern, NStZ 2015, 489; *Norouzi* Die Angriffsrichtung der Verfahrensrüge – Grund und Grenzen, NStZ 2013, 203; *Ritter* Die Begründungsanforderungen bei der Erhebung der Verfahrensrüge gemäß § 344 Abs. 2 Satz 2 StPO, Berlin 2007; *Rosenau* Die Revision – Qualitätskontrolle und Qualitätssicherung im Strafverfahren, FS Widmaier, 2008, S. 521; *Rudolphi* Die Revisibilität von Verfahrensmängeln im Strafprozess, MDR 1970, 93; *Schäfer* Die Abgrenzung der Verfahrensrüge von der Sachrüge, FS Rieß, 2002, S. 477; *Schlothauer* Zur Immunisierung tatrichterlicher Urteile gegen verfahrensrechtlich begründete Revisionen – Zum Vorlagebeschluss des 1. Strafsenats des Bundesgerichtshofs vom 23.8.2006 – 1 StR 466/05 und zum Urteil des 3. Strafsenats vom 11.8.2006 – 3 StR 284/05, FS Hamm, 2008, S. 655; *W. Schmid* Die „Verwirkung" von Verfahrensrügen im Strafprozess, 1967; *Widmaier* Wohin entwickeln sich die absoluten Revisionsgründe? FS Hanack, S. 77 ff.

## A. Allgemeines zum notwendigen Rügevorbringen (§ 344 Abs. 2 S. 2 StPO)

Zahlreiche Verfahrensrügen scheitern daran, dass die von den Revisionsgerichten sehr streng gehandhabten Anforderungen des § 344 Abs. 2 S. 2 StPO nicht erfüllt sind. Das ist vermeidbar, wenn sich der Bearbeiter der Revisionsbegründung einen Revisionsrichter vorstellt, dem bestenfalls zwei Schriftstücke zugänglich wären: Die soeben entstehende Revisionsrechtfertigungsschrift und 303



https://doi.org/10.1515/9783110444339-007

das angefochtene Urteil. Man stelle sich weiterhin vor, der Revisionsrichter müsse erst einmal unterstellen, alle in der Revisionsrechtfertigungsschrift geschilderten Verfahrensvorgänge seien bereits bewiesen,[577] und er müsste nun darüber entscheiden, ob jene Verfahrensabläufe, die in der Revisionsbegründungsschrift möglichst wörtlich mitgeteilt sind, gegen geltendes Verfahrensrecht verstoßen haben. Der Revisionsrichter wollte aus der Begründung auch noch erfahren, gegen welche Vorschrift oder welche Regel das Tatgericht nach Auffassung des Beschwerdeführers verstoßen haben soll, denn der BGH lässt hier ausnahmsweise den Satz „jura novit curia" nicht gelten. Deshalb genügt es nicht, nach der Wiedergabe der Verfahrenstatsachen die Rüge mit dem pauschalen Satz abzuschließen: „Damit hat das Gericht gegen geltendes Verfahrensrecht verstoßen." Vielmehr muss auch gesagt werden, welches Alternativverhalten der Verfasser der Revisionsbegründung als geboten angesehen hätte. Er muss also die rechtliche **„Angriffsrichtung"** seiner Rüge benennen. Dies folgt eigentlich nicht unmittelbar aus dem Gesetz, wird aber in ständiger Rechtsprechung vorausgesetzt.[578] Und schließlich stelle man sich als letzten Prüfungsschritt noch vor, dass sich das Revisionsgericht fragen wird, ob der so begründete Verfahrensfehler, wenn er denn auch bewiesen werden sollte, das Urteil beeinflusst haben kann. Zu dieser **Beruhensfrage** bedarf es zwar keiner ausdrücklichen Ausführungen. Sie sind jedoch stets empfehlenswert, wenn zu befürchten ist, dass sich dem Revisionsgericht die Frage aufdrängt, ob denn das Urteil hätte anders ausfallen können, wenn das Gericht das Verfahren so gestaltet hätte, wie es der Beschwerdeführer als ordnungsgemäß reklamiert.

304 Die Verfahrensvorgänge, in denen der Rechtsverstoß gesehen wird, müssen so genau dargelegt und bestimmt behauptet werden, dass das Revisionsgericht die Schlüssigkeit des Vorwurfs **ohne Rückgriff auf andere Schriftstücke** als

---

**577** Dass in Wirklichkeit der später mit der Revision befasste Berichterstatter des Senats zumeist noch zwei weitere schriftliche Stellungnahmen vorliegen haben wird (die Gegenerklärung der örtlichen Staatsanwaltschaft nach § 347 Abs. 1 Satz 3 StPO und die Antragsschrift der dem Revisionsgericht zugeordneten Staatsanwaltschaft gem. § 349 StPO), sollte der Verteidiger erst nur in dem Sinne berücksichtigen, dass er mit der Aufdeckung von Fehlern, Lücken und Widersprüchen in seinem Sachvortrag rechnet und derartige Mängel vermeidet.

**578** BeckOK-StPO/*Wiedner* § 344 StPO, Rn. 53 ff.; vgl. auch SK-StPO/*Frisch* § 344 StPO, Rn. 45. Bedenken gegen das Erfordernis, die (richtige) Angriffsrichtung in der Revisionsbegründung kenntlich zu machen bei *Norouzi* NStZ 2013, 203. Kritisch auch zum Erfordernis, die Angriffsrichtung im Rahmen der Widerspruchslösung zu benennen (s. dazu unten Rn. 1298 ff.) *Bauer* StV 2011, 635.

eben die Revisionsbegründung und das Urteil überprüfen kann.[579] Dabei genügt es nicht, dass der Verstoß als möglich oder als wahrscheinlich bezeichnet wird.[580] Dass nach der Schlüssigkeitsprüfung das Revisionsgericht zum Zwecke der Beweiserhebung (Freibeweis) doch noch in die Akten schauen darf und oft auch muss, sollte der Bearbeiter der Revisionsbegründung zunächst nur insoweit in Betracht ziehen, als er Hinweise auf die Fundstellen der in der Revisionsbegründungsschrift bereits wörtlich zitierten oder als eingefügte Scans abgebildeten Dokumente geben kann. Diese Hilfe für die Überprüfung durch das Revisionsgericht darf aber nicht als Ersatz für den Tatsachenvortrag selbst verstanden werden.[581] Solche reinen Fundstellenhinweise dürfen sich also nicht in „Bezugnahmen" erschöpfen, sondern können nur Belege für die Richtigkeit des selbst im Text wiedergegebenen Vorgangs sein. Wer etwa unter Hinweis auf das Hauptverhandlungsprotokoll nur behauptet, dass dort ein bestimmter Vorgang niedergeschrieben ist, begeht einen doppelten Fehler: Er versäumt zu behaupten, dass jener Vorgang auch tatsächlich stattgefunden hat und er erweckt den Eindruck, dass er den Rechtsfehler in dem Beurkundungsvorgang sieht. Wer dann auch noch zusätzlich beanstandet, dass sich in Wahrheit das Geschehen ganz anders abgespielt hat als es nach dem Protokolleintrag den Anschein hat, übersieht, wenn es sich um eine gesetzlich vorgeschriebene Förmlichkeit handelt, die absolute Beweiskraft des § 274 Satz 1 StPO.

Bei der Frage, ob der Vortrag der Verfahrenstatsachen vollständig ist, emp- 305
fiehlt es sich auch, den Rechtsfehler gedanklich als gegeben zu unterstellen, um dann alle Einzelumstände zusammenzutragen, die ihn begründen.[582] Man sollte auch nicht glauben, dass der Revisionsführer irgendeinen Umstand, von dem man annimmt, dass das Revisionsgericht, das durch die Angabe der Seitenzahl

**579** KK-*Gericke* § 344 StPO, Rn. 38; BeckOK-StPO/*Wiedner* § 344 StPO, Rn. 50; vgl. schon BGHSt 3, 213 = NJW 1952, 1386; BGHSt 22, 169, 172 = NJW 1968, 1684; BGH, Urt. v. 31.1.1991 – 1 StR 652/90 = NStZ 1992, 29 (bei *Kusch*). In BGH, Beschl. v. 3.5.2017 – 3 StR 498/16, Rn. 11 = StraFo 2018, 30 wird sogar Rügevortrag vermisst, der nach dem Vorbringen der Revision auf Grund der Unvollständigkeit der Akten nicht möglich war (zu dieser Entscheidung *Lantermann* StraFo 2018, 12).

**580** KK-*Gericke* § 344 StPO, Rn. 33.

**581** Zur Entstehungsgeschichte des § 344 Abs. 2 StPO *Hahn/Mugdan*, Die gesamten Materialien zu den Reichsjustizgesetzen, Bd. III, S. 253: „In keinem Falle kann es die Aufgabe des Revisionsrichters sein, die Akten behufs Auffindung solcher Tatsachen durchzusehen, welche der aufgestellten Rüge etwa zur Grundlage dienen könnten.".

**582** Umgekehrt braucht das Revisionsgericht all diejenigen Umstände nicht zu kennen, die nur „irgendwie" auch geschehen sind, ohne dass sie für die Begründetheit der Rüge relevant wären. S. z.B. BGH, Beschl. v. 11.7.2018 – 2 StR 497/17.

z.B. des Hauptverhandlungsprotokolls ihn dann ja „ohnehin sieht", in der Revisionsbegründungsschrift verschweigen kann. Das Revisionsgericht wird nämlich von dem betreffenden Verfahrensvorgang gerade keine Kenntnis nehmen, und zwar weil er in der Revisionsbegründungsschrift nicht behauptet und in seinen die Rüge tragenden Teilen auch nicht wörtlich wiedergegeben wurde.

306 Bis dahin wäre die Sache immer noch einfach und leicht zu handhaben, wenn nicht folgendes Problem hinzukäme: Verfahrensvorschriften, deren Verletzung geltend gemacht wird, enthalten wie die meisten gesetzlichen Vorschriften nur selten aus sich allein heraus verständliche Ge- oder Verbote. Meist sind sie Bestandteile eines mehrschichtigen Regel-Ausnahme-Systems. Als Beispiel mögen hier die Vorschriften über den **Urkundenbeweis** dienen: Nach der Regel des § 249 StPO werden Urkunden in der Hauptverhandlung verlesen. Eine Urkunde darf aber nach der Ausnahmevorschrift des § 250 S. 2 StPO dann nicht verlesen werden, wenn es sich um ein Protokoll handelt, dessen Verlesung die persönliche Vernehmung des früher Vernommenen ersetzen soll. Als Rückausnahme davon bestimmt § 251 StPO, dass unter bestimmten Umständen auch solche Protokolle verlesen werden dürfen. Als „Ausnahme von der Ausnahme von der Ausnahme" regelt § 252 StPO wiederum ein Verbot der Verlesung, auch wenn die Voraussetzungen des § 251 StPO vorliegen.

307 Wer nun glaubt, eine Verletzung des Verfahrensrechts schon dadurch schlüssig geltend machen zu können, dass er von einer genau bezeichneten und im Wortlaut in der Revisionsbegründungsschrift wiedergegebenen Urkunde behauptet, sie sei in der Hauptverhandlung nicht oder zu Unrecht doch verlesen worden, und dadurch sei geltendes Verfahrensrecht verletzt worden, drängt dem Revisionsgericht mehr Fragen als Antworten auf. Auch wenn aus der in der Revisionsbegründungsschrift mitgeteilten Urkunde eindeutig erkennbar ist, dass es sich um ein Vernehmungsprotokoll handelt, lässt sich allein daraus noch nichts über die Zulässigkeit der Verlesung oder Nichtverlesung herleiten. Es müssen also noch alle zusätzlichen Verfahrenstatsachen „mitbehauptet" werden, deren Kenntnis notwendig ist, um entscheiden zu können, ob die Urkunde hätte verlesen werden müssen bzw. nicht hätte verlesen werden dürfen. Erst bei Betrachtung des gesamten Aufbaus des Regel-Ausnahme-Systems und des konkreten Charakters und Inhalts der betreffenden Urkunde sowie der die Entscheidung des Gerichts (nicht) tragenden Informationen lässt sich die Frage beantworten, ob die Verlesung ge- oder verboten war.

308 Es kommt hinzu, dass z.B. § 251 Abs. 1 Nr. 1 und Abs. 2 Nr. 3 StPO erlauben, die Vernehmung eines Zeugen durch die Verlesung eines Protokolls über seine frühere (im Falle des Abs. 2 richterliche) Vernehmung zu ersetzen, wenn „der Staatsanwalt, der Verteidiger und der Angeklagte mit der Verlesung einverstanden sind". Wird nun gerügt, eine Urkunde hätte nicht verlesen werden dürfen,

so muss die Revisionsbegründung auch diese „Negativtatsache“ (das Fehlen des Einverständnisses) mitteilen.

Denn der Vortrag, ein in der Revisionsbegründung abgebildetes Protokoll 309
über eine polizeiliche Vernehmung eines Zeugen sei verlesen worden, besagt noch nichts darüber, ob dies zulässig war. Auch die Erwähnung des Umstandes, dass der Zeuge selbst nicht in der Hauptverhandlung vernommen worden ist, und dass seine Vernehmung durch die Verlesung des früher aufgenommenen Polizeiprotokolls entgegen § 250 StPO ersetzt wurde, lässt noch die Möglichkeit offen, dass diese Ersetzung gerade zulässig war, weil die Voraussetzungen des § 251 Abs. 1 Nr. 1 oder Abs. 2 Nr. 3 StPO vorlagen. Deshalb gehört zu einem vollständigen Vortrag auch die Mitteilung der („negativen“) Tatsache, dass die erforderlichen Einverständniserklärungen nicht vorlagen und dass einer Vernehmung des Zeugen durch das erkennende Gericht auch keine sonstigen Hinderungsgründe entgegenstanden. Die weitere „Negativtatsache“, dass die Niederschrift oder Urkunde nicht nur das Vorliegen oder die Höhe eines Vermögensschadens betraf (§ 251 Abs. 1 Nr. 4 StPO), braucht dagegen nicht noch einmal eigens hervorgehoben zu werden, wenn sie sich aus dem vollständig mitgeteilten Inhalt der Urkunde ohne Weiteres ergibt.[583]

Dass der Angeklagte nach den Plädoyers der Staatsanwaltschaft und der 310
Verteidigung nicht „befragt“ worden ist, „ob er selbst noch etwas zu seiner Verteidigung anzuführen hat“, ist der für die Rüge der Verletzung des § 258 Abs. 3 StPO vollständige Vortrag aller zur Prüfung des Verfahrensfehlers notwendigen Tatsachen. Dass die theoretische Möglichkeit, der Angeklagte könne sich ungefragt zu Wort gemeldet und dann noch stundenlange Ausführungen gemacht haben, im Revisionsvortrag unerwähnt geblieben ist, gefährdet die Zulässigkeit der Rüge nicht einmal dann, wenn etwa die Staatsanwaltschaft in ihrer Gegenerklärung nach § 347 StPO Derartiges behauptet, solange das nach § 274 StPO dafür als alleiniges Beweismittel maßgebliche Sitzungsprotokoll darüber schweigt und auch nicht den allgemeinen Eintrag enthält: „Der Angeklagte hatte das letzte Wort.“[584]

**583** Vorsicht ist freilich geboten, wenn die betreffende Urkunde neben den Angaben z.B. über die Reparaturkosten eines PKW in einer Verkehrsstrafsache auch weitere Informationen eines Zeugen enthält. Dann kam eine Teilverlesung nach § 251 Abs. 1 Nr. 4 StPO in Betracht (*Meyer-Goßner/Schmitt* § 251 StPO, Rn. 12; BeckOK-StPO/*Ganter* § 251 StPO, Rn. 23). Soll beanstandet werden, dass auch der die Frage des Vermögensschadens nicht betreffende Inhalt verlesen wurde, so dass insoweit eine nach § 250 StPO verbotene Ersetzung stattfand, muss dies ausdrücklich so kenntlich gemacht werden. Für eine insgesamt restriktive Auslegung des § 251 Abs. 1 Nr. 4 StPO: SK-StPO/*Velten* § 251 StPO, Rn. 22; *Knauer/Wolf* NJW 2004, 2936; *Neuhaus* StV 2005, 52.
**584** Zur Frage der Protokollberichtigung in derartigen Fällen s. unten Rn. 394 ff.

311 Insbesondere wegen der sehr hoch gesteckten Anforderungen an den Vortrag solcher **Negativtatsachen** hat die Rechtsprechung Kritik erfahren.[585] Dabei wird freilich (ebenso wie in der beanstandeten Rechtsprechung selbst) nicht immer genügend unterschieden zwischen den durchaus nicht einheitlichen Bedeutungen des Begriffs der „Negativtatsachen". Aus § 344 Abs. 2 Satz 2 StPO folgt die Pflicht, alle Tatsachen mitzuteilen, „die den Mangel enthalten". Die „negative" Tatsache, dass eine rechtlich gebotene Handlung des Gerichts (z.B. Beweiserhebung, Beschlussfassung, Belehrung, Hinweis) *unterblieben* ist, muss in der Revisionsbegründung ebenso ausdrücklich gesagt werden wie z.B. die positive Tatsache, dass der Vorsitzende eine bestimmte, seine Befangenheit zeigende Äußerung getan oder das Gericht eine Urkunde verlesen hat. Dagegen gehört das Fehlen theoretisch denkbarer weiterer Tatsachen, die den Verfahrensfehler wieder aufheben könnten, nicht zu den die Rüge tragenden Verfahrenstatsachen. Wer beanstandet, dass ein in der Hauptverhandlung gestellter und in der Revisionsbegründung wörtlich wiedergegebener Beweisantrag vom Gericht nicht beschieden wurde, braucht nicht auch noch zu behaupten, dass der Antrag bis zum Eintritt des Gerichts in die Urteilsberatung nicht zurückgenommen wurde.[586] Auch sonstige Umstände, die, wenn sie eingetreten wären, den erst einmal aufgetretenen Fehler nachträglich geheilt oder überholt haben könnten, müssen nicht stets verneinend miterwähnt werden. Um beim Beispiel der die Vernehmung ersetzenden Urkundenverlesung (Verstoß gegen § 250 StPO) zu bleiben: Die Beanstandung, sie habe am 3. Verhandlungstag stattgefunden, obwohl der betreffende Zeuge erreichbar gewesen wäre, aber nicht geladen worden war, schließt bei sinnvoller Auslegung die (konkludent mit aufgestellte) Behauptung ein, dass der Zeuge auch im weiteren Verlauf der Hauptverhandlung nicht doch noch erschienen ist und vernommen wurde. Auch die theoretische Möglichkeit, dass der Angeklagte oder ein anderer Zeuge im weiteren Verlauf die durch das verlesene Protokoll bewiesenen früheren Aussagen des Zeugen gleichsam „unstreitig" gemacht haben könnte, würde nur dann dem Verstoß gegen § 250 StPO den Boden entziehen, wenn es dafür kon-

---

**585** Dazu vgl. *Dahs*, Revision, Rn. 503; SK-StPO/*Frisch* § 344 StPO, Rn. 63 ff.; LR-*Franke* § 344 StPO, Rn. 80 f.; *W. Bauer* NStZ 2012, 191, 192 f.; *ders.* FS Salger, S. 217, 226; *Fezer* FS Hanack, S. 331, 352; *Herdegen*, SchrReihe AGStrafR, Bd. 7, S. 7, 8 ff., insb. 14 f.; *Kutzer* StraFo 2000, 325, 326 f.; *Peters* FS Dünnebier, S. 53, 64 ff. und *ders.* JR 1980, 520; *Ventzke* StV 1992, 338; *ders.* NStZ 2008, 262; *Weider* StraFo 2000, 328, 329; *Wilhelm* ZStW 117 (2005), 143, 153 f.; *Wohlers* JR 2008, 127; *ders.* FS Frisch, S. 1325, 1341 f.; *Kurzer* StraFo 2000, 325, 326 f.

**586** Zu Verfahrensrügen im Zusammenhang mit der fehlenden Bescheidung eines Beweisantrages siehe im Einzelnen unten Rn. 834 ff. und Rn. 996.

krete Anhaltspunkte in den Urteilsgründen gäbe. Ohne einen solchen Anlass gehört das Fehlen solcher potentiell rügevernichtender (gegenläufiger) Umstände nicht zu den Verfahrenstatsachen, die zur Begründung der Rüge vorzutragen sind.

Anders verhält es sich bei Rügen, die gerade auf der Behauptung aufbauen, 312
dass während der gesamten Beweisaufnahme eine bestimmte Prozesshandlung unterblieben ist. Das ist typischerweise bei der sog. Inbegriffsrüge der Fall, mit der geltend gemacht wird, das Gericht habe seine Überzeugung entgegen § 261 StPO (auch) auf solche Umstände gestützt, die in der Hauptverhandlung gar nicht zur Sprache gekommen, geschweige denn als Gegenstand förmlicher Beweisführung erörtert worden waren. Wenn es sich dabei nicht um offenkundige oder auch nur um gerichtskundige Tatsachen handelt, was aber in der Hauptverhandlung mitgeteilt worden sein müsste,[587] gehört zur Rüge der Vortrag, dass zu keinem Zeitpunkt während der Hauptverhandlung ein entsprechender Vorgang stattgefunden hat. Bei der umgekehrten Inbegriffsrüge, mit der beanstandet wird, das Gericht habe einen wesentlichen Bestandteil der Hauptverhandlung im Urteil nicht erwähnt, was dafür spreche, dass es ihn auch nicht in seine Beweiswürdigung einbezogen hat, genügt die Behauptung, dass der betreffende Vorgang (z.B. eine Einlassung des Angeklagten[588]) stattgefunden hat. Zur Behauptung seiner Nichtberücksichtigung in den Urteilsgründen darf auf diese verwiesen werden.[589]

Zu Recht nimmt der BGH in bestimmten Fällen eine auf Negativtatsachen 313
bezogene Vortragspflicht an, wenn sonst das in § 344 Abs. 2 Satz 2 StPO enthaltene Gebot des *vollständigen* Vortrags verletzt wäre, was insbesondere dann zur Unzulässigkeit der Rüge führen muss, wenn das Verschweigen der Zusatztatsachen einem wahrheitswidrigen oder irreführenden Vortrag gleichkäme.[590] Wer also beispielsweise behauptet, ein bestimmtes Schriftstück mit einem über-

---

**587** Dazu instruktiv BGH, Urt. v. 17.5.2018 – 3 StR 508/17 = JR 2018, 579 m. Anm. *Eisenberg*.

**588** Beispiel: Das Urteil hebt hervor, der Angeklagte habe umfassend von seinem Schweigerecht Gebrauch gemacht, obwohl er tatsächlich durch (im Protokoll ohne inhaltliche Wiedergabe vermerkte) Spontanäußerungen während einer Zeugenaussage diese kommentiert hatte (BGH, Urt. v. 15.8.2018 – 5 StR 160/18 = NStZ-RR 2018, 356).

**589** Näher hierzu *Mosbacher* NStZ 2008, 263 (gegen *Ventzke* NStZ 2008, 262); *Sander/Cirener* NStZ-RR 2008, 1, 3; *Müller-Jacobsen* FS Strafrechtsausschuss der BRAK, S. 411. S. dazu im Einzelnen unten Rn. 1141 ff.

**590** *Mosbacher* NStZ 2008, 263. Vgl. für eine sog. Inbegriffsrüge nach § 261 StPO, mit der die fehlende Würdigung zweier verlesener Urkunden im Urteil beanstandet wurde, deren Bedeutung sich nur im Zusammenhang mit anderen Urkunden erschloss, deren Inhalt in der Revisionsbegründung nicht mitgeteilt war, BGH, Urt. v. 13.7.2017 – 3 StR 148/17 = NStZ 2018, 158.

schaubaren Inhalt, der den Urteilsfeststellungen entgegenstehen könnte, sei nicht verlesen worden und gleichzeitig verschweigt, dass es während der Vernehmung seines Ausstellers als Zeuge ausführlich mit ihm durch Vorhalte erörtert wurde, hat die Verfahrenstatsachen, mit denen er den Gesetzesverstoß (Aufklärungsrüge, § 244 Abs. 2 StPO) begründen will, unvollständig vorgetragen.

314 Für den Fall einer Rüge der Verwertung des Inhalts umfangreicher und detaillierter, in der Hauptverhandlung nicht verlesener Urkunden hat das Bundesverfassungsgericht mit Recht die Anforderungen an das Revisionsvorbringen nach § 344 Abs. 2 S. 2 StPO als überspannt beanstandet, wenn das Revisionsgericht auch noch die Angabe solcher Tatsachen verlangt, die *„mit dem Vorgang der Beweisgewinnung in keinem unmittelbaren Zusammenhang stehen“*.[591]

315 Andererseits gibt es auch Unterlassungsfehler des Gerichts, die sich auf ein frühes Stadium der Hauptverhandlung beziehen und die in deren weiteren Verlauf beseitigt worden sein können. Hier kann das Erfordernis, die den Mangel enthaltenden Tatsachen *vollständig* und *wahrheitsgemäß* vorzutragen[592], durchaus gebieten, den Fortbestand des Fehlers bis zur Urteilsberatung mit zu behaupten. Dazu sollte es genügen, den Satz: „Über den vorstehend wiedergegebenen Beweisantrag hat das Gericht weder einen Beschluss gefasst noch durch Vernehmung des Zeugen entschieden“ mit dem Einschub zu versehen: „bis zum Schluss der Beweisaufnahme“.

316 Allgemein lässt sich zum Erfordernis, auch sog. Negativtatsachen (die Behauptung, dass bestimmte Vorgänge nicht geschehen sind) vorzutragen, folgende Regel formulieren: Wann immer der Verstoß gegen ein Gesetz gerügt wird, das seine ausnahmsweise Nichtgeltung unter einer ausdrücklich formulierten Voraussetzung vorsieht, ist zur Zulässigkeit der Rüge die Behauptung

**591** BVerfG, Beschl. v. 25.1.2005 – 2 BvR 656/99 = BVerfGE 112, 185 = NJW 2005, 1999, 2002: „Grundsätzlich begründet erst der Vortrag, dass das Tatgericht keine der nahe liegenden Möglichkeiten zur prozessordnungsgemäßen Einführung des Inhalts einer Urkunde genutzt hat, einen Verfahrensverstoß nach § 261 StPO. Denn bei der Tatsache „fehlende Einführung in die Hauptverhandlung" handelt es sich um ein Negativum, das voraussetzt, dass von mehreren möglichen Prozessereignissen keines stattgefunden hat ...“.

**592** Das Erfordernis der Vollständigkeit, aber auch der Begrenzung auf den die Rüge tragenden Tatsachenvortrag leitet das BVerfG, Beschl. v. 25.1.2005 – 2 BvR 656/99 = BVerfGE 112, 185 unter Hinweis auf *Hahn*, Die gesamten Materialien zur StPO v. 1.2.1877, Bd. III, 1. Aufl. 1880, S. 254 sowie *Kukuk*, Das Erfordernis des Vortrags von „Negativtatsachen" nach § 344 II 2 StPO, S. 136; *Gollwitzer*, DAV-Schriftenreihe, Bd. 9, 1992, 73, 75 auch aus dem Gesetzeswortlaut ab, wonach „die“ den Mangel enthaltenden Tatsachen vorzubringen sind.

des Nichtvorliegens dieses Ausnahmefalles notwendig. Dagegen sind alle lediglich von der Rechtsprechung errichteten Rügebarrieren[593] erst auf der Ebene der Begründetheit zu prüfen und können nicht zusätzlich bereits bei den Zulässigkeitsanforderungen ein Hindernis bilden.

Behauptet der Revisionsführer, ihm sei das letzte Wort entgegen § 258 Abs. 3 StPO *nicht* erteilt worden, so lässt sich das Verlangen des BGH, auch noch die *„der Urteilsverkündung unmittelbar vorausgegangenen Verfahrenshandlungen"* zu schildern,[594] mit vielem, nur nicht mit dem Gesetz begründen. Was soll in diesen vermissten „Verfahrenshandlungen" an (positiven oder negativen) Fakten verborgen sein, die der klaren Aussage, das letzte Wort sei *nicht* erteilt worden, entgegenstehen könnten? Der zwingende Gesetzesbefehl, dass der Angeklagte vor Eintritt in die Urteilsberatung „zu *befragen*" ist, ob „er selbst noch etwas zu seiner Verteidigung auszuführen habe", lässt sich an Eindeutigkeit nicht überbieten. Dasselbe gilt für die in den Satz, das letzte Wort sei nicht erteilt worden, gefasste Behauptung in der Revisionsbegründung, dies sei unterblieben. Die theoretische Möglichkeit, dass der Vorsitzende statt die ausdrückliche verbale Frage an den Angeklagten zu richten, ihn körpersprachlich mit Gesten aufgefordert haben könnte, vielleicht auch seinerseits z.B. durch Kopfschütteln kundzutun, ob er noch etwas sagen will, wäre nur dann erheblich, wenn eine Protokollberichtigung beabsichtigt oder auch beantragt wäre. Solange dies nicht der Fall ist, betrifft die Aussagekraft der Sitzungsniederschrift nach § 274 StPO schon nicht mehr die Vollständigkeit des Rügevortrags, sondern den Beweis der behaupteten Tatsache. 317

Es wäre ein überflüssiger und unnötiger, auch sonst für die Rechtsverfolgung nicht verlangter Formalismus, wenn jeder Verfahrensrüge gleichsam vorsorglich der Satz angehängt werden müsste: „Der Verfahrensfehler hat sich auch nicht durch Heilung im weiteren Verlauf der Hauptverhandlung erledigt, die Rüge ist auch nicht verwirkt". Nur wenn ausnahmsweise weitere Verfahrensvorgänge jenseits des gerügten Verfahrensfehlers nahe legen, dass Heilung oder Verwirkung in Frage kommen, werden diese Vorgänge von der Vortragspflicht erfasst, um dem Revisionsgericht die gebotene Überprüfung ohne Rückgriff auf die Akten zu ermöglichen.[595] Mit den Möglichkeiten eines rechtsfehlerfreien Verfahrensablaufs für den Fall, dass andere als die vorgetragenen Tatsachen an deren Stelle oder neben ihnen zutreffend wären, braucht die Revi- 318

593 S. dazu unten Rn. 328 ff.

594 BGH, Beschl. v. 12.7.1994 – 4 StR 306/94 = StV 1995, 176 mit zutr. krit. Anm. *Ventzke*.

595 *Mosbacher* NStZ 2008, 263.

sion sich nicht „auseinanderzusetzen“.[596] Dass ein Verfahrensfehler, z.B. die (jetzt nur noch selten vorkommende) Verletzung des Vereidigungsverbots nach § 60 Nr. 2 StPO nicht im weiteren Verlauf der Hauptverhandlung (durch einen Hinweis auf die Verwertung der beeideten Aussage als uneidliche) geheilt wurde, betrifft nicht die Vollständigkeit des Rügevortrages, sondern den Beweis und die Begründetheit des Verfahrensfehlers. Dass eine solche Heilung nicht stattgefunden habe, steckt als Behauptung ohne Weiteres in der Behauptung, die Würdigung der Zeugenaussagen als glaubhaft und somit das Urteil beruhe auf einer verbotenen Vereidigung. Sollte diese Behauptung aus welchen tatsächlichen Gründen auch immer falsch sein, hat die Rüge keinen Erfolg. Aber unzulässig war sie deshalb nicht.

319 Die Verletzung aller Verfahrensvorschriften, die schon in sich einen **konditionalen Aufbau** haben (z.B. § 244 Abs. 3 S. 3 StPO: „… darf ein Beweisantrag nur abgelehnt werden, wenn …“), kann nur gerügt werden, indem sowohl etwas über die Bedingung einer korrekten Verfahrensweise ausgeführt als auch das tatsächlich durchgeführte Verfahren mitgeteilt wird. Geht die Rüge zum Beispiel dahin, ein Beweisantrag sei zu Unrecht zurückgewiesen worden, so muss das Revisionsgericht den Beweisantrag, den ihn zurückweisenden Beschluss und alle Tatsachen aus der Revisionsbegründungsschrift ablesen können, die ihm den Schluss ermöglichen, dass die vom Gericht angenommenen Zurückweisungsgründe nicht vorgelegen haben. Das kann – je nachdem, auf welchen Zurückweisungsgrund sich der Beschluss stützt – im Einzelfall die Darlegung umfangreicher Vorgänge aus den Akten erfordern (so z.B. wenn Streit über die Erreichbarkeit eines Zeugen besteht).

320 Sehr weitreichend sind die von der Rechtsprechung aufgestellten Rügeerfordernisse auch, wenn geltend gemacht wird, dass Teile der Hauptverhandlung in Abwesenheit eines Beteiligten stattgefunden haben, dessen Anwesenheit nach dem Gesetz erforderlich ist (§ 338 Nr. 5 StPO). Dass § 226 StPO die ununterbrochene Anwesenheit bestimmter Personen zwingend vorschreibt, hat den BGH nicht daran gehindert, die partielle Abwesenheit dann als unschädlich zu bewerten, wenn es sich nicht um einen „wesentlichen“ Teil der Hauptverhandlung gehandelt hat.[597] Und schon muss sich auch die Revisionsrüge mit dem schwammigen Begriff der „Wesentlichkeit“ des betreffenden Verhand-

---

**596** Das gilt auch im Falle des unterlassenen Beschlusses nach § 251 Abs. 4 StPO, zu dem nicht auch noch mitgeteilt werden muss, ob eine Beanstandung nach § 238 Abs. 2 StPO vorgebracht wurde (BGH, Beschl. v. 9.8.2016 – 1 StR 334/16, Rn. 6 = NStZ 2017, 299).

**597** BGHSt 15, 263 = NJW 1961, 419; BGHSt 16, 178 = NJW 1961, 1980; BGHSt 26, 84, 91 = NJW 1975, 885, 887; BGH NStZ 1983, 34;s. dazu im Einzelnen unten Rn. 551.

lungsabschnitts befassen, um nicht wegen Unzulässigkeit zu scheitern.[598] Ganz so, als ob nicht gerade der Sinn der absoluten Revisionsgründe darin bestünde, eine Beruhensprüfung überflüssig zu machen, wird diese richterrechtliche Abweichung vom Gesetzestext wie folgt formuliert: „(Die in Abwesenheit des Angeklagten zum Gegenstand der Beweisaufnahme gemachten) *Augenscheinsobjekte sind daher zu beschreiben; etwa ist der Inhalt von dem Zeugen angefertigter Skizzen, schriftlicher Aufzeichnungen oder einer in Augenschein genommenen SMS mitzuteilen (BGH NStZ 2007, 717), allerdings nur insoweit, wie sie für die Beweisführung des Urteils von Bedeutung waren (vgl. BGHSt 54, 184 = BGH NJW 2010, 1010).*“[599] Diese letzte Einschränkung bedeutet nichts anderes als das Wiedererwecken der Beruhensfrage entgegen der klaren Regelung des § 338 StPO. Dahinter steht erkennbar die Idee, auf allem, was an der Beweiserhebung nicht wesentlich war für das Urteil, beruhe es auch nicht (und umgekehrt), – ganz so wie bei den relativen Revisionsgründen.

Welche Anforderungen die Rechtsprechung an den Vortrag der Verfahrens- 321 tatsachen stellt, wird nachfolgend noch bei der Darstellung der möglichen Verfahrensrügen behandelt.

Die hier vertretene Auffassung, dass sich der Umfang des notwendigen 322 verfahrenstatsächlichen Vortrags an der verletzten Norm zu orientieren hat, bedeutet im Übrigen nicht, dass zu einer Revisionsrüge auch **Rechtsausführungen** gehören. „Iura novit curia“ gilt mit der oben erwähnten Ausnahme, dass die rechtliche Angriffsrichtung kenntlich gemacht werden muss, auch und gerade in einer reinen Rechtsüberprüfungsinstanz. Freilich empfiehlt es sich meist, über die plakative Benennung der Angriffsrichtung hinaus auch den rechtlichen Gesichtspunkt zu bezeichnen, unter dem der Beschwerdeführer die berichteten Tatsachen als Verfahrensverstoß behandelt zu sehen wünscht. Dass etwa jemand, der in der ersten Reihe der Zuschauerbänke sitzt und mitschreibt, vom Vorsitzenden aus dem Sitzungssaal gewiesen wird, kann entweder als Verstoß gegen die Öffentlichkeit der Hauptverhandlung (und damit als Revisionsgrund gemäß § 338 Nr. 6 StPO) oder auch als Verstoß gegen bestimmte Einzelvorschriften aufgefasst werden. Unterschiedliche Fallvarianten kommen vor, etwa dass der Vorsitzende im Rahmen seiner sitzungspolizeilichen Entscheidungsgewalt einen potentiellen Zeugen entgegen §§ 243 Abs. 2 S. 1, 58 Abs. 1 StPO nicht des Saales verwiesen hat[600] oder auch einem als Zuhörer anwesenden Assistenten des Verteidigers die Anfertigung von Notizen

598 BeckOK-StPO/*Wiedner* 37. Ed. 1.7.2020, § 338 StPO, Rn. 137.
599 BeckOK-StPO/*Wiedner*, 37. Ed. 1.7.2020, § 338 StPO, Rn. 137a.
600 MüKoStPO/*Kulhanek* § 176 GVG, Rn. 20 f.

verbietet, was wiederum (nach der Herbeiführung eines entsprechenden Gerichtsbeschlusses) § 338 Nr. 8 StPO tangieren könnte. In solchen Fällen erfordert es jede Verfahrensrüge, die Vorgänge so zu schildern, dass sie danach teils im Formalbeweis nach § 274 StPO oder auch im Freibeweis durch anwaltliche Erklärungen und dienstliche Äußerungen überprüft werden können.

323 Keinesfalls genügt es, in die Revisionsbegründung zusammenhanglos Ablichtungen eines Teils des Hauptverhandlungsprotokolls und weiterer Schriftstücke einzufügen, um es dem Revisionsgericht zu überlassen, sich die Sachzusammenhänge selbst zu erschließen.[601]

324 Ein häufiger Verstoß gegen das „Behauptungsgebot" liegt darin, dass nicht die Verfahrenstatsache selbst, sondern ihre Erwähnung im Hauptverhandlungsprotokoll behauptet wird. Gewiss spielt das Protokoll bei der Frage, ob der Verfahrensfehler beweisbar ist, in vielen Fällen eine große Rolle, insbesondere dort, wo es sich um wesentliche Förmlichkeiten handelt, für die die absolute Beweiskraft des § 274 StPO gilt. Der Bearbeiter von Revisionsbegründungsschriften kann jedoch nicht genügend davor gewarnt werden, vor lauter Begeisterung über einen das rechtswidrige Verfahren dokumentierenden Eintrag in der Sitzungsniederschrift anstelle der Behauptung, dass sich ein bestimmter Umstand so zugetragen hat, nur darzulegen, dass im Protokoll eine Eintragung fehle oder vorhanden sei. Solche **Protokollrügen** sind gänzlich aussichtslos. Nicht Fehler der Sitzungsniederschrift und schon gar nicht zutreffende Protokolleinträge begründen die Revision, sondern Mängel des Verfahrens selbst. Deshalb liegt in der Tatsache, dass etwas (richtig, unvollständig oder falsch) protokolliert worden ist, niemals ein Verfahrensfehler.[602] Wer freilich formuliert, ein bestimmter rechtsfehlerhafter Verfahrensvorgang (z.B. die Nichterteilung des letzten Wortes) habe sich „ausweislich der Sitzungsniederschrift" zugetragen, behauptet durchaus das beanstandete Geschehen und deutet mit seinem (überflüssigen) Hinweis auf das Protokoll nur auf ein Beweismittel[603]. Solange der Text nur als ein solcher Hinweis verstanden werden und nicht als Angriff gegen das Proto-

---

**601** *Meyer-Goßner/Schmitt* § 344 StPO, Rn. 24; vgl. z.B. BGHR StPO § 344 Abs. 2 Satz 2 – Formerfordernis 1; BGH, Beschl. v. 7.4.2005 – 5 StR 532/04 = NStZ 2005, 463; BGH, Beschl. v. 14.5.2020 – 5 StR 672/19 = NStZ 2020, 625.

**602** *Meyer-Goßner/Schmitt* § 344 StPO, Rn. 26; LR-*Franke* § 344 StPO, Rn. 86; BGH, Beschl. v. 12.12.2013 – 3 StR 210/13 = NJW 2014, 1254, Rn. 10 = NStZ 2014, 284 m. Anm. *Kudlich* (teilw. gegen BGH, Urt. v. 10.7.2013 – 2 StR 195/12 = BGHSt 58, 310 = NStZ 2013, 667); BGH, Urt. v. 20.4.2006 – 4 StR 604/05, Rn. 22 = NStZ-RR 2007, 52, 53; BGHSt 7, 162.

**603** LR-*Franke* § 344 StPO, Rn. 86; BGH, Urt. v. 12.1.2005 – 2 StR 138/04 = StV 2005, 256 m. Anm. *Park* = NStZ 2005, 281 = StraFo 2005, 205 = wistra 2005, 184. Vgl. aber BGH, Beschl. v. 3.5.2019 – 3 StR 462/18.

koll gedeutet werden kann, ist die Zulässigkeit der Verfahrensrüge nicht in Gefahr.

Das Protokoll mag so lückenhaft sein, wie es will; es mag den Hergang der Hauptverhandlung auf den Kopf stellen; es mag unleserlich, völlig unübersichtlich, inhaltlich widerspruchsvoll sein oder gänzlich fehlen:[604] Wenn am Verfahren weiter nichts fehlerhaft war als die Protokollierung, liegt darin allein kein Revisionsgrund. Für das Revisionsverfahren liegt die Bedeutung des Protokolls nicht in den Fehlern, die es enthält, sondern allein in den Vorgängen, die es als geschehen – oder durch sein Schweigen als nicht geschehen – beweist. 325

Besonderheiten gelten insoweit allerdings in Bezug auf die Dokumentations- und Transparenzverpflichtungen, die durch das Verständigungsgesetz von 2009 in die StPO eingefügt wurden. Bestandteil der eingefügten Regelungen sind u.a. Protokollierungspflichten, die teilweise mit der bisherigen Systematik der §§ 273, 274 StPO nicht im Einklang stehen. Dies wird im Zusammenhang mit den §§ 243 Abs. 4 und 257c StPO noch näher dargestellt.[605] 326

Ist das Protokoll in der Weise sachlich unrichtig, dass es einen tatsächlich geschehenen Verfahrensverstoß (auf den sich seine Beweiskraft gemäß § 274 StPO bezieht) nicht bezeugt, so kann dieser Verstoß nicht mit Erfolg gerügt werden. Dem Beschwerdeführer bleibt dann nur der Versuch, eine **Berichtigung des Protokolls** zu beantragen.[606] Eine solche Berichtigung kommt nur in Betracht, wenn der Vorsitzende und der Protokollführer sie übereinstimmend kraft eigenen Wissens für geboten halten. Ein Nachweis des Protokollfehlers durch andere Beweismittel ist ausgeschlossen. Enthält also zum Beispiel das Protokoll keinen Vermerk über einen Beweisantrag, den der Verteidiger gestellt zu haben behauptet, vermögen die beiden Urkundsbeamten sich daran aber nicht zu erinnern und lehnen sie mit dieser Begründung die Berichtigung ab, so kann die Berichtigung mit keinem Rechtsmittel erzwungen werden, und zwar auch dann nicht, wenn Zeugen glaubhaft die Darstellung des Verteidigers bestätigen könnten. Es entscheidet nur die eigene Erinnerung der Urkundspersonen selbst. Die Einzelheiten zur Protokollberichtigung werden unten[607] gesondert behandelt. 327

**604** BGH, Beschl. v. 17.7.1991 – 3 StR 4/91 = NStZ 1991, 502; BGHSt 6, 279 = NJW 1954, 1496.
**605** S. dazu im Einzelnen unten Rn. 1347 ff.
**606** Vgl. dazu im Einzelnen unten Rn. 389 ff.
**607** Rn. 389 ff.

## B. Von der Rechtsprechung aufgestellte Rügebarrieren

328 Bevor auf einzelne Typen von Verfahrensrügen einzugehen sein wird, muss vorab noch einiges über die **Leistungsfähigkeit der Verfahrensrüge** allgemein ausgeführt werden, weil hierüber die Strafprozessordnung eine andere Auskunft zu geben scheint als die Rechtsprechung der Revisionsgerichte. Würde man sich bei der Prüfung der Aussichten einer Verfahrensrüge nur am Gesetzeswortlaut der §§ 337, 338 StPO[608] orientieren, so müsste jeder Verfahrensfehler, auf dem das angefochtene Urteil im Schuld- oder im Rechtsfolgenausspruch beruhen kann (auch wenn das Beruhen nach § 338 StPO nur vermutet wird) zur Aufhebung des Urteils führen, wenn die erhobene Rüge alle von § 344 Abs. 2 Satz 2 StPO verlangten Angaben enthält und diese im Ergebnis auch bewiesen sind.

329 Die oben bereits erwähnten, von der Rechtsprechung benannten weiteren Voraussetzungen, wonach der Beschwerdeführer die rechtliche **Angriffsrichtung**[609] seiner Rüge zu bezeichnen hat und die verletzte Norm auch dazu bestimmt sein muss, den **Rechtskreis**[610] des Revisionsführers zu schützen, sind Beispiele dafür, dass die Praxis sich keineswegs nur am Wortlaut und wohl auch dem ursprünglichen Sinn der die Verfahrensrügen regelnden Vorschriften orientiert. Über diese beiden Hürden hinaus gibt es noch weitere ungeschriebene **Rügebarrieren**[611], die von der Rechtsprechung dem Erfolg von Verfahrensbeanstandungen in den Weg gestellt werden.

330 Dies überrascht deshalb, weil § 7 EGStPO klarstellt, dass „Gesetz im Sinne der Strafprozessordnung jede Rechtsnorm“ ist und weil – wie noch zu zeigen sein wird – im Rahmen der Sachrüge das Reichsgericht und der Bundesgerichtshof den Begriff der Rechtsnorm durchaus nicht nur auf geschriebene Gesetze beschränken. Es kommt hinzu, dass die Unterscheidung zwischen einem eng auszulegenden verfahrensrechtlichen und einem weit auszulegenden materiell-rechtlichen Begriff der „Rechtsnorm“ in den Materialien zur StPO keine

---

**608** Für die Revision der Nebenklage müsste zusätzlich noch § 400 StPO beachtet werden.

**609** Vgl. oben Rn. 303.

**610** Vgl. oben Rn. 89 und unten Rn. 340 f.

**611** Der Begriff wurde – soweit ersichtlich – erstmals von *Gerhard Herdegen* in seinem markante Beispiele aus der BGH-Rechtsprechung behandelnden Aufsatz in StV 1992, 590 verwendet. Er hätte auch schon in seinen Aufsatz über die Bedeutung der Beruhensprüfung in NStZ 1990, 513 gepasst, in dem die bemerkenswerten Sätze stehen: *„Das Gesetz ist im Revisionsrecht eine unzuverlässige Landkarte, weil die Rechtsprechung sie korrigiert, angestückt oder beschnitten, mit Novitäten versehen hat.“*

Stütze findet. Es heißt dort sogar, dass „grundsätzlich keine Prozessvorschrift von der Begründung der Revision ausgeschlossen" werden dürfe.[612] Dennoch wird auch im Schrifttum allgemein angenommen, die durch Richterrecht eingeführten zusätzlichen „Revisionsfilter"[613] seien unverzichtbar, weil es nun einmal Verfahrensfehler gebe, „denen keinerlei Bedeutung für die Wahrung der Rechte der Prozessbeteiligten oder der Rechtsstaatlichkeit des Verfahrens zukommt".[614] *Herdegen* hat hinzugefügt, es müsse auch verhindert werden, dass bei solchen Fehlern die Revision „zu einer nicht normadäquaten ... unangemessenen Sanktion führen würde, wenn das Beruhen nicht auszuschließen sei".[615] Auch er hat deshalb im Grundsatz die Beschränkung der Revisibilität über den Wortlaut des Gesetzes hinaus durch Richterrecht im Wege einer teleologischen Reduktion befürwortet; zugleich jedoch eine Überprüfung und Präzisierung ihrer Tragweite reklamiert.

Wenn es sich aber nur um teleologische Reduktion, also um die Anwen- 331
dung der am Zweck einer Norm orientierten Auslegungsmethode und damit die Zurückführung des Anwendungsbereichs einer Verfahrensvorschrift vom Wortlaut auf ihren häufig engeren Regelungssinn handelte, dann wäre es nicht gerechtfertigt, von richterrechtlich errichteten Barrieren zu sprechen. Eine Verfahrensweise, die lediglich gegen den Wortlaut einer Norm zu verstoßen scheint, aber nicht gegen ihren Sinn, ist schon keine Gesetzesverletzung. Darum geht es aber gerade dort nicht, wo beispielsweise das von *Herdegen* so genannte „Dogma von der natürlichen Stufung der Verfahrensvorschriften" dazu führt, dass eindeutige Verstöße gegen gesetzliche Bestimmungen als nicht revisibel behandelt werden, weil angeblich der betreffende Normbefehl von „minderer Dignität" sei.[616]

## I. Sollvorschriften

Erörtert wird eine solche eingeschränkte „Dignität" (und damit zugleich eine 332
eingeschränkte Revisibilität) etwa bei den „Sollvorschriften".[617] Das sind Bestimmungen, die schon im Wortlaut kenntlich machen, dass sie zwar Geltung

612 *Hahn*, Materialien zur StPO, S. 251; vgl. *Herdegen* NStZ 1990, 513.
613 So die Bezeichnung bei *Blomeyer* JR 1971, 142, 143.
614 *Rogall* NStZ 1988, 385, 387.
615 *Herdegen* NStZ 1990, 513.
616 Vgl. *Herdegen* NStZ 1990, 513.
617 Instruktiv dazu *Neuhaus* FS Herzberg, S. 871.

und Befolgung beanspruchen, dass der Gesetzgeber jedoch eine lückenlose Befolgung nicht erwartet. Ein solcher schwacher Normbefehl ist mehr als nur eine gesetzliche Empfehlung, in ihm ist aber meist durch die Verwendung des Wortes „soll“ kenntlich gemacht, dass es Gründe für Ausnahmen geben kann. Damit ist freilich noch nicht gesagt, dass der Gesetzgeber es auch völlig sanktionslos lassen will, wenn die Vorschrift so behandelt wird, als stünde sie überhaupt nicht im Gesetz.

333 Zu den Sollvorschriften gehört zum Beispiel § 257 Abs. 1 StPO, wonach während der Hauptverhandlung nach der Vernehmung eines jeden Mitangeklagten und nach jeder einzelnen Beweiserhebung der Angeklagte befragt werden „soll“, ob er „dazu“ etwas zu erklären habe. Es gibt nicht wenige Vorsitzende, die so verfahren, als hätten sie von der ganzen Bestimmung nur das Wort „soll“ verstanden, und zwar im Sinne einer generellen Erlaubnis, den Rest der Vorschrift nie zu beachten. Es ist aber nicht zu übersehen, dass hier eine Formalisierung des rechtlichen Gehörs vorgenommen worden ist, dessen Nichtbeachtung sogar die verfassungsrechtliche Stellung des Angeklagten berühren kann. Die Vorschrift darf deshalb nicht so gelesen werden, als habe es der Gesetzgeber in das Belieben des Vorsitzenden gestellt, ob dieser von der Möglichkeit, den Angeklagten jeweils zu befragen, Gebrauch machen will oder nicht.[618] Der Gesetzgeber hat vielmehr erkannt, dass eine entsprechende „Muss-Vorschrift“ zu einer unsinnig formalistischen Anwendung verleiten könnte, indem bei der Vernehmung von z.B. 20 Zeugen der Vorsitzende stereotyp nach jeder Aussage an den verteidigten (bis dahin schweigenden) Angeklagten immer wieder die Frage richtet: „Haben Sie etwas zu erklären?“ Dies würde zwar nichts schaden, ist aber auch in vielen Fällen nicht notwendig, um den Sinn der Vorschrift zu erfüllen, insbesondere dann nicht, wenn in einer gelösten Verhandlungsatmosphäre der Vorsitzende nach den ersten drei oder vier Vernehmungen den Angeklagten jeweils belehrt, dass er „jetzt und nach jeder weiteren Aussage Gelegenheit hat, etwas dazu zu erklären“, wenn deutlich wird, dass der Angeklagte dies verstanden hat und nach Bedarf davon auch Gebrauch macht, und dass er sich dabei auch im sichtbaren Einvernehmen mit seinem Verteidiger nach jeder einzelnen Beweiserhebung frei entscheidet, ob er eine Erklärung abgeben möchte.[619] Nur für derartige Fälle enthält das „Soll“ eine Abschwächung gegenüber dem zwingenden Gebot der lückenlosen Befolgung des Normbefehls. Weist

**618** Leider achten auch Verteidiger nicht immer darauf, ob der Vorsitzende wenigstens „ein für alle Mal“ seiner Befragungspflicht nachkommt. Bei *Nobis*, Strafverteidigung vor dem Amtsgericht, 2. Aufl. 2018, Rn. 358 ff. wird der Absatz 1 des § 257 StPO nicht einmal erwähnt.
**619** *Meyer-Goßner/Schmitt* § 257 StPO, Rn. 2.

dagegen ein Vorsitzender (dies wäre der entgegengesetzte Extremfall) einen nicht verteidigten Angeklagten überhaupt nicht darauf hin, dass er ein Erklärungsrecht nach den einzelnen Beweiserhebungen hat, so verstößt er gegen die Vorschrift, und es gibt nicht den geringsten Grund, eine solche Verletzung geltenden Verfahrensrechts von der Revisibilität auszunehmen.[620]

Auch die Verletzung von Sollvorschriften kann also die Revision begründen, wobei der Umstand allein, dass von der Regel abgewichen wurde, noch nicht ausreicht. Vielmehr muss dargetan sein, dass der vom Gesetzgeber erwartete „Mindestgehorsam" missachtet wurde.[621] 334

## II. Reine Ordnungsvorschriften

Einige Bestimmungen der Strafprozessordnung will die Rechtsprechung als **„reine Ordnungsvorschriften"** von der revisionsrechtlichen Kontrolle ausnehmen, obwohl ihr Wortlaut keinen Zweifel daran zulässt, dass sie zwingend einzuhalten sind. 335

Hierzu gehört zum Beispiel die Bestimmung des § 58 Abs. 1 StPO, wonach **Zeugen einzeln und in Abwesenheit** der später zu hörenden Zeugen zu vernehmen sind.[622] Bei der Entstehung der gefestigten Rechtsprechung, wonach es sich dabei nicht um zwingendes und durch die Revision „einklagbares" Recht handelt, mögen die durchaus nicht seltenen Fälle eine Rolle gespielt haben, in denen unbemerkt ein noch zu vernehmender Zeuge während der Aussage anderer Zeugen bereits im Zuschauerraum anwesend war. Auch enthält das Gesetz keine Regelung für den Fall, dass ein schon vernommener Zeuge zunächst zulässigerweise anwesend bleibt und dann erneut vernommen werden muss. Sicherlich will § 58 Abs. 1 StPO weder in den erstgenannten noch in den zuletzt genannten Fällen die Vernehmung verhindern. Und wohl deshalb kann der Verstoß gegen diese Vorschrift auch nicht zu einem Verwertungsverbot führen. 336

Andererseits gibt es aber keinen Grund, die Vorschrift völlig aus der revisionsrechtlichen Kontrolle herauszunehmen. Es ist nämlich auch hier möglich, sie auf ihren eigentlichen Sinn und Zweck zurückzuführen und dessen Missachtung als Verletzung einer Rechtsnorm im Sinne des § 337 StPO zu behandeln. 337

**620** So auch *Meyer-Goßner/Schmitt* § 257 StPO, Rn. 9; LR-*Stuckenberg* § 257 StPO, Rn. 38 (revisibel bei „Fehlgebrauch des Ermessens"); *Hammerstein* FS Rebmann, S. 236; KMR-*Stuckenberg* § 257 StPO, Rn. 22; *Hohmann* StraFo 1999, 153, 156 f. Zu § 257 StPO vgl. auch unten Rn. 1385 ff.
**621** S. dazu unten Rn. 1389.
**622** BGH NJW 1962, 260; BGHSt 34, 352 = NJW 1987, 3088 = BGHR § 58 Abs. 1 – Anwesenheit 1.

Mit der Vorschrift soll verhindert werden, dass sich Zeugen durch das unmittelbare Miterleben dessen, was die zuvor vernommenen Zeugen bekunden, in ihrer eigenen Aussage beeinflussen lassen. Soweit dies nicht zu verhindern ist, behält die Vorschrift ihre Bedeutung in der Pflicht des Gerichts, diese nicht unerhebliche Abweichung von der gesetzlich vorgeschriebenen Vernehmungsreihenfolge im Rahmen der Beweiswürdigung zu bedenken. Die Tatgerichte sollten also verpflichtet sein, auch in den Fällen, in denen eine solche Abweichung vom vorgeschriebenen Verfahren durch das Gericht „nicht verschuldet“[623] worden ist, die sich daraus ergebenden Bedenken gegen die Richtigkeit der Aussage in den Ausführungen zur Beweiswürdigung in den Urteilsgründen zu behandeln,[624] mit der Folge, dass beim Fehlen solcher Erwägungen eine entsprechende Verfahrensrüge Erfolg hätte, während immer dann, wenn der Tatrichter zu erkennen gibt, dass er die Bedenken erwogen hat, das Urteil auf dem Verfahrensfehler nicht beruht.[625]

338 Lange Zeit wurden von der Rechtsprechung auch die Belehrungs- und Hinweispflichten in den §§ 136 und 243 Abs. 4 Satz 1 StPO a.F. als „bloße Ordnungsvorschriften“ behandelt, mit der Folge, dass kein revisionsrechtlich überprüfbares Verwertungsverbot für die im Ermittlungsverfahren ohne Belehrung durchgeführten Vernehmungen galt. Auch die unterbliebene **Belehrung des Angeklagten** in der Hauptverhandlung begründete die Revision nicht. In der grundlegenden Entscheidung, in welcher der Bundesgerichtshof diese Meinung aufgab,[626] finden sich auch prinzipielle Ausführungen zur richterrechtlichen Herabstufung von Verfahrensregeln zu „bloßen Ordnungsvorschriften“, die geeignet gewesen wären, dem Dogma von der „natürlichen Stufung der Verfahrensvorschriften“[627] den Todesstoß zu versetzen. Aber wie alles, was Juristen mit

**623** Dass das Verschulden des Gerichts nicht zu den Voraussetzungen für die Revisibilität eines Verfahrensfehlers gehört, ist anerkannt (anders wohl bei § 338 Nr. 6 StPO), vgl. BGHSt 22, 266; *Roxin/Schünemann*, § 55, Rn. 33.

**624** Ähnlich für die Verletzung des § 58 Abs. 2 StPO im Rahmen einer Aufklärungsrüge *Meyer-Goßner/Schmitt* § 58 StPO, Rn. 17.

**625** Für eine Revisibilität und gegen die Herabstufung des § 58 Abs. 1 StPO zur Ordnungsvorschrift auch bereits *Peters*, Strafprozess, S. 360.

**626** BGHSt 25, 325 = NJW 1974, 1570, wo freilich (S. 1572 letzter Absatz) die Erfolgsaussichten der Rüge davon abhängig gemacht werden, dass der Revisionsführer konkret darlegt, dass „er an eine Aussagepflicht glaubte und *dadurch* veranlasst wurde, zur Sache auszusagen“. *Meyer-Goßner/Schmitt* § 243 StPO, Rn. 39 weist mit Recht darauf hin, dass dies eine andere Umschreibung der Beruhensprüfung ist, zu der grundsätzlich keine Ausführungen in der Revisionsbegründung erforderlich sind.

**627** BGHSt 11, 213.

dem Hinweis auf angebliche „Natürlichkeit" anstelle rationaler Argumente zu begründen versuchen, hält es sich erstaunlich lange am Leben.[628]

Die §§ 58 Abs. 1, 136 Abs. 1 S. 2 und 243 Abs. 5 S. 1 StPO sind jedenfalls keine passenden Beispiele für die These, dass die Justizförmigkeit des Strafverfahrens – insbesondere der Hauptverhandlung – weitergehende Ausnahmen von der grundsätzlichen Revisibilität aller Verfahrensvorschriften dulde, als sie das Revisionsrecht selbst bestimmt. Dieses verbietet, dass ein Gesetz in seinem auf die konkrete Sinnhaftigkeit reduzierten Gehalt im Einzelfall verletzt wird, und es gebietet, dass jedes Urteil, das auf einem Verstoß gegen dieses Verbot beruht, aufzuheben ist. Eine Vorschrift, auf deren Verletzung im Einzelfall das Urteil beruhen kann, deren Nichtbeachtung der Gesetzgeber aber hätte gleichwohl erlauben wollen, gibt es nicht.[629] 339

### III. Rechtskreistheorie

Zur Rechtskreistheorie ist oben schon einiges ausgeführt.[630] Auch mit ihrer Hilfe wird versucht, eine vom Gesetz nicht vorgesehene zusätzliche Unbekannte in die Gleichung „Gesetzesverstoß + Beruhen = Urteilsaufhebung" einzustellen. Anstelle einer horizontal-hierarchischen „Dignitätsstufung" werden hier gleichsam vertikale Trennlinien gebildet, welche die Interessenlagen der jeweiligen Verfahrensbeteiligten markieren sollen. Dabei wird unterstellt, das Gesetz kenne verfahrensrechtliche Bestimmungen, auf deren Verletzung das Urteil auch beruhen könne, die aber nur den Rechtseinhaltungsanspruch anderer Personen als den des Revisionsführers regeln sollen. Dies habe zur Folge, dass die Nichtbeachtung solcher Bestimmungen den Rechtskreis des Angeklagten nicht berührt und darum von ihm mit der Revision nicht geltend gemacht werden kann.[631] Damit wird gleichzeitig dem Angeklagten der allgemeine Anspruch darauf abgesprochen, dass in seinem Verfahren alle formalen Regeln einzuhalten sind, die in ihrer Gesamtheit die **Justizförmigkeit** und damit die Rechtsstaatlichkeit ausmachen. Der Große Senat für Strafsachen des Bundesgerichtshofs 340

628 Zum Ganzen instruktiv SK-StPO/*Frisch* § 337 StPO, Rn. 39–44.

629 Gegen die Anerkennung nicht revisibler Ordnungsvorschriften auch *Roxin/Schünemann*, § 55, Rn. 36; *Rudolphi* MDR 1970, 93; *Blomeyer* JR 1971, 142, der insbesondere das Argument widerlegt, es gebe unabhängig von der Beruhensfrage Vorschriften, deren Verletzung schlechterdings nicht kausal für die tatrichterliche Entscheidung werden können.

630 S. oben Rn. 89.

631 So die Formulierung bei LR-*Franke* § 337 StPO, Rn. 69.

hat sich daher in seiner für die **Rechtskreistheorie** grundlegenden Entscheidung[632] von der Idee verabschiedet, der gemeinsame Zweck aller strafprozessualen Bestimmungen bestehe darin, dem Beschuldigten ein justizförmiges Verfahren und die Bindung des „strafenden Staates" an regelgeleitete Methoden der Wahrheitsfindung zu garantieren.[633] Der Bundesgerichtshof glaubte, in § 55 StPO eine Vorschrift entdeckt zu haben, die den Rechtskreis des Angeklagten nicht berühre. Der Angeklagte könne „kein rechtlich zu schützendes Interesse daran haben, dass die Entschlussfreiheit des Zeugen gewahrt bleibt"[634]. Zu Ende gedacht muss dies auch dann gelten, wenn der Zeuge etwa durch eine wahrheitsgemäße Bekundung offenbaren müsste, dass er selbst oder einer seiner Angehörigen die dem Angeklagten vorgeworfene Tat begangen hat. Bestreitet er dies aus Angst vor der eigenen Bestrafung, weil er irrig glaubt, zu einer Beantwortung der entsprechenden Fragen verpflichtet zu sein, so hat das Gericht, das gesetzwidrig die Belehrung unterlassen hat, eine Ursache für ein Fehlurteil gesetzt, wenn es am Ende bei der Beweiswürdigung dem Bestreiten des Zeugen eher folgt als dem Bestreiten des Angeklagten. Hätte er sich nach einer ordnungsgemäßen Belehrung auf § 55 StPO berufen, hätte das Gericht daraus zwar nicht zu seinen Lasten, aber zugunsten des Angeklagten Schlüsse ziehen dürfen.[635]

341 Weshalb soll es nicht zu den rechtlich zu schützenden Interessen des Angeklagten gehören, dass kein Zeuge durch gesetzwidrige, falsche oder unterlassene Belehrungen in seiner Entschlussfreiheit eingeengt wird? Sicher ist es richtig, dass das Auskunftsverweigerungsrecht des § 55 StPO auf der Achtung der Persönlichkeit des Zeugen beruht, und ihm die „Demütigung oder Beschuldigung seiner Angehörigen" ersparen möchte.[636] Aber bei alldem bleibt der Zeuge doch ein Beweismittel in Bezug auf ganz konkrete Vorwürfe gegen den Angeklagten. Der Zwang zur Aussage und die Strafdrohung bezüglich einer Falschaussage ebenso wie die prozessualen Folgen einer unberechtigten Aussagever-

---

**632** BGHSt 11, 213.

**633** So sinngemäß die Einwände gegen die Rechtskreistheorie bei *Eb. Schmidt*, Lehrkommentar, Nachtrag I, § 55, Anm. 2 und JZ 1958, 596; auch *Peters*, Strafprozess, S. 330, hielt – unter Abkehr von seiner vorherigen Auffassung – die Trennung nach Rechtskreisen in sich nicht mehr für haltbar; *Gossrau* MDR 1958, 468; *Hanack* JZ 1971, 127; *ders.* JZ 1972, 238; *Schöneborn* NJW 1974, 536; *Dencker* StV 1995, 232.

**634** BGHSt 11, 213, 217.

**635** *Meyer-Goßner/Schmitt* § 261 StPO, Rn. 20; vgl. BGH, Beschl. v. 14.2.1984 – 5 StR 895/83 = StV 1984, 233.

**636** So BGHSt 11, 213, 216 f. unter Hinweis auf *Beling*, Die Beweisverbote als Grenzen der Wahrheitserforschung im Strafprozess, S. 13.

weigerung (§ 70 StPO) berühren auch unmittelbar den konkreten prozessualen Rechtskreis des Angeklagten dadurch, dass damit die gegen *ihn* erhobenen Beschuldigungen entweder verifiziert oder falsifiziert werden sollen. Das rechtlich geschützte Interesse des Angeklagten daran, dass der Staat dabei nicht regelwidrig auf eine Aufklärungsmöglichkeit verzichtet, aber ebenso wenig regelwidrig eine durch die persönliche Konfliktlage der Beweispersonen in ihrem Wahrheitsgehalt „gefährdete" Aussage erzwingt, bedarf der revisionsgerichtlichen Kontrolle gerade auch unter dem Aspekt des Rechtsschutzes für den Angeklagten. Das gilt zumindest in den Fällen, in denen der Zeuge aufgrund einer unrichtigen Belehrung glaubt, zur Aussage gezwungen zu sein.[637] Auch die Rechtskreistheorie ist mithin als Rügebarriere abzulehnen.[638]

## IV. „Rekonstruktionsverbot" und die „Ordnung des Revisionsverfahrens"

Als weitere von der Rechtsprechung aufgestellte Barriere für Verfahrensrügen erweist sich der in den Entscheidungen des Bundesgerichtshofs verbreitete Satz, eine Verfahrensrüge, deren Überprüfung eine Rekonstruktion der Beweisaufnahme erforderlich mache, sei nicht zulässig, weil dies der „Ordnung des Revisionsverfahrens" widerspreche.[639] In neueren Entscheidungen wird insbesondere im Zusammenhang mit Rügen nach § 261 StPO ausdrücklich darauf verwiesen, es bestehe ein Verbot der Rekonstruktion der Beweisaufnahme.[640] Bei genauerem Hinsehen, gibt es aber keine wirkliche rechtliche Grundlage für ein umfassendes „Verbot" der Rekonstruktion von mündlichen Äußerungen in der Hauptverhandlung.[641] 342

Mit der dem Revisionsgericht gesetzlich zugewiesenen Aufgabe (und wenn man es so will in diesem Sinne mit der „Ordnung des Revisionsverfahrens") 343

637 So auch schon die 5. Auflage, Rn. 236, wo aber im Übrigen noch dem die Rechtskreistheorie begründenden Beschluss des Großen Senats (BGHSt 11, 213) zugestimmt wurde.

638 So im Ergebnis auch *Rudolphi* MDR 1970, 93; *Rogall* ZStW 1979, 1; *Roxin/Schünemann*, § 24, Rn. 24; *Hauf* NStZ 1993, 457.

639 So in zahlreichen Entscheidungen seit BGHSt 17, 351 = NJW 1962, 1832, z.B. BGHR StPO § 261 – Inbegriff der Verhandlung 14; BGHSt 36, 249 = NJW 1990, 654 = StV 1989, 526; BGH, Urt. v. 5.3.1992 – 1 StR 56/92.

640 BGH, Beschl. v. 2.3.2017 – 4 StR 406/16 = NStZ-RR 2017, 185; BGH, Beschl. v. 19.7.2016 – 4 StR 154/16; vgl. auch BGH, Urt. v. 23.10.2013 – 5 StR 505/12, Rn. 20 (Rev. der StA); BGH, Urt. v. 10.10.2013 – 4 StR 135/13 = NStZ-RR 2014, 15 = StraFo 2014, 25 (Rev. der StA).

641 S. dazu allgemein *Pauly* FS Hamm, S. 557 und *Bartel*, Das Verbot der Rekonstruktion der Hauptverhandlung, 2014, passim.

wäre es zwar sicherlich nicht vereinbar, wenn ein Revisionsgericht einen Teil der tatrichterlichen Hauptverhandlung wiederholen wollte, um selbst herauszufinden, „wie es gewesen ist". Denn Letzteres ist ja nun einmal die Aufgabe des Tatgerichts, während in der Revision zu überprüfen ist, ob das angefochtene Urteil und das ihm vorausgegangene Verfahren dem Recht entsprechen.

344 Der Mündlichkeits- und insbesondere der Unmittelbarkeitsgrundsatz der tatrichterlichen Hauptverhandlung sind auch vom Revisionsgericht zu respektieren. Das bedeutet, dass die Inhalte von Aussagen der Angeklagten und der Beweispersonen, so wie sie der Tatrichter unmittelbar wahrgenommen hat, gegenüber jeder mittelbaren Rekonstruktion als **prozessual überlegen** zu gelten haben. Die Urteilsgründe haben also in ihrem Beurkundungswert bezogen auf diese Inhalte der Beweisaufnahme so etwas wie eine formelle Beweiskraft, die der des Protokolls hinsichtlich der Förmlichkeiten in der Hauptverhandlung (§ 274 StPO) vergleichbar ist. Insoweit muss auf der Grundlage der gegenwärtigen Konzeption des Revisionsverfahrens ein grundsätzlicher „Alleinvertretungsanspruch" des Urteils gelten, ohne dass dieser nur mit praktischen Bedürfnissen der vor Überlastung und Überforderung zu schützenden Revisionsgerichte begründet werden müsste.

345 Vertrackt wird die Situation aber deshalb, weil ein Revisionsgericht eben auch seiner Aufgabe der Rechtskontrolle unter Umständen nur nachkommen kann, indem es sich selbst ein Bild davon macht, wie der Tatrichter bei der „Herstellung des Urteils" vorgegangen ist, was er an weiteren Aufklärungsmöglichkeiten erfahren hat und was nicht. Das ist oft nicht ohne „Rekonstruktion" dessen, was sich in der tatrichterlichen Verhandlung (nicht: bei der Tat) abgespielt hat, möglich. Deshalb kann es dem Beschwerdeführer nicht verboten sein, im Rahmen der nach § 344 Abs. 2 S. 2 StPO vorzutragenden Verfahrenstatsachen auch einen Vorgang aus der erstinstanzlichen Hauptverhandlung zu schildern, der gleichzeitig verfahrensrechtliche Konsequenzen hatte und zum Inbegriff der Verhandlung i.S.d. § 261 StPO gehörte. Und auch das Revisionsgericht kann nicht wegen dieser Doppelrelevanz verpflichtet sein, bei der Kontrolle der Einhaltung der Vorschriften, welche die Hauptverhandlung erster Instanz regeln, vor den eine Verfahrensrüge begründenden Tatsachen die Augen zu verschließen. Wenn diese Tatsachen dem Tatgericht nur aus den Sachaussagen von Angeklagten, Zeugen oder Sachverständigen bekannt geworden sind, die eben auch der tatrichterlichen Überzeugungsbildung zugrunde liegen, verlieren sie damit nicht den Charakter von rügebegründenden Fakten. Dies sei an einem einfachen **Beispiel** erläutert:

346 Man stelle sich eine kurze tatrichterliche Hauptverhandlung vor, in der neben der Einlassung des Angeklagten („Version A") nur ein einziger Zeuge Z vernommen wird, der die den Angeklagten belastende „Version B" schildert. Man

stelle sich weiterhin vor, der Zeuge erkläre im Rahmen seiner Aussage mehr beiläufig, nachdem ihm die vom Angeklagten geschilderte Version A vorgehalten worden ist, er wisse, dass das ganze Geschehen noch von einem weiteren Zeugen Y beobachtet worden sei, der auch überall herumerzähle, es sei so gewesen, wie der Angeklagte behauptet. Dies treffe aber nicht zu; er selbst habe schließlich aus sehr viel größerer Nähe das Geschehen beobachtet. Eine Sinnestäuschung, ein Irrtum oder ein Erinnerungsfehler scheide aus. Man stelle sich weiterhin vor, das Gericht greife den Hinweis auf den weiteren Zeugen Y, der in der gesamten Akte bis dahin unerwähnt geblieben war, nicht auf, weil es den vernommenen Zeugen für hinreichend glaubwürdig hält und verurteile den Angeklagten auf der Grundlage der Version B.

In diesem konstruierten, aber keineswegs realitätsfernen Fall taucht der 347
Name des Entlastungszeugen Y weder vor noch nach der Urteilsverkündung in der Akte auf, weil beim Landgericht kein Inhaltsprotokoll geführt wird und der Angeklagte – mit oder ohne Verteidiger – keinen entsprechenden Beweisantrag gestellt hat. Auch in den schriftlichen Urteilsgründen bleibt die Äußerung des vernommenen Zeugen Z zum Zeugen Y unerwähnt. Der Angeklagte erzählt schließlich dem mit der Revision beauftragten Verteidiger den Hergang, den der Instanzverteidiger auch anhand seiner Mitschriften aus der Hauptverhandlung bestätigt, – mit dem Bemerken, er habe „aus taktischen Gründen und aus Furcht vor den Folgen, wenn Y die Version A nicht bestätigen sollte" darauf verzichtet, einen Antrag auf Ladung und Vernehmung des Y zu stellen.

Unabhängig davon, wie man zu dieser „Taktik" des Instanzverteidigers 348
steht, dürfte es keinem Zweifel unterliegen, dass das Gericht gegen die ihm obliegende Aufklärungspflicht (§ 244 Abs. 2 StPO) verstoßen hat, indem es jegliche Bemühungen unterließ, den Entlastungszeugen zu vernehmen. Wird nun in der Revisionsbegründung gerügt, aufgrund der Aussage des Zeugen hätte es sich dem Gericht aufdrängen müssen, den Entlastungszeugen Y zu laden und zu vernehmen, zumal der Zeuge Z ja auch ausdrücklich erwähnt habe, dass Y behaupte, die Version A (bei deren Bestätigung der Angeklagte hätte freigesprochen werden müssen) sei zutreffend, so besteht diese Aufklärungsrüge nicht etwa in dem Vorwurf, der Tatrichter habe den Zeugen Z für glaubwürdig gehalten oder in dem Vorwurf, die Urteilsfeststellungen gingen von einem anderen Inhalt der Bekundungen des Zeugen Z aus, als sie tatsächlich in der Hauptverhandlung abgegeben worden sind. Es wird vielmehr ein Teil der Zeugenaussage in ihrer Eigenschaft als verfahrensrechtlicher Vorgang geschildert, und zwar wiederum nur zum Zwecke der Darlegung der konkret aktualisierten Aufklärungspflicht.

In einem solchen Fall kann es keinen rechtlichen Hinderungsgrund für das 349
Revisionsgericht geben, im Wege des Freibeweises die Richtigkeit dieses Revisi-

onsvorbringens und damit die Begründetheit der Aufklärungsrüge zu überprüfen. Nur weil die einzige Erkenntnisquelle des Tatgerichts über die weitere Aufklärungsmöglichkeit die Sachaussage des Zeugen während der Hauptverhandlung war, darf das Revisionsgericht dem Beschwerdeführer bei einer solchen Rüge nicht entgegenhalten, damit könne er „nicht gehört" werden. Das wäre eine krasse Form der Rechtsverweigerung.

350 Auch erscheint die Unterscheidung zwischen den die (revisionsrechtlich zu überprüfende) Aufklärungspflicht auslösenden und den durch das Rekonstruktionsverbot des BGH auszublendenden Tatsachen einigermaßen willkürlich. Hätte derselbe Zeuge *vor* der Hauptverhandlung anlässlich eines Telefongesprächs mit dem Vorsitzenden über die genaue Uhrzeit seiner geplanten Vernehmung oder über die Zweckmäßigkeit bzw. Notwendigkeit einer Taxifahrt zum Gerichtsgebäude erwähnt, dass es da ja auch noch den Zeugen Y gibt, der die Sache ganz anders gesehen haben will als er, so könnte ohne Weiteres der Inhalt dieses (z.B. durch einen Vermerk des Vorsitzenden) dem Verteidiger bekannt gewordenen Telefongesprächs eine Verfahrensrüge begründen. Warum dann die Tatsache, dass stattdessen der Zeuge vor den Augen und Ohren des gesamten Gerichts anlässlich seiner förmlichen Vernehmung auf den Zeugen Y hingewiesen hat, die entsprechende Aufklärungsrüge nicht begründen soll, ist nicht einsehbar.[642] Es ist deshalb der Auffassung *Fezers* zuzustimmen, dass in den Fällen, in denen aufgrund einer in der Hauptverhandlung gemachten Aussage eines Angeklagten, eines Zeugen oder Sachverständigen der Vorwurf eines Verfahrensfehlers gemacht werden kann, das Rekonstruktionsverbot einer hierauf gestützten Rüge nicht entgegensteht. Die Rüge kann demnach z.B. auf Verletzungen der Aufklärungspflicht in verfahrenstatsächlicher Hinsicht überprüft werden.[643]

351 Dasselbe muss gelten für die Rüge, das Gericht habe gegen seine verfahrensrechtliche Pflicht verstoßen, alle aus der Beweisaufnahme folgenden wesentlichen Umstände, die geeignet sind, die Entscheidung zugunsten oder zuungunsten des Angeklagten zu beeinflussen, in seine Überlegungen einzubeziehen (§ 261 StPO) und darüber auch im Urteil Rechenschaft abzulegen (§ 267 Abs. 1 StPO).[644] Auch hier gibt es Fälle, in denen die Rekonstruktion zum Zwecke

**642** Hierzu auch *Pauly* FS Hamm, S. 572. Ebenso für den Fall, dass der BGH wie in BGHSt 17, 351 die Beweiserhebung über die Frage, ob einem Zeugen bestimmte sich aufdrängende Vorhalte nicht gemacht worden seien, ablehnt *Herdegen* StV 1992, 590: „Freiheit der Würdigung auf der Grundlage freier Selektion des Tatsachenmaterials wäre der Freiheiten zu viel".

**643** *Fezer*, Aktuelle Probleme der Strafrechtspflege, S. 106.

**644** Vgl. BGHSt 29, 18, 20; BGHR StPO § 261 – Inbegriff 7, 15; vgl. *G. Schäfer*, *Fezer* und *Widmaier*, in: DAV-Schriftenreihe, Band 9 (*Herdegen*-Symposium), S. 44, S. 58 und S. 66.

der Überprüfung der Beweiswürdigung selbst unzulässig bleibt, jedoch im Rahmen des Vorwurfs, das Tatgericht habe einen wichtigen Aussageinhalt im Urteil völlig unberücksichtigt gelassen, dem Freibeweis zugänglich sein muss.[645]

Es ist nicht zu verkennen, dass der Bundesgerichtshof inzwischen von dem streng verstandenen und undifferenzierten Rekonstruktionsverbot partiell abweicht, wobei das Auswahlkriterium für diese Ausnahmen bisher weniger in rechtsdogmatischen Ober- und Untersätzen als vielmehr in der Suche nach pragmatischen Lösungen zu suchen ist. Insbesondere Beweismittel, die ohne Verlust ihres Beweiswertes auch vom Revisionsgericht geprüft werden können (Urkunde, Fotografie, Tonaufzeichnung, Videoaufzeichnung) und bei denen es nicht erforderlich ist, mündliche Äußerungen zu rekonstruieren und zu bewerten, können revisionsrechtliche Relevanz erlangen. Auf sie können Verfahrensrügen, insbesondere die „Inbegriffsrüge", gestützt werden.[646] 352

Auch haben sich Ansätze für eine Klärung der Frage nach dem Verhältnis solcher Rügen zu der in der Rechtsprechung großzügig gehandhabten Sachrüge in Form der sog. **„Darstellungsrüge"**[647] z.B. in der „Schusskanal"-Entscheidung des 2. Senates aus dem Jahr 1991 gezeigt.[648] 353

Die Strafkammer hatte zum Tathergang festgestellt, dass das Opfer auf der linken Stirnseite im Bereich der behaarten Kopfhaut einen Einschuss aufwies. „Das Projektil durchsetzte die Gegend des linken Schläfen-Scheitellappens, die zentralen Abschnitte des Kleinhirns und endete am hinteren Pol der rechten Kleinhälfte" (gemeint war: Kleinhirnhälfte), „verlief also von links oben nach rechts unten".[649] In einem in den Akten befindlichen vorläufigen Gutachten des Zentrums für Rechtsmedizin der Universität Frankfurt hieß es jedoch: „Die Obduktion … erbrachte an Verletzungsfolgen … einen Schusskanal, der etwa in horizontaler Ebene von vorne links nach hinten rechts verlief". Der 2. Senat beanstandete die Nichterörterung dieses Widerspruchs in den Urteilsgründen. 354

Die Verfahrensrüge war eher darauf gerichtet, dass das Gericht dem Sachverständigen in der Hauptverhandlung sein vorläufiges Gutachten zur Klärung des Widerspruchs hätte vorhalten müssen. Da eine Beweisaufnahme darüber, 355

---

**645** Vgl. zur Bedeutung des Rekonstruktionsverbots in derartigen Fällen: BGH, Beschl. v. 19.7.2016 – 4 StR 154/16.

**646** S. zur „Inbegriffsrüge" im Einzelnen unten Rn. 1123 ff.

**647** Hierzu LR-*Franke* § 337 StPO, Rn. 94. *Dahs* FS Hamm, S. 41 ff. nennt sie „Plausibilitätsrüge"; vgl. hierzu *Eisenberg* StV 2020, 131.

**648** BGH, Urt. v. 29.5.1991 – 2 StR 68/91 = StV 1991, 500 = NStZ 1991, 448 = MDR 1992, 69; zu dieser Entscheidung *G. Schäfer*, *Fezer* und *Widmaier*, in: DAV-Schriftenreihe, Band 9 (Herdegen-Symposium), S. 48, S. 62 und S. 68.

**649** BGH, Urt. v. 29.5.1991 – 2 StR 68/91 = StV 1991, 500.

ob in der Hauptverhandlung ein solcher Vorhalt erfolgt ist oder nicht, mit der Rechtsansicht des BGH zum Rekonstruktionsverbot schwer zu vereinbaren gewesen wäre, und der Senat erkennbar auch am „Alleinvertretungsanspruch" der Urteilsgründe festhalten wollte, hatte er nur die Möglichkeit, das Schweigen der Urteilsgründe über einen derartigen Vorhalt als Zeichen dafür zu deuten, dass das Gericht die Bedeutung des Widerspruchs nicht erkannt und deshalb in den Urteilsgründen übergangen habe.[650]

356 Hier wird also aus einem Vergleich der schriftlichen Urteilsdarstellung mit einem außerhalb des Urteils dokumentierten Beweisgeschehen geschlossen, dass die Urteilsdarstellung lückenhaft ist. Daraus wird wiederum die Vermutung abgeleitet, dass sich das im Urteil nicht geschilderte Beweisgeschehen in der Hauptverhandlung auch nicht ereignet hat. Dieser letzte Schritt setzt freilich voraus, dass der Rügevortrag einen überhaupt dem Freibeweis zugänglichen Sachverhalt enthält, was der BGH in einem anderen Fall auf eine Revision der Staatsanwaltschaft, die beanstandet hatte, dass das Urteil sich nicht mit angeblichen Äußerungen des Angeklagten gegenüber einem Zeugen auseinandergesetzt hatte, verneint.[651] Die Thematik weist im Übrigen einen Bezug zur so genannten Darstellungsrüge auf,[652] die aber bisher streng auf die Binnenprüfung der Urteilsgründe selbst („auf die Sachrüge hin") beschränkt wurde. Schon weil sie auf die Urteilsgründe beschränkt ist, hätte sie im Schusskanalfall aber nicht weitergeholfen, weil ohne Verfahrensrüge das Revisionsgericht das schriftliche vorläufige Gutachten nicht hätte zur Kenntnis nehmen können.

357 Indem hier der Bundesgerichtshof zulässt, Lücken in der Urteilsdarstellung und darüber vermutete Lücken in der Beweisaufnahme sozusagen von außen her sichtbar zu machen,[653] wird die Frage unausweichlich, worin der gemeinsame Nenner der beiden Rügetypen liegt, wenn sie beide zu demselben revisionsgerichtlichen Prüfungsschritt führen: ob das Urteil in seiner Darstellung des festgestellten Sachverhalts und den Erwägungen in der Beweiswürdigung, die zu einem anderen Ergebnis hätten führen können, etwas „vermissen lässt".

358 Das bedeutet zunächst, dass der Bundesgerichtshof sich weiterhin weigert, im Rahmen der Prüfung einer Verfahrensrüge selbst im Wege des Freibeweises zu klären, was sich in den Teilen der Hauptverhandlung erster Instanz, die zum Schuld- und Rechtsfolgenausspruch geführt haben, inhaltlich zugetragen hat, dass er jedoch unter bestimmten Voraussetzungen bereit ist, aus dem **Schwei-**

---

650 *Fezer*, in: DAV-Schriftenreihe Band 9 (*Herdegen*-Symposium), S. 62, 63.
651 BGH, Urt. v. 10.10.2013 – 4 StR 135/13 = NStZ-RR 2014, 15.
652 Vgl. dazu LR-*Franke* § 337 StPO, Rn. 94 ff.
653 *Fezer*, in: DAV-Schriftenreihe, Band 9 (*Herdegen*-Symposium), S. 62, 63.

**gen der Urteilsgründe** abzuleiten, das Tatgericht habe von den ihm zu Gebote stehenden Mitteln zur Beseitigung von Beweisunklarheiten keinen Gebrauch gemacht.

Folgerichtig heißt es dann auch in einer Entscheidung, in der wiederum der 2. Senat des BGH das „Rekonstruktionsverbot" für den Fall überwand, dass eine wörtlich nach § 273 Abs. 3 StPO verlesene Zeugenaussage von erheblichem Beweiswert im Urteil überhaupt nicht gewürdigt worden war: „So kann der *Erörterungsmangel* als Verstoß gegen die Vorschrift des § 261 StPO gerügt werden"[654] und nicht etwa: Die Nichtberücksichtigung einer Aussage könne als Verstoß gegen § 261 StPO gerügt werden.[655] 359

Auch wenn hier die Tragweite der sprachlichen Unterscheidungen sicher nicht überschätzt werden sollte, machen diese Fälle deutlich, dass Bezüge zwischen der aus der Sachrüge abgeleiteten Pflicht zur Prüfung des Urteils auf innere Schlüssigkeit und Widerspruchsfreiheit, der im Prozessrecht verankerten Begründungspflicht und den durch § 261 StPO geschützten Prinzipien bestehen. 360

In allen Fällen, in denen das Urteil zu naheliegenden Bedenken und Gegenindizien gegen seine Feststellungen schweigt, betrifft dieser revisible Darstellungsmangel die verfahrensrechtlichen Anforderungen an die Beurkundung der „Gründe" des tatrichterlichen Überzeugungsvorgangs. Das Niederschreiben „sauberer" Urteilsgründe ist eine dem Tatrichter primär durch das Prozessrecht und nicht etwa durch das materielle Strafrecht auferlegte Pflicht. Der absolute Revisionsgrund des § 338 Nr. 7 Alt. 1 StPO knüpft die revisionsrechtliche „Sanktion" der Urteilsaufhebung an das Fehlen von Entscheidungsgründen. Schon das ist ein Beleg dafür, dass die Begründungspflicht aus dem Verfahrensrecht folgt, wo der notwendige Inhalt des Urteils durch § 267 StPO geregelt wird. Dass die Rechtsprechung teilweise in den Einzelheiten ihrer Anforderungen an die schriftlichen Urteilsgründe über dessen Wortlaut hinausgeht, ändert nichts an der Verortung im Verfahrensrecht. 361

Fehlt es an den Voraussetzungen des absoluten Revisionsgrundes nur deshalb, weil das Urteil mit einem Text versehen ist, der zwar die Überschrift 362

**654** BGH, Urt. v. 3.7.1991 – 2 StR 45/91 = BGHSt 38, 14 = StV 1991, 548 = NStZ 1991, 500 = JZ 1992, 106 m. Anm. *Fezer*; ähnlich auch BGH, Beschl. v. 7.6.1991 – 2 StR 14/91 = StV 1991, 458: „Wird die Verurteilung auf die verlesene frühere richterliche Aussage des Angeklagten gestützt, müssen sich die Urteilsfeststellungen und die Beweiswürdigung mit diesen Bekundungen auseinandersetzen, wenn die verlesene Aussage in Widerspruch zu den Feststellungen steht." Zu beiden Entscheidungen *Schäfer*, in: DAV-Schriftenreihe, Band 9 (*Herdegen*-Symposium), S. 48, 49.

**655** So *Fezer*, in: DAV-Schriftenreihe, Band 9 (*Herdegen*-Symposium), S. 62, 63.

„Gründe" enthält, aber in seinen Inhalten diese Bezeichnung nicht verdient, so kann auch dies eine Verletzung der verfahrensrechtlichen Begründungspflicht bedeuten. Das muss jedenfalls dann gelten, wenn jener Text ungeeignet ist, einem Leser nachvollziehbar zu machen, warum das Tatgericht zu dem in der Urteilsformel ausgesprochenen Ergebnis gekommen ist. Wenn das Urteil diesen Mangel schon aus sich selbst heraus erkennen lässt, hilft bereits die Sachrüge. Manchmal aber lassen sich Scheingründe als solche nur entlarven, wenn man ihnen Erkenntnisquellen entgegensetzt, die darin nicht erwähnt sind, die aber dem Tatrichter zugänglich waren, die auch zum Inbegriff der Verhandlung gehörten, aber offenbar nicht bei der Überzeugungsbildung berücksichtigt wurden. In diesen Fällen kann die **Inbegriffsrüge** auf den Vorwurf gestützt werden, das Gericht habe entgegen § 261 StPO nicht alle wesentlichen Teile der Verhandlung ausgeschöpft. Handelt es sich um eine bereits in der Beweisaufnahme vernachlässigte, und erst noch zu erschließende Tatsache, so liegt ein Aufklärungsmangel vor (§ 244 Abs. 2 StPO). Lässt das Urteil seinen Leser im Unklaren darüber, ob der Tatrichter alle ihm zugänglichen Erkenntnisquellen erschlossen und ausgeschöpft hat, darf aus dieser Vernachlässigung der verfahrensrechtlichen Pflicht zum Schreiben nachvollziehbarer Gründe dem Beschwerdeführer kein Nachteil erwachsen.

363 Dies ist der Grund, weshalb auch die umstrittene und von der BGH-Rechtsprechung, wenn auch wenig konsequent,[656] abgelehnte[657] **Alternativrüge** zulässig sein muss.[658] Das von der Rechtsprechung gerne verwendete Gegenargument, sie liefe auf eine **„Rüge der Aktenwidrigkeit"** hinaus, überzeugt nicht, wenn man die in der Tat revisionsrechtlich unerheblichen Versuche ausklammert, jeden Widerspruch zwischen einer Urteilsfeststellung und einer entgegenstehenden Äußerung in Protokollen aus dem Ermittlungsverfahren als „irgendwie verfahrensfehlerhaft" mit zu erfassen. Solche Widersprüche können sich in der Hauptverhandlung aufgeklärt haben, und die Urteilsberatung ebenso wie die Urteilsgründe brauchen sich nun einmal nur mit dem Inbegriff der Hauptverhandlung und nicht mit dem „Inbegriff der Akten" zu befassen. Stellt sich die Situation aber so dar, dass das Tatgericht ein im Urteil dokumentiertes Beweisergebnis zwar feststellt, aber die Anhaltspunkte für sein nicht fernliegendes Gegenteil unerwähnt lässt, oder diese infolge einer unterlassenen Auf-

---

**656** Zur Entwicklung der Rechtsprechung und der Diskussion im Schrifttum zur Alternativrüge im Einzelnen *Bartel*, Rekonstruktionsverbot, S. 75 ff.; *Pauly* FS Hamm, S. 557.

**657** BGH, Urt. v. 13.9.2006 – 2 StR 268/06 = NStZ 2007, 115; MüKoStPO/*Miebach* § 261 StPO, Rn. 421; MüKoStPO/*Knauer*/*Kudlich* vor § 333 StPO, Rn. 58.

**658** *Bartel*, Rekonstruktionsverbot, S. 350.

klärung gar nicht erst zum „Inbegriff der Verhandlung" hat vordringen lassen, muss eine solche geschlossene Alternative („tertium non datur") auch das Revisionsgericht als Entweder-oder-Rechtsfehler zur Kenntnis nehmen. Wenn dann auch noch bei beiden Alternativen in der Beruhensfrage sich keine dritte Möglichkeit zeigt, die ohne Einfluss auf den Urteilstenor geblieben wäre, würde es schon gegen § 337 StPO verstoßen, wenn das Revisionsgericht die Aufhebung verweigerte.

Wenn man die **Zuordnung der Begründungsmängel zum Verfahrensrecht** unabhängig davon gelten lässt, ob das Revisionsgericht schon aufgrund der Sachrüge aus dem Urteil selbst dessen Lücken zu erkennen vermag, oder ob es auf den Vortrag von außerhalb des Urteils liegenden Verfahrenstatsachen in einer eigenständigen Verfahrensrüge angewiesen ist, erscheinen weder die „Ausnahmen" vom Rekonstruktionsverbot noch die „Eingriffe" der Revisionsgerichte in die tatrichterliche Beweiswürdigung als systemwidrig. Schon aus den dem Verfahrensrecht zuzuordnenden Regelungen in § 267 Abs. 1 und Abs. 5 StPO folgt die prozessuale Verpflichtung für die Tatgerichte, die Grundlagen ihrer Überzeugung überprüfbar zu dokumentieren. Zwar ist ihnen dabei die Angabe von Indiztatsachen nur durch eine „Sollvorschrift" (§ 267 Abs. 1 S. 2 StPO) auferlegt. Die Rechtsprechung legt diese Bestimmung jedoch zu Recht vor dem Hintergrund der von § 261 StPO statuierten Pflicht zur erschöpfenden Würdigung der Ergebnisse der Hauptverhandlung dahin aus, dass die für die Überzeugungsbildung bestimmenden Tatsachen anzugeben und in ihrer Beweisbedeutung lückenlos zu behandeln sind.[659] Der Verfahrensfehler der Vernachlässigung dieser Pflicht muss zur Aufhebung des Urteils führen, wobei die Anforderungen an die Darlegung von über den Urteilsinhalt hinausgehenden Tatsachen (§ 344 Abs. 2 S. 2 StPO) davon abhängen, inwieweit das Revisionsgericht die Kenntnis solcher Vorgänge benötigt, um die Lücke im Urteil als solche zu erkennen. Wo das nicht der Fall ist, wo also das Urteil aus sich selbst heraus erkennen lässt, dass die Feststellungen auf ein mangelhaftes Beweisfundament gebaut sind, ist insoweit die Sachrüge als Verfahrensrüge aufzufassen, die durch ihre zulässigerweise stillschweigende Bezugnahme auf die Urteilsgründe den Anforderungen des § 344 Abs. 2 S. 2 StPO genügt. 364

Aus einem solchen Verständnis ergeben sich zugleich weitere Konsequenzen für **das Verhältnis zwischen Sach- und Verfahrensrüge.**[660] Dass zwi- 365

659 Vgl. LR-*Franke* § 337 StPO, Rn. 144 ff.; KK-*Kuckein*/*Bartel* § 267 StPO, Rn. 13.

660 Dass die bisher in der Rechtsprechung gebräuchliche Terminologie zu einer bedenklichen Verwischung zwischen Verfahrens- und Sachrüge führt, beklagt auch LR-*Franke* § 337 StPO, Rn. 100 f.

schen diesen Rügetypen zu unterscheiden ist, folgt unmittelbar aus § 344 Abs. 2 Satz 1 und Satz 2 StPO: Nur wenn die Verletzung einer Rechtsnorm über das Verfahren gerügt wird, gelten die in Satz 2 geregelten weiteren Begründungsanforderungen. Das Gesetz geht somit von einer Trennung zwischen zwei unterschiedlichen Formen des Angriffs gegen ein tatrichterliches Urteil aus und sieht für die eine der beiden Angriffsformen (Sachrüge) keine Begründungspflicht vor.

366 Das kann aber nicht darüber hinwegtäuschen, dass durch die Erhebung der Sachrüge auch verfahrensrechtliche Vorgänge der Prüfung durch das Revisionsgericht zugänglich werden. Ergibt sich aus der Sachrüge die Verpflichtung, das Urteil insgesamt zur Kenntnis zu nehmen, so folgt daraus nicht nur die Verpflichtung, seine auf tatsächlichem Gebiet liegende Begründung (Feststellungen und Beweiswürdigung) zu berücksichtigen, sondern auch die Verpflichtung, etwa darin enthaltene rechtliche Ausführungen zu verfahrensrechtlichen Fragen zur Kenntnis zu nehmen. Sieht ein Tatgericht etwa in der Tatsache, dass der jetzige Angeklagte bei einer Zeugenvernehmung im Verfahren gegen einen früheren Mitbeschuldigten von § 55 StPO Gebrauch gemacht hat, ein den Revisionsführer belastendes Indiz[661] so lässt sich dieser Vorgang nicht ohne Rückgriff auf verfahrensrechtliche Fragen würdigen.

367 Hat das Revisionsgericht auf die Sachrüge das Urteil insgesamt zu prüfen, so hat sich die Prüfung auf die Teile der Begründung zu erstrecken, die den Tenor in tatsächlicher Hinsicht begründen. Es fällt aber schwer, bei der umfassenden Prüfung des Urteils alleine auf Grund der in § 344 Abs. 2 StPO enthaltenen Aufteilung in zwei Rügetypen, die Teile aus der Prüfung der Urteilsgründe herauszuhalten, die sich zu verfahrensrechtlichen Fragen (wie etwa dem Recht zur Aussageverweigerung nach § 55 StPO) äußern.

368 Näher liegt es, den umgekehrten Schluss zu ziehen: Ergibt sich aus der Sachrüge die Verpflichtung, die Urteilsgründe insgesamt daraufhin zu prüfen, ob die verfahrensrechtliche Begründungspflicht eingehalten ist, dann wird dies zum einen die auf tatsächlichem Gebiet liegende Begründung umfassen, zum anderen aber auch die auf verfahrensrechtlichem Gebiet liegenden Teile dieser Begründung.

369 Wird das Verhältnis zwischen Sachrüge und Verfahrensrüge in dieser Weise verstanden, lässt sich zwischen Darstellungsmängeln und der unvollständigen Würdigung der Ergebnisse der Hauptverhandlung eine Verbindung herstellen. Die Verletzung der Pflicht zur Urteilsbegründung, die in der fehlenden Erwäh-

661 Vgl. hierzu etwa BGH, Urt. v. 26.5.1992 – 5 StR 11/92 = NJW 1992, 2304.

nung eines Beweisanzeichens in den Urteilsgründen liegt, das gegen die Richtigkeit der Feststellungen spricht, ist sachlich nicht weit entfernt von der fehlenden Berücksichtigung von Ergebnissen der Beweisaufnahme zu diesem Beweisanzeichen.

Die eher wie eine semantische Hilfskonstruktion wirkende Begründung für 370
die Ausweitung des Prüfungsumfangs im Rahmen der erweiterten Revision, wonach die Anwendung des materiellen Rechts eine im Wege der logisch sauberen Beweiswürdigung zustande gekommene subsumtionsfähige Feststellung voraussetze,[662] erhält eine andere Grundlage, wenn die Verpflichtung zur „rechtsfehlerfreien" Beweiswürdigung als verfahrensrechtliche Verpflichtung verstanden wird.

Dass das Revisionsgericht an die Ergebnisse der Beweiswürdigung des 371
Tatrichters so gebunden ist wie die Studierenden in der strafrechtlichen Klausur an den ihnen vorgegebenen Sachverhalt, ist die Grundlage der sachlichrechtlichen Überprüfung. Darüber aber zu wachen, dass dieser Sachverhalt nicht (wie u.U. der Klausurfall) frei erfunden ist und auch nicht unter Verletzung der Denkgesetze und des wissenschaftlichen oder alltäglichen Erfahrungswissens und überhaupt unter Verkennung des Rechtsbegriffs „Beweis" teilweise fabuliert wurde, ist Gegenstand der verfahrensrechtlichen Überprüfung. Es sind die Regeln des Prozessrechts, die es dem Tatrichter verbieten, allein aus dem Umstand, dass der Angeklagte ein Interesse am Tod des Opfers gehabt haben könnte und kein Alibi hat, schon auf seine Täterschaft zu schließen. Ebenso sind es die Regeln des Prozessrechts, die dem Tatrichter gebieten, eine seinen Feststellungen widersprechende Zeugenaussage im Urteil zu behandeln und nachvollziehbar zu begründen, weshalb sie den Ergebnissen der Beweiswürdigung nicht entgegenstand.

Wie weit die Prüfungspflicht und die Prüfungsbefugnis des Revisionsge- 372
richts im Einzelnen reichen, bedarf dabei noch weiterer Klärung. Jedenfalls kann es aber nicht zulässig sein, offensichtliche Verfahrensverstöße zum Nachteil des Angeklagten, von denen das Revisionsgericht Kenntnis erhält, weil sie sich aus dem Urteil ergeben, von vornherein vollständig aus der Prüfung auszuklammern, wenn keine (oder eine nicht formgerechte) Verfahrensrüge erhoben ist. So dürfte ein Urteil auch auf die Sachrüge keinen Bestand haben, wenn darin mitgeteilt wird, die Beweiswürdigung stütze sich auf ein Geständnis des Angeklagten im Ermittlungsverfahren und zugleich aus den Urteilsgründen erkennbar ist, dass dieses Geständnis unter Verletzung von § 136a StPO zustande

662 Vgl. LR-*Franke* § 337 StPO, Rn. 106 mwN.

gekommen ist.[663] Umgekehrt bliebe es dogmatisch unbefriedigend, wenn sich der Umfang der Prüfung alleine daran orientieren dürfte, was dem Revisionsgericht ohne größeren Aufwand zugänglich ist („Leistungsmethode“).

373 Dass die Urteilsgründe dem Revisionsgericht bei erhobener Sachrüge vollständig zugänglich sind, hat es in der Vergangenheit im Übrigen schon vielfach ermöglicht, sie ergänzend heranzuziehen, wenn in Verfahrensrügen der Vortrag wichtiger rügebegründender Tatsachen fehlte.[664] Gleichwohl sollte sich der Revisionsführer auf solche Ergänzungen nicht verlassen, – das zeigt schon die Tatsache, dass in mehreren dieser Fälle die Bundesanwaltschaft die erhobenen Rügen als unzulässig angesehen hatte.

## C. Bedeutung des Hauptverhandlungsprotokolls für die Revision

**Literatur:** *Bartel* Auf dem Weg zur technischen Dokumentation der Hauptverhandlung in Strafsachen, StV 2018, 678; *Bertheau* Rügeverkümmerung – Verkümmerung der Revision in Strafsachen, NJW 2010, 973; *Beulke* Missbrauch von Verteidigerrechten – eine kritische Würdigung der jüngsten Rechtsprechung, FS Amelung, 2009, S. 543; *Danckert* Die materielle Beweiskraft des Hauptverhandlungsprotokolls im Strafprozess, 2012; *Dehne-Niemann* Verfassungsrechtliches und Einfachgesetzliches zur nachträglichen rügevernichtenden Änderung des Hauptverhandlungsprotokolls, ZStW 121 (2009), 321; *ders.* Kritische Anmerkungen zur neuen Praxis der „Rügeverkümmerung“, wistra 2011, 213; *Fezer* Zur fortschreitenden Relativierung der Verfahrensvorschriften durch den Bundesgerichtshof – § 274 StPO als Beispiel, FS Otto, 2007, S. 901; *Fahl* Unwahre Verfahrensrüge und Strafvereitelung, StV 2015, 51; *Gaede* Anm. zu BGH Urt. v. 11.8.2006 – 3 StR 284/05, StraFo 2007, 29; *von Galen*, Rechtsstaatsdefizit im deutschen Strafprozess: „ohne Worte“ – die Protokollierung der Hauptverhandlung im europäischen Vergleich, StraFo 2019, 309; *Hamm* Verkümmerung der Form durch Große Senate oder: Die Pilatusfrage zum Hauptverhandlungsprotokoll, NJW 2007, 3166; *Hebenstreit* Die Wahrheit und nichts als die Wahrheit, HRRS 2008, 172; *Hoffmann* Praxiskommentar zu BGH, Beschl. v. 4.9.2013 – 5 StR 306/13, NStZ 2014, 224; *Jahn/Ebner* Strafvereitelung im strafprozessualen Revisionsverfahren, NJW 2012, 30; *Kempf* Der „Missbrauchsgedanke“ – argumentum pro advocato?, StV 2015, 55; *Knauer* Zur Wahrheitspflicht des (Revisions-)Verteidigers, FS Widmaier, 2008, S. 291; *Krawczyk* Rechtsmissbräuchlichkeit der unwahren Verfahrensrüge – Besprechung des Urteils des 3. Senats vom 11.8.2006 – 3 StR 284/05, HRRS 2007, 101; *Kudlich* Missbrauch durch bewusste Berufung auf ein unrichtiges Hauptverhandlungsprotokoll, HRRS 2007, 9; *Kudlich/Christensen* Die Lücken-Lüge, JZ 2009, 943; *Kury* Zum Umgang mit dem Hauptverhand-

**663** S. zum Prüfungsumfang im Rahmen der Sachrüge im Einzelnen unten Rn. 1594 ff.
**664** Vgl. z.B. BGH, Beschl. v. 1.7.2010 – 1 StR 259/10 = NStZ-RR 2010, 316; BGH, Beschl. v. 18.11.2008 – 1 StR 568/09 = StV 2009, 118; BGH, Beschl. v. 29.11.1995 – 5 StR 531/95 = StV 1996, 196.

lungsprotokoll: Ein Beitrag zur Aushöhlung der Protokollbeweiskraft, StraFo 2008, 185; *Meyer-Mews* „Wer lügt denn da" – Anm. zu BGH Urt. v. 11.8.2006 – 3 StR 284/05, StraFo 2007, 195; *Mosbacher* Dokumentation der Beweisaufnahme im Strafprozess, ZRP 2019, 158; *ders.* Aufzeichnung der Hauptverhandlung und Revision – ein Vorschlag, StV 2018, 182; *Schäfer*, Gedanken zur Beweiskraft des tatrichterlichen Verhandlungsprotokolls unter besonderer Berücksichtigung der Rechtsprechung des Bundesgerichtshofs, FS 50 Jahre BGH, S. 707; *Schlothauer* Zur Immunisierung tatrichterlicher Urteile gegen verfahrensrechtlich begründete Revisionen, FS Hamm, 2008, S. 655; *ders.* Gesetzesrecht – Richterrecht, StraFo 2011, 459; *Schmitt* Die Dokumentation der Hauptverhandlung, NStZ 2019, 1; *Schünemann* Die Etablierung der Rügeverkümmerung durch den BGH und deren Tolerierung durch das BVerfG: 140 Jahre Rechtsprechung werden zu Makulatur, StV 2010, 538; *Schumann* Protokollberichtigung, freie Beweiswürdigung und formelle Wahrheit im Strafverfahren, JZ 2007, 927; *Tepperwien* Die unwahre Verfahrensrüge – unzeitgemäßer Sieg der Form, FS Meyer-Goßner, 2001, S. 595; *Wagner* Missbrauch der Verfahrensrüge bei unrichtigem Protokoll – Verletzung des Verfahrensrechts durch den 3. Strafsenat?, StraFo 2007, 495; *ders.* Die Beachtlichkeit von Protokollberichtigungen für das Revisionsverfahren – Zugleich Besprechung von BGH (Großer Senat) Beschluss vom 23.4.2007, GA 2008, 442; *Wehowsky* Ausgewählte Aspekte einer audiovisuellen Dokumentation der Hauptverhandlung: Persönlichkeitsrechte und Austauschrichter, StV 2018, 685; *ders.*, Die Revision im Zeitalter technischer Reproduzierbarkeit, NStZ 2018, 177; *Widmaier* Anm. zu BGH Beschl. v. 23.8.2006 – 1 StR 466/05, NJW 2006, 3587.

Die Dokumentation der Geschehnisse in der Hauptverhandlung in der Tatsacheninstanz ist seit langer Zeit nicht mehr zeitgemäß. Bei den heute gegebenen technischen Möglichkeiten der audio-visuellen Aufzeichnung sollte es sich eigentlich von selbst verstehen, dass in der Rekonstruierbarkeit so fehleranfällige Vorgänge wie die Beweiserhebung und der formalisierte Austausch von Anträgen, Verfügungen, Beschlüssen und Erklärungen, auch so festgehalten werden, dass bei jedem Streit über das vor aller Augen und Ohren Stattgefundene auf eine zuverlässige Dokumentation zurückgegriffen werden kann. In anderen europäischen Staaten sind solche Möglichkeiten inzwischen auch geschaffen.[665] Stattdessen leisten wir uns gerade in den Fällen, in denen am Ende mehrjährige bis lebenslange Freiheitsstrafen verhängt werden (also bei den großen Strafkammern der Landgerichte und den erstinstanzlich zuständigen Senaten der Oberlandesgerichte) noch ein Verfahren, das in krassem Gegensatz zu dem steht, was die Strafjustiz selbst als Standard in der Privatwirtschaft voraussetzt, wenn sie z.B. in Wirtschafts- oder Umweltstrafverfahren Verurteilungen mit der Verletzung von Dokumentationspflichten begründet. Auch wenn die Diskussion über diesen Protokollstandard in jüngster Zeit erfreulicherweise wieder belebt 374

665 Vgl. hierzu den Überblick bei *von Galen* StraFo 2019, 309.

wurde,[666] ist derzeit nicht absehbar, ob es zu einer Gesetzesänderung kommen wird, die auch die Strafgerichte zwingen würde, sich endlich dem Stand der Technik im 21. Jahrhundert anzunähern.

## I. Allgemeines zur Funktion und zur Aussagekraft der Sitzungsniederschrift (§§ 271–274 StPO)

375 Das Grundkonzept der im 19. Jahrhundert entstandenen Protokollvorschriften gilt auch heute noch unverändert,[667] auch wenn es zwischenzeitlich verschiedene Änderungen gegeben hat. Nach den §§ 271–273 StPO sind neben einigen äußeren Eckdaten (§ 272 StPO) insbesondere die **„wesentlichen Förmlichkeiten"** zu protokollieren. Das Protokoll soll gemäß § 273 Abs. 1 StPO ihre Beachtung „ersichtlich machen", woraus folgt, dass sie ausdrücklich im Protokoll festzuhalten sind. Hiermit korrespondiert die **formelle Beweiskraft** des § 274 StPO. Danach kann die „Beobachtung der für die Hauptverhandlung vorgeschriebenen Förmlichkeiten ... nur durch das Protokoll bewiesen werden". Dies wirkt in zwei Richtungen. Ein entsprechender Eintrag beweist, dass die Förmlichkeit beachtet wurde.[668] Das Fehlen eines Eintrags beweist, dass ein Vorgang nicht stattgefunden hat, d.h. es gilt als nicht geschehen, was im Protokoll nicht vermerkt ist.[669]

376 Ob ein Zeuge vernommen worden ist, ist als Teil der Beweisaufnahme im Strengbeweisverfahren eine Förmlichkeit der Hauptverhandlung, die nach § 273 StPO zu protokollieren ist. Erwähnt das Protokoll die Vernehmung nicht, so steht für das Revisionsverfahren fest, dass der Zeuge nicht vernommen wurde. Wird im Urteil dargelegt, die Überzeugung des Gerichts sei auch auf die glaubhaften Angaben dieses Zeugen gestützt, so steht damit fest, dass etwas zur Urteilsgrundlage gemacht wurde, was nicht zum „Inbegriff der Hauptverhandlung" gehörte. Es liegt also ein Verstoß gegen § 261 StPO vor. Man wende an dieser Stelle nicht ein, dergleichen komme in der Praxis nicht vor. Immer wieder gibt es Urteile, bei denen aus der Beweiswürdigung hervorgeht, zur Überzeu-

666 Vgl. *Traut/Nickolaus* StraFo 2020, 100; *Mosbacher* ZRP 2019, 158; *Schmitt* NStZ 2019, 1; *Wehowsky* StV 2018, 685 und *ders.* NStZ 2018, 177; *Bartel* StV 2018, 678; *Mosbacher* StV 2018, 182; MüKoStPO/*Trüg/Habetha* § 244 StPO, Rn. 394.

667 Zur Entstehungsgeschichte vgl. *G. Schäfer* FS 50 Jahre BGH, S. 707, 708 ff.; *Wagner* GA 2008, 442.

668 „Positive Beweiskraft"; vgl. *Meyer-Goßner/Schmitt* § 274 StPO, Rn. 13.

669 „Negative Beweiskraft"; vgl. *Meyer-Goßner/Schmitt* § 274 StPO, Rn. 14.

gung des Gerichts von der Schuld des Angeklagten habe die Aussage eines bestimmten Zeugen beigetragen, während sich aus dem Hauptverhandlungsprotokoll ergibt, dass eine Vernehmung dieses Zeugen nicht stattgefunden hat.[670]

Neben Eintragungen über die „wesentlichen Förmlichkeiten" kann das Protokoll aber auch sonstige Eintragungen enthalten. Eine Vorschrift, die das Notieren von nicht zu den Förmlichkeiten gehörendem Prozessgeschehen im Protokoll begrenzen oder verbieten würde, gibt es nicht. Enthält das Protokoll solche Eintragungen, gilt hierfür nicht die formelle Beweiskraft des § 274 StPO.[671] Vorgänge, die nicht zu den „wesentlichen Förmlichkeiten" zählen, lassen sich dementsprechend auch auf anderem Wege beweisen und widerlegen. Ist im Protokoll zu einem Vorgang, der keine wesentliche Förmlichkeit ist, keine Eintragung enthalten, so ist nicht schon dadurch bewiesen, dass er nicht stattgefunden hat. Das ändert allerdings nichts daran, dass dem Protokoll auch bei solchen Vorgängen große Bedeutung zukommen kann. Ist der Vorgang im Protokoll festgehalten, wird es dem Revisionsgericht schwer fallen, im Freibeweisverfahren zu einem abweichenden Ergebnis zu kommen. 377

Wesentliche Funktion des Protokolls ist es, für das Revisionsverfahren Beweisfragen im Zusammenhang mit der Einhaltung formeller Vorschriften des Strafprozesses eindeutig zu regeln und damit ihre Beantwortung zu erleichtern. Seine Funktion besteht hingegen nicht darin, die Richtigkeit des Urteils zu belegen. Es soll nicht zum Nachweis der Inhalte der Beweisaufnahme dienen. Aus § 273 Abs. 2 und Abs. 3 StPO folgt, dass der Inhalt einer Aussage keine „wesentliche Förmlichkeit" ist. Dass in Hauptverhandlungen vor dem Landgericht und dem Oberlandesgericht kein Inhaltsprotokoll geführt wird, stößt bei Nichtjuristen immer wieder auf völliges Unverständnis. Die Tatsache, dass an der Stirnseite des Richtertisches meist eine Person in Robe sitzt, die sich an einem Computer zu schaffen macht, wird von vielen Angeklagten und Zeugen so verstanden, dass der Inhalt dessen, was ausgesagt wird, auch amtlich festgehalten wird. Als Verteidiger erntet man deshalb oft ungläubiges Staunen, wenn man dem Mandanten, der im Urteil liest, was er in der Hauptverhandlung ausgesagt haben soll und darum bittet, im Protokoll nachzusehen, was er tatsächlich gesagt hat, die Rechtslage erklären muss. Die Beschränkung des Protokollinhalts auf den Satz „Der Angeklagte sagte zur Sache aus." folgt aus § 273 Abs. 2 S. 1 StPO. Danach ist nur in Ver- 378

670 BGH, Beschl. v. 7.5.2012 – 5 StR 210/12 = NStZ-RR 2012, 257; BGH, Beschl. v. 12.9.2012 – 2 StR 219/12 = NStZ 2013, 280 (im Urteil erwähnter Zeuge hatte laut Protokoll in der Hauptverhandlung nach § 52 StPO das Zeugnis verweigert); BGH, Beschl. v. 2.11.2017 – 3 StR 318/17 (Augenscheinseinnahme).

671 *Meyer-Goßner/Schmitt* § 274 StPO, Rn. 8.

handlungen vor dem Amtsgericht (Strafrichter und Schöffengericht) das „wesentliche Ergebnisse der Vernehmungen" im Protokoll festzuhalten, eine vergleichbare Verpflichtung für erstinstanzliche Verhandlungen vor dem Landgericht oder dem Oberlandesgericht existiert hingegen nicht. Der systematische Sinn dieser auffälligen Differenzierung liegt darin, dass es in Fällen, in denen eine Berufung möglich ist, etwas nach § 325 StPO „Verlesbares" geben muss, während Urteile, die nur (noch) durch die Revision anfechtbar sind, in dieser Instanz grundsätzlich bindend sowohl hinsichtlich der tatsächlichen Feststellungen zum Schuld- und Strafausspruch als auch hinsichtlich der die Beweiswürdigung tragenden Angaben über die Inhalte der tatrichterlichen Hauptverhandlung sein sollen.[672] Hat unter Beachtung des in **§ 273 Abs. 3 Satz 3 StPO** geregelten Ablaufs hingegen ausnahmsweise eine **Protokollierung** in der Weise stattgefunden, dass der Wortlaut einer Aussage niedergeschrieben, noch einmal verlesen und sodann genehmigt wurde, so ist dieser Teil der Hauptverhandlung damit in einer Weise „öffentlich beurkundet" worden, dass die Zulassung eines Gegenbeweises anders als durch den Nachweis der Fälschung des Protokolls schlechterdings unverständlich wäre.[673] Ein Protokoll mit diesem Inhalt kann dementsprechend auch Grundlage für eine auf § 261 StPO gestützte Verfahrensrüge sein.[674]

379 Die Idee eines zu Beginn des Revisionsverfahrens ein für alle Mal feststehenden Beweismittels, das verbindlich Auskunft darüber gibt, ob das Tatgericht die für ein rechtsstaatliches Verfahren wesentlichen formalen Schritte eingehalten hat, war nie unumstritten.[675] Das verbreitete Unbehagen über (wirkliche und vermeintliche) Widersprüche zwischen dem Protokollinhalt und dem tatsächlichen Verlauf der Verhandlung hat im Ergebnis zu der Entscheidung des Großen Senats für Strafsachen vom 23.4.2007 geführt,[676] mit der neue Grundsätze für nachträgliche Änderungen des Hauptverhandlungsprotokolls aufgestellt wurden. Diese Entscheidung ist in der Literatur größtenteils auf Ablehnung gestoßen.[677] In ihr liegt eine systemwidrige Abweichung von jahrzehntelang praktizierten Grundsätzen.[678] Nachdem der Zweite Senat des Bundesverfassungs-

---

**672** Dazu unten Rn. 1607 ff.

**673** Vgl. KK-*Greger* § 274 StPO, Rn. 5; *Meyer-Goßner/Schmitt* § 274 StPO, Rn. 10.

**674** S. dazu im Einzelnen unten Rn. 1143.

**675** Vgl. dazu den – auch nach der Entscheidung BGHSt 51, 298 lesenswerten – Beitrag von *G. Schäfer* FS 50 Jahre BGH, S. 707.

**676** BGH, Beschl. v. 23.4.2007 – GSSt 1/06 = BGHSt 51, 298 = NJW 2007, 2419 = NStZ 2007, 661 = StV 2007, 403.

**677** Ablehnend insb. *Schumann* JZ 2007, 927; *Hamm* NJW 2007, 3166; *Kury* StraFo 2008, 185; *Wagner* GA 2008, 442; zustimmend hingegen *Fahl* JR 2007, 345; *Hebenstreit* HRRS 2008, 172.

**678** Vgl. zur Kritik im Einzelnen: *Hamm* NJW 2007, 3166.

gerichts durch seinen Beschluss vom 15.1.2009 die Aufgabe des „Verbots der Rügeverkümmerung" durch den Großen Senat für Strafsachen mehrheitlich gebilligt hat,[679] ist die Diskussion in der Literatur über das Verbot der Rügeverkümmerung aber abgeebbt.[680] Zwar bleibt die Aufgabe dieses Verbots bedauerlich, doch soll der Streit darüber auch an dieser Stelle nicht fortgeführt werden. Für die Praxis von größerer Bedeutung ist der Umgang mit dem durch Richterrecht entwickelten Verfahren zur Protokollberichtigung.[681]

## II. Fertigstellung des Protokolls

Die für das Revisionsverfahren maßgebliche Fassung des Hauptverhandlungsprotokolls entsteht nicht schon dadurch, dass der Urkundsbeamte während der Hauptverhandlung Eintragungen vornimmt. Das Protokoll muss nach der Gesetzeslage vielmehr förmlich fertiggestellt werden (§ 271 Abs. 1 S. 2 StPO), indem der Urkundsbeamte und der Vorsitzende durch ihre Unterschrift anzeigen, dass sie den Inhalt des Protokolls nun verantworten und den Tag, an dem dies geschah, vermerken.[682] § 273 Abs. 4 StPO knüpft hieran an und sieht vor, dass das Urteil erst zugestellt werden darf, wenn das Protokoll fertiggestellt ist. Zum Zeitpunkt der Zustellung des Urteils muss also auch das Protokoll zur Prüfung des Verfahrens zur Verfügung stehen.[683] Die Rechtsprechung geht teilweise davon aus, dass auch schwerwiegende Mängel des Protokolls dazu führen können, dass es nicht als „fertiggestellt" angesehen werden kann.[684] 380

Angesichts der wichtigen Funktion des Protokolls für das weitere Verfahren sollte es an sich selbstverständlich sein, dass es zeitnah zu der Hauptverhandlung erstellt wird, deren Verlauf es dokumentieren soll. In der Praxis verzögert 381

679 BVerfG, Beschl. v. 15.1.2009 – 2 BvR 2044/07 = BVerfGE 122, 248 = NJW 2009, 1469 = JR 2009, 245 m. zust. Anm. *Fahl;* ablehnend *Kudlich/Christensen* JZ 2009, 943; *Dehne-Niemann* ZStW 2009, 321; *Bertheau* NJW 2010, 973; *Schünemann* StV 2010, 538.

680 Zu den Grundsätzen der Protokollberichtigung: *Dehne-Niemann* wistra 2011, 213.

681 S. dazu im Einzelnen unten Rn. 389.

682 Ob das Protokoll bereits zur Akte genommen wurde, ist unbeachtlich, vgl. BGH, Beschl. v. 13.2.2013 – 4 StR 246/12 = NStZ 2014, 420.

683 Ist das Protokoll zum Zeitpunkt der Zustellung noch nicht fertiggestellt, macht dies die Zustellung unwirksam, vgl. BGH, Beschl. v. 13.2.2013 – 4 StR 246/12 = NStZ 2014, 420; BGH, Urt. v. 7.9.2011 – 2 StR 600/10.

684 Angenommen beim Fehlen der Urteilsformel im Protokoll: OLG Karlsruhe, Beschl. v. 5.2.2018 – 2 Rb 9 Ss 18/18 mwN; a.A. OLG Hamburg, Beschl. v. 24.10.2013 – 1 Ss 44/12 (Protokollberichtigung möglich).

sich die Fertigstellung leider oft erheblich. Die Frist des § 275 StPO gilt für das Protokoll nicht. Vorschläge zur Einführung einer gesetzlichen Pflicht, das Protokoll nach dem Ende der Hauptverhandlung unverzüglich fertigzustellen und eine Frist hierfür festzusetzen, wurden bislang nicht aufgegriffen.[685] Verzögert sich die Fertigstellung, stellt dies zwar nicht rechtlich, wohl aber sachlich die Berechtigung der formellen Beweiskraft in Frage. Werden Eintragungen nachträglich in den Protokolltext eingefügt, so ist dies jedenfalls dann in hohem Maße fehleranfällig,[686] wenn die Änderung erst Monate nach dem entsprechenden Hauptverhandlungstag durchgeführt wird. Bezieht sich die Änderung auf alltägliche Vorgänge (wie z.B. Zeugenbelehrungen), die in einer langen Hauptverhandlung immer wieder vorkommen, dann ist es oft wenig plausibel, dass sich die beiden Urkundspersonen auch Monate später noch an Einzelheiten erinnern.

382 Obwohl die Regelungen über die Entstehung und die Fertigstellung des Protokolls die zuverlässige Protokollierung mithin nicht hinreichend absichern, weil sie keine zeitliche Obergrenze für die Fertigstellung enthalten und damit Änderungen unbefristet zulassen, schützen die Gesetzesvorschriften das Protokoll in starkem Maße gegen Einwände. Gegen den die wesentlichen Förmlichkeiten betreffenden Inhalt des Protokolls ist nach dem Gesetzestext allein der Einwand der **Fälschung** zulässig (§ 274 Abs.1 S. 2 StPO). Praktische Bedeutung erlangt hat diese Bestimmung bislang kaum, auch wenn sie in einigen neueren Verfahren Erwähnung gefunden hat.[687] Nach der Rechtsprechung liegt eine Fälschung erst dann vor, wenn, „entweder die Niederschrift als Ganzes von einem Unbefugten hergestellt“ oder eine an sich echte Niederschrift „in unbefugter Weise inhaltlich verändert worden“ ist. Ferner wird sie vorliegen, wenn dem Protokoll von den bei der Errichtung Beteiligten bewusst, „sei es durch Hinzufügen, sei es durch Weglassen, ein unwahrer Inhalt gegeben wird.“[688] Legt man diese Begriffsbestimmung zu Grunde,[689] wird ein Fälschungseinwand nur in Ausnahmefällen in Betracht kommen.

383 Besteht schon vor der Fertigstellung zwischen dem Urkundsbeamten und dem Vorsitzenden Uneinigkeit über einen Vorgang und kann diese Meinungs-

---

**685** Vgl. hierzu *Hamm*, Anlagenband zum Bericht der Expertenkommission zur effektiveren und praxistauglicheren Ausgestaltung des allgemeinen Strafverfahrens und des jugendgerichtlichen Verfahrens, S. 634 f. (zugänglich über die Webseite des BMJV).

**686** Vgl. dazu etwa *Schlothauer* FS Hamm, S. 655, 664 f.

**687** Etwa in BGH, Beschl. v. 20.12.2016 – 2 StR 432/16; BGH, Beschl. v. 31.3.2010 – 2 StR 31/10 = NStZ-RR 2010, 213; OLG Bamberg, Beschl. v. 19.3.2013 – 2 Ss OWi 199/13 = NJW 2013, 1251.

**688** OLG Düsseldorf, Beschl. v. 27.2.1997 – 1 Ws 1093/96 = NJW 1997, 1718; ähnlich KG, Beschl. v. 27.12.2001 – 2 AR 165/01.

**689** Ähnlich auch MüKoStPO/*Valerius* § 274 StPO, Rn. 28 mwN.

verschiedenheit nicht geklärt werden, müssen im Protokoll beide Sichtweisen dargestellt werden. Der entsprechende Abschnitt nimmt dann nicht an der Beweiskraft des § 274 StPO teil.[690] Diese Situation tritt allerdings sehr selten auf.

### III. Wegfall der Beweiskraft

Größere praktische Relevanz als der Fälschungseinwand haben für das Revisionsverfahren Fallgestaltungen, in denen eine Störung des Beweiswertes vorliegt, weil es zu einer (unbewussten) Falschprotokollierung gekommen ist. Der Beweiswert des Protokolls kann dabei aus verschiedenen Gründen in Frage gestellt sein, so insbesondere, wenn es widersprüchlich oder lückenhaft ist. 384

Kein Fall einer solchen Störung sind allerdings bloße Widersprüche zwischen Protokoll und Urteil.[691] Hierbei ist zu unterscheiden, ob sich der Widerspruch auf eine Förmlichkeit der Hauptverhandlung bezieht, die durch das Protokoll bewiesen wird, oder Vorgänge betrifft, die durch das Urteil bewiesen werden. So wird z.B. die Urteilsformel durch die Verkündung wirksam, die zu den Förmlichkeiten der Hauptverhandlung gehört. Besteht ein Widerspruch zwischen dieser Formel und der Urteilsurkunde, tritt die Urteilsurkunde gegenüber dem Protokoll zurück.[692] 385

Die überragende Funktion, die ihm im Rahmen von § 274 StPO als einziges im Revisionsverfahren zugelassenes Beweismittel zukommt, kann das Protokoll nicht erfüllen, wenn es innere Widersprüche aufweist. In Frage gestellt ist die Beweisfunktion insbesondere dann, wenn sich aus dem Protokoll selbst ergibt, dass das Geschehen so nicht stattgefunden haben kann wie es schriftlich festgehalten ist. Das ist etwa der Fall, wenn ein Vorgang im Protokoll geschildert wird, der nur stattgefunden haben kann, wenn zuvor ein anderes – nicht protokolliertes – Ereignis stattgefunden hat.[693] Wird etwa im Hauptverhandlungsprotokoll festgehalten, dass die Öffentlichkeit *wiederhergestellt* wurde, ohne dass sie zuvor ausgeschlossen war, kann das Protokoll in keinem Fall richtig sein,[694] 386

**690** Vgl. *Meyer-Goßner/Schmitt* § 271 StPO, Rn. 4.

**691** Vgl. LR-*Stuckenberg* § 273 StPO, Rn. 69 und § 274 StPO, Rn. 21.

**692** BGH, Beschl. v. 26.10.2016 – 5 StR 448/16; OLG Frankfurt, Beschl. v. 19.5.2014 – 2 Ss-OWi 297/14 = NZV 2015, 566; BGHSt 34, 11, 12.

**693** Weitere Beispiele bei MüKoStPO/*Valerius* § 274 StPO, Rn. 21 f.

**694** BGH, Urt. v. 10.4.1962 – 1 StR 125/62 = BGHSt 17, 220 = NJW 1962, 1308; ähnlich auch BayObLG, Beschl. v. 13.5.1994 – 4 StRR 53/94 = NJW 1995, 976, wo ein Vermerk fehlte, dass ein Beschluss zum Ausschluss der Öffentlichkeit umgesetzt wurde.

wobei sich alleine aus dem Text nicht erkennen lässt, wo der Fehler liegt (kein Öffentlichkeitsausschluss oder keine Wiederherstellung der Öffentlichkeit?). Ähnlich liegt es, wenn sich aus dem Protokoll zwar ergibt, dass ein Beweisantrag beschieden wurde, nicht aber, dass er auch gestellt wurde.[695] In derartigen Konstellationen entfällt nach h.M. die strikte Beweiskraft des Protokolls.[696] Vergleichbare Rechtsfragen ergeben sich, wenn es im Hauptverhandlungsprotokoll auf einen zeitlichen Ablauf ankommt und ein früheres Ereignis mit einer späteren Uhrzeit angegeben ist, sodass Reihenfolge und Uhrzeiten im Protokoll nicht zueinander passen.[697]

387 Abzugrenzen ist dabei zwischen Fallgestaltungen, in denen eine bestimmte Protokollierung so offensichtlich fehlerhaft ist, dass der Beweiswert entfällt und Fallgestaltungen, in denen die Protokollierung schlicht einen Fehler aufzeigt, der zwar selten, aber nicht unmöglich ist. So hielt der 3. Strafsenat etwa ein Protokoll deshalb für lückenhaft, weil sich aus ihm nicht ergab, dass ein Beschluss über eine Verlesung weder ausgeführt, noch aufgehoben wurde.[698] Dass die entsprechende Urkunde tatsächlich nicht verlesen wurde, lag dabei schon deshalb fern, weil die Anordnung der Verlesung zuvor nach § 238 Abs. 2 StPO beanstandet und durch Gerichtsbeschluss bestätigt worden war. Dass die Verlesung trotz des Gerichtsbeschlusses nicht ausgeführt wurde, war zwar unwahrscheinlich, aber nicht unmöglich. Ähnlich liegt es in Fällen, in denen der Angeklagte ausweislich des Protokolls für einige Minuten unverteidigt war, weil sich alle Verteidiger entfernt haben sollen,[699] in denen laut Protokoll ein Richter eines Kollegialgerichts an einem bestimmten Hauptverhandlungstag nicht anwesend war[700] oder in denen eine Verhandlung vor dem Landgericht ohne Protokollführer geführt worden sein soll.[701] In diesen Konstellationen[702] ist nicht schon auf Grund der bloßen Unwahrscheinlichkeit eines bestimmten Verlaufs davon auszugehen, dass das Hauptverhandlungsprotokoll widersprüchlich ist.

**695** BGH, Urt. v. 19.6.1952 – 3 StR 40/52 = MDR 1952, 659 (bei *Dallinger*).
**696** Vgl. nur *Meyer-Goßner/Schmitt* § 274 StPO, Rn. 17.
**697** BGH, Urt. v. 29. 6. 2006 – 3 StR 284/05 = NStZ 2006, 714.
**698** BGH, Beschl. v. 11.4.2007 – 3 StR 383/06 = wistra 2007, 271.
**699** BGH, Beschl. v. 11.8.2004 – 3 StR 202/04 = NStZ 2005, 46; vgl. auch BGH, Urt. v. 8.8. 2001 – 2 StR 504/00 = StV 2002, 525 m. Anm. *Köberer* = NStZ 2002, 270 m. Anm. *Fezer*.
**700** BGH, Beschl. v. 3.4.2019 – 5 StR 87/19 = NStZ-RR 2019, 218; BGH, Beschl. v. 25.2.2000 – 2 StR 514/99.
**701** Vgl. BGH, Beschl. v. 15.3.2011 – 1 StR 33/11 = NStZ-RR 2011, 253, allerdings mit dem zutr. Hinweis, dass bei Fortsetzungsterminen keine neuerliche Namensnennung notwendig ist.
**702** Weitere Beispiele bei *Meyer-Goßner/Schmitt* § 274 StPO, Rn. 17.

Dass die Rechtsprechung zu Lücken und Widersprüchen des Protokolls nicht immer eine klare Linie erkennen ließ, war für den Großen Senat für Strafsachen einer der Gründe, die Anlass zur Suche nach neuen Lösungen boten. Nachdem nunmehr ein in gewissem Umfang formalisiertes Verfahren zur Verfügung steht, um Mängel des Protokolls zu beseitigen, die im Zuge des Revisionsverfahrens bekannt werden, stellt sich die Frage, welche Bedeutung der bisherigen Rechtsprechung noch zukommt. Schon weil sich das Berichtigungsverfahren in eine Reihe von Einzelschritten gliedert, die auch Verfahrensgarantien beinhalten, wird es im Allgemeinen zur Klärung des für das Revisionsverfahren maßgeblichen Protokollinhalts besser geeignet sein als die bisherige Praxis der Einholung dienstlicher Erklärungen. Das spricht dafür, bei Zweifeln über den Inhalt des Protokolls vorrangig auf das Protokollberichtigungsverfahren zurückzugreifen.[703] 388

## IV. Das Protokollberichtigungsverfahren

Dass auch ein fertiggestelltes Protokoll berichtigt werden kann, ist nicht zweifelhaft. Allerdings bestehen unterschiedliche Auffassungen darüber, worauf sich solche Berichtigungen erstrecken dürfen und inwieweit sie im Revisionsverfahren bei der Entscheidung über Verfahrensrügen zu beachten sind. 389

### 1. Grundlagen der Protokollberichtigung

Seit jeher anerkannt ist, dass eine Protokollberichtigung zugunsten des Angeklagten stets beachtlich ist.[704] Umstritten ist hingegen, ob eine Berichtigung des Protokolls auch dann wirksam möglich ist, wenn dadurch einer erhobenen Verfahrensrüge die Grundlage entzogen wird. Hierzu hatte das RG schon im Jahr 1880 anerkannt, dass die Berichtigung des Protokolls unbeachtlich ist, wenn durch sie eine bereits erhobene Rüge unbegründet wird.[705] Im Jahr 1936 gab der Große Senat für Strafsachen des Reichsgerichts diese Auffassung auf.[706] Nach der Gründung der Bundesrepublik kehrte der BGH zur früheren Auffassung des 390

**703** Vgl. BGH, Beschl. v. 28.1.2010 – 5 StR 169/09 = BGHSt 55, 31: kritisch hierzu: *Güntge* JR 2010, 542. S. auch MüKoStPO/*Valerius* § 274 StPO, Rn. 27.

**704** BGH, Urt. v. 9.10.1951 – 1 StR 159/51 = BGHSt 1, 159.

**705** RG, Urt. v. 31.5.1880 – 1264/80 = RGSt 2, 76; vgl. auch RG, Urt. der Vereinigten Strafsenate v. 13.10.1909 – II 312/09 = RGSt 43, 1.

**706** RG, Beschl. v. 11.6.1936 – GSSt 1/36 = RGSt 70, 241.

Reichsgerichts zurück und hielt hieran bis ins neue Jahrtausend fest.[707] Auf eine Vorlage des 1. Strafsenats gab der Große Senat für Strafsachen in BGHSt 51, 298[708] dann im Jahr 2007 wiederum die bisherige Rechtsprechung auf. Gleichzeitig entwickelte der Große Senat ein Verfahren dazu, wie eine Protokollberichtigung durchzuführen sei, damit sie im Revisionsverfahren auch zum Nachteil des Revisionsführers Beachtung finden kann. Hierin wird von zahlreichen Autoren zu Recht eine Überschreitung der richterlichen Befugnisse zur Rechtsfortbildung gesehen.[709] Dieser Ansicht war auch die unterlegene Minderheit von drei Richtern des Zweiten Senats des Bundesverfassungsgerichts.[710] Innerhalb des Bundesgerichtshofs wurde die Entscheidung des Großen Senats für Strafsachen im Übrigen als „substantielle Änderung des Strafverfahrensrechts" gewertet,[711] – was den in der Literatur erhobenen Vorwurf in gewisser Weise belegt.

## 2. Ablauf des Protokollberichtigungsverfahrens

391 Nach den Grundsätzen des Großen Senats[712] setzt das Protokollberichtigungsverfahren sicheres Wissen beider Urkundspersonen über den entsprechenden Verfahrensablauf voraus. Das Verfahren wird dann dadurch eingeleitet, dass der Vorsitzende und der Urkundsbeamte dienstliche Erklärungen abgeben und darin ihre Erinnerung („markante Besonderheiten des Falls") schildern. Diese Erklärungen sind – mitsamt einer Angabe, inwieweit das Protokoll geändert werden soll – dem Revisionsführer zuzuleiten. Gibt es Unterlagen, die die Richtigkeit der Erinnerung stützen, sollen auch diese übermittelt werden.

392 Der Revisionsführer hat daraufhin Gelegenheit, Einwände geltend zu machen. Er kann etwa seine eigene Erinnerung schildern. Auf substantiierten Wi-

---

**707** BGH, Urt. v. 19.12.1951 – 3 StR 575/51 = BGHSt 2, 125 = NJW 1952, 432; weitere Nachweise zur OLG-Rechtsprechung zwischen 1945 und 1950 bei *Hamm* NJW 2007, 3166.

**708** BGH, Beschl. v. 23.4.2007 – GSSt 1/06 = NJW 2007, 2419 = NStZ 2007, 661 = StV 2007, 403 mit Anm. bzw. Besprechungsaufsätzen von *Schumann* JZ 2007, 927; *Hamm* NJW 2007, 3166; *Wagner* GA 2008, 442; *Fahl* JR 2007, 345; *Kury* StraFo 2008, 185.

**709** Vgl. hierzu etwa *Meyer-Goßner/Schmitt* § 271 StPO, Rn. 26; *Schlothauer* StraFo 2011, 459, 464. S. auch *Danckert*, Die materielle Beweiskraft des Hauptverhandlungsprotokolls im Strafprozess, S. 216 ff.

**710** Vgl. hierzu das Sondervotum der Richterin *Osterloh* sowie der Richter *Voßkuhle* und *Di Fabio* in BVerfG, Beschl. v. 15.1.2009 – 2 BvR 2044/07 = BVerfGE 122, 248, 282.

**711** BGH, Beschl. v. 28.1.2010 – 5 StR 169/09, Rn. 6 = BGHSt 55, 31, 33; BGH, Beschl. v. 14.7.2010 – 2 StR 158/10 = StV 2010, 675.

**712** Vgl. zum Nachfolgenden: BGH, Beschl. v. 23.4.2007 – GSSt 1/06, Rn. 61 ff. = BGHSt 51, 298, 316 f.

derspruch des Revisionsführers sollen auch dienstliche Erklärungen der anderen Verfahrensbeteiligten eingeholt werden, zu denen der Revisionsführer wiederum zu hören ist. Bleiben die Urkundspersonen danach bei ihrer Überzeugung, so sollen sie das Protokoll berichtigen und die Entscheidung darüber entsprechend begründen.

Die Einhaltung dieser verfahrensrechtlichen Schritte und die Beachtung der 393
Rechte der Verfahrensbeteiligten sind dabei entscheidend für die Beachtlichkeit der Protokollberichtigung.[713] Auch in dem Teil des Beschlusses des Bundesverfassungsgerichts vom 15.1.2009, in dem die Auffassung der Senatsmehrheit dargelegt ist, wird die Vereinbarkeit der Rechtsprechung des Großen Senats mit den verfassungsrechtlichen Vorgaben gerade damit begründet, dass dem Angeklagten durch das zu beachtende Berichtigungsverfahren und die Prüfungspflicht des Revisionsgerichts hinreichender Schutz vor unberechtigten Protokollberichtigungen gewährt werde.[714] Neben dem Protokollberichtigungsverfahren kommt nach der Rechtsprechung des BGH im Übrigen in Fällen einer möglichen Rügeverkümmerung eine freibeweisliche Aufklärung des tatgerichtlichen Verfahrensablaufs grundsätzlich nicht in Betracht.[715]

### 3. Umsetzung von BGHSt 51, 298

Nach der Entscheidung des Großen Senats hat die Rechtsprechung die allge- 394
meinen Vorgaben zu diesem Verfahren inzwischen präzisiert und weiterentwickelt. Aus der veröffentlichten Rechtsprechung wird deutlich, dass – den Vorgaben des Großen Senats entsprechend – der formell ordnungsgemäßen Durchführung des Protokollberichtigungsverfahrens zentrale Bedeutung zukommt. Die komplette Missachtung der Vorgaben führt stets zur Unbeachtlichkeit der Berichtigung.[716]

Kommt es zu Fehlern im Berichtigungsverfahren, insbesondere in Bezug auf 395
die Beteiligung des Revisionsführers, kann dies nach der Rechtsprechung des BGH ebenfalls dazu führen, dass Protokollberichtigungen komplett als unbeachtlich anzusehen sind. Als Fehler in diesem Sinne wurden in der Vergangen-

---

**713** Vgl. KK-*Greger* § 271 StPO, Rn. 17.

**714** BVerfG, Beschl. v. 15.1.2009 – 2 BvR 2044/07 = BVerfGE 122, 248, 274.

**715** BGH, Beschl. v. 7.9.2016 – 2 StR 71/16 = NStZ-RR 2017, 52; BGH, Beschl. v. 28.1.2010 – 5 StR 169/09 = BGHSt 55, 31, 33; BGH, Urt. v. 9.1.2013 – 5 StR 461/12 = StV 2014, 68; BGH, Beschl. v. 22.12.2010 – 2 StR 386/10 = StV 2011, 267. Vgl. KK-*Greger* § 274 StPO, Rn. 17.

**716** OLG Saarbrücken, Beschl. v. 21.2.2011 – Ss (B) 117/10 = NStZ-RR 2011, 319; OLG Hamm, Beschl. v. 12.10.2010 – 3 RVs 49/10 = StV 2011, 272.

heit die fehlende Beteiligung des Revisionsführers,[717] die nur teilweise Beteiligung des Revisionsführers[718] und die Nichtbeachtung des Widerspruchs des Revisionsführers[719] angesehen. Auch das Fehlen eines Berichtigungsbeschlusses oder einer der beiden erforderlichen Unterschriften unter dem Berichtigungsbeschluss[720] kann dazu führen, dass das Verfahren insgesamt als fehlerhaft zu bewerten ist. Wird die Berichtigung nicht auf sicheres Wissen, sondern nur auf Vermutungen gestützt, bleibt sie ebenfalls unbeachtlich.[721] Das Protokollberichtigungsverfahren kann auch nicht durch die einfache Abgabe dienstlicher Erklärungen zu den Verfahrensvorgängen ersetzt werden.[722]

396 Eine nicht ganz einheitliche Handhabung hat sich in Bezug auf die Frage ergeben, ob das Revisionsgericht sofort in der Sache entscheidet, wenn das Tatgericht in Kenntnis einer Verfahrensrüge kein Berichtigungsverfahren durchgeführt hat. Nach zutreffender Ansicht dürfte in diesen Fällen eine Rücksendung der Akten nicht in Betracht kommen.[723] Ähnliche Fragen ergeben sich, wenn dem Tatgericht beim ersten Versuch zur Protokollberichtigung Verfahrensfehler unterlaufen sind. Verschiedentlich haben die Revisionsgerichte ausgesprochen, dass das Recht des Angeklagten auf ein faires Verfahren einer Wiederholung des Berichtigungsverfahrens entgegensteht,[724] in anderen Entscheidungen hingegen wirde eine Wiederholung als zulässig angesehen.[725] Eine Rücksendung der Akten an das Tatgericht sollte im Übrigen in den Fällen von vornherein nicht in Betracht kommen, in denen auch die berichtigte Fassung den Verfahrensfehler nicht ausschließt.[726]

**717** Vgl. BGH, Beschl. v. 5.6.2019 – 4 StR 130/19 = StV 2019, 812 = StraFo 2019, 421; BGH, Beschl. v. 28.6.2011 – 3 StR 485/10, Rn. 29 = StV 2012, 523 (in Bezug auf den ersten Berichtigungsbeschluss); BGH, Beschl. v. 14.7.2010 – 2 StR 158/10 = NStZ 2011, 168.

**718** Vgl. hierzu BGH, Beschl. v. 18.3.2019 – 5 StR 462/18 (fehlende Zuleitung einer von zwei dienstlichen Erklärungen).

**719** BGH, Beschl. v. 28.6.2011 – 3 StR 485/10, Rn. 29 = StV 2012, 523 (zum zweiten Berichtigungsbeschluss).

**720** BGH, Beschl. v. 10.2.2015 – 4 StR 595/14 = NStZ 2015, 358.

**721** BGH, Beschl. v. 5.6.2019 – 4 StR 130/19 = StV 2019, 812 = StraFo 2019, 421; BGH, Beschl. v. 14.1.2010 – 1 StR 620/09 = NStZ 2010, 403.

**722** BGH, Beschl. v. 20.5.2014 – 5 StR 173/14, Rn. 9. Vgl. auch BGH, Beschl. v. 8.10.2019 – 5 StR 291/19.

**723** BGH, Beschl. v. 14.7.2010 – 2 StR 258/10 = StV 2010, 675; *Meyer-Goßner/Schmitt* § 271 StPO, Rn. 26a.

**724** Vgl. BGH, Beschl. v. 22.12.2010 – 2 StR 386/10 = StV 2011, 267; OLG Hamm, Beschl. v. 12.10.2010 – III-3 RVs 49/10 = StV 2011, 272.

**725** BGH, Beschl. v. 28.6.2011 – 3 StR 485/10 = StV 2012, 523 = StraFo 2011, 358, 359.

**726** BGH, Beschl. v. 22.12.2010 – 2 StR 386/10 = StV 2011, 267.

Da das Verfahren der Protokollberichtigung insgesamt nicht gesetzlich geregelt ist, kann es nicht überraschen, dass bei seiner Anwendung immer wieder Zweifelsfragen auftreten. Unabhängig von der Frage, ob der Rückleitung der Akten rechtliche Hindernisse (Anspruch auf ein faires Verfahren) entgegenstehen,[727] sollte aber in derartigen Fällen stets berücksichtigt werden, welche Wirkung ein solches Vorgehen hat. Zwar mag es denkbar sein, ein Berichtigungsverfahren zu wiederholen (oder zu ergänzen), wenn die Verfahrensrechte des Revisionsführers z.B. dadurch beeinträchtigt wurden, dass bei der Übermittlung von Stellungnahmen technische Fehler aufgetreten sind. Es kann andererseits aber nicht Sinn des Berichtigungsverfahrens sein, in immer größer werdendem zeitlichem Abstand zur Hauptverhandlung stets neue Erklärungen der Prozessbeteiligten einzuholen. Das widerspricht auch der Zielsetzung des Großen Senats, wonach die Protokollberichtigung lediglich in einem formalisierten Verfahren möglich sein sollte. 397

Wurde der **Protokollberichtigung widersprochen**, prüft der Bundesgerichtshof die für die Berichtigung angeführte Begründung.[728] In Einzelfällen wurden Einwände der Revision gegen die Protokollberichtigung als nicht hinreichend substantiiert gewertet.[729] Stets zu beachten ist im Übrigen, dass über das Protokollberichtigungsverfahren nicht Defizite aus der Hauptverhandlung selbst behoben werden können. Wurde z.B. nach der Anordnung des Selbstleseverfahrens (§ 249 Abs. 2 StPO) in der Hauptverhandlung nicht festgestellt, dass die Richter vom Wortlaut der Urkunden Kenntnis genommen haben, wird dieser Fehler nicht durch Erklärungen beseitigt, aus denen sich ergibt, dass die Urkunden gelesen wurden. Erklärungen mit diesem Inhalt ändern nichts daran, dass die nach § 249 Abs. 2 StPO erforderliche Feststellung in der Hauptverhandlung nicht getroffen wurde.[730] Eine Protokollberichtigung kann deshalb nur dann in Betracht kommen, wenn die Feststellung zwar in der Hauptverhandlung getroffen, aber nicht im Protokoll vermerkt wurde.[731] 398

Kommt eine Protokollberichtigung nicht zustande, weil es an einer übereinstimmenden Erinnerung der Urkundspersonen zum Verfahrensablauf fehlt, 399

727 Vgl. MüKoStPO/*Valerius* § 274 StPO, Rn. 54.

728 BGH, Beschl. v. 15.12.2011 – 1 StR 579/11 = NJW 2012, 1015; BGH, Beschl. v. 3.6.2008 – 3 StR 527/07 = NStZ 2008, 580.

729 BGH, Beschl. v. 4.9.2014 – 1 StR 75/14, Rn. 102; vgl. auch BGH, Beschl. v. 8.3.2016 – 3 StR 417/15 (in NStZ 2016, 680 nicht abgedr.).

730 BGH, Beschl. v. 15.3.2011 – 1 StR 33/11 = NStZ-RR 2011, 253; BGH, Beschl. v. 8.7.2009 – 2 StR 54/09 = BGHSt 54, 37; so auch *Hoffmann* NStZ 2014, 224, 225.

731 Vgl. hierzu BGH, Beschl. v. 15.3.2011 – 1 StR 33/11 = NStZ-RR 2011, 253; BGH, Beschl. v. 22.12.2010 – 2 StR 386/10 = StV 2011, 267.

kann gleichwohl die formelle Beweiskraft des Protokolls entfallen, wenn sich die Urkundspersonen in ihren Erklärungen vom **Protokollinhalt distanziert** haben.[732] Eine solche Distanzierung wurde darin gesehen, dass der Vorsitzende erklärte, er habe an den Ablauf des maßgeblichen Hauptverhandlungstages keine Erinnerung mehr, halte die vom Protokollinhalt abweichende Sachdarstellung in der Revisionsbegründung aber für denkbar.[733] Wenn hierdurch die formelle Beweiskraft entfällt, gleichzeitig aber eine Protokollberichtigung nicht möglich ist, weil es an einer positiven Erinnerung der Urkundspersonen fehlt, muss der Verfahrensverlauf im Ergebnis freibeweislich aufgeklärt werden. Wirkt sich das Abrücken vom Protokollinhalt zu Gunsten des Angeklagten aus, soll es schon genügen, wenn eine der beiden Urkundspersonen vom Protokollinhalt abrückt.[734] Hätte das Abrücken vom Protokollinhalt hingegen zur Folge, dass einer erhobenen Rüge die Grundlage entzogen wird, dann wird diese Wirkung noch nicht dadurch herbeigeführt, dass nur eine Urkundsperson den Protokollinhalt nicht mehr verantworten will.[735]

400 Unklar ist nach BGHSt 51, 298, ob die Protokollberichtigung auch dann möglich ist, wenn auf die Beiziehung eines Urkundsbeamten nach § 226 Abs. 2 Satz 1 StPO verzichtet wurde.[736] In diesen Fällen hat die Formalisierung des Protokollberichtigungsverfahrens kaum noch einen Wert. Das spricht dagegen, sie auch hier in dem Umfang zuzulassen, in dem sie sonst möglich ist.

### 4. Zulässigkeit der Beschwerde

401 Das allein auf Richterrecht basierende Protokollberichtigungsverfahren fügt sich nicht reibungslos in das sonstige Rechtsmittelsystem der StPO ein. Der berichtigte Teil des Protokolls soll nach der Entscheidung des Großen Senats nicht an der Beweiskraft des § 274 StPO teilnehmen.[737] Der Berichtigungsbeschluss und das geänderte Protokoll werden vielmehr – dies ist einer der wesentlichen

---

**732** Vgl. *Meyer-Goßner/Schmitt* § 274 StPO, Rn. 16.

**733** Vgl. BGH, Beschl. v. 10.6.2014 – 3 StR 57/14 = StV 2015, 98, 99 m. Anm. *Wollschläger*; OLG München, Beschl. v. 25.5.2009 – 5 St RR 101/09 = wistra 2009, 365.

**734** Vgl. BGH, Beschl. v. 10.6.2014 – 3 StR 57/14 = StV 2015, 98 m. Anm. *Wollschläger*; OLG München, Beschl. v. 25.5.2009 – 5 St RR 101/09 = wistra 2009, 365.

**735** Vgl. BGH, Beschl. v. 28.1.2010 – 5 StR 169/09 = BGHSt 55, 31 = NJW 2010, 2068; OLG Hamm, Beschl. v. 6.4.2018 – III-5 RBs 51/18.

**736** Dafür OLG Köln, Beschl. v. 3.8.2015 – III-1 RBs 183/15.

**737** BGH, Beschl. v. 23.4.2007 – GSSt 1/06, Rn. 65 = BGHSt 51, 298, 317. Kritisch hierzu *Hebenstreit* HRRS 2008, 172, 177; *Dehne-Niemann* wistra 2011, 213, 214 f.

Bestandteile des formalisierten Verfahrens – durch das Revisionsgericht geprüft.

Hieraus hat sich die Frage ergeben, in welchem Verhältnis diese Überprüfung im Zuge des Revisionsverfahrens zu den sonstigen Rechtsmitteln steht. 402
Gegen Entscheidungen im Zusammenhang mit der Protokollberichtigung ist nach h.M. die Beschwerde zulässig. Das kann zu einer Spaltung des Rechtsweges führen, aus der sich die Gefahr divergierender Entscheidungen ergibt.[738] Nach Ansicht des BGH fehlt allerdings das Rechtsschutzbedürfnis für ein Beschwerdeverfahren, das sich gegen einen Berichtigungsbeschluss richtet, wenn die Ziele des Beschwerdeführers nicht über das Angriffsziel der im Revisionsverfahren erhobenen Verfahrensrüge hinausgehen.[739]

## V. Verfahrensrügen „wider besseres Wissen"?

Aus der Bedeutung des Hauptverhandlungsprotokolls als zentrales Beweismit- 403
tel des Revisionsverfahrens bei Verfahrensrügen ergeben sich Konsequenzen für die Frage, was Grundlage des Rügevorbringens im Rahmen der Revisionsbegründung sein kann. Insbesondere ist in der Rechtsprechung die Frage erörtert worden, ob sich der Revisionsführer im Hinblick auf die formelle Beweiskraft des Protokolls alleine auf dessen Inhalt stützen darf oder ob auch der sonstige Kenntnisstand (z.B. aus eigener Wahrnehmung in der Hauptverhandlung) zu berücksichtigen ist.

Nach h.M. darf sich der Verteidiger auch dann auf das Protokoll berufen, 404
wenn er selbst meint, der Vorgang könnte unrichtig beurkundet sein.[740] Streitig geworden ist jedoch die Frage, ob ein Verteidiger einen Verfahrensverstoß rügen darf, wenn er aus eigener Kenntnis weiß, dass prozessordnungsgemäß verfahren worden ist, während aber das Protokoll einen Verfahrensverstoß dokumentiert.[741]

---

**738** So in BGH, Beschl. v. 10.12.2018 – 5 StR 270/18.

**739** Vgl. BGH, Beschl. v. 10.12.2018 – 5 StR 270/18, Rn. 16 und dazu OLG Brandenburg, Beschl. v. 20.8.2018 – 1 Ws 125/18 u.a.

**740** *Meyer-Goßner/Schmitt* § 274 StPO, Rn. 21 mwN. Vgl. dazu auch *Schlothauer/Weider/Wollschläger*, Verteidigung im Revisionsverfahren, Rn. 44ff.; *Jahn*, Formularbuch, I B 4; *Schlothauer* FS Hamm, S. 655; *Tepperwien* FS Meyer-Goßner, S. 595; *Knauer* FS Widmaier, S. 291.

**741** Zur „Rüge wider besseres Wissen" befürwortend schon RGSt 43, 1, 6f.; BGHSt 26, 281, 282f.; BGHSt 36, 354, 357ff., wo aber diese Konsequenz des § 274 StPO als bedenklich bezeichnet wird; offengelassen unter Hinweis auf die Wahrheitspflicht des Verteidigers auch in BGH,

405 Der 3. Strafsenat des Bundesgerichtshofs hat die Erhebung einer solchen Rüge „wider besseres Wissen" als rechtsmissbräuchlich angesehen. Die Rüge selbst soll deshalb unzulässig sein.[742] Die Entscheidung ist kurz vor dem Beschluss des Großen Senats für Strafsachen zur Rügeverkümmerung ergangen und dürfte durch diesen Beschluss an praktischer Bedeutung verloren haben.[743] Unabhängig davon bleibt aber die Kritik hieran aktuell. Im Schrifttum ist zu Recht darauf hingewiesen worden, dass die durch den 3. Strafsenat entwickelte Einschränkung der Rügemöglichkeiten der Idee der formellen Beweiskraft widerspricht.[744] Nicht ohne Grund ist eine alleine auf das Protokoll als maßgebliches Beweismittel gestützte Beanstandung in der Rechtsprechung auch in Beiträgen von Vertretern der Justiz in der Literatur[745] als zulässig angesehen worden.

406 Nicht in Vergessenheit geraten sollte auch, dass sich der Unmut der BGH-Senate gegenüber den angeblich gehäuft vorkommenden Rügen mit unwahrem Tatsachenvortrag meist anhand von Verfahrensbeanstandungen entzündet hat, die nicht die formelle Beweiskraft nach § 274 StPO, sondern Fälle des Freibeweises betrafen (insbesondere Fälle von Urteilsabsprachen und ihnen vorausgegangenen und eben auch manchmal gescheiterten „Dealgesprächen"). So war es z.B. in dem Verfahren, in dem der 1. Strafsenat des BGH geglaubt hat, im Anschluss an eine begründungslose Verwerfung der Revision nach § 349 Abs. 2 StPO noch einige geradezu emotionale Bemerkungen („muss der Senat nun

---

Beschl. v. 14.4.1999 – 3 StR 70/99 = NStZ 1999, 424 = StV 1999, 582; die Zulässigkeit bejahend auch *Cüppers* NJW 1950, 930; *ders.* NJW 1951, 259 (in einem kritischen Nachwort zu *Dallinger* NJW 1951, 256, welcher die Zulässigkeit verneint); *Dahs sen.* AnwBl 1951, 90; tendenziell befürwortend auch *Schneidewin* MDR 1951, 193 und *Seibert* JR 1951, 678; für die Zulässigkeit ferner *Peters*, Strafprozess, S. 621; *Beulke*, Der Verteidiger im Strafverfahren, S. 156f. Für das „ausnahmsweise" Zurücktreten der Wahrheitspflicht in diesen Fällen *Pfeiffer* DRiZ 1984, 341, 347. Bedenken äußernd *Eb. Schmidt*, Lehrkommentar, vor § 137 StPO, Rn. 26, der die Folgen des § 274 StPO für „außergewöhnlich" hält.

**742** BGH, Urt. v. 11.8.2006 – 3 StR 284/05 = BGHSt 51, 88 = NJW 2006, 3579 = NStZ 2007, 49 = StV 2006, 627 = JR 2007, 34 m. zust. Anm. *Fahl*. Kritisch *Knauer* FS Widmaier, S. 291, 309; *Kudlich* HRRS 2007, 9; *Krawczyk* HRRS 2007, 101; *Gaede* StraFo 2007, 29; *Meyer-Mews* StraFo 2007, 195; *Wagner* StraFo 2007, 495.

**743** Dass die Protokollberichtigung und das Verbot der unwahren Verfahrensrügen zueinander in Konkurrenz treten, haben schon *Tepperwien* FS Meyer-Goßner, S. 595, 601 und *Fezer* FS Otto, S. 901, 908 aufgezeigt.

**744** *Jahn/Ebner* NJW 2012, 30, 32; *Beulke* FS Amelung, S. 543, 558 f. Vgl. zur Thematik auch: LG Augsburg, Beschl. v. 14.3.2011 – 3 Kls 400 Js 110961/10 = StV 2014, 21 m. Anm. *Tsambikakis*; *Fahl* StV 2015, 51 und *Kempf* StV 2015, 55.

**745** Vgl. *Detter* StraFo 2004, 329, 334; *Schneidewin* MDR 1951, 193, 194.

auch noch mit Befremden zur Kenntnis nehmen, dass er mit unwahrem Vorbringen konfrontiert wurde") anfügen zu sollen, nachdem über die Frage, ob in Gesprächen außerhalb der Hauptverhandlung von Seiten der Richter „eine Strafobergrenze in Aussicht gestellt" worden war,[746] unterschiedliche Darstellungen existierten. Vorgänge dieser Art sind zwar durch die Regelungen des Verständigungsgesetzes und die dazu ergangene Rechtsprechung nicht ausgeschlossen, sie dürften aber seltener geworden sein.

Soweit es doch einmal um Fälle geht, in denen sich eine Verfahrensrüge auf 407
die formelle Beweiskraft des Protokolls stützt, wird man sich als Verteidiger, der glaubt eine abweichende eigene Erinnerung zu haben, stets auf die Möglichkeit einstellen müssen, dass das Hauptverhandlungsprotokoll berichtigt wird.[747] Damit dürfte die praktische Bedeutung der Frage, ob eine Rüge auch „wider besseres Wissen" erhoben werden darf, weitgehend beseitigt sein. Richtig bleibt aber: Angesichts des in § 274 StPO niedergelegten Grundsatzes ist es inkonsequent, die Zulässigkeit von Verfahrensrügen vom subjektiven Kenntnisstand des Verteidigers abhängig zu machen. Es ist „nicht geraten, dieses vom Gesetz selbst so klar und abschließend geregelte Rechtsgebiet mit moralischen Bedenklichkeiten zu belasten".[748] Das ist kein Grund, die Revision ein „Unrechtsmittel" zu nennen.[749]

Zu beachten ist in diesem Zusammenhang im Übrigen, dass den erstmals in 408
der Revisionsinstanz mandatierten Verteidiger, der keine eigene Kenntnis über den Verlauf der erstinstanzlichen Hauptverhandlung hat, nach verschiedenen Entscheidungen des BGH die Pflicht treffen soll, sich bei den in der ersten Instanz tätigen Verteidigern zu erkundigen.[750] Unabhängig von der Rechtsprechung des BGH besteht für den Revisionsverteidiger häufig schon deshalb Anlass, den Instanzverteidiger um Auskunft zu bitten, weil z.B. im Zusammenhang mit Verfahrensrügen, die sich auf die Verletzung der Mitteilungspflichten nach § 243 Abs. 4 StPO stützen,[751] oft weder das Hauptverhandlungsprotokoll

---

**746** BGH, Beschl. v. 15.4.2008 – 1 StR 104/08 = StraFo 2009, 158. Vgl. hierzu: *Fischer* § 258 StGB, Rn. 22a.

**747** Vgl. zur Bedeutung von Erklärungen des Verteidigers im Protokollberichtigungsverfahren in diesem Zusammenhang: *Fahl* StV 2015, 51 und *Kempf* StV 2015, 55.

**748** *Schneidewin* MDR 1951, 193, 194.

**749** So aber *Brinkmann* RuN, 1954, Heft 27, 2.

**750** BGH, Urt. v. 10.7.2013 – 2 StR 47/13 = NJW 2013, 3045; BGH, Urt. v. 30.8.2012 – 4 StR 108/12 = NStZ 2013, 122, 123; BGH, Beschl. v. 23.11.2004 – 1 StR 379/04 = NStZ 2005, 283, 284; BGH, Beschl. v. 23.9.2008 – 1 StR 484/08, Rn. 7 = BGHSt 52, 355, 357 f.

**751** S. dazu im Einzelnen unten Rn. 1335 ff.

noch der Akteninhalt zuverlässig Auskunft über die zur Begründung einer Rüge erforderlichen Tatsachen geben.

## D. Verfahrensfehler

### I. Absolute Revisionsgründe

**Literatur:** *Becker* Die absoluten Revisionsgründe im deutschen Strafprozess, Diss. Bonn 1950; *Berz* § 338 Nr. 8 StPO im Gefüge der absoluten Revisionsgründe, FS Meyer-Goßner, 2001, S. 611 ff.; *Cramer* Zur Berechtigung absoluter Revisionsgründe, FS Karl Peters, 1988, S. 239 ff.; *Dahs* Die Relativierung absoluter Revisionsgründe, GA 1976, 353; *Hilger* Absolute Revisionsgründe, NStZ 1983, 337 ff.; *ders.* Über die neuere Rechtsprechung des BGH zu den absoluten Revisionsgründen der StPO, FS Widmaier, 2008, S. 277 ff.; *Kuckein*, Relativierung absoluter Revisionsgründe StraFo 2000, 397; *Kudlich* Wie absolut sind die absoluten Revisionsgründe? FS Fezer, 2008, S. 435 ff.; *Mehle* Einschränkende Tendenzen im Bereich der absoluten Revisionsgründe, (§ 338 StPO), Diss. Bonn 1981; *ders.*, Die „Relativierung" der absoluten Revisionsgründe – vom Niedergang der Formstrenge, FS Dahs, 2005, S. 381; *Widmaier* Wohin entwickeln sich die absoluten Revisionsgründe? Hanack-Symposion 1989 in Mainz, Aktuelle Probleme der Strafrechtspflege, S. 77 ff.

#### 1. Das „Wesen" der absoluten Revisionsgründe

409 Die absoluten Revisionsgründe sind von der gesetzlichen Regelung her zunächst einmal nichts weiter als ein **Katalog von acht Verfahrensfehlertypen,** bei denen das Beruhen des Urteils unwiderleglich vermutet wird. Die Frage, warum der Gesetzgeber gerade diese Revisionsgründe so hervorgehoben hat, wird im Schrifttum unterschiedlich beantwortet. Die meisten Autoren und gelegentlich auch die Rechtsprechung gehen davon aus, hier handele es sich um eine Aufzählung besonders gravierender Verfahrensfehler,[752] die als Verletzungen zwingender Grundnormen, deren Beachtung jedenfalls für die Zukunft sichergestellt werden soll, einer besonderen revisionsgerichtlichen Kontrolle bedürften.[753] Hierbei hat es sich jedoch lange um eine jener Rechtsmeinungen gehandelt, die sich in Form von apodiktischen, fast überall wiederkehrenden, von Auflage zu Auflage durch die Kommentare und Lehrbücher „verschlepp-

---

752 MüKoStPO/*Knauer*/*Kudlich* § 338 StPO, Rn. 2.

753 MüKoStPO/*Knauer*/*Kudlich* § 338 StPO, Rn. 2 verorten im Anschluss an *Kuckein* StraFo 2000, 397 die absoluten Revisionsgründe sogar zwischen den relativen und den Verfahrenshindernissen – von letzteren freilich unterschieden durch die Notwendigkeit einer Verfahrensrüge.

ten“ und schon lange nicht mehr mit Gründen versehenen Formeln unentwegt am Leben halten, und deren Richtigkeit schon lange niemand mehr in Frage gestellt hat. Träfe es nämlich zu, dass der abschließende Katalog der unbedingten Revisionsgründe des § 338 StPO die wichtigsten Verfahrensgrundsätze absichern wollte, so wäre nicht zu erklären, weshalb z.B. die Verletzung der Wahrheitserforschungspflicht nicht, dafür aber die Überschreitung der Urteilsabsetzungsfrist des § 275 Abs. 1 S. 2 StPO in § 338 (Nr. 7) StPO enthalten ist. Auch ließe sich fragen, weshalb der Gesetzgeber, wenn es ihm darum gegangen wäre, die gravierendsten Verfahrensfehler einer besonders strengen Sanktion zu unterziehen, diese dann immer noch von einer entsprechenden Verfahrensrüge abhängig gemacht hat.[754]

Der richtigere Zugang zum Wesen der absoluten Revisionsgründe dürfte es aber sein, den Gesetzgeber beim Wort zu nehmen. Die einzige Besonderheit aller absoluten Revisionsgründe besteht darin, dass eine **Prüfung der Beruhensfrage unterbleiben** soll, weil ihre Bejahung gesetzlich unwiderleglich vermutet wird. Dies spricht dafür, dass der Gesetzgeber auch eine die Beruhensfrage betreffende Gemeinsamkeit der in § 338 StPO aufgelisteten Verfahrensfehler gesehen hat und als Unterscheidungskriterium gegenüber den relativen Revisionsgründen verstanden wissen wollte. 410

In der Tat führt das gedankliche Experiment, sich die übrige StPO einmal ohne § 338 StPO vorzustellen,[755] zu einer unerträglichen Rechtslage: Bei den jetzt in Ziff. 1 bis 4 aufgeführten Revisionsgründen müsste über die Beruhensprüfung das Revisionsgericht in jedem Einzelfall die Frage aufwerfen, ob ausgeschlossen werden kann, dass das Urteil anders ausgefallen wäre, wenn die Sache vor anderen Richtern verhandelt worden wäre. Schon das Prinzip des gesetzlichen Richters geht davon aus, dass dies einer konkreten Überprüfung entzogen sein soll, weil es weder jemals ausgeschlossen, aber eben auch so gut wie niemals nachgewiesen werden kann;[756] andererseits lebt unsere Rechtsordnung auch ein wenig von der Fiktion, dass jeder Richter immer nur „das richtige“ Urteil finden könne. So gesehen wäre schon das Aufwerfen der konkreten 411

---

**754** Vereinzelte Versuche, beim Vorliegen eines absoluten Revisionsgrundes eine Aufhebung des Urteils von Amts wegen zu ermöglichen (de lege lata bei *Siegert* DRiZ 1958, 191; de lege ferenda bei *Becker*, Die absoluten Revisionsgründe im deutschen Strafprozess, 124), haben sich nicht durchgesetzt; LR-*Franke* § 338 StPO, Rn. 1.

**755** Die Streichung wurde tatsächlich schon vorgeschlagen. Vgl. Vorschläge zur Rechtspflegeentlastung des Justizministers des Landes Baden-Württemberg v. 21.3.1994, Az.: 4100-III/193, 5 f.

**756** Vgl. dazu BGH, Urt. v. 5.12.1996 – 1 StR 376/96 = NJW 1997, 1452 = StV 1997, 418.

Beruhensfrage eine Zumutung gleichermaßen für die Justiz wie für den Revisionsführer. Auch wenn die Pflicht der Verfahrensbeteiligten zur ununterbrochenen Anwesenheit während der Hauptverhandlung (§ 338 Nr. 5 StPO) und die Vorschriften über die Öffentlichkeit (§ 338 Nr. 6 StPO) missachtet worden sind, wäre regelmäßig die Beantwortung der Frage, ob, wie und ggf. in welcher Weise dies kausal für das Urteil geworden sein mag, nur über komplizierte gedankliche Umwege zu beantworten, ohne dass sich die dafür maßgeblichen Kriterien auch nur einigermaßen standardisieren ließen. Völlig sinnwidrig wäre die Beruhensprüfung bei Ziff. 7. Denn darauf, dass nach der Urteilsverkündung keine schriftlichen Gründe niedergeschrieben oder diese verspätet zur Akte gebracht wurden, kann das Urteil nicht beruhen. Deshalb handelt es sich hier eigentlich um eine bloße Fiktion,[757] die gerade deshalb notwendig ist, weil sonst auch die gröbsten Missachtungen der Pflicht zur (fristgerechten) Urteilsbegründung nicht revisibel wären.[758]

412 Die absoluten Revisionsgründe der Ziff. 1 bis 7 haben also gemeinsam, dass die zugehörigen Verfahrensfehler sich weitgehend einer konkreten Prüfung der Beruhensfrage verschließen. Nur wer diesen Grund erkennt, kann auch § 338 Nr. 8 StPO in den Katalog einordnen und braucht nicht, wie weitgehend angenommen wird, das **Gewicht der jeweils geschützten Verfahrensprinzipien** im Rechtsstaatsprinzip als ausschlaggebend für den gesetzgeberischen Verzicht auf die Beruhensprüfung in § 338 StPO zu unterstellen. Wer das Wesen der absoluten Revisionsgründe in der besonderen Bedeutung der jeweils in § 338 Nr. 1 bis 7 StPO sanktionierten Verfahrensregeln sieht, muss sich mit § 338 Nr. 8 StPO besonders schwertun, weil sich dort über das Merkmal, dass es sich bei der Behinderung der Verteidigung um einen „für die Entscheidung wesentlichen Punkt" handeln muss, doch wieder so etwas wie eine Kausalitätsprüfung einzuschleichen scheint.

413 Daraus darf aber nicht geschlossen werden, der Gesetzgeber habe die Behinderung der Verteidigung in allen Fällen, in denen sich im Nachhinein der Gegenstand des beanstandeten Beschlusses als „unwesentlich" für die Urteils-

---

**757** KK-*Gericke* § 338 StPO, Rn. 2.

**758** Das vollständige Fehlen der Urteilsgründe würde zwar nach heutigem Verständnis über die Sachrüge zur Aufhebung führen; vgl. dazu u. Rn. 661, jedoch würden auch geschriebene Gründe, die den Anforderungen des § 267 StPO nicht genügten, durchaus die Möglichkeit offenlassen, dass sich der Tenor, auf den es ja letztlich bei der Beruhensfrage und der Beschwer ankommt, auch mit „ordentlichen" Feststellungen und Beweiswürdigungen hätte begründen lassen. Ähnlich auch die Überlegungen zu diesem gemeinsamen Merkmal bei MüKoStPO/*Knauer*/*Kudlich* § 338 StPO, Rn. 4.

findung herausstellt, tolerieren wollen. Denn dies könnte nur allzu leicht zu der Verallgemeinerung verleiten, wonach einer Revision auch beim Vorliegen eines jeglichen absoluten Revisionsgrundes der Erfolg doch wieder abgesprochen werden könnte, wenn ein Einfluss des Verfahrensfehlers auf das Urteil „denkgesetzlich ausgeschlossen" werden kann.[759] Dies wäre freilich die Wiedereinführung der Beruhensfrage genau dort, wo das Gesetz gerade verboten hat, sie zu stellen. Die verspätete Urteilsabsetzung (§ 338 Nr. 7 StPO) würde unter das Verdikt des sich selbst aufhebenden Gesetzesbefehls fallen, weil nun einmal darauf das Urteil in der Tat schon denkgesetzlich nicht beruhen kann. Liegt also ein absoluter Revisionsgrund vor, so sollte man tunlichst die Frage nach der (theoretisch oder mehr oder weniger praktisch) möglichen Kausalität zwischen dem Verfahrensfehler und dem Urteil gar nicht erst zulassen.

Eine ganz andere Frage ist die, inwieweit das Rechtsmittel auch dann noch 414
Erfolg haben kann, wenn der betreffende Verfahrensfehler einen „abtrennbaren" Teil des Urteils schon vom Verfahrensgang her überhaupt nicht betrifft. Die Reichweite des Revisionsgrundes kann insoweit durchaus **sachlich oder personell begrenzt** sein. Richtet sich das Verfahren gegen mehrere Angeklagte und ist z.B. ein Richterablehnungsgesuch wegen der Besorgnis der Befangenheit gegenüber einem der Angeklagten zu Unrecht zurückgewiesen worden und hatte nur dieser das Gesuch gestellt, so können die anderen Angeklagten darauf die Revision nicht stützen.[760] Sie hätten es nämlich auch dann nicht gekonnt, wenn sie in einem abgetrennten Verfahren verurteilt worden wären, was ohne Weiteres möglich gewesen wäre. Ist in einem Verfahren gegen nur einen Angeklagten dieser wegen Totschlags und wegen Steuerhinterziehung verurteilt, so kann seine vorübergehende Abwesenheit an einem Verhandlungstag, an dem nur der Totschlagsvorwurf behandelt wurde, bedeuten, dass dieser Revisionsgrund den Schuldspruch wegen der Steuerhinterziehung nicht gefährdet.[761] Ebenso wenig greift § 338 Nr. 6 StPO ein, wenn zwar die Öffentlichkeit zu Unrecht während eines Hinweises gem. § 265 StPO ausgeschlossen war, sich der Hinweis aber allein auf einen Teil des Tatgeschehens bezog, der im weiteren

---

**759** Dazu MüKoStPO/*Knauer*/*Kudlich* § 338 StPO, Rn. 12–14 mwN; *Kudlich* FS Fezer, S. 435, 452 f.; SK-StPO/*Frisch* § 338 StPO, Rn. 3; BGH, Beschl. v. 10.12.2002 – 5 StR 454/02 = StraFo 2003, 134; BGH, Beschl. v. 11.5.2006 – 4 StR 131/06 = NStZ 2006, 713; BGH, Beschl. v. 26.9.2006 – 4 StR 353/06 = NStZ 2007, 352 (wo freilich diese Ausnahme zwar erwähnt, aber als nicht gegeben angesehen wird); a.A. zutreffend *Mehle*, Einschränkende Tendenzen im Bereich der absoluten Revisionsgründe (§ 338), S. 146; *Weiler* NStZ 1999, 109.

**760** LR-*Franke* § 338 StPO, Rn. 5.

**761** Vgl. LR-*Franke* § 338 StPO, Rn. 4 mwN.

Verlauf der Hauptverhandlung gem. § 154a StPO von der Strafverfolgung ausgenommen wurde.[762] Insoweit bestehen also keine Unterschiede zu den relativen Revisionsgründen.

415 Ebenfalls wie für die relativen Revisionsgründe gilt auch für die absoluten, dass ein Verfahrensfehler, wenn er rechtzeitig (d.h. im Regelfall vor der Verkündung des angefochtenen Urteils) noch bemerkt wird, dadurch geheilt werden kann, dass der betreffende Verfahrensteil in gesetzmäßiger Weise wiederholt wird.[763]

## 2. § 338 Nr. 1 StPO (Besetzungsrügen)

**Literatur (Auswahl):** *Achenbach* Staatsanwalt und gesetzlicher Richter – ein vergessenes Problem? FS Wassermann, 1985, S. 849 ff.; *Brauns* Die Besetzungsrüge und ihre Präklusion im Strafprozess, Köln 1983; *Claus* Zur Modernisierung des Strafverfahrens, NStZ 2020, 57; *Eisenberg* Anm. zu OLG Düsseldorf Urt. v. 5. 3. 90, 2 Ss 335/89 – 64/88 III (= NStZ 1990, 292 f.) NStZ 1990, 551; *Fuchs* Der Schlaf der Gerechten, AnwBl 1987, 569; *Hamm* Die Besetzungsrüge nach dem Strafrechtsänderungsgesetz 1979, NJW 1979, 135; *ders.* Hilfsstrafkammer als Dauereinrichtung, StV 1981, 315; *Katholnigg* Zur Geschäftsverteilung bei obersten Gerichtshöfen des Bundes und innerhalb ihrer Senate, NJW 1992, 2256; *Kellermann* Probleme des gesetzlichen Richters 1973; *Kissel* Gerichtsverfassung unter dem Gesetz zur Entlastung der Rechtspflege, NJW 1993, 489; *Lantermann* Der Besetzungseinwand nach der Modernisierung, HRRS 2020, 19; *Leitmeier* Besetzungseinwand und Besetzungsrüge im Strafverfahren, NJW 2017, 2086; *Lobmüller* Richterliche Erfahrungsmängel als Besetzungseinwand, StV 2015, 246; *Niemöller* Besetzungsrüge und „Willkürformel“, StV 1987, 311; *Ranft* Die Präklusion der Besetzungsrüge gemäß der Strafprozessnovelle 1979 und das Recht auf den gesetzlichen Richter, NJW 1981, 1473; *Rieß* Ausschluss der Besetzungsrüge, (§ 338 Nr. 1 StPO) bei irriger, aber vertretbarer Rechtsprechung, GA 1976, 133; *ders.* Die Besetzungsrügepräklusion (§§ 222a, 222b StPO) auf dem Prüfstand der Rechtsprechung, JR 1981, 89; *Schlothauer* Verfahrens- und Besetzungsfragen bei Hauptverhandlungen vor der reduzierten Strafkammer nach dem Rechtspflegeentlastungsgesetz, StV 1993, 147; *Schmitz* Rangierkunst oder Entgleisung – Die Besetzungsrüge nach Änderung des Geschäftsverteilungsplans, StraFo 2016, 397; *Schork* Das Gesetz zur Modernisierung des Strafverfahrens, NJW 2020, 1; *Sowada* Änderungen des Geschäftsverteilungsplans (§ 21e Abs. 3 S. 1 GVG) und Beschleunigungsgrundsatz, HRRS 2015, 16; *Strate* Die bewegliche Zuständigkeit des gesetzlichen Richters, FS Widmaier, 2008, 567 ff.

---

**762** BGH, Beschl. v. 25.7.1995 – 1 StR 342/95 = NJW 1996, 138 = StV 1996, 133.
**763** *Meyer-Goßner/Schmitt* § 338 StPO, Rn. 3 mwN.

### a) Der Verfassungsanspruch auf den gesetzlichen Richter

Der Aufhebungsgrund des § 338 Nr. 1 StPO steht in einem engen Zusammenhang mit der verfassungsrechtlichen Garantie des **gesetzlichen Richters** (Art. 101 Abs. 1 S. 2 GG), die auf der Ebene des einfachen Gesetzesrechts noch einmal im Gerichtsverfassungsrecht (§ 16 S. 2 GVG) wiederholt wird. Beide Vorschriften gebieten, dass niemand seinem gesetzlichen Richter „entzogen" wird. Der Grundsatz bedeutet, dass nur der Richter tätig werden und den jeweils konkreten Fall verhandeln und entscheiden darf, der in allgemeinen Normen im Voraus nach abstrakten Kriterien dafür vorgesehen ist.[764] Hierfür ist notwendig, dass die Sache aufgrund allgemeiner Merkmale – gleichsam „blindlings" – an den bereits vor „Ankunft" des konkreten Rechtsfalles feststehenden Richter oder Spruchkörper gelangt, ohne dass irgendjemand (Richter, Staatsanwälte, Justizverwaltung) auf die Besetzung ad hoc hat Einfluss nehmen können.[765] § 338 Nr. 1 StPO ist die verfahrensrechtliche Handhabe, um dieses grundrechtsgleiche Recht im Strafprozess praktisch durchzusetzen. Das Verbot der Richterentziehung soll Manipulationen und Willkür bei der Besetzung der Gerichte verhindern.[766] 416

Daraus wird gerne geschlossen, der Revisionsgrund sei nur dann gegeben, wenn ein Verstoß gegen die einfachrechtlichen Regeln auf **Willkür** beruht.[767] Gegen eine solche Einengung des § 338 Nr. 1 StPO spricht aber schon die unterschiedliche Wortwahl gegenüber Art. 101 Abs. 1 S. 2 GG. Während dort die Verfassungswidrigkeit einer gesetzwidrigen Richter-Rechtsfall-Zuordnung an ein finales Merkmal geknüpft wird (jemand wird seinem gesetzlichen Richter „entzogen"), lässt es das Revisionsrecht genügen, dass das Gericht „vorschriftswidrig besetzt" war. Mag Ersteres dazu führen, dass etwa der Erfolg einer Verfassungsbeschwerde vom Vorliegen einer willkürlichen Missachtung beste- 417

---

**764** BVerfG, Beschl. v. 16.12.2014 – 1 BvR 2142/11, Rn. 67 ff. = BVerfGE 138, 64, 86; BVerfG, Beschl. v. 28.9.2017 – 1 BvR 1510/17, Rn. 14 = NJW 2018, 40; BVerfGE 21, 139, 145. Mit dem Grundsatz des Art. 101 Abs. 1 S. 2 GG eng verknüpft sind die in Art. 97 Abs. 1 GG statuierte Weisungsfreiheit des Richters und seine in Art. 97 Abs. 2 GG garantierte persönliche Unabhängigkeit (vgl. BVerfG, Beschl. v. 22.3.2018 – 2 BvR 780/16, Rn. 48 = NJW 2018, 1935; BVerfGE 4, 331, 346; BVerfGE 21, 139, 144).

**765** KK-*Gericke* § 338 StPO, Rn. 18; BVerfG, Beschl. v. 19.8.2002 – 2 BvR 443/01 = NJW 2003, 345; BVerfGE 17, 294, 300; BGHSt 7, 23, 24; BGHSt 28, 290, 292.

**766** Auch eine rechtsirrtümliche Fehlbesetzung soll danach noch nicht zur Revisibilität führen, vgl. BGHSt 11, 110; LR-*Franke* § 338 StPO, Rn. 10; vgl. auch BGH, Beschl. v. 23.8.2005 – 1 StR 350/05 = StV 2005, 654 = NStZ-RR 2006, 214.

**767** Vgl. dazu *Niemöller* StV 1987, 311; MüKoStPO/*Knauer*/*Kudlich* § 338 StPO, Rn. 18 f.

hender Zuständigkeitsregeln abhängt,[768] so ist eine solche Einengung weder dem Wortlaut des § 338 Nr. 1 StPO zu entnehmen, noch mit der Systematik und dem oben erörterten Wesen der absoluten Revisionsgründe zu vereinbaren.[769] Da sich die absoluten von den relativen Revisionsgründen nur in der gesetzlichen Vorgabe bei der Beantwortung der Beruhensfrage unterscheiden, lässt sich aus der Einordnung der Besetzungsfehler in den Katalog des § 338 StPO nichts darüber herleiten, unter welchen Voraussetzungen das Gericht „nicht vorschriftsmäßig besetzt war", ob und gegenüber wem dies vorwerfbar sein mag und ob die Auslegung der maßgeblichen Vorschrift vielleicht doch zwar zu einer unrichtigen, aber immerhin vertretbaren Besetzung geführt hat. Auch der Zweckzusammenhang zwischen dem Revisionsgrund und dem verfassungsrechtlichen Prinzip des gesetzlichen Richters spricht nicht dafür, den Fehler bei der Anwendung einfachen Gesetzesrechts auch auf der Ebene der Fachgerichte solange hinzunehmen, als er nicht in einen Verfassungsverstoß einmündet. Auch die Nummern 2 bis 4 des § 338 StPO dienen dem Recht eines Angeklagten auf seinen gesetzlichen Richter, während § 338 Nr. 5 StPO u.a. das Grundrecht auf rechtliches Gehör durchsetzen soll. Ebenso wie mit Recht der absolute Revisionsgrund der vorschriftswidrigen Abwesenheit eines Verfahrensbeteiligten nicht davon abhängig gemacht werden kann, dass im konkreten Fall auch eine Verletzung des Art. 103 Abs. 1 GG vorliegt, darf auch die Rüge, das gesamte Gericht habe z.B. seine örtliche Zuständigkeit zu Unrecht angenommen (§ 338 Nr. 4 StPO) oder bei der Besetzung der Richterbank sei der Geschäftsverteilungsplan missachtet worden (eine der Fallgruppen des § 338 Nr. 1 StPO) nicht daran scheitern, dass eine willkürliche Manipulation nicht zu erkennen ist.

418 Der Willkürmaßstab führt auch zu ihrerseits willkürlich erscheinenden Differenzierungen. So hat der 3. Strafsenat ausführlich dargelegt, aus welchem Grund eine Strafkammer fehlerhaft besetzt war, wenn sie bei einem verlegten Hauptverhandlungstag auf die Verhinderung der Schöffen an einem ordentlichen Sitzungstag und nicht an dem tatsächlichen Sitzungstag abgestellt hat.[770] Gleichwohl hat der Senat aber der Besetzungsrüge den Erfolg versagt, weil die

---

**768** BVerfG, Beschl. v. 16.12.2014 – 1 BvR 2142/11, Rn. 71 = BVerfGE 138, 64, 87; BVerfG, Beschl. v. 28.9.2017 – 1 BvR 1510/17, Rn. 14 = NJW 2018, 40; differenzierend für die abstrakte Prüfung eines Geschäftsverteilungsplans aber: BVerfG, Beschl. v. 20.2.2018 – 2 BvR 2675/17 = NJW 2018, 1155.

**769** Gegen eine Beschränkung des Revisionsgrundes auf willkürliche Fehlbesetzungen auch *Meyer-Goßner/Schmitt* § 338 StPO, Rn. 6 unter Berufung u.a. auf BVerfG, Beschl. v. 18.3.2009 – 2 BvR 229/09 = BVerfGK 15, 247 = NJW 2009, 1734.

**770** BGH, Urt. v. 22.11.2013 – 3 StR 162/13 = BGHSt 59, 75 = StV 2014, 288.

fehlerhafte Besetzung nicht willkürlich als die gesetzliche angenommen worden sei. Ein derartiges Vorgehen ist methodisch fragwürdig. Denn es heißt nun einmal in § 338 Nr. 1 StPO gerade nicht: „wenn das erkennende Gericht in willkürlicher Weise nicht vorschriftsmäßig besetzt war“ oder: „wenn der Beschwerdeführer seinem gesetzlichen Richter in unvertretbarer Auslegung der maßgeblichen Vorschriften seinem gesetzlichen Richter entzogen wurde“. Stattdessen stellt der absolute Revisionsgrund schlicht auf die objektive Vorschriftswidrigkeit der tatsächlichen Besetzung des Tatgerichts ab.

Die vielfach verwendete Willkürformel bei der Besetzungsrüge ist also prinzipiell abzulehnen.[771] Das bedeutet freilich nicht, dass in allen Fällen, in denen auch eine andere Gerichtsbesetzung aus dem Gesetz begründbar gewesen wäre, der absolute Revisionsgrund vorliegt. Auch der Grundsatz des gesetzlichen Richters kann den Gesetzgeber nicht zwingen, Unmögliches zu leisten. Unmöglich wäre ein System lückenloser und jeden denkbaren Fall antizipierender zwingender und präziser Besetzungsregeln, das keinerlei Beurteilungsspielräume mehr offenließe. Dies ist deshalb unmöglich, weil das gerichtsverfassungsrechtliche System der vom Anklagevorwurf abhängigen Besetzung stets auch ein prognostisches Element enthält: Dass z.B. für vorsätzliche Tötungsdelikte das Schwurgericht, für fahrlässige Tötungsdelikte beim Landgericht eine allgemeine Strafkammer, beim Amtsgericht das Schöffengericht oder auch der Strafrichter berufen sein können, hängt damit zusammen, dass der gesetzliche Richter bereits zu einem Zeitpunkt feststehen muss, zu dem noch niemand wissen kann (und sich auch nicht endgültig festlegen darf), welcher Vorwurf mit welcher Schuldform und welchem Schuldgehalt sich am Ende als berechtigt herausstellen wird. 419

Auch eine völlig starre Regelung der Geschäftsverteilung wäre nicht mit dem Grundsatz der angemessenen Verfahrensbeschleunigung vereinbar. Denn das Präsidium eines Gerichts muss Schätzwerte verwenden, um die Auslastung eines bestimmten Spruchkörpers im Voraus für ein ganzes Geschäftsjahr abzustecken. Im Laufe dieses Geschäftsjahres können jedoch unvorhergesehene Ereignisse eintreten, eine einzige Hauptverhandlung kann unerwartet lange dauern oder eine Kammer kann wegen der ungewöhnlich großen Zahl von Eingängen, die ihre Zuständigkeitsmerkmale tragen, vollständig überlastet sein. Es wäre nicht hinnehmbar, wenn ein Beschuldigter in solchen Fällen beliebig lan- 420

771 Ähnlich die Kritik gegen die vorherrschende Praxis; vgl. etwa *Rieß* GA 1976, 133, 136 ff.; *Dahs* GA 1976, 353, 357 ff.; *Mehle*, Einschränkende Tendenzen im Bereich der absoluten Revisionsgründe, (§ 338 StPO), S. 133 ff., 137; *Husheer* StV 2003, 658. *Kudlich* FS Fezer, S. 435, 444 f.; *ders.* StV 2011, 211, 213.

ge auf sein Verfahren warten müsste. Das BVerfG erkennt dies an und hat deshalb auch nachträgliche (unterjährige) Änderungen der Geschäftsverteilung selbst dann als vereinbar mit dem Prinzip des gesetzlichen Richters angesehen, wenn die Neuregelung ein bereits anhängiges Verfahren betrifft, solange sichergestellt ist, dass sie generell gilt, zum Beispiel mehrere anhängige Verfahren und eine unbestimmte Vielzahl künftiger, gleichartiger Fälle erfasst und nicht aus sachwidrigen Gründen geschieht.[772] Dabei bedeutet „nicht aus sachwidrigen Gründen" nichts anderes als nicht willkürlich.

421 In diesem Zusammenhang muss allerdings immer wieder die Frage aufgeworfen werden, ob auch die Wahlmöglichkeit der Staatsanwaltschaft im Rahmen der „beweglichen Zuständigkeit" nach **§ 24 Abs. 1 Nr. 3 GVG** unvermeidbar ist.[773] Diese „bewegliche Zuständigkeit" wurde durch Verordnung vom 21.2.1940[774] eingeführt, wobei die Zuständigkeit sowohl zwischen dem Strafrichter und dem Schöffengericht (§ 25 Nr. 3 a.F. GVG) als auch zwischen dem Landgericht (Strafkammer) und dem Amtsgericht (§ 24 Abs. 1 Nr. 3 GVG) von der Fallbewertung durch die Anklagebehörden abhängig gemacht wurde.[775] Danach wurden die beiden beweglichen Zuständigkeiten der §§ 24, 25 GVG zunächst beibehalten, bis das Rechtspflegeentlastungsgesetz von 1993[776] diese zwischen dem Strafrichter und dem Schöffengericht beseitigte.[777] Dass bei dieser Gelegenheit nicht auch die Wahlmöglichkeit zwischen Schöffengericht und Strafkammer (§ 24 Abs. 1 Nr. 3 GVG) beseitigt wurde, darf als weiteres Zeichen der vielfach beklagten Konzeptionslosigkeit jener Gesetzesnovelle gedeutet werden.[778]

---

**772** BVerfG, Beschl. v. 20.2.2018 – 2 BvR 2675/17 = NJW 2018, 1155; BVerfG, Beschl. v. 16.1.2017 – 2 BvR 2011/16 u.a. = NJW 2017, 1233; BVerfG, Beschl. v. 23.12.2016 – 2 BvR 2023/16; BVerfG, Beschl. v. 18.3.2009 – 2 BvR 229/09 = NJW 2009, 1734; BVerfG, Beschl. v. 16.2.2005 – 2 BvR 581/03 = NJW 2005, 2689. Vgl. hierzu auch BGH, Beschl. v. 27.1.2020 – 1 StR 622/17.

**773** Kritisch hierzu: *Achenbach* FS Wassermann, S. 849.

**774** RGBl 1940 I, 405.

**775** *Eisenberg* NStZ 1990, 551, 552, Anm. zu OLG Düsseldorf NStZ 1990, 292 unter Berufung auf *Schumacher*, Staatsanwaltschaft und Gericht im Dritten Reich, S. 303.

**776** BGBl. 1993 I, 50.

**777** Dagegen wird jedoch auch die Ansicht vertreten, dass die sachliche Zuständigkeit des Schöffengerichts auch bei einer Straferwartung von nicht mehr als zwei Jahren Freiheitsstrafe begründet sein könne, weil die Vorschrift des § 25 Nr. 2 GVG um das Merkmal der „minderen Bedeutung der Sache" zu ergänzen sei; so AG Höxter, Beschl. v. 18.8.1994 – 4 Ls 33 Js 173/94 557/94 = MDR 1994, 1139; *Siegismund/Wickern* wistra 1993, 136, 137 und *Herbert Schäfer* DRiZ 1997, 168. Vgl. auch BGH, Beschl. v. 30.7.1996 – 5 StR 288/95 = StV 1996, 585, 586.

**778** Selten wurde eine Gesetzesnovelle so einmütig als misslungen bewertet wie das RPflEntlG v. 11.1.1993 (BGBl. 1993 I, 50). In der Richterschaft wurde es wegen seiner faktischen Wirkung als Rechtspflegebelastungsgesetz gekennzeichnet; vgl. *Mattik* DRiZ 1993, 34; DRiZ

In der Folgezeit wurde die Wahlmöglichkeit der StA über das Kriterium der „besonderen Bedeutung“ des Falles hinaus auch noch auf die Abschätzung des „besonderen Umfangs“ und der „besonderen Schutzbedürftigkeit von Verletzten der Straftat, die als Zeugen in Betracht kommen,“ ausgeweitet, wobei der 2004 eingeführte Satz 2 als Leitlinie für die Beurteilung der besonderen Schutzbedürftigkeit des Opferzeugen vorgibt, sie sei insbesondere dann anzunehmen, „wenn zu erwarten ist, dass die Vernehmung für den Verletzten mit einer besonderen Belastung verbunden sein wird, und deshalb mehrfache Vernehmungen vermieden werden sollten“.[779] Damit bekennt sich erstaunlicherweise der Gesetzgeber selbst zu einem eigentlich für den Instanzenaufbau sachfremden Ordnungselement: Indem die Staatsanwaltschaft allein zu dem Zweck, einem Zeugen, der von sich behauptet, durch die zur Anklage gebrachte Straftat verletzt worden zu sein, die Stresssituation („Belastung“) einer u.U. mehrfachen Vernehmung zu ersparen, gleich in der sonst zweiten und somit einzigen Tatsacheninstanz anklagt, entzieht sie auch dem Angeklagten eine Kontrollmöglichkeit für seine Belastung durch die Zeugenaussagen. Aber nicht nur deshalb werden mit Recht verfassungsrechtliche Bedenken gegen eine opferschutzgesteuerte bewegliche Zuständigkeit geltend gemacht. Den gesetzlichen Richter danach zu bestimmen, wie die Staatsanwaltschaft (und dann das mit der Eröffnung des Hauptverfahrens befasste Gericht) eine Zeugenaussage im Vorhinein bewertet, mutet und traut den Beteiligten eine Antizipation der Beweiswürdigung zu. Denn sowohl die Frage, ob der Angeklagte die ihm (gerade auch von dem betreffenden Zeugen) vorgeworfene Tat begangen hat, als auch die Opferrolle und letztlich auch die physischen und psychischen Belastungsgrenzen des Zeugen, können und dürfen erst nach seiner ersten Vernehmung in der Hauptverhandlung beurteilt werden.[780] Stellt sich dabei heraus, dass dem Zeugen eine Wiederholung der Prozedur nicht zuzumuten ist, mag das Gesetz in den Vorschriften für die Berufungshauptverhandlung Vorkehrungen vorsehen, die geeignet sind, die Zusatzbelastung zu vermeiden oder einzudämmen. Zu diesem Zweck bereits die Wahl des Eingangsgerichts von den voraussichtlichen Aus-

---

1993, 40, 81 u. 83; *Altpeter* DRiZ 1993, 172; *Günter* DRiZ 1993, 223; DRiZ 1993, 368 (*Asmus*); DRiZ 1993, 491 (*Renk*).

**779** § 24 Abs. 1 Satz 1 Nr. 3, Satz 2 in der Fassung des Gesetzes v. 24.6.2004 (BGBl. 2004 I, 1354).

**780** *V. Galen* StV 2013, 171. Vgl. auch BeckOK-GVG/*Eschelbach*, 8. Ed. (1.8.2020), § 24 GVG, Rn. 13 (Vorschrift verfassungswidrig). MüKoStPO/*Schuster* § 24 GVG, Rn. 17 ff. hält die Vorschrift nur bei einer sehr einengenden Auslegung (konkrete Gefahr für den Zeugen gerade erst durch eine wiederholte Vernehmung in zwei Instanzen) für verfassungskonform.

wirkungen einer erneuten Vernehmung in der Folgeinstanz abhängig zu machen, ist jedenfalls ein Irrweg.[781]

422 Daran ändert auch die Rechtsprechung des Bundesverfassungsgerichts aus der Zeit, als die bewegliche Zuständigkeit „nur" an der „besonderen Bedeutung der Sache" zu orientieren war, nichts. Das BVerfG hatte darauf verwiesen, eine verfassungskonforme Auslegung gebiete es, die Vorschrift so zu verstehen, dass der Staatsanwaltschaft hierdurch kein Ermessen eingeräumt werde, sie habe nur einen „unbestimmten Rechtsbegriff" auszulegen und den konkreten Fall darunter zu subsumieren; die Entschließung der Staatsanwaltschaft werde sodann auch noch der Überprüfung durch das eröffnende Gericht unterzogen.[782] Die Klausel von der „besonderen Bedeutung des Falles" diente damit dazu, Fälle zum Landgericht zu bringen, die zwar möglicherweise im Ergebnis noch mit der Strafgewalt des Schöffengerichts zu erfassen waren, bei denen aber das Ausmaß der Rechtsverletzung und/oder ihre erheblichen Folgen dem Verfahren ein Gewicht gaben, das eine Hauptverhandlung auf der Ebene des Amtsgerichts unangemessen erscheinen ließ. Seit aber nun sowohl die an der Straferwartung orientierte Zuständigkeit der Amtsgerichte als auch konsequenterweise dessen Strafgewalt bis zu vier Jahren Freiheitsstrafe reicht und auf diesem Wege ein nicht unerheblicher Teil der sog. „Schwerkriminalität" vor den Schöffengerichten verhandelt werden kann, war abzusehen, dass den Staatsanwaltschaften die Argumente ausgehen, wenn sie begründen sollen, weshalb dann noch die besondere Bedeutung des Falles eine Anklage zum Landgericht nahelegt. Die tatbezogenen Merkmale sind praktisch entfallen.[783] Geblieben sind die bisher schon bedenklichen Kriterien aus der Person des Angeklagten (etwa seine Prominenz[784]), aus dem großen medialen Interesse[785] oder aus dem Umfang oder den Schwierigkeiten der Hauptverhandlung.[786]

---

**781** BeckOK-GVG/*Eschelbach*, 8. Ed. (1.8.2020), § 24 GVG, Rn. 12; *v. Galen* StV 2013, 171.

**782** BVerfGE 9, 223, 229; BVerfGE 22, 254, 261. Bedenken hiergegen unter dem Aspekt des Bestimmtheitsgebots bei Art. 101 Abs. 1 S. 2 GG u.a. bei BeckOK-GVG/*Eschelbach* 8. Ed. (1.8.2020), § 24 GVG Rn. 16 mwN.

**783** *Kissel* NJW 1993, 489, 491.

**784** *Meyer-Goßner/Schmitt* § 24 GVG, Rn. 8 mwN.

**785** Dazu BGH, Urt. v. 12.2.1998 – 4 StR 428/97 = BGHSt 44, 34 = NJW 1998, 2149; BeckOK-GVG/*Eschelbach* , 8. Ed. (1.8.2020), § 24 GVG, Rn. 17.

**786** Dieses Merkmal wurde in der Theorie stets negiert (*Meyer-Goßner/Schmitt* § 24 GVG, Rn. 8 mwN), spielt aber in der Praxis die wohl entscheidende Rolle. Eine besondere Bedeutung eines Falles i.S. von § 24 Abs. 1 Nr. 3 GVG liegt nach Ansicht des BGH auch vor, wenn die rasche Klärung einer grundsätzlichen, für eine Vielzahl gleichgelagerter Fälle bedeutsamen Rechtsfrage

Eine besondere Besetzungsproblematik ist dadurch entstanden, dass mit dem Justizentlastungsgesetz vom 11.1.1993[787] der großen Strafkammer durch **§ 76 Abs. 2 GVG** erlaubt wurde, sich selbst auf eine kleinere Besetzung (Vorsitzender, ein berufsrichterlicher Beisitzer und zwei Schöffen) zu reduzieren. Nachdem der Geltungszeitraum der ursprünglich als Abhilfe für eine als vorübergehend (infolge der deutschen Wiedervereinigung) angenommene Überlastung gedachten Vorschrift wiederholt verlängert wurde, hat das Gesetz 2011[788] die aktuelle und unbefristet geltende Fassung erhalten. Trotz etlicher Stimmen, die eine Rückkehr zur obligatorischen Dreierbesetzung forderten,[789] entschied sich der Gesetzgeber letztlich aus fiskalischen Gründen dafür, die Regelung zwar genauer zu konturieren, aber im Wesentlichen beizubehalten.[790] Nach der Gesetzessystematik ist die Besetzung der großen Strafkammer mit nur zwei Berufsrichtern die Regel, während die große Besetzung mit drei Berufsrichtern nur (dann aber zwingend) vorzusehen ist, wenn das Schwurgericht zuständig ist, die Anordnung der Unterbringung in der Sicherungsverwahrung, deren Vorbehalt oder die Anordnung der Unterbringung in einem psychiatrischen Krankenhaus zu erwarten ist oder *„nach dem Umfang oder der Schwierigkeit der Sache die Mitwirkung eines dritten Richters notwendig erscheint“* (§ 76 Abs. 2 GVG). Ob Letzteres der Fall ist, entscheidet das Gericht zwar mit einem Ermessensspielraum, nun aber mit der Vorgabe der kleinen als der Regelbesetzung[791] und den in § 76 Abs. 3 GVG genannten Fallgruppen für die Umkehrung des Regel-Ausnahme-Verhältnisses zugunsten der großen Besetzung mit drei Berufsrichtern: wenn es sich um eine Wirtschaftsstrafsache i.S.d. § 74c GVG handelt oder die Hauptverhandlung mindestens 10 Tage dauern wird. Da das letztere Kriterium wiederum eine Prognose erfordert und stets auch in der einen wie der anderen Richtung Abweichungen geboten sein können, kann die Revision nur darauf gestützt werden, dass die Entscheidung im Einzelfall willkürlich getroffen 423

---

durch den BGH ermöglicht werden soll („Pilotverfahren“); BGH, Urt. v. 22.4.1997 – 1 StR 701/96 = BGHSt 43, 53 = NJW 1997, 2689; dazu *Knauer* ZStW 120 (2008), 826.

**787** BGBl. 1993 I, 50.

**788** Gesetz v. 6.12.2011, BGBl. 2011 I, 2554.

**789** Z.B. *Rissing-van Saan* FS Krey, S. 431; *Rieß* FS Schöch, S. 895; s. auch Beschlüsse des 72. DJT 2018 (B. III, 14a), Verhandlungen Bd. 2, Seite M 66.

**790** BT-Drs. 17/6905, 1, 9 und 10.

**791** Das noch in BGH, Beschl. v. 7.7.2010 – 5 StR 555/09 = NJW 2010, 3045 angenommene umgekehrte Regel-Ausnahme-Verhältnis bezog sich auf die frühere Fassung des § 76 Abs. 2 GVG.

wurde.[792] Da dies aber nur selten vorliegen (oder zu begründen sein) dürfte, hat auch die geltende Gesetzesfassung dem Prinzip des gesetzlichen Richters keinen guten Dienst erwiesen. Dies gilt umso mehr, als die *strukturelle Überlegenheit* der Dreierbesetzung zwar ein Entscheidungskriterium sein kann, aber nicht muss. Dass von ihr niemals eine Beschwer für den Angeklagten ausgeht,[793] kann zwar dazu führen, dass beim Vorliegen der Regelbeispiele des Abs. 3 in der Praxis wohl „im Zweifel" eher die große Besetzung gewählt wird. Wann immer aber eine Kammer in der kleinen Besetzung geltend machen kann, man habe ursprünglich angenommen, mit weniger als 10 Verhandlungstagen auszukommen und die Schwierigkeit der Sache habe sich erst nach Eröffnung des Hauptverfahrens herausgestellt, wird der Willkürvorwurf ins Leere gehen, sodass im Revisionsverfahren letztlich keine Korrektur stattfindet.

424 Für die Entscheidung über die **Eröffnung des Hauptverfahrens** ist die Strafkammer in der Besetzung zuständig, die außerhalb der Hauptverhandlung zu entscheiden hat, also mit drei Berufsrichtern (§ 76 Abs. 1 GVG). Schöffen dürfen am Eröffnungsbeschluss und somit auch an der Entscheidung über die kleine oder große Besetzung nicht mitwirken, da sie mangels Aktenkenntnis nicht das Vorliegen eines hinreichenden Tatverdachts i.S.v. § 203 StPO beurteilen können.[794] Damit ist ihnen auch die Auslegung der gesetzlichen Voraussetzungen für die kleine oder große Besetzung verwehrt. Auch dann, wenn eine zunächst unterbliebene Eröffnungsentscheidung erst in der Hauptverhandlung nachgeholt werden soll, muss die Strafkammer in der Besetzung außerhalb der Hauptverhandlung, also ohne die Schöffen, entscheiden.[795] Nehmen sie dennoch an der Entscheidung teil, liegt in Bezug auf die Entscheidung nach § 76 GVG ein Verfahrensfehler vor, der die Revision begründet. Der Eröffnungsbeschluss einer Strafkammer, der nur von zwei statt von drei Berufsrichtern gefasst wurde, ist unwirksam.[796] Weil das Vorliegen eines wirksamen Eröffnungsbeschlusses, der den Prozessgegenstand bestimmt und die Zuständigkeit des

**792** MüKoStPO/*Schuster* § 76 GVG, Rn. 5–7 mwN und Beispielen. Vgl. hierzu auch BGH, Beschl. v. 4.2.2016 – 4 StR 79/15 = StV 2016, 631; BGH, Beschl. v. 21.11.2012 – 1 StR 310/12 = wistra 2013, 282, 287.

**793** Vgl. dazu BGH, Urt. v. 31.8.2010 – 5 StR 159/10 = NStZ 2011, 54.

**794** BGH, Urt. v. 20.5.2015 – 2 StR 45/14 = BGHSt 60, 248 = NJW 2015, 2515 im Anschluss an BGH, Beschl. v. 2.11.2005 – 4 StR 418/05 = BGHSt 50, 267, 271 = NJW 2006, 240.

**795** BGH, Urt. v. 20.5.2015 – 2 StR 45/14 = BGHSt 60, 248, 250; BGH, Beschl. v. 7.9.2011 – 1 StR 388/11 = NStZ 2012, 50; BGH, Beschl. v. 27.2.2014 – 1 StR 50/14 = NStZ 2014, 664 m. Anm. *Hoffmann*.

**796** BGH, Urt. v. 20.5.2015 – 2 StR 45/14 = BGHSt 60, 248, 250 m. zahlr. Nachw. bis zurück zu RGSt 1, 402.

Gerichts festlegt, eine Prozessvoraussetzung für das Hauptverfahren darstellt, ist in diesen Fällen nicht nur auf eine Verfahrensrüge hin das Urteil, soweit davon betroffen, aufzuheben, sondern das Verfahren insoweit einzustellen.[797]

Die einmal getroffene Entscheidung kann vor Beginn der Hauptverhandlung geändert werden, wenn die Voraussetzungen des § 76 Abs. 4 GVG eintreten. Nach Beginn der Hauptverhandlung darf die Entscheidung geändert werden, wenn ein Besetzungseinwand erhoben und als begründet angesehen wird.[798] Für den Fall der Aufhebung und Zurückverweisung durch das Revisionsgericht und der Aussetzung der Hauptverhandlung enthält § 76 Abs. 5 GVG eine gesonderte Regelung.[799] 425

Die Zweierbesetzung führt leicht zu Verfahrensfehlern, wenn Verfahren hinzuverbunden werden.[800] Die Eröffnungsentscheidung ist in solchen Fällen auch dann in Dreierbesetzung ohne Schöffen zu treffen, wenn im bereits anhängigen Verfahren nur zwei Berufsrichter mitwirken. 426

Dass auch nach der jetzt geltenden Regelung die Besetzung in Schöffengerichts-Sachen in der ersten Instanz und in der Berufungsinstanz gleich ist, wird allgemein zu Recht als Systembruch bewertet.[801] 427

### b) Einführung der Rügepräklusion

Obwohl § 338 Nr. 1 StPO dem durch Art. 101 Abs. 1 S. 2 GG verfassungsrechtlich geschützten Recht auf den gesetzlichen Richter in der Praxis zur Durchsetzung verhelfen soll, hat schon das StVÄG 1979[802] getan, was es konnte, um der Verteidigung diesen Revisionsgrund aus der Hand zu schlagen.[803] Für Hauptverhandlungen, die im ersten Rechtszug vor dem Landgericht oder dem Oberlandesgericht stattfinden, konnte seitdem ein tatsächlich vorliegender Beset- 428

**797** BGH, Urt. v. 20.5.2015 – 2 StR 45/14 = BGHSt 60, 248, 250. S. dazu im Einzelnen unten Rn. 1549 ff.

**798** Vgl. hierzu im Einzelnen: BGH, Beschl. v. 14.11.2012 – 3 StR 335/12 = NStZ 2013, 181; *Meyer-Goßner/Schmitt* § 76 GVG, Rn. 11.

**799** Vgl. dazu BGH, Beschl. v. 27.7.2017 – 1 StR 596/16 = NStZ 2018, 110 = StV 2017, 786.

**800** BGH, Beschl. v. 5.6.2018 – 5 StR 133/18 = StraFo 2018, 471; BGH, Beschl. v. 21.9.2017 – 2 StR 327/17 = StraFo 2017, 509.

**801** *Meyer-Goßner/Schmitt* § 76 GVG, Rn. 1 mwN; zur Gesamtproblematik des immer mehr schwindenden Kollegialgerichtsprinzips *Rieß* FS Egon Müller, S. 599.

**802** BGBl. 1978 I, 1645.

**803** Vgl. *Benz* ZRP 1977, 250; *Müller* JR 1978, 361; *Hamm* NJW 1979, 135; *Meyer* Anm. zu BGH JR 1978, 210 f.; *Riedel* JZ 1978, 374; *Schroeder* NJW 1979, 1527, 1529; *Krekeler* AnwBI. 1979, 216; *Rieß* NJW 1978, 2265, 2269; *Rieß* JR 1981, 89.

zungsfehler, obwohl ein absoluter (!) Revisionsgrund gegeben ist, in der Revision nicht mehr gerügt und korrigiert werden, wenn er nicht bis zum Beginn der Vernehmung des ersten Angeklagten zur Sache geltend gemacht wurde (sog. Rügepräklusion gemäß § 222b Abs. 1 Satz 1 i.V.m. § 338 Nr. 1 2. Hs. StPO a.F.).[804] Wurde in der tatrichterlichen Hauptverhandlung kein Besetzungseinwand erhoben, führte diese Konstruktion dazu, dass der Fehler von Gesetzes wegen auf sich beruhen sollte, ohne dass selbst bei grober Verkennung des Rechts eine Korrektur möglich wäre.[805] Die Unaufmerksamkeit des Verteidigers wirkte sich hier also unmittelbar als Rechtsverlust für den Mandanten aus.

429 Nach dem Konzept der Regelung aus dem Jahr 1979 trat die Präklusionswirkung allerdings nur ein, wenn das Gericht die Mitteilungs- und Verfahrensvorschriften der §§ 222a, 222b StPO eingehalten hatte. Die Besetzungsrüge blieb für die Revision erhalten, wenn das Gericht die rechtzeitige Bekanntgabe der an der Verhandlung mitwirkenden Richter und Schöffen spätestens eine Woche vor Verhandlungsbeginn unterlassen oder auf einen Unterbrechungsantrag nach § 222a Abs. 2 StPO a.F. nicht[806] oder ablehnend reagiert hatte.

430 Den nach Inkrafttreten der Vorschrift geäußerten Zweifeln daran, ob die Vorschrift die verfassungsmäßigen Rechte des Beschuldigten wahrt,[807] haben sich die Kommentare und die Rechtsprechung nicht angeschlossen.[808] Was bleibt, ist der Systembruch, dass es einerseits eine Aufgabe des Staates ist, den gesetzlichen Richter zu bestimmen und bereitzustellen, hier aber das Fehlerrisiko letztlich dem Verteidiger aufgebürdet wird. Das hat zur Folge, dass seine Versäumnisse dem Angeklagten zum Nachteil gereichen.[809] Das lässt sich nicht mit dem Hinweis darauf entschärfen, auch bei Mängeln einer Revisionsbegründung und dem Unterlassen aussichtsreicher Verfahrensrügen zahle der Mandant letztlich das Lehrgeld seines Verteidigers. Denn erstens muss der Revisionsverteidiger,

**804** Die gesetzliche Verlagerung der Besetzungsrüge in die erste Instanz hat das BVerfG als verfassungsgemäß gewertet: BVerfG NStZ 1984, 370.

**805** Z.B. bei Verkennung des Begriffs der „Verhinderung", BGH, Beschl. v. 25.4.1995 – 4 StR 173/95 = StV 1996, 3 = NStZ 1996, 48.

**806** Da § 222a Abs. 2 StPO a.F. lediglich eine „Kann-Vorschrift" enthielt, durfte das Gericht auch von der beantragten Unterbrechung absehen, z.B. wenn es seiner Sache (der Ordnungsgemäßheit der Besetzung) sicher war oder wenn es dem Antragsteller die Präklusion ersparen wollte.

**807** *Hamm* NJW 1979, 135.

**808** KK-*Gmel* § 222a StPO, Rn. 2; KMR-*Eschelbach* § 222a StPO, Rn. 14; *Meyer-Goßner/Schmitt* § 222a StPO, Rn. 1; BVerfG NStZ 1984, 370; BGHSt 33, 126, 129.

**809** BVerfG, Beschl. v. 8.8.1990 – 2 BvR 267/90 = NJW 1991, 351; *Meyer-Goßner/Schmitt* § 44 StPO, Rn. 18 mwN.

der einen klaren Besetzungsfehler rügen möchte, nicht derselbe sein wie der Instanzverteidiger, der – aus welchen Gründen auch immer – den entsprechenden Einwand in der Hauptverhandlung nicht erhoben hat, und zweitens ist das wichtige Verfassungsprinzip des gesetzlichen Richters so elementar und so sehr von justizinternen Vorgängen abhängig, dass es nicht der Verfügung „von außen" ausgesetzt sein sollte. Auch soweit andere Verfahrensrügen Verteidigungsaktivitäten in der tatrichterlichen Hauptverhandlung voraussetzen (z.B. Beanstandungen nach § 238 Abs. 2 StPO), betrifft das immerhin noch das äußere Geschehen in der öffentlichen Hauptverhandlung und die offen dialogischen Interaktionen zwischen den Verfahrensbeteiligten.

Der Zweck der Rügepräklusion, der darin liegen sollte, die Zahl der Beset- 431
zungsrügen einzuschränken,[810] galt, wie schon nach wenigen Jahren geradezu triumphierend registriert wurde, als erreicht.[811] Dabei handelte es sich regelmäßig nicht etwa um den Ausdruck der Dankbarkeit gegenüber den Verteidigern, die die Justiz vor Fehlern bewahrt haben, sondern ersichtlich um Beifall dafür, dass der Gesetzgeber ihnen weitgehend die Lust an Besetzungsrügen genommen hat.

### c) Änderung durch das Gesetz zur Modernisierung des Strafverfahrens

Gut vierzig Jahre später genügte dem Gesetzgeber aber auch dieser Effekt nicht 432
mehr. Im Jahr 2019 hat er noch einmal nachhaltig in das bisherige System eingegriffen und durch das Gesetz zur Modernisierung des Strafverfahrens[812] das Verfahren zur Überprüfung möglicher Besetzungsfehler grundlegend umgestaltet. Ohne Fragen der Praktikabilität und der Vereinbarkeit mit Art. 101 Abs. 1 S. 2 GG genügend Beachtung zu schenken, wurde mit der Neuregelung ein Vorschlag des sog. „2. Strafkammertages" aufgegriffen.[813] Die Überprüfung von Besetzungseinwänden wurde damit im Ergebnis in weit reichendem Umfang der Revision entzogen und einer anderen Instanz übertragen. Das nunmehr für Verfahren, in denen das Landgericht oder das Oberlandesgericht erstinstanzlich

**810** Vgl. *Rieß* JR 1981, 89; *Ranft* NJW 1981, 1473; Begr. z. Regierungsentwurf d. StVÄG v. 4.10.1977, BT-Drs. 8/976, 25 ff.

**811** In diesem Sinn *Rieß* NJW 1978, 2265, 2269; *ders.* in JR 1981, 89; *Rebmann* NStZ 1984, 241, 245.

**812** Gesetz zur Modernisierung des Strafverfahrens vom 10.12.2019 (BGBl. I, S. 2121); s. hierzu: *Claus* NStZ 2020, 57; *Schork*, NJW 2020, 1; BT-Drs. 19/14747.

**813** Vgl. hierzu *Claus* NStZ 2020, 57, 58; die Ergebnisse des 2. Strafkammertages, der am 26.9.2017 stattfand, sind u.a. zugänglich über www.kripoz.de.

zuständig ist, geltende Vorabentscheidungsverfahren verkompliziert die Entscheidung darüber, ob der Anspruch auf den gesetzlichen Richter eingehalten wurde, nachhaltig.[814] Es ist geeignet, Strafverfahren zu verzögern und es schafft an einer Stelle neue Ungewissheiten, an der sie die Verfassung gerade verhindern will.

433 Im Grundsatz behält auch die neue Gesetzesfassung die Idee der Rügepräklusion für erstinstanzliche Verfahren vor dem Landgericht und dem Oberlandesgericht bei: Die Gerichtsbesetzung soll im Vorhinein bekanntgegeben werden. Wird dann kein form- und fristgerechter Besetzungseinwand erhoben, kann die fehlerhafte Gerichtsbesetzung in der Revision nicht mehr mit Aussicht auf Erfolg gerügt werden. Unverändert ist auch nach neuer Gesetzeslage die Besetzung spätestens zu Beginn der Hauptverhandlung mitzuteilen (§ 222a Abs. 1 StPO). Ob schon vorher eine **Besetzungsmitteilung** ergeht, steht im Ermessen des Vorsitzenden. Nach dem Gesetzeswortlaut „kann" der Vorsitzende dies veranlassen, er muss also von diesem Instrument keinen Gebrauch machen (vgl. § 222a Abs. 1 S. 2 StPO).[815] Ergeht schon vor der Hauptverhandlung eine Besetzungsmitteilung, ist sie zuzustellen; bisher war sie für den Angeklagten „an seinen Verteidiger zu richten". Nach den Gesetzesmaterialien war diese Änderung erforderlich, weil der Mitteilung eine fristauslösende Wirkung zukommt.[816] Ändert sich nach der Zustellung die Besetzung noch, muss dies spätestens zu Beginn der Hauptverhandlung mitgeteilt werden (§ 222a Abs. 1 S. 3 StPO).

434 Wird die Frist von einer Woche bis zum Beginn der Hauptverhandlung nicht gewahrt oder wurde die Besetzung ohnehin erst zu Beginn der Hauptverhandlung mitgeteilt, so kann das Gericht eine **Unterbrechung zur Prüfung der Besetzung** anordnen, wenn dies spätestens bis zum Beginn der Vernehmung des ersten Angeklagten zur Sache verlangt wird. Anders als unter der früheren Gesetzesfassung kommt eine Unterbrechung nunmehr aber nur noch in Betracht, wenn absehbar ist, dass die Hauptverhandlung schon vor Ablauf der in § 222b geregelten Frist beendet sein könnte (§ 222a Abs. 2 StPO). Für Verhandlungen von kurzer Dauer behält die Unterbrechungsmöglichkeit danach ihre Bedeu-

**814** Vgl. hierzu auch *Claus* NStZ 2020, 57, 59.

**815** Zur Ermessensausübung durch den Vorsitzenden vgl. *Meyer-Goßner/Schmitt* § 222a StPO, Rn. 9.

**816** BT-Drs. 19/14747 S. 30. Auch nach der neuen Gesetzesfassung kann an den Verteidiger zugestellt werden, sofern die Voraussetzungen des § 145a StPO vorliegen (vgl. hierzu: *Schork* NJW 2020, 1, 2). Gegen eine Zustellung an den Angeklagten mit Recht: *Meyer-Goßner/Schmitt* § 222a StPO, Rn. 12a.

tung, in Verhandlungen, die ohnehin mehr als eine Woche dauern sollen, kommt sie hingegen nicht mehr in Betracht.[817]

Nach der Neuregelung kann der Besetzungseinwand nunmehr generell nur noch **innerhalb einer Woche** geltend gemacht werden (§ 222b Abs. 1 StPO).[818] Wurde die Besetzung vorab mitgeteilt, beginnt die Frist mit der Zustellung, wurde sie erst zu Beginn der Hauptverhandlung mitgeteilt, mit dieser Mitteilung.[819] Wird ein Besetzungseinwand außerhalb der Hauptverhandlung erhoben, gelten hierfür nach § 222b Abs. 1 S. 4 StPO die **Formvorschriften** des § 345 Abs. 2 StPO und des § 390 Abs. 2 StPO. Die neue Gesetzesfassung schreibt damit insgesamt fest, dass zur Prüfung der oft schwer zugänglichen Unterlagen, zur Prüfung der mit Besetzungsfragen einhergehenden Rechtsfragen und zur Formulierung des im Hinblick auf die Darlegungsanforderungen oft umfangreichen Schriftsatzes generell nur die sehr knapp bemessene Frist von einer Woche zur Verfügung steht.[820] 435

Völlig neu geregelt wurde durch das Gesetz zur Modernisierung des Strafverfahrens das Verfahren zur Entscheidung über Besetzungseinwände. Neu eingeführt hat der Gesetzgeber insbesondere ein **Vorabentscheidungsverfahren.** Gibt das erstinstanzlich zuständige Gericht dem Besetzungseinwand nicht statt, hat es ihn nach § 222b Abs. 3 StPO nunmehr „spätestens vor Ablauf von drei Tagen" dem Rechtsmittelgericht vorzulegen, das über ihn ohne mündliche Verhandlung, aber nach Anhörung der Beteiligten zu entscheiden hat. Zuständig für die Entscheidung über einen Besetzungseinwand, der in der Hauptverhandlung vor dem Landgericht erhoben wurde, ist das Oberlandesgericht (§ 121 Abs. 1 Nr. 4 GVG), bei erstinstanzlicher Zuständigkeit des Oberlandesgerichts entscheidet der Bundesgerichtshof (§ 135 Abs. 2 Nr. 3 GVG). 436

Diese Verlagerung der Überprüfung auf eine andere Instanz spiegelt sich auch in der geänderten Fassung des § 338 Nr. 1 StPO wider. Die Revision kann danach nur noch in wenigen Fällen auf die Rüge der vorschriftswidrigen Besetzung des Gerichts gestützt werden. Gerügt werden kann es, wenn das Gericht die Verhandlung in einer Besetzung geführt hat, deren Vorschriftswidrigkeit bereits festgestellt war (§ 338 Nr. 1a) StPO). Das dürfte in der Praxis kaum vor- 437

---

**817** Vgl. BT-Drs. 19/14747, S. 30/31; *Meyer-Goßner/Schmitt* § 222a StPO, Rn. 18c und Rn. 21.

**818** Vgl. BT-Drs. 19/14747, S. 31. Die Frist ist deshalb eine Ausschlussfrist (vgl. *Meyer-Goßner/Schmitt* § 222b StPO, Rn. 4).

**819** Vgl. *Meyer-Goßner/Schmitt* § 222b StPO, Rn. 4a.

**820** Kritisch hierzu mit Recht *Meyer-Goßner/Schmitt* § 222b StPO, Rn. 4b.

kommen.[821] Die Besetzungsrüge bleibt daneben auch dann erhalten, wenn keine Entscheidung des Rechtsmittelgerichts ergangen ist und einer der drei Ausnahmetatbestände in § 338 Nr. 1 b) vorliegt, so etwa, wenn die Vorschriften über die Besetzungsmitteilung verletzt wurden (§ 338 Nr. 1 b)aa))[822], wenn der rechtzeitig und formgerecht erhobene Besetzungseinwand übergangen oder zurückgewiesen wurde (§ 338 Nr. 1 b)bb))[823] oder wenn zur Überprüfung der Besetzung nicht die Zeit von einer Woche zur Verfügung stand, obwohl ein Antrag nach § 222a Abs. 2 StPO gestellt worden war (§ 338 Nr. 1 b)cc))[824].

438 Die Regelung über den absoluten Revisionsgrund wurde damit dem veränderten Instanzenzug (Vorabentscheidung durch die nach den §§ 121, 135 GVG jeweils zuständigen Rechtsmittelgerichte) angepasst. Die entscheidende Änderung des Anwendungsbereichs bewirkt dabei **§ 222b Abs. 3 StPO**. In Verfahren, die beim Landgericht oder beim Oberlandesgericht beginnen, kann es danach nur noch unter engen Voraussetzungen zu einer auf § 338 Nr. 1 StPO gestützten Verfahrensrüge kommen. Abgesehen von den seltenen Fällen, in denen es zu Fehlern bei der Besetzungsmitteilung oder bei der Gewährung des für die Prüfung notwendigen Unterbrechungszeitraums gekommen ist, wird dies vor allem dann der Fall sein, wenn das Rechtsmittelgericht, dem der Besetzungseinwand durch das Gericht der ersten Instanz nach § 222b Abs. 3 StPO vorgelegt wurde, hierüber vor Verkündung des tatrichterlichen Urteils noch nicht entschieden hat.[825] Hat es den Besetzungseinwand hingegen zurückgewiesen, bevor das Urteil verkündet wurde, dann soll diese Entscheidung in der Revision nicht über-

---

**821** Vgl. aber BGH, Beschl. v. 27.1.2020 – 1 StR 622/17 (zu § 338 Nr. 1 d) StPO a.F.). S. ergänzend auch *Meyer-Goßner/Schmitt* § 338 StPO, Rn. 17.

**822** Dies kommt in Betracht, wenn eine Mitteilung vollständig unterblieben ist oder wenn z.B. fehlerhafte Unterlagen zur Prüfung der Besetzung zur Verfügung gestellt wurden (vgl. BT-Drs. 19/14747, S. 36). Vgl. auch *Meyer-Goßner/Schmitt* § 338 StPO, Rn. 19; BeckOK-StPO/*Wiedner*, 37. Ed. 1.7.2020, § 338 StPO Rn. 12c.

**823** Hierunter soll es auch fallen, wenn das erstinstanzlich zuständige Gericht den Besetzungseinwand dem Rechtsmittelgericht nicht innerhalb der Frist von drei Tagen vorgelegt hat (BT-Drs. 19/14747, S. 36). Vgl. zum Anwendungsbereich der Vorschrift auch BeckOK-StPO/*Wiedner*, 37. Ed. 1.7.2020, § 338 StPO, Rn. 12d, der sie als „Grund- und Auffangtatbestand" zum Erhalt der Rüge bei fehlender Entscheidung des Rechtsmittelgerichts wertet. S. ferner *Meyer-Goßner/Schmitt* § 338 StPO, Rn. 20.

**824** Dies kann in Betracht kommen, wenn eine beantragte Unterbrechung der Hauptverhandlung zu Unrecht abgelehnt worden war (vgl. BT-Drs. 19/14747, S. 37). Vgl. ergänzend *Meyer-Goßner/Schmitt* § 338 StPO, Rn. 20c.

**825** Diese Fallkonstellation wird nach den Gesetzesmaterialen von § 338 Nr. 1 b)bb) erfasst (vgl. BT-Drs. 19/14747, S. 36). S. auch *Meyer-Goßner/Schmitt* § 338 StPO, Rn. 20; BeckOK-StPO/*Wiedner*, 37. Ed. 1.7.2020, § 338 StPO Rn. 12d.

prüfbar sein.[826] Auf eine im Referentenentwurf noch enthaltene Regelung, wonach vor Abschluss des Vorabentscheidungsverfahrens kein Urteil ergehen darf, wurde im Ergebnis verzichtet.[827]

Das Gesamtkonzept der Neuregelung wirkt danach aber wenig überzeu- 439
gend. Neben der bereits begonnenen Hauptverhandlung soll in einem parallel geführten Verfahren über die Gesetzmäßigkeit der Besetzung verbindlich entschieden werden. Das soll dem Ziel dienen, die Rechtmäßigkeit der Besetzung vorab zu klären. Dem Tatgericht soll auf diese Weise unnötiger Zeitaufwand erspart werden, der auf der Grundlage der bisherigen Regelung entstehen konnte, wenn zunächst ein Besetzungseinwand erhoben, dieser sodann zurückgewiesen, die Zurückweisung im Revisionsverfahren später aber mit Erfolg als ein Fall des § 338 Nr. 1 StPO gerügt wurde. Diese Begründung für die Gesetzesänderung steht schon deshalb auf einer schwachen Grundlage, weil die Zahl der Besetzungsrügen, die erfolgreich sind und zur Wiederholung einer langwierigen Hauptverhandlung führen, nicht sehr hoch ist. Die erstrebte Beseitigung der über den Tatgerichten schwebenden „Bedrohung" durch einen zu Beginn der Hauptverhandlung erhobenen Besetzungseinwand[828] wird durch die Einschaltung einer zusätzlichen Instanz erkauft. Dass die Tatgerichte eine Hauptverhandlung mit dem Risiko führen müssen, eine von ihnen zu prüfende verfahrensrechtliche Rechtsfrage könnte eines Tages durch das Revisionsgericht anders entschieden werden und allein dies zwinge dann zu einer Wiederholung der Hauptverhandlung, ist auch sonst an der Tagesordnung. Diese Belastung gilt nicht nur im Zusammenhang mit der Besetzung, sondern auch bei vielen anderen Verfahrensfragen.

Das neue Vorabentscheidungsverfahren hat daneben aber noch andere 440
konstruktive Mängel: In den Fällen, in denen die Hauptverhandlung im ersten Rechtszug vor dem Landgericht stattfindet, führt es zur **Zuständigkeit der Oberlandesgerichte**. Damit erhöht sich die Gefahr divergierender Entscheidungen. Zwar soll dem durch die Vorlagepflicht nach § 121 Abs. 2 Nr. 4 GVG entgegengewirkt werden. Doch bleibt abzuwarten, inwieweit dies geeignet ist, eine einheitliche Anwendung der gesetzlichen Regelungen sicherzustellen. Sowohl das Vorabentscheidungsverfahren als auch ein etwaiges Vorlageverfahren müssen dabei zu einem Zeitpunkt durchgeführt werden, zu dem noch nicht fest-

---

**826** BT-Drs. 19/14747, S. 31; *Meyer-Goßner/Schmitt* § 338 StPO, Rn. 16.

**827** Vgl. hierzu *Claus*, NStZ 2020, 57, 58; *Lantermann*, HRRS 2020, 19, 21.

**828** In den Materialien wird dies als „Damoklesschwert" bezeichnet (vgl. BT-Drs. 19/14747, S. 29).

steht, ob es überhaupt zu einem Revisionsverfahren kommt.[829] Wird der Angeklagte freigesprochen oder ergeht sonst ein Urteil, das nicht mit der Revision angegriffen wird, dann wäre nach bisheriger Rechtslage durch ihn nie eine Verfahrensrüge erhoben worden, die sich auf den Besetzungseinwand bezieht. Nach jetziger Rechtslage kann die Klärung der Besetzungsfragen hingegen bereits erheblichen Aufwand verursacht haben, bevor das tatrichterliche Urteil ergeht. Das zeigt deutlich, dass die Befreiung der Landgerichte von der angeblich über ihnen schwebenden Bedrohung durch Besetzungseinwände („Damoklesschwert") nur um den Preis einer erheblichen zusätzlichen Belastung anderer Gerichte erreicht wurde.[830]

441 Unabhängig von diesen Effekten ist die Einführung des neuen Vorabentscheidungsverfahrens auch mit erheblichen Rechtsunsicherheiten behaftet. Das Konzept eines zeitlich parallel zur Hauptverhandlung laufenden Verfahrens, in dem die Begründetheit des Besetzungseinwands abschließend geklärt werden soll, hat allenfalls für längere tatrichterliche Hauptverhandlungen eine begrenzte Plausibilität.[831] Ist absehbar, dass sich eine Hauptverhandlung über einen Zeitraum von mehreren Monaten erstrecken wird, so besteht genügend Zeit, um parallel hierzu das in § 222b Abs. 3 StPO geregelte Verfahren durchzuführen. In der großen Zahl der Fälle aber, in denen Hauptverhandlungen vor den Landgerichten nur wenige Sitzungstage umfassen, kann der zeitliche Verlauf der beiden parallel zu führenden Verfahren maßgebliche Bedeutung für die Präklusionswirkung gewinnen. Entscheidet das nach § 222b Abs. 3 StPO zuständige Rechtsmittelgericht noch bevor das tatrichterliche Urteil ergeht, soll damit der Besetzungseinwand der Revision entzogen sein. Wird hingegen das tatrichterliche Urteil verkündet, bevor die Entscheidung nach § 222b Abs. 3 StPO getroffen ist, so hat sich nach den Gesetzesmaterialien damit das Vorabentscheidungsverfahren erledigt.[832] Der Besetzungseinwand kann dann in einem sich anschließenden Revisionsverfahren die Grundlage für eine auf § 338 Nr. 1 StPO gestützte Verfahrensrüge bilden.[833] Allein durch den zeitlichen Ablauf wird danach aber bestimmt, welches Gericht verbindlich darüber entscheidet, ob im Ausgangsverfahren dem Prinzip des gesetzlichen Richters Rechnung getragen wurde. Dass

---

**829** Kritisch zu den Auswirkungen der Neuregelung auch *Claus* NStZ 2020, 58/59; vgl. auch *Meyer-Goßner/Schmitt* § 222b StPO Rn. 15a.

**830** Vgl. hierzu auch *Schork* NJW 2020, 1, 3; *Claus* NStZ 2020, 58.

**831** Vgl. *Claus* NStZ 2020, 57, 58; kritisch auch *Meyer-Goßner/Schmitt* § 222b StPO, Rn. 15b und 15c.

**832** BT-Drs. 19/14747, S. 30.

**833** BT-Drs. 19/14747, S. 30.

damit der Instanzenzug nicht durch das Gesetz und insbesondere nicht durch inhaltliche Gesichtspunkte, sondern lediglich durch den zeitlichen Verlauf zweier selbständiger Verfahren bestimmt wird, hat dazu geführt, dass die Vereinbarkeit der neuen Regelung mit Art. 101 Abs. 1 S. 2 GG in Frage gestellt wurde.[834]

Dass für das Vorabentscheidungsverfahren jedenfalls häufig ein nicht un- 442
erheblicher Zeitaufwand erforderlich sein wird, dürfte im Übrigen offenkundig sein. Selbst wenn bei der Vorlage von Besetzungseinwänden nach § 222b Abs. 3 StPO die gesetzliche Dreitagesfrist häufiger beachtet wird als bislang bei der Vorlage von Beschwerdeverfahren die gleich lange Frist nach § 306 Abs. 2 StPO, erfordert allein schon die Anhörung der Verfahrensbeteiligten durch das Rechtsmittelgericht einen gewissen Zeitaufwand, so dass sich für das Tatgericht die Frage ergeben kann, ob es sein Verfahren noch vorher abschließt oder ob es die Entscheidung über den Besetzungseinwand „abwartet".[835] Mit dem Beschleunigungsgrundsatz (und gegebenenfalls auch mit § 229 StPO) unvereinbar wäre es, wenn das Tatgericht in dieser Situation den Ausweg darin suchen würde, solange „Sprungtermine" anzuberaumen, bis das Rechtsmittelgericht über den Besetzungseinwand entschieden hat.

Auch nach der Änderung im Jahr 2019 haben das neue Verfahren zur Ent- 443
scheidung über einen Besetzungseinwand und die damit verbundene Rügepräklusion weiterhin aber nur einen **begrenzten Anwendungsbereich**: Sie gelten insbesondere von vornherein nicht für Verfahren, die vor den **Amtsgerichten** beginnen. Daneben gelten auch für die Verfahren, in denen das Landgericht oder das Oberlandesgericht erstinstanzlich zuständig ist, weiterhin die Grenzen der Rügepräklusion, die unter der früheren Gesetzeslage anerkannt waren. So kann die Ausschlusswirkung der Präklusionsregeln etwa nicht eingreifen bei Mängeln, die sich erst zeigen, nachdem eine Beanstandung nicht mehr möglich ist. Dies gilt z.B. für einen verhandlungsunfähig gewordenen Richter.[836] Auch bei Behinderungen des Richters, die auf seine Fähigkeit zur

834 *Lantermann*, HRRS 2020, 19, 21.

835 Vgl. zur Perspektive des Rechtsmittelgerichts *Meyer-Goßner/Schmitt* § 222b StPO, Rn. 15c.

836 *Meyer-Goßner/Schmitt* § 338 StPO, Rn. 20b; BeckOK-*StPO/Wiedner*, 37. Ed. 1.7.2020, § 338 StPO, Rn. 13; *Ranft* NJW 1981, 1473, 1476; MüKoStPO/*Knauer/Kudlich*, § 338 StPO, Rn. 40. Vgl. BGHSt 34, 236; BGHSt 35, 164; BGH, Urt. v. 17.12.1987 – 4 StR 580/87 = BGHR § 338 Nr. 1 – Richter, blinder 3; BGH NJW 1987, 1210; BGH wistra 1989, 152; BGH, Urt. v. 11.2.1999 – 4 StR 657/98 = BGHSt 44, 361, 364 = NJW 1999, 1724; BVerfG, Beschl. v. 14.3.1984 – 2 BvR 249/84 = NStZ 1984, 370, 371; offen gelassen und zweifelnd BGH, Beschl. v. 8.1.2009 – 5 StR 537/08 = NJW 2009, 931, 932.

Wahrnehmung aller Vorgänge der Beweisaufnahme Einfluss haben können (z.B. Blindheit), besteht keine Präklusion.

444 Nach der Neuregelung wird die Verteidigung seltener als bisher die Möglichkeit haben, gestützt auf § 222a Abs. 2 StPO eine Unterbrechung der Hauptverhandlung zu beantragen. Besteht diese Möglichkeit im Einzelfall, z.B. weil die Besetzung erst zu Beginn der Hauptverhandlung mitgeteilt wurde und die Hauptverhandlung schon am übernächsten Kalendertag beendet werden soll, dann sollte man sich jedenfalls nicht vorschnell von einem Unterbrechungsantrag abbringen lassen.

445 Auf der Grundlage der früheren Gesetzeslage ist bei der Unterbrechung für eine Woche die Frage entstanden, ob dann diejenigen **Schöffen** gesetzliche Richter bleiben, die für den ursprünglichen Sitzungstag ausgelost waren, oder ob jetzt die für den Tag eine Woche später ausgelosten Schöffen berufen sind. Der Gebrauch des Wortes „Unterbrechung" (auch in der neuen Gesetzesfassung) spricht dafür, dass danach die Verhandlung in der ursprünglichen Besetzung fortgesetzt werden soll.[837] Wird aber vor der Hauptverhandlung ein Verlegungsantrag gestellt, um eine Woche Zeit zur Besetzungsprüfung zu erhalten, so ist unklar, welche Folgen dies für die Besetzung hat, wenn die Kammer oder auch nur der Vorsitzende dem durch „Aufhebung und Neuterminierung" nachkommt. Um zu vermeiden, dass dadurch eine erneute Mitteilungspflicht (und damit verbunden: eine neue Frist) ausgelöst wird, hat die h.M. schon bislang den Antrag auf „Vertagung" oder „Terminverlegung" als einen solchen auf vorgezogene Unterbrechung verstanden, sodass darüber auch nicht der Vorsitzende allein, sondern das Gericht in Beschlussbesetzung zu entscheiden hat.[838] Führt dagegen ein innerhalb der Hauptverhandlung rechtzeitig erhobener Besetzungseinwand zu einer Besetzungsänderung, so kann danach nur die Hauptverhandlung von vorne beginnen mit den dafür ausgelosten Schöffen.

446 Für den Besetzungseinwand in der tatrichterlichen Hauptverhandlung gelten im Übrigen auch nach der Gesetzesänderung im Jahr 2019 dieselben formellen Anforderungen wie zuvor. Er muss **so vollständig sein wie eine spätere Verfahrensrüge.**[839] Liegt eine der Fallgestaltungen vor, in denen das Vorabent-

---

**837** Vgl. hierzu *Meyer-Goßner/Schmitt* § 222a StPO, Rn. 19; *Schroeder* NJW 1979, 1527, 1529.

**838** So *Meyer-Goßner/Schmitt* § 222a StPO, Rn. 19; KMR-*Eschelbach* § 222a StPO, Rn. 52; *Schroeder* NJW 1979, 1527, 1529; a.A. *Rieß* NJW 1978, 2269, der den Vorsitzenden – wie sonst bei Vertagungsanträgen – allein entscheiden lassen will.

**839** Vgl. OLG München, Beschl. v. 12.2.2020 – 2 Ws 139/20 (Bezugnahme auf die von einem anderen Verteidiger erhobene Rüge soll danach nicht genügen); OLG Celle, Beschl. v. 27.1.2020 – 3 Ws 21/20; *Meyer-Goßner/Schmitt* § 222b StPO, Rn. 6. S. dazu aber auch OLG Hamm, Beschl.

scheidungsverfahren nicht eingreift und in denen eine auf § 338 Nr. 1 StPO gestützte Verfahrensrüge im Revisionsverfahren erhoben werden kann,[840] darf ihr Inhalt nicht dem rechtzeitig erhobenen Besetzungseinwand widersprechen. So hat der BGH mit Recht (übrigens gegen den Antrag des GBA) eine Revisionsrüge als „nicht statthaft" behandelt, in der die dem Einwand stattgebende Entscheidung über die „willkürliche" Befreiung eines Schöffen mit der Begründung beanstandet wurde, die ursprüngliche (und auf den Einwand hin rückgängig gemachte) Entbindung sei doch „nicht willkürlich" gewesen.[841]

Generell gilt im Übrigen: Zwar hat sich durch die Änderung der §§ 222a, 222b und 338 Nr. 1 StPO das Verfahren teilweise geändert, in dem über Einwände gegen die Besetzung des erkennenden Gerichts entschieden wird. Dies hat aber nicht zu einer inhaltlichen Beschränkung der möglichen Einwände geführt.[842] Der Kreis der Beanstandungen, die im Rahmen eines Besetzungseinwands geltend gemacht werden können, ist gleichgeblieben. In den Verfahren, für die von vornherein keine Rügepräklusion gilt, können diese Einwände ohne zeitliche Beschränkung mit der Revision geltend gemacht werden, in den anderen Verfahren ist dies nur dann möglich, wenn keine Präklusionswirkung eingetreten ist. Die nachfolgende Darstellung konzentriert sich vor diesem Hintergrund auf eine Reihe von Problemkreisen, in denen die Frage, ob das Prinzip des gesetzlichen Richters eingehalten wurde, in der Vergangenheit in der Praxis besondere Bedeutung erlangt hat. 447

#### d) Geschäftsverteilungsplan

Bei der Rüge, das Gericht sei in Bezug auf die Berufsrichter nicht vorschriftsmäßig besetzt gewesen, spielt der für das Jahr des Hauptverhandlungsbeginns maßgebliche Geschäftsverteilungsplan eine große Rolle. Er wird vom Präsidium nach § 21e Abs. 1 S. 1 GVG jährlich im Voraus (meist im Dezember für das Folgejahr) erstellt und regelt die Besetzung der Spruchkörper, die Vertretungen und die Verteilung der „Geschäfte" nach sachlicher Zuständigkeit. Auf entsprechende – erforderlichenfalls gemäß §§ 222a, b StPO vorbereitete – Rüge prüft das Revisionsgericht nach, ob der Geschäftsverteilungsplan in dem vorgeschriebenen 448

---

v. 17.3.2020 – 2 Ws 36/20 (Bei mündlicher Erhebung des Besetzungseinwands in der Hauptverhandlung genügt eine Anschlusserklärung zu Protokoll).

**840** So z.B., wenn das tatrichterliche Urteil ergangen ist, noch bevor durch das Rechtsmittelgericht nach § 222b Abs. 3 StPO über den Besetzungseinwand entschieden wurde. S. oben Rn. 441.

**841** BGH, Urt. v. 1.4.2008 – 5 StR 357/07 = wistra 2008, 273 = NStZ 2008, 475.

**842** Vgl. hierzu OLG Hamm, Beschl. v. 17.3.2020 – 2 Ws 36/20.

Verfahren, insbesondere auch, ob er von dem dafür zuständigen Gremium (dem Präsidium) beschlossen worden ist und ob er dem Gesetz entspricht.[843]

449 Dazu gehört auch, dass er **praktisch durchführbar** ist und für den Regelfall ausreicht. Ist schon bei seiner Aufstellung vorauszusehen, dass der für das gesamte Geschäftsjahr aufgestellte Plan praktisch nicht wird eingehalten werden können, und dass die Kammern nur dann arbeitsfähig sein werden, wenn mit Entscheidungen gemäß §§ 21e, 21i Abs. 2 GVG geholfen wird, kann das den Geschäftsverteilungsplan ungültig machen.[844] Fehler bei der Wahl des Präsidiums sind jedoch unanfechtbar (§ 21b Abs. 6 S. 3 GVG).[845] Der Geschäftsverteilungsplan kann die dem Präsidium obliegenden Geschäfte – mit Ausnahme der Eilentscheidungen nach § 21i Abs. 2 GVG – nicht auf den Präsidenten oder den Kammervorsitzenden übertragen.[846] Andererseits darf der Geschäftsverteilungsplan auch nicht in die Verteilung der Geschäfte innerhalb der Kammer eingreifen, die nach § 21g Abs. 1 GVG in der seit 1999 geltenden Fassung[847] nicht mehr allein durch den Vorsitzenden, sondern durch förmlichen Beschluss aller dem betreffenden Spruchkörper angehörenden Richter zu beschließen ist.[848]

450 Die inhaltlichen Entscheidungen des Präsidiums nach § 21e GVG unterliegen nach neuerer Rechtsprechung nicht lediglich einer Vertretbarkeits- oder Willkürkontrolle. Sie sind vielmehr einer vollständigen revisionsgerichtlichen Überprüfung unterworfen,[849] insbesondere auch daraufhin, ob eine Überlastung eines Spruchkörpers vorgelegen hat und die vom Präsidium getroffenen Maßnahmen erforderlich waren.[850] Auf der Grundlage der §§ 222a, 222b StPO a.F. waren vom Revisionsgericht dabei nur solche Umstände heranzuziehen, die bis zur Entscheidung über einen in der Hauptverhandlung erhobenen Besetzungseinwand bekannt waren.[851]

---

**843** BGHSt 3, 353 = LM Nr. 8 zu § 338 Nr. 1 m. Anm. *Geier*; BGHSt 11, 106, 109; BGHSt 25, 66, 72; BGH, Urt. v. 9.4.2009 – 3 StR 376/08 = BGHSt 53, 268 = NJW 2010, 625 = StV 2010, 290.

**844** BGHSt 7, 205 = NJW 1955, 680 = LM Nr. 15 zu § 338 Nr. 1 m. Anm. *Sarstedt*.

**845** Vgl. *Kissel/Mayer* § 21e GVG, Rn. 120; MüKoStPO/*Schuster* § 21e GVG, Rn. 67.

**846** BGHSt 3, 353; BGH v. 27.4.1954 – 5 StR 99/54.

**847** Gesetz v. 22.12.1999, BGBl. 1999 I, 2598.

**848** Vgl. dazu BGH, Beschl. v. 5.5.2004 – 2 StR 382/03.

**849** BGH, Beschl. v. 10.7.2013 – 2 StR 116/13 = NStZ 2014, 226 m. Anm. *Sowada* HRRS 2015, 16; BGH, Beschl. v. 12.5.2015 – 3 StR 569/14 = NJW 2015, 2597, 2599; BGH, Urt. v. 21.5.2015 – 4 StR 577/14 = NStZ-RR 2015, 288; vgl. auch BVerwG, Beschl. v. 15.7.2015 – 9 BN 1/15 = NVwZ 2015, 1695; MüKoStPO/*Schuster* § 21e GVG, Rn. 68.

**850** BGH, Urt. v. 9.4.2009 – 3 StR 376/08 = BGHSt 53, 268 = NJW 2010, 625 m. Anm. *Gubitz/Bock* NStZ 2010, 190. Vgl. auch BGH, Beschl. v. 27.1.2020 – 1 StR 622/17.

**851** BGH, Beschl. v. 10.7.2013 – 2 StR 116/13 = NStZ 2014, 226; s. dazu auch *Gubitz/Bock* NStZ 2010, 190.

Der **interne Geschäftsverteilungsplan** der einzelnen Spruchkörper unterliegt in gleichem Maße wie der allgemeine revisionsrechtlicher Kontrolle,[852] da bei Willkür, missbräuchlicher Nichteinhaltung desselben, oder wenn dieser nicht nach allgemeinen, sachkundigen und eindeutigen Kriterien aufgestellt worden ist, ein Verstoß gegen § 21g Abs. 2 GVG vorläge. Auch der interne Geschäftsverteilungsplan muss möglichst eindeutig und im Vorhinein bestimmt sein, so dass ein Ermessen bei seiner Auslegung im Einzelfall weitestgehend entfällt.[853] Auch das Fehlen der jetzt vorgeschriebenen Beschlussfassung durch die gesamte Kammerbesetzung nach dem Jährlichkeitsprinzip sowie der Schriftform begründen die Revision.[854] 451

Das Reichsgericht[855] hat einmal ausgesprochen, auf die **irrige Auslegung** des Geschäftsverteilungsplans könne die Revision nicht „ohne Weiteres" gestützt werden, weil er keine Rechtsnorm sei. Dieser Satz war irreführend und fatal. Bis heute findet er sich so oder leicht abgewandelt in den Kommentaren im Zusammenhang mit der Auffassung, dass der „einfache Irrtum",[856] der zur bloßen „Abweichung vom Geschäftsverteilungsplan" führt, nicht revisibel sei.[857] Vielmehr müsse es sich entweder um eine missbräuchliche, zumindest eine grob fehlerhafte Abweichung („Willkür") handeln, oder der Geschäftsverteilungsplan müsse seinerseits gegen Gesetzesrecht verstoßen. Nur in diesen Fällen werde beim Gebrauch des Geschäftsverteilungsplanes der Angeklagte seinem gesetzlichen Richter „entzogen".[858] 452

In dieser Argumentation werden verschiedene Fragen miteinander verquickt, die man besser getrennt beantworten sollte. Am wenigsten hat die Frage, ob der Geschäftsverteilungsplan eine Rechtsnorm i.S. des § 337 Abs. 2 StPO ist, mit der Problematik zu tun, ob nur bei einem Verstoß gegen das Verfassungsge- 453

---

**852** Zu den Voraussetzungen eines kammerinternen Geschäftsverteilungsplans siehe BGH, Beschl. v. 5.5.2004 – 2 StR 382/03; BGH, Urt. v. 25.5.2009 – II ZR 259/07 mwN; BGH, Urt. v. 25.3.2009 – XII ZR 75/06. Zum früheren Recht BGHSt 29, 162; BGHSt 21, 250; BVerfG, Beschl. v. 8.4.1997 – 1 PBvU 1/95 = NJW 1997, 1497. Zur Frage der Einsichtnahme in spruchkörperinterne Geschäftsverteilungspläne s. BGH, Beschl. v. 25.9.2019 – IV AR (VZ) 2/18 = NJW 2019, 3307 m. Anm. *Leitmeier*.

**853** Vgl. den Vorlagebeschluss des I. Zivilsenats des BGH an die Vereinigten Großen Senate NJW 1993, 1595 und deren Entscheidung in NJW 1994, 1735.

**854** BGH, Beschl. v. 5.5.2004 – 2 StR 382/03; BGH, Urt. v. 25.5.2009 – II ZR 259/07 mwN und BGH, Urt. v. 25.3.2009 – XII ZR 75/06.

**855** RGSt 36, 321; ähnlich BGHSt 11, 106.

**856** KK-*Gericke* § 338 StPO, Rn. 22.

**857** LR-*Franke* § 338 StPO, Rn. 10 und Rn. 23 („versehentlich" = „einfacher Irrtum").

**858** KK-*Gericke* § 338 StPO, Rn. 22; in diesem Sinne auch BGHSt 11, 110; BGHSt 25, 66, 72.

bot auch der Revisionsgrund zu bejahen ist.[859] Natürlich ist ein Präsidialbeschluss eines einzelnen Landgerichts keine Rechtsnorm. Aber die Vorschriften, die seine Aufstellung regeln und seine Befolgung verlangen, nämlich die §§ 21a ff. GVG, sind unbezweifelbar Rechtsnormen. Auf sie verweist § 338 Nr. 1 StPO, indem er es zum zwingenden Revisionsgrund erhebt, wenn das Gericht nicht vorschriftsmäßig besetzt war. Deshalb sind die Normen des Gerichtsverfassungsrechts auch dann verletzt, und der Fall des § 338 Nr. 1 StPO ist gegeben, wenn die durch das Präsidium beschlossene Verteilung zwar in Ordnung ist, aber nicht befolgt wird.

454 Eine weitere Frage ist die, ob bereits die **abstrakte Möglichkeit eines Missbrauchs** des Geschäftsverteilungsplans durch die Staatsanwaltschaft oder durch Geschäftsstellen gegen den Grundgedanken des gesetzlichen Richters verstößt. Eine Regelung z.B., bei der die Zuständigkeit mehrerer Wirtschaftsstrafkammern von bestimmten Eingangsziffern abhängen soll (sog. „rollierendes“ System), wird vom BGH für zulässig gehalten.[860] Die abstrakte Missbrauchsgefahr kann sich jedoch zu einer konkreten verdichten, wenn z.B. bei mehreren Angeklagten die Geschäftsverteilung von dem Namen des in der Anklageschrift an oberster Stelle Genannten abhängig gemacht wird.[861] Zwar lassen sich nur schwerlich allgemeine Merkmale für die Geschäftsverteilung finden, die jeder willkürlichen Entscheidung schlechthin einen Riegel vorschieben. Der Geschäftsverteilungsplan darf aber nicht Bedingungen setzen, die der Möglichkeit einer bewussten Zuteilung nach Zweckmäßigkeit oder Gutdünken geradezu Vorschub leisten.[862] Denn die Möglichkeit, die Zuständigkeit von Spruchkörpern durch die Änderung der Namensreihenfolge zu bestimmen, käme der Erlaubnis gleich, den gerade nicht mehr gesetzlichen Richter für den konkreten Fall „auszuwählen“.

---

**859** Vgl. dazu o. Rn. 417.

**860** BGH NStZ 1990, 138; ähnlich auch BGH NStZ 1984, 181: In diesem Fall bestimmte der Geschäftsverteilungsplan die Zuständigkeit nach dem Alter des Angeklagten. Ein Irrtum über das Alter eines Angeklagten brachte die Sache zum falschen Spruchkörper, was der Senat für unerheblich hielt, weil Anlass hierfür nur ein Irrtum und nicht sachfremde Motivation oder Willkür war. Unzulässig ist aber die Verteilung der Geschäfte unter den Kammern nach zeitlichem Eingang bei der Geschäftsstelle: BGHSt 15, 116, weil diese Regelung sich nicht nach allgemeinen Merkmalen richtet, sondern der Geschäftsstelle die Auswahl der Spruchkörper überlässt.

**861** Anders noch BGH, Urt. v. 3.7.1958 – 4 StR 174/58 = NJW 1958, 1503 (LS): Die Besetzungsrüge wurde hier für unbegründet gehalten, weil sich die StA bei der Auswahl des Angeklagten in der Anklageschrift nicht von sachfremden Motiven habe leiten lassen. Bedenklich ist aber gerade – und dies hat der BGH damals verkannt –, dass der StA durch den Geschäftsverteilungsplan überhaupt ein derartiges Auswahlermessen eingeräumt wurde.

**862** So auch BGH, Beschl. v. 2.11.1989 – 1 StR 354/89 = BGHSt 15, 116, 117, wo diese Voraussetzung aber nicht als gegeben angesehen wurde.

Der Geschäftsverteilungsplan darf nicht die gesetzliche Regelung der sachlichen Zuständigkeit beseitigen. Gefahren können sich z.B. in Verfahren gegen mehrere Mitangeklagte bei **Abtrennungen** ergeben. Wenn der Geschäftsverteilungsplan die Zuständigkeit der jeweiligen Strafkammer nach den Anfangsbuchstaben des ältesten Angeklagten richtet, ist stets zu beachten, ob auch nach Abtrennung des Verfahrens tatsächlich noch die ursprünglich vorgesehene Strafkammer zuständig ist, insbesondere wenn für den zunächst „führenden" Angeklagten die nach der Abtrennung erkennende Strafkammer von vornherein gar nicht zuständig gewesen wäre.[863] 455

**Abänderungen der Geschäftsverteilung** im Laufe des Geschäftsjahrs sind nur unter den Voraussetzungen des § 21e Abs. 3 GVG zulässig. Bei größeren Landgerichten pflegen freilich die Kammermitglieder sehr oft zu wechseln. Durch die Zuweisung eines einzigen Hilfsrichters[864] setzt die Justizverwaltung das Präsidium mitunter in die Lage, die gesamte Geschäftsverteilung umzugestalten. Nicht jeder denkbare Missbrauch dieser Möglichkeit lässt sich mit dem Besetzungseinwand und der Revision verhindern. Je größer das Landgericht ist, desto näher liegt die Gefahr eines solchen Missbrauchs. Praktisch kann das Präsidium nicht bei jedem Eintritt oder bei jedem Ausscheiden eines Richters zu einer Beratung zusammentreten. Bei sehr großen Gerichten müsste es sonst permanent tagen. Ein Änderungsbeschluss kann auch im Umlaufverfahren gefasst werden, d.h. entsprechend dem Vorschlag des Landgerichtspräsidenten oder seines Sachbearbeiters und ohne wirkliche Nachprüfung durch alle Mitglieder des Präsidiums. Die rechtsstaatliche Absicht des § 21e Abs. 3 GVG, der die Entscheidung gerade nicht dem Präsidenten alleine überlassen will, wird damit nur unvollkommen verwirklicht. 456

Ob die Voraussetzungen für die Änderung des Geschäftsverteilungsplans vorgelegen haben, ob also eine Kammer überlastet war, ob einzelne Mitglieder dauernd verhindert waren usw., prüft das Revisionsgericht entgegen früherer Rechtsprechung und der auch in den Vorauflagen vertretenen Auffassung nicht nur nach Willkürmaßstäben nach.[865] 457

---

**863** Siehe hierzu BGH, Urt. v. 29.10.1992 – 4 StR 199/92 = BGHSt 38, 377. In diesem Fall wurde eine Entscheidung des LG Essen auf eine Besetzungsrüge nach § 338 Nr. 1 StPO aufgehoben, weil die Kammer zur Verhandlung gegen den – nach Abtrennung – ausgeschiedenen Angeklagten von Anfang an sachlich unzuständig war. Hierzu *Rieß* NStZ 1993, 248.

**864** Zum Begriff und der Beschränkung der Verwendung von nicht planmäßigen Richtern auf Probe und Richtern kraft Auftrags s. BeckOK-GVG/*Feldmann* § 59 GVG, Rn. 8–13.

**865** *Meyer-Goßner/Schmitt* § 21e GVG, Rn. 25; BGH, Beschl. v. 12.5.2015 – 3 StR 569/14 = NJW 2015, 2597; BGH, Beschl. v. 22.3.2016 – 3 StR 516/15 = NStZ 2016, 562 = StV 2016, 629. Vgl. auch

458 Bei **besonderem Geschäftsanfall** – z.B. wenn eine Strafkammer durch ein Großverfahren so überlastet ist, dass die neu bei ihm anhängig werdenden Verfahren nicht in absehbarer Zeit bearbeitet werden können – kann das Präsidium Hilfsstrafkammern bilden (§ 21e Abs. 3 GVG).[866] Diese dürfen aber gemäß § 21e Abs. 3 GVG nur bei vorübergehender Überlastung eingerichtet werden. Ist absehbar, dass die ordentlichen Strafkammern auf Dauer überlastet sind, darf das Präsidium keine Hilfsstrafkammern einrichten, denn diese hätten dann die Funktion von dauerhaften Strafkammern. Eine solche Regelung wäre von § 21e Abs. 3 GVG nicht mehr gedeckt.[867] In solchen Fällen müssen dann ordentliche Strafkammern gebildet werden.[868] Das Präsidium muss die Geschäfte von vornherein fest zwischen der ständigen und der Hilfskammer verteilen. Dabei darf es nicht bestimmte einzelne Sachen aussuchen[869] und für sie den gesetzlichen Richter ändern. Gibt eine bestimmte Sache (etwa wegen ihres Umfangs) oder geben mehrere bestimmte Sachen den Anlass zur Errichtung einer Hilfskammer oder zur Neuverteilung der Geschäfte unter den Kammern, so dürfen also nicht gerade diese Sachen der bisher zuständigen Kammer fortgenommen werden.[870]

459 Der BGH hat klargestellt, dass wegen der engen Voraussetzungen, unter denen eine **Hilfsstrafkammer** eingerichtet werden darf, und mit Blick auf den gesetzlichen Richter (Art. 101 Abs. 1 S. 2 GG) der betreffende Beschluss des Präsidiums mit Gründen zu versehen ist, wobei allerdings das Nachholen der Begründung bis zur Entscheidung über einen darauf gerichteten Besetzungseinwand aufgeschoben werden dürfe.[871] Gegen Letzteres bestehen Bedenken, weil

---

BVerfG, Beschl. v. 16.1.2017 – 2 BvR 2011/16 u.a. = NJW 2017, 1233; OLG München, Beschl. v. 12.2.2020 – 2 Ws 138,139/20.

**866** BGH, Urt. v. 9.4.2009 – 3 StR 376/08 = BGHSt 53, 268 = NJW 2010, 625 = StV 2010, 294; s. auch BGHSt 31, 389; BGHSt 21, 260; BGHSt 15, 217.

**867** Zu dieser Problematik *Hamm* StV 1981, 38. Verzögert sich die Belastung der Strafkammer unvorhergesehen, bleibt die Einrichtung der Hilfsstrafkammer zulässig: BGHSt 31, 389, 391. S. aber auch: BGH NStZ 1984, 84 m. Anm. *Frisch*. Hier war gerügt worden, dass die Hilfsstrafkammer mehr als 3 Jahre bestanden hatte. Dies wurde mit der Begründung für zulässig gehalten, das Ende eines Großverfahrens sei absehbar gewesen.

**868** BGHSt 33, 303 = JR 1986, 260 m. Anm. *Katholnigg*.

**869** Auch dieser Regelung sind allgemeine Merkmale zugrunde zu legen: BVerfG, Beschl. v. 16.1.2017 – 2 BvR 2011/16 u.a. = NJW 2017, 1233. Vgl. hierzu auch *Meyer-Goßner/Schmitt* § 21e GVG, Rn. 16a; BGHSt 33, 234, 237. Zu der Frage, inwieweit bereits anhängige Sachen von einer „Umverteilung" erfasst werden dürfen vgl. *Kissel/Mayer* § 21e GVG, Rn. 99; BGH, Beschl. v. 27.1.2020 – 1 StR 622/17 und BGHSt 30, 371; BVerfG, Beschl. v. 18.3.2009 – 2 BvR 229/09 = NJW 2009, 1734.

**870** BGHSt 7, 23, 25.

**871** BGH, Urt. v. 9.4.2009 – 3 StR 376/08 = BGHSt 53, 268 = NJW 2010, 625. Vgl. zu den Begründunganforderungen bei Beschlüssen nach § 21e Abs. 3 GVG ferner: BGH, Urt. v. 24.3.2016 –

die vollständige Dokumentation der Gründe für die Anwendung der Ausnahmeregelung des § 21e Abs. 3 GVG durchaus auch schon Teil der Bestimmung des gesetzlichen Richters sein sollte. Andererseits enthält die Entscheidung aber auch die erfreuliche Klarstellung, dass die im Wege des Freibeweises erst nach Erhebung der Besetzungsrüge in der Revisionsinstanz versuchten Nachbesserungen der Begründung unbeachtlich sind und dass sich angesichts des pauschalen Charakters der bis zum Zeitpunkt der Revisionsbegründung dokumentierten Gründe für die Einrichtung der Hilfsstrafkammer die Rügeanforderungen auch nicht auf die Gegenstände der nachträglich abgegebenen dienstlichen Äußerungen beziehen dürfen.[872]

Bei verstärktem Anfall von **Wirtschaftsstrafsachen** kann das Präsidium 460
auch mehrere Wirtschaftsstrafkammern bilden (§ 74c Abs. 1 GVG sieht grundsätzlich nur die Einrichtung *einer* Wirtschaftsstrafkammer vor). Diese müssen nicht vollständig mit Wirtschaftsstrafsachen ausgelastet sein. Ihnen dürfen auch allgemeine Strafsachen zugeteilt werden. Sind zwei Wirtschaftsstrafkammern gebildet, müssen die Geschäfte nicht zwingend so aufgeteilt werden, dass der Anteil an Wirtschaftsstrafsachen bei beiden mehr als 50 Prozent beträgt.[873]

#### e) Vorsitzenden-Prinzip; Verhinderung eines Richters

Der ordentliche Vorsitzende einer kleinen oder großen Strafkammer muss ein 461
Vorsitzender Richter oder der Landgerichtspräsident sein (§ 21f GVG). Sinn und Zweck dieser Vorschrift ist, dass diese Stelle ein qualifizierter Richter inne haben soll. Ihm obliegen besondere Aufgaben, deren Erfüllung möglichst in einer Hand liegen soll:[874] Die alsbaldige gründliche und zügige Durchführung der Hauptverhandlung, die im objektiven Interesse der Verfahrensbeteiligten und der Allgemeinheit liegt; die Beachtung der Prozessvorschriften zur Gewährleistung eines fairen Verfahrens; die allseitige Aufklärung des Sachverhalts und der Schutz des Angeklagten.[875] Voraussetzungen dafür sind ein oft zeitaufwändiges

---

2 StR 344/14; BGH, Beschl. v. 22.3.2016 – 3 StR 516/15 = NStZ 2016, 562 = StV 2016, 629; BGH, Beschl. v. 12.5.2015 – 3 StR 569/14 = NStZ 2016, 124 = StV 2015, 747; BGH, Beschl. v. 7.1.2014 – 5 StR 613/13 = NStZ 2014, 287 = StV 2014, 267. Hierzu: *Grube* StraFo 2014, 123.

**872** BGH, Urt. v. 9.4.2009 – 3 StR 376/08 = NJW 2010, 625, 628, Rn. 25.

**873** BGH, Beschl. v. 25.4.2014 – 1 StR 13/13 = BGHSt 59, 205 = NJW 2014, 2295 = StV 2015, 339 = wistra 2014, 350. Vgl. zur Thematik auch: BGHSt 34, 379, 380.

**874** Eine Kammer darf deshalb auch nur einen ordentlichen Vorsitzenden haben. Vgl. dazu *Sarstedt*, Juristen-Jahrbuch 8, S. 104 ff. Zur Gefahr einer Umgehung des § 21f GVG durch Bildung von Hilfsstrafkammern Vgl. *Hamm* StV 1981, 38.

**875** BGH, Beschl. v. 8.1.2009 – 5 StR 537/08 = NJW 2009, 931, Rn. 7.

Aktenstudium und die Überwindung organisatorischer Schwierigkeiten, wie sie z.B. die Gewinnung von geeigneten Sachverständigen und die Koordinierung der Beweisaufnahme in einem durchdachten Verhandlungsplan darstellt. Schließlich obliegt es in erster Linie dem Vorsitzenden, bei wechselnder Zusammensetzung der Kammer, insbesondere beim Hinzutreten jüngerer richterlicher Mitglieder, Güte und Stetigkeit ihrer Rechtsprechung und damit letztlich die Rechtssicherheit in besonderem Maße zu gewährleisten.[876]

462 Das Vorsitzenden-Prinzip gilt auch für die auswärtigen Strafkammern.[877] Nur in den Hilfsstrafkammern und im Vertretungsfall darf auch ein Richter am Landgericht den Vorsitz führen.[878] Der Vorsitzende Richter wird vom Präsidium im Geschäftsverteilungsplan festgelegt, wobei er auch verschiedenen Strafkammern vorsitzen darf.[879] Auch die Besetzung einer Strafkammer mit einem erst noch zu bestimmenden Vorsitzenden („NN") im Geschäftsverteilungsplan soll zulässig sein, wenn bereits eine Planstelle besteht, die nur noch nicht besetzt ist.[880]

463 Über die Einhaltung des Vorsitzenden-Prinzips wacht der Bundesgerichtshof mit derselben Strenge wie das Reichsgericht[881] und darüber, dass die vom Gesetz vorgesehene Ausnahme der Vertretungsregelung des § 21f Abs. 2 GVG und die nach dieser Vorschrift durch das Präsidium bestimmte Vertretungsregelung ihren Ausnahmecharakter behalten.[882] Andererseits ist kein Vorsitzender gehalten, die sich nach einer Terminierung einer Hauptverhandlung herausstellende Verhinderung durch Terminsaufhebung und Neuterminierung „zu ver-

**876** Vgl. BGHSt 2, 73; BGHSt 21, 131, BGHZ 37, 210, BGHZ 49, 66; BGH, Beschl. v. 8.1.2009 – 5 StR 537/08 – NJW 2009, 931, Rn. 7.

**877** BGHSt 18, 176, 177; LR-*Breidling* § 21f GVG, Rn. 1.

**878** BGHSt 31, 389, 392; *Meyer-Goßner/Schmitt* § 21f GVG, Rn. 12 mwN.

**879** BGHSt 2, 71, 73; BGHSt 25, 54, 59 m. krit. Anm. von *Kleinknecht* JZ 1974, 586.

**880** BGHSt 34, 379, 381 = NJW 1988, 1397; s. auch schon BGHSt 28, 290 („jedenfalls dann gesetzwidrig, wenn keine Planstelle ausgewiesen ist"). Fehlt ein Vorsitzender Richter auf Dauer, ist dies gesetzwidrig: KG, Beschl. v. 14.12.2017 – (4) 121 Ss 127/17 = NStZ 2018, 491, 493.

**881** BGHSt 18, 176, 177 f.; vgl. aber auch BGHSt 21, 131, 133; BGHSt 25, 54; BGH NJW 1974, 1572 (m. Anm. *Müller* 2242); *Lüttig* DRiZ 1958, 50 f. verkennt bei seiner heftigen Kritik, dass der BGH gerade in diesem Punkte nur eine alte und ganz feste Tradition des Reichsgerichts fortsetzt: RGSt 1, 238; RGSt 18, 9; RGSt 36, 379; RGSt 38, 416; RGSt 54, 252; RGSt 55, 236; RGSt 56, 157; RGSt 66, 435; vgl. auch BGH, Beschl. v. 10.12.2008 – 1 StR 322/08 = BGHSt 53, 99, 102 = NJW 2009, 381 (Beförderung einer Strafkammervorsitzenden zur RiOLG während der Hauptverhandlung mit Rückabordnung an das LG zwecks Fortführung des Verfahrens trotz Vorhandensein eines Ergänzungsrichters; erfolglos gerügt als Verstoß gegen §§ 27 Abs. 2 und 37 DRiG).

**882** So schon BGHSt 2, 71; dazu *Beyer* DRiZ 1952, 73; *Niese* JZ 1953, 220.

hindern".[883] In Kollegialgerichten muss der Vorsitzende ein Richter auf Lebenszeit sein (§ 28 Abs. 2 Satz 2 DRiG). Dies gilt auch für seinen Vertreter.[884] Da der ständige Stellvertreter im Fall der Verhinderung des Vorsitzenden in dessen Stellung eintritt, muss er auch in der Lage sein, dessen Aufgaben wahrzunehmen, also *„Güte und Einheitlichkeit der Rechtsprechung zu gewährleisten"*.[885] Nach § 29 DRiG darf bei einer gerichtlichen Entscheidung nicht mehr als ein Richter auf Probe, kraft Auftrags oder als abgeordneter Richter mitwirken. Er muss als solcher im Geschäftsverteilungsplan kenntlich gemacht werden.

Aus § 21f Abs. 2 S. 1 GVG folgt, dass der Geschäftsverteilungsplan auch eine 464
**Vertreterregelung** für den Fall einer vorübergehenden[886] Verhinderung enthalten muss. Auch hierfür muss der Plan generell und möglichst eindeutig festlegen, wer zur Entscheidung der künftig zu verhandelnden Fälle berufen ist und einen bestimmten, ständigen Vertreter ausweisen, der im Verhinderungsfall an die Stelle des verhinderten Richters tritt (sog. Vertreterkette).[887] So kann es fehlerhaft sein, wenn die im Geschäftsverteilungsplan vorgesehene Regelung eine zu geringe „Vertreterkette" vorsieht.[888] Das bedeutet, dass es gem. § 21e GVG nicht ausreichen kann, wenn ein Vertreter einzeln – nur für eine bestimmte Hauptverhandlung – bestellt wird.[889] Fehlt eine solche allgemeine Vertreterbestellung, ist der Geschäftsverteilungsplan unvollständig und eine hierauf basierende Entscheidung mit der Besetzungsrüge anfechtbar.

Die **Verhinderung eines Richters** liegt vor, wenn er über einen gewissen 465
übersehbaren Zeitraum, also nur vorübergehend[890], aus tatsächlichen oder rechtlichen Gründen gehindert ist, seine Aufgabe wahrzunehmen.[891] Zuständig

**883** BGH, Urt. v. 14.9.2016 – 5 StR 125/16 (insoweit nicht in BGH NStZ-RR 2017, 16); *Meyer-Goßner/Schmitt* § 21f GVG, Rn. 4.

**884** MüKoStPO/*Schuster* § 21f GVG, Rn. 7.

**885** MüKoStPO/*Schuster* § 21f GVG, Rn. 7.

**886** Eine voraussehbar dauerhafte Verhinderung – wie etwa bei Hochschullehrern – muss der Geschäftsverteilungsplan berücksichtigen, z.B. indem der betroffene Richter nur zu einem Bruchteil seiner Arbeitskraft einer Kammer zugewiesen wird: BGHSt 25, 239, 241.

**887** BGHSt 12, 159, 160; BGHSt 27, 209, 210. Die Vertreterkette muss jedoch ausreichend sein: BGH NJW 1988, 1921. Als ausreichend wurde z.B. das Prinzip der „Ringvertretung" erachtet: BGH NStZ 1991, 195, 196; BGH, Urt. v. 19.12.1990 – 2 StR 426/90 = StV 1993, 398 m. Anm. *Kissel.*

**888** Vgl. BGH, Beschl. v. 9.2.1988 – 5 StR 6/88 = NStZ 1988, 449 mwN; zum Prinzip der sog. Ringvertretung s. BGH, Urt. v. 30.11.1990 – 2 StR 237/90 = NStZ 1991, 195; *Kissel/Mayer* § 21e GVG, Rn. 140; *Meyer-Goßner/Schmitt* § 21e GVG, Rn. 10; *Ignor/Dießner*, Formularbuch, VIII.N.1.

**889** BGH NStZ 1988, 36, 37.

**890** BGH, Urt. v. 9.9.1966 – 4 StR 226/66 = BGHSt 21, 131 = NJW 1967, 56; vgl. auch BGH, Beschl. v. 18.3.2020 – 4 StR 374/19.

**891** Beispiele bei MüKoStPO/*Schuster* § 21f GVG, Rn. 12 f.

für die Feststellung der Verhinderung ist der Vorsitzende. Das gilt auch für seine eigene Verhinderung, wobei es bei offenkundigen Hinderungsgründen, wie etwa seiner Teilnahme an einer den Hauptverhandlungstermin umfassenden vorher genehmigten und „gebuchten" Fortbildungsveranstaltung keiner gesonderten Feststellung bedarf.[892] Etwas anderes gilt für Verhinderungsgründe, die eine Wertung voraussetzen, z.B. für die Entscheidung, ob der Vorsitzende überlastet ist. Darüber darf nur die jeweilige Justizverwaltungsspitze, also im Falle eines Vorsitzenden Richters am Landgericht dessen Präsident, entscheiden.[893]

466 Um die **Besetzung der Strafkammer** mit den Berufsrichtern nachzuprüfen, braucht der Verteidiger den Geschäftsverteilungsplan mit allen Beschlüssen, die vor dem Beginn der Hauptverhandlung gemäß § 21e Abs. 3 GVG ergangen sind. Je später im Geschäftsjahr die Hauptverhandlung beginnt, umso größer ist die Zahl der Nachträge und umso verwirrender die Aufgabe, sich darin zurechtzufinden. Es lohnt dennoch manchmal, die Vertretungsverhältnisse und die Gründe, aus denen der Geschäftsverteilungsplan im Laufe des Jahres geändert worden ist, etwas genauer unter die Lupe zu nehmen. Bei vielen Gerichten sind der Geschäftsverteilungsplan und die Änderungsbeschlüsse über das Internet allgemein zugänglich.

467 Die **kammerinterne Geschäftsverteilung,** die jetzt nicht mehr durch den Vorsitzenden, sondern „durch Beschluss aller dem Spruchkörper angehörigen Berufsrichter" (§ 21g Abs. 1 GVG) festzulegen ist, muss für die Dauer des Geschäftsjahres auch eine Regelung enthalten, aus der hervorgeht, welches Mitglied wann an einer Hauptverhandlung in reduzierter Besetzung mitzuwirken hat.[894] Auch dies muss an allgemein abstrakten, nachprüfbaren Grundsätzen orientiert sein, um Willkür zu verhindern. Denn alle Regelungen, die der Bestimmung des gesetzlichen Richters dienen, müssen im Voraus so eindeutig wie möglich festlegen, welches Gericht, welcher Spruchkörper und welche Richter zur Entscheidung des Einzelfalls berufen sind. Die Regelungen zur (eben auch spruchkörperinternen) Geschäftsverteilung bedürfen deshalb auch der Schriftform. Die kammerinterne Geschäftsverteilung ist vor Beginn des Geschäftsjahres für dessen Dauer durch einen schriftlich abzufassenden Beschluss aller dem Spruchkörper angehörenden Berufsrichter zu regeln. Maßgeblicher Zeitpunkt für das Vorliegen einer kammerinternen Geschäftsverteilung ist der Beginn der

---

**892** BGH, Urt. v. 14.9.2016 – 5 StR 125/16 (insoweit nicht in BGH NStZ-RR 2017, 16).
**893** MüKoStPO/*Schuster* § 21f GVG, Rn. 13; § 21e GVG, Rn. 23 mwN.
**894** MüKoStPO/*Schuster* § 21g GVG, Rn. 6

Anhängigkeit des Verfahrens beim Spruchkörper. Eine fehlende Regelung kann in einer bereits anhängigen Sache nicht nachgeholt werden.[895]

Als die große Strafkammer in der Hauptverhandlung noch stets mit zwei Beisitzern zu verhandeln hatte, war eine Überbesetzung mit vier Beisitzern[896] noch als unbedenklich und zulässig erachtet worden, weil es diese Zahl nicht zuließ, dass sie in zwei personell voneinander verschiedenen Sitzgruppen zusammentrat.[897] Würde man nach der Einführung der kleinen Besetzung der „großen" Strafkammer mit nur einem berufsrichterlichen Beisitzer eine solche mit drei Beisitzern – neben dem Vorsitzenden – ausstatten, könnten in allen Fällen der Anwendung von § 76 Abs. 2 Satz 4 GVG zwei personell getrennte, d. h. nur in der Person des Vorsitzenden übereinstimmende Sitzgruppen verhandeln.[898] Eine solche Regelung würde also einen Verstoß gegen das Gebot des gesetzlichen Richters bedeuten.[899] Der BGH ist dem aber nicht gefolgt und hat dabei entscheidend darauf abgestellt, dass nach der Entscheidung des BVerfG gerade auch mit Blick auf die Manipulationsgefahr bei überbesetzten Spruchkörpern § 21g GVG eingeführt wurde, so dass die damaligen verfassungsrechtlichen Bedenken auf die heutige Rechtslage nicht mehr übertragbar seien.[900] 468

Auch die Bestimmung des Vorsitzenden einer großen Strafkammer ist Teil der vorschriftsmäßigen Besetzung i. S. des § 338 Nr. 1 StPO, ohne dass sich daran etwas durch die neue Fassung des § 21g GVG geändert hätte.[901] Die Ersetzung des ausgeschiedenen Strafkammervorsitzenden durch den zum Ergänzungsrichter bestellten neuen Vorsitzenden ist in einer laufenden Hauptverhandlung nur ausnahmsweise zulässig, z.B. wenn der Eintritt des bisherigen Vorsitzenden in den Ruhestand schon zu Beginn des Geschäftsjahres absehbar war und das Präsidium über den Einzelfall hinaus eine generelle Regelung getroffen hat, die gegenüber der Vertretungsregelung Vorrang hat.[902] 469

**895** BGH, Beschl. v. 8.2.2017 – 1 StR 493/16 = NStZ 2017, 429 m. krit. Anm. *Tully*.

**896** BVerfGE 18, 344, 349.

**897** BVerfGE 18, 344, 350; BVerfGE 22, 282; BGHSt 18, 386; BGHSt 33, 234.

**898** So ausführlich *Schlothauer* StV 1993, 149.

**899** *Katholnigg* NJW 1992, 2256, 2260; *Dahs*, Revision, Rn. 128; vgl. zur Thematik: KK-StPO/*Diemer* § 21e GVG, Rn. 6.

**900** BGH, Beschl. v. 11.11.2003 – 5 StR 359/03 = NJW 2004, 1118 = wistra 2004, 150 = JR 2004, 305 = NStZ 2004, 510 = StV 2005, 2.

**901** BGH, Beschl. v. 8.1.2009 – 5 StR 537/08 = NJW 2009, 931.

**902** In BGH, Beschl. v. 8.1.2009 – 5 StR 537/08 = NJW 2009, 931 hat der Senat offen gelassen, ob er daran festhalten wird, dass die Präklusionsregelung des § 222b i.V.m. § 338 Nr. 1 StPO a.F. auf Besetzungsfehler dann nicht anwendbar ist, wenn sie erst im Laufe der Hauptverhandlung eingetreten sind (so noch BGH, Urt. v. 11.2.1999 – 4 StR 657/98 = BGHSt 44, 361, 364 = NJW

470 Bedenklich ist freilich, dass der BGH keinen Anstoß daran nahm, wenn vorübergehend (durch Beförderung und Rückabordnung bis zum Ende eines laufenden Großverfahrens) eine Vorsitzende praktisch zwei Gerichten angehört, von denen das eine (OLG) für Rechtsmittel gegen das andere zuständig sein kann.[903]

### f) Unrichtige Schöffenbesetzung

471 Die Frage, ob die an einer Verhandlung mitwirkenden Schöffen als gesetzliche Richter berufen sind, wird durch die §§ 29 bis 58 GVG für das Schöffengericht und durch deren modifiziert entsprechende Anwendung über § 77 GVG für die Strafkammern des Landgerichts beantwortet. Verstöße gegen diese Vorschriften führen, wenn sie ordnungsgemäß gerügt werden, zur Aufhebung des Urteils. Voraussetzung ist freilich auch, dass der Fehler den Verantwortungsbereich der Justiz betrifft. Alle Verfahrensmängel, die ohne Einflussmöglichkeit des Gerichts zustande kommen, gelten als nicht revisibel. Das gilt für Fehler bei der Erstellung der Vorschlagslisten durch die Gemeinden[904] und sogar beim völligen Fehlen der Vorschlagslisten einzelner Gemeinden.[905] Auch sonstige Mängel des Schöffenwahlverfahrens, die dem Gericht, dessen Spruchkörper das angefochtene Urteil gefällt hat, nicht angelastet werden können, wie z.B. eine falsche Besetzung des Schöffenwahlausschusses,[906] sind in der Regel nicht mit der Revision anfechtbar.[907]

---

1999, 1724 mwN; BGH, Beschl. v. 8.12.2004 – 3 StR 422/04 = StraFo 2005, 162, 163 oder ob die Zulässigkeit der Besetzungsrüge eine Beanstandung nach § 238 StPO voraussetzt, was dem Charakter eines absoluten Revisionsgrundes widerspräche.

**903** BGH, Beschl. v. 10.12.2008 – 1 StR 322/08 = BGHSt 53, 99 = NJW 2009, 381.

**904** BGHSt 22, 122, 123; BGHSt 30, 255, 257: keine Revisibilität bei Verstößen gegen § 36 Abs. 2 GVG, da dies nur eine „Sollvorschrift" ist; BGHSt 33, 261, 269; BGHR GVG § 36 Abs. 1 – Vorschlagsliste 1; instruktiv – wenn auch die Revisibilität noch ablehnend – in Bezug auf die Fehlerhaftigkeit von Vorschlagslisten nach dem Zufallsprinzip: BGH, Urt. v. 30.7.1991 – 5 StR 250/91 = BGHSt 38, 47, 51 = BGH NStZ 1992, 92, 93 m. abl. Anm. *Katholnigg* NStZ 1992, 73; *Dahs*, Revision, Rn. 150, zitiert diese Entscheidung allerdings als Beweis für die mögliche Durchsetzbarkeit einer Besetzungsrüge in einem derartigen Fall.

**905** BGHSt 33, 290, 293f. = NJW 1968, 1467; BGH NStZ 1986, 565; BGH NJW 1986, 1356 = JR 1986, 474 m. Anm. *Seebode*.

**906** BGHSt 26, 206, 207; BGHSt 29, 284, 287; BGH StV 1987, 285; BGH, Urt. v. 28.11.1990 – 3 StR 170/90 = NStZ 1991, 196; verschiedene Beispiele hierzu bei *Niemöller* StV 1987, 311, 313; KG, Urt. v. 14.6.2010 – (3) 1 Ss 486/09 (177/09).

**907** BGHSt 22, 122, 123 f. = NJW 1968, 1436; BGHSt 33, 290 = NJW 1986, 1356; Radtke/Hohmann/*Nagel* § 338 StPO, Rn. 22; MüKoStPO/*Knauer*/*Kudlich* § 338 StPO, Rn. 35–38 jeweils mwN.

Ein weiteres Hemmnis für die revisionsrechtliche Kontrolle der Schöffenbesetzung besteht darin, dass nach § 54 Abs. 3 S. 1 GVG, der nach § 77 Abs. 1 GVG auf die vom Strafkammervorsitzenden zu treffende (§ 77 Abs. 3 Satz 3 GVG) Entscheidung auch für die Schöffen der Strafkammern beim Landgericht entsprechend anwendbar ist, die antragsgemäße **Befreiung eines Schöffen von der Pflicht zur Dienstleistung** an einzelnen Sitzungstagen „nicht anfechtbar“ ist. 472

Dass der BGH immerhin noch bereit ist, für Willkürfälle eine Ausnahme zuzulassen[908], ist ein schwacher Trost. Auch wenn eine solche Rüge durchaus schon wegen völliger Unvertretbarkeit der Befreiung des Schöffen (aus nicht weiter konkretisierten „beruflichen Gründen“) Erfolg hatte,[909] verbergen sich hinter dem Begriff „Willkür“ sehr unterschiedliche Auffassungen. Der 2. Strafsenat betont in seinem Urteil den hohen Wert des Prinzips des gesetzlichen Richters und kommt zu dem Ergebnis, dass schon die fehlende Nachvollziehbarkeit der Befreiung ausreichen kann.[910] Dem hat der 5. Strafsenat zwar nicht widersprochen, als er über eine Entbindung von der Mitwirkungspflicht aus Urlaubsgründen zu entscheiden hatte und dort der Meinung war, dass eine stichwortartige Dokumentation des Hinderungsgrundes dem Erfordernis des § 54 Abs. 3 S. 2 GVG genügen müsse.[911] Das mag man so sehen, es besagt aber noch nichts darüber, ob die (u.U. telefonische) Mitteilung von Urlaubszeiten, die den ersten oder mehrere spätere Verhandlungstage einer auf Monate geplanten Hauptverhandlung umfassen, bereits ausreicht, den Schöffen freizustellen. Nach den Maßstäben des 2. Strafsenats müsste der Schöffe mindestens die Unaufschiebbarkeit seines Urlaubs begründet haben. 473

---

**908** BGH, Beschl. v. 5.8.2015 – 5 StR 276/15 = NStZ 2015, 714 m. Anm. *Arnoldi.*

**909** BGH, Urt. v. 4.2.2015 – 2 StR 76/14 = NStZ 2015, 350.

**910** BGH, Urt. v. 4.2.2015 – 2 StR 76/14 = NStZ 2015, 350, 351: „Berufliche Gründe rechtfertigen ... nur ausnahmsweise die Verhinderung eines Schöffen. Zu berücksichtigen sind lediglich Berufsgeschäfte, die der Schöffe nicht oder nicht ohne erheblichen Schaden für sich oder den Betrieb aufschieben oder bei denen er sich nicht durch einen anderen vertreten lassen kann, weil die Geschäfte ihrer Art nach einen Vertreter nicht zulassen oder ein geeigneter Vertreter nicht zur Verfügung steht. Über die Anerkennung einer derartigen Verhinderung hat der zur Entscheidung berufene Richter unter Abwägung aller Umstände bei Berücksichtigung der Belange des Schöffen, des Verfahrensstands und der voraussichtlichen Dauer des Verfahrens, nach pflichtgemäßem Ermessen zu entscheiden ... Die Entscheidung ist aktenkundig zu machen (§ 54 III 2 GVG). Dabei sind diejenigen Umstände zu dokumentieren, die die Annahme des Hinderungsgrunds tragen. Nur so ist dem Rechtsmittelgericht die Überprüfung möglich, ob eine getroffene Entscheidung eine Richterentziehung im Sinne von Art. 101 I 2 GG darstellt.“

**911** BGH, Beschl. v. 5.8.2015 – 5 StR 276/15 = StV 2015, 754 = NStZ 2015, 714 m. Anm. *Arnoldi*; BGH, Beschl. v. 1.9.2015 – 5 StR 349/15 = StV 2016, 622; BGH, Beschl. v. 8.5.2018 – 5 StR 108/18 = NStZ 2018, 616 = StraFo 2018, 393.

474 Denn bei derartigen Einzelfall-Ermessensentscheidungen über die Frage, ob die von einem Schöffen geltend gemachten Gründe für seine selbst empfundene Verhinderung ausreichen, um ihn von der Mitwirkungspflicht zu befreien, verlangt das Prinzip des gesetzlichen Richters, dass die Richter-Rechtsfall-Zuordnung nach möglichst objektiven und nachprüfbaren Kriterien erfolgt.

475 In jüngerer Zeit kommt es häufiger vor, dass ein Schöffe seines Amtes enthoben wird, weil Zweifel an seiner Verfassungstreue bestehen.[912] Das kann für die Revision relevant sein, weil entweder ein eigentlich zuständiger Schöffe ausscheidet oder aber ein Schöffe trotz derartiger Zweifel im Verfahren verbleibt.

476 In ersterem Fall kann die Revision kaum einmal Erfolg haben. Denn die Entscheidung über die Amtsenthebung durch das OLG ist der Anfechtung entzogen, § 51 Abs. 2 Satz 2 GVG. Dass eine Amtsenthebung bei den entsprechenden Fällen willkürlich ist, erscheint fernliegend. Im letzteren Fall ist relevant, dass § 51 Abs. 1 GVG keinen automatischen Verlust des Amtes vorsieht. Deshalb ist der amtsunwürdige Schöffe (noch) kein Fall des § 338 Nr. 1 StPO. Er gehört erst dann nicht mehr zur vorschriftsmäßigen Besetzung, wenn er des Amtes tatsächlich enthoben wurde oder er vorläufig von der Heranziehung ausgeschlossen wurde, § 51 Abs. 3 GVG. Deshalb ist in solchen Fällen auf ein Amtsenthebungsverfahren hinzuwirken. Zugleich ergibt sich aus den Gründen, die ein Amtsenthebungsverfahren rechtfertigen, aber regelmäßig auch die Besorgnis der Befangenheit.

477 Die unter Beachtung der §§ 42, 43 GVG für fünf Jahre gewählten Haupt- und Hilfsschöffen werden in Schöffenlisten eingetragen (§ 44 GVG), von denen jährlich zum Zwecke der Auslosung der Reihenfolge ihrer Heranziehung Gebrauch gemacht wird (§§ 45, 77 Abs. 3 GVG). Dabei entstehen sog. **Hauptschöffenlisten**, in denen diejenigen Personen enthalten sind, bei denen bereits nach der Auslosung feststeht, an welchen Tagen sie bei welchem Spruchkörper teilnehmen, und **Hilfsschöffenlisten**, von denen nach Bedarf gemäß § 49 GVG, also in der durch die Liste vorgegebenen Reihenfolge Gebrauch gemacht werden muss.

478 Haben andere Schöffen als die ursprünglich ausgelosten (Hauptschöffen) mitgewirkt, so muss die Verteidigung anhand der Akten der Schöffengeschäftsstelle den vollständigen Weg nachvollziehen, der von der Anzeige der Verhinderung des jeweiligen Hauptschöffen bis zu dem herangezogenen Hilfsschöffen über die Hilfsschöffenliste (§ 49 GVG) zurückgelegt wurde. Da diese Aufgabe oft einem Puzzlespiel gleicht, hat es sich bewährt, zunächst einmal (z.B. mit einem

---

**912** Etwa OLG Dresden, Beschl. v. 13.9.2017 – 2 (S) AR 32/17 (2) = StV 2018, 403; OLG Hamm, Beschl. v. 14.6.2017 – 1 Ws 258/17 = NStZ-RR 2017, 354; KG Berlin, Beschl. v. 25.5.2016 – 3 ARs 5/16 = NStZ-RR 2016, 252 (verfassungsfeindliche Äußerungen).

Taschendiktiergerät) einen später auszuwertenden Aktenvermerk aufzunehmen, in dem noch völlig wertfrei (also ohne Unterscheidung nach rechtlich zweifelhaften und richtigen Verfahrensweisen) jeder einzelne Schritt beschrieben wird. Das liest sich dann z.B. so:

*„Am 14.3.2019 teilt Hauptschöffe Heinz Müller Verhinderung durch bereits gebuchte Urlaubsreise mit. Befreiung durch Vors. am 14.3.2019. Eingang bei SchöGSt 15.3.2019, 8.50 Uhr. An nächster Stelle in HiSchöL. zu diesem Zeitpunkt seit 8.3.2019, 15.20 Uhr Hilfsschöffe Nr. 59 Fritz Meier. Fritz Meier wird herangezogen und geladen. Hauptschöffe Heinz Müller teilt sodann am 18.3.2019 mit, er habe seine Urlaubsbuchung storniert und die Reise finde doch nicht statt, er sei also nicht verhindert. Vors. lässt Hauptschöffen Heinz Müller erneut laden und Hilfsschöffen Fritz Meier wieder abbestellen."*

Beim nur flüchtigen Durchsehen dieser Vorgänge in den Akten der Schöffengeschäftsstelle kann eine solche Verfahrensweise ganz besonders korrekt erscheinen. Erst beim Auswerten der Rechtsprechung des Bundesgerichtshofs wird mancher Verteidiger auf die Entscheidung stoßen, wonach zwar die Entbindung eines Schöffen gem. § 54 Abs. 3 GVG unanfechtbar ist, nicht jedoch deren Widerruf.[913] Da der Eingang der Entbindungsanordnung bei der Geschäftsstelle maßgebend für die Reihenfolge ist,[914] in der die Hilfsschöffen zu den einzelnen Sitzungstagen heranzuziehen sind, darf die Befreiung eines Schöffen von der Dienstleistung an einem bestimmten Sitzungstag auch nach deren Eingang bei der Schöffengeschäftsstelle nicht mehr widerrufen werden.[915] Dasselbe gilt auch für die Streichungen von der Schöffenliste.[916] 479

Nach § 49 GVG wird sowohl bei der Heranziehung zu einzelnen Sitzungen (§ 49 Abs. 1 GVG) als auch in Fällen, in denen der Hilfsschöffe an die Stelle eines endgültig gestrichenen Hauptschöffen in die Hauptschöffenliste „aufrückt" (§ 49 Abs. 2 GVG), einheitlich von der Hilfsschöffenliste Gebrauch gemacht, d.h. es wird in der Reihenfolge des Eingangs der Anordnung oder Feststellung bei der Schöffengeschäftsstelle der jeweils an nächster Stelle stehende **Hilfsschöffe „verbraucht"**. Dasselbe gilt für Ergänzungsschöffen (§ 192 Abs. 3 GVG). Sofern bei Verhandlungen längerer Dauer ein Ergänzungsschöffe hinzugezogen wer- 480

**913** BGHSt 30, 149, 150; *Meyer-Goßner/Schmitt* § 54 GVG, Rn. 10.

**914** Die Bearbeitung von Eingängen auf der Schöffengeschäftsstelle hat nach Reihenfolge des Eingangs zu erfolgen. Alles andere ist zwar rechtsfehlerhaft, wohl aber nicht willkürlich: BGH, Urt. v. 14.10.2015 – 5 StR 273/15 = StV 2016, 633.

**915** BGHSt 30, 149, 151 m. Anm. *Rieß* JR 1982, 255 und *Katholnigg* NStZ 1981, 399; BGHSt 31, 3; KK-*Gericke* § 338 StPO, Rn. 44.

**916** BGHSt 30, 149, 151.

den soll, tritt dieser – nicht ein Hilfsschöffe – an die Stelle des ausgefallenen Hauptschöffen (§§ 48 Abs. 2, 192 Abs. 2, 3 GVG). Dies gilt für die Verhinderung des Hauptschöffen sowohl während als auch schon vor der Hauptverhandlung. Ist indes vor der Hauptverhandlung noch nicht die Hinzuziehung eines Ergänzungsschöffen angeordnet worden, so muss für den ausgefallenen Hauptschöffen ein Hilfsschöffe hinzugezogen werden.

481 Vor seiner ersten Dienstleistung ist der Schöffe in öffentlicher Sitzung durch den Vorsitzenden zu vereidigen (§ 45 Abs. 2 DRiG). Unterbleibt die **Vereidigung** oder geschieht diese nicht vorschriftsmäßig (vgl. § 45 Abs. 2–5 DRiG)[917] und wirkt der Schöffe dennoch an der Hauptverhandlung mit, liegt ein Besetzungsfehler vor. Nach der Rechtsprechung des BGH zu § 222a, 222b StPO a.F. kann der Besetzungsfehler aber nur gerügt werden, wenn der Beschwerdeführer rechtzeitig einen Besetzungseinwand erhoben hat. Das soll jedenfalls dann gelten, wenn das Fehlen der Vereidigung erkennbar war.[918]

482 Unsicherheiten über die richtige Schöffenbesetzung bestehen auch immer wieder nach einer **Vor- oder Zurückverschiebung von Hauptverhandlungsterminen**. Hier gilt der Grundsatz, dass die für den ursprünglich vorgesehenen Sitzungsbeginn ausgelosten Schöffen auf den Ausweichtermin „mitgenommen" werden dürfen, wenn dieser nicht seinerseits ein ordentlicher Sitzungstag ist, für den andere Schöffen ausgelost sind, und wenn der ursprünglich vorgesehene Termin für den Beginn der Hauptverhandlung freigehalten oder als Folgetag in die Hauptverhandlung einbezogen wird.[919] Das gilt auch für Hilfsstrafkammern.[920] Hat aber einmal eine Hauptverhandlung mit den dafür ausgelosten Schöffen begonnen und muss sie gleich wieder (z.B. infolge eines Besetzungseinwandes) ausgesetzt werden, so dürfen für den Neubeginn nicht die ursprünglichen Schöffen herangezogen werden, sondern die für den neuen ersten Verhandlungstag ausgelosten. Das gilt auch dann, wenn dieser Tag in die ursprüngliche Hauptverhandlung als Folgetag mit eingeplant war und weniger als 3 Wochen nach der Aussetzung liegt. Schöffen werden nämlich nicht für ein bestimmtes Verfahren, sondern für einen bestimmten Sitzungstag ausge-

---

**917** *Dahs*, Revision, Rn. 148 weist in diesem Zusammenhang darauf hin, dass die Vereidigung für die gesamte fünfjährige Wahlperiode gilt (§ 42 GVG).

**918** BGH, Urt. v. 22.5.2003 – 4 StR 21/03 = BGHSt 48, 290; vgl. auch OLG Celle StV 1999, 201.

**919** Vgl. BGHSt 11, 54; BGHSt 37, 324; BGH, Urt. v. 14.7.1995 – 5 StR 532/94 = BGHSt 41, 175 = NJW 1996, 267 und BGH, Beschl. v. 7.2.2007 – 2 StR 370/06 = NStZ 2007, 537 = StV 2008, 62.

**920** BGH, Urt. v. 14.7.1995 – 5 StR 532/94 = BGHSt 41, 175 = NJW 1996, 267.

wählt.[921] Ob ein Sitzungstag als vor- oder nachverlegter Hauptverhandlungstag eingeordnet wird, dürfte sich mit der Revision nicht mehr anfechten lassen. Denn die Entscheidung des Tatrichters darüber ist in der Regel vertretbar und deshalb nicht willkürlich.[922]

Für die Entbindung eines Schöffen von der Dienstleistung (§ 54 Abs. 1 GVG) **483** soll es nach einer Entscheidung des 3. Strafsenats auf den tatsächlichen Tag der Hauptverhandlung, nicht auf den ordentlichen Tag der Hauptverhandlung i.S.v. § 45 Abs. 1 GVG ankommen.[923] Unter welchen Voraussetzungen in derartigen Fällen ein revisibler Verfahrensfehler vorliegt, wurde durch die Entscheidung aber nicht abschließend geklärt.[924]

In einer anderen Entscheidung[925] hatte sich der BGH mit der Frage zu befas- **484** sen, ob die für den ersten Sitzungstag vorgesehenen Schöffen auch dann gesetzliche Richter bleiben, wenn sich nach Aufruf der Sache herausstellt, dass der Angeklagte wegen Krankheit nicht erscheinen konnte und der Vorsitzende sodann die Hauptverhandlung auf einen neuen Termin innerhalb der 3-Wochenfrist des § 229 StPO „verlegt". Der BGH verneint die Frage für den Fall, dass es sich nicht um eine Unterbrechung, sondern um eine Aussetzung der (trotz Abwesenheit des Angeklagten „begonnenen") Hauptverhandlung handelt. Solange noch keine auf eine Fortsetzung der Hauptverhandlung fortwirkenden „Erträge" vorliegen, stehe es dem Gericht frei, ob es die Verhandlung nur unterbricht oder aussetzt.

### g) Mängel in der Person der Berufsrichter oder Schöffen

Ein in der Literatur viel zu breit behandeltes und in der Praxis eher selten auf- **485** tretendes Problem betrifft die Frage nach Besetzungsfehlern infolge persönlicher Mängel einzelner an der Hauptverhandlung mitwirkender Richter.[926] Die Diskussion darüber darf nicht der modernen Gesetzgebung über Diskriminierungsverbote ins Gehege kommen, die mehr im Zusammenhang mit der justiziellen Personalpolitik als mit den strafprozessualen Anforderungen an die Fä-

---

**921** BGH, Urt. v. 26.6.2002 – 2 StR 60/02 = NJW 2002, 2963 = wistra 2002, 388 = StV 2003, 10.

**922** BGH, Beschl. v. 3.7.2012 – 4 StR 66/12 = NStZ-RR 2012, 319.

**923** BGH, Urt. v. 22.11.2013 – 3 StR 162/13 = BGHSt 59, 75 = StV 2014, 288.

**924** Vgl. zur Revisibilität von Entscheidungen nach § 54 GVG auch oben Rn. 473.

**925** BGH, Urt. v. 9.8.2007 – 3 StR 96/07 = BGHSt 52, 24 = NJW 2007, 3364 = wistra 2008, 28 = NStZ 2008, 113.

**926** Dazu ausführlich MüKoStPO/*Knauer/Kudlich* § 338 StPO, Rn. 31–33 mwN; *Meyer-Goßner/Schmitt* § 338 StPO, Rn. 10–15a.

higkeit zur gesetzmäßigen Wahrnehmung und Kommunikation zu führen ist. Dass ein **blinder Richter** keinen Augenscheinsbeweis durchführen kann,[927] dass ein **tauber** oder **stummer Richter** dem Mündlichkeitsprinzip nicht gerecht werden kann,[928] sollte sich ebenso von selbst verstehen wie die Revisibilität eines (kaum jemals noch vorkommenden) Verstoßes dagegen jedenfalls in den Fällen, in denen in die Gesamtwürdigung nach § 261 StPO auch Vorgänge aus der Hauptverhandlung einzubeziehen sind, die der betreffende Richter nicht wahrgenommen haben kann.[929]

486 Ähnlich ist das Missverhältnis zwischen dem Umfang der literarischen Behandlung und der Zahl der (beweisbaren) Fälle in der Praxis bei dem in der Vergangenheit ebenfalls beliebten Thema des die Hauptverhandlung partiell **verschlafenden Richters.** Bei genauerem Hinsehen wird eine solche Episode erst dann revisionsrechtlich relevant, wenn es sich nicht um einen „Sekundenschlaf", also ein nur kurzes „Einnicken" handelt, sondern um einen Zustand, der als geistige Abwesenheit während wesentlicher Verhandlungsvorgänge zu bewerten wäre.[930] Wird Derartiges von den Verfahrensbeteiligten bemerkt, sollte es zur Vermeidung späterer unerfreulicher Auseinandersetzungen über die Bedeutung geschlossener Augen oder hörbarer Atemgeräusche sofort beanstandet werden. Dann dürfte aber regelmäßig der betreffende Hauptverhandlungsteil im Wachzustand aller körperlich anwesenden Gerichtsmitglieder wiederholt werden, sodass auch deshalb in der Revisionsinstanz die Frage, ob die (nur) geistige Abwesenheit eines Richters eher ein Problem des § 338 Nr. 5 StPO darstellt,[931] nicht mehr entscheidend sein wird.

487 Sollte es dennoch einmal vorkommen, dass ein Verteidiger den Vorsitzenden auf das Schlafen z.B. eines Beisitzers oder Schöffen hinweist, der dann „geweckt" wird, ohne dass Feststellungen über die Dauer der geistigen Abwesenheit getroffen und die betreffenden Vorgänge wiederholt werden, so betrifft die

---

**927** BGHSt 4, 191, 193; *Siegert* NJW 1957, 1622; *Meyer-Goßner/Schmitt* § 338 StPO, Rn. 11; KK-*Gericke* § 338 StPO, Rn. 50; LR-*Franke* § 338 StPO, Rn. 39 f.

**928** MüKoStPO/*Knauer/Kudlich* § 338 StPO, Rn. 32.

**929** BGHSt 4, 191 = NJW 1953, 1115; BGHSt 5, 354; BGHSt 11, 74, 78; BGHSt 18, 51; BGHSt 34, 236, 237.

**930** *Günther* MDR 1990, 875; Zum Fall des schlafenden Schöffen BGH NStZ 1982, 41; BGHSt 2, 14 = NJW 1952, 354; BGH NJW 1958, 31, 32; *Meyer-Goßner/Schmitt* § 338 StPO, Rn. 14 f.; LR-*Franke* § 338 StPO, Rn. 43; MüKoStPO/*Knauer/Kudlich* § 338 StPO, Rn. 33.

**931** Zum Verhältnis zwischen § 338 Nr. 1 und Nr. 5 StPO vgl. BVerfG, Beschl. v. 19.3.2003 – 2 BvR 1540/01 = NJW 2003, 3545, 3546; BGHSt 44, 361, 365 = NJW 1999, 1724, 1725; BGH, Urt. v. 12.7.2001 – 4 StR 550/00 = NJW 2001, 3062; LR-*Franke* § 338 StPO, Rn. 80; KK-*Gericke* § 338 StPO, Rn. 48, 71; *Meyer-Goßner/Schmitt* § 338 StPO, Rn. 10.

entsprechende Rekonstruktion[932] dieses Vorgangs nicht die Frage, welches Gericht zur Verhandlung und Entscheidung eines Falles zusammentritt, sondern die Frage, ob der an sich gesetzliche Richter während der Verhandlung ununterbrochen „anwesend" ist, wozu auch die geistige Anwesenheit zählt. Es handelt sich deshalb nach zutreffender Ansicht um einen Fall des § 338 Nr. 5 StPO.[933]

Da die §§ 222a, 222b StPO nicht die Mängel erfassen, die sich aus der Person **488**
des Richters selbst ergeben, gilt hier auch nicht die Rügepräklusion; wird der beschriebene Mangel als fehlerhafte Besetzung (§ 338 Nr. 1 StPO) gewertet, kann er auch in der Revisionsinstanz gerügt werden.[934]

#### h) Notwendiges Revisionsvorbringen

Der Umfang der nach § 344 Abs. 2 S. 2 StPO vorzutragenden Tatsachen hängt **489**
wesentlich von der gegebenen Verfahrenssituation ab. Zu unterscheiden ist insbesondere zwischen den Verfahren, für die die Regeln über die Rügepräklusion gelten und den übrigen Verfahren.

Wurde in Verfahren mit erstinstanzlicher Zuständigkeit des Landgerichts **490**
oder des Oberlandesgerichts ein Besetzungseinwand erhoben, über diesen aber bis zur Verkündung des mit der Revision angegriffenen tatrichterlichen Urteils nicht entschieden, kann mit einer Verfahrensrüge die fehlerhafte Gerichtsbesetzung gerügt werden.[935] In diesem Fall muss der erhobene Besetzungseinwand in der Revisionsbegründung wiedergegeben werden. Schon für die frühere Rechtslage hatte der Bundesgerichtshof ausgesprochen, dass sich aus der Revisionsbegründung ergeben musste, dass der Besetzungseinwand rechtzeitig erhoben wurde.[936] Für die neue Rechtslage dürfte insoweit nichts anders gelten. Mitzuteilen ist auch, wie das Tatgericht sodann weiter verfahren ist, insbesondere also,

---

**932** Wir verwenden hier bewusst die Vokabel „Rekonstruktion", um deutlich zu machen, dass das sog. „Rekonstruktionsverbot" (s. dazu Rn. 342) nicht betroffen ist. Die entsprechende Behauptung zielt nur auf einen Verfahrensvorgang ab, sodass ihre Nachprüfung im Freibeweisverfahren oder (wenn der Antrag auf Wiederholung des betreffenden Teils der Verhandlung förmlich gestellt und nicht oder falsch beschieden wurde) anhand des Protokolls erlaubt und notwendig ist.

**933** Vgl. dazu unten Rn. 556ff.; a.A. die Rspr., vgl. aus jüngerer Zeit: BGH, Beschl. v. 19.6. 2018 – 5 StR 643/17 = NStZ 2019, 106. Für die Anwendung von § 338 Nr. 5 auch LR-*Franke* § 338 StPO, Rn. 38.

**934** BGHSt 34, 236; BGH NJW 1988, 1333.

**935** S. dazu oben Rn. 441.

**936** BGH StV 1986, 516; *Rieß* JR 1981, 89, 90.

ob es den Besetzungseinwand nach § 222b Abs. 3 StPO dem Rechtsmittelgericht vorgelegt hat. Wenn es nicht mehr zu einer Entscheidung des Rechtsmittelgerichts gekommen ist, verliert damit der weitere Inhalt des vor ihm geführten Verfahrens zwar an Bedeutung, gleichwohl sollte auf die Darstellung dieses Verfahrensabschnitts in der Revisionsbegründung aber nicht verzichtet werden.

491 Dass in Fällen, in denen die fehlende Anwendbarkeit der Rügepräklusion aus einem der in § 338 Nr. 1 StPO genannten Gründe abgeleitet wird, auch die Tatsachen angeführt werden müssen, die den Ausnahmegrund bezeichnen, war schon für die frühere Gesetzesfassung anerkannt.[937] Auch nach der Gesetzesänderung sind die Ausnahmetatbestände des § 338 Nr. 1 b) StPO zu beachten: Folgt die Zulässigkeit der Revisionsrüge aus einer der in § 338 Nr. 1 b) StPO genannten Ausnahmeregelungen, dann muss die Revisionsbegründung Tatsachenvortrag hierzu enthalten.[938]

492 Generell gilt im Übrigen, dass die Tatsachen, aus denen sich der Besetzungsmangel ergibt, genau zu bezeichnen sind.[939] Nicht fehlen dürfen also der Name des nicht mitwirkungsberechtigten Richters, ferner nicht die Gründe, die der Mitwirkung entgegenstehen. Wann immer es möglich ist, den Richter zu bestimmen, der an Stelle des nicht gesetzlichen hätte teilnehmen müssen, muss er in der Revisionsbegründungsschrift unter Angabe der Gründe **namentlich benannt** werden. Auch sonst muss auf Vollständigkeit geachtet werden: Unterlässt es der Beschwerdeführer etwa, eine bei den Akten befindliche Stellungnahme des Vorsitzenden des Präsidiums zu den Gründen der beanstandeten Änderung des Geschäftsverteilungsplans mitzuteilen, so ist die Rüge unzulässig erhoben.[940]

### 3. § 338 Nr. 2 StPO (Mitwirkung eines ausgeschlossenen Richters)

493 Der gesetzliche Richter bestimmt sich nicht nur nach den Vorschriften über die institutionellen und personellen Zuständigkeiten. Der „an sich“ für eine Rechtssache berufene Richter muss auch dann seinem im Vorhinein allgemein bestimmten Vertreter weichen, wenn im Einzelfall Gründe vorliegen, die Zweifel an seiner Neutralität und Unbefangenheit wecken können. Soweit solche Gründe wiederum aufgrund von im Justizbetrieb voraussehbaren Konstellationen

---

**937** S. zur früheren Gesetzeslage: LR-*Franke* § 338 StPO, Rn. 134 f.

**938** *Meyer-Goßner/Schmitt*, § 338 StPO Rn. 21.

**939** BGHSt 22, 169, 170; KK-*Gericke* § 338 StPO, Rn. 52; *Meyer-Goßner/Schmitt*, § 338 StPO Rn. 21a.

**940** So zur früheren Rechtslage schon BGHSt 40, 218, 240.

typisierbar sind, bestimmen die §§ 22, 23 StPO zwingende Ausschlussgründe. Liegt ein solcher vor und wirkt der Richter dennoch am Urteil[941] mit, so führt eine entsprechende Verfahrensrüge zu dessen Aufhebung. Übrigens ist hier zu Recht noch niemand auf den Gedanken gekommen, die bei der Besetzungsrüge nach § 338 Nr. 1 StPO bei den Revisionsgerichten in der Vergangenheit beliebte „Willkürschranke"[942] anzuwenden, obwohl es sich bei der Mitwirkung eines ausgeschlossenen Richters der Sache nach um einen Besetzungsfehler handelt.[943] Neben § 338 Nr. 1 StPO hat die Nr. 2 eigentlich erst durch die Einführung der Rügepräklusion Bedeutung für die Besetzungsrüge erlangt, weil dadurch jetzt klargestellt ist, dass auch die noch so verständliche und „unverschuldete" Mitwirkung eines Richters, der z.B. übersieht, dass er früher in den Diensten der Staatsanwaltschaft vertretungsweise einmal eine Verfügung in derselben Sache getroffen hat (§ 22 Nr. 4 StPO), in der Revision mit Erfolg geltend gemacht werden darf, ohne dass zuvor ein entsprechender Einwand nötig wäre.

Die eher seltene Rüge gemäß § 338 Nr. 2 StPO macht die Beruhensprüfung 494
entbehrlich, solange es um Richter (einschließlich der Schöffen) geht. Die Ausschließungsgründe nach § 22 Nr. 2 und Nr. 3 StPO sind dabei so eindeutig, dass über ihr Vorliegen meist schon auf der Ebene des Tatgerichts abschließend entschieden wird, so dass sie kaum zum Gegenstand von Revisionsrügen werden. Dies gilt nicht in demselben Umfang für **§ 22 Nr. 1 StPO**. Gegenstand von Revisionsverfahren war hier schon die Frage, ob in Verfahren, in denen über einen Tatvorwurf verhandelt wird, der Auswirkungen auf eine Vielzahl von Einzelpersonen hat, ein Richter ausgeschlossen sein soll, wenn er zu diesen Einzelpersonen zählt. Das kann eine Rolle spielen bei Tatvorwürfen nach § 185 StGB[944], aber auch bei Vermögensdelikten[945]. Hierüber wurde zuletzt in einem Verfahren entschieden, das Tatvorwürfe im Zusammenhang mit Rechnungen für Straßenreinigungsarbeiten in Berlin betraf. Verneint wurde die Verletzteneigenschaft bei einem Richter, der als Mieter lediglich mittelbar von etwa überhöhten Rechnungen betroffen sein konnte, bejaht hingegen bei den unmittelbaren Adressaten der Rechnungen.[946]

---

941 Die Mitwirkung eines ausgeschlossenen Richters lediglich am Eröffnungsbeschluss macht diesen weder nichtig (BGH, Beschl. v. 16.10.1980 – StB 29/80 u.a. = BGHSt 29, 351 = NJW 1991, 133) noch begründet dies schon den absoluten Revisionsgrund; KK-*Gericke* § 338 StPO, Rn. 56.

942 Vgl. dazu oben Rn. 417.

943 BVerfGE 4, 417.

944 KG, Urt. v. 30.3.1978 – (2) Ss 54/78 (13/78) = JR 1978, 422. Hierzu: *Volkmer* NStZ 2009, 371.

945 Hierzu: LR-*Siolek* § 22 StPO, Rn. 16 ff.

946 BGH, Beschl. v. 24.3.2009 – 5 StR 394/08 = NStZ 2009, 342; hierzu: *Volkmer* NStZ 2009, 371. Ähnlich auch der 2. Strafsenat bezogen auf die Parteimitgliedschaft eines Richters im Ver-

495 Von praktischer Bedeutung ist daneben insbesondere der Ausschließungsgrund des **§ 22 Nr. 4 StPO,** wonach ein Richter ausgeschlossen ist, wenn er zuvor in der Sache als **Beamter der Staatsanwaltschaft** tätig war. Hieraus ergeben sich schon deshalb immer wieder Anwendungsfälle von § 338 Nr. 2 StPO, weil in vielen Bundesländern der Wechsel zwischen der Tätigkeit als Staatsanwalt und der richterlichen Tätigkeit fester Bestandteil der Justizlaufbahn ist. Der Ausschlussgrund des § 22 Nr. 4 StPO kann dabei eingreifen, wenn der Richter „in der Sache" eine nichtrichterliche Vortätigkeit ausgeübt hat. Das ist weit zu verstehen und umfasst nach h.M. das gesamte Verfahren, das die strafrechtliche Verfolgung einer Tat zum Gegenstand hatte.[947] Maßgeblich ist die Identität des historischen Vorgangs, nicht dessen materiell-rechtliche Einordnung anhand der Kriterien von Tateinheit und Tatmehrheit.[948] Durch Verbindung kann sich der Gegenstand noch erweitern.[949]

496 Zum Ausschluss nach § 22 Nr. 4 StPO führt jede Tätigkeit als Staatsanwalt, die das Ziel hatte, den Sachverhalt zu erforschen oder den Gang des Verfahrens zu beeinflussen.[950] Der Ausschließungsgrund setzt nicht voraus, dass die konkrete Tätigkeit für die Strafverfolgung von erheblicher Bedeutung war. Er greift auch schon bei einer eher formellen Tätigkeit ein, wie z.B. bei einer Aufenthaltsanfrage oder einer Zustellungsverfügung.[951] Selbst alltägliche Vorgänge wie eine Sachstandsanfrage bei der Kriminalpolizei[952] oder die Gewährung von Akteneinsicht mit der Festsetzung einer Stellungnahmefrist und der Verfügung einer Wiedervorlage[953] reichen aus. Dieses weite Verständnis des § 22 Nr. 4 StPO ist schon deshalb angebracht, weil im Strafverfahren jeder Anschein vermieden werden sollte, dass zwischen den unterschiedlichen Rollen der Beteiligten nicht sorgfältig getrennt wird.

---

fahren um die Untreue z. N. der hessischen CDU: BGH, Urt. v. 18.10.2006 – 2 StR 499/05 in BGHSt 51, 100 = NJW 2007, 1760 und im selben Verfahren zuvor auch bezogen auf zwei Senatsmitglieder (wistra 2006, 392 = NStZ 2006, 646).

**947** LR-*Siolek* § 22 StPO, Rn. 25. Vgl. auch BGH, Beschl. v. 18.9.2018 – 1 StR 454/18 = StV 2019, 151 = NStZ 2019, 353.

**948** Vgl. KK-*Scheuten* § 22 StPO, Rn. 9; BGH, Urt. v. 2.12.2003 – 1 StR 102/03 = BGHSt 49, 29.

**949** KK-*Scheuten* § 22 StPO, Rn. 9.

**950** BGH, Beschl. v. 24.3.2006 – 2 StR 271/05 = wistra 2006, 310; LR-*Siolek*, § 22 StPO, Rn. 29.

**951** RG, Urt. v. 6.12.1895 – Rep 3051/95 = RGSt 28, 53, 54.

**952** BGH, Beschl. v. 3.11.1981 – 1 StR 711/81 = StV 1982, 51.

**953** BGH, Beschl. v. 12.8.2010 – 4 StR 378/10 = StV 2011, 69 = NStZ 2011, 106; nicht ausreichend hingegen die Anordnung einer Obduktion zu einem Zeitpunkt, zu dem noch kein Ermittlungsverfahren eingeleitet war (BGH, Urt. v. 2.12.2003 – 1 StR 102/03 = BGHSt 49, 29, 31 = NJW 2004, 865 = StV 2004, 353).

Nach **§ 22 Nr. 5 StPO** ist ein Richter ausgeschlossen, wenn er zu demselben Sachverhalt über den er urteilen soll, als **Zeuge oder Sachverständiger** vernommen wurde. Der Bundesgerichtshof hat mehrfach entschieden, dass Sachgleichheit i.S.d. § 22 Nr. 5 StPO nicht Verfahrensidentität bedeuten muss. Sie ist vielmehr schon dann gegeben, wenn ein Richter in einem anderen Verfahren als Zeuge zu demselben Tatgeschehen vernommen worden ist, das er jetzt abzuurteilen hat.[954] Erfasst sind dabei nicht nur Fälle, in denen der Richter als echter Tatzeuge unmittelbar zum Tatgeschehen gehört wurde. Der Ausschließungsgrund greift vielmehr schon dann ein, wenn er bei einer Zeugenvernehmung Äußerungen zu Fragen abgeben musste, die im Hinblick auf die Schuld- und Straffrage im laufenden Verfahren der richterlichen Würdigung bedürfen.[955] Das gilt insbesondere für Zeugenvernehmungen dazu, welche Angaben ein Sachverständiger, ein Angeklagter oder ein Zeuge in der laufenden Hauptverhandlung gemacht hat.[956] Zur Aufhebung eines tatrichterlichen Urteils geführt hat der Ausschließungsgrund des § 22 Nr. 5 StPO dementsprechend etwa in einem Verfahren, in dem die Verfahrensrüge darauf gestützt war, dass einer der beteiligten Richter in einem gesonderten Ermittlungsverfahren gegen einen medizinischen Sachverständigen, der im Verdacht stand, ein Gefälligkeitsgutachten zugunsten des Revisionsführers zur Frage seiner Verhandlungsfähigkeit erstattet zu haben (§ 278 StGB), als Zeuge vernommen wurde.[957] Doch kommen solche Konstellationen selten vor. 497

Häufiger ist der Fall, dass sich in der Hauptverhandlung die Frage stellt, in welcher Form **persönliches Wissen eines Richters** zum Gegenstand der Beweisaufnahme gemacht werden kann. Handelt es sich um außerdienstlich erlangte Kenntnisse, die der Richter (zur Vermeidung seiner Zeugenvernehmung) in der Hauptverhandlung „erklärt" hat, ändert die Tatsache, dass es nicht zu einer förmlichen Zeugenaussage gekommen ist, nichts daran, dass der Ausschließungsgrund des § 22 Nr. 5 StPO eingreift.[958] Wird ein solcher Vorgang zum Gegenstand einer Verfahrensrüge gemacht, gehört der Umstand, dass der Inhalt 498

**954** BGH, Urt. v. 22.5.2014 – 4 StR 430/13, Rn. 5 ff.; BGH, Beschl. v. 6.6.2013 – 1 StR 581/12 = NStZ 2014, 44; BGH, Beschl. v. 22.5.2007 – 5 StR 530/06 = NStZ 2007, 711 = StV 2007, 617; BGH, Beschl. v. 27.9.2005 – 4 StR 413/05 = StV 2006, 4 = NStZ 2006, 113, 114; BGHSt 31, 358, 359; s. auch *Meyer-Goßner/Schmitt* § 22 StPO, Rn. 19; *Bind*er StV 2006, 676.

**955** Vgl. KK-*Scheuten* § 22 StPO, Rn. 15; BGH, Beschl. v. 22.1.2008 – 4 StR 507/07 = StV 2008, 283; BGH, Urt. v. 29.4.1983 – 2 StR 709/82 = BGHSt 31, 358, 359.

**956** S. dazu die Konstellationen in BGH, Beschl. v. 22.1.2008 – 4 StR 507/07 = StV 2008, 283 und BGH, Urt. v. 29.4.1983 – 2 StR 709/82 = BGHSt 31, 358, 359.

**957** BGH, Beschl. v. 22.1.2008 – 4 StR 507/07 = StV 2008, 283.

**958** So auch KK-*Scheuten* § 22 StPO, Rn. 16.

der Erklärung nicht nur aus dienstlich erlangtem Wissen bestand, zum notwendigen Rügevortrag nach § 344 Abs. 2 S. 2 StPO.[959] Erkenntnisse, die der Richter aus dem Verfahren selbst gewonnen hat (wie z.B. die Ergebnisse freibeweislich durchgeführter Ermittlungen zum Aufenthaltsort und zur Aussagebereitschaft eines Zeugen), können durch dienstliche Erklärungen in die Hauptverhandlung eingeführt werden, ohne dass dadurch der Ausschließungsgrund des § 22 Nr. 5 StPO ausgelöst würde.[960] Allerdings sind dienstliche Erklärungen dieser Art kein Beweismittel, auf das Feststellungen zur Schuldfrage gestützt werden dürften.[961]

499 Der Ausschließungsgrund greift im Übrigen nicht schon dann ein, wenn die Befragung des Richters als Zeuge im Verfahren nur „in Betracht kommt".[962] Das folgt letztlich schon aus dem Wortlaut, muss aber auch deshalb gelten, weil es nicht zulässig sein kann, einen Richter allein dadurch aus dem Verfahren auszuschließen, dass er als Zeuge benannt wird.

500 Die §§ 22 und 23 StPO haben darüber hinaus allgemeine Bedeutung. Aus ihnen wird geschlossen, dass die **dienstliche Vorbefassung** mit der jeweiligen Strafsache die Ausschließung nicht begründet, wenn keine der in §§ 22, 23 StPO geregelten Fallkonstellationen vorliegt. Der in den beiden Vorschriften enthaltene Katalog gilt als abschließend. Die Rechtsprechung schließt daraus sogar, dass eine Ablehnung nach § 24 StPO im Einzelfall mit der Begründung zurückgewiesen werden darf, der Gesetzgeber habe den Richtern außerhalb der ausdrücklich geregelten Ausschließungsgründe generell die Fähigkeit zugetraut, frühere Entscheidungen zu revidieren. Praktisch bedeutsam wird diese Rechtsprechung nicht selten in den Fällen, in denen eine Sache nach Zurückverweisung durch das Revisionsgericht von einer Kammer zu bearbeiten ist, der durch zwischenzeitliche Änderung des Geschäftsverteilungsplans Richter angehören, die an der aufgehobenen Entscheidung mitgewirkt haben.[963] Damit wird der Zweck des § 354 Abs. 2 StPO unterlaufen. Die Begründung, wonach diese Vorschrift lediglich erreichen will, dass die Sache vor eine andere Kammer und nicht auch, dass sie vor eine anders besetzte Kammer kommt,[964] greift zu kurz. Die Auffassung des BGH, die erst beim Hinzutreten besonderer Umstände eine

**959** BGH, Urt. v. 23.6.1993 – 3 StR 89/93 = StV 1993, 507 = NJW 1993, 2758.

**960** Vgl. BGH, Urt. v. 28.1.1998 – 3 StR 575/96 = BGHSt 44, 4 = NJW 1998, 1234 = StV 1998, 467; KK-*Scheuten* § 22 StPO, Rn. 19.

**961** BGH, Urt. v. 9.12.1999 – 5 StR 312/99 = BGHSt 45, 354 = NJW 2000, 1204 = StV 2000, 121.

**962** BGH, Beschl. v. 11.11.2008 – 4 StR 480/08 = wistra 2009, 69; KK-*Scheuten* § 22 StPO, Rn. 18; LR-*Siolek*, 27. A., § 22 StPO, Rn. 42.

**963** BGHSt 21, 142; einschränkend: BGHSt 24, 336. Vgl. ferner BGH, Urt. v. 28.11.2012 – 5 StR 416/12 = StV 2013, 551 = NStZ 2013, 542.

**964** *Meyer-Goßner/Schmitt* § 354 StPO, Rn. 39.

Ablehnbarkeit (keine Ausschließung) bejaht, hat im Schrifttum deshalb zutreffende Kritik erfahren.[965] Immerhin wurde in der Rechtsprechung aber verschiedentlich anerkannt, dass ein Geschäftsverteilungsplan fehlerhaft sein kann, wenn die Kammer, die bei Zurückverweisungen durch das Revisionsgericht zuständig ist, mit denselben Richtern besetzt ist wie die im ersten Verfahren zuständige Kammer.[966]

Von diesen Fällen einer sehr starken Festlegung in einem mit Anspruch auf **501**
Rechtskraftfähigkeit ergangenen Urteil abgesehen,[967] lässt sich die strukturelle Bedeutung der Ausschließungsvorschriften für das Maß an **gesetzlich hingenommener Befangenheitsgefahr** nicht bestreiten. So mag man noch so sehr daran zweifeln, ob ein Richter, der durch Bejahung des „dringenden Tatverdachts" über längere Zeit die Inhaftierung des Angeklagten zu verantworten hatte, noch in demselben Maße unbefangen über dessen Schuld oder die Nichterweislichkeit des Anklagevorwurfs urteilen kann wie ein Richter, der sich durch einen Freispruch nicht selbst korrigieren muss – die Nichterwähnung dieses Falles in den §§ 22, 23 StPO zeigt durchaus, dass der Gesetzgeber insoweit grundsätzlich keine Bedenken hat. Auch § 33a StPO zeigt, dass das deutsche Strafverfahrensrecht von der Auffassung beherrscht wird, dass der Richter selbst dann unvoreingenommen an die Beurteilung einer Sache herantreten wird, wenn er sich schon früher über denselben Sachverhalt ein Urteil gebildet hat.[968] Wird ein unter Umständen nach langer Hauptverhandlung ergangenes tatrichterliches Urteil aufgehoben, ist es dem Angeklagten aber gleichwohl kaum zu vermitteln, dass dieselben Richter sich nunmehr vollständig unbefangen ein zweites Mal mit „seinem Fall" befassen werden. Es wäre wünschenswert, dass sich die Gesetzeslage hier ändert.

---

**965** *Dahs*, Revision, Rn. 169 mwN; *Hanack* NJW 1967, 580; *ders.* JZ 1973, 779; weitere Nachweise bei *Meyer-Goßner/Schmitt* § 354 StPO, Rn. 39.

**966** BGH, Urt. v. 28.11.2012 – 5 StR 416/12 = StV 2013, 551 = NStZ 2013, 542; vgl. auch OLG Hamm, Beschl. v. 11.11.2004 – 4 Ss 476/04 = NStZ-RR 2005, 212.

**967** *Dahs*, Revision, Rn. 169 spricht insoweit zutreffend von einer bloßen „gesetzestechnischen Inkonsequenz".

**968** BVerfGE 30, 149, 153; in BGH, Beschl. v. 18.5.1994 – 3 StR 628/93 = NStZ 1994, 447 wird in Anwendung dieses Grundsatzes ein Ablehnungsgesuch („Der Antrag enthält beachtliche Argumente") gegen die 5 Mitglieder des 3. Strafsenats des BGH zurückgewiesen. Sie hatten übersehen, dass § 349 Abs. 4 StPO nicht für die Revision des Nebenklägers anwendbar ist und hatten das Urteil aufgehoben. Auf den Rechtsirrtum aufmerksam geworden, hatte der Senat den Beschluss aufgehoben und Termin zur Hauptverhandlung bestimmt. Der Angeklagte sah wegen der Festlegung in einem einstimmigen Beschluss zugunsten der Rechtsposition der Nebenklage seine Chance für diese Hauptverhandlung geschwunden.

502 Obwohl § 31 StPO den Anwendungsbereich der Ausschließungsvorschriften auch auf den **Protokollführer** ausdehnt, gilt für ihn revisionsrechtlich etwas anderes. Liegt bei ihm einer der in den §§ 22, 23 StPO aufgeführten Gründe vor, greift nach dem klaren Wortlaut des § 338 Nr. 2 StPO der absolute Revisionsgrund nicht ein. Der Erfolg der Rüge, mit der lediglich ein relativer Revisionsgrund geltend gemacht werden kann, hängt – den allgemeinen Grundsätzen entsprechend – gemäß § 337 Abs. 1 StPO davon ab, ob der Fehler das Urteil beeinflusst haben kann. Das liegt beim Protokollführer nicht nahe. Gibt es im Einzelfall Anhaltspunkte hierfür, sollten konkrete Angaben hierzu in die Revisionsbegründung aufgenommen werden.[969] Greift für den Protokollführer ein Ausschließungsgrund ein, kann das aber eine andere Konsequenz haben: Das von einem ausgeschlossenen Protokollführer gefertigte Protokoll hat nicht die **Beweiskraft** des § 274 StPO.[970] Der in der Sphäre der Justiz zu verortende Fehler darf aber nicht zu einer Benachteiligung des Angeklagten beim Nachweis von Verfahrenstatsachen führen.[971]

503 Keine § 31 StPO entsprechende Vorschrift enthält das Gesetz für **Staatsanwälte**. Auch § 24 StPO ist hier nicht unmittelbar anwendbar. Inzwischen hat sich jedoch eine gefestigte Rechtsprechung des BGH entwickelt, aus der sich ergibt, dass ein Staatsanwalt an der weiteren Mitwirkung an der Hauptverhandlung gehindert ist, wenn er als Zeuge vernommen wurde und zwischen dem Gegenstand seiner Zeugenaussage und der nachfolgenden Mitwirkung in der Hauptverhandlung ein unlösbarer Zusammenhang besteht. Der in § 22 Nr. 5 StPO enthaltene Gedanke wird damit auf den Staatsanwalt übertragen. Insbesondere darf es danach nicht dazu kommen, dass der Sitzungsvertreter im Schlussvortrag seine eigene Zeugenaussage zu würdigen hat. Geschieht dies gleichwohl, ist ein relativer Revisionsgrund gegeben.[972] Soll eine entsprechende Verfahrensrüge erhoben werden, kann dies umfangreiche Ausführungen zur Tätigkeit des Staatsanwaltes erforderlich machen.[973]

---

**969** In BGH, Beschl. v. 22.6.1993 – 1 StR 686/92 (= BGHR StPO § 31 Protokollführer 1), wird das Beruhen verneint, aber wegen des Fehlers dem Protokoll die Beweiskraft abgesprochen.

**970** So schon RG, Urt. v. 12.11.1885 – Rep 2742/85 = RGSt 13, 76; RG, Urt. v. 2.7.1934 – 3 D 1281/33 = RGSt 68, 272; *Meyer-Goßner/Schmitt* § 31 StPO, Rn. 3; KK-*Scheuten* § 31 StPO, Rn. 11.

**971** Vgl. hierzu LR-*Siolek*, § 31 StPO, Rn. 19.

**972** BGH, Beschl. v. 19.9.2019 – 1 StR 235/19 = NStZ 2020, 180; BGH, Beschl. v. 31.7.2018 – 1 StR 382/17 = StV 2019, 308 = NStZ 2019, 234 = JR 2019, 160 m. Anm. *Stuckenberg*; BGH, Beschl. v. 14.2.2018 – 4 StR 550/17 = NStZ 2018, 482; BGHSt 14, 265. Kritisch zur Heranziehung von § 22 Nr. 5 StPO: *Meyer-Goßner/Schmitt* § 22 StPO, Rn. 20a.

**973** S. hierzu BGH, Beschl. v. 14.2.2018 – 4 StR 550/17 = NStZ 2018, 482.

### 4. § 338 Nr. 3 StPO (Mitwirkung eines abgelehnten Richters)

**Literatur:** *Arzt* Der befangene Strafrichter – zugleich eine Kritik an der Beschränkung der Befangenheit auf Parteilichkeit, Tübingen 1969; *Drees* Die Entscheidung des Vorsitzenden über den Zeitpunkt der Anbringung von Ablehnungsgesuchen, NStZ 2005, 184; *Fahl* „Wir geben Ihrer Zukunft ein Zuhause: JVA", DRiZ 2016, 138; *Frisch* Buchbesprechung zu Tolksdorf, Mitwirkungsverbot für den befangenen Staatsanwalt, StV 1992, 613; *Grunewald* Befangenheit wegen Vorbefassung des Sozius, NJW 2009, 1562; *Hamm* Der gesetzliche Richter und die Ablehnung wegen Besorgnis der Befangenheit, Frankfurt am Main 1973; *ders.*, können Ablehnungsgründe bei rechtzeitigem und zulässigem Ablehnungsgesuch verspätet sein? NJW 1973, 178; *ders.* Aus der Beschlussverwerfungspraxis (§ 349 Abs. 2 StPO) der Revisionsgerichte, StV 1981, 315; *Ignor* Befangenheit im Prozess, ZIS 2012, 228; *Krekeler* Der befangene Richter, NJW 1981, 1633; *Müller-Gabriel* Neue Rechtsprechung des BGH zum Ausschluss des „Zeugen-Staatsanwalts", StV 1991, 235; *Peters* Anm. zu BGH, Urt. v. 16.12.1969 – 5 StR 468/69 (BGHSt 23, 200), JR 1970, 269; *ders.* Strafprozess, 4. Aufl., S. 151 ff.; *Pfeiffer* Zur Ausschließung und Ablehnung des Staatsanwaltes nach geltendem Recht, FS Rebmann, 1989, S. 359 ff.; *Sarstedt* Anm. zu BVerfG 2 BvE 2/64 (JZ 1966, 312), JZ 1966, 314; *Schorn* Die Ablehnung eines Richters im Strafprozess in Rechtsprechung und Schrifttum, GA 1963, 161; *Semmler* Prozessverhalten des Richters unter dem Aspekt des § 24 II StPO, insbesondere Verfahrensverstöße als Ablehnungsgrund, 1994; *Strate* Richterliche Befangenheit und rechtliches Gehör, FG Koch, S. 261; *Teplitzky* Probleme der Richterablehnung wegen Befangenheit, NJW 1962, 2044; *Tolksdorf* Mitwirkungsverbot für den befangenen Staatsanwalt, Berlin 1989.

Nach § 338 Nr. 3 StPO kann mit der Revision gerügt werden, dass bei dem ange- **504**
fochtenen Urteil ein Richter mitgewirkt hat, der wegen Besorgnis der Befangenheit abgelehnt worden war. Der absolute Revisionsgrund ist nach dem Gesetzestext gegeben, wenn der Richter am Urteil mitgewirkt hat, obwohl das Ablehnungsgesuch für begründet erklärt war oder wenn es „mit Unrecht verworfen" wurde. Der im Gesetz zuerst genannten Alternative kommt dabei nur geringe praktische Bedeutung zu, der zuletzt genannten umso größere. Während die erste Variante absichert, dass ein Beschluss, durch den die Ablehnung für begründet erklärt wurde, auch umgesetzt wird, kann über die zweite Variante die Zurückweisung eines Ablehnungsgesuchs zum Gegenstand einer Revisionsrüge gemacht werden.

Das Recht, einen Richter wegen Besorgnis der Befangenheit abzulehnen, si- **505**
chert – in Ergänzung zu den Ausschließungsgründen der §§ 22 und 23 StPO – ab, dass über die Berechtigung des Anklagevorwurfs ein nicht nur unabhängiger, sondern auch unparteilicher Richter entscheidet, der die Gewähr für Neutralität und Distanz gegenüber den Verfahrensbeteiligten bietet.[974] Wesentlich

**974** Vgl. hierzu etwa BVerfG, Beschl. v. 15.1.2015 – 1 BvR 1288/14, Rn. 13 (betr. Zivilprozess). Aus Art. 101 GG ergibt sich für den Gesetzgeber die Verpflichtung, Regelungen vorzusehen, die

für die Anwendung der §§ 24 ff. und 338 Nr. 3 StPO ist dabei, dass das Recht der Ablehnung nicht dem Ziel dienen kann, wirklich zu klären, ob ein Richter tatsächlich befangen war. Das vorrangige Ziel der §§ 24 ff. StPO ist es zu klären, ob einer der Prozessbeteiligten (vgl. § 24 Abs. 3 StPO) Grund hatte, an der Unbefangenheit zu zweifeln.[975] Die Rechtsprechung hat wiederholt zum Ausdruck gebracht, dass es für die Anwendung des § 24 StPO weder darauf ankommt, dass der Ablehnende den Nachweis der Befangenheit führt, noch kommt es darauf an, ob sich der Abgelehnte für befangen hält.[976] Sie hat darüber hinaus aber ein wichtiges Korrektiv geschaffen: Schon um rein subjektives Empfinden des Ablehnenden aus der Beurteilung auszuschließen und dem Rechtsmittelgericht eine Kontrolle zu ermöglichen, wurde die Figur des „vernünftigen bzw. verständigen Angeklagten"[977] entwickelt. Wie sonst auch, wenn in der Rechtsordnung fiktive Maßstabspersonen bemüht werden,[978] dient diese Konstruktion zunächst dazu, nicht die eigenen Maßstäbe der Handelnden (hier: des Ablehnenden), sondern davon gegebenenfalls abweichende objektive Maßstäbe anzulegen.[979] Der dogmatische Kunstgriff hat aber zugleich zur Folge, dass die Kriterien, nach denen über Ablehnungsgesuche entschieden wird, alleine durch Richterrecht entstanden sind. Entwickelt hat sich auf dieser Grundlage eine umfangreiche Kasuistik. Sie reicht von Fällen, in denen Äußerungen abgegeben wurden, die als Androhung einer Sanktionsschere verstanden werden konnten[980], über die Betätigung eines Mobiltelefons während einer Zeugenvernehmung[981], bis hin zu einem Fall, in dem ein Richter auf Facebook auf einem Foto mit einem T-Shirt mit der Aufschrift „Wir geben Ihrer Zukunft ein Zuhause: JVA" zu sehen war.[982] Ein Gesamtüberblick über die Vielzahl der entschiedenen Fälle kann hier schon

---

es ermöglichen, einen Richter, der im Einzelfall nicht die Gewähr der Unparteilichkeit bietet, von der Ausübung seines Amtes auszuschließen (vgl. BVerfG, Beschl. v. 21.11.2018 – 1 BvR 436/17, Rn. 17 mwN = NJW 2019, 505). Nach der Rechtsprechung des EGMR folgt aus Art. 6 Abs. 1 EMRK ein Anspruch auf ein unparteiisches Gericht (vgl. hierzu: LR-*Esser* Art. 6 EMRK, Rn. 156 ff.; EGMR, Urt. v. 12.6.2008 – 26771/03 = EuGRZ 2009, 12, 15; EGMR, Urt. v. 10.8.2006 – 75737/01 = NJW 2007, 3553).

**975** LR-*Siolek* § 24 StPO, Rn. 5. Vgl. z.B. BGH, Beschl. v. 28.2.2018 – 2 StR 234/16, Rn. 24 = StV 2019, 152 = NStZ-RR 2018, 186.

**976** Vgl. BGHSt 24, 336, 338; s. auch BVerfGE 32, 288, 290; KK-*Scheuten* § 24 StPO, Rn. 4.

**977** Vgl. hierzu BGH, Beschl. v. 12.1.2016 – 3 StR 482/15 = StV 2016, 271; *Strate* FG Koch, S. 263.

**978** Wie z.B. in § 93 AktG oder § 43 GmbHG.

**979** Vgl. KK-*Scheuten* § 24 StPO, Rn. 3a.

**980** BGH, Beschl. v. 14.8.2007 – 3 StR 266/07 = StV 2007, 619 = NStZ 2008, 170.

**981** BGH, Urt. v. 17.6.2015 – 2 StR 228/14 = NJW 2015, 2986 = StV 2016, 270.

**982** BGH, Beschl. v. 12.1.2016 – 3 StR 482/15 = StV 2016, 271 = NStZ 2016, 218. Hierzu: *Fahl* DRiZ 2016, 138.

aus Raumgründen nicht gegeben werden. Insoweit wird auf die Kommentarliteratur zu § 24 StPO verwiesen.

Das Recht der Richterablehnung war immer eines der Rechte, dessen Reichweite und dessen Handhabung ganz wesentlich für die Atmosphäre in einer Hauptverhandlung sein können. Das zeigt sich nicht zuletzt in den gegenläufigen Bewertungen dieses Rechtsinstituts. Nach wie vor wird von der Richterschaft häufig beklagt, dass Ablehnungsanträge dazu eingesetzt werden, Verfahren zu torpedieren. Hiermit werden immer neue Wünsche nach einer Änderung des Ablehnungsverfahrens begründet. Umgekehrt ist aus der Sicht des Angeklagten und der Verteidigung auch in Verfahren mit unklarer Beweislage und offenen Rechtsfragen oft mit Händen zu greifen, dass ein Gericht vom ersten Tag der Verhandlung an entschlossen ist, den Angeklagten zu verurteilen, ohne dass die Möglichkeit besteht, die erkennbare Voreingenommenheit in die Form eines Ablehnungsgesuchs nach § 24 StPO zu bringen. Der Eindruck von Voreingenommenheit ist dabei nicht selten das Ergebnis der Vorprägung des Gerichts durch das Aktenstudium. Die Struktur des Erkenntnisverfahrens der StPO verlangt vom Gericht eine Janusköpfigkeit, die stets eine Quelle für Auseinandersetzungen bleiben wird: Das Gericht soll die Hauptverhandlung so führen, als wäre es völlig neutral, obwohl es zuvor durch den Eröffnungsbeschluss ausgesprochen hat, es bestehe die überwiegende Wahrscheinlichkeit, dass der Angeklagte verurteilt wird. Das Recht der Richterablehnung bildet an dieser Stelle ein wichtiges Korrektiv: Es greift u.a. dann, wenn sich das durch den Akteninhalt geprägte Vorverständnis so stark verfestigt, dass der Angeklagte den Eindruck haben muss, das Gericht sei nicht mehr bereit, es in Frage zu stellen. Zusätzlich abgesichert hat der Gesetzgeber dieses Recht, indem er die rechtsfehlerhafte Zurückweisung eines Ablehnungsgesuchs als absoluten Revisionsgrund ausgestaltet hat. Das ist konsequent: Wo der Eindruck entstanden ist, ein Richter sei nicht mit der gebotenen Neutralität an die Sache herangegangen, wäre es überzogen, dann auch noch die Frage zu stellen, ob sich dies auf die Entscheidung ausgewirkt hat. Denn das käme einer Prüfung der Frage, ob er tatsächlich befangen war, zumindest sehr nahe. 506

Zu den Besonderheiten dieses absoluten Revisionsgrundes zählt es, dass hier die sonst das Revisionsrecht prägenden Prinzipien nicht vollständig gelten. Aus § 28 StPO wird allgemein gefolgert, dass die Revisionsgerichte nach Beschwerdegrundsätzen über die Begründetheit von Ablehnungsgesuchen zu entscheiden haben. Zwar folgt hieraus, dass auch die in einem tatrichterlichen Beschluss enthaltenen Ausführungen auf tatsächlichem Gebiet in weiterem Umfang kontrolliert werden als dies bei anderen Beschlüssen (etwa nach § 244 Abs. 6 S. 1 StPO) der Fall ist. Die Anwendbarkeit der Beschwerdegrundsätze ändert aber nichts daran, dass auch Revisionsrügen nach § 338 Nr. 3 StPO in der 507 durch § 345 StPO vorgeschriebenen Frist und in der durch die §§ 344 und 345 StPO vorgeschriebenen Form erhoben werden müssen.

### a) Rechtzeitigkeit des Ablehnungsgesuchs

508 Von Bedeutung für die Anwendung des § 338 Nr. 3 StPO sind dabei die in den §§ 25 ff. StPO enthaltenen Vorschriften über das Verfahren, das bei Ablehnungsanträgen einzuhalten ist.[983] Wesentlich ist vor allem, dass das Ablehnungsgesuch **rechtzeitig angebracht** wurde. Die Rechtzeitigkeit des Ablehnungsgesuchs muss in der Revisionsbegründung auch dann dargelegt werden, wenn das Tatgericht das Ablehnungsgesuch selbst als rechtzeitig gewertet hat.[984]

509 Unproblematisch ist die Frage der Rechtzeitigkeit für das Revisionsgericht dabei, wenn keine Besetzungsmitteilung ergeht, das Ablehnungsgesuch nach **§ 25 Abs. 1 S. 1 StPO** aber vor der ersten Vernehmung des Angeklagten über seine persönlichen Verhältnisse gestellt wurde. Für die Rüge reicht in solchen Fällen die Angabe, wann das Ablehnungsgesuch gestellt wurde und wann die erste Vernehmung des Angeklagten stattfand. Wird das Ablehnungsgesuch in der Hauptverhandlung angebracht, lässt sich die Rechtzeitigkeit mit dem Protokoll beweisen.[985] Anderes gilt nach dem durch das Gesetz zur Modernisierung des Strafverfahrens[986] eingeführten § 25 Abs. 1 S. 2 StPO aber nunmehr, wenn eine **Besetzungsmitteilung** nach § 222a Abs. 1 S. 2 StPO ergeht. In diesen Fällen muss das Ablehnungsgesuch jetzt „unverzüglich" angebracht werden. Die Auslegung des Merkmals wird sich dabei an der bisherigen Rechtsprechung zu § 25 Abs. 2 Nr. 2 StPO orientieren.[987]

510 Entstehen Ablehnungsgründe erst nach der Vernehmung des ersten Angeklagten zu den persönlichen Verhältnissen (sie können sich z.B. aus Äußerungen von Richtern während der Beweisaufnahme ergeben) oder werden sie dem Ablehnungsberechtigten erst später bekannt, dann muss die Ablehnung nach

---

**983** Die Verfahrensvorschriften wurden durch das Gesetz zur Modernisierung des Strafverfahrens vom 10.12.2019 (BGBl. I, S. 2121) geändert (vgl. hierzu *Claus* NStZ 2020, 57, 59; *Schork* NJW 2020, 1).

**984** BGH, Beschl. v. 17.11.2015 – 4 StR 276/15 = NStZ 2016, 627.

**985** Zur Pflicht zur Protokollierung von Ablehnungsgesuchen BGH, Beschl. v. 12.12.2008 – 2 StR 479/08, Rn. 10 = StV 2010, 304.

**986** Gesetz zur Modernisierung des Strafverfahrens vom 10.12.2019 (BGBl. I 2121); hierzu: BT-Drs. 19/14747 S. 22.

**987** Zu den Anforderungen vgl. *Meyer-Goßner/Schmitt* § § 25 StPO, Rn. 4b und 4c und BT-Drs. 19/14747 S. 22.

**§ 25 Abs. 2 Nr. 2 StPO** ebenfalls unverzüglich geltend gemacht werden.[988] Bei einem Ablehnungsgesuch des Angeklagten kommt es für die Unverzüglichkeit dabei allein auf das positive Wissen des Angeklagten an, ohne dass in diesem Zusammenhang Wissen der Verteidigung zugerechnet werden könnte.[989] Ob das Ablehnungsgesuch unverzüglich – d.h. ohne schuldhaftes Zögern[990] – angebracht wurde, richtet sich nach den Umständen des Einzelfalls, wobei eine gewisse Zeit zum Überlegen, zur Besprechung mit dem Verteidiger und zur Abfassung des Gesuchs zur Verfügung stehen muss.[991] Dabei kann aber durchaus ein Ablehnungsgesuch noch „unverzüglich" sein, das erst nach einer längeren Zeit[992] – gerade wenn vorher keine Zeit für die Besprechung zwischen Angeklagtem und Verteidiger zur Verfügung stand[993] – oder nach Zäsuren[994] gestellt wird. Grundsätzlich stellt der Bundesgerichtshof jedoch an die Unverzüglichkeit der Ablehnung sehr **strenge Anforderungen.**[995] Dies wird damit begründet, ein „strenger Maßstab" liege im Interesse einer raschen Durchführung des Verfah-

---

**988** Die durch § 25 Abs. 2 StPO grundsätzlich geschaffene Möglichkeit, einen Richter bis zum letzten Wort des Angeklagten abzulehnen, wurde von *Peters* als Gefahr für die Tatrichter, unter den Druck der Verteidiger zu geraten, gekennzeichnet – JR 1970, 268, 270; in diese Richtung gehend auch noch später: *Peters*, Strafprozess, S. 151. Auf den Stil der Verhandlungsführung dürfte die Regelung des § 25 Abs. 2 StPO hingegen gerade positive Auswirkungen haben, denn der Richter wird sich vor Missgriffen hüten müssen, wenn er nicht Gefahr laufen will, abgelehnt zu werden; vgl. hierzu *Hamm* Der gesetzliche Richter, S. 201f.; *ders.* NJW 1973, 178, 180.

**989** BGH, Beschl. v. 17.12.2009 – 3 StR 367/09 = NStZ 2010, 401 = wistra 2010, 217.

**990** St. Rspr.; BGHSt 21, 334, 339; BGH, Urt. v. 17.11.1999 – 2 StR 313/99 = BGHSt 45, 315 = NJW 2000, 965; BGH, Beschl. v. 6.3.2018 – 3 StR 559/17 = NStZ 2018, 610; KK-*Scheuten* § 25 StPO, Rn. 8.

**991** St. Rspr.; BGHSt 21, 334, 339; BGH, Beschl. v. 6.3.2018 – 3 StR 559/17 = NJW 2018, 2578; *Meyer-Goßner/Schmitt* § 25 StPO, Rn. 8 mwN; vgl. allgemein zur verfassungsrechtlichen Dimension der Präklusionsvorschriften BVerfG, Beschl. v. 2.5.2007 – 2 BvR 2655/06 = NStZ 2007, 709.

**992** Z.B. BGH, Beschl. v. 6.5.2014 – 5 StR 99/14: zwei Tage während einer Verhandlungsunterbrechung.

**993** Vgl. BGH, Beschl. v. 8.6.2016 – 5 StR 48/16, Rn. 8: Antragstellung in Verhandlungspause drei Tage nach der Kenntniserlangung bei inhaftiertem Angeklagten.

**994** Vgl. BGH, Beschl. v. 6.3.2018 – 3 StR 559/17 = NStZ 2018, 610: Beendigung einer Einlassung und anschließende Unterbrechung der Hauptverhandlung.

**995** Vgl. BGH, Urt. v. 10.11.2015 – 5 StR 303/15: Ablehnungsgesuch erst nach 45 Minuten Pause und Stellung eines Beweisantrags wurde als verspätet angesehen. In BGH, Beschl. v. 7.7.2015 – 3 StR 66/15 (StraFo 2015, 458) war bei fortgeschrittener Verhandlungsdauer eine Anbringung des Ablehnungsgesuchs nach fünf Tagen – während einer Unterbrechung und über ein Wochenende – nicht mehr ausreichend. S. ergänzend auch BGH, Urt. v. 10.1.2018 – 2 StR 76/17 = NStZ 2018, 732.

rens.[996] Wurden die Ablehnungsgründe bereits in der Hauptverhandlung erörtert, wird ein späteres Gesuch regelmäßig nicht mehr unverzüglich sein.[997]

511 Zwar ist die Ausschlussklausel des § 25 Abs. 2 Satz 2 StPO, wonach die Ablehnung **nach dem letzten Wort** des Angeklagten überhaupt nicht mehr zulässig ist, dann ohne Bedeutung, wenn nach der erstmaligen Erteilung des letzten Wortes erneut in die Beweisaufnahme eingetreten wird; „denn dadurch … haben die früheren Schlussvorträge und das frühere letzte Wort ihre bisherige Bedeutung verloren".[998] Allerdings soll es dem Angeklagten zuzumuten sein, vor seinem letzten Wort um eine Unterbrechung zu bitten, um Ablehnungsgesuche zu stellen. Deshalb werden sich nach Wiedereintritt in die Beweisaufnahme nur solche Gründe geltend machen lassen, die erst beim oder nach dem letzten Wort des Angeklagten aufgetaucht sind, selbst wenn dazwischen nur wenige Minuten liegen.[999]

### b) Unzulässigkeit nach § 26a StPO

512 Schon seit 1965[1000] enthält die StPO in **§ 26a** die Möglichkeit, ein **Ablehnungsgesuch als unzulässig** zu verwerfen. Die Vorschrift ermöglicht es dem Gericht, unter Mitwirkung des abgelehnten Richters zu entscheiden. Das Gesetz sieht diese Möglichkeit vor, wenn entweder die Ablehnung verspätet ist (§ 26a Abs. 1 Nr. 1 StPO), wenn ein Ablehnungsgrund oder ein Mittel zur Glaubhaftmachung nicht innerhalb der nach § 26 Abs. 1 S. 2 StPO gesetzten Frist angegeben wurde (§ 26a Abs. 1 Nr. 2 StPO[1001]) oder wenn durch die Ablehnung das Verfahren verschleppt werden sollte oder damit sonst verfahrensfremde Zwecke verfolgt wurden (§ 26a Abs. 1 Nr. 3 StPO). Durch § 26a StPO ist dabei die Gefahr entstanden, dass der abgelehnte Richter im Rahmen der Anwendung der denkbar weit formulierten Regelungen im Ergebnis selbst über die Ablehnungsgründe entscheidet, die gerade gegen ihn geltend gemacht werden.

**996** BGH, Urt. v. 22.10.1992 – 1 StR 575/92 = NStZ 1993, 141; *Meyer-Goßner/Schmitt* § 25 StPO, Rn. 1.

**997** Vgl. BGH, Beschl. v. 22.10.1992 – 1 StR 575/92 = NStZ 1993, 141 für ein Ablehnungsgesuch der StA.

**998** BGH, Beschl. v. 25.4.2006 – 3 StR 429/05 = StV 2007, 118 = NStZ 2006, 644.

**999** BGH, Beschl. v. 25.4.2006 – 3 StR 429/05 = StV 2007, 118 = NStZ 2006, 644.

**1000** § 26a StPO wurde eingeführt durch das StPÄG vom 19.12.1964 (BGBl. 1964 I, 1067); s. hierzu BT-Drs. 4/178, S. 35.

**1001** In der Fassung des Gesetzes vom 17.8.2017 zur effektiveren und praxistauglicheren Ausgestaltung des Strafverfahrens (BGBl. 2017 I, 3202). Hierzu: KK-*Scheuten* § 24 StPO, Rn. 5; BT-Drs. 18/11277, S. 19.

Mit Recht hat deshalb das **BVerfG** in einer **Entscheidung aus dem Jahr 2005**[1002] Grenzen für eine solche Verfahrensweise entwickelt. Es hat hervorgehoben, dass § 26a StPO eng auszulegen ist. Im Ergebnis ist hieraus abzuleiten, dass der Angeklagte durch eine objektiv willkürliche Anwendung von § 26a StPO dem gesetzlichen Richter entzogen wird. Schon dies genügt, um die Voraussetzungen des § 338 Nr. 3 StPO zu bejahen.[1003] Der BGH hat sich dieser Rechtsprechung zeitnah angeschlossen[1004] und nachfolgend in weiteren Entscheidungen hieran festgehalten.[1005] Liegt in diesem Sinne Willkür vor, kommt es nicht mehr darauf an, ob tatsächlich die Besorgnis der Befangenheit bestand, ob m.a.W. das Ablehnungsgesuch begründet war. Die Grenze zur Willkür wird dabei überschritten, wenn § 26a StPO so angewandt wird, dass Richter zu „Richtern in eigener Sache" werden. Das ist der Fall, wenn sie über eigenes Tun befinden und sich die Verwerfung des Ablehnungsgesuchs nicht mehr nur an formellen Kriterien orientiert.[1006] Diese Rechtsprechung kommt bei zwei Verwerfungsgründen besonders zum Tragen: bei der „völligen Ungeeignetheit" der Begründung des Ablehnungsgesuchs und bei der Verschleppungsabsicht. 513

Bei der **„völligen Ungeeignetheit"** handelt es sich um ein Kriterium, das sich nicht unmittelbar aus dem Wortlaut des § 26a StPO ergibt. Die Rechtsprechung stellt es dem völligen Fehlen von Gründen nach § 26a Abs. 1 Nr. 2 StPO gleich, wenn im Ablehnungsgesuch nur Gründe geltend gemacht werden, aus denen sich niemals die Besorgnis der Befangenheit ergeben kann.[1007] § 26a Abs. 1 Nr. 2 StPO darf insbesondere nicht so gehandhabt werden, dass der abgelehnte Richter an einer inhaltlichen Überprüfung der Ablehnungsgründe unter 514

**1002** BVerfG, Beschl. v. 2.6.2005 – 2 BvR 625/01 u.a. = NJW 2005, 3410.

**1003** Zur Abgrenzung zwischen rechtsfehlerhaftem und willkürlichem Umgang mit einem Ablehnungsgesuch: BVerfG, Beschl. v. 27.4.2007 – 2 BvR 1674/06 = NStZ-RR 2007, 275; BVerfG, Beschl. v. 24.2.2006 – 2 BvR 836/04 = BVerfGK 7, 325; BVerfG, Beschl. v. 12.7.2006 – 2 BvR 513/06 = BVerfGK 8, 376, BVerfG, Beschl. v. 27.4.2007 – 2 BvR 1674/06 = BVerfGK 11, 62.

**1004** BGH, Beschl. v. 10.8.2005 – 5 StR 180/05 = BGHSt 50, 216 = NJW 2005, 3436 = StV 2005, 588 = NStZ 2006, 50 unter Aufgabe der früheren Rechtsprechung; BGH, Beschl. v. 14.6.2005 – 3 StR 446/04 = NStZ 2006, 51 m. Anm. *Meyer-Goßner*. Vgl. auch OLG Düsseldorf, Beschl. v. 5.10.2006 – IV-5 Ss-OWi 175/06 – (OWi) 127/06 I = NJW 2006, 3798 = NStZ 2007, 608.

**1005** Vgl. BGH, Urt. v. 23.1.2019 – 5 StR 143/18 = NStZ-RR 2019, 120 = StraFo 2019, 277; BGH, Urt. v. 25.4.2014 – 1 StR 13/13, Rn. 34.

**1006** BGH, Urt. v. 23.1.2019 – 5 StR 143/18 = NStZ-RR 2019, 120.

**1007** Vgl. BVerfG, Beschl. v. 2.6.2005 – 2 BvR 625/01 u.a. = NJW 2005, 3410 und BGH, Beschl. v. 17.12.2009 – 3 StR 367/09 beide mwN.

dem Blickwinkel mitwirkt, ob diese offensichtlich unbegründet sind und sich dabei zum Richter in eigener Sache macht.[1008]

515 Was mit dieser Abgrenzung gemeint ist, wird deutlich, wenn eine Ablehnung auf die **Vorbefassung eines Richters** gestützt ist. Wird hierbei als Grund nur geltend gemacht, der Richter habe an einer Vorentscheidung zu Lasten des Angeklagten (z.B. Eröffnungsbeschluss, Haftentscheidung) mitgewirkt, kann das Ablehnungsgesuch nach § 26a StPO verworfen werden, weil sich allein aus diesem Umstand nach h.M. nicht die Besorgnis der Befangenheit ergibt. Werden hingegen konkrete Aspekte der Vorbefassung (etwa abwertende Formulierungen in einem Urteil, die Verfahrensgestaltung o.Ä.) aufgegriffen, kann dies durchaus die Besorgnis der Befangenheit begründen.[1009] Über solche Gesuche kann nur im Verfahren nach § 27 StPO entschieden werden, selbst wenn in diesem Verfahren keine Aussicht auf Erfolg besteht.[1010] Das sollte dazu führen, dass eine Ablehnung wegen völliger Ungeeignetheit in derartigen Konstellationen nur in Ausnahmefällen statthaft ist.

516 Ähnliches gilt auch bei der Annahme der **Verschleppungsabsicht**. Hier besteht die Besonderheit, dass der Verwerfungsgrund schon *per se* eine Wertung durch das Gericht erfordert und sich damit zwangsläufig von einer rein formalen Bewertung wegbewegt.[1011] Nach der Rechtsprechung soll es zulässig sein, dass das Gericht das eigene Verhalten darstellt, solange dieses Verhalten im Rahmen der Entscheidung über das Ablehnungsgesuch nicht bewertet werden muss.[1012] Ist auf Grund des Vorbringens im Ablehnungsgesuch aber eine Prüfung des eigenen Verhaltens der Richter erforderlich, darf dies nicht im Verfahren nach § 26a StPO geschehen.[1013]

---

**1008** BGH, Beschl. v. 6.5.2014 – 5 StR 99/14 = NStZ 2015, 175; BVerfG, Beschl. v. 27.4.2007 – 2 BvR 1674/06 = BVerfGK 11, 62, 73; BVerfG, Beschl. v. 12.7.2006 – 2 BvR 513/06 = BVerfGK 8, 376, 383; BVerfG, Beschl. v. 24.2.2006 – 2 BvR 836/04 = BVerfGK 7, 325, 340.

**1009** S. dazu etwa BGH, Beschl. v. 28.2.2018 – 2 StR 234/16 = StV 2019, 152 = NStZ-RR 2018, 186 = StraFo 2018, 188. Hierzu: *Ventzke* NStZ 2018, 484.

**1010** Vgl. zu dieser Abgrenzung BGH, Urt. v. 23.1.2019 – 5 StR 143/18 = NStZ-RR 2019, 120 = StraFo 2019, 277; BGH, Beschl. v. 10.7.2014 – 3 StR 262/14 = StV 2015, 345 = NStZ 2014, 725; BGH, Beschl. v. 17.12.2009 – 3 StR 367/09; BGH, Beschl. v. 26.6.2007 – 5 StR 138/07 = NStZ 2008, 46; BGH, Beschl. v. 9.7.2015 – 1 StR 7/15 (Ablehnung im Revisionsverfahren).

**1011** So auch BGH, Beschl. v. 8.7.2009 – 1 StR 289/09 = wistra 2009, 446.

**1012** BGH, Beschl. v. 7.9.2017 – 1 StR 300/17 = StV 2018, 475 = NStZ 2018, 485; BGH, Beschl. v. 2.11.2010 – 1 StR 544/09 = NStZ 2011, 294; BGH, Beschl. v. 8.7.2009 – 1 StR 289/09; BGH, Beschl. v. 13.2.2008 – 3 StR 509/07 = NStZ 2008, 473.

**1013** BGH, Beschl. v. 7.9.2017 – 1 StR 300/17 = StV 2018, 475 = NStZ 2018, 485; vgl. auch BGH, Beschl. v. 7.7.2015 – 3 StR 66/15 = StV 2016, 271.

Auch nach den Entscheidungen des BVerfG können die einzelnen **Gründe** des § 26a Abs. 1 Nr. 1 und 2 StPO in der Regel noch in der Revisionsinstanz untereinander **ausgetauscht** werden.[1014] Auch der Grund des § 26a Abs. 1 Nr. 3 StPO kann durch einen anderen Grund ersetzt werden.[1015] Die Verschleppungsabsicht kann hingegen die anderen beiden Gründe in der Revisionsinstanz nur dann ersetzen, wenn das Vorliegen von Verschleppungsabsicht auf der Hand liegt und dies auch ausreichend begründet wird.[1016] Ist § 26a StPO nur fehlerhaft, aber nicht willkürlich angewandt worden, kommt es für die Aufhebung des Urteils auch weiterhin darauf an, ob das Ablehnungsgesuch begründet ist.[1017] 517

#### c) Entscheidung über die Begründetheit

Nicht ganz einfach zu beantworten ist die Frage, auf welcher Tatsachengrundlage über die Begründetheit eines Ablehnungsgesuchs entschieden wird. Die Anfechtung eines Ablehnungsgesuchs bleibt in der Sache immer eine sofortige Beschwerde (§ 28 Abs. 2 StPO). Für die Revision spielt aber nur das Ablehnungsgesuch gegen einen erkennenden Richter eine Rolle – also gegen denjenigen, der nach der Eröffnung des Hauptverfahrens tätig wird.[1018] Die Zurückweisung des Ablehnungsantrags kann dann nur **zusammen mit dem Urteil** angefochten werden (§ 28 Abs. 2 S. 2 StPO). Bei Ablehnung eines „nicht erkennenden" Richters hingegen ist sofortige Beschwerde einzulegen (§ 28 Abs. 2 S. 1 StPO). Wenn aber bei Ablehnung erkennender Richter die Beschwerdemöglichkeit durch § 28 Abs. 2 StPO verstellt wird, muss die Revision in diesem Fall ausreichenden Ersatz für die fehlende Beschwerdemöglichkeit bieten, da anderenfalls das Beschwerderecht in rechtsstaatswidriger Weise „qualitativ" beschränkt würde.[1019] Das Revisionsgericht prüft aus diesem Grunde die Entscheidung des Tatgerichts nach Beschwerdegrundsätzen. Das bedeutet, dass das Revisionsgericht in seiner Entscheidung – anders als sonst, aber aus guten Gründen – nicht an die Tatsachenfeststellungen des Tatgerichts gebunden ist und auch eine Ermessensentscheidung des Tatge- 518

---

**1014** BGH, Beschl. v. 10.6.2008 – 5 StR 24/08 = NStZ 2008, 578.

**1015** BGH, Beschl. v. 7.7.2015 – 3 StR 66/15 = StV 2016, 271.

**1016** BVerfG, Beschl. v. 24.2.2006 – 2 BvR 836/04, Rn. 64 = NJW 2006, 3129, 3133.

**1017** BGH, Urt. v. 23.1.2019 – 5 StR 143/18 = NStZ-RR 2019, 120; BGH, Urt. v. 10.1.2018 – 2 StR 76/17 = NStZ 2018, 732.

**1018** KK-*Scheuten* § 28 StPO, Rn. 6; *Meyer-Goßner/Schmitt* § 28 StPO, Rn. 6. OLG Hamm, Beschl. v. 25.4.2002 – 2 Ws 85/02 = NStZ-RR 2002, 238 stellt noch einmal klar, dass der Eröffnungszeitpunkt und nicht der Zeitpunkt der Terminierung entscheidend ist. Vgl. zur Thematik auch BGHSt 31, 15 und RGSt 43, 179, 181.

**1019** So schon RGSt 30, 273, 277; LR-*Siolek* § 28 StPO, Rn. 30.

richts durch eigenes Ermessen ersetzen kann.[1020] Gebunden wird es insoweit nur durch den Inhalt des Ablehnungsgesuchs.

519 Das Revisionsgericht entscheidet hier also so, als befände es sich in jeder Hinsicht in der Lage, in der das Tatgericht war, als dieses (nach Entgegennahme aller tatsächlichen Erklärungen, dienstlichen Äußerungen usw.) über das Ablehnungsgesuch zu urteilen hatte. Mit der Revision können dabei nach h.M. weder neue Ablehnungsgründe vorgetragen, noch neue Tatsachen vorgebracht werden, um die früheren Ablehnungsgründe glaubhaft oder schlüssig zu machen (vgl. § 26 Abs. 2 StPO), wie es bei der Beschwerde möglich ist.[1021]

520 Dies wird damit begründet, dass ein Nachbringen von Mitteln der Glaubhaftmachung im Revisionsrechtszug die zeitliche Grenze des § 25 StPO überschreite, die im Falle des Abs. 2 nicht nur für das Anbringen des Ablehnungsgesuchs und die Geltendmachung aller bis dahin bekannten Ablehnungsgründe, d.h. derjenigen Tatsachen, aus denen sich die Zweifel an der Unbefangenheit ergeben sollen, gilt, sondern auch für das Beibringen von Mitteln der Glaubhaftmachung (§ 26 Abs. 2 S. 1 StPO).[1022]

521 Eine andere Frage ist aber die, ob nicht aus dem Umstand, dass das Revisionsgericht über die Berechtigung eines Ablehnungsgesuchs nach Beschwerdegrundsätzen entscheidet, die Notwendigkeit erwächst, dabei auch noch solche Ablehnungsgründe und Mittel der Glaubhaftmachung ergänzend heranzuziehen, von denen wiederum glaubhaft gemacht wird, dass sie dem Revisionsführer erst **nach dem Zeitpunkt des § 25 Abs. 2 StPO** (letztes Wort des Angeklagten) bekannt geworden sind. Wenn es schon aus rechtsstaatlichen Gründen bei Ablehnungsverfahren opportun ist, die sonst strengen Regelungen des Revisionsverfahrens zu durchbrechen und wie ein Tatrichter in tatsächlicher Hinsicht zu entscheiden,[1023] erscheint es nicht erträglich, dass das Revisionsgericht Tat-

**1020** Ein lehrreiches Beispiel enthält BGH, Urt. v. 20.1.1955 – 3 StR 388/54 (insoweit in NJW 1955, 839 nicht abgedr.): Der Vorsitzende hatte einem Zeugen geschrieben, er müsse (trotz Verhinderung) unbedingt kommen, der Verteidiger und der Angeklagte hätten darauf bestanden, „vielleicht nicht zuletzt, um hierdurch eine Verhandlung zu erschweren oder gar zu vereiteln". Die Strafkammer hatte das Ablehnungsgesuch gegen den Vorsitzenden für unbegründet gehalten, der Bundesgerichtshof hielt es für begründet. Vgl. auch schon BGHSt 1, 34, 36; BGHSt 18, 200, 203 (m. Anm. *Schaper* NJW 1963, 1883); BGHSt 23, 265, 266 (m. Anm. *Peters* JR 1970, 269); BGHSt 27, 96, 98.

**1021** LR-*Siolek* § 28 StPO, Rn. 37; *Meyer-Goßner/Schmitt* § 338 StPO, Rn. 27.

**1022** Vgl. BGHSt 21, 85, 88 = NJW 1966, 2321; BGH, Beschl. v. 8.6.2016 – 5 StR 48/16.

**1023** Die Natur des Rechtsmittels soll nicht „alteriert" werden, sondern Beschwerde bleiben: RGSt 22, 135, 136.

sachen ausblendet, deren rechtzeitige Kenntnis zum Ausscheiden eines befangenen Richters geführt hätte.

Sinn und Zweck der Regelung ist es, dem Angeklagten Schutz vor einem möglicherweise befangenen Richter zu gewähren. Dabei kann es für ein Gericht, dem wesentliche Tatsachen für eine Überprüfung im Rahmen seiner Sachkompetenz zugänglich gemacht werden, keine Rolle spielen, ob das Tatgericht aus seiner damaligen Sicht eine vertretbare oder auch richtige Entscheidung getroffen hat.[1024] Auch der Einwand, der Angeklagte könne ein solches Recht durch Verzögerungsstrategien missbrauchen,[1025] erscheint angesichts der Tatsache, dass § 25 Abs. 2 StPO Ablehnungsgesuche bis zum letzten Wort des Angeklagten zulässt, wenig überzeugend.[1026] Der 5. Strafsenat des BGH hat im Übrigen in einem Einzelfall in der Einholung dienstlicher Stellungnahmen im Rahmen des Revisionsverfahrens zu einem beim Tatgericht angebrachten Ablehnungsgesuch keine Einführung neuer Beweismittel gesehen und sie als zulässig bewertet.[1027] 522

Voraussetzung für die Revisionsrüge ist weiterhin, dass der Gerichtsbeschluss über das Ablehnungsgesuch überhaupt **rechtsmittelfähig** ist. Dies ist nicht der Fall, wenn das Oberlandesgericht als erkennendes Gericht in erster Instanz entschieden hat (§ 28 Abs. 2 S. 2 StPO), denn gemäß § 304 Abs. 4 StPO sind Beschlüsse des OLG in diesen Fällen nicht beschwerdefähig und damit gemäß § 336 S. 2 StPO auch nicht revisibel.[1028] Dies gilt gleichermaßen, wenn das OLG in einer beim LG anhängigen Sache nach § 27 Abs. 4 StPO an dessen Stelle entschieden hat.[1029] 523

Diese Einschränkung der Beschwerdemöglichkeiten hat jedoch keine Berechtigung. Aus welchem Grund sollten Ausnahmeregelungen im Recht der Be- 524

---

**1024** Treffend hierzu *Hanack* JR 1967, 229, 230 in einer Anm. zu BGH JR 1967, 227.

**1025** So wird z.B. das Zurückhalten von Ablehnungsgründen befürchtet: BGHSt 21, 85, 87; KK-*Scheuten* § 25 StPO, Rn. 5, § 28 StPO, Rn. 9 und 11 („würden die zeitlichen Grenzen unterlaufen").

**1026** Vgl. dazu im Einzelnen *Hanack* JR 1967, 230.

**1027** Vgl. BGH, Beschl. v. 8.6.2016 – 5 StR 48/16. S. ferner auch KK-*Gericke* § 338 StPO, Rn. 63 (freibeweisliche Ermittlungen zulässig).

**1028** BGHSt 27, 96, 97; BVerfGE 45, 363, 374 = BVerfG NJW 1977, 1815 (mit abl. Anm. *Schmidt-Leichner* NJW 1977, 1804, der zutreffend feststellt, dass es keine Rolle spielt, ob ein Landgericht oder ein Oberlandesgericht in erster Instanz entscheidet; sobald es als erkennendes Gericht entscheidet, kann eine Anfechtung, wie sich aus §§ 305, 28 Abs. 2 StPO ergibt, nur zusammen mit dem Urteil erfolgen, also mit der Revisionsrüge des § 338 Nr. 3 StPO).

**1029** LR-*Franke* § 338 StPO, Rn. 63; *Meyer-Goßner/Schmitt* § 338 StPO, Rn. 26; anders aber RGSt 33, 314, 316; RGSt 37, 112, 114.

schwerde (gegen Beschlüsse außerhalb der Hauptverhandlung) die Revisibilität von Urteilen in einem Bereich beschränken können, in dem es auch um die Wahrung eines durch die Verfassung (Art. 101 GG) garantierten Rechtes geht? Die entgegenstehende Auffassung des 3. Strafsenats des Bundesgerichtshofs[1030] ist nur aus dem (zu Unrecht dem Gesetzgeber unterstellten) „Bestreben" erklärbar, „den Bundesgerichtshof nicht mit Fragen zu belasten, deren abschließende Beurteilung ... dem ranghohen Gericht (OLG) überlassen werden kann".[1031] Damit wird die Rechtsmittelsystematik der StPO aber auf den Kopf gestellt. Nur weil die Unbefangenheit der erkennenden Richter noch im Revisionsrechtszug überprüft werden kann, ist die Unanfechtbarkeit der Entscheidungen über Befangenheitsgesuche gegen Richter, die lediglich an vorbereitenden Beschlüssen mitwirken, hinnehmbar.

525 Ebenfalls nicht anfechtbar sind stattgebende Beschlüsse (§ 28 Abs. 1 StPO). Das soll über § 336 S. 2 StPO dafür sorgen, dass eine erfolgreiche Ablehnung auch vom Revisionsgericht nicht überprüft werden kann.[1032] Folgt man dieser Ansicht, so kann die Staatsanwaltschaft nicht gegen zu Unrecht erfolgreiche Ablehnungsgesuche, die Verteidigung und Nebenklage allenfalls mit der Verfassungsbeschwerde gegen solche Gesuche vorgehen. Demgegenüber hat der BGH solche Fälle schon unter § 338 Nr. 1 StPO gefasst.[1033] Das wird in der Literatur kritisiert.[1034] Zumindest in Fällen objektiver Willkür ist das Prinzip des gesetzlichen Richters (Art. 101 Abs. 1 S. 2 GG) berührt, so dass dann der Ausschluss der Revisibilität nach § 336 S. 2 StPO nicht greifen kann.[1035]

526 Die Befugnis des Revisionsgerichts, nach Beschwerdegrundsätzen selbst über die Begründetheit des Ablehnungsgesuchs zu entscheiden, bedeutet auch, dass Verfahrensfehler, die dem Tatrichter bis zu seiner Entscheidung über das Gesuch unterlaufen sind, nicht schon als solche unter den absoluten Revisionsgrund fallen. So führt etwa das Fehlen einer dienstlichen Erklärung nicht per se dazu, dass über das Befangenheitsgesuch fehlerhaft entschieden wur-

---

**1030** BGHSt 27, 96, 97.
**1031** BGHSt 27, 96, 97.
**1032** *Meyer-Goßner/Schmitt* § 28 StPO, Rn. 1; KK-*Scheuten* § 28 StPO, Rn. 1 beide mwN.
**1033** BGH, Urt. v. 3.2.1982 – 2 StR 374/81 = NStZ 1982, 291, 292.
**1034** *Meyer-Goßner/Schmitt* § 28 StPO, Rn. 1; KK-*Scheuten* § 28 StPO, Rn. 1; MüKoStPO-*Conen/Tsambikakis* § 28 StPO, Rn. 2. Vgl. ergänzend auch BGH, Urt. v. 13.3.1962 – 5 StR 544/61 = GA 1962, 338.
**1035** Vgl. auch KK-*Gericke* § 336 StPO, Rn. 13. Für die Anwendbarkeit von § 338 Nr. 1 StPO bei Vorliegen von Willkür: LR-*Siolek* § 28 StPO, Rn. 1; KK-*Scheuten* § 28 StPO, Rn. 1.

de.[1036] Das galt auch für die Verletzung der Wartepflicht nach § 29 Abs. 1 StPO a.F.[1037], wenn das Revisionsgericht zu dem Ergebnis kam, dass die Ablehnung jedenfalls unbegründet war.[1038]

#### d) Darlegungsanforderungen

Wird mit der Verfahrensrüge geltend gemacht, es liege der absolute Revisionsgrund des § 338 Nr. 3 StPO vor, muss klargestellt werden, in Bezug auf welchen Richter die Rüge erhoben wird, der Richter ist namentlich zu bezeichnen. Regelmäßig geht er schon aus dem Ablehnungsgesuch hervor. War dieses gegen mehrere Personen gerichtet und enthielt es unterschiedliche Begründungen, muss klargestellt werden, worauf sich die Rüge bezieht. Das **Ablehnungsgesuch** selbst sollte in der Revisionsbegründung vollständig wiedergegeben werden.[1039] Zusätzlich ist es – je nach Einzelfall – unter Umständen notwendig, Vorgänge mitzuteilen, auf die sich das Ablehnungsgesuch gedanklich stützt.[1040] Darzulegen sind ferner die Tatsachen, die zur Prüfung der **Rechtzeitigkeit** durch das Revisionsgericht von Bedeutung sind. Das ist auch dann notwendig, wenn das Tatgericht das Gesuch selbst als rechtzeitig angesehen hat.[1041] Von Bedeutung ist, wann der Ablehnende Kenntnis von den maßgeblichen Umständen erlangt hat und wann das Ablehnungsgesuch gestellt wurde. Ist nicht offensichtlich, dass das Ablehnungsgesuch rechtzeitig war, muss das Geschehen im Zeitraum zwischen beiden Ereignissen (Kenntniserlangung und Anbringung des Ablehnungsgesuchs) dargestellt werden. Dabei sollte insbesondere dargestellt werden, welche Umstände Grund für eine etwaige Verzögerung waren. Hat 527

**1036** BGH, Beschl. v. 24.7.2007 – 4 StR 236/07 = NStZ 2008, 117 = StraFo 2007, 474; regelmäßig wird dann aber ein relativer Revisionsgrund in Betracht kommen: OLG Hamburg, Beschl. v. 2.9.2014 – 2-45/14 (REV) = StV 2015, 15.

**1037** Zur Änderung des § 29 StPO durch das Gesetz zur Modernisierung des Strafverfahrens vom 10.12.2019 (BGBl. I, S. 2121) vgl. BT-Drs. 19/14747 S. 22 und *Claus* NStZ 2020, 57, 59.

**1038** BGH, Beschl. v. 3.4.2003 – 4 StR 506/02 = BGHSt 48, 264 = NJW 2003, 2396 = wistra 2003, 391 = NStZ 2003, 668. Zur Rüge der Verletzung des § 29 StPO vgl. BGH, Beschl. v. 2.10.2013 – 1 StR 386/13.

**1039** Vgl. zum Umfang der Darlegungspflicht: LR-*Siolek* § 28 StPO, Rn. 33; *Meyer-Goßner/Schmitt* § 338 StPO, Rn. 29.

**1040** BGH, Beschl. v. 7.2.2012 – 5 StR 432/11 = StV 2012, 587 (Beweisantrag); BGH, Urt. v. 20.4.2011 – 2 StR 639/10 = StraFo 2011, 312 (Einlassung als Anlass für eine Äußerung); BGH, Beschl. v. 14.1.2000 – 3 StR 106/99 (Ablauf einer Vernehmung).

**1041** BGH, Beschl. v. 17.11.2015 – 4 StR 276/15 = NStZ 2016, 627. Vgl. zu den Darlegungsanforderungen auch BGH, Beschl. v. 27.11.2019 – 5 StR 272/19.

das Gericht zur Anbringung des Gesuchs nicht sofort das Wort erteilt,[1042] ist auch dies darzustellen.

528 Wurden **dienstliche Äußerungen** abgegeben, müssen diese in der Revisionsbegründung mitgeteilt werden.[1043] Finden sich in der dienstlichen Erklärung Verweisungen, ist regelmäßig auch der Inhalt der Dokumente, auf die verwiesen wurde, in der Revisionsbegründung darzustellen.[1044] Mitzuteilen ist daneben die **Entscheidung**, die in Bezug auf das Ablehnungsgesuch ergangen ist. Auch hier sollte sich der Beschwerdeführer keinen Risiken aussetzen und diese Entscheidung in der Revisionsbegründung im Wortlaut wiedergeben. Enthält sie Verweisungen, gilt dasselbe wie bei den dienstlichen Äußerungen: Die Dokumente, auf die verwiesen wird, sind regelmäßig ebenfalls mitzuteilen. Soll gerügt werden, über das Gesuch sei zu Unrecht nach **§ 26a StPO** entschieden worden, muss mitgeteilt werden, in welcher Besetzung das Gericht entschieden hat.[1045]

#### e) Anwendbarkeit auf andere Verfahrensbeteiligte

529 Kein absoluter, sondern nur ein relativer Revisionsgrund (§ 337 Abs. 1 StPO) liegt darin, dass ein **Sachverständiger** tätig geworden ist, dessen Ablehnung gemäß § 74 StPO zu Unrecht zurückgewiesen wurde.[1046]

530 Nach dem Gesetzeswortlaut gelten die §§ 22ff. StPO nur für Richter.[1047] Auf **Staatsanwälte** sind die Ausschließungsgründe in den §§ 22 und 23 StPO nicht unmittelbar anwendbar.[1048] Gegen einen **befangenen Staatsanwalt** ist keine Ablehnung nach § 24 StPO möglich, was zugleich den Zugang zur Revision erschwert.[1049] Die Kompetenzen und Entscheidungsbefugnisse der Staatsanwaltschaft sind im Laufe der letzten Jahrzehnte stetig erweitert worden. Es steht au-

---

**1042** Vgl. zur angemessenen Gestaltung der Hauptverhandlung und der Protokollierung *Drees* NStZ 2005, 184.

**1043** BGH, Urt. v. 20.6.2007 – 1 StR 167/07; BGH, Beschl. v. 8.8.1995 – 1 StR 377/95 = StV 1996, 2.

**1044** Vgl. BGH, Urt. v. 20.6.2007 – 2 StR 84/07, Rn. 23.

**1045** BGH, Beschl. v. 9.6.2009 – 4 StR 461/08, Rn. 15 = StV 2010, 57 = NStZ 2009, 374. Vgl. zu den Darlegungspflichten bei § 26a Abs. 1 Nr. 3 StPO auch: BGH, Urt. v. 23.1.2019 – 5 StR 143/18, Rn. 26 ff. = NStZ-RR 2019, 120 = StraFo 2019, 277.

**1046** S. dazu im Einzelnen unten Rn. 1060.

**1047** Siehe hierzu auch BGH NStZ 1991, 595; LR-*Siolek* Vor § 22 StPO, Rn. 8 mwN.

**1048** So die h.M.; vgl. KK-*Scheuten* Vor § 22 StPO, Rn. 1; *Meyer-Goßner/Schmitt* Vor § 22 StPO, Rn. 3.

**1049** Vgl. zur Thematik: BVerfG JR 1979, 28; BGH, Urt. v. 15.9.1995 – 5 StR 642/94 = StV 1996, 297.

ßer Frage, dass ein Staatsanwalt durch unzulässige Ermittlungsarbeit in rechtsstaatswidriger Weise auf das Hauptverfahren Einfluss nehmen kann. Mit der Zunahme der Eingriffsmöglichkeiten steigt jedoch zwangsläufig auch die Gefahr von Missbräuchen.

Bereits in der Vergangenheit ist unzulässige Ermittlungsarbeit durch befangene Staatsanwälte – z.B. durch voreingenommenes Bedrängen oder Befragen der Zeugen oder des Beschuldigten – keine Seltenheit gewesen. Durch Befangenheit gefärbte Vernehmungsprotokolle und Vermerke können zum Gegenstand der Hauptverhandlung werden und dadurch eine faire Beweisaufnahme beeinträchtigen. Zwar ist das Gericht als Entscheidungsinstanz der Staatsanwaltschaft „nachgeschaltet"; dennoch ist – wie auch bei der Frage, ob Beweisverwertungsverbote die unbewusste Verwertung gesichteten Materials auszuschließen vermögen – unbezweifelbar, dass man sich von einmal zugänglich gewordenen Ermittlungsergebnissen nicht mehr ohne Weiteres frei machen und objektiv urteilen kann.[1050] Denkbar ist ferner eine Einschüchterung von Zeugen durch einen befangenen Staatsanwalt im Vorverfahren,[1051] die dazu führt, dass diese in der Hauptverhandlung nicht mehr so frei agieren, wie sie es ohne den entsprechend handelnden Ermittler vielleicht getan hätten. Die gleiche Gefahr besteht bei Sitzungsvertretern, die eine enge Beziehung zum Beschuldigten haben (Liebesverhältnis, Verlöbnis o.ä.) bzw. bei großer Abneigung gegen den Beschuldigten oder erheblichen Spannungen[1052] mit demselben. 531

Wird Derartiges bekannt, müsste es möglich sein, nicht erst im Nachhinein den Staatsanwalt aus der Ermittlungsarbeit zu entfernen, etwa durch Auswechslung des Staatsanwaltes auf Weisung des Vorgesetzten (§ 145 Abs. 1 GVG)[1053] oder durch Dienstaufsichtsbeschwerde.[1054] Der Staatsanwalt müsste 532

1050 „We may try to see things as objectively as we please. None the less, we can never see them with any eyes except our own" – *Cardozo* zitiert von *Herdegen* in NStZ 1984, 97.

1051 Vgl. LG Bad Kreuznach StV 1993, 629, 634, das aufgrund rechtswidrig angedrohter Beugehaft gegenüber Zeugen durch einen befangenen Staatsanwalt zu einem Beweisverbot nach den §§ 69 Abs. 3, 136 a StPO gelangte.

1052 *Tolksdorf*, Mitwirkungsverbot für den befangenen Staatsanwalt, S. 102; LG Bad Kreuznach StV 1993, 629 632, wonach ein Staatsanwalt über einen Beschuldigten geäußert haben soll: „Ich hatte den S. (den späteren Angeklagten) auf dem Kieker".

1053 Zu bedenken ist jedoch, dass hierauf kein Anspruch besteht; es gibt nur die Möglichkeit, auf eine solche Maßnahme hinzuwirken. Vgl. hierzu KK-*Scheuten* Vor § 22 StPO, Rn. 2; *Kissel/Mayer* § 145 GVG, Rn. 6 ff. und 9 mwN. Zu gesetzlichen Regelung in Baden-Württemberg und Niedersachen vgl. *Meyer-Goßner/Schmitt* Vor § 22 StPO, Rn. 3.

1054 Die Dienstaufsichtsbeschwerde wendet sich an die Dienstaufsicht des leitenden Vorgesetzten (bei der StA der Generalstaatsanwalt) oder direkt an den Justizminister gem. § 147 Nr. 1 GVG. Sie untersteht keiner Frist oder Formvorschrift.

vielmehr – wie ein Richter – bei Bekanntwerden seiner Befangenheit aus dem laufenden Verfahren ausgeschlossen werden können, um dem Angeklagten ein rechtsstaatliches Verfahren zu sichern. Ein weiterer, durch das LG Bad Kreuznach[1055] beschrittener Weg ist das Verbot, die durch einen befangenen Staatsanwalt gewonnenen Beweise zu verwerten.[1056] Für beide Wege ist es jedoch notwendig, dass ein unabhängiges Gremium und nicht der Dienstvorgesetzte über das vorgebrachte Ablehnungsgesuch entscheidet.

533 Zwei Probleme werden dabei aufgeworfen, zum einen die Frage der Unwirksamkeit von Amtshandlungen und zum anderen die Revisibilität eines Urteils, das nach einer Hauptverhandlung ergangen ist, an der ein befangener Staatsanwalt mitgewirkt hat.[1057] Vom Gesetzgeber ist dies bislang nicht aufgegriffen worden. Zwar wird in der Literatur über die Ablehnung des befangenen Staatsanwaltes mit zum Teil interessanten Durchsetzungsmodellen gestritten.[1058] Begründet wird die Ablehnbarkeit eines befangenen Staatsanwaltes z.B. mit einer Ableitung aus dem Prinzip des fairen Verfahrens, ferner mit § 160 Abs. 2 StPO,[1059] einer entsprechenden Anwendung der §§ 20, 21 VwVfG und einer Analogie zu den §§ 22ff. StPO.[1060] Um hier Klarheit zu schaffen, wäre aber eine gesetzliche Regelung zweckmäßig.[1061]

534 Die Rechtsprechung hat bislang nur zu einzelnen Fragen Stellung genommen. Inzwischen entspricht es der h.M., dass in den Fällen, in denen ein Staats-

**1055** LG Bad Kreuznach StV 1993, 629.

**1056** Das LG Bad Kreuznach zieht – insbesondere in Bezug auf Durchsuchungsanordnungen, die durch befangene Staatsanwälte in besagtem Verfahren bewirkt worden sind – interessante Parallelen zu anderen Rechtsordnungen. So wird z.B. der Lordrichter *Crampten* mit einem Satz aus dem Jahre 1775 zitiert, der auch in einem modernen, demokratischen Rechtsstaat durchaus noch seine Bedeutung hat: „The poorest man may in his cottage bid defiance to all forces of the crown. It may frail; its roots may shake; the wind may blow through it; the storm may enter; the rain may enter; but the king with all his forces dare not cross the threshold of the ruined tenement" (LG Bad Kreuznach StV 1993, 635).

**1057** Vgl. *Frisch* StV 1992, 613; KK-*Scheuten* Vor § 22 StPO, Rn. 6.

**1058** Vgl. *Frisch* StV 1992, 613 und *Hilgendorf* StV 1996, 50.

**1059** Jene Begründungsmodelle werden von *Tolksdorf*, Mitwirkungsverbot für den befangenen Staatsanwalt, S. 51ff. abgelehnt.

**1060** Die Gesetzeslücke in diesem Bereich lässt sich jedoch nach Meinung *Tolksdorfs* nicht mit einer Analogie zu den §§ 22, 23 StPO schließen, da keines der darin aufgezählten Merkmale in seiner Gesamtheit auf den Staatsanwalt passe (S. 75ff.); *Frisch* StV 1992, 614.

**1061** Vgl. LR-*Siolek* Vor § 22 StPO, Rn. 13 (Analogie zu den für den Richter geltenden Regeln) und *Frisch* StV 1992, 617, der zu Recht darauf aufmerksam macht, dass es für alle wichtigen Rollenträger derartige Regelungen gibt und es insofern überfällig ist, auch für den Staatsanwalt eine solche zu schaffen.

anwalt mitgewirkt hat, für den einer der für Richter geltenden Ausschließungsgründe nach § 22 Nr.1-Nr. 3 StPO zutraf, ein relativer Revisionsgrund gegeben ist.[1062] Besondere Schwierigkeiten bereitet in einem solchen Fall allerdings regelmäßig die Frage, ob das Urteil auf dem Verfahrensfehler beruht.[1063] Anders ist dies jedoch bei einer Fallgruppe, zu der in jüngster Zeit mehrere Entscheidungen ergangen sind. Danach kann es der weiteren Tätigkeit eines **Staatsanwaltes** in der Hauptverhandlung entgegenstehen, wenn er **als Zeuge vernommen** wurde. Der in § 22 Nr. 5 StPO enthaltene Rechtsgedanke wird damit jedenfalls teilweise auf den Staatsanwalt übertragen. Ist er als Zeuge vernommen worden, ist er jedenfalls gehindert, einen Schlussvortrag zu dem Thema zu halten, zu dem er als Zeuge ausgesagt hat.[1064]

### f) Anwendbarkeit von § 338 Nr. 3 StPO nach Verständigung

Nicht abschließend geklärt ist, welche Folgen es hat, wenn in einem Verfahren 535
zunächst ein Ablehnungsgesuch gestellt, dieses sodann zurückgewiesen wurde und es im weiteren Verlauf zu einer Verständigung (§ 257c StPO) gekommen ist. Grundsätzlich kann es im Zusammenhang mit einer Verständigung auch zur Rücknahme eines bereits gestellten Ablehnungsgesuchs kommen.[1065] Geschieht dies, verliert der Angeklagte die Möglichkeit, mit der Revision eine Rüge nach § 338 Nr. 3 StPO zu erheben. Fraglich ist aber, ob das auch dann gilt, wenn es zu einer Verständigung gekommen ist, ohne dass ein gestellter Ablehnungsantrag zurückgenommen wurde. So wird diskutiert, ob aus der Verständigung eine Rügepräklusion oder eine konkludente Rücknahme des gestellten Ablehnungsantrages resultieren könnte.[1066] In der Rechtsprechung wird teilweise für möglich gehalten, dass es zur Unzulässigkeit von Verfahrensrügen führt, wenn nachfolgend eine Verständigung stattfindet.[1067] Teilweise geht die Rechtspre-

---

**1062** LR-*Siolek* Vor § 22 StPO, Rn. 12 und 15; *Meyer-Goßner/Schmitt* Vor § 22 StPO, Rn. 6. Vgl. zur Thematik auch BGH NJW 1980, 845; BGH NStZ 1984, 419; LG Köln NStZ 1985, 230, 231 m. Anm. *Wendisch*, LG Mönchengladbach StV 1987, 333, 334; *Pfeiffer* FS Rebmann, S. 359, 373.
**1063** Vgl. hierzu LR-*Siolek* Vor § 22 StPO, Rn. 12; *Meyer-Goßner/Schmitt* Vor § 22 StPO, Rn. 7 sowie *Frisch* StV 1992, 615 f.
**1064** S. dazu oben Rn. 503.
**1065** Für die Zulässigkeit der Zusage, auf Befangenheitsanträge zu verzichten: *Meyer-Goßner/Schmitt* § 257c StPO, Rn. 14; MüKoStPO/*Jahn/Kudlich* § 257c StPO, Rn. 14.
**1066** Vgl. KK-*Moldenhauer/Wenske* § 257c StPO, Rn. 68.
**1067** Vgl. BGH, Beschl. v. 24.2.2010 – 5 StR 23/10 = StV 2010, 470 m. Anm. *Wattenberg* = NStZ-RR 2010, 180 = StraFo 2010, 157. S. ferner auch BGH, Beschl. v. 22.9.2008 – 1 StR 323/08 = NJW 2009, 690 = NStZ 2009, 159 = StV 2009, 169 kritisch dazu *Ventzke* HRRS 2009, 28; ähnlich be-

chung aber auch davon aus, dass es nach einer Verständigung bei der uneingeschränkten Zulässigkeit von Verfahrensrügen bleibt.[1068]

536 Nachdem durch das Verständigungsgesetz klargestellt wurde, dass die Verständigung nicht zu einem Verzicht auf Rechtsmittel führen darf (vgl. § 302 Abs. 1 S. 2 StPO) und damit regelmäßig die Revision zulässig ist, wäre es nicht folgerichtig, die Rügebefugnis für einzelne Typen von Verfahrensrügen pauschal zu verneinen.[1069] Immerhin mag es im Einzelfall Gründe geben, die es ausschließen, eine Rüge weiter zu verfolgen. Andererseits kann es aber auch Fallgestaltungen geben, in denen es gerade konsequent ist, an einem Ablehnungsgesuch festzuhalten. So etwa, wenn dieses darauf gestützt war, dass das Gericht mit einer Sanktionsschere gedroht hat. Hat der Angeklagte sich nach Zurückweisung eines in diesem Zusammenhang gestellten Befangenheitsantrages zu einer Verständigung entschlossen, „um Schlimmeres abzuwenden", dann kann es nicht unzulässig sein, den auf die Drohung mit der Sanktionsschere gestützten Antrag zum Gegenstand einer Verfahrensrüge zu machen.

### 5. § 338 Nr. 4 StPO (Unzuständigkeit)

**Literatur:** *Ignor*, Zur Justiziabilität der Auswahl des Gerichtsstandes durch die Staatsanwaltschaft, FS Schlothauer, 2018, S. 117 ff.; *Kröger* Der gesetzliche Richter und die besondere Bedeutung des Falles i. S. des § 24 I Nr. 2, 3 GVG, 1962; *Oehler* Der gesetzliche Richter und die Zuständigkeit in Strafsachen, ZStW 64 (1952), 292; *Rieß* Die Bestimmung und Prüfung der sachlichen Zuständigkeit und verwandter Erscheinungen im Strafverfahren, GA 1976, 1; *Rotsch*, Materielle Strafrechtsdogmatik und strafprozessuale Zuständigkeit – Zur Kollision von Zuständigkeitskumulation und Art. 101 Abs. 1 S. 2 GG, ZIS 2006, 17; *Strate*, Die bewegliche Zuständigkeit des gesetzlichen Richters, FS Widmaier, 2008, S. 567 ff.; *Wolff*, Zur Bedeutung von § 6 StPO im Revisionsverfahren, JR 2006, 232.

537 Fehler bei der Bestimmung der örtlichen, sachlichen oder besonderen funktionalen Zuständigkeit der Gerichte führen dazu, dass nicht der gesetzliche Richter entscheidet. Für diese Fälle gilt der absolute Revisionsgrund des § 338 Nr. 4 StPO, der sich nicht wie Nr. 1 mit der „Zuständigkeit" der einzelnen Richterper-

---

reits eine nicht tragende Andeutung bei BGH, Beschl. v. 14.12.2006 – 5 StR 472/06 = StV 2008, 226.

**1068** BGH, Beschl. v. 13.9.2011 – 3 StR 196/11 = BGHSt 57, 3, 7 = NJW 2012, 468 = StV 2012, 137 = JR 2012, 262 m. Anm. *Schroeder*.

**1069** Vgl. BGH, Beschl. v. 13.9.2011 – 3 StR 196/11 = BGHSt 57, 3, 7 = NJW 2012, 468 = StV 2012, 137 = JR 2012, 262 m. Anm. *Schroeder;* BGH, Beschl. v. 3.9.2009 – 3 StR 156/09 = StV 2009, 680; BGH, Beschl. v. 6.8.2009 – 3 StR 547/08 = StV 2009, 628 = NStZ 2010, 289.

sönlichkeiten innerhalb eines Gremiums, sondern mit der Frage befasst, ob der ganze Spruchkörper zur Entscheidung des Falles berufen ist.

Im Falle der **örtlichen Zuständigkeit** beantwortet sich diese Frage nach 538
den Regeln über den Gerichtsstand. Die §§ 7ff. StPO lassen dabei der Staatsanwaltschaft praktisch ein Wahlrecht, wenn Tatort, Wohnsitz oder Ergreifungsort des Beschuldigten nicht im Bezirk desselben Gerichts liegen.[1070] Die fehlende örtliche Zuständigkeit muss – sofern sie nicht von Amts wegen festgestellt wurde – gem. **§ 16 StPO** von dem Angeklagten in der Hauptverhandlung gerügt werden. Dieser Einwand ist nur bis zum Beginn seiner Vernehmung zur Sache möglich. Danach ist auch die Unzuständigkeitsrüge für das Revisionsverfahren präkludiert[1071] (§ 16 S. 2, 3 StPO). Bleibt der rechtzeitige und berechtigte Einwand des Angeklagten in der Hauptverhandlung unberücksichtigt, steht ihm die Möglichkeit der Urteilsanfechtung nach § 338 Nr. 4 StPO zu. Das Revisionsgericht überprüft daraufhin, ob die Rüge rechtzeitig vorgebracht und ob der Einwand vom Tatgericht zu Unrecht verworfen worden ist.[1072] Maßgeblich ist, ob das Tatgericht zum Zeitpunkt der Eröffnung hinreichende Anhaltspunkte dafür haben konnte, dass seine Zuständigkeit begründet war.[1073]

Probleme entstehen manchmal, wenn während des Verfahrens der Beschul- 539
digte seinen **Wohnsitz wechselt**. Maßgeblich ist der Ort, an dem er sich zum Zeitpunkt der Anklageerhebung[1074] nicht nur vorübergehend niedergelassen hat.[1075] In Jugendsachen erlaubt § 42 Abs. 3 JGG, dass das Gericht eine bereits anhängige Sache an das Gericht des neuen Wohnsitzes abgibt, wenn der Beschuldigte nach Anklageerhebung umzieht.[1076]

---

**1070** Nach überwiegender Ansicht ist dieses Wahlrecht mit Art. 101 Abs. 1 S. 2 GG vereinbar (LR-*Erb* Vor § 7 StPO, Rn. 20 ff.; KK-*Scheuten* Vor § 7 StPO, Rn. 3; *Ignor* FS Schlothauer, S. 119). Unumstritten ist dies aber nicht (vgl. *Rotsch* ZIS 2006, 17). Vgl. zur Thematik auch BVerfGE 20, 336, 346 = NJW 1967, 99 sowie BGH NStZ 1990, 138.

**1071** *Meyer-Goßner/Schmitt* § 16 StPO, Rn. 6, § 338 StPO, Rn. 31.

**1072** *Meyer-Goßner/Schmitt* § 338 StPO, Rn. 31; LR-*Franke* § 338 StPO, Rn. 67 f.; zur Begrenzung des Auswahlermessens der StA: *Ignor* FS Schlothauer, S. 120 ff.; *Strate* FS Widmaier, S. 575 ff.; *Trüg* NZWiSt 2014, 112 (Anm. zu OLG Frankfurt NZWiSt 2014, 109).

**1073** BGH, Urt. v. 1.10.2013 – 1 StR 403/13 = NStZ 2014, 475; BGH, Beschl. v. 24.10.2012 – 1 StR 485/12 = NJW 2013, 300 = StV 2013, 552; BGH, Beschl. v. 31.3.2011 – 3 StR 400/10 = StraFo 2011, 271, 273.

**1074** *Meyer-Goßner/Schmitt* § 8 StPO, Rn. 2.

**1075** So das LG Frankfurt StV 1988, 381 im Falle eines Asylbewerbers für die Wohnsitzfrage nach § 132 StPO.

**1076** Vgl. Zum Anwendungsbereich von § 42 Abs. 3 JGG: BGH, Beschl. v. 19.2.2019 – 2 ARs 35/19 = NStZ-RR 2019, 160; BGH, Beschl. v. 10.10.2018 – 2 ARs 271/18; BGH, Beschl. v. 4.6.2019 –

540 Die durch das Gerichtsverfassungsrecht bestimmte **sachliche Zuständigkeit** der Gerichte betrifft die Verteilung der Rechtssachen auf die verschiedenen Spruchkörper des ersten Rechtszuges (Strafrichter, Schöffengericht, große Strafkammer, Strafsenat des OLG) nach ihrer Art und Schwere. Von ihr ist auch der Instanzenzug abhängig. Entsprechende Regelungen finden sich in § 25 GVG (Strafrichter des Amtsgerichts), §§ 24, 28 GVG (Schöffengericht), § 74 Abs. 1 GVG (große Strafkammer) und § 120 GVG (Strafsenat). Auch das JGG kennt eine solche Zuständigkeitsverteilung (§§ 39–41 JGG). Die sachliche Zuständigkeit ist in jeder Lage des Verfahrens **von Amts wegen zu prüfen** (§ 6 StPO).[1077] Dies gilt grundsätzlich auch für die sachliche Zuständigkeit der Jugendgerichte im Verhältnis zu anderen Jugendgerichten oder im Verhältnis zu den Erwachsenengerichten gleicher Ordnung. Dennoch soll Letzteres im Revisionsrechtszug nur auf eine zulässig erhobene Verfahrensrüge hin zu überprüfen sein.[1078]

541 Zu beachten ist im Zusammenhang mit Fragen der sachlichen Zuständigkeit die Regelung des **§ 269 StPO.** Danach ist es als unschädlich anzusehen, wenn sich ein Gericht höherer Ordnung für zuständig erklärt. Das gilt jedoch nicht ausnahmslos: So tritt nach der Rechtsprechung diese Regelung bei „Willkür“ wieder hinter § 6 StPO zurück.[1079] Eine weitere Ausnahme betrifft die Zuständigkeit von Bundesgerichten in erster Instanz. Da die in § 120 GVG geregelte Zuständigkeit der Staatsschutzsenate der Oberlandesgerichte eine nur ausnahmsweise zulässige Ausübung von Bundesgerichtsbarkeit ist (vgl. Art. 96 Abs. 5 GG), prüft der BGH hier nach, ob die Anwendung des § 120 GVG mit den Vorgaben des Grundgesetzes in Einklang steht.[1080] Diese Prüfung wird von Amts wegen vorgenommen.

542 Praktische Bedeutung erlangt hat die Frage, unter welchen Voraussetzungen Willkür vorliegt, insbesondere im Zusammenhang mit der Abgrenzung der sachlichen Zuständigkeit zwischen **Schöffengericht (Amtsgericht) und Strafkammer (Landgericht).** Die in § 24 Abs. 1 Nr. 3 GVG enthaltenen unbestimmten

---

2 ARs 80/19 = NStZ 2019, 679 (hierzu *Kaspar* NStZ 2020, 305): BGH, Beschl. v. 8.8.2015 – 2 ARs 142/15 = NStZ-RR 2015, 353; BGH, Beschl. v. 18.6.2008 – 2 ARs 246/08 sowie BGHSt 13, 209.

**1077** Vgl. hierzu *Wolff* JR 2006, 232.

**1078** *Meyer-Goßner/Schmitt* § 6 StPO, Rn. 6; KK-*Gericke* § 338 StPO, Rn. 69 mwN; s. unten Rn. 546 ff.

**1079** BGH, Beschl. v. 21.8.2019 – 3 StR 221/18 = NStZ 2020, 291 = wistra 2020, 254; BGH, Urt. v. 22.12.2000 – 3 StR 378/00 = BGHSt 46, 238, 241 = NJW 2001, 1359; BGH, Urt. v. 12.2.1998 – 4 StR 428/97 = BGHSt 44, 34, 36; BGH, Urt. v. 22.4.1997 – 1 StR 701/96 = BGHSt 43, 53 = NJW 1997, 2689, 2690; BGH, Urt. v. 27.2.1992 – 4 StR 23/92 = BGHSt 38, 212; vgl. auch KK-*Greger* § 269 StPO, Rn. 11; *Meyer-Goßner/Schmitt* § 269 StPO, Rn. 8 mwN.

**1080** Dazu: BGH, Urt. v. 22.12.2000 – 3 StR 378/00 = BGHSt 46, 238, 241 = NJW 2001, 1359.

Rechtsbegriffe[1081] laden zu unterschiedlichen Auslegungen geradezu ein.[1082] Auch können sich durch Entscheidungen über die Verbindung und Trennung von Verfahren problematische Konstellationen ergeben.[1083] Neben der Auslegung und Anwendung des Gerichtsverfassungsrechts ist aber insbesondere umstritten, ob die Frage der sachlichen Zuständigkeit in derartigen Fällen von Amts wegen oder nur auf eine Verfahrensrüge hin zu prüfen ist. Der 4. Strafsenat des BGH hat mehrfach entschieden, dass Fehler bei der Bestimmung der sachlichen Zuständigkeit des Landgerichts „als Prozesshindernis von Amts wegen“ zu beachten sind.[1084] Der 1. Strafsenat des BGH ist dem entgegengetreten und hat eine Verfahrensrüge für erforderlich gehalten.[1085] In neueren Entscheidungen des BGH ist die Frage offen geblieben.[1086] Bei dieser Ausgangslage ist der Revisionsführer gut beraten, eine an den Formvorschriften des § 344 Abs. 2 StPO orientierte Verfahrensrüge zu erheben, wenn er eine entsprechende Beanstandung vorbringen will.[1087] Ähnliche Fragestellungen ergeben sich im Übrigen bei der Abgrenzung der Zuständigkeiten zwischen **Strafrichter und Schöffengericht.**[1088] Soweit der BGH die Ansicht vertreten hat, aus **§ 328 Abs. 2 StPO** ergebe sich eine Sperrwirkung, mit der Folge, dass die Zuständigkeit nur auf eine Verfahrensrüge zu prüfen sei,[1089] folgt dem die Literatur zu Recht über-

---

**1081** Vgl. hierzu BT-Drs. 15/1976, S. 19; BVerfGE 9, 223.

**1082** Vgl. hierzu z.B: BGH, Beschl. v. 6.10.2016 – 2 StR 330/16 = NJW 2017, 280; BGH, Beschl. v. 7.3.2012 – 1 StR 6/12 = BGHSt 57, 165, 169; OLG Jena, Beschl. v. 15.9.2015 – 1 Ws 182/15 = NStZ 2016, 375.

**1083** Vgl. z.B. BGH, Beschl. v. 26.9.2001 – 2 StR 340/01 = BGHSt 47, 116 = NJW 2002, 526.

**1084** BGH, Urt. v. 12.2.1998 – 4 StR 428/97 = BGHSt 44, 34, 36; BGH, Beschl. v. 21.4.1994 – 4 StR 136/94 = BGHSt 40, 120; BGH, Urt. v. 29.10.1992 – 4 StR 199/92 = BGHSt 38, 376 = StV 1993, 61 = NJW 1993, 672; BGH, Beschl. v. 6.2.1992 – 4 StR 626/91 = NStZ 1992, 397. Hierzu: *Rieß* NStZ 1993, 248 und *Wolff* JR 2006, 232, 235.

**1085** BGH, Urt. v. 22.4.1997 – 1 StR 701/96 = BGHSt 43, 53, 56 = NJW 1997, 2689; BGH, Urt. v. 8.12.1992 – 1 StR 594/92 = NJW 1993, 1607 = NStZ 1993, 197 = wistra 1993, 149.

**1086** Vgl. etwa BGH, Urt. v. 10.8.2017 – 3 StR 549/16, Rn. 18 ff. (insoweit in NStZ 2018, 111 und wistra 2018, 127 nicht abgedruckt); BGH, Beschl. v. 6.10.2016 – 2 StR 330/16 = NJW 2017, 280. S. ergänzend auch BGH, Beschl. v. 21.8.2019 – 3 StR 221/18 = NStZ 2020, 291 = wistra 2020, 254.

**1087** So auch die Empfehlung bei KK-*Gericke* § 338 StPO, Rn. 66.

**1088** OLG Bremen, Beschl. v. 8.8.1997 – Ss 18/97 = NStZ-RR 1998, 53; OLG Karlsruhe, Urt. v. 20.2.1997 – 2 Ss 216/96 = StV 1998, 252; OLG Düsseldorf, Beschl. v. 11.1.1995 – 2 Ss 434/94 – 109/94 II = NStZ 1996, 206 m. Anm. *Bachem*; OLG Oldenburg, NStZ 1994, 449; vgl. hierzu auch BGHSt 42, 205, 212 = JR 1997, 430 m. Anm. *Gollwitzer*.

**1089** BGH, Beschl. v. 30.7.1996 – 5 StR 288/95 = BGHSt 42, 205, 212 = JR 1997, 430 m. Anm. *Gollwitzer*.

wiegend nicht[1090]. Insoweit muss es vielmehr bei dem Grundsatz bleiben, dass von Amts wegen zu prüfen ist, ob das erstinstanzlich tätig gewordene Gericht seine sachliche Zuständigkeit objektiv willkürlich bejaht hat.[1091]

543 Im Rahmen von § 338 Nr. 4 StPO kann daneben auch die **besondere funktionale Zuständigkeit** Bedeutung gewinnen. Gemeint sind hiermit Regelungen, die bestimmte Verfahren einer besonderen Kammer innerhalb eines Gerichts zuweisen. Diese besondere Zuständigkeit ergibt sich – bei Gleichrangigkeit[1092] der Spruchkörper – aus § 74 Abs. 2 GVG (für das Schwurgericht), § 74a GVG (für die Staatsschutzkammer) und § 74c GVG (für die Wirtschaftsstrafkammer). Welcher Strafkammer bei einer Überschneidung der Zuständigkeitsbereiche der Vorrang gebührt, wird durch § 74e GVG geregelt.

544 Hat der Tatrichter zum Zeitpunkt der Entscheidung seine funktionale Zuständigkeit zu Unrecht angenommen, kann die Revision auch in diesen Fällen zur Urteilsaufhebung führen. Hier ist jedoch für die **Rüge der Unzuständigkeit** (§ 338 Nr. 4 StPO) erforderlich, dass der Angeklagte die Unzuständigkeit bereits in der Hauptverhandlung einwendet (**§ 6a S. 2 StPO**). Der Bundesgerichtshof lässt den Einwand, das Schwurgericht sei anstelle der allgemeinen Kammer zuständig gewesen, auch dann nicht mehr gelten, wenn der Grund hierfür erst nach Beginn der Vernehmung des Angeklagten zur Sache entstanden ist:[1093] Das Opfer einer als schwere Körperverletzung angeklagten Tat war nach dem ersten Verhandlungstag an den Tatfolgen gestorben; danach beantragte die Verteidigerin die Verweisung an das Schwurgericht. Die Strafkammer lehnte dies ab, und so kam es zu dem seltenen Fall, dass eine Verurteilung wegen Körperverletzung mit Todesfolge nicht durch das Schwurgericht, sondern durch eine allgemeine Strafkammer erfolgte.

545 Hat der Angeklagte bis zum **Beginn seiner Vernehmung** zur Sache in der Hauptverhandlung den Einwand der funktionellen Unzuständigkeit des Gerichts nicht erhoben, ist die an sich unzuständige Strafkammer damit von Rechts wegen (funktionell) zuständig geworden und eine Verweisung gemäß

---

**1090** Ablehnend: *Meyer-Goßner/Schmitt* § 269 StPO, Rn. 8; KK-*Kuckein/Bartel* § 269 StPO, Rn. 11. Vgl. zum Meinungsstand auch SK-StPO/*Frister* § 269 StPO, Rn. 17.

**1091** *Meyer-Goßner/Schmitt* § 6 StPO, Rn. 2; § 338 StPO, Rn. 32.

**1092** *Rieß* GA 1976, 1, 2, kritisiert zu Recht, dass das GVG den Begriff der sachlichen Zuständigkeit nicht definiert. Dem Gesetz sei lediglich zu entnehmen, dass Gerichte mit unterschiedlicher Zuständigkeit in einem Rangverhältnis stehen, wobei die StPO von „höherer" und „niederer" Ordnung spreche.

**1093** BGH, Urt. v. 11.8.1981 – 5 StR 309/81 = BGHSt 30, 187 = NStZ 1981, 447. Vgl. zum Verhältnis der allgemeinen zu der besonderen Strafkammer auch *Brause* NJW 1979, 802 und *Rieß* NJW 1979, 1536; OLG Düsseldorf JR 1982, 514 (m. Anm. *Rieß*); SK-StPO/*Frisch* § 338 StPO, Rn. 95.

§ 270 Abs. 1 Satz 2 StPO ausgeschlossen.[1094] Nach der h.M., die den letzten Rügezeitpunkt nach § 6a StPO für verstrichen hält, sobald der Angeklagte in der *ersten* Hauptverhandlung Gelegenheit hatte, sich zur Sache zu äußern,[1095] gilt dies auch, wenn danach die Verhandlung etwa gem. § 265 Abs. 4 StPO ausgesetzt wurde. Auch wenn schon bei Anklageerhebung erkennbar ist, dass die Zuständigkeit des Tatgerichts „überschritten" werden könnte, aber dennoch vor dem niederen Gericht eröffnet und von diesem entschieden wird, soll gleichfalls keine Revisionsrüge mehr möglich sein.[1096] Dies wird damit begründet, dass nach dem Sinn und Zweck des Gesetzes die Prüfung von normativen Zuständigkeitsmerkmalen auf das Eröffnungsverfahren beschränkt sei.[1097] Nach dem Eröffnungsbeschluss setzt folglich eine **Zuständigkeitsperpetuierung** ein.[1098] Dies alles gilt freilich nur, sofern keine Willkürentscheidung vorliegt, wenn es also fernliegt, dass sachfremde Erwägungen bei der Zuständigkeitsbestimmung mitentscheidend waren.[1099]

§ 338 Nr. 4 StPO ist auch im **Verhältnis zwischen Jugendgerichten und** 546
**Erwachsenengerichten** anwendbar. In Bezug auf das Verhältnis von Erwachsenengerichten zu Jugendgerichten hatte der Bundesgerichtshof[1100] zunächst keine ausdrückliche Rüge verlangt, sondern diese Frage als eine von Amts wegen zu prüfende Verfahrensvoraussetzung behandelt. Der Große Senat für Strafsachen entschied dann aber, dass sich die Zuständigkeit von Jugendgerich-

**1094** BGH, Urt. v. 11.12.2008 – 4 StR 376/08 = StraFo 2009, 155; vgl. auch LR-*Erb* § 6a StPO, Rn. 4; KK-*Scheuten* § 6a StPO, Rn. 3.

**1095** KK-*Scheuten* § 6a StPO, Rn. 6.

**1096** BayObLG NStZ 1985, 470 m. abl. Anm. *Achenbach*; zust. *Rieß* GA 1976, 1, 11, der aber auch einräumt, dass diese Auffassung im Gesetz keine Stütze findet.

**1097** BayObLG NStZ 1985, 470; *Rieß* GA 1976, 1, 11.

**1098** So auch die Entscheidung des BGH NStZ 1985, 464, 466, in der die Anwendbarkeit von § 338 Nr. 4 StPO mit der Begründung abgelehnt wurde, dass die Frage, ob „besondere Kenntnisse des Wirtschaftslebens" für die Beurteilung des Falles erforderlich waren (§ 74c Abs. 1 Nr. 6 GVG), nur bis zur Entscheidung über die Eröffnung hätte geprüft werden können.

**1099** Zur Willkürschranke bei der Gewährleistung des gesetzlichen Richters allgemein vgl. o. Rn. 417 ff.

**1100** BGHSt 7, 27 = NJW 1955, 273 Nr. 19 = JZ 1955, 219 = MDR 1955, 180 = JR 1955, 104 = LM Nr. 2 zu § 338 Nr. 4 (m. zust. Anm. *Sarstedt*, der diese Entscheidung als ein bewussteres und entschiedeneres Streben nach Rechtsstaatlichkeit interpretiert und auf das besondere öffentliche Interesse an der Zuständigkeit der Jugendgerichte hinweist); in diesem Sinne auch BGHSt 10, 74 = NJW 1957, 511 = LM Nr. 2 zu § 6 m. Anm. *Busch*; BGHSt 13, 157, 161 = NJW 1959, 1694 = MDR 1959, 940 = LM Nr. 5 zu § 103 JGG m. Anm. *E. Krumme*; BGH NJW 1981, 1384; siehe hierzu auch *Rieß* GA 1976, 1, 3 f.; *Hilger* NStZ 1983, 337, 340.

ten und Erwachsenengerichten nicht wirklich „sachlich“ unterscheide.[1101] Die Jugendgerichte stehen nach Ansicht des Großen Senates im Gefüge der ordentlichen Gerichte und stellen insofern nur einen besonderen Geschäftsbereich – bei im Übrigen gleicher sachlicher Zuständigkeit – dar.[1102] Eine Prüfung von Amts wegen sei daher nicht geboten; ohne ausdrückliche Rüge ist folglich die Unzuständigkeit in diesen Fällen nicht mehr gemäß § 338 Nr. 4 StPO revisibel.[1103] Ein Einwand nach § 6a StPO ist dabei nach h.M. nicht Voraussetzung für eine solche Verfahrensrüge.[1104]

547 Wird mit der **Verfahrensrüge** geltend gemacht, die Vorschriften über die besondere funktionale Zuständigkeit seien verletzt (z.B. weil die Wirtschaftsstrafkammer an Stelle der allgemeinen Strafkammer für ein Verfahren zuständig war), und war ein Einwand nach § 6a StPO erforderlich, muss sich aus dem **Rügevortrag** ergeben, dass der Einwand rechtzeitig erhoben und wie er beschieden wurde.[1105] Hängt die Zuständigkeit von normativen Zuständigkeitsmerkmalen ab, können sich allerdings Einschränkungen der Revisibilität ergeben. Nicht revisibel sein soll z.B. die Frage, ob i.S.v. § 74c Abs. 1 Nr. 6 GVG zur Beurteilung des Falles „besondere Kenntnisse des Wirtschaftslebens“ erforderlich sind.[1106] Hängt die Zuständigkeit hingegen nicht von normativen Merkmalen ab, die eigene Wertungen des Tatgerichts erfordern, wird ihre Anwendung vollständig überprüft. Die Kontrolle durch das Revisionsgericht ist dann auch nicht auf die Prüfung der Frage beschränkt, ob ein Verstoß gegen das Willkürverbot vorliegt.[1107]

548 Klargestellt ist inzwischen auch, dass die Unzuständigkeit des Tatgerichts in der Revision auch dann gerügt werden kann, wenn es nach rechtzeitiger

---

**1101** BGH, Beschl. v. 5.10.1962 – GSSt 1/62 = BGHSt 18, 79, 82; vgl. hierzu auch BGH NStZ 1991, 503 m. Anm. *Eisenberg* NStZ 1992, 295.

**1102** BGH, Beschl. v. 5.10.1962 – GSSt 1/62 = BGHSt 18, 79, 83.

**1103** Vgl. auch KK-*Gericke* § 338 StPO, Rn. 69; *Meyer-Goßner/Schmitt* § 338 StPO, Rn. 34 mwN; BGH, Beschl. v. 17.12.2019 – 3 StR 376/19.

**1104** BGH, Beschl. v. 17.8.2010 – 4 StR 347/10 = StraFo 2010, 466; BGH, Urt. v. 23.5.2002 – 3 StR 58/02 = BGHSt 47, 311, 313; BGH, Urt. v. 4.11.1981 – 2 StR 242/81 = BGHSt 30, 260; vgl. auch LR-*Erb* § 6a StPO, Rn. 2. Vgl. ferner BGH, Beschl. v. 20.8.2019 – 3 StR 317/19 = NStZ 2020, 299 = StraFo 2020, 63.

**1105** KK-*Scheuten* § 6a StPO, Rn. 13; LR-*Erb* § 6a StPO, Rn. 26. Vgl. auch BGH, Urt. v. 4.12.1979 – 5 StR 571/79 = GA 1980, 255 (zum Einwand nach § 16 StPO). Zu weiteren Vortragserfordernissen: BGH, Beschl. v. 7.4.2016 – 1 StR 579/15 = StV 2016, 621 = NStZ-RR 2016, 245.

**1106** BGH, Urt. v. 21.3.1985 – 1 StR 417/84 = NStZ 1985, 464. KK-*Gericke* § 338 StPO, Rn. 68 mwN.

**1107** So im Zusammenhang mit der Zuständigkeit der Staatsschutzkammern (§ 74a GVG): BGH, Beschl. v. 13.9.2011 – 3 StR 196/11 = BGHSt 57, 3, 8 = NJW 2012, 468 = StV 2012, 137.

Erhebung des Zuständigkeitseinwands im weiteren Verlauf der Hauptverhandlung zu einer **Verständigung** (§ 257 c StPO) kommt. In der Zustimmung zur Verständigung liegt insbesondere keine konkludente Rücknahme des Zuständigkeitseinwandes.[1108] Einer entsprechenden Verfahrensrüge kann auch nicht entgegenhalten werden, die Rüge sei missbräuchlich erhoben oder der Beschwerdeführer verhalte sich widersprüchlich. Eine Verständigung befreit die Gerichte nicht von der Einhaltung sämtlicher Verfahrensvorschriften. Im Gesetz kommt das schon durch das Verbot des Rechtsmittelverzichts zum Ausdruck (§ 302 Abs. 1 S. 2 StPO). Gegenläufigen Tendenzen in der früheren Rechtsprechung[1109] sollte danach keine Bedeutung mehr zukommen.

### 6. § 338 Nr. 5 StPO (Abwesenheit)

**Literatur:** *Bartel* Der Gesetzgeber zwischen Skylla und Charybdis, DRiZ 2015, 176; *Basdorf* Reformbedürftigkeit der Rechtsprechung des BGH zu § 247 StPO, FS Salger, 1995, S. 203; *Christl* Europäische Mindeststandards für Beschuldigtenrechte – Zur Umsetzung der EU-Richtlinien über Sprachmittlung und Information im Strafverfahren, NStZ 2014, 376; *Dahs* Volenti non fit iniuria – warum nicht auch bei § 247 StPO, FS Widmaier, 2008, S. 95; *ders.* Der „entfernte" Angeklagte oder die Hauptverhandlung als Videokonferenz, FS Paeffgen, 2015, S. 559; *Eisenberg* Sich-Entfernen bzw. Fernbleiben während der Hauptverhandlung, NStZ 2012, 63; *Gollwitzer* Die Verfahrensstellung des in der Hauptverhandlung nicht anwesenden Angeklagten, FS Tröndle, 1989, S. 455; *Hassemer* Gefährliche Nähe: Die Entfernung des Angeklagten aus der Hauptverhandlung, JuS 1986, 25; *Metz* Entfernung des Angeklagten nach § 247 StPO, NStZ 2017, 446; *Molketin* Abwesenheit des „notwendigen Verteidigers" bei Verlesung der Urteilsformel – ein absoluter Revisionsgrund im Sinne von § 338 Nr. 5 StPO, AnwBl 1981, 217; *Poppe* Urteilsverkündung in Abwesenheit notwendiger Prozessbeteiligter im Strafprozess, NJW 1954, 1914; *Rieß* Die Durchführung der Hauptverhandlung ohne den Angeklagten, JZ 1975, 265; *Schlothauer* Abwesenheitsverhandlung wegen Beurlaubung oder vorübergehender Verfahrensabtrennung und Revision, FG für Koch, S. 241; *Schneider* Zur audio-visuellen Unterrichtung des aus der Hauptverhandlung zeitweise entfernten Angeklagten über das in seiner Abwesenheit Verhandelte, NStZ 2018, 128; *Stein* Anwesenheitspflicht des Angeklagten in der Hauptverhandlung, ZStW 97 (1985), 303; *Warda* Hauptverhandlung mit dem verhandlungsunfähigen, aber verhandlungswilligen Angeklagten? FS Bruns, 1978, S. 415; *Weßlau* Kann das Revisionsgericht an tatrichterliche Feststellungen zum „eigenmächtigen Ausbleiben" (§ 231 Abs. 2 StPO) gebunden sein?, StV 2014, 236.

Mündlichkeits- und Unmittelbarkeitsprinzip sind nur dann sinnvoll zu wahren, 549
wenn alle Verfahrensbeteiligten, die an der Entscheidungsfindung mitzuwirken

**1108** BGH, Beschl. v. 13.9.2011 – 3 StR 196/11 = BGHSt 57, 3, 5/6 = NJW 2012, 468 = StV 2012, 137.
**1109** Vgl. BGH, Beschl. v. 17.9.2008 – 5 StR 404/08 = BGHR StPO § 338 Revisibilität 1.

haben, am Ende der Hauptverhandlung in der Lage sind, deren vollständigen Inhalt (den „Inbegriff" i.S. des § 261 StPO) zu verstehen und sowohl in tatsächlicher, als auch in rechtlicher Hinsicht zu würdigen. Deshalb schreibt § 226 StPO vor, dass die zur Urteilsfindung berufenen Personen (die Mitglieder des Gerichts) ununterbrochen an der Hauptverhandlung teilzunehmen haben. Daneben gilt dies auch für mindestens einen Vertreter der Staatsanwaltschaft und einen Urkundsbeamten der Geschäftsstelle. Der Verteidiger ist hier nur deshalb nicht erwähnt, weil in Fällen der nicht notwendigen Verteidigung, in denen der Angeklagte das Recht hat, sich selbst zu verteidigen, auch die Möglichkeit bestehen muss, dass nur in Teilen der Hauptverhandlung ein Verteidiger anwesend ist. Wo jedoch die §§ 140, 141 StPO die Mitwirkung eines Verteidigers vorschreiben, gilt auch für diesen die Pflicht zur ununterbrochenen Anwesenheit (§ 145 StPO). Diese Pflicht ist aber nicht auf einen bestimmten Verteidiger persönlich bezogen. Es reicht vielmehr, wenn irgendein Verteidiger (Wahl- oder Pflichtverteidiger) anwesend ist. Für den Angeklagten folgt aus dem Grundsatz des § 230 StPO, dass eine Hauptverhandlung gegen einen Abwesenden nicht durchgeführt werden darf.[1110] Dies hängt nicht nur mit dem hohen Wert zusammen, den die Verfassung dem Grundrecht auf rechtliches Gehör (Art. 103 Abs. 1 GG) beimisst, sondern auch mit der zentralen Stellung des Beschuldigten als Prozesssubjekt, als „Hauptperson" des Strafverfahrens. Die Frage, ob die Anwesenheitspflicht des Angeklagten daneben auch der Wahrheitsermittlung dient,[1111] hat nicht nur theoretische Bedeutung. Im Nachgang zu einer Entscheidung des EGMR[1112] aus dem Jahr 2012 ist der Aspekt der Anwesenheit des Angeklagten zur Wahrheitsfindung nun in den neu gefassten § 329 Abs. 4 Satz 1 StPO eingeflossen.[1113] Aber auch zuvor war die Frage relevant, so z.B. wenn es darum ging, ob die Staatsanwaltschaft die Abwesenheit des Angeklagten zu seinen Lasten (§ 339 StPO) rügen kann. Der Bundesgerichtshof hat das bejaht.[1114]

---

**1110** Im Gegensatz zu den Verfahrensordnungen anderer Länder. Der hohe Wert dieses Rechts zeigt sich etwa an § 83 Abs. 1 Nr. 3 IRG, wonach die Auslieferung zur Vollstreckung nur ausnahmsweise zulässig ist, wenn das Urteil auf einer Abwesenheitsverhandlung beruht.

**1111** Bejahend: *Meyer-Goßner/Schmitt* § 230 StPO, Rn. 3 mwN; *Bartel* DRiZ 2015, 176, 178 ff.; BVerfG, Beschl. v. 14.6.2007 – 2 BvR 1447/05 u.a. = NJW 2007, 2977, 2979; verneinend: *Stein* ZStW 97 (1985), 303, 313.

**1112** EGMR, Urt. v. 8.11.2012 – 30804/07 (*Neziraj ./. Deutschland*) = StV 2013, 289 = NStZ 2013, 350. Hierzu: *Esser* StV 2013, 331.

**1113** Vgl. dazu *Bartel* DRiZ 2015, 176, 178.

**1114** BGH, Beschl. v. 11.3.2014 – 5 StR 630/13 = BGHSt 59, 187, 189 f. = NJW 2014, 1606, 1607; BGH, Urt. v. 30.11.1990 – 2 StR 44/90 = BGHSt 37, 249, 250 = NJW 1990, 1364, 1365.

Um die Einhaltung der Anwesenheitspflichten möglichst lückenlos und unabhängig von der Beruhensfrage zu gewährleisten, ist ein zugehöriger absoluter Revisionsgrund unentbehrlich. Nach § 338 Nr. 5 StPO ist auf eine entsprechende Rüge hin das Urteil stets aufzuheben, wenn Regelungen über die Anwesenheitspflicht verletzt wurden. Für den Nachweis des Verfahrensfehlers ist dabei das **Protokoll** von ausschlaggebender Bedeutung. Die Anwesenheit der in § 226 StPO bezeichneten Personen sowie des Verteidigers in den Fällen des § 140 StPO ist als „wesentliche Förmlichkeit" im Protokoll festzuhalten, so dass sich die **formelle Beweiskraft** (§ 274 StPO) hierauf erstreckt.[1115] 550

### a) Beschränkung des Anwendungsbereichs

Revisibel i.S.v. § 338 Nr. 5 StPO soll ein Verstoß gegen die gesetzliche Anwesenheitspflicht nach herrschender Meinung nur dann sein, wenn hiervon **wesentliche Teile der Hauptverhandlung** betroffen waren.[1116] Zu dieser im Gesetz nicht angelegten Einschränkung des absoluten Revisionsgrundes hat sich eine umfangreiche Kasuistik entwickelt. Als wesentliche Teile der Hauptverhandlung angesehen werden von der Rechtsprechung z.B. die Verlesung des Anklagesatzes[1117] und (in Berufungssachen) des Urteils der ersten Instanz[1118]. Auch die Vernehmung des Angeklagten zur Person[1119] und die Vernehmung zur Sache sind wesentliche Verfahrensteile.[1120] Dasselbe gilt für die Aussagen der Mit- 551

**1115** Anschauliche Fälle: BGH, Beschl. v. 17.9.2014 – 1 StR 212/14 = StV 2015, 79 = NStZ 2015, 181 und BGH, Beschl. v. 3.4.2019 – 5 StR 87/19 = NStZ-RR 2019, 218 (Abwesenheit eines Richters; Revisionsgrund des § 338 Nr. 1 StPO).

**1116** Vgl. z.B.: BGH, Beschl. v. 27.6.2018 – 1 StR 616/17 = StV 2019, 170; BGH, Beschl. v. 4.4.2017 – 3 StR 71/17 = StV 2017, 790 = StraFo 2017, 240; BGHSt 26, 84, 91; BGHSt 16, 178, 180; BGH GA 1963, 19; *Meyer-Goßner/Schmitt* § 338 StPO, Rn. 36f.; kritisch hierzu: LR-*Franke* § 338 StPO, Rn. 84; *Maiwald* JR 1982, 35 (Anm. zu BGH, Beschl. v. 1.4.1981 – 2 StR 791/80 = BGHSt 30, 74 = NJW 1981, 1568).

**1117** Vgl. OLG Bremen, Beschl. v. 14.7.2009 – SsBs 15/09. Die in diesem Zusammenhang häufig zitierte Entscheidung BGHSt 9, 243 = NJW 1956, 1366 betraf die damals noch vorgeschriebene Verlesung des Eröffnungsbeschlusses (§ 243 Abs. 2 StPO a.F.).

**1118** OLG Düsseldorf, Beschl. v. 27.1.1999 – 2 Ss 463/98 – 1/99 II = StraFo 1999, 125; OLG Zweibrücken, Beschl. v. 6.11.1985 – 2 Ss 198/85 = StV 1986, 240; anders aber BGH, Urt. v. 29.9.1986 – AnwSt (R) 17/86 = NStZ 1987, 135 (für das ehrengerichtl. Verfahren).

**1119** VerfGH Sachsen, Beschl. v. 30.9.2014 – 19-IV-13 = StV 2015, 758; BGH, Urt. v. 30.3.1983 – 2 StR 173/82 = NStZ 1983, 375.

**1120** *Meyer-Goßner/Schmitt* § 338 StPO, Rn. 37.

angeklagten,[1121] die Vernehmung von Zeugen zur Person[1122] und zur Sache[1123] und die Verhandlung über die Entlassung von Zeugen[1124]. Noch unter Geltung der früheren Vereidigungsvorschriften wurden auch Erörterungen über die Vereidigung eines Zeugen als wesentlicher Teil der Hauptverhandlung angesehen.[1125] Dass dies nach Abschaffung der Regelvereidigung noch uneingeschränkt gilt, wird verschiedentlich bezweifelt. So soll kein wesentlicher Teil der Hauptverhandlung gegeben sein, wenn es nach Abschluss der Vernehmung beim Regelfall des § 59 StPO verbleibt, keine Vereidigung in Betracht gezogen wird und sich hieran auch keine Erörterungen über die Vereidigungsfrage anschließen.[1126] Wesentliche Teile der Hauptverhandlung sind hingegen eine Ortsbesichtigung durch das erkennende Gericht,[1127] die Plädoyers,[1128] Entscheidungen über Verfahrensabtrennungen[1129] und Einverständniserklärungen nach § 245 Abs. 1 Satz 2 StPO.[1130] Keinen wesentlichen Teil der Hauptverhandlung bildet nach der Rechtsprechung das Ablehnungsverfahren (§§ 24 ff. StPO). Wird ein Ablehnungsgesuch in Abwesenheit des nach § 247 StPO von der Hauptverhandlung ausgeschlossenen Angeklagten gestellt und darüber durch Abgabe und Entgegennahme von Stellungnahmen anderer Verfahrensbeteiligter verhandelt, greift § 338 Nr. 5 StPO nicht ein.[1131] Kein wesentlicher Teil der Hauptverhandlung soll ferner die Abladung von Zeugen sein, die noch nicht erschienen sind.[1132]

---

**1121** BGH, Beschl. v. 10.4.2013 – 2 StR 19/13 = StV 2014, 3 = NStZ 2013, 686 = StraFo 2013, 285; BGH StV 1986, 288.

**1122** OLG Hamm, Beschl. v. 28.4.1992 – 4 Ss 262/92 = NJW 1992, 3252.

**1123** BGH, Beschl. v. 29.9.2016 – 3 StR 84/16, Rn. 15 = NJW 2017, 181, 183 = StV 2017, 365. BGH, Beschl. v. 10.4.2013 – 2 StR 19/13 = StV 2014, 3.

**1124** BGH, Beschl. v. 21.4.2010 – GSSt 1/09 = BGHSt 55, 87; BGH, Beschl. v. 23.9.2014 – 4 StR 302/14 = NStZ 2015, 104; BGH, Beschl. v. 5.12.2013 – 2 StR 387/13 = StV 2015, 83; OLG München, Beschl. v. 7.10.2013 – 4 StRR (B) 37/13.

**1125** Vgl. BGH, Urt. v. 18.12.1968 – 2 StR 322/68 = BGHSt 22, 289, 297; BGH, Beschl. v. 11.3. 2003 – 2 StR 291/03 = NJW 2004, 1187 (Entscheidung nach § 61 Nr. 2 StPO); BGH, Beschl. v. 20.4.1993 – 1 StR 163/93; BGH, Beschl. v. 29.3.1988 – 1 StR 66/88 = StV 1988, 370.

**1126** OLG München, Beschl. v. 7.10.2013 – 4 StRR (B) 37/13; BGH, Beschl. v. 11.7.2006 – 3 StR 216/06 = StV 2007, 21 = NStZ 2006, 715.

**1127** BGH, Beschl. v. 15.6.1982 – 5 StR 369/82 = StV 1983, 4; BGH, Urt. v. 9.5.1974 – 4 StR 102/74 = BGHSt 25, 317, 318; BGHSt 3, 187 = NJW 1952, 1306.

**1128** Auch das Plädoyer des Verteidigers eines Mitangeklagten: BGH, Beschl. v. 16.7.2014 – 5 StR 200/14 = NJW 2014, 2807.

**1129** BGH, Beschl. v. 13.4.2010 – 3 StR 24/10 = StV 2011, 650.

**1130** BGH, Beschl. v. 4.4.2017 – 3 StR 71/17 = StV 2017, 790 = NStZ 2019, 234; BGH, Beschl. v. 5.9.1995 – 1 StR 456/95 = NStZ 1996, 351 = StV 1995, 623, 624.

**1131** BGH, Beschl. v. 17.4.1996 – 3 StR 34/96 = NJW 1996, 2382 = NStZ 1996, 398.

**1132** BGH, Beschl. v. 4.4.2017 – 3 StR 71/17 = StV 2017, 790 = NStZ 2019, 234 = StraFo 2017, 240.

Auch die mündliche Eröffnung der Urteilsgründe (§ 268 Abs. 2 StPO) wird nicht als wesentlicher Teil der Hauptverhandlung angesehen.[1133]

Zwischen wesentlichen und unwesentlichen Verhandlungsteilen zu unterscheiden, ist – wenn auch gängige Rechtsprechung – nicht unbedenklich, weil so gut wie niemals auszuschließen ist, dass gerade infolge der Anwesenheit des fehlenden Beteiligten aus dem „unwesentlichen" ein wesentlicher Verhandlungsteil geworden wäre. Allein schon diese Gegenprobe zeigt, dass es letztlich doch wieder um die Frage nach dem **Beruhen des Urteils** auf dem Verfahrensfehler geht.[1134] Es ist aber gerade der Sinn der absoluten Revisionsgründe, den Gerichten den Weg zu verbauen, einen Gesetzesverstoß unter Hinweis darauf folgenlos zu lassen, dass er für die Urteilsfindung nicht ursächlich geworden sein kann, dass er also einen nicht wesentlichen Teil des Strafprozesses betrifft. Der Auffassung, wonach die absoluten Revisionsgründe stets dann nicht gelten sollen, wenn das Beruhen des Urteils auf dem Verfahrensfehler „denkgesetzlich auszuschließen" ist,[1135] fehlt spätestens seit der Einführung des § 338 Nr. 7 StPO (nicht fristgerechte Absetzung der schriftlichen Urteilsgründe) jede Überzeugungskraft, weil es bei diesem Revisionsgrund regelmäßig so ist, dass der Tenor des Urteils auf der Fristüberschreitung beim Niederschreiben der Gründe nicht beruhen kann.[1136] 552

Dem Sinn und Zweck der gesetzlich vorgeschriebenen Anwesenheitspflichten folgend, sollte man – statt mit Hilfe des Merkmals „wesentlicher Teil der Hauptverhandlung" den Anwendungsbereich der stets zur Aufhebung führenden Abwesenheitsrüge einzuschränken – nur solche Vorgänge abgrenzen, die nicht zwingend innerhalb der Hauptverhandlung stattfinden müssen. Dazu gehören Beweiserhebungen über bloße Verfahrensfragen, also die Erhebungen im Freibeweis, z.B. die „Vernehmung" eines Sachverständigen zur Frage der Verhandlungsfähigkeit eines Verfahrensbeteiligten. Auch der „Aufruf der Sache" (§ 243 Abs. 1 S. 1 StPO), der durch den Wachtmeister außerhalb des Gerichtssaals erfolgen kann und der Aufruf von Zeugen und Sachverständigen[1137] gehören nicht zu den notwendigen Inhalten der Hauptverhandlung. Ebenso muss die bloße Feststellung der Identität des Angeklagten nicht innerhalb der Hauptverhandlung stattfinden, wenn sie aufgrund seiner „Vorstellung" zweifelsfrei feststeht. 553

**1133** BGH, Beschl. v. 6.3.2018 – 5 StR 18/18; BGH, Beschl. v. 22.4.1998 – 2 StR 113/98 = NStZ-RR 1998, 237. S. dazu im Einzelnen unten Rn. 1532 f.

**1134** So ausdrücklich *Meyer-Goßner/Schmitt* § 338 StPO, Rn. 2, 36.

**1135** *Meyer-Goßner/Schmitt* § 338 StPO, Rn. 2; *Dahs*, Revision, Rn. 118; BGH NJW 1977, 443.

**1136** Vgl. zu der gesetzlichen Fiktion des § 338 Nr. 7 StPO unten Rn. 660 ff.

**1137** BGHSt 15, 263; *Meyer-Goßner/Schmitt* § 338 StPO, Rn. 38.

554 Anders ist dies bei der als Förmlichkeit vorgeschriebenen **Vernehmung des Angeklagten** zu seinen persönlichen Verhältnissen (§ 243 Abs. 2 S. 2 StPO). Sie sollte unter dem Schutz des absoluten Revisionsgrundes unbedingt in Anwesenheit aller notwendigen Verfahrensbeteiligten vorgenommen werden, und zwar unabhängig davon, wieviel der Befragte dabei aussagt, und ob dies über die Mitteilung der lediglich zur Identitätsfeststellung notwendigen Angaben zur Person hinausgeht.[1138] Darauf abzustellen, ob dabei auch Dinge zur Sprache kommen, die für den Schuld- oder Strafausspruch wesentlich sein können (Vorstrafen, Vorleben, wirtschaftliche Verhältnisse usw.),[1139] erscheint deshalb nicht gerechtfertigt, weil die fehlende Erörterung solcher Umstände wiederum gerade ihren Grund in der Abwesenheit eines Frageberechtigten haben kann.

555 Wendet man das hier vorgeschlagene Kriterium für die Reichweite der Abwesenheitsrüge an, so kann allenfalls noch zweifelhaft sein, ob die **vollständige mündliche Urteilsbegründung** zu den notwendigen Bestandteilen der Hauptverhandlung gehört. Der Wortlaut des § 268 Abs. 2 S. 2 StPO und die Rechtsprechung, wonach in diesem Verfahrensstadium sogar noch wirksam Beweisanträge gestellt werden können,[1140] sprechen dafür. Andererseits lässt die Vorschrift dem Vorsitzenden einen sehr weiten Spielraum in Bezug darauf, wie ausführlich er die mündliche Begründung fasst, und worin er – insbesondere auch mit Blick auf Überschneidungen mit einem der kurz zuvor gehaltenen Schlussvorträge von Staatsanwaltschaft oder Verteidigung – noch den „wesentlichen" Inhalt der Urteilsgründe sieht. Deshalb wird allgemein angenommen, dass das Urteil auch dann wirksam ist, wenn es aus irgendeinem Grund zum Vortrag der mündlichen Gründe nicht mehr kommt.[1141] Das bedeutet aber auch, dass zwar noch die Verlesung der Urteilsformel, nicht aber auch die mündliche Begründung zu den notwendigen Bestandteilen einer vollständigen Hauptverhandlung gehört, so dass trotz der Aufgabe des Merkmals „wesentlicher Teil der

**1138** Weniger differenziert noch die 5. Auflage und LR-*Franke* § 338 StPO, Rn. 85, jeweils im Anschluss an BGH NJW 1953, 1800. Diese Entscheidung befasste sich jedoch nur mit einer Besetzungsrüge, weil ein Schöffe während der Feststellung der Identität des Angeklagten noch nicht vereidigt war. Für die Frage der revisionsrechtlichen Unschädlichkeit einer vorübergehenden Abwesenheit besagt die Entscheidung nichts. Für die Anwendung von § 338 Nr. 5 auf die Angaben des Angeklagten zur Person auch VerfGH Sachsen, Beschl. v. 30.9.2014 – 19-IV-13 = StV 2015, 758.

**1139** BGH NJW 1972, 2006 in Bezug auf die Feststellung der Vorstrafen.

**1140** Vgl. BGH, Urt. v. 7.9.2006 – 3 StR 277/06 = StV 2007, 16; BGH, Beschl. v. 5.2.1992 – 5 StR 673/91 = StV 1992, 218; BGH StV 1985, 398; BGH NStZ 1986, 182.

**1141** BGHSt 8, 41: Erkrankung oder Tod des Vorsitzenden nach Verlesung der Urteilsformel; *Meyer-Goßner/Schmitt* § 268 StPO, Rn. 6.

Hauptverhandlung" an der in den Vorauflagen vertretenen Auffassung festgehalten werden kann, dass die Abwesenheit eines Beteiligten während der mündlichen Urteilsbegründung nicht von § 338 Nr. 5 StPO erfasst wird.[1142] Zweifel hinterlässt eine Entscheidung *des* 1. Strafsenats.[1143] Sie bezog sich auf ein Verfahren, in dem es zu einem Termin gekommen war, in dem das Gericht u.a. mehrere Beweisanträge der Verteidigung in Abwesenheit des Angeklagten entgegennahm. Verhandelt wurde über die Beweisanträge nicht. Die Revision blieb u.a. deshalb erfolglos, weil nach Auffassung des Senats die Anwesenheit des Angeklagten bei der Antragstellung weder sein rechtliches Gehör noch seine Mitgestaltungsrechte beeinflussen konnte. Dem ist zuzugestehen, dass die Antragstellung auch ohne den Angeklagten möglich ist und seine Mitwirkungsrechte auch in einem späteren Termin gewahrt werden können.[1144] Vorgesehen ist eine solche Unterscheidung im Gesetz aber nicht. Sie darf zudem nicht dazu führen, dass die ohnehin schon starke Tendenz zu „Schiebeterminen" noch dadurch verstärkt wird, dass die Abwesenheit des Angeklagten bei solchen Terminen nicht die Rüge nach § 338 Nr. 5 StPO begründet.

### b) Verhältnis von § 338 Nr. 1 zu § 338 Nr. 5 StPO

Nach vorherrschender Auffassung gilt für die Rüge der **Abwesenheit von Richtern und Schöffen** nicht § 338 Nr. 5 StPO, sondern § 338 Nr. 1 StPO als Spezialvorschrift.[1145] Das Verhältnis der beiden Revisionsgründe zueinander war damit nie ganz zutreffend erfasst – ohne dass dies praktische Folgen hatte, solange beide Wege zum selben Ziel führten. Das Verhältnis der beiden Regelungen sollte jedoch im Hinblick auf die Präklusion hinsichtlich der Besetzungsrüge neu überdacht werden. Tendenzen zu einer Änderung sind dabei in neueren Veröffentlichungen und Entscheidungen erkennbar. 556

---

**1142** Vgl. hierzu schon: *Maiwald* JR 1982, 35 mit Hinweis auf RG JW 1938, 1644 (m. Anm. *Rilk)*, welches diesen Verhandlungsteil für *wesentlich* erachtete; so auch *Poppe* NJW 1954, 1914. BGHSt 15, 263; BGHSt 16, 178, 180 und BGH, Beschl. v. 22.2.1996 – 1 StR 23/96 = NStZ-RR 1996, 337 gehen von Unwesentlichkeit aus; wie der BGH auch LR-*Franke* § 338 StPO, Rn. 85; KK-*Gericke* § 338 StPO, Rn. 74; a.A. SK-StPO/*Frisch* § 338 StPO, Rn. 106.

**1143** BGH, Beschl. v. 28.7.2010 – 1 StR 643/09 = NStZ 2011, 233 = StV 2011, 211 m. Anm. *Kudlich*.

**1144** Im entschiedenen Fall ging das Gericht den Anträgen nach und erhob die Beweise sodann in Gegenwart der Angeklagten.

**1145** LR-*Franke* § 338 StPO, Rn. 38 und 80; *Dahs*, Revision, Rn. 174; KK-*Gericke* § 338 StPO, Rn. 71; BGH, Urt. v. 12.7.2001 – 4 StR 550/00 = NJW 2001, 3062; BGH, Urt. v. 11.2.1999 – 4 StR 657/88 = BGHSt 44, 361, 365 = NJW 1999, 1724. So auch noch die 5. Auflage, Rn. 209.

557 Die Präklusion setzt – wie oben ausgeführt[1146] – voraus, dass die Umstände, die den Rechtsfehler begründen, zum letzten Zeitpunkt, in dem sie noch geltend gemacht werden dürfen, bekannt sind. Demgemäß sollte man als (präklusionsfähige) Besetzung nur das Quorum ansehen, das bis zum Beginn der Hauptverhandlung (§ 222a Abs. 1 StPO) „angetreten" ist, den Fall am Ende der Hauptverhandlung zu entscheiden. Die zugehörigen Regeln, nach denen sich entscheidet, ob die am Richtertisch versammelten Personen auch „die richtigen" sind, stehen u.a. im GVG und befassen sich nicht mit der Frage, ob die Strafprozessordnung es ge- oder verbietet, dass sich z.B. ein Schöffe während der Erörterung der Personalien eines Zeugen vorübergehend aus dem Gerichtssaal entfernen darf. Wollte man auch den Verstoß gegen die Pflicht der Richter, an der einmal begonnenen Hauptverhandlung ununterbrochen teilzunehmen, als einen Besetzungsfehler verstehen, so würde daraus folgen, dass die Abwesenheit eines Gerichtsmitgliedes während der Verlesung des Anklagesatzes nur dann noch in der Revision gerügt werden dürfte, wenn nach dem Wiedererscheinen des Richters oder Schöffen kurz vor der Vernehmung des Angeklagten zur Sache (§ 243 Abs. 5 S. 2 StPO) ein Besetzungseinwand erhoben worden wäre.

558 Bleibt ein Schöffe nach einer Verhandlungspause während der Beweisaufnahme in der Gerichtskantine zurück, weil ihn die danach vorgesehene Urkundenverlesung nicht interessiert, und fällt sein Fehlen im Gerichtssaal nicht gleich auf (was bei Anwesenheit von Ergänzungsschöffen vorkommen kann), so ist zwar in der Viertelstunde bis zu seinem Wiedererscheinen das Gericht in einem weiteren Sinne auch „nicht vorschriftsmäßig besetzt". Das aber liegt dann nicht daran, dass die durch § 338 Nr. 1 StPO nur noch unvollkommen abgesicherten Vorschriften über die Zusammensetzung des Spruchkörpers nicht beachtet wurden, sondern daran, dass das Gebot des § 226 StPO vernachlässigt wurde. Die hierzu passende Revisionsrüge ist die des § 338 Nr. 5 StPO, die ohne Präklusion erhoben werden kann. Der Umstand, dass für die Dauer der Abwesenheit eines nur vorübergehend nicht im Gerichtssaal präsenten Richters das Gericht auch „nicht vorschriftsmäßig besetzt ist", ändert daran nichts. Insbesondere überzeugt die gängige Begründung für den von der h.M. angenommenen Vorrang der Besetzungsrüge vor der Abwesenheitsrüge, wonach die Ziff. 1 gegenüber der Ziff. 5 in § 338 StPO so etwas wie eine lex specialis („Sondervorschrift"[1147]) sei,

---

**1146** S. oben Rn. 443.

**1147** BGH, Beschl. v. 7.11.1991 – 4 StR 252/91 (in NStZ 1992, 140 und wistra 1992, 69 insoweit nicht abgedr.); LR-*Franke* § 338 StPO, Rn. 38 weist zutreffend darauf hin, dass die Fälle nur physischer Anwesenheit eines Richters „an sich unter § 338 Nr. 5" fallen müssten, er schließt sich dann aber doch der entgegenstehenden h.M. an, ohne dies näher zu begründen.

nicht. Wenn ein ganzes Gericht von vornherein nicht ordnungsgemäß besetzt ist, dann ist das kein Unterfall der verbotswidrigen vorübergehenden Abwesenheit einer zur Urteilsfindung berufenen Person, sondern es ist sogar eher umgekehrt: § 226 StPO regelt mit der vorübergehenden Abwesenheit eines Richters während der Hauptverhandlung einen speziellen Fall der unzulänglichen Gerichtsbesetzung. Deshalb geht hier die **Abwesenheitsrüge** der Besetzungsrüge vor.[1148]

Das gilt auch in den Fällen, in denen die vorübergehende „Abwesenheit" 559
nicht im physischen Sinne zu verstehen ist. Für die in § 226 StPO vorgeschriebene Anwesenheit reicht es nämlich nicht aus, dass der Verfahrensbeteiligte nur körperlich an der Verhandlung teilnimmt. Er muss vielmehr auch durchgehend in der Lage sein, der Verhandlung zu folgen, darf also weder geistig abwesend noch vorübergehend verhandlungsunfähig sein.[1149] Auch das gilt für alle Verfahrensbeteiligten, deren ununterbrochene Präsenz in der Hauptverhandlung das Gesetz vorschreibt, also auch für die Richter, soweit nicht die geistige Abwesenheit auf einen dauernden persönlichen Defekt zurückzuführen ist, der nach den Regeln des DRiG oder des GVG von vornherein der Mitwirkung des betreffenden Richters entgegengestanden hätte. Wirkt an der Verhandlung ein Schöffe mit, der i.S. des § 33 Nr. 4 GVG „aus gesundheitlichen Gründen für das Amt nicht geeignet" ist, und dies in einem Ausmaß, dass er als dauernd verhandlungsunfähig gelten kann, so ist zwar die Verletzung des § 33 GVG als solche nicht revisibel,[1150] weil es sich nur um eine Sollvorschrift handelt. Aber die Unfähigkeit, der Verhandlung geistig zu folgen, kann die Besetzungsrüge und die Abwesenheitsrüge gleichzeitig begründen, mit der Folge, dass eine Präklusion insbesondere dann nicht eintritt, wenn der persönliche Mangel erst nach Beginn der Vernehmung des ersten Angeklagten zur Sache während der Hauptverhandlung erkennbar wird.

Nicht ganz selten ist die Rüge, ein **Mitglied des Gerichts** habe **geschlafen.** 560
Auch hier handelt es sich weniger um einen Besetzungsfehler (§ 338 Nr. 1 StPO) als um einen Fall des § 338 Nr. 5 StPO.[1151] Die Rüge verspricht allerdings nur selten Er-

**1148** Hierzu neigt nunmehr auch der 3. Strafsenat: Vgl. BGH, Beschl. v. 20.9.2016 – 3 StR 84/16, Rn. 15 = NJW 2017, 181, 183 = StV 2017, 365. Offen gelassen in BGH, Beschl. v. 3.4.2019 – 5 StR 87/19, Rn. 9 = NStZ-RR 2019, 218. S. hierzu auch LR-*Becker* § 226 StPO, Rn. 27.

**1149** LR-*Franke* § 338 StPO, Rn. 83.

**1150** BGH, Urt. v. 19.6.1985 – 2 StR 197/85 und 98/85 = BGHSt 33, 261, 269 = NJW 1985, 2840; BGH, Urt. v. 3.11.1981 – 5 StR 566/81 = BGHSt 30, 255, 257 = NJW 1982, 293; MüKoStPO/*Schuster* § 33 GVG, Rn. 14.

**1151** A.A. auch hier die 5. Auflage, Rn. 209, die Rspr. und die h.L.; BGH, Beschl. v. 3.4.2019 – 5 StR 87/19 = NStZ-RR 2019, 218, 219; BGH StV 1982, 9. Vgl. ferner BGH MDR 1971, 364 (bei *Dallinger*); *Dallinger* MDR 1956, 398; LR-*Franke* § 338 StPO, Rn. 43.

folg.[1152] So ist die Revisionsrechtsprechung sehr nachsichtig mit den Richterkollegen, die „vorübergehend in ihrer Aufmerksamkeit durch Ermüdungserscheinungen beeinträchtigt“ sind, „nicht sehr lange“ schlafen, „einen Moment einnicken“, „gelegentlich Schnarchtöne“ von sich geben[1153] oder den Kopf absacken lassen.[1154] Als Voraussetzung für eine erfolgreiche Rüge verlangt sie, dass der Richter „während eines nicht unerheblichen Zeitraums fest geschlafen hat, so dass er den wesentlichen Vorgängen, die sich in der Hauptverhandlung während dieser Zeitspanne ereignet haben, nicht mehr hat folgen können“.[1155] Das kann der Fall sein, wenn der Richter schon tief und laut hörbar atmet, schnarcht oder nach ruckartigem Aufrichten Anzeichen von fehlender Orientierung erkennbar sind.[1156]

561 Dieser einschränkenden Auslegung der Rechtsprechung kann jedoch nicht gefolgt werden. Denn wenn ein Richter in der Sitzung „einnickt“, kann er schon eine Weile vorher nicht so bei der Sache gewesen sein, wie es von einem Richter, gar einem Strafrichter, verlangt werden muss. *Fuchs*[1157] kontrastiert die Großzügigkeit der Rechtsprechung gegenüber dem übermüdeten oder sogar schlafenden Richter zu Recht mit der Strenge, mit der dieselbe Rechtsprechung die Fälle der Übermüdung eines Kraftfahrers im Straßenverkehr behandelt, wo niemand auf den Gedanken käme, bei Konzentrationsschwächen die daraus resultierenden Gefahren in Zweifel zu ziehen, um mit den strafrechtlichen Sanktionen zuzuwarten, „… bis der Kopf absackt oder Schnarchlaute ertönen“. So überzeugt auch die Auffassung von *Fuchs*, der in Anlehnung an eine Entscheidung des Bundessozialgerichts[1158] und Eb. *Schmidt*[1159] fordert, dass ein Urteil bedingungslos aufzuheben ist, wenn der Richter in der Hauptverhandlung auch

---

**1152** Vgl. BGH, Beschl. v. 19.6.2018 – 5 StR 643/17 = NStZ 2019, 106; BGHSt 2, 14 und auch schon RGSt 60, 64; RG JW 1936, 3473. In einem Fall, in dem der Schöffe „nur“ während der Erstattung eines Gutachtens eines Sachverständigen zur Frage der Schuldfähigkeit des Angeklagten geschlafen hatte, hob der BGH das Urteil zwar auf, hielt jedoch die Feststellungen zum äußeren Tatgeschehen aufrecht: BGH, Urt. v. 29.7.1982 – 4 StR 338/82.

**1153** RG, Urt. v. 22.1.1926 – I 379/25 = RGSt 60, 63, 64.

**1154** BVerwG, Urt. v. 24.1.1986 – 6 C 141/82 = NJW 1986, 2721, 2722.

**1155** BGH, Beschl. v. 20.10.1981 – 5 StR 564/81 = StV 1982, 9 = NStZ 1982, 41. Vgl. auch BGH, Beschl. v. 19.6.2018 – 5 StR 643/17 = NStZ 2019, 106.

**1156** BSG, Beschl. v. 12.4.2017 – B 13 R 289/16 B = NJW 2017, 3183, 3184; vgl. auch BFH, Beschl. v. 17.2.2011 – IV B 108/09.

**1157** *Fuchs* AnwBl 1987, 569, 572.

**1158** BayVBl 1966, 119 – zitiert in *Fuchs* AnwBl 1987, 571, Fn. 18.

**1159** *Eb. Schmidt* JR 1963, 228 (Anm. zu BGH, Urt. v. 7.9.1962 – 4 StR 229/62); *Fuchs* AnwBl 1987, 571, Fn. 20.

nur den Anschein erweckt hat zu schlafen.[1160] Wie will man auch mit einiger Sicherheit beurteilen, was in diesem Zusammenhang ein „nicht unerheblicher" Zeitraum ist? Entscheidend ist doch, ob sich während dieser Zeit etwas ereignet hat, was auf das Urteil des Schlafenden, wäre er wach gewesen, Einfluss gehabt haben könnte. Solche „Zeitspannen", ob lang oder kurz, sollte es in einer gut geleiteten Hauptverhandlung überhaupt nicht geben. Ein Angeklagter hat ein Recht darauf, einem konzentrierten, aufmerksamen Richter gegenübergestellt zu werden, denn nur in diesem Fall kann der Grundsatz des fairen Verfahrens gewahrt werden.[1161]

Darüber hinaus zögern die Revisionsgerichte im Einzelfall, sich von dem 562
tatsächlichen Vorliegen dieses Aufhebungsgrundes zu überzeugen.[1162] Das hängt damit zusammen, dass es nur in den Fällen zu einem entsprechenden Rügevortrag kommt, in denen die übrigen Richter und der Sitzungsvertreter der Staatsanwaltschaft das schläfrige „Weggetretensein" übersehen oder großzügig „darüber hinweggesehen" haben. Stehen dann die Beobachtung des Angeklagten und die anwaltliche Versicherung des Verteidigers gegen die dienstliche Äußerung des betreffenden Richters oder Schöffen sowie der an einer Aufhebung des Urteils wenig interessierten Gerichtsmitglieder, so wird der Freibeweis nicht gelingen.[1163] Versucht dagegen der Verteidiger bereits im Zeitpunkt seiner Beobachtung den Vorgang im Protokoll festhalten zu lassen, geht der Revisionsgrund dadurch verloren, dass u.U. der zuletzt abgelaufene Teil der Hauptverhandlung im „Wachzustand" aller Beteiligten wiederholt wird, und dass die geistige Präsenz des betroffenen Richters für den Rest der Verhandlung sichergestellt wird.

Bei Berufsrichtern und auch bei Schöffen ist gelegentlich zu beobachten, 563
dass sie zwar nicht schlafen, dass sie jedoch aus anderen Gründen geistig abwesend oder abgelenkt sind. Auch dies wird zu Unrecht im Allgemeinen nicht unter dem Gesichtspunkt des § 338 Nr. 5 StPO[1164], sondern als Besetzungsrüge

---

**1160** *Fuchs* AnwBl 1987, 571, 573 beschreibt anschaulich, dass in der Geschichte – vom alten Rom bis hin zur Soester Gerichtsordnung im 15. Jahrhundert – ohne Spitzfindigkeiten nach dem Grundsatz gehandelt wurde: „Entweder schläft jemand oder er schläft nicht". Schläft er, wofür auch der Anschein genügt, durfte er nicht urteilen.

**1161** So auch *Sarstedt* JZ 1969, 150, 153 (Anm. zu OLG Nürnberg, Beschl. v. 27.8.1968 – Ws 366/68 u.a.); *Fuchs* AnwBl 1987, 571.

**1162** Beispiele: BGH, Beschl. v. 19.6.2018 – 5 StR 643/17 = NStZ 2019, 106; BGH, Urt. v. 19.8.1992 – 2 StR 86/92 = NJW 1992, 3248 (in BGHSt 38, 339 insoweit nicht abgedruckt).

**1163** Vgl. hierzu die Würdigung der eingeholten Erklärungen in BGH, Beschl. v. 19.6.2018 – 5 StR 643/17 = NStZ 2019, 106.

**1164** KK-*Gericke* § 338 StPO, Rn. 71.

behandelt.[1165] Aber auch hier lässt es die Rechtsprechung nicht genügen, wenn der Richter nur den Eindruck geistiger Abwesenheit erweckte.[1166] Im Einzelfall kann sich hieraus aber ein Grund für eine Ablehnung wegen Besorgnis der Befangenheit (§ 24 StPO) ergeben.[1167]

### c) Abwesenheit des Angeklagten (§§ 230, 231 StPO)

564 In der Praxis kommt die Abwesenheitsrüge häufig im Zusammenhang mit den gesetzlichen Ausnahmeregelungen zu dem **Grundsatz des § 230 StPO** vor, wonach gegen **abwesende Angeklagte** nicht verhandelt werden darf. Die in seiner Gegenwart begonnene Hauptverhandlung darf ausnahmsweise auch ohne den Angeklagten weitergeführt werden, wenn er sich **„eigenmächtig" entfernt** hat (§ 231 Abs. 2 StPO).[1168]

565 Für die Frage, ob „eigenmächtiges" Handeln vorliegt, kommt es nach der Rechtsprechung des BGH nicht darauf an, ob der Angeklagte fernbleibt, um den Gang der Rechtspflege zu stören.[1169] Es genügt vielmehr, dass er sich wissentlich und ohne Rechtfertigungs- oder Entschuldigungsgründe in eine Lage begibt, die für ihn vorhersehbar mit dem erheblichen Risiko verbunden ist, zum angesetzten Termin an der Teilnahme an der Hauptverhandlung gehindert zu sein.[1170] Eine „Boykottabsicht" setzt § 231 Abs. 2 StPO dementsprechend nicht voraus.[1171] Im Rahmen von § 231a StPO reicht es aus, wenn der Angeklagte „wissentlich" die ordnungsgemäße Durchführung der Hauptverhandlung in seiner Gegenwart verhindert. Da § 231a StPO über § 231 Abs. 2 StPO insoweit hinausgeht, als er

**1165** KK-*Gericke* § 338 StPO, Rn. 51.

**1166** BGHSt 11, 74 = NJW 1958, 31. Einen Sonderfall fehlgeleiteter Aufmerksamkeit hatte das Kammergericht DJZ 1931, 504 zu behandeln: Ein Schöffe hatte (wahrscheinlich äußerst wachsam) an der Verhandlung teilgenommen in der Vorstellung, er sei der Angeklagte; auch dies ist ein Besetzungsfehler. Er dürfte jedoch heute kaum noch vorkommen.

**1167** BGH, Urt. v. 17.6.2015 – 2 StR 228/14 = NJW 2015, 2986 = StV 2016, 270 (Benutzung eines Mobiltelefons); die Einordnung als Besetzungs- oder Befangenheitsrüge ablehnend *Schlothauer/Weider/Wollschläger* Rn. 390.

**1168** Hierzu: *Eisenberg* NStZ 2012, 63, 66.

**1169** Vgl. hierzu KK-*Gmel* § 231 StPO, Rn. 3; vgl. auch *Meyer-Goßner/Schmitt* § 231 StPO, Rn. 10; BGH, Urt. v. 30.11.1990 – 2 StR 44/90 = BGHSt 37, 249 = BGH StV 1991, 97. BGHSt 10, 317, 318: Hier wurde Eigenmacht des Angeklagten, der sich geweigert hatte, gefesselt an einer Ortsbesichtigung teilzunehmen, abgelehnt, da dieser – bei richtigem Eingreifen des Gerichts – nicht die „Macht" gehabt hätte, die Ortsbesichtigung zu vereiteln; BGHSt 16, 178, 183; BGHSt 25, 317, 319; BGH NJW 1987, 2592.

**1170** BGH, Beschl. v. 27.6.2018 – 1 StR 616/17 = StV 2019, 170 = StraFo 2019, 72.

**1171** BGH, Urt. v. 30.11.1990 – 2 StR 44/90 = BGHSt 37, 249, 253.

die Möglichkeit, in Abwesenheit des Angeklagten zu verhandeln, sogar auf den Zeitpunkt ausdehnt, in dem dieser noch nicht zur Anklage vernommen wurde, kann auch für die subjektiven Voraussetzungen des § 231 Abs. 2 StPO nichts anderes gelten als für § 231a StPO. Folglich kommt es bei der Beurteilung der Frage, ob **Eigenmacht** vorliegt, auch nicht auf eine besondere Störungsabsicht des Angeklagten, sondern allein auf dessen Wissen an, seiner Anwesenheitspflicht ohne Rechtfertigungs- oder Entschuldigungsgründe nicht nachzukommen.[1172]

Im Einzelnen wird Eigenmacht z.B. angenommen, wenn sich der Angeklag- 566
te in einen seine Verhandlungsfähigkeit ausschließenden Zustand versetzt,[1173] so z.B. wenn er sich in den Zustand der Trunkenheit versetzt.[1174] Ferner wurde Eigenmacht in einem Fall angenommen, in dem der Angeklagte Verwandtenbesuch der Terminswahrnehmung vorzog bzw. die Beschwernisse einer Reise zum auswärtigen Verhandlungstermin nicht auf sich nehmen wollte.[1175] Auch der fünftägige stationäre Aufenthalt einer Angeklagten in einem psychiatrischen Krankenhaus wegen ängstlich-depressiver Verstimmungen wurde als eigenmächtiges Fehlen i.S.v. § 231 Abs. 2 StPO gewertet, weil sie sich willentlich in diesen Zustand begeben hatte, um sich der Auseinandersetzung mit der Vergangenheit zu entziehen (sog. Selbsterfüllungsprophetie).[1176] Eigenmacht kann nach der Rechtsprechung auch vorliegen, wenn der Angeklagte während laufender Hauptverhandlung einen **Suizidversuch** unternimmt.[1177] Der BGH verweist in diesem Zusammenhang darauf, Voraussetzung für ein Eingreifen des § 231 Abs. 2 StPO sei auch, dass der Angeklagte „schuldhaft" gehandelt habe. Das sei unter Heranziehung der in den §§ 20, 21 StGB enthaltenen Kriterien zu prüfen.[1178] Der Rückgriff auf Kriterien, die primär im Zusammenhang mit dem Rechtsgüterschutz Dritter entwickelt wurden, nicht aber den Umgang mit dem

**1172** BGH, Urt. v. 30.11.1990 – 2 StR 44/90 = BGHSt 37, 249, 255.

**1173** BGH, Beschl. v. 27.6.2018 – 1 StR 616/17 = StV 2019, 170 = StraFo 2019, 72; BGH, Beschl. v. 25.7.2011 – 1 StR 631/10 = BGHSt 56, 298, 307 = NJW 2011, 3249 m. Anm. *Trüg* = NStZ 2012, 105 m. Anm. *Arnoldi;* BGH, Urt. v. 19.2.2002 – 1 StR 546/01 = StV 2002, 478 = NStZ 2002, 533. S. ergänzend auch BGHSt 2, 300.

**1174** BGH NStZ 1986, 372.

**1175** BGH, Urt. v. 30.11.1990 – 2 StR 44/90 = BGHSt 37, 249 = BGH StV 1991, 97.

**1176** BGH, Beschl. v. 22.5.1991 – 2 StR 453/90 = NJW 1991, 2917.

**1177** KK-*Gmel* § 231 StPO, Rn. 5; BGH, Urt. v. 25.7.1961 – 2 StR 575/60 = BGHSt 16, 178, 183.

**1178** BGH, Beschl. v. 25.7.2011 – 1 StR 631/10 = BGHSt 56, 298 = NJW 2011, 3249 m. Anm. *Trüg* = NStZ 2012, 117 m. Anm. *Arnoldi*.

eigenen Leben betreffen,[1179] ist in diesem Zusammenhang aber nicht überzeugend.[1180]

567 Eigenmacht scheidet auch aus, wenn die grundsätzliche Verpflichtung zum Erscheinen dem Angeklagten gegenüber durch Personen in Frage gestellt wurde, deren Angaben er vertrauen durfte. Hat z.B. der **Verteidiger** dem Angeklagten erklärt, er brauche zur Urteilsfindung nicht zu kommen, weil auch das Gericht zu erkennen gegeben hat, dass es ihm „freistehe", darf von § 231 Abs. 2 StPO nicht Gebrauch gemacht werden.[1181] Erst recht gilt dies natürlich, wenn der Vorsitzende sich unmittelbar gegenüber dem Angeklagten in dieser (oder vergleichbarer) Weise geäußert hat.[1182] Vermittelt das Gericht den Eindruck, die Anwesenheitspflicht werde auch aus nichtigen Gründen entfallen, verhindert dies die Annahme der Eigenmacht des Angeklagten.[1183] Durch **Zugverspätungen** verursachtes Fehlen ist ebenfalls nicht eigenmächtig,[1184] ebenso nicht das Verschlafen des Gerichtstermins[1185] und der Irrtum über den Tag der Verhandlung.[1186] Auch bei einer Verhaftung des Angeklagten im Ausland in einer anderen Sache darf die Verhandlung jedenfalls dann nicht nach § 231 Abs. 2 StPO ohne ihn fortgesetzt werden, wenn er mit der Verhaftung nicht rechnen musste.[1187]

568 Soll gerügt werden, § 230 Abs. 1 StPO sei verletzt, weil das Instanzgericht zu Unrecht von Eigenmacht i.S.v. § 231 Abs. 2 StPO ausgegangen ist, ist die Rechtsprechung zu den **Darlegungsanforderungen** bei einer solchen **Verfahrensrüge** zu beachten. Mitzuteilen ist, welcher Teil der Verhandlung ohne den Angeklagten stattgefunden hat.[1188] Aus der Revisionsbegründung muss sich ferner

---

**1179** *Trüg* NJW 2011, 3256.

**1180** So auch *Arnoldi* NStZ 2012, 108 und *Eisenberg* NStZ 2012, 63, 67. Die Rechtsprechung des BGH befürwortend: KK-*Gmel* § 231 StPO, Rn. 5.

**1181** Vgl. BGH, Beschl. v. 6.5.2014 – 5 StR 160/14 u.a. = StraFo 2014, 335; BGH StV 1989, 187; OLG Bremen, Beschl. v. 25.3.1992 – Ss 69/91 = StV 1992, 558; vgl. aber auch BGH, Urt v. 30.11.1990 – 2 StR 44/90 = BGHSt 37, 249, 252.

**1182** KG, Beschl. v. 10.4.2015 – (2) 121 Ss 58/15 (26/15) = StV 2017, 809; OLG Celle, Beschl. v. 17.5.2011 – 32 Ss 47/11 = StV 2014, 206 = StraFo 2012, 140 (Erklärung des Vorsitzenden).

**1183** BGH, Urt. v. 30.11.1990 – 2 StR 44/90 = BGHSt 37, 249 = BGH StV 1991, 97.

**1184** BGH, Beschl. v. 21.5.2003 – 5 StR 51/03 = NStZ 2003, 561

**1185** BGH, Beschl. v. 8.2.1991 – 3 StR 225/90 = NJW 1991, 1367.

**1186** BGH, Beschl. v. 6.6.2001 – 2 StR 194/01 = NStZ-RR 2003, 333.

**1187** Vgl. BGH, Beschl. v. 27.6.2018 – 1 StR 616/17 = NStZ 2019, 481 = StV 2019, 170; *Meyer-Goßner/Schmitt*, § 231 StPO Rn. 15. S. aber auch: BGH, Beschl. v. 7.11.2007 – 1 StR 275/07 = StV 2009, 338 (der Angeklagte hatte seine eigene Verhaftung im Ausland erwirkt, um dem Verfahren in Deutschland zu entkommen).

**1188** KK-*Gmel* § 231 StPO, Rn. 16. S. dazu im Einzelnen unten Rn. 602 ff., 605.

ergeben, aus welchem Grund die Voraussetzungen des § 231 Abs. 2 StPO nicht vorlagen.[1189] Als Rügevortrag für das Fehlen der Voraussetzungen des § 231 Abs. 2 StPO reicht es nicht aus, wenn lediglich geltend gemacht wird, der Angeklagte habe sich über den Termin geirrt.[1190]

Das **Revisionsgericht prüft** grundsätzlich **im Freibeweis** nach, ob Eigen- 569
macht vorlag.[1191] Maßgebend ist im Ergebnis der Kenntnisstand zum Zeitpunkt der Revisionsentscheidung.[1192] Nach einer Entscheidung des 3. Strafsenats[1193] ist Grundlage der Prüfung dabei nur der Vortrag in der Revisionsbegründung. Der Senat lehnt es ab, die Prüfung auch auf Umstände zu erstrecken, die in der Revisionsbegründung nicht aufgeführt wurden. Wo hier die Grenze zwischen den Vortragsanforderungen, die sich aus § 344 Abs. 2 StPO ergeben und dem Umfang der freibeweislichen Ermittlungen verläuft, lässt sich abstrakt schwer bestimmen.[1194] Gegen die durch den 3. Strafsenat aufgestellte Beschränkung des Prüfungsmaßstabes lässt sich Vieles einwenden,[1195] insbesondere dass sich (bei zulässiger Rüge) die revisionsrechtliche Prüfung regelmäßig insgesamt auf die Frage erstrecken sollte, ob auf tatrichterlicher Ebene ein Verfahrensfehler vorgekommen ist oder nicht. Das ändert aber nichts daran, dass die Verteidigung Einwände und Dokumente, die gegen die Eigenmacht sprechen, bereits in der Revisionsbegründung vorbringen und nicht erst für etwaige spätere Verfahrensstadien „zurückhalten" sollte. Führen die freibeweislichen Ermittlungen allerdings zu neuen Verdachtsmomenten, die für ein eigenmächtiges Verhalten des Angeklagten sprechen, kann es der Verteidigung nicht verwehrt sein, dem ebenfalls mit neuen Beweismitteln (wie z.B. ergänzenden medizinischen Stellungnahmen) entgegenzutreten.

---

**1189** KK-*Gmel* § 231 StPO, Rn. 16.

**1190** BGH, Urt. v. 6.3.1984 – 5 StR 997/83.

**1191** BGH, Beschl. v. 7.11.2007 – 1 StR 275/07 = NStZ-RR 2008, 285 = wistra 2008, 110; BGH, Beschl. v. 8.7.2008 – 3 StR 172/08 = StraFo 2008, 430; BGH, Beschl. v. 17.3.1999 – 3 StR 507/98 = wistra 1999, 260 = NStZ 1999, 418 = StV 2003, 148.

**1192** BGH, Beschl. v. 19.11.2009 – 4 StR 276/09 = NStZ 2010, 585.

**1193** BGH, Beschl. v. 25.10.2011 – 3 StR 282/11 = StV 2012, 72 = wistra 2012, 73. S. auch BGH, Beschl. v. 29.4.2015 – 1 StR 235/14, Rn. 25.

**1194** Vgl. hierzu auch OLG Köln, Beschl. v. 7.8.1984 – 3 Ss 242/84 = StV 1985, 50.

**1195** Vgl. *Weßlau* StV 2014, 236. S. hierzu auch *Bartel*, Das Verbot der Rekonstruktion der Hauptverhandlung, S. 177 ff.

### d) Abwesenheit nach § 231a StPO

570 Von sehr begrenzter Bedeutung als Anlass für Revisionsrügen ist die Anwendung von § 231a StPO.[1196] Mit der Einführung des § 231a StPO hat der Gesetzgeber dem Rechtsstaatsprinzip dabei einen bedenklichen Hieb versetzt. In der NS-Zeit war es möglich, gegen flüchtige – abwesende – Angeklagte ein Verfahren durchzuführen.[1197] Die heutige Rechtsordnung zieht es vor, nicht um jeden Preis zu verurteilen und das Risiko von fatalen Fehlurteilen auf diese Weise minimal zu halten.[1198] Das aus Art. 103 Abs. 1 GG und § 230 StPO abgeleitete Anwesenheits*recht* gewährt dem Angeklagten die Möglichkeit, seine Verteidigungsinteressen (Frage- und Erklärungsrechte) zu verwirklichen. Dass die Rechtsordnung sogar eine **Anwesenheits*pflicht*** vorsieht und die Anwesenheit des Angeklagten erzwingbar macht (§ 231 Abs. 1 S. 2 StPO), zeigt, dass es nicht nur im Interesse des Angeklagten, sondern auch im Interesse der Allgemeinheit liegt, niemand zu Unrecht zu verurteilen oder zum Objekt des Verfahrens zu machen.[1199] *Grünwald* warnte bereits 1976 davor, die traditionellen rechtsstaatlichen Grundsätze des Strafverfahrens in ihrer Geltung zu relativieren, indem man sie der einfachen Abwägung gegenüber Strafverfolgungsinteressen aussetzt.[1200] Wenn man diese Abwägung in das Ermessen der Gerichte stellt, „... gibt es keine bestimmbare Grenze mehr, an der der Strafverfolgung Einhalt geboten werden könnte".[1201] Das Rechtsstaatsprinzip wird durch die Vermehrung von Ausnahmeregelungen und die ausdehnende Auslegung der §§ 231 Abs. 2, 231a StPO ausgehöhlt. Angesichts der Bedeutung des Rechtsstaatsprinzips gegen-

---

**1196** Die Bestimmung wird wegen ihres sachlichen Zusammenhangs zu § 231 Abs. 2 StPO hier erörtert.

**1197** Gesetz v. 28.6.1935 (RGBl 1935 I, 844). Auch nach 1945 hatte diese Regelung noch Bestand. Selbst nach dem Vereinheitlichungsgesetz v. 12.9.1950 wurden Abwesenheitsverhandlungen noch zugelassen (§ 276 Abs. 1 StPO in der damaligen Fassung), allerdings nicht mehr gegen Flüchtige; auch konnte die Staatsanwaltschaft nicht mehr allein über die Frage, wer abwesend ist, entscheiden (so aber noch § 278 StPO von 1935). Erst mit Inkrafttreten des EGStGB am 1.1.1975 (Art. 21 Nr. 76 EGStGB) wurde die Abwesenheitsverhandlung abgeschafft. Die §§ 276 ff. StPO beziehen sich seitdem nur noch auf Beweissicherungsfragen; hierzu: SK-StPO/*Frister* § 276 StPO, Rn. 1 mwN; *Henkel*, Strafverfahrensrecht, 379 f. und 466 f. Die DDR praktizierte mit den §§ 236 ff. StPO der DDR v. 15.10.1952 (GBl Nr. 142) ebenfalls ein Verfahren gegen Abwesende, allerdings entsprechend den Vorschriften von 1935! Instruktiv hierzu *Eb. Schmidt*, Lehrkommentar, vor § 276 StPO; *Henkel*, Strafverfahrensrecht, S. 62 f.

**1198** So auch *Grünwald* JZ 1976, 767, 771 (Anm. zu BVerfGE 41, 246 und BGHSt 26, 228 = JZ 1976, 763).

**1199** *Grünwald* JZ 1976, 767, 771.

**1200** *Grünwald* JZ 1976, 767, 773.

**1201** *Grünwald* JZ 1976, 767, 773.

über dem staatlichen Strafverfolgungsinteresse kann auch die Entscheidung des Bundesverfassungsgerichts,[1202] das sich der Entscheidung des 3. Senates angeschlossen und § 231a StPO für verfassungsgemäß erklärt hat, nicht befriedigen.

Die Vorschrift erlangte eine besondere Bedeutung im Zusammenhang mit 571
dem Verfahren gegen die „Baader-Meinhof"-Gruppe 1975.[1203] Die Angeklagten waren aus Protest gegen ihre Haftbedingungen in den Hungerstreik getreten und dadurch nicht mehr permanent verhandlungsfähig. Der 3. Strafsenat entschied, dass mit dem Wortlaut des § 231a StPO „Verhandlungsfähigkeit ausschließenden Zustand" nicht gemeint sei, der Angeklagte müsse „absolut verhandlungsunfähig" sein.[1204] Eine „vernünftige Planung der Hauptverhandlung"[1205] sei nur möglich, wenn auch beschränkte Verhandlungsfähigkeit von § 231a StPO erfasst werde.[1206] Der Senat vollzog mit seiner Entscheidung zwei noch über das ohnehin fragwürdige Gesetz hinausgehende Wertungen: Zum einen wurde die vom Gesetz vorgesehene Verhandlungs*unfähigkeit* auf eine *beschränkte* Verhandlungsfähigkeit ausgedehnt, ohne dass dies noch vom Gesetzeswortlaut gedeckt wäre. Zum anderen wurde der „Vorsatz" der Angeklagten durch eine Zurechnung ersetzt:[1207] Die beschränkte Verhandlungsfähigkeit der Angeklagten war nach Sachverständigengutachten zum einen auf die Haftsituation zum anderen auf den Hungerstreik zurückzuführen,[1208] was der Senat für selbst verantwortet hielt, weil diese einer gefährlichen kriminellen Vereinigung angehörten und daher die verschärften Haftbedingungen auf sich nehmen müssten.[1209] Inwiefern die Gefährlichkeit einer Gruppe – die zudem erst noch nachzuweisen war – bzw. die psychisch problematische Haftsituation, gegen die sich die Angeklagten mit dem Hungerstreik wenden wollten, dem Vorsatz gleichgestellt werden kann, der Verhandlung fernzubleiben oder das Verfahren zu verschleppen, bleibt unklar.

Obwohl die Bestimmung unter außergewöhnlichen Umständen entstanden 572
ist, ist sie Bestandteil der StPO geblieben. Die Zahl ihrer Anwendungsfälle dürf-

**1202** BVerfGE 41, 246, 249 f. = JZ 1976, 766 m. Anm. *Grünwald*, der § 231 a StPO wegen Verstoßes gegen Art. 103 Abs. 1 GG für verfassungswidrig hält.
**1203** BGHSt 26, 228.
**1204** BGHSt 26, 228, 231.
**1205** BGHSt 26, 228, 233.
**1206** BGHSt 26, 228, 232.
**1207** *Grünwald* JZ 1976, 768.
**1208** BGHSt 26, 228, 236.
**1209** BGHSt 26, 228, 237 ff.

te aber gering sein.[1210] Zwar soll es im Hinblick auf das in § 231a Abs. 3 StPO vorgesehene Rechtsmittel der sofortigen Beschwerde nach h.M. nicht möglich sein, die Revision mit dem Einwand zu führen, die Voraussetzungen des § 231a StPO hätten nicht vorgelegen.[1211] Geltend gemacht werden kann aber, das Gericht habe gegen die in § 231a Abs. 2 StPO geregelte Unterrichtungspflicht verstoßen.[1212] Auch eine verspätete Bekanntmachung des Beschlusses nach § 231a Abs. 3 StPO kann unter Umständen die Revision begründen.[1213]

#### e) Entfernung des Angeklagten nach § 247 StPO

573 Für die Anwendung von § 338 Nr. 5 StPO von wesentlich größerer praktischer Bedeutung ist eine andere Konstellation: Ohne den Angeklagten kann verhandelt werden, wenn zu befürchten ist, dass ein Zeuge oder Mitangeklagter in seiner Gegenwart nicht aussagen oder nicht die Wahrheit sagen wird und er deshalb entfernt wurde (**§ 247 S. 1 StPO**). Einen wichtigen Anwendungsbereich hat diese Vorschrift in Verfahren, in denen „getarnte oder gefährdete Zeugen" vernommen werden sollen.[1214] Verweigert die oberste Dienstbehörde gemäß §§ 54, 96 StPO in Verbindung mit § 68 BBG (oder § 37 BeamtStG), wegen der „Enttarnungsgefahr" die Genehmigung zur Vernehmung eines V-Mannes oder eines Verdeckten Ermittlers (§§ 110a ff. StPO) in Gegenwart des Angeklagten, so kann hierin nach der Rechtsprechung ein Grund für die Entfernung des Angeklagten während der Zeugenaussage liegen.[1215] Von erheblicher praktischer Bedeutung ist daneben die Möglichkeit, nach § 247 S. 2 StPO zum Schutz von Zeugen die Entfernung des Angeklagten aus dem Sitzungssaal anzuordnen.

##### aa) Anordnung und Umfang des Ausschlusses

574 Der Angeklagte kann unter den Voraussetzungen des § 247 StPO aus der Hauptverhandlung *entfernt* werden. War er über den zulässigen Umfang hinaus nur für

---

**1210** Vgl. hierzu LG Lüneburg, Beschl. v. 25.1.2010 – 26 Qs 306/09 = NStZ-RR 2010, 211; OLG Nürnberg, Beschl. v. 18.2.1999 – Ws 1639/98 = NJW 2000, 1804 m. Anm. *Keller* StV 2001, 671; *Müller* NStZ 2001, 53.

**1211** KK-*Gmel* § 231a StPO, Rn. 28. Vgl. auch BGH, Beschl. v. 13.1.1993 – 5 StR 650/92 = BGHSt 39, 110.

**1212** Vgl. hierzu BGH, Beschl. v. 14.1.2010 – 3 StR 403/09 = StV 2011, 202.

**1213** Vgl. BGH, Beschl. v. 13.1.1993 – 5 StR 650/92 = BGHSt 39, 110; hierzu: *Gollwitzer* JR 1994, 342.

**1214** Kritisch hierzu: *Hassemer* JuS 1986, 25, 26.

**1215** BGHSt 32, 32 = JZ 1984, 45 m. Anm. *Geerds*; BGHSt 32, 115, 125 (GrS).

kurze Zeit nicht anwesend (ferngeblieben oder unberechtigt von der Teilnahme beurlaubt), begründet dies die Rüge nach § 338 Nr. 5 StPO.[1216] Ausnahmen macht die Rechtsprechung aber auch hier, wenn die Abwesenheit nur einen nicht wesentlichen Teil der Hauptverhandlung betraf.[1217] Die Anwesenheit in einem Nebenraum, in den die Verhandlung per **Videotechnik** übertragen wird, genügt dabei nicht, um dem Anwesenheitserfordernis Rechnung zu tragen.[1218]

Auf die Anwesenheit des Angeklagten kann **nicht wirksam verzichtet** 575 werden. Deshalb dürfen die Voraussetzungen des § 247 StPO nicht schon deshalb als gegeben angesehen werden, weil alle Verfahrensbeteiligten mit der Abwesenheit des Angeklagten einverstanden sind.[1219] Wenn das Gericht zu Unrecht annimmt, dass die gesetzlichen Voraussetzungen vorliegen, kann dies gemäß § 338 Nr. 5 StPO beanstandet werden.[1220] Ein absoluter Revisionsgrund liegt auch vor, wenn **kein förmlicher Gerichtsbeschluss** über die Entfernung des Angeklagten **ergangen** ist,[1221] z.B. wenn nur der Vorsitzende den Angeklagten aus dem Sitzungssaal entfernen lässt.[1222] Etwas anderes kann aber im Jugendstrafrecht gelten, wo nach § 51 Abs. 1 Satz 1 JGG auch der Ausschluss durch Verfügung des Vorsitzenden möglich ist.[1223] Ist zwar ein Gerichtsbeschluss ergangen, enthält er aber keine zureichende Begründung, so liegt der absolute Revisionsgrund vor.[1224] Die Rechtsprechung lässt hiervon Ausnahmen zu, wenn für alle Beteiligten erkennbar ist, dass das Gericht bei der Beschlussfassung von

**1216** BGH, Beschl. v. 10.4.2013 – 2 StR 19/13 = StV 2014, 3 = NStZ 2013, 686; BGH NStZ 1981, 449 (7-minütige Abwesenheit).

**1217** Vgl. oben Rn. 551.

**1218** BGH, Beschl. v. 11.12.2018 – 2 StR 250/18 = NJW 2019, 692 = StraFo 2019, 207. Vgl. hierzu *Meyer-Goßner/Schmitt* § 247 StPO, Rn. 14a, der eine Übertragung durch Videotechnik ungeachtet dessen empfiehlt. S. auch *Metz* NStZ 2017, 446. Die Anwesenheit in einem Nebenraum genügt auch dann nicht, wenn das Geschehen im Gerichtssaal durch eine geöffnete Tür verfolgt werden kann: OLG Celle, Beschl. v. 9.3.2017 – 2 Ss 23/17 = StV 2017, 810.

**1219** BGH, Beschl. v. 21.8.2018 – 2 StR 172/18 = NStZ 2019, 739, 740; BGH, Beschl. v. 5.11.2014 – 4 StR 385/14 = StV 2016, 777 = NStZ-RR 2015, 51; OLG Hamm, Beschl. v. 17.3.2009 – 2 Ss 94/09 = StV 2010, 65, 66; BGHSt 25, 317, 318; a.A. aber *Dahs* FS Widmaier, S. 95.

**1220** BGHSt 15, 194, 196; 22, 18, 20; BGH, Urt. v. 6.8.1986 – 3 StR 243/86 = NStZ 1987, 84; LR-*Becker* § 247 StPO, Rn. 53.

**1221** KK-*Diemer* § 247 StPO, Rn. 13; LR-*Becker* § 247 StPO, Rn. 53.

**1222** RGSt 20, 273; BGHSt 1, 346, 350; BGHSt 4, 364; BGHSt 15, 194, 196; BGH, Beschl. v. 25.2.1976 – 3 StR 511/75 (S) = NJW 1976, 1108; vgl. auch BGH NStZ 1987, 84.

**1223** BGH, Urt. v. 15.11.2001 – 4 StR 215/01 = NStZ 2002, 216.

**1224** BGH, Beschl. v. 24.6.2014 – 3 StR 194/14 = NStZ 2015, 103; KK-*Diemer* § 247 StPO, Rn. 13, 16 mwN.

zutreffenden Erwägungen ausgegangen ist.[1225] Sobald aber nach dem gesamten protokollierten Vorgang und der Beschlussbegründung zweifelhaft bleibt, ob in der Hauptverhandlung die sachlichen Voraussetzungen des § 247 StPO vorlagen, schlägt diese Unklarheit zugunsten des Grundsatzes aus, dass gegen einen abwesenden Angeklagten nur beim Vorliegen eines eindeutigen gesetzlichen Erlaubnistatbestandes verhandelt werden darf.[1226]

576 Wird der **Beschluss** über die Entfernung in Abwesenheit des Angeklagten verkündet, begründet schon dies die Verfahrensrüge.[1227] Auch die dem Beschluss vorangehende Verhandlung über die Entfernung muss noch in Anwesenheit des Angeklagten stattfinden.[1228] Nach dem Wortlaut des § 247 StPO kann der Angeklagte während der „Vernehmung" entfernt werden. Für die Reichweite der Vorschrift ist deshalb von entscheidender Bedeutung, was hiervon noch umfasst ist. Schon weil sich die Auslegung des Begriffs unmittelbar einschränkend in Bezug auf das für ein Strafverfahren wesentliche Anwesenheitsrecht auswirkt, muss der **Begriff der Vernehmung in § 247 StPO** (anders als z.B. in § 136 StPO) eng ausgelegt werden.[1229] Das bringt es mit sich, dass zumindest ein Teil der formalen Vorgänge, die mit einer Zeugenvernehmung in der Hauptverhandlung regelmäßig verbunden sind, von § 247 StPO nicht umfasst ist. Zwar gilt der Ausschluss nach § 247 StPO für die **Belehrungen** des Zeugen nach **§ 52 Abs. 3 StPO, nach § 57 StPO** und die Vernehmung zur Person.[1230] Er gilt jedoch nicht für die **Vereidigung** eines Zeugen.[1231] Nach bisher h.M. gilt er auch nicht für Erörterungen über die Frage, ob der Zeuge zu vereidigen ist.[1232] Seit dem Wegfall der Regelvereidigung wird dies allerdings in Frage gestellt. Unabhängig

**1225** BGHSt 15, 194, 196, daran anknüpfend BGHSt 22, 18, 20; BGH, Urt. v. 6.8.1986 – 3 StR 243/86 = StV 1987, 6 = NStZ 1987, 84; BGH, Urt. v. 25.11.2003 – 1 StR 182/03 = NStZ-RR 2004, 118; zur Formstrenge mahnend *Basdorf* FS Salger, S. 203, 204.

**1226** BGHSt 32, 32, 36 = JZ 1984, 45 m. Anm. *Geerds*; BGH NStZ 1983, 36; BGH NStZ 1987, 84; BGH NStZ 1991, 296.

**1227** BGH, Beschl. v. 5.11.2014 – 4 StR 385/14 = NStZ-RR 2015, 51 = StV 2016, 777; BGH, Beschl. v. 20.8.1997 – 3 StR 357/97 = StV 2000, 120; OLG Schleswig, Beschl. v. 16.3.2011 – 1 Ss 7/11 = StV 2011, 351; vgl. aber BGH, Urt. v. 26.11.2003 – 2 StR 291/03 = NJW 2004, 1187 zur (bloßen) Bekanntgabe einer Vereidigungsentscheidung in Abwesenheit des Angeklagten.

**1228** BGH StV 1987, 377.

**1229** BGH, Beschl. v. 21.4.2010 – GSSt 1/09 = BGHSt 55, 87, 90 = NJW 2010, 2450 = NStZ 2011, 47 = StV 2010, 467.

**1230** BGH, Beschl. v. 17.10.2018 – 4 StR 99/18 (zu § 57 StPO); *Meyer-Goßner/Schmitt* § 247 StPO, Rn. 6.

**1231** BGH, Urt. v. 25.9.1985 – 3 StR 335/85 = NStZ 1986, 133; BGH, Urt. v. 21.10.1975 – 5 StR 431/75 = BGHSt 26, 218; *Meyer-Goßner/Schmitt* § 247 StPO, Rn. 9.

**1232** *Meyer-Goßner/Schmitt* § 247 StPO, Rn. 8.

davon, wie weit der Ausschluss für die „Vernehmung" nach § 247 StPO reichen kann, soll jedenfalls kein wesentlicher Teil der Verhandlung mehr vorliegen, wenn es nach Abschluss der Vernehmung beim Regelfall des § 59 StPO verbleibt, keine Vereidigung in Betracht gezogen wird und sich hieran auch keine Erörterungen über die Vereidigungsfrage anschließen.[1233] Schon weil angesichts der Neufassung des § 59 StPO und der Auslegung, die er in der Rechtsprechung gefunden hat, Streit über Vereidigungsfragen kaum mehr entsteht, kommt dieser Einschränkung durchaus praktische Relevanz zu. Da die Entscheidung über die Vereidigung aber in der Regel gemeinsam mit der Entscheidung über die Entlassung des Zeugen getroffen wird, dürfte die Zahl der Fälle, in denen die Begründetheit der Revision hiervon abhängt, eher gering sein.

Die Frage, wie lange der Angeklagte aus dem Gerichtssaal ferngehalten 577
werden darf, war Gegenstand einer Entscheidung des Großen Senats für Strafsachen (GSSt). Die in einer Vorlage des 5. Strafsenats vertretene Auffassung,[1234] die **Verhandlung über die Entlassung** des Zeugen könne auch in Abwesenheit des Angeklagten stattfinden, hat der Große Senat abgelehnt und klargestellt, dass die Verhandlung über die Entlassung nicht mehr Teil der Vernehmung i.S.v. § 247 StPO ist.[1235] Das ist in der Literatur mit Recht auf Zustimmung gestoßen.[1236] Für die Verhandlung über die Frage, ob der Zeuge entlassen werden kann und für die Entlassung selbst gilt § 247 StPO deshalb nicht, sodass der Angeklagte dabei wieder anwesend sein muss.[1237]

### bb) Beweiserhebungen in Abwesenheit des Angeklagten

Nicht selten ergibt sich im Zusammenhang mit der Anwendung des § 247 StPO 578
der absolute Revisionsgrund des § 338 Nr. 5 StPO daraus, dass während der an sich durch die Vorschrift gedeckten Abwesenheit des Angeklagten für eine bestimmte Zeugenvernehmung auch Vorgänge stattfinden, die durch den Beschluss nicht erfasst sind und auch nicht erfasst werden dürften. Das gilt z.B.

---

**1233** OLG München, Beschl. v. 7.10.2013 – 4 StRR (B) 37/13; BGH, Beschl. v. 11.7.2006 – 3 StR 216/06 = BGHSt 51, 81 = StV 2007, 21 = NStZ 2006, 715. S. dazu bereits oben Rn. 551.

**1234** BGH, Beschl. v. 11.11.2009 – 5 StR 530/08 = StV 2010, 60.

**1235** BGH, Beschl. v. 21.4.2010 – GSSt 1/09 = BGHSt 55, 87 = NJW 2010, 2450 = NStZ 2011, 47 = StV 2010, 467.

**1236** *Fezer* NStZ 2011, 47; zum Vorlagebeschluss schon ablehnend: *Eisenberg* StV 2009, 344.

**1237** Vgl. auch BGH, Beschl. v. 23.9.2014 – 4 StR 302/14 = NStZ 2015, 104; BGH, Beschl. v. 11.3.2014 – 1 StR 711/13 = StV 2015, 87 m. Anm. *Ventzke* = NStZ 2014, 532. S. ferner BGH, Urt. v. 9.2.2011 – 5 StR 387/10 = StV 2011, 520 (Entlassung in Fällen, in denen der Angeklagte die Möglichkeit hatte, die Vernehmung per Video zu verfolgen).

wenn im Rahmen der Vernehmung eines V-Manns zur Frage seiner Identität auch der ihn begleitende Kriminalbeamte vernommen wird.[1238] Häufig kommt es auch vor, dass im Rahmen der Zeugenvernehmung eine **Urkunde verlesen** wird.[1239] Lag hierin nicht ein bloßer Vorhalt (als Vernehmungsbehelf),[1240] sondern eine Beweiserhebung im Strengbeweisverfahren und wurde diese nachfolgend nicht in Gegenwart des Angeklagten wiederholt, ist der absolute Revisionsgrund des § 338 Nr. 5 StPO gegeben.[1241]

579 Zu einem Anfrageverfahren (§ 132 GVG) geführt hat die ebenfalls sehr praxisrelevante Frage, ob der absolute Revisionsgrund stets eingreift, wenn während der Vernehmung des Zeugen eine **Augenscheinseinnnahme** stattfindet. Der 5. Strafsenat des BGH hatte in einem Anfragebeschluss die Auffassung vertreten, der Revisionsgrund greife nicht ein, wenn in Abwesenheit des Angeklagten eine Augenscheinseinnahme stattfinde, die mit der Vernehmung des Zeugen, die Anlass für den Ausschluss des Angeklagten war, in engem Zusammenhang steht und dem Angeklagten sodann während der Unterrichtung nach § 247 S. 4 StPO das Augenscheinsobjekt vorgezeigt werde.[1242] Dabei hat der 5. Senat jedenfalls auch verlangt, dass eine solche Unterrichtung im Protokoll festgehalten wird.[1243] Damit hätte die Gefahr bestanden, dass die Inaugenscheinnahme in Abwesenheit des Angeklagten dem absoluten Revisionsgrund des § 338 Nr. 5 StPO entzogen wird. In der unzureichenden Unterrichtung des Angeklagten nach § 247 S. 4 StPO läge lediglich eine Verletzung seiner Informationsrechte, nicht aber seines Anwesenheitsrechts. Die anderen Senate sind dem jedoch zumindest teilweise entgegengetreten.[1244] Der 5. Senat hat die Revi-

**1238** BGH, Beschl. v. 3.2.1993 – 5 StR 652/92 = StV 1993, 343 = NStZ 1993, 350 hält es zutreffend für entscheidend, ob die Aussage des Kriminalbeamten für den Schuld- und Strafausspruch relevant war, was bei der Identität eines bei der Tat objektiv beteiligten V-Manns regelmäßig zu bejahen ist, oder nur eine auch dem Freibeweis zugängliche Verfahrensfrage beantwortet wurde. Im letzteren Fall ist die Abwesenheit des Angeklagten unschädlich. Im ersteren Falle hält es der BGH nicht für generell ausgeschlossen, dass auch während der Vernehmung des ungefährdeten Polizeizeugen der Angeklagte entfernt wird. Aber dann muss sich auch hierauf der mit überprüfbaren Gründen versehene Beschluss erstrecken.

**1239** Zu dieser Fallgruppe KK-*Diemer* § 247 StPO, Rn. 8.

**1240** BGH NStZ 1997, 402; KK-*Diemer* § 247 StPO, Rn. 8.

**1241** BGH, Beschl. v. 11.12.2019 – 2 StR 250/18 = NJW 2019, 692 = StraFo 2019, 207; BGH, Urt. v. 23.6.1992 – 5 StR 74/92 = StV 1992, 550.

**1242** BGH, Beschl. v. 10.3.2009 – 5 StR 530/08 = StV 2009, 226; hierzu: *Schlothauer* StV 2009, 228; *Eisenberg* StV 2009, 344.

**1243** BGH, Beschl. v. 10.3.2009 – 5 StR 530/08, Rn. 10 = StV 2009, 226, 227.

**1244** BGH, Beschl. v. 17.6.2009 – 2 ARs 138/09; BGH, Beschl. v. 7.7.2009 – 3 ARs 7/09; BGH, Beschl. v. 25.8.2009 – 4 ARs 7/09; Ausnahme: BGH, Beschl. v. 22.4.2009 – 1 ARs 6/09.

sion dann verworfen, ohne die Sache dem *Großen Senat* vorzulegen und dies damit begründet, dass durch die neuerliche Inaugenscheinnahme jedenfalls eine Heilung eines etwaigen Verfahrensfehlers eingetreten sei.[1245] Auch nach der Entscheidung gilt daher, dass nur die förmliche Wiederholung der Inaugenscheinnahme die Verletzung des Anwesenheitsrechts des Angeklagten heilen kann.[1246]

Abzugrenzen sind davon aber zwei Ausnahmefälle. Wird ein **Augenscheinsobjekt nur im Rahmen eines Vorhalts** eingesetzt, ist das Anwesenheitsrecht des Angeklagten nicht verletzt, weil dann lediglich die Zeugenaussage Gegenstand der Beweiswürdigung sein kann.[1247] Die Informationspflicht des Gerichts (§ 247 S. 4 StPO) kann dabei soweit reichen, dass dem Angeklagten das vorgehaltene Objekt später gezeigt werden muss und eine bloße Beschreibung der Reaktion des Zeugen nicht ausreicht. Verletzungen dieses Informationsanspruchs sind nach § 337 StPO revisibel. Eine weitere Ausnahme ist zu machen, wenn das Augenscheinsobjekt der Körper des Zeugen ist.[1248] Es wäre mit der Ratio des § 247 StPO nicht zu vereinbaren, wenn der Zeuge zwar nicht in Anwesenheit des Angeklagten vernommen werden darf, wohl aber seine Betrachtung durch den Angeklagten dulden müsste. 580

### cc) Unterrichtung des Angeklagten nach § 247 S. 4 StPO

Der Angeklagte ist in allen Fällen seiner Entfernung nach § 247 StPO, sobald er 581
wieder zugelassen worden ist, unverzüglich von dem wesentlichen Inhalt des in seiner Abwesenheit Geschehenen zu unterrichten (§ 247 S. 4 StPO).[1249] Die **Unterrichtungspflicht** besteht auch, wenn die Vernehmung des Zeugen nur unterbrochen wird[1250] und ferner, wenn die Unterrichtung bereits durch den Ver-

**1245** BGH, Urt. v. 11.11.2009 – 5 StR 530/08 = BGHSt 54, 184 = NJW 2010, 1010 = StV 2010, 69. S. hierzu *Erb* NStZ 2010, 347.

**1246** BGH, Beschl. v. 17.9.2014 – 1 StR 212/14 = StV 2015, 79 = NStZ 2015, 181; BGH, Beschl. v. 14.1.2014 – 4 StR 529/13 = StV 2015, 86 = NStZ 2014, 223; BGH, Beschl. v. 5.10.2010 – 1 StR 264/10 = NStZ 2011, 51. Vgl. zur Thematik auch *Erb* NStZ 2010, 347.

**1247** BGH, Beschl. v. 5.10.2010 – 1 StR 264/10 = NStZ 2011, 51; *Metz* NStZ 2017, 448.

**1248** KK-*Diemer* § 247 StPO, Rn. 8; vgl. auch BGH, Beschl. v. 12.9.2007 – 2 StR 187/07 = StV 2008, 230.

**1249** BGH, Beschl. v. 13.3.1996 – 2 StR 60/96; BGH, Urt. v. 22.6.1995 – 5 StR 173/95 = NStZ 1995, 557.

**1250** BGH, Beschl. v. 25.1.2018 – 5 StR 543/17 = NStZ 2018, 303; BGH, Beschl. v. 16.3.2010 – 4 StR 612/09 = NStZ 2010, 465; BGH, Urt. v. 31.3.1992 – 1 StR 7/92 = BGHSt 38, 260 = JZ 1993, 270 m. Anm. *Paulus*. Die Unterrichtung soll stattfinden, bevor der nächste Zeuge befragt wird (vgl. BGH NJW 1988, 429).

teidiger erfolgt ist.[1251] Die Unterrichtung soll dem Angeklagten ermöglichen, bei jedem nachfolgenden Verfahrensschritt so mitzuwirken, als wäre er nicht ausgeschlossen gewesen. Dem Angeklagten muss deshalb alles mitgeteilt werden, was für seine Verteidigung notwendig ist.[1252] Zuständig ist der Vorsitzende im Rahmen seiner Sachleitungsbefugnis nach § 238 StPO. Über den Inhalt und die Vollständigkeit der Unterrichtung entscheidet er nach pflichtgemäßem Ermessen.

582 Nach einer neueren Entscheidung des 1. Strafsenats des BGH ist das Ermessen des Vorsitzenden aber im Hinblick auf das durch Art. 2 Abs. 1 GG i.V.m. dem Rechtsstaatsprinzip gewährleistete Recht auf effektive Verteidigung eingeschränkt. Der Senat geht davon aus, dass der Vorsitzende gehalten ist, seine Unterrichtungspflicht in erster Linie durch die Ermöglichung einer **Videoübertragung** der Vernehmung zu erfüllen; die Videoübertragung stelle grundsätzlich die vorrangige Form der Unterrichtung dar.[1253] Zwar kann dem im Einzelnen eine unzureichende technische Ausstattung der Gerichte entgegenstehen oder es kann sich eine zusätzliche mündliche Unterrichtung als notwendig erweisen, wenn nach den technischen Gegebenheiten etwa Vernehmungsbehelfe durch die Übertragung nicht ausreichend wiedergegeben werden können.[1254] Doch ändern solche Ausnahmen nichts daran, dass durch diese Entscheidung die Videoübertragung eine nachhaltige Aufwertung erfahren hat. Der 1. Strafsenat hat damit früherer Rechtsprechung widersprochen, die zu der Frage ergangen war, ob ein Antrag des Angeklagten (bzw. der Verteidigung), der auf Einrichtung einer solchen Übertragungsmöglichkeit gerichtet ist, zurückgewiesen werden darf.[1255] Zwar werden gegen die Entscheidung des 1. Strafsenats Einwände erhoben, die sich insbesondere darauf stützen, ihr stehe der Wortlaut des § 247 StPO entgegen[1256] und es habe kein hinreichender Anlass für eine derart weit reichende Rechtsfortbildung bestanden.[1257] Der 1. Strafsenat hat mit seinem Urteil aber zu Recht gezeigt, dass der Anspruch auf effektive Verteidigung zeitgemäß interpretiert werden muss. Es passt nicht zusammen, dass sich einerseits

**1251** BGH NJW 1957, 1326.

**1252** Siehe hierzu *Meyer-Goßner/Schmitt* § 247 StPO, Rn. 16 mit zahlreichen Beispielen.

**1253** BGH, Urt. v. 22.8.2017 – 1 StR 216/17 = NJW 2017, 3397 = NStZ 2018, 156. Hierzu *Schneider* NStZ 2018, 128. Vgl. auch BGH, Urt. v. 9.2.2011 – 5 StR 387/10 = StV 2011, 520 m. Anm. *Ventzke*; BGH, Beschl. v. 19.12.2006 – 1 StR 268/06 = BGHSt 51, 180; *Kretschmer* JR 2007, 258.

**1254** BGH, Urt. v. 22.8.2017 – 1 StR 216/17 = NJW 2017, 3397 = NStZ 2018, 156, 157.

**1255** Vgl. hierzu BGH, Beschl. v. 16.6.2009 – 3 StR 193/09 = NStZ 2009, 582.

**1256** *Schneider* NStZ 2018, 128, 130.

**1257** Vgl. *Meyer-Goßner/Schmitt* § 247 StPO, Rn. 16a; *Mosbacher* JuS 2018, 129, 133; *Schneider* NStZ 2018, 128, 131: LR-*Becker* § 247 StPO, Rn. 48.

der Kreis der Ermittlungsmöglichkeiten durch technische Neuerungen ständig erweitert, andererseits aber bei der Auslegung der Verteidigungsrechte größter Wert darauf gelegt wird, dass es bei ins 19. Jahrhundert passenden Standards bleibt. Für die Revision von Bedeutung ist dabei, dass es nach der Rechtsprechung des 1. Strafsenats eine Verfahrensrüge begründen kann, wenn der Vorsitzende dem Vorrang der Unterrichtung durch Videotechnik nicht Rechnung trägt. Das setzt aber voraus, dass zuvor gemäß § 238 Abs. 2 StPO ein Gerichtsbeschluss herbeigeführt wurde.[1258]

Die Unterrichtung des Angeklagten nach § 247 S. 4 StPO ist eine **wesentliche Förmlichkeit** i.S.v. § 274 StPO.[1259] Dass sie stattgefunden hat, kann deshalb im Revisionsverfahren nur durch das Protokoll bewiesen werden. **Fehlt die Unterrichtung** oder wurde der Angeklagte **verspätet unterrichtet,** liegt ein Verfahrensfehler vor. Für ihn gilt allerdings nicht § 338 Nr. 5 StPO, sondern § 337 StPO.[1260] Das Urteil wird aber in der Regel auf diesem Verfahrensfehler beruhen, da im Revisionsverfahren fast nie ausgeschlossen werden kann, dass sich der Angeklagte bei ordnungsgemäßer Unterrichtung anders verteidigt hätte.[1261] Hat der Verteidiger den Angeklagten unterrichtet, tendiert die Rechtsprechung allerdings dazu, das Beruhen zu verneinen.[1262] 583

#### f) Entbindung von der Pflicht zum Erscheinen nach § 233 StPO und Beurlaubung nach § 231c StPO

Eine weitere Ausnahme vom Anwesenheitsgebot des § 230 StPO stellt die **Entbindung des Angeklagten von der Verpflichtung zum Erscheinen** in der Hauptverhandlung gemäß § 233 StPO dar. Danach kann der Angeklagte von der Verpflichtung zum Erscheinen in der Hauptverhandlung auf seinen Antrag hin entbunden werden, wenn ihm nur leichte Straftaten mit geringer Straferwartung zur Last gelegt werden (§ 233 Abs. 1 S. 1 StPO). Allerdings ist in diesem Fall eine richterliche Vernehmung des Angeklagten gemäß § 233 Abs. 2 StPO zwin- 584

---

**1258** BGH, Urt. v. 22.8.2017 – 1 StR 216/17 = NJW 2017, 3397 = NStZ 2018, 156, 157. Hierzu: *Schneider* NStZ 2018, 128, 130 und 133 ff.

**1259** BGH, Beschl. v. 16.3.2010 – 4 StR 612/09 = NStZ 2010, 465, 466; BGH, Beschl. v. 21.2.1992 – 2 StR 46/92 = StV 1992, 359 = NStZ 1992, 346.

**1260** BGH, Beschl. v. 15.8.2001 – 3 StR 187/01 = NStZ 2002, 46; BGH, Beschl. v. 21.2.1992 – 2 StR 46/92 = StV 1992, 359; BGH, Beschl. v. 18.4.1991 – 4 StR 181/91 = StV 1991, 451; KK-*Diemer* § 247 StPO, Rn. 16c.

**1261** KK-*Diemer* § 247 StPO, Rn. 16c; vgl. etwa BGH, Beschl. v. 25.1.2018 – 5 StR 543/17 = NStZ 2018, 303; BGH, Urt. v. 31.3.1992 – 1 StR 7/92 = BGHSt 38, 260 = JZ 1993, 270 m. Anm. *Paulus*.

**1262** BGH NJW 1957, 1326.

gend vorgeschrieben. Über den Antrag entscheidet das Gericht nach eigenem Ermessen durch Beschluss. Ob dieser begründet werden muss, ist umstritten.[1263] Solange über den Entbindungsantrag keine Entscheidung getroffen wurde, kann dieser widerrufen werden.[1264] War die Verhandlung in Abwesenheit des Angeklagten unzulässig oder wurde kein wirksamer Entbindungsantrag gestellt, kann dies nach § 338 Nr. 5 StPO gerügt werden.[1265]

585 Findet die Hauptverhandlung gegen mehrere Mitangeklagte statt und besteht ein prozessualer Zusammenhang i.S.d. § 3 StPO oder auch nur im Sinne des § 237 StPO[1266] in der Weise, dass die Angeklagten einzelne ihnen vorgeworfene Taten in wechselnder „Besetzung" begangen haben sollen, so kommt es vor, dass über Verhandlungstage hinweg nur Dinge zur Sprache kommen, die einen der Angeklagten nicht betreffen. In diesen Fällen sieht **§ 231c StPO** die Möglichkeit seiner **Beurlaubung** für genau zu bezeichnende Teile der Verhandlung vor.[1267] Auch hierbei werden nicht selten Fehler gemacht, die den absoluten Revisionsgrund des § 338 Nr. 5 StPO begründen.[1268] Das gilt insbesondere, wenn während der Beurlaubung Vorgänge zur Sprache kommen, die den abwesenden Angeklagten auch nur mittelbar betreffen[1269] oder die Verhandlung auf einen Verfahrensteil erstreckt wurde, den der nach § 231c StPO ergangene Beschluss nicht bezeichnet hat.[1270] Die Beurlaubung des Angeklagten sorgt nicht automa-

**1263** Gegen eine Begründungspflicht: *Meyer-Goßner/Schmitt* § 233 StPO, Rn. 10; KK-*Gmel* § 233 StPO, Rn. 3. Für eine Begründungspflicht zu Recht: LR-*Becker* § 233 StPO, Rn. 14.

**1264** LR-*Becker* § 233 StPO, Rn. 11 (Der Angeklagte kann nachträglich auf die ihm gewährte Befreiung von der Erscheinungspflicht wieder verzichten. Nach Eingang der Verzichtserklärung bei Gericht kann die Hauptverhandlung nicht mehr ohne den Angeklagten nach § 233 StPO begonnen werden).

**1265** Instruktiv hierzu OLG Hamm JZ 1978, 120 m. krit. Anm. *Meyer-Goßner*, das die Strafrahmenüberschreitung entgegen § 233 Abs. 1, 2 StPO für ein Verfahrenshindernis hielt. Vgl. auch BGH, Beschl. v. 15.8.2001 – 3 StR 187/01 = NStZ 2002, 46 sowie KK-*Gmel* § 233 StPO, Rn. 22.

**1266** Zu dem Unterschied vgl. BGHSt 36, 348 = NJW 1990, 1490: s. ergänzend oben Rn. 122.

**1267** Grundlegend zu den Voraussetzungen: BGH, Urt. v. 4.10.2018 – 3 StR 283/18 = StraFo 2019, 161 = wistra 2019, 114, 115.

**1268** Nach Ansicht mancher Autoren macht dies die Vorschrift insgesamt „nicht praxistauglich" (MüKoStPO/*Arnoldi* § 231c StPO, Rn. 2).

**1269** BGH, Beschl. v. 16.2.2012 – 3 StR 462/11 = StV 2014, 4 = NStZ 2012, 463; BGH, Beschl. v. 5.2.2009 – 4 StR 609/08 = StV 2010, 66 = NStZ 2009, 400; BGH, Beschl. v. 9.4.1991 – 4 StR 158/91 = wistra 1991, 272. Vgl. hierzu auch BGH, Urt. v. 4.10.2018 – 3 StR 283/18 = StraFo 2019, 161 = wistra 2019, 114, 115.

**1270** Entgegennahme von Beweisanträgen und Inaugenscheinnahme während der Beurlaubung: BGH, Beschl. v. 6.8.2009 – 3 StR 547/08 = StV 2009, 628; Verwertungswidersprüche während der Beurlaubung: BGH, Beschl. v. 16.2.2012 – 3 StR 462/11 = StV 2014, 4 = NStZ 2012, 463.

tisch dafür, dass auch sein **Verteidiger** beurlaubt wird. Eine Differenzierung kann hier gute Gründe haben, denn bei gleichzeitiger Beurlaubung des Verteidigers gäbe es niemanden, der während der Abwesenheit des Angeklagten kontrolliert, welche Themen zur Sprache kommen. Soll auch der Verteidiger beurlaubt werden, muss dies in einem Beschluss zum Ausdruck kommen. Ohne einen solchen Beschluss begründet es die Revision, wenn bei Beurlaubung des Angeklagten kein Verteidiger anwesend ist und ein Fall der notwendigen Verteidigung vorliegt.[1271]

Bevor mit dem Strafverfahrensänderungsgesetz 1979 der damals neu eingefügte § 231c StPO die Möglichkeit der Beurlaubung eröffnete, haben sich die Tatgerichte damit geholfen, dass sie jeweils das Verfahren gegen den vorübergehend nicht betroffenen Angeklagten während der Hauptverhandlung abtrennten, um es unter Beachtung der Fristen des § 229 StPO wieder zu verbinden, sobald der alle Angeklagten betreffende Stoff zu behandeln war. Auch dabei bestand bereits die Gefahr, dass sich erst nach der Abtrennung die Relevanz des in dieser Phase Behandelten für die Vorwürfe gegen den zeitweise nicht anwesenden Angeklagten herausstellte. Deshalb hält zu Recht der BGH den absoluten Revisionsgrund für gegeben, wenn die an sich für zulässig gehaltene[1272] vorübergehende Abtrennung letztlich zur Umgehung des Anwesenheitsgebotes angewendet wird.[1273] 586

Zum Verhältnis zwischen der Möglichkeit der **vorübergehenden Abtrennung** und der Beurlaubung nach § 231c StPO bestand seit 1979 zunächst einige Unsicherheit. Es lag nahe, den Zweck der Neuregelung gerade darin zu sehen, die stets etwas gekünstelt wirkende Konstruktion der Verfahrenstrennung für die Fälle, in denen das dabei verfolgte Anliegen legitim ist, unter engen und gesetzlich vorgegebenen Voraussetzungen durch die Befreiung von der Anwesenheitspflicht zu ersetzen.[1274] Das hätte bedeutet, dass die Verfahrensabtrennung während der Hauptverhandlung nur noch unter der Voraussetzung zuläs- 587

---

**1271** BGH, Beschl. v. 10.4.2013 – 2 StR 19/13 = StV 2014, 3 = NStZ 2013, 666.

**1272** BGHSt 24, 257 = NJW 1972, 545.

**1273** BGHSt 30, 74 = NJW 1981, 1568; nach BGH StV 1991, 97 kann der Verfahrensfehler nur dadurch geheilt werden, dass der gesamte Vorgang nach der Wiederverbindung wiederholt wird. Dass die Mitangeklagten, die während der Abwesenheit eine geschlossene Aussage zur Sache gemacht haben, „weiter zur Sache aussagen", reicht nicht.

**1274** In BGHR StPO § 338 Nr. 5 – Angeklagter 13 = BGHR StPO § 231c – Betroffensein 1 wiederholte der BGH seine schon mehrfach ausgesprochene Empfehlung, von einer vorübergehenden Abtrennung des Verfahrens gegen einzelne Angeklagte oder deren Beurlaubung „nur mit großer Vorsicht Gebrauch zu machen, weil diese Verfahrensmaßnahmen leicht einen Revisionsgrund schaffen können".

sig gewesen wäre, dass beide Verfahren dann auch getrennt zum Abschluss gebracht werden. Rechtlich wäre § 231c StPO als lex specialis gegenüber den §§ 4, 237 StPO anzusehen gewesen.[1275] Die Rechtsprechung[1276] und die Literatur[1277] haben sich allerdings dafür entschieden, die vorübergehende Abtrennung neben der Beurlaubung weiterhin zuzulassen, solange keine konkreten Anhaltspunkte dafür bestehen, dass der „Umweg der Abtrennung"[1278] nur eine Umgehung des § 230 Abs. 2 StPO war.[1279] Dabei beruft man sich auf den angeblichen Willen des Gesetzgebers, der in den Entwurfsbegründungen nicht ausdrücklich die frühere Verfahrensweise als unzulässig bezeichnet habe. Den Gesetzgebungsmaterialien sei nichts zu entnehmen, was „diese dem Wortlaut des § 231c StPO nicht widersprechende Auslegung" in Frage stellen könnte. Die Begründung des Gesetzentwurfes der Bundesregierung, auf den die Einfügung des § 231c StPO zurückgeht,[1280] bezeichne die Möglichkeit vorübergehender Abtrennung in Fällen, in denen auf Verhinderungen einzelner Angeklagter oder Verteidiger Rücksicht zu nehmen ist, als Notbehelf, der dem eigentlichen Sinn der Trennungs- und Verbindungsvorschriften kaum gerecht werde. Mit der neuen Regelung könne der verfahrenstechnische Umweg einer Trennung und Wiederverbindung vermieden werden.[1281] § 231c StPO habe „in erster Linie den Interessen des Angeklagten und des Verteidigers" dienen sollen. Daraus sei zu folgern, dass eine abschließende Regelung nicht gewollt war, mit der alle Verfahrenssituationen erfasst werden sollten, die bisher Anlass zu einer vorübergehenden Abtrennung gaben. Deshalb bleibe es bei dieser Möglichkeit nach § 4 StPO bei Verfahrenslagen, denen nicht durch Urlaubsgewährung Rechnung getragen werden kann.

588 Diese Begründung überzeugt nicht. Für den Gesetzgeber, der ein bestimmtes Verfahren regelt, ist es regelmäßig nicht entscheidend, ob die bis dahin praktizierte Übung auf der Grundlage der zu ändernden Gesetzeslage zulässig

**1275** In BGH NStZ 1983, 34 noch offengelassen, vgl. aber BGHSt 30, 74, 75 = NJW 1981, 1569; BGHSt 32, 100 = NJW 1984, 89; BGH NStZ 1981, 111; BGH MDR 1979, 807 (bei *Holtz*).

**1276** BGHSt 32, 270 = NJW 1984, 1245; BGHSt 33, 119 = NJW 1985, 1175.

**1277** KK-*Gmel* § 231c StPO, Rn. 2; *Meyer-Goßner/Schmitt* § 231c StPO, Rn. 3; äußerst restriktiv aber LR-*Becker* § 231c StPO, Rn. 3.

**1278** *Meyer-Goßner/Schmitt* § 231c StPO, Rn. 3. Allgemein zur Verfahrensabtrennung: BGH, Urt. v. 11.8.2016 – 1 StR 196/16 = wistra 2017, 108, 109.

**1279** Vgl. BGH, Urt. v. 25.10.1971 – 2 StR 238/71 = BGHSt 24, 257, 258; BGH Urt. v. 1.4.1981 – 2 StR 791/80 = BGHSt 30, 74, 75 = JR 1982, 33 m. Anm. *Maiwald*; BGH, Urt. v. 15.1.1985 – 1 StR 680/84 = BGHSt 33, 119, 120.

**1280** BT-Drs. 8/976, 49, 50.

**1281** So auch *Rieß* NJW 1978, 2269.

oder unzulässig war. Die Verfasser von Begründungen für Gesetzesnovellen schreiben keine Kommentare, sondern diagnostizieren häufig nur bisher aufgetretene Rechtsunklarheiten und schlagen vor, wie sie durch eine neue Bestimmung beseitigt werden sollen. Entsteht dann eine Vorschrift, die eine so klare Regelung zu ihrem Anwendungsbereich enthält wie § 231c StPO, darf das Ziel der Gesetzgebung nicht dadurch unterlaufen werden, dass an den Rechtsansichten festgehalten wird, die zu den Unklarheiten geführt haben, deren Überwindung das neue Gesetz dienen sollte.

Auch das weitere in der Diskussion teilweise verwendete Argument, die 589
Möglichkeit der vorübergehenden Abtrennung neben der Beurlaubung werde noch benötigt, um bei einem „böswilligen Angeklagten" nicht auf dessen (in § 231c StPO vorausgesetzten) Antrag angewiesen zu sein,[1282] spricht eher gegen als für die Zulässigkeit der Wiederverbindung zweier, während der Hauptverhandlung getrennter Verfahren vor dem Urteil. Geht man nämlich mit der h.M. und der st. Rspr. davon aus, dass beide Wege sachlich dasselbe voraussetzen (dass während der Abwesenheit des einen Angeklagten nichts erörtert wird, was die gegen ihn erhobenen Vorwürfe auch nur mittelbar betrifft), so muss in dem Antragserfordernis die Entscheidung des Gesetzgebers gesehen werden, die zeitweise Eliminierung eines Angeklagten aus einer Verhandlung, an deren Ende sein Urteil ergehen wird, nicht gegen seinen Willen zuzulassen. Dies wird auch noch dadurch verstärkt, dass § 231c StPO nur erlaubt, dem Angeklagten und seinem Verteidiger die Entfernung aus der Verhandlung zu gestatten, was nicht auch die Möglichkeit einschließt, ihn an der aktiven Mitwirkung an dem Verfahren während der Geltung des betreffenden Beschlusses zu hindern. Wer aber glaubt, dafür die vorübergehende Abtrennung zu benötigen, erhebt die §§ 4 und 237 StPO insoweit in den Rang von Disziplinar- oder sitzungspolizeilichen Sanktionsvorschriften und verkürzt auf diese Weise den Anspruch auf rechtliches Gehör.

### g) Verhandlungsunfähigkeit des Angeklagten

Wird gegen einen **nicht (oder nicht mehr) verhandlungsfähigen Angeklag-** 590
**ten** verhandelt, so ist dies gemäß § 338 Nr. 5 StPO anfechtbar.[1283] Das kommt

---

**1282** Für die fortbestehende Zulässigkeit der kurzfristigen Verfahrensabtrennung: KK-*Gmel* § 231c StPO, Rn. 2 mit Hinweis auf den BGH (BGHSt 32, 270, 272).

**1283** LR-*Franke* § 338 StPO, Rn. 88; KK-*Gericke* § 338 StPO, Rn. 74; BGH NStZ 1984, 520; BGH StV 1988, 511. Vgl. auch BGHSt 23, 331, 334 = NJW 1970, 2253; *Bischoff/Kusnik/Bünnigmann* StraFo 2015, 222, 224.

nicht nur in Krankheitsfällen vor. Manche Gerichte neigen zu so ausgedehnten Verhandlungstagen, dass schließlich der Angeklagte und wohl auch die anderen Prozessbeteiligten nicht mehr folgen können.[1284] Das ist ein Missbrauch. Während eine dauernde Verhandlungsunfähigkeit ein Verfahrenshindernis darstellt und von Amts wegen zu prüfen ist[1285], muss bei nur vorübergehender Verhandlungsunfähigkeit – z.B. infolge von Übermüdung – die Revisionsrüge dadurch vorbereitet werden, dass in der Hauptverhandlung eine Unterbrechung beantragt wird. Der Antrag ist beim Gericht, nicht nur beim Vorsitzenden zu stellen. In Fällen der notwendigen Verteidigung wird der Verteidiger sich äußerstenfalls entfernen, so dass ohne Verstoß gegen § 338 Nr. 5 StPO nicht weiterverhandelt werden kann.[1286]

#### h) Abwesenheit des Verteidigers

591 Ist der Angeklagte während eines wesentlichen Teils der Hauptverhandlung[1287] **ohne Verteidiger** gewesen, obwohl die Voraussetzungen der §§ 140, 141 StPO vorgelegen haben und vom Vorsitzenden zu Unrecht verneint worden sind, so kann darauf die Rüge des § 338 Nr. 5 StPO gestützt werden.[1288] Die Rüge der fehlenden Anwesenheit des Verteidigers kann in zwei Facetten auftreten: In Fällen notwendiger Verteidigung (also insbesondere bei Verfahren, die in 1. Instanz vor dem Oberlandesgericht, dem Landgericht und dem Schöffengericht stattfinden) kann, ebenso wie bei der Abwesenheit einer anderen Person, die nach § 226 StPO anwesend sein muss, gerügt werden, dass der Verteidiger zu einem bestimmten Zeitpunkt nicht im Sitzungssaal war.[1289] Anlass für eine Verfahrens-

---

**1284** BGH, Beschl. v. 2.7.1953 – 5 StR 591/52 behandelt einen Fall, in dem die erstinstanzliche Hauptverhandlung von 10 Uhr vormittags mit zwei je halbstündigen Pausen bis 1.45 Uhr nachts gedauert hatte!

**1285** S. dazu unten Rn. 1553 ff.

**1286** Vgl. hierzu MüKoStPO/*Thomas*/*Kämpfer* § 145 StPO, Rn. 20; BGH MDR 1953, 598 (bei *Dallinger*). Im Fall OLG Frankfurt, StV 1981, 289 war der „Auszug" allerdings nicht notwendig. Vgl. auch OLG Frankfurt NJW 1977, 913 und BGH StV 1981, 133, 134.

**1287** S. dazu oben Rn. 551.

**1288** Liegt ein Fall notwendiger Verteidigung vor, muss der Verteidiger während der gesamten Hauptverhandlung anwesend sein: BVerfG NJW 1984, 113; in diesem Sinne auch BGHSt 15, 306 = NJW 1961, 740; BGH NStZ 1983, 36; BGH StV 1986, 287; BGH, Beschl. v. 30.10.1990 – 5 StR 472/90 = StV 1991, 197; OLG Hamm, Beschl. v. 28.4.1992 – 4 Ss 262/92 = NJW 1992, 3252; KK-*Gericke* § 338 StPO, Rn. 79. Zur „Vertretung" des bestellten Verteidigers durch einen Sozius im Einvernehmen mit dem Mandanten vgl. BGH, Beschl. v. 7.7.1997 – 5 StR 307/97 = NStZ-RR 1998, 18.

**1289** S. z.B. BGH, Beschl. v. 10.4.2013 – 2 StR 19/13 = StV 2014, 3 = NStZ 2013, 686 = StraFo 2013, 285.

rüge kann aber auch bestehen, wenn der Angeklagte überhaupt keinen Verteidiger hatte, obwohl er nach den gesetzlichen Regelungen (§§ 140, 141 StPO) eigentlich hätte verteidigt werden müssen.[1290]

Für Rügen in der erstgenannten Variante hat dabei die in der Rechtsprechung entwickelte Einschränkung des Anwendungsbereichs von § 338 Nr. 5 StPO, wonach es darauf ankommt, ob ein wesentlicher Teil der Hauptverhandlung betroffen war,[1291] immer wieder entscheidende Bedeutung. Wird die Abwesenheit des Verteidigers gerügt, soll § 338 Nr. 5 StPO auch dann nicht eingreifen, wenn der Verteidiger lediglich bei Verhandlungsteilen abwesend war, die ausschließlich einen Tatvorwurf gegen Mitangeklagte betrafen.[1292] Es können sich in diesem Zusammenhang vergleichbare Fragen stellen wie bei § 231c StPO.[1293] 592

Mit der zweiten Variante der Rüge nach § 338 Nr. 5 StPO wird die **Einhaltung der §§ 140, 141 StPO** eingefordert. § 140 Abs. 1 StPO enthält einen umfangreichen Katalog von Verfahrenssituationen, in denen nach Ansicht des Gesetzgebers die Verteidigung notwendig ist.[1294] Er umfasst seit dem Jahr 2019 u.a. auch die Verhandlung vor dem Schöffengericht.[1295] Das Gesetz enthält daneben in § 140 Abs. 2 StPO eine Generalklausel,[1296] die durch das Gesetz vom 10.12.2019 ergänzt wurde. Nunmehr kann auch die Schwere der zu erwartenden Rechtsfolge ein Grund für die Beiordnung eines Verteidigers sein.[1297] Liegt ein Fall notwendiger Verteidigung nach einer der in Absatz 1 aufgezählten Fallgestaltungen oder nach der in Abs. 2 enthaltenen Generalklausel vor, hat die Bestellung mit Zustellung der Anklageschrift nach § 201 StPO zu erfolgen, sofern der Beschul- 593

---

**1290** S. z.B. KG, Beschl. v. 9.2.2016 – (4) 121 Ss 231/15 (5/16) = NStZ-RR 2016, 208; OLG Hamm, Beschl. v. 19.11.2007 – 2 Ss 322/07 = StV 2009, 85. Vgl. auch BGH, Beschl. v. 13.3.2019 – 1 StR 532/18 = StraFo 2019, 246 (nicht als Rechtsanwalt zugelassener Verteidiger).

**1291** S. dazu schon oben Rn. 551

**1292** BGH, Urt. v. 2.12.1966 – 4 StR 201/66 = BGHSt 21, 180. Vgl. auch BGH, Urt. v. 9.10.1985 – 3 StR 473/84 = StV 1986, 287; BGH, Urt. v. 5.10.1983 – 2 StR 298/83 = BGHSt 32, 100 = NJW 1984, 501 = NStZ 1984, 89.

**1293** S. dazu oben Rn. 584.

**1294** § 140 Abs. 1 StPO wurde durch das Gesetz zur Neuregelung des Rechts der notwendigen Verteidigung vom 10.12.2019 (BGBl. 2019 I S. 2128) geändert; hierzu: *Müller-Jacobsen* NJW 2020, 575; BT-Drs. 19/13829 S. 31 ff. Zur früheren Rechtslage vgl. KK-*Willnow* § 140 StPO, Rn. 2.

**1295** Vgl. zu diesem Teil der Gesetzesänderung: BT-Drs. 19/13829 S. 33.

**1296** Zur Auslegung von § 140 Abs. 2 StPO vgl. LR-*Jahn* § 140 StPO, Rn. 71 ff.; KK-*Willnow* § 140 StPO, Rn. 21 ff.; MüKoStPO/*Thomas*/*Kämpfer* § 140 StPO, Rn. 28 ff.

**1297** Zur Änderung von § 140 Abs. 2 StPO durch das Gesetz zur Neuregelung des Rechts der notwendigen Verteidigung vom 10.12.2019 (BGBl. 2019 I S. 2128): BT-Drs 19/13829 S. 31 ff.; LR-*Jahn* § 140 StPO, Rn. 72.

digte zu diesem Zeitpunkt noch keinen Verteidiger hat (s. im Einzelnen: § 141 Abs. 2 Nr. 4 StPO). Hat der Beschuldigte keinen Wahlverteidiger und kommt es entgegen den gesetzlichen Regelungen in den §§ 140, 141 StPO nicht zu einer Beiordnung, kann dies mit der Revision gerügt werden.[1298]

594 Die Abwesenheit von Wahlverteidigern im Falle nicht notwendiger Verteidigung ist unschädlich und kann nicht mit der Rüge nach § 338 Nr. 5 StPO angefochten werden. War der Verteidiger anwesend, kann nach h.M. auch nicht gerügt werden, er sei nicht in der Lage gewesen, ordnungsgemäß zu verteidigen.[1299] Es ist in erster Linie Sache des Verteidigers selbst und nicht des Gerichts zu beurteilen, ob er zu der Verteidigung imstande ist.[1300] Darauf muss sich in der Regel ein Gericht verlassen dürfen.[1301] Anders kann der Fall zu beurteilen sein, wenn der Verteidiger offensichtlich verhandlungsunfähig war, da er z.B. unter Alkohol- oder Drogeneinfluss stand.[1302] Ein Verteidiger muss im Sinne des § 338 Nr. 5 StPO auch dann als „abwesend" angesehen werden, wenn er erkennbar gegen den Willen seines Mandanten schlicht untätig ist.[1303] Soweit im Zusammenhang mit der Person des Verteidigers andere Einwände geltend gemacht werden (wie z.B. das Vorliegen einer Interessenkollision), führt dies jedenfalls nicht zum Eingreifen des Revisionsgrundes nach § 338 Nr. 5 StPO.[1304]

595 Die Regelung des § 139 StPO gestattet dem gewählten Verteidiger, nicht aber dem Pflichtverteidiger, die Verteidigung einem **Referendar** zu übertragen. Die Übertragung auf einen Assessor, der nicht zum Vertreter nach § 53 BRAO bestellt ist, lässt § 139 StPO nicht zu.[1305]

---

**1298** Vgl. LR-*Jahn* § 140 StPO, Rn. 150. Zur Verletzung von § 140 Abs. 2 StPO nach früherer Rechtslage: OLG Celle, Beschl. v. 30.5.2012 – 32 Ss 52/12; OLG Naumburg, Beschl. v. 30.5.2013 – 2 Ss 79/13; umfassende Nachweise bei *Meyer-Goßner/Schmitt* § 140 StPO, Rn. 26 ff.

**1299** LR-*Franke* § 338 StPO, Rn. 96; SK-StPO/*Frisch* § 338 StPO, Rn. 116; BGH NJW 1964, 1485; BGH JR 1962, 428; für Pflichtverteidiger vgl. aber BGH MDR 1979, 108 (*Holtz*); BGHR StPO § 338 Nr. 5 – Verteidiger 1; a.A. *Gaede* StV 2012, 51, 59.

**1300** BGH JR 1962, 428.

**1301** Ähnlich LR-*Franke* § 338 StPO, Rn. 96.

**1302** Vgl. LR-*Franke* § 338 StPO, Rn. 83; *Dahs*, Revision, Rn. 180.

**1303** Vgl. BGH, Beschl. v. 14.5.1992 – 4 StR 202/92 = NJW 1993, 340 = StV 1992, 358 = NStZ 1992, 503, wo die Frage, ob der absolute Revisionsgrund (entsprechend) anwendbar ist, offengelassen wurde, weil das Urteil auf dem Verstoß gegen § 145 StPO beruhte.

**1304** Vgl. zur Rüge der Verletzung des Anspruchs auf ein faires Verfahren in diesem Zusammenhang: BGH, Beschl. v. 24.2.2016 – 2 StR 319/15 = NStZ 2017, 59, 62 = StV 2016, 473 m. Anm. *Barton*. Vgl. zur Thematik auch BGH, Beschl. v. 1.12.2015 – 4 StR 270/15 = NStZ 2016, 115.

**1305** *Meyer-Goßner/Schmitt* § 139 StPO, Rn. 3; LR-*Jahn* § 139 StPO, Rn. 15; vgl. auch BayObLG, Beschl. v. 11.1.1991 – RReg. 1 St 337/90 = NJW 1991, 2434 im Anschluss an BGHSt 26, 319 = NJW 1976, 1221.

Hat der Angeklagte **mehrere Verteidiger,** so ist – solange einer von ihnen anwesend war – nach ständiger Rechtsprechung die Rüge auch dann unbegründet, wenn – etwa in Großverfahren – eine Arbeitsteilung zwischen den Verteidigern bestand.[1306] Dabei wird regelmäßig § 227 StPO nicht hinreichend berücksichtigt, der ausdrücklich gestattet, dass mehrere Verteidiger „ihre Verrichtungen“ unter sich aufteilen. Wenn es sich um einen komplexen Prozessstoff handelt, ist die Aufgabenteilung oft sachlich geboten und unverzichtbar. Wenn sie gegenüber dem Gericht kenntlich gemacht war, die Abwesenheit auf einer glaubhaft gemachten Verhinderung beruht und an dem betreffenden Verhandlungstag Stoff behandelt wird, auf den der anwesende Mitverteidiger nicht vorbereitet ist, darf dies der Vorsitzende nicht ignorieren.[1307] Das Fehlen des Verteidigers eines Mitangeklagten kann hingegen nicht mit § 338 Nr. 5 StPO angefochten werden, weil dadurch nur dieser beschwert ist.[1308] 596

Soweit das Rügerecht sich aus der **Abwesenheit des notwendigen Verteidigers** ergibt, kann es nicht durch Stillschweigen oder selbst ausdrücklichen Verzicht verloren gehen; es handelt sich um ein unverzichtbares Recht des Angeklagten.[1309] Der Verstoß kann allenfalls dadurch „geheilt“ werden, dass der betreffende Verhandlungsteil in Anwesenheit des Verteidigers wiederholt wird.[1310] 597

### i) Abwesenheit des Staatsanwaltes und des Urkundsbeamten

Nach § 226 StPO ist auch die ununterbrochene **Anwesenheit des Staatsanwaltes** erforderlich. Seine Abwesenheit kann dementsprechend auch nach § 338 598

---

**1306** BGH, Beschl. v. 24.2.2016 – 2 StR 319/15 = NStZ 2017, 59, 62 = StV 2016, 473 m. Anm. *Barton*; BGH, Beschl. v. 18.2.1981 – 3 StR 269/80, bei *Holtz* MDR 1981, 457 (zu § 338 Nr. 5); kritisch dazu *Strate* StV 1981, 261, 262; KK-*Gericke* § 338 StPO, Rn. 79.

**1307** Vgl. *Strate* StV 1981, 261, 262.

**1308** KK-*Gericke* § 338 StPO, Rn. 82.

**1309** Zur Unmöglichkeit, auf die Anwesenheit zu verzichten, siehe auch BGH, Beschl. v. 27.11. 1992 – 3 StR 549/92, in einem Fall, in dem der Angeklagte die Ergebnisse eines Sachverständigengutachtens scheute und ihm durch seine Ausschließung entgegengekommen werden sollte; instruktiv hierzu *Hassemer* JuS 1986, 25. Vgl. aber auch BGH, Beschl. v. 26.11.1997 – 5 StR 561/97 = NStZ 1998, 209 (Verfahrensrüge verwirkt, wenn sich der Verteidiger eigenmächtig vor Urteilsverkündung entfernt).

**1310** Vgl. allgemein: LR-*Franke* § 338 StPO, Rn. 3. Für die Urteilsverkündung in Abwesenheit des Urkundsbeamten: OLG Oldenburg NdsRpfl 1954, 34; dazu *Poppe* NJW 1954, 1914, 1916. Die Wiederholung eines in Abwesenheit des Angeklagten durchgeführten Teils kann nicht durch die bloße Unterrichtung ersetzt werden (BGHSt 30, 74, 75 ff. = NJW 1981, 1568 = StV 1981, 270 = JR 1982, 33 m. Anm. *Maiwald*).

Nr. 5 StPO zur Urteilsaufhebung führen. Gerügt werden kann z.B., dass der anwesende Staatsanwalt sachlich unzuständig war (§§ 142, 142a GVG), nicht hingegen, dass er lediglich örtlich unzuständig war[1311]. Abgesehen von solchen seltenen Ausnahmefällen liegt der absolute Revisionsgrund – ebenso wie bei den Mitgliedern des Gerichts und dem notwendigen Verteidiger – auch vor, wenn etwa während eines wesentlichen Teils der Hauptverhandlung kein Staatsanwalt anwesend war. Nicht der absolute Revisionsgrund des § 338 Nr. 5 StPO, sondern ein relativer Revisionsgrund i.S.v. § 337 StPO kann gegeben sein, wenn der im Verfahren tätige Staatsanwalt ausgeschlossen oder befangen war.[1312] Ebenfalls nur ein relativer Revisionsgrund ist gegeben, wenn ein Staatsanwalt in der Hauptverhandlung als Zeuge aufgetreten ist und dann gleichwohl den Schlussvortrag gehalten hat, ohne dabei seine eigene Zeugenaussage aus dem Schlussvortrag auszunehmen.[1313] Auch wenn in einem Verfahren vor dem Jugendgericht statt des eigentlich gemäß § 36 JGG zuständigen Jugendstaatsanwaltes ein anderer Sitzungsvertreter auftritt, soll dies allenfalls eine Rüge nach § 337 StPO begründen.[1314]

599 Auch ein **Urkundsbeamter** muss ununterbrochen anwesend sein (§ 226 StPO), wobei die Personen aber wechseln können. Der abgelöste Urkundsbeamte hat in diesem Fall den von ihm gefertigten Teil des Protokolls zu unterzeichnen, da sonst die strenge Beweiskraft des Protokolls (§ 274 StPO) entfallen würde. Wer Urkundsbeamter sein kann, ist durch § 153 GVG in Verbindung mit landesrechtlichen Bestimmungen geregelt. Nach Ansicht des BGH reicht es dabei aus, dass einer Person diese Aufgabe „formlos“ übertragen worden ist.[1315] Aus den landesrechtlichen Regelungen kann sich ergeben, dass Referendare über die erforderliche Qualifikation verfügen.[1316] Soll mit der Revision gerügt werden, dass mit der Protokollführung in der Hauptverhandlung eine Person befasst war, die die formellen Voraussetzungen nicht erfüllte, ist dementsprechend eine eingehende Prüfung der landesrechtlichen Regelungen erforderlich.

---

**1311** KK-*Gericke* § 338 StPO, Rn. 72; RGSt 73, 86.

**1312** Vgl. OLG Stuttgart, Urt. v. 1.4.1974 – 3 Ss 33/74 = NJW 1974, 1394 m. Anm. *Fuchs* (Tätigkeit als Richter in der 1. Instanz). S. dazu oben Rn. 530.

**1313** BGH, Beschl. v. 31.7.2018 – 1 StR 382/17 = StV 2019, 308 = NStZ 2019, 234 = JR 2019, 160; BGH, Beschl. v. 14.2.2018 – 4 StR 550/17 = NStZ 2018, 482; BGHSt 14, 265. S. dazu oben Rn. 503.

**1314** So BGH, Urt. v. 29.11.1960 – 5 StR 263/60 = GA 1961, 358 (bei *Herlan*). Vgl. auch OLG Karlsruhe NStZ 1988, 241. Kritisch hierzu: *Eisenberg/Kölbel*, JGG, § 36 JGG, Rn. 12 f.

**1315** BGH, Beschl. v. 26.1.2017 – 5 StR 535/16; BGH, Beschl. v. 10.12.2014 – 3 StR 489/14 = NStZ 2015, 473.

**1316** BGH, Beschl. v. 12.1.2017 – 5 StR 548/16 = NJW 2017, 1126 = StV 2018, 157 = NStZ 2017, 303 (Referendare in Bremen); BGH NStZ 1984, 327.

### j) Abwesenheit weiterer Personen

Bei Abwesenheit eines **Dolmetschers** gilt § 338 Nr. 5 StPO,[1317] wenn die Voraus- 600
setzungen des § 185 GVG vorliegen.[1318] Lediglich als relativer Revisionsgrund einzustufen ist es hingegen, wenn mit der Revision geltend gemacht wird, der anwesende Dolmetscher habe unzureichend übersetzt.[1319] Zur Erfüllung der Zulässigkeitsanforderungen des § 344 Abs. 2 StPO ist in diesen Fällen konkreter Tatsachenvortrag zu den aufgetretenen Mängeln und den hierdurch bewirkten Beeinträchtigungen der Verteidigung erforderlich.[1320] Wird entgegen § 189 Abs. 1 GVG versäumt, den **Dolmetscher zu vereidigen** und beruft er sich auch nicht gemäß § 189 Abs. 2 GVG auf seine allgemeine Vereidigung, so liegt hierin zwar ebenfalls nur ein relativer Revisionsgrund. Auf dem Verfahrensfehler wird das Urteil aber in der Regel beruhen.[1321] Nach der Rechtsprechung können Ausnahmen hiervon gelten, wenn eine Überprüfung der Übersetzungsleistung leicht möglich war[1322] oder wenn sich ein als zuverlässig bekannter und allgemein vereidigter Dolmetscher nur versehentlich nicht gemäß § 189 Abs. 2 GVG auf den allgemein geleisteten Eid berufen hat.[1323] Im Rahmen des Gesetzes zur Modernisierung des Strafverfahrens wurden im Jahr 2019 die Regelungen für die allgemeine Beeidigung der Gerichtsdolmetscher bundesweit vereinheitlicht und in einem eigenen Gesetz (Gerichtsdolmetschergesetz, GdolmG) zusammengefasst.[1324] Es tritt am 1.7.2021 in Kraft.[1325]

Zur Anwesenheit nicht verpflichtet sind hingegen die Vertreter der **Jugend-** 601
**gerichtshilfe**; ebenso wenig die Sachverständigen, da diese grundsätzlich

---

**1317** BGHSt 3, 285; BVerfGE 64, 135, 149; *Meyer-Goßner/Schmitt* § 338 StPO, Rn. 44.

**1318** BGH, Beschl. v. 8.8.2017 – 1 StR 671/16 = NJW 2017, 3797 = StV 2018, 799 = NStZ 2018, 161; ausführlich hierzu: *Christl* NStZ 2014, 376.

**1319** BGH, Beschl. v. 8.8.2017 – 1 StR 671/16 = NJW 2017, 3797 = StV 2018, 799 = NStZ 2018, 161.

**1320** BGH, Beschl. v. 14.8.2019 – 5 StR 337/19; BGH, Beschl. v. 8.8.2017 – 1 StR 671/16 = NJW 2017, 3797; vgl. ferner BGH, Beschl. v. 26.9.1991 – 2 StR 583/90 = StV 1992, 54.

**1321** BGH, Beschl. v. 8.10.2003 – 4 StR 273/13 = StV 2014, 203; BGH, Beschl. v. 10.3. 2005 – 4 StR 3/05 = wistra 2005, 272; vgl. auch OLG Celle, Beschl. v. 4.4.2016 – 1 Ss (OWi) 54/16 = StraFo 2016, 255; BGH, Beschl. v. 6.6.2019 – 1 StR 190/19 = StV 2019, 823 = NStZ 2020, 103.

**1322** Vgl. KK-*Diemer* § 189 GVG, Rn. 3; BGH, Beschl. v. 27.7.2005 – 1 StR 208/05 = wistra 2005, 437.

**1323** BGH, Beschl. v. 20.11.2013 – 4 StR 441/13 = NStZ 2014, 228 m. Anm. *Ferber*; BGH, Beschl. v. 15.12.2011 – 1 StR 579/11 = NJW 2012, 1015 = StV 2012, 472; BGH, Beschl. v. 27.7.2005 – 1 StR 208/05 = NStZ 2005, 705.

**1324** Gesetz zur Modernisierung des Strafverfahrens vom 10.12.2019 (BGBl. I, S. 2121). Vgl. hierzu BT-Drs. 19/14747, S. 45; *Claus* NStZ 2020, 57, 64.

**1325** Vgl. Art. 10 des Gesetzes zur Modernisierung des Strafverfahrens vom 10.12.2019 (BGBl. I, S. 2121, 2127).

selbst ein Ermessen darüber haben sollen, ob ihre permanente Anwesenheit erforderlich ist oder nicht.[1326] Der **Nebenkläger** gehört ebenfalls nicht zu den Personen, deren Anwesenheit das Gesetz im Sinne von § 338 Nr. 5 StPO vorschreibt.[1327] Ein anderer Beteiligter kann daher die Revision auch nicht darauf stützen, dass der Nebenkläger nicht anwesend war.[1328] Der Nebenkläger kann aber die vorschriftswidrige Abwesenheit des Angeklagten rügen, ohne dass er gegen § 339 StPO verstoßen würde, denn die §§ 230, 231 Abs. 1 StPO begründen neben einem Anwesenheitsrecht auch eine Anwesenheitspflicht des Angeklagten und sind insofern nicht nur zu seinen Gunsten geschaffen.[1329]

#### k) Anforderungen an eine Verfahrensrüge

602 Wird die vorschriftswidrige Abwesenheit des Angeklagten oder eines sonstigen Beteiligten gemäß § 338 Nr. 5 StPO gerügt, ist im **Rügevortrag** genau anzugeben, welcher Verhandlungsabschnitt hiervon betroffen ist.[1330] Wurden während dieser Zeit Zeugen vernommen, soll es nach einer in der Rechtsprechung teilweise vertretenen Ansicht erforderlich sein, den **Inhalt der Zeugenaussagen** darzustellen.[1331] Dem ist die Literatur jedoch mit Recht entgegengetreten.[1332] Ganz abgesehen davon, dass der Inhalt der Aussage ohnehin allenfalls für die Frage Bedeutung haben kann, ob ein wesentlicher Teil der Verhandlung betroffen war, werden die Darlegungsanforderungen damit schon deshalb überspannt, weil die Zulässigkeit einer Rüge, mit der geltend gemacht wird, es liege ein Verfahrensfehler darin, dass der Angeklagte nicht anwesend war, nicht davon abhängen kann, dass Umstände vorgetragen werden, die er in Folge seiner Abwesenheit nicht wahrnehmen konnte und die sich häufig auch nicht aus dem Hauptverhandlungsprotokoll und dem Urteil ergeben werden.[1333] In neue-

---

**1326** Siehe BGH NStZ 1983, 341 (bei *Hilger*). Dies kann bei Sachverständigen im Falle des § 246a StPO anders zu beurteilen sein.

**1327** KK-*Gericke* § 338 StPO, Rn. 81; *Meyer-Goßner/Schmitt* § 398 StPO, Rn. 2; § 338 StPO, Rn. 42; LR-*Franke* § 338 StPO, Rn. 99; vgl. auch OLG Karlsruhe Justiz 1974, 345.

**1328** Der Nebenkläger darf nicht gemäß § 247 StPO entfernt werden; darauf kann aber nur er, nicht der Angeklagte, die Revision stützen: RG JW 1931, 2505, Nr. 33 (m. abl. Anm. *Beling*).

**1329** BGH, Urt. v. 30.11.1990 – 2 StR 44/90 = BGHSt 37, 249, 250. In diesem Sinne schon RGSt 29, 44, 48; RGSt 60, 179.

**1330** KK-*Gericke* § 338 StPO, Rn. 82; KK-*Diemer* § 247 StPO, Rn. 16. In diesem Sinne schon BGHSt 30, 74, 75; BGH MDR 1983, 450.

**1331** BGH, Beschl. v. 22.7.2008 – 4 StR 245/08 = NStZ 2008, 644.

**1332** *Meyer-Goßner/Schmitt* § 230 StPO, Rn. 26. S. auch *Eisenberg* NStZ 2012, 63, 70.

**1333** Vgl. auch BGH, Beschl. v. 19.10.1982 – 5 StR 670/82 = NStZ 1983, 36.

ren Entscheidungen hat der BGH die Zulässigkeit entsprechender Verfahrensrügen nicht von einer inhaltlichen Darstellung der in Abwesenheit des Angeklagten abgegebenen Zeugenaussage abhängig gemacht.[1334] Doch kann hier vor voreiligen Verallgemeinerungen nur gewarnt werden, da die Zulässigkeitsanforderungen einzelfallbezogen ausgelegt werden.[1335]

Die weiteren Darlegungsanforderungen hängen davon ab, welche Gründe 603
für die Fehlerhaftigkeit des Verfahrensablaufs angeführt werden. In den **Fällen des § 231c StPO** wird der Beschluss mitzuteilen sein, durch den die Beurlaubung ausgesprochen wurde. Soll geltend gemacht werden, dass in Abwesenheit des Angeklagten oder des notwendigen Verteidigers Umstände erörtert wurden, die den Angeklagten mindestens mittelbar betrafen, müssen diese Umstände dargelegt werden. Bei § 231c StPO kann hierauf nicht völlig verzichtet werden, weil ein Verfahrensfehler erst vorliegt, wenn tatsächlich Umstände erörtert wurden, die für den beurlaubten Angeklagten von Belang waren. Auch hier darf aber nichts Unmögliches gefordert werden: Zu beachten ist stets, dass der Angeklagte bei dem Vorgang, auf den sich die Rüge stützt, gerade nicht zugegen war. Es kann von ihm – ungeachtet aller anderen hiergegen sprechenden Einwände –nicht verlangt werden, Einzelheiten einer Zeugenaussage wiederzugeben, die er nicht miterlebt hat. Im Falle einer Beurlaubung gem. § 231c StPO kann die Beschlussfassung über eine Verlängerung der Beurlaubung auch stillschweigend erfolgen. Daher ist bei der Rüge der unzulässigen Abwesenheitsverhandlung anzugeben, ob eine Benachrichtigung von der Verlängerung der Beurlaubung außerhalb der Hauptverhandlung erfolgt ist.[1336]

In den **Fällen des § 247 StPO** ist neben dem Beschluss, durch den die Ent- 604
fernung des Angeklagten angeordnet wurde,[1337] auch im Einzelnen mitzuteilen, ab welchem Zeitpunkt der Angeklagte tatsächlich nicht mehr in der Hauptverhandlung anwesend war und ab wann er wieder anwesend war. Wird geltend gemacht, dass in Abwesenheit des Angeklagten eine Beweiserhebung stattgefunden hat, die durch den Beschluss nach § 247 StPO nicht abgedeckt war, muss

**1334** Vgl. zur Vernehmung einer Opferzeugin: BGH, Beschl. v. 21.8.2018 – 2 StR 172/18 = NStZ 2019, 739, 740. S. ergänzend auch BGH, Beschl. v. 23.9.2014 – 4 StR 302/14 = NStZ 2015, 104; BGH, Beschl. v. 10.4.2013 – 2 StR 19/13 = StV 2014, 3 = NStZ 2013, 666. Vgl. hierzu *Meyer-Goßner/Schmitt* § 247 StPO, Rn. 20d.

**1335** Vgl. hierzu *Ventzke* StV 2011, 521.

**1336** BGH, Urt. v. 31.5.1994 – 5 StR 557/93 = StV 1995, 175, 176 = NStZ 1995, 27.

**1337** Vgl. BGH, Urt. v. 15.11.2001 – 4 StR 215/01 = NStZ 2002, 216: vollständige Ausschlussentscheidung.

diese Beweiserhebung dargelegt werden.[1338] Ist selbstverständlich, dass die Vernehmung einer Zeugin von Bedeutung war, weil es sich um die zentrale Belastungszeugin handelte, ist konkreter Vortrag zum Inhalt der Aussage nicht erforderlich.[1339] Wurde die Sachrüge erhoben, kann auf den Urteilsinhalt zurückgegriffen werden. Wenn sich daraus ergibt, dass die in Abwesenheit des Angeklagten durchgeführte Beweiserhebung für die Beweiswürdigung von Bedeutung war, sollte auf die entsprechende Passage des Urteils in der Revisionsbegründung hingewiesen werden. Geschieht dies, dann wird eine genaue Wiedergabe des Augenscheinsobjekts oder der verlesenen Urkunde in der Revisionsbegründung zumeist nicht erforderlich sein.[1340] Ist sie nach dem Akteninhalt ohne Weiteres möglich, sollte auf sie gleichwohl nicht verzichtet werden. Ist das Hauptverhandlungsprotokoll in Bezug auf den in Abwesenheit des Angeklagten durchgeführten Vorgang unklar oder widersprüchlich, kann dies zu gesteigerten Darlegungsanforderungen führen.[1341] Wird geltend gemacht, der Angeklagte sei bei der Entlassung nicht anwesend gewesen, müssen die damit im Zusammenhang stehenden Vorgänge im Einzelnen dargestellt werden.[1342] Aus besonderen Konstellationen (wie z.B. der Videoübertragung einer Vernehmung in einen anderen Saal[1343] oder der neuerlichen Vernehmung einer Zeugin, nachdem sie bereits entlassen war[1344]) können sich dabei auch Besonderheiten in Bezug auf die Darlegungsanforderungen ergeben.

---

**1338** Vgl. zu den Anforderungen: BGH, Beschl. v. 11.12.2018 – 2 StR 250/18 Rn. 7 ff. = NJW 2019, 692 (Wiedergabe einer in Abwesenheit des Angeklagten verlesenen Urkunde nicht erforderlich); BGH, Beschl. v. 17.9.2014 – 1 StR 212/14, Rn. 9 ff.; BGH, Urt. v. 4.5.2004 – 1 StR 391/03 = StraFo 2004, 319.

**1339** BGH, Beschl. v. 21.8.2018 – 2 StR 172/18 = NStZ 2019, 739, 740; BGH, Beschl. v. 11.3.2014 – 1 StR 711/13 = StV 2015, 87 m. Anm. *Ventzke*.

**1340** BGH, Beschl. v. 17.9.2014 – 1 StR 212/14 = NStZ 2015, 181; BGH, Urt. v. 7.4.2004 – 2 StR 436/03 = StV 2005, 6 (Revisionsbegründung zu Protokoll der Geschäftsstelle). Anders: BGH, Beschl. v. 8.8.2007 – 2 StR 224/07 = StV 2008, 232 = NStZ 2007, 717 (Mitteilung einer SMS wurde als erforderlich angesehen).

**1341** BGH, Urt. v. 4.5.2004 – 1 StR 391/03 = StraFo 2004, 319 = NStZ-RR 2005, 260.

**1342** Vgl. BGH, Beschl. v. 23.6.2016 – 5 StR 210/16; BGH, Beschl. v. 24.1.2001 – 5 StR 603/00 = StV 2004, 306; BGH, Urt. v. 8.4.1998 – 3 StR 643/97 = NJW 1998, 2541 = StV 2000, 238.

**1343** BGH, Urt. v. 22.8.2017 – 1 StR 216/17 = NJW 2017, 3397 = NStZ 2018, 156. S. im Einzelnen oben Rn. 582.

**1344** Vgl. BGH, Beschl. v. 21.8.2018 – 2 StR 172/18 = NStZ 2019, 739, 740; BGH, Beschl. v. 11.3.2014 – 1 StR 711/13 = StV 2015, 87 m. Anm. *Ventzke;* BGH, Beschl. v. 23.9.2014 – 4 StR 302/14 = NStZ 2015, 104 und BGH, Beschl. v. 9.5.2018 – 2 StR 543/17 = StraFo 2018, 472 (§ 338 Nr. 6 StPO).

Ergibt sich der Revisionsgrund des § 338 Nr. 5 StPO aus einer Verletzung der **§§ 230, 231 StPO**, ist darzulegen, aus welchem Grund die Voraussetzungen des § 231 Abs. 2 StPO nicht gegeben waren.[1345] In Fällen, in denen ein absoluter Revisionsgrund nach § 338 Nr. 5 StPO geltend gemacht wird, sollte der Beschwerdeführer im Übrigen immer prüfen, ob der Verfahrensabschnitt, auf den sich die erhobene Rüge bezieht, im weiteren Verlauf der Hauptverhandlung nochmals in Anwesenheit aller Beteiligten wiederholt wurde. Durch eine **Wiederholung** in Anwesenheit aller Beteiligten kann der **Verfahrensfehler geheilt** werden.[1346] Wenn dies nicht geschehen ist, sollte dies in der Revisionsbegründung klargestellt werden.[1347] Ein erfolgloser **Zwischenrechtsbehelf nach § 238 Abs. 2 StPO** ist nach h.M. nicht Voraussetzung dafür, dass mit der Revision eine Rüge nach § 338 Nr. 5 StPO erhoben werden kann.[1348] 605

## 7. § 338 Nr. 6 StPO (Öffentlichkeit)

**Literatur:** *Alber* Die Geschichte der Öffentlichkeit im deutschen Strafverfahren, 1979; *Altenhain* Öffentlichkeit im Hauptverfahren, Verhandlungen des 71. Deutschen Juristentages Essen 2016, Band I Gutachten C, S. C 9-C 112; *ders.* Ein halbherziger Entwurf, DRiZ 2016, 304; *Alwart* Personale Öffentlichkeit (§ 169 GVG), JZ 1990, 883; *v. Coelln* Justiz und Medien, AfP 2014, 193; *ders.* Mehr Medienöffentlichkeit vor Gericht?, AfP 2016, 491; *Feldmann* Wenn schon, denn schon – Ein Beitrag zur rechtspolitischen Diskussion um die Lockerung des Verbots des § 169 S. 2 GVG unter Berücksichtigung der spanischen Rechtslage und -praxis, GA 2017, 20; *Feuerbach* Betrachtungen über die Öffentlichkeit und Mündlichkeit der Gerechtigkeitspflege, Bd. I, 1821; *Fögen* Der Kampf um die Gerichtsöffentlichkeit, 1974; *Franke* Die Bildberichterstattung über den Angeklagten und der Öffentlichkeitsgrundsatz im Strafverfahren, 1978; *Franke*, Der Begriff der Öffentlichkeit in der Revision StraFo 2014, 361; *ders.* Öffentlichkeit im Strafverfahren, NJW 2016, 2618; *Gerhardt* Zur Frage der Verfassungsmäßigkeit des Verbots von Rundfunk- und Fernsehaufnahmen im Gerichtssaal (§ 169 S. 2 GVG), Diss., Frankfurt am Main 1968; *Hamm* Justiz und Medien, AfP 2014, 202; *Hassemer* Vorverurteilung durch die Medien, NJW 1985, 1921; *Heger* Der Grundsatz der Öffentlichkeit im deutschen Strafverfahren, FS Beulke, 2015, S. 759; *Lesch* Der Begriff der Öffentlichkeit in der Revision, StraFo 2014, 353; *Lisken* Pressefreiheit und

**1345** S. dazu oben Rn. 568. Vgl. ferner KK-*Gericke* § 344 StPO, Rn. 48 mwN.

**1346** Vgl. z.B. BGH, Beschl. v. 14.1.2014 – 4 StR 529/13, Rn. 14 ff. = StV 2015, 86 = NStZ 2014, 223, BGH, Urt. v. 11.11.2009 – 5 StR 530/08 = BGHSt 54, 184 = NJW 2010, 1010 = StV 2010, 69.

**1347** So auch *Ventzke* StV 2015, 90. Ob dies Zulässigkeitsvoraussetzung für eine entsprechende Rüge ist, wird unterschiedlich beurteilt: Vgl. BGH, Beschl. v. 8.8.2007 – 2 StR 224/07 = StV 2008, 232 = NStZ 2007, 717 (Darlegung der fehlenden Heilung keine Zulässigkeitsvoraussetzung), anders Radtke/Hohmann/*Nagel* § 338 StPO, Rn. 50.

**1348** Vgl. OLG Hamm, Beschl. v. 17.3.2009 – 2 Ss 94/09 = StV 2010, 65; BGH, Beschl. v. 27.4.2010 – 5 StR 460/08 = StV 2010, 562. S. auch *Meyer-Goßner/Schmitt* § 247 StPO, Rn. 20d.

Strafprozess, ZRP 1988, 193; *Marcic* Die Öffentlichkeit als Prinzip der Demokratie, FS Arndt, 1969, S. 267; *Marxen* Medienfreiheit und Unschuldsvermutung, GA 1980, 365; *Norouzi* Öffentlichkeit im Strafverfahren, StV 2016, 590; *Odersky* Die Öffentlichkeit der Hauptverhandlung nach dem Opferschutzgesetz, FS Pfeiffer, 1988, S. 325; *Rebehn* Klare Absage an Gerichtsfernsehen, DRiZ 2016, 204; *Rengier* Der Grundsatz der Öffentlichkeit im Bußgeldverfahren, NJW 1985, 2553; *Rösenthal* Welche Öffentlichkeit braucht das Strafverfahren?, AnwBl 2016, 654; *Scherer* Gerichtsöffentlichkeit als Medienöffentlichkeit, 1979; *Eb. Schmidt* Justiz und Publizistik, in: Recht und Staat in Geschichte und Gegenwart, Heft 353/354, Tübingen 1968; *Schlothauer* Strafverfahren und Öffentlichkeit, StV 2015, 665; *Schmidthals* Wert und Grenzen der Verfahrensöffentlichkeit im Strafprozess, 1977; *Walther* Der Öffentlichkeitsgrundsatz im Kontext der Verständigung im Strafverfahren, NStZ 2015, 383; *Wente* Persönlichkeitsschutz und Informationsrecht der Öffentlichkeit im Strafverfahren, StV 1988, 216; *Sprenger* Der Ausschluss der Öffentlichkeit des Strafverfahrens zum Schutze der Privatsphäre des Angeklagten, Würzburg 1975; *Zipf* Empfiehlt es sich, die Vorschriften über die Öffentlichkeit des Strafverfahrens neu zu gestalten, insbesondere zur Verbesserung der Rechtsstellung des Beschuldigten weitere nichtöffentliche Verfahrensgänge zu entwickeln?, Verhandlungen des 54. Deutschen Juristentages Nürnberg 1982, Band I, Gutachten C, S. C 9–C 98.

606 Eine der großen Errungenschaften der Aufklärung im 19. Jahrhundert war die Ablösung des geheimen Inquisitionsprozesses durch die Einführung des Öffentlichkeitsgrundsatzes.[1349] Die Öffnung der Gerichtsverhandlungen für das Volk durch Mitsprache bei den Entscheidungen (Laienrichter) und durch das Öffentlichkeitsprinzip, das jedermann die Möglichkeit einräumt, eine Hauptverhandlung beobachtend mitzuerleben, sollte die unheilvolle absolutistische Kabinettsjustiz, in der allein der Landesherr die richterliche Strafgewalt innehatte, überwinden.[1350] Bereits im 18. Jahrhundert hatte *Beccaria* gefordert: „Öffentlich soll die Gerichtsverhandlung und öffentlich die Beweiserhebung sein, damit die öffentliche Meinung, die das vielleicht einzige Bindemittel der Gesellschaft ist, der Gewalt und der Leidenschaft Zügel anlege".[1351] Die Befürworter des Öffentlichkeitsprinzips bezweckten eine Kontrolle der Justiz durch das

**1349** Die Einführung der Staatsanwaltschaft, die Beteiligung der Laien an der Rechtsprechung, die Öffentlichkeit des Verfahrens und die Pressefreiheit waren die vier wichtigen rechtsstaatlichen Erfolge des Revolutionsjahrs 1848.

**1350** *Henkel*, Strafverfahrensrecht, S. 53 hat hierzu treffend bemerkt: „Bei einer Strafrechtspflege, in deren Tätigkeit man überall Ungerechtigkeit und Willkür vermuten zu müssen glaubt, erscheint schließlich die Heimlichkeit des Verfahrens geradezu als der Ausdruck des schlechten Gewissens der Strafgerichtsbarkeit und die Schriftlichkeit als eine Plage, die zur langen Dauer des Verfahrens führt und damit schwere Leiden desjenigen schafft, der als Opfer in ein noch schleppendes Verfahren hineingezogen wird". Siehe hierzu auch LR-*Esser* Art. 6 EMRK, Rn. 377.

**1351** *Beccaria*, Über Verbrechen und Strafe (Dei delitti e delle penne, 1764) in der Übersetzung von *W. Alff* 1988, 89.

Volk. Im Kampf um die öffentliche Gerichtsverhandlung folgte *Beccaria* in Deutschland in erster Linie *Feuerbach.*[1352] Am 1.10.1879 wurde das Öffentlichkeitsprinzip mit Inkrafttreten der §§ 170–176 GVG positives Recht[1353] und gilt seitdem bis heute mit Änderungen, die in ihrer überwiegenden Zahl dazu dienten, die Verfahrensbeteiligten vor den inzwischen erkannten Nachteilen einer zu aufdringlichen Öffentlichkeit zu schützen.

#### a) Bedeutung der Medienöffentlichkeit

Dass die Öffentlichkeit tatsächlich für die „Transparenz" der Urteilsfindung 607 sorgen kann, wurde bereits durch *Feuerbach*[1354] angezweifelt, denn der einzelne Zuschauer wird in der Regel nicht beurteilen können, ob das Verfahren ordnungsgemäß durchgeführt wird, und ob das Urteil richtig ist.[1355] Für die Kontrollfunktion der Öffentlichkeit ist nach heutigem Verständnis weniger die unmittelbare Öffentlichkeit als vielmehr die **Medienöffentlichkeit** entscheidend, die aber auch Gefahren mit sich bringt, weil sich die Zeichen dafür mehren, dass *Beccarias* Hoffnung, durch die Öffentlichkeit der Verhandlung könne auch „den Leidenschaften Zügel angelegt werden", trügerisch war. Der Einfluss der Massenmedien auf die Entscheidungsfindung der Richter wird vielfach beklagt und hat zu allerlei rechtspolitischen Vorschlägen geführt, von einer Strafnorm für „contempt of court", die Missachtung des Gerichts nach angloamerikanischem Vorbild[1356], bis zu dem hilflosen und missglückten Versuch des Gesetzgebers, einen Teil des Problems dadurch zu lösen, dass die wörtliche Veröffentlichung von Teilen der Anklageschrift bei Strafe verboten (§ 353d Nr. 3 StGB) wurde. Die Misshelligkeiten einer die sachliche Verhandlung im Gerichtssaal übertönenden öffentlichen Resonanz spektakulärer Prozesse und die Bedrohung des nach dem heutigen Verständnis des Datenschutzes auch dem be-

---

**1352** *Feuerbach*, Betrachtungen über die Öffentlichkeit und Mündlichkeit der Gerechtigkeitspflege, 1821. Auch *Kant* hielt Gerechtigkeit nur als öffentliche Gerechtigkeit für denkbar: Zum ewigen Frieden (1795) Anhang II.

**1353** RGBl. 1877, 41, 72. Hierzu ausführlich *Zipf*, Gutachten C für den 54. Deutschen Juristentag, C 13 f.; vgl. auch *Alwart* JZ 1990, 883; zur Geschichte des Strafverfahrensrechts allgemein siehe *Henkel*, Strafverfahrensrecht, S. 23–64 und *Roxin/Schünemann*, § 47.

**1354** *Feuerbach*, Betrachtungen über die Öffentlichkeit und Mündlichkeit der Gerechtigkeitspflege, Band 1, S. 147 ff.

**1355** Siehe hierzu *Zipf*, Gutachten C für den 54. Dt. Juristentag, C 40 f.; *Franke* StraFo 2014, 361, 362.

**1356** § 452 StGB-E 1962; vgl. hierzu *Sarstedt*, Urteilsschelte, in: Rechtsstaat als Aufgabe, S. 257, 260.

schuldigten Bürger zukommenden Rechtes auf informationelle Selbstbestimmung konnten damit nicht beseitigt oder auch nur eingedämmt werden. *Dahs* hat schon 1982 anschaulich beschrieben, dass Angeklagte aus Angst vor dem „Striptease“[1357] in der Öffentlichkeit auf entlastende Beweise verzichten, um nicht intime Informationen preisgeben zu müssen, bzw. es vorziehen zu schweigen, anstatt sich durch Erklärungen zu verteidigen.[1358] Er hat deshalb vorgeschlagen, die öffentliche Durchführung der Hauptverhandlung von einem entsprechenden Antrag des Angeklagten abhängig zu machen.[1359] Der Vorschlag wurde vom Deutschen Juristentag seinerzeit abgelehnt.[1360]

608 Gut 30 Jahre später war die „Öffentlichkeit im Strafverfahren“ erneut Thema des Deutschen Juristentages.[1361] Noch weniger als beim ersten Mal stand dabei allerdings der Schutz der Rechte der Verfahrensbeteiligten im Mittelpunkt des Interesses. Der Schwerpunkt der fachlichen Diskussion liegt inzwischen eher bei der Frage, was unter einer „zeitgemäßen Öffnung der Dritten Gewalt für die Medien“[1362] zu verstehen ist. Wesentliche Themen des von *Altenhain* erstatteten Gutachtens waren Auskunftsansprüche der Medien schon im Ermittlungsverfahren und Zugangsmöglichkeiten der Medienvertreter zur Hauptverhandlung. Die technischen Möglichkeiten zur Berichterstattung haben sich durch Smartphones, Laptops und Digitalkameras noch einmal stark vergrößert. Das sollte richtigerweise dazu führen, die Überlegungen zu einer sachgerechten Beschränkung des Öffentlichkeitsgrundsatzes weiterzuentwickeln. Ungeachtet der schon von *Feuerbach* geäußerten Skepsis gegenüber dem Nutzen von Transparenz (s. oben), ist aber leider nach wie vor zu beobachten, dass derzeit eher rechtspolitische Forderungen nach einer Erweiterung der Gerichtsöffentlichkeit erhoben werden.[1363]

609 Gefördert werden diese Bestrebungen allerdings durch in eine ähnliche Richtung weisende Tendenzen in der Rechtsprechung. Das **BVerfG** hat zwar im Jahr 2001 die Regelung in § 169 S. 2 GVG als verfassungsgemäß angese-

---

**1357** *Dahs*, Verhandlungen des 54. DJT, Nürnberg 1982, Band II, Teil K, Referat, K 13.

**1358** *Dahs*, Verhandlungen des 54. DJT, Nürnberg 1982, Band II, Teil K, Referat, K 10 f.; selbst *Feuerbach*, Betrachtungen über die Öffentlichkeit und Mündlichkeit der Gerechtigkeitspflege, S. 178, war der Ansicht, dass der Öffentlichkeitsgrundsatz nicht dem Zweck diene, die Hauptverhandlung „... Allen ohne Unterschied, wie man sie in Theatern oder Gauklerbuden beisammen findet ...“ zu öffnen.

**1359** *Dahs*, Verhandlungen des 54. DJT, Nürnberg 1982, Band II, Teil K, Referat, K 10 f.

**1360** Verhandlungen des 54. DJT, Nürnberg 1982, Band II, Teil K, Beschlüsse 162 f.

**1361** Vgl. Verhandlungen des 71. DJT, Essen, 2016, Band II.

**1362** Zu diesem Begriff: *v. Coelln* AfP 2016, 491, 495.

**1363** Vgl. etwa *Feldmann* GA 2017, 20.

hen.[1364] Es hat zugleich aber wiederholt festgestellt, dass der freie Zugang zur Information auch bezogen auf Strafverfahren vom Schutzbereich der Pressefreiheit umfasst wird und dass z.B. eine sitzungspolizeiliche Anordnung des Vorsitzenden nach § 176 GVG, mit der die Anfertigung von Bildaufnahmen untersagt wird, in den Schutzbereich der Presse- und Rundfunkfreiheit eingreift.[1365] Beim Erlass solcher Anordnungen hat der Vorsitzende dementsprechend der Bedeutung dieses Grundrechts Rechnung zu tragen und den Grundsatz der Verhältnismäßigkeit zu beachten. Hierauf aufbauend, haben Fernsehanstalten und Verlage verschiedentlich einstweilige Anordnungen erstritten, die sich gegen sitzungspolizeiliche Verfügungen von Vorsitzenden richteten, die Beschränkungen für die Berichterstattung enthielten.[1366] Hiermit verknüpft ist die systematisch interessante einfach-rechtliche Frage, ob gegen die Verfügungen des Vorsitzenden das Rechtsmittel der Beschwerde jedenfalls dann zulässig sein soll, wenn sie eine dauerhafte Wirkung haben.[1367] Unabhängig davon bestätigen die Eingriffe in die Entscheidungspraxis der Fachgerichte aber den Eindruck, als sollte der Zugriff der Medien auf Strafverfahren eher erweitert als beschränkt werden.

Daneben hat das Bundesverfassungsgericht in seinen Entscheidungen zur **610**
Verständigung im Strafverfahren die Kontrollfunktion der öffentlichen Hauptverhandlung unter Hinweis auf die historische Verankerung des Öffentlichkeitsgrundsatzes ausdrücklich hervorgehoben. Ihr komme nach der Konzeption des Gesetzgebers zentrale Bedeutung zu.[1368] Die Möglichkeit einer Beobachtung der Hauptverhandlung durch die Allgemeinheit erhalte als demokratisches Ge-

---

**1364** BVerfG, Urt. v. 24.1.2001 – 1 BvR 2623/95 u.a. = BVerfGE 103, 44.

**1365** Vgl. aus der Rechtsprechung: BVerfG, Beschl. v. 17.8.2017 – 1 BvR 1741/17 = NJW 2017, 3288; BVerfG, Beschl. v. 16.4.2014 – 1 BvR 990/13 und zuvor BVerfG, Beschl. v. 12.4.2013 – 1 BvR 990/13 = NJW 2013, 1293; BVerfG, Beschl. v. 27.11.2008 – 1 BvQ 46/08 = NJW 2009, 350; BVerfG, Beschl. v. 19.12.2007 – 1 BvR 620/07 = BVerfGE 119, 309 = NJW 2008, 977 = JR 2008, 119 m. krit. Anm. *G. Schäfer*; BVerfG, Beschl. v. 15.3.2007 – 1 BvR 620/07 = JR 2007, 391 m. Anm. *Ernst* = StraFo 2007, 284 m. Anm. *Eisenberg*; BVerfG, Beschl. v. 14.7.1994 – 1 BvR 1595/92 u.a. = BVerfGE 91, 125 = NStZ 1995, 40 m. Anm. *Scholz*. S. ferner auch BVerfGE 50, 234, 240 = NJW 1979, 1400.

**1366** Etwa BVerfG, Beschl. v. 9.9.2016 – 1 BvR 2022/16 = NJW 2017, 798 m. Anm. *Bernzen*; BVerfG, Beschl. v. 31.7.2014 – 1 BvR 1858/14 = NJW 2014, 3013 = JR 2014, 491 m. krit. Anm. *G. Schäfer*.

**1367** Vgl. hierzu OLG Hamburg, Beschl. v. 12.9.2018 – 1 Ws 71/18; *Schmidt/Walter* NStZ 2016, 505; *Lohse* StV 2015, 603; *Huff* DRiZ 2015, 213; BVerfG, Beschl. v. 17.4.2015 – 1 BvR 3276/08 = NJW 2015, 2175 = StV 2015, 601.

**1368** BVerfG, Urt. v. 19.3.2013 – 2 BvR 2628/10 u.a. = BVerfGE 133, 168, 214 = NJW 2013, 1058 = StV 2013, 353.

bot durch die gesetzliche Zulassung der in eine vertrauliche Atmosphäre drängenden Verständigungen zusätzliches Gewicht.[1369] Dies sei auch bei der Prüfung der Frage zu berücksichtigen, ob ein Urteil auf einem Verstoß gegen die Transparenzvorschriften des Verständigungsgesetzes beruht.[1370]

611 Dass die Gerichtsöffentlichkeit nicht nur diese, sondern daneben auch eine weitere Seite hat, liegt dabei in vielen Fällen auf der Hand. Sie wirkt sich einerseits segensreich aus, kann aber andererseits zum „Quell unerwünschter Einflüsse" werden, „wie ein blinder Kausalfaktor auf die Richterseele drücken"[1371] und zusätzlich in die rechtliche Sphäre des Angeklagten auf eine Weise eingreifen, die mit den Strafzwecken nicht in Zusammenhang zu bringen ist. Das schon 1990 entworfene Bild von der Janusköpfigkeit der Gerichtsöffentlichkeit (Sie „lächelt freundlich, wenn sie Kabinettsjustiz verhindert. Sie grinst frech, wenn sie Massenjustiz zulässt")[1372] ist unter den Bedingungen der Medienlandschaft des 21. Jahrhunderts unverändert aktuell.

612 Dass die Strafjustiz heute weniger von der Gefahr einer Geheimjustiz als von einer sich verselbständigenden Mediendominanz[1373] bedroht ist,[1374] wird in der Literatur zwar immer wieder beschworen, hat aber kaum zu praktischen Konsequenzen geführt. Unter dem Eindruck abweichender Regelungen in anderen Ländern, in denen das „Gerichtsfernsehen" ebenso zum alltäglichen Unterhaltungsprogramm zählt wie Krimiserien und „Seifenopern",[1375] werden immer neue Erweiterungen der Zugänge für die Medien erörtert. Während von Einzelnen gefordert wird, eine vollständige Übertragung der Gerichtsverhandlungen zuzulassen,[1376] sprechen sich andere für eine Beschränkung auf die Verlesung

---

**1369** BVerfG, Urt. v. 19.3.2013 – 2 BvR 2628/10 u.a. = BVerfGE 133, 168, 218.

**1370** BVerfG, Beschl. v. 15.1.2015 – 2 BvR 878/14 = NStZ 2015, 170; BVerfG, Beschl. v. 15.1.2015 – 2 BvR 2055/14 = NStZ 2015, 172; hierzu *Walther* NStZ 2015, 383.

**1371** *Alwart* JZ 1990, 883, 884.

**1372** *Alwart* JZ 1990, 883, 884.

**1373** *Alwart* JZ 1990, 883, 884; *Hassemer* (JuS 1989, 497, 498) spricht in seiner Anm. zu BGH, Beschl. v. 11.5.1988 – 3 StR 566/87 = NJW 1989, 465 = NStZ 1988, 467 von einer Gerichtsöffentlichkeit, die sich zur Medienöffentlichkeit verdichtet habe.

**1374** *Zipf* spricht angesichts des traditionellen Verständnisses des Öffentlichkeitsprinzips von „historischem Ballast", der zugunsten des verfassungsrechtlich gebotenen Persönlichkeitsschutzes abzuwerfen ist: Gutachten C für den 54. Deutschen Juristentag, C 58. Vgl. hierzu auch *Heger* FS Beulke, S. 764 (zum Opferschutz).

**1375** Vgl. hierzu die Aufzählung bei *v. Coelln* AfP 2014, 193, 199.

**1376** *Feldmann* GA 2017, 20. Beschränkungen sollen dabei nur bei schutzwürdigen Interessen in Betracht kommen. Vgl. hierzu schon das Minderheitenvotum von *Kühling, Hohmann-Dennhardt* und *Hoffmann-Riem* in BVerfG, Urt. v. 24.1.2001 – 1 BvR 2623/95 = BVerfGE 103, 44, 72 = NJW 2001, 1633, 1637; dagegen *Hamm* AfP 2014, 202, 204 mwN.

der Anklageschrift und die Schlussvorträge[1377] oder die Urteilsverkündung[1378] aus. Den in der Literatur geäußerten Wünschen hat der Gesetzgeber bislang erfreulicherweise nicht entsprochen und durch das Gesetz zur Erweiterung der Medienöffentlichkeit im Jahr 2018 nur in geringem Umfang in das bisherige Konzept eingegriffen. Im Umgang mit den Reformvorstößen zeigt sich dabei bisweilen eine sonst seltene Übereinstimmung zwischen den Vertretern von Justiz und Anwaltschaft.[1379]

### b) Umfang der Medienöffentlichkeit

Seit einer Gesetzesänderung im Jahr 1964 waren **Ton-, Fernseh- und Rundfunkaufnahmen** in Gerichtsverhandlungen zum Zwecke der öffentlichen Vorführung oder der Veröffentlichung ihres Inhalts nach § 169 S. 2 GVG unzulässig.[1380] Durch das Gesetz zur Erweiterung der Medienöffentlichkeit in Gerichtsverfahren wurde dieser Grundsatz zwar unangetastet gelassen, es wurden jedoch neue Regelungen zur Berichterstattung über Gerichtsverhandlungen geschaffen.[1381] Zum einen ist es nun möglich, den Ton des Verfahrens in einen „Medienarbeitsraum" zu übertragen. Zum anderen können nach § 169 Abs. 2 GVG ganze Verfahren zu „wissenschaftlich-historischen" Zwecken akustisch aufgezeichnet werden. Die Verwertung dieser Aufzeichnung zu anderen Zwecken ist gesetzlich ausgeschlossen. Damit soll auch ihre Verwertung zu innerprozessualen Zwecken (etwa als Beweismittel im Revisionsverfahren) verhindert werden.[1382] Geänderte Vorschriften gelten nunmehr auch für das Verfahren vor dem Bundesgerichtshof. Nach Maßgabe von § 169 Abs. 3 GVG sind hier nunmehr Aufzeichnungen möglich. 613

Abgesehen von dieser Neuerung, die sich auf den Ablauf des Revisionsverfahrens bezieht, dürften die übrigen neuen Regelungen kaum revisionsrechtli- 614

---

**1377** *Britz* FS Schiller, S. 81.

**1378** *Altenhain*, 71. DJT, 2016, Gutachten C. 94 ff.

**1379** Vgl. zum Stand der Diskussion: *G. Schäfer* JR 2014, 494; *Hegmann* DRiZ 2014, 203; *Limperg/Gerhardt* ZRP 2016, 124; *Mosbacher* DRiZ 2016, 299; *Kreicker* ZIS 2017, 85; *Schlothauer* StV 2015, 665, 668; *Norouzi* StV 2016, 590; zum Meinungsbild innerhalb der Anwaltschaft *Kilian* AnwBl 2018, 290. Vgl. ferner die Darstellung bei *Kaufmann/Tappert/Vetter* DRiZ 2017, 154, 157.

**1380** Gesetz v. 19.12.1964 (BGBl. 1964 I, 1067). Zur Entstehungsgeschichte der Vorschrift: *v. Coelln* AfP 2014, 193, 199.

**1381** Gesetz vom 8.10.2017 (BGBl. 2017 I, 3546). Vgl. hierzu *Hoeren* NJW 2017, 3339; *v. Coelln* AfP 2016, 491.

**1382** Vgl. *Meyer-Goßner/Schmitt* § 169 GVG, Rn. 26. Zur Entstehung der Regelung: BT-Drs. 18/12591, 5 und BT-Drs. 18/10144. Vgl. hierzu auch KK-*Fischer* Einl., Rn. 65.

che Relevanz gewinnen. Das gilt insbesondere für die durch § 169 Abs. 2 GVG geschaffene Möglichkeit zur Aufzeichnung. Immerhin mag das Wissen, aufgezeichnet zu werden, das Verhalten der Prozessbeteiligten beeinflussen, doch wird das vorrangig im Rahmen der Beweiswürdigung zu berücksichtigen sein. Dass zwar die Verwendung der Aufzeichnungen zu historischen und wissenschaftlichen Zwecken zulässig sein soll, nicht aber ihre Verwendung im Strafverfahren, wirkt insgesamt wenig folgerichtig. Aus welchem Grund soll es zulässig sein, Aufnahmen einer Hauptverhandlung für wissenschaftliche Zwecke zu verwerten, nicht aber für die Aufklärung von strafrechtlichen Vorwürfen (z.B. in einem Verfahren im Zusammenhang mit Aussagedelikten, das sich an die aufgezeichnete Verhandlung anschließt)? Das dahinter stehende generelle Bestreben, keine Möglichkeiten zur Rekonstruktion der Beweisaufnahme zu schaffen, ist mit dem hohen Anspruch des Strafverfahrens, den das BVerfG in vielen Entscheidungen hervorgehoben hat,[1383] nicht vereinbar.

615 Als problematisch erweisen könnte sich die Einrichtung von Medienarbeitsräumen. Sie dienen nur dazu, die „Saalöffentlichkeit" zu erweitern. Auch in solchen Räumen ist es dementsprechend – ebenso wie im Gerichtssaal selbst – nicht zulässig, Mitschnitte anzufertigen (§ 169 Abs. 1 S. 5 GVG). Inwieweit die Einhaltung dieses Verbots überwacht und durchgesetzt werden kann, wird sich zeigen müssen.[1384] Immerhin bleibt eine Überwachung durch den Wachtmeister möglich, der dem Vorsitzenden berichten kann.[1385] Welche praktischen Fragen – etwa im Zusammenhang mit einer möglichen Beeinflussung von Zeugen durch Mitschnitte aus dem Gerichtssaal – sich hieraus ergeben, bleibt abzuwarten. Beschlüsse nach § 169 Abs. 1 GVG sind unanfechtbar (§ 169 Abs. 4 GVG) und damit durch § 336 StPO der Revision entzogen.[1386] Ob in technischen Störungen bei der Übertragung in einen solchen Raum eine Einschränkung der Öffentlichkeit liegt, die mit der Revision gerügt werden kann, ist derzeit offen.[1387]

---

**1383** Nach der Rechtsprechung des BVerfG folgt aus dem materiellen Schuldprinzip, dass die Ermittlung des wahren Sachverhalts als das „zentrale Anliegen des Strafverfahrens" anzusehen ist (vgl. BVerfG, Beschl. v. 15.12.2015 – 2 BvR 2735/14 = BVerfGE 140, 317, 345; BVerfG, Beschl. v. 19.3.2013 – 2 BvR 2628/10 u.a. = BVerfGE 133, 168, 199; BVerfG, Beschl. v. 14.12.2000 – 2 BvR 1741/99 = BVerfGE 103, 21, 26).

**1384** Dazu *Rosenthal* AnwBl 2016, 654, 655. Umstritten ist, ob die Medienarbeitsräume dem Hausrecht des Gerichtspräsidenten oder der Sitzungsgewalt des Vorsitzenden unterstehen (*Meyer-Goßner/Schmitt* § 169 GVG, Rn. 21 mwN).

**1385** Vgl. hierzu *Norouzi* StV 2016, 590, 594; *Schlothauer* StV 2015, 665, 667; *Altenhain* DRiZ 2016, 304, 306.

**1386** So auch *Meyer-Goßner/Schmitt* § 169 GVG, Rn. 21a und KK-*Diemer* § 169 GVG, Rn. 21.

**1387** Vgl. hierzu *v. Coelln* AfP 2016, 491, 492.

### c) Anwendungsbereich von § 338 Nr. 6 StPO

Obwohl die Entwicklung seit langem dahin geht, dass Gefahren für das Strafverfahren eher durch ein „Zuviel“ als durch ein „Zuwenig“ an Öffentlichkeit entstehen, hält die Rechtsprechung an dem traditionellen Verständnis des § 338 Nr. 6 StPO fest. Sie sieht den Sinn dieser Vorschrift immer noch darin, ein „Zuwenig“ an Öffentlichkeit zu verhindern, während dort, wo es inzwischen zwingende Vorschriften zur Begrenzung der Medienmitwirkung gibt, deren Verletzung nicht von dem absoluten Revisionsgrund erfasst sein soll.[1388] Ein Musterbeispiel für diese Rechtsprechung bleibt die umstrittene Entscheidung des 2. Strafsenats des BGH im Fall **„Monika Weimar“**:[1389] Das Landgericht Fulda hatte während einer Augenscheinseinnahme verschiedener Örtlichkeiten Rundfunk- und Fernsehaufnahmen geduldet, die in den Nachrichtensendungen einer Fernsehanstalt auch verbreitet wurden. Dies wurde in der Revision unter Hinweis auf § 338 Nr. 6 StPO als Verstoß gegen § 169 S. 2 GVG[1390] gerügt. Der BGH hielt jedoch den absoluten Revisionsgrund des § 338 Nr. 6 StPO nicht für gegeben und ließ die Rüge am fehlenden Beruhen des Urteils auf dem zweifellos vorliegenden Verfahrensfehler scheitern. § 338 Nr. 6 StPO sei nicht anwendbar, weil dieser nur die Fälle gesetzwidriger *Beschränkung* von Öffentlichkeit erfasse.[1391] An dieser Auffassung habe auch die Schaffung von § 169 S. 2 GVG nichts geändert. § 169 S. 1 GVG solle verhindern, dass „die Tätigkeit des Gerichts hinter verschlossenen Türen in ein Dunkel gehüllt und dadurch Missdeutungen und Argwohn ausgesetzt ist“.[1392] Die Vorschrift sei mithin geschaffen worden, um das Öffentlichkeitsprinzip als grundlegende Einrichtung des Rechtsstaates zu garantieren, während § 169 S. 2 GVG nur zwei bestimmte Formen der Berichterstattung für die „mittelbare“ Öffentlichkeit untersage, die gegebenenfalls die Wahrheits- 616

**1388** BGH, Beschl. v. 12.11.2015 – 2 StR 311/15 = StV 2016, 788 = NStZ 2016, 180 m. Anm. *Arnoldi*; BGH, Beschl. v. 17.9.2014 – 1 StR 212/14 = StV 2015, 79 = NStZ 2015, 181. S. ferner auch RGSt 3, 295; RGSt 77, 186; BGHSt 10, 202, 206; BGHSt 23, 82, 85; BGHSt 23, 176, 178; BGHSt 36, 119, 120. Vgl. zur Thematik *Hamm*, Die alltäglichen Gesetzesumgehungen durch die Strafjustiz, S. 373.

**1389** BGH, Urt. v. 17.2.1989 – 2 StR 402/88 = BGHSt 36, 119 = NJW 1989, 1741 = StV 1989, 289 m. Anm. *Fezer* = NStZ 1989, 375 m. Anm. *Roxin* = JR 1990, 385 m. Anm. *Meurer*.

**1390** Durch Art. 1 Nr. 1 des Gesetzes über die Erweiterung der Medienöffentlichkeit in Gerichtsverfahren (EMöGG) vom 8.10.2017 (BGBl. I, S. 3546) wurde der bis dahin geltende Wortlaut des § 169 GVG in Absatz 1 der neuen Gesetzesfassung übernommen. Das Urteil des BGH (BGHSt 36, 119) bezog sich auf die frühere Gesetzesfassung.

**1391** BGHSt 36, 119, 120.

**1392** BGHSt 36, 119, 122 unter Bezugnahme auf RGSt 70, 109, 112, obwohl es zur Zeit dieser Entscheidung noch keine zwingende Vorschrift zur Begrenzung der Öffentlichkeit gab.

findung und das Verteidigungsinteresse betreffen können und daher keine mit § 169 S. 1 GVG vergleichbare Tragweite aufwiesen.[1393] Der Gesetzgeber habe sich in seiner Begründung zu § 169 S. 2 GVG ausdrücklich auf Entscheidungen berufen, die dem herkömmlichen Öffentlichkeitsbegriff entsprachen.[1394]

617 Dieser Auffassung ist jedoch entgegenzuhalten, dass der Wortlaut von § 338 Nr. 6 StPO allein darauf Bezug nimmt, ob das Urteil aufgrund einer mündlichen Verhandlung ergangen ist, bei der „die Vorschriften über die Öffentlichkeit des Verfahrens" verletzt worden sind. Dass darin anfänglich nur die Revisibilität der *Beschränkung* der Öffentlichkeit gesehen werden konnte, ist damit zu erklären, dass § 338 Nr. 6 StPO in Kraft war, lange bevor mit § 48 JGG und § 169 S. 2 GVG erstmals zwingende Vorschriften über die Beschränkung der Öffentlichkeit des Verfahrens eingeführt wurden.[1395] Es galt folglich bis zu diesem Zeitpunkt auch nur, Satz 1 der Vorschrift unter den Schutz eines unbedingten Revisionsgrundes zu stellen. Schon die Schaffung der §§ 48 JGG (1953) und 169 S. 2 GVG (1964) verdeutlicht jedoch, dass durch im Gerichtssaal anwesende *unmittelbare* Öffentlichkeit, insbesondere aber auch durch die von den Massenmedien informierte sog. *mittelbare* Öffentlichkeit Persönlichkeitsrechte der Betroffenen massiv beeinträchtigt werden können und dieser Gefahr entgegengetreten werden musste.[1396] Das wird durch die seither geschaffenen weiteren Regelungen zur Beschränkung der Öffentlichkeit, insbesondere § 171a GVG[1397] und § 171b GVG[1398], bestätigt.

618 Gemäß **§ 48 Abs. 1 JGG** ist die Öffentlichkeit von Gerichtsverhandlungen gegen **Jugendliche** zwingend ausgeschlossen. Das hat seinen Grund darin, dass ihnen aufgrund entwicklungspsychologischer und jugendpädagogischer Erwägungen Bloßstellungen, Stigmatisierungen und damit einhergehende Entsozialisierungen erspart werden sollen.[1399]

---

**1393** BGHSt 36, 119, 122 unter Berufung auf BGHSt 23, 176, 178.

**1394** BGHSt 36, 119, 121; so auch *Fezer* StV 1989, 289, 291, unter Aufgabe der früher in seinem Lehrbuch (Strafprozessrecht II, 1986, Fall 14, Rn. 131) geäußerten gegenteiligen Meinung.

**1395** So auch *Eb. Schmidt*, Justiz und Publizistik, S. 41 f. mit Hinweis auf BGHSt 10, 202, 206, der in einem Fall, in dem der Vorsitzende Tonbandaufnahmen während der Verhandlung erlaubt hatte, § 338 Nr. 6 StPO für nicht anwendbar hielt, weil es sich dabei „höchstens" um eine Erweiterung der Öffentlichkeit gehandelt habe.

**1396** Übereinstimmend *Eb. Schmidt*, Justiz und Publizistik, S. 43.

**1397** § 171a GVG wurde eingefügt durch das EGStGB vom 2.3.1974 (BGBl. 1974 I, 469); vgl. hierzu auch BVerfG, Beschl. v. 30.3.2012 – 1 BvR 711/12 = NJW 2012, 2178.

**1398** § 171b GVG wurde durch das Opferschutzgesetz vom 18.12.1986 (BGBl. 1986 I, 2496) eingeführt; vgl. hierzu auch BGH, Beschl. v. 28.9.2017 – 4 StR 240/17 = BGHSt 63, 23.

**1399** Vgl. *Eisenberg/Kölbel*, JGG, § 48 JGG, Rn. 8. Der Ausschluss der Öffentlichkeit im Jugendverfahren war bereits im Reichsjugendgesetz von 1923 aufgenommen und 1953 vom Gesetzgeber in § 48 JGG rezipiert worden.

Es ist aus den oben dargelegten Gründen nicht einsichtig, dass der Grundrechtsschutz, der bei der Einführung neuer Ausschließungsgründe und *zwingender* Vorschriften über den Ausschluss und die Begrenzung der Öffentlichkeit im Strafprozess[1400] leitend gewesen sein muss, beim heutigen Verfassungsverständnis weniger Bedeutung haben soll als die Vorbeugung gegen das Wiederaufleben einer Kabinetts- und Geheimjustiz. Mit der Entscheidung des Gesetzgebers, im Interesse des Schutzes der Persönlichkeitsrechte und der ungestörten Sachverhaltsaufklärung die Öffentlichkeit zu begrenzen, sind Normen entstanden, deren Einhaltung in viel beachteten Verfahren sogar noch wichtiger ist als z.B. der ungehinderte Zugang des Publikums zu den Hauptverhandlungen beim Fehlen einer Ausschlussmöglichkeit. Schon *Eberhard Schmidt* hat deshalb mit Recht darauf hingewiesen, dass die Fälle des § 169 S. 1 GVG weniger einschneidend sind als die des Satzes 2, weil jene nur ein abstraktes Prinzip, diese aber zumeist schwerwiegende Missachtungen des Persönlichkeitsrechts betreffen.[1401] Der absolute Revisionsgrund des § 338 Nr. 6 StPO hat daher mit der Einführung des § 48 JGG und des § 169 S. 2 GVG seinen „hypothetischen Charakter“ verloren.[1402] 619

*Roxin* gibt zu bedenken, auch ein Blick auf die Motive zur gleichzeitig entstandenen und fast gleichlautenden Parallelvorschrift in der ZPO (§ 547 Nr. 5 ZPO) lege nahe, dass nicht nur die Beschränkung sondern auch eine Erweiterung der Öffentlichkeit von § 338 Nr. 6 StPO erfasst werde. In der Begründung hierzu heißt es, dass die unberechtigte Zulassung der Öffentlichkeit z.B. in Ehesachen eine deutliche Beschränkung der Parteien in der Verhandlung involvieren könne.[1403] Da im Zivilrecht auch der fehlende Ausschluss der Öffentlichkeit ein absoluter Revisionsgrund sei, stelle sich die Frage, warum für die StPO etwas anderes gelten soll.[1404] *Roxin* weist ferner darauf hin, dass der Gesetzgeber zum Ausdruck gebracht habe, die Verletzung der Vorschriften über die Öffent- 620

**1400** Gemeint sind also nicht Ermessensvorschriften wie etwa die §§ 171a, 172 GVG, sondern nur die § 48 JGG und § 169 S. 2 GVG.

**1401** *Eb. Schmidt*, Justiz und Publizistik, S. 44.

**1402** So *Roxin* JZ 1968, 805; *ders.* FS Karl Peters, S. 393, 402, in diesem Sinne auch *Eb. Schmidt*, Justiz und Publizistik, 44; *Kissel/Mayer* § 169 GVG, Rn. 59 f.

**1403** *Hahn*, Materialien zur Zivilprozeßordnung, Abt. I, Motive, § 489, 369 f. Auf die Parallele zum Zivilprozessrecht wird sowohl von *Roxin* JZ 1968, 803, 805 und in NStZ 1989, 375, 377 als auch von *Eb. Schmidt*, Justiz und Publizistik, S. 43, Fn. 79 hingewiesen.

**1404** *Roxin* JZ 1968, 805 weist in diesem Zusammenhang auch auf die „Verklammerung“ von § 338 Nr. 6 StPO und § 547 Nr. 5 ZPO mit dem GVG hin; siehe hierzu auch die ständige zivilrechtliche Rechtsprechung: Stein/Jonas-*Grunsky* § 551 ZPO, Anm. 6, Rn. 22; *Lesch* StraFo 2014, 353, 360.

lichkeit des Verfahrens müsse „in allen Fällen" die Aufhebung des Urteils begründen.[1405] Die Formulierung „alle Fälle" kann nur bedeuten, dass der Gesetzgeber hiermit eine Regelung nach „allen" Seiten habe schaffen wollen und insofern auch § 338 Nr. 6 StPO auf alle Fälle anwendbar sein müsse.[1406]

621 Die Auffassung des BGH wäre durch die nachfolgende Entwicklung also selbst dann überzeugend widerlegt, wenn ihm noch darin zu folgen wäre, dass § 338 Nr. 6 StPO die Befolgung der Vorschriften über die Öffentlichkeit nur in den Rang eines absoluten Revisionsgrundes erhoben hat, um die „Wertigkeit und Bedeutung" des Verfahrensprinzips der Öffentlichkeit wirksam zur Geltung zu bringen.

622 Sieht man richtigerweise den legislatorischen Sinn des absoluten Revisionsgrundes darin, dem Revisionsführer den Erfolg seines Rechtsmittels trotz der im Regelfall zu verneinenden konkreten Beruhensfrage zu erhalten, ist die Differenzierung zwischen den unzulässigen Beschränkungen und den unzulässigen Ausweitungen der Öffentlichkeit noch weniger einzusehen. Folgt man nämlich der Rechtsprechung, wonach im letzteren Falle nur ein relativer Revisionsgrund zur Verfügung steht, kann z.B. das in § 169 Abs. 1 S. 2 GVG enthaltene Verbot nicht wirksam durchgesetzt werden, weil sich – wie der Fall Weimar exemplarisch zeigt – das Beruhen nur selten belegen lässt. Dies trifft natürlich in gleicher Weise auch auf die Beschränkung der Öffentlichkeit zu, denn auch im Falle von „zu wenig Öffentlichkeit" wird sich selten vorbringen lassen, dass eine ausreichende Öffentlichkeit zu einem anderen Urteil geführt hätte.[1407] Die in beiden Fällen gleichermaßen vorhandene Problematik, das **Beruhen** zu konkretisieren, verlangt eine „symmetrische" revisionsgerichtliche Kontrolle aller gesetzlichen Regeln zur Öffentlichkeit der Hauptverhandlung, die nicht nur bloße Ermessensvorschriften sind. Sonst bleiben die §§ 169 Abs. 1 S. 2 GVG, 48 JGG und andere Beschränkungen des Öffentlichkeitsgrundsatzes schwer durch-

---

**1405** *Hahn*, Materialien zur Strafprozessordnung, Abt. I, Motive, 252 zu § 301 Nr. 6 (heute § 338 Nr. 6 StPO).

**1406** So *Roxins* Interpretation in JZ 1968, 805 und *ders.* NStZ 1989, 375, 377. Ähnlich auch *Zipf*, Gutachten C für den 54. Dt. Juristentag, C 63; so im Erg. auch *Alwart* JZ 1990, 883.

**1407** Der BGH räumte in BGHSt 22, 83 immerhin selbst ein, dass „… Fälle, in denen sich einwandfrei sagen lässt, dass das Urteil auf der Zulassung des Rundfunks oder des Fernsehens beruhen könne, … sich kaum vorstellen" lassen. Daran anknüpfend auch *Roxin* FS Peters, S. 393, 402, Fn. 21, der meint, dass sich der BGH dadurch indirekt für einen absoluten Revisionsgrund entschieden habe und jetzt auch konsequent zur unmittelbaren Anwendung schreiten sollte. Bemerkenswert ist immerhin, dass der BGH der Meinung *Eb. Schmidts*, Justiz und Publizistik, S. 42ff., auch die unzulässige Erweiterung der Öffentlichkeit stelle einen absoluten Revisionsgrund dar, „gute Gründe" zugesteht: BGHSt 22, 83.

setzbare Rechte und werden damit zu leeren Floskeln.[1408] Eine geänderte Bewertung von Rügen, mit denen geltend gemacht wird, die Verhandlung sei zu Unrecht öffentlich gewesen, zeigt sich allerdings in jüngster Zeit im Zusammenhang mit § 171b GVG. Auch wenn die in diesem Zusammenhang ergangenen Entscheidungen den Anwendungsbereich von § 338 Nr. 6 StPO nicht neu bestimmen, liegt in ihnen eine wichtige Klarstellung in Bezug auf den Stellenwert von unzulässigen Erweiterungen der Öffentlichkeit.[1409]

#### d) Reichweite des Öffentlichkeitsgrundsatzes

Öffentlichkeit i.S.v. § 169 Abs. 1 S. 1 GVG bedeutet, dass jedermann freien 623
Zugang zur Gerichtsverhandlung haben muss.[1410] Verlangt wird allerdings nichts Unmögliches: Die Gegebenheiten müssen nicht stets so sein, dass alle Zuhörer an der Gerichtsverhandlung teilnehmen können. Der Öffentlichkeitsgrundsatz lässt generelle Begrenzungen zu.[1411] Die Kapazität eines jeden Sitzungssaals ist endlich, findet ein „Ortstermin" (Augenscheinseinnahme) statt, können sich noch weit größere Probleme ergeben.[1412] Diesen äußeren Umständen wird bei der Auslegung Rechnung getragen, indem aus § 169 GVG abgeleitet wird, der Zutritt müsse nur nach Maßgabe der räumlichen Möglichkeiten und der örtlichen Verhältnisse gewährt werden.[1413] Die Kapazität des Sitzungssaals, bzw. das Hausrecht des Eigentümers[1414] in Privatwohnungen (bei Ortsterminen), und ähnliche äußere Gegebenheiten bilden hier eine **rechtlich anerkannte Grenze.**[1415] Wird durch den Hausrechtsinhaber der Zutritt ge-

**1408** Anders *Fezer* StV 1989, 289, 291, der einen *relativen* Revisionsgrund für völlig ausreichend hält und keine Bedenken hat, dass bei einzelnen Beweiserhebungen – wie auch im „Fall Weimar" – die Beruhensfrage verneint wird. Vgl. hierzu auch *Franke* StraFo 2014, 361, 364.

**1409** S. dazu im Einzelnen unten Rn. 649.

**1410** *Kissel/Mayer* § 169 GVG, Rn. 1, 21. Zur Öffentlichkeit zählen – entgegen dem (aus heutiger Sicht überholten) Beschluss des OLG Karlsruhe NJW 1977, 311 – auch auf den nächsten Sitzungstermin wartende Rechtsanwälte oder Staatsanwälte, die sich im Sitzungssaal aufhalten, selbst wenn diese „hemdsärmelig" dort verweilen.

**1411** Vgl. BVerfG, Beschl. v. 14.3.2012 – 2 BvR 2405/11 = NJW 2012, 1863 = EuGRZ 2012, 347.

**1412** Vgl. BGH, Beschl. v. 10.1.2006 – 1 StR 527/05 = NJW 2006, 1220 = NStZ-RR 2007, 55 = StV 2008, 10 (enges Treppenhaus).

**1413** *Meyer-Goßner/Schmitt* § 169 GVG, Rn. 5.

**1414** Vgl. hierzu BGH, Beschl. v. 14.6.1994 – 1 StR 40/94 = BGHSt 40, 191 = NJW 1994, 2773 = StV 1994, 470; *Thym* NStZ 1981, 293, 294.

**1415** Dazu BGH, Beschl. v. 10.1.2006 – 1 StR 527/05 = NJW 2006, 1220 = NStZ-RR 2007, 55 = StV 2008, 10 = JR 2006, 389 m. Anm. *Humberg*.

stattet, muss der Vorsitzende sicherstellen, dass die Öffentlichkeit gewahrt wird.[1416]

624 Die Öffentlichkeit ist im Sinne von § 338 Nr. 6 StPO beschränkt, wenn einzelne Personen, die als Repräsentanten der Öffentlichkeit gelten können, in gesetzwidriger Weise nicht eingelassen oder **aus dem Sitzungssaal entfernt** worden sind.[1417] Unter den absoluten Revisionsgrund können danach organisatorische Missgeschicke[1418] ebenso fallen wie in Beschlussform getroffene förmliche Entscheidungen.[1419] Zur ersten Fallgruppe gehört es etwa, wenn nicht in ausreichender Weise auf den Verhandlungsort oder die Uhrzeit hingewiesen wurde,[1420] wenn ein Hinweis auf eine Verhandlung an einem Ort außerhalb des Gerichts („Ortstermin") fehlt,[1421] oder wenn am Gerichtssaal zu Unrecht der Hinweis angebracht ist, die Verhandlung sei nicht öffentlich.

625 In Bezug auf diese äußeren Umstände einer Gerichtsverhandlung trifft den Vorsitzenden eine **Aufsichtspflicht** gegenüber den Justizbediensteten.[1422] Besondere Aufsichts- und Überwachungspflichten können sich daneben auch ergeben, wenn die Verhandlung außerhalb des Gerichtsgebäudes stattfindet.[1423] Das weist zugleich auf die wesentliche Einschränkung hin, die für den absoluten Revisionsgrund in diesem Zusammenhang gilt: In § 338 Nr. 6 StPO wird ein **subjektives Element** hineingelesen. In dem Bestreben, rein zufällige Ereignisse (wie

---

**1416** Zur Pflicht, Hinweise auf den Ort der Verhandlung anbringen zu lassen, vgl. KK-*Diemer* § 169 GVG, Rn. 7; *Meyer-Goßner/Schmitt* § 169 GVG, Rn. 6; BGH, Urt. v. 22.1.1981 – 4 StR 97/80 = NStZ 1981, 311.

**1417** *Meyer-Goßner/Schmitt* § 338 StPO, Rn. 48 mwN; vgl. OLG Köln, Beschl. v. 8.9.1983 – 3 Ss 63/83 = NStZ 1984, 282 (Verhandlung im Richterzimmer) und BayObLG, Beschl. v. 30.11.1981 – 1 Ob OWi 331/81 = NJW 1982, 395 (Verhandlung im Beratungszimmer, nur ein Sitzplatz für Zuhörer).

**1418** *Franke* (StraFo 2014, 361) weist hin auf *„verschlossene Türen, unfreundliche Wachtmeister und falsche Aushänge an der Gerichtstafel"*. S. zum Ganzen auch *Kissel/Mayer* § 169 GVG, Rn. 22 f. mit zahlreichen Einzelfallbeispielen. Vgl. auch BGH, Beschl. v. 6.3.1987 – 2 StR 675/86 = BGHR StPO § 338 Nr. 6 – Ortstermin 1.

**1419** Vgl. zur Frage der Verhandlung in einer Justizvollzugsanstalt: BGH, Beschl. v. 22.9.1978 – 3 StR 304/78 = NJW 1979, 770 (Ls.) = JR 1979, 261 m. Anm. *Foth*.

**1420** Zu den Anforderungen vgl. KK-*Diemer* § 169 GVG, Rn. 7; *Meyer-Goßner/Schmitt* § 169 GVG, Rn. 6.

**1421** S. z.B. OLG Saarbrücken, Beschl. v. 25.5.2007 – Ss (B) 22/2007 (20/07) = NStZ-RR 2008, 50.

**1422** *Meyer-Goßner/Schmitt* § 338 StPO, Rn. 50.

**1423** Zu den Anforderungen vgl. BGHSt 22, 297, 301; BGH, Beschl. v. 13.9.2000 – 3 StR 379/00 = NStZ-RR 2001, 267; OLG Saarbrücken, Beschl. v. 25.5.2007 – Ss (B) 22/2007 (20/07) = NStZ-RR 2008, 50.

z.B. das Zuschlagen einer Tür[1424]) aus dem Anwendungsbereich der Norm herauszuhalten, beschränkt die h.M. die Anwendung des Revisionsgrundes auf Fälle, in denen das Gericht ein **Verschulden** trifft.[1425] Anders ausgedrückt: Zur Urteilsaufhebung nach § 338 Nr. 6 StPO wird es erst kommen, wenn der Vorsitzende oder ein anderes Gerichtsmitglied die Einschränkung der Zugangsmöglichkeiten **bemerkt hat oder bemerken konnte**,[1426] gleichwohl aber nicht für Abhilfe gesorgt wurde.[1427] Insoweit trifft das Gericht eine allgemeine Pflicht, jedenfalls zu kontrollieren, ob einfach zu entdeckende Beschränkungen vorliegen.[1428] Ein Bild von der Rechtswirklichkeit mag dabei die nachfolgende Aufstellung geben.

Die Rüge des § 338 Nr. 6 StPO blieb erfolglos bei: 626

- Fehlen eines Aushanges nach Verlegung in einen anderen Sitzungssaal bei einem Gericht, das nur über drei Sitzungssäle verfügt,[1429]
- Öffnung der Eingangstür des Gerichts nur nach Klingeln bei einem Pförtner,[1430]
- fehlendem Vermerk im Terminsverzeichnis bei weiterer Verhandlung am selben Tag,[1431]
- falscher Bezeichnung des Sitzungssaales bei kleinem, überschaubarem Gericht,[1432]
- Einlass zur Schöffenauslosung (§ 45 Abs. 2 GVG) nur durch Klopfen am Dienstzimmer des Gerichtspräsidenten oder durch Anmeldung im Vorzimmer.[1433]

---

**1424** BGH, Urt. v. 4.3.1966 – 4 StR 72/66 = BGHSt 21, 72 = NJW 1966, 1570 m. Anm. *Beck* NJW 1966, 1976.

**1425** LR-*Franke* § 338 StPO, Rn. 113; BGH, Beschl. v. 28.9.2011 – 5 StR 245/11 = NJW 2011, 3800 = NStZ 2012, 173; BGHSt 21, 72, 74 = NJW 1966, 1570 (m. Anm. *Beck* NJW 1966, 1976); BGHSt 22, 297; RGSt 43, 188; OLG Hamm, Beschl. v. 7.7.2009 – 2 Ss OWi 828/08.

**1426** BGH, Beschl. v. 28.9.2011 – 5 StR 245/11 = NJW 2011, 3800 = NStZ 2012, 173.

**1427** OLG Zweibrücken, Beschl. v. 25.9.1995 – 1 Ss 183/95 = NJW 1995, 3333: Der Direktor des AG und Vorsitzende muss allgemeine Zugangsbeschränkungen kennen und auf abweichende Regelungen hinweisen. Gegen diese Entscheidung: KK-*Diemer* § 169 GVG, Rn. 8.

**1428** OLG Hamm, Beschl. v. 7.7.2009 – 2 Ss OWi 828/08: Pflicht zu überprüfen, ob der Schalter am Richtertisch für die Leuchtanzeige „öffentlich/nicht öffentlich" umgelegt ist; OLG Saarbrücken, Beschl. v. 25.5.2007 – Ss (B) 22/2007 (20/07) = NStZ-RR 2008, 50: der Vors. darf sich nicht auf den Protokollführer verlassen.

**1429** OLG Koblenz, Beschl. v. 7.2.2011 – 2 SsBs 144/10 = StV 2011, 114 = NZV 2011, 266.

**1430** BGH, Beschl. v. 28.9.2011 – 5 StR 245/11 = NJW 2011, 3800 = NStZ 2012, 173.

**1431** OLG Hamm, Beschl. v. 25.6.2012 – III-3 RBs 149/12 = NStZ 2013, 64.

**1432** BGH, Beschl. v. 7.4.2016 – 1 StR 579/15 = StV 2016, 621 = NStZ-RR 2016, 245.

**1433** BGH, Beschl. v. 23.3.2006 – 1 StR 20/06 = NStZ 2006, 512 (Verfassungsbeschwerde nicht zur Entscheidung genommen, BVerfG, Beschl. v. 5.7.2006 – 2 BvR 998/06).

Die Rüge nach § 338 Nr. 6 StPO hatte Erfolg bei:
- Aufleuchten der Aufschrift „Nicht öffentlich" am Sitzungssaal,[1434]
- Aushang, das Amtsgericht sei „ab 13 Uhr geschlossen" bei Verhandlung bis 13:55 Uhr,[1435]
- Ortstermin ohne Aushang am Gerichtsgebäude,[1436]
- Verlegung in einen anderen Sitzungssaal ohne entsprechenden Aushang.[1437]

627 An seine Grenzen stoßen kann der Öffentlichkeitsgrundsatz, wenn der **Andrang** zu einer Hauptverhandlung so groß ist, dass nicht sämtliche Interessenten im Gerichtssaal Platz finden. Die im Saal zur Verfügung stehenden Plätze müssen dann nach einem Prinzip vergeben werden, das geeignet ist, eine willkürliche Auswahl zu vermeiden. Als ausreichend angesehen wurde es bislang stets, wenn die Besucher nach der **Reihenfolge des Erscheinens** eingelassen werden.[1438] Auch ein **Losverfahren** dürfte rechtlich zulässig, in der Praxis aber kaum umsetzbar sein. Soweit das BVerfG besondere Anforderungen an die Entscheidung über den Zugang zu Plätzen für Medienvertreter aufgestellt hat,[1439] sind diese auf die Zugangsmöglichkeiten für die übrige Zuhörerschaft nicht ohne Weiteres übertragbar.[1440]

628 Eine Situation, in der durch den Mangel an Plätzen ein Zwang zur Auswahl entsteht, sollte aber vermieden und darf selbstverständlich nicht gezielt herbeigeführt werden. Grundsätzlich muss der Vorsitzende bestrebt sein, einen Sitzungssaal auszuwählen, der dem zu erwartenden Zuschauerandrang gerecht wird. Die Vorschriften über die Öffentlichkeit können auch dann verletzt sein, wenn ein Teil der Hauptverhandlung in einem Raum stattfindet, der so klein ist, dass er keinen Platz für Unbeteiligte bietet,[1441] zumal wenn dies in der Absicht geschieht, größere Mengen interessierter Zuschauer fernzuhalten.[1442] Eine Ver-

**1434** OLG Celle, Beschl. v. 1.6.2012 – 322 SsBs 131/12 = StraFo 2012, 270 = NStZ 2012, 654; OLG Hamm, Beschl. v. 7.7.2009 – 2 Ss OWi 828/08.

**1435** OLG Zweibrücken, Beschl. v. 25.9.1995 – 1 Ss 183/95 = NJW 1995, 3333.

**1436** OLG Saarbrücken, Beschl. v. 25.5.2007 – Ss (B) 22/2007 (20/07) = NStZ-RR 2008, 50; OLG Celle, Beschl. v. 25.4.2005 – 222 Ss 69/05 (OWi) = NdsRPfl 2005, 255 = NZV 2006, 443.

**1437** OLG Dresden, Beschl. v. 11.12.2008 – 2 Ss 562/08 = StV 2009, 682.

**1438** Vgl. *Meyer-Goßner/Schmitt* § 169 GVG, Rn. 4. BGH, Beschl. v. 20.3.1975 – 4 StR 7/75.

**1439** BVerfG, Beschl. v. 12.4.2013 – 1 BvR 990/13 = NJW 2013, 1293 m. Anm. *Zuck*.

**1440** Vgl. hierzu auch *Franke* StraFo 2014, 361, 365; *Altenhain*, 71. DJT, Gutachten, C 65.

**1441** BGH, Urt. v. 10.11.1953 – 5 StR 445/53 = BGHSt 5, 76, 83f. = NJW 1954, 281, 283.

**1442** KK-*Diemer* § 169 GVG, Rn. 8.

handlung im Richter- oder in einem Beratungszimmer darf z.B. nicht stattfinden, wenn nur ein einziger Zuhörer dort Platz finden kann,[1443] wobei es nicht darauf ankommt, ob tatsächlich noch weitere Personen teilgenommen hätten.[1444]

**Kontrollmaßnahmen** zur Wahrung der Sicherheit und Ordnung einer Ge- 629
richtsverhandlung sind zulässig, solange kein psychischer Druck auf potentielle Zuschauer ausgeübt wird, der diese dazu zwingt, aus Angst vor angedrohten Nachteilen oder Repressionen, auf die Teilnahme an der Verhandlung zu verzichten.[1445] Bestehen konkrete Anhaltspunkte für bevorstehende Störungen, sind Anordnungen zulässig, die den Zutritt nur Personen gestatten, die mit einer Durchsuchung einverstanden sind.[1446] Hat das Gericht durch Anordnung der vorherigen Durchsuchung von Zuhörern selbst bewirkt, dass sich deren Zutritt zum Sitzungssaal verzögert, so darf es mit der Verhandlung erst beginnen, wenn den rechtzeitig erschienenen Personen der Zutritt gewährt worden ist. Beginnt das Gericht vorher mit der Verhandlung, so ist § 338 Nr. 6 StPO verletzt.[1447]

Einzelne **Zuhörer** darf der Vorsitzende unter bestimmten Voraussetzun- 630
gen hinausweisen, z.B. wenn eine Person als Zeuge in Betracht kommt[1448] oder aus den in den §§ 175–177 GVG enthaltenen Gründen.[1449] Die Verweisung einzelner Zuhörer oder einer Gruppe von Zuhörern aus dem Saal mit der Begründung, sie kämen als Zeugen „in Betracht“, verletzt aber den Öffentlichkeitsgrundsatz mit der Folge des absoluten Revisionsgrundes, wenn es an erkennbaren tatsächlichen Anhaltspunkten dafür fehlte, dass sie im Rahmen einer Zeugenvernehmung etwas zur Sachaufklärung beitragen könnten.[1450] Die Verweisung

---

**1443** OLG Köln, Beschl. v. 8.9.1983 – 3 Ss 63/83 = NStZ 1984, 282; BayObLG, Beschl. v. 30.11.1981 – 1 Ob OWi 331/81 = NJW 1982, 395 (Verhandlung im Beratungszimmer, nur ein Sitzplatz für Zuhörer). Eine Gerichtsverhandlung darf aber auch nicht zum Schauprozess ausarten. Aus diesem Grund darf auch bei starkem Zuschauerandrang die Verhandlung nicht in eine Stadthalle, ein Freilichttheater o.ä. verlegt werden; hierzu *Roxin* FS Karl Peters, S. 393, 400. Auch Lautsprecherübertragungen oder eine Ausdehnung der Verhandlung auf den Sitzungsflur sind unzulässig; *Kissel/Mayer* § 169 GVG, Rn. 27.

**1444** BayObLG, Beschl. v. 30.11.1981 – 1 Ob OWi 331/81 = NJW 1982, 395.

**1445** BGH, Beschl. v. 11.7.1979 – 3 StR 165/79 = NJW 1980, 249. Vgl. hierzu auch KK-*Gericke* § 338 StPO, Rn. 88.

**1446** *Lesch* StraFo 2014, 353, 358.

**1447** BGH, Urt. v. 2.12.1994 – 2 StR 394/94 = NJW 1995, 3196 = StV 1995, 116, 117.

**1448** Vgl. BGH, Beschl. v. 21.2.2000 – 3 StR 244/00 = NJW 2001, 2732 = StV 2002, 5 m. Anm. *Reichert*.

**1449** *Kissel/Mayer* § 169 GVG, Rn. 23.

**1450** BGH, Beschl. v. 9.9.2003 – 4 StR 173/03 = NStZ 2004, 453 = StV 2003, 659 = StraFo 2004, 62.

aller Zuhörer aus dem Saal als sitzungspolizeiliche Maßnahme ist nur dann statthaft, wenn auch alle Zuhörer Störer sind. Eine Revisionsrüge kann in diesem Zusammenhang nach Auffassung der Rechtsprechung allerdings nur erhoben werden, wenn der Vorgang zuvor nach § 238 Abs. 2 StPO beanstandet wurde.[1451]

631 Die **„Bitte", den Saal zu verlassen**, ist keine sitzungspolizeiliche Anordnung i.S.v. § 177 GVG. Kommen Zuhörer einer solchen Bitte nach, liegt kein Revisionsgrund vor.[1452] Das soll auch dann gelten, wenn die Zuhörer der Bitte nur widerstrebend folgen, dies aber äußerlich nicht deutlich machen.[1453] Ein solches Verfahren darf aber nicht zu einer Umgehung der Ausschlussgründe führen: Wird die formlose „Bitte" an alle Zuhörer gerichtet, liegt ein Revisionsgrund vor, weil dies der Sache nach zu einem Ausschluss der Öffentlichkeit führt, obwohl kein Ausschlussgrund gegeben ist.[1454]

#### e) Ausschluss der Öffentlichkeit nach § 171a und § 171b GVG

632 Nach verschiedenen Änderungen[1455] enthalten die §§ 171a, 171b und 172 GVG in ihrer jetzigen Fassung einen ganzen Katalog von Gründen, die es ermöglichen, die Öffentlichkeit auszuschließen. Nach § 171a GVG kann dies geschehen, wenn das Verfahren eine Unterbringung zum Gegenstand hat. § 171b GVG erlaubt den Ausschluss der Öffentlichkeit zum Schutz von Persönlichkeitsrechten; fünf weitere, voneinander unabhängige, Gründe enthält § 172 GVG. Die Bedeutung dieser Vorschriften für die Revision ist unterschiedlich, da auch ihre Anwendung in unterschiedlichem Umfang der Kontrolle im Revisionsverfahren unterliegt.

633 Bei **§ 171a GVG** soll die Revisibilität schon deshalb eingeschränkt sein, weil es sich um eine Ermessensvorschrift handelt („kann ausgeschlossen werden").[1456] Auch bei Vorschriften, die Entscheidungsspielräume schaffen, kann

---

**1451** BGH, Beschl. v. 14.5.2013 – 1 StR 122/13 = NStZ 2013, 608 m. Anm. *Meyberg*; BGH, Beschl. v. 29.5.2008 – 4 StR 46/08 = NStZ 2008, 582 = StV 2009, 680 m. Anm. *Sinn/Hülsmann*.

**1452** BGH, Urt. v. 11.5.1988 – 3 StR 455/87 = NStZ 1988, 467; BGH, Urt. v. 11.5.1988 – 3 StR 566/87 = NJW 1989, 465 = JZ 1988, 983 = StV 1988, 417 = MDR 1990, 69; BGH, Beschl. v. 20.4.1999 – 4 StR 639/98 = NStZ 1999, 426.

**1453** BGH, Beschl. v. 15.5.2018 – 1 StR 159/17, Rn. 93 ff. Ein Revisionsgrund kann gegeben sein, wenn die Bitte in Wahrheit den Charakter einer Anordnung hatte.

**1454** BGH, Beschl. v. 16.4.1993 – 3 StR 14/93 = NStZ 1993, 450 = StV 1993, 460; vgl. auch OLG Braunschweig, Beschl. v. 7.3.1994 – Ss (S) 8/94 = StV 1994, 474.

**1455** Vgl. hierzu den Überblick in BGH, Beschl. v. 27.11.2014 – 3 StR 437/14 = BGHSt 60, 58, 62 ff. = NJW 2015, 1464 = StV 2015, 475.

**1456** *Meyer-Goßner/Schmitt* § 171a GVG, Rn. 4.

aber in der Revision jedenfalls eine Rechtskontrolle auf Ermessensfehler stattfinden. Nach einer älteren Entscheidung des BGH soll der Verstoß gegen § 171a GVG nur über eine Aufklärungsrüge geltend gemacht werden können.[1457] Die Zulässigkeit der Rüge hängt danach u.a. davon ab, dass dargelegt werden kann, welche zusätzlichen Beweisergebnisse bei einem Ausschluss der Öffentlichkeit zu erwarten gewesen wären.[1458]

Von erheblicher praktischer Relevanz ist die Frage, inwieweit Beschlüs- 634
se, die sich auf **§ 171b GVG** stützen, der Kontrolle im Revisionsverfahren zugänglich sind. Nach **§ 171b Abs. 5 GVG** sind alle Entscheidungen über den Ausschluss der Öffentlichkeit **unanfechtbar**, die sich auf die in § 171b Abs. 1–Abs. 4 GVG genannten Gründe stützen. Über § 336 StPO führt diese Unanfechtbarkeit an sich dazu, dass die Entscheidungen der Revision entzogen sind.[1459] Auch eine Bestimmung wie § 171b Abs. 5 GVG darf aber im Ergebnis nicht dazu führen, dass der Ausschluss der Öffentlichkeit in der Revision vollständig unüberprüfbar wird, wenn er nur in irgendeiner Form auf eine der Regelungen in § 171b Abs. 1–Abs. 4 GVG gestützt ist.[1460] Die Unanfechtbarkeit nach § 171b Abs. 5 GVG kann es insbesondere nicht ausschließen, die Einhaltung *der* Bestimmungen in der Revision zu überprüfen, die Regelungen darüber enthalten, wie zu verfahren ist, wenn über den Ausschluss der Öffentlichkeit entschieden werden soll. Das betrifft neben dem Anspruch des Angeklagten auf rechtliches Gehör insbesondere die allgemeine Verfahrensregelung in § 174 GVG. Grenzen für die Unanfechtbarkeit müssen sich daneben aber auch aus den Bestimmungen ergeben, die zwingende Rechtsfolgen an das Vorliegen eines Antrages knüpfen (§ 171b Abs. 3 S. 1 und Abs. 4 GVG).

Auch wenn dies nicht ausdrücklich in der Verfahrensregelung des § 174 635
GVG erwähnt ist, folgt aus dem Anspruch auf rechtliches Gehör, dass der Angeklagte **Gelegenheit zu Einwendungen** gegen den Ausschluss der Öffentlichkeit erhalten muss.[1461] Wird der Angeklagte vor Erlass des Beschlusses nicht angehört, liegt nach h.M. allerdings nicht der absolute Revisionsgrund des § 338 Nr. 6 StPO vor, weil § 33 StPO und Art. 103 Abs. 1 GG nicht zu den Vorschriften

**1457** BGH, Beschl. v. 23.6.1998 – 5 StR 261/98 = NStZ 1998, 586 (m Anm. *Foth* NStZ 1999, 373); Radtke/Hohmann/*Feldmann* § 171a GVG, Rn. 8.

**1458** In Betracht kommt etwa, dass sich der bis dahin schweigende Angeklagte dann zur Sache geäußert hätte.

**1459** Vgl. hierzu z.B. BGH, Beschl. v. 13.3.2019 – 2 StR 462/18; BGH, Beschl. v. 30.3.2017 – 4 StR 601/16.

**1460** Für eine restriktive Auslegung im Hinblick auf Art. 19 Abs. 4 GG: SK-StPO/*Velten* § 171b GVG, Rn. 16.

**1461** So zu Recht: KK-*Diemer* § 174 GVG, Rn. 1.

über die Öffentlichkeit gehören.[1462] *Dahs* hat hiergegen mit durchaus überzeugenden Gründen einngewandt, dass der hohe Rang, den das Öffentlichkeitsprinzip einnimmt, nur durch ein ordnungsgemäßes Beschlussverfahren gewährleistet werden könne. Ein Verstoß gegen die Pflicht zur Anhörung vor Erlass des Beschlusses müsse daher auch gemäß § 338 Nr. 6 StPO anfechtbar sein.[1463] Die Tragweite dieser theoretischen Frage sollte allerdings nicht überschätzt werden. Fälle, in denen der Angeklagte tatsächlich nicht in ausreichendem Umfang Gelegenheit hatte, zum Ausschluss der Öffentlichkeit Stellung zu nehmen, dürften in der Praxis eher selten sein.[1464]

636 § 174 GVG sieht in Abs. 1 S. 1 vor, dass über den Ausschluss der Öffentlichkeit in nicht-öffentlicher Sitzung verhandelt werden kann, dass aber der Beschluss in öffentlicher Sitzung zu verkünden ist. Das gilt nur dann nicht, wenn bei der Verkündung in öffentlicher Sitzung eine erhebliche Störung der Ordnung droht. Der BGH geht davon aus, dass zur Nicht-Öffentlichkeit der Ausschließungsverhandlung kein Gerichtsbeschluss erforderlich ist, sondern eine Anordnung des Vorsitzenden genügt, wenn ein Verfahrensbeteiligter dies beantragt.[1465] Das kann aber nicht für den eigentlichen Ausschluss der Öffentlichkeit gelten, der sich an die „Ausschließungsverhandlung“ anschließt. Insoweit gilt das Beschlusserfordernis nach dem Gesetzeswortlaut uneingeschränkt.[1466] Fehlt ein Beschluss vollständig, obwohl er erforderlich war, so liegt der absolute Revisionsgrund des § 338 Nr. 6 StPO vor.[1467] Dasselbe muss auch dann gelten, wenn der Beschluss entgegen dem Gesetzeswortlaut nicht in öffentlicher Sitzung verkündet wurde (und kein Fall vorliegt, in dem dies nach Abs. 1 S. 2 ausnahmsweise zulässig war).[1468]

---

**1462** BGH, Urt. v. 3.10.1978 – 1 StR 285/78 = JR 1979, 434 m. Anm. *Gollwitzer.*

**1463** *Dahs*, Revision, Rn. 203. S. hierzu auch *Gollwitzer* JR 1979, 435, der wohl mit *Dahs* übereinstimmt, aber mehr auf die Bedeutung einer engen Auslegung des § 247 StPO abstellt.

**1464** Vgl. zur Möglichkeit der Gegenvorstellung in diesem Zusammenhang: BGH, Beschl. v. 25.11.2014 – 3 StR 257/14 = NStZ 2015, 230.

**1465** BGH, Beschl. v. 27.11.2014 – 3 StR 437/14 = BGHSt 60, 58 = NJW 2015, 1464 = StV 2015, 475 m. Anm. *Rosenstock* = NStZ 2015, 477 m. Anm. *Heine.* Beteiligter ist dabei derjenige, dessen Interessen mit dem Ausschluss der Öffentlichkeit geschützt werden sollen (BGH aaO).

**1466** Vgl. BGH, Beschl. v. 1.12.1998 – 4 StR 585/98 = StV 2000, 242 = NStZ 1999, 371. Vgl. auch BGH, Urt. v. 19.12.1984 – 2 StR 438/84 = NJW 1985, 1848 = StV 1985, 402 m. Anm. *Fezer.*

**1467** BGH, Beschl. v. 5.6.2018 – 5 StR 159/18 = NStZ 2018, 679 = StraFo 2018, 473; OLG Hamm, Beschl. V. 13.3.2000 – 2 Ss 213/2000 = StraFo 2000, 195; BGH, Urt. v. 10.4.1962 – 1 StR 125/62 = BGHSt 17, 220, 222; MüKoStPO/*Kulhanek* § 174 GVG, Rn. 17. § 171b Abs. 5 GVG steht insoweit der Revisibilität nicht entgegen (vgl. BGH, Beschl. v. 17.8.2011 – 5 StR 263/11 = StV 2012, 140).

**1468** BGH, Beschl. v. 30.7.2018 – 4 StR 68/18 = NStZ-RR 2018, 324 = StraFo 2019, 29; BGH, Beschl. v. 26.2.1985 – 5 StR 86/86 = StV 1985, 223; BGH, Urt. v. 28.5.1980 – 3 StR 155/80 = NJW

Eine Kontrolle der tatrichterlichen Entscheidungen wird dadurch bewirkt, dass bestimmte Anforderungen an den Beschlussinhalt zu stellen sind. Aus § 174 Abs. 1 S. 3 GVG folgt unmittelbar, dass im Beschluss mitgeteilt werden muss, welchen Ausschließungsgrund das Gericht für anwendbar hält. Nach zutreffender Ansicht entfällt dieser Begründungszwang nicht allein deshalb, weil sich der Ausschließungsgrund für die Verfahrensbeteiligten aus dem Verlauf der Verhandlung ergibt.[1469] Zwar ist durch den Anfechtungsausschluss in § 171b Abs. 5 GVG die Frage der Revision entzogen, ob die tatsächlichen Voraussetzungen des Ausschließungsgrundes vorlagen.[1470] Mit der Revision kann aber geltend gemacht werden, dass die Öffentlichkeit bei Verhandlungsteilen ausgeschlossen war, für die dies aus Rechtsgründen nicht zulässig war.[1471] Durch § 171b Abs. 5 GVG nicht ausgeschlossen ist auch die Rüge, der Beschluss sei willkürlich.[1472] 637

Grundsätzlich muss ein auf § 171b GVG gestützter Beschluss klarstellen, in welchem Umfang die Öffentlichkeit ausgeschlossen werden soll.[1473] Mit der Revision kann gerügt werden, die Öffentlichkeit sei über den im Ausschließungsbeschluss festgelegten Umfang hinaus ausgeschlossen gewesen.[1474] Der Umfang des Ausschlusses wird sich vorrangig danach richten, wer durch den Ausschluss der Öffentlichkeit geschützt werden soll. Ist dies der Angeklagte, kann die Öffentlichkeit auch für die Verlesung des Anklagesatzes ausgeschlossen werden.[1475] War der Ausschluss der Öffentlichkeit für die Abgabe der Einlassung angeordnet, kann hiervon auch eine Erörterung nach § 257b StPO umfasst sein, wenn sie mit dem Grund für den Ausschluss in Zusammenhang steht.[1476] 638

---

1980, 2088; BGH, Urt. v. 22.11.1995 – 3 StR 284/95 = StV 1996, 135 (zur öffentlichen Begründung des Beschlusses).

**1469** Vgl. KK-*Diemer* § 174 GVG, Rn. 4. Einschränkend: BGH, Urt. v. 9.6.1999 – 1 StR 325/98 = BGHSt 45, 117 = StV 2000, 244 = NStZ 1999, 474. Zur Auslegung des Beschlusses kann ein gestellter Antrag herangezogen werden: BGH, Urt. v. 22.4.2004 – 3 StR 428/03 = NStZ-RR 2004, 235 = StraFo 2004, 274; BGH, Beschl. v. 26.7.2001 – 3 StR 239/01 = NStZ-RR 2002, 262.

**1470** Radtke/Hohmann/*Feldmann* § 171b GVG, Rn. 18; a.A. KK-*Diemer* § 171b GVG, Rn. 7.

**1471** BGH, Beschl. v. 28.9.2017 – 4 StR 240/17 = BGHSt 63, 23, 24 = NJW 2018, 640 = StV 2018, 206 = JR 2018, 295; BGH, Beschl. v. 7.12.2016 – 1 StR 487/16 = StV 2017, 369; BGH, Urt. v. 21.6.2012 – 4 StR 623/11 = BGHSt 57, 273 = NJW 2012, 3113 = StV 2012, 712 m. Anm. *Gehm* = NStZ 2013, 51 (Revision der StA; nicht-öffentliche Verlesung des Anklagesatzes).

**1472** Radtke/Hohmann/*Feldmann* § 171b GVG, Rn. 19; *Kissel/Mayer* § 171b GVG, Rn. 19.

**1473** Vgl. KK-*Diemer* § 171b GVG, Rn. 5.

**1474** BGH, Beschl. v. 13.3.1998 – 3 StR 67/98 = StV 1998, 364.

**1475** Vgl. BGH, Urt. v. 21.6.2012 – 4 StR 623/11 = BGHSt 57, 273.

**1476** BGH, Beschl. v. 12.11.2015 – 5 StR 467/15 = NStZ 2016, 118 m. Anm. *Bittmann* = NStZ-RR 2016, 88.

639 Häufig ist in der Praxis der Ausschluss für die Dauer einer Zeugenvernehmung oder einer Sachverständigenanhörung. Zur Bestimmung der Reichweite einer solchen Entscheidung legt der BGH dabei ähnliche Kriterien an wie bei der Anwendung von § 247 StPO. Der Ausschluss der Öffentlichkeit erstreckt sich dementsprechend auf Vorgänge, die mit der **Vernehmung in enger Verbindung** stehen oder sich aus ihr entwickeln.[1477] So soll es etwa zulässig sein, unter Ausschluss der Öffentlichkeit eine Augenscheinseinnahme durchzuführen, wenn sie im Zusammenhang mit einer Zeugenvernehmung steht.[1478] Nach h.M. soll es auch zulässig sein, bei noch fortbestehendem Ausschluss der Öffentlichkeit über die Vereidigung[1479] und die Entlassung des Zeugen[1480] zu entscheiden. Insoweit weicht die Ansicht der Rechtsprechung allerdings von den zu § 247 StPO geltenden Grundsätzen ab.[1481]

640 Nicht selten werden wichtige Zeugen in einer Hauptverhandlung mehrmals vernommen. In diesen Fällen stellt sich die Frage, ob der frühere Beschluss fortgilt oder ob eine neue Entscheidung erforderlich ist. War der Zeuge entlassen und haben zwischenzeitlich andere Beweiserhebungen stattgefunden, dann ist für eine sich daran anschließende **zweite Vernehmung** ein **neuer Beschluss** erforderlich.[1482] Das soll hingegen nicht gelten, wenn die Öffentlichkeit für eine bestimmte Zeugenvernehmung ausgeschlossen war, diese Vernehmung aber lediglich unterbrochen und dann fortgesetzt wurde.[1483] Wird die Entlassung des Zeugen unmittelbar zurückgenommen (und ergibt sich dies aus dem Protokoll), besteht auch die Interessenlage, die zum Ausschluss berechtigt, weiterhin und erweisen sich beide Anhörungen als eine einheitliche Verneh-

---

**1477** BGH, Urt. v. 5.9.2018 – 2 StR 454/17 = StV 2019, 540; BGH, Beschl. v. 31.5.2017 – 2 StR 428/16 = StV 2018, 205; BGH, Beschl. v. 12.11.2015 – 5 StR 467/15 = NStZ 2016, 118 = NStZ-RR 2016, 88.

**1478** BGH, Urt. v. 17.12.1987 – 4 StR 614/87 = NStZ 1988, 190. Vgl. auch BGH, Beschl. v. 31.5.2017 – 2 StR 428/16 = StV 2018, 205.

**1479** BGH, Urt. v. 14.5.1996 – 1 StR 51/96 = NJW 1996, 2663.

**1480** BGH, Urt. v. 5.9.2018 – 2 StR 454/17 = StV 2019, 540; BGH, Beschl. v. 15.4.2003 – 1 StR 64/03 = NJW 2003, 2761.

**1481** S. dazu im Einzelnen oben Rn. 576 f.

**1482** BGH, Beschl. v. 5.6.2018 – 5 StR 159/18 = NStZ 2018, 679 = StraFo 2018, 473; BGH, Beschl. v. 9.5.2018 – 2 StR 543/17; BGH, Beschl. v. 9.4.2013 – 5 StR 612/12 = StV 2013, 549 = NStZ 2013, 479; BGH, Beschl. v. 17.8.2011 – 5 StR 263/11 = StV 2012, 140; BGH, Beschl. v. 9.12.2008 – 3 StR 443/08 = NStZ 2009, 286.

**1483** BGH, Beschl. v. 9.4.2013 – 5 StR 612/12 = StV 2013, 549 = NStZ 2013, 479; BGH, Beschl. v. 17.8.2011 – 5 StR 263/11 = StV 2012, 140; vgl. auch BGH, Beschl. v. 31.5.2017 – 2 StR 428/16 = StV 2018, 205.

mung, dann soll nach der Rechtsprechung ein neuer Beschluss entbehrlich sein.[1484]

Der Anfechtungsausschluss nach § 171b Abs. 5 GVG kann sich daneben aber auch nicht auf die Regelungen erstrecken, die eine Rechtsfolge zwingend an das Vorliegen eines bestimmten Antrages knüpfen (§ 171b Abs. 3 S. 1 und Abs. 4 GVG). § 171b GVG unterscheidet zwischen Gründen, die zu einem Ausschluss der Öffentlichkeit führen „können" (Abs. 1), Gründen, die zu einem Ausschluss führen „sollen" (Abs. 2) und Gründen, die zu einem Ausschluss führen müssen (Abs. 3 S. 1). Nimmt das Tatgericht an, es habe den Ausschluss auf Grund eines gestellten Antrages anordnen müssen, obwohl dieser nicht von einem hierzu Berechtigten gestellt war, kann dieser Verfahrensfehler nicht der Revision entzogen sein. Nichts anderes gilt, wenn die Öffentlichkeit ausgeschlossen wurde, obwohl dies auf Grund eines Antrags nach § 171b Abs. 4 GVG zwingend zu unterbleiben hatte.[1485] 641

Eine zusätzliche Absicherung der durch § 171b GVG geschützten Persönlichkeitsrechte enthält das Gesetz in § 171b Abs. 3 S. 2 GVG. Danach ist der Ausschluss der Öffentlichkeit für die Schlussanträge zwingend vorgeschrieben, wenn Teile der Verhandlung unter den Voraussetzungen der Absätze 1 oder 2 oder des § 172 Nr. 4 GVG stattgefunden haben. Aus Verstößen gegen diese zwingende Regelung kann sich ein Revisionsgrund ergeben.[1486] 642

#### f) Ausschluss der Öffentlichkeit nach § 172 GVG

§ 172 GVG ermöglicht den Ausschluss der Öffentlichkeit aus mehreren voneinander völlig unabhängigen Gründen. Die Bestimmung schreibt den Ausschluss der Öffentlichkeit nicht vor, sie überträgt dem Gericht lediglich die Befugnis, den Ausschluss anzuordnen.[1487] Da dem Gericht nur ein Ermessen eingeräumt wird, ergibt sich unmittelbar aus dem Gesetzestext noch nicht, wann nichtöffentlich verhandelt werden soll. Anders als bei § 171b GVG ist bei § 172 GVG die **Anfechtung** der gerichtlichen Entscheidungen **nicht gesetzlich ausgeschlossen**. Der Überprüfung der Gerichtsbeschlüsse im Revisionsverfahren steht damit zwar kein unmittelbares gesetzliches Hindernis im Wege. Doch ist der Kreis 643

**1484** Vgl. BGH, Beschl. v. 17.8.2011 – 5 StR 263/11 = StV 2012, 140; BGH, Beschl. v. 3.3.2009 – 3 StR 584/08 = NStZ-RR 2009, 213; BGH, Beschl. v. 30.10.2007 – 3 StR 410/07 = StV 2008, 126; BGH, Urt. v. 15.4.1992 – 2 StR 574/91 = NStZ 1992, 447.

**1485** Hierzu: KK-*Diemer* § 171b GVG, Rn. 7.

**1486** S. dazu im Einzelnen unten Rn. 649 ff.

**1487** Vgl. MüKoStPO/*Kulhanek* § 172 GVG, Rn. 3.

revisibler Fehler gleichwohl klein. Das hat seine Ursache vor allem darin, dass an die Beschlüsse nur geringe Begründungsanforderungen gestellt werden.

644 Das Verfahren zur Prüfung der Ausschließungsgründe richtet sich bei § 172 GVG – ebenso wie bei § 171b GVG – nach § 174 GVG.[1488] Im Anschluss an die Verhandlung über den Ausschluss der Öffentlichkeit (§ 174 Abs. 1 S. 1 GVG) ist in öffentlicher Hauptverhandlung ein Beschluss zu verkünden, für den die Begründungspflicht nach § 174 Abs. 1 S. 3 GVG gilt. Die **Begründung der Ausschließung** muss zumindest den Ausschließungsgrund genau bezeichnen, von dem Gebrauch gemacht wurde. Dem Begründungserfordernis ist dabei nach Ansicht des BGH entsprochen, wenn in dem Ausschließungsbeschluss auf eine Gesetzesbestimmung verwiesen wird, die nur einen Ausschließungsgrund enthält, wie dies bei § 172 Nr. 1a GVG[1489] oder § 172 Nr. 4 GVG[1490] der Fall ist. Enthält das Gesetz hingegen mehrere Ausschließungsgründe (wie in § 172 Nr. 2 GVG), so muss der Beschluss kenntlich machen, welcher Grund herangezogen wurde.[1491] Das gilt auch generell: Wenn mehrere Gründe einschlägig sein könnten, muss angegeben werden, welcher Grund letztlich angewandt wurde.[1492] Allerdings ist zu berücksichtigen, dass der BGH verschiedentlich die Relevanz von Verstößen gegen die Begründungspflicht verneint hat.[1493] Es ist dem Revisionsgericht im Übrigen verwehrt, einen nicht hinreichend begründeten Beschluss so umzudeuten, dass ein Grund vorliegt, der keiner ausführlichen Begründung bedürfte.[1494]

645 Der auf § 172 GVG gestützte Beschluss muss klarstellen, ob die Öffentlichkeit für die gesamte Verhandlung oder nur für einzelne Verfahrensabschnitte ausgeschlossen wird, wobei dieser Teil des Beschlusses in der Regel der Auslegung zugänglich ist.[1495] Ein Ausschluss für die Verhandlung endet vor der Urteilsverkündung, ohne dass dies ausdrücklich vermerkt werden müsste.[1496] Wird

**1488** S. dazu im Einzelnen oben Rn. 635.

**1489** BGH, Urt. v. 10.5.1995 – 3 StR 145/95 = BGHSt 41, 145 = NJW 1995, 3195 = StV 1996, 135 m. Anm. *Park*.

**1490** BGH, Urt. v. 9.2.1977 – 3 StR 382/76 = BGHSt 27, 117 = NJW 1977, 964.

**1491** BGH, Beschl. v. 24.8.1995 – 4 StR 470/95 = StV 1996, 134; BGH, Beschl. v. 30.3.1983 – 4 StR 122/83 = NStZ 1983, 324.

**1492** OLG Nürnberg, Beschl. v. 25.2.2015 – 1 OLG 8 Ss 1/15 = StV 2015, 282.

**1493** BGH, Urt. v. 9.6.1999 – 1 StR 325/98 = BGHSt 45, 117 = StV 2000, 244 = NStZ 1999, 474; s. hierzu: *Gössel* NStZ 2000, 181, *Park* StV 2000, 246. S. ferner auch BGH, Beschl. v. 26.7.2001 – 3 StR 239/01 = NStZ-RR 2002, 262.

**1494** Vgl. BGH, Beschl. v. 24.8.1995 – 4 StR 470/95 = StV 1996, 134 = NStZ-RR 1996, 139; hierzu: *Park* NJW 1996, 2213. S. auch *Meyer-Goßner/Schmitt* § 174 GVG, Rn. 21.

**1495** BGH, Beschl. v. 27.7.1990 – 2 StR 110/90 = StV 1991, 199. Vgl. auch BGH, Beschl. v. 6.10.1989 – 2 StR 429/89 = StV 1990, 252.

**1496** *Meyer-Goßner/Schmitt* § 172 GVG, Rn. 16.

der Ausschluss nur für einen bestimmten Verfahrensabschnitt angeordnet, muss kein gesonderter Beschluss gefasst werden, um die Öffentlichkeit der Verhandlung für die Zeit danach wiederherzustellen.[1497] Wichtig ist aber, dass dies auch tatsächlich geschehen ist.[1498]

Bezieht sich der Ausschluss auf die Vernehmung eines bestimmten Zeugen, 646 was vor allem bei § 172 Nr. 1a, Nr. 3 und Nr. 4 GVG in Betracht kommt, ist oft unklar, welche Vorgänge hiervon umfasst sind. Ebenso wie bei § 171b GVG und bei § 247 StPO erstreckt sich der Ausschluss der Öffentlichkeit auch auf Vorgänge, die mit der **Vernehmung in enger Verbindung** stehen oder sich aus ihr entwickeln.[1499] Ist die Öffentlichkeit für die Dauer der **Vernehmung von Kindern** nach § 172 Nr. 4 GVG ausgeschlossen, so umfasst dies dementsprechend alle Verfahrensvorgänge, die mit der Vernehmung „in enger Verbindung" stehen. Dies soll auch für die Beschlussfassung nach § 247 StPO gelten.[1500] Ebenso wie bei einem Ausschluss der Öffentlichkeit nach § 171b GVG kann sich auch bei § 172 GVG die Frage stellen, was bei der neuerlichen Anhörung eines Zeugen zu geschehen hat. Auch hier gilt: Wird der Zeuge nach seiner Entlassung erneut vernommen und soll wiederum die Öffentlichkeit ausgeschlossen werden, ist hierfür ein neuer Beschluss erforderlich.[1501]

Auch wenn § 172 GVG (anders als § 171b GVG) keine Regelung über einen 647 Anfechtungsausschluss enthält, führt dies im Revisionsverfahren nicht zu sehr viel weiter reichenden Prüfungsmöglichkeiten. Der Umfang der Prüfung von tatrichterlichen Beschlüssen ist auch hier schon dadurch begrenzt, dass nur geringe Anforderungen an ihren Inhalt gestellt werden. Nach h.M. muss der in Anspruch genommene Ausschließungsgrund im Beschluss nicht mit konkreten Tatsachen belegt werden.[1502] Beschränkt sich das Tatgericht dementsprechend auf die Angabe eines konkreten Ausschließungsgrundes, kann eine wirkliche Nachprüfung der Subsumtion unter die Gründe des § 172 GVG oder der Ermes-

---

**1497** S. hierzu aber OLG Frankfurt, Beschl. v. 2.2.1984 – 2 Ss 505/83 = StV 1985, 8 (Anordnung zur Klarstellung für die Zuhörer im Einzelfall erforderlich).

**1498** Zur Beweiskraft des Hauptverhandlungsprotokolls in diesem Zusammenhang: BGH, Beschl. v. 31.5.2017 – 2 StR 428/16 = StV 2018, 205; BGH, Beschl. v. 21.7.2000 – 3 StR 228/00.

**1499** BGH, Beschl. v. 31.5.2017 – 2 StR 428/16 = StV 2018, 205; BGH, Beschl. v. 12.11.2015 – 5 StR 467/15 = NStZ 2016, 118 = NStZ-RR 2016, 88. S. dazu oben Rn. 639.

**1500** BGH, Urt. v. 25.1.1994 – 5 StR 508/93 = NStZ 1994, 354.

**1501** BGH, Beschl. v. 5.6.2018 – 5 StR 159/18 = NStZ 2018, 679 = StraFo 2018, 473; BGH, Beschl. v. 17.8.2011 – 5 StR 263/11 = StV 2012, 140. S. dazu im Einzelnen oben Rn. 640.

**1502** Vgl. BGH, Urt. v. 9.6.1999 – 1 StR 325/98 = BGHSt 45, 117, 120 = NJW 1999, 3060 = StV 2000, 244; BGH, Urt. v. 18.9.1991 – 2 StR 370/81 = BGHSt 30, 212; KK-*Diemer* § 172 GVG, Rn. 4 mwN.

sensausübung nicht stattfinden.[1503] Nach zutreffender Ansicht schließt das aber eine Überprüfung des Beschlusses in tatsächlicher Hinsicht nicht vollständig aus. Wird durch entsprechenden Tatsachenvortrag in der Revision dargelegt, dass dem Beschluss die tatsächliche Grundlage fehlte, kann das Revisionsgericht dies im Freibeweisverfahren überprüfen.[1504] Sind im Beschluss zur Begründung der Anwendbarkeit eines Ausschließungsgrundes konkrete Tatsachen angegeben, die einer Würdigung zugänglich sind, kann die Würdigung in der Revisionsinstanz auf Rechtsfehler überprüft werden. Grundsätzlich gilt dabei, dass für die Frage der Anwendbarkeit der Ausschließungsgründe auf die Perspektive des Tatgerichts zum Zeitpunkt der Anordnung abzustellen ist: War der Ausschluss der Öffentlichkeit wegen des zu erwartenden Inhalts des Verhandlungsabschnitts gerechtfertigt, dann liegt ein Revisionsgrund nicht schon deshalb vor, weil sich diese Erwartung nicht bestätigt hat.[1505]

648 Wird die Öffentlichkeit zu Unrecht nicht nach § 171b GVG ausgeschlossen, stellt sich die Frage, ob dies als Verfahrensfehler mit der **Aufklärungsrüge** geltend gemacht werden kann. Nach h.M. ist dies bei § 171b GVG durch die Sperre des § 171b Abs. 5 GVG ausgeschlossen.[1506] Anders ist die Ausgangslage nach Ansicht der Rechtsprechung hingegen bei § 171a und bei § 172 GVG. Wird die Öffentlichkeit nicht nach diesen Vorschriften ausgeschlossen, obwohl sich dies aufdrängte, kann dies mit der Aufklärungsrüge geltend gemacht werden.[1507] Allerdings wird eine solche Rüge nur Aussicht auf Erfolg haben, wenn dargelegt werden kann, aus welchen Gründen ein Ausschluss nach §§ 171a, 172 GVG hätte angeordnet werden müssen und welches zusätzliche Beweisergebnis dann zu erwarten gewesen wäre.

#### g) Unzulässige Zulassung der Öffentlichkeit bei den Schlussvorträgen (§ 171b Abs. 3 S. 2 GVG)

649 In einer Reihe von Einzelfällen hat der BGH in jüngster Zeit auch in der „unzulässigen Zulassung der Öffentlichkeit" einen revisiblen Rechtsfehler gesehen. Dies betraf insbesondere die Anwendung des **§ 171b Abs. 3 Satz 2 GVG**. Der

---

**1503** Vgl. hierzu KK-*Diemer* § 172 GVG, Rn. 11.

**1504** Vgl. KK-*Diemer* § 172 GVG, Rn. 11; BGH, Urt. v. 18.9.1991 – 2 StR 370/81 = BGHSt 30, 212.

**1505** Vgl. BGH, Urt. v. 19.3.1992 – 4 StR 73/92 = BGHSt 38, 248 = NJW 1992, 2436 = StV 1992, 456 = JR 1993, 297 m. Anm. *Katholnigg*.

**1506** BGH, Beschl. v. 10.10.1995 – 3 StR 467/95 = NStZ 1996, 243; BGH, Beschl. v. 31.8.1999 – 1 StR 410/99.

**1507** BGH, Beschl. v. 23.6.1998 – 5 StR 261/98 = NStZ 1998, 586; Radtke/Hohmann/*Feldmann* § 171a GVG, Rn. 8 und § 172 GVG, Rn. 34.

Ausschluss der Öffentlichkeit für die Dauer der **Schlussvorträge** ist danach zwingend vorgeschrieben, wenn während eines Teils der Beweisaufnahme die Öffentlichkeit nach § 171b Abs. 1, Abs. 2 oder § 172 Nr. 4 GVG ausgeschlossen war.[1508] Wird dieses gesetzliche Verbot nicht beachtet, liegt ein Verfahrensfehler vor, der nicht zu einem „Zuwenig" an Öffentlichkeit, sondern zu einem „Zuviel" an Öffentlichkeit führt. Der BGH hat zwar insoweit seine bisherige Linie beibehalten und klargestellt, dass auch in solchen Fällen der absolute Revisionsgrund des § 338 Nr. 6 StPO nicht gegeben ist.[1509] Es liegt aber ein relativer Revisionsgrund vor. Das führt zu der Frage, die durch § 338 Nr. 6 StPO an sich gerade vermieden werden soll: Beruht das Urteil auf dem Verfahrensfehler? Die Strafsenate haben in den entschiedenen Fällen eine konkrete Beruhensprüfung vorgenommen und im Ergebnis den Strafausspruch aufgehoben, weil nicht ausgeschlossen werden konnte, dass es unter Ausschluss der Öffentlichkeit zu weiteren Ausführungen gekommen wäre, die zumindest die Strafzumessung hätten beeinflussen können.[1510] In einem weiteren Fall konnte die Frage dahinstehen, weil bereits ein anderer Revisionsgrund zur Urteilsaufhebung führte.[1511]

Begrüßenswert an dieser Rechtsprechung ist die Bereitschaft des BGH, auch 650
in einer unzulässigen Erweiterung der Öffentlichkeit einen Revisionsgrund zu sehen. Auch wenn es nach wie vor inkonsequent wirkt, dass die Verletzung eindeutiger gesetzlicher Regelungen (wie des § 171b Abs. 3 S. 2 GVG) nicht als eine Verletzung der Vorschriften über die Öffentlichkeit im Sinne von § 338 Nr. 6 StPO eingestuft wird, ist die Verletzung des § 171b Abs. 3 S. 2 GVG damit jedenfalls der Revision zugänglich. Wird eine entsprechende Verfahrensrüge erhoben, ist allerdings zu beachten, dass es zur Zulässigkeit der Rüge nach einzel-

---

**1508** Vgl. hierzu BGH, Beschl. v. 27.11.2019 – 5 StR 530/19 = StV 2020, 463; BGH, Beschl. v. 28.9.2017 – 4 StR 240/17 = BGHSt 63, 23 = NJW 2018, 640 = StV 2018, 206 = JR 2018, 295; BGH, Beschl. v. 7.12.2016 – 1 StR 487/16 = StV 2017, 369. S. auch BGH, Beschl. v. 7.4.2020 – 3 StR 613/19 = NStZ 2020, 439.

**1509** BGH, Beschl. v. 12.11.2015 – 2 StR 311/15 = StV 2016, 788 = NStZ 2016, 180; BGH, Beschl. v. 17.9.2014 – 1 StR 212/14 = StV 2015, 79 = NStZ 2015, 181. Vgl. auch BGH, Beschl. v. 9.5.2019 – 4 StR 605/18 = BGHSt 64, 64 (Fehlen des erforderlichen Gerichtsbeschlusses); hierzu: *Ventzke* NStZ 2019, 550.

**1510** BGH, Beschl. v. 27.11.2019 – 5 StR 530/19 = StV 2020, 463; BGH, Beschl. v. 12.11.2015 – 2 StR 311/15 = StV 2016, 788 = NStZ 2016, 180; BGH, Beschl. v. 26.10.2015 – 5 StR 396/16 = JR 2017, 536 m. Anm. *Hinz*. Beruhen verneint in BGH, Beschl. v. 24.1.2019 – 5 StR 681/18 sowie in BGH, Beschl. v. 7.12.2016 – 1 StR 305/16 = NStZ-RR 2017, 54.

**1511** BGH, Beschl. v. 17.9.2014 – 1 StR 212/14 = StV 2015, 79 = NStZ 2015, 181 (Rüge nach § 338 Nr. 5 StPO war erfolgreich).

nen Entscheidungen erforderlich sein kann, näher darzulegen, was vorgetragen worden wäre, wenn die Öffentlichkeit bei den Schlussvorträgen ausgeschlossen gewesen wäre.[1512]

### h) Öffentlichkeit der Urteilsverkündung

651 Das **Urteil** muss gemäß **§ 173 Abs. 1 GVG** in jedem Fall **öffentlich verkündet** werden. War die Öffentlichkeit zuvor nach § 171b oder nach § 172 GVG ausgeschlossen, kann nach § 173 Abs. 2 GVG auch für die Eröffnung der Urteilsgründe die Öffentlichkeit ganz oder teilweise ausgeschlossen werden. Das wird aber nur dann in Betracht kommen, wenn dem Schutzzweck nicht durch eine entsprechend schonende Abfassung der mündlichen Urteilsgründe Rechnung getragen werden kann. Ein Verstoß gegen den in § 173 Abs. 1 GVG (und daneben auch in Art. 6 Abs. 1 S. 2 EMRK[1513]) enthaltenen Grundsatz ist ein zwingender Revisionsgrund.[1514]

652 Soweit in der Literatur hiergegen eingewandt wurde, ein Urteil könne niemals darauf beruhen, dass es am Ende einer ansonsten rechtsfehlerfreien Verhandlung unter versehentlichem Verstoß gegen § 173 Abs. 1 GVG verkündet werde,[1515] schränkt dies den Anwendungsbereich des § 338 Nr. 6 StPO in unzulässiger Weise ein. Gerade § 338 Nr. 6 StPO dient der Wahrung rechtsstaatlicher Formen. Wird die zwingende Vorschrift des § 173 Abs. 1 GVG verletzt, muss dies unter den absoluten Revisionsgrund fallen.

### i) Öffentlichkeit in Jugendsachen

653 **§ 48 JGG** regelt allgemein die Öffentlichkeit in Jugendsachen. Wird entgegen dem in **§ 48 Abs. 1 JGG** enthaltenen Grundsatz öffentlich verhandelt, ist ein Revisionsgrund gegeben. Zwar ist dieser – wenn man der Rechtsprechung folgt – nicht absolut, weil die Öffentlichkeit in unzulässiger Weise erweitert wurde und dies nicht unter § 338 Nr. 6 StPO fällt.[1516] Angesichts des Zwecks der in § 48

---

**1512** BGH, Beschl. v. 22.2.2017 – 5 StR 586/16; BGH, Beschl. v. 4.2.2016 – 4 StR 493/15, Rn. 3; BGH, Beschl. v. 15.12.2015 – 4 StR 401/15 = StV 2016, 788.

**1513** Vgl. dazu IntKommEMRK-*Kühne* Art. 6 EMRK, Rn. 355, LR-*Esser* Art. 6 EMRK, Rn. 377 ff.

**1514** BGHSt 4, 279 = NJW 1953, 1442 = JZ 1953, 674 = LM Nr. 6 zu § 338 (m. Anm. *Martin*); LR-*Franke* § 338 StPO, Rn. 112; a.A. *Poppe* NJW 1955, 6, 7, der aber verkennt, dass ein „Urteil" erst dann vorliegt, wenn auch die Gründe verkündet wurde, vgl. ausführlich in der Vorauflage, Rn. 458 f.

**1515** Vgl. *Poppe* NJW 1955, 6, 7.

**1516** BGH, Urt. v. 21.11.1969 – 3 StR 249/68 = BGHSt 23, 176 = NJW 1970, 523; KK-*Gericke* § 338 StPO, Rn. 84 mwN.

Abs. 1 JGG enthaltenen Regelung, durch die Nichtöffentlichkeit die Wahrheitsermittlung zum Tatgeschehen und zur Persönlichkeit des Angeklagten zu erleichtern[1517], wird es allerdings naheliegen, dass das Urteil auf dem Verfahrensfehler beruht, wenn gegen einen Jugendlichen zu Unrecht öffentlich verhandelt wurde.[1518] Wurde gegen einen Jugendlichen im Hinblick auf § 48 Abs. 3 JGG öffentlich verhandelt, weil sich das Verfahren zugleich gegen Erwachsene oder Heranwachsende richtete, kann er dies ebenfalls nicht nach § 338 Nr. 6 StPO rügen.[1519] Die Verletzung des **§ 48 Abs. 3 JGG** können nur die nicht-jugendlichen Angeklagten rügen.[1520] Der Jugendliche kann rügen, dass Personen i.S.d. § 48 Abs. 2 Satz 1 und 2 JGG der Zutritt verweigert wurde.[1521] Nach Auffassung der Rechtsprechung ist dazu allerdings eine Beanstandung nach § 238 Abs. 2 StPO notwendig.[1522] Wird gegen einen Erwachsenen nach § 48 Abs. 1 JGG nichtöffentlich verhandelt, weil er zunächst auf Grund falscher Erkenntnisse über sein Geburtsjahr als Jugendlicher angesehen wurde, liegt der absolute Revisionsgrund des § 338 Nr. 6 StPO vor.[1523]

#### j) Fehlende Dispositionsbefugnis

Der Grundsatz der Öffentlichkeit ist der **Disposition der Prozessbeteiligten** 654
**entzogen.**[1524] Als einer der zentralen Prozessgrundsätze kann er nicht durch Vereinbarungen der am Verfahren beteiligten Personen außer Kraft gesetzt werden.[1525] Das hat erhebliche praktische Konsequenzen. Für die Anwendung der Bestimmungen über die Öffentlichkeit und ihren Ausschluss ist es regelmäßig nicht von Bedeutung, ob der Angeklagte der getroffenen Maßnahme zugestimmt hat. Nach zutreffender Ansicht kann der Angeklagte deshalb den Revisi-

---

**1517** Vgl. dazu nur *Eisenberg/Kölbel*, JGG, § 48 JGG, Rn. 8 ff.

**1518** MüKoStPO/*Höffler* § 48 JGG, Rn. 23 weist zu Recht auf die Möglichkeit eines anderen Aussageverhaltens des Jugendlichen hin.

**1519** BGH, Beschl. v. 10.1.2006 – 1 StR 527/05 = NStZ–RR 2007, 55; BGH, Urt. v. 23.1.2003 – 4 StR 412/02 = NStZ 2004, 294 (zu § 48 Abs. 3 S. 2 JGG).

**1520** BGH, Beschl. v. 10.1.2006 – 1 StR 527/05 = NStZ-RR 2007, 55; *Eisenberg/Kölbel*, JGG, § 48 JGG, Rn. 24.

**1521** Vgl. hierzu BGH, Beschl. v. 14.5.2013 – 1 StR 122/13 = NStZ 2013, 608 (Mutter des Angeklagten).

**1522** BGH, Beschl. v. 14.5.2013 – 1 StR 122/13 = NStZ 2013, 608. A.A. *Eisenberg/Kölbel*, JGG, § 48 JGG, Rn. 23.

**1523** OLG Hamm, Beschl. v. 1.7.2010 – 3 RVs 55/10 = NStZ 2011, 527.

**1524** LR-*Franke* § 338 StPO, Rn. 103; OLG Frankfurt JR 1987, 81 (m. Anm. *Schlüchter*); BGH, Beschl. v. 16.4.1993 – 3 StR 14/93 = NStZ 1993, 450 = StV 1993, 460.

**1525** So *Schlüchter* JR 1987, 81 (Anm. zu OLG Frankfurt, Beschl. v. 14.2.1986 – 1 Ss 7/86).

onsgrund nach § 338 Nr. 6 StPO selbst dann geltend machen, wenn er (oder sein Verteidiger) den Ausschluss der Öffentlichkeit beantragt hat.[1526] Allerdings wurde diese Auffassung in der Rechtsprechung auch gelegentlich in Zweifel gezogen und erwogen, ob eine solche Rüge verwirkt ist.[1527] Dazu genügt es aber nicht, wenn sich der Verteidiger lediglich – ebenso wie der Vertreter der Staatsanwaltschaft – einem entsprechenden Antrag des Nebenklägervertreters angeschlossen hat.[1528]

#### k) Bedeutung des Hauptverhandlungsprotokolls

655 Für den Nachweis des absoluten Revisionsgrundes ist regelmäßig das Hauptverhandlungsprotokoll von erheblicher Bedeutung. Ob öffentlich verhandelt wurde, ist nach § 272 Nr. 5 StPO im Protokoll festzuhalten. Die formelle Beweiskraft des § 274 StPO erstreckt sich dementsprechend hierauf. Ist vermerkt, dass öffentlich verhandelt wurde, wird hierdurch allerdings lediglich bewiesen, dass die Öffentlichkeit nicht ausgeschlossen war. Noch nicht bewiesen ist damit, dass die Öffentlichkeit auch tatsächlich hergestellt war.[1529] Fehlt nach einem Ausschluss der Öffentlichkeit die Eintragung, die Öffentlichkeit sei wiederhergestellt worden (oder ein gleichbedeutender Eintrag), dann ist damit i.S.v. § 274 StPO nachgewiesen, dass weiter nicht-öffentlich verhandelt wurde.[1530]

656 Im Zusammenhang mit Rügen nach § 338 Nr. 6 StPO hat sich die Frage gestellt, unter welchen Voraussetzungen die formelle Beweiskraft des Protokolls entfällt. Ist im Protokoll vermerkt, die Öffentlichkeit sei wiederhergestellt worden, nicht aber, dass sie vorher ausgeschlossen wurde, ergibt sich ein widersprüchliches Bild. Der BGH hat in einem solchen Fall die formelle Beweiskraft entfallen lassen.[1531] Nach der geänderten BGH-Rechtsprechung zur Protokollberichtigung kann hier nunmehr aber eine Berichtigung des Protokolls in Betracht kommen.[1532] Das muss auch für den umgekehrten Fell gelten, in dem der Fehler

**1526** LR-*Franke* § 338 StPO, Rn. 103; *Meyer-Goßner/Schmitt* § 338 StPO, Rn. 46; BGH, Beschl. v. 31.1.1967 – 5 StR 650/66 = NJW 1967, 687.

**1527** BGH, Urt. v. 4.12.2007 – 5 StR 404/07 = NStZ 2008, 354 = StV 2008, 123 m. Anm. *Ventzke*; vgl. ferner BGH, Beschl. v. 29.6.1999 – 5 StR 300/99 = NStZ-RR 2000, 40 = StV 2000, 243.

**1528** BGH, Beschl. v. 30.7.2018 – 4 StR 68/18 = NStZ-RR 2018, 324.

**1529** *Meyer-Goßner/Schmitt* § 274 StPO, Rn. 8.

**1530** BGH, Beschl. v. 31.5.2017 – 2 StR 428/16 = StV 2018, 205; BGH, Beschl. v. 14.1.2016 – 4 StR 543/15 = StraFo 2016, 112; BGH, Beschl. v. 21.7.2000 – 3 StR 228/00; BGH, Beschl. v. 31.3.1994 – 1 StR 48/94 = StV 1994, 471, 472.

**1531** BGH, Urt. v. 10.4.1962 – 1 StR 125/62 = BGHSt 17, 220.

**1532** S. dazu im Einzelnen oben Rn. 389 ff.

aus dem Protokoll nicht ersichtlich ist, weil der Urkundsbeamte ganz routinemäßig die Wiederherstellung der Öffentlichkeit vermerkt hat, obwohl sie in Wirklichkeit nicht geschehen ist.[1533]

### l) Rügeanforderungen (§ 344 Abs. 2 StPO)

Soll gerügt werden, dass der absolute Revisionsgrund des § 338 Nr. 6 StPO vorliegt, erfordert dies den genauen Vortrag aller Tatsachen, aus denen sich ergibt, in welchem Teil der Verhandlung die Öffentlichkeit nicht hergestellt war. Darzulegen ist ferner, dass dies auf einer Entscheidung des Gerichts beruht oder wenigstens mit Wissen des Vorsitzenden bzw. des gesamten Spruchkörpers geschehen ist.[1534] Anträge und Beschlüsse, die sich auf die betreffenden Vorgänge beziehen, müssen wörtlich mitgeteilt werden. Auch hier genügt die Bezugnahme auf das Sitzungsprotokoll nicht.[1535] Wird gerügt, dass einzelne Beweiserhebungen stattgefunden haben, obwohl die Öffentlichkeit zu Unrecht ausgeschlossen war, ist vorzutragen, ob dies durch Wiederholung des betroffenen Verfahrensabschnitts geheilt wurde. Wie bei § 338 Nr. 5 StPO, so scheidet auch bei § 338 Nr. 6 StPO eine Revisionsrüge aus, wenn der Mangel durch Wiederholung des betroffenen Verhandlungsteils in der prozessrechtlich gebotenen Form (d.h. hier: in öffentlicher Sitzung) geheilt wurde.[1536] Verschiedentlich wurde ferner gefordert, dass sich aus dem Rügevortrag auch ergeben muss, ob eine Verbindung zu den Vorgängen bestand, für die die Öffentlichkeit ausgeschlossen war.[1537] Besonderheiten können sich ergeben, wenn ein Zeuge ein zweites Mal vernommen wurde,[1538] oder wenn geltend gemacht wird, über den Einlass der Zuhörer sei nicht rechtmäßig entschieden worden.[1539] 657

Wird die Unzugänglichkeit des Verhandlungsortes geltend gemacht (etwa wegen einer ins Schloss gefallenen, von außen nicht zu öffnenden Tür), muss die Verfahrensrüge nicht nur die konkreten Auswirkungen des festgestellten Hindernisses, sondern auch die Umstände nennen, aus denen sich ein **Ver-** 658

---

**1533** Vgl. hierzu *Hilger* NStZ 1983, 342, Fn. 110 mit Hinweis auf einige ältere BGH-Entscheidungen.

**1534** Vgl. hierzu im Einzelnen: BGH, Beschl. v. 28.9.2011 – 5 StR 245/11 = NJW 2011, 3800 = NStZ 2012, 173.

**1535** BGH, Urt. v. 3.3.1982 – 2 StR 649/81 = NJW 1982, 1655 mwN.

**1536** KK-*Gericke* § 338 StPO, Rn. 90.

**1537** BGH, Urt. v. 21.10.2014 – 1 StR 78/14 = NStZ 2015, 226.

**1538** Vgl. BGH, Beschl. v. 9.5.2018 – 2 StR 543/17, Rn. 5 f. = StraFo 2018, 472.

**1539** Zu den Darlegungsanforderungen bei der Rüge, das „Reihenfolgeprinzip" sei missachtet worden: BGH, Beschl. v. 10.1.2006 – 1 StR 527/05 = NJW 2006, 1220.

**schulden des Gerichts** ergeben soll.[1540] Wer geltend machen will, Interessierte hätten den Ort der Verhandlung nicht finden können, muss genau vortragen, wie die Örtlichkeit beschaffen ist.[1541] Keinesfalls ausreichend ist es hier, sich auf pauschale Aussagen zu beschränken oder sich darauf zu verlassen, das Revisionsgericht werde die Einzelheiten im Freibeweis aufklären. Umstritten ist, ob es in solchen Fällen Voraussetzung für die Zulässigkeit einer auf § 338 Nr. 6 StPO gestützten Verfahrensrüge ist, dass vorgetragen wird, eine ganz **bestimmte Person** habe sich von der Teilnahme an der Verhandlung **abhalten lassen.**[1542] Das scheidet von vornherein in den Fällen aus, in denen sich die Rüge darauf stützt, am Sitzungssaal sei zu Unrecht die Anzeige „nicht-öffentlich" eingeschaltet gewesen.[1543] Weder dem Angeklagten noch dem Verteidiger wird es möglich sein, an der Hauptverhandlung teilzunehmen und gleichzeitig zu verfolgen, ob sich ein Besucher durch die falsche Anzeige davon abhalten lässt, den Saal zu betreten.[1544] Auch sonst muss bei der Aufstellung von Darlegungsanforderungen beachtet werden, dass vom Beschwerdeführer nichts Unmögliches verlangt werden kann. Unabhängig davon soll der absolute Revisionsgrund nach dem Gesetzeswortlaut eingreifen, wenn bei der Verhandlung „die Vorschriften über die Öffentlichkeit des Verfahrens verletzt" wurden. Die Antwort auf die Frage, ob diese Vorschriften verletzt wurden, ist aber nicht davon abhängig, dass auch noch behauptet (oder gar der Nachweis geführt) wird, dass sich dies bei einer bestimmten Person ausgewirkt hat. Nach zutreffender Ansicht kann es deshalb nicht entscheidend darauf ankommen, ob wirklich ein konkret benennbarer Besucher davon abgehalten wurde, an der Verhandlung teilzunehmen.

659 Wird geltend gemacht, es sei **zu Unrecht öffentlich verhandelt** worden, ist zu berücksichtigen, dass nach h.M. die Ablehnung eines Antrages auf Ausschließung der Öffentlichkeit mit einer unzureichenden Begründung oder in ermessensfehlerhafter Weise nur als relativer Revisionsgrund zu werten ist. In diesen Fällen ist es deshalb regelmäßig sinnvoll, auch darzulegen, welche zu-

---

**1540** Vgl. BGH, Beschl. v. 14.5.2013 – 1 StR 122/13 = NStZ 2013, 608; BGH, Beschl. v. 28.11.1994 – 5 StR 611/94 = NStZ 1995, 143, 144 (verschlossene Tür); OLG Saarbrücken, Beschl. v. 25.5.2007 – Ss (B) 22/2007 = NStZ-RR 2008, 50.

**1541** BGH, Beschl. v. 7.4.2016 – 1 StR 579/15 = NStZ-RR 2016, 245.

**1542** Dafür *Meyer-Goßner/Schmitt* § 338 StPO, Rn. 50a; KK-*Diemer* § 169 GVG, Rn. 8. Dies ist nicht erforderlich nach OLG Zweibrücken, Beschl. v. 25.9.1995 – 1 Ss 183/95 = NJW 1995, 3333; *Lesch* StraFo 2014, 360.

**1543** OLG Celle, Beschl. v. 1.6.2012 – 322 SsBs 131/12 = NStZ 2012, 654.

**1544** Vgl. zum Umfang der Darlegungsanforderungen auch KK-*Gericke* § 344 StPO, Rn. 49 a.E.; OLG Hamm, Beschl. v. 7.11.2001 – 3 Ss 426/01 = StV 2002, 474, 475.

sätzlichen Aussagen noch gemacht oder welche Anträge noch gestellt worden wären, wenn kein Publikum anwesend gewesen wäre.[1545] Ähnliches kann gelten, wenn gerügt werden soll, entgegen **§ 171b Abs. 3 S. 2 GVG** sei bei den Schlussvorträgen die Öffentlichkeit nicht ausgeschlossen gewesen.[1546]

### 8. § 338 Nr. 7 StPO (Fehlen der Entscheidungsgründe; verspätete Urteilsabsetzung)

**Literatur:** *Beaumont* Vom Amtsschimmel zum Pegasus – die Sprache des Rechts in Vers und Reim, NJW 1990, 1969; *ders.* Gesetz und Recht – in Vers und Reim, NJW 1989, 372; *Cramer* Zur Berechtigung absoluter Revisionsgründe, FS Karl Peters, 1984, S. 239 ff.; *Löffler* Die Berechnung der Urteilsabsetzungsfrist nach § 275 StPO, NStZ 1987, 318; *Peglau* Verhinderungsvermerk (§ 275 Abs. 2 S. 2 StPO) und Beschleunigungsgebot, JR 2007, 146; *Rieß* Zur Berechnung der verlängerten Urteilsabsetzungsfrist nach § 275 I 2 Halbs. 2 StPO, NStZ 1987, 318; *ders.* Die Urteilsabsetzungsfrist (§ 275 I StPO), NStZ 1982, 441.

Zu einem vollständigen Urteil gehören gemäß §§ 267, 275 StPO fristgerecht zu den Akten zu bringende schriftliche Urteilsgründe. Fehlen die Urteilsgründe oder werden sie verspätet fertiggestellt, liegt der absolute Revisionsgrund des § 338 Nr. 7 StPO vor. Die beiden Alternativen des § 338 Nr. 7 StPO haben dabei ganz unterschiedliche Normzwecke. 660

Auch wenn die historische Entwicklung eine andere war, könnte man heute den Zwang zur Aufhebung des Urteils nach der zutreffenden Rüge, es enthalte **keine Gründe,** gleichsam als Extremfall der „erweiterten Sachrüge" verstehen: Wenn schon ein Urteil, das in der Darstellung des festgestellten Sachverhalts Lücken aufweist, auch ohne Verfahrensrüge aufzuheben ist, weil insoweit dem Revisionsgericht die Möglichkeit der Nachprüfung fehlt, muss dies erst recht für ein Urteil gelten, dessen „Gründe" gleichsam nur aus einer einzigen Lücke bestehen, weil sie niemals aufgeschrieben worden sind.[1547] Dieser absolute Revisionsgrund beträfe also eine an sich überflüssige Verfahrensrüge,[1548] weil Urteile ohne Entscheidungsgründe auch schon auf die Sachrüge hin aufgehoben wer- 661

**1545** LR-*Franke* § 338 StPO, Rn. 139.

**1546** Vgl. zu den Darlegungsanforderungen insoweit: BGH, Beschl. v. 4.2.2016 – 4 StR 493/15, Rn. 3; BGH, Beschl. v. 15.12.2015 – 4 StR 401/15 = StV 2016, 788.

**1547** Übereinstimmend *Cramer* FS Karl Peters, S. 239, 241; LR-*Franke* § 338 StPO, Rn. 115; *Rieß* NStZ 1982, 441, 445; SK-StPO/*Frisch* § 338 StPO, Rn. 142. Vgl. auch OLG Hamm, Beschl. v. 19.8.2010 – 3 RVs 69/10 = NStZ 2011, 238.

**1548** In diesem Sinne *Cramer* FS Karl Peters, S. 239, 241; KMR-*Momsen* § 338 StPO, Rn. 84; LR-*Franke* § 338 StPO, Rn. 115; *Rieß* NStZ 1982, 441, 445.

den.[1549] Man könnte aber auch sagen, dass die allgemeine Sachrüge nur den vollständigen Vortrag für die entsprechende Verfahrensrüge gemäß § 344 Abs. 2 S. 2 StPO enthält, und zwar selbst dann noch, wenn in der Revisionsbegründungsschrift der Satz „Das Urteil hat keine Gründe" fehlt. Die Sachrüge enthält die konkludente Behauptung, die Urteilsgründe seien mangelhaft. Dies ist beim vollständigen Fehlen von Entscheidungsgründen in nicht mehr überbietbarer Weise der Fall.

662 Diese „Rügekongruenz" hat die praktische Folge, dass bei mehreren Angeklagten, von denen einer nur die Verfahrensrüge, ein anderer nur die Sachrüge erhoben hat und ein dritter das Urteil überhaupt nicht oder mit einer (mangels Begründung) unzulässigen Revision angefochten hat, die Aufhebung zugunsten aller erfolgt, weil sich nach § 357 StPO der Erfolg des Rechtsmittels auf alle erstreckt.[1550]

663 Das ***Fehlen* der Entscheidungsgründe** i.S.v. § 338 Nr. 7 StPO ist wörtlich zu nehmen.[1551] Gründe, die im Umfang oder Inhalt so dürftig sind, dass sie diese Bezeichnung nicht verdienen, können über die Sachrüge beanstandet werden. Das bedeutet aber nicht, dass ein Urteil schon aufzuheben wäre, weil es im Aufbau oder der sprachlichen Form von gängigen Gepflogenheiten abweicht, weil es z.B. in **Versform** abgefasst ist. Sofern es die prozessrechtlich erforderlichen Tatsachen und Erwägungen enthält[1552] und das Zusammenspiel aus Form und

**1549** BGH, Beschl. v. 26.6.1992 – 3 StR 170/92 = BGHR StPO § 338 Nr. 7 – Entscheidungsgründe 2.

**1550** So lag der Fall in einem Verfahren über das der 3. Strafsenat des BGH zu entscheiden hatte (BGH, Beschl. v. 26.6.1992 – 3 StR 170/92 = BGHR StPO § 338 Nr. 7 – Entscheidungsgründe 2). Die Erstreckung gemäß § 357 StPO auf den Mitangeklagten war hier geboten, weil er zwar Revision eingelegt, diese aber nicht begründet hatte. Damit war sie unzulässig. Ihm dies aber in einem Falle entgegenzuhalten, in dem auch das Urteil keine Gründe enthält, wäre grob unbillig gewesen. Anders liegen die Dinge, wenn ein Angeklagter keine Revision eingelegt oder ausdrücklich auf Rechtsmittel verzichtet hat. Da dann das Fehlen der Urteilsgründe ihm die unerwünschte Last auferlegen würde, sich in einer neuen Tatsacheninstanz erneut verantworten zu müssen, sollte in diesen Fällen die Erstreckung der Urteilsaufhebung auf den Nichtrevidenten unterbleiben. Dogmatisch sauber begründen lässt sich dies freilich nur, wenn man der hier vertretenen Theorie folgt, wonach Mängel der Urteilsgründe (im Extremfall deren völliges Fehlen) stets als Verfahrensfehler aufzufassen sind (vgl. dazu unten Rn. 1594 ff.). Denn die Erstreckung nach § 357 StPO setzt voraus, dass die Aufhebung des Urteils „wegen Gesetzesverletzung bei Anwendung des Strafgesetzes" (§ 357 S. 1 StPO) erfolgt.

**1551** S. hierzu schon RGSt 43, 297, 298.

**1552** OLG Karlsruhe, Urt. v. 26.4.1956 – 2 Ss 27/56 (Urteil mit Knittelversen), das erst in NJW 1990, 2009 abgedruckt wurde; siehe auch *Beaumont* NJW 1989, 372 im Hinblick auf ein Urteil des AG Oldenburg v. 16.3.1987; *ders.* NJW 1990, 1969; BGH NJW 1982, 650 (Mahnung in Versform); AG Schoeneberg NJW 1990, 1972 (Urteil in Altdeutsch).

Inhalt nicht besorgen lässt, dass der Tatrichter sich den Ernst einer strafrechtlichen Verurteilung nicht bewusst gemacht hat, kann es Bestand haben.[1553]

Die Gründe fehlen hingegen, wenn lediglich ein **Entwurf** vorliegt, selbst wenn er unterschrieben ist. Solange der Text noch unter dem Vorbehalt einer weiteren Beratung steht, genügt er den gesetzlichen Anforderungen nicht.[1554] Fehlt hingegen die Urschrift des Urteils und liegt nur ein Surrogat vor, ist zu differenzieren: Eine reine Rekonstruktion (etwa eine Neufassung aus dem Gedächtnis eines Richters) soll nicht ausreichen.[1555] Liegt hingegen eine identische Fassung (beglaubigte Abschrift) vor, dann führt dies jedenfalls nicht zum *Fehlen* der Urteilsgründe.[1556] Das „Fehlen" der Urteilsgründe muss nicht zwingend das gesamte Urteil betreffen, es kann sich auch lediglich auf einzelne **abtrennbare Teile** (z.B. bestimmte Tatkomplexe) beziehen. Enthält das Urteil lediglich zu einzelnen von mehreren angeklagten Taten (im prozessualen Sinne) keine Angaben, dann unterliegt es auch nur insoweit der Aufhebung.[1557] 664

Der absolute Revisionsgrund nimmt keine Rücksicht auf die **Ursachen für das Fehlen** der Urteilsgründe. Er liegt auch dann vor, wenn der Richter vor der Urteilsabsetzung erkrankt,[1558] verstorben[1559] oder aus dem Justizdienst ausgeschieden[1560] ist, oder wenn sich die Richter nicht über das Ergebnis ihrer Beratungen einigen konnten.[1561] Besonderheiten gelten im **Bußgeldverfahren**. Hat der Richter dort den Antrag der Staatsanwaltschaft auf schriftliche Begründung des Urteils (§ 77b Abs. 1 S. 2 2. Hs OWiG) übersehen, und wurde das Urteil ohne 665

**1553** Kritisch zu ironischen und „lustigen" Formulierungen: BGH, Beschl. v. 11.8.1999 – 3 StR 289/99 = NStZ-RR 2000, 293; KK-*Kuckein/Bartel* § 267 StPO, Rn. 2c.

**1554** KK-*Gericke* § 338 StPO, Rn. 92; vgl. auch BGH, Beschl. v. 24.2.2013 – 5 StR 33/13 = NStZ-RR 2014, 17; OLG Hamm, Beschl. v. 19.8.2010 – 3 RVs 69/10 = NStZ 2011, 238.

**1555** BGH, Urt. v. 18.12.1979 – 5 StR 697/79 = NJW 1980, 1007; BGH, Beschl. v. 7.1.1983 – 2 StR 788/82 = MDR 1983, 450 (bei *Holtz*); *Meyer-Goßner/Schmitt* § 338 StPO, Rn. 53. Vgl. auch RGSt 54, 101 (Vernichtung der Akten, die das Urteil enthielten, bei einem „Volksaufruhr Ende März 1919").

**1556** BGH, Beschl. v. 21.4.2015 – 1 StR 555/14 = NStZ-RR 2015, 257; KK-*Gericke* § 338 StPO, Rn. 93; *Meyer-Goßner/Schmitt* § 338 StPO, Rn. 53; OLG Stuttgart JR 1977, 126 m. Anm. *Lintz*.

**1557** LR-*Franke* § 338 StPO, Rn. 116; KK-*Gericke* § 338 StPO, Rn. 94; RGSt 43, 297, 298; RGSt 44, 28, 32f.

**1558** OLG Celle NJW 1959, 1647, 1648.

**1559** OLG Hamm, Beschl. v. 19.8.2010 – 3 RVs 69/10 = NStZ 2011, 238.

**1560** BayObLG NJW 1967, 1578; BGHR StPO § 338 Nr. 7 – Entscheidungsgründe 2; a.A. *Kohlhaas* GA 1974, 142, 147.

**1561** BGH, Urt. v. 26.3.1954 – 2 StR 658/53 = MDR 1954, 337 (bei *Dallinger*), in einem Fall, in dem der Berichterstatter und der Vorsitzende je einen Entwurf gefertigt hatten, und jeder sich weigerte, den des anderen zu unterschreiben.

Begründung aus dem inneren Dienstbereich des Gerichts herausgegeben, so dürfen auf eine von der Staatsanwaltschaft eingelegte Rechtsbeschwerde die Urteilsgründe innerhalb der Frist des § 275 Abs. 1 Satz 2 StPO zu den Akten gebracht werden.[1562]

666 Nach § 338 Nr. 7 Alt. 2 StPO ist auch die **Überschreitung der gestaffelten Höchstfristen** für die Absetzung des schriftlichen Urteils ein zwingender Revisionsgrund.[1563] Anders als bei der 1. Alternative ist dieser Mangel aber nur beachtlich, wenn eine formgerechte Verfahrensrüge erhoben wird, die Sachrüge genügt hier nicht. Die Höchstfristen sind äußerst großzügig bemessen; der Gesetzgeber scheint keine hohe Meinung von der Arbeitskraft der Richter zu haben. Hat die Hauptverhandlung nur eine Stunde gedauert, so beträgt die Frist fünf Wochen. Hat sie vier Tage gedauert, sieben Wochen; hat sie 75 Tage gedauert, so beträgt die Frist 21 Wochen, knapp fünf Monate. Das steht in einem recht auffallenden Gegensatz zu der Monatsfrist, die unabhängig von der Verhandlungsdauer dem Verteidiger und dem Staatsanwalt für die Revisionsbegründung gegeben ist (§ 345 Abs. 1 StPO). Die Fristen für die Urteilsabsetzung sind zudem so beschaffen, dass sie einen Anreiz zu einem möglichst verzögerlichen Verfahren bilden, zumal der Gesetzesbefehl, sie nur als Maximalzeiten zu verstehen und erst einmal das Urteil „unverzüglich" (§ 275 Abs. 1 S. 1 StPO) zu den Akten zu bringen, praktisch leerläuft und nach wie vor nicht der Revisionskontrolle unterliegt.

667 Die Überschreitung der Urteilsabsetzungsfrist löst den Revisionsgrund aus. Das gilt unabhängig von der Dauer der Überschreitung und – abgesehen von § 275 Abs. 1 Satz 4 StPO – von etwaigen Gründen. Einige Autoren glaubten, § 275 Abs. 1 StPO dahin interpretieren zu können, dass die ersten zehn Verhandlungstage, wenn erst einmal drei überschritten waren, zweimal eine Fristverlängerung um jeweils 2 Wochen auslösen.[1564] Der BGH ist dem im Anschluss an

---

**1562** BGH, Beschl. v. 13.3.1997 – 4 StR 455/96 = BGHSt 43, 22 = NJW 1997, 1862 = NStZ 1997, 396; KK-OWiG/*Senge* § 77b OWiG, Rn. 12.

**1563** Bis zur Einführung dieses absoluten Revisionsgrundes durch das 1. StrafverfahrensreformG v. 9.12.1974 (BGBl. 1974 I, 3393, 3533) galt eine starre Frist von einer Woche, deren (damals alltägliche) Überschreitung als Verstoß gegen eine Ordnungsvorschrift nicht als revisibel angesehen wurde. Für die anderen Gerichtsbarkeiten hat der Gemeinsame Senat der obersten Gerichtshöfe des Bundes am 27.4.1993 (Beschl. v. 27.4.1993 – GmS-OGB 1/92 = NJW 1993, 2603) in Anlehnung an § 552 ZPO eine Höchstfrist von 5 Monaten für das Absetzen eines Urteils nach Verkündung festgesetzt und dabei § 117 Abs. 4 VwGO (Zwei-Wochen-Frist mit Ausnahmevorbehalt und dem Gebot, danach „alsbald" die Gründe fertig zu stellen) als zwingend und der Revisionskontrolle unterliegend eingestuft.

**1564** *Löffler* NStZ 1987, 318; *Kleinknecht/Meyer*, 38. Aufl., § 275 StPO, Rn. 8.

*Rieß*[1565] und unter zutreffendem Hinweis auf die Gesetzesmaterialien und den Regelungszweck nicht gefolgt.[1566] Danach ergeben sich folgende Fristen:

| Verhandlungstage: | Urteilsabsetzungsfrist: | 668 |
|---|---|---|
| 1– 3 | 5 Wochen | |
| 4– 10 | 7 Wochen | |
| 11– 20 | 9 Wochen | |
| 21– 30 | 11 Wochen | |
| 31– 40 | 13 Wochen | |
| 41– 50 | 15 Wochen | |
| 51– 60 | 17 Wochen | |
| 61– 70 | 19 Wochen | |
| 71– 80 | 21 Wochen | |
| 81– 90 | 23 Wochen | |
| 91–100 | 25 Wochen | |
| 101–110 | 27 Wochen = mehr als 6 Monate! | |

Eine Obergrenze gibt es nach h.M. nicht.[1567] Insbesondere lehnt es der Bundesgerichtshof bislang ab, die durch den Gemeinsamen Senat der obersten Gerichtshöfe des Bundes für Regelungen in der VwGO aufgestellten[1568] und nachfolgend vom Bundesverfassungsgericht im Zusammenhang mit anderen Prozessordnungen im Rahmen der Auslegung des Rechtsstaatsprinzips herangezogenen[1569] Grundsätze auch auf das Strafverfahren[1570] oder das Ordnungswidrigkeitenverfahren[1571] zu übertragen. Zur Begründung wird darauf verwiesen, § 275 StPO enthalte für den Strafprozess eine Sonderregelung.[1572] Dass den Straf- und Bußgeldgerichten damit zugetraut wird, auch ohne die Möglichkeit zum Rückgriff auf einen akustischen Mitschnitt der Hauptver-

**1565** *Rieß* NStZ 1987, 318.

**1566** BGH, Beschl. v. 12.4.1988 – 5 StR 94/88 = BGHSt 35, 259 = NJW 1988, 3215 = StV 1988, 240 = NStZ 1988, 512.

**1567** Vgl. MüKoStPO/Valerius, § 275 StPO, Rn. 10. Zum Verhältnis von § 275 zu § 345 StPO s. oben Rn. 242 und 250.

**1568** GmSOGB, Beschl. v. 27.4.1993 – Gms-OGB 1/92 = NJW 1994, 2603.

**1569** BVerfG, Beschl. v. 26.3.2001 – 1 BvR 383/00 = NJW 2001, 2161, 2162; s. ferner auch BVerfG, Beschl. v. 27.4.2005 – 1 BvR 2674/04 = NZA 2005, 781.

**1570** BGH, Beschl. v. 7.9.1993 – 5 StR 162/93 = NStZ 1994, 46; OLG Hamm, Beschl. v. 16.2. 2016 – 3 RBs 385/15; LR-*Stuckenberg* § 275 StPO, Rn. 8; MüKoStPO/*Valerius* § 275 StPO, Rn. 10.

**1571** BGH, Beschl. v. 9.10.2018 – KRB 51/16, Rn. 17/18 = WM 2019, 1214 = NZKart 2019, 146.

**1572** Kritisch hierzu: *Hillenkamp*, Die Urteilsabsetzungs- und die Revisionsbegründungsfrist im deutschen Strafprozess, 1998, S. 68 ff.

handlung unter Umständen noch Monate nach dem Ende der Beweisaufnahme und der Beratung deren Ergebnisse originalgetreu wiederzugeben, wirkt – jenseits aller damit verbundenen Rechtsfragen – ein wenig wirklichkeitsfremd.

669 Für die Praxis mindestens ebenso wichtig wie die Frage der Fristberechnung ist allerdings die Frage, unter welchen Umständen die Frist überschritten werden darf, wann also ein **„nicht voraussehbarer unabwendbarer" Umstand** (§ 275 Abs. 1 Satz 4 StPO) vorliegt. Zu unterscheiden ist dabei zwischen zwei selbständigen Prüfungsstufen: Zunächst ist zu klären, ob der Umstand „nicht voraussehbar und unabwendbar" ist; sodann muss geprüft werden, wie er sich auf die Möglichkeiten zur Fertigstellung der schriftlichen Urteilsgründe auswirkt. Pauschale Aussagen dazu, ob z.B. eine plötzliche Erkrankung[1573] eines Richters eine Fristüberschreitung rechtfertigt, sind vor diesem Hintergrund kaum möglich. Selbstverständlich ist ein Richter, der auf Grund einer kurzfristig auftretenden **Erkrankung** stationär in ein Krankenhaus aufgenommen wurde, in dieser Zeit gehindert, an der Absetzung eines Urteils mitzuwirken.[1574] Allerdings besteht dann für die übrigen Mitglieder des Spruchkörpers die Pflicht, die Urteilsgründe selbst schriftlich niederzulegen.[1575] Verbleiben z.B. nach dem Auftreten der Erkrankung von der Frist nach § 275 StPO noch zwei Wochen, dann sollte es normalerweise den übrigen Mitgliedern der Strafkammer auch möglich sein, den Text selbst abzufassen. War ein Richter zunächst erkrankt, wird er aber vor Ablauf der Absetzungsfrist wieder dienstfähig,[1576] dann lebt die Verpflichtung nach § 275 StPO wieder auf. Für die Dauer der Erkrankung ist die Frist auch nicht gehemmt, die bei Eintritt des Hinderungsgrundes „noch offene" Frist läuft deshalb nicht erst danach weiter.[1577] Besteht der Hinderungsgrund

**1573** Vgl. dazu für den einzigen Berufsrichter im Spruchkörper OLG Stuttgart, Beschl. v. 31.8. 2017 – 1 Rv 24 Ss 652/17; KG, Beschl. v. 10.6.2016 – (4) 121 Ss 75/16 (99/16) = StraFo 2016, 386. Für Kollegialgerichte: BGH, Beschl. v. 18.12.2013 – 4 StR 390/13 = StV 2015, 96 (Krankheit); BGH, Beschl. v. 24.11.2006 – 1 StR 558/06 = NStZ-RR 2007, 88 (Tod).

**1574** Vgl. z.B. die Konstellation in BGH, Beschl. v. 18.12.2013 – 4 StR 390/13 = StV 2015, 96 sowie OLG Hamm, Beschl. v. 10.3.2016 – III-3 RVs 19/16.

**1575** Vgl. KK-*Greger* § 275 StPO, Rn. 49; MüKoStPO/*Valerius* § 275 StPO, Rn. 19; vgl. auch BGH, Beschl. v. 9.7.2019 – KRB 37/19 = NZKart 2019, 488 = WuW 2019, 471 (Kartellbußgeldverfahren); BGH StV 1988, 465 = NStZ 1988, 513 = wistra 1989, 33; vgl. auch BGH StV 1982, 558 = NStZ 1982, 519 = wistra 1983, 34; BGH StV 1982, 105 = NStZ 1982, 80; anders BGH StV 1995, 514, wonach die Erkrankung des Berichterstatters eine Fristüberschreitung gem. § 275 Abs. 1 S. 4 StPO grds. rechtfertigen kann.

**1576** OLG Stuttgart, Beschl. v. 31.8.2017 – 1 Rv 24 Ss 652/17.

**1577** OLG Düsseldorf, Beschl. v. 17.10.2007 – III-5 Ss 160/07 = wistra 2008, 77 = StV 2008, 131 = NStZ-RR 2008, 117.

nicht mehr, muss das Urteil mit größtmöglicher Beschleunigung zu den Akten gebracht werden.[1578]

Kein ausreichender Grund für eine Fristüberschreitung ist die **Arbeitsüberlastung** der Richter[1579] oder der Kanzlei.[1580] Der **Verlust der Akten** rechtfertigt regelmäßig auch keine Fristüberschreitung,[1581] wobei Ausnahmen in Betracht kommen, wenn die Gründe hierfür außerhalb der Justiz liegen.[1582] Auch Fehler im Justizbetrieb können kein Grund für eine Fristüberschreitung sein,[1583] insbesondere nicht die fehlerhafte Berechnung der Frist[1584] oder die Versendung der Akten.[1585] Wird der Tag der Urteilsverkündung als Ausgangspunkt für die Fristberechnung versehentlich falsch notiert, mag das, wenn z.B. die Kammer mehrere Hauptverhandlungen parallel geführt hat, entschuldbar sein – eine Fristüberschreitung ist damit aber nicht gerechtfertigt.[1586] Hält sich ein Richter eigenmächtig vom Dienstort entfernt auf, ist kein unabwendbarer Umstand i.S.v. § 275 Abs. 1 S. 4 StPO gegeben.[1587] Verzögert sich die Absetzung des schriftlichen Urteils über einen längeren Zeitraum, kann dies dazu führen, dass die schriftliche Urteilsbegründung nicht mehr nachholbar ist, ganz gleich welchen Grund die Verzögerung hat.[1588] 670

**1578** *Meyer-Goßner/Schmitt* § 275 StPO, Rn. 16; KG, Beschl. v. 10.6.2016 – (4) 121 Ss 75/16 (99/16) = StraFo 2016, 386.

**1579** BGH, Beschl. v. 18.12.2018 – 1 StR 508/18 = StV 2019, 600 = NStZ 2019, 548; BGH, Beschl. v. 13.7.2011 – 2 StR 88/11 = StV 2012, 5; BGH, Beschl. v. 26.7.2007 – 1 StR 368/07 = NStZ 2008, 55; BGH, Urt. v. 9.4.2003 – 2 StR 513/02 = NStZ 2003, 564 = wistra 2003, 311. Teilweise anders: BGH, Beschl. v. 26.9.2011 – 2 StR 271/13 = NStZ 2014, 355, 356.

**1580** *Meyer-Goßner/Schmitt* § 275 StPO, Rn. 14; KK-*Greger* § 275 StPO, Rn. 50. Vgl. ergänzend *Rieß* NJW 1975, 81, 88; *ders.* NStZ 1982, 441, 444; BayObLG StV 1986, 145.

**1581** KK-*Greger* § 275 StPO, Rn. 51.

**1582** Vgl. etwa RGSt 54, 101 (Vernichtung der Akten, die das Urteil enthielten, bei einem Volksaufruhr).

**1583** OLG Koblenz, Beschl. v. 21.2.2007 – 2 Ss 46/07 = StV 2009, 11 (verspätete Aktenübersendung); BGH, Beschl. v. 22.5.2012 – 5 StR 229/12 = StraFo 2012, 271 (Unauffindbarkeit der unterschriebenen Urfassung des Urteils).

**1584** BGH, Beschl. v. 12.11.2019 – 5 StR 542/19 = StraFo 2020, 28; BGH, Beschl. v. 6.5.2014 – 4 StR 114/14; BGH, Beschl. v. 13.7.2011 – 2 StR 88/11 = StV 2012, 5.

**1585** BGH, Beschl. v. 21.4.1989 – 3 StR 76/89 = StV 1989, 469.

**1586** BGH, Beschl. v. 26.7.2007 – 1 StR 368/07 = wistra 2007, 426 = NStZ 2008, 55.

**1587** So entschieden vom KG StV 1986, 144; ähnlich BGHSt 28, 194, 195 = NJW 1979, 663 (m. Anm. *Foth* in NJW 1979, 1310); siehe aber auch BGH MDR 1983, 421 (Verhinderung an Urteilsabsetzung durch Betriebsausflug); BGH, Beschl. v. 23.1.1991 – 3 StR 415/90 = StV 1991, 247 = NStZ 1991, 297.

**1588** OLG Jena, Beschl. v. 8.4.2013 – 1 Ss Bs 8/13 (43) = StraFo 2013, 475 (Verzögerung in Folge der Erkrankung einer Richterin); OLG Zweibrücken, Beschl. v. 14.5.2004 – 1 Ss 85/04 = NJW

671 Nach § 275 Abs. 2 StPO ist das Urteil von den Berufsrichtern, die bei der Entscheidung mitgewirkt haben, zu unterschreiben, wobei im Verhinderungsfall die **Unterschrift** ersetzt werden kann. Dieses an sich selbstverständliche Formerfordernis wird jedoch nicht immer eingehalten. Bisweilen hat sich dabei Streit schon an der Frage entzündet, ob ein **Schriftzug** überhaupt als Unterschrift (und nicht nur als nicht ausreichendes Namenskürzel oder Symbol) zu werten ist. Obwohl hier ein „großzügiger Maßstab" gilt,[1589] zeigt insbesondere die Rechtsprechung der Oberlandesgerichte, dass auch diese Anforderungen nicht immer erfüllt werden.[1590] Hat ein Richter das Urteil nicht innerhalb der Frist des § 275 Abs. 1 StPO unterzeichnet, vermag ein nachträglicher Vermerk, wonach er die Urteilsgründe billigt, den Verfahrensverstoß nicht zu heilen.[1591] Auch wenn eine Unterschrift lediglich versehentlich nicht geleistet wird, sind die gesetzlichen Anforderungen nicht erfüllt.[1592]

672 Revisible Fehler kommen vor, wenn von der Möglichkeit Gebrauch gemacht werden muss, die Unterschrift eines Richters, der an der Entscheidung mitgewirkt hat, aber beim Fristablauf an der Unterzeichnung gehindert ist, durch die Unterschrift des Vorsitzenden oder (bei dessen Verhinderung) des ältesten beisitzenden Richters zu ersetzen. Die Unterschrift des Verhinderten darf z.B. nicht durch die eines Spruchkörpermitgliedes ersetzt werden, das an der Entscheidung nicht mitgewirkt hat.[1593] Ebenso wenig darf bei der Bezeichnung des Verhinderten ein unrichtiger Name eingesetzt werden.[1594] Sichergestellt sein muss selbstverständlich auch, dass wirklich ein **Verhinderungsfall** vorliegt. Diese Voraussetzung ist gegeben, wenn der mitwirkende Richter aus dem Richterdienst ausgeschieden ist,[1595] nicht aber z.B. bei einer Versetzung an ein anderes

---

2004, 2108; *Meyer-Goßner/Schmitt* § 275 StPO, Rn. 12; LR-*Stuckenberg* § 275 StPO, Rn. 13; SK-StPO/*Frister* § 275 StPO, Rn. 19. Anders OLG Hamm, Beschl. v. 10.3.2016 – III-3 RVs 19/16, Rn. 23. Vgl. zur Bedeutung der Fristüberschreitung im Verfahren nach der WDO: BVerwG, Beschl. v. 27.6.2013 – 2 WD 19.12.

**1589** BayObLG, Beschl. v. 23.5.2003 – 1 ObOWi 177/03 = BayObLGSt 2003, 73. Vgl. auch die Nachweise bei KK-*Greger* § 275 StPO, Rn. 25.

**1590** Vgl. nur OLG Saarbrücken, Beschl. v. 20.5.2016 – Ss 28/2016 (21/16); OLG Köln, Beschl. v. 19.7.2011 – 1 RVs 166/11 = NStZ-RR 2011, 348.

**1591** BGH, Urt. v. 9.11.1994 – 3 StR 436/94 = StV 1995, 454.

**1592** BGH, Beschl. v. 1.4.2010 – 3 StR 30/10 = StV 2010, 618.

**1593** BGH, Beschl. v. 12.5.1993 – 2 StR 191/93 = StV 1993, 459 = NStZ 1993, 448.

**1594** BGH wistra 1989, 33 = BGHR StPO § 275 Abs. 2 S. 1 – Unterschrift 2.

**1595** Vgl. BGH, Beschl. v. 8.11.2006 – 2 StR 294/06 = NStZ-RR 2007, 88; BGH, Beschl. v. 26.7.2005 – 3 StR 196/05 = StV 2006, 459; BGH, Beschl. v. 5.7.1994 – 5 StR 664/93 = StV 1994, 641 (Ernennung zum Staatsanwalt).

Gericht[1596] oder einer Abordnung.[1597] Da Wechsel zwischen verschiedenen Stellen in der Justiz üblich sind, kommt es hier immer wieder zu Zweifelsfragen. Selbst wenn die Tätigkeit bei einem anderen Gericht oder einer Behörde nicht unmittelbar ein rechtliches Hindernis für die Unterzeichnung darstellt, kann sie den Richter im Einzelfall aus tatsächlichen Gründen daran hindern, ein Urteil zu unterzeichnen (etwa wegen zu großer räumlicher Entfernung des neuen Dienstortes[1598]). Im Hinblick auf die hohe Bedeutung der Urteilsurkunde für das Strafverfahren müssen hier allerdings strenge Maßstäbe gelten.[1599] Befindet sich der Richter zum Zeitpunkt des Fristablaufs im Urlaub, wird dies in aller Regel als Verhinderungsgrund ausreichen.[1600] Dasselbe gilt, wenn sich der Richter in Elternzeit befindet.[1601]

Für die Einhaltung der Anforderungen des § 275 StPO ist, solange die **Akten** 673
**in Papierform** geführt werden, maßgeblich, dass die Urteilsgründe innerhalb der Frist des § 275 Abs. 1 StPO mit allen erforderlichen Unterschriften zu den Akten gebracht werden (§ 275 Abs. 1 S. 5 StPO). Zu beachten ist hier aber, dass sich aus dem Gesetz zur Einführung der elektronischen Akte Änderungen ergeben haben. Zwar ist nach der Gesetzesänderung ein ausdrücklicher Vermerk der Geschäftsstelle über den Eingang der Urteilsgründe nicht mehr erforderlich. Doch wird zur Vermeidung von Unklarheiten in der Kommentarliteratur unverändert empfohlen, einen entsprechenden Vermerk anzufertigen.[1602] Damit ist jedenfalls der im Gesetz nunmehr enthaltenen Forderung, wonach der Zeitpunkt „aktenkundig" sein muss, entsprochen. Unter Geltung der früheren Gesetzesfassung war anerkannt, dass dem (damals noch vorgeschriebenen) Eingangsvermerk der Geschäftsstelle nicht die formelle Beweiskraft des § 274 StPO zukam,[1603] so dass es in Zweifelsfällen erforderlich war, den tatsächlichen Ein-

---

**1596** Vgl. BGH, Beschl. v. 26.9.2013 – 2 StR 271/13 = StV 2015, 97 = NStZ 2014, 355; BGH, Beschl. v. 27.10.2010 – 2 StR 331/10 = StV 2011, 210 = NStZ 2011, 358 m. abl. Anm. *Foth*.

**1597** Vgl. BGH, Beschl. v. 22.6.1982 – 1 StR 249/81 = NStZ 1982, 476; BGH, Beschl. v. 26.4.2006 – 5 StR 21/06 = NStZ 2006, 586. Keine Verhinderung auch bei Einsatz eines Richters auf Probe bei der StA, sofern der Status hierdurch unberührt bleibt: BGH, Beschl. v. 26.7.2005 – 3 StR 196/05 = StV 2006, 459.

**1598** Vgl. hierzu BGH, Beschl. v. 8.6.2011 – 3 StR 95/11.

**1599** Nach der Rspr. des BGH ist die Unterzeichnung der Urteilsgründe ein dringliches unaufschiebbares Dienstgeschäft: BGH, Beschl. v. 26.9.2013 – 2 StR 271/13 = NStZ 2014, 355; BGH, Beschl. v. 27.10.2010 – 2 StR 331/10 = NStZ 2011, 358.

**1600** Vgl. BGH, Beschl. v. 11.5.2016 – 1 StR 352/15 = StV 2016, 779 = NStZ 2016, 623 m. Anm. *Ventzke*.

**1601** BGH, Beschl. v. 31.10.2019 – 3 StR 261/19 = NStZ 2020, 181.

**1602** KK-*Greger* § 275 StPO, Rn. 42.

**1603** Vgl. BGH, Beschl. v. 21.4.2015 – 1 StR 555/14 = NStZ-RR 2015, 257; BGH, Beschl. v. 11.5.2015 – 1 StR 352/15 = NStZ 2016, 623.

gangszeitpunkt festzustellen.[1604] Nachdem die neue Gesetzesfassung nurmehr die allgemeine Vorgabe enthält, den Zeitpunkt festzuhalten, ohne hierfür eine konkrete Form vorzuschreiben, hat sich hieran nichts geändert. Auch wenn hier nicht die formelle Beweiskraft des § 274 StPO gilt, wird entsprechenden Eintragungen der Geschäftsstelle aber regelmäßig hohe Beweiskraft zukommen.[1605]

674 Für die frühere Gesetzesfassung hatte die Rechtsprechung anerkannt, dass es ausreicht, wenn das Urteil in seiner endgültigen Fassung mit allen notwendigen Unterschriften „auf den Weg zur Geschäftsstelle" gebracht worden war, wofür es bereits genügen sollte, wenn die Akten mit dem Urteil im Dienstzimmer des Richters an der dafür vorgesehenen Stelle zum Abtrag bereitliegen.[1606] Nach dem Wegfall der Regelung über den obligatorischen Eingangsvermerk wird die Rechtsprechung keinen Anlass sehen, hier die Anforderungen zu verschärfen.

675 Völlig andere Abläufe werden sich ergeben, wenn die **Akten in elektronischer Form** geführt werden. Dann soll das Datum automatisch durch das Computersystem erfasst werden, so dass ein zusätzlicher Vermerk nicht erforderlich sein wird.[1607] Der für die Einhaltung des § 275 StPO maßgebliche Zeitpunkt ist dann nach **§ 32b Abs. 2 StPO** zu bestimmen. Die Anforderungen an das Urteil werden sich aus § 32b Abs. 1 S. 2 StPO ergeben, mit der Konsequenz, dass der absolute Revisionsgrund eingreift, wenn sie nicht erfüllt sind. Welche Beweiskraft etwaigen Aufzeichnungen in den Computersystemen zukommt, wird zu klären sein. Ob dann gleichwohl noch Urteile in Papierform abgefasst werden (mit der Folge, dass möglicherweise erst die nach § 32e Abs. 1 StPO erforderliche Digitalisierung die Urteilsabsetzungsfrist wahren würde[1608]), wird die Praxis zeigen.

676 Solange die Akten in Papierform geführt werden, behält jedoch die Frage ihre praktische Bedeutung, ab wann das Urteil nicht mehr verändert werden darf und welche Rechtsfolgen **nachträgliche Änderungen** haben. Es versteht sich von selbst, dass Änderungen angebracht werden können, solange die Frist noch nicht abgelaufen ist und das Urteil den inneren Bereich des Gerichts noch

---

**1604** Vgl. LR-*Franke* § 338 StPO, Rn. 122; *Meyer-Goßner/Schmitt* § 338 StPO, Rn. 55; BGHSt 29, 43, 47.

**1605** Vgl. BGH, Beschl. v. 11.5.2016 – 1 StR 352/15 = NStZ 2016, 623.

**1606** BGH, Urt. v. 5.7.1979 – 4 StR 272/79 = BGHSt 29, 43, 45 = NJW 1980, 298, 299; KK-*Greger* § 275 StPO, Rn. 40.

**1607** Vgl. *Meyer-Goßner/Schmitt* § 275 StPO, Rn. 18; BT-Drs. 18/9416, S. 64.

**1608** BT-Drs. 18/9416, S. 49.

nicht verlassen hat.[1609] Nach Ablauf der Frist sind Änderungen oder Ergänzungen nicht mehr rechtswirksam möglich.[1610] Werden gleichwohl nachträglich handschriftliche Änderungen eingefügt, legt dies nahe, dass die ursprüngliche Fassung lediglich als Entwurf anzusehen war, auch wenn sie unterschrieben wurde.[1611] Fügt bei einer mit zwei Berufsrichtern besetzten Kammer der Vorsitzende nachträglich Bemerkungen in das Urteil ein, dann ist die spätere (ergänzte) Fassung jedenfalls nicht vom Beisitzer unterschrieben, so dass „Entscheidungsgründe", an die der Revisionsrichter sich halten könnte, tatsächlich „fehlen".[1612] Unschädlich sind allenfalls kleine Korrekturen, so etwa die Beseitigung offensichtlicher Schreibfehler.[1613]

Der Revisionsführer muss für die **Rüge des § 338 Nr. 7 StPO** die Tatsachen 677
vortragen, aus denen sich das Fehlen der Urteilsgründe oder die Fristüberschreitung ergibt (§ 344 Abs. 2 S. 2 StPO). Schon weil mit der Rüge in aller Regel die Verletzung von § 275 StPO gerügt wird, hat sich die Darlegung der Verfahrenstatsachen an den Merkmalen dieser Vorschrift zu orientieren. Regelmäßig sollte deshalb in der Verfahrensrüge dargelegt werden, wann das Urteil verkündet wurde, wie viele Verhandlungstage stattgefunden haben und wann das Urteil zu den Akten gebracht wurde.[1614] Unschädlich, aber nicht unbedingt notwendig, ist die Angabe der Daten der verschiedenen Sitzungstage. Das Fehlen von Umständen, die es ausnahmsweise nach § 275 Abs. 1 S. 4 StPO rechtfertigen, die Frist zu überschreiten, braucht nicht dargelegt zu werden, solange der schlüssige und zutreffende Vortrag zur Fristüberschreitung selbst dazu keinen Anhaltspunkt bietet. Ist dies aber der Fall, so sollte man klarstellen, wie die Einhaltung der Frist trotz des Umstandes, der zur Fristüberschreitung geführt hat, möglich gewesen wäre.[1615] Wird geltend gemacht, das Urteil sei nicht von allen

---

**1609** KK-*Greger* § 275 StPO, Rn. 55; *Meyer-Goßner/Schmitt* § 275 StPO, Rn. 11.

**1610** Vgl. zu den Voraussetzungen der Strafbarkeit nach § 339 StGB in diesem Zusammenhang: BGH, Urt. v. 18.7.2013 – 4 StR 84/13 = StV 2014, 16 = NStZ 2013, 655 m. Anm. *Nestler.*

**1611** BGH, Beschl. v. 24.10.2013 – 5 StR 333/13.

**1612** Vgl. hierzu *Eb. Schmidt*, Lehrkommentar, § 275 StPO, Rn. 7, 11, 13. Vgl. auch BGHSt 26, 92, 93 = NJW 1975, 1177; BGH MDR 1983, 450 (bei *Holtz*); BGH, Beschl. v. 3.11.1992 – 5 StR 565/92 = StV 1993, 117 = NStZ 1993, 200.

**1613** Vgl. KK-*Greger* § 275 StPO, Rn. 27.

**1614** Vgl. zu den Darlegungsanforderungen: BGH, Beschl. v. 12.11.2019 – 5 StR 542/19 = StraFo 2020, 28; BGH, Beschl. v. 22.1.2019 – 2 StR 413/18 = StV 2019, 820; BGH, Urt. v. 5.7.1979 – 4 StR 272/79 = BGHSt 29, 43, 44 = NJW 1980, 298; BGH, Urt. v. 6.2.1980 – 2 StR 729/79 = BGHSt 29, 203 = NJW 1980, 1292; vgl. auch BGH, Beschl. v. 9.11.2006 – 1 StR 388/06 = NStZ-RR 2007, 53, 54.

**1615** Vgl. LR-*Stuckenberg* § 275 StPO, Rn. 75; KK-*Gericke* § 338 StPO, Rn. 98, der sich für die Annahme, es gehöre zur Zulässigkeit der Rüge „gegebenenfalls auch die Darlegung der beson-

Berufsrichtern unterschrieben worden, die an der Hauptverhandlung mitgewirkt haben, es sei zu Unrecht ein Verhinderungsfall angenommen worden, sollte klargestellt werden, ob nach Ansicht des Beschwerdeführers der Verhinderungsvermerk schon deshalb falsch ist, weil der geltend gemachte Hinderungsgrund von vornherein aus Rechtsgründen nicht geeignet war, die fehlende Unterzeichnung zu rechtfertigen oder ob der zuständige Richter zu Unrecht von einer Verhinderung ausgegangen ist, weil er die Anforderungen an die Anwendung des konkreten Verhinderungsgrundes zu niedrig angesetzt hat.

678 Welchen Umfang die **Prüfung durch das Revisionsgericht** bei Rügen hat, deren Gegenstand die Verletzung von § 275 StPO ist, richtet sich nach der Art des gerügten Verfahrensfehlers. Kommt es für die Einhaltung der Frist darauf an, wann das Urteil zu den Akten gebracht wurde, soll das Revisionsgericht befugt sein, im Freibeweisverfahren hierüber Beweis zu erheben.[1616] Regelmäßig wird es dabei dienstliche Erklärungen der am Verfahren beteiligten Richter (gegebenenfalls auch der zuständigen Mitarbeiter der Geschäftsstelle) einholen.[1617] Das hat in der Praxis zu durchaus unterschiedlichen Ergebnissen geführt. Während in einzelnen Fällen anhand der Erklärungen der Gerichtsmitglieder rekonstruiert wurde, dass das Urteil rechtzeitig und in vollständiger Form unterzeichnet bereitlag,[1618] war in anderen Fällen der Verbleib des unterschriebenen Originals nicht aufklärbar.[1619] Der nach früherer Rechtslage anzubringende Eingangsvermerk besaß dabei durchaus eigene Beweiskraft.[1620] Doch bleibt auch gegenüber einem solchen Vermerk grundsätzlich ein Gegenbeweis möglich.[1621]

679 Hat die Rüge zum Gegenstand, es sei zu Unrecht ein Verhinderungsfall nach § 275 Abs. 2 StPO angenommen worden und das Urteil sei nicht von allen Berufsrichtern unterzeichnet, die an der Hauptverhandlung mitgewirkt haben, dann ist umstritten, in welchem Umfang das Revisionsgericht in eine Nachprüfung einzutreten hat.[1622] Fehlt der Verhinderungsvermerk vollständig, so ist das

deren Umstände, die eine Fristüberschreitung … rechtfertigen", zu Unrecht auf BGHSt 26, 247 (= NJW 1976, 431) beruft.

**1616** LR-*Stuckenberg* § 275 StPO, Rn. 74; KK-*Greger* § 275 StPO, Rn. 74.

**1617** *Meyer-Goßner/Schmitt* § 275 StPO, Rn. 18.

**1618** BGH, Beschl. v. 21.4.2015 – 1 StR 555/14 = NStZ-RR 2015, 257.

**1619** BGH, Beschl. v. 22.5.2012 – 5 StR 229/12 = StraFo 2012, 271.

**1620** Vgl. BGH, Beschl. v. 11.5.2016 – 1 StR 352/15 = NStZ 2016, 623.

**1621** Nach MüKoStPO/*Knauer/Kudlich* § 338 StPO, Rn. 173 hat der Vermerk Indizwirkung.

**1622** Vgl. hierzu allgemein: BGH, Beschl. v. 30.10.2019 – 3 StR 261/19 = NStZ 2020, 181; BGH, Beschl. v. 11.5.2016 – 1 StR 352/15 = NStZ-RR 2016, 286.

Urteil nach zutreffender Ansicht schon deshalb aufzuheben.[1623] Das muss auch gelten, wenn der Verhinderungsvermerk von der falschen Person unterzeichnet wurde.

Damit ist aber noch nicht entschieden, inwieweit das Revisionsgericht über den Verhinderungsgrund Beweis erheben soll, wenn lediglich vermerkt wurde, der zuständige Richter sei an der Unterschriftsleistung gehindert gewesen. Ist kein konkreter Verhinderungsgrund benannt, so ist damit die gesetzliche Begründungspflicht verletzt. Der BGH tritt in derartigen Fällen[1624] jedoch in eine Beweiserhebung ein und klärt selbst auf, ob ein Verhinderungsgrund bestand.[1625] Das Begründungsdefizit wird auf diese Weise in der Revisionsinstanz ausgeglichen, der Fehler „repariert". Schon weil Beratungen nicht immer zu einem einstimmigen Ergebnis führen und Fälle vorgekommen sind, in denen sich Richter geweigert haben, ein Urteil zu unterzeichnen,[1626] sollte hier aber keine allzu große Bereitschaft zur Nachsicht bestehen. Das Gesetz sieht vor, dass es zu dokumentieren ist, wenn von dem Grundsatz abgewichen wird, dass die berufsrichterlichen Mitglieder des Gerichts die Urteilsgründe zu unterzeichnen haben. Diesem Begründungserfordernis ist nicht entsprochen, wenn kein Verhinderungsgrund angegeben ist. Es kann nicht dem Revisionsgericht obliegen, dieses Versäumnis auf der Ebene des Tatgerichts im Nachhinein „auszubügeln", indem es klärt, welchen Grund ein Richter dafür hatte, dass er an Stelle eines Kollegen unterzeichnet hat und warum er es versäumt hat, diesen Grund anzugeben. Richtigerweise sollte das Urteil deshalb auch in den Fällen aufgehoben werden, in denen kein Verhinderungsgrund angegeben ist, weil es dann nicht ordnungsgemäß unterschrieben ist.[1627] 680

Eine gewisse Strenge in Bezug auf die Dokumentationspflicht ist hier umso mehr angebracht, wenn die Prüfung der Voraussetzungen des § 275 Abs. 2 StPO im Übrigen in der Weise beschränkt wird, wie dies in der Rechtsprechung immer wieder geschieht.[1628] Der 1. Strafsenat hat hierzu ausgeführt, das Revisionsgericht prüfe, ob der im Verhinderungsvermerk genannte Grund generell geeig- 681

**1623** Vgl. KK-*Greger* § 275 StPO, Rn. 69; MüKoStPO/*Valerius* § 275 StPO, Rn. 52; BGH, Beschl. v. 21.10.2002 – 5 StR 433/02 = NStZ-RR 2003, 85; BGH, Beschl. v. 26.10.1999 – 4 StR 459/99 = NStZ-RR 2000, 237; BGH StV 2003, 151. Anderer Ansicht: LR-*Stuckenberg* § 275 StPO, Rn. 72.

**1624** Wie in BGH, Urt. v. 14.11.1978 – 1 StR 448/78 = BGHSt 28, 194 = NJW 1979, 663 (m. Anm. *Foth* NJW 1979, 1310).

**1625** BGH, Beschl. v. 23.1.1991 – 3 StR 415/90 = NStZ 1991, 297.

**1626** Vgl. zur Thematik BGH, Urt. v. 25.2.1975 – 1 StR 558/74 = BGHSt 26, 92, 93 = NJW 1975, 1177, 1178; OLG Naumburg, Beschl. v. 6.10.2008 – 1 Ws 504/07 = NJW 2008, 3585, 3586.

**1627** Vgl. hierzu MüKoStPO/*Valerius* § 275 StPO, Rn. 52.

**1628** Vgl. hierzu auch *Ventzke* NStZ 2016, 626.

net ist, den Richter an der Unterschriftsleistung zu hindern. Ob sich hieraus im konkreten Fall auch eine Verhinderung ergeben hat, obliege der Beurteilung des Vorsitzenden. Die Beurteilung des Vorsitzenden werde durch das Revisionsgericht lediglich daraufhin überprüft, ob er den ihm eingeräumten Spielraum überschritten habe, die Annahme der Verhinderung auf sachfremden Erwägungen beruhe und sich deshalb als willkürlich erweise.[1629] Der 2. Strafsenat hat demgegenüber in zwei Entscheidungen zwar dem Vorsitzenden ebenfalls einen Beurteilungsspielraum zuerkannt, zugleich aber hervorgehoben, der Vorsitzende habe bei der Planung zu berücksichtigen, dass die Unterzeichnung eines Strafurteils ein dringendes Dienstgeschäft ist.[1630]

682 Dass es auch im Revisionsverfahren möglich sein muss, die Rechtsfrage zu prüfen, ob der in einem Verhinderungsvermerk angegebene Grund rechtlich überhaupt geeignet ist, die Rechtsfolge zu tragen, kann nicht zweifelhaft sein.[1631] Ebenso klar ist, dass es nicht Aufgabe des Revisionsgerichts sein kann, im Einzelnen etwa auch noch zu überprüfen, wann genau ein Richter seine Urlaubsreise angetreten hat, wenn im Verhinderungsvermerk angegeben ist, er sei durch Urlaub an der Unterzeichnung gehindert gewesen und keine Anhaltspunkte dafür bestehen, dass diese Angaben nicht zutreffen. Daneben darf aber nicht unberücksichtigt bleiben, dass die Unmöglichkeit der Unterzeichnung (etwa am letzten Tag der Frist) nicht das Ergebnis einer nachlässigen organisatorischen Planung sein sollte. Der Tag des Fristablaufs steht bei Urteilsverkündung fest, die Frist des § 275 Abs. 1 StPO ist großzügig bemessen. Anderweitige Terminplanungen (wie etwa im Zusammenhang mit Abordnungen oder der Teilnahme an einem Betriebsausflug[1632]) können dieses Datum berücksichtigen. Entsteht am Ende der Eindruck, bei der Planung anderer Termine sei es gerade-

---

**1629** BGH, Beschl. v. 11.5.2016 – 1 StR 352/15 = StV 2016, 779 = NStZ 2016, 623 m. Anm. *Ventzke*; vgl. auch BGH, Beschl. v. 8.6.2011 – 3 StR 95/11 sowie BGH, Urt. v. 18.1.1983 – 1 StR 757/82 = BGHSt 31, 212, 214 = NJW 1983, 1745; BGH, Urt. v. 23.10.1992 – 5 StR 364/92 = NStZ 1993, 96. S. ergänzend auch BGH, Beschl. v. 24.4.2006 – 2 StR 497/05 = NStZ-RR 2008, 66 (bei *Becker*) sowie *Foth* NStZ 2011, 359.

**1630** BGH, Beschl. v. 26.9.2013 – 2 StR 271/13 = StV 2015, 97 = NStZ 2014, 355; BGH, Beschl. v. 27.10.2010 – 2 StR 331/10 = StV 2011, 210 = NStZ 2011, 358.

**1631** Keine Verhinderung aus rechtlichen Gründen bei Einsatz eines Richters auf Probe bei der StA: BGH, Beschl. v. 26.7.2005 – 3 StR 196/05 = StV 2006, 459 und Abordnungen: BGH, Beschl. v. 22.6.1982 – 1 StR 249/81 = NStZ 1982, 476; BGH, Beschl. v. 26.4.2006 – 5 StR 21/06 = NStZ 2006, 586; bejaht bei Ausscheiden aus dem Richterdienst: BGH, Beschl. v. 8.11.2006 – 2 StR 294/06 = NStZ-RR 2007, 88 und Ernennung zum StA: BGH, Beschl. v. 5.7.1994 – 5 StR 664/93 = StV 1994, 641.

**1632** Vgl. BGH, Urt. v. 18.1.1983 – 1 StR 757/82 = BGHSt 31, 212 = NJW 1983, 1745.

zu billigend in Kauf genommen worden, dass die Urteilsgründe nicht mehr unterzeichnet werden können, dann ergibt dies ein wenig überzeugendes und mit der Bedeutung der schriftlichen Urteilsgründe nicht mehr vereinbares Gesamtbild.

## 9. § 338 Nr. 8 StPO (Beschränkung der Verteidigung)

**Literatur:** *Baldus* Versäumte Gelegenheiten; Zur Auslegung des § 338 Nr. 8 und § 267 Abs. 1 S. 2 StPO, FS Heusinger, 1968, S. 373; *Fuhrmann* Gehört zur Revisibilität eines Verfahrenverstoßes ein Gerichtsbeschluss? JR 1962, 321. *Mehle*, Die „Relativierung" der absoluten Revisionsgründe – vom Niedergang der Formenstrenge, FS Dahs, 2005, S. 381; *ter Veen* Die Beschneidung des Fragerechts und die Beschränkung der Verteidigung als absoluter Revisionsgrund, StV 1983, 107.

Einen in seinen Voraussetzungen und in seiner Reichweite umstrittenen Revisi- 683
onsgrund enthält § 338 Nr. 8 StPO. Seinem Wortlaut nach setzt er voraus, dass die Verteidigung „in einem für die Entscheidung wesentlichen Punkt unzulässig beschränkt" worden ist. Die h.M. leitet hieraus ab, die Vorschrift enthalte lediglich einen **relativen Revisionsgrund**, der eigentlich im Katalog der absoluten Revisionsgründe nichts zu suchen habe.[1633] So heißt es denn auch allenthalben: „Die Vorschrift enthält keinen unbedingten Revisionsgrund".[1634] Begründet wird dies damit, dass die Frage nach der Unzulässigkeit einer Verteidigungsbeschränkung nur mit Blick auf das übrige Strafprozessrecht außerhalb dieser Bestimmung zu beantworten sei, und der aus dem Eingangshalbsatz des § 338 StPO folgende Verzicht auf die Beruhensprüfung durch das Merkmal „für die Entscheidung wesentlicher Punkt" wieder aufgehoben werde.[1635]

**1633** Vgl. die Nachweise bei LR-*Franke* § 338 StPO, Rn. 124. S. hierzu schon *Beling* JW 1926, 1225, der die Vorschrift als ein bloßes Versehen des Gesetzgebers ansah; auch die früheren Auflagen dieses Buches haben noch einen Unterschied zu den relativen Revisionsgründen verneint, 5. Aufl., Rn. 227.

**1634** LR-*Franke* § 338 StPO, Rn. 125 in Abweichung von *Hanack* in der Voraufl.; *Meyer-Goßner/Schmitt* § 338 StPO, Rn. 58; KK-*Gericke* § 338 StPO, Rn. 101; *Dahs*, Revision, Rn. 216; Beispiele für eine ähnliche Tendenz ohne nähere Begründung in der Rechtsprechung: RGSt 44, 338, 345; BGHSt 30, 131, 135; BGH NStZ 1981, 361 = StV 1981, 500, 501; BGH NStZ 1982, 158, 159; BGH NStZ 1982, 170; BGH StV 1988, 193, 194; *Roxin/Schünemann*, § 55, Rn. 42, hält die Vorschrift für überflüssig und verweist auf § 337 StPO als einschlägige Norm, wobei er aber darauf hinweist, dass die Frage, wie die Wendung in § 338 Nr. 8 StPO zu interpretieren sei, noch „weiterer Klärung" harre.

**1635** So jetzt unter eingehender Auseinandersetzung mit der (auch hier vertretenden Gegenmeinung) SK-StPO/*Frisch* § 338 StPO, Rn. 158 ff.

684 Das kann aber der Gesetzgeber nicht gewollt haben. Abgesehen davon, dass es schon allgemeinen Auslegungsregeln widerspräche, in einem gesetzlichen Katalog eine von acht Bestimmungen als überflüssig, deplatziert oder „nicht so gemeint" verstehen zu wollen, muss bedacht werden, dass die Vorschrift aus einer Zeit stammt, in der bei der Abfassung von Gesetzen noch mehr Wert auf systematische Sauberkeit gelegt wurde als heute. In der „Übersetzung" des Merkmals „für die Entscheidung wesentlich" durch die h.M. würde die Ziff. 8 folgende Regelung enthalten: *„Ein Urteil ist stets als auf einer Verletzung des Gesetzes beruhend anzusehen, wenn die Verteidigung unzulässig beschränkt wurde und darauf das Urteil beruht"*. Ein solcher Unsinn wäre den StPO-Gesetzgebern nicht unterlaufen.

685 Es kann durchaus die Verteidigung in einem für die Entscheidung wesentlichen Punkt durch einen Beschluss des Gerichts unzulässig beschränkt worden sein, ohne dass die bei den relativen Revisionsgründen *konkret* zu stellende Beruhensfrage bejaht werden kann. Die Rüge nach § 338 Nr. 8 StPO muss sich auf einen Verfahrenszusammenhang („Punkt") beziehen, der *abstrakt* entscheidungswichtig sein kann. *Ellen Schlüchter*[1636] hat dies als eine „auf den Zeitpunkt der Beschlussfassung bezogene ex-ante-Erwägung" bezeichnet, also die Prüfung der abstrakten Eignung des Beschlusses für eine Beeinflussung der richterlichen Entscheidung, was etwas völlig anderes ist, als die auf den Urteilszeitpunkt abstellende „ex-post-Betrachtung" des § 337 StPO.[1637]

686 Hierzu ein **Beispiel** aus der Rechtsprechung des BGH:[1638]

Die Staatsanwaltschaft hatte dem Angeklagten zur Last gelegt, mit „Samynova-Tabletten", in einem Fall als Mitglied einer Bande, Handel getrieben zu haben. „Samynova-Tabletten" enthalten nach den Feststellungen der Strafkammer einen Wirkstoff, der durch eine kurz vor der Tat in Kraft getretene Verordnung in den Katalog der verbotenen Betäubungsmittel aufgenommen worden war.

Das Landgericht hat nun nicht feststellen können, dass der Angeklagte als Mitglied einer Bande gehandelt hat, die sich zur fortgesetzten Begehung von

---

**1636** *Schlüchter*, Das Strafverfahren, Rn. 743.

**1637** Ähnlich *ter Veen* StV 1983, 170, 171, der aber an der ex-post-Betrachtung festhalten will und mit Hilfe einer abstrakten Wesentlichkeitsprüfung des Verfahrensfehlers den absoluten Charakter der Nummer 8 erreichen will. Für die Frage, wie die Abgrenzungskriterien zwischen wesentlichem und geringfügigem Verstoß aussehen könnten, wird auf *ter Veens* ausführliche Ausarbeitung und Vorschläge hierzu verwiesen (S. 171).

**1638** BGH, Beschl. v. 24.11.1987 – 4 StR 586/87 = StV 1988, 193 = BGHR StPO § 338 Nr. 8 – Akteneinsicht 1.

Straftaten nach dem Betäubungsmittelgesetz verbunden hat. Es ist aber seiner Einlassung, er habe nicht gewusst, dass „Samynova-Tabletten" zu den Betäubungsmitteln gehören, nicht gefolgt und hat ausgeführt, er habe „mindestens" damit gerechnet und dies billigend in Kauf genommen. Deshalb hat die Strafkammer den Angeklagten wegen Handeltreibens mit Betäubungsmitteln in zwei Fällen verurteilt. Dieses Urteil hob der BGH wegen des absoluten Revisionsgrundes gemäß § 338 Nr. 8 StPO auf, wobei der Senat die unzulässige Beschränkung der Verteidigung in folgendem Vorgang sah:

Der Verteidiger des Angeklagten hatte in der Hauptverhandlung vom 687
25.6.1987 den Antrag gestellt, „... die gesamten Ermittlungsakten zum Verfahren „Samynova" beizuziehen und mir zur Einsichtnahme zu überlassen und das Verfahren auszusetzen (oder zu unterbrechen), damit ich Gelegenheit habe, diese Akten durchzuarbeiten und ggf. mit dem Angeklagten zu besprechen, um ggf. Beweisanträge stellen zu können, die indiziell beweisen werden, dass der Angeklagte nicht gewusst hat, in einer Bande mit Betäubungsmitteln zu handeln". Diesen Antrag hatte das Landgericht mit der Begründung abgelehnt, für die Beiziehung der sonstigen Ermittlungsakten in dem Samynova-Komplex bestehe „nach der Einlassung des Angeklagten und der bisherigen Beweisaufnahme kein Anlass, weil insbesondere aufgrund der Einlassung des Angeklagten insoweit hinsichtlich des gegen ihn erhobenen Vorwurfs bandenmäßigen Handelns keine weitere Aufklärung zu erwarten" sei.

In diesem Beschluss sah die Revision und ihr folgend der BGH zu Recht eine 688
Verteidigungsbeschränkung in einem „für die Entscheidung wesentlichen Punkt". Die drei Aktenbände jenes nicht unmittelbar verfahrensgegenständlichen anderen Ermittlungsverfahrens hatten den Richtern der Strafkammer seit dem zweiten Tage der Hauptverhandlung vorgelegen. Sie gehörten spätestens von diesem Zeitpunkt an zu den Akten des laufenden Verfahrens. Auf diese erstreckt sich das Einsichtsrecht des Verteidigers (§ 147 Abs. 1 StPO).[1639] Der Antrag, ihm die Möglichkeit der Einsicht in jene Akten zu gewähren, hätte deshalb nicht abgelehnt werden dürfen. Durch die insofern unzulässige Verweigerung der Akteneinsicht ist die Verteidigung folglich unzulässig beschränkt worden.

Zur Beantwortung der Frage, ob diese Beschränkung einen „für die Ent- 689
scheidung wesentlichen Punkt" betraf, griff der Senat nach einer Formulierung, die durchaus dem Prüfungskriterium für die Beruhensfrage bei Verfahrensfeh-

---

**1639** Das gilt sogar dann, wenn die beigezogenen Akten für sich genommen noch dem beschränkten Einsichtsrecht gemäß § 147 Abs. 2 StPO unterliegen, KK-*Willnow* § 147 StPO, Rn. 4; OLG Schleswig StV 1989, 95; BGH, Beschl. v. 11.11.2004 – 5 StR 299/03 = BGHSt 49, 317. Siehe auch unten Rn. 705 ff.

lern ähnelt, die nur als relative Revisionsgründe gemäß § 337 StPO gerügt werden können: *„Es ist nicht von vornherein auszuschließen, dass der Angeklagte seine Verteidigung, er habe nicht gewußt, dass der Wirkstoff dieser Tabletten als Betäubungsmittel eingestuft worden war, aus diesen Vorgängen hätte abstützen können."* Sieht man genauer hin, so besteht aber doch ein Unterschied zur Beruhensfrage: „Nicht von *vornherein* ausgeschlossen" ist etwas anderes als die für das Beruhen entscheidende Aussage, es bestehe möglicherweise eine konkrete Kausalität zwischen dem Verfahrensfehler und dem Urteilstenor. Während die Ursächlichkeit zwischen irgendeinem (nicht im Katalog des § 338 StPO aufgeführten) Verfahrensfehler und der tatrichterlichen Überzeugung sich unter Berücksichtigung der im Urteil mitgeteilten Beweislage im Einzelfall entscheidet, findet die Prüfung der „Wesentlichkeit" abstrakt statt. Man braucht dazu die Einzelheiten des Falles gar nicht zu kennen. Auf die Möglichkeit, in alle dem Gericht für die Hauptverhandlung vorliegenden Akten Einblick zu nehmen, hat der Verteidiger gerade darum einen Rechtsanspruch, weil die Durchsicht dieser Akten „durch die Brille des Verteidigers" ein von der Strafprozessordnung gewolltes „wesentliches" Element einer rechtsstaatlichen Urteilsfindung ist. Die Zurückweisung eines *„solchen"* Antrages der Verteidigung betrifft also stets einen für die Entscheidung wesentlichen Punkt, während es bei den relativen Revisionsgründen, die sich mit zurückgewiesenen Anträgen befassen, darum geht, ob die Stattgabe oder mit zutreffender Begründung erfolgte Zurückweisung *„dieses"* Antrages zu einem anderen Urteil hätte geführt haben können.

690 Das heißt freilich nicht, dass der absolute Revisionsgrund des § 338 Nr. 8 StPO und ihm verwandte relative Revisionsgründe im Verhältnis eines „Entweder–oder" stünden. Wenn die Unzulässigkeit der Beschränkung aus einem Verstoß gegen geschriebenes Verfahrensrecht folgt (z.B. aus der Verletzung des § 147 StPO), deckt sich der absolute Revisionsgrund des § 338 Nr. 8 StPO weitgehend, aber nicht vollständig mit einem entsprechenden relativen Revisionsgrund. Jede Verletzung geltenden Verfahrensrechts, die den Angeklagten in seiner Verteidigung beschränkt *und* auf der das Urteil beruhen kann, ist gleichzeitig ein Fall des § 338 Nr. 8 StPO. Insoweit wäre er also überflüssig. Aber er wird benötigt für die Fälle, in denen es schwerfällt, eine konkrete Kausalität im Einzelnen hypothetisch nachzuvollziehen und doch der Typus des Verfahrensfehlers so essentiell im Hinblick auf eine rechtsstaatliche Entscheidungsfindung ist, dass sich schon deshalb eine konkrete Betrachtungsweise verbietet.[1640] Der

**1640** Vgl. *Schlüchter*, Das Strafverfahren, Rn. 743f.; ähnlich auch *Dünnebier* FS Dreher, S. 669; *Peters*, Strafprozess, S. 650.

BGH hat also in der zitierten Entscheidung zu Recht die Aufhebung nicht auf § 337 StPO i.V.m. § 147 StPO, sondern auf § 338 Nr. 8 StPO gestützt. Denn diese Entscheidung wäre selbst dann noch richtig, wenn in den der Verteidigung vorenthaltenen Akten überhaupt nichts Brauchbares gestanden hätte.[1641]

Die Bedeutung der Verteidigungsbeschränkung als von der konkreten Be- 691
ruhensfrage losgelöster **absoluter Revisionsgrund** zeigt sich auch bei Verfahrensfehlern, die sich als Verletzung ungeschriebener Normen erweisen. Das gilt etwa für den Anspruch auf ein faires Verfahren, soweit dieser nicht unmittelbar aus Art. 6 EMRK, sondern aus dem Rechtsstaatsprinzip abgeleitet wird. Es ist kein Zufall, dass in diesem Zusammenhang im Schrifttum ähnliche Fragen erörtert werden wie im Zusammenhang mit dem Verhältnis zwischen § 338 Nr. 8 StPO und den Einzelvorschriften zur Rechtsstellung des Angeklagten und seines Verteidigers. So wie die meisten Autoren aus dem Wort „unzulässig" in § 338 Nr. 8 StPO herauslesen, dass es sich um eine verfahrensrechtliche Blankettvorschrift handele, deren Anwendung voraussetze, dass eine andere Prozessregel verletzt ist,[1642] wird auch hinterfragt, in welchem Verhältnis das allgemeine Prinzip des fairen Verfahrens und die Garantie einzelner Verfahrensrechte stehen.[1643]

Gerade weil § 338 Nr. 8 StPO es zulässt, auch Beschränkungen der Verteidi- 692
gung zu erfassen, die sich nicht aus der Verletzung konkret geregelter Einzelrechte ergeben, ist die Vorschrift geeignet, Fragestellungen zu bewältigen, die sich aus neueren Entwicklungen des Strafverfahrens und insbesondere aus heutigen Ermittlungsmethoden ergeben. Ob z.B. 60 Stunden dauernde Aufzeichnungen aus monatelangen Telefonüberwachungen in der Hauptverhandlung abgespielt oder ob ihre Abschriften im Wege des Urkundenbeweises verlesen werden, ist weder in § 244 Abs. 2 StPO noch in den Vorschriften über den Urkunden- oder über den Augenscheinsbeweis eindeutig geregelt. Eine gewisse Beschränkung der Verteidigung liegt aber in der einen wie in der anderen Beweiserhebungsmethode. Bei der tagelangen „Augenscheinseinnahme" entgeht der Verteidigung faktisch die Vorbereitungsmöglichkeit, weil man nicht auch noch 60 Stunden oder länger in der Geschäftsstelle verbringen kann, um die

**1641** Zur Rüge der Beschränkung der Verteidigung durch Verweigerung der Akteneinsicht vgl. BGH, Beschl. v. 23.2.2010 – 4 StR 599/09 = NStZ 2010, 530; BGH, Beschl. v. 11.2.2014 – 1 StR 355/13 = StV 2015, 10. S. ferner auch BGH NStZ 1985, 87 (Revision erfolgreich) und BGH StV 1990, 532 (Revision erfolglos).

**1642** Vgl. LR-*Franke* § 338 StPO, Rn. 126 mwN.

**1643** So etwa *Heubel*, Der „fair trial" – ein Grundsatz des Strafverfahrens? S. 30 ff., S. 108 ff. Vgl. auch KK-*Fischer* Einl., Rn. 112; *Herdegen* NStZ 1984, 343; *K. Meyer* JR 1984, 174.

Aufzeichnungen dort anzuhören. Beim Urkundenbeweis gehen u. U. entlastende Nuancen im Tonfall oder in der Sprechweise verloren, die beim unmittelbaren Anhören durchaus aufschlussreich sein können.

693 Wie immer die richtige Entscheidung ist (der BGH hat in einem solchen Fall in der Erhebung des Augenscheinsbeweises mit Simultanübersetzung den Revisionsgrund des § 338 Nr. 8 StPO verneint[1644]), der historische Gesetzgeber hat derartige Situationen nicht vorausgesehen. § 338 Nr. 8 StPO ermöglicht es, auch solche Fälle einer rechtlichen Kontrolle durch das Revisionsgericht zu unterwerfen.

694 Auch die **historische Betrachtung** zeigt, dass der ursprüngliche Hauptanwendungsfall des absoluten Revisionsgrundes der Verteidigungsbeschränkung ebenfalls eine damals vom Gesetz nicht geregelte Prozesslage betraf. *Baldus* hat überzeugend nachgewiesen, dass schon das Reichsgericht § 338 Nr. 8 StPO einen eigenständigen materiellen Gehalt zuerkannt hat, und dass es überhaupt nur auf diesem Wege das Beweisantragsrecht entwickeln konnte.[1645] Solange sich die gesetzlichen Regelungen des Beweisantragsrechts in dem heutigen Absatz 2 und in dem in Abs. 6 Satz 1 des § 244 StPO enthaltenen Grundsatz erschöpfte, war die „Beschränkung der Verteidigung" die einzige Möglichkeit, den ein Beweisbegehren des Angeklagten zurückweisenden Gerichtsbeschluss mit der Revision anzufechten und inhaltlich überprüfen zu lassen. Nachdem das Gesetz heute ein ausformuliertes Beweisantragsrecht enthält und sich bei zurückgewiesenen Beweisanträgen die Beruhensfrage regelmäßig konkret stellt, hat *insoweit* § 338 Nr. 8 StPO seine selbständige Bedeutung verloren. Darüber darf aber nicht in Vergessenheit geraten, wie sehr gerade diese historische Entwicklung zeigt, welche normative Kraft der absolute Revisionsgrund dort aufzubringen imstande ist, wo es an Einzelregelungen fehlt.[1646]

695 Wie sich § 338 Nr. 8 StPO und das Recht auf ein faires Verfahren ergänzen können, zeigen auch verschiedene Fallkonstellationen aus der Rechtsprechung. Angewandt wurde § 338 Nr. 8 StPO etwa im Zusammenhang mit der Behandlung von Aussetzungsanträgen nach rechtlichen Hinweisen gemäß § 265 StPO. In einem durch den 5. Strafsenat entschiedenen Fall hatte das Tatgericht einen Aussetzungsantrag zurückgewiesen, den der Verteidiger am zweiten (und letzten) Hauptverhandlungstag vor Schluss der Beweisaufnahme gestellt hatte, nachdem das Gericht zuvor einen rechtlichen Hinweis

---

**1644** BGH, Urt. v. 9.7.1991 – 1 StR 666/90 (in BGHSt 38, 26, NStZ 1991, 535 und MDR 1991, 1185 insoweit nicht abgedruckt).

**1645** So *Baldus* Ehrengabe für Heusinger, S. 381.

**1646** Vgl. hierzu auch LR-*Franke* § 338 StPO, Rn. 127.

erteilt hatte, wonach das Tatgeschehen nicht nur – wie in der Anklage – als Totschlag, sondern als Mord gewertet werden könnte. Die u.a. auf § 338 Nr. 8 StPO gestützte Verfahrensrüge hatte Erfolg, wobei der BGH darauf verwies, durch den Hinweis sei jedenfalls eine veränderte Sachlage i.S.v. § 265 Abs. 4 StPO entstanden.[1647]

Sowohl auf den Grundsatz des fairen Verfahrens als auch auf § 338 Nr. 8 StPO stützt der BGH Urteilsaufhebungen dann, wenn der Anspruch des Beschuldigten auf den **Verteidiger des Vertrauens** verletzt wird. So hat der 4. Strafsenat in einer Entscheidung vom 6.11.1991[1648] eine unzulässige Beschränkung der Verteidigung im Sinne des § 338 Nr. 8 StPO darin gesehen, dass das Landgericht dem Angeklagten, dessen Wahlverteidigerin zur Pflichtverteidigerin bestellt worden war, nachträglich einen zusätzlichen Verteidiger bestellt hatte, weil die Pflichtverteidigerin an dem kurzfristig anberaumten Fortsetzungstermin durch einen anderweitigen Termin verhindert war. Mit der Pflichtverteidigerin, die an der Hauptverhandlung nicht von Beginn an teilgenommen hatte, war die Verhandlung dann fortgesetzt worden. Die Weigerung des Gerichts, auf die rechtzeitig angezeigte Verhinderung der „Wahlpflichtverteidigerin", die das besondere Vertrauen des Angeklagten genoss, durch Verlegung eines Fortsetzungstermins Rücksicht zu nehmen, verletzte nach Ansicht des Senats den Revisionsführer in seinem **Recht auf wirksame Verteidigung,** das ihm durch Art. 6 Abs. 3 lit. c EMRK garantiert wird, und verstieß gegen den Grundsatz des fairen Verfahrens. 696

Eine wesentliche Voraussetzung für den Erfolg der Rüge ist, dass die Verteidigungsbeschränkung durch einen in der Hauptverhandlung ergangenen **Beschluss des Gerichts** zum Ausdruck kommt. Da Gerichtsbeschlüsse in der Regel Antworten auf Anträge sind, stellt sich als Reflex dieser Rügevoraussetzung eine Art Obliegenheit zur Antragstellung ein. Dies hat dazu geführt, dass der Zusammenhang: „kein Antrag – kein Beschluss – kein Revisionsgrund" als verdeckte Form einer Präklusion aufgefasst und mit der allgemeinen Problematik in Verbindung gebracht wurde, ob eine an sich gegebene Verfahrensrüge dadurch verwirkt werden kann, dass der Revisionsführer es versäumt hat, auf ein ordnungsgemäßes Verfahren durch Anträge hinzuwirken. Nach zutreffender Ansicht[1649] hat das eine mit dem anderen aber nichts zu tun. Dass das Gesetz den absoluten Revisionsgrund vom Vorliegen eines Beschlusses abhängig 697

---

**1647** BGH, Beschl. v. 1.3.1993 – 5 StR 598/92 = StV 1993, 288 = NStZ 1993, 400. S. dazu auch unten Rn. 1483.
**1648** BGH, Beschl. v. 6.11.1991 – 4 StR 515/91 = NJW 1992, 849 = StV 1992, 53 = NStZ 1992, 247.
**1649** Vgl. schon *Fuhrmann* JR 1962, 321 ff.; wie hier auch LR-*Franke* § 338 StPO, Rn. 129.

macht, ist ebenso eindeutig wie unbedenklich und nichtssagend für die (zu verneinende[1650]) Frage, ob auch bei den relativen Revisionsgründen ein Beschluss als Rügevoraussetzung notwendig ist.

698 Bei § 338 Nr. 8 StPO werden die aus dem Beschlusserfordernis folgenden Probleme zumindest dadurch entschärft, dass nach zutreffender Auffassung die **unterlassene Bescheidung eines Antrags** durch das Gericht einem ausdrücklichen Beschluss in seiner Wirkung gleichsteht.[1651] Aber auch das kann der Revision nur dann zum Erfolg verhelfen, wenn die beanstandete Maßnahme des Vorsitzenden unzulässig war.[1652] Ausnahmsweise kann es auch Situationen geben, in denen es schon gegen den Grundsatz des fairen Verfahrens verstößt, wenn das Gericht einen unverteidigten Angeklagten nicht auf die Möglichkeit hinweist, einen Beschluss zu beantragen.[1653]

699 Unter einem Gerichtsbeschluss ist nur ein solcher zu verstehen, der **in der Hauptverhandlung**, also weder davor[1654] noch danach, verkündet wurde. Der Haftbefehl, Bescheide des Vorsitzenden auf Eingaben und Anträge[1655] oder Anordnungen gemäß §§ 81 ff. StPO kommen hier nicht in Betracht; ebenso wenig Fehler oder Änderungen des Protokolls, Versagung oder Verzögerung der Akteneinsicht zur Revisionsbegründung (nur Wiedereinsetzungsgrund)[1656] usw. Die Revision kann sich im Hinblick auf Verfahrensfehler außerhalb der Hauptverhandlung allenfalls auf § 336 S. 1 StPO bzw. § 337 StPO stützen, sofern die Mängel bis zur Urteilsfindung fortwirken.

---

**1650** Vgl. dazu unten Rn. 1495 ff.

**1651** Siehe LR-*Franke* § 338 StPO, Rn. 130 mwN; *Meyer-Goßner/Schmitt* § 338 StPO, Rn. 60; *Dahs*, Revision, Rn. 216. Vgl. hierzu RGSt 57, 261, 263; BGH VRS 35, 132; BGH StV 1983, 269 (in einem Fall, in dem die Nichtbefassung des Gerichts mit einem Antrag der Verteidigung als ablehnender Gerichtsbeschluss gewertet wurde); BGHSt 29, 149, 151 (in einem Fall, in dem das Tatgericht ohne Gründe einen Verteidigerantrag zu Unrecht als rechtsmissbräuchlich zurückgewiesen hatte).

**1652** So BGH, Urt. v. 29.4.1955 – 2 StR 38/55 = MDR 1955, 397 (bei *Dallinger* zu § 238).

**1653** Vgl. OLG Celle MDR 1969, 1981; OLG Stuttgart NStZ 1988, 240 (Der Vorsitzende einer Jugendkammer hatte den Antrag der Angeklagten auf Vertagung abgelehnt und die Verhandlung ohne ihre Verteidigerin durchgeführt. Da das Gericht es aber unterlassen hatte, den Angeklagten auf sein Beanstandungsrecht hinzuweisen, gab das OLG der Rüge nach § 338 Nr. 8 StPO statt). Vgl. auch *Dahs*, Revision, Rn. 216.

**1654** BGHSt 21, 334, 359 = NJW 1968, 710, 713, die Frage der Zulässigkeit einer Rüge nach Nr. 8 in Bezug auf eine Beschwerdeentscheidung des OLG *außerhalb* der Hauptverhandlung (Zwischenverfahren) offen lassend.

**1655** Zu Rügemöglichkeiten bei der Bescheidung von Beweisanträgen, die vor der Hauptverhandlung gestellt werden, vgl. *Hamm/Pauly*, Beweisantragsrecht, Rn. 639 ff.

**1656** S. dazu im Einzelnen oben Rn. 255.

Ferner folgt aus dem Beschlusserfordernis, dass der Verstoß durch das Gericht, nicht nur durch den Vorsitzenden, begangen worden sein muss.[1657] Weist der Vorsitzende eine Frage zurück, lehnt er eine Vertagung oder die Ladung eines Zeugen ab, so ist der Fall des § 338 Nr. 8 StPO nicht gegeben. Hält der Verteidiger eine Anordnung des Vorsitzenden, die sich auf die Sachleitung bezieht,[1658] für unzulässig, so muss er, um die Rüge gemäß § 338 Nr. 8 StPO vorzubereiten, in der Hauptverhandlung nach § 238 Abs. 2 StPO **einen Gerichtsbeschluss beantragen.**[1659] Die Rügemöglichkeit nach § 338 Nr. 8 StPO setzt aber nicht voraus, dass der Beschluss auf einen Antrag des Verteidigers oder des - Angeklagten ergangen ist. Auch ein Beschluss, durch den es das Gericht ausdrücklich ablehnt, Anträge des Angeklagten oder des Verteidigers entgegenzunehmen, kann den absoluten Revisionsgrund des § 338 Nr. 8 StPO begründen.[1660] 700

Zu den wichtigsten Fallgruppen der auf § 338 Nr. 8 StPO zu stützenden Revisionen gehören Defizite bei der Gewährung von Akteneinsicht,[1661] mangelnde Rücksichtnahme auf die Verhinderung des Verteidigers,[1662] fehlerhafte Behandlung von Aussetzungsanträgen nach § 265 Abs. 3 und Abs. 4 StPO[1663] sowie Verkürzungen des Fragerechts nach § 240 Abs. 2 S. 1 StPO.[1664] 701

Viele Beschränkungen der Verteidigung sind allerdings gestattet und damit auch nicht revisibel. So kann sich eine einschneidende Beschränkung der Verteidigung daraus ergeben, dass das Gericht zwei Verfahren verbindet oder nicht verbindet, verbundene trennt oder nicht trennt. Dadurch werden unter Umständen Entlastungszeugen zu Mitangeklagten und Mitangeklagte zu Belastungszeugen.[1665] Das kann für den Angeklagten sehr wichtig sein, und die Möglichkeit, 702

---

**1657** LR-*Franke* § 338 StPO, Rn. 129 f.; a.A. *Eb. Schmidt*, Lehrkommentar, § 238 StPO, Rn. 29, der darauf hinweist, dass der unverteidigte Angeklagte möglicherweise von § 238 StPO nicht den richtigen Gebrauch machen konnte. Das trifft zweifellos zu; der Verteidiger muss es aber können. Deshalb sollte der unverteidigte Angeklagte unter Umständen eine Verletzung des § 140 StPO rügen.

**1658** S. dazu unten Rn. 1491 ff.

**1659** Zu Anordnungen des Einzelrichters vgl. unten Rn. 1498.

**1660** OLG Köln VRS Bd. 70 (1986), 370; bedenklich auch unter diesem Aspekt BGHSt 38, 111 (s. unten Rn. 816 und einschränkend BayObLGSt 2004, 25).

**1661** S. dazu im Einzelnen unten Rn. 1410 ff.

**1662** S. dazu im Einzelnen unten Rn. 1505 ff.

**1663** S. dazu im Einzelnen unten Rn. 1481, 1483 und 1508 ff.

**1664** S. dazu im Einzelnen unten Rn. 1365 ff.; vgl. BGH StV 1990, 337 = NStZ 1990, 400 sowie BGH, Beschl. v. 18.1.1996 – 4 StR 711/95 = StV 1996, 248 und BGH, Urt. v. 15.12.2005 – 3 StR 281/04 = StV 2006, 171 (unzulässige Beschränkung des Fragerechts).

**1665** Vgl. hierzu schon RG JW 1932, 404 Nr. 9 m. Anm. *Oetker.*

dass die Entscheidung schließlich darauf beruht, wird sich vielfach nicht ausschließen lassen. Gleichwohl begründet die Verbindung oder Trennung für sich allein niemals eine Rüge gemäß § 338 Nr. 8 StPO, weil sie (innerhalb der Grenzen der §§ 4, 237 StPO) in das Ermessen des Tatrichters gestellt ist.[1666] Entsprechendes gilt auch für zahlreiche andere Ermessensentscheidungen, zu denen auch z.B. die Ablehnung der nach § 246 Abs. 2 StPO beantragten Aussetzung der Hauptverhandlung gehört, wenn ein zu vernehmender Zeuge oder Sachverständiger zu spät namhaft gemacht worden ist (§ 246 Abs. 4 StPO).[1667]

703 Wird eine Verfahrensrüge erhoben, mit der geltend gemacht wird, es liege ein Revisionsgrund nach § 338 Nr. 8 StPO vor, sind in der Revisionsbegründung die Tatsachen vorzubringen, aus denen sich die Verletzung der Rechte des Angeklagten und die Beschränkung der Verteidigung ersehen lassen (§ 344 Abs. 2 S. 2 StPO).[1668] Hierzu gehört in erster Linie **der Wortlaut des Gerichtsbeschlusses**, der die Verteidigung unzulässig beschränkt.[1669]

704 Darüber hinaus wird verschiedentlich verlangt, dass die Revisionsbegründungsschrift auch Tatsachen vorträgt, die es erlauben, die Möglichkeit des **Beruhens** zu prüfen.[1670] Dies ist jedoch ebenso unzutreffend wie die gedankliche Herausnahme der Vorschrift aus dem Katalog der absoluten Revisionsgründe. Die vorzutragenden Verfahrenstatsachen müssen lediglich in Verbindung mit den Urteilsgründen erweisen, dass die Einschränkung der Verteidigungsmöglichkeiten nicht nur marginal die Urteilsfindung betraf. Dies muss sich aus den vorgetragenen Verfahrenstatsachen ohne Weiteres herleiten lassen, ohne dass der Revisionsführer insoweit eine Argumentationslast trüge. Auch braucht er keine phantasievollen Ausführungen zu machen, um zu widerlegen, dass es sich bei der Verteidigungsbeschränkung um einen für die Entscheidung nur unwesentlichen Punkt handeln könnte.

705 Die genannten Probleme mit dem von den Revisionsgerichten verlangten Rügevorbringen bestehen insbesondere dann immer wieder, wenn es um die Beanstandung einer Beschränkung der Verteidigung durch unterlassene **Beiziehung von verfahrensrelevanten Akten** geht. Auch hierzu ein Beispiel:

---

**1666** BGHR § 338 Nr. 8 StPO – Beschränkung 1. S. auch BGH, Beschl. v. 20.8.2019 – 3 StR 317/19 = NStZ 2020, 299.

**1667** S. dazu im Einzelnen unten Rn. 1502.

**1668** LR-*Franke* § 338 StPO, Rn. 141; KK-*Gericke* § 338 StPO, Rn. 104.

**1669** BGHSt 21, 334; BGH, Beschl. v. 6.5.1992 – 2 StR 21/92 (Die Revision hatte nicht einmal eine ordnungsgemäße Sachrüge erhoben; umso weniger war die Verfahrensrüge zulässig).

**1670** BGH, Urt. v. 23.4.1998 – 4 StR 57/98 = BGHSt 44, 82, 90; BGHSt 30, 131, 135 = NJW 1981, 2267 = StV 1981, 500 = NStZ 1981, 361 (betr. Spurenakten); OLG Köln VRS 70 (1986), 370, 371.

Nachdem die Verteidigung in der Hauptverhandlung die Beiziehung von Akten eines weiteren gegen die Angeklagten geführten Ermittlungsverfahrens beantragt hatte, beschloss das Gericht zwar diese Beiziehung. Die das Verfahren führende Staatsanwaltschaft war aber nur bereit, die Akten dem Gericht unter der Auflage zur Verfügung zu stellen, dass der Verteidigung keine Akteneinsicht gewährt wird. Sie berief sich hierzu auf eine drohende Gefährdung des Untersuchungszwecks. Zu einer Beiziehung kam es sodann nicht.

Die u.a. auf eine Verletzung des § 338 Nr. 8 i.V.m. § 147 StPO gestützte Verfah- 706
rensrüge verwarf der BGH mit der Begründung, es sei bereits zweifelhaft, ob sie in zulässiger Form erhoben sei. Hierzu führte der Senat aus: *„Für die Annahme, die Verteidigung sei in einem für die Entscheidung wesentlichen Punkt beschränkt worden, genügt nicht, dass die Beschränkung nur generell (abstrakt) geeignet ist, die gerichtliche Entscheidung zu beeinflussen. Vielmehr ist § 338 Nr. 8 StPO nur dann gegeben, wenn die Möglichkeit eines kausalen Zusammenhangs zwischen dem Verfahrensverstoß und dem Urteil konkret besteht (BGHR StPO § 338 Nr. 8 Beschränkung 6 m.w.N.). Dies hat auch Auswirkungen auf die Vortragspflicht, weil die Revision dartun muß, welcher konkrete Zusammenhang zwischen dem geltend gemachten Verfahrensfehler und einem für die Entscheidung bedeutsamen Punkt besteht. Damit korrespondiert das Erfordernis möglichst konkreten Vortrages bei einer Rüge wegen unterlassener Beiziehung von Akten unter dem Aspekt der Verletzung der Aufklärungspflicht (vgl. BGHSt 30, 131, 136 ff.; BVerfGE 63, 45, 69 ff.).*

*Bedenken bestehen hier schon insoweit, als die Revisionen eine hinreichende Dokumentation vermissen lassen, inwieweit ihnen im Laufe des Verfahrens Einsicht in die begehrten Akten zuteil geworden ist … und welche konkreten Hinweise sich aus den vorhandenen Akten oder dem Ablauf der Beweisaufnahme auf für die Verteidigung wesentliches vorenthaltenes Aktenmaterial geboten haben (vgl. BGH wistra 2004, 63). Im Übrigen wird das Erfordernis der konkreten Bezeichnung wesentlichen vorenthaltenen Aktenmaterials dem Verteidiger nicht ohne weiteres möglich sein, wenn ihm die Akten, in die er Einsicht nehmen will, verschlossen geblieben sind. Er muß jedoch zumindest dann, sobald er Akteneinsicht erlangt hat, ein entsprechendes konkretes Ergebnis für den Fall vorheriger vollständiger Akteneinsicht vortragen (vgl. auch BGH NStZ-RR 2004, 50). Dies bedeutet, daß er sich grundsätzlich – jedenfalls bis zum Ablauf der Frist zur Erhebung der Verfahrensrüge – weiter um die bislang versagte Akteneinsicht bemühen und die entsprechenden Anstrengungen gegenüber dem Revisionsgericht auch dartun muß (vgl. auch BVerfGE 63, 45, 66 f., 70 ff.).“*[1671]

**1671** BGH, Beschl. v. 11.11.2004 – 5 StR 299/03 = BGHSt 49, 317, 328.

707 Ganz ähnliche Grundsätze hat der BGH nachfolgend in anderen Entscheidungen im Zusammenhang mit §338 Nr. 8 StPO und der Gewährung von Akteneinsicht angewandt.[1672] Damit werden aber die Anforderungen des §344 Abs. 2 S. 2 StPO überspannt. Wird – wie in BGHSt 49, 317 – als Voraussetzung für die Zulässigkeit einer Verfahrensrüge gefordert, dass konkrete Angaben zum Inhalt der in der Hauptverhandlung gerade nicht zur Verfügung gestellten Akten gemacht werden, dann bedeutet das letztlich, dass sich das Rügevorbringen nach den Informationsmöglichkeiten der Verteidigung zum Zeitpunkt der Revisionsbegründung und nicht nach dem Informationsstand zum Zeitpunkt des Verfahrensfehlers zu richten hat. Das ist auch deshalb nicht einzusehen, weil die Antwort auf die Frage, ob das Verhalten des Gerichts einen Verfahrensfehler darstellt, unabhängig davon sein muss, was sich an verfahrensrelevanten Erkenntnissen aus den Akten hätte ergeben können. Ob das Gericht die Verpflichtung hatte, zumindest das von der auswärtigen Staatsanwaltschaft angebotene „In-Camera"-Verfahren anzuwenden, hängt nicht davon ab, was sich aus den Akten ergibt. Auch die Frage, ob der absolute Revisionsgrund des §338 Nr. 8 StPO eingreift, kann deshalb nicht davon abhängen, ob es der Verteidigung gelingt, bis zum Ablauf der Revisionsbegründungsfrist Einsicht in die nicht beigezogenen Akten zu erhalten.

## II. Relative Revisionsgründe

**Literatur**: *Beling* Revision wegen „Verletzung einer Rechtsnorm über das Verfahren" im Strafprozess, in: FS Binding, 1911, S. 87ff.; *Blomeyer* Die Revisibilität von Verfahrensfehlern im Strafprozess, JR 1971, 141; *Bohnert* Beschränkungen der strafprozessualen Revision durch Zwischenverfahren, Frankfurt M. 1983; *Frank* Revisible und irrevisible Strafverfahrensnormen, Diss., Göttingen 1972; *Frisch* Zum Wesen des Grundsatzes „in dubio pro reo", FS Henkel, 1974, S. 274; *Hanack* Die Rechtsprechung des Bundesgerichtshofs zum Verfahrensrecht, JZ 1973, 729; *Herdegen* Die Überprüfung der tatsächlichen Feststellungen durch das Revisionsgericht auf Grund einer Verfahrensrüge, StV 1992, 590; *Lehmann* Die Behandlung des zweifelhaften Verfahrensverstoßes im Strafprozess, 1983, S. 56ff.; *Michael* Der Grundsatz in dubio pro reo im Strafverfahrensrecht, 1981; *Peters* Justizgewährungspflicht und Abblocken von Verteidigungsvorbringen, FS Dünnebier, 1982, S. 53; *Rudolphi* Die Revisibilität von Verfahrensmängeln im Strafprozess, MDR 1970, 93; *Roxin* NStZ 1989, 378; *ders.* JR 1962, 109; *W. Schmid* Über den Aktenverlust im Strafprozess, FS Lange, 1976, S. 781ff.; *Teske* Die Revision wegen verfahrensrechtlicher Verstöße, Diss., Marburg 1962; *Venator* Besteht eine Abhängigkeit der strafrechtlichen Revision von der Schwere des Verfahrensverstoßes? Diss., Köln 1965; *Ventzke* § 344 II 2 – Einfallstor revisionsgerichtlichen Gutdünkens, StV 1992, 338; *Vollhardt* Die Einschränkung der Revision bei Verfahrensfehlern im Zusammenhang mit den Begriffen „Ordnungsvorschrift",

---

**1672** Vgl. BGH, Beschl. v. 11.2.2014 – 1 StR 355/13 = StV 2015, 10; BGH, Beschl. v. 23.2.2010 – 4 StR 599/09 = NStZ 2010, 530. S. dazu auch unten Rn. 1422.

„Verwertungsverbot“, „Rechtskreisberührung“, Diss., Erlangen 1970; *Wamser* Die Revisibilität unbestimmter Rechtsbegriffe, Diss., Marburg 1961.

### 1. Die Beruhensprüfung

**Literatur:** *Allgeyer* Mitteilungen nach § 243 Abs. 4 StPO und ihre revisionsgerichtliche Kontrolle, NStZ 2015, 185; *Blomeyer* Die Revisibilität von Verfahrensfehlern im Strafprozess (Kausalität und Finalität im Revisionsrecht), JR 1971, 142; *Bloy* Die Ausgestaltung der Rechtsmittel im deutschen Strafprozeßrecht, JuS 1986, 585; *Burgmüller* Das Beruhen des Urteils auf der Gesetzesverletzung als Regulativ im Revisionsrecht, 1990; *Frisch* Inhalt und Hintergrund des „Beruhens“ im Revisionsrecht, FS Rudolphi, 2004, S. 609; *Gribbohm* Aufhebung angemessener Strafen in der Revisionsinstanz? NJW 1980, 1440; *Herdegen* Die Beruhensfrage im strafprozessualen Revisionsrecht, Schriftenreihe des DAV, Band 7 (1990), S. 7 ff. = NStZ 1990, 513 = *Herdegen* Beweisantragsrecht, Beweiswürdigung, strafprozessuale Revision, 1995, S. 181 ff.; *Steffen Kraus* Die Beruhensfrage im strafprozessualen Revisionsrecht (Diss. Kiel), Aachen 2004; *Mehle* Das Erfordernis des Beruhens im Revisionsrecht – die ungewisse Hürde für den Revisionsführer, Schriftenreihe des DAV, Band 7 (1990), S. 47 ff.; *Niemöller* Beruhensprüfung bei Verfahrensfehlern, NStZ 2015, 489; *Philipps* Wann beruht ein Strafurteil auf einem Verfahrensmangel? Drei Möglichkeiten des Argumentierens, FS Bockelmann, 1979, S. 831; *Schlüchter* Zum normativen Zusammenhang zwischen Rechtsfehler und Urteil, in: FS Krause, 1990, S. 485; *W. Schmidt* Zur Heilung gerichtlicher Verfahrensfehler durch den Instanzrichter, JZ 1969, 757; *Walther* Der Öffentlichkeitsgrundsatz im Kontext der Verständigung im Strafverfahren NStZ 2015, 383.

Anders als bei den absoluten Revisionsgründen, bei denen das **Beruhen** gesetzlich unwiderleglich vermutet wird, ist bei den relativen Revisionsgründen das Beruhen konkret zu prüfen (§ 337 Abs. 1 StPO). Das ist zwar keine Besonderheit der Verfahrensrügen, wir behandeln es gleichwohl an dieser Stelle, weil die materiell-rechtliche Beruhensprüfung sich häufig nur schwer trennen lässt von der Frage nach dem Rechtsfehler. Ob sich eine falsche Subsumtion des festgestellten Sachverhalts auf den Tenor ausgewirkt hat oder nicht, ergibt sich meist aus der Natur des Fehlers selbst. Dagegen lässt sich die Frage der (möglichen) Kausalität zwischen einem Verfahrensfehler und dem Schuld- und/oder Rechtsfolgenausspruch nur beantworten, indem das Revisionsgericht eine eigene hypothetische Überlegung anstellt. 708

Damit sind schon die wesentlichen Merkmale des Beruhens angesprochen: 709 Entgegen dem Wortlaut des § 337 StPO („Die Revision kann nur darauf gestützt werden, dass das Urteil auf einer Verletzung des Gesetzes beruhe“) wird die Vorschrift in ständiger Rechtsprechung unter Beifall des Schrifttums so ausgelegt, dass bereits die **Möglichkeit einer Kausalität** ausreicht.[1673] Dabei wäre es

---

**1673** KK-*Gericke* § 337 StPO, Rn. 33; *Meyer-Goßner/Schmitt* § 337 StPO, Rn. 37; *Dahs*, Revision, Rn. 489.

verfehlt, den hier verlangten Zusammenhang zwischen dem Verfahrensfehler und dem Urteilstenor mit der Ursächlichkeit des materiellen Strafrechts zu vergleichen.[1674] Es kommt auch nicht darauf an, ob ohne den Verfahrensmangel gerade das vorliegende Urteil ergangen wäre, sondern darauf, ob ein unter Einhaltung der Verfahrensvorschriften ordnungsgemäß durchgeführtes Verfahren möglicherweise zu einem anderen Ergebnis geführt hätte.[1675]

710 Nicht leicht zu beantworten ist indes die Frage, wie *unwahrscheinlich* der Zusammenhang zwischen dem Rechtsfehler und dem Urteil sein muss, um das Beruhen verneinen zu können. *Herdegen*[1676] hat mit Recht darauf hingewiesen, dass es bei der Beantwortung dieser Frage weder darum gehen kann, jede auch nur entfernt denkbare Kausalität ausreichen zu lassen, noch darum, eine Darlegungs- oder gar eine Beweislast des Revisionsführers zu verlangen, sondern dass es vielmehr Aufgabe des Revisionsgerichts ist, mit Argumenten zu begründen, weshalb es ein Beruhen für ausgeschlossen hält. Das Revisionsgericht darf den ursächlichen Zusammenhang also nur ablehnen, wenn begründbar ist, dass die Annahme, der Verfahrensverstoß könne das Urteil beeinflusst haben,[1677] rein theoretischer Natur ist.[1678]

---

**1674** Diesen Unterschied stellt treffend *Frisch* FS Rudolphi, S. 613 f. heraus. Vgl. auch KK-*Gericke* § 337 StPO, Rn. 33; *Meyer-Goßner/Schmitt* § 337 StPO, Rn. 37 mwN; im Einzelnen zum Verhältnis von Kausalität und hypothetischer Kausalität *Kraus*, Die Beruhensfrage im strafprozessualen Revisionsrecht, S. 27 ff.

**1675** BGH, Beschl. v. 12.1.2010 – 3 StR 519/09 = StV 2010, 558, 559; LR-*Franke* § 337 StPO, Rn. 180. S. schon RGSt 2, 120; RGSt 52, 306; RGSt 61, 353 (die Entscheidungen betreffen Verfahrensvoraussetzungen).

**1676** *Herdegen*, Beweisantragsrecht, Beweiswürdigung, strafprozessuale Revision, S. 190 = NStZ 1990, 513.

**1677** Bereits in den Protokollen des Reichstages zu § 300 StPO (das Pendant des heutigen § 337 StPO), Erste Lesung, 72. Sitzung am 15.9.1875 in *Hahn*, Materialien, StPO, Abt. 1, Band 3, S. 1024 f., findet sich eine Diskussion über diese Fragen: Der Abgeordnete *von Schwarze* hatte beantragt, in § 300 StPO den Zusatz aufzunehmen: „Wegen Verletzung von Rechtsnormen für das Verfahren ist das Urteil als auf einer Verletzung beruhend anzusehen, wenn die Annahme nicht ausgeschlossen ist, dass die Beobachtung der Rechtsnorm zu einer anderen Entscheidung geführt haben würde“, und begründete dies damit, dass das Revisionsrecht „ziemlich wertlos“ werden würde, wollte man vom Revisionsführer den „positiven Beweis für das Vorhandensein des Kausalnexus zwischen Verletzung und Urteil“ fordern. Der Antrag *von Schwarzes* wurde damals abgelehnt, u.a. weil man die Richter nicht am „Gängelband“ führen wollte (so die Stellungnahme *von Amsbergs* gegen den Antrag *von Schwarzes*). S. zur Entstehungsgeschichte auch *Niemöller* NStZ 2015, 490.

**1678** BGH, Urt. v. 23.7.2015 – 3 StR 470/14 = NStZ 2016, 221, 223 m. Anm. *Allgayer* = NJW 2016, 513 = StV 2016, 25; BGH, Urt. v. 17.2.1989 – 2 StR 402/88 = BGHSt 36, 119, 123; BGH, Urt.

Damit ist aber noch nicht gesagt, welche Beurteilungskriterien für die Feststellung dieser hypothetischen Kausalität zugrunde gelegt werden sollen.[1679] Allgemeingültige Regeln, die für den Einzelfall festlegen, wann das Beruhen mit Sicherheit auszuschließen ist, sind weder im Gesetz noch in der Rechtsprechung formuliert. Vermutlich ist darin auch die Ursache für das nicht immer einheitliche Bild der Rechtsprechung zu sehen.[1680] Auch ließe sich fragen, wie das Beruhen eigentlich jemals ausgeschlossen werden soll, wenn keine Regeln vorhanden sind, die ex post eine sichere Kausalitätsaussage ermöglichen, zumal der Wirkungszusammenhang, der hier den Kausalnexus ausmacht, weitgehend aus psychischen und gedanklichen Vorgängen und Unterlassungen besteht.[1681] 711

Die Rechtsprechung steht bei der Suche nach einem für alle zu entscheidenden Fälle einheitlichen, das Beruhen noch einschließenden **Wahrscheinlichkeitsmaßstab** vor folgenden, die Grundlagen des Revisionsrechts berührenden Problemen: Die Revisionsgerichte dürfen die Beweiswürdigung des Tatrichters nicht durch eine eigene ersetzen, wenn es um die Frage nach der Rechtsfehlerfreiheit des angefochtenen Urteils geht. Deshalb dürfen die Revisionsgerichte sich auch (und erst recht) nicht „den Kopf des Tatrichters zerbrechen", wenn es darum geht zu entscheiden, wie dieser geurteilt haben würde, wenn ihm ein bestimmter Verfahrensfehler nicht unterlaufen wäre. Noch weniger ist es Sache des Revisionsgerichts, über das mutmaßliche Verteidigungsverhalten zu entscheiden, zu dem der Angeklagte sich entschlossen hätte, wenn rechtmäßig verfahren worden wäre. 712

Diese aus der **Aufgabenteilung zwischen Tat- und Revisionsgericht** und aus der Subjektstellung des Beschuldigten herzuleitenden Grundsätze zwangen die Rechtsprechung von Anfang an, die Kausalitätsfrage nicht so zu stellen, wie sie aus dem Gesetzeswortlaut hervorzutreten scheint („Beruht das Urteil auf dem Verfahrensverstoß?"), sondern umgekehrt: Gibt es bei voller Anerkennung der alleinigen Kompetenz des Tatrichters zur Würdigung der Beweise und der Freiheit des Beschuldigten, sich im Rahmen der Gesetze nach seinem Belieben 713

v. 6.8.1987 – 4 StR 333/87 = NJW 1988, 1223, 1224. Siehe hierzu auch *Herdegen*, Schriftenreihe Deutscher Anwaltverein, Band 7, S. 7, 25.

**1679** Hierauf hat *Herdegen* aaO anhand einer Gegenüberstellung der in der Rechtsprechung vorhandenen Formulierungen von „so gut wie sicher" bis zu „ganz und gar unwahrscheinlich" zu Recht hingewiesen; in diesem Sinne kritisch auch *Mehle*, Schriftenreihe Deutscher Anwaltverein, Band 7, S. 47, 51.

**1680** Vgl. hierzu LR-*Franke* § 337 StPO, Rn. 182; *Mehle* aaO, S. 66.

**1681** So übereinstimmend *Rogall* NStZ 1988, 385, 392; *Herdegen* aaO, S. 27 und 31; *Mehle* aaO, S. 60.

zu verteidigen, Gründe für die Annahme, dass das Urteil auch bei rechtsfehlerfreiem Verlauf des Verfahrens genauso ausgefallen wäre? Nur wenn diese Frage bejaht werden kann, darf das Beruhen verneint werden. Dies ist kein Geschenk der Revisionsgerichte an die Revisionsführer, sondern eine logische Folge der gesetzlich vorgeschriebenen Arbeitsteilung zwischen Tat- und Revisionsrichter. Dass sich das Revisionsgericht die Beruhensfrage stellen muss, darf nicht dazu führen, dass es sich auch den Kopf des Tatrichters zu zerbrechen hätte. Der Revisionsrichter hat sich anstelle einer eigenen (hypothetischen) Beweiswürdigung auf die Prüfung eines **normativen Zusammenhangs** zu beschränken[1682] und die Frage zu beantworten, ob generell die Beachtung der verletzten Verfahrensregel geeignet ist, das Urteil zu beeinflussen.

714 Daraus folgt, dass sich die Beruhensprüfung auf einer über den Einzelfall hinausgehobenen **Abstraktionsebene** entscheiden muss. Das ist nicht die generelle Geltungsebene der verletzten Rechtsnorm (dort wird die Beruhensfrage allein bei den absoluten Revisionsgründen entschieden), das ist aber auch nicht die Ebene der konkreten, im angefochtenen Urteil mitgeteilten Beweislage, weil dort der Revisionsrichter dem Tatrichter nicht „vorschreiben" darf, zu welchen Ergebnissen er in der tatsächlichen oder der hypothetischen Beweiswürdigung hätte kommen sollen.

715 Es gibt Verfahrensfehler, bei denen das Revisionsgericht im Regelfall gezwungen ist, das Beruhen zu unterstellen, weil es den tatrichterlichen Entscheidungsprozess auch nicht hypothetisch rekonstruieren kann. Das bedeutet jedoch keinesfalls, dass es sich dabei um weitere (in § 338 StPO nicht genannte) absolute Revisionsgründe handelt, denn die „Vermutung" des Beruhens ist hier nicht unwiderleglich. So ist beispielsweise die **Nichterteilung des letzten Wortes** als Verstoß gegen § 258 Abs. 2 und 3 StPO ein Verfahrensfehler, bei dem im Regelfall das Revisionsgericht nicht wissen kann, was der Angeklagte bei gesetzmäßigem Ablauf gesagt und wie sich das auf die Entscheidung des Tatgerichts ausgewirkt hätte.[1683] Das gilt uneingeschränkt, wenn der Angeklagte in der Hauptverhandlung geschwiegen hat. In diesen Fällen ist nach der Nichterteilung des letzten Wortes stets von der Möglichkeit auszugehen, dass er bei korrekter Verfahrensweise von seinem Rederecht Gebrauch gemacht hätte, und dass dies auch zu einem abweichenden Urteil hätte führen können.[1684] Hat er

**1682** So *Frisch* FS Rudolphi, S. 625; SK-StPO/*Frisch* § 337 StPO, Rn. 187. S. ferner auch LR-*Franke* § 337 StPO, Rn. 178. Kritisch hierzu: *Niemöller* NStZ 2015, 491.

**1683** Vgl. hierzu die Nachweise bei KK-*Ott* § 258 StPO, Rn. 35.

**1684** Vgl. BGH, Beschl. v. 5.6.2019 – 4 StR 130/19 = StV 2019, 812, 813; BGH, Beschl. v. 11.3.2014 – 5 StR 70/14 = StraFo 2014, 251; BGH, Beschl. v. 30.5.2001 – 1 StR 99/01.

sich geäußert und die Tat (zumindest teilweise) bestritten, wird in der Regel dasselbe gelten, denn immerhin besteht dann die Möglichkeit, dass er weitere Verteidigungsargumente vorgebracht hätte.[1685] War der Angeklagte hingegen geständig, wird in der Praxis die Aufhebung zumeist auf den Strafausspruch beschränkt. Der Strafausspruch ist in solchen Fällen aufzuheben, weil nicht ausgeschlossen werden kann, dass der Angeklagte im letzten Wort Umstände geltend gemacht hätte, die eine mildere Beurteilung gerechtfertigt hätten.[1686] Allerdings gelten auch diese Grundsätze nicht schematisch. Ist der Angeklagte nach ausgiebigem Gebrauchmachen von der Möglichkeit des letzten Wortes und nach Wiedereintritt in die Beweisaufnahme zwar rechtsfehlerhaft nicht erneut gefragt worden, ob er noch etwas sagen wolle, aber während des Wiedereintritts in die Beweisaufnahme nur wenig geschehen, kann es im Einzelfall fernliegen, dass er die erneute Nachfrage zum Anlass genommen hätte, seine bisherigen Ausführungen noch in entscheidungserheblicher Weise zu ergänzen.[1687] Doch müssen solche Überlegungen auf Ausnahmefälle beschränkt bleiben.[1688]

Ein bedenklicher Eingriff in die alleinige Kompetenz des Tatgerichts zur ab- 716
schließenden Würdigung der erhobenen Beweise ist dann gegeben, wenn das Revisionsgericht einen Verfahrensfehler, der sich unmittelbar auf den Umfang der Beweisaufnahme bezieht, mit Beruhenserwägungen übergeht. Solche Konstellationen können auftreten, wenn ein **Beweisantrag** durch das Tatgericht **mit fehlerhafter Begründung zurückgewiesen** wurde. Hier darf das Revisionsgericht im Allgemeinen nicht darauf verweisen, das Urteil beruhe nicht auf dem Verfahrensfehler, weil der Antrag mit anderer Begründung rechtsfehlerfrei hätte abgelehnt werden können.[1689] Von diesem Grundsatz ist der BGH allerdings wiederholt abgewichen.[1690] Damit wird die Aufgabenteilung zwischen Revisionsge-

**1685** Vgl. hierzu BGH, Beschl. v. 9.10.2013 – 2 StR 395/13; BGH, Beschl. v. 18.9.2013 – 1 StR 380/13 = StV 2015, 473 = NStZ-RR 2014, 15; BGH, Beschl. v. 4.6.2013 – 1 StR 193/13 = NStZ 2013, 612; BGH, Beschl. v. 27.1.2009 – 5 StR 590/08 = StraFo 2009, 109.

**1686** Vgl. BGH, Beschl. v. 11.5.2017 – 1 StR 35/17 = NStZ 2018, 290 = StV 2018, 495; BGH, Beschl. v. 24.6.2014 – 3 StR 185/14 = StV 2015, 474 = NStZ 2015, 105; BGH, Beschl. v. 17.7.2012 – 5 StR 253/12 = NStZ 2012, 587; BGH, Beschl. v. 20.2.2001 – 4 StR 542/00. S. ferner auch BGH, Beschl. v. 28.3.2018 – 4 StR 629/17 (Verletzung des Rechts nach § 67 Abs. 1 JGG). Zu einem Fall, in dem vorgetragen wurde, bei Erteilung des letzten Wortes wäre das Geständnis widerrufen worden: BGH, Beschl. v. 25.11.2015 – 1 StR 379/15.

**1687** Vgl. BGH, Urt. v. 8.11.1989 – 3 StR 249/99 = BGHR StPO § 258 Abs. 3 – Wiedereintritt 7.

**1688** Weitere Konstellationen, in denen das Beruhen verneint wurde, bei KK-*Ott* § 258 StPO, Rn. 36.

**1689** Vgl. BGH, Urt. v. 14.10.2014 – 3 StR 167/14, Rn. 16.

**1690** Vgl. die Nachweise bei *Hamm/Pauly*, Beweisantragsrecht, Rn. 699–701.

richt und Tatgericht jedenfalls dann nicht eingehalten, wenn die „ersatzweise" herangezogene Begründung eine Auseinandersetzung mit Tatsachenfragen erfordert. Immerhin mag es denkbar erscheinen, ein Beruhen zu verneinen, wenn die Beweisbehauptung in keinerlei erkennbarem Zusammenhang zu den die Verurteilung tragenden Feststellungen und der sie tragenden Beweiswürdigung steht. Ist ein solcher Zusammenhang hingegen erkennbar oder jedenfalls nicht auszuschließen, so ist es nicht Sache des Revisionsgerichts zu entscheiden, welche Bedeutung der Tatrichter dem durch die fehlerhafte Behandlung des Antrags verhinderten Beweisergebnis für den Schuld- oder Strafausspruch gegeben hätte.

717 Dass die Revisionsgerichte sich hier bisweilen in zu weitgehendem Umfang mit Fragen der Tatsachenfeststellung befassen, zeigt eine Entscheidung des 2. Strafsenats des Bundesgerichtshofs zum **Beweiswert von Faserspuren**[1691]. In dem damaligen Fall hatte das Schwurgericht den die Tat bestreitenden Angeklagten eines Mordes an einem 13-jährigen Mädchen aus sexuellen Motiven für überführt gehalten, weil ein halbes Jahr nach der Tat an der im Wald vergrabenen Leiche des Opfers Mikrofaserspuren und Tierhaare gefunden worden waren, die eine Reihe von Übereinstimmungen mit den im PKW des Angeklagten (auch erst nach so langer Zeit) gesicherten Spuren aufwiesen. Die Verteidigung hatte durch einen Beweisantrag auf Einholung eines genomanalytischen Gutachtens unter Beweis gestellt, dass die an der Kleidung des Opfers gefundenen Tierhaare nicht von den Hunden des Angeklagten stammen konnten. Diesen Beweisantrag hatte das Schwurgericht auch nach Auffassung des BGH zu Unrecht mit der Begründung zurückgewiesen, das Beweismittel sei völlig ungeeignet. Dennoch verwarf der Bundesgerichtshof die Revision, nachdem er durch Anhörung zweier Sachverständiger zu der Überzeugung gelangt war, dass bereits die Textilfasern ohne Berücksichtigung der Tierhaarspuren den Beweis für einen stattgefundenen Kontakt zwischen der Kleidung des Tatopfers und dem Innenraum des PKW erbracht hätten. Das Urteil beruhe nicht auf dem verfahrensfehlerhaften Beweisverzicht, weil der Tatrichter den weiteren Fehler begangen habe, irrig anzunehmen, er benötige die Tierhaarspuren als belastendes Indiz neben den Textilfasern. In Wahrheit habe er schon wegen deren hohem Beweiswert praktisch keine Entscheidungsfreiheit mehr gehabt und hätte deshalb auch ohne Berücksichtigung der Tierhaarspuren zum Schuldspruch kommen müssen, und zwar auch dann, wenn dem Angeklagten der beantragte Beweis gelungen wäre, dass von den zahlreichen in seinem PKW vorhandenen Haaren seiner Hunde keines an der Kleidung des Opfers gefunden wurde.

---

**1691** BGH, Urt. v. 4.3.1993 – 2 StR 503/92 = StV 1993, 340 = NStZ 1993, 395.

Dass bei dieser Argumentation die Beweiswürdigung des Tatrichters durch die des Revisionsgerichts ersetzt wird, ist kaum zu bestreiten. Zwar ist zuzugeben, dass es beim naturwissenschaftlich-kriminalistischen Sachbeweis Konstellationen geben kann, in denen der Tatrichter sich nicht über einen eindeutigen Beweiswert hinwegsetzen darf. So zwingt z.B. die Übereinstimmung einer bestimmten Mindestzahl von Merkmalen bei einer **daktyloskopischen Spur** mit dem Fingerabdruck eines Angeklagten den Tatrichter zu der Feststellung, dass der Angeklagte der Spurenleger ist.[1692] Hat der Tatrichter in einem solchen Zusammenhang einen Fehler gemacht, so ist das Revisionsgericht berechtigt, dies als rechtsfehlerhaft zu beanstanden.[1693] Hat aber der Tatrichter den Beweiswert der Übereinstimmungen verkannt und unter fehlerhafter Berücksichtigung eines weiteren Indizes auf die Täterschaft des Angeklagten geschlossen, so kann nur eine neue Tatsacheninstanz diesen Fehler durch eine umfassende neue Beweiswürdigung korrigieren. Das Revisionsgericht darf nicht – wie im Faserspurenfall geschehen[1694] – eine Beruhensprüfung in der Weise anstellen, dass es sich in die Lage des Tatrichters versetzt, um dessen Gesamtwürdigung über die Täterschaft durch eine eigene Bewertung einer isolierten Beweisfrage (Aussagekraft der Übereinstimmungen bei den Faserspuren) zu ersetzen. 718

Die Berechtigung des Revisionsgerichts zur eigenen Beweiswürdigung im konkreten Einzelfall lässt sich auch nicht etwa als Konsequenz einer erweiterten Revisibilität der Beweiswürdigung verstehen. Ein Zusammenhang zwischen der zunehmenden Bereitschaft der Revisionsgerichte zur Überprüfung der tatrichterlichen Beweiswürdigung[1695] und der schwindenden Scheu davor, das Beruhen mit Erwägungen zu verneinen, die auf einer eigenen Beweiswürdigung des Revisionsgerichts aufbauen, ist rechtlich nicht zu begründen. Sollte aber doch ein solcher Zusammenhang angenommen werden,[1696] so beruhte diese Annahme ihrerseits auf einer gründlichen Verkennung des Unterschieds zwischen der Frage nach dem Beruhen und der Frage nach dem Rechtsfehler. 719

Zu diesem Missverständnis könnte der übliche aber falsche[1697] **Sprachgebrauch** beigetragen haben, der den Anschein erweckt, als seien die „auf die 720

**1692** Vgl. dazu *Ochott*, Identifizierung durch Daktyloskopie, in: *Kube/Störzer/Timm*, Kriminalistik 1992, Bd. 1, S. 763, 790f.

**1693** Ähnlich zwingend kann die Beweiskraft eines Vaterschaftsgutachtens sein, vgl. BGHSt 5, 34; BGHSt 6, 70.

**1694** BGH, Urt. v. 4.3.1993 – 2 StR 503/92 = StV 1993, 340 = NStZ 1993, 395.

**1695** Vgl. dazu unten Rn. 1148 ff.

**1696** Vgl. dazu *Hamm* StV 1987, 262, 266.

**1697** Vgl. dazu oben Rn. 364 ff.

Sachrüge hin" erkannten Darstellungsmängel des angefochtenen Urteils und damit auch die Fehler der Beweiswürdigung materiell-rechtliche Revisionsgründe. Wären sie das wirklich, so hätte das Revisionsgericht eine Aufgabe, die man vielleicht am treffendsten mit „Plausibilitätsberufung"[1698] bezeichnen könnte: eine Art „ganzheitlicher Richtigkeitskontrolle" mit „Rekonstruktionsverbot"[1699] im Unterschied zur „Vollberufung". Das Revisionsgericht würde für sich die Logik in Anspruch nehmen dürfen: Wenn wir in die Beweiswürdigung „hineinschauen", darf sich niemand wundern, wenn wir uns darin auch „umschauen", d.h. anlässlich der Prüfung von Verfahrensfehlern eine hypothetische Beweiswürdigung selbst vornehmen. In letzter Konsequenz wären damit aber zahlreiche Verfahrensfehler so lange unschädlich, als noch das Revisionsgericht vom Wahrheits- und Gerechtigkeitsgehalt des angefochtenen Urteils überzeugt ist.[1700] Die Beachtung des Prozessrechts durch den Tatrichter dürfte dann insgesamt hinter dem Ziel zurücktreten, „revisionsfeste" Urteilsgründe zu schreiben.

721 Erkennt man dagegen in den Mängeln des angefochtenen Urteils, soweit diese nicht in einer fehlerhaften Anwendung der Vorschriften des materiellen Strafrechts bestehen, Verstöße gegen die verfahrensrechtlichen Begründungsanforderungen,[1701] so stehen diese gleichberechtigt neben anderen Verfahrensfehlern und eröffnen dem Revisionsgericht nach wie vor keinen Einblick in den Beweiswürdigungsvorgang des Tatrichters. Erst recht taugt dann die Revisibilität der mangelhaften Beweiswürdigung nicht als Argument für eine Erweiterung der Beweiswürdigungskompetenz des Revisionsgerichts im Rahmen der Beruhensfrage.

722 Dasselbe gilt für das Verhältnis der **Beruhensfrage zur Revisibilität der Strafzumessung**. Auch hier haben in den letzten Jahrzehnten die Revisionsgerichte – allen voran der Bundesgerichtshof – die tatrichterliche Ermessensausübung einer immer weitergehenden Kontrolle unterzogen.[1702] Dies könnte ebenfalls zu dem Missverständnis verleiten, dadurch sei dem Revisionsgericht die

**1698** Die Bezeichnung der Darstellungsrüge als „Plausibilitätsrüge" durch *Dahs* FS Hamm, S. 41 ff. meint auch nicht, dass sich das Revisionsgericht insgesamt auf die Überprüfung der Plausibilität des tatrichterlichen Verfahrens beschränken dürfe.

**1699** Vgl. dazu oben Rn. 342 ff.

**1700** Eine derartige „Ergebnisorientierung" ist allein der Staatsanwaltschaft in Nr. 147 Abs. 1 Satz 2 RiStBV „verordnet": „Entspricht eine Entscheidung der Sachlage, so kann sie in der Regel auch dann unangefochten bleiben, wenn eine Rechtsnorm nicht oder nicht richtig angewendet worden ist".

**1701** Siehe dazu oben Rn. 364 ff.

**1702** Siehe dazu unten Rn. 1655.

Kompetenz zugewachsen, bei Verfahrensfehlern, die sich (nur) auf die Strafzumessung ausgewirkt haben können, durch eine eigene Würdigung in der Sache zu entscheiden, ob dies im Einzelfall so war. Es mag Extremfälle geben, in denen die erkannte Strafe bei nicht zu beanstandenden Feststellungen zum Schuldspruch und zum Schuldumfang bei objektiver Betrachtung am untersten Rand des Ermessensspielraums liegt, so dass ein Einfluss des Verfahrensfehlers auf die erkannten Rechtsfolgen auszuschließen ist. Solange aber nicht ausgeschlossen werden kann, dass bei ordnungsgemäßer Verfahrensweise eine dem Angeklagten günstigere Rechtsfolge ausgesprochen worden wäre, muss das Beruhen des Urteils auf dem Verfahrensfehler bejaht werden.

Ebenso wie das Beruhen nicht deshalb verneint werden darf, weil der Revi- 723
sionsrichter glaubt wissen zu können, wie der Tatrichter entschieden hätte, wenn rechtsfehlerfrei verfahren worden wäre, darf die Verletzung von Vorschriften, die **Informations- und Mitwirkungsrechte** von Verfahrensbeteiligten sichern sollen, nicht mit der Erwägung übergangen werden, dem Revisionsgericht sei im konkreten Fall nicht vorstellbar, wie von diesen Rechten hätte Gebrauch gemacht werden können. Auch insoweit gilt, dass in der Beruhensfrage das „Rekonstruktionsverbot“ seine Berechtigung hat. Die Informations- und Mitwirkungsbefugnisse des Angeklagten und seines Verteidigers, der Staatsanwaltschaft und des Nebenklägers bestehen, um diesen Prozessbeteiligten die Möglichkeit zu verschaffen, durch eigenes (rechtliches oder tatsächliches) Vorbringen auf den Urteilsinhalt Einfluss zu nehmen. Werden solche Befugnisse verletzt, wird sich deshalb regelmäßig nicht ausschließen lassen, dass von dieser Möglichkeit Gebrauch gemacht und noch etwas Entscheidungserhebliches vorgebracht worden wäre.

Dies steht im Übrigen auch nicht im Widerspruch zu den obigen Ausfüh- 724
rungen, wonach die von der Rechtsprechung entwickelte Rügebarriere **„Rekonstruktionsverbot“** einer Korrektur bedarf.[1703] Auch dort wurde nämlich die alleinige Kompetenz des Tatrichters – und damit ein „Rekonstruktionsverbot“ für das Revisionsgericht – insoweit anerkannt, als diese im Unmittelbarkeits- und Mündlichkeitsgrundsatz eine gesetzliche Grundlage hat. Dagegen wurde ein Rekonstruktionsverbot allein im Hinblick auf die Frage nach der *Beweisbarkeit* von Tatsachen abgelehnt, die geeignet sind, einen Verfahrensfehler aus den in der Hauptverhandlung gewonnenen Erkenntnissen heraus zu begründen.

Bei der Beruhensfrage geht es aber gerade nicht mehr um das Vorliegen ei- 725
nes Verfahrensfehlers und damit auch nicht mehr darum, ob die von der Revisi-

1703 Vgl. dazu oben Rn. 342 ff.

on behaupteten Verfahrenstatsachen beweisbar sind, sondern alleine darum, welchen Einfluss ein tatsächlich stattgefundener oder ein nach dem Gesetz gebotener Vorgang unter Beachtung des Mündlichkeits- und Unmittelbarkeitsprinzips bei der Urteilsfindung gehabt hat bzw. hätte haben können. Dies betrifft also den Kernbereich der allein dem Tatrichter vorbehaltenen „Ertragskompetenz", so dass sich die vom Revisionsgericht zu beantwortende Frage, ob eine gesetzmäßige Vorgehensweise zu weiteren Anträgen, Fragen an Zeugen und Sachverständige oder zu Prozesserklärungen oder Einlassungen hätte Anlass geben, und ob dies das Urteil hätte beeinflussen können, losgelöst vom Einzelfall stellen muss.

726 Bei der Beantwortung dieser Frage spielen auch solche widerleglichen Vermutungen eine Rolle, die im jeweiligen Gesetzeszweck angelegt sind. Als Beispiel mögen hier auch nach den Änderungen der §§ 59 ff. StPO die **Vereidigungsvorschriften** dienen. Ihnen liegt, solange der Eid nicht völlig abgeschafft ist, die Vorstellung des Gesetzgebers zugrunde, ein Zeuge, der latent bereit ist, die Unwahrheit auszusagen, werde durch den bevorstehenden Eid veranlasst, sich stattdessen für die Wahrheit zu entscheiden oder sogar eine bereits gemachte Falschaussage unmittelbar vor der Eidesleistung noch einmal zu korrigieren.[1704] Auf der Grundlage dieser Vorstellung liegt es nicht fern anzunehmen, einer beschworenen Aussage komme somit ein höherer Beweiswert zu als einer uneidlichen. Auf der anderen Seite folgt aber aus § 261 StPO, dass diese Annahme den Tatrichter keinesfalls etwa im Sinne einer Beweisregel binden kann. Das bedeutet, dass der Tatrichter zwar die vom Gesetz vorgegebene Wertung über die Bedeutung des Eides bedenken muss, sich darüber im Einzelfall aber hinwegsetzen darf, wenn er z.B. die Überzeugung gewinnt, dass eine beschworene Aussage dennoch falsch oder eine uneidliche Aussage richtig war.

727 Werden die **Vereidigungsvorschriften falsch angewendet,**[1705] so ergeben sich aus dem notwendigen Respekt des Revisionsgerichts vor der Freiheit der tatrichterlichen Beweiswürdigung und aus den dargestellten gesetzlichen „Vorwertungen" folgende Konstellationen und Lösungen für die Beruhensprüfung:

728 Wurde der Zeuge zu Unrecht *nicht vereidigt* (was jetzt freilich nur noch denkbar ist, wenn etwa gemäß § 59 StPO ein Beschluss erging, wonach der Zeu-

**1704** Ob diese Vorstellung den heutigen Erkenntnissen der Aussagepsychologie entspricht, mag hier jedenfalls solange dahinstehen, als das Gesetz sowohl in den §§ 59 ff. StPO als auch in den §§ 153 ff. StGB hiervon ausgeht.

**1705** Vgl. dazu im Zusammenhang unten, Rn. 1038 ff.

ge wegen der ausschlaggebenden Bedeutung zu vereidigen sei, dies aber dann doch unterblieb, oder wenn dem Gericht ein grober Ermessensfehlgebrauch vorgeworfen werden kann[1706]) und hat das Gericht ihm *nicht geglaubt*, so beruht das Urteil auf dem Fehler, weil weder auszuschließen ist, dass das Gericht ihm bei ordnungsgemäßer Abnahme des Eides geglaubt hätte, noch, dass der Zeuge vor der Eidesleistung seine Aussage noch einmal geändert hätte.[1707] Darauf, dass der Angeklagte aus der Nichtvereidigung möglicherweise Schlüsse gezogen hat, die sein weiteres Verteidigungsverhalten bestimmt haben, kommt es in diesen Fällen nicht mehr an.

Wurde der Zeuge zu Unrecht (trotz eines Alters von weniger als 729
18 Lebensjahren [§ 60 Nr.1 StPO] oder trotz bestehenden Teilnahmeverdachts [§ 60 Nr. 2]) *vereidigt* und hat das Gericht ihm *geglaubt*, so beruht das Urteil stets deshalb auf dem Fehler, weil die richterliche Überzeugung durch die Annahme eines erhöhten Beweiswertes beeinflusst worden sein kann, und weil der Angeklagte aus der Vereidigung den Schluss ziehen durfte, das Gericht gehe in seiner bisherigen Würdigung nicht vom Bestehen eines Vereidigungsverbotes aus.[1708] Wurde der Zeuge *vereidigt*, so erweckt dies stets den Anschein, dass das Gericht ein Vereidigungsverbot nicht für gegeben hält, so dass die Verfahrensbeteiligten ihr weiteres Prozessverhalten auf den damit begründeten Vertrauenstatbestand aufbauen konnten. Was immer sie getan oder unterlassen haben, dem Revisionsgericht steht es nicht zu, sich über die Sinnhaftigkeit des weiteren Prozessverhaltens Gedanken zu machen und danach die Beruhensfrage zu beantworten.

Hat das Tatgericht dem Zeugen mit einer Begründung im Urteil *nicht* 730
*geglaubt*, die den Verstoß gegen ein Vereidigungsverbot offenbart, so darf das Beruhen nicht verneint werden. An diese aus dem richtig verstandenen Rekonstruktionsverbot folgende Regel[1709] hält sich freilich der BGH nicht, wenn er das Beruhen unter Hinweis auf „die Gesamtumstände des Falles" verneint und zur Begründung Einzelumstände aufzählt, die seiner eigenen Würdigung nach den Angeklagten von der Vorstellung abhalten mussten,

---

**1706** Vgl. BGH, Beschl. v. 11.12.2008 – 3 StR 429/08 = StV 2009, 225 = wistra 2009, 279.

**1707** Vgl. hierzu BGH, Beschl. v. 31.7.2013 – 4 StR 276/13; BGH, Beschl. v. 17.8.2005 – 2 StR 284/05 = NStZ 2006, 114.

**1708** Vgl. *Hamm* FS Karl Peters, S. 169, 171. In BGH, Beschl. v. 26.11.2001 – 5 StR 54/01 (= BGHR StPO § 60 Nr. 2 Vereidigung 7) wurde das Beruhen jedoch u.a. deshalb verneint, weil sich das Urteil an keiner Stelle auf die Vereidigung des Zeugen stützte und dessen Angaben durch weitere Beweise bestätigt wurden.

**1709** So zutreffend noch BGH StV 1981, 329.

die Vereidigung könne das Gericht dazu gebracht haben, dem Zeugen zu glauben.[1710]

731 In den Fällen, in denen das Tatgericht nach der Vereidigung erkennt, dass ein **Vereidigungsverbot** bestand und daraufhin die Aussage als unvereidigte würdigt, dies aber erst in den Urteilsgründen den Verfahrensbeteiligten mitteilt, beruht das Urteil auf dem Fehler, weil die Mitteilung über die geänderte Wertung für den Angeklagten hätte Anlass sein können, noch weitere Anträge zu stellen.[1711] Der durch das Gericht erzeugte Rechtsschein, es habe kein Vereidigungsverbot bestanden, hätte durch einen rechtzeitigen Hinweis beseitigt werden müssen.[1712] Eine Pflicht dazu bestand zumindest nach dem Grundsatz des fairen Verfahrens.[1713]

732 Völlig neue Fragen haben sich in Bezug auf die Beruhensprüfung durch das **Verständigungsgesetz** ergeben. In seiner Grundsatzentscheidung vom 19.3.2013 hatte das BVerfG bereits darauf verwiesen, dass sich auch beim Fehlen einer Negativmitteilung nach § 243 Abs. 4 S. 1 StPO oder des Negativattests nach § 273 Abs. 1a S. 3 StPO ein Beruhen des Urteils auf einem Verstoß gegen § 257c StPO nicht ausschließen lasse.[1714] Nachfolgend hat das BVerfG in Kammerbeschlüssen hervorgehoben, bei der Beruhensprüfung sei der Schutzgehalt des § 243 Abs. 4 StPO zu berücksichtigen. Die Beruhensprüfung sei um normative Aspekte anzureichern, die über eine reine Kausalitätsprüfung hinausgehen.[1715] In der Literatur wurden die Aussagen dieser Rechtsprechung dahin zusammengefasst, das BVerfG habe sich vom „konventionell verstandenen Beruhensbegriff verabschiedet" und „unter Überschreitung seiner Kompetenzen einen neu-

---

**1710** Siehe z.B. BGH, Urt. v. 30.3.1988 – 2 StR 83/88 = BGHR StPO § 60 Nr. 2 – Strafvereitelung, versuchte 3. Vgl. zur Thematik ergänzend BGH, Beschl. v. 11.9.2018 – 5 StR 318/18; BGH, Urt. v. 15.10.1985 – 1 StR 338/85 = NStZ 1986, 130.

**1711** KK-*Slawik* § 60 StPO, Rn. 42 mit Hinweis auf OLG Frankfurt, Beschl. v. 22.11.2002 – 3 Ss 356/02 = StraFo 2003, 237; bedenklich deshalb BGH NStZ 1986, 130 = NJW 1986, 267 = StV 1986, 89 (m. zutr. abl. Anm. *Schlothauer*); BGH StV 1988, 325 = JZ 1988, 624; kritisch dazu auch zu Recht *Mehle*, Schriftenreihe Deutscher Anwaltverein, Band 7, S. 66 f.

**1712** Nach BGH, Beschl. v. 11.9.2018 – 5 StR 318/18 und BGH, Urt. v. 1.12.1993 – 2 StR 443/93 wird durch die Vereidigung nicht der Rechtsschein erzeugt, dem Zeugen werde geglaubt.

**1713** So zutreffend *Schlothauer* StV 1986, 92.

**1714** BVerfG, Urt. v. 19.3.2013 – 2 BvR 2628/10 u.a., Rn. 98 = BVerfGE 133, 168, 223 = NJW 2013, 1058 = StV 2013, 353 = NStZ 2013, 295.

**1715** BVerfG, Beschl. v. 4.2.2020 – 2 BvR 900/19 = NJW 2020, 2461; BVerfG, Beschl. v. 15.1.2015 – 2 BvR 878/14 = NStZ 2015, 170; BVerfG, Beschl. v. 15.1.2015 – 2 BvR 2055/14, Rn. 19 = StV 2015, 269 = NStZ 2015, 172. Zur Rechtsprechung des BVerfG: KK-*Schneider* § 243 StPO, Rn. 119 ff. und KK-*Gericke* § 337 StPO, Rn. 37.

en absoluten Revisionsgrund geschaffen".[1716] In einem ausführlich begründeten Urteil hat der 3. Strafsenat des BGH die Rechtsprechung des BVerfG deutlich kritisiert.[1717] Das BVerfG ist dem entgegengetreten.[1718] Die nachfolgende Rechtsprechung des BGH hat sich an den Vorgaben des BVerfG orientiert und bei der Frage, unter welchen Voraussetzungen ein Urteil auf einem Verstoß gegen die Dokumentations- und Transparenzvorschriften beruht, im Vergleich zu den sonstigen Kriterien des § 337 StPO großzügige Maßstäbe angelegt.[1719]

Die entstandene Kontroverse ist nicht nur ein offenkundiger Beleg für die Unsicherheiten bei der Anwendung des Beruhens-Kriteriums insgesamt, sondern auch für die Notwendigkeit absoluter Revisionsgründe. Die Einhaltung zentraler Verfahrensprinzipien, die keinen unmittelbar nachweisbaren Bezug zum Urteilsinhalt oder zum Gegenstand der Beweisaufnahme haben, muss über Revisionsgründe abgesichert werden, die eine konkrete Beruhensprüfung überflüssig machen. In Bezug auf die Transparenz- und Dokumentationsvorschriften des Verständigungsgesetzes hat das BVerfG an dieses Konzept angeknüpft, indem es gefordert hat, hier die Beruhensprüfung um „normative Aspekte" anzureichern. Im Ergebnis bleibt es allerdings systematisch wenig stimmig, dass damit für die Verstöße gegen die Dokumentations- und Transparenzvorschriften des Verständigungsgesetzes ein Sonderrecht geschaffen wurde, das zur sonstigen Anwendung von § 337 StPO nicht passt.[1720] 733

Überholt ist im Übrigen auch der vielfach zu lesende Satz, zu den Verfahrensmängeln, auf denen das Urteil in aller Regel nicht beruhen könne, gehörten die **Mängel des Vorverfahrens.**[1721] Zwar bleibt es selbstverständlich richtig, dass das Revisionsverfahren nicht dazu dient, im Einzelnen zu überprüfen, ob 734

---

**1716** *Niemöller* NStZ 2015, 489, 490 und 494. Vgl. auch MüKoStPO/*Knauer/Kudlich* § 337 StPO, Rn. 140 („quasi-absolute Revisionsgründe"); MüKoStPO/*Arnoldi* § 243 StPO, Rn. 94.

**1717** BGH, Urt. v. 23.7.2015 – 3 StR 470/14 = NJW 2016, 513, 514 = StV 2016, 81 = NStZ 2016, 221; hierzu: KK-*Schneider* § 243 StPO, Rn. 123 ff. Nachfolgend s. auch: BGH, Beschl. v. 29.9.2015 – 3 StR 310/15 = StV 2016, 775 = NStZ 2016, 362; BGH, Beschl. v. 10.12.2015 – 3 StR 163/15 = wistra 2016, 164.

**1718** BVerfG, Beschl. v. 23.5.2016 – 2 BvR 2477/15, Rn. 3 (zugänglich über www.bundesverfassungsgericht.de). Vgl. auch BVerfG, Beschl. v. 4.2.2020 – 2 BvR 900/19 = NJW 2020, 2461.

**1719** Vgl. BGH, Beschl. v. 23.10.2018 – 2 StR 417/18 = StV 2019, 377; BGH, Beschl. v. 5.7.2018 – 5 StR 180/18, Rn. 7; BGH, Beschl. v. 11.1.2018 – 1 StR 532/17 = NStZ 2018, 363, 364 = StV 2018, 374; BGH, Beschl. v. 21.3.2017 – 1 StR 622/16 = NStZ 2017, 482, 483 m. Anm. *Bittmann*; BGH, Beschl. v. 12.10.2016 – 2 StR 367/16 = NStZ 2017, 244.

**1720** Vgl. hierzu auch KK-*Schneider* § 243 StPO, Rn. 126. Zu Verfahrensrügen im Zusammenhang mit dem Verständigungsgesetz siehe im Einzelnen unten Rn. 1333 ff,

**1721** BGHSt 6, 326, 328 = NJW 1954, 1855.

das Vorgehen der Staatsanwaltschaft in jeder Hinsicht gesetzesgemäß war.[1722] Die Revision dient der Überprüfung des Urteils, nicht der Überprüfung der Ermittlungen.[1723] Wenn aber Mängel aus dem Vorverfahren in die Hauptverhandlung hineinwirken und dadurch das Urteil beeinflussen, ist die Revisibilität ohne Weiteres gegeben.[1724] Dies ist z.B. der Fall, wenn aus der Missachtung des Richtervorbehalts bei Ermittlungsmaßnahmen Verwertungsverbote resultieren.[1725] Dass daneben nicht jeglicher Schritt der Staatsanwaltschaft einer Richtigkeitskontrolle unterzogen werden kann, hinterlässt zwar Kontrolldefizite. Sie zu beheben, kann aber nicht Aufgabe eines Verfahrens sein, das ganz andere Kontrollfunktionen hat.

735 Von nicht unerheblicher Bedeutung ist die Tatsache, dass ein Urteil auch dann nicht auf einem Verfahrensfehler beruht, wenn der Verfahrensfehler vom Tatgericht rechtzeitig **geheilt** wurde.[1726] Wurde z.B. eine notwendige Prozesshandlung unterlassen, kann dies in der Regel durch Wiederholung des betreffenden Verfahrensteils[1727] unter Nachholung[1728] der unterlassenen Handlung geheilt werden; eine gesetzwidrige Entscheidung kann zurückgenommen werden.[1729] In welchen Konstellationen dies möglich ist, und welche Wirkung einer Wiederholung im Einzelnen zukommt, ist jedoch eine Frage, die sich nur im Zusammenhang mit den jeweils verletzten verfahrensrechtlichen Regelungen beantworten lässt.

**1722** So betrifft die Regelung des § 336 StPO nur gerichtliche „Entscheidungen“ und nicht auch Verfahrenshandlungen der Staatsanwaltschaft vgl. *Meyer-Goßner/Schmitt* § 336 StPO, Rn. 2.

**1723** KK-*Gericke* § 337 StPO, Rn. 34 führt zutreffend aus: „Das Urteil beruht auf der Hauptverhandlung, nicht auf dem Vorverfahren“.

**1724** LR-*Franke* § 336 StPO, Rn. 3 ff.; *Meyer-Goßner/Schmitt* § 336 StPO, Rn. 3; KK-*Gericke* § 336 StPO, Rn. 5; *Dahs*, Revision, Rn. 223.

**1725** Vgl. zum Beispiel für die Zulässigkeit von Durchsuchungen: BGH, Urt. v. 6.10. 2016 – 2 StR 46/15 = NStZ 2017, 367; BGH, Beschl. v. 21.4.2016 – 2 StR 394/15. S. dazu unten Rn. 1277 ff.

**1726** LR-*Franke* § 337 StPO, Rn. 185; *Meyer-Goßner/Schmitt* § 337 StPO, Rn. 39. Rechtzeitig ist die Heilung allerdings nur dann, wenn die Verfahrensbeteiligten noch die Möglichkeit hatten, auf die veränderte Verfahrenssituation zu reagieren. Diese Möglichkeit besteht nur bis zum Ende der Urteilsverkündung.

**1727** BGHSt 30, 74, 76.

**1728** Zum Erlass eines Eröffnungsbeschlusses siehe BGHSt 29, 224; OLG Düsseldorf MDR 1970, 783; OLG Köln JR 1981, 213 m. Anm. *Meyer-Goßner*; zur Nachholung der unterbliebenen Vereidigung eines Zeugen vgl. BGH, Beschl. v. 3.1.1991 – 1 StR 609/90 = MDR 1991, 484 (*Holtz*); BGH, Urt. v. 26.2.1993 – 3 StR 207/92 = NStZ 1993, 341.

**1729** BayObLG NJW 1953, 433; BGH MDR 1955, 56.

Betrifft der Verfahrensmangel einen Verhandlungsvorgang, der sich insgesamt später als überflüssig herausgestellt hat, so ist ein Kausalzusammenhang nicht anzunehmen.[1730] 736

**Ausführungen zur Beruhensfrage** muss der Beschwerdeführer im Rahmen der Revisionsbegründung generell nicht machen. § 344 StPO schreibt lediglich vor, dass die „den Mangel begründenden Tatsachen" anzugeben sind, nicht aber, dass auch darzulegen wäre, aus welchen Gründen das Urteil bei Vermeidung des Rechtsfehlers anders ausgefallen wäre. Die Möglichkeit eines kausalen Zusammenhangs zwischen dem Verfahrensfehler und dem angefochtenen Urteil ist von Amts wegen zu prüfen und sollte auch alleine aus (der Urteilsurkunde und) den in der Revisionsbegründung behaupteten Verfahrenstatsachen ablesbar sein. Der Beschwerdeführer hat also weder eine Darlegungs- noch eine „Beweislast"[1731] für das Beruhen. 737

Auch dieser Grundsatz gilt aber nicht mehr ausnahmslos. So werden bei verschiedenen Verfahrensrügen Darlegungsanforderungen aufgestellt, die der Sache nach darauf hinauslaufen, dem Beschwerdeführer eine konkrete Vortragslast auch für Fragen des Beruhens aufzuerlegen. In diese Richtung geht es etwa, wenn im Zusammenhang mit § 338 Nr. 5 und § 338 Nr. 6 StPO gefordert wird, der Beschwerdeführer müsse darlegen, dass der Verfahrensmangel nicht nur einen unwesentlichen Teil der Hauptverhandlung betroffen habe.[1732] Besondere Aufmerksamkeit sollte der Beruhensfrage im Übrigen geschenkt werden, wenn mit der Revision geltend gemacht wird, es seien Hinweispflichten verletzt worden. Soll gerügt werden, ein nach § 265 StPO erforderlicher Hinweis sei nicht erteilt worden, ist es zumeist zweckmäßig auch darzulegen, dass bei Erteilung des Hinweises eine andere Verteidigung nötig und möglich gewesen wäre.[1733] Konkreter Vortrag kann ferner im Zusammenhang mit den besonderen Voraussetzungen des Beruhens bei Verstößen gegen die Bestimmungen des Verständigungsgesetzes erforderlich sein.[1734] Angesichts der uneinheitlichen Rechtsprechung und der Neigung der Revisionsgerichte, die Beruhensfrage auch bei anderen Verfahrensfehlern anhand von Merkmalen des konkreten Einzelfalles 738

**1730** BGHSt 33, 99, 100 = BGH NJW 1985, 1848 der das Beruhen in einem Fall ablehnte, in dem alle Beteiligten die Aussage eines Zeugen wegen deren Bedeutungslosigkeit für überflüssig erachtet hatten; BGH, Urt. v. 7.11.1991 – 4 StR 252/91 (insoweit in BGHSt 38, 111 nicht abgedruckt).

**1731** LR-*Franke* § 344 StPO, Rn. 87; KK-*Gericke* § 344 StPO, Rn. 65; *Meyer-Goßner/Schmitt* § 344 StPO, Rn. 27; *Herdegen* NStZ 1990, 516.

**1732** Vgl. dazu oben Rn. 551.

**1733** Vgl. dazu unten 1479.

**1734** Vgl. hierzu etwa KK-*Moldenhauer/Wenske* § 257c StPO, Rn. 82 mwN.

entweder mit einer formelhaften Wendung oder über den Umweg einer Überdehnung der Rügevoraussetzungen des § 344 Abs. 2 S. 2 StPO[1735] zu verneinen, ist es – auch außerhalb des Anwendungsbereichs der §§ 243, 265 und 257c StPO – generell empfehlenswert, die Tatsachen oder Argumente darzulegen, aus denen sich ergibt, weshalb das Urteil im Falle eines prozessordnungsgemäß geführten Verfahrens möglicherweise anders ausgefallen wäre.[1736] Das wirkt der Gefahr entgegen, dass in der Entscheidung des Revisionsgerichts die Bemerkung verwendet wird, „nach der Sachlage hätte sich der Angeklagte nicht anders verteidigen können."

## 2. Typische Verfahrensrügen nach § 337 StPO

### a) Die Aufklärungsrüge

**Literatur:** *Arzt* Zum Verhältnis von Strengbeweis und freier Beweiswürdigung, FS Karl Peters, 1974, S. 223; *Blau* Anm. zu BGH, Beschl. v. 25.9.1990 – 5 StR 401/90 (Abgedruckt in StV 1991, 404), StV 1991, 406; *Fezer* Grenzen der Beweisaufnahme durch das Revisionsgericht; *ders.* Anm. zu BGH, Urt. v. 3.7.1991 – 2 StR 45/91 (Abgedruckt in JZ 1992, 106), JZ 1992, 107; *Foth* Anm. zu BVerfG (2. Kammer des 2. Senats), Beschl. v. 8.5.1991 – 2 BvR 1380/90, NStZ 1991, 499, NStZ 1992, 444; *Hamm* Tendenzen der revisionsrechtlichen Rechtsprechung aus anwaltlicher Sicht, StV 1987, 262; *ders.* Die revisionsgerichtliche Kontrolle der Beweiswürdigung des Tatgerichts, Rechtssicherheit versus Einzelfallgerechtigkeit, AG Strafrecht des DAV, Band 9, 1992, S. 20 ff.; *Herdegen* Bemerkungen zum Beweisantragsrecht, NStZ 1984, S. 97 ff., S. 200 ff. und S. 337 ff.; *ders.* Die Überprüfung der tatsächlichen Feststellungen durch das Revisionsgericht auf Grund der Sachrüge, StV 1992, 527; *ders.* Die Überprüfung der tatsächlichen Feststellungen durch das Revisionsgericht auf Grund einer Verfahrensrüge, StV 1992, 590; *ders.* Beweisantragsrecht, Beweiswürdigung, strafprozessuale Revision, 1995; *Julius* Zum Verhältnis von Aufklärungspflicht und Beweisantrag im Strafprozess, NStZ 1986, 61; *Maul* Die gerichtliche Aufklärungspflicht in der Sicht der Rechtsprechung des Bundesgerichtshofes, FS Karl Peters, 1984, 47; *ders.* Die Überprüfung der tatsächlichen Feststellungen durch das Revisionsgericht in der neueren Rechtsprechung des Bundesgerichtshofs, FS Pfeiffer, 1988, S. 409 ff.; *Meurer* Beweiserhebung und Beweiswürdigung, GS für Hilde Kaufmann, 1986, S. 947 ff.; *Niemöller* Die strafrichterliche Beweiswürdigung in der neueren Rechtsprechung des Bundesgerichtshofs, StV 1984, 431; *Schlothauer* Anm. zu BGH, Beschl. v. 18.8.1987 – 1 StR 366/87 – StV 1988, 139; *ders.* Unvollständige und unzutreffende tatrichterliche Urteilsfeststellungen, – Verteidigungsmöglichkeiten in der Revisions- und Tatsacheninstanz –, StV 1992, 134; *Bertram Schmitt* Die richterliche Beweis-

**1735** Beispiele bei *Herdegen*, Beweisantragsrecht, Beweiswürdigung, strafprozessuale Revision, S. 194, der dies einen „methodologischen Kunst- und Fehlgriff" und eine „Gesetzesumgehung" nennt.
**1736** KK-*Gericke* § 344 StPO, Rn. 65; *Dahs*, Revision, Rn. 491 und 505. Vgl. auch BGHSt 36, 119, 123; BGH NJW 1988, 1224.

würdigung im Strafprozess, Lübeck 1992; *Ventzke* § 344 Abs. 2 Satz 2 StPO – Einfallstor revisionsgerichtlichen Gutdünkens? StV 1992, 338; *ders.*, „Warum stellen Sie denn keinen Beweisantrag?" ... StV 2009, 655; *Widmaier* Die Rüge, dass das Tatgericht (wesentlichen) Beweisstoff übersehen oder übergangen habe, Rechtssicherheit versus Einzelfallgerechtigkeit, AG Strafrecht des DAV, Band 9, 1992, S. 66 ff.

Zu den häufigsten Verfahrensrügen gehört die **Aufklärungsrüge**. Sie besteht aus der Behauptung, der Tatrichter habe seine gesetzliche Verpflichtung zur vollständigen Wahrheitserforschung (§ 244 Abs. 2 StPO) rechtsirrig oder aus Mangel an Sorgfalt verkannt oder ihr sogar wissentlich zuwidergehandelt, obwohl die Umstände zum Gebrauch weiterer Beweismittel drängten.[1737] In dieser Beanstandung erblicken viele Beschwerdeführer eine Möglichkeit, die Richtigkeit der Tatsachenfeststellungen der tatrichterlichen Entscheidung anzugreifen; mitunter aber auch eine Möglichkeit, Versäumnisse bei der Verteidigung in der tatrichterlichen Hauptverhandlung auszugleichen. Denn vielfach ist die Aufklärungsrüge Ausdruck einer falschen Einschätzung der Entscheidungstendenzen des Tatgerichts.[1738] Die Aufklärungsrüge führt manchmal zum Erfolg,[1739] scheitert aber auch häufig daran, dass der Beschwerdeführer sie nicht in zulässiger Form erhebt. 739

Um bei der Handhabung der Aufklärungsrüge grundlegenden Missverständnissen vorzubeugen, muss zunächst deren Ausgangspunkt – die richterliche Aufklärungspflicht – einer näheren Betrachtung unterzogen werden. Erst das Verständnis dieses Prinzips macht eine erfolgreiche Handhabung des revisionsrechtlichen Mittels der Aufklärungsrüge möglich. 740

### aa) Die Amtsaufklärungspflicht (§ 244 Abs. 2 StPO)

Die dem Gericht in § 244 Abs. 2 StPO auferlegte Pflicht zu umfassender Aufklärung der Entscheidungsgrundlagen in tatsächlicher Hinsicht ist Ausdruck und Konsequenz einer Stoffsammlungsmaxime, die man als Untersuchungsgrund- 741

---

**1737** Vgl. *Meyer-Goßner/Schmitt* § 244 StPO, Rn. 101 (wenn das Gericht Ermittlungen unterlassen hat, zu denen es sich auf Grund seiner Sachaufklärungspflicht nach Abs. 2 gedrängt sehen musste); KK-*Krehl* § 244 StPO, Rn. 216: „Die Aufklärungsrüge ist in der Regel darauf gestützt, dass von einem Beweismittel, das dem Tatgericht erkennbar und erreichbar war, kein Gebrauch gemacht wurde, obwohl die Beweiserhebung zulässig und geboten war, weil sie möglicherweise zum Nachweis einer relevanten Tatsache geführt hätte."

**1738** Zu den Möglichkeiten der „Früherkennung" der tatrichterlichen Beweiswürdigung durch den Verteidiger vgl. *Hamm* FS Karl Peters, S. 169.

**1739** Was angesichts einer Erfolgsquote für alle Verfahrensrügen, die unter 1% liegen soll (*Rosenau* FS Widmaier, S. 523), noch wenig besagt.

satz bezeichnet und dem Verhandlungsgrundsatz gegenüberstellt. Jede Stoffsammlungsmaxime steht im Dienste der Wahrheit, weil sie die Rekonstruktion eines Lebenssachverhaltes, die Gewinnung eines der vergangenen Wirklichkeit adäquaten Vorstellungsinhalts ermöglichen will. Die Ermittlung des wahren Sachverhalts ist ein zentrales Anliegen des Strafprozesses.[1740]

742 Die Frage, wie die **forensische Wahrheit** ermittelt wird, die Grundlage für die Sachentscheidung des Strafgerichts ist, beantwortet die StPO in § 261 dahingehend, dass der Richter über das Ergebnis der Beweisaufnahme nach seiner freien, allein aus dem Inbegriff der Verhandlung geschöpften Überzeugung zu entscheiden habe. Auch die erfreulichen Fortschritte in der Verdrängung des Irrationalen im Zuge der erweiterten revisionsrechtlichen Überprüfung des Beweiswürdigungsvorgangs[1741] können aber niemals dazu führen, dass auch der letzte Rest an Subjektivismen bei der tatrichterlichen Überzeugung durch absolut transparente Rationalität ersetzt wird. Deshalb ist das Ziel der Aufklärungspflicht des § 244 Abs. 2 StPO, dieser Würdigung eine möglichst vollständige Palette von Anknüpfungstatsachen vorzugeben.[1742] Nur wer das „Wechselspiel der Beweisprinzipien“[1743] verstanden hat, wird auch erkennen, dass das Ergänzungsverhältnis zwischen der notwendigerweise unzulänglichen Beweiserhebung, der ebenso notwendigerweise unzulänglichen Beweiswürdigung und der Existenz eines autonomen Beweisantragsrechts[1744] als „asymptotische“ Annäherung an die Wahrheitsfindung einer möglichst weitgehenden Kontrolle unterzogen werden muss.

743 Der Richter rekonstruiert den Tatvorgang in Gestalt von Vorstellungsinhalten, die er im Urteil darlegt, und er würdigt, was er selbst rekonstruiert hat. „Die Qualität seiner Wertung hängt von der Qualität des Objekts der Wertung ab. Wer die Freiheit des Richters schon bei der Rekonstruktion fordert, verzichtet

---

**1740** Aus dem materiellen Schuldprinzip leitet das BVerfG ab, dass die Ermittlung des wahren Sachverhalts als „das zentrale Anliegen des Strafprozesses“ anzusehen ist (vgl. BVerfG, Beschl. v. 15.12.2015 – 2 BvR 2735/14 = BVerfGE 140, 317, 345; BVerfG, Urt. v. 19.3.2013 – 2 BvR 2628/10 u.a. = BVerfGE 133, 168, 199; BVerfG, Beschl. v. 7.12.2011 – 2 BvR 2500/09 u.a. = BVerfGE 130, 1, 26; BVerfG, Beschl. v. 15.1.2009 – 2 BvR 2044/07 = BVerfGE 122, 248, 270; BVerfG, Beschl. v. 14.8.2007 – 2 BvR 124/05 = BVerfGE 118, 212, 231). S. hierzu auch BVerfG, Beschl. v. 26.5.1981 – 2 BvR 215/81 = BVerfGE 57, 250, 275 = NJW 1981, 1719, 1722; *Maul*, Aufklärungspflicht, S. 47.

**1741** Vgl. dazu unten Rn. 1150 ff.

**1742** Vgl. hierzu auch KK-*Krehl* § 244 StPO, Rn. 28 mwN (optimale Stoffsammlung, möglichst zuverlässige Beweisgrundlage).

**1743** *Herdegen* NStZ 1984, 97.

**1744** Vgl. dazu unten Rn. 810 ff.

auf eine entscheidende Sicherung der Qualität der Wertung."[1745] Freie Überzeugung auf der Grundlage freier Selektion des Tatsachenmaterials wäre unerträglich.[1746]

Es liegt damit aber auch auf der Hand, dass zwischen der Verpflichtung zur Wahrheitserforschung einerseits und der Befugnis, aufgrund der vorhandenen Beweisanzeichen mögliche Schlüsse zu ziehen, ein Spannungsverhältnis entstehen kann.[1747] Beweiserhebung und anschließende Beweiswürdigung sind miteinander verwobene Stationen auf dem Weg zum Strafurteil.[1748] Die strikte Trennung von gebundener Beweiserhebung und freier Beweiswürdigung aber ist – trotz Anerkennung vielfältiger Wechselwirkung – eine unverzichtbare Errungenschaft des modernen Strafprozesses.[1749] 744

Die früher vertretene Auffassung, dass der Tatrichter, der bereits aufgrund der erhobenen Beweise eine feste Überzeugung vom Vorliegen oder Nichtvorliegen einer Beweistatsache gewonnen hat, von jeder weiteren Beweiserhebung absehen dürfe, beruhte auf der unzutreffenden Vorstellung, dass die Aufklärungspflicht nur soweit reiche, als dies zur Gewinnung einer richterlichen Überzeugung notwendig sei. Dieser Gedanke greift aber offensichtlich zu kurz, weil er dem Gericht eine zu weit gehende Abschottung gegenüber neuen Erkenntnissen gestattet. Richtigerweise ist der Tatrichter so lange zum „methodischen Zweifel"[1750] verpflichtet, als objektiv die Möglichkeit gegeben ist, dass seine laufend vollzogene vorläufige Überzeugungsbildung durch neue, ihm zugängliche Tatsachen eine Korrektur erfahren kann. Das Gericht muss daher – wie es in älteren Entscheidungen heißt – alle Beweismöglichkeiten erschöpfen, wenn auch nur die entfernte Möglichkeit einer Änderung der bisher begründeten Vorstellung von dem zu beurteilenden Sachverhalt besteht.[1751] In neueren Entscheidungen wird dies etwas enger gefasst, indem aus § 244 Abs. 2 StPO abgeleitet wird, die Vorschrift gebiete es, *„von Amts wegen Beweis zu erheben, wenn aus den Akten oder aus dem Stoff der Verhandlung noch Umstände und Möglichkeiten bekannt oder erkennbar sind, die bei verständiger Würdigung der Sachlage be-* 745

**1745** *Herdegen* NStZ 1984, 97.
**1746** *Herdegen* NStZ 1984, 97.
**1747** So auch *Maul*, Aufklärungspflicht, S. 49; vgl. auch KK-*Krehl* § 244 StPO, Rn. 29.
**1748** Hierzu auch *Meurer*, Beweiserhebung, S. 947.
**1749** Vgl. *Meurer*, Beweiserhebung, S. 960.
**1750** Vgl. *Hamm*, in: *Herdegen*, Beweisantragsrecht, Beweiswürdigung, strafprozessuale Revision, S. 16.
**1751** BGH, Urt. v. 25.4.1991 – 4 StR 582/90 = BGHR StPO § 244 Abs. 2 – Sachverständiger 11 = NStZ 1991, 399.

*gründete Zweifel an der Richtigkeit der – auf Grund der bisherigen Beweisaufnahme erlangten – Überzeugung wecken müssen".*[1752]

746 Die richterliche Überzeugung muss **objektiv hinreichend fundiert** sein. Die Aufklärungspflicht wird daher weder durch das „Es-reicht-Gefühl" des Richters noch dadurch eingeschränkt, dass die Prozessbeteiligten einschließlich der Staatsanwaltschaft die Beweisaufnahme als erschöpft ansehen wollen[1753] oder der Angeklagte sogar einem Entlastungsbeweis widerspricht.[1754] Das wirkt sich auch bei Verständigungen aus. § 257c Abs. 1 S. 2 StPO stellt noch einmal klar, was angesichts des hohen Ranges der Aufklärungspflicht wohl auch ohne eine solche Vorschrift gelten müsste: Die Aufklärungspflicht kann nicht durch Verständigungen zwischen den Prozessbeteiligten außer Kraft gesetzt werden.[1755] Sie gilt im Übrigen nicht nur zu Gunsten, sondern auch zu Lasten des Angeklagten. Solange das Gericht nicht alle Mittel der Aufklärung erschöpft hat, darf es nicht nach dem Grundsatz „Im Zweifel für den Angeklagten" entscheiden. Auch auf die Wahlfeststellung darf nicht ausgewichen werden, solange eine weitere Sachaufklärung möglich ist.[1756]

### bb) Die Reichweite der Amtsaufklärungspflicht

747 Die Amtsaufklärungspflicht (§ 244 Abs. 2 StPO)[1757], die sich in ihrer „Spannweite" mit der Pflicht des Gerichts zur erschöpfenden Untersuchung der angeklagten Tat (§ 264 StPO) deckt,[1758] nötigt das Gericht, ohne Beweisanträge der Beteiligten von Amts wegen die Beweisaufnahme auf alle zur Erfor-

---

**1752** Vgl. BGH, Urt. v. 21.7.2016 – 2 StR 383/15 = StV 2017, 502; BGH, Urt. v. 9.10.2014 – 4 StR 208/14 = NStZ 2015, 36; BGH, Urt. v. 9.12.2008 – 5 StR 412/08 = NStZ 2009, 468. Kritisch zu den unterschiedlichen Formeln der Rspr.: MüKoStPO/*Trüg*/*Habetha* § 244 StPO, Rn. 54.

**1753** Vgl. BGH, Urt. v. 29.10.2010 – 1 StR 266/10 = BGHSt 56, 6, 10 = NJW 2011, 547 = StraFo 2011, 96; BGH, Urt. v. 25.3.2010 – 4 StR 522/09 = NStZ-RR 2010, 236, 237; BGH, Urt. v. 11.3.1993 – 4 StR 70/93 = BGHR StPO § 244 Abs. 2 – Aufdrängen 5; BGH, Urt. v. 12.2.1981 – 4 StR 714/80 = MDR 1981, 455 (bei Holtz); MüKoStPO/*Trüg*/*Habetha* § 244 StPO, Rn. 50.

**1754** BGH, Urt. v. 25.4.1991 – 4 StR 582/90 = BGHR StPO § 244 Abs. 2 – Sachverständiger 11 = NStZ 1991, 399; KK-*Krehl* § 244 StPO, Rn. 32 mwN; *Alsberg*/*Dallmeyer* Beweisantrag, Rn. 43.

**1755** Vgl. KK-*Krehl* § 244 StPO, Rn. 30. S. hierzu schon *Schmidt-Hieber*, Verständigung im Strafverfahren, Rn. 150.

**1756** LR-*Becker* § 244 StPO, Rn. 46 mwN; vgl. auch BGH, Beschl. v. 8.5.2017 – GSSt 1/17, Rn. 15 = BGHSt 62, 164, 169.

**1757** Überblick bei KK-*Krehl* § 244 StPO, Rn. 28 ff.

**1758** LR-*Becker* § 244 StPO, Rn. 40.

schung der Wahrheit bedeutsamen Tatsachen und Beweismittel zu erstrecken,[1759] soweit nicht Beweisverbote entgegenstehen oder Schätzklauseln eingreifen.[1760]

748 Die Aufklärungspflicht reicht so weit, wie die dem Gericht oder wenigstens dem Vorsitzenden aus den Akten,[1761] durch Anträge oder Anregungen[1762] oder sonst durch den Verfahrensablauf[1763] bekanntgewordenen Tatsachen zum Gebrauch von Beweismitteln **drängen oder ihn nahelegen.**[1764] Dabei ist zu beachten, dass sich die Aufklärung auch auf alle Umstände erstrecken muss, die für die Strafzumessung von Bedeutung sind.[1765]

749 Der Grundsatz des § 244 Abs. 2 StPO schließt ein, dass das Gericht sich um den bestmöglichen Beweis bemühen muss,[1766] verbietet aber nicht, „mittelbare“ Beweise zu erheben.[1767] Gibt es mehrere Möglichkeiten der Beweiserhebung, darf sich das Gericht allerdings nicht mit derjenigen begnügen, die mutmaßlich weniger umfassend oder weniger zuverlässig ist. Dem sachnäheren Beweismittel ist der Vorzug zu geben, wenn und solange die angemessenen Bemühungen, in die „erkenntnismäßig bestmögliche Nähe zu den Tatsachen zu treten“, nicht ausgeschöpft sind.[1768] Die Aufklärungspflicht verbietet also nicht irgendeine Art der Beweisaufnahme. Sie kann nur gebieten, dass ein verfügbares unmittelbares Beweismittel benutzt und einem mittelbaren vorgezogen wird, weil das un-

---

**1759** BGHSt 1, 94, 96; BGHSt 23, 176, 187; BGHSt 32, 115, 122; *Fezer*, Grenzen der Beweisaufnahme durch das Revisionsgericht, S. 95; KK-*Krehl* § 244 StPO, Rn. 28; *Meyer-Goßner/Schmitt* § 244 StPO, Rn. 12 mwN.

**1760** Vgl. §§ 40 Abs. 3 StGB; 73d Abs. 2 StGB, 74c Abs. 3 StGB; näher hierzu *Meyer-Goßner/Schmitt* § 244 StPO, Rn. 14 ff.; KK-*Krehl* § 244 StPO, Rn. 60 ff.; LR-*Becker* § 244 StPO, Rn. 11.

**1761** Vgl. etwa BGH, Beschl. v. 30.8.1988 – 1 StR 357/88 = BGHR StPO § 244 Abs. 2 – Aufdrängen 1.

**1762** KK-*Krehl* § 244 StPO, Rn. 35 mwN.

**1763** BGH, Urt. v. 26.5.1981 – 1 StR 48/81 = BGHSt 30, 131, 140.

**1764** *Meyer-Goßner/Schmitt* § 244 StPO, Rn. 13; KK-*Krehl* § 244 StPO, Rn. 35. S. auch BGHSt 3, 169, 175; BGHSt 17, 245, 247 = NJW 1962, 1259; BGHSt 23, 176, 187.

**1765** Vgl. MüKoStPO/*Trüg/Habetha* § 244 StPO, Rn. 53. S. etwa BGH, Urt. v. 11.3.1993 – 4 StR 70/93 = BGHR StPO § 244 Abs. 2 – Aufdrängen 5; BGH, Beschl. v. 24.10.1995 – 4 StR 563/95.

**1766** Hierzu KK-*Krehl* § 244 StPO, Rn. 36 mwN.

**1767** BVerfGE 57, 250, 277 = NJW 1981, 1719, 1722; *Meyer-Goßner/Schmitt* § 244 StPO, Rn. 12; KK-*Krehl* § 244 StPO, Rn. 39 mwN.

**1768** Vgl. MüKoStPO/*Trüg/Habetha* § 244 StPO, Rn. 59; KK-*Krehl* § 244 StPO, Rn. 36, mwN. S. hierzu etwa BGH, Urt. v. 11.3.2014 – 1 StR 655/13, Rn. 18; BGH, Urt. v. 16.3.1993 – 1 StR 829/92 = BGHR StPO § 244 Abs. 2 – Behördengutachten 1; OLG Düsseldorf, Beschl. v. 8.1.2008 – 5 Ss 216/07 = NStZ-RR 2008, 180.

mittelbare Beweismittel einen höheren Erkenntniswert verspricht.[1769] In diesem Sinne folgt aus ihr eine Forderung nach „Unmittelbarkeit".

750 Im Übrigen ist der Sprachgebrauch, der zwischen „mittelbaren" und „unmittelbaren" Beweismitteln unterscheidet, nicht selten irreführend: Jedes Beweismittel ist in dem Sinne mittelbar, als es nur ein **Indiz für subsumierbare Tatsachen** zu liefern imstande ist. Ein Zeuge, der aussagt, er habe gesehen, wie der Angeklagte etwas in den Tee getan hat, den das alsbald darauf verstorbene Opfer getrunken hat, schafft mit dieser Aussage ein Faktum, aus dem das Tatgericht erst noch den Schluss ziehen kann (aber nicht muss), dass der Angeklagte das Tatopfer durch Giftbeibringung getötet hat. Unmittelbar ist diese Aussage bezogen auf die Wahrnehmung des Zeugen. Auch wenn sie richtig war, so kann das „Etwas" Zyankali oder Zucker gewesen sein. Erst eine Reihe von Zusatzinformationen ermöglichen dem Tatgericht die (also höchst mittelbare) Schlussfolgerung, die eine Subsumtion unter ein Tötungsdelikt erlaubt. Ein Zeuge, der aussagt, der Nachbar des Angeklagten habe ihm erzählt, der Angeklagte habe ihm gestanden, das Opfer vergiftet zu haben, ist in demselben Sinne allein ein unmittelbarer Zeuge für seine Wahrnehmung in dem Gespräch mit dem Nachbarn des Angeklagten. Seine Aussage kann eine richtige oder falsche Wiedergabe des Wahrgenommenen sein. Hiervon zu trennen ist aber die Frage, ob der Nachbar die Wahrheit gesagt hat. Dem entsprechend braucht der Tatrichter auch bei einer solchen Aussage noch Zusatzinformationen für die Schlussfolgerung, der Angeklagte habe das Tatopfer vergiftet.

751 Ein **Vernehmungsprotokoll** ist das unmittelbarste aller denkbaren Beweismittel für die Klärung der Frage, was im Rahmen einer Vernehmung *aufgeschrieben* wurde. Aber selbst dafür ist es nur ein (wenn auch starkes) Indiz und noch nicht der Beweis selbst, weil jede Urkunde auch gefälscht sein kann. Für die Frage, was der Vernommene bei jener Vernehmung ausgesagt hat, ist das Protokoll ein höchst mittelbares Beweismedium, weil es sein kann, dass das Aufgeschriebene das Gesagte nur sehr unzulänglich wiedergibt. § 250 StPO sieht vor, dass der Personalbeweis nicht durch den Urkundenbeweis ersetzt werden darf. Selbstverständlich ist das „unmittelbare" Beweismittel (der Vernehmungsbeamte, der die Aussagen des Vernommenen gehört hat) aber nicht stets auch das zuverlässigere. Auch die Zeugenaussage des „unmittelbaren" Beweismittels (des Vernehmungsbeamten) wird in vielen Fällen den Sachverhalt nicht hinreichend aufklären. So kann es sein, dass er die Äußerungen des Ver-

**1769** Vgl. hierzu etwa BGH, Beschl. v. 8.4.2003 – 3 StR 92/03 = NStZ 2004, 50; BGH, Urt. v. 12.6.2002 – 2 StR 107/02 = StraFo 2002, 353; BGH, Urt. v. 14.10.1954 – 3 StR 161/54 = GA 1955, 178.

nommenen schon nicht zuverlässig wahrgenommen hat, dass seine Erinnerung inzwischen verblasst ist oder dass seine Wiedergabe des Erinnerten (bewusst oder unbewusst) falsch ist. Die Aufklärungspflicht gebietet es in solchen Fällen, die Quellen zu nutzen, die zuverlässig Auskunft über die Beweisfrage geben können. Fehlt also z.B. dem in der Hauptverhandlung angehörten Vernehmungsbeamten (ganz oder teilweise) die Erinnerung, wird es regelmäßig erforderlich sein, auch das „mittelbare" Beweismittel „Vernehmungsprotokoll" für die Aufklärung nutzbar zu machen.

Auch wenn ihr generell ein hoher Stellenwert zukommt, gilt die Auf- 752
klärungspflicht nicht grenzenlos: Der Tatrichter hat die Wahrheit nicht um jeden Preis zu ermitteln,[1770] sondern nur soweit, als es in einem anständig geführten Verfahren („fair trial"[1771]) möglich ist.[1772] Unabhängig von ihrer Eignung zur Aufklärung der Wahrheit sind bestimmte Beweismethoden verboten.[1773] Das gilt nicht nur für die in § 136a StPO aufgezählten Vernehmungsmethoden, sondern z.B. auch für die in § 252 StPO untersagte Ersetzung einer durch Geltendmachung des Zeugnisverweigerungsrechts unmöglichen Zeugenvernehmung. An den **Beweisverboten** findet auch die Aufklärungsrüge ihre Schranke.[1774]

Zu Ausführungen im Urteil, weshalb er keine weiteren Beweise erhoben 753
hat, ist der Tatrichter nicht verpflichtet. Für das Revisionsgericht sind solche Ausführungen ohne Bedeutung, denn es prüft die Notwendigkeit weiterer Aufklärung aus seiner Sicht der Dinge.[1775]

### cc) Aufklärungspflicht und Beweisantragsrecht

Immer wieder Anlass für Verwirrung und Streit bietet die Frage nach dem Ver- 754
hältnis zwischen der Aufklärungspflicht und dem Beweisantragsrecht. Ohne bereits an dieser Stelle auf die Einzelfragen der revisiblen Rechtsfehler im Zusammenhang mit dem Recht der Beteiligten zur Stellung von Beweisanträgen[1776] einzugehen, bedarf es hierzu einiger Ausführungen, weil sonst die Reichweite und die Grenzen der Aufklärungspflicht nur unzulänglich beschrieben wären.

---

**1770** Zu den Grenzen der Aufklärungspflicht vgl. auch *Maul*, Aufklärungspflicht, S. 51, mwN.
**1771** Vgl. zu diesem Grundsatz *Hamm* FS Salger, S. 273.
**1772** Hierzu KK-*Krehl* § 244 StPO, Rn. 28 mwN.
**1773** Überblick bei KK-*Fischer* Einl., Rn. 388 ff.
**1774** LR-*Becker* § 244 StPO, Rn. 37 mwN.
**1775** BGH NStZ 1985, 324, 325; KK-*Krehl* § 244 StPO, Rn. 220.
**1776** S. unten Rn. 810 ff.

755 Dass Beweisanträge auch die Aufklärungspflicht aktualisieren können, ist eine Selbstverständlichkeit. Dasselbe gilt für die aus der Geschichte, der Systematik und dem Wortlaut des § 244 StPO zwingend folgende Rechtslage, dass die Amtsaufklärungspflicht unabhängig davon besteht, ob ein entsprechender Beweisantrag gestellt worden ist.[1777]

756 Ein praktisch allerdings wenig bedeutsamer Streit besteht darüber, ob es Fallgruppen gibt, bei denen die Amtsaufklärungspflicht auch dann zu einer Beweiserhebung zwingen kann, wenn ein entsprechender Beweisantrag ohne Gesetzesverletzung zurückgewiesen werden könnte. Der Bundesgerichtshof hat dies in zwei vereinzelt gebliebenen Entscheidungen angenommen, in denen es jeweils um die Heranziehung eines weiteren Sachverständigen ging.[1778] In beiden Fällen wäre es aber wahrscheinlich die systemgerechtere Lösung gewesen, schon die Zurückweisung des Beweisantrages als rechtsfehlerhaft zu behandeln.[1779]

757 Dass hier ganz offenbar ein Stufenverhältnis besteht, lässt sich u.a. anhand der Regelung in § 244 Abs. 5 Satz 2 StPO verdeutlichen.[1780] Danach kann ein Beweisantrag auf Vernehmung eines **„Auslandszeugen“** unabhängig von den sonstigen (für „andere“ Beweismittel geregelten) Zurückweisungsgründen auch dann abgelehnt werden, wenn die beantragte Beweiserhebung „nach dem pflichtgemäßen Ermessen des Gerichts zur Erforschung der Wahrheit nicht erforderlich ist“. Dies wird als Umschreibung der allgemeinen Aufklärungspflicht verstanden. Nach Ansicht der Rechtsprechung führt dies dazu, dass das Gericht anhand einer Reihe von Kriterien zu prüfen hat, ob die Vernehmung des Auslandszeugen geboten ist.[1781] Wesentlich ist dabei, dass das Gericht nicht an das Verbot der Beweisantizipation gebunden ist.[1782] Damit ist eine Unterscheidung

**1777** *Hamm/Pauly*, Beweisantragsrecht, Rn. 37 ff.

**1778** BGHSt 23, 176 = NJW 1970, 523 (Fall „Bartsch“); BGHSt 10, 116 = NJW 1957, 598; dazu *Meyer-Goßner/Schmitt* § 244 StPO, Rn. 77; *KK-Krehl* § 244 StPO, Rn. 34.

**1779** In BGHSt 10, 116 standen die Bedenken dagegen, dass die überlegenen Forschungsmittel i. S. des § 244 Abs. 4 StPO verneint worden waren, im Vordergrund; in BGHSt 23, 176 diente der Rückgriff auf die Aufklärungspflicht und die Berufung auf die extreme Ausnahmesituation des Falles erkennbar dazu, eine Aussage darüber zu vermeiden, dass einem auf Sexualwissenschaften spezialisierten Sachverständigen gegenüber den allgemeinpsychiatrischen Gutachtern überlegene Forschungsmittel zur Verfügung stehen.

**1780** S. dazu im Einzelnen unten Rn. 958 ff.

**1781** Vgl. z.B. BGH, Beschl. v. 12.7.2018 – 3 StR 144/18; BGH, Urt. v. 13.3.2014 – 4 StR 445/13 = NStZ 2014, 531; BGH, Beschl. v. 29.4.2015 – 1 StR 235/14, Rn. 30 = NStZ-RR 2015, 278, 279; BGH, Beschl. v. 29.4.2010 – 1 StR 644/09 = StV 2010, 556 = StraFo 2010, 341; BGH, Urt. v. 9.6.2005 – 3 StR 269/04 = NJW 2005, 2322.

**1782** S. dazu unten Rn. 960 ff. Vgl. zur fehlenden Geltung des Verbots der Beweisantizipation: BGH, Beschl. v. 10.2.2016 – 2 StR 533/14 = StraFo 2016, 289; BGH, Urt. v. 13.3.2014 – 4 StR

benannt, die für die Abgrenzung der Reichweite des Beweisantragsrechts von der Reichweite der Aufklärungspflicht große Bedeutung hat.

Das **Verbot der Beweisantizipation** kann im Rahmen der allgemeinen Aufklärungspflicht nicht uneingeschränkt gelten,[1783] weil die Frage, ob sich dem Gericht noch eine weitere Aufklärungsmöglichkeit aufdrängt, nur unter Würdigung des bis dahin erreichten Aufklärungsstandes beantwortet werden kann.[1784] Daraus folgt aber auch, dass außerhalb der Geltung der Ausnahmeregelung des § 244 Abs. 5 StPO die Pflicht des Richters, beantragte Beweise zu erheben, grundsätzlich weiter geht als seine Pflicht, Beweise von Amts wegen zu erheben.[1785] Gerade die Tatsache, dass im Bereich der Amtsaufklärung Beweisantizipationen gestattet sind, für welche die im Beweisantragsrecht geltenden Beschränkungen keine Bedeutung haben,[1786] spricht dabei gegen die Meinung, durch einen Beweisantrag werde lediglich die ohnehin bestehende Amtsaufklärungspflicht konkretisiert und aktualisiert.[1787] 758

Durch das Beweisantragsrecht wird die Pflicht des Tatrichters zur Erforschung der Wahrheit also über § 244 Abs. 2 StPO hinaus erweitert, nicht aber etwa eingeschränkt.[1788] Das bedeutet aber zugleich, dass sich die Amtsaufklärungspflicht und das Beweisantragsrecht teilweise *überlagern*. Eine Auflä- 759

---

445/13, Rn. 10 = NStZ 2014, 531; BGH, Beschl. v. 13.2.2014 – 1 StR 336/13 = NStZ 2014, 469; BGH, Beschl. v. 23.10.2013 – 5 StR 401/13 = StV 2014, 266 = NStZ 2014, 51; BGH, Beschl. v. 3.8.2010 – 4 StR 192/10 = NStZ-RR 2010, 384; s. ferner auch *Rose* NStZ 2012, 23.

**1783** BGHSt 36, 159, 164 = NJW 1989, 3291, 3293; *Meyer-Goßner/Schmitt* § 244 StPO, Rn. 12; KK-*Krehl* § 244 StPO, Rn. 33 spricht von einer Prognose; *Herdegen* NStZ 1984, 99; *Julius* NStZ 1986, 63; *Widmaier* NStZ 1994, 416 und *Foth* JR 1996, 99.

**1784** Vgl. MüKoStPO/*Trüg/Habetha* § 244 StPO, Rn. 55; *Hamm*, in: *Herdegen*, Beweisantragsrecht, Beweiswürdigung, strafprozessuale Revision, S. 17 und BGH, Urt. v. 12.6.1997 – 5 StR 58/97 = NJW 1997, 2762, 2763.

**1785** *Meyer-Goßner/Schmitt* § 244 StPO, Rn. 12; *Herdegen* NStZ 1984, 99.

**1786** Wobei sich die zulässige Beweisantizipation aber gleichwohl am Maßstab eines hypothetischen Beweisantrages im konkreten Fall rechtfertigen lassen muss: Ist aus den Akten, dem bisher gewonnenen Beweisstoff oder aus dem Vorbringen der Verfahrensbeteiligten zu ersehen, dass ohne Weiteres die Stellung eines Beweisantrages möglich wäre, dem stattgegeben werden müsste und könnte ein Gelingen des Beweises das bisherige Beweisergebnis in Frage stellen, kommt eine Abstandnahme von der Beweiserhebung mit antizipierenden Erwägungen nicht in Betracht. So KK-*Herdegen*, 3. Aufl., § 244 StPO, Rn. 22 mwN; vgl. auch *Roxin/Schünemann*, Strafverfahrensrecht, § 44 A 4; vgl. auch *Hamm/Pauly*, Beweisantragsrecht, Rn. 569 f.

**1787** So auch *Herdegen* NStZ 1984, 99; KK-*Krehl* § 244 StPO, Rn. 34; vgl. hierzu auch *Julius* NStZ 1986, 63; *Schmidt-Hieber* JuS 1985, 291, 458.

**1788** LR-*Becker* § 244 StPO, Rn. 58; KK-*Krehl* § 244 StPO, Rn. 35; BGH, Urt. v. 12.6.1997 – 5 StR 58/97 = NJW 1997, 2762.

rungsrüge kann demgemäß in diesem „Überlagerungsbereich“ nicht daran scheitern, dass derjenige, der sie erhebt, in der Hauptverhandlung die Aufklärung nicht verlangt hat, deren Unterbleiben er mit der Revision beanstandet.[1789]

760 Diesem Grundgedanken widerspricht es, wenn in Entscheidungen anklingt, im Rahmen der Prüfung der Frage, ob sich dem Tatgericht die Beweiserhebung aufdrängen musste, dürfe es als Indiz berücksichtigt werden, ob der Beschwerdeführer einen entsprechenden Antrag gestellt hat.[1790] Würde das zum generellen Maßstab erhoben, dann könnte dies zu einer Art Subsidiarität der Aufklärungsrüge führen, die mit der hohen Bedeutung der Aufklärungspflicht nicht vereinbar wäre. Nicht zu verkennen ist allerdings, dass im Einzelfall die Beweislage so beschaffen sein kann, dass das Gericht ohne Hinweise des Betroffenen (also insbesondere des Angeklagten) von der möglichen Beweiserhebung keine Kenntnis haben kann.[1791] Zudem kann es in Sonderfällen auch zulässig sein, das Fehlen von Einwänden in der Hauptverhandlung zu berücksichtigen.[1792] Generell muss aber der Grundsatz gelten, dass der Umfang der Aufklärungspflicht zwar davon abhängt, dass dem Gericht hinreichende Informationen über die zusätzliche Beweiserhebung und deren Bedeutung zur Verfügung stehen. Die Zulässigkeit einer Aufklärungsrüge im Revisionsverfahren kann aber nicht davon abhängen, dass zuvor ein entsprechender Antrag in der Tatsacheninstanz gestellt wurde.[1793]

761 Aus der Auseinandersetzung über derlei Fragen folgt aber eine klare Empfehlung: Der Verteidiger, der für sich in Anspruch nimmt, nach gründlichem Aktenstudium in die Hauptverhandlung zu gehen, und der im Gegensatz zum Gericht sein Augenmerk nur auf die Entlastungsinteressen seines Mandanten zu

---

**1789** KK-*Krehl* § 244 StPO, Rn. 32 mwN; vgl. hierzu BGH, Beschl. v. 13.7.2016 – 2 StR 116/16 = StV 2017, 789; BGH, Beschl. v. 19.10.2010 – 1 StR 266/10 = BGHSt 56, 6, 10; BGH, Urt. v. 22.1.2002 – 1 StR 467/01 = NStZ-RR 2002, 145 (Rev. der StA); BGH, Beschl. v. 30.8.1988 – 1 StR 357/88 = BGHR StPO § 244 Abs. 2 – Aufdrängen 1.

**1790** Vgl. BGH, Urt. v. 14.3.1985 – 1 StR 775/84 = MDR 1985, 629 (bei Holtz); BayVerfGH NStE Nr. 42 zu § 244; BGHSt 16, 389. S. ergänzend auch BGH, Urt. v. 7.1.1992 – 1 StR 551/91, Rn. 9 (Revision der StA).

**1791** Vgl. hierzu MüKoStPO/*Trüg*/*Habetha* § 244 StPO, Rn. 390; KK-*Krehl* § 244 StPO, Rn. 32 (Beschwerdeführer als Informationsquelle); vgl. auch SK-StPO/*Frister* § 244 StPO, Rn. 250; vgl. auch BGH, Urt. v. 8.1.2013 – 1 StR 602/12 = NStZ 2013, 672

**1792** BGH, Beschl. v. 27.11.2018 – 3 StR 339/18 = NStZ-RR 2019, 57 (fehlende Einwände gegen die Richtigkeit von Übersetzungen).

**1793** So auch LR-*Becker* § 244 StPO, Rn. 50; vgl. hierzu auch BGH, Beschl. v. 12.2.2020 – 1 StR 451/19 = NStZ 2020, 497 sowie *Ventzke* NStZ 2020, 498 und *Widmaier* NStZ 2007, 234.

richten hat, muss sich – wenn er beim Tatgericht „dabei" war und rügen will, dieses habe eine sich aufdrängende Möglichkeit zur Erhebung eines Entlastungsbeweises nicht genutzt – durchaus fragen lassen, warum es sich dann nicht auch ihm aufgedrängt hat, einen entsprechenden Antrag zu stellen. Darauf gibt es oft eine plausible Antwort, beispielsweise dass die Beweiswürdigung des Verteidigers und dessen Deutung des richterlichen Verhaltens ein bestimmtes Urteil nicht haben erwarten lassen. Aber jeder Verteidiger tut gut daran, schon während der tatrichterlichen Verhandlung kritisch zu prüfen, ob er wirklich alles Erforderliche (in Bezug auf Anträge zur Sachverhaltsaufklärung) getan hat.

Die teilweise Überlagerung von Amtsaufklärungspflicht und Beweisan- 762
tragsrecht führt schließlich auch dazu, dass sich die Aufklärungsrüge und die Rüge der Verletzung des Beweisantragsrechts bei der revisionsrechtlichen Prüfung überschneiden können.[1794] Beweisanträge aktualisieren die Aufklärungspflicht, wenn ihnen entsprochen werden muss, ohne Bindung an die für die Aufklärung von Amts wegen geltenden Kriterien. Infolgedessen liegt in der fehlerhaften Ablehnung oder im Übergehen eines Beweisantrages nicht stets, aber doch in den (häufigen) Fällen der „Konkordanz" eine Verletzung des Aufklärungsgebots.[1795]

### dd) Die geschichtliche Entwicklung der Aufklärungsrüge

Die Revisionsrüge, das Tatgericht habe die Pflicht zur vollständigen Sachver- 763
haltsaufklärung verletzt, war bis etwa 1928 als Rechtsbehelf des Angeklagten so gut wie völlig unbekannt.[1796] In den ersten sechzig Bänden der amtlichen Entscheidungssammlung des Reichsgerichts wird man vergeblich eine einzige Entscheidung suchen, die auf die Revision des Angeklagten ein tatrichterliches Urteil wegen Verletzung der Aufklärungspflicht aufgehoben hätte.[1797] Auch außerhalb der amtlichen Sammlung gab es solche Entscheidungen damals noch nicht.[1798] Dagegen gibt es zahlreiche Entscheidungen aus jener Zeit, die eine sol-

**1794** KK-*Krehl* § 244 StPO, Rn. 35 mwN.

**1795** So KK-*Krehl* § 244 StPO Rn. 35 mwN.

**1796** Vgl. dazu *Hamm/Pauly*, Beweisantragsrecht, Rn. 4 ff.; LR-*Becker* § 244 StPO, vor Rn. 1 (Entstehungsgeschichte) mwN.

**1797** RGSt 58, 80 betrifft die Ablehnung eines Antrages. Allerdings beurteilt das Reichsgericht sie unter dem Gesichtspunkt der Aufklärungspflicht. Aber unter „Aufklärungsrüge" versteht man heute nicht die Rüge, dass ein Antrag falsch behandelt worden sei, sondern die Rüge, das Gericht habe nicht von sich aus alles Erforderliche getan.

**1798** RG v. 21.12.1891, GA Bd. 39, 349 kann kaum als Ausnahme gelten. Denn dort hatte die Rüge nur deshalb Erfolg, weil die Urteilsfeststellungen auf einer vom Tatrichter selbst als zwei-

che Rüge grundsätzlich ablehnen.[1799] Diese ablehnende Haltung wurde vor allem von *Schneidewin*[1800] gebilligt und näher begründet. Die grundlegende Erwägung war, der Tatrichter habe in der Regel nur dann Anlass zu weiterer Aufklärung, wenn ihm selbst der Sachverhalt nicht geklärt erscheine, d.h. wenn er den Schuldbeweis für noch nicht erbracht halte; sei das Gericht aber von der Schuld des Angeklagten überzeugt, so fehle ein verfahrensrechtlicher Grund zu weiteren Ermittlungen.[1801] Demgemäß gab es von jeher allerdings erfolgreiche Aufklärungsrügen der Staatsanwaltschaft oder des Nebenklägers,[1802] nicht aber des Angeklagten.

764 Diese verfahrensrechtliche Handhabung erschien damals als die Kehrseite des Satzes „in dubio pro reo". Denn wenn die Verurteilung voraussetzt, dass der Richter von allen äußeren und inneren Merkmalen des gesetzlichen Tatbestandes voll überzeugt ist, wenn mithin das Urteil schon auf die Sachrüge hin immer dann aufgehoben werden muss, wenn es in irgendeiner Hinsicht an der einwandfreien Feststellung dieser Überzeugung fehlt, dann kann – so nahm man an – jeder Mangel der Aufklärung dem Angeklagten nur zugutekommen.

Ausnahmen kommen – und kamen schon damals – allerdings in Fallkonstellationen in Betracht, für die der Satz „in dubio pro reo" aus sachlichrechtlichen Gründen nicht uneingeschränkt gilt. Wer etwa wegen übler Nachrede verurteilt worden ist, weil die von ihm behaupteten ehrenrührigen Tatsachen mangels hinreichender Aufklärung als nicht erweislich wahr angesehen worden sind, der konnte die Revision auch nach dieser strengen Auffassung der früheren reichsgerichtlichen Rechtsprechung mit der Aufklärungsrüge begründen.[1803] Denn bei der Frage, ob die ehrenrührige Tatsache wahr ist, gilt gemäß § 186 StGB ausnahmsweise der Grundsatz „in dubio contra reum".

---

felhaft bezeichneten Grundlage beruhten, also auf einer Verletzung des Satzes „in dubio pro reo". Das Urteil hätte deshalb nach den Maßstäben der Rechtsprechung schon auf die Sachrüge hin aufgehoben werden müssen.

**1799** Z.B. RG JW 1902, 579 Nr. 22; RG JW 1916, 1026 Nr. 1; RG LZ 1918, 1002; BayObLG JW 1929, 2751 Nr. 6; auch noch KG DJZ 1932, 616.

**1800** *Schneidewin*, in: Fünfzig Jahre Reichsgericht (1929), S. 331; gegen ihn vor allem *Alsberg*, Beweisantrag (1. Aufl. 1930), S. 10 ff., 42 ff., 293, 296; *Alsberg/Nüse*, Beweisantrag, 2. Aufl., S. 14 ff.

**1801** So noch (oder wieder) OGHSt 2, 102; sicherlich ist es kein Zufall, dass gerade der OGH BZ so entschied, bei dem *Schneidewin* Generalstaatsanwalt war.

**1802** RGSt 13, 159; RGSt 47, 423; vgl. auch KG JR 1957, 308 (m. Anm. *Sarstedt*).

**1803** Vgl. *Dallinger* MDR 1955, 269 (zu § 186 StGB am Ende).

Die erste bekannte Entscheidung des Reichsgerichts, in der eine reine **Aufklärungsrüge**[1804] **des Angeklagten Erfolg** hatte,[1805] ist nicht in der amtlichen Sammlung abgedruckt. Daraus wird man schließen dürfen, dass das Reichsgericht diese Entscheidung nicht als so grundsätzlich und „umstürzend" ansah, wie *Alsberg*[1806] sie auffasste. *Alsberg* ist auch in der Folgezeit nicht müde geworden, für die Aufklärungsrüge des Angeklagten einzutreten.[1807] In der Besprechung von *Alsbergs* „Der Beweisantrag im Strafprozess" berichtet Reichsgerichtsrat *Wachinger*,[1808] der 1. Strafsenat wende die Aufklärungsrüge „in neuerer Zeit in steigendem Maße an".[1809] Durch das Gesetz vom 28.6.1935[1810] erhielt § 244 Abs. 2 StPO dann die Fassung,[1811] die zum Vorläufer der heutigen, präziseren Form wurde. Das Reichsgericht versicherte indessen, das habe nichts auf sich: *„Durch den Satz über die Aufklärungspflicht in dem § 244 Abs. 2 StPO n.F. sind, wie auch die amtliche Begründung dazu hervorhebt, die Rechte des Revisionsgerichts nicht über das geltende Recht hinaus erweitert worden."*[1812] 765

Inzwischen hatte sich jedoch die entscheidende Wendung schon vollzogen. 766
Unversehens hatte der Gesetzgeber selbst begonnen, den Grund zu legen, auf dem die Revisionsgerichte die Aufklärungsrüge ausbauten. Freilich lag dieser Grund nicht in dem neu geschaffenen § 244 Abs. 2 StPO, der im Munde des da-

**1804** RG JW 1922, 1394 Nr. 6 (m. Anm. *Alsberg*) behandelte ziemlich gewaltsam eine Sachrüge als Aufklärungsrüge. In Wahrheit lag ein Verstoß gegen § 261 StPO (§ 260 StPO der damaligen Fassung) vor, der aber nicht gerügt worden war.

**1805** RG JW 1928, 1506 Nr. 22 (m. Anm. *Alsberg*) = GS Bd. 98 (1929), 240; ähnlich RG JW 1928, 2988 Nr. 22 (m. Anm. *Beling*).

**1806** In seiner Anmerkung JW 1928, 1506 Nr. 22.

**1807** Anm. zu RG JW 1929, 859 Nr. 18 (hier handelte es sich jedoch um eine Revision der Staatsanwaltschaft), zu RG JW 1931, 2030 Nr. 19 (Revision des Nebenklägers) und zu RG JW 1933, 451 Nr. 42 (hier wurde jedoch die Ablehnung eines Antrages beanstandet); ferner *Oetker* JW 1930, 1106.

**1808** *Wachinger* JW 1931, 923.

**1809** Das Nachschlagewerk des Reichsgerichts bestätigt das freilich nicht; sollte es sich wirklich um Aufklärungsrügen von Angeklagten gehandelt haben, so sind diese Entscheidungen also verborgen gehalten worden. Wahrscheinlich dachte *Wachinger* an die fünf Entscheidungen, die er selbst in GS Bd. 98 (1929), 235 ff. veröffentlicht hatte. Bei den vier ersten dieser Urteile handelt es sich jedoch um die Behandlung von Anträgen (Erläuterung eines unklaren Beweisantrages oder Beweisermittlungsantrages; Antrag auf Beiziehung von Akten; Augenscheinsantrag; Ermittlung der Anschrift eines im Antrag benannten Zeugen); das fünfte Urteil ist dasjenige in JW 1928, 1506 Nr. 22.

**1810** RGBl. 1935 I, 844.

**1811** „Das Gericht hat von Amts wegen alles zu tun, was zur Erforschung der Wahrheit notwendig ist.".

**1812** RG JW 1939, 477, 478.

maligen Gesetzgebers eine bloße Deklamation war. Der Grund lag vielmehr darin, dass der Gesetzgeber jener schlimmen Jahre das strenge Beweisantragsrecht mehr und mehr abbaute (eine Parallele zu den heutigen Entwicklungen, die erschreckend wenig beachtet wird!).

767 Ursprünglich bestimmte nur in Übertretungs- und Privatklagesachen „das Gericht den Umfang der Beweisaufnahme, ohne hierbei durch Anträge, Verzichte oder frühere Beschlüsse gebunden zu sein" (§ 244 Abs. 2 StPO in der ältesten Fassung). Art. 3 § 1 der Notverordnung vom 14.6.1932[1813] beseitigte das Beweisantragsrecht in allen Verfahren vor dem Amtsrichter, dem Schöffengericht und dem Landgericht in der Berufungsinstanz.[1814] Das Gesetz vom 28.6.1935[1815] übernahm das in den Gesetzestext (§ 245 Abs. 1 StPO) selbst und drückte es noch großzügiger aus: *„... wenn es nach seinem freien Ermessen die Erhebung des Beweises zur Erforschung der Wahrheit nicht für erforderlich hält".*[1816] Abgeschlossen wurde diese unerfreuliche Entwicklung[1817] durch § 24 der Verordnung vom 1.9.1939:[1818] *„Das Gericht kann einen Beweisantrag ablehnen, wenn es nach seinem freien Ermessen die Erhebung des Beweises zur Erforschung der Wahrheit nicht für erforderlich hält".*[1819]

768 Parallel mit diesem gesetzlichen Abbau des Beweisantragsrechts lief der **richterliche Ausbau der Aufklärungsrüge.** Was der Gesetzgeber dem Angeklagten Stück für Stück an prozessualen Rechten nahm, suchten die Revisionsgerichte ihm, so gut es ging, auf dem Wege über die Aufklärungspflicht wieder zu geben.[1820] Wo die Tatrichter der Versuchung zum Missbrauch erliegen, die

**1813** RGBl. 1932 I, 285.

**1814** *Mannheim* Anm. zu RG JW 1932, 3356 Nr. 27 (am Ende), machte sogleich darauf aufmerksam, dass hier jetzt die Aufklärungspflicht in die Bresche treten müsse.

**1815** RGBl. 1935 I, 844.

**1816** Vgl. darüber und über den Zusammenhang mit der Aufklärungspflicht *Siegert* JW 1936, 3008 (Anm. zu Nr. 59); *Lautz* JW 1938, 174 (Anm. zu Nr. 42).

**1817** Die nationalsozialistischen Machthaber und Juristen jener Zeit glaubten der faktischen Abschaffung des Beweisantragsrechts sogar mit der Behauptung, es werde als „Sondermittel jüdischer Verteidigungskunst missbraucht", besonderen Nachdruck verleihen zu müssen (*Friedrich* JW 1938, 1300; *Freisler* DJ 1939, 1537). Auch *Graf zu Dohna* hielt sie für „gesund und die Beseitigung bindender Parteianträge für einen bedeutsamen Fortschritt" (Kohlrausch-Festgabe: Probleme der Strafrechtserneuerung 1944, S. 319).

**1818** RGBl. 1939 I, 1658.

**1819** Vgl. dazu *Eb. Schmidt*, Einführung in die Geschichte der Strafrechtspflege, S. 444; *Ingo Müller*, Rechtsstaat und Strafverfahren, S. 146.

**1820** So weisen KG JW 1930, 3255 und BayObLG JW 1931, 3563 bezeichnenderweise gerade in Übertretungssachen auf die Aufklärungspflicht hin. Sehr deutlich kommt sodann der Zusammenhang zwischen Art. 3 § 1 NotVO v. 14. 6. 1932 und der sich steigernden Aufklärungspflicht

von der gesetzlichen Lockerung auszugehen droht, da greift das Reichsgericht mit deutlich wachsender Unbefangenheit ein. Als am 1.9.1939 das Beweisantragsrecht völlig fiel, stand zu seinem Ersatz die Aufklärungsrüge als Schöpfung der Revisionsgerichte so gut wie fertig da. Von da an erging eine Fülle von Entscheidungen darüber.[1821]

Diese Entwicklung ließ sich nach 1945 nicht mehr rückgängig machen. Zwar 769
trachteten die zunächst zahlreichen Gesetzgeber, jeder auf etwas andere Weise, das formstrenge Beweisantragsrecht wieder einzuführen. Aber mit bloßen Vorschriften war es nicht getan. Den Verteidigern war die früher von ihnen gepflegte Kunst des Beweisantrags verloren gegangen.[1822] Die Verhältnisse, unter denen die Tatrichter nach dem Ende der Naziherrschaft arbeiten mussten, führten häufiger als die Arbeit unter gewöhnlichen Umständen zu unrichtigen Feststellungen. Irgendwie musste geholfen werden. Die reichsgerichtliche Überlieferung war abgebrochen. Nicht jeder, der damals das Amt eines Revisionsrichters übernahm, war sich sofort der Grenzen bewusst, die hier zu ziehen waren.[1823] Alle diese Umstände zusammengenommen führten zu einer noch stärkeren Ausdehnung der Aufklärungsrüge neben dem Wiederaufbau des Beweisantragsrechts und seiner revisionsrechtlichen Kontrolle.

Ihre Vertreterrolle hat die Aufklärungsrüge aber ausgespielt. Der Vertrete- 770
ne, nämlich der Beweisantrag, ist seit dem Vereinheitlichungsgesetz vom 12.9.1950 „wieder im Amt“. Eine rückläufige Bewegung in den Erfolgen der Aufklärungsrüge war unverkennbar, und es war nur folgerichtig, dass schon die ersten Leitsatzentscheidungen des Bundesgerichtshofs die Zügel anzogen.[1824] Aber die Aufklärungsrüge steht auch heute bereit, um all diejenigen durch ihr Wiedererstarken zu enttäuschen, die glauben, durch einen erneuten Abbau des Beweisantragsrechts den „Aburteilungsprozess“ beschleunigen zu können.

---

in RGSt 67, 97 = JW 1933, 954 Nr. 8 (m. Anm. *Mannheim*) zum Ausdruck; vgl. auch BayObLG HRR 1934 Nr. 922 (998) und 1085 (unter b).

**1821** RG HRR 1940 Nr. 278 (v. 1.12.1939); Nr. 406 (v. 22.9.1939); Nr. 839 (v. 4.1.1940); RGSt 74, 147 (v. 17.11.1939); RGSt 74, 153 (v. 1.4.1940); RG HRR 1942, Nr. 509 (v. 17.7.1941) und Nr. 512 (v. 2.3.1942).

**1822** *Alsbergs* Meisterwerk war kaum irgendwo zu finden. Über *Alsberg* selbst vgl. *Sarstedt* AnwBl. 1978, 7. Dieser Festvortrag vor der 1. Deutschen Strafverteidiger-Tagung („Alsberg“-Tagung) am 13.10.1977 ist neben weiteren biografischen Skizzen auch abgedruckt in *Taschke* (Hrsg.), Max Alsberg – Ausgewählte Schriften, 1992.

**1823** *Sarstedt* bekannte dies auch von sich selbst (5. Auflage, Rn. 250, Fn. 469).

**1824** BGH NJW 1951, 283; LM Nr. 1 zu § 244 Abs. 2 (L); etwas ausführlicher bei *Dallinger* MDR 1951, 275; BGH JR 1951, 509; vgl. auch schon OGHSt 3, 59.

### ee) Aufklärungsrüge und Rekonstruktionsverbot

771 Die für den mit der Revision betrauten Strafverteidiger entscheidende Frage ist, ob und wann ein Revisionsangriff gegen ein Urteil mit der Begründung geführt werden kann, der Tatrichter habe die Aufklärungspflicht verletzt. Eine allgemein gültige Formel, wann das Revisionsgericht dem Tatrichter eine Verletzung der Aufklärungspflicht vorwerfen kann, gibt es nicht. Soweit davon die Rede ist, es handele sich um einen Fall der Nachprüfung von Ermessensentscheidungen, führt dies in die Irre. Man müsste dann nämlich die Rechtsprechung und das Schrifttum des Verwaltungsrechts heranziehen können; dort spielt die Nachprüfung des Ermessens eine besonders wichtige Rolle. Doch ist das „Ermessen" des Strafrichters bei der Entscheidung der Frage, ob er von ihm bekannten Aufklärungsmöglichkeiten Gebrauch macht, nicht vergleichbar mit der Situation des Verwaltungsbeamten, dem die Gesetze ausdrücklich einen Entscheidungsspielraum zur Verfügung stellen. Einen solchen hat der Tatrichter nur bei der Strafzumessung.

772 Mit der Aufklärungsrüge behauptet der Revisionsführer gerade nicht, der Tatrichter habe die ihm zur Wahl gestellte Möglichkeit einer weiteren Sachaufklärung nicht wahrgenommen, sondern vielmehr, dieser habe von einem zulässigen Beweismittel, das dem Tatgericht bekannt oder für das Tatgericht erkennbar und erreichbar war, keinen Gebrauch gemacht, obwohl sich die Beweiserhebung aufdrängte oder doch wenigstens nahelag, weil sie möglicherweise zum Nachweis einer relevanten Tatsache geführt hätte.[1825]

773 Soweit die Beanstandung sich auf ein Beweismittel bezieht, das in der Hauptverhandlung verwendet wurde, kann mit der Rüge mitunter auch die unterlassene erneute Heranziehung oder die „Nichtausschöpfung" zum Gegenstand der revisionsrechtlichen Überprüfung gemacht werden. Insoweit hängen aber ihre Zulässigkeit und ihre Reichweite von der Höhe der durch die Rechtsprechung gesetzten Hürde des „Rekonstruktionsverbots" ab.[1826] Beanstandet der Beschwerdeführer, der Tatrichter habe einem vernommenen Zeugen, Sachverständigen oder dem Angeklagten bestimmte Fragen nicht vorgelegt oder Vorhalte nicht gemacht,[1827] er habe also diese Erkenntnisquellen nicht völlig ausgeschöpft, so muss er – und hierin liegt die besondere Schwierigkeit dieser Rüge[1828]

---

**1825** KK-*Krehl* § 244 StPO, Rn. 216.

**1826** Vgl. dazu oben, Rn. 342 ff.

**1827** Vgl. z.B: BGH, Urt. v. 28.6.2015 – 1 StR 5/16, Rn. 22; BGHSt 4, 125, 126; vgl. LR-*Becker* § 244 StPO, Rn. 363 f. mwN.

**1828** Hierzu etwa SK-StPO/*Frister* § 244 StPO, Rn. 251 f. und ausführlich SK-StPO/*Frisch* § 337 StPO, Rn. 77 ff.

– den zur Ausschöpfung Anlass gebenden Sachverhalt[1829] auf „parate Fakten" stützen können, um mit seiner Rüge das Stadium der Begründetheitsprüfung im Freibeweisverfahren erreichen zu können.[1830]

Ist das aber der Fall, dann darf die Prüfung der Begründetheit der Revisionsrüge nicht daran scheitern, dass es um einen Vorgang geht, über den das Protokoll keine Auskunft gibt.[1831] Soweit es nur um die Rekonstruktion eines Vorgangs in der Hauptverhandlung geht, der nicht durch das Unmittelbarkeitsprinzip dem Blick des Revisionsrichters verschlossen ist, steht der Zulässigkeit der Rüge auch nicht das Schweigen der Urteilsgründe entgegen.[1832] Sie ist vielmehr dann zulässig, wenn die Ausschöpfung des Beweismittels die Sachverhaltsannahmen des Tatgerichts oder die von ihm herangezogenen Indiztatsachen und damit den Urteilsspruch in Frage stellen können, ohne dass die Behauptung der die Rüge stützenden Verfahrenstatsache selbst in Widerspruch zu den Ergebnissen der tatrichterlichen Beweiswürdigung stünde.[1833] 774

Demgegenüber ist die Rechtsprechung der Ansicht, der entsprechende Mangel – die **Nichtausschöpfung eines benutzten Beweismittels** – müsse sich aus dem angefochtenen Urteil selbst ergeben.[1834] Daneben können auch eine verlesene Urkunde oder das Hauptverhandlungsprotokoll als Grundlage dienen, sofern es ausnahmsweise (etwa bei einer Protokollierung nach § 273 Abs. 3 StPO) Angaben über mündliche Äußerungen enthält. Wie oben dargelegt,[1835] wird das im Kern wie folgt begründet: Fragen und Vorhalte würden im Protokoll nicht beurkundet, sodass dieses zum Nachweis der die Rüge begründenden Tatsachen nicht herangezogen werden könne. Wenn sich die Richtig- 775

**1829** Z.B. die relevante Diskrepanz in Aussagen eines Zeugen oder in gutachtlichen Äußerungen eines Sachverständigen.

**1830** KK-*Krehl* § 244 StPO, Rn. 221.

**1831** KK-*Herdegen*, 5. Aufl., § 244 StPO, Rn. 40; vgl. auch LR-*Becker* § 244 StPO, Rn. 364 speziell zu der Problematik bei Bild-Ton Aufzeichnungen. A.A. – auf das Protokoll abstellend – *Meyer-Goßner/Schmitt* § 244 StPO, Rn. 103; KK-*Krehl* § 244 StPO, Rn. 221 f.

**1832** Vgl. LR-*Becker* § 244 StPO, Rn. 364.

**1833** KK-*Herdegen*, 5. Aufl., § 244 StPO, Rn. 40.

**1834** Vgl. z.B: BGH, Urt. v. 28.6.2016 – 1 StR 5/16, Rn. 22; BGH, Beschl. v. 11.3.2009 – 5 StR 40/09 = NStZ-RR 2009, 180 = StraFo 2009, 283: BGH, Urt. v. 9.12.2008 – 5 StR 412/08 = NStZ 2009, 468, 469; BGH, Urt. v. 27.7.2005 – 2 StR 203/05 = NStZ 2006, 55; BGH, Beschl. v. 3.9.1997 – 5 StR 237/97 = BGHSt 43, 212, 213; BGH, Urt. v. 2.6.1992 – 1 StR 182/92 = StV 1992, 549 = NStZ 1992, 506 = NJW 1992, 2840; hierzu *Herdegen* StV 1992, 596. Zum Ganzen s. auch KK-*Krehl* § 244 StPO, Rn. 221 und MüKoStPO/*Trüg*/*Habetha* § 244 StPO, Rn. 391. Abweichend: BGHSt 22, 26, 28 = NJW 1968, 997 für den Fall, dass das Unterlassen eines Vorhalts zum Verstoß gegen den Grundsatz des rechtlichen Gehörs geführt hat.

**1835** Vgl. Rn. 342 ff..

keit des Vorbringens aber auch nicht aus dem angefochtenen Urteil ersehen lasse, so würde das Rügevorbringen, eine gebotene Frage sei nicht gestellt oder ein gebotener Vorhalt sei nicht gemacht worden, das Revisionsgericht zur Beweiserhebung über Einzelheiten der tatrichterlichen Beweisaufnahme zwingen. Dies widerspräche dem Verbot zur Rekonstruktion der tatrichterlichen Beweisaufnahme.[1836]

776 Dem ist auch an dieser Stelle entgegenzuhalten, dass das Revisionsverfahren insgesamt seiner Aufgabe nicht gerecht würde, wenn es ausgerechnet bei der verfahrensrechtlichen Überprüfung stattgefundener Beweisvorgänge versagen müsste. Hat ein Angeklagter sich dahingehend eingelassen, er sei bei der Tat für jedermann erkennbar betrunken gewesen, wisse aber noch, dass nicht er, sondern der andere zuerst geschlagen habe, so kann die Behauptung der Revision, mit dem Opfer als einzigem Zeugen in der Hauptverhandlung sei nur die Frage erörtert worden, wer zuerst geschlagen hat, nicht aber die Frage, ob der Angeklagte Anzeichen von Alkoholisierung aufwies, nicht mit dem Hinweis darauf abgeblockt werden, davon stehe weder etwas im Protokoll noch im Urteil. Wenn das nämlich so war, dann darf es nicht von dem „Glück" abhängen, dass auch noch das Urteil unzulänglich niedergeschrieben wurde, so dass dieser (weitere Verfahrens-) Fehler auf die Sachrüge hin zu seiner Aufhebung führt.

777 Die erfreulich weit vorangetriebene Rechtsprechung zu den Begründungsanforderungen für tatrichterliche Urteile ist nämlich dann ungeeignet, einen solchen schweren Mangel zu korrigieren, wenn das Urteil unter sich gegenseitig scheinbar aufhebenden Fehlern leidet: Enthält es in dem Beispielsfall eine detaillierte Wiedergabe der übrigen Aussagen des Angeklagten und des Zeugen, verschweigt es aber die Einlassung zur Alkoholisierung und fehlen auch sonstige Anhaltspunkte für diesen Hinweis auf die mögliche Anwendbarkeit des § 21 (oder gar des § 20 StGB) in den Gründen, so verrät das Urteil aus sich selbst heraus den Mangel nicht. Die Sachrüge wäre in diesem Fall deshalb nicht geeignet, den Fehler zu korrigieren. Soll aber nun gerade deshalb auch noch die Aufklärungsrüge versagen?

778 Es läge sogar etwas Zynisches darin, wenn die Strafjustiz ihre eigenen Mängel dem Rechtssuchenden als Hindernis in den Weg werfen dürfte: Das Fehlen eines Inhaltsprotokolls in Strafkammersachen (§ 273 StPO) und verdeckt unzulängliche Urteilsgründe dürfen dem Revisionsgericht nicht den Blick auf ein behauptetes und durch Freibeweis feststellbares pflichtwidriges Versäumnis bei

---

1836 Vgl. dazu die oben in Rn. 342 zitierte Rechtsprechung.

der Aufklärung des Sachverhalts versperren. Der Tatrichter kann sich in einer dienstlichen Erklärung zu der klar umgrenzbaren Verfahrensfrage äußern, ob in der Hauptverhandlung der Angeklagte über den im Urteil mitgeteilten Aussageinhalt hinaus auch behauptet hat, er sei sturzbetrunken gewesen und habe sich für jedermann erkennbar kaum noch auf den Beinen halten können, und ob diese Frage auch mit dem Zeugen erörtert wurde. Durch eine solche dienstliche Äußerung im Freibeweisverfahren braucht sich der Richter nicht zu seinen unter Beachtung des Unmittelbarkeitsprinzips getroffenen Feststellungen in Widerspruch zu setzen, denn der verfahrensrechtliche Vorwurf geht ja gerade dahin, dass er zu der im Urteil unerörtert gebliebenen „Tatfrage" *keine* Feststellungen getroffen hat und sie auch nicht treffen konnte, *weil* die entsprechende Aufklärung unterblieben ist.

#### ff) Begründungsanforderungen

Der Vorschrift des § 344 Abs. 2 Satz 2 StPO wurde bezogen auf die Aufklä- 779
rungsrüge nachgesagt, sie werde zum „Einfallstor revisionsgerichtlichen Gutdünkens".[1837] Hart ist auch das Urteil *Herdegens*, die Rechtsprechung zu den Begründungsanforderungen der Aufklärungsrüge schwanke zwischen „an Rechtsverweigerung grenzender Strenge und – ... rügefreundlicher Nachsicht".[1838] Diese Kritik beruht auf der Tatsache, dass es eine Reihe von Entscheidungen gibt, in denen es schwerfällt zu erkennen, ob der Bundesgerichtshof mit der nötigen Trennschärfe die Frage nach den formellen Rügeanforderungen von den einzelnen Elementen der Begründetheit unterschieden hat.[1839]

Dies darf allerdings nicht darüber hinwegtäuschen, dass die Fertigung einer 780
entsprechenden Revisionsbegründung mitunter nicht ganz einfach ist; denn jede sachliche Voraussetzung für den Vorwurf, der Tatrichter habe seine Aufklärungspflicht verletzt, muss auch in der Revisionsbegründungsschrift konkret **als gegeben behauptet** werden. Dies wird im Falle der Aufklärungsrüge dadurch erschwert, dass sie auch auf sog. Negativtatsachen gestützt werden muss: Erstens muss also gesagt werden, dass von einem bestimmten Beweis-

**1837** So im Titel der Abhandlung von *Ventzke* StV 1992, 338.

**1838** KK-*Herdegen*, 5. Aufl., § 244 StPO, Rn. 36 mit Beispielen und Nachweisen für beide Extreme; KK-*Krehl* § 244 StPO, Rn. 215 spricht von „eher streng oder eher rügefreundlich".

**1839** Vgl. neben den von KK-*Krehl* genannten Beispielen für bedenklich strenge Anforderungen: BGHR StPO § 344 Abs. 2, S. 2 – Aufklärungsrüge 6 (Darlegungen zum Aufdrängen) und 7 (Beiziehung von Vorstrafenakten als nicht ausreichend konkretisierte Bezeichnung der darin befindlichen Urkunden als Beweismittel).

mittel kein Gebrauch gemacht wurde, zweitens dass die dadurch dem Beweis zugängliche Tatsache auch nicht auf anderem Wege erschöpfend Gegenstand der Beweisaufnahme gewesen sei, drittens müssen die Umstände genannt werden, die dem Gericht die vermisste Beweiserhebung als aussichtsreich hätten erscheinen lassen müssen und viertens muss vorgetragen werden, was der Beschwerdeführer sich an Beweisertrag versprochen hätte. Auch die Vereinbarkeit der Rüge mit dem Umstand, dass ein entsprechender Beweisantrag nicht gestellt wurde, sollte in Fällen, in denen dieser Einwand naheliegt,[1840] erklärt werden.

781 Zu allen diesen Erfordernissen einer Aufklärungsrüge ließen sich Beispiele aus der Rechtsprechung anführen, in denen stillschweigend oder ausdrücklich auch einmal das Fehlen entsprechender Revisionsbehauptungen den Erfolg der Rüge nicht verhindert hat. Aber es lassen sich auch Beispiele finden, in denen die Rüge scheiterte, weil der Bundesgerichtshof noch etwas in der Revisionsbegründung vermisste, das auch der erfahrenste Revisionsverteidiger nicht für erforderlich gehalten hätte. Statt hier nun den aussichtslosen Versuch zu unternehmen, die Kasuistik der BGH-Rechtsprechung[1841] in ein System einzupassen oder als nicht durchgehend systematisch zu kritisieren, mag an dieser Stelle der praktische Rat an den Revisionsführer genügen, man trage lieber zu viel als zu wenig vor.

782 Hat der Verteidiger präzise und klar herausgearbeitet, dass die rügebegründenden Tatsachen überhaupt unter den Begriff des Aufklärungsmangels subsumiert werden können und nicht andere – möglicherweise speziellere – Rügen in Betracht kommen,[1842] so sollte er in der Revisionsbegründung mindestens die folgenden Fragen[1843] beantworten:

---

**1840** Vgl. oben Rn. 760.

**1841** Detaillierte Übersichten über die in der Rechtsprechung des BGH aufgestellten Rügeanforderungen bei *Cirener/Herb* in NStZ-RR 2018, 132 und *Cirener* NStZ-RR 2017, 101; NStZ-RR 2016, 98, 100; NStZ-RR 2013, 1, 5; NStZ-RR 2011, 134, 137.

**1842** Vgl. hierzu zusammenfassend *Dahs*, Revision, Rn. 508.

**1843** KK-*Krehl* § 244 StPO, Rn. 216 unterteilt die notwendigen Bestandteile einer Aufklärungsrüge in sechs Punkte, von denen jedoch erklärtermaßen nicht alle in jeder Aufklärungsrüge enthalten sein müssen (z.B. die auch im Beweisantragsrecht umstrittene „Konnexität"); andere (z.B. die Relevanz des Beweisergebnisses) mögen als Zusatzargumente hilfreich sein, sollten sich aber aus der bestimmt benannten Beweisthematik und den Urteilsgründen eigentlich im Regelfall von selbst verstehen.

**(1) Mit welchen Mitteln, auf welchem Weg hätte das Gericht aufklären sollen?**

In der Aufklärungsrüge muss deutlich werden, welches Beweismittel hätte herangezogen werden sollen.[1844] Ganz allgemein ist es dabei zweckmäßig, sich an den Anforderungen zu orientieren, die für einen Beweisantrag gelten. Hätte nach Ansicht des Beschwerdeführers ein Zeuge gehört werden müssen, ist dieser in der Rüge mit Name und Adresse zu bezeichnen.[1845] Ist dem Beschwerdeführer dies auf Grund der Gegebenheiten des Falles nicht möglich, muss ein Weg aufgezeigt werden, auf dem das Gericht die erforderlichen Angaben hätte erhalten können. Bezieht sich die Aufklärungsrüge auf die fehlende Verlesung einer Urkunde, muss diese präzise bezeichnet werden.[1846] Das gilt auch für Augenscheinsobjekte, wie z.B. Tonbandaufnahmen.[1847] 783

Soll gerügt werden, es sei versäumt worden, ein Sachverständigengutachten einzuholen, ist die namentliche Benennung eines konkreten Sachverständigen im Hinblick auf § 73 StPO normalerweise nicht erforderlich.[1848] Auch soll es nicht erforderlich sein, das von dem Sachverständigen anzuwendende Untersuchungsverfahren näher darzulegen.[1849] 784

Welche weitergehenden Anforderungen einzuhalten sind, lässt sich nur anhand des konkret in Betracht kommenden Aufklärungsmangels festlegen. Doch dürfte unter den verschiedenen Begründungsanforderungen, die für die Aufklärungsrüge gelten, die konkrete Benennung eines Beweismittels im Allgemeinen noch die geringsten Schwierigkeiten bereiten. Wesentlich ist auch, dass aus der Revisionsbegründung deutlich wird, dass die Beweiserhebung, die Gegenstand der Rüge ist, in der Hauptverhandlung nicht stattgefunden hat.[1850] 785

**1844** Vgl. hierzu MüKoStPO/*Trüg/Habetha* § 244 StPO, Rn. 385.

**1845** Nach der Rechtsprechung (BGH, Beschl. v. 26.2.2020 – 4 StR 662/19; BGH, Beschl. v. 30.7.2014 – 4 StR 263/14) muss in der Aufklärungsrüge auch die ladungsfähige Anschrift des Zeugen angegeben werden; vgl. ferner BGH, Urt. v. 21.11.2013 – 4 StR 242/13 Rn. 7 und OLG Bamberg, Urt. v. 9.2.2018 – 3 OLG 110 Ss 138/17 = StraFo 2018, 159. Nach BGH, Beschl. v. 26.2.2020 – 4 StR 662/19 ist es in Fällen, in denen die Aufklärungsrüge damit begründet wird, das Gericht habe es unterlassen, bestimmte Zeugen zu ermitteln, auch erforderlich darzulegen, welche konkreten Bemühungen das Gericht hätte entfalten müssen und welches Ergebnis diese Bemühungen gehabt hätten. Vgl. zu den Darlegungsanforderungen auch BGH, Urt. v. 3.8.2017 – 4 StR 202/17 = NStZ-RR 2017, 317. Weitere Nachweise bei *Cirener/Herb* NStZ-RR 2018, 132.

**1846** Vgl. *Meyer-Goßner/Schmitt* § 244 StPO, Rn. 102.

**1847** BGH, Urt. v. 6.10.1983 – 4 StR 443/83 = NStZ 1984, 213 (bei *Pfeiffer/Miebach*).

**1848** MüKoStPO/*Trüg/Habetha* § 244 StPO, Rn. 385.

**1849** BGH, Urt. v. 22.1.2002 – 1 StR 467/01 = NStZ-RR 2002, 145.

**1850** Vgl. hierzu etwa BGH, Beschl. v. 14.8.2018 – 4 StR 637/17.

786 Die Grundlage jeder gegen die Sachverhaltsannahmen oder die Beweisgründe des Tatgerichts geführten Aufklärungsrüge muss entweder in den Verfahrensakten des Gerichts oder im Erklärungs-, Antrags- oder Beweisstoff der Hauptverhandlung zu finden sein.[1851]

### (2) Welche Umstände, die für das Gericht in der Hauptverhandlung erkennbar waren, hätten zu weiterer Aufklärung drängen müssen?[1852]

787 Die Zulässigkeit der Aufklärungsrüge setzt voraus, dass der Beschwerdeführer Tatsachen darlegt und bestimmt behauptet, aus denen sich ergibt, dass sich dem Gericht die Beweiserhebung aufdrängte.[1853] Bei der Darlegung dieser Rügevoraussetzung ist der Beschwerdeführer im Vorteil, wenn er auf entsprechende Anregungen in der Hauptverhandlung oder etwa auf Beweisermittlungsanträge verweisen kann. Wurde das Gericht ausdrücklich auf die Beweiserhebung hingewiesen, so hatte es schon hierdurch Anlass, die Frage zu prüfen, ob der Beweis erhoben werden soll. Aber auch wenn der Revisionsführer nach seiner Ansicht in der Hauptverhandlung keinen Anlass hatte, auf die Beweiserhebung hinzuwirken, die sich aus der durch die Urteilsgründe bekannt gewordenen Sicht des Tatgerichts als notwendig herausstellte, muss dies begründet werden. Der Beschwerdeführer muss sich also bei der Abfassung der Begründungsschrift in die Lage des Gerichts versetzen und muss darstellen, weshalb aus dessen Kenntnisstand heraus das im Urteil dokumentierte Ergebnis nicht hätte gefunden werden dürfen, bevor nicht noch der bestimmte Zeuge oder Sachverständige gehört war oder die genau bezeichnete Urkunde verlesen oder der ihm zugängliche Gegenstand in Augenschein genommen wurde.

788 Gerade aus der generellen Verpflichtung, die Gründe darzulegen, aus denen sich die Beweiserhebung aufdrängen musste, werden in der Rechtsprechung im Einzelfall sehr weitreichende Darlegungspflichten abgeleitet. Es ist deshalb ratsam, diesem Punkt besondere Aufmerksamkeit zu widmen. Dazu kann es erforderlich sein, sich die Beweissituation genau zu vergegenwärtigen, vor der das Gericht nach seiner aus den Urteilsgründen ersichtlichen Bewertung des Sachverhalts stand. Eine Beweiserhebung musste sich aufdrängen, wenn bestimmte

---

**1851** KK-*Krehl* § 244 StPO, Rn. 217 mwN; MüKoStPO/*Trüg*/*Habetha* § 244 StPO, Rn. 384.

**1852** Vgl. hierzu KK-*Krehl* § 244 StPO, Rn. 216 f.; *Dahs*, Revision, Rn. 512, jeweils mwN; MüKo-StPO/*Trüg*/*Habetha* § 244 StPO, Rn. 389.

**1853** Vgl. hierzu BGH, Beschl. v. 6.6.2017 – 4 StR 355/16; BGH, Beschl. v. 13.12.2016 – 3 StR 193/16 = NStZ-RR 2017, 119 (Auslandszeuge), BGH, Beschl. v. 31.5.2016 – 1 StR 22/16; BGH, Urt. v. 13.1.2011 – 3 StR 337/10 = NStZ 2011, 471 (Rev. der StA); BGH, Urt. v. 11.9.2003 – 4 StR 139/03 = NStZ 2004, 690, 691. Weitere Nachweise bei *Cirener*/*Herb* NStZ-RR 2018, 132.

Beweisfragen noch nicht als geklärt gelten konnten und die Umstände dafür sprachen, dass das dem Gericht bekannte Beweismittel gerade zur Klärung dieser Beweisfrage würde Wesentliches beitragen können. Daneben sind in diesem Zusammenhang auch die allgemein aus § 344 Abs. 2 StPO abzuleitenden Darlegungsanforderungen zu beachten, wie z.B.: Wurden in der Hauptverhandlung Anträge gestellt, die sich auf die Beweiserhebung richteten, diese aber durch das Tatgericht zurückgewiesen, ist es erforderlich, die Anträge und Beschlüsse in der Revisionsbegründung mitzuteilen.[1854] Wird beanstandet, eine Urkunde sei nicht verlesen worden, ist es regelmäßig erforderlich, den Wortlaut der Urkunde in der Revisionsbegründung wiederzugeben.[1855]

Gerade im Zusammenhang mit der Frage, ob sich eine Beweiserhebung aufdrängt, wird mitunter darauf hingewiesen, die Aufklärungsrüge eröffne dem Revisionsgericht den **„Blick in die Akten“**.[1856] Dieser häufig zu lesende Satz verleitet allerdings zu Missverständnissen. Richtig ist er allein in dem Sinne, dass das Revisionsgericht berechtigt und verpflichtet ist, auf eine zulässige Aufklärungsrüge hin in den Akten nachzuprüfen, ob die aufgestellten Behauptungen über die Beweismöglichkeit und -bedürftigkeit zutreffen. Aber das wäre noch keine Besonderheit, soweit es um den *Beweis* der „den Mangel enthaltenden Tatsachen“ geht, die nach § 344 Abs. 2 Satz 2 StPO in der Revisionsbegründungsschrift bereits mitgeteilt sind. Zum Zwecke des Freibeweises ist das Revisionsgericht auch bei allen anderen Verfahrensrügen berechtigt, in die Akten zu schauen. Auch bei der Aufklärungsrüge darf aber das Wissen darum, dass das Revisionsgericht in die Akten schauen kann, nicht zu dem Irrtum verleiten, dann dürfe es auch auf die Möglichkeit verwiesen werden, sich aus den Akten die zur Schlüssigkeit der Rüge erforderlichen Informationen selbst herauszusuchen.[1857] Genau wie bei anderen Verfahrensrügen sind nämlich auch hier schlichte Bezugnahmen nicht erlaubt. 789

Dennoch spielen die Akten bei der Aufklärungsrüge eine weitergehende Rolle als bei anderen Verfahrensrügen: Weil hier der Vorwurf dahin geht, es sei eine 790

**1854** BGH, Beschl. v. 8.1.2013 – 1 StR 602/12 = StV 2013, 552 = NStZ 2013, 672.
**1855** BGH, Urt. v. 13.1.2011 – 3 StR 337/10 = NStZ 2011, 471 (Rev. der StA); vgl. auch LR-*Becker* § 244 StPO, Rn. 368.
**1856** „Die aufgrund der (Aufklärungs-)Rüge zulässige und gebotene Überprüfung der Akten...“, BGH wistra 1987, 211 = BGHR StPO § 244 Abs. 2 – Strafzumessung 1; BGHR StPO § 244 Abs. 2 – Aufdrängen 5; BGH, Beschl. v. 17.3.2006 – 1 StR 577/05 = NStZ 2006, 587 = StV 2006, 522; BGH, Beschl. v. 5.3.2013 – 5 StR 39/13, Rn. 15; *Alsberg/Güntge*, Beweisantrag, Rn. 1600; LR-*Becker* § 244 StPO, Rn. 369.
**1857** Vgl. BGH, Beschl. v. 3.5.1993 – 5 StR 180/93 = BGHR StPO § 344 Abs. 2 Satz 2 – Aufklärungsrüge 6.

Beweiserhebung unterlassen worden, die sich nach der *gesamten* Sachlage aufgedrängt hätte, lässt sich der Prüfungsgegenstand nicht in der gleichen Weise wie bei anderen Verfahrensbeanstandungen auf den vom Revisionsführer vorgetragenen Sektor des möglichen „Freibeweisstoffs" beschränken. Vielmehr muss das Revisionsgericht bei der Prüfung einer Aufklärungsrüge über die Schlüssigkeit und Beweisbarkeit des Vortrags hinaus den Verfahrensstoff aller Ermittlungsergebnisse daraufhin überprüfen können, ob unter Berücksichtigung der für und gegen die vermisste Beweiserhebung sprechenden Umstände der gegen den Tatrichter erhobene Vorwurf objektiv berechtigt ist. Deshalb steht zur Prüfung einer Aufklärungsrüge dem Revisionsgericht der gesamte Akteninhalt offen.[1858]

**(3) Welches Beweisergebnis wäre zu erwarten gewesen?**

791 Die Aufklärungsrüge muss den zu erwartenden Ertrag der Beweiserhebung hinreichend genau bezeichnen.[1859] Insbesondere genügt es nicht, die Beweisthematik nur allgemein zu umschreiben. Auch insoweit gilt zumindest Ähnliches wie beim Beweisantrag. So genügt es in der Regel nicht vorzutragen, die vermisste weitere Beweiserhebung hätte weitere Aufklärung darüber erbracht, *„ob"* die Beweistatsache sich als richtig erwiesen haben könnte.[1860] Das erwartete Beweisergebnis muss vielmehr regelmäßig bestimmt bezeichnet werden. Wird geltend gemacht, ein Zeuge sei nicht gehört worden, muss deshalb dargelegt werden, welche konkreten Angaben der nicht vernommene Zeuge hätte machen können.[1861] Zielt die Aufklärungsrüge darauf, weitere Ermittlungen durchzuführen, können insoweit allerdings abweichende Anforderungen gelten.[1862] Zu beachten ist auch, dass nicht rechtliche Bewertungen („... die Anwendbarkeit der §§ 20, 21 StGB"), sondern Tatsachen („die Blutuntersuchung auf Alkohol hätte einen BAK-Wert von mindestens 2‰ ergeben") als Ergebnis der unterlassenen Beweiserhebung „hypothetisch unter Beweis gestellt" werden müssen. Auch wenn das so behauptete Beweisergebnis nicht so bestimmt

**1858** *Alsberg/Güntge*, Beweisantrag, Rn. 1600.

**1859** Vgl. im Einzelnen KK-*Krehl* § 244 StPO, Rn. 218; MüKoStPO/*Trüg*/*Habetha* § 244 StPO, Rn. 386.

**1860** Vgl. BGH, Beschl. v. 27.4.2010 – 1 StR 155/10; BGH, Urt. v. 16.1.2003 – 4 StR 264/02 = NStZ 2004, 112; BGHR StPO § 344 Abs. 2 Satz 2 – Aufklärungsrüge 1; LR-*Becker* § 244 StPO, Rn. 367.

**1861** BGH, Urt. v. 3.8.2017 – 4 StR 202/17 = NStZ-RR 2017, 317; BGH, Urt. v. 20.11.2014 – 4 StR 234/14 = NStZ 2015, 233 = StraFo 2015, 68; OLG Bamberg, Urt. v. 9.2.2018 – 3 OLG 110 Ss 138/17 = StraFo 2018, 159, 160. Vgl. ferner auch BGH, Urt. v. 3.12.2015 – 4 StR 223/15 = NStZ 2016, 721, 723.

**1862** KK-*Krehl* § 244 StPO, Rn. 218; LR-*Becker* § 244 StPO, Rn. 367.

vorgetragen werden muss, als wollte man einen Beweisantrag stellen,[1863] muss dennoch empfohlen werden, sich daran zu orientieren.[1864]

Es muss, sofern sich das nicht aus den Umständen ergibt, auch ausgeführt 792
werden, inwiefern die unterlassene Beweiserhebung zu einem dem Beschwerdeführer günstigen Ergebnis geführt hätte.[1865] Aus der Revisionsbegründung sollte sich dementsprechend ergeben, welche für den Beschwerdeführer nachteilige Sachverhaltsannahme oder welcher Teil der Beweisführung im Urteil nicht hätte aufrechterhalten werden können, wenn die vermisste Beweiserhebung durchgeführt worden wäre. Ohne diesen Zusammenhang könnte von einer Verletzung der Aufklärungspflicht keine Rede sein. Dieses Erfordernis darf jedoch nicht verwechselt werden mit der Frage des Beruhens, denn *jene* ist im Wege der Kausalitätsprüfung zunächst einmal „interessenneutral" zu beantworten und muss sich schon bejahen lassen (ohne dass es dazu irgendwelcher Ausführungen bedarf),[1866] bevor die zusätzliche Frage gestellt wird, in welche „Richtung" die unterlassene Aufklärung sich ausgewirkt haben kann. Die Antwort auf *diese* Frage muss jedoch ausdrücklich in der Revisionsbegründungsschrift gegeben werden.

#### gg) Fallbeispiele aus der Praxis

Besondere Fallkonstellationen werfen immer neue Fragen nach den Anforde- 793
rungen an den notwendigen Begründungsaufwand auf. Dies kann im Rahmen dieses Buches nicht erschöpfend dargestellt werden. Anhand einiger Beispiele sei im Folgenden die Vielfalt der Varianten dieses Rügetyps gezeigt:

Die Aufklärungspflicht verbietet es, einen Zeugen von der Pflicht zum per- 794
sönlichen Erscheinen zu entbinden, wenn dieser zwar schriftlich angekündigt hat, er werde von dem ihm zustehenden **Zeugnisverweigerungsrecht** Gebrauch machen, diese Erklärung aber erkennen lässt, dass der Zeuge von der

**1863** Die früher verbreitete Auffassung, zur Zulässigkeit der Aufklärungsrüge gehöre eine Bestimmtheit der Beweisbehauptung wie beim Beweisantrag (so noch KK-*Herdegen*, 2. Aufl., § 244 StPO, Rn. 38) ist inzwischen aufgegeben (so bereits KK-*Herdegen*, 3. Aufl., § 244 StPO, Rn. 38).

**1864** Vgl. zum Erfordernis einer bestimmten Tatsachenbehauptung bei der Aufklärungsrüge auch: BGH, Beschl. v. 30.9.2014 – 3 StR 351/14 = StV 2015, 206; BGH, Beschl. v. 1.7.2010 – 1 StR 259/10 = NStZ-RR 2010, 316; BGH, Beschl. v. 23.2.2010 – 5 StR 548/09 = NStZ-RR 2010, 181; BGH, Beschl. v. 16.1.2003 – 4 StR 264/02 = NStZ 2004, 112.

**1865** Vgl. KK-*Krehl* § 244 StPO, Rn. 33 und 219, der von einem „sachlogischen Zusammenhang" spricht; *Dahs*, Revision, Rn. 511.

**1866** Vgl. oben, Rn. 737.

irrigen Vorstellung ausgegangen ist, damit seien die im Ermittlungsverfahren gemachten Aussagen ohne Weiteres verwertbar, oder auch von der falschen Rechtsmeinung, damit sei das vor dem Ermittlungsrichter abgelegte Zeugnis hinfällig.[1867] Bei einer solchen Rüge muss das Schreiben des Zeugen im Wortlaut mitgeteilt werden und die Revision sollte sich auch nicht auf den Hinweis beschränken, sein Inhalt deute darauf hin, dass der Zeuge bestimmte Fehlvorstellungen gehabt habe. Vielmehr sollte die bestimmte Behauptung aufgestellt werden: „Bei seinem Entschluss, das Gericht zu bitten, ihn von der Erscheinungspflicht zu befreien, stand der Zeuge unter dem Eindruck des Irrtums, seine frühere Aussage ...". Auch das vollständige Vernehmungsprotokoll aus dem Ermittlungsverfahren sollte die Revision in die Begründungsschrift einkopieren, um dem Revisionsgericht die Schlüssigkeit des Vorwurfs zu vermitteln, dem Tatgericht hätte sich angesichts der Bedeutung des Zeugenwissens aufdrängen müssen, eine Entscheidung über die Aussagebereitschaft des Zeugen in Kenntnis der Rechtslage und der Rolle seiner früheren Aussage im weiteren Verfahren zu ermöglichen.

795 Das Gericht darf von einer Vorführung und Vernehmung eines Zeugen nicht mit der Begründung absehen, der Zeuge hätte aller Voraussicht nach von einem Auskunftsverweigerungsrecht nach § 55 StPO Gebrauch gemacht. Die Auskunftsverweigerung muss vielmehr ausdrücklich erklärt werden.[1868] Wird ein Verstoß hiergegen gerügt, so muss die Revision behaupten: „Der Zeuge hätte von seinem Recht nach § 55 StPO keinen Gebrauch gemacht." Je nach Fallkonstellation kann es sogar angebracht sein, diese Behauptung noch zu ergänzen durch die Benennung von Fragen, die von dem Zeugen selbst dann hätten beantwortet werden müssen, wenn dieser sich im Übrigen auf sein Auskunftsverweigerungsrecht berufen hätte. Ebenso kann die Aufklärungsrüge durchdringen, wenn das Gericht dem Zeugen fälschlicherweise ein Auskunftsverweigerungsrecht zuerkannt hat.[1869] Dazu soll es allerdings notwendig sein, dass zuvor nach § 238 Abs. 2 StPO ein Gerichtsbeschluss über das Auskunftsverweigerungsrecht herbeigeführt wurde.[1870]

**1867** BGHSt 21, 12 = NJW 1966, 742; vgl. auch BGH, Beschl. v. 18.7.2007 – 1 StR 296/07 = StV 2008, 57 = NStZ 2007, 712.

**1868** Vgl. BGH, Urt. v. 23.12.2015 – 2 StR 457/14 = StraFo 2016, 148, 149; BGH, Beschl. v. 9.8.1988 – 4 StR 326/88 = BGHR StPO § 244 Abs. 2 – Zeugenvernehmung 5; a.A. noch BGH, Urt. v. 16.10.1985 – 2 StR 563/84.

**1869** BGH, Urt. v. 27.10.2005 – 4 StR 235/05 = NStZ 2006, 178; BGH, Urt. v. 19.12.2006 – 1 StR 326/06 = NStZ 2007, 278.

**1870** BGH, Urt. v. 16.11.2006 – 3 StR 139/06 = BGHSt 51, 144, 146; BGH, Urt. v. 27.10.2005 – 4 StR 235/05 = NStZ 2006, 178; BGH, Urt. v. 19.12.2006 – 1 StR 326/06 = NStZ 2007, 278.

Das Tatgericht verletzt das Aufklärungsgebot auch, wenn es sich mit der **kommissarischen Vernehmung eines Zeugen** anstelle seiner Vernehmung in der Hauptverhandlung zufrieden gibt.[1871] Hier sollte es genügen, wenn in der Revisionsbegründung behauptet wird, dass das Protokoll über die kommissarische Vernehmung in der Hauptverhandlung verlesen wurde, und ferner angegeben wird, aus welchen tatsächlichen Umständen die Möglichkeit resultierte, den Zeugen in der Hauptverhandlung zu vernehmen. Ergibt sich die Bedeutung der Zeugenaussage ohne Weiteres aus dem Urteil, so ist die Mitteilung des Wortlautes der Niederschrift über die kommissarische Vernehmung nicht zwingend erforderlich, weil die Begründetheit der Rüge davon nicht abhängen kann, und der Vorwurf ja gerade darauf gerichtet ist, dass eine Aussage in der Hauptverhandlung *nicht* stattgefunden hat. Um hier Zweifelsfragen aus dem Weg zu gehen, wird es aber in der Regel zweckmäßig sein, auch das verlesene Protokoll in der Revisionsbegründung mitzuteilen. 796

Die Aufklärungspflicht ist verletzt, wenn das Tatgericht sich nur unzulänglich darum bemüht hat, die Vernehmung von „Gewährsleuten", V-Personen, Verdeckten Ermittlern und Informanten, denen die Polizei ad hoc Vertraulichkeit zugesagt hat, zu erreichen.[1872] Kommt es für die Schuld- und Straffrage auf Angaben solcher Zeugen an, dann darf nicht von vornherein davon abgesehen werden, sie in der Hauptverhandlung zu vernehmen. 797

Bekundet ein **Polizeibeamter als Zeuge vom Hörensagen**, eine nach seiner Ansicht glaubwürdige Person habe ihm eine von ihr wahrgenommene Tatsache mitgeteilt, und hält der Tatrichter die Tatsache daraufhin für erwiesen, kann es als ein Verstoß gegen die Aufklärungspflicht anzusehen sein, wenn sich das Gericht nicht genügend darum bemüht hat, den unmittelbaren Zeugen selbst zu vernehmen.[1873] Das Gericht darf sich weder auf den allgemeinen Hinweis beschränken, dass die Polizeidienststellen „erfahrungsgemäß" ihre V-Leute nicht preisgeben, noch darf es die bloße Tatsache der Beschränkung 798

---

**1871** Zur Verpflichtung, das Beweismittel mit dem höheren Beweiswert heranzuziehen: MüKoStPO/*Trüg/Habetha* § 244 StPO, Rn. 59.

**1872** Hierzu KK-*Krehl* § 244 StPO, Rn. 40 mwN; vgl. auch *Meyer-Goßner/Schmitt* § 250 StPO, Rn. 5 mwN; BGH, Beschl. v. 28.10.1987 – 2 StR 545/87 = BGHR StPO § 244 Abs. 2 – Informant 1; BGH, Beschl. v. 26.7.2011 – 1 StR 297/11 = StV 2012, 5. S. ergänzend auch BGH, Beschl. v. 6.2.2019 – 3 StR 280/18 = NStZ 2019, 546 = JR 2019, 404 m. Anm. *Löffelmann* = GSZ 2019, 218 m. zust. Anm. *Lantermann*; BGH, Beschl. v. 3.5.2017 – 3 StR 498/16 = StraFo 2018, 30, dazu ablehnend *Lantermann* StraFo 2018, 12.

**1873** BGHSt 29, 390 = StV 1981, 58 m. Anm. *Weider* = JR 1981, 150 m. Anm. *Meyer* = JuS 1981, 541 m. Anm. *Hassemer*; BGH NJW 1981, 770 = StV 1981, 109 = JR 1981, 346 m. Anm. *Franzheim* = JuS 1981, 541 m. Anm. *Hassemer*; BGH NStZ 1981, 70.

der Aussagegenehmigung ohne Weiteres hinnehmen.[1874] Der Tatrichter muss sich vielmehr an die oberste Dienstbehörde wenden[1875] und Auskunft über Namen und Anschrift des V-Mannes verlangen. Erst wenn die Behörde in entsprechender Anwendung des § 96 StPO erklärt, dass das Bekanntwerden dem Staatswohl Nachteile bereiten würde, darf der V-Mann als unerreichbares Beweismittel angesehen werden.[1876]

Hat das Gericht einen ihm möglichen Versuch unterlassen, an das **tatnähere Beweismittel** heranzukommen, muss dies in der Weise gerügt werden, dass der gesamte stattgefundene Vorgang in der Revisionsbegründungsschrift geschildert wird, einschließlich der aktenkundig gemachten Kontakte des Gerichts zu den Behörden. Auch sollte die schriftliche Aussagegenehmigung des vernommenen Polizeibeamten im Wortlaut wiedergegeben werden. Hat es mit dem Zeugen eine Diskussion darüber gegeben, wie weit seine Aussagegenehmigung reicht – was nicht selten vorkommt – kann es notwendig sein, auch die von ihm dazu abgegebene Erklärung in die Begründung aufzunehmen, weil sich gerade daraus auch ein eigenständiger Anlass für das Gericht ergeben haben kann, sich noch einmal an die oberste Dienstbehörde zu wenden.

799 Die Aufklärungspflicht kann auch dann verletzt sein, wenn das **Verfahren nicht ausgesetzt** wird, um dem Antragsteller Gelegenheit zu geben, ein Gericht gegen eine Beschränkung der Aussagegenehmigung oder einen Akten-Sperrvermerk anzurufen, obgleich die für eine Aussetzung sprechenden Gesichtspunkte von Gewicht sind.[1877] In diesen Fällen müssen jeweils im Wortlaut der entsprechende Aussetzungsantrag und der ablehnende Gerichtsbeschluss (wenn ein solcher unterblieben ist, stattdessen die Angabe dieses Umstandes) in die Begründung aufgenommen werden.

800 Nach § 247a StPO besteht als weitere Aufklärungsmöglichkeit die der **audiovisuellen Vernehmung** eines Zeugen während der Hauptverhandlung, wenn der Zeuge im Sinne dieser Bestimmung besonders schutzbedürftig ist oder wenn die Voraussetzungen des § 251 Abs. 2 StPO vorliegen. Gründe für eine Aufklärungsrüge können sich hier ergeben, wenn eine Ermessensentscheidung des

**1874** BGHSt 29, 390; BGH, Beschl. v. 17.2.1981 – 5 StR 21/81 = BGHSt 30, 34 = StV 1981, 111.

**1875** Hierzu BGHR StPO § 244 Abs. 2 Informant 2; zur Zuständigkeit des Innenministeriums vgl. BGH, Urt. v. 16.2.1995 – 4 StR 733/94 = BGHSt 41, 36 = StV 1995, 225.

**1876** Vgl. zum Ablehnungsgrund der Unerreichbarkeit des Beweismittels in diesen Fällen unten Rn. 914 ff. sowie *Hamm/Pauly*, Beweisantragsrecht, Rn. 440 ff.; BGHSt 30, 34; abw. *Lantermann* GSZ 2019, 219, 220 (Unerreichbarkeit erst nach verwaltungsgerichtlicher Kontrolle der Sperrerklärung).

**1877** KK-*Krehl* § 244 StPO, Rn. 41 mwN.

Gerichts gar nicht stattgefunden hat, etwa indem es allein schon wegen der Unzumutbarkeit des persönlichen Erscheinens angesichts der großen Entfernung zwischen dem Wohnort des Zeugen und dem Gerichtsort von der Ladung eines Zeugen abgesehen hat, ohne die Möglichkeit der „Televernehmung" auch nur in Erwägung zu ziehen.[1878] Mit ihr muss neben den sonstigen für eine Aufklärungsrüge notwendigen Verfahrenstatsachen nach § 344 Abs. 2 S. 2 StPO auch das Unterlassen einer Beschlussfassung zur Möglichkeit des § 247a StPO dargestellt werden. Ein revisibler Verfahrensfehler liegt auch dann vor, wenn eine audiovisuelle Vernehmung stattfand, ohne dass ein entsprechender Beschluss gefasst war.[1879] Hier gehört zur Vollständigkeit der Rügebegründung nur das Fehlen eines Beschlusses, weil dies schon ausschließt, dass überhaupt eine Ermessensentscheidung stattgefunden hat.[1880]

Sinnvoll sind nicht selten Aufklärungsrügen, mit denen beanstandet wird, 801
dass das Gericht **keinen Sachverständigen** gehört hat. Die damit verbundenen Vorwürfe gegen das Tatgericht münden zumeist letztlich in die Aussage, dieses habe sich zu Unrecht eine eigene Sachkunde zugetraut, wo es sie entweder allgemein oder ausweislich seiner Entscheidungsgründe in den konkret zu beurteilenden Fachfragen in Wahrheit nicht hatte. Je mehr nämlich eine tatrichterlich zu beurteilende Frage aus einer naturwissenschaftlichen, informationstechnologischen, medizinischen oder psychologischen Disziplin den „Allgemeinbildungshorizont" eines Juristen übersteigt, desto überzeugender muss das Gericht die Berechtigung seiner Annahme, es sei selbst sachkundig, in den Urteilsgründen plausibel machen.[1881] Die Revisionsbegründung darf sich aber nicht darauf beschränken, pauschal auf die Urteilsgründe zu verweisen und nur zu sagen, diese zeigten, dass das Gericht es dringend nötig gehabt hätte, sich sachverständig beraten zu lassen. Es sollte vielmehr im Einzelnen dargelegt werden, welche Schwächen die Beweisführung des Gerichts aufweist, weshalb diese gerade durch die Vermittlung von weiterer Sachkunde hätten vermieden werden können und wie sich dies zugunsten des Angeklagten ausgewirkt hätte.

---

**1878** KK-*Diemer* § 247a StPO, Rn. 23.

**1879** Vgl. *Meyer-Goßner/Schmitt* § 247a StPO, Rn. 14; BGH, Beschl. v. 12.12.2017 – 3 StR 388/17 = NStZ-RR 2018, 118; BGH, Beschl. v. 6.2.2008 – 5 StR 597/07 = NStZ 2008, 421 = StV 2008, 231.

**1880** Dass der Senat in BGH, Beschl. v. 6.2.2008 – 5 StR 597/07 auch noch erwogen hat, ob vielleicht doch die Zustimmung aller in § 251 Abs. 2 Nr. 3 StPO Genannten vorgelegen haben könnte, war angesichts des fehlenden Beschlusses eigentlich überflüssig.

**1881** KK-*Krehl* § 244 StPO, Rn. 45 f.; MüKoStPO/*Trüg/Habetha* § 244 StPO, Rn. 73. Vgl. auch BGH, Beschl. v. 24.1.2017 – 2 StR 509/16 = StV 2017, 787 = NStZ 2017, 300; BGHSt 2, 163, 166 = NJW 1952, 554; BGHSt 12, 18, 20 = NJW 1958, 1596; BGH, Urt. v. 25.9.1990 – 5 StR 401/90 = StV 1991, 405 (m. Anm. *Blau*) = NStZ 1991, 47.

802 Vermisst der Revisionsführer die Hinzuziehung solcher Sachverständiger, die neben der Vermittlung von wissenschaftlichen Erfahrungssätzen auch **eigene Befundtatsachen**[1882] erheben, so müssen in der Revisionsbegründung alle tatsächlichen Voraussetzungen für die Gutachtenerstattung als gegeben behauptet werden. Demgemäß hat der Bundesgerichtshof eine Rüge als nicht ordnungsgemäß ausgeführt angesehen, in der beanstandet worden war, dass nicht zusätzlich zu einem serologischen Gutachten noch ein DNA-Gutachten eingeholt worden war, von dem sich der Angeklagte nach seinem Revisionsvorbringen den Ausschluss seiner Urheberschaft für Spermaspuren in der Scheide des Tatopfers versprach.[1883] Der BGH vermisste in der Revisionsbegründung Angaben darüber, ob die für eine DNA-Analyse erforderliche Quantität und Qualität an Untersuchungsmaterial aus dem Scheidenabstrich noch vorhanden gewesen sei. Da niemand annehmen kann, dass der Angeklagte oder sein Verteidiger diese Frage wiederum aus eigener Sachkunde beurteilen können, erscheint diese Anforderung übertrieben hart. Hätte der Revisionsführer „ins Blaue hinein“ behauptet, das asservierte Material sei sowohl von der Menge als auch von der Reinheit hervorragend für eine genomanalytische Untersuchung geeignet, wäre die Rüge zulässig gewesen.

803 Angesichts dieser Rechtsprechung bleibt den Verteidigern nichts anderes übrig, als eine solche Behauptung aus der bloßen Hoffnung heraus, dass sie zutreffend sein möge, aufzustellen. Dann steht aber das Revisionsgericht vor demselben Problem wie zuvor der Verteidiger: Ohne eine Untersuchung des Materials durch einen Sachverständigen ist letztlich auch über die Begründetheit der Aufklärungsrüge nicht zu entscheiden, wenn man überhaupt den hypothetischen Erfolg der Begutachtung zu einem Kriterium einer solchen Aufklärungsrüge macht. Richtiger wäre es wohl daher gewesen, den Aufklärungsmangel schon darin zu sehen, dass der *Versuch* unterblieben war, durch eine DNA-Analyse diese für den Täterschaftsnachweis so wichtige Untersuchungsmethode für die Urteilsfindung nutzbar zu machen. Dazu genügte es, dass überhaupt Spurenmaterial vorhanden war, wovon auch der Senat ausgeht.[1884]

---

**1882** Das Gutachten lediglich vorbereitende Anknüpfungstatsachen, zu deren Ermittlung keine besondere Sachkunde erforderlich ist („Zusatztatsachen“), sind dagegen nicht Gegenstand des Sachverständigenbeweises. Über sie muss der Sachverständige gegebenenfalls als Zeuge aussagen.

**1883** BGH, Urt. v. 19.10.1990 – 1 StR 465/90 = BGHR StPO § 344 Abs. 2 Satz 2 – Aufklärungsrüge 5.

**1884** Die Entscheidung fiel in einer Zeit (19.10.1990), in der die Anerkennung der DNA-Analyse durch den BGH noch sehr neu war (vgl. BGH NJW 1989, 2338; BGH NJW 1990, 74; BGH,

Die Beurteilung der **Glaubwürdigkeit eines Zeugen** gehört von jeher zum Proprium richterlicher Entscheidungsfindung.[1885] Auch wenn ein Sachverständiger zugezogen wurde, hat der Tatrichter das „letzte Wort" in der Frage der Glaubhaftigkeit einer Aussage.[1886] Anlass zur Zuziehung eines Sachverständigen besteht aber immer dann, wenn die Eigenart und die besondere Gestaltung des Falles eine Sachkunde erfordern, die ein Richter normalerweise selbst dann nicht hat, wenn er über spezifische forensische Erfahrungen – etwa in Jugendsachen – verfügt.[1887] 804

Der Grundsatz, dass nur besondere Umstände[1888] die Zuziehung eines Sachverständigen erforderlich machen, gilt auch dann, wenn die **Aussagen von Kindern und Jugendlichen** zu würdigen sind.[1889] Allerdings sind bei kindlichen und jugendlichen Zeugen spezifische Fallbesonderheiten zu bedenken, die es nicht selten angezeigt erscheinen lassen, einen (Jugend-)Psychiater oder (Jugend-)Psychologen beizuziehen.[1890] 805

Die Möglichkeit eines Sachverständigengutachtens wird nicht dadurch von vornherein ausgeschlossen, dass Zeugen eine Untersuchung zum Zweck der 806

---

Beschl. v. 25.4.1991 – 4 StR 582/90 = StV 1991, 338 = NStZ 1991, 399). Möglicherweise sollten die rigiden Anforderungen an den Rügevortrag dazu dienen, einer damals befürchteten Flut entsprechender Aufklärungsrügen vorzubeugen.

**1885** KK-*Krehl* § 244 StPO, Rn. 49 mwN; MüKoStPO/*Trüg/Habetha* § 244 StPO, Rn. 83; BGH, Beschl. v. 11.2.2014 – 4 StR 437/13, Rn. 6; BGH, Beschl. v. 8.1.2013 – 1 StR 602/12 = StV 2013, 552 = NStZ 2013, 672; BGH, Urt. v. 19.2.1997 – 5 StR 621/96 = StV 1998, 62 = NStZ 1997, 355; BGH, Beschl. v. 12.11.1993 – 2 StR 594/93 = StV 1994, 173.

**1886** Vgl. KK-*Ott* § 261 StPO, Rn. 113; BGHSt 21, 62, 63 = NJW 1966, 1833; BGHSt 23, 8, 12 = NJW 1969, 2293. Hat freilich der Sachverständige mit einer ausführlichen und nachvollziehbaren Begründung die Möglichkeit einer fehlerhaften Belastung durch den Zeugen dargelegt, so verlangt der BGH im Urteil einen sehr hohen Begründungsaufwand, wenn das Tatgericht dem nicht gefolgt ist (BGH, Beschl. v. 17.9.2008 – 5 StR 276/08 = NStZ 2009, 106).

**1887** Vgl. im Einzelnen: KK-*Ott* § 261 StPO, Rn. 129 ff.; KK-*Krehl* § 244 StPO, Rn. 51 mwN. S. dazu unten Rn. 938 ff.

**1888** Beispiel einer erfolgreichen Aufklärungsrüge wegen Nichtheranziehung eines Sachverständigen zur Beurteilung der Glaubwürdigkeit eines Epileptikers: BGH, Urt. v. 14.3.1991 – 4 StR 16/91 = StV 1991, 245 = BGHR StPO § 244 Abs. 2 – Sachverständiger 10.

**1889** KK-*Ott* § 261 StPO, Rn. 132; KK-*Krehl* § 244 StPO, Rn. 51 mwN; BGH, Urt. v. 4.10.2017 – 2 StR 219/15 = StV 2018, 226 = NStZ-RR 2018, 71; BGH, Urt. v. 12.7.2017 – 1 StR 408/16; BGH, Beschl. v. 8.1.2013 – 1 StR 602/12 = NStZ 2013, 672.

**1890** KK-*Krehl* § 244 StPO, Rn. 51 mwN; vgl. etwa BGH, Beschl. v. 14.5.1991 – 4 StR 212/91 = BGHR StPO § 244 Abs. 2 – Sachverständiger 12. *Deckers* FS Hamm, S. 53, der für eine vermehrte Hinzuziehung von aussagepsychologischen Sachverständigen gerade bei erwachsenen Zeugen ist.

Beurteilung ihrer Glaubwürdigkeit verweigern können.[1891] In verschiedenen Entscheidungen (auch im Zusammenhang mit der Zurückweisung von Beweisanträgen nach § 244 Abs. 4 StPO) hat der BGH als Zulässigkeitsvoraussetzung für entsprechende Verfahrensrügen gefordert, in der Revisionsbegründung müsse dargelegt werden, dass die Zeugen zur Mitwirkung an einem Gutachten bereit seien.[1892] Nach anderen Entscheidungen ist ein solcher Rügevortrag jedenfalls dann nicht erforderlich, wenn beanstandet wird, das Tatgericht habe den Antrag zu Unrecht unter Hinweis auf die eigene Sachkunde abgelehnt.[1893] Solange aber eine Begutachtung auch ohne Mitwirkung des Zeugen möglich bleibt, sollte eine Aufklärungsrüge nicht allein deshalb unzulässig sein, weil darin die Behauptung fehlt, der Zeuge sei bereit gewesen, sich einer aussagepsychologischen Untersuchung zu unterziehen.

807 Auch an die **Auswahl eines Sachverständigen** stellt die Aufklärungspflicht gewisse Anforderungen.[1894] Allerdings will auch hier die bislang h.M. eine Aufklärungsrüge nur zulassen, wenn sich die Ungeeignetheit eines angehörten Sachverständigen aus dem Urteil ergibt.[1895] Das dürfte zumindest in den Fällen nicht ausreichend sein, in denen die oft verfahrensentscheidende Auswahl getroffen wurde, ohne dass der Angeklagte oder sein Verteidiger auch nur ein Mitspracherecht hatten. Gerade weil die Anhörung eines bestimmten Sachverständigen durch die Verfahrensbeteiligten nicht erzwungen werden kann,[1896] und zwar auch nicht durch einen die Person benennenden Beweisantrag,[1897] ist es von größter Bedeutung, dass vor der dem Gericht zustehenden Auswahl (§ 73 StPO) rechtliches Gehör gewährt wird.[1898] Unterbleibt dies, etwa weil der Vorsitzende kurzerhand den schon im Ermittlungsverfahren von der

**1891** Vgl. BGH, Beschl. v. 5.3.2013 – 5 StR 39/13 = StV 2013, 483; vgl. ferner BGH, Beschl. v. 28.10.2008 – 3 StR 364/08 = NStZ 2009, 346, 347 und BGH, Urt. v. 21.8.2014 – 3 StR 208/14 = NStZ-RR 2014, 17; BGHSt 23, 1; BGH, Beschl. v. 25.9.1990 – 5 StR 401/90 = StV 1991, 405 m. krit. Anm. *Blau*; vgl. auch KK-*Krehl* § 244 StPO, Rn. 56.

**1892** BGH, Beschl. v. 5.3.2013 – 5 StR 39/13 = StV 2013, 483; BGH, Beschl. v. 8.1.2013 – 1 StR 602/12 = StV 2013, 552 = NStZ 2013, 672; BGH, Beschl. v. 22.2.2012 – 1 StR 647/11 = StV 2013, 73, 74.

**1893** BGH, Urt. v. 21.8.2014 – 3 StR 208/14 = NStZ-RR 2014, 17. S. ergänzend auch BGH, Beschl. v. 31.1.2017 – 4 StR 531/16.

**1894** Vgl. MüKoStPO/*Trüg*/*Habetha* § 244 StPO, Rn. 75; KMR-*Neubeck* § 73 StPO, Rn. 6; LR-*Krause* § 73 StPO, Rn. 24.

**1895** KK-*Senge* § 73 StPO, Rn. 9; LR-*Krause* § 73 StPO, Rn. 37; *Meyer-Goßner*/*Schmitt* § 73 StPO, Rn. 19.

**1896** KK-*Senge* § 73 StPO, Rn. 3.

**1897** Vgl. dazu unten Rn. 941.

**1898** *Sarstedt* NJW 1968, 177.

Staatsanwaltschaft herangezogenen Sachverständigen zur Hauptverhandlung lädt, so liegt darin ein Verfahrensfehler, der in einen Aufklärungsmangel einmünden kann.

Das ist insbesondere dann der Fall, wenn die Verteidigung einen **anderen** 808
**Sachverständigen** hätte benennen können, dessen Fachkompetenz (Sachkunde) der des vom Gericht beauftragten überlegen ist. Dafür brauchen auch nicht die Voraussetzungen erfüllt zu sein, unter denen nach § 244 Abs. 4, S. 2, 2. Hs. StPO durch einen entsprechenden Beweisantrag die Anhörung eines weiteren Sachverständigen erzwungen werden kann. Die Sachkunde des vom Gericht ohne Gewährung des rechtlichen Gehörs ausgewählten Gutachters braucht also nicht „zweifelhaft" zu sein, auch müssen seine apparativen Forschungsmittel denen des von der Verteidigung als geeigneter angesehenen Sachverständigen nicht unterlegen sein. Es müssen nur gute Gründe für die Annahme vorhanden und benennbar sein, dass die Gutachtenerstattung durch den in der Revision genannten Sachverständigen das Gericht besser als geschehen in die Lage versetzt hätte, den neuesten Forschungsstand der betreffenden Wissenschaft kennenzulernen. Diese Gründe müssen aber überzeugend in der Revisionsbegründung dargelegt werden. Außerdem muss behauptet werden, dass jener im fachlichen Spezialisierungsgrad hochkompetente Gutachter im Falle einer Anfrage durch das Gericht auch zur Verfügung gestanden hätte.[1899]

Die Pflicht zur Erforschung der Wahrheit kann das Gericht auch zur Anhö- 809
rung eines **weiteren Sachverständigen** von Amts wegen zwingen, wenn ein dahingehender Beweisantrag nicht gestellt wurde. Das gilt z.B. oft schon dann, wenn das Gericht einem bereits gehörten Sachverständigen nicht folgen will.[1900] Das Gericht hört einen Sachverständigen gewöhnlich nur, weil es sich selbst die erforderliche Sachkunde nicht zutraut. Weicht es dann trotzdem von dem Gutachten ab, so ist das immer auffällig.[1901] In der Regel bedarf das einer besonders eingehenden Begründung. Das Urteil wird hier sagen müssen, wie der Sachverständige sein Gutachten begründet hat, und welche Gründe das Gericht dem im Einzelnen entgegensetzt.[1902] Fehlt eine solche Darlegung, so liegt für

**1899** Vgl. hierzu MüKoStPO/*Trüg*/*Habetha* § 244 StPO, Rn. 76; OLG Celle StV 1981, 609 (m. Anm. *Barton*): Schriftvergleichung allein mit Hilfe von fotokopiertem Material.

**1900** KK-*Krehl* § 244 StPO, Rn. 57; MüKoStPO/*Trüg*/*Habetha* § 244 StPO, Rn. 76; a.A. KK-*Ott* § 261 StPO, Rn. 146a.

**1901** Näher hierzu KK-*Krehl* § 244 StPO, Rn. 57 mwN; Beispiel: BGH, Beschl. v. 17.9.2008 – 5 StR 276/08 = NStZ 2009, 106.

**1902** BGH, Urt. v. 11.1.2017 – 2 StR 323/16 = NStZ-RR 2017, 222; BGH, Beschl. v. 19.6.2012 – 5 StR 181/12 = NStZ 2013, 55; BGH, Beschl. v. 20.6.2000 – 5 StR 173/00 = NStZ 2000, 550; BGH, Beschl. v. 29.10.1992 – 4 StR 446/92 = StV 1993, 234.

den Revisionsrichter die Besorgnis nahe, der Tatrichter habe eine Frage, zu deren Beantwortung er selbst fremder Sachkunde zu bedürfen glaubte, ohne Sachkunde entschieden. Diese Besorgnis muss aber der Revisionsführer in der Begründung der Aufklärungsrüge durch Herausstellen der Mängel im Einzelnen vermitteln.

### b) Die Verletzung des Beweisantragsrechts

**Literatur:** *Alsberg* Der Beweisantrag im Strafprozess, (neu bearbeitet von *Dallmayer/Güntge/Tsambikakis*) 7. Aufl. 2019; *Börner* Die Fristsetzung für Beweisanträge gem. § 244 Abs. 6 E-StPO, StV 2016, 681; *ders.* Der Diskursvorbehalt der Fristlösung für Beweisanträge, JZ 2018, 232; *Brause* Faires Verfahren und Effektivität im Strafprozess, NJW 1992, 2865; *Gerst* Der Auslandszeuge gemäß § 244 Abs. 5 S. 2 StPO – eine Vorschrift auf dem Prüfstand der Jetztzeit, StV 2018, 755; *Gollwitzer* Einschränkung des Beweisantragsrechts durch Umdeutung von Beweisanträgen in Beweisanregungen, StV 1990, 420; *Gribbohm* Das Scheitern der Revision nach § 344 StPO, NStZ 1983, 97; *Günther* Der Beweisantrag auf Vernehmung eines Auslandszeugen im Lichte des Art. 6 Abs. 3 Buchst. d. EMRK, in: FS Widmaier, 2008, S. 253 ff.; *Habetha* Übergehen „unwahrscheinlicher" Beweisanträge ohne Ablehnungsgrund, StV 2011, 239; *Hadamitzky* Anträge auf Beweiserhebung in der neueren Rechtsprechung des Bundesgerichtshofes, StraFo 2012, 297; *Hamm* Wert und und Möglichkeiten der „Früherkennung" richterlicher Beweiswürdigung durch den Strafverteidiger, in: Festgabe für Peters, 1984, S. 169; *ders.* Tendenzen der revisionsgerichtlichen Rechtsprechung aus anwaltlicher Sicht, StV 1987, 262; *ders.* Das Ende des formalisierten Dialogs im Beweisantragsrecht, StV 2018, 525; *Hamm/Pauly* Beweisantragsrecht, 3. Aufl. 2019; *Hanack* Zur Austauschbarkeit von Beweismitteln im Strafprozess, JZ 1970, 561; *Herdegen* Bemerkungen zum Beweisantragsrecht, NStZ 1984, S. 97, 200, 337; *ders.* Aufklärungspflicht – Beweisantragsrecht – Beweisantrag – Beweisermittlungsantrag, in: GS für Karlheinz Meyer, 1990, S. 187 ff.; *ders.* Zum Begriff der Beweisbehauptung, StV 1990, 518; *ders.* Diskussionsbeitrag zum Begriff der Beweisbehauptung, in: Grundprobleme des Revisionsverfahrens, Schriftenreihe der Arbeitsgemeinschaften des DAV – AG Strafrecht, Band 7, 1991, S. 39 ff.; *Holz* Zur Bedeutung und Funktion der Beweisprognose im Ablehnungsgrund der Verschleppungsabsicht (§ 244 III 2 Var. 6 StPO), GA 2016, 639; *Jahn* Die Konnexitätsdoktrin und „Fristenlösungsmodell" – Die verfassungsrechtlichen Grenzen der Fremdkontrolle im Beweisantragsrecht der Verteidigung durch den Bundesgerichtshof, StV 2009, 663; *ders.* Verfassungsrechtliche Grundlagen des Beweisantragsrechts der Verteidigung im deutschen Strafprozess, FS für Hassemer, S. 1029; *Julius* Zum Verhältnis von Aufklärungspflicht und Beweisantragsrecht im Strafprozess, NStZ 1986, 61; *Julius* Beweis-, Beweisermittlungs- und Verschleppungsantrag im Strafprozess, MDR 1989, 116; *Kempf* Der (zu) späte Beweisantrag, StV 2010, 316; *Knauer* Anträge auf Beweiserhebung in der neueren Rechtsprechung des Bundesgerichtshofs, StraFo 2012, 473; *Krause* Einzelfragen zur Revisionsbegründung nach § 344 II StPO, StV 1984, 483; *Krekeler* Einschränkungen des Beweisantragsrechts durch Umdeutung von Beweisanträgen in Beweisanregungen, in: Grundprobleme des Revisionsverfahrens, Schriftenreihe der Arbeitsgemeinschaften des DAV – AG Strafrecht, Band 7, 1991, S. 137 ff.; *Liemersdorf* Beweisantragsrecht und Sachverhaltsaufklärung, StV 1987, 175; *Lüderssen* Zur „Unerreichbarkeit" des V-Mannes, FS Ulrich Klug, 1983, S. 527 ff.; *Meyer-Goßner* Fehlerhaft beschiedene Beweisanträge, Erfolgschancen von Aufklärungsrügen – Aufklärungspflicht des Gerichts, Aufklärungsbereitschaft der Verteidigung –, in: Die revisionsgerichtliche Rechtsprechung der Strafsenate des Bundesgerichtshofes, Schriftenreihe der Arbeitsgemeinschaften des DAV – AG Strafrecht, Band 3, 1986, S. 122 ff.; *Michalke* Noch einmal: „Hilfsbeweisantrag – Eventualbeweisantrag – Bedingter Beweisantrag", zugleich Anm. zu BGH, Urt. v. 6.12.1989 – 2 StR 309/89 (StV 90, 149), StV 1990, 184; *dies.* in: Hamm/Leipold (Hrsg.), Beck'sches Formularbuch für den Strafverteidiger, 6. Aufl. 2018, VIII.P; *Mosbacher* Fristsetzung für Beweisanträge, NStZ 2018, 9; *Niemöller* Bedingte Beweisanträge im Strafverfahren, JZ 1992, 884; *ders.* Der Kontinuitätsgrundsatz – ein unentdecktes Prinzip des Beweisantragsrechts, FS Hamm, 2009, S. 557; *Oehmichen/Schneider/v. Wistinghausen* Der ausländische Beweis, StraFo 2015, 230; *Quedenfeld* Beweisantrag und Verteidigung in den Abschnitten des Strafverfahrens bis zum erstinstanzlichen Urteil, Festgabe für Karl Peters, 1984, S. 215 ff.; *Rose* Beweisanträge auf Vernehmung von Auslandszeugen: Entwicklung und Tendenzen der neueren Rechtsprechung, NStZ 2012, 18; *Rüping/Dornseifer* Dysfunktionales Verhalten im Prozess, JZ 1977, S. 417; *Sarstedt* Der Beweisantrag im Strafprozess, DAR 1964, 307; *Scheffler* Der Hilfsbeweisantrag und seine Bescheidung in der Hauptverhandlung, NStZ 1989, 158; *Schlothauer* Gerichtliche Hinweispflichten in der Hauptverhandlung, in: StV 1986, 213; *ders.* Hilfsbeweisantrag – Eventualbeweisantrag – bedingter Beweisantrag, in: StV 1988, 542; *ders.* Beweisantragsrecht unter Fristenregiment: Zur Neuregelung des § 244 Abs. 6 StPO, FS Fischer, S. 819 ff.; *Schneider*, Zum Kriterium der Konnexität im strafprozessualen Beweisantragsrecht, FS Eisenberg, S. 609 ff.; *ders.* Wahrunterstellung und fair trial, NStZ 2013, 215; *Schrader* Der Hilfsbeweisantrag – ein Dilemma, NStZ 1991, 224; *Schulz* Die Austauschbarkeit von Beweismitteln oder die Folgen apokrypher Beweismittel, StV 1983, 341; *Schweckendieck* Die Ablehnung eines Beweisantrages wegen Verschleppungsabsicht – eine zu wenig genutzte Möglichkeit?, NStZ 1991, 109; *Schwenn* Was wird aus dem Beweisantrag?, StV 1981, 631; *Singelnstein/Derin* Das Gesetz zur effektiveren und praxistauglicheren Ausgestaltung des Strafverfahrens, NJW 2017, 2646; *Strate* Verfassungsrechtliche Aspekte des Beweisantragsrechts, in: Schriftenreihe der Arbeitsgemeinschaften des DAV – AG Strafrecht, Band 9, 1992, S. 80 ff.; *Trüg* Beweisantragsrecht – Disziplinierung der Verteidigung durch erhöhte Anforderungen?, StraFo 2010, 139; *Weber* Der Missbrauch prozessualer Rechte im Strafverfahren, GA 1975, 289; *Widmaier* Mitwirkungspflicht des Verteidigers in der Hauptverhandlung und Rügeverlust, NStZ 1992, 519; *ders.* Hilfsbeweisantrag mit „Bescheidungsklausel", FS Salger, 1995, S. 421.

### aa) Allgemeines zum Beweisantragsrecht

Beweisanträge sind ein wesentliches Instrument der Verfahrensbeteiligten, um 810
in der Tatsacheninstanz die für das Revisionsgericht grundsätzlich bindenden tatrichterlichen Feststellungen zu beeinflussen. Für das Revisionsverfahren haben die beim Tatgericht gestellten Beweisanträge unter zwei Aspekten große Bedeutung: Zum einen enthalten viele Beweisanträge die unausgesprochene „Behauptung", der Antragsteller werde keine Revision benötigen, wenn der Beweis mit Erfolg erhoben wird und das Gericht daraus dieselben Folgerungen zieht wie der Antragsteller. Zum anderen steckt in Beweisanträgen die unausgesprochene „Ankündigung", dass im Falle ihrer Ablehnung die Vereinbarkeit des damit einhergehenden Beweisverzichts mit dem Urteil und seinen Gründen einer revisionsgerichtlichen Überprüfung unterzogen werden wird. Diese bei-

den „Botschaften" sind die wichtigsten Bestandteile des **formalisierten Dialogs**[1903], der von dem Wert der bis dahin durchgeführten Beweisaufnahme und von den Möglichkeiten einer besseren Aufklärung handelt.

811 Ein Beweisantrag teilt dem Gericht mit, in welcher Hinsicht der Antragsteller der Meinung ist, dass die bisherigen Beweismittel noch kein abschließendes Urteil erlauben und mit welcher weiteren Zeugen- oder Sachverständigenvernehmung, welcher Augenscheinseinnahme oder Urkundenverlesung sich noch welche für die Entscheidung wesentlichen Tatsachen erschließen lassen. Der Antrag enthält gleichzeitig die „Frage" an das Tatgericht, ob es unter Beachtung der gesetzlichen Vorgaben des § 244 Abs. 3 bis 5 StPO die über die Aufklärungspflicht hinausgehende Bereitschaft aufbringt, die bisherige Beweiswürdigung infrage zu stellen. Durch seine Entscheidung über den Antrag, die – wenn sie eine ablehnende ist – nach § 244 Abs. 6 S. 1 StPO grundsätzlich durch Beschluss gegeben werden muss, teilt das Gericht mit, ob es sich einen der im Gesetz abschließend aufgezählten Gründe zu eigen macht, mit denen der Antrag zurückgewiesen werden darf. Wenn das nicht der Fall ist, besteht die Antwort in der Herbeischaffung des Beweismittels durch den Vorsitzenden oder – wenn das Beweismittel bereits präsent ist – in der Erhebung des Beweises. Die Antwort des Gerichts kann aber auch in einem Hinweis liegen, wie es bisher den Beweisantrag mit der Folge seiner Ablehnbarkeit auslegt, und unter welchen Voraussetzungen es bei einem anders zu verstehenden Antrag zu einer stattgebenden Entscheidung kommen müsste. Ein solcher in einen förmlichen Beschluss oder in eine formlose Bitte um Klarstellung gekleideter Hinweis enthält wiederum eine entsprechende Frage an den Antragsteller, die dieser beantworten sollte, um nicht das Risiko einzugehen, im weiteren Verlauf des Verfahrens auf die Auslegung festgelegt zu werden, die das Tatgericht ihm als die seinige mitgeteilt hat.[1904]

812 Dieser Dialog, an dessen Grundstruktur sich auch durch die Änderung von § 244 StPO durch das Gesetz zur Modernisierung des Strafverfahrens[1905] nichts geändert hat, wird im Revisionsverfahren fortgesetzt und dort durch den Spruch

---

**1903** Dazu Beispiele bei *Hamm/Pauly*, Beweisantragsrecht, Rn. 297 ff.

**1904** Allerdings nimmt der BGH selten daran Anstoß, dass das Tatgericht einem Beweisantrag eine bestimmte Auslegung zugrunde legt und ihn zurückweist, ohne sich zuvor um Klärung der vom Antragsteller gemeinten Bedeutung bemüht zu haben. Wenn dann im Beschluss nach § 244 Abs. 6 S. 1 StPO die Fehldeutung deutlich wird, sollte der Antragsteller durch „Nachbesserung" reagieren. Das gilt auch in den Fällen, in denen das Gericht einen Antrag wegen fehlender „Konnexität" zu einem bloßen Beweisermittlungsantrag herabstuft. Vgl. BGH, Urt. v. 14.8.2008 – 3 StR 181/08 = StV 2009, 62; siehe zur „Konnexität" unten, Rn. 819.

**1905** Gesetz vom 10.12.2019 (BGBl. I, S. 2121).

des Revisionsgerichts beendet. Dessen Entscheidung muss die Antwort auf die Frage enthalten, ob das Tatgericht den Normbefehl des § 244 Abs. 3 bis 6 StPO befolgt hat, wonach einem Beweisantrag nachzugehen ist, wenn nicht einer der gesetzlichen Gründe für die Zurückweisung vorliegt. Der Grundsatz der **Beweiserhebungspflicht außerhalb des geschlossenen Katalogs der Zurückweisungsgründe** ist eines der tragenden Prinzipien des Beweisantragsrechts, das unverzichtbar ist, solange die Suche nach materieller Wahrheit als Ziel des Strafverfahrens beibehalten wird.[1906] Weil nämlich die Amtsaufklärungspflicht – wie oben gezeigt[1907] – dem Tatrichter einen revisionsrechtlich unüberprüfbaren subjektiven Rest an erlaubter Beweisantizipation zugestehen muss, und weil der in den Urteilsgründen enthaltenen argumentativen Vermittlung des Beweiswürdigungsvorgangs sprachliche Grenzen gesetzt sind, muss insbesondere der Angeklagte die Möglichkeit haben, seine Kenntnis vom „wirklich wahren" Sachverhalt auch dann zur Geltung zu bringen, wenn der Tatrichter seine Zweifel an der Richtigkeit des Anklagevorwurfs bereits im Einklang mit der Amtsaufklärungspflicht überwunden hat.

Der formalisierte Dialog versagt freilich, wenn das Gericht jeglichem Risiko 813
und jeglicher Information über seine Bewertung der Beweisanträge aus dem Weg geht, indem es aus Bequemlichkeit **allen Anträgen stattgibt**. Diese Entscheidung braucht nicht begründet zu werden, sodass sie nach Auffassung des BGH auch keinerlei Vertrauenstatbestand schafft.[1908] Bisher hat leider noch niemand in der Rechtswissenschaft den naheliegenden Gedanken aufgegriffen, ob in Zeiten, in denen so viel von unnötiger Verfahrensverzögerung die Rede ist,[1909] nicht auch ein solches Verhalten eines Strafgerichts einmal unter dem Aspekt der Prozessverschleppung und des fairen Verfahrens untersucht werden sollte.

Mit einem Beweisantrag wird nicht nur das verlangt, was nach dem Grund- 814
satz der materiellen Wahrheitserforschung ohnehin die Amtspflicht des Gerichtes ist. Während die Erfüllung der Amtsaufklärungspflicht eine ständige Überprüfung des bereits Aufgeklärten unter „Vorausberechnung" des Ergebnisses einer weiteren Beweiserhebung voraussetzt, zwingt das **Verbot der Beweisan-**

---

**1906** Zur Unverzichtbarkeit eines streng formalisierten Beweisantragsrechts *Hamm/Pauly*, Beweisantragsrecht, Rn. 18 ff.

**1907** Rn. 758.

**1908** BGH, Urt. v. 9.12.2008 – 5 StR 412/08 = NStZ 2009, 468 = StraFo 2009, 75; s. auch BGH, Beschl. v. 13.10.2009 – 5 StR 400/09 = BGHR StPO § 244 Abs. 6 Entscheidung 10.

**1909** Vgl. z.B. die Beiträge von *Pfister, Beulke* und *Landau*, in: *Jahn/Nack* (Hrsg.), Rechtsprechung, Gesetzgebung, Lehre: Was regelt das Strafrecht? – Referate und Diskussionen auf dem 2. Karlsruher Strafrechtsdialog 2009, S. 71 ff.

**tizipation** im Beweisantragsrecht den Tatrichter auch dann dazu, seine bisherige Beurteilung noch einmal neuen Erkenntnissen zu öffnen, wenn er subjektiv schon vom Gegenteil überzeugt ist.[1910] Diesem Unterschied entspricht auch eine Differenz in der Angriffsrichtung und Reichweite der Rüge einer Verletzung des Beweisantragsrechts im Vergleich zur Aufklärungsrüge: Während diese stets den gesamten Beweisstoff zum Gegenstand hat, beschränkt sich jene auf das durch den Beweisantrag umgrenzte Thema der Beweisbehauptung und die Beweiskraft des schon in der Instanz benannten Beweismittels.

815 Die rechtsfehlerhafte Behandlung und Bescheidung eines Beweisantrages kann insbesondere darin liegen, dass[1911]

- der Antrag nicht oder nicht rechtzeitig beschieden worden ist;
- der Antrag in dem Ablehnungsbeschluss oder, soweit dies zulässig ist, in den Urteilsgründen ohne oder nur mit ungenügender oder rechtsfehlerhafter Begründung abgelehnt worden ist;
- der Urteilsinhalt im Widerspruch zu den Gründen steht, mit denen der Beweisantrag durch Beschluss in der Hauptverhandlung abgelehnt worden ist;
- das Gericht die Entscheidung, durch die einem Beweisantrag stattgegeben werden sollte, nicht ausgeführt hat;
- das Gericht den gestellten Antrag zu Unrecht nicht als Beweisantrag, sondern nur als bloßen Beweisermittlungsantrag gewertet hat;[1912]
- das Gericht seine Pflicht, auf die Stellung eines einwandfreien Antrags hinzuwirken, verletzt hat.[1913]

816 In all diesen Fällen kann sich die Revision unmittelbar auf die Verletzung von § 244 Abs. 3 bis 6 StPO stützen,[1914] im letztgenannten Fall in Verbindung mit der

**1910** So *Strate*, Schriftenreihe Deutscher Anwaltverein, Bd. 9, S. 84; vgl. auch *Herdegen* NStZ 1984, 99; *Hamm*, in *Herdegen*: Beweisantragsrecht, Beweiswürdigung und strafprozessuale Revision, S. 18; BGH, Urt. v. 12.6.1997 – 5 StR 58/97 = NJW 1997, 2762; BGH, Urt. v. 19.9.2007 – 2 StR 248/07 = StraFo 2008, 29.

**1911** Vgl. hierzu *Hamm/Pauly*, Beweisantragsrecht, Rn. 643 ff.

**1912** KK-*Krehl* § 244 StPO, Rn. 223. Beispiele: BGH, Beschl. v. 1.3.2005 – 5 StR 499/04 = StV 2005, 254 = NStZ-RR 2005, 177; BGH, Urt. v. 13.6.2007 – 4 StR 100/07 = StV 2007, 563 = NStZ 2008, 52; andererseits hat der BGH dem Antrag auf Verlesung einer schriftlich an das Gericht adressierten Einlassung des (in der mündlichen Hauptverhandlung schweigenden) Angeklagten die Qualität als Beweisantrag abgesprochen (BGH, Beschl. v. 27.3.2008 – 3 StR 6/08 = BGHSt 52, 175 = NJW 2008, 2356).

**1913** Zu dieser Verpflichtung vgl. *Meyer-Goßner/Schmitt* § 244 StPO, Rn. 37 f.; KK-*Krehl* § 244 StPO, Rn. 78; *Alsberg/Güntge*, Beweisantrag, Rn. 740 ff.; *Meyer-Goßner*, Fehlerhaft beschiedene Beweisanträge, Schriftenreihe Deutscher Anwaltverein, Bd. 3, S. 122.

**1914** *Meyer-Goßner/Schmitt* § 244 StPO, Rn. 104.

Verletzung des Anspruchs auf ein faires Verfahren. Die Rüge des Verstoßes gegen § 338 Nr. 8 StPO war zwar ursprünglich, als das Gesetz die Zurückweisungsgründe für den Beweisantrag noch nicht regelte, „passend", bringt aber nach dem heute geltenden Recht keine Vorteile mehr, wenn gleichzeitig die Verletzung des Beweisantragsrechts beanstandet werden kann.[1915] Dies gilt freilich nicht, wenn der Tatrichter sich **weigert, Beweisanträge überhaupt entgegenzunehmen**. Das verletzt keine bestimmte Verfahrensvorschrift, sondern kann nur nach § 338 Nr. 8 StPO gerügt werden, wenn es der Revisionsführer nicht seinerseits versäumt hat, das unakzeptable Verhalten des Vorsitzenden nach § 238 Abs. 2 StPO zu beanstanden.[1916]

An diesen Grundlagen hat sich auch durch die umfangreichen Änderungen 817
des § 244 StPO in den letzten Jahren nichts geändert. Der Gesetzgeber hat damit u.a. von der Rechtsprechung entwickelte Konzepte zur Einschränkung des Beweisantragsrechts aufgegriffen. Indem er den Gesetzestext diesen Tendenzen angepasst hat, hat er allerdings das nicht erreicht, was nach den Gesetzesmaterialien zumindest eines der Ziele war: das Beweisantragsrecht insgesamt zu systematisieren.[1917] Weder die im Jahr 2017 in Abs. 6 eingeführte „Fristenregelung" noch die Änderung von Abs. 3 und Abs. 6 im Jahr 2019, mit der unter anderem der Ablehnungsgrund der Verschleppungsabsicht aus dem Katalog des Abs. 3 herausgenommen und der Anwendungsbereich des Beschlusserfordernisses weiter eingeschränkt wurde, fügt sich in das bisherige Verständnis des Beweisantragsrechts ein. Tatsächlich dürften die jüngsten Reformen auch mehr von dem in den Gesetzesmaterialien ebenfalls zum Ausdruck kommenden Bestreben getragen gewesen sein, den Umgang mit missbräuchlich gestellten Anträgen zu erleichtern.[1918] Dass der Gesetzgeber mit den Änderungen aus den Jahren 2017 und 2019 nachhaltig in die bis dahin bestehende Struktur des § 244 StPO eingegriffen hat, ist bedauerlich. Rechtspolitisch sind diese Maßnahmen verfehlt. Sie eröffnen nicht nur – was für sich genommen unbedenklich wäre – die Möglichkeit, bloße Scheinanträge abzulehnen, sondern gehen darüber weit hinaus. Welche Auswirkungen dies in der Praxis haben wird, bleibt abzuwarten. Teilweise fügen sich die vorgenommenen Änderungen so wenig in das bisherige (über Jahrzehnte hinweg weiterentwickelte) System der §§ 244, 245 StPO ein, dass sie praktisch kaum an-

---

**1915** *Meyer-Goßner/Schmitt* § 244 StPO, Rn. 104; *Alsberg/Güntge*, Beweisantrag, Rn. 1620; *Hamm/Pauly*, Beweisantragsrecht, Rn. 647.

**1916** BGH JR 1980, 218 m. Anm. *Meyer*; BGHSt 29, 149, 151; *Alsberg/Güntge*, Beweisantrag, Rn. 1620.

**1917** BT-Drs. 19/14747 S. 33.

**1918** BT-Drs. 19/14747 S. 33.

wendbar sein dürften. Generell muss im Übrigen gelten, dass der Aufklärungsrüge und dem Anspruch auf ein faires Verfahren unter diesen Umständen gesteigerte Bedeutung zukommen wird. Insbesondere wenn Streit darüber besteht, ob ein Antrag der nun im Gesetz enthaltenen Begriffsdefinition entspricht, wird der Beschwerdeführer häufig auch die Verletzung der Aufklärungspflicht rügen müssen, will er nicht Gefahr laufen, dass sein Rügevorbringen als unzulässig gewertet wird. Unabhängig davon darf durch die Handhabung der nunmehr in das Gesetz aufgenommenen Möglichkeiten zu einer vereinfachten Sachentscheidung (§ 244 Abs. 6 S. 2–5 StPO) der Grundsatz des fairen Verfahrens keinen Schaden nehmen; er ist in verstärktem Maße zu berücksichtigen, wenn der Anwendungsbereich der jetzigen Fassung des § 244 Abs. 6 StPO bestimmt wird.

### bb) Merkmale des Beweisantrages

818 Einen grundlegenden Systemwechsel stellt die Neuregelung im Jahr 2019 schon deshalb dar, weil das Gesetz nunmehr (in § 244 Abs. 3 S. 1 StPO) erstmals eine Definition des Beweisantrages enthält. Ein Beweisantrag liegt danach vor, wenn der Antragsteller „ernsthaft verlangt, Beweis über eine bestimmt behauptete konkrete Tatsache, die die Schuld- oder Rechtsfolgenfrage betrifft, durch ein bestimmt bezeichnetes Beweismittel zu erheben und dem Antrag zu entnehmen ist, weshalb das bezeichnete Beweismittel die behauptete Tatsache belegen können soll".

819 Nach der neuen Begriffsbestimmung ist es nunmehr ausdrücklich Voraussetzung für die Beweisantragsqualität, dass im Antrag selbst darlegt wird, weshalb das Beweismittel die behauptete Tatsache belegen können soll. Mit dieser Regelung sollte – das weisen die Materialien aus – der in der Rechtsprechung unter dem Stichwort **„Konnexität"** erörterte Gedanke zum Bestandteil des Beweisantragsbegriffs gemacht werden.[1919] Dass dieses Merkmal auch in der bisherigen Rechtsprechung des BGH nicht unumstritten geblieben ist und unter den Senaten keineswegs die einhellige Überzeugung bestand, dass Ausführungen zur Konnexität notwendiger Bestandteil eines Beweisantrages sind[1920], wurde damit im Gesetzgebungsverfahren ebenso übergangen wie die gegen dieses Kriterium erhobenen Einwände in der Literatur[1921].

---

**1919** BT-Drs. 19/14747, S. 33; *Meyer-Goßner/Schmitt* § 244 StPO, Rn. 21a.

**1920** Vgl. etwa BGH, Beschl. v. 8.7.2014 – 3 StR 240/14 = StV 2015, 82. S. ergänzend auch BGH, Beschl. v. 24.6.2008 – 3 StR 179/08 = StV 2008, 449 = NStZ 2008, 707.

**1921** Vgl. LR-*Becker* § 244 StPO, Rn. 114; MüKo-StPO/*Trüg/Habetha* § 244 StPO, Rn. 137; vgl. auch *Ventzke* StV 2009, 655, 658; *Niemöller* StV 2003, 687, 693; s. zur Thematik ferner *Hamm/Pauly*, Beweisantragsrecht, Rn. 210 f.

Schon weil sich aus den Materialien ergibt, dass mit der Neuregelung die von der Rechtsprechung entwickelten Kriterien in das Gesetz übernommen werden sollten, kommt den bisherigen Entscheidungen auch bei der Auslegung des neuen Gesetzestextes Bedeutung zu. Ihren Ausgangspunkt hatte die Rechtsprechung zur „Konnexität" in Verfahren, die die Benennung von Zeugen betrafen. Hier wurde die Forderung erhoben, ein Beweisantrag sei nur dann gegeben, wenn darin auch etwas über die „Wahrnehmungssituation" des Zeugen ausgeführt wird.[1922] Verschiedentlich wurde verlangt, der Antrag müsse so formuliert sein, dass eine sachgerechte Anwendung der Ablehnungsgründe möglich sei.[1923] Ganz abgesehen davon, dass es sinnwidrig bleibt, die Voraussetzungen eines prozessrechtlichen Antrages nicht nach seiner Funktion im Verfahren, sondern mit dem Ziel zu bestimmen, die Ablehnung des Antrages zu erleichtern, ist es bislang kaum gelungen, die Fälle klar zu bezeichnen, in denen konkrete Ausführungen zur Wahrnehmungssituation notwendig sein sollen. Eine nähere Begründung des Antrages soll insbesondere erforderlich sein, wenn es sich „nicht von selbst versteht", dass der Zeuge die Wahrnehmungen gemacht haben kann, über die er nach dem Antragsinhalt bei einer Zeugenvernehmung in der Hauptverhandlung Auskunft geben soll.[1924] Dass damit eine Evidenzbetrachtung zur Bestimmung der Grenzen eines prozessual wichtigen Instituts herangezogen wird, stellt eine der wesentlichen Schwächen des Konnexitätsgedankens dar. Immerhin haben die Strafsenate des BGH aber deutlich gemacht, dass dies keine beliebige Herabstufung von Beweisanträgen zulässt, indem sie in einer Reihe von Fällen Beschlüsse der Tatgerichte beanstandet haben, in denen die Beweisantragsqualität mit der Begründung verneint worden war, es fehle an der Kon- 820

**1922** BGH, Urt. v. 10.6.2008 – 5 StR 38/08 = BGHSt 52, 284, 287 = JR 2008, 515 (m. krit. Anm. *Eidam*); BGH, Urt. v. 28.11.1997 – 3 StR 114/97 = BGHSt 43, 321, 329; BGH, Urt. v. 6.7.1993 – 5 StR 279/93 = BGHSt 39, 251 = StV 1993, 454 (m. krit. Anm. *Hamm*). Der Begriff „Konnexität" geht zurück auf eine Bemerkung von *Widmaier* in NStZ 1993, 602.

**1923** Vgl. BGH, Beschl. v. 8.7.2014 – 3 StR 240/14 = StV 2015, 82; BGH, Beschl. v. 15.1.2014 – 1 StR 379/13, Rn. 16 = StV 2014, 257 = NStZ 2014, 282; BGH, Beschl. v. 4.12.2012 – 4 StR 372/12, Rn. 10 = NStZ 2013, 476 = StV 2013, 374.

**1924** *BGHSt* 43, 321, 330; vgl. auch BGH, Urt. v. 19.10.2011 – 1 StR 336/11 = StV 2012, 151; BGH, Urt. v. 6.9.2011 – 1 StR 633/10 = StV 2012, 577 = wistra 2012, 29, 31; BGH, Beschl. v. 14.12.2010 – 1 StR 275/10 = NJW 2011, 1299, 1300 = StV 2011, 619, 620; BGH, Beschl. v. 17.11.2009 – 4 StR 375/09 = BGHR StPO § 244 Abs. 6 Beweisantrag 47 = StraFo 2010, 152; BGH, Beschl. v. 22.1.2009 – 3 StR 557/08; BGH, Urt. v. 15.12.2005 – 3 StR 201/05 = StV 2006, 285; BGH, Beschl. v. 10.4.2002 – 3 StR 19/02; BGH, Urt. v. 28.6.2001 – 1 StR 198/01 = NJW 2001, 3793, 3794 = StV 2001, 604, 605; BGH, Beschl. v. 29.2.2000 – 1 StR 33/00 = StV 2000, 652 = NStZ 2000, 437. Vgl. auch *Meyer-Goßner/Schmitt* § 244 StPO, Rn. 21b.

nexität.[1925] Diese Rechtsprechung hat nach der Gesetzesänderung im Jahr 2019 ihre Bedeutung behalten.

821 Auch nach seiner Übernahme in das Gesetz darf das Konnexitätsmerkmal nicht so weit ausgedehnt werden, dass es andere Prinzipien des Beweisantragsrechts völlig außer Kraft setzt. Insbesondere bleibt es auch nach neuer Rechtslage unzulässig, den Umfang der Darlegungspflichten des Antragstellers von der prozessualen Situation abhängig zu machen, in der der Antrag gestellt wird. Der Grad der bereits erreichten Sachverhaltsaufklärung kann hierfür nicht den entscheidenden Maßstab liefern. Der 5. Strafsenat des BGH hatte in einem Einzelfall eine gesteigerte Darlegungspflicht aus dem Umstand abgeleitet, dass zum selben Beweisthema bereits andere Zeugen gehört worden waren, deren Aussagen der Beweisbehauptung widersprachen.[1926] Eine derartige Ausdehnung des Konnexitätsmerkmals wurde in der Literatur zu Recht überwiegend abgelehnt.[1927] Die Rechtsprechung steht ihr teilweise ebenfalls kritisch gegenüber.[1928] Auch die neue Gesetzeslage bietet keinen Anlass für eine derart weitreichende Auslegung.

822 Der Konnexitätsgedanke ist bislang vorrangig im Zusammenhang mit dem Zeugenbeweis erörtert worden. Ohne diesen Bezug zu berücksichtigen, hat der Gesetzgeber die Konnexität nunmehr zur allgemeinen Voraussetzung des Beweisantrags aufgewertet, was Auswirkungen auch auf Beweisanträge nahelegen könnte, die auf die Heranziehung anderer Beweismittel gerichtet sind. Dass der Frage der Konnexität auch im Zusammenhang mit dem Urkundenbeweis oder dem Sachverständigenbeweis praktische Bedeutung zukommen könnte, wäre aber jedenfalls durch die bisherige Rechtsprechung nicht hinreichend belegt. Inwiefern diesem Merkmal hier neben dem Ablehnungsgrund der „Ungeeignetheit“ (jetzt geregelt in § 244 Abs. 3 S. 3 Nr. 4 StPO) eine eigenständige Funktion

---

**1925** BGH, Beschl. v. 15.1.2014 – 1 StR 379/13 = StV 2014, 257 = NStZ 2014, 282; vgl. auch BGH, Beschl. v. 8.7.2014 – 3 StR 240/14 = StV 2015, 82; BGH, Urt. v. 21.8.2014 – 1 StR 13/14 = StV 2015, 83. BGH, Beschl. v. 14.12.2010 – 1 StR 275/10 = NJW 2011, 1299, 1300 = StV 2011, 619, 620; BGH, Beschl. v. 17.11.2009 – 4 StR 375/09 = *BGHR* StPO § 244 Abs. 6 Beweisantrag 47 = StraFo 2010, 152; BGH, Beschl. v. 10.11.2011 – 5 StR 397/11 = NStZ-RR 2012, 82.

**1926** BGH, Urt. v. 10.6.2008 – 5 StR 38/08 = BGHSt 52, 284, = JR 2008, 515 (m. krit. Anm. *Eidam*).

**1927** *Eidam*, JR 2008, 520, 521; *Jahn*, StV 2009, 664; *Beulke/Witzigmann*, StV 2009, 58; *Sturm* StraFo 2009, 411; *Trüg*, StV 2013, 67; *Meyer-Goßner/Schmitt* § 244 StPO, Rn. 21c.

**1928** Vgl. BGH, Beschl. v. 8.7.2014 – 3 StR 240/14 = StV 2015, 82; BGH, Beschl. v. 4.12.2012 – 4 StR 372/12, Rn. 10 = NStZ 2013, 476 = StV 2013, 374; BGH, Beschl. v. 17.11.2009 – 4 StR 375/09 = StraFo 2010, 152 = *BGHR* StPO § 244 VI Beweisantrag 47.

zukommen könnte, ist nicht ersichtlich. Auch daran wird die Systemwidrigkeit der Gesetzesänderung deutlich: Wird die Verlesung einer Urkunde zum Beweis einer Tatsache beantragt, die sich aus ihr nicht ergibt, wäre es wenig sachgerecht, den gestellten Antrag schon aus diesem Grund nicht als Beweisantrag anzusehen, anstatt ihn wegen Ungeeignetheit des benannten Beweismittels zurückzuweisen. Ebenso ist nicht erkennbar, wie das Merkmal der Konnexität bei Beweisanträgen, die auf die Hinzuziehung eines Sachverständigen abzielen, in das Regel-Ausnahme-Verhältnis des § 244 Abs. 4 StPO eingepasst werden soll.

Bei Beweisanträgen, die auf Zeugenvernehmungen gerichtet sind, führt die 823
nunmehr im Gesetz enthaltene Forderung, im Antrag darzulegen, „weshalb das bezeichnete Beweismittel die behauptete Tatsache belegen können soll", zu einer Begründungspflicht, die Grenzen haben muss. Jedenfalls in Fällen, in denen es im Sinne der geforderten Evidenzbetrachtung selbstverständlich ist, dass ein Zeuge die unter Beweis gestellte Tatsache wahrgenommen haben kann, muss sich der Antragsteller hierzu nicht äußern. Die Begründungspflicht darf aber auch in Fällen, in denen die Evidenz fehlt, nicht dazu führen, dass andere Prinzipien des Beweisantragsrechts vollständig außer Kraft gesetzt werden. Gerichte und Staatsanwaltschaften müssen auch nach der Gesetzesänderung akzeptieren, dass das Prozessrecht dem Verteidiger und dem Angeklagten ein geringeres Maß an „Transparenz" ihres Prozessverhaltens zugesteht als der Strafjustiz. Auch weiterhin muss es grundsätzlich dabei bleiben, dass der Verteidiger seine Informationsquellen nicht zu nennen braucht und nicht die Fakten anführen muss, die dem Gericht den Grad der bei ihm vorhandenen Gewissheit über die unter Beweis gestellten Tatsachen „verraten". Er darf vielmehr – wie der Angeklagte – auch solche Tatsachen im Rahmen eines Beweisantrages bestimmt behaupten (und muss es sogar), deren Richtigkeit er nicht positiv kennt und deren Erweislichkeit er nur erhofft.[1929] Deshalb sind Fragen und Hinweise des Gerichts unbeachtlich, die darauf abzielen, hinter dem objektiven Erklärungswert eines Antragswortlauts aus dem Kenntnisstand des Angeklagten etwas herzuleiten. Aber jede „Gegenfrage" des Gerichts in Gestalt eines förmlichen Zurückweisungs- oder Hinweisbeschlusses oder einer Bitte um Klar-

**1929** BGH, Beschl. v. 6.4.2018 – 1 StR 88/18 = StraFo 2018, 433; BGH, Beschl. v. 18.6.2014 – 4 StR 128/14 = NStZ-RR 2014, 374; BGH, Beschl. v. 11.3.2003 – 3 StR 28/03 = StV 2003, 369; 370 = NStZ 2003, 666; *Meyer-Goßner/Schmitt* § 244 StPO, Rn. 20; *Alsberg/Dallmeyer*, Beweisantrag, Rn. 99; KK-*Krehl* § 244 StPO, Rn. 72; *Herdegen*, Beweisantragsrecht, Beweiswürdigung, strafprozessuale Revision, S. 54 ff.

stellung, die den „gemeinten" objektiven Sinn des Antrages betrifft, sollte nicht unbeantwortet bleiben. Wer solche Fragen nicht beantwortet, übernimmt das Risiko einer Fehlinterpretation des gestellten Antrages.

824 Aus dem Gesetzestext ergibt sich nunmehr auch, dass ein Beweisantrag nur vorliegt, wenn eine **„bestimmt behauptete konkrete Tatsache"** unter Beweis gestellt wird. Eine entscheidende Rechtsänderung ist hierdurch nicht eingetreten, weil dies auch ohne die Kodifikation seit langem als Voraussetzung für einen Beweisantrag angesehen wurde. Daraus folgt zugleich, dass auch die bisherige Rechtsprechung und die Literatur zur Beweisbehauptung ihre Bedeutung behalten müssen.

825 Das gilt etwa für die Abgrenzung zwischen der unmittelbar unter Beweis gestellten Tatsache und dem **Beweisziel.**[1930] Hierunter versteht man den erhofften Ertrag der Beweiserhebung für das Urteil, der nur dann mit der Bestätigung der Beweistatsache durch das benannte Beweismittel identisch ist, wenn diese zu einem bestimmten Schluss (z.B. der „Nichttäterschaft" des Angeklagten) zwingt. In den meisten Fällen muss aber das Tatgericht erst noch eine mehrstufige Würdigung vornehmen: Es muss nach der Bewertung der Aussagekraft des erhobenen Beweises die bewiesene Indiztatsache vergleichen mit allen anderen für oder gegen das vom Antragsteller erstrebte Ergebnis sprechenden Indizien, muss diese insgesamt würdigen und sich dann entweder eine Überzeugung bilden oder nach dem Zweifelssatz die für den Angeklagten günstigste Annahme seiner Entscheidung zugrunde legen. Dem Beweisziel „Der Angeklagte ist nicht der Täter" kann sich der Verteidiger durch die Beweisbehauptung „An der Tatwaffe finden sich auch Fingerabdrücke einer noch unbekannten dritten Person" zwar annähern, aber er hat es damit noch nicht erreicht. Das bedeutet freilich nicht, dass ein Beweisziel, für dessen Erreichen noch weitere Denkschritte nötig sind, für das Gericht unerheblich wäre. Ebenso wenig bedeutet dies, dass der Antragsteller dieses Ziel bei der Formulierung seines Antrages „aussparen" müsste, weil es in den Bereich der gerichtlichen Beweiswürdigung fällt. Wenn das Beweisziel erkennbar ist, dient es der Interpretation des Beweisantrages und muss zu diesem Zwecke herangezogen werden.[1931] Das gilt insbesondere für die Bewertung der unter Beweis gestellten Tatsachen im Hinblick auf ihre Erheblichkeit für die Urteilsfindung. Eine immer wieder von den Revisionsgerichten beanstandete Ausweichstrategie der Tatgerichte besteht darin, die Beweisbehauptung rabulistisch auf ihre durch den Wortlaut umgrenzte Aussage zu reduzieren, statt sie mit Blick auf das erkennbare Beweisziel

**1930** Vgl. hierzu *Hamm/Pauly*, Beweisantragsrecht, Rn. 169.
**1931** Vgl. hierzu *Hamm/Pauly*, Beweisantragsrecht, Rn. 169 f.

in ihrem vollen Sinn auszuschöpfen.[1932] Lässt der Antrag mehrere Auslegungen zu, so ist das Gericht verpflichtet zu fragen, welche Bedeutung gemeint ist, bevor es seiner Entscheidung eine möglicherweise vom Antragsteller gar nicht intendierte Interpretation zugrunde legt.[1933] Es ist auch rechtsfehlerhaft, wenn das Gericht einem Antrag die Qualität als Beweisantrag gerade deshalb abspricht, weil der Antragsteller es *unterlassen* habe, sein Beweisziel anzugeben.[1934]

Die Unterscheidung zwischen Beweisbehauptung und Beweisziel wird **826**
häufig durch Missverständnisse erschwert. Das gilt insbesondere in Fällen, in denen **Negativtatsachen** unter Beweis gestellt werden, z.B. ein Zeuge werde bekunden, dass bestimmte (den Angeklagten belastende) Vorgänge *nicht* stattgefunden haben. Seit einiger Zeit wird diskutiert, ob eine „Negativtatsache" dem Zeugenbeweis überhaupt zugänglich ist. Dem liegt die Vorstellung zu Grunde, ein Zeuge könne nur über das berichten, was er („positiv") wahrgenommen hat, während ein „Nichtgeschehen" immer nur im Wege der Schlussfolgerung aus dem Wahrgenommenen hergeleitet werden könne. Wer bei einer Einladung mit vier Ehepaaren dabei war, kann später bekunden, wer die zusammengekommenen acht Personen waren. Dass eine bestimmte neunte Person nicht mit am Tisch saß, kann der Zeuge nicht „gesehen" haben. Er kann somit nur bezeugen, dass er „diese" Person nicht wahrgenommen hat. Dass die neunte Person nicht anwesend war, mag der persönlichen Überzeugung des Zeugen entsprechen, aber er hat dieses Wissen erst aus seinen Wahrnehmungen über die Identitäten der mit ihm am Tisch sitzenden Personen geschlossen. Dasselbe gilt etwa auch für die Beweisfrage, worüber während des Abendessens gesprochen und worüber nicht gesprochen wurde. Dass die Planung einer bestimmten Straftat während des gesamten Abends von den Anwesenden „mit keinem Wort erwähnt wurde", kann nur bekunden, wer ununterbrochen anwesend war, jedes Gespräch mitgehört und alle Gesprächsinhalte verstanden und anderen Themen zugeordnet hat, um aus all diesen Wahrnehmungsinhalten den Schluss zu ziehen, dass von der Straftat jedenfalls keine Rede war.[1935]

---

**1932** Vgl. BGH, Urt. v. 21.8.2014 – 1 StR 13/14 = StV 2015, 83; BGH NStZ 1986, 207 (bei *Pfeiffer/Miebach*); BGH GA 1984, 21; *Alsberg/Güntge*, Beweisantrag, Rn. 1430; *Hamm/Pauly*, Beweisantragsrecht, Rn. 295.

**1933** *Alsberg/Güntge*, Beweisantrag, Rn. 1417; *Meyer-Goßner/Schmitt* § 244 StPO, Rn. 38.

**1934** Vgl. BGH, Beschl. v. 1.3.2005 – 5 StR 499/04 = StV 2005, 254 = NStZ-RR 2005, 177; OLG Naumburg, Beschl. v. 27.2.2012 – 2 Ss 28/12 = NStZ-RR 2013, 18.

**1935** Vgl. hierzu *Hamm/Pauly*, Beweisantragsrecht, Rn. 179 ff.

827 Nun würde es bei solch einfachen Sachverhalten schon sprachlich höchst ungewöhnlich und gekünstelt wirken, wenn man das aus Einzelwahrnehmungen und Schlussfolgerungen zusammengesetzte Wissen eines Zeugen („bei der Gesellschaft war der Angeklagte nicht zugegen und es wurde auch nicht über Drogenhandel gesprochen") nicht als solches unter Beweis stellen dürfte, sondern darauf angewiesen wäre, die anwesenden Personen namentlich zu benennen und den vollständigen Inhalt der Tischgespräche (Wetter, Politik, Sport, etc.) positiv wiederzugeben. Gleichwohl finden sich in der Rechtsprechung des Bundesgerichtshofs Entscheidungen, die von der Tendenz getragen sind, gestellte Anträge nicht als Beweisanträge zu bewerten, wenn die unter Beweis gestellte „Negativtatsache" auch **Schlussfolgerungen des Zeugen** voraussetzt, ohne dass vom Antragsteller gesagt wird, an welche positiven Wahrnehmungen diese anknüpfen.

828 Im entsprechenden „leading-case"[1936] hatte das Landgericht einen Beweisantrag mit der Begründung abgelehnt, die benannten Zeugen seien völlig ungeeignete Beweismittel, einen weiteren mit der Begründung, es handele sich um einen Beweisermittlungsantrag. Der 5. Strafsenat des BGH ließ sich gar nicht erst auf die Prüfung der gesetzlichen Zurückweisungsgründe ein, sondern meinte, die Anträge seien mangels konkreter, dem Zeugenbeweis zugänglicher Behauptungen nur nach den Maßstäben der Aufklärungspflicht zu behandeln. Diese Bewertung ermöglichte sich der Senat durch die rigide Feststellung, dass Gegenstand eines Beweisantrages auf Vernehmung eines Zeugen nur solche Umstände oder Geschehnisse sein könnten, die mit dem benannten Beweismittel unmittelbar bewiesen werden sollen. Soll aber, so die Annahme des Senates weiter, aus den Wahrnehmungen des Zeugen auf ein bestimmtes weiteres Geschehen geschlossen werden, ist nicht dieses weitere Geschehen, sondern nur die Wahrnehmung des Zeugen tauglicher Gegenstand des Zeugenbeweises.

829 Eine generelle Leitlinie für die Behandlung von Beweisanträgen, die auf den Nachweis von „Negativtatsachen" abzielen, lässt sich dieser Rechtsprechung aber nicht entnehmen. Eine Verallgemeinerung verbietet sich schon deshalb, weil es keine Zeugenaussagen gibt, die ohne Verarbeitung von Nervenreizen auf der Netzhaut des Auges oder in den Sensoren anderer Sinnesorgane durch allerlei Schlussfolgerungen „unmittelbar" Wahrnehmungen in die Beweiswürdigung transportieren. Es ist vielmehr Aufgabe der Beweiserhebung und der Ausübung des Fragerechts aller Prozessbeteiligten, die Wissensquellen

**1936** BGH, Urt. v. 6.7.1993 – 5 StR 279/93 = BGHSt 39, 252 = NJW 1993, 2881 = StV 1993, 454 (m. abl. Anm. *Hamm*) = NStZ 1993, 550 (m. zust. Anm. *Widmaier* NStZ 1993, 602).

des Zeugen in Erfahrung zu bringen und seine Wahrnehmungs-, Verarbeitungs-, Merk- und Reproduktionsarbeit auf ihre wahrheitsfördernde Kraft hin zu untersuchen.[1937] Dass der in BGHSt 39, 251 formulierte Gedanke nicht als Grundlage für sämtliche Fallgestaltungen dienen kann, in denen Negativtatsachen unter Beweis gestellt werden, wird im Übrigen inzwischen auch durch die Rechtsprechung anerkannt. So hat der Bundesgerichtshof mehrfach ausgesprochen, dass bei einfach gelagerten Sachverhalten, bei denen ein Zeuge eine Gesamtsituation insgesamt überblickt hat, nichts dagegen spricht, auch eine Negativtatsache unter Beweis zu stellen.[1938] Der Anwendungsbereich der Rechtsprechung zu den Negativtatsachen wird damit in einer für die Praxis relevanten Weise eingeschränkt. Die auf theoretischem Gebiet liegenden Einwände werden dadurch allerdings nicht entkräftet.

Immer wieder Anlass zu streitigen Auseinandersetzungen gibt auch die Fra- 830
ge, inwiefern die Beweisbehauptung rein tatsächlicher Natur sein muss, um den Anforderungen an einen Beweisantrag gerecht zu werden. Erschöpft sich die „Behauptung" in der bloßen Wiedergabe von gesetzlichen Merkmalen, deren Vorliegen erst als Ergebnis von richterlichen Wertungen und prognostischen Einschätzungen festgestellt werden kann, kann es sich schon aus diesem Grund um einen bloßen **Beweisermittlungsantrag** handeln. Dies hat mit zutreffenden Gründen das BayObLG für die Behauptung, *„der Angeklagte habe sich schon die erstinstanzliche Verurteilung zur Warnung dienen lassen und werde künftig auch ohne Einwirkung des Strafvollzugs keine Straftaten mehr begehen"* klargestellt.[1939] Was dem auf die Feststellung einer günstigen Sozialprognose i.S. des § 56 Abs. 1 StGB gerichteten Antrag auf Vernehmung (eines psychoanalytischen Sachverständigen) fehlte, waren konkrete Tatsachen aus dem inneren oder äußeren Lebensbereich des Angeklagten, die für den behaupteten positiven Zusammenhang zwischen dem Erlebnis der erstinstanzlichen Verurteilung und der künftigen Rechtstreue hätten sprechen können. Zu denken wäre hier ggf. z.B. an positive Verhaltensweisen nach der Hauptverhandlung vor dem Amtsgericht, wie die Meidung von Aufenthalten in einschlägigen Örtlichkeiten oder das Abbrechen des Kontakts mit bestimmten „schlechten Freunden". Ob hierzu freilich

**1937** Vgl. *Hamm* StV 1993, 455, 458.

**1938** BGH, Beschl. v. 28.10.2010 – 4 StR 359/10 = StV 2011, 397 = NStZ 2011, 230; BGH, Beschl. v. 21.3.2012 – 4 StR 635/11; BGH, Beschl. v. 14.9.2004 – 4 StR 309/04 = StV 2005, 115 = NStZ-RR 2005, 78; BGH, Beschl. v. 9.3.1999 – 1 StR 693/98 = NStZ 1999, 362 = StV 1999, 303; vgl. auch Thüring. OLG, Beschl. v. 6.9.2004 – 1 Ss 183/04 = StV 2005, 11.

**1939** BayObLG, Beschl. v. 30.7.2002 – 1 St RR 71/2002 = NStZ 2003, 105 = JR 2003, 294 m. Anm. *Ingelfinger*. Vgl. auch OLG Celle JR 1985, 324.

die Fachkunde eines Psychoanalytikers erforderlich oder auch nur hilfreich hätte sein können, hat der Senat mit Recht als zweifelhaft offengelassen.[1940]

831 Seit der Reform im Jahr 2019 liegt nach dem Gesetzeswortlaut ein Beweisantrag nur noch dann vor, wenn der Antrag auch von einem **„ernsthaften“** Verlangen des Antragstellers nach Beweiserhebung getragen ist.[1941] Wie sich aus der Entstehungsgeschichte ergibt, soll die Aufnahme dieses Merkmals in das Gesetz den Gerichten ermöglichen, Anträge nicht als Beweisanträge zu behandeln, wenn Beweisbehauptungen **„ins Blaue hinein“** oder **„aufs Geratewohl“** aufgestellt werden. In solchen Fällen soll es an der „Ernsthaftigkeit“ des Beweisverlangens fehlen.[1942] Würde das Merkmal so verstanden, entstünde jedenfalls die Gefahr einer zu weitgehenden Einschränkung des Beweisantragsrechts. Zu den bislang unangetastet geltenden Prinzipien des Beweisantragsrechts zählte seine relative Großzügigkeit im Zusammenhang mit der Frage, welche subjektive Gewissheit der Antragsteller in Bezug auf die Richtigkeit seiner Beweisbehauptung haben muss. Seit jeher ist die Rechtsprechung dabei von dem Grundsatz ausgegangen, dass es dem Antragsteller nicht verwehrt sein kann, mit dem Mittel des Beweisantrags auch Tatsachen unter Beweis zu stellen, die er nur **für möglich hält**[1943]. In Einzelfällen haben die Gerichte Beweisanträge zu Beweisermittlungsanträgen herabgestuft, wenn sie dem Antragsteller schlicht nicht abgenommen haben, dass er an die eigene Beweisbehauptung glaubt.[1944] Dem Antragsteller wurde teilweise der „Vorwurf“ gemacht, er habe eine aus der Luft gegriffene, **aufs Geratewohl** formulierte Beweisbehauptung aufgestellt und der Beweisantrag enthalte damit nur zum Schein und auch nur der äußeren Form nach eine Tatsachenbehauptung.[1945] In diesen Fällen soll kein Beweisan-

---

**1940** BayObLG, Beschl. v. 30.7.2002 – 1 St RR 71/2002 = NStZ 2003, 105, 106.

**1941** Zur Diskussion über ein solches Merkmal des Beweisantragsbegriffs vgl. SK-StPO/*Frister* § 244 StPO, Rn. 181 ff.; KK-*Krehl*, § 244 StPO Rn. 108; *Meyer-Goßner/Schmitt* § 244 StPO, Rn. 19.

**1942** BT-Drs. 19/14747 S. 34.

**1943** Vgl. *Dahs*, Revision, Rn. 334 mwN; *Alsberg/Dallmeyer*, Beweisantrag, Rn. 99 ff.

**1944** Hierzu *Gollwitzer* StV 1990, 420; *Herdegen*, in: Schriftenreihe Deutscher Anwaltverein, Bd. 9, S. 39 ff.; *Julius* MDR 1989, 116; *Krekeler*, in: Schriftenreihe Deutscher Anwaltverein, Bd. 9, S. 137 ff.; *Schwenn* StV 1981, 631; vgl. aus der Rechtsprechung etwa BGHR StPO § 244 Abs. 6 – Beweisantrag 8 mwN; zum Grundsatz, wonach der Antragsteller nicht vorab prüfen muss, ob ein Zeuge die in sein Wissen gestellte Tatsache, auch tatsächlich wahrgenommen hat und zum Konnexitätserfordernis KK-*Krehl* § 244 StPO, Rn. 83.

**1945** Vgl. zu dieser in der Rechtsprechung wiederholt verwendeten Formel etwa BGH, Beschl. v. 4.12.2012 – 4 StR 372/12 = StV 2013, 374 = NStZ 2013, 476; BGH, Beschl. v. 21.1.2009 – 1 StR 727/08 (insoweit in NStZ 2009, 405 und StV 2009, 695 nicht abgedruckt); BGH, Urt. v. 4.12.2008 – 1 StR 327/08 = NStZ 2009, 226 (Beweisantragsqualität bejaht); BGH, Beschl. v. 12.3.2008 – 2 StR 549/07 = StV 2008, 287 = NStZ 2008, 474 (Beweisantragsqualität bejaht); BGH, Urt. v. 13.6.2007

trag vorliegen. Nicht ohne Grund sind in neueren Entscheidungen jedoch Zweifel an dieser Rechtsprechung geäußert worden,[1946] bislang allerdings ohne dass sie förmlich aufgegeben worden wäre.[1947]

Dass nach der gesetzlichen Definition nunmehr ein Beweisantrag nur noch dann vorliegt, wenn ein Beweisverlangen „ernsthaft“ ist, darf nicht dazu führen, dass die berechtigten Einwände gegen die so begründete Einschränkung des Beweisantragsrechts in Vergessenheit geraten. Aus gutem Grund ist es dem Antragsteller gestattet, Beweisanträge schon dann zu stellen, wenn er nur für möglich hält, dass das Beweismittel die Beweisbehauptung bestätigen wird. Das trägt unter anderem dem Umstand Rechnung, dass der Verteidigung im deutschen Strafverfahren nur sehr begrenzte eigene Ermittlungsmöglichkeiten zur Verfügung stehen. Gewissheit darüber, ob z.B. ein Zeuge eine Beweistatsache wahrheitsgemäß bestätigen kann, wird sich regelmäßig nur dadurch erzielen lassen, dass der Zeuge von dem Antragsteller vernommen wird, bevor er den Beweisantrag stellt. Dies scheitert in der Praxis aber zumeist schon daran, dass kein Zeuge verpflichtet ist, sich der Befragung durch einen Verteidiger zu stellen. Geschieht dies im Einzelfall ausnahmsweise gleichwohl, werden die Ergebnisse solcher Vernehmungen von den Ermittlungsbehörden und den Gerichten in aller Regel mit größtem Misstrauen gewürdigt. Gegenüber den in dieser Weise begrenzten Möglichkeiten zu eigenen Ermittlungen ist die Rechtsprechung zum Beweisantragsrecht ein wichtiges Korrektiv. Sie darf nicht dadurch unterlaufen werden, dass nunmehr die Übernahme des Wortes „ernsthaft“ in den Gesetzestext als Einladung dazu missverstanden wird, missliebigen Anträgen durch ausdehnende Anwendung dieses Merkmals vorschnell die Beweisantragsqualität abzusprechen. Mit der Begründung, es fehle an der erforderlichen „Ernsthaftigkeit“ wird ein Beweisantrag allenfalls in extrem gelagerten Ausnahmefällen 832

– 4 StR 100/07 = StV 2007, 563 = NStZ 2008, 52; BGHR StPO § 244 Abs. 6 – Beweisantrag 2; BGHR StPO § 244 Abs. 6 – Beweisantrag 7; BGHR StPO § 244 Abs. 6 – Beweisantrag 8 mwN; BGHR StPO § 244 Abs. 6 – Beweisantrag 10; BGH, Beschl. v. 10.4.1992 – 3 StR 388/91 = NStZ 1992, 397, 398 (m. Anm. *Peters* NStZ 1993, 293); BGH, Beschl. v. 10.11.1992 – 5 StR 474/92 = NStZ 1993, 143 = BGHR StPO § 244 Abs. 6 – Beweisantrag 24; BGH, Beschl. v. 2.2.1993 – 5 StR 38/93 = NStZ 1993, 247 = BGHR StPO § 244 Abs. 6 – Beweisantrag 25.

**1946** S. hierzu BGH, Beschl. v. 19.9.2007 – 3 StR 354/07 = StV 2008, 9, 10 sowie BGH, Beschl. v. 20.7.2010 – 3 StR 218/10; BGH, Beschl. v. 27.9.2011 – 3 StR 296/11, Rn. 2; BGH, Beschl. v. 22.7.2010 – 3 StR 133/10; vgl. auch *Hadamitzky* StraFo 2012, 297, 300.

**1947** Vgl. hierzu BGH, Beschl. v. 6.4.2018 – 1 StR 88/18 = StraFo 2018, 433; BGH, Beschl. v. 3.11.2010 – 1 StR 497/10, Rn. 6 ff. = NStZ 2011, 169 = StV 2011, 207; BGH, Beschl. v. 11.4.2013 – 2 StR 504/12 = NStZ 2013, 536 = StV 2014, 264; BGH, Beschl. v. 4.12.2012 – 4 StR 372/12, Rn. 12 = NStZ 2013, 476 = StV 2013, 374; *Meyer-Goßner/Schmitt* § 244 StPO, Rn. 21d; LR-*Becker* § 244 StPO, Rn. 113.

abgelehnt werden können. Das darf aber keinesfalls schon dann angenommen werden, wenn für das Gericht nicht erkennbar ist, aus welcher Informationsquelle der Antragsteller sein Wissen oder auch nur seine Hoffnung auf das Gelingen des Beweises schöpft. Das Prinzip, wonach ein Beweisantrag auch dann gestellt werden kann, wenn der Antragsteller es nur für möglich hält, dass die Beweistatsache durch das Beweismittel bestätigt wird, muss auch nach der Gesetzesänderung gewahrt bleiben.[1948]

### cc) Die Ablehnung des Beweisantrages (§ 244 Abs. 6 StPO)

833 Wird einem Beweisantrag stattgegeben, kann dies in aller Regel dadurch geschehen, dass der Vorsitzende die beantragte Beweiserhebung anordnet. Soll ein Beweisantrag hingegen abgelehnt werden, ist nach § 244 Abs. 6 S. 1 StPO ein Beschluss erforderlich. Dieser Grundsatz galt seit dem Inkrafttreten der StPO unangefochten. Er war zusammen mit der vom Reichsgericht früh begründeten Pflicht, die Ablehnung zu begründen und den betreffenden Beschluss vor dem Ende der Beweisaufnahme zu verkünden,[1949] eine der Grundlagen dafür, dass sich das Beweisantragsrecht durch Richterrecht entwickeln konnte.[1950] In Abkehr hiervon hat der Gesetzgeber durch zwei Änderungen in den Jahren 2017 und 2019 die Regelung in § 244 Abs. 6 StPO stark umgestaltet und Ausnahmen von dem immer noch in Abs. 6 Satz 1 der neuen Gesetzesfassung enthaltenen Grundsatz zugelassen.

#### (1) Ablehnung durch Beschluss (§ 244 Abs. 6 S. 1 StPO)

834 Wenn ein Beweisantrag die in § 244 Abs. 3 Satz 1 StPO geregelten Voraussetzungen erfüllt, gilt das Beschlusserfordernis des § 244 Abs. 6 Satz 1 StPO: Er darf nur durch Beschluss abgelehnt werden. Aus der allgemeinen Begründungspflicht des § 34 StPO und der Funktion des Ablehnungsbeschlusses innerhalb des Beweisantragsrechts ergeben sich dabei zum Teil erhebliche Begründungsanforderungen.

835 Der Ablehnungsbeschluss muss stets deutlich erkennen lassen, welchen der im Gesetz aufgezählten **Ablehnungsgründe** das Gericht als gegeben ansieht.[1951] Welche inhaltlichen Anforderungen für die Beschlussbegründung gel-

---

**1948** So auch *Meyer-Goßner/Schmitt*, § 244 StPO, Rn. 21e.

**1949** Vgl. RGSt 1, 34 und RGSt 1, 170.

**1950** Vgl. dazu *Hamm/Pauly*, Beweisantragsrecht, Rn. 8.

**1951** BGH, Beschl. v. 7.9.1993 – 4 StR 498/93 = StV 1993, 622. Regelmäßig „nicht sachgerecht" ist es auch, den Beschluss auf mehrere Ablehnungsgründe zu stützen (BGH, Beschl. v. 7.11.2002 – 3 StR 216/02 = StV 2003, 150).

ten, hängt entscheidend davon ab, auf welchen der im Gesetz genannten Ablehnungsgründe das Gericht seine Entscheidung stützen will. Bei einzelnen Ablehnungsgründen („offenkundig“, „schon erwiesen“ und „Wahrunterstellung“) wird es regelmäßig genügen, den Gesetzestext anzuführen. Bei anderen hingegen („ohne Bedeutung“, „unerreichbar“, „ungeeignet“, „unzulässig“) wird dies in aller Regel nicht ausreichen.[1952] Im Ablehnungsbeschluss sind dann die rechtlichen und tatsächlichen Erwägungen darzulegen, auf die sich das Gericht stützt.[1953] Dies muss von dem Ziel getragen sein, dem Antragsteller noch vor dem Abschluss der Beweisaufnahme Gelegenheit zu geben, sich mit dem Standpunkt des Gerichts auseinanderzusetzen und sich auf die durch den Ablehnungsbeschluss entstandene Prozesslage einzustellen.[1954] Der Antragsteller muss hierdurch die Möglichkeit erhalten, sich bei der Verfolgung seiner Rechte nach der Begründung zu richten, insbesondere anderweitige Antrags- und Argumentationsmöglichkeiten wahrzunehmen.[1955]

Die Beschlussgründe dürfen nicht im Urteil „nachgebessert“ werden,[1956] 836
denn die im Urteil erteilte oder nachgeschobene Begründung vermag die genannten Funktionen des Ablehnungsbeschlusses nicht zu erfüllen.[1957] Das Gericht kann zwar den Ablehnungsbeschluss in der Hauptverhandlung, vor allem in der Urteilsberatung, erneut prüfen und gegebenenfalls die Ablehnungsgründe ändern oder ergänzen. Hierüber müssen aber die Prozessbeteiligten vor dem Schluss der Beweisaufnahme – notfalls unter Wiedereröffnung einer bereits geschlossenen Verhandlung – durch einen mit Gründen versehenen Beschluss unterrichtet werden.[1958] Das Unterlassen dieser Unterrichtung steht der unge-

**1952** Vgl. hierzu auch *Dahs*, Revision, Rn. 343; *Hamm/Pauly*, Beweisantragsrecht, Rn. 287.

**1953** Vgl. *Meyer-Goßner/Schmitt* § 244 StPO, Rn. 85.

**1954** Vgl. KK-*Krehl* § 244 StPO, Rn. 119 mwN.

**1955** Vgl. BGH, Beschl. v. 29.4.2010 – 1 StR 644/09 = StV 2010, 556 = StraFo 2010, 341; BGH, Beschl. v. 19.1.2010 – 3 StR 451/09, Rn. 9 = NStZ-RR 2010, 181 = StraFo 2010, 154; BGHSt 19, 24, 26 = NJW 1963, 1788; BGHSt 29, 149, 152 = NJW 1980, 1533; BGH, Urt. v. 16.1.1990 – 1 StR 676/89 = StV 1990, 246 = BGHR § 244 Abs. 3 Satz 2 – Bedeutungslosigkeit 9 mwN; BGH, Urt. v. 19.3.1991 – 1 StR 99/91 = BGHR StPO § 244 Abs. 3 Satz 2 – Ungeeignetheit 10.

**1956** SK-StPO/*Frister* § 244 StPO, Rn. 71 mwN.; BGHSt 19, 24, 26 = NJW 1963, 1788; BGHSt 29, 149, 152 = NJW 1980, 1533, 1534; BGH NStZ 1981, 96 (bei *Pfeiffer*); BGH NStZ 1984, 565; BGH, Urt. v. 16.1.1990 – 1 StR 676/89 = StV 1990, 246 = BGHR § 244 Abs. 3 Satz 2 – Bedeutungslosigkeit 9 mwN; BGH, Beschl. v. 27.3.1990 – 1 StR 13/90 = BGHR StPO § 244 Abs. 3 Satz 2 – Bedeutungslosigkeit 11.

**1957** So auch KK-*Krehl* § 244 StPO, Rn. 121 mwN.

**1958** Dazu *Niemöller* FS Hamm, S. 537; vgl. auch *Alsberg/Güntge*, Beweisantrag, Rn. 1462; KK-*Krehl* § 244 StPO, Rn. 122; *Schlothauer* StV 1986, 227; BGHSt 32, 44, 47 = NJW 1984, 2228 = JR 1984, 171 (m. abl. Anm. *Meyer*).

rechtfertigten Ablehnung eines Antrages gleich.[1959] Die Notwendigkeit einer solchen Unterrichtung folgt schon aus dem **Dialogcharakter** des Antrag-Beschluss-Prozesses. Bestätigt wird dieser letztlich auch aus dem Anspruch auf ein faires Verfahren abzuleitende Grundsatz nunmehr durch die Regelung in § 265 Abs. 2 Nr. 2 StPO[1960].

837 Die **Verkündung** eines Beschlusses ist formalisiert. Deshalb ist z.B. die im Hauptverhandlungsprotokoll niedergelegte Bemerkung des Vorsitzenden, die Strafkammer halte einen Zeugen für unerreichbar, zu Recht vom Bundesgerichtshof nicht als die Verkündung eines Gerichtsbeschlusses bewertet worden.[1961] Nach h.M. hat der Antragsteller keinen Anspruch darauf, dass über einen gestellten Beweisantrag alsbald entschieden wird.[1962] Das Gericht hat insoweit ein Ermessen und kann die Bescheidung der gestellten Anträge auch zunächst zurückstellen. Es wäre aber ein Missverständnis dieses Entscheidungsspielraums, wenn ein Gericht zum Mittel der in Abs. 6 geregelten Fristsetzung greifen würde, noch bevor es über sämtliche Beweisanträge entschieden hat. Auch darf die Entscheidung nicht so lange zurückgestellt werden, bis der Antragsteller keine Möglichkeit mehr hat, die Ablehnungsgründe noch zu widerlegen oder neue Anträge in der Hauptverhandlung zu stellen.[1963] Insbesondere darf die Verzögerung nicht dazu führen, dass die Verteidigung behindert oder erheblich erschwert wird.

838 In den Fällen **mangelhafter Beweisanträge** hat das Gericht die Pflicht, auf von ihm gesehene Widersprüche und Unklarheiten hinzuweisen. Es muss den Sinn eines unklaren Beweisantrages durch Befragung des Antragstellers klären und hat auf die Präzisierung (Substantiierung) eines dem Bestimmtheitserfordernis nicht genügenden Beweisantrages hinzuwirken.[1964] So ist der Tatrichter etwa verpflichtet, auf die Notwendigkeit einer bestimmten Fassung des Antrags aufmerksam zu machen, wenn er beabsichtigt, einen Hilfsbeweisantrag im

---

**1959** *Meyer-Goßner/Schmitt* § 244 StPO, Rn. 91 mwN; KK-*Krehl* § 244 StPO, Rn. 122.

**1960** In der Fassung des Gesetzes vom 17.8.2017 (BGBl. 2017 I, S. 3202). S. dazu unten Rn. 1470.

**1961** BGH StV 1983, 441 = NStZ 1983, 568. Vgl. auch BGH, Beschl. v. 5.12.2019 – 1 StR 517/19 = StraFo 2020, 112 (Verlesung eines Vermerks, aus dem sich ergab, dass eine Zeugin nicht geladen werden konnte).

**1962** BGH, Beschl. v. 17.11.2010 – 1 StR 145/10 = NStZ 2011, 168; vgl. auch LR-*Becker* § 244 StPO, Rn. 133 *Alsberg/Güntge* Rn. 1447; *Sarstedt* DAR 1964, 307, 310.

**1963** MüKo-StPO/*Trüg/Habetha* § 244 StPO, Rn. 182; *Alsberg/Güntge*, Beweisantrag, Rn. 1447.

**1964** KK-*Krehl* § 244 StPO, Rn. 78; LR-*Becker* § 244 StPO, Rn. 115 ff.; *Alsberg/Güntge*, Beweisantrag, Rn. 744 ff.; RGSt 13, 316, 318; BGHSt 1, 137, 138 = NJW 1951, 573; BGH DAR 1980, 205; einschränkend, BGH NStZ 1985, 205 (bei *Pfeiffer/Miebach*) und BGH StV 1989, 465 (m. abl. Anm. *Schlothauer*.

Urteil mangels Bestimmtheit des Beweisthemas abzulehnen.[1965] Geht der Antragsteller entgegen der Einschätzung des Gerichts, das den Antrag als Beweisermittlungsantrag einstufen will, aber für dieses erkennbar, davon aus, er habe einen zulässigen und mangelfreien Beweisantrag gestellt, so muss das Gericht auf seine abweichende Ansicht hinweisen, damit der Antragsteller Gelegenheit erhält, seine Verteidigung entsprechend einzurichten. Auch nach der Gesetzesänderung im Jahr 2019 kann es ein beachtlicher Verfahrensfehler sein, wenn das Gericht seine Fürsorgepflicht verletzt.[1966]

#### (2) Verschleppungsabsicht (§ 244 Abs. 6 S. 2 StPO)

Eine wesentliche – systemwidrige und sachlich nicht gerechtfertigte – Änderung **839**
hat das Beweisantragsrecht im Jahr 2019 dadurch erfahren, dass Anträge, die nach Ansicht des Gerichts in Verschleppungsabsicht gestellt werden, fortan nicht mehr als Beweisanträge gelten sollen.[1967] Für sie soll damit das in § 244 Abs. 6 S. 1 StPO geregelte Beschlusserfordernis entfallen. Wie sich aus den Gesetzesmaterialien ergibt, war damit ausdrücklich eine Abkehr von der bisherigen Rechtslage beabsichtigt. Ab sofort soll der Vorsitzende im Rahmen seiner Sachleitungsbefugnis alleine darüber entscheiden können, ob die Voraussetzungen der Verschleppungsabsicht vorliegen.[1968] Bejaht er dies, indem er zu erkennen gibt, dass er schon deshalb die beantragte Beweiserhebung nicht veranlassen wird, kann ein Gerichtsbeschluss nach § 238 Abs. 2 StPO herbeigeführt werden.[1969]

Erstmals wurden durch das „Gesetz zur Modernisierung des Strafverfah- **840**
rens“[1970] damit Anträge, die in Verschleppungsabsicht gestellt wurden, herabgestuft. Das verträgt sich aber schon nicht mit dem in § 246 Abs. 1 StPO geregelten Verbot einer Zurückweisung von Beweisanträgen wegen verspäteter Antragstellung. Aus gutem Grund durfte es bislang nicht einmal als Indiz gegen den Wahrheitsgehalt der Beweisbehauptung nach deren Bestätigung durch das benannte Beweismittel gewertet werden, dass der Angeklagte den Antrag zu seiner Entlastung nicht früher gestellt hat.[1971] Eine solche gegen die Autonomie des

**1965** Vgl. hierzu *Schlothauer* StV 1986, 227.
**1966** Vgl. hierzu allgemein BGH, Urt. v. 1.8.1989 – 1 StR 346/89 = NStE § 244 StPO Nr. 84.
**1967** BT-Drs. 19/14747 S. 34; zur Diskussion darüber, ob in Verschleppungsabsicht gestellte Anträge als „Scheinbeweisanträge“ zu werten sind, vgl. *Alsberg/Güntge*, Beweisantrag, Rn. 1251; SK-StPO/*Frister* § 244 StPO, Rn. 50, 181.
**1968** BT-Drs. 19/14747, S. 34; *Meyer-Goßner/Schmitt* § 244 StPO, Rn. 93f.
**1969** BT-Drs. 19/14747, S. 34; *Meyer-Goßner/Schmitt* § 244 StPO, Rn. 93f.
**1970** BGBl. 2019 I, 2121; hierzu: *Schork* NJW 2020, 1.
**1971** Vgl. BGH StV 1988, 286 = BGHR StPO § 261 Überzeugungsbildung 8.

Angeklagten gerichtete Beweiswürdigung darf auch nicht ersetzt werden durch die Unterstellung, das späte Vorbringen sei allein von der Absicht getragen, den Prozess in die Länge zu ziehen und die hierauf gestützte Anwendung von § 244 Abs. 6 S. 2 StPO.

841 Die Herabstufung von Beweisanträgen mit der Begründung, sie seien in Verschleppungsabsicht gestellt worden, zu nicht bescheidungsbedürftigen „Nicht-Beweisanträgen" widerspricht ferner dem Gedanken einer Kodifizierung des Beweisantragsbegriffs. Dass ein Antrag, der die Voraussetzungen der Begriffsbestimmung erfüllt (also auch ein „ernsthaftes" Beweisverlangen enthält), allein deshalb kein prozessrechtlich „vollwertiger" Antrag sein soll, weil der Antragsteller mit der Antragstellung eine Verzögerungsabsicht verbindet,[1972] ist nicht folgerichtig.[1973] Nach der bisher h.M. wurden auch Anträge, die in Verschleppungsabsicht gestellt wurden, als Beweisanträge angesehen und ihre Bescheidung damit der formellen Regelung des früheren Abs. 6 unterworfen.[1974] Mit der Neuregelung im Jahr 2019 hat sich der Gesetzgeber hiervon gelöst. Ein sachlicher Grund für eine solche Änderung bestand aber umso weniger, nachdem durch die Aufnahme des Merkmals der „Ernstlichkeit" in die in Abs. 3 Satz 1 enthaltene Begriffsdefinition jedenfalls ein Teil der Anträge, mit denen nicht das Ziel der Sachverhaltsaufklärung verfolgt wird, ohnehin aus dem Anwendungsbereich des Beschlusserfordernisses (§ 244 Abs. 6 S. 1 StPO) herausgenommen wurde. Indem daneben durch die Neuregelung in § 244 Abs. 6 S. 2 StPO noch weiteren Anträgen die Beweisantragsqualität abgesprochen wurde, hat der Gesetzgeber das Beweisantragsrecht in ungerechtfertigter Weise beschränkt.

842 Dass die mit dem Ziel der vereinfachten Ablehnung missbräuchlich gestellter Anträge getroffene Neuregelung zu einer nennenswerten Beschleunigung führen wird, ist im Übrigen nicht wahrscheinlich. Schon aus dem Anspruch auf ein faires Verfahren folgt, dass in der Hauptverhandlung ein Hinweis ergehen muss, wenn einem als Beweisantrag gestellten Antrag nicht nachgegangen wird, weil er nach Ansicht des Vorsitzenden in Verschleppungsabsicht gestellt

---

**1972** Zur Frage, inwieweit ein Prozessbeteiligter, der das Recht auf Stellung eines Beweisantrages dazu benutzt, das Verfahren zu verzögern (oder zu anderen „unlauteren" Zwecken) in Wirklichkeit keinen Beweisantrag, sondern einen Scheinbeweisantrag stellt, vgl. die Nachweise bei KK-*Krehl* § 244 StPO, Rn. 108. Vgl. hierzu auch *Thole*, Der Scheinbeweisantrag im Strafprozess.

**1973** Vgl. *Alsberg/Güntge*, Beweisantrag, Rn. 1251; SK-StPO/*Frister* § 244 StPO, Rn. 50, 181. S. hierzu auch *Meyer-Goßner/Schmitt* § 244 StPO, Rn. 93g.

**1974** Vgl. allgemein zum Ablehnungsgrund der Verschleppungsabsicht nach § 244 Abs. 3 StPO a.F.: KK-*Krehl* § 244 StPO, Rn. 175 ff.; *Alsberg/Güntge*, Beweisantrag, Rn. 1237 ff.

wurde. Das wird im Übrigen auch in den Gesetzesmaterialien nicht generell in Frage gestellt.[1975] Dass in der Praxis Fälle häufig auftreten, in denen zwar zunächst ein solcher Hinweis durch den Vorsitzenden ergeht, der Antragsteller dann aber davon absieht, gerichtliche Entscheidung nach § 238 Abs. 2 StPO zu beantragen, ist nicht sehr wahrscheinlich. Bei einem solchen Ablauf führt die neue Regelung im Ergebnis aber nicht zu einer Vereinfachung, sondern eher zu einer Verkomplizierung des Verfahrens.

Unabhängig davon hat das Gesetz zur Modernisierung des Strafverfahrens 843
die Rechtslage aber noch in einem weiteren Punkt verändert. Wie sich aus den Gesetzesmaterialien ergibt, soll es im Rahmen der Anwendung von § 244 Abs. 6 S. 2 StPO nur noch auf die subjektive **Absicht des Antragstellers** ankommen.[1976] Soweit nach der Rechtsprechung der bisher in Absatz 3 enthaltene Ablehnungsgrund der Verschleppungsabsicht nur anwendbar war, wenn die beantragte Beweiserhebung das Verfahren „wesentlich" oder „erheblich" verzögerte, soll dies nach der neuen Gesetzesfassung nicht mehr erforderlich sein.[1977] Dass durch die neuere Rechtsprechung des BGH die Anforderungen an dieses Kriterium ohnehin bereits herabgesetzt waren, bzw. noch weiter herabgesetzt werden sollten,[1978] findet dabei in den Gesetzesmaterialien keine Erwähnung. Mit der Gesetzesänderung blieben zugleich die in der Literatur gegen diese Form der „Verwässerung" der jahrzehntelang praktizierten Rechtsprechung erhobenen Einwände[1979] ungehört.[1980]

Die verstärkte Subjektivierung kommt in § 244 Abs. 6 S. 2 StPO nunmehr 844
dadurch zum Ausdruck, dass ein Antrag schon dann abgelehnt werden kann, „wenn die beantragte Beweiserhebung nichts Sachdienliches zu Gunsten des Antragstellers erbringen kann, der Antragsteller sich dessen bewusst ist und er

**1975** BT-Drs. 19/14747, S. 34; vgl. hierzu auch OLG Oldenburg, Beschl. v. 6.6.2020 – 1 Ss 90/20 = StraFo 2020, 374.

**1976** BT-Drs. 19/14747, S. 34/35; *Meyer-Goßner/Schmitt*, § 244 StPO Rn. 93b.

**1977** BT-Drs. 19/14747, S. 34/35.

**1978** BGH, Beschl. v. 9.5.2007 – 1 StR 32/07 = BGHSt 51, 333 = NJW 2007, 2501 = NStZ 2007, 659 (m. Anm. *Niemöller* NStZ 2008, 181) = StV 2007, 454; BGH, Beschl. v. 23.9.2008 – 1 StR 484/08 = BGHSt 52, 355, 359 (hierzu: BVerfG, Beschl. v. 6.10.2009 – 2 BvR 2580/08 = NJW 2010, 592 = StV 2010, 113; *F. Knauer* JR 2011, 359). S. auch BGH, Beschl. v. 19.9.2007 – 3 StR 354/07 = StV 2008, 9; BGH, Beschl. v. 20.7.2011 – 3 StR 44/11, Rn. 9 = NJW 2011, 2821 = StV 2011, 646. Vgl. aber auch: BGH, Beschl. v. 18.9.2008 – 4 StR 353/08 = StV 2009, 5 = NStZ-RR 2009, 21 und BGH, Beschl. v. 28.10.2010 – 4 StR 359/10 = StV 2011, 397 = NStZ 2011, 230.

**1979** Ablehnend zur Änderung der Rechtsprechung: KK-*Krehl* § 244 StPO, Rn. 178; *Holz* GA 2016, 653; *Beulke* NStZ 2008, 300; *Ruhmannseder* NStZ 2008, 300; *Michalke* StV 2008, 228.

**1980** Für eine Subjektivierung des in § 244 Abs. 3 StPO a.F. enthaltenen Ablehnungsgrundes der Verschleppungsabsicht: *Niemöller* NStZ 2008, 181, 183 und *ders.* NStZ 2009, 129.

die Verschleppung des Verfahrens bezweckt". Dass er zugleich andere verfahrensfremde Ziele verfolgt, soll die Bewertung seiner Motive als „Verschleppungsabsicht" nicht hindern. Auch nach der neuen Gesetzeslage müssen damit aber mehrere Voraussetzungen erfüllt sein, bevor ein Antrag nach § 244 Abs. 6 S. 2 StPO zurückgewiesen werden kann. Es liegt auf der Hand, dass sich die Auslegung dieses Teils der gesetzlichen Regelung an der bisherigen Rechtsprechung zu § 244 Abs. 3 StPO orientieren sollte.

845 So muss insbesondere – wie bisher – feststehen, dass der **Beweisantrag** zugunsten des Antragstellers **nichts Sachdienliches erbringen** wird.[1981] Dies muss nach der Neuregelung zur Überzeugung des Vorsitzenden feststehen. Inhaltlich können dabei keine anderen Voraussetzungen gelten als bisher im Rahmen von § 244 Abs. 3 StPO a.F. Dementsprechend kann es nicht genügen, wenn es nur „völlig unwahrscheinlich" ist, dass die Beweiserhebung etwas zu Gunsten des Angeklagten erbringen wird.[1982] Dem Antragsteller muss die Aussichtslosigkeit seines Antrages bewusst sein. Schließlich muss auch feststehen, dass der Beweisantragsteller die **Absicht** verfolgt, **das Verfahren zu verzögern.**[1983] Schon weil es damit für die prozessrechtliche Herabstufung eines gestellten Antrages maßgeblich auf ein subjektives Kriterium ankommt, muss von den Gerichten erwartet werden, dass sie über das Vorliegen dieses Merkmals nicht anhand einzelner Indizien, sondern auf Grund einer Gesamtwürdigung des Verhaltens des Antragstellers und der bei der Antragstellung erreichten Prozesssituation entscheiden.[1984] Dass nach den Gesetzesmaterialien der Nachweis einer objektiven Verzögerungswirkung nicht mehr erforderlich sein soll, kann die Anforderungen an die gerichtlichen Entscheidungen nicht wesent-

---

**1981** BGH, Beschl. 28.6.2016 – 3 StR 46/16 = StraFo 2016, 384; BGH, Beschl. v. 28.10.2010 – 4 StR 359/10 = StV 2011, 397 = NStZ 2011, 230; BGH, Beschl. v. 18.9.2008 – 4 StR 353/08 = StV 2009, 5 = NStZ-RR 2009, 21; BGH, Beschl. v. 16.6.2004 – 1 StR 214/04 = NStZ 2005, 45; BGH StV 1998, 4 = NStZ 1998, 207 m. Anm. *Sander;* BGH, Beschl. v. 22.3.1994 – 5 StR 8/94 = StV 1994, 635 m. Anm. *Eckart Müller.*

**1982** BGH, Beschl. 28.6.2016 – 3 StR 46/16 = StraFo 2016, 384; vgl. zur Thematik auch *Holz* GA 2016, 639; vgl. zur Auslegung dieses Merkmals auch *Meyer-Goßner/Schmitt* § 244 StPO, Rn. 93a.

**1983** *Meyer-Goßner/Schmitt* § 244 StPO, Rn. 93c mwN; KK-*Krehl* § 244 StPO, Rn. 179; *Alsberg/Güntge*, Beweisantrag, Rn. 1241 ff.; *Schweckendieck* NStZ 1991, 109; BGH, Beschl. v. 18.9.2008 – 4 StR 353/08 = StV 2009, 5; BGH, Beschl. v. 21.8.1997 – 5 StR 312/97 = StV 1998, 4; BGH, Urt. v. 7.11.1991 – 4 StR 252/91 = BGHSt 38, 111; BGHSt 29, 149, 151; BGHSt 21, 118; BGH, Urt. v. 15.2.1990 – 4 StR 658/89 = NStZ 1990, 350 m. Anm. *Wendisch*; BGHR § 244 Abs. 3 Satz 2 – Prozessverschleppung 6; BGH, Urt. v. 8.7.1992 – 3 StR 2/92 = StV 1992, 501 = NJW 1992, 2711.

**1984** Zu den Anforderungen im Rahmen der früheren Fassung des § 244 Abs. 3 StPO vgl. LR-*Becker* § 244 StPO Rn. 270; KK-*Krehl*, § 244 StPO, Rn. 179; *Hamm/Pauly*, Beweisantragsrecht, Rn. 369.

lich reduzieren. Ebenso wie sonst, wenn es – insbesondere im materiellen Recht – um den Nachweis subjektiver Tatsachen geht, wird den objektiven Verhältnissen erheblicher Beweiswert zukommen. Führt eine Beweiserhebung nur zu einer geringen Verzögerung (etwa weil eine beantragte Verlesung in wenigen Minuten durchführbar ist oder weil sich der Zeuge, dessen Vernehmung beantragt wurde, im Gerichtssaal befindet), dann wird regelmäßig wenig dafür sprechen, dass gerade diese Beweiserhebung das Ziel hatte, das Verfahren zu verzögern.[1985] Die Überzeugung des Gerichts vom Vorliegen der Verschleppungsabsicht braucht – wie jede Überzeugung zu subjektiven Merkmalen – eine objektive Grundlage. Der Antwort auf die Frage, ob ein Antrag eine verzögernde Wirkung hat (und wenn ja: wie groß sie ist), wird daher häufig hohe indizielle Bedeutung für das Vorliegen der Verzögerungsabsicht zukommen. Eine Auslegung des § 244 Abs. 6 S. 2 StPO, die diesem objektiven Umstand von vornherein keine Bedeutung mehr beimisst, würde rechtsstaatlichen Anforderungen nicht genügen.

Wie bisher muss dabei auch für die Anwendbarkeit des neuen Abs. 6 S. 2 die 846
**Absicht des Antragstellers** entscheidend sein.[1986] Ist ein Antrag durch den Verteidiger gestellt, kommt es auf dessen Absicht an,[1987] sofern er nicht die Verantwortung für die Antragstellung ablehnt[1988] oder sich von dem Angeklagten ersichtlich als Werkzeug missbrauchen lässt.[1989] Die Verschleppungsabsicht des Verteidigers darf dabei schon im Hinblick auf dessen berufsrechtliche Bindung und Aufgabe nur ausnahmsweise und allenfalls beim Vorliegen konkreter Hinweise angenommen werden.[1990] Sie darf nicht daraus hergeleitet werden, dass er entsprechend seiner Berufspflicht über seine Informationsquellen schweigt.

Da das Gesetz dem Angeklagten ein eigenes Beweisantragsrecht einräumt, 847
darf auch die Tatsache, dass der Verteidiger sich den von seinem Mandanten

---

**1985** Vgl. *Meyer-Goßner/Schmitt* § 244 StPO, Rn. 93b.

**1986** *Meyer-Goßner/Schmitt* § 244 StPO, Rn. 93e; KK-*Krehl* § 244 StPO, Rn. 179 f.; *Hamm/Pauly*, Beweisantragsrecht, Rn. 374.

**1987** *Meyer-Goßner/Schmitt* § 244 StPO, Rn. 93c mwN; *Alsberg/Güntge*, Beweisantrag, Rn. 1261 f.; *Dahs*, Revision, Rn. 352; BGHSt 21, 118, 121; BGH, Urt. v. 8.7.1992 – 3 StR 2/92 = StV 1992, 501 = NJW 1992, 2711.

**1988** BGH GA 1968, 19; OLG Karlsruhe Justiz 1976, 440.

**1989** KK-*Krehl* § 244 StPO, Rn. 179; *Meyer-Goßner/Schmitt* § 244 StPO, Rn. 93c; BGH NJW 1953, 1314; BGH NJW 1969, 281, 282; BGH StV 1984, 494 = NStZ 1984, 466 = JR 1985, 35 m. Anm. *Meyer*; BGH, Beschl. v. 17.12.1992 – 1 StR 714/92 = BGHR StPO § 244 Abs. 3 Satz 2 – Prozessverschleppung 8.

**1990** *Dahs*, Revision, Rn. 352; *Sarstedt* DAR 1964, 307, 313; OLG Köln JR 1954, 68, 69; OLG Köln VRS 24, 217, 218; a.A. *Alsberg/Güntge*, Beweisantrag, Rn. 1263 mwN; *Meyer* JR 1983, 37.

selbst gestellten Beweisantrag nicht zu eigen gemacht hat, nicht dahin gedeutet werden, dieser verfolge damit sachfremde Zwecke. Das bloße **Schweigen des Verteidigers** zu einem von seinem Mandanten gestellten Beweisantrag besagt über die Ernsthaftigkeit des Beweisantrages jedenfalls nichts.[1991]

848 Wie bisher, darf die Verzögerungsabsicht nicht allein aus dem späten Zeitpunkt der Antragstellung hergeleitet werden.[1992] Ein Beweisantrag durfte nach bisheriger Rechtslage nicht allein deshalb wegen Verschleppungsabsicht zurückgewiesen werden, weil er **verspätet** gestellt worden war.[1993] Allenfalls in Ausnahmefällen kann die „verspätete" Stellung eines Beweisantrages bei einer dem Angeklagten seit langer Zeit bekannten erdrückenden Beweislage für eine Verschleppungsabsicht sprechen, ohne dass dies an seiner grundsätzlich gegebenen Freiheit, sich passiv zu verteidigen, etwas ändern darf.[1994]

849 Wurde ein Beweisantrag nach früherer Gesetzeslage mit der Begründung abgelehnt, er sei in Verschleppungsabsicht gestellt, dann galten für den Ablehnungsbeschluss erhebliche **Begründungsanforderungen**. In dem Beschluss waren die für eine Verschleppungsabsicht sprechenden Tatsachen so vollständig darzulegen, dass der Antragsteller sein weiteres Prozessverhalten danach einrichten[1995] und das Revisionsgericht die rechtlichen Grundlagen nachprüfen konnte.[1996] Aus dem Beschluss musste sich ferner ergeben, aus welchen Gründen das Gericht davon überzeugt war, dass die Beweiserhebung nichts zu Gunsten des Angeklagten erbringen werde.[1997]

850 Es besteht kein Anlass, diese Begründungsanforderungen bei Entscheidungen nach der neuen Gesetzeslage wesentlich herabzusetzen. Da der Rückgriff auf die Verschleppungsabsicht erst in Betracht kommt, wenn feststeht, dass die beantragte Beweiserhebung kein für den Antragsteller günstiges Ergebnis haben wird, muss sich der Vorsitzende schon in seiner Verfügung hierzu äußern. Wird die Verfügung gemäß § 238 Abs. 2 StPO beanstandet, muss der nachfol-

---

**1991** *Hamm*, Formularbuch, IX.D.4; *Michalke* StV 1989, 237.

**1992** KK-*Krehl* § 244 StPO, Rn. 179 mwN; *Alsberg/Güntge*, Beweisantrag, Rn. 1261.

**1993** KK-*Krehl* § 244 StPO, Rn. 180; BGHSt 21, 118, 123; BGH NStZ 1982, 41; BGH NStZ 1984, 230.

**1994** *Meyer-Goßner/Schmitt* § 244 StPO, Rn. 93e; zur sog. „Fristenlösung" des 1. Strafsenats s. unten Rn. 851; vgl. ergänzend auch BGH, Urt. v. 11.6.1986 – 3 StR 10/86 = BGHR StPO § 244 Abs. 3 Satz 2 – Prozessverschleppung 1; BGH, Urt. v. 15.2.1990 – 4 StR 658/89 = NStZ 1990, 350; hierzu: *Wendisch* StV 1990, 391; *Strate* NJW 1990, 1307.

**1995** BGHSt 1, 32; BGH, Beschl. v. 22.3.1994 – 5 StR 8/94 = StV 1994, 635 m. Anm. *Eckart Müller*.

**1996** Vgl. KK-*Krehl* § 244 StPO, Rn. 182; *Alsberg/Güntge*, Beweisantrag, Rn. 1442.

**1997** KK-*Krehl* § 244 StPO, Rn. 182; BGH, Beschl. v. 18.9.2008 – 4 StR 353/08 = BGH StV 2009, 5; vgl. zur Thematik auch *Holz* GA 2016, 639.

gende Beschluss denselben Begründungsanforderungen genügen wie schon bisher die Beschlüsse, durch die ein Antrag nach § 244 Abs. 3 StPO a.F. abgelehnt wurde.[1998] Soweit Abs. 6 S. 2 StPO auf die subjektive Absicht des Antragstellers abstellt (und nicht mehr den Nachweis einer objektiven Verzögerungswirkung erfordert), muss ein Beschluss, der sich hierauf stützt, konkrete Tatsachen benennen, die dafür sprechen, dass der Antragsteller mit dieser Absicht handelt.[1999] Wird § 244 Abs. 6 S. 2 StPO zur Ablehnung eines Antrages herangezogen, muss der Antragsteller Gelegenheit erhalten, den hiermit verbundenen Vorwurf zu entkräften und die tatrichterliche Entscheidung einer revisionsgerichtlichen Prüfung zuzuführen. Beides ist nur möglich, wenn dem nach § 238 Abs. 2 StPO zuständigen Spruchkörper in solchen Fällen eine Pflicht zur Begründung seiner Entscheidungen obliegt, die in ihren Anforderungen an die Tatsachenfundiertheit und Stringenz nicht hinter den bisherigen Begründungsanforderungen für den Zurückweisungsgrund der Verschleppungsabsicht zurückbleibt.

### (3) „Fristenlösung" (§ 244 Abs 6 S. 3–5 StPO)

Neben der durch das Gesetz zur Modernisierung des Strafverfahrens einge- 851
führten Änderung im Zusammenhang mit dem Merkmal der „Verschleppungsabsicht" hat der Gesetzgeber die ca. zwei Jahre zuvor eingeführte „Fristenlösung" weiterhin beibehalten.[2000] Sie geht auf Rechtsprechung des BGH zurück, entspricht ihr aber nicht vollständig. Mit Beschluss vom 23.9.2008 hatte der 1. Strafsenat des BGH ein Konzept entwickelt, nach dem aus der Überschreitung einer durch den Vorsitzenden gesetzten Frist ein Indiz für die Verschleppungsabsicht abgeleitet werden durfte.[2001] Ein wesentlicher Einwand gegen diese **„Fristenlösung"** lag darin, dass sich unmittelbar weder aus § 238 Abs. 1 StPO noch aus § 244 Abs. 3 StPO a.F. eine Rechtsgrundlage für eine Fristsetzung ergab. Daneben ist der Gegensatz zu dem in § 246 Abs. 1 StPO geregelten Prinzip offenkundig.[2002]

---

**1998** Vgl. *Meyer-Goßner/Schmitt* § 244 StPO, Rn. 93h.

**1999** Vgl. zu den Begründungsanforderungen auch *Meyer-Goßner/Schmitt* § 244 StPO, Rn. 103a.

**2000** Vgl. hierzu: *Meyer-Goßner/Schmitt* § 244 StPO, Rn. 94 und 95a.

**2001** BGH, Beschl. v. 23.9.2008 – 1 StR 484/08 = BGHSt 52, 355 = NJW 2009, 605 = NStZ 2009, 169 = StV 2009, 64. Vgl. hierzu auch BGH, Urt. v. 9.7.2009 – 5 StR 263/08, Rn. 29 = StV 2009, 581, 582.

**2002** Vgl. zur Kritik an der „Fristenlösung": *Jahn* StV 2009, 663; *König* StV 2009, 171; *Tepperwien* FS Widmaier, S. 589; *Kempf* StraFo 2010, 316; *Müller* FS I. Roxin, S. 649; *Kempf* FS Hassemer, S. 1046 ff.; *Trüg* StV 2010, 528, 535; *Hamm* FS Hassemer, S. 1017.

852 Die im Jahr 2017 Gesetz gewordene Fassung[2003] lehnt sich an das Konzept des 1. Strafsenats an, enthält aber eine hiervon unabhängige, eigenstänige Regelung.[2004] Danach entfällt bei einer Überschreitung der Frist das Erfordernis, durch in der Hauptverhandlung verkündeten Beschluss über einen Beweisantrag zu entscheiden. Schon weil damit eine das Verfahren verkürzende Verfahrensweise im Gesetz vorgesehen ist, wird die Überschreitung einer nach § 244 Abs. 6 S. 3 StPO gesetzten Frist nicht als Indiz für die Absicht der Prozessverschleppung i.S.v. § 244 Abs. 6 S. 2 StPO gewertet werden können.[2005] Wer – durch eine nicht näher begründete – Überschreitung der gerichtlichen Frist in Kauf nimmt, dass über seinen Antrag erst im Urteil entschieden wird, der wird regelmäßig nicht in der Absicht handeln, das Verfahren zu verschleppen.

853 Auch die neu geschaffene Kompetenz zur Fristsetzung hat im Übrigen nichts an dem in § 246 Abs. 1 StPO geregelten Grundsatz geändert. Nach der Rechtsprechung des Bundesgerichtshofs[2006] ist das Gericht gem. **§ 246 Abs. 1 StPO** grundsätzlich verpflichtet, bis zum Beginn der Urteilsverkündung Beweisanträge entgegenzunehmen. Dementsprechend stellt es einen Verstoß gegen das Verfahrensrecht dar, wenn es der Vorsitzende ablehnt, dem Verteidiger vor der Urteilsverkündung das Wort zu erteilen, damit er einen angekündigten Beweisantrag stellen kann. Zum Gegenstand der Revision kann ein solcher Verfahrensverstoß aber in der Regel nur werden, wenn der Verteidiger gegen die Erklärung des Vorsitzenden, er nehme Anträge nicht mehr entgegen, eine Entscheidung des Gerichts nach § 238 Abs. 2 StPO herbeigeführt hat.[2007]

854 Durch die Regelung in § 244 Abs. 6 S. 3–5 StPO hat das Gericht die Möglichkeit erhalten, gestellte Beweisanträge unter bestimmten Voraussetzungen erst in den Urteilsgründen zu bescheiden.[2008] Das kommt nur in Betracht, wenn das Gericht erklärt hat, es wolle keine weiteren Beweise mehr erheben und sodann

---

**2003** Gesetz zur effektiveren und praxistauglicheren Ausgestaltung des Strafverfahrens vom 17.8.2017 (BGBl. 2017 I, 3202); siehe hierzu BT-Drs. 18/11277.

**2004** Vgl. hierzu LR-*Becker* § 244 StPO, Rn. 359 f. Zur Notwendigkeit einer verfassungsgemäßen Anwendung der Vorschrift: vgl. *Hamm* StV 2018, 525.

**2005** Vgl. *Hamm/Pauly*, Beweisantragsrecht, Rn. 372.

**2006** BGH, Urt. v. 7.9.2006 – 3 StR 277/06 = StV 2007, 16 = NStZ 2007, 112; BGH, Beschl. v. 5.2.1992 – 5 StR 673/91 = StV 1992, 218 = NStZ 1992, 248; BGH NStZ 1981, 311; BGH NJW 1967, 2019.

**2007** BGHSt 1, 322, 325; BGHSt 3, 368, 369; BGHSt 4, 364, 366; BGH NStZ 1983, 432; BGH, Urt. v. 19.3.1992 – 4 StR 50/92 = NStZ 1992, 346; BGH NJW 1967, 2019, 2020; BGH NStZ 1981, 311; BGH StV 1992, 218 = NStZ 1992, 248.

**2008** Vgl. hierzu *Singelnstein/Derin* NJW 2017, 2646; *Hamm* StV 2018, 525; *Mosbacher* NStZ 2018, 6; *Schneider* NStZ 2019, 489.

eine Frist gesetzt hat.[2009] Nach zutreffender Ansicht darf zu dem Mittel der Fristsetzung dabei nur dann gegriffen werden, wenn Anhaltspunkte dafür bestehen, dass Beweisanträge mit dem Ziel der Verfahrensverzögerung gestellt werden.[2010] Ist die Frist bei Antragstellung noch nicht abgelaufen und auch kein Fall des § 244 Abs. 6 S. 2 StPO gegeben, gilt das Beschlusserfordernis des § 244 Abs. 6 S. 1 StPO. Ist die Frist überschritten, wird sich die Frage stellen, unter welchen Voraussetzungen die Fristüberschreitung hinreichend erklärt ist und welche Rechtsfolgen eintreten, wenn hierüber Streit entsteht.[2011] Sieht das Gericht die für die Fristüberschreitung geltend gemachten Gründe als nicht ausreichend an, muss es den Antragsteller hierauf in der Hauptverhandlung hinweisen.[2012]

Auch die neue Gesetzeslage ändert nichts daran, dass es außerhalb des 855
Fristsetzungsverfahrens und außerhalb des § 244 Abs. 6 S. 2 StPO beim Beschlusserfordernis des § 244 Abs. 6 S. 1 StPO bleibt. Ist eine Frist erst einmal gesetzt, so mag eine Antragstellung nach Fristablauf ohne Geltendmachung von Gründen für die späte Antragstellung jedenfalls als Hinnahme der nach dem Gesetz möglichen Rechtsfolge (Bescheidung des Antrages in den Urteilsgründen) gewertet werden. Ein formeller Verzicht auf die Bescheidung durch Beschluss liegt hierin gleichwohl schon deshalb nicht, weil auch nach Fristablauf eine Bescheidung in der Hauptverhandlung möglich bleibt.

#### (4) Bedingte und Hilfsbeweisanträge

Einschränkungen erfährt das in § 244 Abs. 6 S. 1 StPO geregelte Prinzip ferner 856
bei bedingten Beweisanträgen und bei Hilfsbeweisanträgen. Wird die Beweiserhebung nur für den Fall des Eintritts einer **Bedingung** beantragt, dann muss das Gericht über den Beweisantrag grundsätzlich erst entscheiden, wenn die Bedingung eintritt. Eine Entscheidung vor diesem Zeitpunkt, bei der das Gericht auf die Bedingung nicht eingeht oder ihren Eintritt unterstellt, bleibt ihm allerdings unbenommen. Verpflichtet ist es dazu nicht.[2013] Wird über den Eintritt der Bedingung erst im Zusammenhang mit der Urteilsberatung entschieden, dann

---

**2009** Vgl. hierzu *Hamm* StV 2018, 529 f.; *Schlothauer* FS Fischer, S. 824.

**2010** *Hamm* StV 2018, 525; LR-*Becker*, § 244 StPO, Rn. 359h; *Meyer-Goßner/Schmitt* § 244 StPO, Rn. 95b.

**2011** Vgl. hierzu *Hamm/Pauly*, Beweisantragsrecht, Rn. 308 f.

**2012** Vgl. KK-*Krehl* § 244 StPO, Rn. 87g; *Hamm/Pauly*, Beweisantragsrecht, Rn. 309. A.A.: LR-*Becker* § 244 StPO, Rn. 359r.

**2013** BGH StV 1990, 149 (m. Anm. *Michalke* StV 1990, 184) = BGHR StPO § 244 Abs. 6 – Hilfsbeweisantrag 2.

kann das dazu führen, dass auch die Entscheidung über den Beweisantrag erst zu diesem Zeitpunkt ergeht.[2014]

857 Unzulässig sind bedingte Beweisanträge, bei denen sich das in der Bedingung zum Ausdruck gebrachte Prozessziel des Antragstellers und das Beweisbegehren widersprechen. Das ist stets dann der Fall, wenn eine gegen den Schuldspruch gerichtete Beweisbehauptung an eine Bedingung geknüpft wird, welche die Täterschaft und die Schuld des Angeklagten voraussetzt. Wer also nur für den Fall, dass die vom Gericht beabsichtigte Strafe ein bestimmtes Maß übersteigt, beweisen will, dass dieser die Tat überhaupt nicht begangen haben kann, lenkt den prozessualen Dialog von den rechtlich geschützten Interessen ab in ein Feld sachfremder Kräftemesserei. Es ist zu begrüßen, dass der Bundesgerichtshof dieser Methode einen Riegel vorgeschoben hat.[2015]

858 **Hilfsbeweisanträge**[2016] müssen nach der überwiegenden Meinung in Literatur[2017] und Rechtsprechung[2018] erst in den Urteilsgründen beschieden werden und zwar auch dann, wenn das Gericht dem Antrag nachgegangen war und vergeblich versucht hatte, den hilfsweise beantragten Beweis zu erheben.[2019] Auch bei Hilfsbeweisanträgen stellt es aber einen Verfahrensfehler dar, wenn der Tatrichter sie in den Urteilsgründen übergeht.[2020]

859 Ob die Ablehnung eines Hilfsbeweisantrages eines eigenständigen Gerichtsbeschlusses bedarf, wenn der Antragsteller unmissverständlich zum Ausdruck bringt, auf die Bekanntgabe der **Entscheidung vor dem Urteil** nicht verzichten zu wollen, wird kontrovers beurteilt.[2021] Eine solche „Bescheidungs-

---

**2014** BGH StV 1990, 149 (m. Anm. *Michalke* StV 1990, 184).

**2015** BGH, Beschl. v. 28.3.2017 – 4 StR 52/17 = NStZ-RR 2017, 182; BGH, Urt. v. 21.10.1994 – 2 StR 328/94 = BGHSt 40, 287 = NJW 1995, 603. S. ferner auch BGH, Urt. v. 8.2.1995 – 3 StR 595/94 = NStZ 1995, 246 und BGH, Beschl. v. 13.11.1997 – 1 StR 627/97 = NStZ 1998, 209 = StV 1998, 174.

**2016** Auch der Hilfsbeweisantrag ist ein *bedingter Beweisantrag*. Er verknüpft das Beweisbegehren mit einem sich auf den Urteilstenor beziehenden Hauptantrag.

**2017** *Alsberg/Dallmeyer*, Beweisantrag, Rn. 168; *Alsberg/Güntge*, Beweisantrag, Rn. 1456; KK-*Krehl* § 244 StPO, Rn. 93; *Meyer-Goßner/Schmitt* § 244 StPO, Rn. 22a und 90a; *Schlothauer* StV 1988, 543; *Niemöller* JZ 1992, 894.

**2018** Vgl. BGH, Beschl. v. 23.9.2008 – 1 StR 484/08, Rn. 14 = BGHSt 52, 355 = NJW 2009, 605 = StV 2009, 64; BGHSt 22, 124 = NJW 1968, 1339; KG, Beschl. v. 16.1.2004 – 1 Ss 396/03 = NStZ-RR 2004, 146. S. ergänzend auch BVerfG, Beschl. v. 6.10.2009 – 2 BvR 2580/08 = NJW 2010, 592 = StV 2010, 113.

**2019** BGHSt 32, 10, 13 = NStZ 1984, 372 m. Anm. *Schlüchter*.

**2020** BGH NStZ 1982, 477; BGH, Beschl. v. 20.3.1990 – 1 StR 654/89 = StV 1990, 533; *Alsberg/Güntge*, Beweisantrag, Rn. 1458 mwN.

**2021** Vgl. hierzu die Darstellung der unterschiedlichen Ansichten bei LR-*Becker* § 244 StPO, Rn. 160 f.

klausel“[2022] muss beachtet werden, weil durch sie die gesetzliche Regel des § 244 Abs. 6 S. 1 StPO wieder zur Geltung gebracht wird, die nur unter der Voraussetzung eines ausdrücklichen oder stillschweigenden Verzichts außer Betracht gelassen werden darf.[2023]

In der älteren Judikatur[2024] und Literatur[2025] wurde es allgemein für zulässig gehalten, einem „Hilfsbeweisantrag“ den Zusatz beizufügen, die Ablehnung des hilfsweise angebrachten Beweisersuchens solle vor der Urteilsverkündung durch entsprechenden Beschluss bekanntgegeben werden. Das Gericht sollte verpflichtet sein, dem zu folgen. 860

Der BGH vertritt jedoch seit einiger Zeit die Auffassung, dies gelte nicht für die mit dem Schlussvortrag verbundenen Hilfsbeweisanträge im engeren Sinn, weil das Ziel, den Grund für eine Ablehnung des Beweisverlangens vor dem Urteil zu erfahren, für den Antragsteller in diesem Stadium der Hauptverhandlung nur noch dadurch erreichbar sei, dass ein unbedingter Hauptbeweisantrag gestellt werde.[2026] Mache es doch gerade die Eigenart solcher Hilfsbeweisanträge aus, dass sie grundsätzlich erst in den Urteilsgründen beschieden werden müssten. Die frühere Rechtsprechung, die in diesem Zusammenhang häufig zitiert werde,[2027] sei nicht geeignet, die verbreitete Meinung zu stützen, auf ausdrückliches Verlangen müsse auch über einen Hilfsbeweisantrag durch Beschluss entschieden werden.[2028] 861

Weder das Argument, es sei gerade die Eigenart von Hilfsbeweisanträgen, dass sie erst im Urteil beschieden werden müssen, noch der Hinweis darauf, dass der Antragsteller beim Hilfsbeweisantrag sein Aufklärungsbegehren an 862

**2022** Vgl. dazu *Widmaier* FS Salger, S. 421.

**2023** So auch *Alsberg/Güntge*, Beweisantrag, Rn. 1457; MüKoStPO/*Trüg/Habetha* § 244 StPO, Rn. 170; vgl. ergänzend LR-*Becker* § 244 StPO, Rn. 161.

**2024** OLG Celle MDR 1966, 605; KG StV 1988, 518; BGH StV 1989, 141 = NStZ 1989, 191 = BGHR StPO § 244 Abs. 6 – Hilfsbeweisantrag 1.

**2025** *Michalke* StV 1990, 184; *Hamm* FS Peters, S. 174; *Scheffler* NStZ 1989, 159 mwN.

**2026** BGH, Beschl. v. 24.9.1990 – 4 StR 384/90 = NStZ 1991, 47 (mit abl. Anm. *Scheffler* NStZ 1991, 348) = StV 1991, 349 (mit abl. Anm. *Schlothauer*); BGH, Beschl. v. 4.10.1994 – 1 StR 374/94 = NStZ 1995, 98 = BGHR StPO § 244 Abs. 6 Hilfsbeweisantrag 7; vgl. auch *Niemöller* JZ 1992, 894; *Schrader* NStZ 1991, 226. Gegen die Zulässigkeit einer Bescheidungsklausel: KK-*Krehl* § 244 StPO, Rn. 95 und *Meyer-Goßner/Schmitt* § 244 StPO, Rn. 90a.

**2027** Vgl. BGH MDR 1951, 275 (bei *Dallinger*); BGH NStZ 1989, 191 = BGH StV 1989, 141 = BGHR StPO § 244 Abs. 6 – Hilfsbeweisantrag 1; vgl. auch BGH, Beschl. v. 5.3.1996 – 5 StR 643/95 = StV 1996, 529.

**2028** A.A. *Scheffler* NStZ 1991, 348; *Schlothauer* StV 1991, 350 und mit überzeugenden Argumenten LR-*Becker* § 244 StPO, Rn. 161.

eine Bedingung knüpft, deren Eintritt erst nach der endgültigen Urteilsberatung feststehe, vermag aber zu überzeugen. Die „Eigenart", dass für Hilfsbeweisantrag § 244 Abs. 6 S. 1 StPO nicht gelten soll, ergibt sich nicht aus dem Gesetz, sondern wurde von der Rechtsprechung mit der für den Regelfall vertretbaren, aber keineswegs zwingenden Überlegung geschaffen, wer eine Beweiserhebung nur für den Fall beantragt, dass das Gericht nicht seinem Sachantrag (z.B. Freispruch) folgt, sei im Zweifel damit einverstanden, dass er die Gründe dafür, weshalb das Gericht dennoch die Beweiserhebung für entbehrlich hält, erst in den Urteilsgründen erfährt. Diese Begründung geht also gerade davon aus, dass die Geltung der gesetzlichen Regel, wonach Beweisanträge nur durch Beschluss abgelehnt werden dürfen, der Disposition des Antragstellers unterliegt. Dann kann aber die aus dem Verzicht folgende Rechtslage nicht gleichzeitig als Begründung für die Unwirksamkeit des Verzichts herangezogen werden.

863 Aber auch die Annahme, mit dem Hilfsbeweisantrag werde eine Bedingung gesetzt, über die sich das Gericht erst mit der endgültigen Urteilsberatung eine Meinung bilden dürfe, trifft nicht zu. Hierbei wird nämlich wiederum das Ergänzungsverhältnis zwischen dem Recht der Beweiswürdigung (§ 261 StPO), der richterlichen Amtsaufklärungspflicht (§ 244 Abs. 2 StPO) und dem Beweisantragsrecht verkannt. § 261 StPO gebietet dem Tatrichter, bei seiner endgültigen Überzeugungsbildung den **„Inbegriff der Verhandlung"** zu würdigen. Dazu gehören nicht nur die Inhalte der Beweiserhebungen, sondern auch die Ausführungen der Verfahrensbeteiligten über ihre Bewertung der erhobenen Beweise und der noch bestehenden weiteren Aufklärungsmöglichkeiten. Der Antrag auf Vernehmung eines bisher nicht gehörten Zeugen „für den Fall, dass der Angeklagte nicht ohnehin freigesprochen wird", zwingt also das Gericht dazu, seine Urteilsberatung in der Weise durchzuführen, dass es die unter Beweis gestellte Tatsache in seine Gesamtwürdigung einbezieht. Dabei kann es zu dem Ergebnis kommen, dass der Beweis noch erhoben werden muss – dann ist die Urteilsberatung schon deshalb nicht endgültig. Es kann aber auch zu dem Ergebnis kommen, dass die beantragte Beweiserhebung überflüssig ist – dann ist die Urteilsberatung deshalb nicht endgültig, weil die Gewährung des rechtlichen Gehörs zu den Gründen hierfür noch aussteht. Auch die Reaktion des Antragstellers auf die Gründe für die Zurückweisung des Hilfsbeweisantrages gehört zum Inbegriff der Verhandlung, so dass ihm das rechtliche Gehör nicht mit dem Argument versagt werden darf, das Gericht habe bereits auf der Grundlage der bisherigen Beweisaufnahme die Beweiswürdigung endgültig abgeschlossen.

864 Dem kann auch nicht entgegengehalten werden, dem Beweisantragsteller sei es ja unbenommen, einen unbedingten Hauptbeweisantrag zu stellen, wenn

es ihm auf einen Beschluss ankommt.[2029] Dem Antragsteller darf es in erster Linie darauf ankommen, auf dem schnellsten Wege das von ihm angestrebte Urteil zu erreichen. Gerade wenn es sich um einen Antrag des Angeklagten oder seines Verteidigers handelt, kann er sich auf den Beschleunigungsgrundsatz und den Zweifelssatz als wichtige Rechtsprinzipien berufen, wenn er dem Gericht in Antragsform seine Beurteilung „mitteilt", dass schon die durchgeführte Beweisaufnahme eine Verurteilung nicht trägt und sich daran auch im Wege der weiteren Beweiserhebung nichts mehr ändern kann, wohingegen an der etwa entgegenstehenden Bewertung der bisherigen Beweislage durch das Gericht die beantragte Beweiserhebung durchaus noch etwas ändern könne.

Mit dem klarstellenden Hinweis, dass der Antragsteller auf einen Beschluss 865
nicht verzichte („Bescheidungsklausel"), stellt er den vom Gesetz geregelten Normalfall wieder her, dass die Diskussion über die Chancen einer weiteren Beweiserhebung nicht mit der Antragstellung, sondern erst mit dem letzten unwidersprochen bleibenden Beschluss nach § 244 Abs. 6 S. 1 StPO beendet ist.

### dd) Rücknahme des Beweisantrages

Unabhängig davon kann der Antragsteller selbstverständlich jederzeit erklären, 866
dass er einen Beweisantrag nicht aufrechterhält.[2030] Schon weil in der Rücknahme eines einmal gestellten Antrages eine prozessrechtliche Erklärung mit erheblicher Tragweite liegt und weil die Antragstellung als wesentliche Förmlichkeit nach § 273 Abs. 1 StPO im Protokoll festzuhalten ist, sollte auch die **Rücknahme eines Beweisantrages** nur durch ausdrückliche Erklärung möglich sein.[2031] Die Rechtsprechung hat sich jedoch abweichend hiervon in mehreren Entscheidungen auf eine Gesamtbewertung des Verteidigungsverhaltens gestützt, dem sie sodann einen prozessrechtlich erheblichen Erklärungswert beigemessen hat. So ist es als Nicht-Aufrechterhalten eines Beweisantrages gewertet worden, wenn der Angeklagte und seine Verteidiger auf den Hinweis der Strafkammer, dass ein Austausch des Beweismittels[2032] stattgefunden habe,

**2029** So aber BGH, Beschl. v. 24.9.1990 – 4 StR 384/90 = NStZ 1991, 47 = StV 1991, 349.

**2030** BGH, Beschl. v. 3.6.1992 – 5 StR 175/92 = StV 1992, 454 = NStZ 1993, 28 (*Kusch*) = BGHR StPO § 244 Abs. 6 – Entscheidung 2; BGH, Urt. v. 22.9.1993 – 2 StR 170/93 = NStZ 1994, 47.

**2031** Vgl. *Hamm/Pauly*, Beweisantragsrecht, Rn. 580.

**2032** Zum Austausch des Beweismittels siehe *Hamm/Pauly*, Beweisantragsrecht, Rn. 311 ff.; KK-*Krehl* § 244 StPO, Rn. 116.

schweigen.[2033] Dem entspricht es, dass der Angeklagte oder sein Verteidiger in bestimmten Konstellationen die Pflicht haben sollen, nach Kenntnisnahme von der Begründung eines Ablehnungsbeschlusses ausdrücklich klarzustellen, dass ihr Beweisbegehren trotz vom Gericht entfalteter Aufklärungsbemühungen nicht erledigt sei.[2034] Eine **Rücknahme eines Hilfsbeweisantrages durch schlüssiges Verhalten** liegt aber dann nicht vor, wenn der Verteidiger im Rahmen des Schlussvortrages diesen Hilfsbeweisantrag nicht wiederholt, auch wenn nach der ersten Stellung des betreffenden Hilfsbeweisantrages auf Antrag der Verteidigung eine weitere Beweisaufnahme zu anderen Beweisthemen stattgefunden hat. Dies gilt auch dann, wenn der Verteidiger im Rahmen seines Schlussvortrages noch ausdrücklich einen weiteren Hilfsbeweisantrag zu anderen Beweisthemen gestellt hat.[2035]

#### ee) Fehlerhafte Anwendung der Zurückweisungsgründe des § 244 Abs. 3 StPO

867 Die gesetzlichen Zurückweisungsgründe des § 244 Abs. 3 StPO wurden durch das Gesetz zur Modernisierung des Strafverfahrens im Jahr 2019 neu gegliedert. Der bisher in Absatz 3 enthaltene Ablehnungsgrund der Verschleppungsabsicht wurde neu bewertet.[2036] Abgesehen davon hat sich am sachlichen Gehalt der in Absatz 3 enthaltenen Ablehnungsgründe durch die Gesetzesänderung nichts geändert, so dass die bisher hierzu ergangene Rechtsprechung ihre Bedeutung behält.

868 Auch nach der Gesetzesänderung stehen die Ablehnungsgründe des § 244 Abs. 3 StPO in einem gewissen hierarchischen Verhältnis zueinander. Nach § 244 Abs. 3 Satz 2 StPO geht allen anderen Zurückweisungsgründen die Unzulässigkeit der Beweiserhebung vor. Daher bedeutet die Zurückweisung mit einer anderen Begründung, dass das Tatgericht die Beweiserhebung an sich für zulässig hält. Das kann eine wichtige Information in den Fällen sein, in denen ein Beweiserhebungsverbot in Frage steht, also z.B. wenn streitig ist, ob eine Vernehmung während des Ermittlungsverfahrens unter Verstoß gegen die Belehrungspflichten oder gar unter Verletzung des § 136a StPO zustande gekommen ist. Ob einem Antrag auf eine an sich zulässige Beweiserhebung stattzugeben

**2033** BGH, Urt. v. 3.6.1992 – 5 StR 176/92 = StV 1992, 454 = NStZ 1993, 28 (bei *Kusch*) = BGHR StPO § 244 Abs. 6 – Entscheidung 2; BGH, Urt. v. 22.9.1993 – 2 StR 170/93 = NStZ 1994, 47.
**2034** Vgl. BGH, Beschl. v. 7.4.2005 – 5 StR 532/04 = StV 2005, 420; BGH, Urt. v. 18.5. 1988 – 2 StR 22/88 = BGHR StPO § 244 Abs. 3 – Rügerecht 2.
**2035** BGH, Beschl. v. 27.10.1992 – 5 StR 562/92 = StV 1993, 59.
**2036** S. dazu nachfolgend Rn. 993 und oben Rn. 839.

ist, hängt in erster Hinsicht von der Erheblichkeit der Beweistatsache ab. Erst danach kommt es auf die Beweisbedürftigkeit der Beweistatsache und die Tauglichkeit des Beweismittels an. Diese Reihenfolge der Prüfung ergibt sich aus logischen, nicht aus rechtlichen Gründen.[2037]

#### (1) Beweiserhebung unzulässig (§ 244 Abs. 3 S. 2 StPO)

Der zwingende Ablehnungsgrund des § 244 Abs. 3 S. 2 StPO betrifft nur Anträge 869
auf unzulässige Beweiserhebungen.[2038] Es kommt also darauf an, ob die Beweiserhebung rechtlich nicht zulässig wäre und das Gericht dem Antrag daher nicht stattgeben könnte, ohne gegen strafprozessuale Beweisverbote zu verstoßen.[2039]

Das Beweisthema unterliegt z.B. einem Beweisverbot, wenn in dem anhän- 870
gigen Verfahren insoweit schon eine Bindungswirkung eingetreten ist, oder wenn die Beweistatsache aus Rechtsgründen wegen Geheimhaltungsbedürftigkeit nicht aufgeklärt werden darf (vgl. § 43 DRiG). **Beweismittelverbote** bestehen in den Fällen der §§ 52, 53, 53a, 54, 81c, 96, 250 und 252 StPO. Ferner ist die Beweiserhebung unzulässig, wenn der Beweis durch verbotene Methoden (§§ 136a, 69 Abs. 3 StPO), durch Unterlassen gesetzlich vorgeschriebener Belehrungen (§§ 52 Abs. 3 Satz 1, 81c Abs. 3 Satz 2 Hs. 2, StPO) oder durch andere Verstöße gegen gesetzliche Vorschriften erlangt worden ist.[2040]

Eine rechtmäßige **Sperrerklärung** führt nicht zu einem Beweisverbot, so 871
dass ein entsprechender Beweisantrag nicht nach § 244 Abs. 3 Satz 2 StPO zurückgewiesen werden darf. Dies gilt insbesondere dann, wenn der Beweisantrag darauf gerichtet ist, eine bestimmte namentlich genannte Person als Zeugen zu vernehmen, von der das Gericht glaubt, annehmen zu dürfen, dass sie mit jemandem identisch ist, dessen Identität die Exekutive unter Berufung auf § 96 StPO nicht preisgeben wird.[2041]

Das Verlangen, Verfahrensbeteiligte über **Vorgänge derselben Haupt-** 872
**verhandlung** – etwa den Inhalt einer Zeugenaussage – zu hören, ist auf eine unzulässige Beweiserhebung gerichtet, weil die Beweisaufnahme immer nur auf das anklagerelevante Außengeschehen und nicht auf sich selbst bezogen sein

**2037** *Alsberg/Güntge*, Beweisantrag, Rn. 767.

**2038** Vgl. allgemein KK-*Krehl* § 244 StPO, Rn. 106 ff.; *Alsberg/Güntge*, Beweisantrag, Rn. 786 ff.; *Meyer-Goßner/Schmitt* § 244 StPO, Rn. 48 f.; LR-*Becker* § 244 StPO, Rn. 185.

**2039** *Alsberg/Güntge*, Beweisantrag, 795 ff.; *Meyer-Goßner/Schmitt* § 244 StPO, Rn. 49. Zu strafprozessualen Beweisverboten, vgl. *Meyer-Goßner/Schmitt* Einl., Rn. 50 ff.

**2040** *Meyer-Goßner/Schmitt* § 244 StPO, Rn. 49a.

**2041** BGH, Beschl. v. 10.2.1993 – 5 StR 550/92 = BGHSt 39, 141 = NJW 1993, 1214 = StV 1993, 170 = NStZ 1993, 293.

darf.[2042] Verfahrensvorgänge unterliegen, wo immer sie prozessuale Rechtswirkungen auslösen können, den Regeln des Freibeweises. Für die Schuld- und Rechtsfolgenfragen sind die Geschehnisse in der Hauptverhandlung nur auf dem direkten Wege der unmittelbaren Beweiserhebung verwertbar. Besteht z.B. Streit darüber, was ein Zeuge an einem früheren Verhandlungstag ausgesagt hat, muss dies notfalls durch Wiederholung der Vernehmung und offenen Austausch der divergierenden Vorhalte geklärt werden. Die Vernehmung eines der erkennenden Richter mit der Folge seines Ausscheidens gemäß § 22 Nr. 5 StPO[2043] würde dem System des Beweisrechts widersprechen.

873 Als unzulässig zurückzuweisen ist auch ein Beweisantrag auf Vernehmung eines Richters zum Beweis dafür, dass andere – im Einzelnen bezeichnete – Gründe zum Freispruch eines Zeugen geführt haben, als die, die in dem von diesem Richter verkündeten Urteil angegeben sind.[2044] Eine Beweiserhebung ist auch dann unzulässig, wenn sie geeignet ist, die Feststellungen des im Schuldspruch rechtskräftigen und ersten tatgerichtlichen Urteils in Zweifel zu ziehen.[2045]

### (2) Offenkundigkeit (§ 244 Abs. 3 S. 3 Nr. 1 StPO)

874 Offenkundige Tatsachen sind nicht beweisbedürftig.[2046] Als offenkundig gilt, was entweder allgemein- oder gerichtsbekannt ist.[2047] Dabei werden als **„allgemeinkundig“** solche Tatsachen angesehen, von denen verständige und erfahrene Menschen regelmäßig ohne Weiteres Kenntnis haben, oder über die sie sich aus allgemein zugänglichen zuverlässigen Quellen ohne besondere Fachkunde sicher unterrichten können.[2048] „Sicher“ heißt dabei, dass etwas nicht

---

**2042** BGH, Beschl. v. 2.11.2010 – 1 StR 544/09, Rn. 52 = NStZ 2011, 294 = NZWiSt 2012, 75 m. Anm. *Rolletschke*; BGH, Urt. v. 28.8.1996 – 3 StR 180/96 = NJW 1997, 265 = StV 1998, 78; BGH, Beschl. v. 18.8.1992 – 1 StR 257/92 = BGHR StPO § 244 Abs. 3 Satz 1 Unzulässigkeit 7; s. auch *Rissing-van Saan* MDR 1993, 310; *Pauly* FS 25 Jahre Arbeitsgemeinschaft Strafrecht im DAV, S. 731; *Hamm/Pauly*, Beweisantragsrecht, Rn. 349.

**2043** BGH, Beschl. v. 18.9.1992 – 1 StR 257/92 = NStZ 1993, 229 (*Kusch*); BGH, Urt. v. 23.6.1993 – 3 StR 89/93 = BGHSt 39, 240 = NJW 1993, 2758 = StV 1993, 507 = NStZ 1994, 80.

**2044** BGH, Beschl. v. 25.6.1993 – 3 StR 90/93 = BGHR StPO § 244 Abs. 3 Satz 1 – Unzulässigkeit 10.

**2045** BGH, Urt. v. 18.2.2010 – 3 StR 568/09 = NStZ-RR 2010, 172; BGH, Beschl. v. 2.9.2004 – 1 StR 342/04 = NStZ-RR 2004, 370; BGH, Beschl. v. 11.12.1986 – 1 StR 574/86 = BGHR StPO § 244 Abs. 3 Satz 1 – Unzulässigkeit 1.

**2046** Vgl. allgemein KK-*Krehl* § 244 StPO, Rn. 130; *Alsberg/Güntge*, Beweisantrag, Rn. 1049 ff.

**2047** *Alsberg/Güntge*, Beweisantrag, Rn. 1053 ff.; *Meyer-Goßner/Schmitt* § 244 StPO, Rn. 50; LR-*Becker* § 244 StPO, Rn. 203 ff.; *Hamm/Pauly*, Beweisantragsrecht, Rn. 456 ff.

**2048** *Meyer-Goßner/Schmitt* § 244 StPO, Rn. 51; LR-*Becker* § 244 StPO, Rn. 204; *Alsberg/Güntge*, Beweisantrag, Rn. 1056; BGHSt 6, 292, 293; BVerfGE 10, 177, 183 = NJW 1960, 31; BGHSt 26, 56, 59.

schon deshalb allgemeinkundig ist, weil es in einer allgemein zugänglichen Quelle so angegeben ist. Auch das Papier von verbreiteten Druckwerken ist geduldig, und es ist niemals vollständig zu vermeiden, dass sich auch in sonst zuverlässige Auskunftsbücher, wie Lexika, Atlanten, Reiseführer oder Fahrpläne, Fehler einschleichen.[2049]

Die **Offenkundigkeit** entfällt auch nicht deshalb, weil es Leute gibt, die an der Richtigkeit einer Tatsache zweifeln. Als geschichtliche Tatsache offenkundig ist beispielsweise der in den Gaskammern von Konzentrationslagern während des Zweiten Weltkriegs an Juden begangene Massenmord.[2050] Dass es dazu überhaupt zu höchstrichterlichen Entscheidungen kommen musste, zeigt aber ebenso wie die Gesetzesänderung zur „Auschwitzlüge" im Tatbestand der Volksverhetzung[2051] (und macht seinerseits wiederum offenkundig!), dass es immer noch Leute gibt, die den Genozid der nationalsozialistischen Gewaltherrschaft leugnen. 875

**„Gerichtskundig"** sind Tatsachen und Erfahrungssätze, die der Richter nicht im Wege der privaten Kenntniserlangung, sondern im Zusammenhang mit seiner amtlichen Tätigkeit zuverlässig in Erfahrung gebracht hat.[2052] Auf den Einzelfall bezogene richterliche Wahrnehmungen, die für die Überführung eines Angeklagten von wesentlicher Bedeutung sind, dürfen grundsätzlich nicht als gerichtskundig behandelt werden.[2053] 876

Umstritten ist, ob bei Kollegialgerichten die Offenkundigkeit die Kenntnis aller Richter erfordert, oder das Wissen bei einer Mehrheit des Kolle- 877

**2049** Die in früheren Auflagen von *Sarstedt* (4. Aufl., Rn. 373) anhand von Beispielen für falsche Angaben im Baedeker für Berlin und im Großen Brockhaus über die Gerichte in Hamburg und Bremen hergeleitete Auffassung, wonach es offenkundige aber unrichtige Tatsachen gebe, wird nicht aufrecht erhalten. Mag der Umstand, dass in einer früheren Auflage des Baedeker gestanden hat, im Berliner Funkturm gebe es keine Treppe, heute offenkundig sein, so war das tatsächliche Vorhandensein der Treppe schon zu der Zeit, als man dieses Buch mit der fehlerhaften Angabe noch kaufen konnte, ebenso offenkundig, weil sich aus anderen allgemein zugänglichen Quellen der Irrtum des Baedeker-Autors leicht aufklären ließ.

**2050** BGH, Urt. v. 10.4.2002 – 5 StR 485/01 = BGHSt 47, 278 = NJW 2002, 2115 = StV 2002, 485; BGH, Urt. v. 22.10.1993 – 2 StR 466/93 = BGHSt 40, 97, 99 = NStZ 1994, 140 = BGHR StPO § 244 Abs. 3 S. 2 – Offenkundigkeit 1, in einem Verfahren wegen Volksverhetzung; BVerfG, Beschl. v. 9.6.1992 – 1 BvR 824/90 = NJW 1993, 916, 917.

**2051** § 130 Abs. 3 StGB i. d. F. des Gesetzes v. 28.10.1994 (BGBl. 1994 I, 3186).

**2052** *Meyer-Goßner/Schmitt* § 244 StPO, Rn. 52; BGHSt 6, 292, 293; BGH, Urt. v. 9.12.1999 – 5 StR 312/99 = BGHSt 45, 354, 357 f.; OLG Frankfurt StV 1983, 192, 193; kritisch *Kahlo* StV 1991, 52, 54.

**2053** BGH, Urt. v. 9.12.1999 – 5 StR 312/99 = BGHSt 45, 354, 359; BGH, Urt. v. 22.3.2002 – 4 StR 485/01 = BGHSt 47, 270, 274; BGH, Urt. v. 8.12.2005 – 4 StR 198/05 = StV 2006, 118.

giums genügt. Dabei wird teilweise unterschieden zwischen der Allgemeinkundigkeit, bei der die Mehrheit ausreichen soll, und der Gerichtskundigkeit, die nur dann angenommen werden dürfe, wenn alle Berufsrichter und Schöffen aus dienstlicher Befassung heraus die Kenntnis haben.[2054] Die Bedeutung der Streitfrage minimiert sich, wenn man die ohnehin gegebene Pflicht des Gerichts[2055] berücksichtigt, alle als offenkundig bewerteten Tatsachen zuvor **in der Hauptverhandlung zur Sprache zu bringen**, und wenn man aus revisionsgerichtlicher Sicht auf den Zeitpunkt am Ende der Beweisaufnahme abstellt. Dann kann so lange von Gerichtskundigkeit keine Rede sein, als nicht alle Mitglieder des Gerichts von der Richtigkeit der von den anderen Richtern berichteten Erkenntnisse überzeugt sind. Ist dies aber nach einer Erörterung unter allen Beteiligten der Fall, bestehen keine Bedenken dagegen, auch die auf diesem „amtlichen" Wege gewonnenen Kenntnisse der restlichen Gerichtsmitglieder zur Annahme der Gerichtskundigkeit ausreichen zu lassen. Wer nämlich dann noch dieselbe Tatsache für beweisbedürftig hält, kann keinen mit der Revision geltend zu machenden Nachteil davon haben, dass das Gericht die Tatsache ohne Beweisaufnahme als gerichtsbekannt seinem Urteil zugrunde legt.

878 Die Rechtsprechung lässt den Zurückweisungsgrund der Offenkundigkeit auch dann zu, wenn das Gericht das **Gegenteil** der unter Beweis gestellten Tatsache als offenkundig ansieht.[2056] Diese Auffassung findet auch im Gesetzeswortlaut eine Stütze: Hätte der Gesetzgeber nur die unter Beweis gestellte Tatsache selbst gemeint, so hätte es nahe gelegen, eine ähnliche Regelung zu treffen wie in § 244 Abs. 3 S. 3 Nr. 2 und 3 StPO. Die dort geregelten Zurückweisungsgründe gelten nur in Bezug auf die „Tatsache, die bewiesen werden soll". Der Fall der Offenkundigkeit ist hingegen anders geregelt. Ein Beweisantrag kann nach § 244 Abs. 3 S. 3 Nr. 1 StPO generell abgelehnt werden, wenn die „Beweiserhebung wegen Offenkundigkeit überflüssig ist". Das macht deutlich,

---

**2054** KK-*Krehl* § 244 StPO, Rn. 140; a.A. (Mehrheit reiche auch bei der Gerichtskundigkeit aus) *Alsberg/Güntge*, Beweisantrag, Rn. 1108 f.; *Meyer-Goßner/Schmitt* § 244 StPO, Rn. 53; LR-*Becker* § 244 StPO, Rn. 212; SK-StPO/*Frister* § 244 StPO, Rn. 124; BGHSt 34, 209, 210 = BGH NJW 1987, 660, 661.

**2055** BGH, Urt. v. 17.5.2018 – 3 StR 508/17 = StraFo 2018, 434 = JR 2018, 579 m. Anm. *Eisenberg*; BGH, Beschl. v. 24.9.2015 – 2 StR 126/15 = NStZ 2016, 123; BGH, Beschl. v. 27.7.2012 – 1 StR 68/12 = NStZ 2013, 121 = StV 2012, 710; *Meyer-Goßner/Schmitt* § 244 StPO, Rn. 3 mwN.

**2056** *Alsberg/Güntge*, Beweisantrag, Rn. 1111; LR-*Becker* § 244 StPO, Rn. 203; RG JW 1936, 1919 = HRR 1936, Nr. 1476; BGHSt 6, 292, 296; OLG Düsseldorf MDR 1980, 868, 869; a.A. *Grünwald*, 50. DJT, Gutachten C, 1974, C 74; *Engels* GA 81, 29; vgl. hierzu auch *Hamm/Pauly*, Beweisantragsrecht, Rn. 463.

dass jede die Beweiserhebung entbehrlich machende Evidenz, also auch die des Gegenteils der Beweisbehauptung, unter diese Regelung fällt.

Dennoch ist Vorsicht geboten. Schon daraus, dass jemand eine Tatsache 879 „A" behauptet beweisen zu können, und ein anderer der Meinung ist, die Tatsache „non A" sei evident, können sich Zweifel an der Richtigkeit der Annahme des Letzteren aufdrängen. Wenn der Angeklagte behauptet, mit seinem Sportwagen sei es nicht möglich, die Strecke zwischen München und Frankfurt in zwei Stunden zurückzulegen, und das Gericht aus der allgemein bekannten Höchstgeschwindigkeit des Fahrzeugtyps und der ebenfalls nicht mehr beweisbedürftigen Wegstrecke von 388 km selbst berechnet, bei günstigsten Verkehrsverhältnissen unter ständiger Ausnutzung des maximal erreichbaren Tempos sei sogar eine kürzere Fahrzeit möglich, so kann doch keine der beiden Behauptungen für sich in Anspruch nehmen, offenkundig zu sein. Dann aber muss über die Prämissen (Verkehrsbedingungen im konkret fraglichen Zeitraum, Behinderungen durch Baustellen o.ä.) Beweis erhoben werden, und selbst wenn der Antrag sich auf diese Faktoren nicht bezieht, sondern nur die abstrakte Unmöglichkeit einer kürzest möglichen Fahrzeit von mehr als zwei Stunden unter Beweis stellt, darf das Gericht den Antragsteller nicht in die „semantische Falle" laufen lassen, indem es jenseits der konkreten Entscheidungsrelevanz auf derselben Abstraktionsebene die (theoretische) Erreichbarkeit einer Fahrzeit von weniger als zwei Stunden als offensichtlich behandelt.

Im Übrigen gebietet es der Grundsatz des fairen Verfahrens, dass das Ge- 880 richt jede von der Beweisbehauptung abweichende von ihm angenommene Offensichtlichkeit als solche kenntlich macht.[2057] Aus dem Dialogcharakter des Beweisantragsrechts folgt, dass das Gericht in dem Beschluss, mit dem es den Antrag zurückweist, sowohl kenntlich machen muss, welche Tatsache es als offenkundig ansieht, als auch, ob es die Tatsache als allgemein- oder gerichtskundig behandeln möchte.[2058]

Mit der Rüge, das Tatgericht habe zu Unrecht etwas als offenkundig behan- 881 delt, sollte die **Angabe von Beweismitteln** verbunden werden, mit deren Hilfe sich das Revisionsgericht davon überzeugen kann, dass die betreffende Annahme unrichtig ist.

Muss die Revision einräumen, dass es sich um eine richtige Annahme ge- 882 handelt hat, die lediglich nicht hätte als offensichtlich behandelt werden dürfen, sondern hätte bewiesen werden müssen, so kann das Urteil dennoch auf dem Fehler beruhen, wenn dargelegt werden kann, welchen anderen Verlauf die

**2057** *Hamm*, Formularbuch, IX.D.4.
**2058** Vgl. *Schlothauer* StV 1986, 228.

Hauptverhandlung bei einer Fortsetzung des Dialogs über die Beweisbedeutung der Tatsache hätte nehmen können. Wird z.B. ein Beweisantrag mit der Begründung zurückgewiesen, es sei gerichtskundig, dass ein bestimmter in der Hauptverhandlung vernommener Zeuge wegen Meineides vorbestraft ist, so kann, wenn das Gericht dennoch die Verurteilung auf die Aussage dieses Zeugen stützt, in der Revision durchaus noch geltend gemacht werden, dass sich bei einer Beweiserhebung über den gegen die Glaubwürdigkeit des Zeugen sprechenden Umstand nähere Einzelheiten auch zur Vergleichbarkeit der damaligen mit der jetzigen Aussagesituation ergeben hätten, die es dem Gericht erschweren konnten, gleichwohl dem Zeugen seine jetzigen Angaben abzunehmen.

883 Problematisch ist die Verwendung des Topos von der Allgemeinkundigkeit, wenn es um außerstrafrechtlich **normative Strafbarkeitsvoraussetzungen** wie den Verstoß gegen die „Guten Sitten" i.S.d. § 228 StGB geht. Hier hat der BGH in dem begrüßenswerten Bemühen, dem unter Bestimmtheitsaspekten (Art. 103 Abs. 2 GG) an sich bedenklichen Merkmal eine Kontur zu verleihen, kurzerhand angenommen, die allgemein gültigen, vernünftigerweise nicht anzweifelbaren sittlichen Wertmaßstäbe seien allgemeinkundig und stünden daher *„der Kenntnisnahme durch das Revisionsgericht offen, ohne dass es ihrer Darlegung im tatrichterlichen Urteil bedarf"*.[2059] Das würde dann aber auch bedeuten, dass ein Beweisantrag, der auf das Fehlen eines allgemeinen Konsenses in der Bevölkerung über die Sittenwidrigkeit bestimmter Verhaltensweisen gerichtet wäre, mit dem Hinweis auf die Allgemeinkundigkeit (des Gegenteils?) zurückgewiesen werden könnte. Nun hat der Senat selbst in derselben Entscheidung an anderer Stelle ausgeführt: *„Der Senat vermag nicht zu erkennen, daß der Konsum illegaler Drogen nach heute allgemein anerkannten, nicht anzweifelbaren Wertvorstellungen generell noch als unvereinbar mit den guten Sitten angesehen wird. Gleiches gilt für eine Körperverletzung, die durch das einverständliche Verabreichen eines illegalen Betäubungsmittels verursacht wird."*[2060] Wenn aber diese Erkenntnis schon zwischen einer Strafkammer und einem Strafsenat des BGH streitig sein konnte, so wird so etwas doch wohl auch dem Beweis zugänglich sein.[2061]

---

**2059** BGH, Urt. v. 11.12.2003 – 3 StR 120/03 = BGHSt 49, 34 = NJW 2004, 1054 = NStZ 2004, 204 = JR 2004, 387. Vgl. hierzu auch BGH, Urt. v. 22.1.2015 – 3 StR 233/14 = BGHSt 60, 166 = NJW 2015, 1540.

**2060** BGH, Urt. v. 11.12.2003 – 3 StR 120/03 = BGHSt 49, 34, 42.

**2061** Vgl. auch die unter verschiedenen rechtlichen Aspekten verfassten Anmerkungen zu der Entscheidung von *Duttge* NJW 2005, 260; *Trüg* JA 2004, 597; *Mosbacher* JR 2004, 390 und *Sternberg-Lieben* JuS 2004, 954.

### (3) Beweisbehauptung ohne Bedeutung (§ 244 Abs. 3 S. 3 Nr. 2 StPO)

Eine Tatsache ist für die Entscheidung ohne Bedeutung,[2062] wenn ein Zusammenhang zwischen ihr und der abzuurteilenden Tat nicht besteht oder wenn sie trotz eines solchen Zusammenhangs nicht geeignet ist, die Entscheidung irgendwie zu beeinflussen.[2063] Die Bedeutungslosigkeit kann sich aus **rechtlichen oder tatsächlichen Gründen** ergeben.[2064] Aus den Gründen für die Ablehnung eines Beweisantrages muss ersichtlich sein, ob das Gericht der Ansicht ist, es komme aus Rechtsgründen nicht auf die Beweiserhebung an, oder ob es glaubt, dass die Ergebnisse seiner Beweiswürdigung durch die Richtigkeit der Beweisbehauptung nicht beeinflusst werden können.[2065] Im letzteren Falle müssen auch die Tatsachen, die für diese Annahme sprechen, angegeben werden, damit das Revisionsgericht prüfen kann, ob das Verbot der Beweisantizipation, die gerade hier gefährlich naheliegt,[2066] beachtet worden ist. Die Angaben müssen auch in dem Zurückweisungsbeschluss selbst gemacht werden, dürfen also nicht erst in den Urteilsgründen nachgeholt oder vervollständigt werden.[2067] 884

Die **tatsächliche Bedeutungslosigkeit** einer Beweistatsache kann darin liegen, dass sie selbst im Fall ihres Erwiesenseins die Entscheidung nicht beeinflussen könnte, weil sie einen nur möglichen Schluss zulässt, den das Gericht aber erklärtermaßen nicht ziehen will.[2068] Insbesondere bei **Indiztatsachen** 885

---

**2062** Vgl. zu diesem Ablehnungsgrund allgemein KK-*Krehl* § 244 StPO, Rn. 141 ff.; *Alsberg/Güntge*, Beweisantrag, Rn. 1119 ff.; *Hamm/Pauly*, Beweisantragsrecht, Rn. 477 ff.; *Niemöller* FS Hamm, S. 537, 545 ff.; *Schröder* NJW 1972, 2105.

**2063** Vgl. BGH, Beschl. v. 6.3.2018 – 3 StR 342/17 = StraFo 2018, 388 = StV 2018, 478; BGH, Urt. v. 29.1.2015 – 4 StR 433/14 = NStZ 2015, 392, 394; BGH, Beschl. v. 3.2.2015 – 3 StR 544/14 = NStZ 2015, 296; *Meyer-Goßner/Schmitt* § 244 StPO, Rn. 54; *Dahs*, Revision, Rn. 346.

**2064** *Meyer-Goßner/Schmitt* § 244 StPO, Rn. 5 f. mwN; *Dahs*, Revision, Rn. 346.

**2065** MüKoStPO/*Trüg/Habetha* § 244 StPO, Rn. 260; BGH, Beschl. v. 14.12.2010 – 1 StR 275/10 = NJW 2011, 1299 = StV 2011, 619, 620; BGH, Beschl. v. 3.4.2001 – 4 StR 579/00 = StV 2002, 181; BGH, Urt. v. 16.1.1990 – 1 StR 676/89 = StV 1990, 246 = BGHR StPO § 244 Abs. 3 Satz 2 – Bedeutungslosigkeit 9 mwN; BGHR StPO § 244 Abs. 3 Satz 2 – Bedeutungslosigkeit 11; BGH, Beschl. v. 22.12.1992 – 1 StR 856/92 = StV 1993, 172.

**2066** Vgl. *Meyer-Goßner/Schmitt* § 244 StPO, Rn. 56a.

**2067** Vgl. zur Bedeutung der Begründungspflicht: BGH, Beschl. v. 10.11.2015 – 3 StR 322/15 = StV 2016, 341; BGH, Beschl. v. 21.7.2015 – 3 StR 151/15; BGH, Beschl. v. 5.2.2013 – 1 StR 553/12 = NStZ 2013, 352; BGH, Urt. v. 2.12.2009 – 2 StR 363/09 = StV 2010, 557; BGH, Beschl. v. 20.12.2006 – 2 StR 444/06 = StV 2007, 176.

**2068** Vgl. hierzu BGH, Urt. v. 29.1.2015 – 4 StR 433/14 = NStZ 2015, 392, 394; BGH, Beschl. v. 3.2.2015 – 3 StR 544/14 = NStZ 2015, 296. Vgl. ferner BGH, Beschl. v. 15.1.2014 – 1 StR 379/13 = StV 2014, 257 = NStZ 2014, 282; BGH, Beschl. v. 19.1.2014 – 4 StR 374/13 = StV 2014, 2014, 263 = NStZ 2014, 168; BGH, Beschl. v. 5.2.2013 – 1 StR 553/12 = NStZ 2013, 352.

kommen diese Grundsätze zur Anwendung.[2069] Das Gericht kann bei seiner Entscheidung das bisherige Beweisergebnis berücksichtigen.[2070] Es darf aber die Beweiswürdigung nicht in der Weise vorwegnehmen, dass die Bedeutungslosigkeit allein aus dem bisherigen Beweisergebnis hergeleitet wird. Die Bedeutungslosigkeit muss stattdessen unter Berücksichtigung des bisherigen Beweisergebnisses in voller Würdigung der Tragweite der unter Beweis gestellten Tatsache beurteilt werden. Dabei darf die Wahrheit der Beweistatsache ebenso wenig in Frage gestellt werden wie der Wert des angebotenen Beweismittels.[2071] Das Beweisthema ist vielmehr in seiner ganzen Tragweite – ohne Einengung, Umdeutung oder Verkürzung – zu würdigen.[2072]

886 Wird die Bedeutungslosigkeit aus tatsächlichen Umständen gefolgert, so müssen die Tatsachen angegeben werden, aus denen sich ergibt, warum die unter Beweis gestellte Tatsache, selbst wenn sie erwiesen wäre, die Entscheidung des Gerichts nicht beeinflussen könnte. Dabei muss der Beschlussinhalt den Begründungserfordernissen bei der Würdigung von durch eine Beweisaufnahme gewonnenen Indiztatsachen in den Urteilsgründen entsprechen. Die Ablehnung des Beweisantrags darf nicht dazu führen, dass aufklärbare, zugunsten eines Angeklagten sprechende Umstände der gebotenen Gesamtabwägung im Rahmen der Beweiswürdigung entzogen werden.[2073]

---

**2069** BGH, Beschl. v. 6.3.2018 – 3 StR 342/17 = StV 2018, 478; BGH, Beschl. v. 3.12.2015 – 2 StR 177/15, Rn. 7 = NStZ 2016, 365 m. Anm. *Ventzke*; BGH, Urt. v. 7.4.2011 – 3 StR 497/10 = StraFo 2011, 227, 228; BGH, Beschl. v. 6.3.2008 – 3 StR 9/08 = StV 2008, 288 = NStZ-RR 2008, 205; BGH, Beschl. v. 11.4.2007 – 3 StR 114/07 = StraFo 2007, 331; BGH, Beschl. v. 4.10.2006 – 2 StR 297/06 = NStZ-RR 2007, 52. Vgl. ferner KK-*Krehl* § 244 StPO, Rn. 144 mwN; *Hamm/Pauly*, Beweisantragsrecht, Rn. 487 ff.

**2070** Vgl. *Meyer-Goßner/Schmitt* § 244 StPO, Rn. 56 mwN; BGH, Beschl. v. 3.2.2015 – 3 StR 544/14, Rn. 8; BGH, Beschl. v. 3.12.2013 – 2 StR 283/13; BGH, Beschl. v. 9.11.2010 – 3 StR 290/10; BGHR StPO § 244 Abs. 3 Satz 2 – Bedeutungslosigkeit 3; LR-*Becker* § 244 StPO, Rn. 220.

**2071** LR-*Becker* § 244 StPO, Rn. 220; Fragen der Zuverlässigkeit und Glaubwürdigkeit eines Zeugen sind Elemente des Beweismittels und stehen insoweit in keinem Zusammenhang mit dem Ablehnungsgrund der Bedeutungslosigkeit. Liegen nicht die Voraussetzungen für einen anderen Ablehnungsgrund vor, muss die Beurteilung der Zeugenqualität dem Gebrauch des Beweismittels in der Hauptverhandlung – also der Befragung des Zeugen – vorbehalten bleiben; sie darf nicht durch einen erweiterten Gebrauch des Ablehnungsgrundes der Bedeutungslosigkeit vorweggenommen werden (BGH, Urt. v. 12.6.1997 – 5 StR 58/97 = NJW 1997, 2762).

**2072** KK-*Krehl* § 244 StPO, Rn. 144; *Hamm/Pauly*, Beweisantragsrecht, Rn. 487 mwN; *Alsberg/Güntge*, Beweisantrag, Rn. 1163.

**2073** BGH, Beschl. v. 3.7.2007 – 5 StR 272/07 = StraFo 2007, 378; BGH, Urt. v. 3.12.2004 – 2 StR 156/04 = NJW 2005, 1132 = NStZ 2005, 224 = StV 2005, 113 mwN.

Ein Beweisantrag darf dementsprechend nicht mit der bloßen Wiedergabe des Gesetzeswortlautes als bedeutungslos abgelehnt werden.[2074] Eine nähere **Begründung** ist erforderlich, damit sich der Antragsteller auf die dadurch geschaffene Verfahrenslage einstellen[2075] und das Revisionsgericht nachprüfen kann, ob der Tatrichter bei der Ablehnung des Beweisantrags von richtigen Voraussetzungen ausgegangen ist.[2076] 887

Ein Antrag darf vor allem auch nicht deshalb als bedeutungslos zurückgewiesen werden, weil das Gericht das Gegenteil der unter Beweis gestellten Tatsache bereits für erwiesen erachtet.[2077] Der Beschluss, mit dem ein Beweisantrag wegen Bedeutungslosigkeit der behaupteten Tatsachen abgelehnt wird, muss die Erwägungen anführen, aus denen der Tatrichter ihnen keine Bedeutung beimisst.[2078] 888

Die der Ablehnung eines Beweisantrags zugrunde liegende Annahme, die unter Beweis gestellte Tatsache sei bedeutungslos, muss nicht nur zu diesem Zeitpunkt begründet sein, sondern darüber hinaus **bis zum Urteil Bestand** haben.[2079] Sie verfällt, wenn sich das Gericht im Urteil dazu in Widerspruch setzt. Dies geschieht immer dann, wenn es der behaupteten Tatsache im Urteil doch noch Bedeutung beimisst,[2080] meist allerdings in den Fällen, in denen es eine 889

**2074** S. zur Unzulässigkeit formelhafter Wendungen: BGH, Beschl. v. 19.9.2017 – 3 StR 308/17; BGH, Beschl. v. 10.11.2015 – 3 StR 322/15 = StV 2016, 341; BGH, Beschl. v. 18.3.2015 – 2 StR 462/14 = NStZ 2015, 599; BGH, Beschl. v. 22.7.2014 – 2 StR 17/14; BGH, Beschl. v. 1.10.2013 – 3 StR 135/13 = StV 2014, 262 = NStZ 2014, 110; vgl. ferner BGH, Beschl. v. 12.2.2003 – 1 StR 501/02 = NStZ 2003, 380 = StV 2003, 316; BGH, Urt. v. 26.1.2000 – 3 StR 410/99 = NStZ 2000, 267.

**2075** KK-*Krehl* § 244 StPO, Rn. 145 mwN.

**2076** BGH NStZ 1981, 401 mwN; BGH, Beschl. v. 9.4.1991 – 4 StR 132/91 = BGHR StPO § 244 Abs. 3 Satz 2 – Bedeutungslosigkeit 15; BGH, Beschl. v. 10.11.1992 – 5 StR 474/94 = NStZ 1993, 143.

**2077** LR-*Becker* § 244 StPO, Rn. 220; BGH, Urt. v. 19.9.2007 – 2 StR 248/07 = StraFo 2008, 29; BGH, Beschl. v. 5.8.1993 – 4 StR 427/93 = StV 1993, 621; BGH, Beschl. v. 1.3.1988 – 5 StR 67/88 = BGHR StPO § 244 Abs. 3 Satz 2 – Bedeutungslosigkeit 6;

**2078** Vgl. BGH, Beschl. v. 13.12.2016 – 3 StR 193/16; BGH, Beschl. v. 10.11.2015 – 3 StR 322/15 = StV 2016, 341; BGH, Beschl. v. 27.8.2013 – 4 StR 274/13 = NStZ-RR 2013, 383, 384; BGH, Beschl. v. 21.5.2013 – 2 StR 29/13 = NStZ-RR 2014, 54; BGH, Urt. v. 20.12.2012 – 3 StR 407/12, Rn. 45; BGH, Beschl. v. 27.3.2012 – 3 StR 47/12 = NStZ-RR 2012, 255; BGH, Urt. v. 7.4.2011 – 3 StR 497/10 = StraFo 2011, 227, 228.

**2079** Vgl. BGH, Beschl. v. 18.9.2012 – 3 StR 302/12 = NStZ 2013, 118; BGH, Beschl. v. 29.3.2012 – 3 StR 422/11 = NStZ 2012, 525, 526; *Hamm/Pauly*, Beweisantragsrecht, Rn. 492 mwN.

**2080** BGH, Urt. v. 17.4.2014 – 3 StR 27/14 = NStZ-RR 2014, 279; BGH, Beschl. v. 15.1.2014 – 1 StR 379/13 = StV 2014, 257 = NStZ 2014, 282; BGH, Beschl. v. 14.5.2013 – 5 StR 143/13 = StV 2014, 260, 261 = NStZ 2013, 611; BGH, Beschl. v. 27.11.2012 – 5 StR 426/12 = NStZ-RR 2013, 117; BGH, Beschl. v. 27.1.2010 – 2 StR 535/09 = BGHSt 55, 5, 8 f. = NJW 2010, 1214 = StV 2011, 713; BGH,

mit der Antragsbehauptung unvereinbare Urteilsfeststellung trifft, insbesondere das Gegenteil der behaupteten Tatsache feststellt und diese Feststellung zum Nachteil des Antragstellers verwertet. Stets liegt darin das Eingeständnis, dass die mit dem Beweisantrag vorgebrachte Behauptung nicht bedeutungslos war.[2081]

890 *Niemöller*[2082] hat darauf hingewiesen, dass nicht bereits der bloße Widerspruch zwischen den Urteilsgründen und dem tatrichterlichen Beschluss den Verfahrensfehler ausmacht. Das Gericht kann nach § 261 StPO sogar verpflichtet sein, im Urteil abweichende Feststellungen zu treffen, wenn die Beweisaufnahme nach abschließender Würdigung in der Beratung etwas anderes ergeben hat als die vorläufige Würdigung zum Zeitpunkt der Beschlussfassung. Der Rechtsfehler liegt dann nach Niemöllers Auffassung darin, dass durch die Selbstaufkündigung des Zurückweisungsgrundes durch das Tatgericht im Urteil ein Beschluss übrig bleibt, dessen Begründung gleichsam verfallen ist, so dass er einer begründungslosen Entscheidung gleichsteht. In diesem Sinne darf sich das Tatgericht zu dem ablehnenden Beschluss nicht in Widerspruch setzen, solange es nicht seinen Beschluss in der Hauptverhandlung abgeändert hat. Man kann deshalb auch – wie es die 6. Auflage vertreten hat[2083] – den Rechtsfehler darin sehen, dass die nach dem Grundsatz des fairen Verfahrens gebotene Mitteilung des Tatgerichts an den Antragsteller über den Bewertungswandel unterblieben ist. Dieser Hinweis müsste vor der Urteilsverkündung in derselben Form ergehen wie der ursprüngliche Beschluss, den er korrigiert. Auch bezogen auf diese letzte Aussage des Gerichts zur Frage der Bedeutungslosigkeit gilt wiederum der Satz, dass sich dazu die Urteilsgründe nicht in Widerspruch setzen dürfen.

891 Die beiden dogmatischen Ansätze (Kontinuitätsprinzip vs. faires Verfahren) können Bedeutung erlangen bei der Frage nach den **Rügeanforderungen** für die Beanstandung des Verfahrens in der Revisionsbegründung.

892 Soll gerügt werden, dass ein Beweisantrag als unerheblich abgelehnt worden ist, so muss das Beweisthema in der Revisionsbegründung wiederholt werden;[2084] ferner muss ausdrücklich – zweckmäßigerweise durch Wiedergabe des

---

Beschl. v. 15.10.2010 – 5 StR 119/10 = NStZ 2011, 231; BGH, Beschl. v. 20.7.2010 – 3 StR 250/10 = NStZ-RR 2010, 384 = StraFo 2010, 466; vgl. auch *Niemöller* FS Hamm, S. 545.

**2081** Vgl. *Niemöller* FS Hamm, S. 546 mwN; *Hamm/Pauly*, Beweisantragsrecht, Rn. 492.

**2082** *Niemöller* FS Hamm, S. 546 f.

**2083** 6. Aufl., Rn. 684; vgl. auch BGH NStZ 1988, 38; BGH, Beschl. v. 12.11.1991 – 4 StR 374/91 = BGHR StPO § 244 Abs. 3 Satz 2 – Bedeutungslosigkeit 18; BGH, Urt. v. 15.12.1992 – 5 StR 394/92 = StV 1993, 173.

**2084** Nicht notwendig wörtlich, aber doch in vollständiger Darstellung des Inhalts; man begnüge sich keineswegs z.B. mit dem Ausdruck „Alibibeweis".

vollständigen Beschlusses – mitgeteilt werden, dass der Beweisantrag als unerheblich abgelehnt worden ist. Wenn der Beweisantrag wegen Unerheblichkeit der Beweistatsachen abgelehnt worden ist, der Beschwerdeführer aber ihre Erheblichkeit behauptet, müssen weiterhin, sofern sie nicht auf der Hand liegen, auch die Gründe dargelegt werden, aus denen die Beweistatsachen für das Urteil von Bedeutung waren.[2085] Hat der Tatrichter im Sinne *Niemöllers*[2086] gegen den Kontinuitätsgrundsatz verstoßen, indem er einen Beweisantrag mit der Begründung abgelehnt hat, die unter Beweis gestellte Tatsache sei bedeutungslos, hat er dann aber bei der Beweiswürdigung dieselbe Tatsache (u.U. sogar zum Nachteil des Angeklagten) als bedeutsam verwertet, so ist den Anforderungen des § 344 Abs. 2 S. 2 StPO genüge getan, wenn in der Revisionsbegründung der Beweisantrag und der Beschluss mitgeteilt werden und dann nur noch auf die Stelle im Urteil hingewiesen wird, die der Annahme der Bedeutungslosigkeit widerspricht. Wer hingegen den Rechtsverstoß im Unterlassen eines Änderungsbeschlusses sieht, durch den der Antragsteller auf den Wechsel in der Beurteilung hingewiesen worden wäre,[2087] sollte in der Revisionsbegründung ausdrücklich herausstellen, dass weder ein solcher Änderungsbeschluss ergangen ist, noch ein sonstiger Hinweis auf die geänderte Beurteilung erteilt wurde.[2088]

Das **Beruhen des Urteils** auf einer unzulänglichen Begründung für die Zu- 893
rückweisung des Beweisantrages kann selten ausgeschlossen werden, auch wenn in manchen Entscheidungen des BGH eine (zu) weitgehende hypothetische eigene Beweiswürdigung mit der Formel, der Ablehnungsgrund der Bedeutungslosigkeit der behaupteten Tatsache liege auf der Hand, praktiziert wird.[2089]

### (4) Beweisbehauptung schon erwiesen (§ 244 Abs. 3 S. 3 Nr. 3 StPO)

Der für den Antragsteller angenehmste und informativste Zurückweisungsgrund 894
besteht in dem Bescheid, das Gericht sei bereits aufgrund des bisherigen Ergeb-

**2085** *Alsberg/Güntge*, Beweisantrag, Rn. 1163; LR-*Becker* § 244 StPO, Rn. 337; BayObLGSt 1949/51, 57.

**2086** *Niemöller* FS Hamm, S. 545 ff.

**2087** BGH NStZ 1988, 38 = BGHR StPO § 244 Abs. 3 Satz 2 – Hinweispflicht 1; BGH, Beschl. v. 12.11.1991 – 4 StR 374/91 = StV 1992, 147 (m. Anm. *Deckers*).

**2088** Allgemein zu dem problematischen Erfordernis des Vortrags von Negativtatsachen s. oben Rn. 311 ff.

**2089** KK-*Krehl* § 244 StPO, Rn. 234; BGH, Urt. v. 2.12.2009 – 2 StR 363/09 = StV 2010, 557; BGH, Beschl. v. 22.4.2008 – 3 StR 74/08; BGH, Beschl. v. 5.12.2007 – 5 StR 451/07 = StV 2008, 121; BGH, Beschl. v. 16.1.2007 – 4 StR 574/06 = NStZ 2007, 352 = NStZ-RR 2007, 149; BGH, Beschl. v. 20.12.2006 – 2 StR 444/06 = StV 2007, 176. Vgl. auch *Hamm/Pauly*, Beweisantragsrecht, Rn. 663.

nisses der Beweisaufnahme von der Richtigkeit der Beweistatsache überzeugt,[2090] so dass es diese dem Urteil ohne weitere Beweisaufnahme zugrunde legen kann. In dem Modell des formellen Dialogs bedeutet diese **gesetzlich erlaubte Beweisantizipation**, dass in der betreffenden Tatfrage der Antragsteller sein Ziel erreicht hat, was freilich noch nicht bedeutet, dass das Gericht auch dieselben Schlüsse aus der erwiesenen Tatsache ziehen wird.[2091] Gleichgültig ist auch, ob die Tatsache zugunsten oder zuungunsten des Angeklagten wirkt.[2092] Auf die Zusicherung, dass im Urteil von ihr nicht mehr abgewichen werde, darf der Antragsteller vertrauen. Wird aus diesem Grund ein Beweisantrag abgelehnt, dürfen sich die Urteilsfeststellungen hierzu nicht in Widerspruch setzen.[2093] Das gilt jedenfalls solange der ursprüngliche Beschluss nicht revidiert wird. Das Tatgericht hat der Beweistatsache bei der Beweiswürdigung auch die Bedeutung beizumessen, die ihr nach dem Sinn und Zweck der Beweisbehauptung unter Berücksichtigung des Verteidigungsvorbringens zukommen sollte.[2094]

895 Nur die unter Beweis gestellte Tatsache selbst, nicht auch ihr Gegenteil darf als schon erwiesen zur Begründung für die Ablehnung eines Beweisantrages herangezogen werden.[2095] Denn das wäre wiederum eine gesetzlich nicht zugelassene Beweisantizipation zu Lasten des Antragstellers.[2096]

896 Es dürfen nur solche Tatsachen als erwiesen gelten, die in den gesetzlich dafür vorgeschriebenen Formen Gegenstand der Hauptverhandlung waren.[2097]

897 Wird ein Beweisantrag mit der Begründung abgelehnt, die behaupteten Beweistatsachen seien zum Teil bereits erwiesen, zum Teil könnten sie als wahr unterstellt werden, muss der Beschluss deutlich machen, welche Tatsachen als

**2090** Vgl. allgemein KK-*Krehl* § 244 StPO, Rn. 148; *Alsberg/Güntge*, Beweisantrag, Rn. 1164 ff.; *Hamm/Pauly*, Beweisantragsrecht, Rn. 475 ff.

**2091** BGH, Urt. v. 27.6.2000 – 1 StR 665/99: Es ging um die Rüge der Staatsanwaltschaft, ein von ihr gestellter Beweisantrag sei mit der Begründung zurückgewiesen worden, die Beweisbehauptung sei bereits erwiesen, das Gericht habe aber aus der Tatsache nicht die von der Antragstellerin angestrebten Schlüsse gezogen.

**2092** *Meyer-Goßner/Schmitt* § 244 StPO, Rn. 57; LR-*Becker* § 244 StPO, Rn. 228.

**2093** *Meyer-Goßner/Schmitt* § 244 StPO, Rn. 57; BGH, Beschl. v. 13.6.2008 – 2 StR 142/08, Rn. 4; BGH NStZ 1989, 1983 = NJW 1989, 845 = BGHR StPO § 244 Abs. 3 Satz 2 – erwiesene Tatsache 1.

**2094** Vgl. BGHR StPO § 244 Absatz 3 Satz 2 – erwiesene Tatsache 2.

**2095** LR-*Becker* § 244 StPO, Rn. 228 mwN; KK-*Krehl* § 244 StPO, Rn. 148; BGH StV 1986, 418, 419; BGHR StPO § 244 Abs. 3 Satz 2 – Bedeutungslosigkeit 6; BGHR StPO § 244 Abs. 6 – Beweisantrag 9; BGHR StPO § 244 Abs. 3 Satz 2 – Prozessverschleppung 6.

**2096** *Dahs*, Revision, Rn. 347; BGH MDR 1974, 16 (bei *Dallinger*); BGH NStZ 1982, 189 (bei *Miebach*).

**2097** Beispiel für eine entsprechende Verfahrensrüge bei *Hamm*, Formularbuch, IX.D.4.

erwiesen angesehen und welche als wahr unterstellt werden, da bereits erwiesene Tatsachen zum Nachteil des Angeklagten verwertet werden dürfen, als wahr unterstellte dagegen nicht.[2098]

#### (5) Beweismittel ungeeignet (§ 244 Abs. 3 S. 3 Nr. 4 StPO)

Nach der ständigen Rechtsprechung des BGH ist ein Beweismittel dann als völ- 898
lig ungeeignet[2099] anzusehen, wenn das Gericht ohne jede Rücksicht auf das bisher gewonnene Beweisergebnis sagen kann, dass sich mit diesem Beweismittel das im Beweisantrag in Aussicht gestellte Ergebnis nach sicherer Lebenserfahrung nicht erzielen lässt.[2100] Die absolute Untauglichkeit muss sich aus dem Beweismittel im Zusammenhang mit der Beweisbehauptung **selbst** ergeben.[2101] Das sonstige Ergebnis der Beweisaufnahme darf hierzu nicht herangezogen werden.[2102] Es ist also nicht zulässig, allein aus dem Ergebnis der schon durchgeführten Beweisaufnahme einen Schluss auf die Wertlosigkeit des zu benutzenden Beweismittels zu ziehen. Wollte man einen solchen Schluss zulassen, so würde man den legitimen Versuch eines Prozessbeteiligten verhindern, die aus den bisher verwendeten Beweismitteln erwachsenen Vorstellungen von den zu untersuchenden Ereignissen oder Zuständen durch einen Gegenbeweis auszuräumen, und damit die dem Gericht obliegende vollständige Aufklärung des Sachverhalts beeinträchtigen.[2103] Der Ablehnungsgrund der „völligen Ungeeignetheit" beruht allein auf der Erwägung, dass es dem Gericht nicht zuzumuten ist, Beweise zu erheben, von deren **völliger Nutzlosigkeit** es überzeugt ist, weil sie schon bei abstrakter Betrachtungsweise schlechterdings nicht zur Sachaufklärung dienen können.

---

**2098** BGH StV 1983, 319. Hierzu auch unten Rn. 927 f.

**2099** Vgl. allgemein KK-*Krehl* § 244 StPO, Rn. 149 ff.; *Alsberg/Güntge*, Beweisantrag, Rn. 1177 ff.

**2100** BGH, Urt. v. 21.8.2014 – 1 StR 13/14 = StV 2015, 83; BGH, Beschl. v. 30.1.2013 – 4 StR 380/12 = NStZ 2013, 290; BGH, Urt. v. 30.1.2013 – 2 StR 468/12 = NStZ-RR 2013, 185; BGH, Urt. v. 27.4.1993 – 1 StR 123/93 = StV 1993, 508; BGH, Urt. v. 4.3.1993 – 2 StR 503/92 = StV 1993, 340, 341 = NStZ 1993, 395

**2101** BGH, Urt. v. 27.4.1993 – 1 StR 123/93 = StV 1993, 508 = BGHR StPO § 244 Abs. 3 Satz 2 – Ungeeignetheit 12.

**2102** LR-*Becker* § 244 StPO, Rn. 243; BGH, Beschl. v. 4.12.2012 – 4 StR 372/12 = StV 2013, 374 = NStZ 2013, 476; BGH, Beschl. v. 27.5.2009 – 1 StR 218/09 = StV 2010, 52 = NStZ 2010, 52; BGH, Beschl. v. 6.3.2008 – 5 StR 617/07 = StV 2009, 4 = NStZ 2008, 351; BGHR StPO § 244 Abs. 3 Satz 2 – Ungeeignetheit 4; BGH, Beschl. v. 15.3.2007 – 4 StR 66/07 = StraFo 2007, 293 = NStZ 2007, 476 = StV 2008, 337; BGH, Beschl. v. 7.1.2004 – 5 StR 391/03 = NStZ 2004, 508 = StV 2004, 465.

**2103** Vgl. hierzu *Hamm/Pauly*, Beweisantragsrecht, Rn. 386; BGH StV 1993, 508 = BGHR StPO § 244 Abs. 3 Satz 2 – Ungeeignetheit 12.

899 Die Ablehnung eines Beweisantrages mit der Begründung, das Beweismittel sei völlig ungeeignet, ist stets in der Gefahr, das Verbot der Beweisantizipation zu verletzen. Das ist bei der Entscheidung über den Beweisantrag zu beachten.[2104] Von besonderer Bedeutung ist dies etwa, wenn ein Beweisantrag mit der Begründung abgelehnt werden soll, ein Zeuge sei ein völlig ungeeignetes Beweismittel, weil er sich wegen des Zeitablaufs voraussichtlich an die Beweistatsache nicht mehr erinnern könne.[2105] Ein geminderter, geringer oder zweifelhafter Beweiswert darf nicht mit völliger Ungeeignetheit gleichgesetzt werden.[2106] Ebenso wenig darf ein Beweisantrag als ungeeignet zurückgewiesen werden, wenn das Gericht davon überzeugt ist, die beantragte Beweiserhebung sei nicht geeignet, das bisherige Beweisergebnis zu widerlegen.[2107]

900 Ist ein **Zeuge** benannt, so kommt es darauf an, ob Umstände vorliegen, die eindeutig dagegen sprechen, er könne im Falle einer Aussage vor Gericht etwas zur Sachaufklärung beitragen.[2108] In Fällen, in denen ein Zeuge für länger zurückliegende Vorgänge benannt wird, hat der Tatrichter die Eignung des Beweismittels zu beurteilen anhand allgemeiner Lebenserfahrung unter Berücksichtigung aller Umstände, die dafür oder dagegen sprechen, dass der Zeuge die in sein Wissen gestellten Wahrnehmungen gemacht und im Gedächtnis behalten hat.[2109] Ein Zeuge kann ein völlig ungeeignetes Beweismittel sein, wenn er alleine zum Beweis für innere Vorgänge bei einem anderen Menschen benannt wird, aber keine äußerlich wahrnehmbaren Tatsachen erkennbar sind, die es dem Zeugen ermöglicht haben können, auf jene inneren Tatsachen zu schließen.[2110]

**2104** BGHR StPO § 244 Abs. 3 Satz 2 – Ungeeignetheit 4; BGH, Urt. v. 27.4.1993 – 1 StR 123/93 = StV 1993, 508 = BGHR StPO § 244 Abs. 3 Satz 2 – Ungeeignetheit 12; BGH, Beschl. v. 7.1.2004 – 5 StR 391/03 = NStZ 2004, 508 = StV 2004, 465.

**2105** Zu dieser Konstellation vgl. *Hamm/Pauly*, Beweisantragsrecht, Rn. 390; BGH, Beschl. v. 5.10.2011 – 4 StR 465/11 = StV 2013, 70; BGHR StPO § 244 Abs. 3 Satz 2 – Ungeeignetheit 4.

**2106** BGH, Urt. v. 27.4.1993 – 1 StR 123/93 = StV 1993, 508 = BGHR StPO § 244 Abs. 3 Satz 2 – Ungeeignetheit 12.

**2107** *Dahs*, Revision, Rn. 348; BGH NStZ 1989, 219 (bei *Miebach*); BGH NStE Nr. 98 zu § 244 StPO.

**2108** BGH, Urt. v. 27.4.1993 – 1 StR 123/93 = StV 1993, 508 = BGHR StPO § 244 Abs. 3 Satz 2 – Ungeeignetheit 12 mwN.

**2109** BGH, Beschl. v. 5.10.2011 – 4 StR 465/11 = StV 2013, 70; BGH, Urt. v. 15.12.1992 – 1 StR 617/92 = NStZ 1993, 295; dazu näher *Hamm/Pauly*, Beweisantragsrecht, Rn. 390 f.

**2110** Zu dieser Konstellation: *Hamm/Pauly*, Beweisantragsrecht, Rn. 389; *Meyer-Goßner/Schmitt* § 244 StPO, Rn. 59; BGH, Beschl. v. 2.8.2011 – 3 StR 237/11; BGH, Beschl. v. 29.5.2008 – 1 StR 189/08 = NStZ 2008, 580; BGH StV 1984, 61; BGH StV 1987, 236; vgl. auch BGH, Urt. v. 6.7.1993 – 5 StR 279/93 = StV 1993, 454 (m. abl. Anm. *Hamm*) = NStZ 1993, 550 (m. zust. Anm. *Widmaier* NStZ 1993, 602); KG VRS 43, 199.

Die besonderen persönlichen Verhältnisse des Zeugen machen ihn nur in Ausnahmefällen zu einem völlig ungeeigneten Beweismittel.[2111] Der Antrag auf Vernehmung eines Zeugen darf nicht wegen seines Aussageverhaltens als früherer Angeklagter abgelehnt werden.[2112] Der Tatsache, dass der Zeuge als Angeklagter Angaben zur Person verweigert hat, kann nicht ohne Weiteres entnommen werden, dass er als Zeuge von einem etwaigen Auskunftsverweigerungsrecht nach § 55 StPO Gebrauch machen wird. 901

**Sachverständige** sind ein völlig ungeeignetes Beweismittel, wenn es an einer tatsächlichen Grundlage für das Gutachten fehlt.[2113] Aber selbst wenn der Sachverständige nur solche Erfahrungssätze und Schlussfolgerungen darzulegen vermag, die die unter Beweis gestellte Behauptung mehr oder weniger wahrscheinlich machen, ist das Gericht nicht berechtigt, den gestellten Beweisantrag wegen „völliger" Ungeeignetheit des Beweismittels zurückzuweisen.[2114] Ein Sachverständiger ist schon dann kein völlig ungeeignetes Beweismittel, wenn er zwar ganz sichere und eindeutige Schlüsse nicht ziehen kann, wenn seine Folgerungen die unter Beweis gestellte Behauptung aber doch als mehr oder weniger wahrscheinlich erscheinen lassen und deshalb unter Berücksichtigung des sonstigen Beweisergebnisses Einfluss auf die Überzeugungsbildung des Gerichts erlangen können.[2115] 902

Lange Zeit hat die Rechtsprechung die Methode der Glaubwürdigkeitsbegutachtung von Zeugen (und Angeklagten) mittels polygraphischer Untersuchung **(„Lügendetektor")** nicht unter dem Aspekt der Eignung, sondern unter dem der 903

**2111** *Meyer-Goßner/Schmitt* § 244 StPO, Rn. 59b; *Alsberg/Güntge*, Beweisantrag, Rn. 1184 ff.; BGH NStZ 1984, 42, 43; BGH StV 1985, 356.

**2112** BGH NStZ 1981, 487 = StV 1982, 2; BGH, Beschl. v. 24.4.1990 – 5 StR 123/90 = StV 1990, 394 = BGHR StPO § 244 Abs. 3 Satz 2 – Prozessverschleppung 4 bzw. Ungeeignetheit 8.

**2113** Vgl. BGH, Beschl. v. 7.8.2008 – 3 StR 274/08 = StraFo 2008, 473 = NStZ 2009, 48; BGH, Beschl. v. 28.10.2008 – 3 StR 364/08 = StV 2009, 116 = NStZ 2009, 346; BGH, Beschl. v. 17.7.2008 – 3 StR 250/08 = NStZ 2009, 51 = StV 2008, 567 BGHSt 14, 339, 342; BGH MDR 1977, 108 (bei *Holtz*); BGHR StPO § 244 Abs. 3 Satz 2 – Ungeeignetheit 3; BGHR StPO § 244 Abs. 3 Satz 2 – Ungeeignetheit 6.

**2114** Vgl. BGH, Urt. v. 9.7.2015 – 3 StR 516/14 = StV 2016, 337; BGH, Beschl. v. 30.9.2014 – 3 StR 351/14 = StV 2015, 206; BGH, Beschl. v. 14.8.2013 – 4 StR 308/13; BGH, Urt. v. 1.12.2011 – 3 StR 284/11 = StV 2013, 481 = NStZ 2012, 345; BGH, Beschl. v. 4.10.2012 – 3 StR 358/12; BGH, Urt. v. 6.7.2011 – 2 StR 124/11 = StV 2011, 711; BGH, Beschl. v. 24.8.2007 – 2 StR 322/07 = NStZ 2008, 116; BGH NStZ 1985, 515, 516 mwN; BGHR StPO § 244 Abs. 3 Satz 2 – Ungeeignetheit 6.

**2115** KK-*Krehl* § 244 StPO, Rn. 154 mwN; HK-StPO/*Julius* § 244 StPO, Rn. 46; BGH, Urt. v. 12.1.1993 – 5 StR 594/92 = wistra 1993, 112.

Unzulässigkeit geprüft und verworfen.[2116] Seit dem Jahre 1998 hat sich der BGH dafür entschieden, in dem Verfahren des sog. Tatwissenstests nicht mehr eine Verletzung der Menschenwürde zu sehen, sondern ein Problem der Eignung zur Wahrheitsermittlung. Nach eigenen Sachverständigenanhörungen kam der Senat zu dem Ergebnis, dass es sich bei der Methode um ein völlig ungeeignetes Beweismittel im Sinne des jetzt in § 244 Abs. 3 S. 3 Nr. 4 StPO geregelten Ablehnungsgrundes handelt.[2117] Damit ist jedenfalls bis zu dem Zeitpunkt, in dem neue Erkenntnisse, bessere Testverfahren oder Geräte, deren Ergebnisse richterlich überprüfbar sind, vorliegen, der Polygraph aus unseren Strafverfahren verbannt.[2118]

#### (6) Beweismittel unerreichbar (§ 244 Abs. 3 S. 3 Nr. 5 StPO)

904 Ein Beweismittel ist unerreichbar,[2119] wenn alle seiner Bedeutung und seinem Wert entsprechenden Bemühungen des Gerichts, es beizubringen, erfolglos geblieben sind und keine begründete Aussicht besteht, es in absehbarer Zeit herbeizuschaffen.[2120]

905 Bei der Beurteilung der Frage, welche Bemühungen das Gericht zur Beseitigung auftretender Hindernisse unternehmen muss, sind die Bedeutung der Sache und die Wichtigkeit der Zeugenaussage einerseits sowie das Interesse an einer reibungslosen und beschleunigten Durchführung des Verfahrens andererseits gegeneinander abzuwägen.[2121] Hierüber entscheidet der Tatrichter nach pflichtgemäßem Ermessen.[2122] Hat der Tatrichter vergebliche Bemühungen unternommen, um einen Zeugen zu ermitteln, ist es seiner vom Revisionsgericht

**2116** BGHSt 5, 332; noch zweifelnd ohne Bezug zum Beweisantragsrecht BGH, Beschl. v. 14.10.1998 – 3 StR 236/98 = NJW 1999, 662 = StV 1999, 4.

**2117** BGH, Urt. v. 17.12.1998 – 1 StR 156/98 = BGHSt 44, 308 = NJW 1999, 657. Dazu *Hamm* NJW 1999, 922; *Amelung* JR 1999, 382; *Artkämper* NJ 1999, 153; *Meyer-Mews* NJW 2000, 916; *Kargl* JuS 2000, 537; *Schoreit* StV 2004, 284. BGH, Beschl. v. 30.11.2010 – 1 StR 509/10 = StV 2011, 518 = NStZ 2011, 474; *Hamm/Pauly*, Beweisantragsrecht, Rn. 353.

**2118** Vgl. hierzu aber *Putzke/Scheinfeld/Klein/Undeutsch* ZStW 121 (2009), 607.

**2119** Vgl. allgemein KK-*Krehl* § 244 StPO, Rn. 156 ff.; *Alsberg/Güntge*, Beweisantrag, Rn. 1209 ff.; *Hamm/Pauly*, Beweisantragsrecht, Rn. 404 ff., 672.

**2120** *Meyer-Goßner/Schmitt* § 244 StPO, Rn. 62a; KK-*Krehl* § 244 StPO, Rn. 156; BGH, Beschl. v. 5.12.2019 – 1 StR 517/19; BGHSt 32, 68, 73; BGHSt 22, 118, 120; BGH, Urt. v. 4.8.1992 – 1 StR 246/92 = NStZ 1993, 50 = BGHR StPO § 244 Abs. 3 Satz 2 – Unerreichbarkeit 13; OLG Düsseldorf, Urt. v. 9.3.1993 – 5 Ss 397/92 = StV 1993, 514.

**2121** BGH, Beschl. v. 8.3.2001 – 1 StR 573/00 = StraFo 2001, 196; BGH, Urt. v. 3.3.1993 – 2 StR 328/92 = NStZ 1993, 349 = BGHR StPO § 244 Abs. 3 Satz 2 – Unerreichbarkeit 16.

**2122** *Dahs*, Revision, Rn. 349 mwN.

nur auf Rechtsfehler zu überprüfenden Würdigung vorbehalten, ob weitere Ermittlungen noch Erfolg versprechend gewesen wären.[2123] Ein Zeuge ist beispielsweise dann unerreichbar, wenn Ermittlungen nach dessen Aufenthalt mangels jeglicher Anhaltspunkte von vornherein aussichtslos oder Bemühungen des Gerichts, die unter Beobachtung der ihm obliegenden Aufklärungspflicht vorgenommen wurden, erfolglos geblieben sind.[2124]

Das Vorliegen der Tatsachen, aus denen das Tatgericht die Unerreichbarkeit 906
des Beweismittels herleitet, ist in der den Beweisantrag ablehnenden Entscheidung darzulegen.[2125]

Offen gelassen hat der Bundesgerichtshof,[2126] ob an die Ablehnung eines 907
**Hilfsbeweisantrages** wegen Unerreichbarkeit in den Urteilsgründen geringere Anforderungen zu stellen sind, weil in diesen Fällen die Notwendigkeit entfalle, dem Angeklagten Gelegenheit zu zweckentsprechender Reaktion auf die Ablehnung zu geben. Die Frage ist zu verneinen, weil die Darlegung der Bemühungen des Gerichts, das Beweismittel herbeizuschaffen, und der Gründe, aus denen dies nicht möglich erschien, auch die Aufgabe hat, dem Revisionsgericht die Überprüfung zu ermöglichen, ob das Tatgericht den Rechtsbegriff der Unerreichbarkeit verkannt haben kann. Dies muss in den Urteilsgründen genauso erfolgen wie in einem in der Hauptverhandlung verkündeten Beschluss.

Wenn ein Zeuge, dessen Aufenthalt bekannt ist, für eine Vernehmung 908
in der Hauptverhandlung nicht erreichbar ist, muss geprüft werden, ob eine **kommissarische oder eine audiovisuelle Vernehmung** möglich und sinnvoll ist.[2127] Von einer an sich durchführbaren kommissarischen Vernehmung kann allerdings abgesehen werden, wenn nur eine Vernehmung des Zeugen vor dem erkennenden Gericht zur Wahrheitsfindung beizutragen vermag.[2128] Ob

---

**2123** Vgl. *Alsberg/Güntge*, Beweisantrag, Rn. 1214 f.; BGH JR 1969, 266, 267; BGH StV 1983, 90; BGH, Urt. v. 20.1.1989 – 2 StR 564/88 = BGHR StPO § 244 Abs. 3 Satz 2 – Unerreichbarkeit 6; BGH, Urt. v. 10.11.1992 – 1 StR 685/92 = BGHR StPO § 244 Abs. 6 – Beweisantrag 23.

**2124** BGH MDR 1954, 531 (bei *Holtz*); BGH, Urt. v. 4.8.1992 – 1 StR 246/92 = NStZ 1993, 50 = BGHR StPO § 244 Abs. 3 Satz 2 – Unerreichbarkeit 13 mwN.

**2125** LR-*Becker* § 244 StPO, Rn. 264; BGHR StPO § 244 Abs. 3 Satz 2 – Unerreichbarkeit 1, 5 und 13.

**2126** BGHR StPO § 244 Abs. 3 Satz 2 – Unerreichbarkeit 1.

**2127** KK-*Krehl* § 244 StPO, Rn. 169 mwN; zur Auslegung entsprechender Beweisanträge vgl. BGH, Urt. v. 15.9.1999 – 1 StR 286/99 = BGHSt 45, 188 = NJW 1999, 3788 = StV 1999, 580. S. ergänzend auch BGH, Beschl. v. 9.10.2007 – 5 StR 344/07 = StV 2009, 454; BGH, Beschl. v. 23.11.2006 – 4 StR 33/06; BGHSt 22, 118, 122.

**2128** Vgl. hierzu allgemein *Hamm/Pauly*, Beweisantragsrecht, Rn. 425 ff.; BGH, Beschl. v. 28.1.2010 – 3 StR 274/09, Rn. 34 = BGHSt 55, 11, 22 = NJW 2010, 2365 = StV 2010 560; BGH,

dies – z.B. bei einer Gegenüberstellung mit dem in Haft befindlichen Angeklagten – der Fall ist, hat der Tatrichter nach pflichtgemäßem Ermessen zu entscheiden.[2129] Die für die Ausübung des Ermessens maßgebenden Erwägungen müssen erkennen lassen, weshalb eine nur kommissarische Vernehmung zur Sachaufklärung ungeeignet und daher ohne jeden Beweiswert ist.[2130]

909 Wird ein Beweisantrag mit einer solchen Begründung zurückgewiesen, kann gerügt werden, dass die Erwägungen des Tatrichters nicht schlüssig ergeben, weshalb die Vernehmung vor einem ersuchten Richter zur Sachaufklärung ungeeignet und daher ohne jeden Beweiswert sein soll.[2131] Dafür ist es u.a. erforderlich, dass man in der Revisionsbegründung auf das Beweisthema und seine Bedeutung für die Sachaufklärung eingeht.

910 Trägt der Beschwerdeführer vor, der von ihm benannte Zeuge sei **nicht unerreichbar** (gewesen), muss er nicht nur den Beweisantrag und den Ablehnungsbeschluss wiedergeben.[2132] Er muss auch vollständig vortragen, was das Gericht mit welchem Ergebnis getan hat, um den Zeugen zu erreichen.[2133] Außerdem muss er darlegen, weshalb das Gericht nicht genug getan hat. So müssen die Tatsachen angegeben werden, aus denen sich ergibt, dass der Zeuge in Wahrheit, für den Tatrichter erkennbar, doch erreichbar war.[2134]

911 Für das **Ausmaß angemessener Bemühungen** ist auch die Bedeutung des Beweisthemas nicht gleichgültig. Deshalb muss auch der Beweisantrag vollständig wiedergegeben werden, wenn die fehlerhafte Anwendung des Ablehnungsgrundes der Unerreichbarkeit gerügt wird. Das gilt erst recht dann, wenn die Rüge darauf gerichtet ist, dass nicht wenigstens von der Möglichkeit der audiovisuellen Vernehmung nach § 247a StPO Gebrauch gemacht wurde.[2135]

---

Beschl. v. 1.12.1992 – 1 StR 759/92 = StV 1993, 232 = BGHR StPO § 244 Abs. 3 Satz 2 – Unerreichbarkeit 15.

**2129** Vgl. BGH, Beschl. v. 7.5.2014 – 2 StR 506/13; BGH, Beschl. v. 30.11.2010 – 3 StR 418/10 = NStZ 2011, 422; BGH NStZ 1985, 375, 376; BGHR StPO § 244 Abs. 3 Satz 2 – Unerreichbarkeit 7.

**2130** BGHSt 13, 300, 302 = MDR 1960, 154; BGHSt 22, 118, 122; BGH GA 1971, 85; BGH GA 1975, 237 = DAR 1976, 95; BGH MDR 1978, 459 (bei *Holtz*); BGH MDR 1979, 807 (bei *Holtz*); BGH GA 1980, 355; BGH NStZ 1985, 375, 376; BGH, Beschl. v. 17.6.1992 – 1 StR 196/92 = StV 1992, 548; BGH, Beschl. v. 5.8.1992 – 3 StR 237/92 = BGHR § 244 Abs. 2 – Auslandszeuge 5.

**2131** BGH StV 1983, 185 = NStZ 1983, 325 = JR 1984, 129.

**2132** BGH NStZ 1984, 329, 330.

**2133** Vgl. hierzu: BGH, Beschl. v. 21.12.2010 – 3 StR 462/10 = StraFo 2011, 99; BGH, Beschl. v. 25.7.2002 – 3 StR 203/02; BGH, Beschl. v. 13.3.1997 – 1 StR 72/97 = NStZ-RR 1997, 304 = StV 1999, 195; LR-*Becker* § 244 StPO, Rn. 373; KK-*Krehl* § 244 StPO, Rn. 228.

**2134** Zu den Rügeanforderungen: BGH, Beschl. v. 25.2.2015 – 2 StR 16/14 = NStZ 2015, 346; BGH, Beschl. v. 14.1.2010 – 1 StR 620/09 = NStZ 2010, 403 = StraFo 2010, 150.

**2135** BGH, Beschl. v. 25.7.2002 – 3 StR 203/02 = BGHR StPO § 247a Audiovisuelle Vernehmung 5.

Stellt das Revisionsgericht bei der Verfahrensrüge, der Tatrichter habe einen Beweisantrag auf Vernehmung eines Zeugen rechtsfehlerhaft wegen Unerreichbarkeit des Beweismittels abgelehnt, im Wege des Freibeweisverfahrens fest, dass der Zeuge nicht bereit ist, vor Gericht zu erscheinen, so kann offenbleiben, ob der Tatrichter seine Prüfungspflicht unvollständig erfüllt hat.[2136] 912

Gibt das Gericht einem Beweisantrag statt und erkennt es somit einen Beweiserhebungsanspruch an, und stellt sich erst danach bei dem Versuch, den Zeugen zu laden, die Frage nach der Erreichbarkeit, so kann eine **Korrektur der ursprünglichen Entscheidung** des Gerichts oder des Vorsitzenden nur durch Gerichtsbeschluss erfolgen. Darin ist dann wiederum im Einzelnen darzulegen, dass das Gericht unter Beachtung seiner Aufklärungspflicht alle der Bedeutung der Aussage für die Entscheidung entsprechenden Bemühungen vergeblich entfaltet hat und keine begründete Aussicht bestand, den Zeugen in absehbarer Zeit zu erreichen.[2137] 913

Für die Ablehnung von Beweisanträgen, die auf die **Vernehmung von V-Leuten** als Zeugen gerichtet sind, hat die Rechtsprechung eine Reihe von Grundsätzen erarbeitet. Das Gericht darf einen Beweisantrag auf Vernehmung eines unbekannten Informanten[2138] nicht mit der Begründung ablehnen, der Informant könne nicht identifiziert werden, weil die Staatsanwaltschaft ihm Vertraulichkeit zugesichert habe. Lassen sich Name und Anschrift des Informanten nicht anders feststellen, so kann und muss das Gericht von allen öffentlichen Behörden – auch von der Staatsanwaltschaft und der Polizei – diejenigen Auskünfte verlangen, die es zur Ermittlung der Beweisperson für erforderlich hält. Die Auskunft darf in **entsprechender Anwendung des § 96 StPO** nur verweigert werden, wenn die oberste Dienstbehörde erklärt, dass das Bekanntwerden ihres Inhalts dem Wohl des Bundes oder eines deutschen Landes Nachteile bereiten würde. Solange eine solche Erklärung nicht vorliegt, darf der Gewährsmann nicht als ein unerreichbares Beweismittel im Sinne des § 244 Abs. 3 S. 3 Nr. 5 StPO angesehen werden.[2139] 914

---

**2136** BGH, Urt. v. 3.3.1993 – 2 StR 328/92 = NStZ 1993, 349 = BGHR StPO § 244 Abs. 3 Satz 2 – Unerreichbarkeit 16; vgl. auch *Hamm/Pauly*, Beweisantragsrecht, Rn. 675.

**2137** BGH, Beschl. v. 19.4.1983 – 1 StR 215/83 = StV 1983, 318.

**2138** Zur Problematik der Unerreichbarkeit eines V-Mannes wegen der Weigerung der Polizeibehörden, seine Identität preiszugeben, vgl. auch BVerfGE 57, 250 = NJW 1981, 1719 = StV 1981, 381; BGH StV 1982, 56; BGH StV 1982, 206; BGH StV 1983, 49; BGHSt 36, 159, 165 = NJW 1989, 3291; *Lüderssen*, V-Leute, 1985; *ders.* FS Klug, S. 527; *ders.* StV 2002, 169 und *Herzog* StV 2003, 410 zur Einstellung des NPD-Verbotsverfahrens.

**2139** BGHR StPO § 244 Abs. 3 Satz 2 – Unerreichbarkeit 3; vgl. auch BGHSt 29, 390, 393 = NJW 1981, 355 = StV 1981, 58 = JR 1981, 477; BGHSt 30, 34; BGHSt 32, 115, 123 f.; BGH StV 1982, 206;

915 Der Tatrichter muss gegebenenfalls bei der obersten Dienstbehörde[2140] Gegenvorstellung erheben, wenn diese eine als Zeuge benannte Person nur mit allgemeinen, nicht auf den Einzelfall bezogenen Erwägungen sperrt. Er darf die Gegenvorstellung nicht dadurch ersetzen, dass er die Umstände nachschiebt, auf welche die oberste Dienstbehörde sich nicht berufen hatte.[2141]

916 Auch eine rechtmäßige Sperrerklärung führt nicht zu einem Beweisverbot, so dass ein entsprechender Beweisantrag nicht nach § 244 Abs. 3 Satz 2 StPO zurückgewiesen werden darf. Sie bedeutet nur, dass das mit der Sache befasste Gericht die Weigerung der Behörde, die Identität eines Zeugen zu offenbaren, hinnehmen muss. Kennt das Gericht aber aus den Akten oder aus sonstigen Erkenntnisquellen die Identität des Zeugen, so steht seiner Ladung und Vernehmung die Sperrerklärung nicht entgegen.[2142] Der Tatrichter darf nämlich auch dann, wenn eine Sperrerklärung vorliegt, einen aktenkundigen oder ihm sonst bekannt gewordenen Anhaltspunkt dafür, wie eine nach den Regeln der Strafprozessordnung gebotene Beweiserhebung durchgeführt werden kann, nicht unberücksichtigt lassen.[2143] Von der Vernehmung eines solchen Zeugen kann aber abgesehen werden, soweit durch die Vernehmung Gefahr für Leib oder Leben des Zeugen droht.[2144] Dies prüft das Gericht in eigener Verantwortung.[2145]

### (7) Wahrunterstellung (§ 244 Abs. 3 S. 3 Nr. 6 StPO)

917 Die durch § 244 Abs. 3 Satz 3 Nr. 6 StPO geregelte Möglichkeit, eine beantragte Beweiserhebung abzulehnen, wenn die behauptete Beweistatsache so behandelt werden kann, „als wäre sie wahr“,[2146] wird häufig mit dem Zurückweisungsgrund

BGHR StPO § 244 Abs. 3 Satz 2 – Unerreichbarkeit 2; vgl. ferner BGH, Beschl. v. 26.6.2001 – 1 StR 197/01 = StV 2001, 549 = NStZ 2001, 656.

**2140** Zuständig ist nach h.M. der Innenminister des jeweiligen Bundeslandes, BGH, Urt. v. 16.2.1995 – 4 StR 733/94 = BGHSt 41, 36 = NJW 1995, 2569 = StV 1995, 225; a.A. *G. Schäfer* NStZ 1990, 46: Zuständigkeit des Justizministers; vgl. *Hamm/Pauly*, Beweisantragsrecht, Rn. 440 ff.

**2141** BGHR StPO § 244 Abs. 3 Satz 2 – Unerreichbarkeit 8.

**2142** BGH, Beschl. v. 10.2.1993 – 5 StR 550/92 = BGHSt 39, 141 = NJW 1993, 1214 = StV 1993, 170.

**2143** BGH, Beschl. v. 17.11.1992 – 1 StR 752/92 = StV 1993, 113 = NStZ 1993, 248 = BGHR StPO § 244 Abs. 3 Satz 2 – Unerreichbarkeit 14.

**2144** BGH, Beschl. v. 10.2.1993 – 5 StR 550/92 = StV 1993, 170 = NStZ 1993, 293, 294 = NJW 1993, 1214.

**2145** Vgl. BGH NStZ 1984, 31; BGHSt 33, 70, 74 f.

**2146** Vgl. allgemein KK-*Krehl* § 244 StPO, Rn. 183 ff.; *Hamm/Pauly*, Beweisantragsrecht, Rn. 494 ff.; *Alsberg/Güntge*, Beweisantrag, Rn 1265 ff.; *Born*, Wahrunterstellung zwischen Aufklärungspflicht und Beweisablehnung wegen Unerheblichkeit; *Bringewat* MDR 1986, 353; *Mül-*

„für die Entscheidung ohne Bedeutung“ verwechselt. Das liegt daran, dass in der Alltagssprache die Formulierung, etwas könne als richtig („wahr“) unterstellt werden, gewöhnlich bedeutet, dass es darauf nicht ankommt, dass der betreffende Umstand also für das zu lösende Problem keine Bedeutung hat. §244 Abs. 3 Satz 3 Nr. 6 StPO stellt aber ausdrücklich klar, dass gerade dies nicht gemeint ist: Nicht die Unerheblichkeit ist Inhalt der Wahrunterstellung, sondern die **Erheblichkeit** ihre Voraussetzung. Andererseits darf „erheblich“ aber auch nicht mit „ausschlaggebend“ verwechselt werden, weil ein Urteil letztlich niemals auf eine bloße Unterstellung gegründet sein darf.[2147] Das wäre ein Verstoß gegen die Aufklärungspflicht. Da zudem noch die Wahrunterstellung nur *zugunsten* des Angeklagten (also nicht unbedingt: zugunsten des Antragstellers) zulässig ist, könnte man annehmen, ihre Handhabung gleiche der Quadratur des Kreises: Wie soll sich eine Tatsache zugunsten des Angeklagten auswirken, die doch nicht zum tragenden Grund für einen Freispruch werden darf und die dennoch erheblich ist?

Die Lösung liegt darin, dass dieser Zurückweisungsgrund keine Aussage 918
über das Ergebnis der tatrichterlichen Beweiswürdigung enthält, sondern lediglich eine vorläufige Prognose über die Rolle der Beweisbehauptung bei der Urteilsberatung. Der Beschluss, durch den ein Beweisantrag mit einer Wahrunterstellung abgelehnt wird, enthält die Zusage, die betreffende Tatsache dabei in Erwägung zu ziehen, und zwar nur in ihrer entlastenden Beweisbedeutung. Der Beschluss enthält daneben aber auch die Prognose, dass diese Berücksichtigung eine Verurteilung des Angeklagten letztlich nicht hindern wird. Der Verteidiger, der noch das Ziel eines Freispruchs verfolgt, tut also gut daran, die Zurückweisung eines darauf gerichteten Beweisantrages mit dieser Begründung als **Alarmzeichen** zu verstehen. Sie bedeutet bei richtiger Anwendung, dass das Gericht die Beachtlichkeit des aus dem tatsächlichen Vorbringen folgenden Argumentes gegen einen Schuldspruch erkennt und zu bedenken verspricht, aber im Zeitpunkt der Beschlussfassung prognostiziert, trotzdem verurteilen zu können.[2148]

Eine so weitgehende „Voraussage“ seiner Entscheidung ist dem Tatrichter im 919
Beweisantragsrecht sonst nicht erlaubt. Sie rechtfertigt sich hier auch nur deshalb, weil sie nicht zu einer Einschränkung des Beweiserhebungsanspruchs führt: Mehr als dass die Beweisbehauptung ohne jede Einschränkung zu seinen Gunsten dem Urteil zugrunde gelegt wird, kann der Angeklagte auch durch die

---

*ler* GS K. H. Meyer, S. 285; *v. Stackelberg* FS Sarstedt, S. 373; *Tenckhoff*, Die Wahrunterstellung im Strafprozess; *Willms* FS K. Schäfer, S. 275.

**2147** *Hamm/Pauly*, Beweisantragsrecht, Rn. 495 („Hierarchie von Erheblichkeit zur Wahrunterstellung“).

**2148** Vgl. *Sarstedt* DAR 1964, 307 ff.

beantragte Beweiserhebung nicht erreichen – eher weniger! Für diesen Vorteil muss er in Kauf nehmen, dass das Gericht sich schon anlässlich der Bescheidung des Beweisantrages Gedanken darüber macht, ob nicht die Aufklärungspflicht umgekehrt gebietet, die Richtigkeit der Beweisbehauptung durch Beweiserhebungen zu überprüfen. Nur wenn es dabei zu einem negativen Ergebnis kommt, darf es die Zusage geben, im Urteil von der Richtigkeit des Vorbringens auszugehen und bei der Beweiswürdigung (Beratung) die als wahr unterstellte Tatsache nur als Entlastungsmoment in Betracht zu ziehen. Mit der Amtsaufklärungspflicht bleibt dieses Verfahren bis zur Urteilsverkündung aber nur dann vereinbar, wenn sich nicht herausstellt, dass jenes Entlastungsmoment doch so durchschlagend ist, dass es zum Freispruch führen müsste. Ein Freispruch aus tatsächlichen Gründen darf aber nun einmal nur dann erfolgen, wenn diese auf bewiesenen Fakten oder jedenfalls auf nicht widerlegbaren Annahmen aufbauen. Was nur zugunsten des Angeklagten „unterstellt" wird, ist auf seine Unwiderlegbarkeit hin noch nicht geprüft, so dass die Aufklärungsrüge der Staatsanwaltschaft große Aussichten auf Erfolg hätte.

920 Benennt die Anklage für einen Vorgang nur einen einzigen Augenzeugen, dessen Sehschwäche der Angeklagte unter Beweis stellen möchte, so muss darüber Beweis erhoben werden, weil die nur unterstellte Richtigkeit der Wahrnehmungsprobleme des Zeugen einen Freispruch nicht stützen könnte. Haben denselben Vorgang dagegen mehrere Menschen gesehen, so ist die schwerwiegende Augenerkrankung eines der Zeugen ein zur Entlastung des Angeklagten wesentlicher Umstand, den das Gericht im Hinblick darauf als wahr unterstellen darf, dass es damit rechnet, auf die Aussagen der anderen Zeugen eine Verurteilung stützen zu können. Erweist sich die Prognose in der endgültigen Urteilungsberatung als zutreffend, so tut diese Verfahrensweise weder der Aufklärungspflicht noch dem Beweiserhebungsanspruch des Angeklagten einen Abbruch: Erstere leidet nicht Not, weil die Verurteilung auf einer erschöpfenden Vernehmung aller verfügbaren Beweismittel (Zeugen) beruht und weil die Falsifizierung der Beweisbehauptung des Angeklagten das Ergebnis eher noch gestützt als gefährdet hätte. Der Beweiserhebungsanspruch des Angeklagten ist aber auch nicht tangiert, weil er das Äußerste erreicht hat, was er durch die beantragte zusätzliche Beweisaufnahme hätte bekommen können: Dass das Gericht die Sehschwäche des einen Zeugen dem Urteil zugrunde legt und als dessen Belastungsaussage abschwächenden Umstand wertet. Dies muss dazu führen, dass das Urteil auf die (angebliche) Wahrnehmung dieses einen Zeugen überhaupt nicht zu Lasten des Angeklagten gestützt werden darf. Dass das Gericht ihn aber wegen der Aussagen der anderen Zeugen für überführt halten kann, ist das „Pech" des Angeklagten, das ihm auch nicht beim Nachweis einer vollständigen Blindheit des einen Zeugen erspart geblieben wäre.

Dies alles wird in der Praxis nur selten so trennscharf gehandhabt wie es die Gesetzessystematik eigentlich gebieten würde.[2149] Das liegt nicht nur daran, dass die Gerichte die Unterscheidung zum Zurückweisungsgrund der Unerheblichkeit meist vernachlässigen, sondern auch daran, dass die Staatsanwaltschaften in ihrem Antragsverhalten während der Hauptverhandlung dieser Verwechslung häufig Vorschub leisten. Oft geht nämlich den Beschlüssen, durch die ein Beweisantrag mit einer Wahrunterstellung abgelehnt wird, eine in diese Richtung weisende Stellungnahme der Staatsanwaltschaft voraus. Da auch die Anklagebehörde am formellen Dialog des mit Elementen eines Parteiprozesses versehenen Beweisantragsrechts Teil hat, muss sie sich gefallen lassen, dass ihr Antrag, von der Möglichkeit der Wahrunterstellung Gebrauch zu machen, als das Eingeständnis aufgefasst wird, die Beweisbehauptung nicht widerlegen zu können. Deshalb knüpft der BGH die Rüge der Staatsanwaltschaft, das Gericht habe durch eine Wahrunterstellung seine Aufklärungspflicht verletzt, in der Regel an die Voraussetzung, dass **die Staatsanwaltschaft der Wahrunterstellung bereits in der Hauptverhandlung entgegengetreten** ist.[2150] Auf diese Weise wird zwar die Gefahr der Aufhebung freisprechender Urteile bei rechtsfehlerhaftem Umgang mit der Wahrunterstellung erheblich gemindert. Das führt aber auch dazu, dass in der Praxis der Schluss von der Wahrunterstellung auf die Verurteilungstendenz des Gerichts nicht immer zwingend ist. Dennoch sollte sich die Verteidigung darauf einstellen und insbesondere nicht den verbreiteten Fehler begehen, in einer Wahrunterstellung schon ein positives Zeichen für das Urteil zu sehen. 921

Die Zusage, eine als wahr unterstellte Tatsache sowohl als erheblich als auch zugunsten des Angeklagten – wenn auch nicht als ausschlaggebend für das Urteil – zu bewerten, begründet einen Vertrauenstatbestand und hat sowohl Auswirkungen auf das weitere Verfahren bis zur Urteilsverkündung als auch auf die Urteilsgründe. 922

Das Gericht bleibt zwar frei, im weiteren Verlauf der Beweisaufnahme entgegen seiner im Beschluss mitgeteilten Beurteilung zu anderen Erkenntnissen zu gelangen, sei es, dass sich die Unwahrheit der unterstellten Tatsache, sei es, dass sich ihre Unerheblichkeit oder auch ihre belastende Bedeutung herausstellt. Dann verlangt aber der von *Niemöller* so genannte **Kontinuitätsgrundsatz**, dass 923

---

**2149** Im Falle BGH, Beschl. v. 30.11.2005 – 2 StR 431/05 = StV 2007, 18 hatte das Landgericht sogar die Ablehnung eines Beweisantrags gleichzeitig auf Wahrunterstellung und auf Bedeutungslosigkeit gestützt. Vgl. auch BGH, Urt. v. 28.5.2003 – 2 StR 486/02 = NStZ-RR 2003, 268, 269 und BGH, Beschl. v. 7.11.2002 – 3 StR 216/02 = NStZ 2004, 51.

**2150** *Meyer-Goßner/Schmitt* § 244 StPO, Rn. 104; BGH, Urt. v. 23.6.1992 – 5 StR 74/92 = NJW 1992, 2838 = StV 1992, 550 m. Anm. *Herdegen*.

der Antragsteller nicht in der trügerischen Sicherheit gehalten wird, das Gericht werde seine Zusagen einhalten. Der Tatrichter muss ihm also seine neue Beurteilung durch einen förmlichen Hinweis bekanntgeben[2151] und ihm auch die Zeit einräumen, sich – etwa durch weitere Beweisanträge – auf die neue Situation einzustellen.

924 Leider ist in der Anerkennung einer solchen **Hinweispflicht** die Rechtsprechung des BGH noch immer sehr zurückhaltend, wenn es um Fälle geht, in denen sich in der Urteilsberatung herausstellt, dass die Unerheblichkeit der unter Beweis gestellten Tatsache der eigentlich gegebene Ablehnungsgrund gewesen wäre. Zur Begründung wird darauf verwiesen, die Vorläufigkeit der mit einer Wahrunterstellung verbundenen Zusage schließe den stillschweigenden Vorbehalt ein, in der Frage der Erheblichkeit zu einer anderen Beurteilung zu kommen,[2152] die Wahrunterstellung sage also nur etwas über die „potentielle" Erheblichkeit aus.[2153] Dieses Argument beruht jedoch wiederum auf der Verwechslung zwischen der Wahrunterstellung und der Unerheblichkeit. „Begrifflich" würde die Wahrunterstellung nur dann den Vorbehalt der späteren Beurteilung als bedeutungslos einschließen, wenn die Bewertung der unter Beweis gestellten Tatsache als erheblich gleichsam mit der stillschweigenden Prognose verbunden wäre, dass sie sich im weiteren Verlauf des Verfahrens als unerheblich herausstellen werde. Würde diese Prognose sich als zutreffend erweisen, so wäre damit die Wahrunterstellung in jenem oben beschriebenen Sinne der Alltagssprache in Erfüllung gegangen. Der Gesetzgeber hat aber deutlich gemacht, dass er die Voraussage des Tatrichters, eine Beweisbehauptung werde nicht den Ausschlag geben, nicht mit dem Zurückweisungsgrund der Wahrunterstellung gleichgesetzt wissen möchte – sonst hätte er in § 244 Abs. 3 S. 3 StPO nur einen der beiden Gründe aufgenommen. Deshalb steht es auch nicht im Einklang mit dem Gesetz, wenn der Angeklagte zuerst in den Glauben versetzt wird, seine Richter hielten die unter Beweis gestellte Tatsache für bedeutsam, um ihm dann erst in den Urteilsgründen mitzuteilen, dass sie ihre Meinung geändert haben. Dies ist schon deshalb ein Verfahrensfehler, weil der Antragsteller bei einer Zurückweisung

**2151** Das gilt auch für den Austausch der Wahrunterstellung gegen „schon erwiesen". BGH, Beschl. v. 21.6.2007 – 5 StR 189/07 = BGHSt 51, 364 = NJW 2007, 2566 = StV 2007, 512 = StraFo 2007, 420 = wistra 2007, 436 = NStZ 2007, 717.

**2152** Vgl. die Nachweise bei KK-*Krehl* § 244 StPO, Rn. 185 und *Schneider* NStZ 2013, 217; s. dazu auch LR-*Becker* § 244 StPO, Rn. 298 f. („Scheinproblem").

**2153** Vgl. hierzu *Meyer-Goßner/Schmitt*, § 244 StPO, Rn. 68; dagegen KK-*Krehl* § 244 StPO, Rn. 187; SK-StPO/*Frister* § 244 StPO, Rn. 190 und 201; *Niemöller* FS Hamm, S. 547 ff.; *Schneider* NStZ 2013, 218.

des Beweisantrages wegen Unerheblichkeit einen Anspruch darauf gehabt hätte, in dem Beschluss zu erfahren, ob diese Beurteilung auf rechtlichen oder auf tatsächlichen Gründen aufbaut und in letzterem Falle auf welchen.[2154] Diese Informationen dürfen ihm nicht deshalb vorenthalten werden, weil das Gericht sich in der Beurteilung der Erheblichkeitsfrage korrigieren muss.

Als der Bundesgerichtshof erstmals 1982[2155] unter einer etwas undurchsichti- 925
gen Bedingung doch eine Hinweispflicht bei einem solchen Beurteilungswandel begründete, erweckte das zunächst Hoffnungen, die damals[2156] zu verhalten optimistischer Reaktion veranlassten. Immerhin hatte der 2. Strafsenat, der kurze Zeit später die Schutzwürdigkeit des Vertrauens auf die Einhaltung der Wahrunterstellung aus dem Recht auf ein faires Verfahren herleitete,[2157] entschieden, dass auf einen Hinweis (auf die geänderte Einschätzung der Erheblichkeitsfrage) dann nicht verzichtet werden dürfe, wenn *„es **naheliegt**, dass der Angeklagte wegen der Wahrunterstellung davon absieht, Beweisanträge zu einem Thema zu stellen, das mit der als wahr unterstellten Tatsache im Zusammenhang steht und das – im Gegensatz zu dieser Tatsache – für die Entscheidung möglicherweise von Bedeutung ist.*" Aber hier hatte sich ein Aspekt aus der Beruhensprüfung eingeschlichen, der für die Entscheidung, ob überhaupt ein Verfahrensfehler gegeben ist, seinerseits ohne Bedeutung sein muss. Diese Verschiebung im Prüfungsaufbau wäre im Ergebnis nur dann unschädlich, wenn damit nicht auch noch eine Umkehrung des Regel-Ausnahme-Verhältnisses und der Darlegungslast verbunden wäre: Ob eine Hinweispflicht bestand und verletzt wurde, darf nicht solange verneint werden, bis das hypothetische Prozessverhalten des Angeklagten und seines Verteidigers auf den unterbliebenen Hinweis hin bekannt oder als „naheliegend" erkannt ist. Man könnte der damaligen Gedankenführung des Bundesgerichtshofs also nur dann folgen, wenn man die oben hervorgehobenen Worte „wenn es naheliegt" durch die Worte ersetzte „wenn es nicht mit Sicherheit ausgeschlossen werden kann".[2158] Und das wird gerade einem Revisionsgericht nur in seltenen Ausnahmefällen einmal möglich sein; denn es kann regelmäßig gar nicht wissen, was die Verteidigung noch hätte beantragen können.[2159]

**2154** Vgl. dazu oben Rn. 884.

**2155** BGH, Beschl. v. 18.2.1982 – 2 StR 798/81 = BGHSt 30, 383, 385 = NJW 1982, 1602.

**2156** 5. Auflage, Rn. 286.

**2157** BGH, Urt. v. 6.7.1983 – 2 StR 222/83 = BGHSt 32, 44; vgl. auch *Schlothauer* StV 1986, 227.

**2158** Kritisch zur Rechtsprechung des BGH: LR-*Becker* § 244 StPO, Rn. 313. S. hierzu auch *Alsberg/Güntge*, Beweisantrag, Rn. 1280.

**2159** Vgl. LR-*Becker* § 244 StPO, Rn. 313; OLG Hamm NStZ 1983, 522; *Herdegen* NStZ 1984, 342, Fn. 142; *Müller* GS Meyer, S. 290.

926 Da aber die Rechtsprechung bisher noch an der grundsätzlichen Erlaubnis für den stillschweigenden Begründungsaustausch festhält, sollte die Rüge, das Gericht habe im Urteil einen solchen heimlichen Begründungsaustausch vorgenommen, stets mit dem Vortrag verbunden werden, welche Beweisanträge oder welches Verteidigungsvorbringen noch möglich gewesen wäre, wenn ein entsprechender Hinweis gegeben worden wäre.

927 Da die Wahrunterstellung nur zulässig ist, wenn die Beweisbehauptung ausschließlich **zugunsten des Angeklagten** als wahr unterstellt wird, dürfen weder Tatsachen, aus denen Schlüsse zu seinem Nachteil gezogen werden können, als wahr unterstellt werden,[2160] noch dürfen als wahr unterstellte Tatsachen, die in einer Hinsicht zugunsten des Angeklagten wirken, zum Ausgangspunkt für ihm nachteilige Überlegungen des Gerichts werden.[2161] Wendet sich z.B. der Angeklagte mit einem Beweisantrag gegen den Raubmordvorwurf mit der Behauptung, er habe die Tötung eines Menschen zur Bereicherung „nicht nötig", denn (dies die Beweisbehauptung:) er verfüge selbst über ein stattliches Vermögen, so darf nicht für die Beweiswürdigung zur Frage der Täterschaft das Vorhandensein des Vermögens als wahr behandelt, ihm dann aber im Rahmen der Strafzumessung als erschwerend angelastet werden, er habe ohne jede finanzielle Not gehandelt.[2162]

928 Auch nicht **zum Nachteil eines anderen Angeklagten** darf das Gericht eine zugunsten des einen Angeklagten als wahr unterstellte Tatsache ohne Beweiserhebung verwenden.[2163] Darüber hinaus sollte eine Wahrunterstellung regelmäßig nicht zulässig sein, wenn der Angeklagte zur Prüfung der Glaubwürdigkeit eines Belastungszeugen Tatsachen unter Beweis stellt, die dieser bestreitet.[2164] Die Rechtsprechung sieht hierin eine Frage des Einzelfalls.[2165]

929 Die Ablehnung eines Beweisantrages durch Wahrunterstellung enthält die Zusicherung, die unter Beweis gestellte Tatsache im Urteil so zu behandeln, als wäre der Beweis **erhoben** worden und **gelungen**. Unzulässig wäre es deshalb,

---

**2160** *Meyer-Goßner/Schmitt* § 244 StPO, Rn. 67 ; BGH StV 1981, 270, 271; BGH NStZ 1984, 564.

**2161** LR-*Becker* § 244 StPO, Rn. 300; BGHSt 1, 137, 139; BGH NStZ 1984, 564; BGH, Beschl. v. 10.8.1993 – 1 StR 389/93 = StV 1994, 115; BGH, Urt. v. 20.12.1994 – 1 StR 710/94 = NStE Nr. 33 zu § 244 StPO; a.A. und überholt BGH NJW 1976, 1950 (m. abl. Anm. *Tenckhoff*).

**2162** BGH, Urt. v. 20.12.1994 – 1 StR 710/94 = NStE Nr. 33 zu § 244 StPO.

**2163** *Dahs*, Revision, Rn. 357; *Alsberg/Güntge*, Beweisantrag, Rn. 1273; *Hamm/Pauly*, Beweisantragsrecht, Rn. 497; BGH StV 1983, 140 (m. Anm. *Strate*).

**2164** *Alsberg/Güntge*, Beweisantrag, Rn. 1300; LR-*Becker* § 244 StPO, Rn. 292; KK-*Krehl* § 244 StPO, Rn. 197; *Hamm/Pauly*, Beweisantragsrecht, Rn. 501 ff.; a.A. OLG Hamm NStZ 1983, 522.

**2165** Vgl. z.B. BGH, Beschl. v. 19.7.2005 – 4 StR 164/05 = StV 2005, 653; BGH, Beschl. v. 4.6.1996 – 4 StR 242/96 = StV 1996, 647. Dazu *Hamm/Pauly*, Beweisantragsrecht, Rn. 502 f.

lediglich als wahr zu unterstellen, der benannte Zeuge werde eine der Beweisbehauptung entsprechende Aussage machen, der dann aber die Zuverlässigkeit abgesprochen wird.[2166] Auch darf ein Beweisantrag mit der Behauptung, ein Zeuge habe im Ermittlungsverfahren eine bestimmte Aussage gemacht, nicht durch Wahrunterstellung erledigt werden, wenn das Gericht die Beweisbehauptung dahin modifiziert, der Zeuge habe zwar so ausgesagt, sich aber nicht richtig ausdrücken können und etwas anderes gemeint.[2167] Dies alles liefe nämlich nicht nur auf eine unzulässige Vorwegnahme des Beweiswerts, sondern letztlich auf die Ersetzung einer Beweiserhebung durch ihre Würdigung hinaus.[2168] Die Wahrunterstellung ist also nur dann ein Grund für die Zurückweisung eines Beweisantrages, wenn sie sich auf die Beweistatsache selbst und nicht nur darauf bezieht, dass das persönliche Beweismittel sie bekunden werde.[2169] Anders ist dies nur in den Ausnahmefällen, in denen der Beweisantrag die Tatsachenbehauptung beinhaltet, dass ein Zeuge eine bestimmte inhaltliche Äußerung machen werde. Dann geht es um die Tatsache des Bekundens und nicht um die objektive Richtigkeit des Inhalts der Aussage.[2170]

Auch wenn lediglich der Umstand, zu einer unmittelbar beweiserheblichen 930
Tatsache seien bestimmte Gespräche geführt worden, Gegenstand einer Beweisbehauptung und ihrer Wahrunterstellung geworden ist, hat der Antragsteller nur einen Anspruch darauf, dass der Gesprächsinhalt als solcher dem Urteil zugrunde gelegt wird. Ob dabei die Wahrheit oder die Unwahrheit gesagt worden ist, unterliegt wiederum der Gesamtwürdigung des Tatgerichts. Es ist insbesondere nicht verpflichtet, davon auszugehen, das tatsächliche Handeln des Angeklagten habe diesen Gesprächen entsprochen.[2171]

Der Tatrichter muss in seinem Urteil die unter Beweis gestellte Tatsache 931
unter Auslegung des Beweisantrages und Ausschöpfung seines vollen Sinns einhalten und darf keine davon abweichenden Feststellungen treffen.[2172] Indes

**2166** Vgl. BGH, Beschl. v. 23.11.1994 – 2 StR 593/94 = NStZ 1995, 143 = StV 1995, 172.
**2167** BGHR StPO § 244 Abs. 3 Satz 2 – Wahrunterstellung 10.
**2168** BGH, Urt. v. 20.4.1993 – 1 StR 886/92 = NStZ 1993, 447; BGH StV 1984, 61.
**2169** KK-*Krehl* § 244 StPO, Rn. 190; *Meyer-Goßner/Schmitt* § 244 StPO, Rn. 69.
**2170** KK-*Krehl* § 244 StPO, Rn. 191; BGH NStZ 1983, 376; BGH, Urt. v. 14.3.1990 – 3 StR 109/89 = BGHR StPO § 244 Abs. 3 Satz 2 – Wahrunterstellung 20.
**2171** BGH, Urt. v. 20.4.1993 – 1 StR 886/92 = NStZ 1993, 447.
**2172** *Meyer-Goßner/Schmitt* § 244 StPO, Rn. 70; *Hamm*, Formularbuch, IX.D.4; vgl. hierzu BGH, Beschl. v. 26.4.2012 – 5 StR 144/12; BGH, Urt. v. 6.9.2011 – 1 StR 633/10 = StV 2012, 577 = wistra 2012, 29, 33; BGH, Beschl. v. 2.10.2012 – 3 StR 366/12 = NStZ-RR 2013, 50; BGH, Beschl. v. 26.5.2009 – 4 StR 148/09 = StV 2009, 588 = NStZ 2009, 581; BGH StV 1994, 357; BGH, Beschl. v. 4.5.1993 – 5 StR 69/93; BGHR StPO § 244 Abs. 3 Satz 2 – Wahrunterstellung 6; BGHR StPO

macht dies eine Auslegung der Beweisbehauptung nicht überflüssig, sondern gerade notwendig.[2173] Nicht selten wird beanstandet, eine Wahrunterstellung habe nicht die ganze Beweisbehauptung umfasst. Ist der Beschwerdeführer in diesem Fall der Meinung, der Tatrichter habe den Sinn der Beweisbehauptung verkannt, deshalb bleibe die Wahrunterstellung hinter ihr zurück und erfahre im Urteil nicht die ihr zukommende Bewertung, muss er die für seine Interpretation sprechenden Tatsachen anführen.[2174] In solchen Fällen muss die Revisionsbegründung sowohl die Beweisbehauptung als auch die Wahrunterstellung wörtlich wiedergeben.[2175] Oft läuft diese Rüge aber nur darauf hinaus, der Tatrichter habe aus der als wahr unterstellten Tatsache **nicht die Schlüsse gezogen**, die er nach Ansicht der Revision daraus hätte ziehen sollen.[2176] Dann ist die Rüge unbegründet, weil das ein Teil der Beweiswürdigung ist, die das Revisionsgericht grundsätzlich nicht nachzuprüfen hat. Das Gericht ist nicht gehalten, aus einer als wahr unterstellten Indiztatsache die Schlussfolgerungen zu ziehen, die der Antragsteller gezogen wissen will,[2177] es darf aber nicht diesen vom Antragsteller „erwünschten" Schluss durch eine dem Sinn des Beweisantrages zuwiderlaufende bloße Vermutung ersetzen.[2178] Freilich liegt es in diesen Fällen nicht selten so, dass das als wahr unterstellte Beweisthema nur dann erheblich gewesen wäre, wenn das Gericht daraus dieselben Schlüsse gezogen hätte wie der Antragsteller.

932 Streitig ist, ob in jedem Falle eine als wahr unterstellte Tatsache **in den Urteilsgründen behandelt oder auch nur erwähnt** werden muss. Die Rechtsprechung verneint eine generelle Verpflichtung hierzu, macht im Einzelfall aber Ausnahmen davon, wenn die Beweiswürdigung ohne Erörterung der als wahr

§ 244 Abs. 3 Satz 2 – Wahrunterstellung 8; BGH NJW 1989, 1045 = NStZ 1989, 129 (m. Anm. *Volk*); BGH StV 1990, 149; BGH wistra 1990, 196 = BGHR StPO § 244 Abs. 3 Satz 2 – Wahrunterstellung 18.

**2173** Vgl. BGH, Urt. v. 17.7.2014 – 4 StR 78/14, Rn. 19; BGH, Beschl. v. 3.9.2013 – 1 StR 352/13; BGH, Beschl. v. 24.2.2009 – 5 StR 605/08 = NStZ-RR 2009, 179; BGH, Urt. v. 13.8.1991 – 5 StR 263/91 = StV 1991, 503 = NStZ 1991, 546.

**2174** KK-*Krehl* § 244 StPO, Rn. 108.

**2175** *Krause* StV 1984, 488.

**2176** *Dahs*, Revision, Rn. 357; BGH NStZ 1982, 213; BGH NStZ 1985, 206 (bei *Pfeiffer/Miebach*); BGH, Urt. v. 26.5.1992 – 5 StR 164/92.

**2177** Vgl. BGH, Urt. v. 17.7.2014 – 4 StR 78/14, Rn. 19; BGH, Beschl. v. 3.9.2013 – 1 StR 352/13; BGH, Beschl. v. 24.2.2009 – 5 StR 605/08 = NStZ-RR 2009, 179; BGH, Urt. v. 7.2.2008 – 4 StR 502/07, Rn. 27; BGH, Beschl. v. 24.11.2005 – 1 StR 443/05; BGH, Urt . v. 6.8.1986 – 3 StR 234/86 = BGHR StPO § 244 Abs. 3 Satz 2 – Wahrunterstellung 1.

**2178** BGH, Beschl. v. 30.11.2005 – 2 StR 431/05; BGH, Beschl. v. 28.8.2002 – 1 StR 277/02 = NStZ 2003, 101; BGHR StPO § 244 Abs. 3 Satz 2 – Wahrunterstellung 9.

unterstellten Tatsache lückenhaft bliebe.[2179] Richtig hieran ist, dass die Pflicht zur Erörterung kaum weiter reichen kann, als wenn der Beweis erhoben und damit die Beweistatsache erwiesen wäre. Allerdings darf durch die fehlende Erörterung nicht ein ungenauer Gebrauch der Ablehnungsgründe des § 244 Abs. 3 S. 3 StPO überdeckt werden. Dass die Urteilsgründe eine zunächst im Wege der Wahrunterstellung immerhin doch als erheblich behandelte Tatsache völlig unerwähnt lassen, ist jedenfalls nicht nahe liegend. Wenn sich angesichts der übrigen Beweisergebnisse im Nachhinein eine Auseinandersetzung mit der als wahr unterstellten Tatsache nicht aufdrängte, dann kann das daran liegen, dass sich die Bedeutungslosigkeit der Beweisbehauptung herausgestellt hat. In diesen Fällen würde es der Klarheit dienen, wenn auf einen solchen Wandel in der Bewertung einer Beweistatsache durch einen Beschluss hingewiesen worden wäre.

Die Anforderungen an eine Rüge der fehlerhaften Anwendung des Ableh- 933
nungsgrundes der Wahrunterstellung unterscheiden sich kaum von den Anforderungen bei sonstigen Rügen, die die Verletzung des Beweisantragsrechts betreffen. Jedoch ist hier besonders zu beachten, dass der Vorwurf an das Tatgericht, es habe im Urteil erkennbar eine andere Begründung für die Nichterhebung des Beweises gegeben als im Beschluss, **belegt werden muss**. Zwar können (bei Erhebung der Sachrüge) die Urteilsgründe als bekannt vorausgesetzt werden, aber die Rechtsprechung verlangt hier auch den Vortrag aller für die Beurteilung der späteren Umstände erforderlichen Verfahrenstatsachen. So wurde eine Rüge als nicht den Formerfordernissen des § 344 Abs. 2 Satz 2 StPO entsprechend angesehen, in der der Beschwerdeführer die gestellten Beweisanträge und die sie zurückweisenden Gerichtsbeschlüsse im Wortlaut mitgeteilt und des Weiteren die Gründe des angefochtenen Urteils insoweit zitiert hatte, als sie die unter Beweis gestellten Tatsachen behandelten.[2180] Den Beweisantrag auf Vernehmung von Zeugen hatte die Strafkammer zurückgewiesen. Gleichwohl hatte sie ausweislich der Urteilsgründe weitere Bemühungen entfaltet, um die benannten Zeugen vernehmen zu können. Diese Umstände ließen es nach Ansicht des BGH als möglich erscheinen, dass die Strafkammer im Hinblick auf die in das Wissen der genannten Zeugen gestellten Tatsachen von den zugesag-

**2179** BGH, Beschl. v. 2.6.2015 – 4 StR 111/15; BGH, Urt. v. 6.9.2011 – 1 StR 633/10 = StV 2012, 577 = wistra 2012, 29, 33; BGH, Beschl. v. 16.11.2010 – 4 StR 530/10 = NStZ 2011, 231; BGH, Beschl. v. 6.2.2002 – 1 StR 33/02 = StV 2002, 641 (fehlende Erörterung als Verletzung des § 261 StPO); BGHR StPO § 244 Abs. 3 Satz 2 – Wahrunterstellung 15; vgl. ferner KK-*Krehl* § 244 StPO, Rn. 193.

**2180** BGH, Urt. v. 20.10.1993 – 2 StR 466/93 = NJW 1994, 1015 = NStZ 1994, 140 = StV 1994, 5.

ten Wahrunterstellungen abgerückt ist oder die Beweisanträge später mit einer anderen als der ursprünglichen Ablehnungsbegründung zurückgewiesen hat. In einem solchen Fall müsse aber in der Rüge vorgetragen werden, ob und gegebenenfalls wie das Tatgericht sich nach der Zurückweisung der Beweisanträge weiterhin mit diesen befasst hat. Nur dann werde dem Revisionsgericht die Prüfung ermöglicht, ob nach der Zurückweisung der Beweisanträge im weiteren Verfahrensablauf die Zusagen der Wahrunterstellung Bestand hatten.

#### ff) Fehlerhafte Anwendung der Zurückweisungsgründe des § 244 Abs. 4 StPO (Beweisanträge auf Sachverständigengutachten)

934 Die Ablehnungsgründe des § 244 Abs. 3 StPO gelten auch für den Antrag auf Erhebung des Sachverständigenbeweises. § 244 Abs. 4 S. 1 StPO fügt dem nur noch einen zusätzlichen Ablehnungsgrund für Beweisanträge auf Vernehmung eines (ersten) Sachverständigen hinzu, während § 244 Abs. 4 S. 2 StPO die Frage beantwortet, unter welchen Voraussetzungen ein Beweiserhebungsanspruch auf Vernehmung mehrerer Sachverständiger geltend gemacht und durchgesetzt werden kann. Dabei ist ein auf den ersten Blick etwas verwirrend wirkendes System von Regeln, Ausnahmen und Rückausnahmen entstanden, das jedoch einem logischen Aufbau folgt.[2181]

935 Da es die alleinige Aufgabe eines Gutachters ist, dem Gericht die Kenntnisse über nicht alltägliche Erfahrungen und Bewertungen zu verschaffen, die es in die Lage versetzen, eigenverantwortlich einen dem Laienverstand normalerweise verschlossenen Sachverhalt zu erkennen und zu beurteilen, ist die Vernehmung eines Sachverständigen entbehrlich, wenn und sobald die Richter über die erforderliche **eigene Sachkunde** verfügen. Aber auch hier gilt, dass die Möglichkeit, Beweisanträge zu stellen, dazu dient, die Gerichte zu einer Selbstprüfung zu zwingen und sie mitunter auch zu veranlassen, die eigene (vorläufige) Einschätzung sowohl der eigenen Sachkunde als auch der bisher erhobenen Beweise in Frage zu stellen, und zwar unabhängig davon, ob zu dem betreffenden Beweisthema bereits ein Sachverständiger gehört wurde oder nicht. Dieser letztgenannte Unterschied spielt nur insofern eine Rolle, als der Beweisantrag auf Vernehmung eines „weiteren" Sachverständigen in seiner Begründetheit davon abhängt, ob der Zweck der Zuhilfenahme von Sachverständigen bereits durch den „ersten" Gutachter erfüllt worden sein kann. Das ist nach § 244 Abs. 4 Satz 2, 2. Hs. StPO dann zu verneinen, wenn das frühere Gutachten unter

**2181** Dazu *Hamm/Pauly*, Beweisantragsrecht, Rn. 517 ff., 674 ff.

den dort aufgezählten Mängeln (Sachkunde des ersten zweifelhaft, unzutreffende tatsächliche Voraussetzungen, Widersprüche, unterlegene Forschungsmittel) leidet.

Dass schon die Anhörung eines „ersten" Sachverständigen als entbehrlich angesehen werden darf, wenn das Gericht gleichsam von Hause aus über die erforderliche eigene Sachkunde verfügt,[2182] versteht sich so lange von selbst, als das betreffende Sachgebiet und die darin zu klärenden Fragen mit Hilfe der üblichen Allgemeinbildung erfasst werden können. Bekanntlich sind aber deren Grenzen fließend und sie verlaufen bei den Menschen und damit natürlich auch bei den Berufs- und Laienrichtern sehr unterschiedlich. Auch kann die Einschätzung der eigenen Fähigkeit, einen Sachverhalt ohne Hilfe eines Sachverständigen zutreffend zu beurteilen, gerade dadurch beeinträchtigt sein, dass man die Komplexität einer Problemlage gar nicht erst erkennt. Wer z.B. nicht weiß, dass es bei Zeugen, die vor nicht langer Zeit ein schwerwiegendes Schädelhirntrauma erlitten haben, oder auch bei Zeugen, die an Epilepsie leiden, zu Ausfallerscheinungen in Bezug auf die Gedächtnisleistung kommen kann, wird sich auch ohne Hinzuziehung eines forensisch psychologischen Sachverständigen die Beurteilung der Glaubwürdigkeit selbst zutrauen. Ein Tatgericht wird sogar mit der wohlfeilen Formel, die Beurteilung der Glaubwürdigkeit eines Zeugen gehöre zu den „ureigensten Aufgaben" eines Richters, in solchen Fällen einen entsprechenden Antrag ablehnen wollen. Dann und stets, wenn das Tatgericht sich die jeweils erforderliche Sachkunde zu Unrecht zugetraut hat, ist es Aufgabe des Revisionsgerichts, korrigierend einzugreifen.[2183] 936

Die eigene Sachkunde braucht der Richter in der Hauptverhandlung nicht zur Diskussion zu stellen, zu belegen oder gar zum Gegenstand einer Beweiserhebung zu machen.[2184] Aber spätestens die Urteilsgründe müssen, wenn die betreffenden Fachfragen das Allgemeinwissen eines Gerichts gewöhnlich übersteigen, ausweisen, dass das Gericht zu Recht eigene Sachkunde für sich in Anspruch genommen hat.[2185] 937

---

**2182** Vgl. allgemein KK-*Krehl* § 244 StPO, Rn. 43 ff.; *Alsberg/Güntge*, Beweisantrag, Rn. 1332 ff.; BGH, Beschl. v. 23.10.2012 – 1 StR 261/12 = NStZ 2013, 118; BGH, Beschl. v. 9.5.2012 – 1 StR 65/12.

**2183** Vgl. etwa BGH, Beschl. v. 6.6.1994 – 5 StR 204/94 = StV 1994, 634.

**2184** *Meyer-Goßner/Schmitt* § 244 StPO, Rn. 72 mwN.

**2185** LR-*Becker* § 244 StPO, Rn. 339; *Meyer-Goßner/Schmitt* § 244 StPO, Rn. 73 mwN; *Alsberg/Güntge*, Beweisantrag, Rn. 1361; BGH, Beschl. v. 11.4.2013 – 2 StR 504/12 = StV 2014, 264 = NStZ 2013, 536; BGH, Beschl. v. 12.1.2010 – 3 StR 436/09 = StV 2010, 508 = NStZ 2010, 586; BGH, Beschl. v. 11.4.2007 – 3 StR 114/07 = StraFo 2007, 331.

938 Zwar ist die Beurteilung der **Glaubwürdigkeit von Zeugen** grundsätzlich Aufgabe allein des Tatrichters.[2186] Die Hinzuziehung eines Sachverständigen ist aber erforderlich, wenn die Eigenart und besondere Gestaltung des Einzelfalls fachliche Kenntnisse nötig machen, die ein Richter normalerweise nicht hat, wozu u.a. die beschriebenen pathologischen Befunde gehören.[2187]

939 Auch die Frage nach der **Schuldfähigkeit eines Angeklagten** kann das Gericht im „Normalfall" alleine beantworten. Der Antrag auf Einholung eines Sachverständigengutachtens zu dieser Frage darf aber nicht mit der Begründung abgelehnt werden, eine Begutachtung sei „nicht erforderlich". Einen solchen Grund für die Ablehnung eines Antrags, einen Sachverständigen zu vernehmen, enthält das Gesetz nicht.[2188] Liegen konkrete Anhaltspunkte für eine Beeinträchtigung der Steuerungs- oder der Einsichtsfähigkeit vor, sind Berufs- und Laienrichter gewöhnlich überfordert. Solche Anhaltspunkte können durch einen Beweisantrag aufgezeigt werden. Hat der Angeklagte im Rahmen seiner Einlassung unerwähnt gelassen oder reagiert das Gericht ungläubig auf seine Behauptung, er habe in jugendlichen Jahren einen Unfall mit einer Gehirnverletzung erlitten, dann kann dieses Ereignis durch Zeugen oder Urkunden unter Beweis gestellt und gleichzeitig ein Sachverständiger dafür benannt werden, dass die Nachwirkungen jener Verletzung bei der Tat i. S. der §§ 20, 21 StGB zu einer erheblichen Minderung der Steuerungsfähigkeit geführt haben. Denn für diese Frage reicht die Sachkunde des Tatrichters regelmäßig nicht aus.[2189] Ausnahmslos gilt dies freilich nicht.[2190] So kann die Fähigkeit, das Verhalten normgerecht zu steuern, aufgrund von auch „laienhaft" zu deutenden Tatsachen eindeutig bestanden haben, so dass ein Einfluss einer früheren Hirnverletzung auszuschließen ist. Hat beispielsweise der Angeklagte nach glaubhaften Zeu-

---

**2186** BGHR StPO § 244 Abs. 4 Satz 1 – Glaubwürdigkeitsgutachten 1; BGH, Beschl. v. 28.10. 2009 – 5 StR 419/09 = NStZ 2010, 100 = StraFo 2010, 68.

**2187** BGHR StPO § 244 Abs. 4 Satz 1 – Glaubwürdigkeitsgutachten 2 mwN; BGHR StPO § 244 Abs. 4 Satz 1 – Sachkunde 4; BGH, Beschl. v. 22.10.1992 – 4 StR 502/92 = StV 1993, 567; BGH, Urt. v. 21.9.1993 – 1 StR 384/93; BGH, Beschl. v. 28.10.2009 – 5 StR 419/09 = NStZ 2010, 100 = StraFo 2010, 68; BGH, Beschl. v. 28.10.2008 – 3 StR 364/08 = StV 2009, 116 = NStZ 2009, 346; BGH, Beschl. v. 29.10.1996 – 4 StR 508/96 = StV 1997, 60 = NStZ-RR 1997, 106. S. ferner auch BGH, Urt. v. 9.12.2008 – 5 StR 412/08 = NStZ 2009, 468, 469; BGH, Beschl. v. 9.10.2012 – 5 StR 428/12 = StraFo 2013, 26.

**2188** So auch BGHR StPO § 244 Abs. 4 Satz 1 – Sachkunde 1.

**2189** BGH NJW 1969, 1578; BGH StV 1988, 52; BGH StV 1988, 46 = BGHR StPO § 244 Abs. 4 – Schuldfähigkeitsgutachten 1; BGHR StPO § 244 Abs. 4 Satz 1 – Sachkunde 3; vgl. auch BGH, Beschl. v. 7.3.2006 – 3 StR 52/06 = NStZ-RR 2007, 74; BGH, Beschl. v. 10.12.2008 – 5 StR 542/08 = NStZ-RR 2009, 115.

**2190** BGH, Beschl. v. 12.11.1991 – 5 StR 492/91 = NStZ 1992, 225 (*Kusch*).

genaussagen die Tat längere Zeit detailliert geplant und hat er sie dieser Planung entsprechend ausgeführt, ohne dass diese aus sich selbst heraus Merkmale eines „unvernünftigen" Vorgehens aufweisen würde, bedarf es keines Sachverständigen, um den nur theoretisch konstruierbaren Einfluss der cerebralen Schädigung auf die Tat auszuschließen.

Der Grundsatz, dass nur besondere Umstände sachverständige Hilfe erforderlich machen, gilt auch bei der Würdigung der **Zeugenaussagen von Kindern und Jugendlichen.**[2191] Auch bei solchen Aussagen treten die Persönlichkeitsmerkmale des betreffenden Zeugen allerdings in ihrer Bedeutung zurück, wenn zusätzliche nachgewiesene Tatsachen für oder gegen die Richtigkeit einer Aussage sprechen.[2192] Dazu zählen insbesondere auch Auffälligkeiten im Aussageverhalten.[2193] 940

Da der Sachverständige vom Gericht ausgewählt wird (§ 73 Abs. 1 Satz 1 StPO), haben die Verfahrensbeteiligten keinen Anspruch auf Erstattung des Gutachtens durch **einen bestimmten Sachverständigen.** Ist in dem Beweisantrag ein bestimmter Gutachter namentlich benannt und sind seine Vorzüge (Bereitschaft zum sofortigen Tätigwerden, besondere in der Fachwelt ausgewiesene Sachkunde u.ä.) dargelegt, ist auch dies für das Gericht unverbindlich,[2194] aber die Chance, dass das Gericht sich den Vorschlag zu eigen macht, besteht durchaus. Sie steigt in demselben Maße, in dem der Antragsteller glaubhaft machen kann, dass der Benannte nicht etwa durch die Vorbefassung z.B. auf eine Voranfrage des Verteidigers, seine Objektivität und Unbefangenheit eingebüßt hat. Wählt das Gericht gleichwohl einen anderen Sachverständigen, liegt darin keine nach § 244 Abs. 3 und Abs. 4 StPO zu beurteilende (Teil-) Ablehnung des Beweisantrages, wenn der gewählte Sachverständige gleichermaßen geeignet erscheint wie der benannte.[2195] 941

Das kann aber bereits anders zu beurteilen sein, wenn schon der Beweisantrag die belegte Behauptung enthält, gerade der benannte Sachverständige sei 942

---

**2191** Vgl. hierzu: BGH, Urt. v. 4.10.2017 – 2 StR 219/15 = StV 2018, 226, 229; BGH, Urt. v. 12.7.2017 – 1 StR 408/16; BGH, Beschl. v. 8.1.2013 – 1 StR 602/12 = NStZ 2013, 672; BGH, Urt. v. 18.8.2009 – 1 StR 155/09 = NStZ 2010, 51 sowie BGH, Urt. v. 26.4.2006 – 2 StR 445/05 = NStZ-RR 2006, 241. S. aber *Lüderssen* FS Schreiber, S. 289.

**2192** BGHR StPO § 244 Abs. 4 Satz 1 – Sachkunde 4.

**2193** *Meyer-Goßner/Schmitt* § 244 StPO, Rn. 74; BGH, Beschl. v. 19.11.2014 – 4 StR 427/14; BGH, Beschl. v. 22.6.2000 – 5 StR 209/00 = StV 2001, 550 = NStZ 2001, 105; BGH, Beschl. v. 25.4.2006 – 1 StR 579/05 = NStZ-RR 2006, 242; BGH, Beschl. v. 14.5.1991 – 4 StR 212/91 = StV 1991, 547; OLG Düsseldorf, Urt. v. 18.1.1994 – 5 Ss 371/93 = JR 1994, 379 (m. Anm. *Blau*).

**2194** KK-*Krehl* § 244 StPO, Rn. 280; BGHSt 34, 355, 357.

**2195** BGH, Beschl. v. 27.11.1991 – 3 StR 451/91 = NStZ 1992, 225 (bei *Kusch*).

in einem so hohen Maße aufgrund seiner Spezialisierung für die Beantwortung der Beweisfrage prädestiniert, dass er nicht durch einen weniger sachkundigen Gutachter „vertreten" werden könne. In diesen Fällen muss das Gericht nämlich bedenken, dass in solchen Darlegungen des Beweisantrages bzw. der Antragsbegründung die Ankündigung der Beantragung eines weiteren Sachverständigen liegen kann, den abzulehnen dann später schwer fallen kann, wenn die mangelnde Sachkunde des vom Gericht bevorzugten Gutachters oder die dem benannten Sachverständigen zur Verfügung stehenden überlegenen Forschungsmittel bereits im Vorgriff substantiiert belegt waren.

943 Das Gesetz enthält mehrere Regelungen, die es verbieten, bestimmte Fragen ohne Hinzuziehung eines Sachverständigen zu entscheiden. Das ist z.B. der Fall, wenn es um die Voraussetzungen einer Unterbringung geht (§§ 80a, 81, 246a StPO, 73 JGG).

944 Die Anhörung eines **weiteren Sachverständigen** kann nach § 244 Abs. 4 Satz 2 StPO abgelehnt werden, wenn bereits nach den Gutachten anderer Sachverständiger das Gegenteil der behaupteten Tatsache erwiesen ist.[2196] Da es gerade die Aufgabe eines (jeden) Sachverständigen ist, das Gericht in die Lage zu versetzen, in eigener Verantwortung die betreffenden Sachfragen selbst zu beantworten und diese Erkenntnisse auf den konkret zu entscheidenden Fall anzuwenden, und da bereits der Antrag auf einen ersten Sachverständigen mit dem Hinweis auf die eigene Sachkunde des Gerichts zurückgewiesen werden kann, ohne dass es darauf ankäme, woher die Richter ihre Beurteilungsfähigkeit bezogen haben (s.o.), ist es nur logisch, dass erst recht der zweite Sachverständige zum selben Beweisthema unter diesen Voraussetzungen entbehrlich ist.

945 Ist eine Beweisfrage zu klären, bei der sich die Kompetenzen von Sachverständigen verschiedener Forschungsmethoden überschneiden, kann das Gericht berechtigt sein, als „weiteren" Sachverständigen im Sinne des § 244 Abs. 4 Satz 2 StPO auch den Experten aus einer der anderen Fachrichtungen anzusehen.[2197] Das setzt aber voraus, dass die Sachkunde der Vertreter beider Fachdisziplinen bezogen auf die Beweisfrage im Allgemeinen wirklich gegeben ist.

946 Ein typisches Beispiel hierfür ist das Gebiet der forensischen **Psychologie und Psychiatrie.** Bestehen Anhaltspunkte für eine Psychose und hat ein Dip-

---

**2196** Dazu *Meyer-Goßner/Schmitt* § 244 StPO, Rn. 75; BVerfG, Beschl. v. 6.8.2003 – 2 BvR 1071/03 = NJW 2004, 209.

**2197** Vgl. *Hamm/Pauly*, Beweisantragsrecht, Rn. 537; BGHSt 34, 355 = NJW 1987, 2593 = BGHR StPO § 244 Abs. 4 Satz 2 – Zweitgutachter 1. Vgl. auch BGH, Beschl. v. 5.10.2004 – 1 StR 284/04.

lompsychologe ein Gutachten erstattet, in dem er zu dem Ergebnis gelangt ist, es bestehe kein auffälliger Befund, so ist der Antrag auf Vernehmung eines (medizinisch geschulten) Psychiaters zum Beweis der Tatsache, dass eine bestimmte seelische Erkrankung vorliegt, die zu einer erheblichen Verminderung der Steuerungsfähigkeit geführt habe, kein Beweisantrag auf Vernehmung eines „weiteren" Gutachters, weil sich die Kompetenzbereiche beider Fachrichtungen unterscheiden.[2198] Entscheidend für die Frage, ob es sich um einen Beweisantrag auf Vernehmung eines „ersten" oder eines „weiteren" Sachverständigen handelt, ist die generelle Kompetenzabgrenzung bezogen auf die Beweisbehauptung. Nicht der Umstand, dass überhaupt schon ein Sachverständiger gehört wurde, reicht aus, um jeden weiteren Beweisantrag auf Einholung eines Gutachtens nur noch nach den Maßstäben des § 244 Abs. 4 Satz 2 StPO zu messen. Nur wenn ein Experte aus dem Sachgebiet, das sich als solches „außerjuristisch" mit den betreffenden Fachfragen befasst, bereits gehört ist, so dass das Gericht dadurch selbst die für seine Entscheidung notwendige Sachkunde erworben haben kann, darf es mit dieser Begründung den Beweisantrag auf Vernehmung eines weiteren Gutachters zurückweisen.

Dieser Gedanke ist auch tragend für die drei in § 244 Abs. 4 S. 2, 2. Hs. StPO 947
geregelten **Rückausnahmen**, die es dem Tatrichter gebieten, einen weiteren Sachverständigen auch dann hinzuzuziehen, wenn er glaubt, durch den oder die bis dahin vernommenen Gutachter die erforderliche Sachkunde bereits erworben zu haben.

Gelingt es dem Antragsteller, das Tatgericht (oder später das Revisionsge- 948
richt) davon zu überzeugen, dass die **Sachkunde** des bisher vernommenen Sachverständigen **zweifelhaft** ist, so hat(te) er Anspruch auf die beantragte Beweiserhebung. Der Tatrichter muss sich daher mit Umständen, die Bedenken gegen die Sachkunde des gehörten Gutachters erwecken könnten, auseinandersetzen.[2199] Dasselbe gilt, wenn das bisherige Gutachten **unzutreffende tatsächliche Voraussetzungen** zugrunde gelegt hat oder wenn es **Widersprüche** enthält. Schließlich ist auch innerhalb derselben Fachdisziplin auf einen entsprechenden Beweisantrag hin ein weiterer Gutachter hinzuzuziehen, wenn dargelegt ist, dass dieser **überlegene Forschungsmittel** anwendet. Hier zeigt sich eines der wichtigsten Verfahrensprinzipien des Strafprozessrechts: Die Suche nach Wahrheit soll unter Ausnutzung des jeweils neuesten Forschungs-

**2198** Vgl. BGH, Beschl. v. 8.11.1988 – 5 StR 499/88 = StV 1989, 102.
**2199** MüKoStPO/*Trüg*/*Habetha* § 244 StPO, Rn. 367; BGHR StPO § 244 Abs. 4 Satz 2 – Sachkunde 1 mwN.

standes und mit einem Höchstmaß an Rationalität und Wirklichkeitsnähe vonstattengehen.

949 Dem Beweisantrag auf Hinzuziehung eines weiteren Sachverständigen muss beispielsweise entsprochen werden, wenn die Auffassung des bisherigen Gutachters mit den Erkenntnissen der Wissenschaft nicht in Einklang steht.[2200] Wenn und solange die Richter wegen der Komplexität eines Sachverhalts die Antwort auf die „Tatfragen“ nur unter Zuhilfenahme von Fachleuten geben können, soll diese Hilfe als unvollkommen gelten, bis sie den Forschungsstand der jeweiligen Fachdisziplin kennen. Da dieser sowohl in den sogenannten exakten wie in den nicht exakten Wissenschaften häufig fließend ist, kann das Gericht sogar verpflichtet sein, **„Außenseitermeinungen“** zur Kenntnis zu nehmen.[2201] Im Ergebnis muss für das Revisionsgericht jedenfalls erkennbar sein, dass das Tatgericht sich von der Devise hat leiten lassen: Für die Wahrheitssuche ist nur das Beste gut genug.

950 Das heißt allerdings nicht, dass bei jeder Frage, zu deren Beantwortung es gewöhnlich der Hinzuziehung von Sachverständigen bedarf, gewartet werden muss, bis ein Nobelpreisträger zur Verfügung steht. Aber es darf auch nicht die Anhörung irgendeines Gutachters als bloße Pflichtübung absolviert werden, die nur dazu dient, weitergehende Anträge mit der formelhaften Wendung ablehnen zu können, nunmehr verfüge das Gericht über die erforderliche eigene Sachkunde. Die Rechtsprechung versteht die im Gesetz als gegeben vorausgesetzte Hierarchie der Forschungsmittel leider nur instrumentell. Das führt dazu, dass Experten, die sich technischer Gerätschaften zur Vorbereitung und Erstellung ihrer Gutachten bedienen, in ihrer Eignung für forensische Hilfestellung abgestuft werden, während etwa die Glaubwürdigkeitsgutachter und die mit der Frage der Schuldfähigkeit befassten „Psycho-Sachverständigen“, die sich im Wesentlichen alle derselben Testverfahren bedienen, eher selten Gefahr laufen, von einem Fachkollegen als „weiterem Sachverständigen“ korrigiert zu werden. Der BGH ist auch dem Versuch entgegengetreten, über die Bereitschaft des Angeklagten, sich durch einen **selbst gewählten Sachverständigen** psychiatrisch/psychologisch untersuchen zu lassen, diesem gegenüber dem ge-

**2200** BGH StV 1989, 335, 336 m. Anm. *Schlothauer*; LR-*Becker* § 244 StPO, Rn. 330.

**2201** Wenn das Gericht sich dieser „Außenseitermeinung“ anschließen will, muss es die „Mehrheitsmeinung“ im Einzelnen darlegen und nachprüfbar begründen, weshalb es dieser nicht folgt. Vgl. dazu BGH, Urt. v. 12.1.1994 – 5 StR 620/93 = StV 1994, 227 = NStZ 1994, 250 („Stromtodbestimmung“) und BGH, Urt. v. 2.8.1995 – 2 StR 221/94 = BGHSt 41, 206 = NJW 1995, 2930 („Holzschutzmittel“) sowie BGH, Beschl. v. 9.10.2018 – KRB 51/16 = WM 2019, 1314 = NZKart 2019, 146 (Mehrerlösschätzung im Kartellbußgeldverfahren).

richtlich bestellten Erstgutachter, dem der Angeklagte die Kooperation verweigert hatte, ein so begründetes „überlegenes Forschungsmittel" in die Hände zu spielen.[2202]

Immerhin wird man aber verlangen können, dass ein Sachverständiger, der 951
sich den vom BGH aufgestellten Mindeststandards für die Durchführung aussagepsychologischer Begutachtungen (Glaubhaftigkeitsgutachten)[2203] verweigert oder verschließt, nicht das letzte Wort bei der Hilfestellung für das Gericht zur eigenen Beurteilung der Glaubwürdigkeit eines problematischen Zeugen haben kann.

Für das **Rügevorbringen** bei Fehlern des Gerichts in der Bescheidung von 952
Beweisanträgen, die auf die erstmalige Beauftragung oder die Anhörung eines weiteren Sachverständigen gerichtet sind, müssen die gesetzlichen Voraussetzungen für den Beweiserhebungsanspruch und die vom Gericht herangezogenen Zurückweisungsgründe jeweils behandelt und mit den betreffenden Verfahrenstatsachen unterlegt werden.

Wer beispielsweise eine Glaubwürdigkeitsbegutachtung zur belastenden 953
Aussage der Nebenklägerin beantragt hatte, sollte nicht versäumen, auch darzulegen, dass bereits vor dem Tatgericht behauptet worden war, die Zeugin sei bereit, sich dieser Begutachtung zu unterziehen, weil eine psychologische Untersuchung nur mit Einwilligung des Probanden zulässig wäre.[2204]

Beanstandet die Revision, dass ein Antrag auf Anhörung eines weiteren 954
Sachverständigen abgelehnt worden ist, so muss sie die Tatsachen darlegen, die nach § 244 Abs. 4 Satz 2, 2. Hs. StPO die Beiziehung eines weiteren Sachverständigen geboten hätten, also entweder dass und inwiefern dem nicht herangezogenen Sachverständigen überlegene Forschungsmittel zur Verfügung standen[2205] oder in welcher Hinsicht die Sachkunde des bisherigen Gutachters zweifelhaft ist. Soweit beanstandet werden soll, dass der gerichtlich bestellte Gutachter von unzutreffenden Tatsachen oder tatsächlichen Annahmen ausgegangen ist oder sein Gutachten Widersprüche enthält, sollte dargelegt werden, dass

**2202** BGH, Beschl. v. 9.7.2015 – 3 StR 537/14, Rn. 4; BGH, Urt. v. 12.2.1998 – 1 StR 588/97 = BGHSt 44, 26 = NJW 1998, 2458.

**2203** BGH, Urt. v. 30.7.1999 – 1 StR 618/98 = BGHSt 45, 164 = NJW 1999, 2746 m. Anm. *Ziegert* NStZ 2000, 105; *Offe* NJW 2000, 929; *Müller* JZ 2000, 267; *Jansen* StV 2000, 224; *Meyer-Mews* NJW 2000, 916; *Conen* GA 2000, 372.

**2204** Vgl. zur Bedeutung dieses Umstandes für die Zulässigkeit einer Verfahrensrüge: BGH, Urt. v. 21.8.2014 – 3 StR 208/14 = NStZ-RR 2014, 17; BGH, Beschl. v. 5.3.2013 – 5 StR 39/13 = StV 2013, 483; vgl. ferner BGH, Beschl. v. 28.10.2008 – 3 StR 364/08 = NStZ 2009, 346, 347.

**2205** *Alsberg/Güntge*, Beweisantrag, Rn. 1384.

diese im Verlaufe der Hauptverhandlung und insbesondere auch im Rahmen der Befragung nicht aufgeklärt bzw. beseitigt werden konnten.[2206]

### gg) Augenscheinseinnahme (§ 244 Abs. 5 S. 1 StPO)

955 Für die Ablehnung von Anträgen auf Augenscheinsbeweis[2207] ist allein die Sachaufklärungspflicht der maßgebende Gesichtspunkt.[2208] Das pflichtgemäße Ermessen des Gerichts nach § 244 Abs. 5 StPO wird dabei von der Pflicht zur vollständigen und erschöpfenden Aufklärung des Sachverhalts (§ 244 Abs. 2 StPO) geleitet.[2209]

956 Da die Gründe, aus denen Beweisanträge ohne Verstoß gegen die Aufklärungspflicht abgelehnt werden dürfen, in § 244 Abs. 3 StPO zusammengestellt sind, bedeutet die Pflicht, bei der Anwendung des § 244 Abs. 5 StPO die Aufklärungspflicht zu beachten, aber zugleich, dass das Gericht immer berechtigt ist, den Beweisantrag abzulehnen, wenn einer dieser Gründe vorliegt.[2210]

957 Das Verbot der Beweisantizipation gilt für den Antrag auf Augenscheinseinnahme allerdings nur in begrenztem Umfang:[2211] Der Beweisantrag kann mit der Begründung abgelehnt werden, dass die Beschaffenheit des Augenscheinsgegenstandes schon aufgrund der in der Hauptverhandlung erhobenen Beweise feststehe.[2212] Steht aber als Beweismittel nur ein einziger Tatzeuge zur Verfügung, so darf das Gericht einen Antrag auf Einnahme des Augenscheins nicht unter Berufung auf die Glaubwürdigkeit dieses Zeugen ablehnen, wenn durch den **in seiner Beweiskraft generell dem Zeugenbeweis überlegenen Augenschein** erwiesen werden soll, dass der Vorfall sich wegen der örtlichen Verhältnisse nicht so abgespielt haben kann, wie es der Zeuge bekundet hat.[2213] „Soll mit Hilfe eines Augenscheins die Richtigkeit der Bekundungen eines Zeugen zu erheblichen räumlichen Gegebenheiten widerlegt werden, so

---

**2206** Zum notwendigen Rügevorbringen im Einzelnen s. *Hamm/Pauly*, Beweisantragsrecht, Rn. 679 ff.

**2207** Vgl. allgemein KK-*Krehl* § 244 StPO, Rn. 209 ff.; *Alsberg/Güntge*, Beweisantrag, Rn. 1390 ff.

**2208** *Meyer-Goßner/Schmitt* § 244 StPO, Rn. 78; BGH NStZ 1984, 565; BGH NStZ 1988, 88.

**2209** *Alsberg/Güntge*, Beweisantrag, Rn. 1392.

**2210** *Alsberg/Güntge*, Beweisantrag, Rn. 1392.

**2211** S. dazu ergänzend unten Rn. 960.

**2212** *Meyer-Goßner/Schmitt* § 244 StPO, Rn. 78; BGHSt 8, 177, 180; BGH NStZ 1985, 206 (bei *Pfeiffer/Miebach*); BGH, Urt. v. 30.11.2005 – 2 StR 557/04 = StV 2007, 172 = NStZ 2006, 406 m. Anm. *Gössel*.

**2213** *Alsberg/Güntge*, Beweisantrag, Rn. 1399/1400 mwN; BGHSt 8, 177; BGH NStZ 1984, 565; KG, Beschl. v. 1.9.2006 – 1 Ss 176/05 = NStZ 2007, 480.

darf das Gericht bei seiner nach Maßgabe der Aufklärungspflicht zu treffenden Ermessensentscheidung nicht in vorweggenommener Beweiswürdigung auf eben die Zeugenaussage zurückgreifen, die durch das Beweismittel des Augenscheins gerade erschüttert werden soll; denn der Augenschein ist aufgrund seiner Objektivität für eine solche Beweisfrage insoweit als überlegenes Beweismittel zu werten (...)."[2214]

#### hh) Anträge auf Vernehmung von „Auslandszeugen" (§ 244 Abs. 5 S. 2 StPO)

Beweisanträge auf Vernehmung von Zeugen, deren Ladung im Ausland zu bewirken wäre, können seit dem Rechtspflegeentlastungsgesetz von 1993[2215] nicht nur unter den Voraussetzungen des § 244 Abs. 3 StPO, sondern auch unter den in § 244 Abs. 5 S. 2 i.V.m. § 244 Abs. 5 S. 1 StPO genannten Voraussetzungen abgelehnt werden. Die Vorschrift ist ein Fremdkörper im System des Beweisantragsrechts.[2216] Sie passt nicht in eine Zeit, in der es angesichts globaler Kommunikationswege kaum noch einen Unterschied macht, ob ein Zeuge unter einer inländischen oder einer ausländischen Anschrift „zu laden" ist.[2217] Dass es immer noch schwieriger (oder unmöglich) ist, einen Zeugen zu zwingen, einer Ladung grenzüberschreitend zu folgen, betrifft die Frage seiner Erreichbarkeit, die in § 244 Abs. 3 S. 3 Nr. 5 StPO geregelt ist. Dass die Pflicht des Gerichts, es zu versuchen, wenn nicht ein anderer der Zurückweisungsgründe des Abs. 3 gegeben ist, bereits dann bis auf das Niveau der Amtsaufklärungspflicht herabgesetzt sein soll, wenn ein postalisch zu versendendes Ladungsschreiben auf dem Weg zum Zeugen eine Staatsgrenze zu überqueren hätte, kommt einer sachfremden Erwägung (des Gesetzgebers) gleich.[2218] Dies gilt ganz besonders, seit durch § 247a StPO auch noch die Möglichkeit eröffnet ist, einen Zeugen grenzüberschreitend unter Inanspruchnahme audiovisueller Technik zu vernehmen.[2219] 958

**2214** BGH, Urt. v. 31.5.1994 – 5 StR 154/94 = StV 1994, 411 = NStZ 1994, 483.

**2215** Art. 2 Nr. 4 des Gesetzes v. 11.1.1993 (BGBl. 1993 I, 50).

**2216** Kritisch auch *Gerst* StV 2018, 755; *Günther* FS Widmaier, S. 253 ff.; *Nagler* StV 2013, 324, 329; *Oehmichen/Schneider/v.Wistinghausen* StraFo 2015, 230, 240. s. hierzu ferner *Hamm/Pauly*, Beweisantragsrecht, Rn. 567.

**2217** Zu möglichen Einschränkungen des Anwendungsbereichs in Bezug auf die Staaten der Europäischen Union und des Schengen-Raumes vgl. *Gerst* StV 2018, 755, 758; *Gleß* FS Eisenberg, S. 499.

**2218** Zur Vereinbarkeit von § 244 Abs. 5 S. 2 StPO mit dem Verfassungsrecht: BVerfG, Beschl. v. 21.8.1996 – 2 BvR 1304/96 = NJW 1997, 94 = StV 1997, 1 m. Anm. *Kinzig* = NStZ 1997, 94; BerlVerfGH, Beschl. v. 29.8.2003 – 14/03 = NJW 2004, 1791.

**2219** Vgl. *Meyer-Goßner/Schmitt* § 244 StPO, Rn. 63.

959 Auch für die auf § 244 Abs. 5 S. 2 StPO gestützte Ablehnung eines Beweisantrages ist ein **Beschluss nach § 244 Abs. 6 S. 1 StPO** erforderlich. Dessen Begründung darf sich dabei nicht etwa auf den Satz beschränken, die Aufklärungspflicht gebiete die Ladung und Vernehmung nicht.[2220] Wenn ein Beweisantrag mit rechtsfehlerhafter Begründung abgelehnt wurde, kann dies durch ergänzende Ausführungen in den Urteilsgründen nicht geheilt werden.[2221]

960 Maßgebendes Kriterium dafür, ob die beantragte Vernehmung des Auslandszeugen „nach dem pflichtgemäßen Ermessen des Gerichts zur Erforschung der Wahrheit erforderlich ist", ist nach einhelliger Auffassung die Amtsaufklärungspflicht.[2222] Inwieweit aus der gesetzlichen Neuregelung zugleich eine Befreiung vom Verbot der **Beweisantizipation** folgt, war zunächst unklar.[2223] Inzwischen geht der BGH aber in ständiger Rechtsprechung davon aus, im Rahmen der Entscheidung nach § 244 Abs. 5 S. 2 StPO sei eine Beweisantizipation grundsätzlich zulässig.[2224] Das Gericht darf (und soll) danach bei seiner Entscheidung auch die Bedeutung und den Beweiswert des weiteren Beweismittels vor dem Hintergrund des bisherigen Beweisergebnisses berücksichtigen. Es darf den zeitlichen und den organisatorischen Aufwand, der mit einer Ladung verbunden wäre, ebenso in seine Erwägungen einstellen wie Erwägungen dazu, ob der benannte Zeuge die in sein Wissen gestellte Behauptung voraussichtlich bestätigen wird.[2225] Es darf die Ablehnung auch darauf stützen, dass eine Bestätigung der Beweisbehauptung keinen Einfluss auf seine

**2220** KK-*Krehl* § 244 StPO, Rn. 212 ff.; BGH, Urt. v. 10.2.2016 – 2 StR 533/14 = StraFo 2016, 289; BGH, Beschl. v. 29.4.2010 – 1 StR 644/09 = StV 2010, 556; BGH, Beschl. v. 23.5.2000 – 5 StR 427/99 = wistra 2000, 297.

**2221** BGH, Beschl. v. 29.4.2010 – 1 StR 644/09 = StV 2010, 556; BGH, Beschl. v. 26.10.2006 – 3 StR 374/06 = NStZ 2007, 349, 351 = StV 2007, 174; KK-*Krehl* § 244 StPO, Rn. 214.

**2222** So schon BGH, Urt. v. 18.1.1994 – 1 StR 745/93 = BGHSt 40, 60, 62; vgl. auch KK-*Krehl* § 244 StPO, Rn. 212; LR-*Becker* § 244 StPO, Rn. 355; *Meyer-Goßner/Schmitt* § 244 StPO, Rn. 78a.

**2223** Vgl. hierzu die Entscheidungen: BGH, Beschl. v. 22.3.1994 – 5 StR 95/94 = StV 1994, 283 und BGH, Urt. v. 21.6.1994 – 1 StR 180/94 = StV 1994, 633 = NStZ 1994, 552 (unter Hinweis auf BGHSt 40, 60).

**2224** Vgl. hierzu BGH, Beschl. v. 10.2.2016 – 2 StR 533/14 = StraFo 2016, 289; BGH, Urt. v. 13.3.2014 – 4 StR 445/13, Rn. 10 = NStZ 2014, 531; BGH, Beschl. v. 13.2.2014 – 1 StR 336/13 = NStZ 2014, 469; BGH, Beschl. v. 23.10.2013 – 5 StR 401/13 = StV 2014, 266 = NStZ 2014, 51; BGH, Beschl. v. 3.8.2010 – 4 StR 192/10 = NStZ-RR 2010, 384; s. ferner auch *Rose* NStZ 2012, 23.

**2225** BGH, Beschl. v. 12.7.2018 – 3 StR 144/18 = StV 2018, 780 = StraFo 2018, 522; BGH, Urt. v. 13.3.2014 – 4 StR 445/13 = NStZ 2014, 531.

durch andere zuverlässige Beweismittel gewonnene Überzeugung haben könnte.[2226]

Zwar verweist Abs. 5 Satz 2 auf die Regelungen für den Augenscheinsbeweis, gleichwohl werden die zu Abs. 5 Satz 1 entwickelten Grundsätze aber nicht vollständig auf Anträge übertragen, die auf Vernehmung von Auslandszeugen gerichtet sind. Im Rahmen von Abs. 5 Satz 1 hat die Rechtsprechung wiederholt anerkannt, dass ein Antrag auf Augenscheinseinnahme nicht mit der Begründung abgelehnt werden darf, das Gegenteil sei bereits durch eine Zeugenaussage erwiesen, wenn durch die Augenscheinseinnahme gerade die Aussage des Zeugen widerlegt werden soll.[2227] Das zeigt, dass der Tatrichter vom Verbot der Beweisantizipation in diesem Bereich nicht vollständig befreit sein kann.[2228] Diese, für die Augenscheinseinnahme entwickelte Einschränkung, soll nach Ansicht der Rechtsprechung beim Auslandszeugen keine Anwendung finden.[2229] 961

Wirklich überzeugend ist das nach wie vor nicht.[2230] Wäre dem Tatrichter eine Beweisantizipation auch dann uneingeschränkt möglich, wenn sich die Anklage auf nur einen Belastungszeugen stützt und die Verteidigung zur Widerlegung der belastenden Aussage zwei Auslandszeugen benennt, wäre damit in zu weit reichendem Umfang eine vorzeitige Festlegung zulässig. Zu berücksichtigen ist zudem, welche Tatsache im Einzelfall durch den Auslandszeugen nachgewiesen werden soll. Jedenfalls wenn der Beweisantrag unmittelbar auf den Nachweis einer entlastenden Haupttatsache (wie z.B. eines Alibis) abzielt, wird das Tatgericht bei der vorläufigen Würdigung des Inhalts der bis dahin durchgeführten Beweisaufnahme besondere Vorsicht walten lassen müssen.[2231] 962

---

**2226** Vgl. BGH, Beschl. v. 29.4.2015 – 1 StR 235/14, Rn. 30 = NStZ-RR 2015, 278, 279; BGH, Beschl. v. 29.4.2010 – 1 StR 644/09 = StV 2010, 556 = StraFo 2010, 341; BGH, Urt. v. 9.6.2005 – 3 StR 269/04 = NJW 2005, 2322; BGH, Urt. v. 24.6.2004 – 5 StR 306/03 = NJW 2004, 3051, 3053.

**2227** BGHSt 8, 177 (für den Fall einer einzigen Zeugenaussage); BGH NJW 1961, 280 (für den Fall mehrerer, aber nicht unabhängig voneinander gemachter Aussagen); BGH, Urt. v. 31.5.1994 – 5 StR 154/94 = StV 1994, 411 = NStZ 1995, 483; OLG Koblenz, Beschl. v. 13.8.2010 – 1 Ss 141/10 = StV 2013, 553; *Alsberg/Güntge*, Beweisantrag, Rn. 1400.

**2228** Mit Recht weist KK-*Krehl* § 244 StPO, Rn. 210 darauf hin, die Aussage, das Verbot der Beweisantizipation gelte im Rahmen von § 244 Abs. 5 S. 1 StPO nicht, sei missverständlich.

**2229** Vgl. *Meyer-Goßner/Schmitt* § 244 StPO, Rn. 78a; *Heine* NStZ 2014, 52; BGH, Beschl. v. 22.3.1994 – 5 StR 95/94 = StV 1994, 283; BGH, Beschl. v. 7.9.1994 – 5 StR 478/94 = NStZ 1994, 593.

**2230** Kritisch auch LR-*Becker* § 244 StPO, Rn. 355; MüKoStPO/*Trüg/Habetha* § 244 StPO, Rn. 375; KK-*Krehl* § 244 StPO, Rn. 212.

**2231** Vgl. BGH, Beschl. v. 12.7.2018 – 3 StR 144/18 = StV 2018, 780.

963 Der Anwendungsbereich des § 244 Abs. 5 S. 2 StPO wird von den Revisionsgerichten maßgeblich über die Anforderungen kontrolliert, die für den die Vernehmung des Auslandszeugen ablehnenden Beschluss gelten sollen. Der Beschluss muss allgemein *„die für die Ablehnung wesentlichen Gesichtspunkte, wenn auch nicht in allen Einzelheiten, so doch in ihrem tatsächlichen Kern"* verdeutlichen und damit den Antragsteller davon unterrichten, *„wie das Gericht den Antrag sieht, damit er in der Lage ist, sich in seiner Verteidigung auf die Verfahrenslage einzustellen, die durch die Antragsablehnung entstanden ist"*.[2232] Selbstverständlich sollte auch sein, dass der Beschluss auf einer rational nachvollziehbaren, die wesentlichen Gesichtspunkte des Einzelfalls berücksichtigenden Argumentation beruhen muss.[2233] Neuere Entscheidungen machen deutlich, dass – je nach Einzelfall – durchaus eine sehr eingehende Auseinandersetzung mit der Beweislage erforderlich sein kann.[2234] Als Rechtsfehler gewertet wurde es dabei, wenn das Schweigen des Angeklagten zu seinem Nachteil berücksichtigt wurde[2235] oder wenn in dem ablehnenden Beschluss eine konkrete Auseinandersetzung mit den Ergebnissen der Beweisaufnahme völlig fehlte.[2236] Als zulässig angesehen wurde es, in die Würdigung den Zeitpunkt der Antragstellung einzubeziehen.[2237]

964 In neueren Entscheidungen klingt zudem an, dass die tatrichterliche Entscheidungsfreiheit eingeschränkt sein kann, wenn eine **besondere Beweislage** besteht.[2238] Das kommt insbesondere in Betracht, wenn die den Angeklagten belastenden Zeugen überwiegend aus dem Ausland kommen. Stehen der Ver-

**2232** BGH, Urt. v. 18.1.1994 – 1 StR 745/93 = BGHSt 40, 60 = StV 1994, 229, 230; ähnlich auch BGH, Beschl. v. 29.4.2015 – 1 StR 235/14, Rn. 31 sowie BGH, Beschl. v. 23.5.2000 – 5 StR 427/99 = wistra 2000, 297; vgl. hierzu auch LR-*Becker* § 244 StPO, Rn. 359.

**2233** Vgl. BGH, Urt. v. 13.3.2014 – 4 StR 445/13 = NStZ 2014, 531. Vgl. zu den Anforderungen: *Heine* NStZ 2014, 52; *Rose* NStZ 2012, 18, 24,

**2234** Vgl. BGH, Beschl. v. 12.7.2018 – 3 StR 144/18 = StV 2018, 780.

**2235** BGH, Beschl. v. 28.7.2009 – 3 StR 80/09 = StV 2010, 561 = NStZ 2009, 705 (hiergegen: MüKoStPO/*Trüg*/*Habetha* § 244 StPO, Rn. 375); vgl. aber auch BGH, Beschl. v. 19.5.2010 – 1 StR 49/10 (Unvereinbarkeit des Vorbringens im Beweisantrag mit der Einlassung des Angeklagten).

**2236** BGH, Urt. v. 10.2.2016 – 2 StR 533/14, Rn. 18 = StraFo 2016, 289; BGH, Beschl. v. 21.12.2010 – 3 StR 401/10 = StV 2011, 398, 399; s. hierzu auch *Heine* NStZ 2014, 52; LR-*Becker* § 244 StPO, Rn. 359.

**2237** BGH, Beschl. v. 2.11.2010 – 1 StR 544/09, Rn. 32; BGH, Beschl. v. 11.11.2004 – 5 StR 299/03 = NJW 2005, 300, 304 = NStZ 2005, 569 = StV 2005, 423; s. hierzu auch *Rose* NStZ 2012, 18, 24. Kritisch hierzu: KK-*Krehl* § 244 StPO, Rn. 213; MüKoStPO/*Trüg*/*Habetha* § 244 StPO, Rn. 375.

**2238** KK-*Krehl* § 244 StPO, Rn. 213; BGH, Beschl. v. 29.4.2015 – 1 StR 235/14, Rn. 31; BGH, Urt. v. 13.3.2014 – 4 StR 445/13 = NStZ 2014, 531, 532; BGH, Beschl. v. 28.1.2010 – 3 StR 274/09 = BGH*St* 55, 11, 21 = NJW 2010, 2365, 2367 = StV 2010, 560.

teidigung zur Widerlegung belastender Aussagen nur Zeugen zur Verfügung, die aus demselben Land stammen wie die Belastungszeugen, muss dies in die Abwägung nach § 244 Abs. 5 S. 2 StPO Eingang finden. Zwar hat sich hieraus bislang noch keine fest umrissene Fallgruppe entwickelt.[2239] Man wird aber in derartigen Fällen aus dem Anspruch auf ein faires Verfahren ableiten müssen, dass das durch § 244 Abs. 5 S. 2 StPO eröffnete „Ermessen" zur Ablehnung von Beweisanträgen eingeschränkt ist.[2240]

Die verfahrenstatsächlichen Voraussetzungen des § 244 Abs. 5 Satz 2 StPO darf das Gericht **im Wege des Freibeweises** klären. Dazu gehört auch die Möglichkeit (soweit das zwischenstaatlich erlaubt ist), sich mit dem Zeugen telefonisch in Verbindung zu setzen, um zu klären, ob er Sachdienliches zur Klärung der Beweisfrage beitragen kann.[2241] In diesen Fällen sind die Tatsache der Kontaktaufnahme und ihr Ergebnis im Zurückweisungsbeschluss darzustellen, um dem Antragsteller die Möglichkeit einzuräumen, dies durch eigene Ermittlungen nachzuprüfen und erforderlichenfalls den Antrag nachzubessern. 965

Neben § 244 Abs. 5 S. 2 StPO bleibt für Auslandszeugen aus dem Katalog der Ablehnungsgründe des § 244 Abs. 3 StPO insbesondere die Unerreichbarkeit von Bedeutung. Selbst wenn also die Aufklärungspflicht die Anhörung eines Zeugen gebietet, kann es sein, dass ein im Ausland lebender Zeuge unerreichbar ist, weil seine Vernehmung in absehbarer Zeit an nicht zu beseitigenden Hindernissen scheitert, insbesondere weil sein Erscheinen nicht erzwungen werden kann.[2242] Im Falle eines Antrages auf Vernehmung eines sich im Ausland aufhaltenden Zeugen muss sich das Gericht unter Umständen einer förmlichen Ladung durch den betreffenden Staat bedienen und einen Hinweis auf das **sichere Geleit** für den Zeugen geben.[2243] Auf die förmliche Ladung kann jedoch 966

**2239** Vgl. auch BGH, Urt. v. 24.7.2014 – 3 StR 314/13, Rn. 6 (insoweit in BGHSt 59, 271 und NJW 2014, 3047 nicht abgedruckt).

**2240** S. hierzu auch KK-*Krehl* § 244 StPO, Rn. 213.

**2241** BGH, Beschl. v. 29.11.2006 – 2 StR 404/06 = StV 2007, 227; BGH, Urt. v. 9.6.2005 – 3 StR 269/04 = NJW 2005, 2322; BGH, Beschl. v. 27.6.2006 – 3 StR 403/05 Rn. 22; BGH, Beschl. v. 28.1.2003 – 4 StR 540/02 = StV 2003, 317.

**2242** LR-*Becker* § 244 StPO, Rn. 353; *Hamm/Pauly*, Beweisantragsrecht, Rn. 414 ff.

**2243** BGH NJW 1979, 1788 = MDR 1979, 579; vgl. zu den Besonderheiten eines Beweisantrages auf Vernehmung eines Auslandszeugen *Hamm/Pauly*, Beweisantragsrecht, Rn. 565 ff. und *Michalke*, Formularbuch, VII.P.18 mit jeweils weiteren Nachweisen aus der Rechtsprechung. Das Gericht muss prüfen, ob die Möglichkeit besteht, den Zeugen durch die Zusicherung des sicheren Geleits (§ 295 StPO) zum Erscheinen zu bewegen. Das sichere Geleit ist nicht automatisch mit der förmlichen Ladung eines im Ausland lebenden Zeugen zur Vernehmung in Deutschland verbunden (BGHSt 35, 216). Art. 12 des Europäischen Übereinkommens über die Rechtshilfe in Strafsachen (abgedr. u.a. in *Schomburg/Lagodny/Gleß/Hackner/Trautmann*,

verzichtet werden, wenn sie zwecklos erscheint.[2244] Dies ist beispielsweise der Fall, wenn einem möglichen Zeugen von der zuständigen Behörde kein freies Geleit zugesichert wird.[2245] Auch wenn mit dem Staat, in dem sich der Zeuge aufhält, kein Rechtshilfeabkommen besteht, kann eine Vernehmung möglich sein.[2246]

967 Erklärt der Zeuge trotz eingehender telefonischer Unterrichtung über alle mit der Zeugenvernehmung zusammenhängenden Fragen, nicht erscheinen zu wollen, so kann sich schon aus diesem Grund die formelle Ladung erübrigen.[2247] Das Vorliegen dieser Voraussetzungen ist in der den Beweisantrag ablehnenden Entscheidung darzulegen.[2248] Die Tatgerichte sind nicht verpflichtet, einen Zeugen unter **Umgehung des diplomatischen Weges** zum Erscheinen in der Hauptverhandlung zu veranlassen.[2249]

968 Gebietet es die Aufklärungspflicht, den Zeugen anzuhören, will er aber nicht erscheinen, wird zu prüfen sein, ob eine **audiovisuelle (§ 247a StPO)**[2250] oder eine **kommissarische Vernehmung**[2251] möglich ist. Kommt der Tatrichter anhand der dargelegten Kriterien hingegen zu dem Ergebnis, die Aufklärungspflicht gebiete die Anhörung des Zeugen nicht, soll es nach Ansicht des BGH auch nicht erforderlich sein, die Möglichkeit einer audiovisuellen Vernehmung zu prüfen.[2252] Das darf allerdings nicht verallgemeinert

Internationale Rechtshilfe in Strafsachen, 6. Aufl. 2020, S. 942 ff.) enthält einen Strafverfolgungsschutz, auf den der zu ladende Zeuge hingewiesen werden muss (BGH, Beschl. v. 7.1.1997 – 1 StR 747/96 = NStZ 1998, 26; BGH NStZ 1984, 16; BGHSt 32, 68, 74; *Hamm/Pauly*, Beweisantragsrecht, Rn. 421 m. w. Hinweisen zur Vernehmung und Ladung von Häftlingen und auf den Anspruch auf freies Geleit im Rahmen des Abkommens der Vereinten Nationen über Suchtstoffe; vgl. ferner auch KK-*Krehl* § 244 StPO, Rn. 168).

**2244** BGH, Urt. v. 6.12.1989 – 1 StR 559/89 = BGHR StPO § 244 Abs. 3 Satz 2 – Unerreichbarkeit 9; BGH, Urt. v. 19.10.1990 – 1 StR 435/90 = BGHR Unerreichbarkeit 11; BGH, Urt. v. 6.11.1991 – 2 StR 342/91 = BGHR Unerreichbarkeit 12; BGH NStZ 1993, 294.

**2245** BGHR StPO § 244 Abs. 3 Satz 2 – Unerreichbarkeit 4.

**2246** Vgl. hierzu *Hamm/Pauly*, Beweisantragsrecht, Rn. 417 ff.; BGHR StPO § 244 Abs. 3 Satz 2 – Unerreichbarkeit 6.

**2247** BGH, Urt. v. 24.3.1992 – 1 StR 161/91 = NStZ 1993, 28 (bei *Kusch*).

**2248** BGH, Urt. v. 4.8.1992 – 1 StR 246/92 = NStZ 1993, 50.

**2249** BGHR StPO § 244 Abs. 3 Satz 2 – Unerreichbarkeit 9.

**2250** Vgl. hierzu *Hamm/Pauly*, Beweisantragsrecht, Rn. 434 ff.

**2251** Vgl. hierzu BGH, Beschl. v. 30.11.2010 – 3 StR 418/10 = NStZ 2011, 422. S. ferner auch BGH, Beschl. v. 7.5.2014 – 2 StR 506/13 = NStZ 2015, 102 (psych. erkrankte Zeugin).

**2252** Vgl. BGH, Beschl. v. 29.4.2015 – 1 StR 235/14, Rn. 32 = NStZ-RR 2015, 278, 279. Vgl. auch *Norouzi*, Auslandszeugen, S. 145 (teleologische Reduktion von § 244 Abs. 5 Satz 2 StPO in Fällen, in denen eine Videovernehmung möglich ist); *Gleß* FS Eisenberg, S. 499 und *dies.* JR 2002, 97, 98.

werden. Wenn in die nach § 244 Abs. 5 S. 2 StPO erforderliche Abwägung – wie die Rechtsprechung meint – auch einzubeziehen ist, welcher Aufwand mit einer Ladung des Zeugen verbunden wäre, wäre es inkonsequent, wenn völlig unberücksichtigt bliebe, dass womöglich im Einzelfall eine audiovisuelle Vernehmung ohne Weiteres durchgeführt werden kann, – auch wenn ihr im Vergleich zur persönlichen Vernehmung vor dem erkennenden Gericht geringerer Beweiswert zukommt.

### ii) Gesetzlich nicht vorgesehene Zurückweisungsgründe

Aus der Regelung in § 244 Abs. 3 – Abs. 6 StPO folgt zwingend, dass ein Beweis- 969
antrag nicht aus einem anderen als den dort abschließend aufgezählten Gründen abgelehnt werden darf. Der häufigste Fall einer Zurückweisung von Beweisanträgen aus einem Grund, der im gesetzlichen Ausschlusskatalog nicht enthalten ist, dürfte der sein, dass das Gericht glaubt, auf die beantragte Beweiserhebung verzichten zu dürfen, weil das **Gegenteil** der unter Beweis gestellten Tatsache **bereits erwiesen** sei.[2253] Eine solche Begründung zur Ablehnung eines Beweisantrags ist aber allein beim Antrag auf Hinzuziehung eines weiteren Sachverständigen zulässig.[2254] Bei allen anderen Beweismitteln ist es gerade der Sinn des Beweisantrages, das Gericht an einer abschließenden Meinungsbildung zu hindern, es sei denn, es hätte sich bereits von der Richtigkeit der unter Beweis gestellten Tatsache überzeugt („schon erwiesen"). Das Gericht darf auch nicht von vornherein annehmen, das Beweismittel werde die Beweisbehauptung nicht bestätigen, etwa weil die Angaben des Zeugen nur auf Schätzungen beruhen,[2255] oder das Beweismittel sei – von dem Fall der völligen Ungeeignetheit abgesehen – wertlos;[2256] es darf auch nicht davon ausgehen, die Beweistatsache sei nicht beweisbar.[2257] Ein Urteil wird ferner der Revision nicht standhalten, wenn ein Beweisantrag mit der Begründung abgelehnt worden ist, die Beweiserhebung sei nicht erforderlich.[2258]

---

**2253** *Meyer-Goßner/Schmitt* § 244 StPO, Rn. 86; *Hamm/Pauly*, Beweisantragsrecht, Rn. 254; *Alsberg/Güntge*, Beweisantrag, Rn. 773; BGH VRS 39, 95; BGH MDR 1974, 16 (bei *Dallinger*); BGH DAR 1981, 199; BGH StV 1986, 418; BGH, Urt. v. 6.3.1991 – 2 StR 450/90 = NStE Nr. 116 zu § 244 StPO; BGH, Beschl. v. 5.8.1993 – 4 StR 427/93 = StV 1993, 621.

**2254** S. oben Rn. 944.

**2255** BGH NStZ 1983, 468.

**2256** BGHSt 23, 176, 188 (Fall „Bartsch"); BGH NStZ 1984, 42.

**2257** BGH, Beschl. v. 5.8.1993 – 4 StR 427/93 = StV 1993, 621. Hierzu auch BGH, Urt. v. 12.6.1997 – 5 StR 58/97 = NJW 1997, 2762.

**2258** BGH, Urt. v. 11.6.1987 – 4 StR 207/87 = BGHR StPO § 244 Abs. 4 Satz 1 – Sachkunde 1.

970 Nicht selten unterlaufen dem Instanzgericht Fehler, weil es versucht, die Ablehnung des nach seiner Überzeugung aussichtslosen Beweisantrags in die Form eines der zulässigen Ablehnungsgründe des § 244 Abs. 3 StPO zu kleiden. Ein Antrag auf Vernehmung von Zeugen kann deshalb nicht unter Hinweis auf die Vernehmung einer Verhörperson (z.B. eines Ermittlungsrichters) abgelehnt werden, weil die Zeugen außerhalb eines prozessförmigen und daher auch einer Mitwirkung von Verfahrensbeteiligten nicht zugänglichen Verfahrensgeschehens erklärt haben, bei einer früheren Vernehmung gegenüber der Verhörperson vollständige Angaben gemacht zu haben. Dies ist kein gemäß § 244 Abs. 3 Satz 3 StPO zulässiger Ablehnungsgrund.[2259] Auch darf ein Beweisantrag nicht deshalb als Beweisermittlungsantrag angesehen werden, weil zweifelhaft ist, ob sich die benannten Zeugen noch an die unter Beweis gestellte Tatsache erinnern können.[2260]

#### jj) Präsente Beweismittel (§ 245 StPO)

971 Nach § 214 Abs. 1 StPO ist es die Aufgabe des Vorsitzenden, die von ihm für erforderlich gehaltenen Zeugen und Sachverständigen zu laden. Die Staatsanwaltschaft kann ohne Begründung von sich aus weitere Beweispersonen laden (§ 214 Abs. 3 StPO). Bei den „als Beweismittel dienenden Gegenständen" (Urkunden und Augenscheinsobjekten) ist es in erster Linie Aufgabe der Staatsanwaltschaft, die von ihr im Rahmen der Ermittlungen sichergestellten Beweismittel „herbeizuschaffen". Darunter versteht das Gesetz, dass die Gegenstände zum Zwecke der Verwertung in der Beweisaufnahme dem Tatgericht zur Verfügung gestellt werden. Bei **Urkunden** geschieht das in der Regel durch Vorlage mit den Akten. Asservate werden bei der Staatsanwaltschaft bereitgehalten und auf Anordnung des Gerichts (vgl. § 221 StPO), das aber auch selbst Beweisgegenstände besorgen kann (§ 214 Abs. 4 Satz 2 StPO), bereitgestellt.

972 **Zeugen und Sachverständige** können nach § 220 StPO auch vom Angeklagten, für den auch sein Verteidiger handeln kann, geladen werden, und zwar unabhängig davon, ob zuvor durch einen Antrag versucht wurde, die Ladung durch den Vorsitzenden zu veranlassen (§ 220 Abs. 1 S. 2 StPO). Auch eine solche „Selbstladung" führt zur Erscheinungspflicht, wenn § 38 StPO beachtet wurde, d.h. wenn die Ladung durch einen Gerichtsvollzieher zugestellt wurde.[2261]

---

**2259** BGH, Beschl. v. 17.6.1992 – 1 StR 196/92 = StV 1992, 548.
**2260** BGH, Urt. v. 17.2.1988 – 2 StR 624/87 = BGHR StPO § 244 Abs. 6 – Beweisantrag 5 = BGH NStZ 1988, 324.
**2261** Muster für eine solche Selbstladung bei *Michalke*, Formularbuch, VIII.P.3, 4.

Präsente Beweispersonen i. S. von § 245 Abs. 2 Satz 1 StPO sind die von der Staatsanwaltschaft nach § 214 Abs. 3 StPO und von anderen Prozessbeteiligten nach § 220 StPO geladenen und erschienenen Zeugen und Sachverständigen. Die Staatsanwaltschaft kann formlos[2262] – auch mündlich oder fernmündlich – laden. Andere Beteiligte müssen die **Form des § 38 StPO** wahren. Das bloße Vorhandensein von Beweismitteln an der Gerichtsstelle oder ihre Bezeichnung in der Anklageschrift macht diese Beweisgegenstände allerdings noch nicht zu präsenten Beweismitteln im Sinne des § 245 StPO. Dazu werden sie erst, wenn das Gericht zu erkennen gegeben hat, dass davon auch Gebrauch gemacht werden soll.[2263] Bezogen auf Unterlagen spielt dies in großen Wirtschaftsstrafprozessen eine besondere Rolle, in denen die Staatsanwaltschaften oft Möbelwagen voller Beweismittel bei Durchsuchungen sicherstellen, dann einen Teil davon als irrelevant zurückgeben, einen anderen Teil dem Gericht vorlegen und den Rest in den Räumen der Staatsanwaltschaft oder auch einer Polizeibehörde „in Reserve halten". Hier wird man – unabhängig von der unbeschränkt zu bejahenden Frage des Akteneinsichtsrechts der Verteidigung – nicht aus § 245 Abs. 1 StPO eine „Erstreckungspflicht" des Gerichts begründen können, die von der Staatsanwaltschaft mit der Anklage und den Hauptakten dem Gericht übergebenen Unterlagen, ohne dass konkret bezeichnete Urkunden zum Gegenstand von Beweisanträgen gemacht werden, zum Gegenstand der Beweisaufnahme zu machen.[2264] Ähnliche Fragen können sich im Zusammenhang mit Asservaten aus dem Bereich der elektronischen Datenverarbeitung stellen. 973

Um die Erstreckungspflicht über § 245 Abs. 1 StPO oder auch über das Beweisantragsrecht des Abs. 2 StPO zu aktivieren, muss es sich um Beweismittel handeln, die generell geeignet sind, die Anklage oder die Einlassung des Angeklagten zu bestätigen bzw. zu widerlegen. 974

**Protokolle über kommissarische Vernehmungen** sind herbeigeschaffte Beweismittel im Sinne des § 245 StPO[2265] jedenfalls dann, wenn ein Prozessbeteiligter ihre Verlesung beantragt und die Verlesung nach § 251 StPO zulässig ist; dagegen nicht etwa alle Urkunden, die sich sonst in und bei den Akten befinden mögen.[2266] 975

**2262** BGH, Urt. v. 18.7.1995 – 1 StR 96/95 = StV 1995, 567.
**2263** Vgl. BGHSt 37, 168; *Meyer-Goßner/Schmitt* § 245 StPO, Rn. 5.
**2264** Zutreffend *Meyer-Goßner/Schmitt* § 245 StPO, Rn. 4.
**2265** KK-*Krehl* § 245 StPO, Rn. 15; OGH BrZ NJW 1950, 236.
**2266** Vgl. hierzu *Meyer-Goßner/Schmitt* § 245 StPO, Rn. 5 mwN.

976 Bei einem in der Akte befindlichen Brief handelt es sich um ein präsentes Beweismittel i. S. von § 245 StPO, sofern die Verteidigung in der Hauptverhandlung dessen Inaugenscheinnahme oder Verlesung beantragt.[2267]

977 § 245 Abs. 2 StPO setzt voraus, dass ein Beweisgegenstand in der Hauptverhandlung bezogen auf seinen möglichen Aussagewert gebrauchsfähig vorgelegt wird. Inwieweit dies auch für **Fotokopien von Urkunden** gilt, ist in der Rechtsprechung nicht abschließend geklärt.[2268] Da aber auch Fotokopien nach § 249 StPO verlesen werden können, müssen sie auch als präsente Beweismittel angesehen werden. Im Einzelfall kann es zusätzlich erforderlich sein, die Übereinstimmung mit dem Original im Strengbeweisverfahren festzustellen.[2269]

978 Das Recht des Verteidigers, Zeugen und Sachverständige **selbst zu laden,** sie dadurch zu präsenten Beweismitteln zu machen und auf ihrer Vernehmung zu bestehen, gehört zu den wichtigsten Rechten der Verteidigung. Nach § 245 Abs. 2 StPO[2270] kann der Verteidiger die Vernehmung von Zeugen und Sachverständigen aber nur dann erreichen, wenn er einen Beweisantrag stellt.

979 Der gemäß § 245 Abs. 2 StPO gestellte Beweisantrag kann nicht aus allen Gründen des § 244 Abs. 3 bis 5 StPO abgelehnt werden:[2271]

- **nicht wegen „Offenkundigkeit“**, sondern nur, „wenn die Tatsache, die bewiesen werden soll, offenkundig ist“ (also dann nicht, wenn deren Gegenteil für offenkundig gehalten wird);[2272]
- **nicht,** wenn die Beweistatsache „für die **Entscheidung ohne Bedeutung** ist“, sondern nur, wenn „zwischen ihr und dem Gegenstand der Urteilsfindung kein Zusammenhang besteht“ (§ 245 Abs. 2 S. 3 StPO), was nicht verwechselt werden darf: der Begriff des fehlenden Sachzusammenhangs ist

---

**2267** BGH, Beschl. v. 21.7.1992 – 5 StR 358/92 = NStZ 1993, 28 (*Kusch*).

**2268** Nach BGH, Urt. v. 6.9.2011 – 1 StR 633/10 (= wistra 2012, 29, 33) spricht einiges dafür, dass auch vorgelegte Fotokopien von Urkunden als präsente Beweismittel i.S.v. § 245 StPO anzusehen sind. Vgl. auch BGH, Beschl. v. 7.12.2016 – 1 StR 185/16, Rn. 35 = NStZ 2017, 354 = StV 2018, 35; BGH, Beschl. v. 22.9.2015 – 4 StR 355/15 = StV 2016, 343 m. Anm. *Trüg*.

**2269** Vgl. hierzu: BGH, Beschl. v. 22.6.1994 – 3 StR 646/93 = StV 1994, 525 = NStZ 1994, 593.

**2270** Vgl. zur Einführung dieser Regelung: *Rieß* NJW 1978, 2265, 2270; *Köhler* NJW 1979, 348; *Marx* NJW 1981, 1415.

**2271** Vgl. hierzu *Meyer-Goßner/Schmitt* § 245 StPO, Rn. 22 mwN; zu den Modalitäten der Selbstladung durch den Verteidiger vgl. *Michalke*, Formularbuch, VIII. P. 2–4.

**2272** *Meyer-Goßner/Schmitt* § 245 StPO, Rn. 24; LR-*Becker* § 245 StPO, Rn. 60; durch die §§ 220, 245 Abs. 2 StPO soll den Prozessbeteiligten gerade Gelegenheit gegeben werden, das Gegenteil der vom Gericht für offenkundig gehaltenen Tatsachen oder Erfahrungssätze zu beweisen.

enger als der der Bedeutungslosigkeit in § 244 Abs. 3 Satz 3 Nr. 2 StPO.[2273] Er ist mit der Voraussetzung vergleichbar, unter der nach § 241 Abs. 2 StPO eine Frage zurückgewiesen werden kann.

- **nicht wegen Unerreichbarkeit**; der Hinweis auf diese Einschränkung ist weniger unsinnig, als er zunächst klingt. Zwar ist die Erreichbarkeit des Zeugen oder Sachverständigen während seiner Anwesenheit selbstverständlich. Aber wenn beispielsweise an dem Verhandlungstag, an dem er der Ladung des Angeklagten gefolgt ist, das Gericht die ursprünglich vorgesehenen Beweispersonen zuerst vernimmt und dann an diesem Tag keine Zeit mehr ist, um den auch im Beweisantrag nach § 245 Abs. 2 StPO benannten Zeugen oder Sachverständigen zu vernehmen, geht das Risiko seiner Unerreichbarkeit gleichsam auf das Gericht über: Ist die im Ausland wohnende Beweisperson nicht mehr bereit, zu einem späteren Termin erneut zu erscheinen, so kann der Beweisantrag nicht mit der Begründung der Unerreichbarkeit zurückgewiesen werden. Auch gegenüber § 244 Abs. 5 Satz 2 StPO geht § 245 StPO vor.
- **nicht mit Wahrunterstellung**. Dies eröffnet in der Praxis der Strafverteidigung ein besonders wichtiges und effektives Mittel. Eine Wahrunterstellung leidet oft darunter, dass ein trocken verbalisiertes Beweisthema den Richtern das Beweisanliegen nur sehr unzulänglich nahebringt. Soll beispielsweise durch das Zeugnis der Mutter oder Großmutter des Angeklagten dem Gericht verdeutlicht werden, welche schlimmen Kindheitserfahrungen der Angeklagte in einer bestimmten familiären Konstellation machen musste, so vermag ein noch so gut formulierter Beweisantrag, dessen Behauptungen als wahr unterstellt werden, längst nicht den Erlebniswert eines solchen Zeugenauftrittes zu ersetzen. Hat sich der Verteidiger zuvor in einem Gespräch mit der Zeugin von deren Ehrlichkeit und Überzeugungskraft ein Bild machen können, so kann die nüchterne Wahrunterstellung vermieden werden, indem man der Zeugin durch einen Gerichtsvollzieher ein Ladungsschreiben zustellen lässt und mit ihr vorher vereinbart, dass sie der Ladung Folge leistet.
- Schließlich erlaubt § 245 Abs. 2 StPO auch **nicht**, einen vom Angeklagten geladenen Sachverständigen mit der Begründung zurückzuweisen, für die im Beweisantrag formulierte Beweisbehauptung verfüge das Gericht über **eigene Sachkunde**. Deshalb kann auch nach der Zurückweisung eines Beweisantrages mit dieser Begründung durch die Selbstladung und Wieder-

2273 *Meyer-Goßner/Schmitt* § 245 StPO, Rn. 25; BGH, Beschl. v. 8.7.1997 – 4 StR 295/97 = StV 1998, 360.

holung des Beweisantrages die Anhörung eines Sachverständigen gerade in solchen Fällen erzwungen werden, in denen der Verteidiger der Auffassung ist, das Gericht traue sich die erforderliche eigene Sachkunde zu Unrecht zu.

980 In der Aufzählung der Gründe, mit denen ein Beweisantrag nach § 245 Abs. 2 StPO nicht abgelehnt werden darf, war bis zum Jahr 2019 auch der Zurückweisungsgrund der **Verschleppungsabsicht** enthalten. Durch das Gesetz zur Modernisierung des Strafverfahrens[2274] wurde dieser Zurückweisungsgrund aus dem Katalog des § 245 Abs. 2 S. 3 StPO gestrichen. In den Gesetzesmaterialien wurde diese Änderung als Konsequenz daraus angesehen, dass Anträgen, die in Verschleppungsabsicht gestellt werden, nunmehr generell die Beweisantragsqualität abgesprochen wird.[2275] Im Rahmen des § 245 StPO kam diesem Ablehnungsgrund allerdings schon immer nur geringe Bedeutung zu, weil fast nie zu begründen war, dass mit einem Beweisantrag, der auf Heranziehung eines präsenten Beweismittels gerichtet ist, das Ziel der Prozessverschleppung verfolgt wurde. Diskutiert wurde dies für Fallgestaltungen mit einem Massenaufgebot von Zeugen.[2276] Auch nach der Gesetzesänderung behält die Selbstladung von Zeugen und Sachverständigen eine wichtige Funktion: Schon weil bei Anwesenheit der Beweisperson die beantragte Vernehmung zumeist rasch durchgeführt werden kann, wird der Vorwurf der Verschleppungsabsicht insoweit regelmäßig kaum zu begründen sein.

981 Es kann der Verteidigung aber geschehen, dass sie eine Beweisperson lädt, den erforderlichen Beweisantrag stellt, und dass das Gericht dann nur in Aussicht stellt, an einem der späteren Verhandlungstage über diesen Beweisantrag zu entscheiden. Dann ist die Verteidigung darauf angewiesen, die Beweisperson immer wieder zu laden, was erhebliche praktische Probleme aufwerfen kann. Das Gericht ist nach Auffassung des BGH nicht verpflichtet, Verzögerungen der Hauptverhandlung hinzunehmen, die durch die Beauftragung eines vom Angeklagten geladenen Sachverständigen entstehen. Wird ein schriftliches Gutachten des von der Verteidigung geladenen Sachverständigen so kurz vor Beginn der auf drei aufeinanderfolgende Tage terminierten Hauptverhandlung übergeben, dass die Prozessbeteiligten es nicht rechtzeitig bearbeiten konnten, so soll das Gericht seiner Pflicht aus § 245 StPO mit der mündlichen Gutachtenerstat-

**2274** Gesetz zur Modernisierung des Strafverfahrens vom 10.12.2019 (BGBl. 2019 I S. 2121). Hierzu: BT-Drs. 19/14747; *Schork* NJW 2020, 1.

**2275** Vgl. BT-Drs. 19/14747 S. 35.

**2276** KK-*Krehl* § 245 StPO, Rn. 33.

tung in der Hauptverhandlung genügen können.[2277] Hierin liegt eine dem Sinn des § 245 StPO nicht mehr gerecht werdende Einschränkung. Immerhin heißt es doch in derselben Entscheidung,[2278] dass dem von der Verteidigung präsentierten Sachverständigen nach dem Beschluss die Rechte aus § 80 StPO (wie z.B. Akteneinsicht und das Recht, Fragen an Zeugen zu stellen) zustehen, *„allerdings mit den Einschränkungen, die sich aus seiner Stellung als ‚präsentem Beweismittel' ergeben"*. Diese Beschränkungen können sich nur darauf beziehen, dass er vor seiner Präsentation eben nicht an der Hauptverhandlung teilnehmen konnte. Aber sobald er durch einen stattgebenden Beschluss vom Gericht bestellt ist, muss er alle Rechte haben, die einem Sachverständigen zustehen.

#### kk) Rügeberechtigung

Zur Anfechtung der tatrichterlichen Entscheidung über einen Beweisantrag ist in erster Hinsicht der Prozessbeteiligte berechtigt, der den Antrag gestellt, oder der sich dem Antrag eines anderen Prozessbeteiligten ausdrücklich angeschlossen hat.[2279] Außer dem Antragsteller ist zur Anfechtung aber auch jeder weitere Verfahrensbeteiligte berechtigt, der durch die Gerichtsentscheidung über den Beweisantrag oder durch ihr Unterlassen **beschwert** ist. Das sind diejenigen Prozessbeteiligten, deren Interessen mit denen des Antragstellers so erkennbar übereinstimmen, dass das Gericht auch ihnen gegenüber zur rechtlich einwandfreien Behandlung des Antrags verpflichtet war.[2280] Nach diesen Grundsätzen war es in der Vergangenheit regelmäßig im Revisionsverfahren möglich, auch die Zurückweisung z.B. von Beweisanträgen eines Mitangeklagten zu rügen, wenn die genannte Parallelität der Interessen bestand.[2281] In neueren Entscheidungen hat der BGH diese bislang h.M. allerdings in Frage gestellt.[2282] Ob dies wirklich dazu führt, dass in solchen Fällen künftig Verfahrensfehler bei der Zurückweisung der Anträge anderer Angeklagter nur noch über die Aufklärungs- 982

**2277** BGH, Urt. v. 4.3.1993 – 2 StR 503/92 = NStZ 1993, 395, 397; BGH, Urt. v. 12.2.1998 – 1 StR 588/97 = BGHSt 44, 26 = NJW 1998, 2458 = NStZ 1998, 422 = StV 1999, 463.

**2278** BGH, Urt. v. 12.2.1998 – 1 StR 588/97 = BGHSt 44, 26, 32.

**2279** Vgl. *Alsberg/Güntge*, Beweisantrag, Rn. 1623; *Hamm/Pauly*, Beweisantragsrecht, Rn. 694.

**2280** BGHSt 32, 10, 12 = BGH NStZ 1984, 372 m. Anm. *Schlüchter*; BGH StV 1987, 189; BGH, Beschl. v. 27.11.1991 – 5 StR 513/91; *Meyer-Goßner/Schmitt* § 244 StPO, Rn. 105; *Alsberg/Güntge*, Beweisantrag, Rn. 1626 ff. mwN.

**2281** *Alsberg/Güntge*, Beweisantrag, Rn. 1628.

**2282** BGH, Beschl. v. 4.5.2011 – 5 StR 124/11 = StV 2011, 458 = BGHR StPO § 244 Abs. 6 Beweisantrag 49; BGH, Beschl. v. 2.8.2011 – 3 StR 217/11 = StV 2011, 711. Vgl. auch LR-*Becker* § 244 StPO, Rn. 120.

rüge geltend gemacht werden können, ist derzeit noch offen.[2283] Fest steht allerdings nach wie vor, dass die Entscheidung über einen Beweisantrag der Staatsanwaltschaft zum Nachweis einer belastenden Tatsache durch den Angeklagten in der Regel nicht als Verletzung des § 244 Abs. 3 StPO beanstandet werden kann.[2284]

### ll) Notwendiges Rügevorbringen und Prüfungsumfang

983 Zum notwendigen Revisionsvorbringen[2285] gehören bei der Rüge der fehlerhaften Ablehnung eines Beweisantrages neben dem Inhalt des Antrags (Beweistatsache und Beweismittel) auch der Inhalt des gerichtlichen Zurückweisungsbeschlusses und die Tatsachen, aus denen sich die Fehlerhaftigkeit des Beschlusses ergibt.[2286] Die Rügebegründung soll dem Revisionsgericht eine erste Schlüssigkeitsprüfung ermöglichen, das Revisionsgericht soll allein anhand der Revisionsbegründung beurteilen können, ob ein Verfahrensfehler vorliegt, wenn die in der Rüge behaupteten Verfahrenstatsachen sich als zutreffend erweisen.[2287] Soll mit der Revision geltend gemacht werden, das Beweisantragsrecht sei verletzt worden, so sollte regelmäßig der Beweisantrag in vollem Wortlaut mitgeteilt werden. Es mag dabei im Einzelnen dahinstehen, ob sich dies wirklich als Verpflichtung unmittelbar aus § 344 Abs. 2 Satz 2 StPO ergibt, oder ob nicht auch eine Wiedergabe des wesentlichen Inhalts des Antrages ausreicht.[2288] Der Verteidiger sollte hier in der Praxis nicht die Grenzen ausreizen, sondern immer den **gestellten Beweisan-**

---

**2283** So hat etwa der 1. Strafsenat offen gelassen, ob er der geänderten Auffassung zustimmt (BGH, Urt. v. 4.9.2014 – 1 StR 75/14, Rn. 60).

**2284** Nach BGH, Urt. v. 18.9.1987 – 2 StR 350/87 = NStZ 1988, 38 kann sich in solchen Fällen allerdings aus dem Grundsatz des fairen Verfahrens eine Hinweispflicht ergeben, wenn das Gericht von der Ablehnungsbegründung abweichen will. Vgl. auch *Alsberg/Güntge*, Beweisantrag, Rn. 1621 f. mwN.

**2285** Mustertexte bei *Hamm*, Formularbuch, IX.D.4.

**2286** Dazu eingehend *Hamm/Pauly*, Beweisantragsrecht, Rn. 651 ff.; *Meyer-Goßner/Schmitt* § 244 StPO, Rn. 106; KK-*Krehl* § 244 StPO, Rn. 224; KK-*Gericke* § 344 StPO, Rn. 54; LR-*Becker* § 244 StPO, Rn. 372 ff.; *Alsberg/Güntge*, Beweisantrag, Rn. 1633 ff., jeweils mwN; *Krause* StV 1984, 488; *Gribbohm* NStZ 1983, 97, 101.

**2287** KK-*Krehl* § 244 StPO, Rn. 224 mwN.

**2288** Nach wohl h.M. reicht es aus, wenn der Beweisantrag „seinem wesentlichen Inhalt" nach in der Revisionsbegründung wiedergegeben wird; vgl. BGH, Urt. v. 1.6.2006 – 4 StR 75/06; BGH, Urt. v. 6.6.2002 – 1 StR 14/02 = NStZ 2002, 532; BGH, Beschl. v. 19.4.2000 – 3 StR 122/00; vgl. hierzu auch: KK-*Gericke* § 344 StPO, Rn. 54 f. Sind in einem in die Revisionsbegründung einkopierten Schriftsatz mehrere Anträge enthalten, so muss die revisionsrechtliche Angriffsrichtung klargestellt werden (BGH, Beschl. v. 7.6.2001 – 4 StR 178/01).

**trag wortgetreu** und vollständig in die Revisionsbegründung aufnehmen.[2289] Dasselbe gilt für den Beschluss, durch den der Beweisantrag zurückgewiesen wurde.[2290] Auszüge aus beidem können ausreichen, wenn etwa ein in der Hauptverhandlung verlesener Schriftsatz mehrere Anträge enthielt und nur einer davon zum Gegenstand der Verfahrensrüge gemacht wird.

Ergibt sich aus dem Beweisantrag und dem zugehörigen Beschluss alleine 984
noch nicht die Fehlerhaftigkeit des tatgerichtlichen Verfahrens, dann müssen in der Revisionsbegründung auch die **weiteren Tatsachen** mitgeteilt werden, aus denen sie folgt.[2291] Hat das Tatgericht etwa einen Beweisantrag auf Vernehmung eines Zeugen mit der Begründung zurückgewiesen, der Zeuge sei unerreichbar, dann muss mit der Revisionsbegründung vorgetragen werden, welche Bemühungen das Gericht unternommen hat, um den Zeugen ausfindig zu machen, wenn gerügt werden soll, das Gericht sei zu Unrecht von der Unerreichbarkeit ausgegangen.[2292]

Wurde in der Hauptverhandlung die neuerliche Vernehmung eines bereits 985
vernommenen Zeugen beantragt, so muss nach Ansicht des BGH in der Revisionsbegründung mitgeteilt werden, zu welchen Themen der Zeuge bei seiner ersten Vernehmung in der Hauptverhandlung angehört wurde. Zur Begründung hierfür wird darauf verwiesen, erst auf dieser Grundlage lasse sich beurteilen,

---

**2289** So auch *Krause* StV 1984, 483, 488.

**2290** Vgl. zum Umfang der Mitteilungspflicht: BGH, Urt. v. 23.9.2015 – 2 StR 485/14; BGH, Beschl. v. 23.10.2013 – 5 StR 313/13; BGH, Beschl. v. 12.3.2013 – 2 StR 34/13; BGH, Beschl. v. 3.8.2010 – 4 StR 192/10; BGH, Beschl. v. 11.11.2009 – 2 StR 499/09; BGH, Beschl. v. 24.3.2004 – 2 StR 28/04 = StraFo 2004, 245; BGH, Beschl. v. 30.9.2003 – 4 StR 315/03; BGH, Beschl. v. 22.2.2001 – 3 StR 471/00; BGH, Beschl. v. 8.11.2000 – 3 StR 282/00; BGH, Urt. v. 24.7.1998 – 3 StR 78/98 = NJW 1998, 3284 = StV 1998, 523; BGH, Beschl. v. 18.8.1999 – 1 StR 186/99 = NStZ 1999, 632, 633; BGH, Urt. v. 11.9.1997 – 4 StR 287/97 = NStZ-RR 1998, 3 bei *Miebach* (für den Hilfsbeweisantrag).

**2291** Beispiele für Verfahrenstatsachen, die nach Ansicht des BGH gemäß § 344 Abs. 2 Satz 2 StPO mitzuteilen waren: BGH, Beschl. v. 7.2.2012 – 5 StR 432/11 = StV 2012, 587 (Vernehmung); BGH, Beschl. v. 7.2.2012 – 4 StR 547/11 (Schriftsatz der Verteidigung); BGH, Beschl. v. 25.5.2011 – 4 StR 87/11 = NStZ-RR 2011, 272 (Krankenunterlagen und Vernehmungsprotokolle); BGH, Beschl. v. 27.4.2011 – 4 StR 149/11 (Vernehmungsprotokolle); BGH, Urt. v. 25.11.2004 – 5 StR 401/04 (Vernehmungsprotokoll, auf das in einem Beschluss Bezug genommen wurde); BGH, Urt. v. 30.9.2004 – 5 StR 312/04; BGH, Urt. v. 25.3.1998 – 3 StR 686/97 = NJW 1998, 2229 = StV 1998, 360 (Äußerungen einer Zeugin gegenüber einem Vormundschaftsrichter, über die dieser vernommen werden sollte); BGH, Beschl. v. 21.1.1998 – 3 StR 652/97 = NStZ-RR 1999, 36 (bei *Kusch*) = StV 1999, 197 (Inhalt der Ladungsverfügung bei § 245 StPO). Vgl. ferner BGH, Beschl. v. 11.2.2009 – 5 StR 599/08; BGH, Urt. v. 27.11.2008 – 5 StR 96/08 = wistra 2009, 153; BGH, Beschl. v. 20.7.2010 – 3 StR 250/10 = NStZ-RR 2010, 384 = StraFo 2010, 466; BGH, Beschl. v. 2.11.2010 – 1 StR 544/09, Rn. 32.

**2292** BGH StV 1984, 455 = MDR 1984, 444 (bei *Holtz*).

ob der Zeuge mit dem zweiten Antrag zu neuen Tatsachen benannt wurde. Nur wenn dies der Fall war, lag ein Beweisantrag vor; sonst nur ein Antrag, über den nach § 244 Abs. 2 StPO entschieden werden kann.[2293] Zwar stehen diese Rügeanforderungen im Gegensatz zu dem sonst von der Rechtsprechung vertretenen Verbot der Rekonstruktion der tatrichterlichen Hauptverhandlung. Das allein sollte aber nicht dazu verleiten, sie völlig außer Acht zu lassen.

986 Wird mit einer Rüge geltend gemacht, es bestehe ein **Widerspruch zwischen dem Beschluss,** durch den der Beweisantrag zurückgewiesen wurde, **und dem Urteilsinhalt,** liegt der Verfahrensfehler darin, dass das Gericht eine bestimmte Sachbehandlung, die es im Beschlusstext zugesagt hat, in den Urteilsgründen nicht eingehalten hat. Dies kommt insbesondere bei den Abehnungsgründen der Wahrunterstellung und der Bedeutungslosigkeit häufig vor. Hier wird verschiedentlich gefordert, dass die Urteilsstelle, aus der sich der Widerspruch ergeben soll, im Wortlaut wiedergegeben wird. Ist die allgemeine Sachrüge erhoben, ist der Urteilsinhalt dem Revisionsgericht damit zugänglich, doch sollte auch dann in der Revisionsbegründung die Stelle in den Urteilsgründen genau bezeichnet werden, durch die nach Ansicht des Revisionsführers von der zugesagten Sachbehandlung abgewichen wurde.[2294] Ähnliche Fragen können entstehen, wenn das Gericht einen Antrag mit der Begründung abgelehnt hat, die unter Beweis gestellte Tatsache sei schon erwiesen.

987 Auch wenn die Ablehnung eines Hilfsbeweisantrages gerügt wird, muss dieser ebenso wie die **Begründung der Ablehnung** in der Revisionsbegründung mitgeteilt werden.[2295] Ergeben sich die Zurückweisungsgründe aus dem Urteil, kann darauf Bezug genommen werden, wenn die Sachrüge erhoben ist. Von Bedeutung ist dabei, dass aus dem Revisionsvorbringen hervorgeht, unter welcher Bedingung der Antrag gestellt war.[2296]

988 Ergeben sich aus dem geschilderten Verfahrensverlauf mehrere mögliche Rechtsfehler, muss in der Revisionsbegründung die **„Angriffsrichtung“** der Rüge klargestellt werden.[2297] Dargelegt werden muss etwa, ob der gestellte An-

---

**2293** BGH, Beschl. v. 16.8.2016 – 5 StR 182/16 = NJW 2016, 3317; BGH, Beschl. v. 1.6.2015 – 4 StR 21/15 = NStZ 2015, 540 = wistra 2015, 356; BGH, Urt. v. 20.11.2014 – 4 StR 234/14; BGH, Beschl. v. 26.2.2013 – 4 StR 518/12; BGH, Urt. v. 21.3.2002 – 5 StR 566/01 = wistra 2002, 260; vgl. ferner BGH, Urt. v. 13.12.2001 – 5 StR 322/01.

**2294** Vgl. KK-*Krehl* § 244 StPO, Rn. 232 mwN.

**2295** *Krause* StV 1984, 483, 488.

**2296** BGH, Beschl. v. 23.7.2013 – 3 StR 118/13 = NStZ 2013, 349, 350; vgl. auch BGH, Beschl. v. 7.3.2018 – 5 StR 564/17; BGH, Beschl. v. 25.3.2014 – 3 StR 300/13.

**2297** *Meyer-Goßner/Schmitt* § 244 StPO, Rn. 106. Zur Bedeutung der „Angriffsrichtung“ einer Rüge vgl. auch KK-*Gericke* § 344 StPO, Rn. 34; BGH, Beschl. v. 13.12.2016 – 3 StR 193/16 = NStZ-

trag nach Ansicht der Revision nur nach § 245 StPO zurückgewiesen werden konnte, oder ob die Zurückweisungsgründe des § 244 Abs. 3 StPO anwendbar waren.[2298] Nach der Rechtsprechung muss auch deutlich werden, ob eine fehlende Bescheidung in der Hauptverhandlung (Verletzung von § 244 Abs. 6 S. 1 StPO) oder die fehlerhafte Anwendung des Ablehnungsgrundes im Urteil (Verletzung von § 244 Abs. 3 StPO) gerügt wird.[2299]

Besondere Darlegungsanforderungen können sich ergeben, wenn das Tatgericht Beweisanträge auf Zeugenvernehmung zunächst zurückgewiesen, dann aber gleichwohl Bemühungen entfaltet hat, die Zeugen zu laden.[2300] 989

Kann der Beschwerdeführer den Ablehnungsbeschluss nicht genau wiedergeben, weil er – entgegen § 273 Abs. 1 StPO – nicht in der Sitzungsniederschrift beurkundet worden ist, erwächst ihm daraus kein Nachteil.[2301] In diesen Fällen muss das Revisionsgericht den Verfahrensvorgang im Freibeweis aufklären. 990

Die Rüge der Verletzung des Beweisantragsrechts steht ebenso wie die Aufklärungsrüge oft in einem **Sachzusammenhang mit der Sachrüge,** soweit dort die Lückenhaftigkeit der Feststellungen oder der Darlegungen zur Beweiswürdigung zu beanstanden sind. Trotzdem sollte man die Verfahrungsrüge klar trennen von der (ausgeführten) Sachrüge, auch wenn der BGH hier manchmal Großzügigkeit walten lässt und einem Revisionsführer sogar nachsieht, wenn er die Verletzung des Beweisantragsrechts als Teil der Sachrüge versteht.[2302] 991

Wie sich die Änderungen des § 244 StPO in den Jahren 2017 und 2019 auf die Praxis auswirken werden, ist schwer absehbar. Es liegt nahe, dass in Einzelfällen Streit darüber bestehen wird, ob das nunmehr in das Gesetz aufgenommene Merkmal der **Konnexität** durch den Sachvortrag in einem Beweisantrag erfüllt ist. Wird dies durch das Tatgericht verneint, kann hierin ein Anlass für eine Verfahrensrüge liegen. Regelmäßig wird es sich dabei empfehlen, neben der Verletzung des Beweisantragsrechts (§ 244 Abs. 3 und Abs. 6 StPO) auch eine Verletzung der Aufklärungspflicht (§ 244 Abs. 2 StPO) zu rügen. Wenn die hierfür geltenden formalen Anforderungen eingehalten werden, lässt sich auf diese Weise eine inhaltliche Prüfung des mit dem gestellten Antrag vorgebrach- 992

RR 2017, 119; BGH, Beschl. v. 10.1.2017 – 4 StR 541/16; BGH, Urt. v. 9.7.2015 – 3 StR 516/14 = StV 2016, 337, 338 m. Anm. *Ventzke;* BGH, Beschl. v. 29.8.2006 – 1 StR 371/06 = NStZ 2007, 161, 162; BGH, Beschl. v. 12.9.2007 – 1 StR 407/07 = NStZ 2008, 229.

**2298** BGH, Beschl. v. 8.12.2011 – 4 StR 430/11 = StV 2013, 71.

**2299** BGH, Beschl. v. 10.1.2017 – 4 StR 541/16.

**2300** BGH, Urt. v. 22.10.1993 – 2 StR 466/93 = NJW 1994, 1015 = NStZ 1994, 140 = StV 1994, 5.

**2301** KK-*Krehl* § 244 StPO, Rn. 227; BGH NJW 1969, 281, 282 = VRS 36, 213.

**2302** Siehe z.B. BGH, Beschl. v. 15.3.2007 – 4 StR 66/07 = NStZ 2007, 476 = StV 2008, 337.

ten Aufklärungsbegehrens auch dann erreichen, wenn das Revisionsgericht der Ansicht des Tatgerichts folgt, aus dem Antrag sei nicht hinreichend ersichtlich, aus welchem Grund der Zeuge etwas zur Sache bekunden können soll.

993 Indem der Gesetzgeber durch die Änderung im Jahr 2019 pauschal die Beweisantragsqualität von Anträgen verneint hat, die in **Verschleppungsabsicht** gestellt werden, hat er den Streit über dieses Merkmal zwar prozessrechtlich auf eine andere Ebene verlagert. Die Kontrolldichte für tatrichterliche Entscheidungen, die sich auf dieses Merkmal stützen, sollte dadurch – wie oben ausgeführt – aber nicht abnehmen.[2303] Wird nach neuer Rechtslage durch den Vorsitzenden im Rahmen der Sachleitungsbefugnis ein Hinweis auf die Verschleppungsabsicht erteilt und sodann ein Gerichtsbeschluss nach § 238 Abs. 2 StPO herbeigeführt, so wird das Tatgericht in diesem Beschluss konkrete Tatsachen darlegen müssen, aus denen sich nach seiner Überzeugung die Voraussetzungen des § 244 Abs. 6 S. 2 StPO ergeben. Zwar soll der Beschluss des Spruchkörpers nach dem Inhalt der Gesetzesmaterialien nur einer eingeschränkten Überprüfung durch das Revisionsgericht unterzogen werden, dem Tatgericht sollen Beurteilungsspielräume zukommen.[2304] Für eine nachhaltige Beschränkung der revisionsgerichtlichen Kontrolle besteht aber kein Anlass, weil das Merkmal der Verschleppungsabsicht eine Reihe von konkreten Voraussetzungen hat. Die tatrichterlichen Entscheidungen werden deshalb Tatsachen benennen müssen, aus denen sich ergibt, dass diese Voraussetzungen vorlagen. Der Beschlussinhalt muss insoweit auch in der Revisionsinstanz überprüfbar sein. Bezieht sich der Beschluss nach § 238 Abs. 2 StPO zum Beleg für die Verschleppungsabsicht auf andere Verfahrensvorgänge (wie z.B. früher gestellte Anträge und Beschlüsse), werden diese in der Revisionsbegründung mitzuteilen sein.[2305]

994 Hat das Gericht in der Hauptverhandlung zum Mittel der **Fristsetzung** nach § 244 Abs. 6 S. 3 StPO gegriffen, kann hierin ein revisibler Verfahrensfehler liegen, wenn die Voraussetzungen (wie etwa der Abschluss der von Amts wegen vorgesehenen Beweisaufnahme) nicht vorlagen.[2306] Allerdings sollte in derartigen Fällen zunächst gemäß § 238 Abs. 2 StPO ein Gerichtsbeschluss herbeige-

**2303** S. dazu oben Rn. 843 ff.

**2304** BT-Drs. 19/14747, S. 34.

**2305** Vgl. zu den Darlegungspflichten bei der Rüge, ein Beweisantrag sei zu Unrecht nach § 244 Abs. 3 StPO a.F. wegen Verschleppungsabsicht abgelehnt worden: *Dahs*, Revision, Rn. 354; KK-*Krehl* § 244 StPO, Rn. 230; BGHR StPO § 344 Abs. 2 Satz 2 – § 244 Abs. 3 Satz 2 StPO 1; *Hamm/Pauly*, Beweisantragsrecht, Rn. 661 f.; BGH NStZ 1986, 519, 520.

**2306** Vgl. hierzu allgemein *Hamm*, StV 2018, 525; *Börner* JZ 2018, 232.

führt werden.[2307] Wurde die Fristsetzung im Gerichtsbeschluss mit rechtsfehlerhafter Begründung bestätigt, ist ein Verfahrensfehler gegeben. Das kann auch dann der Fall sein, wenn das Gericht in seinem Beschluss nicht näher auf das Vorbringen des Antragstellers über den fehlenden Abschluss der von Amts wegen vorgesehenen Beweisaufnahme eingeht. In der Revisionsbegründung werden jedenfalls die Fristsetzung, die Beanstandung und der Beschluss mitzuteilen sein. Je nach dem Inhalt der Beanstandung kann die Angabe zusätzlicher Tatsachen (etwa zu dem von Amts wegen vorgesehenen Gegenstand der Beweisaufnahme) erforderlich sein.

Wird ein **Beweisantrag** erst **nach Fristablauf** gestellt, kann er nach dem 995
Gesetzestext im Urteil beschieden werden, wenn die späte Antragstellung nicht hinreichend begründet und glaubhaft gemacht wird (§ 244 Abs. 6 S. 4 StPO). Soll mit der Revision lediglich beanstandet werden, dass die Bescheidung im Urteil fehlerhaft war, weil ein Ablehnungsgrund falsch angewandt wurde, wird es (ähnlich wie bisher schon bei Hilfsbeweisanträgen) regelmäßig genügen, in der Revisionsbegründung den Beweisantrag mitzuteilen und (bei erhobener Sachrüge) die Stelle im Urteil zu bezeichnen, aus der sich die Ablehnung ergibt. Zusätzlich sollte klargestellt werden, dass über den Antrag nicht durch einen in der Hauptverhandlung verkündeten Beschluss entschieden wurde. Aus der Neuregelung können sich daneben auch noch weitere Streitpunkte ergeben, denen Bedeutung für die Revision zukommen kann. Wurde etwa für die Antragstellung nach Fristablauf in der Hauptverhandlung ein Grund angeführt, können unterschiedliche Auffassungen darüber bestehen, ob die frühere Antragstellung i.S.v. § 244 Abs. 6 S. 4 StPO nicht möglich war. Weist der Vorsitzende den Antragsteller darauf hin, dass die Antragstellung nach Fristablauf aus seiner (des Vorsitzenden) Sicht nicht hinreichend begründet ist, kann der Antragsteller dies nach § 238 Abs. 2 StPO beanstanden. Die Verletzung von § 244 Abs. 6 S. 4 StPO wird er mit der Revision nur dann mit Aussicht auf Erfolg rügen können, wenn er zuvor diesen Weg (gerichtliche Entscheidung nach § 238 Abs. 2 StPO) beschritten hat. Wird nicht in der Hauptverhandlung, sondern erst im Urteil (zugleich mit der Ablehnung des Beweisantrages) dargelegt, es sei durch die für die späte Antragstellung vorgebrachten Gründe nicht ausreichend dargetan, dass eine frühere Antragstellung nicht möglich war, dann kommt eine Verletzung des Anspruchs auf ein faires Verfahren in Betracht.

Unverändert kann auch nach neuer Rechtslage ein revisibler Verfahrensfeh- 996
ler vorliegen, wenn einem Beweisantrag nicht stattgegeben und über ihn entge-

2307 Vgl. hierzu KK-*Krehl* § 244 StPO Rn. 87b und 87h; *Meyer-Goßner/Schmitt* § 244 StPO, Rn. 108; *Mosbacher* NStZ 2018, 9, 11 sowie *Schlothauer* FS Fischer, S. 826.

gen § 244 Abs. 6 S. 1 StPO auch nicht durch Beschluss entschieden wurde. Das Beschlusserfordernis gilt für Beweisanträge, die in der Hauptverhandlung vor der Fristsetzung oder noch innerhalb der Frist gestellt wurden. Wird gerügt, eine Beschlussfassung sei unterblieben, so muss der gestellte Antrag mitgeteilt werden, damit im Revisionsverfahren geprüft werden kann, ob es sich um einen Beweisantrag handelt, der die Voraussetzungen des § 244 Abs. 3 S. 1 StPO erfüllt.[2308] Zu beachten ist aber, dass nunmehr nach § 244 Abs. 6 S. 2 StPO auch bei Anträgen, die diese Voraussetzungen an sich erfüllen, eine Beschlussfassung entbehrlich sein kann. Wird gerügt, § 244 Abs. 6 S. 1 StPO sei verletzt, kann es sich deshalb empfehlen, in der Revisionsbegründung klarzustellen, dass die Voraussetzungen für eine Zurückweisung nach § 244 Abs. 6 S. 2 StPO nicht vorlagen (z.B. weil die beantragte Beweiserhebung Sachdienliches erbringen konnte). Wurde in der Hauptverhandlung nicht darauf hingewiesen, dass im Hinblick auf § 244 Abs. 6 S. 2 StPO von einer Bescheidung des Antrages durch Beschluss abgesehen wird, sollte auch dies in der Revisionsbegründung dargelegt werden.

997 Wird ein **präsentes Beweismittel** nicht verwendet, kann dies im Fall des **§ 245 Abs. 1 StPO** die Revision begründen. Beim Rügevorbringen ist zu beachten, dass möglichst präzise darzulegen ist, dass und warum es sich um ein herbeigeschafftes und nicht nur um ein bei Gericht körperlich vorhandenes Beweismittel gehandelt hat.[2309] Die **Rüge der Verletzung von § 245 Abs. 2 StPO** hat, um zulässig zu sein, zur Voraussetzung, dass Beweispersonen, deren Vernehmung vermisst wird, auf dem in § 38 StPO vorgeschriebenen Weg geladen waren und dass dies in der Revisionsbegründung dargelegt wird.[2310]

998 Umfangreiche inhaltliche Ausführungen zur Reichweite der Aufklärungspflicht sind im Fall des § 245 Abs. 1 StPO nicht erforderlich, wenn das Gericht durch die Herbeischaffung den Nutzungswillen zu erkennen gegeben hat.[2311] Der Inhalt der unterbliebenen Beweiserhebung kann in diesem Fall nur für die Frage bedeutsam sein, ob das Urteil darauf beruht. Dazu muss zwar der Revisionsführer keine Ausführungen machen, aber er muss dem Revisionsgericht die **Prü-**

---

**2308** So für die bisherige Rechtslage: KK-*Krehl* § 244 StPO, Rn. 226; *Alsberg/Güntge* Beweisantrag, Rn. 1635 mwN; *Krause* StV 1984, 487; OLG Stuttgart NJW 1968, 1732; a.A. HansOLG Hamburg JR 1963, 473 und noch *Sarstedt* in der 5. Auflage, Rn. 289, im Anschluss an eine unveröffentlichte Entscheidung aus dem Jahre 1954, die als überholt gelten kann.

**2309** *Meyer-Goßner/Schmitt* § 245 StPO, Rn. 30; BGH, Urt. v. 30.8.1990 – 3 StR 459/87 = BGHSt 37, 168, 171.

**2310** BGH, Beschl. v. 30.7.1999 – 3 StR 139/99 = NStZ-RR 2000, 295 (*Kusch*); vgl. KK-*Krehl* § 245 StPO, Rn. 35 mwN.

**2311** BGH, Beschl. v. 21.12.1992 – 5 StR 523/92 = StV 1993, 235.

**fung der Beruhensfrage** ermöglichen. Deshalb gehören auch hier der vollständige Beweisantrag, der Beschluss, mit dem er ggf. zurückgewiesen wurde, und der Umstand, dass von dem Beweismittel auch sonst kein Gebrauch gemacht wurde, zum vollständigen Rügevorbringen. Auch die Tatsache der Vorladung des Zeugen oder Sachverständigen und die Dokumente zum Nachweis der ordnungsgemäßen Zustellung (durch Gerichtsvollzieher) sind als Bestandteile der Begründung der Verfahrensrüge gem. § 344 Abs. 2 Satz 2 StPO unerlässlich.[2312]

Hat das Gericht gegen § 245 Abs. 1 StPO verstoßen, indem es einen von Amts 999
wegen geladenen und erschienenen Zeugen nicht vernommen hat, so soll, wenn der Vorsitzende im Rahmen eines ihm zustehenden Ermessens die Entlassung des Zeugen verfügt hat, etwa nachdem er ihm ein umfassendes Schweigerecht nach § 55 StPO zugebilligt hat, die Rüge voraussetzen, dass ein Beschluss gemäß § 238 Abs. 2 StPO herbeigeführt wurde und in der Revision auch dieser Vorgang mitgeteilt wird.[2313] Das kann aber nicht gelten für die Fälle, in denen durch Unterlassen eines Beschlusses gegen § 245 Abs. 2 StPO verstoßen wurde, weil insoweit § 244 Abs. 6 StPO gilt.

### c) Fehlerhaftes Gebrauchmachen von Beweismitteln

**Literatur:** *Bauer* Die „natürliche Stufung der Verfahrensvorschriften" (BGHSt 11, 213, 214) und die zivilrechtliche Schutzzwecklehre, wistra 1991, 95; *Bertheau* Anmerkung zu BGH Beschl. v. 30.4.2009 – 1 StR 745/08, StV 2010, 609; *Bohnert* Ordnungsvorschriften im Strafverfahren, NStZ 1982, 5; *Bosch* Qualifizierte Belehrung des angehörigen Zeugen, FS v. Heintschell-Heinegg, 2015, S. 65; *Brause* Zum Zeugenbeweis in der Rechtsprechung des BGH, NStZ 2007, 505; *Conen*, Verlesungen nach § 256 Abs. 1 Nr. 5 StPO, FS für Eisenberg zum 80. Geb., 2019, S. 377; *Dahs* Die gespaltene Hauptverhandlung, NJW 1996, 178; *Delventhal* Die strafprozessualen Vereidigungsverbote unter besonderer Berücksichtigung des offensichtlich falsch aussagenden Zeugen, München 1990; *Dölling* Verlesbarkeit schriftlicher Erklärungen und Auskunftsverweigerungsrecht nach § 55 StPO, NStZ 1988, 6; *Erb* Zum Verhältnis zwischen Personalbeweis und Sachbeweis bei der Rekonstruktion menschlicher Wahrnehmungen, FS v. Heintschell-Heinegg, 2015, S. 135; *Eschelbach*, Richterrecht zu § 252 StPO, FS v. Heintschell-Heinegg, 2015, S. 147; *Fischer* Die Fortwirkung von Zeugnisverweigerungsrechten nach Verfahrenstrennung, JZ 1992, 570; *Gallandi* Gleichzeitige Verletzung der §§ 55 und § 136a StPO, NStZ 1991, 119; *Geppert* Der Zeugenbeweis, Jura 1991, 80; *Gercke* Vorlage ärztlicher Atteste im Strafverfahren – Risiken und

---

**2312** BGH, Urt. v. 30.8.1990 – 3 StR 459/87 = NStZ 1991, 48, 49; BGH, Beschl. v. 21.12.1992 – 5 StR 523/92 = StV 1993, 235; BGH, Beschl. v. 30.7.1999 – 3 StR 139/99 = NStZ-RR 2000, 295.

**2313** KK-*Krehl* § 245 StPO, Rn. 35; vgl. hierzu auch *Widmaier* NStZ 2007, 234 (in der Anmerkung zu BGH, Urt. v. 16.11.2006 – 3 StR 139/06 = BGHSt 51, 144) mit zutreffendem Hinweis darauf, dass dies aber nicht für die Rüge der im gleichen Vorgang steckenden Verletzung der Aufklärungspflicht gelten kann.

Nebenwirkungen, FS Schlothauer, 2018, S. 423; *Gerst* Vorhalt und § 253 StPO, StraFo 2018, 273; *Gossrau* Unterlassen der Zeugenbelehrung als Revisionsgrund, MDR 1958, 468; *Hauser* Der Zeugenbeweis im Strafprozess mit Berücksichtigung des Zivilprozesses, Zürich, 1974; *Joachim* Anonyme Zeugen im Strafverfahren – Neue Tendenzen in der Rechtsprechung, StV 1992, 245; *Krüger* Zur Änderung von § 256 Abs. 1 Nr. 2 StPO durch das „Gesetz zur effektiveren und praxistauglicheren Ausgestaltung des Strafverfahrens", StV 2018, 316; *Lüderssen* Rollenkonflikte im Verfahren: Zeuge oder Beschuldigter, wistra 1983, 231; *Mildenberger* Schutz kindlicher Zeugen im Strafverfahren durch audiovisuelle Medien, Passau 1995; *Mitsch* Protokollverlesung nach berechtigter Auskunftsverweigerung (§ 55 StPO) in der Hauptverhandlung, JZ 1992, 174; *Mosbacher* Die Zulässigkeit vernehmungsergänzender Verlesung, NStZ 2014, 1; *Otto* Die strafprozessuale Verwertbarkeit von Beweismitteln, die durch Eingriff in Rechte anderer von Privaten erlangt wurden, FS Kleinknecht, 1985, S. 319; *Peglau/Wilk* Änderungen im strafprozessualen Vereidigungsrecht durch das Justizmodernisierungsgesetz, NStZ 2005, 186; *Prittwitz* Der Mitbeschuldigte im Strafprozess, 1984, 139; *Prüfer* Der Zeugenbericht, DRiZ 1975, 334; *Rieß* Zur aktuellen Entwicklung des Strafverfahrensrechts, StraFo 2006, 4; *Satzger* Die Fortwirkung des Zeugnisverweigerungsrechts bei Verfahren gegen mehrere Mitbeschuldigte nach Verfahrenstrennung – der Anfang vom Ende, FS Schöch, 2010, S. 913; *Scheffler* Kurzer Prozess mit rechtsstaatlichen Grundsätzen? NJW 1994, 2191; *Schmitt,* Das Zeugnisverweigerungsrecht des Angehörigen im Verfahren gegen mehrere Beschuldigte, FS Kühne, 2013, S. 333; *Schuster* Das neue Vereidigungsrecht nach dem Justizmodernisierungsgesetz aus revisionsrechtlicher Sicht, StV 2005, 628; *ter Veen* Das unerreichbare Beweismittel und seine prozessualen Folgen – eine Übersicht zur Rechtsprechung des BGH und anderer Obergerichte, StV 1985, 295; *Weigend* Unmittelbare Beweisaufnahme – ein Konzept für das Strafverfahren des 21. Jahrhunderts?, FS Eisenberg zum 70. Geb., 2009, S. 657; *Weiß* Elektronische Dokumente in der Hauptverhandlung nach neuem Strafverfahrensrecht, wistra 2018, 245; *Widmaier* Zum Zeugnisverweigerungsrecht der Berufsgeheimnisträger – Grenzen und Grenzüberschreitungen, FS Dahs, 2005, S. 543; *Wömpner* Ergänzender Urkundenbeweis neben §§ 253, 254 StPO, NStZ 1983, 293; *Wolter* Menschenwürde und Freiheit im Strafprozess, GS für Karlheinz Meyer, 1990, S. 493.

**1000** Neben den bisher behandelten Verfahrensfehlern, die dem Gericht im Rahmen der Entscheidung über die Zulassung und die Heranziehung von Beweismitteln unterlaufen können, ist auch der prozessuale Umgang mit den einzelnen Beweismitteln von erheblicher revisionsrechtlicher Bedeutung. Es kann dabei hier nicht auf sämtliche Fragen eingegangen werden, die sich im Zusammenhang mit der Verwendung der im Strengbeweisverfahren zugelassenen Beweismittel ergeben. Die für das Verfahrensergebnis zumeist entscheidende Frage der Beweiswürdigung wird im nachfolgenden Abschnitt zu § 261 StPO noch gesondert behandelt. An dieser Stelle soll es zunächst um eine Reihe von Fallgestaltungen gehen, die in Revisionsverfahren im Zusammenhang mit den Beweismitteln **Zeuge, Sachverständiger und Urkunde** immer wieder eine Rolle spielen.[2314]

**2314** Obwohl die Aussage des Angeklagten zur Sache Beweisstoff erbringt – und damit Beweisaufnahme im materiellen Sinn ist –, schreibt § 244 Abs. 1 StPO die Trennung der Ver-

Stets im Blick zu behalten ist dabei, dass auch die Verwendung der Beweismittel von der Aufklärungspflicht geleitet sein muss. Die Anwendung der für die rechtliche Stellung der drei Beweismittel existierenden Vorschriften ist für die Bestimmung der Grenzen dieser Pflicht von erheblicher Bedeutung. Ihre Verletzung geht deshalb häufig mit einer Verletzung der Aufklärungspflicht einher.

### aa) Zeugenbeweis

#### (1) Allgemeines

Zeuge ist eine Beweisperson, die in einem nicht gegen sie selbst gerichteten Strafverfahren Auskunft über die Wahrnehmung von Tatsachen gibt.[2315] Die Aufgabe des Sachverständigen besteht demgegenüber vornehmlich darin, dem Gericht allgemeine, d.h. vom jeweiligen Einzelereignis unabhängige Erfahrungssätze zu vermitteln. Da der Sachverständige aber auch befugt und häufig auch dazu berufen ist, sein allgemeines Fachwissen zur Deutung von konkret durch ihn wahrgenommenen Befundtatsachen[2316] anzuwenden, andererseits die StPO auch noch die Figur des sachverständigen Zeugen (§ 85 StPO) kennt, kommt es in der tatrichterlichen Hauptverhandlung immer wieder zu Unsicherheiten über die Abgrenzung. Sie ist wichtig, weil eine Reihe von Vorschriften zu völlig unterschiedlichen Verfahrensweisen führen, je nachdem, ob eine Beweisperson Zeuge oder Sachverständiger ist. Das gilt z.B. für die Belehrung, für die Frage der Ablehnbarkeit (§ 74 StPO) und insbesondere für die Frage der Austauschbarkeit. Der Sachverständige wird in die Hauptverhandlung ebenso wie der Zeuge geladen. „Beauftragt" wird er nur gegebenenfalls mit der Erstattung eines schriftlichen Gutachtens. Aber das ist nicht der wesentliche Unterschied zum Zeugen. 1001

Die **Unterscheidung zwischen Zeugen und Sachverständigen** ist nicht immer leicht zu treffen. Als ein Kriterium für die Zuordnung zu den Rollen wird 1002

---

nehmung des Angeklagten von der formellen Beweisaufnahme im engeren Sinn vor; vgl. KK-*Krehl* § 244 StPO, Rn. 2. Dem richterlichen Augenschein (§ 86 StPO) als der von der StPO am wenigsten formalisierten Form der Beweisaufnahme ist im Folgenden kein eigener Unterabschnitt gewidmet. Insofern muss auf die Kommentierungen zu § 86 StPO verwiesen werden.

**2315** So *Meyer-Goßner/Schmitt* vor § 48 StPO, Rn. 1 mwN; RGSt 52, 289.

**2316** Zum Begriff „Befundtatsachen" vgl. z.B. BGH, Beschl. v. 24.10.2019 – 4 StR 528/19 = NStZ-RR 2020, 29.

dabei die Frage angesehen, ob die Beweisperson ihre Wahrnehmungen in behördlichem Auftrag gemacht hat.[2317] Grundsätzlich geht die StPO davon aus, dass ein und dieselbe Person auch mehrere Funktionen haben kann. Das kommt u.a. in § 74 Abs. 1 S. 2 StPO zum Ausdruck. Danach kann ein Sachverständiger nicht allein deshalb wegen Besorgnis der Befangenheit abgelehnt werden, weil er im selben Verfahren als Zeuge vernommen wurde, – ein Umstand, der beim Richter sogar zum Ausschluss nach § 22 Nr. 5 StPO führt.

1003 Eine besondere Form der Personalunion stellt der **sachverständige Zeuge** (§ 85 StPO) dar. Er ist eigentlich Zeuge und unterscheidet sich von „Laienzeugen" dadurch, dass er Wahrnehmungen aufgrund besonderer Sachkunde gemacht hat. Für ihn gelten die Vorschriften über den Zeugenbeweis. Der Sachverständige ist im Gegensatz zum Zeugen auswechselbar.[2318] Außerdem kann nur jemand Sachverständiger werden, der bestimmte Qualifikationen aufweist, während Zeuge grundsätzlich jeder Mensch werden kann. Eine allgemeine Zeugnisunfähigkeit gibt es nicht.[2319]

1004 Auch **Richter**[2320] und **Urkundsbeamte** können Zeugen sein, selbst wenn sie schon an der Verhandlung mitgewirkt haben. Sie sind aber dann nach § 22 Nr. 5 bzw. § 22 Nr. 5, 31 Abs. 1 StPO von der weiteren Mitwirkung in derselben Sache kraft Gesetzes ausgeschlossen. Wird hiergegen verstoßen, liegt beim Richter der absolute Revisionsgrund des § 338 Nr. 2 StPO, beim Urkundsbeamten ein relativer Revisionsgrund vor.[2321] Wird ein **Staatsanwalt** als Zeuge vernommen, kann ihn dies in begrenztem Umfang ebenfalls an der weiteren Mitwirkung in der Hauptverhandlung hindern.[2322] Auch der **Verteidiger** kann Zeuge sein. Dies führt zwar nicht dazu, dass er von der weiteren Mitwirkung an der Hauptverhandlung ausgeschlossen ist.[2323] Allerdings sollte jeder Anwalt es als eine aus dem Berufsrecht und dem Rollenverständnis in der Struktur der StPO folgende Pflicht verstehen, ebenso wie der Staatsanwalt zu vermeiden, über die eigene Glaubwürdigkeit zu plädieren.[2324] Liegt ein Fall notwendiger Verteidigung vor,

---

**2317** Zur Abgrenzung näher: LR-*Krause* § 85 StPO, Rn. 4 ff.; *Meyer-Goßner/Schmitt* § 85 StPO, Rn. 3 ff. mwN. Vgl. auch BGH, Urt. v. 2.4.2008 – 2 StR 621/07; BGH, Urt. v. 9.10.2002 – 5 StR 42/02 = NJW 2003, 150, 151.

**2318** So KK-*Senge* vor § 72 StPO, Rn. 7.

**2319** *Meyer-Goßner/Schmitt* vor § 48 StPO, Rn. 13 mwN.

**2320** Zu Beweisanträgen auf Vernehmung von Richtern s. *Pauly*, FS 25 Jahre AG Strafrecht des DAV, S. 731.

**2321** S. dazu im Einzelnen oben Rn. 497 und Rn. 502.

**2322** S. dazu oben Rn. 503.

**2323** Näher dazu *Meyer-Goßner/Schmitt* vor § 48 StPO, Rn. 18; KK-*Bader* vor § 48 StPO, Rn. 12.

**2324** KK-*Bader* vor § 48 StPO, Rn. 12.

muss während der Vernehmung des Verteidigers dafür gesorgt sein, dass der Angeklagte einen anderen Verteidiger hat.[2325]

Ebenfalls als Zeuge vernommen werden kann der **Nebenkläger**[2326], 1005
nicht hingegen der **Privatkläger**[2327], der eine Parteirolle innehat. Auch der **Beschuldigte** kann in dem gegen ihn selbst geführten Verfahren nicht Zeuge sein.[2328]

Ebenso scheidet der **Mitangeklagte** als Zeuge in derselben Sache aus,[2329] so- 1006
lange es sich um ein gemeinsam geführtes Verfahren handelt. In der Praxis nicht mehr umstritten ist die Frage, ob der Mitbeschuldigte einer Tat zum Zeugen werden kann, wenn das Verfahren gegen ihn abgetrennt worden ist. Es gilt der **formelle Beschuldigtenbegriff**,[2330] nach einer Abtrennung ist die Zeugenvernehmung möglich.

Das gilt allerdings nicht uneingeschränkt. So wird auch in der BGH-Ent- 1007
scheidung,[2331] auf die zur Begründung des formellen Beschuldigtenbegriffs häufig Bezug genommen wird,[2332] ausdrücklich gesagt, dass die Fälle des gewillkürten Rollentauschs anders zu beurteilen sind als die Fälle der Abtrennung aus sachlichen Gründen (wie etwa auf Grund der Verhandlungsunfähigkeit eines Angeklagten). Unzulässig ist die Abtrennung eines gegen mehrere Beschuldigte gerichteten Verfahrens allein mit dem Ziel, auf diese Weise einen zusätzlichen Zeugen gegen den Angeklagten zu gewinnen. Das muss jedenfalls dann gelten, wenn die geplante Vernehmung eine gemeinschaftlich begangene Tat betreffen soll.[2333] Anders soll die Sachlage sein, wenn die geplante Zeugenvernehmung

**2325** KK-*Bader* vor § 48 StPO, Rn. 12. Vgl. auch BGH, Beschl. v. 26.1.1996 – 2 ARs 441/95 = StV 1996, 469; BGH NStZ 1985, 514.

**2326** LR-*Ignor/Bertheau* vor § 48 StPO, Rn. 37.

**2327** *Eisenberg*, Beweisrecht, Rn. 1024; MüKoStPO/*Maier/Percic* vor § 48 StPo, Rn. 31. A.A.: LR-*Ignor/Bertheau* vor § 48 StPO, Rn. 38.

**2328** BGHSt 10, 8, 10 = NJW 1957, 230; BGH NStZ 1984, 464; *Meyer-Goßner/Schmitt* vor § 48 StPO, Rn. 20.

**2329** *Meyer-Goßner/Schmitt* vor § 48 StPO, Rn. 21; MüKoStPO/*Maier/Percic* vor § 48 StPO, Rn. 25; *Roxin/Schünemann*, § 26, Rn. 5.

**2330** BGH, Urt. v. 23.4.1984 – 4 StR 781/83 = NJW 1985, 76; BGHSt 38, 302; einen materiellen Beschuldigtenbegriff befürwortet dagegen *Prittwitz*, Der Mitbeschuldigte im Strafprozess, S. 139 ff.; vgl. zur Thematik auch LR-*Ignor/Bertheau* vor § 48 StPO, Rn. 35 ff.

**2331** BGH, Urt. v. 23.4.1984 – 4 StR 781/83 = NJW 1985, 76 = StV 1984, 361 m. abl. Anm. *Prittwitz*.

**2332** Vgl. etwa *Meyer-Goßner/Schmitt* vor § 48 StPO, Rn. 21.

**2333** BGH, Urt. v. 25.2.1964 – 1 StR 13/64 = NJW 1964, 1034; vgl. dazu auch BGH, Urt. v. 23.4. 1984 – 4 StR 781/83 = NJW 1985, 76, 77 sowie BGH, Beschl. v. 10.1.2012 – 3 StR 400/11 = StV 2012, 390 = NStZ 2012, 519.

sich nicht auf eine gemeinschaftlich begangene Tat bezieht.[2334] Ein Teil der Literatur will dagegen über die Fälle des gewillkürten Rollentauschs hinaus die Vernehmung von (materiell) Mitverdächtigen generell[2335] oder zumindest weitgehend[2336] für unzulässig erklären. Doch folgt dem die h.M. zu Recht nicht.

1008 Aus dem formellen Beschuldigtenbegriff ergibt sich auch, dass durch die **Beurlaubung (§ 231c StPO)** eines Beschuldigten nicht dessen Beschuldigteneigenschaft entfällt. Er kann daher nicht beurlaubt werden, um dann als Zeuge zu einer anderen Tat vernommen zu werden.[2337]

1009 Ansatzpunkte für eine Verfahrensrüge können sich danach ergeben, wenn die Verfahrensabtrennung nur dem Ziel dient, die Vernehmung der Mitbeschuldigten über gemeinschaftliche Taten zu ermöglichen.[2338] In der Verfahrensrüge ist umfassend darzulegen, wie es zur Abtrennung kam und wie das Verfahren nach der Abtrennung gestaltet wurde.

1010 Weit häufiger ist in der Praxis allerdings die Frage, ob es nach einer Abtrennung des Verfahrens gegen einen Angeklagten, die z.B. ihren sachlichen Grund darin hat, dass das Verfahren gegen ihn entscheidungsreif ist, durch die **Aufklärungspflicht** geboten ist, den bisherigen **Mitangeklagten als Zeugen** zu vernehmen. Ein Bedürfnis hiernach kann sich insbesondere ergeben, wenn der Mitangeklagte Angaben gemacht hat, die zugleich andere belastet haben. Da er als Zeuge unter Wahrheitspflicht steht, liegt es nahe, die Zeugenvernehmung zur Überprüfung der Frage einzusetzen, ob die Aussage, die er als Mitangeklagter gemacht hat, der Wahrheit entsprach. Im Einzelfall kann es die Aufklärungspflicht gebieten, von der Möglichkeit zur Zeugenvernehmung Gebrauch zu machen.[2339]

---

**2334** MüKoStPO/*Maier/Percic* vor § 48 StPO, Rn. 27; *Meyer-Goßner/Schmitt* vor § 48 StPO, Rn. 22.

**2335** So z.B. *Lüderssen* wistra 1983, 231, 232; *Prittwitz*, Der Mitbeschuldigte im Strafprozess, S. 139 ff., wonach für die Bestimmung des Beschuldigtenbegriffs eine materielle Betrachtungsweise ausschlaggebend sein soll.

**2336** *Schlüchter*, Das Strafverfahren, Rn. 478, die eine Beschuldigteneigenschaft annimmt, solange gegen eine Person in einer Sache ermittelt wird (vermittelnde formell-materielle Auffassung).

**2337** *Meyer-Goßner/Schmitt* § 231c StPO, Rn. 3.

**2338** Vgl. *Meyer-Goßner/Schmitt* vor § 48 StPO, Rn. 22, der nur die Abtrennung für eine Zeugenvernehmung zu selbständigen Taten für zulässig hält.

**2339** Vgl. hierzu BGH, Beschl. v. 1.9.2009 – 1 StR 399/09 = StraFo 2009, 520; BayObLG, Beschl. v. 18.9.1989 – RReg 2 St 196/89 = StV 1989, 522. S. ergänzend auch BGH, Beschl. v. 10.1.2012 – 3 StR 400/11 = StV 2012, 390 = NStZ 2012, 519.

### (2) Ordnungsvorschriften

Die Rechtsprechung stuft eine Reihe von Verfahrensvorschriften, die Zeugenvernehmungen regeln, als sog. **Ordnungsvorschriften** ein, mit der Konsequenz, dass auf ihre Verletzung die Revision nicht gestützt werden kann.[2340] So sollen etwa Rechtsverstöße im Ordnungsmittelverfahren nach **§ 51 StPO** nicht revisibel sein. Die Verteidigung kann aber unter Umständen erfolgreich rügen, dass das Gericht seine Aufklärungspflicht verletzt hat, indem es den Zeugen nicht zum Erscheinen gezwungen hat.[2341] 1011

Eine nur im Interesse des Zeugen erlassene Ordnungsvorschrift ist **§ 57 StPO** (Zeugenbelehrung); auf ihre Verletzung kann die Revision nach h.M. nicht gestützt werden.[2342] Schon weil eine Verletzung dieser Pflicht Einfluss auf die Zeugenaussage haben kann, darf sie aber der Revision nicht vollständig entzogen sein. In der Literatur wird deshalb zu Recht eine Aufklärungsrüge für möglich gehalten, wenn eine Belehrung unterblieben ist und dies zu einem Aufklärungsdefizit geführt haben kann.[2343] Ob diese Voraussetzungen häufig nachweisbar sein werden, ist allerdings eine andere Frage. 1012

Entgegen der hier vertretenen Auffassung[2344] hält die Rechtsprechung auch **§ 58 Abs. 1 StPO** (die Zeugen sind einzeln und in Abwesenheit der später zu hörenden Zeugen zu vernehmen) für eine bloße Ordnungsvorschrift, deren Verletzung die Revision nicht begründen könne.[2345] Zu Unrecht soll es insoweit nur möglich sein, einen Verstoß gegen die Aufklärungspflicht zu rügen.[2346] Dagegen ist **§ 68 StPO** (Vernehmung zur Person) – wie auch **§ 68a StPO** (Bloßstellung von Zeugen) – grundsätzlich eine nicht revisible Ordnungsvorschrift.[2347] Von diesem Grundsatz muss aber in den seltenen Fällen abgewichen werden, in denen ausnahmsweise die Verletzung der Vorschriften gleichzeitig andere zwingende Nor- 1013

---

**2340** Zur grundsätzlichen Kritik an der Herabstufung von Verfahrensvorschriften zu bloßen Ordnungsvorschriften siehe oben Rn. 335 ff.

**2341** LR-*Ignor/Bertheau* vor § 48 StPO, Rn. 35; *Meyer-Goßner/Schmitt* § 51 StPO, Rn. 30; KK-*Bader* § 51 StPO, Rn. 25.

**2342** BGH NStZ 1983, 354 (bei *Pfeiffer/Miebach*); BGH, Beschl. v. 19.12.2001 – 3 StR 427/01; *Meyer-Goßner/Schmitt* § 57 StPO, Rn. 7 mwN.

**2343** LR-*Ignor/Bertheau* vor § 48 StPO, Rn. 35; MüKoStPO/*Maier* § 57 StPO, Rn. 24 f.

**2344** S. oben Rn. 337.

**2345** BGH NJW 1962, 260, 261; BGH NStZ 1981, 93 (bei *Pfeiffer/Miebach*); a.A. *Eisenberg*, Beweisrecht, Rn. 1355.

**2346** Vgl. *Meyer-Goßner/Schmitt* § 58 StPO, Rn. 17; MüKoStPO/*Maier* § 58 StPO, Rn. 22 ff. S. dazu BGH, Beschl. v. 21.2.2001 – 3 StR 244/00 = NJW 2001, 2732 = StV 2002, 6; BGH, Beschl. v. 7.11.2000 – 5 StR 150/00 = NStZ 2001, 163 = StV 2002, 5; BGH NJW 1987, 3088, 3090.

**2347** BGH, Beschl. v. 26.10.2011 – 5 StR 292/11 = NStZ 2012, 168 (zu § 68 Abs. 3 StPO); a.A.: LR-*Ignor/Bertheau* § 68 StPO, Rn. 24.

men betrifft. Das ist z.B. bei einer Verletzung der Aufklärungspflicht[2348] oder auch im Einzelfall bei der Behinderung der Verteidigung[2349] (§ 338 Nr. 8 StPO) durch einen im gleichen Zusammenhang gefassten Beschluss zu bejahen.[2350]

1014 Dagegen ist **§ 69 Abs. 1 S. 1 StPO** (Vernehmung zur Sache) eine zwingende Vorschrift, auf deren Beachtung nicht verzichtet werden kann. Ihre Verletzung kann daher auch dann gerügt werden, wenn der Angeklagte und sein Verteidiger weder bei einer kommissarischen Vernehmung des Zeugen noch in der Hauptverhandlung Einwendungen erhoben haben.[2351] Dass zugleich eine Verletzung der Aufklärungspflicht gerügt werden müsse, wenn die Rüge des § 69 Abs. 1 S. 1 StPO Erfolg haben soll,[2352] trifft nicht zu.[2353]

### (3) Zeugnisverweigerungsrechte nach § 52 StPO

1015 Die StPO kennt Aussageverweigerungsrechte in den §§ 52, 53, 53a, 54 und 55 StPO. Das Gesetz enthält damit Grenzen für die Verpflichtung des Gerichts zur Ermittlung des wahren Sachverhalts. Die Vorschriften sind einer der wesentlichen Belege dafür, dass diese Verpflichtung nicht bedeuten kann, dass die Wahrheit „um jeden Preis" herausgefunden werden muss.

1016 Ratio der Vorschrift des § 52 StPO ist die Rücksicht auf die Zwangslage des Zeugen, der zur Wahrheit verpflichtet ist, aber befürchten muss, durch seine Aussage einem Angehörigen zu schaden.[2354] Den Schutz der Wahrheitsfindung und des Angeklagten vor der Verwertung konfliktbehafteter und daher in ihrem Wert bisweilen geminderter Beweismittel bezweckt § 52 StPO dagegen nach Auffassung der Rechtsprechung nicht.[2355]

1017 Ein Zeugnisverweigerungsrecht nach § 52 StPO besteht dabei nicht nur dann, wenn der Zeuge in einer Hauptverhandlung vernommen wird, in der ei-

---

**2348** BGHSt 23, 244, 245 = NJW 1970, 1197; instruktiv auch BGH NStZ 1989, 237, 238 = NJW 1989, 1230, 1231.

**2349** KK-*Slawik* § 68 StPO, Rn. 13; *Meyer-Goßner/Schmitt* § 68 StPO, Rn. 23.

**2350** Vgl. dazu LR-*Ignor/Bertheau* § 68 StPO, Rn. 24 und § 68a StPO, Rn. 12; MüKoStPO/*Maier* § 68 StPO, Rn. 86 ff. und BGH, Beschl. v. 15.3.2001 – 5 StR 591/00 = BGH StV 2001, 435.

**2351** KK-*Slawik* § 69 StPO, Rn. 8 mwN.

**2352** So *Meyer-Goßner/Schmitt* § 69 StPO, Rn. 13; MüKoStPO/*Maier* § 69 StPO, Rn. 36.

**2353** Mit Begründung KK-*Slawik* § 69 StPO, Rn. 8; siehe dazu auch Rn. 1047.

**2354** Vgl. BVerfG, Beschl. v. 15.10.2009 – 2 BvR 2438/08 = NJW 2010, 287 = StV 2011, 60; BVerfG, Beschl. v. 25.9.2003 – 2 BvR 1337/03 = NStZ-RR 2004, 18; BVerfG, Beschl. v. 3.3.2004 – 1 BvR 2378/98 = BVerfGE 109, 279 = NJW 2004, 999. Vgl. ferner BGHSt 27, 231 und BGH, Urt. v. 21.7.1994 – 1 StR 83/94 = BGHSt 40, 211 = NJW 1994, 2904.

**2355** BGHSt 11, 213, 215; BGH, Urt. v. 23.9.1999 – 4 StR 189/99 = BGHSt 45, 203, 207.

ner seiner Angehörigen Angeklagter ist. Der Zeuge ist vielmehr zur Zeugnisverweigerung auch dann berechtigt, wenn in irgendeinem Verfahrensabschnitt ein gegen mehrere Beschuldigte gerichtetes zusammenhängendes einheitliches Verfahren in Bezug auf dieselbe Tat im Sinne des historischen Geschehens anhängig war und zu einem dieser Beschuldigten ein Angehörigenverhältnis i.S.v. § 52 StPO bestand.[2356] Für die erforderliche **prozessuale Gemeinsamkeit** reicht dabei die Gleichzeitigkeit der Ermittlungen im Sinne eines bloß faktisch gemeinsamen Vorgangs nicht aus. Sie kann nur durch eine Willensentscheidung der Staatsanwaltschaft begründet werden.[2357] In Betracht kommt etwa ein Antrag auf richterliche Gestattung von Ermittlungsmaßnahmen, wobei er die erforderliche prozessuale Gemeinsamkeit auch dann schaffen kann, wenn zu diesem Zeitpunkt die Namen der Beschuldigten noch nicht bekannt waren.[2358] Entgegen Erwägungen in einem Beschluss des 5. Strafsenats[2359] und verschiedenen Stimmen in der Literatur[2360] besteht auch kein Grund, von diesem Konzept Abstand zu nehmen und das Zeugnisverweigerungsrecht künftig nur noch solange zu gewähren, solange sich das Verfahren auch gegen den Angehörigen des Zeugen richtet. Zu einer solchen Einschränkung des Anwendungsbereichs besteht kein Anlass.[2361]

Die Rechtsprechung hat den Anwendungsbereich des durch die frühere prozessuale Gemeinsamkeit entstandenen Zeugnisverweigerungsrechts aber schon in anderer Hinsicht eingeschränkt. Das Zeugnisverweigerungsrecht, das der Angehörige eines Beschuldigten im Verfahren gegen den Mitbeschuldigten hat, erlischt danach mit dem Tod des angehörigen Beschuldig- 1018

**2356** BGH, Urt. v. 8.12.2011 – 4 StR 500/11 = StV 2012, 193 = NStZ 2012, 340; BGH, Beschl. v. 14.12.2011 – 5 StR 434/11 = StV 2012, 194 = NStZ 2012, 221; vgl. hierzu *Satzger* FS Schöch, S. 917.

**2357** BGH, Urt. v. 8.12.2011 – 4 StR 500/11 = StV 2012, 193 = NStZ 2012, 340; BGH, Urt. v. 4.11.1986 – 1 StR 498/86 = BGHSt 34, 215, 217; BGH, Beschl. v. 4.1.1993 – StV 18/92 = BGHR StPO § 52 Abs. 1 Nr. 3 Mitbeschuldigter 8; vgl. auch MüKoStPO/*Percic* § 52 StPO, Rn. 19; KK-*Bader* § 52 StPO, Rn. 6; *Meyer-Goßner/Schmitt* § 52 StPO, Rn. 11.

**2358** BGH, Urt. v. 8.12.2011 – 4 StR 500/11 = StV 2012, 193 = NStZ 2012, 340; MüKoStPO/*Percic* § 52 StPO, Rn. 19.

**2359** BGH, Beschl. v. 14.12.2011 – 5 StR 434/11 = StV 2012, 194 = NStZ 2012, 221. Hierzu: *Schwan/Andrzejewski* HRRS 2012, 507; vgl. auch BGH, Beschl. v. 30.4.2009 – 1 StR 745/08 = BGHSt 54, 1, 4.

**2360** *Meyer-Goßner/Schmitt* § 52 StPO, Rn. 11a; *Schmitt* FS Kühne, S. 333, 336 ff.; *Basdorf* NJW-Festheft Tepperwien, S. 5, 6.

**2361** So auch LR-*Ignor/Bertheau* § 52 StPO, Rn. 19; *Bertheau* StV 2010, 611; *Satzger* FS Schöch, S. 925 ff.

ten.[2362] Das Zeugnisverweigerungsrecht erlischt darüber hinaus aber auch dann, wenn die Gefahr einer strafrechtlichen Verfolgung des Angehörigen aus Rechtsgründen nicht mehr besteht. Ist der Angehörige rechtskräftig verurteilt oder rechtskräftig freigesprochen, soll das Zeugnisverweigerungsrecht nicht mehr eingreifen,[2363] nicht aber, wenn das Ermittlungsverfahren lediglich nach § 170 Abs. 2 StPO eingestellt wurde.[2364] Das Zeugnisverweigerungsrecht soll ferner auch erlöschen, wenn das Verfahren hinsichtlich der Vorwürfe, die Gegenstand der Zeugenaussage sein sollen, bezüglich des mit dem Zeugen verwandten Mitbeschuldigten nach § 154 Abs. 1 oder 2 StPO eingestellt und das Bezugsverfahren rechtskräftig abgeschlossen wurde.[2365] Es trifft zwar zu, dass in diesen Fällen die Zwangslage des Zeugen gemindert ist, weil praktisch keine erneute Verfolgung des Verwandten mehr zu befürchten ist. Es darf jedoch bezweifelt werden, ob der ursprüngliche Sinn des § 52 StPO, dem Zeugen auch unabhängig von der (bei § 55 StPO maßgeblichen) Verfolgungsgefahr allein schon im Hinblick auf die Familienbande (Art. 6 GG!) eine Aussage zu ersparen, mit dieser Rechtsprechung noch erfasst wird.[2366]

1019 Von revisionsrechtlicher Bedeutung ist die Reichweite des Zeugnisverweigerungsrechts insbesondere deshalb, weil über dieses Recht vor Beginn jeder Vernehmung zu belehren ist (§ 52 Abs. 3 StPO). Ein Verstoß gegen die **Belehrungspflicht** begründet die Revision, wenn der Zeuge ausgesagt hat und das Urteil hierauf beruhen kann,[2367] und zwar selbst dann, wenn das Gericht von dem Angehörigenverhältnis nichts wusste.[2368] Das Beruhen des Urteils auf dem

**2362** BGH, Beschl. v. 30.4.2009 – 1 StR 745/08 = BGHSt 54, 1, 4; BGH, Urt. v. 13.5.1998 – 3 StR 566/97 = NStZ 1998, 583; BGH, Urt. v. 13.2.1992 – 4 StR 638/91 = StV 1992, 145 = JZ 1992, 592, hierzu *Fischer* JZ 1992, 570; *Satzger* FS Schöch, S. 922.

**2363** BGH, Urt. v. 29.10.1991 – 1 StR 334/90 = BGHSt 38, 96; *Meyer-Goßner/Schmitt* § 52 StPO, Rn. 11.

**2364** BGH, Urt. v. 27.5.1998 – 3 StR 31/98 = NJW 1998, 3363; BGH NStZ 1984, 176. Zu den Konsequenzen einer Einstellung nach § 153a StPO: MüKoStPO/*Percic* § 52 StPO, Rn. 20; *Meyer-Goßner/Schmitt* § 52 StPO, Rn. 11.

**2365** BGH, Beschl. v. 30.4.2009 – 1 StR 745/08 = BGHSt 54, 1.

**2366** Vgl. hierzu: LR-*Ignor/Bertheau* § 52 StPO, Rn. 19; *Bertheau* StV 2010, 611.

**2367** KK-*Bader* § 52 StPO, Rn. 46; *Meyer-Goßner/Schmitt* § 52 StPO, Rn. 34. Zum notwendigen Rügevorbringen bei mehrtägiger Vernehmung: BGH, Beschl. v. 9.12.2014 – 3 StR 272/14 = StV 2015, 758.

**2368** MüKoStPO/*Percic* § 52 StPO, Rn. 49; *Meyer-Goßner/Schmitt* § 52 StPO, Rn. 34; BGH StV 1988, 89. Ob dies auch für den Fall des Verlöbnisses gilt, hat BGH, Urt. v. 28.5.2003 – 2 StR 445/02 = BGHSt 48, 294 offengelassen. Eine Revisionsrüge erfordert den Vortrag von Tatsachen, die den Rechtsbegriff des Verlöbnisses ausfüllen (OLG Frankfurt, Beschl. v. 9.5.2007 – 3 Ss 70/07 = NStZ-RR 2007, 241).

Verfahrensfehler ist ausgeschlossen, wenn er rechtzeitig geheilt worden ist, wenn der Zeuge oder gesetzliche Vertreter seine Rechte gekannt hat oder wenn sicher ist, dass der Zeuge auch nach der Belehrung ausgesagt hätte.[2369] Hat das Tatgericht übersehen, dass zu einem früheren Zeitpunkt eine prozessuale Gemeinsamkeit zwischen einem Verfahren gegen die jetzigen Angeklagten und einem anderen Verfahren gegen den Angehörigen eines Zeugen bestand, dann kann es sein, dass infolgedessen die erforderliche Belehrung unterblieben ist. Das kann auch von Beschuldigten gerügt werden, zu denen der Zeuge kein Angehörigenverhältnis hat.

Auch **unrichtige Belehrungen** können revisionsrechtliche Bedeutung ha- 1020
ben. Wenn der Vorsitzende einen Zeugen, der kein Zeugnisverweigerungsrecht hat, fälschlich dahin belehrt, er habe ein solches Recht, so ist zweierlei möglich. Entweder sagt der Zeuge trotzdem aus. Dann liegt kein Revisionsgrund vor, weil die unrichtige Belehrung den weiteren Verlauf nicht beeinflusst hat, das Urteil also nicht auf ihr beruhen kann.[2370] Oder der Zeuge verweigert die Aussage. Darauf kann das Urteil immer beruhen, weil niemand wissen kann, was er gesagt hätte.[2371] Der dafür ursächliche Verfahrensverstoß liegt aber, genau genommen, nicht in der unrichtigen Belehrung, sondern darin, dass das Gericht sich mit der unberechtigten Zeugnisverweigerung „abgefunden" hat. Der Zeuge war ein präsentes Beweismittel und musste, da er kein Zeugnisverweigerungsrecht hatte, gemäß § 245 StPO vernommen werden.[2372] Man rüge also nicht nur die unrichtige Belehrung, sondern man bezeichne als Verstoß auch die Tatsache, dass der Zeuge nicht zur Sache vernommen wurde.

Besondere Probleme können sich ergeben, wenn der Zeuge noch **nicht voll-** 1021
**jährig** ist. Minderjährige müssen über ein Zeugnisverweigerungsrecht selbst belehrt werden, wenn sie verständig genug sind, um die Konfliktlage zu verstehen, in die sie durch die Aussage geraten können; sind sie das nicht, so ist

**2369** Vgl. BGH, Beschl. v. 14.12.2011 – 5 StR 434/11 = StV 2012, 194 = NStZ 2012, 221 (Belehrung nach § 55 ausreichend); BGH, Beschl. v. 3.5.2006 – 4 StR 43/06 = StV 2006, 507 = NStZ 2006, 647; BGH, Beschl. v. 1.3.2004 – 5 StR 53/06 = StV 2004, 297; BGH NStZ 1989, 484; BGH, Beschl. v. 13.7.1990 – 3 StR 228/90 = NStZ 1990, 549.

**2370** BGH MDR 1979, 806 (bei *Holtz*); BGH, Urt. v. 9.5.1979 – 3 StR 86/29 = NStZ 1981, 93 (bei *Pfeiffer*).

**2371** Vgl. *Meyer-Goßner/Schmitt* § 52 StPO, Rn. 35; KK-*Bader* § 52 StPO, Rn. 47. Das Beruhen kann auch nicht in solchen Fällen ausgeschlossen werden, in denen der Zeuge statt nach § 52 Abs. 3 nach § 55 Abs. 2 StPO hätte belehrt werden müssen, denn ob er auch die Auskunft nach dieser Vorschrift verweigert hätte, kann nicht überprüft werden; BGH StV 1982, 557.

**2372** Vgl. BGH, Beschl. v. 27.11.2012 – 5 StR 554/12; MüKoStPO/*Percic* § 52 StPO, Rn. 62.

der **gesetzliche Vertreter** zu belehren, und die Vernehmung ist nach § 52 Abs. 2 StPO dann nur mit seiner Zustimmung zulässig. Ist der gesetzliche Vertreter der Angeklagte, so muss dem Minderjährigen für diese Entscheidung nach § 1909 Abs. 1 S. 1 BGB ein Ergänzungspfleger bestellt werden,[2373] der dann freilich in keiner beneidenswerten Lage ist. Zur Aussage zwingen kann man den Minderjährigen auch mit der Genehmigung des gesetzlichen Vertreters aber nicht.

1022 Macht der Zeugnisverweigerungsberechtigte von seinem Recht nach § 52 StPO Gebrauch, darf das Gericht daraus ebenso wenig Schlüsse gegen den Angeklagten ziehen wie aus dem Schweigen des Angeklagten.[2374] Eine Ausnahme macht die Rechtsprechung allerdings in den Fällen, in denen der Zeugnisverweigerungsberechtigte zur Tatfrage teilweise Angaben gemacht und teilweise geschwiegen hat,[2375] oder wenn er ohne Berufung auf sein Zeugnisverweigerungsrecht zwar zur Sache ausgesagt, aber die Überprüfung der Richtigkeit seiner Aussage dadurch unmöglich gemacht hat, dass er die Entnahme einer Blutprobe unter Berufung auf § 81c Abs. 3 S. 1 StPO verweigert hat.[2376]

1023 Macht der Zeuge von seinem Zeugnisverweigerungsrecht Gebrauch, so entsteht damit ein **Verwertungsverbot nach § 252 StPO**.[2377] Vorangegangene polizeiliche Vernehmungen dürfen nicht verwertet werden.[2378] Auch der Vernehmungsbeamte darf dann grundsätzlich nicht über die frühere Aussage als Zeuge gehört werden.[2379] Wird der Vernehmungsbeamte zeitlich vor dem weigerungsberechtigten Zeugen vernommen, so darf er über den Inhalt der Aussage nur

**2373** Vgl. hierzu MüKoStPO/*Percic* § 52 StPO, Rn. 33; LR-*Ignor/Bertheau* § 52 StPO, Rn. 32.

**2374** MüKoStPO/*Percic* § 52 StPO, Rn. 56; LR-*Ignor/Bertheau* § 52 StPO, Rn. 40; BGH, Beschl. v. 23.5.2000 – 5 StR 142/00 = NStZ 2000, 546 = StV 2002, 3; BGH, Beschl. v. 10.3.1998 – 1 StR 12/98 = NStZ-RR 1998, 277; BGHSt 22, 113 = NJW 1968, 1246 = JZ 1968, 395; kritisch *Ostermeyer* NJW 1968, 1789.

**2375** Vgl. zu dieser Fallgruppe: LR-*Ignor/Bertheau* § 52 StPO, Rn. 42.

**2376** BGHSt 32, 140, 141 = NJW 1984, 1829.

**2377** BGH, Beschl. v. 15.7.2016 – GSSt 1/16 = BGHSt 61, 221, 231; BGH, Beschl. v. 13.6.2012 – 2 StR 112/12 = BGHSt 57, 254, 256 mwN = NJW 2012, 3192 = StV 2012, 705.

**2378** Vgl. LR-*Ignor/Bertheau* § 52 StPO, Rn. 39 mwN; BGH, Beschl. v. 27.10.2006 – 2 StR 334/06 = StV 2007, 63; BGHSt 2, 99, 104 = NJW 1952, 356.

**2379** BGHSt 21, 218 = JR 1967, 467 m. Anm. *Peters*; BGHSt 29, 230, 232 = NJW 1980, 1533 (m. Anm. *Gundlach* NJW 1980, 2142) = JR 1981, 125 m. Anm. *Gollwitzer*; BGH, Beschl. v. 18.1.2000 – 1 StR 589/99 = StV 2000, 236; BGH, Beschl. v. 3.11.2000 – 2 StR 354/00 = BGHSt 46, 190 = StV 2002, 1; BGH, Beschl. v. 27.10.2006 – 2 StR 334/06 = StV 2007, 68; *Meyer-Goßner/Schmitt* § 252 StPO, Rn. 13 mwN.

gehört werden, wenn der Weigerungsberechtigte selbst sich zur Aussage bereit erklärt.[2380]

Von diesem Grundsatz macht die Rechtsprechung aber seit langem eine we- 1024
sentliche **Ausnahme**: Ist der Zeuge durch einen Richter nach Belehrung über sein Weigerungsrecht vernommen worden, so darf nach der Rechtsprechung der Richter über diese Aussage gehört werden.[2381] Trotz vielfältiger Kritik in der Literatur[2382] hat der Große Senat für Strafsachen in seinem auf Vorlage des 2. Strafsenats[2383] ergangenen Beschluss vom 15.7.2016 an dieser Rechtsprechung festgehalten.[2384] Diese Ausnahme gilt jedoch nur dann, wenn der Zeuge auch bei seiner früheren **richterlichen Vernehmung** über das Zeugnisverweigerungsrecht belehrt wurde.[2385] Einer Belehrung darüber, dass die Aussage später ohne Rücksicht auf eine etwaige Zeugnisverweigerung verwertet werden kann, bedarf es nicht.[2386] Hat der Zeuge das Weigerungsrecht erst nach der früheren Vernehmung erworben, so darf auch ein Richter nicht über den Inhalt der Aussage vernommen werden.[2387]

---

**2380** BGHSt 2, 110, 111 = NJW 1952, 556.

**2381** So schon BGHSt 2, 99, 106. S. ferner BGHSt 32, 25, 29; BGHSt 36, 384, 385 = JZ 1990, 874 m. Anm. *Fezer*; BGH, Urt. v. 12.2.2004 – 3 StR 185/03 = BGHSt 49, 72; BGH, Beschl. v. 30.3. 2007 – 1 StR 349/06 = StV 2007, 401; BVerfG, Beschl. v. 23.1.2008 – 2 BvR 2491/07.

**2382** Kritisch MüKoStPO/*Ellbogen* § 252 StPO, Rn. 49; *Eschelbach* FS v. Heintschell-Heinegg, S. 147; vgl. auch *Hanack* FS Schmidt-Leichner, S. 91; *ders.* JZ 1972, 238; *Peters* JR 1967, 467; *Gebert* DRiZ 1992, 405, 408; *Eisenberg* NStZ 1988, 488; *Grünwald* JZ 1966, 497; *Eb. Schmidt* JZ 1957, 98; *ders.* JR 1959, 373.

**2383** Vgl. hierzu: BGH, Beschl. v. 24.2.2016 – 2 StR 656/13. Der (vorherige) Vorlagebeschluss (BGH, Beschl. v. 18.3.2015 – 2 StR 656/13 = NStZ 2015, 710) wurde mit Beschl. v. 24.2.2016 – 2 StR 656/13 zurückgenommen. S. ergänzend ferner den Anfragebeschluss (BGH, Beschl. v. 4.6.2014 – 2 StR 656/13 = NStZ 2014, 596 = StV 2014, 717) sowie die Beschlüsse der anderen Senate (BGH, Beschl. v. 14.1.2015 – 1 ARs 21/14; BGH, Beschl. v. 8.1.2015 – 3 ARs 20/14; BGH, Beschl. v. 16.12.2014 – 4 ARs 21/14 = NStZ-RR 2015, 48; BGH, Beschl. v. 27.1.2015 – 5 ARs 64/14 = NStZ-RR 2015, 118). Vgl. zur Thematik die Beiträge von *Jahn* JuS 2014, 1138; *El Ghazi* JR 2015, 342, *Meyer* StV 2015, 319 und *Neumann* ZIS 2016, 121.

**2384** BGH, Beschl. v. 15.7.2016 – GSSt 1/16 = BGHSt 61, 221 = NJW 2017, 94 m. Anm. *Brand* = StV 2017, 792. S. hierzu: *Farthofer/Rückert* HRRS 2017, 123.

**2385** Vgl. hierzu BGH, Beschl. v. 15.7.2016 – GSSt 1/16 = BGHSt 61, 221, 230 = NJW 2017, 94; BGH, Beschl. v. 13.6.2012 – 2 StR 112/12 = BGHSt 57, 254, 256 mwN = NJW 2012, 3192 = StV 2012, 705; BGH, Beschl. v. 30.3.2007 – 1 StR 349/06 = NStZ 2007, 652; BGH, Urt. v. 12.2.2004 – 3 StR 185/03 = BGHSt 49, 72, 76 f. = NJW 2004, 1605.

**2386** BGH, Beschl. v. 15.7.2016 – GSSt 1/16 = BGHSt 61, 221, 241. Vgl. hierzu *Bosch* FS v. Heintschell-Heinegg, S. 65.

**2387** BGHSt 27, 231 = NJW 1977, 2365 = JZ 1977, 726; KK-*Diemer* § 252 Rn. 28; offen gelassen in BGH, Urt. v. 8.12.1999 – 5 StR 32/99 = NJW 2000, 1274, 1275.

1025 Im Zuge der allgemeinen Tendenz zur immer weitergehenden Entformalisierung des Strafverfahrens[2388] hat der BGH in Abkehr von einer zuvor lange gefestigten Rechtsprechung daneben eine **weitere Ausnahme** von dem aus § 252 StPO folgenden Verwertungsverbot zugelassen: Erklärt ein Zeuge, der in der Hauptverhandlung von seinem Zeugnisverweigerungsrecht nach § 52 StPO Gebrauch macht, ausdrücklich sein Einverständnis mit der Verwertung seiner früher protokollierten Aussage, soll diese erlaubt sein.[2389] Das ist aber schon deshalb bedenklich, weil auf diese Weise dem Zeugen ein bequemer Weg angeboten wird, der Überprüfung seiner Glaubwürdigkeit durch Ausübung des dem Angeklagten und seiner Verteidigung durch Art. 6 Abs. 3 lit. d MRK garantierten Fragerechts zu entgehen.[2390] Wenn der Zeuge seinen Beitrag zur Wahrheitsfindung in der Hauptverhandlung auf die Bezugnahme auf Aktenstücke beschränken kann, muss es schon wieder als beruhigend empfunden werden, dass der 3. Strafsenat immerhin klargestellt hat, dass auch auf der Grundlage von BGHSt 45, 203 das Tatgericht jedenfalls nicht auf ein solches Spiel mit der Wahrheitspflicht „hinwirken" muss.[2391]

1026 Soweit nicht eine dieser bedenklichen Durchbrechungen des Verwertungsverbots eingreift, wird durch § 252 StPO der Rückgriff auf Beweismittel aus dem Ermittlungsverfahren weitestgehend ausgeschlossen. Das Verwertungsverbot gilt nicht nur für förmliche polizeiliche Vernehmungen, sondern darüber hinaus auch für Angaben in **vernehmungsähnlichen Situationen**. So hat der Bundesgerichtshof in einem Fall die Angaben der Stieftochter des Angeklagten, die diese einem Polizeibeamten gegenüber machte, der sie gegen 1.20 Uhr in der Stadt aufgriff und fragte, was sie um diese Zeit dort noch zu suchen hätte und was geschehen sei, für unverwertbar erklärt, da die Befragung ihrem objektiven Inhalt nach der gesetzlichen Aufgabe der Polizei, Straftaten zu erforschen, ent-

---

**2388** Dazu allgemein *Hamm*, in: Institut für Kriminalwissenschaften und Rechtsphilosophie Frankfurt a. M. (Hrsg.), Jenseits des rechtsstaatlichen Strafrechts, 2007, S. 521 ff.

**2389** Vgl. BGH, Beschl. v. 17.12.2019 – 2 StR 419/19 = NStZ 2020, 432; BGH, Beschl. v. 13.6. 2012 – 2 StR 112/12 = BGHSt 57, 254, 256; BGH, Beschl. v. 29.1.2008 – 4 StR 449/07 = BGHSt 52, 148 = NJW 2008, 1010 = StV 2008, 170; BGH, Urt. v. 23.9.1999 – 4 StR 189/99 = BGHSt 45, 203.

**2390** Vgl. zur Thematik *Firsching* StraFo 2000, 124; *Dallmeyer* JA 2000, 275; *Keiser* NStZ 2000, 458; *Fezer* JR 2000, 341; *Ranft* Jura 2000, 628; *ders.* NJW 2001, 1305; *ders.* NJW 2001, 3761; *Wollweber* NJW 2000, 1702; *ders.* NJW 2001, 3760; *Vogel* StV 2003, 598.

**2391** BGH, Urt. v. 24.4.2003 – 3 StR 181/02 = NStZ 2003, 498 = NJW 2003, 2692 = wistra 2003, 349 = StV 2003, 603; LR-*Ignor/Bertheau* § 52 StPO, Rn. 39. Vgl. zu den Darlegungserfordernissen bei Verfahrensrügen, die sich auf die Verletzung von § 252 StPO stützen: BGH, Beschl. v. 17.12.2019 – 2 StR 419/19 = NStZ 2020, 432.

sprach.[2392] Auch die Mitteilungen, die ein Angehöriger einem Sachverständigen in einem vorausgehenden Sorgerechtsverfahren gemacht hat, dürfen im anschließenden Strafverfahren, in dem der Zeuge sich nunmehr auf sein Zeugnisverweigerungsrecht beruft, nicht verwertet werden.[2393] Erst recht gilt das für die Befragung von Angehörigen durch einen Vertreter der Jugendgerichtshilfe.[2394] Die Annahme einer vernehmungsähnlichen Situation hängt nicht davon ab, dass die Information auf ausdrückliches Befragen erlangt worden ist.[2395] Entscheidend ist vielmehr, dass die Auskunftsperson von einem Staatsorgan in amtlicher Eigenschaft zu dem den Gegenstand des (nunmehrigen) Strafverfahrens bildenden Sachverhalt gehört worden ist, dass m.a.W. eine Gesamtsituation entstanden ist, bei der der Beweiserhebungswille des Amtsträgers klar zutage getreten ist.[2396] Daher kann bereits das plötzliche nächtliche Erscheinen von Polizeibeamten an der Wohnungstür eine informatorische Vernehmungssituation herbeiführen.[2397]

**„Private" Äußerungen**, die der Weigerungsberechtigte früher außerhalb 1027 von Vernehmungen abgegeben hat, dürfen dagegen zum Gegenstand der Beweiserhebung gemacht werden.[2398] Verwertbar sind auch Aussagen, die der Zeugnisverweigerungsberechtigte der Polizei gegenüber spontan abgibt, nachdem er aus eigener Initiative hilfesuchend an die Polizei herangetreten war.[2399]

### (4) Zeugnisverweigerungsrechte nach § 53 StPO

Anders ist die rechtliche Ausgangslage in Bezug auf Zeugen, die ein **Zeugnis-** 1028
**verweigerungsrecht nach § 53 StPO** haben. Das Gesetz sieht in diesen Fällen

---

**2392** BGHSt 29, 230, 232 = NJW 1980, 1533 m. Anm. *Gundlach* NJW 1980, 2142 = JR 1981, 125 m. Anm. *Gollwitzer*; vgl. auch OLG Bamberg, Beschl. v. 28.2.2011 – 3 Ss Owi 40/11 = NStZ-RR 2012, 83.

**2393** BGH, Urt. v. 20.3.1990 – 1 StR 693/89 = StV 1990, 242; BGH, Urt. v. 25.3.1998 – 3 StR 686/97 = StV 1998, 360.

**2394** BGH, Beschl. v. 21.9.2004 – 3 StR 185/04 = StV 2005, 63 = StraFo 2005, 117 = NJW 2005, 765 = NStZ 2005, 219.

**2395** BayObLG StV 1983, 142, 143, das aber umgekehrt bei Fragestellung durch einen Polizeibeamten ohne Weiteres eine Vernehmung i.S.d. § 252 StPO annimmt.

**2396** Vgl. LR-*Cirener/Sander* § 252 StPO, Rn. 12.

**2397** OLG Frankfurt, Beschl. v. 13.10.1993 – 3 Ss 290/93 = StV 1994, 117.

**2398** BGHSt 1, 373, 374. Vgl. hierzu BVerfG, Beschl. v. 15.10.2009 – 2 BvR 2438/09 = BVerfGK 16, 299 = NJW 2010, 287 = StV 2011, 261; *Meyer-Goßner/Schmitt* § 252 StPO, Rn. 8 und KK-*Diemer* § 252 StPO, Rn. 20, jeweils mwN.

**2399** BGH NStZ 1986, 232; BGH NStZ 1989, 15 (bei *Miebach*); BGH, Beschl. v. 11.12.1991 – 2 StR 512/91 = NStZ 1992, 247; vgl. BGH, Beschl. v. 30.3.2007 – 1 StR 349/06 = StV 2007, 401.

nicht die Verpflichtung vor, den Zeugen auf ein etwaiges Zeugnisverweigerungsrecht hinzuweisen. Die Gerichte dürfen grundsätzlich davon ausgehen, dass der jeweilige Berufsgeheimnisträger die gesetzlichen Vorgaben kennt.[2400] Die Fürsorgepflicht kann es aber gebieten, im Einzelfall eine Belehrung zu erteilen, wenn der Berufsgeheimnisträger sein Zeugnisverweigerungsrecht offensichtlich doch nicht kennt.[2401]

1029 Der durch § 53 StPO eröffnete prozessuale Schutz des Zeugen muss von diesem allerdings nicht genutzt werden. Sagt der Zeuge aus, obwohl er nicht von der Schweigepflicht entbunden ist und verletzt er damit in strafbarer Weise seine beruflichen Pflichten (§ 203 StGB), dann soll dies nach h.M. nichts daran ändern, dass seine **Aussage verwertet** werden kann.[2402] Das kann aber selbstverständlich dann nicht gelten, wenn sich der Zeuge im Irrtum über seine Rechte befindet, weil ihm das Gericht zuvor mitgeteilt hatte, er sei von der Schweigepflicht befreit, obwohl dies nicht zutraf.[2403]

1030 Auch der umgekehrte Fall kann zu einem revisiblen Fehler führen: Weist das Gericht den in der Hauptverhandlung anwesenden Zeugen darauf hin, er habe ein Zeugnisverweigerungsrecht nach § 53 StPO und macht dieser sodann keine Angaben, ist **§ 245 StPO verletzt**, wenn der Hinweis auf das Zeugnisverweigerungsrecht nicht zutreffend war.[2404] Hat der Zeuge allerdings trotz der unzutreffenden Belehrung Angaben gemacht, beruht das Urteil nicht auf dem Verfahrensfehler. Hat ein Zeuge sich lediglich in unsubstantiierter Weise auf ein Zeugnisverweigerungsrecht nach § 53 berufen und wurde das vom Tatrichter zu Unrecht akzeptiert, kann auch dies eine Verletzung von § 245 StPO darstellen.[2405]

---

**2400** BGH, Urt. v. 4.2.2010 – 4 StR 394/09 = NStZ-RR 2010, 178; LR-*Ignor/Bertheau* § 53 StPO, Rn. 76.

**2401** So auch LR-*Ignor/Bertheau* § 53 StPO, Rn. 76; KK-*Bader* § 53 StPO, Rn. 6; MüKoStPO/*Percic* § 53 StPO, Rn. 52. Vgl. auch BGH, Urt. v. 7.3.1996 – 4 StR 737/95 = BGHSt 42, 73 = NJW 1996, 2435.

**2402** Vgl. BGH, Beschl. v. 16.11.2017 – 3 StR 460/17 = NStZ 2018, 362 = StV 2018, 476; BGH, Urt. v. 7.4.2005 – 1 StR 326/04 = BGHSt 50, 64, 79 = NJW 2005, 2406 = StV 2005, 647; KK-*Bader* § 53 StPO, Rn. 9; MüKoStPO/*Percic* § 53 StPO, Rn. 7 und 61; LR-*Ignor/Bertheau* § 53 StPO, Rn. 12 f.

**2403** BGH, Urt. v. 7.3.1996 – 4 StR 737/95 = BGHSt 42, 73 = NJW 1996, 2435; LR-*Ignor/Bertheau* § 53 StPO, Rn. 13.

**2404** Vgl. KK-*Bader* § 53 StPO, Rn. 47; LR-*Ignor/Bertheau* § 53 StPO, Rn. 84; BGH, Beschl. v. 27.11.2012 – 5 StR 554/12 (zu § 52 StPO); BGH, Beschl. v. 21.12.1992 – 5 StR 523/92 = StV 1993, 235.

**2405** BGH, Urt. v. 20.10.1993 – 5 StR 635/92 = NStZ 1994, 94.

Anlass für Revisionsrügen kann sich schließlich ergeben, wenn die Rechtsfolgen der Zeugnisverweigerung nicht beachtet werden. Ebenso wie die Zeugnisverweigerung nach § 52 StPO hat auch die Zeugnisverweigerung nach § 53 StPO zur Folge, dass das **Verwertungsverbot des § 252 StPO** eingreift.[2406] Das gilt zumindest dann, wenn schon bei der früheren Vernehmung ein Zeugnisverweigerungsrecht bestand.[2407] War der Zeuge bei der früheren Vernehmung von der Schweigepflicht entbunden, greift § 252 StPO nach Ansicht der Rechtsprechung nicht ein.[2408] In diesem Fall soll es sogar zulässig sein, über den Inhalt einer polizeilichen Vernehmung Beweis zu erheben.[2409] Das ist – wie in der Literatur zutreffend angemerkt wurde – allerdings inkonsequent. Alleine die Erwägung, in einem solchen Fall habe bei der früheren Vernehmung die Konfliktlage nicht bestanden, die § 53 StPO ausräumen soll, genügt als Begründung für die Nichtanwendung des § 252 StPO nicht.[2410] 1031

#### (5) Auskunftsverweigerungsrecht nach § 55 StPO

Nur von begrenzter Bedeutung für das Revisionsverfahren ist es, wenn ein Zeuge ein **Auskunftsverweigerungsrecht nach § 55 StPO** geltend macht oder geltend machen könnte. § 55 StPO soll nach einer zweifelhaften – für die Revisibilität aber folgenschweren – Interpretation nicht falschen Aussagen des Zeugen vorbeugen, sondern nur die Aussagefreiheit des Beschuldigten und das Aussageverweigerungsrecht des Zeugen nach § 52 StPO ergänzen.[2411] Für Angaben vor der Hauptverhandlung besteht hier anders als bei § 52 StPO nach h.M. kein Verwertungsverbot; § 252 StPO gilt nicht.[2412] Macht ein Zeuge in der Hauptverhandlung unter Berufung auf § 55 Abs. 1 StPO keine Angaben, dürfen somit 1032

**2406** LR-*Ignor/Bertheau* § 53 StPO, Rn. 75; KK-*Bader* § 53 StPO, Rn. 43a; BGHSt 17, 245.

**2407** *Meyer-Goßner/Schmitt* § 252 StPO, Rn. 3.

**2408** BGH, Urt. v. 20.11.1962 – 5 StR 426/62 = BGHSt 18, 146; BGH, Beschl. v. 24.9.1996 – 5 StR 441/96 = StV 1997, 233. Vgl. ferner *Meyer-Goßner/Schmitt* § 53 StPO, Rn. 49.

**2409** BGH, Beschl. v. 20.12.2011 – 1 StR 547/11 = StV 2012, 195 = NStZ 2012, 281 m. Anm. *Geppert*.

**2410** Vgl. hierzu *Geppert* NStZ 2012, 282, 283; *Gercke* FS Schlothauer, S. 430; *Mitsch* JR 2012, 432.

**2411** KK-*Bader* § 55 StPO, Rn. 1; BGHSt 1, 39; OLG Düsseldorf StV 1982, 344; *Eisenberg*, Beweisrecht, Rn. 1113 geht davon aus, das Auskunftsverweigerungsrecht wirke zumindest i.S. eines „Rechtsreflexes“ auf die Wahrheitsfindung ein.

**2412** *Meyer-Goßner/Schmitt* § 55 StPO, Rn. 12 und § 252 StPO, Rn. 5; KK-*Bader* § 55 StPO, Rn. 15; BGH, Urt. v. 26.5.1992 – 5 StR 122/92 = BGHSt 38, 302 = NJW 1992, 2304; BGH NStZ 1985, 493; BGHSt 17, 245 = NJW 1962, 1259; a.A. *Hanack* JZ 1972, 236, 238; *ders.* FS Schmidt-Leichner, S. 92.

auch Vernehmungsbeamte als Zeugen darüber vernommen werden, was der Weigerungsberechtigte früher ausgesagt hat.[2413]

1033 Eine **frühere schriftliche Erklärung** des Zeugen ist unter den Voraussetzungen des § 251 StPO ebenso verlesbar wie eine Vernehmungsniederschrift. Wie der BGH zur früheren Fassung des § 251 StPO entschieden hat, führt es nicht dazu, dass ein Zeuge in absehbarer Zeit nicht gerichtlich vernommen werden kann, wenn er entweder in der Hauptverhandlung anwesend ist und von seinem Auskunftsverweigerungsrecht Gebrauch macht oder als Antwort auf die Ladung (über seinen anwaltlichen Beistand) mitgeteilt hat, dass er nichts aussagen werde, und ihm das Gericht im Hinblick auf das ihm zustehende umfassende Schweigerecht das Erscheinen erspart hat.[2414] Auf § 251 Abs. 1 Nr. 3 StPO n.F. kann die Verlesung danach nicht gestützt werden. In Betracht kommt aber eine auf § 251 Abs. 1 Nr. 1 StPO gestützte Verlesung, wenn alle Verfahrensbeteiligten ihr Einverständnis mit der Verlesung erklärt haben.[2415] Ob sie stets zulässig ist, ist allerdings nicht unumstritten.[2416]

1034 Anders als bei § 52 Abs. 3 StPO begründet bei § 55 StPO auch das Unterlassen der **Belehrung** nach h.M. kein Verwertungsverbot.[2417] Zwar sind auch bei § 55 Abs. 1 StPO die Zeugen gem. § 55 Abs. 2 StPO über ihr Auskunfts- (nicht: „Zeugnis"-)verweigerungsrecht[2418] zu belehren. Doch dient diese Vorschrift nach Auffassung des Großen Senats für Strafsachen[2419] nur dem Schutz des Zeugen, nicht aber dem des Angeklagten, so dass die Revision nicht auf das Unterlassen der Belehrung gestützt werden könne. An diesem Standpunkt hat der BGH nachfolgend festgehalten.[2420]

---

**2413** BGH, Beschl. v. 27.9.1995 – 4 StR 488/95 = NStZ 1996, 96 = StV 1996, 191; BGHSt 17, 245 = NJW 1962, 1259. Vgl. auch LR-*Ignor/Bertheau* § 55 StPO, Rn. 23; MüKoStPO/*Maier* § 55 StPO, Rn. 88.

**2414** *Meyer-Goßner/Schmitt* § 251 StPO, Rn. 11; KK-*Bader* § 55 StPO, Rn. 15; BGH, Urt. v. 27.4.2007 – 2 StR 490/06 = BGHSt 51, 325 = NJW 2007, 2195 = NStZ 2007, 718; hierzu: *Hecker* JR 2008, 121; *Gubitz/Bock* NJW 2008, 958; *Cornelius* NStZ 2008, 244; *Murmann* StV 2008, 339.

**2415** BGH, Beschl. v. 29.8.2001 – 2 StR 266/01 = NJW 2002, 309 = NStZ 2002, 217 = StV 2002, 120.

**2416** Vgl. zum Meinungsstand LR-*Ignor/Bertheau* § 55 StPO, Rn. 26; KK-*Bader* § 55 StPO, Rn. 15; *Meyer-Goßner/Schmitt* § 251 StPO, Rn. 11.

**2417** KK-*Bader* § 55 StPO, Rn. 19; vgl. auch LR-*Ignor/Bertheau* § 55 StPO, Rn. 37 ff. mwN; BGHSt 1, 39.

**2418** Vgl. hierzu BGHSt 10, 104.

**2419** BGHSt 11, 213 = NJW 1958, 557 = JZ 1958, 620.

**2420** Vgl. z.B. BGH, Beschl. v. 1.3.2016 – 4 StR 441/15; BGH, Beschl. v. 6.11.2007 – 3 StR 418/07; BGH, Urt. v. 26.5.1992 – 5 StR 122/92 = BGHSt 38, 302, 304.

Die sog. **„Rechtskreistheorie"**,[2421] auf die der BGH seine Entscheidungen stützt, wird in der Literatur zu Recht angegriffen.[2422] Die Hauptlinie der Kritik wurde bereits 1958 von *Schmidt* aufgezeigt:[2423] *„Wenn die StPO prozessrechtliche Verstöße der Möglichkeit der Revisionsrüge wirklich einmal entziehen will, so sagt sie das klar und deutlich, wie etwa … in § 339. Darüber hinaus an § 337 mit der Tendenz einer einschränkenden Auslegung heranzugehen, sehe ich keinen aus dem Prozeßrecht zu begründenden Anlaß. Es besteht übrigens keinerlei Gefahr, daß damit das Revisionsrügerecht des Angeklagten ins Uferlose ausgedehnt wird. Dagegen schützt sich die StPO selbst. Denn § 337 verlangt ja, daß – von den Fällen des § 338 abgesehen – bei jeder Gesetzesverletzung der Kausalzusammenhang zwischen ihr und dem Urteil dargetan wird: das Urteil muß auf der Gesetzesverletzung „beruhen", und das ist keinesfalls bei jeder Verletzung verfahrensrechtlicher Vorschriften der Fall. Außerdem hat ein Rechtsmittel nur dann Aussicht auf Erfolg, wenn der Angeklagte durch das Urteil „beschwert" ist."* In der Praxis wird man sich aber mit der Meinung des Bundesgerichtshofs abfinden müssen, selbst wenn man der „Rechtskreistheorie" nicht zustimmt. 1035

Verweigert der Zeuge auf Grund falscher Belehrung die Auskunft, kommt eine Verletzung der §§ 244, 245 StPO in Betracht, auf die die Revision gestützt werden kann.[2424] Allerdings setzt auch hier die Verfahrensrüge nach der Rechtsprechung des BGH eine Beanstandung nach § 238 Abs. 2 StPO voraus.[2425] Dagegen kann die unrichtige Belehrung nicht gerügt werden, wenn der Zeuge die Auskunft nicht verweigert hat,[2426] es sei denn die falsche Belehrung könnte den Zeugen zu einer unwahren, dem Angeklagten nachteiligen Aussage veranlasst haben.[2427] Eine derartige unrichtige Belehrung ist auch dann gegeben, wenn der Zeuge von seiner Verweigerungsabsicht durch die Drohung mit Beugehaft und die irreführende Belehrung abgebracht wurde, er dürfe nur dann die Auskunft 1036

**2421** BGHSt 17, 245, 247.

**2422** Vgl. dazu oben Rn. 340 f. Instruktiv auch *Gossrau* MDR 1958, 468; *Schmidt* JZ 1958, 596; *Jescheck* GA 1959, 84; *Rudolphi* MDR 1970, 93, 98; *Fezer* JuS 1978, 325, 327. Differenzierend *Philipps* FS Bockelmann, S. 831. Vgl. hierzu auch *Gallandi* NStZ 1991, 119.

**2423** *Schmidt* JZ 1958, 596, 598.

**2424** LR-*Ignor/Bertheau* § 55 StPO, Rn. 40; KK-*Bader* § 55 StPO, Rn. 20; *Eisenberg*, Beweisrecht, Rn. 1132.

**2425** BGH, Urt. v. 16.11.2006 – 3 StR 139/06 = BGHSt 51, 144 = NJW 2007, 384 = NStZ 2007, 230 m. Anm. *Widmaier*, der mit Recht die Erstreckung der Präklusion auf die Aufklärungsrüge beanstandet. S. auch LR-*Ignor/Bertheau* § 55 StPO, Rn. 40.

**2426** KK-*Bader* § 55 StPO, Rn. 19; LR-*Ignor/Bertheau* § 55 StPO, Rn. 40; BGH NStZ 1981, 93 (bei *Pfeiffer*).

**2427** KK-*Bader* § 55 StPO, Rn. 19.

verweigern, wenn er „eine Straftat zugeben müsste“. Auch wer eine Strafverfolgung zu befürchten hätte, an deren Ende er einer Verfahrenseinstellung oder eines Freispruchs sicher wäre, hat das Auskunftsverweigerungsrecht.

1037 Ist die gesamte Thematik, zu der ein Zeuge gehört werden soll, von Fragen durchsetzt, bei deren Beantwortung er Verfolgung zu befürchten hätte, ohne dass sich die „harmlosen“ von den „gefahrgeneigten“ Fragen trennen lassen, kann das Auskunftsverweigerungsrecht zu einem **vollständigen Zeugnisverweigerungsrecht** erstarken.[2428] Dieser Grundsatz wird jedoch vom BGH für die Fälle eingeschränkt, in denen eine Verfolgungsgefahr wegen eines teilrechtskräftigen Abschlusses des Verfahrens gegen den Zeugen entfallen ist, oder die zu beantwortenden Fragen bei horizontaler Rechtskraft doppelrelevante und damit bindend festgestellte Tatsachen betreffen.[2429] Macht ein Zeuge von diesem vollständigen Zeugnisverweigerungsrecht Gebrauch, dann wird es häufig naheliegen, über Vernehmungen aus dem Ermittlungsverfahren Beweis zu erheben, wenn solche Vernehmungen existieren. Werden sie eingeführt und will das Gericht daraus Schlüsse zum Nachteil des Angeklagten ziehen, kann dies zu Konflikten mit dem Konfrontationsrecht des Angeklagten nach Art. 6 Abs. 3 lit. d EMRK führen, weil er dann regelmäßig keine Gelegenheit hatte, den Zeugen selbst zu befragen.[2430]

### (6) Vereidigungsfehler

1038 Seit dem Jahr 2004 ist es nach § 59 StPO der Regelfall, dass ein Zeuge nach seiner Vernehmung nicht vereidigt wird.[2431] Zur Vereidigung soll es nur noch kommen, wenn das Gericht dies „wegen der ausschlaggebenden Bedeutung der Aussage oder zur Herbeiführung einer wahren Aussage nach seinem Ermessen für notwendig hält“. Durch dieses Regel-Ausnahme-Verhältnis haben Verfahrensfehler bei der Vereidigung von Zeugen weitgehend ihre Bedeutung für die Revision verloren.

1039 Auch die neue Gesetzeslage hat allerdings nichts daran geändert, dass in der Hauptverhandlung eine **Entscheidung** darüber getroffen werden muss, ob es beim Regelfall (Nichtvereidigung) bleibt oder ob eine Ausnahme vor-

---

**2428** BGHSt 10, 104.

**2429** BGH, Beschl. v. 2.6.2005 – StB 8/05 = NJW 2005, 2166 = NStZ 2005, 524 = StV 2005, 649.

**2430** Vgl. LR-*Ignor/Bertheau* § 55 StPO, Rn. 25, 38 und 41.

**2431** Vgl. zur Entstehungsgeschichte: KK-*Slawik* § 59 StPO, Rn. 1; LR-*Ignor/Bertheau* § 59 StPO, Rn. 1.

liegt.[2432] Soweit in der Rechtsprechung teilweise angenommen wurde, eine ausdrückliche Entscheidung sei nur noch dann zu treffen und in das Hauptverhandlungsprotokoll aufzunehmen, wenn entweder ein Verfahrensbeteiligter einen Antrag auf Vereidigung gestellt hat oder das Gericht aus den in § 59 Abs. 1 S. 1 StPO angeführten Gründen eine Vereidigung für notwendig hält,[2433] besteht zu einer so weitgehenden Entformalisierung kein Anlass. Gerade weil das Gesetz dem Gericht ein Ermessen einräumt, muss erkennbar sein, dass es hiervon in einer bestimmten Weise Gebrauch gemacht hat.[2434]

Fehlt eine entsprechender Vermerk im Protokoll[2435], dann wird sich gleich- 1040
wohl aber nur in Ausnahmefällen eine Revisionsrüge auf das Vorbringen stützen lassen, das Tatgericht habe es versäumt, eine **Entscheidung über die Vereidigung** zu treffen. Nach der Rechtsprechung des BGH wird ein tatrichterliches Urteil auf einem solchen Fehler nur beruhen, wenn es bei einer Entscheidung auch zu einer Vereidigung gekommen wäre und wenn nicht auszuschließen wäre, dass der Zeuge sodann andere, wesentliche Angaben gemacht hätte.[2436] Aus dem Verfahrensgang muss sich danach aber nicht nur ergeben, dass die Voraussetzungen eines der beiden in § 59 Abs. 1 S. 1 StPO genannten unbestimmten Rechtsbegriffe gegeben waren, sondern darüber hinaus auch noch, dass sich das Gericht gedrängt sehen musste, von seinem Ermessen in einer bestimmten Weise Gebrauch zu machen.[2437] Das wird nur selten in Betracht kommen.

Mit der Revision gerügt werden kann es hingegen, wenn ein **Antrag auf** 1041
**Vereidigung** gestellt war und dieser durch einen Beschluss **zurückgewiesen**

---

**2432** So zu Recht LR-*Ignor/Bertheau* § 59 StPO, Rn. 18; BGH, Beschl. v. 20.1.2005 – 3 StR 455/04 = NStZ 2005, 340 = StV 2005, 200 m. Anm. *Schlothauer*; OLG Celle, Beschl. v. 29.9.2005 – 22 Ss 65/05 = StraFo 2005, 506; *H. E. Müller* JR 2005, 80; *Schuster* StV 2005, 628.

**2433** BGH, Beschl. v. 16.11.2005 – 2 StR 457/05 = BGHSt 50, 282 = NJW 2006, 388 = wistra 2006, 106; BGH, Beschl. v. 7.7.2009 – 1 StR 268/09 = StV 2009, 565 = NStZ 2009, 647; s. auch MüKoStPO/*Maier* § 59 StPO, Rn. 25; KK-*Slawik* § 59 StPO, Rn. 10.

**2434** LR-*Ignor/Bertheau* § 59 StPO, Rn. 18. A.A.: MüKoStPO/*Maier* § 59 StPO, Rn. 29; KK-*Slawik* § 59 StPO, Rn. 10.

**2435** Die Entscheidung über die (Nicht-)Vereidigung ist auch nach der Gesetzesänderung noch eine wesentliche Förmlichkeit i.S.v. § 273, so zu Recht LR-*Ignor/Bertheau* § 59 StPO, Rn. 25; BGH, Beschl. v. 20.1.2005 – 3 StR 455/04 = NStZ 2005, 340 = StV 2005, 200; a.A. BGH, Beschl. v. 16.11.2005 – 2 StR 457/05 = BGHSt 50, 282, 283. Vgl. zur Thematik auch BGH, Beschl. v. 11.7.2006 – 3 StR 216/06 = BGHSt 51, 81.

**2436** BGH, Beschl. v. 31.7.2013 – 4 StR 276/13; vgl. auch BGH, Beschl. v. 17.8.2005 – 2 StR 284/05 = NStZ 2006, 114.

**2437** LR-*Ignor/Bertheau* § 59 StPO, Rn. 34.

wurde.[2438] Hat das Gericht z.B. in seinem Beschluss die ausschlaggebende Bedeutung der Aussage verneint,[2439] ergibt sich aus den Urteilsgründen aber das Gegenteil, muss es möglich sein, dies mit einer Verfahrensrüge geltend zu machen. Auch sonst kann ein Rechtsfehler vorliegen, wenn das Gericht seinen Beurteilungsspielraum überschritten oder sein Ermessen rechtsfehlerhaft ausgeübt hat.[2440] Regelmäßig wird sich in solchen Fällen allerdings die Frage stellen, ob es zur Zulässigkeit der Rüge erforderlich ist, dass der Beschwerdeführer zuvor eine Entscheidung des Gerichts nach § 238 Abs. 2 StPO herbeigeführt hat.[2441]

1042 Hat das Gericht hingegen von sich aus die Voraussetzungen des § 59 StPO als gegeben angesehen und einen Zeugen vereidigt, dann kann sich ein revisibler Verfahrensfehler aus der Verletzung der **Vereidigungsverbote in § 60 StPO** ergeben.[2442] Wird ein solcher Verstoß noch vor dem Urteil bemerkt, so muss die Aussage bei der Beweiswürdigung als uneidliche gewertet werden.[2443] Hierauf müssen die Prozessbeteiligten – gegebenenfalls unter Wiedereintritt in die Verhandlung – hingewiesen werden, damit sie Anträge stellen können.[2444] Die Unterrichtung muss im Protokoll vermerkt werden.[2445]

1043 Das praktisch wichtigste Vereidigungsverbot enthält § 60 Nr. 2 StPO. Die Frage, unter welchen Umständen ein Verdacht i. S. dieser Bestimmung zu bejahen ist, war in der Vergangenheit (unter Geltung der früheren Fassung des § 59 StPO) Gegenstand zahlreicher Entscheidungen und vieler Beiträge in der Literatur. Die seinerzeit erarbeiteten Grundsätze haben ihre Bedeutung behalten. Sie können hier nicht umfassend dargestellt werden, es muss insoweit auf die Kommentarliteratur verwiesen werden.[2446] Allgemein gilt dabei, dass das Vereidigungsverbot

**2438** BGH, Beschl. v. 16.11.2005 – 2 StR 457/05 = BGHSt 50, 282 = NJW 2006, 388 = NStZ 2006, 234 = wistra 2006, 147; a.A. *Meyer-Goßner/Schmitt* § 59 StPO, Rn. 13 mwN.

**2439** Zur Begründungspflicht bei Ablehnung eines Antrages durch Gerichtsbeschluss: LR-*Ignor/Bertheau* § 59 StPO, Rn. 28. A.A.: *Meyer-Goßner/Schmitt* § 59 StPO, Rn. 11.

**2440** BGH, Beschl. v. 11.12.2008 – 3 StR 429/08 = StV 2009, 225 = wistra 2009, 279; a.A. *Meyer-Goßner/Schmitt*, § 59 StPO, Rn. 13.

**2441** Vgl. hierzu BGH, Beschl. v. 11.12.2008 – 3 StR 429/08 = StV 2009, 225 = wistra 2009, 279.

**2442** So auch KK-*Slawik* § 59 StPO, Rn. 15.

**2443** BGHSt 4, 130; BGH StV 1986, 89; BGH, Urt. v. 18.5.2000 – 4 StR 647/99 = BGHSt 46, 73 = NJW 2000, 2517.

**2444** BGH StV 1981, 329; einschränkend BGH StV 1986, 89, 90 (m. abl. Anm. *Schlothauer*); siehe auch BGH, Urt. v. 29.8.1995 – 1 StR 404/95 = NStZ 1996, 99 = StV 1996, 298; BGH, Urt. v. 18.5.2000 – 4 StR 647/99 (insoweit nicht in BGHSt 46, 73) = NJW 2000, 2517, 2519 (kein Beruhen, trotz fehlenden Hinweises).

**2445** *Meyer-Goßner/Schmitt* § 60 StPO, Rn. 30; *Eisenberg*, Beweisrecht, Rn. 1160.

**2446** Vgl. die umfangreichen Nachweise bei KK-*Slawik* § 60 StPO, Rn. 8 ff. und KMR-*Neubeck* § 60 StPO, Rn. 6 ff.

keinen Verdachtsgrad voraussetzt, der zur Aufnahme von Ermittlungen gegen den Zeugen zwingen würde. Auch ein **entfernter Beteiligungsverdacht** reicht aus.[2447] Bisweilen bescheinigt das angefochtene Urteil dem vereidigten Zeugen den Teilnahmeverdacht selbst, manchmal ausdrücklich, manchmal konkludent. Aufgabe des Revisionsverteidigers ist es, dies zu erkennen.

Die Rüge der Verteidigung, ein Zeuge sei unter Verstoß gegen § 60 Nr. 2 StPO vereidigt worden, setzt nicht voraus, dass der Beschwerdeführer eine **Entscheidung des Gerichts** nach § 238 Abs. 2 StPO herbeigeführt hat.[2448] Hat allein der Vorsitzende die Vereidigung verfügt, so hat er schon damit gegen § 60 Nr. 2 StPO verstoßen, während der Rechtsfehler des gesamten Gerichts darin besteht, bei der Beweiswürdigung die Aussage als eidliche gewertet zu haben. 1044

Für die Frage, ob ein Urteil auf einer Verletzung der Vorschrift des § 60 StPO **beruhen** kann, ist entscheidend, ob ein unter Einhaltung dieser Vorschrift durchgeführtes Verfahren zu demselben Ergebnis geführt hätte. Generell wird sich kaum jemals ausschließen lassen, dass einem vereidigten Zeugen gerade wegen der Vereidigung eine höhere Glaubwürdigkeit zugebilligt worden ist.[2449] Wurde eine eidliche Aussage als uneidlich gewertet und wurde dies den Prozessbeteiligten nicht mitgeteilt, so folgt das Beruhen daraus, dass die Verteidigung in dem Glauben gelassen wurde, das Gericht halte den Zeugen für unverdächtig. Das kann sie davon abgehalten haben, Anträge zu stellen, die das Urteil noch zugunsten des Angeklagten hätten beeinflussen können.[2450] Hier empfiehlt es sich aber, in der Revisionsbegründung vorzutragen, welche Anträge noch nahegelegen hätten. 1045

Revisible Rechtsfehler können sich schließlich aus der Verletzung der Pflicht zur Belehrung über das **Eidesverweigerungsrecht** (§ 61 StPO) ergeben.[2451] Das Urteil wird auf einer unterlassenen Belehrung aber nicht beruhen, wenn feststeht, dass der Zeuge auch bei ordnungsgemäßer Belehrung den Eid geleistet hätte.[2452] 1046

---

**2447** *Meyer-Goßner/Schmitt* § 60 StPO, Rn. 23; KK-*Slawik* § 60 StPO, Rn. 30.

**2448** BGHSt 20, 98, 99 = NJW 1965, 115; KK-*Slawik* § 60 StPO, Rn. 38; *Meyer-Goßner/Schmitt* § 60 StPO, Rn. 31.

**2449** So KK-*Slawik* § 60 StPO, Rn. 42. Vgl. auch BGH, Beschl. v. 27.7.2011 – 4 StR 316/11; BGH, Beschl. v. 19.12.2001 – 3 StR 427/01.

**2450** Vgl. hierzu: *Meyer-Goßner/Schmitt* § 60 StPO, Rn. 34; KK-*Slawik* § 60 StPO, Rn. 42; RGSt 72, 219, 220; BGHSt 4, 130, 132 = NJW 1953, 915; OLG Frankfurt, Beschl. v. 22.11.2002 – 3 Ss 356/02 = StraFo 2003, 237; einschränkend BGH NJW 1986, 266 = StV 1986, 89 (m. abl. Anm. *Schlothauer*).

**2451** Vgl. KK-*Slawik* § 61 StPO, Rn. 9.

**2452** BGH, Beschl. v. 5.12.2007 – 5 StR 331/07 = StV 2008, 563 = NStZ 2008, 171.

### (7) Nichtausschöpfung des Beweismittels

1047 Die Vernehmung des Zeugen beginnt gem. § 69 Abs. 1 S. 2 StPO mit der Unterrichtung über den Untersuchungsgegenstand und die Person des Beschuldigten. Die Rechtsprechung sieht hierin seit jeher eine nicht revisible Ordnungsvorschrift.[2453] Im Gegensatz dazu ist die in § 69 Abs. 1 S. 1 StPO vorgegebene Aufspaltung in Bericht und Verhör zwingend.[2454] Sie entspricht den Grundsätzen der Aussagepsychologie[2455] und ihre Nichtbeachtung kann mit der Revision geltend gemacht werden.[2456] Umstritten ist aber, ob eine Verletzung des § 69 Abs. 1 S. 1 StPO für sich allein bereits die Revision begründen kann[2457] oder ob daneben zusätzlich eine Verletzung der Aufklärungspflicht (§ 244 Abs. 2 StPO) gerügt werden muss.[2458] Da § 69 Abs. 1 S. 1 StPO zwingendes Recht ist, muss auch seine Verletzung isoliert mit der Revision beanstandet werden können. In der Praxis sei dem Revisionsanwalt aber empfohlen, zugleich eine Verletzung des § 244 Abs. 2 StPO geltend zu machen. Nicht erforderlich ist hingegen, dass die unzulässige Art der Vernehmung in der Hauptverhandlung beanstandet worden ist.[2459] Eine unzweckmäßige Gestaltung der Vernehmung, etwa unter dem Aspekt der mangelnden Berücksichtigung der Erkenntnisse der Aussage- und Vernehmungspsychologie kann nicht mit der Revision gerügt werden.[2460]

1048 Problematisch ist die Rüge, der Tatrichter habe ein benutztes Beweismittel nicht voll ausgeschöpft, weil er etwa einer Auskunftsperson nicht **noch weitere Fragen** gestellt und damit gegen seine Aufklärungspflicht verstoßen habe. In ständiger Rechtsprechung wird diese Beanstandung für unzulässig gehalten.[2461]

---

**2453** So schon RGSt 6, 267; *Meyer-Goßner/Schmitt* § 69 StPO, Rn. 14; KK-*Slawik* § 69 StPO, Rn. 9; a.A. LR-*Ignor/Bertheau* § 69 StPO, Rn. 19; *Roxin/Schünemann*, Strafverfahrensrecht, § 26 Rn. 60.

**2454** *Eisenberg*, Beweisrecht, Rn. 1356; LR-*Ignor/Bertheau* § 69 StPO, Rn. 18.

**2455** Hierzu *Prüfer* DRiZ 1975, 334.

**2456** BGH StV 1981, 269.

**2457** KK-*Slawik* § 69 StPO, Rn. 8; HK-*Gercke* § 69 StPO, Rn. 10.

**2458** BGH MDR 1951, 658 (*Dallinger*) unter Hinweis auf RGSt 62, 147, 148; RGSt 74, 35; OLG Düsseldorf, Beschl. v. 30.10.1996 – 2 Ss (OWi) 323/96 = StV 1997, 122; wohl ebenso BayObLG DAR 1989, 368 (bei *Bähr*).

**2459** *Eisenberg*, Beweisrecht, Rn. 1356. In Fällen, in denen die Art und Weise der Vernehmung eines Mitangeklagten beanstandet wurde, hat der BGH allerdings die Herbeiführung eines Gerichtsbeschlusses nach § 238 Abs. 2 StPO für erforderlich gehalten (BGH, Beschl. v. 6.6.2000 – 1 StR 212/00 = StV 2001, 548 = NStZ 2000, 549).

**2460** BGH MDR 1966, 25 (bei *Dallinger*); *Meyer-Goßner/Schmitt* § 69 StPO, Rn. 12.

**2461** Vgl. BGH, Urt. v. 28.6.2016 – 1 StR 5/16, Rn. 22 (Sachverständigenanhörung); BGHSt 4, 125, 126; BGH NStZ 1981, 96 (bei *Pfeiffer*); vgl. BGH, Beschl. v. 12.10.1999 – 1 StR 109/99 = NStZ 2000, 156. S. dazu schon oben Rn. 773.

Als Grund hierfür wird regelmäßig genannt, das Revisionsgericht könne nicht nachprüfen, inwieweit etwa ein Zeuge befragt worden sei.[2462] Wolle man anders entscheiden, so würde dies zu einer unzulässigen Rekonstruktion der Hauptverhandlung führen.[2463]

Ausnahmen gelten aber dann, wenn die besondere Verfahrenslage dem Revisionsgericht den Prüfungszugriff ermöglicht. Das ist z.B. der Fall, wenn sich aus den Urteilsgründen selbst erkennen lässt, dass sich dem Gericht eine weitere Benutzung eines Beweismittels hätte aufdrängen müssen[2464] oder wenn ein Protokoll über eine kommissarische Zeugenvernehmung in der Hauptverhandlung verlesen worden ist. 1049

In der bereits oben[2465] angesprochenen „Schusskanal"-Entscheidung[2466] entnahm der Bundesgerichtshof dem Schweigen der Urteilsgründe, dass sich ein bestimmtes Beweisgeschehen (Vorhalt an einen Sachverständigen) in der Hauptverhandlung auch tatsächlich nicht ereignet habe und sah darin eine Verletzung des § 244 Abs. 2 StPO. Da die Urteilslücke nur aus einem Vergleich von Urteilsinhalt und Akteninhalt ersichtlich war, wurde darin im Ergebnis eine Rüge der Aktenwidrigkeit der Feststellungen gesehen.[2467] 1050

### (8) Ersetzung der Vernehmung durch Vorführung einer Bild-Ton-Aufzeichnung

Von wachsender Bedeutung ist die im Gesetz vorgesehene Möglichkeit, an Stelle der persönlichen Vernehmung des Zeugen in der Hauptverhandlung eine im Ermittlungsverfahren hergestellte „Bild-Ton-Aufzeichnung" vorzuführen. § 255a Abs. 1 StPO lässt dies allgemein unter den Voraussetzungen zu, unter denen eine Zeugenvernehmung durch eine Urkundenverlesung ersetzt werden kann (§§ 251, 252, 253 und 255 StPO).[2468] Daneben erlaubt das Gesetz aber in § 255a Abs. 2 StPO in bestimmten Verfahren eine noch weitergehende Er- 1051

---

**2462** *Maul* FG Peters, S. 52.

**2463** BGHSt 17, 351, 352; vgl. auch BGH, Urt. v. 29.4.1997 – 1 StR 156/97 = NStZ 1997, 450; BGH, Beschl. v. 12.10.1999 – 1 StR 109/99 = NStZ 2000, 156.

**2464** BGHSt 17, 351, 352; BGH StV 1984, 231 = NStZ 1985, 14; vgl. BGH, Beschl. v. 3.9.1997 – 5 StR 237/97 = BGHSt 43, 212; BGH, Urt. v. 27.7.2005 – 2 StR 203/05 = NStZ 2006, 55.

**2465** Vgl. im Einzelnen oben Rn. 342 ff.

**2466** BGH, Urt. v. 29.5.1991 – 2 StR 68/91 = NJW 1991, 3290 = NStZ 1991, 448; hierzu s. oben, Rn. 353 ff.

**2467** Vgl. hierzu *Schäfer*, Schriftenreihe Deutscher Anwaltverein, Bd. 9, S. 44, 56; vgl. hierzu oben Rn. 365.

**2468** S. dazu unten Rn. 1075 ff.

setzung der persönlichen Vernehmung.[2469] Das Gericht hat in einem Beschluss darüber zu entscheiden, ob diese Voraussetzungen gegeben sind und so verfahren werden soll (§ 255a Abs. 2 S. 3 StPO). Fehlt ein solcher Beschluss, begründet dies die Revision.[2470] In der Ersetzung der persönlichen Vernehmung durch die Vorführung einer Aufzeichnung kann ferner eine Verletzung der Aufklärungspflicht liegen.[2471] Werden die in Abs. 1 in Bezug genommenen Vorschriften fehlerhaft angewandt, kann dies als Verletzung von § 250 StPO gerügt werden.[2472]

### bb) Sachverständigenbeweis

#### (1) Allgemeines

1052 Der Sachverständige ist neben dem Zeugen das zweite persönliche Beweismittel der StPO. Sachverständiger kann nur eine natürliche Person sein, nicht aber eine Behörde oder eine juristische Person des Privatrechts.[2473]

1053 Ein Sachverständiger wird vom Gericht bestellt oder auf Antrag eines Prozessbeteiligten vernommen. Die Hinzuziehung eines Sachverständigen kann unterschiedliche Ziele haben. Sie kann dazu dienen, dem Gericht Sachkunde zu vermitteln, ihm Forschungsergebnisse vorzustellen, Fachausdrücke zu erläutern oder technische Abläufe zu erklären. Sie kann aber auch den Zweck haben, dem Gericht zur Unterstützung seiner Überzeugungsbildung eine auf Fachwissen gestützte Beurteilung eines Sachverhalts zu unterbreiten.

1054 Die Strafprozessordnung sieht im Sachverständigen ein Beweismittel. Kaum weiterführend sind dabei die verbreiteten Bezeichnungen des Sachverständigen als „Gehilfe des Richters“[2474] oder „neutraler Berater des Gerichts“.[2475] Sie tragen der Wirklichkeit nicht in jeder Hinsicht Rechnung.[2476] In der Praxis wird – entgegen solchen Schlagworten – gerade über die schleichende „Entmachtung“ des Richters geklagt, die sich daraus ergibt, dass er in vielen Bereichen (etwa bei

**2469** Zur Änderung von § 255a Abs. 2 StPO durch das Gesetz zur Modernisierung des Strafverfahrens vom 10.12.2019 (BGBl I, S. 2121) vgl. BT-Drs. 19/14747, S. 35 und *Claus* NStZ 2020, 57, 63.
**2470** Vgl. BGH, Beschl. v. 16.10.2018 – 3 StR 256/18 = NStZ-RR 2019, 27.
**2471** Vgl. *Meyer-Goßner/Schmitt* § 255a StPO, Rn. 13.
**2472** Vgl. *Meyer-Goßner/Schmitt* § 255a StPO, Rn. 13.
**2473** Vgl. *Meyer-Goßner/Schmitt* vor § 72 StPO, Rn. 2.
**2474** BGHSt 7, 238, 239.
**2475** *Cabanis* NJW 1978, 2329, 2330.
**2476** Kritisch hierzu auch *Meyer-Goßner/Schmitt* vor § 72 StPO, Rn. 8.

der psychiatrischen Begutachtung von Angeklagten zur Schuldfähigkeit) in sehr weitem Umfang auf die Einschätzungen von Sachverständigen angewiesen ist.

#### (2) Erforderlichkeit der Hinzuziehung und Auswahl von Sachverständigen

Grundsätzlich entscheidet das Gericht, ob es eine Beweisfrage selbst beurteilen kann oder ob es erforderlich ist, einen Sachverständigen zu beauftragen und anzuhören.[2477] Lediglich für einige spezielle Konstellationen enthält das Gesetz hierzu ausdrückliche Regelungen (vgl. §§ 80a; 81; 87 ff.; 91, 92; 231a Abs. 3 S. 1; § 246a StPO; § 73 JGG). Sind sie nicht anwendbar, ergibt sich der Maßstab insbesondere aus der Aufklärungspflicht. Sie kann die Hinzuziehung eines Sachverständigen gebieten. Hierauf wurde in diesem Buch bereits an anderer Stelle eingegangen.[2478] 1055

Die **Auswahl des Sachverständigen** ist nach § 73 Abs. 1 S. 1 StPO eine Aufgabe des erkennenden Gerichts. Die gesetzliche Regelung bezieht sich dabei nur auf das gerichtliche Verfahren,[2479] sodass im Übrigen die StA[2480] und auch die Polizei zur Auswahl berufen sind. Das Gericht ist nicht gehindert, einen anderen Sachverständigen zu bestellen als die Staatsanwaltschaft, es ist hierzu aber auch nicht verpflichtet.[2481] Bei der Auswahl ist § 73 Abs. 2 StPO zu beachten. Im Übrigen richtet sich die Auswahl nach dem Fachgebiet[2482] und der persönlichen Eignung des Sachverständigen.[2483] 1056

Mit der Revision kann die Ungeeignetheit eines Sachverständigen gerügt werden, wenn das Urteil Anlass zu Zweifeln gibt.[2484] Richtiges Angriffsmittel ist auch insoweit die Aufklärungsrüge (§ 244 Abs. 2 StPO). Unter Umständen kann auch die Sachrüge begründet sein, wenn die fehlende Eignung des Sachverständigen zu Feststellungen geführt hat, die gegen Denkgesetze oder Erfahrungssätze verstoßen.[2485] 1057

Auch die Bestimmung der **Zahl der benötigten Sachverständigen** steht im Ermessen des Gerichts. Es wird sich in der Regel mit einem Sachverständigen be- 1058

---

**2477** Vgl. KK-*Krehl* § 244 StPO, Rn. 42 ff.

**2478** S. dazu im Einzelnen oben Rn. 801 (Aufklärungspflicht) und Rn. 935 (§ 244 Abs. 4 StPO).

**2479** KK-*Hadamitzky* § 73 StPO, Rn. 1; LR-*Krause* § 73 StPO, Rn. 2; *Gössel* DRiZ 1980, 363, 366; a.A. *Krauß* ZStW 85 (1973), 320, 322.

**2480** Vgl. § 161a Abs. 1 Satz 2 StPO. Hierzu *Meyer-Goßner/Schmitt* § 161a StPO, Rn. 12.

**2481** Vgl. LR-*Krause* § 73 StPO, Rn. 2.

**2482** Vgl. hierzu LR-*Krause* § 73 StPO, Rn. 9 ff.

**2483** Vgl. *Meyer-Goßner/Schmitt* § 73 StPO, Rn. 4; LR-*Krause* § 73 StPO, Rn. 22 ff.

**2484** *Meyer-Goßner/Schmitt* § 73 StPO, Rn. 19; LR-*Krause* § 73 StPO, Rn. 37.

**2485** *Eisenberg*, Beweisrecht, Rn. 1548; BGH, Beschl. v. 21.9.1993 – 1 StR 421/93 = NStZ 1994, 228 (bei *Kusch*). Dazu im Einzelnen unten Rn. 1187 ff. und Rn. 1215 ff.

gnügen. Maßgebend ist auch hier die Aufklärungspflicht (§ 244 Abs. 2 StPO), die zur Anhörung eines weiteren Sachverständigen selbst dann zwingen kann, wenn ein darauf gerichteter Antrag nach § 244 Abs. 4 S. 2 StPO abgelehnt werden könnte.[2486]

### (3) Leitung und Vereidigung

1059 Nach § 78 StPO obliegt dem Gericht die Aufgabe, soweit ihm dies als erforderlich erscheint, die **Tätigkeit des Sachverständigen zu leiten.** Eine revisionsrechtlich relevante Verletzung dieser Vorschrift ist kaum möglich. Selbst wenn das Gericht dem Sachverständigen in der Erhebung seiner Befund- oder Anknüpfungstatsachen, der Vorbereitung und Formulierung seines Gutachtens völlig freie Hand lässt, kann dies allein die Revision nicht begründen. Es gibt auch keine Rechtspflicht, zu jedem in der Hauptverhandlung erstatteten Gutachten vorher eine schriftliche Fassung zu den Akten zu reichen.[2487] Möglich ist aber, dass die mangelnde Leitung des Sachverständigen zu einer Verletzung der Aufklärungspflicht (§ 244 Abs. 2 StPO) führt.[2488]

Die **Vereidigung des Sachverständigen** steht nach § 79 Abs. 1 StPO im Ermessen des Gerichts. Fehler bei der Ermessensausübung können die Revision nicht begründen.[2489] Genauso unschädlich soll es nach der Rspr. des BGH sein, wenn eine Ermessensentscheidung (gänzlich) unterblieben ist, da es keinen Sinn ergäbe, den Richter in jedem Einzelfall für verpflichtet zu halten, die Nichtvereidigung besonders zu beschließen, zumal sie ohnehin die Regel darstelle und vom Sachverständigen persönliche und sachliche Unbefangenheit vorausgesetzt werden könne.[2490]

### (4) Ablehnung des Sachverständigen (§ 74 StPO)

1060 Ein Sachverständiger kann nach § 74 Abs. 1 StPO aus denselben Gründen abgelehnt werden wie ein Richter. Diese Gleichstellung macht die besondere Bedeutung des Beweismittels deutlich. Mit der in § 74 StPO enthaltenen Verweisung

---

**2486** BGHSt 10, 116, 119; *Alsberg/Güntge*, Beweisantrag, Rn. 1388.

**2487** BGH, Beschl. v. 12.9.2007 – 1 StR 407/07 = NStZ 2008, 229.

**2488** KK-*Hadamitzky* § 78 StPO, Rn. 5; BGH, Beschl. v. 29.9.1994 – 4 StR 494/94 = StV 1995, 113 = NStZ 1995, 282. Vgl. auch LR-*Krause* § 78 StPO, Rn. 11.

**2489** KK-*Hadamitzky* § 79 StPO, Rn. 7; *Meyer-Goßner/Schmitt* § 79 StPO, Rn. 13; BGHSt 21, 227.

**2490** BGHSt 21, 227, 228; a.A. *Eisenberg*, Beweisrecht, Rn. 1601, der jedoch einräumt, dass regelmäßig das Urteil hierauf nicht beruhen wird.

knüpft das Gesetz dabei insbesondere an § 24 StPO an. Die Gründe, die nach § 22 Nr. 1–4 StPO zum Ausschluss eines Richters führen, sind beim Sachverständigen Ablehnungsgründe; sie werden also nur auf Antrag berücksichtigt.[2491] Im Verhältnis zu § 22 Nr. 5 StPO enthält das Gesetz in § 74 Abs. 1 S. 2 StPO eine Sonderregelung.[2492]

Welche Gründe gegenüber einem Sachverständigen die **Besorgnis der Befangenheit** rechtfertigen, kann hier nicht im Einzelnen dargestellt werden. Insoweit muss auf die Kommentarliteratur verwiesen werden.[2493] § 74 Abs. 1 StPO knüpft zwar für die Ablehnungsgründe an die Regelungen für Richter an, nicht aber für das Ablehnungsverfahren. Das Verfahren bei Ablehnungsgesuchen gegenüber Sachverständigen unterscheidet sich wesentlich von dem Verfahren, das bei der Ablehnung eines Richters einzuhalten ist. Insbesondere gilt die in § 25 StPO enthaltene Präklusionsvorschrift für die Ablehnung des Sachverständigen nicht.[2494] Ausreichend ist es, wenn das **Ablehnungsgesuch in der Hauptverhandlung** gestellt wurde.[2495] Auch nach Schluss der Beweisaufnahme müssen Ablehnungsgesuche noch entgegengenommen und beschieden werden,[2496] die für das Beweisantragsrecht geltenden Grundsätze finden entsprechende Anwendung.[2497] 1061

Über das Ablehnungsgesuch gegen einen Sachverständigen muss durch einen **Beschluss entschieden** werden, der zu begründen ist.[2498] In der Hauptverhandlung wirken an der Entscheidung auch die Schöffen mit.[2499] Die Begründung muss deutlich machen, von welchen Tatsachen das Tatgericht ausgeht; sie muss zudem die Prozessbeteiligten in die Lage versetzen, ihr weiteres 1062

---

**2491** Vgl. KK-*Hadamitzky* § 74 StPO, Rn. 2; LR-*Krause* § 74 StPO, Rn. 4.

**2492** Vgl. KK-*Hadamitzky* § 74 StPO, Rn. 3; LR-*Krause* § 74 StPO, Rn. 9.

**2493** Vgl. KK-*Hadamitzky* § 74 StPO, Rn. 5 f.; *Meyer-Goßner/Schmitt* § 74 StPO, Rn. 3 ff.; LR-*Krause* § 74 StPO, Rn. 4 ff. und Rn. 11 ff.

**2494** BGH, Beschl. v. 10.1.2018 – 1 StR 437/17 = NJW 2018, 1030 = StV 2019, 156 = NStZ 2018, 487.

**2495** Vgl. BGH, Beschl. v. 20.11.2001 – 1 StR 470/01 = StV 2002, 350 = NStZ-RR 2002, 110 (Ein vor der Hauptverhandlung gestelltes Ablehnungsgesuch muss in der Hauptverhandlung wiederholt werden).

**2496** Vgl. KK-*Hadamitzky* § 74 StPO, Rn. 7 (bis zum Urteil); *Meyer-Goßner/Schmitt* § 74 StPO, Rn. 12 a. E. (bis zum Beginn der Urteilsverkündung).

**2497** BGH, Beschl. v. 20.11.2001 – 1 StR 470/01 = StV 2002, 350 = NStZ-RR 2002, 110; *Meyer-Goßner/Schmitt* § 74 StPO, Rn. 11; MüKoStPO/*Trück* § 74 StPO, Rn. 16.

**2498** KK-*Hadamitzky* § 74 StPO, Rn. 13; *Meyer-Goßner/Schmitt* § 74 StPO, Rn. 17; BGH, Beschl. v. 22.7.2014 – 3 StR 302/14 = StV 2015, 78 = NStZ 2014, 663.

**2499** Vgl. BGH, Urt. v. 20.11.1996 – 2 StR 323/96, Rn. 12 = wistra 1997, 147; LR-*Krause* § 74 StPO, Rn. 29.

Prozessverhalten darauf einzurichten.[2500] Zur Begründung des Beschlusses kann auch auf eine Begründung in einer früheren Entscheidung Bezug genommen werden.[2501] Wurden im Ablehnungsgesuch mehrere, sachlich unterschiedliche Ablehnungsgründe geltend gemacht, können diese mit einem einheitlichen Beschluss beschieden werden. Die Begründung muss dann aber für jeden Ablehnungsgrund ausreichend sein.[2502] Das Tatgericht muss über die Tatsachen hinaus, die im Ablehnungsgesuch glaubhaft gemacht wurden, keine weiteren Ermittlungen anstellen.[2503]

1063 Wird ein Ablehnungsgesuch gegen einen Sachverständigen als unzulässig verworfen, steht dem Revisionsgericht nur eine begrenzte Entscheidungsgrundlage zur Verfügung. Erweist sich die Verwerfung des Gesuchs als fehlerhaft, kann das Revisionsgericht keine inhaltliche Prüfung durchführen, wenn infolge der Verwerfung als unzulässig Ausführungen zur Tatsachengrundlage fehlen. Die Revision muss in diesen Fällen schon deshalb Erfolg haben, weil ein neues Tatgericht die Tatsachengrundlage prüfen muss.[2504]

1064 Soll mit der Revision die Zurückweisung eines Ablehnungsgesuchs gegen einen Sachverständigen zum Gegenstand einer Verfahrensrüge gemacht werden, sind die aus § 344 Abs. 2 S. 2 StPO resultierenden **Darlegungsanforderungen** zu beachten. Für die Rüge müssen das Ablehnungsgesuch und der daraufhin ergangene Beschluss vorgetragen werden.[2505] Finden sich im Beschluss Verweise, so muss auch der Inhalt der Dokumente, auf die verwiesen wird, vorgetragen werden.[2506]

1065 Entscheidungsgrundlage für das Revisionsgericht ist der tatrichterliche Beschluss, durch den der Ablehnungsantrag gegen den Sachverständigen zurückgewiesen wurde. Nach h.M. wird dieser Beschluss in der Revisionsinstanz lediglich nach **revisionsrechtlichen Grundsätzen** überprüft.[2507] Insbesondere

**2500** BGH, Beschl. v. 10.1.2018 – 1 StR 437/17 = NJW 2018, 1030 = StV 2019, 156 = NStZ 2018, 487; BGH, Beschl. v. 22.7.2014 – 3 StR 302/14 = StV 2015, 78 = NStZ 2014, 663; BGH, Beschl. v. 23.2.2016 – 3 StR 481/15. Vgl. auch RG, Urt. v. 24.6.1913 – IV 501/13 = RGSt 47, 239.
**2501** BGH, Urt. v. 25.11.2003 – 1 StR 182/03 = NStZ-RR 2004, 118, 119.
**2502** Vgl. BGH, Beschl. v. 12.9.2007 – 1 StR 407/07 = NStZ 2008, 229.
**2503** BGH, Beschl. v. 25.2.2016 – 3 StR 142/15 (insoweit in NJW 2016, 3459 nicht abgedr.).
**2504** BGH, Beschl. v. 18.1.2018 – 1 StR 437/17 = NStZ 2018, 487; OLG Bamberg, Beschl. v. 18.10.2018 – 2 Ss OWi 1419/18.
**2505** BGH, Beschl. v. 31.1.2017 – 4 StR 531/16.
**2506** BGH, Urt. v. 25.11.2003 – 1 StR 182/03 = NStZ-RR 2004, 118, 119
**2507** BGH, Urt. v. 4.7.2018 – 2 StR 485/17, Rn. 21; BGH, Beschl. v. 22.7.2014 – 3 StR 302/14 = StV 2015, 78 = NStZ 2014, 663.

wird – anders als bei der Richterablehnung[2508] – das tatsächliche Vorbringen zu den Ablehnungsgründen nicht nach Beschwerdegrundsätzen geprüft. Das Revisionsgericht ermittelt dementsprechend nicht selbst, sondern prüft lediglich, ob die Entscheidung des Tatgerichts Rechtsfehler enthält und bleibt dabei an die Feststellungen des Tatgerichts gebunden.[2509]

Gerügt werden kann grundsätzlich auch, ein Ablehnungsgesuch habe zu Unrecht Erfolg gehabt.[2510] Hier kann sich allerdings die Frage stellen, ob das Urteil auf dem Verfahrensfehler beruht, wenn das Gericht einen anderen Sachverständigen hinzugezogen hat.[2511] 1066

#### cc) Urkundenbeweis

##### (1) Allgemeines

Der Urkundenbeweis besteht in der Ermittlung und Verwertung des gedanklichen Inhalts eines Schriftstücks.[2512] Er ist zulässig, sofern das Gesetz ihn nicht ausdrücklich untersagt.[2513] Nach § 249 Abs. 1 S. 1 StPO sind Urkunden zum Zwecke der Beweiserhebung über ihren Inhalt in der Hauptverhandlung zu verlesen. Zu unterscheiden von dieser „klassischen" Form des Urkundenbeweises sind die Einführung von Urkunden nach § 249 Abs. 2 StPO, durch Bericht des Vorsitzenden[2514] oder durch Vorhalt an den Angeklagten, einen Zeugen oder Sachverständigen.[2515] Kommt es nicht auf den Inhalt, sondern auf das Vorhandensein, die Beschaffenheit oder das äußere Erscheinungsbild an, dann kann eine Urkunde auch Gegenstand einer Augenscheinseinnahme 1067

**2508** Vgl. dazu Rn. 518.

**2509** St. Rspr. seit BGH, Urt. v. 1.11.1955 – 5 StR 329/55 = BGHSt 8, 226; vgl. BGH, Urt. v. 4.7.2018 – 2 StR 485/17, Rn. 21; BGH, Beschl. v. 31.1.2017 – 4 StR 531/16; BGH, Beschl. v. 25.2.2016 – 3 StR 142/15; BGH, Beschl. v. 20.8.2013 – 1 StR 115/13.

**2510** KK-*Hadamitzky* § 74 StPO, Rn. 17; LR-*Krause* § 74 StPO, Rn. 43; BGH, Beschl. v. 6.4.2011 – 2 StR 73/11.

**2511** Vgl. LR-*Krause* § 74 StPO, Rn. 43.

**2512** *Meyer-Goßner/Schmitt* § 249, Rn. 1.

**2513** BGH, Beschl. v. 20.12.2011 – 4 StR 491/11 = StV 2012, 406, 407 = NStZ 2012, 322, 324; BGH, Beschl. v. 25.9.2007 – 1 StR 350/07 = NStZ-RR 2008, 48 = StV 2008, 123; BGH, Beschl. v. 12.2.2004 – 1 StR 566/03 = BGHSt 49, 68, 70; BGHSt 20, 160, 162.

**2514** *Meyer-Goßner/Schmitt* § 249 StPO, Rn. 25; LR-*Mosbacher* § 249 StPO, Rn. 44 mwN.

**2515** Vgl. etwa BGH, Urt. v. 17.7.2014 – 4 StR 78/14 = NStZ 2014, 604 = StV 2015, 92 m. Anm. *Eisenberg* (zum Einfluss des Vorhalts auf die Aussage); *Meyer-Goßner/Schmitt* § 249 StPO, Rn. 28.

sein.[2516] Seit der Gesetzesänderung im Jahr 2017[2517] ist es zulässig, auch elektronische Dokumente nach § 249 Abs. 1 S. 1 zum Gegenstand der Hauptverhandlung zu machen, wenn sie verlesbar sind (§ 249 Abs. 1 S. 2 StPO).

1068 Die gesetzliche Regelung des Urkundenbeweises ist nicht gut gelungen.[2518] Anlass zu mancherlei Missverständnissen und systematischen Fehleinordnungen sind dabei vor allem die Regelungen in den §§ 250, 251 StPO. § 250 StPO gehört – wie *Dahs* treffend bemerkt hat – zum Urbestand der StPO, der stets dahin verstanden wurde, dass er die persönliche Vernehmung von Beweismitteln „Auge in Auge" und „Wort gegen Wort" mit Verfahrensbeteiligten fordert.[2519] Die Regelung ist eine der wenigen Vorschriften, die eine echte Vorgabe für die inhaltliche Gestaltung der Beweisaufnahme enthalten. Steht eine Person als Zeuge oder Sachverständiger zur Verfügung, so soll ihre Vernehmung nicht durch die Verlesung eines Protokolls oder einer Erklärung ersetzt werden.[2520] In diesem Sinne verlangt § 250 StPO eine „unmittelbare" Beweiserhebung anstelle einer „mittelbaren" und wird deshalb als **„Grundsatz der Unmittelbarkeit der Beweisaufnahme"**[2521] interpretiert.

1069 Der Stellenwert dieses Prinzips ist aber begrenzt. Insbesondere kann § 250 StPO nicht ein weiterreichender Grundsatz des Inhalts entnommen werden, dass allgemein bei der Beweisaufnahme das sachnächste Beweismittel benutzt werden muss.[2522] Das wäre ein Missverständnis der gesetzlichen Regelung. Die Aufklärungspflicht ist ein neben § 250 StPO selbständig zu berücksichtigender

---

**2516** Vgl. BGH, Beschl. v. 22.9.2016 – 1 StR 316/16 = NStZ-RR 2017, 74; BGH, Beschl. v. 12.12.2013 – 3 StR 267/13 = NStZ 2014, 606; BGH, Beschl. v. 30.8.2011 – 2 StR 652/10 = NJW 2011, 3733; *Meyer-Goßner/Schmitt* § 249 StPO, Rn. 7; KK-*Diemer* § 249 StPO, Rn. 4. Hierzu auch: *Arnoldi* NStZ 2016, 691, 692 f.

**2517** Gesetz zur Einführung der elektronischen Akte in der Justiz und zur weiteren Förderung des elektronischen Rechtsverkehrs vom 5.7.2017 (BGBl. I, S. 2208). Hierzu: *Weiß* wistra 2018, 245.

**2518** So bereits *Schneidewin* JR 1951, 481.

**2519** Vgl. *Dahs* NJW 1996, 178. Nach BGH, Urt. v. 27.4.2007 – 2 StR 490/06 = BGHSt 51, 325, 328 = NJW 2007, 2195 liegt hierin einer der tragenden Grundsätze des geltenden Strafprozessrechts.

**2520** Der Wortlaut des § 250 StPO wurde durch das Gesetz zur Einführung der elektronischen Akte in der Justiz und zur weiteren Förderung des elektronischen Rechtsverkehrs vom 5.7. 2017 (BGBl. 2017 I, 2208) geändert und „medienneutral" gefasst (vgl. hierzu BT-Drs. 18/9416, S. 63).

**2521** Vgl. hierzu *Meyer-Goßner/Schmitt* § 250 StPO, Rn. 1; *Roxin/Schünemann*, Strafverfahrensrecht, § 46, Rn. 3. S. auch KK-*Diemer* § 250 StPO, Rn. 1.

**2522** BGH, Urt. v. 11.3.2014 – 1 StR 655/13; *Meyer-Goßner/Schmitt* § 250 StPO, Rn. 3; LR-*Cirener/Sander* § 250 StPO, Rn. 1 und 23.

Grundsatz. Aus ihr – und nicht aus § 250 StPO – folgt, dass sich die Beweisaufnahme an dem Ziel zu orientieren hat, stets das Beweismittel zu verwenden, das den bestmöglichen Ertrag verspricht.[2523] § 250 StPO regelt demgegenüber nur den Vorrang des Personalbeweises vor dem Urkundenbeweis. Darin liegt kein allgemeines Verwertungsverbot für die Urkunde, sondern lediglich ein hiervon unterscheidbares Verwendungsverbot.[2524] Die Urkunde darf nicht zum Zweck des Urkundenbeweises, sie darf aber z.B. zum Zweck des Vorhalts verwendet werden.[2525] Weil § 250 StPO insbesondere die Verlesung von Vernehmungsprotokollen aus dem Ermittlungsverfahren verbietet, wenn der Vernommene selbst in der Hauptverhandlung gehört werden kann, wird die Bestimmung auch zu Recht als „Transferverbot" interpretiert.[2526] Dieses Verbot gilt nicht, wenn einer der Ausnahmetatbestände in den §§ 251, 253 ff. StPO gegeben ist.

Nicht aus § 250 StPO, sondern aus den §§ 226 und 261 StPO folgt hingegen 1070
der Grundsatz, dass die Beweisaufnahme vor dem erkennenden Gericht stattzufinden hat. Man mag dies zur Abgrenzung von § 250 StPO als den Grundsatz der „formellen Unmittelbarkeit" bezeichnen, doch ist damit nicht viel gewonnen. Der Sache nach ist dies ein allgemeines Prinzip, das das gerichtliche Verfahren insgesamt betrifft, während § 250 StPO ein Detail der Beweisaufnahme regelt.

### (2) Reichweite des § 250 StPO

Das von der StPO vorgegebene System von Personal- und Sachbeweis führt 1071
zwangsläufig zu der Frage nach einer möglichen Hierarchie für ihren Einsatz im Rahmen der Beweisaufnahme. Die Vorschrift des § 250 StPO zieht nach herrschender Auffassung für den Bereich des Urkundenbeweises die Konsequenz aus der Erfahrung, dass das originäre (persönliche) Beweismittel i.d.R. seinem urkundlich-sachlichen Surrogat im Beweiswert überlegen und ihm daher vorzuziehen ist.[2527] Soweit der Beweis einer Tatsache durch Vernehmung einer Person geführt werden kann, die die Tatsache wahrgenommen hat, wird der Tatrichter angewiesen, dieses Beweismittel, für das die Vermutung eines qualifizierten Beweiswertes streitet, im Rahmen seiner Überzeugungsbildung heranzuziehen

**2523** S. dazu im Einzelnen oben Rn. 749. Vgl. etwa BGH, Beschl. v. 8.4.2003 – 3 StR 92/03 = NStZ 2004, 50 = StV 2003, 485.

**2524** Vgl. SK-StPO/*Velten* vor § 250 StPO, Rn. 26 und § 250 StPO, Rn. 4 („Person vor Papier").

**2525** Vgl. LR-*Cirener/Sander* § 250 StPO, Rn. 1 („Beweiserhebungsregel").

**2526** Vgl. SK-StPO/*Velten* vor § 250 StPO, Rn. 15 ff.

**2527** *Meyer-Goßner/Schmitt* § 250 StPO, Rn. 2; *Wömpner* NStZ 1983, 293, 294. Vgl. hierzu *Erb* FS v. Heintschell-Heinegg, S. 139.

(§ 250 S. 1 StPO). Zugleich wird ihm untersagt, zum Beweis des dadurch erfassten „Themas" ausschließlich bestimmte andere Surrogate heranzuziehen (§ 250 S. 2 StPO).

1072 Entgegen der von *Meyer-Goßner/Schmitt*[2528] verwendeten Begrifflichkeit handelt es sich dabei nicht um ein Beweismittelverbot. Beweismittelverbote sind erst gegeben, wenn die Benutzung bestimmter Beweismittel insgesamt untersagt ist, z.B. von Zeugen, die von ihrem Zeugnisverweigerungsrecht nach den §§ 52ff. StPO Gebrauch machen.[2529] Insofern stellen Beweismittelverbote eine Beschränkung der gerichtlichen Aufklärungspflicht dar. Eine derartige Funktion kommt § 250 S. 2 StPO aber nicht zu. Vielmehr ist das Gegenteil der Fall. § 250 S. 2 StPO verbietet lediglich die **„Ersetzung"** des Personalbeweises durch den nur mittelbaren Urkundenbeweis. Der eine soll also nicht beliebig an die Stelle des anderen treten können. Insofern beschränkt § 250 StPO die Aufklärungspflicht des Gerichts nicht, sondern steht gerade umgekehrt in deren Dienst, indem er eine aus einer allgemeinen Erfahrung resultierende Prioritätsregelung aufstellt.[2530] Er verhindert aber nicht vollständig den Rückgriff auf den mittelbaren Urkundenbeweis. Wird der Zeuge oder Sachverständige in der Hauptverhandlung vernommen, so ist die Verlesung zulässig, wenn sie lediglich der **Ergänzung der Vernehmung** dienen soll.[2531] Dieser Grundsatz gestattet es aber z.B. nicht, zur Ergänzung der Zeugenaussage eines Vernehmungsbeamten, der zum Inhalt einer Vernehmung des Angeklagten gehört wird, das Vernehmungsprotokoll zu verlesen.[2532] Dem Fall der zulässigen ergänzenden Verlesung hat der BGH die Situation gleichgestellt, dass ein Zeuge in der Hauptverhandlung wegen zwischenzeitlich eingetretener gesundheitlicher Hinderungsgründe nicht abschließend vernommen werden kann. Dann kann es die Amtsaufklärungspflicht gebieten, Niederschriften über frühere Vernehmungen zu verlesen.[2533] Gerade im Zusammenhang mit der Berufung

---

**2528** *Meyer-Goßner/Schmitt* § 250 StPO, Rn. 1. S. auch *Alsberg/Güntge*, Beweisantrag, Rn. 862.

**2529** Vgl. hierzu *Meyer-Goßner/Schmitt* Einl., Rn. 53.

**2530** So auch *Mitsch* JZ 1992, 174, 176; SK-StPO/*Velten* § 250 StPO, Rn. 1, 5, 17.

**2531** BGH, Beschl. v. 8.2.2018 – 3 StR 400/17, Rn. 18 = NJW 2018, 2809; BGH, Beschl. v. 14.5.2014 – 2 StR 475/13 = StV 2015, 205 = NStZ 2014, 607; BGH, Beschl. v. 25.9.2007 – 1 StR 350/07 = NStZ-RR 2008, 48; BGH, Urt. v. 29.8.2007 – 5 StR 103/07 = NStZ 2008, 87; BGHSt 20, 160, 162 = JZ 1965, 649 m. Anm. *Peters*; *Meyer-Goßner/Schmitt* § 250 StPO, Rn. 12; a.A. *Grünwald* JZ 1966, 493; *Gubitz/Bock* NJW 2008, 958, 960. S. hierzu auch *Erb* FS v. Heintschell-Heinegg, S. 139; *Mosbacher* NStZ 2014, 1.

**2532** Vgl. BGH, Beschl. v. 23.5.2018 – 4 StR 584/17 = NStZ 2019, 106.

**2533** BGH, Beschl. v. 4.4.2007 – 4 StR 345/06 = BGH 51, 280 = NJW 2007, 2341; hierzu: *Gubitz/Bock* NJW 2008, 958; *Cornelius* NStZ 2008, 244; *Murmann* StV 2008, 339.

auf Auskunfts- und Zeugnisverweigerungsrechte stellen sich hier immer wieder Detailfragen, die eine genaue Überprüfung des Einzelfalls notwendig machen.[2534]

Für die Anwendung des § 250 StPO ist entscheidend, dass es sich um den 1073
Beweis eines Vorgangs handelt, dessen wahrheitsgemäße Wiedergabe nur durch eine Person möglich ist, welche ihn mit einem oder mehreren ihrer fünf Sinne wahrgenommen hat. Daran fehlt es nach der Rechtsprechung des Bundesgerichtshofs z.B. bei der maschinellen Herstellung von kaufmännischen Buchungsstreifen,[2535] bei Niederschriften über Tonbandaufzeichnungen[2536] und bei EDV-Ausdrucken[2537]. Dasselbe gilt für das von einem Testgerät ausgedruckte Protokoll über das Ergebnis einer Atemalkoholmessung.[2538] Hierbei kommt es auf das **Ergebnis des Tests** an, also nur auf diesen Teil des Urkundeninhalts, der nicht die Dokumentation einer zuvor durch einen Zeugen gemachten Wahrnehmung ist. Auch der Bediener des Testgerätes hat erst nach dem Ausdruck dessen Inhalt „wahrgenommen". Darüber könnte er zwar als Zeuge berichten. Aber dies wäre (wenn die Steigerung sprachlich erlaubt ist) „weniger unmittelbar", als wenn der Tatrichter es selbst liest. Man könnte also sogar sagen, dass der unmittelbare Urkundenbeweis in diesem Falle durch den mittelbaren Zeugenbeweis ersetzt würde.

Eine wesentliche Einschränkung erfährt der Anwendungsbereich des § 250 1074
S. 2 StPO durch die Auslegung des Begriffs der „Erklärungen" (bis 2017: „schriftliche Erklärungen"). Unter das Verlesungsverbot sollen nach h.M. nur Erklärungen fallen, die von vornherein zu Beweiszwecken verfasst worden sind.[2539] Für Schriftstücke, die nicht zu Beweiszwecken angefertigt worden sind, soll § 250 S. 2 StPO nicht gelten, sie sind dementsprechend verlesbar.[2540] Nicht von § 250 S. 2 StPO erfasst sind ferner Berichtsurkunden, die zum Beweis ihrer Existenz und inhaltlichen Beschaffenheit verlesen werden, weil ihr Beweisthema allein die wahrnehmungsunabhängige Tatsache der urkundlichen Fixierung ist, nicht aber die

**2534** S. hierzu im Einzelnen *Mosbacher* NStZ 2014, 1; KK-*Diemer* § 251 StPO, Rn. 7 und 26; *Meyer-Goßner/Schmitt* § 250 StPO, Rn. 12.

**2535** BGHSt 15, 253, 255.

**2536** BGHSt 27, 135, 137.

**2537** BGH, Urt. v. 30.1.2001 – 1 StR 454/00.

**2538** BGH, Beschl. v. 20.7.2004 – 1 StR 145/04 = NStZ 2005, 526.

**2539** *Meyer-Goßner/Schmitt* § 250 StPO, Rn. 8; KK-*Diemer* § 250 StPO, Rn. 8; BGHSt 6, 141, 143; BGHSt 20, 160, 161; BGH NStZ 1982, 89.

**2540** Vgl. *Alsberg/Güntge*, Beweisantrag, Rn. 863; *Meyer-Goßner/Schmitt* § 250 StPO, Rn. 8.

Wahrheit des in der Urkunde niedergelegten Wahrnehmungsberichts.[2541] Verlesbar ist eine Urkunde auch, wenn ihr strafbarer Inhalt festgestellt werden soll.[2542]

### (3) Die in § 251 StPO geregelten Ausnahmen

1075 Der in § 250 StPO geregelte Grundsatz kann durchbrochen werden. Für die Praxis bedeutsam sind dabei insbesondere die in **§ 251 StPO** geregelten **Ausnahmen**. § 251 StPO wurde in jüngster Zeit wiederholt geändert,[2543] der Kreis der verlesbaren Dokumente dabei erweitert.[2544] Die Vorschrift lässt es aus mehreren voneinander unabhängigen Gründen zu, von dem Verlesungsverbot des § 250 StPO abzuweichen.

1076 Von der Sachlogik her zwingend ist dabei § 251 Abs. 1 Nr. 3 StPO. Ist die Beweisperson verstorben oder kann sie aus einem anderen (tatsächlichen) Grund in absehbarer Zeit gerichtlich nicht vernommen werden, sind der Einhaltung der Aufklärungspflicht schon hierdurch unüberwindbare faktische Grenzen gesetzt. Dann gibt es – entgegen dem gesetzlichen Sprachgebrauch – streng genommen auch nichts, was durch die Verlesung von früheren Protokollen oder schriftlichen Erklärungen „ersetzt" werden könnte. So gesehen, versteht sich die Regelung in § 251 Abs. 1 Nr. 3 StPO von selbst.

1077 Wirkliche Ausnahmen vom Grundsatz des § 250 StPO bilden aber die in § 251 Abs. 1 Nr. 1 und Abs. 2 Nr. 3 StPO geregelten Fälle der Ersetzung auf der Grundlage einer konsensualen Vereinfachung des Verfahrens. Dies gilt auch für die der Beschleunigung dienenden Regelungen in § 251 Abs. 2 Nr. 2 StPO und § 251 Abs. 1 Nr. 4 StPO.[2545] Die neue Regelung des § 251 Abs. 1 Nr. 2 StPO soll der Notwendigkeit Rechnung tragen, vor einer Verurteilung auf Grund eines Geständnisses zu prüfen, ob das Geständnis mit dem übrigen Ermittlungsergebnis übereinstimmt.[2546]

---

**2541** *Wömpner* NStZ 1983, 293, 294.

**2542** *Meyer-Goßner/Schmitt* § 250 StPO, Rn. 13; RGSt 22, 51.

**2543** Vgl. Gesetz zur Einführung der elektronischen Akte in der Justiz und zur weiteren Förderung des elektronischen Rechtsverkehrs vom 5.7.2017 (BGBl. 2017 I, 2208). Hierdurch wurde u.a. der Begriff „Niederschrift" durch den Begriff „Protokoll" ersetzt (vgl. BT-Drs. 18/9416, S. 59 und S. 63). Eine weitere Änderung brachte das Gesetz zur effektiveren und praxistauglicheren Ausgestaltung des Strafverfahrens vom 17.8.2017 (BGBl. 2017 I, 3202).

**2544** Vgl. zur Einführung von § 251 Abs. 1 Nr. 2 StPO: BT-Drs. 18/11277, S. 35; KK-*Diemer* § 251 StPO, Rn. 12a.

**2545** Für eine zurückhaltende Anwendung: *Neuhaus* StV 2005, 51 f.

**2546** Vgl. KK-*Diemer* § 251 StPO, Rn. 12a; LR-*Cirener/Sander* § 251 StPO, Rn. 26a; s. hierzu auch: *Weigend* FS Eisenberg, 2009, S. 657, 667.

Soweit die Verlesbarkeit nach § 251 Abs. 2 Nr. 3 StPO u.a. davon abhängen kann, ob die gerichtliche Vernehmung der Beweisperson in absehbarer Zeit möglich ist, setzt die Anwendung dieser Bestimmung häufig eigene Ermittlungen des Gerichts voraus. Die rechtliche Ausgangslage ist mit Fällen vergleichbar, in denen das Gericht zu klären hat, ob ein Zeuge i.S.v. § 244 Abs. 3 S. 3 Nr. 5 StPO unerreichbar ist. Das Gericht hat zwischen der Bedeutung der Sache, der Wichtigkeit der Zeugenaussage für die Wahrheitsfindung und dem Interesse an einer beschleunigten Durchführung des Verfahrens unter Berücksichtigung der Aufklärungspflicht abzuwägen.[2547] Inwieweit daneben für § 251 Abs. 2 Nr. 1 StPO ein selbständiger Anwendungsbereich verbleibt, ist unklar.[2548] Das Revisionsgericht prüft, ob dem Tatgericht bei der Ermessensbetätigung ein Rechtsfehler unterlaufen ist.[2549] So hat der Bundesgerichtshof in einem Verfahren wegen versuchten Mordes, in dem nur zwei Tatzeugen als Beweismittel vorhanden waren und erst am vorletzten Verhandlungstag der Aufenthalt eines Zeugen in Indien bekannt wurde, den Beschluss über die Verlesung der Niederschrift einer richterlichen Vernehmung des Zeugen wegen fehlender Abwägung und bloßer Wiederholung des Gesetzeswortlauts beanstandet.[2550] 1078

In Bezug auf die Auslegung der jetzt in § 251 Abs. 1 Nr. 3 StPO enthaltenen Regelung war schon unter dem früheren Recht[2551] umstritten, ob sich die vom Gesetz vorausgesetzte **„Unmöglichkeit“** der persönlichen Vernehmung auf die rein faktische Unmöglichkeit des Erscheinens beschränkt oder ob darunter auch die Fälle zu fassen sind, in denen der Zeuge zwar erscheinen und aussagen „könnte“, aber nicht will und ihm ein Aussage- bzw. Auskunftsverweigerungsrecht zusteht, z.B. weil er sich auf § 52, § 53 oder § 55 StPO berufen darf. Der BGH hat sich der Auffassung angeschlossen, wonach die Vernehmung eines Zeugen, die nur daran scheitert, dass er sich vorab auf ein umfassendes Auskunftsverweigerungsrecht gemäß § 55 StPO berufen hat, nicht durch Verlesung von ihm 1079

---

**2547** Vgl. BGH, Beschl. v. 28.11.2017 – 3 StR 272/17 = StV 2018, 781 = NStZ 2018, 740; KK-*Diemer* § 251 StPO, Rn. 14. S. hierzu auch *ter Veen* StV 1985, 295.

**2548** Vgl. *Meyer-Goßner/Schmitt* § 251 StPO, Rn. 20; *Neuhaus* StV 2005, 51.

**2549** *Meyer-Goßner/Schmitt* § 251 StPO, Rn. 45; vgl. auch BGH MDR 1979, 989, 990 (bei *Holtz*); BGH StV 1981, 220.

**2550** BGH StV 1989, 468; vgl. auch BGH NStZ 1984, 179; zur fehlerhaften Annahme der Voraussetzungen des § 251 Abs. 1 Nr. 3 StPO a.F.: BGH StV 1981, 164 (unzulässige Anordnung der Verlesung durch LG Frankenthal (Pfalz), da „Zeuge in Bayern in Urlaub“ war); BGH StV 1981, 220 (in BtM-Sache unzulässige Verlesung auch bzgl. eines Zeugen, der eine von einem Militärgericht ausgesprochene Freiheitsstrafe von 18 Monaten in den USA verbüßte).

**2551** Zur Zeit der Geltung des § 251 Abs. 2 Satz 2 StPO a.F. (§ 251 Abs. 1 Nr. 3 StPO heutiger Fassung).

stammender früherer schriftlicher Erklärungen gemäß § 251 Abs. 1 Nr. 2 StPO der damaligen Gesetzesfassung ersetzt werden darf.[2552] Für die weiteren Einzelheiten der Auslegung des § 251 Abs. 1 StPO muss auf die Kommentare verwiesen werden.

1080 Nach § 251 Abs. 4 StPO hat das Gericht in den Fällen des § 251 Abs. 1 und Abs. 2 StPO die Verlesung durch Beschluss anzuordnen. **Fehlt ein solcher Beschluss,** begründet das die Revision.[2553] Ein Revisionsgrund kann auch darin liegen, dass die nach § 251 Abs. 4 S. 2 StPO erforderliche Begründung fehlt.[2554] Dabei ist es ohne Bedeutung, wenn weder der Angeklagte noch sein Verteidiger der Verlesung widersprochen hat, die Zulässigkeit der Verfahrensrüge hängt nicht davon ab, dass zuvor gemäß § 238 Abs. 2 StPO ein Gerichtsbeschluss herbeigeführt wurde.[2555] Der BGH hat es allerdings in Fällen, in denen ein Beschluss nicht ergangen war, wiederholt abgelehnt, das tatrichterliche Urteil aufzuheben und zur Begründung dabei darauf verwiesen, das Urteil beruhe nicht auf dem Verfahrensfehler. Das kommt nach Ansicht der Rechtsprechung in Betracht, wenn den Verfahrensbeteiligten Grund und Umfang der Verlesung bekannt waren,[2556] soll aber auch dann nur in Ausnahmefällen gelten.[2557]

### (4) Verlesbarkeit nach den §§ 253, 254 StPO

1081 Ausnahmen von § 250 StPO enthalten auch die §§ 253 und 254 StPO. § 253 StPO regelt nicht nur, wie eine Mindermeinung annimmt, eine besondere Form des

**2552** BGH, Urt. v. 27.4.2007 – 2 StR 490/06 = BGHSt 51, 325 = NJW 2007, 2195 = JR 2008, 119 m. Anm. *Hecker*; hierzu: *Gubitz/Bock* NJW 2008, 958; *Cornelius* NStZ 2008, 244; *Murmann* StV 2008, 339.

**2553** Vgl. BGH, Beschl. v. 9.8.2016 – 1 StR 334/16 = StV 2017, 791 = NStZ 2017, 299; BGH, Beschl. v. 3.2.2015 – 3 StR 557/14, Rn. 7; BGH, Beschl. v. 8.2.2011 – 4 StR 583/10 = NStZ 2011, 356; BGH, Beschl. v. 10.6.2010 – 2 StR 78/10 = NJW 2010, 3383 = StV 2010, 617; OLG Hamburg, Beschl. v. 23.2.2016 – 2 Rev 70/15 = StV 2016, 796; vgl. ferner auch BGH, Beschl. v. 25.10.2011 – 3 StR 315/11 = NStZ 2012, 585, 586; *Krüger* NStZ 2011, 594.

**2554** Vgl. *Meyer-Goßner/Schmitt* § 251 StPO, Rn. 45; BGH NStZ 1983, 569.

**2555** BGH, Beschl. v. 9.8.2016 – 1 StR 334/16 = StV 2017, 791 = NStZ 2017, 299; BGH, Beschl. v. 25.10.2011 – 3 StR 315/11 = NStZ 2012, 585.

**2556** Vgl. BGH, Beschl. v. 21.7.2020 – 5 StR 250/20 = NStZ 2020, 624; BGH, Beschl. v. 9.6.2015 – 3 StR 113/15 = NStZ 2016, 117; BGH, Beschl. v. 10.6.2010 – 2 StR 78/10 = NJW 2010, 3383; BGH, Beschl. v. 8.2.2011 – 4 StR 583/10 = NStZ 2011, 356; BGH, Beschl. v. 14.3.2000 – 4 StR 3/00 = BGHR StPO § 251 Abs. 4 Gerichtsbeschluss 4. Vgl. ferner auch BGH, Beschl. v. 14.1.2010 – 1 StR 620/09 = NStZ 2010, 403, 404.

**2557** Vgl. BGH, Beschl. v. 10.6.2010 – 2 StR 78/10 = NJW 2010, 3383 = StV 2010, 617; *Krüger* NStZ 2011, 594.

Vorhalts durch Verlesen,[2558] sondern erlaubt den Urkundenbeweis, der die Vernehmung des Verhörsbeamten, nicht die der Beweisperson, ersetzt.[2559] Bevor das Gericht nach § 253 StPO verfährt, muss es alle vorhandenen Möglichkeiten zur Behebung von Erinnerungslücken bzw. von Widersprüchen ausschöpfen; insbesondere hat es das frühere Vernehmungsprotokoll im Wege des Vorhalts heranzuziehen.[2560] Erklärt der Vernehmungsbeamte, er könne sich nicht erinnern, kann die Verlesung des von ihm gefertigten Vernehmungsprotokolls nicht auf § 253 Abs. 1 StPO gestützt werden.[2561]

§ 254 StPO ermöglicht es in der jetzt geltenden Fassung zum Zwecke der **Beweisaufnahme über ein Geständnis** Erklärungen des Angeklagten, die in einem richterlichen Protokoll enthalten sind, zu verlesen oder eine Bild-Ton-Aufzeichnung einer Vernehmung vorzuführen. Soweit die Protokollverlesung zugelassen ist, wird hierdurch der Urkundenbeweis eröffnet.[2562] Ob das Gericht sich mit der Verlesung begnügt oder den Vernehmungsrichter als Zeugen vernimmt, ist eine Frage der Aufklärungspflicht (§ 244 Abs. 2 StPO). Die Revision kann die Verlesung angreifen, wenn die Voraussetzungen des § 254 Abs. 1 oder 2 StPO rechtsfehlerhaft bejaht worden sind.[2563] Die Neufassung des Gesetzes ermöglicht es im Übrigen auch, Bild-Ton-Aufzeichnungen von staatsanwaltlichen und polizeilichen Vernehmungen zum Gegenstand der Hauptverhandlung zu machen.[2564] 1082

Unterbleibt eine Verlesung (bzw., soweit vorhanden, die Vorführung einer Bild-Ton-Aufzeichnung) nach § 254 StPO, kann das die Aufklärungsrüge begründen, ebenso das Unterlassen der Erhebung weiterer sich aus dem Inhalt der Niederschrift aufdrängender Beweise.[2565] 1083

### (5) Verlesbarkeit nach § 256 StPO

§ 256 StPO erlaubt in Durchbrechung der in § 250 StPO aufgestellten Grundsatzes in bestimmten Fällen die Ersetzung von Zeugenvernehmungen durch Ur- 1084

**2558** *Grünwald* JZ 1966, 493; *Hanack* FS Schmidt-Leichner, S. 86.

**2559** *Wömpner* NStZ 1983, 296. Vgl. hierzu KK-*Diemer* § 253 StPO, Rn. 1 f.; LR-*Mosbacher* § 253 StPO, Rn. 1.

**2560** BGH, Beschl. v. 8.2.2011 – 5 StR 501/10 = NStZ 2011, 422; *Eisenberg*, Beweisrecht, Rn. 2161. Vgl. hierzu auch *Gerst* StraFo 2018, 273.

**2561** BGH, Beschl. v. 19.3.2013 – 3 StR 26/13 = StV 2013, 545 = NStZ 2013, 479.

**2562** KK-*Diemer* § 254 StPO, Rn. 2; BGHSt 1, 337; BGHSt 14, 310, 313.

**2563** SK-StPO/*Velten* § 254 StPO, Rn. 22. Zur Frage, ob die Revision darauf gestützt werden kann, das verlesene Protokoll habe kein Geständnis enthalten: LR-*Mosbacher* § 254 StPO, Rn. 27.

**2564** Vgl. hierzu *Meyer-Goßner/Schmitt* § 254 StPO, Rn. 1a; BT-Drs. 18/11277, S. 34.

**2565** LR-*Mosbacher* § 254 StPO, Rn. 27.

kundenverlesungen. Zwar liegt die hierdurch eröffnete Möglichkeit zur Verfahrensvereinfachung oft im allseitigen Interesse.[2566] Doch hat das Tatgericht auch bei Urkunden, die nach § 256 Abs. 1 StPO verlesbar sind, stets zu prüfen, ob aus Gründen der Aufklärungspflicht gleichwohl eine persönliche Vernehmung geboten ist.

1085 Zeugnisse und Gutachten können nach der geltenden Gesetzesfassung nicht nur dann verlesen werden, wenn sie von einer öffentlichen Behörde stammen (§ 256 Abs. 1 Nr. 1a StPO), sondern auch, wenn sie von allgemein vereidigten Sachverständigen verfasst wurden (§ 256 Abs. 1 Nr. 1b StPO). Ärztliche Atteste über Körperverletzungen können unabhängig vom Tatvorwurf verlesen werden (§ 256 Abs. 1 Nr. 2 StPO),[2567] daneben auch ärztliche Berichte über die Entnahme von Blutproben (§ 256 Abs. 1 Nr. 3 StPO), Zeugnisse und Gutachten des gerichtsärztlichen Dienstes (§ 256 Abs. 1 Nr. 1c StPO) und Gutachten über die Bestimmung des Blutalkoholgehaltes einschließlich seiner Rückrechnung (§ 256 Abs. 1 Nr. 4 StPO). Diese Regelungen schaffen insgesamt sehr weitreichende Möglichkeiten zur Verlesung medizinischer Stellungnahmen. Das birgt jedenfalls die Gefahr, dass darin enthaltene Beurteilungen, die in medizinischer Fachsprache abgefasst sind, missverstanden werden und Nachfragen unterbleiben. Ob an Stelle der Verlesung die Vernehmung der Beweisperson erforderlich ist, kann aber nur im Einzelfall geklärt werden.[2568]

1086 Praktische Bedeutung hat bei der Anwendung von § 256 StPO bisweilen die Frage, unter welchen Voraussetzungen die von Nr. 1a genannte Eigenschaft als „öffentliche **Behörde**" gegeben ist.[2569] Keine Behörde sind etwa in der Rechtsform einer privatrechtlichen GmbH betriebene Einrichtungen des Gesundheitswesens.[2570] Fraglich kann auch sein, ob das Gutachten im Namen der Behörde abgegeben wurde.[2571]

---

**2566** KK-*Diemer* § 256 StPO, Rn. 1 sieht den Zweck der Vorschrift in der Verfahrensbeschleunigung.

**2567** Geändert durch das Gesetz zur effektiveren und praxistauglicheren Ausgestaltung des Strafverfahrens vom 17.8.2017 (BGBl. 2017 I, 3202). Hierzu: *Krüger* StV 2018, 316.

**2568** Vgl. zur Verlesbarkeit ärztlicher Atteste: BGH, Beschl. v. 21.9.2011 – 1 StR 367/11 = BGHSt 57, 24 = NJW 2012, 694 = StV 2012, 707.

**2569** Vgl. hierzu im Einzelnen KK-*Diemer* § 256 StPO, Rn. 4 f.

**2570** Vgl. BGH, Beschl. v. 3.2.2015 – 3 StR 557/14 = StV 2015, 523 = NStZ-RR 2015, 146; BGH, Beschl. v. 19.11.2009 – 4 StR 276/09, Rn. 8 = StV 2010, 289 = NStZ 2010, 585 (konfessionelles Krankenhaus); BGH, Beschl. v. 3.6.1987 – 2 StR 180/87 = StV 1987, 477.

**2571** Vgl. hierzu im Einzelnen KK-*Diemer* § 256 StPO, Rn. 3. Zur Frage der Verlesbarkeit von per E-Mail übermittelten Erklärungen: OLG Schleswig, Beschl. v. 28.4.2015 – 1 Ss 39/15 (71/15) = StV 2015, 541.

**Ärztliche Atteste** sind nur verlesbar, wenn feststeht, dass sie von einem approbierten Arzt stammen. Der Verlesbarkeit kann es entgegenstehen, wenn eine Unterschrift fehlt.[2572] Die Verlesung der Urkunde hat sich im Übrigen am gesetzlichen Zweck der Verlesung zu orientieren. Soll sie auf § 256 Abs. 1 Nr. 2 StPO gestützt werden, muss sie somit der Feststellung von Körperverletzungen dienen, nicht aber dazu, aus der Verletzung entstandene psychische Folgen[2573] oder den Tötungsvorsatz festzustellen.[2574] Unzulässig ist auch die Verlesung von Angaben, die der Arzt lediglich bei Gelegenheit der Untersuchung ohne besondere medizinische Sachkunde festgestellt hat. Dies betrifft z.B. die in ärztlichen Schreiben häufig enthaltenen Angaben über Äußerungen des Verletzten zur Ursache der Verletzung.[2575] 1087

Eine sehr weit reichende Möglichkeit zur Durchbrechung des in § 250 StPO aufgestellten Grundsatzes schafft **§ 256 Abs. 1 Nr. 5 StPO**. Dieser Bestimmung fehlt ein sachlicher Zusammenhang zu den übrigen Teilen der Regelung. Unabhängig davon wird die damit geschaffene Möglichkeit zur Verlesung auch deshalb kritisiert, weil zweifelhaft ist, ob die **von den Ermittlungsbehörden angefertigten Unterlagen** stets in demselben Maße vom Streben nach Objektivität getragen sind wie die Angaben der übrigen in § 256 Abs. 1 StPO genannten Einrichtungen.[2576] Nach h.M. ermöglicht die Regelung insbesondere die Verlesung von Berichten und Vermerken über Routinemaßnahmen (Festnahme, Sicherstellung, Durchsuchung, Observation). Eine ausdrückliche Beschränkung nur auf Routinemaßnahmen ergibt sich aus dem Wortlaut allerdings nicht.[2577] Soweit nach dem Gesetzeswortlaut die Verlesung ausgeschlossen ist, wenn die Ermittlungshandlungen „Vernehmungen" zum Gegenstand haben, ist der Begriff hier 1088

**2572** Vgl. OLG Düsseldorf, Beschl. v. 23.1.2015 – III-2 RVs 11/15 = StV 2015, 542. Nach BGH, Beschl. v. 7.8.2019 – 1 StR 57/19 ist aus § 256 StPO kein besonderes Formerfordernis abzuleiten. Es soll vielmehr genügen, wenn feststeht welcher Arzt die Verantwortung für den Befund übernommen hat und wenn ausgeschlossen werden kann, dass ein bloßer Entwurf vorliegt. Vgl. hierzu auch BGH, Beschl. v. 1.8.2018 – 5 StR 330/18 (Polizeibericht).

**2573** BGH, Beschl. v. 23.11.2010 – 3 StR 402/10, Rn. 8 = StV 2011, 715, 716.

**2574** BGH, Beschl. v. 10.7.2007 – 3 StR 227/07 = StV 2007, 569.

**2575** Vgl. BGH, Beschl. v. 23.11.2010 – 3 StR 402/10, Rn. 4 = StV 2011, 715; OLG Hamburg, Beschl. v. 31.5.1999 – 2 Ss 10/99 = StV 2000, 9 (Zeitpunkt des Eintreffens in der Praxis); *Meyer-Goßner/Schmitt* § 256 StPO, Rn. 19.

**2576** Kritisch insoweit *Meyer-Goßner/Schmitt* § 256 StPO, Rn. 1. Vgl. auch *Conen* FS Eisenberg zum 80. Geb., 2019, S. 377.

**2577** BGH, Beschl. v. 8.3.2016 – 3 StR 484/15 = NJW 2016, 1601 = wistra 2016, 282 (Observationsberichte); OLG Celle, Beschl. v. 15.7.2013 – 31 Ss 24/13 = StV 2013, 742 = NStZ 2014, 175.

weit zu verstehen.[2578] Er umfasst z.B. auch informatorische Befragungen.[2579] Auch vor der Anwendung von § 256 Abs. 1 Nr. 5 StPO ist aber stets zu prüfen, ob die Aufklärungspflicht die persönliche Vernehmung der Polizeibeamten gebietet.

#### (6) Rügeanforderungen

1089 Aus dem Verhältnis zwischen dem begrenzten Verwendungsverbot des § 250 StPO und der Aufklärungspflicht ergeben sich Konsequenzen für Verfahrensrügen im Revisionsverfahren. Wird eine Verletzung der Aufklärungspflicht gerügt, richtet sich dies nicht gegen eine geschehene Beweiserhebung, sondern gegen ein Unterlassen. Dem Gericht wird damit vorgeworfen, etwas nicht getan zu haben, was erforderlich gewesen wäre. Das ist bei der Rüge der Verletzung des § 250 StPO anders: Hier richtet sich die Rüge gegen eine Handlung des Gerichts, insbesondere gegen eine bestimmte Form der Beweisaufnahme, die Verlesung. Beides lässt sich aber miteinander vereinbaren. Gerade wenn z.B. das Tatgericht zu Unrecht eine Urkunde verlesen und nicht ihren Verfasser in der Hauptverhandlung als Zeugen gehört hat, liegt es oft nahe, dass hierdurch gleich zwei Prinzipien verletzt sind: der Grundsatz des § 250 StPO, weil er keine Verlesung gestattet, wenn der Verfasser vernommen werden kann, der Grundsatz des § 244 Abs. 2 StPO, weil die persönliche Vernehmung des Verfassers im Vergleich zur Verlesung der Urkunde zusätzliche Erkenntnisse versprochen hätte. Die Verletzung beider Prinzipien kann mit derselben Rüge geltend gemacht werden. Es gelten allerdings unterschiedliche Darlegungsanforderungen. Wird die unzulässige Verlesung der Urkunde gerügt (§ 250 StPO), so muss der Revisionsführer angeben, von wem die Urkunde stammt und ob ihr Verfasser in der Hauptverhandlung vernommen worden ist oder hätte vernommen werden können. Ferner muss der Inhalt des Schriftstücks mitgeteilt werden, damit das Revisionsgericht prüfen kann, ob die Verlesung nach den §§ 249 ff. StPO zulässig war.[2580] Wird daneben zugleich gerügt, es liege eine Verletzung der Aufklärungspflicht darin, dass der Verfasser der Urkunde nicht als Zeuge vernommen wurde, müssen die allgemeinen Anforderungen an die Aufklärungsrüge beachtet werden, d.h. die Revision muss darlegen, inwiefern sich dem Tatrichter die

---

**2578** BGH, Beschl. v. 10.6.2010 – 2 StR 78/10, Rn. 5 = NJW 2010, 3383, 3384 = NStZ 2010, 649 m. zutr. Anm. *Krüger* (NStZ 2011, 594); OLG Schleswig-Holstein, Beschl. v. 28.4.2015 – 1 Ss 39/15, Rn. 11 = StV 2015, 541, 542.

**2579** *Meyer-Goßner/Schmitt* § 256 StPO, Rn. 27; *Krüger* NStZ 2011, 595.

**2580** BGH MDR 1978, 989 (bei *Holtz*); OLG Düsseldorf, Beschl. v. 27.9.1994 – 5 Ss 321/94 = StV 1995, 458.

Vernehmung des Zeugen hätte aufdrängen müssen und was dieser ausgesagt hätte.[2581]

Sollte die Verlesung nach dem Willen des Tatgerichts auf einen der Ausnahmetatbestände des **§ 251 StPO** gestützt werden, können sich unterschiedliche Ansatzpunkte für Verfahrensrügen ergeben. Liegt der entscheidende Fehler nach Ansicht des Revisionsführers darin, dass eine Verlesung ohne Zustimmung aller Verfahrensbeteiligten gemäß § 251 Abs. 1 Nr. 1 bzw. Abs. 2 Nr. 3 StPO stattgefunden hat, setzt dies die bestimmte Behauptung voraus, an wessen Einverständnis es gefehlt hat. Keinesfalls reicht hier der Vortrag, nach dem Protokoll könne „nicht festgestellt" werden, dass sowohl der (im Falle des Abs. 1 verteidigte) Angeklagte als auch sein Verteidiger und der Staatsanwalt zugestimmt haben; denn das wäre eine unzulässige Protokollrüge.[2582] Auf einem Fehler des Protokolls kann das Urteil nicht beruhen.[2583] Grundsätzlich sind im Übrigen die Zustimmungserklärungen nach § 251 Abs. 1 Nr. 1 und § 251 Abs. 2 Nr. 3 StPO als wesentliche Förmlichkeiten im Hauptverhandlungsprotokoll festzuhalten.[2584] Die Rechtsprechung hat in der Vergangenheit allerdings teilweise auch ein stillschweigend erteiltes Einverständnis als ausreichende Grundlage für eine Verlesung angesehen.[2585] 1090

Geht es dagegen darum, dass die Voraussetzungen einer Verlesung nach Abs. 1 Nr. 3 (Unmöglichkeit der Vernehmung in absehbarer Zeit) oder nach Abs. 2 Nr. 1 oder Nr. 2 nicht vorgelegen haben, so müssen die Bemühungen des Gerichts, die Vernehmbarkeit des Zeugen herauszufinden und nach Möglichkeit (außer bei Tod) zu erreichen, im Einzelnen dargelegt werden, um daraus entweder den Schluss zu ziehen, dass diese Anstrengungen nicht ausreichten oder dass sie den gesetzlichen Anforderungen nicht genügten. In jedem Falle sollte die verlesene Vernehmungsniederschrift bzw. die schriftliche Erklärung in der Revisionsbegründung vollständig wiedergegeben werden, um dem Revisionsge- 1091

---

**2581** BGH StV 1988, 91 m. abl. Anm. *Strate*; BGH, Urt. v. 5.6.1996 – 2 StR 70/96 = NStZ-RR 1997, 71 = StV 1996, 530; BGH StV 1999, 197. Vgl. auch die allgemeinen Ausführungen zu den Anforderungen an eine Aufklärungsrüge oben Rn. 779 ff.

**2582** BGH, Urt. v. 20.4.2006 – 4 StR 604/05 = NStZ-RR 2007, 52.

**2583** Seit BGHSt 7, 162, 163 st. Rspr.; siehe zur Protokollrüge oben Rn. 324 ff.

**2584** KK-*Greger* § 273 StPO, Rn. 6.

**2585** Vgl. *Meyer-Goßner/Schmitt* § 251 StPO, Rn. 27; BGHSt 9, 24, 26; BayObLG, Beschl. v. 28.2.1978 – 1 ObOWi 729/77 = BayObLGSt 1978, 17 = NJW 1978, 1817; anders noch BayObLG, Urt. v. 3.7.1957 – RevReg 1 St 258/57 = BayObLGSt 1957, 132 = NJW 1957, 1566. Hiergegen: Radtke/Hohmann/*Pauly* § 251 StPO, Rn. 21. Einschränkend hierzu: BGH, Beschl. v. 9.8.2016 – 1 StR 334/16 = StV 2017, 791 = StraFo 2017, 24.

richt die Überprüfung zu ermöglichen, welcher Beweiswert der unmittelbaren Vernehmung des Zeugen zukommen konnte.[2586]

1092 Wird gerügt, die Verlesung einer Urkunde sei auf § 256 StPO gestützt worden, obwohl die Voraussetzungen der Vorschrift nicht vorlagen, ist ebenfalls § 250 StPO verletzt.[2587] Die Zulässigkeit dieser Rüge setzt nicht voraus, dass zuvor ein Gerichtsbeschluss nach § 238 Abs. 2 StPO herbeigeführt wurde.[2588] Soll gerügt werden, das Tatgericht habe zu Unrecht von einer persönlichen Vernehmung abgesehen, kann dies mit der Aufklärungsrüge geltend gemacht werden.[2589] Lagen die Verlesungsvoraussetzungen zwar vor, musste sich das Gericht im Hinblick auf seine Aufklärungspflicht aber zu einer persönlichen Vernehmung der Beweispersonen gedrängt sehen, muss eine Aufklärungsrüge erhoben werden.[2590]

#### (7) Weitere Verfahrensfehler

1093 Revisible Verfahrensfehler im Umgang mit Urkunden können ferner entstehen, wenn Verwertungsverbote missachtet werden. In Betracht kommen dabei sowohl das Verwertungsverbot nach **§ 252 StPO**[2591] als auch andere Verwertungsverbote.[2592]

### d) Verletzung des § 261 StPO

**Literatur:** *Bender/Nack/Treuer* Tatsachenfeststellung vor Gericht, 4. Auflage 2014; *Brause* Zum Zeugenbeweis in der Rechtsprechung des BGH, NStZ 2007, 505; *Dahs* Die „Plausibilitätsrüge", FS Hamm, 2008, S. 41; *Ceffinato* Beweiswürdigung und Indizkonstruktionen im Wirtschaftsstrafrecht, ZStW 128 (2016), 804; *Deckers* Aussage gegen Aussage – zur Entwicklung der revisionsrechtlichen Rechtsprechung und der Aussagepsychologie, FS Hamm, 2008, S. 53; *Fezer*

---

**2586** *Meyer-Goßner/Schmitt* § 251 StPO, Rn. 46; KK-*Gericke* § 344 StPO, Rn. 58 mwN.

**2587** Vgl. BGH, Urt. v. 7.11.1979 – 3 StR 16/79 = NJW 1980, 651. Zu den Rügevoraussetzungen vgl. BGH, Beschl. v. 27.1.2009 – 5 StR 574/08 = StraFo 2009, 152.

**2588** KK-*Diemer* § 256 StPO, Rn. 13; *Meyer-Goßner/Schmitt* § 256 StPO, Rn. 30; BGH, Beschl. v. 25.10.2011 – 3 StR 315/11 = StV 2012, 202 = NStZ 2012, 585; BGH, Beschl. v. 11.2.1999 – 4 StR 657/98, Rn. 14 = NJW 1999, 1724; offengelassen in BGH, Beschl. v. 13.8.2014 – 5 StR 336/14 = StV 2015, 534.

**2589** BGH, Beschl. v. 3.8.2016 – 3 StR 484/15 = NJW 2016, 1601, 1602; OLG Düsseldorf, Beschl. v. 16.7.2009 – III-5 Ss 105/07 – 57/07 I = NStZ 2008, 358; OLG Celle, Beschl. v. 15.7.2013 – 31 Ss 24/13, Rn. 7 = StV 2007, 518, 519.

**2590** S. etwa BGH, Urt. v. 16.3.1993 – 1 StR 829/92 = NStZ 1993, 237 = StV 1993, 458; *Eisenberg*, Beweisrecht, Rn. 2204

**2591** S. dazu im Einzelnen oben Rn. 1023.

**2592** S. dazu im Einzelnen unten Rn. 1233 ff.

Grenzen der Beweisaufnahme durch das Revisionsgericht, in: Aktuelle Probleme der Strafrechtspflege, 1991, S. 89 ff.; *ders.* Die Rüge, dass das Tatgericht – (wesentlichen) Beweisstoff nicht aus dem Inbegriff der Verhandlung geschöpft, – (wesentlichen) Beweisstoff übersehen oder übergangen habe, in: DAV, Bd. 9, S. 58; *ders.* Tatrichterlicher Erkenntnisprozess – Freiheit der Beweiswürdigung –, StV 1995, 95; *Foth* Bemerkungen zum Zweifelssatz (in dubio pro reo), NStZ 1996, 423; *ders.* Überlegungen zur Behandlung des Sachbeweises im Strafverfahren, NStZ 1989, 166; *Gaede* Der neue Minimalismus bei der Achtung des Konfrontationsrechts – von tatsächlichen Einschränkungen und vermeintlichen Hintertüren, StV 2018, 175; *Geerds* Revision bei Verstoß gegen Denkgesetze oder Erfahrungssätze?, FS Peters, 1974, S. 267; *Gericke*, Die erweiterte Revision in der Rechtsprechung des Bundesgerichtshofs, FS Tolksdorf, 2014, S. 243; *Graalmann-Scheerer* Molekulargenetische Untersuchung und Revision, FS Rieß, 2002, S. 153; *Hamm* Tendenzen der revisionsrechtlichen Rechtsprechung aus anwaltlicher Sicht, StV 1987, 262; *ders.* Die revisionsgerichtliche Kontrolle der Beweiswürdigung des Tatgerichts, in: DAV, Bd. 9, S. 20; *ders.* Beweis als Rechtsbegriff und seine revisionsrechtliche Kontrolle, FS Fezer, 2008, 393 ff.; *Hanack* Maßstäbe und Grenzen richterlicher Überzeugungsbildung im Strafprozess, JuS 1977, 727; *Herdegen* Tatgericht und Revisionsgericht – insbesondere die Kontrolle verfahrensrechtlicher „Ermessensentscheidungen", in: FS Kleinknecht, 1985, S. 173; *ders.* Grundfragen der Beweiswürdigung, in: DAV, Bd. 3, S. 106; *ders.* Bemerkungen zur Beweiswürdigung, NStZ 1987, 193; *ders.* Die Überprüfung der tatsächlichen Feststellungen durch das Revisionsgericht auf Grund der Sachrüge, StV 1992, 527; *ders.* Die Überprüfung der tatsächlichen Feststellungen durch das Revisionsgericht auf Grund einer Verfahrensrüge, StV 1992, 590; *ders.* Verteidigung und Wahrheitspflicht, 24. Herbstkolloquium 2007 der Arbeitsgemeinschaft Strafrecht des DAV, StraFo 2008, 137; *ders.* Die Revisibilität der Beweiswürdigung, Strafverteidigung im Rechtsstaat – 25 Jahre Arbeitsgemeinschaft Strafrecht des Deutschen Anwaltvereins, S. 553; *Jahn* Das verfassungsrechtliche Gebot bestmöglicher Sachaufklärung im Strafverfahren, GA 2014, 588; *Jerouschek* Wie frei ist die Beweiswürdigung? GA 1992, 493; *Knierim/Rettenmaier* Das Selbstleseverfahren gemäß § 249 Abs. 2 StPO in Wirtschaftsstrafsachen – Verfahrensbeschleunigung oder unzulässiger Verstoß gegen das Recht auf ein faires Verfahren? StV 2006, 155; *Klug* Die Verletzung von Denkgesetzen als Revisionsgrund, in FS Philipp Möhring, 1965, S. 363; *ders.* Juristische Logik, 1982; *Küper* Historische Bemerkungen zur freien Beweiswürdigung im Strafprozess, in: FG für Peters, 1984, 23; *Lampe* Richterliche Überzeugung, FS Pfeiffer, 1988, S. 353; *Liebhart* Die Gesamtwürdigung im Indizienverfahren, NStZ 2016, 134; *Lohse* Konfrontationsrecht, Verfahrensfairness und Beweiswürdigung, JR 2018, 183; *Luther* Freie Beweiswürdigung und ihre revisionsgerichtliche Überprüfung im Strafverfahren, NJ 1994, 294, 346; *Maeffert* Freie Beweiswürdigung, FS Richter II, 2006, S. 379; *Maul* Die Überprüfung der tatsächlichen Feststellungen durch das Revisionsgericht in der neueren Rechtsprechung des Bundesgerichtshofs, FS Pfeiffer, 1988, S. 409; *Menges* Freiheit versus Forensik bei Aussage gegen Aussage?, FS Tolksdorf, 2014, S. 313; *Meurer* Denkgesetze und Erfahrungsregeln, in FS Wolf, 1985, S. 483; *Nack* Der Indizienbeweis, MDR 1986, 366; *ders.* Die Revisibilität der Beweiswürdigung, StV 2002, 510 ff., 558 ff.; *Niemöller* Die strafrichterliche Beweiswürdigung in der neueren Rechtsprechung des Bundesgerichtshofs, StV 1984, 431; *Odenthal* Identifizierung von Verdächtigen, Gegenüberstellung und Wahllichtbildvorlage, StraFo 2013, 62; *Pauly* Mündlichkeit der Hauptverhandlung und Revisionsrecht – Zu den Grenzen des Rekonstruktionsverbots, FS Hamm, 2008, S. 557; *Peters* Fehlerquellen im Strafprozess, Bd I–III (1970–1974); *Roxin* Anmerkung zu BGH StV 2009, 113, StV 2009, 113; *Sarstedt* Beweisregeln im Strafprozess, Berliner Festschrift Ernst E. Hirsch, 1968, S. 171; *G. Schäfer* Die Rüge, dass das Tatgericht (wesentlichen) Beweisstoff nicht aus dem Inbegriff der Hauptverhandlung geschöpft, (wesentlichen) Beweisstoff übersehen oder übergangen habe, in: DAV, Bd. 9, S. 44; *ders.* Freie Beweiswürdigung und revisionsrechtliche Kontrolle, StV 1995, 147; *Schlothauer* Unvollständige und unzutreffende tatrichterliche Urteilsfeststellungen, StV 1992, 134; *Schmitt* Die richterliche Beweiswürdigung im Strafprozess, 1992; *Schumann* Bedenkliche Tendenzen in der Rechtsprechung des BGH nach „Schatschaschwili vs. Deutschland", HRRS 2017, 354; *Sellke* Die Revisibilität der Denkgesetze, 1961; *Strate* Freie Beweiswürdigung und gebundene Beweiserhebung, FS Rieß, 2002, S. 611; *Volk* Diverse Wahrheiten, FS Salger, 1995, S. 411; *Widmaier* Die Rüge, dass das Tatgericht (wesentlichen) Beweisstoff übersehen oder übergangen habe, in: DAV, Bd. 9, S. 66; *Wohlers* Die besonders vorsichtige Beweiswürdigung bei gesperrten Beweismitteln, StV 2014, 563.

#### aa) Allgemeines zur „Freiheit" und zum Umfang der Darlegungslast bei der Beweiswürdigung

1094 Auf keinem Rechtsgebiet ragt ein einzelnes Problem so hervor, wie auf dem Gebiet des Strafprozesses das **Beweisproblem.** Dass hier die wichtigste Aufgabe für eine „dem Leben dienende" Strafprozessdoktrin liegt, blieb lange unbemerkt. Dieser 1930 von *Max Alsberg* niedergeschriebene Befund[2593] ist auch heute noch insoweit richtig, als die Bedeutung der Rechtsbegriffe „Beweis" und „tatrichterliche Überzeugung" als Forschungsgegenstand der Rechtswissenschaft die gegenwärtige Strafrechts- und Strafprozessdoktrin – von Ausnahmen abgesehen – kaum zu interessieren scheint. Dies verwundert angesichts der geradezu aufregenden Ergebnisse der Fehlurteilsforschung, die *Karl Peters* bereits 1970 vorlegte, und angesichts der Fülle von Judikatur, die in den letzten Jahrzehnten zur Beweiswürdigung und zu dem für eine Verurteilung notwendigen Beweismaß sowie zur Revisibilität der Überzeugungsbildung entstanden ist.

1095 Schon in der Zeit, als systematisch geordnete Entscheidungssammlungen nur in Karteikästen (NJW-Leitsatzkartei) oder in Stehordnern (Lindenmaier-Möhring) bestanden, fiel auf, dass unter § 261 StPO auffallend viele Judikate einzusortieren waren. Ein großer Anteil dieser Entscheidungen erwähnte den Paragraphen überhaupt nicht, andere betrafen ihn nur am Rande, der Rest befasste sich mit ganz unterschiedlichen Aspekten der Beweiswürdigung – stets aufgehängt an der Vorschrift, die ursprünglich einmal nur sagen wollte, dass den Tatrichter bindende Beweisregeln abgeschafft sind. In den elektronischen Entscheidungssammlungen (wie etwa der Sammlung BGH-Nack) waren ähnliche Befunde festzustellen und auch bei der heute üblichen Eingabe von Begriffen in das Fenster einer „Suchmaschine" ist beim Suchbegriff „§ 261 StPO" Vergleich-

2593 *Max Alsberg* im Vorwort zur ersten Auflage seines Werkes „Der Beweisantrag im Strafprozess", Berlin 1930, Seite III.

bares zu beobachten. Diese Art von Statistikmag man sinnvoll finden oder nicht. Aber sie zeigt, dass die Beweiswürdigung, ihre Freiheit von Beweisregeln und die Grenzen dieser Freiheit zu den schwierigsten Rechtsfragen des Strafprozesses gehören. Freilich dient § 261 StPO sowohl bei den Rechtsprechungssammlungen als auch in den StPO-Kommentaren als Sammelbecken für alle irgendwie mit der Beweiswürdigung zusammenhängenden Be- und Verwertungsfragen, die bei anderen Vorschriften schwer unterzubringen sind. Das gilt z.B. für Fälle, in denen das Revisionsgericht das angefochtene Urteil wegen Verfahrensmängeln, die es in seinen Gründen selbst zu erkennen gibt, aufheben möchte, es aber an einer ordnungsgemäß erhobenen Verfahrensrüge fehlt.

Gerade diese Verfahrensweise wird freilich nach einem schwer durch- 1096
schaubaren oder nicht vorhandenen System von den Revisionsgerichten offenbar nur dann angewendet, wenn es als grob ungerecht empfunden wird, den Revisionsführer unter dem Versäumnis des Bearbeiters der Revisionsbegründung leiden zu lassen.

Ein anschauliches Beispiel hierfür ist eine Entscheidung des Bundesge- 1097
richtshofs aus dem Jahre 1987.[2594] Das Tatgericht hatte festgestellt, dass der Angeklagte an einer „organischen Hirnschädigung bei einer geistigen Minderveranlagung" litt. Die Strafkammer war dennoch davon ausgegangen, dass seine Schuldfähigkeit zur Tatzeit weder ausgeschlossen noch erheblich eingeschränkt gewesen sei. Im Urteil hieß es hierzu: *„Die in frühkindlicher Zeit festgestellte geistige Minderveranlagung hat die Fähigkeit des Angeklagten, das Unrecht seiner Tat einzusehen und nach dieser Einsicht zu handeln, nicht in einer strafrechtlich relevanten Weise beeinträchtigt. Nach dem in der Hauptverhandlung hinterlassenen Eindruck hat der Angeklagte in der Vergangenheit ganz offenbar eine Nachreife erfahren, die die Schuldfähigkeit des Angeklagten heute außer Frage stellt, auch wenn er weiterhin noch leicht beeinflußbar sein mag."* Ein Sachverständiger war offenbar nicht herangezogen worden. An einer Aufklärungsrüge fehlte es. Der Bundesgerichtshof hielt es dennoch für unvertretbar, das auf der krassen Selbstüberschätzung des Tatgerichts beruhende Urteil rechtskräftig werden zu lassen. Deshalb half er mit der Sachrüge, indem der Senat die Darlegungen zur Schuldfähigkeit als „lückenhaft" bezeichnete: *„Das Urteil enthält keine Ausführungen, aus denen sich die erforderliche Sachkenntnis des Gerichts für die Beurteilung ergibt, dass eine derartige »Nachreife« eingetreten sei. Ist ein Angeklagter hirngeschädigt, so muss nach der ständigen Rechtsprechung in aller Regel ein medizinischer Sachverständiger mit besonderen Kenntnissen und Erfahrungen auf*

**2594** BGH, Beschl. v. 21.10.1987 – 2 StR 519/87 = StV 1988, 52 = BGHR StGB § 21 – Sachverständiger 2 = BGHR StPO § 261 – Sachkunde 1.

*dem Gebiet der Hirnverletzungen zugezogen werden.*[2595] *Dass die Strafkammer durch die Anhörung eines solchen Sachverständigen die erforderliche Sachkunde erlangt habe, läßt sich dem Urteil nicht entnehmen.... Vielmehr spricht die vorstehend wiedergegebene Urteilsstelle dafür, dass das Landgericht geglaubt hat, die notwendige Sachkunde ohne die Einholung eines solchen Sachverständigengutachtens zu besitzen.... Das Urteil gibt auch keinen Aufschluß darüber, auf welche sonstige Weise die Strafkammer das für jene Beurteilung vorauszusetzende Fachwissen erhalten hat.*“

1098 Dies alles hätte auch in einer Aufklärungsrüge geltend gemacht werden können, und es hätte in einer solchen auch geltend gemacht werden müssen, wenn im Urteil der Hinweis auf die Hirnschädigung und damit auf die Notwendigkeit der Hinzuziehung eines Sachverständigen gefehlt hätte. Was also den Erfolg der Revision wegen des unbestreitbar als Verfahrensfehler einzustufenden Versäumnisses des Tatrichters auf dem Wege über die Sachrüge erst ermöglicht hat, war nicht ein „Zuwenig“ an Urteilsgründen (also eine „Lücke“), sondern der für den Revisionsführer glückliche Umstand, dass der Tatrichter etwas in sein Urteil geschrieben hatte (die Hinweise auf eine Hirnschädigung), das kein Revisionsgericht je vermisst haben würde, wenn es gefehlt hätte.

1099 § 261 StPO wird in der Entscheidung nicht erwähnt. Dass sie dennoch unter dieser Vorschrift in BGHR eingeordnet wurde, zeigt, wie sehr diese Gesetzesbestimmung gleichsam als „Niemandsland“ zwischen der Sach- und der Verfahrensrüge genutzt wird. Sie markiert den „Grenzstreifen“ zwischen dem Gebiet des materiellen Rechts, auf dem die Orientierungspunkte für die zu beweisenden Strafbarkeitsvoraussetzungen festgelegt sein müssen, und dem Verfahrensrecht, das den Weg zur „Wahrheitserkenntnis“ im Einzelfall programmiert. Was das materielle Recht unter verminderter Schuldfähigkeit versteht, sagt § 21 i.V.m. § 20 StGB. Wie das Tatgericht feststellt, ob der Angeklagte uneingeschränkt, vermindert oder überhaupt nicht in der Lage war, sein Verhalten mit Hilfe der Einsicht in das Unerlaubte seines Tuns zu steuern, regelt die StPO in mehreren Stufen, die die „Herstellung“ und „Darstellung“ der richterlichen Erkenntnis betreffen: „Aufklärungspflicht“ – „Beweisantragsrecht“ – „Beweiswürdigung“ – „in dubio pro reo“ – „Rechenschaft ablegen in den Urteilsgründen“. Dabei ist entscheidend, dass diese **Reihenfolge** eingehalten wird.

---

2595 An dieser Stelle zitiert die Entscheidung BGH NJW 1969, 1578. In jenem Fall aber war eine Aufklärungsrüge wegen der unterlassenen Hinzuziehung eines „Hirnspezialisten“ erhoben worden, die der 1. Strafsenat mit einer wenig überzeugenden Argumentation für unbegründet(!) erklärte. Als Beleg für eine „ständige Rechtsprechung“ ist diese Entscheidung also eher ungeeignet.

Nach § 261 StPO entscheidet das Gericht über das Ergebnis der Beweisaufnahme nach seiner freien, aus dem Inbegriff der Verhandlung geschöpften Überzeugung. Damit wird das anspruchsvolle und vieldeutige Wort **„Überzeugung" zum Rechtsbegriff.**[2596] Ihn in seiner rechtspraktischen Bedeutung auszulegen, ist nicht nur wegen der Grenzfunktion der Vorschrift zwischen den Normen des materiellen Rechts und den Verfahrensnormen über die Beweiserhebung (§§ 244, 245 StPO) und über die Dokumentation der Beweiswürdigung (§ 267 StPO) so schwierig. Auch der Zusammenhang zwischen dem strafprozessualen Überzeugungsbegriff und der jahrtausendealten philosophischen und erkenntnistheoretischen Pilatus-Frage „Was ist Wahrheit?"[2597] einerseits, und der Alltagssprache, die zu unterscheiden pflegt zwischen der rein subjektiv verstandenen persönlichen Überzeugung und der Beweisbarkeit ihres Gegenstandes andererseits, macht § 261 StPO zur Schlüsselnorm für die Qualität der Strafjustiz und zum Testgebiet für die Leistungsfähigkeit der Revision als Richtigkeitskontrolle im Hinblick auch auf die prozessuale Wahrheitssuche. Denn der zur Entscheidung berufene Tatrichter darf mit der Feststellung eines Beweisergebnisses nicht warten, bis die Dogmatiker und die Skeptiker unter den Philosophen, Erkenntnistheoretikern und Hermeneutikern sich darauf geeinigt haben, ob es „die Wahrheit" überhaupt gibt – er darf aber auch nicht schon dann verurteilen, wenn er von der Täterschaft und Schuld des Angeklagten nur subjektiv überzeugt ist. In der Sprache des Strafverfahrensrechts darf Überzeugung nur das Ergebnis eines Beweisprozesses sein. Dies stellt § 261 StPO hinreichend klar, der den Tatrichter verpflichtet, alles, was in der Hauptverhandlung zur Sprache kam, aber auch nur das, in seine Beweiswürdigung einzubeziehen. 1100

#### (1) Jeder Beweis ist ein Indizienbeweis

In der Trivialliteratur wird manchmal die Frage gestellt, ob ein Indizienprozess nicht zu irrtumsanfällig sei, und ob man nicht deshalb auf den „bloßen Indizienbeweis" überhaupt verzichten sollte. Ersteres stimmt, letzteres aber geht nicht, weil es eine andere Beweisführung als die des Indizienbeweises nicht gibt.[2598] Als Gegenstück zum Indizienbeweis wird meist der „direkte" oder der 1101

---

**2596** Vgl. *Hamm*, in: *Herdegen* Beweisantragsrecht, Beweiswürdigung, strafprozessuale Revision, S. 9 ff. und *ders.* FS Fezer, S. 393.

**2597** Vgl. dazu *Lampe* FS Pfeiffer, S. 353; *Volk* FS Salger, S. 411 und anstelle aller Zitate aus dem umfangreichen (rechts-)philosophischen Schrifttum der Hinweis auf den lesenswerten Beitrag von *Gunter Arzt* FS Volk, S. 19.

**2598** Vgl. dazu SK-StPO/*Velten* vor § 261 StPO, Rn. 4.

„unmittelbare" Beweis aufgefasst. Ein Richter, der dazu in der Lage wäre, müsste aber nach § 22 Nr. 5 StPO aus dem Verfahren ausscheiden, weil er als Tatzeuge vor sich selbst aussagen müsste und damit von der Mitwirkung als Richter ausgeschlossen wäre.

1102 Was der Tatrichter am Ende der Urteilsberatung zu wissen glaubt und in die tatbestands- und rechtsfolgenerheblichen Feststellungen seines Urteils übernimmt, ist stets nur das **Ergebnis von Schlussfolgerungen**. Dabei kann es sich um zwingende Schlüsse aus unmittelbaren Wahrnehmungen des Tatrichters während der Beweisaufnahme handeln. Nach *Nack*[2599] liegt ein solcher sog. direkter Beweis vor, wenn der Richter die Gewissheit vom Vorhandensein eines gesetzlichen Tatbestandsmerkmals (der „Haupttatsache") ohne Vermittlung, also auf direktem Weg erlangt. Ein Beispiel hierfür ist die Inaugenscheinnahme eines Geldscheins, der sich von echten Geldscheinen in einem bestimmten Merkmal unterscheidet. Daraus darf und muss der Tatrichter den Schluss ziehen, dass der Geldschein, den er in Augenschein genommen hat, unecht ist. Wer ihn gefälscht oder ihn (in Kenntnis der Unechtheit?) in Verkehr gebracht hat, ist durch die Augenscheinseinnahme alleine aber schon nicht mehr festzustellen.

1103 Die einfachen und zwingenden Schlüsse aus den Wahrnehmungen des Tatrichters selbst sind jedoch höchst selten. Meist setzt sich die Überzeugung von einer Tatsache aus den Wahrnehmungen von je für sich noch nicht subsumierbaren Hilfstatsachen (Indizien) und mehreren Schlussfolgerungen zusammen. So kann die Überzeugung das Resultat einer Kette von *zwingenden* Schlüssen sein (**Indizienkette**), oder die Feststellung des den Tatbestand erfüllenden Merkmals (der Angeklagte hat den Geldschein auf seinem Farbkopierer selbst hergestellt) drängte sich am Ende der Beweisaufnahme bei der Gesamtwürdigung eines dichten Rings von Einzelindizien auf, die zwar je für sich keine zwingenden Schlüsse enthalten, aber in ihrer großen Zahl und Geschlossenheit einen Zweifel an der Richtigkeit der getroffenen Feststellung nicht mehr zulassen (**Indizienring**).[2600]

1104 Der Regelfall ist freilich, dass einzelne entscheidungserhebliche Tatsachen im Wege einer Indizienkette, andere durch einen Indizienring und wieder andere durch einen Ring, dessen Elemente durch eine Schlussfolgerungskette gefunden wurden, festgestellt werden.

---

**2599** *Nack* MDR 1986, 366, 367.

**2600** Zum Indizienbeweis allgemein: *Liebhart* NStZ 2016, 134; *Ceffinato* ZStW 128 (2016), 804, 808; *Bender/Nack/Treuer*, Tatsachenfeststellung, 4. Aufl., Rn. 553 ff. und *Nack* MDR 1986, 367; MüKoStPO/*Miebach* § 261 StPO, Rn. 122; *Meyer-Goßner/Schmitt* § 261 StPO, Rn. 25.

Als Muster hierfür kann das Geldscheinbeispiel wie folgt erweitert werden: 1105
Während sich der Richter von der Unechtheit des Geldscheins (zumindest bei groben Fälschungen) selbst durch Augenscheinseinnahme überzeugen kann, braucht er für den Beweis der Tatsache, dass der Angeklagte beim Fälschungsvorgang selbst „Hand angelegt" hat, z.B. die folgenden Kettenglieder: er kann die Druckplatte besichtigen (Augenschein), die im Keller der Wohnung des Angeklagten gefunden wurde (Zeugenbeweis) und auf der sich die Fingerabdrücke des Angeklagten befinden (Sachverständigenbeweis). Weist die Druckplatte die gleiche Abweichung vom Bild eines echten Geldscheins auf wie jener unechte Geldschein, dessen Fälschung dem Angeklagten vorgeworfen wird, so darf daraus der Tatrichter folgende Schlüsse ziehen: Der Fingerabdruck beweist, dass der Angeklagte die Druckplatte in der Hand gehabt hat. Die Übereinstimmung der grafischen Merkmale beweist, dass der Geldschein mit Hilfe dieser Druckplatte hergestellt worden ist. Wurde der Geldschein bei einer Durchsuchung in einem Raum gefunden, zu dem nur der Angeklagte Zugang hat, und hafteten an seinen Händen noch Reste der zur Herstellung des Geldscheins verwendeten Druckfarbe, so ist die Indizienkette, die von der Feststellung der Unechtheit des Geldscheins zur Feststellung der Täterschaft hinführt, lückenlos. Ihre Kettenglieder sind feststehende einzelne Tatsachen, die durch zwingende Einzelschlüsse miteinander verbunden sind. Nach § 267 Abs. 1 Satz 2 StPO müssen im Falle einer solchen Indizienkette die Indiztatsachen in den Urteilsgründen so dargelegt werden, dass das Revisionsgericht überprüfen kann, ob der Tatrichter zu Recht angenommen hat, die von ihm aus den Indiztatsachen gezogenen Schlüsse seien zwingend.[2601]

Nun ist aber das Bild von einer solchen Indizien-„Kette" insoweit doch nur 1106
ein unvollständiges Denkmodell, als dabei die Frage ausgeblendet wird, wie es denn zur **Feststellung der einzelnen Indiztatsachen** kommt. Sie werden nämlich selbst vom Tatrichter lediglich durch Schlussfolgerungen festgestellt.[2602] Während die Abweichung im Bild des inkriminierten Geldscheins zu dem Bild eines echten Geldscheins aus der unmittelbaren Wahrnehmung des Richters ge-

**2601** Angepasst an die heutigen Fälschungsmethoden könnte man sich den Fall vereinfacht auch so vorstellen, dass sich der kopierte Originalgeldschein mit der individuellen Seriennummer noch im Besitz des Angeklagten oder sogar noch auf der Glasplatte des Kopiergerätes befand.

**2602** Strukturell setzt sich das allgemein als „Indiz" bezeichnete „Beweisanzeichen" aus einem tatsächlichen Element, der sog. „Indiztatsache" und einem normativ bewertbaren Element, der daraus aufgrund von Erfahrungsregeln zu ziehenden Schlussfolgerung, dem sog. „Indizschluss" zusammen, vgl. *Schmitt*, Die richterliche Beweiswürdigung im Strafprozess, S. 473 f., der diese logische Unterscheidbarkeit aber für nicht durchführbar hält, da jede Indiztatsache ihrerseits aus einer Fülle von Anknüpfungstatsachen gefolgert werde; siehe auch LR-*Sander* § 261 StPO, Rn. 61 f.

schlossen werden kann, bedarf er für die Feststellung der Übereinstimmung des Farbstoffes auf dem Geldschein und auf den vor längerer Zeit gesicherten Spuren von den Händen des Angeklagten eines Sachverständigengutachtens, das sowohl die Methoden des chemischen Farbstoffvergleichs als auch der optisch technischen Farbanalyse darlegt. Hierbei können naturwissenschaftlich zwingende Schlüsse oder auch nur statistische Wahrscheinlichkeitsurteile eine Rolle spielen. Dies wird der Tatrichter nicht bis in alle Verästelungen hinein im Urteil darstellen können.[2603] Aber er muss für das Revisionsgericht nachvollziehbar mitteilen, weshalb er dem Sachverständigen im Ergebnis gefolgt ist, wonach die beiden Farbstoffe identisch sind. Damit ist aber erst die „Herkunft" einer Hilfs-(Indiz)tatsache[2604] belegt. Sie führt zu dem Schluss auf eine weitere Hilfstatsache, nämlich, dass der Angeklagte mit derselben Farbmasse hantiert haben muss, die auch vom Täter für die Fälschung benutzt wurde. Zusammen mit der weiteren Hilfstatsache, dass an der Druckplatte daktyloskopische Spuren vom Angeklagten gesichert werden konnten,[2605] lässt das Farbspurindiz den Schluss auf die Haupttatsache (Tatbestandsmerkmal) zu, dass der Angeklagte den falschen Geldschein hergestellt hat. Dagegen ist das Vorhandensein eines Fingerabdrucks am Geldschein, angesichts der nur sehr schwach indiziell wirkenden Tatsache, dass er im Besitz des Angeklagten gefunden wurde (er könnte ihn auch gutgläubig im Rahmen eines Zahlungsvorgangs erworben haben) ohne zusätzlichen Indizwert. Ein Tatgericht, das etwa darin einen die übrige Beweislage *verstärkenden* Indizwert sähe, müsste sich vom Revisionsgericht korrigieren lassen.

### (2) Indizien müssen feststehen

1107 In seinem Urteil muss der Tatrichter die Hilfstatsachen, die den Indizienring bilden, in ihren wesentlichen Bestandteilen mitteilen und gleichzeitig diejenigen Ergebnisse der Beweisaufnahme bezeichnen, aus denen er Schlüsse gezogen hat. Es muss außerdem aus dem Urteil hervorgehen, dass das Gericht die zum Nachteil des Angeklagten gezogenen Schlüsse nur aus solchen Hilfstatsa-

---

**2603** Nur deshalb ist § 267 Abs. 1 S. 2 StPO als „Sollvorschrift" gefasst; dazu oben, Rn. 332ff.

**2604** Der Begriff „Hilfstatsache" wird nicht einheitlich gebraucht. Nach *Alsberg/Güntge*, Beweisantrag, Rn. 1127, beschreibt er eine Tatsache, die sich nicht auf die Haupttatsache, sondern nur auf ihren Beweis bezieht, die also Wert und Unwert eines Beweismittels betrifft wie z.B. die frühere Verurteilung des Zeugen wegen falscher Aussage; vgl. auch *Meyer-Goßner/Schmitt* § 261 StPO, Rn. 25.

**2605** Was wiederum aus den von einem kriminalistischen Sachverständigen gezeigten Übereinstimmungen von mindestens 12 anatomischen Merkmalen geschlossen wird. Instruktiv dazu *Ochott* in: *Kube/Störzer/Timm*, Kriminalistik, Bd. I, 788ff.

chen gezogen hat, die **eindeutig feststehen**, also ihrerseits wiederum bewiesen sind.[2606] Nur möglicherweise wahre Tatsachen dürfen nach überwiegender Ansicht nicht als Indizien für die Täterschaft und Schuld des Angeklagten verwertet werden. Sie scheiden aus der Beweismasse aus und nehmen auch nicht an einer „Gesamtwürdigung" teil.[2607]

Welches Indiz im Rahmen welcher Beweiswürdigung zugelassen sein soll, 1108
lässt sich dabei nicht ohne Blick auf die allgemeinen Grundlagen für die Überzeugungsbildung beantworten. Haupttatsachen wird das Gericht regelmäßig nur dann als nachgewiesen ansehen dürfen, wenn hierfür eine ausreichende Tatsachengrundlage besteht. Das aber bedeutet, dass jedenfalls ein hinreichender Kern von Indiztatsachen auch nachgewiesen sein muss, damit der Schluss auf die Haupttatsache möglich ist. Zu berücksichtigen ist ferner, an welcher Stelle im gedanklichen Aufbau der tatrichterlichen Beweiswürdigung der Grundsatz **„in dubio pro reo"** zur Anwendung kommt. Das ist nicht schon bei der Bewertung einzelner Beweisanzeichen der Fall, sondern erst bei der Entscheidung über die Feststellbarkeit unmittelbar tatbestands- und rechtsfolgenerheblicher Tatsachen.[2608] Schließlich ist zwischen dem eigentlichen Nachweis der Hilfstatsache und ihrer Aussagekraft für den Nachweis der Haupttatsache („Beweiswert") zu unterscheiden.

Für eine Beweisführung durch Zeugenbeweis (ebenfalls ein Indizienbeweis) 1109
folgt daraus etwa: Dass der Zeuge A aussagt, er habe gesehen, wie der Angeklagte die Tat beging, spricht für die Richtigkeit der Anklage, beweist sie aber noch nicht. Es müssen zumindest ausreichende Merkmale der persönlichen Glaubwürdigkeit des Zeugen und objektive Anzeichen für die Glaubhaftigkeit der Aussage hinzukommen. Dies kann z.B. der Umstand sein, dass auch noch der Zeuge B und der Zeuge C aussagen, sie hätten dasselbe gesehen.[2609] Die Aus-

**2606** Vgl. BGH, Beschl. v. 15.12.2016 – 2 StR 379/16 = NStZ-RR 2017, 88 = StraFo 2017, 69; BGHSt 36, 286, 290; BGH, Urt. v. 23.1.1974 – 3 StR 303/73 = NJW 1974, 654; BGH JR 1954, 468; *Schäfer* StV 1995, 147, 150; *Meyer-Goßner/Schmitt* § 261 StPO, Rn. 25; KMR-*Stuckenberg* § 261 StPO, Rn. 82 mwN. Vgl. ergänzend auch: KK-*Ott* § 261 StPO, Rn. 82 ff.

**2607** BGHSt 36, 286, 290.

**2608** Das folgt u.a. aus der Einstufung des Zweifelssatzes als Entscheidungsregel. Vgl. hierzu BGH, Urt. v. 16.6.2016 – 1 StR 50/16; BGH, Beschl. v. 3.2.2015 – 3 StR 541/14 = StV 2015, 693 = NStZ 2015, 458 und BGH, Urt. v. 2.9.2009 – 2 StR 229/09 = NStZ 2010, 102, 103; BGH, Urt. v. 9.6.2005 – 3 StR 269/04 = NJW 2005, 2322; KK-*Ott* § 261 StPO, Rn. 84; *Liebhart* NStZ 2016, 134, 135.

**2609** Auch dem in der uralten Beweisregel „Durch zweier oder dreier Zeugen Mund wird Wahrheit kund!" liegenden Verbot, aufgrund einer einzelnen Zeugenaussage jemanden zu verurteilen, lag nichts weiter als die Vorstellung zugrunde, dass die Bedenken, die sich gegen

sage eines jeden dieser drei Zeugen ist für sich genommen nichts weiter als ein Indiz für die Täterschaft des Angeklagten. Müsste nun das Gericht die Aussage A, dann die Aussage B und schließlich die Aussage C jeweils losgelöst von den beiden anderen Zeugenaussagen daraufhin überprüfen, ob sie glaubhaft sind, und wäre es dann sogar verpflichtet, bezüglich jeder einzelnen Aussage nach dem Zweifelssatz von der Unwahrheit der Aussage auszugehen, so entfiele ein wichtiges Kriterium für die Richtigkeit der Aussagen, nämlich der Umstand, dass sie sich alle auf Beobachtungen beziehen, welche die Zeugen unabhängig voneinander gemacht haben, und dass sie bis in Details hinein ihre Wahrnehmungen übereinstimmend berichtet haben.[2610]

1110 So wie Zeugenaussagen sich gegenseitig stützen können, vermögen das auch **Sachindizien**, die ebenso wenig wie einzelne Zeugenaussagen je für sich allein schon geeignet zu sein brauchen, die unmittelbar tatbestandsrelevanten Tatsachen zu beweisen. Aus dem Indiz, dass am Tatort Fingerabdrücke des Angeklagten vorhanden sind, kann zunächst nur der Schluss gezogen werden, dass der Angeklagte am Tatort anwesend war. Die Tatsache übrigens, dass die Fingerabdrücke des Angeklagten mit denen am Tatort identisch sind, ist ihrerseits eine Schlussfolgerung aus Befundtatsachen. Nach dem insoweit einschlägigen standardisierten Verfahren kommt es schon einer Beweisregel gleich, dass bei mehr als 12 Übereinstimmungen die Urheberschaft feststeht. Liegt eine geringere Zahl von Übereinstimmungen vor, wird das Tatgericht aus dem Sachbeweis nicht schließen können, es sei nachgewiesen, dass der Fingerabdruck vom Angeklagten stammt.

1111 Für den Indizienring ist charakteristisch, dass **Hilfstatsachen** im Rahmen der Gesamtwürdigung mit herangezogen werden, die für sich alleine noch keinen zwingenden Schluss auf die zu beweisende Tatsache zulassen. Dies macht gerade den Unterschied zwischen einem Indizienring und einer Indizienkette aus: Während sich bei der Kette an jedes einzelne Indiz ein zwingender „Also-Schluss" anknüpfen lässt, verstärken sich die Beweisanzeichen eines Indizienringes allein durch ihre große Zahl, ohne dass sie untereinander in einem logischen „Wenn-dann-Verhältnis" stünden. Insofern ist „das Ganze mehr als die Summe seiner Teile".[2611]

---

die Zuverlässigkeit einer einzigen Zeugenaussage vorbringen lassen, durch weitere gleichartige Zeugnisse beseitigt werden können (damals meinte man sogar: müssen).

**2610** Vgl. hierzu auch *Liebhart* NStZ 2016, 134, 135.

**2611** *Meixner*, Der Indizienbeweis, S. 50; vgl. auch KK-*Ott* § 261 StPO, Rn. 84; *Liebhart* NStZ 2016, 134, 136; BGH, Beschl. v. 26.9.1994 – 5 StR 453/94 = StV 1995, 453.

Nichts hindert das Gericht also daran, im Rahmen eines Indizienrings, auch „schwache“ Beweisanzeichen zu berücksichtigen, die für sich alleine nicht geeignet wären, die Täterschaft des Angeklagten zu beweisen. Sie müssen nur überhaupt eine gewisse Aussagekraft gegen den Angeklagten haben und nachgewiesen sein. Sind die Beweisanzeichen aber nicht einmal nachgewiesen, ist damit die Frage verknüpft, welchen Wert es für die Beweiswürdigung überhaupt haben kann, Umstände zu berücksichtigen, die lediglich indiziell für den Nachweis eines Indizes sprechen. Ist die Aussagekraft dieser Umstände so unklar, dass sie nicht einmal dazu geeignet sind, die Hilfstatsache selbst nachzuweisen, können sie nicht gleichwohl als Beleg für die Haupttatsache herangezogen werden.[2612] 1112

Anders gelagert sind die Beweisfragen bei einer **Indizienkette.** Voraussetzung für einen Schuldspruch ist hier, dass sämtliche Kettenglieder in einem zwingenden „Wenn-dann-Verhältnis“ stehen. Hierzu ein Beispiel: 1113

Wenn sich am Fahrzeug des Angeklagten eine Delle mit Lackspuren vom Fahrzeug des Nebenklägers befindet, das eine „passende“ Beschädigung aufweist, dann sind die beiden Fahrzeuge zusammengestoßen. Steht aus anderen Beweisquellen fest, dass niemals jemand anderes als der Angeklagte sein Fahrzeug benutzt und er in der fraglichen Zeit sich auf dem am Unfallort vorbeiführenden Nachhauseweg von einer Betriebsfeier befand, dann hat der Angeklagte zum Unfallzeitpunkt sein Fahrzeug geführt. Wenn sich aus der Bremsspur und aus der Karosserieverformung eine Ausgangsgeschwindigkeit des vom Angeklagten gesteuerten Fahrzeugs von 150 km/h errechnen lässt, dann hat der Angeklagte die an der betreffenden Stelle durch Verkehrszeichen angeordnete Höchstgeschwindigkeit von 50 km/h um den zweifachen Wert überschritten. Wenn das Trägheitsmoment des Fahrzeugs bei dieser Geschwindigkeit in der engen Rechtskurve die Einhaltung der rechten Fahrspur auch bei einem geübten Fahrer nicht zugelassen hätte und wenn der Nebenkläger mit einer Geschwindigkeit von maximal 50 km/h auf seiner rechten Fahrspur dem Angeklagten entgegengekommen war, dann war die vom Angeklagten gefahrene Geschwindigkeit ursächlich für den Zusammenstoß auf der von ihm aus gesehen linken Fahrspur. Daraus darf (und muss) der Tatrichter den Schluss ziehen: Also hat der Angeklagte durch sein vorschriftswidriges 1114

2612 Für die Zulässigkeit der Berücksichtigung nicht nachgewiesener (also nur wahrscheinlicher) Indiztatsachen im Rahmen eines Beweisrings jedoch: SK-StPO/*Velten* § 261 StPO, Rn. 93; KK-*Ott* § 261 StPO, Rn. 84. Vgl. auch *Schmitt*, Die richterliche Beweiswürdigung im Strafprozess, S. 474; *Nack* MDR 1986, 370.

Fahren den Nebenkläger, der infolge des Unfalls querschnittsgelähmt ist, verletzt.

1115 Wäre auch nur bei einem dieser Denkschritte der „Wenn-dann-Schluss" nicht „zwingend", sondern nur „möglich", wäre also beispielsweise der Satz, wonach das Fahrzeug *ausschließlich* von dem (die Tat bestreitenden) Angeklagten benutzt wird, nach dem Ergebnis der Beweisaufnahme zu ersetzen durch den Satz, dass das Fahrzeug nur *häufig* von ihm benutzt wird, wäre die ganze Indizienkette gerissen. Auch **eine Indizienkette ist nur so stark wie ihr schwächstes Glied.**[2613] Anders als bei einem Indizienring muss also bei einer Indizienkette der In-dubio-Satz bereits bei den einzelnen Beweisanzeichen angewendet werden, weil der Zweifel am Indiz hier gleichbedeutend ist mit dem misslungenen Beweis der Täterschaft.

1116 In der Praxis der Revisionsgerichte tritt die Frage nach der richtigen Stelle für die Anwendung des Zweifelssatzes unter anderem dann auf, wenn es um die Auswirkungen eines nicht exakt zu bestimmenden Trunkenheitsgrades geht: Bei der Prüfung der Fahrtüchtigkeit kann der Zweifelssatz dazu zwingen, einen geringen Blutalkoholwert anzunehmen, während dem Angeklagten die höchstmögliche Alkoholkonzentration zugutegehalten werden muss, soweit es um seine Schuldfähigkeit geht. Aber auch hierbei ist zu beachten, dass der BAK-Wert, soweit ein solcher überhaupt ermittelt werden konnte, nur eines von mehreren Indizien für die uneingeschränkte, eingeschränkte, erheblich verminderte oder ausgeschlossene Schuldfähigkeit darstellt. Die Trinkgewohnheit, die körperliche und seelische Verfassung, das äußere, mehr oder weniger planmäßige, zielgerichtete und erkennbar kontrollierte Verhalten (das sog. Leistungsverhalten[2614]) sind Kriterien, die jeweils im Einzelfall neben dem BAK-Wert zu berücksichtigen sind.[2615] Weil diese Beweisanzeichen stets nur nebeneinander und mit Bewertungsspielräumen ermittelbar und zwingende Schlussfolgerungen so gut wie niemals möglich sind, müssen hier die Regeln des Indizienringes zum Tragen kommen.

1117 Deshalb sagt der 1. Strafsenat des BGH zur Anwendbarkeit des Zweifelssatzes zutreffend: „(Der) Grundsatz (im Zweifel für den Angeklagten) bezieht sich in erster Linie nicht auf einzelne Indizien, sondern auf die aus ihnen abgeleitete

---

**2613** Vgl. BGH, Beschl. v. 10.3.2020 – 4 StR 624/19; BGH, Beschl. v. 21.4.2016 – 2 StR 435/15 = StV 2017, 7, 8; *Liebhart* NStZ 2016, 134, 136; KK-*Ott* § 261 StPO, Rn. 84.

**2614** Zum Stand der insoweit nicht einheitlichen Rspr. und des Schrifttums *Fischer* § 20 StGB, Rn. 22ff.

**2615** Vgl. zu den einzelnen Beweisanzeichen für die relative Fahruntüchtigkeit LK-*König* § 316 StGB, Rn. 91ff.

unmittelbar relevante Tatsache, hier also die Schuldfähigkeit. Innerhalb des Indizes BAK-Wert gebietet er nur, die für den Angeklagten günstigsten Abbauwerte, nicht aber die durchschnittlichen Abbauwerte zu verwenden (…). Im Übrigen gilt der Grundsatz, dass einzelne Indiztatsachen nicht isoliert nach dem Zweifelssatz beurteilt werden dürfen. Indizien stehen in wechselseitiger Abhängigkeit und sind deshalb stets einer Gesamtwürdigung zu unterziehen (…). Das bedeutet, dass nicht der BAK-Höchstwert als eines unter mehreren Indizien mit Rücksicht auf den Zweifelssatz ausschlaggebend sein muss. Kommt der Tatrichter zu der Überzeugung, dass die übrigen Beweisanzeichen stärker sind als der BAK-Höchstwert, sind diese maßgebend. Erst wenn im Rahmen einer Gesamtabwägung Zweifel an der vollen Schuldfähigkeit bleiben, ist für den Zweifelssatz Raum."[2616]

Es sei aber noch einmal betont, dass dies nur für die Indizienringmethode 1118
zutrifft, die im Falle der Feststellung der Schuldfähigkeit infolge Alkoholkonsums anzuwenden ist.[2617] Wo immer aber eine Kette von Schlussfolgerungen aus Tatsachen, von denen jeweils die eine aus der anderen logisch hergeleitet wird, einen Beweis erbringen soll, muss der jeweils nächste Schluss unterbleiben, wenn das Indiz, an das er anknüpft, nicht sicher feststeht.

### (3) Das Beweismaß

Bei alldem zuvor Gesagten ist noch nicht entschieden, bis zu welchem Grad 1119
die Revisionsgerichte von den Tatgerichten verlangen (können), den inneren Vorgang, der sich im Kopf des einzelnen Richters und im Beratungszimmer des Kollegiums abspielt, so transparent zu machen, dass ihm das Revisionsgericht das Ergebnis „abnimmt". Damit soll hier das gemeint sein, was *Herdegen* das intersubjektiv rational vermittelbare **Beweismaß** genannt hat. Ausgangspunkt seiner Überlegungen dazu ist die Erkenntnis, dass ein 100-prozentiger sprachlicher Transfer aller inneren Vorgänge, die wir „Überzeugungsbildung" nennen, nicht möglich ist. Um daraus aber nicht den falschen Schluss zu ziehen, dass das Tatgericht dann eben alles, was es erwogen und in sein Beweisergebnis hat einfließen lassen, für sich behalten dürfe, hat *Herdegen* das Beweismaß der **hohen Wahrscheinlichkeit** zur Diskussion ge-

**2616** BGHSt 35, 308, 316 = NJW 1989, 779 = StV 1988, 482; ebenso BGH, Urt. v. 26.5.1999 – 3 StR 110/99 = NStZ-RR 2000, 45; BGH, Urt. v. 9.4.2003 – 2 StR 482/02 = NStR-RR 2003, 271.

**2617** Insoweit ist auch die Kritik *Foths* NStZ 1996, 423 an der Rechtsprechung des 4. Strafsenats in BGH, Urt. v. 22.11.1990 – 4 StR 117/90 = BGHSt 37, 232, 237 und des 2. Strafsenats in BGH, Beschl. v. 14.6.1995 – 2 StR 274/95 = NStZ 1995, 539 berechtigt.

stellt.[2618] Die Rechtsprechung hat dem weitgehend Rechnung getragen, indem sie es einerseits genügen lässt, dass der Tatrichter ein nach der Lebenserfahrung ausreichendes Maß an Sicherheit hat, demgegenüber vernünftige und nicht bloß auf denktheoretischen Möglichkeiten gegründete Zweifel nicht mehr aufkommen, andererseits aber eine objektive Grundlage für diese Überzeugung fordert. Die objektiven Grundlagen eines Schuldspruchs müssen aus rationalen Gründen den Schluss erlauben, dass das festgestellte Geschehen mit hoher Wahrscheinlichkeit mit der Wirklichkeit übereinstimmt, die vom Gericht gezogenen Schlussfolgerungen dürfen sich nicht etwa nur als eine Annahme oder bloße Vermutung erweisen, die letztlich nicht mehr als einen Verdacht zu begründen vermag.[2619]

1120 Die rein subjektive Überzeugungstheorie, wonach es lediglich auf die dem Gewissen verpflichtete persönliche Gewissheit des Richters ankommen sollte, kann damit als überwunden gelten. Nach *Herdegens* Ansatz kann nur die intersubjektiv akzeptable, d.h. für jedermann, sofern er nur den erforderlichen Sachverstand besitzt, einsehbare (vertretbare) Argumentation als eine die Urteilshypothese bestätigende Begründung angesehen werden.[2620] Die in der Rechtsprechung zur Beschreibung der erforderlichen Tatsachengrundlage verwendeten Formeln[2621] kommen dem sehr nahe.

1121 Dieser „objektiv-rationale Unterbau" ist die nachvollziehbare Beschreibung der Fakten, auf denen die vernünftige Erkenntnisgewinnung durch den Tatrichter aufbaut.[2622] Der objektivierbar rationale Erkenntnisakt und das subjektiv individuelle Gewissheitserlebnis stehen dabei als jeweils notwendige Komponenten ein und desselben Vorgangs in einem Gegenseitigkeitsverhältnis.[2623] Dabei soll die rationale Argumentation des Tatrichters bestimmten, von der höchst-

**2618** *Herdegen* NStZ 1987, 193, 199; *ders.* StV 1992, 527, 533; *ders.* StraFo 2008, 137, 140; *ders.* FS 25 Jahre Arbgem. Strafrecht des DAV, S. 553, 566.

**2619** BGH, Beschl. v. 23.1.2018 – 2 StR 238/17; BGH, Beschl. v. 16.6.2015 – 2 StR 29/15 = StV 2015, 740; BGH, Beschl. v. 22.8.2013 – 1 StR 378/13 = StV 2014, 610; BGH, Urt. v. 2.5.2012 – 2 StR 395/11 = StraFo 2012, 466; MüKoStPO/*Miebach* § 261 StPO, Rn. 61. Vgl. auch BVerfG, Beschl. v. 30.4.2003 – 2 BvR 2045/02 = NJW 2003, 2444, 2445; BGH, Beschl. v. 8.8.2019 – 1 StR 87/19.

**2620** *Herdegen*, Schriftenreihe Deutscher Anwaltverein, Bd. 9, S. 30, 39.

**2621** Vgl. BGH, Beschl. v. 27.4.2017 – 2 StR 592/16 = NStZ 2017, 486; BGH, Beschl. v. 7.2.2012 – 3 StR 335/11 = NStZ-RR 2012, 256; BGH, Beschl. v. 12.11.1998 – 4 StR 511/98 = NStZ-RR 1999, 139 = StV 1999, 136; vgl. ferner BGH, Beschl. v. 31.7.1996 – 1 StR 247/96 = NStZ-RR 1997, 42; BGH, Beschl. v. 8.11.1996 – 2 StR 534/96 = NStZ 1997, 376, 377 (bei *Kusch*); BGH, Beschl. v. 15.2.1996, 4 StR 442/95 = NStZ-RR 1996, 202; *Jahn* GA 2014, 596.

**2622** So die Formulierung bei *Fezer* StV 1995, 95, 99; siehe auch *Herdegen*, Beweisantragsrecht, Beweiswürdigung, strafprozessuale Revision, S. 107.

**2623** *Fezer* StV 1995, 95, 99; *Herdegen* StV 1992, 527, 531 und 533; BGH StV 1988, 190.

richterlichen Rechtsprechung entwickelten Regeln folgen. Das gilt namentlich für die dem direkten Zugriff unzugänglichen **inneren Tatsachen** unter den Strafbarkeitsvoraussetzungen.[2624] Dies hat der BGH hinsichtlich der subjektiven Tatvoraussetzungen für eine Beihilfe in einem Fall zum Anlass für eine Urteilsaufhebung genommen, in dem festgestellt war, dass der Mitangeklagte einen Brand nicht selbst gelegt hatte, sondern hierzu zwei unbekannte Personen veranlasst hatte, während für den möglichen Tatbeitrag des Beschwerdeführers lediglich eine nächtliche Fahrt in die Nähe des Tatorts und einige wenig aussagekräftige Indizien herangezogen waren. Daraus hatte der Tatrichter geschlossen, dass der Beschwerdeführer ein „dunkles Geschäft" des Mitangeklagten am Zielort billigend in Kauf nahm. Das reichte als Grundlage für den erforderlichen Gehilfenvorsatz nicht aus.[2625]

Das Beweismaß der hohen Wahrscheinlichkeit als eine Konzession an die 1122
Erkenntnis, dass eine absolute („mathematisch 100%-ige") objektive Wahrheitsfindung niemals möglich ist und an die Unmöglichkeit der vollständigen sprachlichen Vermittlung der Überzeugungsbildung enthält jedoch zwei Gefahren: Zum einen verleitet die Formel von der hohen Wahrscheinlichkeit zu dem von *Herdegen* nicht gewollten Missverständnis, es reiche bereits zur Annahme des vollen Beweises aus, dass der Tatrichter selbst die Übereinstimmung des von ihm „gefundenen" Ergebnisses mit dem wirklichen Geschehensablauf für „hoch wahrscheinlich" hält. Solange sein Gewissheitsgrad nicht über dieses Maß hinausgeht, muss er freisprechen, bzw. darf er die betreffende Tatsache nicht als feststehend seinem Urteil zugrunde legen. Deshalb muss es zwar bei der Arbeitsteilung sein Bewenden haben, dass das Tatgericht die *Ergebnisse* der Beweiswürdigung alleine zu verantworten hat, wenn es ihm gelungen ist, bis zur Grenze der höchstmöglichen, rational-sprachlich vermittelbaren Wahrscheinlichkeit den Plausibilitätstransfer zum Revisionsgericht durchzuführen.[2626] Zum anderen darf das Beweismaß der hohen Wahrscheinlichkeit auch nicht so verstanden werden, dass mit seiner Bejahung durch das Revisionsgericht auch schon die „Wahrheit" des Festgestellten besiegelt wäre, sodass etwa auch das Beruhen des Urteils auf einem von der Revision aufgezeigten Verfahrensfehler mit dem Hinweis darauf verneint werden könnte, die Feststellungen seien „rechtsfehlerfrei" getroffen worden.

---

**2624** Siehe dazu *Hamm* Haffke-Symposium, S. 137 ff.

**2625** BGH, Beschl. v. 11.6.2002 – 5 StR 170/02; vgl. BGHR StPO § 261 Überzeugungsbildung 26 und 34; Vermutung 11; jeweils mwN.

**2626** Zu dieser Thematik und der Bedeutung des Plausibilitätskriteriums *Dahs* FS Hamm, S. 41 ff.

### bb) Zur sog. „Inbegriffsrüge"

1123 Wie bereits ausgeführt, kann der Tatrichter gegen § 261 StPO entweder dadurch verstoßen, dass er den „Inbegriff der Hauptverhandlung" in wesentlichen Teilen der Beweisaufnahme nicht ausschöpft oder indem er nicht offenkundige Erkenntnisse, die er außerhalb der Verhandlung gewonnen hat, in seine Beweiswürdigung einfließen lässt.[2627] Verletzt ist § 261 StPO auch dann, wenn sich die Überzeugungsbildung auf ein Beweismittel stützt, das nicht in einer der Formen des Strengbeweisverfahrens zum Gegenstand der Hauptverhandlung gemacht wurde.

1124 In beide Richtungen zielende Beanstandungen werden inzwischen im Revisionsverfahren ohne Weiteres als zulässig angesehen. Sie führen in einer Vielzahl von Fällen zur Urteilsaufhebung und sind so etabliert, dass sich hierfür mit dem Wort „Inbegriffsrüge" eine eigenständige Bezeichnung eingebürgert hat.[2628] Sie berühren der Sache nach die tatrichterliche Beweiswürdigung, weil sie entweder den Vorwurf beinhalten, es sei dabei etwas Wesentliches außer Acht gelassen worden oder den Vorwurf, es sei auf etwas zurückgegriffen worden, was nicht zur Grundlage der Beweiswürdigung gemacht werden durfte. Aus dieser Zielrichtung ergeben sich zugleich die besonderen Probleme dieses Rügetyps. Schon weil das Tatgericht nach § 267 StPO nicht verpflichtet ist, im Urteil sämtliche Einzelergebnisse der Beweisaufnahme mitzuteilen, sondern nur darlegen muss, aus welchen Gründen es zu einer bestimmten Überzeugung gelangt ist, bleibt es im Revisionsverfahren oft schwierig, den Stellenwert eines bestimmten Beweismittels oder einer bestimmten Beweistatsache für die richterliche Überzeugungsbildung einzuordnen. Leicht fällt die Antwort auf die Frage nach dem Stellenwert, wenn sich z.B. aus den Urteilsgründen ergibt, die Richtigkeit der Feststellungen werde durch eine bestimmte Urkunde bestätigt. Schwer fällt sie aber, wenn man sich die Frage stellen muss, aus welchem Grund in der gesamten Beweiswürdigung eine Urkunde nicht erwähnt wird, deren Beweisgehalt doch ganz offenbar dem Ergebnis der Beweiswürdigung des Tatgerichts entgegenstand. Wo genau die Grenze zwischen den im Urteil mitzuteilenden Details der Beweiswürdigung und den dahinter zurücktretenden, weil sprachlich kaum vermittelbaren Elementen des Überzeugungsvorgangs verläuft, wird wohl seinerseits kaum jemals mit einer allgemein gültigen Regel sprachlich formuliert werden können. Allzu sehr hängt letztlich doch die Frage, welche Sachverhaltsalternativen und Geschehensvarianten so nahegelegen hätten, dass ihre Er-

---

**2627** *Meyer-Goßner/Schmitt* § 261 StPO, Rn. 42.

**2628** S. hierzu etwa MüKoStPO/*Miebach* § 261 StPO, Rn. 406; KK-*Ott* § 261 StPO, Rn. 194; BGH, Urt. v. 15.8.2018 – 5 StR 160/18 = StV 2018, 785 = NStZ-RR 2018, 356.

wähnung im Beweiswürdigungsteil der Urteilsgründe notwendig gewesen wäre, vom Einzelfall ab.

Als eine weitere Hürde für die „Inbegriffsrüge" erweist sich auch immer 1125
wieder das von der Rechtsprechung nach wie vor bejahte Verbot der Rekonstruktion der tatrichterlichen Beweisaufnahme. Die veralteten und sachlich unzulänglichen Vorschriften über das Hauptverhandlungsprotokoll haben zur Folge, dass bestimmte Formen der Beweisaufnahme im Revisionsverfahren jederzeit rekonstruierbar sind, andere hingegen nicht. Diese Grenze ist aber leider nicht gleichbedeutend mit der Grenze zwischen „wichtigen" und „unwichtigen" Beweismitteln und Beweistatsachen. So lässt sich zwar trotz des Rekonstruktionsverbots eine Urkundenverlesung im Revisionsverfahren in aller Regel vollständig nachvollziehen, nicht aber eine Zeugenvernehmung oder eine mündliche Gutachtenerstattung. Daraus folgt eine empfindliche Einschränkung für den Anwendungsbereich der „Inbegriffsrüge": Verletzt das Tatgericht seine Verpflichtung zu einer vollständigen und erschöpfenden Beweiswürdigung lediglich in Bezug auf mündliche Äußerungen in der Hauptverhandlung, so wird sich dies unter der Geltung der derzeitigen Protokollvorschriften und des Rekonstruktionsverbotes fast nie beweisen lassen. Verletzt es sie hingegen im Zusammenhang mit einer Urkunde, besteht eine gewisse Aussicht, diesen Fehler in der Revision aufgreifen zu können.

Schon weil damit die Grenze für die Korrektur von in der Tatsacheninstanz 1126
begangenen Fehlern nicht von der sachlichen Bedeutung des Beweismittels für die Überzeugungsbildung, sondern von der Art der Beweiserhebung abhängt, haftet dem Anwendungsbereich der Inbegriffsrüge stets etwas Willkürliches an. Das wird umso deutlicher, wenn in diesem Zusammenhang auch berücksichtigt wird, dass die Protokollvorschriften aus dem 19. Jahrhundert erkennbar auch das Ziel hatten, jedenfalls die Vorgänge zu erfassen, die letztlich die formalen Bestandteile des „Inbegriffs der Hauptverhandlung" ausmachen: die einzelnen Beweiserhebungen im Strengbeweisverfahren. Ein schlüssiges und dem Rechtsschutz gegen Fehlurteile verpflichtetes Konzept des Zusammenspiels der beiden für das Revisionsverfahren wesentlichen Urkunden (Protokoll und Urteil) würde aber voraussetzen, dass hier keine Lücken bestehen. Das Urteil dürfte sich nur auf im Strengbeweisverfahren eingeführte Beweismittel stützen; was im Strengbeweisverfahren eingeführt wurde, müsste sich aus dem Hauptverhandlungsprotokoll ergeben.

Gerade diesen Anforderungen genügt aber die heutige Situation nicht. Sie 1127
enthält systembedingte Lücken, d.h. es werden Beweismittel zum Gegenstand der Hauptverhandlung gemacht, ohne dass sich dies im Hauptverhandlungsprotokoll niederschlagen würde. Eine solche Lücke der Dokumentation und damit auch des Rechtsschutzes ergibt sich insbesondere daraus, dass es ohne Weiteres

als zulässig gilt, Urkunden im Wege des formlosen (und im Hauptverhandlungsprotokoll nicht zu vermerkenden) Vorhalts zum Gegenstand der Hauptverhandlung zu machen.[2629] Zusammen mit dem Rekonstruktionsverbot bildet die Zulassung derart „formloser" Vorgänge eine wesentliche Rügebarriere.

1128 Ungeachtet dieser nach wie vor aufrechterhaltenen Grenzen ist aber nicht zu verkennen, dass durch die „Inbegriffsrüge" zumindest in Teilbereichen eine Überprüfung von Beweiserhebungs- und Beweiswürdigungsvorgängen im Revisionsverfahren möglich ist. Das weist in eine richtige Richtung, weil es einem rechtsstaatlichen Verständnis von Strafverfahren widerspricht, wenn tatrichterliche Urteile durch sprachliche Gewandtheit und Auslassungen „revisionssicher" gemacht werden könnten. Das wäre aber zu befürchten, wenn die Revisionsgerichte es uneingeschränkt zuließen, dass alle Vorgänge und Erwägungen, die gegen die Richtigkeit der getroffenen Feststellungen sprechen, im Urteil verschwiegen werden.

1129 In der Praxis sind im Wesentlichen zwei Typen der Inbegriffsrüge zu unterscheiden. Gerügt werden kann, dass sich das Urteil auf ein Beweismittel stützt, das nicht in der durch die Prozessordnung vorgeschriebenen Form im Strengbeweisverfahren zum Gegenstand der Hauptverhandlung gemacht wurde. Gerügt werden kann aber auch, dass sich aus dem Urteil nicht ergibt, dass ein Beweismittel, das Gegenstand des Strengbeweisverfahrens in der Hauptverhandlung war, bei der Beweiswürdigung berücksichtigt wurde. In beiden Fällen sind Verfahrensrügen zu erheben, mit denen die Verletzung von § 261 StPO gerügt wird. Zwischen beiden Konstellationen liegen Rügen, mit denen geltend gemacht wird, es sei der Beweisgehalt eines erhobenen Beweises verkannt (also z.B. eine verlesene Urkunde entgegen ihrem Wortlaut gewürdigt) worden. Die Darstellung dieser Fallgruppe wird hier aus Praktikabilitätsgründen der ersten Kategorie zugeordnet.

#### (1) Berücksichtigung von Beweisergebnissen, die nicht Gegenstand des Strengbeweisverfahrens waren

1130 Ein Verstoß gegen § 261 StPO ergibt sich bei diesem Fehlertyp aus der Divergenz zwischen dem in der Hauptverhandlung verfahrensrechtlich zulässig ausgebreiteten und dem im Rahmen der Urteilsfindung berücksichtigten Beweisstoff. „Aus dem Inbegriff der Verhandlung" stammt nur das, was innerhalb der Hauptverhandlung, d.h. vom Aufruf der Sache an bis zum letzten Wort des Angeklagten vor dem erkennenden Gericht mündlich so erörtert wurde, dass alle

2629 Vgl. KK-*Diemer* § 249 StPO, Rn. 42 mwN.

Beteiligten Gelegenheit zur Stellungnahme hatten.[2630] Das schließt es z.B. aus, das Urteil auf Aktenbestandteile zu stützen, die nie in die Hauptverhandlung eingeführt wurden.

Ein solcher Verfahrensfehler liegt vor, wenn sich aus den Urteilsgründen ergibt, die Beweiswürdigung werde durch die Aussage eines bestimmten Zeugen gestützt, dieser Zeuge aber nach dem Hauptverhandlungsprotokoll nicht vernommen wurde.[2631] Als Verletzung von § 261 StPO wurde es dementsprechend auch gewertet, wenn in den schriftlichen Urteilsgründen zur Begründung der Feststellungen auf ein Gutachten verwiesen wird, das erst nach Urteilsverkündung erstellt wurde und dementsprechend nicht Gegenstand der Hauptverhandlung gewesen sein konnte.[2632] Nichts anderes gilt, wenn im Urteil auf in Augenschein genommene Lichtbilder verwiesen wird, eine Inaugenscheinnahme aber laut Protokoll nicht stattgefunden hat.[2633] 1131

In dieselbe Kategorie von Rechtsfehlern gehört es, wenn im Urteil umfangreich und detailliert **Urkunden** wiedergegeben werden, ohne dass diese im Urkundenbeweis Gegenstand der Hauptverhandlung waren.[2634] Urkunden können nach der Rechtsprechung grundsätzlich durch Verlesung (gemäß § 249 Abs. 1 oder Abs. 2 StPO), Bericht des Vorsitzenden oder durch Vorhalt an den Angeklagten, einen Zeugen oder einen Sachverständigen zum Gegenstand der Hauptverhandlung gemacht werden. Wie die Rechtsprechung vielfach betont hat, ist der **Vorhalt kein Urkundenbeweis,**[2635] sondern Vernehmungsbehelf.[2636] Beweisgrundlage darf deshalb nur die Erklärung desjenigen sein, dem der Vorhalt gemacht wird. Nicht das Vorgehaltene, sondern das danach Ausgesagte wird zum verwertbaren Teil des „Inbegriffs" der Verhandlung i.S.d. § 261 StPO.[2637] 1132

**2630** Vgl. KK-*Ott* § 261 StPO, Rn. 16.

**2631** Vgl. z.B. BGH, Beschl. v. 7.5.2012 – 5 StR 210/12 = NStZ-RR 2012, 257. S. ferner auch BGH, Beschl. v. 12.9.2012 – 2 StR 219/12 (Zeuge hatte lt. Protokoll von seinem Zeugnisverweigerungsrecht Gebrauch gemacht); BGH, Beschl. v. 11.4.2007 – 3 StR 108/07 = StraFo 2007, 334.

**2632** BGH, Beschl. v. 21.1.2016 – 2 StR 433/15 = NStZ 2017, 375. Vgl. auch BGH, Beschl. v. 7.9.2016 – 2 StR 71/16 = NStZ-RR 2017, 52 (Urteil verweist auf ein Gutachten, das nicht verlesen wurde).

**2633** BGH, Beschl. v. 2.11.2017 – 3 StR 318/17; BGH, Urt. v. 23.10.2002 – 1 StR 234/02 = NJW 2003, 597, 598.

**2634** Vgl. hierzu KK-*Ott* § 261 StPO, Rn. 199.

**2635** KK-*Diemer* § 249 StPO, Rn. 42 mwN.

**2636** KK-*Ott* § 261 StPO, Rn. 37 mwN; BGHSt 14, 310, 312; BGH NStZ 1985, 464; BGHSt 34, 231, 235 = NJW 1987, 1652; vgl. BGH, Beschl. v. 29.1.2008 – 4 StR 449/07 = BGHSt 52, 148 = NJW 2008, 1010.

**2637** Vgl. KK-*Diemer* § 249 StPO, Rn. 42; BGHSt 11, 159, 160 = NJW 1958, 559; BGHSt 21, 149, 150 = NJW 1967, 213; BGH NJW 1986, 2063, 2064; BGH StV 1990, 485; BGH, Urt. v. 6.9.2000 –

1133 Gleichwohl lässt die Rechtsprechung es in weitem Umfang zu, den Urkundenbeweis durch Vorhalte zu ersetzen. Für kurze Dokumente wird dies seit jeher als zulässig angesehen.[2638] Nur die Einführung von längeren, sprachlich schwierigen oder inhaltlich schwer verständlichen Urkunden durch Vorhalt ist unzulässig.[2639] Auch Gutachten (z.B. zur Blutalkoholkonzentration oder zum Wirkstoffgehalt von Betäubungsmitteln) können regelmäßig jedenfalls nicht durch Vorhalt an den Angeklagten eingeführt werden.[2640]

1134 Bei der Prüfung der Frage, ob eine Urkunde durch Vorhalt eingeführt worden sein kann, ist nicht nur der Umfang der Urkunde, sondern auch der Gang der Hauptverhandlung in den Blick zu nehmen. Hat der Angeklagte zum Tatvorwurf geschwiegen und wurde kein Zeuge vernommen, kann es schon aus diesem Grund nicht zu einem Vorhalt gekommen sein.[2641] Ähnlich können die Dinge liegen, wenn in der Hauptverhandlung zwar Zeugen vernommen wurden, ein Vorhalt der Urkunde ihnen gegenüber aber nicht in Betracht kam.[2642]

1135 Eine feste Grenze für die Zulässigkeit der Einführung von Urkunden durch Vorhalt existiert nicht. Doch steht außer Frage, dass der Umfang der Urkunden eine Einführung durch Vorhalt ausschließen kann. So kann es nicht zulässig sein, 2128 E-Mails im Wege des Vorhalts gegenüber dem polizeilichen Ermittlungsführer einzuführen.[2643] Auch die Einführung von 12 Seiten mit SMS-Nachrichten[2644], von umfangreichen Kontoauszügen[2645] oder einer 25-seitigen Tabelle[2646] per Vorhalt wurde als unzulässig angesehen.[2647] Der Vorhalt ist dane-

2 StR 190/00 = NStZ-RR 2001, 18. Daher genügt es nicht, dass der frühere Vernehmungsrichter lediglich erklärt, „er habe die Aussage richtig aufgenommen"; vgl. BGHSt 14, 310, 312.

**2638** OLG Hamm, Beschl. v. 24.6.2014 – 3 RVs 44/14 (Protokoll über Anruf auf Polizeinotruf).

**2639** BGH, Beschl. v. 25.4.2012 – 4 StR 30/12 = StV 2012, 706 = NStZ 2012, 697 (Vernehmungsprotokoll mit sieben eng beschriebenen Seiten); BGH, Beschl. v. 5.4.2000 – 5 StR 226/99 = StV 2000, 447; s. auch *Meyer-Goßner/Schmitt* § 249 StPO, Rn. 28 mwN.

**2640** OLG Celle StV 1984, 107; OLG Düsseldorf NJW 1988, 217, 218.; vgl. auch BGH, Beschl. v. 23.1.2006 – 2 StR 432/05 (Spurengutachten).

**2641** OLG Hamm, Beschl. v. 22.4.2008 – 3 SS OWi 582/07.

**2642** KG, Beschl. v. 24.6.2009 – (4) 1 Ss 211/09.

**2643** BGH, Beschl. v. 9.9.2013 – 5 StR 306/13 = NStZ 2014, 224.

**2644** BGH, Beschl. v. 30.9.2009 – 2 StR 280/09, Rn. 7 = StV 2010, 225, 226. Vgl. auch BGH, Beschl. v. 20.9.2018 – 1 StR 190/18 (Chatprotokolle).

**2645** BGH, Beschl. v. 30.8.2011 – 2 StR 652/10, Rn. 8 = NJW 2011, 3733. Vgl. auch BGH, Urt. v. 9.3.2017 – 3 StR 424/16 (Versicherungsunterlagen); BGH, Beschl. v. 22.12.2010 – 2 StR 386/10 = StV 2011, 267, 268 (Vertragsunterlagen).

**2646** BGH, Beschl. v. 26.6.2019 – 2 StR 415/18.

ben allgemein unzulässig, wenn der Urkundeninhalt nach der Lebenserfahrung von einer Auskunftsperson nicht aus der Erinnerung heraus wiedergegeben werden kann.[2648] Das gilt auch, wenn einem sachverständigen Zeugen sein eigenes Gutachten vorgehalten werden soll, dieses aber detailreiche, anamnestische Schilderungen enthält.[2649] Kommt es auf den genauen Wortlaut eines Schreibens[2650] oder auf den Schreibstil[2651] an, kann eine Einführung durch Vorhalt allein aus diesen Gründen unzulässig sein, – unabhängig davon, welchen Umfang das Dokument hat.

Die Rüge der Verletzung des § 261 StPO hat auch dann Aussicht auf Erfolg, 1136
wenn das Urteil ein Vernehmungsprotokoll, das in der Hauptverhandlung verlesen wurde, oder den Wortlaut einer verlesenen **Urkunde falsch wiedergibt.**[2652] Gerügt wird in diesen Fällen, dass eine verlesene Urkunde einen anderen Inhalt hat als im Urteil angenommen.[2653]

Ob vergleichbare Maßstäbe auch für **Augenscheinsobjekte** gelten, ist 1137
bislang insbesondere im Bußgeldrecht im Zusammenhang mit der Identifizierung von Autofahrern anhand von Fotografien erörtert worden. Nach der Rechtsprechung des 4. Strafsenats des BGH ist dem Revisionsgericht (Rechtsbeschwerdegericht) jedenfalls eine begrenzte Überprüfung möglich.[2654] Frühere Rechtsprechung, wonach eine eigene Auswertung eines Radarfotos durch Inaugenscheinnahme im Rechtsbeschwerdeverfahren nicht zulässig sein sollte,[2655] wurde damit teilweise aufgegeben. Dieser Wechsel in den Wertungen ist dabei

**2647** Vgl. ferner BGH, Beschl. v. 7.7.2004 – 5 StR 412/03, Rn. 23 = StV 2004, 521 (umfangreiche Jahresabschlussberichte); BGH, Beschl. v. 28.1.2010 – 5 StR 169/09, Rn. 16 = NJW 2010, 2068, 2070.

**2648** BGH, Beschl. v. 28.7.2015 – 2 StR 38/15, Rn. 10 (100-seitiges Gutachten eines Schriftsachverständigen) = NStZ 2016, 430 m. Anm. *Ventzke* = StV 2016, 777.

**2649** BGH, Urt. v. 6.9.2000 – 2 StR 190/00 = StV 2000, 655.

**2650** BGH, Beschl. v. 30.8.2000 – 2 StR 85/00 = StV 2000, 655.

**2651** BGH, Beschl. v. 17.7.2003 – 1 StR 34/03 = StV 2004, 3 = NStZ 2004, 279; vgl. auch BGH, Urt. v. 6.9.2000 – 2 StR 190/00 = StV 2000, 655.

**2652** Vgl. z.B. BGH, Urt. v. 14.1.2015 – 1 StR 93/14 = wistra 2015, 273, 275; BGH, Beschl. v. 3.6.2015 – 2 StR 430/15 (komm. Vernehmung nicht erschöpfend gewürdigt).

**2653** Vgl. auch BGH, Urt. v. 3.12.2002 – 1 StR 378/02; BGH, Beschl. v. 7.1.1993 – 4 StR 607/92 = StV 1993, 115 (verlesene Einlassung); BGH, Beschl. v. 11.3.1993 – 4 StR 31/93 = StV 1993, 459 (verlesenes Geständnis); vgl. ferner: BGH, Beschl. v. 3.9.1997 – 5 StR 237/97 = BGHSt 43, 212, 214; BGHR StPO § 261 Inbegriff der Verhandlung 6.

**2654** Vgl. BGH, Beschl. v. 19.12.1995 – 4 StR 170/95 = BGHSt 41, 376 = NJW 1996, 1420 = StV 1996, 413 = NStZ 1996, 413. S. auch OLG Zweibrücken, Beschl. v. 20.12.2018 – 1 OWi 2 Ss Bs 41/18 = NStZ 2019, 619; KG, Beschl. v. 1.8.2017 – 3 Ws (B) 15/17.

**2655** BGHSt 29, 18 = JR 1980, 168 m. Anm. *Peters*.

zugleich ein Beleg dafür, dass die Grenzen der Überprüfbarkeit von tatrichterlichen Urteilen im Rahmen des Revisionsverfahrens nicht unverrückbar feststehen.

1138 Ein nicht selten zu beobachtender Fehler liegt ferner darin, dass das Gericht Erkenntnisse, die es in anderen Strafverfahren gewonnen hat, gegen den Angeklagten verwertet, ohne dass im gegenwärtigen Verfahren darüber Beweis erhoben worden wäre. Die Zulässigkeit eines solchen Verfahrens lässt sich auch nicht mit dem Begriff der **Gerichtskundigkeit** begründen.[2656] Nicht über die Gerichtskundigkeit eingeführt werden dürfen Tatsachen, die unmittelbar für die Merkmale des äußeren oder inneren Tatbestandes erheblich oder mittelbar für die Überführung des Angeklagten von wesentlicher Bedeutung sind.[2657] Auch für die Einführung gerichtskundiger Tatsachen gilt im Übrigen ein begrenzt formalisiertes Verfahren: Sie dürfen nur dann in das Urteil einfließen, wenn sie in der Hauptverhandlung unter Hinweis auf die beabsichtigte Verwertung als gerichtskundig erörtert worden sind.[2658] Die damit gesetzten Grenzen werden in der Praxis nicht immer beachtet. Will beispielsweise das Gericht Erkenntnisse verwerten, die es über einen Zeugen und seine Eigenschaft als V-Mann im Rahmen der förmlichen Beweisaufnahme in einem anderen Strafverfahren gewonnen hat, so würde es den Verfahrensbeteiligten ihre Mitwirkungsrechte an der Entstehung des „Inbegriffs der Verhandlung" nehmen, wenn es auf eine unmittelbare Beweiserhebung wegen der „Gerichtskundigkeit" verzichtet.[2659]

1139 Rechtsfragen im Zusammenhang mit § 261 StPO haben sich daneben auch aus der Beteiligung von **Schöffen** am Gerichtsverfahren ergeben. Aus der Sorge, dass juristische Laien zwischen Beweismitteln, die ihnen im Strengbeweisverfahren zur Kenntnis gebracht worden sind und Vorgängen, von denen sie sonst Kenntnis erhalten haben, nicht hinreichend unterscheiden, ergibt sich die Notwendigkeit, die Frage zu klären, welche Aktenbestandteile den Schöffen zugänglich gemacht werden können. Nach der Rechtsprechung des BGH ist es zulässig

---

**2656** Vgl. BGH, Beschl. v. 24.9.2015 – 2 StR 126/15 = NStZ 2016, 123; BGH, Beschl. v. 22.2.2012 – 1 StR 349/11 = StV 2012, 649, 651; vgl. auch BGH, Urt. v. 17.5.2018 – 3 StR 508/17 = JR 2018, 579.

**2657** Vgl. BGH, Beschl. v. 24.9.2015 – 2 StR 126/15 = NStZ 2016, 123.

**2658** KK-*Ott* § 261 StPO, Rn. 26/27. S. dazu oben Rn. 877.

**2659** In BGH, Urt. v. 3.11.1994 – 1 StR 436/94 = NStZ 1995, 246 = BGHR StPO § 261 – Gerichtskundigkeit 2 hatte eine Revision der Staatsanwaltschaft Erfolg, weil das Tatgericht zugunsten des Angeklagten Einzelheiten aus einem anderen Verfahren berücksichtigte, aus denen sich die Identität des V-Mannes in beiden Verfahren und die Kenntnis der Polizei von dessen Methoden zur Anwerbung unverdächtiger Personen bereits vor den verfahrensgegenständlichen Taten ergäbe, weshalb das Landgericht dem Angeklagten seine Einlassung zur Einleitung des Betäubungsmittelhandels und zu der Einwirkung des V-Mannes geglaubt hatte.

und verstößt nicht gegen die Grundsätze der Mündlichkeit und Unmittelbarkeit, wenn den Schöffen in der Hauptverhandlung zum besseren Verständnis der Beweisaufnahme aus den Akten stammende Tonbandprotokolle als Begleittext zur Verfügung gestellt werden.[2660] Auch eine Kopie des Anklagesatzes darf ihnen ausgehändigt werden.[2661] Ob die bloße Kenntnis des wesentlichen Ergebnisses der Ermittlungen zu einer Verletzung von § 261 StPO führt, ist umstritten.[2662]

Die **Darlegungsanforderungen** für Verfahrensrügen, mit denen geltend 1140
gemacht wird, es seien Beweisergebnisse berücksichtigt worden, die nicht Gegenstand der Hauptverhandlung waren, können je nach der Zielrichtung des gerügten Verfahrensfehlers sehr unterschiedlich ausfallen. Ist im Urteil ein Zeuge erwähnt, der nach dem Hauptverhandlungsprotokoll nicht vernommen wurde, genügt es, dies in der Revisionsbegründung darzulegen. Soll hingegen gerügt werden, dass eine im Urteil wiedergegebene Urkunde nicht Gegenstand der Hauptverhandlung gewesen ist, muss sich der Beschwerdeführer grundsätzlich zu allen Möglichkeiten der Einführung von Urkunden äußern.[2663] Wird hingegen geltend gemacht, es sei gegen die Verpflichtung verstoßen worden, in der Hauptverhandlung auf die beabsichtigte Verwertung von Tatsachen als gerichtskundig hinzuweisen, muss bestimmt behauptet werden, dass dies nicht geschehen ist.[2664]

### (2) Fehlende Würdigung von in der Hauptverhandlung erhobenen Beweisen

§ 261 StPO kann nicht nur dadurch verletzt werden, dass die Überzeugungsbil- 1141
dung auf Beweismittel gestützt wurde, die nicht Gegenstand der Hauptverhandlung waren. Dass daneben auch die Beanstandung, der **Beweisgehalt** eines in

---

**2660** BGH, Urt. v. 26.3.1997 – 3 StR 421/96 = BGHSt 43, 36 = NJW 1997, 1792; vgl. ergänzend auch BGH, Urt v. 10.12.1997 – 3 StR 250/97 = BGHSt 43, 360, 362. Zum Recht der Schöffen auf Akteneinsicht vgl. auch *Meyer-Goßner/Schmitt* § 30 GVG, Rn. 2 mwN.

**2661** BGH, Beschl. v. 12.1.2011 – GSSt 1/10 = BGHSt 56, 109, 118.

**2662** Für Verletzung von § 261 StPO: KK-*Ott* § 261 StPO, Rn. 30; a.A. *Meyer-Goßner/Schmitt* § 261 StPO, Rn. 40. Vgl. zur Thematik: BGH, Urt. v. 10.12.1997 – 3 StR 250/97 = BGHSt 43, 360, 364.

**2663** Vgl. hierzu KK-*Ott* § 261 StPO, Rn. 200; MüKoStPO/*Miebach* § 261 StPO, Rn. 413; BGH, Urt. v. 9.11.2015 – 5 StR 313/15, Rn. 30; BGH, Urt. v. 17.3.2015 – 2 StR 281/14; BGH, Urt. v. 17.7.2014 – 4 StR 78/14 = NStZ 2014, 604 = StV 2015, 92 m. Anm. *Eisenberg*. S. auch BVerfG, Beschl. v. 25.1.2005 – 2 BvR 656/99 u.a. = BVerfGE 112, 185 = NJW 2005, 1999. Zu den Grenzen der Darlegungspflicht: BGH, Urt. v. 9.3.2017 – 3 StR 424/16.

**2664** Zur Frage, ob die Erörterung gerichtskundiger Tatsachen in das Hauptverhandlungsprotokoll aufgenommen werden muss: *Meyer-Goßner/Schmitt* § 273 StPO, Rn. 7; *Pauly* FS Rissing-van Saan, S. 429; BGHSt 36, 354, 359.

der Hauptverhandlung erhobenen Beweismittels sei im Rahmen der Beweiswürdigung des Urteils schlicht verschwiegen worden, auf einen Verstoß gegen die in § 261 StPO begründete Pflicht zur Ausschöpfung des wesentlichen „Inbegriffs" der Hauptverhandlung und damit auf einen Rechtsfehler i.S. des § 337 StPO zielt, kann nicht angezweifelt werden.[2665] Es ist deshalb erfreulich, dass der BGH solchen Rügen auch zum Erfolg verholfen hat.[2666]

1142 Der Kreis der im Rahmen einer solchen Rüge zulässigen Beanstandungen ist allerdings wiederum durch das Verbot zur Rekonstruktion der tatrichterlichen Beweisaufnahme[2667] beschränkt. Es verhindert in seiner jetzigen Auslegung, dass auf mündliche Äußerungen (von Zeugen, Sachverständigen oder Angeklagten) in der Hauptverhandlung Verfahrensrügen nach § 261 StPO gestützt werden können. Die Rügen werden dementsprechend nur dann Erfolg haben, wenn sie ein Beweismittel zum Gegenstand haben, das auch vom Revisionsgericht ohne Weiteres zur Kenntnis genommen werden kann.[2668]

1143 Keinen Erfolg haben kann eine Rüge mit der Behauptung, ein Zeuge habe sich in einer bestimmten Weise geäußert, was im Urteil nicht (oder nicht richtig) gewürdigt sei.[2669] Nichts anderes gilt für mündliche Äußerungen eines Sachverständigen.[2670] Gerügt werden kann dagegen, dass der Wortlaut einer gemäß § 273 Abs. 3 StPO während der Hauptverhandlung protokollierten Aussage trotz ihrer für den Schuld- oder Strafausspruch vielleicht sogar entscheidenden Bedeutung unerwähnt geblieben ist.[2671] Mit derselben Zielrichtung kann auch gerügt werden, ein verlesenes Sachverständigengutachten[2672] oder eine verlesene Urkunde[2673] sei nicht gewürdigt. Gerügt werden kann z.B. auch, der Gehalt eines

**2665** So auch *G. Schäfer* StV 1995, 156.

**2666** Vgl. z.B. BGH, Beschl. v. 13.6.2017 – 2 StR 465/16 = StV 2018, 202 = NStZ-RR 2017, 319; BGH, Urt. v. 26.4.2017 – 5 StR 445/16; BGH, Urt. v. 3.7.1991 – 2 StR 45/91 = BGHSt 38, 14 = StV 1991, 548 (Nichterörterung einer protokollierten Aussage). *G. Schäfer* StV 1995, 156.

**2667** Vgl. hierzu KK-*Ott* § 261 StPO, Rn. 191/192 mwN; s. dazu im Einzelnen oben Rn. 342 ff.

**2668** Vgl. KK-*Ott* § 261 StPO, Rn. 194 ff.

**2669** Vgl. BGH, Beschl. v. 19.7.2016 – 4 StR 154/16; OLG Brandenburg, Beschl. v. 25.3.2009 – 1 Ss 15/09 = NStZ-RR 2009, 247; BGH, Beschl. v. 12.2.2003 – 5 StR 165/02 = NJW 2003, 1821; BGHSt 29, 18, 21 = NJW 1979, 2318; KK-*Ott* § 261 StPO, Rn. 197.

**2670** Vgl. BGH, Urt. v. 28.6.2016 – 1 StR 5/16, Rn. 22 (fehlende Äußerung des Sachverständigen zu einem Beweisthema); KK-*Ott* § 261 StPO, Rn. 192.

**2671** BGH, Beschl. v. 3.4.2001 – 1 StR 58/01 = StV 2002, 354; BGH, Urt. v. 3.7.1991 – 2 StR 45/91 = BGHSt 38, 14 = StV 1991, 548. S. auch BGH, Beschl. v. 10.12.2014 – 3 StR 489/14 = NStZ 2015, 473.

**2672** BGH, Urt. v. 26.4.2017 – 5 StR 445/16 (IT-Gutachten über Auswertung eines Mobiltelefons).

**2673** Vgl. BGH, Beschl. v. 10.7.2018 – 3 StR 204/18 (Sektionsprotokoll); BGH, Beschl. v. 13.6.2017 – 2 StR 465/16 = StV 2018, 202 = NStZ-RR 2017, 319 (gynäkologischer Befund); s. auch

verlesenen Protokolls über eine kommissarische Vernehmung sei im Urteil nicht ausgeschöpft worden.[2674]

Anlass für eine auf § 261 StPO gestützte Verfahrensrüge wird auch bestehen, 1144
wenn das Tatgericht in den Urteilsgründen davon ausgeht, der **Angeklagte** habe sich in der Hauptverhandlung nicht zur Sache geäußert, durch das Protokoll aber erwiesen ist, dass er sich geäußert hat.[2675] Auch damit hat das Tatgericht wesentlichen Beweisstoff, auf den sich seine Verpflichtung zu einer vollständigen Würdigung des Gegenstandes der Hauptverhandlung bezog, außer Acht gelassen.

Schon gegen die Ausnahmefälle, in denen der BGH wegen eines auch für das 1145
Revisionsgericht klar erkennbaren Widerspruchs zwischen dem wörtlich dokumentierten Teil der Beweisaufnahme und dem Urteil einen Verstoß gegen § 261 StPO anerkannte, wurde eingewandt, ob das Gericht dazu verpflichtet war, ein verlesenes Schriftstück ausdrücklich im Urteil zu erörtern, lasse sich ohne vollständige Kenntnis des Inhalts der übrigen Beweisaufnahme nicht beurteilen.[2676] Zu Recht ist die Rechtsprechung diesem grundsätzlichen Einwand nicht gefolgt und hat die Rüge der Verletzung des § 261 StPO zugelassen, wenn die im Urteil enthaltene Beweiswürdigung mit dem Inhalt des verlesenen Dokuments nicht in Einklang zu bringen war.[2677] Wäre es den Tatgerichten auch in solchen Fällen möglich, die Beweiswürdigung dadurch jeglicher Kritik zu entziehen, dass sie das ihrer Überzeugungsbildung entgegenstehende Beweismittel vollständig unerwähnt lassen, würde damit die Kontrollfunktion des Revisionsverfahrens in entscheidender Weise entwertet. Es wird in diesen Fällen an einen Erörterungsmangel im Urteil angeknüpft, der aus dem Urteil selbst nicht zu erkennen ist, durch einen Protokoll- bzw. Aktenabgleich aber aufgespürt werden kann.[2678]

---

BGH, Urt. v. 16.10.2006 – 1 StR 180/06 = NStZ 2007, 115, 116 (nach § 249 Abs. 2 StPO eingeführter Brief); BGH, Beschl. v. 6.9.2001 – 3 StR 285/01 = StV 2002, 12 (Vernehmungsprotokolle); BGH, Urt. v. 9.8.2001 – 1 StR 211/01 = NJW 2002, 73 = NStZ 2002, 204 = StV 2002, 204 (verlesenes Urteil); vgl. auch BGH, Urt. v. 15.9.2005 – 4 StR 107/05. Siehe ferner BGH, Beschl. v. 3.8.2000 – 1 StR 283/00 = StV 2001, 441 (verlesenes Urteil); BGH, Beschl. v. 26.2.2003 – 5 StR 20/03 = StV 2003, 318.

**2674** BGH, Urt. v. 3.6.2015 – 2 StR 430/14 = StV 2015, 757.

**2675** BGH, Urt. v. 15.8.2018 – 5 StR 160/18 = StV 2018, 785 = NStZ-RR 2018, 356; BGH, Beschl. v. 27.9.2017 – 4 StR 142/17 = StV 2018, 428 = NStZ 2018, 113; BGH, Beschl. v. 22.6.2017 – 1 StR 242/17; BGH, Beschl. v. 10.8.2007 – 2 StR 204/07 = StV 2008, 235.

**2676** Vgl. zur Kritik *Foth* NStZ 1992, 444, 446. S. ergänzend *Meyer-Goßner/Schmitt* § 261 StPO, Rn. 42.

**2677** Wie z.B. in BGH, Beschl. v. 13.6.2017 – 2 StR 465/16 = StV 2018, 202 = NStZ-RR 2017, 319.

**2678** Vgl. hierzu KK-*Ott* § 261 StPO, Rn. 206 und Rn. 210.

1146 Auch wenn der vorgenannte Einwand der prinzipiellen Zulassung einer Verfahrensrüge in derartigen Fällen nicht entgegensteht, kehrt er an anderer Stelle in abgewandelter Form wieder: Als **Zulässigkeitsvoraussetzung** für die Inbegriffsrüge wird verschiedentlich gefordert, in der Revisionsbegründung müsse auch dargelegt werden, aus welchem Grund nach der zum Urteilszeitpunkt gegebenen Beweislage die verlesene Urkunde **noch beweiserheblich** war.[2679] Da sich die zum Urteilszeitpunkt gegebene Beweislage in der in den schriftlichen Urteilsgründen enthaltenen Darstellung der Beweiswürdigung widerspiegelt, sollte es an sich nicht möglich sein, aus diesem Gedanken eine erhöhte Darlegungslast abzuleiten. Doch können solche Tendenzen in der Rechtsprechung[2680] bei der praktischen Tätigkeit nicht außer Acht gelassen werden. Unabhängig davon folgt aus § 344 Abs. 2 StPO in derartigen Fällen, dass die Urkunde, deren Nichtberücksichtigung beanstandet wird, in der Revisionsbegründung auch wiederzugeben ist. Wird gerügt, das Urteil gehe zu Unrecht davon aus, dass sich der Angeklagte nicht zur Sache eingelassen hat, ist es zur Zulässigkeit der Rüge nicht erforderlich, den Inhalt der Einlassung mitzuteilen.[2681]

#### cc) Einzelne Typen von Verstößen gegen § 261 StPO

1147 Neben diesen auf den Würdigungsvorgang bezogenen Fällen einer Verletzung von § 261 StPO gibt es auch Konstellationen, in denen sich die Mängel aus der Darstellung der Beweiswürdigung im Urteil ergeben. Ist dies der Fall, sind sie auf die Sachrüge zu beachten. Wo zum Nachweis für Mängel des Urteils auf Informationen außerhalb der Urteilsurkunde zurückgegriffen werden muss, wird auf der Grundlage der Rechtsprechung regelmäßig eine Verfahrensrüge erforderlich sein.

##### (1) Verstoß gegen die Beweiswürdigungspflicht

1148 Die Revision kann geltend machen, das Tatgericht habe in einer wesentlichen Beweisfrage eine Würdigung überhaupt unterlassen oder seine Würdigung zu

---

**2679** Vgl. hierzu BGH, Beschl. v. 2.3.2017 – 4 StR 406/16 = NStZ-RR 2017, 185; BGH, Urt. v. 4.8.2011 – 3 StR 320/11 = NStZ 2012, 49; BGH, Beschl. v. 27.7.2005 – 2 StR 203/05 = NStZ 2006, 55; s. auch *Meyer-Goßner/Schmitt* § 261 StPO, Rn. 42.

**2680** Vgl. zum Vortragserfordernis ergänzend auch: BGH, Urt. v. 13.7.2017 – 3 StR 148/17.

**2681** BGH, Urt. v. 15.8.2018 – 5 StR 160/18 = StV 2018, 785 = NStZ-RR 2018, 356; BGH, Beschl. v. 27.9.2017 – 4 StR 142/17 = StV 2018, 428 = NStZ 2018, 113; vgl. auch BGH, Beschl. v. 10.12.2014 – 3 StR 489/14 = NStZ 2015, 473.

früh abgebrochen. So hat der BGH in einem Fall, in dem das Schwurgericht „**offengelassen**" hatte, ob der Angeklagte zwei oder drei Schüsse absichtlich abgegeben hatte und welcher davon tödlich war, aber feststand, dass „jedenfalls" bis zum zweiten Schuss eine Notwehrlage bestanden hatte, auf die Revision der Nebenklage ausgeführt: *„Die Frage, ob der dritte Schuß absichtlich oder aus Versehen abgegeben wurde, durfte das Landgericht entgegen seiner Ansicht jedoch nicht offenlassen. Denn selbst dann, wenn die Annahme der Strafkammer zutreffend wäre, der Tod des M. sei bereits infolge des zweiten Schusses sofort, jedenfalls noch vor dem dritten Schuß eingetreten, kann ein vom Angeklagten bewusst abgegebener und damit möglicherweise vorsätzlicher dritter Schuß den Tatbestand eines untauglichen Versuchs des Totschlags erfüllen. Ein solcher (dritter) Schuß wäre nach den bisherigen Feststellungen durch Notwehr objektiv nicht gedeckt und durch Putativnotwehr nicht ohne Weiteres entschuldigt."*[2682] Dasselbe würde erst recht umgekehrt gelten, wenn das Landgericht nicht hätte klären können, welches der tödliche Schuss gewesen wäre, um dann dem Angeklagten die Zubilligung der Notwehr zu verweigern.

Ein „beliebter" Fehler besteht auch darin, dass sich das Tatgericht in Fäl- 1149
len, in denen sich die Anklage gegen mehrere Angeklagte richtet, in einer unaufklärbaren Tatfrage nicht entscheiden kann, obwohl es hinsichtlich eines jeden Angeklagten entscheiden muss, welche der verschiedenen in Betracht kommenden Versionen für den jeweiligen Angeklagten günstiger ist.[2683] Die Abneigung gegen eine klare Feststellung über das bewiesene Tatgeschehen oder über die rechtliche Konsequenz aus der Unbeweisbarkeit ist regelmäßig dann besonders groß, wenn der Satz „**in dubio pro reo**" zu widersprüchlichen Feststellungen zwingt. Das ist aber eine notwendige Konsequenz aus der Möglichkeit, gegen mehrere Angeklagte eine gemeinsame Hauptverhandlung durchzuführen, und aus dem Grundsatz, dass jeder für sich die Anwendung des Zweifelssatzes beanspruchen kann.[2684]

---

**2682** BGH, Urt. v. 29.6.1994 – 3 StR 628/93 = NJW 1995, 269 = NStZ 1994, 539.

**2683** Vgl. BGH, Beschl. v. 5.9.2019 – 4 StR 611/18 = NStZ-RR 2019, 377; BGH, Beschl. v. 15.5.2014 – 2 StR 1/14 = StV 2015, 153 = NStZ-RR 2014, 282; BGH, Beschl. v. 13.7.2005 – 2 StR 504/04 = StV 2005, 596 = NStZ-RR 2005, 351.

**2684** Vgl. KK-*Ott* § 261 StPO, Rn. 67; MüKoStPO/*Miebach* § 261 StPO, Rn. 361; BGH, Urt. v. 4.2.1992 – 1 StR 787/91 = StV 1992, 260 = BGHR StPO § 261 – in dubio pro reo 8; BGH, Beschl. v. 4.9.1995 – 4 StR 480/95 = StV 1996, 81.

### (2) Gleichsetzung des Begriffs der Überzeugung mit rein subjektiver Gewissheit

1150 Die Alltagssprache kennt die Formulierung: „Ich bin davon überzeugt, kann es aber nicht beweisen". § 261 StPO spricht zwar von der „freien Überzeugung", stellt aber gleichzeitig klar, dass diese auf das Ergebnis der Beweisaufnahme, also auf objektive Tatsachen bezogen sein muss. Die subjektive Überzeugung von der Täterschaft und Schuld des Angeklagten ist für sich allein nichts wert. Fehlt sie freilich, so bedeutet der Hinweis des Gesetzes auf die Freiheit des Tatrichters, dass das Revisionsgericht dessen Zweifel grundsätzlich hinzunehmen hat.[2685]

1151 Eine Verurteilung, die nur auf den subjektiven Glauben an die Richtigkeit einer Verdachtsbeschreibung der Anklage gegründet wird, ohne dass die tatrichterliche Überzeugung mit genügend **Tatsachen belegt** wurde, ist rechtsfehlerhaft.[2686] Wie der Bundesgerichtshof – zu Recht – vielfach klargestellt hat, muss die Beweiswürdigung auf einer tragfähigen, verstandesmäßig einsehbaren Tatsachengrundlage unter vollständiger Ausschöpfung des verfügbaren Tatsachenmaterials beruhen.[2687] Die vom Gericht gezogenen Schlussfolgerungen dürfen sich nicht etwa nur als eine Annahme oder bloße Vermutung erweisen, die letztlich nicht mehr als einen – wenn auch schwerwiegenden – Verdacht zu begründen vermag.[2688]

1152 Was mit diesen wohlfeilen Formulierungen umschrieben wird, ist letztlich die Forderung nach einer Entscheidungsgrundlage, die zeitgemäßen Anforderungen an rationales Argumentieren Rechnung trägt. Auch wenn niemand benennen kann, wann genau die Tatsachengrundlage erreicht ist, die es ermöglicht, hierauf eine richterliche Überzeugung zu stützen, bleibt es ein Anliegen von hohem Gewicht, dass von dem Ziel, eine strafrechtliche Verurteilung nur auszusprechen, wenn hinreichende „Beweise" existieren, nicht abgewichen wird.

---

**2685** *G. Schäfer* StV 1995, 147, 149.

**2686** Vgl. BGH, Beschl. v. 23.1.2018 – 2 StR 238/17, Rn. 8; BGH, Beschl. v. 16.6.2015 – 2 StR 29/15 = StV 2015, 740; vgl. ferner auch BGH, Beschl. v. 21.4.2016 – 2 StR 435/15 = StV 2017, 7, 9; BGH, Beschl. v. 12.1.2006 – 4 StR 278/05; BGH, Beschl. v. 17.5.1994 – 1 StR 217/94; BGH, Beschl. v. 12.11.1993 – 2 StR 594/93 = StV 1994, 173; BGH, Urt. v. 3.11.1993 – 2 StR 434/93 = StV 1994, 114; BGHR StGB § 265 – Beweiswürdigung 1; BGH, Beschl. v. 13.3.1996 – 3 StR 458/95; weitere Beispiele bei *G. Schäfer* StV 1995, 147, 149 und bei *Niemöller* StV 1984, 431, 433; s. auch KK-*Ott* § 261 StPO, Rn. 62.

**2687** MüKoStPO/*Miebach* § 261 StPO, Rn. 61; BGH, Beschl. v. 7.12.2012 – 3 StR 335/11 = NStZ-RR 2012, 256.

**2688** BGH, Urt. v. 2.5.2012 – 2 StR 395/11 = StraFo 2012, 466.

### (3) Fehlende Gesamtwürdigung

Das Tatgericht kann den Rechtsbegriff der *Überzeugung* auch in der Weise verkannt haben, dass es eine (Gesamt-)Würdigung der feststehenden be- und entlastenden Indiztatsachen unterlassen hat. Auch auf diesem Fehler können Verurteilungen und Freisprüche beruhen. Im letzteren Falle nennt das die Rechtsprechung mitunter eine **„Überspannung der Beweisanforderungen"** oder „Zweifel, die realer Anknüpfungspunkte entbehren und sich lediglich auf die Annahme einer bloß gedanklichen, abstrakt-theoretischen Möglichkeit gründen".[2689] Schuldsprüche leiden demgegenüber nicht selten an einer Nicht-Erörterung von im Urteil nur an anderer Stelle erwähnten entlastenden Indizien oder es fehlt im Urteil eine Gesamtwürdigung der für die *Richtigkeit der Einlassung des Angeklagten* sprechenden Umstände.[2690] 1153

Jedes tatrichterliche Urteil muss auch belegen, dass die Feststellungen wirklich das Ergebnis einer alle Beweisergebnisse durchdringenden Wertung und Gewichtung sind. Dazu reicht eine zusammenhanglose Auflistung der einzelnen Indiztatsachen nicht aus, denn eine **„Beweiszusammenstellung ist noch keine Beweiswürdigung"**.[2691] Die Urteilsgründe dürfen sich also nicht darauf beschränken, Aussagen von Zeugen, Sachverständigen und Urkunden aufzulisten und beziehungslos nebeneinanderzustellen, sondern sie müssen auch erkennen lassen, dass das Gericht sich argumentativ mit dem Beweiswert der einzelnen Inhalte der Beweisaufnahme auseinandergesetzt, sie in Beziehung zueinander gesetzt und auch zu der Einlassung des Angeklagten abgewogen und schließlich in ihrer Gesamtheit gewichtet hat. Dabei müssen die Gründe auch deutlich machen, welche Indizien mit welchem Wahrscheinlichkeitsgrad (was selbstverständlich nicht „numerisch" angegeben werden muss) für und welche gegen die Richtigkeit der Anklage sprechen. 1154

Dies gilt nicht nur für die „Hauptfragen" nach der Täterschaft und Schuld des Angeklagten, sondern auch für Vorfragen in einer Indizienkette. Insbesondere im Zusammenhang mit dem Zeugenbeweis kommt es immer wieder vor, dass auf eine den Angeklagten belastende Aussage eine Verurteilung gestützt wird, ohne dass die **Glaubwürdigkeit des Zeugen** nach einzelnen Merkmalen geprüft und im 1155

**2689** BGH, Urt. v. 10.5.2017 – 2 StR 258/16, Rn. 17; BGH, Urt. v. 10.5.2017 – 5 StR 19/17; BGH, Urt. v. 10.8.2011 – 1 StR 114/11 = NStZ 2012, 110. Zur Verpflichtung zu einer umfassenden Würdigung der Einlassung des Angeklagten vgl. BGH, Urt. v. 1.2.2017 – 2 StR 78/16 = NStZ-RR 2017, 283, 284; s. zur Thematik ergänzend auch KK-*Ott* § 261 StPO, Rn. 64; MüKoStPO/*Miebach* § 261 StPO, Rn. 108.

**2690** Vgl. BGH, Beschl. v. 19.9.2017 – 1 StR 436/17 = NStZ-RR 2018, 20, 21; KK-*Ott* § 261 StPO, Rn. 90.

**2691** *Maul* FS Pfeiffer, S. 415.

Wege einer Gesamtwürdigung positiv oder negativ bewertet worden wäre. Kommt es für das Urteil maßgeblich auf die Glaubwürdigkeit des Zeugen an, darf sich die Beweiswürdigung nicht darauf beschränken, die Umstände, die gegen die Zuverlässigkeit der Angaben der Geschädigten sprechen, gesondert und einzeln zu erörtern, getrennt voneinander zu prüfen und festzustellen, dass sie jeweils nicht geeignet seien, die Glaubwürdigkeit der Geschädigten in Zweifel zu ziehen. In einem solchen Fall fehlt die erforderliche **Gesamtwürdigung aller Beweisanzeichen**, die gegen die Richtigkeit der Bekundungen sprechen könnten. Selbst wenn nämlich jedes einzelne die Glaubwürdigkeit der Geschädigten möglicherweise in Frage stellende Indiz noch keine Bedenken gegen die den Angeklagten belastende Aussage aufkommen ließe, so kann doch die Häufung der – jeweils für sich noch erklärbaren – Fragwürdigkeiten bei einer Gesamtschau zu durchgreifenden Zweifeln an der Richtigkeit der erhobenen Vorwürfe Anlass geben.[2692]

#### (4) Nichterörterung naheliegender Sachverhaltsvarianten

1156 Die aus § 261 StPO und aus der Sollvorschrift des § 267 Abs. 1 Satz 2 StPO[2693] herzuleitende Verpflichtung des Tatgerichts, in den Urteilsgründen auch eine Gesamtwürdigung vorzunehmen, darf sich – wie ausgeführt – nicht darin erschöpfen, den Tatgerichten eine mehr oder weniger formelhafte „Sammelerwähnung" der Ergebnisse der Beweisaufnahme abzuverlangen. Vielmehr müssen die argumentativen Bewertungen und Verknüpfungen der Beweisanzeichen und ihrer Schlussfolgerungspotenz so dargestellt werden, dass sie den Leser zur kritischen Überprüfung befähigen. Im Idealfall müssen die mitgeteilten Erwägungen auch die kriminologische und kriminalistische Phantasie des Revisionsrichters antizipieren, der sich auf die Suche nach **fehlenden** Urteilsausführungen macht.

1157 Wer in einer aufgrund seines Wortreichtums scheinbar gründlichen und „revisionssicher" ausgeführten Beweiswürdigung nach argumentativen Schwachstellen forscht, der wird nach jedem Satz die Lektüre der beiden Urteilsabschnitte „Feststellungen" und „Beweiswürdigung" unterbrechen und sich jeweils zwei Fragen stellen: 1. Woher weiß das das Tatgericht? und 2. Wäre es zu demselben Ergebnis gelangt, wenn es auch bedacht hätte, ob der Sachverhalt nicht auch „so oder so" gewesen sein könnte?

1158 Dieses So-oder-so sollte jeweils eine mit der (im Urteil mitgeteilten) Einlassung des Angeklagten vereinbare Sachverhaltsvariante sein, die nicht allzu fern

---

**2692** MüKoStPO/*Miebach* § 261 StPO, Rn. 236; zu den Anforderungen an die Urteilsgründe, wenn Aussage gegen Aussage steht, s. im Einzelnen unten Rn. 1172.
**2693** Siehe dazu oben, Rn. 661.

liegt, aber auch nicht wahrscheinlich sein muss, um für den gedanklichen Test zu taugen. Wenn auf jeweils beide Fragen der Verfasser der Urteilsgründe in denselben eine Antwort gibt, ist der Revisionsangriff über diesen Weg der Rüge nach § 261 StPO aussichtslos. Wo immer die Antwort ausbleibt, setzt sich das Tatgericht der Besorgnis aus, den Inbegriff der Hauptverhandlung eben doch nicht erschöpfend gewürdigt zu haben. Seine Antwort braucht er nur dann nicht in das Urteil zu schreiben, wenn es „so oder so" eigentlich doch nicht gewesen sein kann, oder weil dies eine fernliegende bloß theoretische Spekulation wäre.[2694] Wenn sich aber aus den im Urteil mitgeteilten Tatsachen der dem Angeklagten günstigere „Ablauf" einem objektiven Leser aufdrängt, vielleicht sogar, weil die gegen ihn gezogenen Schlüsse genauso lebensnah oder lebensfremd sind wie die zu seinen Gunsten als Arbeitshypothese dagegengehaltene Sachverhaltsversion, dann müssen die Gründe nicht nur Ausführungen darüber enthalten, dass das Tatgericht dies bedacht hat, sondern es müssen auch Argumente und Tatsachen genannt werden, die plausibel machen, weshalb die sich aufdrängenden Zweifel überwunden werden konnten.[2695]

### (5) Fehlerhafte Gewichtung eines Beweisanzeichens

Eine Überbewertung von Beweisanzeichen führt häufig zu dem Fehler, dass das 1159
Gericht ein bloßes Indiz bereits für den Beweis ausreichen lässt. Dies liegt – worauf *G. Schäfer* mit Recht hingewiesen hat[2696] – besonders beim sog. **Sachbeweis** nahe, weil die Gerichte gern wegen der bekannten Unzuverlässigkeit des Zeugenbeweises in den Methoden der instrumentellen Kriminalistik Zuflucht suchen.[2697] Dabei wird oft zweierlei verkannt: dass auch der Sachbeweis meist nur ein Wahrscheinlichkeitsurteil ermöglicht[2698] und dass auch der Sachbeweis gewöhnlich nur mit Hilfe eines Sachverständigen, also wiederum über einen Per-

---

**2694** BGH, Urt. v. 9.10.2014 – 4 StR 201/14 = NStZ-RR 2014, 380; BGH, Urt. v. 17.7.2014 – 4 StR 129/14; BGH, Urt. v. 23.2.2012 – 4 StR 602/11 (Rev. der StA); BGH, Urt. v. 10.1.2008 – 3 StR 462/07 = NStZ-RR 2009, 12, 13; BGH, Urt. v. 3.2.2005 – 4 StR 540/04 = NStZ-RR 2005, 149. Vgl. auch KK-*Ott* § 261 StPO, Rn. 56; MüKoStPO/*Miebach* § 261 StPO, Rn. 110.

**2695** Beispiele bei *Hamm*, Formularbuch, 6. A., in der „Ausgeführten Sachrüge", IX.D.11, S. 646 ff.; Beispiele auch bei *Niemöller* StV 1984, 440 und bei *Nack* StV 2002, 514; vgl. ferner *Herdegen* FS 25 Jahre Arbgem. Strafrecht des DAV, S. 553, 561 f.

**2696** *G. Schäfer* StV 1995, 153.

**2697** Zu den verschiedenen Verfahren zur Feststellung und Auswertung von Spuren vgl. *Meyer-Goßner/Schmitt* § 261 StPO, Rn. 11c.

**2698** Vgl. dazu etwa BGH, Beschl. v. 3.11.2010 – 1 StR 520/10 = BGHSt 56, 72; s. auch *Foth* NStZ 1989, 166 ff.

sonalbeweis, Eingang in die Hauptverhandlung findet. Dieser Personalbeweis kann aber ebenso wie der Zeugenbeweis durch „Subjektivismen" verfälscht sein.

1160 Bei der Bewertung von **Faserspuren**[2699] kann z.B. eine Rolle spielen, dass diese Methode praktisch nur von den Kriminalämtern angewendet wird. Auch wenn die wissenschaftliche Kompetenz und die Unabhängigkeit der dort tätigen Fachleute im Allgemeinen außer Zweifel stehen mag,[2700] so kann im Einzelfall doch der polizeiliche Ehrgeiz, den entscheidenden Beitrag zur Überführung eines Verdächtigen mit einer letztlich nicht überprüfbaren Methode geleistet zu haben, in das Gutachten einfließen. Soweit aber die statistische Bewertung der Aussagekraft von Merkmalsübereinstimmungen zwischen den Tatortfaserspuren und dem Vergleichsmaterial aus dem Lebensbereich des Angeklagten überprüfbar ist, müssen die Urteilsgründe ausweisen, dass das Tatgericht den Indizwert weder zu hoch noch zu gering eingeordnet hat.[2701] Der Tatrichter muss darüber hinaus Rechenschaft darüber ablegen, *„ob das vorgefundene Spurenbild unter Berücksichtigung des Verbreitungsgrades der beteiligten Spurengeber von einer solchen Besonderheit ist, dass der Schluss gerechtfertigt ist, ein Kontakt zwischen den verschiedenen Textilien habe stattgefunden."*[2702] In dieser Entscheidung führt der BGH dann weiter aus: *„Ein weitergehender Beweiswert darf nach den übereinstimmenden Bekundungen der vom Senat gehörten Sachverständigen textilen Spurenbildern nicht zukommen, insbesonders können sie den Ergebnissen serologischer und genomanalytischer Gutachten oder daktyloskopischer Beurteilungen nicht gleichgestellt werden, weil zur Zeit bei der Bewertung von Faserspurenbildern Wahrscheinlichkeitsrechnungen wegen der fehlenden Statistiken über die Merkmalshäufigkeiten nicht möglich sind"*.[2703]

1161 Stützt sich der Täterschaftsnachweis im Urteil auf eine **DNA-Analyse**, müssen auch deren Ergebnisse dargestellt werden.[2704] Angesichts des zwischenzeitlich erreichten wissenschaftlichen Standards hat der BGH im Jahr 2018 die

**2699** Vgl. dazu *Nack* StV 2002, 558, 565 und oben, Rn.717.

**2700** Vgl. dazu *Adolf* NStZ 1990, 65 sowie *Adolf/Brüschweiler* Kriminalistik 1987, 393.

**2701** Dazu *Foth* NStZ 1989, 170f.; BGH, Beschl. v. 22.10.1993 – 2 StR 459/93 = StV 1994, 114 = BGHR StPO § 261 – Beweiskraft 1; BGH, Urt. v. 13.8.1991 – 5 StR 231/91; andererseits aber auch BGH, Urt. v. 28.11.1995 – 5 StR 459/95 = StV 1996, 251 = NStZ-RR 1996, 335 (Aufhebung eines Freispruchs wegen fehlender Gesamtwürdigung des Faserspurenbildes) und BGH, Urt. v. 4.3.1993 – 2 StR 503/92 = StV 1993, 340 = NStZ 1993, 395 = BGHR StPO § 261 – Beweiskraft 2 (siehe dazu oben, Rn. 717 f.).

**2702** BGH, Urt. v. 4.3.1993 – 2 StR 503/92 = StV 1993, 340 = NStZ 1993, 395.

**2703** So BGH, Urt. v. 4.3.1993 – 2 StR 503/92 = StV 1993, 340 = NStZ 1993, 395. Vgl. dazu *Neuhaus* StraFo 2001, 406.

**2704** Zu den Anforderungen an die Urteilsgründe vgl. KK-*Kuckein/Bartel* § 267 StPO, Rn. 16a.

Darlegungsanforderungen an tatrichterliche Urteile gesenkt.[2705] Der 5. Strafsenat geht davon aus, die biostatistische Wahrscheinlichkeitsuntersuchung in Bezug auf „DNA-Einzelspuren ohne Besonderheiten" sei standardisiert, das Tatgericht müsse das Ergebnis lediglich in numerischer Form mitteilen.[2706] Diese Vereinfachung gilt aber nicht für Mischspuren.[2707] Ungeachtet dessen bleibt stets zu prüfen, welchen Beweiswert die biostatistische Wahrscheinlichkeitsberechnung hat.[2708] Zu unterscheiden ist dabei zwischen der Frage, ob durch das Ergebnis des Gutachtens nachgewiesen ist, dass der Angeklagte die Spur verursacht hat,[2709] und der Frage, ob dies darauf hindeutet, dass er die Tat begangen hat, wogegen es spricht, wenn die Möglichkeit besteht, dass die Spur nicht durch die Tat, sondern durch einen anderen Vorgang verursacht wurde.[2710]

### (6) Fehlerhafte „Polung" eines Beweisanzeichens

Manchmal wird auch ein entlastendes Indiz für ein belastendes gehalten – oder 1162
umgekehrt. Hält das Gericht die Einlassung des Angeklagten schon deshalb für

---

**2705** Vgl. BGH, Beschl. v. 28.8.2018 – 5 StR 50/17 = BGHSt 63, 187 = NJW 2018, 3192 = NStZ 2019, 169; kritisch hierzu: *Müller/Eisenberg* JR 2019, 43.

**2706** Vgl. hierzu: BGH, Beschl. v. 28.8.2019 – 5 StR 419/19; BGH, Beschl. v. 17.4.2019 – 5 StR 603/18; BGH, Beschl. v. 6.2.2019 – 1 StR 499/18 = NStZ 2019, 427; BGH, Beschl. v. 29.11.2018 – 5 StR 362/18 = StV 2019, 331; BGH, Beschl. v. 27.11.2018 – 5 StR 566/18 = StV 2019, 316; BGH, Beschl. v. 11.11.2018 – 5 StR 373/18 = StV 2019, 437; BGH, Urt. v. 24.9.2018 – 5 StR 528/17; BGH, Beschl. v. 6.6.2018 – 4 StR 97/18 = NStZ-RR 2018, 288; BGH, Beschl. v. 27.6.2017 – 2 StR 572/16; BGH, Beschl. v. 12.4.2016 – 4 StR 18/16 = NStZ-RR 2016, 223; BGH, Urt. v. 24.3.2016 – 2 StR 112/14 = NStZ 2016, 490.

**2707** BGH, Beschl. v. 18.3.2020 – 4 StR 374/19; Beschl. v. 19.12.2019 – 4 StR 496/19 = NJW 2020, 350; BGH, Beschl. v. 20.11.2019 – 4 StR 318/19; BGH, Beschl. v. 8.10.2019 – 2 StR 341/19; BGH, Beschl. v. 22.5.2019 – 1 StR 79/19; BGH, Beschl. v. 6.2.2019 – 1 StR 499/18 = NStZ 2019, 427; BGH, Beschl. v. 29.11.2018 – 5 StR 362/18 = StV 2019, 331; BGH, Beschl. v. 19.12.2018 – 4 StR 410/18; BGH, Beschl. v. 24.1.2019 – 1 StR 564/18.

**2708** Vgl. hierzu KK-*Ott* § 261 StPO, Rn. 138 ff. Vgl. auch BGH, Beschl. v. 16.11.2016 – 2 StR 141/16.

**2709** Vgl. hierzu etwa BGH, Urt. v. 4.7.2018 – 5 StR 46/18 = NStZ-RR 2018, 320; BGH, Urt. v. 21.3.2013 – 3 StR 247/12 = BGHSt 58, 212 = NJW 2013, 2612 = StV 2014, 588; BGH, Beschl. v. 6.3.2012 – 3 StR 41/12 = NStZ 2012, 464; BGH, Beschl. v. 3.11.2010 – 1 StR 520/10 = BGHSt 56, 72; BGH, Urt. v. 26.5.2009 – 1 StR 597/08 = BGHSt 54, 15, 24 = NJW 2009, 2834, 2836; vgl. ergänzend KK-*Ott* § 261 StPO, Rn. 139 und MüKoStPO/*Miebach* § 261 StPO, Rn. 322.

**2710** Vgl. BGH, Urt. v. 1.6.2017 – 3 StR 31/17 = StraFo 2017, 457 (Möglichkeit der Sekundärübertragung).

wenig glaubhaft, weil der Mitangeklagte dasselbe sagt, und weil „durchaus Zeit und Gelegenheit bestanden" habe, die Aussagen aufeinander abzustimmen,[2711] so ist dies für sich betrachtet kaum überzeugend und nur vom intendierten Würdigungsergebnis her verständlich. Dass zwei Leute dieselbe Geschichte übereinstimmend berichten, ist unter „normalen" Umständen erst einmal ein Hinweis darauf, dass sie richtig erzählt wird. Allein die Möglichkeit einer abgesprochenen Lüge beseitigt diesen Indizwert nicht.

1163 Im Urteil kann auch rechtsirrig das Fehlen oder das Misslingen eines Entlastungsbeweises als Beweisanzeichen für die Richtigkeit der Anklage gewertet worden sein.[2712] Das gilt z.B. für den **gescheiterten Versuch eines Alibibeweises.** Hierbei ist der Grundsatz zu beachten, dass ein Scheitern des Alibibeweises für sich allein noch kein Indiz für die Täterschaft liefert. Der Angeklagte ist nicht gehalten, ein Alibi nachzuweisen; gleichwohl hat er aber das Recht, einen Alibibeweis anzutreten. Misslingt dieser Beweis, so fällt damit eine dem Angeklagten zustehende „Verteidigungsmöglichkeit" weg. Dies bedeutet gegebenenfalls, dass eine schon anderweitig gewonnene Überzeugung des Tatrichters nicht erschüttert wird. Der Fehlschlag kann jedoch für sich allein, das heißt ohne Rücksicht auf seine Gründe und Begleitumstände, noch kein Beweisanzeichen dafür sein, dass der Angeklagte der Täter ist.[2713]

1164 Dabei handelt es sich – worauf der BGH ausdrücklich hinweist – um die Anwendung eines allgemeinen, über die Fälle des Alibivorbringens hinausreichenden Grundsatzes, der besagt, dass eine für widerlegt erachtete Behauptung des Angeklagten nicht ohne Weiteres ein Täterschaftsindiz abgibt.[2714] Dieser Grundsatz beruht letztlich darauf, dass eine Strafrechtsordnung, die für jede Verurteilung den vollen Beweis der Tat fordert und Zweifel daran stets zuguns-

**2711** BGH, Urt. v. 5.5.1981 – 5 StR 146/81, zit. bei *Niemöller* StV 1984, 435.

**2712** Hierzu: KK-*Ott* § 261 StPO, Rn. 91; MüKoStPO/*Miebach* § 261 StPO, Rn. 181.

**2713** BGH, Urt. v. 21.1.2004 – 1 StR 364/03 = NStZ 2004, 392 = StV 2004, 358; BGH, Urt. v. 5.7.1995 – 2 StR 137/95 = BGHSt 41, 153 = NJW 1995, 2997 = NStZ 1995, 559 = StV 1995, 510; vgl. ferner BGHSt 25, 285, 287; BGH, Urt. v. 21.1.1998 – 5 StR 469/97 = NStZ-RR 1998, 303; BGH, Beschl. v. 16.7.1996 – 5 StR 370/96 = NStZ-RR 1996, 363; BGH, Urt. v. 19.1.1995 – 4 StR 589/94 (insoweit in StV 1995, 366 und NStZ 1995, 231 nicht abgedr.). Anderes kann gelten, wenn der Beschuldigte im Rahmen der falschen Alibibehauptung Täterwissen offenbart (vgl. BGH, Urt. v. 1.2.2011 – 1 StR 408/10 = NStZ-RR 2011, 481).

**2714** Vgl. u.a. BGH, Urt. v. 21.11.2017 – 1 StR 261/17 = NStZ-RR 2018, 56; BGH, Beschl. v. 14.1.2015 – 2 StR 224/14 = NStZ-RR 2015, 170; BGH, Beschl. v. 16.12.2010 – 4 StR 508/10 = NStZ-RR 2011, 118; BGH, Urt. v. 5.7.1995 – 2 StR 137/95 = BGHSt 41, 153ff. mwN; KK-*Ott* § 261 StPO, Rn. 91; MüKoStPO/*Wenske* § 267 StPO, Rn. 193.

ten des Angeklagten ausschlagen lässt, es nicht hinnehmen kann, wenn schon das bloße Fehlen entlastender Umstände als Belastungsindiz gewertet wird.

Was aber für den Fall des gescheiterten Alibibeweises gilt, muss auch und erst recht gelten, wenn der Angeklagte einen Alibibeweis gar nicht erst zu erbringen versucht, sondern sich auf die Erklärung beschränkt, er wisse nicht, wo er zur Tatzeit gewesen sei. Der Angeklagte darf nicht nur schweigen, sondern ebenso auf den „Antritt" eines Entlastungsbeweises verzichten, ohne deshalb in Kauf nehmen zu müssen, dass dieses Verhalten als belastender Umstand bewertet wird und ihm damit zum Nachteil gereicht.[2715] Die Beweiswürdigung des Tatgerichts ist also stets zu beanstanden, wenn es die Tatsache, dass der Angeklagte **kein Alibi** hat, nicht etwa nur als Fehlen eines Umstands bewertet hat, der seiner schon aus dem sonstigen Beweisergebnis gewonnenen Überzeugung von der Täterschaft des Angeklagten den Boden entziehen würde, sondern diesen Umstand als Belastungsindiz zur Bildung seiner Überzeugung verwendet. 1165

Nicht einmal die Widerlegung eines bewusst wahrheitswidrigen Entlastungsvorbringens – also einer **Lüge** – darf ohne Weiteres als Indiz für die Täterschaft des Angeklagten gewertet werden. Mit Recht hat der BGH in diesem Zusammenhang darauf verwiesen, dass Lügen *„sich nur mit Vorsicht"* als Beweisanzeichen für die Schuld des Angeklagten werten lassen, weil *„auch ein Unschuldiger vor Gericht Zuflucht zur Lüge nehmen kann und ein solches Verhalten nicht ohne Weiteres tragfähige Rückschlüsse darauf gestattet, was sich in Wirklichkeit ereignet hat (...)."*[2716] Das schließt es nicht aus, eine erlogene Entlastungsbehauptung überhaupt als – zusätzliches – Belastungsindiz zu werten. Doch muss sich das Tatgericht dabei bewusst sein, dass eine wissentlich falsche Einlassung des Angeklagten ihren Grund nicht darin zu haben braucht, dass er die ihm zur Last gelegte Tat begangen hat und verbergen will. Für sie kann es auch eine andere Erklärung geben. Soll die Lüge als Belastungsindiz gewertet werden, dann setzt dies voraus, dass mit rechtsfehlerfreier Begründung dargetan wird, warum im zu entscheidenden Fall eine andere Erklärung nicht in Betracht kommt oder nach den Umständen so fernliegt, dass sie ausscheidet.[2717] 1166

---

**2715** BGHR StPO § 261 – Überzeugungsbildung 8; *Meyer-Goßner/Schmitt* § 261 StPO, Rn. 16b.

**2716** BGH, Urt. v. 7.3.1995 – 2 StR 137/95 = BGHSt 41, 153 = NJW 1995, 2997; vgl. auch BGH StV 1984, 495; BGH StV 1992, 259.

**2717** So auch BGH, Beschl. v. 16.12.2015 – 1 StR 503/15 = StV 2016, 417; BGH, Beschl. v. 30.9.2015 – 1 StR 445/15 = NJW 2016, 262, 263; KK-*Ott* § 261 StPO, Rn. 91; LR-*Sander* § 261 StPO, Rn. 74.

### (7) Urteilsanforderungen bei Freispruch

1167 Bei einem **Freispruch aus tatsächlichen Gründen** geht die Rechtsprechung mit ihren Anforderungen an tatrichterliche Urteile bedenklich weit über den gesetzlich vorgeschriebenen Argumentationsaufwand hinaus. Während bei einem Schuldspruch nach § 267 Abs. 1 StPO immerhin noch die Indiztatsachen angegeben werden sollen, enthält das Gesetz für den Freispruch in der ersten Alternative des § 267 Abs. 5 Satz 1 StPO („nicht überführt") keine Vorgabe für die Begründung. Dass nach dieser Vorschrift, anders als bei § 267 Abs. 1 StPO eigentlich überhaupt keine Darstellung der Indizienlage im Einzelnen gefordert wird, ist auch folgerichtig, weil sachlicher Grund für den Freispruch die nach Durchführung einer dem Unmittelbarkeits- und Mündlichkeitsprinzip folgenden Beweisaufnahme beim Tatrichter verbliebenen Zweifel sind, die sich gerade nicht mit Tatsachen und Indizien belegen lassen. Gleichwohl verlangt der BGH, dass der Tatrichter in einem aus tatsächlichen Gründen freisprechenden Urteil zu belegen hat, dass er *„die Anforderungen an die Überzeugungbildung nicht überspannt hat"*.[2718] Der Tatrichter muss zunächst darstellen, welchen Sachverhalt er als festgestellt erachtet. Sodann muss geschildert werden, welche für einen Schuldspruch erforderlichen zusätzlichen Feststellungen zur objektiven oder subjektiven Tatseite nicht getroffen werden konnten.[2719] Der pauschale Hinweis darauf, dass der Angeklagte die Tat bestreitet, eröffnet dem Revisionsgericht keine Nachprüfungsmöglichkeit und ist deshalb rechtsfehlerhaft.[2720] Auch die Richtigkeit der Angaben des Angeklagten muss überprüft werden.[2721] Gibt es für die Richtigkeit keine Beweise, hat der Tatrichter auf der Grundlage des gesamten Beweisergebnisses zu würdigen und zu prüfen, inwieweit sie geeignet sind, seine Überzeugungsbildung zu beeinflussen.[2722]

1168 Andererseits müssen auch beim Freispruch nach der bisherigen Rechtsprechung nicht alle Umstände, die bei der Beweiswürdigung eine Rolle spielten, lückenlos dargelegt werden,[2723] solange die wesentlichen Belastungsmomente

---

**2718** Vgl. hierzu KK-*Kuckein/Bartel* § 267 StPO, Rn. 41.

**2719** Vgl. z.B. BGH, Urt. v. 22.5.2019 – 5 StR 36/19 = NStZ-RR 2019, 254. Dabei müssen auch Feststellungen zu naheliegenden, alternativen Begehungsformen getroffen werden (BGH, Urt. v. 26.4.2018 – 4 StR 364/17). S. hierzu KK-*Kuckein/Bartel* § 267 StPO, Rn. 41 mwN; MüKoStPO/*Miebach* § 261 StPO, Rn. 116.

**2720** BGHR StPO § 267 Abs. 5 – Freispruch 7.

**2721** Vgl. z.B. BGH, Urt. v. 10.5.2017 – 2 StR 258/16.

**2722** KK-*Ott* § 261 StPO, Rn. 90; vgl. z.B. BGH, Urt. v. 25.4.2017 – 5 StR 433/16 = NStZ-RR 2017, 221; BGH, Urt. v. 18.1.2011 – 1 StR 600/10 = NStZ 2011, 302, 303; BGH, Urt. v. 11.8.2011 – 4 StR 191/11; BGH, Urt. v. 6.6.2002 – 2 StR 507/01 = NStZ 2002, 446.

**2723** *Meyer-Goßner/Schmitt* § 267 StPO, Rn. 33; BGH, Urt. v. 5.11.2015 – 4 StR 183/15 = NStZ-RR 2016, 54; BGH, Urt. v. 28.10.2010 – 4 StR 285/10.

erörtert werden.[2724] Es ist freilich auch zu beobachten, dass die BGH-Senate in der Überprüfung der Indizienlage bei Freisprüchen bisweilen sehr viel weiter gehen als bei Schuldsprüchen. So liest sich z.B. die Entscheidung des 1. Strafsenats bei der Aufhebung des ersten Freispruchs in der Sache Wörz[2725] wie ein tatrichterliches „Gegenurteil". Das ist angesichts der gesetzgeberischen Entscheidung für den gegenüber Schuldsprüchen geringeren Begründungsaufwand für Freisprüche aus tatsächlichen Gründen in § 267 Abs. 5 StPO bedenklich.

**(8) Darstellung der Einlassung**

Grundsätzlich ist es erforderlich, dass die Urteilsgründe die **Einlassung des** 1169
**Angeklagten** wiedergeben.[2726] Der BGH[2727] sieht einen sachlich-rechtlichen Fehler darin, wenn die Gründe weder die Einlassung des Angeklagten wiedergeben noch diese unter Berücksichtigung der erhobenen Beweise würdigen. Soweit in Entscheidungen verschiedener Oberlandesgerichte in Betracht gezogen wird, bei sachlich und rechtlich einfach gelagerten Fällen von geringer Bedeutung auf die Wiedergabe der Einlassung des Angeklagten und eine Auseinandersetzung mit ihr zu verzichten,[2728] ist zweifelhaft, welche Fallgestaltungen dies erfassen soll. Zur Erfüllung der Begründungspflicht reicht im Übrigen die schematische Aneinanderreihung des Inhalts der Aussagen des Angeklagten und der erhobenen Beweise nicht aus. Ein solcher Aufbau des Urteils kann eine eigenverantwortliche Gesamtwürdigung durch den Tatrichter nicht ersetzen.[2729] Allgemein gehaltene Ausführungen, die als „Textbaustein" in jedem Fall verwendet werden können, genügen den Mindestanforderungen nicht.[2730] Unzurei-

**2724** Vgl. etwa BGH, Urt. v. 30.1.2019 – 2 StR 500/18 = NStZ-RR 2019, 224; BGH, Urt. v. 6.9.2018 – 4 StR 87/18; BGH, Urt. v. 26.2.2017 – 2 StR 132/17.

**2725** BGH, Urt. v. 16.10.2006 – 1 StR 180/06 = NJW 2007, 92. Der Angeklagte wurde nachfolgend durch das LG Mannheim erneut freigesprochen, die hiergegen gerichteten Revisionen der StA und der Nebenklage verworfen (BGH, Urt. v. 15.12.2010 – 1 StR 254/10).

**2726** Vgl. KK-*Kuckein/Bartel* § 267 StPO, Rn. 14 mwN.

**2727** Vgl. BGH, Beschl. v. 24.6.2020 – 2 StR 416/19; BGH, Beschl. v. 12.12.2019 – 5 StR 444/19 = NStZ 2020, 625; BGH, Beschl. v. 30.12.2014 – 2 StR 403/14 = NStZ 2015, 299; BGH, Beschl. v. 10.12.2014 – 3 StR 489/14 = NStZ 2015, 473; OLG Hamm, Beschl. v. 4.3.2008 – 3 Ss 490/07 = StV 2008, 401.

**2728** OLG Hamm, Beschl. v. 21.11.2002 – 5 Ss 1016/02 = StraFo 2003, 133; OLG Düsseldorf, Beschl. v. 1.5.1994 – 5 Ss 39/94 – 34/94 = StV 1995, 458, 459; HansOLG Bremen StV 1987, 429, 430; OLG Düsseldorf NStZ 1985, 323.

**2729** BGH, Urt. v. 7.8.2014 – 3 StR 224/14 = NStZ-RR 2014, 349; BGH, Urt. v. 25.10.2012 – 4 StR 170/12 = NStZ-RR 2013, 52; BGH, Beschl. v. 30.11.1995 – 4 StR 661/95.

**2730** BGH, Beschl. v. 23.4.1993 – 3 StR 138/93 = StV 1994, 7 = NStZ 1993, 501.

chend ist i.d.R. auch die bloß formelhafte Bewertung: „Diese Feststellungen beruhen auf der Einlassung des Angeklagten, soweit das Gericht ihr zu folgen vermochte, und den Aussagen der Zeugen".[2731]

1170 Legt der Angeklagte ein **Geständnis** ab, ist der Inhalt des Geständnisses in den Urteilsgründen wiederzugeben.[2732] Das Gericht ist auch bei einem Geständnis verpflichtet, sich von dessen Richtigkeit zu überzeugen. Es muss deshalb prüfen, ob das Geständnis in sich stimmig ist und ob im Hinblick auf die sonstigen Beweisergebnisse Bedenken gegen die Glaubhaftigkeit bestehen.[2733] Das gilt auch für ein Geständnis, das im Rahmen einer Verständigung abgelegt wurde.[2734] Lässt sich der Angeklagte dahingehend ein, er habe in Notwehr gehandelt, ist der tatsächliche konkrete Geschehensablauf und nicht nur die rechtliche Wertung „Notwehr" mitzuteilen.[2735] Auch ein widerrufenes Geständnis des Angeklagten kann als Indiz für die nunmehr bestrittene Täterschaft berücksichtigt werden. Der Tatrichter muss dabei im Rahmen einer umfassenden Bewertung insbesondere die Entstehung des Aussageinhalts, die Indizien für die Richtigkeit enthalten kann, berücksichtigen.[2736]

### (9) Beweislagen mit erhöhten Anforderungen an die Beweiswürdigung

1171 Nach der Rechtsprechung des BGH gelten für die Beweiswürdigung in bestimmten Fallgruppen erhöhte Anforderungen:[2737]

1172 Besondere Regeln gelten insbesondere in den Fällen, in denen **Aussage gegen Aussage**[2738] steht und in denen die Entscheidung allein davon abhängt, welchen der sich widersprechenden Angaben das Gericht Glauben schenkt. Hier muss der Tatrichter alle für die Beurteilung der Glaubwürdigkeit wesentlichen

---

**2731** OLG Düsseldorf, Beschl. v. 11.5.1994 – 5 Ss 39/94 = StV 1995, 458.
**2732** BGHR StPO § 261 – Einlassung 2.
**2733** KK-*Ott* § 261 StPO, Rn. 92; BGH, Beschl. v. 5.11.2013 – 2 StR 265/13 = StV 2014, 723 = NStZ 2014, 170; BGH, Beschl. v. 15.4.2013 – 3 StR 35/13 = NStZ 2014, 53 = StV 2013, 684; BGH, Beschl. v. 7.2.2012 – 3 StR 335/11 = NStZ-RR 2012, 256.
**2734** KK-*Ott* § 261 StPO, Rn. 93. S. dazu im Einzelnen unten Rn. 1182.
**2735** BGH, Beschl. v. 23.4.1993 – 3 StR 138/93 = NStZ 1993, 501 = StV 1994, 7; *Meyer-Goßner* NStZ 1988, 529, 533.
**2736** MüKoStPO/*Miebach* § 261 StPO, Rn. 177; BGH, Beschl. v. 7.11.2002 – 3 StR 216/02, Rn. 15; BGH, Urt. v. 19.4.2000 – 5 StR 20/00 = StV 2001, 440; BGH, Urt. v. 31.8.1994 – 5 StR 232/94 = StV 1995, 341.
**2737** Vgl. KK-*Ott* § 261 StPO, Rn. 98 ff.
**2738** Vgl. dazu KK-*Ott* § 261 StPO, Rn. 100; MüKoStPO/*Miebach* § 261 StPO, Rn. 230; *Meyer-Goßner/Schmitt* § 261 StPO, Rn. 11a; *Deckers* FS Hamm, S. 53.

Umstände erkannt und gewürdigt haben.[2739] Dabei reicht es nicht aus, jeden gegen die Glaubwürdigkeit eines Belastungszeugen sprechenden Umstand einzeln unter Zugrundelegung der jeweils für den Zeugen günstigsten Deutungsmöglichkeit zu entkräften. Vielmehr ist im Rahmen einer Gesamtwürdigung zu prüfen, ob trotz der entgegenstehenden Indizien jeglicher Zweifel an der Glaubhaftigkeit der Zeugenaussage überwunden werden kann.[2740]

Hieraus entstehen auch im Rahmen der Beweiswürdigung bestimmte Dar- 1173
legungspflichten, deren genauer Inhalt sich am Einzelfall orientiert. Regelmäßig ist aber nicht nur eine sorgfältige Inhaltsanalyse der Aussage, sondern auch eine genaue Prüfung der Entstehungsgeschichte, eine Bewertung des gegebenenfalls feststellbaren Aussagemotivs sowie eine Prüfung von Konstanz, Detailliertheit und Plausibilität der Angaben erforderlich.[2741] Es genügt deshalb nicht, nur die Aussage in der Hauptverhandlung darzulegen, sie muss auch zum vorherigen Aussageverhalten in Bezug gesetzt werden.[2742] Die Entstehungsgeschichte der Beschuldigung muss dargestellt werden.[2743] Denkbare Motive für eine Falschbelastung müssen ausgeschlossen werden.[2744] Wird mit der Revision gegen ein freisprechendes Urteil geltend gemacht, die Beweiswürdigung sei lückenhaft, soll das Revisionsgericht nicht verpflichtet sein, Mutmaßungen darüber anzustellen, welche weiteren Beweismittel zur Aufklärung des Tatvorwurfs zur Verfügung gestanden hätten.[2745]

Glaubt das Gericht einen Teil der Aussage, andere Teile jedoch nicht, ist 1174
eine besondere Begründung erforderlich.[2746] Generell führt es zu einer gesteiger-

**2739** BGH, Urt. v. 4.6.2019 – 2 StR 202/18; BGH, Urt. v. 7.2.2018 – 2 StR 447/17 = StV 2019, 522 = NStZ-RR 2018, 220; BGH, Urt. v. 24.1.2018 – 5 StR 457/17 = StV 2019, 524: vgl. *Maier* NStZ 2005, 246; vgl. auch BGH, Urt. v. 25.4.2018 – 2 StR 194/17 = NStZ 2019, 42; BGH, Beschl. v. 10.4.2019 – 2 StR 338/18 (Darlegungspflicht bei Abweichung von einem Gutachten); BGH, Urt. v. 5.11.2015 – 4 StR 183/15; KK-*Ott* § 261 StPO, Rn. 101.

**2740** BGH, Beschl. v. 11.12.2018 – 2 StR 487/18 = StV 2019, 519; BGH, Beschl. v. 10.10.2018 – 1 StR 438/18 = NJW 2019, 945.

**2741** BGH, Urt. v. 4.6.2019 – 2 StR 202/18; BGH, Urt. v. 22.10.2014 – 2 StR 92/14 = NStZ-RR 2015, 52.

**2742** BGH, Beschl. v. 4.4.2017 – 2 StR 409/16 = NStZ 2017, 551; BGH, Beschl. v. 19.7.2015 – 5 StR 231/16 = NStZ-RR 2016, 382.

**2743** BGH, Beschl. v. 11.10.2017 – 1 StR 305/17; BGH, Urt. v. 4.10.2017 – 2 StR 219/15 = StV 2019, 226; BGH, Urt. v. 22.6.2017 – 4 StR 1/17.

**2744** BGH, Urt. v. 6.4.2016 – 2 StR 408/15.

**2745** Vgl. BGH, Urt. v. 5.1.2015 – 4 StR 183/15, Rn. 11 (Rev. der StA).

**2746** BGH, Beschl. v. 28.7.2015 – 4 StR 132/15; BGH, Beschl. v. 3.9.2013 – 1 StR 206/13; BGH, Urt. v. 20.2.2014 – 3 StR 289/13; vgl. auch BGH, Beschl. v. 6.2.2014 – 1 StR 700/13. S. hierzu

ten Begründungspflicht, wenn Teile der Aussage des Belastungszeugen sich als unwahr erweisen.[2747]

1175 Stützt sich die Verurteilung im Wesentlichen auf die Aussage eines Zeugen, kann es auch geboten sein, in die Beweiswürdigung einzubeziehen, dass sich der Zeuge auf ein Zeugnis- oder Auskunftsverweigerungsrecht berufen hat, um bestimmte Fragen abzuwehren.[2748] Besondere Erörterungspflichten können auch bestehen, wenn sich zwei Angeklagte gegenseitig belasten.[2749] Ähnliches gilt, wenn sich in der Hauptverhandlung Tatsachen offenbaren, die einen besonderen Belastungseifer eines Zeugen oder das mögliche Hoffen auf eine Strafmilderung nach § 31 BtMG[2750] nahelegen.

1176 Auch bei den Fällen des **Wiedererkennens** sind besondere Anforderungen an die Beweiswürdigung zu stellen. Bei einer Lichtbildauswahlvorlage oder Wahlgegenüberstellung sind neben dem Beschuldigten zugleich eine Reihe anderer Personen gleichen Geschlechts, ähnlichen Alters und ähnlichen Erscheinungsbildes heranzuziehen.[2751] Ob dies ordnungsgemäß geschehen ist, müssen die Urteilsgründe erkennen lassen. In Fällen des wiederholten Wiedererkennens muss der Tatrichter in den Urteilsgründen zum Ausdruck bringen, dass er sich des beschränkten Beweiswertes dieser Tatsache bewusst war.[2752] Denn hierbei muss das Gericht die Gefahr berücksichtigen, dass der Zeuge den Angeklagten in der Hauptverhandlung nicht mit dem Täter vergleicht, sondern mit der von ihm bei einer früheren Lichtbildvorlage oder Gegenüberstellung als Täter identifizierten Person.[2753]

---

schon BGH, Urt. v. 29.7.1998 – 1 StR 94/98 = BGHSt 44, 153 und BGH, Urt. v. 17.11.1998 – 1 StR 450/98 = BGHSt 44, 256; *Maul* StraFo 2000, 257; *Hamm* StraFo 2000, 253.

**2747** BGH, Beschl. v. 25.7.2019 – 1 StR 270/19; BGH, Beschl. v. 30.1.2018 – 4 StR 587/17 = StV 2019, 523 = NStZ-RR 2018, 120; BGH, Beschl. v. 27.11.2017 – 5 StR 520/17 = NStZ 2018, 116; BGH, Beschl. v. 8.3.2016 – 3 StR 18/16 = StV 2017, 6; BGH, Beschl. v. 19.11.2014 – 4 StR 427/14 = NStZ 2015, 602. Vgl. auch BGH, Beschl. v. 12.2.2020 – 1 StR 612/19; BGH, Beschl. v. 4.12.2019 – 2 StR 208/19.

**2748** Vgl. BGH, Beschl. v. 10.1.2012 – 5 StR 508/11, Rn. 7.

**2749** BGH, Beschl. v. 24.10.2012 – 5 StR 393/12 = NJW 2012, 3736; BGH, Urt. v. 13.9.2011 – 5 StR 308/11.

**2750** BGH, Beschl. v. 25.6.2013 – 5 StR 276/13; BGH, Urt. v. 19.2.2015 – 3 StR 597/14.

**2751** Vgl. dazu *Odenthal* StraFo 2013, 62; KK-*Ott* § 261 StPO, Rn. 106 mwN; BGH, Beschl. v. 22.11.2017 – 4 StR 468/17. S. auch RiStBV Nr. 18.

**2752** BGH, Beschl. v. 22.11.2017 – 4 StR 468/17; BGH, Beschl. v. 8.12.2016 – 2 StR 480/16 = StraFo 2017, 111; BGH, Beschl. v. 29.11.2016 – 2 StR 472/16 = StV 2018, 790 = NStZ-RR 2017, 90; BGH, Beschl. v. 30.3.2016 – 4 StR 102/16; BGH, Beschl. v. 25.9.2012 – 5 StR 372/12 = StV 2013, 546 = NStZ-RR 2012, 381 („äußerst geringer Beweiswert"). Vgl. auch BVerfG, Beschl. v. 30.4.2003 – 2 BvR 2045/02 = NJW 2003, 2444.

**2753** Vgl. hierzu KK-*Ott* § 261 StPO, Rn. 108; *Eisenberg* NStZ 2020, 500; *Odenthal* StraFo 2013, 63; BGH, Urt. v. 12.3.2020 – 4 StR 544/19 = NStZ 2020, 499.

Bei der Beurteilung der Aussage eines **„Zeugen vom Hörensagen“** ist nach der Rechtsprechung des BGH besondere Vorsicht geboten.[2754] Dass der Tatrichter sie hat walten lassen, müssen die Urteilsgründe ausweisen.[2755] Eine Verurteilung kann regelmäßig nicht auf den Inhalt der Aussage eines Zeugen vom Hörensagen gestützt werden, wenn keine weiteren Indizien deren Inhalt bestätigen.[2756] In derartigen Fällen muss häufig auch erörtert werden, ob Auskunftspersonen, über deren Angaben ein Zeuge vom Hörensagen berichtet, durch ihre Aussage Vorteile erlangen.[2757] 1177

Diesen Anforderungen kommt umso höhere Bedeutung zu, wenn Feststellungen auf die durch Zeugen vom Hörensagen eingeführten Angaben einer **gesperrten Vertrauensperson** gestützt werden sollen. Auch in solchen Fällen ist es erforderlich, dass die auf diesem Wege eingeführten Angaben durch andere wichtige Beweisanzeichen bestätigt worden sind, wenn darauf eine Entscheidung zum Nachteil des Angeklagten gestützt werden soll.[2758] Häufig stellt sich hier auch die Frage, ob das Verfahren dem in **Art. 6 Abs. 3 lit. d EMRK garantierten Konfrontationsrecht** Rechnung trägt.[2759] Art. 6 Abs. 3 lit. d EMRK garantiert das Recht, Fragen an Belastungszeugen zu stellen oder stellen zu lassen. Kommt es als Folge von Sperrerklärungen dazu, dass die Strafjustiz keine Möglichkeit hat, bestimmte Zeugen unmittelbar in der Hauptverhandlung zu vernehmen, kann dieses Recht verletzt sein.[2760] Damit steht allerdings noch nicht fest, dass das Verfahren insgesamt nicht dem Fairnessgrundsatz des Art. 6 Abs. 1 EMRK entspricht. Nach der Rechtsprechung des EGMR ist vielmehr zu prüfen, ob es einen wichtigen Grund für die Verhinderung der direkten Befragung gibt, welche Bedeutung der Aussage zukommt und ob im jeweiligen nationalen Recht ausgleichende Faktoren und prozessuale Schutzvorschriften 1178

**2754** Vgl. z.B. BGH, Urt. v. 4.7.2018 – 5 StR 650/17, Rn. 36 = StraFo 2019, 17; BGH, Urt. v. 3.5.2017 – 2 StR 66/16; BGH, Urt. v. 12.7.2016 – 1 StR 595/15, Rn. 35; KK-*Ott* § 261 StPO, Rn. 99; *Meyer-Goßner/Schmitt* § 250 StPO, Rn. 4 f. mwN.

**2755** BGH, Beschl. v. 19.6.1996 – 5 StR 220/96 = StV 1996, 583; BGH, Beschl. v. 20.6.1994 – 5 StR 283/94 = NStZ 1994, 502 = StV 1994, 637 = BGHR StPO § 261 – Zeuge 16.

**2756** BGH, Beschl. v. 7.9.2017 – 1 StR 329/17 = StV 2018, 787, 788 = NStZ-RR 2018, 21, 22; BGH, Beschl. v. 10.6.2013 – 5 StR 191/13 = wistra 2013, 400; BGH, Beschl. v. 9.4.2013 – 5 StR 138/13. S. auch BVerfG, Beschl. v. 9.10.2009 – 2 BvR 547/08 = NJW 2010, 925, 926; BVerfG, Beschl. v. 19.7.1995 – 2 BvR 1142/93 = NJW 1996, 448.

**2757** Vgl. BGH, Urt. v. 8.6.2016 – 2 StR 539/15 = StV 2016, 774; KK-*Ott* § 261 StPO, Rn. 99 mwN.

**2758** Vgl. KK-*Ott* § 261 StPO, Rn. 109; MüKoStPO/*Miebach* § 261 StPO, Rn. 280 f.; BGH, Urt. v. 2.8.2006 – 2 StR 225/06 = NStZ 2007, 103; BVerfG, Beschl. v. 19.7.1995 – 2 BvR 1142/93 = NJW 1996, 448, 449.

**2759** Vgl. hierzu KK-*Ott* § 261 StPO, Rn. 110; MüKoStPO/*Miebach* § 261 StPO, Rn. 286.

**2760** S. dazu im Einzelnen unten Rn. 1376 ff..

vorgesehen sind.[2761] Die Rechtsprechung des BGH hat in der Vergangenheit versucht, Beeinträchtigungen des Rechts auf konfrontative Befragung dadurch auszugleichen, dass sie in derartigen Fällen eine Beweiswürdigung fordert, die dem durch die Einschränkung verminderten Beweiswert der Aussage Rechnung trägt.[2762] Die Verurteilung des Angeklagten soll danach nur dann zulässig sein, wenn die belastenden Angaben des nicht konfrontativ befragten Zeugen durch andere wichtige Indizien außerhalb der Aussage bestätigt werden. Ob die Rechtsprechung weiter an dieser „Beweiswürdigungslösung" festhält, ist allerdings derzeit offen.[2763] Erwogen wird, ob ein Beweisverwertungsverbot in solchen Fällen voraussetzt, dass der Verwertung in der Hauptverhandlung widersprochen wurde.[2764]

1179 Jenseits der konkreten rechtlichen Einordnung von Verstößen gegen das Konfrontationsrecht steht aber außer Frage, dass gegenüber dem Beweiswert von Aussagen eines „Zeugen vom Hörensagen" Skepsis geboten ist. Die Tatsache, dass ein „V-Mann-Führer" in der Hauptverhandlung als Zeuge darüber aussagt, was der V-Mann ihm als angeblich selbst erlebt erzählt hat, oder auch, dass ein Vernehmungsbeamter als Zeuge aussagt, was ein nicht genannt werden sollender, von ihm als glaubwürdig angesehener (als ob es darauf ankäme!) „Anonymus" ihm gegenüber zu Protokoll gegeben hat, ist nichts weiter als ein schwaches Indiz für die Richtigkeit der so eingeführten Angaben. Wird auf diesem Wege ausnahmsweise einmal eine entlastende Tatsache in die Hauptverhandlung eingeführt, so mag der Umstand, dass sie unter solchen Verhältnissen unüberprüfbar bekundet worden ist, zur Begründung für Zweifel an der Richtigkeit entgegenstehender Annahmen der Anklage ausreichen. Ein Freispruch, der ausschließlich darauf beruht, dass ein V-Mann nach der Aussage eines Zeugen vom Hörensagen bekundet hat, der Angeklagte sei an einer Tat nicht betei-

---

**2761** Vgl. EGMR, Urt. v. 15.12.2015 – 9154/10 = EuGRZ 2016, 511 = StV 2017, 213; EGMR, Urt. v. 19.7.2012 – 26171/07 = NJW 2013, 3225 = StV 2014, 452 m. Anm. *Pauly*; EGMR, Urt. v. 19.7.2012 – 29881/07 = JR 2013, 170 m. Anm. *Schroeder*; EGMR, Urt. v. 15.12.2011 – 26766/05 und 22228/06; hierzu: *du Bois-Pedain* HRRS 2012, 120. S. hierzu auch EGMR, Urt. v. 26.7.2018 – 59549/12.

**2762** Vgl. BGH, Urt. v. 19.2.2015 – 3 StR 597/14 = NStZ-RR 2015, 226; BGH, Urt. v. 16.1.2013 – 2 StR 106/12 = StraFo 2013, 209; BGH, Beschl. v. 17.3.2010 – 2 StR 397/09 = BGHSt 55, 70 = NJW 2010, 2024 = StV 2010, 342.

**2763** Kritisch hierzu: BGH, Urt. v. 4.5.2017 – 3 StR 323/16 = NStZ 2018, 51 = StV 2017, 776; KK-*Ott* § 261 StPO, Rn. 111. S. hierzu: *Lohse* JR 2018, 183; *Schumann* HRRS 2017, 354; *Arnoldi* NStZ 2018, 55; *Gaede* StV 2018, 175; *Mosbacher* JuS 2017, 742 sowie BGH, Beschl. v. 26.4.2017 – 1 StR 32/17 = NStZ 2017, 602 m. Anm. *Esser*.

**2764** BGH, Beschl. v. 26.4.2017 – 1 StR 32/17 = NStZ 2017, 602 m. Anm. *Esser*. S. hierzu KK-*Lohse/Jakobs* Art. 6 EMRK, Rn. 114.

ligt gewesen, wäre also nicht zu beanstanden. Denn schon ein schwaches Entlastungsindiz kann eine kleine aber ausreichende Lücke in einen Indizienring reißen. Aber ein schwaches Belastungsindiz kann niemals einen Indizienring oder gar eine Indizienkette ersetzen.[2765]

### (10) Beweiswürdigung bei Verständigungen

Das Bundesverfassungsgericht hat in seinem Grundsatzurteil vom 19.3.2013 die hohe Bedeutung einer konsequenten Handhabung der Aufklärungspflicht für die Verfassungsmäßigkeit des Verständigungsgesetzes unterstrichen.[2766] Auch wenn einem tatrichterlichen Urteil eine Verständigung zu Grunde liegt, bleibt nach der gesetzlichen Regelung die Aufklärungspflicht unberührt (§ 257c Abs. 1 S. 2 StPO). An Urteile, die auf eine Verständigung gestützt sind und die in ihnen enthaltene Darstellung der Beweiswürdigung sind deshalb keine wesentlich anderen Anforderungen zu stellen als an Urteile, die auf Grund einer Hauptverhandlung ohne Verständigung ergangen sind.[2767] 1180

Stützt sich das Urteil auf eine Verständigung, ist dies ausdrücklich zu vermerken (§ 267 Abs. 3 S. 5 StPO).[2768] Erforderlich ist lediglich die Angabe, dass eine Verständigung stattgefunden hat, ihr Inhalt muss im Urteil nicht mitgeteilt werden.[2769] Wenn das Urteil zwar auf einer Verständigung beruht, aber der erforderliche Hinweis fehlt, liegt ein Verfahrensfehler vor; allerdings wird das Urteil in der Regel hierauf nicht beruhen.[2770] 1181

Die in § 267 Abs. 3 S. 5 StPO enthaltene Regelung darf nicht zu dem Missverständnis führen, es sei in solchen Fällen lediglich ein besonders abgekürztes „Verständigungsurteil" erforderlich.[2771] Auch ein Urteil, das auf einer Verständi- 1182

---

**2765** Vgl. zu einem Fall, in dem der verminderte Beweiswert einer belastenden Aussage zum Freispruch geführt hat: BGH, Urt. v. 16.1.2013 – 2 StR 106/12 = StraFo 2013, 209.

**2766** BVerfG, Urt. v. 19.3.2013 – 2 BvR 2628/10 u.a. = BVerfGE 133, 168, 207.

**2767** Vgl. hierzu allgemein KK-*Ott* § 261 StPO, Rn. 93; MüKoStPO/*Miebach* § 261 StPO, Rn. 172.

**2768** Hierzu: BT-Drs. 16/12310, S. 15; KK-*Kuckein/Bartel* § 267 StPO, Rn. 36.

**2769** BGH, Beschl. v. 13.1.2010 – 3 StR 528/09 = StV 2010, 227 = NStZ 2010, 348; BGH, Beschl. v. 11.10.2010 – 1 StR 359/10 = NStZ 2011, 170. Vgl. aber auch BGH, Urt. v. 25.10.2012 – 4 StR 170/12 = StV 2013, 194 = NStZ-RR 2013, 52 (Pflicht zur Mitteilung der Verständigung, wenn zum Verständnis der Beweiswürdigung erforderlich). Zur Frage, ob ein Hinweis anzubringen ist, wenn das Gericht von der Verständigung nach § 257c Abs. 4 StPO wieder abgerückt ist, vgl. *Meyer-Goßner/Schmitt* § 267 StPO, Rn. 23a.

**2770**. BGH, Beschl. v. 19.8.2010 – 3 StR 226/10 = StV 2011, 76, 78; *Meyer-Goßner/Schmitt* § 267 StPO, Rn. 23a.

**2771** BGH, Beschl. v. 31.1.2012 – 3 StR 285/11 = StV 2012, 653; BGH, Beschl. v. 22.9.2011 – 2 StR 383/11 = StV 2012, 133 = NStZ-RR 2012, 52; KK-*Moldenhauer/Wenske* § 257c StPO, Rn. 62.

gung beruht, muss die Anforderungen des § 267 StPO erfüllen.[2772] Dass dem Urteil eine Verständigung zu Grunde liegt, darf insbesondere nicht dazu führen, dass sich der Schuldspruch lediglich auf ein Geständnis des Angeklagten stützt, ohne dass sich das Gericht von dessen Richtigkeit überzeugt hätte.[2773] Das Geständnis muss – ebenso wie sonst die Einlassung des Angeklagten – wiedergegeben und es muss dargelegt werden, aus welchen Gründen das Tatgericht es für glaubhaft gehalten hat.[2774] Wurden zur Bestätigung des Geständnisses Beweise erhoben (wie z.B. Observations- und Durchsuchungsberichte verlesen), sind sie im Urteil darzustellen.[2775]

1183 Auch Fallgestaltungen, in denen die Möglichkeit besteht, dass es zu einer „**Verständigung zu Lasten Dritter**" gekommen ist, lösen nach der neueren Rechtsprechung konkrete Darlegungsanforderungen aus. So ist es in der Beweiswürdigung besonders zu berücksichtigen, wenn die Verurteilung auf der Aussage eines Mitangeklagten oder Zeugen beruht, gegen den ein eigenes Strafverfahren wegen derselben Vorgänge geführt wurde, das dann durch eine Verständigung abgeschlossen wurde.[2776] Diese Darlegungsanforderungen setzen dabei letztlich die Rechtsprechung fort, die schon vor Inkrafttreten des Verständigungsgesetzes galt. So hatte der BGH bereits im Jahr 2007 darauf verwiesen, dass die Glaubhaftigkeit der Bekundungen eines Zeugen „unter Einbeziehung des Zustandekommens und des Inhalts der Absprache" gewürdigt werden muss, wenn die Verurteilung eines Angeklagten auf Angaben eines Belastungszeugen beruht, die seinem Geständnis in der gegen ihn geführten Hauptverhandlung entsprachen, und dieses Geständnis Gegenstand einer verfahrensbeendenden Absprache war.[2777]

2772 BGH, Beschl. v. 21.7.2014 – 2 StR 75/14. Weitere Nachweise bei KK-*Kuckein*/*Bartel* § 267 StPO, Rn. 36.

2773 BGH, Beschl. v. 13.9.2016 – 5 StR 338/16 = NStZ 2017, 173, 174; BGH, Beschl. v. 9.6.2015 – 3 StR 169/15; KK-*Moldenhauer*/*Wenske* § 257c StPO, Rn. 64b. S. dazu auch schon BVerfG, Urt. v. 19.3.2013 – 2 BvR 2628/10 u.a. = BVerfGE 133, 168 = NJW 2013, 1058, 1063; kritisch zu den Anforderungen des BVerfG: LR-*Becker* § 244 Rn. 9b.

2774 BGH, Beschl. v. 29.12.2015 – 2 StR 322/15 = NStZ-RR 2016, 148. Vgl. ergänzend auch BGH, Beschl. v. 21.8.2018 – 2 StR 231/18 = NStZ-RR 2018, 380.

2775 Vgl. KK-*Moldenhauer*/*Wenske* § 257c StPO, Rn. 64c. Zur Frage, inwieweit neben dem Geständnis weitere Beweiserhebungen erforderlich sind: KK-*Ott* § 261 StPO, Rn. 94.

2776 Vgl. hierzu: BGH, Beschl. v. 28.1.2014 – 1 StR 562/13 = NStZ 2014, 287; BGH, Beschl. v. 6.3.2013 – 5 StR 423/12 = BGHSt 58, 184 = NJW 2013, 1316; BGH, Beschl. v. 22.2.2012 – 1 StR 349/11 = StV 2012, 649; KK-*Moldenhauer*/*Wenske* § 257c StPO, Rn. 64d. S. auch BGH, Beschl. v. 9.1.2020 – 2 StR 355/19.

2777 Vgl. BGH, Beschl. v. 6.11.2007 – 1 StR 370/07 = BGHSt 52, 78 = StV 2008, 60 = NStZ 2008, 173 = NJW 2008, 1749; hierzu: *Schmitz* NJW 2008, 1751; *Stübinger* JZ 2008, 798.

### (11) Verstoß gegen „in dubio pro reo"

Auch die Verpflichtung des Tatrichters, bei verbleibenden Zweifeln an der Täterschaft des Angeklagten oder am Vorliegen unmittelbar entscheidungserheblicher Tatsachen die jeweils für den Angeklagten günstigste Alternative bei der rechtlichen Bewertung zugrunde zu legen („in dubio pro reo"), steht in so engem Zusammenhang mit der Regel des § 261 StPO, dass es sinnvoll ist, diesen Rechtssatz hier noch einmal anzusprechen, nachdem er bereits oben in seinem Verhältnis zur Aufklärungspflicht, dem Beweisantragsrecht und insbesondere bei der Darstellung des Indizienbeweises erläutert wurde.[2778] Die Bedeutung des Zweifelssatzes bei der Auslegung des § 261 StPO wird auch allgemein in den Kommentaren anerkannt.[2779] 1184

Der **Zweifelssatz** ist keine Beweislastregel, weil es im Strafprozess keine Klägerpartei gibt, die ihre Behauptungen selbst beweisen müsste; er ist aber auch deshalb keine Beweisregel, weil er das Tatgericht nicht verpflichtet, bei einer bestimmten Beweislage sich eine bestimmte Überzeugung zu bilden. Vielmehr tritt der Grundsatz mit Verfassungsrang[2780] erst auf den Plan, wenn die Würdigung der Beweise (zu tatbestandserheblichen Teilfragen, aber auch im Falle von Indizienketten zu einzelnen Indizien[2781]) abgeschlossen ist und ein dem Angeklagten ungünstiges eindeutiges Ergebnis nicht erbracht hat.[2782] Dann muss das Gericht eine den Schuldspruch oder eine dem Angeklagten negative Rechtsfolge tragende Feststellung unterlassen und stattdessen seine Zweifel benennen, um daraus (wenn es sich um eine Voraussetzung für einen Schuldspruch handelt) die Konsequenz eines Freispruchs zu ziehen. Gegen den Zweifelssatz hat das Tatgericht aber nur dann verstoßen, wenn es Zwei- 1185

**2778** Rn. 764 und Rn. 1107 ff.

**2779** Vgl. KK-*Ott* § 261 StPO, Rn. 63 ff.; MüKoStPO/*Miebach* § 261 StPO, Rn. 342 ff.; LR-*Sander* § 261 StPO, Rn. 103 ff. – und zwar auch soweit sie teilweise unter Hinweis auf unsere 5. Auflage (Rn. 383) die Entscheidungsregel „in dubio pro reo" in das materielle Recht einordnen – vgl. *Meyer-Goßner/Schmitt* § 261 StPO, Rn. 26 ff.

**2780** BVerfG, Beschl. v. 8.11.2006 – 2 BvR 1378/06 = BVerfGK 9, 420; BayVerfGH NJW 1983, 1600.

**2781** Siehe dazu oben, Rn. 1113 ff.

**2782** KK-*Ott* § 261 StPO, Rn. 63 f. Zur Bedeutung des Grundsatzes s. auch BGH, Urt. v. 16.6.2016 – 1 StR 50/16 = NStZ-RR 2016, 318; BGH, Urt. v. 6.9.2016 – 1 StR 104/15; BGH, Beschl. v. 3.2.2015 – 3 StR 541/14 und BGH, Urt. v. 2.9.2009 – 2 StR 229/09 = NStZ 2010, 102, 103. Entscheidet sich der Tatrichter für die dem Angeklagten ungünstigere Möglichkeit, muss er erkennbar erwägen, dass diese Möglichkeit auch nicht wesentlich näher liegend erscheint als die verworfene, dem Angeklagten günstigere (BGH, Beschl. v. 30.6.2005 – 1 StR 227/05 = StV 2008, 233).

fel gehabt und dennoch eine den Angeklagten belastende Tatsache festgestellt hat.

1186 Vielfach wird gesagt, es sei nicht möglich, dem Tatrichter vorzuwerfen, dass er hätte zweifeln müssen.[2783] Das ist in dieser Form richtig. Aber vielfach hilft in solchen Fällen die Aufklärungsrüge oder die Beanstandung eines der vorstehend behandelten Fehlertypen innerhalb des § 261 StPO i.V.m. § 267 Abs. 1 Satz 2 StPO. Insbesondere der Vorwurf, das Tatgericht habe naheliegende, den Angeklagten entlastende Sachverhaltsvarianten nicht erörtert,[2784] ist meist gleichbedeutend mit dem Vorwurf, das Tatgericht hätte die damit verbundenen Bedenken gegen seine Feststellungen haben, mithin also Zweifel hegen müssen. Auch der Vorwurf, das Tatgericht habe auf nicht hinreichender Tatsachengrundlage entschieden, das Urteil gehe nicht über eine bloße Vermutung hinaus,[2785] ähnelt sachlich dem Vorwurf, das Tatgericht habe zweifeln müssen, obwohl es nicht gezweifelt hat.

### (12) Verstoß gegen Denkgesetze

1187 Was mit den Denkgesetzen gemeint ist, lässt sich an einer bisher nicht in Druckwerken veröffentlichten Entscheidung des BGH **beispielhaft** studieren:

*„Zwar erweist sich die Erwägung des Tatrichters zur Glaubhaftigkeit der Aussage der Geschädigten, es sei ‚nicht nachvollziehbar', wieso es der Zeugin bei den zahlreichen nach der Tat an den Angeklagten gesendeten SMS „in einem solchen Maß auf eine Entschuldigung … seitens des Angeklagten ankam, wenn nichts geschehen gewesen wäre, auf Grund eines Zirkelschlusses als fehlerhaft. Denn dass die Zeugin mit ihren SMS eine Entschuldigung des Angeklagten anstrebte, ergibt sich aus dem Wortlaut dieser Nachrichten nicht, sondern beruht seinerseits auf einer Würdigung der entsprechenden Behauptung der Zeugin selbst; die Annahme, diese hätte eine Entschuldigung angestrebt, setzt daher gerade die Begehung der Tat voraus, zu deren Beweis sie vom Landgericht herangezogen wird.*

*Im Ergebnis hält die Beweiswürdigung des Landgerichts gleichwohl rechtlicher Prüfung stand. Dass die Nebenklägerin dem Angeklagten in einer ihrer SMS mitteilte: ‚Anzeige wegen Vergewaltigung läuft. Das war ja eine', hat der Tatrichter nicht gesondert gewürdigt. Aus dem Text dieser Nachricht ergibt sich aber, dass die Nebenklägerin hier auf ein Geschehnis Bezug nahm (‚das war ja eine'), dessen Kenntnis sie auch beim Angeklagten voraussetzte. Der Schluss, dass die teilweise widersprüchlichen Inhalte der Mitteilungen der Nebenklägerin an den Ange-*

---

**2783** BVerfG, Beschl. v. 17.7.2007 – 2 BvR 496/07 = NStZ-RR 2007, 381, 382; BVerfG, Beschl. v. 23.9.1987 – 2 BvR 814/87 = NJW 1988, 477; *Meyer-Goßner/Schmitt* § 261 StPO, Rn. 26 mwN.

**2784** Siehe dazu vorstehend, Rn. 1156f.

**2785** S. dazu oben Rn. 1150 ff.

*klagten ihrer Schilderung der Tat jedenfalls nicht entgegen stehen, wird davon ohne Weiteres getragen."*[2786]

Mit dieser (hier nahezu vollständig wiedergegebenen) Begründung hat der Senat die Revision des die Tat bestreitenden Angeklagten *„mit der Maßgabe als unbegründet verworfen, dass der Angeklagte der besonders schweren Vergewaltigung (§ 177 Abs. 4 Nr. 1 StGB) schuldig ist"*. **1188**

Ein Zirkelschluss also ist dem Tatrichter unterlaufen.[2787] Trotzdem hat sein Urteil Bestand, weil der BGH feststellt, dass der Tatrichter noch einen weiteren Darstellungsmangel begangen hat (*„... hat der Tatrichter nicht gesondert gewürdigt"*) und zudem noch dem BGH selbst ein Denkfehler unterlaufen ist, indem er irrig annahm, es sei schon ein Qualitätsmerkmal der Argumentation des Tatgerichts, wenn es erkannt habe, *„dass die teilweise widersprüchlichen Inhalte der Mitteilungen der Nebenklägerin an den Angeklagten ihrer Schilderung der Tat jedenfalls nicht entgegen stehen"*. **1189**

Das Beispiel zeigt, dass die Suche nach Verstößen gegen Denkgesetze im tatrichterlichen Urteil manchmal einer Denksportaufgabe gleicht, deren Lösung auch den Revisionsgerichten schwer fallen kann.[2788] **1190**

Da der richterliche Entscheidungsprozess – und damit zunächst die „Herstellung" (§ 261 StPO) der Entscheidungsgrundlage in tatsächlicher Hinsicht – auf vernünftigen Schlussfolgerungen aufbauen muss, müssen auch die Urteilsgründe – die „Darstellung" (§ 267 StPO) der Entscheidungsgrundlage in tatsächlicher Hinsicht – den **Gesetzen der Logik** entsprechen. Was denkgesetzwidrig ist, verdient nicht die Bezeichnung „Gründe". Ob dadurch der Grundsatz der freien richterlichen Beweiswürdigung tatsächlich eine Beschränkung erfährt,[2789] erscheint zumindest fraglich, da § 261 StPO dem Richter keine willkürliche, von den Regeln der Logik losgelöste Freiheit der Entscheidung zubilligt, sondern vielmehr die Einhaltung der Denkgesetze unausgesprochen voraussetzt.[2790] **1191**

---

**2786** BGH, Beschl. v. 15.8.2007 – 2 StR 257/07.

**2787** Vgl. hierzu auch MüKoStPO/*Miebach* § 261 StPO, Rn. 97.

**2788** Siehe auch den Fall BVerfG, Beschl. v. 30.4.2003 – 2 BvR 2045/02 = NJW 2003, 2444; dazu *Herdegen* NJW 2003, 3513 und *Hamm* FS Fezer, S. 393.

**2789** So BGH, Beschl. v. 19.12.1995 – 4 StR 170/95 = StV 1996, 413, 414; MüKoStPO/*Miebach* § 261 StPO, Rn. 94; vgl. auch LR-*Sander* § 261 StPO, Rn. 44; *Schmitt*, Die richterliche Beweiswürdigung im Strafprozess, S. 217.

**2790** Vgl. KK-*Ott* § 261 StPO, Rn. 51 sowie zur historischen Entwicklung der „Freiheit der Beweiswürdigung" *Fezer* StV 1995, 95.

1192 Denkgesetze sind auch keine „Rechtsnormen".[2791] Die Logik umfasst einen sehr viel weiteren Bereich als das Recht. Sie geht dem Recht zeitlich und begrifflich voran. Als Rechtsnormen lassen sich nur Sätze bezeichnen, die menschliches Verhalten ordnen. Der Satz vom Widerspruch (dass A nicht gleich non A sein kann) wird von den Rechtsnormen vorausgesetzt, ist aber selbst keine Rechtsnorm. Seine richtige Anwendung ist jedoch der Nachprüfung durch das Revisionsgericht ebenso zugänglich wie eine Rechtsnorm. Eine Rechtsnorm – auch des materiellen Rechts – wird aber schon dann „nicht richtig angewendet" (§ 337 Abs. 2 StPO), wenn sie nicht entsprechend den Denkgesetzen angewendet wird.[2792]

1193 Das bedarf keiner näheren Erörterung, soweit sich Denkfehler innerhalb der Auslegung des Gesetzes finden, das die Strafbarkeit oder die Rechtsfolgen einer Tat bestimmt. Solche Denkverstöße sind gewöhnliche „Subsumtionsfehler". Ihre Aufdeckung gehört zu den Aufgaben des Revisionsgerichts im Rahmen der Sachrüge. Die Rechtsnormen des materiellen Rechts sind aber auch dann „nicht richtig angewendet", wenn sie auf einen Sachverhalt angewendet werden, den der Tatrichter *erkennbar* aufgrund denkwidriger Überlegungen als erwiesen angesehen hat. Um diesen Satz zu begründen, braucht man die Denkgesetze nicht als Rechtsnormen auszugeben. Er ergibt sich schon daraus, dass „Gründe" für das Urteil verlangt werden (§ 267 StPO). Unter „Gründen" aber kann man im Ernst nur Darlegungen verstehen, die den Denkgesetzen entsprechen.

1194 Nach § 267 Abs. 1 Satz 2 StPO sollen auch die Tatsachen angegeben werden, aus denen der Beweis „gefolgert" wird. Dieser Ausdruck verweist ebenfalls auf die Denkgesetze; denn die Logik ist vor allem die Lehre vom richtigen Folgern. Die Vorschrift kann nur dem Zweck dienen, den Tatrichter zur Darlegung seiner Folgerungen anzuhalten, um sie nachprüfbar zu machen. Zwar ist § 267 Abs. 1 S. 2 StPO nur eine Sollvorschrift. Das bedeutet aber nicht, dass ihre Verletzung niemals zur Aufhebung des Urteils führen könnte.[2793] Es bedeutet nur, dass nicht

**2791** Ebenso LR-*Franke* § 337 StPO, Rn. 11; *Klug* FS Möhring, S. 363, 364; anders RGSt 6, 70, 72.

**2792** Vgl. LR-*Franke* § 337 StPO, Rn. 138 ff.; KK-*Gericke* § 337 StPO, Rn. 29. Vgl. aus der Rspr. z.B. BGH, Urt. v. 27.1.2011 – 5 StR 482/10 (widersprüchliche Bewertung der Glaubhaftigkeit von Aussagen); BGH, Urt. v. 27.6.2013 – 3 StR 115/13 (denkgesetzwidrige Würdigung zu dem für die Tatbegehung zur Verfügung stehenden Zeitraum); BGH, Urt. v. 8.12.2004 – 2 StR 441/04 = StV 2005, 487 (Zirkelschluss).

**2793** Vgl. zur Entwicklung der Auslegung: LR-*Stuckenberg* § 267 StPO, Rn. 51 ff.; *Niemöller* StV 1984, 432; als revisionsrechtlich irrelevante Ordnungsvorschrift wurde § 267 Abs. 1 S. 2 StPO von RGSt 47, 100 und BGHSt 12, 311 verstanden.

jedes Fehlen von Beweistatsachen ein Verfahrensverstoß ist. Wohl aber kann das Fehlen der Beweistatsachen wie überhaupt das Fehlen der Beweiswürdigung zur Aufhebung führen, wenn das Revisionsgericht die Beweiswürdigung logisch nicht nachvollziehen kann.[2794]

Denkfehler sind übrigens nicht annähernd so häufig, wie sie in Revisions- 1195
begründungen behauptet werden. Zahlreiche Revisionen gehen von dem Irrtum aus, ein Urteil dürfe auf gar nichts anderem beruhen als auf reiner Anwendung der Denkgesetze. Dies trifft aber so nicht zu. Es gilt nicht einmal im Bereich der Mathematik. Die Denklehre ist die Wissenschaft vom Schlussfolgern; aber sie liefert niemals die Voraussetzungen, aus denen geschlossen wird. In der Mathematik sind diese Voraussetzungen Axiome: einige wenige Sätze, für die auf eine logische Beweisführung verzichtet wird. Die euklidische Mathematik arbeitet mit Axiomen, die als offensichtlich richtig angesehen werden. Die „offensichtliche Richtigkeit" ist kein logischer, sondern ein psychologischer Tatbestand, ein Erlebnis. Die moderne Mathematik arbeitet zum Teil aber auch mit Voraussetzungen, die unstreitig „offensichtlich" falsch sind. Beim Rechnen mit imaginären und komplexen Zahlen wird von der als falsch zugestandenen Annahme ausgegangen, es gebe eine Zahl, deren Quadrat gleich minus eins sei. Die Infinitesimalrechnung arbeitet mit der mindestens unbeweisbaren und zweifellos der Evidenz nicht zugänglichen Annahme unendlicher Größen. Aber auch diese Mathematik genügt in ihren Methoden den Anforderungen strenger Logik.

Im Bereich tatsächlicher Feststellungen lässt sich jedoch nicht mit einer 1196
axiomatischen Logik arbeiten.[2795] Hier kann nicht die Forderung aufgestellt werden, dass sich jeder Schluss auf andere, offensichtlich richtige Sätze zurückführen lassen müsse. Die Überzeugung von der Wahrheit vergangener Ereignisse ist ihrem Wesen nach verschieden von der Überzeugung, dass die Summe der Kathetenquadrate gleich dem Hypothenusenquadrat oder dass $(a + b)^2 = a^2 + 2ab + b^2$ ist.[2796] Vielmehr müssen im Bereich tatsächlicher Feststellungen jeweils unzählige Ausgangspunkte für das logische Schließen zunächst auf un-

**2794** Nach der hier vertretenen Auffassung auf die in der Sachrüge enthaltene verfahrensrechtliche Beanstandung hin; siehe oben, Rn. 365 ff.

**2795** Für eine „quasi-axiomatische" Argumentation spricht sich *Klug* FS Möhring, S. 363, 369 aus.

**2796** Ein mathematischer Beweis kann nicht verlangt werden, vgl. MüKoStPO/*Miebach* § 261 StPO, Rn. 59 und Rn. 80; BGH NJW 1967, 359; BGH GA 1969, 181; BGH, Urt. v. 24.1.1989 – 1 StR 683/88 = NStZ 1990, 28 (bei *Miebach*); BGHR § 261 StPO – Einlassung 5; BGH, Urt. v. 14.12. 1995 – 4 StR 676/95.

gemein verwickelten Wegen gefunden werden, die nicht im Bereich der Logik, sondern in dem der Psychologie liegen.[2797]

1197 Der Richter lässt ein Beweismittel auf sich wirken; er hört etwa einen Zeugen. Schon dass er den Zeugen richtig versteht, ist keine Angelegenheit der Logik, sondern das Ergebnis äußerst verwickelter psychischer und physischer Vorgänge, bei denen es eine ganze Reihe von Fehlerquellen gibt. Ob der Richter einem Angeklagten oder einem Zeugen glauben oder nicht glauben soll, ob er sich in der Beratung von der Beweiswürdigung eines anderen Richters überzeugen oder nicht überzeugen lassen soll, das sagt ihm nicht die Logik allein. Es handelt sich um einen zusammengesetzten, nicht in allen Teilen bewussten psychologischen Vorgang, bei dem nur unter anderen Dingen (z.B. der Erfahrung des Richters) auch die Logik eine gewisse, oft bescheidene Rolle zu spielen hat.

1198 Im Bereich der reinen Logik wäre ein Schluss, der nicht zwingend ist, schlechthin ein Trugschluss. Tatsächliche Schlüsse in Urteilsbegründungen treten aber gewöhnlich gar nicht mit dem Anspruch auf, rein logische Schlüsse zu sein. Der „Schluss" vom Geständnis auf die Täterschaft ist denkgesetzlich niemals zwingend; es gibt auch unwahre Geständnisse. Trotzdem ist dieser Schluss dem Richter erlaubt. Denn darin steckt anderes und mehr als bloße Logik. Es steckt darin die Erfahrung, dass Selbsterhaltungstrieb, Freiheitsdrang, Ehrgefühl, Eigennutz oder Geltungsstreben den Menschen gewöhnlich hindern, sich selbst fälschlich zu bezichtigen. Der Richter muss aber auch wissen, dass Ausnahmen vorkommen. Er denkt über die Beweggründe für solche Fallgestaltungen nach und bildet sich eine Meinung darüber, ob in dem von ihm zu entscheidenden Fall dergleichen in Betracht kommt. Er macht sich aufgrund des unmittelbaren Eindrucks ein Bild von der Persönlichkeit des Angeklagten. Ebenso verfährt er mit den Zeugen und den sonstigen Beweismitteln. Bei der Beurteilung wird er auch vielfach den „Schluss" von sich selbst auf andere zu Hilfe nehmen, – ebenfalls durchaus kein logischer Schluss, aber ein unvermeidliches psychologisches Erkenntnismittel. Hinzu kommen der Eindruck der Schlussvorträge und die Aussprache mit den anderen Richtern in der Beratung.

1199 Auch wenn also das Gesamtergebnis im Urteil dargestellt wird „wie" ein logischer Schluss, so wäre es dennoch vergeblich, mit Waffen bloßer Logik dagegen ankämpfen zu wollen, indem man beanstandet, dass der Schluss „nicht zwingend" sei. Ganz im Gegenteil betont die Rechtsprechung immer wieder

2797 Ebenso *Schmitt*, Die richterliche Beweiswürdigung im Strafprozess, S. 221.

ausdrücklich, die tatrichterliche Überzeugung müsse sich lediglich auf Überlegungen stützen, die denkgesetzlich und nach der Lebenserfahrung möglich sind.[2798]

Erfolg versprechend ist unter diesen Umständen eine Rüge, die sich auf einen deutlichen **Widerspruch in den Urteilsgründen** stützt. 1200

Ein Beispiel hierfür: Der Angeklagte war wegen versuchten Mordes an zwei 1201 Kaufhausdetektiven verurteilt worden, die ihn verfolgt hatten. Aufgrund der Einlassung des Angeklagten hat das Landgericht festgestellt, dass sich zu Beginn des Tatgeschehens höchstens drei Patronen in der Trommel seines Revolvers befanden. Nach den weiteren Feststellungen hat der Angeklagte im Verlauf des Tatgeschehens dreimal geschossen, wobei in zwei Fällen die Schüsse durch Verletzungen belegt sind. Bei Sicherstellung der Waffe nach der Tat befand sich noch eine Patrone in der Trommel. Da das Revisionsgericht diesen Widerspruch nicht aufzulösen vermochte, hob es den Schuldspruch wegen versuchten Mordes im zweiten Fall auf, bei dem der festgestellte Schuss eine Verletzung nicht herbeigeführt hatte.[2799]

Die Beispiele[2800] von widersprüchlichen Urteilsgründen zeigen, dass sich 1202 der echte Denkfehler, sobald er bemerkt wird, von selbst widerlegt. Was dagegen erst umständlicher Widerlegung bedarf, ist meistens kein Denkfehler.

Ebenso zählen bloße **Rechenfehler** zu den revisiblen Denkverstößen. Denn 1203 der Rechnende erhebt zweifellos den Anspruch, sich an die reine Logik zu halten und, solange er rechnet, auf andere Erkenntnismittel zu verzichten. Als denkfehlerhaft werden auch folgende Urteilsausführungen angesehen werden müssen: Dafür, dass der Angeklagte einer der beiden Täter ist, sprechen *auch* die Aussagen der Tatzeuginnen A und B. Die A hat zwar keine sachdienlichen Angaben machen können. Die B hat jedoch glaubwürdig bekundet, dass der eine Täter einen dunklen, der andere einen hellen Anzug getragen hat. Der Angeklagte besitzt aber sowohl einen hellen als auch einen dunklen Anzug.

Der Bundesgerichtshof hat bereits in den Anfangsjahren seines Bestehens 1204 mit folgenden Ausführungen ein tatrichterliches Urteil als denkfehlerhaft bezeichnet: *„Ihre Überzeugung, dass der Angeklagte die Tat, die er bestreitet, begangen hat, stützt die Strafkammer u.a. darauf, dass sich am Tatort in der Türfül-*

**2798** Vgl. MüKoStPO/*Miebach* § 261 StPO, Rn. 60 mwN.

**2799** BGH, Beschl. v. 19.1.1994 – 5 StR 716/93.

**2800** BGH, Urt. v. 20.9.2018 – 3 StR 618/17; BGH, Urt. v. 27.1.2011 – 5 StR 482/10; BGH, Beschl. v. 3.3.2009 – 3 StR 47/09 = NStZ-RR 2009, 180, 181; BGH, Urt. v. 26.2.2009 – 5 StR 532/08 = NStZ 2009, 386; BGH, Urt. v. 22.4.2005 – 2 StR 310/04 = BGHSt 50, 80 = NJW 2005, 1876. Weitere Beispiele bei LR-*Sander* § 261 StPO, Rn. 44b; KK-*Ott* § 261 StPO, Rn. 51.

*lung Fußspuren einer Gummisohle fanden, die nach dem Gutachten des Sachverständigen höchstwahrscheinlich von den Schuhen des Angeklagten stammten. Das Karomuster der Schuhsohlen und das Muster der Tatortspuren weisen etwa die gleiche Größe und Form auf. Der Größenunterschied von 0,1 mm – auf der Sohle ist das Karo etwa 0,1 mm länger als auf der Spur – erklärt sich daraus, dass Gummisohlen sich bei einem Druck etwas weiten. Diese Folgerung ist denkgesetzlich unmöglich. Die Spur ist bereits unter Druck entstanden und trotzdem um 0,1 mm kürzer als das Muster der Sohle. Ohne Druck muss demnach das Karomuster der Sohle, von dem der Abdruck stammt, noch kürzer, der Unterschied zwischen ihm und dem Muster der Schuhe des Angeklagten noch größer als 0,1 mm sein.*"[2801]

1205 Die Revisionen rügen immer wieder „Widersprüche", die keine sind. Nicht selten lösen sich **scheinbare Widersprüche** dadurch, dass zwei Sätze im Verhältnis von Regel und Ausnahme oder von Haupt- und Hilfsbegründung stehen, oder dass sie sich auf verschiedene Zeiten beziehen. Es ist nicht „unlogisch", einem Zeugen oder einem Angeklagten teilweise zu glauben, teilweise nicht zu glauben. Es ist nicht „unlogisch", einen Angeklagten in drei Fällen zu verurteilen und in sieben anderen Fällen freizusprechen. Es ist kein Denkfehler, wenn der Tatrichter zugunsten jedes einzelnen von mehreren Angeklagten Verschiedenes unterstellt. Wenn solche Unterstellungen zugunsten des einen Angeklagten im Widerspruch zu Unterstellungen stehen, die einen anderen Angeklagten betreffen, so ist dieser Widerspruch eine Folge der gesetzlichen Pflicht, den Zweifelssatz jedem Angeklagten zugutekommen zu lassen, und kein Denkfehler, aus dem einer der Angeklagten für die Revision Kapital schlagen könnte.[2802] Haben A und B gemeinschaftlich den C getötet, lässt sich aber nicht aufklären, wer von beiden den tödlichen Schlag geführt hat, so kann der Tatrichter in demselben Urteil zugunsten des A unterstellen, dass es B, und zugunsten des B, dass es A gewesen sei. Er kann dann auch beide als Gehilfen verurteilen, obwohl zur Beihilfe begrifflich ein Täter gehört und ein Dritter nicht als Täter in Betracht kommt. Das ist kein Widerspruch, der einen von beiden beschweren könnte, vielmehr ist es eine denkrichtige Folge aus dem Satz „in dubio pro reo".[2803] Weiterhin ist es kein Widerspruch, wenn die schriftlichen Urteilsgründe von den mündlichen abweichen.[2804]

---

**2801** BGH, Urt. v. 12.3.1954 – 2 StR 91/54.

**2802** BGH, Urt. v. 4.2.1992 – 1 StR 787/91 = GA 1992, 470; *Meyer-Goßner/Schmitt* § 261 StPO, Rn. 32.

**2803** Hierzu auch oben, Rn. 1184 ff.

**2804** BGHSt 2, 66; vgl hierzu auch LR-*Stuckenberg* § 267 StPO, Rn. 70; KK-*Kuckein/Bartel* § 267 StPO, Rn. 47.

Einige der öfter vorkommenden **Denkfehler tragen Namen**. Aber auch sie gehören in aller Regel nicht zu den Dämonen, die man allein dadurch bezwingt, dass man sie bei ihrem Namen nennt und darauf vertraut, sie zerrissen sich wie Rumpelstilzchen selbst. Solche Denkfehler sind z.B. der Kreis- oder Zirkelschluss (petitio principii) und die Begriffsvertauschung (quaternio terminorum). 1206

Beim Kreisschluss wird die Schlussfolgerung (quod est demonstrandum) schon im Rahmen des Beweisvorgangs selbst als bewiesen vorausgesetzt. Hierzu nach dem oben geschilderten ein weiteres Beispiel: 1207

Das Landgericht hatte einen Angeklagten wegen sexuellen Missbrauchs eines Kindes verurteilt.[2805] Im Rahmen der Beweiswürdigung führte es in den Urteilsgründen aus: *„Die Verurteilung des Angeklagten beruht im wesentlichen auf der Aussage der zehnjährigen Zeugin S. Die Strafkammer folgt den Angaben dieser Zeugin, die lediglich in zwei Nebenpunkten hinsichtlich der Ausstattung des Raumes, in dem die Taten begangen worden sein sollen, nicht den Tatsachen entsprechen. Die hier bedeutsame Frage, ob das Kind die Geschehnisse in Wahrheit nicht mit einem anderen als dem Angeklagten erlebt hat, verneint das Gericht mit der Begründung, die Zeugin habe dies selbst ausdrücklich ausgeschlossen, sie habe diese Geschehnisse auch von Anfang an immer im Zusammenhang mit einem Besuch bei ihrer Großmutter geschildert. Andererseits kann sich die Kammer auch nicht erklären, wie es mit einem für das Kind fremden Täter zu mehreren Vorfällen hätte kommen können.“* 1208

Das ist ein Kreisschluss. Er setzt voraus, was er beweisen soll: die Glaubwürdigkeit eines Zeugen wird damit begründet, der Zeuge selbst habe ausdrücklich ausgeschlossen, ein anderer sei der Täter gewesen.[2806]

Die **Begriffsvertauschung** ist ein Denkfehler, der darauf beruht, dass ein Wort mehrere Bedeutungen hat. Geht man innerhalb desselben Syllogismus von der einen zu der anderen Bedeutung über, vertauscht man also die Begriffe, so kann man die verkehrtesten Sachen „beweisen“. Schulbeispiele einer quaternio terminorum sind: 1209

I. Alle Vögel legen Eier.
Der Hahn ist ein Vogel.
Also legt der Hahn Eier.

---

**2805** BGH StV 1986, 467.

**2806** Zu ähnlich gelagerten Fällen siehe MüKoStPO/*Miebach* § 261 StPO, Rn. 97 mwN; LR-*Sander* § 261 StPO, Rn. 44c. Weiteres Beispiel für einen Kreisschluss: BGH, Beschl. v. 21.11.2019 – 4 StR 260/19.

II. Alle Füchse haben vier Beine.
Herodes war ein Fuchs.
Also hatte Herodes vier Beine.[2807]

Der erste Obersatz versteht unter „Vogel" nicht das einzelne Tier, sondern die Art. „Alle Vögel" soll heißen: alle Arten dieser Tierklasse. Der Untersatz macht es sich zunutze, dass das Wort „Vogel" eine zweite Bedeutung hat, dass es nämlich auch das einzelne Tier bezeichnen kann. Die beiden Bedeutungen des Wortes „Fuchs" wird der Leser selbst herausfinden.

1210 Sind Begriffsvertauschungen weniger primitiv angelegt, so sind sie bisweilen äußerst schwer aufzudecken. Die Zahl ihrer Möglichkeiten ist Legion. Denn erstens gibt es kaum ein Wort, das nur eine einzige Bedeutung hätte; und zweitens lässt sich, auch ohne dass ein und dasselbe Wort beibehalten wird, der Anschein erwecken, als bleibe man bei demselben Begriff, während man ihn in Wahrheit gewechselt hat.

1211 Die Rechtswissenschaft wird einen Paradigmenwechsel vollziehen müssen, wenn sie sich vor die Aufgabe gestellt sieht, unter den komplexen Gegebenheiten des globalen Wirtschaftslebens zu entscheiden, ob eine **Unterlassung ursächlich** für einen Erfolg sein kann. Bisher galt es als Trugschluss, wenn man sagte: „Aus nichts wird nichts; also kann eine Unterlassung, die ein Nichts ist, nicht für ein Etwas ursächlich sein. Es handelt sich auch hier um eine Begriffsvertauschung. Der Satz „Aus nichts wird nichts; ein Nichts kann nicht die Ursache eines Etwas sein" ist nur dann richtig, wenn man unter „Ursache" die Summe aller Bedingungen versteht, die den Erfolg bewirken. Die Rechtswissenschaft, für die nur menschliches Verhalten von Bedeutung ist, arbeitet jedoch nicht mit diesem Ursachenbegriff, sondern mit einem anderen: Insbesondere das Strafrecht versteht unter „Ursache" dasjenige menschliche Verhalten, das *eine* Bedingung für den Erfolg setzt. *Alle* Bedingungen für einen Erfolg kann ein Mensch niemals setzen; denn sie beginnen mit der Entstehung der Welt. Versteht man jedoch unter „Ursache" nur eine unter zahlreichen Bedingungen, so ist nicht einzusehen, warum sie nicht auch „negativ" sein könnte.

---

**2807** Dem ernsten Leser werden diese Beispiele vielleicht etwas läppisch vorkommen. Indessen kommen Fälle durchaus vor, die dem eierlegenden Hahn und dem vierbeinigen Herodes durchaus ebenbürtig zur Seite stehen: Obersatz: „Widersprüche in den Urteilsgründen führen zur Aufhebung" (dieser Obersatz ist zunächst einmal im Wege der Verallgemeinerung – auch ein beliebter Denkfehler – gewonnen worden). Untersatz: „Das Alter der Angeklagten wird auf Seite 2 der Urteilsgründe mit 36 Jahren, auf Seite 18 der Urteilsgründe mit 34 Jahren angegeben; das ist ein Widerspruch" (unbestreitbar). Schlusssatz: „Also muss das Urteil aufgehoben werden." Wohl kaum!

Diese Frage wird hier deshalb etwas ausführlicher erörtert, weil gerade Fragen der Ursächlichkeit und des „Pflichtwidrigkeitszusammenhangs“ ein fruchtbarer Boden für wirkliche Denkfehler sind. Besonders bei der Bearbeitung von Revisionen, bei denen das tatrichterliche Urteil Schuldsprüche wegen eines Fahrlässigkeitsdelikts (§ 222 StGB oder § 230 StGB) enthält, ist eine klare Besinnung auf die Grundsätze der Logik und auf die Ursachenlehre bisweilen von Bedeutung. Ähnliche Probleme können sich stellen, wenn die Frage zu beurteilen ist, ob ein bestimmtes Ereignis Einfluss auf die Entwicklung eines Börsenkurses genommen hat.[2808] 1212

Bei der Abfassung einer Revisionsbegründung, die den Verstoß gegen „Denkgesetze“ rügen will, sollte peinlichst genau darauf Bedacht genommen werden, dass sie selbst frei davon ist. Es macht keinen sehr gewissenhaften Eindruck, wenn aufs Geratewohl und bisweilen geradezu formelhaft „Verstöße gegen die Denkgesetze“ gerügt werden. Das gilt für Revisionen der Staatsanwaltschaft ebenso wie für Revisionen von Verteidigern. 1213

Gelegentlich wird übersehen, dass der Satz, wonach die Verletzung von Denkgesetzen schon auf die allgemeine Sachrüge hin zur Aufhebung des Urteils führt, nur dann gilt, wenn die Gründe des Urteils selbst den Fehler enthalten. Verstöße gegen die Regeln der Logik kommen aber auch bei der **Anwendung von Verfahrensrecht** vor. Hat beispielsweise in einem Strafverfahren der Tatrichter aufgrund eines Denkfehlers einem Zeugen ein Auskunftsverweigerungsrecht zugebilligt, obwohl nach Lage der Sache eine Verfolgungsgefahr zweifelsfrei ausgeschlossen war, oder enthält die Begründung der Ablehnung eines Beweisantrags einen Denkfehler, so ist das Revisionsgericht auf eine entsprechend ausgeführte Verfahrensrüge angewiesen, es sei denn, das mit der Sachrüge angefochtene Urteil enthielte auch insoweit alle Verfahrenstatsachen. 1214

### (13) Missachtung von Erfahrungssätzen

Tatsächliche Feststellungen beruhen niemals nur auf dem, was sich in der Hauptverhandlung sichtbar und hörbar abspielt. In jedem Falle fügt der Richter dem etwas Wesentliches aus seiner persönlichen und beruflichen Lebenserfahrung hinzu. Damit einher geht aber, dass dieser Bereich des Würdigungsvorgangs sich durch seine sehr persönliche Beschaffenheit in weiten Teilen der späteren Nachprüfung entzieht. Das gilt selbst dann, wenn man dem Revisions- 1215

**2808** BGH, Beschl. v. 25.2.2016 – 3 StR 142/15 = NJW 2016, 3459, 3460 = StV 2017, 110; BGH, Urt. v. 27.11.2013 – 3 StR 5/13 = BGHSt 59, 80, 87 = NJW 2014, 1399; BGH, Urt. v. 6.11.2003 – 1 StR 24/03 = BGHSt 48, 373, 384 = NJW 2004, 302.

richter zubilligt, dass er – meist aus dem Kreise der Tatrichter ausgewählt und mit der tatrichterlichen Denkweise mehrerer Untergerichte in ständiger Berührung – seine eigene Erfahrung ebenso wie seine Rechtsauffassung höher stellen mag als die des Tatrichters. Denn davon kann er nur in seltenen Ausnahmefällen Gebrauch machen, will er nicht in einer für die wirkliche Wahrheitsfindung unerträglichen Weise die ihm gesetzten Grenzen überschreiten.

1216 Die **Erfahrungssätze** sind ebenso wenig wie die Denkgesetze Rechtsnormen.[2809] Die Menschheit besaß zweifellos schon sehr viele Erfahrungen auf zahlreichen Gebieten des Lebens, ehe sie begann, Rechtsordnungen zu schaffen. Auch die Erfahrung geht dem Recht zeitlich und logisch voraus. So kann es auch nicht gelingen, die Berücksichtigung der Erfahrungssätze vor Gericht damit begründen zu wollen, das Recht erhebe sie stillschweigend zu Rechtsnormen. Dass das Wasser nach unten fließt, ist vom Gericht nicht erst deshalb zu berücksichtigen, weil ein Gesetz es so will, sondern umgekehrt: Das Recht – etwa das Binnenschifffahrtsgesetz – muss selbst erst einmal von dieser Erfahrung ausgehen.

1217 Aber die Rechtsnorm des **§ 261 StPO** wird in einer auch für den Revisionsrichter erkennbaren Weise „nicht richtig angewendet“, wenn das Tatgericht aus dem Inbegriff der Hauptverhandlung einen Sachverhalt ermittelt, der sich nach allgemeinen Erfahrungssätzen so nicht zugetragen haben kann[2810] oder erfahrungsgemäß so nicht festgestellt werden kann,[2811] wie der Tatrichter geglaubt hat, ihn unter Berufung auf die angebliche Lebensferne des dem Angeklagten günstigeren Alternativgeschehens feststellen zu können.

1218 Das Revisionsgericht muss dann eingreifen, wenn eine tatsächliche Annahme des angefochtenen Urteils nach der Lebenserfahrung schlechthin unmöglich ist, der Tatrichter sich also über einen allgemeingültigen Erfahrungssatz hinwegsetzt. Unwahrscheinlichkeit allein macht noch nicht den Fehler aus, denn gerade strafgerichtliche Urteile haben oft sehr ungewöhnliche Sachverhaltsgestaltungen zum Gegenstand. Das Revisionsgericht kann dem Tatrichter also nicht verbieten, sie festzustellen. Auf ein solches Verbot liefe es aber hinaus, wenn ein Urteil, das die Unwahrscheinlichkeit erkannt und die gleichwohl getroffenen Feststellungen näher begründet hat, allein mit dem Hinweis aufgehoben würde, sie widersprächen der Lebenserfahrung, – was dann wegen der

---

**2809** LR-*Franke* § 337 StPO, Rn. 11; MüKoStPO/*Knauer*/*Kudlich* § 337 StPO, Rn. 37; anders noch BGHSt 6, 70, 72.

**2810** LR-*Franke* § 337 StPO, Rn. 144; *Peters*, Strafprozessrecht, S. 613 f.

**2811** BGHSt 19, 83 = NJW 1963, 1083; RGSt 64, 251; RGSt 73, 248; OLG Saarbrücken NJW 1971, 1905; vgl. KK-*Ott* § 261 StPO, Rn. 212.

Bindung des Untergerichts (§ 358 Abs. 1 StPO)[2812] auch für das neue Tatgericht maßgeblich wäre. Entscheidend ist in diesen Fällen, dass der Tatrichter sich der Erfahrungswerte bewusst war.

Ein echter **Verstoß gegen die allgemeine Lebenserfahrung** würde etwa 1219
in der Annahme liegen, ein Kind der Blutgruppe A, dessen Mutter der Blutgruppe 0 angehört, stamme von einem Manne mit der Blutgruppe 0 oder B ab (vorausgesetzt, dass dies alles im Urteil festgestellt ist);[2813] oder jemand sei mit öffentlichen Landverkehrsmitteln in einer Stunde von München nach Hamburg gereist. Solche schlechthin unmöglichen Feststellungen kann und muss sinnvollerweise auch der Revisionsrichter, obwohl er an der Beweisaufnahme nicht teilgenommen hat, beanstanden und damit für die neue Verhandlung verbieten. Niemand wird einwenden können, dazu bedürfe es des persönlichen und unmittelbaren Eindrucks von der Beweisaufnahme.

Ein Hauptgebiet solcher unverbrüchlichen Erfahrungssätze ist die **Physik**, 1220
insbesondere die Mechanik.[2814] Deshalb kommt es z.B. auf dem Gebiet der Verkehrsunfälle verhältnismäßig oft zu derartigen Eingriffen der Revisionsgerichte. Auch chemische Erfahrungssätze spielen häufig eine Rolle. So hat der BGH das Urteil eines Landgerichts aufgehoben, das in seinen Feststellungen davon ausging, der Angeklagte habe ausgeschüttetes Heizöl mit Streichhölzern in Brand gesetzt.[2815] Dem steht der wissenschaftlich gesicherte Erfahrungssatz entgegen, dass Heizöl – wie Dieselöl – einen Flammpunkt von über 55$^{o}$ Celsius hat[2816] und deshalb bei Raumtemperatur nicht ohne Weiteres mittels einer Flamme entzündet werden kann.

Ferner kommen gesicherte Erfahrungssätze auf physiologischem Gebiet 1221
vor, z.B. bezüglich der **Auswirkungen des Alkohols** auf die Fahrsicherheit.[2817] Dagegen dürfte es kaum ein ausnahmslos geltender Erfahrungssatz sein, dass

---

**2812** Nach BGH VRS 12, 208 muss der Tatrichter einen vom Revisionsgericht festgestellten Erfahrungssatz beachten, auch wenn er ihn für falsch hält; *Meyer-Goßner/Schmitt* § 358 StPO, Rn. 6.

**2813** Zu erbkundlichen Gutachten vgl. BGHSt 5, 34; BGHSt 6, 70.

**2814** Siehe die umfangreiche Zusammenstellung von Erfahrungssätzen verschiedener kriminalistischer Disziplinen bei *Schmitt*, Die richterliche Beweiswürdigung im Strafprozess, S. 229 ff.

**2815** BGHR StPO § 261 – Erfahrungssatz 4.

**2816** Hier verweist der BGH auf *Eulenburg*, Grundlagen der Kriminalistik, 77, 88, 89; *Klingemann* in Kriminalistische Studien, Bd. 2, Brandkriminalistik (2), 104, 114.

**2817** Zur 1,1‰-Grenze BGHSt 37, 89 in Fortbildung von BGHSt 21, 157. Nach BGH, Beschl. v. 24.7.2017 – GSSt 3/17 = BGHSt 62, 247, 265 = NJW 2018, 1180 besteht ein Erfahrungssatz, wonach eine alkoholische Berauschung generell das Risiko strafbaren Verhaltens, insbesondere im Bereich der Gewalt- und Sexualdelikte, erhöht.

jedem Kraftfahrer die Auswirkungen einer bestimmten Trinkmenge auf die Fahrsicherheit bewusst sind.[2818] Stellt daher der Tatrichter fest, ein Kraftfahrer habe dies im Einzelfall nicht gewusst, so bindet das im Allgemeinen den Revisionsrichter. Dagegen wird er eingreifen müssen, wenn der Tatrichter zur Begründung für die Kenntnis des Angeklagten auf einen (tatsächlich nicht bestehenden) allgemeinen Erfahrungssatz verweist.[2819]

1222 Ebenfalls an forensischer Bedeutung gewonnen hat die **Aussagepsychologie**; in diesem Bereich gibt es jedoch kaum Sätze der hier erörterten allgemeingültigen Art.[2820] Immerhin geht die überwiegende Ansicht aber inzwischen davon aus, dass ein Tatgericht bei der Aussageanalyse dieselben wissenschaftlichen Methoden zu Grunde zu legen hat, die auch von einem Sachverständigen anzuwenden wären.[2821] Es darf die anerkannten Erfahrungssätze der Aussagepsychologie nicht missachten.[2822] Will die Revision beanstanden, dass das Urteil dem nicht gerecht geworden ist, wird sie also ihrerseits prüfen müssen, ob die Beweiswürdigung den von der Rechtsprechung anerkannten Grundsätzen[2823] gerecht wird.

1223 Unabhängig von allem Vorstehenden greift das Revisionsgericht ein, wenn das Urteil ergibt, dass der Tatrichter einen allgemeinen **Erfahrungssatz** angenommen und für zwingend gehalten hat, der in Wahrheit **nicht besteht**.[2824] Auch Rechtsverstöße, die darin liegen, dass der Tatrichter ein Indiz wegen der Überbewertung von naturwissenschaftlichen Wahrscheinlichkeitsaussagen mit einem Beweis verwechselt hat, kann man daher als Verletzungen von Erfahrungssätzen auffassen.

---

**2818** Vgl. zur Unzulässigkeit einer solchen Beweisführung im Rahmen von § 316 StGB: OLG Hamm, Beschl. v. 21.7.2004 – 2 Ss 178/04 = NZV 2005, 161, 162; s. ergänzend auch OLG Koblenz, Beschl. v. 27.2.2008 – 2 Ss 23/08 = StraFo 2008, 220; OLG Hamm JMBlNRW 1953, 20; OLG Hamm, DAR 1970, 192 (Kennenmüssen der Gefahren des Restalkohols); BGHSt 23, 156 (zu der Frage, ob jeder Kraftfahrer seine Übermüdung rechtzeitig bemerken muss).

**2819** Vgl. hierzu auch *Fischer* § 316 StGB, Rn. 46 mwN.

**2820** So auch *Schmitt*, Die richterliche Beweiswürdigung im Strafprozess, S. 315.

**2821** Vgl. KK-*Ott* § 261 StPO, Rn. 126; MüKoStPO/*Miebach* § 261 StPO, Rn. 106; *Deckers* FS Hamm, S. 53.

**2822** Vgl. hierzu auch KK-*Ott* § 261 StPO, Rn. 127; s. ergänzend auch *Menges* FS Tolksdorf, S. 313 und *Deckers* FS Eisenberg, 2009, S. 490.

**2823** Insbesondere BGH, Urt. v. 30.7.1999 – 1 StR 618/98 = BGHSt 45, 164 = NJW 1999, 2746 = StV 1999, 473. Hierzu: *Hohoff* NStZ 2020, 387; *Ziegert* NStZ 2000, 183; *Fischer* FS Widmaier, S. 191.

**2824** *Meyer-Goßner/Schmitt* § 337 StPO, Rn. 31 mwN. Beispiele bei MüKoStPO/*Miebach* § 261 StPO, Rn. 102. Vgl. BGH, Beschl. v. 15.3.2017 – 2 StR 270/16; BGH, Urt. v. 22.2.2012 – 1 StR 378/11 = NStZ 2013, 120 = StraFo 2012, 324.

Dass bei bestimmten Ergebnissen einer Blutuntersuchung der Tatrichter die 1224
leibliche Abstammung eines Kindes von einem bestimmten Mann feststellen muss und dass er bei einer bestimmten Zahl von Übereinstimmungen bei einer daktyloskopischen Spur die Herkunft einer bestimmten Vergleichsperson zuordnet, ist keine Frage der Logik, sondern der naturwissenschaftlich statistischen Konvention. Wir haben es hier praktisch mit modernen Beweisregeln zu tun.[2825] Missachtet sie das Tatgericht, hebt das Revisionsgericht sein Urteil auf, weil die Grenzen der Freiheit der Beweiswürdigung überschritten sind. Aber auch hier darf sich niemand durch den Umstand und die Hervorhebung in den BGH- und OLG-Entscheidungen, dass die Aufhebung „auf die Sachrüge hin" erfolge, zu dem Missverständnis verleiten lassen, es handele sich um sachlichrechtliche Fehler.

So hob das OLG Karlsruhe das Urteil eines Landgerichts auf, das im Zu- 1225
sammenhang mit einem Verkehrsunfall die Einlassung des Angeklagten, er habe den Unfall nicht bemerkt, als Schutzbehauptung qualifizierte. Nach Auffassung des Landgerichts entspreche es der allgemeinen Erfahrung, dass ein Kraftfahrer Bremsgeräusche oder Geräusche quietschender Reifen im Straßenverkehr nicht nur als Fußgänger, sondern auch in geschlossenen Fahrzeugen wahrnehme und als Geräusche eines Unfalls sofort identifiziere, selbst wenn diese Geräusche noch hinter dem Fahrzeug des betreffenden Kraftfahrers in einer größeren Entfernung aufträten. Diese Beweiswürdigung ist fehlerhaft, da das Landgericht von einem (so) nicht existierenden allgemeingültigen Erfahrungssatz ausging.[2826]

Mehrfach beanstandet hat der BGH Urteile in **Betäubungsmittelsachen**, in 1226
denen unter Berufung auf Erfahrungssätze aufgrund äußerer Anhaltspunkte zwingend auf den inneren Tatbestand geschlossen wurde.[2827] So hat ein Landgericht die Einlassung des Angeklagten, sein Auftraggeber habe ihm gesagt, nur eine der beiden von ihm zu transportierenden Taschen enthalte (3 kg) Kokain – weshalb er geglaubt habe, die zweite Tasche sei das persönliche Gepäck seiner Begleiterin – mit folgender Begründung widerlegt: Schon an der Höhe der insgesamt ausgesetzten Belohnung von 8.000 US-Dollar habe der Angeklagte erkannt, dass es sich um eine erheblich größere Menge als 3 kg Kokain handeln müsse. Für den Transport einer Menge von 3 kg werde nach der reichlichen Erfahrung des

---

**2825** *Sarstedt* FS Hirsch, S. 177. Zur Bindung an naturwissenschaftliche Erkenntnisse: KK-*Ott* § 261 StPO, Rn. 53.

**2826** OLG Karlsruhe, Beschl. v. 18.8.1993 – 3 Ss 89/93 = StV 1995, 13.

**2827** Vgl. hierzu MüKoStPO/*Miebach* § 261 StPO, Rn. 102; BGH, Beschl. v. 28.10.2009 – 5 StR 443/09 = NStZ-RR 2010, 51; BGH, Beschl. v. 8.9.1999 – 2 StR 369/99 = StV 2000, 69.

Gerichts üblicherweise eine Belohnung von 2.500 bis 3.000 US-Dollar gezahlt. Dies sei in den in Betracht kommenden südamerikanischen Ländern kein Geheimnis und auch dem schon einschlägig tätig gewesenen Angeklagten nach Überzeugung des Gerichts bekannt, so dass er schon aus der Höhe der Gesamtbelohnung den Schluss gezogen habe, es müsse sich um erheblich mehr als 3 kg Kokain handeln. Der BGH[2828] hob das Urteil mit der Begründung auf, die Beweiswürdigung, mit der das Landgericht die Einlassung des Angeklagten zu widerlegen suchte, halte rechtlicher Überprüfung nicht stand. Da ein allgemeiner Erfahrungssatz des Inhalts, dass Kuriere für den Transport von 3 kg Kokain nicht mehr als 3.000 US-Dollar erhalten und dass diese Übung in den in Betracht kommenden südamerikanischen Ländern allgemein bekannt ist, nicht besteht, entbehre die Annahme des Landgerichts einer tragfähigen Grundlage.

1227 Die Entscheidung verdeutlicht zugleich, dass es gerade nicht die Aufgabe des Tatrichters ist, allgemeine Erfahrungssätze aufzustellen oder sich mit der Frage zu befassen, ob ein von ihm für den vorliegenden Einzelfall für richtig gehaltener Satz allgemeine Gültigkeit hat. Im Zweifel kann ihm deshalb nicht unterstellt werden, er sei von falschen allgemeinen Sätzen ausgegangen, weil er sie irrig für zwingend gehalten habe. Der BGH übte im geschilderten Fall bei seiner Überprüfung in dieser Frage auch Zurückhaltung; er griff vielmehr sozusagen auf eine „zweite Ebene“ durch und hob das Urteil wegen fehlender Tragfähigkeit der Gründe auf. Dies wird für den Leser erst durch die Lektüre des Urteils verständlich!

1228 In einem anderen Fall[2829] stellte der BGH klar, dass es entgegen der Annahme eines Landgerichts einen wissenschaftlichen Erfahrungssatz, dass Benzindämpfe stets durch eine glimmende Zigarette entzündet werden, nicht gebe. Zugleich regte er an, in der neuen Hauptverhandlung zu der konkreten Situation einen Sachverständigen zu hören. Entgegengetreten ist der BGH auch der verallgemeinernden Annahme, nahezu jedermann wisse, dass nach dem Ausgie-

---

**2828** BGH, Urt. v. 21.10.1992 – 2 StR 370/92 = StV 1993, 116 = NStZ 1993, 95; vgl. ferner BGH, Beschl. v. 20.3.1992 – 2 StR 627/91 = BGHR BtMG § 29 – Beweiswürdigung 8, wo der Erfahrungssatz, dass Eltern ihr sechsjähriges Kind zu Weihnachten nicht bei Angehörigen in Kolumbien zurücklassen, um in Deutschland die ehemalige Frau des Lebensgefährten und dessen Sohn ohne Adressenkenntnis aufzuspüren, beanstandet wird. Vgl. zu einem Erfahrungssatz bzgl. Kurierlohn in Betäubungsmittelsachen auch BGH, Beschl. v. 24.2.1995 – 2 StR 668/94 = StV 1995, 524 und BGH, Beschl. v. 8.9.1999 – 2 StR 369/99 = StV 2000, 69 (Ein Erfahrungssatz, dass mit 1 kg Heroin in einschlägigen Kreisen nicht unbewaffnet Handel getrieben wird, besteht nicht).

**2829** BGH, Urt. v. 29.3.1988 – 5 StR 65/88 = NStE Nr. 65 zu § 261 StPO = BGHR StPO § 261 Erfahrungssatz 3.

ßen großer Mengen Benzin bereits ein Funke zu einer Explosion führen könne.[2830]

Die Berufung auf einen **nicht bestehenden Erfahrungssatz** spielte in einem Verfahren wegen Versicherungsbetrugs eine Rolle.[2831] Dem Angeklagten wurde vorgeworfen, im Pelzwarenlager seines Geschäfts Feuer gelegt zu haben, in der Absicht, Warenvorräte zu vernichten und eine Zahlung von der Brandversicherung zu verlangen. Der Angeklagte leugnete ein vorsätzliches Inbrandsetzen und gab an, das Feuer könne höchstens durch seinen nachlässigen Umgang mit einem Zigarrenrest oder einem Streichholz verursacht worden sein. Diese Einlassung „widerlegte" die Strafkammer mit dem „Erfahrungssatz", dass Prüftätigkeit, pädagogisches Geschick, Organisationstalent und kaufmännischer Erfolg (des Angeklagten) einen nachlässigen Umgang mit einem Zigarrenrest oder einem Streichholz ausschließen würden. 1229

Es ist ein beliebter, durchweg jedoch erfolgloser Kunstgriff mancher Beschwerdeführer, eine tatrichterliche Feststellung erst selbst zu verallgemeinern, um dann siegreich darzutun, dass sie in dieser Verallgemeinerung nicht richtig ist, etwa nach folgendem Muster: *„Das Landgericht schließt aus dem Umstand, dass der Angeklagte sich verspätet hatte und deshalb in Eile war, auf seine übertrieben hohe Geschwindigkeit. Es geht also davon aus, dass jeder Eilige zu schnell fahre. Ein solcher Erfahrungssatz besteht jedoch nicht."* 1230

Freilich besteht er nicht; aber das Landgericht hat ihn auch gar nicht aufgestellt oder angewendet. Im Einzelfall ist der Schluss von der Zeitknappheit auf die Geschwindigkeit durchaus möglich und deshalb für die Revision dann nicht angreifbar, wenn er zusammen mit noch anderen Beweisanzeichen die richterliche Überzeugung trägt. Anders wäre es nur, wenn sich aus dem Urteil ergäbe, dass das Wissen des Tatgerichts um die „Eile" allein schon als Beweis herhalten sollte. 1231

Neue Bedeutung erlangen könnte die Beweisführung anhand von Erfahrungssätzen im Zusammenhang mit den sog. **Massenbetrugsfällen**. Der BGH hat hier anerkannt, dass Feststellungen über **betrugsrelevante Fehlvorstellungen** auf Grund äußerer Umstände und allgemeiner Erfahrungssätze getroffen werden dürfen.[2832] 1232

**2830** BGH, Urt. v. 1.2.1995 – 2 StR 659/94 = BGHR StPO § 261 – in dubio pro reo 9.

**2831** BGH, Beschl. v. 9.8.1995 – 1 StR 282/95.

**2832** BGH, Beschl. v. 16.8.2018 – 5 StR 348/18 = NStZ 2019, 43 m. Anm. *Frank* = wistra 2018, 518. Hierzu: *Peter* StraFo 2019, 186; *Meyer-Goßner/Schmitt*, § 244 StPO, Rn. 14. S. ferner auch BGH, Beschl. v. 4.9.2014 – 1 StR 314/14 = NStZ 2015, 98, 100; BGH, Urt. v. 6.9.2017 – 5 StR 268/17 = NStZ-RR 2017, 375, 376.

### e) Beweisverbote

**Literatur:** *Amelung* Grundfragen der Verwertungsverbote bei beweissichernden Haussuchungen im Strafverfahren, NJW 1991, 2533; *Baumann/Brenner* Die strafprozessualen Beweisverwertungsverbote, 1991; *Beling* Die Beweisverbote als Grenzen der Wahrheitserforschung im Strafprozess, 1903; *Berg* Neukonzeptionierung der Widerspruchslösung, StraFo 2018, 327; *Beulke* Hypothetische Kausalverläufe im Strafverfahren bei rechtswidrigem Vorgehen von Ermittlungsorganen, ZStW 103 (1991), 657; *Beulke* Muss die Polizei dem Beschuldigten vor der Vernehmung „Erste Hilfe" bei der Verteidigerkonsultation leisten? NStZ 1996, 257; *Corell/Sidhu* Das Recht auf Rechtsbeistand nach dem europäischen Fahrplan zur Stärkung der Verfahrensrechte in Strafverfahren, StV 2012, 246; *Duttge* Das „selbstständige Beweisverwertungsverbot": Beispiel einer weder geglückten noch folgenlosen Straf(prozess)rechtsdogmatik, FS v. Heintschel-Heinegg, 2015, S. 103; *Erb* Verbotene Vernehmungsmethoden als staatliche veranlaßte Beeinträchtigungen der Willensfreiheit, FS Otto, 2007, S. 863; *Fezer* Grundfragen der Beweisverwertungsverbote, 1995; *Freund* Verurteilung und Freispruch bei Verletzung der Schweigepflicht eines Zeugen, GA 1993, 49; *Gauthier* Die Beweisverwertungsverbote, ZStW 103 (1991), S. 796; *Gössel* Beweisverbote im Strafverfahrensrecht der Bundesrepublik Deutschland, GA 1991, 483; *Hamm* Staatliche Hilfe bei der Suche nach Verteidigern – Verteidigerhilfe zur Begründung von Verwertungsverboten, NJW 1996, 2185; *Hauf* Ist die „Rechtskreistheorie" noch zu halten? NStZ 1993, 457; *Heinrich* Rügepflichten in der Hauptverhandlung und Disponibilität strafverfahrensrechtlicher Vorschriften, ZStW 112 (2000), 398; *Herdegen* Bemerkungen zur Lehre von den Beweisverboten, DAV, Schriftenreihe der AG Strafrecht, Bd. 6, S. 103; *Herrmann* Das Recht des Beschuldigten, vor der polizeilichen Vernehmung einen Verteidiger zu befragen, NStZ 1997, 209; *Ignor* Plädoyer für die Widerspruchslösung, FS Rieß, 2002, S. 185 ff.; *Jahn* Beweiserhebungs- und Beweisverwertungsverbote im Spannungsfeld zwischen den Garantien des Rechtsstaates und der effektiven Bekämpfung von Kriminalität und Terrorismus, Gutachten C zum 67. Dt. Juristentag, 2008; *ders.* Strafverfolgung um jeden Preis, StraFo 2011, 117; *Kasiske* Die Selbstbelastungsfreiheit bei verdeckten Befragungen des Beschuldigten, StV 2014, 423; *Koriath* Über Beweisverbote im Strafprozess, 1994; *Küpper* Tagebücher, Tonbänder, Telefonate, JZ 1990, 416; *Lagodny* Verdeckte Ermittler und V-Leute im Spiegel von § 136a StPO als „angewandtem Verfassungsrecht", StV 1996, 167; *Lesch* Inquisition und rechtliches Gehör in der Beschuldigtenvernehmung, ZStW 111 (1999), 624; *Möller* Führen Verstöße gegen § 67 I JGG bei polizeilichen Vernehmungen zu einem Beweisverwertungsverbot?, NStZ 2012, 113; *Mosbacher* Zur Zukunft der Widerspruchslösung – Der Widerspruch als Zwischenrechtsbehelf, FS Rissing-van Saan, 2011, S. 357; *ders.* Zur aktuellen Debatte um die Rügepräklusion – Zugleich ein Beitrag zur Zukunft der Widerspruchslösung, NStZ 2011, 606; *Nack/Park/Brauneisen* Gesetzesvorschlag der Bundesrechtsanwaltskammer zur Verbesserung der Wahrheitsfindung im Strafverfahren durch den verstärkten Einsatz von Bild- und Tontechnik, NStZ 2012, 310; *Neuber* Unselbständige Beweisverwertungsverbote im Strafprozess – Die Abwägungslehre auf dem Prüfstand, NStZ 2019, 113; *Pitsch* Strafprozessuale Beweisverbote, 2009; *Lesch* Funktionale Rekonstruktion der Lehre von den Beweisverboten, FS Volk, 2009, S. 311; *C. Nestler* Bauer Rupp Reloaded – Überlegungen zur Reform des Ermittlungsverfahrens, ZIS 2014, 592; *Piel* Verwertungsfragen bei Verstößen gegen den Richtervorbehalt, StraFo 2017, 54; *Radtke* Beweisverwertungsverbote in Verfahrensstadien vor der Hauptverhandlung und die sog. Widerspruchslösung, FS Schlothauer, 2018, S. 453; *Ranft* Bemerkungen zu den Beweisverboten im Strafprozess, FS Spendel, 1992, S. 719; *Rode* Das Ende der Widerspruchslösung, StraFo 2018, 336; *Ransiek* Rechtswidrige Ermittlungen und die Fernwirkung von Beweisverwertungsverboten, FS Beulke, 2015, S. 949; *Rogall* Gegenwärtiger Stand und Entwicklungstendenzen der Lehre von den strafprozessualen Beweisverboten, ZStW 91 ( 1979), S. 1; *ders.* Das Beweisverbot des § 252 StPO, FS Otto, 2007, S. 973; *ders.* Die Beschuldigtenstellung im Strafverfahren – Objektivismus und Subjektivismus bei der Statusbegründung, FS Frisch, 2013, S. 1199; *ders.* Die Selbstbelastungsfreiheit vor neuen Herausforderungen, FS Beulke, 2015, S. 973; *Roxin* Nemo tenetur: die Rechtsprechung am Scheideweg, NStZ 1995, 465; *Roxin* Zum Hörfallen-Beschluss des Großen Senats für Strafsachen, NStZ 1997, 18; *Roxin/Schäfer/Widmaier* Die Mühlenteichtheorie, StV 2006, 655; *Salditt* 25 Jahre Miranda – Rückblick auf ein höchstrichterliches Experiment, GA 1992, 51; *Schröder* Beweisverwertungsverbote und die Hypothese rechtmäßiger Beweiserlangung im Strafprozess, 1992; *Schwaben* Die Rechtsprechung des BGH zwischen Aufklärungsrüge und Verwertungsverbot, NStZ 2002, 288; *Sternberg-Lieben* JZ 1995, 844 Anm. zu BGH 1 StR 83/94; *Störmer* Dogmatische Grundlagen der Verwertungsverbote, 1992; *Strate* Rechtshistorische Fragen der Beweisverbote, JZ 1989, 176; *Weßlau* Vorfeldermittlungen, 1989; *dies.*, Gespaltene Tatsachenfeststellungen, Überkreuzverwertungen und advokatorische Dilemmata – Beweisverwertung zum Nachteil von Mitbeschuldigten, StV 2010, 151; *Wohlers* Die Hypothese rechtmäßiger Beweiserlangung – ein Instrument zur Relativierung unselbständiger Verwertungsverbote? FS Fezer, 2008, S. 311.

Zu den Kennzeichen eines Rechtsstaates gehört es, dass den Strafverfolgungsbe- 1233
hörden bei ihrer Pflicht zur Erforschung der Wahrheit (§§ 244, 160 StPO) rechtliche Grenzen gesetzt sind. Der Bundesgerichtshof und das Bundesverfassungsgericht haben in einer Vielzahl von Entscheidungen ausgesprochen, dass das deutsche Strafprozessrecht keinen Grundsatz kennt, wonach die sog. **„materielle Wahrheit" um jeden Preis** erforscht werden müsse.[2833] Die Aufklärungspflicht und das Recht zur Beweiserhebung werden durch Beweiserhebungs- und Beweisverwertungsverbote eingeschränkt.[2834] Wo ein Verwertungsverbot greift, hören die Erkenntnismöglichkeiten des Tatgerichts auch dann auf, wenn seine Missachtung geeignet gewesen wäre, den wahren Sachverhalt aufzuklären. Überschreitet das Gericht die von der Rechtsordnung gesetzten Grenzen der Wahrheitsermittlung, dann stützt es seine Überzeugung auf Tatsachen, die ihm nach den Wertungen der Rechtsordnung als Grundlage seiner Überzeugungsbildung entzogen sind. Sieht sich das Gericht „umgekehrt" durch vermeintliche, aber nicht wirklich bestehende Beweisverbote an einer Beweiserhebung gehindert, so kann dies mit der Aufklärungsrüge geltend gemacht werden, weil dann nicht alle zur Verfügung stehenden Erkenntnisquellen ausgeschöpft wurden.

---

**2833** Vgl. u.a. BGH, Urt. v. 18.4.2007 – 5 StR 546/06 = BGHSt 51, 285, 290; BGHSt 31, 304, 309 = NJW 1983, 1570 = StV 1983, 230 = NStZ 1983, 466 (m. Anm. *Meyer*); BGHSt 14, 358, 365 = NJW 1960, 1580, 1582; BVerfG, Beschl. v. 24.2.2011 – 2 BvR 1596/10, Rn. 10 = EuGRZ 2011, 183; BVerfG NJW 1984, 428; VerfGH Rheinland-Pfalz, Urt. v. 24.2.2014 – VGH B 26/13 = NJW 2014, 1434. Vgl. auch *Rogall* ZStW 91 (1979), 8.

**2834** Siehe hierzu LR-*Gössel* Einleitung Abschnitt L, Rn. 2.

1234 Der Begriff der Beweisverbote geht auf *Beling* zurück.[2835] Seine Verwendung ist aber bis heute nicht einheitlich.[2836] Er wird meist als Oberbegriff für die rechtlichen Grenzen verwendet, die der Gewinnung und Verwertung von Beweisen im Strafprozess gesetzt sind. Zweck des Strafverfahrens ist die größtmögliche Annäherung an die materielle Wahrheit über Beweismittel, deren Verwendung und Verwertung dem Grundsatz der strengen Justizförmigkeit zu folgen hat. Die Wahrheit darf nicht um jeden Preis erforscht werden.[2837] Das Interesse der Allgemeinheit an der Aufklärung und Ahndung von Straftaten hat nicht grundsätzlich einen höheren Rang als die rechtlich geschützten Individualinteressen. Geht es bei dieser Gegenüberstellung um Grundrechte, namentlich um den Schutz der Menschenwürde und freien Entfaltung der Persönlichkeit, so ist das Anliegen der Strafverfolgung sogar nachrangig. Darin liegt einer der wichtigsten Gründe für die Anerkennung der Beweisverbote. Wo sie gesetzlich ausdrücklich geregelt sind, gilt dies unmittelbar, wo sie aus anderen Verfahrensprinzipien und aus der Verfassung herzuleiten sind, gilt der Vorrang der Individualrechte generell dort, wo schlechterdings unverfügbare Grundrechtspositionen (Art. 1 GG) gegen die Anliegen einer Strafverfolgung abzuwägen wären. Eine solche Abwägung findet in diesen Fällen von Verfassungs wegen nicht statt (Folterverbot!). Wo die Grundrechte unter Gesetzesvorbehalt oder auch unter Abwägungsvorbehalt stehen, ist der Satz „Wahrheit nicht um jeden Preis" zu konkretisieren: Es ist gleichsam die Höhe des Preises aus dem Budget der Rechtsstaatlichkeit festzustellen, um nur bei seiner Vertretbarkeit die Beweiserhebung zuzulassen. Sobald in diesem weiten Abwägungsbereich der Vorrang der Individualrechte feststeht, darf schon eine Beweiserhebung (sei es im Ermittlungsverfahren, sei es in der Hauptverhandlung) gar nicht erst stattfinden. In diesen Fällen spricht man ebenso wie bei den Ermittlungsmethoden, die sich gegen unverfügbare Rechte richten, von **Beweiserhebungsverboten**. Wurden diese nicht erkannt oder missachtet, verlangt die Rechtsordnung eine Vorsorge dagegen, dass der Verfahrensfehler zu einer Verurteilung führt. Dies geschieht im Wege der Geltung und Respektierung von **Beweisverwertungsverboten**.

1235 Soweit bereits der Gesetzgeber bestimmte **Tatsachen** der richterlichen Aufklärung und Beurteilung entzieht, steckt er damit den thematischen Rahmen ab, innerhalb dessen der Richter mit verfahrensrechtlich zulässigen Mitteln den Sachverhalt zu erforschen, zu würdigen und seinem Spruch zugrunde zu

**2835** *Beling*, Die Beweisverbote als Grenzen der Wahrheitsforschung im Strafprozess, 1903.
**2836** *Eisenberg*, Beweisrecht, Rn. 332; KK-*Fischer* Einl., Rn. 313.
**2837** BGHSt 14, 358, 365; 31, 309.

legen hat. Derartige Grenzen lassen sich als **Beweisthemenverbote** bezeichnen.[2838] Ein Beispiel hierfür ist § 51 Abs. 1 BZRG, der es ausschließt, Feststellungen über getilgte oder tilgungsreife Vorstrafen zu treffen. Ebenfalls als Beweisthemenverbote eingeordnet werden teilweise § 43 DRiG (Beratungsgeheimnis) und § 174 Abs. 3 GVG (Schweigegebot über geheimhaltungspflichtige Tatsachen).[2839] Allerdings wird verschiedentlich auch angenommen, die Pflicht zur Wahrung des Beratungsgeheimnisses (§ 43 DRiG) gelte nicht absolut, die Durchbrechung sei u.a. in Verfahren wegen des Verdachts der Rechtsbeugung möglich.[2840] Es ist daher jedenfalls nicht allgemein ausgeschlossen, Vorgänge aus der Beratung zum Gegenstand einer Hauptverhandlung und der Urteilsfindung zu machen.

Soweit eine Beweistatsache grundsätzlich aufgeklärt werden darf, die zu 1236
diesem Ziel führenden Wege aber rechtlich versperrt sind, bestehen diese Schranken aus **Beweismittelverboten** oder aus **Beweismethodenverboten**. Erstere untersagen die Verwendung eines an sich vorhandenen Beweismittels, letztere schließen eine bestimmte Art und Weise der sonst zulässigen Beweisgewinnung aus.

### aa) Allgemeines zu den Beweisverwertungsverboten

Für die Revision von Bedeutung ist vor allem, unter welchen Voraussetzungen 1237
**Beweisverwertungsverbote** bestehen. Das Gesetz enthält wenige Regelungen, aus denen sich ausdrücklich Beweisverwertungsverbote ergeben (vgl. u.a. §§ 100d Abs. 2, 136a Abs. 3 S. 2, 252, 257c Abs. 4 S. 3, 463a Abs. 4 S. 7 StPO, § 393 Abs. 2 AO; § 101 Abs. 8 UrhG). Beweisverwertungsverbote können sich unabhängig davon generell aus Beweiserhebungen ergeben, die gegen ein Beweisthema- oder Beweismittelverbot verstoßen haben.[2841] Zur Einteilung und zur Reichweite der Beweisverwertungsverbote haben sich unterschiedliche Kategorisierungen entwickelt. Wir gehen hierauf kurz ein, bevor wir einige Beweisverwertungsverbote näher darstellen, die praktische Bedeutung haben.

Verwertungsverbote können sich aus der vorausgegangenen Verletzung ei- 1238
nes Beweiserhebungsverbotes ergeben. Zwingend ist dies jedoch nicht.[2842] Stellt

**2838** *Meyer-Goßner/Schmitt* Einl., Rn. 52.
**2839** *Meyer-Goßner/Schmitt* Einl., Rn. 52.
**2840** OLG Naumburg, Beschl. v. 6.10.2008 – 1 Ws 504/07 = NJW 2008, 3585.
**2841** S. hierzu allgemein *Meyer-Goßner/Schmitt* Einl., Rn. 55.
**2842** *Meyer-Goßner/Schmitt* Einl., Rn. 55 mwN.

man aber auf diesen möglichen Zusammenhang ab, kann man die Beweisverwertungsverbote in **selbständige** und **unselbständige** Verwertungsverbote aufteilen. Greift das Verwertungsverbot auch dann ein, wenn der Vorgang der Beweiserhebung als solcher rechtmäßig war, ist es „selbständig"; ist das Verwertungsverbot von einem vorhergehenden Verbotsverstoß abhängig, ist es dagegen „unselbständig".[2843] Die Beweisverwertungsverbote schließen die Berücksichtigung bestimmter Beweisergebnisse und Sachverhalte aus. Diese dürfen nicht zum Gegenstand der Beweiswürdigung und der Urteilsfindung gemacht werden.[2844] Sie sind Ausnahmen von dem Grundsatz der umfassenden Beweiswürdigung.[2845]

1239 Soweit keine ausdrückliche gesetzliche Regelung existiert, ist die Antwort auf die Frage, ob ein Verwertungsverbot besteht, nach h.M. von einer Abwägung der im Rechtsstaatsprinzip angelegten gegenläufigen Gebote und Ziele abhängig.[2846] Die Beweisverwertungsverbote folgen also nicht zwingend aus Beweiserhebungsverboten. So resultiert etwa aus der rechtswidrigen Erlangung eines Beweismittels durch einen Dritten nicht automatisch die Unverwertbarkeit dieses Beweismittels im Strafverfahren.[2847] Das BVerfG hat z.B. die Verwertung einer privaten, rechtswidrig angefertigten Tonbandaufnahme im Einzelfall – insbesondere bei Fällen schwerer Kriminalität – als zulässig angesehen.[2848] Andererseits ist es außerhalb der gesetzlich geregelten Telefonüberwachung auch in Fällen schwerer Kriminalität grundsätzlich unzulässig, das nicht öffentlich gesprochene Wort des Angeklagten mittels einer ihm gegenüber verborgen gehaltenen Abhöranlage aufzuzeichnen, um Art und Weise seiner Gesprächsführung als Beweismittel gegen seinen Willen verwerten zu können.[2849]

1240 Da der Gesetzgeber selbst keine allgemein geltende Regelung über die strafprozessualen Folgen rechtswidrigen Vorgehens der Ermittlungsbehörden getroffen hat, sondern lediglich für einige Sonderfälle Verwertungsverbote normiert hat, kommt der Frage zentrale Bedeutung zu, unter welchen Voraussetzungen der Verstoß gegen ein Beweiserhebungsverbot ein Beweisverwertungs-

---

**2843** *Rogall* ZStW 91 (1979), 3. Kritisch zur Kategorie der „selbständigen" Verwertungsverbote: *Duttge* FS v. Heintschel-Heinegg, S. 103.

**2844** Vgl. BGHSt 31, 296; BGHSt 31, 304.

**2845** KK-*Fischer* Einl., Rn. 315.

**2846** Vgl. hierzu *Neuber* NStZ 2019, 113 sowie die zusammenfassende Darstellung der strafgerichtlichen Rechtsprechung in BVerfG, Beschl. v. 2.7.2009 – 2 BvR 2225/08 = NJW 2009, 3225 = wistra 2009, 425.

**2847** BGHSt 27, 355, 357; BGHSt 36, 167.

**2848** BVerfGE 34, 238, 248.

**2849** BGHSt 34, 39.

verbot nach sich zieht. Die Antwort hierauf ist in Rechtsprechung und Lehre ebenso umstritten wie die Antwort auf die Frage nach der Funktion der Verwertungsverbote.[2850] Beides sind nicht allein revisionsrechtliche Probleme; sie betreffen die Erkenntnismöglichkeiten der Ermittlungsbehörden insgesamt und haben deshalb auch Bedeutung für das Vorverfahren und nicht zuletzt für die Haftentscheidungen. Wenn die Ergebnisse rechtswidriger Beweiserhebungen aber in die Hauptverhandlung und sodann in das Urteil hineinwirken, können sie Gegenstand der Revision werden.

Verwertungsverbote haben unbestreitbar **präventive Effekte** mit Blick auf 1241
die Einhaltung strafprozessualer Vorschriften durch die Ermittlungsbehörden. Dieser Aspekt sollte auch stets bei der Abwägung und Auslegung mit in Rechnung gestellt werden. Ihre rechtliche Funktion bleibt aber in erster Linie die Durchsetzung der Rechte des Beschuldigten; ihre Anwendung muss von einem rechtsstaatlichen Verfahrensverständnis geprägt sein, wonach es dem Staat nicht gestattet sein kann, mögliche Verletzungen des materiellen Strafrechts seinerseits mit Hilfe von Verletzungen des Prozessrechts oder gar der Grundrechte „aufzuklären“. Das Verwertungsverbot ist häufig eine Reparaturmaßnahme an einer Stelle, an der durch die Verletzung des Prozessrechts schon ein solcher Schaden entstanden ist.

Wo das Gesetz über die Folgen von Verfahrensverstößen schweigt, werden 1242
bislang unterschiedliche Kriterien zur Begründung der Entscheidungen über Verwertungsverbote herangezogen. Ein Verwertungsverbot kann gegeben sein, wenn der **„Schutzzweck“** der verletzten Vorschrift durch die Verwertung in der Hauptverhandlung endgültig vereitelt würde.[2851] Auch der Bundesgerichtshof hat schon in seiner Entscheidung zum Unterlassen des Hinweises nach § 243 Abs. 4 S. 1 StPO a.F. Schutzzweckerwägungen angestellt.[2852]

Ein Verwertungsverbot wird in der Regel auch dann anzunehmen sein, 1243
wenn die verletzte Vorschrift dazu dient, die Grundlagen der **Rechtsstellung des Beschuldigten** zu sichern. In der Rechtsprechung wird daneben aber auch

---

**2850** Zur Vielzahl der vertretenen Funktionstheorien vgl. u.a. *Jahn*, Gutachten C, 67. DJT, 2008, C 38 ff.; *Beulke* ZStW 1991, 657 mwN; *Otto* GA 1970, 289; *Haffke* GA 1973, 65ff.; *Dencker*, Verwertungsverbote im Strafprozess, S. 16ff.; *Fezer*, Grundfragen der Beweisverwertungsverbote.

**2851** *Grünwald* JZ 1966, 489ff. stellt darauf ab, „ob der Schutzzweck der Vorschrift bereits endgültig vereitelt ist, sobald gegen sie verstoßen worden ist – oder ob die Verwertung des Beweismittels erst die Vollendung oder eine Vertiefung der Verletzung des geschützten Interesses darstellen würde. Ist letzteres zu bejahen, so folgt das Verbot der Verwertung unmittelbar aus der ratio der betreffenden Vorschrift.“

**2852** BGHSt 25, 325, 329.

stets geprüft, welches Gewicht im Einzelfall dem Interesse der staatlichen Gemeinschaft an der Aufklärung und Verfolgung der Tat und dem Individualinteresse des Bürgers an der Bewahrung seiner (häufig grundrechtlich geschützten) Rechtsgüter zukommt.[2853] Die danach anzustellende **Güterabwägung** findet sich auch bei der Frage nach der Ableitung von Verwertungsverboten unmittelbar aus dem Grundgesetz.[2854] Auch mit Erwägungen über den Rechtskreis der betroffenen Personen wird in einzelnen Entscheidungen argumentiert.[2855] Eine präzise inhaltliche Linie lässt sich der Rechtsprechung dabei insgesamt nicht entnehmen.

#### bb) Einzelne Beweisverwertungsverbote

1244 Die zahlreichen Konstellationen, in denen im Strafverfahren ein Verwertungsverbot in Betracht kommt, können hier nicht erschöpfend erörtert werden. Die nachfolgende Darstellung beschränkt sich deshalb auf einige Verwertungsverbote, die hohe praktische Bedeutung erlangt haben.

##### (1) Unzulässige Vernehmungsmethoden (§ 136a StPO)

1245 Die wichtigste prozessrechtliche Grundentscheidung zu den Grenzen der Pflicht zur Wahrheitsermittlung enthält **§ 136a StPO.** Die Vorschrift, die den Menschenwürde-Grundsatz und das Rechtsstaatsprinzip in prozessrechtliche Kategorien überträgt, beinhaltet zugleich (§ 136a Abs. 3 StPO) eine ausdrückliche Anordnung der Rechtsfolge, die sich aus einem Verstoß gegen diese Kategorien ergeben soll: ein Verwertungsverbot. § 136a Abs. 1 StPO verbietet Vernehmungen, bei denen der Beschuldigte nicht mehr in der Lage ist, frei über seine Aussage, ihren Umfang und ihren Inhalt zu entscheiden.[2856] Nur wenn die Willensfreiheit beeinträchtigt

**2853** Vgl. etwa zu § 136 StPO: BGH, Beschl. v. 27.2.1992 – 5 StR 190/91 = BGHSt 38, 214, 220 = NJW 1992, 1463 = StV 1992, 212 = NStZ 1992, 294 m. Anm. *Bohlander* NStZ 1992, 504 = JZ 1992, 918 m. Anm. *Roxin* = MDR 1992, 695 = JR 1992, 381 m. Anm. *Fezer* = GA 1992, 381 = wistra 1992, 187; ergänzend dazu BGH, Urt. v. 3.7.2007 – 1 StR 3/07 = BGHSt 51, 367 = NJW 2007, 2706 = StV 2007, 450 = NStZ 2007, 653 = NStZ 2008, 49 = JR 2008, 39; siehe für andere Verwertungsverbote ferner: BGHSt 19, 325; BGHSt 24, 125; BGHSt 26, 298; BGHSt 27, 355; BGHSt 35, 32.

**2854** Siehe hierzu nachfolgend, Rn. 1260 ff. und Rn. 1277 ff.

**2855** Vgl. etwa den Hinweis in BGH, Beschl. v. 27.2.1992 – 5 StR 190/91 = BGHSt 38, 214, 220; BGH, Beschl. v. 9.8.2016 – 4 StR 195/16 = NStZ-RR 2016, 377; zur Rechtskreistheorie insgesamt s. o., Rn. 340 f.

**2856** *Meyer-Goßner/Schmitt* § 136a StPO, Rn. 5. Die Aufzählung der unzulässigen Vernehmungsmethoden ist nicht abschließend, vgl. MüKoStPO/*Schuhr* § 136a StPO, Rn. 27.

ist, liegt ein Verstoß gegen § 136a Abs. 1 StPO vor.[2857] Die Beeinträchtigung kann aus physischen Erschöpfungszuständen resultieren, sie kann aber auch das Ergebnis von Täuschung oder Zwang sein. Die bisherige Rechtsprechung zu § 136a StPO ist allerdings vor allem durch das Bestreben gekennzeichnet, den nach dem Wortlaut weiten Anwendungsbereich dieser Vorschrift einzuschränken.[2858]

So ist zwar anerkannt, dass die **Übermüdung** des Beschuldigten Ursache 1246
dafür sein kann, dass er nicht mehr in der Lage ist, frei über seine Aussage und ihren Inhalt zu entscheiden. Nach Meinung des Bundesgerichtshofs sind aber weder die Vernehmung, noch die Hauptverhandlung während der Nacht grundsätzlich verboten.[2859] Die Rechtsprechung nimmt eine im Rahmen von § 136a StPO bedeutsame Ermüdung nur in Extremfällen an. „*Er*müdung" wird dabei praktisch als „*Über*müdung" verstanden. Unbeachtlich soll es danach sein, wenn der Angeklagte zur Zeit der Vernehmung 24 Stunden ohne Schlaf gewesen ist, er wegen seiner Nachtschichten aber gewohnt war, wenig zu schlafen.[2860] Auch wenn der Angeklagte nachträglich geltend macht, vor Ablegung seines Geständnisses 30 Stunden nicht geschlafen zu haben, steht dies nach Auffassung des Bundesgerichtshofs der Verwertung seiner Aussage nicht entgegen, wenn er Gelegenheit zur Ruhe und zum Schlaf gehabt hat. Selbst wenn er keinen Schlaf finden konnte, werde die Leistungsfähigkeit durch Ruhe und Entspannung wiederhergestellt.[2861] Dass § 136a StPO verbindliche Grenzen setzt, macht aber in begrüßenswerter Klarheit eine Entscheidung des 5. Strafsenats des BGH deutlich, mit der ein Geständnis als unverwertbar angesehen wurde, das eine 23 Jahre alte Frau abgelegt hatte, nachdem sie (zu Beginn der maßgeblichen Vernehmung) 38 Stunden nicht geschlafen, in der Nacht zuvor unter schwierigen Umständen ein Kind geboren und mehrere Zusammenbrüche erlitten hatte.[2862]

---

**2857** Vgl. hierzu LR-*Gleß* § 136a StPO, Rn. 18.

**2858** Mit der Einführung von § 136a StPO sollte nicht nur den Erfahrungen aus der Zeit des Nationalsozialismus Rechnung getragen werden. Durch § 136a StPO sollte zugleich verhindert werden, dass zur Wahrheitsfindung technische Methoden der Aussageüberprüfung eingesetzt werden („Narko-Analyse", „Wahrheitsspritzen"); so der Abg. *Greve* in Vhdlg. des Dt. Bundestages, 1. Wahlperiode, Band IV, 2882.

**2859** BGH, Urt. v. 15.5.1992 – 3 StR 419/91 = BGHSt 38, 291; BGHSt 12, 332; BGHSt 1, 367.

**2860** BGH, Urt. v. 26.4.1983 – 5 StR 72/83 = NStZ 1984, 15 (bei *Pfeiffer/Miebach*).

**2861** BGH, Urt. v. 15.5.1992 – 3 StR 419/91 = BGHSt 38, 291, 293 = NJW 1992, 2903 = StV 1992, 451; ablehnend hierzu: LR-*Gleß* § 136a StPO, Rn. 24; vgl. ferner BGH, Urt. v. 13.1.1993 – 3 StR 403/92 = BGHR StPO § 136a Abs. 1 Ermüdung 2.

**2862** BGH, Beschl. v. 21.10.2014 – 5 StR 296/14 = BGHSt 60, 50 = NJW 2015, 360 = StV 2015, 147. Hierzu: *Jahn* JuS 2015, 279; *Jäger* JA 2015, 312.

1247 Von der generellen Zielrichtung getragen, den Anwendungsbereich des § 136a StPO einzuschränken, ist auch die Rechtsprechung zum Merkmal der **Täuschung** des Beschuldigten. Das wird u.a. im Beschluss des Großen Senats für Strafsachen zur sog. „Hörfalle" deutlich. Darin hat der Große Senat nicht nur die Anwendbarkeit des § 136 StPO mit der Begründung verneint, eine „Vernehmung" habe nicht vorgelegen, sondern zugleich entschieden, das Merkmal der Täuschung in § 136a StPO sei einschränkend auszulegen.[2863] Dass durch die Zulassung der „Hörfalle" die in den §§ 136 und 136a StPO enthaltenen Regelungen für den Ablauf von Vernehmungen umgangen werden, indem Befragungen durch Private initiiert werden, bleibt Anlass für allgemeine Kritik an dieser Entscheidung.[2864] Unabhängig davon ist im Zusammenhang mit § 136a StPO aber von Bedeutung: Selbst wenn nach h.M. jedenfalls zur Aufklärung schwerer Straftaten generell auch Methoden angewandt werden dürfen, die durch die Heimlichkeit des Vorgehens gekennzeichnet sind, so ändert dies doch nichts daran, dass der Beschuldigte im Einzelfall **nicht durch gezielte Irreführung über die Privatheit eines Gesprächs** zu Angaben veranlasst werden darf, die er sonst nicht gemacht hätte.[2865]

1248 Inwieweit sich das **Täuschungsverbot** auf Täuschungen über Rechtsfragen erstreckt und wie weit es in Bezug auf Täuschungen über Tatsachen (wie z.B. die Absichten des Vernehmenden) reicht, ist im Einzelnen umstritten.[2866] Grundsätzlich können aber auch Täuschungen über Rechtsfragen die Voraussetzungen des § 136a StPO erfüllen, so etwa wenn fälschlich behauptet wird, es finde lediglich eine Zeugenvernehmung statt und dem Vernommenen stehe kein Schweigerecht zu[2867], oder wenn falsche Angaben über die Rechtsfolgen

---

**2863** BGH, Beschl. v. 13.5.1996 – GSSt 1/96 = BGHSt 42, 139, 149 = NJW 1996, 2940, 2942 = NStZ 1996, 502 m. Anm. *Roxin* NStZ 1997, 18 = StV 1996, 465 m. Anm. *Bernsmann* StV 1997, 116 = JR 1997, 163 m. Anm. *Derksen* = JZ 1997, 737 m. Anm. *Renzikowski*. Ebenso schon BGH, Urt. v. 21.7.1994 – 1 StR 83/94 = StV 1994, 521, 523 = BGHR StPO § 136 a Abs. 1 Täuschung 8 (insoweit in BGHSt 40, 211 und NStZ 1994, 593 nicht abgedruckt) und die frühere Rspr.; vgl. ferner LR-*Gleß* § 136a StPO, Rn. 15 und 44; KK-*Diemer* § 136a StPO, Rn. 19 sowie *Eb. Schmidt*, Lehrkommentar, Nachtragsband I § 136a StPO, Rn. 57. Zur Begrenzung des Anwendungsbereichs von § 136a StPO vgl. auch BGH, Beschl. v. 12.12.2019 – 5 StR 464/19 = NStZ-RR 2020, 112.

**2864** Vgl. *Bernsmann* StV 1997, 116, 118, *Derksen* JR 1997, 167, 169 und *Roxin* NStZ 1997, 18. S. hierzu auch BGH, Urt. v. 26.7.2007 – 3 StR 104/07 = BGHSt 52, 11 = StV 2007, 509.

**2865** Vgl. LR-*Gleß* § 136a StPO, Rn. 44. Zur Zulässigkeit der Entgegennahme von Informationen, die von einem Zeugen durch Täuschung erlangt wurden, vgl. BGH, Beschl. v. 1.12.2016 – 3 StR 230/16 = NJW 2017, 1828 = StV 2017, 780.

**2866** Vgl. hierzu LR-*Gleß* § 136a StPO, Rn. 40; MüKoStPO/*Schuhr* § 136a StPO, Rn. 38 ff.

**2867** MüKoStPO/*Schuhr* § 136a StPO, Rn. 44; LG Regensburg, Beschl. v. 10.2.2012 – NSV 121 Js 17270/1998 jug. = StV 2012, 332 (unzutreffende Belehrung durch Sachverständigen).

gemacht werden, die ohne ein Geständnis drohen.[2868] Die Rechtsprechung hat ferner anerkannt, dass eine gesetzwidrige Täuschung vorliegt, wenn der Beschuldigte zu einem Geständnis veranlasst wird, indem ihm der Vernehmungsbeamte wahrheitswidrig mitteilt, „gegen ihn lägen so viele Beweise vor, dass er auf keinen Fall entlassen werde, wenn er bei seiner bisherigen Einlassung bleibe; er habe überhaupt keine Chance; alles laufe auf Mord mit „lebenslänglich" hinaus".[2869] Bestätigt hat der BGH diese Grundsätze in einem Verfahren, in dem der Vernehmungsbeamte zwar erklärt hatte, der Fall erscheine wie ein „richtiger, klassischer Mord", selbst aber zunächst nicht vom Vorliegen von Mordmerkmalen ausgegangen war.[2870] Eine Täuschung i.S.v. § 136a StPO hat der BGH auch bejaht, wenn dem Beschuldigten eröffnet wird, er werde in einer „Vermisstensache" vernommen, obwohl in Wahrheit die Leiche bereits aufgefunden worden ist und wegen eines Tötungsdelikts ermittelt wurde.[2871] Keine Täuschung soll es demgegenüber sein, wenn dem Beschuldigten nicht bewusst ist, dass ein Gespräch mit einem Kriminalbeamten zugleich der Wiedererkennung seiner Stimme durch eine im Nachbarraum mithörende Zeugin dient; hingegen soll eine Täuschung vorliegen, wenn der Beschuldigte zuvor seine Mitwirkung abgelehnt hat, der Zeugin dann aber doch Gelegenheit zum Mithören gegeben wird, ohne dass dies dem Beschuldigten offenbart würde.[2872]

§ 136a StPO begründet nach der Rechtsprechung des BGH **keine Verpflichtung** für die Strafverfolgungsbehörden, **Irrtümer** des Vernommenen **aufzuklären**. Zwar darf der Vernehmende einen solchen Irrtum nicht verstärken, ausweiten oder vertiefen, er darf ihn aber – so der BGH – ausnutzen. Als zulässig hat es der Bundesgerichtshof angesehen, wenn die vom späteren Angeklagten geäußerte Vermutung, im Rahmen der Tatausführung per Kamera beobachtet worden zu sein, von den Ermittlungsbeamten aufgegriffen und ihm vorgehalten 1249

**2868** MüKoStPO/*Schuhr* § 136a StPO, Rn. 44.

**2869** BGHSt 35, 328, 329 = NJW 1989, 542 = NStZ 1989, 35 = StV 1988, 468 = JZ 1989, 347 m. Anm. *Fezer* = JR 1990, 164 m. Anm. *Bloy*. Zur Täuschung über das Auffinden einer Leiche: BGH, Beschl. v. 20.12.1995 – 5 StR 445/95 = NStZ 1996, 290 = StV 1996, 360 = BGHR StPO § 136a Abs. 1 Täuschung 9. Vgl. hierzu *Kasiske* StV 2014, 423, 429; MüKoStPO/*Schuhr* § 136a StPO, Rn. 45.

**2870** BGH, Beschl. v. 25.10.2016 – 2 StR 84/16 = StV 2017, 507. Hierzu: *Gubitz* NStZ 2017, 243; *Schlund* NJW 2017, 1255.

**2871** BGH, Urt. v. 31.5.1990 – 4 StR 112/90 = BGHSt 37, 48 = BGHR StPO § 136a Abs. 1 Täuschung 4 = NJW 1990, 2633 = NStZ 1990, 446 = StV 1990, 337 = wistra 1990, 317.

**2872** BGH, Urt. v. 24.2.1994 – 4 StR 317/93 = BGHSt 40, 66, 70 = BGHR StPO § 136a Abs. 1 Täuschung 7 = NJW 1994, 1807 = NStZ 1994, 295 = StV 1994, 282 m. Anm. *Achenbach* StV 1994, 577.

wird.[2873] Zwar mag es in der Tat zulässig sein, dass der Vernehmungsbeamte einen bei dem Beschuldigten bestehenden Irrtum (z.B., die Polizei habe ein bestimmtes Beweismittel gefunden) nicht korrigiert. Wenn der Vernehmende sich diese Fehlvorstellung aber bei seinen weiteren Fragen zu eigen macht und bewusst ausweitet, dann unterscheidet sich dies im Ergebnis nicht mehr von einer gezielten Täuschung. Das kann nicht zulässig sein.[2874]

1250 Der BGH grenzt den Anwendungsbereich der Täuschung – ebenso wie den der übrigen Merkmale des § 136a StPO – ferner durch Heranziehung **subjektiver Kriterien** ein. So liegt nach der Rechtsprechung eine Täuschung i.S.v. § 136a StPO auch dann nicht vor, wenn der Vernehmende nicht vorsätzlich handelt.[2875] Ohne Relevanz soll es demnach sein, wenn sich der Vernehmende nur versprochen hat, der Vernommene dies aber nicht merkt und auf die Äußerung in der Fehlvorstellung reagiert, sie sei zutreffend. So etwas auszunutzen, sollte sich aber unter Fairnessgesichtspunkten verbieten. Der Bundesgerichtshof stellt zur Abgrenzung einer „bewussten Irreführung" von einer „lediglich leichtfertigen Fehlbewertung belastender Indizien" (auch) darauf ab, wie sie der Beschuldigte im Hinblick auf die konkreten Umstände der Vernehmungssituation verstehen konnte und verstanden hat. Mag dies generell im Zusammenhang mit der Frage, inwieweit ein bestimmtes Verhalten der Ermittlungsbehörden die Aussagefreiheit beeinträchtigt hat, von Bedeutung sein, so kann dabei jedenfalls nicht allgemein die Vermutung gelten, dass sich der Angeklagte umso weniger von unzureichend substantiierten Bewertungen beeinflussen lasse, je erfahrener er im Umgang mit den Strafverfolgungsbehörden sei.[2876]

---

**2873** BGH StV 1988, 419, 421 m. abl. Anm. *Günther;* vgl. dazu LR-*Gleß* § 136a StPO, Rn. 46. S. ferner MüKoStPO/*Schuhr* § 136a StPO, Rn. 41; *Erb* FS Otto, S. 876.

**2874** Vgl. hierzu schon die Kommentierung von *Tillmann* in Löwe-Rosenberg, 20. Aufl., Anm. 9e zu § 136a und die Bemerkung von *Sarstedt* in Löwe-Rosenberg, 21. Aufl., Anm. 4 zu § 136a StPO: „Lügen darf der Vernehmende keinesfalls. Daran ändern auch angebliche kriminalpolitische Notwendigkeiten nichts. Denn erstens ist das Lügen in aller Regel höchst unzweckmäßig; gerade in dieser Situation hat es oft besonders „kurze Beine". Wenn der Vernommene erkennt, dass der Vernehmende lügt, wird er – auch wenn er schuldig ist – in einer dem Untersuchungszweck abträglichen Weise gestärkt; er wird die Position des Vernehmenden, der zu solchen Mitteln greift, mit Recht für schwach halten. Der Vernehmende müsste also seiner Sache schon sehr sicher sein; dann aber – und das ist der zweite Grund gegen die angebliche kriminalpolitische Notwendigkeit – wäre das Geständnis des Vernommenen zu entbehren."

**2875** BGHSt 31, 395, 400; BGHR StPO § 136a Abs. 1 – Täuschung 3 = StV 1989, 515 m. Anm. *Achenbach*; a.A. LR-*Gleß* § 136a StPO, Rn. 49 f.

**2876** So aber BGHSt 35, 328, 330 = NJW 1989, 542 = BGHR StPO § 136a Abs. 1 Täuschung 1 = NStZ 1989, 35 = StV 1988, 468 = MDR 1989, 85 = JZ 1989, 347 m. Anm. *Fezer* = JR 1990, 164 m. Anm. *Bloy*.

1251 Einem Verwertungsverbot nach § 136a StPO unterliegen ferner die Aussagen eines Beschuldigten, bei denen die Willensfreiheit durch äußeren **Zwang** beeinträchtigt war. Auch hier hat die Rechtsprechung den Anwendungsbereich der gesetzlichen Vorschrift stets stark zu beschränken versucht. Umstritten ist dabei, inwieweit **Untersuchungshaft**, deren Anordnung nicht durch die §§ 112ff. StPO gedeckt ist, als unzulässiger Zwang i.S.v. § 136a StPO angesehen werden kann.

1252 Der BGH hat die Anwendung unzulässigen Zwangs darin gesehen, dass einem Untersuchungsgefangenen ein anderer Gefangener mit dem Auftrag auf die Zelle gelegt wird, ihn auszuhorchen; das an sich zulässige Zwangsmittel Untersuchungshaft werde damit zu einem prozessordnungswidrigen Zweck ausgenutzt.[2877] Der Schwerpunkt des Vorwurfs gegen derartige Ermittlungsmethoden dürfte richtigerweise aber wohl eher im Bereich der Täuschung zu sehen sein.[2878] Eine vergleichbare Täuschungs- oder Zwangssituation besteht nach Auffassung der Rechtsprechung aber dann nicht, wenn der Inhaftierte von sich aus einem Mitgefangenen Vertrauen schenkt und dieser sich sodann an die Strafverfolgungsbehörden wendet. Auch wenn dieser mit Wissen der Ermittlungsbehörden seine Gespräche fortsetzt, liege ein Verstoß gegen § 136a StPO nicht vor.[2879]

1253 Anknüpfend an diese Rechtsprechung hat es der BGH auch abgelehnt, alleine eine rechtswidrige Untersuchungshaft als unzulässigen Zwang i.S.v. § 136a StPO anzusehen. Unzulässiger Zwang liege nur dann vor, wenn die **Untersuchungshaft gezielt als Mittel zur Herbeiführung einer Aussage** eingesetzt werde.[2880] Aus der Sicht des Beschuldigten, der durch § 136a StPO vor einer Beeinträchtigung seiner Willensfreiheit geschützt werden soll, ist es jedoch gänzlich unerheblich, ob ein objektiv rechtswidriger Zwang (Freiheitsbeschrän-

---

**2877** BGHSt 34, 362 = NJW 1987, 2525 = wistra 1987, 221 = JR 1988, 426 m. Anm. *Seebode* = JZ 1987, 936 m. Anm. *Fezer* = StV 1987, 283 m. Anm. *Grünwald* StV 1987, 470. Vgl. auch BGH, Urt. v. 21.7.1998 – 5 StR 302/97 = BGHSt 44, 129.

**2878** So auch *Grünwald* in der Anmerkung zu BGH StV 1987, 470, 471 und *Fezer* JZ 1987, 937, 938. Vgl. hierzu auch LR-*Gleß* § 136a StPO, Rn. 44.

**2879** BGH StV 1989, 2 = NStZ 1989, 32 = BGHR StPO § 136a Abs. 1 Zwang 2 = NJW 1989, 843 = wistra 1989, 68. Vgl. hierzu aber auch BGH, Beschl. v. 18.5.2010 – 5 StR 51/10 = BGHSt 55, 138 = StV 2010, 465 (Verhör eines Inhaftierten durch einen als Besucher getarnten nicht offen ermittelnden Polizeibeamten); BGH, Urt. v. 29.4.2009 – 1 StR 701/08 = BGHSt 53, 294 = StV 2010, 458 (heimliche Überwachung eines Ehegattengesprächs in der Untersuchungshaft); s. ferner BGH, Beschl. v. 1.12.2016 – 3 StR 230/16 = NJW 2017, 1828 = StV 2017, 780.

**2880** BGH, Urt. v. 19.7.1995 – 2 StR 758/94 (das Entscheidungsdatum ist in verschiedenen Veröffentlichungen falsch angegeben) = NJW 1995, 2933 = NStZ 1995, 605 = wistra 1996, 21 = StV 1996, 73 m. Anm. *Fezer;* dem BGH zustimmend: LR-*Gleß* § 136a StPO, Rn. 55. Vgl. auch BGH, Urt. v. 17.11.1989 – 2 StR 418/89 = StV 1992, 356.

kung durch Untersuchungshaft) aufgrund eines Tatsachen- oder Rechtsirrtums der Strafverfolgungsorgane oder aber bewusst mit der Absicht, ein prozessordnungswidriges Ziel zu erreichen, ausgeübt wird.[2881] Auch objektiv rechtswidriger Zwang sollte deshalb ausreichen, um das Verwertungsverbot gem. § 136a Abs. 3 S. 2 StPO eingreifen zu lassen.[2882]

1254 Ist eine Aussage durch Zwang oder Täuschung herbeigeführt worden, dann folgt das Verwertungsverbot bereits aus dem Gesetz (§ 136a Abs. 3 StPO). Es gilt absolut, d.h. auch dann, wenn der Beschuldigte der Verwertung zustimmt. Das Verwertungsverbot kann auch von einem anderen Beteiligten (insb. einem Mitangeklagten) geltend gemacht werden.[2883] Da sich unmittelbar aus dem Gesetz ergibt, dass das Verwertungsverbot auch dann eingreift, wenn der Beschuldigte der Verwertung zustimmt, hängt die Zulässigkeit der Revisionsrüge, ein Beweismittel sei entgegen § 136a StPO bei der Urteilsfindung verwertet worden, auch nicht davon ab, dass der Revisionsführer der Verwertung in der Hauptverhandlung vor dem Tatgericht widersprochen hat.[2884]

1255 Für die Rüge, ein Verwertungsverbot nach § 136a StPO sei nicht beachtet worden, muss der Revisionsführer in der **Revisionsbegründung** die den Verstoß gegen § 136a StPO enthaltenden Tatsachen sowie diejenigen Tatsachen mitteilen, aus denen sich die Möglichkeit eines Ursachenzusammenhangs mit der Aussage ergibt.[2885] Bezieht sich die Rüge z.B. auf eine im Rahmen einer Beschuldigtenvernehmung bei der Polizei von einem Vernehmungsbeamten verübte Täuschung, müssen die Vernehmungssituation und ihre Bedeutung für die Entschließungsfreiheit des Beschuldigten geschildert werden. Dazu gehört insbesondere das Vernehmungsprotokoll.[2886] Daneben ist auch darzulegen, wie die Vernehmung zum Gegenstand der tatrichterlichen Hauptverhandlung ge-

**2881** LG Bad Kreuznach StV 1993, 629, 630.

**2882** So BGH NStZ 1988, 233 m. zust. Anm. *Hamm* = BGHR StPO § 136a Abs. 3 – Aussage 1; a.A. BGH, Urt. v. 17.11.1989 – 2 StR 418/89 = StV 1992, 356 und BGH, Urt. v. 19.7.1995 – 2 StR 758/94 = NJW 1995, 2933 = BGHR StPO § 136a Abs. 1 – Zwang 3 = NStZ 1995, 605 = wistra 1996, 21 = StV 1996, 73 m. Anm. *Fezer*. Vgl. für einen Fall der „Ingewahrsamnahme" (§ 231 Abs. 1 S. 2 StPO): BGH, Beschl. v. 18.9.2012 – 3 StR 348/12 = StV 2013, 373 = NStZ 2013, 59. Vgl. ferner auch BGH, Urt. v. 28.6.2018 – 3 StR 23/18 = NStZ 2018, 734 = StV 2019, 162 (zu den §§ 127, 128 StPO); hierzu: *Meyer-Mews* StV 2020, 223.

**2883** BGH MDR 1971, 18 (bei *Dallinger*); vgl. auch LR-*Gleß* § 136a StPO, Rn. 82.

**2884** BGH, Beschl. v. 3.2.2016 – 4 StR 561/15. Vgl. dazu auch BGH, Beschl. v. 20.12.1995 – 5 StR 445/95 = StV 1996, 360.

**2885** LR-*Gleß* § 136a StPO, Rn. 80; SK-StPO/*Rogall* § 136a StPO, Rn. 127.

**2886** Vgl. BGH, Beschl. v. 27.9.2018 – 4 StR 159/18.

macht wurde.[2887] Ist der Verstoß gegen § 136a StPO bereits gegenüber dem Tatgericht gerügt worden und hat dieses den Einwand durch einen Beschluss zurückgewiesen, so sind diese Vorgänge in der Revisionsbegründung mitzuteilen. Wird geltend gemacht, dass ein vorausgegangener Verstoß gegen § 136a StPO auf spätere Vernehmungen des Angeklagten fortgewirkt hat, sind auch hier die Tatsachen mitzuteilen, die dem Revisionsgericht eine Nachprüfung ermöglichen.[2888] Der BGH verlangt sogar die Mitteilung, welche Belehrungen dem Beschuldigten bei den späteren Vernehmungen erteilt wurden, wann er Kenntnis von der Täuschung erlangt hat und welche Vorstellungen über die Verwertbarkeit der früheren Aussagen er bei der späteren Vernehmung hatte.[2889] Nach der Rechtsprechung macht ein Verstoß gegen § 136a StPO zunächst nur die davon betroffene Aussage unverwertbar, hat jedoch auf die Verwertbarkeit der folgenden Aussagen keine Auswirkungen, falls diese prozessordnungsgemäß zustande gekommen sind. Das sind sie aber nur, wenn bei der Belehrung vor der erneuten Vernehmung sichergestellt wurde, dass dem Vernommenen die Unverwertbarkeit der früheren Aussage ebenso bewusst ist wie seine jetzige Aussagefreiheit. Erforderlich ist dementsprechend eine qualifizierte Belehrung.[2890]

Soll mit der Revision geltend gemacht werden, der Tatrichter sei **zu Unrecht** 1256
**von einem Verwertungsverbot** ausgegangen, ist neben der Verkennung der Reichweite des § 136a Abs. 3 StPO in erster Linie die Verletzung der Aufklärungspflicht (§ 244 Abs. 2 StPO) zu rügen. Der Inhalt des nicht verwerteten Beweismittels (also z.B. das Protokoll der nicht verwerteten Aussage) ist dann ebenfalls in der Revisionsbegründung mitzuteilen (§ 344 Abs. 2 S. 2 StPO).[2891]

Das Revisionsgericht überprüft im **Freibeweisverfahren**, ob die zur Be- 1257
gründung des Verwertungsverbotes vorgetragenen Verfahrenstatsachen zutref-

**2887** Vgl. hierzu BVerfG, Beschl. v. 21.1.2002 – 2 BvR 1225/01 = NStZ 2002, 487.

**2888** BGH, Beschl. v. 15.11.1993 – 5 StR 639/93 = StV 1994, 62, 63 = NStZ 1994, 139; BGH, Beschl. v. 10.5.2001 – 3 StR 80/01 = NStZ 2001, 551 = StV 2003, 324.

**2889** BGH, Beschl. v. 20.12.1995 – 5 StR 445/95 = NStZ 1996, 290 = StV 1996, 360 = BGHR StPO § 136a Abs. 1 – Täuschung 9; vgl. ferner BGH, Beschl. v. 9.3.1995 – 4 StR 77/95 = NJW 1995, 2047 = StV 1995, 450 = wistra 1995, 235.

**2890** Vgl. die Nachw. bei *Meyer-Goßner/Schmitt* § 136a StPO, Rn. 30. Abweichend davon soll aber bei Folter oder unmenschlicher Behandlung i.S.v. Art. 3 EMRK Fortwirkung anzunehmen sein, *Meyer-Goßner/Schmitt* § 136a StPO, Rn. 30a; a.A. BGH, Beschl. v. 14.9.2010 – 3 StR 573/09 = BGHSt 55, 314 = NJW 2011, 1523 (m. zutr. abl. Anm. *Norouzi*). S. auch EGMR, Urt. v. 1.6.2010 – 22978/05 = NJW 2010, 3145.

**2891** BGH, Beschl. v. 9.3.1995 – 4 StR 77/95 = NJW 1995, 2047 = StV 1995, 450 = wistra 1995, 235.

fen.[2892] Auch wenn das Tatgericht über die Vernehmungssituation im Strengbeweisverfahren Beweis erhoben hat (indem es z.B. die Vernehmungsbeamten in der Hauptverhandlung als Zeugen gehört hat), können deshalb Einwände auf tatsächlichem Gebiet gegen den Inhalt des Urteils mit der Revisionsbegründung vorgetragen werden. Das Revisionsgericht ist aber nicht gehindert, der Beweiserhebung im Strengbeweisverfahren einen hohen Beweiswert beizumessen.

1258 Umstritten ist dabei, ob bei Zweifeln am Vorliegen des Verfahrensverstoßes der Grundsatz **„in dubio pro reo"** gilt. Die herrschende Auffassung lässt verbleibende Zweifel in diesem Zusammenhang nicht zugunsten des Angeklagten sprechen. Die Verfahrensrüge ist deshalb nur dann begründet, wenn die die Unverwertbarkeit begründenden Tatsachen nachgewiesen sind.[2893] Im Hinblick auf die hohe Bedeutung von § 136a StPO im Rahmen eines rechtsstaatlichen Verfahrens spricht jedoch einiges dafür, dass es für die Begründetheit der Verfahrensrüge bereits genügt, wenn die Vermutung justizförmigen Prozedierens aus Gründen, die von den Ermittlungsbehörden zu vertreten sind, ernsthaft erschüttert ist.[2894]

1259 Freilich ist Vorsicht geboten bei den **Rügevoraussetzungen**. Insbesondere dann, wenn beanstandet werden soll, dass z.B. eine Täuschung während der Vernehmung im Ermittlungsverfahren sich noch ausgewirkt hat auf die Aussagefreiheit in der Hauptverhandlung, müssen diese beiden (u.U. zeitlich weit auseinanderliegenden) Vorgänge im Einzelnen mitgeteilt und die sie verbindenden Vorgänge präzise dargelegt werden.[2895] Wurde der Angeklagte zu Beginn der Hauptverhandlung nach § 243 Abs. 4 StPO a.F. mit dem Zusatz, dass die frühere Aussage nicht verwertet werden darf, (also „qualifiziert") belehrt und legt er daraufhin erneut ein Geständnis ab, steht ihm die Rüge überhaupt nicht mehr zur Verfügung.[2896]

---

**2892** Für Anwendbarkeit des Freibeweisverfahrens: BGH, Urt. v. 21.7.1994 – 1 StR 83/94 = BGHSt 40, 211 = BGHR StPO § 136a Abs. 1 – Täuschung 8 = NJW 1994, 2904 = StV 1994, 521, 523 = NStZ 1994, 593 = JZ 1994, 841; vgl. ferner KK-*Diemer* § 136a StPO, Rn. 43; BGHSt 16, 164, 166; BGH wistra 1988, 70; anders: LR-*Gleß* § 136a StPO, Rn. 77 und 80.

**2893** BGHSt 16, 164, 167; BGHSt 31, 395, 400; BGH, Beschl. v. 4.2.2016 – 1 StR 604/15; *Meyer-Goßner/Schmitt* § 136a StPO, Rn. 33 mwN; a.A. *Hauf* MDR 1993, 195, 197; vgl. auch *Roxin*, 40 Jahre BGH, S. 66, 77; *Bohlander* NStZ 1992, 505.

**2894** Vgl. LR-*Gleß* § 136a StPO, Rn. 78; *Lehmann*, Die Behandlung des Grundsatzes in dubio pro reo im Strafverfahrensrecht, S. 154.

**2895** BGH, Beschl. v. 10.5.2001 – 3 StR 80/01 = StraFo 2001, 413 = NStZ 2001, 551 = StV 2003, 324.

**2896** Vgl. BVerfG, Beschl. v. 14.12.2004 – 2 BvR 1249/04 = NJW 2005, 656.

### (2) Verwertungsverbote aus den Grundrechten in Art. 1 und Art. 2 GG

Weitere selbständige Verwertungsverbote können sich ferner **unmittelbar aus den Grundrechten** ergeben.[2897] Das Bundesverfassungsgericht hat dies insbesondere in seiner Rechtsprechung zur Verwertbarkeit von privaten Äußerungen im Hinblick auf das Persönlichkeitsrecht und den Schutz der Intimsphäre (Art. 2 Abs. 1 GG und Art. 1 Abs. 1 GG) deutlich gemacht. Hier werden drei Schutzzonen unterschieden. Während ein unantastbarer Bereich privater Lebensgestaltung (absolut geschützter **„Kernbereich"**, Intimsphäre des Einzelnen) jeglichem Eingriff entzogen ist, muss im Bereich der „schlichten Privatsphäre" eine Güterabwägung im Einzelfall vorgenommen werden. Sodann gibt es den sog. „Sozialbereich", in dem der objektive Gehalt des Gesagten so sehr im Vordergrund steht, dass die Persönlichkeit des Sprechenden nahezu vollends dahinter zurücktritt, und der vom Schutzbereich des Art. 2 Abs. 1 GG i.V.m. Art. 1 Abs. 1 GG bereits nicht mehr erfasst wird.[2898] 1260

Diese „Dreistufentheorie" hat immer wieder praktische Bedeutung für den Strafprozess. So hat sie die Rechtsprechung etwa im Zusammenhang mit der **heimlichen Aufzeichnung von Telefongesprächen** und der Verwertung von **Tagebüchern und tagebuchähnlichen Aufzeichnungen** herangezogen.[2899] Das Bundesverfassungsgericht hat das von einem Privaten über die Abwicklung eines Grundstückskaufs auf Tonband aufgezeichnete Telefongespräch, das in einem Ermittlungsverfahren wegen des Verdachts der Steuerhinterziehung, des Betruges und der Urkundenfälschung verwertet werden sollte, der schlichten Privatsphäre zugeordnet und im Rahmen der vorgenommenen Abwägung die Privatinteressen den Allgemeininteressen übergeordnet.[2900] Generell sind durch Verletzung der Vertraulichkeit des Wortes in (nach § 201 StGB) strafbarer Weise gewonnene Beweise unverwertbar, solange der Betroffene nicht zustimmt oder besondere Umstände (insb. Notwehr) die Verwertung rechtfertigen.[2901] 1261

---

**2897** Zum Verhältnis von Verfassungsrecht und Strafprozessrecht vgl. *Wolter* NStZ 1993, 1.

**2898** BVerfG, Urt. v. 20.4.2016 – 1 BvR 966/09 = BVerfGE 141, 220, 276 = NJW 2016, 1781; BVerfG, Urt. v. 3.3.2004 – 1 BvR 2378/98 = BVerfGE 109, 279 = StV 2004, 169; BVerfGE 80, 367 = NJW 1990, 563 = StV 1990, 1; BVerfGE 54, 143, 146 = NJW 1980, 2572.

**2899** Das BVerfG hat die Bedeutung des grundrechtlichen Schutzes der Privatsphäre auch in den Entscheidungen zur Überwachung von Gefangenenpost unterstrichen: vgl. dazu BVerfG, Beschl. v. 26.4.1994 – 1 BvR 1689/88 = BVerfGE 90, 255 sowie BVerfG, Beschl. v. 24.6.1996 – 2 BvR 2137/95 = StV 1997, 256.

**2900** BVerfGE 34, 238 = NJW 1973, 891 = JZ 1973, 504 m. Anm. *Arzt*.

**2901** Vgl. hierzu BGH, Beschl. v. 12.3.2018 – 2 StR 244/18; BGHSt 14, 358 = NJW 1960, 1580; BGHSt 34, 39 = NJW 1986, 2261; BGHSt 34, 379 = NJW 1988, 1397; BGHSt 36, 167 = NJW 1989, 1760; *Meyer-Goßner/Schmitt* Einl., Rn. 56b mwN.

1262 Mit Spannung kann auch weiterhin der Entwicklung im Recht der Beweisverwertungsverbote nach der Anerkennung des **Grundrechts auf Gewährleistung der Vertraulichkeit und Integrität informationstechnischer Systeme**[2902] entgegengesehen werden. Darin ist nicht nur – wie bereits in der Entscheidung zur akustischen Wohnraumüberwachung[2903] – der Kernbereich privater Lebensgestaltung aus jeglichen (zumal: heimlichen) Ermittlungen herausgenommen; es ist auch klargestellt, dass jeder Eingriff in das „neue" Grundrecht einer bereichsspezifischen ausdrücklichen gesetzlichen Ermächtigung bedarf. Durch das Gesetz zur effektiveren und praxistauglicheren Gestaltung des Strafverfahrens hat der Gesetzgeber nunmehr u.a. durch Änderung der §§ 100a Abs. 1 und 100b StPO neue rechtliche Grundlagen geschaffen und darin weiter reichende Ermittlungsmöglichkeiten („Quellen-TKÜ" und „Online-Durchsuchung") vorgesehen.[2904] § 100d StPO n.F. enthält Regelungen zum Schutz des Kernbereichs privater Lebensgestaltung und zum Schutz von Zeugnisverweigerungsberechtigten, die für alle Maßnahmen nach den §§ 100a–100c StPO gelten.[2905] Neben dem in § 100d Abs. 2 StPO geregelten Verwertungsverbot können auch sonst bei Überschreitung der gesetzlichen Eingriffsbefugnisse Verwertungsverbote eingreifen.[2906]

1263 Dem unantastbaren Bereich privater Lebensgestaltung zuzuordnen – und damit einer Abwägung im Hinblick auf die Verwertbarkeit im Strafverfahren entzogen – ist die Unterhaltung zwischen Eheleuten in der ehelichen Wohnung. Der Bundesgerichtshof hat deshalb mit Recht die im Rahmen einer rechtmäßigen Telefonüberwachung erlangten Erkenntnisse über ein solches Gespräch, die gewonnen wurden, weil nach einem Telefongespräch der Hörer nicht richtig aufgelegt worden war, als unverwertbar angesehen.[2907] In dem mitgehörten Gespräch mit seiner Ehefrau zog der Beschuldigte Bilanz aus seinen bisherigen

---

**2902** BVerfG, Urt. v. 20.4.2016 – 1 BvR 966/09 = BVerfGE 141, 220, 273 = NJW 2016, 1781; BVerfG, Urt. v. 27.2.2008 – 1 BvR 370/07 und 1 BvR 595/07 = BVerfGE 120, 274 = NJW 2008, 822.

**2903** BVerfG, Urt. v. 3.3.2004 – 1 BvR 2378/98 u.a. = BVerfGE 109, 279 = NJW 2004, 999.

**2904** Vgl. hierzu *Singelnsten/Derin* NJW 2017, 2646 und *Blechschmitt* StraFo 2017, 361. Zur Quellen-TKÜ: KK-*Bruns* § 100a StPO, Rn. 42 ff., zu den Anordnungsvoraussetzungen für die Online-Durchsuchung: KK-*Bruns* § 100b StPO, Rn. 7 ff.

**2905** Hierzu: BT-Drs. 18/12785, S. 60.

**2906** Vgl. hierzu *Köhler* in *Meyer-Goßner/Schmitt* § 100a StPO, Rn. 35a.

**2907** BGHSt 31, 296 = NJW 1983, 1569 = StV 1983, 229. Zur Unzulässigkeit der heimlichen Überwachung eines Gesprächs zwischen Ehegatten in einem Besuchsraum einer JVA: BGH, Urt. v. 29.4.2009 – 1 StR 701/08 = BGHSt 53, 294 = StV 2010, 458.

Heroingeschäften.[2908] Als unzulässig angesehen wurde auch die Aufzeichnung des Aufnahmegesprächs eines mutmaßlichen Terroristen mit dem Leiter der Justizvollzugsanstalt zum Zweck einer auditiv-phonetisch-sprachwissenschaftlichen Auswertung.[2909]

Umstritten ist nach wie vor die Heranziehung von **Tagebüchern** oder tagebuchähnlichen Aufzeichnungen im Strafverfahren. Die Verfassung gebietet es nach h.M. aber nicht, tagebuchähnliche private Aufzeichnungen schlechthin von der Verwertung im Strafverfahren auszunehmen. Vielmehr hängt die Verwertbarkeit von Charakter und Bedeutung des Inhalts ab. Dabei bedarf ihre Verwertung im Strafverfahren der Rechtfertigung durch ein überwiegendes Interesse der Allgemeinheit.[2910] Das BVerfG hat wiederholt die unabweisbaren Bedürfnisse einer wirksamen Strafverfolgung und Verbrechensbekämpfung hervorgehoben, das öffentliche Interesse an einer möglichst vollständigen Wahrheitsermittlung im Strafverfahren betont und die Aufklärung gerade schwerer Straftaten als einen wesentlichen Auftrag eines rechtsstaatlichen Gemeinwesens bezeichnet. Andererseits kommt dem Grundrecht auf freie Entfaltung der Persönlichkeit keine geringere Bedeutung zu.[2911] Natürlich ist ein Buchhaltungsjournal kein Tagebuch in diesem Sinne, aber eine Kladde, die jemand ständig mit sich führt, um teils berufliche, teils private persönliche Aufzeichnungen über alles „Erlebte" zu machen, enthält leicht auch Eintragungen, die zum Kernbereich zu rechnen sind. 1264

Der BGH hat sich in seinen bisherigen Entscheidungen im Wesentlichen an einer Abwägung zwischen dem Interesse des Staates an einer wirksamen Strafverfolgung und dem Interesse des Einzelnen an einer Geheimhaltung seiner persönlichen Angaben orientiert, ohne dabei im Einzelfall immer eine Abgrenzung zu dem jeglicher Abwägung entzogenen Kernbereich des Persönlichkeitsrechts vorzunehmen. So sind nach der Rechtsprechung des BGH die Aufzeichnungen einer jungen Lehrerin über die intime Beziehung zu ihrem Vorgesetzten in einem Verfahren wegen Meineides gegen die Lehrerin unverwertbar.[2912] Das- 1265

**2908** Vgl. zur Entscheidung des BGH auch *Herdegen*, Bemerkungen zur Lehre von den Beweisverboten, DAV Bd. 6, S. 103, 113.

**2909** BGHSt 34, 39 m. Anm. *Wolfslast* NStZ 1987, 103; *Meyer* JR 1987, 215. Vgl. dazu ferner *Küpper* JZ 1990, 416, 421. Nach BGHSt 40, 66, 70 kann eine unzulässige Täuschung i.S.d. § 136a StPO vorliegen, wenn ein Gespräch zwischen einem Beamten und dem Angeklagten nur „arrangiert" wird, um einem Zeugen die Möglichkeit eines Stimmenvergleichs zu eröffnen.

**2910** BVerfG, Beschl. v. 26.6.2008 – 2 BvR 219/08 = BVerfGK 14, 20 = StraFo 2008, 421; BVerfGE 80, 367; KK-*Fischer* Einl., Rn. 320.

**2911** KK-*Fischer* Einl., Rn. 320.

**2912** BGHSt 19, 325 = NJW 1964, 1139.

selbe gilt im Ergebnis für die Verwertung von Tagebüchern in einem Verfahren wegen geheimdienstlicher Agententätigkeit: Auch hier rechtfertigt die Schwere des Vorwurfs den Eingriff in den durch Art. 2 Abs. 1 und Art. 1 Abs. 1 GG geschützten Bereich privater Lebensgestaltung nicht.[2913]

1266 Als verwertbar angesehen hat der BGH hingegen persönliche Aufzeichnungen eines Angeklagten, in denen unter anderem sein Verhältnis zu Frauen erwähnt wurde, in einem Verfahren, in dem ihm Mord an einer Frau vorgeworfen wurde.[2914] Die Verfassungsbeschwerde hiergegen wurde mit Stimmengleichheit zurückgewiesen.[2915] Handelte es sich in diesem Falle aber – wie der BGH mitteilt – um Ausführungen, die „einen Einblick in die innere Verfassung des Angeklagten vor der Tat gestatteten und geeignet waren, einerseits Tatmotive aufzuzeigen und andererseits auf entlastende Umstände hinzuweisen“,[2916] dann sprach dies dafür, die Aufzeichnungen dem unantastbaren Kernbereich der Persönlichkeitsentfaltung zuzuordnen. Mit Recht hat das BayObLG die Verwertung eines vom Angeklagten verfassten Briefes an seinen Arzt, in dem der Angeklagte seinen Lebenslauf, die Entwicklung seiner Drogenabhängigkeit und seine immer wieder gescheiterten Entziehungsversuche schilderte, für unzulässig erklärt.[2917] Zum unantastbaren Bereich privater Lebensgestaltung gehört auch das, *„was ein Patient seinem Arzt über sein Leiden anvertraut“*.[2918] In einem Verfahren wegen sexuellen Missbrauchs eines Kindes wurden Tagebuchaufzeichnungen mit der Begründung als verwertbar angesehen, aus ihnen ergebe sich die Begehung einer Straftat.[2919]

1267 Schließlich gehört auch der Fall einer akustischen Raumüberwachung zur Aufzeichnung von **Selbstgesprächen** zu den unmittelbar aus der Verfassung

**2913** BGH, Beschl. v. 30.3.1994 – StB 2/94 = NJW 1994, 1970 = NStZ 1994, 350 = StV 1994, 281 = JR 1994, 430 m. krit. Anm. *Lorenz*; vgl. aber auch BGH, Beschl. v. 13.10.1999 – 2 BJs 112/97-2 – StB 10 u. 11/99 = NStZ 2000, 383 m. Anm. *Jahn*.

**2914** BGHSt 34, 397 = NJW 1988, 1037 = StV 1987, 421 = JZ 1988, 316 = JR 1988, 469 m. Anm. *Geppert*.

**2915** BVerfGE 80, 367 = NJW 1990, 563 = StV 1990, 1.

**2916** BGHSt 34, 397, 401; kritisch auch *Küpper* JZ 1990, 416, 420; *Herdegen*, Bemerkungen zur Lehre von den Beweisverboten, DAV Bd. 6, S. 103, 114; *Widmaier*, Wahrheitsfindung zwischen Aufklärungspflicht und Beweisverboten, DAV Bd. 6, S. 29, 37; *Lorenz* GA 1992, 254, 274.

**2917** BayObLG, Beschl. v. 15.4.1992 – 4 St RR 10/92 = NJW 1992, 2370. Der noch nicht abgesandte Brief war bei einer rechtmäßigen Durchsuchung in der Wohnung des Angeklagten gefunden worden.

**2918** BayObLG, Beschl. v. 15.4.1992 – 4 St RR 10/92 = NJW 1992, 2370.

**2919** BVerfG, Beschl. v. 26.6.2008 – 2 BvR 219/08 = BVerfGK 14, 20 = StraFo 2008, 421.

abzuleitenden Beweisverboten.[2920] Unverwertbar ist auch der Inhalt eines Selbstgesprächs, das durch Anbringung von Abhöreinrichtungen in einem Kraftfahrzeug aufgezeichnet worden war.[2921]

Selbständige Verwertungsverbote können sich ferner ergeben, wenn der 1268
Beschuldigte auf Grund von Vorschriften aus anderen Teilen der Rechtsordnung zu **Angaben verpflichtet** ist, so dass sein Recht, die Aussage zur Sache zu verweigern, durch die Heranziehung der in den anderen Rechtsgebieten gemachten Angaben unterlaufen würde.[2922] Dies gilt nach Auffassung der Rechtsprechung jedoch nicht für Angaben, die ein Beschuldigter gegenüber einer Versicherung macht.[2923] Vieles ist auch in diesem Zusammenhang noch ungeklärt, weil der verfassungsrechtlich gesicherte Satz, dass niemand verpflichtet sein darf, an seiner eigenen Überführung durch Aussagen oder sonstige Handlungen mitzuwirken (**Nemo tenetur se ipsum accussare**), nun einmal schwer in Einklang zu bringen ist mit zivilrechtlichen, versicherungsrechtlichen, insolvenzrechtlichen, steuerrechtlichen oder verwaltungsrechtlichen Mitwirkungspflichten, die ihrerseits nicht verzichtbar sind. Die sauberste Lösung wäre freilich ein generelles Verwertungsverbot für alle in den „anderen" Rechtsgebieten infolge einer Äußerungs- oder Mitwirkungspflicht gewonnenen Erkenntnisse. Eine solche Radikallösung stieße aber auf die Schwierigkeit, dass eine Reihe von Straftatbeständen gerade an die Erfüllung der Offenbarungspflichten anknüpft.

Die falsche Angabe über das Einkommen in einer Steuererklärung ist als sol- 1269
che strafbar (§ 370 AO). Um sie beweisen zu können, muss verwertet werden, was der Beschuldigte unter dem Erklärungszwang des Steuerrechts geschrieben hat. Ein Verwertungsverbot insoweit wäre widersinnig. Anders ist dies aber im Verhältnis der Strafverfolgung zu der Regelung des § 393 Abs. 1 AO, wonach der Einsatz von Zwangsmitteln unzulässig ist, soweit der Steuerpflichtige eigene Steuer-

---

**2920** BGH, Urt. v. 10.8.2005 – 1 StR 140/05 = BGHSt 50, 206 = NJW 2005, 3295; dazu *Ellbogen* NStZ 2006, 179; *Kolz* NJW 2005, 3248; *Lindemann/Reichling* StV 2005, 650; *Lindemann* JR 2006, 191; *Jahn* JuS 2006, 91.

**2921** BGH, Urt. v. 22.12.2011 – 2 StR 509/10 = BGHSt 57, 71 = NJW 2012, 945 = StV 2012, 269 m. Anm. *Ladiges* StV 2012, 517; *Wohlers* JR 2012, 389; *Jahn/Geck* JZ 2012, 561; *Mitsch* NJW 2012, 1486; *Allgayer* NStZ 2012, 399. S. hierzu auch: KK-*Fischer* Einl., Rn. 321. Vgl. ferner BGH, Urt. v. 7.1.2016 – 2 StR 202/15, Rn. 46.

**2922** BVerfGE 56, 37 = NJW 1981, 1431 (Gemeinschuldner-Beschluss), siehe dazu auch *Dingeldey* NStZ 1984, 529 und *Stürner* NJW 1981, 1757; vgl. ferner BGHSt 37, 340, 342 zu § 807 ZPO sowie zur Unverwertbarkeit von Erkenntnissen aus der sog. „Eigenüberwachung" im Bereich des Umweltstrafrechts, *Michalke* NJW 1990, 417, hiergegen: *Franzheim* NJW 1990, 2049.

**2923** Hierzu KG, Urt. v. 7.7.1994 – 1 Ss 175/93 = NStZ 1995, 146.

straftaten offenbaren müsste, was in bestimmten Fällen sogar dazu führt, dass die Pflicht zur Abgabe von Steuererklärungen suspendiert ist.[2924] Soweit der Steuerpflichtige mit einer wahrheitsgemäßen Erklärung allgemeine Straftaten offenbart, ist er durch das **Steuergeheimnis** (§ 30 AO) sowie das in § 393 Abs. 2 AO normierte begrenzte strafrechtliche Verwertungsverbot geschützt.[2925] Indes will der BGH diesen Schutz nicht uneingeschränkt gelten lassen. Weil nämlich das Gesetz in § 393 Abs. 2 Satz 2, § 30 Abs. 4 Nr. 5 AO ausdrücklich eine Durchbrechung des Steuergeheimnisses vorsehe, wenn die Offenbarung im zwingenden öffentlichen Interesse liegt, soll dem Steuerpflichtigen die Erklärung auch solcher Einkünfte zuzumuten sein, durch deren Offenbarung er in den Verdacht einer Straftat geraten und durch die er sich der Gefahr der Strafverfolgung aussetzen kann.[2926]

1270 Verwertungsverbote sollten aber überall dort anerkannt werden, wo staatliche und staatlich kontrollierte Informationssammlungen neben dem strafrechtlichen Ermittlungsverfahren „nach der Tat" stattfinden. Der Nemo-tenetur-Grundsatz kann hier nur gewahrt werden, wenn auf die im Wege von Offenbarungspflichten gewonnenen Erkenntnisse im gesamten Strafprozess verzichtet wird. Das Bundverfassungsgericht hat unter der Geltung der Konkursordnung aus diesem Grundsatz ein Verwertungsverbot für Äußerungen des Gemeinschuldners abgeleitet, zu denen er konkursrechtlich verpflichtet war.[2927] Die Insolvenzordnung enthält eine ausdrückliche Regelung hierzu in § 97 Abs. 1 InsO. Vergleichbares sollte auch im Umweltstrafrecht, das vom Grundsatz der Verwaltungsakzessorietät geprägt ist, jedenfalls insoweit gelten, als die Aufsichtsbehörden unter Ausnutzung der Offenbarungspflichten von Anlagenbetreibern das auch im Ordnungswidrigkeitenrecht geltende Nemo-tenetur-Prinzip unterlaufen können.[2928] Ähnliche Rechtsfragen können sich jetzt auch für Ärzte stel-

**2924** BGH, Beschl. v. 26.4.2001 – 5 StR 587/00 = BGHSt 47, 8, 12; BGHR AO § 393 Abs. 1 Erklärungspflicht 2 und 3. Vgl. auch BGH, Beschl. v. 17.3.2009 – 1 StR 479/08 = BGHSt 53, 210 = NJW 2009, 1984 = wistra 2009, 312; BGH, Beschl. v. 23.3.2019 – 1 StR 127/19 = StV 2019, 749 = wistra 2019, 509.

**2925** Vgl. hierzu allgemein: BVerfG, Beschl. v. 27.4.2010 – 2 BvL 13/07 = BVerfGK 17, 253 = wistra 2010, 341; BVerfGE 56, 37, 47; BGH, Beschl. v. 21.8.2012 – 1 StR 26/12 = wistra 2012, 482; *Radtke* GA 2020, 470.

**2926** BGH, Urt. v. 10.8.2001 – RiSt (R) 1/00, teilweise abgedruckt in NJW 2002, 834; BGH, Urt. v. 5.5.2004 – 5 StR 139/03 = NStZ-RR 2004, 242 = StV 2004, 578 m. Anm. *Odenthal* und *Zetsche* wistra 2004, 427. Die gegen das Urteil vom 5.5.2004 gerichtete Verfassungsbeschwerde blieb erfolglos (BVerfG, Beschl. v. 15.10.2004 – 2 BvR 1316/04 = NJW 2005, 352).

**2927** BVerfG, Beschl. v. 13.1.1981 – 1 BvR 116/77 = BVerfGE 56, 37.

**2928** Vgl. dazu im Hinblick auf die Verwertbarkeit von behördlich auferlegten Eigenmesskontrollen bei der Strafverfolgung wegen Grenzwertüberschreitungen *Michalke* NJW 1990, 417 und *Franzheim* NJW 1990, 2049.

len, die infolge von § 630c Abs. 2 BGB ebenfalls zu bestimmten Angaben verpflichtet sein sollen.[2929]

Die **Revisionsbegründung** muss in den Fällen, in denen ein aus der Verfassung abgeleitetes Verwertungsverbot geltend gemacht wird, soweit sich die Verletzung nicht bereits aus den Urteilsgründen ergibt, die Umstände der Entstehung des umstrittenen Beweismittels darstellen. Der Bundesgerichtshof fordert, dass der Sachverhalt in der Revisionsbegründung so detailliert wiedergegeben wird, dass es dem Revisionsgericht möglich ist zu beurteilen, ob die verwerteten Aufzeichnungen dem absolut geschützten Kernbereich privater Lebensgestaltung oder dem Abwägungsbereich zuzuordnen sind.[2930] Geht es um die Unverwertbarkeit eines Abhörprotokolls oder um die Unverwertbarkeit von Tagebuchaufzeichnungen, so sind diese jeweils mitzuteilen. Das ist nicht etwa widersprüchlich, weil der Blick des Revisionsrichters über die betreffenden Inhalte keiner Verwertung im Sinne des § 261 StPO gleichkommt und im Freibeweisverfahren erfolgt. 1271

### (3) Verletzung des § 168c StPO

Zu einem Verwertungsverbot führt die Verletzung der **Anwesenheitsrechte nach § 168c StPO**. Wird bei einer richterlichen Zeugenvernehmung die Benachrichtigung des Beschuldigten und seines Verteidigers versäumt, so resultiert hieraus ein in seiner Reichweite im Einzelnen umstrittenes Verwertungsverbot.[2931] Dabei kommt es nicht darauf an, ob die Benachrichtigung absichtlich, versehentlich oder als Folge der Verkennung der gesetzlichen Grundlagen unterblieben ist.[2932] 1272

Nach der Rechtsprechung des Bundesgerichtshofs besteht ein Verwertungsverbot allerdings nur dann, wenn der Verwertung in der Hauptverhand- 1273

---

**2929** Vgl. hierzu *Kett-Straub/Sipos-Lay* MedR 2014, 867, die § 630c Abs. 2 BGB für verfassungswidrig halten; *Spickhoff* JZ 2015, 15; *Rogall* FS Beulke, S. 974.

**2930** Hierzu BGH, Urt. v. 28.11.1990 – 3 StR 170/90 = StV 1991, 147 = MDR 1991, 486 (bei *Holtz*).

**2931** Hierzu KK-*Griesbaum* § 168c StPO, Rn. 22 ff.; MüKoStPO/*Kölbel* § 168c StPO, Rn. 28 ff.; *Meyer-Goßner/Schmitt* § 168c StPO, Rn. 6; BGH, Urt. v. 9.7.1997 – 5 StR 234/96 = StV 1997, 512. Gegen ein Verwertungsverbot im konkreten Fall: OLG München, Beschl. v. 16.4.2014 – 2 Ws 352/14 = NStZ 2015, 300.

**2932** BGH, Beschl. v. 29.11.2006 – 1 StR 493/06 = BGHSt 51, 150, 156 = NJW 2007, 237 = StV 2007, 66. Vgl. auch BVerfG, Beschl. v. 5.12.2005 – 2 BvR 1964/05 = NJW 2005, 672, 673; BGH, Urt. v. 24.7.2003 – 3 StR 312/02 = NJW 2003, 3142 = StV 2003, 540. Zu den Anforderungen bei Inhaftierung des Beschuldigten im Ausland: OLG München, Beschl. v. 16.4.2014 – 2 Ws 352/14 = NStZ 2015, 300.

lung widersprochen wird.[2933] Das Verwertungsverbot schließt sowohl die Vernehmung des Ermittlungsrichters als auch die Verlesung des Vernehmungsprotokolls nach § 251 Abs. 2 StPO aus.[2934] Nach der Rechtsprechung soll es aber zulässig bleiben, die Vernehmung als nicht-richterliche Vernehmung zum Gegenstand der Hauptverhandlung zu machen.[2935] Hieraus wird teilweise abgeleitet, auch der Vorhalt aus dem Vernehmungsprotokoll müsse zulässig sein.[2936] Dem kann jedoch nicht gefolgt werden.[2937] Das Verwertungsverbot gilt auch für eine ohne Benachrichtigung des Verteidigers durchgeführte richterliche Beschuldigtenvernehmung (vgl. § 168c Abs. 1 StPO).[2938] Kein Verwertungsverbot besteht nach Auffassung des BGH jedoch in Bezug auf die Vernehmung eines Mitbeschuldigten, wenn gegenüber dessen Verteidiger gegen die Benachrichtigungspflicht aus § 168c Abs. 5 Satz 1 i.V.m. Abs. 1 StPO verstoßen wurde.[2939] Auch das Unterlassen der Pflichtverteidigerbestellung kann zu einem Verwertungsverbot führen.[2940] Eine Verfahrensrüge, mit der die Verletzung des Verwertungsverbots gerügt wird, kann es nach der Rechtsprechung erfordern, dass vorgetragen wird, ob der Beschuldigte durch seinen Verteidiger Kenntnis von dem Vernehmungstermin erhalten hat.[2941]

**2933** Vgl. im Einzelnen: BGHSt 34, 231 = NJW 1987, 1652; BGHSt 31, 140, 144 = NJW 1983, 1006; BGHSt 26, 332 = NJW 1976, 1546; BGH NStZ 1990, 136; BGH, Urt. v. 24.4.1997 – 4 StR 23/97 = NJW 1997, 2335, 2336; BGH, Beschl. v. 20.11.2001 – 1 StR 470/01 = NStZ-RR 2002, 110. Anderer Ansicht: MüKoStPO/*Kölbel* § 168c Rn. 28 (widerspruchsunabhängig). Vgl. auch *Mosbacher* NStZ 2015, 304.

**2934** Zur Unzulässigkeit der Vernehmung des Ermittlungsrichters: BGH, Beschl. v. 3.3.2011 – 3 StR 34/11 = StV 2011, 336; BGHSt 26, 332, 335; BGH NStZ 1986, 207; KG StV 1984, 68; zur Verlesung: BGH, Beschl. v. 27.1.2005 – 1 StR 495/04 = StV 2005, 255; *Meyer-Goßner/Schmitt* § 168c StPO, Rn. 6.

**2935** BGH, Beschl. v. 24.4.2019 – 4 StR 16/19 = NStZ-RR 2019, 222; BGH, Beschl. v. 31.1.2001 – 3 StR 237/00; BGH, Urt. v. 9.7.1997 – 5 StR 234/96 = NStZ 1998, 312 = StV 1997, 512.

**2936** *Meyer-Goßner/Schmitt* § 168c StPO, Rn. 6 unter Hinweis auf BGHSt 34, 231 = StV 1987, 233 m. abl. Anm. *Fezer* = JR 1988, 80 m. abl. Anm. *Hanack*. Gegen die Umdeutung zu einer nichtrichterlichen Vernehmung MüKoStPO/*Kölbel* § 168c StPO, Rn. 30.

**2937** Für die Unzulässigkeit des Vorhalts: KK-*Griesbaum* § 168c StPO, Rn. 22; BGHSt 31, 140 = JZ 1983, 354 m. Anm. *Fezer*.

**2938** BGH NStZ 1989, 282 m. Anm. *Hilger*; KK-*Griesbaum* § 168c StPO, Rn. 22a.

**2939** BGH, Beschl. v. 17.2.2009 – 1 StR 691/08 = BGHSt 53, 191 = NJW 2009, 1619; s. hierzu: *Fezer* JR 2009, 524; *Kudlich* JR 2009, 303; *Gleß* NStZ 2010, 98; *Weßlau* StV 2010, 41; *Mosbacher* NStZ 2015, 303. Vgl. auch BVerfG, Beschl. v. 5.7.2006 – 2 BvR 1317/05 = NJW 2007, 204.

**2940** Vgl. die Nachweise bei *Meyer-Goßner/Schmitt* § 168c StPO, Rn. 9; gegen ein Verwertungsverbot: BGH, Urt. v. 25.7.2000 – 1 StR 169/00 = BGHSt 46, 93. Vgl. zur Thematik ergänzend EGMR, Urt. v. 19.7.2012 – 26171/07 = StV 2014, 452 m. Anm. *Pauly*.

**2941** BGH, Beschl. v. 7.10.2014 – 1 StR 381/14 = NStZ 2015, 98.

#### (4) Verletzung des § 81a StPO

An praktischer Bedeutung verloren hat durch die Gesetzesänderung im Jahr 2017[2942] die Frage, ob Blutproben, die unter Verletzung von **§ 81a StPO** entnommen wurden, im Strafverfahren verwertbar bleiben. Beim Verdacht von **Straßenverkehrsdelikten** gilt nach § 81a Abs. 2 S. 2 StPO für die Entnahme von Blutproben seitdem **kein Richtervorbehalt** mehr, das Verfahren wurde damit wesentlich vereinfacht. Werden nunmehr allgemeine Regelungen erlassen, die die Zuständigkeiten festlegen sollen,[2943] ist jedenfalls die willkürliche (oder systematische) Verletzung dieser Regelungen geeignet, zu einem Verwertungsverbot zu führen.[2944] Auf der Grundlage der bisherigen Gesetzeslage hat die Rechtsprechung im Übrigen die Ansicht vertreten, dass die bloße Missachtung des Richtervorbehalts durch unzutreffende Bejahung von Gefahr im Verzuge nicht zu einem Verwertungsverbot führt.[2945] Lediglich bei willkürlicher oder schwerwiegender Missachtung des Verfahrensrechts sollte ein Verwertungsverbot in Betracht kommen.[2946] Diese Grundsätze bleiben auch nach neuer Rechtslage maßgeblich, wenn Blutproben nicht zur Aufklärung des Verdachts von Straßenverkehrsdelikten, sondern aus anderen Gründen angeordnet werden sollen. Ein Verwertungsverbot greift z.B. ein, wenn ein Polizeibeamter die Entnahme durch einen Arzt vorgetäuscht oder wenn er unerlaubten Zwang angewendet hat.[2947] Die Sicherstellung und Benutzung einer zu anderen Zwecken als zur Strafverfolgung (z.B. zur Operationsvorbereitung) entnommenen Blutprobe gilt nach der Rechtsprechung hingegen als erlaubt.[2948] 1274

**2942** Gesetz zur effektiveren und praxistauglicheren Ausgestaltung des Strafverfahrens vom 17.8.2017 (BGBl. 2017 I, 3202). Vgl. zur Änderung des § 81a: BT-Drs. 18/11272, S. 32.

**2943** Vgl. *Meyer-Goßner/Schmitt* § 81a StPO, Rn. 26.

**2944** So zu Recht *Meyer-Goßner/Schmitt* § 81a StPO, Rn. 33.

**2945** Vgl. BVerfG, Beschl. v. 24.2.2011 – 2 BvR 1596/10 = StraFo 2011, 145; BVerfG, Beschl. v. 28.7.2008 – 2 BvR 784/08 = NJW 2008, 3053; BGHSt 24, 125 = NJW 1971, 1097; vgl. *Rogall* ZStW 91 (1979), 37; OLG Stuttgart, Beschl. v. 26.11.2007 – 1 Ss 532/07 = NStZ 2008, 238; OLG Köln, Beschl. v. 15.1.2010 – 83 Ss 100/09 = StV 2010, 622.

**2946** Vgl. hierzu im Einzelnen KK-*Hadamitzky* § 81a StPO, Rn. 13; BVerfG, Beschl. v. 28.6.2014 – 1 BvR 1837/12 = NJW 2015, 1005; BVerfG, Beschl. v. 28.7.2008 – 2 BvR 784/08 = NJW 2008, 3053; BVerfG, Beschl. v. 11.6.2010 – 2 BvR 1046/08 = NJW 2010, 2864 = StV 2011, 1.

**2947** Vgl. zu dieser Thematik OLG Hamm NJW 1965, 1089 und *Kohlhaas* JR 1966, 187; OLG Bamberg, Beschl. v. 19.3.2009 – 2 Ss 15/09 = NJW 2009, 2146; OLG Celle, Beschl. v. 6.8.2009 – 32 Ss 94/09 = NJW 2009, 3524 = StV 2009, 685.

**2948** Vgl. zu dieser Thematik: OLG Zweibrücken, Urt. v. 14.5.1993 – 1 Ss 58/93 = NJW 1994, 810; OLG Celle NStZ 1989, 385 und aus der Literatur *Hauf* NStZ 1993, 64; *Mayer* JZ 1989, 908; *Weiler* MDR 1994, 1163; *Wohlers* NStZ 1990, 245 und *Beulke* ZStW 103 (1991), 675.

### (5) Verwertungsverbote bei Telefonüberwachungen

1275 Verwertungsverbote für Erkenntnisse aus der **Telefonüberwachung** können sich aus dem ausdrücklich geregelten Verbot in § 100d StPO, daneben aber auch aus einer Missachtung der Vorschriften über die Anordnung dieser Ermittlungsmaßnahme ergeben.[2949] Wird etwa eine Anordnung unter Überschreitung der gesetzlichen Befugnisse getroffen (etwa weil der Verdacht einer Katalogtat nicht bestand[2950]) oder wird der Fernmeldeverkehr mit dem Verteidiger überwacht,[2951] so führt dies zur Unverwertbarkeit der gewonnenen Erkenntnisse. Das gilt auch, wenn Maßnahmen willkürlich angeordnet wurden.[2952]

1276 Nach h.M. kann die Unverwertbarkeit mit der Revision nur gerügt werden, wenn zuvor in der Hauptverhandlung der Verwertung **widersprochen** wurde.[2953] Die Zulässigkeit der Verfahrensrüge setzt ferner voraus, dass die Beschlüsse mitgeteilt werden, durch die die Überwachungsmaßnahme angeordnet wurde.[2954] Auch muss dargestellt werden, wann in der Hauptverhandlung und in welcher Form Widerspruch gegen die Verwertung erhoben wurde.[2955] Wurde der Widerspruch durch Beschluss zurückgewiesen, ist auch der Beschluss in der Revisionsbegründung darzustellen. Weitere Darlegungsanforderungen können sich aus der Art und der Zielrichtung der erhobenen Beanstandung ergeben.

### (6) Verletzung der Vorschriften über die Durchsuchung

1277 Über die Frage, ob Beweismittel, die die Strafverfolgungsbehörden (und die Gerichte) unter Verletzung der Vorschriften über die Durchsuchung erlangt haben, zur Beweisführung gegen den Beschuldigten eingesetzt werden dürfen oder ob sie einem Verwertungsverbot unterliegen, wird – ebenso wie bei anderen Verwertungsverboten – anhand einer Abwägung entschieden, ein absolutes Beweisverwertungsverbot lehnt die Rechtsprechung seit jeher auch hier ab. Insbesondere durch die neuere Rechtsprechung des BVerfG hat die Frage wachsende Bedeutung erlangt, ob die Ermittlungsbehörden mit ihrem Vorgehen den **Rich-**

---

**2949** Vgl. hierzu allgemein KK-*Bruns* § 100a StPO, Rn. 49 ff.

**2950** Vgl. BGHSt 31, 304, 309; BGHSt 32, 68 = JR 1984, 514 m. Anm. *Schlüchter.*

**2951** BGHSt 33, 347, 352 = NJW 1986, 1183; vgl. aber auch BGH StV 1990, 435 m. Anm. *Taschke.*

**2952** BGH, Urt. v. 11.11.1998 – 3 StR 181/98 = BGHSt 44, 243, 250.

**2953** KK-*Bruns* § 100a StPO, Rn. 69; BGH, Beschl. v. 7.3.2006 – 1 StR 316/05 = BGHSt 51, 1 = NJW 2006, 1361 = StV 2006, 225.

**2954** KK-*Bruns* § 100a StPO, Rn. 70.

**2955** Vgl. zu den Darlegungsanforderungen: BGH, Beschl. v. 7.3.2006 – 1 StR 534/05 = wistra 2006, 311; BGH, Urt. v. 30.3.2001 – 3 StR 342/00 = NStZ 2001, 436.

**tervorbehalt (Art. 13 Abs. 2 GG) umgangen** haben.[2956] Hierzu hat sich inzwischen eine reichhaltige Kasuistik entwickelt, die zeigt, welch geringe Bedeutung der Beachtung des formalen Grundsatzes, dass im Regelfall ein Richter das Betreten von Räumlichkeiten gestatten muss, bevor Polizeibeamte hierzu befugt sind, in der Praxis oft beigemessen wird.

Eine wesentliche Fallgruppe betrifft dabei die Frage der **Erreichbarkeit eines Ermittlungsrichters.** Mit seinem Beschluss vom 12.3.2019 hat das BVerfG hier Maßstäbe gesetzt.[2957] Danach trifft die Gerichte und die Strafverfolgungsbehörden eine Verpflichtung, für die effektive Wirksamkeit des grundrechtssichernden Richtervorbehalts zu sorgen. Die Gerichte sind insbesondere verpflichtet, für einen ausreichenden Bereitschaftsdienst zu sorgen, damit das von der Verfassung vorgegebene Regel-Ausnahme-Verhältnis, wonach die Entscheidung über die Zulassung einer Durchsuchung regelmäßig von einem Richter zu treffen ist und nur in Ausnahmefällen (bei Gefahr im Verzuge) von anderen Personen, auch in die Praxis umgesetzt wird. Mit dieser Grundsatzentscheidung hat das BVerfG den Justizverwaltungen der Länder und den zuständigen Gerichtspräsidien eine Aufgabe von erheblicher Tragweite zugewiesen. 1278

Dass zu einer solch grundsätzlichen Stellungnahme aller Anlass bestand, wird im Übrigen durch die Fälle belegt, in denen in den letzten Jahren eine Missachtung des Richtervorbehalts bejaht wurde. Dass es gegen den Richtervorbehalt verstößt, wenn ein Staatsanwalt an einem Werktag gegen 13:35 Uhr und ohne Gefahr des Beweisverlustes eine Durchsuchung selbst anordnet,[2958] bedarf dabei an sich kaum einer Begründung. In unzulässiger Weise umgangen ist der Richtervorbehalt aber auch, wenn mit dem Antrag auf Erlass des Durchsuchungsbeschlusses solange gewartet wird, bis kein Richter mehr erreichbar ist und tatsächlich ein Beweisverlust droht.[2959] 1279

Praktische Bedeutung erlangt haben daneben auch Fallgestaltungen, in denen zunächst zwar immerhin **Kontakt mit dem Ermittlungsrichter** aufgenommen, dann aber gleichwohl die Durchsuchung von den Ermittlungsbehör- 1280

**2956** Vgl. z.B. BVerfG, Beschl. v. 12.3.2019 – 2 BvR 675/14 = NJW 2019, 1428 = NStZ 2019, 534; BVerfG, Beschl. v. 16.6.2015 – 2 BvR 2718/10 u.a. = BVerfGE 139, 245 = NJW 2015, 2787. Zur Verwertbarkeit: BVerfG, Beschl. v. 2.7.2009 – 2 BvR 2225/08 = NJW 2009, 3225; BGH, Urt. v. 18.4. 2007 – 5 StR 546/06 = NJW 2007, 2269.

**2957** BVerfG, Beschl. v. 12.3.2019 – 2 BvR 675/14 = BVerfGE 151, 67 = NJW 2019, 1428 = NStZ 2019, 534.

**2958** BGH, Beschl. v. 21.4.2016 – 2 StR 394/15 = StV 2016, 539.

**2959** BGH, Beschl. v. 30.8.2011 – 3 StR 210/11 = NStZ 2012, 104.

den selbst angeordnet wurde. Treten nach dem Kontakt mit dem Ermittlungsrichter neue Umstände ein, können diese Umstände selbstverständlich grundsätzlich „Gefahr im Verzuge“ begründen. Nicht begründen lässt sich „Gefahr im Verzuge“ aber damit, dass der Ermittlungsrichter den Erlass des Durchsuchungsbeschlusses abgelehnt hat, den Erlass noch prüft oder zurückstellt.[2960] Verweigert der Ermittlungsrichter eine Prüfung in der Sache (z.B. weil die Zuständigkeit unklar ist) und verweist er an einen anderen Ermittlungsrichter, muss das hingenommen werden. Lehnt auch dieser Richter seine Zuständigkeit ab, soll nach Auffassung der Rechtsprechung eine Anordnung durch die Ermittlungsbeamten generell ausscheiden.[2961] Dem wird zwar entgegengehalten, eine Ablehnung der Zuständigkeit sei kein „Befassen“.[2962] Doch kann auch das nicht darüber hinweghelfen, dass auch dann noch die Pflicht bestünde, dafür zu sorgen, dass sich tatsächlich ein Ermittlungsrichter mit der Angelegenheit *befasst*. Wird die Durchsuchungsanordnung im Hinblick auf „Gefahr im Verzuge“ durch die Ermittlungsbehörden getroffen, gilt für diese eine Dokumentations- und Begründungspflicht.[2963]

1281 In Bezug auf die Frage, unter welchen Voraussetzungen ein Verwertungsverbot für die gewonnenen Beweismittel bestehen kann, hat sich aus der Rechtsprechung zum Richtervorbehalt eine Akzentverschiebung ergeben. Grundsätzlich kann in Fällen von „schwerwiegenden, bewussten oder objektiv willkürlichen“ Rechtsverstößen ein Beweisverwertungsverbot geboten sein.[2964] Nach der neueren Rechtsprechung kann gerade ein solcher Verstoß schon in der Missachtung des Richtervorbehalts liegen. Nurmehr geringe Bedeutung kommt in solchen Fällen der Frage zu, ob die Durchsuchung hätte angeordnet werden können (sog. **hypothetischer Ersatzeingriff**).[2965] Würde über die Verwertbarkeit stets die Frage entscheiden, ob die Beweismittel auch bei einem gesetzeskonformen Verhalten hätten erlangt werden können, so würde dies zu einer

---

**2960** BVerfG, Beschl. v. 16.6.2015 – 2 BvR 2718/10 u.a. = BVerfGE 139, 245, 275 ff. = NJW 2015, 2787 = StV 2015, 606; *Rabe von Kühlewein* NStZ 2015, 618; a.A. noch BGH, Beschl. v. 11.8.2005 – 5 StR 200/05 = NStZ 2006, 114. S. hierzu auch *Grube* NStZ 2015, 534; *Ladiges* wistra 2017, 326.

**2961** OLG Oldenburg, Beschl. v. 20.6.2016 – 2 Ss OWi 152/16 (noch zu § 81a StPO a.F.); ablehnend *Moldenhauer/Wenske* JA 2017, 206.

**2962** Vgl. *Moldenhauer/Wenske* JA 2017, 206, 209 f.

**2963** BVerfG, Beschl. v. 16.6.2015 – 2 BvR 2718/10 u.a., Rn. 75 = BVerfGE 139, 245, 272.

**2964** BVerfG, Beschl. v. 7.12.2011 – 2 BvR 2500/09 u.a., Rn. 117 = BVerfGE 130, 1, 28 = NJW 2012, 907.

**2965** Vgl. hierzu noch BGH, Beschl. v. 15.2.1989 – 2 StR 402/88 (Fall *Weimar*) = NJW 1989, 1741, 1744 = NStZ 1989, 375, 376 m. Anm. *Roxin* = StV 1989, 289 m. Anm. *Fezer* (insoweit in BGHSt 36, 119 nicht abgedr.); ablehnend *Schneider* NStZ 2016, 551, 556 mwN.

Aushöhlung des Richtervorbehalts führen. In der Rechtsprechung des BGH wird vor diesem Hintergrund jedenfalls im Rahmen dieser Fallgruppe nicht mehr entscheidend auf die Figur des hypothetischen Ersatzeingriffs abgestellt.[2966]

Liegt keine Umgehung des Richtervorbehalts, sondern ein anderer Mangel 1282
der Durchsuchung vor, kommt es für die Verwertbarkeit der Beweismittel im Wesentlichen auf eine Abwägung an, in die insbesondere die Art des missachteten Verbots und das Gewicht des Verstoßes einzubeziehen sind.[2967] Selbst wenn es an einem Anfangsverdacht gefehlt haben sollte,[2968] muss das allerdings nach Ansicht der Rechtsprechung nicht zwingend zu einem Beweisverwertungsverbot führen.[2969]

Soll mit einer Verfahrensrüge geltend gemacht werden, dass Rechts- 1283
verletzungen bei einer Durchsuchung zu einem Verwertungsverbot geführt haben, müssen die maßgeblichen Vorgänge aus dem Ermittlungsverfahren im Einzelnen dargestellt werden. Dabei ist auch der Durchsuchungsbeschluss im Wortlaut mitzuteilen. Das soll selbst dann erforderlich sein, wenn in den Urteilsgründen die Umstände der Durchsuchung umfassend dargestellt sind und die Sachrüge erhoben ist.[2970] Zusätzlich müssen auch die Anordnungen wiedergegeben werden, die erst im Nachgang oder gleichzeitig zur Durchsuchung getroffen wurden, wie z.B. Beschlagnahmeanordnungen für die aufgefundenen Beweismittel. Wenn sich die Rüge gegen das Vorliegen eines Anfangsverdachts richtet, muss der Ermittlungsstand zum Zeitpunkt der Durchsuchungsanordnung mitgeteilt werden.[2971] Stützt sich die Durchsuchung auf eine Anordnung der Staatsanwaltschaft, ist die hierüber in den Akten befindliche Dokumentation in der Verfahrensrüge wiederzugeben. Die Darlegungsanforderungen müssen sich generell an den Umständen orientieren, die für die Abwägung über das Bestehen eines Beweisverwertungsverbots maßgeblich sind. Stützt sich das Urteil zusätzlich zu den unmittelbar aus der Durchsuchung gewonnenen Beweismitteln noch

**2966** BGH, Urt. v. 6.10.2016 – 2 StR 46/15 = BGHSt 61, 266 = NStZ 2017, 367 m. insoweit zust. Anm. *Basdorf;* BGH, Beschl. v. 21.4.2016 – 2 StR 394/15 = StV 2016, 539; BGH, Beschl. v. 30.8.2011 – 3 StR 210/11 = NStZ 2012, 104; BGH, Urt. v. 18.4.2007 – 5 StR 546/06, Rn. 29 = NJW 2007, 2269, 2273.

**2967** Vgl. hierzu BVerfG, Beschl. v. 9.11.2010 – 2 BvR 2101/09 = NJW 2011, 2417 = StV 2011, 65 = wistra 2011, 61 (Steuerdaten).

**2968** Vgl. zum erforderlichen Anfangsverdacht etwa BVerfG, Beschl. v. 20.9.2018 – 2 BvR 708/18 = NJW 2018, 3571, 3573.

**2969** BVerfG, Beschl. v. 2.7.2009 – 2 BvR 2225/08 = NJW 2009, 3225.

**2970** BGH, Urt. v. 8.8.2018 – 2 StR 131/18 = NStZ 2019, 107; hierzu: *Ventzke* NStZ 2019, 171. S. dazu auch unten Rn. 1602.

**2971** BGH, Urt. v. 8.8.2018 – 2 StR 131/18 = NStZ 2019, 107.

auf Vernehmungen, die mit der Durchsuchung im Zusammenhang stehen, müssen auch diese Umstände mitgeteilt werden, wenn eine Fernwirkung des Gesetzesverstoßes geltend gemacht wird.[2972]

1284 Inwieweit auf die Sachrüge die Voraussetzungen eines Verwertungsverbots geprüft werden können, wenn sich hierzu Ausführungen im Urteil finden, wird unterschiedlich beantwortet. Der Bundesgerichtshof hat eine Prüfung allein anhand der Urteilsurkunde teilweise abgelehnt,[2973] in anderen Entscheidungen hingegen ein im Urteil begründetes Verwertungsverbot zumindest anhand der Urteilsausführungen überprüft.[2974] In der Rechtsprechung verschiedener Oberlandesgerichte werden Fragen des Verwertungsverbots zum Teil auch auf die Sachrüge intensiv geprüft.[2975]

1285 Ob zur Unverwertbarkeit der Beweismittel ein rechtzeitig erhobener **Widerspruch gegen die Verwertung** erforderlich ist, ist in der Rechtsprechung nicht abschließend geklärt. Der 2. Strafsenat hat in einer Entscheidung ausgeführt, für die Zulässigkeit der Rüge sei es nur notwendig, dass der Beschwerdeführer überhaupt widerspricht.[2976] Es komme aber nicht darauf an, dass der Widerspruch bis zu dem Zeitpunkt erhoben wurde, der in § 257 Abs. 1 StPO genannt ist. Er stützte dies auf die Erwägung, bei sachlichen Beweismitteln sei die Dispositionsbefugnis des Angeklagten im Vergleich zur Verwertung von Aussagen eingeschränkt. Der 5. Senat ist dem entgegengetreten.[2977]

#### (7) Verletzung der Belehrungspflicht nach § 136 StPO

1286 Seit der bahnbrechenden Entscheidung des 5. Strafsenats vom 27.2.1992[2978] kann als geklärt gelten, dass Verletzungen der Pflicht zur Belehrung des Beschuldigten über seine Aussagefreiheit zu einem Verwertungsverbot führen können.

---

**2972** BGH, Urt. v. 10.7.2014 – 3 StR 140/14 = NStZ-RR 2014, 318.
**2973** BGH, Urt. v. 8.8.2018 – 2 StR 131/18 = NStZ 2019, 107.
**2974** BGH, Urt. v. 15.11.2017 – 2 StR 128/17 = NStZ 2018, 296; vgl. auch BGH, Urt. v. 18.4.2007 – 5 StR 546/06 = BGHSt 51, 285 = NJW 2007, 2269. S. hierzu unten Rn. 1602.
**2975** Etwa OLG Düsseldorf, Beschl. v. 23.6.2016 – III-3 RVs 46/16 = StV 2017, 12 = NStZ 2017, 177 m. abl. Anm. *Radtke*; OLG Saarbrücken, Beschl. v. 18.5.2017 – Ss Bs 8/2017 = NStZ 2018, 480; OLG Frankfurt, Urt. v. 8.11.2010 – 3 Ss 285/10 = NStZ-RR 2011, 46.
**2976** BGH, Urt. v. 6.10.2016 – 2 StR 46/15 = BGHSt 61, 266 = NJW 2017, 1332 = NStZ 2017, 367 m. Anm. *Basdorf*.
**2977** BGH, Urt. v. 9.5.2018 – 5 StR 17/18 = NJW 2018, 2279 = NStZ 2018, 737 = StV 2018, 772.
**2978** BGH, Beschl. v. 27.2.1992 – 5 StR 190/91 = BGHSt 38, 214 = NJW 1992, 1463 = StV 1992, 212 = NStZ 1992, 294 m. Anm. *Bohlander* NStZ 1992, 504 = JZ 1992, 918 m. Anm. *Roxin* = MDR 1992, 695 = JR 1992, 381 m. Anm. *Fezer*.

Unter welchen Voraussetzungen diese Rechtsfolge eintritt, welche Reichweite sie hat und ob sie auch bei Verletzung anderer in § 136 StPO enthaltener Belehrungspflichten gelten soll, ist aber auch heute noch eines der wichtigsten und umstrittensten Themen des Strafprozessrechts. Nachdem inzwischen auch Vorschriften auf europäischer Ebene existieren, die sich mit Fragen der Belehrungspflicht und der Notwendigkeit der Verteidigerbestellung befassen,[2979] der Europäische Gerichtshof für Menschenrechte in seiner Rechtsprechung die Bedeutung des Rechts auf Verteidigerkonsultation und des Hinweises auf dieses Recht hervorgehoben hat[2980] und § 136 StPO seit dem Jahr 1992 mehrfach geändert wurde, haben sich gegenüber dem Jahr 1992 die rechtlichen Rahmenbedingungen für die Diskussion über das aus der Verletzung von § 136 Abs. 1 StPO abzuleitende Verwertungsverbot jedenfalls teilweise geändert.

Unveränderter Kern des § 136 Abs. 1 StPO bleibt neben der in Satz 1 enthaltenen Pflicht zur Aufklärung über den Tatvorwurf die in Satz 2 enthaltene Verpflichtung, den Beschuldigten auf das Schweigerecht und das Recht zur Verteidigerkonsultation hinzuweisen. Durch Gesetz vom 2.7.2013[2981] neu eingefügt wurde die Pflicht, den Beschuldigten auf die Möglichkeit der Pflichtverteidigerbestellung hinzuweisen.[2982] Durch Gesetz vom 27.8.2017[2983] wurde diese Verpflichtung dahingehend ergänzt, dass dem Beschuldigten Informationen zur Verfügung zu stellen sind, die eine Kontaktaufnahme zu einem Verteidiger erleichtern; auf bestehende anwaltliche Notdienste ist dabei hinzuweisen.[2984] Im Jahr 2017 neu in das Gesetz aufgenommen wurde ferner die Pflicht, den Be- 1287

2979 Art. 47 Abs. 2. S. 2 der Grundrechte-Charta der Europäischen Union enthält ein Recht, sich verteidigen zu lassen; nach Art. 48 Abs. 2 wird die Achtung der Verteidigungsrechte gewährleistet. S. zum Recht auf Belehrung und Unterrichtung im Strafverfahren: Richtlinie 2012/13/EU des Europäischen Parlaments und des Rates vom 22.5.2012 (Abl. 2012 L 142/1), hierzu: *Esser* FS Wolter, S. 1349 ff. Zum Recht auf Zugang zu einem Rechtsbeistand s. Richtlinie 2013/48/EU des Europäischen Parlaments und des Rates vom 22.10.2013 (Abl. 2013 L 294/1), hierzu: *Corell/Sidhu* StV 2012, 246. S. zum „Recht auf Prozesskostenhilfe für Verdächtige und beschuldigte Personen im Strafverfahren" die Richtlinie 2016/1919 vom 26.10.2016 (Abl. 2016 L 297/1), hierzu: *Jahn/Zink* StraFo 2019, 318.

2980 Vgl. EGMR, Urt. v. 9.11.2018 – 71409/10, Abs. 129; EGMR, Urt. v. 12.5.2017 – 21980/04, Abs. 119; EGMR, Urt. v. 13.9.2016 – 50541/08, Abs. 270 ff.; EGMR, Urt. v. 27.11.2008 – 36391/02 = NJW 2009, 3707; s. hierzu: *Jahn* JuS 2017, 177; KK-*Lohse/Jakobs* Art. 6 EMRK, Rn. 91.

2981 Gesetz zur Stärkung der Verfahrensrechte des Beschuldigten vom 2.7.2013 (BGBl. 2013 I, 1938).

2982 S. hierzu MüKoStPO/*Schuhr* § 136 StPO, Rn. 37.

2983 Gesetz zur Stärkung der Verfahrensrechte von Beschuldigten im Strafverfahren und zur Änderung des Schöffenrechts vom 27.8.2017 (BGBl. 2017 I, 3295).

2984 Vgl. hierzu BR-Drs. 419/16; BT-Drs. 18/9534.

schuldigten auf die sich aus § 465 StPO ergebende Kostenfolge im Falle einer Verurteilung hinzuweisen.[2985] Die Verpflichtung, auf die Möglichkeit der Pflichtverteidigerbestellung hinzuweisen, wurde im Jahr 2019 den veränderten Regelungen über die Pflichtverteidigung angepasst.[2986] Nach den verschiedenen Änderungen ist die Pflicht zum Hinweis auf das Beweisantragsrecht nunmehr in Satz 5 enthalten. Die in Satz 6 geregelte Verpflichtung zum Hinweis auf den Täter-Opfer-Ausgleich, eingeführt durch Gesetz vom 24.6.2004[2987], hat für die Diskussion über Verwertungsverbote bislang keine Bedeutung erlangt. Über § 163a Abs. 3 StPO ist § 136 StPO auf staatsanwaltliche Vernehmungen vollständig anwendbar. § 163a Abs. 4 StPO trifft für polizeiliche Vernehmungen eine eigenständige Regelung, die für die Belehrungspflichten auf § 136 Abs. 1 S. 2 – S. 6 StPO verweist. Zusätzliche Hinweispflichten ergeben sich aus den §§ 67, 70a, 70b und 70c JGG[2988] und aus dem Wiener Übereinkommen über konsularische Beziehungen (WÜK)[2989].

#### aaa) Beginn der Beschuldigtenstellung

1288 Keine konkrete Regelung erfahren hat durch die zahlreichen Änderungen die Frage, wodurch die verschiedenen Belehrungspflichten ausgelöst werden. Wer zu welchem Zeitpunkt und von welchem Verdachtsgrad an aufhört, Zeuge zu sein und als **Beschuldigter** auf die vorstehend aufgeführten Rechte hinzuweisen ist, ergibt sich nicht unmittelbar aus dem Gesetz. Die Rechtsprechung geht davon aus, dass die Beschuldigteneigenschaft durch einen „**Willensakt der**

---

**2985** BT-Drs. 18/11277, S. 24. S. hierzu *Singelnstein/Derin* NJW 2017, 2649.

**2986** Gesetz zur Neuregelung des Rechts der notwendigen Verteidigung vom 10.12.2019 (BGBl. I, 2128). Hierzu: BT-Drs. 19/13829; BT-Drs. 19/15151; BR-Drs. 364/19; BR-Drs. 603/19; *Müller-Jacobsen* NJW 2020, 575.

**2987** Opferrechtsreformgesetz v. 24.6.2004 (BGBl. I, 1354).

**2988** Vgl. zu den Änderungen des JGG durch das Gesetz zur Stärkung der Verfahrensrechte von Beschuldigten im Jugendstrafverfahren vom 9.12.2019 (BGBl. I, S. 2146): BT-Drs. 19/13837 sowie BR-Drs. 368/19. Zur Bedeutung von § 67 JGG s. auch: BGH, Beschl. v. 13.8.2019 – 5 StR 257/19 = StV 2020, 690; BGH, Urt. v. 18.6.2019 – 5 StR 2/19 = StV 2020, 693; OLG Celle, Beschl. v. 25.11.2009 – 32 Ss 41/09 = StraFo 2010, 114; *Epik* StV 2020, 703; *Güler* StraFo 2019, 191; *Möller* NStZ 2012, 113.

**2989** Vgl. hierzu BVerfG, Beschl. v. 19.9.2006 – 2 BvR 2115/01 u.a. = EuGRZ 2006, 684 = NJW 2007, 499 (berichtigt durch BVerfG, Beschl. v. 7.11.2006 – 2 BvR 2115/01 u.a.); BVerfG, Beschl. v. 8.7.2010 – 2 BvR 2485/07 = NJW 2011, 207 (hierzu: *Gleß/Peters* StV 2011, 369); BGH, Urt. v. 20.12.2007 – 3 StR 318/07 = BGHSt 52, 110 (hierzu: BVerfG, Beschl. v. 5.11.2013 – 2 BvR 1579/11 = NJW 2014, 532).

**Strafverfolgungsbehörden**" begründet wird.[2990] Dies kann eine Ermittlungsmaßnahme sein, die in ihrer Zielrichtung so eindeutig ist, dass sich aus ihr die Beschuldigteneigenschaft des Adressaten ergibt, – so etwa eine Durchsuchung nach § 102 StPO[2991] oder eine Festnahme.[2992] Die Beschuldigtenstellung wird daneben auch durch eine entsprechende mündliche Erklärung der Ermittlungsbeamten begründet. Ausreichend kann auch eine Anfrage bei einer Behörde sein, in der auf „sich verdichtende Verdachtsmomente" verwiesen wird.[2993]

Mit dieser Maßnahme entsteht für die ermittelnden Polizeibeamten die Pflicht zur Belehrung nach §§ 163a Abs. 4, 136 Abs. 1 Satz 2 StPO. Im Rahmen von Vernehmungen ist ein Übergang von der Zeugenvernehmung zur Beschuldigtenvernehmung nach Auffassung der Rechtsprechung geboten, wenn sich nach pflichtgemäßer Prüfung der ermittelnden Beamten der Verdacht so verdichtet hat, dass die vernommene Person „ernstlich als Täter der untersuchten Straftat in Betracht kommt". Wenn trotz erkannten Tatverdachts nicht von der Zeugenvernehmung zur Beschuldigtenvernehmung übergegangen wird, überschreiten die Ermittlungsbehörden ihr Ermessen.[2994] Macht der Beschuldigte von sich aus (ohne dass eine Frage an ihn gerichtet ist) schon vor der Belehrung spontan Angaben zur Sache, so sollen diese verwertbar sein.[2995] Diese Aufspaltung der Vernehmungssituation in ein informelles „Vorgespräch" und den „of- 1289

**2990** BGH, Urt. v. 30.12.2014 – 2 StR 439/13 = StV 2015, 114 = NStZ 2015, 291; BGH, Beschl. v. 18.7.2007 – 1 StR 280/07 = NStZ 2008, 48; BGH, Urt. v. 3.7.2007 – 1 StR 3/07 = BGHSt 51, 367 = NJW 2007, 2706; BGH, Urt. v. 24.7.2003 – 3 StR 212/03 = NJW 2003, 3142; BGH, Beschl. v. 28.2.1997 – StB 14/96 = NJW 1997, 1591 = NStZ 1997, 398 (m. Anm. *Rogall*) = StV 1997, 281; vgl. auch BGH, Beschl. v. 15.9.2004 – 1 StR 304/04 = NStZ-RR 2004, 368.

**2991** BGH, Urt. v. 3.7.2007 – 1 StR 3/07, Rn. 18 = BGHSt 51, 367 = NJW 2007, 2706 = StV 2007, 450 = NStZ 2007, 653 m. Anm. *Mitsch* NStZ 2008, 49; *Roxin* JR 2008, 16; *Mikolajczyk* ZIS 2007, 565.

**2992** Vgl. *Meyer-Goßner/Schmitt* § 163a StPO, Rn. 7; MüKoStPO/*Schuhr* vor § 133 StPO, Rn. 26; s. auch *Rogall* FS Frisch, S. 1123.

**2993** BGH, Urt. v. 30.12.2014 – 2 StR 439/13 = StV 2015, 114 = NStZ 2015, 291.

**2994** BGH, Beschl. v. 19.1.2011 – 1 StR 476/11 = NStZ-RR 2012, 49; BGH, Urt. vom 3.7.2007 – 1 StR 3/07, Rn. 19 = BGHSt 51, 367 = NJW 2007, 2706 = NStZ 2007, 653 = StV 2007, 450; BGH, Beschl. v. 28.2.1997 – StB 14/96 = NJW 1997, 1591; vgl. ferner BGH, Urt. v. 21.7.1994 – 1 StR 83/94 = NJW 1994, 2904 = StV 1994, 521 (insoweit in BGHSt 40, 211 nicht abgedr.) mit Anmerkungen von *Gusy* StV 1995, 449; *Widmaier* StV 1995, 621; *Sternberg-Lieben* JZ 1995, 841 und *Schlüchter/Radbruch* NStZ 1995, 354.

**2995** KK-*Diemer* § 136 StPO, Rn. 4a; MüKoStPO/*Schuhr* vor § 133 StPO, Rn. 42; BGH, Beschl. v. 17.7.2019 – 5 StR 195/19; BGH NJW 1990, 461 = NStZ 1990, 43 = StV 1990, 194 m. abl. Anm. *Fezer;* BayObLG, Beschl. v. 31.7.2000 – 2 St RR 102/00 = NStZ-RR 2001, 49; vgl. auch BGH, Beschl. v. 9.6.2009 – 4 StR 170/09 = StV 2010, 4 = NJW 2009, 3589 m. krit. Anm. *Meyer-Mews*.

fiziellen Teil" der amtlichen Tätigkeit, birgt die Gefahr, dass sich Polizeibeamte möglichst lange mit der gemeinsamen Fahrt zum Vernehmungsort und der Vorbereitung des „Vernehmungssettings" aufhalten und den Beginn des „offiziellen Teils" hinauszögern.[2996]

1290 Der BGH betont in seiner Rechtsprechung[2997], der § 136 StPO zugrunde liegende Beschuldigtenbegriff vereinige subjektive und objektive Elemente. Die Beschuldigteneigenschaft setze – subjektiv – den Verfolgungswillen der Strafverfolgungsbehörde voraus, der sich – objektiv – in einem Willensakt manifestiere.[2998] Wird gegen eine Person ein förmliches Ermittlungsverfahren eingeleitet, liege darin ein solcher Willensakt. Andernfalls beurteilt sich dessen Vorliegen danach, wie sich das Verhalten des ermittelnden Beamten nach außen, insbesondere in der Wahrnehmung des davon Betroffenen darstellt. Dabei müsse zwischen verschiedenen Ermittlungshandlungen unterschieden werden: Strafprozessuale Eingriffsmaßnahmen, die nur gegenüber dem Beschuldigten zulässig sind, sind Handlungen, die ohne Weiteres auf den Verfolgungswillen der Strafverfolgungsbehörde schließen lassen.[2999] Das gilt jedoch nicht ohne Weiteres für Vernehmungen. Bereits aus den §§ 55, 60 Nr. 2 StPO ergibt sich, dass im Strafverfahren auch ein Verdächtiger im Einzelfall als Zeuge vernommen werden darf, ohne dass er über die Beschuldigtenrechte belehrt werden müsste.[3000] Der Vernehmende darf dabei auch die Verdachtslage weiter abklären; da er mithin nicht gehindert ist, den Vernommenen mit dem Tatverdacht zu konfrontieren, sind hierauf zielende Vorhalte und Fragen nicht zwingend ein hinreichender Beleg dafür, dass der Vernehmende dem Vernommenen die Beschuldigtenstellung zuschreibt. Der Verfolgungswille kann sich jedoch aus dem Ziel, der Gestaltung und den Begleitumständen der Befragung ergeben.

1291 Folgt die Beschuldigteneigenschaft nicht aus einem Willensakt der Strafverfolgungsbehörden, kann – abhängig von der objektiven Stärke des Tatverdachts – unter dem Gesichtspunkt der Umgehung der Beschuldigtenrechte gleichwohl ein Verstoß gegen die Belehrungspflicht nach § 136 Abs. 1 Satz 2 StPO vorliegen.

**2996** Vgl. hierzu auch LR-*Gleß* § 136 StPO, Rn. 9.

**2997** BGH, Beschl. v. 6.6.2019 – StB 14/19 = BGHSt 64, 89, 98; BGH, Urt. v. 3.7.2007 – 1 StR 3/07 = BGHSt 51, 367 = NJW 2007, 2706 m. Anm. *Mitsch* NStZ 2008, 49; *Roxin* JR 2008, 16; *Mikolajczyk* ZIS 2007, 565; BGH, Urt. v. 18.12.2008 – 4 StR 455/08 = BGHSt 53, 112 = NJW 2009, 1427 = NStZ 2009, 281.

**2998** BGH, Urt. v. 3.7.2007 – 1 StR 3/07 = BGHSt 51, 367.

**2999** MüKoStPO/*Schuhr* vor § 133 StPO, Rn. 26; SK-StPO/*Rogall* vor § 133 StPO, Rn. 33.

**3000** MüKoStPO/*Schuhr* vor § 133 StPO, Rn. 29 f.; LR-*Gleß* § 136 StPO, Rn. 4 ff.

Im Rahmen der gebotenen sorgfältigen Abwägung aller Umstände des Einzelfalls kommt es dabei darauf an, inwieweit der **Tatverdacht auf hinreichend gesicherten Erkenntnissen** hinsichtlich Tat und Täter oder lediglich auf kriminalistischer Erfahrung beruht. Falls jedoch der Tatverdacht so stark ist, dass die Strafverfolgungsbehörde andernfalls willkürlich die Grenzen ihres Beurteilungsspielraums überschreiten würde, ist es verfahrensfehlerhaft, wenn dennoch nicht zur Beschuldigtenvernehmung übergegangen wird.[3001]

Die Pflicht zur Belehrung nach § 136 Abs. 1 S. 2 StPO darf auch nicht dadurch umgangen werden, dass mit der Befragung des Beschuldigten eine Privatperson beauftragt wird. Für die Fälle, in denen die Polizei ohne Aufdeckung der Ermittlungsabsicht ein Telefongespräch zwischen einer Privatperson und dem Tatverdächtigen veranlasst, das an einem Zweithörer von einem Dolmetscher mitgehört wird, der in der Hauptverhandlung dann als Zeuge aussagt („**Hörfalle**"),[3002] hat der Große Senat für Strafsachen die Befugnisse der Ermittlungsbehörden zu großzügig bestimmt. Der 5. Strafsenat hatte in seinem Vorlagebeschluss die Problematik der Umgehung des § 136 StPO ausführlich dargelegt;[3003] der Große Senat für Strafsachen ist ihm bedauerlicherweise nicht gefolgt. Tritt dem Tatverdächtigen eine Privatperson gegenüber, kann er sich zwar nicht durch die Autorität des Befragenden zu einer Äußerung veranlasst sehen. Dies ändert aber nichts daran, dass eine derart gezielte Befragung – *Rieß* spricht mit Recht von einer „gesteuerten Gesprächsführung"[3004] – in ihrem Gewicht für die Beweisgewinnung einer förmlichen Beschuldigtenvernehmung gleichkommt.[3005] Wie *Fezer* treffend bemerkt, gehört es nicht zum allgemeinen 1292

**3001** Vgl. BGH, Beschl. v. 6.6.2019 – StB 14/19 = BGHSt 64, 89, 100; BGH, Urt. v. 3.7.2007 – 1 StR 3/07 = BGHSt 51, 367, 371; vgl. auch BGH, Beschl. v. 15.9.2004 – 1 StR 304/04 = NStZ-RR 2004, 368; BGH, Beschl. v. 25.2.2004 – 4 StR 475/03; BGH, Beschl. v. 27.2.1992 – 5 StR 190/91 = BGHSt 38, 214, 228; BGH, Urt. v. 31.5.1990 – 4 StR 112/90 = BGHSt 37, 48, 51; BGH, Urt. v. 30.1.2001 – 1 StR 454/00 = NStZ-RR 2002, 67 (bei *Becker*); BGH, Urt. v. 21.7.1994 – 1 StR 83/94 = NJW 1994, 2904, 2907. Vgl. auch MüKoStPO/*Schuhr* vor § 133 StPO, Rn. 28 (zur „Inkulpationspflicht") sowie *Kulhanek* NStZ 2019, 544.

**3002** BGH, Beschl. v. 13.5.1996 – GSSt 1/96 = BGHSt 42, 139, 149 = NJW 1996, 2940, 2942 = NStZ 1996, 502 m. Anm. *Rieß* und Anm. *Roxin* NStZ 1997, 18 = StV 1996, 465 m. Anm. *Bernsmann* StV 1997, 116 = JR 1997, 163 m. Anm. *Derksen* = JZ 1997, 737 (m. Anm. *Renzikowski*). Dazu auch EGMR, Urt. v. 5.11.2002 – 48539/99 = StV 2003, 257 m. Anm *Gaede*.

**3003** Vgl. den Anfragebeschluss des 5. Strafsenats des BGH vom 22.3.1995 – 5 StR 680/94 = NStZ 1995, 410 m. Anm. *Seitz* NStZ 1995, 519 und den Vorlagebeschluss vom 20.12.1995 – 5 StR 680/94 = StV 1996, 242 = NStZ 1996, 200 m. Anm. *Fezer* NStZ 1996, 289; vgl. ferner *Roxin* NStZ 1995, 465; *ders.* NStZ 1997, 18 und LR-*Gleß* § 136 StPO, Rn. 91 ff.

**3004** *Rieß* NStZ 1996, 505.

**3005** Vgl. hierzu auch LR-*Gleß* § 136 StPO, Rn. 12 und Rn. 91 ff.

„Lebensrisiko“, dass man an einen „Nachbarn oder Freund“ gerät, der durch die Polizei mit Nachforschungen beauftragt wurde.[3006]

### bbb) Notwendiger Inhalt der Belehrung

1293 Die Belehrung muss bei einer polizeilichen Vernehmung nach § 163a Abs. 4 S. 1 StPO einen Hinweis auf den Tatvorwurf sowie nach § 163a Abs. 4 S. 2 i.V.m. § 136 Abs. 1 S. 2 StPO den Hinweis auf das Schweigerecht enthalten. Zu belehren ist ferner über das Recht zur Verteidigerkonsultation. Schon weil die Gelegenheit zum Gespräch mit dem Verteidiger der Entscheidung darüber, ob der Beschuldigte zur Sache aussagen will, vorangehen soll, muss die beabsichtigte Vernehmung aufgeschoben werden, wenn der Beschuldigte erklärt, er wolle zuerst mit einem Verteidiger sprechen.[3007] Das verlangt von den Ermittlungspersonen, dass sie den Beschuldigten nicht zu weiteren Aussagen drängen.[3008] Auch wenn der Beschuldigte in der Wartezeit Spontanäußerungen zum Randgeschehen macht, dürfen diese nicht zum Anlass für Nachfragen genommen werden.[3009]

1294 Aus der seit 2017 geltenden Neufassung des § 136 Abs. 1 StPO ergibt sich, dass dem Beschuldigten bei der Kontaktaufnahme zu einem Verteidiger Hilfe zu leisten ist, wenn er zu erkennen gibt, dass er einen Verteidiger hinzuziehen will.[3010] Er ist auf den **anwaltlichen Notdienst** aufmerksam zu machen. Erst wenn auch dies zu keinem Ergebnis führt und der Beschuldigte sich dann bereit erklärt, auch ohne vorherigen Kontakt zum Verteidiger auszusagen, darf die Vernehmung fortgesetzt werden.[3011] Äußert der Beschuldigte von vornherein nicht den Wunsch, Kontakt zu einem Verteidiger aufzunehmen, braucht er auch

**3006** *Fezer* NStZ 1996, 290. Vgl. auch LR-*Gleß* § 136 StPO, Rn. 93; *Renzikowski* JZ 1997, 710.

**3007** *Meyer-Goßner/Schmitt* § 136 StPO, Rn. 10b.

**3008** BGH, Beschl. v. 10.1.2006 – 5 StR 341/05 = NJW 2006, 1008 = StV 2006, 579; BGH, Beschl. v. 18.12.2003 – 1 StR 380/03 = StV 2004, 358 = NStZ 2004, 450.

**3009** BGH, Urt. v. 27.6.2013 – 3 StR 435/12 = BGHSt 58, 301 = NJW 2013, 2769 = StV 2013, 434; hierzu: *Eisenberg* StV 2013, 779; *Britz* NStZ 2013, 607; *Wohlers* JR 2014, 131.

**3010** Vgl. hierzu schon BGH, Urt. v. 12.1.1996 – 5 StR 756/94 = BGHSt 42, 15 = NJW 1996, 1547 = StV 1996, 187 m. Anm. *E. Müller* StV 1996, 358; BGH, Urt. v. 29.10.1992 – 4 StR 126/92 = BGHSt 38, 372, 373; hierzu: *Ransiek* StV 1994, 343; *Roxin* JZ 1993, 426; *Hamm* NJW 1996, 2185.

**3011** Nach zutreffender Ansicht ist durch die Gesetzesänderung die frühere Rechtsprechung (BGH, Urt. v. 21.5.1996 – 1 StR 154/96 = BGHSt 42, 170 = NJW 1996, 2242 = StV 1996, 409 und BGH, Urt. v. 7.1.1997 – 1 StR 666/96 = NStZ 1997, 251, 252) überholt (so *Meyer-Goßner/Schmitt* § 136 StPO, Rn. 10b).

nach neuer Gesetzeslage nicht ausdrücklich auf den Notdienst hingewiesen zu werden.[3012]

Anders ist die Rechtslage hingegen in Fällen **notwendiger Verteidigung.** 1295
Nach der Gesetzesfassung aus dem Jahr 2019 ist der Beschuldigte auf sein Antragsrecht nach den §§ 140, 141 StPO n.F. hinzuweisen. Stellt der Beschuldigte einen entsprechenden Antrag, so ist hierüber nach § 141 Abs. 1 S. 2 StPO n.F. spätestens vor einer Vernehmung des Beschuldigten oder einer Gegenüberstellung mit ihm zu entscheiden. Hiervon darf abgewichen werden, wenn der Beschuldigte mit einem solchen Vorgehen ausdrücklich einverstanden ist oder wenn einer der in § 141a Nr. 1 und Nr. 2 StPO n.F. genannten Ausnahmefälle vorliegt.[3013] Das Einverständnis ist nach § 168b Abs. 3 S. 2 StPO n.F. zu dokumentieren. Unabhängig von einem Antrag wird dem Beschuldigten, der noch keinen Verteidiger hat, in den Fällen der notwendigen Verteidigung ein Pflichtverteidiger bestellt, sobald er einem Gericht zur Entscheidung über Haft oder einstweilige Unterbringung vorgeführt werden soll (§ 141 Abs. 2 Nr. 1 StPO n.F.). Für Vorführungen im Rahmen von § 127b Abs. 2 oder bei der Vollstreckung eines Haftbefehls nach § 230 Abs. 2 oder § 329 Abs. 3 StPO gilt diese generelle Regelung nicht (§ 141 Abs. 2 Satz 2 StPO n.F.). Der früheren Rechtsprechung, wonach es als zulässig angesehen wurde, den Beschuldigten auch bei einem schweren Tatvorwurf (Ergreifung auf Grund eines Haftbefehls wegen Mordverdachts) zu vernehmen, ohne dass zuvor ein Verteidiger bestellt wird,[3014] dürfte durch die Änderung der Regelungen über die Pflichtverteidigung die Grundlage entzogen sein. Glaubt der Beschuldigte auf Grund fehlender finanzieller Mittel, keinen Verteidiger beauftragen zu können, durfte er im Übrigen schon nach früherer Rechtslage nicht in diesem Irrtum belassen werden.[3015] Erst recht gilt dies, seitdem das Gesetz ausdrücklich die Verpflichtung vorsieht, auf die Möglichkeit der Verteidigerbestellung und das Antragsrecht hinzuweisen.[3016]

---

**3012** *Meyer-Goßner/Schmitt* § 136 StPO, Rn. 10c.

**3013** Vgl. hierzu: BT-Drs. 19/15151 S. 7.

**3014** BGH, Beschl. v. 20.10.2014 – 5 StR 176/14 = BGHSt 60, 38 = NJW 2015, 265 = StV 2015, 144; hierzu: *Knauer* NStZ 2014, 722; *Wohlers* JR 2015, 281; *Müller/Schmidt* NStZ 2015, 561.

**3015** BGH, Beschl. v. 18.10.2005 – 1 StR 114/05 = NStZ 2006, 236 = StV 2006, 566; BGH, Beschl. v. 19.10.2005 – 1 StR 117/05 = NStZ-RR 2006, 181.

**3016** Vgl. zur Frage, welchen Inhalt die Belehrung haben muss: LR-*Gleß* § 136 StPO, Rn. 40 f. Zu den Konsequenzen, die sich aus der EU-Richtlinie 2016/1919 in diesem Zusammenhang ergeben können, vgl. *Jahn/Zink* StraFo 2019, 318, 327 ff.; *Schoeller* StV 2019, 190; BGH, Beschl. v. 14.8.2019 – 5 StR 228/19 = StraFo 2019, 524.

1296 Nicht notwendig soll es hingegen sein, den Beschuldigten über alle **Details des Tatvorwurfs** zu informieren. So hielt es der 2. Strafsenat nicht für erforderlich, dass ein Beschuldigter, der im Nachgang zu einer „legendierten Kontrolle" vernommen wurde, auch darüber informiert wird, dass schon länger Ermittlungen gegen ihn geführt werden.[3017] Daraus lässt sich allerdings nicht folgern, dass die Beschuldigtenbelehrung keinerlei Angaben zu den konkreten Umständen des Vorwurfs enthalten muss. Der zur Last gelegte Sachverhalt muss nach h.M. jedenfalls in groben Zügen dargestellt werden.[3018]

1297 Über den Wortlaut des § 136 StPO hinaus ist eine **qualifizierte Belehrung** erforderlich, wenn ein Tatverdächtiger zunächst zu Unrecht als Zeuge vernommen wurde. In der nachfolgenden Vernehmung als Beschuldigter muss er nicht nur – wie jeder Beschuldigte – nach § 136 Abs. 1 StPO belehrt, sondern zugleich auf die Unverwertbarkeit der früheren Angaben hingewiesen werden.[3019]

#### ccc) Rechtsfolgen fehlerhafter Belehrungen

1298 Dass die Verletzung der gesetzlichen Pflicht, auf das Schweigerecht hinzuweisen, zu einem **Verwertungsverbot** führt, wenn der Beschuldigte der Verwertung widerspricht[3020], ergibt sich bereits aus der Grundsatzentscheidung aus dem Jahr 1992[3021]. Dieser Grundsatz wird inzwischen nicht mehr in Frage gestellt. Das Verwertungsverbot gilt nach ganz h.M. auch, wenn nicht auf das Recht zur Verteidigerkonsultation hingewiesen wurde.[3022] In der Rechtsprechung werden jedoch eine Reihe von Einschränkungen und Ausnahmen zugelassen.

---

**3017** BGH, Urt. v. 26.4.2017 – 2 StR 247/16, Rn. 43 = BGHSt 62, 123 = NJW 2017, 3173. Hierzu: *Lenk* StV 2017, 692; *Löffelmann* JR 2017, 596; *Brodowski* JZ 2017, 1124; *Schiemann* NStZ 2017, 657; *Mitsch* NJW 2017, 3124; *Cerny/Fickentscher* NStZ 2019, 697; *Krehl* StraFo 2018, 265.

**3018** KK-*Diemer* § 136 StPO, Rn. 8; KK-*Griesbaum* § 163a StPO, Rn. 26; BGH, Beschl. v. 6.3.2012 – 1 StR 623/11, Rn. 43 = StV 2013, 485, 487 = NStZ 2012, 581, 582.

**3019** BGH, Urt. v. 30.12.2014 – 2 StR 439/13 = StV 2015, 114 = NStZ 2015, 291; BGH, Urt. v. 18.12.2008 – 4 StR 455/08 = BGHSt 53, 112 = NJW 2009, 1427 = StV 2010, 1. Hierzu: *Roxin* HRRS 2009, 186; *Nestler* ZIS 2014, 594; *Kasiske* ZIS 2009, 319; KK-*Diemer* § 136 StPO, Rn. 27a; MüKoStPO/*Schuhr* § 136 StPO, Rn. 29.

**3020** S. zum Widerspruchserfordernis nachfolgend Rn. 1307 ff.

**3021** BGH, Beschl. v. 27.2.1992 – 5 StR 190/91 = BGHSt 38, 214.

**3022** BGH, Urt. v. 22.11.2001 – 1 StR 220/01 = BGHSt 47, 172 = NJW 2002, 975 = StV 2002, 117; OLG Hamm, Beschl. v. 4.3.2004 – 1 Ss 26/04 = NStZ-RR 2006, 47; LR-*Gleß* § 136 StPO, Rn. 96; *Meyer-Goßner/Schmitt* § 136 StPO, Rn. 21.

Eine Ausnahme vom Verwertungsverbot hat die Rechtsprechung seit jeher für den Fall vorgesehen, dass die Belehrung nicht erforderlich war: Nach der Rechtsprechung soll das Verwertungsverbot nicht eingreifen, wenn dem Beschuldigten das **Schweigerecht und das Recht auf Anwaltskonsultation ohnehin bekannt** waren.[3023] Das führt dazu, dass zwar gegenüber allen Personen, die den Beschuldigtenstatus haben, dieselbe gesetzliche Pflicht besteht, die Verletzung der gesetzlichen Pflicht aber bei manchen Personen folgenlos bleibt. Wer – sei es durch eine entsprechende Berufsausbildung, sei es durch frühere Erfahrungen im Umgang mit Ermittlungsbehörden oder Gerichten – ausreichend über seine prozessualen Rechte informiert ist, dem gegenüber soll der Belehrungsmangel folgenlos bleiben. Zur Begründung dieser Einschränkung lässt sich zwar u.a. anführen, dass bei ohnehin vorhandenen Rechtskenntnissen des Beschuldigten der Belehrung nicht dieselbe Bedeutung zukommen kann wie bei der erstmaligen Konfrontation einer nicht juristisch vorgebildeten Person mit einem strafrechtlichen Vorwurf. Auch wenn der Beschuldigte über Vorkenntnisse verfügt, kommt der Belehrung nach § 136 Abs. 1 StPO – wie in der Literatur zu Recht dargelegt wird – aber eine wichtige Funktion zu: Sie hat eine den Status der betroffenen Person klarstellende Wirkung, führt ihr nochmals ihre aktuelle rechtliche Stellung und die daraus resultierenden Befugnisse vor Augen und macht deutlich, dass sich der Vernehmende zur Achtung dieser Rechte bekennt.[3024] 1299

Kein unbedingtes Verwertungsverbot soll nach einer Entscheidung des 2. Strafsenats des BGH aus dem Jahr 2018 gelten, wenn die Pflicht verletzt wurde, auf die Möglichkeit einer **Pflichtverteidigerbestellung** hinzuweisen. Der 2. Strafsenat hat dies mit dem unterschiedlichen Rang der verschiedenen in § 136 Abs. 1 StPO enthaltenen Pflichten begründet: Nur die grundsätzliche Zugangsmöglichkeit zu einem Verteidiger sei für die Rechtsstellung des Beschuldigten als Verfahrenssubjekt konstitutiv, nicht aber die Regelungen für die Bestellung eines Pflichtverteidigers.[3025] Diese Abstufung überzeugt nicht. Schon weil die Regelungen über die Pflichtverteidigerbestellung gerade die Wirksamkeit des Rechts zur Verteidigerkonsultation absichern sollen und insbesondere für schwere Tatvorwürfe Bedeutung haben, ist es nicht gerechtfertigt, an ihre Verletzung andere Rechtsfolgen zu knüpfen als an die Verletzung der Pflicht, 1300

**3023** KK-*Diemer* § 136 StPO, Rn. 27; BGH, Urt. v. 22.11.2001 – 1 StR 220/01 = NJW 2002, 975, 976 = StV 2002, 117; BGH, Beschl. v. 6.3.2012 – 1 StR 623/11 = NStZ 2012, 581; BGH, Beschl. v. 23.8.2011 – 1 StR 153/11.

**3024** MüKoStPO/*Schuhr* § 136 StPO, Rn. 56.

**3025** BGH, Beschl. v. 6.2.2018 – 2 StR 163/17 = StraFo 2018, 300 = NStZ 2018, 671. Vgl. auch BGH, Beschl. v. 9.1.2020 – 5 StR 628/19. S. hierzu auch *Ahlbrecht/Fleckenstein* StV 2019, 661.

auf das Recht zur Verteidigerkonsultation hinzuweisen.[3026] Liegt eine der Fallgestaltungen vor, in denen die Pflichtverteidigerbestellung nach dem Katalog des § 140 StPO „notwendig" ist, kann der durch § 136 Abs. 1 S. 5 StPO vorgeschriebene Hinweis auf diese Wertung des Gesetzes nicht so behandelt werden, als handele es sich um eine Pflicht minderen Ranges. Durch die Gesetzesänderung im Jahr 2019 wurde die Reichweite der Regelungen über die notwendige Verteidigung ausgedehnt und damit die Bedeutung einer frühzeitigen Verteidigerbestellung unterstrichen. Unterbleibt ein Hinweis auf das nunmehr im Gesetz ausdrücklich vorgesehene Antragsrecht, kann das nicht anders bewertet werden als Fälle, in denen unter Verletzung von § 136 Abs. 1 S. 2 StPO kein Hinweis auf das Recht zur Verteidigerkonsultation erteilt wurde.

1301 Noch nicht abschließend geklärt ist, welche Rechtsfolgen es hat, wenn zwar auf die Möglichkeit zur Verteidigerkonsultation hingewiesen wird, nachdem der Beschuldigte den Wunsch zur Kontaktaufnahme mit einem Anwalt geäußert hat, dann aber die in § 136 Abs. 1 S. 3 StPO geregelte Pflicht zur Unterstützung bei der Kontaktaufnahme verletzt wird, z.B. indem – entgegen § 136 Abs. 1 S. 4 StPO – nicht auf den **anwaltlichen Notdienst** hingewiesen wird. Schon zur früheren Rechtslage hatte der 5. Strafsenat entschieden, es sei nicht möglich, bei der Verletzung des Rechts auf Zugang zum Verteidiger nach den Umständen und dem Inhalt der Aussage zu unterscheiden.[3027] Nachdem seit der Gesetzesänderung im Jahr 2017 eine rechtliche Verpflichtung für die Ermittlungsbehörden zur Mithilfe existiert, besteht kein Anlass mehr, in Bezug auf die Rechtsfolgen zwischen einer Verletzung der in § 136 Abs. 1 S. 2 StPO und einer Verletzung der in § 136 Abs. 1 S. 4 StPO geregelten Pflicht zu unterscheiden.

1302 Wird die Verpflichtung zur Erteilung einer **qualifizierten Belehrung**[3028] verletzt, soll dies nicht zu einem unbedingten Verwertungsverbot führen. Nach der Rechtsprechung wird in diesen Fällen über die Verwertbarkeit der Vernehmung vielmehr anhand einer Abwägung entschieden, in die u.a. das Gewicht des Verfahrensverstoßes und die Vorstellungen des Beschuldigten über die Verwertbarkeit seiner früheren Angaben einzubeziehen sind.[3029]

**3026** So zu Recht: *Ransiek* StV 2019, 160; vgl. zur Thematik auch *Jahn/Zink* StraFo 2019, 318, 328; *C. Jäger* NStZ 2018, 672; MüKoStPO/*Schuhr* § 136 StPO, Rn. 38; BGH, Beschl. v. 14.8.2019 – 5 StR 228/19 = StraFo 2019, 524.

**3027** BGH, Urt. v. 12.1.1996 – 5 StR 756/94 = BGHSt 42, 15, 21 = NJW 1996, 1547 = StV 1996, 187 m. Anm. *E. Müller* StV 1996, 358; vgl. auch BGH, Urt. v. 29.10.1992 – 4 StR 126/92 = BGHSt 38, 372, 373; *Ransiek* StV 1994, 343; *Roxin* JZ 1993, 426; *Hamm* NJW 1996, 2185.

**3028** S. dazu oben Rn. 1297.

**3029** BGH, Urt. v. 18.12.2008 – 4 StR 455/08 = BGHSt 53, 112 = NJW 2009, 1427 = StV 2010, 1. Vgl. hierzu auch BGH, Urt. v. 30.12.2014 – 2 StR 439/13 = StV 2015, 114 = NStZ 2015, 291. Für ein

Ob auch eine **unzureichende Information über den Tatvorwurf** zu einem Verwertungsverbot führt, ist bislang nicht abschließend geklärt. In einem Verfahren, das die (von § 136 Abs. 1 S. 1 StPO teilweise abweichende) Belehrungspflicht nach § 163a Abs. 4 S. 1 StPO betraf, hat der 1. Strafsenat dies offen gelassen, im konkreten Fall aber ein Verwertungsverbot mit der Begründung verneint, durch die unzureichende Information sei jedenfalls das Aussageverhalten des Beschuldigten nicht beeinflusst worden.[3030] Wird der Beschuldigte über den Anlass einer Vernehmung im Unklaren gelassen,[3031] kann er über die Ausübung seines Schweigerechts und seines Rechts auf Anwaltskonsultation nicht auf zutreffender Tatsachengrundlage entscheiden. Ein solcher Mangel darf nicht folgenlos bleiben, weil den Belehrungen nach den §§ 163a Abs. 4 S. 1 und 136 Abs. 1 StPO auch die Funktion zukommt, dem Beschuldigten eine Entscheidung über die Ausübung seiner Rechte zu ermöglichen, an der er später festgehalten werden kann. Auch die Verletzung der Pflicht, über den Tatvorwurf zu informieren, muss ebenso wie die fehlende Belehrung über die Rechte nach § 136 Abs. 1 S. 2 StPO behandelt werden und deshalb zu einem Verwertungsverbot führen,[3032] soweit nicht ohnedies in solchen Fällen eine Verletzung von § 136a StPO vorliegt.[3033] 1303

Wird lediglich die Verpflichtung verletzt, auf das **Beweisantragsrecht** hinzuweisen, führt dies nach h.M. nicht zu einem Verwertungsverbot.[3034] Nichts anderes gilt im Grundsatz, wenn im Einzelfall nicht auf die Möglichkeit zur **schriftlichen Äußerung** oder den **Täter-Opfer-Ausgleich** aufmerksam gemacht wird (§ 136 Abs. 1 S. 6 StPO), obwohl sich das Verfahren hierfür eignete. Ausnahmen mögen im Einzelfall denkbar sein. Nach einer in der Literatur vertretenen Ansicht soll ein Verwertungsverbot auch in Betracht kommen, wenn gegen die Verpflichtung verstoßen wird, eine Vernehmung in **Bild und Ton** aufzuzeichnen (§ 136 Abs. 4 StPO).[3035] 1304

---

Verwertungsverbot in derartigen Fällen: *Gleß/Wennekers* JR 2008, 383, 384; *Roxin* HRRS 2009, 186, 187; s. auch SK-StPO/*Rogall* § 136 StPO, Rn. 88 ff.

**3030** BGH, Beschl. v. 6.3.2012 – 1 StR 623/11 = StV 2013, 485, 487 = NStZ 2012, 581.

**3031** Im entschiedenen Fall wurde der Beschuldigte von den vernehmenden Beamten nicht darüber informiert, dass wegen eines Tötungsdelikts ermittelt wurde.

**3032** Vgl. hierzu *Neuhaus* StV 2013, 488. S. ergänzend auch *Jahn* JuS 2012, 658; LR-*Gleß* § 136 StPO, Rn. 22.

**3033** S. hierzu oben Rn. 1248.

**3034** LR-*Gleß* § 136 StPO, Rn. 103; MüKoStPO/*Schuhr* § 136 StPO, Rn. 64.

**3035** So LR-*Gleß* § 136 StPO, Rn. 75p. Vgl. hierzu auch: *Meyer-Goßner/Schmitt* § 136 StPO, Rn. 20c; BT-Drs. 18/11277, S. 25; *Weigend* StV 2019, 852. § 136 Abs. 4 StPO wurde geändert durch

1305 Eingeschränkt wird der Anwendungsbereich des Verwertungsverbotes dadurch, dass ihm der BGH keine **drittschützende Wirkung** zumisst. Ist der Angeklagte A im Ermittlungsverfahren nicht hinreichend belehrt worden, soll sich aus einem Widerspruch des Angeklagten B gegen die Verwertung dieser Vernehmung kein Verbot zur Verwertung der Vernehmung gegenüber dem Angeklagten B ergeben.[3036] Zu Unrecht orientiert sich die Rechtsprechung dabei auch in diesem Zusammenhang an Erwägungen zur Abgrenzbarkeit unterschiedlicher Rechtskreise.[3037] Sagt ein Beschuldigter, der seine Rechte aus § 136 Abs. 1 StPO nicht kennt, gegenüber den Polizeibehörden aus, weil er die falsche Vorstellung hat, er sei zur Aussage verpflichtet, liegt es nahe, dass er eine Aussage, die ihn selbst belasten würde, dadurch vermeiden will, dass er andere der Tat bezichtigt.

1306 Nicht selten führen in einer Hauptverhandlung die Bemühungen des Gerichts, durch Zeugen und Urkunden zu klären, ob und ggf. wann eine Belehrung erteilt wurde, zu keinem klaren Ergebnis. Grundsätzlich gilt nach § 168b Abs. 2 und Abs. 3 StPO eine weit reichende **Protokollierungspflicht.**[3038] Ist der Vorgang aber nicht ordnungsgemäß protokolliert oder bestehen begründete Zweifel am Inhalt des (in Bezug auf die Belehrungen vorgedruckten oder vorformulierten) Vernehmungsprotokolls, lässt sich oft auch durch eine Zeugenaussage der eingesetzten Beamten nicht mehr genau klären, worauf der Beschuldigte vor Beginn einer zum Zeitpunkt der Hauptverhandlung zumeist Jahre zurückliegenden Vernehmung hingewiesen wurde. Wird dabei im Ergebnis die Behauptung des Angeklagten, er sei vor der fraglichen Aussage nicht auf sein Schweigerecht und/oder sein Recht auf Verteidigerkonsultation hingewiesen worden, nicht widerlegt, so gilt das Verwertungsverbot.[3039] Schon in der Entscheidung BGHSt 38, 214 hat der BGH Grundlinien für eine Würdigung der verschiedenen Beweissituationen aufgestellt, die sich in der Praxis ergeben können.[3040] Doch lässt sich die Frage der Beweisbarkeit naturgemäß nur im Einzelfall beantworten.

---

das Gesetz zur Stärkung der Verfahrensrechte von Beschuldigten im Jugendstrafverfahren vom 9.12.2019 (BGBl. 2019 I, S. 2146).

**3036** BGH, Beschl. v. 9.8.2016 – 4 StR 195/16 = NStZ-RR 2016, 377; BGH, Beschl. v. 5.2.2002 – 5 StR 588/01 = BGHSt 47, 233, 234.

**3037** Zur „Rechtskreistheorie" s. bereits oben Rn. 340 f.

**3038** § 168b Abs. 3 StPO in der Fassung des Gesetzes zur Neuregelung des Rechts der notwendigen Verteidigung vom 10.12.2019 (BGBl. I, S. 2128).

**3039** Instruktives Beispiel: BGH, Beschl. v. 8.11.2006 – 1 StR 454/06 = StV 2007, 65.

**3040** BGH, Beschl. v. 27.2.1992 – 5 StR 190/91 = BGHSt 38, 214, 224, vgl. auch BGH, Urt. v. 20.6.1997 – 2 StR 130/97 = NStZ 1997, 609.

### ddd) Widerspruchslösung der Rechtsprechung

Ungeachtet aller Übereinstimmung über die Notwendigkeit eines Verwertungsverbots bei Verletzung der in § 136 Abs. 1 S. 2 StPO enthaltenen Belehrungspflichten, bestehen nach wie vor verschiedene Auffassungen darüber, von welchen Voraussetzungen der Eintritt dieser Rechtsfolge abhängig sein soll. Der BGH hält unverändert an der schon in der Grundsatzentscheidung aus dem Jahr 1992 aufgestellten Voraussetzung fest, wonach ein Belehrungsfehler nur dann zu einem Verwertungsverbot für die Vernehmung führt, wenn der Verwertung in der Hauptverhandlung[3041] **rechtzeitig widersprochen** wird.[3042] Rechtzeitig soll ein Widerspruch dabei nur sein, wenn er „bis zu dem in § 257 Abs. 1 StPO" bestimmten Zeitpunkt erhoben wird.[3043] Besonderheiten können gelten, wenn der Angeklagte keinen Verteidiger hat. In diesen Fällen muss er auf die Möglichkeit des Widerspruchs hingewiesen werden.[3044] 1307

Folgeprobleme, die im Einzelnen nur schwer zu lösen sind, ergeben sich aus diesem Konzept für Verfahren mit zwei Tatsacheninstanzen[3045] und für Verfahren, in denen es zu einer Aufhebung des tatrichterlichen Urteils durch das Revisionsgericht kommt.[3046] Hier geht der BGH von einer strikten Präklusion aus, d.h. in der neuen Tatsacheninstanz nach Aufhebung des ersten Urteils im Revisionsverfahren, soll der Widerspruch nicht mehr nachholbar sein. Das kann schon deshalb nicht überzeugen, weil auch sonst in der neuen Hauptverhandlung völlig neu über den Tatvorwurf Beweis erhoben wird. Dabei kann ein Angeklagter keinen weitergehenden Beschränkungen unterliegen als bei der ersten Hauptverhandlung. 1308

Ein wesentliches Manko des von der Rechtsprechung entwickelten Konzepts besteht im Übrigen darin, dass sie zwar die dargestellte „Befristung" für 1309

---

**3041** Ein vor der Hauptverhandlung erklärter Widerspruch ist unbeachtlich: vgl. BGH, Beschl. v. 9.11.2005 – 1 StR 447/05 = BGHSt 50, 272, 274; BGH, Beschl. v. 17.6.1997 – 4 StR 243/97 = NStZ 1997, 502.

**3042** Vgl. BGH, Urt. v. 6.10.2016 – 2 StR 46/15 = BGHSt 61, 266, 270; BGH, Urt. v. 12.1.1996 – 5 StR 756/94 = BGHSt 42, 15, 22; BGH, Beschl. v. 27.2.1992 – 5 StR 190/91 = BGHSt 38, 214, 224.

**3043** BGH, Urt. v. 12.1.1996 – 5 StR 756/94 = BGHSt 42, 15, 23. Nach der Rechtsprechung kann der Widerspruch grundsätzlich auch vorab erklärt werden: vgl. BGH, Beschl. v. 20.10.2014 – 5 StR 176/14 = BGHSt 60, 38, 40 = NJW 2015, 265 = StV 2015, 144; BGH, Beschl. v. 21.10.2014 – 5 StR 296/14 = NStZ 2015, 46 = StV 2015, 147; BGH, Urt. v. 27.6.2013 – 3 StR 435/12 = NJW 2013, 2768, 2771. S. hierzu auch *Hamm* NJW 1996, 2185, 2188.

**3044** BGH, Beschl. v. 27.2.1992 – 5 StR 190/91 = BGHSt 38, 214, 225.

**3045** Vgl. OLG Stuttgart, Urt. v. 4.3.1997 – 4 Ss 1/97 = NStZ 1997, 405 (Widerspruch in der Berufungshauptverhandlung verspätet).

**3046** Vgl. BGH, Beschl. v. 9.11.2005 – 1 StR 447/05 = BGHSt 50, 272 = StV 2006, 396 m. abl. Anm. *Schlothauer*.

den Widerspruch aufgestellt hat, dass damit aber kein Anspruch auf Bescheidung dieses Widerspruchs verbunden ist. Soll die Verwertbarkeit einer Aussage maßgeblich vom Widerspruch des Angeklagten abhängen, dann müsste damit auch ein Anspruch auf eine **alsbaldige Beschlussfassung des Gerichts** über den erklärten Widerspruch einhergehen. Der BGH lehnt aber mit Billigung des BVerfG[3047] bislang einen solchen Anspruch auf Bescheidung des Widerspruchs in der Hauptverhandlung ab.[3048] Gleichwohl sollte die in der Literatur gegebene Empfehlung befolgt werden, dass der Widersprechende bei jedem neuen Versuch des Gerichts, die zu sperrende frühere Aussage zum Gegenstand der Hauptverhandlung zu machen, erneut widerspricht, bzw. einen Gerichtsbeschluss gemäß § 238 Abs. 2 StPO beantragt.[3049] Mag man mit dem BGH und der Kammer des BVerfG annehmen, dass ein „Zwischenbescheid" auf den schlichten Widerspruch im Gesetz nicht vorgesehen ist (was bekanntlich für den Widerspruch selbst auch gilt), so ist in § 238 Abs. 2 StPO eben doch ein Gerichtsbeschluss auf jede Beanstandung einer „auf die Sachleitung bezüglichen Anordnung des Vorsitzenden" vorgeschrieben. Wer (was ohnehin zweckmäßig ist) den Widerspruch nicht erst zu dem letztmöglichen Zeitpunkt als Erklärung nach § 257 StPO erhebt,[3050] sondern bereits vor der Beweiserhebung über die Inhalte, zu denen man ein Verwertungsverbot anerkannt haben möchte, kann durch den Gerichtsbeschluss noch eine Verfügung des Vorsitzenden korrigieren lassen. Das ist schon deshalb notwendig, weil die Rechtsprechung annimmt, dass ein einmal erklärter Widerspruch bis zum Ende der Beweisaufnahme zurückgenommen und dadurch die Verwertung der früheren Aussage freigegeben werden kann.[3051]

1310 Mit **Blick auf die Revision** ist wichtig, dass der Widerspruch eindeutig ist, und zwar sowohl hinsichtlich der Beweisthematik als auch bezogen auf das zu sperrende Beweismittel. Letzteres kann zu Problemen im Zusammenhang mit der Zulässigkeit späterer Verfahrensrügen führen, wenn mehrere Polizeibeamte über dieselbe Befragung des zunächst noch als Zeuge behandelten späteren

**3047** BVerfG, Beschl. v. 18.3.2009 – 2 BvR 2025/07.

**3048** BGH, Beschl. v. 16.8.2007 – 1 StR 304/07 = NStZ 2007, 719; Anm. (zu einer anderen Thematik) *Meyer-Goßner* StraFo 2008, 415 und *Meyer-Mews* StraFo 2008, 416.

**3049** Vgl. hierzu *Krause*, MAH Strafverteidigung, § 7, Rn. 187.

**3050** In diesen Fällen hilft nur noch das Warten auf eine Frage oder einen Vorhalt aus der stattgefundenen Beweiserhebung. Dann sollte mit der Begründung, dass das Vorgehaltene wegen des erklärten Widerspruchs unverwertbar ist, die Zulässigkeit der Frage beanstandet werden, sodass sich die Notwendigkeit einer Beschlussfassung aus § 242 StPO ergibt.

**3051** BGH, Urt. v. 12.1.1996 – 5 StR 756/94 = BGHSt 42, 15, 23 = NJW 1996, 1547. Dazu *Egon Müller* StV 1996, 358; *Hamm* NJW 1996, 2185; *Roxin* JZ 1997, 343.

Angeklagten, aber auch über sonstige Ermittlungshandlungen berichten. So hat der BGH die Zulässigkeit einer Rüge in einem Fall verneint, in dem zwei Polizeibeamte zu den Inhalten einer Äußerung des Beschuldigten im Ermittlungsverfahren aussagten und ein wohl mehrdeutiger Widerspruch gegen die Vernehmung des ersten Polizeibeamten nicht klarstellend vor oder spätestens gleich nach der Aussage des zweiten Polizeibeamten wiederholt worden war.[3052] Die Entscheidung ist ihrerseits nicht ganz eindeutig. Sollte es so gewesen sein, dass sich der erklärte Widerspruch auf die Unverwertbarkeit der damals von beiden Beamten gehörten Äußerungen des Zeugen/Beschuldigten bezog, so wäre das Verlangen des BGH, auch noch der Vernehmung des zweiten Beamten zu widersprechen, zu weitgehend. Der Widerspruch ist nicht gegen die Person der in der Hauptverhandlung vernommenen Zeugen vom Hörensagen gerichtet, sondern gegen die Verwertung der Angaben des späteren Angeklagten gegenüber diesen Zeugen. Die vom BGH dagegen verlangte Klarstellung, dass der Verwertungswiderspruch „beweisthemenbezogen" und nicht nur „beweismittelbezogen" gemeint sei, wobei das Tatgericht nur im letzteren Falle gehalten sei, anlässlich der Zeugenvernehmung des zweiten Kriminalbeamten nachzufragen, ob sich der Widerspruch etwa auch auf diese Vernehmung beziehen sollte, findet weder im Gesetz noch in BGHSt 38, 214 eine Stütze.

In der **Revisionsbegründung** müssen die Umstände dargelegt werden, aus 1311
denen sich der Verstoß gegen die Belehrungspflicht ergibt.[3053] Ferner ist in der Revisionsbegründung mitzuteilen, dass der Verwertung widersprochen worden ist und – sofern der Widerspruch beschieden wurde – welchen Beschluss das Gericht daraufhin gefasst hat.[3054] Teil des Revisionsvorbringens muss – nach der Rechtsprechung des Bundesgerichtshofs – auch sein, zu welchem Zeitpunkt der Widerspruch erfolgt ist und ob dieser damit rechtzeitig im Sinne des § 257 Abs. 1 StPO war.[3055] Unschädlich bleibt es, wenn der Verwertungswiderspruch bereits vorab (also z.B. vor der Aussage des Vernehmungsbeamten in der Hauptverhandlung) erklärt wurde: Er muss dann nicht wiederholt worden sein.[3056] Allerdings muss auch dann der Zeitpunkt angegeben werden.

**3052** BGH, Beschl. v. 3.12.2003 – 5 StR 307/03 = StV 2004, 57 = NStZ 2004, 389.

**3053** Zu den Rügeanforderungen im Zusammenhang mit möglichen Spontanäußerungen des Beschuldigten vgl. BGH, Beschl. v. 17.7.2019 – 5 StR 195/19.

**3054** *Meyer-Goßner/Schmitt* § 136 StPO, Rn. 28; BGH, Urt. v. 21.7.1994 – 1 StR 83/94 = BGHSt 40, 211 = NJW 1994, 2904, 2906.

**3055** BGH, Urt. v. 3.12.2015 – 4 StR 223/15 = NStZ 2016, 721.

**3056** BGH, Beschl. v. 21.10.2014 – 5 StR 296/14, Rn. 6 = BGHSt 60, 50 = NJW 2015, 360.

### eee) Einwände gegen die Widerspruchslösung

1312 Das unter dem Stichwort „Widerspruchslösung" apostrophierte und vorstehend zusammenfassend dargestellte Konzept der Rechtsprechung wird im Schrifttum von zahlreichen Autoren abgelehnt.[3057] Ein mögliches Gegenkonzept soll in einer „Zustimmungslösung" bestehen, die von der Unverwertbarkeit ausgeht, dem Beschuldigten aber die Zustimmung zur Verwertung ermöglicht.[3058]

1313 Die im Schrifttum gegen die „Widerspruchslösung" erhobenen grundsätzlichen Einwände[3059] werden hier nicht geteilt.[3060] Den Interessen des Angeklagten ist sehr viel mehr damit gedient, wenn er – beraten durch seinen Verteidiger – die Entscheidung selbst treffen kann, ob die Vorteile einer Verwertung die Vorteile einer Sperrung aus seiner Sicht und in seinem Verteidigungskonzept überwiegen.[3061]

1314 Das ermöglicht es, die Entscheidung über den Widerspruch im Zusammenhang mit der Entscheidung über das **Aussageverhalten in der Hauptverhandlung** zu treffen. Will der Angeklagte die Aussage aus seiner ersten Vernehmung, sei es eine bestreitende oder eine geständige, wiederholen, so kann er seine Glaubwürdigkeit dadurch erhöhen, dass er darauf verweist, in welch frühem Verfahrensstadium er sich schon genauso eingelassen hat. Er kann sogar aus dem Umstand, dass dies trotz eines unkorrekten Verhaltens des Beamten geschah, ein Argument für den Wahrheitsgehalt seiner Einlassung herleiten. Will er in der Hauptverhandlung alles, was er damals ausgesagt hat (insbesondere ein Geständnis), bestreiten (widerrufen), so wird er das mit dem Widerspruch zur Aktivierung des Verwertungsverbots verbinden.

---

**3057** *Meyer-Goßner/Schmitt* § 136 StPO, Rn. 25a mwN; LR-*Gleß* § 136 StPO, Rn. 85; SSW-*Beulke* Einl., Rn. 277. Kritisch auch: SSW-*Eschelbach* § 136 StPO, Rn. 101 ff.

**3058** Vgl. den Vorschlag von *Jahn* StraFo 2011, 117, 123 für einen § 244 Abs. 2 S. 2 StPO: „Jedoch darf ein an sich nicht verwertbares Beweismittel gegen den Angeklagten nur mit seiner Zustimmung verwertet werden". Für eine Zustimmungslösung auch: *Rode* StraFo 2018, 336, 342.

**3059** SSW-*Beulke*, 3. Aufl., Einl., Rn. 277; LR-*Gleß* § 136 StPO, Rn. 82 ff. *Dahs* StraFo 1998, 253; *Brüssow* StraFo 1998, 258; *Feigen* Rudolphi-Symposium, S. 163; *Fezer* StV 1997, 58; *Grüner*, Über den Missbrauch von Mitwirkungsrechten und die Mitwirkungspflichten des Verteidigers im Strafprozess, S. 167 ff; *Grünwald* Das Beweisrecht der StPO, S. 150; *Herdegen* NStZ 2000, 4; *Kiehl* NJW 1994, 1267; *Kindhäuser* NStZ 1987, 530; *Tolksdorf* FG Graßhof, S. 255; *Velten* FS Grünwald, S. 753; *Ventzke* StV 1997, 543; *Maul/Eschelbach* StraFo 1996, 66; *Roxin* JZ 1997, 346 und *ders.* FS Hanack, S. 21; *Tepperwien* FS Widmaier, S. 583, 591, die in der Widerspruchslösung ein Beispiel für „schöpferische Rechtsfindung" sieht.

**3060** Vgl. schon *Hamm* NJW 1996, 2187; ähnlich *Mosbacher* FS Widmaier, S. 339, 350.

**3061** In diesem Sinne auch *Ignor* FS Rieß, S. 185 ff.

Dem könnte nur teilweise durch eine **Zustimmungslösung,**[3062] entsprochen 1315
werden. Würde man dem Angeklagten zur Wahrung seiner Entscheidungsfreiheit nicht – wie bei der Widerspruchslösung – eine Erklärungslast auferlegen, so hätte dies allerdings den Vorteil, dass die Primärverantwortung[3063] für die Konsequenzen einer rechtswidrigen Verfahrensweise von Strafverfolgungsbehörden dort bliebe, wo sie eigentlich auch hingehört: bei der Strafjustiz selbst.[3064] Andererseits hat gerade dann, wenn es um Verfahrensfehler geht, die „an der Person des Angeklagten" (meist sogar unter vier Augen) begangen wurden, dieser gegenüber dem Gericht in der Hauptverhandlung das weit überlegene „Herrschaftswissen". Wer sonst, wenn nicht er, soll zur Sprache bringen, dass er nicht belehrt wurde, obwohl das Protokoll mit einem Belehrungsvordruck auf das Gegenteil hinzuweisen scheint? Dem Gericht wird man nicht abverlangen können, bei jedem Vorhalt, jeder Verlesung eines Vernehmungsprotokolls oder einer durch Vernehmung von Kriminalbeamten eingeführten Vernehmung aus dem Ermittlungsverfahren von Amts wegen und auf Verdacht in die Runde zu fragen, ob der Verwertung zugestimmt wird. Aber selbst wenn sich dies als Routine einspielen sollte, so müsste die Verweigerung der Zustimmung hier begründet werden. Das wäre aber nichts anderes als der nach der jetzt durch die BGH-Rechtsprechung verlangte Widerspruch.

Durch das von der Rechtsprechung als Voraussetzung für die Entstehung 1316
eines Verwertungsverbotes angesehene Erfordernis, Widerspruch gegen die Verwertung zu erheben, wird dem Beschuldigten nichts Unzumutbares auferlegt. Werden die in § 136 Abs. 1 S. 2 StPO enthaltenen Pflichten zur Belehrung über das Schweigerecht und das Recht zur Konsultation eines Anwaltes verletzt, betrifft dies zwar den Kernbestand der Beschuldigtenrechte und hat für den Verfahrensstatus des Betroffenen unter Umständen entscheidende Bedeutung. Ob dieser Mangel im Verfahren thematisiert werden soll und hieraus Rechtsfolgen abgeleitet werden müssen, kann aber dem durch die Vorschrift Geschützten selbst überlassen bleiben.

Eine Folge der Zustimmungslösung wäre auch, dass die mit der Wider- 1317
spruchslösung faktisch verbundene Präklusion der Revisionsrüge eines Versto-

**3062** Vgl. hierzu *Jahn* StraFo 2011, 117; *Rode* StraFo 2018, 336; LR-*Gleß* § 136 StPO, Rn. 85; s. zum Ganzen ferner *Kiehl* NJW 1994, 1267; *Widmaier* NStZ 1992, 519 und *Fezer* JR 1992, 385 *Maul/Eschelbach* StraFo 1996, 70; *Hamm* NJW 1996, 2185, 2188 und *Ventzke* StV 1997, 543. Hierzu auch *Basdorf* StV 1997, 488.

**3063** Gegen die Einbindung des Verteidigers auch *Bohlander* NStZ 1992, 504 (Anm. zu BGH NStZ 1992, 292).

**3064** *Kiehl* NJW 1994, 1267.

ßes gegen das Verwertungsverbot entfiele. Aber eben doch nur scheinbar. Denn da Verfahrensfehler regelmäßig nur dann zum Erfolg der Revision führen, wenn dem Tatgericht der Vorwurf gemacht werden kann, sich bei bestehender Handlungsalternative und deren Erkennbarkeit für den verfahrensrechtlich falschen Weg entschieden zu haben,[3065] würde die Rechtsprechung der Rüge den Erfolg versagen, wenn nicht wenigstens dargelegt werden könnte, woraus das Gericht hätte erkennen können, dass es zu dem Belehrungsfehler gekommen ist. Auch dies würde letztlich doch wieder darauf hinauslaufen, dass die Rüge eine Thematisierung in der Hauptverhandlung oder sogar einen Gerichtsbeschluss nach § 238 Abs. 2 StPO voraussetzte, was der Widerspruchslösung jedenfalls sehr nahe käme.

1318 Es kann im Einzelfall klug sein, wenn ein in der Hauptverhandlung schweigender Angeklagter eine frühere Aussage, die eine durchweg entlastende Tatversion enthält, trotz eines an ihr haftenden Belehrungsmangels in die Hauptverhandlung einführen lässt, um unbequemen Nach- und Rückfragen zu entgehen, die sich ergeben würden, wenn er dieselbe Aussage in der Hauptverhandlung wiederholen würde. Umgekehrt kann derselbe Vorteil des Schweigens in der Hauptverhandlung nutzbar gemacht werden, wenn die frühere Aussage ein leicht (z.B. durch ein Alibi) zu widerlegendes Geständnis enthält. Und schließlich kann die Sachlage sogar nahelegen, die Thematik der ordnungsgemäßen Belehrung im Ermittlungsverfahren überhaupt nicht anzusprechen, etwa wenn von dem Vernehmungsbeamten in einem der Verteidigung wichtigen Detail (z.B. emotionale Trauerreaktionen auf die Nachricht vom Tod des Opfers) eine entlastende Aussage zu erwarten ist, die man nicht durch die Erörterung von Pflichtverletzungen abwerten möchte. All dies legt es nahe, dem Angeklagten die Disposition über seine Aussage zu überlassen.

### cc) Zum Anwendungsbereich der Verwertungsverbote

1319 Bei vielen Verwertungsverboten stellt sich die Frage, ob das Verwertungsverbot eine Fernwirkung hat. Ferner besteht Uneinigkeit darüber, ob der Anwendungsbereich der Verwertungsverbote, die sich z.B. gegen die Verwertung von Vernehmungsinhalten richten, so eingeschränkt werden soll, dass nur die belastenden Teile einer Aussage unverwertbar sind.

---

**3065** Vgl. z.B. zum absoluten Revisionsgrund des faktischen, aber dem Gericht nicht bekannten Ausschlusses der Öffentlichkeit die Nachw. bei KK-*Gericke* § 338 StPO, Rn. 89, 91 und oben Rn. 625 f.

### (1) Fernwirkung

Verwertungsverbote können ihre Wirkung verlieren, wenn Beweismittel zur Überzeugungsbildung herangezogen werden, die überhaupt erst aufgrund unzulässig erhobenen und/oder unzulässig verwerteten Beweismaterials aufgespürt worden sind. Ob auch die Verwertung dieser Beweismittel auf Grund des Verwertungsverbotes untersagt ist, wird unterschiedlich beurteilt. Anders als im anglo-amerikanischen Rechtskreis[3066] wird den Verwertungsverboten im deutschen Rechtssystem regelmäßig keine **Fernwirkung** zugeschrieben.[3067] Im Gegensatz zu Stimmen aus der Literatur[3068] lehnt der BGH die Fernwirkung von Verwertungsverboten im Allgemeinen ab.[3069] So hatte etwa in der „Mitgefangenen-Entscheidung“[3070] die Revision der Staatsanwaltschaft Erfolg, weil die Kammer die Aussage eines Zeugen, der erst durch die unverwertbare Aussage des Angeklagten in der Haftanstalt namhaft gemacht werden konnte, unberücksichtigt gelassen hatte. Der Senat begründete die Verwertbarkeit der so gewonnenen Aussage damit, ein Verfahrensfehler dürfe nicht dazu führen, dass das gesamte Strafverfahren lahmgelegt werde.[3071] Eine Begrenzung der Auswirkungen eines Verfahrensfehlers sei zur wirksamen Verbrechensbekämpfung und auch deshalb erforderlich, weil sich kaum jemals feststellen lasse, ob die Polizei den Zeugen ohne den Verstoß nicht auch gefunden hätte.[3072] Hypothetischen Kausalverläufen misst der Bundesgerichtshof somit bei der Frage der Fernwirkung Bedeutung bei. Der Hinweis auf die „inevitable discovery“ wird jedoch auch hier im Sinne einer bloß abstrakten, nicht fernliegenden bzw. nicht auszuschließenden Möglichkeit formuliert.[3073] Allenfalls wenn eine konkrete ander- 1320

**3066** „Fruit of the poisonous tree-Doctrine“; vgl. hierzu *Salditt* GA 1992, 59; *Fahl* JuS 1996, 1013; *Harris* StV 1991, 313, 320. Vgl. im Zusammenhang mit Art. 3 EMRK auch EGMR NJW 2010, 3145.

**3067** Vgl. dazu *Meyer-Goßner/Schmitt* Einl., Rn. 57. S. zum Ganzen auch *Ransiek* FS Beulke, S. 949.

**3068** *Otto* GA 1970, 289, 294; *Rogall* ZStW 1979, 1, 39.

**3069** BGHSt 27, 355, 358; BGHSt 32, 68, 71; BGHSt 34, 362, 364. Eine Ausnahme machte der BGH in BGHSt 29, 244, 249 für das gesetzlich geregelte Beweisverwertungsverbot gem. § 7 Abs. 3 G 10.

**3070** BGHSt 34, 362 = NJW 1987, 2525 = BGHR StPO § 136 a Abs. 1 – Zwang 1 = wistra 1987, 221 = JR 1988, 426 m. Anm. *Seebode* = JZ 1987, 936 m. Anm. *Fezer* = StV 1987, 283 m. Anm. *Grünwald* StV 1987, 470. Siehe oben, Rn. 1252.

**3071** Gegen diese Begründung wendet sich *Mehle*, DAV, Bd. 6, S. 172, 176.

**3072** BGHSt 34, 362, 364; In BGHSt 32, 68, 71 findet sich eine ähnliche Begründung: „Es liegt die Möglichkeit nicht fern, dass weitere Ermittlungen der deutschen Polizei auch ohne die Telefonüberwachung auf die Spur der Angeklagten und zur Aufklärung des Sachverhalts geführt hätten.“

**3073** Vgl. hierzu *Harris* StV 1991, 313, 320.

weitige Auffindungsmöglichkeit besteht, die losgelöst vom unverwertbaren Informationsgehalt den Ermittlungsbehörden auch tatsächlich den Zugriff auf das betreffende Beweismittel ermöglicht hätte, ist die Ablehnung des Verwertungsverbotes akzeptabel.

### (2) „Asymmetrie" der Verwertungsverbote?

1321 Beweisverwertungsverbote sollen – wie oben schon dargelegt – u.a. den Grundsatz schützen, dass sich eine strafrechtliche Verurteilung nicht auf eine Beweisführung stützen darf, die sich illegaler Mittel bedient. Sieht man hierin den Zweck von Verwertungsverboten, dann liegt es nahe, die Verwertungsverbote von vornherein nur auf Beweise zu beziehen, die der Überführung des Angeklagten dienen. **Beweisverwertungsverbote** wären dann beim Vorliegen ihrer Voraussetzungen gleichbedeutend mit **Belastungsverboten**, während der Richter frei bliebe, die entlastenden Erträge von verfahrensfehlerhaft gewonnenen Beweiserhebungen zugunsten des Angeklagten zu verwerten.

1322 Dies ist zwar durchaus auch der richtige Ansatz zum Verständnis von Beweisverboten. Schwierig wird es aber, wenn es nicht darum geht, *ob* eine (ganze) frühere und durch Verfahrensverstöße bemakelte Aussage verwertet wird, sondern darum, dass die betreffende Aussage entlastende und belastende Teile gleichermaßen enthält. Hierzu wird diskutiert, ob die unter der Bezeichnung **„Mühlenteichtheorie"**[3074] von *Roxin, Schäfer und Widmaier* verbreitete These richtig ist, dass alle Verwertungsverbote auch in dem Sinne nichts weiter als Belastungsverbote seien, dass solche gemischt entlastend-belastenden Aussageprotokolle gleichsam gefiltert in die Beweisaufnahme und die Beweiswürdigung einfließen müssen. Es geht also darum, ob jede durch Verfahrensfehler kontaminierte Beweiseinheit nach einem Meistbegünstigungsprinzip[3075] selektiv zu bewerten ist. Diese aus Verteidigersicht prima vista sympathische Lehre würde dazu führen, dass alle entlastenden Bestandteile eines an sich durch Verwertungsverbote gesetzlich blockierten (oder durch Widerspruch zu blockie-

---

**3074** *Roxin/Schäfer/Widmaier* StV 2006, 655. Die Bezeichnung „Mühlenteichtheorie" ist keine Metapher für eine angestaute und vielleicht etwas abgestandene Energiequelle zum Betreiben eines dem Zerkleinern verbotener Früchte dienenden Mühlrades, sondern lediglich eine Referenz an den Tagungsort des Nordseetreffens des Deutsche Strafverteidiger e.V., wo die drei genannten Referenten die Theorie entwickelten.

**3075** Dieser Begriff wurde – soweit ersichtlich – erstmals von *Rosenthal, Bockemühl* und *Amelung* auf dem Strafverteidigertag 1999 im Bremen geprägt (Schriftenreihe der Strafverteidigervereinigungen, 23. Strafverteidigertag, S. 149, 161 und 175).

renden) Beweisstoffs zu Gunsten des Angeklagten verwertet werden dürfen, weil der Rechtsstaat es schlechterdings nicht zulassen dürfe, dass jemand nur deshalb schuldig gesprochen (oder härter bestraft) wird, weil die ihn entlastenden Umstände z.B. infolge des § 136a StPO Abs. 3 StPO vom Gericht nicht zur Kenntnis genommen werden durften.

So erfreulich das Ergebnis in manchen (praktisch aber eher seltenen) Fällen 1323
für die Angeklagten wäre – der Theorie stehen ein **rechtsdogmatischer und ein rechtspraktischer Einwand** entgegen. Da ist zunächst der Wortlaut des § 136a Abs. 3 Satz 2 StPO. Es ist nicht erkennbar, wie eine – auch im Wege der verfassungskonformen Auslegung vielleicht wünschenswerte – Nichtanwendung des klar bezeichneten Verbots zu begründen wäre. Wer dem – wie die Autoren – entgegenhält, es gehe schließlich um die Durchsetzung des höchsten im Strafprozess überhaupt geltenden Verfassungsgrundsatzes, der Vermeidung von Fehlverurteilungen, der hat den zweiten Einwand nicht mitbedacht: Das Postulat, aus einer mit verbotenen Methoden entstandenen Vernehmungsniederschrift alles Belastende gedanklich auszublenden und das Entlastende zugunsten des Angeklagten zu verwerten, könnte allenfalls dann zu erfüllen sein, wenn sich die Inhalte wirklich sauber und restlos so voneinander trennen ließen, als ob der Text des Protokolls abwechselnd mit rotem und grünem Toner gedruckt wäre. In den wirklichen Protokollen stehen aber auch sehr viele weder be- noch entlastende, also neutrale und ambivalente Aussageinhalte, die man sich gelb gedruckt vorzustellen hätte. Häufig entscheidet erst der jeweilige Kontext darüber, ob ein bestimmter Satz be- oder entlastend ist. Hat beispielsweise der Angeklagte bei der ersten polizeilichen Vernehmung unter dem Eindruck der täuschenden Behauptung des Vernehmungsbeamten, er sei bereits eindeutig durch einen DNA-Spurenvergleich überführt, ein später widerrufenes Geständnis abgelegt und dabei spontan auch etwas über den Anlass seiner Tat ausgesagt, das sein Handeln nachvollziehbar oder sogar gerechtfertigt erscheinen lässt, wird meist das eine vom anderen schwer zu trennen sein. Begründet er z.B. seine zunächst eingestandene Tat mit der Behauptung, das Opfer habe ihn vorher ständig gedemütigt und beleidigt, so würde wegen des engen Zusammenhangs („ich habe die Tat begangen, weil ...") die Trennung des unverwertbaren vom verwertbaren Teil der Aussage doch voraussetzen, dass das Gericht zuvor (im Freibeweisverfahren oder durch förmliche Verlesung?) vom *gesamten* Inhalt des Protokolls Kenntnis genommen hätte. Genau dies will aber § 136a StPO verhindern, indem es in Absatz 3 Satz 2 ausdrücklich heißt, dass die Verwertung „auch dann" verboten ist, „wenn der Beschuldigte der Verwertung zustimmt". Diese im Gesetz ungewöhnliche Formulierung dient gerade dazu, eine Unterscheidung zwischen den mit rechtsstaatswidrigen Mitteln erlangten entlastenden und belastenden Beweisinhalten zu vermei-

den.[3076] Die Gegenansicht verkennt, dass bereits diese Selektion zwischen Belastendem und Entlastendem ein Akt der Beweiswürdigung ist, der zwangsläufig auch das Unverwertbare mit einschließt.

1324 Dagegen wird eingewandt, damit werde der Angeklagte schutzlos der Gefahr eines Fehlurteils ausgeliefert, und auch der BGH hat schon bezogen auf die Ergebnisse aus der Anwendung verbotener Vernehmungsmethoden angedeutet, es seien Fälle *„denkbar, in denen entgegen dem klaren Wortlaut des Gesetzes aus übergeordneten verfassungs- oder menschenrechtlichen Prinzipien die Verwertung derartiger Erkenntnisse dennoch in Betracht kommen könnte"*. Und er hat zuletzt hinzugefügt: *„Derartiges mag vielmehr allenfalls dann in Erwägung zu ziehen sein, wenn der Angeklagte zum einen – etwa durch entsprechenden Beweisantrag – unmissverständlich zu verstehen gibt, dass er auf den ihm durch § 136a Abs. 3 Satz 2 StPO gewährten individuellen Schutz verzichtet, und zum anderen aufzeigt, dass ihm eine effektive Verteidigung ohne die Verwertung des an sich gesperrten Beweisstoffes verwehrt ist und daher die durch § 136a Abs. 3 Satz 2 StPO auch objektiv im Allgemeininteresse garantierten Grundsätze eines rechtsstaatlichen Strafverfahrens im Wege einer Güterabwägung hinter seinen ebenfalls vom Rechtsstaatsprinzip umfassten Anspruch auf wirksame Verteidigung gegen den Tatvorwurf zurücktreten müssen …"* Der Senat könne daher *„offen lassen, ob eine „verfassungskonforme Auslegung" des § 136a Abs. 3 Satz 2 StPO im oben umrissenen Sinne im Hinblick auf dessen eindeutigen gegenteiligen Wortlaut überhaupt möglich wäre."*[3077]

1325 *Roxin* hat dem entgegengehalten, dass zwar im Kontext der gesamten Aussage geprüft werden müsse, ob ein Umstand entlastend ist oder nicht, wenn aber mit den Mitteln des § 136a StPO ein Geständnis erzielt wurde, das auch entlastende Umstände enthält, seien diese ja irrelevant, wenn eine Überführung des Angeklagten nur durch das – gesperrte – Geständnis möglich wäre. Denn dann müsse ja ohnehin freigesprochen werden. Könne der Angeklagte dagegen durch andere Beweismittel der Tat überführt werden (so dass das Geständnis für eine Verurteilung nicht benötigt wird), müssten die verbotswidrig erlangten entlastenden Umstände zugunsten des Angeklagten verwertet werden, wobei eine Trennung von Belastungs- und Entlastungsmomenten in solchen Fällen ohne Weiteres möglich sei.[3078]

---

**3076** Vgl. auch *Meyer-Goßner/Schmitt* § 136a StPO, Rn. 27; a.A. *Roxin* StV 2009, 113.
**3077** BGH, Beschl. v. 5.8.2008 – 3 StR 45/08 = NStZ 2008, 706, 707 = StV 2009, 113 m. Anm. *Roxin*.
**3078** *Roxin* StV 2009, 113.

Eine ähnliche Andeutung findet sich auch – worauf die Autoren der Mühlenteichtheorie abstellen – in der Entscheidung zur akustischen Überwachung von Selbstgesprächen im Wohnraum.[3079] Es ist aber kein Zufall, dass derartige Überlegungen in der Judikatur bisher nur im theoretisch-hypothetischen Raum angestellt werden konnten. Praktische Fälle, in denen es darauf ankam, ob der Tatrichter den Gerechtigkeitsgehalt einer asymmetrischen Beweiswürdigung zur Anwendung bringen durfte, sind offenbar bisher noch nicht in der Revisionsinstanz angekommen. Der Grund dafür dürfte die Realitätsferne der Vorstellung sein, ein Angeklagter könne wirklich einmal deshalb Opfer eines Fehlurteils werden, weil seine Richter sich streng an die gesetzlichen Verwertungsverbote gehalten und der Mühlenteichtheorie nicht zum Durchbruch verholfen haben. 1326

Um ein Verwertungsverbot bezogen auf die eigene frühere Aussage geltend zu machen, muss in der Praxis im Falle der Verstöße gegen §136a StPO bei Beschuldigtenvernehmungen der Angeklagte erst einmal **selbst behaupten**, dass seine damals protokollierten Angaben im Wesentlichen falsch und nur damit zu erklären seien, dass er entweder unter Druck oder unter Drogen gesetzt, im Zustand der Übermüdung oder unter dem Eindruck einer Täuschung vernommen wurde, oder dass ihm für den Fall einer Aussage ein gesetzlich nicht vorgesehener Vorteil versprochen wurde. Und selbst in dem extremen Ausnahmefall, in dem die Androhung von Schmerzen zur Erzwingung einer Aussage zuerst von dem Polizeibeamten in der Akte durch einen Vermerk dokumentiert wurde,[3080] hat dann der Beschuldigte zusammen mit seinem Verteidiger sich ausdrücklich darauf berufen. Der Regelfall dürfte aber sein, dass es der Angeklagte selbst ist, der die Tatsachen, die eine frühere Aussage unverwertbar machen können, als Erster behauptet oder über seinen Verteidiger vortragen lässt. Ein Angeklagter, der es schafft, dass man ihm dieses abnimmt, dem glaubt man auch, wenn er in der Hauptverhandlung die entlastenden Teile seiner früheren Aussage wiederholt. Diese entlastenden Details brauchen also nicht erst aus dem Mühlenteich gefischt zu werden. 1327

Wollte der Beschuldigte dagegen seine damalige Aussage „splitten“, dann wird er mit dem Widerruf und dem Vertrauen auf die Mühlenteichtheorie, ohne (glaubhaft oder unwiderlegbar) die entlastenden Umstände in der Hauptverhandlung zu wiederholen, nicht weit kommen. So könnte er beispielsweise aussagen: „Ich habe die Tat nicht begangen, aber ich war zur Tatzeit durchaus in 1328

**3079** BGH, Urt. v. 10.8.2005 – 1 StR 140/05 = BGHSt 50, 206 = NJW 2005, 3295 = NStZ 2005, 700, vgl. dazu die Anmerkungen *Kolz* NJW 2005, 3248; *Lindemann/Reichling* StV 2005, 650 und JR 2006, 191; *Jahn* JuS 2006, 91; *Ellbogen* NStZ 2006, 180.

**3080** Vgl. LG Frankfurt/Main, Urt. v. 20.12.2004 – 5/27 KLs 7570 Js 203814/03 = NJW 2005, 692.

der Nähe des Tatortes, hatte auch – wie der Täter – einen roten Pullover an, und werde wohl deshalb mit ihm von dem Zeugen X., der auch gesehen hat, wie der Täter Richtung Bahnhof flüchtete, verwechselt worden sein. Dass ich gemächlichen Schrittes in die Gegenrichtung gelaufen bin, habe ich bereits im Zusammenhang mit meinem falschen Geständnis ausgesagt, dessen Verwertung ich aus den Gründen, die mein Verteidiger dargelegt hat, widerspreche."

1329 Auch hier gilt: Sobald das Gericht erst einmal die Gründe für die Berechtigung des Widerspruchs akzeptiert hat, ist es durch das damit für die gesamte frühere Aussage ausgelöste Verwertungsverbot nicht gehindert, dem Angeklagten die *in der Hauptverhandlung* gemachte entlastende Aussage (roter Pullover, Verwechslungsgefahr) einschließlich des Hinweises, dass er sich gleich zu Beginn des Ermittlungsverfahrens trotz fehlender Belehrung und ohne Verteidigerbeistand, insoweit bereits ebenso geäußert hat, zu glauben und zu seinen Gunsten zu verwerten. Durch den unmittelbaren Eindruck dieser Bekundung in der Hauptverhandlung ist der Beweiswert auch sehr viel stärker, als wenn das Gericht nur durch eine selektive Befragung des Vernehmungsbeamten den Versuch unternehmen müsste, aus dem damals Ausgesagten die entlastenden Bestandteile herauszufiltern, um sie dann erst noch auf ihren Wahrheitsgehalt zu überprüfen.

1330 Wollte man nun auch noch – wie es den Autoren der Mühlenteichtheorie vorzuschweben scheint[3081] – die Widerspruchslösung partiell durch den Zwang zur Herausnahme alles Entlastenden aus dem Verwertungsverbot ersetzen, gäbe es noch eine kaum zu lösende praktische Schwierigkeit: Man stelle sich in dem vorstehenden Beispiel vor, der Angeklagte widerrufe zu Beginn der Hauptverhandlung sein Geständnis, der Vernehmungsbeamte sei erschienen und wolle gerade mit seiner Aussage beginnen. Das Gericht würde, weil es ja bei Geltung der Zustimmungslösung nicht mehr auf den Widerspruch warten darf, pflicht- und routinegemäß die Vorfrage stellen, ob er damals den Beschuldigten belehrt hat. Dann würde der Zeuge etwas verschämt sagen: „Nein, das habe ich vergessen. Herr A. stand für uns zwar schon als Hauptverdächtiger fest, aber wir wollten ihm so schnell wie möglich Gelegenheit geben, seine Schuld zu bekennen." Das Gericht würde nun von Amts wegen erkennen, dass damit die frühere Aussage in ihrem belastenden Teil unverwertbar ist. Der Vorsitzende müsste dann an alle Beteiligten die Frage stellen, ob der Zeuge entlassen werden kann oder ob jemand in dem Protokoll etwas Entlastendes entdeckt habe. Die Berufsrichter, der Staatsanwalt und der Verteidiger würden in dem Protokoll blättern und der Verteidiger würde sich dafür aussprechen, die Sache mit dem roten Pullover mit Blick auf die Ver-

3081 *Roxin/Schäfer/Widmaier* StV 2006, 661.

wechslungsgefahr als entlastenden Umstand zum Gegenstand der Beweisaufnahme zu machen. Nun wäre aber die Verwechslungsgefahr ihrerseits nur dann entlastend, wenn es auch zuträfe, dass der Angeklagte sich damals in der Nähe des Tatortes aufgehalten hat. Dies wiederum ist für sich genommen ein belastender Umstand. Darf also dann überhaupt noch im Urteil stehen: „Zwar" spreche für die Täterschaft des Angeklagten, dass er sich zur Tatzeit in der Nähe des Fundortes der Leiche aufgehalten hat, was er selbst im Rahmen eines später widerrufenen und unverwertbaren Geständnisses zugegeben hatte, „aber" …?

Und wie wird ein Streit zwischen den Beteiligten, was aus der früheren Aus- 1331
sage be- und was entlastend ist, in der Hauptverhandlung ausgetragen, ohne ständig einzelne Halbsätze oder ganze Passagen aus jenem Dokument zu zitieren und ohne den jeweiligen Kontext mit anderen (neutralen? belastenden?) Passagen hervorzuheben, bevor am Ende den Richtern und Schöffen zugemutet wird, davon den größten – nicht notwendigerweise zusammenhängenden – Teil wieder zu vergessen?

Solche Fragen stellen, heißt die Vorzüge der klaren und einfach zu handha- 1332
benden Lösung, wie sie im Falle des § 136a Abs. 3 S. 2 StPO vorgezeichnet ist, zu erkennen und als ausschlaggebend auch für alle Beweisverwertungsverbote gelten zu lassen, die der **Disposition des Angeklagten** unterliegen, indem man dort auch auf die Disposition durch den Angeklagten, dem die Freiheit seiner Entscheidung vor Augen stehen muss, abstellt.

### f) Verletzung von durch das Verständigungsgesetz eingeführten Vorschriften

**Literatur:** *Allgayer* Mitteilungen nach § 243 Abs. 4 StPO und ihre revisionsgerichtliche Kontrolle, NStZ 2015, 185; *Altvater* Überprüfung der Verständigung durch die Revision, StraFo 2014, 221; *Jahn/Müller* Das Gesetz zur Verständigung im Strafverfahren – Legitimation und Reglementierung der Absprachepraxis, NJW 2009, 2625; *Hamm* Wie kann das Strafverfahren jenseits der Verständigung künftig praxisgerechter gestaltet werden – sind Reformen des Strafprozesses erforderlich? – Vorgeschichte und Folgen der BVerfG-Entscheidung zu § 257c StPO, StV 2013, 652; *Knauer* Die Entscheidung des BVerfG zur strafprozessualen Verständigung – Paukenschlag oder Papiertiger? NStZ 2013, 433; *Kudlich* Grenzen der Verfassungsgerichtsbarkeit – die Entscheidung des BVerfG zur strafprozessualen Verständigung, NStZ 2013, 379; *Lam* Die Willkür ist die Feindin der Form – Zum Beruhen des Urteils auf der fehlerhaften Protokollierung von Verständigungen, StraFo 2014, 407; *Mosbacher* Praktische Auswirkungen der Entscheidung des BVerfG zur Verständigung, NZWiSt 2013, 201; *Niemöller* Das Negativattest im Protokoll (§ 273 Abs.1a Satz 3 StPO), FS Rissing-van Saan, S. 393; *ders.* Zum Geltungsanspruch und –umfang des Verständigungsgesetzes, GA 2014, 179; *ders.* Beruhensprüfung bei Verfahrensfehlern, NStZ 2015, 489, *Pfister* Transparenz über alles ! – Die Verständigung in der Revision seit BVerfGE 133, 168, StraFo 2016, 187; *Ruhs* Rechtsbehelfe bei Verständigungen, Baden-Baden 2018; *Schmitt* Die Verständigung im Strafprozess nach dem Urteil des Bundesverfassungsgerichts vom 19. März 2013, in FS Tolksdorf, S. 399 ff.; *Schneider* Überblick über die höchstrichterliche Rechtsprechung zur Verfahrensverständigung im Anschluss an das Urteil des BVerfG vom 19. März 2013, NStZ 2014, 192, 252; *Spaniol* Anforderungen an die Verständigung nach BVerfGE, StraFo 2014, 366; *Strate* Der 3. BGH-Strafsenat und die Kammerrechtsprechung des BVerfG, NJW 2016, 450; *Wenske* Die Verständigung in Strafverfahren, DRiZ 2011, 393; 2012, 123, 198; *Ziegert* Die revisionsrechtliche Überprüfung von Absprachen in der aktuellen Rechtsprechung des Bundesgerichtshofs, StraFo 2014, 228.

1333 Nachdem der Gesetzgeber es im Jahr 2009[3082] für richtig gehalten hat, eine eigenständige Regelung über die Verständigung im Strafverfahren in das Gesetz aufzunehmen und diese durch verschiedene Mitteilungs- und Hinweispflichten abzusichern, hat sich dieser Teil des Verfahrensrechts zu einem der Bereiche entwickelt, in denen in den letzten Jahren besonders häufig tatrichterliche Urteile auf Grund von Verfahrensrügen aufgehoben wurden. Hierzu hat vor allem die **Rechtsprechung des Bundesverfassungsgerichts** beigetragen. Es hat in seinem Urteil vom 19.3.2013[3083] nicht nur grundsätzlich zum Verhältnis von Wahrheitsermittlung und strafrechtlichem Schuldvorwurf Stellung genommen, sondern auch Maßstäbe für die Anwendung des neuen Gesetzes festgelegt. Durch die nachfolgenden Kammerbeschlüsse[3084] wurden diese Maßstäbe konkretisiert. Diese Rechtsprechung ist insgesamt von dem Ziel getragen, die unbedingte Einhaltung der Transparenz- und Dokumentationspflichten durchzusetzen. Abzuwarten bleibt, was die im Urteil vom 19.3.2013 geforderte Überprüfung des Gesetzes erbringen wird. Die Argumente für und gegen die neue Regelung können hier nicht umfassend behandelt werden. Wir beschränken uns auf die Darstellung einiger Rechtsfragen, die sich bislang als Kristallisationspunkte von Rügen im Revisionsverfahren erwiesen haben.

#### aa) Urteilsanforderungen bei Verständigung

1334 Bereits auf die **Sachrüge** sind Mängel beachtlich, die sich aus dem Urteil ergeben. Das ist oben bereits gesondert dargestellt.[3085] Insbesondere darf sich der

---

**3082** Gesetz vom 29.7.2009 (BGBl. I, 2353); hierzu: BT-Drs. 16/12310; *Jahn/Müller* NJW 2009, 2625; *Wenske* DRiZ 2011, 393.

**3083** BVerfG, Urt. v. 19.3.2013 – 2 BvR 2628/10 u.a. = BVerfGE 133, 168 = NJW 2013, 1058 = StV 2013, 353. Hierzu: *Knauer* NStZ 2013, 433; *Kudlich* NStZ 2013, 379; *Schmitt* FS Tolksdorf, S. 399.

**3084** BVerfG, Beschl. v. 4.2.2020 – 2 BvR 900/19 = NJW 2020, 2461 = StV 2020, 357; BVerfG, Beschl. v. 21.4.2016 – 2 BvR 1422/15 = NStZ 2016, 422 m. Anm. *Bittmann*; BVerfG, Beschl. v. 15.1.2015 – 2 BvR 2055/14; BVerfG, Beschl. v. 15.1.2015 – 2 BvR 878/14 = NStZ 2015, 170; BVerfG, Beschl. v. 9.12.2015 – 2 BvR 1043/15; BVerfG, Beschl. v. 26.8.2014 – 2 BvR 2400/13; BVerfG, Beschl. v. 26.8.2014 – 2 BvR 2172/13 (hierzu: *Klotz*, StV 2015, 1).

**3085** S. dazu im Einzelnen oben Rn. 1180 ff.

Schuldspruch nicht lediglich auf ein Geständnis des Angeklagten stützen, ohne dass sich das Gericht von dessen Richtigkeit überzeugt hätte.[3086]

### bb) Verletzung der Mitteilungspflicht nach § 243 Abs. 4 StPO

Von erheblicher praktischer Bedeutung ist die Einhaltung der in § 243 Abs. 4 StPO geregelten Mitteilungspflicht. Verletzungen dieser Pflicht können mit einer Verfahrensrüge in der Revision geltend gemacht werden. Gut zehn Jahre nach dem Inkrafttreten des Gesetzes sind dabei durch die Rechtsprechung viele Fragen im Zusammenhang mit den Voraussetzungen und dem Umfang der Mitteilungspflicht geklärt. Manches ist aber nach wie vor umstritten. 1335

Nach § 243 Abs. 4 StPO ist über Gespräche vor der Hauptverhandlung zu informieren, wenn deren Gegenstand die Möglichkeit einer Verständigung war. Als **„Verständigungsgespräche"** (auf die sich die Mitteilungspflicht erstreckt) gelten insbesondere Gespräche, in denen Fragen des Einlassungs- oder Prozessverhaltens in Konnex zum Verfahrensergebnis gebracht werden.[3087] Mitzuteilen ist ein Gespräch schon dann, wenn es die Möglichkeit einer Verständigung im Sinne von § 257c StPO zum Gegenstand hatte, unabhängig davon, ob es hierzu nachfolgend gekommen ist.[3088] Nach h.M. erstreckt sich die Mitteilungspflicht auch auf Gespräche über eine Einstellung nach den §§ 153, 153a StPO.[3089] Zu unterscheiden ist stets zwischen Gesprächen über eine Verständigung und allgemeinen Erörterungen über die Rechtslage, über die nicht informiert werden muss.[3090] Die Mitteilungspflicht gilt auch dann, wenn sich zwischen Eingang der Anklage und Beginn der Hauptverhand- 1336

---

**3086** BGH, Beschl. v. 13.9.2016 – 5 StR 338/16 = NStZ 2017, 173, 174; BGH, Beschl. v. 9.6.2015 – 3 StR 169/15; KK-*Moldenhauer*/*Wenske* § 257c StPO, Rn. 64b. S. dazu auch schon BVerfG, Urt. v. 19.3.2013 – 2 BvR 2628/10 u.a. = NJW 2013, 1058, 1063; kritisch hierzu: LR-*Becker* § 244 Rn. 9b ff.; s. ferner auch *Altvater* StraFo 2014, 223.

**3087** BGH, Beschl. v. 21.3.2017 – 1 StR 622/16 = StV 2018, 3 = NStZ 2017, 482; BGH, Beschl. v. 10.1.2017 – 3 StR 216/16 = NStZ 2017, 363; BGH, Urt. v. 23.7.2015 – 23.7.2015 – 3 StR 470/14 = NJW 2016, 513 = StV 2016, 81 = NStZ 2016, 221, 222; BGH, Beschl. v. 28.7.2014 – 4 StR 126/14 = NJW 2014, 3385; BGH, Beschl. v. 13.2.2014 – 1 StR 423/13 = NStZ 2014, 513.

**3088** Vgl. BVerfG, Beschl. v. 4.2.2020 – 2 BvR 900/19 = NJW 2020, 2461; BGH, Urt. v. 21.7.2015 – 2 StR 75/14 = StraFo 2015, 413; BGH, Beschl. v. 14.4.2015 – 5 StR 9/15 = NStZ 2015, 535.

**3089** Vgl. BVerfG, Beschl. v. 21.4.2016 – 2 BvR 1422/15 = NStZ 2016, 422, 424; BGH, Beschl. v. 10.5.2016 – 1 StR 571/15 = wistra 2016, 445 = NStZ 2016, 743 m. Anm. *Bittmann*. Gegen eine Mitteilungspflicht: KK-*Schneider* § 243 StPO, Rn. 48; MüKoStPO/*Arnoldi* § 243 StPO, Rn. 48; KG, Beschl. v. 10.1.2014 – (2) 161 Ss 132/13 (47/13) = StV 2014, 522 = NStZ 2014, 293.

**3090** Vgl. hierzu LR-*Becker*, § 243 StPO, Rn. 58 mwN; KK-*Schneider* § 243 StPO, Rn. 52 ff.; *Schneider* NStZ 2014, 192, 197.

lung die Gerichtsbesetzung geändert hat.[3091] Über Unterredungen zwischen Staatsanwaltschaft und Verteidigung muss das Gericht nicht informieren, selbst wenn sie aktenkundig gemacht wurden.[3092] Nach h.M. ist es auch mitzuteilen, wenn keine Verständigungsgespräche stattgefunden haben („Negativmitteilung").[3093]

1337 Nach dem Gesetzeswortlaut hat der Vorsitzende über den **„wesentlichen Inhalt"** der Gespräche zu informieren. Dazu gehört nicht nur der Verständigungsvorschlag, sondern auch, welche Standpunkte von den Gesprächsteilnehmern vertreten wurden und ob sie bei den anderen Gesprächsteilnehmern auf Ablehnung oder Zustimmung gestoßen sind.[3094] Mitzuteilen ist auch, von wem die Initiative zu einer Verständigung ausgegangen ist.[3095] Keinesfalls reicht es aus, wenn der Vorsitzende lediglich bekanntgibt, es seien auf Vorschlag des Gerichts Verständigungsgespräche geführt worden, die zu keinem Ergebnis geführt hätten.[3096] Wurde eine Verständigung erzielt, ist hierüber ebenfalls detailliert zu informieren.[3097] Die Mitteilungspflicht gilt nicht nur für Gespräche vor der Hauptverhandlung. Sie ist auch zu beachten, wenn sich während des Verlaufs der Hauptverhandlung Änderungen ergeben (§ 243 Abs. 4 S. 2 StPO).[3098]

1338 Nach § 273 Abs. 1a S. 2 StPO erstreckt sich die in Satz 1 geregelte **Protokollierungspflicht** auf Mitteilungen nach § 243 Abs. 4 StPO. Dabei soll es nicht ausreichen, wenn in das Protokoll lediglich der schlichte Vermerk aufgenom-

**3091** BGH, Urt. v. 23.7.2015 – 3 StR 470/14 = NJW 2016, 513, 514 = StV 2016, 81 = NStZ 2016, 221. Vgl. zum Umfang der Mitteilungspflicht im Berufungsverfahren: KK-*Schneider* § 243 StPO, Rn. 47.

**3092** BGH, Beschl. v. 29.9.2015 – 3 StR 310/15 = StV 2016, 775 = NStZ 2016, 362; KK-*Schneider* § 243 StPO, Rn. 50 mwN; MüKoStPO/*Arnoldi* § 243 StPO, Rn. 51. Teilweise abweichend: BGH, Urt. v. 29.11.2011 – 1 StR 287/11 = wistra 2012, 180 = NStZ 2012, 347.

**3093** Vgl. BVerfG, Beschl. v. 26.8.2014 – 2 BvR 2172/13 = StV 2014, 713 = NStZ 2014, 592; BVerfG, Beschl. v. 26.8.2014 – 2 BvR 2400/13 = NJW 2014, 3504; MüKoStPO/*Arnoldi* § 243 StPO, Rn. 44; KK-*Schneider* § 243 StPO, Rn. 57; *Klotz* StV 2015, 1; *Spaniol* StraFo 2014, 366, 370.

**3094** KK-*Schneider* § 243 StPO, Rn. 59. Vgl. auch *Allgayer* NStZ 2015, 185, 186.

**3095** Vgl. hierzu BVerfG, Beschl. v. 4.2.2020 – 2 BvR 900/19 = NJW 2020, 2461. Zur Thematik: KK-*Schneider* § 243 StPO, Rn. 61; LR-*Becker* § 243 StPO, Rn. 60.

**3096** Vgl. BGH, Beschl. v. 24.1.2018 – 1 StR 564/17 = StV 2019, 378 = NStZ 2018, 487; BGH, Beschl. v. 15.1.2015 – 1 StR 315/14 = BGHSt 60, 150 = StV 2015, 271 = wistra 2015, 199; KK-*Schneider* § 243 StPO, Rn. 59. Zum Umfang der Mitteilungspflicht vgl. auch BGH, Beschl. v. 3.3.2020 – 5 StR 36/20.

**3097** Vgl. zum Umfang der Mitteilungspflicht in diesem Fall: KK-*Schneider* § 243 StPO, Rn. 62.

**3098** BGH, Beschl. v. 25.2.2015 – 4 StR 470/14 = StV 2016, 91 = NStZ 2015, 353 (m. Anm. *Feldmann* NStZ 2015, 474).

men wird, der Vorsitzende sei den in § 243 Abs. 4 StPO genannten Förmlichkeiten nachgekommen. Es muss vielmehr der Inhalt der Mitteilung des Vorsitzenden in das Protokoll aufgenommen werden.[3099]

Ein revisibler Verfahrensfehler liegt vor, wenn der Vorsitzende die Mittei- 1339
lungspflicht nach **§ 243 Abs. 4 StPO verletzt** hat.[3100] Das ist insbesondere der Fall, wenn verständigungsbezogene Gespräche stattgefunden haben, eine Mitteilung aber vollständig versäumt wurde. Grundsätzlich kann es auch die Revision begründen, wenn eine **Mitteilung unvollständig** war.[3101] Nach h.M. hängt dabei die Zulässigkeit der Rüge nicht davon ab, dass das Verhalten des Vorsitzenden bereits in der Hauptverhandlung nach § 238 Abs. 2 StPO beanstandet wurde.[3102]

Auch bei einer Verfahrensrüge, mit der die Verletzung von § 243 Abs. 4 StPO 1340
gerügt wird, sind die **Darlegungsanforderungen** des § 344 Abs. 2 S. 2 StPO zu beachten. Auch wenn hier Einzelfragen stark umstritten sind,[3103] sollte sich die Revisionsbegründung daran orientieren, dass der Beschwerdeführer das Revisionsgericht durch seinen Sachvortrag in die Lage versetzen muss, selbst zu prüfen, ob verständigungsbezogene Gespräche stattgefunden haben.[3104] Das erfordert es mitzuteilen, wer wann mit wem gesprochen hat und welchen Inhalt die Gespräche hatten.[3105] Regelmäßig sollte sich der Beschwerdeführer nicht darauf beschränken vorzutragen, es sei zu verständigungsbezogenen Gesprächen ge-

**3099** Vgl. BGH, Beschl. v. 3.12.2013 – 2 StR 410/13 = StV 2014, 515 = NStZ 2014, 219; BGH, Urt. v. 10.7.2013 – 2 StR 195/12 = BGHSt 58, 310 = NJW 2013, 3046 = StV 2013, 677; KK-*Schneider* § 243 StPO, Rn. 65; s. hierzu auch *Pfister* StraFo 2016, 187, 193. Zur Zulässigkeit der Verweisung auf einen bei den Akten befindlichen Vermerk: BGH, Beschl. v. 30.7.2019 – 5 StR 288/19 = BGHSt 64, 168 = NJW 2019, 3316 = StraFo 2019, 468.

**3100** Vgl. hierzu u.a. BVerfG, Beschl. v. 15.1.2015 – 2 BvR 2055/14; BVerfG, Urt. v. 19.3.2013 – 2 BvR 2628/10 u.a. = BVerfGE 133, 168, 223. S. im Einzelnen: KK-*Schneider* § 243 StPO, Rn. 106; *Meyer-Goßner/Schmitt* § 243 StPO, Rn. 38a mwN; *Altvater* StraFo 2014, 221, 224.

**3101** Vgl. BVerfG, Beschl. v. 4.2.2020 – 2 BvR 900/19 = NJW 2020, 2461. Zu den Grenzen der Mitteilungspflicht: BGH, Beschl. v. 11.2.2015 – 1 StR 335/14 = wistra 2015, 279 = NStZ 2015, 416.

**3102** BGH, Urt. v. 5.6.2014 – 2 StR 381/13 = BGHSt 59, 252 = NJW 2014, 2514 = StV 2014, 655 = NStZ 2014, 601; KK-*Schneider* § 243 StPO, Rn. 111; MüKoStPO/*Arnoldi* § 243 StPO, Rn. 98. Anders: LR-*Becker* § 243 StPO, Rn. 114.

**3103** Vgl. hierzu: LR-*Becker* § 243 StPO, Rn. 116.

**3104** Vgl. KK-*Schneider* § 243 StPO, Rn. 111. Teilweise abweichend: LR-*Becker* § 243 StPO, Rn. 116.

**3105** Vgl. aus der Rechtsprechung etwa: BGH, Beschl. v. 7.3.2017 – 5 StR 493/16 = NStZ 2017, 424; BGH, Beschl. v. 25.6.2015 – 1 StR 579/14 = NStZ 2015, 657, 658 = StV 2016, 90; BGH, Beschl. v. 29.4.2014 – 3 StR 24/14 = NStZ 2014, 529; *Meyer-Goßner/Schmitt* § 243 StPO, Rn. 38a mwN.

kommen.[3106] Es muss vielmehr wiedergegeben werden, worüber gesprochen wurde. Dem kommt vor allem dann Bedeutung zu, wenn gerügt wird, eine in der Hauptverhandlung erfolgte Mitteilung sei unzureichend gewesen. Da sich die Mitteilungspflicht auch darauf erstreckt, von welcher Seite die Frage einer Verständigung aufgeworfen wurde und ob dies bei den anderen Gesprächsteilnehmern auf Zustimmung oder Ablehnung gestoßen ist,[3107] kann eine Verfahrensrüge auch konkreten Rügevortrag zu diesen Einzelheiten erfordern. Bei den Akten befindliche Vermerke sind wiederzugeben.[3108]

#### cc) Verfahrensrügen im Zusammenhang mit dem Verständigungsverfahren

1341 Mit dem Verständigungsgesetz wurde insbesondere das Ziel verfolgt, informelle Absprachen zu unterbinden und einen verbindlichen Weg für eine Verständigung festzulegen. Die Einhaltung der durch § 257c StPO geregelten Verfahrensschritte kann dementsprechend auch Gegenstand von Revisionsrügen werden.

1342 § 257c Abs. 3 StPO regelt, welche Einzelschritte auf dem Weg zu einer Verständigung einzuhalten sind. Im Ergebnis kommt die Verständigung danach – ähnlich einem Vertragsschluss im Zivilrecht – zustande, wenn die Staatsanwaltschaft und der Angeklagte zustimmen. Die **Zustimmungserklärungen** sind im Protokoll festzuhalten.[3109] Geht das Gericht von einer wirksamen Verständigung aus, obwohl nicht sämtliche erforderlichen Zustimmungserklärungen abgegeben wurden, liegt ein Verfahrensfehler vor.[3110]

1343 Mit der Revision gerügt werden kann u.a., die Verständigung habe sich auf Gegenstände erstreckt, die nicht in eine Verständigung hätten einbezogen werden dürfen.[3111] Nach § 257c Abs. 2 StPO ist insbesondere die **Verständigung über den Schuldspruch** und über Maßregeln der Besserung und Sicherung **nicht zuläs-**

**3106** Vgl. zu den Darlegungsanforderungen: BGH, Beschl. v. 21.3.2017 – 1 StR 622/16 = StV 2018, 3 = NStZ 2017, 482, 483; BVerfG, Beschl. v. 9.12.2015 – 2 BvR 1043/15; *Pfister* StraFo 2016, 187, 190 mwN.

**3107** Vgl. z.B. BGH, Beschl. v. 12.10.2016 – 2 StR 367/16, Rn. 11 = NStZ 2017, 244, 245; BGH, Beschl. v. 12.7.2016 – 1 StR 136/16 = StV 2018, 5 = NStZ 2017, 56.

**3108** Vgl. BGH, Beschl. v. 14.3.2017 – 4 StR 403/16.

**3109** Vgl. hierzu BGH, Beschl. v. 7.12.2016 – 5 StR 39/16 = NStZ-RR 2017, 87 (konkludente Zustimmung genügt nicht).

**3110** Vgl. KK-*Moldenhauer/Wenske* § 257c StPO, Rn. 75b; BGH, Urt. v. 14.5.2014 – 2 StR 465/13.

**3111** Vgl. KK-*Moldenhauer/Wenske* § 257c StPO, Rn. 73; MüKoStPO/*Jahn/Kudlich* § 257c StPO, Rn. 192; *Schneider* NStZ 2014, 192, 195. Vgl. auch *Schmitt* FS Tolksdorf, S. 403.

**sig.**[3112] Aus der Rechtsprechung des Bundesverfassungsgerichts ergeben sich weitere Beschränkungen.[3113] Wird eine entsprechende Verfahrensrüge erhoben, so ist darin das Zustandekommen der Verständigung im Einzelnen darzustellen.[3114]

Hat das Gericht im Rahmen einer Verständigung eine Zusage abgegeben, die es nicht einhält, begründet dies ebenfalls die Verfahrensrüge.[3115] Zum Gegenstand von Revisionsrügen kann es auch werden, wenn das Gericht neben dem Strafrahmen, der bei einem Geständnis zu erwarten ist, zugleich Angaben dazu macht, welche Strafe möglicherweise ohne ein Geständnis zu erwarten wäre. In diesen Fällen ist stets zu prüfen, in welchem Verhältnis die angedrohten Strafen zueinander stehen. Unverändert gilt dabei, dass es unzulässig ist, wenn mit einer **„Sanktionsschere"** gedroht wird.[3116] Unabhängig davon gilt: Außerhalb einer Verständigung besteht keine Bindung des Tatgerichts an den Strafrahmen, der für den Fall einer Verständigung Gültigkeit haben sollte.[3117] 1344

#### dd) Verletzung der Belehrungspflicht nach § 257c Abs. 5 StPO

Revisibel ist auch die Verletzung der **Belehrungspflicht nach § 257c Abs. 5** 1345
StPO.[3118] Nach der Rechtsprechung muss der Angeklagte über die eingeschränkte Bindungswirkung belehrt werden, die einer Verständigung zukommt.[3119] Der Hinweis ist schon vor einer in Aussicht genommenen Verständigung zu erteilen

---

**3112** Vgl. zur Bedeutung dieser Grenze: BVerfG, Urt. v. 19.3.2013 – 2 BvR 2628/10 u.a. = BVerfGE 133, 168, 210. Zur Frage, ob Verstöße hiergegen bereits auf die Sachrüge zu beachten sind, wenn sie sich aus dem Urteil ergeben: *Meyer-Goßner/Schmitt* § 257c StPO, Rn. 33a mwN.

**3113** Vgl. BVerfG, Urt. v. 19.3.2013 – 2 BvR 2628/10 u.a. = BVerfGE 133, 168, 211 (keine Verständigung über Strafrahmenverschiebungen); BVerfG, Beschl. v. 21.4.2016 – 2 BvR 1422/15 = NStZ 2016, 422 (zu §§ 154, 154a StPO); KK-*Moldenhauer/Wenske* § 257c StPO, Rn. 73. Vgl. ergänzend BGH, Beschl. v. 1.8.2019 – 4 StR 477/18 = wistra 2020, 75.

**3114** BGH, Beschl. v. 8.9.2016 – 1 StR 346/16 = NStZ-RR 2016, 379 = wistra 2017, 115.

**3115** KK-*Moldenhauer/Wenske* § 257c StPO, Rn. 72; *Meyer-Goßner/Schmitt* § 257c StPO, Rn. 33; MüKoStPO/*Jahn/Kudlich* § 257c StPO, Rn. 194.

**3116** Vgl. BGH, Beschl. v. 6.2.2018 – 1 StR 606/17 = NStZ 2018, 419; KK-*Moldenhauer/Wenske* § 257c StPO, Rn. 75; MüKoStPO/*Jahn/Kudlich* § 257c StPO, Rn. 132; *Ziegert* StraFo 2014, 228, 230. Vgl. ergänzend auch BGH, Beschl. v. 16.3.2011 – 1 StR 60/11 = StV 2012, 134; BGH, Beschl. v. 14.8.2007 – 3 StR 266/07 = StV 2007, 619 = NStZ 2008, 170; BGH, Beschl. v. 12.1.2005 – 3 StR 411/04 = StV 2005, 201 = NStZ 2005, 393.

**3117** BGH, Beschl. v. 6.2.2018 – 1 StR 606/17 = NStZ 2018, 419; BGH, Urt. v. 25.7.2017 – 5 StR 176/17 = NStZ-RR 2017, 351; BGH, Urt. v. 30.6.2011 – 3 StR 39/11 = NJW 2011, 3463, 3464.

**3118** Vgl. hierzu im Einzelnen: KK-*Moldenhauer/Wenske* § 257c StPO, Rn. 79; MüKoStPO/*Jahn/Kudlich* § 257c StPO, Rn. 197.

und nicht erst dann, wenn sich das Gericht von einer Verständigung wieder nach Abs. 4 lösen will.[3120] Die Belehrung nach Abs. 5 ist in das Hauptverhandlungsprotokoll aufzunehmen, so dass für sie die formelle Beweiskraft des § 274 StPO gilt.[3121]

1346 Wird gerügt, ein Hinweis nach § 257c Abs. 5 StPO sei nicht erteilt worden, muss das Zustandekommen der Verständigung geschildert werden.[3122] Zwar soll es nicht erforderlich sein vorzutragen, dass der Angeklagte keine Kenntnis von der beschränkten Bindungswirkung hatte.[3123] Zu berücksichtigen ist aber, dass zum Teil angenommen wird, das Urteil beruhe nicht auf der fehlenden Belehrung, wenn dem Angeklagten die Voraussetzungen für einen Wegfall der Bindungswirkung (etwa aus einem früher gegen ihn geführten Strafverfahren) bekannt waren.[3124] Bei der Beruhensprüfung sind im Übrigen die durch das BVerfG aufgestellten Maßstäbe zu berücksichtigen.[3125]

#### ee) Bedeutung des Hauptverhandlungsprotokolls

1347 Den durch das Verständigungsgesetz geschaffenen Protokollierungsverpflichtungen kommt nach Ansicht des BVerfG eine wesentliche Funktion zu.[3126] Die Transparenz- und Dokumentationspflichten sorgen dafür, dass Vorgänge, die sich außerhalb der Hauptverhandlung ereignet haben, in öffentlicher Hauptverhandlung erörtert und sodann schriftlich festgehalten werden müssen. Die Protokollierungspflicht umfasst dabei zahlreiche Vorgänge, die sich der Wahrnehmung durch den Protokollführer (als zweite Urkundsperson) entziehen. Er kann

---

**3119** BVerfG, Beschl. v. 25.8.2014 – 2 BvR 2048/13 = NJW 2014, 3506 = StV 2015, 73 = NStZ 2014, 721; BGH, Beschl. v. 11.5.2016 – 1 StR 71/16 = StV 2018, 11; BGH, Beschl. v. 10.2.2015 – 4 StR 595/14 = NStZ 2015, 358.

**3120** Vgl. BGH, Beschl. v. 8.8.2019 – 1 StR 295/19; BGH, Beschl. v. 6.11.2018 – 5 StR 486/18 = StV 2019, 379 = NStZ-RR 2019, 27; BGH, Beschl. v. 8.11.2018 – 4 StR 268/18 = wistra 2019, 291 = NStZ 2019, 169; BGH, Beschl. v. 11.5.2016 – 1 StR 71/16 = StV 2018, 11; BVerfG, Beschl. v. 25.8.2014 – 2 BvR 2048/13 = NJW 2014, 3506 = StV 2015, 73; BGH, Beschl. v. 25.3.2015 – 5 StR 82/15 = StV 2016, 98. Vgl. hierzu auch *Eisenberg* StV 2014, 69. Zur „Heilung" eines Belehrungsfehlers: BGH, Beschl. v. 21.3.2017 – 5 StR 73/17 = NStZ-RR 2017, 151.

**3121** KK-*Moldenhauer/Wenske* § 257c StPO, Rn. 79a; *Meyer-Goßner/Schmitt* § 257c StPO, Rn. 31.

**3122** KK-*Moldenhauer/Wenske* § 257c StPO, Rn. 79a.

**3123** BGH, Beschl. v. 15.1.2014 – 1 StR 302/13 = StV 2014, 518 = wistra 2014, 322.

**3124** BGH, Beschl. v. 11.5.2016 – 1 StR 71/16 = StV 2018, 11. Hiergegen: MüKoStPO/*Jahn/Kudlich* § 257c StPO, Rn. 200. Vgl. zur Rüge der Verletzung von § 257c Abs. 5 StPO auch: BGH, Beschl. v. 15.3.2016 – 5 StR 43/16.

**3125** S. dazu unten Rn. 1353 ff.

**3126** BVerfG, Urt. v. 19.3.2013 – 2 BvR 2628/10 u.a. = BVerfGE 133, 168, 215 ff.

deshalb nur darauf achten, dass das protokolliert wird, was in der Hauptverhandlung geschehen ist, also z.B. was nach § 243 Abs. 4 StPO mitgeteilt wurde.

§ 273 Abs. 1a StPO sieht vor, dass der „wesentliche Ablauf", der „Inhalt" 1348
und das „Ergebnis" einer Verständigung wiederzugeben sind. Daneben sind auch die Mitteilungen nach § 243 Abs. 4, § 257c Abs. 4 S. 4 StPO und die Belehrung nach § 257c Abs. 5 StPO im Protokoll zu vermerken. Das Gesetz schafft damit sehr weitreichende Verpflichtungen zur Aufzeichnung von Gesprächen und Erörterungen.[3127] Dies steht in einem gewissen Gegensatz dazu, dass nach wie vor eine Verpflichtung dazu fehlt, die für das gesamte Verständigungsverfahren zumeist zentrale Erklärung, das Geständnis des Angeklagten, im Protokoll inhaltlich festzuhalten.

Als Folge der Aufwertung der Mitteilungs- und Protokollierungspflichten 1349
durch das Verständigungsgesetz hat sich die Frage gestellt, ob hier ausnahmsweise bereits ein Mangel des Protokolls als revisibler Verfahrensfehler zu werten ist oder ob es bei der generellen Unzulässigkeit bloßer „Protokollrügen" bleibt.[3128] Grundsätzlich ist aber auch hier zwischen Fehlern des Verständigungsverfahrens und Fehlern bei der Protokollierung zu unterscheiden.[3129] Wird mit einer Verfahrensrüge geltend gemacht, über ein Verständigungsgespräch sei in der Hauptverhandlung nicht hinreichend informiert worden, beinhaltet das den Vorwurf, der Vorsitzende habe seine gesetzliche Mitteilungspflicht nach § 243 Abs. 4 StPO verletzt. Das Protokoll ist ein Beweismittel dafür, was er mitgeteilt hat. War die Mitteilung unvollständig, dann ist das Protokoll gleichwohl richtig, wenn es die unvollständige Mitteilung so wiedergibt wie sie der Vorsitzende vorgetragen hat.[3130] Der Frage, ob neben der Verletzung der Mitteilungspflicht zugleich eine Verletzung der Protokollierungspflicht vorliegt, wird in diesen Fällen regelmäßig keine entscheidende Bedeutung zukommen.[3131]

---

**3127** Vgl. zum notwendigen Protokollinhalt: KK-*Greger* § 273 StPO, Rn. 15 ff. und *Meyer-Goßner/Schmitt* § 273 StPO, Rn. 12a ff.

**3128** Vgl. hierzu BGH, Urt. v. 10.7.2013 – 2 StR 195/12 = BGHSt 58, 310 = NJW 2013, 3046 = StV 2013, 677.

**3129** KK-*Greger* § 273 StPO, Rn. 15a; BGH, Beschl. v. 11.1.2018 – 1 StR 532/17 = StV 2019, 374 = NStZ 2018, 363.

**3130** Vgl. hierzu *Pfister* StraFo 2016, 187, 193; *Ziegert* StraFo 2014, 228, 232.

**3131** Vgl. hierzu: BGH, Beschl. v. 11.1.2018 – 1 StR 532/17 = StV 2019, 374 = NStZ 2018, 363; BGH, Beschl. v. 18.7.2016 – 1 StR 315/15 = StV 2018, 6 = StraFo 2016, 470; BGH, Beschl. v. 29.4.2015 – 1 StR 235/14 = NStZ-RR 2015, 278; BGH, Beschl. v. 15.4.2014 – 3 StR 89/14 = NStZ 2014, 418. Zur Protokollrüge in diesem Zusammenhang: BVerfG, Beschl. v. 9.12.2015 – 2 BvR 1043/15, Rn. 9; LR-*Becker* § 243 StPO, Rn. 115.

1350 Fehlt die zu Beginn der Hauptverhandlung abzugebende Mitteilung, dann wird hierdurch belegt, dass der Vorsitzende seine Verpflichtung nach § 243 Abs. 4 StPO verletzt hat. Auch unzureichende Mitteilungen stellen einen Verfahrensfehler dar.[3132] Zu prüfen ist dann allerdings noch, ob das Urteil auf diesem Verfahrensfehler beruht.[3133]

1351 Als Bruch mit der bisherigen Systematik der §§ 273 und 274 StPO muss das in § 273 Abs. 1a S. 3 StPO vorgesehene Negativattest angesehen werden.[3134] Nach inzwischen h.M. bezieht sich die Bestimmung nur auf das Geschehen in der Hauptverhandlung und besagt mithin nichts über Verständigungsgespräche außerhalb der Hauptverhandlung.[3135] Obwohl nach den Grundsätzen der formellen Beweiskraft schon die fehlende Eintragung der nach § 273 Abs. 1a S. 1 StPO protokollierungsbedürftigen Tatsache einer Verständigung beweisen würde, dass es nicht zu einer Verständigung gekommen ist, sieht § 273 Abs. 1a S. 3 StPO die Verpflichtung vor, dies ausdrücklich zu vermerken. Zur zusätzlichen Absicherung des Transparenzgedankens wurde damit eine weitere Protokollierungsverpflichtung aufgestellt.[3136]

1352 Fehlt im Protokoll aber sowohl ein Hinweis auf eine Verständigung als auch ein Negativattest nach § 273 Abs. 1a S. 3 StPO, entsteht ein unklares Gesamtbild. Nach h.M. ist das Protokoll in einem solchen Fall lückenhaft und verliert insoweit seine Beweiskraft.[3137] Wird dann gerügt, es habe eine Verständigung gegeben,[3138] muss das Revisionsgericht im Freibeweisverfahren prüfen, ob der Rügevortrag zutrifft.[3139] Im Ergebnis hat sich damit an der Beweissituation in solchen Fällen im Vergleich zur Rechtslage vor dem Inkrafttreten des Verständigungs-

**3132** Vgl. KK-*Schneider* § 243 StPO, Rn. 107 f.; zur Beweiskraft des Protokolls in diesem Zusammenhang: LR-*Becker*, § 243 StPO, Rn. 61.

**3133** S. dazu nachfolgend Rn. 1353 ff.

**3134** Vgl. hierzu *Niemöller* FS Rissing-van Saan, S. 403 („systemfremde Fehlkonstruktion"); *Meyer-Goßner/Schmitt* § 273 StPO, Rn. 12c.

**3135** BGH, Urt. v. 28.7.2016 – 3 StR 153/16 = StV 2016, 772 = NStZ 2017, 52 m. Anm. *Claus*; *Niemöller* FS Rissing-van Saan, S. 395; *ders.* GA 2014, 183.

**3136** Vgl. BGH, Beschl. v. 29.9.2010 – 2 StR 371/10 = BGHSt 56, 3 = NJW 2011, 321 = StV 2011, 79. Hierzu: *Bauer* StV 2011, 340.

**3137** KK-*Greger* § 273 StPO, Rn. 15b; BGH, Beschl. v. 29.9.2010 – 2 StR 371/10 = BGHSt 56, 3; OLG Celle, Beschl. v. 27.9.2011 – 1 Ws 381/11 = StV 2012, 141 m. Anm. *Meyer-Goßner*; OLG Düsseldorf, Beschl. v. 6.10.2010 – III-4 RVs 60/10 = StV 2011, 80, 82 m. Anm. *Kuhn* StV 2012, 10. Vgl. auch MüKoStPO/*Valerius* § 273 StPO, Rn. 38.

**3138** Zu den Rügeanforderungen BGH, Beschl. v. 29.9.2010 – 2 StR 371/10, Rn. 6 = BGHSt 56, 3, 6.

**3139** Vgl. hierzu BGH, Beschl. v. 11.6.2015 – 1 StR 590/14 = NStZ-RR 2015, 379 (für den Fall des Fehlens einer Negativmitteilung nach § 243 Abs. 4 S. 1 StPO).

gesetzes wenig geändert.[3140] Steht als Resultat des Freibeweisverfahrens fest, dass es tatsächlich keine Verständigung gab, hat das Urteil Bestand.[3141] Kann hingegen nachgewiesen werden, dass es eine Verständigung gab, ist damit jedenfalls die Verletzung des § 243 Abs. 4 StPO belegt.

#### ff) Beruhensprüfung

Für die Beruhensprüfung gelten bei Verfahrensrügen, die sich auf die Verletzung der durch das Verständigungsgesetz eingeführten Regelungen stützen, eine Reihe von Besonderheiten. Sie ergeben sich aus den Vorgaben des Bundesverfassungsgerichts, das in seinem Grundsatzurteil vom 19.3.2013 und den nachfolgenden Kammerbeschlüssen wiederholt deutlich gemacht hat, bei der Beruhensprüfung sei der Schutzgehalt der Vorschriften des Verständigungsgesetzes zu berücksichtigen, sie sei deshalb um normative Aspekte anzureichern.[3142] 1353

So soll es in Fällen, in denen keine Verständigung zustande kommt, dies aber nicht in der erforderlichen Form in der Hauptverhandlung mitgeteilt wird, nicht ausgeschlossen sein, dass das Urteil auf dem Fehler beruht, sofern nicht zweifelsfrei feststeht, dass es keine mitteilungsbedürftigen Gespräche gegeben hat. Bei einem Verstoß gegen die Transparenz- und Dokumentationspflichten werde sich in den meisten Fällen nicht sicher ausschließen lassen, dass das Urteil auf eine gesetzwidrige informelle Absprache oder diesbezügliche Gesprächsbemühungen zurückgeht.[3143] Zu berücksichtigen ist dabei der Schutzgehalt des § 243 Abs. 4 StPO.[3144] Die Revisionsgerichte sind allerdings nicht gehindert, bei der Beruhensprüfung auch der unterschiedlichen Art und Schwere des Verstoßes gegen die Dokumentations- und Transparenzvorschriften Rechnung zu tragen.[3145] 1354

Ähnlich strenge Maßstäbe gelten bei einem Verstoß gegen die Belehrungspflicht nach § 257c Abs. 5 StPO. In diesen Fällen wird regelmäßig davon auszugehen sein, dass das Geständnis und auch das Urteil auf dem Unterlassen der Belehrung beruhen. Ein Beruhen werde, so das BVerfG, nur zu verneinen sein, 1355

**3140** S. dazu schon oben Rn. 406.

**3141** Vgl. hierzu BGH, Beschl. v. 29.1.2014 – 1 StR 523/13 = NStZ-RR 2014, 115.

**3142** S. dazu schon oben Rn. 732.

**3143** BVerfG, Urt. v. 19.3.2013 – 2 BvR 2628/10 u.a. = BVerfGE 133, 168, 223 f. S. hierzu auch *Lam* StraFo 2014, 407; *Schneider* NStZ 2014, 252.

**3144** BVerfG, Beschl. v. 4.2.2020 – 2 BvR 900/19 = NJW 2020, 2461; BVerfG, Beschl. v. 15.1.2015 – 2 BvR 2055/14 = NStZ 2015, 172.

**3145** BVerfG, Beschl. v. BVerfG, Beschl. v. 15.1.2015 – 2 BvR 878/14 = NStZ 2015, 170; BVerfG, Beschl. v. 15.1.2015 – 2 BvR 2055/14 = NStZ 2015, 172 m. Anm. *Knauer/Pretsch*.

wenn sich feststellen lasse, dass der Angeklagte das Geständnis auch bei ordnungsgemäßer Belehrung abgegeben hätte.[3146]

1356 Mit dieser besonderen Normativierung des Beruhensprüfung[3147] hat sich das BVerfG vom sonstigen Verständnis des Merkmals im Revisionsrecht entfernt und die Verstöße gegen die Transparenz- und Dokumentationspflichten in die Nähe eines absoluten Revisionsgrundes gerückt.[3148] Die hiergegen erhobenen Einwände ändern aber nichts daran, dass die Maßstäbe von den Fachgerichten zu beachten sind.[3149] Liegt ein Verstoß gegen die Transparenz- und Dokumentationspflichten vor, wird die Aufhebung des Urteils deshalb nur selten mit der Begründung abgelehnt werden können, das Urteil beruhe nicht auf dem Verfahrensfehler.[3150] Das wird z.B. der Fall sein, wenn zu Beginn der Hauptverhandlung zwar eine Negativmitteilung unterblieben ist, im Ergebnis aber feststeht, dass es keine Verständigungsgespräche gegeben hat.[3151] Trotz der Normativierung durch das BVerfG bleibt die Beruhensprüfung eine Frage des Einzelfalls.[3152]

### g) Mitwirkungsrechte

1357 Anlass für Verfahrensrügen können auch die gesetzlich geregelten und verfassungsrechtlich (Art. 103 Abs. 1 GG) gebotenen Mitwirkungsrechte des Beschul-

**3146** BVerfG, Urt. v. 19.3.2013 – 2 BvR 2628/10 u.a. = BVerfGE 133, 168, 225; BVerfG, Beschl. v. 30.6.2013 – 2 BvR 85/13 = StV 2013, 674 = NStZ-RR 2013, 315; BVerfG, Beschl. v. 25.8.2014 – 2 BvR 2048/13 = StV 2015, 73 = NJW 2014, 3506. Hierzu ausführlich: MüKoStPO/*Jahn*/*Kudlich* § 257c StPO, Rn. 198 ff.; KK-*Moldenhauer*/*Wenske* § 257c StPO, Rn. 79b.

**3147** Das BVerfG verweist darauf, die Beruhensprüfung sei „um normative Aspekte anzureichern, die über eine reine Kausalitätsprüfung hinausgehen" (NStZ 2015, 170, 172). Hiergegen: LR-*Becker* § 243 StPO, Rn. 115.

**3148** S. dazu schon oben Rn. 732.

**3149** Vgl. MüKoStPO/*Arnoldi* § 243 StPO, Rn. 94; *Strate* NJW 2016, 450. Gegen eine Bindungswirkung i.S.v. § 31 BVerfGG: LR-*Becker*, § 243 StPO, Rn.115.

**3150** Vgl. hierzu etwa: BGH, Beschl. v. 24.7.2019 – 1 StR 656/18 = NStZ-RR 2019, 316; BGH, Urt. v. 26.4.2017 – 2 StR 506/15 = StV 2019, 371 = NStZ 2017, 658; BGH, Beschl. v. 29.9.2015 – 3 StR 310/15 = StV 2016, 775 = NStZ 2016, 362.

**3151** Vgl. MüKoStPO/*Arnoldi* § 243 StPO, Rn. 95.

**3152** Vgl. hierzu etwa die Rechtsprechung zur Frage, welche Bedeutung bei einer Verletzung von § 243 Abs. 4 StPO dem Umstand zukommt, dass der Angeklagte durch seinen Verteidiger über die mitteilungsbedürftigen Gespräche informiert wurde: BGH, Beschl. v. 18.5.2017 – 3 StR 511/16 = NStZ 2017, 596, 598 m. Anm. *Bittmann*; BGH, Beschl. v. 10.1.2017 – 3 StR 216/16 = NStZ 2017, 363, 365; BGH, Beschl. v. 12.10.2016 – 2 StR 367/16 = NStZ 2017, 244, 245. S. ergänzend: KK-*Gericke* § 337 StPO, Rn. 37. Zur Bedeutung des Öffentlichkeitsgrundsatzes: *Walther* NStZ 2015, 383, 385.

digten und der Verteidigung sein. In der Hauptverhandlung sind dies neben den bereits behandelten Antragsrechten insbesondere das Recht, sich zur Sache zu äußern (Einlassung), das Fragerecht, Erklärungsrechte (§§ 243 Abs. 5 S. 3, 257 StPO), sowie die Rechte nach § 258 StPO (Plädoyer und letztes Wort).

### aa) Einlassung des Angeklagten und „opening statement" durch die Verteidigung

**Literatur:** *Detter* Einlassung mit oder durch den Verteidiger – Ein notwendiges Instrument effektiver Strafverteidigung, in FS Rissing-van Saan, 2011, S. 97 ff.; *von der Meden* Die Berücksichtigung von Einlassungen des Angeklagten in der Revision, NStZ 2018, 77; *Schneider* Die Eröffnungserklärung des Verteidigers in der strafprozessualen Hauptverhandlung. Rechtsprobleme des § 243 Abs. 5 S. 3 und 4 StPO – dargestellt an Hand eines szenischen Modells, FS Rogall, 2018, S. 667; *Stollenwerk*, Der Prozessauftakt in konfliktreichen Strafverfahren DRiZ 2015, 138.

Nach § 243 Abs. 5 S. 2 StPO wird der Angeklagte in der Hauptverhandlung **1358** nach der Belehrung, dass es ihm freistehe sich zu der Anklage zu äußern oder nicht zur Sache auszusagen, wenn er sich für Letzteres entscheidet, „nach Maßgabe des § 136 Abs. 2 zur Sache vernommen". Im Zusammenhang mit dieser Vorschrift kommen kaum jemals Verfahrensrügen vor. Fehler, die in diesem Zusammenhang gemacht werden, sind auch nur in Ausnahmefällen revisibel. Mit dem Vortrag, die vom Angeklagten gemachte Aussage sei im Urteil verfälschend wiedergegeben, kann ohnehin wegen des Rekonstruktionsverbotes[3153] keine Verfahrensrüge begründet werden. Das gilt sogar dann, wenn der Angeklagte seine gesamte Einlassung schriftlich abgefasst hat und sie nach dem mündlichen Vortrag durch den Verteidiger dem Gericht hat übergeben lassen, das den Text als Anlage zum Protokoll genommen hat.[3154] Um sich diesen Ärger zu ersparen, haben sich ein Angeklagter und sein Verteidiger den listigen Weg einfallen lassen, außerhalb der Hauptverhandlung einen vom Angeklagten stammenden Brief an das Gericht zu schreiben, in dem die gesamte Einlassung mitgeteilt war, um dann in der Hauptverhandlung vom Schweigerecht Gebrauch zu machen, aber den Beweisantrag auf Verlesung des Briefes zum Nachweis des Inhalts zu stellen. Auch dies hat der BGH als unzulässigen Trick

**3153** S. o. Rn. 342 ff.

**3154** BGH, Beschl. v. 6.11.2018 – 4 StR 226/18 = NStZ 2019, 168; BGH, Beschl. v. 30.8.2018 – 5 StR 183/18; BGH, Beschl. v. 19.5.2015 – 1 StR 128/15, Rn. 36; BGH, Beschl. v. 9.12.2008 – 3 StR 516/08 = NStZ 2009, 282. Hiergegen: *von der Meden* NStZ 2018, 77, 82.

verworfen, indem er feinsinnige Ausführungen über das Wesen der Sacheinlassung des Angeklagten („Teil der Beweisaufnahme"!) und den Unterschied zum Urkundenbeweis macht, um abschließend zu bemerken:

*„Das vom Angeklagten mit seinem Vorgehen ersichtlich verfolgte Interesse, nach einer Verlesung seiner schriftlichen Einlassung durch das Gericht im formellen Strengbeweis (§ 249 Abs. 1 StPO) im Revisionsverfahren mit der Rüge einer Verletzung des § 261 StPO beanstanden zu können, das Urteil habe sich mit wesentlichem Entlastungsvorbringen nicht ausreichend auseinandergesetzt, rechtfertigt keine andere Beurteilung ... Zwar handelt es sich bei einer schriftlichen Einlassung um eine grundsätzlich verlesbare Urkunde, weil das Gesetz die Verlesung nicht ausschließt (vgl. BGHSt 39, 305, 306). Jedoch kann ein schweigender Angeklagter das Gericht nicht zur Verlesung einer schriftlichen Einlassung zwingen und damit im Ergebnis wählen, ob er sich mündlich oder schriftlich zur Sache einlassen will. Ein solches Wahlrecht zwischen einer durch das Gericht verlesenen, ihre Sachbehandlung im Urteil inhaltlich revisionsrechtlich voll überprüfbaren schriftlichen Einlassung einerseits und einer in der Hauptverhandlung selbst vorgetragenen, revisionsrechtlich nur mittelbar über deren Wiedergabe im Urteil überprüfbaren Aussage andererseits ist mit der auf die Prinzipien der Mündlichkeit und Unmittelbarkeit angelegten Konzeption des Strafverfahrens und dem hieran anknüpfenden inhaltlich eingeschränkten System der revisionsrechtlichen Überprüfung nicht vereinbar (vgl. Geppert in Festschrift Rudolphi S. 643, 654)."*[3155]

1359 Das steht schon in einem gewissen Gegensatz zur Praxis im Rahmen der Untersuchungshaft: Ist in einem Brief eines inhaftierten Beschuldigten eine Sachdarstellung zum Tatvorwurf enthalten, führt dies regelmäßig zur Beschlagnahme des Dokuments, weil es als verlesbare Urkunde geeignet ist, Beweis zu erbringen. Dass ein Schreiben desselben Untersuchungsgefangenen vollständig anders zu bewerten sein soll, wenn es an das Gericht adressiert ist, lässt sich kaum begründen. Immerhin soll es nach der Rechtsprechung aber dabei bleiben, dass das Gericht auch eine schriftliche Erklärung zur Kenntnis nehmen[3156] und nach Aufklärungsgesichtspunkten behandeln muss. Enthält die schriftliche Darstellung also z.B. ein Geständnis, kann sie verlesen und sodann in die Beweiswürdigung einbezogen werden.[3157] Enthält sie Hinweise auf weitere Zeugen, sind diese nach Maßgabe von § 244 Abs. 2 StPO zu prüfen.[3158]

---

**3155** BGH, Beschl. v. 27.3.2008 – 3 StR 6/08 = BGHSt 52, 175, 180 = NStZ 2008, 527 = StV 2008, 39; vgl. dazu *Mosbacher* JuS 2009, 128.

**3156** BGH, Beschl. v. 18.9.2012 – 3 StR 348/12 = NStZ 2013, 59, 60. Zu Recht verweist *von der Meden* (NStZ 2018, 77, 81) darauf, dass es die Aufklärungspflicht regelmäßig gebieten wird, schriftliche Erklärungen zu verlesen.

**3157** LR-*Becker* § 243 StPO, Rn. 85; *Eisenberg/Pincus* JZ 2003, 397, 400.

**3158** MüKoStPO/*Arnoldi* § 243 StPO, Rn. 71.

Abgesehen von möglichen Aufklärungsrügen dürfte sich aus dem Umgang des Gerichts mit derartigen schriftlichen Erklärungen allenfalls in Ausnahmefällen Anlass zu Verfahrensrügen ergeben. Denkbar ist dies jedenfalls im Zusammenhang mit der Bescheidung eines Antrages, der auf Verlesung eines solchen Schreibens gerichtet ist.[3159] Was die **Form der Einlassung** des Beschuldigten angeht, ist die Rechtsprechung vielfach noch zu kleinlich auf das Muster fixiert, das früher sogar bisweilen in der Sitzordnung symbolisiert war, indem der Angeklagte während der Einlassung auf dem Zeugenstuhl weit entfernt von seinem Verteidiger Platz zu nehmen hatte. Diese Zeiten sind zwar überwunden, aber noch immer hält die Rechtsprechung daran fest, dass der Angeklagte sich selbst mündlich äußern muss.[3160] Der in der Hauptverhandlung anwesende Angeklagte soll sich bei seiner Einlassung nicht durch den Verteidiger vertreten lassen dürfen.[3161] Das ist – wie *Salditt*[3162] zutreffend ausgeführt hat – nicht vereinbar mit dem Recht eines Beschuldigten, sich in jeder Lage des Verfahrens des Beistands eines Verteidigers „zu bedienen“ (§ 137 StPO). Dementsprechend spricht auch nichts dagegen, dass der Verteidiger eine schriftlich vorbereitete Erklärung verliest. Erklärt der Beschuldigte im Anschluss hieran, er mache sich den Inhalt zu eigen, wird dies auch von der Rechtsprechung anerkannt.[3163] 1360

**3159** Vgl. hierzu *Meyer-Goßner/Schmitt* § 243 StPO, Rn. 30; MüKoStPO/*Arnoldi* § 243 StPO, Rn. 70; LR-*Becker* § 243 StPO, Rn. 84; *von der Meden* NStZ 2018, 77, 81.

**3160** BGH, Urt. v. 20.6.2007 – 2 StR 84/07 = NStZ 2008, 349 = StV 2007, 622; BGH, Beschl. v. 15.1.2004 – 3 StR 481/03 = NStZ 2004, 392; BGH, Beschl. v. 14.8.2003 – 3 StR 17/03 = NStZ 2004, 163; dazu kritisch *Jösser* NStZ 2008, 310 und *Schlothauer* StV 2007, 623; *Dencker* FS Fezer, S. 115; *Park* StV 2001, 592; *Schäfer* FS Dahs, S. 448; *Beulke* Strauda-FS, S. 87,93.

**3161** BGH, Urt. v. 24.8.1993 – 1 StR 380/93 = BGHSt 39, 305 = NStZ 1994, 184 m. Anm. *Seitz* = JR 1994, 369 m. Anm. *Stree*; dazu: *Rönnau/Bröckers* GA 1995, 549 und *Wagner* JuS 1995, 296; a.A. OLG Hamm JR 1980, 82 m. Anm. *Fezer*; vgl. auch *Salditt* StV 1993, 442, 443; *Eisenberg/Pincus* JZ 2003, 402 und *Olk* JZ 2006, 207; *Meyer-Goßner/Schmitt* § 243 StPO, Rn. 27; KK-*Schneider* § 243 StPO, Rn. 87.

**3162** *Salditt* StV 1993, 442; vgl. aber auch *Park* StV 1998, 59, der einen kurzen Beschluss des BGH kritisiert, in dem dieser eine für den schweigenden Angeklagten abgegebene Erklärung zur Sache sehr wohl als Einlassung gewertet hatte: BGH, Beschl. v. 14.8.1997 – 1 StR 441/97 = StV 1998, 59 = NStZ-RR 1998, 51.

**3163** Vgl. KG, Beschl. v. 11.12.2009 – (2) 1 Ss 364/09 (33/09) = NStZ 2010, 533; *Detter* FS Rissing-van Saan, S. 105; MüKoStPO/*Arnoldi* § 243 StPO, Rn. 70; KK-*Schneider* § 243 StPO, Rn. 87 ff.; LR-*Becker* § 243 StPO, Rn. 82.

1361 Daneben sieht § 243 Abs. 5 S. 3 StPO seit der Gesetzesänderung im Jahr 2017[3164] nunmehr ein eigenständiges Erklärungsrecht der Verteidigung vor. Wenn die Hauptverhandlung vor dem Land- oder Oberlandesgericht stattfindet und voraussichtlich mehr als 10 Tage dauert, kann die Verteidigung ein sog. **„opening statement"** abgeben. Einen hierauf gerichteten Antrag kann der Vorsitzende nicht unter Verweis auf seine Sachleitungsbefugnis zurückweisen. Findet die Hauptverhandlung vor dem Amtsgericht statt oder ist sie nicht auf mehr als 10 Tage angesetzt, ist ein solcher Antrag aber ebenfalls möglich. Die Entscheidung darüber steht dann im Ermessen des Vorsitzenden.[3165] Verweigert dieser die Worterteilung, so muss, um hinterher eine Revisionsrüge nach § 338 Nr. 8 StPO anbringen zu können, ein Beschluss nach § 238 Abs. 2 StPO herbeigeführt werden. Auf diese Weise kann das Recht zu einem **„opening statement"** durchaus erzwungen werden.[3166]

1362 § 243 Abs. 5 Satz 3 StPO ist insoweit unklar formuliert, als es darin heißt, die Verteidigung erhalte Gelegenheit, vor der Vernehmung des Angeklagten zur Sache „für diesen eine Erklärung zur Anklage abzugeben". Das liest sich auf den ersten Blick so, als wäre das **„opening statement"** eine Einlassung des Angeklagten.[3167] Dieses Verständnis ist aber vom Gesetzgeber nicht gewollt. In den Materialien heißt es insoweit: *„Sofern die Eröffnungserklärung oder Teile davon als Einlassung des Angeklagten ausgestaltet werden, die sich dieser zu eigen macht, kann die nachfolgende Vernehmung des zur Äußerung bereiten Angeklagten auf Fragen beschränkt werden[...]."*[3168] Das spricht dafür, das „opening statement" des Verteidigers nicht stets schon deshalb als Einlassung zu werten, weil es „für den Angeklagten" abgegeben wird. Ob es als „Einlassung zur Sache" zu werten ist, hängt von seinem Inhalt ab. Eine ausdrückliche Verwertung als Einlassung wird im Übrigen – wie die Materialien zu Recht anführen – voraussetzen, dass sich der Angeklagte das Vorbringen zu eigen macht.[3169] Gibt er keine solche Erklärung ab, riskiert er auch nicht, dass sein Schweigen im Übrigen als „Teilschweigen" gegen ihn verwendet wird.

---

**3164** Gesetz zur effektiveren und praxistauglicheren Ausgestaltung des Strafverfahrens vom 17.8.2017 (BGBl. 2017 I, 3202). Vgl. hierzu *Schneider* FS Rogall, S. 667.

**3165** Vgl. hierzu KK-*Schneider* § 243 StPO, Rn. 68.

**3166** Vgl. zu den Gründen für die Einführung des Rechts auf ein „opening statement": BT-Drs. 18/11277, S. 33 f.

**3167** In diesem Sinne: *Meyer-Goßner/Schmitt* § 243 StPO, Rn. 31c.

**3168** BT-Drs. 18/11277, S. 34.

**3169** Vgl. *Singelnstein/Derin* NJW 2017, 2646, 2651; KK-*Schneider* § 243 StPO, Rn. 70; LR-*Becker* § 243 StPO, Rn. 94.

Die Erklärung darf inhaltlich den Schlussvortrag nicht vorwegnehmen. Damit ist gemeint, dass im **„opening statement“** keine Beweiswürdigung stattfinden soll.[3170] Damit ist aber nicht gemeint, dass sich der Verteidiger nicht mit den zur Verfügung stehenden Beweismitteln befassen und z.B. ihre (u.U. fehlende) Bedeutung für die Entscheidungsfindung bewerten dürfte. Er darf nur nicht dazu übergehen, den Beweiswert der noch gar nicht zum Inbegriff der Hauptverhandlung gemachten Beweise vorab zu würdigen, indem er z.B. die Glaubwürdigkeit eines noch gar nicht vernommenen Zeugen verneint.[3171] Bei einem Missbrauch des Erklärungsrechts kann der Vorsitzende dem Verteidiger im Rahmen seiner Sachleitungsbefugnis das Wort entziehen.[3172] Der Vorsitzende kann bei zu erwartender *erheblicher* Verzögerung dem Verteidiger auch aufgeben, die Erklärung schriftlich einzureichen. Die Erklärung wird sodann nicht verlesen, sondern im Wege eines Selbstleseverfahrens eigener Art zur Kenntnis genommen.[3173] Nach Vorstellung des Gesetzgebers soll dabei nur § 249 Abs. 2 Satz 1 StPO anzuwenden sein. Dementsprechend ist in der Hauptverhandlung nicht festzustellen und zu protokollieren, dass alle Richter von der schriftlichen Erklärung Kenntnis genommen haben. 1363

Wird das Recht nach § 243 Abs. 5 S. 3 StPO durch die praktische Verfahrensgestaltung beschnitten, kann sich hieraus Anlass für eine Verfahrensrüge ergeben. Das ist etwa denkbar, wenn die Abgabe einer Erklärung nicht zugelassen wurde oder wenn sie in gesetzwidriger Weise thematisch beschränkt wurde. In jedem Fall wird eine entsprechende Verfahrensrüge voraussetzen, dass zuvor ein Gerichtsbeschluss nach § 238 Abs. 2 StPO herbeigeführt wurde.[3174] Auch sollte in der Revisionsbegründung deutlich gemacht werden, aus welchem Grund das Urteil auf einer Verletzung des Rechts aus § 243 Abs. 5 S. 3 StPO beruhen kann. Das wird sich regelmäßig schon deshalb nicht von selbst verstehen, weil in der Hauptverhandlung noch hinreichend Gelegenheit besteht, Erklärungen zur Anklage oder zu einzelnen Beweiserhebungen abzugeben. Praktische Bedeutung für das Revisionsverfahren könnte die Eröffnungserklärung erlangen, wenn in ihr z.B. Beweisanregungen enthalten sind. Sofern das Gericht dieses Vorbringen unbeachtet lässt, kann es die Grundlage für eine Aufklärungsrüge bilden. 1364

**3170** BT-Drs. 18/11277, S. 34; KK-*Schneider* § 243 StPO, Rn. 71.
**3171** Vgl. LR-*Becker* § 243 StPO, Rn. 97.
**3172** BT-Drs. 18/11277, S. 34.
**3173** Vgl. KK-*Schneider* § 243 StPO, Rn. 74. Kritisch hierzu: LR-*Becker* § 243 StPO, Rn. 99.
**3174** *Meyer-Goßner/Schmitt* § 243 StPO, Rn. 40.

### bb) Fragerechte

**Literatur:** *Beulke* Konfrontation und Strafprozessreform Art. 6 Abs. 3 lit. d EMRK und ein „partizipatorisches" Vorverfahren anstelle einer Hauptverhandlung in ihrer bisherigen kontradiktorischen Struktur, FS Rieß, S. 3; *Gaede* Parteirechte der Verteidigung im deutschen Inquisitionsprozess – das Beispiel des Vernehmungs- und Fragerechts, StV 2012, 51; *ders.* Schranken des fairen Verfahrens gemäß Art. 6 EMRK bei der Sperrung verteidigungsrelevanter Informationen und Zeugen, StV 2006, 599; *Gollwitzer* Das Fragerecht des Angeklagten, Gedächtnisschrift für Karlheinz Meyer, S. 147; *Roggan*, Der polizeiliche Zeugenschutz in der Hauptverhandlung, GA 2012, 434; *Schmitt*, Zum Konfrontationsrecht nach Art. 6 Abs. 3d) EMRK, FS Rissing-van Saan, S. 617; *Sommer* Fragen an den Zeugen – Vorhalte an das Recht, StraFo 2010, 102; *ter Veen* Die Beschneidung des Fragerechts und die Beschränkung der Verteidigung als absoluter Revisionsgrund, StV 1983, 167; *Walther* Zur Frage eines Rechts des Beschuldigten auf »Konfrontation von Belastungszeugen«, GA 2003, 204 ; *Weigend* Unmittelbare Beweisaufnahme – ein Konzept für das Strafverfahren des 21. Jahrhunderts?, FS Eisenberg, 2009, S. 657; *ders.* Das Konfrontationsrecht des Angeklagten – wesentliches Element eines fairen Verfahrens oder Fremdkörper im deutschen Strafprozess ?, FS Wolter, 2013, S. 1145; *Widmaier* Zum Befragungsrecht nach Art. 6 Abs. 3 Buchst. d EMRK, FS Nehm, S. 357.

1365 Das Fragerecht zählt zu den Rechten der Prozessbeteiligten mit grundsätzlicher rechtsstaatlicher Bedeutung; es ist – wie auch seine Erwähnung in Art. 6 Abs. 3 lit. d EMRK und Art. 14 Abs. 3c IPBürgR deutlich macht – eine wesentliche Bedingung für ein faires Verfahren.[3175] Dort, wo – wie in der Mehrzahl der Strafverfahren – der Zeugenbeweis im Vordergrund steht, dient das Fragerecht u.a. dazu, das Wissen eines Zeugen in die Hauptverhandlung einzubringen, es auf Konsistenz und Widerspruchsfreiheit zu überprüfen und damit im Ergebnis zugleich auch ein Bild von der Zuverlässigkeit der Erinnerung des Zeugen zu gewinnen. Einschränkungen des Fragerechts können deshalb die Sachaufklärung wesentlich beeinträchtigen und die Revision begründen. Das gilt umso mehr in den Fällen, in denen – wie z.B. bei abgeschirmten Vernehmungen von V-Leuten oder von kindlichen Zeugen – nur eine durch Dritte „vermittelte" Kommunikation mit dem Zeugen möglich ist.

#### (1) Fragerechte nach der StPO

1366 Das elementare Recht des Angeklagten, sich durch Fragen an Beweispersonen zu verteidigen, besteht unabhängig von der Ausübung seiner sonstigen Verteidigungsrechte in der Hauptverhandlung und bleibt daher auch erhalten, wenn der Angeklagte von seinem Schweigerecht Gebrauch macht.[3176] Kann der Ange-

3175 Hierzu *Gollwitzer* GS Karlheinz Meyer, S. 151 mwN.

3176 BGH StV 1985, 2; MüKoStPO/*Gaede* § 240 StPO, Rn. 13; *Gollwitzer* GS Karlheinz Meyer, S. 154.

klagte sein Fragerecht nicht „unmittelbar“ ausüben, weil der betreffende Teil der Hauptverhandlung in seiner Abwesenheit stattfindet, dann ist sicherzustellen, dass sein Recht gleichwohl gewahrt bleibt. In den Fällen, in denen der Angeklagte befugt der Verhandlung fernbleibt (z.B. im Falle des § 233 StPO) kann er sich deshalb zur Ausübung seines Fragerechts an den Vorsitzenden wenden.[3177] War der Angeklagte während einer Zeugenvernehmung gem. § 247 StPO von der Hauptverhandlung ausgeschlossen, so hat er das Recht, ergänzend Fragen zu stellen, sobald er an der Hauptverhandlung wieder teilnimmt,[3178] er kann aber vor der Beantwortung der Fragen wiederum von der Verhandlung ausgeschlossen werden.[3179] Ist dem Angeklagten die Teilnahme an einer Vernehmung nicht möglich (z.B. bei kommissarischen Vernehmungen oder weil er sich in Haft befindet und ihm die Teilnahme gem. § 168c Abs. 4 StPO verwehrt wird), so kann er Fragen schriftlich einreichen und vom Vorsitzenden in der jeweiligen Verhandlung stellen lassen.[3180] Die schriftliche Form der Befragung wird dem Angeklagten auch dann zugestanden, wenn der zu befragende Zeuge ein V-Mann ist, dessen Aussage verwertet werden soll, der aber, da seine Anonymität gewahrt bleiben soll, für eine unmittelbare Befragung in der Hauptverhandlung nicht zur Verfügung steht.

In diesen Fällen wird es die Revision regelmäßig begründen, wenn dem Angeklagten die Möglichkeit grundlos abgeschnitten wurde, Fragen zu stellen. So kann etwa in den Fällen des „abgeschirmten“ V-Mannes die Zurückweisung eines schriftlichen Fragenkataloges durch das Tatgericht zur Urteilsaufhebung führen.[3181] In der **Revisionsbegründung** wird dabei regelmäßig nicht nur der Verfahrensablauf detailliert zu schildern sein. Es empfiehlt sich vielmehr in diesen Fällen auch, in der Verfahrensrüge darzulegen, welche Fragen bei einer prozessrechtlich korrekten Handhabung des Fragerechts gestellt worden wären. Ferner sollte die Beweisbedeutung der Fragen kurz begründet werden, um deutlich zu machen, dass das Urteil auf dem Verfahrensverstoß beruht. 1367

Eine unzulässige Beschränkung der im Fragerecht liegenden **Mitwirkungsbefugnis**, die die Revision begründet, kann ferner in einem in der Hauptverhandlung angeordneten Entzug des Fragerechts oder in der **Nichtzulassung** 1368

3177 Zu den Fällen der Durchführung der Hauptverhandlung in Abwesenheit des Angeklagten (§ 231 Abs 2) vgl. MüKoStPO/*Gaede* § 240 StPO, Rn. 13; *Gollwitzer* GS Karlheinz Meyer, S. 160 ff.

3178 MüKoStPO/*Cierniak*/*Niehaus* § 247 StPO, Rn. 18; *Meyer-Goßner*/*Schmitt* § 247 StPO, Rn. 18.

3179 BGHSt 22, 289, 296; vgl. ferner BGH NJW 1985, 1478.

3180 LR-*Becker* § 240 StPO, Rn. 3; MüKoStPO/*Gaede* § 240 StPO, Rn. 13.

3181 BGH, Beschl. v. 5.2.1993 – 2 StR 525/92 = StV 1993, 171 = NStZ 1993, 292 = wistra 1993, 191.

**einzelner Fragen** liegen. Die Handhabung des Fragerechts durch das Gericht und der Umgang des Vorsitzenden mit den Fragen der Beteiligten sind häufig von entscheidender Bedeutung auch für das „Klima" im Gerichtssaal.[3182] Das Gesetz gibt hierzu nicht mehr als eine grobe Leitlinie. Es legt fest, dass der Vorsitzende das Fragerecht nie vollständig entziehen darf (§ 241 Abs. 2 StPO;[3183] anders lediglich im selten praktizierten „Kreuzverhör": §§ 239, 241 Abs. 1 StPO).

1369 Die Rechtsprechung gestattet es dem Vorsitzenden jedoch, für bestimmte Abschnitte der Beweisaufnahme als letztes Mittel das Stellen weiterer unsachlicher Fragen gänzlich zu unterbinden.[3184] Auch in Fällen fortgesetzten Missbrauchs soll eine Entziehung des Fragerechts möglich sein.[3185] Beim 60. Deutschen Juristentag 1994 fand sich eine Mehrheit für den Vorschlag, dem Richter eine Möglichkeit zu geben, einem Verteidiger das Fragerecht unter bestimmten Voraussetzungen vollständig zu entziehen.[3186]

1370 Um die Diskussion darüber, ob der Vorsitzende kraft seiner gegenständlich nicht begrenzten Prozessleitungsbefugnis (§ 238 Abs. 1 StPO) **Missbräuchen** auch dort begegnen darf, wo das Gesetz dies nicht ausdrücklich vorsieht,[3187] oder ob der Vorsitzende darauf beschränkt ist, etwa trotz permanenter Wiederholung einer unzulässigen Frage diese jedes Mal einzeln als unzulässig zurückzuweisen,[3188] ist es in letzter Zeit ziemlich ruhig geworden. Der Schwerpunkt der

---

**3182** Schon *Vargha*, Die Verteidigung in Strafsachen, Wien 1879, §§ 401, 471, forderte: „Der die Verhandlung leitende Richter darf sich nicht auf den „brüllenden Löwen" hinausspielen ...", sondern soll die Verhandlung mit der „Weisheit des Verstandes, Scharfsinn, Kaltblütigkeit [...] Herzensgüte" und „Sanftmut, welche den Richter gleichsam über sich selbst erheben", leiten.

**3183** Vgl. *Dahs*, Handbuch, Rn. 526 mit Hinweis auf BGHSt 2, 284; MüKoStPO/*Gaede* § 240 StPO, Rn. 31; *Meyer-Goßner/Schmitt* § 241 StPO, Rn. 6; LR-*Becker* § 241 StPO, Rn. 24; vgl. ferner *Niemöller* StraFo 1996, 104, 106.

**3184** LR-*Becker* § 241 StPO, Rn. 24; BGH MDR 1973, 371; OLG Karlsruhe NJW 1978, 436; anderer Meinung: RGSt 38, 57; *Roxin/Schünemann*, Strafverfahrensrecht, § 44, Rn. 21; *ter Veen* StV 1983, 167; vgl. auch MüKoStPO/*Gaede* § 240 StPO, Rn. 32 f.; SK-StPO/*Frister* § 241 StPO, Rn. 3; *Miebach* DRiZ 1977, 140 und *Strate* StV 1981, 261.

**3185** BGH NStZ 1982, 158; BGH StV 1983, 139; KG JR 1971, 338; OLG Karlsruhe NJW 1978, 436. Vgl. zur Thematik auch: *Traut/Burkhard* StraFo 2003, 38.

**3186** Verhandlungen des 60. DJT, Münster 1994, Band II/1, M 93. Die Abstimmung erfolgte in Anlehnung an die Forderung von *Gössel*, Gutachten C zum 60. Deutschen Juristentag, Münster 1994, 1089.

**3187** So *Gollwitzer* GS Karlheinz Meyer, S. 168; vgl. dazu ferner *Niemöller* StraFo 1996, 104, 109.

**3188** *Gollwitzer* bezeichnet dies als ein „dem Ansehen der Rechtspflege ... abträgliches Possenspiel", GS Karlheinz Meyer, S. 168.

Diskussion über missbräuchliches Verhalten hat sich vom Fragerecht auf das Beweisantragsrecht verlagert.[3189] Eine generelle Missbrauchsklausel als Grenze für die Ausübung prozessrechtlicher Mitwirkungsrechte enthält die StPO nicht. Wo alleine unter Berufung hierauf die Rechte der Beteiligten beschränkt werden, sollte die Revision begründet sein.

Eine bestimmte **Reihenfolge** muss bei der Gewährung des Fragerechts an die Prozessbeteiligten nicht eingehalten werden, dies unterfällt der Prozessleitungsbefugnis des Vorsitzenden (§ 238 Abs. 1 StPO).[3190] Schon kraft dieser Befugnis steht dem Vorsitzenden auch das Recht zu, ungeeignete oder nicht zur Sache gehörende Fragen als unzulässig zurückzuweisen, wobei er jedoch die Fragen nicht im Hinblick auf eine mögliche Entscheidungserheblichkeit vorbewerten darf.[3191] Als unzulässig werden Fang- und Suggestivfragen angesehen,[3192] sowie regelmäßig hypothetische Fragen an Zeugen,[3193] desgleichen die ständige Wiederholung schon beantworteter Fragen.[3194] Auch Fragen, denen ein Beweiserhebungsverbot entgegensteht, sind unzulässig, so etwa Fragen nach dem Inhalt einer polizeilichen Vernehmung bei einem in der Hauptverhandlung ausdrücklich in Anspruch genommenen Zeugnisverweigerungsrecht.[3195] Das Verbot gilt solange, bis feststeht, dass der Zeuge von seinem Recht keinen Gebrauch machen wird.[3196] Unzulässig sind ferner Fragen, die der prozessrechtlichen Funktion der Beweisperson entgegenstehen, wie zum Beispiel das Erfragen von 1371

**3189** Siehe dazu oben Rn. 817.

**3190** BGH NJW 1969, 437 = MDR 1969, 234; *Sommer* StraFo 2010, 107.

**3191** MüKoStPO/*Gaede* § 241 StPO, Rn. 28; BGH NStZ 1983, 421; BGH StV 1984, 60 = NStZ 1984, 133; BGH StV 1985, 4 = NStZ 1985, 183; BGH, Urt. v. 7.11.1986 – 2 StR 499/86 = StV 1987, 239 = BGHR StPO § 241 Abs. 2 – Zurückweisung 1, wo das Tatgericht eine Frage zu Unrecht zurückgewiesen hatte, weil diese angeblich für die Entscheidung ohne Bedeutung gewesen sei.

**3192** *Eb. Schmidt*, Lehrkommentar, Teil II, § 241 StPO, Rn. 8; KK-*Schneider* § 241 StPO, Rn. 11 (Suggestivfragen); LR-*Becker* § 241 StPO, Rn. 14.

**3193** Weil diese nicht auf Tatsachen gerichtet sein können; hierzu *Dahs*, Revision, Rn. 323; LR-*Becker* § 241 StPO, Rn. 19. Auch hypothetische Fragen können aber ausnahmsweise zulässig sein.

**3194** RGSt 18, 367; RGSt 44, 41; BGHSt 2, 284, 289 = NJW 1952, 714, 715; BGH NStZ 1981, 71; *Eb. Schmidt*, Lehrkommentar, StPO, Teil II, § 241 StPO, Rn. 9; KK-*Schneider* § 241 StPO, Rn. 11. Hierzu zählen aber nicht Fragen, die eine frühere Aussage überprüfen sollen oder bestimmte neue Einzelpunkte aufgreifen, die noch nicht beantwortet sind – siehe BGHSt 2, 289; BGH MDR 1979, 989 (bei *Holtz*); BGH NStZ 1981, 71; BayObLG JR 1964, 389 (m. Anm. *Peters*) bzw. Fragen, die die Glaubhaftigkeit der Aussage überprüfen sollen, BGH MDR 1979, 989 (bei *Holtz*); BGH NStZ 1981, 71. Vgl. auch *Sommer* StraFo 2010, 105; MüKoStPO/*Gaede* § 241 StPO, Rn. 19 f.

**3195** LR-*Becker* § 241 StPO, Rn. 17; BGHSt 2, 99.

**3196** LR-*Becker* § 241 StPO, Rn. 17; BGHSt 2, 110; OGHSt 1, 301; RGSt 15, 100; vgl. ferner BGH, Beschl. v. 29.11.1995 – 5 StR 531/95 = StV 1996, 196. S. dazu oben Rn. 1023.

Werturteilen und Gutachten bei Zeugen[3197] oder Rechtsfragen an den Sachverständigen bzw. Fragen, die über den Gutachtenauftrag hinausgehen.[3198]

1372 Unzulässig sind auch Fragen nach dem Wohnort des Zeugen, wenn ihm zu seinem Schutz gestattet worden ist, diesen nicht anzugeben (§ 68 Abs. 2 StPO).[3199] Zeugen dürfen ferner bei der Befragung nicht bloßgestellt werden (§ 68a StPO). Im Konflikt zwischen dem Interesse der Prozessbeteiligten an einer möglichst umfassenden Klärung des Sachverhalts und dem Schutz der Privatsphäre des Zeugen sieht das Gesetz eine **Beschränkung auf unerlässliche Fragen** vor. Als unerlässlich wurde zum Beispiel im Falle einer Verurteilung wegen Vergewaltigung – es waren keine objektiven Tatspuren vorhanden und der angeklagte Hotelportier hatte sich dahingehend eingelassen, die Zeugin habe freiwillig mit ihm verkehrt – die Frage des Verteidigers an die Zeugin angesehen, ob sie gelegentlich mit anderen Bediensteten im Hotel geschlechtlich verkehre, da dies ein Indiz dafür hätte sein können, dass sie auch zu dem Angeklagten eine ähnliche Beziehung unterhielt.[3200]

1373 Die Entscheidung des Vorsitzenden über die Zulässigkeit einer Frage kann gem. § 238 Abs. 2 StPO und sollte bei Meinungsverschiedenheiten mit dem **Antrag auf gerichtliche Entscheidung** angegriffen werden, um die revisionsgerichtliche Überprüfung vorzubereiten.[3201] Der Gerichtsbeschluss dient zugleich der Bekanntgabe der Gründe für die Zurückweisung und soll dem betroffenen Prozessbeteiligten ermöglichen, sein weiteres Vorgehen hierauf einzurichten.[3202] Die fehlende Bescheidung einer Beanstandung oder eine unzureichende Begründung des entsprechenden Gerichtsbeschlusses können ihrerseits gerügt werden.[3203] Fragen, die erkennbar dazu dienen sollen (und können), die Glaubwürdigkeit ei-

---

**3197** KK-*Schneider* § 241 StPO, Rn. 10; BGH GA 1983, 361 = NStZ 1984, 16 (bei *Pfeiffer/Miebach*).

**3198** *Meyer-Goßner/Schmitt* § 241 StPO, Rn. 15; *Eb. Schmidt*, Lehrkommentar StPO, Teil II, § 241 StPO, Rn. 11; BGH GA 1983, 361 = NStZ 1984, 16 (bei *Pfeiffer/Miebach*).

**3199** BGH NJW 1989, 1230; *Hilger* NStZ 1992, 459; *Gollwitzer* GS Karlheinz Meyer, S. 167. Zu den Grenzen der Befragung bei einem Zeugen, der im Zeugenschutzprogramm ist: BGH, Urt. v. 15.12. 2005 – 3 StR 281/04 = BGHSt 50, 318 = JR 2006, 343 m. Anm. *Eisenberg*; *Roggan* GA 2012, 434.

**3200** BGH, Beschl. v. 17.4.1990 – 2 StR 149/90 = StV 1990, 337 = NStZ 1990, 400. Beim Tatvorwurf der Vergewaltigung wurde auch die Frage, ob die Zeugin der Prostitution nachgegangen sei, unter den konkreten Umständen des Falles vom BGH für zulässig gehalten: BGH, Beschl. v. 23.11.1989 – 2 StR 515/89 = StV 1990, 99.

**3201** § 242 StPO besitzt demgegenüber nur für die Beanstandung von Fragen der beisitzenden Richter oder des Vorsitzenden einen eigenen Regelungsbereich; vgl. *Meyer-Goßner/Schmitt* § 242 StPO, Rn. 1.

**3202** Vgl. BGH MDR 1975, 726 (bei *Dallinger*); BGHSt 2, 284, 286; BGH, Beschl. v. 6.3.1990 – 5 StR 71/90 = StV 1990, 199; *Meyer-Goßner/Schmitt* § 241 StPO, Rn. 21 und § 238 StPO, Rn. 19.

**3203** LR-*Becker* § 241 StPO, Rn. 33.

nes Zeugen zu überprüfen, dürfen nicht mit der Begründung zurückgewiesen werden, es sei aus der Antwort kein zusätzlicher Erkenntnisgewinn zu erwarten.[3204]

Zum notwendigen **Rügevorbringen** im Sinne von § 344 Abs. 2 StPO wird es danach regelmäßig gehören, dass der Beschwerdeführer die gestellte Frage, die Tatsache der Nichtzulassung und ihre Beanstandung sowie den darauf ergangenen Zurückweisungsbeschluss in der Revisionsbegründung im Wortlaut mitteilt. Im Hinblick hierauf ist schon während der Hauptverhandlung zu beachten, dass bei Zurückweisung einer Frage und anschließender Beanstandung der sodann verkündete Gerichtsbeschluss und zum Verständnis zugleich auch die Frage und die Gründe der Zurückweisung zu protokollieren sind.[3205] Es wird sich im Übrigen auch hier empfehlen, in der Revisionsbegründung näher darzulegen, inwieweit die Beantwortung der Frage durch den Zeugen die Beweiswürdigung hätte beeinflussen können. 1374

Der Fall, dass auch die unrechtmäßige Zulassung einer Frage, wenn sie nicht gerade gegen ein Beweisverbot verstieß,[3206] Einfluss auf das Urteil haben kann,[3207] wird in der Praxis eher selten sein. Doch kann mit einer Revision der Verteidigung zweifelsohne auch geltend gemacht werden, ein Zeuge habe (nach einem entsprechenden Gerichtsbeschluss) eine unzulässige Frage des Staatsanwaltes beantworten müssen. 1375

#### (2) Konfrontationsrecht (Art. 6 Abs. 3 lit. d EMRK)

Neben dem in den §§ 240, 241 StPO geregelten Fragerecht enthält Art. 6 Abs. 3 lit. d EMRK ein wichtiges Abwehr- und Verteidigungsrecht. In der Bestimmung wird als eines der Mindestrechte eines jeden Angeklagten das Recht aufgeführt, „*Fragen an Belastungszeugen zu stellen oder stellen zu lassen und die Ladung und Vernehmung von Entlastungszeugen unter denselben Bedingungen zu erwirken, wie sie für Belastungszeugen gelten*“.[3208] Hieraus wird – in Anlehnung an einen im 1376

**3204** BGH, Beschl. v. 6.11.2007 – 1 StR 370/07 = BGHSt 52, 78 = NJW 2008, 1749 m. Anm. *A. Schmitz* = JZ 2008, 796 m. Anm. *Stübinger*.

**3205** LR-*Becker* § 241 StPO, Rn. 23; ohne einen nach § 238 Abs. 2 StPO herbeigeführten Gerichtsbeschluss ist die Revisionsrüge aussichtslos, *Dahs*, Revision, Rn. 323.

**3206** Dazu oben Rn. 1233 ff.

**3207** Vgl. hierzu SK-StPO/*Frister* § 241 StPO, Rn. 37.

**3208** Die englische Fassung des Art. 6 Abs. 3 lit. d EMRK lautet: „*to examine or have examined witnesses against him and to obtain the attendance and examination of witnesses on his behalf under the same conditions as witnesses against him*“; die französische Fassung: „*interroger ou faire interroger les témoins à charge et obtenir la convocation et l'interrogation des témoins à décharge dans les mêmes conditions que les témoins à charge*“. Die Auslegung hat sich in

angelsächsischen Rechtskreis verwurzelten Gedanken – nicht nur ein Befragungs-, sondern ein **„Konfrontationsrecht"** abgeleitet, dessen Garantien eine weitergehende Bedeutung haben als die Regelungen der StPO über Anwesenheits- und Fragerechte sowie das Prinzip des § 250 StPO.[3209] Das Recht aus Art. 6 Abs. 3 lit. d EMRK wird dabei als besondere Ausprägung des in Art. 6 Abs. 1 EMRK enthaltenen Anspruchs auf ein insgesamt faires Verfahren verstanden.[3210] Welcher Anwendungsbereich der Vorschrift im Hinblick auf diese Verankerung in einem allgemeinen Prinzip zukommt, muss dabei vorrangig anhand der Rechtsprechung des EGMR bestimmt werden.[3211] Die Rechtsprechung des BGH trägt den Vorgaben aus Straßburg nicht immer vollständig Rechnung.[3212]

1377 Im Grundsatz soll das Konfrontationsrecht gewährleisten, dass die Zeugen in öffentlicher Hauptverhandlung in Anwesenheit des Angeklagten zu befragen sind.[3213] Für das Konfrontationsrecht gilt dabei nicht der enge Zeugenbegriff, der dem deutschen Strafprozessrecht eigen ist. Die Vorschrift bezieht sich vielmehr auf jede Auskunftsperson, deren Aussage vor Gericht als Beweismittel zur Entscheidungsfindung verwendet wird, unabhängig davon, ob die Aussage vor Gericht oder außerhalb des Gerichts gemacht wurde. Als „Zeuge" i.S.v. Art. 6 Abs. 3 lit. d EMRK gilt auch eine Person, die nach deutschem Prozessrecht als „Mitbeschuldigter" oder „Mitangeklagter" zu bezeichnen ist.[3214]

1378 Von dem zitierten Grundsatz werden jedoch Ausnahmen zugelassen. Die Konfrontation mit den Belastungszeugen muss nicht unter allen Umständen unmittelbar in der Hauptverhandlung stattfinden, an deren Ende das Urteil ergeht. Das kann im Einzelfall unmöglich sein (etwa weil ein Zeuge verstorben ist) oder es kann sachliche Gründe (im Sprachgebrauch des EGMR: „good reasons")

---

Zweifelsfällen an der englischen und der französischen Fassung zu orientieren (*Meyer-Goßner/Schmitt* vor Art. 1 EMRK, Rn. 5).

**3209** So zu Recht *Meyer-Goßner/Schmitt* Art. 6 EMRK, Rn. 22; *Schmitt* FS Rissing-van Saan, S. 617 ff.; vgl. auch *Weigend* FS Wolter, S. 1146; *Gaede* StV 2012, 51, 54.

**3210** EGMR, Urt. v. 15.12.2015 – 9154/10, Abs. 100 ff. = StV 2017, 213 = EuGRZ 2016, 511, 520; *Meyer-Goßner/Schmitt* Art. 6 EMRK, Rn. 22a mwN.

**3211** Zur Bedeutung der Rspr. des EGMR: BVerfG, Urt. v. 4.5.2011 – 2 BvR 2365/09 u.a. = BVerfGE 128, 326 = NJW 2011, 1931.

**3212** Vgl. hierzu etwa EGMR, Urt. v. 19.7.2012 – 26171/07 = StV 2014, 452 m. Anm. *Pauly*.

**3213** Vgl. EGMR, Urt. v. 15.12.2011 – 26766/05 und 22228/06 – Abs. 118 ff. (englische Originalfassung zugänglich über www.hudoc.echr.coe.int); zusammenfassend wiedergegeben bei *Pauly* StV 2014, 456. S. auch *du Bois-Pedain* HRRS 2012, 120.

**3214** LR-*Esser* Art. 6 EMRK, Rn. 765; *Meyer-Goßner/Schmitt* Art. 6 EMRK, Rn. 22; EGMR, Urt. v. 17.11.2005 – 73047/01 = NStZ 2007, 103 m. Anm. *Esser* = JR 2006, 289 m. Anm. *Gaede; Kinzig* StV 1997, 5 mwN in Fn. 30. Kritisch zur Vereinbarkeit von § 240 Abs. 2 S. 2 StPO mit Art. 6 Abs. 3 lit. d EMRK: MüKoStPO/*Gaede* § 240 StPO, Rn. 26.

dafür geben, dass es hierzu nicht kommt.[3215] Durch die Konvention werden deshalb die verschiedenen nach deutschem Verständnis durch die Regelungen der StPO zugelassenen Verfahrensweisen, die eine unmittelbare Konfrontation mit den jeweiligen Beweispersonen nicht vorsehen, wie z.B. die Verlesung von Vernehmungsprotokollen nach § 251 StPO,[3216] die Vorführung von Bild-Ton-Aufzeichnungen nach § 255a StPO[3217], die Vernehmung von Verhörsbeamten anonymer V-Leute,[3218] oder die Vernehmung eines V-Mannes unter Wahrung seiner Anonymität[3219] nicht von vornherein ausgeschlossen.[3220]

Da sich das Konfrontationsrecht aus dem Anspruch auf ein faires Verfahren ableitet, kommt es für die Prüfung der Frage, ob eine Konventionsverletzung vorliegt, auf eine **Gesamtschau** des Verfahrensverlaufs an; ein Konventionsverstoß liegt nicht vor, wenn – trotz fehlender Konfrontation des Angeklagten mit dem Zeugen – die Verteidigungsrechte insgesamt angemessen gewahrt wurden.[3221] Nach dem in der Grundsatzentscheidung der Großen Kammer des EGMR vom 15.12.2011[3222] entwickelten Prüfungsschema ist neben der Frage, ob ein 1379

**3215** EGMR, Urt. v. 15.12.2011 – 26766/05 und 22228/06 – Abs. 119 ff. (englische Originalfassung zugänglich über www.hudoc.echr.coe.int); EGMR, Urt. v. 19.7.2012 – 26171/07, Abs. 39 = StV 2014, 452, 453 m. Anm. *Pauly;* EGMR, Urt. v. 17.11.2005 – 73047/01 = NStZ 2007, 103, 104 m. Anm. *Esser*; vgl. auch BGH, Urt. v. 4.5.2017 – 3 StR 323/16 = StV 2017, 776; BGH, Beschl. v. 15.6.2010 – 3 StR 157/10 = NStZ 2010, 589; *Weigend* FS Eisenberg I, S. 657, 665.

**3216** Vgl. hierzu EGMR, Urt. v. 15.12.2015 – 9154/10 = StV 2017, 213 = EuGRZ 2016, 511; LR-*Esser* Art. 6 EMRK, Rn. 782; SK-StPO/*Velten* vor § 250 StPO, Rn. 30.

**3217** Vgl. dazu BGH, Beschl. v. 26.8.2011 – 1 StR 327/11 = NJW 2011, 3382 = StraFo 2011, 397 m. Anm. *Eisenberg*; s. ergänzend auch *Weigend*, Gutachten zum 62. DJT, C 63 ff.

**3218** BGHSt 17, 382, 388; BGH, Urt. v. 11.2.2000 – 3 StR 377/99 = NStZ 2000, 265; dazu kritisch *Wattenberg* StV 2000, 688; Int KommEMRK-*Kühne* Art. 6 EMRK, Rn. 583 und 593; *Peukert* EuGRZ 1980, 258 mwN; *Vogler* ZStW 89, 788; *Meyer-Goßner/Schmitt* Art. 6 EMRK, Rn. 22d; a.A. *Grünwald* FS Dünnebier, S. 359; krit. auch SK-StPO/*Meyer* Art. 6 EMRK, Rn. 498.

**3219** EGMR, Urt. v. 25.6.1992 – 17/1991/269/340 = NJW 1992, 3088.

**3220** Vgl. *Meyer-Goßner/Schmitt* Art. 6 EMRK, Rn. 22d; *Schmitt* FS Rissing-van Saan, S. 617, 621; LR-*Esser* Art. 6 EMRK, Rn. 781 ff.

**3221** Vgl. hierzu u.a. EGMR, Urt. v. 15.12.2015 – 9154/10 = StV 2017, 213 = EuGRZ 2016, 511; EGMR, Urt. v. 19.7.2012 – 29881/07 = JR 2013, 170 m. Anm. *F.-C. Schroeder*; EGMR, Urt. v. 17.11.2005 – 73047/01 = NStZ 2007, 103 m. Anm. *Esser* = JR 2006, 289 m. Anm. *Gaede*; EGMR, Urt. v. 11.9.2006 – 22007/03 = StraFo 2007, 107 m. krit. Anm. *Sommer*; BGH, Urt. v. 3.12.2004 – 2 StR 156/04 = NJW 2005, 1132 = JR 2005, 247 m. Anm. *Esser*; a.A. *Sommer* NJW 2005, 1240; vgl. auch BGH, Beschl. v. 27.1.2005 – 1 StR 396/04 = StV 2005, 533 m. abl. Anm. *Wohlers*; BGH, Urt. v. 4.5.2017 – 3 StR 323/16 = StV 2017, 776; BVerfG, Beschl. v. 8.10.2009 – 2 BvR 587/08 = NJW 2010, 925.

**3222** EGMR, Urt. v. 15.12.2011 – 26766/05 und 22228/06, Abs. 118 ff. (englische Originalfassung zugänglich über www.hudoc.echr.coe.int); zusammenfassend wiedergegeben bei *Pauly* StV 2014, 456. S. auch *du Bois-Pedain* HRRS 2012, 120.

sachlicher Grund für das Unterbleiben einer konfrontativen Befragung gegeben war, ferner zu prüfen, ob das in Frage stehende Beweismittel (z.B. das gemäß § 251 StPO verlesene Vernehmungsprotokoll) die entscheidende Grundlage für die Verurteilung des Angeklagten war. In einem dritten Schritt ist in die Prüfung einzubeziehen, ob eingetretene Einschränkungen des Fragerechts durch ausgleichende Faktoren („counterbalancing measures") oder spezielle Sicherungsmechanismen des nationalen Verfahrensrechts („procedural safeguards") ausgeglichen wurden.[3223]

1380 Den ursprünglich streng verstandenen Grundsatz, wonach auf Angaben eines Zeugen, der nicht konfrontativ befragt werden konnte, eine Verurteilung nicht alleine oder entscheidend gestützt werden konnte („sole or decisive-rule"), hat der EGMR inzwischen gelockert. Auch insoweit kommt es im Rahmen der Prüfung der Gesamtfairness des Verfahrens maßgeblich auf die Umstände des Einzelfalls an.[3224] Zu berücksichtigen ist dabei insbesondere, inwieweit die nationalen Gerichte die ihnen zur Verfügung stehenden Schritte unternommen haben, um eine konfrontative Befragung zu ermöglichen und zu welchen Kompensationen es innerhalb des nationalen Verfahrens gekommen ist.[3225] In Betracht kommt etwa, dass der Verteidiger bei der Vernehmung des Zeugen im Ermittlungsverfahren anwesend war und Fragen stellen konnte.[3226] Auch die in der Hauptverhandlung bestehenden Rechte aus § 257 und § 258 StPO sind zu berücksichtigen.[3227] Sieht das nationale Recht die Möglichkeit vor, einen Pflichtverteidiger beizuordnen, spricht die Verletzung dieses Grundsatzes im Einzelfall durch die nationalen Gerichte dafür, dass eine Konventionsverletzung vorliegt.[3228] Maßnahmen wie die Übersendung eines vorbereiteten Fragenkatalogs[3229] oder die Durchführung einer audiovisuellen Vernehmung[3230] sind in die Prüfung einzubeziehen.

---

**3223** Vgl. hierzu EGMR, Urt. v. 15.12.2015 – 9154/10 = StV 2017, 213 = EuGRZ 2016, 511; *Meyer-Goßner/Schmitt* Art. 6 EMRK, Rn. 22e; *Meyer* HRRS 2012, 117, 119.

**3224** Hierzu eingehend: EGMR, Urt. v. 15.12.2011 – 26766/05 und 22228/06, Abs. 126 ff. (englische Originalfassung zugänglich über www.hudoc.echr.coe.int, dt. Übersetzung in NLMR Nr. 6/2011). Vgl. auch *Meyer-Goßner/Schmitt* Art. 6 EMRK, Rn. 22g.

**3225** *Meyer-Goßner/Schmitt* Art. 6 EMRK, Rn. 22g.

**3226** Vgl. hierzu BGH, Urt. v. 4.5.2017 – 3 StR 323/16 = StV 2017, 776 = NStZ 2018, 51; BVerfG, Beschl. v. 10.8.2009 – 2 BvR 587/08 = NJW 2010, 925.

**3227** EGMR, Urt. v. 19.7.2012 – 29881/07 = JR 2013, 170 m. Anm. *F.-C. Schroeder*.

**3228** EGMR, Urt. v. 19.7.2012 – 26171/07 = StV 2014, 452, 453 m. Anm. *Pauly*.

**3229** Vgl. hierzu *Meyer-Goßner/Schmitt* Art. 6 EMRK, Rn. 22e; BVerfG, Beschl. v. 10.8.2009 – 2 BvR 587/08 = NJW 2010, 925; BGH, Beschl. v. 2.12.2000 – 2 StR 417/00 = NStZ-RR 2001, 268; BGH, Beschl. v. 5.2.1993 – 2 StR 525/92 = NStZ 1993, 292 = StV 1993, 171.

Der BGH ist auf die Rechtsprechung des EGMR zu Art. 6 Abs. 3 lit. d EMRK inzwischen eingegangen.[3231] Welche Konsequenzen das BVerfG aus den neueren Entscheidungen der Großen Kammer des EGMR zieht, bleibt abzuwarten.[3232] 1381

Richtet sich die Revision gegen eine Verurteilung, die auf Beweismittel gestützt ist, die nicht Gegenstand einer konfrontativen Befragung waren, kann es wichtig sein, die Rechtsprechung des EGMR in den Blick zu nehmen. Gerade weil nach dieser Rechtsprechung Art. 6 Abs. 1 EMRK in Verbindung mit Art. 6 Abs. 3 lit. d EMRK eine Prüfung der Gesamtfairness des Verfahrens erfordert, kann es dabei notwendig werden, den Tatsachenvortrag in der Revisionsbegründung ausführlicher anzulegen als dies sonst bei der Rüge der Verletzung einer Vorschrift der StPO notwendig wäre.[3233] 1382

### cc) Erklärungsrechte

**Literatur:** *Burkhard* Erklärungsrecht des Verteidigers, § 257 Abs. 2 StPO, StV 2004, 390; *Dahs* Das rechtliche Gehör im Strafprozess, 1965, S. 90 ff.; *Hammerstein* Die Grenzen des Erklärungsrechtes nach § 257 StPO in: FS Rebmann, 1992, S. 233; *Leipold* Form und Umfang des Erklärungsrechts nach § 257 StPO und seine Auswirkungen auf die Widerspruchslösung des Bundesgerichtshofes, StraFo 2001, 300; *Neuhaus* Zur Revisibilität strafprozessualer Soll-Vorschriften, FS Herzberg, 2008, S. 871; *W. Schmid* Zur Anrufung des Gerichts gegen den Vorsitzenden (§ 238 StPO) in: FS Hellmuth Mayer, 1966, S. 543.

Das Beweisantragsrecht sowie das Recht der Verfahrensbeteiligten, durch die Befragung von Zeugen und Sachverständigen Einfluss auf den Inhalt der Beweisaufnahme zu nehmen, werden ergänzt und vervollständigt durch das in § 257 StPO geregelte **Erklärungsrecht**. Es sichert den Anspruch des Angeklagten auf rechtliches Gehör für die Phase der Beweisaufnahme. So groß die hieraus resultierende Bedeutung des § 257 StPO für die tatrichterliche Hauptverhandlung ist, so gering ist im Gegensatz dazu seine Bedeutung als Gegenstand von Verfahrensrügen. Das liegt im Wesentlichen an dem Fehlverständnis der h.M., wonach Sollvorschriften nicht revisibel sein sollen[3234] und die Verletzung 1383

**3230** Vgl. zur bisherigen Rechtsprechung: BVerfG, Beschl. v. 10.8.2009 – 2 BvR 587/08 = NJW 2010, 925; BVerfG, Beschl. v. 29.3.2007 – 2 BvR 1880/06 = NStZ 2007, 534.

**3231** BGH, Urt. v. 4.5.2017 – 3 StR 323/16, Rn.16 = StV 2017, 776.

**3232** Vgl. zuletzt BVerfG, Beschl. v. 8.10.2009 – 2 BvR 547/08 = NJW 2010, 925; BVerfG, Beschl. v. 29.3.2007 – 2 BvR 1880/06 = NStZ 2007, 534.

**3233** Vgl. zur Notwendigkeit, insoweit die Angriffsrichtung einer Verfahrensrüge klarzustellen: BGH, Beschl. v. 27.4.2016 – 4 StR 538/15 und BGH, Beschl. v. 2.3.2016 – 4 StR 402/15.

**3234** Dazu kritisch *Neuhaus* FS Herzberg, S. 871.

der Vorschrift, die dem rechtlichen Gehör dient, schon dann unschädlich sein soll, wenn nur „irgendwie" dem Art. 103 Abs. 1 GG Genüge getan wurde.[3235]

1384 Die Erklärungsrechte der Verfahrensbeteiligten gewinnen prozessual in dem Maße an Gewicht, in dem die Alltagsbeobachtung im Gerichtssaal, dass sich die richterliche Überzeugung nicht erst in der Beratung nach den Schlussvorträgen, sondern (spätestens) während der Beweisaufnahme bildet, wissenschaftlich untermauert wird.[3236] Nach der geltenden gesetzlichen Regelung[3237] steht den Verfahrensbeteiligten nach jeder Beweiserhebung das Recht zu, sich zu dieser Beweiserhebung zu äußern. Die Erklärung muss aber nicht zwingend in einem unmittelbaren thematischen Zusammenhang mit der Beweiserhebung stehen, sie kann z.B. dem Angeklagten auch dazu dienen, eine etwaige Einlassung nachzuholen, frühere Einlassungen zu korrigieren, zu ergänzen oder auch zu widerrufen.[3238] Die im Gesetz enthaltene Beschränkung, der Schlussvortrag dürfe dabei nicht vorweggenommen werden (§ 257 Abs. 3 StPO), kann danach nur so verstanden werden, dass durch sie lediglich die dem Schlussvortrag vorbehaltene Gesamtwürdigung aller Beweise unterbunden werden soll.[3239] Die Aufgabe, den Inhalt von Schlussvorträgen zu prognostizieren und ihn als Grenze für die Ausübung eines wichtigen prozessualen Rechts heranzuziehen, weist das Gesetz dem Vorsitzenden zu. Seine diesbezüglichen Entscheidungen unterliegen der Kontrolle des Spruchkörpers im Rahmen von § 238 Abs. 2 StPO.

1385 Dabei wird trotz des Gesetzeswortlautes in § 257 Abs. 1 StPO („Der Angeklagte soll … *befragt* werden") allgemein angenommen, dass der Vorsitzende nicht ohne besonderen Grund darauf verzichten darf, den Angeklagten auf sein Recht aus § 257 StPO hinzuweisen.[3240] Obwohl das Erklärungsrecht nach § 257

---

**3235** Vgl. KK-*Diemer* § 257 StPO, Rn. 5.

**3236** Vgl. *Hammerstein* FS Rebmann, S. 233; zu den erkenntnistheoretischen Grundlagen der Mitwirkungsrechte allgemein *Hamm/Pauly*, Beweisantragsrecht, Rn. 20 ff., Vgl. auch die Literatur zum sog. „Inertia-Effekt" *Barton* StraFo 1993, 11; *Nobis*, MAH Strafverteidigung, § 10, Rn. 10; *Neuhaus* FS Herzberg, S. 893 f.

**3237** § 257 StPO wurde geändert durch das StVÄG von 1987 (BGBl. 1987 I, 475); vgl. dazu KK-*Diemer* § 257 StPO, Rn. 1.

**3238** In diesem Sinne RGSt 44, 284, 285 für § 256 StPO a.F.; vgl. auch *Eb. Schmidt*, Lehrkommentar, StPO, Teil II, § 257 StPO, Rn. 2; *Hammerstein* FS Rebmann, S. 235; die h.M. will Erklärungen nach § 257 StPO auf den Inhalt der vorangegangenen Beweiserhebung beschränken: KK-*Diemer* § 257 StPO, Rn. 3; *Meyer-Goßner/Schmitt* § 257 StPO, Rn. 8.

**3239** KK-*Diemer* § 257 StPO, Rn. 4; vgl. dazu *Schmidt-Leichner* NJW 1975, 417, 420; *Hammerstein* FS Rebmann, S. 239.

**3240** Vgl. LR-*Stuckenberg* § 257 StPO, Rn. 8 f.; *Meyer-Goßner/Schmitt* § 257 StPO, Rn. 2.

StPO eine Ausgestaltung des durch Art. 103 Abs. 1 GG verfassungsrechtlich verankerten **Anspruchs auf rechtliches Gehör** darstellt, wird aber bislang weder im Ausbleiben einer Belehrung über das Recht nach § 257 StPO ein revisibler Rechtsfehler gesehen, noch in der Belehrung als solcher eine wesentliche Förmlichkeit i.S.v. § 274 StPO erblickt. Die vom Gesetz gewollte Regel, wonach der Vorsitzende den Angeklagten nach jeder Beweiserhebung *zu fragen* hat, ob er etwas zu erklären habe,[3241] gilt bereits als eingehalten, wenn das Protokoll den allgemeinen Vermerk enthält, dass die Vorschrift beachtet worden ist.[3242] Dieser Vermerk ist meist falsch, weil eine Befragung in der Regel unterbleibt. Sie unterbleibt, weil die Vorsitzenden wissen, dass ihr Versäumnis keine Folgen hat. Wenn aber eine höchstrichterliche Rechtsprechung dazu führt, dass eine vom Gesetz gewollte Verfahrensweise notorisch missachtet wird, sollte der BGH seine Rechtsprechung überdenken.

Lässt sich der Angeklagte anlässlich der Ausübung des Erklärungsrechts 1386
nach § 257 Abs. 1 StPO erstmals zur Sache ein, ist dieser Vorgang als **wesentliche Förmlichkeit** nach §§ 273 Abs. 1, 274 StPO zu protokollieren.[3243] Auch die Tatsache als solche, dass der Angeklagte (gefragt oder ungefragt) von seinem Erklärungsrecht Gebrauch gemacht hat, ist ein zu protokollierender Verfahrensvorgang.

Anders als beim Angeklagten, der nach jeder Zeugenvernehmung, jeder 1387
Gutachtenerstattung durch einen Sachverständigen und jeder Urkundenverlesung ausdrücklich befragt werden soll, ob er eine Erklärung abgeben will, darf beim Verteidiger, beim Staatsanwalt und beim Nebenklägervertreter die Kenntnis dieser Befugnis vorausgesetzt werden. Deshalb ist ihnen nur *auf Verlangen* die Möglichkeit zur Abgabe einer Erklärung eingeräumt (§ 257 Abs. 2 StPO). Aber dem Verlangen *muss* entsprochen werden.[3244]

Damit ist aber auch das Verlangen eine wesentliche Förmlichkeit, die mit 1388
der Wirkung der absoluten Beweiskraft im Protokoll zu vermerken ist (freilich auch mit der Folge der negativen Beweiskraft beim Fehlen eines Eintrags). Wird dem Verteidiger vom Vorsitzenden trotz Verlangens nicht die Möglichkeit zur Abgabe der Erklärung eingeräumt, verstößt dies gegen zwingendes Recht, sodass kein Zweifel daran bestehen kann, dass ein solcher Vorgang der Überprüfung im Rahmen der Revision zugänglich sein muss.

---

**3241** Staatsanwalt und Verteidiger müssen über diese Möglichkeit nicht belehrt werden, LR-*Stuckenberg* § 257 StPO, Rn. 14.

**3242** KK-*Diemer* § 257 StPO, Rn. 6; BGH MDR 1967, 175 (bei *Dallinger*); LR-*Stuckenberg* § 257 StPO, Rn. 34.

**3243** KK-*Diemer* § 257 StPO, Rn. 6; MüKoStPO/*Cierniak*/*Niehaus* § 257 StPO, Rn. 9.

**3244** LR-*Stuckenberg* § 257 StPO, Rn. 15.

1389 Die frühere Einstufung von § 257 Abs. 1 StPO als nicht revisible Ordnungsvorschrift[3245] gilt inzwischen als überholt,[3246] sodass von der grundsätzlichen Revisibilität eines Verstoßes gegen § 257 Abs. 1 oder Abs. 2 StPO auszugehen ist.[3247] Dies ändert aber nichts daran, dass auf Verstöße gegen § 257 Abs. 1 oder Abs. 2 StPO nur in seltenen Ausnahmefällen eine erfolgreiche Verfahrensrüge gestützt werden kann. Ein Verstoß gegen § 257 Abs. 1 StPO liegt vor, wenn das Gericht den ihm durch die Sollvorschrift eröffneten **Ermessensspielraum fehlerhaft gebraucht** und hierbei insbesondere dem hohen Stellenwert des Anspruchs auf rechtliches Gehör nicht ausreichend Rechnung getragen hat.[3248] Der Nachweis des Verfahrensfehlers wird aber schwerfallen, solange die Rechtsprechung daran festhält, dass § 257 StPO nicht verletzt ist, sobald der pauschale Satz im Hauptverhandlungsprotokoll enthalten ist, die Vorschrift sei während der Beweisaufnahme beachtet worden. In den Fällen des § 257 Abs. 2 StPO muss derjenige, der eine Verletzung dieses Rechts rügen will, vortragen, dass er sich zu Wort gemeldet hat, um eine solche Erklärung abzugeben, ihm die Abgabe der Erklärung aber verwehrt wurde.[3249] Die Zulässigkeit der Verfahrensrüge wird hier regelmäßig voraussetzen, dass ein Gerichtsbeschluss (§ 238 Abs. 2 StPO) herbeigeführt wurde.[3250]

1390 In vielen Fällen wird darüber hinaus die **Beruhensfrage** unlösbare Probleme aufwerfen.[3251] Das Urteil beruht nicht auf der Verletzung von § 257 StPO, wenn die Erklärung noch im Verlaufe der Beweisaufnahme bei späterer Gelegenheit oder im Rahmen des Schlussvortrages nachgeholt werden konnte.[3252] Der BGH verlangt deshalb – abweichend von den sonstigen Grundsätzen – dass der Beschwerdeführer darlegt, aus welchem Grund die behauptete Verletzung von § 257 Abs. 2 StPO trotz etwaiger weiterer Gelegenheiten zur Stellungnahme einen Einfluss auf das Urteil gehabt haben könnte.[3253] Betrifft die Beschränkung des Erklä-

---

**3245** BGH VRS 34, 344, 346; OLG Koblenz VRS 46, 449, 453; *Fahl*, Rechtsmissbrauch im Strafprozess, S. 407.

**3246** Vgl. dazu oben, Rn. 333.

**3247** Vgl. hierzu BGH, Beschl. v. 24.10.2006 – 1 StR 503/06 = NStZ 2007, 234, 235

**3248** LR-*Stuckenberg* § 257 StPO, Rn. 38; vgl. auch *Hammerstein* FS Rebmann, S. 236 und BGH StV 1984, 454.

**3249** Vgl. LR-*Stuckenberg* § 257 StPO, Rn. 39; BGH, Beschl. v. 24.10.2006 – 1 StR 503/06 = NStZ 2007, 234, 235.

**3250** MüKoStPO/*Cierniak*/*Niehaus* § 257 StPO, Rn. 26.

**3251** So mit Recht *Dahs*, Revision, Rn. 324. Vgl. auch *Leipold* StraFo 2001, 301.

**3252** Vgl. BGH, Beschl. v. 22.10.2019 – 4 StR 170/19; OLG Schleswig SchlHA 1975, 190; KMR-*Stuckenberg* § 257 StPO, Rn. 23; LR-*Stuckenberg* § 257 StPO, Rn. 40.

**3253** BGH, Beschl. v. 24.10.2006 – 1 StR 503/06 = NStZ 2007, 234, 235. MüKoStPO/*Cierniak*/*Niehaus* § 257 StPO, Rn. 26. Vgl. auch BGH, Beschl. v. 23.8.2016 – 3 StR 166/16.

rungsrechts den Angeklagten oder den Verteidiger, so kann hierin eine Beschränkung der Verteidigung i.S.v. § 338 Nr. 8 StPO liegen.[3254] Auch eine solche Rüge wird jedoch regelmäßig voraussetzen, dass bei einem Streit über die Abgabe einer Erklärung ein Gerichtsbeschluss nach § 238 Abs. 2 StPO herbeigeführt wurde. Auch in diesen Fällen wird dem Einwand beträchtliches Gewicht zukommen, das Urteil wäre nicht anders ausgefallen, wenn die Erklärung statt erst im Schlussvortrag schon im Laufe der Beweisaufnahme abgegeben worden wäre.

### dd) Plädoyer

**Literatur:** *Alsberg* Das Plädoyer, AnwBl 1978, 1; *Bandisch* Das Niederschreiben der Urteilsformel vor den Schlußvorträgen, NJW 1960, 135; *Dahs* Das Plädoyer des Strafverteidigers, AnwBl 1959, 1; *ders.* Das Plädoyer des Staatsanwalts, DRiZ 1960, 106; *Dästner* Schlußvortrag und letztes Wort im Strafverfahren, Recht und Politik 1982, 180; *Häger* Zu den Folgen staatsanwaltschaftlicher in der Hauptverhandlung begangener Verfahrensfehler, GS für K. H. Meyer, S. 171; *Hamm* Das Plädoyer des Strafverteidigers. In: Rouven Soudry (Hrsg.), Rhetorik – Eine interdisziplinäre Einführung in die rhetorische Praxis, 2. Auflage, Heidelberg 2006, S. 65ff.; *Hammerstein* Verteidigung ohne Verteidiger, JR 1985, 140; *Nehm* Verpflichtung zum Plädoyer?, FS für Geiß, 2000, S. 111; *Reuß* Das Plädoyer des Anwalts, JR 1965, 162; *Solbach* Anklageschrift, Einstellungsverfügung, Dezernat und Plädoyer, 1993; *Traut/Nickolaus* Der Ankereffekt: Schattendasein im Strafprozess, StraFo 2015, 485.

Nach der Systematik der StPO haben die Prozessbeteiligten nur an einer Stelle 1391
der Hauptverhandlung die Möglichkeit zu einer umfassenden Würdigung des Ergebnisses der Beweisaufnahme und zu umfassenden Rechtsausführungen: im **Schlussvortrag**. Wo dieses Recht, das über Artikel 103 Abs. 1 GG verfassungsrechtlichen Schutz genießt,[3255] beschränkt oder durch den Geschehensablauf in der Verhandlung zur lästigen Förmlichkeit herabgewürdigt wird, ist die Revision begründet.

Nach dem Gesetz (§ 258 Abs. 1 StPO) folgen dem Ende der Beweisaufnahme 1392
die Schlussvorträge. Der Abschluss der Beweiserhebungsphase der Hauptverhandlung muss dabei nicht förmlich (etwa durch Gerichtsbeschluss) festgestellt werden.[3256] Die einfache Erklärung, es sei keine weitere Beweiserhebung beabsichtigt, reicht aus. Ohnedies ist der Schluss der Beweisaufnahme nur eine vorläufige Entscheidung, da bis zum Beginn der Urteilsverkündung noch Anträge

3254 MüKoStPO/*Cierniak/Niehaus* § 257 StPO, Rn. 25.
3255 BVerfGE 54, 140; BGHSt 9, 77, 79; OLG Köln VRS 69, 444.
3256 LR-*Stuckenberg* § 258 StPO, Rn. 2; KK-*Ott* § 258 StPO, Rn. 2.

gestellt werden können und erneut in die Beweisaufnahme eingetreten werden kann.

1393 Nach dem Gesetzeswortlaut sind zum Schlusswort der **Staatsanwalt und der Angeklagte** berechtigt. Absatz 3 macht jedoch deutlich, dass der **Verteidiger** für den Angeklagten sprechen kann und insofern – wie der Angeklagte selbst – das Recht auf einen Schlussvortrag hat.[3257] Der Vorsitzende hat den zum Schlusswort Berechtigten von Amts wegen das Wort zu erteilen, wobei dies in einer eindeutigen Art und Weise geschehen muss.[3258] Die in Absatz 1 der Vorschrift angegebene Reihenfolge wird vom Gesetz für die Berufungs- (§ 326 Satz 1 StPO) und die Revisionshauptverhandlung (§ 351 Abs. 2 Satz 1 StPO) durchbrochen; sie muss auch in den sonstigen Fällen nicht zwingend eingehalten werden.[3259]

1394 Wird dem Verteidiger, obwohl dieser es ausdrücklich verlangt, keine Gelegenheit zum Plädoyer gegeben, kann dies als Verletzung von § 258 StPO mit der Revision angefochten werden.[3260] Dasselbe gilt, wenn das Gericht die Beteiligten mit der Urteilsverkündung überrascht, ohne zuvor Gelegenheit für die Plädoyers gegeben zu haben.[3261] Erhält der Verteidiger das Wort, so darf er bei der Gestaltung seines Plädoyers **keinen Beschränkungen** unterworfen werden, weder was die Benutzung schriftlicher Unterlagen[3262] noch was die zeitliche Ausdehnung des Vortrages betrifft.[3263]

1395 Dass nach längeren Hauptverhandlungen gerade in größeren Wirtschaftsstrafsachen oder in Fällen, in denen es um schwerwiegende strafrechtliche Vorwürfe geht (wie in der Regel vor dem Schwurgericht) eine **ausreichende Vorbereitungszeit** notwendig ist, bedarf keiner Erläuterung. Ist diese nach dem Verhandlungsablauf nicht gewährleistet, so begründet auch dies die Revisi-

---

**3257** Allgemeine Meinung; vgl. *Meyer-Goßner/Schmitt* § 258 StPO, Rn. 4 unter Bezugnahme auf KG NStZ 1984, 523.

**3258** BayObLG VRS 62, 374. Eine Handbewegung reicht nur dann aus, wenn feststeht, dass sie von dem Betroffenen richtig verstanden wird und dieser daraufhin das Wort ergreift, RGSt 61, 317, 318. Der Verteidiger muss auf sein Recht zum Schlussvortrag nicht förmlich hingewiesen werden, BGHSt 20, 273, 274; BGHSt 22, 278, 279; BGH, Urt. v. 13.10.1992 – 5 StR 476/92 = NStZ 1993, 94, 95; vgl. ferner RGSt 42, 51.

**3259** Vgl. zur Bedeutung der Reihenfolge: *Traut/Nickolaus* StraFo 2015, 485; KK-*Ott* § 258 StPO, Rn. 6.

**3260** Siehe hierzu OLG Koblenz NJW 1978, 2257; OLG Köln VRS 69, 444 = DAR 1986, 61, Nr. 24; vgl. auch OLG Hamm VRS 48, 433.

**3261** BGHR StPO § 258 Abs. 1 – Schlussvortrag 1 (insoweit nicht in NStZ 1989, 283).

**3262** BGHSt 3, 368, 369; OLG Hamm VRS 35, 370.

**3263** KK-*Ott* § 258 StPO, Rn. 9; BGH MDR 1953, 598 (bei *Dallinger*); RGSt 64, 57, 58.

on.[3264] Wieviel Vorbereitungszeit für ein Plädoyer benötigt wird, hängt von den Umständen des Einzelfalles ab. Eine Unterbrechung der Hauptverhandlung für 2½ Stunden in einem Verfahren mit 9 Hauptverhandlungstagen, in dem 33 Zeugen und 3 Sachverständige gehört worden sind, ist, wenn sich der Verteidiger nicht bereits im Vorfeld auf sein Plädoyer vorbereitet hat, objektiv zu kurz bemessen. Wenn ein Verteidiger sich nicht in der Lage sieht, nach einer solch kurzen Vorbereitungszeit ein der Sache angemessenes Plädoyer zu halten, entspricht es allerdings seiner Aufgabe und liegt in seiner Verantwortung, dies dem Gericht gegenüber zu erkennen zu geben und um eine weitere Unterbrechung der Hauptverhandlung, ggf. bis zum nächsten Verhandlungstag, nachzusuchen. Hält der Verteidiger hingegen nach der vom Vorsitzenden vorgenommenen 2½-stündigen Unterbrechung der Hauptverhandlung sein Plädoyer, ohne zu erkennen zu geben, dass die Vorbereitungszeit nicht gereicht hat, ist davon auszugehen, dass er tatsächlich in der Lage war, sich genügend auf sein Plädoyer vorzubereiten. Für das Gericht besteht auch aus Gründen der Fürsorgepflicht unter diesen Umständen kein Anlass, von sich aus die Hauptverhandlung erneut zu unterbrechen.[3265]

Die Frage, ob § 258 StPO für die Verfahrensbeteiligten auch eine **Verpflichtung zum Schlussvortrag** schafft, wird für Staatsanwaltschaft und Verteidigung unterschiedlich beantwortet. Die Staatsanwaltschaft trifft nach herrschender Meinung die Verpflichtung, einen Schlussvortrag zu halten und darin auch für die Angeklagten Entlastendes zu berücksichtigen (§ 160 Abs. 2 StPO; Nr. 138 und 139 RiStBV). Fehlt ein Plädoyer der Staatsanwaltschaft, liegt ein Verstoß gegen § 258 Abs. 1 StPO vor, der die Revision des Angeklagten begründen kann.[3266] Weigert sich der Sitzungsvertreter der StA, einen Schlussvortrag zu halten, so hat das Gericht zunächst auf dem Dienstweg dafür zu sorgen, dass die Staatsanwaltschaft ihrer Pflicht nachkommt.[3267] 1396

Demgegenüber wird aus dem Recht des Verteidigers, die Verteidigung selbständig zu gestalten, abgeleitet, dass ihn keine **Pflicht** trifft, einen **Schlussvor-** 1397

**3264** KK-*Ott* § 258 StPO, Rn. 5; KG NStZ 1984, 523.

**3265** Vgl. BGH, Beschl. v. 11.5.2005 – 2 StR 150/05 = NStZ 2005, 650 = StraFo 2005, 343; vgl. auch BGH, Beschl. v. 29.6.2006 – 3 StR 175/06.

**3266** BGH NStZ 1984, 468; OLG Zweibrücken StV 1986, 51; OLG Stuttgart, Urt. v. 18.10.1991 – 1 Ss 488/91 = NStZ 1992, 98; *Dahs*, Revision, Rn. 380.

**3267** OLG Stuttgart, Urt. v. 18.10.1991 – 1 Ss 488/91 = NStZ 1992, 98 unter Berufung auf OLG Düsseldorf NJW 1963, 1167; vgl. ferner *Häger* GS Karlheinz Meyer, S. 171. Anderer Ansicht: KK-*Ott* § 258 StPO, Rn. 8 (Einschaltung des Vorgesetzten des Sitzungsvertreters der StA nicht erforderlich).

**trag zu halten.**[3268] Das Fehlen eines Plädoyers der Verteidigung begründet dementsprechend auch nicht die Revision.[3269] Dass dies in Fällen, in denen dem Angeklagten ein Pflichtverteidiger beigeordnet wurde, weil mit Verständnisschwierigkeiten zu rechnen war, zu einer bedenklichen Verkürzung der Verteidigungsmöglichkeiten des Angeklagten führen kann, ist offenkundig.[3270] Doch dürfte dem nicht durch die Annahme zu begegnen sein, der Verteidiger sei „ausgeblieben",[3271] sondern eher durch eine Entpflichtung des bestellten Verteidigers. Die Rechtsprechung des Bundesgerichtshofs, wonach der Verteidiger als ausgeblieben zu behandeln ist, wenn er zu erkennen gibt, dass er sich weigert, die Verteidigung weiterzuführen, indem er die „Robe ablegt und im Zuschauerraum Platz nimmt",[3272] lässt sich auf die bloße Verweigerung einer einzelnen Verfahrenshandlung nicht übertragen.

1398 Staatsanwaltschaft, Nebenklage und Privatkläger steht nach dem Schlussvortrag der Verteidigung ein **Recht auf Erwiderung** zu (§ 258 Abs. 2 StPO). Da der Angeklagte aber das letzte Wort haben soll, muss bei der Kette der gegenseitigen Erwiderungen stets gewährleistet sein, dass die Verteidigung zuletzt zu Wort kommt.[3273]

1399 Wird nach dem Schluss der Beweisaufnahme und den Schlussvorträgen nochmals in die Verhandlung eingetreten, so ist erneut Gelegenheit zum Schlussvortrag zu geben.[3274] Ein **Wiedereintritt in die Verhandlung** liegt dabei stets dann vor, wenn sich die neu vorgenommene Verfahrenshandlung auf den Tatverdacht bezieht, oder wenn sich sonst in einer Handlung der Wille des Gerichts zum Weiterverhandeln zeigt.[3275] Das ist bejaht worden etwa bei Entschei-

---

**3268** BGH NStZ 1981, 295; BGH NStZ 1987, 217 (bei *Pfeiffer/Miebach*); OLG Köln, Beschl. v. 21.8.1990 – 2 Ws 401/90 = StV 1991, 9, 10.

**3269** BGH NStZ 1981, 295; BGH NStZ 1987, 217 (bei *Pfeiffer/Miebach*) in einem Fall, in dem der beigeordnete Pflichtverteidiger, den der Angeklagte nicht wünschte, auf das Plädoyer verzichtete.

**3270** Bedenken auch bei *Dahs*, Revision, Rn. 380.

**3271** So aber *Schlüchter*, Das Strafverfahren, 609, Rn. 561, 3. Hiergegen: *Nehm* FS Geiß, S. 126; KK-*Ott* § 258 StPO, Rn. 7.

**3272** BGH, Beschl. v. 18.8.1993 – 2 StR 413/93 = StV 1993, 566; ähnlich BGH, Beschl. v. 14.5.1992 – 4 StR 202/92 = NJW 1993, 340 = StV 1992, 358 = NStZ 1992, 503.

**3273** Vgl. BGH NJW 1976, 1951; KK-*Ott* § 258 StPO, Rn. 13; *Meyer-Goßner/Schmitt* § 258 StPO, Rn. 18; ein Recht auf mehrmalige Erwiderung soll grundsätzlich nicht bestehen, dergleichen kann aber vom Vorsitzenden gestattet werden: RGSt 11, 135, 136; vgl. ferner BGH MDR 1978, 281 (bei *Holtz*).

**3274** Hierzu muss nicht ausdrücklich aufgefordert werden (s. o. Rn. 1393): BGHSt 20, 273, 274; BGHSt 22, 278; BGH, Urt. v. 13.10.1992 – 5 StR 476/92 = NStZ 1993, 94; vgl. ferner BGHSt 13, 53, 59 und BGH, Beschl. v. 9.8.2012 – 1 StR 323/12 = NStZ 2013, 58.

**3275** Vgl. hierzu die Übersicht bei KK-*Ott* § 258 StPO, Rn. 24a.

dungen zur Haftfrage,[3276] bei der Bescheidung von Beweisanträgen,[3277] allgemeinen Erörterungen der Sach- und Rechtslage,[3278] Verfahrensabtrennungen, die Rückschlüsse auf die Glaubwürdigkeit von Mitangeklagten eröffnen,[3279] bei Einstellungen nach §§ 154, 154a StPO,[3280] bei der Entscheidung über einen Antrag auf Prozesskostenhilfe im Adhäsionsverfahren[3281] und insbesondere bei Hinweisen nach § 265 StPO.[3282] Ein Wiedereintritt soll hingegen nicht vorliegen bei der Verwerfung eines Ablehnungsgesuches als unzulässig,[3283] bei Erörterungen über die Verhandlungsfähigkeit des Angeklagten,[3284] bei einer Negativmitteilung nach § 243 Abs. 4 StPO,[3285] bei Verkündung eines Beschlusses, durch den angeordnet wird, dass die Hauptverhandlung ohne den Angeklagten fortzusetzen ist und allgemein bei der Erörterung von Vorgängen, die das Urteil nicht betreffen,[3286] bei einem Zwischenruf einer nicht verfahrensbeteiligten Person.[3287]

---

**3276** Vgl. *Meyer-Goßner/Schmitt* § 258 StPO, Rn. 29a; BGH, Beschl. v. 26.10.2010 – 5 StR 433/10 = BGHR § 258 Abs. 3 Wiedereintritt 17; BGH, Urt. v. 25.7.1996 – 4 StR 193/96 = StV 1997, 339 (Wiederinvollzugsetzung von Haftbefehlen); vgl. ferner: BGH, Urt. v. 27.8.1992 – 4 StR 314/92 = StV 1992, 551; BGHR StPO § 258 Abs. 3 – Wiedereintritt 3 = StV 1988, 93; BGH NStZ 1984, 376; BGH NStZ 1986, 470.

**3277** BGH, Beschl. v. 11.3.2014 – 5 StR 70/14 = StraFo 2014, 251.

**3278** BGH, Beschl. v. 5.2.2019 – 3 StR 469/18 = NStZ 2019, 426; BGH, Beschl. v. 17.7.2012 – 5 StR 253/12 = NStZ 2012, 587; BGH, Urt. v. 27.8.1992 – 4 StR 314/92 = StV 1992, 551; dazu gehören auch stillschweigende Prozesshandlungen, BGH, Beschl. v. 24.6.2014 – 3 StR 185/14 = StV 2015, 474; ebenso Erörterungen über die Einziehung, BGH, Beschl. v. 4.2.2010 – 1 StR 3/10 = StV 2010, 227.

**3279** BGH, Urt. v. 8.5.1984 – 5 StR 127/84 = NStZ 1985, 15 (bei *Pfeiffer/Miebach)*; vgl. ferner BGH StV 1982, 4; BGH NStZ 1988, 512.

**3280** BGH, Beschl. v. 11.5.2017 – 1 StR 35/17 = StV 2018, 495; BGH NJW 1985, 1479; BGH MDR 1966, 893 (bei *Dallinger*).

**3281** BGH, Beschl. v. 18.9.2013 – 1 StR 380/13 = StV 2015, 473.

**3282** BGH, Beschl. v. 4.6.2013 – 1 StR 193/13 = NStZ 2013, 612; BGH, Beschl. v. 24.3.1993 – 5 StR 164/93 = StV 1993, 344; BGH, Urt. v. 13.5.1993 – 4 StR 169/93 = BGHR StPO § 200 Abs. 1 Satz 1 – Tat 3 = NStZ 1993, 551; BGHSt 22, 278, 279; BGH NStZ 1981, 295 (bei *Pfeiffer*); BGH NStZ 1985, 495 (bei *Pfeiffer/Miebach*).

**3283** KK-*Ott* § 258 StPO, Rn. 25; *Meyer-Goßner/Schmitt* § 258 StPO, Rn. 30.

**3284** BGH NStZ 1990, 228 (bei *Miebach*).

**3285** BGH, Beschl. v. 9.6.2015 – 1 StR 198/15 = NStZ 2015, 658. Ebenso für das Negativattest nach § 273 Abs. 1a S. 3 StPO: BGH, Beschl. v. 12.11.2015 – 5 StR 467/15 = NStZ 2016, 118, 119.

**3286** BGH NStZ 1987, 423; BGH NStZ 1989, 220 (bei *Miebach*); ähnlich auch BGH, Urt. v. 13.10. 1992 – 5 StR 476/92 = NStZ 1993, 94; siehe auch BGHR StPO, § 258 Abs. 3 – Wiedereintritt 2 = StV 1987, 284 = NStZ 1987, 423, der die Frage des Vorsitzenden, ob die Verteidigung ihm Urkunden vorlegen könne, als Wiedereintritt wertete.

**3287** BGH, Urt. v. 9.8.2017 – 1 StR 63/17 = NStZ-RR 2017, 316.

1400 Die Schlussvorträge gehören zu den wesentlichen Förmlichkeiten des Strafverfahrens, mit der Folge, dass im Revisionsverfahren die **formelle Beweiskraft des § 274 StPO** gilt. Den gesetzlichen Anforderungen ist dabei nur dann genügt, wenn aus dem Protokoll ersichtlich ist, dass Gelegenheit zum Schlussvortrag und zum letzten Wort bestand.[3288] Dienstliche Äußerungen der Richter oder des Protokollführers reichen deshalb zum Nachweis eines ordnungsgemäßen Verfahrens nicht aus.[3289] Wenn das Protokoll über die Hauptverhandlung ausweist, dass sowohl Staatsanwaltschaft als auch Angeklagter und Verteidiger „zu ihren Ausführungen und Anträgen" das Wort erteilt erhielten, bedeutet der weitere Vermerk, der Staatsanwalt habe eine bestimmte Verurteilung des Angeklagten beantragt, nicht, dass er sich, ohne einen entsprechenden Schlussvortrag zu halten, auf die bloße Antragstellung beschränkt hätte.[3290]

1401 In der Verletzung von § 258 StPO liegt ein relativer Revisionsgrund, d.h. der Verfahrensfehler führt nur zur Urteilsaufhebung, wenn das Urteil auf ihm beruht (§ 337 StPO). Das **Beruhen** wird in diesen Fällen allerdings nur selten auszuschließen sein, da das Revisionsgericht nicht weiß, was der Betroffene ohne den Verfahrensfehler noch vorgebracht hätte.[3291] Dies kann sich in Ausnahmefällen anders darstellen.[3292]

1402 Zur **Begründung der Verfahrensrüge** einer Verletzung des § 258 Abs. 1 StPO sollte die Schlussphase der Hauptverhandlung vollständig in der Revisionsbegründung geschildert werden. Auf die Frage, welchen Inhalt ein neuerlicher Schlussvortrag gehabt hätte, muss in der Revisionsbegründung von Gesetzes wegen nicht eingegangen werden;[3293] dies kann aber gleichwohl empfehlenswert sein.[3294] Soll mit der Revision beanstandet werden, dass der

**3288** Vgl. BGH, Urt. v. 13.10.1992 – 5 StR 476/92 = NStZ 1993, 94; BGHR StPO § 258 Abs. 3 – letztes Wort 1; BGHR StPO § 274 Satz 1 – Protokollauslegung 1; BGHSt 22, 278, 280; OLG Zweibrücken StV 1986, 51; *Dahs*, Revision, Rn. 382.

**3289** Vgl. BGH, Beschl. v. 4.6.2013 – 1 StR 193/13 = NStZ 2013, 612; BGH, Beschl. v. 16.4.1992 – 4 StR 109/92 = StV 1992, 410; KK-*Ott* § 258 StPO, Rn. 31; s. ferner auch BGHR StPO § 258 Abs. 3 – Wiedereintritt 1; BGHR StPO § 274 – Beweiskraft 8; BGH, Urt. v. 13.10.1992 – 5 StR 476/92 = NStZ 1993, 94.

**3290** BGH, Beschl. v. 23.2.1999 – 1 StR 15/99.

**3291** *Dahs*, Revision, Rn. 386; *Meyer-Goßner/Schmitt* § 258 StPO, Rn. 34. Vgl. z.B. BGH, Urt. v. 27.8.1992 – 4 StR 314/92 = StV 1992, 551.

**3292** S. dazu im Einzelnen oben Rn. 715.

**3293** BGHSt 21, 368, 369; BGH DAR 1978, 153.

**3294** So insbesondere dann, wenn der Angeklagte geständig war oder sonst der Schuldspruch rechtlich nicht mehr hätte beeinflusst werden können. In diesen Fällen kann es zur Beurteilung der Beruhensfrage hilfreich sein, wenn in der Revisionsbegründung vorgetragen wird,

Schlussvortrag in unzulässiger Weise unterbrochen wurde oder dem Vortragenden zu Unrecht das Wort entzogen wurde, so ist nach der Rechtsprechung Voraussetzung für die Zulässigkeit der Revisionsrüge das Erwirken eines Gerichtsbeschlusses nach § 238 Abs. 2 StPO, da es sich insoweit um verfahrensleitende Maßnahmen des Vorsitzenden handelt.[3295] Eine Ausnahme von diesem Grundsatz ist nur gegeben, wenn der Fehler des Vorsitzenden darin besteht, zu den Schlussvorträgen gar nicht erst das Wort zu erteilen.[3296]

Kein Verstoß gegen § 258 StPO, sondern ein Verstoß gegen § 261 StPO liegt 1403
vor, wenn das Gericht schon **während des Plädoyers das Urteil niederschreibt**. Entgegen der älteren Rechtsprechung[3297] dürfte der Verfahrensverstoß in diesen Fällen nicht deshalb ausgeschlossen sein, weil der Richter seine Aufmerksamkeit teilen und sich auch vor der Verkündung noch anders entschließen kann. Schreibt der Richter das Urteil während des Plädoyers nieder, so muss dies nach außen so verstanden werden, als sei die Entscheidungsfindung abgeschlossen, nach dem Motto: „Rede nur, mich überzeugst Du nicht mehr, mein Urteil steht fest".[3298] Die Bereitschaft des Richters, das Urteil jederzeit zu ändern, kann leicht zu einer Fiktion werden.[3299] Dementsprechend muss ein vor dem Schlussvorträgen „beschlossenes Urteil" hiernach nochmals beraten werden.[3300] Kommt es nach dem Wiedereintritt in die Verhandlung zu erneuten Schlussvorträgen, dann ist nochmals zu beraten.[3301] Für die Beratung muss der Sitzungssaal nicht verlassen werden, eine leise Verständigung unter allen Richtern (einschließlich der Schöffen) ist nach Ansicht des BGH ausreichend.[3302]

---

was im Falle einer neuerlichen Worterteilung noch vorgebracht worden wäre; so auch *Dahs*, Revision, Rn. 386; vgl. ferner BGHSt 22, 278, 280 und OLG Hamm VRS 41, 159.

**3295** So bei Ablehnung einer Pause im Plädoyer des Verteidigers: BGH, Urt. v. 13.10.1992 – 5 StR 476/92 = NStZ 1993, 94; vgl. ferner *Dahs*, Revision, Rn. 380.

**3296** BGHSt 3, 368, 370.

**3297** BGHSt 11, 74; OLG Celle 1958, 30; OLG Frankfurt JR 1965, 431.

**3298** *Sarstedt* in seiner Anmerkung zu OLG Hamburg JR 1956, 273, 274; kritisch auch *Hanack* JZ 1972, 314; *Eb. Schmidt*, Die Sache der Justiz, S. 19; OLG Köln NJW 1955, 1291; OLG Hamm DAR 1956, 254; *Dahs*, Revision, Rn. 250a.

**3299** So zu Recht *Dahs*, Revision, Rn. 250a.

**3300** RGSt 58, 253; BGHSt 17, 337, 339; *Dahs*, Revision, Rn. 380.

**3301** BGH, Beschl. v. 24.3.1993 – 5 StR 164/93 = StV 1993, 344; BGHSt 22, 278, 279.

**3302** BGH, Beschl. v. 25.6.1992 – 4 StR 265/92 = NJW 1992, 3182 und BGH, Beschl. v. 31.7.1992 – 3 StR 200/92 = NJW 1992, 3181; vgl. dazu *Hamm* NJW 1992, 3147; BGHSt 19, 156, 157; BGHSt 24, 170, 171 und BGH MDR 1971, 938 sowie OLG Saarbrücken OLGSt Band V, § 261, 8.

### ee) Letztes Wort des Angeklagten

**Literatur:** *Bock* Die Entwertung des letzten Wortes – Wann muss einem Angeklagten erneut das letzte Wort (§ 258 Abs. 2, 3 StPO) erteilt werden?, ZStW 129 (2017), 745; *Hammerstein* Verteidigung mit dem letzten Wort, FS Tröndle, 1989, S. 485 f.; *Milhan* Das letzte Wort des Angeklagten, Diss. München 1971; *Salditt* Das Letzte Wort des schweigenden Angeklagten, FS Samson, S. 699; *Schlothauer* Wiedereröffnung der Hauptverhandlung und letztes Wort, StV 1984, 134; *Schlothauer* Das kann doch nicht das letzte Wort sein !?, FS Eisenberg zum 80. Geb., 2019, S. 271; *Seibert* Das letzte Wort, MDR 1964, 471.

1404 Vor Beginn der Urteilsberatung soll der Angeklagte als Letzter die Möglichkeit haben, sich noch einmal abschließend zur Sache zu äußern; das Gericht soll mit einem frischen Eindruck von seiner Person und seiner Sicht des Geschehens die Beratung beginnen.[3303] Dies gilt in allen Instanzen (für die Berufungshauptverhandlung: § 326 Satz 2 StPO, für die Revisionshauptverhandlung: § 351 Abs. 2 Satz 2 StPO). Die Rechtsprechung hat die Bedeutung dieses Grundsatzes in der Vergangenheit stets hervorgehoben und Verletzungen des Rechts auf das letzte Wort faktisch in die Nähe eines absoluten Revisionsgrundes gerückt.

1405 Mit dem letzten Wort soll der Angeklagte nochmals Gelegenheit haben, zusammengefasst auf die ihm zur Last gelegten Vorwürfe einzugehen und die Beweise aus seiner Sicht zu würdigen,[3304] ohne dass dabei die Gefahr besteht, unterbrochen zu werden oder noch eine abschließende Erwiderung hinnehmen zu müssen.[3305] Eine bestimmte Formvorschrift, die der Angeklagte einzuhalten hätte, besteht nicht.[3306] Die Länge seiner Ausführungen soll in der Regel nicht reglementiert werden, es sei denn, der Angeklagte würde sein letztes Wort in missbräuchlicher Weise zu verfahrensfremden Zwecken nutzen.[3307] Der Vorsitzende darf auch nicht durch ständige Unterbrechungen Ungeduld demonstrieren und dadurch den Angeklagten aus dem Konzept bringen.[3308]

1406 Auch wenn der Angeklagte während der Verhandlung **abwesend** war, aber vor der Urteilsberatung wieder erscheint, muss ihm das letzte Wort gewährt werden.[3309] War der Angeklagte von der Verhandlung wegen ungebührlichen

**3303** In diesem Sinne *Roxin/Schünemann*, Strafverfahrensrecht, § 44, Rn. 6.

**3304** Zur Bedeutung des Rechts auf das letzte Wort: *Salditt* FS Samson, S. 699.

**3305** So *Hammerstein* FS Tröndle, S. 488; in diesem Sinne auch BGH NStZ 1987, 423.

**3306** BGHSt 3, 368; BGH MDR 1964, 72.

**3307** *Seibert* MDR 1964, 472; siehe ferner BGHSt 3, 368; BGHSt 9, 78, 79; BGH MDR 1964, 72.

**3308** KK-*Ott* § 258 StPO, Rn. 21; BGH MDR 1953, 598 (bei *Dallinger*); RGSt 64, 57, 58; *Seibert* MDR 1964, 471.

**3309** BGH, Beschl. v. 27.2.1990 – 5 StR 56/90 = StV 1990, 247 = NStZ 1990, 291; BGH NStE Nr. 1 zu § 258 StPO – letztes Wort = NStZ 1986, 372.

Benehmens **ausgeschlossen**, muss zumindest der Versuch gemacht werden, ihn vor der Urteilsberatung zur Gewährung des letzten Wortes nochmals zu hören.[3310] Erst wenn sich dieses Unterfangen als aussichtslos darstellt, kann darauf verzichtet werden, dem Angeklagten das letzte Wort zu erteilen.[3311]

Der Vorsitzende hat dem Angeklagten zu seinem letzten Wort ausdrücklich 1407
das Rederecht zu erteilen und ihn auf sein Recht hinzuweisen, wenn der Angeklagte dieses Recht nicht schon von sich aus in Anspruch nimmt.[3312] Dieser Hinweis, der nicht mit den Worten des Gesetzestextes erfolgen muss, ist ebenso in das Hauptverhandlungsprotokoll aufzunehmen wie ein Vermerk über die Tatsache, ob dem Angeklagten das letzte Wort gewährt oder entzogen wurde.[3313] Für beides gilt dementsprechend im Revisionsverfahren die **formelle Beweiskraft des § 274 StPO**.[3314] Auch insoweit haben die Revisionsgerichte strenge Anforderungen an den Protokollinhalt gestellt. So reicht etwa die protokollierte Formulierung: „Nach dem Schluss der Beweisaufnahme erhielten der Vertreter der Staatsanwaltschaft und sodann der Angeklagte und der Verteidiger … das Wort" nicht als Beweis für die Erteilung des letzten Wortes aus, weil die zitierte Reihenfolge den Schluss nahelegt, dass der Verteidiger (und nicht der Angeklagte) zuletzt gesprochen hat.[3315] Auch der im Protokoll enthaltene Vermerk „Der Angeklagte gab weitere Erklärungen nicht ab" wurde vom Revisionsgericht insofern als unzureichend angesehen, als daraus nicht zu entnehmen war, ob der Angeklagte über sein Recht unterrichtet war bzw. ob ihm das letzte Wort tatsächlich erteilt worden ist.[3316] Fehlt der Eintrag im Protokoll, so wurde das letzte Wort nicht erteilt, allerdings kann das Protokoll – gemäß den allgemeinen Grundsätzen[3317] – berichtigt werden.[3318]

---

**3310** *Meyer-Goßner/Schmitt* § 258 StPO, Rn. 20; BGH, Beschl. v. 14.6.2005 – 5 StR 129/05 = NJW 2005, 2466, 2469.

**3311** BGHSt 9, 77; OLG Koblenz MDR 1975, 424; KG StV 1987, 519.

**3312** BGH, Urt. v. 13.10.1992 – 5 StR 476/92 = NStZ 1993, 94; BGHSt 22, 278, 279; BGHSt 18, 84, 86; BGHSt 17, 28, 33; RGSt 42, 51, 52.

**3313** Vgl. im Einzelnen BGH NStZ 1985, 494 (bei *Pfeiffer/Miebach*); BGH StV 1982, 103; BGHSt 22, 278; OLG Hamm VRS 41, 159 und LR-*Stuckenberg* § 258 StPO, Rn. 54.

**3314** BGH, Urt. v. 13.10.1992 – 5 StR 476/92 = NStZ 1993, 94; BGHSt 13, 59; BGHSt 22, 278, 280; BGH StV 1982, 103; BGH NStZ 1983, 212; BGHR StPO § 258 Abs. 3 – Wiedereintritt 1; BGHR StPO § 258 Abs. 3 – letztes Wort 1; OLG Zweibrücken StV 1986, 51; *Hanack* JZ 1972, 275.

**3315** BGH, Beschl. v. 4.12.1991 – 3 StR 464/91.

**3316** BGHR StPO § 258 Abs. 3 – Wiedereintritt 1 = NStZ 1987, 36.

**3317** S. dazu im Einzelnen oben Rn. 389 ff.

**3318** BGH, Beschl. v. 28.6.2011 – 3 StR 485/10 = StV 2012, 523. Zu den Grenzen der Protokollberichtigung in derartigen Fällen vgl. BGH, Beschl. v. 5.6.2019 – 4 StR 130/19 = StV 2019, 812 = StraFo 2019, 421.

1408 Wird dem Angeklagten (oder den anderen Berechtigten, vgl. § 67 JGG[3319], § 104 Abs. 1 Nr. 9 JGG) das letzte Wort durch den Vorsitzenden nicht durch Hinweis erteilt, liegt ein Verfahrensfehler vor. Auf diesem Verstoß gegen § 258 StPO wird das Urteil in der Regel auch **beruhen**, weil Äußerungen des Angeklagten immer geeignet sind, das Urteil zu beeinflussen.[3320] Ausgenommen sind jedoch die Fälle, in denen der Angeklagte schon selbst von seinem Recht auf das letzte Wort Gebrauch macht, weil hier der Hinweis offensichtlich überflüssig wäre.[3321] Fehlt der Hinweis und hat der Angeklagte sich nicht geäußert, wird auf die Rüge der Verletzung von § 258 Abs. 2 2. Hs. oder Abs. 3 StPO auch in Fällen einer geständigen Einlassung regelmäßig jedenfalls der Strafausspruch aufzuheben sein.[3322] Hat der Angeklagte bis dahin in der Hauptverhandlung geschwiegen, kann das Urteil gleichwohl auf dem Verfahrensfehler beruhen, da die Möglichkeit besteht, dass er sich mit dem letzten Wort erstmalig geäußert hätte.[3323]

1409 Schalten sich nach dem letzten Wort andere Verfahrensbeteiligte ein, muss dem Angeklagten wiederum das letzte Wort erteilt werden.[3324] Tritt das Gericht zur Klärung einer bestimmten Frage nach dem letzten Wort des Angeklagten nochmals in die Beweisaufnahme ein, muss es den Angeklagten anschließend ausdrücklich darauf hinweisen, dass er erneut Ausführungen im Rahmen seines

**3319** Vgl. hierzu BGH, Beschl. v. 11.7.2017 – 3 StR 510/16 = StraFo 2017, 456 = NStZ-RR 2017, 349; BGH, Beschl. v. 26.4.2017 – 4 StR 645/16 = StV 2017, 717 = NStZ 2017, 539; *Schlothauer* FS Eisenberg zum 80. Geb., 2019, S. 271. Zur Änderung von § 67 JGG durch das Gesetz zur Stärkung der Verfahrensrechte von Beschuldigten im Jugendstrafverfahren vom 9.12.2019 (BGBl I, S. 2146) siehe BT-Drs. 19/13837, S. 56; vgl. ferner *Epik* StV 2020, 703.

**3320** Vgl. BGH, Beschl. v. 5.6.2019 – 4 StR 130/19 = StV 2019, 421 = StraFo 2019, 812; BGH, Beschl. v. 11.3.2014 – 5 StR 70/14 = StraFo 2014, 251; BGH, Beschl. v. 9.10.2013 – 2 StR 395/13. Vgl. ergänzend auch BGHSt 3, 368, 370; BGHSt 21, 288, 290; BGHSt 22, 278; BGH NJW 1969, 473; BGH MDR 1977, 639 (bei *Holtz*); BGH StV 1985, 155; KK-*Ott* § 258 StPO, Rn. 35.

**3321** BGHSt 18, 84; BGHSt 22, 278; *Meyer-Goßner/Schmitt* § 258 StPO, Rn. 24.

**3322** Vgl. *Meyer-Goßner/Schmitt* § 258 StPO, Rn. 34; BGH, Beschl. v. 4.2.2010 – 1 StR 3/10 = NStZ-RR 2010, 152; BGH, Beschl. v. 24.6.2014 – 3 StR 185/14 = NStZ 2015, 105. Vgl. hierzu auch BGH, Beschl. v. 25.11.2015 – 1 StR 379/15.

**3323** BGH, Beschl. v. 11.3.2014 – 5 StR 70/14 = StraFo 2014, 251.

**3324** BGH, Beschl. v. 30.3.2016 – 4 StR 63/16 = StV 2017, 797 (Verteidiger der Mitangeklagten); BGH, Urt. v. 13.10.1992 – 5 StR 476/92 = NStZ 1993, 94; BGH, Beschl. v. 16.4.1992 – 4 StR 109/92 = StV 1992, 410; BGHR StPO § 258 Abs. 3 – Wiedereintritt 6 = StV 1989, 239; BGHSt 22, 278, 279; BGHSt 18, 84, 86; BGHSt 13, 53, 59; KK-*Ott* § 258 StPO, Rn. 14 ff.; *Meyer-Goßner/Schmitt* § 258 StPO, Rn. 21; *Dahs*, Revision, Rn. 383; *Hammerstein* FS Tröndle, S. 488. Vgl. hierzu: *Bock* ZStW 129 (2017), 748. Zur Frage der Reihenfolge der Erteilung des letzten Wortes bei 15-jährigem Angeklagten und Anwesenheit der Erziehungsberechtigten vgl. BGH, Beschl. v. 11.7.2017 – 3 StR 510/16 = StraFo 2017, 349.

Rechtes aus § 258 Abs. 2 StPO machen kann.[3325] Was als Wiedereintritt zu werten ist, bestimmt sich nach denselben Gesichtspunkten wie beim Schlussvortrag.[3326] Wurde dem Angeklagten nicht die Gelegenheit zum letzten Wort gegeben, kann dies nach der Urteilsverkündung nicht mehr geheilt werden, indem das Urteil nochmals verkündet wird.[3327]

### h) Informationsrechte

**Literatur:** *Bender/Nack* Unzulässige Beschränkung der Verteidigung durch Vorenthaltung der Spurenakten? ZRP 1983, 1; *Fezer* Einsichtsrecht des Strafverteidigers in gerichtliche Dateien, StV 1991, 142; *Gehm* Das Recht auf Akteneinsicht im Steuerstraf- sowie im Besteuerungsverfahren, StV 2016, 185; *Gröger* Das Akteneinsichtsrecht im Strafverfahren unter besonderer Berücksichtigung der Europäischen Menschenrechtskonvention, 2009; *Hilger* Zur Akteneinsicht Dritter in von Strafverfolgungsbehörden sichergestellte Unterlagen, NStZ 1984, 541; *Klussmann* Das Akteneinsichtsrecht des Verteidigers in eigener Sache, NJW 1973, 1965; *Koch* Zum Akteneinsichtsrecht Privater nach § 475 StPO, FS Hamm, 2008, 289; *Lehmann* Einsicht in die Handakte der Staatsanwaltschaft?, GA 2017, 36; *Lüttger* Das Recht des Verteidigers auf Akteneinsicht, NJW 1951, 744; *Schmitz* Das Recht auf Akteneinsicht bei Anordnung von Untersuchungshaft, wistra 1993, 319; *Schulz* Die geschichtliche Entwicklung des Akteneinsichtsrecht im Strafprozess, Diss., Marburg 1971; *Taschke* Die behördliche Zurückhaltung von Beweismitteln, 1989; *ders.* Akteneinsicht und Geheimnisschutz im Strafverfahren, Computer und Recht 1989, 299 u. 410; *ders.* Zum Beschlagnahmeschutz der Handakten des Unternehmensanwalts FS Hamm, 2008, S. 751; *Tondorf* „Begeht der Strafverteidiger eine Strafvereitelung und verletzt er seine Standespflichten, wenn er den Mandanten benachrichtigt, nachdem er von einem geplanten Haft- oder Durchsuchungsbefehl erfahren hat?“, StV 1983, 257; *Wasserburg* Einsichtsrecht des Verteidigers in kriminalpolizeiliche Spurenakten, NStZ 1981, 211; *Welp* Probleme des Akteneinsichtsrechts, Festgabe für Karl Peters, S. 309; *ders.* Rechtsschutz gegen verweigerte Akteneinsicht, StV 1986, 446; *Wettley/Nöding* Akteneinsicht in Telekommunikationsdaten, NStZ 2016, 633; *Wieczorek* Kriminalpolizeiliche Spurenakten, Einsichtsrecht des Verteidigers? Kriminalistik 1984, 598; *Wohlers/Schlegel* Zum Umfang des Rechts der Verteidigung auf Akteneinsicht gemäß § 147 I StPO – Zugleich Besprechung von BGH – Urteil vom 18.6.2009 – 3 StR 89/09, NStZ 2010, 486; *Wölky* Beschränkung der Verteidigung durch Einschränkung des Akteneinsichtsrechts, StraFo 2013, 93; *Zieger* Akteneinsichtsrecht des Verteidigers bei Untersuchungshaft, StV 1993, 320.

---

**3325** Das Gericht darf nicht davon ausgehen, dass der Angeklagte sein Recht auch ohne Belehrung kennt, siehe BGHSt 20, 273; BGH MDR 1966, 893 (bei *Dallinger*); OLG Düsseldorf GA 1976, 371 (Ls).

**3326** Siehe dazu oben, Rn. 1399.

**3327** BGH, Beschl. v. 23.10.2012 – 2 StR 285/12 = StV 2013, 378.

### aa) Akteneinsichtsrecht

1410 Die Revision dient der Rechtskontrolle des tatrichterlichen Verfahrens. Sie kann deshalb nicht dazu herangezogen werden, sämtliche Verfahrensfehler zu korrigieren, die auf dem Weg von der Einleitung eines Ermittlungsverfahrens bis zu einem Urteil begangen wurden. In ihren Kontrollbereich fällt vielmehr nur das, was unmittelbar zum angefochtenen Urteil geführt oder die Verteidigungsmöglichkeiten im gerichtlichen Verfahren eingeschränkt hat. Zu den Voraussetzungen einer wirksamen Verteidigung in der Hauptverhandlung vor dem Tatgericht zählt aber auch die uneingeschränkte **Akteneinsicht des Verteidigers.**[3328] Wird dieses Recht in unzulässiger Weise beschränkt, so kann dies die Revision begründen, wenn das Informationsdefizit sich in der Hauptverhandlung und damit im Urteil ausgewirkt haben kann.

1411 Das Recht zur Akteneinsicht besteht nach § 147 Abs. 1 StPO für den Verteidiger. Nach § 147 Abs. 4 StPO[3329] hat daneben jetzt auch der Beschuldigte, der keinen Verteidiger hat, ein eigenes Akteneinsichtsrecht. Es steht allerdings unter dem Vorbehalt, dass der Untersuchungszweck (auch in einem anderen Verfahren) oder überwiegende schutzwürdige Interessen Dritter der Akteneinsicht nicht entgegenstehen.[3330] Diese Neuregelung könnte an Bedeutung gewinnen, wenn die Akten elektronisch geführt werden. Wie dies die Praxis beeinflussen wird, bleibt abzuwarten.

1412 Das Akteneinsichtsrecht der Verteidigung erstreckt sich auf alle dem Gericht nach § 199 Abs. 2 Satz 2 StPO vorzulegenden Akten, sowie auf die Beweismittel, die der Verteidiger an ihrem Verwahrungsort besichtigen kann.[3331] Für die Führung der Akten gilt dabei das Gebot der Aktenwahrheit und der Aktenvollständigkeit.[3332] Nach der Rechtsprechung nicht von § 147 StPO erfasst ist ein Recht auf Erweiterung der Akten, etwa um Zusammenfassungen von Ermittlungsergebnissen,[3333] was aber nicht so verstanden werden darf, dass bereits

**3328** Das Akteneinsichtsrecht ist Ausprägung des Rechts auf ein faires Verfahren: BGHSt 36, 305, 309; OLG Brandenburg StV 1996, 7, 8 jeweils mwN.

**3329** In der Fassung des Gesetzes zur Einführung der elektronischen Akte in der Justiz und zur weiteren Förderung des elektronischen Rechtsverkehrs vom 5.7.2017 (BGBl. I, 2208). Zur Bedeutung der Gesetzesänderung vgl. LR-*Jahn* § 147 StPO, Rn. 7.

**3330** Vgl. hierzu *Meyer-Goßner/Schmitt* § 147 StPO, Rn. 31 f.

**3331** BGH, Beschl. v. 18.6.2009 – 3 StR 89/09 = StV 2010, 228 m. Anm. *Stuckenberg*; hierzu: *Wohlers/Schlegel* NStZ 2010, 486. Vgl. ferner: LR-*Jahn* § 147 StPO, Rn. 24 ff. und Rn. 115ff.; *Meyer-Goßner/Schmitt* § 147 StPO, Rn. 19; *Rieß* FG Peters, S. 120 und *Schäfer* NStZ 1984, 203.

**3332** Vgl. BVerfG, Beschl. v. 15.5.2019 – 2 BvR 1884/17; BVerfG, Beschl. v. 14.7.2016 – 2 BvR 2474/14 = StV 2017, 361; *Meyer-Goßner/Schmitt* § 147 StPO, Rn. 14 mwN. .

**3333** Vgl. dazu BGH, Beschl. v. 11.2.2014 – 1 StR 355/13 = StV 2015, 10 m. krit. Anm. *Gercke*.

entstandene Zusammenfassungen von den Akten ferngehalten werden dürfen.[3334] Die Modalitäten der Akteneinsicht sind nunmehr in § 32f Abs. 2 und Abs. 3 StPO geregelt.[3335] Dass der Verteidiger entgegen einer immer wieder in der Praxis anzutreffenden Ansicht nicht nur befugt, sondern sogar verpflichtet ist, die aus den Akten erlangten Kenntnisse an den Mandanten weiterzugeben, entspricht heute allgemeiner Ansicht.[3336] Grenzen hierfür kann es jedoch geben, wenn die Informationsweitergabe der Vereitelung von bevorstehenden Ermittlungsmaßnahmen dienen würde.[3337]

Über die Gewährung der Akteneinsicht entscheidet im Ermittlungsverfahren 1413
die Staatsanwaltschaft, vom Eingang der Anklage bei Gericht an der Vorsitzende des mit der Sache befassten Gerichts (§ 147 Abs. 5 StPO). Nach Einlegung der Berufung oder Revision ist zunächst der Vorsitzende des Tatgerichts, nach Weiterleitung der Akten sodann der Vorsitzende des Rechtsmittelgerichts für die Gewährung der Akteneinsicht zuständig.[3338] Die Frage, inwieweit die Staatsanwaltschaft bei ihren Entscheidungen über die Gewährung von Akteneinsicht im Rahmen des Ermittlungsverfahrens einer richterlichen Kontrolle unterworfen ist,[3339] wird sich auf den Verlauf der Hauptverhandlung in der Regel schon deshalb nicht auswirken, weil mit dem Abschluss der Ermittlungen das uneingeschränkte Akteneinsichtsrecht der Verteidigung gegeben ist (arg. §§ 147 Abs. 2 und Abs. 6, 169a StPO). Ansatzpunkte für Revisionsrügen werden sich deshalb im Allgemeinen aus Beschränkungen der Akteneinsicht im Ermittlungsverfahren nicht ergeben.

---

**3334** BGH, Beschl. v. 18.6.2009 – 3 StR 89/09 = StV 2010, 228, 229. Vgl. auch OLG Köln, Beschl. v. 27.2.2015 – 1 RBs 56/15 = StV 2015, 677.

**3335** Vgl. hierzu auch die auf der Grundlage von § 32f Abs. 6 StPO ergangene Verordnung über die Standards für die Einsicht in elektronische Akten im Strafverfahren (StraftAktEinVO) vom 24.2.2020 (BGBl. I, S. 242).

**3336** BGH, Beschl. v. 11.2.2014 – 1 StR 355/13 = StV 2015, 10, 13; BGHSt 29, 99, 102 = JR 1981, 73, 76 (m. Anm. *Müller-Dietz*); OLG Frankfurt NStZ 1981, 144; MüKoStPO/*Thomas*/*Kämpfer* § 147 StPO, Rn. 45; *Meyer-Goßner*/*Schmitt* § 147 StPO, Rn. 20; *Bode* MDR 1981, 287; *Krekeler* wistra 1983, 43, 47.

**3337** Vgl. *Meyer-Goßner*/*Schmitt* § 147 StPO Rn. 21; *Tondorf* StV 1983, 257; MüKoStPO/*Thomas*/*Kämpfer* § 147 Rn. 45. Siehe hierzu auch *Jahn*, Formularbuch, I.B.1c. Zur Bedeutung von § 184b StGB in diesem Zusammenhang: BGH, Urt. v. 19.3.2014 – 2 StR 445/13 = NStZ 2014, 514 und OLG Frankfurt, Beschl. v. 2.11.2012 – 2 Ws 114/12 = NJW 2013, 1107.

**3338** Vgl. LR-*Jahn* § 147 StPO, Rn. 188.

**3339** Zur Frage der Anfechtbarkeit der Entscheidung der Staatsanwaltschaft im Ermittlungsverfahren nach § 147 Abs. 5 StPO *Meyer-Goßner*/*Schmitt* § 147 StPO, Rn. 39 ff. mwN; MüKoStPO/*Thomas*/*Kämpfer* § 147 StPO, Rn. 57 ff., LR-*Jahn* § 147 StPO, Rn. 203 ff.

1414 Der Verteidiger hat Anspruch auf Einsicht in die kompletten und **vollständigen Akten**, wie sie dem Gericht vorliegen.[3340] Eine Bewertung, ob der Akteninhalt verfahrensrelevant ist, findet nicht statt.[3341] Unter den Begriff der Akte i.S.v. § 147 StPO fallen nicht[3342] die Handakten der Staatsanwaltschaft,[3343] innerdienstliche Vorgänge,[3344] Senatshefte,[3345] Entwürfe, die noch nicht Bestandteil der Akten sein sollten,[3346] oder Mitschriften von Mitgliedern des Gerichts während der Hauptverhandlung.[3347] Das Akteneinsichtsrecht erstreckt sich grundsätzlich auch auf Beiakten (wie z.B. beigezogene Akten eines Zivil- oder Verwaltungsverfahrens).[3348]

1415 Für die Schuld- und Straffrage Wesentliches darf der Verteidigung nicht vorenthalten werden, was jedoch nicht bedeutet, dass der Vorsitzende die Akteneinsicht auf Teile beschränken darf, von denen er glaubt, dass nur sie für die Beurteilung der Schuld- oder Straffrage relevant sind.[3349] Der Verteidigung ist deshalb auch Einblick in dem Gericht zur Verfügung stehende **Bild-, Ton- und Videoaufnahmen** zu gewähren.[3350] Auch Aufzeichnungen, die eine **Telefonüberwachung** wiedergeben, müssen dem Verteidiger – selbst wenn kein verfahrensrelevantes Ergebnis erzielt wurde – zur Verfügung gestellt werden, da

---

**3340** Vgl. BVerfGE 18, 405 = NJW 1965, 1171; siehe auch OLG Koblenz NJW 1981, 1570; vgl. auch MüKoStPO/*Thomas/Kämpfer* § 147 StPO, Rn. 13.

**3341** BGH, Beschl. v. 18.6.2009 – 3 StR 89/09 = StV 2010, 228, 229.

**3342** Vgl. hierzu *Wohlers/Schlegel* NStZ 2010, 486, 491.

**3343** Vgl. dazu *Lehmann* GA 2017, 40; MüKoStPO/*Thomas/Kämpfer* § 147 StPO, Rn. 17.

**3344** OLG Karlsruhe NStZ 1982, 299; BGH, Beschl. v. 18.6.2009 – 3 StR 89/09 = StV 2010, 228, 229.

**3345** Diese enthalten nur Vorgänge, die auch in den Strafakten enthalten sind oder zu ihnen gelangen (vgl. BGH, Beschl. d. Vors. v. 10.4.2017 – 5 StR 493/16; BGH, Beschl. v. 17.8.2004 – 3 StR 24/04 = StraFo 2005, 28; BGH, Beschl. v. 27.4.2001 – 3 StR 112/01 = NStZ 2001, 551; BGH, Beschl. v. 27.3.1991 – 2 StR 426/90 (3)).

**3346** BGHSt 29, 394.

**3347** BGH, Beschl. v. 18.6.2009 – 3 StR 89/09 = StV 2010, 228 = StraFo 2009, 338; BGH, Beschl. v. 8.7.2009 – 2 StR 54/09 = BGHSt 54, 37 = StV 2010, 118; siehe auch BVerfG, Beschl. v. 21.3.2001 – 2 BvR 403/01.

**3348** Vgl. LR-*Jahn* § 147 StPO, Rn. 65 ff; MüKoStPO/*Thomas/Kämpfer* § 147 StPO, Rn. 15.

**3349** BGH, Beschl. v. 24.11.1987 – 4 StR 587/87 = BGHR StPO § 147 Abs. 1 – Verfahrensakten 1; BGH, Beschl. v. 10.10.1990 – StB 14/90 = BGHSt 37, 204 = StV 1991, 1 = NStZ 1991, 94; MüKoStPO/*Thomas/Kämpfer* § 147 StPO, Rn. 13.

**3350** Vgl. BGH, Beschl. v. 11.2.2014 – 1 StR 355/13 = StV 2015, 10; BGH, Beschl. v. 18.6.2009 – 3 StR 89/09 = StV 2010, 228, 229; OLG Karlsruhe, Beschl. v. 29.5.2012 – 2 Ws 146/12 = StV 2013, 74 m. Anm. *Beulke/Witzigmann*; BayObLG, Beschl. v. 27.11.1990 – 2 Ob OWi 279/90 = NJW 1991, 1070 (Videoaufzeichnung in einem Bußgeldverfahren); LG Itzehoe StV 1991, 555; *Meyer-Goßner/Schmitt* § 147 StPO, Rn. 19a mwN.

nie ausgeschlossen werden kann, dass sich daraus nicht doch schuld- oder rechtsfolgenrelevante Umstände ergeben könnten.[3351] Das gilt auch für vorliegende Zusammenfassungen und Kurzübersetzungen von in einer Fremdsprache geführten Telefongesprächen.[3352] Für das Verfahren bedeutsame Akten anderer Behörden, Beweismittelordner mit beschlagnahmten Urkunden und polizeiliche Spurenakten kann der Verteidiger einsehen, sofern ihnen für die Schuld- oder Straffrage Relevanz zukommt.[3353]

Gegen die Verweigerung der Akteneinsicht durch den Vorsitzenden kann 1416
mit der einfachen Beschwerde vorgegangen werden (§ 304 Abs. 1 und Abs. 4 Satz 2 Nr. 4 StPO).[3354] Dies betrifft in der Praxis insbesondere Entscheidungen im Rahmen des Zwischenverfahrens, kann im Einzelfall aber auch für Entscheidungen während eines laufenden Hauptverfahrens Bedeutung haben.[3355] Verschiedentlich wird allerdings vertreten, aus § 305 S. 1 StPO ergebe sich, dass der Angeklagte Entscheidungen des erkennenden Gerichts nicht mit der Beschwerde anfechten könne.[3356] Dem kann jedoch nicht gefolgt werden.[3357]

Unabhängig davon kann mit der Revision geltend gemacht werden, dass 1417
die Akteneinsicht in der Hauptverhandlung zu Unrecht abgelehnt worden ist[3358] oder dass sich eine im Vor- oder Zwischenverfahren verfügte Beschränkung des Akteneinsichtsrechts noch in der Hauptverhandlung ausgewirkt hat.[3359] Da die

**3351** Vgl. BGH, Beschl. v. 11.2.2014 – 1 StR 355/13 = StV 2015, 10 m. Anm. *Gercke*; LG Itzehoe StV 1991, 555; s. hierzu auch *Wettley/Nöding* NStZ 2016, 633 und EGMR, Urt. v. 25.7.2019 – 1586/15 = NJW 2020, 3019.

**3352** BGH, Beschl. v. 18.6.2009 – 3 StR 89/09 = StV 2010, 228, 229.

**3353** Zum Streit um den sog. formellen Aktenbegriff vgl. MüKoStPO/*Thomas/Kämpfer* § 147 StPO, Rn. 13; BGHSt 30, 131, 138, bestätigt durch BVerfGE 63, 45 = NStZ 1983, 273 (m. Anm. *Peters*) = StV 1983, 177 (m. Anm. *Amelung*), sowie ergänzend *Wasserburg* NJW 1980, 2441; *Beulke* FS Dünnebier, S. 285, 293 sowie BGH StV 1981, 500; *Peters* NStZ 1983, 276 und LR-*Jahn* § 147 StPO, Rn. 37 ff.; *Ignor/Peters*, Formularbuch, VII.B.4.

**3354** MüKoStPO/*Thomas/Kämpfer* § 147 StPO, Rn. 60; LR-*Jahn* § 147 StPO, Rn. 213; *Meyer-Goßner/Schmitt* § 147 StPO, Rn. 41.

**3355** Vgl. etwa OLG Brandenburg, Beschl. v. 11.5.1995 – Ws 89/95 = StV 1996, 7, 8.

**3356** *Meyer-Goßner/Schmitt* § 147 StPO, Rn. 41 mwN; KG, Beschl. v. 8.3.2016 – 3 Ws 114/16 = NStZ-RR 2016, 143; OLG Nürnberg, Beschl. v. 18.5.2015 – 1 Ws 189/15 = NStZ-RR 2015, 250 = wistra 2015, 365.

**3357** So auch KK-*Willnow* § 147 StPO, Rn. 28; MüKoStPO/*Thomas/Kämpfer* § 147 StPO, Rn. 60; *Altenhain* StraFo 2015, 377; vgl. auch OLG Karlsruhe, Beschl. v. 19.3.2015 – 2 VAs 19/14 = NStZ 2016, 126.

**3358** BGHSt 30, 131; BGH StV 1985, 4 = NStZ 1985, 87 = wistra 1985, 105; BGH StV 1988, 193 = BGHR StPO § 147 Abs. 1 – Verfahrensakten 1.

**3359** LR-*Jahn* § 147 StPO, Rn. 218.

Entscheidung über die Gewährung von Akteneinsicht kraft Gesetzes in die alleinige Zuständigkeit des Vorsitzenden fällt (§ 147 Abs. 5 StPO), ist nach zutreffender Ansicht die vorherige Anrufung des Gerichts nach § 238 Abs. 2 StPO nicht Voraussetzung für die Erhebung einer entsprechenden Verfahrensrüge.[3360] Soweit in der Revision aber die Angriffe gegen die Versagung der Akteneinsicht mit weiteren Angriffen verknüpft werden, kann sich die Rechtslage anders darstellen und die Herbeiführung einer Entscheidung nach § 238 Abs. 2 StPO als Voraussetzung für die Erhebung einer Verfahrensrüge erforderlich sein.

1418 Wurde die **Akteneinsicht** so **spät** ermöglicht, dass die Verteidigung nicht mehr ausreichend vorbereitet und sachgemäß geführt werden konnte, kann hierin ein Verstoß gegen den Anspruch auf ein faires Verfahren liegen.[3361] Dies ist auch dann der Fall, wenn die Verteidigung zunächst Akteneinsicht erhalten hat, dann aber Unterlagen über weitere Ermittlungsergebnisse zu den Akten gereicht werden, ohne dass die Verteidigung später ausreichend Einsicht in diese Dokumente nehmen konnte.[3362] Den Grundsatz des fairen Verfahrens kann das Gericht auch dadurch verletzen, dass es dem Verteidiger und dem Angeklagten nicht Kenntnis vom Ergebnis verfahrensbezogener Ermittlungen gibt, die außerhalb der Hauptverhandlung stattgefunden haben,[3363] – so etwa bei einer während der Hauptverhandlung durchgeführten Telefonüberwachung,[3364] oder bei einem fehlenden Hinweis des Gerichts auf ein während einer einjährigen Hauptverhandlung zu den Akten gelangtes schriftliches Sachverständigengutachten.[3365]

1419 Ist die erforderliche Zeit zur Durchsicht beigezogener oder nachträglich vorgelegter Akten bei einer bereits laufenden oder jedenfalls terminierten Hauptverhandlung nicht gegeben, so kann dies deren Unterbrechung oder auch die **Aussetzung** rechtfertigen (vgl. § 265 Abs. 4 StPO).[3366] Wird ein hierauf ge-

**3360** Vgl. KK-*Willnow* § 147 StPO, Rn. 31. Anders insoweit: *Dahs*, Revision, Rn. 217.

**3361** Vgl. hierzu die Sachverhalte in OLG Frankfurt NJW 1960, 1731; KG StV 1982, 10; BGH StV 1988, 193; OLG Karlsruhe AnwBl. 1981, 18; OLG Düsseldorf, Beschl. v. 22.3.1991 – 2 Ws 121/91 = StV 1992, 100 (Einsicht in die Akten eines umfangreichen Verfahrens wurde eine Stunde vor der Hauptverhandlung gewährt) und OLG Brandenburg, Beschl. v. 20.9.1995 – 2 Ws 174/95 = StV 1996, 7, 8.

**3362** OLG Hamm 1972, 1096; LR-*Jahn* § 147 StPO, Rn. 219.

**3363** BGHSt 36, 305 = NJW 1990, 584 = StV 1990, 49 = NStZ 1990, 193; vgl. ferner BGH, Urt. v. 5.4.1995 – 5 StR 681/94 = StV 1995, 396, 397.

**3364** BGHSt 36, 305.

**3365** Vgl. *Hamm* FS Salger, S. 282.

**3366** Siehe hierzu im Einzelnen unten Rn. 1483; *Meyer-Goßner/Schmitt* § 265 StPO, Rn. 42 und KK-*Kuckein/Bartel* § 265 StPO, Rn. 32.

richteter Antrag durch Gerichtsbeschluss zurückgewiesen, so kann darin eine unzulässige Beschränkung der Verteidigung i.S.v. § 338 Nr. 8 StPO liegen.[3367] In der Zurückhaltung verfahrensrelevanter Akten oder Beiakten durch die Staatsanwaltschaft entgegen § 199 Abs. 2 Satz 2 StPO oder in der Verweigerung der Akteneinsicht durch das erkennende Gericht kann zudem ein Verstoß gegen die Aufklärungspflicht liegen.[3368]

Als Folge der Digitalisierung stellt sich in letzter Zeit immer häufiger die Frage, in welcher Art und Weise Zugang zu **elektronischen Beweismitteln** zu gewähren ist. Sie kann im Zusammenhang mit den umfangreichen Datenbeständen Bedeutung erlangen, die als Ergebnis von Überwachungsmaßnahmen (insb. des Telekommunikationsverkehrs) entstanden sind, oder z.B. auch im Zusammenhang mit dem Zugang zu sichergestellten Datenbeständen eines Wirtschaftsunternehmens. Nur ein Teil der Rechtsfragen, die sich hierbei stellen, wird durch § 32f Abs. 2 StPO und § 147 StPO[3369] ausdrücklich geregelt. Beide Bestimmungen müssen unter Berücksichtigung des Grundsatzes des fairen Verfahrens ausgelegt werden. Diesem Grundsatz würde es nicht gerecht, wenn die in § 147 Abs. 1 StPO enthaltene Regelung, wonach die Verteidigung lediglich befugt ist, amtlich verwahrte Beweismittel „zu besichtigen", umstandslos auch auf die Fallgestaltungen angewandt wird, die als Folge moderner Ermittlungsmethoden entstanden sind: Verfügen die Ermittlungsbehörden z.B. nach lange andauernden TKÜ-Maßnahmen über eine **Vielzahl von Audiodateien** mit aufgezeichneten Gesprächen, so kann die Verteidigung nicht schon deshalb alleine auf das in § 147 Abs. 1 StPO enthaltene Besichtigungsrecht[3370] verwiesen werden, weil die Audiodateien grundsätzlich als Beweismittel gelten. Der Inhalt von hunderten von Telefongesprächen lässt sich regelmäßig auch im Rahmen eines mehrtägigen Besuches auf einem Polizeirevier nicht wirklich erfassen.[3371] Zudem wird es unter solchen Bedingungen zumeist unmöglich sein, die Gespräche zusammen mit dem Beschuldigten anzuhören. Das kann aber gerade dann wichtig sein, wenn es zur Beurteilung des Beweiswertes eines Gesprächs nicht nur auf 1420

**3367** S. dazu im Einzelnen oben Rn. 701 und 707; BGH NStZ 1985, 87; BGH StV 1988, 193; KG StV 1982, 10; KG VRS 83, 428.

**3368** Vgl. LR-*Jahn* § 147 StPO, Rn. 220 mwN.

**3369** In der Fassung des Gesetzes zur Einführung der elektronischen Akte in der Justiz und zur weiteren Förderung des elektronischen Rechtsverkehrs vom 5.7.2017 (BGBl. 2017 I, 2208); vgl. zum Anwendungsbereich der früheren Regelung in § 147 Abs. 4 StPO a.F. und den Abweichungen: KK-*Willnow* § 147 StPO, Rn. 10.

**3370** Obwohl § 32f StPO anders formuliert ist als § 147 Abs. 4 StPO a.F., besteht nach h.M. ein „Mitgabeverbot" für Beweisstücke (vgl. hierzu *Meyer-Goßner/Schmitt* § 147 StPO, Rn. 19 mwN).

**3371** Dazu ausführlich *Wettley/Nöding* NStZ 2016, 633.

den Wortlaut der Äußerungen, sondern z.B. auch auf die Intonation oder bestimmte Zusammenhänge mit anderen Gesprächen ankommt.

1421 Nach zutreffender Ansicht hat die Verteidigung in solchen Fällen deshalb einen Anspruch auf Aushändigung einer Kopie eines Datenträgers mit den abgehörten Kommunikationsvorgängen.[3372] Zu Recht wird in diesem Zusammenhang darauf verwiesen, dass ein solcher **Datenträger** – sofern er sich bereits bei den Akten befindet – nicht selbst als Beweisstück i.S.v. § 147 Abs. 1 StPO, sondern als Aktenbestandteil zu werten ist.[3373] Bedenken gegen diese Lösung werden mit den Persönlichkeitsrechten der unbeteiligten Gesprächsteilnehmer und dem Datenschutz begründet.[3374] So berechtigt diese Einwände sind: Sie dürfen im Ergebnis nicht dazu führen, dass der Verteidigung der Zugriff auf potentiell entlastendes Material verwehrt bleibt. Soweit aus dem Gesetz ein Verbot der Mitnahme von sachlichen Beweismitteln abgeleitet wird,[3375] kann dieses Verbot der Aushändigung von Kopien elektronischer Dateien schon deshalb nicht entgegenstehen, weil es primär verhindern soll, dass Beweismittel verfälscht werden und dies bei der Aushändigung eines Datenträgers mit Kopien von Dateien ausgeschlossen ist.[3376]

1422 Soll mit einer Verfahrensrüge geltend gemacht werden, dass nicht in ausreichender Weise Akteneinsicht gewährt wurde, sind – je nach Fallkonstellation – besondere **Rügeanforderungen** zu beachten: Bei der Rüge der nicht rechtzeitig gewährten Akteneinsicht hat der Revisionsführer darzulegen, wie lange die Akten zur Verfügung gestanden haben und aus welchem Grund dieser Zeitraum unzureichend war.[3377] Die Rüge einer unzulässigen Beschränkung der Verteidigung gem. § 338 Nr. 8 StPO ist nach der Rechtsprechung nur dann zulässig er-

**3372** *Meyer-Goßner/Schmitt* § 147 StPO, Rn. 19c; OLG Saarbrücken, Beschl. v. 11.11.2018 – 1 Ws 258/18 = StV 2019, 179; KG, Beschl. v. 5.7.2017 – 172 OJs 6/16 = NStZ 2018, 119; OLG Zweibrücken, Beschl. v. 11.11.2017 – 1 Ws 348/16 = StV 2017, 437 m. Anm. *Wölky*; OLG Frankfurt, Beschl. v. 11.8.2015 – 3 Ws 438/15 = StV 2016, 148 m. Anm. *Killinger*. S. zur Thematik auch *Mosbacher* JuS 2017, 217; BGH, Beschl. v. 11.2.2014 – 1 StR 355/13 = StV 2015, 10.

**3373** OLG Saarbrücken, Beschl. v. 11.11.2018 – 1 Ws 258/18 = StV 2019, 179, 180; OLG Zweibrücken, Beschl. v. 11.1.2017 – 1 Ws 348/16 = StV 2017, 437; OLG Hamburg, Beschl. v. 27.5.2016 – 2 Ws 88/16 = StraFo 2016, 344.

**3374** Einen Anspruch auf Kopien nur im Einzelfall bejahend: OLG Celle, Beschl. v. 26.8.2016 – 1 Ws 415/16 = NStZ-RR 2017, 48; OLG Karlsruhe, Beschl. v. 29.5.2012 – 2 Ws 146/12 = NJW 2012, 2742 m. abl. Anm. *Meyer-Mews*; OLG Frankfurt, Beschl. v. 13.9.2013 – 3 Ws 879/13. Den Anspruch auf Kopien vollständig ausschließend: OLG Nürnberg, Beschl. v. 11.2.2015 – 2 Ws 8/15 = wistra 2015, 246 = StraFo 2015, 103 m. Anm. *Wesemann/Mehmeti*.

**3375** *Meyer-Goßner/Schmitt* § 147 StPO, Rn. 19.

**3376** Vgl. hierzu: *Wölky* StraFo 2013, 496.

**3377** BGH, Beschl. v. 21.3.1990 – 4 StR 29/90 = StV 1990, 532.

hoben, wenn eine konkret-kausale Beziehung zwischen dem Verfahrensfehler (unvollständige Akteneinsicht §§ 147, 228 StPO, Verstoß gegen den Grundsatz des fairen Verfahrens Art. 20 Abs. 3 i.V. mit Art. 2 Abs. 1 GG) und einem für die Entscheidung wesentlichen Punkt dargelegt wird.[3378] Nach Ansicht des BGH ist dem nur entsprochen, wenn eine Aktenstelle genau bezeichnet wird, die unbekannt geblieben ist, und zugleich dargelegt wird, welche Konsequenzen die Verteidigung hieraus gezogen hätte.[3379] Das kann für den Beschwerdeführer im Einzelfall schwer erfüllbar sein – insbesondere wenn er z.B. die ihm lange Zeit verwehrte Einsicht in umfangreiche Aktenbestände erst erhält, wenn die Revisionsbegründungsfrist bereits läuft. Werden hier die Anforderungen überspannt, kann dies die verfassungsrechtlichen Vorgaben für die Auslegung von einfachrechtlichen Zulässigkeitsanforderungen[3380] verletzen.[3381]

Soll mit der Revision geltend gemacht werden, das Gericht habe es ver- 1423
säumt, die Beteiligten darauf hinzuweisen, dass sich der Aktenbestand nachträglich geändert hat (also z.B. ein zusätzliches Gutachten eingegangen ist), betrifft dies eine mögliche Verletzung des Anspruchs auf ein faires Verfahren (Art. 20 Abs. 3 GG und Art. 6 EMRK). Die Pflicht, einen **Hinweis auf die Änderung des Aktenbestandes** zu geben, setzt einen Vertrauenstatbestand voraus. Dieser kann entstehen, wenn der Angeklagte (oder der Verteidiger) Einsicht in die Akten genommen hat und danach eine Veränderung der Aktenlage eintritt, mit der nicht mehr gerechnet werden musste, – so insbesondere wenn der Bestand der Akten kurz nach einem Akteneinsichtsgesuch erweitert wird.[3382] Die Revisionsbegründung sollte die hierfür maßgeblichen Umstände möglichst genau darstellen. Soll gerügt werden, dass es zu einer nachträglichen Änderung des Aktenbestandes gekommen ist, muss sich die Rüge zudem zu der Frage äußern, ob die neuen Aktenbestandteile zum Gegenstand der Hauptverhandlung gemacht wurden. Selbst wenn keine Akteneinsicht gewährt

---

**3378** BGH, Beschl. v. 23.9.2003 – 1 StR 341/03 = NStZ-RR 2004, 50; BGH, Beschl. v. 11.11.2004 – 5 StR 299/03 = BGHSt 49, 317; BGHSt 30, 131, 135; BGH, Urt. v. 24.11.1999 – 3 StR 390/99 = NStZ 2000, 212; BGH, Urt. v. 23.4.1998 – 4 StR 57/98 = BGHSt 44, 82, 90.

**3379** BGH, Beschl. v. 23.2.2010 – 4 StR 599/09 = NStZ 2010, 530; BGH, Beschl. v. 11.2.2014 – 1 StR 355/13 = StV 2015, 10. Vgl. auch BGH, Beschl. v. 11.11.2004 – 5 StR 299/03 = BGHSt 49, 317 = NJW 2005, 300 = StV 2005, 423.

**3380** BVerfG, Beschl. v. 25.1.2005 – 2 BvR 656/99 u.a. = BVerfGE 112, 185 = NJW 2005, 1999.

**3381** Vgl. zu den Anforderungen an eine Verfahrensrüge im Bußgeldverfahren: OLG Jena, Beschl. v. 1.3.2016 – 2 OLG 101 Ss Rs 131/15 = NJW 2016, 1457, 1459 m. Anm. *Leitmeier*; a.A. wohl noch OLG Celle, Beschl. v. 10.6.2013 – 311 SsRs 98/13 = NStZ 2014, 526 m. abl. Anm. *Cierniak/Niehaus*.

**3382** BGH, Beschl. v. 10.5.2017 – 1 StR 145/17 = NStZ 2017, 549 m. Anm. *Tully*.

wurde, könnten sie den Verfahrensbeteiligten hierdurch bekannt geworden sein.

### bb) Akkusationsprinzip (Verlesung und Umgestaltung der Anklage, Nachtragsanklage)

**Literatur:** *Börner* § 243 III 1 StPO und der Große Senat für Strafsachen, NStZ 2011, 234; *Geppert* Zur straf- und strafverfahrensrechtlichen Bewältigung von Serienstraftaten nach Wegfall der Rechtsfigur der „fortgesetzten Handlung“, NStZ 1996, 57 u. 118; *Hamm* Das Ende der fortgesetzten Handlung, NJW 1994, 1636; *Krause/Thon* Mängel der Tatschilderung im Anklagesatz, StV 1985, 252; *Kröpil*, Zum Anklagesatz bei Serienstraftaten, DRiZ 2010, 369; *Mayer/Carra*, Müssen Anklageschriften wegen Vorenthaltens von Arbeitsentgelt (§ 266a Abs. 1, Abs. 2 StGB) die betroffenen Arbeitnehmer individualisiert bezeichnen?, NZWiSt 2018, 281; *Puppe* Die Individualisierung der Tat in Anklageschrift und Bußgeldbescheid und ihre nachträgliche Korrigierbarkeit, NStZ 1982, 230; *Weiland* Von Recht und Pflicht der Anklageerhebung, NStZ 1991, 574; *Ziegert*, Der Anklagesatz. Novellierung durch Rechtsprechung, FS Schöch, S. 879.

1424 Das in den §§ 151, 152 StPO geregelte **Anklageprinzip** ist der strafprozessuale Ausdruck der institutionellen Trennung zwischen Staatsanwaltschaft und Gericht. Durch die §§ 155, 264 StPO ist das Gericht bei seiner Tatsachenaufklärung auf den Inhalt des Anklagesatzes der Staatsanwaltschaft beschränkt.[3383] Die Eröffnung des Hauptverfahrens ist nur aufgrund der Erhebung einer Anklage durch die Staatsanwaltschaft möglich.[3384] Die hieraus resultierende zentrale verfahrensrechtliche Bedeutung der Anklageschrift hat dazu geführt, dass eine hinreichend genaue Beschreibung der den Gegenstand der gerichtlichen Untersuchung bildenden Tat durch den Anklagesatz und den ihn gegebenenfalls ergänzenden Eröffnungsbeschluss als Verfahrensvoraussetzung angesehen wird.[3385]

1425 Die Anklageschrift hat eine **Umgrenzungs- und eine Informationsfunktion.** Sie soll zusammen mit dem Eröffnungsbeschluss den Verfahrensgegenstand im Sinne der §§ 155, 264 StPO umgrenzen und damit deutlich machen,

---

**3383** Hierin liegt der rechtliche Gegensatz zum früheren Inquisitionsrichter, vgl. *Roxin/Schünemann*, Strafverfahrensrecht, § 13.

**3384** Ausnahmen hiervon enthalten das Privatklageverfahren (§§ 374 ff. StPO), das Klageerzwingungsverfahren (§ 172 StPO) und das Abgabenrecht (§ 400 AO).

**3385** Vgl. dazu etwa BGH, Urt. v. 9.1.2018 – 1 StR 370/17 = StV 2019, 1 m. Anm. *Lange* = NStZ 2018, 338 m. Anm. *Welnhofer-Zeitler*; BGH, Urt. v. 25.9.2014 – 4 StR 69/14 = NJW 2015, 181; BGH, Urt. v. 24.1.2012 – 1 StR 412/11 = BGHSt 57, 88 = NJW 2012, 867 = NStZ 2013, 351 m. Anm. *Wenske*. Kein Verfahrenshindernis hingegen bei Mängeln des wesentlichen Ergebnisses der Ermittlungen: BGH, Urt. v. 25.1.1995 – 3 StR 448/94 = BGHSt 40, 390 = NJW 1996, 1221 = StV 1995, 337 = NStZ 1995, 297 (m. Anm. *Fezer*).

welchen Sachverhalt die Staatsanwaltschaft dem Angeschuldigten vorwirft; sie soll auf diese Weise zugleich den Umfang der Rechtskraft mitbestimmen.[3386] Die Anklageschrift erfüllt daneben auch eine Informationsfunktion, indem sie den Angeklagten über den Tatvorwurf in Kenntnis setzt und ihm damit die Möglichkeit einer sachgerechten Verteidigung eröffnet.[3387]

Beide Funktionen kann die Anklageschrift nicht erfüllen, wenn sie keine 1426
genaue Beschreibung des **Prozessgegenstandes** enthält. Schon aus dem Gesetz ergibt sich, dass „die Tat" und daneben „Zeit und Ort ihrer Begehung" aufzuführen sind. Wesentlich ist dabei, dass die Angaben so genau sind, dass die Identität des geschichtlichen Vorgangs klargestellt ist und erkennbar wird, welche bestimmte Tat gemeint ist.[3388] Insbesondere muss sich das beschriebene Geschehen von möglichen anderen Handlungen des Angeklagten unterscheiden und abgrenzen lassen.[3389] Aus diesen allgemeinen Vorgaben lassen sich aber nur schwer konkrete Anforderungen für die Formulierung von Anklagesätzen ableiten. Das wird schnell deutlich, wenn man sich vor Augen führt, welch unterschiedliche Verhaltensweisen durch die verschiedenen Straftatbestände unter Strafe gestellt werden. Bei Delikten, die durch die Herbeiführung eines konkreten Erfolges gekennzeichnet sind, wie z.B. bei der Brandstiftung, stellt sich die Frage nach „Zeit und Ort der Begehung" völlig anders als bei Delikten, bei denen sich das strafbare Verhalten über Monate oder Jahre hinziehen kann (wie z.B. bei der Zuwiderhandlung gegen ein Vereinsverbot oder der Mitgliedschaft in einer kriminellen Vereinigung).

Wird mit der Anklage der Vorwurf des Totschlags erhoben, ist der Anklage- 1427
satz in der Regel schon durch die Angabe des Tatopfers hinreichend konkretisiert,[3390] weil der Tod eines Menschen ein einmaliger Vorgang ist.[3391] Andere Anforderungen müssen hingegen gelten, wenn dem Angeklagten vorgeworfen

**3386** BGH, Urt. v. 24.1.2012 – 1 StR 412/11 = BGHSt 57, 88 = NJW 2012, 867 = NStZ 2013, 351 m. Anm. *Wenske*.

**3387** Zur Informationsfunktion der Anklageschrift vgl. LR-*Stuckenberg* § 200 StPO, Rn. 3 ff.; *Krause/Thon* StV 1985, 252, 253; *Schlüchter* JR 1990, 10, 12; vgl. auch BGH, Beschl. v. 12.1.2011 – GSSt 1/10 = BGHSt 56, 109, 116.

**3388** KK-*Schneider* § 200 StPO, Rn. 3 mwN; MüKoStPO/*Wenske* § 200 StPO, Rn. 16.

**3389** Vgl. BGH, Urt. v. 9.1.2018 – 1 StR 370/17 = StV 2019, 1 m. Anm. *Lange* = NStZ 2018, 338 m. Anm. *Welnhofer-Zeitler*; BGH, Beschl. v. 16.8.2018 – 4 StR 200/18 = StV 2018, 776 = NStZ 2018, 353; BGH, Beschl. v. 4.2.2014 – 2 StR 533/13 = NStZ-RR 2014, 151; KG, Beschl. v. 12.5.2015 – (4) 121 Ss 152/14 (1/15) = StV 2016, 547, 548; KK-*Schneider* § 200 StPO, Rn. 3 mwN.

**3390** *Puppe* NStZ 1982, 230, 231; in diesem Sinne auch *Krause/Thon* StV 1985, 253.

**3391** Zur Frage der Bestimmtheit des Vorwurfs, wenn die Identität des Getöteten unklar bleibt vgl. BGH, Beschl. v. 17.12.2015 – StB 15/15 = NStZ 2016, 745 (Tötung eines Menschen in Syrien).

wird, er habe verbotswidrig eine Waffe geführt. Hier reicht es nicht aus, wenn in der Anklage lediglich der Name der Großstadt, in der dies geschehen sein soll und ein bestimmter Tag angegeben wird.[3392]

1428 Von erheblicher praktischer Bedeutung ist es zudem, wie präzise die Darstellung in der Anklageschrift sein muss, wenn dem Beschuldigten die wiederholte Begehung gleichartiger Straftaten zur Last gelegt werden soll. So wird z.B. in Fällen des Betruges die bloße Nennung des Geschädigten und der Schadenssumme in aller Regel schon deshalb nicht zur hinreichenden Individualisierung der Tat genügen, weil damit offen bliebe, ob der Gesamtschaden durch eine oder durch mehrere einzelne Täuschungen herbeigeführt wurde. Deshalb sind weitere Angaben erforderlich. Die Bedeutung einer solchen Konkretisierung wächst, wenn im konkreten Fall eine Verwechslungsgefahr besteht. Je mehr sich bei mehreren Anklagevorwürfen die einzelnen Tatvorwürfe gleichen, desto **detaillierter** hat die Schilderung der Tatvorwürfe zu sein, weil nur dann noch eine Unterscheidung der Einzelfälle möglich ist.[3393]

1429 Zu den unterschiedlichen Delikten hat sich eine stark ausdifferenzierte Rechtsprechung herausgebildet, von der hier nur die Grundzüge dargestellt werden können. Auch gut 25 Jahre nach dem Beschluss des Großen Senats für Strafsachen, durch den die Rechtsfigur der fortgesetzten Handlung aufgegeben wurde[3394], bereitet dabei die Darstellung **umfangreicher Tatserien** in einer Anklageschrift immer wieder nicht unerhebliche Probleme. Ihren Ausgangspunkt haben diese Schwierigkeiten dabei teilweise darin, dass auch die materiellrechtliche Würdigung solcher Konstellationen vielfach unpräzise ist. Durch die Ausweitung des Anwendungsbereichs von Rechtsfiguren wie der „natürlichen Handlungseinheit“[3395] und der „Bewertungseinheit“[3396] oder die Verlagerung von Vorwürfen auf eine Organisationsebene („uneigentliches Organisationsdelikt“[3397]) wird in der Sache eine Zusammenfassung der sich wiederholenden

**3392** BGH, Beschl. v. 13.3.2019 – 2 StR 380/18 = NStZ-RR 2019, 187.

**3393** BGH, Beschl. v. 16.8.2018 – 4 StR 200/18 = NStZ-RR 2018, 353; BGH, Beschl. v. 8.8.1996 – 4 StR 344/96 = BGHR StPO § 200 Abs. 1 Satz 1 – Tat 20.

**3394** BGH, Beschl. v. 3.5.1994 – GSSt 2 u. 3/93 = BGHSt 40, 138 = NJW 1994, 1663 = StV 1994, 306 = NStZ 1994, 383 = wistra 1994, 185.

**3395** Vgl. *Fischer* vor § 52 StGB, Rn. 3 ff.

**3396** Vgl. *Fischer* vor § 52 StGB, Rn. 12 ff.

**3397** Vgl. BGH, Urt. v. 17.12.2019 – 1 StR 364/18 = StV 2020, 378; BGH, Urt. v. 18.9.2013 – 2 StR 365/12 = BGHSt 59, 11 = NJW 2014, 325. BGH, Urt. v. 24.1.2012 – 1 StR 412/11 = BGHSt 57, 88, 94; BGH, Beschl. v. 2.11.2007 – 2 StR 384/07; s. ferner auch BGH, Beschl. v. 1.7.2020 – 2 StR 514/19.

Verhaltensweisen zu einer Einheit erreicht, die in mancher Hinsicht der früheren fortgesetzten Handlung ähnelt. Inwieweit eine solche Bewertung der Konkurrenzverhältnisse im Einzelnen materiell-rechtlich sachgerecht ist, soll hier nicht untersucht werden. Im Zusammenhang mit § 200 StPO ist lediglich die Frage von Bedeutung, ob eine vergleichbare Vereinfachung bei der Formulierung des Anklagesatzes mit § 200 StPO und der Funktion der Anklageschrift im Strafverfahren vereinbar ist.

Schon weil sich die aus § 200 StPO abzuleitenden Anforderungen primär an **1430**
der prozessrechtlichen Funktion der Anklage zu orientieren haben, müssen sie eigenständig bestimmt werden. Die Anklage bezieht sich auf die gesamte **Tat im prozessualen Sinne**, bestimmt damit den Verfahrensgegenstand und ist zugleich Ausgangspunkt für die Rechtskraftwirkung, den Strafklageverbrauch und die Prüfung des Grundsatzes „ne bis in idem“ (Art. 103 Abs. 3 GG). Auch im Hinblick auf diese Wirkungen kann sich ihr Inhalt nicht auf zusammenfassende Darstellungen beschränken. Zu Recht hat deshalb der **Große Senat für Strafsachen** in seinem Beschluss vom 12.1.2011 eine einengende Auslegung des § 200 Abs. 1 S. 1 StPO ausdrücklich abgelehnt.[3398] In den Anklagesatz sind alle individualisierenden Merkmale der vorgeworfenen Tat aufzunehmen, die erforderlich sind, um diese zur Erfüllung der Umgrenzungsfunktion von anderen Lebenssachverhalten abzugrenzen. Auch bei einer Serie von Straftaten muss deshalb im Grundsatz versucht werden, die einzelnen Vorgänge deutlich voneinander abzugrenzen.[3399] Wird dem Angeklagten z.B. eine **Vielzahl von Betrugstaten** in gleichartiger Begehungsweise zum Nachteil verschiedener Geschädigter vorgeworfen, sind die Geschädigten im Anklagesatz zu benennen.[3400] Dies soll hingegen nicht gelten, wenn sich der Vorwurf darauf bezieht, dass durch nur eine einzige Handlung ein Betrug zum Nachteil zahlreicher Personen begangen worden sein soll.[3401]

**3398** BGH, Beschl. v. 12.1.2011 – GSSt 1/10 = BGHSt 56, 109, 114 = JR 2011, 542 m. zust. Anm. *Gössel*. Der Große Senat ist damit der Rechtsansicht des 1. Strafsenats (BGH, Beschl. v. 24.2.2010 – 1 StR 260/09 = NJW 2010, 1386; BGH, Beschl. v. 2.9.2009 – 1 StR 260/09 = NStZ 2009, 703; BGH, Beschl. v. 19.2.2008 – 1 StR 596/07 = NJW 2008, 2130) nicht gefolgt (vgl. hierzu *Meyer-Goßner/Schmitt* § 200 StPO, Rn. 9a; KK-*Schneider* § 200 StPO, Rn. 12; *Ziegert* FS Schöch, S. 879; *Kröpil* DRiZ 2010, 369).

**3399** *Meyer-Goßner/Schmitt* § 200 StPO, Rn. 9 mwN.

**3400** Vgl. BGH, Urt. v. 2.3.2011 – 2 StR 524/10 = BGHSt 56, 183 = NStZ 2011, 418, 419 = StV 2011, 235; KK-*Schneider* § 200 StPO, Rn. 11; MüKoStPO/*Wenske* § 200 StPO, Rn. 36 f.

**3401** Nach BGH, Urt. v. 2.3.2011 – 2 StR 524/10 = BGHSt 56, 183, 186 = NStZ 2011, 418, 419 = StV 2011, 235 ist jedenfalls zur Erfüllung der Umgrenzungsfunktion der Anklage bei einer solchen Fallgestaltung eine Aufzählung der einzelnen Geschädigten nicht erforderlich. Vgl. auch BGH,

1431 Den allgemeinen Anforderungen entsprechend, erfordert § 200 StPO auch beim Vorwurf der **Untreue**, dass die dem Angeklagten zur Last gelegte Tat sowie Zeit und Ort ihrer Begehung so genau bezeichnet wird, „*dass die Identität des geschichtlichen Vorgangs klargestellt und erkennbar wird, welche bestimmte Tat gemeint ist; sie muss sich von anderen gleichartigen strafbaren Handlungen des Täters unterscheiden lassen (Umgrenzungsfunktion). Die begangene, konkrete Tat muss durch bestimmte Tatumstände so genau gekennzeichnet werden, dass keine Unklarheit darüber möglich ist, welche Handlungen dem Angeklagten zur Last gelegt werden. Dabei muss die Schilderung umso konkreter sein, je größer die allgemeine Möglichkeit ist, dass der Angeklagte verwechselbare weitere Straftaten gleicher Art verübt hat …*“[3402] Bei einem auf § 266 StGB gestützten Vorwurf folgt daraus die Verpflichtung, die einzelnen Handlungen konkret zu benennen, die nach Ansicht der Staatsanwaltschaft pflichtwidrig gewesen sein sollen.[3403]

1432 Vergleichbare Anforderungen wie bei § 266 StGB wurden auch für den Tatvorwurf des **Bankrotts (§ 283 StGB)** aufgestellt.[3404] Im Bereich des **Steuerstrafrechts** reicht es nach Ansicht der Rechtsprechung mit Blick auf die Umgrenzungsfunktion aus, die Daten der Steuererklärung, die unrichtig sein soll, die Steuerart und den Veranlagungszeitraum zu nennen, weil diese Umstände eine Unterscheidung von anderen denkbaren strafbaren Verhaltensweisen ermöglichen.[3405] Bei Tatvorwürfen nach **§ 266a StGB** soll es nicht erforderlich sein, die einzelnen Arbeitnehmer im Anklagesatz namentlich aufzuführen, für die nicht rechtzeitig Beiträge abgeführt wurden; die Berechnung der nicht abgeführten Beträge kann im wesentlichen Ergebnis der Ermittlungen erläutert werden.[3406]

---

Beschl. v. 29.7.2009 – 2 StR 160/09 = NStZ 2010, 103; kritisch hierzu MüKoStPO/*Wenske* § 200 StPO, Rn. 40.

**3402** BGH, Beschl. v. 10.4.2019 – 2 StR 430/17 = wistra 2019, 467 = StraFo 2019, 332.

**3403** BGH, Beschl. v. 10.4.2019 – 2 StR 430/17 = wistra 2019, 467 = StraFo 2019, 332; BGH, Urt. v. 23.8.2017 – 2 StR 456/16 = NStZ 2018, 347 m. Anm. *Bittmann* = StV 2019, 4.

**3404** BGH, Beschl. v. 4.2.2014 – 2 StR 533/13 = NStZ-RR 2014, 151. Zu den Anforderungen beim Vorwurf des Diebstahls vgl. BGH, Urt. v. 12.2.2014 – 2 StR 308/13 = NStZ 2014, 599.

**3405** BGH, Urt. v. 19.3.2013 – 1 StR 318/12 = wistra 2013, 463, 465 = NZWiSt 2014, 73. Vgl. zu den Anforderungen an eine Anklageschrift im Einzelnen: BGH, Urt. v. 9.1.2018 – 1 StR 370/17 = StV 2019, 1 m. Anm. *Lange* = NStZ 2018, 338 m. Anm. *Welnhofer-Zeitler*; BGH, Beschl. v. 21.12.2016 – 1 StR 112/16 = NStZ 2017, 337; BGH, Beschl. v. 7.9.2016 – 1 StR 57/16 = NStZ-RR 2017, 14; BGH, Beschl. v. 8.8.2012 – 1 StR 296/12 = NStZ 2013, 409; BGH, Beschl. v. 9.2.2012 – 1 StR 148/11 = BGHSt 57, 138 = NJW 2012, 1301 = StV 2013, 294.

**3406** BGH, Urt. v. 9.1.2018 – 1 StR 370/17 = StV 2019, 1 m. Anm. *Lange* = NStZ 2018, 338 m. Anm. *Welnhofer-Zeitler*; BGH, Beschl. v. 12.4.2018 – 5 StR 538/17 = NStZ-RR 2018, 216; BGH, Beschl.

Ähnliche Probleme können sich im Übrigen auch im Bereich des **Umweltstrafrechts** ergeben, so zum Beispiel dann, wenn es um den Vorwurf einer unzulässigen Abwassereinleitung in ein Gewässer geht, der lediglich durch die vorgefundenen technischen Gegebenheiten (z.B. ein in den Fluss führendes Rohr, das erkennbar benutzt wurde) belegt ist, präzise Angaben zu Tag, Zeit und Menge des eingeleiteten Abwassers im Nachhinein aber schwer möglich sind. Auch hier kann die Lösung nicht darin liegen, völlig unbestimmte Vorwürfe als i.S.v. § 200 StPO geeignete Grundlage für ein Strafverfahren anzuerkennen. Was Anlass für die Kritik an der fortgesetzten Handlung war, darf nicht über eine Ausdehnung des Begriffs der natürlichen Handlungseinheit oder ähnliche Konstruktionen wieder eingeführt werden. 1433

Die Frage, welche Anforderungen sich aus § 200 StPO an die Bestimmtheit der Anklageschrift ergeben, bereitet auch im Bereich des **Betäubungsmittelstrafrechts** bisweilen Probleme[3407], insbesondere bei der Schilderung lange andauernder Handelsbeziehungen.[3408] Allerdings ist hier durch die von der Rechtsprechung weiterhin für anwendbar gehaltene Figur der „Bewertungseinheit" die materiell-rechtliche Ausgangslage teilweise anders.[3409] Nicht ausreichend ist es, bei einem (Mit-)Angeklagten nur festzuhalten, dass er an einer Anzahl von Taten beteiligt gewesen sein soll, ohne genauer darzustellen, worin die Mitwirkung jeweils bestanden haben soll.[3410] Die Frage der Bestimmtheit des Anklagesatzes hat daneben auch bei Straftatbeständen im **Nebenstrafrecht** immer wieder erhebliche Bedeutung.[3411] 1434

Mit Rücksicht auf drohende Lücken in der Strafverfolgung gelten geringere Bestimmtheitsanforderungen insbesondere in den Fällen, in denen mit der An- 1435

v. 26.4.2017 – 2 StR 242/16 = wistra 2018, 49. Hierzu: *Mayer/Carra* NZWiSt 2018, 281. Vgl. zur Thematik auch BGH, Urt. v. 11.3.2020 – 2 StR 478/19 = wistra 2020, 297 m. Anm. *Wegner*.

**3407** Vgl. hierzu BGH, Urt. v. 25.9.2014 – 4 StR 69/14 = NJW 2015, 181 = NStZ 2015, 96; MüKoStPO/*Wenske* § 200 StPO, Rn. 32.

**3408** BGH, Beschl. v. 14.1.1994 – 2 StR 702/93 = BGHR StPO § 200 Abs. 1 Satz 1 – Tat 5; BGH, Urt. v. 26.4.1995 – 3 StR 48/95 = BGHR StPO § 200 Abs. 1 Satz 1 – Tat 15.

**3409** Zur Figur der „Bewertungseinheit": *Fischer* vor § 52 StGB, Rn. 17; BGH, Urt. v. 17.12.2019 – 1 StR 364/18 = StV 2020, 378, 380; BGH, Beschl. v. 24.1.2017 – 3 StR 487/16 = NStZ-RR 2017, 218; BGH, Beschl. v. 5.8.2014 – 3 StR 340/14; BGH, Beschl. v. 11.1.2012 – 5 StR 445/11 = NStZ 2012, 121, 122; BGH, Beschl. v. 28.6.2011 – 3 StR 485/10; BGH, Beschl. v. 20.2.2008 – 2 StR 619/07 = NStZ 2008, 470; BGH, Urt. v. 26.2.1997 – 3 StR 586/96 = NStZ 1997, 344; BGH, Beschl. v. 23.10.1996 – 5 StR 505/96 = NStZ-RR 1997, 144.

**3410** BGH, Beschl. v. 31.5.2017 – 5 StR 108/17.

**3411** Vgl. z.B. zu 95 Abs. 2 AufenthG: OLG Celle, Beschl. v. 21.5.2015 – 2 Ss 107/15 = NStZ 2015, 603 m. Anm. *Mosbacher*; zu § 1 Heilpraktikergesetz: OLG Karlsruhe, Beschl. v. 22.9.1992 – 3 Ss 31/92 = StV 1993, 403.

klage der Vorwurf von vielfachen **Sexualstraftaten zum Nachteil von Kindern** oder Jugendlichen erhoben werden soll.[3412] Vor dem Hintergrund der Tatsache, dass den Opfern hier oft keine sehr präzise zeitliche Einordnung der Vorgänge möglich ist, wird es als ausreichend angesehen, wenn die Anklageschrift das Tatopfer, die Art und Weise der Tatbegehung in ihren Grundzügen,[3413] einen bestimmten Tatzeitraum und die Zahl der den Gegenstand des Vorwurfs bildenden Straftaten mitteilt.[3414] Schon weil durch jedwede Lockerung der Anforderungen des § 200 StPO die Verteidigungsinteressen des Angeklagten unmittelbar berührt werden, darf von den sonst geltenden Maßstäben auch in diesem Bereich aber nur in dem Umfang abgewichen werden, in dem dies nach der konkreten Beweislage unumgänglich ist.[3415] So können Abstriche auf einem Gebiet (etwa bei den Angaben zur Tatzeit) hinnehmbar sein, wenn dafür umso klarere Angaben zu einem anderen Gebiet (etwa den Tatmodalitäten) vorliegen.

1436 Generell gilt im Rahmen der Prüfung der Verfahrensvoraussetzungen, dass das wesentliche Ergebnis der Ermittlungen zur **Auslegung des Anklagesatzes** herangezogen werden kann. Nach der Entscheidung des Großen Senats aus dem Jahr 2011 darf dies aber nicht dazu führen, dass wesentliche Informationen von vornherein in die Darstellung der Ermittlungsergebnisse verlagert werden.[3416] Genügt die Anklageschrift auch unter Berücksichtigung dieser Auslegungsmöglichkeit nicht der Umgrenzungsfunktion, ist sie an die Staatsanwaltschaft zurückzugeben. Will die Staatsanwaltschaft keine Änderungen vornehmen, muss das Gericht die Eröffnung ablehnen.[3417] Nicht unumstritten ist, ob das über die Eröffnung entscheidende Gericht Mängel der Anklageschrift durch entsprechende Ausführungen im Eröffnungsbeschluss oder einen gesonderten Hinweis in der Hauptverhandlung wirksam beseitigen kann. Zu Recht hat der 2. Strafsenat des BGH dies nunmehr unter Hinweis auf das Anklageprinzip (§ 151 StPO) als unzulässig angesehen.[3418] Soweit die frühere Rechtsprechung dies zugelassen

---

**3412** Vgl. hierzu MüKoStPO/*Wenske* § 200 StPO, Rn. 24 ff.

**3413** Dazu etwa BGH, Beschl. v. 4.4.2017 – 2 StR 409/16 = NStZ 2017, 551.

**3414** Vgl. etwa BGH, Urt. v. 22.10.2013 – 5 StR 297/13 = NStZ 2014, 49 m. Anm. *Ferber* mwN; BGH, Beschl. v. 27.3.2013 – 4 StR 552/12; BGH, Beschl. v. 2.12.2014 – 4 StR 381/14 (insoweit in NStZ-RR 2015, 82 nicht abgedr.); BGH, Beschl. v. 27.11.2011 – 3 StR 255/11 = NStZ 2012, 168.

**3415** So zutreffend KK-*Schneider* § 200 StPO, Rn. 5.

**3416** So zu Recht *Meyer-Goßner/Schmitt* § 200 StPO, Rn. 9a; MüKoStPO/*Wenske* § 200 StPO, Rn. 37.

**3417** KK-*Schneider* § 200 StPO, Rn. 32 mwN.

**3418** BGH, Urt. v. 23.8.2017 – 2 StR 456/16 = NStZ 2018, 347, 350 m. Anm. *Bittmann* = StV 2019, 4. Ebenso KK-*Schneider* § 200 StPO, Rn. 33 mwN.

habe[3419], sei diese durch die Aufgabe der Rechtsfigur der fortgesetzten Handlung überholt.[3420]

Schon weil die Frage der hinreichenden Bestimmtheit des Anklagesatzes 1437
(d.h. der Einhaltung der Umgrenzungsfunktion) als **Verfahrensvoraussetzung** im Revisionsverfahren von Amts wegen geprüft wird, muss der Revisionsführer hierzu keine Ausführungen machen. Insbesondere muss er nicht den Inhalt des Anklagesatzes und die im Zusammenhang mit der Anklageerhebung ergangenen Verfügungen und Stellungnahmen in der Revisionsbegründung im Wortlaut mitteilen. Werden Einwände gegen die Bestimmtheit erhoben, kann es aber der Übersichtlichkeit der Darstellung dienen, wenn etwa bei den Akten befindliche Äußerungen der Staatsanwaltschaft und des Gerichts zu dieser Frage in der Revisionsbegründung mitgeteilt werden.

Im selben Umfang wie die Einhaltung der für den Anklagesatz gelten- 1438
den Bestimmtheitsanforderungen prüft das Revisionsgericht, ob eine Tat nach § 154 Abs. 2 StPO aus dem Verfahren ausgeschieden wurde. An eine **Einstellung nach § 154 Abs. 2 StPO** sind im Kern dieselben Anforderungen zu stellen wie an die Anklage.[3421] Werden diese Anforderungen verfehlt, bleibt die Tat beim Tatgericht anhängig. Wurden hingegen Taten abgeurteilt, für die ein Beschluss nach § 154 Abs. 2 StPO ergangen war, wird das Verfahren eingestellt.[3422] Für den **Antrag auf Erlass eines Strafbefehls** gelten die von der Rechtsprechung aus § 200 StPO abgeleiteten Anforderungen entsprechend.[3423]

Wenn Anklagesatz und Eröffnungsbeschluss keine Mängel aufweisen, 1439
die so schwerwiegend sind, dass sie zur Unwirksamkeit führen, kann gleichwohl im Einzelfall in der fehlenden Bestimmtheit des Anklagesatzes ein Umstand liegen, der eine sachgerechte Verteidigung unmöglich macht. Der Bundesgerichtshof hat anerkannt, dass dies mit der **Verfahrensrüge** geltend gemacht werden kann.[3424] Sie kann insbesondere darauf gestützt werden, dass der

**3419** Vgl. hierzu BGH, Beschl. v. 13.12.1994 – 4 StR 700/94 = BGHR StPO § 200 Abs. 1 Satz 1 – Tat 14; BGHSt 5, 225, 227; BGH GA 1973, 111; BGH JR 1954, 149 (m. Anm. *Görcke*), OLG Köln NJW 1966, 1935; BGH, Urt. v. 28.10.2009 – 1 StR 205/09.

**3420** So auch MüKoStPO/*Wenske* § 200 StPO, Rn. 111.

**3421** BGH, Urt. v. 25.9.2014 – 4 StR 69/14 = NJW 2015, 181 = NStZ 2015, 96.

**3422** BGH, Beschl. v. 4.6.2013 – 4 StR 192/13; vgl. ergänzend auch BGH, Beschl. v. 9.11.2011 – 4 StR 300/11.

**3423** BGH, Beschl. v. 13.3.2019 – 2 StR 380/18 = NStZ-RR 2019, 187.

**3424** Vgl. z.B. BGH, Urt. v. 28.4.2006 – 2 StR 174/05 = NStZ 2006, 649; BGH, Urt. v. 7.3.1996 – 1 StR 707/95 = StV 1996, 362.

Anklagesatz seine **Informationsfunktion nicht erfüllt** hat.[3425] Eine solche Verfahrensrüge wird regelmäßig erfordern, dass der Revisionsführer darlegt, inwieweit er durch die fehlende Bestimmtheit des Anklagesatzes irregeführt oder an der Wahrnehmung seiner Rechte in der Hauptverhandlung gehindert wurde. Das wird nur dann der Fall sein, wenn in der Hauptverhandlung kein klarstellender Hinweis nach § 265 StPO n.F. ergangen ist.

1440 Ebenfalls nicht von Amts wegen zu prüfen, sondern nur mit der Verfahrensrüge geltend zu machen sind Verfahrensfehler im Zusammenhang mit der **Verlesung des Anklagesatzes.** Nach § 243 Abs. 3 Satz 1 StPO steht die Verlesung des Anklagesatzes am Beginn der Hauptverhandlung.[3426] Wird der Anklagesatz nicht verlesen, so liegt darin ein revisibler Verfahrensfehler. Den Schöffen (und den Berufsrichtern ohne Aktenkenntnis) steht in diesem Fall nicht die nötige Informationsgrundlage zur Verfügung, um dem Verfahren folgen zu können.[3427] Es begründet deshalb die Revision, wenn die Anklageschrift nicht verlesen wurde (Verletzung von § 243 Abs. 3 Satz 1 StPO).[3428] Die Rechtsprechung lässt Ausnahmen hiervon jedoch in einfach gelagerten Fällen zu, in denen der Zweck der Verlesung durch deren Unterbleiben nicht beeinträchtigt wird.[3429] Wird dies auch auf Fälle schwerer strafrechtlicher Vorwürfe erstreckt,[3430] weil „nach Sachlage" davon auszugehen war, dass bei dem Angeklagten wie auch bei den anderen Verfahrensbeteiligten vorausgesetzt werden konnte, dass der Anklagevorwurf in vollem Umfang bekannt war, dann wird da-

3425 Vgl. KK-*Schneider* § 200 StPO, Rn. 39; BGH, Urt. v. 2.3.2011 – 2 StR 524/10 = NStZ 2011, 418, 420 = StV 2011, 235.

3426 Nur der Anklagesatz, nicht etwa die komplette Anklageschrift oder das wesentliche Ergebnis der Ermittlungen darf verlesen werden. Dass alles andere zu einer unzulässigen „Präokkupation der Geschworenen" führen könnte, wurde bereits in den Beratungen bei Formulierung der StPO gesehen, vgl. den Antrag des Abgeordneten *Schwarze*; siehe *Hahn*, Materialien Band 3, Abt. I, S. 804. Vgl. auch BGHSt 13, 73, 75; KK-*Schneider* § 243 StPO, Rn. 21.

3427 Vgl. BGH, Urt. v. 9.10.2019 – 5 StR 90/19 = NStZ 2020, 307, 308; BGHSt 8, 283, 284; BGH NStZ 1986, 39 und 374; *Roxin/Schünemann*, Strafverfahrensrecht, § 42 Rn. 4; anders beim Strafrichter des Amtsgerichts, der ohnehin Aktenkenntnis haben muss: BGH NStZ 1982, 518.

3428 BGH, Urt. v. 24.4.2018 – 1 StR 481/17 = NStZ 2018, 614; BGH StV 1982, 100; BGH StV 1984, 493 = NStZ 1984, 521; *Häger* GS Meyer, S. 175.

3429 BGH, Urt. v. 24.4.2018 – 1 StR 481/17 = NStZ 2018, 614, 615; BGH, Urt. v. 13.12.1994 – 1 StR 641/94 = NStZ 1995, 200 (m. abl. Anm. *Krekeler* NStZ 1995, 299); BGH NStZ 1982, 431, 432 und BGH NStZ 1984, 521; vgl. ferner BGH NStZ 1986, 39; BGH NStZ 1986, 374 sowie BGH, Urt. v. 9.10.2019 – 5 StR 90/19 = NStZ 2020, 307 (Verlesung eines aufgehobenen tatrichterlichen Urteils).

3430 Wie in BGH NJW 1982, 1057 = StV 1982, 100 = NStZ 1982, 170 für den Vorwurf des versuchten Totschlags.

mit die Schutzfunktion des § 243 Abs. 3 StPO in unzulässiger Weise abgewertet.[3431]

Zu verlesen ist im Übrigen der **gesamte Anklagesatz**; bei „Punktesachen" darf sich der Staatsanwalt nicht auf eine „bröckchenweise" Bekanntgabe der einzelnen Tatvorwürfe beschränken.[3432] Nur durch das einmalige Vortragen des gesamten Prozessgegenstandes kann ein umfassender Überblick bzw. eine vollständige Information und Orientierung für die Richter und die anderen Verfahrensbeteiligten gewährleistet werden.[3433] Seit der Entscheidung des Großen Senats für Strafsachen aus dem Jahr 2011[3434] kann allerdings bei einer Vielzahl von gleichartigen Taten die Verlesung des Anklagesatzes beschränkt werden. Der Anklagesatz muss in solchen Fällen lediglich insoweit verlesen werden, als darin die gleichartige Tatbegehung und die Angaben zu Tatzeitraum, Tatanzahl und (bei Vermögensdelikten) zum Gesamtschaden enthalten sind. Diese Auslegung folgt einem praktischen Bedürfnis und führt an einer Stelle zu praktikablen Lösungen, an der die vollständige Verlesung zu keinem echten Informationsgewinn bei den Schöffen und der Öffentlichkeit führen würde. Sie wäre im Gegenteil oft eher geeignet, den Blick auf die wichtigsten Aspekte der Anklage zu verstellen.[3435] Gleichwohl wirkt die an den Wortlaut des § 243 StPO anknüpfende Argumentation des Großen Senats („teleologische Reduktion") insgesamt wenig überzeugend,[3436] eine Gesetzesänderung wäre die ehrlichere Lösung gewesen. 1441

Wurden mehrere Anklagen zu gemeinsamer Verhandlung miteinander verbunden, so müssen sämtliche Anklagesätze verlesen werden.[3437] Revisibel ist auch ein Verstoß des Gerichts gegen die in § 243 StPO vorgesehene **Reihenfolge der Verfahrensschritte.**[3438] Den gesetzlichen Anforderungen ist zum Beispiel 1442

**3431** Die „überschlägige revisionsrichterliche Einschätzung" des Beurteilungsvermögens der Prozessbeteiligten kann in diesen Fällen nicht zur Verneinung der Beruhensfrage führen, so zu Recht LR-*Franke* § 337 StPO, Rn. 182.

**3432** BGHSt 19, 93, 97.

**3433** So auch KK-*Schneider* § 243 StPO, Rn. 3; siehe aber RGSt 44, 312; *Häger* GS Karlheinz Meyer, S. 171, 175, der eine stationsweise Behandlung der Einzelfälle für rechtmäßig hält.

**3434** BGH, Beschl. v. 12.1.2011 – GSSt 1/10 = BGHSt 56, 109.

**3435** BGH, Beschl. v. 12.1.2011 – GSSt 1/10, Rn. 26 = BGHSt 56, 109, 117 f.

**3436** Vgl. *Börner* NStZ 2011, 436. KK-*Schneider* § 200 StPO, Rn. 12 spricht von einer durchaus eigenwilligen teleologischen Reduktion.

**3437** BGH, Beschl. v. 19.2.2008 – 1 StR 596/07 = NJW 2008, 2131 = NStZ 2008, 351 m. Anm. *Krehl* NStZ 2008, 525.

**3438** BGH NStZ 1981, 111; BGH StV 1982, 457; BGH NJW 1982, 1057 = StV 1982, 100 = NStZ 1982, 170; BGH NStZ 1982, 431; BGH NStZ 1984, 521 = StV 1984, 493; *Roxin/Schünemann*, Strafverfahrensrecht, § 42, Rn. 4.

nicht genügt, wenn der Anklagesatz erst nach Vernehmung des Angeklagten zur Sache verlesen wird.[3439]

1443 Wird Einspruch gegen einen **Strafbefehl** eingelegt, so hat der Staatsanwalt den Strafbefehlsantrag mit der sich aus dem Strafbefehl ergebenden Beschuldigung vorzutragen.[3440] Wurde das Urteil nach Berufung oder Revision aufgehoben, ist in der neuen Hauptverhandlung erneut der Anklagesatz zu verlesen, wobei sich die Verlesung an der Entscheidung der höheren Instanz zu orientieren hat, d.h. dass eine gegebenenfalls eingetretene Teilrechtskraft oder Erweiterungen durch das Berufungs- oder Revisionsgericht zu berücksichtigen sind.[3441] Wurde das Urteil nur im Strafausspruch aufgehoben, sind das in Teilrechtskraft erwachsene Ausgangsurteil und die zurückverweisende Revisionsentscheidung zu verlesen.[3442]

1444 Während die Rechtsprechung für die Prüfung der Umgrenzungs- und Informationsfunktion der Anklageschrift deren gesamten Inhalt (§ 200 Abs. 1 und 2 StPO) heranziehen will, ist für die in der Hauptverhandlung durch § 243 Abs. 3 StPO vorgeschriebene mündliche Information über den erhobenen Vorwurf lediglich der Anklagesatz (§ 200 Abs. 1 Satz 1 StPO) von Bedeutung. Soll die Verlesung des Anklagesatzes aber nicht nur der Information des Angeklagten (der durch die nach § 201 StPO veranlasste Übersendung vom Inhalt der Anklageschrift ohnehin Kenntnis hat), sondern u.a. auch der Information gerade der Richter (einschließlich der Schöffen) dienen, die an der Hauptverhandlung teilnehmen,[3443] dann erfüllt die Verlesung diesen Zweck regelmäßig in den Fällen nicht, in denen der Anklagesatz erst unter Heranziehung des wesentlichen Ergebnisses der Ermittlungen (§ 200 Abs. 2 StPO) seiner Informationsfunktion genügt. Die Rechtsprechung hat allerdings bisher nicht anerkannt, dass bei einer solchen Konstellation ein Verfahrensfehler vorliegt, auf dem das Urteil beruhen kann.

1445 Der vor Beginn der Beweisaufnahme zu verlesende **Anklagesatz** darf ferner – wie sich aus der Trennung zwischen § 200 Abs. 1 und Abs. 2 StPO ergibt – **keine Beweiswürdigung** enthalten; eine Anklageschrift mit gesetzwidrigem

---

**3439** RGSt 23, 310; BGH MDR 1975, 368 (bei *Dallinger*); *Meyer-Goßner/Schmitt* § 243 StPO, Rn. 13; *Häger* GS Karlheinz Meyer, S. 175.

**3440** *Meyer-Goßner/Schmitt* § 243 StPO, Rn. 14; KK-*Schneider* § 243 StPO, Rn. 21; vgl. ferner OLG Koblenz VRS 38, 56.

**3441** *Meyer-Goßner/Schmitt* § 243 StPO, Rn. 14; BGH, Urt. v. 9.10.2019 – 5 StR 90/19 = NStZ 2020, 307, 308.

**3442** Vgl. hierzu BGH, Beschl. v. 10.1.2019 – 1 StR 409/18; BGH, Urt. v. 24.4.2018 – 1 StR 481/17 = NStZ 2018, 614 = StV 2018, 778; BGH Beschl. v. 6.12.2018 – 4 StR 424/18 = NStZ 2019, 293 = StraFo 2019, 209; *Meyer-Goßner/Schmitt* § 243 StPO, Rn. 14.

**3443** KK-*Schneider* § 243 StPO, Rn. 20.

Anklagesatz darf nicht zur Hauptverhandlung zugelassen werden.[3444] Wird die Anklageschrift gleichwohl zugelassen und der fehlerhafte Anklagesatz verlesen, liegt ein Verfahrensfehler vor. Der BGH will jedoch das Beruhen des Urteils auf dem Verfahrensfehler ausschließen, wenn eine Beeinflussung der Laienrichter schon aufgrund des komplexen Sachverhaltes nicht angenommen werden kann.[3445] Dass durch Verlesung eines eine Beweiswürdigung enthaltenden Anklagesatzes die durch die §§ 243 Abs. 2 und 3 und 257 Abs. 3, 258 StPO gesetzlich festgelegte Reihenfolge der einzelnen Verfahrensschritte nicht mehr eingehalten wird, dürfte unbestreitbar sein.[3446] Wird das Beruhen auf dem Verfahrensfehler insoweit mit der Begründung abgelehnt, der Sachverhalt sei ohnehin so schwer zu erfassen, dass das schlichte Verlesen die Schöffen nicht habe beeinflussen können, so liegt hierin nicht nur ein Widerspruch zu einer früheren Entscheidung des Bundesgerichtshofs,[3447] es wird damit zugleich auch die **Informationsfunktion der Verlesung** herabgewürdigt. Zwar mag dies etwa in großen Wirtschaftsstrafsachen durchaus der Rechtswirklichkeit entsprechen. Dem gesetzlichen Rang der Anklageverlesung als formelle Information über den Inhalt des Vorwurfs, die Grundlage nicht nur für das Verständnis der möglichen Einlassung des Angeklagten, sondern auch für die Ausübung des Fragerechts sein muss, wird sie aber nicht gerecht. Wenn überdies bei einer gänzlich versäumten Verlesung des Anklagesatzes das Urteil darauf beruhen kann, dass den Schöffen der Inhalt der Anklageschrift unbekannt war und sie deshalb ihr Augenmerk während der Hauptverhandlung von Anfang an nicht auf die in tatsächlicher Hinsicht wesentlichen Punkte richten konnten,[3448] dann besteht bei der Verlesung eines Anklagesatzes, der beweiswürdigende Ausführungen enthält, jedenfalls die Gefahr der Irreleitung.

Die **Verlesung des Eröffnungsbeschlusses** ist – wenn er keine Modifika- 1446
tionen zur Anklage enthält – überflüssig, aber unschädlich.[3449]

Die Verlesung des Anklagesatzes gehört zu den **wesentlichen Förmlich- 1447
keiten** im Sinne von § 273 Abs. 1 StPO, sie kann mithin nur durch das **Proto-**

**3444** BGH, Urt. v. 2.12.1986 – 1 StR 433/86 = StV 1988, 282 (m. Anm. *Danckert*) = JR 1987, 389 (m. Anm. *Rieß*) = NJW 1987, 1209.

**3445** BGH StV 1988, 282.

**3446** Vgl. *Danckert* StV 1988, 285.

**3447** Wie *Danckert* in StV 1988, 285 unter IV. im Einzelnen dargelegt hat, bot in BGHSt 13, 73, 75 in einem Fall der Kenntnisnahme außerhalb der Hauptverhandlung gerade die Komplexität des Sachverhalts den Anlass, das Beruhen auf dem Verfahrensfehler zu bejahen.

**3448** BGH StV 1984, 493 = NStZ 1984, 521; a.A. LR-*Becker* § 243 StPO, Rn. 113 mwN.

**3449** LR-*Becker* § 243 StPO, Rn. 40, 48 ff.

**koll** bewiesen werden.[3450] Auch Hinweise zur Klarstellung oder Beseitigung von Fehlern der Anklageschrift sind in das Protokoll aufzunehmen.[3451] Solche Hinweise können dazu dienen, Mängel in Bezug auf die Informationsfunktion der Anklageschrift zu beseitigen.[3452] Die Erläuterung eines fehlerhaften Anklagesatzes darf dem Angeklagten nicht mit dem Argument versagt werden, er wisse ja am besten selbst über seine Tat Bescheid.[3453] Der Angeklagte muss Mängel in der Anklageschrift auch geltend machen können, ohne sich zur Sache einzulassen.

1448 Hat das Gericht im Eröffnungsbeschluss eine Anklage mit erheblichen Modifikationen zum Hauptverfahren zugelassen (§ 207 Abs. 2 Nr. 1 und Nr. 2 StPO), kann der ursprüngliche Anklagesatz nicht mehr die alleinige Grundlage der Hauptverhandlung sein. Deshalb schreibt **§ 207 Abs. 3 StPO** vor, dass die Staatsanwaltschaft einen dem Beschluss angepassten neuen Anklagesatz vorzulegen hat, der dann in der Hauptverhandlung verlesen wird. Unterbleibt diese Anpassung, so kann dies als Verletzung des § 243 Abs. 3 Satz 2 StPO gerügt werden. Wird der Sachverhalt im Eröffnungsbeschluss lediglich abweichend rechtlich gewürdigt (§ 207 Abs. 2 Nr. 3 StPO), muss die Staatsanwaltschaft dem bei der Verlesung Rechnung tragen (§ 243 Abs. 3 S. 3 StPO), darf aber ihre abweichende Rechtsauffassung zum Ausdruck bringen. Besonderheiten können ferner bei Verfahrensbeschränkungen nach § 154a StPO gelten (vgl. § 207 Abs. 2 Nr. 4 und § 243 Abs. 3 Satz 4 StPO).

1449 Besondere Verpflichtungen haben die Gerichte gegenüber Angeklagten, die der deutschen Sprache nicht mächtig sind. § 187 Abs. 2 GVG[3454] enthält hierzu eine abgestufte gesetzliche Regelung.[3455] Unabhängig davon folgt aus Art. 6 Abs. 3 lit. a EMRK der Anspruch des Beschuldigten, in einer ihm verständlichen Sprache

---

**3450** Vgl. BGH, Urt. v. 9.10.2019 – 5 StR 90/19 = NStZ 2020, 307, 308; Urt. v. 24.4.2018 – 1 StR 481/17 = NStZ 2018, 614; BGH, Beschl. v. 23.8.2007 – 1 StR 466/05 = NStZ 2007, 719; BGH, Beschl. v. 23.4.2007 – GSSt 1/06 = BGHSt 51, 298 sowie hierzu BVerfG, Beschl. v. 15.1.2009 – 2 BvR 2044/07 = BVerfGE 122, 248; s. auch BGH, Urt. v. 13.12.1994 – 1 StR 641/94 = NStZ 1995, 200 = BGHR StPO § 243 Abs. 3 – Anklagesatz 2.

**3451** BGH GA 1973, 111; BGH NStZ 1984, 133; OLG Köln, Beschl. v. 20.9.2016 – III-1 RVs 203/16.

**3452** MüKoStPO/*Wenske* § 200 StPO, Rn. 117; vgl. ferner *Puppe* NStZ 1982, 230 sowie *Krause/Thon* StV 1985, 252, 254.

**3453** Beispiel von *Puppe* NStZ 1982, 230, 231; *Schlüchter* JR 1990, 10, 12 – wobei in diesen Fällen auch die Besorgnis der Befangenheit begründet sein dürfte.

**3454** § 187 GVG wurde geändert durch Gesetz v. 2.7.2013 (BGBl. I, 1938).

**3455** Die Gesetzesänderung sollte der Umsetzung der Richtlinien 2010/64/EU und 2012/13/EU dienen. Vgl. hierzu auch BT-Drs. 17/12578, 10; EuGH, Urt. v. 12.10.2017 – C-278/16 = NJW 2018, 142 = StV 2018, 70 m. Anm. *Brodowski/Jahn.*; OLG Hamburg, Beschl. v. 6.12.2013 – 2 Ws 253/13 = StV 2014, 534 m. Anm. *Bockemühl; Makepeace* StV 2020, 570.

über Art und Grund der Beschuldigung informiert zu werden.[3456] Die Rechtsprechung hat daraus zutreffend abgeleitet, dass regelmäßig eine **Übersetzung der Anklageschrift** anzufertigen ist. Eine mündliche Information über den Verfahrensgegenstand (etwa durch den zur Hauptverhandlung geladenen Dolmetscher) reicht im Allgemeinen nicht aus (allenfalls bei sehr einfachen Sachverhalten).[3457] Erhält der Angeklagte diese Übersetzung nicht bereits rechtzeitig vor der Hauptverhandlung, kann sich hieraus ein Aussetzungsanspruch (§ 265 Abs. 4 StPO) ergeben. Wird gegen diese Verpflichtungen verstoßen, kann dies den Anspruch auf ein faires Verfahren verletzen.[3458] Bereits in der zur früheren Gesetzeslage ergangenen Rechtsprechung war anerkannt, dass in der fehlenden Übersetzung des Anklagesatzes ein revisibler Verfahrensfehler liegen konnte.[3459]

Kein erheblicher Mangel ist nach herrschender Meinung das **Fehlen einer** 1450
**Unterschrift** des Staatsanwaltes unter der Anklageschrift, wenn eindeutig feststeht, dass dieser den Inhalt verantworten will und die Anklageschrift nicht nur ein Entwurf sein sollte.[3460] Auch der Eröffnungsbeschluss soll nicht schon deshalb unwirksam sein, weil Unterschriften fehlen, wenn festgestellt werden kann, dass er ordnungsgemäß gefasst worden ist.[3461]

Will die Staatsanwaltschaft in der Hauptverhandlung die Anklage auf wei- 1451
tere Straftaten erstrecken, stehen ihr zwei Wege offen: Sie kann mündlich **Nachtragsanklage** erheben (§ 266 StPO), oder sie kann außerhalb der Hauptverhandlung eine **neue Anklage** erheben und den Antrag stellen, das neue Verfahren zu dem bereits laufenden hinzu zu verbinden. Der BGH hat klargestellt, dass für beide Wege dieselben Voraussetzungen gelten:[3462]

**3456** Vgl. hierzu KK-*Lohse/Jakobs* Art. 6 EMRK, Rn. 81 ff.; *Meyer-Goßner/Schmitt* Art. 6 EMRK, Rn. 18 mwN.

**3457** BGH, Beschl. v. 23.12.2015 – 2 StR 457/14 = NStZ 2017, 63 = StraFo 2016, 148; BGH, Beschl. v. 10.7.2014 – 3 StR 262/14 = StV 2015, 345 = NStZ 2014, 725; OLG Düsseldorf, Beschl. v. 6.5.2010 – 2 Ss 45/10 = StV 2010, 512; *Meyer-Goßner/Schmitt* § 187 GVG, Rn. 4.

**3458** Vgl. hierzu BGH, Beschl. v. 23.12.2015 – 2 StR 457/14 = NStZ 2017, 63.

**3459** BGH, Beschl. v. 15.9.1992 – 1 StR 442/92 = StV 1993, 2 = BGHR StPO § 243 Abs. 3 – Anklagesatz 1; vgl. auch OLG Hamburg, Beschl. v. 14.9.1992 – 2 Ws 396/92 H = NStZ 1993, 53 und BVerfG NJW 1983, 2762, 2764.

**3460** BGH, Beschl. v. 5.12.2017 – 4 StR 323/17 = NStZ 2018, 538; OLG München, Beschl. v. 26.3.2010 – 4 StRR 7/10 = wistra 2011, 280; KK-*Schneider* § 200 StPO, Rn. 38.

**3461** BGH, Beschl. v. 21.12.2011 – 4 StR 553/11 = StV 2012, 451 = NStZ-RR 2012, 117 mwN; vgl. auch BayObLG, Beschl. v. 27.6.1989 – Rref 4 St 34/89 = StV 1990, 395, 396 m. krit. Anm. *Naucke*. S. zur Bedeutung des Eröffnungsbeschlusses als Verfahrensvoraussetzung unten Rn. 1549 ff.

**3462** BGH, Beschl. v. 11.12.2008 – 4 StR 318/08 = BGHSt 53, 108 = NJW 2009, 1429 = NStZ 2009, 222 (neue Anklage mit Verbindungsantrag) im Anschluss an BGH, Beschl. v. 3.8.1998 – 5 StR 311/98 = NStZ-RR 1999, 303 (Nachtragsanklage).

Nur wenn der Angeklagte ausdrücklich der Einbeziehung der neuen Vorwürfe zustimmt[3463] und sie sodann das Gericht beschließt,[3464] darf danach über den gesamten Stoff die Hauptverhandlung fortgesetzt werden. Das ist konsequent, denn sonst könnte das Zustimmungserfordernis des § 266 StPO umgangen werden.[3465] Inhaltlich muss auch die Nachtragsanklage den Anforderungen des § 200 Abs. 1 Satz 1 StPO genügen. Auch insoweit führen Mängel bei der Konkretisierung des Tatvorwurfs zur Unwirksamkeit der Anklageerhebung.[3466] Die Nachtragsanklage muss mündlich erhoben werden und ist gem. § 266 Abs. 2 Satz 3 StPO in die Sitzungsniederschrift aufzunehmen; eine schriftliche Einreichung reicht nicht aus.[3467] Die **Zustimmung des Angeklagten** gehört zu den wesentlichen Förmlichkeiten des Verfahrens und muss protokolliert werden.[3468] Wird durch eine fehlende Eintragung im Protokoll mit der Beweiswirkung des § 274 StPO nachgewiesen, dass der Angeklagte die Zustimmung nicht erteilt hat, so kann dies mit der Revision als Verstoß gegen § 266 Abs. 3 Satz 2 StPO gerügt werden.[3469] Nach einer in der Literatur vertretenen Auffassung liegt beim Fehlen der Zustimmung ein Verfahrenshindernis (Befassungsverbot) vor.[3470]

1452 Fehlt der **Einbeziehungsbeschluss**, ist dies ein Prozesshindernis, das von Amts wegen zu beachten ist und zur Einstellung des Verfahrens bezüglich des in der Nachtragsanklage erhobenen Vorwurfs führen muss.[3471] Grundsätzlich ist der Angeklagte ferner gem. § 243 Abs. 5 Satz 2 StPO zur Nachtragsanklage zu

---

**3463** BGH StV 1984, 496 = NJW 1984, 2172 = JR 1985, 125 m. Anm. *Gollwitzer*.

**3464** BGH NJW 1970, 904 = JZ 1971, 105 m. krit. Anm. *Kleinknecht;* OLG Koblenz VRS 46, 204; OLG Saarbrücken NJW 1974, 375; *Achenbach* MDR 1975, 19; für eine Ausnahme siehe auch BGH, Urt. v. 9.11.1989 – 4 StR 520/89 = NJW 1990, 1055 = wistra 1990, 68.

**3465** Vgl. KK-*Kuckein/Bartel* § 266 StPO, Rn. 7a.

**3466** BGH StV 1986, 329 = NStZ 1986, 276; BGH NStE Nr. 4 zu § 266 StPO – Mündliche Erhebung.

**3467** Vgl. BGH, Beschl. v. 28.7.2015 – 4 StR 598/14 = StV 2015, 743; BGH, Beschl. v. 22.11.2017 – 4 StR 306/17.

**3468** BGH NJW 1984, 2172 = JR 1985, 125 m. Anm. *Gollwitzer*; KG DAR 1956, 334.

**3469** KK-*Kuckein/Bartel* § 266 StPO, Rn. 7a.

**3470** *Meyer-Goßner/Schmitt* § 266 StPO, Rn. 14; LR-*Stuckenberg* § 266 StPO, Rn. 20; Radtke/Hohmann/*Radtke* § 266 StPO, Rn. 20.

**3471** BGH, Beschl. v. 8.2.2011 – 4 StR 612/10; BGH, Beschl. v. 24.8.1995 – 4 StR 279/95 = StV 1996, 5 = NStZ-RR 1996, 140. Anders auf Grund der besonderen Umstände des Falles: BGH, Urt. v. 9.11.1989 – 4 StR 520/89 = NJW 1990, 1055 = wistra 1990, 68 = NStE Nr. 3 zu § 266. Zur Frage, in welcher Besetzung über die Einbeziehung zu entscheiden ist: BGH, Beschl. v. 22.11.2017 – 4 StR 306/17; BGH, Beschl. v. 29.8.2011 – 5 StR 327/11; BGH, Beschl. v. 2.2.2011 – 2 StR 511/10 = StV 2011, 365 = NStZ 2011, 515.

vernehmen.[3472] Der Angeklagte kann gem. § 266 Abs. 3 StPO die Unterbrechung der Hauptverhandlung beantragen; auf dieses Recht ist er hinzuweisen. Verstöße hiergegen können im Einzelfall die Revision begründen. Im Falle der neuen außerhalb der Hauptverhandlung schriftlich hinzu verbundenen Anklage muss, wenn die Zustimmung nicht erteilt wird, mit der gesamten Hauptverhandlung von Neuem begonnen werden.[3473]

Die Frage, ob der **Gegenstand der Urteilsfindung** mit der in der Anklage bezeichneten Tat übereinstimmt (§ 264 Abs. 1 StPO), muss als Prozessvoraussetzung bereits auf die Sachrüge beachtet werden. Die Grenze der Urteilsfindung ist danach das nach den Kriterien des **prozessualen Tatbegriffs** beschriebene Geschehen, d.h. der einheitliche geschichtliche Vorgang.[3474] Es ist insoweit danach zu fragen, ob sich das Tatbild nach der forensischen Bewertung wesentlich geändert hat. Hierfür ist die materiell-rechtliche Bewertung des Geschehens von Bedeutung,[3475] der prozessuale Tatbegriff und der materiell-rechtliche Handlungsbegriff verfolgen allerdings unterschiedliche Zwecke.[3476] 1453

Bei materiell-rechtlicher Tateinheit ist in der Regel auch eine einheitliche Tat im Sinne des Prozessrechts gegeben, so dass sich die Kognitionspflicht des Gerichts auf sämtliche Vorwürfe erstreckt.[3477] Bei materiell-rechtlicher Tatmehrheit werden regelmäßig auch selbständige Taten im prozessualen Sinne gegeben sein. Das ist aber nicht ausnahmslos der Fall. Sind die ihnen zu Grunde liegenden Vorkommnisse innerlich derart miteinander verknüpft, dass der Unrechts- und Schuldgehalt der einen nicht ohne die Umstände richtig gewürdigt werden kann, die zu der anderen Handlung geführt haben und würde die getrennte Aburteilung sich als **Aufspaltung eines einheitlichen Lebensvorgangs** darstellen, dann kann trotz materiell-rechtlicher Tatmehrheit eine Tat im prozessualen Sinne gegeben sein.[3478] 1454

---

**3472** BGHSt 9, 243, 245; KK-*Kuckein/Bartel* § 266 StPO, Rn. 9. Eine Gelegenheit zur Stellungnahme vor Erlass des Einbeziehungsbeschlusses reicht nicht aus, LR-*Stuckenberg* § 266 StPO, Rn. 31, 39.

**3473** BGH, Beschl. v. 11.12.2008 – 4 StR 318/08 = BGHSt 53, 108 = NJW 2009, 1429.

**3474** BGH, Urt. v. 23.5.2019 – 4 StR 601/18 = NStZ 2020, 235; BGH, Beschl. v. 18.10.2016 – 3 StR 186/16 = StraFo 2017, 26; BGH, Urt. v. 20.11.2014 – 4 StR 153/14; BGH, Beschl. v. 2.12.2014 – 4 StR 381/14; BGH, Beschl. v. 27.11.2011 – 3 StR 255/11 = NStZ 2012, 168; vgl. auch KK-*Kuckein/Ott* § 264 StPO, Rn. 5 ff. mwN.

**3475** Vgl. KK-*Kuckein/Ott* § 264 StPO, Rn. 8.

**3476** KK-*Kuckein/Ott* § 264 StPO, Rn. 9.

**3477** *Meyer-Goßner/Schmitt* § 264 StPO, Rn. 6 mwN; KK-*Kuckein/Ott* § 264 StPO, Rn. 11 mwN.

**3478** Vgl. KK-*Kuckein/Ott* § 264 StPO, Rn. 14; BGH, Beschl. v. 28.7.2015 – 4 StR 247/15; BGH, Beschl. v. 4.9.2013 – 1 StR 374/13 = NStZ 2014, 102, 103; BGH, Beschl. v. 16.3.1989 – 4 StR 60/89 = BGHSt 36, 151, 154.

1455 Angesichts dieser unbestimmten Kategorien ist es nicht überraschend, dass sich die Grenzziehung nicht selten als außerordentlich schwierig erweist. Für die umfangreiche Kasuistik, die sich hierzu entwickelt hat, muss auf die Kommentarliteratur verwiesen werden.[3479]

1456 Für die Revision gilt hier nichts anderes als bei anderen Rechtsfragen, die von Amts wegen zu prüfen sind: Ist nach Einschätzung des Beschwerdeführers ein Verfahrenshindernis gegeben, sollte er dies in seinen Schriftsätzen geltend machen. Mag es rechtlich geboten sein oder nicht: Wer das Urteil zu Fall oder das Verfahren zur Einstellung bringen will, sollte in der Revisionsbegründung „den Finger auf die Wunde legen" und sich nicht darauf verlassen, dass das Gericht „schon darauf kommen wird," dass ein Verfahrenshindernis besteht.

### cc) Hinweispflicht bei Veränderung des rechtlichen Gesichtspunktes oder der Sachlage (§ 265 StPO)

**Literatur:** *Ceffinato* Strafprozessuale Hinweispflichten bei veränderten Sachlagen, JR 2020, 6; *Hänlein/Moos* Zu Reichweite und revisionsrechtlicher Problematik der Hinweispflicht nach § 265 I StPO, NStZ 1990, 481; *Küpper* Die Hinweispflicht nach § 265 StPO bei verschiedenen Begehungsformen desselben Strafgesetzes, NStZ 1986, 249; *Lachnit* Voraussetzungen und Umfang der Pflicht zum Hinweis auf die Veränderung des rechtlichen Gesichtspunkts nach § 265, 1965; *Meyer* Entsprechende Anwendung des § 265 Abs. 1 StPO bei veränderter Sachlage, GA 1965, 257; *Michel* Aus der Praxis: Die richterliche Hinweispflicht, JuS 1991, 850; *Niemöller* Die Hinweispflicht des Strafrichters bei Abweichung vom Tatbild der Anklage, 1988; *Scheffler* Rückkehr zur bisherigen Rechtsauffassung nach einem rechtlichen Hinweis gem. § 265 Abs. 1 StPO ohne erneuten Hinweis? JR 1989, 232; *Schlothauer* Gerichtliche Hinweispflichten in der Hauptverhandlung, StV 1986, 213.

1457 So wie das Gesetz durch die Pflicht zur Zustellung der Anklage (§ 201 StPO) und zur Verlesung des Anklagesatzes (§ 243 Abs. 3 StPO) sicherstellen will, dass der Angeklagte über die durch die Anklageerhebung erfolgte Begrenzung des Verfahrensstoffs informiert wird, so will es durch § 265 StPO sicherstellen, dass dem Angeklagten auch während der Hauptverhandlung die Gewissheit über den Inhalt des Vorwurfs und die hieran geknüpfte Strafdrohung erhalten bleibt. Als Ausdruck der gerichtlichen Fürsorgepflicht[3480] und des Anspruchs auf rechtli-

**3479** Vgl. KK-*Kuckein/Ott* § 264 StPO, Rn. 12 ff.; *Meyer-Goßner/Schmitt* § 264 StPO, Rn. 2a/2b.
**3480** *Meyer-Goßner/Schmitt* § 265 StPO, Rn. 3; KK-*Kuckein/Bartel* § 265 StPO, Rn. 1; LR-*Stuckenberg* § 265 StPO, Rn. 2; *Roxin/Schünemann*, Strafverfahrensrecht, § 44, Rn. 26.

ches Gehör[3481] enthält § 265 Abs. 1 StPO für das Gericht die Verpflichtung, auf eine von der Anklageschrift abweichende rechtliche Würdigung des in der Hauptverhandlung ermittelten Sachverhalts hinzuweisen.[3482] Der **rechtliche Hinweis** ist auch dann nicht entbehrlich, wenn Staatsanwaltschaft und Verteidigung sich in ihrem Schlussvortrag mit der gegenüber dem Anklagevorwurf geänderten Auffassung ausdrücklich befasst haben.[3483] Im Jahr 2017[3484] hat § 265 eine wesentliche Änderung erfahren. Vor allem durch die Ergänzungen in Abs. 2 wurde der Kreis der gesetzlichen Hinweispflichten vergrößert.[3485]

Es wäre sicherlich verfehlt, aus der Vielzahl der auf eine Verletzung von 1458
§ 265 Abs. 1 StPO gestützten Revisionen auf den Umgang der Gerichte mit der Fürsorgepflicht gegenüber dem Angeklagten zu schließen. Sie deuten aber nicht zuletzt auf immer komplizierter werdende Anklagen hin, die in einzelnen Wirtschafts- und Umweltstrafverfahren schon dazu geführt haben, dass die Kammern im Laufe längerer Hauptverhandlungen rechtliche Hinweise erteilen, die den gesetzlichen Tatbestand in sämtlichen Tatbestandsalternativen und allen auch nur entfernt in Betracht kommenden Begehungsformen erfassen. Mit diesem stellenweise zu beobachtenden Streben nach Absicherung gegenüber dem Revisionsgericht wird dem durch die §§ 200 und 265 Abs. 1 StPO[3486] festgeschriebenen Informationsanspruch nicht mehr Rechnung getragen.

### (1) Hinweispflicht nach § 265 Abs. 1 StPO

Die Einhaltung des Informationsanspruchs des Beschuldigten ist revisionsrecht- 1459
lich in vollem Umfang überprüfbar; die Verletzung von § 265 Abs. 1 StPO kann mit der **Verfahrensrüge** geltend gemacht werden. Sie setzt voraus, dass das Gericht den Schuldspruch auf ein anderes (oder ein zusätzliches) Strafgesetz gestützt hat als die Staatsanwaltschaft die Anklageschrift (bzw. das Gericht den Eröffnungsbeschluss). Die Vielzahl der Fälle, in denen die Rechtsprechung eine die Hin-

**3481** BGHSt 11, 88, 91; BGH NJW 1988, 501; *Schlothauer* StV 1986, 214; BGH, Beschl. v. 27.7. 2012 – 1 StR 68/12 = StV 2012, 710; KK-*Kuckein/Bartel* § 265 StPO, Rn. 1; LR-*Stuckenberg* § 265 StPO, Rn. 6.

**3482** Verfahrensrechtlich liegt hierin eine Ergänzung der vom Gericht zugelassenen Anklage: BGHSt 13, 320, 324.

**3483** BGH, Beschl. v. 10.8.2005 – 2 StR 206/05 = NStZ-RR 2005, 376 = StV 2006, 5 = StraFo 2005, 468; BGH, Beschl. v. 26.2.2014 – 4 StR 27/14 = StV 2015, 206.

**3484** Gesetz zur effektiveren und praxistauglicheren Ausgestaltung des Strafverfahrens vom 17.8.2017 (BGBl. 2017 I, 3202).

**3485** S. dazu KK-*Kuckein/Bartel* § 265 StPO, Rn. 13; *Ceffinato* JR 2020, 6.

**3486** Vgl. auch Art. 6 Abs. 3 EMRK.

weispflicht des § 265 Abs. 1 StPO auslösende Änderung des rechtlichen Gesichtspunktes angenommen hat, kann hier auch nicht annähernd vollständig behandelt werden.[3487] Nur beispielhaft sei auf folgende Konstellationen hingewiesen:

1460 Ein **rechtlicher Hinweis** ist zu erteilen, wenn eine Verurteilung wegen Mordes erfolgen soll, die Anklage aber lediglich auf Totschlag lautete.[3488] Dasselbe gilt bei einer Verurteilung wegen Vollendung statt wegen Versuchs,[3489] beim Wechsel von Mittäterschaft zu Alleintäterschaft[3490] und umgekehrt von Alleintäterschaft zu Mittäterschaft.[3491] Die Hinweispflicht wird auch durch einen Übergang von unmittelbarer zu mittelbarer Täterschaft ausgelöst.[3492] Auch auf einen Wechsel in der Konkurrenzform muss hingewiesen werden.[3493] Dasselbe gilt, wenn ein Unterlassungsdelikt angeklagt war und das Gericht den materiellrechtlich ansonsten gleichen Vorwurf auf die Begehensweise aktives Tun umstellt.[3494]

1461 Die Hinweispflicht hängt nicht davon ab, ob die vom Gericht beabsichtigte Gesetzesanwendung für den Angeklagten nachteilig ist. Ein Hinweis muss viel-

**3487** Vgl. dazu LR-*Stuckenberg* § 265 StPO, Rn. 38; KK-*Kuckein/Bartel* § 265 StPO, Rn. 6 ff.

**3488** BGH StV 1982, 408; BGH StV 1984, 367; BGHR § 265 Abs. 1 – Hinweis 3 = StV 1993, 179 = NStZ 1993, 200; BGHR StPO § 265 Abs. 4 – Verteidigung angemessene 3; BGH, Beschl. v. 17.10.2006 – 4 StR 335/06 = NStZ 2007, 116 = StV 2008, 431. Vgl. aber BGH, Beschl. v. 19.12.2007 – 1 StR 581/07 = NStZ 2008, 302 = StV 2008, 342. Eine Hinweispflicht besteht auch beim Austausch der Mordmerkmale (vgl. hierzu z.B. BGH, Beschl. v. 25.10.2016 – 2 StR 84/16 = NJW 2017, 1253 m. Anm. *Schlund* = NStZ 2017, 241 m. Anm. *Gubitz*).

**3489** BGH, Beschl. v. 17.12.2014 – 3 StR 510/14; BGH, Beschl. v. 14.8.1990 – 1 StR 422/90 = StV 1991, 8; BGH MDR 1954, 531 (bei *Herlan*); OLG Schleswig-Holstein, Beschl. v. 20.9.2004 – 2 Ss 117/04.

**3490** BGH, Beschl. v. 14.6.2016 – 3 StR 196/16 = StV 2016, 778 (Ls); BGH, Beschl. v. 30.7.2013 – 2 StR 150/13 = StraFo 2013, 480; BGH, Beschl. v. 22.3.2012 – 4 StR 651/11; BGH, Beschl. v. 2.9. 2015 – 2 StR 49/15 (Übergang von Mittäterschaft zu Beihilfe); BGH NStZ 1983, 569; BGH, Beschl. v. 17.5.1990 – 1 StR 157/90 = NStZ 1990, 449; BGHR StPO § 265 Abs. 1 – Hinweispflicht 6; siehe auch BGHR StPO § 265 Abs. 4 – Hinweis 1. Wird einer von zwei Angeklagten darauf hingewiesen, dass er möglicherweise als Gehilfe und nicht als Mittäter bestraft werden könne, ist ein weiterer Hinweis an den anderen Angeklagten, er könne als Alleintäter verurteilt werden, nicht nötig: BGHR StPO § 265 Abs. 1 – Hinweispflicht 2 mit Hinweis auf BGH NStZ 1983, 569; BGH, Beschl. v. 17.1.2001 – 2 StR 438/00 = StV 2002, 236.

**3491** BGH, Urt. v. 15.9.2004 – 2 StR 242/04 = StraFo 2005, 75, = NStZ 2005, 261; BGH, Beschl. v. 26.9.1995 – 1 StR 547/95 = StV 1996, 82.

**3492** LR-*Stuckenberg* § 265 StPO, Rn. 32; vgl. auch BGH, Beschl. v. 13.7.2018 – 1 StR 34/18, Rn. 22 = NStZ 2018, 673, 674 (Übergang von Mittäterschaft zu mittelbarer Täterschaft).

**3493** BGHR StPO § 265 Abs. 1 – Hinweis 2; BGH, Beschl. v. 14.2.1990 – 3 StR 362/89 = StV 1991, 102; BGH StV 1984, 26; BGH NStZ 1984, 213; BGH, Beschl. v. 20.6.1996 – 4 StR 680/95 = StV 1996, 584.

**3494** BGH, Beschl. v. 5.9.2001 – 3 StR 175/01 = StV 2002, 183 = StraFo 2002, 15.

mehr auch dann erteilt werden, wenn das vom Gericht angenommene Gesetz das mildere ist, so zum Beispiel wenn statt Vollendung lediglich Versuch angenommen wird[3495] oder bei der Annahme einer fahrlässigen Tötung (§ 222 StGB) statt einer Aussetzung (§ 221 Abs. 3 StGB).[3496] Kommt das Gericht hingegen nur zur Annahme des milderen Gesetzes, weil ein Tatbestandsmerkmal des in der Anklage bezeichneten Gesetzes weggefallen ist, soll keine Hinweispflicht bestehen.[3497] Dies gilt etwa für die Annahme eines einfachen Diebstahls (§ 242 Abs. 1 StGB) statt eines qualifizierten Diebstahls (§ 244 Abs. 1 StGB a.F.)[3498] oder einer einfachen Erpressung (§ 253 StGB) statt einer räuberischen Erpressung (§ 255 StGB).[3499]

Bei **Wahlfeststellung** muss auf den von der Anklage abweichenden Ge- 1462
sichtspunkt hingewiesen werden.[3500] Eine Hinweispflicht wird ferner in den Fällen bejaht, in denen eine andere Begehungsform desselben Strafgesetzes angenommen wird.[3501]

Eine Hinweispflicht besteht auch bei einer **Änderung der Schuldform.**[3502] 1463
Auch insoweit gilt, dass die Hinweispflicht nicht nur dann besteht, wenn das

**3495** BGH, Beschl. v. 17.12.2014 – 3 StR 510/14; BGH, Beschl. v. 14.8.1990 – 1 StR 422/90 = StV 1991, 8.

**3496** BGH NStZ 1983, 424.

**3497** So LR-*Stuckenberg* § 265 StPO, Rn. 30 mit Hinweisen auf die Rechtsprechung des RG; vgl. hierzu auch KK-*Kuckein/Bartel* § 265 StPO, Rn. 12.

**3498** BGH NJW 1970, 904.

**3499** *Meyer-Goßner/Schmitt* § 265 StPO, Rn. 9; vgl. BGH, Beschl. v. 23.4.2002 – 2 StR 505/01 = StraFo 2003, 261 = StV 2002, 588 zu abweichenden Tatumständen innerhalb des § 250 StGB.

**3500** BGHR StPO § 265 Abs. 1 – Hinweispflicht 6 = NStZ 1990, 449 (bei wahlweiser Feststellung von Mittäterschaft oder Alleintäterschaft im Urteil, obwohl nur Mittäterschaft angeklagt war); ähnlicher Fall in BGH NJW 1985, 2488; BGH MDR 1977, 108 (bei *Holtz*); vgl. ferner *Schlothauer* StV 1986, 213, 217 sowie KK-*Kuckein/Bartel* § 265 StPO, Rn. 11.

**3501** So etwa beim Wechsel vom Mordmerkmal „zur Verdeckung einer Straftat" zum Mordmerkmal „aus niedrigen Beweggründen" (BGH, Beschl. v. 25.10.2016 – 2 StR 84/16); vgl. auch BGH, Beschl. v. 17.10.2006 – 4 StR 335/06 = NStZ 2007, 116 = StV 2008, 341; BGH StV 1984, 367; BGH, Beschl. v. 21.4.2004 – 2 StR 363/03 = NStZ 2005, 111 = StV 2004, 522. Im Rahmen von § 224 StGB muss auf die konkrete Begehungsweise hingewiesen werden: BGH, Beschl. v. 21.1.1997 – 5 StR 592/96 = StV 1997, 237 = NStZ-RR 1997, 173; vgl. ferner KG SJZ 1947, 447; BGH MDR 1970, 382; BGHSt 23, 95 = NJW 1969, 2246; BGHSt 25, 287 = NJW 1974, 1005; weitere Beispiele bei KK-*Kuckein/Bartel* § 265 StPO, Rn. 8. Nach der Rechtsprechung gilt dies nicht, wenn die andere Begehungsform keine andere Verteidigung des Angekl. erfordert: BGHSt 23, 95, 96; BGHSt 25, 287, 289; LR-*Stuckenberg* § 265 StPO, Rn. 25 (Nur bei einem Wechsel zwischen wesensgleichen Begehungsformen derselben Straftat bedarf es keines Hinweises).

**3502** Beim Übergang von Fahrlässigkeit zu Vorsatz: BGH VRS 49, 184; BGH DRiZ 1975, 283; OLG Neustadt JR 1958, 352 (m. Anm. *Sarstedt*); OLG Hamm MDR 1973, 783; OLG Koblenz VRS

Gesetz, das zur Anwendung kommen soll, eine höhere Bestrafung ermöglicht als das in der Anklage genannte, sondern auch dann, wenn es das mildere Gesetz ist.[3503] Der Angeklagte muss Gelegenheit erhalten, in der Hauptverhandlung darzutun, dass er auch das mildere Gesetz nicht verletzt hat.[3504]

#### (2) Hinweispflicht nach § 265 Abs. 2 Nr. 1 StPO

1464 **§ 265 Abs. 2 Nr. 1 StPO** dehnt die Hinweispflicht auf den **Rechtsfolgenausspruch** aus. Ein Hinweis ist erforderlich, wenn in der Hauptverhandlung Umstände hervortreten, die die Strafbarkeit erhöhen, die Anordnung einer Maßnahme (vgl. § 11 Abs. 1 Nr. 8 StGB) oder die Verhängung einer Nebenstrafe oder Nebenfolge rechtfertigen könnten. Nach dem Gesetzeswortlaut tritt die Hinweispflicht damit nur ein, wenn sich die Umstände „erst in der Verhandlung ergeben". Das hat zu der Frage geführt, was gelten soll, wenn der maßgebliche Sachverhalt zwar in der Anklageschrift bereits dargelegt wurde, darin aber nicht die rechtliche Konsequenz gezogen wurde, die das Gericht nunmehr ziehen will. Schon vor der Gesetzesänderung war anerkannt, dass eine Hinweispflicht in Bezug auf die Anordnung von Maßregeln der Besserung und Sicherung auch bei gleichbleibendem Sachverhalt aber abweichender rechtlicher Bewertung zu bejahen ist.[3505] Im Zusammenhang mit der Frage, ob eine Pflicht zum Hinweis auf eine nach den §§ 73, 73c StGB obligatorische Einziehung besteht, sind jedoch verschiedene Senate des BGH zu unterschiedlichen Ergebnissen gelangt.[3506] Richtigerweise sollte auch in einem solchen Fall die Hinweispflicht bejaht werden.[3507]

---

63, 50; OLG Hamm VRS 63, 56; vgl. ferner BayObLG DAR 1971, 207; OLG Stuttgart, Beschl. v. 28.4.2008 – 2 Ss 106/08 = StV 2008, 626; OLG Oldenburg, Beschl. v. 20.10.2009 – 1 Ss 143/09 = NJW 2009, 3669.

**3503** Vgl. BGH, Beschl. v. 2.9.2015 – 2 StR 242/15; BGH, Beschl. v. 19.10.2017 – 3 StR 310/17 = NStZ 2018, 159.

**3504** Vgl. KK-*Kuckein/Bartel* § 265 StPO, Rn. 12; LR-*Stuckenberg* § 265 StPO, Rn. 28.

**3505** Vgl. z.B. BGH, Beschl. v. 1.8.2017 – 4 StR 178/17 = NStZ-RR 2018, 33 = StraFo 2017, 418; BGH, Urt. v. 12.3.1963 – 1 StR 54/63 = BGHSt 18, 288, 289 = NJW 1963, 1115; s. auch MüKoStPO/*Norouzi* § 265 Rn. 31 mwN.

**3506** Vgl. hierzu den Vorlagebeschluss des 5. Strafsenats: BGH, Beschl. v. 14.4.2020 – 5 StR 20/19. S. ferner die vorangegangenen Beschlüsse: BGH, Beschl. v. 18.6.2019 – 5 StR 20/19 = NStZ 2019, 748 = JR 2020, 36; BGH, Beschl. v. 10.10.2019 – 1 ARs 14/19 = NStZ-RR 2020, 25; BGH, Beschl. v. 15.1.2020 – 4 ARs 15/19; BGH, Beschl. v. 15.1.2020 – 2 ARs 236/19. Hierzu: *Börner* NStZ 2019, 752.

**3507** So mit ausführlicher Begründung BGH, Beschl. v. 10.10.2019 – 1 ARs 14/19 = NStZ-RR 2020, 25. S. auch *Börner* NStZ 2019, 752.

1465 Die Pflicht, nach § 265 Abs. 2 Nr. 1 StPO auf strafbarkeitserhöhende Umstände hinzuweisen, erstreckt sich auf Qualifikationen,[3508] so zum Beispiel auf die Anwendung der §§ 224 und 226 StGB, wenn die Anklage lediglich den Vorwurf der einfachen Körperverletzung (§ 223 StGB) erhebt, sowie auf alle Tatbestände, bei denen durch Hinzutritt eines weiteren Tatbestandsmerkmals ein neuer gesetzlicher Tatbestand entsteht.[3509] Ein Hinweis ist erforderlich, wo das Gesetz besonders schwere Fälle anhand von Regelbeispielen erläutert und sich erst in der Hauptverhandlung ergibt, dass ein Regelbeispiel erfüllt sein könnte.[3510] Dies gilt auch für das Merkmal der Gewerbsmäßigkeit beim Handel mit Betäubungsmitteln.[3511]

1466 Zwar mag der Gesetzeswortlaut dafür sprechen, nur die „tatbestandsähnlich" ausgestalteten Strafschärfungsbestimmungen in den unmittelbaren Anwendungsbereich von § 265 Abs. 2 Nr. 1 StPO einzubeziehen. Nach h.M. soll keine Hinweispflicht bestehen, wenn eine Bestrafung wegen eines unbenannten besonders schweren Falls in Betracht kommt.[3512] Angesichts des erheblichen Unterschiedes zwischen den „Normalstrafrahmen" und dem erhöhten Strafrahmen, sollte eine Hinweispflicht aber auch für diese Fälle bejaht werden.[3513]

1467 Ein Sonderproblem, das der BGH wechselhaft und insgesamt bislang wenig überzeugend behandelt, betrifft die Frage, ob es bei einer Mord-Anklage eines gesonderten Hinweises bedarf, bevor das Schwurgericht zur lebenslangen Freiheitsstrafe auch die **besondere Schwere der Schuld** (§ 57a Abs. 1 Satz 1 Nr. 2 StGB) ausspricht. Zunächst hatte der 1. Strafsenat die Frage ohne nähere Begründung verneint,[3514] später in einem obiter dictum aber ausgesprochen, der Senat neige zu der Auffassung, dass dem Angeklagten wenigstens im Laufe der Verhandlung klar werden müsse, dass das Gericht diesen Ausspruch erwägt.[3515] Dann kehrte der 2. Strafsenat, allerdings in einem Fall, in dem der Sitzungsvertreter der Staatsanwaltschaft einen auf die besondere Schuldfeststellung gerichteten An-

**3508** LR-*Stuckenberg* § 265 StPO, Rn. 41.

**3509** *Meyer-Goßner/Schmitt* § 265 StPO, Rn. 18; BGHSt 29, 274, 279 f.

**3510** BGH NJW 1988, 501; KK-*Kuckein/Bartel* § 265 StPO, Rn. 15.

**3511** So BGH NJW 1980, 714 = MDR 1980, 274 im Gegensatz zu BGH NJW 1977, 1830; für eine Hinweispflicht bei Regelbeispielen auch: *Arzt* JuS 1972, 517; *Fabry* NJW 1986, 15; *Furthner* JR 1969, 11; *Schlothauer* StV 1986, 221; vgl. ferner BGH VRS 56, 189; *Meyer-Goßner/Schmitt* § 265 StPO, Rn. 19.

**3512** Vgl. BGH, Beschl. v. 26.1.2000 – 1 StR 644/99 = StV 2000, 298; KK-*Kuckein/Bartel* § 265 StPO, Rn. 15.

**3513** Vgl. MüKoStPO/*Norouzi*, § 265 StPO, Rn. 33; Radtke/Hohmann/*Radtke* § 265 StPO, Rn. 48; SK-StPO/*Velten* § 265 StPO, Rn. 25; s. ferner auch *Schlothauer* StV 1986, 221.

**3514** BGH, Beschl. v. 26.6.1996 – 1 StR 328/96 = NJW 1996, 3285 = StV 1996, 650.

**3515** BGH, Beschl. v. 10.7.2002 – 1 StR 140/02 = NStZ-RR 2003, 291 (bei *Becker*).

trag gestellt hatte, wieder auf die apodiktische Aussage zurück, es bestehe keine Verpflichtung des Gerichts, gemäß § 265 StPO darauf hinzuweisen, dass neben der Verhängung lebenslanger Freiheitsstrafe die Feststellung der „besonderen Schwere der Schuld“ (§ 57a Abs. 1 Satz 1 Nr. 2 StGB) in Betracht kommen könnte. Bereits durch die Anklage wegen Mordes müsse dem verteidigten Angeklagten bewusst sein, dass das Gericht eine Entscheidung über die besondere Schwere der Schuld zu treffen habe.[3516] Zwar hat der Senat hervorgehoben, dies gelte „jedenfalls vorliegend“, wobei der Antrag der Staatsanwaltschaft offenbar eine Rolle spielte. Gleichwohl ist zu hoffen, dass diese Rechtsprechung noch einmal überprüft wird. Der rechtliche Hinweis nach § 265 StPO darf auch sonst nicht dem Staatsanwalt überlassen werden. Dass sich der in seinen Konsequenzen besonders harte Ausspruch nach § 57 a Abs. 1 Nr. 2 StGB schwer in den Wortlaut des § 265 StPO einpassen lässt, liegt in der Natur dieses auf die spätere Vollstreckung bezogenen Urteilsbestandteils. Zwar trifft es zu, dass bei jedem des Mordes Angeklagten ein solcher Ausspruch ergehen kann, das macht die nach dem Fairnessgrundsatz gebotene Transparenz aber nicht entbehrlich.[3517]

1468 Die Hinweispflicht nach § 265 Abs. 2 Nr. 1 StPO erstreckt sich auch auf die Anordnung von **Maßnahmen.**[3518] Erfasst ist der gesamte Katalog des § 11 Abs. 1 Nr. 8 StGB und damit auch die in § 61 StGB aufgezählten Maßregeln, wie die Anordnung der Sicherungsverwahrung[3519], die Anordnung der Führungsaufsicht[3520], die Entziehung der Fahrerlaubnis nach § 69 StGB[3521] und die Verhängung eines Berufsverbots.[3522] § 265 Abs. 2 Nr. 1 StPO[3523] schreibt daneben jetzt auch ausdrücklich einen Hinweis für den Fall vor, dass sich in der Verhandlung

---

**3516** BGH, Urt. v. 2.2.2005 – 2 StR 468/04 = StV 2006, 60 m. insoweit krit. Anm. *Lüderssen*.

**3517** Für die Erteilung eines Hinweises auch KK-*Kuckein*/*Bartel* § 265 StPO, Rn. 15 und *Meyer-Goßner*/*Schmitt* § 265 StPO, Rn. 15a sowie MüKoStPO/*Norouzi*, § 265 StPO, Rn. 29.

**3518** Vgl. dazu BGH, Beschl. v. 6.5.2014 – 3 StR 131/14 = StV 2015, 207 (Führungsaufsicht); BGHR StPO § 265 Abs. 2 – Hinweispflicht 2 und BGHR StPO § 265 Abs. 1 – Hinweispflicht 3 = NStE Nr. 9 zu § 265 (Unterbringung in einer Entziehungsanstalt gem. § 64 StGB); BGHR StPO § 265 Abs. 2 – Hinweispflicht 6 (Sicherungsverwahrung); BGH, Beschl. v. 2.4.2008 – 2 StR 529/07 = StV 2008, 344; BGH, Beschl. v. 4.6.2002 – 3 StR 144/02 = NStZ-RR 2002, 271 = StV 2002, 589.

**3519** Vgl. zum notwendigen Hinweis auf eine Unterbringung in der Sicherungsverwahrung BGH, Beschl. v. 23.10.2008 – 3 StR 350/08 = StV 2009, 118 = StraFo 2009, 72; BGH GA 1966, 180.

**3520** BGH, Beschl. v. 6.5.2014 – 3 StR 131/14 = StV 2015, 207; *Schlothauer* StV 1986, 219.

**3521** BGHSt 18, 288, 289; BGH, Beschl. v. 13.2.1991 – 2 StR 633/90 = NStZ 1992, 28 (bei *Kusch*); BayObLG, Beschl. v. 8.4.2004 – 1 St RR 056/04 = BayObLGSt 2004, 43 = NStZ-RR 2004, 248.

**3522** BGHSt 2, 85, 86 ff. = NJW 1952, 434 = MDR 1952, 244; BGHSt 18, 66, 67; *Schlothauer* StV 1986, 219; vgl. aber BGH, Beschl. v. 26.5.1998 – 5 StR 196/98.

**3523** In der Fassung des Gesetzes zur effektiveren und praxistauglicheren Ausgestaltung des Strafverfahrens v. 18.8.2017, BGBl. 2017 I, 3202.

Umstände ergeben, die zur Verhängung von Nebenstrafen und Nebenfolgen führen können.[3524] Damit erstreckt sich die Hinweispflicht auch auf die Verhängung eines Fahrverbots nach § 44 StGB und auf die Nebenfolgen nach § 45 StGB.[3525] Die frühere Rechtsprechung hierzu[3526] ist überholt.

### (3) Hinweispflicht nach § 265 Abs. 2 Nr. 2 und Nr. 3 StPO

Die von der Rechtsprechung in Analogie zu § 265 Abs. 1 und Abs. 2 StPO a.F. 1469
entwickelten weiter reichenden Hinweispflichten[3527] hat der Gesetzgeber im Jahr 2017 zum Anlass für eine Ergänzung des § 265 Abs. 2 StPO genommen.[3528] Die Aufnahme der in Abs. 2 Nr. 2 und Nr. 3 enthaltenen Regelungen in das Gesetz sollte dabei dem Ziel dienen, das Recht auf ein faires Verfahren und das Rechtsstaatsprinzip einfachgesetzlich abzusichern.[3529] Der Angeklagte soll in der Lage sein, seine Verteidigung auf die Auffassung des Gerichts einzustellen. Die gesetzlich vorgeschriebenen Hinweise dienen zugleich der Sachaufklärung, indem sie dem Angeklagten ermöglichen, sich zu den neu hinzugetretenen Aspekten zu äußern und Beweiserhebungen zu beantragen. Die konsequente Beachtung der Hinweispflichten wirkt damit dem strukturellen Kommunikationsdefizit vieler strafrechtlicher Hauptverhandlungen entgegen. Der für die Prozesssituation des Angeklagten häufig charakteristischen Ungewissheit über die vorläufige Würdigung der Beweisaufnahme durch das Gericht kann durch Hinweise nach § 265 Abs. 2 Nr. 3 StPO entgegengewirkt werden.

**§ 265 Abs. 2 Nr. 2 StPO** legt fest, dass ein Hinweis zu erteilen ist, wenn das 1470
Gericht von einer zuvor geäußerten Auffassung abweichen will. Das nimmt insbesondere, aber nicht ausschließlich, auf § 257b StPO Bezug.[3530] Eine „vorläufige

---

**3524** Zur früheren Rechtslage vgl. MüKoStPO/*Norouzi* § 265 StPO, Rn. 46 ff.

**3525** Vgl. hierzu BGH, Beschl. v. 24.7.2019 – 1 StR 363/18 = NStZ 2020, 47.

**3526** Zu § 44 StGB: OLG Hamm GA 1981, 174 (jedenfalls in Ausnahmefällen); BayObLG JZ 1978, 576 (zum Schutz des Angeklagten vor Überraschungsentscheidungen); OLG Hamm VRS 34, 418 ff.; ähnlich: OLG Hamm VRS 41, 100 = JR 1971, 517 (m. Anm. *Meyer*); OLG Oldenburg NStE Nr. 18 zu § 265; *Schlothauer* StV 1986, 221; anderer Ansicht: OLG Koblenz NJW 1971, 1472 (m. Anm. *Händel*).

**3527** Dazu eingehend *Niemöller*, Die Hinweispflicht des Strafrichters bei Abweichung vom Tatbild der Anklage, 1988.

**3528** Gesetz zur effektiveren und praxistauglicheren Ausgestaltung des Strafverfahrens v. 18.8.2017, BGBl. 2017 I, 3202.

**3529** BT-Drs. 18/11277, S. 32.

**3530** BT-Drs. 18/11277, S. 32: „[...] etwa im Rahmen einer Erörterung nach § 257b[...]"; vgl. hierzu KK-*Kuckein*/*Bartel* § 265 StPO, Rn. 17.

Bewertung der Sach- oder Rechtslage" kann in der Hauptverhandlung auch auf andere Weise geäußert worden sein. So wird im Umgang des Gerichts mit Beweisanregungen oder in Beschlüssen zu Beweisanträgen häufig eine solche Bewertung zum Ausdruck kommen. Der allgemein formulierte Wortlaut des § 265 Abs. 2 Nr. 2 StPO verlangt es, dass das Gericht auch in solchen Fällen einen Hinweis erteilt, wenn es von der einmal geäußerten Auffassung abweichen will. In der Literatur wird deshalb darauf verwiesen, dass sich aus § 265 Abs. 2 Nr. 2 StPO eine Hinweispflicht ergeben kann, wenn das Gericht von einem Beschluss, in dem eine Beweisbehauptung als wahr unterstellt wurde, insofern abweichen will, als es die Beweisbehauptung nunmehr als bedeutungslos ansieht.[3531] Nach zutreffender Ansicht folgt in diesen Fällen die Hinweispflicht schon aus dem Beweisantragsrecht in Verbindung mit dem Anspruch auf ein faires Verfahren.[3532] Durch die ausdrückliche Regelung in § 265 Abs. 2 Nr. 2 StPO wird die Erforderlichkeit eines Hinweises aber jetzt nochmals bestätigt. Unabhängig davon ist aus dem Gesetzeswortlaut kein Merkmal ersichtlich, das es erlauben würde, gerichtliche Beschlüsse generell aus dem Anwendungsbereich der Vorschrift herauszuhalten. Das Gericht muss deshalb einen Hinweis erteilen, wenn es von vorläufigen Bewertungen abweichen will, die in seinen eigenen früheren Entscheidungen enthalten waren.

1471 **§ 265 Abs. 2 Nr. 3 StPO**[3533] enthält seit dem Jahr 2017 nunmehr die allgemein gehaltene Verpflichtung, auf eine **veränderte Sachlage** hinzuweisen, wenn dies zur genügenden Verteidigung des Angeklagten erforderlich ist. Überholt ist damit die in der früheren Rechtsprechung entwickelte Unterscheidung zwischen Fällen, in denen ein (in seinem Inhalt an § 265 Abs. 1 StPO angelehnter) förmlicher Hinweis erteilt werden musste und anderen Fällen, in denen es ausreichen sollte, dass der Angeklagte durch den Verlauf der Hauptverhandlung auf bestimmte Umstände hingewiesen wurde.[3534] Nunmehr ist stets ein förmlicher Hinweis zu erteilen, wenn die Voraussetzungen der Regelung vorliegen. Anhaltspunkte für die Auslegung der Vorschrift lassen sich dabei aus der früheren Rechtsprechung ableiten, die Ausgangspunkt für die Neuregelung war.[3535]

---

**3531** KK-*Kuckein/Bartel* § 265 StPO, Rn. 17. Vgl. zur Notwendigkeit eines Hinweises *Ceffinato* JR 2020, 6, 9. S. auch *Schneider* NStZ 2019, 105.

**3532** S. dazu oben Rn. 923 ff.

**3533** In der Fassung des Gesetzes zur effektiveren und praxistauglicheren Ausgestaltung des Strafverfahrens v. 18.8.2017 (BGBl. 2017 I, 3202).

**3534** Vgl. dazu die Nachweise bei KK-*Kuckein/Bartel* § 265 StPO, Rn. 18a.

**3535** So auch BGH, Beschl. v. 8.5.2018 – 5 StR 65/18 = NStZ 2019, 239. Vgl. auch BGH, Urt. v. 9.5.2019 – 1 StR 688/18 = StV 2019, 818.

Geboten ist ein Hinweis auf die veränderte Tatsachengrundlage etwa, wenn das Gericht dem Urteil eine von der Anklageschrift **abweichende Tatzeit** zugrunde legen will.[3536] Von welch elementarer Bedeutung für die Position des Angeklagten ein solcher Hinweis sein kann, zeigt sich vor allem in den Fällen, in denen sich der Angeklagte mit einem **Alibi** verteidigt. Die Änderung der Tatzeit kann dazu führen, dass ein angebotener Alibibeweis leerläuft; hier muss dem Angeklagten durch einen Hinweis Gelegenheit gegeben werden, seine Verteidigung auf den anderen Tatzeitraum zu erstrecken.[3537] Eine Hinweispflicht kann daneben auch dadurch ausgelöst werden, dass sich eine veränderte Sachlage in Bezug auf die Tathandlung[3538], den Tatzeitraum[3539], den Tatort[3540] oder das Tatopfer[3541] ergibt. Eine wesentliche Änderung der Sachlage kann darin liegen, wenn in der Anklage nur allgemein umschriebene Tatvorwürfe nunmehr nach Tatzeit, Tatort und Tatbegehung konkret benannt werden können.[3542] Die Hinweispflicht kann auch entstehen, wenn der Vorwurf des Mordes zwar nicht mit einem anderen Mordmerkmal, das Mordmerkmal aber mit einer anderen Tatsachengrundlage begründet wird.[3543] Sie besteht ferner bei „überraschender" Feststellung von Tatsachen, die weder durch die Anklageschrift noch durch den Gang der Verhandlung für den Angeklagten erkennbar waren.[3544] 1472

---

**3536** BGH, Urt. v. 6.2.1997 – 1 StR 629/96 = StV 1997, 237; BGH NStZ 1984, 422; BGHR StPO § 265 Abs. 1 – Hinweispflicht 3; BGHR StPO § 265 Abs. 4 – Hinweispflicht 3; BGHR StPO § 265 Abs. 4 – Hinweispflicht 12 = StV 1991, 149; BGHR StPO § 265 Abs. 1 – Hinweispflicht 8; OLG Bremen, Beschl. v. 21.7.1995 – Ss 77/95 = StV 1996, 301.

**3537** BGH, Urt. v. 1.6.1994 – 2 StR 105/94 = StV 1995, 116 = NStZ 1994, 502. Wird aber in der Hauptverhandlung von vornherein auf alle infrage kommenden Tatzeiten abgestellt, so soll ein Hinweis entbehrlich sein: BGHR StPO § 265 Abs. 4 – Hinweispflicht 2 = NStE Nr. 5 zu § 265.

**3538** BGHSt 28, 196 (Austausch der vorgeworfenen Handlung); ähnlich BGHSt 2, 371, 374; BGHSt 11, 88 (Änderung der die Verurteilung tragenden Indizien); BGHSt 8, 92 und BGH StV 1985, 134 (Schuldumfang bei Fortsetzungs- und Dauerstraftaten); vgl. ferner BGHR StPO § 265 Abs. 4 – Hinweispflicht 5.

**3539** BGH, Urt. v. 22.6.2006 – 3 StR 79/06 = NStZ-RR 2006, 316, 317; BGH, Beschl. v. 20.6.1996 – 4 StR 680/95 = StV 1996, 584.

**3540** BGH, Beschl. v. 19.12.1995 – 4 StR 691/95 = NStZ 1996, 295, 296.

**3541** BGHSt 19, 141; BGH MDR 1980, 107; BGH StV 1984, 368; *Michel* JuS 1991, 851; *Schlothauer* StV 1986, 224.

**3542** BGH, Beschl. v. 19.12.1995 – 4 StR 691/95 = StV 1996, 197 = NStZ 1996, 295.

**3543** BGH, Beschl. v. 14.6.2016 – 3 StR 206/18 = StV 2018, 796. Vgl. hierzu auch BGH, Beschl. v. 24.7.2019 – 1 StR 185/19 = NStZ 2020, 97 (Hinweispflicht bei anderem Tatmotiv). Hierzu: *Arnoldi* NStZ 2020, 99.

**3544** BGHSt 11, 88, 91 = NJW 1958, 350 = JZ 1958, 284 = LM Nr. 15 zu § 265 (m. Anm. *Fraenkel*). In der früheren Rechtsprechung wurde auch beim Hinzutreten neuer Einzelakte einer fortgesetzten Tat eine Hinweispflicht angenommen: BGH, Beschl. v. 26.5.1992 – 1 StR 131/92 = StV

1473 Bei **Verstößen gegen das BtMG** ist darauf zu achten, dass die in der Anklage aufgeführte Menge des Betäubungsmittels mit der im Urteil aufgeführten übereinstimmt.[3545] Die Einbeziehung von Vorbereitungshandlungen bei der Tatplanung in die Urteilsfeststellungen setzt grundsätzlich keinen richterlichen Hinweis voraus, wenn im Übrigen nur nach den in der Anklage bezeichneten Straftatbeständen verurteilt wurde.[3546]

#### (4) Form und Inhalt des Hinweises

1474 Der Hinweis nach § 265 Abs. 1 und 2 StPO ist eine **wesentliche Förmlichkeit**, er muss deshalb in das Hauptverhandlungsprotokoll aufgenommen werden.[3547] Sowohl die Tatsache, dass ein Hinweis erteilt wurde, als auch der wesentliche Inhalt des Hinweises sind zu protokollieren.[3548] Dass nunmehr auch Hinweise nach § 265 Abs. 2 Nr. 2 und Nr. 3 StPO zu protokollieren sind[3549], führt zugleich zu einer Änderung im Zusammenhang mit der **Revisibilität von Verletzungen der Hinweispflicht.** Weil die Hinweise nach § 265 StPO insgesamt als wesentliche Förmlichkeiten gelten, fallen sie in den Anwendungsbereich der formellen Beweiskraft des § 274 StPO. Ob ein Hinweis erteilt wurde und welchen Inhalt er hatte, kann dementsprechend nur noch durch das Hauptverhandlungsprotokoll bewiesen werden.[3550] Damit ändern sich die Grundlagen für das Revisionsverfahren, weil die Rüge, auf eine Änderung der Sachlage sei nicht ausreichend hingewiesen worden, es bislang erforderte, im Einzelnen darauf einzugehen, inwieweit der Angeklagte durch den Verlauf der Hauptverhandlung hinreichend auf die Veränderung hingewiesen worden war.[3551] Auf der Basis der neuen Regelung können diese

---

1992, 452 = wistra 1992, 296; BGH, Urt. v. 3.7.1991 – 2 StR 132/91 = NStZ 1991, 550; BGH NStZ 1985, 325.

**3545** Vgl. BGH, Beschl. v. 12.2.1991 – 4 StR 506/90 = StV 1991, 502 = BGHR StPO § 265 Abs. 4 – Hinweispflicht 11.

**3546** BGHR StPO § 265 Abs. 4 – Hinweispflicht 5 = NStE Nr. 10 zu § 265.

**3547** BGH, Beschl. v. 20.5.2014 – 5 StR 173/14; BGH, Beschl. v. 26.2.2014 – 4 StR 27/14 = StV 2015, 206; BGH, Urt. v. 18.11.1997 – 1 StR 520/97 = StV 1998, 583; OLG München, Beschl. v. 22.6.2009 – 5 St RR 088/09 = NJW 2010, 1826; *Meyer-Goßner/Schmitt* § 265 StPO, Rn. 33 mwN.

**3548** BGHSt 2, 371, 372; BGH MDR 1972, 198 (bei *Dallinger*); vgl. BGHR StPO § 265 Abs. 2 – Hinweispflicht 2.

**3549** So zu Recht BGH, Beschl. v. 14.6.2018 – 3 StR 206/18 = NStZ 2019, 236 = StV 2018, 523.

**3550** Vgl. BGH, Beschl. v. 24.7.2019 – 1 StR 185/19 = NStZ 2020, 97 = StraFo 2019, 507; OLG Koblenz, Beschl. v. 27.6.2018 – 2 OLG 6 Ss 28/18 = NJW 2018, 2505 m. Anm. *Habetha*.

**3551** Vgl. hierzu u.a. BGHSt 19, 141; BGHSt 28, 196, 197; BGH NStZ 1981, 190; BGH StV 1988, 329; BGHR StPO § 265 Abs. 1 – Hinweispflicht 8; BGHR StPO § 265 Abs. 1 – Hinweispflicht 9; BGHR StPO § 265 Abs. 4 – Hinweispflicht 3, 4, 12; BGH, Beschl. v. 15.2.1996 – 1 StR 770/95 = StV

Darlegungspflichten nicht mehr gelten.[3552] In der Rechtsprechung wird allerdings in einzelnen Entscheidungen versucht, den Umfang der Hinweispflichten zu begrenzen, indem aus der in § 265 Abs. 2 Nr. 3 StPO enthaltenen Formulierung, der Hinweis sei zu erteilen, wenn dies „zur genügenden Verteidigung des Angeklagten erforderlich" ist, Einschränkungen abgeleitet werden.[3553]

Auch für die neue Regelung muss im Übrigen gelten, was für die Erteilung 1475
von Hinweisen schon bisher anerkannt war: Der Hinweis nach § 265 StPO muss **rechtzeitig** gegeben werden, d.h. zu einem Zeitpunkt, zu dem sich dem Gericht die abweichende Beurteilung aufdrängt.[3554] Der Inhalt des Hinweises muss zudem so eindeutig sein, dass der Angeklagte seine Verteidigung auf den geänderten Gesichtspunkt einrichten kann.[3555] Dass der rechtliche Gesichtspunkt von einem anderen Verfahrensbeteiligten als dem Gericht in der Hauptverhandlung angesprochen wurde (etwa in einer Stellungnahme oder im Schlussvortrag der Staatsanwaltschaft), reicht nicht aus und ändert nichts an der Verpflichtung zur Erteilung des Hinweises.[3556] Bei Hinweisen nach Abs. 1 oder nach Abs. 2 Nr. 1 muss das Gericht die Strafvorschrift benennen, die es abweichend von der Anklageschrift für anwendbar hält und so eindeutig wie möglich die Tatsachen anführen, die die jeweiligen Tatbestandsmerkmale verwirklichen. Kommen bei Hinweisen nach Abs. 1 mehrere Begehungsformen in Betracht, sind diejenigen zu benennen, die nach Ansicht des Gerichts erfüllt sein könnten.[3557] Der pauschale Hinweis auf das mögliche Vorliegen des Mordmerkmals der niedrigen Beweggründe reicht z.B. nicht, sondern nur ein Hinweis, der deutlich macht, worin diese gesehen werden

---

1996, 297; BGH, Urt. v. 6.2.1997 – 1 StR 629/96 = StV 1997, 237. Im Freibeweisverfahren war zu rekonstruieren, worauf der Angeklagte in welcher Situation in der Hauptverhandlung hingewiesen wurde – beispielhaft zu erkennen in BGH, Beschl. v. 15.2.1996 – 1 StR 770/95 = StV 1996, 297 und in BGH, Beschl. v. 20.6.1995 – 4 StR 680/95 = StV 1996, 584; vgl. ferner *Hähnlein/Moos* NStZ 1990, 482.

**3552** Vgl. BGH, Beschl. v. 6.12.2018 – 1 StR 186/18 = NStZ 2019, 747, 748 = wistra 2019, 409, 410; BGH, Beschl. v. 14.6.2018 – 3 StR 206/18 = NStZ 2019, 236 = StV 2018, 523; *Habetha* NJW 2018, 2506.

**3553** Vgl. hierzu BGH, Beschl. v. 8.5.2018 – 5 StR 65/18 = NStZ 2019, 239 = StraFo 2018, 392; s. hierzu auch *Arnoldi* NStZ 2020, 99.

**3554** Der Hinweis kann schon im Eröffnungsbeschluss erteilt werden: BGHSt 23, 304; *Meyer-Goßner/Schmitt* § 265 StPO, Rn. 32.

**3555** BGH, Beschl. v. 26.2.2014 – 4 StR 27/14 = StV 2015, 206; BGHSt 13, 320, 324; BGHSt 18, 56; BGH MDR 1975, 545 (bei *Dallinger*); BGH NStZ 1985, 563; BGH StV 1985, 489; *Hähnlein/Moos* NStZ 1990, 481.

**3556** Vgl. BGH, Beschl. v. 6.12.2018 – 1 StR 186/18 = NStZ 2019, 747; OLG Koblenz, Beschl. v. 27.6.2018 – 2 OLG 6 Ss 28/18 = NJW 2018, 2505 m. Anm. *Habetha*.

**3557** BGH NStZ 1983, 34; NStZ 1984, 328; BGH StV 1984, 367; BGH NJW 1985, 2488; BGH, Beschl. v. 24.7.1991 – 2 StR 271/91 = StV 1991, 501 s. auch BGHSt 21, 1.

könnten.[3558] Der Hinweis ist zudem unmittelbar an den Angeklagten zu richten, ein Hinweis an die Verteidigung reicht nicht aus.[3559] Ein ausreichender Hinweis kann grundsätzlich auch in einem Beschluss zu sehen sein, mit dem das Gericht vor Anberaumung des Hauptverhandlungstermins ein Gutachten über die Schuldfähigkeit des Angeklagten und dessen eventuelle Unterbringung in einer psychiatrischen Anstalt anordnet. Das ist aber nur unter strengen Voraussetzungen ausreichend. Beschränkt sich der Beschluss darauf, die gesetzlich zulässigen Maßregeln aufzuzählen, reicht dies nicht aus, um dem Angeklagten deutlich zu machen, wogegen er sich verteidigen muss.[3560]

#### (5) Rügeanforderungen

1476 Soll die Verletzung der Hinweispflicht gerügt werden, dann ist in der **Revisionsbegründung** mitzuteilen, welchen Inhalt die zugelassene Anklage insoweit hatte. Darzulegen ist ferner, dass das Tatgericht aufgrund eines anderen Strafgesetzes oder eines anderen Sachverhalts verurteilt hat, ohne zuvor den erforderlichen Hinweis erteilt zu haben.[3561] Ob es zur Erfüllung der Zulässigkeitsvoraussetzungen notwendig ist, den Anklagesatz in der Revisionsbegründung wiederzugeben, war in der Vergangenheit schon Thema in Revisionsverfahren vor dem Bundesgerichtshof. Der 3. Strafsenat des BGH hat jedoch zu Recht wiederholt darauf verwiesen, dass es zur Begründung der Rüge nicht erforderlich sein kann, den Anklagesatz oder sogar die Anklageschrift vollständig wiederzugeben, weil das Revisionsgericht von der Anklageschrift ohnehin im Rahmen der Prüfung der Verfahrensvoraussetzungen Kenntnis nehmen muss.[3562] Schon um deutlich zu machen, inwieweit eine Abweichung zwischen dem Inhalt der Anklage und dem Urteil eingetreten ist, auf die nicht hingewiesen wurde, wird es aber regelmäßig zweckmäßig sein, zumindest den Teil des Anklagesatzes in

---

**3558** BGH, Beschl. v. 25.10.2016 – 2 StR 84/16 = NJW 2017, 1253 m. Anm. *Schlund* = NStZ 2017, 241 m. Anm. *Gubitz*.

**3559** KK-*Kuckein/Bartel* § 265 StPO, Rn. 22; BGH, Beschl. v. 26.6.2012 – 1 StR 158/12 = NStZ 2013, 248.

**3560** Vgl. BGH, Beschl. v. 8.1.2009 – 4 StR 568/08 = NStZ 2009, 468; BGH, Beschl. v. 26.2.2014 – 4 StR 27/14 = StV 2015, 206; s. andererseits aber auch BGH, Beschl. v. 15.1.1992 – 2 StR 297/91 = BGHR StPO § 265 Abs. 2 – Hinweispflicht 4.

**3561** LR-*Stuckenberg* § 265 StPO, Rn. 118. Vgl. auch BGH, Beschl. v. 6.12.2018 – 1 StR 186/18 = NStZ 2019, 747, 748 = wistra 2019, 409, 410.

**3562** BGH, Beschl. v. 27.11.2012 – 3 StR 421/12; BGH, Beschl. v. 2.12.2008 – 3 StR 441/08 = StraFo 2009, 115. So auch: BGH Beschl. v. 10.3.2020 – 6 StR 4/20 = NStZ 2020, 370. Anders: BGH, Beschl. v. 9.8.2012 – 1 StR 323/12.

der Revisionsbegründung wiederzugeben, der für die erhobene Verfahrensrüge von Bedeutung ist.[3563]

Soll gerügt werden, dass **entgegen § 265 Abs. 2 Nr. 2 StPO** ein **Hinweis nicht erteilt** wurde, dann muss deutlich gemacht werden, wie das Tatgericht seine frühere Auffassung zum Ausdruck gebracht hat. Dazu ist der Inhalt von Erörterungen nach § 257b StPO mitzuteilen. Stützt sich die Rüge des § 265 Abs. 2 Nr. 2 StPO nicht auf eine Erörterung nach § 257b StPO, ist darzustellen, wie das Gericht sonst den Anschein erweckt hat, einer bestimmten (später aufgegebenen) Auffassung zuzuneigen. Bei **Verstößen gegen § 265 Abs. 2 Nr. 3 StPO** wird es teilweise als nicht ausreichend gewertet, wenn der Beschwerdeführer nur vorträgt, dass kein Hinweis erteilt wurde. Nach Ansicht des 5. Strafsenats muss vielmehr aus der Rüge auch hervorgehen, aus welchen Gründen ein Hinweis „zur genügenden Verteidigung" erforderlich war.[3564] Dazu soll es notwendig sein, nicht nur die Abweichung von der Anklageschrift darzustellen, sondern auch einen Überblick über den Prozessverlauf zu geben und dabei auf die Frage einzugehen, inwieweit der Angeklagte durch den Verlauf der Hauptverhandlung über die Veränderung der Sachlage informiert wurde.[3565] Der 3. Strafsenat hat jedoch (zu Recht) bereits deutlich gemacht, dass er solche Darlegungsanforderungen für zu weitgehend hält.[3566] 1477

Die Revisionsbegründung darf sich bezüglich der Angaben zur Hinweispflicht nicht selbst widersprechen. Wenn etwa zur Sachrüge ausgeführt wird, nur die Angaben des Angeklagten hätten ihn belastet, mit der Verfahrensrüge aber geltend gemacht wird, dass zum selben Punkt kein Hinweis nach § 265 StPO erteilt wurde, ist die Rüge unzulässig, weil der Angeklagte sich dazu offensichtlich äußern konnte.[3567] 1478

Von besonderer Bedeutung ist bei Verfahrensrügen, die die Verletzung von § 265 StPO zum Gegenstand haben, die **Beruhensfrage**. Gerade bei Rügen, mit denen eine Verletzung von § 265 StPO geltend gemacht wurde, hat der Bundesgerichtshof in der Vergangenheit das Vorliegen eines Verfahrensfehlers häufig bejaht, die Frage, ob das angefochtene Urteil hierauf beruhen könne, jedoch 1479

---

**3563** Vgl. *Meyer-Goßner/Schmitt* § 265 StPO, Rn. 47; s. auch BGH, Beschl. v. 9.8.2012 – 1 StR 323/12 = NStZ 2013, 58.

**3564** Vgl. BGH, Beschl. v. 8.5.2018 – 5 StR 65/18 = NStZ 2019, 239. Vgl. hierzu auch BGH Urt. v. 9.5.2019 – 1 StR 688/18 = StV 2019, 818; *Ceffinato* JR 2020, 6, 13.

**3565** BGH, Beschl. v. 8.5.2018 – 5 StR 65/18 = NStZ 2019, 239; vgl. auch BGH, Beschl. v. 21.10. 2015 – 4 StR 332/15 sowie BGH, Beschl. v. 20.11.2014 – 4 StR 234/14 = NStZ 2015, 233, 234.

**3566** BGH, Beschl. v. 14.6.2018 – 3 StR 206/18 = StV 2018, 796, 797. S. dazu auch oben Rn. 1476.

**3567** BGH, Beschl. v. 9.8.2012 – 1 StR 323/12, Rn. 15.

verneint.[3568] Zwar ist es streng genommen bei der Rüge der Verletzung des § 265 StPO ebenso wenig wie bei anderen Verfahrensrügen erforderlich, in der Revisionsbegründung konkret darzulegen, dass das Urteil auf dem Verfahrensfehler beruhen kann.[3569] Gleichwohl ist es aber gerade bei solchen Verfahrensrügen dringend zu empfehlen, in der Revisionsbegründung möglichst konkret zu schildern, welche Verteidigungsmöglichkeiten bestanden hätten, wenn der Hinweis erteilt worden wäre. Richtigerweise braucht die Möglichkeit einer anderen Verteidigung zwar nicht nahezuliegen; es reicht auch hier, wenn sie nicht mit Sicherheit auszuschließen ist.[3570] Diese Unterscheidung ist aber alles andere als trennscharf. Im Allgemeinen wird es der Überzeugungskraft des Revisionsvorbringens dienen, wenn darin möglichst detailliert dargelegt wird, welche Verteidigung in Kenntnis des Hinweises möglich gewesen wäre.[3571] In Betracht kommt etwa, dass nach Erteilung des Hinweises ein weiterer Beweisantrag hätte gestellt werden können. Mit Recht weist im Übrigen *Mehle* darauf hin, dass nicht durch die Beruhensprüfung später etwas wieder zurückgenommen werden soll, was man zuvor in abstracto als absoluten Anspruch des Beschwerdeführers postuliert hat: Wo § 265 StPO einen ausdrücklichen Hinweis des Gerichts fordert, lässt sich das Beruhen des Urteils auf dem Verfahrensfehler nicht damit verneinen, der Angeklagte habe durch seinen Verteidiger oder aufgrund der Verhandlung von der Veränderung des rechtlichen Gesichtspunktes auch ohne einen solchen Hinweis erfahren.[3572]

1480 Die Hinweispflicht nach § 265 StPO gilt im Übrigen (über § 332 StPO) für die Rechtsmittelgerichte entsprechend. Im **Berufungsrechtszug** ist ein Hinweis insbesondere geboten, wenn das Berufungsgericht wieder zur rechtlichen Würdigung der Anklage zurückkehren will, obwohl das erstinstanzliche Urteil sich

---

**3568** Vgl. BGH, Beschl. v. 21.11.1990 – 1 StR 552/90 = NStZ 1992, 292 = BGHR StPO § 265 Abs. 1 – Hinweispflicht 7; BGH, Urt. v. 19.10.1994 – 2 StR 336/94 = NStZ 1995, 247 = BGHR StPO § 265 Abs. 1 – Hinweispflicht 12; BGH, Urt. v. 14.2.1995 – 1 StR 725/94 = NStZ-RR 1996, 10.

**3569** S. hierzu etwa *Meyer-Goßner/Schmitt* § 344 StPO, Rn. 27; KK-*Kuckein/Bartel* § 265 StPO, Rn. 34.

**3570** So auch BGH, Beschl. v. 6.12.2018 – 1 StR 186/18 = NStZ 2019, 747, 748 = wistra 2019, 409, 410. Vgl. zu den in diesem Zusammenhang in der Rechtsprechung verwendeten Formeln die Nachweise bei KK-*Kuckein/Bartel* § 265 StPO, Rn. 34.

**3571** Im Einzelfall kann dies auch ein Geständnis (vgl. BGH, Beschl. v. 19.10.2017 – 3 StR 310/17; BGH, Beschl. v. 2.9.2015 – 2 StR 242/15) oder das Einverständnis mit einer Exploration durch einen Sachverständigen (vgl. BGH, Beschl. v. 26.2.2014 – 4 StR 27/14 = StV 2015, 206, 207) sein.

**3572** *Mehle*, in: Schriftenreihe des DAV, AG Strafrecht, III. Strafverteidiger-Frühjahrssymposium 1990, S. 61.

auf eine andere rechtliche Bewertung des Sachverhalts gestützt hatte.[3573] Nach herrschender und zutreffender Meinung muss auch das **Revisionsgericht** in Fällen, in denen es das erstinstanzliche Urteil durch eine eigene Sachentscheidung berichtigen will (§ 354 Abs. 1 StPO), einen Hinweis nach § 265 StPO erteilen.[3574] Für die eigene Sachentscheidung nach § 354 Abs. 1a und 1b StPO hat das BVerfG ohnehin die Senate verpflichtet, weitestgehende vorherige Aufklärung über die gehegten Absichten nach dem entsprechenden Antrag der Revisionsstaatsanwaltschaft zu geben.[3575] Nicht gelten soll § 265 StPO aber, wenn das Revisionsgericht eine vom Antrag der Revisionsstaatsanwaltschaft abweichende Rechtsauffassung vertreten will.[3576]

### (6) Verletzung von § 265 Abs. 3 StPO

Nach **§ 265 Abs. 3 StPO** hat der Angeklagte unter bestimmten Voraussetzungen einen Rechtsanspruch auf **Aussetzung der Hauptverhandlung.** Das ist der Fall, wenn „neu hervorgetretene Umstände", die der Angeklagte bestreitet, zur Anwendung eines schwereren Strafgesetzes oder sonst zu einer im Sinne von Abs. 2 Nr. 1 härteren Sanktion führen können. Eine wesentliche Einschränkung erfährt der Anwendungsbereich der Bestimmung dabei durch die seit jeher restriktive Auslegung des Begriffs der „neu hervorgetretenen Umstände". Hierunter fallen nach h.M. nur Tatsachen, die erst in der Hauptverhandlung zutage treten, nicht aber Erkenntnisse, die bereits der Anklage oder dem Eröffnungsbeschluss zugrunde lagen.[3577] Werden in der Hauptverhandlung Tatsachen, die bereits zum Zeitpunkt der Eröffnung bekannt waren, lediglich abweichend bewertet, soll dies nicht ausreichen.[3578] Nach dem Gesetzeswortlaut besteht ein Anspruch auf Aussetzung nur dann, wenn der Angeklagte die neu hervorgetre- 1481

---

**3573** OLG Koblenz VRS 52, 428; siehe auch BGH MDR 1972, 925 (bei *Dallinger*); LR-*Stuckenberg* § 265 StPO, Rn. 14; KK-*Kuckein/Bartel* § 265 StPO, Rn. 23 (einschränkend, „wenn der Angeklagte mit dieser Wendung nicht zu rechnen braucht"); *Michel* JuS 1991, 851.

**3574** *Dahs*, Revision, Rn. 621. Nach KK-*Kuckein/Bartel* § 265 StPO, Rn. 1 soll § 265 im Revisionsverfahren regelmäßig keine Anwendung finden. Anerkannt ist jedoch, dass § 265 einer Schuldspruchänderung durch das Revisionsgericht entgegenstehen kann (BGH, Beschl. v. 29.5.2012 – 3 StR 95/12; BGH, Urt. v. 28.10.2010 – 3 StR 179/10 = NJW 2011, 542, 546; *Meyer-Goßner/Schmitt* § 354 StPO, Rn. 16).

**3575** Dazu unten Rn. 1771 ff.

**3576** BGH, Beschl. v. 28.6.2016 – 3 StR 17/15 = wistra 2016, 452.

**3577** KK-*Kuckein/Bartel* § 265 StPO, Rn. 28; vgl. hierzu BGH, Beschl. v. 13.3.2018 – 4 StR 27/18 = NStZ 2018, 558.

**3578** KK-*Kuckein/Bartel* § 265 StPO, Rn. 29. In diesen Fällen kann aber eine Aussetzung nach Absatz 4 in Betracht kommen (vgl. BGH, Beschl. v. 1.3.1993 – 5 StR 698/92 = NStZ 1993, 400).

tenen Umstände bestreitet.[3579] In der Rechtsprechung wird es darüber hinaus teilweise als erforderlich angesehen, dass der Angeklagte behauptet, auf die Verteidigung nicht in ausreichendem Maße vorbereitet zu sein.[3580] Geschieht dies und liegen auch die übrigen Voraussetzungen des § 265 Abs. 3 StPO vor, steht dem Gericht bei der Entscheidung über den Antrag kein Ermessen zu, die Hauptverhandlung entweder auszusetzen oder sie lediglich zu unterbrechen.[3581] Im Gesetz wird ausdrücklich der Begriff „aussetzen" verwendet, der durch § 228 StPO einen klar umrissenen Gehalt hat.[3582] Entgegen vereinzelten Äußerungen in der Rechtsprechung[3583] besteht kein Anlass, § 265 Abs. 3 StPO in einer Weise auszulegen, die der sonstigen Verwendung des Begriffs „Aussetzung" widerspricht.

1482 Soll mit der Revision gerügt werden, dass ein Aussetzungsantrag zu Unrecht zurückgewiesen wurde, muss sich aus dem **Rügevorbringen** u.a. ergeben, welcher neu hervorgetretene Umstand Anlass für den Antrag war und dass der Angeklagte ihn bestritten hat. Im Hinblick darauf, dass die Rechtsprechung es verschiedentlich als Voraussetzung für einen Aussetzungsanspruch angesehen hat, dass der Angeklagte geltend macht, auf die Verteidigung gegen den neuen Umstand nicht hinreichend vorbereitet gewesen zu sein, sollte die Verfahrensrüge auch hierzu Ausführungen enthalten.

#### (7) Aussetzung nach § 265 Abs. 4 StPO

1483 Nach **§ 265 Abs. 4 StPO** kann der Angeklagte bei **veränderter Sachlage** beantragen, die Hauptverhandlung auszusetzen. Er hat hierauf jedoch keinen Anspruch. In Betracht kommt eine Aussetzung nach § 265 Abs. 4 StPO etwa, wenn während der Hauptverhandlung überraschend umfangreiches **neues Beweis-**

---

**3579** LR-*Stuckenberg* § 265 StPO, Rn. 93; KK-*Kuckein/Bartel* § 265 StPO, Rn. 29; BGH, Beschl. v. 30.6.2015 – 3 StR 183/15 = NStZ 2016, 61 m. krit. Anm. *Ventzke*; vgl. auch BGH, Urt. v. 22.8. 2017 – 1 StR 216/17, Rn. 9.

**3580** Vgl. BGH, Urt. v. 24.1.2003 – 2 StR 215/02 = BGHSt 48, 183; *Meyer-Goßner/Schmitt* § 265 StPO, Rn. 36a. Das Gericht prüft die Richtigkeit der Behauptung nicht (vgl. LR-*Stuckenberg* § 265 StPO, Rn. 94 und KK-*Kuckein/Bartel* § 265 StPO, Rn. 29). Vgl. zu den Anforderungen an einen Antrag nach § 265 Abs. 3 StPO auch BGH, Beschl. v. 12.2.2020 – 4 StR 336/19 = NStZ 2020, 370.

**3581** KK-*Kuckein/Bartel* § 265 StPO, Rn. 27; BGH, Urt. v. 24.1.2003 – 2 StR 215/02 = BGHSt 48, 183 = NJW 2003, 1748 = NStZ 2003, 444 = StV 2003, 269 (hierzu: *Kästner* JuS 2003, 849; *Mitsch* NStZ 2004, 395; *Kudlich* JA 2004, 108).

**3582** Vgl. *Meyer-Goßner/Schmitt* § 265 StPO, Rn. 37.

**3583** Vgl. insbesondere BGH, Beschl. v. 14.10.2010 – 5 StR 299/10, Rn.3.

**material** auftaucht[3584], oder wenn sonst eine völlige Veränderung der Verfahrenslage[3585] eintritt. Das Gericht prüft im Rahmen seines Ermessens, ob die Voraussetzungen für eine Aussetzung vorliegen oder ob eine Unterbrechung ausreicht.[3586] Die Entscheidung des Gerichts über einen Antrag nach § 265 Abs. 4 StPO wird vom Revisionsgericht auf Ermessensfehlgebrauch oder zu restriktive Auslegung von § 265 Abs. 4 StPO (zum Beispiel wegen Nichtbeachtung der Fürsorgepflicht) geprüft.[3587] Die Revision hat Erfolg, wenn das Tatgericht sein Ermessen fehlerhaft ausgeübt hat,[3588] oder die Rechtsbegriffe des § 265 Abs. 4 StPO falsch angewandt hat. Soll gerügt werden, das Tatgericht habe eine Aussetzung zu Unrecht abgelehnt, sind neben dem Aussetzungsantrag und dem darauf ergangenen Beschluss auch alle Verfahrensvorgänge mitzuteilen, auf die das Gericht die Ablehnung gründet.[3589] Die Verfahrensrüge muss auch Angaben dazu enthalten, aus welchem Grund die Verteidigung ohne Aussetzung (oder Unterbrechung) unangemessen beschränkt gewesen sein soll.[3590]

### dd) Weitere Hinweispflichten

**Literatur:** *Beulke/Stoffer* Die strafschärfende Berücksichtigung von nach §§ 154, 154a StPO ausgeschiedenem Prozessstoff, StV 2011, 442; *Esser* Verfahrenseinstellung nach § 154 Abs. 2 StPO und Strafzumessung: Ein schwieriger Spagat zwischen Unschuldsvermutung und Strafklageverbrauch, StV 2019, 492; *Gillmeister* Die Hinweispflicht des Tatrichters, StraFo 1997, 8; *Hänlein/Moos* Zu Reichweite und revisionsrechtlicher Problematik der Hinweispflicht nach § 265 I StPO, NStZ 1990, 481; *Schimansky* Die Rüge unzulässiger Verwertung ausgeschiedenen Verfahrensstoffs, MDR 1986, 283.

---

**3584** Vgl. z.B. LG Hamburg, Beschl. v. 26.9.2013 – 631 KLs 5/13 = StV 2014, 406; LG Berlin, Beschl. v. 20.1.2014 – 514 KLs 7/12 = StV 2014, 404; *Meyer-Goßner/Schmitt* § 265 StPO, Rn. 42 mwN; MüKoStPO/*Norouzi* § 265 StPO, Rn. 62 mwN.

**3585** Hierzu KK-*Kuckein/Bartel* § 265 StPO, Rn. 32; *Meyer-Goßner/Schmitt* § 265 StPO, Rn. 42 mwN.

**3586** Vgl. hierzu etwa BGH, Beschl. v. 13.7.2018 – 1 StR 34/18, Rn. 27 = NStZ 2018, 673, 675; BGH, Urt. v. 23.12.2015 – 2 StR 457/14 = StraFo 2016, 148; BGH, Beschl. v. 6.3.2012 – 1 StR 623/11; KK-*Kuckein/Bartel* § 265 StPO, Rn. 31a.

**3587** KK-*Kuckein/Bartel* § 265 StPO, Rn. 33; BGHSt 8, 92, 95 = NJW 1955, 1600; BGH NJW 1958, 1736; OLG Stuttgart, Beschl. v. 9.12.2010 – 5 Ws 223/10 = NStZ-RR 2011, 281; BayObLG VRS 63, 279; BayObLG DAR 1989, 152, 153 mwN; siehe auch OLG Schleswig SchlHA 1973, 187 Nr. 90.

**3588** BGHSt 8, 92, 95 = NJW 1955, 1600; *Eb. Schmidt*, Lehrkommentar, StPO, Teil II, § 265 StPO, Rn. 22; KK-*Kuckein/Bartel* § 265 StPO, Rn. 33; für eine Pflicht des Gerichts zum Hinweis auf die Aussetzungsmöglichkeit: RGSt 57, 147.

**3589** BGH, Beschl. v. 14.10.2010 – 5 StR 299/10.

**3590** BGH, Beschl. v. 29.8.1995 – 1 StR 404/95 = NStZ 1996, 99.

1484 Zwar wurde durch die Änderung des § 265 StPO im Jahr 2017 der Kreis der gesetzlich geregelten Hinweispflichten erweitert. Damit hat die frühere Rechtsprechung zu Hinweispflichten, die aus dem Anspruch auf ein faires Verfahren abgeleitet werden, aber ihre Bedeutung noch nicht vollständig verloren. Von erheblicher praktischer Bedeutung sind insbesondere die Fälle, in denen durch **Verfahrensbeschränkungen nach den §§ 154, 154a StPO** der Eindruck erweckt wird, als seien bestimmte Vorgänge nicht mehr Gegenstand des Verfahrens, gleichzeitig aber die Absicht besteht, sie im Rahmen der Beweiswürdigung oder im Rahmen der Strafzumessung zu Lasten des Angeklagten zu berücksichtigen. Ob eine solche Heranziehung von Tatvorwürfen, die aus dem abzuurteilenden Verfahrensstoff gerade ausgeschieden wurden, überhaupt zulässig sein kann oder ob ihr nicht strafprozessuale Grundsätze entgegenstehen, ist seit jeher umstritten.[3591] Nach Ansicht der Rechtsprechung ist die Berücksichtigung nach § 154 StPO eingestellter Taten zulässig, wenn diese Taten prozessordnungsgemäß so konkret festgestellt werden, dass sie in ihrem wesentlichen Unrechtsgehalt abzuschätzen sind und der Angeklagte hierauf hingewiesen wurde.[3592]

1485 Für die Frage, ob ein Hinweis erforderlich ist, kommt es dabei darauf an, ob der Angeklagte in der konkreten Verfahrenssituation darauf vertrauen durfte, dass die eingestellten Delikte nicht mehr zu seinem Nachteil verwertet werden.[3593] Hatte der Angeklagte der Einstellung mit dem Ziel eines Freispruchs widersprochen, kann er aber darauf vertrauen, dass die eingestellten Vorgänge nicht ohne einen Hinweis im Rahmen der Beweiswürdigung zu seinem Nachteil verwertet werden.[3594] Ein Hinweis soll hingegen entbehrlich sein, wenn sich aufdrängt, dass die Tatsachen, die dem eingestellten Anklagevorwurf zugrunde liegen, bei der Beweiswürdigung für den verbliebenen Vorwurf zu berücksichtigen sein werden.[3595] Über die Erforderlichkeit des Hinweises wird damit im

---

**3591** Kritisch hierzu etwa *Beulke/Stoffer* StV 2011, 442, 444; SK-StPO/*Weßlau/Deiters* § 154 StPO, Rn. 56 f.; *Fezer* JZ 1996, 655, 656. Vereinbarkeit mit Art. 6 Abs. 2 EMRK im konkreten Fall bejaht von EGMR, Urt. v. 25.1.2018 – 76607/13 = NJW 2019, 203; hierzu: *Esser* StV 2019, 492; s. aber auch EGMR, Urt. v. 20.2.2020 – 68556/13.

**3592** BGH, Beschl. v. 7.7.2016 – 5 StR 270/16 = NStZ-RR 2016, 318 (LS.); BGH, Beschl. v. 20.12.2016 – 3 StR 355/16; BGH, Urt. v. 7.1.2015 – 2 StR 259/14 = StV 2015, 555; BGH, Urt. v. 5.6.2014 – 2 StR 381/13 = StV 2014, 655; KK-*Diemer* § 154 StPO, Rn. 38; *Meyer-Goßner/Schmitt* § 154 StPO, Rn. 25.

**3593** KK-*Diemer* § 154 StPO, Rn. 41.

**3594** BGH, Beschl. v. 14.6.1996 – 3 StR 199/96 = StV 1996, 585; KK-*Diemer* § 154 StPO, Rn. 41.

**3595** BGH, Urt. v. 3.4.1996 – 2 StR 590/95 = NStZ 1996, 507 = StV 1997, 514: Stellt das Gericht das Verfahren wegen Betrugsversuches vorläufig ein, so braucht es den Angeklagten nicht darauf hinzuweisen, dass es den zugrunde liegenden Sachverhalt bei der Beweiswürdigung zum Vorwurf des Versicherungsbetruges (§ 265 StGB) verwerten wird. Vgl. dazu ferner BGH

Ergebnis nach ähnlichen Kriterien entschieden, wie sie nunmehr für die Auslegung von § 265 Abs. 2 Nr. 3 StPO heranzuziehen sind. Auch wenn die Heranziehung eingestellter Tatvorwürfe im Rahmen der Beweiswürdigung wohl nicht stets eine „Änderung der Sachlage" i.S.d. neuen Vorschrift darstellt, weil sie zumeist bereits zum Zeitpunkt der Einstellung beabsichtigt ist, besteht jedenfalls eine augenfällige Parallelität.

Wurde ein Hinweis nicht erteilt, obwohl er erforderlich war, kann dies mit 1486
der Verfahrensrüge geltend gemacht werden.[3596] Der Beschwerdeführer muss in der **Revisionsbegründung** nicht nur den Inhalt des Einstellungsbeschlusses, sondern auch den Zeitpunkt seines Erlasses und den damaligen Verfahrensstand mitteilen.[3597] Auch der Inhalt des Anklagevorwurfs sollte insoweit in die Verfahrensrüge einbezogen werden, da oft erst hierdurch verständlich wird, inwieweit das Verfahren eingestellt wurde. Zu berücksichtigen ist dabei, dass der Hinweis von der Rechtsprechung bislang nicht als „wesentliche Förmlichkeit" i.S.d. §§ 273, 274 StPO angesehen wurde, so dass das Hauptverhandlungsprotokoll alleine keinen Beweis darüber erbringt, ob er erteilt wurde.[3598] Doch basiert diese Rechtsprechung u.a. darauf, dass in der Vergangenheit auch der in Analogie zu § 265 StPO entwickelte Hinweis auf eine Veränderung der Tatsachengrundlage nicht als wesentliche Förmlichkeit gewertet wurde. Nachdem als Folge der Änderung des § 265 Abs. 2 StPO ein solcher Hinweis nunmehr protokollierungsbedürftig ist, besteht auch Anlass, die Rechtsprechung zu den §§ 154, 154a StPO zu überprüfen.

Mit der Revision kann es auch gerügt werden, wenn das Tatgericht es unter- 1487
lassen hat, die in der Hauptverhandlung erörterten Gründe für eine Teileinstellung im Urteil zu erörtern.[3599] Eine Erörterungspflicht besteht insbesondere dann, wenn bei **Tatserien** in Bezug auf einzelne Vorwürfe Zweifel an der

NJW 1985, 1479; BGHR StPO § 154 Abs. 1 – Hinweispflicht 1; ähnlich auch BGH StV 1988, 191; offengelassen von BGH, Urt. v. 16.11.1993 – 1 StR 626/93 = NStZ 1994, 195.

**3596** BGH, Beschl. v. 7.7.2016 – 5 StR 270/16 = NStZ-RR 2016, 318 (LS.); BGH, Beschl. v. 20.11.2013 – 1 StR 476/13 = StV 2014, 478; BGH, Beschl. v. 5.6.2013 – 1 StR 126/13; BGH, Beschl. v. 29.6.2010 – 1 StR 157/10; BGHSt 30, 147, 148; BGHSt 31, 302, 303; BGH StV 1981, 226; vgl. ferner BGH, Beschl. v. 14.6.1996 – 3 StR 199/96 = StV 1996, 585 = NStZ 1996, 611; OLG München, Beschl. v. 22.6.2009 – 5 St RR 088/09 = NJW 2010, 1826.

**3597** *Schimansky* MDR 1986, 283.

**3598** BGH, Beschl. v. 20.11.2013 – 1 StR 476/13 = StV 2014, 478; BGH, Urt. v. 29.6.2010 – 1 StR 157/10 = StV 2011, 399; a.A.: *Beulke/Stoffer* StV 2011, 442.

**3599** BGH, Beschl. v. 13.2.2018 – 4 StR 346/17 = NStZ 2018, 618; BGH, Beschl. v. 23.8.2012 – 4 StR 207/12; vgl. ferner auch BGH, Urt. v. 16.4.2014 – 1 StR 516/13; BGH, Beschl. v. 9.12.2009 – 5 StR 511/08 = StV 2009, 116.

Glaubhaftigkeit der Angaben des Belastungszeugen bestanden und dies dazu geführt hat, dass in Bezug auf diese Vorwürfe das Verfahren eingestellt wurde. Ergeben sich die Gründe für die Teileinstellung aus dem Urteil selbst, führt die Sachrüge zur Überprüfung der Vorgänge. Ergeben sie sich nicht aus dem Urteil, muss eine Verfahrensrüge erhoben werden. In ihr muss der Beschwerdeführer darstellen, welche Gründe für die Einstellung maßgeblich waren.[3600]

1488 Hinweispflichten können sich auch aus der Behandlung von **im Zwischenverfahren gestellten Beweisanträgen** ergeben. Mit Zustellung der Anklageschrift wird der Beschuldigte über sein Recht belehrt, sich zu den erhobenen Vorwürfen zu äußern und weitere Beweiserhebungen zu beantragen (§ 201 Abs. 1 StPO). Über die gestellten Beweisanträge hat das Gericht durch unanfechtbaren Beschluss zu entscheiden (§ 201 Abs. 2 StPO). Das Gericht ist dabei nach h.M. an die Kriterien des § 244 Abs. 3 und 4 StPO nicht gebunden, aus ihnen ergeben sich aber Anhaltspunkte für die zu treffende Entscheidung.[3601] Greift das über die Eröffnung entscheidende Gericht zum Ablehnungsgrund der Wahrunterstellung, muss es den Angeschuldigten darauf hinweisen, wenn es in der Hauptverhandlung von dieser Wahrunterstellung abweichen will. Unterbleibt ein solcher Hinweis, so liegt ein Verfahrensverstoß vor.[3602]

1489 Eine Hinweispflicht besteht auch, wenn ein nach **§ 219 StPO gestellter Beweisantrag**[3603] nicht oder nicht in der erforderlichen Form beschieden wurde.[3604] Im Einzelfall kann es dabei erforderlich werden, den Angeklagten in der Hauptverhandlung zu befragen, ob er an dem Beweisantrag festhalten will und ihn auf die Möglichkeit der Wiederholung des Antrages hinzuweisen.[3605] Neben der Verletzung des Anspruchs auf ein faires Verfahren kann in diesen Fällen zugleich eine Verletzung von § 244 Abs. 2 StPO vorliegen, wenn das Gericht die

**3600** BGH, Beschl. v. 13.2.2018 – 4 StR 346/17 = NStZ 2018, 618; BGH, Beschl. v. 30.5.2000 – 1 StR 183/00 = BGHR StPO § 154 Abs. 2 Teileinstellung 1.

**3601** *Meyer-Goßner/Schmitt* § 201 StPO, Rn. 8; LR-*Stuckenberg* § 201 StPO, Rn. 38; vgl. dazu auch *Hamm/Pauly*, Beweisantragsrecht, Rn. 635.

**3602** So schon RGSt 73, 193; vgl. ferner LR-*Stuckenberg* § 201 StPO, Rn. 40 und 51; KK-*Schneider* § 201 StPO, Rn. 19, unter Hinweis auf BGHSt 1, 51, 53.

**3603** § 219 StPO wurde durch das Gesetz zur Modernisierung des Strafverfahrens vom 10.12.2019 (BGBl. I, S. 2121) geändert. Die Änderung sollte dem Umstand Rechnung tragen, dass nunmehr in § 244 Abs. 3 StPO eine Legaldefinition des Begriffs „Beweisantrag" enthalten ist (vgl. BT-Drs. 19/14747, S. 29).

**3604** Diese Rechtsfolge sollte auch nach der Änderung des § 219 StPO weiterhin gelten. Vgl. zur Hinweispflicht: *Hamm/Pauly*, Beweisantragsrecht, Rn. 640 mwN.

**3605** BayObLGSt 1964, 25 = GA 1964, 334; KG JR 1950, 567; OLG Bremen VRS 36, 180, 181; *Meyer-Goßner/Schmitt* § 219 StPO, Rn. 5.

vor der Hauptverhandlung beantragte Beweiserhebung im Rahmen seiner Aufklärungspflicht hätte durchführen müssen.

### i) Antrags- und Widerspruchsrechte

#### aa) Streit über die Zulässigkeit von Sachleitungsmaßnahmen

**Literatur:** *Alsberg* Leitung und Sachleitung im Zivil- und Strafprozess, LZ 1914, 1169; *Basdorf* Der Verteidiger als Garant der Einhaltung von strafprozessualen Verfahrensregeln?, StV 2010, 414; *Bauer* Die Präklusion von Verfahrensrügen und des Widerspruchs im Zusammenhang mit § 238 II StPO, NStZ 2012, 191; *Bischoff* Der Zwischenrechtsbehelf des § 238 II StPO im Spiegel von Rechtsprechung und Literatur: Beanstandungsrecht oder Beanstandungspflicht?, NStZ 2010, 77; *Bohnert* Beschränkungen der strafprozessualen Revision durch Zwischenverfahren, 1983, S. 166 ff.; *Ebert* Zum Beanstandungsrecht nach Anordnungen des Strafrichters gem. § 238 Abs. 2 StPO, StV 1997, 269; *Erker*, Das Beanstandungsrecht gemäß § 238 II StPO, 1988; *Fuhrmann* Das Beanstandungsrecht des § 238 Abs. 2 StPO, GA 1963, 66; *ders.*, Verwirkung des Rügerechts bei nicht beanstandeten Verfahrensverletzungen des Vorsitzenden (§ 238 Abs. 2 StPO), NJW 1963, 1230; *Habetha* Zwischen Rechtsbehelf und Rechtsverlust im Strafverfahren, NJW 2016, 3628; *Ignor/Bertheau* Der „Zwischenrechtsbehelf" des § 238 II StPO – ein zentrales Institut des Revisionsverfahrens?, NStZ 2013, 188; *Jescheck* Die Verwirkung von Verfahrensrügen im Strafprozess, JZ 1952, 400; *Lindemann* Präklusion von Verfahrensrügen wegen fehlenden Rechtsschutzbedürfnisses?, StV 2010, 379; *Mosbacher* Rügepräklusion mangels Rechtsschutzbedürfnis, FS Widmaier, 2008, S. 339 ff.; *ders.* Zur Zukunft der Widerspruchslösung – Der Widerspruch als Zwischenrechtsbehelf, FS Rissing-van Saan, 2011, S. 357 ff.; *ders.* Zur aktuellen Debatte um die Rügepräklusion – Zugleich ein Beitrag zur Zukunft der Widerspruchslösung, NStZ 2011, 606; *ders.* Ist das Unterlassen einer Widerspruchsbescheidung nach § 249 II 2 StPO revisibel? – Zugleich Besprechung von BGH, Beschl. v. 28.8.2012 – 5 StR 251/12, NStZ 2013, 199; *Nagel* Die Ohnmacht der Verteidigung vor der Macht der Richter?, StraFo 2013, 221; *Sarstedt* Der Vorsitzende des Kollegialgerichts, Juristen-Jahrbuch, Band 8, S. 104; *Scheuerle* Vierzehn Tugenden für Vorsitzende Richter, 1983; *W. Schmid* Zur Anrufung des Gerichts gegen den Vorsitzenden (§ 238 StPO), FS Mayer, 1966, S. 543; *ders.*, Die Verwirkung von Verfahrensrügen im Strafprozess, 1967; *Seibert* Beanstandung von Fragen durch den Verteidiger, JR 1952, 471; *Tröndle* Über den Umgang des Richters mit anderen Verfahrensbeteiligten, DRiZ 1970, 213; *Weißmann* Die Stellung des Vorsitzenden in der Hauptverhandlung, 1982; *Widmaier* Mitwirkungspflicht des Verteidigers in der Hauptverhandlung und Rügeverlust(?), NStZ 1992, 519; *ders.* Präklusion von Verfahrensrügen durch Zweckentfremdung des § 238 II StPO, NStZ 2011, 305.

Dem Vorsitzenden kommt nach der Konzeption des deutschen Strafverfahrens eine in jeder Hinsicht zentrale Funktion zu. Er bestimmt den Termin zur Verhandlung (§ 213 StPO), er veranlasst die erforderlichen Ladungen (§ 214 Abs. 1 StPO), er leitet die Verhandlung (§ 238 Abs. 1 StPO) und schließlich auch die Beratung (§ 194 Abs. 1 GVG). Da die Sachleitung in der Hauptverhandlung wesentlich den Gang der Beweisaufnahme bestimmt, in der die Grundlagen für die spätere Überzeugungsbildung des Gerichts gelegt werden sollen, sind Rechtsfehler bei der 1490

Anwendung des einschlägigen Verfahrensrechts grundsätzlich auch geeignet, die Revision zu begründen. Während in früheren Jahrzehnten bei der Auslegung von § 238 StPO die Frage im Vordergrund stand, in welchem Umfang reine „Verfahrenshandlungen", die sich nicht als Sachleitungsmaßnahmen darstellen, der Beanstandung nach § 238 Abs. 2 StPO entzogen sein könnten, kreist die aktuelle Diskussion vorrangig darum, ob den Angeklagten (bzw. seinen Verteidiger) eine generelle Verpflichtung trifft, rechtsfehlerhafte Sachleitungsmaßnahmen zunächst gemäß § 238 Abs. 2 StPO zu beanstanden, bevor er auf einen diesbezüglichen Rechtsfehler die Revision stützen kann.

1491 Als Sachleitungsmaßnahmen sind mit der heute wohl h.M. alle Maßnahmen zu verstehen, die bei einem Prozessbeteiligten die Motivation zu einem für den Fortgang der Verhandlung erheblichen Verhalten hervorrufen können,[3606] sowie alle Maßnahmen, die sich im Einzelfall nachteilig auf die Rechtsstellung des die Entscheidung des Gerichts begehrenden Verfahrensbeteiligten auswirken können.[3607] Auch Maßnahmen der „formellen" Verhandlungsleitung können die Verfahrensbeteiligten beschweren und müssen folglich **gem. § 238 Abs. 2 StPO zu beanstanden** sein.[3608] Nach § 238 Abs. 2 StPO anfechtbare Maßnahmen sind deshalb neben Fragen, Vorhalten, Ermahnungen und Belehrungen z.B. auch sitzungspolizeiliche Anordnungen.[3609] Auch bei der Zurückweisung von Fragen kann nach Maßgabe der Regelungen in den §§ 240, 241 Abs. 2, 241a und 242 StPO eine Entscheidung des Gerichts herbeigeführt werden.[3610]

---

**3606** Sog. funktionelle Betrachtungsweise, LR-*Becker* § 238 StPO, Rn. 20 ff.; *Meyer-Goßner/Schmitt* § 238 StPO, Rn. 11 f.. S. hierzu schon *Eb. Schmidt*, Lehrkommentar, StPO, Teil II, § 238 StPO, Rn. 7.

**3607** KK-*Schneider* § 238 StPO, Rn. 9; *Habetha* NJW 2016, 3629.

**3608** *Meyer-Goßner/Schmitt* § 238 StPO, Rn. 12; KMR-*Paulus* § 238 StPO, Rn. 4 ff.; LR-*Becker* § 238 StPO, Rn. 20; KK-*Schneider* § 238 StPO, Rn. 8 ff.; *Fuhrmann* GA 1963, 65, 69 ff.; *Bohnert*, Beschränkungen der strafprozessualen Revision durch Zwischenverfahren, S. 171 f.

**3609** BGH, Beschl. v. 14.5.2013 – 1 StR 122/13 = NStZ 2013, 608; BGH, Beschl. v. 29.5.2008 – 4 StR 46/08 = NStZ 2008, 582 (Entfernung von Zuhörern aus dem Sitzungssaal); *Meyer-Goßner/Schmitt* § 238 StPO, Rn. 11; KK-*Schneider* § 238 StPO, Rn. 14. In Betracht kommt neben dem Antrag nach § 238 Abs. 2 StPO bei sitzungspolizeilichen Anordnungen auch eine Beschwerde nach § 304 StPO (vgl. KK-*Diemer* § 176 GVG, Rn. 7; BVerfG, Beschl. v. 17.4.2015 – 1 BvR 3276/08 = StV 2015, 601; OLG Stuttgart, Beschl. v. 22.9.2016 – 2 Ws 140/16 = NStZ-RR 2016, 383; OLG Bremen, Beschl. v. 13.4.2016 – 1 Ws 44/16 = StV 2016, 549). Vgl. zur Thematik auch *Habetha* NJW 2015, 3627, 3628.

**3610** Vgl. hierzu BGH, Beschl. v. 5.11.2003 – 1 StR 368/03 = BGHSt 48, 372, 373 (Fragen zu einem sachfremden Beweisthema); vgl. zur Bedeutung der Beanstandung nach § 238 Abs. 2 StPO bei Rügen, die sich auf die Verletzung des Fragerechts beziehen, auch BVerfG, Beschl. v. 21.3.2001 – 2 BvR 403/01 sowie BVerfG, Beschl. v. 2.5.2007 – 2 BvR 2113/06.

Lehnt es der Vorsitzende nach der Urteilsberatung, aber vor Beginn der Urteilsverkündung, ab, weitere Beweisanträge entgegenzunehmen, so kann auch dies nach § 238 Abs. 2 StPO beanstandet werden.[3611] Zwar steht dem Vorsitzenden kraft seiner Befugnis zur Sachleitung auch das Recht zu, die Reihenfolge der Beweiserhebungen in der Hauptverhandlung zu bestimmen.[3612] Auch ist der Vorsitzende grundsätzlich nicht verpflichtet, Anträge der Verfahrensbeteiligten zu jeder beliebigen Zeit entgegenzunehmen.[3613] Wurde die Antragstellung zurückgestellt, trifft den Vorsitzenden aber die Pflicht, von sich aus hierauf zurückzukommen.[3614] Eine Befugnis zur Fristsetzung für die Anbringung von Beweisanträgen lässt sich allein aus § 238 StPO – entgegen der Ansicht des BGH[3615] – nicht ableiten.[3616] Sie ergibt sich seit der Gesetzesänderung im Jahr 2017 aber aus § 244 Abs. 6 StPO.[3617]

Ist der Rechtsbehelf nach § 238 Abs. 2 StPO erfolglos geblieben[3618], so kön- 1492
nen die fehlerhaften Anordnungen des Vorsitzenden mit der Revision angefochten werden, sofern es sich um Maßnahmen handelt, die den sachlichen Verfahrensgang betreffen, also **Auswirkungen auf die Urteilsfindung** gehabt haben.[3619] Maßnahmen des äußeren Verfahrensgangs, wie zum Beispiel sitzungspolizeiliche Anordnungen, können dagegen, auch wenn sie fehlerhaft waren, die Revision zumeist nicht begründen, da diese das Urteil in der Regel nicht beeinflusst haben können.[3620] Ausschlaggebend ist dabei nur die Wirkung – nicht die Zielrichtung – der fehlerhaften Maßnahme.[3621] Sitzungspolizeiliche Maßnahmen, die zu einer Einschränkung der Öffentlichkeit führen, können im Rahmen von § 338 Nr. 6 StPO Bedeutung erlangen.

**3611** So BGH, Urt. v. 19.3.1992 – 4 StR 50/92 = NStZ 1992, 346, jedoch nicht mehr nach Beginn der Urteilsverkündung: BGH MDR 1975, 24 (bei *Dallinger*); vgl. hierzu *Scheffler* MDR 1993, 3, 5.

**3612** Vgl. BGH, Beschl. v. 24.1.2006 – 3 StR 460/05 = NStZ 2006, 463 (Zeitpunkt der Entgegennahme eines Haftprüfungsantrages).

**3613** BGH, Beschl. v. 10.6.2014 – 3 StR 57/14 = NStZ 2014, 668, 670.

**3614** BGH, Beschl. v. 10.6.2014 – 3 StR 57/14 = NStZ 2014, 668, 670.

**3615** BGH, Beschl. v. 23.9.2008 – 1 StR 484/08 = BGHSt 52, 355, 362 = NJW 2009, 605; vgl. hierzu auch *König* StV 2009, 171.

**3616** Vgl. hierzu *Hamm/Pauly*, Beweisantragsrecht, Rn. 371; *Jahn* StV 2009, 663, 665.

**3617** S. dazu im Einzelnen oben Rn. 851 ff.

**3618** Zu den Folgen einer fehlenden Bescheidung: BGH, Beschl. v. 7.5.2019 – 5 StR 623/18.

**3619** Vgl. LR-*Becker* § 238 StPO, Rn. 41; siehe hierzu auch die bedenklichen Forderungen *Gössels* zur Einschränkung von Anfechtungsrechten, Gutachten C zum 60. Deutschen Juristentag, Münster 1994, 1089.

**3620** LR-*Becker* § 238 StPO, Rn. 42.

**3621** So auch *Schmid* FS Mayer, S. 546.

1493 **Anfechtbare Sachleitungsfehler** sind zum Beispiel das Verbot gegenüber dem Angeklagten oder dessen Verteidiger, während der Verhandlung Notizen zu machen,[3622] das Aufzeichnen der Verhandlung auf Tonband ohne Einwilligung des Angeklagten,[3623] die Fesselung des Angeklagten in der Hauptverhandlung, die eine sachgerechte Verteidigung verhindert,[3624] eine unrichtige Belehrung eines Prozessbeteiligten bzw. eine unvollständige oder falsche Unterrichtung des Angeklagten[3625] oder die Gestattung von Fernsehaufnahmen vor oder während der Verhandlung.[3626] Sachleitungsanordnungen liegen auch vor, wenn der Vorsitzende trotz des Einwandes des Angeklagten, übermüdet zu sein, die Fortsetzung der Hauptverhandlung anordnet,[3627] oder wenn der Vorsitzende es ablehnt, auf den Einwand des Angeklagten einzugehen, er könne wegen Schwerhörigkeit der Verhandlung nicht folgen.[3628] Sachleitungsmaßnahmen sind ferner Beschränkungen der Gesprächsmöglichkeiten zwischen Verteidiger und Angeklagtem,[3629] die Entscheidung über das Bestehen der Gefahr einer strafrechtlichen Verfolgung nach § 55 StPO,[3630] die Anordnung der Unterbrechung der Hauptverhandlung und die Bestimmung des Termins zu ihrer Fortsetzung[3631] sowie die Anordnung der Fortsetzung der Hauptverhandlung nach § 29 Abs. 2 StPO a.F.[3632]

**3622** BGHSt 1, 322.
**3623** BGHSt 19, 193.
**3624** BGH NJW 1957, 271; vgl. hierzu auch BVerfG, Beschl. v. 26.8.2008 – 2 BvR 1198/08; KK-*Schneider* § 238 StPO, Rn. 14.
**3625** LR-*Becker* § 238 StPO, Rn. 22.
**3626** BGHSt 16, 111; vgl. auch BGHSt 36, 119; zu den verfassungsrechtlichen Grenzen solcher Maßnahmen: BVerfG, Beschl. v. 17.8.2017 – 1 BvR 1741/17 = NJW 2017, 3288; BVerfG, Beschl. v. 17.4.2015 – 1 BvR 3276/08 = StV 2015, 601. S. dazu im Einzelnen oben Rn. 609.
**3627** KK-*Schneider* § 238 StPO, Rn. 13.
**3628** BGH, Urt. v. 22.8.1952 – 4 StR 31/51; zit. nach KK-*Schneider* § 238 StPO, Rn. 13.
**3629** KK-*Schneider* § 238 StPO, Rn. 14; vgl. dazu auch BVerfG, Beschl. v. 10.7.1996 – 1 BvR 873/94 = StV 1996, 620.
**3630** Vgl. BGH, Urt. v. 16.11.2006 – 3 StR 139/06 = BGHSt 51, 144 = NJW 2007, 384 = NStZ 2007, 230 m. Anm. *Widmaier* = JR 2007, 382 m. Anm. *Mosbacher*; BVerfG, Beschl. v. 10.1.2007 – 2 BvR 2557/06 = JR 2007, 390; BGH, Urt. v. 27.10.2005 – 4 StR 235/06 = NStZ 2006, 178 = StV 2006, 283. S. ferner BGH, Beschl. v. 12.12.2008 – 2 StR 479/08 = StraFo 2009, 145.
**3631** BGH, Urt. v. 14.2.2002 – 4 StR 272/01 = NStZ 2002, 429 = BGHR StPO § 238 Abs. 1 Verhandlungsleitung 1.
**3632** BGH, Urt. v. 1.12.1982 – 2 StR 210/82; KK-*Schneider* § 238 StPO, Rn. 13. Zur Änderung des § 29 StPO durch das Gesetz zur Modernisierung des Strafverfahrens vom 10.12.2019 (BGBl. I, S. 2121) s. BT-Drs. 19/14747, S. 21 ff.; *Claus* NStZ 2020, 57, 59.

In all diesen Fällen ist die **Verfahrensrüge** nur dann in zulässiger Form erhoben, wenn in der Revisionsbegründung das zu der Maßnahme führende Geschehen in der Hauptverhandlung, die Anordnung des Vorsitzenden, die Beanstandung und der hierauf ergangene Beschluss mitgeteilt werden. Der Beschluss ist dabei wörtlich wiederzugeben. 1494

Entgegen einer in Rechtsprechung und Lehre weit verbreiteten Auffassung kann jedoch die Revisibilität eines vom Vorsitzenden begangenen Verfahrensfehlers nicht generell davon abhängen, dass zuvor der Zwischenrechtsbehelf des § 238 Abs. 2 StPO erhoben wurde. Die Rechtsprechung hat verschiedentlich an die Motive des Gesetzgebers angeknüpft, der im Entwurf zu § 300 RStPO zu erkennen gegeben hat, dass sich der Revisionsführer nicht gegen einen Fehler wenden könne, den er in der Verhandlung für so wenig nachteilig erachtet habe, dass er ihn unbeanstandet ließ.[3633] In der fehlenden Beanstandung in der Hauptverhandlung wird von manchen Autoren auch ein „stillschweigender Verzicht" auf die Geltendmachung des Verfahrensfehlers, in der Erhebung einer Revisionsrüge ohne vorangegangene Beanstandung in der Hauptverhandlung „prozessuale Arglist" gesehen.[3634] Auch wird angeführt, es könne das Rechtsschutzbedürfnis fehlen, wenn eine Verfahrensrüge erhoben wird, obwohl der Vorgang zuvor nicht beanstandet wurde.[3635] Das RG hat dasselbe Ergebnis (fehlende Revisibilität) darauf gestützt, dass das Urteil in derartigen Fällen auf der fehlenden Beanstandung und damit nicht auf einer Gesetzesverletzung beruhe.[3636] Der Bundesgerichtshof hat sich in einer Reihe von Fällen ähnlich geäußert.[3637] Ausnahmen hiervon wurden jedoch seit jeher zugelassen, wenn **eindeutige Gesetzesverletzungen** bei unverzichtbaren prozessualen Maßnahmen 1495

**3633** Siehe *Hahn*, Materialien, Bd. III, S. 251.

**3634** Vgl. *Jescheck* JZ 1952, 400 und *Fuhrmann* NJW 1963, 1232, der auf den Grundsatz von Treu und Glauben hinweist, der auch im Prozessrecht gelte.

**3635** *Mosbacher* NStZ 2011, 606; *ders.* FS Rissing-van Saan, S. 360 ff.; *ders.* FS Widmaier, S. 348 ff.; *ders.* JR 2007, 387; zustimmend: KK-*Schneider* § 238 StPO, Rn. 34 ff.

**3636** Vgl. etwa RGSt 71, 21, 23 mwN.

**3637** BGHSt 1, 322, 325; BGHSt 3, 199, 202; BGHSt 3, 368, 369; BGHSt 4, 364, 366; BGH NStZ 1982, 432; BGH GA 1988, 426 und BGH NStZ 1981, 71 (bei Nichtvereidigung des Zeugen); BGH, Urt. v. 19.3.1992 – 4 StR 50/92 = NStZ 1992, 346 (bei Weigerung des Vorsitzenden nach Schluss der Beweisaufnahme noch Beweisanträge entgegenzunehmen); in diesem Sinne auch die 5. Auflage, S. 186, Rn. 229; vgl. ferner BGH, Beschl. v. 5.11.2003 – 1 StR 368/03 = BGHSt 48, 372 und BGH, Urt. v. 16.11.2006 – 3 StR 139/06 = BGHSt 51, 144 = NJW 2007, 384; BGHR StPO § 238 Abs. 2 – Beweisantrag 1; BGHSt 21, 288, 290; BGH JR 1965, 348; siehe ferner OLG Hamburg MDR 1979, 74 (m. krit. Anm. *Strate*); BayObLG MDR 1983, 511; für eine Rügepräklusion *Bohnert*, Beschränkungen der strafprozessualen Revision durch Zwischenverfahren, S. 176 ff.; *Schlüchter*, Das Strafverfahren, S. 462.

zu korrigieren waren, so etwa bei der Nichterteilung des letzten Wortes,[3638] nach früherer Gesetzeslage bei der fehlenden Entscheidung über die Vereidigung,[3639] bei der Ablehnung der Entgegennahme eines Beweisantrages jedenfalls dann, wenn der Vorsitzende „mit stillschweigender Billigung des Gerichts" handelt,[3640] oder bei Verletzung der in den §§ 250, 251 Abs. 4 StPO enthaltenen Grundsätze[3641]. Der BGH hat ferner in Einzelfällen die Herbeiführung eines Gerichtsbeschlusses als Voraussetzung für die Zulässigkeit der Revisionsrüge nicht für erforderlich gehalten, wenn sich aus dem Urteil ergibt, dass sich der Spruchkörper die Entscheidung des Vorsitzenden zu eigen gemacht hat.[3642] Der Rechtsbehelf nach § 238 Abs. 2 StPO soll aber jedenfalls dann geboten sein, wenn sich die sachleitende Anordnung des Vorsitzenden auf eine Bestimmung stützt, die ihm einen Beurteilungsspielraum oder ein Ermessen eröffnet.[3643]

1496 Schon die zitierten Ausnahmen zeigen aber, dass es eine vollständige Subsidiarität der Revision gegenüber dem Zwischenrechtsbehelf aus § 238 Abs. 2 StPO nicht geben kann.[3644] Aus gutem Grund hat der Gesetzgeber davon abgesehen, eine ausdrückliche prozessuale Beanstandungs*pflicht* in das Gesetz aufzunehmen.[3645] Schon weil die StPO in erster Linie Schutzrechte des Angeklagten normiert, findet sich in ihr keine generelle Regelung zur Präklusion bei Nichtausschöpfung von anderen Rechtsbehelfen.[3646] Da die Verfahrensvorschriften

**3638** LR-*Stuckenberg* § 258 StPO, Rn. 64 mwN; vgl. ferner BGH, Beschl. v. 27.2.1990 – 5 StR 56/90 = StV 1990, 247 = NStZ 1990, 291.

**3639** BGHSt 1, 273; BGH NStZ 1981, 71; BGHR StPO § 59 Satz 1 – Entscheidung, fehlende 2; BGH StV 1987, 282 = NStZ 1987, 374; BGH, Beschl. v. 28.1.1992 – 5 StR 3/92 = StV 1992, 146; vgl. zur Rechtslage nach der Gesetzesänderung BGH, Beschl. v. 11.12.2008 – 3 StR 429/08 sowie BGH, Beschl. v. 16.11.2005 – 2 StR 457/05 = BGHSt 50, 282 (s. dazu oben Rn. 1038 ff.); zu dieser Fallgruppe: KK-*Schneider* § 238 StPO, Rn. 32.

**3640** BGH NStZ 1981, 311; Revisionsrüge ohne Anrufung des Gerichts zulässig nach BGH, Beschl. v. 5.2.1992 – 5 StR 673/91 = NStZ 1992, 248; anders aber BGH, Urt. v. 19.3.1992 – 4 StR 50/92 = NJW 1992, 3182 = NStZ 1992, 346 = StV 1992, 311.

**3641** Vgl. BGH, Beschl. v. 25.10.2011 – 3 StR 315/11 = StV 2012, 202. Zu dieser Fallgruppe: KK-*Schneider* § 238 StPO, Rn. 31; *Ventzke* StV 2012, 198, 200. Vgl. zur Anordnung des Selbstleseverfahrens demgegenüber BGH, Beschl. v. 14.12.2010 – 1 StR 422/10 = NStZ 2011, 300.

**3642** BGH, Urt. v. 30.5.1995 – 1 StR 23/95 = StV 1996, 2 = NStZ 1996, 22 (bei *Kusch*).

**3643** BGH, Urt. v. 16.11.2006 – 3 StR 139/06 = BGHSt 51, 144 = NJW 2007, 384 = NStZ 2007, 230 m. Anm. *Widmaier* = JR 2007, 382 m. Anm. *Mosbacher*.

**3644** Ein derartiges „Regel-Ausnahme-Verhältnis", wie es etwa § 90 Abs. 2 BVerfGG für die Verfassungsbeschwerde vorsieht, bedürfte einer gesetzlichen Grundlage. Vgl. zum Vergleich mit den Regelungen des Zivilverfahrensrechts: *Jescheck* JZ 1952, 400; *Fuhrmann* NJW 1963, 1232.

**3645** Vgl. dazu KMR-*Paulus* § 238 StPO, Rn. 64 mwN.

**3646** So weist *Fuhrmann* NJW 1963, 1230, zu Recht darauf hin, dass der Begriff der „Verwirkung" dem Zivilrecht entstammt. Siehe ferner hierzu LR-*Becker* § 238 StPO, Rn. 43 ff.; *Schmid*,

nicht allgemein zur Disposition der Beteiligten stehen und das Gericht stets zur Erforschung der materiellen Wahrheit verpflichtet bleibt, kommt eine pauschale Übernahme des Rechtsgedankens der „Verwirkung“ von Rügerechten in das Strafverfahrensrecht nicht in Betracht.[3647] Aus demselben Grund gehen auch die Versuche fehl, unter Berufung auf die für andere Zwecke entwickelte Kategorie des Rechtsschutzbedürfnisses in die StPO so etwas wie eine generelle „Subsidiarität“ revisionsrechtlicher Verfahrensrügen gegenüber den Beanstandungen nach § 238 Abs. 2 StPO hineinzulesen.[3648]

Insgesamt sollte die Bedeutung der Frage jedoch nicht überbewertet werden. Dass das Urteil tatsächlich auf einer fehlerhaften Anordnung des Vorsitzenden **beruht**, wird ohnedies zumeist nur in den Fällen anzunehmen sein, in denen es um unverzichtbare prozessuale Maßnahmen geht, für die auch die Rechtsprechung eine Ausnahme von der Rügepräklusion annehmen will. Tritt im Einzelfall ein arglistiges Verhalten klar zu Tage, d.h. widerspricht die Geltendmachung eines Verfahrensfehlers in der Revisionsinstanz dem sonstigen eindeutigen Prozessverhalten des Angeklagten und der Verteidigung vor dem Tatgericht, dann mag dies für sich genommen bereits ein Grund sein, um der Verfahrensrüge den Erfolg zu versagen.[3649] Das kann aber nicht bedeuten, dass in sämtlichen Fälle, in denen Beurteilungsspielräume eröffnet sind, die Revisionsrüge voraussetzt, dass zuvor eine auf dieselbe Rechtsauffassung gestützte Beanstandung nach § 238 Abs. 2 StPO erhoben wurde. Bestünde in sämtlichen Fällen, in denen Beurteilungsspielräume existieren, eine solche Rügeobliegenheit, wie dies der BGH (jedenfalls beim verteidigten Angeklagten) teilweise befürwortet,[3650] würde damit der Zwang zur Beanstandung zu weit ausgedehnt. Grundsätzlich kommt aber dem Verteidiger bei der Beanstan- 1497

---

Die Verwirkung von Verfahrensrügen im Strafprozess, S. 29 ff.; *Roxin/Schünemann*, Strafverfahrensrecht, § 44, Rn. 18; *Eb. Schmidt*, Lehrkommentar, StPO, Teil II, § 238 StPO, Rn. 29 ff.; Vgl. ferner *Bohnert*, Beschränkungen der strafprozessualen Revision durch Zwischenverfahren, S. 174, der der Rechtsprechung zugutehält, dass eine Alternativität der Rechtsbehelfe nicht gegeben sein soll und – der Rechtsklarheit wegen – annimmt, dass § 238 Abs. 2 StPO als Voraussetzung für die Revision angesehen werden müsse. In diesem Sinne auch *Schlüchter*, Das Strafverfahren, S. 462.

**3647** *Jescheck* JZ 1952, 401; vgl. auch *Widmaier* NStZ 2007, 234 sowie OLG Köln, Beschl. v. 17.7.1997 – Ss 399/97 = NStZ-RR 1997, 366.

**3648** Vgl. hierzu auch *Gaede* wistra 2010, 210, 214, *Widmaier* NStZ 2011, 305, 307; *Nagel* StraFo 2013, 221 und *Habetha* NJW 2016, 3628, 3632.

**3649** Vgl. auch LR-*Becker* § 238 StPO, Rn. 46 f.

**3650** BGH, Urt. v. 16.11.2006 – 3 StR 139/06 = BGHSt 51, 144 = NJW 2007, 384 = JR 2007, 382 m. Anm. *Mosbacher*.

dung von sachleitenden Anordnungen nach § 238 Abs. 2 StPO eine gesteigerte Verantwortung zu. Gerade dies macht die Erforderlichkeit eines Verteidigers im Strafverfahren deutlich.[3651] Beim **unverteidigten Angeklagten** wird man die Zulässigkeit einer Verfahrensrüge deshalb auch nur dann von der vorherigen Anrufung des Gerichts abhängig machen können, wenn feststeht, dass der Angeklagte die Befugnis zu einer Beanstandung nach § 238 Abs. 2 StPO kannte (etwa weil er in der Verhandlung hierauf ausdrücklich hingewiesen wurde).[3652]

1498 Hinzuweisen ist ergänzend darauf, dass der Zwischenrechtsbehelf des § 238 Abs. 2 StPO auch gegenüber dem **Einzelrichter** zur Anwendung kommen kann, der in diesem Fall selbst über den Rechtsbehelf entscheidet. Dies ist insofern sinnvoll, als er auf diese Weise nochmals zu einer Überprüfung der rechtlichen Zulässigkeit seiner Maßnahme angehalten wird und diese in seinem Beschluss auch begründen muss.[3653]

### bb) Unterbrechungsanträge und Aussetzungsanträge (§§ 145, 217, 218, 246 und 265 Abs. 4 StPO

**Literatur:** *Bertram* Empfehlen sich Änderungen des Strafverfahrensrechts mit dem Ziel, ohne Preisgabe rechtsstaatlicher Grundsätze den Strafprozess, insbesondere die Hauptverhandlung, zu beschleunigen?, NJW 1994, 2186; *Heubel* Die Verschiebung der Hauptverhandlung wegen Verspätung des Verteidigers, NJW 1981, 2678; *Schlüchter* Beschleunigung des Strafprozesses und insbesondere der Hauptverhandlung ohne Rechtsstaatsverlust, GA 1994, 397.

1499 Das deutsche Strafprozessrecht ist – u.a. durch die Änderungen des § 229 StPO[3654] – der „Realität" angepasst worden, dass eine Vielzahl von Strafverfahren nicht mehr, wie vom ursprünglichen Gesetzgeber der StPO einmal als Regelfall angesehen, an einem Verhandlungstag beendet werden können. Gleich-

**3651** Vgl. dazu *Widmaier* NStZ 1992, 519, 522.

**3652** Auch die Entscheidung BGH, Urt. v. 16.11.2006 – 3 StR 139/06, Rn. 26 = BGHSt 51, 144, 148 = NJW 2007, 384 sieht eine Rügeobliegenheit für die Fälle des Streits um die Reichweite von § 55 StPO zunächst nur vor, wenn der Angeklagte einen Verteidiger hat (BGHSt 51, 148, Rn. 26); vgl. hierzu auch *Mosbacher* JR 2007, 388 sowie *Mosbacher* FS Widmaier, S. 352.

**3653** LR-*Becker* § 238 StPO, Rn. 38; KK-*Schneider* § 238 StPO, Rn. 15; *Meyer-Goßner/Schmitt* § 238 StPO, Rn. 18; MüKoStPO/*Arnoldi* § 238 StPO, Rn. 3; *Bohnert*, Beschränkungen der strafprozessualen Revision durch Zwischenverfahren, S. 182; *Ebert* StV 1997, 269; OLG Düsseldorf, Beschl. v. 10.1.1196 – 5 Ss 462/95 = StV 1996, 252; anderer Ansicht: BayObLG VRS 24, 300; OLG Köln NJW 1957, 1373; MDR 1955, 311 und noch die 5. Aufl., S. 186, Fn. 391.

**3654** Durch das 1. StVRG v. 27.1.1987 (BGBl. 1987 I, 475) und die erheblichen Fristverlängerungen im 1. JuMoG v. 24.8.2004 (BGBl. 2004 I, 2198).

wohl geht es nach wie vor – richtigerweise – davon aus, dass der Prozessstoff in nahem zeitlichem Zusammenhang erörtert werden muss. Das dient vorrangig dazu, die Stoffsammlung so konzentriert durchzuführen, dass mit Fug und Recht am Ende gesagt werden kann, die Überzeugung sei „aus dem Inbegriff der Verhandlung" geschöpft worden (§ 261 StPO). Zugleich hat dieses Ziel auch Folgen für die Verteidigung. Wird der Angeklagte vor dem Verhandlungsbeginn mit dem gerichtlichen Konzept für die Sachverhaltsaufklärung (z.B. einem Ladungsplan für die beabsichtigten Zeugenvernehmungen) konfrontiert, so kann dies zur Grundlage für sein Verteidigungskonzept werden. Wo immer während der Verhandlung Ereignisse auftreten, die dem auf der bisherigen Informationslage gefundenen Verteidigungskonzept „in die Quere kommen", muss der Angeklagte die Chance erhalten, sein bisheriges Prozessverhalten zu überdenken und sein weiteres Vorgehen neu zu planen. Diesen Grundsatz nimmt das Gesetz so wichtig, dass es dort, wo die Durchführung einer terminierten Hauptverhandlung den wohlverstandenen Interessen eines der Verfahrensbeteiligten im Wege stehen könnte, den betreffenden Verfahrensbeteiligten entweder einen Anspruch darauf gibt, dass die Hauptverhandlung **unterbrochen** wird, um weitere Informationen einzuholen und etwaige Anträge zu überdenken, oder dass die gesamte Hauptverhandlung von Neuem begonnen werden muss (**Aussetzung** – in den Medien auch gerne als das „Platzen" einer Hauptverhandlung bezeichnet).

Gesetzlich nicht ausdrücklich geregelt, weil als selbstverständlich voraus- 1500
gesetzt, ist der Anspruch auf kurze Unterbrechungen der Hauptverhandlung, wenn ein Beteiligter geltend macht, dies aus sachlichen Gründen zu benötigen (vgl. § 228 Abs. 1 S. 2 StPO). Die Gründe hierfür können vielfältig sein; sie allgemein zu umschreiben, ist kaum möglich. Eingebürgert hat sich, das Anliegen, die Hauptverhandlung „zur Prüfung oder Formulierung eines unaufschiebbaren Antrages" zu unterbrechen, so zu verstehen, dass damit einer Präklusion (insbesondere nach § 25 Abs. 2 Nr. 2 StPO) vorgebeugt werden soll. Teilweise regelt auch die StPO den Anspruch auf Unterbrechung der Hauptverhandlung, z.B. zur Prüfung der ordnungsgemäßen Besetzung nach § 222a Abs. 2 StPO.

In anderen Fällen verwendet die StPO den Begriff der Aussetzung (§ 228 1501
StPO), ohne dass die Rechtsprechung dies stets wörtlich nimmt. Dabei ist es nachvollziehbar, dass der Gesetzgeber in den §§ 145 Abs. 3, 217 Abs. 2, 246 Abs. 2 und 265 Abs. 3 StPO jeweils durchaus vorschreiben wollte, dass die Hauptverhandlung nicht nur für ein paar Stunden oder Tage unterbrochen und danach fortgesetzt wird, sondern wirklich von Neuem begonnen werden muss. Von Bedeutung sind vor allem die folgenden Regelungen:

In den Fällen des **§ 246 Abs. 2 StPO** hat – wohl unter dem Schutz des Abs. 4 1502
*(„Über die Anträge entscheidet das Gericht nach freiem Ermessen.")* – in der Pra-

xis in längeren Hauptverhandlungen kaum jemand Erfolg mit seinem den Gesetzeswortlaut ernst nehmenden Antrag auf Aussetzung, nachdem ihm ein Zeuge erst unmittelbar vor seiner Vernehmung „namhaft gemacht" wurde. In der Regel wird das Gericht sein „freies Ermessen" dahin ausüben, allenfalls eine kurze Unterbrechung zu beschließen oder den Antrag sogar vollständig zu übergehen. Die Aussetzung kann zwar geboten sein, wenn die vom Gericht geladenen Zeugen den Verfahrensbeteiligten nicht **namhaft** gemacht, d.h. mit Wohn- und Aufenthaltsort (§ 222 Abs. 1 Satz 1 StPO)[3655] genannt werden. Doch wird ein Fall, in dem die Mitteilung der Anschriften erkennbar bereits zur Vorbereitung der Verteidigung vor Beginn der Hauptverhandlung und der Entscheidung über die Aussagebereitschaft des Angeklagten erforderlich war, wohl nur selten vorliegen. Immerhin kann der fehlerhafte Umgang mit einem Antrag nach § 246 Abs. 2 oder 3 StPO die Revision begründen, wenn das Gericht den Zweck der Regelungen völlig verkannt oder sich darüber trotz der für eine Aussetzung sprechenden Anhaltspunkte hinweggesetzt hat.[3656]

1503 Ein wirksameres Recht enthält das Gesetz hingegen im Zusammenhang mit der **Nichteinhaltung der Ladungsfrist (§ 217 StPO)**. Die Nichteinhaltung der Frist ist als solche nicht revisibel.[3657] Wird darauf allerdings ein Aussetzungsantrag gestützt, ist diesem zwingend zu entsprechen.[3658] Aus § 228 Abs. 3 StPO ergibt sich eine Verpflichtung für den Vorsitzenden, auf die Nichteinhaltung der Frist hinzuweisen. Die Ladung muss zugestellt werden. Die Zustellung richtet sich gem. § 37 Abs. 1 StPO nach den Vorschriften der §§ 166 ff. ZPO. Es kann dabei durchaus zu Situationen kommen, in denen zwar eine formell korrekte Ladung vorliegt, der Angeklagte aber trotzdem nicht rechtzeitig Kenntnis vom Hauptverhandlungstermin erlangt. Das ist etwa vorstellbar, wenn eine Ersatzzustellung stattgefunden hat. Die Revision kann deshalb (insbesondere bei Angeklagten ohne Verteidiger) auch darauf gestützt werden, dass eine unter dem Aspekt der richterlichen Fürsorgepflicht gebotene Aussetzung nicht angeordnet wurde, so etwa wenn der Angeklagte erst am Tag der Hauptverhandlung von dieser erfährt.[3659] Die Verletzung von § 217 Abs. 2 i.V.m. § 218 StPO kann gerügt werden, wenn der **Verteidiger nicht**

---

**3655** Hierzu BGH NStZ 1989, 237, 238; BGH, Beschl. v. 26.1.1990 – 3 StR 428/89 = NJW 1990, 1125 = NStZ 1990, 244 = StV 1990, 197.

**3656** BGH, Urt. v. 5.4.1990 – 1 StR 68/90 = BGHSt 37, 1, 3 = NJW 1990, 1860; s. auch BGH, Urt. v. 6.12.1989 – 1 StR 559/89 = JZ 1990, 200; *Meyer-Goßner/Schmitt* § 246 StPO, Rn. 7; KK-*Krehl* § 246 StPO, Rn. 12.

**3657** *Meyer-Goßner/Schmitt* § 217 StPO, Rn. 12; KK-*Gmel* § 217 StPO, Rn. 10.

**3658** KG, Beschl. v. 21.10.2002 – 2 Ss 91/02 = NZV 2003, 586; *Meyer-Goßner/Schmitt* § 217 StPO, Rn. 7.

**3659** OLG Celle NJW 1961, 1319.

**rechtzeitig geladen** worden ist. Das setzt natürlich voraus, dass das Verteidigungsverhältnis dem Gericht bekannt war. Auf der Verletzung dieser Vorschriften beruht das Urteil in der Regel.[3660] Überschneidungen mit § 338 Nr. 5 StPO gibt es nur, wenn ein Fall der notwendigen Verteidigung vorliegt und der nicht geladene Verteidiger der einzige Verteidiger des Angeklagten ist. Aber auch in den sonstigen Fällen kann die Verletzung des § 218 StPO geltend gemacht werden.[3661] Hat der Angeklagte mehrere Verteidiger, sind alle zu laden.[3662]

Bei diesen Rügen ist vorzutragen, wann die Ladung erfolgt ist[3663] und zu 1504
welchem Termin sie erging. Sodann muss dargelegt werden, dass der zu Ladende nicht anderweitig rechtzeitig Kenntnis vom Termin erlangt hat und dass es nicht zu einem Verzicht nach § 217 Abs. 3 StPO gekommen ist.[3664] Wurde der Verteidiger nicht geladen, so muss mit der Revisionsbegründung vorgetragen werden, wie und vor allem wann das Gericht vom Verteidigungsverhältnis Kenntnis erlangt hat.[3665] Der gestellte Aussetzungsantrag ist in der Revisionsbegründung wiederzugeben und insbesondere ist darzulegen, wann der Antrag gestellt wurde. Fasst das Gericht daraufhin einen Beschluss, muss dieser ebenfalls im Wortlaut vorgebracht werden.[3666]

Nach **§ 145 Abs. 1 Satz 2 StPO** kann das Gericht die Aussetzung der Haupt- 1505
verhandlung beschließen. Das kommt insbesondere in Betracht, wenn ein Verteidiger kurzfristig ausfällt (z.B. wegen Krankheit). Die Vorschrift kann verletzt sein, wenn übereilt ein neuer Verteidiger bestellt wird, obwohl der bisherige Verteidiger des Angeklagten nur vorübergehend verhindert ist.[3667] Bei einer nur kurzfristigen Verhinderung kommt dem Anspruch des Angeklagten auf Verteidigung durch einen Rechtsanwalt seines Vertrauens erhebliche Bedeutung zu. Diesem Anspruch wird nicht Rechnung getragen, wenn sogleich ein neuer Ver-

---

**3660** BGH, Beschl. v. 24.7.2008 – 4 StR 84/08 = NStZ 2009, 48; BGHSt 36, 259, 262.

**3661** Vgl. nur BGH, Beschl. v. 24.7.2008 – 4 StR 84/08 = NStZ 2009, 48, wo neben dem (abwesenden) Wahlverteidiger noch ein (anwesender) Pflichtverteidiger bestellt war, was die Rüge nicht scheitern ließ.

**3662** Vgl. *Meyer-Goßner/Schmitt* § 218 StPO, Rn. 15 mwN.

**3663** Zum Zugang der Ladung: KG, Beschl. v. 29.9.1995 – 1 Ss 206/95 = StV 1996, 10.

**3664** An den Verzicht sind hohe Anforderungen zu stellen, vgl. dazu BGH, Beschl. v. 13.12.2005 – 5 StR 494/05 = NStZ 2006, 461; BGH, Beschl. v. 24.7.2008 – 4 StR 84/08 = NStZ 2009, 48 (umfassende Kenntnis des Angeklagten, dass sein Verteidiger nicht geladen war und dass er verzichten kann).

**3665** Vgl. zur fehlenden Ladung des Verteidigers: OLG München, Beschl. v. 25.1.2006 – 5 St RR 237/05 = NJW 2006, 1366; OLG Celle, Beschl. v. 2.4.2012 – 322 SsBs 84/12 = StV 2012, 588.

**3666** Das Übergehen eines gestellten Antrages steht der Ablehnung gleich, BayObLG, Beschl. v. 17.9.1981 – RReg. 2 St 288/81 = NStZ 1982, 172.

**3667** BGH, Urt. v. 20.6.2013 – 2 StR 113/13 = BGHSt 58, 296 = NJW 2013, 2981 = StV 2013, 675.

teidiger bestellt wird. Zu berücksichtigen ist ferner, dass ein mit dem Sachverhalt nicht vertrauter Rechtsanwalt in der Regel nicht in der Lage sein wird, die Verteidigung effektiv zu führen. Das kann dazu führen, dass ein Angeklagter als materiell „unverteidigt" anzusehen ist, obwohl in der Hauptverhandlung ein Verteidiger anwesend war.[3668] Ist aus dem äußeren Ablauf ersichtlich, dass es dem Verteidiger nicht möglich gewesen sein kann, die Verteidigung wirksam zu führen (z.B. weil ihm keine hinreichenden Informationen über den bisherigen Verfahrensverlauf vorlagen und er erkennbar keine hinreichende Vorbereitungszeit hatte), dann kommt auch dem Umstand keine maßgebliche Bedeutung zu, dass der neu beigeordnete Verteidiger keine Aussetzung oder Unterbrechung nach Abs. 3 beantragt hat.[3669]

1506 Nach **§ 145 Abs. 3 StPO** hat das Gericht die Hauptverhandlung zu unterbrechen oder auszusetzen, wenn ein neu bestellter Verteidiger erklärt, es verbleibe ihm nicht die Zeit, die erforderlich sei, um die Verteidigung vorzubereiten. Das Gesetz stellt dabei die Bewertung, ob eine angemessene Verteidigung möglich ist, allein in den Aufgabenbereich des neuen Pflichtverteidigers; sie ist insbesondere nicht Aufgabe des Gerichts.[3670] Die Rechtsprechung hat hieraus abgeleitet, das Gericht werde regelmäßig keinen Anlass haben, seine Vorstellungen von einer notwendigen Vorbereitungszeit an die Stelle derjenigen des Verteidigers zu setzen, wenn dieser seine Fähigkeit zu sachgerechter Verteidigung nicht in Frage stelle.[3671] Zwar wird damit das Verhältnis zwischen Mandant und Verteidiger zumindest verbal in begrüßenswerter Weise als Tabuzone anerkannt. Die Akzeptanz dieser Tabuzone muss aber Grenzen haben. Wie die entschiedenen Fälle zeigen, kann die Selbsteinschätzung bisweilen erkennbar unrealistisch sein. Wird bei einer mehrtägigen Hauptverhandlung kurzfristig ein Verteidiger bestellt, weil der bisherige verhindert ist,[3672] dann darf sich das Gericht nicht darauf verlassen, dass der neu bestellte Anwalt keinen Antrag nach § 145 Abs. 3 StPO stellt. Ist es schon nach dem äußeren Ablauf (insbesondere der zur Verfügung stehenden Zeit) nicht möglich, dass der neue Verteidiger sich ausreichend über die Anklagevorwürfe, das Einlassungsverhalten des Angeklagten, den bisherigen Gang der

**3668** Vgl. BGH, Urt. v. 20.6.2013 – 2 StR 113/13 = BGHSt 58, 296, 300 = NJW 2013, 2981 = StV 2013, 675. Hierzu: *Fromm* ZWH 2016, 221.

**3669** Vgl. BGH, Urt. v. 20.6.2013 – 2 StR 113/13 = BGHSt 58, 296, 300 f.

**3670** BGH, Urt. v. 30.8.2012 – 4 StR 108/12 = NStZ 2013, 122, 123; BGH, Urt. v. 24.11.1999 – 3 StR 390/99 = NStZ 2000, 212 = StV 2000, 402.

**3671** BGH, Urt. v. 30.8.2012 – 4 StR 108/12 = NStZ 2013, 122, 123; vgl. auch BGH, Beschl. v. 24.6. 2009 – 5 StR 181/09 = NStZ 2009, 650.

**3672** Wie in BGH, Urt. v. 20.6.2013 – 2 StR 113/13 = BGHSt 58, 296.

Beweisaufnahme und den Akteninhalt informiert hat, dann wird – unabhängig von § 145 Abs. 3 StPO – die Hauptverhandlung nach § 145 Abs. 1 Satz 2 oder nach § 265 Abs. 4 StPO von Amts wegen auszusetzen sein.[3673]

Wird von dem neu bestellten Verteidiger ein Antrag nach § 145 Abs. 3 StPO auf Unterbrechung oder Aussetzung gestellt, dieser aber zurückgewiesen, kann dies mit der Revision gerügt werden. Da das Gericht dem gestellten Antrag entsprechen muss („*ist ... zu unterbrechen oder auszusetzen*"), dürften Fälle, in denen ein Antrag insgesamt abgelehnt wird, selten sein.[3674] Eher schon kann es vorkommen, dass an Stelle der beantragten Aussetzung lediglich eine Unterbrechung gewährt wird. Soll dies mit der Revision gerügt werden, muss die Verfahrensrüge die Prozesssituation darstellen, in der es zur Bestellung des neuen Verteidigers gekommen ist sowie den gestellten Antrag und den hierauf ergangenen Beschluss wiedergeben. Im Hinblick darauf, dass die Rechtsprechung vereinzelt ein Beruhen ausgeschlossen hat, wenn nach dem Antrag nur über Aspekte verhandelt wurde, die höchstens entfernt mit der Schuld des Angeklagten zu tun hatten,[3675] empfiehlt es sich, den weiteren Verlauf der Hauptverhandlung in der Revisionsbegründung darzustellen. Wurde in der Hauptverhandlung kein Antrag nach § 145 Abs. 3 StPO gestellt, kommt die Rüge der Verletzung des § 265 Abs. 4 StPO in Betracht. 1507

Nach **§ 265 Abs. 4 StPO** ist die Aussetzung des Verfahrens auch dann anzuordnen, wenn dies infolge der veränderten Sachlage zur genügenden Vorbereitung der Verteidigung erforderlich erscheint. Das wird seit langem auch bei bestimmten Veränderungen der Verfahrenslage bejaht, so etwa, wenn der Angeklagte in seinem Recht, sich des Beistandes eines Verteidigers zu bedienen, in unvorhergesehener Weise beeinträchtigt wird.[3676] Zwar gibt nach dem Wortlaut von § 228 Abs. 2 StPO das Ausbleiben des Wahlverteidigers dem Angeklagten kein Recht, die Aussetzung der Hauptverhandlung zu verlangen. Doch darf diese Bestimmung nicht ohne Blick auf den Grundsatz des fairen Verfahrens angewandt werden.[3677] Durch Art. 6 Abs. 3 lit. c EMRK ist das Recht des Angeklagten, sich von einem Verteidiger seines Vertrauens verteidigen zu lassen, ausdrücklich anerkannt. Diesem Recht, das auch verfassungsrechtlichen Schutz genießt, ist soweit wie möglich Rechnung zu tragen.[3678] 1508

**3673** Vgl. auch *Meyer-Goßner/Schmitt* § 145 StPO, Rn. 13.
**3674** So aber in BGH, Urt. v. 24.11.1999 – 3 StR 390/99 = NStZ 2000, 212 = StV 2000, 402.
**3675** Vgl. BGH, Urt. v. 24.11.1999 – 3 StR 390/99 = NStZ 2000, 212, 213 = StV 2000, 402. Hierzu: *Stern* StV 2000, 404; *Hammerstein* NStZ 2000, 327.
**3676** *Meyer-Goßner/Schmitt* § 265 StPO, Rn. 42a; KK-*Kuckein/Bartel* § 265 StPO, Rn. 32.
**3677** Kritisch hierzu: *Arnoldi* NStZ 2018, 609.
**3678** *Meyer-Goßner/Schmitt* § 228 StPO, Rn. 10.

1509 In begrüßenswerter Deutlichkeit hat der 1. Strafsenat in einem Beschluss aus dem Jahr 2018 noch einmal klargestellt, dass sich der für die Terminierung zuständige Vorsitzende jedenfalls ernsthaft bemühen muss, dem Recht des Angeklagten, sich von einem Verteidiger seines Vertrauens verteidigen zu lassen, soweit wie möglich Geltung zu verschaffen und einem nachvollziehbaren Begehren des Verteidigers bezüglich der Terminierung im Rahmen der zeitlichen Möglichkeiten der Strafkammer und anderer Verfahrensbeteiligter sowie des Gebots der Verfahrensbeschleunigung Rechnung zu tragen.[3679] Auch dann werden sich Probleme bei Terminierungsfragen nicht immer vollständig vermeiden lassen.[3680]

1510 Aus der Bedeutung des durch Art. 6 Abs. 3 lit. c EMRK geschützten Rechtes ergibt sich auch die Antwort auf alltägliche Fragen. So sollte nicht zweifelhaft sein, dass das Gericht eine gewisse Wartepflicht hat, wenn ein Verteidiger nicht pünktlich zum festgesetzten Termin erscheint,[3681] wobei eine Wartezeit von 15 Minuten stets zugemutet werden kann.[3682] Reist der Verteidiger aus einer größeren Entfernung an,[3683] oder hat er von unterwegs mitgeteilt, er sei auf dem Weg,[3684] muss unter Umständen auch eine längere Zeit gewartet werden. In Verfahren, in denen ein Fall notwendiger Verteidigung gegeben ist (vgl. § 140 Abs. 1 Nr. 1 StPO), kann im Übrigen ohnehin nicht verhandelt werden, bevor der Verteidiger erschienen ist.

1511 Ist der Wahlverteidiger nicht anwesend und stellt der Angeklagte deswegen einen Antrag auf Aussetzung, darf der Antrag nicht mit der formelhaften Begründung abgelehnt werden, der Angeklagte sei mit seinem im ersten Rechtszug bestellten Pflichtverteidiger ausreichend verteidigt.[3685] Eine Aussetzung kommt auch bei Verteidigerwechsel in Betracht, zum Beispiel wenn dem neuen Verteidiger nicht ausreichend Vorbereitungszeit zur Verfügung steht.[3686]

---

**3679** Vgl. BGH, Beschl. v. 21.3.2018 – 1 StR 415/17 = NJW 2018, 1698 = StV 2019, 150 = NStZ 2018, 607 m. Anm. *Arnoldi*. Hierzu: *Wohlers* JR 2018, 527.

**3680** Vgl. hierzu auch *Arnoldi* NStZ 2018, 611.

**3681** Instruktiv hierzu *Kaiser* NJW 1977, 1955; KK-*Gmel* § 228 StPO, Rn. 10.

**3682** BayObLG AnwBl. 1978, 154; BayObLG VRS 60, 304; OLG Düsseldorf VRS 64, 276; OLG Köln StV 1984, 147 (im Falle einer geplanten Gegenüberstellung).

**3683** OLG Frankfurt AnwBl. 1984, 108.

**3684** BayObLG VRS 67, 438.

**3685** BGHR StPO § 265 Abs. 4 – Verteidigung angemessene 1 = NStZ 1987, 34; vgl. zum Ganzen auch *Weider* StV 1983, 270.

**3686** BGH NJW 1965, 2164 (m. Anm. *Schmidt-Leichner*); BGH MDR 1977, 767 (m. Anm. *Sieg*); BGH NStZ 1983, 281; OLG Hamm GA 1977, 310; vgl. auch BGH NJW 1973, 1985 = JR 1974, 247 (m. Anm. *Peters*); für Großverfahren vgl. ferner BGH NJW 1958, 1736.

Eine Aussetzung nach § 265 Abs. 4 StPO kann ferner aus Gründen der Fürsorgepflicht geboten sein, wenn die Verteidigung Zeit für die **Beschaffung von Beweismitteln** oder zur **Prüfung von Akten** benötigt.[3687] 1512

Wird in der Hauptverhandlung ein Aussetzungsantrag gestellt, kann dieser seine Funktion nur erfüllen, wenn er auch alsbald beschieden wird. Derjenige, der sich darauf beruft, zur Wahrung seiner Verteidigungsrechte sei eine neue Verhandlung erforderlich, darf nicht im Ungewissen darüber bleiben, ob das Gericht diesem Anliegen Rechnung trägt oder ob es die einmal begonnene Hauptverhandlung mit einer Beweisaufnahme bis zum Urteilsspruch fortsetzen will. Auch die Rechtsprechung hat einen Anspruch auf Bescheidung des Aussetzungsantrages anerkannt und ausgesprochen, dass die Beschlussfassung nicht bis zur Urteilsverkündung hinausgeschoben werden darf.[3688] 1513

Soll mit der Revision die unzulässige Ablehnung eines Aussetzungsantrages beanstandet werden, so sind im Rahmen der Revisionsbegründung – den allgemeinen Grundsätzen entsprechend – der Aussetzungsantrag und der ablehnende Beschluss im Wortlaut mitzuteilen.[3689] In Abhängigkeit davon, was als Grund für die Erforderlichkeit der Aussetzung benannt wird, können sich weitere Vortragserfordernisse ergeben.[3690] 1514

Das Revisionsgericht prüft im Rahmen seiner Entscheidung über die Rüge der Verletzung von § 265 Abs. 4 StPO, ob das Tatgericht die Rechtsbegriffe verkannt oder das ihm durch § 265 Abs. 4 StPO eingeräumte Ermessen fehlerhaft ausgeübt hat.[3691] Dabei hat es die **prozessuale Fürsorgepflicht** des Gerichts gegenüber dem Angeklagten zu beachten.[3692] Sind in einer Hauptverhandlung noch keine Erträge erzielt worden, die bei einer Unterbrechung fortwirken, bei einer Aussetzung aber erneut gewonnen werden müssten, ist das Gericht in 1515

**3687** Vgl. LG Berlin, Beschl. v. 20.1.2014 – (514) 83 Js 960/06 KLs = StV 2014, 403; LG Hamburg, Beschl. v. 26.9.2013 – 631 KLs 5/13 = StV 2014, 406; LG Hannover, Beschl. v. 17.10.2012 – 30 KLs 4/12 = StV 2013, 79; OLG Düsseldorf GA 1958, 54; OLG Hamburg AnwBl. 1964, 265. S. dazu auch oben Rn. 1419.

**3688** Vgl. *Meyer-Goßner/Schmitt* § 265 StPO, Rn. 45 und § 228 StPO, Rn. 6; RGSt 23, 136; KK-*Gmel* § 228 StPO, Rn. 7.

**3689** Vgl. OLG Koblenz VRS 51, 288, sowie BayObLG, Urt. v. 18.12.1992 – 1 St RR 227/92 = BayObLGSt 1992, 161 = MDR 1993, 567.

**3690** S. dazu im Einzelnen oben Rn. 1504.

**3691** KK-*Kuckein/Bartel* § 265 StPO, Rn. 33; BGHSt 8, 92, 96; OLG Koblenz VRS 51, 288; vgl. auch BGH NJW 1958, 1736; BGHSt 11, 88, 91 = NJW 1958, 350.

**3692** BGH MDR 1976, 988 (bei *Dallinger*); BayObLGSt 1962, 226; BayObLG DAR 1987, 312; OLG Hamm VRS 74, 36, 38; vgl. ferner BVerfG NJW 1984, 862; OLG Zweibrücken StV 1984, 148; OLG Stuttgart StV 1988, 145.

der Entscheidung, ob es die Hauptverhandlung unterbricht oder sie aussetzt, grundsätzlich frei. Eine solche Unterbrechungs- oder Aussetzungsentscheidung verstößt nicht gegen Art. 101 Abs. 1 GG, es sei denn, sie wäre willkürlich getroffen.[3693]

### cc) Antrag auf Bestellung eines Verteidigers

**Literatur:** *Barton* Mindeststandards der Strafverteidigung, Baden Baden 1994; *Broß* Untersuchungshaft im Rechtsstaat, FS Arbgem. Strafrecht, S. 962; *Böß* Das Gesetz zur Neuregelung des Rechts der notwendigen Verteidigung, NStZ 2020, 185; *Corell/Sidhu* Das Recht auf Rechtsbeistand nach dem europäischen Fahrplan zur Stärkung der Verfahrensrechte im Strafverfahren, StV 2012, 246; *Gatzweiler* Die Auswahl des Pflichtverteidigers durch den Gerichtsvorsitzenden, AnwBl 1981, 147; *Haffke* Zwangsverteidigung – notwendige Verteidigung – Pflichtverteidigung – Ersatzverteidigung, StV 1981, 471; *Hagmann* Auswahl und Bestellung des Pflichtverteidigers, Schriftenreihe des DAV, Band 2, 1986, S. 17; *Hahn* Die notwendige Verteidigung im Strafprozess, Diss., 1975; *Jahn/Zink* Lage und Perspektive für die Beschuldigten- und Verteidigungsrechte in Europa, StraFo 2019, 318; *Jungfer* Auswahl und Bestellung des Pflichtverteidigers – Idee und Wirklichkeit, Schriftenreihe des DAV, Band 2, 1986, S. 24; *Künzel* Erfahrungen eines Zwangsverteidigers, StV 1981, 464; *Lüderssen* Die Pflichtverteidigung, NJW 1986, 2742; *Mehle* Zeitpunkt und Umfang der Pflichtverteidigerbestellung, NJW 2007, 969; *Molketin* Die Auswahl des Pflichtverteidigers durch den Gerichtsvorsitzenden, AnwBl 1981, 8; *Müller-Jacobsen* Das neue Recht der notwendigen Verteidigung, NJW 2020, 575; *Oellerich* Voraussetzungen einer notwendigen Verteidigung und Zeitpunkt der Pflichtverteidigerbestellung, StV 1981, 434; *Rahlf*, Verteidigerwahl und Beschleunigungsgebot, FS Widmaier, S. 447; *Rieß* Pflichtverteidigung-Zwangsverteidigung-Ersatzverteidigung, Reform der notwendigen Verteidigung, StV 1981, 460; *Römer* Pflichtverteidigung neben Wahlverteidigung, ZRP 1977, 92; *Rudolph* Wahlverteidiger – Pflichtverteidiger, DRiZ 1975, 210; *Schlothauer* Die Auswahl des Pflichtverteidigers, StV 1981, 443; *ders.* Der Pflichtverteidiger: Vertrauensanwalt des Gerichts oder des Angeklagten? DuR 1979, 322; *Schmidt H.* Die Pflichtverteidigung, Diss., München 1967; *Schneider* Notwendige Verteidigung und Stellung des Pflichtverteidigers im Strafverfahren, Diss., Bonn 1979; *Spitzer* Das Gesetz zur Neuregelung des Rechts der notwendigen Verteidigung aus europarechtlicher Sicht, StV 2020, 418; *Vogtherr* Rechtswirklichkeit und Effizienz der Strafverteidigung, Frankfurt am Main 1991; *Wächtler* Ersatzverteidigung – eine Alternative zur Zwangsverteidigung? StV 1981, 466; *Welp* Der Verteidiger als Anwalt des Vertrauens, ZStW 90 (1978), S. 101.

1516 Die **fehlende Mitwirkung eines Verteidigers** in der Hauptverhandlung kann unter verschiedenen Gesichtspunkten die Revision begründen. Zum einen liegt in den Fällen der notwendigen Verteidigung nach § 140 StPO der Revisionsgrund des § 338 Nr. 5 StPO vor, wenn während eines Teils der Beweisaufnahme oder gar während der gesamten Hauptverhandlung kein Verteidiger anwesend

**3693** BGH, Urt. v. 9.8.2007 – 3 StR 96/07 = BGHSt 52, 24 = NJW 2007, 3364.

ist.[3694] Zum anderen können mit der Revision aber auch Fehler des Vorsitzenden bei der Bestellung des Verteidigers und bei der Ablehnung eines Antrages auf Pflichtverteidigerbestellung geltend gemacht werden. Zu beachten ist dabei, dass die §§ 140 ff. StPO durch das Gesetz zur Neuregelung des Rechts der notwendigen Verteidigung vom 10.12.2019 nachhaltig umgestaltet wurden.[3695] Hierdurch sollten die Vorgaben zweier EU-Richtlinien umgesetzt werden.[3696]

Unverändert bildet dabei § 140 StPO die zentrale Regelung, in der festgelegt 1517
ist, wann ein Fall notwendiger Verteidigung vorliegt. § 140 Abs. 1 StPO enthält einen Katalog von jetzt elf verschiedenen Verfahrenssituationen, in denen nach Ansicht des Gesetzgebers die Mitwirkung eines Verteidigers erforderlich ist.[3697] Nach § 140 Abs. 1 Nr. 1 StPO ist ein Fall notwendiger Verteidigung jetzt auch dann gegeben, wenn zu erwarten ist, dass die Hauptverhandlung vor dem Schöffengericht stattfinden wird. § 140 Abs. 2 StPO enthält daneben eine Generalklausel, die es ermöglicht, auch Konstellationen zu erfassen, die nicht unter einen der Tatbestände des Abs. 1 fallen. Im Vergleich zur früheren Gesetzesfassung enthält die jetzige Fassung des § 140 Abs. 2 StPO zusätzlich das Merkmal der „Schwere der zu erwartenden Rechtsfolge".[3698]

Liegt ein Fall der **notwendigen Verteidigung** nach § 140 StPO vor, dann 1518
richtet sich das Verfahren zur Bestellung des Pflichtverteidigers nach den §§ 141, 142 StPO. Die Bestellung ist nach dem in § 141 Abs. 1 StPO geregelten Grundsatz von einem Antrag des Beschuldigten abhängig. Unabhängig von einem Antrag wird dem Beschuldigten in den Fällen notwendiger Verteidigung spätestens mit Zustellung der Anklageschrift nach § 201 StPO ein Verteidiger bestellt (§ 141 Abs. 2 Nr. 4 StPO).

Die Zuständigkeit für die Bestellung ist in § 142 Abs. 1–Abs. 4 StPO gere- 1519
gelt. Nach § 142 Abs. 5 S. 1 StPO wird dem Beschuldigten eine Frist zur Benennung eines Verteidigers gesetzt. Benennt der Beschuldigte daraufhin einen Rechtsanwalt, der zum Pflichtverteidiger bestellt werden kann, so ist diesem Wunsch zu entsprechen, wenn kein wichtiger Grund entgegensteht (§ 142 Abs. 5 Satz 3 StPO n.F.). Das bringt zum Ausdruck, dass die Verteidigung grundsätz-

---

**3694** BGHSt 9, 243; vgl. dazu ausführlich oben, Rn. 591 ff.

**3695** BGBl. 2019 I, S. 2128. Zur Entstehungsgeschichte: BT-Drs. 19/13829 und 19/15151; BR-Drs. 365/19 und 603/19. Hierzu: *Müller-Jacobsen*, NJW 2020, 575; *Spitzer* StV 2020, 418; *Böß* NStZ 2020, 185.

**3696** Vgl. zur Bedeutung der Richtlinien 2013/48/EU und 2016/1919/EU: *Jahn/Zink* StraFo 2019, 318; *Schoeller* StV 2019, 190; *Corell/Sidhu* StV 2012, 246.

**3697** Zur Änderung von § 140 Abs. 1 StPO durch das Gesetz vom 10.12.2019 vgl. BT-Drs. 19/13829 S. 31 ff. sowie *Müller-Jacobsen* NJW 2020, 575.

**3698** Zu den Gründen für die Änderung vgl. BT-Drs. 19/13829 S. 35.

lich durch einen Verteidiger geführt werden soll, zu dem der Beschuldigte auch Vertrauen hat.[3699] Als „wichtiger Grund" i.S.v. § 142 Abs. 5 S. 3 StPO n.F., der einer Beiordnung entgegensteht, kommt ein Fehlverhalten des Anwalts in Betracht,[3700] ebenso ein möglicher konkreter Interessenkonflikt durch andere Mandate von Rechtsanwälten aus derselben Kanzlei.[3701] Ausdrücklich geregelt wurde durch das Gesetz vom 10.12.2019 nunmehr die Frage, welche Bedeutung einer terminlichen Verhinderung zukommt. Schon bisher hatte die wohl h.M. angenommen, dass es der Beiordnung entgegenstand, wenn absehbar war, dass sie zu Terminschwierigkeiten geführt hätte, die mit dem besonderen Beschleunigungsgrundsatz für Haftsachen unvereinbar gewesen wären.[3702] Nunmehr ist in § 142 Abs. 5 S. 5 StPO geregelt, dass ein „wichtiger Grund", der es rechtfertigt, von einer Beiordnung des vom Beschuldigten vorgeschlagenen Verteidigers abzusehen, auch dann gegeben ist, wenn der Verteidiger „nicht oder nicht rechtzeitig zur Verfügung steht".[3703] Anders als nach einer früheren Fassung des § 142 StPO kommt dem Kanzleisitz des Verteidigers keine entscheidende Bedeutung mehr zu, solange er nicht dazu führt, dass der Verteidiger im Sinne von Abs. 5 S. 5 „nicht rechtzeitig zur Verfügung steht".[3704]

1520 Eine eigenständige Regelung über den Verteidigerwechsel enthält nunmehr § 143a StPO. Nach § 143a Abs. 2 Nr. 3 StPO ist die Bestellung eines Pflichtverteidigers aufzuheben, wenn das **Vertrauensverhältnis** zwischen Verteidiger und Beschuldigtem endgültig **zerstört** ist oder aus einem sonstigen Grund keine angemessene Verteidigung des Beschuldigten gewährleistet ist. Durch diese gesetzliche Regelung sollten bisher in der Rechtsprechung entwickelte Grund-

---

**3699** Vgl. zu den verfassungsrechtlichen Vorgaben: BVerfGE 9, 36, 38 = NJW 1959, 571; BVerfGE 39, 238, 242 = NJW 1975, 1015; BVerfGE 68, 237 = NJW 1985, 727; BVerfG, Beschl. v. 16.3.2006 – 2 BvR 170/06 = StV 2006, 451 m. Anm. *Hilger*. S. ferner auch BVerfG, Beschl. v. 24.7.2008 – 2 BvR 1146/08 sowie BGH, Urt. v. 20.12.2018 – 3 StR 236/17, Rn. 54.

**3700** S. hierzu KK-*Willnow* § 142 StPO, Rn. 7.

**3701** S. hierzu KK-*Willnow* § 142 StPO, Rn. 7; BGH, Beschl. v. 1.12.2015 – 4 StR 270/15 = NStZ 2016, 115; BGH, Urt. v. 11.6.2014 – 2 StR 489/13 = NStZ 2014, 660, 662; BGH, Beschl. v. 25.2.1992 – 5 StR 483/91 = NJW 1992, 1841 = StV 1992, 406 = NStZ 1992, 292; OLG Bremen, Beschl. v. 2.3.2018 – 1 Ws 12/18 = NStZ-RR 2018, 188. Vgl. auch BGH, Beschl. v. 26.2.2020 – StB 4/20 = StraFo 2020, 199.

**3702** *Meyer-Goßner/Schmitt* § 142 StPO, Rn. 47 mwN; KK-*Willnow* § 142 StPO, Rn. 7; vgl. auch BGH, Urt. v. 20.12.2018 – 3 StR 236/17, Rn. 55 ff.; OLG Koblenz, Beschl. v. 25.11.2014 – 2 Ws 614/14 = NStZ-RR 2015, 117 (Ls.) sowie *Rahlf* FS Widmaier, S. 447 und *Broß* FS ArbG StrafR, S. 972.

**3703** Vgl. hierzu BT-Drs. 19/13829 S. 42 f.

**3704** Vgl. hierzu: KK-*Willnow* § 142 StPO, Rn. 5.

sätze aufgegriffen werden.[3705] Die früher ergangenen Entscheidungen können deshalb zur Auslegung herangezogen werden. Für die Entpflichtung reichte es danach beispielsweise nicht aus, wenn der Vorsitzende unbewiesene Behauptungen über ein etwaiges Fehlverhalten des Verteidigers in früheren Verhandlungen aufgestellt hatte.[3706] Erstattet der Pflichtverteidiger aber Strafanzeige gegen seinen Mandanten, ist das Vertrauensverhältnis so nachhaltig gestört, dass der Pflichtverteidiger abzuberufen ist.[3707] Andere Gründe, wie die Sicherung der Durchführung des weiteren Verfahrens, können in derart gravierenden Fällen der Entpflichtung des bestellten Verteidigers nicht entgegenstehen.[3708]

Nach der seit 2019 geltenden Gesetzesfassung sind gerichtliche Entschei- 1521
dungen über die Bestellung eines Pflichtverteidigers mit der sofortigen Beschwerde anfechtbar (§ 142 Abs. 7 StPO).[3709] Hierdurch sollte – wie sich aus den Gesetzesmaterialien ergibt – Klarheit in Bezug auf mögliche Rechtsmittel geschaffen werden. Die sofortige Beschwerde ist jedoch ausgeschlossen, wenn der Beschuldigte einen Antrag nach § 143a Abs. 2 Nr. 1 StPO stellen kann. Inwieweit diese Gesetzeslage dazu führt, dass Entscheidungen nach § 142 StPO im Hinblick auf § 336 S. 2 StPO der Beurteilung des Revisionsgerichts entzogen sind, bedarf noch der Klärung. Die Neuregelung ändert jedenfalls nichts daran, dass in den Fällen, in denen die Hauptverhandlung ohne Verteidiger durchgeführt wird, obwohl ein Fall notwendiger Verteidigung vorlag und der Verteidiger von Amts wegen zu bestellen war (vgl. § 141 Abs. 2 StPO), der absolute Revisionsgrund des § 338 Nr. 5 StPO gegeben ist.[3710]

Unter Geltung der früheren Rechtslage war im Übrigen anerkannt, dass mit 1522
der Verfahrensrüge geltend gemacht werden kann, der Angeklagte sei im Hin-

---

**3705** Vgl. BT-Drs. 19/13829 S. 48.

**3706** BGH, Urt. v. 31.1.1990 – 2 StR 449/89 = StV 1990, 241 = NStZ 1990, 289 = NJW 1990, 1373 sah dies als Befangenheitsgrund an.

**3707** Vgl. BGH, Urt. v. 26.8.1993 – 4 StR 364/93 = BGHSt 39, 310 = NJW 1993, 3275 = StV 1993, 564; BGH, Urt. v. 25.2.1997 – 1 StR 600/96 = NStZ 1997, 401. Zur Entpflichtung bei gestörtem Vertrauensverhältnis vgl. BGH, Urt. v. 20.12.2018 – 3 StR 236/17, Rn. 65 ff.; BGH, Urt. v. 26.6. 1997 – 4 StR 180/97 = StV 1997, 565.

**3708** BGH, Urt. v. 26.8.1993 – 4 StR 364/93 = BGHSt 39, 310; vgl. zur Thematik ergänzend auch OLG Stuttgart, Beschl. v. 14.12.2015 – 2 Ws 203/15 = StV 2016, 479 m. Anm. *Koch*.

**3709** Vgl. hierzu: BT-Drs. 19/13829 S. 43 f.; zur früheren Rechtslage: *Meyer-Goßner/Schmitt*, 62. Aufl., § 141 StPO, Rn. 9 f. und § 142 StPO, Rn. 19; KK-*Willnow* § 142 StPO, Rn. 11.

**3710** Vgl. LR-*Jahn* § 140 StPO, Rn. 152; *Meyer-Goßner/Schmitt* § 142 StPO, Rn. 64. S. dazu auch oben Rn. 593.

blick darauf praktisch nicht verteidigt gewesen, dass der Bestellung seines Verteidigers ein wichtiger Grund (wie etwa eine Interessenkollision) entgegenstand.[3711]

### j) Mängel bei Beratung und Urteilsverkündung

**Literatur:** *Binding* Die Beschlussfassung im Kollegialgericht, Abh. II, 1915; *Hamm* Öffentliche Urteilsberatung, NJW 1992, 3147; *Mellinghoff* Fragestellung, Abstimmungsverfahren und Abstimmungsgeheimnis im Strafverfahren, 1988; *Michel* Beratung, Abstimmung und Beratungsgeheimnis, DRiZ 1992, 263; *Niebler* Beratungsgeheimnis und abweichende Meinung, FS Tröndle, 1989, S. 585.

1523 Am Ende der Hauptverhandlung stehen die Beratung und die Urteilsverkündung. Die geheime Beratung (§ 260 Abs. 1 StPO) und die in ihrem Rahmen nach den strengen gesetzlichen Regeln stattfindende Abstimmung über die Schuld- und die Straffrage (§§ 263 StPO; 196, 197 GVG) führen zur Feststellung des Prozessergebnisses. Weil den Verfahrensbeteiligten der innere Verlauf von Beratung und Abstimmung verschlossen bleibt, ist es umso wichtiger, dass durch das hierbei gewählte äußere Verfahren nicht der Eindruck entsteht, es handele sich bei der Beratung um eine lästige Pflichtübung. Der Richter genügt in der Regel seiner Pflicht nicht schon dann, wenn er ein richtiges Urteil erlässt, er hat auch richtig zu verfahren „und das muss man sehen".[3712] Unterlaufen dem Gericht bei diesem letzten Teil der Entscheidungsfindung formelle Fehler, so begründet dies die Revision.

1524 Die Beratung muss nach dem Gesetz auf dem Inbegriff der Hauptverhandlung fußen (§ 261 StPO). Das ist nur dann der Fall, wenn zum Zeitpunkt der Beratung die Teile der Hauptverhandlung **abgeschlossen** sind, die Beiträge zur Entscheidungsfindung erbringen sollen. Hierzu gehören die Beweisaufnahme, die Schlussvorträge und das letzte Wort des Angeklagten.[3713] Fehlt zum Zeitpunkt der Beratung einer dieser Prozessteile, so muss die Verhandlung wieder eröffnet und ordnungsgemäß zum Abschluss gebracht werden, bevor die Beratung beginnen darf, dementsprechend gilt zugleich: Folgt einer dieser Prozessteile nach Wiedereröffnung auf eine Beratung, so muss erneut eine Beratung

---

**3711** BGH, Beschl. v. 24.2.2016 – 2 StR 319/15 = StV 2016, 473 m. Anm. *Barton*; BGH, Beschl. v. 15.11.2005 – 3 StR 327/05 = NStZ 2006, 404 = StV 2006, 113.

**3712** *Sarstedt* Anm. zu OLG Hamburg JR 1956, 273, 274; ebenso *Hanack* JZ 1972, 313, 315.

**3713** BVerfG, Beschl. v. 30.11.1991 – 2 BvR 1683/91 = DAR 1992, 253 (bei *Nehm*); BGH StV 1983, 402; BGHSt 11, 74.

stattfinden, bevor das Urteil verkündet werden darf.[3714] Eine Beratung am Tatort oder das nochmalige Aufsuchen des Tatorts während der Beratung ist deshalb unzulässig.[3715] Schon aus § 261 StPO geht hervor, dass die Schlussvorträge zum Inbegriff der Verhandlung zählen und bei der Urteilsfindung berücksichtigt werden müssen.[3716] Hierfür ist es unerlässlich, dass der Richter dem Schlussvortrag zuhört und Ablenkungen vermeidet. Schreibt der Richter schon während der Plädoyers das Urteil nieder, kann hierin eine Verletzung von § 261 StPO liegen.[3717]

In den Fällen des **Wiedereintritts in die Hauptverhandlung** lässt die 1525
Rechtsprechung seit jeher eine Beratung durch bloße Verständigung der Richter untereinander am Richtertisch (sog. Nachberatung) genügen.[3718] Voraussetzung hierfür ist nach der Rechtsprechung, dass der Vorsitzende allen beisitzenden Richtern (auch den Schöffen) Gelegenheit zur nochmaligen Meinungsäußerung gibt,[3719] bzw. dass eine für alle Verfahrensbeteiligten erkennbare Verständigung stattgefunden hat.[3720] Die Nachberatung am Richtertisch soll jedenfalls bei einfachen Fragen zulässig sein.[3721]

Die Pflicht zu neuerlicher Beratung kann auch nicht dadurch umgangen 1526
werden, dass dem Verteidiger nach der Urteilsberatung und vor der Verkündung nicht mehr das Wort erteilt wird, um ihn so daran zu hindern, einen Beweisantrag zu stellen.[3722] Auch alle Handlungen, die darauf abzielen, das Regel-

**3714** BGHSt 24, 170, 171 = NJW 1971, 2082; BGHSt 17, 337, 340 = NJW 1962, 1873; *Kissel/Mayer* § 193 GVG, Rn. 1.

**3715** RGSt 66, 28; OLG Hamm NJW 1959, 1192; KK-*Ott* § 260 StPO, Rn. 5; *Meyer-Goßner/Schmitt* § 260 StPO, Rn. 3.

**3716** BGHSt 11, 74; BGH StV 1983, 402; *Dahs*, Revision, Rn. 385; *Meyer-Goßner/Schmitt* § 258 StPO, Rn. 1.

**3717** S. dazu im Einzelnen oben Rn. 1403.

**3718** BGH, Beschl. v. 31.7.1992 – 3 StR 300/92 = StV 1992, 553 = NJW 1992, 3181; BGH, Beschl. v. 27.8.1991 – 1 StR 505/91 = StV 1991, 547; BGH NStZ 1989, 237 = NJW 1989, 1230.

**3719** Vgl. BGHSt 19, 156 = NJW 1964, 308; BGH NStZ 1987, 472 = BGH NJW 1987, 3210; *Meyer-Goßner/Schmitt* § 260 StPO, Rn. 4.

**3720** BGH NStZ 1987, 472 = BGH NJW 1987, 3210; BGH, Beschl. v. 27.8.1991 – 1 StR 505/91 = StV 1991, 547; BGH, Beschl. v. 25.6.1992 – 4 StR 265/92 = StV 1992, 553 = NJW 1992, 3182; so auch *Kissel/Mayer* § 193 GVG, Rn. 2; vgl. hierzu ferner *Hamm* NJW 1992, 3148.

**3721** BGHSt 24, 170, 171 = NJW 1971, 2082; BGH, Beschl. v. 31.7.1992 – 3 StR 200/92 = NJW 1992, 3181, 3182; so zum Beispiel bei einem rechtlichen Hinweis BGH NStZ 1987, 472 = BGH NJW 1987, 3210. Für die Notwendigkeit zu ausführlicher Beratung bei der Entscheidung über einen Beweisantrag BGH StV 1989, 379.

**3722** BGH, Beschl. v. 5.2.1992 – 5 StR 673/91 = NStZ 1992, 248 = StV 1992, 218 = wistra 1992, 195; in diesem Sinne auch RGSt 49, 420; RGSt 68, 88; BGH NJW 1967, 2019.

Ausnahme-Verhältnis zwischen Beratung und Nachberatung umzukehren, sind unzulässig.[3723] Aus der Dauer der Beratung lässt sich nach Ansicht des BGH nicht schließen, dass eine wirkliche Beratung nicht stattgefunden hat, da zum Beispiel umfangreiche Vorberatungen eine lange Schlussberatung überflüssig gemacht haben können.[3724] Vorberatungen dürfen allerdings nicht dazu führen, dass sich die Richter frühzeitig inhaltlich festlegen.[3725]

1527 Besondere Schwierigkeiten bereitet in diesen Fällen regelmäßig der **Nachweis des Verfahrensfehlers.** Da weder die Beratung noch die Nachberatung zu den wesentlichen Förmlichkeiten des Verfahrens zählen,[3726] ist vom Revisionsgericht freibeweislich zu ermitteln, ob eine Beratung stattgefunden hat. Eine Verfahrensrüge darf deshalb nicht lediglich auf den Vortrag gestützt werden, das Protokoll enthalte keinen Vermerk, dass eine Beratung stattgefunden habe. Das Prozessgeschehen zwischen dem letzten Wort des Angeklagten und der Urteilsverkündung muss vielmehr genau vorgetragen werden. Stehen sich im Revisionsverfahren Behauptungen des Revisionsführers und die dienstlichen Erklärungen der am angefochtenen Urteil beteiligten Richter zum Verhandlungsverlauf gegenüber, stellt sich die Frage, wie das Revisionsgericht zu entscheiden hat. Der 4. Strafsenat des BGH hat in einem solchen Fall die Revision mangels eines Protokollvermerks und aufgrund der Annahme, die Beratung sei jedenfalls so unzureichend gewesen, dass sie dem Revisionsführer nicht deutlich geworden sei, für begründet erachtet.[3727] Der 3. Strafsenat hat demgegenüber die Revision in einem vergleichbaren Fall als offensichtlich unbegründet zurückgewiesen.[3728] Dass sich das Tatgericht überhaupt mit einer Nachberatung begnügen durfte, schließt der 3. Strafsenat dabei daraus, dass das letzte Wort des Angeklagten ohnehin nichts inhaltlich Neues erbracht habe; andernfalls

**3723** So etwa der Beschluss in der Vorberatung, nur dann noch einmal zu beraten, wenn von einem Verfahrensbeteiligten etwas zur Sache gesagt wird (BGH NStZ 1988, 470) oder der Hinweis des Vorsitzenden an die beisitzenden Richter und Schöffen, man möge sich melden, sofern eine nochmalige Beratung gewünscht sei (BGH NStZ 1988, 470).

**3724** So BGHSt 17, 337, 339 und in Bezug auf eine fünfminütige Beratungszeit BGH, Urt. v. 24.7.1990 – 5 StR 221/89 = BGHSt 37, 141 = NStZ 1990, 550 (mit kritischer Anm. *Rüping* NStZ 1991, 193) = NJW 1991, 50; siehe aber auch BGH, Beschl. v. 25.6.1992 – 4 StR 265/92 = NJW 1992, 3182; BGH, Beschl. v. 27.8.1991 – 1 StR 505/91 = NStZ 1991, 595; BGH NStZ 1988, 470.

**3725** So mit Recht *Dahs*, Revision, Rn. 387.

**3726** Vgl. BGH, Beschl. v. 8.6.2011 – 4 StR 111/11 = StraFo 2011, 317; BGH, Beschl. v. 14.10.2008 – 4 StR 260/08 = NStZ 2009, 105; *Meyer-Goßner/Schmitt* § 260 StPO, Rn. 4.

**3727** BGH, Beschl. v. 25.6.1992 – 4 StR 265/92 = NJW 1992, 3182 = StV 1992, 553 = NStZ 1992, 552.

**3728** BGH, Beschl. v. 31.7.1992 – 3 StR 200/92 = NJW 1992, 3181 = StV 1992, 552.

hätte der Revisionsführer dargelegt, inwiefern seine Ausführungen Neues zum Gegenstand enthielten.[3729] Der 1. Strafsenat misst einer zeitnah abgegebenen anwaltlichen Versicherung hingegen im Vergleich zu unklaren, dienstlichen Äußerungen ein höheres Gewicht bei.[3730] Auch wenn eine Beweiserhebung über den Inhalt des letzten Wortes streng genommen nur unter Verstoß gegen das Rekonstruktionsverbot[3731] möglich ist, erscheint es angesichts dieser Rechtsprechung ratsam, auch inhaltlich darzustellen, welcher weitere Verfahrensstoff Gegenstand der Verhandlung war.

**An der Beratung teilnehmen** dürfen nach § 193 GVG nur die beteiligten 1528
Richter und Schöffen, sowie die den Berufsrichtern zugewiesenen Referendare, nicht aber studentische Praktikanten[3732] und auch nicht die Ergänzungsrichter oder Ergänzungsschöffen (§ 192 Abs. 2, 3 GVG) vor ihrem Eintritt in den Spruchkörper. Nach Maßgabe von § 193 Abs. 2 GVG können darüber hinaus u.a. auch ausländische Richter, Staatsanwälte oder Rechtsanwälte an der Beratung teilnehmen, wenn sie einem Gericht zur Ableistung eines Studienaufenthaltes zugewiesen wurden. Sie sind zur Geheimhaltung zu verpflichten (§ 193 Abs. 3 und Abs. 4 GVG). Wird mit einer Verfahrensrüge geltend gemacht, eine Person habe unzulässigerweise an der Beratung teilgenommen, sollte klargestellt werden, ob die Urteilsberatung oder eine Zwischenberatung während der laufenden Hauptverhandlung (z.B. über anstehende Beschlüsse) gemeint ist. War letzteres der Fall, soll es § 344 Abs. 2 StPO nach Ansicht des BGH erfordern, in der Rüge darzulegen, auf welche Entscheidungen sich die Beratungen bezogen.[3733]

Am Ende der Urteilsberatung muss über alle wesentlichen Punkte in einer 1529
sachlogischen Reihenfolge und unter Beachtung der gesetzlich vorgeschriebenen Stimmenverhältnisse abgestimmt werden (§ 263 StPO; § 196 GVG). Wiewohl der Verstoß gegen diese Verfahrensvorschriften grundsätzlich die Revision begründen kann, wird es in der Praxis hierzu nicht kommen, weil das Beratungs- und das Abstimmungsergebnis nicht offengelegt werden dürfen (§ 43 DRiG).[3734] Werden hingegen die **Abstimmungsvorgänge in den Urteilsgründen** geschildert oder durch sonstige Indiskretionen bekannt, dann können hierauf Verfah-

**3729** BGH, Beschl. v. 31.7.1992 – 3 StR 200/92 = NJW 1992, 3181. Vgl. hierzu aber auch: BGH, Beschl. v. 25.10.2005 – 1 StR 328/05 = StV 2006, 399.

**3730** BGH, Beschl. v. 25.10.2005 – 1 StR 328/05 = StV 2006, 399.

**3731** Vgl. *Hamm* NJW 1992, 3147, 3148; zum Rekonstruktionsverbot s. oben Rn. 342ff.

**3732** BGH, Urt. v. 30.3.1995 – 4 StR 33/95 = BGHSt 41, 119 = StV 1995, 399 = NStZ 1995, 462.

**3733** BGH, Beschl. v. 14.3.1990 – 3 StR 109/89.

**3734** KK-*Kuckein*/*Ott* § 263 StPO, Rn. 9.

rensrügen gestützt werden.[3735] Über eine Durchbrechung des Beratungsgeheimnisses aus höherwertigen Interessen können nur die an der Beratung beteiligten Richter entscheiden.[3736] Das wäre z.B. denkbar und auch legitim, wenn zwei Schöffen gegen einen Schuldspruch gestimmt haben, aber in dem Glauben gelassen wurden, dass sie durch die drei Berufsrichter überstimmt werden könnten. Das Revisionsgericht kann aber, wenn die Revision Anhaltspunkte für den Verstoß gegen § 263 Abs. 1 StPO darlegt und glaubhaft macht („Tränen in den Augen von zwei Richtern während der Verkündung") kein Mitglied des Quorums zu dienstlichen Erklärungen zwingen, sondern ihnen allenfalls eine Äußerung nahelegen.[3737] Bei vom Tatrichter selbst erkannten Abstimmungsfehlern oder dann, wenn gerade die Art der Abstimmung Gegenstand von Meinungsverschiedenheiten war,[3738] ist es jedoch im Interesse der Gerechtigkeit geboten, Anlass und Art der Abstimmungen, deren Reihenfolge und die Stimmenverhältnisse in den Urteilsgründen darzulegen, um dem Revisionsgericht die Möglichkeit zu geben, das Abstimmungsverfahren nachzuprüfen und erforderlichenfalls eine auf einer fehlerhaften Abstimmung beruhende Entscheidung aufzuheben.[3739]

1530 Ob die Urteilsgründe die Erwägungen wiedergeben, aus denen das Tatgericht bei der Beratung zu einem bestimmten Urteilsspruch gekommen ist, ist nicht nachprüfbar,[3740] wäre aber vielfach interessant, um zu erkennen, was es mit der Entstehungsgeschichte der für das Revisionsgericht bindenden „Feststellungen" auf sich hat.[3741] Wenn eine **Beratung** oder Abstimmung überhaupt **nicht stattgefunden** hat, liegt ein Verstoß gegen die §§ 260 Abs. 1, 263 StPO vor, der ebenfalls mit der Revision gerügt werden kann.[3742]

1531 Das in Beratung und Abstimmung ermittelte Urteil ist sodann vom Vorsitzenden durch Verlesung des schriftlich niedergelegten Urteilstenors und Bekanntgabe der Urteilsgründe den Verfahrensbeteiligten zu eröffnen (§ 268 StPO). Gegen **Abweichungen der schriftlichen von der mündlichen Urteils-**

---

**3735** KK-*Kuckein/Ott* § 263 StPO, Rn. 9; *Meyer-Goßner/Schmitt* § 263 StPO, Rn. 10; vgl. RGSt 61, 217; OLG Celle MDR 1958, 182.

**3736** Vgl. dazu LR-*Stuckenberg* § 263 StPO, Rn. 19.

**3737** KK-*Kuckein/Ott* § 263 StPO, Rn. 9.

**3738** BGH, Urt. v. 15.7.1976 – 4 StR 7/76 = MDR 1976, 989 (bei Holtz); KK-*Kuckein/Ott* § 263 StPO, Rn. 9.

**3739** RGSt 60, 295, 296; OLG Celle MDR 1958, 182; LR-*Stuckenberg* § 263 StPO, Rn. 20.

**3740** Zum Verhältnis zwischen den schriftlichen Urteilsgründen und dem Beratungsergebnis vgl. KK-*Kuckein/Bartel* § 267 StPO, Rn. 2 mwN.

**3741** Zu dieser Problematik: *Eschelbach* FS Widmaier, S. 127 ff.

**3742** BGHSt 19, 156; BGH NJW 1987, 3210; *Meyer-Goßner/Schmitt* § 263 StPO, Rn. 10.

**formel** kann mit der Revision vorgegangen werden, wobei jedoch die Tatsachen detailliert darzulegen sind, aus denen sich die Unterschiede zwischen mündlicher und schriftlicher Urteilsformel erschließen lassen.[3743] Als Beweis für den Inhalt der mündlichen Urteilsformel kann die Sitzungsniederschrift herangezogen werden.[3744]

Ohne die Verlesung des Urteilstenors ist kein Urteil im Rechtssinne gege- 1532
ben.[3745] Bei der Verkündung des Urteilstenors ist auch die Anwesenheit des Angeklagten und seines Verteidigers unerlässlich. Der Begriff der **Verkündung des Urteils** ist in § 268 Abs. 2 StPO gesetzlich definiert. Danach umfasst die Verkündung das Verlesen der Urteilsformel und die Eröffnung der Urteilsgründe. Aus dieser Systematik leitet die Rechtsprechung ab, dass die Verkündung eine Einheit bildet; sie vermittelt den Verfahrensbeteiligten und der Öffentlichkeit wie das Gericht entschieden hat und aus welchen Gründen es seine Entscheidung so getroffen hat; erst mit der abschließenden Mitteilung der Urteilsgründe ist die Verkündung beendet.[3746]

Das Urteil darf nur vom Vorsitzenden selbst verkündet werden, er darf diese 1533
Tätigkeit nicht einem Stationsreferendar übertragen.[3747] Kann der Vorsitzende die Verkündung nach Bekanntgabe des Tenors nicht mehr fortsetzen, ist das Urteil dennoch rechtswirksam ergangen, weil nur die **Verkündung der Urteilsformel** unverzichtbarer Teil des Verfahrens ist.[3748] Die Verkündung ist erst mit der vollständigen Eröffnung der Urteilsgründe abgeschlossen, das Urteil kann also bis dahin noch berichtigt und ergänzt werden. Nach Abschluss der Verkündung können Fehler im Urteil nicht mehr korrigiert werden, es sei denn, es handelte sich um offensichtliche Schreibfehler oder Ähnliches.[3749] Auch ein Wiedereintritt in die Verhandlung ist bis zum Abschluss der Verkündung des Urteils möglich.

---

**3743** *Dahs*, Revision, Rn. 391; vgl. ferner RGSt 3, 131; RGSt 16, 347, 349.

**3744** KK-*Kuckein/Bartel* § 268 StPO, Rn. 16; BGH, Beschl. v. 9.5.2001 – 2 StR 42/01 = NStZ-RR 2002, 100.

**3745** RGSt 71, 377, 379; BGHSt 8, 41; BGHSt 15, 254; BGHSt 25, 335.

**3746** BGHSt 5, 5, 9; BGHSt 15, 263, 265; siehe auch BGH, Beschl. v. 10.5.2000 – 1 StR 617/99 = NStZ 2000, 498, wo es darum ging, ob nach § 341 StPO die Revisionsbegründungsfrist beginnt, wenn ein Angeklagter nach der Bekanntgabe des Urteilstenors wegen ungebührlichen Verhaltens aus dem Sitzungssaal entfernt wurde. Der Senat folgte der Rechtsansicht, dass ein solcher Angeklagter als bei der Verkündung nicht anwesend zu gelten hat.

**3747** OLG Oldenburg NJW 1952, 1310.

**3748** KK-*Ott* § 260 StPO, Rn. 8; *Meyer-Goßner/Schmitt* § 268 StPO, Rn. 6; BGHSt 8, 41 = NJW 1955, 1367.

**3749** Vgl. hierzu BGHSt 17, 94, 97; BGHSt 25, 333, 336; BGHR StPO § 268 Abs. 2 – Ergänzung 1; sowie BVerfGE 9, 235; BGH NStZ 1984, 279; BGHSt 12, 347.

1534 Weicht der verkündete Urteilstenor vom Tenor der schriftlichen Urteilsgründe ab, kann dies die Revision begründen.[3750] Die im Sitzungsprotokoll enthaltene Fassung ist maßgeblich.[3751] Widersprechen sich in den schriftlichen Urteilsgründen der Tenor und die Gründe, so ist dies schon auf die Sachrüge hin zu beachten.[3752]

### k) Verletzung der Unterbrechungsfristen (§ 229 StPO) und der Urteilsverkündungsfrist (§ 268 Abs. 3 StPO)

**Literatur:** *Behm/Wesemann*, Die neue Frist des § 229 Abs. 1 StPO und welche Probleme sich daraus ergeben, StraFo 2006, 354; *Bock* Die Entscheidung des Gerichts über eine Unterbrechung der Hauptverhandlung bis zu einem Monat (§§ 228 I, 229 II StPO), FS Beulke, 2015, S. 633; *Gräbener* Fristverwirrung bei § 229 Abs. 1 StPO, NStZ 2020, 514; *Keller/Meyer-Mews* Anforderungen an das Beschleunigungsgebot in Haftsachen während der Hauptverhandlung und nach dem Urteil, StraFo 2005, 353; *Knauer/Wolf* Zivilprozessuale und strafprozessuale Änderungen durch das Erste Justizmodernisierungsgesetz – Teil 2: Änderungen der StPO, NJW 2004, 2932; *Mandla* „Wesentliche Förderung" und „Verhandeln zur Sache" – Probleme des § 229 StPO, NStZ 2011, 1.

1535 Seit der Änderung des § 229 StPO im Jahr 2004[3753] sind die Fälle seltener geworden, in denen die **Unterbrechungsfrist überschritten** wird. Nach wie vor treten sie aber auf, vor allem dann, wenn an einzelnen Verhandlungstagen ein Verfahren nicht in dem zur Erfüllung der Voraussetzungen des § 229 StPO erforderlichen Umfang gefördert wird.[3754] Grundsätzlich kann die Hauptverhandlung für drei Wochen unterbrochen werden, § 229 Abs. 1 StPO. Dabei werden – wie bei allen Fristen des § 229 StPO – der Tag der Unterbrechung und der Tag, an dem die Hauptverhandlung wieder aufgenommen wird, nicht mitgezählt.[3755]

---

**3750** KK-*Kuckein/Bartel* § 268 StPO, Rn. 16; KK-*Ott* § 260 StPO, Rn. 14. Hierzu: *Ventzke* NStZ 2020, 372.

**3751** BGH, Urt. v. 10.10.2019 – 1 StR 632/18 = NStZ 2020, 371; BGH, Beschl. v. 9.5.2001 – 2 StR 42/01 = NStZ-RR 2002, 100; BGH, Beschl. v. 4.2.1986 – 1 StR 643/85 = BGHSt 34, 11, 12; KK-*Kuckein/Bartel* § 268 StPO, Rn. 3. Zur möglichen Berichtigung des verkündeten Tenors: BGH, Urt. v. 8.11.2017 – 2 StR 542/16.

**3752** KK-*Kuckein/Bartel* § 267 StPO, Rn. 47 mwN. Vgl. auch BGH, Beschl. v. 8.6.2011 – 4 StR 196/11 = StraFo 2011, 399 und BGH, Beschl. v. 22.2.2012 – 4 StR 634/11.

**3753** Erstes Gesetz zur Modernisierung der Justiz vom 24.8.2004 (BGBl. 2004 I, 2198). Hierzu: *Knauer/Wolf* NJW 2004, 2932. Zur Entstehungsgeschichte des § 229 StPO: *Mandla* NStZ 2011, 2.

**3754** Vgl. etwa BGH, Beschl. v. 16.10.2007 – 3 StR 254/07 = StV 2008, 58 = NStZ 2008, 115.

**3755** In Bezug auf die Berechnung der in § 229 Abs, 1 StPO enthaltenen „Zwischenfrist" ist es zu unterschiedlichen Entscheidungen der Strafsenate des Bundesgerichtshofs gekommen. Vgl.

Hat die Hauptverhandlung bereits an zehn Tagen stattgefunden, so darf bis zu einem Monat unterbrochen werden. § 229 Abs. 2 StPO ersetzt § 229 Abs. 1 StPO allerdings nicht, sondern ergänzt ihn nur: Eine zweite Unterbrechung nach Abs. 2 ist zulässig, wenn erneut zehn Hauptverhandlungstage stattgefunden haben.[3756]

Zu beachten ist dabei auch, dass die Hauptverhandlung nicht nur nach § 229 Abs. 1 und Abs. 2 StPO unterbrochen werden kann, die Frist zur Fortsetzung der Hauptverhandlung kann auch nach **§ 229 Abs. 3 StPO gehemmt** werden.[3757] Diese Bestimmung setzt voraus, dass bereits zehn Hauptverhandlungstage stattgefunden haben. Kann ein Angeklagter oder ein Richter („eine zur Urteilsfindung berufene Person") wegen Krankheit nicht zur Verhandlung erscheinen, so ist der Lauf der in § 229 Abs. 1 und Abs. 2 StPO genannten Fristen gehemmt (§ 229 Abs. 3 S. 1 Nr. 1 StPO). Dieselbe Rechtsfolge tritt nach der im Jahr 2019 vorgenommenen Gesetzesänderung ein, wenn eine zur Urteilsfindung berufene Person wegen des gesetzlichen Mutterschutzes oder der Inanspruchnahme von Elternzeit nicht am Prozess teilnehmen kann (§ 229 Abs. 3 S. 1 Nr. 2 StPO).[3758] Die Dauer der Hemmung ist auf zwei Monate begrenzt. Eine weitere Möglichkeit zur Hemmung der Frist wurde im Hinblick auf die COVID-19-Pandemie durch Gesetz vom 27.3.2020 geschaffen.[3759] 1536

Für die Einhaltung der in § 229 Abs. 1 und Abs. 2 StPO enthaltenen Fristen ist von zentraler Bedeutung, ob an einem Verhandlungstag zur Sache verhandelt oder ob das Verfahren lediglich formell fortgesetzt wurde, ohne dass es mit Blick auf die Abschlussentscheidung hinreichend gefördert worden wäre. Schon 1537

hierzu einerseits BGH, Beschl. v. 28.7.2020 – 6 StR 114/20 = NStZ 2020, 622, BGH, Beschl. v. 26.5.2020 – 5 StR 65/20 = NStZ-RR 2020, 285, BGH, Beschl. v. 24.9.2019 – 2 StR 194/19; BGH, Beschl. v. 29.11.2016 – 3 StR 235/16 = NStZ 2017, 424 sowie andererseits BGH, Beschl. v. 20.3.2014 – 3 StR 408/13 = NStZ 2014, 469 und BGH, Beschl. v. 18.2.2016 – 1 StR 590/15 = NStZ-RR 2016, 178 = StV 2017, 786 (Ls.). S. zur Thematik: *Gräbener* NStZ 2020, 514; *von Alten* StV 2020, 437.

**3756** BGH, Beschl. v. 22.5.2013 – 4 StR 106/13 = StV 2014, 2. Hierzu: *Bock*, FS Beulke, S. 636.

**3757** Zur Bedeutung des Beschlusserfordernisses in § 229 Abs. 3 S. 2 StPO vgl. u.a. BGH, Beschl. v. 18.2.2016 – 1 StR 590/15 = NStZ-RR 2016, 178 = StraFo 2016, 209; zur Bedeutung von § 336 StPO vgl. BGH, Beschl. v. 20.4.2016 – 5 StR 71/16 = NStZ 2016, 688.

**3758** § 229 Abs. 3 StPO wurde geändert durch das Gesetz zur Modernisierung des Strafverfahrens vom 10.12.2019 (BGBl. I, S. 2121). Vgl. hierzu: BT-Drs. 19/14747 S. 31 f. Der Gesetzgeber hat damit auf einen Beschluss des BGH (BGH, Beschl. v. 7.11.2017 – 2 StR 9/15 = NJW 2017, 745 = StV 2017, 778) reagiert. Hierzu: *Metz* NStZ-RR 2017, 120; *Niemöller* NStZ 2017, 425; *Jahn* JuS 2017, 277; *Jäger* JA 2017, 312.

**3759** § 10 Abs. 1 EGStPO i.d.F. des Gesetzes zur Abmilderung der Folgen der COVID-19-Pandemie im Zivil-, Insolvenz- und Strafverfahrensrecht vom 27.3.2020 (BGBl. I, S. 569).

weil die Fristen des § 229 StPO seit der Gesetzesänderung im Jahr 2004 insgesamt bedenklich lang sind, verbietet sich eine großzügige Auslegung des Begriffs der „Sachverhandlung“. Werden hier nur geringe Anforderungen gestellt, dann leistet dies einer Dehnung der Hauptverhandlung Vorschub, die dem Ziel widerspricht, den Verhandlungsstoff an möglichst eng zusammenhängenden Verhandlungstagen in konzentrierter Weise zu erörtern.[3760]

1538 Zur Frage, unter welchen Voraussetzungen eine **Sachverhandlung** vorliegt, hat sich eine umfangreiche Kasuistik entwickelt.[3761] Weitgehende Einigkeit besteht zwischen den Senaten des BGH darüber, dass das bloße Zusammenkommen zur Verhinderung einer Überschreitung der Fristen aus § 229 Abs. 1 und Abs. 2 StPO keine „Verhandlung“ darstellen kann.[3762] Was mindestens erforderlich ist, damit das Geschehen an einem Verhandlungstag als „Sachverhandlung“ gewertet werden kann, wird in der Rechtsprechung nicht einheitlich beantwortet. Verneint wurde eine Verhandlung „zur Sache“ bei Erörterung der Frage, ob eine weitere Unterbrechung notwendig ist und wann fortgesetzt werden kann,[3763] sowie bei Terminen, die nur zur Ausdehnung der Unterbrechungsfristen dienen.[3764] Bejaht wurde eine Verhandlung „zur Sache“ hingegen bei Feststellung der Kenntnisnahme im Rahmen eines Selbstleseverfahrens (§ 249 Abs. 2 StPO) und Anordnung eines neuen Selbstleseverfahrens,[3765] bei unerwartetem Nichterscheinen eines geladenen Zeugen, Überprüfung der Gründe hierfür, Einführung der Vorgänge in die Hauptverhandlung und anschließender Bestimmung eines Fortsetzungstermins,[3766] bei einer dreiminütigen Verlesung eines BZR-Auszuges,[3767] bei Erörterungen zu der Frage, ob auch ohne den ausgebliebenen Angeklagten verhandelt werden kann und der Angeklagte ausreichend entschuldigt ist,[3768] bei Mitteilung darüber, dass ein in einem Beweisantrag der Verteidigung benannter Zeuge geladen wurde[3769].

---

**3760** Vgl. *Knauer* StV 2007, 341; *Knauer/Wolf* NJW 2004, 2932, 2934; *Behm/Wesemann* StraFo 2006, 354, 355; *Keller/Meyer-Mews* StraFo 2005, 353.

**3761** Vgl. hierzu den Überblick bei KK-*Gmel* § 229 StPO, Rn. 6.

**3762** BGH, Beschl. v. 7.4.2011 – 3 StR 61/11 = NStZ 2011, 532; BGH, Beschl. v. 2.2.2012 – 3 StR 401/11 = NStZ 2012, 343; BGH, Beschl. v. 5.11.2008 – 1 StR 583/08 = NJW 2009, 384 = NStZ 2009, 168.

**3763** BGH, Beschl. v. 30.6.2015 – 3 StR 202/15 = NStZ 2016, 171 = StV 2016, 540.

**3764** BGH, Beschl. v. 2.2.2012 – 3 StR 401/11 = NStZ 2012, 343.

**3765** BGH, Beschl. v. 28.11.2012 – 5 StR 412/12 = BGHSt 58, 59 = NJW 2013, 404.

**3766** BGH, Urt. v. 16.11.2017 – 3 StR 262/17 = NStZ 2018, 297; vgl. auch BGH, Beschl. v. 5.11.2008 – 1 StR 583/08 = NJW 2009, 384.

**3767** BGH, Beschl. v. 22.6.2011 – 5 StR 190/11.

**3768** BGH, Urt. v. 16.1.2014 – 4 StR 370/13 = StV 2015, 471 = NStZ 2014, 220.

**3769** BGH, Urt. v. 19.8.2010 – 3 StR 98/10 = NStZ 2011, 229.

Die Prüfung der Frage, ob eine „Verhandlung zur Sache" stattgefunden hat, darf sich regelmäßig nicht alleine daran orientieren, ob an einem Verhandlungstag Beweis erhoben wurde oder ob lediglich Verfahrensvorgänge erörtert wurden. Auch die Erörterung von Rechts- und Verfahrensfragen kann i.S.v. § 229 StPO eine Sachverhandlung darstellen.[3770] Nicht ausreichend ist es, wenn lediglich zum Schein verhandelt wurde, um § 229 StPO zu umgehen.[3771] Das kann etwa der Fall sein, wenn einheitliche Vorgänge aufgespalten werden, z.B. indem die Verlesung einer nicht umfangreichen Urkunde über mehrere Termine „verteilt" wird oder sonst Verfahrensvorgänge vorrangig mit dem Ziel durchgeführt werden, die Unterbrechungsfristen zu umgehen.[3772] Ein unzulässiger „Schiebetermin" kann dementsprechend auch vorliegen, wenn eine Beweiserhebung stattfindet.[3773] 1539

Durch das Gesetz zur Einführung der elektronischen Akte wurde § 229 StPO im Jahr 2017 um einen neuen Absatz 5 ergänzt.[3774] Die in das Gesetz aufgenommene Regelung ermöglicht es, die in den Absätzen 1 und 2 enthaltenen Fristen zu überschreiten, wenn die Hauptverhandlung am Tag nach Ablauf der Fristen nicht fortgesetzt werden kann, weil eine **„technische Störung"** auftritt. Nach den Gesetzesmaterialien soll dies nur dann der Fall sein, wenn als Folge der Störung keine prozessfördernden Handlungen oder Erörterungen mehr möglich sind.[3775] Das macht deutlich, dass die neue Regelung nicht etwa schon dann eingreifen kann, wenn lediglich ein Gerät ausfällt, das im Rahmen der Beweisaufnahme eingesetzt werden sollte (wie z.B. beim Defekt eines Beamers, mit dem elektronisch gespeicherte Aktenbestandteile auf eine Leinwand im Gerichtssaal projiziert werden sollen). In diesen Fällen wird fast immer eine sonstige Förderung des Verfahrens möglich bleiben, so dass kein Anlass bestehen wird, auf die Ausnahmevorschrift des § 229 Abs. 5 StPO zurückzugreifen. Für den Fall, dass die technische Störung die Fortsetzung der Verhandlung wirklich einmal unmöglich machen sollte, sieht § 229 Abs. 5 StPO die Verpflichtung vor, die Verhandlung **„unverzüglich nach Beseitigung der technischen Störung"** fortzusetzen. Wie diese Forderung des Gesetzes umgesetzt werden kann, wird 1540

3770 Vgl. *Meyer-Goßner/Schmitt* § 229 StPO, Rn. 11a; BGH, Beschl. v. 8.10.2019 – 5 StR 344/19 (Erörterung der Verhandlungsfähigkeit einer Schöffin).

3771 Vgl. KK-*Gmel* § 229 StPO, Rn. 6a.

3772 Vgl. BGH, Urt. v. 2.2.2012 – 3 StR 401/11 = NStZ 2012, 343 = StV 2014, 1.

3773 Vgl. BGH, Beschl. v. 7.4.2011 – 3 StR 61/11 = NStZ 2011, 532 = StV 2011, 517; BGH, Beschl. v. 22.6.2011 – 5 StR 190/11 (dreiminütige Verlesung eines BZR-Auszuges).

3774 Gesetz vom 5.7.2017 (BGBl. I, S. 2208); vgl. hierzu BT-Drs. 18/9416.

3775 BT-Drs. 18/9416, S. 61.

die Praxis noch zeigen müssen. Einerseits dürfte es in der Praxis nur selten gelingen, z.B. bei einem Defekt an einer Anlage, die zur Durchführung einer audiovisuellen Vernehmung benötigt wird, die Verhandlung nach Reparatur des Gerätes bereits am nächsten Tag fortzusetzen. Andererseits kann es § 229 Abs. 5 StPO aber auch nicht gestatten, z.B. bei terminlichen Verhinderungen des audiovisuell zu vernehmenden Zeugen erst dann mit der Verhandlung fortzufahren, wenn nicht nur die Anlage wieder intakt ist, sondern auch der Zeuge wieder zur Verfügung steht. Die Bedeutung der durch § 229 StPO intendierten Konzentration der Verhandlung gebietet es vielmehr, in solchen Fällen auch zu prüfen, ob die Verhandlung mit anderen (von der technischen Störung unabhängigen) Beweiserhebungen fortgesetzt und damit der Verfahrensabschluss beschleunigt werden kann.

1541 Welche Darlegungsanforderungen für die Rüge einer Verletzung des § 229 StPO gelten, richtet sich nach dem Grund der Beanstandung. Wird geltend gemacht, Verfahrensvorgänge seien aufgeteilt worden, um die Unterbrechungsfristen zum Schein zu wahren, bedarf dies besonders eingehender Darlegung.[3776] Bezieht sich dies z.B. darauf, dass die Verlesung einer Urkunde gezielt „gestückelt" wurde, muss die Urkunde in der Revisionsbegründung wiedergegeben werden. Werden Beanstandungen im Zusammenhang mit der Hemmung der Frist (§ 229 Abs. 3 StPO) erhoben, sind diese Vorgänge im Einzelnen darzustellen.[3777]

1542 Werden die nach dem Gesetz zulässigen Unterbrechungsfristen überschritten, so kann nach der Rechtsprechung des Bundesgerichtshofs nur in Ausnahmefällen ein **Beruhen** des Urteils auf dem Verstoß ausgeschlossen werden.[3778] Nach der Verlängerung der Unterbrechungsfristen im Jahr 2004 sollte das allerdings kaum mehr in Betracht kommen.

1543 Eine von § 229 StPO abweichende Regelung enthält das Gesetz in **§ 268 Abs. 3 StPO** für die Zeitspanne zwischen dem Ende der Verhandlung und der **Urteilsverkündung.** Hier gilt nach wie vor die frühere **11-Tage-Frist**, was gelegentlich übersehen wird.[3779] Die in § 229 Abs. 2 StPO enthaltenen Regelungen zur

**3776** Vgl. BGH, Beschl. v. 18.3.1998 – 2 StR 675/97 = NStZ-RR 1998, 335 = StV 1998, 359. Zu den Darlegungspflichten im Zusammenhang mit Erörterungen über eine Verfahrensbeendigung: BGH, Beschl. v. 4.6.2009 – 3 StR 61/09 = NStZ-RR 2009, 228. S. ferner BGH, Beschl. v. 4.10. 2017 – 3 StR 145/17.

**3777** Vgl. hierzu etwa BGH, Beschl. v. 12.1.2012 – 1 StR 373/11.

**3778** Vgl. BGH, Beschl. v. 24.9.2019 – 2 StR 194/19 = StV 2020, 437; BGH, Beschl. v. 13.10. 1993 – 5 StR 231/93 = StV 1994, 5; BGH, Beschl. v. 5.2.1970 – 4 StR 272/68 = NJW 1970, 767.

**3779** Vgl. BGH, Beschl. v. 14.5.2014 – 3 StR 130/14 = StV 2015, 280.

Verlängerung der Fristen sind weder unmittelbar noch analog auf § 268 Abs. 3 StPO anwendbar.[3780] § 268 Abs. 3 S. 2 StPO verweist lediglich auf § 229 Abs. 3, Abs. 4 Satz 2 und Absatz 5 StPO. Unabhängig davon kann die Frist des § 268 Abs. 3 StPO aber faktisch dadurch verlängert werden, dass erneut in die Verhandlung eingetreten wird. Geschieht dies nicht und wird das Urteil nach Fristablauf verkündet, liegt ein Verfahrensfehler vor.[3781] Eine eigenständige Regelung zur Hemmung der Frist enthält § 10 Abs. 2 EGStPO in der Fassung des Gesetzes vom 27.3.2020.[3782]

Auf einer Überschreitung der gesetzlichen Frist beruht das Urteil in der Re- 1544
gel auch, da nie ausgeschlossen werden kann, dass die nach dem Gesetzeswortlaut in einem solchen Fall erforderliche neue Hauptverhandlung ein anderes Ergebnis erbracht hätte.[3783] Soweit der 5. Strafsenat des BGH erwogen hat, *„dass die besondere Unterbrechungsfrist von elf Tagen in § 268 Abs. 3 Satz 2 StPO, anders als die neue Dreiwochenfrist in § 229 Abs. 1 StPO, nunmehr nur noch als nicht revisible Ordnungsvorschrift anzusehen ist"*,[3784] hat sich diese Ansicht zu Recht nicht durchgesetzt.[3785] Unabhängig davon beschränkt die Rechtsprechung die Revisibilität von Verstößen gegen § 268 Abs. 3 StPO aber nachhaltig dadurch, dass sie annimmt, das Urteil könne auf der Fristüberschreitung nicht beruhen, wenn feststeht, dass über den Schuldspruch innerhalb der Frist beraten wurde.[3786] Dem Gesetzeswortlaut trägt das nicht hinreichend Rechnung. § 268 Abs. 3 StPO sieht vor, dass *„mit der Hauptverhandlung von neuem zu beginnen"* ist, wenn die Frist nicht eingehalten wird. Diese klare Beziehung zwischen Voraussetzungen (Fristüberschreitung) und Rechtsfolge (neue Hauptverhandlung)

---

**3780** BGH, Beschl. v. 14.5.2014 – 3 StR 130/14 = StV 2015, 280; vgl. auch KK-*Kuckein/Bartel* § 268 StPO, Rn. 9.

**3781** BGH, Beschl. v. 17.9.1981 – 4 StR 496/81 = StV 1982, 4 m. Anm. *Peters*; BGH, Beschl. v. 28.11.1989 – 5 StR 554/89 = StV 1990, 100 = BGHR StPO § 268 Abs. 3 – Verkündung 1.

**3782** § 10 Abs. 2 EGStPO i.d.F. des Gesetzes zur Abmilderung der Folgen der COVID-19-Pandemie im Zivil-, Insolvenz- und Strafverfahrensrecht vom 27.3.2020 (BGBl. I, S. 569).

**3783** BGHR StPO § 268 Abs. 3 – Verkündung 1.

**3784** BGH, Beschl. v. 9.11.2006 – 5 StR 349/06 = NJW 2007, 96 = StV 2007, 340 = NStZ 2007, 163.

**3785** BGH, Beschl. v. 30.11.2006 – 4 StR 452/06 = NJW 2007, 448 (m. Anm. *Freier* HRRS 2007, 139) = StV 2007, 229 und BGH, Beschl. v. 20.6.2007 – 1 StR 58/07 = wistra 2007, 352 = StV 2007, 457; vgl. dazu *Mosbacher* JuS 2007, 724, 725 f.; *Knauer* StV 2007, 342; ablehnend auch *Meyer-Goßner/Schmitt* § 268 StPO, Rn. 20; KK-*Kuckein/Bartel* § 268 StPO, Rn. 9.

**3786** Vgl. auch BGH, Beschl. v. 9.11.2006 – 5 StR 349/06 = NStZ 2007, 163; BGH, Beschl. v. 12.3.2014 – 1 StR 605/13 = wistra 2014, 361 (Beratung unmittelbar im Anschluss an die Schlussvorträge und „Evaluierung" der Ergebnisse kurz vor der Verkündung).

wird unterlaufen, wenn eine Beruhensprüfung durchgeführt wird, die auf Vorgänge außerhalb der Hauptverhandlung (wie z.B. die Beratung[3787]) abstellt, obwohl das Gesetz an dieser Stelle vorrangig den äußeren (für die Öffentlichkeit sichtbaren) Ablauf der Hauptverhandlung regelt.

## III. Prozessvoraussetzungen und Verfahrenshindernisse

**Literatur**: *Arloth* Verfahrenshindernis und Revisionsrecht, NJW 1985, 417; *Bischoff/Kusnik/Bünnigmann* Die Verhandlungsfähigkeit des Beschuldigten im Strafverfahren, StraFo 2015, 222; *Bruns* „Widerspruchsvolles" Verhalten des Staates als neuartiges Strafverfolgungsverbot und Verfahrenshindernis, insbesondere beim tatprovozierenden Einsatz polizeilicher Lockspitzel, NStZ 1983, 49; *Bülow* Die Lehre von den Prozesseinreden und den Prozeßvoraussetzungen, 1868; *Conen* Neuere BGH-Entscheidungen zur Tatprovokation – Provokation auch des EGMR, StV 2019, 358; *Dölp* Auswirkungen der Tatprovokation auf Schuld- und Rechtsfolgenausspruch, StraFo 2016, 265; *Eisenberg* Übertölpelung durch Vertrauensperson (VP) und Verdeckten Ermittler (VE) ohne Anfangsverdacht, GA 2014, 404; *Eschelbach* Staatliche Selbstbelastungs-, Fremdbelastungs- und Tatprovokation, GA 2015, 545; *Foth* Kann die Anstiftung durch eine V-Person ein Verfahrenshindernis begründen? NJW 1984, 221; *Hanack* Prozeßhindernis des überlangen Strafverfahrens? JZ 1971, 705; *Hillenkamp* Verfahrenshindernisse von Verfassungs wegen, NJW 1989, 2841; *Karnowsky* Revisionszulässigkeit und Verfahrenshindernisse im Strafverfahren, Diss. Münster 1974; *Jäger* Polizeilich initiierter Tatendrang JA 2015, 473; *Jahn/Kudlich* Rechtsstaatswidrige Tatprovokation als Verfahrenshindernis: Spaltprozesse in Strafsachen beim Bundesgerichtshof, JR 2016, 54; *Krack* Verfahrenshindernisse im Strafprozess Versuch einer Begriffsbestimmung, GA 2003, 536; *Lochmann* Die Entwicklung der Rechtsprechung zur rechtsstaatswidrigen Tatprovokation, StraFo 2015, 492; *Mann/Mann* Die Anwendbarkeit des Grundsatzes „in dubio pro reo" auf Prozeßvoraussetzungen, ZStW 76 (1964), 264; *Meyer-Goßner* Prozesshindernis und Einstellung des Verfahrens, FS Eser, 2005, S. 373; *ders.* Zweifelssatz und Verschlechterungsverbot bei Verfahrenshindernissen, FS Heike Jung, 2007, S. 543; *ders.* Prozessvoraussetzungen und Prozesshindernisse, 2011; *Meyer-Lohkamp* Anstiftung durch den Staat – staatliche Tatprovokation und ihre Folgen StraFo 2017, 45; *Meyer/Wohlers*, Tatprovokation quo vadis – zur Verbindlichkeit der Rechtsprechung des EGMR (auch) für das deutsche Strafprozessrecht, JZ 2015, 761; *Rieß* Verfahrenshindernisse von Verfassungs wegen? JR 1985, 45; *ders.* Der Bundesgerichtshof und die Prozeßvoraussetzungen, FS 50 Jahre Bundesgerichtshof, 2000, S. 809; *I. Roxin* Die rechtsstaatswidrige Tatprovokation und ihre Rechtsfolgen, FS U. Neumann, 2017, S. 1359 ff.; *Schöneborn* Die Behandlung der Verfahrenshindernisse im strafprozessualen Verfahrensgang, MDR 1975, 6; *Schünemann* Der polizeiliche Lockspitzel – Kontroverse ohne Ende? StV 1985, 424; *Sinn/Maly* Zu den strafprozessualen Folgen einer rechtsstaatswidrigen Tatprovokation – Zugleich Besprechung von EGMR, Urt. v. 23.10.2014 – 54648/09 (Furcht v. Germany), NStZ 2015, 379; *Többens* Der Freibeweis und die

3787 Nach h.M. gilt die Beratung nicht als Bestandteil der Hauptverhandlung. Vgl. hierzu KK-*Ott* § 260 StPO, Rn. 3 mwN.

Prozeßvoraussetzungen im Strafprozess, NStZ 1982, 184; *Volk* Prozeßvoraussetzungen im Strafrecht, 1978; *ders.* Verfahrensfehler und Verfahrenshindernisse, StV 1986, 34.

### 1. Allgemeines

Prozessvoraussetzungen und Prozesshindernisse spielen in der Revisionsinstanz unter zwei verschiedenen Aspekten eine Rolle: Erstens ist die Revisionsinstanz selbst Teil des Strafverfahrens, das nicht stattfinden darf, wenn es an einer Prozessvoraussetzung fehlt oder wenn ein Verfahrenshindernis vorliegt. Zweitens überprüft das Revisionsgericht, ob die Vorinstanz nicht gegen das verfahrensrechtliche Verbot verstoßen hat, trotz Vorliegens eines Verfahrenshindernisses oder Fehlens einer Prozessvoraussetzung ein Sachurteil zu fällen. 1545

Zwischen dem Fehlen einer **Verfahrensvoraussetzung** und dem Vorliegen eines **Prozesshindernisses** ist in der Vergangenheit kaum unterschieden worden. Beides galt als gleichwertig.[3788] Anknüpfend an *Meyer-Goßner*[3789] wird jedoch in der neueren Literatur zunehmend zwischen **Befassungs- und Bestrafungsverboten** differenziert.[3790] Die Unterscheidung stützt sich darauf, dass bestimmte Umstände ein solches Gewicht haben können, dass sie vollständig verhindern, dass sich ein Gericht mit einem Fall befassen darf. Andere Umstände hingegen sollen einem Sachurteil nicht generell, wohl aber einer Bestrafung entgegenstehen. Während bei einem „Befassungsverbot“ nicht einmal ein freisprechendes Urteil ergehen darf, ist dies bei einem „Bestrafungsverbot“ durchaus denkbar. Diese neue Einteilung hat den Blick für die Unterschiede zwischen den früher unter den Oberbegriffen Verfahrensvoraussetzung und Prozesshindernis apostrophierten Fallgruppen geschärft. Zumindest die Terminologie hat auch bereits Eingang in die Rechtsprechung gefunden.[3791] 1546

Unverändert bereitet die Zuordnung eines bestimmten Themenbereichs zu einer der beiden Gruppen allerdings Schwierigkeiten.[3792] Praktische Fragen, wie 1547

**3788** Vgl. *Dahs*, Revision, Rn. 94 und 96.

**3789** *Meyer-Goßner*, Prozessvoraussetzungen und Prozesshindernisse, 2011.

**3790** MüKoStPO/*Kudlich* Einl., Rn. 355; *Meyer-Goßner/Schmitt* Einl., Rn. 142. Vgl. auch allgemein LR-*Kühne* Einl., Abschnitt K, Rn. 37 ff.

**3791** BGH, Beschl. v. 17.12.2014 – StB 10/14 = NJW 2015, 1032 m. Anm. *Schiemann*; BGH, Beschl. v. 10.1.2007 – 5 StR 305/06 = BGHSt 51, 202, 205 = NJW 2007, 853, 854. Vgl. ferner auch BGH, Beschl. v. 19.12.2012 – 1 StR 165/12 = BGHSt 58, 76 = NJW 2013, 1175; BGH, Beschl. v. 9.2.2012 – 1 StR 148/11 = BGHSt 57, 138 = NJW 2012, 1301 = StV 2013, 294 (zu Art. 14 EUAlÜbk).

**3792** Kritisch zu der Unterscheidung zwischen Befassungsverbot und Bestrafungsverbot: LR-*Stuckenberg* § 206a StPO, Rn. 29.

etwa die, ob der Grundsatz „Im Zweifel für den Angeklagten“ Anwendung finden soll und ob bestimmte Umstände bereits auf die Sachrüge hin oder erst nach Erhebung einer ordnungsgemäßen Verfahrensrüge durch das Revisionsgericht zu prüfen sind, geben hier eher die Leitlinie vor als theoretische Konzepte.

1548 Unter diesem Blickwinkel zu prüfen sind u.a. das Fehlen der **deutschen Gerichtsbarkeit** (§§ 18 ff. GVG),[3793] die fehlende **sachliche Zuständigkeit** (§ 6 StPO, nicht aber die funktionale Zuständigkeit am Landgericht, § 6a StPO),[3794] bei Antragsdelikten der **fehlende Strafantrag**[3795], die **Immunität**,[3796] die **anderweitige Rechtshängigkeit**,[3797] im Hinblick auf **Art. 54 SDÜ** auch eine Verurteilung im Ausland,[3798] das Fehlen eines **Übernahmebeschlusses nach § 225a StPO**[3799] und die rechtskräftige Erledigung (**Verbrauch der Strafklage**, Art. 103 Abs. 3 GG).[3800] Auf eine Reihe weiterer Fallkonstellationen, die in Revisionsverfahren immer wieder eine Rolle spielen, gehen wir nachfolgend näher ein.

**3793** *Meyer-Goßner/Schmitt* § 18 GVG, Rn. 4; *Rüping* FS Kleinknecht, S. 397, 409.
**3794** KK-*Scheuten* § 6 StPO, Rn. 1; BGH, Beschl. v. 21.4.1994 – 4 StR 136/94 = BGHSt 40, 120, 122; KG, Urt. v. 9.5.2012 – (3) 161 Ss 49/12 = StV 2015, 555; OLG Celle, Beschl. v. 16.5.2016 – 2 Ss 199/15. Zu beachten ist hierbei allerdings die Sonderregelung des § 328 Abs. 2 StPO; hierzu BGH, Beschl. v. 30.7.1996 – 5 StR 288/95 = BGHSt 42, 205 = StV 1996, 585. Zur Frage, ob in diesen Fällen eine ausgeführte Verfahrensrüge erforderlich ist vgl. BGH, Urt. v. 22.4.1997 – 1 StR 701/96 = BGHSt 43, 53 = NJW 1997, 2689 mwN; BGH, Urt. v. 3.2.2016 – 2 StR 481/14 = NStZ 2017, 240 = StV 2016, 621 und oben, Rn. 540 ff.
**3795** Vgl. z.B. BGH, Beschl. v. 14.3.2019 – 4 StR 550/18.
**3796** Siehe Art. 46 Abs. 2 GG, § 152a StPO i.V.m. entspr. Landesrecht sowie Nr. 192b RiStBV bei Mitgliedern des Europäischen Parlaments. Zur Thematik: *Bockelmann*, Die Unverfolgbarkeit der Abgeordneten nach deutschem Immunitätsrecht, 1951; BGHSt 15, 274; BVerfG, Urt. v. 17.12. 2001 – 2 BvE 2/00 = JZ 2003, 145.
**3797** Vgl. BGH, Urt. v. 23.5.2019 – 4 StR 601/18 = NStZ 2020, 235; BGHSt 22, 185, 186; BGH 22, 232, 235; vgl. auch BGH, Beschl. v. 20.1.1995 – 3 StR 585/94 = NStZ 1995, 351 zur Möglichkeit der Zurückverweisung bei doppelter Rechtshängigkeit; zur Prüfungskompetenz des Revisionsgerichts, BGH, Urt. v. 1.8.2018 – 3 StR 651/17 = NStZ 2019, 511.
**3798** BGH, Beschl. v. 24.10.2019 – 1 StR 393/19 = StV 2020, 612; BGH, Beschl. v. 4.6.2019 – 5 StR 96/19 = StV 2019, 593; vgl. auch BGH, Beschl. v. 25.10.2010 – 1 StR 57/10 = BGHSt 56, 11.
**3799** BGH, Beschl. v. 14.7.2016 – 2 StR 514/15 = NStZ 2017, 55 = StV 2017, 786.
**3800** BGH, Urt. v. 1.8.2018 – 3 StR 651/17 = NStZ 2019, 511; BGH, Urt. v. 7.9.2016 – 1 StR 422/15; BGH, Urt. v. 11.4.1995 – 1 StR 64/95 = NStZ 1996, 41; BGH, Beschl. v. 23.9.1992 – 3 StR 401/92; BGH StV 1986, 292; *Meyer-Goßner/Schmitt* Einl., Rn. 171; BVerfG, Beschl. v. 4.12.2007 – 2 BvR 38/06.

## 2. Fehlen eines wirksamen Eröffnungsbeschlusses

Seit langem anerkannt ist, dass ein Verfahrenshindernis vorliegt, wenn ein wirksamer Eröffnungsbeschluss fehlt. Zur Unwirksamkeit führen kann es dabei, wenn durch den Beschluss eine Anklageschrift unverändert zur Hauptverhandlung zugelassen wird, die ihre Umgrenzungsfunktion nicht erfüllt.[3801] Unabhängig davon liegt ein Verfahrenshindernis aber insbesondere dann vor, wenn der Beschluss gänzlich fehlt.[3802] Grundsätzlich muss der Eröffnungsbeschluss **schriftlich** niedergelegt werden.[3803] Aus dem Wortlaut muss sich nach der Rechtsprechung jedenfalls eine schlüssige und eindeutige Willenserklärung des Gerichts ergeben, aus der hervorgeht, dass es die Anklage nach Prüfung und Bejahung der Eröffnungsvoraussetzungen zur Hauptverhandlung zulassen wollte.[3804] Ein Abtrennungsbeschluss reicht nicht aus,[3805] auch nicht ein Verbindungsbeschluss[3806]. Bestehen keine Zweifel daran, dass der Beschluss von dem zuständigen Gericht in der erforderlichen Form gefasst wurde, soll es die Wirksamkeit nicht berühren, wenn das bei den Akten befindliche Exemplar nicht von allen mitwirkenden Richtern unterschrieben ist.[3807] Das ist allerdings nicht unbestritten.[3808] Eine Rekonstruktion der gerichtlichen Entscheidung scheitert im Übrigen, wenn der Richter, dessen Unterschrift fehlt, keine Erinnerung daran hat, an der Eröffnung (oder einer entsprechenden Beratung) mitgewirkt zu haben.[3809] 1549

Insgesamt hat die Rechtsprechung in diesen seltenen Fällen in der Vergangenheit teilweise mit recht großzügigen Hilfskonstruktionen offensichtliche 1550

**3801** S. dazu bereits oben Rn. 1426.

**3802** BGH, Beschl. v. 4.8.2016 – 4 StR 230/16, Rn. 9 = NStZ 2016, 747; BGH, Beschl. v. 16.6.2015 – 2 StR 29/15 = StV 2015, 740; LR-*Stuckenberg* § 207 StPO, Rn. 52.

**3803** LR-*Stuckenberg* § 207 StPO, Rn. 33; KK-*Schneider* § 203 StPO, Rn. 15; *Meyer-Goßner/Schmitt* § 207 StPO, Rn. 8; BGH, Beschl. v. 16.8.2017 – 2 StR 199/17 = NStZ 2018, 155; BGH, Beschl. v. 16.6.2015 – 2 StR 29/15 = StV 2015, 740; BGH, Beschl. v. 3.4.2012 – 2 StR 46/12 = NStZ 2012, 583. Anders: BGH, Beschl. v. 21.12.2011 – 4 StR 553/11 = NStZ-RR 2012, 117. Zur Verwendung von Vordrucken: BGH, Beschl. v. 17.9.2019 – 3 StR 229/19 = NStZ 2020, 236.

**3804** BGH, Beschl. v. 16.8.2017 – 2 StR 199/17 = NStZ 2018, 155; BGH, Beschl. v. 4.8.2016 – 4 StR 230/16 = NStZ 2016, 747. Vgl. auch MüKoStPO/*Wenske* § 207 StPO, Rn. 26.

**3805** BGH, Beschl. v. 27.2.2014 – 1 StR 50/14, Rn. 3 = NStZ 2014, 664 m. Anm. *Hoffmann*.

**3806** BGH, Beschl. v. 16.6.2015 – 2 StR 29/15 = StV 2015, 740; MüKoStPO/*Wenske* § 207 StPO, Rn. 29. Vgl. hierzu aber auch KK-*Schneider* § 207 StPO, Rn. 17.

**3807** BGH, Beschl. v. 21.12.2011 – 4 StR 553/11 = StV 2012, 451 = NStZ-RR 2012, 117 mwN. Vgl. ergänzend: LR-*Stuckenberg* § 207 StPO, Rn. 35.

**3808** Zu Recht kritisch hierzu MüKoStPO/*Wenske* § 207 StPO, Rn. 40.

**3809** BGH, Beschl. v. 13.3.2014 – 2 StR 516/13.

Fehler des erstinstanzlichen Verfahrens zu „reparieren“ versucht.[3810] Das war nicht möglich in der überraschend großen Zahl von Fällen, in denen sich aus den nun dauerhaft in das Gesetz aufgenommenen Möglichkeiten zur Verringerung der Besetzung (§ 76 GVG) und aus Entscheidungen über die Verbindung oder Trennung von Verfahren Konstellationen ergeben haben, in denen die Strafkammer am Ende nicht in der richtigen Besetzung entschieden hatte. Über die Eröffnung muss stets in der **Besetzung** entschieden werden, die das Gesetz für Entscheidungen **außerhalb der Hauptverhandlung** vorschreibt. Beim Amtsgericht ist dies der Richter am Amtsgericht ohne die Schöffen (§ 30 Abs. 2 GVG), beim Landgericht sind es stets drei Berufsrichter ohne Schöffen (§ 76 Abs. 1 GVG) und beim Oberlandesgericht fünf Berufsrichter (§ 122 Abs. 2 Satz 1 GVG). Das gilt auch dann, wenn bereits eine Eröffnungsentscheidung getroffen wurde und ein weiteres Verfahren hinzuverbunden wird.[3811] Zur Unwirksamkeit führt es deshalb, wenn beim Landgericht an Stelle der erforderlichen drei nur zwei Berufsrichter entscheiden.[3812] Wirken an der Entscheidung auch die **Schöffen** mit, ist die Rechtsfolge dieselbe: Auch in diesem Fall ist der Eröffnungsbeschluss unwirksam.[3813] Bei der Verbindung von Verfahren ist zudem darauf zu achten, dass neben dem Verbindungsbeschluss auch Eröffnungsbeschlüsse für alle Verfahren ergehen.[3814] Liegt keine Abweichung in Bezug auf die Zahl der mitwirkenden Richter, sondern ein anderer Besetzungsfehler vor, soll das nicht zur Unwirksamkeit des Eröffnungsbeschlusses führen.[3815]

1551 Auf der Grundlage der von der Rechtsprechung vertretenen Auffassung kann das Revisionsgericht versuchen, Unklarheiten darüber, ob ein wirksamer Beschluss gefasst wurde, im Freibeweisverfahren aufzuklären, – insbesondere indem es dienstliche Erklärungen zur Beschlussfassung einholt.[3816] Weist das

---

**3810** S. hierzu MüKoStPO/*Wenske* § 207 StPO, Rn. 34.

**3811** BGH, Beschl. v. 5.6.2018 – 5 StR 133/18 = StraFo 2018, 471; BGH, Beschl. v. 21.9.2017 – 2 StR 327/17 = StV 2018, 776; BGH, Beschl. v. 16.8.2017 – 2 StR 199/17 = NStZ 2018, 155; BGH, Beschl. v. 15.8.2017 – 4 StR 250/17; BGH, Beschl. v. 4.2.2013 – 3 StR 481/12.

**3812** BGH, Beschl. v. 18.7.2019 – 4 StR 310/19; BGH, Beschl. v. 16.8.2017 – 2 StR 199/17 = NStZ 2018, 155; BGH, Beschl. v. 15.8.2017 – 4 StR 250/17; BGH, Beschl. v. 28.7.2015 – 4 StR 598/14 = StV 2015, 743; BGH, Beschl. v. 20.5.2015 – 2 StR 45/14 = StV 2015, 741, 742; BGH, Beschl. v. 7.9.2011 – 1 StR 388/11 = NStZ 2012, 50; BGH, Beschl. v. 22.6.2010 – 4 StR 216/10 = StraFo 2010, 424.

**3813** BGH, Beschl. v. 5.6.2018 – 5 StR 133/18 = StraFo 2018, 471; BGH, Beschl. v. 21.9.2017 – 2 StR 327/17 = StV 2018, 776; BGH, Beschl. v. 28.7.2015 – 4 StR 598/14 = StV 2015, 743.

**3814** BGH, Beschl. v. 4.8.2016 – 4 StR 230/16 = NStZ 2016, 747.

**3815** BGH, Beschl. v. 10.9.2013 – 4 StR 267/13 = StV 2014, 325; LR-*Stuckenberg* § 207 StPO, Rn. 66; KK-*Schneider* § 207 StPO, Rn. 28.

**3816** Etwa BGH, Beschl. v. 13.3.2014 – 2 StR 516/13.

Hauptverhandlungsprotokoll aus, dass ein Eröffnungsbeschluss in der Hauptverhandlung verkündet wurde, spricht dies regelmäßig dafür, dass auch in der Besetzung entschieden wurde, die für die Hauptverhandlung galt.[3817]

Auch wenn die Existenz eines wirksamen Eröffnungsbeschlusses an sich eine Selbstverständlichkeit ist, muss danach stets im Einzelfall geprüft werden, ob eine entsprechende Entscheidung bei den Akten ist und von wem sie getroffen wurde. Wie in der Literatur zu Recht hervorgehoben wird, sollte die Rechtsprechung im Übrigen bei der Bestimmung der Voraussetzungen für einen wirksamen Eröffnungsbeschluss dem Aspekt der Formenstrenge des Strafverfahrens wieder größere Bedeutung beimessen.[3818] 1552

### 3. Verhandlungsunfähigkeit

Ein Verfahrenshindernis liegt auch vor, wenn der Angeklagte verhandlungsunfähig ist.[3819] Hier stellen sich bisweilen besondere Beweisprobleme. Wesentlich ist dabei, dass der Zustand der Verhandlungsunfähigkeit nicht immer dauerhaft gegeben sein muss. Das Gesetz trägt dem durch § 205 StPO Rechnung. Von Bedeutung ist ferner, dass auch eine noch so ausgefeilte medizinische Diagnostik nicht immer dazu führen wird, dass sich der Gesundheitszustand eines Menschen für Dritte klären ließe, ohne dass dabei Zweifel verblieben. Oft werden sich unterschiedliche medizinische Bewertungen gegenüberstehen, zudem kommt bisweilen der Selbsteinschätzung des Betroffenen erhebliches Gewicht zu. Das hat in der Vergangenheit dazu geführt, dass bisweilen ausgesprochen wurde, bei Zweifeln an der Verhandlungsfähigkeit des Angeklagten sei der Grundsatz „in dubio pro reo" nicht anzuwenden.[3820] Wäre dies ein generell geltendes Rechtsprinzip, wäre das aber unbefriedigend, weil damit letztlich in Kauf genommen würde, dass Menschen schuldig gesprochen und mit einer Strafe belegt werden, die aus medizinischen Gründen nicht in der Lage waren, ihrer Verhandlung mit der für eine autonome Verteidigung notwendigen Aufmerksamkeit zu folgen.[3821] Weil das aber eines rechtsstaatlichen Verfahrens unwürdig wäre, sollte hier gelten, dass die Verhandlungsfähigkeit sicher festste- 1553

**3817** Ähnlich auch *Hoffmann* NStZ 2014, 664 und *Rieß* NStZ 2006, 299, 300.

**3818** Vgl. MüKoStPO/*Wenske* § 207 StPO, Rn. 34–36.

**3819** LR-*Stuckenberg* § 206a StPO, Rn. 43 sowie § 205 StPO, Rn. 17 ff.; vgl. z.B. LG Wuppertal, Beschl. v. 30.10.2014 – 26 Ns 19/07 = StraFo 2015, 151.

**3820** BGH MDR 1973, 902 (bei *Dallinger*); BGH NStZ 1983, 280; BGH, Urt. v. 14.12.1995 – 5 StR 206/95 = StV 1996, 250, 251.

**3821** Vgl. auch KK-*Schneider* 206a StPO, Rn. 10 zu Zweifeln beim Vorliegen von Verfahrenshindernissen („*in dubio contra processum*").

hen muss, um die Verhandlung fortsetzen zu dürfen.[3822] In der Praxis mag das so formulierte Bedenken eher selten bedeutsam werden, weil bei Zweifeln über die dauerhafte Verhandlungsunfähigkeit die Möglichkeit einer vorläufigen Einstellung nach § 205 StPO besteht[3823] und oft auch der laienhafte Eindruck des Gerichts davon, ob ein Angeklagter noch wach und aufmerksam „dabei" ist, letztlich doch dazu führt, dass im Zweifel die Verhandlung abgebrochen oder unterbrochen wird. Hat aber der Angeklagte an der Hauptverhandlung aktiv teilgenommen, Angaben zu seinen persönlichen Verhältnissen und zur Sache gemacht, und hat das Tatgericht keine Zweifel an seiner Verhandlungsfähigkeit, so wird im Allgemeinen auch das Revisionsgericht ohne Bedenken die Verhandlungsfähigkeit bejahen.[3824]

1554 Dass für die Frage der Verhandlungsfähigkeit das **Freibeweisverfahren** gilt, hat zur Folge, dass auch das Revisionsgericht keinen Anstoß daran nehmen muss, wenn das Tatgericht entsprechende Beweisanträge nicht nach den strengen Regeln des § 244 Abs. 3–6 StPO behandelt hat.[3825] Außerdem ist zu beachten, dass nicht nur in den Formen der Beweiserhebung, sondern auch in ihrem Ziel (Gewissheitsgrad bei der Überzeugungsbildung des Gerichts) geringere Anforderungen zu stellen sind als im Strengbeweisverfahren. An die Feststellung der für die Zulässigkeit des Verfahrens erforderlichen gesundheitlichen „Verteidigungsfähigkeit" des Angeklagten können nicht dieselben Anforderungen gestellt werden wie an einen Schuldspruch. Hier muss eine hohe Plausibilität ausreichen, die so lange sogar auf Grund eines laienhaften Eindrucks gewonnen werden darf, als der Angeklagte selbst kein Krankheitsleiden geltend macht. Auch kann das Gericht ein privatärztliches Attest, das die Verhandlungsunfähigkeit mit einer ungenauen Diagnose bescheinigt, seiner Entscheidung zugrunde legen, wenn der äußere Anschein das Krankheitsbild bestätigt. Behauptet der Angeklagte, er leide unter so rasenden chronischen Kopfschmerzen, dass er der Verhandlung nicht folgen kann, darf (nicht: muss) ihm das Gericht dies auch ohne aufwändige medizinische Untersuchungen in einem Universitätsklinikum glauben und das Verfahren einstellen.

1555 Die Regel, wonach gegen einen verhandlungsunfähigen Angeklagten keine Verhandlung stattfinden darf und stattdessen sein Verfahren vorläufig oder

---

**3822** *Meyer-Goßner/Schmitt* § 206a StPO, Rn. 7; KK-*Schneider* § 205 StPO, Rn. 13.

**3823** Vgl. hierzu KG, Beschl. v. 14.8.2015 – 4 Ws 62/15 = NStZ 2016, 374.

**3824** Vgl. *Meyer-Goßner/Schmitt* § 337 StPO, Rn. 6; BGH, Beschl. v. 4.12.2012 – 4 StR 405/12 = NStZ-RR 2013, 154; BGH, Beschl. v. 17.1.1995 – 1 StR 804/94; BGH NStZ 1984, 181.

**3825** BGHR StPO § 244 Abs. 3 – Verhandlungsfähigkeit 1.

endgültig einzustellen ist, dient nicht nur der Sicherstellung seiner ununterbrochenen Verteidigungsfähigkeit. Verhandlungsunfähigkeit kann sich vielmehr auch daraus ergeben, dass ein gesundheitlich „angeschlagener" Mensch, der z.B. nach einem Herzinfarkt oder Schlaganfall in stressfreier Umgebung leidlich beschwerdefrei lebt, unter den psychischen Belastungen eines Strafverfahrens in die Gefahr eines Rückschlags und damit sogar in Lebensgefahr geraten kann.[3826] Dass aber bereits Art. 2 Abs. 2 Satz 1 GG den staatlichen Organen verbietet, den Beschuldigten im Strafverfahren in eine naheliegende, konkrete Lebensgefahr zu bringen, sollte sich für den Rechtsstaat des Grundgesetzes von selbst verstehen.[3827] Damit sollte aber auch gelten, dass bei Zweifeln über die Fähigkeit eines Angeklagten, trotz seiner schweren Grunderkrankung eine umfangreiche und für ihn aufregende Hauptverhandlung durchzustehen, lieber die Gefahr vermieden, als der staatliche Strafanspruch um jeden Preis durchgesetzt werden sollte.[3828]

Nach der Rechtsprechung gelten für die Beurteilung der Verhandlungsfä- 1556
higkeit in den einzelnen Verfahrensabschnitten unterschiedliche Maßstäbe. Für das **Revisionsverfahren** sind die Anforderungen geringer als für die Hauptverhandlung. Im Revisionsverfahren soll die zeitweilige Fähigkeit ausreichen, mit dem Verteidiger über die Durchführung des Rechtsmittels übereinzukommen.[3829] Dass hier grundsätzlich andere Anforderungen gelten müssen als in der Instanz, in der der Angeklagte durch eine eigene Einlassung und Fragen an

**3826** BVerfGE 51, 324 = NJW 1979, 2349.

**3827** BVerfGE 51, 324 = NJW 1979, 2349, 2350.

**3828** Vgl. hierzu BVerfG, Beschl. v. 20.9.2001 – 2 BvR 1349/01 = NJW 2002, 51, 53: Das Landgericht hatte im Anschluss an ein Sachverständigengutachten angenommen, es liege nur eine potenzielle, keine konkrete Gefährdung des Angeklagten und somit „keine hohe Wahrscheinlichkeit einer lebensbedrohlichen Komplikation" vor. Das BVerfG hat hervorgehoben, dass der Strafrichter seiner Entscheidung über die Verhandlungsfähigkeit des Beschuldigten nicht nur einen unbedenklichen, den Normen und Prinzipien des Grundgesetzes entsprechenden Maßstab zu Grunde legen muss, sondern darüber hinaus in Anwendung dieses Maßstabs die für seine Entscheidung maßgebenden Gesichtspunkte umfassend gegeneinander abzuwägen und dabei die einzelnen Abwägungselemente zu gewichten hat. Nicht ausreichend ist es auch, wenn die Entscheidung über die Verhandlungsfähigkeit auf eine veraltete Tatsachengrundlage gestützt wird: VerfG Brandenburg, Beschl. v. 27.5.2011 – VfGBbg 59/10. Vgl. ergänzend auch BVerfG, Beschl. v. 6.9.2009 – 2 BvR 1724/09; BVerfG, Beschl. v. 13.6.2017 – 2 BvR 1313/17.

**3829** BGH, Beschl. v. 21.12.2016 – 4 StR 527/16 = NStZ 2017, 490 (Ermächtigung zur Revisionsrücknahme); BGH, Urt. v. 4.7.2018 – 5 StR 46/18 = NStZ-RR 2018, 320; BGH, Beschl. v. 8.2.1995 – 5 StR 434/94 = BGHSt 41, 16 = NJW 1995, 1973 = StV 1995, 421 = JR 1995, 472 (m. Anm. *Rieß*). Hierzu: *Widmaier* NStZ 1995, 361.

Zeugen und Sachverständige selbst in das Verhandlungsgeschehen eingreifen kann, ist selbstverständlich. Schon die Bestimmung des Umfangs der Anfechtung kann der Angeklagte in der Revision nur durch seinen Verteidiger (oder zu Protokoll der Geschäftsstelle) vornehmen (§ 344 Abs. 1 StPO). Eine Grenze sollte diese Rechtsprechung aber haben, wenn eine **Revisionshauptverhandlung** stattfindet. Nach Maßgabe von § 350 StPO hat der Angeklagte ein Recht auf Anwesenheit, zudem hat er das Recht auf Gewährung des letzten Worts. Beides dient dazu, seinen Anspruch auf rechtliches Gehör umzusetzen. Schon deshalb wäre es nicht angemessen, auch insoweit auf die generellen, reduzierten Anforderungen für die Verhandlungsfähigkeit abzustellen. Besondere Probleme können sich im Übrigen ergeben, wenn erst zwischen der tatrichterlichen Hauptverhandlung und dem Revisionsverfahren Umstände entdeckt wurden, die Zweifel an der Verhandlungsfähigkeit begründen.[3830]

### 4. Tatprovokation durch polizeiliche Lockspitzel

1557 In Rechtsprechung und Literatur seit langer Zeit umstritten ist die Frage, welche Rechtsfolgen sich aus der Tatprovokation durch polizeiliche Lockspitzel ergeben. Hier hat eine Entscheidung des Europäischen Gerichtshofs für Menschenrechte aus dem Jahr 2014 wieder Bewegung in eine zuvor etwas erlahmte Diskussion gebracht. Vor diesem Hintergrund lohnt es sich, die Entwicklung über einen längeren Zeitraum zu betrachten.

1558 Die Rechtsprechung hatte in älteren Entscheidungen unter bestimmten Voraussetzungen bereits einmal den Eintritt eines Verfahrenshindernisses als Folge tatprovozierenden staatlichen Verhaltens bejaht. So hatte der 1. Strafsenat in einem Urteil vom 15.4.1980[3831] entschieden, dass die Nichtbeachtung der Grenzen tatprovozierenden Verhaltens durch einen polizeilichen Lockspitzel als *„ein dem Staat zuzurechnender Rechtsverstoß“* in das Strafverfahren „hineinwirke“, weil das dem Grundgesetz und der StPO immanente Rechtsstaatsprinzip es den Strafverfolgungsbehörden untersage, auf die Verfolgung von Straftaten hinzuwirken, *„wenn die Gründe dafür vor diesem Prinzip nicht bestehen können“*. Dieser Auffassung hatten sich – mit Ausnahme des 5. Senats[3832] – die übrigen

**3830 Vgl.** BGH, Beschl. v. 4.12.2012 – 4 StR 405/12 = NStZ-RR 2013, 154 (Feststellung eines Hirntumors und Hinweis des Stationsarztes der JVA auf Verhandlungsunfähigkeit).

**3831** BGH, Urt. v. 15.4.1980 – 1 StR 107/80 = NJW 1980, 1761.

**3832** Der 5. Strafsenat tendierte dahin, einen aus dem Rechtsstaatsprinzip hergeleiteten Strafausschließungsgrund anzunehmen (BGH, Urt. v. 26.2.1980 – 5 StR 9/80).

Strafsenate des BGH angeschlossen.[3833] Der 1. Strafsenat des BGH ist aber wenige Jahre später in einer Entscheidung vom 23.5.1984[3834] hiervon wieder abgerückt und hat sich für die **„Strafzumessungslösung“** entschieden, die dem Tatgericht letztlich die Verantwortung überlässt, ohne ihm die Möglichkeit zu geben, in besonders krassen Fällen die gebotene Konsequenz einer Verfahrensbeendigung ohne Sachentscheidung zu ziehen. Dem hat sich der 2. Strafsenat in einem Vorlagebeschluss, der zur Entscheidung des Großen Senats in BGHSt 33, 356 führte, angeschlossen. Seitdem sind die Senate davon ausgegangen, dass eine Überschreitung der Grenzen zulässigen Lockspitzeleinsatzes nicht zu einem Verfahrenshindernis führen kann.[3835]

Diese Linie der Rechtsprechung hatte unverändert Gültigkeit[3836] bis der **Europäische Gerichtshof für Menschenrechte** im Jahr 2014 in einem deut- 1559
schen Fall eine Verletzung von Art. 6 Abs. 1 EMRK feststellte.[3837] Zeitlich nachfolgend äußerte sich das Bundesverfassungsgericht noch einmal ausführlich zu den Rechtsfragen in einem Beschluss, durch den die Verfassungsbeschwerden gegen das Urteil des 5. Strafsenats vom 11.12.2013[3838] nicht zur Entscheidung angenommen wurden. Das BVerfG überantwortete darin die Frage, welche Rechtsfolgen sich aus tatprovozierendem Verhalten ergeben, im Ergebnis im Wesentlichen den Fachgerichten.[3839] Es sah im konkreten Fall die Strafzumessungslösung als verfassungsgemäß an.[3840] Wie umstritten die rechtliche Einordnung der Tatprovokation und ihrer Folgen bleibt, zeigen die beiden Ent-

**3833** BGH, Urt. v. 6.2.1981 – 2 StR 370/80 = NJW 1981, 1626; BGH, Urt. v. 25.3.1981 – 3 StR 61/81 = StV 1981, 276; BGH, Urt. v. 11.9.1980 – 4 StR 16/80 = NStZ 1981, 70.

**3834** BGHSt 32, 345 = NJW 1984, 2300 = StV 1984, 321.

**3835** BGHSt 33, 356, 362 = NJW 1985, 1764; BGH, Beschl. v. 13.10.1994 – 5 StR 529/94 = NStZ 1995, 171 (bei *Detter*); vgl. *Foth* NJW 1984, 221, 222; *Schünemann* StV 1985, 424, 431; a.A. *Arloth* NJW 1985, 417; *Bruns* NStZ 1983, 49; *Lüderssen* Jura 1985, 113. Gegen ein Verfahrenshindernis auch BGH, Urt. v. 18.11.1999 – 1 StR 221/99 = BGHSt 45, 321 = NJW 2000, 1123; m. Anm. *Sinner* StV 2000, 114; *Kreuzer* StV 2000, 114; *Roxin* JZ 2000, 369; *Endriß/Kinzig* NStZ 2000, 271; *Lesch* JA 2000, 450; *Kudlich* JuS 2000, 951.

**3836** Vgl. etwa BGH, Urt. v. 21.10.2014 – 1 StR 78/14, Rn. 7 und BGH, Urt. v. 11.12.2013 – 5 StR 240/13 = NStZ 2014, 277 = StV 2014, 321.

**3837** EGMR, Urt. v. 23.10.2014 – 54648/09 = StV 2015, 411 m. Anm. *Pauly* = JR 2015, 81 m. Anm. *Petzsche* = NJW 2015, 3631 = StraFo 2014, 504 m. Anm. *Sommer*; s. auch *Meyer/Wohlers* JZ 2015, 761; *Sinn/Maly* NStZ 2015, 379; *Meyer-Lohkamp* StraFo 2017, 45; *Jäger* JA 2015, 473; EGMR, Urt. v. 18.12.2014 – 14212/10 = EuGRZ 2015, 454; EGMR, Urt. v. 5.2.2008 – 74420/01 = NJW 2009, 3565.

**3838** BGH, Urt. v. 11.12.2013 – 5 StR 240/13 = NStZ 2014, 277 = StV 2014, 321.

**3839** BVerfG, Beschl. v. 18.12.2014 – 2 BvR 209/14 u.a. = NJW 2015, 1083 = StV 2015, 413.

**3840** BVerfG, Beschl. v. 18.12.2014 – 2 BvR 209/14 u.a., Rn. 46 = StV 2015, 413, 417.

scheidungen des 2. Strafsenats vom 10.6.2015[3841] und des 1. Strafsenats vom 19.5.2015[3842], die kurze Zeit später ergingen. Während der 2. Strafsenat in dem von ihm zu entscheidenden Fall, der u.a. dadurch gekennzeichnet war, dass auf den Beschuldigten erheblicher Druck ausgeübt wurde, ein Verfahrenshindernis bejahte und das Verfahren einstellte, verwarf der 1. Strafsenat die Revision des Angeklagten und verwies dabei darauf, ein Verfahrenshindernis komme nur in Ausnahmefällen in Betracht. Auch in den nachfolgenden Entscheidungen der BGH-Senate wurde ein Verfahrenshindernis nicht bejaht.[3843]

1560 Ungeachtet der Entscheidungen der deutschen Gerichte sollte danach weiterhin die Rechtsprechung des EGMR Ausgangspunkt für die rechtliche Bewertung derartiger Sachverhalte sein.[3844] Der EGMR prüft insbesondere, ob sich die in staatlichem Auftrag tätige polizeiliche Vertrauenspersonen auf eine passive, fremdes Verhalten untersuchende und die Tatsachen ermittelnde Rolle beschränkt hat oder ob sie durch Einflussnahme auf die Zielperson diese zur Begehung einer Straftat verleitet hat, zu der es sonst nicht gekommen wäre, um auf diesem Wege gezielt Beweismittel zu gewinnen und letztlich Ermittlungen wegen gerade dieser Straftat zu veranlassen. In die Prüfung dieser Frage („Substantive test of incitement") werden eine Vielzahl von Einzelfaktoren einbezogen (wie z.B. ob bereits ein Verdacht gegen die Zielperson bestand, ob sie die Möglichkeit hatte, Drogen innerhalb kurzer Zeit zu besorgen, ob Druck auf die Zielperson ausgeübt wurde u.Ä.).[3845] Gegenstand eines zweiten Prüfungsschritts ist sodann die Frage, wie mit dem entsprechenden Einwand der Verteidigung im Prozess umgegangen wurde und zu welchen Rechtsfolgen der Einwand im Verfahren geführt hat.[3846]

1561 Ob die deutschen Gerichte dieser Rechtsprechung mit ihren Entscheidungen vollständig Rechnung tragen, ist umstritten. Das BVerfG hat für zusätzliche Unklarheit gesorgt, indem es zwar einerseits die Bindung der Strafgerichte an die

---

**3841** BGH, Urt. v. 10.6.2015 – 2 StR 97/14 = BGHSt 60, 276 = NJW 2016, 91 m. Anm. *Eisenberg* = NStZ 2016, 52 m. Anm. *Mitsch* = StV 2016, 70 m. Anm. *Eidam* (StV 2016, 129).

**3842** BGH, Beschl. v. 19.5.2015 – 1 StR 128/15 = BGHSt 60, 238 = NStZ 2015, 541 = StV 2016, 78.

**3843** BGH, Beschl. v. 19.1.2016 – 4 StR 252/15 = NStZ 2016, 232; BGH, Urt. v. 7.12.2017 – 1 StR 320/17 = StV 2019, 305 = NStZ 2018, 355 m. Anm. *Esser*; vgl. auch: BGH, Beschl. v. 4.7.2018 – 5 StR 650/17 = StraFo 2019, 17.

**3844** Vgl. auch EGMR, Urt. v. 4.4.2017 – 2742/12 – zugänglich über www.hudoc.echr.coe.int.

**3845** Vgl. hierzu *Esser* NStZ 2018, 358; *Sinn/Maly* NStZ 2015, 379, 381; *I. Roxin* FS Neumann, S. 1363; *Pauly* StV 2015, 411; *Meyer-Goßner/Schmitt* Art. 6 EMRK, Rn. 4a.

**3846** Vgl. hierzu KK-*Lohse/Jakobs* Art. 6 EMRK, Rn. 61.

Rechtsprechung des EGMR bestätigt, andererseits aber hervorgehoben hat, auch der EGMR überlasse es den nationalen Gerichten, wie die Anforderungen des Art. 6 Abs. 1 EMRK in das nationale Recht umzusetzen seien.[3847] Die Strafsenate des Bundesgerichtshofs gehen davon aus, dass die von ihnen herangezogenen Kriterien zur Prüfung der Frage, wann eine Tatprovokation vorliegt, den Anforderungen des EGMR Rechnung tragen.[3848] Das dürfte nicht in jeder Hinsicht der Fall sein.[3849] Indem hier strenge Kriterien angelegt werden und im Ergebnis eine rechtsstaatswidrige Tatprovokation verneint wird, erspart sich die Rechtsprechung die weitere Klärung der Rechtsfrage, welche Konsequenzen eine Tatprovokation durch Personen, die in staatlichem Auftrag handeln, haben müsste.

In Bezug auf die Frage nach den Rechtsfolgen einer Tatprovokation besteht 1562
danach derzeit ein denkbar uneinheitliches Gesamtbild. Auch nach der Entscheidung des EGMR wird teilweise nach wie vor eine **Kompensation im Rahmen der Strafzumessung** als sachgerecht angesehen.[3850] Nach wohl überwiegender Ansicht dürfte die Strafzumessungslösung jedoch den Anforderungen des EGMR nicht entsprechen.[3851] Der Hinweis des EGMR, es sei inzwischen Bestandteil seiner gesicherten Rechtsprechung, dass es das öffentliche Interesse an der Verfolgung schwerer Straftaten zwar rechtfertigen kann, Verdeckte Ermittler einzusetzen, dass es dieses Interesse aber nicht rechtfertigen kann, Beweise, die durch Tatprovokation erlangt wurden, in einem späteren Strafverfahren gegen den Beschuldigten zu verwenden und die dies aufgreifende Schlussbemerkung in der Entscheidung des BVerfG legen es nahe, ein **Beweisverwertungsverbot** zu bejahen.[3852] Nicht nur nach Ansicht des 2. Strafsenats, sondern auch nach der Ansicht zahlreicher Autoren aus Wissenschaft und Praxis muss hingegen aus dem Umstand, dass hier letztlich die Begehung der Straftat durch staatliches Verhalten verursacht wurde, ein Verfahrenshindernis folgen.[3853] Soweit in der Rechtsprechung darauf verwiesen wird, ein Verfahrenshindernis komme nur in seltenen Ausnahmefällen („Extremfällen") in Be-

**3847** BVerfG, Beschl. v. 18.12.2014 – 2 BvR 209/14 u.a., Rn. 41 ff. = StV 2015, 413, 416.

**3848** So BGH, Urt. v. 7.12.2017 – 1 StR 320/17 = StV 2019, 305, 307; BGH, Beschl. v. 19.1.2016 – 4 StR 252/15 = NStZ 2016, 232.

**3849** S. hierzu *Conen* StV 2019, 358, 360; *Esser* NStZ 2018, 358. Vgl. auch *I. Roxin* FS Neumann S. 1371.

**3850** *Dölp* StraFo 2016, 265, 267; *Sinn/Maly* NStZ 2015, 379, 382 (Strafreduzierung auf null).

**3851** *Mitsch* NStZ 2016, 57; *Lochmann* StraFo 2015, 492, 495; *Pauly* StV 2015, 412. Kritisch auch: KK-*Lohse/Jakobs* Art. 6 EMRK, Rn. 65. S. auch *Esser/Gaede/Tsambikakis* NStZ 2011, 142.

**3852** Vgl. *Meyer-Goßner/Schmitt* Art. 6 EMRK, Rn. 4b; *Eschelbach* GA 2015, 545, 561.

**3853** *Mitsch* NStZ 2016, 57; *Lochmann* StraFo 2015, 492, 500; *Jahn/Kudlich* JR 2016, 54, 60; *Eidam* StV 2016, 129; *Meyer/Wohlers* JZ 2015, 761. S. auch *Eschelbach* GA 2015, 545, 561.

tracht,[3854] entsteht bisweilen der Eindruck, dass durch solche Formulierungen zwar verbal ein Prinzip unangetastet bleiben soll, dessen Voraussetzungen aber so bestimmt werden, dass es in der Praxis nie angewandt wird.[3855]

1563 Vor dem Hintergrund der stark divergierenden Auffassungen und im Hinblick darauf, dass sich durch weitere Entscheidungen des Straßburger Gerichtshofs gerade auf diesem Sektor jederzeit neue Entwicklungen ergeben können, lassen sich allgemeine Empfehlungen für den Umgang mit derartigen Fällen nur schwer geben. Ist im Rahmen eines Revisionsverfahrens zu prüfen, ob das Tatgericht die Frage einer möglichen Tatprovokation hinreichend berücksichtigt hat, sollte in jedem Fall zunächst geklärt werden, ob das tatrichterliche Urteil zu den maßgeblichen Vorgängen hinreichend konkrete Feststellungen getroffen und welche rechtlichen Konsequenzen es aus den getroffenen Feststellungen gezogen hat. Ergibt sich danach Anlass zu Einwänden, – etwa weil der Verlauf der Ermittlungen nur unzureichend dargestellt ist und weil unter Berücksichtigung des gesamten Verlaufs weiter reichende Konsequenzen hätten gezogen werden müssen – wird der Beschwerdeführer eine entsprechende Verfahrensrüge erheben müssen. Der 1. Strafsenat hat in seinen Entscheidungen ausdrücklich darauf verwiesen, dass Verletzungen des Rechts auf ein faires Verfahren in diesem Zusammenhang mit einer Verfahrensrüge geltend gemacht werden müssen, für die die Anforderungen des § 344 Abs. 2 StPO gelten.[3856] Schon im Hinblick hierauf ist dem Beschwerdeführer anzuraten, die maßgeblichen Vorgänge anhand der Ermittlungsakten im Einzelnen zu rekonstruieren und sodann in der Revisionsbegründung darzustellen. Zwar wäre ein solcher Vortrag nicht erforderlich, wenn in diesen Fällen ein Verfahrenshindernis bestünde und für dieses die Grundsätze gelten würden, die auch sonst für Verfahrenshindernisse gelten: Sie sind von Amts wegen zu prüfen. Doch schon weil stets das Risiko besteht, dass der für das Revisionsverfahren zuständige Senat das Eingreifen eines Verfahrenshindernisses mit der Begründung verneint, es liege jedenfalls kein Extremfall vor, sollte sich der Beschwerdeführer hierauf nicht verlassen. Will er erreichen, dass auch bei Verneinung eines Verfahrenshindernisses jedenfalls geprüft wird, ob ein Verwertungsverbot für bestimmte

**3854** Vgl. BGH, Urt. v. 7.12.2017 – 1 StR 320/17 = StV 2019, 305, 308; BGH, Beschl. v. 19.5.2015 – 1 StR 128/15 = BGHSt 60, 238, 240 f.; BVerfG, Beschl. v. 18.12.2014 – 2 BvR 209/14 u.a., Rn. 34 = StV 2015, 413, 415.

**3855** Vgl. hierzu *Fischer* § 46 StGB, Rn. 69a; *Jahn/Kudlich* JR 2016, 54, 61. S. auch die Aufhebung des ein Verfahrenshindernis bejahenden Urteils des LG Hamburg durch das Urteil des 5. Strafsenats vom 4.7.2018 (5 StR 650/17 = StraFo 2019, 17). Hierzu: *Conen* StV 2019, 358.

**3856** BGH, Beschl. v. 19.5.2015 – 1 StR 128/15 = BGHSt 60, 238, 244.

Beweismittel galt oder ob auf der Grundlage der bisherigen Rechtsprechung des BGH eine Strafmilderung zu gewähren war, dann sollte er eine Verfahrensrüge erheben. Stützt sich ein tatrichterliches Urteil in solchen Fällen zum Nachteil des Angeklagten auf Angaben von Zeugen, die im Verfahren nicht unmittelbar befragt werden konnten, weil Sperrerklärungen abgegeben oder Aussagegenehmigungen nicht erteilt wurden, können sich zusätzlich Rechtsfragen im Zusammenhang mit dem Konfrontationsrecht (Art. 6 Abs. 3 lit. d EMRK) stellen.[3857]

### 5. Verjährung

Schon durch die Länge vieler Strafverfahren taucht am Ende häufig die Frage 1564
auf, ob ein Vorwurf noch verfolgbar ist. Für die Praxis ist dabei die Debatte entschieden, ob der Verjährung materiell-rechtliche oder lediglich verfahrensrechtliche Bedeutung zukommt: Sie wird überwiegend als Verfolgungshindernis verstanden.[3858] Hat sich ein Verfahren über Jahre hingezogen, besteht regelmäßig Anlass, anhand der materiell-rechtlichen Vorschriften (§ 78 StGB; § 376 AO) die maßgebliche Verjährungsfrist und anhand des Akteninhalts die Unterbrechungshandlungen (§ 78c StGB) zu prüfen. Der Beginn der Verjährung hängt vom Zeitpunkt der Beendigung der Tat ab (§ 78a StGB), der nur tatbestandsbezogen bestimmt werden kann. Er kann im Einzelfall lange nach Eintritt der Tatvollendung liegen. Von wesentlicher Bedeutung ist in der Praxis regelmäßig, ob die Verjährung durch eine der im Katalog des § 78c StGB genannten Handlungen wirksam unterbrochen wurde. Erfüllen die Verfahrenshandlungen die gesetzlichen Voraussetzungen nicht, kann dies dazu führen, dass die Unterbrechungswirkung nicht eintritt. Insbesondere im Zusammenhang mit dem Inhalt von Durchsuchungsbeschlüssen[3859], aber auch im Zusammenhang mit Fragen der Beauftragung eines Sachverständigen[3860] war dies wiederholt Gegenstand von Entscheidungen des BGH. Zu beachten ist im Übrigen, dass die materiellrechtlichen Fristen des § 78 StGB anders berechnet werden als die prozessrecht-

**3857** So auch *Esser* NStZ 2018, 359. Zum Konfrontationsrecht s. oben Rn. 1376 ff.

**3858** Vgl. BGH, Urt. v. 19.10.2010 – 1 StR 266/10 = BGHSt 56, 6, 8; BGH, Beschl. 7.6.2005 – 2 StR 122/05 = BGHSt 50, 138, 139; BGH, Urt. v. 18.1.1994 – 1 StR 740/93 = BGHSt 40, 48 = NJW 1994, 2237 = NStZ 1994, 329.

**3859** BGH, Urt. v. 10.11.2016 – 4 StR 86/16 = wistra 2017, 228; BGH, Beschl. v. 29.1.2015 – 1 StR 587/14 = NJW 2015, 1190 = wistra 2015, 232.

**3860** BGH, Beschl. v. 10.8.2017 – 3 StR 227/17 = NStZ 2018, 86 = StV 2019, 23 = wistra 2018, 34; BGH, Beschl. v. 29.1.2013 – 2 StR 510/12 = BGHSt 58, 133 = StV 2013, 508; BGH, Beschl. v. 2.3.2011 – 2 StR 275/10 = StV 2011, 483.

lichen Fristen nach den §§ 42, 43 StPO. Die Verjährungsfrist nach § 78 StGB läuft bereits am Ende des Tages ab, der dem Tag des Fristbeginns im Kalender vorangeht,[3861] so dass bei einer Tatbeendigung am 25.10.2011 die Verjährungsfrist von fünf Jahren mit Ende des 24.10.2016 abläuft.

1565 Insbesondere im Zusammenhang mit Fragen der Verjährung (aber nicht nur hier) stellt sich immer wieder die Frage, welche Tatsachen das Revisionsgericht seiner Entscheidung über das Vorliegen dieses Verfahrenshindernisses zu Grunde zu legen hat. Zwar prüft das Revisionsgericht die Verfahrensvoraussetzungen grundsätzlich im Wege des Freibeweises selbst.[3862] Dies verursacht jedoch Probleme bei den sog. **„doppelrelevanten Tatsachen"**. Das sind Umstände, die sowohl für die Entscheidung über das Vorliegen eines Prozesshindernisses als auch für die den Schuld- und Rechtsfolgenausspruch tragenden Feststellungen von Bedeutung sind. Man denke hier etwa an die Feststellung des Zeitpunktes der Tatbeendigung als Grundlage des Schuldspruchs und in ihrer Bedeutung für die Berechnung der Verjährung. Insoweit muss ein Vorrang der im Strengbeweis getroffenen Feststellungen vor den Ergebnissen des Freibeweises und deshalb eine Bindung des Revisionsgerichts anerkannt werden, und zwar nicht wegen der größeren Zuverlässigkeit der Ergebnisse des Strengbeweises (sie könnte ja gerade im Einzelfall widerlegt werden), sondern wegen der alleinigen Zuständigkeit des Tatgerichts zur Feststellung eines widerspruchsfreien einheitlichen Sachverhalts, auf den die Vorschriften des materiellen Strafrechts angewendet und zur Überprüfung des Revisionsgerichts gestellt werden.[3863]

1566 Diese Argumentation spricht aber nur für eine Bindung des Revisionsgerichts, soweit es um die Feststellung von Tatumständen geht, die tragend für den Schuld- und Rechtsfolgenausspruch sind. Das muss bei der präzisen Datierung der Tatzeit nicht unbedingt der Fall sein. Ob die Tat am 1. oder am 2. Mai begangen wurde, ist im Regelfall weder für die Subsumtion unter einen Straftatbestand, noch für die Strafzumessung von Bedeutung. Die genaue Tatzeit kann u.U. aber ausschlaggebend für die Beweiswürdigung sein, z.B. bei der Bewertung eines behaupteten Alibis des Angeklagten. Weisen die Urteilsgründe aus, dass unter diesem Aspekt Schuld- oder Freispruch davon abhingen, ob die Beweisaufnahme den 2. und nicht den 1. Mai als Tatzeitpunkt ergeben

**3861** *Fischer* § 78a StGB, Rn. 6.

**3862** BGH, Urt. v. 1.8.2018 – 3 StR 651/17, Rn. 16 (zum Strafklageverbrauch); LR-*Kühne* Einl., Abschn. K, Rn. 44 mwN; *Rieß* JR 1985, 48; BGH NStZ 1985, 420; BGHSt 16, 164, 166; BGHSt 21, 81.

**3863** LR-*Franke* § 337 StPO, Rn. 35 mwN.

haben, so ist wegen der ausschlaggebenden Bedeutung des Tatdatums für die Täterfeststellung das Revisionsgericht daran auch im Hinblick auf die Verjährungsberechnung **gebunden.** Erwähnt dagegen das angefochtene Urteil einen bestimmten Tatzeitpunkt, ohne dass seine präzise kalendermäßige Fixierung als solche für den Schuld- oder Rechtsfolgenausspruch ausschlaggebend gewesen sein könnte, verbleibt es bei der Regel, dass das Revisionsgericht ohne Bindung an die Feststellungen des Tatgerichts selbst im Wege des Freibeweises feststellen muss, zu welchem Zeitpunkt die Frist begann.[3864] Die Bindung besteht also nur bei wirklich „doppelt *ausschlaggebenden*“ Tatsachen.[3865]

In allen übrigen Fällen ist das Revisionsgericht nicht an die tatrichterlichen Feststellungen gebunden.[3866] Leiden unabhängig davon die Urteilsgründe unter Darlegungsmängeln, die nach den oben behandelten Grundsätzen der durch die Sachrüge mitbeanstandeten Verfahrensmängel[3867] zur Aufhebung führen müssen, so bleibt es auch danach Aufgabe des Tatgerichts, die neuen Feststellungen zu treffen, die auch für die Frage nach dem Verfahrenshindernis maßgeblich sind. Das Revisionsgericht hebt in diesen Fällen also in der Regel das Urteil auf und verweist die Sache zurück. 1567

Eine ganz andere Frage ist die, inwieweit der Grundsatz „in dubio pro reo“ im Zusammenhang mit der Verjährung anzuwenden ist. Überwiegend wird dies bejaht.[3868] Auch weil die Gerichte die Verpflichtung trifft, die Verfahrensvoraussetzungen positiv festzustellen,[3869] müssen sich **Zweifel** hinsichtlich des Verjährungsbeginns **zu Gunsten des Angeklagten** auswirken. Ist also beispielsweise für die Beurteilung der Verjährungsfrage zweifelhaft, zu welchem Zeitpunkt die Tat beendet war, muss das Tatgericht das dem Angeklagten günstigste, also für die Verjährungsfrage das früheste, Datum der Tatbeendigung zugrunde le- 1568

**3864** So unter Abkehr von einer älteren entgegenstehenden Rechtsprechung BGHSt 22, 90, 91 = NJW 1968, 1148 = JR 1968, 466 (m. Anm. *Kleinknecht*); kritisch und vor Verallgemeinerung warnend LR-*Franke* § 337 StPO, Rn. 32. Vgl. auch BGH, Urt. v. 26.6.1985 – 3 StR 129/85 = BGHSt 33, 271, 277.

**3865** Vgl. hierzu BGH, Urt. v. 1.8.2018 – 3 StR 651/17 = NStZ 2019, 511; BGH, Beschl. v. 14.1.2010 – 1 StR 587/09 = NStZ-RR 2011, 25 (zum Strafklageverbrauch).

**3866** *Meyer-Goßner/Schmitt* § 337 StPO, Rn. 6.

**3867** Vgl. oben, Rn. 364.

**3868** LK-*Schmid* Vor § 78 StGB, Rn. 15; *Fischer* Vor § 78 StGB, Rn. 3; KK-*Schneider* § 206a StPO, Rn. 10; MüKoStPO/*Wenske* § 206a StPO, Rn. 30.

**3869** BGH, Urt. v. 30.7.2009 – 3 StR 273/09 = NStZ 2010, 160 (zum Strafklageverbrauch); dezidiert a.A. *Schwabenbauer* HRRS 2011, 26, 28.

gen.[3870] Kommt das Tatgericht auf dieser Grundlage zu dem Ergebnis, Verjährung sei eingetreten, muss es das Einstellungsurteil so begründen, dass das Revisionsgericht nachprüfen kann, dass kein Irrtum über die Bedeutung der Einstellung vorlag. Deshalb sind Einstellungsurteile, die nicht hinreichend darlegen, warum Zweifel an (doppelrelevanten) Sachverhaltsteilen bestanden, auf die Sachrüge aufzuheben.[3871]

1569 Bei Ungewissheit darüber, wann die Tat begangen ist, und bei Zweifeln, ob sie verjährt ist, stehen – so die auch heute noch lesenswerte Begründung des BGH aus dem Jahr 1963 – *„Gerechtigkeit und Rechtssicherheit miteinander besser im Einklang, wenn sich das Verlangen nach Bestrafung des Schuldigen dem Anliegen unterordnet, ihn nicht in möglicherweise – durch Verjährung – wiedererlangter Rechtssicherheit anzutasten, als wenn es dieses Anliegen zurückdrängt und dabei die etwaige Ungesetzlichkeit der Strafe in Kauf nimmt. Ein Verdacht ungesetzlichen Strafens schadet dem Vertrauen in die Rechtsstaatlichkeit der Strafrechtspflege mehr als es die Gerechtigkeit befriedigt, wenn der Täter – nach langer Zeit – doch noch zur Rechenschaft gezogen wird. … Die Gerechtigkeit verlangt nicht, Schuldige um solchen Preis der Strafe zu überliefern. Im Gegenteil: es widerspricht ihr zu strafen, wenn möglicherweise – wegen Verjährung der Strafverfolgung – gar nicht gestraft werden darf. In solchem Falle die Tat unverfolgt zu lassen, beschwert dagegen nicht das Rechtsgewissen“*.[3872]

1570 Auch wenn also die Verjährung nicht von Merkmalen der Tat abhängt (sondern z.B. von einer **Unterbrechungshandlung**, deren Zeitpunkt zweifelhaft ist), muss der Zweifelssatz zur Anwendung kommen. Ist – etwa wegen des Verlusts der Strafakte, die auch nicht mehr rekonstruiert werden kann – unklar, ob es einen wirksamen **Eröffnungsbeschluss** gegeben hat, so führen nach der zutreffenden Auffassung des OLG Oldenburg trotz hoher Wahrscheinlichkeit die Zweifel daran zur Einstellung des Verfahrens.[3873] Zwar gilt der Zweifelssatz im Allgemeinen nicht bezogen auf Verfahrensfehler[3874] – aber das **non-liquet-Risiko** für den Zeitpunkt einer Verjährungsunterbrechung kann nur die Straf-

---

**3870** Vgl. BGH, Urt. v. 26.6.1985 – 3 StR 129/85 = BGHSt 33, 271, 277; vgl. ferner für den Strafantrag BGHSt 22, 90, 93; für die Verjährung BGHSt 18, 274; BGH, Urt. v. 1.3.1995 – 2 StR 331/94 = NJW 1995, 1297; OLG Celle, Beschl. v. 31.5.2011 – 32 Ss 187/10 = NStZ-RR 2012, 75, 76.

**3871** BGH, Urt. v. 19.10.2010 – 1 StR 266/10 = BGHSt 56, 6 = NJW 2011, 547. Vgl. auch BGH, Urt. v. 6.9.2011 – 1 StR 633/10 = wistra 2012, 29, 34.

**3872** BGH, Beschl. v. 19.2.1963 – 1 StR 318/62 = BGHSt 18, 274, 279; vgl. LR-*Stuckenberg* § 206a StPO, Rn. 37 ff.

**3873** OLG Oldenburg, Beschl. v. 11.8.2005 – Ss 408/04 = NStZ 2006, 119.

**3874** Verfahrensfehler müssen nachgewiesen sein, vgl. *Meyer-Goßner/Schmitt* § 337 StPO, Rn. 12.

justiz selbst tragen, weil auch nur sie es in der Hand hat, ihre eigenen Verfahrenshandlungen ordnungsgemäß zu dokumentieren.

Auch wenn die Verjährung als Verfolgungshindernis gewertet wird, darf sie aber nicht verhindern, dass es Konstellationen gibt, in denen das Tatgericht trotz Vorliegens eines Verfahrenshindernisses eine Sachentscheidung treffen darf. So muss der Angeklagte bei „Freispruchsreife" einen Anspruch darauf haben, durch diese Entscheidung voll „rehabilitiert" zu werden, anstatt weiterhin mit einem in der Sache unbeantworteten Schuldvorwurf leben zu müssen.[3875] 1571

Kann bei tateinheitlichem oder sonst rechtlichem Zusammentreffen eines schwereren und eines leichteren Tatvorwurfs der schwerere nicht nachgewiesen werden und ist der leichtere wegen Vorliegens eines unbehebbaren Verfahrenshindernisses nicht mehr verfolgbar, so hat die **Sachentscheidung Vorrang vor der Verfahrensentscheidung**, weil der schwerer wiegende Vorwurf den Urteilsausspruch bestimmt.[3876] Dies nahm der BGH in einem sog. DDR-Mauerschützen-Fall zum Anlass, die Einstellung aus der Tatsacheninstanz auf die zu Ungunsten des Angeklagten geführte Revision der Staatsanwaltschaft gemäß § 301 StPO durch einen Freispruch zu ersetzen.[3877] Die durch die Anklage vorgeworfene vorsätzliche Tötung als Mord nach § 112 StGB-DDR bzw. Totschlag nach § 212 StGB, die nicht verjährt gewesen wäre, hatte nicht bewiesen werden können. Die allein festgestellte erfolglose Aufforderung zur Begehung einer Tat nach § 227 Abs. 1 i.V. mit § 112 StGB-DDR war aber verjährt. 1572

## IV. Verletzung des Beschleunigungsgrundsatzes

**Literatur:** *Beukelmann* Erfahrungen mit der Vollstreckungslösung nach BGHSt 52, 124, StraFo 2011, 210; *Celik/Stief* Kurze Freiheitsstrafen, § 47 StGB und die Vollstreckungslösung des BGH, StV 2010, 657; *Graf* Das neue Gesetz über den Rechtsschutz bei überlangen Gerichtsverfahren und strafrechtlichen Ermittlungsverfahren – Beschleunigungsimpuls für die Praxis oder neuer Anreiz für Verständigungen im Strafverfahren? NZWiSt 2012, 121; *Krehl/Eidam* Die überlange Dauer von Strafverfahren, NStZ 2006, 1; *Krehl*, Anm. zu EGMR Urt. v. 22.1.2009 – 45749/06 und 51115/06, StV 2009, 564; *Langenhahn*, Anm. zu BGH, Urt. v. 6.8.2014 – 2 StR 60/14, NStZ 2014, 636; *Liebhart*, Das Beschleunigungsgebot in Strafsachen – Grundlagen und Auswirkungen, NStZ 2017, 254; *I. Roxin*, Ambivalente Wirkungen des Beschleunigungsgebotes, StV 2010, 437;

**3875** Zu dem Grundsatz Freispruch vor Einstellung vgl. MüKoStPO/*Maier* § 260 StPO, Rn. 149; *Meyer-Goßner/Schmitt* § 260 StPO, Rn. 44 ff. mwN, wo dies auch mit der Einstufung der Verjährung als „Bestrafungsverbot" begründet wird.
**3876** Vgl. hierzu MüKoStPO/*Maier* § 260 StPO, Rn. 77 ff.
**3877** BGH, Urt. v. 16.2.2005 – 5 StR 14/04 = BGHSt 50, 19, 30 = NJW 2005, 1287.

*Tepperwien*, Beschleunigung über alles? – Das Beschleunigungsgebot im Straf- und Ordnungswidrigkeitenverfahren, NStZ 2009, 1

1573 Von erheblicher praktischer Bedeutung ist unverändert die rechtliche Würdigung von Verfahrensverzögerungen. Nach wie vor dauern viele Strafverfahren zu lang. Ein großer zeitlicher Abstand zwischen den Ereignissen, die Gegenstand der Anklagevorwürfe sind und deren juristischer Aufarbeitung in einer Hauptverhandlung sollte in aller Regel schon deshalb vermieden werden, weil sich dadurch häufig die Möglichkeiten zur Aufklärung des Sachverhalts verschlechtern. Die nachlassende Erinnerung von Zeugen kann sich mit zunehmender Verfahrensdauer zum Problem entwickeln. Daneben liegt in der erheblichen Dauer vieler Strafverfahren aber auch in aller Regel eine Belastung für den Beschuldigten. Wer über Jahre hinweg nicht weiß, ob das zuständige Gericht einen von der Staatsanwaltschaft erhobenen Vorwurf im Ergebnis als berechtigt ansehen wird oder mit welcher Sanktion der Vorwurf gegebenenfalls geahndet wird, der wird dadurch häufig in seiner Lebensführung stark behindert. Völlig zu Recht ist deshalb auch der Anspruch auf gerichtliche Entscheidung innerhalb angemessener Frist Bestandteil der menschenrechtlichen Garantien des Art. 6 Abs. 1 EMRK.

1574 Zur Bewältigung der mit Verfahrensverzögerungen verbundenen Fragen hat die Rechtsprechung des Bundesgerichtshofs ein Konzept entwickelt, das zwischen drei unterschiedlichen Aspekten unterscheidet. Der große Abstand zwischen Tat und Urteil kann bereits für sich genommen bei der Strafzumessung ins Gewicht fallen. Unabhängig hiervon kann einer überdurchschnittlich langen Verfahrensdauer eine eigenständige strafmildernde Bedeutung zukommen. Daneben kann sich eine darüber hinausgehende rechtsstaatswidrige Verfahrensverzögerung zu Gunsten des Angeklagten auswirken.[3878]

1575 Die drei genannten Gesichtspunkte sind voneinander unabhängig und müssen dementsprechend im Urteil separat geprüft und behandelt werden. Insbesondere bilden der lange Zeitabstand zwischen Tat und Urteil sowie die lange Verfahrensdauer jeweils selbständige Strafzumessungsfaktoren, die sich auch bei der Strafrahmenwahl auswirken können.[3879] Daneben ist zu prüfen, ob eine Verletzung des Beschleunigungsgebotes eingetreten ist.[3880] Dabei wird jedenfalls

**3878** BGH, Beschl. v. 12.6.2017 – GSSt 2/17, Rn. 26 = BGHSt 62, 184, 192 = NJW 2017, 3537 = StV 2018, 221; BGH, Beschl. v. 26.10.2017 – 1 StR 359/17, Rn. 3 = wistra 2018, 77; BGH, Beschl. v. 17.1. 2008 – GSSt 1/07 = BGHSt 52, 124, 141 f.
**3879** MüKoStGB/*Miebach*/*Maier* § 46 StGB, Rn. 318.
**3880** Vgl. MüKoStGB/*Miebach*/*Maier* § 46 StGB, Rn. 345.

auf nationaler Ebene zwischen dem aus Art. 2 Abs. 1 GG und dem Rechtsstaatsprinzip abgeleiteten Beschleunigungsgebot und der in Art. 6 Abs. 1 EMRK ausdrücklich geregelten Pflicht zur Entscheidung innerhalb angemessener Frist zwar unterschieden.[3881] Das bleibt in aller Regel aber ohne praktische Konsequenzen.

### 1. Allgemeines

#### a) Zum Prüfungsmaßstab für eingetretene Verzögerungen

Wie lange nach rechtsstaatlichen Maßstäben ein Strafverfahren dauern darf, 1576
das der Aufklärungspflicht genügen soll, gleichzeitig aber dem Beschuldigten die Ausführung seiner Rechte ermöglichen und schließlich zu einem begründeten Ergebnis führen muss, wird sich nie allgemein bestimmen lassen. Dementsprechend konzentrieren sich in der Praxis die Bemühungen um eine Konkretisierung des Beschleunigungsgebots auch weniger darauf, subsumtionsfähige Formeln zum idealen Verfahrensverlauf zu entwickeln, als vielmehr darauf, welche Einzelaspekte in die Würdigung der Verfahrensdauer einbezogen werden sollen. Erforderlich ist eine Gesamtschau.[3882] Der EGMR bezieht dabei insbesondere die Bedeutung der Sache für den Betroffenen, die Komplexität des Falles und das Verhalten des Betroffenen und der staatlichen Behörden in die Bewertung ein.[3883] Der BGH will auch die Schwere des Tatvorwurfs berücksichtigen.[3884] Zu beachten ist dabei stets, inwieweit Verzögerungen innerhalb der Justiz das Ergebnis von Organisationsdefiziten sind.[3885]

Diesen Kriterienkatalog in eine handhabbare Berechnungsmethode umzu- 1577
setzen, die geeignet ist, zwischen einer noch zulässigen und einer schon rechtsstaatswidrigen (bzw. konventionswidrigen) Verfahrensdauer zu unterscheiden, bleibt eine kaum lösbare Aufgabe. Anlass über eine rechtsstaatswidrige Verfah-

---

**3881** MüKoStGB/*Miebach/Maier* § 46 StGB, Rn. 331 ff.

**3882** Zum Erfordernis der Gesamtwürdigung: MüKoStGB/*Miebach/Maier* § 46 StGB, Rn. 354. Zum Verhältnis der Dauer einzelner Abschnitte zur Gesamtdauer: *Krehl/Eidam* NStZ 2006, 1, 4.

**3883** Zu den Kriterien der Rechtsprechung des EGMR: *Meyer-Goßner/Schmitt* Art. 6 EMRK, Rn. 7a. Eine ausführliche Übersicht über die Rechtsprechung des EGMR, auch für Verfahren gegen andere Konventionsstaaten findet sich bei *Grabenwarter/Pabel* § 24, Rn. 82 ff.

**3884** Statt aller: BGH, Beschl. v. 5.12.2012 – 1 StR 531/12. Kritisch hierzu: *Paeffgen* StV 2007, 487, 491; *Liebhart* NStZ 2017, 254, 259.

**3885** EGMR, Urt. v. 13.11.2008 – 10597/03 = StV 2009, 519, 521; EGMR, Urt. v. 10.2.2005 – 64387/01 = StV 2005, 475 m. Anm. *Pauly;* EGMR, Urt. v. 31.5.2001 – 37591/97 = NJW 2002, 2856 = StV 2001, 489 m. Anm. *I.Roxin*.

rensverzögerung nachzudenken, wird in der Praxis insbesondere dann bestehen, wenn sich aus einer Prüfung des Akteninhalts ergibt, dass das Verfahren über lange Zeiträume hinweg kaum gefördert wurde. Solche **Stillstandszeiten** kommen aus den unterschiedlichsten Gründen immer wieder vor. Ihre Ursache muss geprüft werden, aus ihnen kann sich eine Verletzung von Art. 6 Abs. 1 EMRK und damit ein Anlass für eine Kompensationsentscheidung ergeben. Unabhängig davon erfordert die Prüfung der Voraussetzungen des Beschleunigungsgebots eine Prüfung der für das Verfahren wesentlichen Einzelschritte (z.B.: Abschluss der polizeilichen Ermittlungen, Anklageerhebung, Zustellung der Anklage, Ablauf der nach § 201 StPO gesetzten Frist, Entscheidung über die Eröffnung, Terminierung).[3886]

1578 Die für die Prüfung maßgebliche Verfahrensdauer beginnt mit dem Zeitpunkt, in dem der Beschuldigte **Kenntnis von den Ermittlungen** erhält. Sie endet mit dem Eintritt der Rechtskraft.[3887]

### b) Zur Kompensationsentscheidung

1579 Maßgeblich geprägt ist die rechtliche Bewertung der Verfahrensverzögerungen seit langem durch die Rechtsprechung des EGMR und das für ihn geltende Verfahrensrecht. Ausgehend von der Frage, ob ein Beschwerdeführer, der sich nach Straßburg wendet, noch geltend machen kann, Opfer einer Konventionsverletzung zu sein (Art. 34 EMRK), prüft der EGMR in jedem Einzelfall, ob es in der nationalen Rechtsordnung zu einer Kompensation der behaupteten Verletzung gekommen ist.[3888]

1580 Nachdem durch die Strafgerichte über Jahrzehnte hinweg als Kompensation für eingetretene Verzögerungen ein Strafabschlag gewährt wurde[3889], hat der Große Senat für Strafsachen im Jahr 2008[3890] ein neues Modell entwickelt, das sich inzwischen fest etabliert hat, das aber unverändert verschiedene Schwachstellen

**3886** Vgl. zu den Anforderungen, die sich aus Art. 6 EMRK an den zeitlichen Ablauf in Bezug auf diese Einzelschritte ergeben: MüKoStGB/*Miebach*/*Maier* § 46 StGB, Rn. 369 ff.

**3887** Vgl. *Meyer-Goßner*/*Schmitt* Art. 6 EMRK, Rn. 8.

**3888** Exemplarisch nachzuvollziehen in EGMR, Urt. v. 20.6.2019 – 497/17 (zugänglich über www.hudoc.echr.coe.int).

**3889** Vgl. BGHSt 21, 81; BGHSt 24, 239; BGHSt 27, 274; BGH NStZ 1982, 291; BGH NStZ 1987, 217; BGH StV 1988, 295; *Rieß* JR 1985, 45; *Hanack* JZ 1971, 705; *Kloepfer* JZ 1979, 207, 215.

**3890** BGH, Beschl. v. 17.1.2008 – GSSt 1/07 = BGHSt 52, 124 = NJW 2008, 860 m. Anm. *Bußmann* NStZ 2008, 236; *Gaede* JZ 2008, 422; *Volkmer* NStZ 2008, 608; *Streng* JZ 2008, 979; *Keiser* GA 2008, 686; *Reichenbach* NStZ 2009, 120; *Kraatz* JR 2008, 189; *Ignor* NJW 2008, 2209; *Ziegert* StraFo 2008, 321; *Scheffler* ZIS 2008, 269.

aufweist. Die Kompensation soll danach grundsätzlich dadurch gewährt werden, dass ein Teil der verhängten Strafe für vollstreckt erklärt wird.[3891] In Fällen geringer Verzögerungen soll es ausreichen, wenn die Verletzung des Anspruchs auf gerichtliche Entscheidung innerhalb angemessener Frist lediglich festgestellt wird.[3892] Mit diesem Instrumentarium lässt sich ein Großteil der Fälle ohne Zweifel pragmatisch lösen. Kritisch bleiben aber z.B. Fallgestaltungen, in denen eine Freiheitsstrafe zur Bewährung ausgesetzt wird, und sodann zum Ausgleich für eine rechtsstaatswidrige Verfahrensverzögerung ein Teil der verhängten Strafe für vollstreckt erklärt wird. Wird die Strafaussetzung zur Bewährung nicht widerrufen, kommt es nie zur Vollstreckung. Die Kompensationsmaßnahme geht in einem solchen Fall ins Leere. Von allen Kompensationsmodellen nicht zu erfassen ist schließlich auch der Fall, in dem es nach einem rechtsstaatswidrig verzögerten Verfahren letztlich zum Freispruch kommt.[3893]

Die Frage, wie hoch die Kompensation bei welcher Verfahrensverzögerung 1581
sein muss, kann nicht als geklärt gelten. Die Rechtsprechung ist geprägt von Einzelfallentscheidungen, die sich nicht auf einen generellen Maßstab zurückführen lassen. Auch in Entscheidungen des BGH, in denen die durch das Tatgericht zugesprochene Kompensation als zu niedrig oder zu hoch eingestuft wurde, wird das in der Regel nur festgestellt, aber nicht begründet. So hat der BGH etwa in einem Fall einen Kompensationsausspruch von 3 Monaten bei einer Gesamtverfahrensdauer von „mehr als viereinhalb Jahren" pauschal als zu niedrig eingestuft und selbst 6 Monate für vollstreckt erklärt.[3894] Wiederholt wurden auch Kompensationsentscheidungen der Tatgerichte als „zu hoch" bewertet, wie etwa in einem Fall, in dem bei einer Verzögerung von 3 Jahren und 9 Monaten eine Kompensation von 2 Jahren und 7 Monaten gewährt wurde.[3895] Aber auch weniger auffällige Kompensationsentscheidungen, wie etwa 8 Monate Kompensation für eine Verzögerung von 2 Jahren und 3 Monaten[3896] oder 9 Monate für 2 Jahre und 5 Monate,[3897] wurden schon als zu hoch beanstandet.

Dass eingetretene Verfahrensverzögerungen darüber hinaus zu einem **Ver-** 1582
**fahrenshindernis** führen können, hatte das BVerfG bereits vor längerer Zeit

**3891** Nicht hingegen durch ein Absehen von der Einziehung nach den §§ 73, 73c StGB: vgl. BGH, Beschl. v. 30.4.2019 – 4 StR 405/18.

**3892** BGH, Beschl. v. 15.4.2009 – 3 StR 128/09 = NStZ-RR 2009, 248. Die Feststellung muss nicht in den Tenor aufgenommen werden.

**3893** EGMR, Urt. v. 13.11.2008 – 10597/03 = StV 2009, 519.

**3894** BGH, Beschl. v. 23.1.2013 – 5 StR 621/12.

**3895** BGH, Beschl. v. 15.2.2011 – 1 StR 19/11.

**3896** BGH, Beschl. v. 25.10.2011 – 3 StR 206/11 = NStZ 2012, 316, 317.

**3897** BGH, Beschl. v. 25.10.2011 – 3 StR 309/11 = wistra 2012, 72, 73.

für möglich gehalten.[3898] Nachfolgend wurde dies u.a. in einer Entscheidung des 2. Strafsenats des BGH anerkannt.[3899] Klar ist aber auch, dass eine solche Konsequenz auf Extremfälle beschränkt bleiben muss,[3900] so etwa wenn Akten über mehrere Jahre nicht weitergeleitet oder sonst nicht bearbeitet werden.[3901]

## 2. Rügemöglichkeiten im Revisionsverfahren

1583 Hat das Tatgericht das oben dargestellte dreistufige Modell zur Berücksichtigung langer Verfahrenszeiten nicht eingehalten, kann jeder dieser Aspekte den Bestand des Urteils gefährden. Es kann dementsprechend die Revision begründen, wenn der lange zeitliche Abstand zwischen Tat und Urteil nicht strafmildernd berücksichtigt wurde,[3902] oder wenn das Verfahren insgesamt überdurchschnittlich lang gedauert hat und für den Angeklagten mit Belastungen verbunden war.[3903] Die Revision kann es auch begründen, wenn rechtsstaatswidrige Verzögerungen aufgetreten sind, ohne dass eine Kompensation gewährt wurde. Gerade die Frage, ob eine rechtsstaatswidrige Verzögerung eingetreten ist, ist dabei immer wieder Gegenstand von Revisionsverfahren. Je nachdem, ob die Verzögerung schon vor Beginn des Revisionsverfahrens oder ob sie erst im Revisionsverfahren eingetreten ist, gelten dabei unterschiedliche Rügeanforderungen.

---

**3898** BVerfG NStZ 1984, 128.

**3899** BGH, Urt. v. 25.10.2000 – 2 StR 232/00 = BGHSt 46, 160 = NJW 2001, 1146 m. Anm. *I. Roxin* StraFo 2001, 51; *Ostendorf/Radke* JZ 2001, 1094; vgl. zum weiteren Verfahrensverlauf BVerfG, Beschl. v. 24.9.2002 – 2 BvR 66/01 = NJW 2003, 1175 und EGMR, Urt. v. 13.11.2008 – 10597/03 = StV 2009, 519.

**3900** BGH, Urt. v. 25.10.2000 – 2 StR 232/00 = BGHSt 46, 159: 13 ½ Jahre nicht ausreichend. Bei Verfahren, die sich im Bereich geringer Geldstrafen bewegen, reichen teilweise etwa 7 Jahre, OLG Zweibrücken, Beschl. v. 9.8.1994 – 1 Ss 194/90 = NStZ 1995, 49; OLG Stuttgart, Beschl. v. 18.3.1993 – 3 Ws 36/93 = NStZ 1993, 450; vgl. auch OLG Rostock, Beschl. v. 24.3.2010 – 1 Ss 8/10 (12 Jahre Gesamtdauer); a.A. wohl OLG Jena, Beschl. v. 6.9.2011 – 1 Ws 394/11 (8 Jahre nicht ausreichend).

**3901** BGH, Urt. v. 9.12.1987 – 3 StR 104/87 = BGHSt 35, 137 = StV 1988, 236: 5 Jahre keine Weiterleitung an den Revisionssenat, bei sonstiger Weiterbearbeitung der Akte; OLG Zweibrücken, Beschl. v. 21.9.1988 – 1 Ws 402/88: 7 Jahre bis zur Bearbeitung eines (begründeten) Antrags auf Wiedereinsetzung in die Berufungseinlegungsfrist.

**3902** Vgl. hierzu BGH, Beschl. v. 12.6.2017 – GSSt 2/17 = BGHSt 62, 184, 193; BGH, Beschl. v. 29.9.2015 – 2 StR 128/15 = StV 2016, 558 = wistra 2016, 29; BGH, Beschl. v. 21.12.2010 – 2 StR 344/10 = NStZ 2011, 651 = StV 2011, 406.

**3903** Vgl. BGH, Beschl. v. 9.6.2017 – 1 StR 45/17; BGH, Beschl. v. 16.3.2011 – 5 StR 585/10 = NStZ-RR 2011, 171.

### a) Verzögerungen vor dem Revisionsverfahren

Durch den Angeklagten kann das Urteil mit der Begründung angegriffen werden, das Tatgericht habe keine Kompensationsentscheidung getroffen, die Kompensationsentscheidung habe bestimmte Aspekte nicht berücksichtigt oder die gewährte Kompensation sei zu gering. Von Seiten der Staatsanwaltschaft kann gerügt werden, dass zu Gunsten des Angeklagten eine zu hohe Kompensation gewährt wurde. 1584

Inzwischen gilt als geklärt, dass Verletzungen des Beschleunigungsgebotes grundsätzlich mit der **Verfahrensrüge** geltend gemacht werden müssen,[3904] wenn sich nicht alle zur Rüge des Mangels erforderlichen Tatsachen schon aus dem Urteil ergeben. Die **Sachrüge** kann ausnahmsweise ausreichen, wenn im Urteil Umstände dargelegt wurden, die den Schluss aufdrängen, dass es zu einer Verfahrensverzögerung gekommen ist,[3905] oder wenn das Tatgericht die rechtlichen Maßstäbe bezüglich der Kompensationsentscheidung verkannt hat.[3906] Die Sachrüge genügt auch, wenn das Tatgericht zwar von einer rechtsstaatswidrigen Verfahrensverzögerung ausgeht, den Umfang der angenommenen Verzögerung aber im Urteil nicht konkret darlegt.[3907] 1585

Im Regelfall wird es für den Angeklagten danach erforderlich sein, eine Verfahrensrüge zu erheben, wenn mit der Revision eine Verletzung des Beschleunigungsgebotes gerügt werden soll. Das gilt vor allem dann, wenn zur Begründung des Verzögerungsvorwurfs etwas geltend gemacht werden muss, was sich nicht aus den Urteilsgründen oder den sonstigen Verfahrensdokumenten ergibt, die das Revisionsgericht von Amts wegen zur Kenntnis nimmt. Zwar kann es Fälle geben, in denen sich schon aus dem bloßen Zeitablauf zwischen Anklageerhebung und Urteilsverkündung eine rechtsstaatswidrige Verfahrensverzögerung aufdrängt.[3908] Allerdings sind das Ausnahmekonstellationen. 1586

---

**3904** Statt aller: *Meyer-Goßner/Schmitt* Art. 6 EMRK, Rn. 9g. Vgl. auch BGH, Beschl. v. 29.5.2020 – 3 StR 99/19.

**3905** BGH, Beschl. v. 16.3.2011 – 5 StR 585/10, Rn. 5 = NStZ-RR 2011, 171. MüKoStGB/*Miebach/Maier* § 46 StGB, Rn. 435 mwN.

**3906** BGH, Urt. v. 9.10.2008 – 1 StR 238/08 = StV 2008, 633.

**3907** Etwa in BGH, Beschl. v. 12.9.2013 – 2 StR 226/13, Rn. 4. Zu den Anforderungen an die Urteilsgründe vgl. BGH, Beschl. v. 11.8.2016 – 1 StR 196/16, Rn. 28; BGH, Urt. v. 23.10.2013 – 2 StR 392/13, Rn. 11.

**3908** BGH, Beschl. v. 16.3.2011 – 5 StR 585/10 = NStZ-RR 2011, 171; vgl. auch OLG Saarbrücken, Beschl. v. 4.11.2013 – Ss 70 – 71/2012. Zum Erfordernis, eine Verfahrensrüge zu erheben: BGH, Beschl. v. 29.5.2020 – 3 StR 99/19; BGH, Urt. v. 23.10.2013 – 2 StR 392/13.

1587 Schon weil es für die Prüfung der Frage, ob eine Verfahrensverzögerung rechtsstaatswidrig ist, auf eine „Gesamtwürdigung" ankommen soll, muss in der Verfahrensrüge der Verfahrensgang umfassend dargestellt werden.[3909] Weil einzelne Stillstände oder kurze Verzögerungen durch eine nachfolgende Beschleunigung ausgeglichen worden sein können, sollte auch in Fällen, in denen eine Stillstandszeit präzise benannt werden kann, die Darstellung nicht hierauf beschränkt werden. Der Inhalt der Revisionsbegründung sollte sich an den Kriterien für die Bewertung der Rechtsstaatswidrigkeit der Verfahrensverzögerung orientieren.[3910] Auch das Verhalten des Beschuldigten[3911] darf dabei in der Regel nicht unberücksichtigt bleiben. Stets ist es notwendig, die Eckpunkte des gesamten Verfahrens vorzutragen, also insbesondere den Zeitpunkt, zu dem der Beschuldigte von den gegen ihn gerichteten Ermittlungen Kenntnis erhalten hat.[3912]

1588 Um einen „realistischen Überblick"[3913] über den Verlauf der Hauptverhandlung zu gewähren, ist vorzubringen, wie das Tatgericht die Hauptverhandlung terminiert hat und wie lange jeder Termin im Schnitt gedauert hat.[3914] Im Einzelfall kann es angezeigt sein klarzustellen, dass keine Gründe auf Seiten des Angeklagten – etwa Erkrankungen oder der Wunsch nach einem terminlich gebundenen Verteidiger – für die geringe Zahl an Terminen ursächlich waren.[3915]

1589 Der Zulässigkeit einer Verfahrensrüge, mit der das Fehlen einer Kompensationsentscheidung beanstandet werden soll, steht es nicht entgegen, wenn im Ausgangsverfahren keine Verzögerungsrüge nach § 198 Abs. 3 Satz 1 GVG erhoben wurde.[3916]

**3909** Vgl. MüKoStGB/*Miebach/Maier* § 46 StGB, Rn. 433; s. z.B. BGH, Beschl. v. 12.4.2017 – 4 StR 414/16, Rn. 5.

**3910** So auch BVerfG, Beschl. v. 10.3.2009 – 2 BvR 49/09, Rn. 14 = StV 2009, 673 = wistra 2009, 307.

**3911** Vgl. dazu etwa BGH, Beschl. v. 5.12.2012 – 1 StR 531/12.

**3912** BGH, Beschl. v. 13.4.2017 – 4 StR 414/16, Rn. 5.

**3913** BVerfG, Beschl. v. 24.1.2009 – 2 BvR 1182/08, Rn. 28; BGH, Beschl. v. 18.11.2008 – 1 StR 568/08 = NStZ-RR 2009, 92.

**3914** Zu Zahl und Dauer der notwendigen Termine: MüKoStPO/*Arnoldi* § 213 StPO, Rn. 10; BVerfG, Beschl. v. 23.1.2008 – 2 BvR 2652/07, Rn. 49 = StV 2008, 198, 199; BVerfG, Beschl. v. 17.7. 2006, Rn. 5 = StV 2006, 645 (Ls.).

**3915** Dazu auch *Tepperwien* NStZ 2009, 1, 2.

**3916** MüKoStGB/*Miebach/Maier* § 46 StGB, Rn. 431; *Graf* NZWiSt 2012, 121, 127.

### b) Verzögerungen im Revisionsverfahren

Das Erfordernis, eingetretene Verzögerungen mit einer Verfahrensrüge geltend zu machen, gilt nach der Rechtsprechung für alle Verzögerungen bis zum Ablauf der Revisionsbegründungsfrist.[3917] Das ist verfassungsrechtlich unbeanstandet geblieben.[3918] Tritt hingegen nach Einreichung der Revisionsbegründung eine Verfahrensverzögerung ein, hat das Revisionsgericht diese **von Amts wegen** zu prüfen.[3919] 1590

Kommt es zu einer Verzögerung nach Erlass des tatrichterlichen Urteils, sprechen die Revisionssenate vielfach (zur Vermeidung weiterer Verzögerungen) selbst aus, dass ein bestimmter Teil der Strafe als vollstreckt gilt.[3920] Welcher Maßstab bei der Gewährung der Kompensation durch das Revisionsgericht angelegt wird, lässt sich schwer erkennen.[3921] Teilweise wird auch bei längeren Verzögerungen die Feststellung der Verletzung des Beschleunigungsgrundsatzes als ausreichend angesehen.[3922] 1591

## 3. Selbständigkeit der Kompensationsentscheidung

Eine der Kernaussagen der Entscheidung des Großen Senats zur Vollstreckungslösung besteht darin, dass der Kompensationsausspruch von der Strafzumessung zu trennen ist.[3923] Das hat inzwischen zu einer sehr weitgehenden prozessrechtlichen Verselbständigung der Kompensationsentscheidung geführt. So soll der Ausspruch über den Ausgleich für die eingetretene Verfahrensverzögerung von Fragen des Unrechts, der Schuld und der Strafhöhe zu trennen 1592

---

**3917** BGH, Beschl. v. 18.11.2008 – 1 StR 568/08 = StV 2009, 118, 119; MüKoStGB/*Miebach*/*Maier* § 46 StGB, Rn. 430 mwN.

**3918** BVerfG, Beschl. v. 10.3.2009 – 2 BvR 49/09, Rn. 14 ff. = StV 2009, 673.

**3919** St. Rspr. vgl. nur BGH, Beschl. v. 20.12.2016 – 1 StR 617/16; BGH, Beschl. v. 12.2.2015 – 4 StR 391/14 = wistra 2015, 241; zu Besonderheiten bei erneuter Urteilszustellung vgl. BGH, Beschl. v. 20.6.2007 – 2 StR 493/06 = NStZ 2008, 118 = StV 2007, 466.

**3920** Vgl MüKoStGB/*Miebach*/*Maier* § 46 StGB, Rn. 441 ff.

**3921** BGH, Beschl. v. 20.12.2016 – 1 StR 617/16 (11 Monate Verzögerung führen zu 2 Monaten Kompensation); BGH, Urt. v. 22.7.2015 – 2 StR 389/13 (8 Monate Verzögerung führen zu 2 Monaten Kompensation); BGH, Beschl. v. 20.12.2016 – 1 StR 617/16 (11 Monate Verzögerung führen zu 2 Monaten Kompensation); BGH, Beschl. v. 12.2.2015 – 4 StR 391/14 (18 Monate Verzögerung führen zu 3 Monaten Kompensation). Vgl. auch BGH, Beschl. v. 24.1.2019 – 1 StR 291/18.

**3922** BGH, Beschl. v. 26.5.2016 – 5 StR 186/16; BGH, Urt. v. 10.10.2012 – 2 StR 591/11. Vgl. ferner auch OLG Düsseldorf, Beschl. v. 1.3.2012 – III-3 RVs 31/12 sowie BGH, Beschl. v. 12.2.2015 – 4 StR 391/14.

**3923** BGH, Beschl. v. 17.1.2008 – GSSt 1/17, Rn. 16 = BGHSt 52, 124, 129.

sein.[3924] Die Kompensationsentscheidung ist gesondert anfechtbar, soweit nicht im Einzelfall der Strafausspruch untrennbar mit ihr verknüpft ist.[3925] Hebt das Revisionsgericht den Strafausspruch auf, kann nach Ansicht des BGH der Kompensationsausspruch gleichwohl bestehen bleiben.[3926] Basiert er auf Rechtsfehlern, kann er aber ebenfalls aufgehoben werden.[3927]

1593 Werden nur Teile des tatrichterlichen Urteils aufgehoben, entsteht die Gefahr widersprüchlicher Entscheidungen. Wird etwa ein Teil des Schuldspruchs aufgehoben, würde es hierzu nicht passen, wenn die Kompensationsentscheidung gleichwohl bestehen bliebe, diese aber u.a. auf eine Würdigung der Schwere des Tatvorwurfs gestützt war.[3928] Bisweilen kommt es nach einer Teilaufhebung auch zu Missverständnissen über die Reichweite der dann noch zu treffenden Kompensationsentscheidung.[3929]

---

**3924** BGH, Beschl. v. 8.3.2016 – 3 StR 417/15, Rn. 16; dazu kritisch auch unter Hinweis auf BGHSt 52, 124 *Liebhart*, NStZ 2017, 254, 259. Vgl. auch BGH, Beschl. v. 16.4.2015 – 2 StR 48/15 = StV 2015, 557.

**3925** *Meyer-Goßner/Schmitt* § 318 StPO, Rn. 30b. BGH, Urt. v. 7.9.2016 – 1 StR 154/16, Rn. 9; BGH, Urt. v. 23.10.2013 – 2 StR 392/13 = NStZ–RR 2014, 21.

**3926** Vgl. z.B. BGH, Beschl. v. 27.9.2017 – 4 StR 235/17; BGH, Beschl. v. 5.10.2017 – 2 StR 573/16; BGH, Urt. v. 9.8.2016 – 1 StR 121/16; BGH, Urt. v. 24.3.2016 – 2 StR 344/14, Rn. 51; BGH, Beschl. v. 14.6.2016 – 3 StR 128/16, Rn. 11; BGH, Beschl. v. 15.11.2017- 5 StR 494/17; BGH, Beschl. v. 15.3.2017 – 4 StR 472/16, Rn. 7; BGH, Beschl. v. 29.8.2011 – 5 StR 247/11. A.A. ausdrücklich *S. Meier* NStZ 2010, 650, 651.

**3927** Vgl. z.B. BGH, Beschl. v. 12.9.2013 – 2 StR 226/13.

**3928** Vgl. zu einer teilweisen Aufhebung des Schuldspruchs bei Aufrechterhaltung der Kompensationsentscheidung: BGH, Beschl. v. 14.6.2016 – 3 StR 128/16 = wistra 2016, 443, 444.

**3929** Vgl. z.B. BGH, Beschl. v. 9.8.2016 – 1 StR 121/16.

# Teil 7: Sachrüge

**Literatur:** *Appl* Über die „Kunst des Urteilsschreibens“, FS Rissing-van Saan, 2011, S. 35; *Barton* Kennzeichen und Effekte der modernen Revisionsrechtsprechung, StV 2004, 332; *ders.* Die Abgrenzung der Sach- von der Verfahrensrüge bei der klassischen und der erweiterten Revision in Strafsachen, JuS 2007, 977; *ders.* Die erweiterte Revision in der Rechtsprechung des Bundesgerichtshofs, FS Fezer, 2008, S. 243; *El-Ghazi* Die Zuordnung von Gesetzesverletzungen zu Sach- und Verfahrensrüge in der strafprozessualen Revision, 2014; *ders.* „Die Verfahrensrüge in der Sachrüge“ – über den Umgang mit Verfahrensfehlern, die sich aus den Urteilsgründen ergeben, GA 2020, 43; *Engisch* Logische Studien zur Gesetzesanwendung, 3. Aufl. 1963, 92ff.; *Eschelbach* Sachlich-rechtliche Fehler nach aktueller BGH-Rechtsprechung, JA 1998, 498; *Gericke* Die erweiterte Revision in der Rechtsprechung des Bundesgerichtshofs, FS Tolksdorf, 2014, S. 243; *Gössel* Verhandlungen des 60. DJT, 1994 in Münster, Band I, Gutachten, C 77ff.; *Hamm* Der prozessuale Beweis der Kausalität und seine revisionsrechtliche Überprüfung, StV 1997, 159; *ders.* Beweis als Rechtsbegriff und seine revisionsrechtliche Kontrolle, FS Fezer, 2008, S. 393; *ders.* Die (Verfahrens-)Rüge in der (Sach-)Rüge, FS Rissing-van Saan, 2011, S. 195; *Herdegen* Beweisantragsrecht, Beweiswürdigung, strafprozessuale Revision, S. 153; *Jähnke* Zur Abgrenzung von Verfahrens- und Sachrüge, FS Meyer-Goßner, 2001, S. 559; *Mannheim* Beiträge zur Lehre von der Revision wegen materiellrechtlicher Verstöße in Strafsachen, 1925, S. 33; *Momsen* Zur Zulässigkeit der strafprozessualen Sachrüge bei Angriffen gegen die Beweiswürdigung, GA 1998, 488; *Nack* Revisibilität der Beweiswürdigung – Teil 1, StV 2002, 510; *ders.* Revisibilität der Beweiswürdigung – Teil 2, StV 2002, 558; *Peters* Verhandlungen des 52. DJT, 1978 in Wiesbaden, Band I, Gutachten, C 25 ff.; *Puppe* Neue Entwicklungen in der Rechtsprechung des BGH zum Tötungsvorsatz bei lebensbedrohlicher Gewalt, NStZ 2016, 575; *Rieß* Verhandlungen des 52. DJT, 1978 in Wiesbaden, Sitzungsberichte, Band II L 8 ff.; *ders.* Was bleibt von der Reform der Rechtsmittel in Strafsachen, ZRP 1979, 193; *Sarstedt* Verhandlungen des 52. DJT, 1978, Sitzungsberichte, Band II L 8ff.; *G. Schäfer* Freie Beweiswürdigung und revisionsrechtliche Kontrolle, StV 1995, 147; ders. Die Abgrenzung der Verfahrensrüge von der Sachrüge, FS Rieß, 2002, S. 477; *Schletz* Die erweiterte Revision in Strafsachen, 2020; *Schlothauer* Das Revisionsrecht in der Krise, StraFo 2000, 289; *Schmitt* Die richterliche Beweiswürdigung im Strafprozess, 1992; *Schneidewin* Fehlerhafte Revisionsbegründungen in Strafsachen, JW 1923, 345; *Schünemann* Grundfragen der Revision im Strafprozeß (1.Teil), JA 1982, 74; *ders.* Grundfragen der Revision im Strafprozeß (2.Teil), JA 1982, 123; *Sommer* Lebenserfahrung – Gedanken über ein Kriterium richterlicher Beweiswürdigung, FS Rieß, 2002, S. 588; *Steinberg/Stam* Der Tötungsvorsatz in der Revision des BGH, NStZ 2011, 177; *Volk* Kausalität im Strafrecht, NStZ 1996, 105.

## A. Allgemeines zur Sachbeschwerde

Die Sachbeschwerde wird üblicherweise verstanden als die Rüge, der Tatrichter 1594
habe entweder auf den von ihm rechtsfehlerfrei festgestellten Sachverhalt das sachliche Recht nicht richtig angewandt oder er habe die mitgeteilten Tatsachen aus sich selbst heraus erkennbar rechtsfehlerhaft „festgestellt“. Dabei ist der vom Tatgericht als erwiesen angesehene Sachverhalt nicht schon deshalb fehlerhaft


https://doi.org/10.1515/9783110444339-008

festgestellt, weil ihn der Beschwerdeführer aufgrund der Beweisaufnahme nicht für erwiesen hält. Andererseits sind die Feststellungen aber auch nicht schon deshalb rechtsfehlerfrei, weil sie der subjektiven Überzeugung des Tatrichters entsprechen. Vielmehr muss dieses Ergebnis der tatrichterlichen Beweiswürdigung in den Urteilsgründen auch in einer Weise dargelegt sein, die den verfahrensrechtlichen Anforderungen des § 267 StPO und des § 261 StPO entspricht. Das bedeutet, dass nur ein solcher Sachverhalt als rechtsfehlerfrei festgestellt gelten kann, dessen weitestgehend rationale Herleitung aus einer vollständig durchgeführten Beweisaufnahme unter Ausschöpfung des „Inbegriffs der Verhandlung" auch für einen Leser, der bei der Verhandlung nicht dabei war, plausibel und nachvollziehbar erscheint. Dabei ist ein Leser wie der Revisionsrichter gemeint, der nur das Urteil kennt, dem der Blick in die Akten und in das Sitzungsprotokoll bei dieser Nachprüfung verschlossen ist und der gänzlich von dem abzusehen hat, was etwa in der Revisionsrechtfertigung an abweichendem Sachverhalt steht.

1595 Der Beschwerdeführer wird sehr häufig die Sachdarstellung des angefochtenen Urteils für unrichtig oder doch für ergänzungsbedürftig halten. Das muss er jedoch völlig für sich behalten, wenn er den Ehrgeiz hat, dass seine Ausführungen vom Revisionsgericht beachtet werden. Er stelle sich vor, dass der Berichterstatter beim ersten Studium der Revisionsbegründung einen Bleistift in der Hand hat, und dass seine erste Arbeit darin besteht, alle die Ausführungen zu kennzeichnen, die im Sachverhalt von den Urteilsfeststellungen abweichen, einschließlich der Rechtsausführungen, die an diese abweichende Sachdarstellung anknüpfen. Er stelle sich weiter vor, wie betrüblich es wäre, wenn dann vielleicht viele Seiten der von ihm so mühevoll angefertigten Revisionsrechtfertigung am Rande eine Schlangenlinie trügen, wie sie früher, als es noch Kursbücher gab, dort zu dem Hinweis verwendet wurden: „Zug fährt über eine andere Strecke!", und dass dann alle diese Ausführungen sicherlich kein zweites Mal gelesen werden.

1596 Gewiss ist es eine sehr ernste und gerade für den Verteidiger, der dem Recht mit Leidenschaft und Hingebung dient, erschütternde Tatsache, wenn er sich Feststellungen gegenübersieht, die nach seiner Überzeugung falsch sind oder wenn er im Urteil Zeugenaussagen wiedergegeben sieht, die nach seiner eigenen sicheren Erinnerung in der Beweisaufnahme in einem anderen oder gar entgegengesetzten Sinne gemacht worden sind. Aber es gilt hier aus guten Gründen, sich zu bescheiden. Der Verteidiger halte sich vor Augen, dass auch ihm die „wirkliche" Wahrheit verschlossen sein kann, dass auch er dem Irrtum erlegen sein kann. Er dient dem Mandanten und dem Recht in diesem Abschnitt des Verfahrens besser, wenn er sich hier einmal gar nicht mit der Frage quält, ob das Gericht oder ob er selbst über den tatsächlichen Hergang, über die

Glaubwürdigkeit des Angeklagten und der Zeugen oder über den Inhalt ihrer Aussagen in der Hauptverhandlung irrt. Diese Sorge muss der Verteidiger entschlossen hinter sich lassen, wenn er jetzt dem Angeklagten helfen will. Denn sie verstellt ihm nur allzu leicht den Blick auf die wirklichen **Rechtsmängel** des Urteils. Es geht ihm dann ein wenig wie dem Arzt, den die Liebe zu einem kranken Angehörigen unfähig macht, die Krankheit nüchtern zu beurteilen und mit sicherer Hand zu behandeln.

Das gilt gerade auch bezogen auf die Rechtsfehler, die im Zuge der durch 1597
die Rechtsprechung des Bundesgerichtshofs **erweiterten Revision**[3930] die Darlegung der tatrichterlichen Überzeugungsarbeit, also letztlich einen verfahrensrechtlichen Vorgang, betreffen. Dieser Appell steht nicht im Widerspruch zu dem oben Ausgeführten,[3931] weil die Fortschritte der Rechtsprechung in Richtung auf eine zunehmende Revisibilität der Beweiswürdigung nichts an dem Grundsatz geändert haben, dass der Revisionsführer und das Revisionsgericht gehindert sind, die *Ergebnisse* der Beweiswürdigung des Tatrichters durch eigene Würdigungen zu *ersetzen*. Sehr wohl haben sie die Aufgabe, etwa die Urteilsgründe daraufhin zu überprüfen, ob gerade vom Ausgangspunkt des im Urteil geschilderten Sachverhalts weitere Ausführungen nahegelegen hätten, deren Fehlen die Besorgnis begründet, der Tatrichter habe schon die *Möglichkeit* alternativer Geschehensabläufe, die zu für den Beschwerdeführer günstigeren Rechtsfolgen hätten führen können, nicht hinreichend bedacht. Das aber ist etwas anderes als die Behauptung in der Revisionsrechtfertigungsschrift, etwas habe sich tatsächlich anders zugetragen als vom Tatrichter dargestellt. Letzteres wäre die Zumutung an das Revisionsgericht, Beweise, die es nicht selbst erhoben hat, zu würdigen. Ersteres ist der revisionsrechtlich beachtliche Vorwurf an das Tatgericht, es sei seiner Pflicht nicht nachgekommen, die erhobenen Beweise vollständig zu würdigen und die dabei angestellten Überlegungen in den Urteilsgründen jedenfalls so ausführlich niederzulegen, dass das Revisionsgericht das durch § 267 StPO dem Tatrichter aufgegebene Höchstmaß an rationaler Darlegung erkennen kann. Die Rüge, dem Tatrichter hätte sich gerade angesichts der von ihm im Urteil mitgeteilten Tatsachen aufdrängen müssen, weitergehende Überlegungen anzustellen, deren Darlegung das Urteil vermissen lässt, setzt

**3930** Vgl. LR-*Franke* § 337 StPO, Rn. 94 ff.; *Gericke* FS Tolksdorf, S. 243; *Barton* FS Fezer, S. 333; *Dahs* FS Hamm, S. 41 ff.; *Rosenau* FS Widmaier, S. 521 ff.; *Weider* FS Widmaier, S. 599 ff.; *Fezer* Die erweiterte Revision; *Schneider* NStZ 2019, 324; *Schletz*, Die erweiterte Revision in Strafsachen, 2020.
**3931** Siehe oben Rn. 361 ff.

also gerade voraus, dass der Beschwerdeführer sich auf den Standpunkt stellt, die getroffenen Feststellungen seien richtig. Man sollte dies auch nicht etwa dadurch zum Ausdruck bringen, dass man nach überflüssigen Ausführungen über die eigenen Zweifel an der Richtigkeit des festgestellten Sachverhalts formuliert: „Aber selbst wenn man einmal den festgestellten Sachverhalt als richtig unterstellt, so wäre das Urteil dennoch rechtsirrig." Dieses „selbst wenn" muss bereits gedanklich „abgehakt" sein, bevor man die Ausführungen zur Sachrüge formuliert.

1598 Revisionsrechtlich unbeachtliche Ausführungen, die sich lediglich gegen die Ergebnisse der tatrichterlichen Beweiswürdigung wenden, können sogar die **Zulässigkeit der Sachbeschwerde**, und wenn nur diese erhoben wird, der gesamten Revision, gefährden. Dies ist dann der Fall, wenn die gesamte Revisionsbegründung sich in solchen Ausführungen erschöpft. Das gilt selbst dann, wenn sie mit dem Satz eingeleitet werden: „Gerügt wird die Verletzung materiellen Rechts." Dieser Satz genügt zwar als vollständige Sachrüge und bedeutet, wenn er ohne jeden Zusatz geschrieben wird, dass der Beschwerdeführer das Urteil umfassend auf sachlich-rechtliche Fehler hin überprüft sehen möchte. Zusätze können aber durchaus der Klarstellung dienen, in welcher sachlichrechtlichen Hinsicht das Urteil überprüft werden soll. Wenn die Konkretisierung der Revisionsangriffe aber allein nicht revisible Fehler betrifft, kann dies zur Unzulässigkeit der Rüge führen. So hat bereits das Reichsgericht[3932] eine Revision mit folgender Begründung als unzulässig verworfen: *„Hier sagen zwar die Angeklagten im Eingang ihrer Revisionsbegründung, sie rügten die Verletzung sachlichen Rechts; aus ihren weiteren Ausführungen ergibt sich aber mit aller Bestimmtheit, dass sie keine unrichtige Anwendung des Gesetzes auf den Sachverhalt, so wie er vom Tatrichter festgestellt worden ist, rügen wollen, sondern dass sie nur behaupten, der Tatrichter habe den Sachverhalt unrichtig festgestellt, und zwar deswegen, weil er unwahre Zeugenaussagen als wahr angenommen habe. Eine solche Behauptung aber vermag die Revision nicht zu rechtfertigen."*

1599 Die heutigen Revisionsgerichte sind zwar nachsichtiger und sollten dies auch vor dem Hintergrund der erweiterten Revision sein. Aber in Fällen, in denen sich beim besten Willen die Einzelausführungen zur Sachrüge nicht anders deuten lassen denn als Angriffe gegen die Ergebnisse der Beweiswürdigung, entspricht es auch der heutigen Rechtslage, eine solche Revision als unzulässig zu verwerfen. Dies ist auch keine unbillige Härte gegenüber dem Revisionsführer. Das angeführte Urteil des Reichsgerichts, das die Revision als unzulässig

**3932** RGSt 67, 198 = JW 1933, 1417 Nr. 40; vgl. auch RGSt 40, 99; *Schneidewin* JW 1923, 345.

verwarf, wies am Schluss selbst darauf hin, dass nunmehr noch der Weg zu einem Wiedereinsetzungsgesuch und zu einer richtigen Revisionsbegründung offenstehe. Der Fristversäumnis in § 44 StPO steht nämlich die Versäumung der vorgeschriebenen Form gleich.[3933] Den Weg des Wiedereinsetzungsgesuchs schneidet das Revisionsgericht aber ab, indem es eine solche Revision als zulässig behandelt und sie – sei es durch Beschluss, sei es durch Urteil – als unbegründet verwirft. Dies mag zwar für den Verteidiger die weniger blamable Lösung sein. Aber den Interessen des Mandanten, auf die es ankommt, ist mehr gedient, wenn er die Wiedereinsetzungsmöglichkeit erhält und damit auch die Chance, unter Umständen durch einen anderen Verteidiger eine Sachrüge so begründen zu lassen, dass das Revisionsgericht auf Fehler hingewiesen wird, die ihm aufgrund der zunächst unzulässigen Revision „verschlossen“ waren.

Im Folgenden wird unterschieden zwischen der „eigentlichen“ Rüge der 1600
Verletzung des materiellen Strafrechts, also der Geltendmachung eines **Subsumtionsfehlers**, und den sonstigen „Untragbarkeiten und fehlenden Tragfähigkeiten der Urteilsgründe“. Hinter letzteren verbergen sich – wie oben bereits gezeigt wurde[3934] – auch Fehler beim Zustandekommen der tatrichterlichen Feststellungen, die bei näherem Hinsehen **verfahrensrechtliche Regeln** und nicht das materielle Strafrecht betreffen. Dass es zur Beanstandung solcher mit der Sachrüge konkludent „mitbeanstandeter Verfahrensfehler“ keiner näheren Darlegung von Verfahrenstatsachen im Sinne des § 344 Abs. 2 Satz 2 StPO bedarf, folgt gerade daraus, dass der mit der Erhebung der allgemeinen Sachrüge dem Revisionsgericht zur Kenntnis gebrachte vollständige Urteilsinhalt in diesen Fällen den Fehler selbst offenbart.[3935]

Daran schließt sich allerdings die Frage an, ob dies nur für solche **Verfah-** 1601
**rensverstöße** gilt, die sich als Verletzung des § 267 StPO bzw. des § 261 StPO begreifen lassen, oder ob man allgemein die Regel anerkennen sollte, dass alle Verfahrensfehler, deren verfahrenstatsächliche Voraussetzungen (i.S.v. § 344 Abs. 2 S. 2 StPO) im Urteil offengelegt sind, als mit der Sachrüge „mitbeanstandet“ gelten.

Zu dieser bislang in der Praxis wenig erörterten Frage hat sich jetzt der BGH 1602
in zwei Fällen geäußert. Im Jahr 2017 hat der 2. Strafsenat ein freisprechendes Urteil auf die Revision der Staatsanwaltschaft aufgehoben und dabei darauf verwiesen, im Rahmen der Sachrüge sei das Revisionsgericht befugt, auf der

**3933** BGHSt 26, 335; vgl. auch OLG Hamm MDR 1978, 507; OLG Zweibrücken, Beschl. v. 20.9. 1991 – 1 Ws 300/91 = StV 1991, 550; *Meyer-Goßner/Schmitt* § 44 StPO, Rn. 6.

**3934** Vgl. oben Rn. 364 ff.

**3935** Vgl. hierzu auch *Hamm* FS Rissing-van Saan, S. 201 ff.

Grundlage der Urteilsfeststellungen zu prüfen, ob die Subsumtion des Landgerichts dessen verfahrensrechtliche Folgerungen rechtfertigt.[3936] Das Landgericht hatte den Freispruch des Angeklagten mit der Unverwertbarkeit der bei einer Durchsuchung eines Fahrzeugs aufgefundenen Beweismittel (Betäubungsmittel) begründet. Der 2. Strafsenat sah diese Wertung als rechtsfehlerhaft an und hob den Freispruch deshalb auf. In einem ähnlich gelagerten Fall, in dem sich die Staatsanwaltschaft ebenfalls dagegen gewandt hatte, dass das Tatgericht von einem Verwertungsverbot ausgegangen war, wurde im Jahr 2018 die Revision der Staatsanwaltschaft hingegen verworfen.[3937] Die von ihr erhobene Aufklärungsrüge sah der Senat als unzulässig an, weil maßgebliche Teile der Verfahrensakten nicht mitgeteilt waren. Die Sachrüge blieb ebenfalls erfolglos, weil das Urteil den für einen Freispruch geltenden Anforderungen (§ 267 Abs. 5 StPO) genügte. Die vom Generalbundesanwalt erstrebte Überprüfung der Frage, ob die durch das Tatgericht getroffenen Feststellungen und Wertungen das Unterbleiben der Beweiserhebung (d.h. die Annahme eines Verwertungsverbots) rechtfertigten, sei dem Revisionsgericht auf die allein erhobene Sachrüge nicht eröffnet.

1603 Die beiden Entscheidungen machen in exemplarischer Weise deutlich, welche Unsicherheiten in Bezug auf die Reichweite der Überprüfung des Urteils auf die Sachrüge bestehen.[3938] Die Trennung zwischen der revisiblen Rechtsfrage und der gemeinhin als nicht-revisibel angesehenen Tatfrage[3939] verläuft nicht parallel zur Unterscheidung zwischen Verfahrensrüge und Sachrüge. Wird die Sachrüge lediglich so verstanden, als führe sie zu einer Überprüfung der Subsumtion des festgestellten Sachverhalts unter die materiell-rechtliche Strafnorm und der Überprüfung der Herleitung des festgestellten Sachverhalts aus der Beweiswürdigung anhand der durch die Rechtsprechung zur erweiterten Revision entwickelten Maßstäbe, so lassen sich damit Teilbereiche der Überprüfung nur schwer erklären, – wie etwa die unzulässige Heranziehung des Schweigens des Angeklagten als Indiz für die Täterschaft. Dass nicht nur in Bezug hierauf,

**3936** Vgl. BGH, Urt. v. 15.11.2017 – 2 StR 128/17 = NStZ 2018, 296 = StraFo 2018, 156. Ähnlich auch: BGH, Urt. v. 18.4.2007 – 5 StR 546/06 = BGHSt 51, 285, 287 = NJW 2007, 2269 = StV 2007, 337.

**3937** BGH, Urt. v. 8.8.2018 – 2 StR 131/18 = NStZ 2019, 107; hierzu: *El-Ghazi* GA 2020, 439, 448; *Ventzke* NStZ 2019, 171.

**3938** Vgl. aus der Rechtsprechung ferner: BGHSt 19, 273; OLG Düsseldorf, Beschl. v. 23.6. 2016 – III-3 RVs 46/16 = NStZ 2017, 177 m. abl. Anm. *Radtke*; OLG Celle, Urt. v. 29.8.1996 – 2 Ss 144/96 = NdsRpfl. 1996, 309.

**3939** S. dazu im Einzelnen unten Rn. 1607.

sondern auch darüber hinaus eine Reihe von Zweifelsfragen bestehen, wird auch durch die vorliegenden Arbeiten im Schrifttum deutlich.[3940]

Konsequenter wäre es, bei einer ordnungsgemäß erhobenen Sachrüge die damit gebotene Überprüfung des gesamten Urteils von Amts wegen auch auf solche Rechtsfehler zu erstrecken, die zwar **Verstöße gegen Verfahrensregeln** betreffen, aber **vollständig aus den Urteilsgründen** heraus erkennbar sind.[3941] 1604
Die Regelung des § 344 Abs. 2 Satz 2 StPO selbst bildet keinen Maßstab dafür, welche Rechtsfehler das materielle Recht und welche das Verfahrensrecht betreffen. Auch darf aus § 344 Abs. 2 Satz 2 StPO nicht geschlossen werden, dass alle die Fehler, die sich aus der Lektüre des Urteils selbst ergeben, schon deshalb solche des sachlichen Rechts sind. Die Regelung hat nur den Sinn, dem Revisionsgericht zu ersparen, die Akten daraufhin durchzusehen, ob diese Tatsachen enthalten, die sich als Verfahrensfehler darstellen. Die Vorschrift verliert diesen Sinn aber dort, wo sich die den Mangel enthaltenden Tatsachen vollständig aus dem Urteil ergeben, das dem Revisionsgericht auf die Sachrüge hin ohnehin zur Kenntnis gelangt. Wenn beispielsweise in einem Urteil gesagt wird, das Gericht habe dem 15-jährigen Zeugen X gerade deshalb geglaubt, weil er trotz seines jugendlichen Alters bereit war, in der Hauptverhandlung seine Aussage zu beeiden, so beruht die – für sich genommen möglicherweise nicht zu beanstandende – Anwendung des materiellen Rechts zweifellos auf Feststellungen, die ihrerseits unter Verstoß gegen § 60 Ziffer 1 StPO zustande gekommen sind. Es ist nicht einzusehen, aus welchem Grund es in einem solchen Fall erforderlich sein soll, dass der Angeklagte in seiner Revisionsbegründung diesen Verfahrensfehler noch einmal als solchen herausstellt, wenn er die Sachrüge erhoben hat. Hat ein unerfahrener Verteidiger den Verfahrensverstoß als solchen übersehen, so enthält seine **Sachbeschwerde** dennoch den (berechtigten) Vorwurf, die Subsumtion unter den betreffenden Straftatbestand knüpfe an rechtsfehlerhaft zustande gekommene tatrichterliche Feststellungen an. Hätte der Verteidiger eine unzulängliche Verfahrensrüge erhoben und wenigstens geschrieben, das Gericht habe den Zeugen X nicht vereidigen dürfen, so wäre das Fehlen des Vortrags innerhalb der Verfahrensrüge, dass der Zeuge X erst 15 Jahre alt war und in der Hauptverhandlung tatsächlich vereidigt worden ist,

---

**3940** S. hierzu die eingehende Untersuchung des Themas in der Arbeit von *El-Ghazi*, Die Zuordnung von Gesetzesverletzungen zu Sach- und Verfahrensrüge in der strafprozessualen Revision. Vgl. ferner *Walter* ZStW 128 (2016), 824, 833 ff.; *Jähnke* FS Meyer-Goßner, S. 559; *G. Schäfer* FS Rieß, S. 479; LR-*Gleß* § 136a StPO, Rn. 83.

**3941** So die Vorauflage und *Hamm* FS Rissing-van Saan, S. 203; dagegen: *El-Ghazi*, aaO, S. 213 ff.; *ders.* GA 2020, 439, 449.

ohne Weiteres vom Revisionsgericht als unschädlich anzusehen, weil die Verfahrenstatsachen durch das Urteil ebenfalls mitgeteilt werden und der Urteilsinhalt bei erhobener Sachrüge zur Ergänzung unvollständigen Vorbringens in einer Verfahrensrüge herangezogen werden kann.[3942] Wenn aber das Urteil sogar ausdrücklich sagt, dass auf der Tatsache der (unzulässigen) Vereidigung auch die Überzeugungsbildung des Gerichts beruht, so wird damit eben auch die Beweiswürdigung rechtsfehlerhaft mit der Folge, dass das Revisionsgericht auf die Sachrüge hin aufheben kann, ohne dass eine entsprechende Verfahrensrüge erhoben ist.[3943] Ähnlich liegt der Fall auch, wenn etwa aus dem Schweigen des Angeklagten im Urteil unzulässige Schlüsse im Rahmen der Beweiswürdigung gezogen werden.[3944]

1605 Während es im Beispielsfall eines Verstoßes gegen § 60 Ziffer 1 StPO leicht fällt, davon auszugehen, dass der zur Beurteilung des Rechtsfehlers maßgebliche Sachverhalt im Urteil vollständig wiedergegeben ist, wird dies bei vielen anderen Fragestellungen nicht ohne Weiteres gegeben sein. Das gilt insbesondere, wenn für das Urteil nur die im Vergleich zu § 267 Abs. 1 StPO geringeren Begründungsanforderungen des § 267 Abs. 5 StPO gelten. Hier kann für den Tatrichter nicht einerseits die reduzierte Begründungspflicht gelten, ihm dann aber andererseits vorgehalten werden, er habe die Unzulässigkeit einer möglichen Beweiserhebung (das Eingreifen eines Verwertungsverbotes) im Urteil nicht hinreichend begründet.

1606 Anders als im obigen Beispiel zu § 60 Ziffer 1 StPO muss auch entschieden werden bei Verstößen gegen Verwertungsverbote, die vorrangig zum Schutz des Beschuldigten bestehen (wie z.B. das Verwertungsverbot für den Inhalt einer Beschuldigtenvernehmung nach Verletzung der durch § 136 StPO geregelten Belehrungspflicht) und die nach der von der Rechtsprechung vertretenen Widerspruchslösung nur dann gelten, wenn der Beschuldigte sich durch seinen Widerspruch darauf beruft. In solchen Fällen wird das Urteil allerdings auch die nach § 344 Abs. 2 Satz 2 StPO erforderlichen Angaben oft nicht vollständig enthalten. Steht beispielsweise nur im Urteil, der Angeklagte sei zwar bei seiner polizeilichen Vernehmung im Ermittlungsverfahren nicht ordnungsgemäß nach § 136 Abs. 1 StPO belehrt worden, das Gericht habe aber dennoch jene Aussage in die

---

**3942** Hierzu: BGH, Beschl. v. 1.7.2010 – 1 StR 259/10 = NStZ-RR 2010, 316; BGH, Beschl. v. 18.11.2008 – 1 StR 568/08 = StV 2009, 118; BGH, Beschl. v. 29.11.1995 – 5 StR 531/95 = StV 1996, 196.

**3943** Vgl. auch OLG Celle, Urt. v. 29.8.1996 – 2 Ss 144/96 = NdsRpfl. 1996, 309.

**3944** Vgl. *Jähnke* FS Meyer-Goßner, S. 561.

Hauptverhandlung eingeführt und dem Urteil zugrunde gelegt, so würde ein solcher Vortrag auch im Rahmen einer Verfahrensrüge nicht ausreichen, weil eine Angabe darüber fehlt, ob und wie der Angeklagte sich zur Frage der Verwertbarkeit in der Hauptverhandlung geäußert hat. Wenn im angefochtenen Urteil ausgeführt ist, das Gericht habe die früheren Angaben trotz des Widerspruchs des Angeklagten in der Hauptverhandlung verwertet, so darf sich das Revisionsgericht nicht darüber hinwegsetzen, dass der Angeklagte trotz seines Widerspruchs in der Hauptverhandlung von einer entsprechenden (ausdrücklichen) Verfahrensrüge abgesehen hat. Denn dies kann auf einem autonomen Entschluss des Angeklagten beruhen, im weiteren Verlauf des Verfahrens gegen die Verwertung seiner früheren Aussage nichts mehr einwenden zu wollen. Damit macht er gleichzeitig von seiner Freiheit Gebrauch, den möglichen Einfluss des Verfahrensfehlers auf die Beweiswürdigung des Gerichts unbeanstandet zu lassen, was das Revisionsgericht zu respektieren hat.

## B. Von der (Un-)Möglichkeit der Trennung von Tat- und Rechtsfragen

### I. Die Schlüsselfrage für die Revision

Wie anhand zahlreicher Fallkonstellationen auch im Zusammenhang mit der Verfahrensrüge oben schon wiederholt erwähnt, ist die Beschränkung des Prüfprogramms in der Revisionsinstanz auf „Rechtsfragen" darauf angewiesen, dass Klarheit besteht, welche Leistungen des Vorderrichters allein von ihm zu verantworten und damit der Kontrolle durch die Rechtsinstanz entzogen sind. Nach dem üblichen Sprachgebrauch der Revisionsgerichte und auch der h.M. im Schrifttum wird dieser Teil der Urteilsfindung als die Beantwortung von „Tatfragen" bezeichnet. Das Spiel mit diesem Begriffspaar durchzieht von Anfang an die Diskussion, deren Heftigkeit unvermindert anhält, was aber leicht erklärbar ist angesichts der Schwierigkeiten der definitorischen Grenzziehung. So ist es nicht zu viel gesagt, wenn man die Suche nach einem allgemein gültigen und für die praktische Anwendung brauchbaren Unterscheidungsmerkmal als die **Schlüsselfrage des Revisionsrechts** überhaupt bezeichnet. 1607

### II. Normativer und sprachlicher Ausgangspunkt

„Die Revision kann nur darauf gestützt werden, dass das Urteil auf einer Verletzung des Gesetzes beruhe. Das Gesetz ist verletzt, wenn eine Rechtsnorm 1608 nicht oder nicht richtig angewendet worden ist." Dieser Wortlaut der Regelung des § 337 StPO bringt das Gemeinte nur unvollkommen zum Ausdruck. Geht man davon aus, dass der Gesetzgeber keine tautologische Regelung treffen wollte, muss das Rätsel gelöst werden, worin der Unterschied zwischen „Gesetz" und „Rechtsnorm" (vgl. § 7 EGStPO) liegen soll. Natürlich ist eine Rechtsnorm in einem weiteren Sinne vor allem dann „nicht richtig angewendet", wenn sie auf einen Sachverhalt angewendet worden ist, der sich entweder überhaupt nicht so zugetragen hat wie festgestellt oder doch ganz anders, wenn also zum Beispiel der Verurteilte nicht der Täter ist. Aber gerade das kann nicht gemeint sein. Gemeint ist vielmehr, dass der Revisionsführer und das Revisionsgericht von den Tatsachen auszugehen haben, die das angefochtene Urteil festgestellt hat, und dass das Revisionsgericht nur nachprüft, ob das Tatgericht auf dem prozessualen Wege, der zu den „Feststellungen"[3945] – seien sie nun wahr oder nicht – geführt hat, einen Verfahrensfehler begangen hat, und ob er dann bei der Bewertung des Sachverhalts das Recht richtig angewendet hat. Diese für das Wesen der Revision schlechthin entscheidende Einschränkung setzt § 337 StPO stillschweigend voraus. Sie ergibt sich zwingend aus dem Verfahren vor dem Revisionsgericht, wie das Gesetz es in den dem § 337 StPO nachfolgenden Vorschriften regelt – vor allem daraus, dass vor dem Revisionsgericht keine Beweisaufnahme zur Tat stattfindet. Daraus wird eine Trennung zwischen der „Tatfrage", für die nur der „Tatrichter" zuständig sei, und der „Rechtsfrage" abgeleitet, auf die sich die revisionsgerichtliche Nachprüfung beschränke.

1609 Diese auf den ersten Blick recht plausible Unterscheidung hat der Wissenschaft vom Strafprozess allerdings viel Kopfzerbrechen bereitet. Seit den grundlegenden Ausführungen von *Mannheim*[3946] will man erkannt haben, dass eine „logische" Trennung von Tatsachenfeststellungen und rechtlicher Wertung nicht durchführbar ist.[3947] Dagegen halten etwa *Roxin/Schünemann* eine „rechtslogische Abgrenzung" zwischen Tat- und Rechtsfrage für „exakt durchführbar".[3948] Eine rechtliche Würdigung läge nach dieser Auffassung immer dann

**3945** Zum Begriff der Feststellungen im Lichte der Entscheidungsprozeduren im Kollegialgericht und der Herstellung des schriftlichen Urteils nachdenklich machend *Eschelbach* FS Widmaier, S. 127 ff.

**3946** *Mannheim*, Beiträge zur Lehre von der Revision wegen materiellrechtlicher Verstöße in Strafsachen, S. 33 ff.

**3947** Vgl. *Eb. Schmidt*, Lehrkommentar, § 337 StPO, Rn. 4; *Engisch*, Logische Studien zur Gesetzesanwendung, S. 92 ff.; *Schmitt*, Die richterliche Beweiswürdigung im Strafprozess, S. 481; LR-*Franke* § 337 StPO, Rn. 2, mwN.

**3948** *Roxin/Schünemann*, § 55, Rn. 19; *Schünemann* JA 1982, 74.

vor, wenn der Tatrichter unter Rechtsbegriffe (d.h. unter im Rahmen der Rechtssprache verwendete Ausdrücke) subsumiert hat, dagegen seien Tatfragen betroffen, wenn unter Alltagsbegriffe (d.h. unter im Rahmen der Umgangssprache verwendete Ausdrücke) subsumiert werde.

Dieser Vorschlag zur Abgrenzung von Tat- und Rechtsfrage ist insgesamt 1610
nicht überzeugend. Zunächst erscheint die Gleichsetzung von „Begriffen" und „Ausdrücken" bedenklich. Es ist zwar eine häufig anzutreffende Vorgehensweise, „Begriff" zu sagen, wenn „Wort" gemeint ist; aber richtig ist es nicht, *„denn eben wo Begriffe fehlen, da stellt ein Wort zur rechten Zeit sich ein"* (*Goethe*). Erst recht kann eine **Unterscheidung zwischen „Rechtssprache" und „Alltagssprache"** nicht weiterführen. Es ist gerade eine Unsitte von Juristen, hier eine Unterscheidung künstlich herbeiführen zu wollen. Die Gerichtssprache ist deutsch (§ 184 GVG), die Gesetzessprache auch. Das Strafgesetzbuch verwendet den Begriff „töten" ebenso wie der juristisch ungeschulte Nachbar des Verdächtigen oder des Tatopfers. Das Wort steht so in Strafrechtslehrbüchern, in Monographien, in der NJW und in der Tageszeitung. Die Frage, ob der Angeklagte seinen Nebenbuhler getötet hat, ist also sowohl eine Frage der Subsumtion unter einen Alltagsbegriff als auch unter einen Rechtsbegriff. Der Praktiker auf der Richterbank, am Tisch des Staatsanwalts oder des Verteidigers sollte in seinem Berufsalltag die Verunstaltung, welche die deutsche Sprache gelegentlich durch das „Juristendeutsch" erfährt, möglichst vermeiden und Fachausdrücke in „dir und mir verständliche Sprache" übertragen. Das ist in weitaus größerem Umfang möglich, als manche Leute zu glauben scheinen. Der Unterschied zwischen „Rechtssprache" und „Alltagssprache" lässt sich so gut wie immer auflösen, und zwar gerade auch dort, wo umgangssprachlich dieselben Vokabeln verwendet werden wie in der Normenwelt der Juristen. Dass die Leute auf der Straße gerne jede als vorsätzlich vermutete Tötung eines Menschen „Mord" nennen, ohne dabei die Unterscheidungsmerkmale des § 211 StGB zu beachten, macht die Prüfung, ob ein konkreter Sachverhalt unter diese Alltagsbedeutung passt, nicht zur forensisch relevanten Tatfrage.

Ähnliches gilt für die umgangssprachliche Verwendung des Rechtsbegriffs 1611
der (richterlichen) Überzeugung. Gewiss verstehen Laien unter dem Begriff „Überzeugung" (§ 261 StPO) vielfach gerade das Unbeweisbare. „Ich bin davon überzeugt, aber das wird man nie beweisen können" ist eine Redensart, derer sich ein Tatrichter nicht bedienen sollte. Tut er es doch, darf er jedenfalls auf seine „Überzeugung" keinen Schuldspruch stützen. Spricht er schuldig, indem er geflissentlich die zweite Hälfte des Satzes („man kann es nicht beweisen") unausgesprochen lässt, glaubt er also seine rein subjektive „Überzeugung" reiche zur Verurteilung aus, muss ihn das Revisionsgericht darüber „belehren", dass von Rechts wegen das „Beweisen" an rechtliche Voraussetzungen geknüpft ist,

zu denen zwar *auch* die subjektive Gewissheit des Tatrichters gehört, aber eben im Sinne einer notwendigen und keineswegs schon ausreichenden Bedingung. Somit muss die Suche nach dem Grenzverlauf zwischen Tatfragen und Rechtsfragen davon ausgehen, dass der prozessuale **Vorgang des Beweisens** ein rechtlich relevantes Geschehen ist, bei dem die Gerichte auch gegen Regeln verstoßen können, die einer Rechtskontrolle nicht entzogen sein dürfen.

1612 Als Unterscheidungskriterium zwischen (der revisionsgerichtlichen Kontrolle entzogenen) Tatfragen und (revisiblen) Rechtsfragen taugt also die Kategorisierung in Rechtssprache und Alltagssprache nicht.[3949] Vielmehr ist die „rechtssprachliche" Begrifflichkeit bei der Unterscheidung zwischen „Tatfrage" und „Rechtsfrage" gerade ein Beispiel dafür, wie verfehlt es wäre, methodisch so vorzugehen, dass zuerst gesagt wird, was eine Tatfrage ist, um dann gleichsam „den Rest" für revisibel zu erklären. Bei dieser Vorgehensweise wäre man allzu leicht geneigt, alles, was sich im Kopf des Tatrichters abspielt, bevor er einen bestimmten Sachverhalt anfängt unter die Strafrechtsnormen zu subsumieren, als der revisionsgerichtlichen Kontrolle entzogene Beantwortung von Tatfragen abzustempeln, um alles, was übrig bleibt, als Rechtsfragen zu behandeln. Hier wird demgegenüber vorgeschlagen, umgekehrt zu verfahren, indem man zuerst den Begriff der „Rechtsnormen" i.S. des § 337 Abs. 2 StPO umgrenzt und dabei erkennt, dass damit eben doch nicht nur geschriebene Gesetze gemeint sein können (sonst wäre § 337 StPO tautologisch und damit unsinnig), sondern eben auch andere den Einzelfall übergreifende Regeln, um dann die verbleibenden, an die Teilnahme an der Beweisaufnahme gebundenen Wahrnehmungen als ureigenste Aufgabe des Tatrichters aus der revisionsgerichtlichen Kontrolle auszunehmen.

1613 Die Notwendigkeit einer präzisen Unterscheidung[3950] ergibt sich auch daraus, dass das Gesetz von ihr u.a. eine so wichtige Weichenstellung abhängig macht wie die Kompetenzverteilung zwischen den Gerichten verschiedener Instanzen. Wenn sie an die falschen Kriterien geknüpft wird, ist sowohl bei einem Übergriff des Revisionsgerichts in die „Domäne" des Tatrichters, als auch bei einer unterlassenen Rechtskontrolle aus falschem Respekt vor der Alleinkompetenz des Tatrichters das **Verfassungsprinzip des gesetzlichen Richters** berührt. Das ist nun einmal mehr, als dass die Revisionsgerichte diesem Problem mit pragmatischen eingespielten Übungen und „Von-Fall-zu-Fall-Judikaten" gerecht werden könnten.

---

**3949** *Neumann* FS Hamm, S. 525, 532f.

**3950** Dazu auch SK-StPO/*Frisch* § 337 StPO, Rn. 10ff.; a.A. *Meyer-Goßner/Schmitt* § 337 StPO, Rn. 1.

In dem Bestreben, hier tragfähige Leitlinien zu finden, orientiert sich die folgende Darstellung an der von *Ulfrid Neumann*[3951] in verschiedenen Arbeiten entwickelten Theorie einer Aufspaltung des tatrichterlichen Entscheidungsprozesses in singuläre Feststellung einerseits (Tatfrage) und Orientierung an fallübergreifenden Regeln andererseits. 1614

Es kann ausgerechnet bei einer *Rechts*instanz wie der Revision nicht befriedigen, wenn die tatsächlich inzwischen üblichen „Eingriffe" in die Domäne(n) des Tatrichters, die Beweiswürdigung (und die Strafzumessung), allein damit gerechtfertigt werden, es sei schlicht unerträglich, wenn das angefochtene Urteil z.B. wegen der Lücken in der Argumentation zur Überzeugungsbildung seine rechtliche Subsumtion auf den Sand eines möglicherweise unwahren Sachverhalts aufgebaut hat.[3952] Wenn es nur das wäre, so ließe sich, was gelegentlich von den Gegnern der erweiterten Revision geschieht,[3953] mit Recht einwenden, dass die Antwort auf die Frage, wer als *gesetzlicher* Richter für die abschließende Beantwortung einer Strafbarkeitsvoraussetzung zuständig ist, doch wohl nicht davon abhängen kann, ob ein anderes (und zumindest primär dazu berufenes) Gericht die Erfüllung seiner Aufgabe vorbildlich oder nur schlecht und recht bewältigt hat. Mit anderen Worten: Die Unterscheidung zwischen Tat- und Rechtsfragen kann nicht danach getroffen werden, wie die richtigen Antworten auf die Tatfragen gelautet hätten. 1615

## III. Zweistufigkeit der Beweiswürdigung

### 1. Rechtlicher Anteil der Tatfrage

Und doch ist man mit dieser Hilfsüberlegung auf der richtigen Spur: Ob nämlich der Tatrichter die ihm obliegende Aufgabe, durch Beweiserhebung und Beweiswürdigung einen Sachverhalt festzustellen, der dem Idealbild der materiellen Wahrheit so nahe wie möglich kommt, „richtig" gelöst hat, hängt von zwei 1616

**3951** *Neumann* FS Hamm, S. 525, 532 f. und *ders.* FS Meyer-Goßner, S. 683, und *ders.* FS Androulakis, S. 1091; vgl. auch *Freund* FS Meyer-Goßner, S. 409, der den dringend notwendigen wissenschaftlichen Diskurs über die Frage einfordert, wie die derzeit in der Strafjustizpraxis vorherrschende Methode der Anwendung jeweils „persönlicher Beweisregeln" überwunden werden kann.

**3952** So aber sinngemäß die gängige Begründung für die Kontrolle der tatrichterlichen Überzeugungsbildung durch die Revisionsgerichte; vgl. z.B. *Schäfer*, Die Praxis des Strafverfahrens, Rn. 1752.

**3953** *Foth* NStZ 1992, 444.

durchaus rational zu unterscheidenden[3954] Vorgängen ab: erstens die Wahrnehmung der Beweisvorgänge in der Hauptverhandlung und zweitens deren Einordnung in fallübergreifende Regelhaftigkeiten, Gesetzmäßigkeiten und Schlussfolgerungen.

1617 Nur der erstere Vorgang ist dem Revisionsgericht völlig verschlossen, weil es nicht dabei war und auch nicht Teile der Beweiserhebungen aus der ersten Instanz wiederholen kann. Das gilt sogar dann noch, wenn die Urteilsgründe (was zwangsläufig und auch im Einklang mit § 267 Abs. 1 StPO nur rudimentär erfolgt) mehr oder weniger zuverlässig und authentisch „die Tatsachen angeben, in denen die gesetzlichen Merkmale der Straftat gefunden(!) werden", und wenn auch die Sollvorschrift weitgehend erfüllt wurde, dass die (Indiz-)Tatsachen (§ 267 Abs. 1 S. 2 StPO) „angegeben werden", aus denen der Beweis der den Schuldspruch tragenden Tatsachen „gefolgert" wurde. Schon die Frage, aus welchen Beweisvorgängen im Einzelnen der Tatrichter sein Wissen um die Indiztatsachen geschöpft hat, also welche Zeugen was bekundet haben und welche sonstigen Beweismittel was besagt haben, muss auch nach den vom BGH weitergehend als vom Gesetz geforderten Rechenschaftspflichten des Tatrichters im Urteil nicht erschöpfend dargelegt werden. Daraus folgt zunächst einmal als fester Markierungspunkt auf der Suche nach einem Merkmal für der revisionsgerichtlichen Kontrolle schlechterdings entzogene Tatfragen: Alles, was nur derjenige entscheiden kann, der die tatrichterliche Hauptverhandlung unmittelbar erlebt hat, verantwortet allein der Tatrichter und geht das Revisionsgericht nichts an.

1618 Das bedeutet aber nun gerade nicht, dass damit ein Rückfall in die Zeiten vor der Emmingerschen Reform (1923) geboten oder auch nur erlaubt wäre, in denen die Jury des Schwurgerichts einen nicht mit Gründen versehenen „Wahrspruch" verkündete und sich schon deshalb das Revisionsgericht auch aus dem zweiten Element der tatrichterlichen Beweiswürdigung heraushalten musste. Inzwischen wurde nämlich nicht nur die von den Berufsrichtern zu leistende Aufgabe der Urteilsbegründung eingeführt, sondern auch erkannt, dass die Beweiswürdigung mit der Wahrnehmung der Inhalte von Zeugenaussagen, Sachverständigengutachten, Urkundenverlesungen und Augenscheinseinnahmen erst anfängt, dann aber über sehr viel wichtigere Erkenntnisstufen abläuft, deren „Richtigkeit" keineswegs nur von denjenigen beurteilt werden kann, die in der Hauptverhandlung dabei waren. Wenn der Tatrichter einem Zeugen glaubt, z.B. weil er bei Aussage gegen Aussage dem Kurzschluss verfallen ist, dass der-

---

**3954** Vgl. dazu die vielfältigen Arbeiten zum Thema Revisibilität der Beweiswürdigung von *Herdegen* zuletzt in: Strafverteidigung im Rechtsstaat, S. 553ff.

jenige, der unter der strafbewehrten Wahrheitspflicht – also als Zeuge – aussagt, generell eher sich an die Wahrheit hält als jemand, der – wie der Angeklagte – „ungestraft lügen darf", ist die damit angewandte **fallübergreifende (vermeintliche) Regelhaftigkeit** durchaus auch der Überprüfung durch ein Revisionsgericht zugänglich. Dass dies zu den Zeiten des alten Jurysystems nicht erkannt wurde,[3955] lag schlicht daran, dass die Beweiswürdigung sich in dem geschlossenen Beratungszimmer abspielte, so dass es keine Chance für die „Außenrevision" gab, zwischen den beiden Elementen der Beweiswürdigung zu unterscheiden. Die sicherlich auch damals vorgekommenen Regelverletzungen bei der Verarbeitung des im Gerichtssaal wahrgenommenen Geschehens blieben gleichsam unter Verschluss. Seit aber die Tatrichter in den Urteilsgründen über ihre „argumentativen Brücken"[3956] im Urteil Rechenschaft ablegen müssen, gibt es keinen Grund mehr, die Revisionsgerichte aus der Kontrolle der Anwendung dieser Regeln herauszuhalten. Vor allem liegt ein solcher Grund nicht darin, dass diese Regeln nicht von Parlamenten beschlossen wurden, sondern von den Gesetzen im formellen Sinne als allgemeingültig vorausgesetzt werden.

Damit kann als **Zwischenergebnis** festgehalten werden: Da beim Revisi- 1619
onsgericht eine Beweisaufnahme in der Sache selbst nicht stattfindet und jede Trennung zwischen der Beweis*erhebungs*kompetenz und der Beweis*würdigungs*kompetenz, soweit es nur die Kenntnisnahme der allein den Fall betreffenden Tatsachen betrifft, kaum vorstellbar wäre, muss das Revisionsgericht sich auf die Kontrolle des tatrichterlichen Urteils beschränken, die ohne inhaltliche Überprüfung der Beweisaufnahme zu leisten ist. Gerade dies aber muss das Revisionsgericht gewährleisten, und zwar gleichviel, ob die vom Tatrichter angewendeten fallübergreifenden Regeln aus geschriebenem Gesetzesrecht abgeleitet werden oder auf tatsächlichem Gebiet liegen. Das Revisionsgericht darf es den einzelnen Tatrichtern nicht überlassen, was sie als allgemeine, nicht nur den Einzelfall betreffende Regeln anwenden, um zu „ihren Feststellungen" zu kommen. Die allgemein anerkannten **Denk- und Erfahrungssätze**[3957] sind zwar die wichtigsten, aber keineswegs die einzigen fallübergreifenden Regeln, an die der Tatrichter genauso wie an die im Bundesgesetzblatt verkündeten Gesetze gebunden ist. Stellt sich erst im Revisionsrechtszug heraus, dass das Urteil auf der „Anwendung" eigenwilliger Vorstellungen über regelmäßig (i.S.v. „ge-

---

**3955** Dies ist in den Ländern, in denen es das heute noch gibt, auch nicht anders.

**3956** Zu diesem anschaulichen auf Erfahrungssätze bezogenen Bild *Herdegen*, in: Strafverteidigung im Rechtsstaat, S. 562.

**3957** S. dazu auch oben Rn. 1187 ff. und 1215 ff.

wöhnlich“) bestehende tatsächliche Zusammenhänge beruht, dann braucht sich das Revisionsgericht nicht, nur weil diese Fehler der „Tatsachenwelt“ und nicht der „Rechtswelt“ angehören, mit stumpfen Sinnen davor zu verschließen. Deshalb ist *Frisch*[3958] und *Freund*[3959] uneingeschränkt darin beizupflichten, dass auch die Beantwortung dessen, was man bisher oft undifferenziert die „Tatfrage“ genannt hat, in ihrem regelgeleiteten Anteil eben auch eine Rechtsfrage ist, die der revisionsgerichtlichen Kontrolle unterliegt.

### 2. Feststellung normativer Tatbestandsmerkmale

1620 Noch eine Stufe komplizierter wird die Unterscheidung zwischen Tat- und Rechtsfragen, wenn es darum geht, dass die tatrichterlichen Feststellungen **„Tatsachen“** enthalten, die ihrerseits **normative Elemente erfüllen** müssen, um unter ein gesetzliches Tatbestandsmerkmal subsumiert werden zu können. Moderne Beispiele hierfür bilden in Hülle und Fülle die Korruptionstatbestände, die Vermögensdelikte (namentlich die Untreue, § 266 StGB) und die Tatbestände des Wertpapierhandelsgesetzes und des Gesellschaftsrechts.

#### a) Fallbeispiel 1 (Die Katze im Sack)

1621 Um aber auch zu zeigen, dass diese Problematik keineswegs neu ist, soll im Folgenden das bereits seit der 4. Auflage (1983) von *Sarstedt* ausführlich geschilderte Beispiel für den Umgang des im Jahre 1893 noch jungen Reichsgerichts mit dem Problem der Abgrenzung zwischen Tat- und Rechtsfrage etwas verkürzt beibehalten werden, um anschließend anhand eines Falles aus der BGH-Rechtsprechung gleichsam die Gegenprobe zu machen, ob die Judikatur in den dazwischen liegenden 116 Jahren wirklich Fortschritte gemacht hat.

1622 Das frühe Beispiel für richtiges Eingreifen eines Revisionsgerichts in tatsächliche Feststellungen in RGSt 23, 409 über den Verkauf von Bier, in dem eine Katze mitgesotten war, aus diesem Buch zu streichen, hätte sich nur deshalb aufgedrängt, weil gerade sein „Unterhaltungswert“[3960] zwar zu einem hohen Aufmerksamkeitsgrad führte, aber vielen Lesern offenbar die ästhetische Grenzwertig-

3958 SK-StPO/*Frisch* § 337 StPO, Rn. 10, 128.

3959 *Freund* FS Meyer-Goßner, S. 409, der auf 425 ff. sogar die inhaltliche Präzisierung „intersubjektiv begründeter Beweisregeln“ einfordert.

3960 So *Neumann* FS Hamm, S. 252.

keit[3961] des der Entscheidung zugrunde liegenden Sachverhalts den Blick auf die darin zu demonstrierenden Rechtsprobleme verstellte. Nachdem aber *Ulfrid Neumann* gerade an diesem Fall seinen überzeugenden Vorschlag zur neuen dogmatischen Markierung der **Grenze zwischen revisiblen und nicht revisiblen tatrichterlichen Wertungen** anhand des „Regelkriteriums" entwickelt hat, würde der überfälligen Diskussion um eine Korrektur auch der BGH-Praxis der Bezugsgegenstand entzogen, wenn die folgenden Ausführungen fehlten:

Das Reichsgericht hatte sich mit einer Revision gegen den Freispruch durch 1623
das Landgericht Nürnberg zu befassen. Angeklagt war ein Braumeister, der Vorwurf ein Verstoß gegen einen (heute würde man sagen:) lebensmittelrechtlichen Tatbestand, nach dem es strafbar war, „verdorbene" Nahrungsmittel in Verkehr zu bringen. Das Landgericht hatte den Freispruch darauf gestützt, das fragliche Bier sei dadurch, dass eine in die Maische gefallene und dadurch zu Tode gekommene Katze mitgesotten war, nicht „verdorben" gewesen und darauf, dass nach allgemeiner Anschauung der Genuss derartigen Bieres Ekel erregt, komme es aus Rechtsgründen nicht an. Nun hätte es zur Aufhebung des Urteils wohl genügt zu sagen, dass es eben doch auf die Verbrauchererwartung ankomme. Aber das Reichsgericht wollte den Nürnbergern wohl die Möglichkeit verstellen, es sich bei ihrem erneuten Urteil zu leicht zu machen – nach dieser erstaunlichen Fehlleistung. Zu diesem Zweck stellte der Revisionsrichter sich völlig unwissend: der Tatrichter hätte feststellen müssen, *„ob der Gehalt an minimalen fleischlichen Überbleibseln einer Katze und an verkochter Auflösung ihrer übrigen Bestandteile der normalen Beschaffenheit des Bieres entspricht"*, ob also vielleicht das Bier ohne Katze gar kein richtiges, „normales" Bier (im Rechtssinne!?) sei, *„und wenn nicht, ob er nach allgemeiner Auffassung der Konsumenten eine Veränderung zum schlechteren mit der Folge verminderter Tauglichkeit und Verwertbarkeit begründet. Erst wenn auch dies verneint … wird, lässt sich die Annahme …, das Bier sei verdorben gewesen, verneinen."*

Nach längeren Ausführungen über den Ekel und dessen Ursachen heißt es 1624
dann: *„Würde somit, wie die Strafkammer meint, die vom Urteile angenommene Verbindung des Bieres mit irgendwelchen Teilen des verendeten Tieres an sich das Bier noch nicht zu einem verdorbenen machen, so könnte diese Eigenschaft in der darin begründeten Ekelhaftigkeit desselben gefunden werden."* Und nicht genug damit, wird das Reichsgericht, indem es seine Ironie eisern durchhält, auch noch ganz deutlich: *„Welche Bedeutung die in dem Urteil erwähnte Erklärung eines Sachverständigen, das Mitsieden gewisser Tiere, insbesondere von Ratten*

**3961** Man könnte es auch die Entscheidung selbst zitierend (RGSt 23, 410) „Ekelhaftigkeit" nennen.

*und Mäusen, komme häufig vor und sei unvermeidlich, da diese in Brauereien massenhaft vorhandenen Tiere durch irgendeinen Zufall in den Sud gerieten, für die Würdigung der Sache haben soll, ist nicht klar ersichtlich, es sei denn, dass hiernach die Tiere zu den unvermeidlichen Bestandteilen des Bieres gehören, der Gehalt kein dem normalen Biere fremder sei. Dass dies wirklich die Meinung des Gerichts sei, ist jedoch weder ausgesprochen noch anzunehmen. Geradeso verhält es sich mit den geflissentlichen Bierverunreinigungen, deren sich nach Versicherung des Verteidigers des Angeklagten vor dem Revisionsgericht die Brauknechte während der Bierbereitung schuldig machen sollen.*"

Das Reichsgericht verbittet sich diese „Verteidigungs-"Ausführungen nicht etwa mit der Begründung, dass das gar nicht festgestellt sei, sondern fährt unerschütterlich fort: „*Werden alle diese ungehörigen Beimischungen nicht durch den Klärungs- und Gärungsprozeß entweder in Elemente des normalen Bieres umgewandelt oder vollständig ausgeschieden – was im Urteile nicht festgestellt ist –, und genügt das Zurückgebliebene, die Tauglichkeit des Bieres zum Genusse nach allgemeiner (nicht auf chemische und medizinische Gesichtspunkte beschrän ter) Anschauung zu vermindern (wenn auch nur durch Ekelerregung), so liegt, wenn solches Bier unter Verschweigung seiner Verunreinigung verkauft wird, der objektive Tatbestand des § 10 des Nahrungsmittelgesetzes unzweifelhaft vor, ohne weitere Rücksicht auf die Art und den Grund und das Maß der Verunreinigung.*"

1625 Schließlich heißt es noch (damit der Brauerei auch kein Unrecht geschieht): „*Der Verkauf selbst ist nicht verboten, das Publikum soll nur davor geschützt werden, verdorbene oder verfälschte Nahrungs- und Genußmittel für normale zu kaufen und zu bezahlen.*" Und das alles in Bayern, wo seit 1516 ein gesetzliches Reinheitsgebot gilt, das nur Gerste, Hopfen und Wasser im Bier gestattet, und wo Bier, das etwas Zucker enthält, nicht einmal „Bier" genannt werden darf!

1626 Heute würde ein Revisionsgericht sich mit einer solchen Urteilsaufhebung wesentlich leichter tun. Es würde wahrscheinlich einfach sagen, dass Bier, in dem eine Katze verkocht ist (von Ratten, Mäusen und geflissentlichen Verunreinigungen durch Brauknechte gar nicht zu reden), nach der allein maßgeblichen Erwartung der Verbraucher als verdorben zu gelten habe. Auch Rechtsbegriffe wie „verdorben" und „Verbrauchererwartung" finden ihre Entsprechung in der Alltagssprache, haben einen tatsächlichen und vom Geschehen in der Hauptverhandlung mitgestalteten Kern, sie hören damit aber nicht auf, Rechtsbegriffe zu sein.

1627 Nun hat *Neumann*[3962] überzeugend herausgearbeitet, dass das Landgericht Nürnberg die Frage, ob im Sinne der anzuwendenden Strafnorm das Merkmal

**3962** *Neumann* FS Hamm, S. 534 ff.

„verdorben" vorlag, nicht hätte durch schlichte Übernahme der Bewertung des Sachverständigen beantworten dürfen, sondern durch eigene Entscheidung über die Richtigkeit und Anwendbarkeit zweier alternativer Regeln: Regel 1: Ein Produkt ist nur dann (im Rechtssinne!) „verdorben", wenn infolge der fremden Substanz eine gesundheitsschädliche Wirkung beim Genuss (hier: dieses Bieres) zu befürchten ist, oder Regel 2: Für die Kennzeichnung als „verdorben" reichen die beim Verbraucher hervorgerufenen Ekelgefühle aus. In beiden Fällen geht es um die Anwendung einer dem Tatbestandsmerkmal anhaftenden Regel. Somit war es auch aus heutiger Sicht richtig und kein Eingriff in die Feststellungshoheit des Tatrichters, dass das Reichsgericht korrigierend eingriff.

### b) Fallbeispiel 2 (WM-Tickets als Bestechung)

Wer glaubt, die Vielzahl von Urteilsaufhebungen wegen Mängeln der Beweis- 1628
würdigung[3963] sei auch ein Beleg dafür, dass Klarheit in der Abgrenzung zwischen Tat- und Rechtsfragen entstanden sei, sieht sich enttäuscht. Was wir als Fortschritt empfinden, ist allein durch die von Fall zu Fall arbeitende Rechtsprechung geschehen.[3964] Reformbestrebungen der 60er und 70er Jahre des 20. Jahrhunderts zielten zwar in dieselbe Richtung[3965], spätere aber eher in die Gegenrichtung, indem manche Autoren in rechtspolitischen Stellungnahmen forderten, die Revision sollte „wieder" auf die Überprüfung „reiner" Rechtsfragen zurückgeführt werden.[3966] Zwar ist nicht zu beobachten, dass die Rechtsprechung diesem Wunsch insofern entgegenkäme, als sie die Revisibilität der tatrichterlichen Gründe zur Beweiswürdigung wieder einengen würde. Aber der Blick in den Kopf des Tatrichters hat auch dazu geführt, dass die Beruhensfrage heute sogar bei klaren Rechtsverstößen öfter als früher im Wege der eigenen hypothetischen Beweiswürdigung durch das Revisionsgericht verneint wird.[3967] Außerdem ist nicht zu erkennen, dass die damit auch zusammenhängende Verschiebung des Interesses der Revisionsgerichte von den Verfahrensrügen weg zur Sachrüge und

**3963** S. o. Rn. 1095 ff.

**3964** Vgl. dazu *G. Schäfer* StV 1995, 147.

**3965** Vgl. *Peters*, Verhandlungen des 52. DJT, 1978, Band I, Gutachten, C 25 ff.; *Rieß* und *Sarstedt*, Verhandlungen des 52. DJT, 1978, Sitzungsberichte, Band II, L 8 ff. sowie *Rieß* ZRP 1979, 193.

**3966** Vgl. *Gössel*, Verhandlungen des 60. DJT, 1994, Band I, Gutachten, C 77 ff.

**3967** Beispiel: BGH, Beschl. v. 8.7.2009 – 2 StR 54/09 = BGHSt 54, 37 (Nicht ordnungsgemäße Verlesung eines ganzen „Selbstlese-Ordners" mit eigens zu diesem Zweck zusammengestellten – also vom Gericht offenbar für beweiserheblich angesehenen – Urkunden; Unbegründetheit der zulässig erhobenen Rüge, weil das Tatgericht nach Auffassung des Senats auch ohne Berücksichtigung der im Urteil ausdrücklich erwähnten Unterlagen zum selben Ergebnis gelangt wäre).

dort in den Bereich der Beweiswürdigung eine Erhöhung der Berechenbarkeit solcher Entscheidungen nach sich zöge.[3968]

1629 Dass eine dogmatisch **saubere Grenzziehung zwischen Tat- und Rechtsfrage** nach wie vor aussteht, zeigt beispielhaft die Entscheidung des 1. Strafsenats im Verfahren gegen den früheren Vorstandsvorsitzenden des Energieversorgungsunternehmens EnBW.[3969] Das Unternehmen gehörte zu den Hauptsponsoren der in Deutschland ausgetragenen Fußballweltmeisterschaft 2006. Das brachte es mit sich, dass dem Unternehmen auch ein Kontingent von Frei-Tickets zur Verfügung gestellt wurde, die nach einem im Einzelnen in der BGH-Entscheidung geschilderten Verfahren an Geschäftsfreunde weitergegeben wurden, darunter auch zwei hohe Amtsträger, die gelegentlich auch dienstlich mit EnBW befasst waren. Die Einzelheiten sollen hier außer Betracht bleiben.

1630 Nachdem die Staatsanwaltschaft Anklage erhoben, das Landgericht den Angeklagten freigesprochen und die Staatsanwaltschaft hiergegen Revision eingelegt hatte, erhofften sich viele von der BGH-Entscheidung ein klärendes Wort zur Grenzziehung zwischen strafbarem und straflosem Verhalten in der allseits als „unscharf" beklagten[3970] Randzone zwischen sozial erwünschtem Sponsoring und „Klimapflege" einerseits und krimineller Korruption i.S. der Bestechungsdelikte der §§ 331ff. StGB andererseits. Stattdessen hielt sich der 1. Strafsenat aber mit einer anderen Grenzzone auf, nämlich der zwischen Tatfrage und Rechtsfrage. Aber auch dies geschah in einer Weise, die dem rechtsunterworfenen Publikum ebenso wie dem Rechtsanwender Steine statt Brot gibt. Das lassen schon die drei Leitsätze erkennen:

*„1. Die für eine Vorteilsgewährung nach § 333 Abs. 1 StGB erforderliche (angestrebte) Unrechtsvereinbarung setzt voraus, dass der Vorteilsgeber mit dem Ziel handelt, auf die künftige Dienstausübung des Amtsträgers Einfluss zu nehmen und/oder seine vergangene Dienstausübung zu honorieren, wobei eine solche dienstliche Tätigkeit nach seinen Vorstellungen nicht – noch nicht einmal in groben Umrissen – konkretisiert sein muss.*

*2. Ob in diesem Sinne eine Unrechtsvereinbarung vorliegt, ist **Tatfrage** und unterliegt der **wertenden Beurteilung des Tatgerichts**, die regelmäßig im Wege einer **Gesamtschau** aller in Betracht kommenden Indizien zu erfolgen hat.*

*3. In die Würdigung fließen als mögliche Indizien neben der Plausibilität einer anderen Zielsetzung namentlich ein: die Stellung des Amtsträgers und die Beziehung des Vorteilsgebers zu dessen dienstlichen Aufgaben (dienstliche Berührungspunkte), die Vorgehensweise bei dem An-*

---

**3968** Dazu instruktiv: *Dahs* FS Hamm, S. 41, 48f.
**3969** BGH, Urt. v. 14.10.2008 – 1 StR 260/08 = NJW 2008, 3580 m. Anm. *Trüg* NJW 2009, 196; *Schlösser* wistra 2009, 155; *Hettinger* JZ 2009, 370; *Hamacher* DB 2008, 2747.
**3970** Vgl. nur *Fischer* § 331 StGB, Rn. 24a und die dortigen Nachweise.

*gebot, dem Versprechen oder dem Gewähren von Vorteilen (Heimlichkeit oder Transparenz) sowie die Art, der Wert und die Zahl solcher Vorteile."*

Das heißt, auf eine kürzere Formel gebracht: Nach der gesetzlichen Ausweitung 1631
der Bestechungstatbestände auf vermögenswerte Zuwendungen auch an Dritte gehört nicht mehr viel dazu, die Restelemente dessen, was immer noch „Unrechtsvereinbarung" genannt wird, zu bejahen. Ob sie aber vorliegt oder nicht, kann erst und nur anhand einer „Gesamtschau aller in Betracht kommenden Indizien" auf der Grundlage der tatrichterlichen Beweisaufnahme entschieden werden, wobei das Revisionsgericht offenbar nur noch darüber wacht, ob das Tatgericht keine überzogenen einengenden Anforderungen an die erhoffte Dienstausübung vorausgesetzt hat, die „noch nicht einmal in groben Umrissen erkennbar" gewesen sein muss. Noch kürzer: Was zu den Voraussetzungen einer Un*rechts*vereinbarung gehört, ist Tatfrage. Wie sie zu beantworten ist, hat allein der Tatrichter zu entscheiden, solange er dazu nicht zu viel verlangt. Der potentielle Täter, der wissen will, was er darf und wo er Strafe riskiert, erfährt es vom Gesetz ebenso wenig wie vom obersten deutschen Strafgericht, das sich aus Respekt vor dem Tatrichter „heraushält". Dies ist das Gegenteil von Rechtssicherheit und der verfassungsrechtlich gebotenen Bestimmtheit und Gesetzlichkeit von Strafdrohungen.

Nun könnte es ja noch sein, dass die ausführlichen Gründe der BGH- 1632
Entscheidung mehr Klarheit schaffen als die Leitsätze. Aber auch diese vage Hoffnung wird enttäuscht: Die Gründe dafür, dass der Senat den Freispruch des Landgerichts im Ergebnis bestehen ließ, gipfeln am Ende der 48 Randziffern in einem geradezu entlarvenden Bekenntnis zur Unzufriedenheit über die Aufgabenteilung zwischen Tatrichter und Revisionsrichter:

*„Die den Angeklagten erheblich belastenden Indizien mögen berechtigten Anlass dazu gegeben haben, gegen ihn Anklage zu erheben und sodann wegen der noch ungesicherten Rechtslage eine höchstrichterliche Entscheidung herbeizuführen. Dass sich das Landgericht trotz dieser belastenden Indizien nicht davon hat überzeugen können, dass der Angeklagte die Versendung der Gutscheine veranlasste, um etwaige dienstliche Tätigkeiten der bedachten Amtsträger zu honorieren oder zu beeinflussen, ist jedoch … nach revisionsrechtlichen Maßstäben hinzunehmen. Dass eine gegenteilige Überzeugung möglicherweise ebenso revisionsrechtlich unbeanstandet geblieben wäre, ändert hieran nichts."*[3971]

---

**3971** Solche überflüssigen Hinweise, wonach das Revisionsgericht eine gegenteilige Beweiswürdigung ebenso hätte hinnehmen müssen oder sogar einleuchtender gefunden hätte, kommen immer wieder vor, vgl. z.B. auch BGH, Urt. v. 24.3.2015 – 5 StR 521/14 = NStZ-RR 2015, 178.

1633 Nach diesen Sätzen drängt sich die Frage auf: Seit wann ist es Aufgabe der Revisionsgerichte, sich in ihren zur Veröffentlichung vorgesehenen Entscheidungen tröstend an die Staatsanwaltschaft zu wenden, um Verständnis dafür zu äußern, dass der Angeklagte angeklagt wurde und dass man sich mit dem Freispruch angesichts einer „ungesicherten Rechtslage" nicht abfinden wollte?

1634 Noch wichtiger aber ist eine andere Frage: Was hat diese „höchstrichterliche Entscheidung" an der „ungesicherten Rechtslage" geändert? Sie hat immerhin im *Neumann*'schen Sinne versucht mit Regeln zu arbeiten, was bei den tatsächlichen Voraussetzungen für eine *Unrechtsvereinbarung* wohl als unvermeidbar erkannt wurde. Diese Regeln hat sie aber in dem einer Beweisführung weitgehend unzugänglichen Dunkelfeld der subjektiven Kriterien verortet, um dann letztlich auch den Tatrichter beim Jonglieren mit jeweils wieder denkbar konturenlos definierten „Indizien" alleine zu lassen. So entsteht ein Zustand, bei dem das Risiko, sich im Wirtschaftsleben strafbar zu machen, mit der Vorhersehbarkeit einer Lotterie auf den Bürger verlagert wird. Solche Revisionsentscheidungen sind nicht geeignet, auch nur einem der Zwecke dieses Rechtsmittels (Rechtseinheit, Einzelfallgerechtigkeit, Rechtssicherheit) zu dienen. Ein Beitrag zur Überwindung der „Von-Fall-zu-Fall-Judikatur"[3972] ist dies jedenfalls nicht.

### 3. Weitere Voraussetzung für einen Lösungsansatz

1635 Da – wie hier vielfach gezeigt – die Arbeitsteilung zwischen Revisionsgericht und Tatgericht auch davon abhängt, wo die richtige Grenze zwischen dem Prüfungsprogramm aufgrund der Sachrüge und dem aufgrund verfahrensrechtlicher Fragestellungen verläuft, muss auch in diesem Zusammenhang noch einmal der oben vorgestellte Vorschlag für eine Grenzziehung zwischen Verfahrensrüge, Sachrüge und dem mit der Sachrüge „mitbeanstandeten" Verfahrensfehler[3973] in Erinnerung gerufen werden.[3974] Erst wenn man sich Klarheit darüber verschafft hat, dass die verfahrensrechtlich bestehenden Begründungsanforderungen für ein tatrichterliches Urteil im Beweiswürdigungsteil letztlich von der gegenseitigen Bedingtheit der Tatsachen und der Rechtsbegriffe bestimmt werden, kann die Grenze der Revisibilität allgemeingültig festgelegt werden. Da es von Tatsachen losgelöst anzuwendende Rechtsregeln ebenso wenig geben kann wie

---

**3972** Vgl. dazu allgemein *Hamm* FS Fezer, S. 393.
**3973** Vgl. oben Rn. 364 ff.
**3974** S. oben Rn. 1601 ff..

„rechtsfrei" festzustellende tatsächliche Sachverhalte, muss sich die Überprüfungskompetenz des Revisionsrichters sowohl auf die Anwendung solcher Rechtsnormen erstrecken, die dem materiellen Strafrecht i.e.S. zugehören, als auch solcher Regeln, an die der Tatrichter bei der „Herstellung" des unter das Strafrecht (i.e.S.) subsumierten Sachverhalts gebunden ist und die ihn zwingen, über den inneren Vorgang der Wahrheitsfindung in der Urteilsurkunde Rechenschaft abzulegen.

Was danach noch allein in der nicht überprüfbaren Kompetenz des Tatrichters verbleibt, wäre mit „Tatfrage" nur unzutreffend und irreführend gekennzeichnet. Es ist vielmehr die nicht mehr normierbare und auch sprachlich nicht vermittelbare[3975] „Letztverantwortung" des Tatrichters für die Richtigkeit des festgestellten Sachverhalts, die für das Revisionsgericht unantastbar bleiben muss. Aber erst wo das intersubjektiv vermittelbare Beweismaß der „hohen Wahrscheinlichkeit"[3976] erreicht ist, wird die als persönliches „Erlebnis" zu bezeichnende höchstpersönliche Überzeugungsarbeit des Tatrichters legitim und muss vom Revisionsgericht respektiert werden.[3977] 1636

## IV. Subsumtion unter abstrakt definierbare Tatbestandsmerkmale

Am einfachsten ist die Revisibilität im Sinne des § 337 StPO zu erkennen, wenn das Tatgericht auf einen – insoweit rechtsfehlerfrei – festgestellten Sachverhalt einen Straftatbestand angewandt hat, der den Fall nicht erfasst – sei es, weil das festgestellte Geschehen nicht strafbar ist, sei es, weil allenfalls ein anderer Straftatbestand erfüllt sein kann, den das Tatgericht jedoch nicht herangezogen hat. 1637

Stellt beispielsweise das Urteil fest, dass der Angeklagte in einem Supermarkt Ware in seinem Einkaufswagen verborgen und die Kasse ohne Bezahlung passiert hat, und subsumiert das Tatgericht diesen Sachverhalt unter den Tatbestand des Betrugs (§ 263 StGB), so entscheidet das Revisionsgericht im Anschluss an die Rechtsprechung des Bundesgerichtshofs,[3978] dass darin ein materiell-rechtlicher Fehler liegt, weil ein solcher Geschehensablauf zwar einen 1638

**3975** Vgl. SK-StPO/*Frisch* § 337 StPO, Rn. 17 zur Bedeutung der „Grenzen der Darstellbarkeit".

**3976** *Herdegen*, Beweisantragsrecht, Beweiswürdigung, strafprozessuale Revision, S. 153 ff.

**3977** Zur Unterscheidung zwischen „Überzeugung" und „objektiver Tatsachengrundlage" vgl. auch *G. Schäfer* StV 1995, 147, 149 f.

**3978** BGHSt 17, 205 = NJW 1962, 1211; BGH, Beschl. v. 26.7.1995 – 4 StR 234/95 = BGHSt 41, 198 = NJW 1995, 3129 = StV 1995, 638 = NStZ 1995, 593 (m. Anm. *Zopfs* NStZ 1996, 190); BGH, Beschl. v. 18.6.2013 – 2 StR 145/13 = NStZ-RR 2013, 276.

Schuldspruch wegen versuchten oder vollendeten Diebstahls, nicht jedoch den wegen Betruges trägt. Der Fehler liegt hier nicht in einer rechtsfehlerhaften Feststellung des zu subsumierenden Sachverhalts, sondern in einer **fehlerhaften Subsumtion** selbst. Der Tatrichter hat in einem solchen Fall verkannt, dass zu den Voraussetzungen eines Betrugs ein Verfügungswille des Kassierers gehört hätte.[3979] Wenn der Kassierer aber nicht erkennt, dass sich im Einkaufswagen noch weitere Waren befinden, scheidet schon gedanklich die Annahme einer bewussten Vermögensverfügung bezüglich dieser Waren aus. Das Verstecken (und durch den Kassenbereich Schieben) der Ware ist vielmehr ein Akt der Wegnahme im Sinne des § 242 StGB.

1639 Derartige Fehler erkennt das Revisionsgericht unabhängig davon, ob der Beschwerdeführer im Rahmen der Sachrüge ausdrücklich darauf eingeht oder nicht. Es macht aber einen denkbar schlechten Eindruck, wenn die Revisionsbegründung sich mit komplizierten Verfahrensfehlern oder gar mit unzulässigen Angriffen gegen die getroffenen Feststellungen befasst, ohne die sehr viel näher liegenden Fehler bei der Anwendung des materiellen Strafrechts auch nur zu erwähnen. Ob in solchen Fällen sogar mitunter ein Ablenkungseffekt eintritt, können nur Revisionsrichter aus ihrer Erfahrung beurteilen.

1640 Ein weiteres Beispiel für die Anwendung eines unzutreffenden rechtlichen Maßstabes bei der Auslegung eines vom Tatgericht als gegeben angenommenen Straftatbestandes betraf die Frage, ob ein Verkehrsteilnehmer sich auch durch ordnungswidriges Verhalten eines gefährlichen Eingriffs in den Straßenverkehr nach § 315b StGB schuldig machen kann. Im Falle des „Münchener Fahrbahngehers" bejahte der BGH das Merkmal des „Hindernisbereitens" i.S. des § 315b Abs. 1 Nr. 2 StGB, lehnte aber dennoch die Strafbarkeit ab, weil diese nach st. Rspr. eine „grobe Einwirkung von einigem Gewicht" voraussetze. Das sei bei dem demonstrativen Gehen auf einer vielbefahrenen Stadtstraße mit dem Ziel, für eine autofreie Innenstadt einzutreten, nicht der Fall.[3980]

**3979** BGH, Beschl. v. 26.7.1995 – 4 StR 234/95 = BGHSt 41, 198, 202 = NJW 1995, 3129, 3130; vgl. auch *Fischer*, StGB, § 242 StGB Rn. 18.
**3980** BGH, Urt. v. 31.8.1995 – 4 StR 283/95 = BGHSt 41, 231 = NJW 1996, 203.

## V. Besonderheiten bei der Subsumtion unter „beweiswürdigungsreflexive" Rechtsbegriffe

Die Unterscheidung zwischen Fehlern, die sich in der rechtsirrigen Auslegung 1641
von Tatbestandsmerkmalen erschöpfen (Subsumtionsfehler), und revisiblen Fehlern bei der „Herstellung" des festgestellten Sachverhalts, ist nur selten so klar wie in den oben genannten Beispielen durchzuführen. Es gibt auch rechtliche Voraussetzungen einer Bestrafung, deren abstrakte Definition wiederum auf die konkrete Gestaltung des Einzelfalls zurückverweist. Solche hier „beweiswürdigungsreflexiv" genannten Rechtsbegriffe zeichnen sich dadurch aus, dass sie sich einer abstrakten, von den Gegebenheiten des Einzelfalles losgelösten Definition letztlich entziehen, weil sie nicht sinnlich wahrnehmbare Gegenstände, Eigenschaften oder Abläufe der Lebenswirklichkeit betreffen, sondern deren gedankliche und erst im Wege der Wertung herzustellende Verknüpfung. Das gilt insbesondere für den bei allen Erfolgsdelikten maßgeblichen **Rechtsbegriff der Ursächlichkeit** und deren Vorstufen bei den Gefährdungsdelikten. Es gilt aber auch für die meisten subjektiven Schuldmerkmale wie den (bedingten) Vorsatz und die Fahrlässigkeit.

Alle Versuche der Rechtswissenschaft, das Wesen der „Kausalität", der 1642
(abstrakten und erst recht der konkreten) „Gefährlichkeit", der bewussten Fahrlässigkeit in Abgrenzung zum bedingten Vorsatz ohne Verweisung des Rechtsanwenders auf die Umstände des Einzelfalles zu umschreiben, müssen als gescheitert angesehen werden. Stets haftet den gängigen Definitionen noch mindestens ein Merkmal an, das erst durch die Beweiswürdigung seine Kontur gewinnt.

### 1. Kausalität

Kausalität ist im Gegensatz zu „Sache", „wegnehmen" (§ 242 StGB), „Gebäude" 1643
(§ 306 StGB) oder „Gewässer" (§ 324 StGB) nichts, was ein Zeuge sehen, aufgrund seiner Aussage ein Tatrichter feststellen und unter die Merkmale subsumieren könnte, die ein Revisionsrichter oder ein Rechtswissenschaftler zur Begriffsbestimmung aufgelistet hat. Kausalität ist vielmehr eine gedankliche Verknüpfung von sinnlich wahrnehmbaren und der Beweiserhebung zugänglichen Fakten. Diese gedankliche Verknüpfung ist auch nur zu ihrem kleinsten Teil ein Erkenntnisakt. Sie ist letztlich die Anwendung einer „normativen Konvention": Dass der Schlag mit dem Beil auf den Kopf des Tatopfers ursächlich für dessen Tod war, „darf" auch dann vom Tatrichter festgestellt werden, wenn es nicht gänzlich ausgeschlossen ist, dass das Opfer schon beim Anblick des mit dem Beil ausholenden Täters an einem Herzschlag gestorben ist. Auch in diesem

Falle ließe sich nämlich der Tod „ursächlich“ auf das Handeln des Täters zurückführen. Deshalb genügt hier für die Feststellung der Kausalität, dass der „irgendwie“ gegebene Zusammenhang evident ist.[3981]

1644 Die Formel, wonach ursächlich jede Bedingung ist, bei deren „Hinwegdenken“ der Erfolg entfiele, weist diese Aufgabe des hypothetischen „Hinwegdenkens“ dem Tatrichter zu. Begründet er diesen Denkvorgang nicht für den juristisch geschulten Leser nachvollziehbar, so kann man den Vorwurf, das Tatgericht habe seiner rechtlichen Subsumtion den falschen Kausalitätsbegriff zugrunde gelegt, beliebig austauschen gegen den Vorwurf, das Urteil beruhe auf einer fehlerhaften Beweiswürdigung.

1645 Das wird besonders deutlich in den Fällen, in denen die hypothetischen Überlegungen des Tatrichters weniger im „Hinwegdenken“ der zu prüfenden Bedingung (Verhalten des Angeklagten) als vielmehr im „Hinzudenken“ von möglichen Alternativursachen bestehen. Das ist die typische Situation in Verfahren, die unter dem Schlagwort **„strafrechtliche Produkthaftung“** das Interesse nicht nur des Fachpublikums gefunden haben.

1646 Zuerst hat der Bundesgerichtshof in der **„Lederspray-Entscheidung“**[3982] die Feststellung der Kausalität zwischen dem Vertrieb von Gegenständen des täglichen Gebrauchs (Imprägnierspray) und Gesundheitsschäden bei Verbrauchern nach deren Anwendung auch dann als „rechtsfehlerfrei“ bezeichnet, wenn zwar nicht geklärt werden könne, welcher Inhaltsstoff mit welchem Wirkungszusammenhang die Gesundheitsschäden hervorgerufen hat, aber jedenfalls alle in Betracht kommenden Alternativursachen eindeutig ausgeschlossen werden können. Dies war unter den konkreten Voraussetzungen der vom LG Mainz zuvor getroffenen Feststellungen eine vertretbare und *deshalb* vom Revisionsgericht nicht zu korrigierende Beweiswürdigung. Aber indem der Bundesgerichtshof diesen Respekt vor der Alleinzuständigkeit des Tatrichters für die Beweis*ergebnisse* wie eine neue Rechtsregel als Leitsatz verbreitete, leistete er dem Missverständnis Vorschub, die Tatgerichte dürften sich künftig in Fällen der Produktverantwortung auf ein **„Ausschlussverfahren“** beschränken. Da der Ausschluss von (vom Angeklagten nicht zu vertretenden) Alternativursachen nur insoweit möglich ist, als solche bereits erkennbar geworden sind, und weil die Zahl der durchaus konkret in Betracht kommenden, aber noch nicht erkannten Alternativursachen mit der Zahl und der Mehrdeutigkeit der Krankheitssymptome wächst, liefe eine allgemeine Anerkennung des Ausschlussverfahrens als Rechtsregel auf eine Ände-

**3981** *Volk* NStZ 1996, 105, 107.

**3982** BGH, Urt. v. 6.7.1990 – 2 StR 549/89 = BGHSt 37, 106 = NJW 1990, 2560.

rung des Kausalitätsbegriffs (und nicht nur auf eine Beweiserleichterung) hinaus. Kausalität wäre ersetzt durch Plausibilität.[3983] Das Fehlen anderer Ursachen wäre ersetzt durch das Nichterkennen solcher Alternativen. Das Nichterkennen durch den Tatrichter wäre das „Pech" des Angeklagten, der seine Verurteilung riskieren würde, so lange er nicht die u. U. im Lebensbereich des jeweiligen Verbrauchers verborgene eigentliche Ursache der Erkrankung benennen könnte. Das liefe letztlich auf eine Beweislastumkehr hinaus.

Weil dieser Missdeutung der „Lederspray-Entscheidung" auch das LG Frank- 1647
furt erlegen war, kam es zur BGH-Entscheidung im sog. **„Holzschutzmittel-Fall"**.[3984] Das Landgericht hatte die beiden Geschäftsführer eines von über vierzig Herstellerunternehmen von Holzschutzmitteln wegen Körperverletzung zu Bewährungsstrafen verurteilt, weil es im Falle von einigen Familien, die in entsprechend behandelten Häusern lebten, die teils erheblichen Erkrankungen auf den Einfluss der Wirkstoffe Pentachlorphenol (PCP) und Lindan zurückführte. Die Krankheitssymptome in diesen Fällen waren allerdings äußerst vielfältig und unspezifisch. Der Bundesgerichtshof hob das Urteil aber auf, weil die tatrichterliche Überzeugungsbildung angesichts der Umstrittenheit der naturwissenschaftlichen Frage nach der generellen Eignung der betreffenden Stoffe in den hier fraglichen Dosierungen zur Kausalität im Urteil nicht hinreichend dargelegt war.[3985]

Hier zeigt sich ein weiteres Problem der Kausalitätsfeststellung und ihrer 1648
Überprüfbarkeit durch das Revisionsgericht: Die Frage der generellen Eignung eines Industrieprodukts und seiner Bestandteile zur Herbeiführung gesundheitlicher Schäden beim Verbraucher ist eher fall*un*abhängig zu beantworten als die nach dem Wirkungszusammenhang bei der konkreten Anwendung. Letztere darf aber nur mit „ja" beantwortet werden, wenn entweder die generelle Eignung zuvor feststeht oder wenn sie durch den zur Entscheidung anstehenden Fall gleich mitbewiesen wird. Ob aber in einer bestimmten Dosierung eine Exposition zu einem bestimmten (oder gar zu einem unbestimmten) Krankheitsbild führen kann, sollte ein Tatrichter nicht ohne Sachverständige entscheiden. Wenn aber die Sachverständigen des betreffenden Fachgebietes gerade darüber streiten, sollte über die generelle Eignung nicht durch ein Strafgericht entschieden

**3983** *Volk* NStZ 1996, 105, 108.

**3984** BGH, Urt. v. 2.8.1995 – 2 StR 221/94 = BGHSt 41, 206 = NJW 1995, 2930 = NStZ 1995, 590; vgl. hierzu *Puppe* JZ 1996, 318; *Hamm* StV 1997, 159.

**3985** BGH, Urt. v. 2.8.1995 – 2 StR 221/94 = BGHSt 41, 206; außerdem hatte das Landgericht seine Kausalitätsfeststellung auf die Ausführungen eines Sachverständigen gestützt, der zu Recht wegen Besorgnis der Befangenheit abgelehnt war.

werden dürfen. Dass der Tatrichter sich über solche allgemeinen Regeln wie den Stand der Wissenschaft nicht hinwegsetzen darf, müsste ihm durch die Revisionsgerichte eingeschärft werden.

1649 Statt dessen hat aber der BGH in die Holzschutzmittel-Entscheidung eine Erwägung aufgenommen, die wiederum in die Gegenrichtung deutet: Das Tatgericht müsse zwar den naturwissenschaftlichen Meinungsstand ausführlich darstellen, es sei jedoch danach nicht gehindert, „nach den Regeln des Prozessrechts und mit den hierfür vorgesehenen Beweismitteln, zu denen z.B. auch der Zeugenbeweis gehört" den Nachweis eines Kausalzusammenhangs als geführt anzusehen; dafür genüge „ein mit den Mitteln des Strafverfahrens gewonnenes, nach der Lebenserfahrung ausreichendes Maß an Sicherheit, das keinen vernünftigen Zweifel bestehen lässt".[3986]

1650 Hier zeigt sich nicht nur die Überschneidung der Subsumtionsarbeit mit der Beweiswürdigung, sondern auch die Gefahr einer Ermunterung der Tatrichter durch ein Revisionsgericht zu einer letztlich laienhaften Betrachtungsweise in Bezug auf einen naturwissenschaftlich umstrittenen Gegenstand. An *wessen* „Lebenserfahrung" soll eigentlich der Tatrichter die von ihm mit den Mitteln des Strafverfahrens gewonnene Sicherheit messen, bevor er jenes Maß erreicht hat, das angeblich „keinen vernünftigen Zweifel mehr zulässt"? Sollte seine eigene Lebenserfahrung derjenigen der weltweit anerkannten Experten aus der Medizin und der Toxikologie überlegen sein, die (freilich wiederum gegen den Widerspruch einer Mindermeinung jener naturwissenschaftlichen Disziplinen) durchaus noch Zweifel haben? Soll der Richter das Recht haben, deren Zweifel als „unvernünftig" und für die Zwecke einer strafrechtlichen Verurteilung als nicht mehr zulässig abzuqualifizieren?

1651 Diese Fragen kann nur bejahen, wer – wie offenbar der BGH-Senat – davon ausgeht, dass die tatsächlichen Voraussetzungen der Kausalität nur das Ergebnis einer Beweiswürdigung im Einzelfall seien – mithin eine „Tatfrage". Dass es hier aber auch um die Auslegung des Rechtsbegriffs der „Ursächlichkeit" geht, der nicht zur Disposition eines mit einem Einzelfall befassten Strafgerichts gestellt werden darf, hat vor *Volk*[3987] auch schon *Hassemer*[3988] gezeigt, der bildhaft davor gewarnt hat, eine Beweiswürdigung ohne die Sonde einer materiellrechtlich klaren Begrifflichkeit vorzunehmen.

**3986** BGH, Urt. v. 2.8.1995 – 2 StR 221/94 = BGHSt 41, 206.
**3987** *Volk* NStZ 1996, 105.
**3988** *Hassemer*, Produktverantwortung, 1996, passim.

## 2. Vorsatz

Ähnlich ineinander verzahnt sind die tatsächlichen mit den rechtlichen Voraussetzungen typischerweise bei den subjektiven Tatbestandsmerkmalen. Die umfangreiche revisionsrichterliche Rechtsprechung zum bedingten Tötungsvorsatz[3989] lässt sich ebenso gut dem Thema „Anforderungen an die Darlegung der Beweiswürdigung“ wie dem Thema „Auslegung des Rechtsbegriffs des bedingten Vorsatzes“ zuordnen. Das spiegelt sich in den Auseinandersetzungen über die unter dem Begriff „Hemmschwellentheorie“ apostrophierte Rechtsprechung wider.[3990] 1652

Erneut in den Mittelpunkt der Diskussion gerückt sind Fragen im Zusammenhang mit der Abgrenzung des Tötungsvorsatzes von der bewussten Fahrlässigkeit bei riskantem Verhalten im Straßenverkehr („Raser“-Fälle).[3991] 1653

Auch bei den subjektiven Tatbestandsmerkmalen kommt den Revisionsgerichten die Aufgabe zu, dem Tatgericht möglichst viele allgemeine Kriterien als Prüfungsraster für die Anwendung des Vorsatzbegriffs an die Hand zu geben, ohne dass dem Tatgericht damit die Beweiswürdigung letztlich abgenommen wäre. 1654

# VI. Strafzumessung

**Literatur:** *Bruns/Güntge* Das Recht der Strafzumessung, 3. Aufl. 2018; *Detter* Zum Strafzumessungs- und Maßregelrecht, NStZ 2005, 143 und 498, NStZ 2006, 146 und 560, NStZ 2007, 206; *Köberer* Iudex non calculat. Über die Unmöglichkeit, Strafzumessung sozialwissenschaftlich-mathematisch zu rationalisieren, 1996; *ders.* Zur Rechtsfolgenfestsetzungskompetenz des Revisionsgerichts, FS Hamm, 2008, S. 303; *Nack* Aufhebungsstatistik der Strafsenate des BGH, NStZ 1997, 153; *Niemöller* Strafschärfung wegen fehlenden Milderungsgrunds ?, GA 2012, 337; *Schäfer/Sander/van Gemmeren* Praxis der Strafzumessung, 6. Aufl. 2017.

Nach den vorliegenden (inzwischen ca. 20 Jahre alten) Statistiken beschränkt 1655
sich der Erfolg bei 10–15% aller erfolgreichen Revisionen auf den Rechtsfolgen-

---

**3989** Vgl. die Übersicht bei *Steinberg/Stam* NStZ 2011, 177. S. etwa BGH, Beschl. v. 13.7.2016 – 1 StR 128/16 = NStZ 2016, 670.

**3990** Vgl. hierzu etwa BGH, Urt. v. 22.3.2012 – 4 StR 558/11 = BGHSt 57, 183; *Fischer*, § 212 StGB, Rn. 13 ff. m. zahlr. w. N..

**3991** Vgl. BGH, Beschl. v. 16.1.2019 – 4 StR 345/18 = NStZ 2019, 235 = JR 2019, 241; BGH, Urt. v. 1.3.2018 – 4 StR 399/17 = BGHSt 63, 88 = NJW 2018, 1621 = StV 2018, 419. S. hierzu u.a.: *Puppe* JR 2018, 323; *Eisele* JZ 2018, 549; *Hörnle* NJW 2018, 1576; *Schneider* NStZ 2018, 528; *Kubiciel/Wachter* HRRS 2018, 332.

ausspruch.[3992] Von den Revisionen, die wegen sachlich-rechtlicher Fehler zur (Teil-)Aufhebung führen, werden in etwa der Hälfte der Fälle allein die Strafzumessung und/oder der Ausspruch über Nebenfolgen beanstandet.[3993] Innerhalb der Sachrüge sind Strafzumessungsfehler der am häufigsten vorkommende (Teil-)Aufhebungsgrund. Dies scheint auf den ersten Blick in einem auffälligen Missverhältnis zu dem breiten **Ermessensspielraum**[3994] zu stehen, den das Gesetz dem Tatrichter gerade bei der Strafzumessung einräumt. Es fällt auch auf, dass bei den zahlreichen veröffentlichten Entscheidungen der Revisionsgerichte zum Strafzumessungsrecht kaum jemals versäumt wird, auf die grundsätzliche Unantastbarkeit der Strafzumessung in der Revision hinzuweisen, bevor dann freilich die Aufhebung des Rechtsfolgenausspruchs wegen eines revisiblen Rechtsfehlers begründet wird.

1656 Bei näherem Hinsehen drängt sich für den scheinbaren Widerspruch folgende Erklärung auf: Die Strafzumessungsgründe sind häufig – trotz gelegentlicher Breite – der am nachlässigsten gearbeitete Teil der Urteilsgründe. Dies dürfte an der Unmöglichkeit liegen, mittels noch so ausführlicher Strafzumessungserwägungen eine rationale Beziehung zwischen den Besonderheiten der Tat und dem persönlichen Schuldvorwurf gegenüber dem Täter auf der einen und dem Maß der Strafe auf der anderen Seite herzustellen.[3995] In der Praxis der Tatgerichte führt dies oft genug zu frühzeitigem Verzicht.[3996] Es drängt sich hier

---

**3992** Aktuelle Statistiken dazu fehlen. *Rieß* FS Eisenberg, S. 569, 571 weist zutreffend darauf hin, dass bei der statistischen Erfassung der „Erfolgsquote" von Revisionen berücksichtigt werden muss, in wie vielen Fällen die Revision von vornherein auf den Rechtsfolgenausspruch beschränkt war, so dass eine Aufhebung insoweit dann eben als voller Erfolg gewertet werden muss. Nach der von *Nack* NStZ 1997, 153 erarbeiteten Statistik (ergänzt durch *Nack* FS Rieß, S. 361 mit Zahlen bis 2000) betrug die auf den Rechtsfolgenausspruch beschränkte Zahl von Aufhebungen 14% aller (Teil-)Erfolge. Zur früheren Statistik vgl. auch *Rieß* FS Sarstedt, S. 288.

**3993** *Nack* NStZ 1997, 153.

**3994** LR-*Franke* § 337 StPO, Rn. 163 („dogmatisch missverständlich" … „genauer: ein revisionsrechtlich zu akzeptierender Spielraum"); LK-*Theune* § 46 StGB, Rn. 341.

**3995** So auch *Köberer*, Iudex non calculat. Über die Unmöglichkeit, Strafzumessung sozialwissenschaftlich-mathematisch zu rationalisieren.

**3996** Zust. *Eb. Schmidt*, Lehrkommentar, § 267 StPO, Rn. 23. Vgl. dagegen die Anforderungen der st. Rspr. des BGH, wonach die der Strafzumessung zu Grunde liegende Abwägung umso sorgfältiger zu erfolgen hat, „je mehr sich die für angemessen gehaltene Strafe der unteren oder der oberen Grenze des zur Verfügung stehenden Strafrahmens nähert." (BGH, Beschl. v. 20.9.2010 – 4 StR 278/10 = NStZ-RR 2011, 5; vgl. auch BGH, Beschl. v. 22.10.2002 – 5 StR 441/02 = NStZ-RR 2003, 52). Zu den Anforderungen, welche bei Verhängung einer nahe an der Höchstgrenze des Strafrahmens liegenden Strafe zu stellen sind vgl. BGH, Beschl. v. 17.11.2005

gern die Berufsroutine in den Vordergrund („in solchen Fällen geben wir immer zwei Jahre"). Dabei sind die Strafzumessungsgründe zu einem größeren Teil gedanklicher Aufhellung fähig, als viele Urteilsverfasser – und viele Revisionsführer – anzunehmen scheinen. So haben denn die Revisionsgerichte in stets zunehmendem Maße Möglichkeiten gesehen, auch hier einzugreifen. Dabei hat sich eine „Arbeitsteilung" herausgebildet, die mit den unterschiedlichen Blickwinkeln des Tatrichters und des Revisionsrichters zusammenhängt. Der Revisionsrichter sieht vieles nicht, was der Tatrichter sieht. Vor allem fehlt ihm der schlechthin unersetzbare unmittelbare Eindruck von dem Angeklagten. Er wird sich also stets bescheiden müssen, soweit es darum geht, dem Tatrichter den erwähnten Ermessensspielraum zu belassen. Auf der anderen Seite aber sieht der Revisionsrichter manches, was der Tatrichter nicht sieht. Vor allem sieht er ständig die Praxis anderer Tatrichter.[3997] Seine Verantwortung für die Rechtseinheit muss sich auf eine gewisse Einheitlichkeit der Strafzumessung erstrecken. Wenn eine Strafkammer das Mindestmaß einer Geldstrafe für das gleiche Delikt verhängt, das andere Strafkammern mit ziemlich hohen Freiheitsstrafen zu ahnden pflegen, so wird aus dem „Ermessen" schließlich Unrecht.[3998] Die Möglichkeiten für den Gesetzgeber, durch eine generelle Präzisierung zulässiger Strafzumessungserwägungen Abhilfe zu schaffen, sind begrenzt. Mit § 46 StGB hat er einen Versuch zur Lenkung der Strafzumessung unternommen. Seit der Geltung dieser Vorschrift ist jedoch eine große Zahl von Entscheidungen des Bundesgerichtshofs und der Oberlandesgerichte veröffentlicht worden, deren Bedeutung über die einer unverbindlichen Kasuistik inzwischen weit hinausreicht.

Es sei jedem Anwalt, der sich mit Strafsachen befasst, dringend empfohlen, 1657
sich laufend über die zur Strafzumessung veröffentlichten Entscheidungen zu informieren, und zwar nicht nur deshalb, weil hier das Bedürfnis einer Nach-

– 3 StR 379/05 und BGH, Beschl. v. 17.1.2003 – 2 StR 471/02 = NStZ-RR 2003, 138. Zu den Besonderheiten im Jugendstrafrecht: BGH, Beschl. v. 7.10.2019 – 1 StR 206/19.

**3997** Auf diese Praxis stellt der BGH ab, wenn er ausführt: „die Einzelstrafen überschreiten das für vergleichbare Fälle übliche Maß erheblich und werden den Anforderungen an einen gerechten Schuldausgleich nicht mehr gerecht." (BGH, Beschl. v. 23.1.2001 – 4 StR 572/00 = wistra 2001, 177). Vgl. hierzu auch BGH, Beschl. v. 2.12.2015 – 2 StR 317/15 = StV 2016, 559; BGH, Beschl. v. 19.6.2012 – 5 StR 264/12 = StraFo 2012, 419. Vgl. ferner *Raum*, Verhandlungen des 72. DJT, Bd. II/2, Seite M 148.

**3998** Zur Bedeutung des Gedankens der Gleichbehandlung für die Strafzumessung: *Schäfer/Sander/van Gemmeren*, Rn. 868 ff. Zum Verhältnis der Strafen bei mehreren Tatbeteiligten vgl. BGH, Beschl. v. 3.11.2016 – 2 StR 363/16 = StraFo 2017, 115 = NStZ-RR 2017, 40. S. auch LG Hamburg NJW 1951, 853 m. Anm. *Cüppers*.

prüfung bei Angeklagten, die ihre Schuld einsehen, besonders groß ist. Aus der Vielzahl der veröffentlichten Entscheidungen zu **§ 46 StGB** lassen sich inzwischen durchaus verallgemeinerungsfähige Rechtssätze herleiten, die man kennen muss, um in einem tatrichterlichen Urteil Rechtsfehler zu entdecken. Das gilt insbesondere dann, wenn der Fehler darin liegt, dass die Urteilsgründe bestimmte Erwägungen nicht enthalten, die vom Bundesgerichtshof für die betreffende Fallgruppe verlangt werden. Aber auch die (Rechts-)Fehlerhaftigkeit ausdrücklich benannter Strafzumessungserwägungen ist nur zu erkennen, wenn man weiß, was durch die Rechtsprechung zulässigerweise als Strafzumessungsgrund anerkannt wird und was nicht.

1658 Auch **Strafzumessung ist Rechtsanwendung.**[3999] Strafzumessung unterscheidet sich daher unter dem Blickwinkel des Revisionsrechts grundsätzlich nicht von der juristischen Vorgehensweise in anderen Bereichen.

### 1. Fehler bei der Tatsachengrundlage

1659 Sie können zunächst darin bestehen, dass die Tatsachen, die der Strafzumessung zugrunde gelegt worden sind oder hätten zugrunde gelegt werden sollen, unvollständig oder fehlerhaft festgestellt worden sind. Insoweit gelten auch für diese Tatsachen alle bisher erörterten verfahrensrechtlichen und sachlich-rechtlichen Grundsätze. Die Revision kann also weder mit der Behauptung, die Feststellungen seien unvollständig, Tatsachen einführen, die nicht im Urteil stehen, noch kann sie mit der Behauptung arbeiten, die festgestellten Tatsachen träfen nicht zu. Wohl aber kann sie mit der Aufklärungsrüge geltend machen, bestimmte Umstände hätten den Tatrichter drängen müssen, Dinge zu ermitteln, die Einfluss auf das Strafmaß gehabt hätten.[4000] Sie kann überhaupt den Strafzumessungstatsachen gegenüber jede auch sonst denkbare Verfahrensrüge erheben. Für die Strafzumessung gelten auch die allgemeinen Grundsätze über die revisiblen Rechtsfehler, die sich aus dem **Begründungszwang** für tatrichterliche Urteile (§ 267 StPO) ergeben. Auch hier gilt, dass inhaltslose formelhafte Wendungen noch keine Begründung sind, und dass die allgemeinen Denk- und Erfahrungssätze eingehalten werden müs-

---

**3999** LK-*Theune* Vor §§ 46–50 StGB, Rn. 5; LR-*Franke* § 337 StPO, Rn. 162; BVerfG, Beschl. v. 14.6.2007 – 2 BvR 1447/05 u.a. = StV 2007, 393.

**4000** Musterbeispiel ist die Aufklärungsrüge zur unterbliebenen Anhörung eines Sachverständigen zum Nachweis der verminderten Schuldfähigkeit (KK-*Krehl* § 244 StPO, Rn. 47). Zur Erstreckung der Aufklärungspflicht auf die Rechtsfolgenentscheidung: KK-*Krehl* § 244 StPO, Rn. 33a; *Eb. Schmidt*, Lehrkommentar, § 337 StPO, Rn. 44.

sen.[4001] Die Substantiierungspflicht des Tatrichters gilt auch hier. Sie bedeutet allerdings nicht, dass der Tatrichter Umstände, die er in seinen Feststellungen zum Tatgeschehen erwähnt hat, im Rahmen der Strafzumessung nochmals ausdrücklich wiederholen müsste, auch wenn sie dort ebenfalls von Relevanz sein können.[4002]

### 2. Fehler bei der Bestimmung des Strafrahmens

Auch im Rahmen der Strafzumessung gibt es eine Reihe von geschriebenen 1660
Rechtsnormen, die öfter verletzt werden, als man annehmen möchte. Die wichtigsten darunter betreffen den **gesetzlichen Strafrahmen,** dem im Einzelfall die Strafe zu entnehmen ist. Zweifellos ist es ein revisibler Rechtsfehler, diesen gesetzlichen Strafrahmen zu über- oder zu unterschreiten. Dieser Fehler kann auch nicht dadurch „korrigiert" werden, dass das Revisionsgericht bei einer Überschreitung des Strafrahmens durch den Tatrichter selbst auf die Höchststrafe erkennt. Damit würde es in unzulässiger Weise eigene Strafzumessung betreiben: Wenn der Tatrichter von einem falschen Strafrahmen ausgegangen ist, muss ihm Gelegenheit gegeben werden, innerhalb des richtigen Strafrahmens von seinem Ermessen Gebrauch zu machen. In Abweichung hiervon lehnt die Rechtsprechung des BGH allerdings eine Aufhebung des Strafausspruchs ab, wenn nach dem Gesamtzusammenhang der Urteilsgründe ausgeschlossen werden kann, dass die Anwendung des zutreffenden Strafrahmens zu einem dem Revisionsführer günstigeren Ergebnis geführt hätte.[4003] Revisionsrechtlich begründet wird dies mit dem in § 337 StPO enthaltenen Beruhenserfordernis. Wird aber entschieden, der Tatrichter wäre auch in Kenntnis des richtigen Strafrahmens zu demselben Ergebnis gekommen, dann ist dies eine hypothetische Anwendung des Strafzumessungsrechts durch das Revisionsgericht, die über eine bloße verfahrensrechtliche Beruhensprüfung hinausgeht. Das ist mit Blick auf die begrenzten Entscheidungsbefugnisse des Revisionsgerichts auch unter dem Blickwinkel des Art. 101 Abs. 1 S. 2 GG bedenklich.

Aufzuheben ist die Rechtsfolgenentscheidung auch in Fällen, in denen 1661
die Strafe zwar innerhalb des richtigen Rahmens geblieben ist, in denen der Tatrichter aber einen anderen Rahmen vor Augen hatte. Eine **Abänderung des Schuldspruchs** muss deshalb regelmäßig zur **Aufhebung des Strafaus-**

---

**4001** Vgl. BGH, Beschl. v. 5.6.2019 – 2 StR 287/18, Rn. 15; BGH, Beschl. v. 4.6.2019 – 3 StR 199/19; *Meyer-Goßner/Schmitt* § 337 StPO, Rn. 35.

**4002** BGH, Beschl. v. 19.1.2012 – 3 StR 413/11 = NStZ-RR 2012, 168.

**4003** Vgl. die Nachweise bei *Fischer* § 46 StGB, Rn. 151; *Frisch* StV 2006, 431, 432.

**spruchs führen.** Ist der Angeklagte wegen Diebstahls mit Waffen (§ 244 Abs. 1 Nr. 1 StGB) zu einem Jahr Freiheitsstrafe verurteilt worden und berichtigt das Revisionsgericht den Schuldspruch dahin, dass nur einfacher Diebstahl vorliegt, so muss die Strafe aufgehoben werden, obwohl sie sich im Rahmen des § 242 StGB hält. Ist der frühere Tatrichter von einer Strafbarkeit nach § 244 StGB ausgegangen, hatte er einen Strafrahmen von sechs Monaten bis zu 10 Jahren vor Augen. Bei einer Strafbarkeit nach § 242 StGB hätte die Wahl zwischen Geldstrafe und Freiheitsstrafe bestanden, als Obergrenze wären 5 Jahre Freiheitsstrafe zu beachten gewesen. Jegliche Argumentation mit dem Beruhenskriterium würde in diesen Fällen bedeuten, dass das Revisionsgericht eigenständige Wertungen vornimmt.

1662 Der Tatrichter geht auch dann von einem unrichtigen Strafrahmen aus, wenn er übersieht, dass er die Strafe ermäßigen kann oder muss, etwa wegen Versuchs (§ 23 Abs. 2 und Abs. 3 StGB)[4004], verminderter Schuldfähigkeit (§ 21 StGB)[4005] oder wenn als Teilnahmeform nur Beihilfe gegeben ist (§ 27 Abs. 2 StGB)[4006]. Ein Rechtsfehler kann auch vorliegen, wenn der Tatrichter übersieht, dass eine zweimalige Ermäßigung möglich ist, wenn die Voraussetzungen von zwei Milderungsmöglichkeiten gegeben sind. Weiter muss das Urteil im Strafausspruch auch aufgehoben werden, wenn der konkrete **Strafrahmen nicht bestimmt** wurde.[4007]

1663 Bei der Bestimmung des Strafrahmens ist für die Entscheidung, ob ein **minder schwerer Fall** angenommen werden kann, nach der Rechtsprechung maßgebend, ob das gesamte Tatbild einschließlich aller subjektiven Momente und der Täterpersönlichkeit vom Durchschnitt der gewöhnlich vorkommenden Fälle so sehr abweicht, dass die Anwendung des Ausnahmestrafrahmens geboten erscheint. Hierzu ist eine Gesamtbetrachtung erforderlich, bei der alle Umstände heranzuziehen und zu würdigen sind, die für die Wertung der Tat und des Täters in Betracht kommen, gleichgültig, ob sie der Tat selbst innewohnen, sie begleiten, ihr vorausgehen oder nachfolgen.[4008] Ähnliche Fragen stellen sich, wenn es darum geht, ob ein **besonders schwerer Fall** gegeben ist.[4009] Enthält das Gesetz

**4004** Vgl. *Schäfer/Sander/van Gemmeren*, Rn. 1026 ff.
**4005** Vgl. *Schäfer/Sander/van Gemmeren*, Rn. 1416 ff.
**4006** Vgl. BGH, Urt. v. 17.3.2015 – 2 StR 379/14 = BGHSt 60, 215.
**4007** BGH, Beschl. v. 7.11.2002 – 5 StR 401/02 = wistra 2003, 97.
**4008** Vgl. zu den Anforderungen allgemein *Fischer* § 46 StGB, Rn. 85 f.; dazu etwa BGH, Urt. v. 21.11.2018 – 2 StR 335/18; BGH, Urt. v. 22.1.2015 – 3 StR 412/14; BGH, Urt. v. 12.1.2000 – 3 StR 363/99 = NStZ 2000, 254; speziell zum Versuch vgl. BGH, Beschl. v. 6.11.2002 – 5 StR 361/02 = NStZ-RR 2003, 72.
**4009** Vgl. zur Bedeutung der Erfüllung von Regelbeispielen: *Fischer* § 46 StGB, Rn. 91.

Regelbeispiele für besonders schwere Fälle, kann es im Einzelfall gleichwohl erforderlich sein zu prüfen, ob es andere Strafzumessungsfaktoren nahelegen, dass die indizielle Bedeutung der Erfüllung des Regelbeispiels im konkreten Fall widerlegt ist.[4010]

Schließlich können auch bei der **Festlegung der Strafart** Rechtsfehler auftreten. So bezieht sich das Kriterium der „Unerlässlichkeit" einer kurzen Freiheitsstrafe in **§ 47 Abs. 1 StGB** nicht auf die Abgrenzung zu längeren Freiheitsstrafen, sondern auf die Abgrenzung zu Geldstrafen.[4011] Der Begriff der „Unerlässlichkeit" verlangt dabei mehr als Gebotenheit: Die Freiheitsstrafe darf als Ausnahme nur dann verhängt werden, wenn auf sie nicht verzichtet werden kann.[4012] 1664

### 3. Fehler bei der Strafzumessung i. e. S.

Zahlreich sind inzwischen die Entscheidungen der Revisionsgerichte dazu, welche Erwägungen nicht strafschärfend oder strafmildernd berücksichtigt werden dürfen. Nachfolgend sollen einige Fallgruppen beispielhaft herausgegriffen werden.[4013] Im Übrigen muss auf die Kommentare zum StGB verwiesen werden. 1665

#### a) Würdigung des Verteidigungsverhaltens

Strafschärfende Umstände sind z.B. dann rechtsfehlerhaft in die Strafzumessung eingeflossen, wenn dem Angeklagten ein ihm vom Gesetz freigestelltes Verhalten angelastet wurde. Mit Recht hat der Bundesgerichtshof ausgesprochen, das **Verteidigungsverhalten** in dem Verfahren, in dem die Strafe verhängt wird, dürfe nur dann straferhöhend wirken, wenn es im Einzelfall Rückschlüsse auf eine allgemeine Rechtsfeindlichkeit, Gefährlichkeit und die Gefahr künftiger Rechtsbrüche des Angeklagten oder andere mit der Tat zusammenhängende ungünstige 1666

**4010** Vgl. z.B. BGH, Urt. v. 9.5.2011 – 3 StR 36/01; *Fischer* § 243 StGB, Rn. 2.

**4011** BGH, Beschl. v. 6.12.2006 – 2 StR 497/06 = StV 2007, 129. Zu den Grenzen der Anwendbarkeit von § 47 StGB s. auch BGH, Beschl. v. 8.9.2010 – 2 StR 407/10 = StraFo 2010, 500.

**4012** Vgl. *Fischer* § 47 StGB, Rn. 10 mwN.

**4013** Wegen ihres engen Bezuges zu Verfahrensfragen werden die Konsequenzen, die sich aus einer Verletzung des Beschleunigungsgrundsatzes ergeben (s. dazu im Einzelnen oben Rn. 1573 ff.) und die Zulässigkeit einer Strafschärfung im Zusammenhang mit Tatvorwürfen, die nach den §§ 154, 154a StPO eingestellt wurden (s. dazu im Einzelnen Rn. 1484 ff.), gesondert dargestellt.

Schlüsse auf seine Persönlichkeit zulässt.[4014] So kann z.B. ein Angriff des Angeklagten auf die Glaubwürdigkeit des Belastungszeugen strafschärfendes Gewicht erlangen, wenn er die Grenze angemessener Verteidigung eindeutig überschreitet und sein Vorbringen eine selbständige Rechtsgutsverletzung enthält.[4015] Die Tatsache, dass der Angeklagte auf der Richtigkeit seiner eigenen Aussage besteht, darf ihm nicht ohne Weiteres als „Hartnäckigkeit" angelastet werden.[4016] Das gilt z.B. auch dann, wenn der Angeklagte eine vom Tatgericht als widerlegt angesehene Notwehrlage behauptet hat, indem er dem Verletzten seinerseits anlastet, dieser habe ihn angegriffen und seine Verletzungen müssten im Zusammenhang mit den Abwehrbemühungen entstanden sein.[4017]

1667 Wenn es zur Verteidigungsstrategie gehört, dass der Angeklagte sich gegen belastende Zeugenaussagen wendet und sie als falsch bezeichnet, so ist dies ebenfalls kein Strafschärfungsgrund.[4018] Behauptet der Angeklagte jedoch wider besseres Wissen unwahre ehrenrührige Tatsachen über einen anderen, werden die Grenzen der rechtlich geschützten Verteidigungsinteressen überschritten. Da eine Rechtfertigung über § 193 StGB in diesem Fall sogar gegen den strafrechtlichen Verleumdungsvorwurf ausscheiden würde, darf sich ein derartiges Verteidigungsvorbringen auch bei der Strafzumessung zum Nachteil des Angeklagten auswirken.[4019]

---

**4014** Vgl. im Einzelnen *Fischer* § 46 StGB, Rn. 53 f.; BGH, Beschl. v. 19.12.2018 – 3 StR 391/18, Rn. 10 = NStZ 2019, 400 m. Anm. *Mitsch*; BGH, Beschl. v. 29.1.2014 – 1 StR 589/13 = NStZ-RR 2014, 205; BGH, Beschl. v. 6.7.2010 – 3 StR 219/10 = NStZ 2010, 692; OLG München, Beschl. v. 7.10.2011 – 4 StRR 128/11 = StV 2012, 290.

**4015** BGH, Urt. v. 8.4.2004 – 4 StR 576/03 = StV 2004, 370. Vgl. auch BGH, Beschl. v. 7.5.2014 – 5 StR 151/14 und BGH, Beschl. v. 9.10.2012 – 5 StR 453/12.

**4016** BGH, Beschl. v. 29.1.2004 – 1 StR 589/13 = NStZ-RR 2014, 205; BGH, Beschl. v. 22.5.2013 – 4 StR 151/13 = StV 2013, 697 = StraFo 2013, 340; BGH, Beschl. 23.1.2018 – 3 StR 654/17 = NStZ-RR 2018, 105 (Fehlen von Reue und Einsicht darf nicht strafschärfend gewertet werden, wenn sich der Angeklagte damit in Widerspruch zu seiner Verteidigungsstrategie gesetzt hätte); BGH, Beschl. v. 13.3.2018 – 2 StR 286/17 = NStZ-RR 2019, 11.

**4017** BGH, Beschl. v. 19.12.2018 – 3 StR 391/18, Rn. 10 = NStZ 2019, 400; BGH, Beschl. v. 7.2. 2018 – 4 StR 529/17; BGH, Beschl. v. 6.7.2010 – 3 StR 219/10 = NStZ 2010, 692; BGH, Beschl. v. 22.6.1999 – 1 StR 239/99 = StV 1999, 536.

**4018** BGH, Beschl. v. 5.4.2018 – 1 StR 119/18; BGH, Beschl. v. 14.12.2004 – 4 StR 237/04; BGH, Beschl. v. 6.3.2001 – 4 StR 558/00 = StV 2001, 456; BGH, Beschl. v. 28.11.2000 – 4 StR 488/00 = StV 2001, 618. Zu den Grenzen vgl. BGH, Beschl. v. 25.4.2001 – 1 StR 143/01 = NJW 2001, 2983 = StV 2002, 75.

**4019** BGH, Beschl. v. 3.8.1994 – 2 StR 161/94 = StV 1996, 259 = NStZ 1995, 78; vgl. zu noch zulässigem Verteidigungsverhalten BGH, Beschl. v. 21.9.2017 – 1 StR 268/17; vgl. dazu auch *Fischer* § 46 StGB, Rn. 54 mwN.

Auch das mittelbar durch die Verteidigungsstrategie bewirkte **folgerichtige Verhalten** des Angeklagten darf nicht zu seinen Lasten berücksichtigt werden. Wer sich dafür entschieden hat, eine Tat zu bestreiten, dem darf in den Strafzumessungserwägungen nicht angelastet werden, er habe weder Reue noch Schuldeinsicht gezeigt[4020] oder er habe zum Verbleib der Beute geschwiegen.[4021] Ebenso wenig darf dem leugnenden Angeklagten strafschärfend in Rechnung gestellt werden, er habe keinerlei Wiedergutmachung geleistet, wenn nach Lage der Dinge die Wiedergutmachung ein Schuldeingeständnis gewesen wäre.[4022] Auch darf nicht strafschärfend gewürdigt werden, der Angeklagte habe eine Falschaussage zugelassen.[4023] 1668

Auch das Verhalten in anderen Verfahren, soweit es allein mit dem Bestreiten der Tat erklärbar ist, darf dem Angeklagten nicht angelastet werden, z.B. das Bestreiten von Tatsachen im vorausgegangenen Schadensersatzprozess.[4024] Schließlich darf die Weigerung eines Angeklagten im Betäubungsmittelverfahren, seinen Betäubungsmittellieferanten zu benennen, nicht zu seinen Ungunsten berücksichtigt werden.[4025] Umgekehrt sieht § 31 BtMG eine fakultative Strafmilderungsmöglichkeit dann vor, wenn der Angeklagte durch konkrete Angaben die Voraussetzungen dafür geschaffen hat, dass gegen den Belasteten im Fall seiner Ergreifung ein Strafverfahren voraussichtlich mit Erfolg durchgeführt werden kann.[4026] Eine vergleichbare Regelung für andere Delikte enthält § 46b StGB.[4027] 1669

**4020** BGH, Beschl. v. 23.1.2018 – 3 StR 654/17 = NStZ-RR 2018, 105; vgl. auch BGH, Beschl. v. 13.3.2018 – 2 StR 286/17 = NStZ-RR 2019, 11; BGH, Beschl. v. 29.8.2012 – 4 StR 322/12.

**4021** BGH, Beschl. v. 14.7.2015 – 4 StR 191/15.

**4022** BGH StV 1981, 516 = NStZ 1981, 343; BGH NStZ 1987, 495 (bei Theune); BGH, Beschl. v. 9.5.2007 – 1 StR 199/07.

**4023** BGH, Beschl. v. 22.7.2015 – 1 StR 323/15 = StraFo 2015, 472 = NStZ-RR 2015, 305. Anders wäre es, wenn der Angeklagte die Zeugin zu einer Falschaussage veranlasst und sie in Kenntnis ihrer Bereitschaft hierzu sodann selbst benannt hätte (BGH aaO.). Vgl. auch *Fischer* § 46 StGB, Rn. 51.

**4024** BGH StV 1982, 418; vgl. auch OLG Jena, Beschl. v. 29.4.2011 – 1 Ss 15/11; *Fischer* § 46 StGB, Rn. 50b.

**4025** Vgl. BGH, Beschl. v. 19.11.2013 – 4 StR 480/13. S. ferner auch BGH StV 1981, 276 = NStZ 1981, 257.

**4026** Vgl. *Fischer* § 46 StGB, Rn. 65; § 31 BtMG wurde gleichzeitig mit der Einführung von § 46b StGB geändert; zur notwendigen Gesamtwürdigung BGH, Urt. v. 25.9.2018 – 5 StR 251/18 = BGHSt 63, 210 = NJW 2019, 245 = NStZ 2019, 98.

**4027** Eingefügt durch das 43. Strafrechtsänderungsgesetz vom 26.7.2009 (BGBl. 2009 I, 2288), geändert durch Gesetz vom 10.6.2013 (BGBl. 2013 I, 1497).

1670 Weiter darf auch ein Prozessverhalten, mit dem ein Angeklagter, ohne die Grenzen zulässiger Verteidigung zu überschreiten, den ihm drohenden Schuldspruch abzuwenden oder die Tat sonst in einem milderen Licht erscheinen zu lassen versucht, grundsätzlich nicht straferschwerend berücksichtigt werden, weil hierin eine Beeinträchtigung seines Rechts auf Verteidigung läge.[4028]

1671 Natürlich darf auch der Sinn des Strafrechts nicht in den Strafzumessungserwägungen auf den Kopf gestellt werden: So hatte sich etwa der Bundesgerichtshof mit einem Fall zu befassen, in dem einem Bankräuber strafschärfend (statt allenfalls mildernd) angelastet wurde, dass er von vornherein das Scheitern seiner Tat einkalkuliert hatte.[4029] Geringe kriminelle Professionalität aber sollte der Strafrichter dem Täter nicht erschwerend anrechnen.

#### b) Fehlen von Strafmilderungsgründen

1672 Der Satz, das Fehlen von Strafmilderungsgründen dürfe für sich allein noch kein Strafschärfungsgrund sein,[4030] hat in seinem Grundgehalt auch nach der Entscheidung des Großen Senats vom 10.4.1987[4031] noch Geltung. Der Große Senat hat in der genannten Entscheidung den Zumessungsgrundsatz allerdings relativiert. Damit soll lediglich zum Ausdruck kommen, dass das Gericht sich bei der Zumessung der Strafe auf die von ihm festgestellten Tatsachen zu beschränken hat und die Strafe nicht an einem hypothetischen Sachverhalt messen darf, der zu dem zu beurteilenden keinen Bezug hat. Die revisionsrichterliche Überprüfung der Strafzumessung habe sich dabei am sachlichen Gehalt der Ausführungen des Tatgerichts, nicht an dessen – möglicherweise missverständlichen oder sonst unzureichenden – Formulierungen zu orientieren. Die Bewertung der Umstände eines Tatgeschehens könne nur nach Lage des Einzelfalles erfolgen.[4032] Trotz der erheblichen Dekonturierung durch die Rechtsprechung bietet der erwähnte Strafzumessungsgrundsatz – angewendet in dem Bewusstsein der Plastizität der Formulierung und bestimmt von dem Bemühen um Durchdringung der Besonderheiten des jeweiligen Falles – zumin-

**4028** Etwa das Verschweigen der eigenen Identität (BGH, Urt. v. 17.6.2015 – 5 StR 140/15) oder das Vortäuschen einer Beschäftigung, um sich ein Alibi zu verschaffen (BGH, Beschl. v. 9.10.2012 – 5 StR 453/12).

**4029** BGH StV 1981, 620 = MDR 1981, 981 (H).

**4030** *Schäfer/Sander/van Gemmeren*, Rn. 1162; *Fischer* § 46 StGB, Rn. 73.

**4031** BGH, Beschl. v. 10.4.1987 – GSSt 1/86 = BGHSt 34, 345 = NJW 1987, 3014 = StV 1987, 450. Hierzu: *Grasnick* JZ 1988, 157; *Bruns* NStZ 1987, 451. S. auch *Niemöller* GA 2012, 337.

**4032** BGHSt 34, 345, 350.

dest eine gedankliche „Einstiegshilfe".[4033] Nach wie vor gehen zahlreiche Entscheidungen des BGH auch von diesem Satz aus. Als rechtsfehlerhaft angesehen wurden dementsprechend tatrichterliche Urteile, in denen die fehlende Drogenabhängigkeit,[4034] die fehlende finanzielle Notlage,[4035] oder fehlende Schadensersatzzahlungen (jedenfalls wenn feststeht, dass der Angeklagte nicht über die erforderlichen Mittel verfügt)[4036] strafschärfend gewertet worden waren. Ebenso galt dies für Urteile, in denen strafschärfend die Wertung enthalten war, das Opfer habe keinen Anlass zur Tat gegeben,[4037] ein BtM-Geschäft sei „ohne Druck oder Beeinflussung Dritter" und auch nicht „aus einer Notsituation heraus" durchgeführt worden,[4038] oder beim Versuch habe es an Rücktrittsbemühungen gefehlt.[4039] Als rechtsfehlerhaft gewertet wurde bei einer Verurteilung wegen Bandendiebstahls auch die Erwägung, es habe sich nicht um Spontantaten gehandelt.[4040]

### c) Nachtatverhalten

Kein zulässiger „Strafschärfungsgrund" ist es auch, wenn der Angeklagte versucht hat, sich selbst der Strafverfolgung zu entziehen,[4041] etwa durch Flucht.[4042] Dasselbe gilt, wenn der Angeklagte versucht hat, Spuren zu beseiti- 1673

---

**4033** Kritisch zu den Folgen von BGHSt 34, 345: *Fischer* § 46 StGB Rn. 74/74a; vgl. ferner *Schäfer/Sander/van Gemmeren*, Rn. 1163.

**4034** BGH, Beschl. v. 29.4.2014 – 2 StR 616/13; BGH, Beschl. v. 19.11.2013 – 4 StR 480/13; BGH, Beschl. v. 9.11.2010 – 4 StR 532/10 = StV 2011, 224 = NStZ-RR 2011, 271; LK-*Theune* § 46 StGB, Rn. 69 ff. und 263 ff. Vgl. auch BGH, Beschl. v. 30.3.2011 – 5 StR 12/11.

**4035** BGH, Beschl. v. 30.3.2011 – 5 StR 12/11; BGH, Beschl. v. 23.3.2011 – 2 StR 35/11; BGH, Beschl. v. 21.12.2010 – 4 StR 610/10; BGH, Beschl. v. 9.11.2010 – 4 StR 532/10 = StV 2011, 224 = NStZ-RR 2011, 271. S. ferner auch BGH, Beschl. v. 29.4.2014 – 2 StR 616/13.

**4036** BGH, Beschl. v. 24.9.2015 – 2 StR 362/15 = StV 2017, 32.

**4037** BGH, Beschl. v. 15.9.2015 – 2 StR 21/15 = NStZ-RR 2016, 40; BGH, Beschl. v. 14.10.2015 – 5 StR 355/15 = NStZ-RR 2016, 8; BGH, Beschl. v. 8.1.2014 – 2 StR 514/13; BGH, Urt. v. 9.10.2013 – 2 StR 119/13 = NStZ-RR 2014, 45. S. auch BGH, Urt. v. 8.12.2016 – 1 StR 351/16 = NStZ 2017, 277 m. Anm. *Kett-Staub*. Zur Abgrenzung vgl. BGH, Urt. v. 24.8.2016 – 2 StR 504/15 = NStZ 2017, 84.

**4038** BGH, Beschl. v. 17.4.2012 – 2 StR 73/12 = NStZ 2013, 46.

**4039** BGH, Beschl. v. 6.11.2013 – 1 StR 525/13 = NStZ 2013, 517 (die Unzulässigkeit der Wertung wurde hier mit § 46 Abs. 3 StGB begründet). Vgl. auch BGH, Beschl. v. 19.1.2012 – 3 StR 413/11 = NStZ-RR 2012, 169.

**4040** BGH, Beschl. v. 19.4.2011 – 3 StR 80/11.

**4041** *Fischer* § 46 StGB, Rn. 49.

**4042** Vgl. BGH, Beschl. v. 21.9.1988 – 3 StR 358/88 = StV 1989, 59.

gen.[4043] Nicht strafschärfend berücksichtigt werden darf auch, dass der Angeklagte es den Ermittlungsbehörden besonders schwer gemacht hat.[4044] Das soll es aber nicht ausschließen, im Einzelfall als Ausdruck hoher krimineller Energie strafschärfend zu werten, dass die Tatbegehung auf ein professionelles Vorgehen angelegt und das Vermeiden von Spuren Bestandteil der Planung der Tat war.[4045]

#### d) Verletzung des Doppelverwertungsverbots (§ 46 Abs. 3 StGB)

1674 Eine wichtige Grenze für die Strafzumessung ergibt sich aus § 46 Abs. 3 StGB. Danach dürfen die Merkmale des Tatbestandes, die der Gesetzgeber bereits bei der Bestimmung des Strafrahmens berücksichtigt hat, nicht nochmals im Rahmen der Strafzumessung straferhöhend berücksichtigt werden. Das Doppelverwertungsverbot erstreckt sich dabei nicht nur auf die eigentlichen Tatbestandsmerkmale, sondern auch auf sonstige strafrahmenbestimmende Umstände. Es gilt auch in Bezug auf den kriminalpolitischen Grundgedanken, der dazu geführt hat, dass ein bestimmter Straftatbestand für erforderlich gehalten wurde.[4046] Zulässig sind demgegenüber Abstufungen nach der individuellen Tatschuld. Umstritten ist, ob das Doppelverwertungsverbot daneben auch für regelmäßige und gewissermaßen tattypische Verhaltensweisen gilt.[4047] Das setzt gedanklich die Vorstellung voraus, es gebe so etwas wie einen „Standardfall“ der Tatbestandsverwirklichung. Nachdem der Große Senat für Strafsachen dies in seinem oben[4048] bereits zitierten Beschluss[4049] abgelehnt hatte, hat der 1. Strafsenat in einem Verfahren, das die damals geltende Fassung des § 177 StGB betraf, entschieden, dass § 46 Abs. 3 StGB nicht daran hindert, mehr oder weniger häufig oder auch regelmäßig vorkommende, die Straftat in ihrer Ausgestaltung mit prägende Umstände in die Strafzumessung einzubezie-

**4043** Vgl. BGH, Beschl. v. 3.8.2006 – 3 StR 247/06; BGH, Beschl. v. 3.12.2003 – 5 StR 473/03 = NStZ-RR 2004, 105 (Wegwerfen des Tatmessers); BGH, Beschl. v. 11.8.1995 – 2 StR 362/95 = StV 1995, 634.

**4044** BGH, Beschl. v. 19.5.2015 – 1 StR 200/15 = StV 2015, 556 = NStZ-RR 2015, 239.

**4045** BGH, Beschl. v. 26.3.2015 – 2 StR 489/14.

**4046** *Schäfer/Sander/van Gemmeren*, Rn. 689.

**4047** Vgl. hierzu *Schäfer/Sander/van Gemmeren*, Rn. 706. S. zum Doppelverwertungsverbot auch *Bruns* FS Hellmuth Mayer, S. 353.

**4048** S. dazu oben Rn. 1672.

**4049** BGH, Beschl. v. 10.4.1987 – GSSt 1/86 = BGHSt 34, 345 = NJW 1987, 3014 = StV 1987, 450.

hen.[4050] Das ist nachfolgend auch für andere Tatbestände aufgegriffen worden.[4051]

Ungeachtet dieser offenen Fragen im Zusammenhang mit den Grenzen des Doppelverwertungsverbots hat sich inzwischen zum Anwendungsbereich des § 46 Abs. 3 StGB eine breit gefächerte und sachlich kaum umstrittene Kasuistik entwickelt, die hier nicht umfassend wiedergegeben werden kann.[4052] Zu ihr gehören Fälle, in denen Urteile im Strafausspruch aufgehoben wurden, weil die **Tatbegehung als solche** strafschärfend gewertet worden war.[4053] Ohne nähere Einzelheiten ist es auch rechtsfehlerhaft, wenn pauschal **„das Unrecht der Tat"** strafschärfend herangezogen wird.[4054] Dass *„der Angeklagte grundsätzlich bereit war, an der Tat mitzuwirken"*,[4055] darf ebenso wenig straferhöhend berücksichtigt werden wie etwa, dass der Täter einer Dauerstraftat diese nicht frühzeitig abgebrochen hat.[4056] 1675

Der Anwendungsbereich des Doppelverwertungsverbots ist aber auf solche allgemeinen Wertungsfehler nicht beschränkt. Wie weit das Doppelverwertungsverbot reicht, lässt sich nur anhand des Tatbestandes bestimmen, auf den sich der Schuldspruch stützt. So ist es etwa unzulässig, bei einer Verurteilung nach § 224 Abs. 1 Nr. 4 StGB den Umstand strafschärfend zu werten, die Angeklagten hätten zu dritt auf das Opfer eingeschlagen.[4057] Bei einer Verletzung von Dienstgeheimnissen darf nicht die *„Hinwegsetzung über alle Dienstvorschriften"* strafschärfend gewertet werden.[4058] Die Strafe des Betäubungsmittelhändlers darf nicht deshalb höher ausfallen, weil es ihm darauf ankam, Geschäfte zu ma- 1676

**4050** BGH, Urt. v. 14.8.1990 – 1 StR 62/90 = BGHSt 37, 153, 155 = StV 1991, 155 m. Anm. *Neumann/Weßlau* = JZ 1991, 932 m. Anm. *Grasnick;* s. zur Thematik auch *Hettinger* GA 1993, 1; LK-*Theune* § 46 StGB, Rn. 267.

**4051** Vgl. die Nachweise bei *Schäfer/Sander/van Gemmeren*, Rn. 708 ff.

**4052** Vgl. hierzu etwa *Fischer* § 46 StGB, Rn. 77; *Schäfer/Sander/van Gemmeren*, Rn. 689 ff. und Rn. 1632 f.

**4053** BGH, Beschl. v. 19.12.2018 – 3 StR 263/18, Rn. 20; BGH, Beschl. v. 24.4.2018 – 4 StR 60/18 (Unzulässigkeit der Berücksichtigung der Gewinnerzielungsabsicht bei Verurteilung wegen Handeltreibens mit Betäubungsmitteln); BGH, Beschl. v. 20.3.2018 – 3 StR 539/17; BGH, Beschl. v. 9.11.2010 – 4 StR 532/10 = NStZ-RR 2011, 271; BGH, Beschl. v. 14.12.2005 – 5 StR 481/05 (Unzulässigkeit der Erwägung, der Angeklagte hätte „auch andere Lösungsmöglichkeiten für den Konflikt ... finden können" bei Verurteilung wegen Totschlags).

**4054** BGH, Beschl. v. 14.11.2007 – 2 StR 417/07 = NStZ-RR 2008, 106.

**4055** BGH, Beschl. v. 26.6.2014 – 2 StR 157/14. Vgl. auch BGH, Beschl. v. 27.11.2019 – 5 StR 467/19.

**4056** *Fischer* § 46 StGB, Rn. 76.

**4057** BGH, Urt. v. 8.12.2016 – 1 StR 351/16 = StV 2017, 321 = NStZ 2017, 277 m. Anm. *Kett-Straub*.

**4058** BGH, Beschl. v. 11.1.2011 – 3 StR 441/10 = StV 2011, 270.

chen.[4059] Bei der Verurteilung wegen eines versuchten Tötungsdelikts kann nicht zuerst die Strafrahmenverschiebung wegen Vollendungsnähe nach §§ 23 Abs. 2, 49 Abs. 1 StGB abgelehnt werden, dann aber in der Strafzumessung nochmals berücksichtigt werden, dass der Todeserfolg schon unmittelbar bevorstand.[4060] Bei einer Verurteilung nach den §§ 176, 176a StGB ist es unzulässig, strafschärfend zu werten, dass der Angeklagte seine eigenen sexuellen Bedürfnisse über die Integrität des Kindes gestellt habe.[4061] Wie diese Beispiele zeigen, ist es im Rahmen der sachlichrechtlichen Prüfung eines tatrichterlichen Urteils stets erforderlich, sich Klarheit darüber zu verschaffen, in welchem Verhältnis die Erwägungen, mit denen die Höhe der Strafe begründet wurde, zum Inhalt des Tatbestandes stehen.

1677 Differenziert werden muss im Übrigen bei der Bewertung der subjektiven Tatseite, insbesondere bei Tötungsdelikten. Nach neuerer Rechtsprechung ist es nunmehr zulässig, die **Absicht der Tötung** strafschärfend zu berücksichtigen.[4062] Das ist das Resultat eines Anfrageverfahrens,[4063] in dem entgegenstehende Rechtsprechung anderer Senate aufgegeben wurde.[4064]

### e) Bedeutung des § 50 StGB

1678 Während § 46 Abs. 3 StGB das Verhältnis von gesetzlichem Tatbestand und Strafzumessung regelt, bestimmt § 50 StGB das Verhältnis der sog. vertypten Milderungsgründe zum **minder schweren Fall** eines Delikts. Danach darf ein Umstand, der allein oder zusammen mit anderen Umständen die Annahme eines minder schweren Falles begründet und der zugleich ein besonderer gesetzlicher Milderungsgrund nach § 49 StGB ist, nur einmal berücksichtigt werden. § 50 StGB verbietet aber nicht, beim Zusammentreffen mehrerer vertypter Milderungsgründe diejenigen, die nicht zur Bejahung eines minder schweren Fal-

---

**4059** BGH, Beschl. v. 21.8.2018 – 2 StR 231/18 = NStZ-RR 2018, 380; BGH, Beschl. v. 24.4.2018 – 4 StR 60/18; BGH, Beschl. v. 31.1.2017 – 2 StR 413/16 = NStZ-RR 2017, 147.

**4060** BGH, Beschl. v. 12.5.2016 – 5 StR 102/16 = StV 2016, 562.

**4061** BGH, Beschl. v. 8.1.2014 – 3 StR 318/13 = NStZ 2014, 409 = StV 2014, 741 = NStZ 2015, 229.

**4062** BGH, Urt. v. 10.1.2018 – 2 StR 150/15 = BGHSt 63, 54 = NStZ 2018, 533 = StraFo 2018, 394. Hierzu: *Kett-Straub* NStZ 2018, 535.

**4063** BGH, Anfragebeschl. v. 1.6.2016 – 2 StR 150/15 = NStZ 2017, 216 = StV 2017, 523. Hierzu: *Fahl* JR 2017, 301; *Streng* StV 2017, 526.

**4064** Vgl. BGH, Beschl. v. 23.2.2017 – 5 ARs 57/16 = JR 2017, 391; BGH, Beschl. v. 7.6.2017 – 4 ARs 22/16 = NStZ-RR 2017, 238; BGH, Beschl. v. 7.3.2017 – 3 ARs 21/16 = NStZ-RR 2017, 237; BGH, Beschl. v. 27.7.2017 – 1 ARs 20/16.

les herangezogen worden sind, bei der Strafzumessung zu berücksichtigen.[4065] Liegt mit § 21 StGB ein so genannter vertypter Milderungsgrund (§ 49 Abs. 1 StGB) vor und trifft ein derartiger Milderungsgrund mit allgemeinen (nicht vertypten) Milderungsgründen zusammen, so ist im Rahmen der gebotenen Gesamtbetrachtung aller maßgeblichen Strafzumessungstatsachen zunächst (unter Ausklammerung des besonderen Grundes) allein auf die allgemeinen Milderungsgründe abzustellen. Führt diese Prüfung nach Auffassung des Tatrichters bereits zur Annahme eines minder schweren Falls, dann kann (§§ 21, 23 Abs. 2 StGB) oder muss (§ 27 Abs. 2 Satz 2 StGB) der so gefundene Strafrahmen nochmals nach § 49 Abs. 1 StGB gemildert werden. Das Verbot der Doppelverwertung nach § 50 StGB steht dem nicht entgegen, weil der besondere Milderungstatbestand durch die Annahme eines minder schweren Falls noch nicht „verbraucht" ist. Die Versagung einer Strafrahmenverschiebung nach den §§ 21, 49 Abs. 1 StGB im Rahmen der Strafzumessung bei einem minder schweren Fall des Totschlags (§ 213 StGB) ist demnach rechtsfehlerhaft, wenn es im Hinblick auf die im Urteil erörterten gewichtigen allgemeinen Strafmilderungsgründe nicht fernliegt, dass diese allein schon hinreichender Anlass für die Annahme eines sonstigen minder schweren Falls i.S.d. § 213 StGB gewesen wären.[4066] Ein Außerachtlassen dieser Milderungsmöglichkeit wäre ein Strafzumessungsfehler.[4067] Schließlich ist auch zu beachten, dass eine zweifache Milderung des Regelstrafrahmens (z.B. wegen §§ 21, 22, 23 i.V.m. 49 Abs. 1 StGB) manchmal (z.B. bei § 212 StGB) einen günstigeren Strafrahmen eröffnet als die Annahme eines minder schweren Falles (z.B. §§ 213 StGB). Aus dem Urteil muss sich ergeben, dass dem Tatgericht dieses Verhältnis zwischen Milderung und minder schwerem Fall bewusst war.[4068]

#### f) Zulässigkeit generalpräventiver Erwägungen

Wer die Aussichten einer Revision unter dem Aspekt der Strafzumessung zu prüfen hat, sollte stets aufmerken, wenn im Urteil die Ausführungen, die sich mit 1679

**4065** *Fischer* § 50 StGB, Rn. 4 ff.; BGH, Beschl. v. 8.8.2012 – 2 StR 279/12 = NStZ-RR 2013, 7; BGH StV 1982, 71.

**4066** BGH, Beschl. v. 26.10.2011 – 2 StR 218/11 = NStZ 2012, 271; BGH, Urt. v. 9.2.2016 – 1 StR 415/16 = NStZ-RR 2017, 168.

**4067** Siehe zur Thematik auch *Kalf* NJW 1996, 1447.

**4068** Vgl. etwa BGH, Beschl. v. 12.3.2019 – 2 StR 17/19 = NStZ 2019, 409; BGH, Beschl. v. 16.11. 2017 – 2 StR 404/17; BGH, Beschl. v. 4.4.2017 – 3 StR 516/16; BGH, Urt. v. 9.2.2017 – 1 StR 415/ 16.

dem Strafzweck der **„Generalprävention"** befassen, zu deutlich hervortreten. Häufig werden bereits „verbrauchte" strafbegründende Merkmale unter dem Gesichtspunkt der Generalprävention erneut aufgegriffen oder es wird versucht, die Strafe mit allgemeinen rechtspolitischen Erwägungen zu begründen. Auch generalpräventiv begründete Strafschärfungen sind aber nur innerhalb des Bereichs der schuldangemessenen Strafe zulässig.[4069] Eine generalpräventiv begründete Strafschärfung muss geeignet und erforderlich sein, um eine abschreckende Wirkung zu erzielen.[4070] Zu Recht verlangt der Bundesgerichtshof in diesem Zusammenhang, dass ein **konkretes Bedürfnis zur Abschreckung** anderer dargetan wird. Dazu kann es erforderlich sein, dass „eine gemeingefährliche Zunahme solcher und ähnlicher Straftaten, die zur Aburteilung stehen, festgestellt worden ist".[4071] Keineswegs darf eine Strafe zur Abschreckung Dritter nur mit dem Hinweis auf den Gesetzeszweck erhöht werden.[4072] Die danach erforderlichen Feststellungen werden sich allerdings nur selten treffen lassen,[4073] auch wenn zweifelhaft ist, inwieweit ein präziser statistischer Nachweis erforderlich ist.[4074]

1680 Auch sonst zeigt die Rechtsprechung, dass eine Straferhöhung, die mit der Abschreckungswirkung begründet wird, nur selten Bestand haben kann. Hat z.B. eine Strafkammer für den Verkauf von 53 Gramm Heroin eine Freiheitsstrafe von 8 Jahren verhängt, so hat dem Bundesgerichtshof schon die bloße Hervorhebung des Gesichtspunktes der Generalprävention genügt, um das Urteil aufzuheben, weil *„nicht ausgeschlossen werden"* kann, dass das Landgericht dem Strafzweck der Abschreckung Dritter *„ein zu hohes Gewicht beigemessen und dabei nicht genügend beachtet hat, dass (er) nur innerhalb des Spielraums für die schuldangemessene Strafe berücksichtigt werden darf"*.[4075] Genauso wenig war es zulässig, dass der Tatrichter im Rahmen der Strafzumessung strafschärfend darauf abstellte, dass wegen des besonderen Interesses der Öffentlichkeit Tat, Strafmaß und

---

**4069** *Fischer* § 46 StGB, Rn. 12 mwN.

**4070** *Schäfer/Sander/van Gemmeren*, Rn. 841 und 843.

**4071** BGH, Beschl. v. 11.4.2013 – 5 StR 113/13 = NStZ-RR 2013, 240; BGH, Beschl. v. 5.4.2005 – 4 StR 95/05 = StV 2005, 387, 388; BGH, Urt. v. 29.1.1992 – 2 StR 427/91 = NStZ 1992, 275 = NJW 1992, 2903; BayObLG StV 1988, 530.

**4072** BGH, Beschl. v. 14.1.1982 – 4 StR 686/81 = StV 1982, 221.

**4073** *Schäfer/Sander/van Gemmeren*, Rn. 844.

**4074** Vgl. BGH, Urt. v. 13.2.1991 – 3 StR 423/90 = BGHR BtMG § 29 Strafzumessung 14 („ständig steigende Zahl Drogentoter"). Vgl. ergänzend auch BGH, Urt. v. 9.1.2013 – 5 StR 395/13.

**4075** BGH, Beschl. v. 5.3.1981 – 1 StR 50/81 = StV 1981, 235; BGHSt 28, 318, 326; ähnlich auch BGH, Urt. v. 17.8.1994 – 2 StR 343/94 = NStZ 1995, 77.

Begründung in hohem Maße bekannt würden und daher „geeignet seien, potentielle Täter abzuschrecken". Diese Erwägungen beschreiben keinen zur Begründung der Generalprävention zulässigerweise verwertbaren Umstand, der außerhalb der bei Aufstellung eines bestimmten Straftatbestandes vom Gesetzgeber bereits berücksichtigten allgemeinen Abschreckung liegt.[4076]

### g) Berücksichtigung von Vorstrafen

Strafzumessungsfehler kommen nicht selten auch im Zusammenhang mit dem 1681 Versuch vor, Taten in die Strafzumessung einzubeziehen, die nicht Gegenstand des Verfahrens sind. Weitgehend zulässig ist dies bei der **Berücksichtigung von Vorstrafen**, wenn sie die Schuld des Täters oder die Notwendigkeit, im Rahmen des Schuldangemessenen auf ihn einzuwirken, erhöhen. Im Bundeszentralregister getilgte oder zu tilgende Vorstrafen müssen aber außer Betracht bleiben (§ 51 BZRG). Werden sie dennoch strafschärfend berücksichtigt, so ist die Strafzumessung rechtsfehlerhaft und das Urteil insoweit aufzuheben.[4077] Ist der Angeklagte **nicht vorbestraft**, so muss dies strafmildernd berücksichtigt werden, ohne dass sich dagegen einwenden ließe, ein gesetzmäßiges Verhalten sei schließlich der von der Rechtsordnung erwartete Normalzustand.[4078]

Zulässig sein soll es auch, strafbares Verhalten zu berücksichtigen, das 1682 zwar vor der aktuellen Tat begangen wurde, aber erst danach abgeurteilt wurde.[4079] Dabei darf aber nicht außer Acht gelassen werden, dass in dieser Situation bei Begehung der neuen Tat die Warnfunktion eines Gerichtsurteils noch nicht eingetreten sein konnte.

### h) Persönliche Verhältnisse des Angeklagten

Tatrichterliche Urteile beginnen gewöhnlich mit der Schilderung des Lebens- 1683 laufs des Angeklagten. Aber nicht immer lassen die übrigen Urteilsgründe erkennen, welchen Sinn dieses „erste Kapitel" eigentlich hat. Es liest sich häufig wie eine Pflichtübung des Berichterstatters, die ohne Bezug zu der eigentlichen Tat, der Beweiswürdigung, den rechtlichen Bewertungen und der Strafzumes-

---

**4076** BGH, Urt. v. 21.3.2002 – 5 StR 566/01 = wistra 2002, 260. Vgl. auch BGH, Beschl. v. 5.11. 2014 – 5 StR 289/14.

**4077** BGH, Beschl. v. 9.5.2018 – 5 StR 146/18.

**4078** BGH, Beschl. v. 2.11.1995 – 5 StR 606/95 = StV 1996, 205; BGH NStZ 1988, 70; BGH StV 1981, 236; *Fischer* § 46 StGB, Rn. 37b.

**4079** BGH, Beschl. v. 30.9.2009 – 2 StR 270/09 = NStZ-RR 2010, 40.

sung absolviert wird.[4080] Der Bundesgerichtshof verlangt die Darstellung und Erörterung der **persönlichen Verhältnisse des Täters**, denn *„für die Strafzumessung und deren rechtliche Überprüfung ist grundsätzlich die Kenntnis vom Werdegang und den Lebensverhältnissen des Angeklagten wesentlich. Nur so kann das Revisionsgericht überprüfen, ob die Zumessung der verhängten Freiheitsstrafe von drei Jahren auf der gebotenen wertenden Gesamtschau des Tatgeschehens sowie des Täters und der für seine Persönlichkeit, sein Vorleben und sein Nachtatverhalten aussagekräftigen Umstände beruht"*.[4081] Dass deshalb bei einer Verurteilung das völlige Fehlen von Feststellungen zum Lebenslauf des Angeklagten auf die Sachrüge hin zur Aufhebung führt, liegt auf der Hand. Aber sind jene persönlichen Verhältnisse auch dann schon ausreichend gewürdigt, wenn sie lediglich am Anfang der Urteilsgründe festgestellt werden, ohne dass die Strafzumessungsgründe noch einmal darauf eingehen? Berücksichtigt man, dass auch die Würdigung der persönlichen Lebensführung durchaus rechtsfehlerhaft sein kann,[4082] so setzt die Überprüfung durch das Revisionsgericht eine Darlegung der Bedeutung voraus, die der Tatrichter den persönlichen Lebensumständen für das Maß an Schuld beigemessen hat.

1684 Es gibt auch Umstände, die nur in bestimmten Konstellationen in der Strafzumessung zu erwähnen und zu berücksichtigen sind. So hängt es im Einzelfall von der Höhe der verhängten Freiheitsstrafe sowie dem Alter des Verurteilten und den übrigen Strafzumessungserwägungen ab, ob sich die Urteilsgründe mit den **Wirkungen einer Strafe** auf einen zum Urteilszeitpunkt noch jungen Angeklagten ausdrücklich befassen müssen und in welchem Umfang dies zu geschehen hat. Dabei gilt der Grundsatz, dass die sachlich-rechtliche Begründungspflicht umso eher eine ausdrückliche Erörterung gebietet, je jünger der Verurteilte und je höher die verhängte Freiheitsstrafe ist.[4083]

**4080** Vgl. dazu auch *Appl* FS Rissing-van Saan, S. 35, 41.

**4081** BGH, Beschl. v. 9.4.2013 – 4 StR 102/13 = NStZ 2014, 171. Kritisch hierzu *Fischer* § 46 StGB, Rn. 37. S. ferner auch BGH, Beschl. v. 30.5.2012 – 2 StR 98/12 = StV 2013, 563.

**4082** Vgl. z.B. BGH, Beschl. v. 9.5.2018 – 5 StR 146/18 oder BGH, Beschl. v. 16.7.2019 – 4 StR 234/19; KK-*Kuckein/Bartel* § 267 StPO, Rn. 25.

**4083** BGH, Beschl. v. 5.12.2002 – 3 StR 297/02 = StV 2003, 222 (11 J. Freiheitsstrafe gegen einen Heranwachsenden).

### i) Berufsrechtliche Folgen

Nicht selten werden Urteile im Strafausspruch auch deshalb aufgehoben, weil 1685
**außerstrafrechtliche Folgen** der Verurteilung nicht gewürdigt wurden.[4084] Oft wird eine durch die Strafe verursachte berufsrechtliche „Nebenfolge" die Sanktion empfindlicher machen. Ihr Gewicht ist dabei unterschiedlich, je nachdem ob die berufsrechtliche Rechtsfolge zwingend eintritt oder nur als möglich droht. Musterbeispiel für diese Fallgruppe bleiben die **Rechtsverhältnisse von Beamten**: Ein Urteil, das gegen einen Beamten wegen einer vorsätzlich begangenen Tat eine Freiheitsstrafe von einem Jahr oder mehr verhängt, wird auf die Sachrüge hin aufgehoben, wenn die Urteilsgründe nicht erkennen lassen, dass dem Tatrichter dabei die einschlägigen beamtenrechtlichen Vorschriften[4085] bewusst waren, nach denen der Angeklagte sämtliche Rechte aus seinem Beamtenverhältnis verliert.[4086]

Für die Angehörigen der **freien Berufe** gelten teilweise Regelungen über 1686
den Verlust der berufsrechtlichen Zulassung, die den Regelungen des Beamtenrechts angenähert sind. Auch bei der Verurteilung von Rechtsanwälten[4087], Steuerberatern[4088], Ärzten[4089] und Apothekern[4090] ist deshalb jeweils zu prüfen, welche Rechtsfolgen sich aus dem Berufsrecht im Falle der Rechtskraft des Strafurteils ergeben.

## 4. Fehler bei der Gesamtstrafenbildung

Die Gesamtstrafenbildung ist im Urteil stets gesondert zu begründen. Sie ist ein 1687
eigenständiger Akt der Strafzumessung, bei dem die Person des Täters und die

**4084** Vgl. *Fischer* § 46 StGB, Rn. 9 mwN; LK-*Theune* § 46 StGB, Rn. 15 mwN.

**4085** Vgl. insb. § 24 Abs. 1 BeamtenStatusG.

**4086** Vgl. BGH, Beschl. v. 15.11.2012 – 3 StR 199/12 = NJW 2013, 1892 = StV 2013, 565; BGH, Beschl. v. 3.11.2009 – 4 StR 445/09 = NStZ-RR 2010, 39; BGH, Urt. v. 3.12.1996 – 5 StR 492/96 = NStZ-RR 1997, 195. Zur begrenzten Wirkung von Strafbefehlen: BVerwG, Urt. v. 8.6.2000 – 2 C 20/99 = NJW 2000, 3297.

**4087** BGH, Beschl. v. 24.7.2014 – 2 StR 221/14 = wistra 2015, 27 = NStZ 2015, 277; BGH, Beschl. v. 11.4.2013 – 2 StR 506/12 = NStZ 2013, 522; BGH, Beschl. v. 2.2.2010 – 4 StR 514/09 = wistra 2010, 301, 302; vgl. auch BGH, Beschl. v. 17.9.2019 – 1 StR 334/19.

**4088** BGH, Beschl. v. 8.12.2016 – 1 StR 492/16 = wistra 2017, 267; BGH, Beschl. v. 27.6.2016 – 1 StR 256/16 = StV 2017, 83 = NZWiSt 2017, 39; BGH, Beschl. v. 29.9.2015 – 1 StR 412/15 = wistra 2016, 29 = NStZ-RR 2016, 8; BGH, Beschl. v. 28.5.2014 – 3 StR 206/13 = BGHSt 59, 244, 252.

**4089** BGH, Beschl. v. 16.10.2003 – 5 StR 377/03 = StV 2004, 71.

**4090** BGH, Beschl. v. 22.1.1991 – 5 StR 542/90 = StV 1991, 157.

einzelnen Straftaten zusammenfassend zu würdigen sind.[4091] Wird die zusammenfassende Würdigung der Person des Täters und der einzelnen Straftaten (§ 54 Abs. 1 Satz 3 StGB) durch formelhafte Wendungen oder gar durch mathematische Faustregeln[4092] ersetzt, so führt dies zur Aufhebung des Urteils.[4093] Wesentlich ist, dass der Summe der Einzelstrafen nur geringes Gewicht zukommt, die Gesamtstrafenbildung zielt nicht auf Summenbetrachtungen, sie hat das Ziel, die Einsatzstrafe unter Berücksichtigung der Person des Täters und der Einzeltaten angemessen zu erhöhen.[4094] Andererseits hat der Bundesgerichtshof seine früher vertretene Auffassung[4095] nicht vollständig verlassen, wonach in einfacher gelagerten Fällen zur Vermeidung von Wiederholungen neben den Erwägungen zur Einzelstrafenbildung wenige Hinweise zur Gesamtwürdigung ausreichen können. Die Höhe der Gesamtstrafe muss aber umso eingehender begründet werden, je mehr sie sich der Einsatzstrafe oder der Summe der Einzelstrafen nähert. Der BGH wendet die Regel an, dass an die Begründung der Gesamtstrafenbemessung umso höhere Anforderungen zu stellen sind, je mehr sich die Strafe der unteren oder oberen Grenze des zulässigen Maßes annähert.[4096]

**1688** Obwohl sämtliche Fehler in den Strafzumessungserwägungen in den Urteilsgründen schon auf die allgemeine Sachrüge hin von Amts wegen zu prüfen sind, gibt es doch zahlreiche Revisionsgründe auf diesem Gebiet, bei denen das Revisionsgericht auf einen entsprechenden Hinweis durch den Revisionsführer in Form einer Verfahrensrüge angewiesen ist. Das gilt beispielsweise für Fälle, in denen die Bildung einer **Gesamtstrafe** daran hätte scheitern müssen, dass die Einzelstrafe aus einem früheren Urteil schon deshalb nicht einbezogen werden durfte, weil sie zum Zeitpunkt des späteren Urteils bereits verbüßt war.[4097] Will

---

**4091** Vgl. BGH, Urt. v. 2.2.2017 – 4 StR 481/16 = NStZ-RR 2017, 105.

**4092** Vgl. dazu BGH, Beschl. v. 10.11.2016 – 1 StR 417/16; BGH, Urt. v. 28.3.2013 – 4 StR 467/12, Rn. 30; *Fischer* § 54 StGB, Rn. 6, 7 und LK-*Rissing-van Saan* § 54 StGB, Rn. 12.

**4093** Vgl. BGH, Beschl. v. 10.11.2016 – 1 StR 417/16; BGH, Beschl. v. 25.8.2010 – 1 StR 410/10 = NStZ 2011, 32; BGH, Beschl. v. 24.2.2009 – 5 StR 43/09 = NStZ-RR 2009, 200.

**4094** Vgl. BGH, Beschl. v. 13.2.2018 – 4 StR 585/17 = NStZ-RR 2018, 171; *Fischer* § 54 StGB, Rn. 7

**4095** BGHSt 8, 210 = NJW 1956, 149 = MDR 1956, 307 = LM Nr. 31 zu § 49 StGB (m. Anm. *Arndt*); BGH, Urt. v. 30.11.1971 – 1 StR 485/71 = BGHSt 24, 268, 271.

**4096** BGH, Beschl. v. 13.2.2018 – 4 StR 585/17 = NStZ-RR 2018, 171; BGH, Urt. v. 2.2.2017 – 4 StR 481/16 = NStZ-RR 2017, 105; *Fischer* § 54 StGB, Rn. 7a mwN. Vgl. auch BGH, Beschl. v. 29.11. 2012 – 5 StR 522/12 = NStZ-RR 2013, 108 (Ls.); BGH, Beschl. v. 25.8.2010 – 1 StR 410/10 = NStZ 2011, 32.

**4097** Vgl. hierzu *Fischer* § 55 StGB, Rn. 6 mwN; BGH, Beschl. v. 19.2.2014 – 2 StR 558/13 = NStZ-RR 2014, 242.

der Angeklagte dies rügen und stehen die den Rechtsfehler tragenden Tatsachen über die einbezogene rechtskräftige frühere Verurteilung einschließlich der bereits erledigten Verbüßung nicht im Urteil, muss er eine Aufklärungsrüge erheben und den exakten Weg aufzeigen, wie die Umstände, die der Gesamtstrafenbildung entgegengestanden hätten, zu beweisen gewesen wären (z.B. durch Verlesung der betreffenden Urkunden aus der erforderlichenfalls noch beizuziehenden anderen Akte). Dasselbe gilt für den umgekehrten Fall, dass beanstandet wird, das Gericht habe eine noch nicht erledigte rechtskräftige andere Verurteilung nicht einbezogen, weil es die Zäsurwirkung als Voraussetzung der Gesamtstrafe verkannt habe.[4098] Von besonderer Bedeutung sind Verfahrensrügen ferner dann, wenn geltend gemacht werden soll, das Tatgericht habe keine Kompensation für eine rechtsstaatswidrige Verfahrensverzögerung gewährt. Soweit sich nicht bereits aus dem Urteil ergibt, dass es zu rechtsstaatswidrigen Verfahrensverzögerungen gekommen ist, kann dies nach h.M. im Revisionsverfahren nur über eine Verfahrensrüge geltend gemacht werden.[4099]

Die nachträgliche Bildung einer Gesamtstrafe ist nach ständiger Rechtspre- 1689
chung des Bundesgerichtshofs grundsätzlich Sache des Tatrichters.[4100] Er darf dies in der Regel nicht dem Beschlussverfahren nach §§ 460, 462 StPO überlassen. Der BGH lässt jedoch Ausnahmen zu, z.B. wenn der Tatrichter auf Grund der bislang gewonnenen Erkenntnisse keine sichere Entscheidung fällen kann, etwa weil die Unterlagen für eine möglicherweise gebotene Gesamtstrafenbildung nicht vollständig vorliegen – ohne dass dies auf unzureichender Terminsvorbereitung beruht – und die Hauptverhandlung allein wegen deshalb noch notwendiger Erhebungen mit weiterem erheblichem Zeitaufwand belastet werden würde.[4101]

Enthalten die Urteilsgründe keine erschöpfenden Ausführungen zu den 1690
Vorverurteilungen, deren Einbeziehung in die Gesamtstrafe im Grundsatz gemäß § 55 StGB zu prüfen gewesen wäre, ohne ausdrücklich mitzuteilen, weshalb die entsprechenden Feststellungen nicht getroffen werden konnten, so stellt

---

**4098** So auch die Empfehlung bei *Schlothauer/Weider/Wollschläger*, Rn. 2015 f.; zur Zäsurwirkung: *Fischer* § 54 StGB, Rn. 9.

**4099** Vgl. dazu oben Rn. 1585.

**4100** Vgl. BGHSt 12, 1; BGH, Beschl. v. 7.7.2010 – 1 StR 210/10 = NJW 2010, 3589, Rn. 25; vgl. LK-*Rissing-van Saan* § 55 StGB, Rn. 47; Schönke/Schröder-*Sternberg-Lieben/Bosch*, 30. Aufl., § 55 StGB, Rn. 72, 73; *Fischer* § 55 StGB, Rn. 34, 35; jeweils mwN; kritisch hierzu: *Fitzner* NJW 1966, 1206.

**4101** BGHSt 12, 10; BGHSt 23, 98, 99 (Anm. *Küper* MDR 1970, 885); BGHR StGB § 55 Abs. 1 Satz 1 – Anwendungspflicht 2; BGH, Beschl. v. 24.7.1997 – 1 StR 216/97 = NJW 1997, 2892, 2893; LK-*Rissing-van Saan* § 55 StGB, Rn. 48; *Fischer* § 55 StGB, Rn. 35. S. hierzu: *Arnoldi/Rutkowski* NStZ 2011, 493, 495.

sich die Frage, ob darin ein Erörterungsmangel liegt. Der 1. Strafsenat hat dies in einer Entscheidung aus dem Jahr 2004 verneint[4102] und zur Begründung darauf verwiesen, es sei in solchen Fällen grundsätzlich davon auszugehen, dass dem erkennenden Gericht die notwendigen Unterlagen zu den Vorverurteilungen und zu deren Vollstreckung nicht zugänglich waren und dass das Gericht deshalb die nachträgliche Gesamtstrafenbildung zu Recht dem Beschlussverfahren gemäß §§ 460, 462 StPO überlassen hat. Solle in der Revision anderes geltend gemacht werden, so sei eine gemäß § 344 Abs. 2 Satz 2 StPO zu begründende Verfahrensrüge erforderlich.[4103] Auch wenn die Rechtsfrage nicht unumstritten ist,[4104] ist diese Rechtsprechung zu beachten.

1691 Wird vom Revisionsgericht eine Gesamtstrafe aufgehoben und die Sache an das Tatgericht zurückverwiesen, so ist in der neuen Verhandlung die Gesamtstrafenbildung nach Maßgabe der Vollstreckungssituation zum Zeitpunkt der ersten tatrichterlichen Verhandlung vorzunehmen, weil dem Angeklagten ein erlangter Rechtsvorteil nicht genommen werden darf.[4105] Daher sind vom neuen Tatrichter ggf. auch zwischenzeitlich erledigte Strafen einzubeziehen.[4106]

### 5. Fehler bei der Strafaussetzung zur Bewährung

1692 Revisible Fehler können auch bei der Entscheidung nach § 56 StGB aufgetreten sein. Als Verfahrensfehler ist es dabei zu werten, wenn die Urteilsgründe keine Ausführungen zur fehlenden Strafaussetzung zur Bewährung enthalten, obwohl in der Hauptverhandlung ein darauf gerichteter **Antrag** gestellt wurde (vgl. § 267 Abs. 3 Satz 4, 2. Alt StPO).[4107] Da sich in einem solchen Fall die Tatsache der Antragstellung regelmäßig nicht aus den Urteilsgründen ergeben wird, muss in der Revisionsbegründung hierzu eine den Formvorschriften des § 344 Abs. 2 StPO entsprechende Verfahrensrüge erhoben werden.[4108]

---

**4102** Vgl. BGH, Urt. v. 17.2.2004 – 1 StR 369/03 = NStZ 2005, 32.

**4103** BGH, Urt. v. 17.2.2004 – 1 StR 369/03 = NStZ 2005, 32 unter Hinw. auf OLG Hamm NJW 1970, 1200 m. Anm. *Küper* NJW 1970, 1559.

**4104** BGH, Beschl. v. 15.9.2006 – 2 StR 280/06. Vgl. auch BGH, Beschl. v. 17.7.2007 – 4 StR 293/07 und OLG Köln, Beschl. v. 11.11.2005 – 83 Ss 69/05 = StraFo 2006, 119.

**4105** *Fischer* § 55 StGB, Rn. 37; BGH, Beschl. v. 5.7.2011 – 3 StR 188/11 = NStZ-RR 2011, 306, BGH, Beschl. v. 9.12.2009 – 5 StR 459/09 = NStZ-RR 2010, 106; BGH, Beschl. v. 7.4.2006 – 2 StR 63/06 = NStZ-RR 2006, 232; BGH, Beschl. v. 9.7.2004 – 2 StR 170/04 = StraFo 2004, 396.

**4106** *Fischer* § 55 StGB, Rn. 37; vgl. BGH, Beschl. v. 21.8.2001 – 5 StR 291/01 = NStZ 2001, 645.

**4107** BGH, Beschl. v. 13.3.2008 – 4 StR 534/07 = StV 2008, 345 (Leits.); KK-*Kuckein/Bartel* § 267 StPO, Rn. 33.

**4108** Vgl. BGH, Beschl. v. 4.4.2019 – 5 StR 616/18.

Unabhängig davon kann es aber auch die Sachrüge begründen, wenn Ausführungen zur Strafaussetzung zur Bewährung im Urteil fehlen, obwohl eine Strafaussetzung nahelag.[4109] Allgemein gilt für die Sachrüge, dass die Strafzumessungserwägungen umso eingehender sein müssen, je weniger die verhängte Strafe die noch bewährungsfähige Grenze von 2 Jahren Freiheitsstrafe übersteigt.[4110] Umgekehrt hat es der BGH dem Tatrichter allerdings auch schon angekreidet, wenn er Formulierungen gewählt hat, die eine Vermengung der Frage nach der schuldangemessenen Strafe mit dem Ziel der Strafaussetzung zur Bewährung befürchten lassen.[4111] 1693

Wesentliche Grundlage für eine Strafaussetzung zur Bewährung ist eine positive Sozialprognose. Hierfür reicht es aus, dass die Wahrscheinlichkeit künftig straffreien Lebens größer ist als diejenige neuer Straftaten.[4112] Hierüber ist anhand der in § 56 Abs. 1 S. 2 StGB genannten Gesichtspunkte zu entscheiden. Erforderlich ist eine Gesamtwürdigung, in die auch Umstände einbezogen werden können, die schon für die Strafzumessung bedeutsam waren. Für die abschließende Beurteilung kommt dem Tatgericht nach Ansicht des BGH ein Bewertungsspielraum zu.[4113] Das Revisionsgericht greift nur ein, wenn unzutreffende Maßstäbe angewandt, nahe liegende Umstände übersehen oder festgestellte Umstände fehlerhaft gewichtet wurden.[4114] 1694

Eine Strafaussetzung zur Bewährung kommt bei Strafen von mindestens sechs Monaten nicht in Betracht, wenn die **„Verteidigung der Rechts-** 1695

---

**4109** BGH, Beschl. v. 28.7.2011 – 4 StR 283/11; BGH, Beschl. v. 8.6.2011 – 4 StR 111/11 = StV 2012, 728; BGH, Beschl. v. 5.3.1997 – 2 StR 63/97. Vgl. auch BGH, Beschl. v. 10.7.2014 – 3 StR 232/14 = StV 2015, 174 = NJW 2014, 3797; *Meyer-Goßner/Schmitt* § 267 StPO, Rn. 23.

**4110** Dieser auf die Lehre von *G. Schäfer* zurückgehende Grundsatz spiegelt sich in zahlreichen BGH-Entscheidungen bis zum Jahre 2003 wider. Vgl. hierzu etwa BGH, Beschl. v. 19.11.2002 – 1 StR 374/02 („Die neu zur Entscheidung berufene Strafkammer wird für den Fall, dass der Angeklagte schuldig gesprochen wird, bei der Strafzumessung zu berücksichtigen haben, dass nach der Rechtsprechung des Bundesgerichtshofs die Verhängung einer Freiheitsstrafe umso eingehender begründet werden muss, je knapper die verhängte Strafe eine an sich noch bewährungsfähige Strafe übersteigt (BGH, Beschl. v. 5.12.2000 – 1 StR 533/00; BGH StV 1992, 462, 463; *G. Schäfer*, Praxis der Strafzumessung 3. Aufl. Rn. 615 mwN)."

**4111** Vgl. z.B. BGH, Beschl. v. 19.8.2008 – 5 StR 244/08 = NStZ-RR 2008, 369. Nach h.M. soll die Vermischung von Strafzumessungserwägungen und Erwägungen zur Strafaussetzung zur Bewährung unzulässig sein (vgl. *Fischer* § 46 StGB, Rn. 7a mwN).

**4112** *Fischer* § 56 StGB, Rn. 4 mwN.

**4113** BGH, Urt. v. 10.6.2010 – 4 StR 474/09 Rn. 34 = NStZ-RR 2011, 143.

**4114** *Fischer* § 56 StGB, Rn. 11; BGH, Beschl. v. 27.6.2019 – 1 StR 203/19; OLG Karlsruhe, Beschl. v. 23.1.2008 – 1 Ss 19/07 = StV 2008, 307.

**ordnung"** die Vollstreckung gebietet (§ 56 Abs. 3 StGB).[4115] In diesem Rahmen kann der Gedanke der abschreckenden Wirkung zu berücksichtigen sein,[4116] die Strafaussetzung zur Bewährung kann aber nicht unter Berufung auf § 56 Abs. 3 StGB für bestimmte Deliktsgruppen von vornherein ausgeschlossen werden.[4117]

1696 Liegt die Höhe der verhängten Freiheitsstrafe über einem Jahr, kommt eine Strafaussetzung zur Bewährung nach § 56 Abs. 2 StGB nur in Betracht, wenn „besondere Umstände" gegeben sind. Hierüber ist anhand einer Gesamtwürdigung von Tat und Persönlichkeit des Verurteilten zu entscheiden. Sie muss im Urteil in einer für das Revisionsgericht nachprüfbaren Weisen dargelegt werden.[4118] Durch § 56 Abs. 2 StGB wird dem Gericht in Bezug auf die Strafaussetzung zur Bewährung ein Ermessen eingeräumt. Nach Ansicht des BGH hat das Revisionsgericht die getroffene Entscheidung dabei „bis zur Grenze des Vertretbaren" zu respektieren.[4119] Gleichwohl kommt es in der Revisionsinstanz in eindeutigen Fällen immer wieder zu einer eigenen Sachentscheidung, d.h. die Revisionsgerichte ordnen die Strafaussetzung zur Bewährung selbst an, wenn sich nach ihrer Ansicht die Voraussetzungen aus dem angefochtenen Urteil ergeben.[4120]

---

**4115** Vgl. hierzu BGH, Urt. v. 6.7.2017 – 4 StR 415/16 = NJW 2017, 3011 = StV 2018, 411 = NStZ 2018, 29; *Paul* DAR 2017, 678; *Rebler* StV 2018, 415.

**4116** Vgl. *Fischer* § 56 StGB, Rn. 14.

**4117** Vgl. BGH, Beschl. v. 11.12.2013 – 2 StR 478/13 = NJW 2014, 1403 = StV 2014, 411 (Aussagedelikte); BGH, Beschl. v. 13.4.2011 – 2 StR 665/10 = StraFo 2011, 324; vgl. auch *Fischer* § 56 StGB, Rn. 16.

**4118** Vgl. BGH, Beschl. v. 31.7.2012 – 5 StR 535/12 = StV 2013, 84 = NStZ-RR 2012, 357.

**4119** Vgl. *Fischer* § 56 StGB, Rn. 25; BGH, Urt. v. 6.7.2017 – 4 StR 415/16 = NJW 2017, 3011 = StV 2018, 411 = NStZ 2018, 29; BGH, Urt. v. 26.4.2007 – 4 StR 557/06 = NStZ-RR 2007, 232.

**4120** So zum Beispiel in BGH, Beschl. v. 31.7.2012 – 5 StR 535/12 = StV 2013, 84 = NStZ-RR 2012, 357. Zur eigenen Sachentscheidung des Revisionsgerichts über die Strafaussetzung zur Bewährung vgl. *Meyer-Goßner/Schmitt* § 354 StPO, Rn. 26d.

# Teil 8: Ablauf des Revisionsverfahrens und Entscheidungen

**Literatur:** *Fezer* Revisionsurteil oder Revisionsbeschluß – Strafverfahrensnorm und Strafverfahrenspraxis in dauerhaftem Widerstreit, StV 2007, 40; *Hanack* Die Verteidigung vor dem Revisionsgericht, FS Dünnebier, 1982, S. 306 f.; *Hanack* Die Rechtsprechung des Bundesgerichtshofs zum Strafverfahrensrecht, JZ 1972, 313; *Meyer-Goßner* Nachholung fehlender Erstentscheidungen durch das Rechtsmittelgericht?, JR 1985, 454; *Naucke* Die Einstellung gem. § 153 Abs. 2 StPO in der Revision, FS zum 125jährigen Bestehen der Staatsanwaltschaft Schleswig Holstein, S. 466; *Schmitt* Können die Beschlüsse aus §§ 346, 349 StPO zurückgenommen werden?, JZ 1961, 15; *Seibert* Urteilsaufhebungen durch Beschluß (§ 349 Abs. 4 StPO), NJW 1966, 1064.

## A. Entscheidung über die Revision

### I. Verwerfung als unzulässig durch das Tatgericht

Das Tatgericht prüft im Hinblick auf die Zulässigkeit des Rechtsmittels zunächst die Revisionseinlegung und die Revisionsbegründung.[4121] Ist beides form- und fristgerecht erfolgt, leitet der judex a quo die Revisionsschrift einschließlich der Akten an den Beschwerdegegner weiter (§ 347 Abs. 1 StPO). Die Zustellung durch das Tatgericht indiziert die Zulässigkeit der Revision; eine gesonderte Entscheidung muss in diesem Fall nicht ergehen.[4122] 1697

Hat der Revisionsführer Frist oder Form nicht gewahrt, verwirft das Tatgericht die Revision durch Beschluss als unzulässig (§ 346 Abs. 1 StPO). Dabei ist unter der **„Form“** nur das zu verstehen, was § 341 Abs. 1 StPO für die Revisionseinlegung („zu Protokoll der Geschäftsstelle oder schriftlich“) und § 345 Abs. 2 StPO für die Revisionsanträge und ihre Begründung (für den Angeklagten „nur in einer von dem Verteidiger oder einem Rechtsanwalt unterzeichneten Schrift oder zu Protokoll der Geschäftsstelle“) vorschreiben. Eine weitergehende Zulässigkeitsprüfung steht dem Tatgericht nicht zu.[4123] So ist beispielsweise der Ver- 1698

**4121** Zum für das Tatgericht geltenden engen Maßstab vgl. BGH, Beschl. v. 16.4.2007 – 5 StR 106/07 = wistra 2007, 272.

**4122** Sollte das Tatgericht die Zulässigkeit in einem Beschluss dennoch positiv feststellen, ist diese Entscheidung rechtlich unwirksam; hierzu LR-*Franke* § 346 StPO, Rn. 15.

**4123** *Meyer-Goßner/Schmitt* § 346 StPO, Rn. 2; st. Rspr.: BGH, Beschl. v. 11.5.2015 – 1 StR 116/15 = NStZ-RR 2015, 288; BGH, Beschl. v. 5.10.2006 – 4 StR 375/06 = NJW 2007, 165. Zur Bedeutung der Bescheidung eines Antrages auf Bestellung eines neuen Pflichtverteidigers in diesem Zusammenhang vgl. BGH, Beschl. v. 11.9.2019 - 2 StR 281/18 = StraFo 2020, 23.


https://doi.org/10.1515/9783110444339-009

werfungsgrund der Revisionsrücknahme durch den Angeklagten der Prüfungskompetenz des Tatgerichts entzogen.[4124]

1699 Gegen diesen Beschluss kann der Revisionsführer innerhalb einer Woche die **Entscheidung durch das Revisionsgericht** beantragen (§ 346 Abs. 2 S. 1 StPO). Der Antrag muss keiner bestimmten Form genügen. Unschädlich ist es auch, wenn er versehentlich als „Beschwerde" oder „Antrag auf Wiedereinsetzung in den vorigen Stand"[4125] bezeichnet wird. Der Antrag wird entsprechend den Vorschriften über die sofortige Beschwerde (§ 311 StPO) behandelt.[4126] Er kann von dem Revisionsführer nur im Falle der **Zurückweisung *seines* Revisionsantrages** gestellt werden; folglich ist der Antrag des Angeklagten nach § 346 Abs. 2 StPO nicht zulässig gegen die Verwerfung der von der Staatsanwaltschaft eingelegten Revision, auch wenn diese zugunsten des Angeklagten eingelegt wurde.[4127] Nur der Revisionsführer selbst kann von diesem Rechtsbehelf Gebrauch machen. Lediglich der Verteidiger kann aufgrund seiner Vollmacht einen Antrag auch für den Angeklagten stellen.[4128] Zugunsten des Angeklagten kann der Antrag also weder von der Staatsanwaltschaft noch von dem gesetzlichen Vertreter oder Erziehungsberechtigten gestellt werden.[4129] Wird jedoch die Revision des Erziehungsberechtigten oder des gesetzlichen Vertreters wegen Unzulässigkeit verworfen, kann der Angeklagte hiergegen das Revisionsgericht um Entscheidung ersuchen.[4130]

1700 Auf den Antrag nach § 346 Abs. 2 StPO prüft das Revisionsgericht die Revision auf ihre Zulässigkeit und Begründetheit hin. Bei Unzulässigkeit wird der Antrag verworfen, und zwar auch dann, wenn die Unzulässigkeit auf einem anderen Grund als auf dem vom Tatgericht angenommenen beruht.[4131] Hat das Tatgericht Zulässigkeitsvoraussetzungen geprüft, für deren Prüfung es nicht zuständig war, hebt das Revisionsgericht den Beschluss auf und ersetzt diesen durch einen eigenen nach § 349 Abs. 1 StPO.[4132] Verfahrenshindernisse werden vom Revisionsgericht nur geprüft, wenn die Revision rechtzeitig eingelegt wur-

**4124** *Meyer-Goßner/Schmitt* § 346 StPO, Rn. 2; BGH, Beschl. v. 15.4.2015 – 1 StR 112/15 = NStZ-RR 2016, 24.

**4125** BGH NStE StPO § 346 Nr. 2; *Dahs*, Revision, Rn. 544 (mit Hinweis auf § 300 StPO).

**4126** *Meyer-Goßner/Schmitt* § 346 StPO, Rn. 8.

**4127** LR-*Franke* § 346 StPO, Rn. 28; *Meyer-Goßner/Schmitt* § 346 StPO, Rn. 9.

**4128** LR-*Franke* § 346 StPO, Rn. 28; *Meyer-Goßner/Schmitt* § 346 StPO, Rn. 9.

**4129** LR-*Franke* § 346 StPO, Rn. 28; *Dahs*, Revision, Rn. 543.

**4130** OLG Celle NJW 1964, 417; OLG Hamm NJW 1973, 1850; LR-*Franke* § 346 StPO, Rn. 28.

**4131** LR-*Franke* § 346 StPO, Rn. 30.

**4132** BGH, Beschl. v. 11.5.2015 – 1 StR 116/15 = NStZ-RR 2015, 288; *Meyer-Goßner/Schmitt* § 346 StPO, Rn. 10; LR-*Franke* § 346 StPO, Rn. 30; *Dahs*, Revision, Rn. 546.

de und insofern aufgrund der Hemmungswirkung des § 343 Abs. 1 StPO keine Rechtskraft eingetreten ist.[4133]

Der Antrag wird als unbegründet verworfen, wenn das Tatgericht zu Recht die Zulässigkeit des Rechtsmittels verneint hatte, etwa weil die Revisionsbegründungsfrist (§ 345 Abs. 1 StPO) nicht eingehalten wurde.[4134] Das Tatgericht selbst kann den einmal ergangenen Beschluss nicht wieder aufheben, auch nicht bei einem Irrtum über Tatsachen.[4135] 1701

Die Entscheidung des Revisionsgerichts über den Antrag nach § 346 Abs. 2 StPO kann nicht mehr angefochten werden.[4136] Das Revisionsgericht kann zwar einen Beschluss, der auf einer unrichtigen Tatsachengrundlage basiert, wieder zurücknehmen.[4137] Ein Beschluss, der einen Rechtsirrtum beinhaltet, soll hingegen nicht rücknehmbar sein.[4138] 1702

## II. Der Weg der Akten zum Revisionsgericht

Erachtet das Tatgericht die Revision für zulässig, so hat der Gegner des Beschwerdeführers die Möglichkeit, binnen einer Woche mittels einer **Gegenerklärung** zur Revision Stellung zu nehmen (§ 347 Abs. 1 StPO). Nach Ablauf dieser Frist leitet die zuständige Staatsanwaltschaft die Akten dem Revisionsgericht zu (§ 347 Abs. 2 StPO). Seit dem Jahr 2017[4139] sieht das Gesetz in § 347 Abs. 1 S. 3 StPO vor, dass die Staatsanwaltschaft eine Gegenerklärung abzugeben hat, 1703

---

**4133** Stellvertretend für die h.M. siehe LR-*Franke* § 346 StPO, Rn. 32f.; siehe auch die Vorlageentscheidung BGHSt 15, 203, in einem Fall, in dem der Tatrichter die Verjährung übersehen hatte, worauf eine zulässige Revision gestützt wurde; die Revision war aber nicht ordnungsgemäß begründet worden. Der BGH stellte dennoch das Verfahren wegen eines Verfahrenshindernisses ein.

**4134** Vgl. z.B. BGH, Beschl. v. 17.1.2017 – 4 StR 618/16.

**4135** RGSt 37, 292f.; RGSt 38, 157; RGSt 55, 235f.; OLG Celle NdsRpfl 1960, 120; OLG Düsseldorf MDR 1984, 963; *Meyer-Goßner/Schmitt* § 346 StPO, Rn. 6. Etwaige Aufhebungsbeschlüsse des Tatgerichts sind also unwirksam; siehe hierzu BayObLG VRS 1959, 214; OLG Celle NdsRpfl 1960, 120; OLG Schleswig SchlHA 1987, 59; *Dahs*, Revision, Rn. 540.

**4136** LR-*Franke* § 346 StPO, Rn. 35; *Dahs*, Revision, Rn. 546.

**4137** LR-*Franke* § 346 StPO, Rn. 35; *Eb. Schmidt*, Lehrkommentar, StPO, Teil II, § 346 StPO, Rn. 9; *Dahs*, Revision, Rn. 546, Fn. 18 f., unter Berufung auf RGSt 59, 519 und BGH NJW 1951, 771.

**4138** *Meyer-Goßner/Schmitt* § 346 StPO, Rn. 13; *Eb. Schmidt*, Lehrkommentar, StPO, Teil II, § 346 StPO, Rn. 9; *Schmitt* JZ 1961, 15; *Dahs*, Revision, Rn. 546.

**4139** Gesetz zur effektiveren und praxistauglicheren Ausgestaltung des Strafverfahrens vom 17.8.2017 (BGBl. 2017 I, 3202).

sofern das Urteil wegen eines Verfahrensmangels angefochten ist und anzunehmen ist, dass dadurch „die Prüfung der Revisionsbeschwerde erleichtert wird".[4140] An der bisherigen Praxis dürfte sich durch diese Neuregelung allerdings schon deshalb wenig ändern, weil sie sich inhaltlich an Nr. 162 Abs. 2 RiStBV orientiert.

1704 Die Wochenfrist wird häufig nicht eingehalten. Ist die Staatsanwaltschaft selbst „Beschwerdegegnerin", wartet sie mit der Weiterleitung bis zur Fertigstellung „ihrer" Gegenerklärung. Der sanktionslosen Fristüberschreitung mag man kritisch gegenüberstehen. Zu bedenken ist jedoch, dass in umfangreichen Sachen und zur Einholung dienstlicher Äußerungen die Wochenfrist zu kurz bemessen ist. Daher wird man der Staatsanwaltschaft – solange es zu keiner unvertretbaren Verfahrensverzögerung kommt – diese „Unkorrektheit" zugestehen können. Dabei mag auch berücksichtigt werden, dass die Revisionsgerichte immer mehr dazu übergehen, die Vollständigkeit der Gegenerklärung in dem Sinne zu unterstellen, dass ihr Schweigen zu einzelnen in der Revisionsbegründung vorgetragenen Verfahrenstatsachen als Zeichen für deren Richtigkeit gewertet wird.[4141] Werden die Akten aber ohne hinreichenden sachlichen Grund über einen längeren Zeitraum hinweg nicht weitergeleitet, kann dies Anlass für die Prüfung einer rechtsstaatswidrigen Verfahrensverzögerung und eine entsprechende Kompensationsentscheidung des Revisionsgerichts sein.[4142]

1705 Werden die **Akten** an ein nicht zuständiges Revisionsgericht versandt – also etwa an das Oberlandesgericht an Stelle des in Wirklichkeit zuständigen Bundesgerichtshofs –, beschließt das OLG selbst seine Unzuständigkeit und leitet die Sache über die Staatsanwaltschaft bindend an den BGH weiter (§ 348 StPO).

1706 Ist das angegriffene Urteil von einer Strafkammer eines Landgerichts gefällt worden und ist damit der Bundesgerichtshof zur Entscheidung über die Revision zuständig, geschieht die „Versendung" der Akten i.S. von § 347 Abs. 2 StPO in der Weise, dass die zuständige Landesstaatsanwaltschaft (gegebenenfalls über die Generalstaatsanwaltschaft) die Akten dem **Generalbundesanwalt** zuleitet, wo ein dem zuständigen Strafsenat des BGH zugeordneter Sachbearbeiter in eine sachliche Prüfung der Revision eintritt. Dieser Sachbearbeiter der

---

**4140** Vgl. hierzu BT-Drs. 18/11277, 36.

**4141** Vgl. z.B. BGH, Beschl. v. 22.11.2001 – 1 StR 471/01 = NStZ 2002, 275 = StV 2002, 296.

**4142** Vgl. BGH, Beschl. v. 12.2.2015 – 4 StR 391/14 = wistra 2015, 241; BGH, Beschl. v. 27.11.2008 – 5 StR 495/08 = NStZ 2010, 94 (6 Monate Verzögerung); BGH, Beschl. v. 26.2.2013 – KRB 20/12, Rn. 88 ff. in einem Kartellbußgeldverfahren (insoweit in BGHSt 58, 158 und NJW 2013, 1972 nicht abgedruckt).

Bundesanwaltschaft ist hierbei (auch wenn es sich um eine Revision der Staatsanwaltschaft handelt) völlig unabhängig von der Landesstaatsanwaltschaft. Das bedeutet, dass der GBA abweichend vom Antrag der örtlichen StA im Ausgangsverfahren auf die Revision des Angeklagten hin Freispruch oder Aufhebung beantragen und sogar auf eine Verwerfung der Revision der Staatsanwaltschaft hinwirken kann, was durchaus vorkommt.[4143] Die Revisionsstaatsanwaltschaft (Generalstaatsanwalt beim OLG und GBA beim BGH) leitet sodann die Akten dem zuständigen Senat zu. Gleichzeitig stellt sie ihren Antrag, der folgende Ziele verfolgen kann:

- Verwerfung der Revision als unzulässig durch Beschluss (§ 349 Abs. 1 StPO);
- Verwerfung der Revision als offensichtlich unbegründet durch einstimmigen Beschluss (§ 349 Abs. 2 StPO);
- Aufhebung des angefochtenen Urteils durch Beschluss (§ 349 Abs. 4 StPO);
- Anberaumung eines Termins zur Hauptverhandlung vor dem Revisionsgericht (§ 349 Abs. 5 StPO).

An den Antrag auf Terminsanberaumung ist das Revisionsgericht gebunden. 1707
Der am häufigsten gestellte Antrag lautet, die Revision einstimmig wegen offensichtlicher Unbegründetheit zu verwerfen. Ohne einen derartigen Antrag darf das Gericht keine Entscheidung gem. § 349 Abs. 2 StPO treffen.[4144]

## III. Entscheidung durch das Revisionsgericht

### 1. Beschlussverwerfung durch das Revisionsgericht bei Unzulässigkeit (§ 349 Abs. 1 StPO)

Auch das Revisionsgericht prüft nochmals die Zulässigkeit der Revisionseinle- 1708
gung und -begründung und kann die Revision durch Beschluss außerhalb der Hauptverhandlung[4145] als unzulässig verwerfen, wenn etwa das Tatgericht der Zulässigkeit entgegenstehende Gründe nicht bemerkt haben sollte.[4146] Das Revisionsgericht beschränkt sich bei der Zulässigkeitsprüfung aber nicht nur auf die

---

**4143** S. hierzu zum Beispiel BGH, Urt. v. 12.1.2017 – 3 StR 442/16. Vgl. ferner BGH, Beschl. v. 10.6.2020 – 3 StR 52/20 = NJW 2020, 2652 und BGH, Beschl. v. 8.4.2020 – 3 StR 606/19.

**4144** Vgl. zu den Rechtsfolgen bei Fehlen eines Antrages Rn. 1743.

**4145** Nach einer durchgeführten Hauptverhandlung kann hingegen nur durch Urteil (§ 349 Abs. 5 StPO) entschieden werden.

**4146** Vgl. z.B. BGH, Beschl. v. 26.9.2006 – 5 StR 327/06 = NStZ-RR 2009, 37 (bei *Cierniak*).

in § 346 Abs. 1 StPO aufgeführten Gründe, sondern prüft sämtliche Zulässigkeitsvoraussetzungen.[4147] So wird z.B. auch geprüft, ob die Revision statthaft war und ob der Revisionsführer hierzu berechtigt bzw. ob er beschwert war, ferner ob das Rechtsmittel beschränkt worden ist und ob die Voraussetzungen des § 344 Abs. 1 StPO beachtet worden sind.[4148] Eine Rückgabe der Sache an das Tatgericht ist nicht möglich.[4149] Verwerfungsbeschlüsse des BGH oder des OLG sind gemäß § 304 Abs. 4 StPO unanfechtbar.

1709 Bestand bereits vor Erlass des Urteils erster Instanz ein Verfahrenshindernis, das vom Tatgericht übersehen wurde, dann wird dies auch im Revisionsverfahren nicht berücksichtigt, wenn die Revision unzulässig ist.[4150] Die Prüfungskompetenz des Revisionsgerichts wird erst durch mindestens eine ordnungsgemäß erhobene Revisionsrüge eröffnet.

1710 In Fällen, in denen die Revisionsstaatsanwaltschaft beantragt hat, die Revision nach § 349 Abs. 1 StPO als unzulässig zu verwerfen, kann das Revisionsgericht nach Ansicht des BGH[4151] zunächst über die Zulässigkeit des Rechtsmittels vorab entscheiden. Bejaht das Revisionsgericht die Zulässigkeit, erhält die Revisionsstaatsanwaltschaft Gelegenheit, einen Antrag zur Begründetheit zu stellen. Vertritt die Revisionsstaatsanwaltschaft die Ansicht, es sei ihr verwehrt, einen zweiten Antrag zu stellen,[4152] muss durch Urteil entschieden werden.

## 2. Beschlussverwerfung bei offensichtlicher Unbegründetheit (§ 349 Abs. 2 StPO)

**Literatur:** *Allgayer* Vereinbarkeit der strafprozessualen Revisionsverwerfung durch nicht begründeten Beschluss mit dem Grundgesetz und der Europäischen Menschenrechtskonvention sowie Arbeitsteilung der europäischen Gerichte, JR 2015, 64; *Barton* Beschlussverwerfung durch den Bundesgerichtshof – effektiver Rechtsschutz, FS Kühne, 2013, S. 139; *Basdorf/Sander/Schneider/Dölp/König/Berger/Bellay* Zur Beratung von Revisionsentscheidungen im Beschlussverfahren, NStZ 2013, 563; *Becker* Was sehen wie viele Augen, HRRS 2013, 264; *Dahs* Disziplinierung des Tatrichters durch Beschlüsse nach § 349 Abs. 2? NStZ 1981, 205; *Fezer* An-

**4147** BGHSt 11, 152, 155; BGHSt 16, 115, 118; vgl. auch *Meyer-Goßner/Schmitt* § 349 StPO, Rn. 2 und § 346 StPO, Rn. 10.

**4148** Beispiele bei *Dahs*, Revision, Rn. 548.

**4149** Vgl. BayObLG MDR 1975, 71 f.; OLG Düsseldorf VRS 64, 269, 270; *Meyer-Goßner/Schmitt* § 349 StPO, Rn. 1.

**4150** *Meyer-Goßner/Schmitt* § 346 StPO, Rn. 11.

**4151** BGH, Beschl. v. 23.2.2017 – 3 StR 476/16; BGH, Beschl. v. 24.2.2011 – 5 StR 467/10 = wistra 2011, 236.

**4152** Vgl. dazu BGH, Urt. v. 12.4.2011 – 5 StR 467/10 = wistra 2011, 236.

forderungen an die Begründung revisionsgerichtlicher Entscheidungen – Verfahrenswirklichkeit und normativer Anspruch, HRRS 2010, 281; *Fischer* Der Einfluss des Berichterstatters auf die Ergebnisse strafrechtlicher Revisionsverfahren, NStZ 2013, 424; *Fischer* Erwiderung auf Basdorf u.a., NStZ 2013, 563; *Fischer/Krehl* Strafrechtliche Revision, „Vieraugenprinzip", gesetzlicher Richter und rechtliches Gehör, StV 2012, 550; *Fischer/Krehl/Eschelbach* Das Zehn-Augen-Prinzip StV 2013, 395; *Fischer* Binnendivergenzen, FS Schlothauer, 2018, S. 471; *Fürstenau* Offensichtlich unbegründet? Der Missbrauch des § 349 Abs. 2 StPO, StraFo, 2004, 38; *Hamm* Aus der Beschlussverwerfungspraxis (§ 349 Abs. 2 StPO) der Revisionsgerichte, StV 1981, 315; *Hamm/Krehl* Vier oder zehn Augen bei der strafprozessualen Revisionsverwerfung durch Beschluss? – Worum es wirklich geht, NJW 2014, 903; *Keck* Das Beschlussverfahren in der strafprozessualen Revision, Münster 2016; *Krehl* Die Begründung des Revisionsverwerfungsbeschlusses nach § 349 Abs. 2 StPO, GA 1987, 162; *Kruse* Die „offensichtlich" unbegründete Revision im Strafverfahren, 1980; *F. Meyer* Stellungnahme zur Kritik an der Revisionsverwerfung nach § 349 Abs. 2 StPO, StV 1984, 222; *Meyer-Goßner* Zur Revision der Revision mit Blick auf die Verteidigung, FS 25 Jahre Arbgem. Strafrecht des DAV, S. 670; *ders.* Zur Aktenkenntnis der Senatsmitglieder und zu Formalien bei den Entscheidungen des Bundesgerichtshofs in Strafsachen, FS Tolksdorf, S. 323; *Meyer-Mews/Rotter* Absehen von der Revisionshauptverhandlung – eine konventionswidrige Besonderheit im deutschen Strafverfahrensrecht, StraFo 2011, 14; *Meyer-Mews* Grundlos unbegründet – vom Umgang des BGH mit dem § 349 Abs. 2 StPO, StraFo 2017, 96; *Mosbacher* Die Beratungspraxis der Strafsenate des BGH und das Gesetz, NJW 2014, 124; *Norouzi* Recht und Praxis von Schriftlichkeit und Mündlichkeit im Revisionsverfahren – ein kleiner Reformanstoß, StV 2015, 773; *Paeffgen/Wasserburg* Geheimnisse des Systems der Kontrolle, GA 2012, 537; *Park* Gedanken zur Akzeptanzkrise der Revisionsrechtsprechung, StV 2018, 814; *Rissing-van Saan* Das „Zehn-Augen-Prinzip – Wunschvorstellung oder zwingendes Gebot ?, FS Beulke S. 963; *Römer* Die Verwerfung wegen offensichtlicher Unbegründetheit der Revision (§ 349 Abs. 2 StPO), MDR 1984, 353; *Rosenau* Die offensichtliche Ungesetzlichkeit der „ou"-Verwerfung nach § 349 Abs. 2 StPO in der Spruchpraxis des BGH, ZIS 2012, 195; *Schoreit* Die Beschlussverwerfung der Revision gemäß § 349 Abs. 2 StPO und die Staatsanwaltschaft, FS Pfeiffer, 1988, S. 397; *von Stackelberg* Zur Beschlussverwerfung der Revision in Strafsachen als „offensichtlich unbegründet", FS Dünnebier, 1982, S. 365; *Wohlers* „Gebrechen" der Beschlussverwerfung nach § 349 Abs. 2 StPO, FS Schlothauer, 2018, S. 505.

Bereits im Jahr 1922 wurde durch die „lex Lobe"[4153] dem § 349 Abs. 1 StPO ein zweiter Satz angefügt, durch den das Reichsgericht (nur dieses, nicht die Oberlandesgerichte) ermächtigt wurde, die Revision einstimmig durch Beschluss als offensichtlich unbegründet zu verwerfen. Anlass dafür waren Rückstände bei der Bearbeitung von Revisionsverfahren, die es mit sich gebracht hatten, dass durchweg erst etwa neun Monate nach Revisionseingang verhandelt werden konnte. Seit Einführung der neuen Regelung verwarf das Reichsgericht etwa die Hälfte der Revisionen durch Beschluss. Durch die Dritte Verordnung des Reichspräsidenten zur Sicherung von Wirtschaft und Finanzen und zur Be- 1711

**4153** Gesetz v. 8.7.1922 (RGBl. 1922 I, 509).

kämpfung politischer Ausschreitungen vom 6.10.1931 erhielten auch die Revisionssenate der Oberlandesgerichte die Befugnis zur Beschlussverwerfung. Durch Verordnung vom 13.12.1944 wurde schließlich die Beschlussentscheidung auch für die Fälle gestattet, in denen das Revisionsgericht das Rechtsmittel einstimmig als begründet ansah. In dieser Form blieb die Vorschrift (mit Ausnahme der ehemaligen französischen Besatzungszone) bis zum Inkrafttreten des Gesetzes zur Wiederherstellung der Rechtseinheit vom 12.9.1950 in Kraft. In dieser Zeit entschieden einige Oberlandesgerichte (z.B. Bamberg) ganz regelmäßig durch Beschluss, auch wenn sie die Entscheidungen ausführlich begründeten, mit Leitsätzen versahen und zur Veröffentlichung bestimmten. Mit der Errichtung des Bundesgerichtshofs im Jahr 1950 wurde die Gesetzesfassung wiederhergestellt, die von 1931 bis 1944 gegolten hatte. Durch das StPÄG vom 19.12.1964 erhielt § 349 StPO die jetzt noch geltende Fassung. Dabei fällt auf, dass die Möglichkeit der Beschlussentscheidung durch die Oberlandesgerichte bestehen geblieben ist, obwohl die Gründe, die seinerzeit zu ihrer Einführung (durch Notverordnung!) geführt haben, nicht mehr vorliegen. Ein Zusammenhang zwischen der „Sicherung von Wirtschaft und Finanzen“, der „Bekämpfung politischer Ausschreitungen“ und der Verwerfung durch Beschluss gem. § 349 Abs. 2 StPO lässt sich nicht mehr konstruieren. Zudem wurde in der Zwischenzeit die Zahl der Strafsenate bei den Oberlandesgerichten bedeutend erhöht.

1712 Voraussetzung der Verwerfung durch Beschluss ist seit dem StPÄG vom 19.12.1964, dass die Staatsanwaltschaft beim Revisionsgericht – beim Bundesgerichtshof der Generalbundesanwalt – sie beantragt hat (§ 349 Abs. 2 StPO).[4154] Der Antrag muss schriftlich begründet und dem Revisionsführer zugestellt werden. Dieser hat sodann die Möglichkeit, binnen einer Frist von 2 Wochen, die nicht verlängert werden kann, beim Revisionsgericht eine **Gegenerklärung** abzugeben.[4155]

1713 Zulässig ist eine Entscheidung nach § 349 Abs. 2 StPO nur bei **„Einstimmigkeit“**. Lässt sich keine Einigkeit erzielen, so kann nur durch Urteil entschieden werden. Für die Revisionssenate der Oberlandesgerichte mag es in der Praxis einfacher sein, zu einem einstimmigen Ergebnis zu kommen, weil hier nur drei Senatsmitglieder derselben Meinung sein müssen, während beim Bundesgerichtshof fünf Personen zu derselben rechtlichen Beurteilung gelangen

---

**4154** Fehlt der nach dem Gesetz erforderliche Antrag und wird die Revision gleichwohl nach § 349 Abs. 2 StPO verworfen, liegt hierin eine Verletzung des Willkürverbots (BVerfGE 59, 98 = NJW 1982, 324).

**4155** Siehe hierzu BGH, Beschl. v. 3.7.1990 – 4 StR 263/90 = DRiZ 1990, 455; BGH NStE § 349 Nr. 6; *Meyer-Goßner/Schmitt* § 349 StPO, Rn. 17.

müssen, damit der Weg der Beschlussverwerfung beschritten werden kann. An der Bedeutung der Voraussetzungen für die Anwendung des Beschlussverfahrens (Offensichtlichkeit und Einstimmigkeit) ändert dies aber selbstverständlich nichts.

Das Rechtsinstitut der Beschlussverwerfung ist seit seiner Einführung stark umstritten.[4156] Auf dem 52. Deutschen Juristentag 1978[4157] wurde noch über eine Reform des Rechtsmittelrechts diskutiert, ohne dass einer der etwa hundert Teilnehmer – Richter, Staatsanwälte, Ministerialbeamte oder Rechtsanwälte – vorgeschlagen hätte, § 349 Abs. 2 StPO zu streichen.[4158] Seitdem hat sich die rechtspolitische Diskussion zunehmend darauf konzentriert, Rechtsmittel dem Ziel der Justizentlastung zu opfern.[4159] Die „institutionalisierte Unhöflichkeit"[4160] der Verwerfung einer ausführlich begründeten Revision durch ein nicht mit Gründen versehenes „Machtwort" passt zu diesem Zeitgeist. Unverändert werden hiergegen aber zu Recht grundlegende Einwände in der Literatur erhoben.[4161] 1714

Der BGH hat im Jahr 2019 über mehr als 90 Prozent aller Revisionen im Beschlussverfahren entschieden.[4162] Der weitaus größte Anteil entfiel dabei auf Verwerfungen nach § 349 Abs. 2 StPO als **„offensichtlich unbegründet"**.[4163] Die Zahlen liegen seit langem wesentlich höher als vor Einführung des formalisierten rechtlichen Gehörs (§ 349 Abs. 3 StPO). Das dürfte unter anderem damit zusammenhängen, dass es den Senaten leichter fällt, eine Revision ohne eigene 1715

**4156** Vgl. z.B. *v. Stackelberg* NJW 1960, 505; *ders.* FS Dünnebier, S. 365; *Jagusch* NJW 1960, 73; *Sarstedt* JR 1960, 1; *Kruse* Die „offensichtlich unbegründete" Revision in Strafsachen; *Peters* Strafprozess, S. 655; *ders.* JR 1977, 477; *ders.* FS Dünnebier, S. 67; *Dahs*, Handbuch, Rn. 974; *Krehl* GA 1987, 162; *Fezer* StV 2007, 40.

**4157** 52. Deutscher Juristentag 1978, Sitzungsbericht L.

**4158** Vgl. *Rieß* ZRP 1979, 193.

**4159** Vgl. dazu schon die Analyse von *Scheffler* GA 1995, 449.

**4160** G. *Jungfer*, in: Die revisionsgerichtliche Rechtsprechung der Strafsenate des Bundesgerichtshofs, Bd. 3 der DAV-Schriftenreihe, S. 160.

**4161** *Park* StV 2018, 814, 818; *Meyer-Mews* StraFo 2017, 96; *Norouzi* StV 2015, 773; *Barton* FS Kühne, S. 139; *Rosenau* ZIS 2012, 195; SK-StPO/*Wohlers* § 349 StPO, Rn. 36. S. auch *Fischer* FS Schlothauer, 2018, S. 474; *Wohlers* FS Schlothauer, S. 505; *Keck*, Das Beschlussverfahren in der strafprozessualen Revision.

**4162** Vgl. Geschäftsstatistik der Strafsenate des BGH 2019, S. 15. S. zu statistischen Auswertungen: *Fischer* NStZ 2013, 424; *Barton* FS Kühne, S. 143; *Nack* NStZ 1997, 153; *Rieß* FS Eisenberg, S. 569.

**4163** Geschäftsstatistik der Strafsenate des BGH 2019, S. 15. Vgl. zur Aussagekraft der Geschäftsstatistik *Barton* FS Kühne, S. 142. S. ferner auch *Hamm*, Formularbuch, VIII.C.11 (Anmerkungen); *Nack* NStZ 1997, 153 und *Barton* StraFo 1998, 325.

Begründung zu verwerfen, wenn der Beschwerdeführer die Begründung des darauf gerichteten Antrages der Revisionsstaatsanwaltschaft schon kennt.

1716 Eine begriffliche Auseinandersetzung herrscht seit jeher darüber, was eigentlich „offensichtlich unbegründet" sei. Dass sich gerade ein solcher Begriff nur schwer mit einer subsumtionsfähigen Definition erläutern lässt, versteht sich von selbst. Alle Versuche, in Worte zu fassen, was hier gemeint sein könnte, bleiben deshalb nicht mehr als die Beschreibung einer Entscheidungssituation, die durch eine Art „Evidenzerlebnis" geprägt sein soll. Eine wirklich tragfähige Abgrenzung des Anwendungsbereichs von § 349 Abs. 2 StPO wird hierdurch nicht bewirkt. Auch wenn sich das Erfordernis der „Offensichtlichkeit" einer objektiven Begriffsbestimmung entzieht, kann man aber fragen: *für wen* offensichtlich? Nach der gesetzlichen Konzeption des Beschlussverfahrens müssen dies (beim Bundesgerichtshof) an sich sechs Personen sein, der antragstellende Dezernent des Generalbundesanwalts und die fünf Senatsmitglieder. Zweifelhaft ist daneben aber etwa, welche Bedeutung dem seit 1965 eingeführten Erfordernis der **Antragsbegründung** zukommt. Zwar ist es unter dem Gesichtspunkt des rechtlichen Gehörs sehr zu begrüßen, dass der Beschwerdeführer hierdurch über die Rechtsansicht des GBA informiert wird. Andererseits lässt sich aber argumentieren, was einer besonderen Begründung bedürfe, sei eben schon aus diesem Grunde nicht „offensichtlich". Dieses Argument wird umso überzeugender, je länger die Begründungen ausfallen.

1717 In den letzten Jahren war die Auseinandersetzung über das Beschlussverfahren allerdings nicht nur durch die Kritik an der Auslegung der inhaltlichen Voraussetzungen des § 349 Abs. 2 StPO geprägt, sondern auch durch eine Diskussion über die prozeduralen Abläufe bis zur Abstimmung, bei der die Einstimmigkeit gegeben sein muss.[4164] Gekennzeichnet sind diese Abläufe dadurch, dass vor einer Beschlussberatung regelmäßig nur der Vorsitzende und der Berichterstatter, nicht aber die anderen Senatsmitglieder, den Akteninhalt kennen. Diesem **„Vieraugenprinzip"** steht gegenüber, dass gerade das Einstimmigkeitserfordernis des § 349 Abs. 2 StPO eine Entscheidung erfordert, die vom gesamten Spruchkörper getragen wird. Schon weil die übrigen drei Senatsmitglieder bei einem solchen Ablauf nur durch den mündlichen Vortrag des Berichterstatters (und etwaige Ergänzungen durch den Vorsitzenden) über den Prozessstoff informiert werden, stellt sich die Frage, ob ihnen damit eine ausreichende Tatsachengrundlage für ihre Entscheidung zur Verfügung steht. Zwar

**4164** Hierzu: *Fischer/Krehl* StV 2012, 550. Dagegen: *Brause* JR 2013, 134; *Basdorf/Sander/Schneider/Dölp/König/Berger/Bellay* NStZ 2013, 563. Vgl. auch *Rissing-van Saan* FS Beulke, S. 963.

können grundsätzlich sämtliche Senatsmitglieder das Senatsheft (auf Verlangen) selbst lesen, das würde aber zwangsläufig die Arbeitsbelastung vervielfachen. Zum Gegenstand der Diskussion wurde das Thema, ob das „Vieraugenprinzip" eine ausreichende Grundlage für das Beschlussverfahren darstellt, als beim BGH ein Vorsitzender Richter vorübergehend den Vorsitz in zwei Senaten innehatte. Damit war nach Auffassung einer Sitzgruppe des 2. Senats die Frage entstanden, ob angesichts der erhöhten Arbeitsbelastung wenigstens noch das „Vieraugenprinzip" gewährleistet werden konnte.[4165] Gerade bei einer solchen Konstellation wird die ohnehin schon dominierende Stellung des Berichterstatters noch verstärkt.[4166]

Seine dominierende Stellung verlieren würde der Berichterstatter hingegen, 1718
wenn nicht nur zwei, sondern alle fünf Senatsmitglieder vor der Beratung Kenntnis vom Inhalt des Senatsheftes hätten („**Zehnaugenprinzip**").[4167] Dass in der Beratung dann eine vertiefte inhaltliche Durchdringung des Verfahrensstoffs möglich wäre, dürfte kaum zu bestreiten sein. Zugleich würde dies den Berichterstatter vor der Versuchung bewahren, durch einen einseitigen Vortrag die Beratung über ein Verfahren gezielt in eine bestimmte Richtung zu lenken. Dass er durch die subjektive Prägung seines Vortrags faktisch Leitlinien für die Beratung vorgibt, liegt beim Vieraugenprinzip auf der Hand.[4168]

Die Beschlussberatung als solche ist im Gesetz nicht gesondert geregelt,[4169] 1719
auch § 351 Abs. 1 StPO besagt hierüber nichts. Der Ablauf folgt vielmehr den allgemeinen Vorschriften über die Beratung, mithin insbesondere den §§ 194, 197 GVG. Ob dieses Fehlen einer genauen gesetzlichen Regelung es den Senatsmitgliedern wirklich gestattet, vollkommen frei zu entscheiden, auf welchem Wege sie sich über den Inhalt des tatrichterlichen Urteils und des Revisionsvorbringens informieren, ist sehr zweifelhaft. Mit Recht wird in der Diskussion etwa angeführt, dass es auch einem Berichterstatter, der nur sachlich über ein Urteil informieren will, kaum möglich ist, in einem Indizienprozess die Einzelheiten einer komplizierten Beweiswürdigung oder eines im Urteil wiedergegebenen

**4165** BGH, Beschl. v. 11.1.2012 – 2 StR 346/11 = NStZ 2012, 406 = StV 2012, 204; a.A. BGH, Urt. v. 11.1.2012 – 2 StR 482/11 = StV 2012, 272; vgl. dazu *Sowada* NStZ 2012, 353; BVerfG, Beschl. v. 23.5.2012 – 2 BvR 610/12 u.a. = NJW 2012, 2334. Zu den rechnerischen Auswirkungen s. die Darstellung bei *Fischer/Krehl/Eschelbach* StV 2013, 395, 396. Vgl. auch *Fischer* FS Schlothauer, S. 476.

**4166** *Fischer/Krehl* StV 2012, 550, 553.

**4167** Vgl. *Fischer/Krehl/Eschelbach* StV 2013, 395; *Paeffgen/Wasserburg* GA 2012, 548.

**4168** *Fischer/Krehl* StV 2012, 550, 554. Zum Einfluss des Berichterstatters vgl. auch *Fischer* NStZ 2013, 425.

**4169** *Hamm/Krehl* NJW 2014, 903, 904; a.A. *Mosbacher* NJW 2014, 124.

Sachverständigengutachtens zur Schuldfähigkeit mündlich darzustellen. Diese und andere Konstellationen zeigen, wie sehr die mündliche Zusammenfassung im Vortrag als Informationsquelle der eigenen Lektüre durch die Senatsmitglieder unterlegen ist. Nachdem das Bundesverfassungsgericht die bisherige Praxis gebilligt und entschieden hat, es sei von Verfassungs wegen nicht notwendig, dass jedes Senatsmitglied Kenntnis des genauen Akteninhalts hat, solange die bedeutsamen Rechtsfragen bekannt sind,[4170] wird sich die Tätigkeit der Revisionsgerichte aber wohl eher weiterhin am bisher eingebürgerten Verfahren orientieren, schon um das Beschlussverfahren nicht durch Komplikationen im Ablauf zu erschweren. Der BGH hat jedenfalls wiederholt darauf verwiesen, ein Anspruch auf Einhaltung des „Zehnaugenprinzips" bestehe nicht.[4171]

1720 Wichtig für den Ablauf des Beschlussverfahrens ist im Übrigen, dass der Verwerfungsantrag von der Staatsanwaltschaft selbst gestellt wurde; er darf insbesondere nicht vom Revisionsgericht „angeregt" werden.[4172] Ein solches Verhalten der Richter würde sogar die Frage der Befangenheit aufwerfen.[4173] So wenig es in der Tatsacheninstanz Aufgabe der Richter ist, Anträge oder sogar Anklageschriften bei der Staatsanwaltschaft gleichsam zu „bestellen", so wenig obliegt ihnen dies auch in Bezug auf die in der Revisionsinstanz zu stellenden Anträge.

1721 Nicht gefolgt werden kann der Ansicht, dass Revisionen in erster Linie dann nach § 349 Abs. 2 StPO verworfen werden können, „wenn sie ohne Anführung neuer Gesichtspunkte Rechtsfragen aufwerfen, die bereits durch höchstrichterliche Rechtsprechung hinreichend geklärt sind."[4174] Dass hierin kein tauglicher Maßstab liegen kann, zeigt als Beispiel etwa die Entscheidung des **Großen Senats für Strafsachen zur fortgesetzten Handlung.**[4175] Das LG hatte den Angeklagten wegen eines innerhalb von fünf Jahren verübten fortgesetzten Betruges zu einer

**4170** BVerfG, Beschl. v. 23.5.2012 – 2 BvR 610/12 u.a., Rn. 12 ff. = NJW 2012, 2334, 2335 = StV 2012, 513, 515.

**4171** BGH, Beschl. v. 10.10.2018 – 5 StR 183/18; BGH, Beschl. v. 2.9.2015 – 1 StR 433/14 = NJW 2016, 343; BGH, Beschl. v. 10.2.2015 – 1 StR 640/14, BGH, Beschl. v. 26.3.2014 – 5 StR 628/13. Vgl. ferner *Meyer-Goßner* FS Tolksdorf, S. 327; *Rissing-van Saan* FS Beulke, S. 970.

**4172** So zu Recht LR-*Franke* § 349 StPO, Rn. 13. Ein solches Vorgehen findet sich jedoch etwa im Verfahren OLG Düsseldorf, Beschl. v. 28.12.2011 – III-2 RVs 113/11 = NStZ 2012, 470 = StraFo 2013, 209.

**4173** BVerfG, Beschl. v. 27.3.2000 – 2 BvR 434/00 = StV 2001, 151; *Meyer-Goßner/Schmitt* § 349 StPO, Rn. 12; a.A. OLG Düsseldorf, Beschl. v. 28.12.2011 – III-2 RVs 113/11 = NStZ 2012, 470 = StraFo 2013, 209.

**4174** KK-*Gericke* § 349 StPO, Rn. 22.

**4175** BGH, Beschl. v. 3.5.1994 – GSSt 2/93 = BGHSt 40, 138 = NJW 1994, 1663; siehe hierzu auch *Hamm* NJW 1994, 1636.

Freiheitsstrafe von vier Jahren verurteilt. Der 2. Strafsenat beantragte daraufhin die Entscheidung des Großen Senats zu den Voraussetzungen des Rechtsinstituts der fortgesetzten Handlung.[4176] Die Revision rügte mit der Sachbeschwerde, dass der zu Beginn des Tatzeitraums gefasste Vorsatz auf eine unbegrenzte Tatdauer und damit nicht auf einen „Gesamterfolg" gerichtet gewesen sei, wie es aber für den im Rahmen eines Fortsetzungszusammenhangs erforderlichen Gesamtvorsatz vorausgesetzt werde.[4177] Der Generalbundesanwalt hatte beantragt, die Revision als unbegründet zu verwerfen.[4178] Der 3. Strafsenat[4179] hatte über einen Fall von u.a. sexuellem Missbrauch eines Kindes zu entscheiden. Das Landgericht hatte das Geschehen, das sich über einen Zeitraum von 15 Jahren erstreckte, als eine fortgesetzte Tat angesehen und den Angeklagten zu 8 Jahren Freiheitsstrafe verurteilt. Die Revision erhob die Sachbeschwerde.[4180] Der Generalbundesanwalt beantragte Verwerfung nach § 349 Abs. 2 StPO.[4181] Der Große Senat kam zu dem überraschenden und die Vorlegungsfrage insoweit erübrigenden Ergebnis, dass zumindest in den Fällen der §§ 173, 174, 176 und des § 263 StGB „zur sachgerechten Erfassung des verwirklichten Unrechts und der Schuld"[4182] ein Fortsetzungszusammenhang nicht mehr angenommen werden könne. Bis zu dieser Rechtsprechungsänderung von grundlegender Bedeutung bestand in Bezug auf das Rechtsinstitut der fortgesetzten Handlung aber eine jahrzehntelange Kontinuität der Rechtsprechung, so dass es nach dem beschriebenen Maßstab ohne Weiteres möglich gewesen wäre, im Beschlussverfahren zu entscheiden.

Es kommt auch vor, dass die Staatsanwaltschaft (Bundesanwaltschaft) und 1722
das Revisionsgericht zwar im Ergebnis eine Revision übereinstimmend für „offensichtlich" unbegründet halten, jedoch aus **völlig unterschiedlichen Gründen**[4183] – etwa dergestalt, dass der Senat die gemäß § 349 Abs. 2 StPO gegebene Antragsbegründung seinerseits als „offensichtlich" unbegründet ansieht. Ganz abgesehen davon, dass in einer solchen Situation von „Offensichtlichkeit" kaum noch gesprochen werden kann, wird damit auch die Schutzfunktion des Antragserfordernisses unterlaufen. Durch den Antrag erhält der Beschwerde-

**4176** BGH, Vorlagebeschl. v. 19.5.1993 – 2 StR 645/92 = NStZ 1993, 434.
**4177** BGH, Beschl. v. 3.5.1994 – GSSt 2/93 = BGHSt 40, 138, 140.
**4178** BGH, Beschl. v. 3.5.1994 – GSSt 2/93 = BGHSt 40, 138, 140.
**4179** Siehe BGH, Vorlagebeschl. v. 11.8.1993 – 3 StR 361/92 = NStZ 1993, 585.
**4180** BGH, Beschl. v. 3.5.1994 – GSSt 2/93 = BGHSt 40, 138, 142.
**4181** BGH, Beschl. v. 3.5.1994 – GSSt 2/93 = BGHSt 40, 138, 142.
**4182** So der Leitsatz in der amtlichen Sammlung (BGHSt 40, 138).
**4183** Zur Problematik alternativer Antragsbegründungen der Bundesanwaltschaft, vgl. *Hamm* StV 1981, 249, 250; siehe ferner BGH, Beschl. v. 10.4.1981 – 2 StR 573/80 (mit Besprechung *Hamm* StV 1981, 315, 317); BGHR StPO § 349 Abs. 2 – Antrag 1.

führer Gelegenheit, sich mit den rechtlichen Einwänden gegen sein Revisionsvorbringen auseinanderzusetzen. Hierdurch wird der **Anspruch auf rechtliches Gehör** umgesetzt. Stützt in einer reinen Rechtsinstanz das Gericht seine Entscheidung aber nicht auf die vorab mitgeteilten Gründe, dann hatte der Beschwerdeführer keine Gelegenheit, hierzu Stellung zu nehmen. Obwohl dies ein mit Händen zu greifendes Defizit des Beschlussverfahrens darstellt, sind hiergegen gerichtete Anhörungsrügen (§ 356a StPO) ohne Erfolg geblieben.[4184] Ein Wechsel der Begründung soll grundsätzlich zulässig sein.[4185] Das BVerfG hat in diesem Zusammenhang u.a. darauf verwiesen, es entspreche „der allgemeinen Übung der Strafsenate" des BGH, in solchen Fällen die eigene Rechtsauffassung anzufügen.[4186] Ob diese „Übung" wirklich durchgängig eingehalten wird, ist für den Beschwerdeführer kaum überprüfbar. Zudem bleibt ein ebenfalls mit Händen zu greifendes Defizit: Zwar erfährt der Beschwerdeführer im Nachhinein, aus welchen Gründen sein Rechtsmittel keinen Erfolg hatte. Das ändert aber nichts daran, dass der Revisionsführer im Beschlussverfahren regelmäßig keine Möglichkeit hat, zur Rechtsansicht des Revisionsgerichts so rechtzeitig eine Stellungnahme abzugeben, dass sie noch bei der Beratung berücksichtigt werden kann.

1723 Das Bundesverfassungsgericht hat in der Praxis der Beschlussverwerfung weder eine Verletzung von Art. 103 Abs. 1 GG noch eine Verletzung des Anspruchs auf ein faires Verfahren gesehen, dabei aber anerkannt, dass sich im Einzelfall eine Verletzung des Anspruchs auf rechtliches Gehör aus den konkreten Umständen ergeben kann, so etwa wenn das Gericht ein Vorbringen überhaupt nicht zur Kenntnis genommen oder bei seiner Entscheidung nicht erkennbar in Erwägung gezogen hat.[4187] In der Praxis wird sich der Revisionsführer danach darauf einstellen müssen, dass eine Beschlussverwerfung auch auf rechtliche Gesichtspunkte gestützt werden kann, die in der Antragsschrift der Revisionsstaatsanwaltschaft nicht ausdrücklich zur Sprache gekommen sind. Das ändert aber nichts daran, dass es der Überzeugungskraft der gerichtlichen Entscheidung zugutekommen würde, wenn die Revisionsgerichte in Fällen, in denen sie zwar im Entscheidungstenor mit dem Antrag der Staatsan-

---

**4184** BGH, Beschl. v. 8.4.2009 – 5 StR 40/09 = NStZ-RR 2009, 252; BGH, Beschl. v. 10.8.2010 – 3 StR 229/10.

**4185** BGH, Beschl. v. 10.8.2010 – 3 StR 229/10.

**4186** BVerfG, Beschl. v. 30.6.2013 – 2 BvR 85/13, Rn. 25 = NStZ-RR 2013, 315, 316.

**4187** BVerfG, Beschl. v. 30.6.2014 – 2 BvR 792/11 = NJW 2014, 2563 = StV 2015, 75; s. hierzu: *Wohlers* HRRS 2015, 271; *Allgayer* JR 2015, 64. Vgl. auch EGMR, Urt v. 17.4.2014 – 9154/10 = JR 2015, 95 sowie BGH, Beschl. v. 10.1.2013 – 1 StR 297/12 = NStZ-RR 2013, 157.

waltschaft übereinstimmen, ihre Entscheidung aber auf eine **andere Begründung** stützen wollen, dem Beschwerdeführer Gelegenheit geben würden, sich hierzu zu äußern. Wenn eine solche Abweichung nicht schon Anlass dafür ist, eine Revisionshauptverhandlung anzuberaumen,[4188] könnten die Senate dem Beschwerdeführer zumindest mitteilen, welche vom Antrag der Staatsanwaltschaft (Bundesanwaltschaft) abweichenden Gründe für sie Anlass geben könnten, die Revision zu verwerfen. Würde dies mit einer kurzen Erklärungsfrist für den Beschwerdeführer verbunden, so hätte er zumindest die Möglichkeit, hierauf noch einzugehen. Zwar schreibt das Gesetz ein solches Vorgehen nicht ausdrücklich vor, es steht ihm aber auch nicht entgegen. Würde es angewandt, würde damit vermutlich auch in vielen Fällen die Akzeptanz der Revisionsentscheidung erleichtert.[4189]

Auch wenn die Verteidigung somit bei Abgabe einer Gegenerklärung nicht 1724
letzte Sicherheit haben kann, dass das Revisionsgericht auf andere Argumente zurückgreift, kann kein Zweifel daran bestehen, dass die im Gesetz vorgesehene Möglichkeit zur Erwiderung auf den Antrag der Revisionsstaatsanwaltschaft genutzt werden sollte. Ein Verteidiger, der die **Gelegenheit zur Gegenerklärung** nach § 349 Abs. 3 S. 2 StPO nicht wahrnimmt, erweckt leicht den Eindruck, es sei ihm mit seiner Revision von vornherein nicht recht ernst gewesen. Von der Möglichkeit zur Gegenerklärung sollte daher reger Gebrauch gemacht werden.[4190]

Die Sachbearbeiter der Revisionsstaatsanwaltschaften berufen sich in ihren 1725
Antragsbegründungen bisweilen auf Entscheidungen des Bundesgerichtshofs und anderer Gerichte, die weder in der amtlichen Sammlung noch in einer Fachzeitschrift abgedruckt sind. Das konnte in den Jahren der Vorauflagen dieses Buches dem Revisionsführer noch große Probleme bereiten. Da über das Internet und elektronische Entscheidungssammlungen zumindest alle neueren mit Gründen versehenen Entscheidungen des Bundesgerichtshofs und auch vieler Oberlandesgerichte leicht zugänglich sind, hat sich hier manches vereinfacht. Werden ausnahmsweise ältere Entscheidungen zitiert, die auf diesem

**4188** Zur Frage, ob bereits dann im Beschlusswege entschieden werden darf, wenn der Senat eine Hauptverhandlung für „entbehrlich" hält vgl. LR-*Franke* § 349 StPO, Rn. 9 gegen *Hanack* in der Vorauflage. Auch wenn der GBA eine Teilaufhebung beantragt hat, sieht sich der BGH nicht gehindert, in vollem Umfang durch Beschluss zu verwerfen, wenn sich im konkreten Fall die Teilaufhebung nur zu Lasten des Angeklagten auswirken konnte. BGH, Beschl. v. 3.3.1998 – 4 StR 11/98 = NStZ-RR 1999, 39 (bei *Kusch*); s. auch *Fezer* StV 2007, 40.

**4189** Siehe auch die Empfehlung von Begründungen bei KK-*Gericke* § 349 StPO, Rn. 27; wie hier auch *Fezer* StV 2007, 46. Vgl. ferner SK-StPO/*Wohlers* § 349 StPO, Rn. 36.

**4190** So auch *Park* StV 1997, 550.

Wege nicht zu bekommen sind, kann es im Einzelfall sinnvoll sein, eine Kopie beim Entscheidungsversand des Bundesgerichtshofs anzufordern.[4191]

1726 Erforderlich ist es zudem, jedes Argument, das einem entgegengehalten wird, daraufhin zu überprüfen, ob es sich um eine „ratio decidendi" oder um ein „obiter dictum" handelt. Handelt es sich um eine die frühere Entscheidung nicht tragende Bemerkung, so kann es sich empfehlen, den jetzt entscheidenden Senat darauf aufmerksam zu machen, dass er daran nicht im Sinne des § 132 GVG (oder wenn ein Oberlandesgericht zu entscheiden hat, des § 121 Abs. 2 GVG) gebunden ist. Aber selbst wenn einem eine ratio decidendi entgegengehalten wird, bleibt bisweilen noch die Hoffnung, eine neuere Entscheidung desselben Senats zu finden, in der er seine bisherige Rechtsprechung aufgegeben hat oder von ihr abgewichen ist.

1727 Von der Möglichkeit der Verwerfung durch Beschluss geht eine gewisse Versuchung zum **Missbrauch** aus. Betroffen sind dabei sowohl der Beschwerdeführer als auch das Revisionsgericht. Während letzteres versucht sein kann, die Entscheidungsform zur Vermeidung einer gründlichen Auseinandersetzung mit diskussionswürdigen Argumenten zu missbrauchen, liegt der Missbrauch durch den Beschwerdeführer bisweilen schon in der Einlegung des Rechtsmittels. Vorliegend soll nur der letztgenannte Aspekt interessieren.

1728 Grundsätzlich lassen sich folgende Gruppen von offensichtlich unbegründeten Revisionen unterscheiden:

1729 Bei der ersten Gruppe zeugt die Revisionsbegründung von keinerlei geistiger Arbeit. Sie beschränkt sich auf den Satz, es werde die Verletzung des sachlichen Rechts gerügt, bisweilen vermehrt um einige nichtssagende Floskeln. Es ist ein unbilliges Verlangen, dass ein letztinstanzlich entscheidendes Gericht darauf mit langen Ausführungen eingehen soll, wenn die sachliche Nachprüfung[4192] keinen Fehler des angefochtenen Urteils ergeben hat. Man wird es auch dem Revisionsgericht nicht verdenken können, wenn es sich bei einer so dürftigen Begründungsschrift nichts Neues von einer Verhandlung mit ihrem Verfasser verspricht.

1730 Bei der zweiten Gruppe hat der Verfasser der Revisionsbegründung sich nicht die Mühe gemacht, das angefochtene Urteil genau zu lesen. Er vermisst

---

**4191** Näheres auf der Webseite des BGH: www.bundesgerichtshof.de.

**4192** Dass diese Nachprüfung wegen der kurzen Revisionsbegründung weniger gründlich vorgenommen werde, meinte schon *Loewenstein* Die Revision in Strafsachen, S. 88. Die Vorauflagen haben das noch als „Irrtum" bezeichnet, weil bisweilen auch solche Revisionen Erfolg haben und weil auch eingehend begründete Revisionen als offensichtlich unbegründet verworfen werden. Der Verteidiger sollte dennoch damit rechnen, dass er gerade durch eine fundierte Begründung den Senat zu einer gründlichen Überprüfung veranlassen kann.

infolgedessen Dinge, die darinstehen, und bekämpft Dinge, die nicht darinstehen. Oder er rügt Verfahrensverstöße, die gar nicht geschehen sind. Soweit es um die Förmlichkeiten der Hauptverhandlung geht, sind Verstöße im Allgemeinen schon dann „gar nicht geschehen", wenn sie sich nicht aus dem Protokoll ergeben. Die Begründungsschrift zeigt dann, dass ihr Verfasser das Protokoll nicht gelesen hat. Das liegt auch in den Fällen auf der Hand, in denen es in Revisionsbegründungen heißt, der Zeuge A habe, „wie das Protokoll ergibt", dieses gesagt und jenes nicht gesagt. Aus dem Protokoll einer Hauptverhandlung vor einer Strafkammer ergibt sich gerade das aber in aller Regel nicht (vgl. § 273 Abs. 2 StPO). Nur in den seltenen Ausnahmefällen, in denen eine Aussage nach § 273 Abs. 3 StPO protokolliert wurde, gibt das Hauptverhandlungsprotokoll Aufschluss darüber, was ein Zeuge gesagt hat. Beschränkt sich die Revisionsbegründung auf Angriffe, die in dieser Weise an der Rechtslage vorbeigehen, darf man nicht überrascht sein, wenn das Rechtsmittel ohne Begründung verworfen wird.

Die dritte Gruppe ist durch Unkenntnis des Rechts in Dingen gekennzeich- 1731
net, über die jedes Elementarbuch, jeder Kurzkommentar ohne Weiteres Auskunft gibt. In der überwiegenden Mehrzahl dieser Fälle sind es Grundsätze des Revisionsrechts, die verkannt werden. Es ist aber zu viel verlangt, dass die Revisionsgerichte Juristen klar machen sollen, was eigentlich eine Revision ist.

Man hat auch die Frage erörtert, welche praktischen Folgen es hat, dass 1732
§ 349 Abs. 2 StPO eine Kannvorschrift ist.[4193] Es sind zahlreiche Gründe denkbar, sie nicht anzuwenden, obwohl ihre Voraussetzungen gegeben sind. Ein solcher Grund kann z.B. in einem besonderen **Interesse der Öffentlichkeit** an einem Verfahren liegen; ein Urteil wird öffentlich verkündet und begründet, ein Beschluss gemäß § 349 Abs. 2 StPO nicht. Auch kann zwar die Revision offensichtlich unbegründet sein, der Fall aber dennoch Anlass zur Erörterung bestimmter Rechtsfragen geben, etwa auch zur Kennzeichnung von Fehlern, die zwar im vorliegenden Fall den Revisionsführer (offensichtlich) nicht beschweren, deren Wiederholung in anderen Fällen aber entgegengewirkt werden soll.

Bisweilen legt auch die **Staatsanwaltschaft** offensichtlich unbegründete 1733
Revisionen ein. Soweit in solchen Fällen das Oberlandesgericht für die Entscheidung zuständig ist, kommt eine Beschlussverwerfung kaum in Betracht; denn hier kann die Staatsanwaltschaft beim Revisionsgericht, statt einen Antrag nach § 349 Abs. 2 StPO zu stellen, das Rechtsmittel entweder selbst zurücknehmen oder seine Rücknahme durch die örtliche Staatsanwaltschaft veranlas-

4193 *Wimmer* NJW 1950, 203; *Penner*, Reichweite und Grenzen des § 349 Abs. 2 StPO (Lex Lobe), S. 23; LR-*Franke* § 349 StPO, Rn. 7.

sen. Dieser Weg ist für die Bundesanwaltschaft nicht gangbar: Die örtliche Staatsanwaltschaft untersteht ihr nicht, sodass es ihr nicht zusteht, deren Rechtsmittel zurückzunehmen. Freilich kann der Generalbundesanwalt bei der Landesstaatsanwaltschaft die Rücknahme „anregen“,[4194] was häufig Erfolg haben wird. Es sollte aber nicht bezweifelt werden, dass die Bundesanwaltschaft auch in diesen Fällen Beschlussverwerfung beantragen kann.[4195] Es wäre unerträglich, die Staatsanwaltschaft insoweit anders zu stellen als die Verteidigung. Daneben kann der Senat die Revision aber im Anschluss an eine Revisionshauptverhandlung auch durch Urteil verwerfen und die Begründung auf den einen Satz beschränken: „Die Revision ist offensichtlich unbegründet.“[4196]

1734 Grundsätzlich sollte der Revisionsführer bestrebt sein, möglichst vor der Bearbeitung des Verfahrens durch den zuständigen Dezernenten der Revisionsstaatsanwaltschaft alle Aspekte darzulegen, unter denen das angefochtene Urteil angreifbar erscheint. Nur das gewährleistet, dass der Generalbundesanwalt auch zum Vorbringen insgesamt Stellung nimmt. Spiegelt sich aber in seinem Antrag wider, dass die Verteidigung z.B. auch geltend gemacht hat, es lägen Rechtsfehler der Beweiswürdigung vor und die materiell-rechtliche Würdigung sei unzutreffend, wird damit auch für den Vorsitzenden des Revisionsgerichts, dem in der Praxis die Antragsschrift bisweilen als erste Orientierungshilfe bei der Einarbeitung in ein Verfahren dient, sofort deutlich, welche Einwände die Revision gegen das tatrichterliche Urteil erhoben hat. Liegt bis zur Bearbeitung des Verfahrens durch den Dezernenten der Revisionsstaatsanwaltschaft hingegen kein Vortrag zur Sachrüge vor, dann ist die Gefahr groß, dass in der Antragsschrift die sachlich-rechtliche Prüfung kurz ausfällt, und sich etwa auf die Bemerkung beschränkt, der Schuldspruch sei sachlich-rechtlich ohne Rechtsfehler und auch auf eine rechtsfehlerfreie Beweiswürdigung gestützt. Wird das Revisionsvorbringen erst nach Eingang eines Verwerfungsantrages des Generalbundesanwaltes vervollständigt (z.B. durch Ausführungen zur Sachrüge), dann sollte sich der Beschwerdeführer zudem darüber im Klaren sein, dass er damit den rechtlichen Anspruch auf eine begründete Entscheidung verliert. Werden sachlich-rechtliche Einwände erst nach Eingang eines auf § 349 Abs. 2 StPO gestützten Verwerfungsantrages erhoben, wertet der BGH das bisweilen als Unterlaufen der gesetzlichen Regelung des § 349 Abs. 2 StPO. Damit werde

**4194** LR-*Franke* § 349 StPO, Rn. 14.

**4195** KK-*Gericke* § 349 StPO, Rn. 30; LR-*Franke* § 349 StPO, Rn. 14; BGH MDR 1975, 726 (bei *Dallinger*); BGHR StPO § 349 Abs. 2 – Verwerfung 1.

**4196** Was in der Praxis durchaus geschieht; vgl. hierzu BGH, Urt. v. 12.5.2020 – 1 StR 33/20 = JR 2020, 634 m. Anm. *Hamm*; BGH, Urt. v. 5.4.2018 – 3 StR 652/17.

der Staatsanwaltschaft die Möglichkeit genommen, zu den sachlich-rechtlichen Einzelangriffen Stellung zu nehmen. Der Beschwerdeführer dürfe sich in diesem Falle nicht darüber beklagen, dass ihm das rechtliche Gehör zu den Gründen für die Beschlussverwerfung insoweit abgeschnitten werde. Die vom Gesetzgeber bei Einführung der Beschlussverwerfung verfolgte Absicht sei es gerade gewesen, die Revisionsgerichte zu entlasten.[4197] Zwar überzeugt das letztgenannte Argument schon deshalb nicht, weil die erklärte Absicht des Gesetzgebers bei der Einführung des Antrags- und Begründungserfordernisses und des rechtlichen Gehörs dazu in § 349 Abs. 3 StPO war, die Zahl der Beschlussverwerfungen zurückzudrängen.[4198] Dennoch sollte man sich an dieser Rechtsprechung orientieren und als Revisionsführer bestrebt sein, die Chance zu wahren, bereits die Staatsanwaltschaft von der Begründetheit der Sachrüge zu überzeugen.

Immer wieder wird versucht, gegen den Beschluss, durch den die Revision 1735
verworfen wurde, Wiedereinsetzung in den vorigen Stand zu beantragen oder Gegenvorstellung zu erheben. Beides lehnt der BGH mit der Begründung ab, bei der Entscheidung nach § 349 Abs. 2 StPO handele es sich um eine die Rechtskraft herbeiführende abschließende Sachentscheidung und ein im Gesetz nicht ausdrücklich vorgesehenes Mittel zur Durchbrechung der Rechtskraft könne nicht durch die Rechtsprechung begründet werden.[4199] Dem wird man nicht widersprechen können. Hinzu kommt, dass es sich bei der Frist nach § 349 Abs. 3 Satz 2 StPO nicht um eine Ausschlussfrist (und somit keine Frist i.S.v. § 44 S. 1 StPO) handelt, so dass die Wiedereinsetzung schon gar nicht statthaft ist.[4200] Seit Einführung des § 356a StPO steht zudem ein spezielles Verfahren für den Fall der Verletzung des Anspruchs auf rechtliches Gehör zur Verfügung.[4201] Die Verteidiger seien allerdings dringend davor gewarnt, in dieser Vorschrift eine Möglichkeit zu sehen, die Zweiwochenfrist eigenmächtig zu verlängern. Generell muss stets damit gerechnet werden, dass der Senat alsbald nach Ablauf der Frist des § 349 Abs. 3 S. 2 StPO über die Revision entscheidet. Mit der Behauptung, die zu behandelnden Rechtsfragen erforderten einen längeren Bearbei-

**4197** BGH, Beschl. v. 4.6.2002 – 3 StR 146/02 = NJW 2002, 3266 = NStZ 2003, 103 = StV 2004, 120. Vgl. auch BGH, Beschl. v. 4.4.2016 – 1 StR 406/15 = NStZ-RR 2016, 251, 252; BVerfG, Beschl. v. 30.6.2011 – 2 BvR 792/11 = NJW 2014, 2563, 2564.

**4198** Dazu näher oben Rn. 6 und Rn. 1711 ff.

**4199** BGH, Beschl. v. 2.12.2003 – 4 StR 536/01 (Wiedereinsetzung) unter Hinweis auf BGH, Beschl. v. 10.2.1988 – 3 StR 579/87 = BGHR StPO § 349 Abs. 2 – Beschluss 2; so auch *Meyer-Goßner/Schmitt* § 349 StPO, Rn. 25. Vgl. auch BGH, Beschl. v. 14.11.2019 – 1 StR 62/19 = NStZ 2020, 309.

**4200** BGH, Beschl. v. 3.3.2016 – 1 StR 518/15 = NStZ 2016, 496.

**4201** Dazu näher unten Rn. 1739 ff.

tungszeitraum, zumal der GBA für seine Antragsschrift auch mehrere Monate benötigt habe, lässt sich nicht auf § 356a StPO rekurrieren.[4202] Daran ändert auch die fristgerechte „Ankündigung" einer Ergänzung der Revisionsbegründung nichts.[4203]

### 3. Aufhebung durch Beschluss bei einstimmig erkannter Begründetheit (§ 349 Abs. 4 StPO)

1736 Das tatrichterliche Urteil kann im Revisionsverfahren auch ohne mündliche Verhandlung aufgehoben werden. Ebenso wie die Beschlussverwerfung nach § 349 Abs. 2 StPO dient auch diese Möglichkeit der zügigen Erledigung von Revisionen.[4204] Da es sich hierbei aber um eine zugunsten des Angeklagten[4205] wirkende Verfahrensweise handelt, muss – anders als im Falle des Abs. 2 – weder ein begründeter Antrag der Staatsanwaltschaft vorliegen noch eine Anhörung des Beschwerdeführers stattfinden. Das Revisionsgericht beschließt die Aufhebung[4206] und verweist die Sache an das Gericht erster Instanz zurück (§ 354 Abs. 2 StPO) oder spricht selbst frei (§ 354 Abs. 1 StPO).[4207] Im Fall einer Zurückverweisung bestimmt das Revisionsgericht den Umfang der Aufhebung. Dabei wird das Urteil gem. § 353 Abs. 1 StPO nur insoweit aufgehoben, wie es erforderlich ist. Die Sache wird an das Gericht zurückverwiesen, welches das aufgehobene Urteil erlassen hat. Anders ist dies jedoch dann, wenn sich aus der materiellrechtlichen Bewertung eine andere erstinstanzliche Zuständigkeit ergibt (§ 354 Abs. 3 StPO) oder das Revisionsgericht die Sache an ein anderes Gericht gleicher Ordnung desselben Landes verweist (§ 354 Abs. 2 Satz 1 Alt. 2 StPO). Die Zurückverweisung an ein anderes Gericht liegt im Ermessen des Revisionsgerichts. Dabei muss das Revisionsgericht seine Entscheidung nicht begründen, es hat allerdings das Gericht zu wählen, das die größte Gewähr für eine materiell gerechte

---

**4202** BGH, Beschl. v. 20.11.2011 – 1 StR 528/11.

**4203** BGH, Beschl. v. 3.3.2016 – 1 StR 518/15 = NStZ 2016, 496.

**4204** Vgl. KK-*Gericke* § 349 StPO, Rn. 35.

**4205** Zur Anwendung kommen kann das Verfahren nach § 349 Abs. 4 StPO also, wenn über eine Revision des Angeklagten zu entscheiden ist oder über eine Revision der Staatsanwaltschaft, die nur zugunsten des Angeklagten Erfolg hat (§ 301 StPO). Hierzu KK-*Gericke* § 349 StPO, Rn. 36; BGH, Beschl. v. 6.11.1996 – 5 StR 219/96 = wistra 1997, 99; BGH, Beschl. v. 14.2. 2012 – 3 StR 7/12 = NStZ 2012, 587.

**4206** Dabei richten sich Inhalt und Umfang des Beschlusses nach den §§ 353, 354 StPO.

**4207** KK-*Gericke* § 349 StPO, Rn. 38. Freispruch durch Beschluss ist sogar auf die zuungunsten des Angeklagten eingelegte Revision der StA möglich, BGH, Beschl. v. 6.11.1996 – 5 StR 219/96 = wistra 1997, 99.

Endentscheidung bietet.[4208] Eine Verweisung an ein anderes Gericht kann etwa erforderlich sein, wenn die tatrichterliche Entscheidung mehrmals aufgehoben werden musste.[4209] Sie kommt auch in Fällen des § 338 Nr. 3 in Betracht.[4210]

Nicht selten setzen sich die Beschlüsse der Revisionsgerichte auch aus einer 1737 **Teilaufhebung und einer Teilverwerfung** zusammen, so etwa, wenn über einzelne, voneinander trennbare Teile des angefochtenen Urteils separat entschieden werden kann.[4211] Es kommt durchaus häufig vor, dass das Revisionsgericht die Revision unter einem Teilaspekt einstimmig für begründet, im Übrigen aber auch ebenso einstimmig gemäß einem entsprechenden Antrag der Revisionsstaatsanwaltschaft für unbegründet hält. In diesen Fällen werden die beiden Möglichkeiten der Entscheidung in einem Beschluss kombiniert. Ein Anwendungsfall von solchen kombinierten Entscheidungen ist etwa die Aufhebung des Strafausspruchs bei gleichzeitiger Verwerfung der Revision gegen den Schuldspruch. Kurz nach Inkrafttreten der Neuregelung des § 349 StPO durch das Strafprozessänderungsgesetz von 1964 wurden solche Entscheidungsformen im Schrifttum noch teilweise für unzulässig gehalten.[4212] Darüber ist die Praxis aber hinweggegangen, ohne dass sich in der Literatur noch Kritik zu Wort gemeldet hätte.[4213]

Das Revisionsgericht kann mit seinem Beschluss das Verfahren auch ganz 1738 oder teilweise **einstellen,**[4214] z.B. bei Vorliegen eines Verfahrenshindernisses nach § 206a StPO oder gemäß § 154a StPO durch Beschränkung auf einzelne Teile der Revision, des Weiteren gemäß § 153 Abs. 2 StPO, wenn dem tatrichterlichen Urteil die tatsächlichen Voraussetzungen hierfür zu entnehmen sind[4215]

**4208** Vgl. dazu allgemein: BVerfG, Beschl. v. 14.2.2006 – 2 BvR 109/06.

**4209** OLG Brandenburg, Beschl. v. 14.4.2010 – 53 Ss 53/10.

**4210** Zu einem solchen Fall BGH, Beschl. v. 12.1.2016 – 3 StR 482/15 = StV 2016, 537.

**4211** Vgl. hierzu auch LR-*Franke* § 349 StPO, Rn. 38; *Meyer-Goßner/Schmitt* § 349 StPO, Rn. 32; *Seibert* NJW 1966, 1064; *Dahs*, Revision, Rn. 594.

**4212** *Eb. Schmidt*, Lehrkommentar, StPO Nachtrag I 1967, § 349 StPO, Rn. 10.

**4213** Der BGH hat auf eine Gegenvorstellung gegen einen solchen kombinierten Beschluss hin die Zulässigkeit einer solchen Vorgehensweise ausdrücklich klargestellt, BGH, Beschl. v. 25.3. 1997 – 1 StR 579/96 = BGHSt 43, 31 = NJW 1997, 2061.

**4214** BGHSt 36, 175, 179 = NJW 1989, 2403; KK-*Gericke* § 349 StPO, Rn. 38; vgl. *Meyer-Goßner/Schmitt* § 349 StPO, Rn. 29a und *Meyer-Goßner* NStZ 2004, 353, 354 der § 206a StPO als Erstentscheidung für anwendbar hält, wenn das Verfahrenshindernis beim Revisionsgericht eintritt und § 349 Abs. 4 StPO als Rechtsmittelentscheidung, wenn das Verfahrenshindernis schon beim Tatgericht vorlag.

**4215** Eine Beweiserhebung durch das Revisionsgericht findet nicht mehr statt, vgl. *Meyer-Goßner/Schmitt* § 353 StPO, Rn. 2, unter Hinweis auf RGSt 77, 72, 75; BayObLG MDR 52, 247; OLG Bremen NJW 1951, 326; *Naucke* FS Staatsanwaltschaft Schleswig Holstein, S. 466.

und gemäß § 154 Abs. 2 StPO, sofern sich der Tatrichter in seinem Urteil mit der Tat befasst hat.[4216] In diesen Fällen muss durch das Revisionsgericht auch eine Kostenentscheidung getroffen werden.[4217] Seit der Gesetzesänderung im Jahr 2017 ist im Revisionsverfahren grundsätzlich auch eine Einstellung nach § 153a StPO möglich.[4218]

## IV. Anhörungsrüge nach § 356a StPO

1739 Durch das Anhörungsrügengesetz vom 9.12.2004[4219] wurde § 356a StPO eingeführt. Es handelt sich um eine spezielle Wiedereinsetzungsvorschrift für die Fälle, in denen die an sich Rechtskraft schaffende Sachentscheidung des Revisionsgerichts unter Verletzung des rechtlichen Gehörs ergangen ist. § 356a StPO ist gegenüber § 33a StPO die spezielle Regelung für Revisionsentscheidungen, so dass eine Wiedereinsetzung nur noch unter den in § 356a StPO geregelten besonderen Bedingungen möglich ist.[4220] Die Anhörungsrüge ist sowohl im Beschluss, als auch im Urteilsverfahren anwendbar.[4221]

1740 Anhörungsrügen werden zwar häufig erhoben, sie hatten bislang aber nur in wenigen Ausnahmefällen Erfolg. Im Jahr 2019 war keine Anhörungsrüge erfolgreich.[4222] Aus früheren Jahren sind einige Fälle bekannt, in denen die Anhörungsrüge dazu geführt hat, dass das Verfahren in den Stand vor der Revisionsentscheidung zurückversetzt wurde.[4223] Das zeigt zugleich, dass es falsch wäre, der Anhörungsrüge jegliche praktische Relevanz abzusprechen. Erfolgreiche Anhörungsrügen sind zwar selten, führen dann aber zu einer vergleichsweise schnellen Abhilfe.[4224] Ihre wesentliche Bedeutung hat die Anhörungsrüge je-

---

**4216** Hierzu *Meyer-Goßner* JR 1985, 454.

**4217** Bei Zurückverweisung obliegt diese Aufgabe dem erstinstanzlichen Gericht. Ist die Sache noch beim Revisionsgericht anhängig, hat es auch über Kostenbeschwerden zu entscheiden (§ 464 Abs. 3 StPO). Zu Entscheidungen über Entschädigungen siehe KK-*Gericke* § 349 StPO, Rn. 44 f.

**4218** Durch das Gesetz zur effektiveren und praxistauglicheren Ausgestaltung des Strafverfahrens vom 17.8.2017 (BGBl. 2017 I, 3202) wurde § 153a Abs. 2 StPO geändert. Vgl. hierzu BT-Drs. 18/11277, 29.

**4219** BGBl. 2004 I, 3220.

**4220** LR-*Franke* § 356a StPO, Rn. 1; KK-*Gericke* § 356a StPO, Rn. 2; BGH, Beschl. v. 16.5.2006 – 4 StR 110/05 = NStZ 2007, 236; *Meyer-Goßner* FS Hamm, S. 441, 454 f.

**4221** BGH, Beschl. v. 23.11.2006 – 1 StR 180/06 = JR 2007, 172.

**4222** Vgl. Geschäftsstatistik der Strafsenate des BGH 2019, S. 19.

**4223** BGH, Beschl. v. 13.4.2011 – 2 StR 524/10; BGH, Beschl. v. 14.8.2012 – 2 StR 629/11 = NStZ 2012, 710.

**4224** So etwa in BGH, Beschl. v. 14.8.2012 – 2 StR 629/11 = NStZ 2012, 710.

doch dadurch erhalten, dass sie zur Erschöpfung des Rechtswegs erforderlich sein kann, wenn nach einer die Revision verwerfenden Entscheidung Verfassungsbeschwerde erhoben werden soll. Schon weil die Rechtsprechung des Bundesverfassungsgerichts zu der Frage, wann eine Anhörungsrüge Voraussetzung für die Zulässigkeit einer Verfassungsbeschwerde ist, nicht immer eindeutig ist, wird vielfach empfohlen, die Anhörungsrüge „im Zweifel" zu erheben, um so nachweisen zu können, dass der Beschwerdeführer wirklich alles unternommen hat, was verfahrensrechtlich möglich war, um eine Grundrechtsverletzung zu beseitigen.[4225] Das darf aber nicht darüber hinwegtäuschen, dass die Anhörungsrüge nicht dazu dienen sollte, „Gegenvorstellung" gegen die in der Entscheidung des Revisionsgerichts vertretene Rechtsansicht zu erheben.[4226] Wann und unter welchen Voraussetzungen es ratsam ist, eine Anhörungsrüge zu erheben, um die Anforderungen des Bundesverfassungsgerichts zu erfüllen, ist primär eine Frage des Verfassungsprozessrechts und soll deshalb hier nicht im Einzelnen erörtert werden.[4227]

Eine zulässige Anhörungsrüge setzt voraus, dass die **Frist des § 356a StPO** 1741
eingehalten wird.[4228] Dies muss der Beschwerdeführer glaubhaft machen. In den (seltenen) Fällen, in denen im Revisionsverfahren Beschlüsse förmlich zugestellt werden, sollte es dabei genügen, auf die aus den Senatsakten ersichtlichen Zustellungsnachweise zu verweisen.[4229] Da nach § 35 Abs. 2 S. 2 StPO die förmliche Zustellung eines Beschlusses, mit dem die Revision nach § 349 Abs. 2

**4225** Vgl. hierzu etwa die Empfehlung in *Jahn/Krehl/Löffelmann/Güntge*, Die Verfassungsbeschwerde in Strafsachen, Rn. 222.

**4226** Beispiel: BGH, Beschl. v. 11.1.2017 – 4 StR 192/16. Vgl. zur Funktion der Anhörungsrüge auch *Lohse* StraFo 2010, 433.

**4227** Vgl. hierzu etwa: *Sturm* AnwBl. 2018, 132. Nach BVerfG, Beschl. v. 23.6.2010 – 2 BvR 2559/08 u.a. = BVerfGE 126, 170, 193 reicht es im Zusammenhang mit Art. 103 Abs. 2 GG und Fragen des materiellen Rechts zur Erschöpfung des Rechtswegs regelmäßig aus, wenn im Revisionsverfahren die Sachrüge erhoben wird. Die Revisionsgerichte haben dann von Amts wegen zu prüfen, ob eine Gesetzesauslegung mit Art. 103 Abs. 2 GG im Einklang steht. Nach BVerfG, Beschl. v. 12.2.2020 – 2 BvR 2215/19, Rn. 3 soll hingegen in Fällen, in denen vor dem BVerfG eine Grundrechtsverletzung durch das Tatgericht gerügt wird, aus dem Grundsatz der Subsidiarität der Verfassungsbeschwerde das Erfordernis abzuleiten sein, dass im Rahmen der Sachrüge „substantiierte Ausführungen" zur Verletzung des materiellen Rechts gemacht wurden.

**4228** Der durch das Gesetz zur Stärkung des Rechts des Angeklagten auf Anwesenheit in der Hauptverhandlung vom 17.12.2018 (BGBl. 2018 I, 2571) eingeführten Pflicht zur Belehrung über die Frist (§ 356a S. 4 StPO) dürfte in der Praxis nur selten Bedeutung zukommen (vgl. hierzu BGH, Beschl. v. 26.6.2019 – 3 StR 575/18).

**4229** Vgl. die Hinweise in BGH, Beschl. v. 9.3.2005 – 2 StR 444/04 und BGH, Beschl. v. 16.5.2006 – 4 StR 110/05 auf „Ausnahmefälle".

StPO verworfen wird, aber nicht vorgeschrieben ist[4230], werden solche Nachweise zumeist nicht existieren. Die Beschlüsse werden in aller Regel mit einfacher Post versandt. Als Mittel der Glaubhaftmachung kommt in solchen Fällen die anwaltliche Versicherung in Betracht.[4231]

1742 Zu beachten ist hierbei stets, dass dem verteidigten Mandanten nach der Rechtsprechung des BGH ein etwaiges Verschulden des Rechtsanwalts bei der Versäumung der Frist des § 356a StPO – entgegen den sonst für das Strafverfahrensrecht geltenden Grundsätzen – zuzurechnen ist.[4232] Wenig überzeugend wird dies mit einem Verweis auf § 93 Abs. 2 S. 6 BVerfGG begründet. Für eine Heranziehung dieser Vorschrift besteht kein Anlass.[4233] Zwar ist die Anhörungsrüge in ihrer praktischen Funktion häufig eine Vorstufe zur Verfassungsbeschwerde. Prozessrechtlich hat sie aber eine andere Bedeutung. Sie ist ein am Institut der Wiedereinsetzung ausgerichtetes Instrument, das dazu dienen soll, die Verletzung eines in der Verfassung garantierten Rechts (Art. 103 Abs. 1 GG) auszugleichen. Zurückgehend auf die Plenarentscheidung des Bundesverfassungsgerichts vom 30.4.2003[4234], soll sie – systematisch gesehen – die Verfassungsbeschwerde nicht vorbereiten, sondern überflüssig machen. Sie bleibt deshalb Bestandteil des Strafverfahrens, über sie hat das für die Revision zuständige Gericht zu entscheiden. Es besteht deshalb kein Anlass, hinsichtlich der Zurechnung von Anwaltsverschulden anders zu verfahren als sonst in der Strafprozessordnung.

1743 Die Anhörungsrüge setzt weiter voraus, dass der **Anspruch auf rechtliches Gehör** verletzt wurde. Ein Antrag nach § 356a StPO kommt z.B. in Betracht, wenn über die Revision durch Beschluss (§ 349 Abs. 2 StPO) entschieden wurde, obwohl die Frist zur Gegenerklärung auf den Antrag der Staatsanwaltschaft (§ 349 Abs. 3 StPO) noch nicht abgelaufen war.[4235] Dabei bleibt aber zu beachten, dass in einzelnen Entscheidungen auch die Ansicht vertreten wurde, der BGH dürfe jedenfalls dann schon vor Ablauf der Frist des § 349 Abs. 3 S. 2 StPO entscheiden, wenn die Verteidigung bereits eine Stellungnahme zum Verwer-

**4230** LR-*Franke* § 349 StPO, Rn. 26 und Rn. 40; MüKoStPO/*Knauer*/*Kudlich* § 356a StPO, Rn. 12.

**4231** Vgl. *Meyer-Goßner*/*Schmitt* § 356a StPO, Rn. 6 und § 26 StPO, Rn. 7.

**4232** BGH, Beschl. v. 16.5.2013 – 1 StR 633/12 = NStZ-RR 2014, 89; BGH, Beschl. v. 20.6.2012 – 5 StR 134/12; BGH, Beschl. v. 13.8.2008 – 1 StR 162/08 = StV 2010, 297; BGH, Beschl. v. 20.5.2011 – 1 StR 381/10 = StraFo 2011, 318.

**4233** Kritisch insoweit auch LR-*Franke* § 356a StPO, Rn. 9.

**4234** BVerfG, Beschl. v. 30.4.2003 – 1 PBvU 1/02 = BVerfGE 107, 395; vgl. auch den Entwurf für ein Anhörungsrügengesetz (BT-Drs. 15/3706 und 15/3966).

**4235** Vgl. zur Bedeutung der Frist nach § 349 Abs. 3 S. 2 StPO: BGH, Beschl. v. 3.3.2016 – 1 StR 518/15 = NStZ 2016, 496.

fungsantrag der Bundesanwaltschaft abgegeben hat.[4236] Der Anspruch auf rechtliches Gehör ist aber verletzt, wenn entschieden wird, ohne dass dem Angeklagten bzw. seinem Verteidiger der Antrag nach § 349 Abs. 2 StPO zugestellt war,[4237] wenn der Revisionssenat in Unkenntnis der Gegenerklärung oder eines sonstigen, fristgerechten Antrags[4238] entschieden hat oder wenn der Angeklagte keine Gelegenheit hatte, zu bestimmten Ergebnissen des vom Revisionsgericht zur Klärung von Verfahrensfragen durchgeführten Freibeweisverfahrens, etwa zu eingeholten dienstlichen Äußerungen, Stellung zu nehmen.[4239]

Die Anhörungsrüge soll hingegen nicht statthaft sein, wenn sie lediglich zu 1744 dem Zweck erhoben wird, nachträglich einen Richter des Revisionsgerichts abzulehnen.[4240] So verständlich diese Beschränkung auch ist, ist doch zu beachten, dass das Beschlussverfahren insoweit einen strukturellen Mangel enthält: Dem Angeklagten bleibt bis zur Bekanntgabe des Beschlusses unbekannt, in welcher Besetzung der Spruchkörper über seine Revision entscheidet. Er kann deshalb vorher nicht erkennen, ob ein Richter mitwirken wird, bei dem die Besorgnis der Befangenheit besteht.[4241] Wie sonst, wenn nicht mit der Anhörungsrüge, soll er dies geltend machen? Anwendbar sein kann § 356a StPO dagegen, wenn Mitglieder des Revisionssenats abgelehnt waren und der Beschwerdeführer nach der Sachentscheidung den Beschluss anfechten will, durch den das Ablehnungsgesuch zurückgewiesen wurde.[4242] Die praktische Bedeutung dieser Fallkonstellationen dürfte allerdings gering sein, da für eine Ablehnung wegen Besorgnis der Befangenheit in einer auf Rechtsfragen beschränkten Instanz nur in Ausnahmefällen Anlass bestehen kann.[4243]

Erfolg haben kann die Anhörungsrüge schließlich nur, wenn der Anspruch 1745 auf rechtliches Gehör auch **in entscheidungserheblicher Weise** verletzt wur-

**4236** BGH, Beschl. v. 4.8.2015 – 5 StR 263/15 unter Bezugnahme auf LR-*Franke* § 349 StPO, Rn. 20.

**4237** BT-Drs. 15/3706, 17; BGH, Beschl. v. 26.11.2015 – 1 StR 386/15 = NStZ 2016, 179.

**4238** BGH, Beschl. v. 7.11.2012 – 2 StR 629/11; BGH, Beschl. v. 25.10.2017 – 5 StR 214/17.

**4239** KK-*Gericke* § 356a StPO, Rn. 3 f.

**4240** *Meyer-Goßner/Schmitt* § 356a StPO, Rn. 1; BGH, Beschl. v. 13.4.2011 – 1 StR 26/11; BGH, Beschl. v. 13.12.2012 – 2 StR 585/11.

**4241** *Jahn* FS Fezer, S. 413, 431 ff.

**4242** BGH, Beschl. v. 6.2.2009 – 1 StR 541/08 = NJW 2009, 1092 = NStZ 2009, 470.

**4243** Vgl. hierzu die Fälle BGH, Beschl. v. 26.5.2011 – 5 StR 165/11 und BGH, Beschl. v. 4.2.2014 – 3 StR 243/13. Von praktischer Bedeutung kann ferner sein, ob ein Richter nach § 22 StPO von der Mitwirkung am Revisionsverfahren ausgeschlossen ist (vgl. hierzu BGH, Beschl. v. 24.3. 2009 – 5 StR 394/08 = NStZ 2009, 342 und BGH, Beschl. v. 11.7.2006 – 2 StR 499/05 = wistra 2006, 392 = NStZ 2006, 646).

de. Das soll nur dann der Fall sein, wenn die korrekte Anhörung des Angeklagten zu einem anderen Verfahrensausgang geführt haben müsste.[4244] Spätestens hieran scheitern die meisten Anhörungsrügen, weil die Revisionsgerichte regelmäßig darauf verweisen, die im Rahmen der Anhörungsrüge vorgebrachten Argumente seien ihnen entweder ohnehin schon vorher bekannt gewesen und seien im Beschluss zwar nicht erwähnt, wohl aber gewürdigt worden oder sie seien eben nicht überzeugend.[4245] So kann es passieren, dass dem Antragsteller zwar zugestanden wird, er hätte angehört werden müssen (z.B. zu einem Antrag auf Teileinstellung nach § 154 StPO), dass gleichwohl aber die Anhörungsrüge mit der Begründung zurückgewiesen wird, der Fehler habe sich auf die Entscheidung „nicht ausgewirkt".[4246]

1746 Auf einem anderen Blatt steht allerdings die Frage, ob überhaupt eine Verletzung des Anspruchs auf rechtliches Gehör vorliegt, wenn dem Verurteilten keine Gelegenheit gegeben wurde, zu der vom Verwerfungsantrag der Revisionsstaatsanwaltschaft abweichenden Begründung des Senats vorab Stellung zu nehmen.[4247] Die Rechtsprechung verneint dies und verweist darauf, der Revisionsführer habe besonderen Anlass, zu den im Beschlussverfahren angelegten, den Schuld- oder Strafausspruch betreffenden Entscheidungsvarianten umfassend Stellung zu nehmen und seine Rechtsstandpunkte auch gegen Erwägungen abzusichern, die über die Begründung der Revisionsstaatsanwaltschaft hinausgehen. Das Revisionsgericht müsse sich dem Verwerfungsantrag nur im Ergebnis, nicht aber in allen Teilen der Begründung anschließen.[4248]

## B. Entscheidung durch Urteil

### I. Anlässe für eine Revisionshauptverhandlung

1747 Das Revisionsgericht entscheidet nur dann durch Urteil, **wenn eine Revisionshauptverhandlung stattgefunden** hat (§§ 349 Abs. 5, 350, 351, 353 StPO). Sie ist zwingend vorgeschrieben, wenn die Revisionsstaatsanwaltschaft sie bean-

**4244** BGH, Beschl. v. 2.7.2014 – 4 StR 498/13; BGH, Beschl. v. 10.7.2013 – 3 StR 173/08.
**4245** Vgl. z.B. BGH, Beschl. v. 18.6.2008 – 1 StR 185/08 und BGH, Beschl. v. 11.1.2017 – 4 StR 192/16.
**4246** Vgl. BGH, Beschl. v. 11.3.2008 – 4 StR 454/07 = NStZ-RR 2008, 183.
**4247** S. dazu oben Rn. 1722.
**4248** Vgl. hierzu auch BVerfG, Beschl. v. 30.6.2014 – 2 BvR 792/11 = NJW 2014, 2563; BGH, Beschl. v. 26.6.2019 – 3 StR 575/18; BGH, Beschl. v. 8.4.2009 – 5 StR 40/09 = NStZ-RR 2009, 252.

tragt oder wenn auf ihren Antrag, durch Beschluss zu entscheiden, keine Einstimmigkeit (§ 349 Abs. 2, 4 StPO) im Senat zu erzielen ist. Es soll jedoch auch vorkommen, dass ein Senat sich bei der Beratung über einen beantragten Beschluss darüber einig ist, dass im Hinblick auf die Bedeutung der zu klärenden Rechtsfragen eine offene Diskussion über die einzelnen Aspekte des Falles in einer mündlichen Verhandlung stattfinden sollte, obwohl innerhalb des Senats möglicherweise Einstimmigkeit zu erzielen wäre. Das ist in den Fällen zu begrüßen, in denen komplexe Fragen zu beantworten sind und z.B. auch die Abgrenzung zwischen Tat- und Rechtsfragen (s.o.) oder die Vereinbarkeit des anzuwendenden Rechtssatzes mit Entscheidungen anderer Senate (Vorlagepflicht nach § 132 Abs. 2 GVG) oder anderer Oberlandesgerichte (§ 121 Abs. 2 GVG) klärungsbedürftig ist.

## II. Vorbereitung und Ablauf der Hauptverhandlung vor dem Revisionsgericht

Die Verhandlung bietet dem Verteidiger große Möglichkeiten, wenn er sie zu 1748
nutzen versteht. Zwar lässt der Wortlaut des § 350 Abs. 2 StPO es zu, dass der Verteidiger der Hauptverhandlung fernbleibt. Dies sollte er sich aber selbst verbieten. Die unter dem Aspekt des rechtlichen Gehörs nicht unbedenkliche Bestimmung des § 350 Abs. 2 S. 2 StPO a.F., wonach der inhaftierte Revisionsführer keinen eigenen Anspruch auf Anwesenheit hatte, wurde unter dem Einfluss des EU-Rechts[4249] im Jahr 2018 geändert.[4250] Nunmehr kann das Revisionsgericht nach eigenem Ermessen darüber entscheiden, ob der inhaftierte Angeklagte zur Revisionshauptverhandlung vorgeführt wird (§ 350 Abs. 2 S. 3 StPO). Einem entsprechenden Wunsch des Angeklagten sollte regelmäßig entsprochen werden.[4251] Schon weil eine Verletzung des Anwesenheitsrechts über § 356a StPO eine Anhörungsrüge begründen kann,[4252] sollte diese Änderung der Gesetzeslage dazu führen, dass auch inhaftierte Angeklagte jetzt an der Revisionshaupt-

**4249** Umgesetzt wurde die Richtlinie (EU) 2016/343 vom 9.3.2016 (ABl. L 65 vom 11.3.2016, S. 1). S. zur Gesetzesänderung BT-Drs. 19/4467.

**4250** Gesetz zur Stärkung des Rechts des Angeklagten auf Anwesenheit in der Verhandlung vom 17.12.2018 (BGBl. 2018 I, 2571).

**4251** Für eine großzügige Handhabung *Meyer-Goßner/Schmitt* § 350 StPO, Rn. 3. Anders: KK-*Gericke* § 350 StPO, Rn. 10 („nur in Ausnahmefällen zwingend geboten“) sowie die Rechtsprechung, vgl. z.B. (die Vorführung des Angeklagten ablehnend) BGH, Beschl. v. 3.3.2020 – 4 StR 586/19; BGH, Beschl. v. 10.10.2019 – 1 StR 113/19; BGH, Beschl. v. 29.8.2019 – 5 StR 103/19.

**4252** So auch *Meyer-Goßner/Schmitt* § 350 StPO, Rn.12. Enger: KK-*Gericke* § 350 StPO, Rn. 13.

verhandlung zumindest teilnehmen *können*. Ob sie von dieser Möglichkeit auch Gebrauch machen, ist eine andere Frage.

1749 Mit der Gesetzesänderung im Jahr 2018 wurde zugleich der bisherige § 350 Abs. 3 StPO aufgehoben, der eine eigenständige Regelung zur **Bestellung eines Pflichtverteidigers** enthielt. Stattdessen sollen nunmehr die allgemeinen Vorschriften über die notwendige Verteidigung gelten.[4253] Hatte der Angeklagte schon in der Tatsacheninstanz einen Pflichtverteidiger, so soll dessen Beiordnung nunmehr (anders als bisher) auch für die Revisionshauptverhandlung fortgelten.[4254] Nach der Neuregelung des Rechts der notwendigen Verteidigung durch das Gesetz vom 10.12.2019[4255] folgt dies auch daraus, dass die Pflichtverteidigerbestellung generell bis zum rechtskräftigen Abschluss des Verfahrens gilt (§ 143 Abs. 1 StPO). War der Angeklagte bislang unverteidigt, wird § 140 Abs. 2 StPO die Bestellung eines Pflichtverteidigers regelmäßig gebieten. Das folgt schon aus dem abstrakten und formellen Charakter eines Revisionsverfahrens.[4256]

1750 Ebenso wie für den gerichtlich bestellten Verteidiger sollte es sich auch für den Wahlverteidiger von selbst verstehen, dass er die in der Hauptverhandlung liegenden Chancen wahrnimmt. Die Revisionshauptverhandlung setzt eine gründliche **Vorbereitung** voraus, zu der die genaue Kenntnis des angefochtenen Urteils und der bisher gewechselten Schriftsätze eine notwendige, aber noch keine hinreichende Bedingung ist. Bei einem guten Revisionsgericht steht das Urteil nicht vor der Verhandlung fest. Die entgegengesetzte Übung ist schlechthin gesetzwidrig;[4257] nach der insoweit auch vom Revisionsgericht anzuwendenden Vorschrift des § 260 Abs. 1 Satz 1 StPO hat die Beratung am Ende der Hauptverhandlung und nicht vor ihr stattzufinden.

1751 Der noch unerfahrene Verteidiger tut gut daran, sich rechtzeitig über die Besonderheiten der Hauptverhandlung vor dem Revisionsgericht klar zu werden. Sie sollten auch schon bei der Vorbereitung auf den Termin bedacht werden. Dazu gehört eine möglichst genaue Information über den **Anlass der Terminierung** und die vom Senat favorisierte Verhandlungsthematik. Manchmal

**4253** KK-*Gericke* § 350 StPO, Rn. 12. Zur früheren Rechtslage vgl. u.a. BGH, Verf. des Vors. v. 25.9.2014 – 2 StR 163/14 = NStZ 2015, 47. S. zum Ganzen auch EGMR NStZ 1983, 373.

**4254** Vgl. auch KK-*Gericke* § 350 StPO, Rn. 12; *Meyer-Goßner/Schmitt* § 350 StPO, Rn. 9.

**4255** BGBl. 2019 I, S. 2128. Hierzu: *Müller-Jacobsen*, NJW 2020, 575.

**4256** So zu Recht *Meyer-Goßner/Schmitt* § 350 StPO, Rn. 10; vgl. auch LR-*Jahn* § 140 StPO, Rn. 114.

**4257** So auch *Hanack* JZ 1972, 313, 315; *Peters*, Lehrbuch, 4. Aufl., § 53 I 1a (S. 483); OLG Hamburg VRS 10, 374; a.A. BGHSt 11, 74; im Grundsatz auch LR-*Franke* § 351 StPO, Rn. 10 mit dem Zusatz: „Das schließt jedoch eine Vorberatung über die Rechtsfragen des Falles nicht aus".

wird das schon mit der Terminsnachricht mitgeteilt („Anlass zur Terminsbestimmung ist die Rüge…"). Es kann sich auch aus der Zuschrift der Revisionsstaatsanwaltschaft ergeben, z.B. wenn sie selbst eine Hauptverhandlung beantragt hat und dabei mitteilt, inwieweit sie die Revision des Angeklagten für unbegründet i.S. des § 349 Abs. 2 StPO hält und über welche Rüge(n) nach ihrer Ansicht eine mündliche Erörterung sachgerecht wäre. Im letzteren Falle ergeben sich auch aus den Ausführungen der Antragsschrift wichtige Anhaltspunkte dafür, inwieweit noch Diskussionsbedarf besteht und eine Ergänzung der rechtlichen Argumentation aus der Revisionsbegründung erforderlich ist. In anderen Fällen sollte man sich nicht scheuen, den Vorsitzenden oder den Berichterstatter anzurufen, um Interesse an einer sinnvollen Vorbereitung zu bekunden. Das kann im Einzelfall auch eine erste Orientierung über die den Senat interessierenden Rechtsfragen vermitteln.

Da zwischen der Abfassung der Revisionsbegründungsschrift und dem 1752
Termin der Hauptverhandlung regelmäßig einige Monate (manchmal auch längere Zeiträume) verstrichen sind, ist es unbedingt notwendig, sich über den **aktuellen Stand der Rechtsprechung zu informieren,** damit es nicht passiert, dass man in der Hauptverhandlung mit neuen Entscheidungen konfrontiert wird, die der eigenen Rechtsmeinung entgegenstehen oder auch sie stützen, ohne dass man sie selbst bis dahin kennt. Auch lese man seinen eigenen bisherigen Vortrag noch einmal kritisch („mit den Augen eines Revisionsrichters") daraufhin durch, zu welchen Fragen und Einwänden ein Revisionsrichter Anlass sehen könnte. Das gilt insbesondere für etwaige Widersprüche zu Ausführungen des angefochtenen Urteils oder sogar auch zur Frage nach der Angriffsrichtung einer Beanstandung.[4258]

In der Hauptverhandlung tritt an die Stelle der Vernehmung des Angeklagten 1753
(selbst wenn dieser erscheint) und der Beweisaufnahme ein **Vortrag des Berichterstatters,** der in der Gestaltung dieser mündlichen Einführung frei ist. Insbesondere kann er sich darin auf eher skizzenhafte Angaben beschränken, wenn

**4258** Ein eher kurioses Beispiel enthält die Entscheidung BGH, Urt. v. 16.10.2006 – 1 StR 180/06, Rn. 49 = NJW 2007, 92, 95 f.: Die Nebenklage hatte keine Verfahrensrüge erhoben, im Rahmen der Sachrüge gegen die Beweiswürdigung des freisprechenden Urteils aber Einwände vorgebracht, die der Senat, dem offenbar der Freispruch auch sonst nicht einleuchtete, äußerst wohlwollend in eine Verfahrensrüge umdeutete mit dem bemerkenswerten Hinweis: „In der Revisionshauptverhandlung hat der Nebenklägervertreter auf Nachfrage bestätigt, dass er mit seiner Revisionsbegründung die fehlende Verwertung des verlesenen Tagebuchabschnitts beanstanden wollte – Rüge der Verletzung des § 261 StPO." Der Senat hob den Freispruch auf und verwies die Sache an eine andere Kammer des Landgerichts Mannheim zurück, die durch Urt. v. 19.10.2009 erneut freisprach.

gleichzeitig mitgeteilt werden kann, dass (wie bei allen BGH-Senaten üblich) alle Senatsmitglieder das angefochtene Urteil, die Revisionsbegründungsschrift und alle gewechselten Schriftsätze vorliegen haben.[4259] Der Verteidiger hat weder Einfluss auf den Inhalt des Vortrages, noch wird dieser gerade ihm etwas Neues sagen. Trotzdem sollte er ihn aufmerksam verfolgen, und zwar unter dem Gesichtspunkt, ob die übrigen Richter durch den Vortrag zutreffend und vollständig über den Inhalt des Urteils und den bisherigen „Streitstand" unterrichtet werden. Es steht dem Verteidiger durchaus zu, den Berichterstatter um eine Ergänzung des Vortrags zu bitten, etwa eine übergangene Verfahrensrüge, die man selbst für wichtig hält, in ihrer wesentlichen Stoßrichtung noch nachzutragen.[4260] Auch kann er anregen, bestimmte Stellen des Urteils, an die er im Plädoyer anknüpfen will, wörtlich zu verlesen. Natürlich kann er sie auch selbst verlesen. Aber die Bitte um Ergänzung des Vortrages wird wohl meist einen nachhaltigeren Eindruck machen. Es wäre ganz falsch, in dem Vortrag nur eine Formsache zu sehen, die überstanden werden muss. Der Verteidiger kann nicht davon ausgehen, dass in der Beratung noch Wesentliches nachgetragen wird. Auch wenn alle Mitglieder vor der Verhandlung das angefochtene Urteil, die Revisionsbegründung und die danach gewechselten Schriftsätze kennen, sollte doch der Vortrag des Berichterstatters darüber informieren, in welchen rechtlichen Aspekten und in welchen Rügen er und meist auch der Vorsitzende den Schwerpunkt der Beratung sehen. Umso berechtigter ist die Mitarbeit des Verteidigers gerade an diesem Teil der Hauptverhandlung.

1754 Ein guter und wohl bei den meisten Revisionsgerichten verbreiteter Brauch ist es, dass der Berichterstatter auch über die Verfahrensrügen sowie darüber vorträgt, was die Sitzungsniederschrift, gegebenenfalls die Akten (Gegenerklärung), über die Tatsachen ergeben, an die sich die Verfahrensrügen anknüpfen. Ohne das ist es nämlich schier unmöglich, den Plädoyers zu folgen. Der Verteidiger hat darauf zu achten, ob dort, wo der Vortrag des Berichterstatters sich überhaupt auf die Verfahrensrügen erstreckt, seine Rügen auch vollständig und richtig mitgeteilt werden. Im Falle von **Verfahrensrügen** kann Gegenstand der Erörterungen in einer Revisionshauptverhandlung auch die Frage sein, ob, inwieweit und durch welche Beweismittel der Vortrag nach § 344 Abs. 2 S. 2 StPO bestätigt, widerlegt oder auch als unvollständig angesehen werden muss. Dabei ist zwischen den Verfahrenstatsachen, auf die sich die absolute Beweiskraft des

4259 Vgl. KK-*Gericke* § 351 StPO, Rn. 2.

4260 Das Fehlen eines vom Verteidiger für wichtig gehaltenen Aspekts seiner Revisionsbegründung ist kein Grund, an der Unbefangenheit des Berichterstatters zu zweifeln: BGH, Beschl. v. 15.7.2008 – 1 StR 231/08.

(u.U. berichtigten[4261]) Protokolls bezieht, und den Gegenständen des Freibeweisverfahrens zu unterscheiden. Wie wichtig dies sein kann, zeigen Beispiele aus der Praxis: Hätte der 1. Strafsenat des BGH seine Entscheidung zur „Fristenlösung" im Beweisantragsrecht[4262] nicht durch Beschluss getroffen, sondern durch Urteil nach einer Hauptverhandlung, so hätte die Frage erörtert werden können, ob es mit der StPO vereinbar ist, vom Revisionsführer einen Sachvortrag zu verlangen, den der Strafkammervorsitzende erstmals in seiner Entgegnung auf die Revisionsbegründung behauptet hatte, und zu dem die BGH-Entscheidung selbst sagt, er sei protokollierungsbedürftig gewesen. Dass die 2. Kammer des 2. Senats des BVerfG in ihrer Entscheidung vom 6.10.2009 in der „Fristenlösung" noch keine Grundrechtsverletzung gesehen hat, ohne auf den Aspekt der Verletzung des rechtlichen Gehörs einzugehen,[4263] verstärkt das Bedauern, dass der BGH einen so weitgehenden Rechtsprechungswandel vollzogen hat, ohne eine Hauptverhandlung durchzuführen.

Nach dem Vortrag des Berichterstatters erhält zunächst der Beschwerdeführer für sein **Plädoyer** das Wort, also bei Revisionen des Angeklagten der Verteidiger, bei Revisionen der Staatsanwaltschaft der Vertreter des Generalbundesanwalts (bzw. der Generalstaatsanwaltschaft). Ist der Verteidiger hierauf nicht vorbereitet, wird aber auch der Vertreter der Bundesanwaltschaft zumeist bereit sein, als Erster das Wort zu ergreifen, wenn der Verteidiger ihn darum bittet. Der Verteidiger könnte das sogar erzwingen, indem er sich zunächst damit begnügt, einen bloßen Antrag zu stellen (etwa auf Aufhebung und Zurückverweisung), um sich alle weiteren Ausführungen für die Erwiderung vorzubehalten. Die Senate sehen das aber nicht gern, es sei denn, es biete sich im Einzelfall als zweckmäßig an und werde von beiden „Parteien" übereinstimmend angeregt. Das ist z.B. dann sinnvoll, wenn der Vertreter der Revisionsstaatsanwaltschaft einen mit Gründen versehenen Terminsantrag oder auch einen Beschlussantrag nach § 349 Abs. 2 oder 4 StPO gestellt hatte, inzwischen aber seine Meinung geändert hat. Dann sollte er diese auch zuerst präsentieren. 1755

Bei umfangreichen Sachen kann der **Vorsitzende die Verhandlung gliedern** oder durch einen (möglichst vorher übersandten) Fragenkatalog strukturieren. So empfiehlt es sich bisweilen, die einzelnen Verfahrensrügen oder auch die einzelnen Taten punktweise zu behandeln. Dann kann es auch sinnvoll sein, dass der Berichterstatter abschnittweise vorträgt und dazwischen jeweils zu dem betreffenden Thema plädiert wird. Dieses Verfahren hat den Vorzug, 1756

4261 Zur Protokollberichtigung siehe oben Rn. 389 ff.

4262 BGH, Beschl. v. 23.9.2008 – 1 StR 484/08 = BGHSt 52, 355, s. dazu oben Rn. 851.

4263 BVerfG, Beschl. v. 6.10.2009 – 2 BvR 2580/08 = NJW 2010, 592 = StV 2010, 113.

alle Beteiligten weniger zu ermüden als es stundenlange ununterbrochene Vorträge zu den unterschiedlichsten Verfahrens- und Sachfragen tun würden. Üblich ist es auch, dass der oder die Vorsitzende zu Beginn der Verhandlung eine Empfehlung ausspricht, auf welche Aspekte sich die Plädoyers konzentrieren sollten. Da das Revisionsgericht keineswegs verpflichtet ist, den ganzen übrigen Prozessstoff in seinem Urteil zu behandeln, wäre es Zeitvergeudung, die Verhandlung auf Revisionsangriffe zu erstrecken, bei denen der Senat bereits im Rahmen der Vorberatung Einstimmigkeit erzielt hatte. Das sind dann später diejenigen Passagen des Urteils, in denen es heißt, die Revision sei „im Übrigen unbegründet (§ 349 Abs. 2 StPO)". Niemand ist verpflichtet, sich an solche Empfehlungen sklavisch zu halten. Wer mit der Revision ein Herzensanliegen verfolgt, darf dies auch dann vortragen, wenn es außerhalb des zunächst bekannt gegebenen Interessenfeldes der Senatsmitglieder liegt, solange es nur rechtliche und revisible Aspekte betrifft oder man gerade dazu reden möchte, dass dies so sei. Aber es erfordert dann doch hohe rhetorische Fähigkeiten, gegen die manchmal spürbare Langeweile und Ungeduld des Gerichts anzukämpfen. Im Allgemeinen empfiehlt es sich, dort Land gewinnen zu wollen, wo durch die Vorbereitung das Streitfeld abgesteckt wurde.

1757 Die Revisionsrichter sind Fachleute, bei denen der Verteidiger zahlreiche Dinge voraussetzen kann, die er den Laienrichtern erst erklären müsste. Dass der Verteidiger das weiß, sollte auch in der Rhetorik des Plädoyers erkennbar werden. Es ist vorgekommen, dass Verteidiger dem Revisionsgericht erklärt haben, sie bäten, etwaige Unvollkommenheiten ihres Vortrages zu entschuldigen, sie hätten den Auftrag erst gestern erhalten. Eine solche Situation sollte man als Verteidiger vermeiden. Ein pflichtbewusster Verteidiger lehnt ein solches Mandat ab, statt unvorbereitet vor einem Revisionsgericht aufzutreten.

1758 Eine Zumutung für die Zuhörer ist ein Plädoyer, das nur oder in weiten Teilen aus Wiederholungen des bereits schriftlich Vorgetragenen besteht. Der Verteidiger sollte vielmehr zeigen, dass er sich **mit den Entscheidungen vertraut gemacht hat und die Argumente kennt, die ihm entgegengehalten werden** können. Er sollte damit rechnen, dass das geschieht, und am besten ist es, wenn er darauf nicht wartet, sondern die daraus herzuleitenden Einwände selbst formuliert, um dann gleich die Gegenargumente vorzubringen. Kann er dann darlegen, dass und inwieweit der früher entschiedene Fall sich von dem jetzt vorliegenden unterscheidet, so ist er in einer günstigeren Lage, als wenn er nur die Richtigkeit des früheren Urteils bekämpft. Aber auf beides muss man vorbereitet sein; improvisieren lassen sich solche Ausführungen nur schlecht.

1759 Auch vor dem Revisionsgericht ist „eine Rede keine Schreibe". Der Stil des mündlichen Ausdrucks muss anders sein als der des schriftlichen. Das gilt gerade auch, wenn man sich vorher ein **Manuskript** erstellt hat, was nur unter zwei

Voraussetzungen sinnvoll ist: 1. Es muss aus dem gesprochenen Text deutlich werden, dass die Orientierung an einem geschriebenen nur dazu dient, den Redner selbst daran zu hindern, abzuschweifen und die zuvor überlegte Gedankenführung in einer angemessenen Zeit zu entwickeln und möglichst überzeugend zu präsentieren. 2. Es muss ein rhetorischer Text sein und darf sich nicht anhören wie die Verlesung eines Aufsatzes. Das heißt z.B. auch, dass man Formulierungen vermeiden muss, die sich auf die räumliche Anordnung von Schriftzeichen auf dem Papier beziehen. Wer einen Redner hört, der immer wieder sagt, er habe „oben" etwas schon einmal erwähnt oder gar, er werde „unten" darauf noch einmal zurückkommen, der ist als Zuhörer versucht, im einen Falle an die Decke des Gerichtssaals, im anderen auf den Boden zu schauen. Und 3. muss das Manuskript so beschaffen und zumindest in seiner Gedankenführung auch im Kopf des Redners abgespeichert sein, dass er bei Unterbrechungen durch Zwischenfragen und Diskussionsbeiträge der Richter nicht aus dem Konzept kommt.

Gegenüber solchen Unterbrechungen, Hinweisen und Einwänden vom Rich- **1760**
tertisch sollte der Verteidiger sich nicht empfindlich, sondern dankbar zeigen. Sie können, auch wenn sie unbequem sind, ausgesprochenem Wohlwollen für ihn und für die von ihm geführte Sache entspringen. Sie bedeuten meist, dass die Richter den Verteidiger für einen Gesprächspartner halten, mit dem eine Aussprache lohnt. Sie können bedeuten, dass eine Minderheit des Gerichts ihm Gelegenheit geben will, sie in der Diskussion gegen die Mehrheit zu unterstützen. Im Revisionsverfahren ist die Hauptverhandlung ein vor der Öffentlichkeit stattfindendes Stück der Beratung. Es kommt der Lebendigkeit dieses Verfahrensteils zugute, wenn die Richter dabei aus ihrer Zurückhaltung herausgehen und es zu einem Kolloquium kommen lassen, von dem die Prozessordnung freilich nichts weiß. Zwar hat sich die Rechtsprechung immer geweigert, für die strafprozessuale Hauptverhandlung allgemein einen Anspruch auf **Rechtsgespräche** anzuerkennen,[4264] aber die Hauptverhandlung in Revisionssachen ist der geeignete Ort für wirkliche Rechtsgespräche.[4265] Plädoyers vor einem stumm dasitzenden Senat mögen für den Verteidiger leichter sein; aber sie sind als Einrichtung stark den Einwänden ausgesetzt, die schon zu der Forderung geführt haben, die Hauptverhandlung im Revisionsverfahren abzuschaffen.[4266] Manche Revisionsgerichte halten es deshalb für eine Anstandspflicht, dem Verteidiger die Widerstände zu

---

**4264** BVerfG NJW 1965, 147; BGHSt 22, 336; vgl. zur Rechtslage nach Einführung der §§ 257b und 257c StPO BeckOK-StPO/*Eschelbach* § 257b StPO, Rn. 3.

**4265** *Dahs*, Revision, Rn. 602.

**4266** *Less* SJZ 1950, 68; zur kritischen Auseinandersetzung mit *Less* vgl. die bei *Hanack* FS Dünnebier, S. 301, 306 f. angegebenen Fundstellen.

zeigen, gegen die er kämpft und ihn diesen Kampf nicht im Dunkeln ausfechten zu lassen. Freilich gehören gewisse Voraussetzungen dazu, solche Hinweise auch verwerten zu können. Weist der Senat etwa darauf hin, dass er an eine im Urteil festgestellte Tatsache gebunden ist und dass er eine Verfahrensrüge nicht für formgerecht erhoben hält, dass aber die Entscheidung von einer näher gekennzeichneten Rechtsfrage abhänge, so muss der Verteidiger mit dem Revisionsrecht wenigstens soweit vertraut sein, um zu erkennen, dass das eine Aufforderung ist, über diese Frage zu sprechen – nicht etwa, von ihr zu schweigen. Was soll der Senat von einem Verteidiger halten, der auf einen solchen Hinweis erwidert, dann wolle er von etwas anderem sprechen?

1761 Auf weitergehende Empfehlungen und Hinweise zur Beherrschung der Rede- und Debattenkunst, auch soweit sie in früheren Auflagen dieses Buches an dieser Stelle angebracht erschienen, soll hier verzichtet werden, weil sie eigentlich keine Besonderheiten der revisionsgerichtlichen Hauptverhandlung sind, und ohnehin von den individuellen Fähigkeiten und Veranlagungen abhängen, die weiterzuentwickeln nicht (allein) die Aufgabe der Befassung mit dem strafprozessualen Revisionsrecht ist.

1762 Das **letzte Wort** hat auch beim Revisionsgericht – wenn er anwesend ist – der Angeklagte (§ 351 Abs. 2 S. 2 StPO). Sein Verteidiger sollte mit ihm zuvor eingehend besprochen haben, ob und gegebenenfalls wie er davon Gebrauch macht. Meist empfiehlt sich, dass er sich den Rechtsausführungen des Verteidigers anschließt. Auch der Angeklagte sollte zu erkennen geben, dass er die beschränkte Prüfungskompetenz des Revisionsgerichts verstanden hat und akzeptieren muss. Hierbei kann es in Einzelfällen geschickt sein, das Bedauern darüber, dass „es hier nicht mehr darum geht, wie es gewesen ist“, so zum Ausdruck zu bringen, dass es dem Revisionsgericht lohnend erscheint, eine neue Tatsachenverhandlung anzuordnen.

1763 Die Revisionshauptverhandlung schließt mit der Mitteilung des Vorsitzenden, zu welchem Zeitpunkt sie zur **Verkündung einer Entscheidung** fortgesetzt wird. Das ist häufig noch am selben Tag, und die Entscheidung ist meist auch bereits das Revisionsurteil. In Einzelfällen kann sie aber auch in einem Beschluss bestehen, wonach über bestimmte Verfahrensfragen noch (Frei-) Beweis erhoben werden soll, dessen Notwendigkeit sich dem Senat erst während der Verhandlung erschlossen hat. So war es beispielsweise in der Sache, die zu grundsätzlichen Aussagen des 2. Strafsenats des Bundesgerichtshofs zum Beweiswert von Textilfaserspuren geführt hat.[4267] Hier vernahm der Senat an

**4267** BGH, Urt. v. 4.3.1993 – 2 StR 503/92 = StV 1993, 340 = NStZ 1993, 395; vgl. dazu oben, Rn. 717 und Rn. 1160.

einem zweiten Verhandlungstag zwei Sachverständige, um hinsichtlich eines eindeutigen Verfahrensfehlers (fehlerhafte Zurückweisung eines Beweisantrages zu einem vom Landgericht zu Lasten des Angeklagten verwerteten Indiz) zu entscheiden, dass das Urteil wegen der zwingenden Beweiskraft der übrigen Indizien darauf nicht beruhe. Dass das Revisionsgericht in die Hauptverhandlung Sachverständige lädt, kommt bei grundsätzlichen Fragen, in denen wissenschaftliche Standards und Erfahrungswerte eine Rolle spielen, durchaus vor[4268] und darf nicht verwechselt werden mit einer Beweisaufnahme, wie sie in der Tatsacheninstanz zur Klärung eines den Schuld- oder Strafausspruch tragenden Sachverhalts stattfindet.[4269]

Zur Verkündung des Revisionsurteils muss der Wahlverteidiger, dem ja 1764
auch schon die Teilnahme an der Verhandlung freistand, nicht erscheinen. Nach § 169 Abs. 3 GVG können bei der Verkündung Ton- und Fernseh-Rundfunkaufnahmen zugelassen werden. Beschlüsse des Gerichts hierzu sind nach § 169 Abs. 4 GVG unanfechtbar.

## C. Wirkungen und Reichweite der Revisionsentscheidung

Ob das Revisionsgericht durch Beschluss oder Urteil entscheidet, macht keinen 1765
Unterschied hinsichtlich des Inhalts des Tenors und der Aussagekraft der Gründe. In beiden Fällen müssen die Entscheidungen so abgefasst sein, dass sie ihren Zwecken gerecht werden: Soweit die Revision verworfen wird, muss die dadurch bewirkte Rechtskraft klar umgrenzt werden. Das kann es auch bei einer vollständigen Verwerfung notwendig machen, dass der Tenor des damit bestätigten tatrichterlichen Urteils klarstellend neu gefasst wird. Soweit Urteilsaufhebung und Zurückverweisung erfolgt, müssen die entscheidungsrelevanten rechtlichen Erwägungen in den Gründen so deutlich zum Ausdruck gebracht werden, dass das neu mit der Sache befasste Gericht § 358 Abs. 1 StPO befolgen kann. Dazu gehört auch, dass etwaige obiter dicta als solche kenntlich gemacht und von den tragenden Gründen sprachlich getrennt werden. Das geschieht etwa durch Formulierungen wie „Ergänzend bemerkt der Senat…" oder „In der

**4268** So hat z.B. der 1. Strafsenat, als die Mindeststandards an ein Glaubwürdigkeitsgutachten zu definieren waren, darüber durch eigene Anhörung von Sachverständigen „Beweis erhoben". BGH, Urt. v. 30.7.1999 – 1 StR 618/98 = BGHSt 45, 164 = NJW 1999, 2746. Beispiel für die Einholung eines Sachverständigengutachtens durch das Revisionsgericht: BGH, Beschl. v. 2.2. 2004 – 5 StR 534/02.

**4269** *Dahs*, Revision, Rn. 603.

neuen Hauptverhandlung wird sich das Tatgericht auch mit ... auseinanderzusetzen haben". Bindend sind solche Ausführungen zwar nicht, allerdings besteht im Falle der Abweichung die Gefahr, dass in einer erneuten Revision die Entscheidung aufgehoben wird.

1766 Nach § 354 Abs. 1 StPO kann das Revisionsgericht **in der Sache selbst entscheiden**, wenn die Aufhebung wegen sachlich-rechtlicher Mängel des angefochtenen Urteils erfolgt und eine neue tatrichterliche Hauptverhandlung aus zwingenden Rechtsgründen nur zu einem schon für das Revisionsgericht feststehenden Ergebnis führen kann. Der Gesetzeswortlaut spricht dabei nur die Fälle an, in denen „ohne weitere tatsächliche Erörterungen nur auf Freisprechung oder auf Einstellung des Verfahrens oder auf eine absolut bestimmte Strafe zu erkennen ist oder das Revisionsgericht in Übereinstimmung mit dem Antrag der Staatsanwaltschaft die gesetzlich niedrigste Strafe oder das Absehen von Strafe für angemessen erachtet". Der Bundesgerichtshof geht darüber hinaus und wendet die Vorschrift aus pragmatischen Gründen stets dann entsprechend an, wenn aus seiner Sicht im Schuld- oder im Rechtsfolgenausspruch im Falle einer Zurückverweisung ein bestimmtes Ergebnis rechtlich zwingend wäre. Ist ohne neue Tatsachenerhebung die Subsumtion unter eine andere strafrechtliche Norm geboten, ändert das Revisionsgericht den Schuldspruch, indem es gleichzeitig die Revision im Übrigen verwirft oder auch indem es den Rechtsfolgenausspruch aufhebt und die Sache zur neuen Strafzumessung zurückverweist. Die in § 354 Abs. 1 StPO nicht ausdrücklich angesprochene Möglichkeit der **Schuldspruchberichtigung** durch das Revisionsgericht selbst dient in diesen Fällen der Verfahrensvereinfachung, zumal nach einer Aufhebung und Zurückverweisung das neue Tatgericht ohnehin gemäß § 358 Abs. 1 StPO an die rechtliche Subsumtion des Revisionsgerichts gebunden wäre.[4270] Dagegen lässt sich dann nichts einwenden, wenn durch diese Verfahrensweise dem Angeklagten nicht die Chance auf eine weitergehende Verbesserung genommen wird.

1767 Aber bei dem Befund, wonach die „rechtsfehlerfrei getroffenen" Feststellungen keiner erneuten „tatsächlichen Erörterung" bedürfen, ist Vorsicht geboten. Gewiss kann ein in sich geschlossener Sachverhalt so weit aufgeklärt und sogar „unstreitig" sein, dass eine erneute Beweisaufnahme dem schlechterdings nichts mehr hinzuzufügen vermag. Aber eine tatrichterliche Beweiserhebung ist ein Vorgang, der sich an den rechtlichen Vorgaben des Anklagevorwurfs orientiert. Deshalb stellt sich stets auch die Frage, ob in der **Schuldspruchänderung** durch das Revisionsgericht **eine Verletzung des § 265 StPO**

---

**4270** LR-*Franke* § 354 StPO, Rn. 16.

liegt.[4271] Zwar geht der BGH darauf regelmäßig ein, gelegentlich entsteht dabei aber der Eindruck, als werde die Wendung, es sei nach der Sachlage auszuschließen, dass der Angeklagte sich gegen den Vorwurf gemäß dem neuen Schuldspruch anders hätte verteidigen können, etwas formelhaft verwendet.[4272] Auch wird nicht immer die Grenze zwischen den tatsächlichen Voraussetzungen für die Schuldspruchänderung (bei gleichzeitiger Verwerfung der Revision im Übrigen) und der Beruhensfrage[4273] deutlich. Das liegt daran, dass diese beiden Prüfungsschritte in der Entscheidungsfindung des Revisionsgerichts in gewisser Weise die Arbeitsteilung gegenüber dem Tatgericht durchlöchern. Wie die Beruhensfrage ist auch die Frage nach der Erschöpfung des tatsächlichen Erörterungsbedarfs nur mit einer hypothetischen Aussage über die Handlungsalternativen des Tatgerichts beim Hinwegdenken des vom Revisionsgericht erkannten Rechtsfehlers zu beantworten. Dabei sind stets auch die Prozesshandlungsalternativen der Verfahrensbeteiligten mit zu bedenken – eine Aufgabe, die nur dann ohne Systembruch erfüllt werden kann, wenn sich die Revisionsgerichte auf die Prüfung der objektiven *Ausschließbarkeit* eines dem Angeklagten günstigeren Verfahrensausgangs beschränken. Bejaht ein Revisionsgericht dagegen die Möglichkeit des „Durchentscheidens" im Wege der Schuldspruchänderung in Fällen, in denen es an einer ausreichenden Tatsachenbasis fehlt, entzieht es damit dem Angeklagten auch den gesetzlichen Richter.[4274]

Dasselbe gilt für das Durchentscheiden der Revisionsgerichte zum Rechts- 1768
folgenausspruch. Soweit die entsprechende Anwendung des § 354 Abs. 1 StPO noch den Sinn und Zweck der Vorschrift trifft, ist sie unbedenklich. Bei der absolut bestimmten (also der lebenslangen[4275] Freiheits-)Strafe ist die gesetzliche

---

**4271** Siehe hierzu oben, Rn. 1480 ff.

**4272** Bedenklich z.B. BGH NStE Nr. 5 zu § 354 StPO.

**4273** Hierzu oben, Rn. 708 ff.

**4274** BVerfG, Beschl. v. 8.5.1991 – 2 BvR 1380/90 = NJW 1991, 2893 mit zust. aber in seiner Kritik an der von der Entscheidung des BVerfG nicht betroffenen Rspr. des BGH zur Revisibilität der Beweiswürdigung über das Ziel hinausschießenden Anm. von *Foth* NStZ 1992, 444; vgl. auch BVerfG, Beschl. v. 15.2.1995 – 2 BvR 383/94 = NJW 1996, 116; BVerfG, Beschl. v. 10.10. 2007 – 2 BvR 1977/05 = StV 2008, 169.

**4275** Dabei handelt es sich nach der „Schwurgerichtslösung" des BVerfG (Beschl. v. 3.6.1992 – 2 BvR 1041/88 u.a. = BVerfGE 86, 288) im Ergebnis auch in diesen Fällen nicht mehr um „absolut bestimmte" Strafen, da es bei Verurteilung zu lebenslanger Freiheitsstrafe wegen Mordes Sache des Schwurgerichts ist, nicht nur die zur Begründung der absoluten Strafe erforderlichen Feststellungen zu treffen und darzulegen, sondern darüber hinaus nunmehr auch unter Abwägung der der jeweiligen Tat anhaftenden individuellen schulderschwerenden und schuldmindernden objektiven und subjektiven Merkmale festzustellen, ob eine besondere Schwere der Schuld i.S. des § 57a Abs. 1 Nr. 2 StGB vorliegt. Vgl. hierzu auch Rn. 111 ff.

Regelung nur deshalb systemkonform, weil dem neu mit der Sache befassten Tatrichter keinerlei Ermessensspielraum und damit auch keine Entscheidungsalternativen zur Verfügung stünden. Dies sollte auch die Voraussetzung für eine entsprechende Anwendung sein. Bei einer auf den Rechtsfolgenausspruch beschränkten Revision, die nur die Aussetzung der erkannten Freiheitsstrafe zur Bewährung erstrebt, ist dem Angeklagten mehr geholfen, wenn dies vom Revisionsgericht selbst entschieden wird, sobald feststeht, dass auch das Tatgericht aus Rechtsgründen keine andere Wahl hätte.[4276]

1769 Mit der Neufassung des § 354 Abs. 1 StPO und seiner Ergänzung durch die Unterabsätze 1a und 1b hat der Gesetzgeber geglaubt, den Revisionsgerichten eine bessere Legitimation für das **„Durchentscheiden"** auch dort zu geben, wo eigentlich die Strafzumessungsdomäne des Tatrichters ein Eingreifen von außen verbieten sollte. Damit hat sich das Spektrum der revisionsgerichtlichen Entscheidungen erheblich ausgeweitet. Die Revisionsentscheidung kann – unabhängig davon, ob sie durch Urteil oder Beschluss ergeht – im Tenor folgende Aussagen enthalten:

- Verwerfung der Revision (führt zur Rechtskraft des angefochtenen Urteils);
- Aussetzung des Verfahrens und Vorlage an ein anderes Gericht (z.B. Art. 100 GG, Art. 267 AEUV; § 121 Abs. 2 GVG) oder einen der in § 132 Abs. 2 GVG und § 11 Abs. 1 S. 1 RsprEinhG bezeichneten Senate;
- Feststellung, dass die Revision zulässig ist, mit dem Hinweis, dass die Revisionsstaatsanwaltschaft keinen weiteren Antrag gestellt hat;[4277]
- Aufhebung des angefochtenen Urteils mit den zugrunde liegenden Feststellungen[4278] und Zurückverweisung an eine andere Strafkammer desselben oder eines anderen Gerichts (§§ 353, 354 Abs. 2 StPO);[4279]
- Aufhebung des angefochtenen Urteils unter Aufrechterhaltung der Feststellungen, wenn sie von der zur Aufhebung führenden Gesetzesverletzung nicht betroffen sind (§ 353 Abs. 2 StPO);

---

**4276** BGH, Urt. v. 1.10.1991 – 5 StR 443/91 = wistra 1992, 22, 23; BGH, Beschl. v. 14.4.1997 – 4 StR 126/97.

**4277** BGH, Beschl. v. 24.2.2011 – 5 StR 467/10 = wistra 2011, 236; vgl. oben Rn. 1710.

**4278** Hat das Revisionsgericht nach einer Verurteilung wegen zweier materiellrechtlich und verfahrensrechtlich getrennter Taten einen Schuldspruch und den Gesamtstrafenausspruch „mit den Feststellungen aufgehoben", dann bezieht sich die Aufhebung der Feststellungen auch auf den aufgehobenen Schuldspruch (BGH, Beschl. v. 28.3.2007 – 2 StR 62/07 = NJW 2007, 1540).

**4279** Letzteres ist nicht zulässig, wenn das Tatgericht ein OLG-Senat war (§ 354 Abs. 2 Satz 2 StPO).

- Aufhebung des Urteils und Verfahrenseinstellung bei Vorliegen eines Prozesshindernisses (§§ 353, 354 Abs. 1 StPO);
- Abänderung[4280] des Urteils im Rechtsfolgenausspruch auf Antrag der Revisionsstaatsanwaltschaft mit Neufestsetzung auf die gesetzliche Mindeststrafe oder auf Absehen von Strafe nach § 60 StGB (§ 354 Abs. 1 StPO);
- Durchentscheid auf lebenslange (als die einzige im materiellen Strafrecht vorgesehene absolut bestimmte) Freiheitsstrafe (§ 354 Abs. 1 StPO);
- Feststellung der Gesetzesverletzung bei der Zumessung der Rechtsfolgen unter deren Aufrechterhaltung wegen „Angemessenheit" (§ 354 Abs. 1a Satz 1 StPO);[4281]
- Aufhebung des Urteils nur hinsichtlich der Gesamtstrafe mit der Maßgabe, dass die nachträgliche Entscheidung durch das nach § 460 StPO zuständige Gericht durch Beschluss zu treffen ist (§ 354 Abs. 1b StPO);
- Feststellung der Rechtswidrigkeit der Rechtsfolgenentscheidung und deren angemessene Herabsetzung auf Antrag der Staatsanwaltschaft (§ 354 Abs. 1a Satz 2 StPO);
- Durchentscheid auf Freispruch (§ 354 Abs. 1 StPO);
- Teilweise Verwerfung der Revision mit Aufhebung oder Durchentscheid im Übrigen, wobei vertikale und horizontale Trennungen zulässig sind;[4282]
- Feststellung einer rechtsstaatswidrigen Verfahrensverzögerung im Revisionsverfahren und Ausspruch, dass ein Teil der Strafe als vollstreckt gilt (§ 354 Abs. 1a S. 2 StPO analog), unter Verwerfung der Revision im Übrigen.[4283]

Während die anderen Entscheidungsvarianten teils wegen klarer gesetzlicher 1770
Vorgaben, teils wegen langjährig eingespielter Rechtsprechungspraxis unprob-

---

**4280** Dass auch in diesem Falle der Gesetzeswortlaut davon spricht, dass die Verhängung der Mindeststrafe zusammen mit der „Aufhebung des Urteils" erfolgt, beruht wohl auf einem Redaktionsversehen des Gesetzgebers. Man könnte darin aber auch den einzigen Hinweis der StPO auf die Möglichkeit der horizontalen Teilrechtskraft sehen, die im Übrigen immer nur als eine richterrechtliche Erfindung der Rechtsprechung gesehen wird. *Peters*, Lehrbuch, S. 500, hat noch angenommen, eine horizontale Teilrechtskraft sei überhaupt nur in dem Sinne anzuerkennen, dass sie unter dem Vorbehalt einer Überprüfungsbedürftigkeit des Schuldspruchs stehe!

**4281** Dazu bedarf es keines Antrags der Staatsanwaltschaft, *Meyer-Goßner/Schmitt* § 354 StPO, Rn. 28 mwN.

**4282** Zum Teilfreispruch durch das Revisionsgericht und Zurückverweisung im Übrigen vgl. *Meyer-Goßner/Schmitt* § 354 StPO, Rn. 4; BGH NJW 1974, 373; dort auch die Nachweise wegen der Bedenken gegen diesen Übergriff des Revisionsgerichts in die Zuständigkeit des Tatrichters.

**4283** BGH, Beschl. v. 6.3.2008 – 3 StR 376/07 = NStZ-RR 2008, 208; BGH, Beschl. v. 20.12. 2016 – 1 StR 617/16.

lematisch sind, hat der in den Absätzen 1a und 1b des § 354 StPO offenkundig enthaltene Systembruch zu verschiedenen Zweifelsfragen und zur Befassung des BVerfG geführt.[4284] Seit dem Beschluss des BVerfG vom 14.6.2007[4285] kommt eine Entscheidung nach § 354 Abs. 1a StPO nur noch bei Strafzumessungsfehlern und nur dann in Betracht, wenn ein vollständiger und aktueller Sachverhalt zu Grunde liegt.

1771 Aus der Entscheidung des BVerfG wird abgeleitet, das Revisionsgericht müsse ein freibeweisliches Anhörungsverfahren durchführen, wenn es Abs. 1a anwenden will und nicht bereits die Revisionsstaatsanwaltschaft hierauf hingewiesen hat.[4286] Zwar ist eine Beweisaufnahme im Revisionsverfahren nicht möglich, dem Angeklagten muss aber rechtliches Gehör gewährt werden, damit er Gelegenheit erhält, Einwendungen gegen die Richtigkeit und die Aktualität des im Urteil festgestellten Strafzumessungssachverhalts zu erheben.[4287] Weil nach dem Beschluss des BVerfG sodann eine Plausibilitätsprüfung stattfinden soll, wird es teilweise für erforderlich gehalten, dass etwaiger neuer Tatsachenvortrag entsprechend den Regelungen in den §§ 45 Abs. 2 und 356a StPO glaubhaft gemacht wird.[4288]

1772 Durch die Regeln des BVerfG haben damit auch die Aufgaben des Strafverteidigers zugenommen. Es gehört zur Pflicht des Verteidigers, sobald ihm dazu das rechtliche Gehör gewährt wird, durch Gespräche mit dem Mandanten und u.U. auch durch eigene Ermittlungen in dessen Umfeld herauszufinden, ob nach Verkündung des tatrichterlichen Urteils Umstände eingetreten sind, die zu Gunsten des Angeklagten sprechen. So könnte z.B. inzwischen eine vollständige Schadenswiedergutmachung stattgefunden haben, nachdem das Tatgericht bisher nur die (unwiderlegbare) Bereitschaft dazu in seine Strafzumessung eingestellt hatte. Ähnliches kann gelten, wenn zum Zeitpunkt der Revisionsent-

---

**4284** Zur Gesamtproblematik vgl. *Hamm* StV 2008, 205; *Köberer* FS Hamm, S. 303; *Altvater* FS Widmaier, S. 35 und *Franke* FS Widmaier, S. 239.

**4285** BVerfG, Beschl. v. 14.6.2007 – 2 BvR 136/05 = BVerfGE 118, 212 = NJW 2007, 2977; dazu *Hamm* StV 2008, 205; *Maier* NStZ 2008, 227.

**4286** *Meyer-Goßner/Schmitt* § 354 StPO, Rn. 28a. Vgl. z.B. BGH, Beschl. v. 21.9.2017 – 1 StR 268/17; BGH, Beschl. v. 9.5.2017 – 1 StR 626/16. Ein Hinweis im Antrag des Generalbundesanwaltes wird als ausreichend angesehen (BVerfG, Beschl. v. 18.7.2008 – 2 BvR 1423/08 = BVerfGK 14, 95, 97; BGH, Beschl. v. 27.4.2017 – 4 StR 614/16; BGH, Beschl. v. 12.10.2016 – 4 StR 282/16 = StraFo 2017, 16).

**4287** Vgl. ergänzend BVerfG, Beschl. v. 18.7.2008 – 2 BvR 1423/08 = BVerfGK 14, 95, 97; BVerfG, Beschl. v. 23.10.2007 – 2 BvR 2090/05 (bei Schuldspruchänderung).

**4288** KK-*Gericke* § 354 StPO, Rn. 26 f. unter Bezugnahme auf *Paster/Sättele* NStZ 2007, 609, 613. Anderer Ansicht: *Dehne-Niemann* StV 2016, 601, 606.

scheidung der Erfolg einer Therapie vorgewiesen werden kann, die zur Zeit des tatrichterlichen Urteils erst begonnen war.[4289]

Der BGH geht davon aus, dass derartige neue Tatsachen das Revisionsgericht nicht daran hindern, nach Abs. 1a S. 1 zu verfahren. Das Gericht habe die neuen Tatsachen bei seiner Entscheidung lediglich zu berücksichtigen.[4290] Das darf aber nicht dazu führen, dass das Revisionsgericht doch noch an die Stelle des Tatgerichts zu treten versucht und unter Einbeziehung der neu vorgetragenen Tatsachen eine eigene Strafzumessungsentscheidung auf aktualisierter Tatsachengrundlage trifft. Damit wäre den Maßstäben des BVerfG nicht Rechnung getragen.[4291] Sobald das Revisionsgericht erkennt, dass die im Urteil mitgeteilten Tatsachen nicht lückenlos und aktuell sind, muss es die gesetzlich vorgegebene Arbeitsteilung zwischen Tatsachen- und Rechtsüberprüfungsinstanz wieder herstellen, indem es das Urteil (zumindest im Rechtsfolgenausspruch) aufhebt und (insoweit) die Sache an das Tatgericht **zurückverweist,** damit dort eine neue Strafzumessungsentscheidung auf der Grundlage der aktuellen Tatsachen getroffen werden kann. Der Anwendbarkeit von § 354 Abs. 1a S. 1 StPO steht es im Übrigen auch entgegen, wenn das Urteil keine tragfähigen Feststellungen zu den Strafzumessungserwägungen oder eine Vielzahl von Strafzumessungsfehlern aufweist.[4292] 1773

## I. Kombination von Beschluss- und Urteilsverfahren in derselben Sache

Nimmt das Revisionsgericht keine der in den Absätzen 1, 2 und 4 des § 349 StPO genannten Entscheidungsmöglichkeiten wahr, hat es gemäß § 349 Abs. 5 StPO das Verfahren durch Urteil nach einer mündlichen und öffentlichen Hauptverhandlung (§§ 350, 351 StPO) abzuschließen. Bei mehreren Revisionen verschiedener Angeklagter im selben Verfahren können die Voraussetzungen einer Beschlussentscheidung bei der einen Revision gegeben sein, während z.B. über eine Verfahrensrüge einer anderen Revision keine Einstimmigkeit zu erzielen ist. Dann dürfen getrennte Verfahrenswege beschritten werden und auch **ge-** 1774

4289 *Hamm* StV 2008, 208; Mustertexte für diese Form der Intervention in der Revisionsinstanz bei *Hamm*, Formularbuch, IX.D.13.

4290 BGH, Beschl. v. 23.8.2016 – 3 StR 119/16; BGH, Beschl. v. 4.8.2015 – 3 StR 224/15 = StV 2016, 542; BGH, Beschl. v. 11.8.2009 – 3 StR 175/09 = StV 2011, 136 = JR 2011, 177 m. Anm. *Peglau*.

4291 So mit Recht *Dehne-Niemann* StV 2016, 601, 604 (zu BGH, Beschl. v. 7.7.2015 – 3 StR 223/15). S. ferner auch *Gaede* StV 2011, 139, 141.

4292 Vgl. *Meyer-Goßner/Schmitt* § 354 StPO, Rn. 28b mwN.

**trennte Entscheidungen** ergehen: Es ergeht meist zuerst ein Beschluss über die eine Revision, danach wird über die andere in einer Hauptverhandlung durch Urteil entschieden.[4293] Diese Verfahrensweise wird auch bei gegenläufigen Revisionen des Angeklagten und der Staatsanwaltschaft praktiziert, wenn weder „der Grundsatz der sog. Waffengleichheit noch Gründe der Widerspruchsfreiheit der Sachentscheidung" eine mündliche Hauptverhandlung gebieten.[4294]

1775 Im Hinblick auf § 301 StPO ist eine solche Aufspaltung aber unzulässig.[4295] Da nach dieser Vorschrift eine zuungunsten des Angeklagten geführte Revision der Staatsanwaltschaft stets auch zu einer Entscheidung zu seinen Gunsten führen kann, lassen sich die gegenläufigen Rechtsmittel nicht voneinander trennen. Wenn sie – wie zumeist – beide die Sachrüge enthalten, kann der Verteidiger ohnehin nicht daran gehindert werden, in der Hauptverhandlung über die Revision der Staatsanwaltschaft alles geltend zu machen, was insoweit für die Aufhebung des Urteils oder sogar für einen Freispruch im Wege des Durchentscheids nach § 354 Abs. 1 StPO spricht. Allein zu dem Zweck, ihm das Wort zu seinen nach Auffassung des Senats offensichtlich unbegründeten Verfahrensrügen abzuschneiden, bedarf es keiner Beschlussverwerfung in einer Sache, in der ohnehin eine Hauptverhandlung stattfinden muss. Man sollte stattdessen diese Verhandlung dazu nutzen, ihm in einem kurzen Rechtsgespräch die Aussichtslosigkeit dieser Angriffe zu erklären. Da man ihm aus den genannten Gründen ohnehin nicht verwehren kann darzulegen, was für eine Entscheidung zugunsten seines Mandanten spricht und die sinnvolle Nutzung der nur theoretisch unbegrenzten Hauptverhandlungsdauer auch sonst Sache der Verhandlungsleitung und der Verständigung der Verfahrensbeteiligten ist, sollten auch Praktikabilitätserwägungen nicht gegen die einheitliche Hauptverhandlung zu den gegeneinander gerichteten Revisionen sprechen. Mit der Unvereinbarkeit der getrennten Behandlung gegenläufiger Revisionen ist noch nicht

**4293** KK-*Gericke* § 349 StPO, Rn. 41 und 33.

**4294** BGH, Beschl. v. 9.1.1991 – 3 StR 205/90 = NStZ 1992, 30 (bei *Kusch*) im Falle einer Kombination eines „o. u. Beschlusses" mit einem Urteil; BGH, Beschl. v. 7.5.1999 – 3 StR 460/98 = NJW 1999, 2199 = NStZ 1999, 425 = StV 2000, 605 m. Anm. *Hamm* StV 2000, 637 und *Bauer* wistra 2000, 252. Vgl. zur Verfahrenspraxis auch die Darstellung in BVerfG, Beschl. v. 25.1.2005 – 2 BvR 656/99 u.a. = BVerfGE 112, 185, 200 ff.

**4295** Nach KK-*Gericke* § 349 StPO, Rn. 21 und 33 ist es zwar aus Rechtsgründen nicht ausgeschlossen, über die eine Revision durch Beschluss und über die andere durch Urteil zu entscheiden, regelmäßig sollte aber einheitlich durch Urteil entschieden werden. Vgl. hierzu auch BVerfG, Beschl. v. 25.1.2005 – 2 BvR 656/99 u.a. = BVerfGE 112, 185, 204 f. = NJW 2005, 1999, 2000.

gesagt, dass sie auch verfassungswidrig wäre. Dies – und nur dies – hat das BVerfG verneint.[4296]

## II. Sonderfall: Erstreckung der Revisionsentscheidung auf den Nichtrevidenten (§ 357 StPO)

Wer sich vergegenwärtigt, dass Urteile, die mehrere Angeklagte betreffen, ei- 1776
gentlich auch als einzelne Urteile in jeweils getrennten Hauptverhandlungen hätten ergehen können, weil sowohl die Verfahrensverschmelzung nach § 4 StPO (beim Bestehen eines Zusammenhangs nach § 3 StPO) als auch die „Verbindung" nach § 237 StPO Zweckmäßigkeitsentscheidungen sind, wird eigentlich auch jedem Verurteilten das Recht zubilligen wollen, frei darüber zu entscheiden, ob er sein Urteil akzeptieren oder anfechten will. Das sieht im Prinzip auch das Gesetz so, indem es jedem Angeklagten unabhängig vom Verhalten des anderen ein eigenständiges Rechtsmittelrecht einräumt, mit der Folge, dass Rechtskraft bezüglich des Nichtrevidenten eintritt, während der Revident „seinen" Teil der Verurteilung noch in der Schwebe hält. Dass dann aber das Revisionsgericht unter bestimmten in § 357 StPO geregelten Voraussetzungen die Möglichkeit hat, den **Erfolg der Revision des Revidenten auf jenen Mitangeklagten zu „erstrecken"**, der sich bereits mit der Rechtskraft seines Urteils abgefunden hat, überrascht und ist nur aus der historischen Sorge vor „das Rechtsgefühl verletzenden Ungleichbehandlungen" erklärbar.[4297] Die Regelung dient nach weit verbreiteter Meinung nicht der Privilegierung des Nichtrevidenten, sondern der Verwirklichung der materiellen Gerechtigkeit und soll den „peinlichen Eindruck" verhindern, der durch die Vollstreckung einer nun als ungerecht empfundenen Strafe gegen den nichtrevidierenden Mitangeklagten entstehen müsste.[4298]

**Voraussetzung der Erstreckung** ist nach dem Wortlaut des § 357 StPO, 1777
dass das Urteil zugunsten des Revidenten wegen einer „Rechtsverletzung bei der Anwendung des Strafgesetzes" aufzuheben ist und *dasselbe* Urteil aus *denselben* Revisionsgründen auch in Bezug auf den Nichtrevidenten hätte aufgehoben werden müssen, wenn er es denn angefochten und die Sachrüge erhoben

**4296** BVerfG, Beschl. v. 25.1.2005 – 2 BvR 656/99 u.a. = BVerfGE 112, 185, 199 = NJW 2005, 1999; dazu *Meyer-Mews* NJW 2005, 2820; *Güntge* JR 2005, 496; *Kuckein* NStZ 2005, 697; ähnlich auch KK-*Gericke* § 349 StPO, Rn. 33 und 21.
**4297** SK-StPO/*Wohlers* § 357 StPO, Rn. 1.
**4298** SK-StPO/*Wohlers* § 357 StPO, Rn. 1; *Meyer-Goßner/Schmitt* § 357 StPO, Rn. 1.

hätte. Damit spielt die Vorschrift von vornherein keine Rolle in all den Fällen, in denen das angefochtene Urteil nach einer (u.U. sogar erst kurz zuvor stattgefundenen) **Abtrennung** nur gegen den Revidenten erging, während ein nahezu gleichlautender Schuld- und Strafausspruch ein eigenständiges Urteil gegen den ursprünglich mit angeklagten Tatbeteiligten trägt.[4299] Auch eine Teilaufhebung kann Anknüpfungspunkt für § 357 StPO sein.[4300]

1778 Zu den Angeklagten, die nicht Revision eingelegt haben, gehören auch Mitangeklagte, die ihre Revision zurückgenommen,[4301] auf sie wirksam verzichtet oder sie nur beschränkt oder nicht form- und fristgerecht begründet haben.[4302] Ob § 357 StPO für Mitangeklagte gilt, wenn die Revision gesetzlich ausgeschlossen ist (wie etwa nach § 55 Abs. 2 JGG), ist umstritten. Der BGH hat das verneint.[4303] Gewiss lässt sich sagen, dass ein Nichtrevident, der gar nicht das Recht hatte, eine Revision einzulegen, auch nicht so behandelt werden kann, „als ob er gleichfalls Revision eingelegt hätte". Andererseits setzt § 357 StPO nur voraus, dass „keine Revision eingelegt" wurde. Das ist auch dann der Fall, wenn die Revision gesetzlich ausgeschlossen war. Daher lässt sich ebenso gut behaupten, § 357 StPO sei auch anwendbar, wenn die Revision gesetzlich ausgeschlossen war.[4304]

1779 Umstritten ist auch, ob die Vorschrift anwendbar ist, wenn über die Revision eines Mitangeklagten vorweg durch Beschluss gemäß § 349 Abs. 2 StPO entschieden worden ist. Überwiegend wird angenommen, in diesen Fällen habe die durch das(selbe) Revisionsgericht hergestellte Rechtskraft Vorrang vor einer nach Erkennen neuer rechtlicher Gesichtspunkte in Betracht kommenden nachträglichen Erstreckung der Entscheidung.[4305] Der Fall dürfte jedoch in der Praxis selten vorkommen.

1780 Daraus, dass § 357 StPO schon von Anbeginn in der StPO enthalten war,[4306] folgt, dass ursprünglich auch nur an den Erfolg der Sachrüge gedacht war, der

**4299** KK-*Gericke* § 357 StPO, Rn. 11.

**4300** *Meyer-Goßner/Schmitt* § 357 StPO, Rn. 4.

**4301** BGH, Beschl. v. 6.3.2012 – 4 StR 669/11, Rn. 12 = wistra 2012, 269.

**4302** KK-*Gericke* § 357 StPO, Rn. 12; HK-StPO/*Temming* § 357 StPO, Rn. 17 f.

**4303** Für § 55 Abs. 2 JGG: BGH, Beschl. v. 9.5.2006 – 1 StR 57/06 = BGHSt 51, 34 = NJW 2006, 2275 mwN, hierzu: *Altenhain* NStZ 2007, 283; *Mohr* JR 2006, 500; *Prittwitz* StV 2007, 52; *Swoboda* HRRS 2006, 376.

**4304** Für § 55 Abs. 2 JGG: *Eisenberg/Kölbel*, JGG, § 55 JGG, Rn. 70; KMR-*Momsen* § 357 StPO, Rn. 12; vgl. auch die Rechtsansicht des GBA in BGH, Beschl. v. 9.5.2006 – 1 StR 57/06, Rn. 11 = BGHSt 51, 34, 36.

**4305** BGH, Beschl. v. 25.11.2014 – 2 StR 608/12; KK-*Gericke* § 357 StPO, Rn. 12.

**4306** Zur Entstehungsgeschichte: *Hamm* FS Hanack, S. 369, 377 ff.

aus der **fehlerhaften Subsumtion** der damals noch vom Revisionsgericht kritiklos hinzunehmenden tatsächlichen Feststellungen unter die materiellrechtlichen Normen folgte. Das bedeutet, dass die nach der heutigen Praxis so häufigen Fälle, in denen Begründungsmängel hinsichtlich der Beweiswürdigung des Tatgerichts „auf die Sachrüge" zur Aufhebung führen, von vornherein aus dem Anwendungsbereich der Erstreckungspflicht herausfielen. Damit war aber auch die Gefahr einer dem Nichtrevidenten oktroyierten und u.U. höchst unwillkommenen Prozedur einer Neuverhandlung, obwohl er sich eigentlich schon ganz gerecht behandelt fühlte, minimal. Die Gefahr des unerwünschten Pyrrhussieges hielt man damals deshalb für vernachlässigenswert, weil mit der Beschränkung auf materiell-rechtliche Fehler die Erstreckung auf den Nichtrevidenten von diesem im Regelfall nur als Segen und kaum jemals als Fluch empfunden werden konnte. Somit ist die Folgerung, die Vorschrift gehe auf das Verständnis zurück, „der Mitangeklagte, der nicht Revision eingelegt hat, werde die Erstreckung der Urteilsaufhebung stets als wirkliche Gerechtigkeit empfinden",[4307] durchaus zutreffend. Aber man sollte aus den genannten Gründen vorsichtig damit sein, dieses Verständnis gleich ein Missverständnis zu nennen. Dazu ist es u.a. durch die im Laufe der Rechtsprechung entwickelte „erweiterte Revision" geworden, die – wie oben schon gezeigt[4308] – manche Vorteile, aber eben auch Nachteile hat. Einer davon ist das verbreitete und durch den Sprachgebrauch des BGH auch geförderte Missverständnis, eine unzulängliche Urteilsbegründung sei darum kein Verfahrensfehler mehr, sondern ein sachlichrechtlicher Fehler, weil (wie bei den Subsumtionsfehlern) das Revisionsgericht auf die einmal allgemein erhobene Sachrüge hin diesen Mangel selbst dem Urteil ansehen kann.[4309]

§ 357 StPO ist also in gewisser Weise der „Test-Fall" für die Beantwortung 1781
der Frage, worauf sich die Überprüfung eines Urteils bei erhobener Sachrüge bezieht, insbesondere ob sie auch die Überprüfung von primär verfahrensrechtlichen Fragen umfasst. „Aufhebung wegen einer Gesetzesverletzung bei Anwendung des Strafgesetzes" darf dabei im Rahmen von § 357 StPO nur heißen: **Verletzung der Vorschriften des StGB und des Nebenstrafrechts.**[4310] Dagegen hat der Nichtrevident einen Anspruch auf den von ihm freiwillig gewählten Rechtsfrieden, wenn er durch sein Prozessverhalten gezeigt hat, dass ihm sogar

**4307** LR-*Franke* § 357 StPO, Rn. 1.
**4308** S. dazu oben Rn. 1597 ff.; zum Anwendungsbereich von § 357 StPO s. auch LR-*Franke* § 357 StPO, Rn. 14.
**4309** *Hamm* FS Rissing-van Saan, S. 195, 201 ff.
**4310** *Hamm* FS Rissing-van Saan, S. 195, 200.

eine nach § 267 Abs. 4 StPO auf ein Minimum verkürzte Urteilsbegründung reicht.[4311] Ihm geschieht durch die verweigerte Erstreckung genauso wenig ein unerträgliches Unrecht wie demjenigen, der es versäumt, eine Verfahrensrüge zu erheben, die dem Mitrevidenten dazu verhilft, dass (nur) sein Urteil aufgehoben wird. Somit sind unzulängliche Begründungen der Strafzumessung i. e. S.[4312] ebenso wenig erstreckungsfähige Rechtsfehler wie die zu dürftige, lückenhafte, widersprüchliche und sonst unzulängliche Beweiswürdigung[4313]. Nach der hier vertretenen und oben[4314] näher begründeten Auffassung ist es zwar richtig, schon auf die Sachrüge den Rechtsbegriff des Beweises in seiner Anwendung durch die Tatgerichte der revisionsgerichtlichen Kontrolle zu unterziehen. Doch darf dies nicht darüber hinwegtäuschen, dass das „Beweisen" nun einmal ein prozessualer Vorgang ist. Deshalb sollte bei Akzeptanz des Ergebnisses dem Nichtrevidenten auch nicht aufgezwungen werden, sich erneut in eine u. U. kostspielige neue Hauptverhandlung zu begeben.[4315]

1782 Ungeachtet dieser Fragen im Zusammenhang mit dem Anwendungsbereich der Norm wird auch ihre generelle Berechtigung inzwischen in Frage gestellt. Während die ältere Literatur § 357 StPO noch als einen der „Vorzüge des deutschen Revisionsrechts" gewürdigt hat,[4316] wird die Vorschrift heute überwiegend kritisch bewertet.[4317] Denn nach § 357 StPO kann es einem Angeklagten, der ebenso wie die Staatsanwaltschaft mit seinem Urteil rundherum zufrieden ist und sich deshalb hütet es anzufechten, passieren, dass es dennoch vom Revisionsgericht aufgehoben und er dadurch gezwungen wird, sich in der Tat-

---

**4311** Vgl. zur fehlenden Anwendbarkeit des § 357 StPO insoweit: BGH, Urt. v. 21.7.2015 – 2 StR 75/14 = StraFo 2015, 413, 414; BGH, Beschl. v. 25.6.2013 – 5 StR 276/13. Nach BGH, Beschl. v. 22.8.2013 – 1 StR 378/13 = NStZ-RR 2013, 387, 389 steht es hingegen der Anwendung von § 357 StPO nicht entgegen, wenn gegen den Mitangeklagten ein nach § 267 Abs. 4 StPO abgekürztes Urteil ergangen ist (vgl. auch BGH, Beschl. v. 22.9.2011 – 2 StR 383/11).

**4312** Anders freilich bei der Anwendung eines nach der anzuwendenden Strafnorm festgelegten Strafrahmens.

**4313** Vgl. hierzu aber: BGH, Beschl. v. 9.6.2011 – 2 StR 153/11. Für eine Erstreckung nach § 357 StPO auf den verurteilten Mitangeklagten bei völlig fehlender Beweiswürdigung: BGH, Beschl. v. 22.9.2011 – 2 StR 383/11. Eine Erstreckung nach § 357 StPO soll hingegen nicht in Betracht kommen, wenn sich die Beweislage beim Mitangeklagten wesentlich unterscheidet (BGH, Beschl. v. 6.10.2015 – 2 StR 373/14; vgl. auch BGH, Beschl. v. 4.5.2011 – 5 StR 124/11) oder bei Darstellungsmängeln (BGH, Urt. v. 21.7.2015 – 2 StR 75/14 = StraFo 2015, 413, 414).

**4314** S. o. Rn. 1611 ff.

**4315** *Hamm* FS Hanack S. 195; a.A. die h.M., für alle: *Meyer-Goßner/Schmitt* § 357 StPO, Rn. 16.

**4316** *Eb. Schmidt* Lehrkommentar, Teil II, § 357 StPO, Rn. 1.

**4317** SK-StPO/*Wohlers* § 357 StPO, Rn. 3 mwN; s. auch *Rieß* FS Eisenberg, S. 569.

sacheninstanz erneut wegen desselben Anklagevorwurfs zu verantworten. Auch in dieser Hauptverhandlung gilt für ihn die Anwesenheitspflicht, die notfalls unter Anwendung von Zwang durchgesetzt wird. Bei Hauptverhandlungen, die sich über mehrere Monate mit mehreren Sitzungen pro Woche hinziehen, kann schon der Zwangsaufenthalt im Gerichtssaal in seinen Auswirkungen einer „Freiheitsstrafe" gleichkommen. Aus der neuen Verhandlung ergibt sich zudem die Notwendigkeit, sich abermals mit den unangenehmen Vorwürfen und Geschehnissen auseinanderzusetzen. Auch das kann eine erhebliche Belastung darstellen. Zu berücksichtigen sind daneben auch die materiellen Folgen eines solchen Verfahrensverlaufs: Verdienstausfall, Verteidigerhonorare und bei einer erneuten Verurteilung die Gerichtskosten. Dies alles kann sich ein Angeklagter, dessen Anklage sich nur gegen ihn richtet oder dessen Verfahren vor dem erstinstanzlichen Urteil vom Verfahren Mitangeklagter abgetrennt worden war, durch den freiwilligen Verzicht auf die Revision ersparen. Wer dagegen mit ansehen muss, wie ein Mitverurteilter die Revision führt und dabei auch noch mit der Sachrüge einen Erfolg hat, der auf einem Fehler des gesamten Urteils beruht, hat nichts von der selbst herbeigeführten Rechtskraft.[4318]

Vor diesem Hintergrund spricht einiges für die Auffassung, die Aufhebung 1783
solle sich nur dann auf das gegen den Nichtrevidenten ergangene Urteil erstrecken, wenn hinreichend sicher feststeht, dass sie sich überwiegend zu seinem Vorteil auswirken wird.[4319] Bei einer Auswertung der BGH-Entscheidungen von 1994 bis 1997 kam *Meyer-Goßner*[4320] zu dem Schluss, dass die Anwendung des § 357 StPO in etwa 44% der Fälle (24 von 55) überflüssig, wenn nicht falsch gewesen sei, weil unbeachtet geblieben sei, dass es bei rechtem Verständnis am Erfordernis einer Urteilsaufhebung „zugunsten" des Revidenten gefehlt habe.[4321] Praktisch wurden damit die erkannten nachteiligen Folgen nicht wie gehofft vermieden.

Zusätzlich dürfen das **Verfassungsprinzip des rechtlichen Gehörs** und 1784
der Grundsatz, dass der Angeklagte als Rechtssubjekt und nicht als Objekt des Verfahrens zu behandeln ist, nicht aus den Augen verloren werden. In allen Fällen, in denen nicht unmittelbar auf Freispruch nach § 354 Abs. 1 StPO durchentschieden wird, ist danach Art. 103 Abs. 1 GG zu beachten, weil die Zurückverweisung massiv in die Rechtsstellung des Nichtrevidenten eingreift.[4322]

---

**4318** *Hamm* FS Hanack, S. 369, 376.
**4319** Vgl. hierzu SK-StPO/*Wohlers* § 357 StPO, Rn. 35 mwN.
**4320** *Meyer-Goßner* FS Roxin, 2001, S. 1352.
**4321** *Basdorf* FS Meyer-Goßner, S. 665, 675.
**4322** *Hamm* FS Hanack, S. 369, 386.

1785 Der 5. Strafsenat des BGH[4323] hat in einer bemerkenswerten Entscheidung einen Weg aufgezeigt, mit dem die negativen Folgen des § 357 StPO vermieden werden können. Zwei Nichtrevidenten hat er über ihre bisherigen Verteidiger zur Frage der Anwendung des § 357 StPO angehört. Erst nachdem diese der Erstreckung ausdrücklich zugestimmt hatten, entschied der Senat in diesem Sinne und bemerkte dazu: *„In Fällen, in denen eine den Nichtrevidenten nicht unmittelbar begünstigende, ihn nach Zurückversetzung der Sache möglicherweise belastende Entscheidung nach § 357 StPO in Betracht kommt, ist der Nichtrevident in Anwendung des § 33 StPO, nach Art. 103 Abs. 1, 20 Abs. 3 i.V.m. Art. 2 I GG, Art. 6 I 1 EMRK zuvor anzuhören, damit er eine Erstreckungsentscheidung gegebenenfalls durch Widerspruch verhindern kann.“*

1786 *Basdorf* hält es für eine schlichte Selbstverständlichkeit, dass dem Nichtrevidenten rechtliches Gehör gewährt werden muss.[4324] Der Nichtrevident, zu dessen Gunsten eine Anwendung des § 357 StPO in Betracht komme, könne (nur) insoweit als Beteiligter des Revisionsverfahrens angesehen werden, so dass sich die Notwendigkeit seiner Anhörung bereits aus § 33 Abs. 1 StPO ableiten ließe, zudem – selbstverständlich ausreichend – aus unmittelbarer Anwendung des Art. 103 Abs. 1 GG.[4325] *Wohlers/Gaede* sind der Ansicht, dass der berechtigten Kritik an § 357 StPO durch eine die Vorgaben der EMRK berücksichtigende konventionskonforme Neuinterpretation der Norm begegnet werden könne.[4326] Der Anspruch auf Gewährung rechtlichen Gehörs sei als Teilausprägung des Rechts auf ein faires Verfahren durch Art. 6 Abs. 1 EMRK verbürgt. Da sich der Nichtrevident zu den die Anwendung des § 357 StPO betreffenden Umständen im erstinstanzlichen Verfahren ersichtlich nicht hat äußern können, müsse ihm dieses vor der Entscheidung über § 357 StPO gewährt werden.[4327]

1787 Durchgesetzt hat sich diese Auffassung bislang allerdings nicht. Nach wie vor wird eine Pflicht zur Anhörung des Nichtrevidenten überwiegend verneint.[4328] Auch die beachtenswerten Reformvorschläge haben bislang nichts am tradierten Rechtszustand geändert. So hat *Meyer-Goßner* vorgeschlagen, § 357 StPO zu streichen und durch eine neue Regelung zu ersetzen, die in allen Fäl-

**4323** BGH, Urt. v. 28.10.2004 – 5 StR 276/04 = NJW 2005, 374, 376.

**4324** *Basdorf* FS Meyer-Goßner, S. 665, 677.

**4325** *Basdorf* FS Meyer-Goßner, S. 665, 678.

**4326** *Wohlers/Gaede* NStZ 2004, 9.

**4327** *Wohlers/Gaede* NStZ 2004, 9, 13.

**4328** KK-*Gericke* § 357 StPO, Rn. 17; *Meyer-Goßner/Schmitt* § 357 StPO, Rn. 16; vgl. schon BGH, Beschl. v. 9.5.2006 – 1 StR 57/06 = NJW 2006 2275. Vgl. aber andererseits BGH, Beschl. v. 25.11. 2013 – 5 StR 475/13 (Widerspruchsbefugnis anerkannt). Differenzierend: BGH, Beschl. v. 30.3. 2011 – 5 StR 39/11.

len, in denen die geltende Vorschrift zu einem unbefriedigenden Ergebnis führe, eine Korrektur zugunsten dessen ermöglicht, der es versäumt hat, Revision einzulegen. § 357 StPO könne nur einen schmalen Streifen der Widersprüchlichkeit von Entscheidungen beseitigen. So versage die Norm immer dann, wenn das Urteil in sich selbst widersprüchlich sei, aber nur ein und denselben Angeklagten betreffe.[4329] Sie komme auch dann nicht zum Zuge, wenn zwar bei Revidenten und Nichtrevidenten derselbe Rechtsfehler vorliege, sich dieser Rechtsfehler aber auf verschiedene Taten beziehe, wobei die eine Tat nur dem Revidenten, die andere Tat dem Nichtrevidenten zugerechnet werde, z.B. bei Verurteilung wegen verschiedener Raubüberfälle, bei denen die Angeklagten teilweise gemeinsam, teilweise getrennt voneinander handelten. Werde hier die Verurteilung in einem Falle aufgehoben, in dem der Revident allein gehandelt habe, so könne § 357 StPO keine Anwendung finden.[4330] Schließlich sei eine Korrektur stets dann ausgeschlossen, wenn die beiden Mitbeteiligten einer Tat (Mittäter oder Täter und Teilnehmer) nicht gemeinsam angeklagt und verurteilt würden, sondern wenn – aus welchen Gründen[4331] auch immer – zwei getrennte Verfahren durchgeführt würden.[4332] Dabei erscheine es aus Gerechtigkeitsgesichtspunkten doch genauso unerträglich, dass ein Mittäter wegen einer Tat, die bei richtiger rechtlicher Bewertung keinen Straftatbestand erfülle, verurteilt bleibe, während ein anderer freigesprochen würde. Hier würde es von der **Zufälligkeit der Verfahrensgestaltung**, d.h. von der Sachbearbeitung des Staatsanwalts, abhängig gemacht, ob ein materiell-rechtlicher Fehler bei beiden an der Tat Beteiligten berücksichtigt würde oder nicht.[4333] *Meyer-Goßner* schlägt deshalb de lege ferenda vor, in allen Fällen, in denen das materielle Strafrecht gegenüber verschiedenen Angeklagten rechtsfehlerhaft angewendet worden sei, ihm auf der Grundlage des Verfahrensergebnisses beim Revidenten ein Antragsrecht nach den Regeln der Wiederaufnahme zuzubilligen.[4334] Dies könne durch eine Erweiterung des § 359 Nr. 4 StPO etwa mit dem Wortlaut geschehen: „Die Wiederaufnahme eines durch rechtskräftiges Urteil abgeschlossenen Verfahrens zugunsten des Verurteilten ist zulässig, wenn in einem anderen Verfahren, das dieselbe Rechtsfrage betrifft, der Angeklagte freigesprochen oder

**4329** *Meyer-Goßner* FS Roxin, 2001, S. 1345, 1351.

**4330** *Meyer-Goßner* FS Roxin, 2001, S. 1345, 1351. Weitere Beispiele bei *Basdorf* FS Meyer-Goßner, S. 665, 668.

**4331** Z.B. wenn der Mittäter zu früh geständig oder erkrankt sei.

**4332** *Basdorf* FS Meyer-Goßner, S. 665, 669.

**4333** *Meyer-Goßner* FS Roxin, 2001, S. 1345, 1351.

**4334** *Meyer-Goßner* FS Roxin, 2001, S. 1345, 1351.

das Verfahren wegen Fehlens einer Prozessvoraussetzung eingestellt worden ist".[4335]

1788 In der Tat würde eine solche Vorschrift dem Anliegen gerecht werden, dass der Angeklagte nicht gegen seinen Willen mit einem neuen Verfahren überzogen wird. Sie trägt zudem den dargelegten Bedenken Rechnung, dass nicht gegen den Willen des Verurteilten jeder – unter Umständen auch unbedeutende – materiell-rechtliche Fehler zur erneuten Verhandlung gegen den Nichtrevidenten führen kann. Sie nimmt damit den Gedanken auf, § 357 StPO auf den Fall des § 354 Abs. 1 StPO bei Subsumtionsirrtum des Tatgerichts zu beschränken. Sie käme der berechtigten Forderung, rechtliches Gehör zu gewähren, entgegen und würde sich in sonstige Vorschriften der Strafprozessordnung einpassen.[4336] Der Vorschlag sollte deshalb rechtspolitisch wieder aufgegriffen und in die Reformdiskussion einbezogen werden.

## D. Verfahren nach Aufhebung und Zurückverweisung

1789 Nach Aufhebung des angefochtenen Urteils werden die **Akten** auf demselben Wege, auf dem sie zum Revisionsgericht gelangt sind, wieder an das nunmehr zuständige Gericht zurückgeleitet. War für das Revisionsverfahren der Bundesgerichtshof zuständig und hat dieser an eine andere Strafkammer des früher bereits tätig gewesenen Landgerichts oder an ein anderes Landgericht zurückverwiesen, so gehen die Akten vom Senat über die Bundesanwaltschaft zur Generalstaatsanwaltschaft und von dort über die örtliche Staatsanwaltschaft zu der Strafkammer, vor der die erneute Hauptverhandlung stattzufinden hat.

1790 Für diese Hauptverhandlung gelten, wenn das frühere Urteil in vollem Umfang aufgehoben ist, nur wenige Besonderheiten. Nach der Verlesung der Anklage sollte der Vorsitzende oder der Berichterstatter den bisherigen Gang des Verfahrens darstellen. Inwieweit es dabei notwendig ist, die **Revisionsentscheidung zu verlesen**, hängt davon ab, ob sich darin Ausführungen befinden, an die das Gericht gemäß § 358 Abs. 1 StPO gebunden ist. Unter demselben Aspekt kann es auch erforderlich sein, einen Teil des aufgehobenen Urteils zu verlesen, wenn nämlich nur dadurch der Bezug der tragenden materiell-rechtlichen Ausführungen der Revisionsentscheidung zu bestimmten Feststellungen erkennbar ist.

---

**4335** *Meyer-Goßner* FS Roxin, 2001, S. 1345, 1357; zustimmend *Basdorf* FS Meyer-Goßner, S. 665, 671 f.

**4336** *Meyer-Goßner* FS Roxin, 2001, S. 1345, 1357.

Erfolgte die Aufhebung nur hinsichtlich eines Teils des Urteils, muss der **rechtskräftig gewordene Teil** dann verlesen werden, wenn die neu zu treffende Entscheidung darauf aufbaut. Das ist stets dann der Fall, wenn nur noch über die Rechtsfolgen der Tat zu entscheiden ist und die Feststellungen zum Schuldspruch sowie dieser selbst in (Teil-)Rechtskraft erwachsen sind. Der Grundsatz, dass die zum Strafausspruch zu treffenden Feststellungen den Tatsachen, die den Schuldspruch tragen, nicht widersprechen dürfen, erfordert hier, dass der Teil des Urteils, der den Tathergang und seine Vorgeschichte beschreibt, verlesen wird. 1791

Fraglich ist, **welche Staatsanwaltschaft** an der neuen Hauptverhandlung teilnehmen muss, wenn die Zurückverweisung an ein anderes Landgericht erfolgte. Häufig macht in diesen Fällen der Generalstaatsanwalt von seinem Recht gemäß § 145 Abs. 1 GVG Gebrauch, indem er den ursprünglich mit der Sache befassten Staatsanwalt zusätzlich mit der Wahrnehmung der Amtsverrichtungen der Staatsanwaltschaft für das betreffende Strafverfahren beauftragt.[4337] Das kann dazu führen, dass in der Hauptverhandlung ein Sitzungsvertreter tätig ist, der dem Gericht bis dahin unbekannt war und der sehr bald merkt, dass die Verhandlung für ihn kein „Heimspiel" ist. Die bei vielen Gerichten insbesondere für einen auswärtigen Verteidiger spürbare institutionelle und personelle Verbundenheit der örtlichen Staatsanwälte mit „ihren" Richtern entfällt und kann sogar atmosphärisch in das Gegenteil umschlagen. Das kann der objektiven Sachbehandlung durchaus zugutekommen. 1792

## I. Bedeutung der Revisionsentscheidung für die neue Tatsacheninstanz

Nach einer Zurückverweisung durch das Revisionsgericht ist das dann mit der Sache befasste Instanzgericht in bestimmter Weise an die bisherigen Verfahrensergebnisse gebunden. Das betrifft in erster Linie die in **Teilrechtskraft** erwachsenen Bestandteile des zuerst angefochtenen tatrichterlichen Urteils. Ist also beispielsweise nur der Rechtsfolgenausspruch aufgehoben und die Revision im Übrigen verworfen, so darf der neue Tatrichter den Schuldspruch und die ihn tragenden Feststellungen nicht mehr antasten.[4338] 1793

**4337** Zur Zulässigkeit: BGH, Urt. v. 18.11.1994 – 2 StR 172/94 = BGHR StPO § 296 – Zuständigkeit 1 = NStZ 1995, 204; vgl. auch schon RGSt 58, 105, 106; LR-*Franke* § 145 GVG, Rn. 5; KK-*Mayer* § 145 GVG, Rn. 3.
**4338** *Dahs*, Revision, Rn. 635 mwN.

1794 Umgekehrt bedeutet eine vollständige Aufhebung des mit der Revision angefochtenen Urteils, dass das infolge der Zurückverweisung zuständig gewordene Tatgericht das Verfahren prinzipiell so zu betreiben hat, als hätte es den ersten Durchlauf nicht gegeben. Das Verfahren ist gleichsam auf das Stadium nach der Eröffnung des Hauptverfahrens zurückversetzt. Lediglich im Rahmen der Berichterstattung über den bisherigen Verfahrensablauf im Anschluss an die Verlesung des Anklagesatzes wird das aufgehobene Urteil insoweit vorgetragen als es zum Verständnis der aufhebenden Revisionsentscheidung notwendig ist. Soweit eine Bindungswirkung besteht, muss die Entscheidung des Revisionsgerichts verlesen werden.[4339]

## II. Bindung an die Revisionsentscheidung

1795 Sodann gilt das **Verbot der reformatio in peius** (§ 358 Abs. 2 StPO), das den Zweck hat, dem Angeklagten die Freiheit seiner Entscheidung nicht durch das Risiko eines Pyrrhussieges einzuengen. Er soll nicht befürchten müssen, dass er als Folge seiner Revision oder einer zu seinen Gunsten erfolgten Revision der Staatsanwaltschaft Nachteile im Strafmaß erleidet.[4340] Das gilt selbst dann, wenn der zuerst erfolgte Strafausspruch unter der gesetzlichen Mindeststrafe lag[4341] oder von einem unzuständigen Gericht stammt.[4342]

1796 Das Verschlechterungsverbot des § 358 Abs. 2 Satz 1 StPO verbietet nach ganz h.M. die Änderung des Schuldspruchs nicht.[4343] Das kann im Extremfall bedeuten, dass eine Verurteilung wegen Mordes auch dann möglich ist, wenn in dem ersten (aufgehobenen) Urteil lediglich ein Schuldspruch wegen fahrlässiger Tötung enthalten war. Der Strafrahmen ist allerdings durch die zuvor für fahrlässige Tötung verhängte Strafe limitiert.

1797 Hinsichtlich der Verhängung einer Maßregel i.S.v. § 358 Abs. 2 S. 3 StPO kann die Revision beschränkt werden, was bei der Einlegung jedenfalls bedacht

---

**4339** Vgl. hierzu: BGH, Urt. v. 9.10.2019 – 5 StR 90/19 = NStZ 2020, 307; BGH, Urt. v. 24.4.2018 – 1 StR 481/17 = NStZ 2018, 614; BGH, Beschl. v. 6.12.2018 – 4 StR 424/18.

**4340** Das Schlechterstellungsverbot gilt auch in den seltenen Fällen, in denen die Staatsanwaltschaft zwar zuungunsten des Angeklagten das Rechtsmittel geführt hatte, das Revisionsgericht aber gemäß § 301 zu seinen Gunsten das Urteil aufhob (BGH, Urt. v. 10.10.1991 – 2 StR 288/91 = BGHSt 38, 66 = NJW 1992, 516).

**4341** BGHSt 27, 176.

**4342** *Dahs*, Revision, Rn. 630.

**4343** Vgl. z.B. BGH, Beschl. v. 28.11.2019 – 3 StR 482/19.

werden muss.[4344] Nach der ständigen Rechtsprechung des BGH soll das Verschlechterungsverbot der nachträglichen Anordnung einer Maßregel nach den §§ 63, 64 StGB nicht entgegenstehen.[4345] Auch soll das Verbot der reformatio in peius den neuen Tatrichter nicht daran hindern, bei der Gegenüberstellung der (fiktiv) ohne und (im Ergebnis) mit der Verfahrensverzögerung festgesetzten Strafen **höhere fiktive Strafen** zu bestimmen als der frühere Tatrichter, wenn die letztlich verhängte Strafe nicht höher ist als die frühere Strafe.[4346] In den diesen Entscheidungen zugrunde liegenden Fällen war es nicht um die rechnerische Kompensation für EMRK-widrige Verfahrensverzögerungen, sondern um die auch nach Einführung des Vollstreckungsmodells[4347] noch mögliche Strafmilderung für die (der Strafjustiz nicht vorwerfbare) lange Verfahrensdauer gegangen, sodass sie nach wie vor von Bedeutung sind. Sie basieren alle auf dem Verständnis des Schlechterstellungsverbots, das den Tatrichter für die Prüfungsschritte vor der Festlegung der endgültigen Strafhöhe weitgehend freistellt, ihn aber daran hindern soll, den Angeklagten *im Ergebnis* für die Durchführung seines Rechtsmittels zu „bestrafen".

Schließlich begründet § 358 Abs. 1 StPO die **Bindung** des neuen Tatrichters 1798
an die der Aufhebung zugrunde liegende **Rechtsansicht des Revisionsgerichts**. Das betrifft sowohl die Beurteilung des sachlichen wie des prozessualen Rechts. Vorausgesetzt ist, dass die betreffende Rechtsansicht für die Aufhebung wirklich tragend ist und nicht nur als obiter dictum erwähnt wurde.[4348] Hat das Revisionsgericht aus einem verfahrensrechtlichen Grund aufgehoben, bei dieser Gelegenheit aber überflüssigerweise geglaubt, auch einige Bemerkungen zur Sachrüge machen zu müssen („die ansonsten rechtsfehlerfrei getroffenen Feststellungen …" o.ä.), sollte das neu mit der Sache befasste Tatgericht dies tunlichst nicht als eine Aufforderung (miss-)verstehen, nach Möglichkeit wieder die gleichen Feststellungen zu treffen und sie auch ebenso zu würdigen wie das Erstgericht. Hat in einem solchen Falle das Revisionsgericht durch einen „Hinweis" zusätzlich zum Ausdruck gebracht, dass die Sachrüge unbegründet erscheine, wird der Tatrichter nicht gebunden.[4349] Solche rechtlichen Zusatzhin-

**4344** Vgl. oben Rn. 210.
**4345** Vgl. *Meyer-Goßner/Schmitt* § 358 StPO, Rn. 12 und KK-*Gericke* § 358 StPO, Rn. 23 ff.
**4346** BGH, Urt. v. 10.11.1999 – 3 StR 361/99 = BGHSt 45, 308; BGH, Urt. v. 11.9.2003 – 3 StR 316/02; BGH, Beschl. v. 11.4.2007 – 3 StR 115/07; BGH, Urt. v. 20.6.2007 – 1 StR 167/07. Zu § 358 Abs. 2 S. 2 StPO vgl. BGH, Beschl. v. 26.9.2019 – 4 StR 24/19, Rn.12.
**4347** BGH, Beschl. v. 17.1.2008 – GSSt 1/07 = NJW 2008, 860. Näheres dazu oben Rn. 1580.
**4348** *Dahs*, Revision, Rn. 630; BGH, Beschl. v. 3.11.1998 – 4 StR 523/98 = NStZ 1999, 154. Vgl. auch: *Zehetgruber*, JZ 2020, 397.
**4349** BGHSt 33, 172, 178.

weise („die Sachrüge ist unbegründet") sind in keiner Weise verpflichtend und sollten auch möglichst unterbleiben, damit das neu mit der Sache befasste Tatgericht wirklich unbefangen und objektiv die Beweise neu erhebt und würdigt.

## E. Erneute Revision

1799 Hat das Revisionsgericht eine Sache mit der Aufhebung des früheren Urteils an dieselbe Instanz zurückverwiesen, die jenes Urteil gefällt hatte, findet eine neue Hauptverhandlung statt. Gegen das danach ergehende neue tatrichterliche Urteil ist wiederum die Revision zulässig, ohne dass Besonderheiten gelten würden.[4350] Gewöhnlich ist derselbe Senat desselben Revisionsgerichts zuständig, der bereits mit der Sache befasst war. Bedenken im Hinblick auf die Unbefangenheit der Revisionsrichter wegen ihrer Vorbefassung erkennt unser Verfahrensrecht nicht an.[4351] Hatte der BGH als Revisionsgericht beim ersten Durchlauf das Urteil aufgehoben, weil das Landgericht nicht zuständig war und das Verfahren deshalb an das Schöffengericht zurückverwiesen, ist dessen Urteil mit der Berufung anfechtbar.

1800 Im Rahmen der erneuten Revision prüft das Revisionsgericht auf die Sachrüge auch, ob das nach der ersten Revision tätig gewordene Tatgericht die Bindungswirkung des § 358 Abs. 1 StPO beachtet hat.[4352] Auch das Revisionsgericht selbst soll an die Rechtsauffassung, die der früheren Aufhebung zugrunde lag, selbst dann noch gebunden sein, wenn es inzwischen anlässlich anderer Fälle diese Auffassung längst aufgegeben hat.[4353] Dies ist dann einzusehen, wenn es sich um die Bindung zugunsten des Angeklagten handelt. Hätte die zwischenzeitlich erfolgte Rechtsprechungsänderung dagegen (was freilich nur noch selten vorkommt) eine strafbarkeitseinschränkende Auslegung bestehender Tatbestände zur Folge, müsste die Bindungswirkung in Analogie zu § 2 Abs. 3 StGB insoweit aufgehoben sein, als dem Revidenten die **Vorteile der milderen**

**4350** Zu beachten ist allerdings, dass sich aus dem „Verschlechterungsverbot" (§ 358 Abs. 2 StPO) eine zusätzliche „Fehlerquelle" ergeben kann. Vgl. hierzu etwa BGH, Urt. v. 15.5.1997 – 4 StR 89/97 = NJW 1997, 2335 = StV 1997, 465, wonach die Erhöhung einer Freiheitsstrafe unter gleichzeitigem Wegfall einer Vermögensstrafe gegen das Verschlechterungsverbot verstieß.

**4351** Instruktiv hierzu BGH, Beschl. v. 18.11.2008 – 1 StR 541/08 = NStZ-RR 2009, 85 sowie das in derselben Sache ergangene Urteil: BGH, Urt. v. 22.5.2007 – 1 StR 582/06.

**4352** *Meyer-Goßner/Schmitt* § 358 StPO, Rn. 10; KG JR 1958, 269 m. Anm. *Sarstedt*; BGH, Beschl. v. 30.5.2000 – 1 StR 610/99 = NStZ 2000, 551.

**4353** *Meyer-Goßner/Schmitt* § 358 StPO, Rn. 10; BGHSt 33, 356, 360 f.; a.A. KK-*Gericke*, § 358 StPO, Rn. 13; *Dahs*, Revision, Rn. 631.

**Rechtsanwendung** nicht verweigert werden dürfen. Dies alles gilt freilich nur für die früheren sachlich-rechtlichen Aufhebungsgründe.[4354] Verfahrensrechtlicher „Ungehorsam" des neuen Tatgerichts wird nur nach einer entsprechenden Verfahrensrüge geprüft, die den Anforderungen des § 344 Abs. 2 S. 2 StPO genügen muss.[4355]

**4354** *Meyer-Goßner/Schmitt* § 358 StPO, Rn. 10.
**4355** KK-*Gericke* § 358 StPO, Rn. 15.

# Literaturverzeichnis

*Achenbach, Hans*, Staatsanwalt und gesetzlicher Richter – ein vergessenes Problem?, in: *Christian Broda u.a.* (Hrsg.), Festschrift für Rudolf Wassermann zum 60. Geburtstag, 1985, S. 849

*Achenbach/Dästner/Wassermann* (Hrsg.), Kommentar zur Strafprozeßordnung (Reihe Alternativkommentare), Bd. 1, Neuwied 1990

*Adolf, Franz-Peter*, Kriminaltechnische Textilkunde, NStZ 1990, S. 65

*Adolf/Brüschweiler*, Sicherung und Auswertung von Textilfaserspuren, Kriminalistik 1987, S. 393

*Alber, Peter-Paul*, Die Geschichte der Öffentlichkeit im deutschen Strafverfahren, Berlin 1974

*Albrecht, Peter-Alexis*, Jugendstrafrecht, 3. Aufl., München 2000

*Allgayer, Peter*, Mitteilungen nach § 243 Abs. 4 StPO und ihre revisionsgerichtliche Kontrolle, NStZ 2015, S. 185

*Allgayer, Peter*, Vereinbarkeit der strafprozessualen Revisionsverwerfung durch nicht begründeten Beschluss mit dem Grundgesetz und der Europäischen Menschenrechtskonvention sowie Arbeitsteilung der europäischen Gerichte, JR 2015, S. 64

*Allgayer, Peter*, Vertretung bei Einlegung sowie Begründung von Rechtsmitteln und Rechtsbehelfen, NStZ 2016, S. 192

*Alsberg, Max*, Das Plädoyer, AnwBl 1978, S. 1

*Alsberg, Max*, Justizirrtum und Wiederaufnahme, 1913; erneut abgedruckt in: *Jürgen Taschke* (Hrsg.), Max Alsberg – Ausgewählte Schriften, 1992, S. 58

*Alsberg, Max*, Leitung und Sachleitung im Zivil- und Strafprozeß, LZ 1914, S. 1169

*Alsberg, Max*, Mit welchen Hauptzielen wird die Reform des Strafverfahrens in Aussicht zu nehmen sein? – Gutachten auf dem 35. DJT in Salzburg 1928, in: *Jürgen Taschke* (Hrsg.), Max Alsberg – Ausgewählte Schriften, 1992, S. 181

*Alsberg, Max*, Der Beweisantrag im Strafprozeß (neu bearbeitet von Jens Dallmayer, Georg-Friedrich Güntge, Michael Tsambikakis), 7. Aufl. 2019 (zitiert: *Alsberg/Bearbeiter*, Beweisantrag)

*Altenhain, Karsten*, Öffentlichkeit im Hauptverfahren, in: Verhandlungen des 71. Deutschen Juristentages Essen 2016, Band I Gutachten C, S. C 9

*Altenhain, Karsten*, Ein halbherziger Entwurf, DRiZ 2016, S. 304

*Altpeter, Frank*, Vom Wesen des Richters als solchen, DRiZ 1993, S. 172

*Altvater, Gerhard*, Die Erweiterung der Sachentscheidungsbefugnis der Revisionsgerichte zum Rechtsfolgenausspruch durch das Erste Gesetz zur Modernisierung der Justiz (§ 354 Abs. 1 a, b StPO neu) – Was bleibt nach dem Beschluss des BVerfG vom 14. Juni 2007 – 2 BvR 136, 1447/05?, in: *Schöch/Satzger/Schäfer/Ignor/Knauer* (Hrsg.), Festschrift für Gunter Widmaier zum 70. Geburtstag, 2008, S. 35

*Altvater, Gerhard*, Überprüfung der Verständigung durch die Revision, StraFo 2014, S. 221

*Alwart, Heiner*, Personale Öffentlichkeit (§ 169 GVG), JZ 1990, S. 883

*Amelung, Knut*, Grundfragen der Verwertungsverbote bei beweissichernden Haussuchungen im Strafverfahren, NJW 1991, S. 2533

*Appl, Ekkehard*, Über die „Kunst des Urteilsschreibens", in: *Klaus Bernsmann* (Hrsg.), Festschrift für Ruth Rissing-van Saan zum 65. Geburtstag am 25. Januar 2011, Berlin 2011, S. 35

*Arloth, Frank*, Verfahrenshindernis und Revisionsrecht, NJW 1985, S. 417



https://doi.org/10.1515/9783110444339-010

*Arnoldi/Rutkowski*, Die nachträgliche Gesamtstrafenbildung und der Tatrichter – ein ewiger Händel, NStZ 2011, S. 493

*Arzt, Gunther*, Der befangene Strafrichter – zugleich eine Kritik an der Beschränkung der Befangenheit auf Parteilichkeit, Tübingen 1969

*Arzt, Gunther*, Die Neufassung der Diebstahlsbestimmungen. Gleichzeitig ein Beitrag zur Technik der Regelbeispiele, JuS 1972, S. 385/S. 515/S. 576

*Arzt, Gunther*, Salomonische Wahrheit – heute, in: *Hassemer/Kempf/Moccia* (Hrsg.), In dubio pro libertate: Festschrift für Klaus Volk zum 65. Geburtstag, 2009, S. 19

*Arzt, Gunther*, Zum Verhältnis von Strengbeweis und freier Beweiswürdigung, in: *Baumann/Tiedemann* (Hrsg.), Festschrift für Karl Peters zum 70. Geburtstag, 1974, S. 223

*Asmus, Wolfgang*, „Entlastungsgesetz" und Wahlausschuß, DRiZ 1993, S. 368

*Baldus, Paulheinz*, Versäumte Gelegenheiten; Zur Auslegung des § 338 Nr. 8 und § 267 Abs. 1 S. 2 StPO, in: *Roderich Glanzmann* (Hrsg.), Ehrengabe für Bruno Heusinger, 1968, S. 373

*Bandisch, Günter*, Niederschreiben der Urteilsformel vor den Schlußvorträgen, NJW 1960, S. 135

*Bartel, Louisa*, Das Verbot der Rekonstruktion der Hauptverhandlung, Tübingen 2014

*Bartel, Louisa*, Der Gesetzgeber zwischen Skylla und Charybdis, DRiZ 2015, S. 176

*Bartel, Louisa*, Auf dem Weg zur technischen Dokumentation der Hauptverhandlung in Strafsachen, StV 2018, S. 678

*Barton, Stephan*, Mindeststandards der Strafverteidigung, Baden Baden 1994

*Barton, Stephan*, Kennzeichen und Effekte der modernen Revisionsrechtsprechung, StV 2004, S. 332

*Barton, Stephan*, Die Abgrenzung der Sach- von der Verfahrensrüge bei der klassischen und der erweiterten Revision in Strafsachen, JuS 2007, S. 977

*Barton, Stephan*, Die erweiterte Revision in der Rechtsprechung des Bundesgerichtshofs, in: *Weßlau/Wohlers* (Hrsg.), Festschrift für Gerhard Fezer zum 70. Geburtstag, 2008, S. 243

*Barton, Stephan*, Beschlussverwerfung durch den Bundesgerichtshof – effektiver Rechtsschutz, in: *Robert Esser u.a.* (Hrsg.), Festschrift für Hans-Heiner Kühne, Heidelberg 2013, S. 139

*Basdorf, Clemens*, Änderungen des Beweisantragsrechts und Revision, StV 1995, S. 310

*Basdorf, Clemens*, Formelle und informelle Präklusion im Strafverfahren, StV 1997, S. 488

*Basdorf, Clemens*, Reformbedürftigkeit der Rechtsprechung des BGH zu § 247 StPO, in: *Albin Eser u.a.* (Hrsg.), Festschrift für Hannskarl Salger, 1995, S. 203

*Basdorf, Clemens*, Eingeschränkte Anwendung des § 357 StPO, in: *Eser/Goydke/Maatz* (Hrsg.), Strafverfahrensrecht in Theorie und Praxis – Festschrift für Lutz Meyer-Goßner zum 65. Geburtstag, 2001, S. 665

*Basdorf, Clemens*, Elemente des Beweisantrags – Konnexität und anderes, in: *Schöch/Satzger/Schäfer/Ignor/Knauer* (Hrsg.), Festschrift für Gunter Widmaier zum 70. Geburtstag, 2008, S. 51

*Basdorf, Clemens*, Der Verteidiger als Garant der Einhaltung von strafprozessualen Verfahrensregeln?, StV 2010, S. 414

*Basdorf, Clemens*, Grenzen des auf § 252 StPO gestützten Verwertungsverbots, NJW-Festheft zum 65. Geburtstag von Ingeborg Tepperwien, 2010, S. 5.

*Basdorf/Sander/Schneider/Dölp/König/Berger/Bellay*, Zur Beratung von Revisionsentscheidungen im Beschlussverfahren, NStZ 2013, S. 563

*Bauer, Wolfram*, Die »Angriffsrichtung« des Widerspruchs, StV 2011, S. 635

*Bauer, Wolfram*, Die „natürliche Stufung der Verfahrensvorschriften" (BGHSt 11, 213, 214) und die zivilrechtliche Schutzzwecklehre, wistra 1991, S. 95

*Bauer, Wolfram*, Entlastung der Revisionsgerichte durch Ungleichbehandlung der Revisionsführer?, wistra 2000, S. 252
*Bauer, Wolfram*, Die Präklusion von Verfahrensrügen und des Widerspruchs im Zusammenhang mit § 238 II StPO, NStZ 2012, S. 191
*Baumann/Brenner*, Die strafprozessualen Beweisverwertungsverbote, Stuttgart 1991
*Beaumont, Werner*, Gesetz und Recht – in Vers und Reim, NJW 1989, S. 372
*Beaumont, Werner*, Vom Amtsschimmel zum Pegasus – die Sprache des Rechts in Vers und Reim, NJW 1990, S. 1969
*Becker, Christian*, Was sehen wie viele Augen, HRRS 2013, S. 264
*Becker, Reinhold*, Die absoluten Revisionsgründe im deutschen Strafprozess, Diss. Bonn 1950
*Becker/Erb/Esser/Franke/Graalmann-Scheerer/Hilger/Ignor* (Hrsg.), Löwe-Rosenberg, Strafprozeßordnung, 27. Aufl., Berlin (zitiert: LR-*Bearbeiter*)
*Behm/Wesemann*, Die neue Frist des § 229 Abs. 1 StPO und welche Probleme sich daraus ergeben, StraFo 2006, S. 354
*Beling, Ernst*, Die Beweisverbote als Grenzen der Wahrheitserforschung im Strafprozeß, 1903
*Beling, Ernst*, Revision wegen „Verletzung einer Rechtsnorm über das Verfahren" im Strafprozeß, in: Festschrift für Karl Binding zum 4. Juni 1911, Bd. 2, 1911, S. 87
*Bender/Nack*, Unzulässige Beschränkung der Verteidigung durch Vorenthaltung der Spurenakten?, ZRP 1983, S. 1
*Bender/Nack/Treuer*, Tatsachenfeststellung vor Gericht, 4. Aufl., München 2014
*Benz, Heribert*, Einschränkung der Besetzungsrüge durch Einführung einer Rügepräklusion, ZRP 1977, S. 250
*Berg, Johannes*, Neukonzeptionierung der Widerspruchslösung, StraFo 2018, S. 327
*Bernsmann, Klaus*, Verwertungsverbot für Angaben eines Beschuldigten, die dieser ohne Kenntnis des Hintergrundes in einem Gespräch mit einer von der Polizei mit dem Aushorchen beauftragten Privatperson macht?, StV 1997, S. 116
*Bertheau, Camilla*, Rügeverkümmerung – Verkümmerung der Revision in Strafsachen, NJW 2010, S. 973
*Bertram, Günter*, Empfehlen sich Änderungen des Strafverfahrensrechts mit dem Ziel, ohne Preisgabe rechtsstaatlicher Grundsätze den Strafprozeß, insbesondere die Hauptverhandlung, zu beschleunigen?, NJW 1994, S. 2186
*Berz, Ulrich*, § 338 Nr. 8 StPO im Gefüge der absoluten Revisionsgründe, in: *Eser/Goydke/Maatz* (Hrsg.) Strafverfahrensrecht in Theorie und Praxis – Festschrift für Lutz Meyer-Goßner zum 65. Geburtstag, 2001, S. 611
*Beukelmann, Stephan*, Die unfaire Revisionsbegründungsfrist, NJW-Spezial 2017, S. 632
*Beukelmann, Stephan*, Erfahrungen mit der Vollstreckungslösung nach BGHSt 52, 124, StraFo 2011, S. 210
*Beulke, Werner*, Äußerungen des Strafverteidigers in der Hauptverhandlung als Einlassung des Angeklagten?, in: *Beulke/Müller* (Hrsg.), Festschrift zu Ehren des Strafrechtsausschusses der Bundesrechtsanwaltskammer, 2006, S. 87
*Beulke, Werner*, Das Einsichtsrecht des Strafverteidigers in die polizeilichen Spurenakten, in: *Ernst-Walter Hanack u.a.* (Hrsg.), Festschrift für Hanns Dünnebier zum 75. Geburtstag, 1982, S. 285
*Beulke, Werner*, Der Verteidiger im Strafverfahren, Funktionen und Rechtsstellung, Frankfurt a.M. 1980
*Beulke, Werner*, Hypothetische Kausalverläufe im Strafverfahren bei rechtswidrigem Vorgehen von Ermittlungsorganen, ZStW 103 (1991), S. 657

*Beulke, Werner,* Muss die Polizei dem Beschuldigten vor der Vernehmung „Erste Hilfe" bei der Verteidigerkonsultation leisten?, NStZ 1996, S. 257

*Beulke, Werner,* Empirische und normative Probleme der Verwendung neuer Medien in der Hauptverhandlung, ZStW 113 (2001), S. 709

*Beulke, Werner,* Konfrontation und Strafprozessreform – Art. 6 Abs. 3 lit. d EMRK und ein „partizipatorisches" Vorverfahren anstelle einer Hauptverhandlung in ihrer bisherigen kontradiktorischen Struktur, in: *Hanack/Hilger/Mehle/Widmaier* (Hrsg.) Festschrift für Peter Rieß zum 70. Geburtstag, 2002, S. 3

*Beulke, Werner,* Missbrauch von Verteidigerrechten – eine kritische Würdigung der jüngsten Rechtsprechung, in: *Böse/Sternberg-Lieben* (Hrsg.), Festschrift für Knut Amelung zum 70. Geburtstag, 2009, S. 543

*Beulke, Werner,* Rechtsmissbrauch im Strafprozess – eine Erwiderung auf Pfister, in: *Jahn/Nack* (Hrsg.), Rechtsprechung, Gesetzgebung, Lehre: Wer regelt das Strafrecht? Tagungsband 2. Karlsruher Strafrechtsdialog, Köln 2010, S. 85

*Beulke/Swoboda*, Strafprozeßrecht, 14. Aufl., 2018

*Beulke/Stoffer*, Die strafschärfende Berücksichtigung von nach §§ 154, 154a StPO ausgeschiedenem Prozessstoff, StV 2011, S. 442

*Beyer, Walter*, Zur vorschriftsmäßigen Besetzung der landgerichtlichen Kammern, DRiZ 1952, S. 73

*Bick, Udo,* Die Anfechtung von Verwerfungsurteilen nach § 329 I StPO und § 74 II OWiG, StV 1987, S. 273

*Binding, Karl*, Strafrechtliche und strafprozessuale Abhandlungen, Zweiter Band, Strafprozeß, 1915, S. 139

*Bischoff, Georg,* Der Zwischenrechtsbehelf des § 238 II StPO im Spiegel von Rechtsprechung und Literatur: Beanstandungsrecht oder Beanstandungspflicht?, NStZ 2010, S. 77

*Bischoff/Kusnik/Bünnigmann*, Die Verhandlungsfähigkeit des Beschuldigten im Strafverfahren, StraFo 2015, S. 222

*Bittmann/Dreier,* Bekämpfung der Wirtschaftskriminalität nach dem Ende der fortgesetzten Handlung, NStZ 1995, S. 105

*Blaese/Wielop,* Förmlichkeiten der Revision in Strafsachen, 3. Aufl., München 1991

*Blau, Günter,* Beweisverbote als rechtsstaatliche Begrenzung der Aufklärungspflicht im Strafprozeß, Jura 1993, S. 513

*Blechschmitt, Lisa*, Zur Einführung von Quellen-TKÜ und Online-Durchsuchung, StraFo 2017, S. 361

*Blomeyer, Jürgen,* Die Revisibilität von Verfahrensfehlern im Strafprozess (Kausalität und Finalität im Revisionsrecht), JR 1971, S. 142

*Bloy, René*, Die Ausgestaltung der Rechtsmittel im deutschen Strafprozeßrecht, JuS 1986, S. 585

*Bock, Dennis,* Die Entscheidung des Gerichts über eine Unterbrechung der Hauptverhandlung bis zu einem Monat (§§ 228 I, 229 II StPO), in: *Christian Fahl* u.a. (Hrsg.), Festschrift für Werner Beulke zum 70. Geburtstag, Heidelberg 2015, S. 633

*Bock, Dennis*, Die Entwertung des letzten Wortes – Wann muss einem Angeklagten erneut das letzte Wort (§ 258 Abs. 2, 3 StPO) erteilt werden?, ZStW 129 (2017), S. 778

*Bockelmann, Paul*, Die Unverfolgbarkeit der Abgeordneten nach deutschem Immunitätsrecht, Göttingen 1951

*Bode, Karl-Werner,* Ist ein Verteidiger berechtigt, nach Eröffnung des Hauptverfahrens dem Angeklagten einen Aktenauszug zu überlassen?, MDR 1981, S. 287

*Böhm, Alexander*, Aus der neueren Rechtsprechung zum Jugendstrafrecht, NStZ 1984, S. 445

*Bohlander, Michael,* Der Einsatz von Videotechnologie bei der Vernehmung kindlicher Zeugen im Strafverfahren, ZStW 107 (1995), S. 82

*Bohnert, Joachim,* Beschränkungen der strafprozessualen Revision durch Zwischenverfahren, Frankfurt a.M. 1983

*Bohnert, Joachim,* Die Abschlußentscheidung des Staatsanwalts, Berlin 1992

*Bohnert, Joachim,* Ordnungsvorschriften im Strafverfahren, NStZ 1982, S. 5

*Bohnert, Joachim,* Untersuchungshaft, Akteneinsicht und Verfassungsrecht, GA 1995, S. 468

*Bork, Reinhard/Roth, Herbert* (Hrsg.), Stein/Jonas, Kommentar zur Zivilprozeßordnung, 23. Aufl., Tübingen, 2014

*Born, Birgit,* Wahrunterstellung zwischen Aufklärungspflicht und Beweisablehnung wegen Unerheblichkeit, 1984

*Börner, René,* § 243 III 1 StPO und der Große Senat für Strafsachen, NStZ 2011, S. 234

*Börner, René,* Die Fristsetung für Beweisanträge gem. § 244 Abs. 6 E-StPO, StV 2016, S. 681

*Börner, René,* Der Diskursvorbehalt der Fristlösung für Beweisanträge, JZ 2018, S. 232

*Böß, Tillmann,* Das Gesetz zur Neuregelung des Rechts der notwendigen Verteidigung, NStZ 2020, 185

*Böttcher/Dahs/Widmaier,* Verständigung im Strafverfahren – eine Zwischenbilanz, NStZ 1993, S. 375

*Bosch, Nikolaus,* Qualifizierte Belehrung des angehörigen Zeugen, in: *Jan Bockemühl* u.a. (Hrsg.), Festschrift für Bernd von Heintschell-Heinegg, München 2015, S. 65

*Bottke, Wilfried,* Rechtsbehelfe der Verteidigung im Ermittlungsverfahren – eine Systematisierung, StV 1986, S. 120

*Bottke, Wilfried,* Strafrechtswissenschaftliche Methodik und Systematik bei der Lehre vom strafbefreienden und strafmildernden Täterverhalten, Ebelsbach 1979

*Brauns, Uwe,* Die Besetzungsrüge und ihre Präklusion im Strafprozeß, Köln 1983

*Brause, Hans Peter,* Die Zuständigkeit der allgemeinen und besonderen Strafkammer nach dem Strafverfahrensänderungsgesetz, NJW 1979, S. 802

*Brause, Hans Peter,* Faires Verfahren und Effektivität im Strafprozeß, NJW 1992, S. 2865

*Brause, Hans Peter,* Zum Zeugenbeweis in der Rechtsprechung des BGH, NStZ 2007, S. 505

*Brause, Peter,* Von der Krise in die Funktionsunfähigkeit? Bemerkungen zur Problematik des revisionsgerichtlichen Beschlussverfahrens in Strafsachen, JR 2013, S. 134

*Bringewat, Peter,* Grundfragen der Wahrunterstellung im Strafprozeß, MDR 1986, S. 353

*Britz, Guido,* Das Fernsehen gehört in die Hauptverhandlung – Kritische Anmerkung zur Vorschrift des § 169 S. 2 GVG, in: *Klaus Lüderssen* u.a. (Hrsg.), Festschrift für Wolf Schiller, Baden-Baden 2014, S. 81

*Broß, Siegfried,* Untersuchungshaft im Rechtsstaat, in: *Arbeitsgemeinschaft Strafrecht des Deutschen Anwaltsvereins* (Hrsg.), Strafverteidigung im Rechtsstaat, 2009, S. 962

*Brunner/Dölling,* Jugendgerichtsgesetz, 13. Aufl., Berlin 2017

*Bruns, Hans-Jürgen,* „Widerspruchsvolles" Verhalten des Staates als neuartiges Strafverfolgungsverbot und Verfahrenshindernis, insbesondere beim tatprovozierenden Einsatz polizeilicher Lockspitzel, NStZ 1983, S. 49

*Bruns, Hans-Jürgen,* Zum Verbot der Doppelverwertung von Tatbestandsmerkmalen oder strafrahmenbildenden Umständen (Strafzumessungsgründen), in: *Geerds/Naucke* (Hrsg.), Festschrift für Hellmuth Mayer zum 70. Geburtstag, 1966, S. 353

*Bruns, Hans-Jürgen/Güntge, Georg-Friedrich,* Das Recht der Strafzumessung, 3. Aufl. 2019

*Brüssow, Rainer,* Beweisverwertungsverbot in Verkehrsstrafsachen, StraFo 1998, S. 294

*Bürgle/Cramer,* Die strafprozessualen Beweisverwertungsverbote, 2. Aufl., Stuttgart u.a. 2004

*Bülow, Oskar*, Die Lehre von den Proceßeinreden und den Proceßvoraussetzungen, Giessen 1868
*Burgmüller, Burkhard*, Das Beruhen des Urteils auf der Gesetzesverletzung als Regulativ im Revisionsrecht, Diss. Berlin 1990
*Cabanis, Detlef*, Glaubwürdigkeitsuntersuchungen, NJW 1978, S. 2329
*Ceffinato, Tobias*, Beweiswürdigung und Indizkonstruktionen im Wirtschaftsstrafrecht, ZStW 128 (2016), S. 804
*Ceffinato, Tobias* Strafprozessuale Hinweispflichten bei veränderten Sachlagen, JR 2020, S. 6
*Celik/Stief*, Kurze Freiheitsstrafen, § 47 StGB und die Vollstreckungslösung des BGH, StV 2010, S. 657
*Cerny, Lukas/Fickentscher, Toni*, Die Rechtsprechung des BGH zu legendierten Kontrollen – eine „drohende Gefahr für den Rechtsstaat ?, NStZ 2019, S. 697
*Christl, Erik*, Europäische Mindeststandards für Beschuldigtenrechte – Zur Umsetzung der EU-Richtlinien über Sprachmittlung und Information im Strafverfahren, NStZ 2014, S. 376
*Cirener, Gabriele*, Die Zulässigkeit von Verfahrensrügen in der Rechtsprechung des BGH, NStZ-RR 2017, S. 101; NStZ-RR 2016, S. 98; NStZ-RR 2013, S. 1; NStZ-RR 2011, S. 134
*Cirener/Herb*, Die Zulässigkeit von Verfahrensrügen in der Rechtsprechung des BGH, NStZ-RR 2018, S. 131
*Claus, Susanne*, Zur Modernisierung des Strafverfahrens, NStZ 2020, 57
*Coelln, Christian von*, Justiz und Medien, AfP 2014, S. 193
*Coelln, Christian von*, Mehr Medienöffentlichkeit vor Gericht?, AfP 2016, S. 491
*Conen, Stefan*, Neuere BGH-Entscheidungen zur Tatprovokation – Provokation auch des EGMR, StV 2019, S. 358
*Conen, Stefan*, Verlesungen nach § 256 Abs. 1 Nr. 5 StPO, in: *Ingke Goeckenjan u.a.* (Hrsg.); Festschrift für Ulrich Eisenberg zum 80. Geburtstag, Berlin 2019, S. 377
*Corell/Sidhu*, Das Recht auf Rechtsbeistand nach dem europäischen Fahrplan zur Stärkung der Verfahrensrechte in Strafverfahren, StV 2012, S. 246
*Cornelius, Kai*, Konfrontationsrecht und Unmittelbarkeitsgrundsatz, NStZ 2008, S. 244
*Cramer, Peter*, Zur Berechtigung absoluter Revisionsgründe. Zugleich ein Beitrag zur Reform des Strafprozeßrechts, in: *Baumann/Tiedemann* (Hrsg.), Festschrift für Karl Peters zum 70. Geburtstag, 1974, S. 239
*Cüppers, Josef*, Ein Nachwort, NJW 1951, S. 259
*Cüppers, Josef*, Gesetzlicher Zwang zur Lüge?, NJW 1950, S. 930
*Dahs, Hans*, Das rechtliche Gehör im Strafprozeß, München 1965
*Dahs, Hans*, Die Relativierung absoluter Revisionsgründe, GA 1976, S. 353
*Dahs, Hans*, Zur Rechtswirksamkeit des nach der Urteilsverkündung „herausgefragten" Rechtsmittelverzichts, in: *Hamm/Matzke* (Hrsg.), Festschrift für Erich Schmidt-Leichner zum 65. Geburtstag, 1977, S. 17
*Dahs, Hans*, Disziplinierung des Tatrichters durch Beschlüsse nach § 349 Abs. II StPO?, NStZ 1981, S. 205
*Dahs, Hans*, Die Beschlagnahme von Verteidigungsmaterial und die Ausforschung der Verteidigung, in: *Geppert/Dehnicke* (Hrsg.), Gedächtnisschrift für Karlheinz Meyer, 1990, S. 61
*Dahs, Hans*, Überspannung der Anforderungen an den Sachvortrag aus der Sicht des Revisionsführers, in: Grundprobleme des Revisionsverfahrens (Schriftenreihe der Arbeitsgemeinschaften des DAV – AG Strafrecht, Bd. 7), Bonn 1991, S. 85
*Dahs, Hans*, Neue Aspekte zu § 344 Abs. 2 StPO. „Heilung" von Vortragsmängeln durch das Revisionsgericht – Verpflichtung zum Vortrag von „Negativtatsachen", in: *Albin Eser u.a.* (Hrsg.), Festschrift für Hannskarl Salger, 1995, S. 217

*Dahs, Hans*, Die gespaltene Hauptverhandlung, NJW 1996, S. 178
*Dahs, Hans*, Die Ausweitung des Widerspruchserfordernisses, StraFo 1998, S. 253
*Dahs, Hans*, Volenti non fit iniuria – warum nicht auch bei § 247 StPO, in: *Schöch/Satzger/Schäfer/Ignor/Knauer* (Hrsg.), Festschrift für Gunter Widmaier zum 70. Geburtstag, 2008, S. 95
*Dahs, Hans*, Die „Plausibilitätsrüge", in: *Michalke/Köberer/Pauly/Kirsch* (Hrsg.), Festschrift für Rainer Hamm zum 65. Geburtstag, 2008, S. 41
*Dahs, Hans*, Der „entfernte" Angeklagte oder die Hauptverhandlung als Videokonferenz, in: *Carl-Friedrich Stuckenberg* u.a. (Hrsg.), Festschrift für Hans-Ullrich Paeffgen zum 70 Geburtstag, Berlin 2015, S. 559
*Dahs, Hans*, Handbuch des Strafverteidigers, 8. Aufl., Köln 2015
*Dahs, Hans*, Die Revision im Strafprozeß, 9. Aufl., München 2017
*Dahs, sen., Hans*, Das Plädoyer des Staatsanwalts, DRiZ 1960, S. 106
*Dahs, sen., Hans*, Das Plädoyer des Strafverteidigers, AnwBl 1959, S. 1
*Dahs, sen., Hans*, Die unwahre Verfahrensrüge, AnwBl 1950/51, S. 90
*Dallinger, Wilhelm*, Gesetzlicher Zwang zur Lüge?, NJW 1951, S. 256
*Dallinger/Lackner*, Jugendgerichtsgesetz, 2. Aufl., München 1965
*Danckert, Jakob*, Die materielle Beweiskraft des Hauptverhandlungsprotokolls im Strafprozess, Berlin 2012
*Dästner, Christian*, Schlußvortrag und letztes Wort im Strafverfahren, Recht und Politik 1982, S. 180
*Deckers, Rüdiger*, Aussage gegen Aussage – zur Entwicklung der revisionsrechtlichen Rechtsprechung und der Aussagepsychologie, in: *Michalke/Köberer/Pauly/Kirsch* (Hrsg.), Festschrift für Rainer Hamm zum 65. Geburtstag, 2008, S. 53
*Deckers, Rüdiger*, Fehlerquellen im Strafprozess, in: *Müller/Sander/Válková* (Hrsg.), Festschrift für Ulrich Eisenberg zum 70. Geburtstag, 2009, S. 490
*Dehne-Niemann, Jan*, Verfassungsrechtliches und Einfachgesetzliches zur nachträglichen rügevernichtenden Änderung des Hauptverhandlungsprotokolls, ZStW 121 (2009), S. 321
*Dehne-Niemann, Jan*, Kritische Anmerkungen zur neuen Praxis der „Rügeverkümmerung", wistra 2011, S. 213
*Dehne-Niemann, Jan*, Wider die wahrunterstellende Einbeziehung neuer Strafzumessungstatsachen in der Angemessenheitsprüfung des Revisionsgerichts (§ 354 Abs. 1a S. 1 StPO), StV 2016, S. 601
*Dehne-Niemann, Jan/Brandt, Kristina*, Beschränkungen der Rechtsmittelbeschränkung beim Wahlrechtsmittel im Jugendstrafrecht, StV 2020, S. 711
*Dellingshausen, Ulrike von*, Zum Anwesenheitsrecht eines Mitbeschuldigten bei der richterlichen Vernehmung des anderen Mitbeschuldigten im Ermittlungsverfahren, in: *Küper/Welp* (Hrsg.), Festschrift für Walter Stree und Johannes Wessels, 1993, S. 685
*Delventhal, Holger*, Die strafprozessualen Vereidigungsverbote unter besonderer Berücksichtigung des offensichtlich falsch aussagenden Zeugen, München 1990
*Dencker, Friedrich*, Die Form der Vernehmung des Angeklagten zur Sache, in: *Weßlau/Wohlers* (Hrsg.), Festschrift für Gerhard Fezer zum 70. Geburtstag, 2008, S. 115
*Dencker, Friedrich*, Für eine Verlängerung der Revisionsbegründungsfrist, ZRP 1978, S. 5
*Dencker, Friedrich*, Über Heimlichkeit, Offenheit und Täuschung bei der Beweisgewinnung im Strafverfahren, StV 1994, S. 667
*Dencker, Friedrich*, Verwertungsverbote im Strafprozeß, Köln u.a. 1977
*Dencker, Friedrich/Hamm, Rainer*, Der Vergleich im Strafprozeß, Frankfurt am Main 1988

*Detter, Klaus* Zum Strafzumessungs- und Maßregelrecht, NStZ 2005, 143 und 498; NStZ 2006, 146 und 560; NStZ 2007, S. 206

*Detter, Klaus*, Einlassung mit oder durch den Verteidiger – Ein notwendiges Instrument effektiver Strafverteidigung, in: *Klaus Bernsmann* (Hrsg.), Festschrift für Ruth Rissing-van Saan zum 65. Geburtstag am 25. Januar 2011, Berlin 2011, S. 97

*Diemer, Herbert*, Die Bedeutung der Videoaufzeichnung im Revisionsverfahren, NStZ 2002, S. 16

*Dingeldey, Thomas*, Der Schutz der strafprozessualen Aussagefreiheit durch Verwertungsverbote bei außerstrafrechtlichen Aussage- und Mitwirkungspflichten, NStZ 1984, S. 529

*Diwell, Lutz*, E-Justice – digitale Justiz auch im Strafverfahren?, in: *Arbeitsgemeinschaft Strafrecht des Deutschen Anwaltvereins (DAV)* (Hrsg.), Strafverteidigung im Rechtsstaat, 25 Jahre Arbeitsgemeinschaft Strafrecht des Deutschen Anwaltvereins, 2009, S. 450

*Dohna, Alexander Graf zu*, Das Problem der vorweggenommenen Beweiswürdigung im Strafverfahren, Probleme der Strafrechtserneuerung, in: *Weigend/Hirsch/Küpper* (Hrsg.), Festschrift für Eduard Kohlrausch zum 70. Geburtstag, Berlin 1944, S. 319

*Dölling, Dieter*, Verlesbarkeit schriftlicher Erklärungen und Auskunftsverweigerung nach § 55 StPO, NStZ 1988, S. 6

*Dölp, Michael*, Auswirkungen der Tatprovokation auf Schuld- und Rechtsfolgenausspruch, StraFo 2016, S. 265

*Dölp, Michael*, Umgang mit Binnendivergenzen, StraFo 2018, 379

*Drees, Rainer*, Die Entscheidung des Vorsitzenden über den Zeitpunkt der Anbringung von Ablehnungsgesuchen, NStZ 2005, S. 184

*Drost, Heinrich*, Das Ermessen des Strafrichters, Berlin 1930

*du Bois-Pedain, Antje*, Artikel 6 Abs. 3 lit. d EMRK und der nicht verfügbare Zeuge: Weist der modifizierte Lucà-Test den Weg aus der Sackgasse?, HRRS 2012, S. 120

*Dubs, Hans*, Analytische Bewertung als Grundlage richterlicher Strafzumessung, in: Festgabe zum Schweizerischen Juristentag 1963, 1963, S. 9

*Dünnebier, Hanns*, Nicht mit der Revision anfechtbare Entscheidungen im Strafprozeß, in: *Jescheck/Lüttger* (Hrsg.), Festschrift für Eduard Dreher zum 70. Geburtstag, 1977, S. 669

*Duttge, Gunnar*, Das „selbstständige Beweisverwertungsverbot“: Beispiel einer weder geglückten noch folgenlosen Straf(prozess)rechtsdogmatik, in: *Jan Bockemühl u.a.* (Hrsg.), Festschrift für Bernd von Heintschell-Heinegg, München 2015, S. 103

*Ebert, Andreas*, Zum Beanstandungsrecht nach Anordnungen des Strafrichters gemäß § 238 Abs. 2 StPO, StV 1997, S. 269

*Ebert, Udo* (Hrsg.), Aktuelle Probleme der Strafrechtspflege, Berlin 1990

*Eisele, Jörg*, Bedingter Tötungsvorsatz bei verbotenen Kraftfahrzeugrennen?, JZ 2018, S. 549

*Eisenberg, Ulrich*, Zur „besonderen Qualität“ richterlicher Vernehmungen im Ermittlungsverfahren, NStZ 1988, S. 488

*Eisenberg, Ulrich*, Sich-Entfernen bzw. Fernbleiben während der Hauptverhandlung, NStZ 2012, S. 63

*Eisenberg, Ulrich*, Übertölpelung durch Vertrauensperson (VP) und Verdeckten Ermittler (VE) ohne Anfangsverdacht, GA 2014, S. 404

*Eisenberg, Ulrich*, Beweisrecht der StPO, 10. Aufl., München 2017

*Eisenberg, Ulrich*, Zur Dysfunktionalität von „Plausibilität“ im Beweisrecht der StPO, StV 2020, S. 131

*Eisenberg, Ulrich/Kölbel, Ralf*, Jugendgerichtsgesetz, 21. Aufl., München 2020

*Eisenberg, Ulrich/Pincus, Helen*, Sachäußerungen des schweigenden Angeklagten in der Hauptverhandlung, JZ 2003, S. 397

*El-Ghazi, Mohamad*, Die Anforderungen an die Begründung einer Verfahrensrüge – oder: „die den Mangel enthaltenden Tatsachen", ZStW 125 (2013), S. 862
*El-Ghazi, Mohamad*, Die Zuordnung von Gesetzesverletzungen zu Sach- und Verfahrensrüge in der strafprozessualen Revision, 2014
*El-Ghazi, Mohamad*, „Die Verfahrensrüge in der Sachrüge" – über den Umgang mit Verfahrensfehlern, die sich aus den Urteilsgründen ergeben, GA 2020, S. 439
*Engels, Dieter*, Beweisantizipationsverbot und Beweiserhebungsumfang im Strafprozeß, GA 1981, S. 21
*Engisch, Karl*, Karl Peters und der Ermessensbegriff, in: *Baumann/Tiedemann* (Hrsg.), Festschrift für Karl Peters zum 70. Geburtstag, 1974, S. 15
*Engisch, Karl*, Logische Studien zur Gesetzesanwendung, 3. Aufl., Heidelberg 1963
*Epik, Aziz*, Das Elternkonsultationsrecht im Jugendstrafverfahren, StV 2020, S. 703
*Erb, Volker*, Verbotene Vernehmungsmethoden als staatlich veranlaßte Beeinträchtigungen der Willensfreiheit, in: *Dannecker, Gerhard* (Hrsg.), Festschrift für Harro Otto, 2007, S. 863
*Erb, Volker*, Zum Verhältnis zwischen Personalbeweis und Sachbeweis bei der Rekonstruktion menschlicher Wahrnehmungen, in: *Jan Bockemühl u.a.* (Hrsg.), Festschrift für Bernd von Heintschell-Heinegg, München 2015, S. 135
*Erb/Esser/Franke/Graalmann-Scheerer/Hilger/Ignor* (Hrsg.), Löwe-Rosenberg, Strafprozeßordnung, 26. Aufl., Berlin (zitiert: LR-*Bearbeiter*)
*Eschelbach, Ralf*, Sachlich-rechtliche Fehler nach aktueller BGH-Rechtsprechung, JA 1998, S. 498
*Eschelbach, Ralf*, Feststellungen, in: *Schöch/Satzger/Schäfer/Ignor/Knauer* (Hrsg.), Festschrift für Gunter Widmaier zum 70. Geburtstag, 2008, S. 127
*Eschelbach, Ralf*, Staatliche Selbstbelastungs-, Fremdbelastungs- und Tatprovokationen, GA 2015, S. 545
*Eschelbach, Ralf*, Richterrecht zu § 252 StPO, in: *Jan Bockemühl u.a.* (Hrsg.), Festschrift für Bernd von Heintschell-Heinegg, München 2015, S. 147
*Eser, Albin*, Das Verwertungsverbot des § 252 StPO und die Vernehmung des vernehmenden Richters, NJW 1963, S. 234
*Esser, Robert*, (Nichts) Neues aus Straßburg – Effektive Verteidigung bei Nichterscheinen des Angeklagten zu Beginn der Hauptverhandlung in der Berufungsinstanz (§ 329 Abs. 1 S. 1 StPO), StV 2013, S. 331
*Esser, Robert*, Verfahrenseinstellung nach § 154 Abs. 2 StPO und Strafzumessung: Ein schwieriger Spagat zwischen Unschuldsvermutung und Strafklageverbrauch, StV 2019, S. 492
*Eulenburg*, in: *Schäfer, Herbert* (Hrsg.), Brandkriminalistik (Grundlagen der Kriminalistik Bd. 8/1), Hamburg 1972, S. 77
*Fabry, Josef*, Der besonders schwere Fall der versuchten Tat, NJW 1986, S. 15
*Fahl, Christian*, Beweisverbote im Strafprozeß – Policeman Donavan und die Früchte des vergifteten Baumes, JuS 1996, S. 1013
*Fahl, Christian*, Rechtsmissbrauch im Strafprozess, Heidelberg 2004
*Fahl, Christian*, Unwahre Verfahrensrüge und Strafvereitelung, StV 2015, S. 51
*Fahl, Christian*, „Wir geben Ihrer Zukunft ein Zuhause: JVA", DRiZ 2016, S. 138
*Feldmann, Mirja*, Wenn schon, denn schon – Ein Beitrag zur rechtspolitischen Diskussion um die Lockerung des Verbots des § 169 S. 2 GVG unter Berücksichtigung der spanischen Rechtslage und -praxis, GA 2017, S. 20
*Fetzer, Helmut*, Einsichtsrecht des Strafverteidigers in gerichtliche Dateien, StV 1991, S. 142
*Feuerbach, P.J.A.*, Betrachtungen über die Öffentlichkeit und Mündlichkeit der Gerechtigkeitspflege, Band I, Gießen 1821

*Fezer, Gerhard*, Möglichkeiten einer Reform der Revision in Strafsachen, Tübingen 1975
*Fezer, Gerhard*, Grundfälle zum Verlesungs- und Verwertungsverbot im Strafprozeß, JuS 1977, S. 234/S. 382/S. 520/S. 669/S. 813; JuS 1978, S. 104/S. 325/S. 472/S. 612/S. 765; JuS 1979, S. 35/S. 186
*Fezer, Gerhard*, Überlegungen zur Behandlung des Sachbeweises im Strafverfahren, NStZ 1989, S. 166
*Fezer, Gerhard*, Grenzen der Beweisaufnahme durch das Revisionsgericht, in: *Udo Ebert* (Hrsg.), Aktuelle Probleme der Strafrechtspflege, Berlin 1990, S. 89
*Fezer, Gerhard*, Einsichtsrecht des Strafverteidigers in gerichtliche Dateien, StV 1991, S. 142
*Fezer, Gerhard*, Wohin entwickeln sich die absoluten Revisionsgründe?, in: *Ebert, Udo* (Hrsg.), Aktuelle Probleme der Strafrechtspflege, Berlin 1991, S. 106
*Fezer, Gerhard*, Die Rüge, daß das Tatgericht – (wesentlichen) Beweisstoff nicht aus dem Inbegriff der Verhandlung geschöpft, – (wesentlichen) Beweisstoff übersehen oder übergangen habe, in: Rechtssicherheit versus Einzelfallgerechtigkeit: Kolloquium anläßlich des 65. Geburtstages von Herrn VRiBGH Gerhard Herdegen (Schriftenreihe der Arbeitsgemeinschaften des DAV – AG Strafrecht, Bd. 9), Essen 1992, S. 58
*Fezer, Gerhard*, Tatrichterlicher Erkenntnisprozeß – „Freiheit der Beweiswürdigung" –, StV 1995, S. 95
*Fezer, Gerhard*, Grundfragen der Beweisverwertungsverbote, Heidelberg 1995
*Fezer, Gerhard*, Strafprozeßrecht, 2. Aufl., München 1995
*Fezer, Gerhard*, Pragmatismus und Formalismus in der revisionsgerichtlichen Rechtsprechung, in: *Ebert/Roxin/Rieß/Wahle* (Hrsg.), Festschrift für Ernst Walter Hanack zum 70. Geburtstag, 1999, S. 331
*Fezer, Gerhard*, Die „Herabstufung" eines Beweisantrags in der Revisionsinstanz – Zugleich eine Kritik am sog. Konnexitätsprinzip, in: *Eser/Goydke/Maatz* (Hrsg.) Strafverfahrensrecht in Theorie und Praxis – Festschrift für Lutz Meyer-Goßner zum 65. Geburtstag, 2001, S. 629
*Fezer, Gerhard*, Revisionsurteil oder Revisionsbeschluß – Strafverfahrensnorm und Strafverfahrenspraxis in dauerhaftem Widerstreit?, StV 2007, S. 40
*Fezer, Gerhard*, Zur fortschreitenden Relativierung der Verfahrensvorschriften durch den Bundesgerichtshof – § 274 StPO als Beispiel, in: *Dannecker, Gerhard* (Hrsg.), Festschrift für Harro Otto, 2007, S. 901
*Fezer, Gerhard*, Anforderungen an die Begründung revisionsgerichtlicher Entscheidungen – Verfahrenswirklichkeit und normativer Anspruch, HRRS 2010, S. 281
*Fischer, Thomas*, Die Fortwirkung von Zeugnisverweigerungsrechten nach Verfahrenstrennung, JZ 1992, S. 570
*Fischer, Thomas*, Glaubwürdigkeitsbeurteilung und Beweiswürdigung, NStZ 1994, S. 1
*Fischer, Thomas*, Aussagewahrheit und Glaubwürdigkeitsbegutachtung – Anmerkungen zum Beweiswert von Glaubhaftigkeitsgutachten in Strafverfahren, in: *Schöch/Satzger/Schäfer/Ignor/Knauer* (Hrsg.), Festschrift für Gunter Widmaier zum 70. Geburtstag, 2008, S. 191
*Fischer, Thomas*, Der Gefährdungsschaden bei § 266 in der Rechtsprechung, StraFo 2008, S. 269
*Fischer, Thomas*, Der Einfluss des Berichterstatters auf die Ergebnisse strafrechtlicher Revisionsverfahren, NStZ 2013, S. 424
*Fischer, Thomas*, Erwiderung auf Basdorf u.a., NStZ 2013, S. 563
*Fischer, Thomas*, Hemmschwellen auf dem Weg zu Entscheidungen des Großen Senats für Strafsachen, StraFo 2014, S. 309

*Fischer, Thomas*, Binnendivergenzen, in *Stephan Barton u.a.* (Hrsg.), Festschrift für Reinhold Schlothauer zum 70. Geburtstag, München 2018, S. 471
*Fischer, Thomas*, Strafgesetzbuch und Nebengesetze, 67. Aufl., München 2020
*Fischer/Krehl*, Strafrechtliche Revision, „Vieraugenprinzip“, gesetzlicher Richter und rechtliches Gehör, StV 2012, S. 550
*Fischer/Krehl/Eschelbach*, Das Zehn-Augen-Prinzip StV 2013, S. 395
*Fögen, Marie Theres*, Der Kampf um die Gerichtsöffentlichkeit, Berlin 1974
*Foth, Eberhard*, Kann die Anstiftung durch eine V-Person ein Verfahrenshindernis begründen?, NJW 1984, S. 221
*Foth, Eberhard*, Revisionsinstanz und Mehrfachverteidigung, NStZ 1987, S. 441
*Foth, Eberhard*, Die „besondere Schwere der Schuld“ i.S. von § 57 a StGB, NStZ 1993, S. 368
*Foth, Eberhard*, „Der falsche Weg zum richtigen Ziel?“, JR 1996, S. 99
*Foth, Eberhard*, Bemerkungen zum Zweifelssatz (in dubio pro reo), NStZ 1996, S. 423
*Foth, Eberhard*, Tatgericht, Revisionsgericht – wer würdigt die Beweise?, DRiZ 1997, S. 201
*Foth/Karcher*, Überlegungen zur Behandlung des Sachbeweises im Strafverfahren, NStZ 1989, S. 166
*Frank, Reiner*, Revisible und irrevisible Strafverfahrensnormen, Göttingen 1972
*Franke, Dietmar*, Die Bildberichterstattung über den Angeklagten und der Öffentlichkeitsgrundsatz im Strafverfahren, 1978
*Franke, Ulrich*, Die Zukunft der Revision: Bemerkungen zu den Beschlüssen des BVerfG vom 14.6. und 14.8.2007 zur Verfassungsmäßigkeit des § 354 Abs. 1a StPO, in: *Schöch/Satzger/Schäfer/Ignor/Knauer* (Hrsg.), Festschrift für Gunter Widmaier zum 70. Geburtstag, 2008, S. 239
*Franke, Ulrich*, Der Begriff der Öffentlichkeit in der Revision, StraFo 2014, S. 361
*Franke, Ulrich*, Öffentlichkeit im Strafverfahren, NJW 2016, S. 2618
*Franzheim, Horst*, Beweisverbote bei Erkenntnissen der Eigenüberwachung, NJW 1990, S. 2049
*Franzheim, Horst*, Die prozessualen Folgen des Selbstmordversuches des Angeklagten während der Unterbrechung der Hauptverhandlung, GA 1961, S. 108
*Franzke, Kevin* Die Vertretung des abwesenden Angeklagten in der Berufungshauptverhandlung – Kritische Anmerkungen zur Entwicklung der Rechtsprechung seit Inkrafttreten von § 329 StPO n.F., StV 2019, S. 363
*Freisler, Roland*, Die Vereinfachungsverordnung als Mittel der Schlagkraftsteigerung der Strafrechtspflege und ihr Stand in der Strafverfahrenserneuerung, DJ 1939, S. 1537
*Freund, Georg*, Verurteilung und Freispruch bei Verletzung der Schweigepflicht eines Zeugen, GA 1993, S. 49
*Freund, Georg*, Die Tatfrage als Rechtsfrage: Persönliche Gewißheit, objektive Schuldwahrscheinlichkeit und rechtsgenügender Beweis, in: *Eser/Goydke/Maatz* (Hrsg.) Strafverfahrensrecht in Theorie und Praxis – Festschrift für Lutz Meyer-Goßner zum 65. Geburtstag, 2001, S. 409
*Friedrich, Eberhard*, Der Rechtsanwalt als Rechtswahrer, JW 1938, S. 1300
*Frisch, Wolfgang*, Revisionsrechtliche Probleme der Strafzumessung, Köln, Berlin, Bonn 1971
*Frisch, Wolfgang*, Zum Wesen des Grundsatzes „in dubio pro reo“, in: *Claus Roxin u.a.* (Hrsg.), Festschrift für Heinrich Henkel zum 70. Geburtstag, 1974, S. 273
*Frisch, Wolfgang*, Rezension zu: Klaus Tolksdorf, Mitwirkungsverbot für den befangenen Staatsanwalt, 1989, StV 1992, S. 613

*Frisch, Wolfgang*, Inhalt und Hintergrund des „Beruhens“ im Revisionsrecht, in: *Rogall/Puppe/Stein/Wolter* (Hrsg.), Festschrift für Hans-Joachim Rudolphi zum 70. Geburtstag, 2004, S. 609

*Frisch, Wolfgang*, Die Erweiterung des Sachentscheidungsrechts der Revisionsgerichte, StV 2006, S. 431

*Frisch, Wolfgang*, Wandel der Revision als Ausdruck geistigen und gesellschaftlichen Wandels, in: *Weßlau/Wohlers* (Hrsg.), Festschrift für Gerhard Fezer zum 70. Geburtstag, 2008, S. 353

*Frisch, Wolfgang*, Verwerfung der Berufung ohne Sachverhandlung und Recht auf Verteidigung – Zur Änderung des § 329 StPO, NStZ 2015, S. 69

*Frister, Helmut*, Beschleunigung der Hauptverhandlung durch Einschränkung von Verteidigungsrechten?, StV 1994, S. 445

*Frister, Helmut*, Der Lügendetektor – Zulässiger Sachbeweis oder unzulässige Vernehmungsmethode, ZStW 106 (1994), S. 303

*Fromm, Ingo E.*, Beschränkung der Verteidigung durch das Auftreten eines „Ersatzverteidigers“ im strafrechtlichen Großverfahren ? Über die weiterreichenden Konsequenzen aus dem Urteil des BGH vom 20.6.2013 (2 StR 113/13), ZWH 2016, 221

*Fuchs, Erwin*, Der Schlaf der Gerechten, AnwBl 1987, S. 569

*Fuhrmann, Hans*, Gehört zur Revisibilität eines Verfahrenverstoßes ein Gerichtsbeschluß?, JR 1962, S. 321

*Fuhrmann, Hans*, Verwirkung des Rügerechts bei nicht beanstandeten Verfahrensverletzungen des Vorsitzenden (§ 238 Abs. 2 StPO), NJW 1963, S. 1230

*Fuhrmann, Hans*, Das Beanstandungsrecht des § 238 Abs. 2 StPO, GA 1963, S. 65

*Fürstenau, Werner*, Offensichtlich unbegründet? Der Missbrauch des § 349 Abs. 2 StPO, StraFo 2004, 38

*Furthner, Georg*, Der „schwere“, „besonders schwere“ und „minder schwere Fall“ im Strafrecht, JR 1969, S. 11

*Gaede, Karsten*, Schranken des fairen Verfahrens gemäß Art. 6 EMRK bei der Sperrung verteidigungsrelevanter Informationen und Zeugen, StV 2006, S. 599

*Gaede, Karsten*, Vorbeugende Rügepräklusionen gegen vermuteten Revisionsmissbrauch, wistra 2010, S. 210

*Gaede, Karsten*, Parteirechte der Verteidigung im deutschen Inquisitionsprozess – das Beispiel des Vernehmungs- und Fragerechts, StV 2012, S. 51

*Gaede, Karsten*, Der neue Minimalismus bei der Achtung des Konfrontationsrechts – von tatsächlichen Einschränkungen und vermeintlichen Hintertüren, StV 2018, S. 175

*Galen, Margarete von*, „Parallel Justice“ für Opfer von Straftaten – ein Verfahren mit „Opfervermutung“ außerhalb des Strafrechts, StV 2013, S. 171

*Galen, Margarete von*, Rechtsstaatsdefizit im deutschen Strafprozess: „ohne Worte“ – die Protokollierung der Hauptverhandlung im europäischen Vergleich, StraFo 2019, S. 309

*Gallandi, Volker*, Gleichzeitige Verletzung der §§ 55 und 136 a StPO, NStZ 1991, S. 119

*Gatzweiler, Norbert*, Die Auswahl des Pflichtverteidigers durch den Gerichtsvorsitzenden, AnwBl 1981, S. 147

*Gauthier, Jean*, Die Beweisverbote, ZStW 103 (1991), S. 796

*Geerds, Friedrich*, Revision bei Verstoß gegen Denkgesetze oder Erfahrungssätze. Ein Beitrag zum Umfang und zur Art richterlicher Kontrolle, in: *Baumann/Tiedemann* (Hrsg.), Festschrift für Karl Peters zum 70. Geburtstag, 1974, S. 267

*Gehm, Matthias H.*, Das Recht auf Akteneinsicht im Steuerstraf- sowie im Besteuerungsverfahren, StV 2016, S. 185

*Geipel, Andreas*, Die Revisionsbegründungsfrist und Nachbesserungsmöglichkeiten – oder: „Der Angeklagte haftet für seinen Anwalt“, StraFo 2011, S. 9
*Geppert, Klaus*, Der Zeugenbeweis, Jura 1991, S. 80 und S. 132
*Geppert, Klaus*, Zur straf- und strafverfahrensrechtlichen Bewältigung von Serienstraftaten nach Wegfall der Rechtsfigur der „fortgesetzten Handlung“, NStZ 1996, S. 57 und S. 118
*Gerauer, Alfred*, Das Weiterbeteiligungsrecht des Angehörigen beim Tod des Nebenklägers, NJW 1986, S. 3126
*Gercke, Björn*, Vorlage ärztlicher Atteste im Strafverfahren – Risiken und Nebenwirkungen, in *Stephan Barton u.a.* (Hrsg.), Festschrift für Reinhold Schlothauer zum 70. Geburtstag, München 2018, S. 423
*Gercke/Julius/Temming/Zöller* (Hrsg.), Strafprozessordnung, 6. Aufl., Heidelberg 2018
*Gerhardt, Rudolf*, Zur Frage der Verfassungsmäßigkeit des Verbots von Rundfunk- und Fernsehaufnahmen im Gerichtssaal (§ 169 S. 2 GVG), Diss. Frankfurt am Main 1968
*Gericke, Jan*, Die erweiterte Revision in der Rechtsprechung des Bundesgerichtshofs, in: *Friedrich Dencker u.a.* (Hrsg.), Festschrift für Klaus Tolksdorf, 2014, S. 243
*Gerst, Hans-Joachim*, Der Auslandszeuge gemäß § 244 Abs. 5 S. 2 StPO – eine Vorschrift auf dem Prüfstand der Jetztzeit, StV 2018, S. 755
*Gillmeister, Ferdinand*, Die Hinweispflicht des Tatrichters, StraFo 1997, S. 8
*Gillmeister, Ferdinand*, Strafzumessung aus verjährten u. eingestellten Straftaten, NStZ 2000, S. 344
*Gleß, Sabine*, § 247 a StPO – (auch) eine Wohltat für den Angeklagten?, JR 2002, S. 97
*Gleß, Sabine*, Sachverhaltsaufklärung durch Auslandszeugen, in: *Müller/Sander/Válková* (Hrsg.), Festschrift für Ulrich Eisenberg zum 70. Geburtstag, 2009, S. 499
*Gleß/Peters*, Verwertungsverbot bei Verletzung der Pflicht zur Belehrung nach Art. 36 WÜK?, StV 2011, S. 369
*Göhler, Erich*, Ordnungswidrigkeitengesetz, 17. Aufl., München 2017
*Goldschmidt, James*, Der Prozeß als Rechtslage, Berlin 1925
*Gollwitzer, Karl Ernst*, Einschränkung des Beweisantragsrechts durch Umdeutung von Beweisanträgen in Beweisanregungen, StV 1990, S. 420 = Grundprobleme des Revisionsverfahrens (Schriftenreihe der Arbeitsgemeinschaften des DAV – AG Strafrecht, Bd. 7), Bonn 1991, S. 123
*Gollwitzer, Walter*, Die Verfahrensstellung des in der Hauptverhandlung nicht anwesenden Angeklagten, in: *Jescheck/Vogler* (Hrsg.), Festschrift für Herbert Tröndle zum 70. Geburtstag, 1989, S. 455
*Gollwitzer, Walter*, Das Fragerecht des Angeklagten, in: *Geppert/Dehnicke* (Hrsg.), Gedächtnisschrift für Karlheinz Meyer, 1990, S. 147
*Gössel, Karl Heinz*, Strafverfahrensrecht, Stuttgart u.a. 1977
*Gössel, Karl Heinz*, Behörden und Behördenangehörige als Sachverständige vor Gericht, DRiZ 1980, S. 363
*Gössel, Karl Heinz*, Über die revisionsrichterliche Nachprüfbarkeit von Beschlüssen, mit denen die Öffentlichkeit gem. §§ 172, 173 GVG im Strafverfahren ausgeschlossen wird, NStZ 1982, S. 141
*Gössel, Karl Heinz*, Verfassungsrechtliche Verwertungsverbote im Strafverfahren, JZ 1984, S. 361
*Gössel, Karl Heinz*, Die Beweisverbote im Strafverfahrensrecht der Bundesrepublik Deutschland, GA 1991, S. 483

*Gössel, Karl Heinz,* Empfehlen sich Änderungen des Strafverfahrensrechts mit dem Ziel, ohne Preisgabe rechtsstaatlicher Grundsätze den Strafprozeß, insbesondere die Hauptverhandlung, zu beschleunigen?, in: Verhandlungen des 60. DJT, 1994 in Münster, Band I, Gutachten, C 77

*Gössel, Karl Heinz,* Über die revisionsrichterliche Nachprüfung von Beschlüssen über den Ausschluss der Öffentlichkeit, NStZ 2000, S. 181

*Gossrau, Eberhard,* Unterlassen der Zeugenbelehrung als Revisionsgrund, MDR 1958, S. 468

*Goydke, Jürgen,* Strafmaßrevision, Strafberufung und Strafrüge, in: *Eser/Goydke/Maatz* (Hrsg.), Strafverfahrensrecht in Theorie und Praxis – Festschrift für Lutz Meyer-Goßner zum 65. Geburtstag, 2001, S. 541

*Graalmann-Scheerer, Kirsten,* Molekulargenetische Untersuchung und Revision, in: *Hanack/Hilger/Mehle/Widmaier* (Hrsg.), Festschrift für Peter Rieß zum 70. Geburtstag, 2002, S. 153

*Gräbener, Niklas,* Fristverwirrung bei § 229 Abs. 1 StPO, NStZ 2020, S. 514

*Grabenwarter, Christoph,* Die Revisionsbegründungsfrist nach § 345 I StPO und das Recht auf angemessene Vorbereitung der Verteidigung (Art. 6 III lit. b EMRK), NJW 2002, S. 109

*Grabenwarter/Pabel,* Europäische Menschenrechtskonvention, 6. Aufl., 2016

*Graf, Jürgen Peter,* Das neue Gesetz über den Rechtsschutz bei überlangen Gerichtsverfahren und strafrechtlichen Ermittlungsverfahren – Beschleunigungsimpuls für die Praxis oder neuer Anreiz für Verständigungen im Strafverfahren?, NZWiSt 2012, S. 121

*Graf, Jürgen Peter* (Hrsg.), BeckOK StPO mit RiStBV und Mistra, 37. Edition, Stand 1.7.2020

*Gribbohm, Günter,* Aufhebung angemessener Strafen in der Revisionsinstanz?, NJW 1980, S. 1440

*Gribbohm, Günter,* Das Scheitern der Revision nach § 344 StPO, NStZ 1983, S. 97

*Gröger, Annika,* Das Akteneinsichtsrecht im Strafverfahren unter besonderer Berücksichtigung der Europäischen Menschenrechtskonvention, Hamburg 2009

*Groh, Martin,* Zum Recht des Strafverteidigers auf Einsichtnahme in staatsanwaltliche Ermittlungsakten, DRiZ 1985, S. 52

*Grüner, Gerhard,* Über den Missbrauch von Mitwirkungsrechten und die Mitwirkungspflichten des Verteidigers im Strafprozess, Berlin 2000

*Grüner, Gerhard,* Zur Rechtskreistheorie des BGH im Revisionsverfahren – BGHSt 38, 302, JuS 1994, S. 193

*Grünwald, Gerald,* Die Teilrechtskraft im Strafverfahren, Göttingen 1964

*Grünwald, Gerald,* Beweisverbote und Verwertungsverbote im Strafverfahren, JZ 1966, S. 489

*Grünwald, Gerald,* Der Niedergang des Prinzips der unmittelbaren Zeugenvernehmung, in: *Ernst-Walter Hanack u.a.* (Hrsg.), Festschrift für Hanns Dünnebier zum 75. Geburtstag, 1982, S. 347

*Grünwald, Gerald,* Das Beweisrecht der Strafprozeßordnung, Baden-Baden 1993

*Gubitz/Bock,* Die Verlesung von Vernehmungsniederschriften in der strafrechtlichen Hauptverhandlung, NJW 2008, S. 958

*Güler, Haydar* Die Folgen einer unterbliebenen Belehrung über das Elternkonsultationsrecht, StraFo 2019, 191

*Günter, Hans-Helmut,* Unschlüssig, DRiZ 1993, S. 223

*Güntge, Georg-Friedrich,* Die Pflicht des Revisionsführers zur Darlegung rügegefährdender Tatsachen und Thematisierung von Ausnahmetatbeständen bei Erhebung der Verfahrensrüge (§ 344 Abs. 2 Satz 2 StPO), JR 2005, S. 496

*Günther, Karl-Adolf,* Strafverteidigung, 2. Auflage 1990

*Günther, Till*, Der Beweisantrag auf Vernehmung eines Auslandszeugen im Lichte des Art. 6 Abs. 3 Buchst. d EMRK, in: *Schöch/Satzger/Schäfer/Ignor/Knauer* (Hrsg.), Festschrift für Gunter Widmaier zum 70. Geburtstag, 2008, S. 253
*Habetha, Jörg*, Übergehen „unwahrscheinlicher" Beweisanträge ohne Ablehnungsgrund, StV 2011, S. 239
*Habetha, Jörg*, Zwischen Rechtsbehelf und Rechtsverlust im Strafverfahren, NJW 2016, S. 3628
*Hadamitzky, Anke*, Anträge auf Beweiserhebung in der neueren Rechtsprechung des Bundesgerichtshofes, StraFo 2012, S. 297
*Haffke, Bernhard*, Schweigepflicht, Verfahrensrevision und Beweisverbot, GA 1973, S. 65
*Haffke, Bernhard*, Zwangsverteidigung – notwendige Verteidigung – Pflichtverteidigung – Ersatzverteidigung, StV 1981, S. 471
*Häger, Joachim*, Zu den Folgen staatsanwaltlicher in der Hauptverhandlung begangener Verfahrensfehler, in: *Geppert/Dehnicke* (Hrsg.), Gedächtnisschrift für Karlheinz Meyer, 1990, S. 171
*Hagmann, Otto*, Auswahl und Bestellung des Pflichtverteidigers, in: Pflichtverteidigung und Rechtsstaat (Schriftenreihe der Arbeitsgemeinschaften des DAV, AG Strafrecht, Band 2), Essen o.J., S. 17
*Hahn, Carl*, Die gesammten Materialien zu den Reichs-Justizgesetzen, Die gesammten Materialien zur Civilprozeßordnung und dem Einführungsgesetz zu derselben vom 30. Januar 1877, 2. Aufl., Berlin Bd. 2: 1881; Bd. 3: Berlin 1885
*Hahn, Manfred*, Die notwendige Verteidigung im Strafprozeß, Berlin 1975
*Hamm, Rainer*, Der gesetzliche Richter und die Ablehnung wegen Besorgnis der Befangenheit, Diss. Berlin 1973
*Hamm, Rainer*, Können Ablehnungsgründe bei rechtzeitigem und zulässigem Ablehnungsgesuch verspätet sein?, NJW 1973, S. 201
*Hamm, Rainer*, Die Besetzungsrüge nach dem Strafverfahrensänderungsgesetz 1979, NJW 1979, S. 135
*Hamm, Rainer*, Hilfsstrafkammern als Dauereinrichtung, StV 1981, S. 38
*Hamm, Rainer*, Aus der Beschlußverwerfungspraxis (§ 349 Abs. 2 StPO) der Revisionsgerichte, StV 1981, 315
*Hamm, Rainer*, Wert und Möglichkeiten der „Früherkennung" richterlicher Beweiswürdigung durch den Strafverteidiger, in: *Wasserburg/Haddenhorst* (Hrsg.), Festgabe für Karl Peters aus Anlaß seines 80. Geburtstages, 1984, S. 169
*Hamm, Rainer*, Rechtsbehelfe im Ermittlungsverfahren, AnwBl. 1986, S. 66
*Hamm, Rainer*, Tendenzen der revisionsgerichtlichen Rechtsprechung aus anwaltlicher Sicht, StV 1987, S. 262
*Hamm, Rainer*, Notwendige Verteidigung bei behinderten Beschuldigten, NJW 1988, S. 1820
*Hamm, Rainer*, Vorschläge zur Entlastung der Strafjustiz, StV 1991, S. 350
*Hamm, Rainer*, Öffentliche Urteilsberatung, NJW 1992, S. 3147
*Hamm, Rainer*, Die revisionsgerichtliche Kontrolle der Beweiswürdigung des Tatgerichts, in: Rechtssicherheit versus Einzelfallgerechtigkeit: Kolloquium anläßlich des 65. Geburtstages von Herrn VRiBGH Gerhard Herdegen (Schriftenreihe der Arbeitsgemeinschaften des DAV – AG Strafrecht, Bd. 9), Bonn 1992, S. 20
*Hamm, Rainer*, Der Standort des Verteidigers im heutigen Strafprozeß, NJW 1993, S. 289
*Hamm, Rainer*, Das Ende der fortgesetzten Handlung, NJW 1994, S. 1636
*Hamm, Rainer*, Was wird aus der Hauptverhandlung nach Inkrafttreten des Verbrechensbekämpfungsgesetzes?, StV 1994, S. 456

*Hamm, Rainer*, Die Entdeckung des „fair trial" im deutschen Strafprozeß – ein Fortschritt mit ambivalenten Ursachen, in: *Albin Eser u.a.* (Hrsg.), Festschrift für Hannskarl Salger, 1995, S. 273

*Hamm, Rainer*, Die alltäglichen Gesetzesumgehungen durch die Strafjustiz, in: *Institut für Kriminalwissenschaften Frankfurt a.M.* (Hrsg.), Vom unmöglichen Zustand des Strafrechts, Frankfurt a.M. u.a. 1995, S. 367

*Hamm, Rainer*, Einleitung, in: *Herdegen, Gerhard*, Beweisantragsrecht, Beweiswürdigung und strafprozessuale Revision, Baden-Baden 1995, S. 9

*Hamm, Rainer*, Staatliche Hilfe bei der Suche nach Verteidigern – Verteidigerhilfe zur Begründung von Verwertungsverboten, NJW 1996, 2185

*Hamm, Rainer*, Der prozessuale Beweis der Kausalität und seine revisionsrechtliche Überprüfung, StV 1997, S. 159

*Hamm, Rainer*, Monokeltest und Menschenwürde, NJW 1999, S. 922

*Hamm, Rainer*, Pyrrhussiege und Danaergeschenke im strafprozessualen Rechtsmittelsystem. Zu Problemen mit den §§ 331 Abs. 2, 358 Abs. 2 Satz 2 und 357 StPO, in: *Ebert/Roxin/Rieß/Wahle*, Festschrift für Ernst-Walter Hanack zum 70. Geburtstag, 1999, S. 369

*Hamm, Rainer*, Zur Revisibilität in Fällen von „Aussage gegen Aussage", StraFo 2000, S. 253

*Hamm, Rainer*, Das Plädoyer des Strafverteidigers, in: *Rouven Soudry* (Hrsg.), Rhetorik – Eine interdisziplinäre Einführung in die rhetorische Praxis, 2. Aufl., Heidelberg 2006, S. 65

*Hamm, Rainer*, Ist die Entformalisierung des Strafrechts und des Strafprozessrechts unaufhaltsam? in: *Institut für Kriminalwissenschaften und Rechtsphilosophie Frankfurt a.M.* (Hrsg.), Jenseits des rechtsstaatlichen Strafrechts (Frankfurter kriminalwissenschaftliche Studien 100), Frankfurt/M. 2007, S. 521

*Hamm, Rainer*, Verkümmerung der Form durch Große Senate oder: Die Pilatusfrage zum Hauptverhandlungsprotokoll, NJW 2007, S. 3166

*Hamm, Rainer*, Eingriffe in die Domäne(n) des Tatrichters, StV 2008, S. 205

*Hamm, Rainer*, Beweis als Rechtsbegriff und seine revisionsrechtliche Kontrolle, in: *Weßlau/Wohlers* (Hrsg.), Festschrift für Gerhard Fezer zum 70. Geburtstag, 2008, S. 393

*Hamm, Rainer*, Beweis innerer Tatsachen im Strafprozess und die Richtigkeitskontrolle im Rechtsmittelverfahren, in: *Beulke/Lüderssen/Popp/Wittig* (Hrsg.), Das Dilemma des rechtsstaatlichen Strafrechts, Symposium für Bernhard Haffke zum 65. Geburtstag, 2009, S. 137

*Hamm, Rainer*, Fristenregelung für Beweisanträge?, in: *Herzog/Neumann* (Hrsg.), Festschrift für Winfried Hassemer zum 70. Geburtstag, 2010, S. 1017

*Hamm, Rainer*, Die (Verfahrens-)Rüge in der (Sach-)Rüge, in: *Klaus Bernsmann* (Hrsg.), Festschrift für Ruth Rissing-van Saan zum 65. Geburtstag am 25. Januar 2011, Berlin 2011, S. 195

*Hamm, Rainer*, Wie kann das Strafverfahren jenseits der Verständigung künftig praxisgerechter gestaltet werden – sind Reformen des Strafprozesses erforderlich? – Vorgeschichte und Folgen der BVerfG-Entscheidung zu § 257c StPO, StV 2013, 652

*Hamm, Rainer*, Justiz und Medien, AfP 2014, S. 202

*Hamm, Rainer*, Das Ende des formalisierten Dialogs im Beweisantragsrecht, StV 2018, S. 525

*Hamm/Krehl*, Vier oder zehn Augen bei der strafprozessualen Revisionsverwerfung durch Beschluss ? – Worum es wirklich geht, NJW 2014, S. 903

*Hamm/Leipold* (Hrsg.), Beck'sches Formularbuch für den Strafverteidiger, 6. Aufl., München 2018

*Hamm/Pauly*, Beweisantragsrecht, 3. Aufl., Heidelberg 2019

*Hammerstein, Gerhard*, Die Grenzen des Erklärungsrechts nach § 257 StPO, in: *Heinz Eyrich u.a.* (Hrsg.), Festschrift für Kurt Rebmann zum 65. Geburtstag, 1989, S. 231

*Hammerstein, Gerhard*, Kann die Reihenfolge der Beweiserhebung das Urteil beeinflussen?, in: *Klaus Geppert u.a.* (Hrsg.), Festschrift für Rudolf Schmitt, 1992, S. 323

*Hammerstein, Gerhard*, Verteidigung mit dem letzten Wort, in: *Jescheck/Vogler* (Hrsg.), Festschrift für Herbert Tröndle zum 70. Geburtstag, 1989, S. 485

*Hammerstein, Gerhard*, Verteidigung ohne Verteidiger, JR 1985, S. 140

*Hanack, Ernst-Walter*, Der Ausgleich divergierender Entscheidungen in der oberen Gerichtsbarkeit: eine prozessrechtliche Studie insbesondere zur Vorlegungspflicht und der Rechtsmittelzulässigkeit wegen Abweichung, Hamburg [u.a.], 1962

*Hanack, Ernst-Walter*, Zur Austauschbarkeit von Beweismitteln im Strafprozeß, JZ 1970, S. 561

*Hanack, Ernst-Walter*, Prozeßhindernis des überlangen Strafverfahrens?, JZ 1971, S. 705

*Hanack, Ernst-Walter*, Die Rechtsprechung des Bundesgerichtshofs zum Strafverfahrensrecht, JZ 1972, 313

*Hanack, Ernst-Walter*, Maßstäbe und Grenzen richterlicher Überzeugungsbildung im Strafprozeß – OLG Celle, NJW 1976, 2030, JuS 1977, S. 727

*Hanack, Ernst-Walter*, Protokollverlesung und -vorhalte als Vernehmungsbehelf, in: *Hamm/Matzke* (Hrsg.), Festschrift für Erich Schmidt-Leichner zum 65. Geburtstag, 1977, S. 83

*Hanack, Ernst-Walter*, Die Verteidigung vor dem Revisionsgericht, in: *Ernst-Walter Hanack u.a.* (Hrsg.), Festschrift für Hanns Dünnebier zum 75. Geburtstag, 1982, S. 301

*Hänlein/Moos*, Zu Reichweite und revisionsrechtlicher Problematik der Hinweispflicht nach § 265 I StPO, NStZ 1990, S. 481

*Hannich, Rolf* (Hrsg.), Karlsruher Kommentar zur Strafprozeßordnung, 8. Aufl., München 2019 (zitiert: KK-*Bearbeiter*)

*Harris, Kenneth*, Verwertungsverbot für mittelbar erlangte Beweismittel: Die Fernwirkungsdoktrin in der Rechtsprechung im deutschen und amerikanischen Recht, StV 1991, S. 313

*Hassemer, Winfried*, Vorverurteilung durch die Medien?, NJW 1985, S. 1921

*Hassemer, Winfried*, Gefährliche Nähe: Die Entfernung des Angeklagten aus der Hauptverhandlung (§ 247 StPO) – BGH NJW 1985, 1478, JuS 1986, S. 25

*Hassemer, Winfried*, Produktverantwortung im modernen Strafrecht, 2. Aufl., Heidelberg 1996

*Hauf, Claus-Jürgen*, Ist die „Rechtskreistheorie" noch zu halten? Eine neue Konzeption zu Fragen von Verfahrensfehlern und Beweisverwertungsverboten, NStZ 1993, S. 457

*Hauser, Robert*, Der Zeugenbeweis im Strafprozeß mit Berücksichtigung des Zivilprozesses, Zürich 1974

*Hebenstreit, Ulrich*, Die Wahrheit und nichts als die Wahrheit, HRRS 2008, S. 172

*Hebenstreit, Ulrich*, Gedanken zur Alternativrüge, in: *Schöch/Satzger/Schäfer/Ignor/Knauer* (Hrsg.), Festschrift für Gunter Widmaier zum 70. Geburtstag, 2008, S. 267

*Heger, Martin*, Der Grundsatz der Öffentlichkeit im deutschen Strafverfahren, in: *Christian Fahl u.a.* (Hrsg.), Festschrift für Werner Beulke zum 70. Geburtstag, Heidelberg 2015, S. 759

*Hegmann, Sigrid*, Vorsichtige Öffnung des § 169 GVG, DRiZ 2014, S. 202

*Heinrich, Bernd*, Rügepflichten in der Hauptverhandlung und Disponibilität strafverfahrensrechtlicher Vorschriften, ZStW 112 (2000), S. 398

*Henkel, Heinrich*, Strafverfahrensrecht, 2. Aufl., Stuttgart u.a. 1968

*Herdegen, Gerhard*, Bemerkungen zum Beweisantragsrecht, NStZ 1984, S. 97, S. 200 und S. 337

*Herdegen, Gerhard*, Tatgericht und Revisionsgericht – insbesondere die Kontrolle verfahrensrechtlicher „Ermessensentscheidungen“, in: *Gössel/Kauffmann* (Hrsg.), Festschrift für Theodor Kleinknecht zum 75. Geburtstag, 1985, S. 173 = *Herdegen, Gerhard*, Beweisantragsrecht, Beweiswürdigung und strafprozessuale Revision, Baden-Baden 1995, S. 60

*Herdegen, Gerhard*, Bemerkungen zur Beweiswürdigung, NStZ 1987, S. 193 = *Herdegen, Gerhard*, Beweisantragsrecht, Beweiswürdigung und strafprozessuale Revision, Baden-Baden 1995, S. 108

*Herdegen, Gerhard*, Bemerkungen zur Lehre von den Beweisverboten, in: Wahrheitsfindung und ihre Schranken (Schriftenreihe der Arbeitsgemeinschaften des DAV – AG Strafrecht, Bd. 6), Essen 1989, S. 103 = *Herdegen, Gerhard*, Beweisantragsrecht, Beweiswürdigung, strafprozessuale Revision, Baden-Baden 1995, S. 78

*Herdegen, Gerhard*, Zum Begriff der Beweisbehauptung, StV 1990, S. 518 = *Herdegen, Gerhard*, Beweisantragsrecht, Beweiswürdigung, strafprozessuale Revision, Baden-Baden 1995, S. 41

*Herdegen, Gerhard*, Aufklärungspflicht – Beweisantragsrecht – Beweisantrag – Beweisermittlungsantrag, in: *Geppert/Dehnicke* (Hrsg.), Gedächtnisschrift für Karlheinz Meyer, 1990, S. 187 = *Herdegen, Gerhard*, Beweisantragsrecht, Beweiswürdigung, strafprozessuale Revision, Baden-Baden 1995, S. 21

*Herdegen, Gerhard*, Die Beruhensfrage im strafprozessualen Revisionsrecht, NStZ 1990, S. 513 = Grundprobleme des Revisionsverfahrens (Schriftenreihe der Arbeitsgemeinschaften des DAV – AG Strafrecht, Bd. 7), Bonn 1991, S. 7 = *Herdegen, Gerhard*, Beweisantragsrecht, Beweiswürdigung, strafprozessuale Revision, Baden-Baden 1995, S. 181

*Herdegen, Gerhard*, Die Überprüfung der tatsächlichen Feststellungen durch das Revisionsgericht auf Grund einer Verfahrensrüge, StV 1992, S. 590

*Herdegen, Gerhard*, Die revisionsgerichtliche Kontrolle der Beweiswürdigung, in: Rechtssicherheit versus Einzelfallgerechtigkeit: Kolloquium anläßlich des 65. Geburtstages von Herrn VRiBGH Gerhard Herdegen (Schriftenreihe der Arbeitsgemeinschaften des DAV – AG Strafrecht, Bd. 9), Bonn 1992, S. 30 = *Herdegen, Gerhard*, Beweisantragsrecht, Beweiswürdigung und strafprozessuale Revision, Baden-Baden 1995, S. 126

*Herdegen, Gerhard*, Die Überprüfung der tatsächlichen Feststellungen durch das Revisionsgericht auf Grund der Sachrüge, StV 1992, 527 = *Herdegen, Gerhard*, Beweisantragsrecht, Beweiswürdigung und strafprozessuale Revision, Baden-Baden 1995, S. 140

*Herdegen, Gerhard*, Beweisantragsrecht, Beweiswürdigung, strafprozessuale Revision, Baden-Baden 1995

*Herdegen, Gerhard*, Die Rüge der Nichtausschöpfung eines Beweismittels, in: *Albin Eser u.a.* (Hrsg.), Festschrift für Hannskarl Salger, 1995, S. 301

*Herdegen, Gerhard*, Das Beweisantragsrecht – Zum Rechtsmissbrauch – Teil III – NStZ 2000, S. 1

*Herdegen, Gerhard*, Strafrichterliche Aufklärungspflicht und Beweiswürdigung, NJW 2003, S. 3513

*Herdegen, Gerhard*, Statement: Verteidigung und Wahrheitspflicht – 24. Herbstkolloquium 2007 der Arbeitsgemeinschaft Strafrecht des DAV, StraFo 2008, S. 137.

*Herdegen, Gerhard*, Die Revisibilität der Beweiswürdigung, in: Strafverteidigung im Rechtsstaat: 25 Jahre Arbeitsgemeinschaft Strafrecht des Deutschen Anwaltvereins, Baden-Baden 2009, S. 553.

*Herrmann, Joachim*, Das Recht des Beschuldigten, vor der polizeilichen Vernehmung einen Verteidiger zu befragen, NStZ 1997, S. 209

*Hertz, Thomas*, Das Verhalten des Täters nach der Tat, Berlin, New York 1973
*Herzog, Felix*, Infiltrativ-provokatorische Ermittlungsoperationen als Verfahrenshindernis, StV 2003, S. 410
*Hettinger, Michael*, Zum Geltungsbereich des Doppelverwertungsverbots und zum Begriff des „normalen Erscheinungsbildes", GA 1993, S. 1
*Hettinger, Michael*, Die Strafrahmen des StGB nach dem Sechsten Strafrechtsreformgesetz, in: *Michael Hettinger* (Hrsg.), Festschrift für Wilfried Küper zum 70. Geburtstag, 2007, S. 95
*Heubel, Horst*, Der „fair trial" – ein Grundsatz des Strafverfahrens?, Berlin 1981
*Heubel, Horst*, Die Verschiebung der Hauptverhandlung wegen Verspätung des Verteidigers, NJW 1981, S. 2678
*Hilgendorf, Eric*, Verfahrensfragen bei der Ablehnung eines befangenen Staatsanwalts, StV 1996, S. 50
*Hilger, Hans*, Absolute Revisionsgründe, NStZ 1983, S. 337
*Hilger, Hans*, Wiedereinsetzung in den vorigen Stand bei „mangelhafter" Verfahrensrüge durch den Verteidiger?, NStZ 1983, S. 152
*Hilger, Hans*, Zur Akteneinsicht Dritter in von Strafverfolgungsbehörden sichergestellte Unterlagen (Nr. 185 Abs. IV RiStBV), NStZ 1984, S. 541
*Hilger, Hans*, Neues Strafverfahrensrecht durch das OrgKG, NStZ 1992, S. 457/S. 523
*Hilger, Hans*, Über die neuere Rechtsprechung des BGH zu den absoluten Revisionsgründen der StPO, in: *Schöch/Satzger/Schäfer/Ignor/Knauer* (Hrsg.), Festschrift für Gunter Widmaier zum 70. Geburtstag, 2008, S. 277
*Hillenkamp, Thomas*, Verfahrenshindernisse von Verfassungs wegen, NJW 1989, S. 2841
*Hoeren, Thomas*, Medienöffentlichkeit im Gericht – die Änderungen des GVG, NJW 2017, S. 3339
*Hofmann, Manfred*, Videoaufzeichnungen und revisionsgerichtliche Kontrolle, NStZ 2002, S. 569
*Hohoff, Ute*, Aktuelle Fragen der aussagepsychologischen Begutachtung von Opferzeugen in Strafverfahren, NStZ 2020, S. 387
*Holz, Jürgen*, Zur Bedeutung und Funktion der Beweisprognose im Ablehnungsgrund der Verschleppungsabsicht (§ 244 III 2 Var. 6 StPO), GA 2016, S. 639
*Hörnle, Tatjana*, Vorsatzfeststellung in „Raser-Fällen", NJW 2018, S. 1576
*Huff, Martin W*, Verfassungsrichter schaffen neuen Rechtsweg, DRiZ 2015, S. 213
*Ignor, Alexander*, Plädoyer für die Widerspruchslösung, in: *Hanack/Hilger/Mehle/Widmaier* (Hrsg.) Festschrift für Peter Rieß zum 70. Geburtstag, 2002, S. 185
*Ignor, Alexander*, Zur Justiziablität der Auswahl des Gerichtsstandes durch die Staatsanwaltschaft, in Barton u.a. (Hrsg.), Festschrift für Reinhold Schlothauer zum 70. Geburtstag, München 2018, S. 117
*Ignor/Bertheau*, Die so genannte Vollstreckungslösung des Großen Senats für Strafsachen – wirklich eine „Lösung"?, NJW 2008, S. 2209
*Ignor/Bertheau*, Der „Zwischenrechtsbehelf" des § 238 II StPO – ein zentrales Institut des Revisionsverfahrens?, NStZ 2013, S. 188
*Jäger, Christian*, Polizeilich initiierter Tatendrang, JA 2015, S. 473
*Jagusch, Heinrich*, Über offensichtlich unbegründete Revisionen (§ 349 Abs. 2 StPO), NJW 1960, S. 73
*Jahn, Matthias*, Die Konsensmaxime in der Hauptverhandlung, ZStW 118 (2006), S. 427
*Jahn, Matthias*, Beweiserhebungs- und Beweisverwertungsverbote im Spannungsfeld zwischen den Garantien des Rechtsstaates und der effektiven Bekämpfung von Kriminalität und Terrorismus, in: Verhandlungen des 67. Deutschen Juristentages Erfurt 2008, Band I, Gutachten C

*Jahn, Matthias*, Der befangene Revisionsrichter, in: *Weßlau/Wohlers* (Hrsg.), Festschrift für Gerhard Fezer zum 70. Geburtstag, 2008, S. 413

*Jahn, Matthias,* Konnexitätsdoktrin und „Fristenlösungsmodell" – Die verfassungsrechtlichen Grenzen der Fremdkontrolle im Beweisantragsrecht der Verteidigung durch den Bundesgerichtshof, StV 2009, S. 663

*Jahn, Matthias,* Verfassungsrechtliche Grundlagen des Beweisantragsrechts der Verteidigung im deutschen Strafprozess, in: *Herzog/Neumann* (Hrsg.), Festschrift für Winfried Hassemer zum 70. Geburtstag, 2010, S. 1029

*Jahn, Matthias,* Strafverfolgung um jeden Preis, StraFo 2011, S. 117

*Jahn, Matthias,* Das verfassungsrechtliche Gebot bestmöglicher Sachaufklärung im Strafverfahren, GA 2014, S. 588

*Jahn/Ebner,* Strafvereitelung im strafprozessualen Revisionsverfahren, NJW 2012, S. 30

*Jahn/Krehl/Löffelmann/Güntge*, Die Verfassungsbeschwerde in Strafsachen, 2. Aufl. 2017

*Jahn/Kudlich*, Rechtsstaatswidrige Tatprovokation als Verfahrenshindernis: Spaltprozesse in Strafsachen beim Bundesgerichtshof, JR 2016, S. 54

*Jahn/Müller,* Das Gesetz zur Regelung der Verständigung im Strafverfahren – Legitimation und Reglementierung der Absprachenpraxis, NJW 2009, S. 2625

*Jahn/Zink*, Lage und Perspektive für die Beschuldigten- und Verteidigungsrechte in Europa, StraFo 2019, S. 318.

*Jähnke, Burghard,* Verwertungsverbote und Richtervorbehalt beim Einsatz Verdeckter Ermittler, in: *Böttcher/Hueck/Jähnke* (Hrsg.), Festschrift für Walter Odersky zum 65. Geburtstag, 1996, S. 427

*Jähnke, Burghard,* Über die Befugnis des Revisionsgerichts zur Nachprüfung der tatrichterlichen Beweiswürdigung, in: *Ebert/Rieß/Roxin* (Hrsg.), Festschrift für Ernst-Walter Hanack zum 70. Geburtstag, 1999, S. 355

*Jähnke, Burghard,* Zur Abgrenzung von Verfahrens- und Sachrüge, in: *Eser/Goydke/Maatz* (Hrsg)., Strafverfahrensrecht in Theorie und Praxis – Festschrift für Lutz Meyer-Goßner zum 65. Geburtstag, 2001, S. 559

*Jansen, Scarlett,* Verwerfung der Berufung trotz Verteidigung des abwesenden Angeklagten nach § 329 StPO n.F. – nunmehr konventionskonform ?, StV 2020, S. 59

*Jerouschek, Günter*, Wie frei ist die freie Beweiswürdigung?, GA 1992, S. 493

*Jescheck, Hans-Heinrich*, Die Verwirkung von Verfahrensrügen im Strafprozeß, JZ 1952, S. 400

*Joachim, Norbert*, Anonyme Zeugen im Strafverfahren – Neue Tendenzen in der Rechtsprechung, StV 1992, S. 245

*Joecks/Miebach* (Hrsg.), Münchener Kommentar zum Strafgesetzbuch, 3. Aufl. (zitiert: MüKoStGB/*Bearbeiter*)

*Julius, Karl-Peter*, Zum Verhältnis von Aufklärungspflicht und Beweisantragsrecht im Strafprozeß, NStZ 1986, S. 61

*Julius, Karl-Peter*, Beweis-, Beweisermittlungs- und Verschleppungsantrag im Strafprozeß, MDR 1989, S. 116

*Jungfer, Gerhard*, Auswahl und Bestellung des Pflichtverteidigers – Idee und Wirklichkeit, in: Pflichtverteidigung und Rechtsstaat (Schriftenreihe der Arbeitsgemeinschaften des DAV – AG Strafrecht, Band 2), Essen o.J., S. 24

*Jungfer, Gerhard*, Grundfragen der vergleichenden Strafzumessung, Anwalt und Revision, in: Die revisionsgerichtliche Rechtsprechung der Strafsenate des Bundesgerichtshofs (Schriftenreihe der Arbeitsgemeinschaften des DAV – AG Strafrecht, Bd. 3), Essen o.J., S. 155

*Kaiser, Eberhard*, Zur Wartepflicht des Gerichts bei Unpünktlichkeit von Beteiligten in Straf- und Bußgeldsachen, NJW 1977, S. 1955
*Kaiser, Gerd*, Die Beschwer als Voraussetzung strafprozessualer Rechtsmittel, Heidelberg 1993
*Kalf, Wolfgang*, Der Umfang revisionsrechtlicher Prüfung bei minder schweren und besonders schweren Fällen, NJW 1996, S. 1447
*Karnowsky, Wolfgang*, Revisionszulässigkeit und Verfahrenshindernisse im Strafverfahren, Diss. Münster 1974
*Kasiske, Peter*, Die Selbstbelastungsfreiheit bei verdeckten Befragungen des Beschuldigten, StV 2014, S. 423
*Kästle, Nicola*, Das Wesen der strafprozessualen Revision, Berlin 2018
*Katholnigg, Oskar*, Zur Geschäftsverteilung bei obersten Gerichtshöfen des Bundes und innerhalb ihrer Senate, NJW 1992, S. 2256
*Kaufmann, Arthur*, Zur Rechtsmittelbeschränkung in Jugendstrafsachen, JZ 1958, S. 9
*Kaufmann/Tappert/Vetter*, Kameras im Gericht: Mehr Transparenz oder Voyeurismus?, DRiZ 2017, S. 154
*Keck, Eva-Maria*, Das Beschlussverfahren in der strafprozessualen Revision, Diss. Münster 2016
*Keller/Meyer-Mews*, Anforderungen an das Beschleunigungsgebot in Haftsachen während der Hauptverhandlung und nach dem Urteil, StraFo 2005, S. 353
*Kempf, Eberhard*, Opferschutzgesetz und Strafverfahrensänderungsgesetz 1987, Gegenreform durch Teilgesetze, StV 1987, S. 215
*Kempf, Eberhard*, Der (zu) späte Beweisantrag, StV 2010, S. 316
*Kempf, Eberhard*, Missbrauch im Strafprozess, Peccatur intra et extra muros, in: *Herzog/Neumann* (Hrsg.), Festschrift für Winfried Hassemer zum 70. Geburtstag, 2010, S. 1041
*Kempf, Eberhard*, Der „Missbrauchsgedanke" – argumentum pro advocato?, StV 2015, S. 55
*Kiehl, Walter H.*, Neues Verwertungsverbot bei unverstandener Beschuldigtenbelehrung – und neue Tücken für die Verteidigung, NJW 1994, S. 1267
*Kilian, Matthias*, Die Erweiterung der Medienöffentlichkeit im Gerichtsverfahren, AnwBl 2018, S. 290
*Kimmich/Spyra/Steinke*, Das DNA-Profiling in der Kriminaltechnik und der juristischen Diskussion, NStZ 1990, S. 318
*Kissel, Otto Rudolf*, Das Frankfurter „Schöffenroulette" ist vorbei – Gedanken zur Entscheidung des BGH vom 19.6.1985, NStZ 1985, S. 490
*Kissel, Otto Rudolf*, Gerichtsverfassung unter dem Gesetz zur Entlastung der Rechtspflege, NJW 1993, S. 489
*Kissel/Mayer*, Gerichtsverfassungsgesetz, 9. Aufl., München 2018
*Kleinknecht, Theodor*, Strafprozessordnung, 35. Aufl., München 1981
*Kleinknecht/Meyer*, Strafprozessordnung, 38. Aufl., München 1987
*Klingemann*, in: *Schäfer, Herbert* (Hrsg.), Brandkriminalistik (Kriminalistische Studien, Band 2), Bremen 1986, S. 104
*Kloepfer, Michael*, Verfahrensdauer und Verfassungsrecht, JZ 1979, S. 209
*Klug, Ulrich*, Die Verletzung von Denkgesetzen als Revisionsgrund, in: *Hefermehl/Nipperdey* (Hrsg.), Festschrift für Philipp Möhring zum 65. Geburtstag, 1965, S. 363
*Klussmann, Günther*, Das Akteneinsichtsrecht des Verteidigers in eigener Sache, NJW 1973, S. 1965
KMR – Kommentar zur Strafprozeßordnung, begründet von *Kleinknecht/Müller/Reitberger*, ab der 14. Lieferung herausgegeben von *von Heintschel-Heinegg/Stöckel*, (Stand: 2019)

*Knauer, Christoph*, Zur Wahrheitspflicht des (Revisions-)Verteidigers, in: *Schöch/Satzger/Schäfer/Ignor/Knauer* (Hrsg.), Festschrift für Gunter Widmaier zum 70. Geburtstag, 2008, S. 291

*Knauer, Christoph*, Anträge auf Beweiserhebung in der neueren Rechtsprechung des Bundesgerichtshofs, StraFo 2012, S. 473

*Knauer, Christoph*, Die Entscheidung des BVerfG zur strafprozessualen Verständigung – Paukenschlag oder Papiertiger?, NStZ 2013, S. 433

*Knauer, Christoph*, Vom Wesen und Zweck der Revision, NStZ 2016, S. 1

*Knauer/Kudlich/Schneider* (Hrsg.), Münchener Kommentar zur Strafprozessordnung, 1. Aufl., München

*Knauer/Wolf*, Zivilprozessuale und strafprozessuale Änderungen durch das Erste Justizmodernisierungsgesetz – Teil 2: Änderungen der StPO, NJW 2004, S. 2932

*Knauer, Florian*, Pilotverfahren im Strafprozess – Zur Frage der Zulässigkeit von strafrechtlichen Musterprozessen, ZStW 120 (2008), S. 826.

*Knierim/Rettenmaier*, Das Selbstleseverfahren gemäß § 249 Abs. 2 StPO in Wirtschaftsstrafsachen – Verfahrensbeschleunigung oder unzulässiger Verstoß gegen das Recht auf ein faires Verfahren?, StV 2006, S. 155

*Köberer, Wolfgang*, Iudex non calculat. Über die Unmöglichkeit, Strafzumessung sozialwissenschaftlich-mathematisch zu rationalisieren, Frankfurt am Main/Berlin/Bern/New York/Paris/Wien 1996

*Köberer, Wolfgang*, Zur Rechtsfolgenfestsetzungskompetenz des Revisionsgerichts, in: *Michalke/Köberer/Pauly/Kirsch* (Hrsg.), Festschrift für Rainer Hamm zum 65. Geburtstag, 2008, S. 303

*Koch, Claudia*, Zum Akteneinsichtsrecht Privater nach § 475 StPO, in: *Michalke/Köberer/Pauly/Kirsch* (Hrsg.), Festschrift für Rainer Hamm zum 65. Geburtstag, 2008, S. 289

*Köhler, Michael*, Das präsente Beweismittel nach dem Strafverfahrensänderungsgesetz 1979, NJW 1979, S. 348

*Kohlhaas, Max*, Das Ärgernis des § 275 StPO, GA 1974, S. 142

*Kolz, Alexander*, Das Selbstgespräch im Krankenzimmer und der „Große Lauschangriff", NJW 2005, S. 3248

*Koriath, Heinz*, Über Beweisverbote im Strafprozeß, Frankfurt a.M. u.a. 1994

*Körner, Harald Hans/Patzak, Jörn/Volkmer, Mathias*, Betäubungsmittelgesetz – Arzneimittelgesetz, 8. Aufl., München 2016

*Krack, Ralf*, Die Rehabilitierung des Beschuldigten im Strafverfahren, Tübingen, 2002

*Krack, Ralf*, Verfahrenshindernisse im Strafprozess. Versuch einer Begriffsbestimmung, GA 2003, S. 536

*Kraus, Steffen*, Die Beruhensfrage im strafprozessualen Revisionsrecht, Aachen 2004

*Krause, Dietmar*, Anwesenheitsrecht des Beschuldigten bei der Vernehmung des Mitbeschuldigten, NJW 1975, S. 2283

*Krause, Dietmar*, Einzelfragen zum Anwesenheitsrecht des Verteidigers im Strafverfahren, StV 1984, S. 169

*Krause, Dietmar*, Einzelfragen zur Revisionsbegründung nach § 344 Abs. 2 StPO, StV 1984, S. 483

*Krause/Thon*, Mängel der Tatschilderung im Anklagesatz und ihre rechtliche Bedeutung, StV 1985, S. 252

*Krauß, Detlef*, Richter und Sachverständiger im Strafverfahren, ZStW 85 (1973), S. 320

*Krehl, Christoph*, Die Begründung des Revisionsverwerfungsbeschlusses nach § 349 Abs. 2 StPO, GA 1987, S. 162
*Krehl, Christoph*, Die Revisionsbegründung zu Protokoll der Geschäftsstelle und effektiver Rechtsschutz, in: *Michalke/Köberer/Pauly/Kirsch* (Hrsg.), Festschrift für Rainer Hamm zum 65. Geburtstag, 2008, S. 383
*Krehl, Christoph*, Was wird aus den legendierten Kontrollen?, StraFo 2018, S. 265
*Krehl/Eidam*, Die überlange Dauer von Strafverfahren, NStZ 2006, S. 1
*Kreicker, Helmut*, Medienübertragung von Gerichtsverhandlungen im Lichte der EMRK, ZIS 2017, S. 85
*Krekeler, Wilhelm*, Strafverfahrensrecht und Terrorismus, AnwBl 1979, S. 212
*Krekeler, Wilhelm*, Der befangene Richter, NJW 1981, S. 1633
*Krekeler, Wilhelm*, Probleme der Verteidigung in Wirtschaftsstrafsachen, wistra 1983, S. 43
*Krekeler, Wilhelm*, Das Zwischenverfahren in Wirtschaftsstrafsachen aus der Sicht der Verteidigung, wistra 1985, S. 54
*Krekeler, Wilhelm*, Einschränkungen des Beweisantragsrechtes durch Umdeutung von Beweisanträgen in Beweisanregungen, in: Grundprobleme des Revisionsverfahrens (Schriftenreihe der Arbeitsgemeinschaften des DAV – AG Strafrecht, Bd. 7), Bonn 1991, S. 137
*Kröger*, Der gesetzliche Richter und die besondere Bedeutung des Falles i.S.d. § 24 I Nr. 2, 3 GVG, Diss. Münster 1962
*Kröpil, Karl*, Zum Anklagesatz bei Serienstraftaten, DRiZ 2010, S. 369
*Krüger, Matthias*, Zur Änderung von § 256 Abs. 1 Nr. 2 StPO durch das „Gesetz zur effektiveren und praxistauglicheren Ausgestaltung des Strafverfahrens“, StV 2018, S. 316
*Kruse, Klaus-Dieter*, Die „offensichtlich unbegründete“ Revision in Strafsachen, Göttingen 1980
*Kubiciel/Wachter*, Der Berliner Raser-Fall als Prüfstein für das voluntative Vorsatzelement, HRRS 2018, S. 332
*Kuckein, Jürgen-Detlef*, Relativierung absoluter Revisionsgründe, StraFo 2000, S. 397
*Kudlich, Hans*, Missbrauch durch bewusste Berufung auf ein unrichtiges Hauptverhandlungsprotokoll, HRRS 2007, S. 9
*Kudlich, Hans*, Wie absolut sind die absoluten Revisionsgründe?, in: *Weßlau/Wohlers* (Hrsg.), Festschrift für Gerhard Fezer zum 70. Geburtstag, 2008, S. 435
*Kudlich, Hans*, Grenzen der Verfassungsgerichtsbarkeit – die Entscheidung des BVerfG zur strafprozessualen Verständigung, NStZ 2013, S. 379
*Kudlich/Christensen*, Die Lücken-Lüge, JZ 2009, S. 943
*Kühl, Kristian*, Unschuldsvermutung, Freispruch und Einstellung, Köln 1983
*Kühne, Hans-Heiner*, Strafprozessrecht, 9. Aufl., Heidelberg 2017
*Künzel, Manfred*, Erfahrungen eines Zwangsverteidigers, StV 1981, S. 464
*Küper, Wilfried*, Historische Bemerkungen zur „freien Beweiswürdigung“ im Strafprozeß, in: *Wasserburg/Haddenhorst* (Hrsg.), Festgabe für Karl Peters aus Anlaß seines 80. Geburtstages, 1984, S. 23
*Küpper, Georg*, Die Hinweispflicht nach § 265 StPO bei verschiedenen Begehungsformen desselben Strafgesetzes, NStZ 1986, S. 249
*Küpper, Georg*, Tagebücher, Tonbänder, Telefonate, JZ 1990, S. 416
*Kury, Otmar*, Zum Umgang mit dem Hauptverhandlungsprotokoll: Ein Beitrag zur Aushöhlung der Protokollbeweiskraft, StraFo 2008, S. 185
*Lachnit, Günter*, Voraussetzungen und Umfang der Pflicht zum Hinweis auf die Veränderung des rechtlichen Gesichtspunktes nach § 265 StPO, Diss. München 1965

*Lackner/Kühl* (Hrsg.), Strafgesetzbuch mit Erläuterungen, 29. Aufl., München 2018

*Lagodny, Otto,* Verdeckte Ermittler und V-Leute im Spiegel von § 136a StPO als „angewandtem Verfassungsrecht", StV 1996, S. 167

*Lam, Jan,* Die Willkür ist die Feindin der Form – Zum Beruhen des Urteils auf der fehlerhaften Protokollierung von Verständigungen, StraFo 2014, S. 407

*Lampe, Joachim,* Richterliche Überzeugung, in: *von Gamm/Raisch/Tiedemann* (Hrsg.), Strafrecht, Unternehmensrecht, Anwaltsrecht, Festschrift für Gerd Pfeiffer, 1988, S. 353

*Landau, Herbert,* Die Ambivalenz des Beschleunigungsgebots, in: *Felix Herzog u.a.* (Hrsg.), Festschrift für Winfried Hassemer, Heidelberg 2010, S. 1073

*Landau, Herbert,* Rechtsmissbrauch im Strafprozess – Eines der meistdiskutierten Themen der Strafprozessrechtswissenschaft, in: *Jahn/Nack* (Hrsg.), Rechtsprechung, Gesetzgebung, Lehre: Wer regelt das Strafrecht? Tagungsband 2. Karlsruher Strafrechtsdialog, Köln 2010, S. 71

*Lantermann, Julius,* Art. 103 Abs. 1 GG und die Verwertung von teilweise gesperrten nachrichtendienstlichen Erkenntnissen, StraFo 2018, S. 12

*Lantermann, Julius,* Der Besetzungseinwand nach der Modernisierung, HRRS 2020, 19

*Lehmann, Burghard,* Die Behandlung des zweifelhaften Verfahrensverstoßes im Strafprozeß, Diss. Bielefeld/Frankfurt 1983

*Lehmann, Jens,* Einsicht in die Handakte der Staatsanwaltschaft?, GA 2017, S. 36

*Leipold, Klaus,* Die gesetzliche Regelung der Verständigung im Strafverfahren, NJW-Spezial 2009, S. 520

*Leipold, Klaus,* Form und Umfang des Erklärungsrechts nach § 257 StPO und seine Auswirkungen auf die Widerspruchslösung des Bundesgerichtshofes, StraFo 2001, S. 300

*Leisner, Walter,* Urteilsverfassungsbeschwerde wegen Nichtvorlage bei Abweichung, NJW 1989, S. 2446

*Leitmeier, Lorenz,* Besetzungseinwand und Besetzungsrüge im Strafverfahren, NJW 2017, S. 2086

*Leitner, Werner,* Das Protokoll im Strafverfahren – Eine wechselvolle Geschichte, in: *Michalke/Köberer/Pauly/Kirsch* (Hrsg.), Festschrift für Rainer Hamm zum 65. Geburtstag 2008, S. 405

*Lesch, Heiko,* Funktionale Rekonstruktion der Lehre von den Beweisverboten, in: *Hassemer/Kempf/Moccia* (Hrsg.), In dubio pro libertate: Festschrift für Klaus Volk zum 65. Geburtstag, 2009, S. 311

*Lesch, Heiko,* Der Begriff der Öffentlichkeit in der Revision, StraFo 2014, S. 353

*Less, Günter,* Revisionsurteil oder Revisionsbeschluß, SJZ 1950, S. 68

*Letzgus, Klaus,* Unterbrechung, Ruhen und Verlängerung strafrechtlicher Verjährungsfristen für im Beitrittsgebiet begangene Straftaten, NStZ 1994, S. 57

*Liebhart, Christian,* Die Gesamtwürdigung im Indizienverfahren, NStZ 2016, S. 134

*Liebhart, Christian,* Das Beschleunigungsgebot in Strafsachen – Grundlagen und Auswirkungen, NStZ 2017, S. 254

*Liemersdorf, Thilo,* Beweisantragsrecht und Sachverhaltsaufklärung, StV 1987, S. 175

*Lilie, Hans,* Obiter dictum und Divergenzausgleich in Strafsachen, Köln, Berlin, Bonn, München, 1993

*Limperg/Gerhardt,* Gründe gegen Fernsehübertragungen aus dem Gerichtssaal, ZRP 2016, S. 124

*Lindemann, Michael,* Der Schutz des »Kernbereichs privater Lebensgestaltung« im Strafverfahren, JR 2006, S. 191

*Lindemann, Michael*, Präklusion von Verfahrensrügen wegen fehlenden Rechtsschutzbedürfnisses?, StV 2010, S. 379
*Lisken, Hans*, Pressefreiheit und Strafprozeß, ZRP 1988, S. 193
*Lobmüller, Alexander*, Richterliche Erfahrungsmängel als Besetzungseinwand, StV 2015, S. 246
*Lochmann, Moritz*, Die Entwicklung der Rechtsprechung zur rechtsstaatswidrigen Tatprovokation, StraFo 2015, S. 492
*Löffler, Michael*, Die Berechnung der Urteilsabsetzungsfrist nach § 275 StPO, NStZ 1987, S. 318
*Lohse, Kai*, Fünf Jahre Anhörungsrüge (§ 356a StPO) – kein Grund zum Feiern, StraFo 2010, S. 433
*Lohse, Kai*, Konfrontationsrecht, Verfahrensfairness und Beweiswürdigung, JR 2018, S. 183
*Lorenz, Frank Lucien*, Absoluter Schutz versus absolute Relativität, GA 1992, S. 254
*Löwenstein, Siegfried*, Die Revision in Strafsachen, 3. Aufl., Berlin 1933
*Lüderssen, Klaus*, Rollenkonflikte im Verfahren: Zeuge oder Beschuldigter, wistra 1983, S. 231
*Lüderssen, Klaus*, Zur „Unerreichbarkeit" des V-Mannes, in: *Günter Kohlmann* (Hrsg.), Festschrift für Ulrich Klug zum 70. Geburtstag, 1983, S. 527
*Lüderssen, Klaus*, V-Leute, Die Falle im Rechtsstaat, Frankfurt a.M., 1985
*Lüderssen, Klaus*, Die V-Leute Problematik, Jura 1985, S. 113
*Lüderssen, Klaus*, Die Pflichtverteidigung, NJW 1986, S. 2742
*Lüderssen, Klaus*, Grenzen der „Sachkunde" des Gerichts (§ 244 Abs. 4 Satz 1 StPO) für die Beurteilung der inneren Tatseite bei jugendlichen Tätern, speziell mit Blick auf den bedingten Vorsatz, in: *Amelung/Beulke/Lilie/Rosenau/Rüping/Wolfslast*, Strafrecht, Biorecht, Rechtsphilosophie: Festschrift für Hans-Ludwig Schreiber zum 70. Geburtstag, 2003, S. 289
*Luther, Horst*, Freie Beweiswürdigung und ihre revisionsgerichtliche Überprüfung im Strafverfahren, NJ 1994, S. 294/S. 346
*Lüttger, Hans*, Das Recht des Verteidigers auf Akteneinsicht, NJW 1951, S. 744
*Lüttig*, Gedanken eines alten Richters zur neuen Rechtsprechung über die vorschriftsmäßige Besetzung des Gerichts, DRiZ 1958, S. 50
*Maatz, Kurt Rüdiger*, Mitwirkungspflicht des Verteidigers in der Hauptverhandlung und Rügeverlust, NStZ 1992, S. 513
*Maeffert, Uwe*, Freie Beweiswürdigung, in: *Kempf/Jansen/Müller* (Hrsg.) Festschrift für Christian Richter II: Verstehen und Widerstehen, 2006, S. 379
*Makepeace, Johannes*, Ein Beschuldigter zweiter Klasse – Zur Umsetzung der Richtlinie 2010/64/EU über das Recht auf Dolmetscherleistungen und Übersetzungen im Strafverfahren, StV 2020, S. 570
*Mandla, Christoph*, „Wesentliche Förderung" und „Verhandeln zur Sache" – Probleme des § 229 StPO, NStZ 2011, S. 1
*Mann/Mann*, Die Anwendbarkeit des Grundsatzes „in dubio pro reo" auf Prozeßvoraussetzungen, ZStW 76 (1964), S. 264
*Mannheim, Hermann*, Beiträge zur Lehre von der Revision wegen materiellrechtlicher Verstöße in Strafsachen, Berlin 1925
*Marcic, René*, Die Öffentlichkeit als Prinzip der Demokratie, in: *Horst Ehmke u.a.* (Hrsg.), Festschrift für Adolf Arndt, 1969, S. 267
*Marx, Michael*, Die Verwertung präsenter Beweismittel nach neuem Recht, NJW 1981, S. 1415
*Marxen, Klaus*, Medienfreiheit und Unschuldsvermutung, GA 1980, S. 365
*Mattik, Dierk*, Streitwerterhöhung = Justizentlastung – Ein Nullsummenspiel?, DRiZ 1993, S. 34

*Maul, Heinrich*, Die gerichtliche Aufklärungspflicht in der Sicht der Rechtsprechung des Bundesgerichtshofes, in: *Wasserburg/Haddenhorst* (Hrsg.), Festschrift für Karl Peters aus Anlaß seines 80. Geburtstages, 1984, S. 47

*Maul, Heinrich*, Die Überprüfung der tatsächlichen Feststellungen durch das Revisionsgericht in der neueren Rechtsprechung des Bundesgerichtshofs, in: *von Gamm/Raisch/Tiedemann*, Strafrecht, Unternehmensrecht, Anwaltsrecht – Festschrift für Gerd Pfeiffer zum Abschied aus dem Amt als Präsident des Bundesgerichtshofs, 1988, S. 409

*Maul, Heinrich*, Der notwendige Umfang des Tatsachenvortrags aus der Sicht des Revisionsrichters, in: Grundprobleme des Revisionsverfahrens (Schriftenreihe der Arbeitsgemeinschaften des DAV – AG Strafrecht, Bd. 7), Bonn 1991, S. 71

*Maul, Heinrich*, Aussage gegen Aussage, StraFo 2000, S. 257

*Maul/Eschelbach*, Zur „Widerspruchslösung" von Beweisverbotsproblemen in der Rechtsprechung, StraFo 1996, S. 66

*Mayer/Carra*, Müssen Anklageschriften wegen Vorenthaltens von Arbeitsentgelt (§ 266a Abs. 1, Abs. 2 StGB) die betroffenen Arbeitnehmer individualisiert bezeichnen?, NZWiSt 2018, S. 281

*Meden, Philip von der*, Die Berücksichtigung von Einlassungen des Angeklagten in der Revision, NStZ 2018, S. 77

*Mehle, Bastian*, Zeitpunkt und Umfang der Pflichtverteidigerbestellung, NJW 2007, 969

*Mehle, Volkmar*, Einschränkende Tendenzen im Bereich der absoluten Revisionsgründe (§ 338 StPO), Diss. Bonn 1981

*Mehle, Volkmar*, Einige Anmerkungen zum gegenwärtigen Stand der Diskussion über die Fernwirkung des Verwertungsverbots nach § 136 a Abs. 3 Satz 2 StPO, in: Wahrheitsfindung und ihre Schranken (Schriftenreihe der Arbeitsgemeinschaften des DAV – AG Strafrecht, Bd. 6), Essen 1989, S. 172

*Mehle, Volkmar*, Das Erfordernis des Beruhens im Revisionsrecht – die ungewisse Hürde für den Revisionsführer, in: Grundprobleme des Revisionsverfahrens (Schriftenreihe der Arbeitsgemeinschaften des DAV – AG Strafrecht, Bd. 7), Bonn 1991, S. 47

*Mehle, Volkmar*, Die „Relativierung" der absoluten Revisionsgründe – vom Niedergang der Formstrenge, in: *Widmaier, Lesch, Müssig* (Hrsg.), Festschrift für Hans Dahs, 2005, S. 381

*Meixner, Franz*, Der Indizienbeweis, Heidelberg 1962

*Mellinghoff, Georg*, Fragestellung, Abstimmungsverfahren und Abstimmungsgeheimnis im Strafverfahren, Berlin 1988

*Menges, Eva*, Freiheit versus Forensik bei Aussage gegen Aussage?, in: *Friedrich Dencker u.a.* (Hrsg.), Festschrift für Klaus Tolksdorf, 2014, S. 313

*Metz, Jochen*, Entfernung des Angeklagten nach § 247 StPO, NStZ 2017, S. 446

*Meurer, Dieter*, Beweiserhebung und Beweiswürdigung, in: *Hans Joachim Hirsch u.a.* (Hrsg.), Gedächtnisschrift für Hilde Kaufmann, 1986, S. 947

*Meurer, Dieter*, Denkgesetze und Erfahrungsregeln, in: *Dietrich Bickel u.a.* (Hrsg.), Festschrift für Ernst Wolf zum 70. Geburtstag, 1985, S. 483

*Meurer, Dieter*, Strafaussetzung durch Strafzumessung bei lebenslanger Freiheitsstrafe, JR 1992, S. 441

*Meyer, Frank*, Die „sole or decisive"-Regel zur Würdigung nicht konfrontierter Zeugenaussagen – not so decisive anymore, HRRS 2012, S. 117

*Meyer, Fritz*, Stellungnahme zur Kritik an der Praxis der Revisionsverwerfung nach § 349 Abs. 2 StPO, StV 1984, S. 222

*Meyer, Karlheinz*, Entsprechende Anwendung des § 265 Abs. 1 StPO bei veränderter Sachlage?, GA 1965, S. 257
*Meyer, Torsten*, Die Vernehmung der richterlichen Verhörperson trotz § 252 StPO, StV 2015, S. 319
*Meyer-Goßner, Lutz*, Nachholung fehlender Erstentscheidungen durch das Rechtsmittelgericht?, JR 1985, S. 452
*Meyer-Goßner, Lutz*, Hinweise zur Abfassung des Strafurteils aus revisionsrechtlicher Sicht, NStZ 1988, S. 529
*Meyer-Goßner, Lutz*, Die Verbindung verschiedener gegen denselben Angeklagten bei demselben Landgericht anhängiger Strafverfahren, NStZ 1989, S. 297
*Meyer-Goßner, Lutz*, Annahmeberufung und Sprungrevision, NStZ 1998, S. 19
*Meyer-Goßner, Lutz*, Abschaffung des § 357 StPO, in: *Schünemann/Achenbach/Bottke/Haffke/Rudolphi* (Hrsg.), Festschrift für Claus Roxin zum 70. Geburtstag, 2001, S. 1345
*Meyer-Goßner, Lutz*, Annahmefreie Revision in Bagatellstrafsachen?, NJW 2003, S. 1369
*Meyer-Goßner, Lutz*, Prozesshindernis und Einstellung des Verfahrens, in: *Arnold/Eser* (Hrsg.), Menschengerechtes Strafrecht: Festschrift für Albin Eser zum 70. Geburtstag, 2005, S. 373
*Meyer-Goßner, Lutz*, Fehlerhaft beschiedene Beweisanträge, Erfolgschancen von Aufklärungsrügen – Aufklärungspflicht des Gerichts, Aufklärungsbereitschaft der Verteidigung –, in: Die revisionsgerichtliche Rechtsprechung der Strafsenate des Bundesgerichtshofes (Schriftenreihe der Arbeitsgemeinschaften des DAV – AG Strafrecht, Bd. 3), Essen o.J., S. 122
*Meyer-Goßner, Lutz*, Zweifelssatz und Verschlechterungsverbot bei Verfahrenshindernissen, in: *Müller-Dietz u.a.* (Hrsg.), Festschrift für Heike Jung, 2007, S. 543
*Meyer-Goßner, Lutz*, Wiedereinsetzung in den vorigen Stand und Rechtsmittel, in: *Michalke/Köberer/Pauly/Kirsch* (Hrsg.), Festschrift für Rainer Hamm zum 65. Geburtstag, 2008, 443
*Meyer-Goßner, Lutz*, Zur Revision der Revision mit Blick auf die Verteidigung, in: *Arbeitsgemeinschaft Strafrecht des Deutschen Anwaltvereins (DAV)* (Hrsg.), Strafverteidigung im Rechtsstaat, 25 Jahre Arbeitsgemeinschaft Strafrecht des Deutschen Anwaltvereins, 2009, S. 670
*Meyer-Goßner, Lutz*, Prozessvoraussetzungen und Prozesshindernisse, 2011
*Meyer-Goßner, Lutz*, Zur Aktenkenntnis der Senatsmitglieder und zu Formalien bei den Entscheidungen des Bundesgerichtshofs in Strafsachen, in: *Friedrich Dencker u.a.* (Hrsg.), Festschrift für Klaus Tolksdorf, 2014, S. 323
*Meyer-Goßner/Schmitt*, Strafprozessordnung, 63. Aufl., München 2020
*Meyer-Lohkamp, Jes*, Anstiftung durch den Staat – staatliche Tatprovokation und ihre Folgen, StraFo 2017, S. 45
*Meyer-Mews, Hans*, Die „in dubio contra reo" – Rechtsprechungspraxis bei Aussage-gegen-Aussage-Delikten, NJW 2000, S. 916
*Meyer-Mews, Hans*, Wieder auf dem Prüfstand: Die Revision in Strafsachen, NJW 2005, S. 2820
*Meyer-Mews, Hans*, Grundlos unbegründet – vom Umgang des BGH mit dem § 349 Abs. 2 StPO, StraFo 2017, S. 96
*Meyer-Mews/Rotter*, Absehen von der Revisionshauptverhandlung – eine konventionswidrige Besonderheit im deutschen Strafverfahrensrecht, StraFo 2011, S. 14
*Meyer/Wohlers*, Tatprovokation quo vadis – zur Verbindlichkeit der Rechtsprechung des EGMR (auch) für das deutsche Strafprozessrecht, JZ 2015, S. 761

*Michael, Andreas*, Der Grundsatz in dubio pro reo im Strafverfahrensrecht, Frankfurt a.M., Bern 1981

*Michalke, Regina*, Die Verwertbarkeit von Erkenntnissen der Eigenüberwachung zu Beweiszwecken im Straf- und Ordnungswidrigkeitenverfahren, NJW 1990, S. 417

*Michalke, Regina*, Noch einmal: „Hilfsbeweisantrag – Eventualbeweisantrag – Bedingter Beweisantrag", StV 1990, S. 184

*Michel, Norbert*, Beratung, Abstimmung und Beratungsgeheimnis, DRiZ 1992, S. 263

*Michel, Norbert*, Die richterliche Hinweispflicht, JuS 1991, S. 850

*Middendorff, Wolf*, Internationales Kolloquium über Strafzumessung, ZStW 80 (1968), S. 1030

*Miebach, Klaus*, Entziehung des Fragerechtes im Strafprozeß?, DRiZ 1977, S. 140

*Mildenberger, Elke*, Schutz kindlicher Zeugen im Strafverfahren durch audiovisuelle Medien, Passau 1995

*Milhan, Ilsabel*, Das letzte Wort des Angeklagten, Diss. 1971

*Mitsch, Wolfgang*, Protokollverlesung nach berechtigter Auskunftsverweigerung (§ 55 StPO) in der Hauptverhandlung, JZ 1992, S. 174

*Mitsch, Wolfgang*, Strafverfolgung durch legendierte Verkehrskontrollen, NJW 2017, 3124

*Mitsch, Wolfgang* (Hrsg.), Karlsruher Kommentar zum Gesetz über Ordnungswidrigkeiten: OWiG, 5. Aufl., 2018

*Mohr, Christian*, Zur Problematik der Verbindung von Jugend- und Erwachsenenstrafverfahren – zugleich Anm. zu BGH, Beschl. v. 9.5.2006 – 1 StR 57/06, JR 2006, S. 500

*Möller, Olaf*, Führen Verstöße gegen § 67 I JGG bei polizeilichen Vernehmungen zu einem Beweisverwertungsverbot?, NStZ 2012, S. 113

*Moldenhauer/Wenske*, Aktuelle Entwicklungen der Rechtsprechung zur Gefahr in Verzug, JA 2017, S. 206

*Molketin, Rüdiger*, Abwesenheit des „notwendigen Verteidigers" bei Verlesung der Urteilsformel – ein „absoluter Revisionsgrund" im Sinne von § 338 Nr. 5 StPO?, AnwBl 1981, S. 217

*Molketin, Rüdiger*, Die Auswahl des Pflichtverteidigers durch den Gerichtsvorsitzenden, AnwBl 1981, S. 8

*Momsen, Carsten*, Verfahrensfehler und Rügeberechtigung im Strafprozeß, Frankfurt/M., Berlin, Bern, New York, Paris, Wien 1997

*Momsen, Carsten*, Zur Zulässigkeit der strafprozessualen Sachrüge bei Angriffen gegen die Beweiswürdigung, GA 1998, S. 488

*Mosbacher, Andreas*, Aktuelles Strafprozessrecht, JuS 2007, S. 724, JuS 2009, S. 124; JuS 2017, S. 217; JuS 2017, S. 742 und JuS 2018, S. 129

*Mosbacher, Andreas*, Rügepräklusion mangels Rechtsschutzbedürfnis, in: *Schöch/Satzger/Schäfer/Ignor/Knauer* (Hrsg.), Festschrift für Gunter Widmaier zum 70. Geburtstag, 2008, S. 339

*Mosbacher, Andreas*, Zur aktuellen Debatte um die Rügepräklusion – Zugleich ein Beitrag zur Zukunft der Widerspruchslösung, NStZ 2011, S. 606

*Mosbacher, Andreas*, Zur Zukunft der Widerspruchslösung – Der Widerspruch als Zwischenrechtsbehelf, in *Klaus Bernsmann* (Hrsg.), Festschrift für Ruth Rissing-van Saan zum 65. Geburtstag am 25. Januar 2011, Berlin 2011, S. 357

*Mosbacher, Andreas*, Ist das Unterlassen einer Widerspruchsbescheidung nach § 249 II 2 StPO revisibel?, NStZ 2013, S. 199

*Mosbacher, Andreas*, Praktische Auswirkungen der Entscheidung des BVerfG zur Verständigung, NZWiSt 2013, S. 201

*Mosbacher, Andreas*, Die Beratungspraxis der Strafsenate des BGH und das Gesetz, NJW 2014, S. 124

*Mosbacher, Andreas*, Die Zulässigkeit vernehmungsergänzender Verlesung, NStZ 2014, S. 1

*Mosbacher, Andreas*, Keine Angst vor Fernsehkameras!, DRiZ 2016, S. 299

*Mosbacher, Andreas*, Aufzeichnung der Hauptverhandlung und Revision – ein Vorschlag, StV 2018, S. 182

*Mosbacher, Andreas*, Fristsetzung für Beweisanträge, NStZ 2018, S. 9

*Mosbacher, Andreas*, Dokumentation der Beweisaufnahme im Strafprozess, ZRP 2019, S. 158

*Müller, Eckhart*, Überlegungen zum Missbrauch im Strafprozess, in: *Manfred Heinrich u.a.* (Hrsg.) Festschrift für Claus Roxin zum 80. Geburtstag, Berlin 2011, S. 629

*Müller, Heinz-Rudolf*, Zur Aufklärungspflicht bei Wahrunterstellung, in: *Geppert/Dehnicke* (Hrsg.), Gedächtnisschrift für Karlheinz Meyer, 1990, S. 285

*Müller, Ingo*, Rechtsstaat und Strafverfahren, Frankfurt a.M. 1980

*Müller, Paul*, Gesetzgeberische Maßnahmen auf dem Gebiete des § 338 Nr. 1 StPO, JR 1978, S. 361

*Müller-Dietz, Heinz*, Strafzwecke und Vollzugsziel: ein Beitrag zum Verhältnis von Strafrecht und Strafvollzugsrecht (Recht und Staat in Geschichte und Gegenwart; H. 415/416), Tübingen 1973

*Müller-Gabriel, Wolfgang*, Neue Rechtsprechung des BGH zum Ausschluß des „Zeugen-Staatsanwalts", StV 1991, S. 235

*Müller-Jacobsen, Anke*, Das neue Recht der notwendigen Verteidigung, NJW 2020, 575

*Nack, Armin*, Der Indizienbeweis, MDR 1986, S. 366

*Nack, Armin*, Aufhebungspraxis der Strafsenate des BGH, NStZ 1997, S. 153

*Nack, Armin*, Die Revisibilität der Beweiswürdigung, StV 2002, S. 510, und S. 558

*Nack, Armin*, Gewährleistung der Rechtskultur durch das Revisionsrecht, in: *Hanack/Hilger/Mehle/Widmaier* (Hrsg.) Festschrift für Peter Rieß zum 70. Geburtstag, 2002, S. 361

*Nack, Armin*, Bedingter Vorsatz beim Gefährdungsschaden – ein „doppelter Konjunktiv"?, StraFo 2008, S. 277

*Nack/Park/Brauneisen*, Gesetzesvorschlag der Bundesrechtsanwaltskammer zur Verbesserung der Wahrheitsfindung im Strafverfahren durch den verstärkten Einsatz von Bild- und Tontechnik, NStZ 2012, S. 310

*Nagel, Michael*, Die Ohnmacht der Verteidigung vor der Macht der Richter?, StraFo 2013, S. 221

*Nagler, Axel*, Verteidigung gegen im Ausland gewonnene Ermittlungsergebnisse, StV 2013, S. 324

*Naucke, Wolfgang*, Die Einstellung gem. § 153 Abs. 2 StPO in der Revision, in: *Heribert Ostendorf* (Hrsg.), Strafverfolgung und Strafverzicht, Festschrift zum 125jährigen Bestehen der Staatsanwaltschaft Schleswig Holstein, Köln u.a. 1992, S. 459

*Nehm, Kay*, Verpflichtung zum Plädoyer?, in: *Hans Erich Brandner u.a.* (Hrsg.), Festschrift für Karlmann Geiß, Köln 2000, S. 111

*Nestler, Cornelius*, Bauer Rupp Reloaded – Überlegungen zur Reform des Ermittlungsverfahrens, ZIS 2014, S. 592

*Neuber, Florian*, Unselbständige Beweisverwertungsverbote im Strafprozess – Die Abwägungslehre auf dem methodischen Prüfstand, NStZ 2019, S. 113

*Neuhaus, Ralf*, Kriminaltechnik für den Strafverteidiger – Eine Einführung in die Grundlagen, StraFo 2001, S. 406

*Neuhaus, Ralf,* Die Änderungen der StPO durch das Erste Justizmodernisierungsgesetz vom 24.8.2004, StV 2005, S. 47
*Neuhaus, Ralf,* Zur Revisibilität strafprozessualer Soll-Vorschriften, in: *Putzke/ Hardtung/Hörnle/Merkel/Scheinfeld/Schlehofer/Seier* (Hrsg.), Strafrecht zwischen System und Telos. Festschrift für Rolf Dietrich Herzberg zum siebzigsten Geburtstag, 2008, S. 871
*Neumann, Laura Katharina Sophia,* Eine Antwort auf die Vorlagefrage zu § 252 StPO, ZIS 2016, S. 121
*Neumann, Ulfrid,* Das Problem der Identität der Rechtsfrage beim Ausgleich divergierender obergerichtlicher Entscheidungen (§§ 121 II, 132 II GVG), in: *Eser/Goydke/Maatz* (Hrsg.) Strafverfahrensrecht in Theorie und Praxis – Festschrift für Lutz Meyer-Goßner zum 65. Geburtstag, 2001, S. 683
*Neumann, Ulfrid,* „Tatfrage" und „Rechtsfrage" im strafprozessualen Revisionsrecht, in: *Karras/Courakis/Mylonopoulos/Kotsalis/Giannidis* (Hrsg.), Festschrift Nikolaos Androulakis, Athen 2003, S. 1091
*Neumann, Ulfrid,* Die Katze im Bier oder: die Abgrenzung von Tatfrage und Rechtsfrage im strafprozessualen Revisionsrecht, in: *Michalke/Köberer/Pauly/Kirsch* (Hrsg.), Festschrift für Rainer Hamm zum 65. Geburtstag, 2008, S. 525
*Niebler, Engelbert,* Beratungsgeheimnis und abweichende Meinung, in: *Jescheck/Vogler* (Hrsg.), Festschrift für Herbert Tröndle zum 70. Geburtstag, 1989, S. 585
*Niemöller, Martin,* Die strafrichterliche Beweiswürdigung in der neueren Rechtsprechung des Bundesgerichtshofs, StV 1984, S. 431
*Niemöller, Martin,* Besetzungsrüge und „Willkürformel", StV 1987, S. 311
*Niemöller, Martin,* Die Hinweispflicht des Strafrichters bei Abweichungen vom Tatbild der Anklage, Frankfurt a.M. 1988
*Niemöller, Martin,* Bedingte Beweisanträge im Strafverfahren, JZ 1992, S. 884
*Niemöller, Martin,* Rechtsmißbrauch im Strafprozeß, StraFo 1996, S. 104
*Niemöller, Martin,* Besetzungsrüge und „Willkürformel, in: Die revisionsgerichtliche Rechtsprechung der Strafsenate des Bundesgerichtshofes (Schriftenreihe der Arbeitsgemeinschaften des DAV – AG Strafrecht, Bd. 3), Essen o.J., S. 78
*Niemöller, Martin,* Der Kontinuitätsgrundsatz – ein unentdecktes Prinzip des Beweisantragsrechts, in: *Michalke/Köberer/Pauly/Kirsch* (Hrsg.), Festschrift für Rainer Hamm zum 65. Geburtstag, 2008, S. 537
*Niemöller, Martin,* Prozessverschleppung – die Absicht genügt, NStZ 2008, S. 181
*Niemöller, Martin,* Nochmals: Prozessverschleppung – Entgegnung auf Bauer, NStZ 2008, S. 542
*Niemöller, Martin,* Das Negativattest im Protokoll (§ 273 Abs.1a Satz 3 StPO), in *Klaus Bernsmann* (Hrsg.), Festschrift für Ruth Rissing-van Saan zum 65. Geburtstag am 25. Januar 2011, Berlin 2011, S. 393
*Niemöller, Martin,* Strafschärfung wegen fehlenden Milderungsgrunds?, GA 2012, S. 337
*Niemöller, Martin,* Rechtsmittelverzicht und -zurücknahme nach Verständigung, NStZ 2013, S. 19
*Niemöller, Martin,* Zum Geltungsanspruch und –umfang des Verständigungsgesetzes, GA 2014, S. 179
*Niemöller, Martin,* Beruhensprüfung bei Verfahrensfehlern, NStZ 2015, S. 489
*Niemöller/Schlothauer/Weider,* Gesetz zur Verständigung im Strafverfahren, Kommentar, München 2010

*Niese, Werner*, Die Rechtsprechung des Bundesgerichtshofs in Strafsachen, JZ 1953, S. 219
*Norouzi, Ali B.*, Die audiovisuelle Vernehmung von Auslandszeugen – Ein Beitrag zum transnationalen Beweisrecht im deutschen Strafprozess, Tübingen 2010
*Norouzi, Ali B.*, Die Angriffsrichtung der Verfahrensrüge – Grund und Grenzen, NStZ 2013, S. 203
*Norouzi, Ali B.*, Recht und Praxis von Schriftlichkeit und Mündlichkeit im Revisionsverfahren – ein kleiner Reformanstoß, StV 2015, S. 773
*Norouzi, Ali B.*, Öffentlichkeit im Strafverfahren, StV 2016, S. 590
*Nothacker, Gerhard*, Zur besonderen Beschränkung der Rechtsmittel im Jugendverfahren, GA 1982, S. 451
*Ochott, Gerhard*, Identifizierung durch Daktyloskopie, in: *Kube/Störzer/Timm* (Hrsg.), Kriminalistik, Handbuch für Praxis und Wissenschaft, Bd. 1, 1992, S. 763
*Odenthal, Hans-Jörg*, Identifizierung von Verdächtigen, Gegenüberstellung und Wahllichtbildvorlage, StraFo 2013, S. 62
*Odersky, Walter*, Die Öffentlichkeit der Hauptverhandlung nach dem Opferschutzgesetz, in: *von Gamm u.a.* (Hrsg.), Festschrift für Gerd Pfeiffer, 1988, S. 325
*Oehler, Dietrich*, Der gesetzliche Richter und die Zuständigkeit in Strafsachen, ZStW 64 (1952), S. 292
*Oehmichen/Schneider/v.Wistinghausen*, Der ausländische Beweis, StraFo 2015, S. 230
*Oellerich, Rainer*, Voraussetzungen einer notwendigen Verteidigung und Zeitpunkt der Pflichtverteidigerbestellung, StV 1981, S. 434
*Organisationsbüro der Strafverteidigervereinigungen* (Hrsg.), 50 Jahre Grundgesetz – kritische Würdigung, europäische Bezüge in der Strafgerichtsbarkeit, Köln 2000
*Ostendorf, Heribert*, Reform des Ordnungswidrigkeitenrechts, ZRP 1994, S. 335
*Ostendorf/Drenkhahn*, Jugendstrafrecht, 9. Aufl., Baden-Baden 2017
*Otto, Harro*, Grenzen und Tragweite der Beweisverbote im Strafverfahren, GA 1970, S. 289
*Otto, Harro*, Die strafprozessuale Verwertbarkeit von Beweismitteln, die durch Eingriff in Rechte anderer von Privaten erlangt wurden, in: *Gössel/Kauffmann* (Hrsg.), Festschrift für Theodor Kleinknecht zum 75. Geburtstag, 1985, S. 319
*Pabel/Schmahl* (Hrsg.), Internationaler Kommentar zur Europäischen Menschenrechtskonvention, 21. Lieferung, Köln 2017
*Paeffgen, Hans-Ullrich*, „Vernachrichtendienstlichung" von Strafprozeß- (und Polizei-)recht im Jahr 2001, StV 2002, S. 336
*Paeffgen, Hans-Ullrich*, Irrungen und Wirrungen im Bereich der Strafzumessungskürzung bei Verstößen gegen die Verfahrensgerechtigkeit, namentlich gegen das Beschleunigungsgebot, StV 2007, S. 487
*Paeffgen/Wasserburg*, Geheimnisse des Systems der Kontrolle, GA 2012, S. 537
*Park, Tido*, Die Erwiderung der Verteidigung auf einen Revisionsverwerfungsantrag gem. § 349 Abs. 2 StPO, StV 1997, S. 550
*Park, Tido*, Die prozessuale Verwertbarkeit verschiedener Formen der Beschuldigteneinlassung im Strafverfahren, StV 2001, S. 589
*Park, Tido*, Gedanken zur Akzeptanzkrise der Revisionsrechtsprechung, StV 2018, S. 814
*Paster/Sättele*, Zu den Möglichkeiten einer eigenen Sachentscheidung des Revisionsgerichts nach der Entscheidung des BVerfG zu § 354 Ia 1 StPO, NStZ 2007, S. 609
*Pauly, Jürgen*, Beweisanträge auf Vernehmung von Richtern, in: *Arbeitsgemeinschaft Strafrecht des Deutschen Anwaltvereins (DAV)* (Hrsg.), Strafverteidigung im Rechtsstaat, 25 Jahre Arbeitsgemeinschaft Strafrecht des Deutschen Anwaltvereins, 2009, S. 731

*Pauly, Jürgen*, Mündlichkeit der Hauptverhandlung und Revisionsrecht – Zu den Grenzen des Rekonstruktionsverbots, in: *Michalke/Köberer/Pauly/Kirsch* (Hrsg.), Festschrift für Rainer Hamm zum 65. Geburtstag, 2008, S. 557

*Pauly, Jürgen*, Zur Auslegung der Vorschriften über das Hauptverhandlungsprotokoll, in *Klaus Bernsmann* (Hrsg.), Festschrift für Ruth Rissing-van Saan zum 65. Geburtstag am 25. Januar 2011, Berlin 2011, S. 425

*Peglau, Jens*, Verhinderungsmerk (§ 275 Abs. 2 S. 2 StPO) und Beschleunigungsgebot, JR 2007, S. 146

*Peglau/Wilk* Änderungen im strafprozessualen Vereidigungsrecht durch das Justizmodernisierungsgesetz, NStZ 2005, S. 186

*Penner, Wilfried*, Reichweite und Grenzen des § 349 Abs. 2 StPO (Lex Lobe), Diss. Köln 1961

*Peter, Frank M.*, Zur Feststellung des Irrtums bei Massenbetrugsfällen, StraFo 2019, S. 186

*Peters, Karl*, Fehlerquellen im Strafprozeß, 3 Bände, Karlsruhe 1970–74

*Peters, Karl*, Verhandlungen des 52. DJT, 1978 in Wiesbaden, Band I, München 1978, Gutachten, C 25 ff

*Peters, Karl*, Der Wandel im Revisionsrecht, in: *Helwig Hassenpflug* (Hrsg.), Festschrift für Karl Schäfer zum 80. Geburtstag, 1980, S. 137

*Peters, Karl*, Justizgewährungspflicht und Abblocken von Verteidigungsvorbringen, in: *Ernst-Walter Hanack u.a.* (Hrsg.), Festschrift für Hanns Dünnebier zum 75. Geburtstag, 1982, S. 53

*Peters, Karl*, Strafprozeß: ein Lehrbuch, 4. Aufl., Heidelberg 1985

*Peukert, Wolfgang*, Die Garantie des „fair trial" in der Straßburger Rechtsprechung – Die Auslegung des MRK Art 6 durch die Organe der Europäischen Menschenrechtskonvention, EuGRZ 1980, S. 247

*Pfeiffer, Gerd*, Zulässiges und unzulässiges Verteidigerhandeln, DRiZ 1984, S. 341

*Pfeiffer, Gerd*, Zur Ausschließung und Ablehnung des Staatsanwaltes im geltenden Recht, in: *Heinz Eyrich u.a.* (Hrsg.), Festschrift für Kurt Rebmann zum 65. Geburtstag, 1989, S. 359

*Pfeiffer, Gerd*, Strafprozessordnung: Kommentar, 5. Aufl., München 2005

*Pfister, Wolfgang*, Rechtsmissbrauch im Strafprozess, in: *Jahn/Nack* (Hrsg.), Rechtsprechung, Gesetzgebung, Lehre: Wer regelt das Strafrecht? Tagungsband 2. Karlsruher Strafrechtsdialog, Köln 2010, S. 74

*Pfister, Wolfgang*, Transparenz über alles ! – Die Verständigung in der Revision seit BVerfGE 133, 168, StraFo 2016, S. 187

*Philipps, Lothar*, Wann beruht ein Strafurteil auf einem Verfahrensmangel? Drei Möglichkeiten des Argumentierens, in: *Arthur Kaufmann u.a.* (Hrsg.), Festschrift für Paul Bockelmann zum 70. Geburtstag, 1979, S. 831

*Piel, Hannah Milena*, Verwertungsfragen bei Verstößen gegen den Richtervorbehalt, StraFo 2017, S. 54

*Pitsch, Christoph*, Strafprozessuale Beweisverbote, Hamburg 2009

*Poppe, Werner*, Urteilsverkündung in Abwesenheit notwendiger Prozeßbeteiligter im Strafprozeß, NJW 1954, S. 1914

*Poppe, Werner*, Urteilsverkündung unter Ausschluß der Öffentlichkeit im Strafprozeß, NJW 1955, S. 6

*Potrykus, Gerhard*, Neue Zweifelsfragen nach dem Jugendgerichtsgesetz, NJW 1954, S. 1349

*Prittwitz, Cornelius*, Der Mitbeschuldigte im Strafprozeß, Frankfurt a.M. 1984

*Prittwitz, Cornelius*, Scheinbegünstigung und Scheinfürsorge, Zur Erstreckung begünstigender Revisionsentscheidungen auf frühere nach JGG verurteilte Mitangeklagte, §§ 357 StPO, 55 Abs. 2 JGG, StV 2007, S. 52

*Prüfer, Hans*, Der Zeugenbericht (§ 69 Abs. 1 S. 1 StPO), DRiZ 1975, S. 334
*Puppe, Ingeborg*, Die Individualisierung der Tat in Anklageschrift und Bußgeldbescheid und ihre nachträgliche Korrigierbarkeit, NStZ 1982, S. 230
*Puppe, Ingeborg*, Neue Entwicklungen in der Rechtsprechung des BGH zum Tötungsvorsatz bei lebensbedrohlicher Gewalt, NStZ 2016, S. 575
*Puppe, Ingeborg*, Rasen im Straßenverkehr und Tötungsvorsatz, JR 2018, S. 323
*Putzke/Scheinfeld/Klein/Undeutsch*, Polygraphische Untersuchungen im Strafprozess, ZStW 121 (2009), S. 607
*Quedenfeld, Hans Dietrich*, Beweisantrag und Verteidigung in den Abschnitten des Strafverfahrens bis zum erstinstanzlichen Urteil, in: *Wasserburg/Haddenhorst* (Hrsg.), Festgabe für Karl Peters aus Anlaß seines 80. Geburtstages, 1984, S. 215
*Rabe von Kühlewein, Malte*, Neue Regeln für Wohnungsdurchsuchungen, NStZ 2015, S. 618
*Radtke, Henning*, Die Bedeutung der Beschwer im Rechtsmittelsystem der StPO – Überlegungen anhand von Entscheidungen bezüglich stationärer Maßregeln der Besserung und Sicherung, in: *Manfred Heinrich* u.a. (Hrsg.) Festschrift für Claus Roxin zum 80. Geburtstag, Berlin 2011, S. 1419
*Radtke, Henning*, Beweisverwertungsverbote in Verfahrensstadien vor der Hauptverhandlung und die sog. Widerspruchslösung, in *Barton u.a.* (Hrsg.), Festschrift für Reinhold Schlothauer zum 70. Geburtstag, München 2018, S. 453
*Radtke, Henning*, Selbstbelastungsfreiheit und Beweisbeschränkungen im Strafverfahren – Gedanken am Beispiel von § 393 Abs. 2 AO -, GA 2020, 470
*Radtke/Hohmann*, Strafprozessordnung, Kommentar, 1. Aufl., München 2011
*Rahlf, Joachim*, Verteidigerauswahl und Beschleunigungsgebot, in: *Schöch/Satzger/Schäfer/Ignor/Knauer* (Hrsg.), Festschrift für Gunter Widmaier zum 70. Geburtstag, 2008, S. 447
*Ranft, Otfried*, Bemerkungen zu den Beweisverboten im Strafprozeß, in: *Manfred Seebode* (Hrsg.), Festschrift für Günter Spendel, 1992, S. 719
*Ranft, Otfried*, Die Präklusion der Besetzungsrüge gemäß der Strafprozeßnovelle 1979 und das Recht auf den gesetzlichen Richter, NJW 1981, S. 1473
*Ransiek, Andreas*, Belehrung über Aussagefreiheit und Recht der Verteidigerkonsultation, Folgerungen für die Beschuldigtenvernehmung, StV 1994, S. 343
*Ransiek, Andreas*, Rechtswidrige Ermittlungen und die Fernwirkung von Beweisverwertungsverboten, in: *Christian Fahl* u.a. (Hrsg.), Festschrift für Werner Beulke zum 70. Geburtstag, Heidelberg 2015, S. 949
*Rasch, Wilfried*, Forensische Psychiatrie, Stuttgart 1986
*Rebehn, Sven*, Klare Absage an Gerichtsfernsehen, DRiZ 2016, S. 204
*Rebler, Adolf*, Die strafrechtliche und verkehrsrechtliche Behandlung von illegalen Rennen, SVR 2018, S. 415
*Rebmann, Kurt*, Strafprozessuale Bewältigung von Großverfahren, NStZ 1984, S. 241
*Rengier, Rudolf*, Der Grundsatz der Öffentlichkeit im Bußgeldverfahren, NJW 1985, S. 2553
*Rengier, Rudolf*, Die Zeugnisverweigerungsrechte im geltenden und künftigen Strafverfahrensrecht, 1979
*Renk, Heidemarie*, „Entlastungsgesetz" verfehlt sein Ziel, DRiZ 1993, S. 491
*Renzikowski, Joachim*, Die förmliche Vernehmung des Beschuldigten und ihre Umgehung, JZ 1997, S. 710
*Renzikowski, Joachim*, Fair trial und anonymer Zeuge, JZ 1999, S. 605
*Reuß, Hermann*, Das Plädoyer des Anwalts, JR 1965, S. 162

*Richter II, Christian*, Praktische Theorie. Immer noch einmal: Der Mitbeschuldigte als Zeuge – Zur Revisionsbegründungsfrist – Die Zeugenvernehmung durch den Verteidiger, in: *Wasserburg/Haddenhorst* (Hrsg.), Festgabe für Karl Peters aus Anlaß seines 80. Geburtstages, 1984, S. 235
*Riedel, Joachim*, Zur geplanten Einführung der vorgezogenen Besetzungsrüge im Strafverfahren, JZ 1978, S. 374
*Rieß, Peter*, Der Hauptinhalt des ersten Gesetzes zur Reform des Strafverfahrensrechts (1. StVRG), NJW 1975, S. 81
*Rieß*, Peter, Die Durchführung der Hauptverhandlung ohne Angeklagten, JZ 1975, S. 265
*Rieß, Peter*, Die Bestimmung und Prüfung der sachlichen Zuständigkeit und verwandter Erscheinungen im Strafverfahren, GA 1976, S. 1
*Rieß, Peter*, Ausschluß der Besetzungsrüge (§ 338 Nr. 1 StPO) bei irriger, aber vertretbarer Rechtsanwendung, GA 1976, S. 133
*Rieß, Peter*, Das Strafverfahrensänderungsgesetz 1979, NJW 1978, S. 2265
*Rieß, Peter*, Was bleibt von der Reform der Rechtsmittel in Strafsachen, ZRP 1979, S. 193
*Rieß, Peter*, Zur Zuständigkeit der allgemeinen und besonderen Strafkammern, NJW 1979, S. 1536
*Rieß, Peter*, Die Besetzungsrügepräklusion (§§ 222 a, 222 b StPO) auf dem Prüfstand der Rechtsprechung, JR 1981, S. 89
*Rieß, Peter*, Pflichtverteidigung – Zwangsverteidigung – Ersatzverteidigung. Reform der notwendigen Verteidigung, StV 1981, S. 460
*Rieß, Peter*, Statistische Beiträge zur Wirklichkeit des Strafverfahrens, in: *Rainer Hamm* (Hrsg.), Festschrift für Werner Sarstedt zum 70. Geburtstag, 1981, S. 253
*Rieß, Peter*, Die Urteilsabsetzungsfrist (§ 275 Abs. 1 StPO), NStZ 1982, S. 441
*Rieß, Peter*, Verfahrenshindernisse von Verfassungs wegen?, JR 1985, S. 45
*Rieß, Peter*, Zur Auslegung des § 303 StPO, JR 1986, S. 441
*Rieß, Peter*, Zur Berechnung der verlängerten Urteilsabsetzungsfrist nach § 275 I 2 Halbs. 2 StPO, NStZ 1987, S. 318
*Rieß, Peter*, Statistische Erhebungen zur Revisionsrechtsprechung des Bundesgerichtshofs, StV 1987, S. 269
*Rieß, Peter*, Zeugenschutz bei Vernehmungen im Strafverfahren, NJW 1998, S. 3240
*Rieß, Peter*, Der Bundesgerichtshof und die Prozeßvoraussetzungen, in: *Canaris/Heldrich/Hopt/Roxin/Schmidt/Widmaier* (Hrsg.), 50 Jahre Bundesgerichtshof, München 2000, S. 809
*Rieß, Peter*, Zur aktuellen Entwicklung des Strafverfahrensrechts, StraFo 2006, S. 4
*Rieß, Peter*, Der Niedergang des Kollegialprinzips in der Strafgerichtsbarkeit, in: *Jung/Luxenburger/Wahle* (Hrsg.), Festschrift für Egon Müller, 2008, S. 599
*Rieß, Peter*, Zum Verhältnis von Tatrichter und Revisionsrichter, in: *Weßlau/Wohlers* (Hrsg.), Festschrift für Gerhard Fezer zum 70. Geburtstag, 2008, S. 455
*Rieß, Peter*, Amtlich verwahrte Beweisstücke (§ 147 StPO), in: *Wasserburg/Haddenhorst* (Hrsg.), Festgabe für Karl Peters aus Anlaß seines 80. Geburtstages, 1984, S. 113
*Rieß, Peter*, Bemerkungen zum „Erfolg" der Revision in Strafsachen, in: *Müller/Sander/Válková* (Hrsg.), Festschrift für Ulrich Eisenberg zum 70. Geburtstag, 2009, S. 569
*Rieß, Peter*, Die reduzierte Besetzung der großen Strafkammer – Gedanken zu einer (fast) unendlichen Geschichte, in: *Dölling u.a.* (Hrsg.), Festschrift für Heinz Schöch zum 70. Geburtstag, Berlin 2010, S. 895

*Rissing-van Saan, Ruth*, Divergenzausgleich und Fragen von grundsätzlicher Bedeutung, in: *Schöch/Satzger/Schäfer/Ignor/Knauer* (Hrsg.), Festschrift für Gunter Widmaier zum 70. Geburtstag, 2008, S. 505
*Rissing-van Saan, Ruth*, Die Besetzungsreduktion der großen Strafkammern nach § 76 Abs. 2 GVG, § 33b Abs. 2 JGG – als Dauerlösung tauglich?, in: *Knut Amelung u.a.* (Hrsg.), Festschrift für Volker Krey, Stuttgart 2010, S. 431
*Rissing-van Saan, Ruth*, Das „Zehn-Augen-Prinzip – Wunschvorstellung oder zwingendes Gebot?, in: *Christian Fahl u.a.* (Hrsg.), Festschrift für Werner Beulke zum 70. Geburtstag, Heidelberg 2015, S. 963
*Ritter, Ralf*, Die Begründungsanforderungen bei der Erhebung der Verfahrensrüge gemäß § 344 Abs. 2 Satz 2 StPO, Berlin 2007
*Rode, Christian*, Das Ende der Widerspruchslösung?, StraFo 2018, S. 336
*Rogall, Klaus*, Gegenwärtiger Stand und Entwicklungstendenzen der Lehre von den strafprozessualen Beweisverboten, ZStW 91 (1979), S. 1
*Rogall, Klaus*, Hypothetische Ermittlungsverläufe im Strafprozeß, NStZ 1988, S. 385
*Rogall, Klaus*, Das Beweisverbot des § 252 StPO, in: *Dannecker, Gerhard* (Hrsg.), Festschrift für Harro Otto, 2007, S. 973
*Rogall, Klaus*, Die Beschuldigtenstellung im Strafverfahren – Objektivismus und Subjektivismus bei der Statusbegründung, in: *Georg Freund u.a.* (Hrsg.), Festschrift für Wolfgang Frisch zum 70. Geburtstag, 2013, S. 1199
*Rogall, Klaus*, Die Selbstbelastungsfreiheit vor neuen Herausforderungen, in: *Christian Fahl u.a.* (Hrsg.), Festschrift für Werner Beulke zum 70. Geburtstag, Heidelberg 2015, S. 973
*Römer, Wilhelm*, Die Beschlußverwerfung wegen offensichtlicher Unbegründetheit der Revision (§ 349 Abs. 2 StPO), MDR 1984, S. 353
*Römer, Wilhelm*, Pflichtverteidiger neben Wahlverteidiger, ZRP 1977, S. 92
*Rönnau, Thomas*, Aktuelles zum Wirtschaftsstrafrecht in der Revision – oder: Zum sachgerechten Umgang der Straf- und Zivilsenate mit Divergenzen auf dem Feld des Wirtschaftsstrafrechts, StraFo 2014, S. 265
*Rose, Frank Guido*, Beweisanträge auf Vernehmung von Auslandszeugen: Entwicklung und Tendenzen der neueren Rechtsprechung, NStZ 2012, S. 18
*Rose, Frank Guido*, Wenn die (Jugend-)Strafe der Tat nicht auf dem Fuße folgt: Die Auswirkung von Verfahrensverzögerungen im Jugendstrafverfahren, NStZ 2013, 315
*Rosenau, Henning*, Die offensichtliche Ungesetzlichkeit der „ou"-Verwerfung nach § 349 Abs. 2 StPO in der Spruchpraxis des BGH, ZIS 2012, S. 195
*Rosenau, Henning*, Die Revision – Qualitätskontrolle und Qualitätssicherung im Strafverfahren, in: *Schöch/Satzger/Schäfer/Ignor/Knauer* (Hrsg.), Festschrift für Gunter Widmaier zum 70. Geburtstag, 2008, S. 521
*Rosenthal, Michael*, Welche Öffentlichkeit braucht das Strafverfahren?, AnwBl 2016, S. 654
*Rotsch, Thomas*, Materielle Strafrechtsdogmatik und strafprozessuale Zuständigkeit, ZIS 2006, S. 17
*Roxin, Claus*, Aktuelle Probleme der Öffentlichkeit im Strafverfahren, in: *Baumann/Tiedemann* (Hrsg.), Festschrift für Karl Peters zum 70. Geburtstag, 1974, S. 393
*Roxin, Claus*, Nemo tenetur: die Rechtsprechung am Scheideweg, NStZ 1995, S. 465
*Roxin, Claus*, Die Rechtsprechung des Bundesgerichtshofes zum Strafverfahrensrecht. Ein Rückblick auf 40 Jahre, in: 40 Jahre Bundesgerichtshof: Festveranstaltung am 1. Oktober 1990 mit Ansprache des Präsidenten des Bundesgerichtshofes, Heidelberg 1991, S. 66

*Roxin, Claus*, Das Recht des Beschuldigten zur Verteidigerkonsultation in der neuesten Rechtsprechung, JZ 1997, S. 343
*Roxin, Claus*, Zum Hörfallen-Beschluß des Großen Senats für Strafsachen, NStZ 1997, S. 18
*Roxin, Claus*, Gegenwart und Zukunft der Verteidigung im rechtsstaatlichen Strafverfahren, in: *Ebert/Rieß/Roxin/Wahle* (Hrsg.), Festschrift für Ernst-Walter Hanack zum 70. Geburtstag, 1999, S. 21
*Roxin/Schäfer/Widmaier*, Die Mühlenteichtheorie – Überlegungen zur Ambivalenz von Verwertungsverboten, in: *Beulke/Müller* (Hrsg.), Festschrift zu Ehren des Strafrechtsausschusses der Bundesrechtsanwaltskammer, 2006, S. 435 = StV 2006, S. 655
*Roxin/Schünemann*, Strafverfahrensrecht, 29. Aufl., München 2017
*Roxin, Imme*, Ambivalente Wirkungen des Beschleunigungsgebotes, StV 2010, S. 437
*Roxin, Imme*, Die neuere Entwicklung des Topos „Funktionstüchtigkeit der Strafrechtspflege", in: *Hefendehl u.a.* (Hrsg.), Festschrift für Bernd Schünemann, Berlin 2014, S. 941
*Roxin, Imme*, Die rechtsstaatswidrige Tatprovokation und ihre Rechtsfolgen, in: *Frank Saliger u.a.* (Hrsg.), Festschrift für U. Neumann, 2017, S. 1359
*Rudolph, Martin*, Wahlverteidiger – Pflichtverteidiger, DRiZ 1975, S. 210
*Rudolphi, Hans-Joachim*, Die Revisibilität von Verfahrensmängeln im Strafprozeß, MDR 1970, S. 93
*Rüping, Hinrich*, Die völkerrechtliche Immunität im Strafverfahren, in: *Gössel/Kauffmann* (Hrsg.), Festschrift für Theodor Kleinknecht zum 75. Geburtstag, 1985, S. 397
*Rüping/Dornseifer*, Dysfunktionales Verhalten im Prozeß, JZ 1977, S. 417
*Ruhs, Florian*, Rechtsbehelfe bei Verständigungen, Baden-Baden 2018
*Ruppert, Urban Ehrenfried*, Der Tag danach: Praktische Auswirkungen des Beschlusses zur fortgesetzten Handlung, MDR 1994, S. 973
*Safferling, Christoph*, Verdeckte Ermittler im Strafverfahren – deutsche und europäische Rechtsprechung im Konflikt?, NStZ 2006, S. 75
*Salditt, Franz*, 25 Jahre Miranda, GA 1992, S. 51
*Salditt, Franz*, Das Letzte Wort des schweigenden Angeklagten, in: *Wolfgang Joecks* u.a. (Hrsg.), Festschrift für Erich Samson zum 70. Geburtstag, Heidelberg 2010, S. 699
*Sarstedt, Werner*, Über offensichtlich unbegründete Revisionen, JR 1960, S. 1
*Sarstedt, Werner*, Der Beweisantrag im Strafprozeß, DAR 1964, S. 307
*Sarstedt, Werner*, Referat (Beweisverbote im Strafprozeß), in: *Ständige Deputation des Deutschen Juristentages* (Hrsg.), Verhandlungen des 46. DJT Essen 1966, Band II (Sitzungsberichte), Teil F, 1967, F 8
*Sarstedt, Werner*, Der Vorsitzende des Kollegialgerichts, Juristen-Jahrbuch, Bd. 8, 1967/68, S. 104
*Sarstedt, Werner*, Auswahl und Leitung des Sachverständigen im Strafprozeß (§§ 73, 78 StPO), NJW 1968, S. 177
*Sarstedt, Werner*, Beweisregeln im Strafprozeß, in: *Hirsch, Ernst E.*, Berliner Festschrift für Ernst E. Hirsch, - dargebracht von Mitgliedern der Juristischen Fakultät zum 65. Geburtstag, 1968, S. 171
*Sarstedt, Werner*, Max Alsberg, Ein deutscher Strafverteidiger, AnwBl 1978, S. 7
*Sarstedt, Werner*, Urteilsschelte liegt im Interesse der Rechtsprechung, in: *Gisela Sarstedt u.a.* (Hrsg.), Rechtsstaat als Aufgabe, Berlin 1987, S. 255
*Satzger, Helmut*, Die Fortwirkung des Zeugnisverweigerungsrechts bei Verfahren gegen mehrere Mitbeschuldigte nach Verfahrenstrennung – der Anfang vom Ende, in: *Dölling* u.a. (Hrsg.), Festschrift für Heinz Schöch zum 70. Geburtstag, Berlin 2010, S. 913

*Satzger/Schluckebier/Widmaier* (Hrsg.), Strafprozessordnung mit GVG und EMRK, 3. Aufl., 2018
*Schäfer, Gerhard,* Die Rüge, daß das Tatgericht (wesentlichen) Beweisstoff nicht aus dem Inbegriff der Hauptverhandlung geschöpft, (wesentlichen) Beweisstoff übersehen oder übergangen habe, in: Rechtssicherheit versus Einzelfallgerechtigkeit: Kolloquium anläßlich des 65. Geburtstages von Herrn VRiBGH Gerhard Herdegen (Schriftenreihe der Arbeitsgemeinschaften des DAV – AG Strafrecht, Bd. 9), Bonn 1992, S. 44
*Schäfer, Gerhard,* Freie Beweiswürdigung und revisionsrechtliche Kontrolle, StV 1995, S. 147
*Schäfer, Gerhard,* Gedanken zur Beweiskraft des tatrichterlichen Verhandlungsprotokolls unter besonderer Berücksichtigung der Rechtsprechung des Bundesgerichtshofs, in: *Karlmann Geiß* u.a. (Hrsg.), Festschrift aus Anlaß des fünfzigjährigen Bestehens von Bundesgerichtshof, Bundesanwaltschaft und Rechtsanwaltschaft beim Bundesgerichtshof, S. 707
*Schäfer, Gerhard,* Die Abgrenzung der Verfahrensrüge von der Sachrüge, in: *Hanack/Hilger/Mehle/Widmaier* (Hrsg.), Festschrift für Peter Rieß zum 70. Geburtstag, 2002, S. 477
*Schäfer, Gerhard,* Die Einlassung zur Sache durch den Verteidiger, in: *Widmaier/Lesch/Müssig* (Hrsg.), Festschrift für Hans Dahs, 2005, S. 448
*Schäfer, Helmut,* Die Grenzen des Rechts auf Akteneinsicht durch den Verteidiger, NStZ 1984, S. 203
*Schäfer, Herbert,* Willkürliche oder objektiv willkürliche Entziehung des gesetzlichen Richters bei Verkennung der sachlichen Zuständigkeit in Strafsachen?, DRiZ 1997, S. 168
*Schäfer/Sander/van Gemmeren,* Praxis der Strafzumessung, 6. Aufl., München 2017
*Schaffstein/Beulke,* Jugendstrafrecht, eine systematische Darstellung, 14. Aufl., Stuttgart 2002
*Scheffler, Uwe,* Der Hilfsbeweisantrag und seine Bescheidung in der Hauptverhandlung, NStZ 1989, S. 158
*Scheffler, Uwe,* Beweisanträge kurz vor oder während der Verkündung des Strafurteils, MDR 1993, S. 3
*Scheffler, Uwe,* Kurzer Prozeß mit rechtsstaatlichen Grundsätzen?, NJW 1994, S. 2191
*Scheffler, Uwe,* Rückkehr zur bisherigen Rechtsauffassung nach einem rechtlichen Hinweis gem. § 265 Abs.1 StPO ohne erneuten Hinweis?, JR 1989, S. 232
*Scheffler, Uwe,* Strafprozeßrecht, quo vadis?, GA 1995, S. 449
*Scherer, Joachim,* Gerichtsöffentlichkeit als Medienöffentlichkeit, Königstein 1979
*Scheuerle, Wilhelm,* Vierzehn Tugenden für Vorsitzende Richter, Berlin 1983
*Schimansky, Herbert,* Die Rüge unzulässiger Verwertung ausgeschiedenen Verfahrensstoffs, MDR 1986, S. 283
*Schletz, Jan,* Die erweiterte Revision in Strafsachen, Baden-Baden 2020
*Schlösser, Jan,* Die Einlassung des Angeklagten durch seinen Verteidiger, NStZ 2008, S. 310
*Schlothauer, Reinhold,* Der Pflichtverteidiger: Vertrauensanwalt des Gerichts oder des Angeklagten?, Demokratie und Recht 1979, S. 322
*Schlothauer, Reinhold,* Die Auswahl des Pflichtverteidigers, StV 1981, S. 443
*Schlothauer, Reinhold,* Wiedereröffnung der Hauptverhandlung und letztes Wort, StV 1984, S. 134
*Schlothauer, Reinhold,* Gerichtliche Hinweispflichten in der Hauptverhandlung, StV 1986, S. 213
*Schlothauer, Reinhold,* Hilfsbeweisantrag – Eventualbeweisantrag – bedingter Beweisantrag, StV 1988, S. 542

*Schlothauer, Reinhold*, Abwesenheitsverhandlung wegen Beurlaubung oder vorübergehender Verfahrensabtrennung und Revision, in: *Rainer Brüssow* (Hrsg.), Festgabe für Ludwig Koch, 1989, S. 241
*Schlothauer, Reinhold*, Unvollständige und unzutreffende tatrichterliche Urteilsfeststellungen – Verteidigungsmöglichkeiten in der Revisions- und Tatsacheninstanz, StV 1992, S. 134
*Schlothauer, Reinhold*, Verfahrens- und Besetzungsfragen bei Hauptverhandlungen vor der reduzierten Strafkammer nach dem Rechtspflegeentlastungsgesetz, StV 1993, S. 147
*Schlothauer, Reinhold*, Das Revisionsrecht in der Krise, StraFo 2000, S. 289
*Schlothauer, Reinhold*, Eintritt des Ergänzungsrichters in die Hauptverhandlung oder Hemmung der Unterbrechungsfrist, in: *Jung/Luxenburger/Wahle* (Hrsg.), Festschrift für Egon Müller, 2008, S. 641
*Schlothauer, Reinhold*, Zur Immunisierung tatrichterlicher Urteile gegen verfahrensrechtlich begründete Revisionen, in: *Michalke/Köberer/Pauly/Kirsch* (Hrsg.), Festschrift für Rainer Hamm zum 65. Geburtstag, 2008, S. 655
*Schlothauer, Reinhold*, Das kann doch nicht das letzte Wort sein!? Zur Reihenfolge der Worterteilung an jugendliche Angeklagte und ihre gesetzlichen Vertreter bzw. Erziehungsberechtigten, in: *Müller/Sander/Válková* (Hrsg.), Festschrift für Ulrich Eisenberg zum 70. Geburtstag, 2009, S. 819
*Schlothauer, Reinhold*, Gesetzesrecht – Richterrecht, StraFo 2011, S. 459
*Schlothauer, Reinhold*, Strafverfahren und Öffentlichkeit, StV 2015, S. 665
*Schlothauer, Reinhold*, Beweisantragsrecht unter Fristenregiment: Zur Neuregelung des § 244 Abs. 6 StPO, in: *Stephan Barton u.a.* (Hrsg.), Festschrift für Thomas Fischer, München 2018, S. 819
*Schlothauer/Weider*, Das „Gesetz zur Regelung der Verständigung im Strafverfahren" vom 3. August 2009, StV 2009, S. 600
*Schlothauer/Weider/Wollschläger*, Verteidigung im Revisionsverfahren, 3. Aufl., Heidelberg 2017
*Schlüchter, Ellen*, Das Strafverfahren, 2. Aufl., Köln 1983
*Schlüchter, Ellen*, Zu Anklageschrift und Eröffnungsbeschluß bei fortgesetzter Handlung, JR 1990, S. 10
*Schlüchter, Ellen*, Zum normativen Zusammenhang zwischen Rechtsfehler und Urteil, in: *Schlüchter/Laubenthal* (Hrsg.), Festschrift für Friedrich-Wilhelm Krause zum 70. Geburtstag, 1990, S. 485
*Schlüchter, Ellen*, Beschleunigung des Strafprozesses und inbesondere der Hauptverhandlung ohne Rechtsstaatsverlust, GA 1994, S. 397
*Schmid, Werner*, Zur Anrufung des Gerichts gegen den Vorsitzenden (§ 238 StPO), in: *Geerds/Naucke* (Hrsg.), Festschrift für Hellmuth Mayer zum 70. Geburtstag, Berlin 1966, S. 543
*Schmid, Werner*, Die „Verwirkung" von Verfahrensrügen im Strafprozeß, Frankfurt a.M. 1967
*Schmid, Werner*, Über den Aktenverlust im Strafprozeß, in: *Günter Warda u.a.* (Hrsg.), Festschrift für Richard Lange, 1976, S. 781
*Schmidt, Eberhard*, Zur Auslegung des § 136 GVG, MDR 1958, S. 815
*Schmidt, Eberhard*, Die Sache der Justiz, Göttingen 1961
*Schmidt, Eberhard*, Die Verletzung der Belehrungspflicht gem. § 55 Abs. 2 StPO als Revisionsgrund, JZ 1958, S. 596
*Schmidt, Eberhard*, Einführung in die Geschichte der deutschen Strafrechtspflege, 3. Aufl., Göttingen 1965

*Schmidt, Eberhard*, Justiz und Publizistik (Recht und Staat in Geschichte und Gegenwart, Heft 353/354), Tübingen 1968
*Schmidt, Eberhard*, Lehrkommentar zur Strafprozeßordnung und zum Gerichtsverfassungsgesetz, Teil II, Göttingen 1957 (Nachtragsband I, Göttingen 1967; Nachtragsband II, Göttingen 1970)
*Schmidt, Hartmut*, Die Pflichtverteidigung, München 1967
*Schmidthals, Herbert*, Wert und Grenzen der Verfahrensöffentlichkeit im Strafprozeß, Frankfurt a.M. 1977
*Schmidt-Hieber, Werner*, Der Beweisantrag im Strafprozeß, JuS 1985, S. 291 und S. 458
*Schmidt-Leichner, Erich*, Strafverfahrensrecht 1975 – Fortschritt oder Rückschritt?, NJW 1975, S. 417
*Schmidt/Walter*, Rechtsschutz der Öffentlichkeit gegen sitzungspolizeiliche Maßnahmen, NStZ 2016, S. 505
*Schmitt, Bertram*, Die richterliche Beweiswürdigung im Strafprozeß: eine Studie zu Wesen und Funktion des strafprozessualen Grundsatzes der „freien Beweiswürdigung" sowie zu den Möglichkeiten und Grenzen einer Revision in Strafsachen; zugleich ein Beitrag zum Verhältnis von Kriminalistik und staatlicher Strafrechtspflege, Lübeck 1992
*Schmitt, Bertram*, Zum Konfrontationsrecht nach Art. 6 Abs. 3 lit. d EMRK, in *Klaus Bernsmann* (Hrsg.), Festschrift für Ruth Rissing-van Saan zum 65. Geburtstag am 25. Januar 2011, Berlin 2011, S. 617
*Schmitt, Bertram*, Das Zeugnisverweigerungsrecht des Angehörigen im Verfahren gegen mehrere Beschuldigte, in: *Robert Esser u.a.* (Hrsg.), Festschrift für Hans-Heiner Kühne, Heidelberg 2013, S. 333
*Schmitt, Bertram*, Die Verständigung im Strafprozess nach dem Urteil des Bundesverfassungsgerichts vom 19. März 2013, in: *Friedrich Dencker u.a.* (Hrsg.), Festschrift für Klaus Tolksdorf, 2014, S. 399
*Schmitt, Bertram*, Die Dokumentation der Hauptverhandlung, NStZ 2019, S. 1
*Schmitt, Rudolf*, Können die Beschlüsse aus §§ 346, 349 StPO zurückgenommen werden?, JZ 1961, S. 15
*Schmitz, Christian*, Rangierkunst oder Entgleisung – Die Besetzungsrüge nach Änderung des Geschäftsverteilungsplans, StraFo 2016, S. 397
*Schmitz, Roland*, Das Recht auf Akteneinsicht bei Anordnung von Untersuchungshaft, wistra 1993, S. 319
*Schnarr, Karl Heinz*, Das Schicksal der Vollmacht nach Beiordnung des gewählten Verteidigers, NStZ 1986, S. 488
*Schneider, Bernd*, Notwendige Verteidigung und Stellung des Pflichtverteidigers im Strafverfahren, Diss., Bonn 1979
*Schneider, Hartmut*, Zum Kriterium der Konnexität im strafprozessualen Beweisantragsrecht, in: *Müller/Sander/Válková* (Hrsg.), Festschrift für Ulrich Eisenberg zum 70. Geburtstag, 2009, S. 819
*Schneider, Hartmut*, Wahrunterstellung und fair trial, NStZ 2013, S. 215
*Schneider, Hartmut*, Überblick über die höchstrichterliche Rechtsprechung zur Verfahrensverständigung im Anschluss an das Urteil des BVerfG vom 19. März 2013 – Teil 1, NStZ 2014, S. 192
*Schneider, Hartmut*, Überblick über die höchstrichterliche Rechtsprechung zur Verfahrensverständigung im Anschluss an das Urteil des BVerfG vom 19. März 2013 – Teil 2, NStZ 2014, S. 252

*Schneider, Hartmut*, Mord durch illegales Autorennen, NStZ 2018, S. 528
*Schneider, Hartmut*, Die Eröffnungserklärung des Verteidigers in der strafprozessualen Hauptverhandlung. Rechtsprobleme des § 243 Abs. 5 S. 3 und 4 StPO – dargestellt an Hand eines szenischen Modells, in: *Ulrich Stein u.a.* (Hrsg.), Festschrift für Klaus Rogall zum 70. Geburtstag, Berlin 2018, S. 667
*Schneider, Hartmut*, Zur audio-visuellen Unterrichtung des aus der Hauptverhandlung zeitweise entfernten Angeklagten über das in seiner Abwesenheit Verhandelte, NStZ 2018, S. 128
*Schneider, Hartmut*, Thesen zur Revision in Strafsachen mit Blick auf das Verhältnis der Sachrüge zur Verfahrensrüge, NStZ 2019, S. 324
*Schneider, Hartmut*, Bemerkungen zu einigen ausgewählten Rechtsfragen aus dem Anwendungsbereich des § 244 Abs. 6 S. 2–4 StPO, NStZ 2019, S. 489
*Schneidewin, Karl*, Der Urkundenbeweis in der Hauptverhandlung, JR 1951, S. 481
*Schneidewin, Karl*, Die Rechtsprechung in Strafsachen, in: *Adolf Lobe* (Hrsg.), Fünfzig Jahre Reichsgericht am 1. Oktober 1929, Berlin 1929, S. 316
*Schneidewin, Karl*, Fehlerhafte Revisionsbegründungen in Strafsachen, JW 1923, S. 345
*Schneidewin, Karl*, Verfahrensrüge und Sitzungsprotokoll, MDR 1951, S. 193
*Schoeller, Sven*, Das neue Recht der Pflichtverteidigung – richtlinienkonformer und praktikabler Prozesskostenhilfeersatz ?, StV 2019, S. 190
*Schönke/Schröder*, Strafgesetzbuch, 30. Aufl., München 2019
*Schomburg/Lagodny/Gleß/Hackner/Trautmann*, Internationale Rechtshilfe in Strafsachen, 6. Aufl., München 2020
*Schöneborn, Christian*, Die Behandlung der Verfahrenshindernisse im strafprozessualen Verfahrensgang, MDR 1975, S. 6
*Schöneborn, Christian*, Die regulative Funktion des Schuldprinzips bei der Strafzumessung, GA 1975, S. 272
*Schöneborn, Christian*, Zeugnisverweigerungsrecht bei mehreren Mitbeschuldigten und Rechtskreistheorie, NJW 1974, S. 535
*Schoreit, Armin*, Die Beschlußverwerfung der Revision gemäß § 349 Abs. 2 StPO und die Staatsanwaltschaft, in: *v. Gamm u.a.* (Hrsg.), Festschrift für Gerd Pfeiffer, 1988, S. 397
*Schoreit, Armin*, Einsatz von Polygraphen und Glaubhaftigkeits-Gutachten psychologischer Sachverständiger im Strafprozeß, StV 2004, S. 284
*Schork, Stefanie*, Das Gesetz zur Modernisierung des Strafverfahrens, NJW 2020, 1
*Schorn*, Die Ablehnung eines Richters im Strafprozeß in Rechtsprechung und Schrifttum, GA 1963, S. 161
*Schrader, Henning*, Der Hilfsbeweisantrag – ein Dilemma, NStZ 1991, S. 224
*Schreiber, Hans-Ludwig*, Strafzumessungsrecht, NStZ 1981, S. 338
*Schroeder, Friedrich-Christian*, Kritische Bemerkungen zum Strafverfahrensänderungsgesetz 1979, NJW 1979, S. 1527
*Schröder, Horst*, Die Ablehnung von Beweisanträgen aufgrund Wahrunterstellung und Unerheblichkeit, NJW 1972, S. 2105
*Schröder, Svenja*, Beweisverwertungsverbote und die Hypothese rechtmäßiger Beweiserlangung im Strafprozeß, Berlin 1992
*Schulz, Joachim*, Die Austauschbarkeit von Beweismitteln oder die Folgen apokrypher Beweismittel, StV 1983, S. 341
*Schulz, Werner*, Die geschichtliche Entwicklung des Akteneinsichtsrechts im Strafprozeß, Diss. Marburg 1971
*Schumacher, Ulrich*, Staatsanwaltschaft und Gericht im Dritten Reich, Köln 1985

*Schumann, Antje,* Bedenkliche Tendenzen in der Rechtsprechung des BGH nach „Schatschaschwili vs. Deutschland", HRRS 2017, S. 354
*Schumann, Kay H,* Protokollberichtigung, freie Beweiswürdigung und formelle Wahrheit im Strafverfahren, JZ 2007, S. 927
*Schünemann, Bernd,* Der polizeiliche Lockspitzel – Kontroverse ohne Ende?, StV 1985, S. 424
*Schünemann, Bernd,* Die Etablierung der Rügeverkümmerung durch den BGH und deren Tolerierung durch das BVerfG: 140 Jahre Rechtsprechung werden zu Makulatur, StV 2010, S. 538
*Schünemann, Bernd,* Grundfragen der Revision im Strafprozeß, JA 1982, S. 71/S. 123
*Schünemann, Bernd,* Wetterzeichen einer untergehenden Strafprozeßkultur? Wider die falsche Prophetie des Absprachenelysiums, StV 1993, S. 657
*Schuster, Frank Peter,* Das neue Vereidigungsrecht nach dem Justizmodernisierungsgesetz aus revisionsrechtlicher Sicht, StV 2005, S. 628
*Schwaben, Sylvia,* Die Rechtsprechung des BGH zwischen Aufklärungsrüge und Verwertungsverbot, NStZ 2002, S. 288
*Schwabenbauer, Peter,* Zweifelssatz („in dubio pro reo") und Prozessvoraussetzungen, HRRS 2011, S. 26
*Schweckendieck, Helmut,* Die Ablehnung eines Beweisantrages wegen Verschleppungsabsicht – eine zu wenig genutzte Möglichkeit ?, NStZ 1991, S. 109
*Schwenn, Johann,* Was wird aus dem Beweisantrag?, StV 1981, S. 631
*Seibert, Claus,* Konfliktlagen für Anwalt und Verteidiger, JR 1951, S. 678
*Seibert, Claus,* Beanstandung von Fragen des Vorsitzenden durch den Verteidiger, JR 1952, S. 470
*Seibert, Claus,* Das letzte Wort, MDR 1964, S. 471
*Seibert,* Claus, Urteilsaufhebung durch Beschluß (§ 349 Abs. 4 StPO), NJW 1966, S. 1064
*Sellke, Siegfried,* Die Revisibilität der Denkgesetze, Diss. Marburg 1961
*Semmler, Werner,* Prozessverhalten des Richters unter dem Aspekt des § 24 II StPO, insbesondere Verfahrensverstöße als Ablehnungsgrund, Frankfurt a.M. 1994
*Siegert, Karl,* Nachprüfung der Besetzung von Kollegialgerichten in der Revisionsinstanz, DRiZ, 1958, S. 191
*Siegismund/Wickern,* Das Gesetz zur Entlastung der Rechtspflege – ein Überblick über die Änderungen der Strafprozeßordnung, des Gerichtsverfassungsgesetzes, des Jugendgerichtsgesetzes und des Strafgesetzbuches, wistra 1993, S. 81/S. 136
*Singelnstein/Derin,* Das Gesetz zur effektiveren und praxistauglicheren Ausgestaltung des Strafverfahrens, NJW 2017, S. 2646
*Sinn/Maly,* Zu den strafprozessualen Folgen einer rechtsstaatswidrigen Tatprovokation, NStZ 2015, S. 379
*Sobota/Loose,* Die Wiedereinsetzung in die Revisionsbegründungsfrist, NStZ 2018, S. 72
*Solbach, Günter,* Anklageschrift, Einstellungsverfügung, Dezernat und Plädoyer, 9. Aufl., München 1993
*Sommer, Ulrich,* Lebenserfahrung – Gedanken über ein Kriterium richterlicher Beweiswürdigung, in: *Hanack/Hilger/Mehle/Widmaier* (Hrsg.), Festschrift für Peter Rieß zum 70. Geburtstag, 2002, S. 588
*Sommer, Ulrich,* Das Fragerecht der Verteidigung, seine Verletzung und die Konsequenzen, NJW 2005, S. 1240
*Sommer, Ulrich,* Fragen an den Zeugen – Vorhalte an das Recht, StraFo 2010, S. 102
*Sowada, Christoph,* Änderungen des Geschäftsverteilungsplans (§ 21e Abs. 3 S. 1 GVG) und Beschleunigungsgrundsatz, HRRS 2015, S. 16

*Spaniol, Margret*, Anforderungen an die Verständigung nach BVerfGE, StraFo 2014, S. 366
*Sprenger, Wolfgang*, Der Ausschluß der Öffentlichkeit des Strafverfahrens zum Schutze der Privatsphäre des Angeklagten, Diss. Würzburg 1975
*Stackelberg, Curt Freiherr von*, Über offensichtlich unbegründete Revisionen (§ 349 Abs. 2 StPO), NJW 1960, S. 505
*Stackelberg, Curt Freiherr von*, Zur Wahrunterstellung in der strafrechtlichen Revision, in: *Rainer Hamm* (Hrsg.), Festschrift für Werner Sarstedt zum 70. Geburtstag, 1981, S. 373
*Stackelberg, Curt Freiherr von*, Zur Beschlußverwerfung der Revision in Strafsachen als „offensichtlich unbegründet", in: *Ernst-Walter Hanack u.a.* (Hrsg.), Festschrift für Hanns Dünnebier zum 75. Geburtstag, 1982, S. 365
*Stein, Ulrich*, Die Anwesenheitspflicht des Angeklagten in der Hauptverhandlung, ZStW 97 (1985), S. 303
*Steinberg/Stam*, Der Tötungsvorsatz in der Revision des BGH, NStZ 2011, S. 177
*Steinke, Wolfgang*, Der Beweiswert forensischer Gutachten, NStZ 1994, S. 16
*Stollenwerk, Thomas*, Der Prozessauftakt in konfliktreichen Strafverfahren DRiZ 2015, S. 138
*Störmer, Rainer*, Dogmatische Grundlagen der Verwertungsverbote, Marburg 1992
*Strate, Gerhard*, Zum Härdle-Beschluß des BGH, StV 1981, S. 261
*Strate, Gerhard*, Rechtshistorische Fragen der Beweisverbote, JZ 1989, S. 176
*Strate, Gerhard*, Richterliche Befangenheit und rechtliches Gehör, in: *Rainer Brüssow* (Hrsg.), Festgabe für Ludwig Koch, 1989, S. 261
*Strate, Gerhard*, Verfassungsrechtliche Aspekte des Beweisantragsrechts, in: Rechtssicherheit versus Einzelfallgerechtigkeit: Kolloquium anläßlich des 65. Geburtstages von Herrn VRiBGH Gerhard Herdegen (Schriftenreihe der Arbeitsgemeinschaften des DAV – AG Strafrecht, Bd. 9), Bonn 1992, S. 80
*Strate, Gerhard*, Freie Beweiswürdigung und gebundene Beweiserhebung, in: *Hanack/Hilger/Mehle/Widmaier* (Hrsg.), Festschrift für Peter Rieß zum 70. Geburtstag, 2002, S. 611
*Strate, Gerhard*, Die bewegliche Zuständigkeit des gesetzlichen Richters, in: *Schöch/Satzger/Schäfer/Ignor/Knauer* (Hrsg.), Festschrift für Gunter Widmaier zum 70. Geburtstag, Köln 2008, S. 567
*Strate, Gerhard*, Der 3. BGH-Strafsenat und die Kammerrechtsprechung des BVerfG, NJW 2016, S. 450
*Stuckenberg, Carl-Friedrich*, Strafschärfende Verwertung früherer Einstellungen und Freisprüche – doch ein Verstoß gegen die Unschuldsvermutung?, StV 2007, S. 655
*Sturm, Anja*, Die Konnexität im Beweisantragsrecht, StraFo 2009, 407
*Sturm, Felix*, Die Anhörungsrüge in der neuesten Rechtsprechung des BVerfG – (Problematische) Tendenzen und Hinweise zur Zulässigkeit von Verfassungsbeschwerden, AnwBl 2018, S. 94
*Stürner, Rolf*, Strafrechtliche Selbstbelastung und verfahrensförmige Wahrheitsermittlung, NJW 1981, S. 1757
*Taschke, Jürgen*, Akteneinsicht und Geheimnisschutz im Strafverfahren, Computer und Recht 1989, S. 299/S. 410
*Taschke, Jürgen*, Die behördliche Zurückhaltung von Beweismitteln im Strafprozeß, Frankfurt a.M. 1989
*Taschke, Jürgen* (Hrsg.), Max Alsberg – Ausgewählte Schriften, Baden-Baden 1992
*Taschke, Jürgen*, Zum Beschlagnahmeschutz der Handakten des Unternehmensanwalts, in: *Michalke/Köberer/Pauly/Kirsch* (Hrsg.), Festschrift für Rainer Hamm zum 65. Geburtstag, 2008, S. 751

*Tenckhoff, Jörg*, Die Wahrunterstellung im Strafprozeß, Berlin 1980

*Teplitzky, Otto*, Probleme der Richterablehnung wegen Befangenheit, NJW 1962, S. 2044

*Tepperwien, Ingeborg*, Die unwahre Verfahrensrüge – unzeitgemäßer Sieg der Form? in: *Eser/Goydke/Maatz* (Hrsg.), Strafverfahrensrecht in Theorie und Praxis – Festschrift für Lutz Meyer-Goßner zum 65. Geburtstag, 2001, S. 595

*Tepperwien, Ingeborg*, »Schöpferische Rechtsfindung« in der neueren Rechtsprechung des Bundesgerichtshofs zum Strafverfahrensrecht, in: *Schöch/Satzger/Schäfer/Ignor/Knauer* (Hrsg.), Festschrift für Gunter Widmaier zum 70. Geburtstag, Köln 2008, S. 583

*Tepperwien, Ingeborg*, Beschleunigung über alles? – Das Beschleunigungsgebot im Straf- und Ordnungswidrigkeitenverfahren, NStZ 2009, S. 1

*ter Veen, Heino*, Die Beschneidung des Fragerechts und die Beschränkung der Verteidigung als absoluter Revisionsgrund, StV 1983, S. 167

*ter Veen, Heino*, Das unerreichbare Beweismittel und seine prozessualen Folgen – eine Übersicht zur Rechtsprechung des BGH und anderer Obergerichte, StV 1985, S. 295

*Teske, Tilo*, Die Revision wegen verfahrensrechtlicher Verstöße, Diss. Marburg, 1962

*Thole, Ulrich*, Der Scheinbeweisantrag im Strafprozeß, Berlin 1992

*Thym, Jörg*, Augenschein und Öffentlichkeit, NStZ 1981, S. 293

*Többens, Hans-Werner*, Der Freibeweis und die Prozeßvoraussetzungen im Strafprozeß, Diss. Freiburg 1979

*Többens, Hans-Werner*, Der Freibeweis und die Prozeßvoraussetzungen im Strafprozeß, NStZ 1982, S. 184

*Tolksdorf, Klaus*, Mitwirkungsverbot für den befangenen Staatsanwalt, Berlin 1989

*Tolksdorf, Klaus*, Zur Annahmeberufung nach § 313 StPO, in: *Eser/Kullmann u.a.* (Hrsg.), Festschrift für Hannskarl Salger, 1995, S. 393

*Tondorf, Günter*, Begeht der Strafverteidiger eine Strafvereitelung und verletzt er seine Standespflichten, wenn er den Mandanten benachrichtigt, nachdem er von einem geplanten Haft- oder Durchsuchungsbefehl erfahren hat?, StV 1983, S. 257

*Traut/Nickolaus*, Der Ankereffekt: Schattendasein im Strafprozess, StraFo 2015, S. 485

*Traut/Nickolaus*, Forderung der Einführung einer audiovisuellen Dokumentation der Hauptverhandlung, StraFo 2020, S. 100

*Tröndle, Herbert*, Über den Umgang des Richters mit den anderen Verfahrensbeteiligten, DRiZ 1970, S. 213

*Trüg, Gerson*, Quo curris, Strafverfahren? – Zum Verhältnis der objektiven Dimension der Beschleunigungsmaxime zur Wahrheitsfindung, StV 2010, S. 528

*Trüg, Gerson*, Beweisantragsrecht – Disziplinierung der Verteidigung durch erhöhte Anforderungen?, StraFo 2010, S. 139

*Trüg, Gerson*, Die Reform der strafrechtlichen Vermögensabschöpfung, NJW 2017, S. 1913

*Ullenboom, David*, Die Berufungsverhandlung in Abwesenheit des Angeklagten, StV 2019, S. 643

*Valerius, Brian*, 438 Tage, 93 Wochen, ein Monat, NJW 2018, S. 3249

*Vargha, Julius*, Die Verteidigung in Strafsachen: historisch und dogmatisch dargestellt, Wien 1879 (Reprint Aalen 1994)

*Venator, Arwed*, Besteht eine Abhängigkeit der strafrechtlichen Revision von der Schwere des Verfahrensverstoßes?, Diss. Köln 1965

*Ventzke, Klaus Ulrich*, § 344 Abs. 2 Satz 2 StPO – Einfallstor revisionsgerichtlichen Gutdünkens?, StV 1992, S. 338

*Ventzke, Klaus Ulrich*, Die Widerspruchslösung des Bundesgerichtshofs – viel Getu um nichts?, StV 1997, S. 543

*Ventzke, Klaus Ulrich,* Ausschluß des absoluten Revisionsgrundes des § 338 Nr. 3 StPO im Fall ordnungsgemäßer Urteilsabsprache? Zugleich Anmerkung zu BGH 1 StR 323/08 vom 22.9.2008 = HRRS 2009 Nr. 1, S. 28
*Ventzke, Klaus Ulrich,* Warum stellen Sie denn keinen Beweisantrag?, StV 2009, S. 655
*Ventzke/Mosbacher*, Negativtatsachen im Revisionsverfahren, NStZ 2008, S. 262
*Vogler, Theo*, Straffragen und strafverfahrensrechtliche Fragen in der Spruchpraxis der Europäischen Kommission und des Europäischen Gerichtshofs für Menschenrechte, ZStW 89 (1977), S. 788
*Vogtherr, Thomas H.*, Rechtswirklichkeit und Effizienz der Strafverteidigung, Frankfurt/M., Bern, New York, Paris, 1991
*Volk, Klaus,* Prozeßvoraussetzungen im Strafrecht, Diss. 1978
*Volk, Klaus*, Verfahrensfehler und Verfahrenshindernisse, StV 1986, S. 34.
*Volk, Klaus*, Diverse Wahrheiten, in: *Albin, Eser u.a.* (Hrsg.), Festschrift für Hannskarl Salger, 1995, S. 411
*Volk, Klaus*, Kausalität im Strafrecht, NStZ 1996, S. 105
*Volk, Klaus* (Hrsg.), Münchener Anwalts-Handbuch für Wirtschafts- und Steuerstrafsachen, 2. Aufl., München 2020
*Vollhardt, Jürgen*, Die Einschränkung der Revision bei Verfahrensfehlern im Zusammenhang mit den Begriffen „Ordnungsvorschrift", „Verwertungsverbot" und „Rechtskreisberührung", Diss. Erlangen 1970
*Volkmer, Mathias,* Der entscheidungsbefugte Verletzte – Zu den Grenzen des Ausschlusses nach § 22 Nr. 1 StPO, NStZ 2009, S. 371
*Wachinger,* Rezension zu: Max Alsberg, Der Beweisantrag im Strafprozeß, JW 1931, S. 923
*Wächtler, Hartmut*, Ersatzverteidigung – eine Alternative zur Zwangsverteidigung?, StV 1981, S. 466
*Wagner, Heinz,* Missbrauch der Verfahrensrüge bei unrichtigem Protokoll – Verletzung des Verfahrensrechts durch den 3. Strafsenat?, StraFo 2007, S. 495
*Wagner, Heinz*, Die Beachtlichkeit von Protokollberichtigungen für das Revisionsverfahren – Zugleich Besprechung von BGH (Großer Senat) Beschluss vom 23.4.2007, GA 2008, S. 442
*Walter, Tonio,* Verfahrensrügen, Sachrügen und das Wesen der Revision. Eine Abhandlung unter besonderer Berücksichtigung des § 329 StPO, ZStW 128 (2016), S. 824
*Walther, Angelika*, Der Öffentlichkeitsgrundsatz im Kontext der Verständigung im Strafverfahren, NStZ 2015, S. 383
*Wamser, Klaus*, Die Revisibilität unbestimmter Begriffe, Diss. Marburg 1961
*Warda, Günter*, Hauptverhandlung mit dem verhandlungsunfähigen, aber verhandlungswilligen Angeklagten?, in: *Frisch/Schmid* (Hrsg.), Festschrift für Hans-Jürgen Bruns zum 70. Geburtstag, 1978, S. 415
*Wasserburg, Klaus*, Das Einsichtsrecht des Anwalts in die kriminalpolizeilichen Spurenakten, NJW 1980, S. 2440
*Wasserburg, Klaus*, Einsichtsrecht des Verteidigers in kriminalpolizeiliche Spurenakten, NStZ 1981, S. 211
*Weber, Ulrich*, Der Mißbrauch prozessualer Rechte im Strafverfahren, GA 1975, S. 289
*Wettley/Nöding*, Akteneinsicht in Telekommunikationsdaten, NStZ 2016, S. 633
*Wehowsky, Ralf*, Ausgewählte Aspekte einer audiovisuellen Dokumentation der Hauptverhandlung: Persönlichkeitsrechte und Austauschrichter, StV 2018, S. 685
*Wehowsky, Ralf*, Die Revision im Zeitalter technischer Reproduzierbarkeit, NStZ 2018, S. 177

*Weider, Hans-Joachim,* Lücken in der revisionsgerichtlichen Beweiswürdigungskontrolle, in: *Schöch/Satzger/Schäfer/Ignor/Knauer* (Hrsg.), Festschrift für Gunter Widmaier zum 70. Geburtstag, 2008, S. 599
*Weigend, Thomas,* Unmittelbare Beweisaufnahme – ein Konzept für das Strafverfahren des 21. Jahrhunderts?, in: *Müller/Sander/Válková* (Hrsg.), Festschrift für Ulrich Eisenberg zum 70. Geburtstag, 2009, S. 657
*Weigend, Thomas,* Das Konfrontationsrecht des Angeklagten – wesentliches Element eines fairen Verfahrens oder Fremdkörper im deutschen Strafprozess, in: *Mark A. Zöller u.a.* (Hrsg.), Festschrift für Jürgen Wolter zum 70 Geburtstag, Berlin 2013, S. 1146
*Weigend/Walther/Grunewald,* Strafverteidigung vor neuen Herausforderungen, Berlin 2008
*Weiland, Bernd,* Von Recht und Pflicht zur Anklageerhebung, NStZ 1991, S. 574
*Weiler, Edgar,* Strafprozessuale Verwertbarkeit von privatrechtlich entnommenen Blutproben, die in einem Krankenhaus beschlagnahmt werden, MDR 1994, S. 1163
*Weiler, Edgar,* Die Beeinträchtigung der Verteidigung durch Gerichtsbeschluß in einem wesentlichen Punkt als absoluter Revisionsgrund?, NStZ 1999, S. 109
*Weiß, Udo,* Elektronische Dokumente in der Hauptverhandlung nach neuem Strafverfahrensrecht, wistra 2018, S. 245
*Weißmann, Ulrich,* Die Stellung des Vorsitzenden in der Hauptverhandlung, Göttingen 1982
*Welp, Jürgen,* Der Verteidiger als Anwalt des Vertrauens, ZStW 90 (1978), S. 101
*Welp, Jürgen,* Probleme des Akteneinsichtsrechts, in: *Wasserburg/Haddenhorst* (Hrsg.), Festgabe für Karl Peters zum 80. Geburtstages, 1984, S. 309
*Welp, Jürgen,* Rechtsschutz gegen verweigerte Akteneinsicht, StV 1986, S. 446
*Wenske, Marc,* Die Verständigung in Strafverfahren, DRiZ 2011, S. 393
*Wenske, Marc,* Die Verständigung in Strafverfahren, DRiZ 2012, S. 123
*Wenske, Marc,* Die Verständigung in Strafverfahren, DRiZ 2012, S. 198
*Wente, Jürgen K.,* Persönlichkeitsschutz und Informationsrecht der Öffentlichkeit im Strafverfahren, StV 1988, S. 216
*Weßlau, Edda,* Beweislastumkehr: eine Lösung bei der Prüfung von Beweisverwertungsverboten?, in: *Böse/Sternberg-Lieben* (Hrsg.), Festschrift für Knut Amelung zum 70. Geburtstag, 2009, S. 687
*Weßlau, Edda,* Gespaltene Tatsachenfeststellungen, Überkreuzverwertungen und advokatorische Dilemmata – Beweisverwertung zum Nachteil von Mitbeschuldigten, StV 2010, S. 151
*Weßlau, Edda,* Kann das Revisionsgericht an tatrichterliche Feststellungen zum „eigenmächtigen Ausbleiben" (§ 231 Abs. 2 StPO) gebunden sein?, StV 2014, S. 236
*Weßlau, Edda,* Vorfeldermittlungen: Probleme der Legalisierung „vorbeugender Verbrechensbekämpfung" aus strafprozeßrechtlicher Sicht, 1989
*Widmaier, Gunter,* Wahrheitsfindung zwischen Aufklärungspflicht und Beweisverboten, in: Wahrheitsfindung und ihre Schranken (Schriftenreihe der Arbeitsgemeinschaften des DAV – AG Strafrecht, Bd. 6), Essen 1989, S. 29
*Widmaier, Gunter,* Wohin entwickeln sich die absoluten Revisionsgründe?, in: *Udo Ebert* (Hrsg.), Aktuelle Probleme der Strafrechtspflege, Berlin 1990, S. 77
*Widmaier, Gunter,* Die Rüge, daß das Tatgericht (wesentlichen) Beweisstoff übersehen oder übergangen habe, in: Rechtssicherheit versus Einzelfallgerechtigkeit: Kolloquium anläßlich des 65. Geburtstages von Herrn VRiBGH Gerhard Herdegen (Schriftenreihe der Arbeitsgemeinschaften des DAV – AG Strafrecht, Bd. 9), Essen 1992, S. 66
*Widmaier, Gunter,* Mitwirkungspflicht des Verteidigers in der Hauptverhandlung und Rügeverlust, NStZ 1992, S. 519

*Widmaier, Gunter*, Kritische Gedanken zur diskutierten Reform des Beweisantrags- und Revisionsrechts, NStZ 1994, S. 414

*Widmaier, Gunter*, Der Hilfsbeweisantrag mit „Bescheidungsklausel", in: *Albin Eser u.a.* (Hrsg.), Festschrift für Hannskarl Salger, 1995, S. 421

*Widmaier, Gunter*, Verhandlungs- und Verteidigungsfähigkeit – Verjährung und Strafmaß, NStZ 1995, S. 361

*Widmaier, Gunter*, Zum Zeugnisverweigerungsrecht der Berufsgeheimnisträger – Grenzen und Grenzüberschreitungen, in: *Widmaier/Lesch/Müssig/Wallau* (Hrsg.), Festschrift für Hans Dahs, 2005, S. 543

*Widmaier, Gunter*, Zum Befragungsrecht nach Art. 6 Abs. 3 Buchst. d EMRK, in: *Griesbaum/Hannich/Schnarr* (Hrsg.), Festschrift für Kay Nehm zum 65. Geburtstag, 2006, S. 357

*Widmaier, Gunter*, Präklusion von Verfahrensrügen durch Zweckentfremdung des § 238 II StPO, NStZ 2011, S. 305

*Wieczorek, Eberhard*, Kriminalpolizeiliche Spurenakten, Kriminalistik 1984, S. 598

*Wielop, Fritz*, Die Förmlichkeiten der Revision in Strafsachen, 3. Aufl., München 1991

*Willms, Günther*, Zur Problematik der Wahrunterstellung, in: *Helwig Hassenpflug* (Hrsg.), Festschrift für Karl Schäfer zum 80. Geburtstag, 1980, S. 275

*Wimmer, August*, Verwerfung der Revision durch Urteil oder Beschluß?, NJW 1950, S. 201

*Wohlers, Wolfgang*, Rechtsfolgen prozeßordnungswidriger Untätigkeit von Strafverfolgungsorganen, JR 1994, S. 138

*Wohlers, Wolfgang*, Rechtsstaatswidrige Verzögerungen des Verfahrens als revisionsrechtliches Problem – Bemerkungen zu dem durch den Beschluss des 5. Strafsenats vom 11.11.2004 abgeschlossenen Anfrageverfahren, JR 2005, S. 187

*Wohlers, Wolfgang*, Die Hypothese rechtmäßiger Beweiserlangung – ein Instrument zur Relativierung unselbständiger Verwertungsverbote?, in: *Weßlau/Wohlers* (Hrsg.), Festschrift für Gerhard Fezer zum 70. Geburtstag, 2008, S. 311

*Wohlers, Wolfgang*, Die besonders vorsichtige Beweiswürdigung bei gesperrten Beweismitteln, StV 2014, S. 563

*Wohlers, Wolfgang*, „Gebrechen" der Beschlussverwerfung nach § 349 Abs. 2 StPO, in *Stephan Barton u.A.* (Hrsg.), Festschrift für Reinhold Schlothauer zum 70. Geburtstag, München 2018, S. 505

*Wohlers/Gaede*, Die Revisionserstreckung auf Mitangeklagte – Plädoyer für eine konventionskonforme Auslegung des § 357 StPO, NStZ 2004, S. 9

*Wohlers/Schlegel*, Zum Umfang des Rechts der Verteidigung auf Akteneinsicht gemäß § 147 I StPO, NStZ 2010, S. 486

*Wolff, Hagen*, Zur Bedeutung des § 6 StPO im Revisionsverfahren, JR 2006, S. 232

*Wölky, Daniel*, Beschränkung der Verteidigung durch Einschränkung des Akteneinsichtsrechts, StraFo 2013, S. 493

*Wolter, Jürgen*, Menschenwürde und Freiheit im Strafprozeß, in: *Geppert/Dehnicke* (Hrsg.), Gedächtnisschrift für Karlheinz Meyer, 1990, S. 493

*Wolter, Jürgen*, Verfassungsrecht im Strafprozeß – und Strafrechtssystem, NStZ 1993, S. 1

*Wolter*, Jürgen (Hrsg.), Systematischer Kommentar zur Strafprozeßordnung mit GVG und EMRK, 5. Aufl. 2015

*Wolter, Jürgen*, Die neue Nachlässigkeit des BVerfG bei verdeckten Ermittlungseingriffen und die Funktionstüchtigkeit der Strafrechtspflege, in *Felix Herzog* u.a. (Hrsg.), Gedächtnisschrift für Edda Weßlau, Berlin 2016, S. 445

*Wömpner, Hans-Bernd*, Ergänzender Urkundenbeweis neben §§ 253, 254 StPO?, NStZ 1983, S. 293

*Zehetgruber, Christoph*, Probleme der Bindungswirkung revisionsgerichtlicher Urteile, JZ 2020, 397

*Ziegert, Ulrich*, Die überlange Verfahrensdauer, StraFo 2008, S. 321

*Ziegert, Ulrich*, Der Anklagesatz. Novellierung durch Rechtsprechung, in: *Dölling u.a.* (Hrsg.), Festschrift für Heinz Schöch zum 70. Geburtstag, Berlin 2010, S. 879

*Ziegert, Ulrich*, Die revisionsrechtliche Überprüfung von Absprachen in der aktuellen Rechtsprechung des Bundesgerichtshofs, StraFo 2014, S. 228

*Zipf, Heinz*, Empfiehlt es sich, die Vorschriften über die Öffentlichkeit des Strafverfahrens neu zu gestalten, insbesondere zur Verbesserung der Rechtsstellung des Beschuldigten weitere nicht-öffentliche Verfahrensgänge zu entwickeln?, in: Verhandlungen des 54. Deutschen Juristentages Nürnberg 1982, Band I, Gutachten C, S. C 9–C 98.

# Stichwortverzeichnis

(Die Zahlen verweisen auf die Randziffern)






https://doi.org/10.1515/9783110444339-011

www.ingramcontent.com/pod-product-compliance
Lightning Source LLC
LaVergne TN
LVHW091038021026
849161LV00001BA/23